2025년판

TAX AFFAIRS

# 업종별 회계와 세무실무

이강오(세무사 · 법학박사) · 박상용(공인회계사) 공저

SAMIL | 삼일인포마인

**www.samil*i*.com** 사이트 **제품몰** 코너에서 본 도서 **수정사항**을 클릭하시면 정오표 및 중요한 수정 사항이 있을 경우 그 내용을 확인하실 수 있습니다.

# 추천의 글

이 책을 발간한 후 20여 년 동안 애독하고 강의를 수강한 세무사님들께 감사의 마음으로 추천의 글을 한 줄 남깁니다.

단순한 세법 설명을 넘어 다른 법과의 관계까지 고려한 사례 중심 강의가 인상적이었다. 특히 건설업 등 새로 생기는 업종에 대한 강의를 통해 보다 넓은 시각을 가질 수 있었으며, 다양한 업종을 간접적으로 경험하는 계기가 되었다. **- 김보람 세무사 -**

실무 사례 중심으로 진행되어 이해하기 쉬웠으며, 오랜 경험에서 나온 노하우와 팁이 특히 유용했다. 이를 통해 세무 업무에 대한 이해도가 높아지고 실무 능력이 향상되는 데 큰 도움이 되었다. **- 박상희 세무사 -**

초보부터 경력자까지 유용하며, 업종별 실수와 놓치기 쉬운 부분을 정확히 짚어주는 강의다. 특히 새로운 업종의 실수를 최소화할 수 있는 체크리스트와 사례분석이 강점이며, 매년 꼭 듣고 싶은 강의다. **- 김소연 세무사 -**

업종별 세무에 대한 깊이 있는 이해와 실무노하우를 제공하며 세법과 타법률의 연관성을 함께 검토하여 실무역량을 강화할 수 있는 강의로 이론과 실무의 결정체로 강력 추천한다. **- 이영은 세무사-**

최고전문가를 육성하기 위해 체계적인 준비가 돋보이며 생생한 불복사례 및 대응요령 등 배움의 겸손함을 느끼게 한 소중한 시간이었다. **- 김태성 세무사-**

새로운 업종에 대한 자신감을 갖게 되었고 세법에 대한 폭넓은 지식을 얻을 수 있는 계기가 되었다. - 박혜경 세무사-

이강오 세무사님의 명성에 걸맞은 강의였다. - 장유하 세무사-

회계 · 세무업무에서 허점과 부족함을 늘 느끼지만 교육을 통해 보완할 수 있었고 유용한 노하우를 배울 수 있었다. - 박리혜 세무사-

개업초기 실무경험 부족으로 어려움이 많았는데 실무경험과 이론적 설명에 실무에서 자신감을 얻게 되었다. - 김준형 세무사-

세무사를 위한 세무사관학교를 졸업한 느낌이다. 이론과 실무지식을 얻게 된 최고의 강의였다. - 김진용 세무사-

개업초기 세무사를 위한 업종별 핵심내용부터 고연차 세무사를 위한 깊이 있는 내용을 아우르는 업종별 세무 최고권위자인 고품격 강의였다. - 임정근 세무사-

〈강의문의〉 업종별 회계와 세무실무 강의는 국세청 조사국 공무원 및 세무사, 회계사를 대상으로 강의를 진행하고 있습니다.
수강을 원하시는 분께서는 다음으로 연락주시기 바랍니다.
taxlee114@daum.net

# 2025년 개정 21판을 내면서

이 책이 출간된 지 벌써 20년을 맞이하게 되었다. 해가 더할수록 내용을 보다 충실하게 보완하기 위하여 노력하지만 항상 부족함을 느낀다. 저자의 지식과 열정이 부족함에도 불구하고 뜨거운 성원을 보내주시는 독자 여러분께 감사드린다.

개정 21판에서는 2025년 일반기업회계기준 및 개정세법에 맞게 수정하였고 신종업종에 대하여 추가·보완하였다. 올해 새로이 추가된 업종은 다음과 같다.

1. 유튜버·웹툰작가
2. 화랑·미술품
3. 종중

개정 21판을 내면서 더 많은 업종에 대한 회계 및 세무실무를 다루지 못한 것이 아쉬움으로 남는다. 내년에는 새로운 업종에 대한 회계 및 세무처리에 대한 내용을 보완할 것을 독자분들께 약속드린다. 더 많은 성원과 지도편달을 부탁드린다.

〈감사의 글〉

본서가 나오기까지 교정 및 편집에 수고해주신 삼일피더블유씨솔루션 이희태 대표이사님, 조원오 전무님 및 임직원분들께 감사드립니다.

또한 주옥같은 자료와 세심한 교정 및 아이디어를 주신 박수진·박혜경·윤태철·이승학·이민지 세무사님, 박상용·정현석 회계사님, 고미현 조세전략 본부장님 이하 세무법인 다솔티앤씨 임직원분들께도 감사드리며 행운을 빕니다.

2025. 2.

저자　이강오

# 머리말

최근 기업회계기준의 대폭적인 개정과 더불어 세제의 개편 등 세무환경의 변화에 따라 실무자들의 어려움은 한층 증폭되고 있다. 실무자로서 피부로 느끼는 세법의 난해함은 세법학 자체가 주변학문의 종합응용과학으로 서로 연계되어 변화·발전하기 때문이다. 또한, 세법을 제대로 이해하고 실무에 적용하기 위해서는 주변학문의 이해뿐 아니라 수많은 업종에 대한 거래형태 및 특성의 이해가 선행되어야 한다.

저자는 세무대학에 입학하여 현재까지 20여 년간 세법에 대한 연구와 세무실무에 종사해 오고 있다. 그러나 아직까지도 세무에 관한 지식이 미약하다는 것을 실무를 하면서 더욱 절실하게 느끼게 된다. 다만, 저자가 본서를 집필하게 된 동기는 국세청에서의 실무경험과 세법강의 및 세무사사무소를 운영하면서 경험한 사례 등을 통하여 미약하나마 회계 및 세무실무자들에게 도움이 될 수 있다는 판단하에 집필하게 되었다.

본서는 다음과 같은 사항에 대하여 중점을 두고 서술하고 있다.

첫째, 제1장과 제2장에서는 실무자들이 세무회계실무상 빈번하게 발생하는 사항들에 대하여 서술하고 있다. 제1장에서는 주요 계정과목, 특히 세무상 주의사항을 계정과목별로 검토하고 있다. 제2장에서는 세무회계실무상 빈번하게 발생하는 사례를 가지고 실무상 적용할 수 있도록 서술하고 있다. 특히, 제6절에서는 실무종사자들이 가장 힘들어 하는 과세자료의 소명요령에 대하여 서술하였다.

둘째, 제3장에서는 업종별 회계처리와 세무처리 및 관련법률을 서술하고 있다. 저자는 이 장에서 실무자들에게 개별업종별 특성을 이해할 수 있도록 거래형태, 업종특성, 관련법률, 회계처리 및 세무처리에 대하여 기술하고 있다.

셋째, 이 책은 주로 실무사례 위주로 서술하고 있다. 따라서 과세관청의 해석사례, 심판례 등을 많이 참고하였다. 또한 이론적인 측면보다는 실무와 관련된 내용을 주로 다루다 보니 다소 저자의 주관적인 견해가 들어간 부분이 있다고 본다. 따라서 실무상 적용시에는 반드시 과세관청의 해석과 세무사의 조언을 받기를 권고한다.

저자는 이 책을 초판으로 출간하다 보니 독자들의 냉철한 비판에 두려움이 앞선다. 그러나 독자 여러분의 지속적인 지도편달과 격려, 본인의 계속적인 연구와 보완을 통하여 앞으로 더욱 좋은 책으로 출간될 수 있다는 확신을 가지고 있다.

2005년 4월

저자

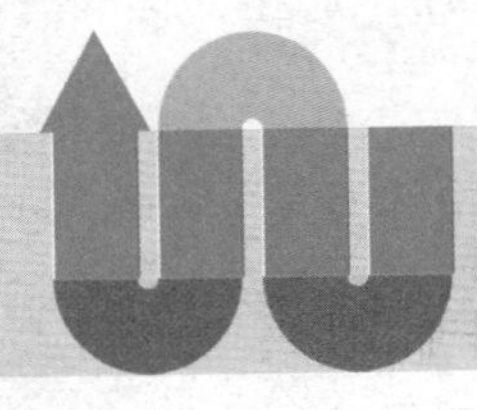

# 차례

# 업종별 회계와 세무실무

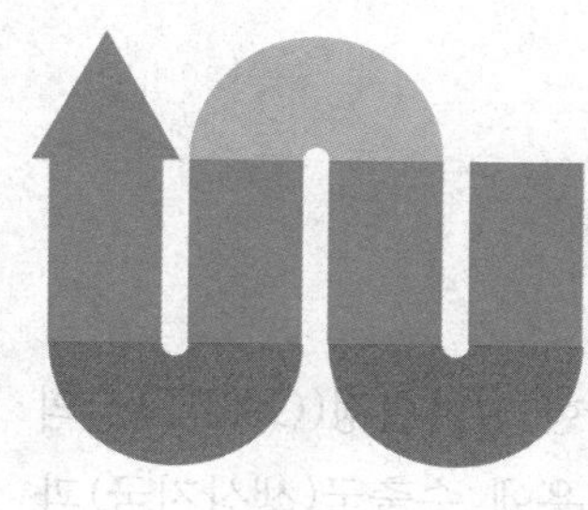

# 제 1 장

# 수출 · 수입업의 회계와 세무실무

## 제 1 절 수출업

## Ⅰ 개 요

### 1. 수출과 영세율

#### (1) 영세율의 의의

현행 부가가치세의 과세방법은 **전단계세액공제법**을 취하고 있다. 이 방식은 공급받는 거래상대방으로부터 거래징수한 매출세액에서 거래징수 당한 매입세액을 공제한 차액을 납부세액으로 하는 방식이다. 영세율이란 매출세액은 영(0)이 되고 자기 사업[1]을 위하여 부담한 매입세액은 전액 공제되어 환급세액이 발생하는 것을 말한다.

이와 같이 영세율이 적용되는 경우에는 자기가 부담한 매입세액까지도 환급받게 됨으로써 부가가치세 부담이 전액 제거되므로 이를 **완전면세제도**라고 한다.

| 구 분 | 영세율사업자 | 면세사업자 |
|---|---|---|
| 납세의무 | 부가가치세법상 납세의무 | 소득세법 · 법인세법상 납세의무 |
| 매입세액 | 공 제 | 불공제(원가) |
| 환 급 | 가 능 | 불가능 |
| 회계처리 | (차) 상품 100 (대) 현금 110<br>부가세대급금 10 | (차) 상품 110 (대) 현금 110 |

1) 자기사업이란 부가가치세 과세사업으로 자기책임과 계산으로 본인을 위하여 사업을 수행하는 것을 말한다. 따라서 대리인으로서 수출자를 위하여 수입을 대행하는 매도인관세부담인도조건(DDP조건)은 매입세액공제를 받을 수 없다.

### (2) 취지

#### ① 소비지국 과세원칙

재화의 수출입에 관한 소비세 과세방식은 관세 및 무역에 관한 일반협정(GATT)상의 일반원칙인 **소비지국 과세원칙**에 따라 재화를 수출하는 경우에 수출국(생산지국)과 수입국(소비지국)에서 부가가치세를 각각 과세하게 되면 동일재화에 대한 이중과세가 발생한다. 이를 해결하기 위하여 당해 재화를 생산·수출하는 국가에서는 과세를 하지 아니하고 수입국에서 과세하도록 함으로써 **국제적 이중과세의 방지**에 기여하고 있다.

#### ② 수출지원

영의 세율이 적용되는 재화 등에는 부가가치세 부담이 완전히 제거되므로 수출하는 재화 등의 가격경쟁력이 생겨 국제경쟁력이 강화된다. 또한 영세율에 대해서는 부가가치세 **신고기한 경과 후 15일 이내에 조기환급**을 해줌으로써 수출자의 자금부담을 완화하여 수출을 간접적으로 지원해주는 효과가 있다. 또한 수출의 전 단계인 내국신용장 등에 의하여 수출자에게 재화 등을 공급하는 경우 영세율을 적용하여 부가가치세의 부담을 제거해 줌으로써 수출을 지원해주고 있다.

[수출·입의 부가가치세 과세흐름]

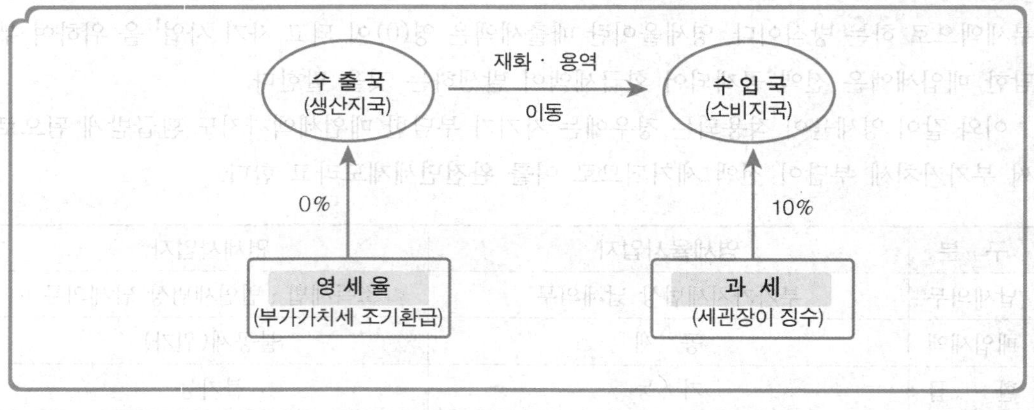


### (3) 상호주의

영세율은 부가가치세 과세사업자인 비거주자 또는 외국법인이면 그 해당 국가에서 대한민국의 거주자 또는 내국법인에 대하여 동일하게 면세하는 경우에만 영세율을 적용한다. 사업자가 외교공관 등의 소속 직원으로서 해당 외국에서 대한민국의 외교공관 및 영사기관 등의 직원에게 공급하는 재화 또는 용역에 대하여 동일하게 면세하는 경우에만 영세율을 적용한다.

여기서 **"동일하게 면세하는 경우"**는 해당 외국의 조세로서 우리나라의 부가가치세 또는 이와 유사한 성질의 조세를 면세하는 경우와 그 외국에 우리나라의 부가가치세 또는 이와 유사한 성질의 조세가 없는 경우로 한다(부법 25).

## 2. 수출의 정의

### (1) 대외무역법상의 정의

수출에 대한 정의를 대외무역법에서 규정하고 있는데 이는 부가가치세법에서 정의한 내용과 다소 차이가 있다.

대외무역법 시행령 제2조에서는 수출을 다음과 같이 정의하고 있다.

① 매매, 교환, 임대차, 사용대차, 증여 등을 원인으로 **국내에서 외국으로 물품이 이동하는 것**(우리나라의 선박으로 외국에서 채취한 광물 또는 포획한 수산물을 외국에 매도하는 것을 포함한다)

- 내국물품의 국외반출(부령 31) : 영세율 대상

②「관세법」 제196조에 따른 보세판매장에서 외국인에게 국내에서 생산(제조 · 가공 · 조립 · 수리 · 재생 또는 개조하는 것을 말한다. 이하 같다)된 물품을 매도하는 것

③ **유상으로 외국에서 외국으로 물품을 인도하는 것**으로서 산업통상자원부장관이 정하여 고시하는 기준에 해당하는 것

- 대외무역법상 중계무역방식 등 4가지 수출(부령 31) : 영세율 대상

④「외국환거래법」 제3조 제1항 제14호에 따른 거주자가 같은 법 제3조 제1항 제15호에 따른 비거주자에게 산업통상자원부장관이 정하여 고시하는 방법으로 제3조에 따른 용역을 제공하는 것

ⓐ 다음의 어느 하나에 해당하는 업종의 사업을 영위하는 자가 제공하는 용역

- 경영 상담업
- 법무 관련 서비스업
- 회계 및 세무 관련 서비스업
- 엔지니어링 서비스업
- 디자인
- 컴퓨터시스템 설계 및 자문업
- 「문화산업진흥기본법」 제2조 제1호에 따른 문화산업에 해당하는 업종
- 운수업
- 「관광진흥법」 제3조 제1항에 따른 관광사업에 해당하는 업종

• 그 밖에 지식기반용역 등 수출유망산업으로서 산업통상자원부장관이 정하여 고시하는 업종

ⓑ 국내의 법령 또는 대한민국이 당사자인 조약에 따라 보호되는 특허권·실용신안권·디자인권·상표권·저작권·저작인접권·프로그램저작권·반도체집적회로의 배치설계권의 양도, 전용실시권의 설정 또는 통상실시권의 허락

• 특허권 등 권리의 국외양도(서삼 46015-526, 2005. 4. 22) : 영세율 대상

⑤ 거주자가 비거주자에게 정보통신망을 통한 전송과 그 밖에 산업통상자원부장관이 정하여 고시하는 방법으로 제4조에 따른 **전자적 형태의 무체물을 인도하는 것**

### (2) 관세법상의 정의

수출이란 내국물품을 외국으로 반출하는 것을 말한다. 반송이란 국내에 도착한 외국물품이 수입통관절차를 거치지 아니하고 다시 외국으로 반출되는 것을 말한다(관세법 2).

### (3) 부가가치세법상의 정의

부가가치세법 제21조 및 부가가치세법 시행령 제31조에서는 영세율[2]이 적용되는 수출을 다음과 같이 정의하고 있다.

① 내국물품(대한민국 선박에 의하여 채집되거나 잡힌 수산물을 포함한다)을 **외국으로 반출[3]하는 것**

여기서 내국물품이란 우리나라에서 생산된 물품뿐 아니라 입항 전 수입신고가 수리된 물품, 반출승인을 얻어 반품된 물품 등을 말한다(관세법 2 4호).

② 중계무역방식의 거래 등 대통령령으로 정하는 것으로서 국내사업장에서 계약과 대가수령 등 거래가 이루어지는 것

㉠ 중계무역방식의 수출(수출할 것을 목적으로 물품 등을 수입하여 「관세법」 제154조에 따른 보세구역 및 같은 법 제156조에 따라 보세구역 외 장치의 허가를 받은 장소 또는 「자유무역지역의 지정 및 운영에 관한 법률」 제4조에 따른 자유무역지역 외의 국내에 반입하지 아니하는 방식의 수출을 말한다)

---

2) 부가가치세법은 소비지국 과세원칙을 구현하기 위하여 수출하는 재화 등에 영세율을 적용하고 있다. 여기서 영세율이 적용되기 위한 수출요건은 **재화의 이동장소(거래장소)가 국내**에서 이루어져야 하며 상대방이 내국인이 아닌 **외국법인이나 비거주자**이어야 한다. 다만, 중계무역 등 대외무역법에서 정한 수출은 재화의 이동이 외국에서 이루어지더라도 수출의 범위에 포함시켜 매입세액공제를 허용해 주고 있다.

3) 반출이란 재화나 용역의 이동이 이루어지는 것으로 유상반출이든, 무환반출이든 모두 영세율 적용대상이다. 다만, 대가를 받지 아니하는 광고선전 목적의 견본품(92) 또는 위탁가공을 위한 원자재반출(29) 등은 부가가치세 과세대상이 아니다.

㉡ 위탁판매수출[물품 등을 무환(無換)으로 수출하여 해당 물품이 판매된 범위에서 대금을 결제하는 계약에 의한 수출을 말한다]

㉢ 외국인도수출[수출대금은 국내에서 영수(領收)하지만 국내에서 통관되지 아니한 수출물품 등을 외국으로 인도하거나 제공하는 수출을 말한다]

㉣ 위탁가공무역 방식의 수출[가공임(加工賃)을 지급하는 조건으로 외국에서 가공(제조, 조립, 재성, 개조를 포함한다. 이하 같다)할 원료의 전부 또는 일부를 거래 상대방에게 수출하거나 외국에서 조달하여 가공한 후 가공물품 등을 외국으로 인도하는 방식의 수출을 말한다]

㉤ 원료를 대가 없이 국외의 수탁가공 사업자에게 반출하여 가공한 재화를 양도하는 경우에 그 원료의 반출

㉥ 「관세법」에 따른 수입신고수리 전의 물품으로서 보세구역에 보관하는 물품의 외국으로의 반출

즉, 외국에서 외국으로 이동하는 경우 영세율이 적용되는 수출에 해당하기 위해서는 첫째, 국내사업장에서 계약을 체결하고 둘째, 대가를 수령하는 유상거래이며 셋째, 대외무역법에서 정하는 중계무역, 위탁판매, 외국인도, 위탁가공무역방식의 수출에 한하여 수출하는 재화의 범위에 포함되어 영세율이 적용되는 것이다.

③ 기획재정부령으로 정하는 내국신용장 또는 구매확인서에 의하여 재화[금지금(金地金)은 제외한다]를 공급하는 것 등으로서 대통령령으로 정하는 것

④ 사업자가 한국국제협력단법에 의한 한국국제협력단에 공급하는 재화(한국국제협력단이 동법 제7조의 규정에 의한 사업을 위하여 당해 재화를 외국에 무상으로 반출하는 경우에 한한다)

⑤ 사업자가 「한국국제보건의료재단법」에 따른 한국국제보건의료재단에 공급하는 재화(한국국제보건의료재단이 같은 법 제7조에 따른 사업을 위하여 해당 재화를 외국에 무상으로 반출하는 경우만을 말한다)

⑥ 사업자가 다음의 요건에 의하여 공급하는 재화

- 국외의 비거주자 또는 외국법인과 직접 계약에 의하여 공급할 것
- **대금을 외국환은행에서 원화로 받을 것**
- 비거주자 등이 지정하는 국내의 다른 사업자에게 인도할 것
- 비거주자 등이 지정하는 국내의 다른 사업자에게 인도할 것
- 국내의 다른 사업자가 비거주자 등과 계약에 의하여 인도받은 재화를 그대로 반출하거나 제조·가공 후 반출할 것

**[수출의 형태와 영세율 적용범위]**

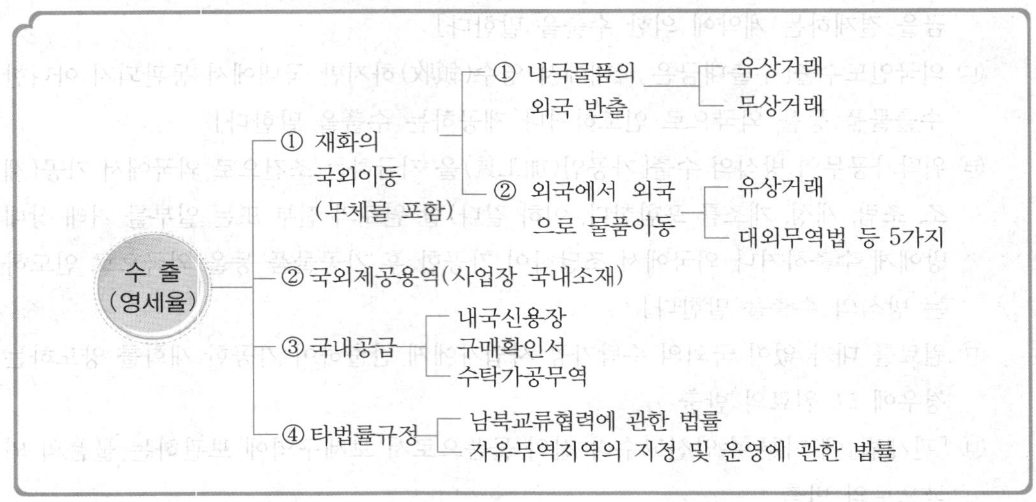

### 부가가치세 집행기준 3-0-4 국외거래에 대한 납세의무

① 부가가치세의 납세의무는 우리나라의 주권이 미치는 범위 내에서 적용되므로 사업자가 우리나라의 주권이 미치지 아니하는 국외에서 재화를 공급하는 경우에는 납세의무가 없다. 다만, 중계무역방식의 수출, 위탁판매수출, 외국인도수출, 위탁가공무역방식의 수출로 재화를 공급하거나 원료를 대가없이 국외의 수탁가공 사업자에게 반출하여 가공한 재화를 양도하는 경우에 그 원료를 반출하는 경우에는 그러하지 아니한다.

② 다음의 용역에 대하여는 해당 부동산 또는 광고매체의 사용 장소가 국외이므로 부가가치세 납세의무가 없다.

1. 국외에 소재하는 부동산의 임대용역
2. 국내사업자가 외국의 광고매체에 광고를 게재하게 하고 의뢰인으로부터 지급받는 광고료

③ 우리나라 국적의 항공기 또는 선박에서 이루어지는 거래는 국외거래로 보지 아니하므로 부가가치세 납세의무가 있다.

④ 비거주자가 국내의 오픈마켓(사이버몰)에 판매자로 등록한 후 그 오픈마켓을 통해 국내소비자로부터 주문을 받아 국외에서 국내소비자에게 직배송하는 방법으로 상품을 판매하는 경우 해당 오픈마켓은 그 비거주자의 「부가가치세법」 상 사업장에 해당하지 아니하며, 그 오픈마켓을 통한 상품판매에 대하여 해당 비거주자는 같은 법에 따른 납세의무를 부담하지 아니한다.

### 부가가치세 집행기준 20-0-2 공급장소를 국외로 보는 경우

① 북한지역에서 근무하는 국내 건설업체 직원에게 제공하는 음식용역

② 사업자 "갑"이 국외에서 재화를 사업자 "을"에게 양도하고 사업자 "을"이 자기명의로 재화를 수입하면서 세관장으로부터 수입세금계산서를 발급받은 경우 사업자 "갑"이 국외에서 사업자 "을"에게 인도하는 재화

③ 제조업체 "갑"이 중국임가공업체 "A"에게 원재료를 인도할 목적으로 국내사업자 "을"과의 계약에 의하여 물품을 공급받기로 하고 국내사업자 "을"은 해당 물품을 중국의 사업자 "B"로부터 구입하여 국내에 반입하지 아니하고 제조업체 "갑"이 지정하는 중국임가공업체 "A"에게 인도하는 경우 국내사업자 "을"의 거래는 수출에 해당하지 아니하고 재화의 이동이 국외에서 이루어진 것이므로 부가가치세 과세대상에 해당하지 아니한다.

④ 국내사업자가 국내에서 수출업체인 내국법인과 임가공용역을 제공하여 주기로 하는 계약을 체결하고 국내사업장이 없는 국외에서 외국법인으로 하여금 임가공하게 한 후 내국법인으로부터 임가공용역의 대가를 받는 경우 국내사업자가 내국법인에게 제공한 임가공용역은 부가가치세가 과세되지 아니한다.

## 3. 수출절차

### (1) 수출절차 개요

[수출절차]

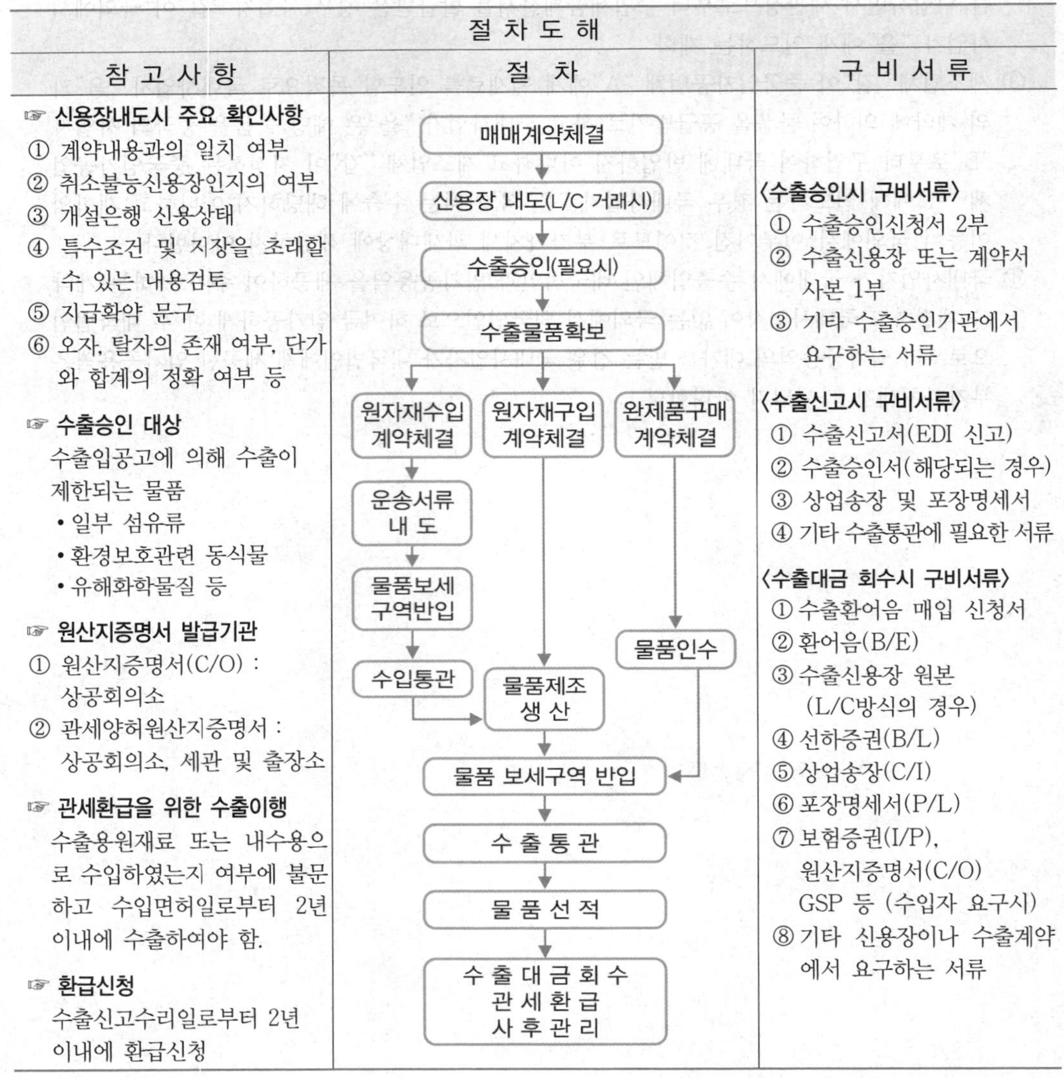

| 절 차 도 해 | | |
|---|---|---|
| 참 고 사 항 | 절 차 | 구 비 서 류 |
| ☞ **신용장내도시 주요 확인사항**<br>① 계약내용과의 일치 여부<br>② 취소불능신용장인지의 여부<br>③ 개설은행 신용상태<br>④ 특수조건 및 지장을 초래할 수 있는 내용검토<br>⑤ 지급확약 문구<br>⑥ 오자, 탈자의 존재 여부, 단가와 합계의 정확 여부 등<br><br>☞ **수출승인 대상**<br>수출입공고에 의해 수출이 제한되는 물품<br>• 일부 섬유류<br>• 환경보호관련 동식물<br>• 유해화학물질 등<br><br>☞ **원산지증명서 발급기관**<br>① 원산지증명서(C/O) : 상공회의소<br>② 관세양허원산지증명서 : 상공회의소, 세관 및 출장소<br><br>☞ **관세환급을 위한 수출이행**<br>수출용원재료 또는 내수용으로 수입하였는지 여부에 불문하고 수입면허일로부터 2년 이내에 수출하여야 함.<br><br>☞ **환급신청**<br>수출신고수리일로부터 2년 이내에 환급신청 | 매매계약체결<br>신용장 내도(L/C 거래시)<br>수출승인(필요시)<br>수출물품확보<br>원자재수입 계약체결 → 운송서류 내 도 → 물품보세 구역반입 → 수입통관 → 물품제조 생 산<br>원자재구입 계약체결 → 물품제조 생 산<br>완제품구매 계약체결 → 물품인수 → 물품 보세구역 반입<br>물품 보세구역 반입<br>수 출 통 관<br>물 품 선 적<br>수 출 대 금 회 수<br>관 세 환 급<br>사 후 관 리 | **〈수출승인시 구비서류〉**<br>① 수출승인신청서 2부<br>② 수출신용장 또는 계약서 사본 1부<br>③ 기타 수출승인기관에서 요구하는 서류<br><br>**〈수출신고시 구비서류〉**<br>① 수출신고서(EDI 신고)<br>② 수출승인서(해당되는 경우)<br>③ 상업송장 및 포장명세서<br>④ 기타 수출통관에 필요한 서류<br><br>**〈수출대금 회수시 구비서류〉**<br>① 수출환어음 매입 신청서<br>② 환어음(B/E)<br>③ 수출신용장 원본 (L/C방식의 경우)<br>④ 선하증권(B/L)<br>⑤ 상업송장(C/I)<br>⑥ 포장명세서(P/L)<br>⑦ 보험증권(I/P), 원산지증명서(C/O) GSP 등 (수입자 요구시)<br>⑧ 기타 신용장이나 수출계약에서 요구하는 서류 |

※ 이상 자료는 2002/2003 개정판 한국무역협회 발간의 무역실무 매뉴얼에서 인용한 것임.

## (2) 신용장방식에 의한 수출절차[4)]

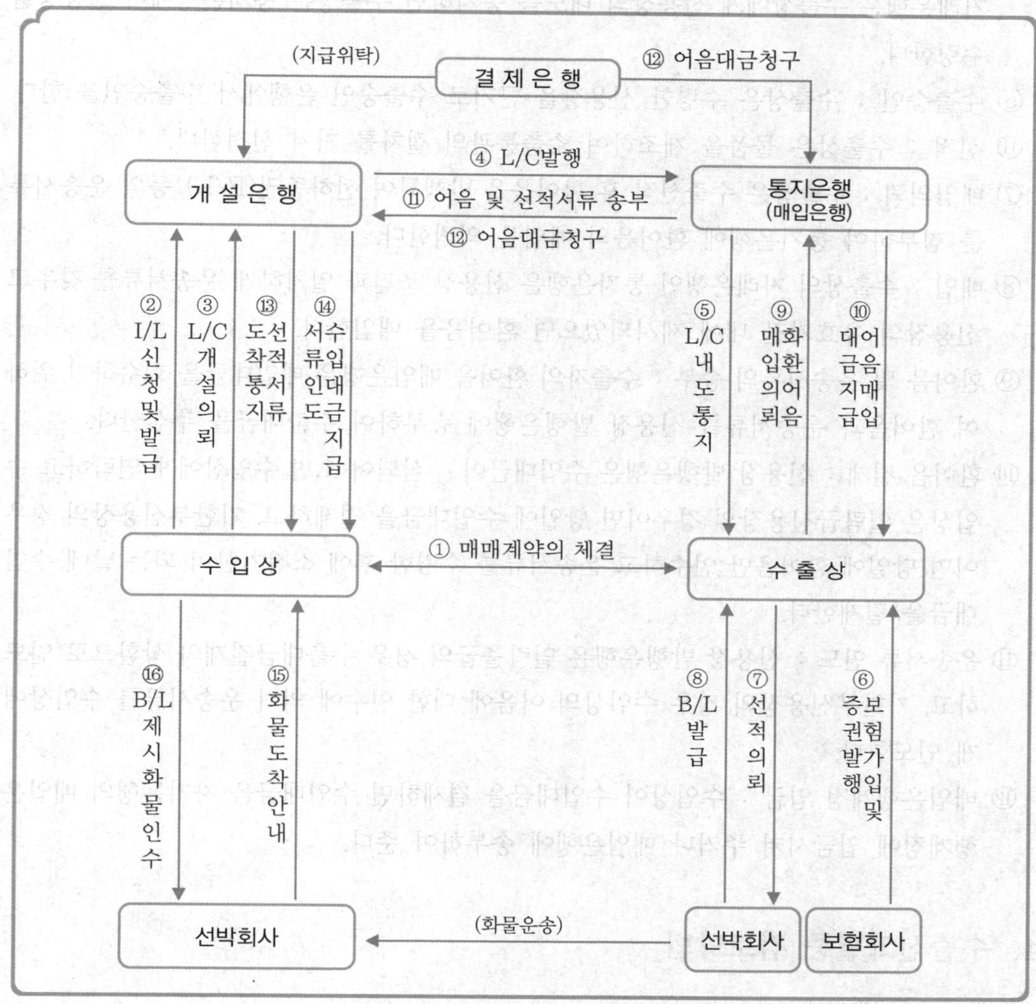


상기의 수출절차 흐름도는 취소불능 화환신용장에 의한 일반적인 수출절차 과정으로 이를 구체적으로 살펴보면 다음과 같다.

① 수출입 계약체결 : 수출상과 수입상이 수출입계약을 체결한다.

② 신용장발행의뢰 : 수입상이 자기나라의 거래은행(개설은행)에 수입신용장 발행을 신청한다.

③ 신용장의 발행 및 송부 : 수입상의 신청에 의하여 발행은행은 신용장을 개설하여 수출상의 거래은행(통지은행 또는 매입은행)을 통하여 송부한다.

4) 한장석 · 김용관, 부가가치세 2006, 광교이택스, 2006, p.327 인용

④ 신용장의 내도통지 및 수령 : 수입상의 거래은행으로부터 신용장을 수령한 수출상의 거래은행은 수출상에게 신용장의 내도를 통지하면 수출상은 통지은행에서 신용장을 수령한다.

⑤ 수출승인 : 수출상은 수령한 신용장을 근거로 수출승인 은행에서 수출승인을 한다.

⑥ 선적 : 수출상은 물품을 제조하여 수출통관의 절차를 거쳐 선적한다.

⑦ 매입의뢰 : 수출상은 수출선적 후 환어음을 발행하여 선하증권(B/L) 등의 운송서류를 첨부하여 통지은행에 환어음의 매입을 의뢰한다.

⑧ 매입 : 수출상의 거래은행인 통지은행은 신용장 조건과 일치하게 운송서류를 갖추고 신용장의 유효기간 내에 제시되었으면 환어음을 매입한다.

⑨ 환어음 및 운송서류의 송부 : 수출자의 환어음 매입은행은 매입대금을 회수하기 위하여 환어음과 운송서류를 신용장 발행은행에 송부하여 수출대금을 추심한다.

⑩ 환어음 결제 : 신용장 발행은행은 수입대금이 추심되어 오면 수입상에게 연락하고 수입상은 일람급신용장의 경우이면 당일에 수입대금을 결제하고, 기한부신용장의 경우이면 당일에 환어음만 인수하고 운송서류를 수령한 후에 소정기한이 되는 날에 수입대금을 결제한다.

⑪ 운송서류 인도 : 신용장 발행은행은 일람출급의 경우 수출대금결제와 상환으로 인도하고, 기한부신용장의 경우 수입상의 어음에 대한 인수에 의거 운송서류를 수입상에게 인도한다.

⑫ 매입은행계정 입금 : 수입상이 수입대금을 결제하면 수입대금을 자기은행의 매입은행계정에 입금시켜 주거나 매입은행에 송부하여 준다.

## 4. 수출신고필증 검토방법

### (1) 수출신고필증의 개념

수출신고필증은 수출자가 수출신고수리를 요청하는 통관의 의사표시를 한 서류를 세관에 제출하는 행위로 세관장은 적법하게 신고된 경우에는 수출신고필증을 교부하게 된다. 우리나라는 수출통관시 원칙적으로 EDI(Electronic Data Interchange) **방식에 의하여 서류 없는** (P/L : Paperless) **통관절차**를 채택하고 있다. 회계담당자는 부가가치세 영세율신고 및 회계처리시에 수출신고필증을 검토하게 되는데 이에 대한 이해가 필요하다.

수출신고필증은 수출의 형태, 수출승인일자, 수출품목, 수출금액 등이 나타나므로 이를 바탕으로 영세율신고를 하면 된다. 다만, **수출신고필증에는 선적일의 표시가 없으므로 선하증권상의 선적일을 확인**하여야 한다.

**참 고** **반송신고필증**

**(1) 개념**

반송이란 외국으로부터 우리나라에 반입된 물품의 수입신고를 하지 아니하고 외국으로 되돌려 보내는 것을 말하며 반송에 관련된 절차를 반송통관이라 한다. 즉, 국내에 도착한 외국물품이 수입통관절차를 거치지 아니하고 다시 외국으로 반출되는 것을 말한다(관세법 2 2호의 2).

**(2) 반송유형**

① 외국으로부터 우리나라 보세구역에 반입된 물품으로서 다음의 사유로 수입신고를 하지 아니한 상태에서 다시 외국으로 반출되는 물품(단순반송물품)
- 주문이 취소되었거나 잘못 반입된 물품
- 수입신고 전에 계약상이가 확인된 물품
- 수입신고 전 수입요건 미구비가 확인된 물품
- 선사(항공사)가 외국으로 반출하는 선(기)용품 또는 선(기)내에 판매용품. 기타 사유로 반출하는 물품

② 외국으로부터 보세구역에 반입된 물품으로서 수입하고자 수입신고를 하였으나 수입신고수리요건 등의 불비로 통관이 보류되어 다시 외국으로 반출되는 물품

③ 해외에서 위탁가공 후 보세구역에 반입된 물품으로서 수출할 목적으로 다시 외국으로 반출하는 물품

④ 외국으로부터 보세창고에 반입된 물품으로서 국내 수입화주의 결정지연 등으로 수입하지 아니한 상태에서 다시 외국으로 반출되는 물품
보세창고에 반입된 해외조립용 수출용원재료 또는 이미 수출한 물품의 사후보수, 수리를 위한 물품(장기비축 수출용원재료 및 수출품사후보수용품)

⑤ 박람회 등을 위하여 보세전시장에 반입된 후 전시 종료 후 외국으로 반출하는 물품

⑥ 보세판매장에 반입된 외국물품을 판매하지 못하여 운영인이 외국으로 반출하는 물품

⑦ 미군 교역처에서 수출조건부 불하한 보세물품

**(3) 반송사유코드**

| 코드 | 반송사유 |
|---|---|
| 11 | 주문이 취소되었거나 잘못 반입된 물품 |
| 12 | 수입신고 전에 계약상이가 확인된 물품 |
| 13 | 수입신고 전 수입요건 미구비가 확인된 물품 |
| 14 | 선사/항공사가 외국으로 반출하는 선·기용품 또는 선·기내판매용품 |
| 15 | 기타 사유로 반송하는 물품 |
| 20 | 통관보류물품의 반송 |
| 30 | 위탁가공하여 보세구역에 반입된 물품의 반송 |

| 코드 | 반송사유 |
|---|---|
| 40 | 중계무역물품의 반송 |
| 50 | 보세창고반입물품의 반송 |
| 60 | 장기비축원재료 및 수출물품 사후보수용품 반송 |
| 70 | 보세전시장물품 반송 |
| 80 | 보세판매장물품 반송 |
| 90 | 수출조건부 미군불하물품 반송 |

### (4) 회계처리 및 부가가치세 신고

반송신고는 수출신고와 동일한 절차를 통해서 이루어지며 회계처리도 동일하다. 예를 들면 다음과 같이 회계처리하면 된다.

| | 차변 | | 대변 | |
|---|---|---|---|---|
| • 구입시 : | (차) 미착상품(상품) | ××× | (대) 매입채무 | ××× |
| • 반송시 : | (차) 외화매출채권 | ××× | (대) 수출매출 | ××× |
| | 매출원가 | ××× | 미착상품(상품) | ××× |

다만, 수출로 보지 않는 단순반품의 경우에는 수정분개만 하면 된다.

(차) 매출 ××× (대) 매출채권 ×××

한편, 수출로 보는 중계무역이나 위탁가공무역의 경우는 영세율이 적용된다.

또한 사업자가 수입한 재화를 반품하는 경우 수출하는 재화에 해당되어 영의 세율이 적용된다(서면3팀-526, 2005. 4. 22). 다만, 관세법상 위약물품 등은 과세대상이 아니다.

※「반송절차에 관한 고시」 참고 바랍니다.
관세청고시 제2017-071호(일부개정 2017. 11. 13)

**사례** **반송시 영세율 적용 여부**

(1) 사실관계

국내법인인 "A"사는 국내해외합작 국내법인인 "C"사로부터 원재료 100을 매입하여 "A"사의 해외법인인 "B"사에게 매각하기로 한 경우로서

① "C"사는 국내생산설비를 갖추지 아니한 법인으로서 "A"사의 구매확인서를 통해 또 다른 해외법인인 "D"사로부터 원재료를 수입하여 "C"사가 직접 "B"사로 보내는 방식으로 처리된 바, "A"사는 "C"사로부터 영세율세금계산서를 수취하였고 "A"사는 "C"사에게 대금을 지급함.

② "C"사가 직접 "B"사로 보내는 방식은 국내수입통관을 하지 않은 상태에서 원재료를 수출한 것으로서 수출신고필증이 아닌 반송신고필증(반송통관, 수출자 상호로는 "A"사가 들어가 있음)이 발급됨.

(2) 질의

상기의 경우로서 국내법인인 "A"의 경우 수출로서 부가가치세 과세대상인지 아니면 수출의 범위에 들어가지 아니하기 때문에 과세대상이 아닌지 여부

(3) 회신

국내법인 "A"가 해외법인에게 공급하는 재화와 관련하여 국내의 사업장에서 계약과 대가수령 등 거래가 이루어지는 경우에는 부가가치세법 시행령 제24조 제1항의 규정(중계무역)에 의한 수출로서 영의 세율이 적용되는 것이다(서삼 46015-12163, 2002. 12. 16).

## (2) 수출신고필증 양식

수출신고필증(수출이행, 갑지)

※ 처리기간 : 즉시

| 제출번호 13164-11-000995U | ⑤신고번호 | ⑥신고일자 | ⑦신고구분H | ⑧C/S구분 |
|---|---|---|---|---|
| ① 신 고 자 : 다솔관세법인/이민지 | 030-15-11-03105745 | 20×2-10-21 | 일반P/L신고 | |

| ②수출대행자 (주)태안무역<br>(통관고유번호) 태안무역-12-1-01-4 수출자구분 A<br>수 출 화 주 (주)태안무역<br>(통관고유번호)<br>(주소) 서울시 영등포구 여의대방로 131<br>(대표자) 이 무 역<br>(사업자등록번호) 108-81-32445 | ⑨거래구분11<br>일반형태 | ⑩종 류A<br>일반수출 | ⑪결제방법TT<br>단순송금방식 |
|---|---|---|---|
| | ⑫목적국 JP<br>JAPAN | ⑬적재항 KRPUS<br>부산항 | ⑭선박회사<br>(항공사) |
| | ⑮선박명<br>(항공편명) | ⑯출항예정일자 | ⑰적재예정<br>보세구역 |
| | ⑱운송형태 10 LC | ⑲검사희망일 20×2/10/23 | |
| | ⑳물품소재지 601<br>부산광역시 동구 좌천동 한국허치슨 터미널 | | |
| ③제 조 자 (주)태안무역<br>(통관고유부호) 태안무역-12-1-01-4<br>제조장소 135 산업단지부호 999 | ㉑L/C번호 | ㉒물품상태 N | |
| | ㉓사전임시개청통보여부 A | ㉔반송 사유 | |
| ④구 매 자 FIVE E LIFE CO LTD<br>(구매자부호) JPFIVEEL0001M | ㉕환급신청인 2(1 : 수출대행자/수출화주, 2 : 제조자)<br>간이환급 NO | | |

● 품명 · 규격(란번호/총란수 : 001/ 001)

| ㉖품 명 KIM-CHI<br>㉗거래품명 KIM CHI | ㉘상표명 | | | |
|---|---|---|---|---|
| ㉙모델 · 규격 | ㉚성분 | ㉛수량 | ㉜단가(KRW) | ㉝금액(KRW) |
| === 을 지 참 조 === | | | | |

| ㉞세번부호 | 2005.99-1000 | ㉟순중량 | 1,977.6(KG) | ㊱수량 | ( ) | ㊲신고가격(FOB) | $19,930<br>₩21,163,440 |
|---|---|---|---|---|---|---|---|
| ㊳송품장부호 | HA200910-007 | ㊴수입신고번호 | | | ㊵원산지KR | ㊶포장개수(종류) | 4(GT) |
| ㊷수출요건확인<br>(발급서류명) | | | | | | | |

| ㊸총중량 | 2,203.6(KG) | ㊹총포장개수 | 4(GT) | ㊺총신고가격<br>(FOB) | $19,930<br>₩21,163,440 |
|---|---|---|---|---|---|
| ㊻운임(₩110,230) | | ㊼보험료(₩) | | ㊽결제금액 | CFR-USD-19,930 |
| ㊾수입화물관리번호 | | | | ㊿컨테이너번호 | N |

| ※신고인기재란 | ㉛세관기재란 |
|---|---|
| 본 신고필증은 수출통관사무처리에 관한 고시의 규정에 의하여 P/L신고를 하여 세관장으로부터 신고수리된 것을 확인하여 발행 · 교부됨<br>업태/종목: 도소매/식품 | 1. 귀사는 관세환급대상 수출실적이 있음에도 관세환급을 신청하지 않은 업체로 추정됩니다. 2. 통관세관 또는 관세사에게 관세환급 가능 여부를 구체적으로 확인하여 보시기 바랍니다. 3. 통관대행 관세사는 고객인 수출업자가 관세환급제도를 이용할 수 있도록 이 정보를 안내해 주시기 바랍니다. |

| ㉜운송(신고)인<br>㉝기간 부터 까지 | ㉞적재의무기한 | 20×2/10/21 | ㉟담당자 | | ㊱신고수리일자 | 20×2/10/21 |
|---|---|---|---|---|---|---|

① **수출신고수리일로부터 30일 이내에 적재하지 아니한 때에는 수출신고수리가 취소됨과 아울러 과태료가 부과될** 수 있으므로 적재사실을 확인하시기 바랍니다(관세법 251, 277). 또한 휴대탁송 반출시에는 반드시 출국심사(부두, 초소, 공항) 세관공무원에게 제시하여 확인을 받으시기 바랍니다.

② 수출신고필증의 진위 여부는 관세청 인터넷통관포탈에 조회하여 확인하시기 바랍니다. (http://portal.customs.go.kr)

## (3) 수출실적명세서 작성

### 1) 작성예시

[별지 제40호 서식(1)] <개정 2022. 3. 18> (앞 쪽)

**수출실적명세서(갑)**

※ 직수출 · 대행수출, 수탁가공무역의 위탁자반출의 영세율첨부서류

| ※ 관리번호 | - | ( 20×2 년 2기 ) |
|---|---|---|

| ①사업자등록번호 | 108-81-32445 | ②상 호(법인명) | (주)태안무역 | |
|---|---|---|---|---|
| ③성명(대표자) | 이무역 | ④사업장소재지 | 서울 영등포구 여의대방로 131 | |
| ⑤업 태 | 제조, 도매 | ⑥종 목 | 의류, 무역 | |
| ⑦거 래 기 간 | 20×2년 10월 1일 ~ 12월 31일 | | ⑧작성일자 | 20×3. 1. 25 |

| 구 분 | 건 수 | 외화금액 | 원화금액 | 비 고 |
|---|---|---|---|---|
| ⑨합 계 | 16 | 446,598.14 | 455,017,295 | |
| ⑩수 출 재 화<br>(=⑫ 합계) | 4 | 290,524.47 | 295,060,494 | |
| ⑪기타영세율적용 | 12 | 156,073.67 | 159,956,801 | 영세율첨부서류<br>신고기한 내 제출 |

| ⑫ 일련번호 | ⑬ 수출신고번호 | ⑭ 선(기)적일자 | ⑮ 통화코드 | ⑯ 환 율 | 금 액 | |
|---|---|---|---|---|---|---|
| | | | | | ⑰ 외 화 | ⑱ 원 화 |
| 합 계 | | | | | 290,524.47 | 295,060,494 |
| 1 | 030-15-11-03105745 | 20×2. 10. 24 | USD | 1,026.7000 | 19,930 | 20,462,131 |
| | - 이하 생략 - | | | | | |

### 2) 작성요령

⑨ : 부가가치세 영세율이 적용되는 재화 또는 용역의 공급으로 **세금계산서 발급대상이 아닌 영세율 적용분**에 대한 총건수, 외화금액 합계, 원화금액 합계[부가가치세 신고서 2쪽 영세율 기타분(⑥항) 과세표준]를 기재합니다.

⑩ : 관세청에 수출신고 후 외국으로 직접 반출(수출)하는 재화의 총건수, 외화금액 합계, 원화금액 합계를 기재하며, ⑫항 란의 1번부터 마지막 번호까지를 모두 합계한 건수, 외화금액, 원화금액과 일치하여야 합니다.

⑪ : 관세청에 수출신고 후 **외국으로 직접 반출(수출)하는 재화 이외의 영세율 적용분**(국외제공용역, 중계무역, 위탁가공무역 등)으로 세금계산서를 발급하지 아니하는 분의 총건수, 외화금액 합계, 원화금액 합계를 기재합니다.(※ 첨부서류는 별도 제출)

⑫ : 수출 건별로 1번부터 부여하여 마지막 번호까지 순서대로 기재합니다.

⑬ : 수출신고서의 (5)번 신고번호를 기재합니다.

⑭ : 수출재화(물품)를 실질적으로 선(기)적한 일자를 기재합니다. **선적일은 선하증권상의 선적일자를 기재**합니다.

⑮ : 수출대금을 결제받기로 한 외국통화의 코드를 영문자 3자로 기재합니다. (수출신고서 (49)번 항목의 중간에 표시되며, 미국달러로 결제받는 경우 USD라 기재합니다)

⑯ : 수출재화의 선(기)적일자에 해당하는 외국환거래법에 의한 기준환율 또는 재정환율을 기재합니다. 서울외국환중개(주)가 매일 최초고시하는 매매기준율을 기재합니다. 또한 **공휴일이나 토요일인 경우 직전일 환율**을 기재합니다.

⑰ : 수출물품의 인도조건에 따라 지급받기로 한 전체 수출금액으로 수출신고서의 (48)번 항목의 금액이며 소수점 미만 2자리까지 기재합니다.

⑱ : ⑰항 란의 금액을 ⑯항 란의 환율로 곱한 환산금액 또는 선(기)적일 전에 수출대금(수출선수금, 사전송금방식수출 등)을 **원화로 환가한 경우에는 그 금액**을 원단위 미만은 절사하고 기재합니다.

## (4) 수출신고필증 검토[5)]

회계실무자가 수출거래를 이해하고 올바른 회계처리와 세무신고를 위하여 꼭 알아야 할 내용에 대하여 설명하고자 한다.

5) 수출신고서 및 수입신고서 검토요령은 관세청 홈페이지(www.customs.go.kr)의 작성요령을 인용하였음.

① **신고자상호 · 제출번호**

○ 신고자 상호와 대표자 성명을 기재한다.
다만, 화주(당해 수출물품의 소유자) 또는 완제품 공급자 직접신고로서 관세사 명의로 수출신고하는 경우에는 ○○회사(주) 관세사○○○으로 기재한다.

○ 신고자 부호, 연도 및 신고서 작성 일련번호를 기재한다.
상호가 없는 기타(개인)의 경우에는 제출번호 기재를 생략한다.

② **수출자 상호, 부호**

○ 수출자 상호 또는 성명을 기재한다.
수출자가 다수인 경우 ○○○외 ○명으로 신고할 수 없으므로 수출자별 분리하여 신고한다.

○ 대외무역관리규정 제3-5-1조 제6항에 의하여 무역거래자는 무역업고유번호(8자리)를 기재한다.
다만, 정부기관, 정부투자기관의 경우에는 관세청에서 부여한 번호를 기재한다.
또한, 대외무역관리규정 제3-5-1조 규정에 의한 무역업고유번호를 부여받지 아니한 경우에는 '99999999'를 기재한다.

○ 아래 해당 코드를 기재한다.
- **수출자가 제조자와 동일한 경우** : A
- **수출자가 수출대행만을 한 경우** : B
- **수출자가 완제품공급(원상태 공급을 포함한다)을 받아 수출한 경우** : C
- **수출자와 제조자가 본 · 지사 관계인 경우** : D

○ 수출대행의 경우 위탁자 상호를 기재하고 수출대행이 아닌 경우는 기재를 생략한다.

○ 수출자 주소를 기재한다. 다만, 수출대행의 경우에는 위탁자 주소를 기재한다.

○ 수출자 대표 성명을 기재한다. 다만, 수출대행의 경우에는 위탁자 대표 성명을 기재한다.

**회계담당자 검토사항**

영문자 부호에 따라 수출형태를 알 수 있으며 영세율첨부서류를 무엇으로 제출해야 할 것인가를 대략적으로 파악할 수 있다.
예를 들면, 수출신고필증상에 수출자상호와 제조자상호가 일치하게 되면 직수출에 해당되어 "A"로 표시되고 이때의 영세율첨부서류는 수출실적명세서가 된다. 또한 "B"로 표시된 경우 대행수출로 수출대행수수료에 대하여 세금계산서를 발급했는지 또는 단순 명의대행인지 여부를 확인한다. 그리고 "C"로 표시되는 경우 제조자가 내국신용장 또는 구매확인서에 의하여 공급되어 영세율이 적용되는지를 확인한다.

### ③ 제조자 주소, 상호, 성명, 통관고유번호 및 사업자등록번호

○ 수출물품을 제조 가공한 자의 상호를 기재한다.

○ 관세청장(서울세관장)이 지정한 통관고유부호를 기재한다.

- 국내 제조자가 없는 수입물품, 반송물품, 제조자를 알 수 없는 시중 구매물품, 제조자 다수 등으로 제조자 기재가 불가능한 경우에는 제조자 상호를 "미상"으로 하고 통관고유부호는 "제조미상9999000"으로 기재한다.

○ 수출물품 제조장소(공장)의 우편번호 앞 3자리 번호를 기재한다. 다만, 제조자가 미상인 경우에는 수출자·위탁자 소재지 우편번호 앞 3자리 기재한다.

○ 수출물품 제조장소의 산업단지부호를 기재(통계부호표 참조)한다. 다만, 산업단지부호가 아닌 경우 '999' 기재한다.

### ④ 구매자상호

○ 상업송품장(Invoice)상에 명시된 외국의 구매회사 이름을 영문으로 기재한다.

○ 관세청(서울세관)에서 부여하는 해외공급자 부호를 기재한다. 등록된 해외공급자 부호가 없는 경우에는 관세청(서울세관)에서 부여받아 기재한다. 다만, 임시개청 등의 사유로 부득이하게 구매자 부호(해외공급자 부호)를 확인할 수 없거나 부여받을 수 없는 경우에는 기타 부호(ZZZZZ9999Z)를 기재한다.

### ⑤ 신고번호

○ 통관지 세관부호 및 과부호, 연도를 기재한다. 일련번호 및 체크디지트는 세관 접수시 부여하는 것으로 기재할 필요가 없다.

**회계담당자 검토사항**

수출신고번호는 통관지 세관, 연도, 일련번호 및 체크디지트 등이 기재되며 이는 영세율첨부서류인 수출실적명세서에 기재되어 관세청통관자료와 확인대사가 이루어진다. 그리고 수출신고번호를 관세청홈페이지에서 입력하면 출항일자를 알 수 있다. 출항일자는 선적 후 통상 1~2일 후에 이루어진다. 다만, 항공기를 통하여 수출하는 경우 수출신고일자와 기적일자가 일치할 수 있다.

### ⑥ 신고일자

○ 신고자가 신고서를 접수하고자 하는 날짜를 YYYYMMDD(연월일)로 기재한다. (예 : 20050512)

회계담당자 검토사항

신고일자는 신고서가 접수된 날짜로 대부분 이날 수출신고수리가 되며 보통 2, 3일 이후에 선적이 이루어진다. 따라서 이 날을 선적일로 보아 부가가치세 신고를 하면 영세율신고불성실가산세 및 귀속시기에 따른 수입금액의 차이로 신고불성실가산세 등 불이익을 받을 수 있으니 주의를 요한다.

핵심체크

수출은 ① 수출신고수리 ② 선적 ③ 출항 순으로 이루어지며 부가가치세법상 공급시기는 선적일로 선하증권을 통하여 확인하여야 한다. 선적일을 잘못 판단하면 귀속시기 또는 환율차이로 인한 신고불성실가산세를 부과당하게 된다.

### 외화의 원화환산 오류로 미달하게 영세율 과세표준을 신고한 경우 가산세 적용 여부

당초 신고시 수출신고필증 상의 환율을 적용하여 부가가치세 신고를 하였으나, 관할세무서에서 선적일의 환율을 적용한 과세표준과 차이가 발생하여 영세율 과세표준 신고불성실가산세를 부과할 수 있는지?

부가가치세 신고시 영세율 과세표준을 외화표시 금액의 원화환산의 오류로 인하여 신고하여야 할 과세표준에 미달하게 신고한 경우 부가가치세법 제22조 제7항의 규정에 의하여 영세율 과세표준 신고불성실가산세를 적용하는 것입니다. (근거 : 부가-1418, 2009. 9. 30)

⑦ 신고구분

P/L, 서류제출, 반송 등 해당 코드를 기재(통계부호표 참조)한다.

⑧ C/S구분

세관기재(검사생략 등)란으로 기재 생략한다.

⑨ 거래구분

관세청 홈페이지 참고 - 수출통계부호

| 구 분 | 통계 부호 | 부호내역 | 비 고 |
|---|---|---|---|
| 수출거래 구분 | 11 | 일반형태 수출 | |
| 수출거래 구분 | 15 | 전자상거래에 의한 수출물품 | |
| 수출거래 구분 | 21 | 국내 외국인 투자업체가 외국으로부터 수탁받아 가공 후 수출 | |
| 수출거래 구분 | 22 | 기타 일반업체가 수탁받아 가공 후 수출 | |
| 수출거래 구분 | 29 | 위탁가공(국외가공)을 위한 원자재수출 | |
| 수출거래 구분 | 31 | 위탁판매를 위한 물품의 수출 | |
| 수출거래 구분 | 32 | 연계무역에 의한 물품의 수출(구상무역 포함) | |
| 수출거래 구분 | 33 | 임대방식에 의한 수출(소유권 이전조건) | |
| 수출거래 구분 | 39 | 임대방식에 의한 수출(소유권 불이전조건) | |
| 수출거래 구분 | 40 | 임차방식에 의한 수입 후 다시 수출되는 물품 | |
| 수출거래 구분 | 41 | 대외 원조수출(정부원조) | |
| 수출거래 구분 | 49 | 대외 원조수출(민간원조) | |
| 수출거래 구분 | 51 | 현물차관수출 | |
| 수출거래 구분 | 59 | 현물상관수출 | |
| 수출거래 구분 | 61 | 해외투자 수출 | |
| 수출거래 구분 | 69 | 산업설비 | |
| 수출거래 구분 | 70 | 국내보세공장에서 국적취득조건부 나용선으로 건조한 선박에 수출 | |
| 수출거래 구분 | 71 | 주한 미군 불하물품 수출 | |
| 수출거래 구분 | 72 | 외국물품을 수입통관 후 원상태로 수출 | 유상판매하는 경우 |
| 수출거래 구분 | 73 | 수출조건부 공매물품의 수출 | |
| 수출거래 구분 | 78 | 외국으로부터 보세구역에 반입된 물품으로 다시 반송되는 물품 | 중계무역수출은 제외 |
| 수출거래 구분 | 79 | 중계무역수출 | |
| 수출거래 구분 | 81 | 선박, 항공기를 국내수리 후 수출 | |
| 수출거래 구분 | 82 | 선박, 항공기를 외국에서 수리, 검사받을 목적으로 수출 | |
| 수출거래 구분 | 83 | 외국에서 수리, 검사 목적으로 반출하는 물품(선, 기 제외) | |

| 구 분 | 통계부호 | 부호내역 | 비 고 |
|---|---|---|---|
| 수출거래 구분 | 84 | 외국에서 수리, 검사(가공 제외) 후 반출하는 물품(선, 기 제외) | |
| 수출거래 구분 | 85 | 외국에서 개최 국제행사 참가하기 위해 무상반출하는 물품 | |
| 수출거래 구분 | 86 | 국내에서 개최된 국제행사에 참가한 후 재반출하는 물품 | |
| 수출거래 구분 | 89 | 수리, 검사, 기타사유로 반입되어 작업 후 다시 반출되는 물품 | |
| 수출거래 구분 | 90 | 수출된 물품이 계약내용과 상이하여 반출하는 물품 | |
| 수출거래 구분 | 91 | 해외 이주자가 반출하는 원자재, 시설재, 장비 등의 물품의 수출 | |
| 수출거래 구분 | 92 | 무상으로 반출하는 상품의 견품 및 광고용품 | |
| 수출거래 구분 | 93 | 수입된 물품이 계약내용과 상이하여 반출하는 물품 | |
| 수출거래 구분 | 94 | 기타 수출승인 면제물품 | |
| 수출거래 구분 | 95 | 외교관 용품 등 수출 | |
| 수출거래 구분 | 96 | 물품의 수리 또는 검사를 위하여 반출하는 물품 | |

실무담당자 검토사항

수출의 구체적인 형태가 나타나며 이에 따른 영세율첨부서류와 회계처리방식이 달라지므로 주의 깊게 검토하여야 한다. 다만, 세법은 명의나 형식에 불구하고 실질에 따라 과세하는 실질과세원칙이 적용되므로 형식상의 수출부호와 실질의 수출형태가 다를 경우에는 실질에 따라 적용하여야 한다.

**① 위탁가공을 위한 원자재수출(29)**

위탁가공무역(29)은 원자재가 무환(무상)으로 반출되어 수출신고필증이 교부되어도 이는 부가가치세법상 과세대상인 수출이 아니므로 영세율신고대상이 아니다. 즉, **외국에서 가공되어 완제품이 제3국으로 인도될 때** 영세율신고를 하는 것이다.

**② 위탁판매수출(31)**

사업자가 무상 투자한 외국의 현지인과 합작으로 외국에 재화의 보관·관리시설만을 갖춘 보관창고를 설치하고 자기가 생산하거나 취득한 재화를 국내항구에서 선적하여 당해 외국의 보관창고로 반출한 후 당해 국가의 수입상에게 판매하는 경우에는 그 대금을 판매되는 시점에 수입상으로부터 받는 경우에도 당해 **수출재화**(BWT **수출**) **에 대하여는 선적일을 공급시기**로 하는 것이나, 국내사업장에서 계약과 대가수령 등 거래가 이루어지는 것으로서 당해 수출방식이 대외무역법에 의한 위탁판매수출에 해당하는 경우에는 수출재화의 공급가액이 확정되는 때(수탁자의 판매일)를 공급시기로 하는 것이다(서면3팀 – 2167, 2004. 10. 25).

③ **연계무역(32)**

연계무역은 수출과 수입이 연계된 무역으로 대응무역(Counter Trade) 또는 조건부무역, 물물교환(Barter trade), 구상무역(Compensation) 및 산업협력(Industrial cooperation)의 형태에 의하여 이루어지는 수출입을 말한다.

구상무역방법에 의하여 수출한 물품의 판매금액의 계산은 다음에 의한다(법칙 40).

ⓐ 선수출 후수입의 경우에는 그 수출과 연계하여 수입할 물품의 외화표시가액을 수출한 물품의 선박 또는 비행기에의 적재를 완료한 날 현재의 당해 거래와 관련된 거래은행의 대고객외국환매입률에 의하여 계산한 금액

ⓑ 선수입 후수출의 경우에는 수입한 물품의 외화표시가액을 통관절차가 완료된 날 현재의 당해 거래와 관련된 거래은행의 대고객외국환매입률에 의하여 계산한 금액 이 경우 수입한 물품의 취득가액은 수출하였거나 수출할 물품의 판매금액과 당해 수입물품의 수입에 소요된 부대비용의 합계액에 상당하는 금액으로 한다.

또한, 수출 또는 수입한 물품과 연계하여 수입 또는 수출하는 물품의 일부가 사업연도를 달리하여 이행되는 경우에 각 사업연도에서 이행된 분에 대한 수입물품의 취득가액 또는 수출물품의 판매가액은 그 이행된 분의 비율에 따라 각각 이를 안분계산한다.

④ **임대방식에 의한 수출(33, 39)**

사업자가 건설장비 등을 임대(국외제공용역)목적으로 「대외무역법」에 규정하는 임대수출방식으로 국외로 반출하는 경우 소유권의 이전 없이 반출하는 당해 건설장비 등은 「부가가치세법」 제6조에 규정하는 재화의 공급에 해당하지 아니하는 것이다. 즉, 부가가치세 영세율 신고대상이 아니다.

다만, 임대계약기간 만료 전 또는 만료 후 당해 건설장비 등의 **소유권이 외국에서 이전되는 경우(외국인도수출)**에는 당해 재화가 인도되는 때를 공급시기로 하여 같은 법 제11조 제1항 제1호(수출하는 재화)의 규정을 적용하며, 이 경우 부가가치세의 과세표준은 같은 법 제13조 제1항의 규정에 의하는 것이다(서면3팀 – 1883, 2007. 7. 3).

| 구 분 | 재화의 국외반출시 | 임대료 수입시 |
|---|---|---|
| 소유권 이전 조건(33) | 수출(영세율) | 국외제공용역(영세율) |
| 소유권 불이전 조건(39) | 수출 아님(과세 안됨) | 국외제공용역(영세율) |

※ 임대용역에 대한 영세율첨부서류는 임대차계약서 또는 외화입금증명서이며, 만료 후 임대자산 처분시 영세율첨부서류는 수출계약서나 외화입금증명서임.

⑤ **대외원조수출(41, 49)**

사업자가 한국국제협력단법에 의한 한국국제협력단에 공급하는 재화로서 한국국제협력단이 한국국제협력단법 제7조의 규정에 의한 사업을 위하여 당해 재화를 외국에 무상으로 반출하는 경우에는 부가가치세법 시행령 제24조 제2항 제2호 규정에 의하여 영세율 적용거래에 해당하는 것이나, 동 사업자가 계약에 의하여 대한상공회의소에 책상 등의 기자재를 공급하는 경우에는 영세율 적용거래에 해당하지 아니하는 것이다(서면3팀-2443, 2004. 12. 3).

⑥ **해외투자수출(61)**

사업자가 부가가치세 과세사업과 관련하여 생산하거나 취득한 재화를 국외로 현물출자하는 경우에 그 재화의 반출에 대하여는 부가가치세를 과세하고 영의 세율을 적용하는 것이다. 이때 **공급시기는 선적일**이다(대법원 2006. 6. 15 선고, 2006두3001 판결). 그리고 재화의 반출과 관련하여 교부받은 세금계산서의 매입세액이 부가가치세법 제17조 제2항 각호의1에 해당하지 아니하는 때에는 당해 사업자의 매출세액에서 공제할 수 있는 것이다(서면3팀-2263, 2004. 11. 5).

또한, 법인이 해외에 기계장치 등을 현물출자하는 것은 자산의 양도에 해당하는 것이므로 해당 자산의 양도에 대한 손익의 귀속시기는 선적일이 속하는 사업연도로 하여야 하는 것이며 양도가액은 현물출자로 인하여 취득하는 자산가액으로 하는 것이다. 이 경우 기계장치의 현물출자와 관련하여 추가로 발생하는 설치비·시운전비 및 거래처 교육비 등을 출자자가 부담하기로 한 경우의 해당 비용은 출자법인의 손금에 해당하는 것이다(서면2팀-1956, 2004. 9. 21).

⑦ **외국에서 수리, 검사 목적으로 반출하는 물품(83)**

외국회사(을)의 관계회사인 외국인투자법인이 그 외국회사(을)가 국내의 고객회사에게 판매한 반도체생산 장비를 고객회사에 설치하고 불량부품 교체 등의 A/S용역을 제공함에 있어, A/S용역 제공시 수거한 불량부품의 수리를 위하여 소유권 이전 없이 외국회사(을)에게 무환반출하는 경우 당해 불량부품의 반출은 「부가가치세법」 제6조에서 규정하는 재화의 공급에 해당하지 아니하는 것이다(부가-4146, 2008. 11. 12).

**⑧ 전시회 목적으로 무환수입 후 반출(86)**

사업자가 국내에서 신제품 전시목적으로 외국사업자 소유의 전시품을 무환수입하여 전시를 하고 전시가 끝난 후 당해 외국사업자에게 반환하기 위하여 외국으로 반출하는 경우에는 재화의 공급에 해당하지 아니하는 것이다(서면3팀-3425, 2007. 12. 27).

**⑨ 수리, 검사, 기타사유로 반입되어 작업 후 다시 반출되는 물품(89)**

사업자가 재화를 수출한 후 하자로 인하여 당해 수출한 재화를 반입하면서 세관장으로부터 수입세금계산서를 교부받고 반입된 재화를 수리하여 재수출하거나 동일제품으로 교환하여 재수출하는 경우 당해 재화의 반입일이 속하는 예정신고기간 또는 확정신고기간에 대한 예정 또는 확정신고시 부가가치세 과세표준에서 반입재화의 공급가액을 차감하지 아니하고 반입시 교부받은 수입세금계산서의 매입세액은 매출세액에서 공제하며, 당해 수리된 재화 등의 재수출시에는 부가가치세가 과세되지 아니한다(부가 46015-2284, 1999. 8. 3).

**⑩ 무상반출 견품(92)**

**대가를 받지 아니하고 무상으로 반출**하는 견품 및 광고용품은 재화의 공급으로 보지 않으므로 영세율 신고대상이 아니다. 다만, 견본품에 대하여 외국으로부터 대가를 받는 경우에는 과세대상에 해당되며 수익으로 계상하여야 한다. 회계처리는 다음과 같다.

- 견본품 무상반출(과세 제외)

| (차) 견본비 또는 광고선전비 | ××× | (대) 상품 또는 제품 | ××× |
|---|---|---|---|

- 견본품 유상반출(과세대상)

| (차) 현금 및 현금성자산 | ××× | (대) 매 출 | ××× |
|---|---|---|---|

**⑪ 수리목적으로 외국에 무환반출(96)**

기계장치를 수입하여 판매하는 사업자가 수입·판매된 기계장치를 보증수리기간 내에 하자가 발생하여 수리목적으로 외국으로 반출하는 경우와 수입된 기계장치의 하자로 반품처리(환불)하기 위하여 외국으로 반출하는 경우에는 「부가가치세법」 제6조에 규정한 재화의 공급에 해당하지 아니하며, 사업자가 국내에서 신제품 전시목적으로 외국사업자 소유의 전시품을 무환수입하여 전시를 하고 전시가 끝난 후 당해 외국사업자에게 반환하기 위하여 외국으로 반출하는 경우에는 「부가가치세법」 제6조에 규정한 재화의 공급에 해당하지 아니 한다(서면3팀-3425, 2007. 12. 27).

⑩ 종류

일반 · 보세공장수출 등 해당 코드를 기재(통계부호표 참조)한다.

⑪ 결제방법

| 구 분 | 통계부호 | 부호내역 | 비 고 |
|---|---|---|---|
| 결제방법 | CD | 사후 또는 동시 송금방식(COD, CAD) | |
| 결제방법 | DA | D / A | |
| 결제방법 | DP | D / P | |
| 결제방법 | GN | 무상 거래 | |
| 결제방법 | GO | 기타 유상 | |
| 결제방법 | LH | 분할영수(지급)방식 | |
| 결제방법 | LS | 일람출급 L/C | |
| 결제방법 | LU | 기한부 L/C | |
| 결제방법 | PT | 임가공 지급방식의 위탁(수탁)가공 무역 | |
| 결제방법 | TT | 단순송금방식(T/T, M/T) | |
| 결제방법 | WK | 계좌이체(상호계산방식) | |

⑫ 목적국

- 수출물품의 최종 도착국가에 대한 약어를 기재한다.
- 해당 ISO 국가코드를 기재(통계부호표 참조)한다.

⑬ 적재항

- 수출물품이 적재되는 항구 · 공항명을 기재한다.
- 해당 UN/LOCODE를 기재(통계부호표 참조)한다.

⑭ 운송형태

- 운송수단 코드를 기재(통계부호표 참조)한다.
- 운송용기 코드를 기재(통계부호표 참조)한다.

⑮ 검사방법선택 · 검사희망일

- 희망하는 세관검사 방법을 선택하여 기재한다.
  - 수출신고시 검사 : A
  - 적재 전 검사 : B
- 세관검사 희망일을 YYYYMMDD로 기재한다.

⑯ **출항예정일자**

㉠ 당해 선박 또는 항공기의 출항예정일을 기재한다.

⑰ **적재예정보세구역**

적재를 위한 장치장소의 보세구역 코드를 기재한다.

* 보세구역이 아닌 장소에 장치한 경우 "세관부호+99999"를 기재한다.

⑱ **운송형태**

㉠ 운송수단 코드를 기재(통계부호표 참조)한다.

㉡ 운송용기 코드를 기재(통계부호표 참조)한다.

⑲ **검사희망일**

세관검사 희망일을 YYYYMMDD로 기재한다.

※ 수출신고시점에는 수출물품이 신고한 장소에 장치되어 있어야 함.

⑳ **물품소재지**

수출물품이 장치되어 있는 소재지의 우편번호 앞 3자리를 기재한다.

㉑ **L/C번호**

신용장거래방식에 의한 수출인 경우에는 L/C번호를 기재하고, 그 외의 경우에는 은행참조번호 또는 계약서 번호를 기재한다.

㉒ **물품상태**

수출물품이 신품인지 중고품인지 기재(신품과 중고가 동시 신고된 경우 주요물품의 상태기준으로 기재한다.

- 신품인 경우 : N, 중고품인 경우 : O

㉓ **사전임시개청 통보 여부**

야간 또는 공휴일에 신고서를 전송하는 경우 사전에 임시개청을 통보한 신고서인지 아닌지 여부를 기재한다.

- 임시개청 미통보(임시개청대상 아님) : A
- 임시개청 기통보(임시개청대상임) : B

### ㉔ 반송사유

「반송절차에 관한 고시」의 규정에 의한 반송물품의 경우에는 반송사유부호를 기재(통계부호표 참조)한다.

### ㉕ 수출물품이 환급대상인 경우, 환급신청인을 해당하는 번호로 기재

㉠ 수출물품이 환급대상인 경우 환급신청인을 수출자와 제조자 중 해당하는 번호를 기재한다.

ⓐ 수출자/위탁자 : 1

ⓑ 제조자 : 2

㉡ 수출신고에 의한 자동 간이정액환급 신청 여부를 기재한다.

ⓐ 자동 간이정액환급신청 : AD

ⓑ 미신청 : NO

※ 자동 간이정액환급을 신청하고자 하는 경우는 다음의 3가지 요건을 충족하여야 한다.
① 환급신청인이 수출물품의 제조자이어야 하며
② 거래구분은 일반형태 수출인 '11'이어야 하고
③ 수출물품의 제조자 통관고유부호는 관세환급시스템에 등록된 자동환급대상 업체의 통관고유부호와 일치

### ㉖ 품명

당해 물품을 나타내는 관세율표상의 품명을 영문으로 기재한다.

### ㉗ 거래품명

실제 상거래시 상업송품장 등 무역서류에 기재하는 품명을 기재한다.

### ㉘ 상표명

상표가 있는 경우 실제 사용하는 하나의 상표명을 기재한다.

### ㉙ 모델 · 규격

해당 품목의 세부 모델 및 규격을 기재한다.

### ㉚ 성분

품목분류, 법 제226조의 규정에 의한 세관장확인대상물품, 관세환급 심사에 영향을 미치는 성분 및 함량을 기재한다.

### ㉛ 수량

당해 품목의 모델 · 규격별 수량을 기재한다.

㉜ **단가**

당해 품목의 모델 · 규격별 단가를 기재한다.

당해 품목의 모델 · 규격별 금액을 기재한다.

㉝ **금액**

당해 품목의 모델 · 규격별 금액을 기재한다.

㉞ **세번부호**

관세율표에 기재된 세번을 10단위까지 기재한다.

㉟ **순중량**

물품의 포장용기를 제외한 순중량을 기재한다.

- 소수점 이하 둘째 자리에서 반올림하여 기재한다.

㊱ **수량**

HS별 표준수량 · 중량단위표에 게기된 단위로 환산하여 기재한다.

㊲ **신고가격**

FOB 기준의 원화 가격을 원단위까지 기재한다.

㉠ 송품장상 결제조건이 FOB가 아닌 경우 FOB가격으로 산정하여 기재(결제조건이 CIF인 경우 운임, 보험료를 공제한 금액)

㉡ 외국에서 수리 · 개조하기 위하여 반입된 선박 · 항공기를 수리 후 수출하는 경우에는 수리 · 개조로 인한 가득액을 기재한다.

㉢ 우리나라 선박 · 항공기를 외국에서 수리 후 반입하기 위하여 수출하는 경우에는 "0"을 기재한다.

㉣ 선박 · 항공기가 아닌 기타의 경우 "물품가격+가득액"을 기재한다.

예 결제금액이 CIF 10,000원이고 운임이 1,000원, 보험료가 500원인 경우 : 8,500원 기재한다.

㊳ **송품장 부호**

㉠ 상업송품장 부호를 기재한다.

㉡ 수출물품에 원상태수출물품이 일부 포함되어 수출되는 경우 맨 앞에 "72 - "를 기재한 후 송품장 부호를 기재한다.

㊴ **수입신고번호**

㉠ 재수출조건부 수입물품의 수출신고시 기재한다.

㉡ 해당 수입신고건의 란번호 기재한다.

㊵ **원산지**

㉠ 수출물품의 원산지를 기재한다.

㉡ 원산지 결정방법 코드를 기재한다.

ⓐ A : 완전생산기준

ⓑ B : 부가가치기준(직접생산비기준)

ⓒ C : 부가가치기준(타국원재료비 공제기준)

ⓓ D : 가공공정기준

ⓔ 2 : 세번변경기준(HS 2단위)

ⓕ 4 : 세번변경기준(HS 4단위)

ⓖ 6 : 세번변경기준(HS 6단위)

ⓗ 8 : 세번변경기준(HS 6단위에서 세분)

㉢ 원산지 표시 여부를 기재한다.

ⓐ N : 원산지 미표시

ⓑ Y : 현품 및 포장에 원산지 표시

ⓒ B : 포장에만 원산지 표시

ⓓ G : 현품에만 원산지 표시

㊶ **포장개수**

㉠ 해당 물품의 외포장 개수를 기재한다.

㉡ 수출물품의 해당 포장종류 코드를 기재(통계부호표 참조)한다.

㊷ **수출요건확인**

수출요건별 구분코드를 기재한다.

- A : 수출승인서
- B : 수출추천서
- C : 검사증
- D : 검역증
- E : 전략물자수출허가서 또는 상황허가서

### ㊸ 총중량

㉠ 수출신고 물품의 총중량(용기 포함)을 기재한다.

- 소수점 이하 둘째 자리에서 반올림하여 기재

㉡ 단위는 'KG'으로 기재한다.

### ㊹ 총포장 개수

포장명세서상의 총 외포장 개수를 기재한다.

### ㊺ 총신고가격

㉠ 원화 : 수출신고가격의 합계를 원단위까지 기재한다.

㉡ 미화 : 총신고가격을 미화($)로 환산하여 기재한다.

※ 환산율은 관세청 고시 수출환율을 적용한다.

### ㊻ 운임

결제금액에 운임이 포함된 경우 운임을 원화로 기재한다.

### ㊼ 보험료

결제금액에 보험료가 포함된 경우 보험료를 원화로 기재한다.

### ㊽ 결제금액

㉠ 송품장의 내용을 근거로 하여 인도조건, 통화종류, 금액(실제 결제금액) 순으로 기재(통계부호표 참조)한다.

ⓐ 인도조건은 INCOTERMS 2020코드를 기재[6]
(INCOTERMS 2020 코드 이외에는 환산하여 기재)

| EXW, FAS, FCA, FOB, CFR, CIF, CPT, CIP, DPU, DAP, DDP(11개임) |
|---|

6) 인코텀즈가 2010에서 2020으로 개정되었으며 그 사유는 다음과 같다.
첫째, 기존 인코텀즈 조건으로는 급변하는 국제무역 환경에 대응이 어렵기 때문에 인코텀즈를 보다 명확하게 매칭하기 위하여 개정을 한다.
둘째, 운송 수단의 발전과 물류 시스템의 변화에 따라 인코텀즈도 그에 맞게 변화하여 해당 발전과 변화를 수용할 수 있어야 한다.
셋째, 인코텀즈의 이전 버전을 실무에서 사용하였을 때 발생하였던 무역 분쟁에 대해서 해결하기 위하여 기업, 무역 및 물류 전문가뿐만 아니라 법률 전문가와 연구진들이 모여 개정을 진행하게 된다.
인코텀즈 2020에서는 다음과 같이 개정되었다. FCA 조건은 모든 운송방식에 사용되는 조건으로서 물품의 인도는 본선 적재 전에 완료가 된다. 이에 따라 수취식 선하증권이 발행되는데 수취식의 경우 신용장 거래에서는 은행의 수리거절 사유가 될 수 있다. 이에 따라 인코텀즈 2020에서는 수취식선하증권 발행 후 적재가 되면 선적선하증권을 발행하여 제공하는 의무를 반영하게 되었다. 인코텀즈 2020에서는 기존에 인코텀즈 2010에서 사용하던 DAT (Delivered At Terminal)는 삭제되고, 지정 목적지에서 물품을 양하하여 인도하는 조건(규칙)인 DPU(Delivered at Place Unloaded)가 신설되었다.

ⓑ 통화종류는 통계부호표상의 통화종류를 기재(다만, 관세청 고시환율에 해당 통화종류가 없는 경우에는 "USD"로 기재)

ⓒ 금액은 통화종류에 따른 실제 결제금액을 기재(관세청 고시환율에 해당 통화코드가 없는 경우 수입물품 과세가격 결정에 관한 고시 제1-4조 제2항을 준용하여 환산 기재)

ⓛ 해당일자에 해당하는 관세청 고시환율을 기재한다.

**실무담당자 검토사항**

결제금액은 부가가치세 과세표준과 소득세, 법인세 수입금액의 기준이 되는 금액이다. 따라서 결제금액에 선적일의 기준환율이나 재정환율을 적용하면 영세율과세표준이 된다. 다만, 법인세법이나 소득세법상 수입금액은 거래조건에 따라 해당일의 기준환율 또는 재정환율로 환산하여 수출매출액을 계상하여야 한다. 즉, 결제금액은 수출승인서, 상품장의 내용에 근거하여 인도조건, 통화코드, 금액 순으로 기재한다. 통화는 자국통화, 상대국통화, 제3국 통화 중 어느 통화로 결정할 것인가를 당사자 간에 정한 것으로 한다. 결제금액은 해당 사업자가 수출로 인하여 가득한 실제수입금액으로 영세율부가가치세 신고나 법인세신고시에 이 금액에 기준환율이나 재정환율을 적용하면 된다.

**실무적용 Tips**

정형거래 조건[7)]

(1) 인코텀즈의 의의와 적용범위

국제간의 무역거래시 각종 법규 및 관습 등의 차이로 인하여 무역분쟁이 자주 발생하게 되는데 이를 해결하기 위하여 국제상업회의소(ICC)가 11가지 정형화된 거래조건을 정하여 이용하도록 하고 있다.

① 위험과 비용부담의 분기점을 구분해준다. 즉, 운송계약 및 보험계약의 체결주체, 운임과 보험료 부담자, 수출입 통관의무자를 구분해준다.
② 약정된 장소에서 수출업자가 물품을 인도하는 것을 정하고 있으므로 무형재를 인터넷으로 전송하는 거래에는 적용되지 않는다.
③ 소유권이전, 계약위반에 따른 권리구제, 의무면제 등의 사유는 다루지 않는다.
④ 민간기구인 국제상업회의소에서 만든 임의규정으로 당사자 간의 합의한 경우에 적용된다.

(2) 주요 거래조건

① FOB(Free On Board, 본선인도조건)
계약물품이 지정된 운송선박의 본선에 적재될 때까지의 모든 비용과 책임을 매도인(수출자)이 부담하는 조건이다. 즉, 수출자가 본선에 선적될 때까지의 비용을 부담하게 되어 통관은 수출자가 하게 되고 이에 대한 비용을 부담하게 된다.
② CFR(Cost and Freight, 운임포함 인도조건)

매도인(수출자)의 책임은 선적항의 본선에서 끝나지만, 매도인이 목적지까지 운송계약을 체결하고 운임을 지불해야 하는 조건이다. 따라서 선적 후 손실, 위험, 또는 비용부담은 선적과 동시에 매수인(수입자)에게 전환된다.

③ CIF(Cost, Insurance and Freight, 운임 · 보험료 포함 인도조건)

CFR조건에다 매도인의 부보의무가 추가된 조건이다. 따라서 매도인이 목적지까지의 해상보험계약을 체결하고 보험료를 부담하여야 한다.

④ EXW(EX WORKS, 공장인도조건)

수출자의 공장 등에서 수입자에게 인도하는 조건으로 수입자가 운임, 보험료 등 목적지까지의 모든 위험과 손해를 부담하는 조건으로 수출자의 입장에서 최소의 의무를 부담한다.

⑤ DDP(Delivered Duty Paid, 매도인 관세지급 인도조건)

수출자가 수입자의 지정장소에서 인도하는 조건으로 관세, 통관료, 운임, 보험료 등의 비용을 부담하는 조건으로 수입자가 최소의 부담을 지는 조건이다.

**※ DDP 조건과 매입세액공제**

매도인 관세지급 인도조건의 경우 수출자가 관세 등을 대납하는 경우로서 수입주체가 외국수출업체인 경우 수입자의 상품원가에서 제외하여야 하며(또는 원가처리하고 대납액을 수익으로 계상가능), 수입세금계산서를 발급받아도 매입세액공제를 받을 수 없음에 주의하여야 한다. 즉, 수입업자가 세관장으로부터 수입세금계산서를 발급받은 경우에 재화의 수입이 실질적으로 수입자의 책임과 계산 하의 수입이라면 당해 세금계산서의 매입세액은 수입업자의 매출세액에서 공제받을 수 있는 것이나, 수입에 관련된 관세 및 부가가치세를 외국 수출업체가 대납한 경우(DDP조건)로서 당해 재화의 수입주체가 실질적으로 외국 수출업체인 경우에는 수입업자가 수취한 수입세금계산서의 매입세액은 공제할 수 없는 것이다(서면3팀-417, 2005. 3. 25). 다만, 국내사업자가 당해 재화를 자기의 과세사업을 위하여 사용할 경우 실질적인 수입의 주체로서 수입과 관련한 관세 및 부가가치세를 납부하는 경우에는 세관장으로부터 수취한 수입세금계산서의 매입세액은 매출세액에서 공제받을 수 있는 것이다(서면3팀-2234, 2005. 12. 8, 부가-1543, 2010. 11. 22).

### (3) incoterms 2010의 주요내용 요약

① 거래조건 요약

| Groups | 거래조건 | 위험 이전 | 비용 이전 |
|---|---|---|---|
| Groups E (현장인도조건) | EXW | 매도인이 작업장 구내에서 매수인에게 인도 | 매수인에게 인도시점까지 매도인이 비용부담 |
| Groups F (주운임 미지급조건) | FCA | 매수인이 지정한 운송인에게 수출통관한 물품을 인도되었을 때 | 매수인에게 인도시점까지 매도인이 비용부담 |
| | FAS | 물품이 지정선적항의 선측에 인도되었을 때 | 매수인에게 인도시점까지 매도인이 비용부담 |

| Groups | 거래조건 | 위험 이전 | 비용 이전 |
|---|---|---|---|
| | FOB | 물품이 지정선적항의 본선을 통과할 때 | 매수인에게 인도시점까지 매도인이 비용부담 |
| Groups C<br>(주운임<br>지급조건) | CFR | 물품이 지정선적항의 본선을 통과할 때 | 매도인이 적재, 목적항까지의 해상운임, 양하비 부담 |
| | CIF | 물품이 지정선적항의 본선을 통과할 때 | 매도인이 적재, 목적항까지의 해상운임, 보험료, 양하비 부담 |
| | CPT | 물품이 최초의 운송인에게 인도되었을 때 | 매도인은 FCA 조건 + 지정된 목적지까지의 운임부담 |
| | CIP | 물품이 최초의 운송인에게 인도되었을 때 | 매도인은 CPT 조건 + 지정된 목적지까지의 적하보험료 부담 |
| Groups D<br>(도착지 인도조건) | DAP | 물품이 양하하지 아니한 상태에서 인도되는 때 | 매도인은 터미널에서 양하한 후 인도시까지의 운송비 등을 포함한 비용 + 수출에 필요한 통관비용 + 인도에 앞선 제3국 통관비용(관세, 조세, 부과금) 포함하여 부담 |
| | DPU | 매수인의 목적지까지 매도인의 부담 | 매수인의 목적지까지 매도인이 관세, 부가세, 제세 등을 제외한 제비용 부담 |
| | DDP | 물품이 수입통관된 상태에서 지정목적지에서 양하되지 않은 상태에서 인도되었을 때 | 매도인은 물품이 인도될 때까지의 모든 비용과 수입통관비, 수입관세 등 부담 |

② 정형거래조건과 매도인 · 매수인의 비용부담 내용

| 정형거래조건 | 포장비 검사비 | 수출국 내륙 운송비 | 수출항 적재비 | 수출 통관비 | 해상 운송비 | 적하 보험료 | 수입항 양하비 | 수입 통관비 | 수입국 내륙 운송비 |
|---|---|---|---|---|---|---|---|---|---|
| EXW | ○ | * | * | * | * | * | * | * | * |
| FCA | ○ | ○ | ○ | ○ | * | * | * | * | * |
| FAS | ○ | ○ | * | ○ | * | * | * | * | * |
| FOB | ○ | ○ | ○ | ○ | * | * | * | * | * |
| CFR | ○ | ○ | ○ | ○ | ○ | * | * | * | * |
| CIF | ○ | ○ | ○ | ○ | ○ | ○ | * | * | * |
| CPT | ○ | ○ | ○ | ○ | ○ | * | * | * | * |
| CIP | ○ | ○ | ○ | ○ | ○ | ○ | * | * | * |

| 정형 거래조건 | 포장비 검사비 | 수출국 내륙 운송비 | 수출항 적재비 | 수출 통관비 | 해상 운송비 | 적하 보험료 | 수입항 양하비 | 수입 통관비 | 수입국 내륙 운송비 |
|---|---|---|---|---|---|---|---|---|---|
| DDP | ○ | ○ | ○ | ○ | ○ | ○ | ○ | ○ | ○ |

– 매도인 부담(O), 매수인 부담(＊)

③ FOB · CFR · CIF 조건의 비교

| 구 분 | FOB | CFR | CIF |
|---|---|---|---|
| 책임의 부담 | 선적항의 본선 | 선적항의 본선 | 선적항의 본선 |
| 수출자의 비용부담 | 선적항의 본선까지의 비용부담 | 목적지까지의 운임비용 부담 | 목적지까지의 운임 및 보험료 부담 |
| 수출자의 주요의무 | 수출통관 · 선적완료 | 수출통관 · 선적완료<br>해상운송 계약체결 | 수출통관 · 선적완료<br>해상운송 · 보험계약체결 |

**핵심체크**

매도인 관세지급 인도조건의 경우 수출자가 관세 등을 대납하는 경우로서 수입주체가 외국수출업체인 경우 수입자의 상품취득원가로 처리하지 말아야 하며(또는 원가처리하고 대납액을 수익으로 계상가능), 수입세금계산서를 발급받아도 매입세액공제를 받을 수 없음에 주의하여야 한다.

즉, 수입업자가 세관장으로부터 수입세금계산서를 발급받은 경우에 재화의 수입이 실질적으로 수입자의 책임과 계산 하의 수입이라면 당해 세금계산서의 매입세액은 수입업자의 매출세액에서 공제받을 수 있는 것이나, 수입에 관련된 관세 및 부가가치세를 외국 수출업체가 대납한 경우(DDP조건)로서 당해 재화의 수입주체가 실질적으로 외국 수출업체인 경우에는 수입업자가 수취한 수입세금계산서의 매입세액은 공제할 수 없는 것이다(서면3팀-417, 2005. 3. 25). 다만, 국내사업자가 당해 재화를 자기의 과세사업을 위하여 사용하고 실질적인 수입의 주체로서 수입과 관련한 관세 및 부가가치세를 납부하는 경우에는 세관장으로부터 수취한 수입세금계산서의 매입세액은 매출세액에서 공제받을 수 있는 것이다(서면3팀-2234, 2005. 12. 8). 즉, 국내사업자가 당해 재화를 자기의 과세사업을 위하여 사용할 경우 실질적인 수입의 주체로서 수입과 관련한 관세 및 부가가치세를 납부하는 경우에는 세관장으로부터 수취한 수입세금계산서의 매입세액은 매출세액에서 공제받을 수 있는 것이다(서면3팀-2234, 2005. 12. 8, 부가-1543, 2010. 11. 22).

7) 국제상업회의소는 경제환경 등의 변화로 인하여 인코텀즈 2000에서 인코텀즈 2010으로 개정하였다. 개정내용은 다음과 같다.
① 인코텀즈 2000의 도착지 인도조건 4가지(DAF, DES, DEQ, DDU)를 DAT, DAP로 대체하였다.
② 국제 및 국내매매거래에 적용될 수 있도록 하였다.
③ 선적지점을 선측난간(ship's rail)에서 본선적재(on board)로 변경하였다.

⑲ 수입화물관리번호

㉠ 반송절차에 관한 고시의 규정에 의한 반송물품의 경우에 당해 수입화물관리번호를 기재한다.

ⓐ 무적화물은 "NO"를 기재

ⓑ 화물관리번호가 여러 개인 경우에는 모두 기재하여 전송하되 수출신고서에는 최초 입력한 번호만 출력

㉡ 전량, 분할, 여러 건 반송 등의 구분 기재한다.

ⓐ A : 화물 전량을 반송

ⓑ B : 화물을 분할하여 반송

ⓒ C : 여러 건의 화물을 동시에 반송

㊿ 컨테이너번호

㉠ 컨테이너 적입 및 컨테이너번호 확인 여부

- 'Y' 또는 'N'으로 기재

㉡ 수출신고시점에서 컨테이너에 적입되어 있고 컨테이너번호가 확인된 경우 해당 컨테이너 번호를 기재한다.

- 최대 10개까지 기재 가능하며, 수출신고서에는 최초 입력한 번호만 출력

※ 해상으로 수출 예정인 컨테이너화물에 한한다.

(51) 세관기재란

세관에서 사용하는 특기사항(예 선적확인사항 등) 기재란으로 신고시 기재할 필요 없다.

(52) 운송(신고)인

㉠ 보세운송대상물품(보세공장물품, 자유무역지역 등)인 경우 해당 보세운송신고인의 상호와 성명을 한글로 기재한다.

㉡ 일반 수출물품인 경우 복합운송주선업자 등 당해 수출물품의 운송인의 상호와 성명을 한글로 기재한다.

※ 기재방법

- 운송(신고)인이 신고자인 경우 : 신고자와 동일
- 운송(신고)인이 수출자인 경우 : 수출자와 동일
- 운송(신고)인이 제조자인 경우 : 제조자와 동일
- 운송(신고)인이 일반업체인 경우 : 상호와 성명을 기재

(53) 기간

㉠ 보세운송대상물품인 경우 보세운송 신고수리일자 및 종료일자를 YYYY/MM/

DD로 기재한다.

㉡ 일반 수출물품인 경우 운송 예정기간을 YYYY/MM/DD로 기재한다.

㊹ 적재의무기간

신고수리일로부터 기산된 최초 적재의무기한이 시스템에서 자동으로 기재되므로 신고인이 기재할 필요 없다.

㊺ 담당자

㊻ 신고수리일자

세관에서 신고수리한 일자가 기재되므로 신고시 기재할 필요 없다.

## 5. 수출관련 운송서류 및 용어

### (1) 신용장

신용장(L/C)이란 수출자의 수출대금의 지급을 수입업자의 거래은행에서 지급하기로 하는 **조건부지급확약서**를 말한다. 수입업자는 거래은행에 의뢰하여 자신의 신용을 보증하는 증서를 작성하게 하고, 이를 상대국 수출업자에게 보내어 그것에 의거 어음을 발행하게 하면 신용장 발행은행이 그 수입업자의 신용을 보증하고 있으므로 수출지의 은행은 안심하고 어음을 매입할 수 있다. 수출업자는 수입업자의 신용상태를 직접 조사·확인하지 않더라도 확실하게 대금을 받을 수 있게 된다. 신용장과 관련된 당사자는 다음과 같다.

① 개설의뢰인(Applicant)

개설의뢰인은 원칙적으로 매수인(수입상)에 해당하는 것이지만, 때로는 매수인의 거래처인 제3자가 되는 경우도 있다.

② 개설은행(Issuing bank, Opening bank)

개설의뢰인(수입상)의 요청에 따라 수출자 앞으로 신용장을 발행하는 은행으로서 Grantor라고도 하며 수입상의 주거래은행을 말한다.

③ 수익자(Beneficiary)

신용장의 수취인을 수익자 또는 수혜자라고도 하며 수출자가 신용장거래시에 수익자에 해당된다.

④ 통지은행(Advising bank, Notifying bank)

개설은행의 요청을 받아 신용장을 통지해 주는 은행을 신용장 통지은행이라 하며, 통지은행은 거래에 대하여 어떠한 책임을 지지 않는다.

⑤ 확인은행(Confirming bank)

개설은행의 요청에 따라 신용장에 2차 지급확약을 하는 은행으로서 외환사정이 좋지 않은 국가나 은행의 신용도가 낮은 후진국과 거래할 경우에는 확인은행의 지정이 필요하다.

⑥ 매입은행(Negotiating bank)

신용장조건에 따라 수익자가 선적서류를 제시할 경우 이를 매입하고 수출대금을 지급하는 은행을 말한다. 즉, 수출자의 거래은행을 말한다.

⑦ 지급은행(Paying bank)

지급은행이 지정된 신용장을 지급신용장(Straight credit)이라고 하는데, 지급신용장에 의거하여 지급을 위탁받은 은행을 말한다.

⑧ 인수은행(Accepting bank)

기한부신용장(Usance credit)에 의거하여 발행된 기한부 어음을 인수하는 은행을 인수은행이라고 하며, 인수은행은 어음의 만기일에 비로소 지급은행이 된다.

⑨ 결제은행(Settling bank)

신용장의 결제통화가 수입국이나 수출국의 통화가 아닌 제3국의 통화일 경우는 제3국에 있는 개설은행의 예치환거래은행이 결제은행이 되며, 어음을 매입한 은행에 대금을 상환해 주는 은행이라고 해서 상환은행(Reimbursing bank)이라고도 한다.

### (2) 선적일

부가가치세법상 수출재화의 공급시기는 선적일이다. 여기서 **선적일**(On Board Date)[8]은 무슨 의미이며 어디서 확인을 할 수 있는가를 알아야 한다. 만일 선적일을 잘못 기재하면 영세율과세표준이 과소신고되어 가산세 등의 불이익을 받게 된다. **선적일이란 수출화물이 선박의 갑판에 적재되는 날**을 의미한다. 선적일은 선적서류 중에서 **선하증권**(Bill of

8) 운송수단별로 선적관련 용어는 다음과 같다.
- 해상운송(loading on board), 항공운송(dispatch), 철도운송(accpted for carriage), 우편발송(date of post receipt), 복합운송(taking in charge)

Lading)에 기재되어 있다. 주로 회계담당자들은 선적일을 수출신고필증상의 수출신고수리일자로 기재하는 경우가 있는데 이는 잘못된 것이다. 왜냐하면 수출신고수리일로부터 30일 내에 선적되도록 되어 있고 그때까지 선적되지 않으면 신고수리가 취소되거나 벌금을 부과받게 된다. 따라서 통상적으로 수출신고수리일로부터 2~3일 후에 선적된다고 보면 된다. 실무자들이 선하증권(B/L)상의 선적일을 확인하기가 번거로운 경우에는 관세청 홈페이지(www.customs.go.kr)의 수출이행내역조회에서 수출신고번호를 입력하면 출항일자가 나오는데 이를 선적일로 보는 경우가 있는데 선적 이후 1~2일 이후에 출항되므로 선적일자와 차이가 날 수 있다는 점을 주의하여야 한다. 특히, 과세기간 말의 경우에는 선적일을 언제로 볼 것인가에 따라 당기에 포함시켜야 될 것인가 또는 차기로 신고하여야 할 것인가의 구분이 중요한데 이를 잘못 신고할 경우 영세율신고불성실가산세(0.5%)와 귀속시기 차이로 인한 과소신고불성실가산세를 부과당할 우려가 있으니 반드시 선하증권상의 선적일을 확인하여야 한다.

**관련법조문**

◈ **부가가치세법 시행령 제28조【구체적인 거래 형태에 따른 재화의 공급시기】**

⑥ 수출재화의 경우 다음 표의 구분에 따른 때를 재화의 공급시기로 본다.

| 구 분 | 공급시기 |
|---|---|
| 1. 법 제21조 제2항 제1호 또는 이 영 제31조 제1항 제1호에 해당하는 경우 | 수출재화의 선(기)적일 |
| 2. 원양어업 또는 제31조 제1항 제2호에 해당하는 경우 | 수출재화의 공급가액이 확정되는 때 |
| 3. 제31조 제1항 제3호부터 제5호까지의 규정 중 어느 하나에 해당하는 경우 | 외국에서 해당 재화가 인도되는 때 |

### 1) 수출품의 적재신고

수출물품(반송물품 포함)을 선박이나 항공기에 적재하고자 하는 자(선사, 항공사)는 수출물품이 선적지 공항만 내에 장치된 후 적재하기 전에 물품목록을 출항지 세관장에서 전자문서로 제출하여 적재신고를 하여야 한다.

### 2) 수출품의 적재확인

**① 선박 또는 항공기에 탁송하는 경우**

선사 또는 항공사에 선(기)적을 의뢰하면 적하목록을 작성하고 선하증권(B/L) 또는 항공화물운송장(AWB)을 발급하며, 선적하면 선사 또는 항공사에서 이를 통관시스템에 입력한다.

➔ 선하증권(B/L)으로 선적일(공급시기)을 확인한다.

② **여행자 휴대품으로 반출하는 경우**

여행자가 탑승수속시 세관공무원에게 수출신고필증 사본 2부를 제출하여 그 중 1부에 선(기)적 확인을 받아야 하며, 나머지 1부는 세관공무원이 통관시스템에 입력하는 데 사용한다.

➔ 간이신고필증이 영세율첨부서류이다.

③ **우편물로 반출하는 경우**

수출통관한 물품을 우편으로 발송하는 경우에는 통관우체국 또는 관세청장이 지정한 수출우편물 발송확인 취급 우체국장에게 현품과 수출신고필증을 제출하여 발송확인을 받아야 한다.

➔ 우체국장이 발행한 소포수령증이 영세율첨부서류이다.

④ **국제특송업체(UPS, Fedex, EMS, Courier, TNT)로 수출하는 경우**

국제특송업체는 소량의 물품을 DOOR TO DOOR형태로 제공하는 택배회사를 말한다.

➔ 특사수령증 등 외화획득을 증명하는 서류를 첨부하여 외화획득명세서가 영세율첨부서류이다.

### 3) 선적일의 확인방법

① **해상운송의 경우**

해상운송의 경우 선적일은 선하증권(B/L)에서 확인할 수 있다. **선적선하증권**(Shipped B/L)**은 발행일을 선적일로** 본다. 한편 수취선하증권(Received B/L)은 발행일이 선적일이 아니며 **본선적재부기일**(On Board Notation)**이 선적일**이다. 비유통성 해상화물운송장의 경우 발행일을 선적일로 본다. 다만, 비유통성 해상화물운송장이 선적일을 표시하고 있는 본선적재표기를 포함하고 있는 경우에는 본선적재표기상에 명기된 일자를 선적일로 본다.

• 신용장통일규칙(UCP600) 20조 b항

<u>An on board notation indication the date on which the goods have been shipped on board.</u> The date of issuance of the bill of lading will be deemed to be the date of shipment unless the bill of lading contains an on board notation indicating the date of shipment, in which case the date stated in the on board notation will be

deemed to be the date of shipment.

② **항공운송의 경우**

항공운송의 경우 기적일은 항공화물운송장(AWB)에서 확인할 수 있다. 항공화물운송의 기적일은 운송서류의 **발행일을 기적일**로 본다. 다만, 항공운송장의 상품명세란에 발행일과 다른 비행일자부기(a separate notation of the flight date)를 표시하고 있다면 그 일자가 기적일로 간주된다. 즉, 발행일과 다른 비행일(flight date)이 표시되었다면 비행일을 기적일로 본다.

• 신용장통일규칙(UCP600) 23조 c항

Indicate the date of issuance. <u>This date will be deemed to be the date of shipment</u> unless the air transport document contains a specific notation of the actual date of shipment, in which case the date stated in the notation will be deemed to be the date of shipment.

**[ 항공화물운송장의 일부 : Air Waybill ]**

| Shipper's Name and Address | Shipper's Account Number | | | | | Not negotiable<br>Air Waybill<br>*issued by* KOREAN AIR | | | | | |
|---|---|---|---|---|---|---|---|---|---|---|---|
| | | | | | | Copies 1, 2 and 3 of this Air Waybil are originals and have the same validity. | | | | | |
| Consignee's Name and Address | Consignee's Account Number | | | | | It is agreed that the goods described herein are accepted in apparent good order and condition (except as noted) for carriage SUBJECT TO THE CONDITIONS OF CONTRACT ON THE REVERSE HEREOF. THE SHIPPER'S ATTENTION IS DRAWN TO THE NOTICE CONCERNING CARRIER'S LIMITATION OF LIABILITY. Shipper may increase such limitation of liability by declaring a higher value for carriage and paying a supplemental charge if required. | | | | | |
| Telephone : | | | | | | | | | | | |
| Issuing Carrier's Agent Name and City | | | | | | Accounting Information | | | | | |
| Agent's IATA Code | Account No. | | | | | | | | | | |
| Airport of Departure(Addr. of First Carrier) and Requested Routing | | | | | | | | | | | |
| TO | By First Carrier / Routing and Destination | to | by | to | by | Currency | CHGS Code | WT/VAL (PPD / COLL) | Other (PPD / COLL) | Declared Value for Carriage | Declared Value for Customs |
| Airport of Destination | Flight/Date | For Carrier Use Only | Flight/Date | | | Amount of Insurance | INSURANCE－If Carrier offers Insurance, and such insurance is requested in accordance with conditions on reverse hereof, indicate amount to be insured in figures in box marked 'amount of Insurance'. | | | | |
| Handling Information | Flight Date : 10 Sept 2024 | | | | | | | | | | |

신용장 통일규칙에 따르면 (For Carrier Use Only)란에 내부정보용 비행번호와 비행일자는 선적일자의 결정에 고려되지 않고 (Handling Information)에 별도로 "Flight Date : 10 Sept 2024"라고 별도의 비행일자부기(a separate notation of the flight date)가 기재된

경우에는 이 날을 선적일로 본다.

③ **도로, 철도 또는 내륙수로 운송서류**

도로 등의 운송의 경우 선적일은 물품 등이 신용장에 명기된 장소에서 선적, 발송 또는 운송을 위하여 수령된 일자를 선적일로 본다. 다만, 수령일의 표시가 없는 경우에는 발행일을 선적일로 본다.

• 신용장통일규칙(UCP600) 24조 b항

Indicate the date of shipment or the date the goods have been received for shipment, dispatch or carriage at the place stated in the credit. Unless the transport document contains a dated reception stamp, an indication of the date of receipt or a date of shipment, the date of issuance of the transport document will be deemed to be the date of shipment.

④ **특송화물수령증, 우편수령증 또는 우송증명서**

특송화물수령증(courier receipt) 등은 접수일 또는 수령일을 선적일로 본다.

• 신용장통일규칙(UCP600) 25조 b항

Indicate a date of pick up or of receipt or wording to this effect. This date will be deemed to be the date of shipment.

⑤ **복합운송서류**

복합운송(multimodal or combined transport)의 선적일은 물품이 신용장상에 명기된 장소에서 발송, 수탁 또는 본선적재일을 표시하고 있는 경우에는 이러한 일자를 선적일로 본다.

• 신용장통일규칙(UCP600) 19조 b항

Preprinted wording, or a stamp or notation indicating the date on which the goods have been dispatched, take in charge or shipped on board. The date of issuance of the transport document will be deemed to be the date of dispatch, taking in charge or shipped on board, and the date of shipment. However, if the transport document indicated by stamp or notation, a date of dispatch, taking in charge or shipped on board, This date will be deemed to be the date of shipment.

#### 4) 관세청 통관자료의 국세청 통보

직수출, 대행수출, 수탁가공무역 중 외국반출의 경우 영세율첨부서류는 수출실적명세서이다. 국세청은 관세청으로부터 통보받은 통관자료와 납세자가 부가가치세 신고시 제출한 수출실적명세서상의 선적일자, 수출금액 등을 확인·대사하여 영세율 조기환급액을 결정하여 환급해 준다. 관세청 통보자료에는 수출신고번호, 선적일자, 신고일자, 가격인도조건, 통화코드, 결제금액(외화, 환율, 원화), 신고가격(외화, 원화), 총중량, 총수량, 거래구분, 결제방법, 수출국, 구매자 등이 나타난다. 국가관세종합정보망 서비스(customs.go.kr)에서 다음과 같이 수출이행내역조회를 통하여 선적일을 확인할 수 있다.

*조회조건 ◉ 수출신고번호 11863-23-040674X ○ B/L번호

| 수출화주/대행자 | (주)다솔티앤씨 | 제조자 | (주)다솔티앤씨 |
|---|---|---|---|
| 적재의무기한 | 2023-05-22 | 수리일자 | 2023-04-20 |
| 통관포장개수 | 18 CT | 통관중량(KG) | 229 |
| 선기적완료여부 | Y | 선박/편명 | KMTC SURABAYA |
| 선기적포장개수 | 18 CT | 선기적중량(KG) | 229 |
| 적재지검사대상여부 | N | | |

| B/L 번호 | 선적일자 | 선기적포장개수 | 선기적중량(KG) |
|---|---|---|---|
| CPIHM9160 | 2023-04-29 | 18CT | 229 |

(출처 : www.customs.go.kr)

#### 5) 선적일 사례

① 수출업자가 국외에서 원발주자의 시운전 조건부로 국내에서 기계장치를 매입하여 수출한 경우 수출의 공급시기는 선적일이고, 매입의 공급시기는 국외에서 시운전이 완료되는 때이다(심사부가 2006-0007, 2006. 3. 17).

② 수출하는 재화의 공급시기는 국내거래와 구분하여 「부가가치세법 시행령」 제21조 제1항 제10호에서 별도로 규정하였고, 「관세법」에서도 '수출' 및 '외국물품'과 '내국물품'에 관한 정의를 명확히 규정하였으므로, 수출재화의 공급시기를 **외항선 선적일**이 아닌 다른 시기로 인정할 수 없고, 물품의 내항선 선적과 함께 물품에 관한 실질적 지배권을 넘겼다고 하더라도 수출재화의 공급시기를 달리 적용할 수 없는 것으로 판단된다(조심 2008전3739, 2009. 6. 24).

관련법조문

◈ 관세법 제2조【용어의 정의】

6. "국제무역선"이란 무역을 위하여 우리나라와 외국 간을 운항하는 선박을 말한다.
7. "국제무역기"란 무역을 위하여 우리나라와 외국 간을 운항하는 항공기를 말한다.
8. "국내운항선"(內航船)이란 국내에서만 운항하는 선박을 말한다.
9. "국내운항기"(內航機)란 국내에서만 운항하는 항공기를 말한다.

③ 오퍼 서비스업(물품매도확약서 발행업)을 영위하면서 외국의 수출회사들을 위하여 물품매도확약서의 발행 용역을 제공하고 그 회사들로부터 그에 대한 수수료를 수령하여 온 경우, 물품매도확약서 발행에 따른 신용장 개설일로부터 선적일까지는 통상 2, 3개월 가량, 수수료의 실제 수령일까지는 통상 9개월 이상의 기간이 각 소요되는 사정과 물품매도확약서 발행 용역의 일반적 성격 등을 고려하면, **물품매도확약서 발행용역 제공에 따른 수수료채권은 물품의 선적일에 확정**된다(대법원 1998. 6. 9 선고, 97누19144 판결).

④ 사업자가 해외의 법인에 현물출자하기 위하여 재화를 해외로 반출하는 경우 그 재화의 공급시기는 그 재화의 선적일이 되는 것이다(부가-647, 2009. 5. 7).

⑤ 내국물품을 외국으로 반출하고 그 대가를 분할하여 지급받는 경우(중간지급조건부), 수출재화의 공급 시기는 당해 수출재화의 선적일로 하는 것이다(부가-434, 2009. 3. 30).

⑥ 국외사업자와 임가공계약에 의하여 인도받은 원재료에 주요자재를 전혀 부담하지 아니하고 단순 가공하여 국외로 반출하고 임가공비만을 받는 경우 과세표준은 임가공비로 하는 것이며, 공급 시기는 국외로 반출하는 재화(무환수탁가공무역)의 선적일로 하는 것이다(부가-2679, 2008. 8. 22).

⑦ 사업자가 테스트용 장비를 국외로 무환반출하고 테스트가 끝난 후 국내 반입하지 아니하고 국외에서 국외사업자에게 매출하는 경우 외국에서 당해 재화가 인도되는 때를 공급시기로 하여 영의 세율이 적용되는 것이다(서면3팀-2098, 2005. 11. 23).

⑧ 선하증권(BL)상의 선적일과 실제 선적일이 다른 경우 실제 선적일을 기준으로 한다(서면2팀-2797, 2004. 12. 30).

## (3) 운송서류

### 1) 선하증권(B/L)

선하증권이란 화주와 선박회사 간의 해상운송 계약에 의하여 선박회사가 발행하는 유가증권이다. 다시 말하면 선주가 자기 선박에 화주로부터 의뢰받은 운송화물을 적재 또는 적재를 위해 그 화물을 영수하였음을 증명한다. 그리고 동 화물을 도착항에서 일정한 조건하에 수하인 또는 그 지시인에게 인도할 것을 약정한 유가증권이다.

B/L은 B/L상에 기재된 화물의 권리를 구체화하는 것으로서 **B/L의 양도는 바로 화물에 대한 권리의 이전을 의미**한다. 화물을 처분하고자 할 때에는 반드시 관련 B/L을 가지고 있어야만 한다. 오늘날 국제무역에 있어서 대차결제 수단의 국제적 관례는 통상 화물환어음(Documentary Bill)이며 B/L은 동 환어음을 취결하는 데 상업송장 및 해상보험증권과 함께 그 기본이 되는 서류이다. 선하증권은 운송인, 그 대리인 또는 중개인에 의하여 발행된다. 선하증권은 상품에 대한 청구권을 화체하고 있는 증권으로 양도가 가능하며 따라서 재고자산으로 분류한다. 선하증권의 양도도 과세대상물건인 경우에는 부가가치세 과세대상이다.

#### ① 선하증권의 종류

ⓐ 선적선하증권(Shipped B/L) : 화물이 선박에 선적완료되었음이 기재된 것

ⓑ House B/L(Forwarder's B/L) : 화물운송주선업자가 화주에게 직접 발행한 선하증권 또는 항공화물운송장

ⓒ Master B/L(Groupage B/L) : 선박회사가 발행한 선하증권 또는 항공사가 발행한 항공화물운송장

ⓓ 수취선하증권(Received B/L) : 선적 전이라도 화물이 선사의 창고에 반입되면 화주의 요청에 따라 선사가 선하증권을 발행하게 되는데 이때 운송인이 화물을 선적하기 위하여 수취하였다는 뜻을 기재하고 있는 선하증권을 말한다. 수취선하증권의 선적일은 발행일이 선적일이 아니며 본선적재부기일이 선적일이다.

#### ② 상법상 규정

화물상환증에 의하여 운송물을 받을 수 있는 자에게 화물상환증을 교부한 때에는 운송물 위에 행사하는 권리의 취득에 관하여 **운송물을 인도한 것과 동일한 효력**이 있다(제133조, 화물상환증교부의 물권적 효력).

양식

## 선하증권(Bill of Lading)

| | |
|---|---|
| ①Shipper/Exporter<br>ABC TRADING CO. LTD.<br>1. PIL-DONG, JUNG-KU, SEOUL, KOREA | ⑪B/L No. : But 1004 |
| ②Consignee<br>TO ORDER OF XYZ BANK | |
| ③Notify Party<br>ABC IMPORT CORP.<br>P.O.BOX 1, BOSTON, USA | |

| | | |
|---|---|---|
| Pre-Carrage by | ⑥Place of Receipt<br>BUSAN, KOREA | |
| ④Ocean Vessel<br>WONIS JIN | ⑦Voyage No.<br>1234E | ⑫Flag |

| |
|---|
| ⑤Port of Loading ⑧Port of Discharge ⑨Place of Delivery ⑩Final Destination(For the Merchant Ref.)<br>BUSAN, KOREA BOSTON, USA BOSTON, USABOSTON, USA |

| ⑬Container No. ⑭Seal No. Marks & No | ⑮No. & Kinds of Containers or Packages | ⑯Description of Goods | ⑰Gross Weight | Measurement |
|---|---|---|---|---|
| ISCU1104 | 1 CNTR | LIGHT BULBS (64,000 PCS) | 4,631 KGS | 58,000 CBM |
| Total No. of Containers or Packages(in words) | | | | |

| ⑱Freight and Charges | ⑲Revenue tons | ⑳Rate | ㉑Per | ㉒Prepaid | ㉓Collect |
|---|---|---|---|---|---|
| | | | | | |

| | | |
|---|---|---|
| ㉓Freight prepaid at | ㉔Freight payable at | ㉖Place and Date of Issue<br>May 21, 2024, Seoul<br>Signature |
| Total prepaid in | ㉕No. of original B/L | |
| ㉗Laden on board vessel<br>Date Signature<br>May 21, 2024 | | ㉘ABC Shipping Co. Ltd.<br>as agent for a carrier, zzz Liner Ltd. |

양식

## 수취선하증권(Received B/L)

| Shipper | B/L No. |
|---|---|
| MIHEEN<br>606 BYUCKSAN DIGITAL, VALLEY 2-CHA, 480-10,<br>GASAN-DONG GEUMCHEON-GU, SEOUL, KOREA | OSLBSLOSA11090307 |
| **Consignee**<br>FEW E LIFE CO. LTD<br>1-20-7, HIGASHIOBASE, HIGASHINARI-KU,<br>OSAKA CITY, JAPAN<br>TEL: FAX: | **ORIENT STAR LOGIX**<br>**BILL OF LADING**<br>Received by the Carrier from the Shipper in apparent good order and condition unless otherwise indicated herein, the goods, or the container(s) or package(s) said to contain the cargo herein mentioned, to be carried subject to all the terms and conditions provided for on the face and back of this Bill of Lading by the vessel named herein or any substitute at the Carrier's option and/or other means of transport, from the place of receipt or the port of loading to the port of discharge or the place of delivery shown herein and there to be Delivered unto order or assigns.<br>If required by the Carrier, this Bill of Lading duly endorsed must be surrendered in exchange for the goods or delivery order.<br>In accepting this Bill of Lading the Merchant agrees to be bound by all the stipulations exceptions, terms and conditions on the face and back hereof, whether written, typed, stamped or printed, as fully as if signed by the Merchant any local custom or privilege to the contrary notwithstanding, and agrees that all agreements or freight engagements for and in connection with the carriage of the goods are superseded by the Bill of Lading.<br>SURRENDERED |
| **Notify Party**<br>SAME AS ABOVE | |

| Pre-carriage by | Place of receipt | |
|---|---|---|
| | BUSAN, KOREA | |
| **Vessel/Voyage No** | **Port of loading** | |
| SUNNY LINDEN 136E | BUSAN, KOREA | |
| **Port of Discharge** | **Place of Delivery** | **Final destination(For the Merchant Ref.)** |
| OSAKA, JAPAN | OSAKA, JAPAN | |

| Contaniner NO. Seal No.: Marks & Nos. | No. of Containers of p'kgs | Kind of Packages: Description Goods | Gross Weight | Measurement |
|---|---|---|---|---|
| ITEM: KIMCHI<br>Q'TY: 12<br>C/T NO:<br>MADE IN KOREA<br><br>CKLU9020051/CKL173889 | 4 PLTS<br>20'RE×1 | SAID TO CONTAIN:<br><br>4 PALLETS OF<br>BAECHOO KIMCHI (400G)<br>CHONGGAK KIMCHI (400G)<br><br>"FREIGHT COLLECT" | 2,203.600KGS | 9.4300CBM<br><br>COPY<br>**NON-NEGOTIABLE** |
| CFS/CY | SAY: | FOUR(4) PALLETS ONLY. | | |

Total number of containers or packages (in words)    According to the declaration of the merchant

| Freight and charges | Prepaid | Collect | freight payable at: | No. of original B(s)/L |
|---|---|---|---|---|
| FREIGHT COLLECT AS ARRANGED | | | DESTINATION | ZERO(0) |
| | | | Shipped on board date:<br>**SEP. 10. 2024** | by |
| | | | issured on **SEP, 10, 2024** at SEOUL, KOREA | |
| Total | | | | |

| For delivery of goods please apply to: | |
|---|---|
| YUSEN LOGISTICES CO,. LTD.<br>WEST JAPAN OCEAN OPERATION CENTER<br>KORAIBASHI WEST BLDG. CF 4-5-2, KORAIBASHI,<br>CHUO-KU OSAKA 541-0043 JAPAN<br>TEL: FAX:<br>ATTN: Ms. Yasuko Okada/Ms.yoko | In witness where of the number of original Bills of Lading stated below have been signed, all of this lenor and date, one of which beling accomplished, the others to stand void.<br>ACTING AS A CARRIER<br><br>by<br>ORIENT STAR LOGIX CO., LTD. |

| 선하증권 양식 작성요령 |

① Shipper/Exporter : 송하인(수출자)의 성명, 상호, 주소

② Consignee : 수입자가 지정한 자(은행명), T/T, D/P, D/A 방식에서는 수입상의 상호 및 주소

③ Notify Party : 신용장 개설의뢰인(수입업자 또는 수입업자가 지정하는 대리인)

④ Ocean Vessel : 화물운송 선박명

⑤ Port of Loading : 선적항

⑥ Place of Receipt : 송하인으로부터 운송인이 화물을 수취하는 장소

⑧ Port of Discharge : 화물의 양륙항

⑨ Place of Delivery : 수하인에게 인도하여 주는 장소

| 선적일의 확인방법 |

㉗ On Board Date and Issue

B/L의 On Board Date(27란)가 기재되며 선적일과 발행일자는 보통 일치된다. Date of Issue가 On Board Date보다 늦을 수는 있으나 빠른 경우는 B/L의 선발행이 되므로 은행에서 매입을 거절당할 수 있다. On Board의 하단에는 B/L 발행자의 Signature가 표시된다.

### 2) 해상화물운송장(SWB : Sea WayBill)

해상운송인이 화물의 수량을 증명하고 운송계약조건을 달성하기 위한 목적으로 송하인에게 발행하는 서류를 말한다. 해상화물수취증이라고도 하며 선하증권처럼 운송계약의 증거가 되나 물품인도청구권을 상징하는 권리증권이 아니기 때문에 유가증권이 아닌 비유통증권이다. 수하인이 물품을 수령할 때 운송인에게 제출할 필요가 없으므로 화물의 인도를 신속히 할 수 있어 보관료와 이자 등의 비용을 줄일 수 있다. 유가증권이 아니므로 분실위험을 회피할 수 있고, 물품을 신속하게 통관시킬 수 있다는 장점이 있다. 또한 서식을 통일시켜 사무처리의 합리화로 인하여 EDI 도입을 촉진시킨다.

### 3) 항공화물운송장(AWB : Air WayBill)

송하인과 운송인 사이에 항공화물운송계약이 체결되었다는 것을 나타내는 증거서류로 권리증권도 아니고 유통성이 있는 유가증권이 아니다.

항공화물운송에 있어서 화물의 유통을 보장하는 기본적인 운송서류인 항공화물운송장은 항공사의 청구에 따라 송하인이 작성, 제출하는 것이 원칙이지만 항공사나 항공사의 권한

을 위임받은 대리점(또는 항공운송 주선업자)에 의하여 발행된다.

| Shipper's Name and Address | Shipper's Account Number | **Not negotiable**<br>**Air Waybill**<br>*issued by* KOREAN AIR<br><br>Copies 1, 2 and 3 of this Air Waybil are originals and have the same validity. |
|---|---|---|
| Consignee's Name and Address<br><br>Telephone : | Consignee's Account Number | It is agreed that the goods described herein are accepted in apparent good order and condition (except as noted) for carriage SUBJECT TO THE CONDITIONS OF CONTRACT ON THE REVERSE HEREOF. THE SHIPPER'S ATTENTION IS DRAWN TO THE NOTICE CONCERNING CARRIER'S LIMITATION OF LIABILITY. Shipper may increase such limitation of liability by declaring a higher value for carriage and paying a supplemental charge if required. |
| Issuing Carrier's Agent Name and City | | Accounting Information |
| Agent's IATA Code | Account No. | |
| Airport of Departure(Addr. of First Carrier) and Requested Routing | | |

| TO | By First Carrier | Routing and Destination | to | by | to | by | Currency | CHGS Code | WT/VAL PPD | WT/VAL COLL | Other PPD | Other COLL | Declared Value for Carriage | Declared Value for Customs |
|---|---|---|---|---|---|---|---|---|---|---|---|---|---|---|

| Airport of Destination | Flight/Date | For Carrier Use Only | Flight/Date | Amount of Insurance | INSURANCE－If Carrier offers Insurance, and such insurance is requested in accordance with conditions on reverse hereof, indicate amount to be insured in figures in box marked 'amount of Insurance'. |
|---|---|---|---|---|---|

Handling Information

| No. of Pieces RCP | Gross Weight | kg lb | Rate Class Commodity item No. | Chargeable Weight | Rate Charge | Total | Nature and Quantity of Goods (incl. Dimensions or Volume) |
|---|---|---|---|---|---|---|---|

| Prepaid | Weight Charge | Collect | Other Charges |
|---|---|---|---|
| | Valuation Charge | | |
| | Tax | | |
| | Total Other Charges Due Agent | | Shipper certifies that the particulars on the face hereof are correct and that insofar as any part of the consignment contains dangerous goods, such part is properly described by name and is in proper condition for carriage by air according to the applicable Dangerous Goods Regulations. |
| | Total Other Charges Due Carrier | | |
| | | | Signature of Shipper or his Agent |
| Total Prepaid | | Total Collect | |
| Currency Conversion Rates | | CC Charges In Dest. Currency | |
| | | | Executed on(date) at(place) Signature of Issuing Carrier or its Agent |
| For Carrier's Use Only at Destination | | Charges at Destination | Total Collect Charges |

ORIGINAL 3(FOR SHIPPER)

[선하증권 · 해상화물운송장 · 항공화물운송장의 비교]

| 구 분 | 선하증권(B/L) | 해상화물운송장(SWB) | 항공화물운송장(AWB) |
|---|---|---|---|
| 유가증권 유무 | 유가증권 | 화물수취증 | 화물운송장 |
| 양도성 | 양도 가능 | 양도 불능 | 양도 불능 |
| 당사자 | 선박회사 ⇨ 화주 | 해상운송인 ⇨ 송하인 | 송하인 ⇨ 운송인 |

### 4) 상업송장(C/I : Commercial Invoice)

수출업자가 수입업자에게 계약과 일치하는 물품을 공급하였다는 증거서류로 수출업자에게는 대금청구서의 기능을, 수입업자에게는 수입구매서의 역할을 한다.

COMMERCIAL INVOICE

| | |
|---|---|
| ①**Shipper/Seller** KRGILTRA159SEO<br>GILDING TRADING CO., LTD.<br>159, SAMSUNG-DONG, KANGNAM-KU,<br>SEOUL, KOREA | ⑦Invoice No. and date<br>8905 BK 1007 MAY. 20. 2024<br>⑧L/C No. and date<br>55352 APR. 25. 2024 |
| ②**Consignee**<br>MONARCH PRODUCTS CO., LTD.<br>5200 ANTHONY WAVUE DR.<br>DETROIT, MICHIGAN 48203<br>U. S. A | ⑨Buyer(if other than consignee)<br>MONARCH PRODUCTS CO., LTD.<br>5200 ANTHONY WAVUE DR.<br>DETROIT, MICHIGAN 48203<br>U. S. A |
| ③**Departure date**<br>**MAY. 20, 2024** | ⑩Other references<br>COUNTRY OF ORIGIN :<br>REPUBLIC OF KOREA |
| ④Vessel/flight PHEONIC ⑤From BUSAN,KOREA<br>⑥To DETROIT, U.S.A | ⑪Terms of delivery and payment<br>F.O.B BUSAN<br>L/C AT SIGHT |

| ⑫Shipping Marks | ⑬No.&kind of packages | ⑭Goods description | ⑮Quantity | ⑯Unit price | ⑰Amount |
|---|---|---|---|---|---|
| MON/T<br>DETROIT<br>LOT NO<br>C/NO.1-53<br>MADE IN KOREA | 420 DP X 420D<br>MATERIAL.<br>AS PER MONARCH PRODUCTS<br>INDENT NO. T. 858 | NYLON OXFORD | 60,000M<br>1208.06KGS. | US$1.00/M | US$60,000 |

Signed by
⑱

송장은 이 기능 때문에 그 거래계약의 존재 및 계약이행의 사실을 입증하는 유력한 자료가 되며, 어떤 경우에는 수입품의 정확성 및 진실성을 입증하기 위한 세관신고의 증명자료의 역할을 한다.

송장은 그 용도에 따라 상거래용으로 작성되는 상업송장과 세관이나 주재국 영사관에서 발행하는 공용송장으로 구분한다.

### 5) 포장명세서(P/L : Packing List)

수출업자가 수입업자 앞으로 작성하는 거래계약 관련서류로 선적화물의 포장 및 포장단위별 명세와 단위별 순중량, 총중량, 화인 및 포장의 일련번호 등을 기재함으로써 포장과 운송, 통관상의 편의를 위하여 작성되는 서류이다.

### 6) 원산지증명서(C/O : Certificate of Origin)

화환어음의 부대서류로서 수출물품의 원산지를 증명하는 국적증서의 성격을 가진 문서로 우리나라에서는 상공회의소에서 발급한다.

### 7) 환어음

환어음은 채무자가 채권자 앞으로 발행하는 약속어음과는 달리 **채권자가 채무자 앞으로 발행하여 채무자가 이를 인수하여 수입대금을 결제하는 것**이다. 특히 무역거래에서 사용되는 환어음은 발행지와 지급지가 서로 다른 국가간에 취결되는 외국환어음이다. 환어음은 대금결제 기간에 따라서 수입자가 거래은행으로부터 선적서류를 인수함과 동시에 대금지급을 하는 일람출급어음(At Sight Bill)과 발행 후 일정기간이 경과한 후 지급되는 기한부어음(Usance Bill)으로 구분할 수 있다.

**BILL OF EXCHANGE**

NO. ______________________ BILL OF EXCHANGE, ______________________

FOR

AT ______________ SIGHT OF THIS FIRST BILL OF EXCHANGE(SECOND OF THE SAME TENOR AND DATE BEING UNPAID) PAY TO ______________________ OR ORDER THE SUM OF

VALUE RECEIVED AND CHARGE THE SAME TO ACCOUNT OF ______________________

______________________________________________________________

DRAWN UNDER

L/C NO. ______________________________________

TO

## (4) 환율

① 환율의 개념

환율이란 자국통화와 외국통화의 교환비율을 말한다. 환율이 인상되면 외국통화를 사는데 더 많은 자국통화를 지불하게 되므로 외화채권을 소유하고 있는 경우(수출자)는 유리하나 외화채무를 부담하는 수입자는 불리하게 된다.

② 환율의 종류

ⓐ 매도율과 매입률

매도율은 은행이 고객에게 외화를 팔 때 적용하는 환율이며, 매입률은 은행이 고객으로부터 외화를 살 때 적용하는 환율로 통상 매도율이 매입률보다 높다.

ⓑ 기준환율과 재정환율

기준환율은 미화의 매매기준율로 전 거래일의 외국환매매 중개기관을 통하여 외국환은행간의 거래가 이루어진 매매율을 거래량으로 가중평균하여 산출된 율로, 외국환매매 중개기관은 기준환율을 **매일 영업개시 30분 전**까지 기획재정부, 한국은행, 각 외국환은행장에게 통보한다. 이에 비해 재정환율은 미화 이외의 모든 통화에 적용되는 환율로 미화와 미화 이외의 통화와의 매매중간율을 기준환율로 재정한 율을 말한다.

ⓒ 환율의 구분예시[9)]

| 환율의 구분 | 환율의 구조(예시) | KRW/US$ | 적용 |
|---|---|---|---|
| 현찰매도율 | 매매기준율+2.0% | 1,020 | 해외여행시 환전하는 경우 |
| 여행자매도율 | 매매기준율+1.5% | 1,015 | 여행자수표 환전시 |
| 전신환매도율 | 매매기준율+1.0% | 1,010 | 수입대금 결제시 |
| 대고객매매율 | 0 | 1,000 | 전일시장 평균환율 |
| 전신환매입률 | 매매기준율－1.0% | 990 | L/C 네고환율 |
| 현찰매입률 | 매매기준율－2.0% | 980 | |

9) 한장석 · 김용관, 부가가치세 2006, 광교이택스, 2006, p.327 인용

## Ⅱ 수출업의 회계와 세무실무

### 1. 수출매출 귀속의 결정

수익의 인식기준은 기업회계기준에 의거 수익의 가득과정이 완료되고 수입금액을 신뢰성 있게 측정할 수 있으며 경제적 효익의 유입가능성이 매우 높은 때에 인식한다. 즉, 수익이 실현되었을 때 장부에 계상하게 된다. 그러나 법인세법과 소득세법에서는 법률적 관점에서 권리와 의무가 확정되었을 때 익금과 손금을 계상하게 된다.

#### (1) 손익의 귀속사업연도의 중요성

손익의 귀속사업연도는 사업연도별로 손익을 각각 구분하여 계산하여야 하며 귀속을 달리하여 각 사업연도의 소득금액을 계산할 수 없다는 것이다. 귀속사업연도는 법에서 정하는 경우를 제외하고는 일반적으로 공정·타당하다고 인정되는 기업회계의 기준 또는 관행에 따라 계산한다(법기통 14-0…2). 법인이 손익 귀속사업연도의 적용착오로 법인세 과세표준 및 세액을 앞당겨 신고·납부함에 따라 그 다음 사업연도의 과세표준과 세액이 과소하게 신고·납부된 경우에 과소하게 신고·납부한 사업연도에 대한 법인세 경정시 「국세기본법」 제47조의 3 및 제47조의 5 규정의 과소신고가산세 및 납부지연가산세를 적용한다(국기, 징세과-4088, 2008. 9. 5). 다만, 2012년 1월 1일 이후 분부터 국세(소득세, 법인세 및 부가가치세만 해당한다)를 과세기간을 잘못 적용하여 신고납부한 경우에는 납부지연가산세를 적용할 때 실제 신고납부한 날에 실제 신고납부한 금액의 범위에서 당초 신고납부하였어야 할 과세기간에 대한 국세를 자진납부한 것으로 본다. 다만, 해당 국세의 신고가 부당무신고, 부당과소신고에 해당하는 경우에는 그러하지 아니하다(국기법 47의 4).

| 과 목 | 구 분 | 10 기 | 11 기 |
|---|---|---|---|
| 수출매출 | 세법상 귀속 | 20억원 | 10억원 |
| | 사례 Ⅰ | 30억원 | - |
| | 사례 Ⅱ | - | 30억원 |

위 표에서 사례 Ⅰ의 경우 당초 과세기간보다 먼저 납부한 경우 10기분 과세표준과 세액에 대하여 과다납부로 인한 환급 및 환급가산금을 적용하지 않고 11기분에 대하여 납부지연가산세를 적용하지 않는다. 사례 Ⅱ의 경우 당초 과세기간보다 늦게 납부한 경우 10기 과소신고한 20억원에 대하여 과소신고가산세와 납부지연가산세는 실제 납부일까지 부과하

고 11기에 과다신고한 20억원에 대하여는 환급 및 환급가산금은 적용하지 않는다. 다만 부당무신고・과소신고에 해당하는 경우는 그러하지 아니한다.

### (2) 수출매출의 귀속사업연도

수출재화는 상품 등을 인도한 날에 수입금액을 계상한다. 여기에서 인도일의 판정을 함에 있어서 다음의 날로 한다(법칙 33 ②).

① 납품계약 또는 수탁가공계약에 의하여 물품을 납품하거나 가공하는 경우에는 당해 물품을 계약상 인도하여야 할 장소에 보관한 날. 다만, 계약에 따라 검사를 거쳐 인수 및 인도가 확정되는 물품의 경우에는 당해 검사가 완료된 날로 한다.

② 물품을 수출하는 경우에는 수출물품을 계약상 인도하여야 할 장소에 보관한 날
또한, 여기서 "수출물품을 계약상 인도하여야 할 장소에 보관한 날"이라 함은 **계약상 별단의 명시가 없는 한 선적을 완료한 날**을 말한다. 다만, 선적완료일이 분명하지 아니한 경우로서 수출할 물품을 관세법 제155조 제1항 단서의 규정에 의하여 보세구역이 아닌 다른 장소에 장치하고 통관절차를 완료하여 수출면장을 발급받은 경우에는 규칙 제33조 제2호의 규정에 해당하는 것으로 한다(법기통 40-68-2).

따라서 법인세법상의 수출매출의 귀속사업연도는 계약조건(주로 국제상업회의소가 인코텀스를 정한 거래조건 11가지)에 따라 결정된다. 다만, 우리나라의 경우 거래조건이 FOB, CIF, CFR 조건이 많아 선적일이 귀속시기에 해당되어 부가가치세법상 공급시기와 일치하게 된다.

#### ① 선적일로 본 해석사례

**질의 수출재화의 귀속사업연도와 관련하여,**

1. 관세청의 통관자료가 실질적으로 사업자가 수출면허승인을 받은 수출면장상의 신고일을 기준으로 작성된 자료인지? 그렇지 않다면, 통관자료가 사업자가 선적일 기준으로 매출인식을 하여 제출하는 영세율 제출서류와 관련이 있는지?
2. 수출재화의 수익인식에 있어 부가가치세법 등의 선적일 기준으로 매출인식을 하지만 수출면장상의 선적시기가 여러 번 나누어질 경우 관세청 통관자료는 수출면장상의 선적이 최종적으로 완료된 시기로 전체금액을 한번에 제출하여 사업자의 영세율 제출서류상의 금액과 상당한 차이가 발생하는바, 이 경우 관세청 통관자료가 수출재화의 과세자료로서 효력이 있는지 여부
3. 무역거래법상 계약조건(EXW, FCA, CIF, FOB)에 따라 매출을 인식할시 세법상 적

법한 매출인식시점인지 여부, 아니면 계약조건에 관계없이 선박회사가 발행하여 준 B/L상의 선적일로 해야 되는지 여부

4. 사업자는 선박회사에서 발행하는 B/L상의 선적일로 매출인식을 하지만 실질적으로 선박회사가 제출하는 선적일이 다소 차이가 발생하는 바, 이 경우 B/L상의 선적일이 적법한 정상매출 인식시점인지 여부
5. 선박회사에서 제출하는 선적일이 선박회사에서 발행하는 B/L상의 선적일과 차이가 발생하는 경우 선박회사에서 제출하는 선적일이 실질적으로 선박에 재화가 선적된 날인지, 그렇지 않다면 선박이 출항한 날인지 여부
6. 선박회사가 당초에 발행하여 준 B/L과 다른 선적일이 기재된 B/L을 발행하여 줄 경우 매출인식시점을 어느 기준으로 해야 되는지 여부

회신

1. 수출재화의 공급시기 또는 수익인식시점의 확인서류는 실제 선적이 완료된 사실을 입증할 수 있는 서류에 의하여야 하는 것이다.
2. 무역거래법상의 계약조건과는 상관없이 수출과 관련한 손익의 귀속시기는 법인세법 기본통칙 40－68…2에서 규정한 선적일을 기준으로 하는 것이며, 선하증권(B/L)상의 선적일과 실제 선적일이 다른 경우에는 실제 선적일을 기준으로 하여야 하는 것이다(서면2팀－2797, 2004. 12. 30).

* 상기 행정해석에 의하면 계약조건에도 불구하고 수출매출의 귀속시기는 선적일로 해석하고 있다.

**② 계약조건에 따라 실질적인 소유권이 이전된 시점으로 본 사례**

1. 법인이 수출재화를 도착지 물류창고에서 출고한 후에 소유권이 이전되는 경우에는 수출물품을 계약상 인도하여야 할 장소에 보관한 날에 손익을 인식하는 것으로, 이에 해당하는지 여부는 수출계약과 물품보관 및 소유권 이전약정 등의 사실관계에 따라 판단하는 것이다(서면2팀－925, 2007. 5. 15).
2. 국제상공회의소(ICC) 무역조건의 해석에 관한 「INCOTERMS 2000」에 의한 DDP El Paso기준으로 거래하면서 청구법인이 미국에서의 통관 시 관세 등을 부담하고 청구법인 명의로 수입통관절차를 이행하였고, 그 후의 운송비 및 창고관리비 등을 부담한 점과 수출물품이 운송회사의 물류창고에 보관되었다가 쟁점거래처의 공장 등에 인도되었음을 볼 때, 그 거래 조건은 **계약상 인도하여야 할 장소**인 운송회사의 미국 엘파소 소재 물류창고라고 봄이 타당하다(적부 2005－246, 2006. 5. 1).

위의 해석에 의하면 수출재화의 귀속사업연도는 **계약조건에 따라 법률적 소유권이 이전되는 시점**으로 보고 있다.

### (3) 수출형태별 귀속사업연도

**사례 부가가치세법상 공급시기와 법인세법상 수입계상시기**

1) 관련자료

① 20×1. 12. 20 수출상의 공장에서 수출물품을 컨테이너에 실었다.

② 20×2. 1. 5 수출물품을 선박에 적재하였다.

③ 20×2. 1. 20 수입국의 목적항에 도착하였다.

④ 20×2. 2. 1 수입상의 창고에 도착하여 물품을 하차하였다.

2) 공급시기 및 법인세법상 귀속사업연도

① 공장인도조건(EXW) : 공급시기(20×2. 1. 5), 귀속사업연도(20×1. 12. 20)

② 본선인도조건(FOB, CIF, CFR) : 공급시기(20×2. 1. 5), 귀속사업연도(20×2. 1. 5)

③ 목적지인도조건(DDP) : 공급시기(20×2. 1. 5), 귀속사업연도(20×2. 2. 1)

#### ① 직수출 · 대행수출

물품을 수출하는 경우에는 수출물품을 계약상 인도하여야 할 장소에 보관한 날로 **계약상 별단의 명시가 없는 한 선적을 완료한 날**이 속하는 사업연도이다.

내국법인이 일본업체로부터 육상플랜트 건설공사에 소요되는 부품(Girth Gear, Pinion & Shaft)을 수주받아 그 부품을 직접 설계 · 제조하지 아니하고 국내업체에게 발주하여 이를 납품받아 당해 법인의 계산과 책임 하에 그 일본업체에 수출하는 계약으로서 그 계약기간이 1년 이상인 경우 그 부품의 판매로 인한 익금과 손금의 귀속사업연도는 그 부품을 계약상 인도하여야 할 장소에 보관한 날이 속하는 사업연도로 하는 것이다(법규법인 2009-13, 2009. 2. 17). 물품수출에 의한 판매손익은 수출물품을 계약상 인도해야 할 장소에 보관한 날의 사업연도에 귀속되며, 그날 이후 그 대금을 정산하는 경우 정산차액은 그 확정된 날의 사업연도의 손익에 산입한다(법인 46012-3833, 1998. 12. 9).

#### ② 중계무역 · 외국인도수출 · 위탁가공무역

물품을 수출하는 경우에는 수출물품을 계약상 인도하여야 할 장소에 보관한 날로 계약상 별단의 명시가 없는 한 선적을 완료한 날이 속하는 사업연도이다.

내국법인이 원재료를 무환반출하는 위탁가공무역수출의 경우에 원재료비 및 가공비 지급액의 손금 귀속사업연도는 일반적으로 공정 · 타당하다고 인정되는 기업회계의 기준에 따라 그 손금이 확정된 날이 속하는 사업연도로 하는 것이다(서면2팀-348, 2006. 2. 15).

③ 보세창고인도조건(BWT) 수출

수출업자가 자기책임 하에 수입국의 보세창고까지 수출상품을 반출하고 현지에서 수입자를 물색하여 계약이 성립되면 상품을 인도하는 방식의 수출을 하는 경우에는 당해 수출물품을 **수입업자에게 인도한 날**이 속하는 사업연도에 손익을 계상하는 것이다(법인 46012-2085, 1998. 7. 25).

④ 위탁판매수출

해외에서 수탁사업자가 재화를 판매한 날이 속하는 사업연도이다.

⑤ 오퍼상

물품매도확약서 발행업에 있어서 수입금액의 귀속연도는 **당해 물품을 선적한 날**이 속하는 과세기간으로 한다. 따라서 착선인도조건(Exship)이라 하더라도 물품을 선적한 날이 속하는 과세기간으로 한다(법인 22601-167, 1987. 6. 25). 그러나 장부와 증빙서류를 비치하지 않아 선적한 날이 확인되지 않는 경우에는 신용장개설일이 속하는 과세기간으로 한다(소기통 39-2). 즉, 물품매도확약서 발행업에 있어 용역대가 지급일이 약정되어 있지 않은 경우 그 선적일 또는 신용장개설일이 수입금액 귀속시기인 용역제공완료일이 되는 것이다(국심 96서3080, 1997. 3. 18). 한편, 수익이 실현된 그 다음 사업연도에 그 선적한 물품의 하자로 당해 물품이 반환된 경우에는 그 반환된 날이 속하는 사업연도의 손금에 산입한다(법인 46012-3824, 1995. 10. 12).

⑥ 해외건설공사

해외건설공사는 단기공사의 경우 용역제공완료일(준공일), 장기공사의 경우 진행기준에 따라 손익을 인식한다.

⑦ 관세환급금

관세환급금의 손익 귀속시기는 다음의 날이 속하는 사업연도로 한다(법기통 40-71-6).

ⓐ 수출과 동시에 환급받을 관세 등이 확정되는 경우(수출용원재료에 대한 관세 등 환급에 관한 특례법 제13조의 규정에 의한 정액환급률표에 의한 환급액을 포함한다)에는 당해 **수출을 완료한 날** : 간이정액환급

ⓑ 수출과 동시에 환급받을 관세 등이 확정되지 아니하는 경우에는 **환급금의 결정통지일 또는 환급일 중 빠른 날** : 개별환급

한편, 「수출용원재료에 대한 관세 등 환급에 관한 특례법」의 규정에 의하여 환급받을 관세 등으로서 수출과 동시에 환급받을 세액이 확정되지 아니하는 관세환급금의 귀속사업연도는 당해 환급금의 결정통지일 또는 환급일 중 빠른 날이 속하는

사업연도로 하는 것이나, 일반적으로 공정 · 타당하다고 인정되는 기업회계기준을 적용하거나 관행을 계속적으로 적용하여 온 경우에는 **당해 기업회계기준 또는 관행**에 의하는 것이다(법인 46012-2567, 1998. 9. 11). 즉, 합리적으로 예측한 관세환급 예상액을 계속적으로 결산에 반영하여 온 경우에는 관세환급금 미수금을 계상할 수 있다.

ⓒ 추징당한 관세환급금

법인이 관세율 적용착오 등으로 추징당한 관세를 환급받는 경우 손익의 귀속시기는 당해 관세환급금의 결정통지일 또는 환급일 중 빠른 날이 속하는 사업연도로 하는 것이다(법인-1013, 2009. 9. 16).

ⓓ 추가납부 관세

관세법의 규정에 의하여 관세를 신고 · 납부한 후 세율적용 착오 등의 사유로 추가고지되는 관세는 세관장이 경정결정하는 날이 속하는 사업연도의 손금 또는 수입물품의 취득원가에 가산하는 것이다(서이-2428, 2004. 11. 24).

**⑧ 해외투자수출**

해외에 기계장치 등을 현물출자하는 것은 자산의 양도에 해당하는 것이므로 해당 자산의 양도에 대한 손익의 귀속시기는 **선적일이 속하는 사업연도**로 하여야 하는 것이다(서면2팀-1956, 2004. 9. 21).

**⑨ 내국신용장 · 구매확인서에 의한 공급**

수출업자에게 상품 등을 납품하는 날이 속하는 사업연도이다.

## 2. 수출매출채권의 대손처리

물품의 수출 또는 외국에서의 용역제공으로 발생한 채권으로서 기획재정부령으로 정하는 사유에 해당하여 무역에 관한 법령에 따라 「무역보험법」 제37조에 따른 한국무역보험공사로부터 회수불능으로 확인된 채권은 대손금으로 손금산입할 수 있다(법령 19의 2 7호). 해외매출채권을 보유하고 있는 내국법인이 해당 해외매출채권에 대하여 대손금으로 회계처리하였으나 법인세법상 대손요건을 충족하지 못하여 손금불산입으로 세무조정한 경우로서 그 후 사업연도에 외국환거래법 관련 규정이 삭제되어 한국은행총재 또는 외국환은행의 장으로부터 채권회수의무를 면제받은 서류를 제출할 수 없는 경우, 해당 해외매출채권에 대한 대손금은 「법인세법 시행령」 제19조의 2 제1항 제1호에 따른 상법상 소멸시효가 완성된 날이 속하는 사업연도에 손금산입하는 것이며, 상법상 소멸시효가 완성되기 전에도 「법인세법 시행령」 제19조의 2 제1항 제8호부터 제13호까지의 사유로 회수할 수 없음이 객관적으로 입증된 경우에는 해당 사유가 발생한 사업연도 이후에 「법인세법」 제60조에 따른 확정신고시에 세무조정계산서에 반영하여 손금으로 인정받을 수 있는 것이다(사전-2017-법령해석법인-0853, 2018. 6. 29).

## 3. 수출업의 특수계정과목의 처리[10)]

### (1) 공과금

공과금 중 법령에 의하여 의무적으로 납부하는 것이 아닌 공과금과 법령에 의한 의무의 불이행 또는 금지·제한 등의 위반에 대한 제재로서 부과되는 공과금을 제외하고는 손금에 산입된다. 따라서 수출과 관련된 공과금 중 다음의 금액은 손금에 산입된다.

① 상공회의소 회비
② 무역협회 회비
③ 기타 주무관청에 등록된 조합 또는 협회비. 이에는 조합 또는 협회에 월정액 이외에 사업실적에 따라 정기적으로 납부하는 조합비 또는 협회비와 수출입업을 하고 있는 법인이 수출대전 네고(Nego)시 한국무역협회에 납부하는 수출부담금을 포함한다.

### (2) 수출알선수수료

수출을 알선해 준 대가로 수출대금의 일정률을 수수료로 지급하는 금액을 말한다. 수출알선수수료는 알선하는 장소가 국내 또는 국외에 소재하느냐 또는 알선자가 거주자·비거주자 여부에 따라 원천징수 여부가 다음과 같이 달라진다.

| 구 분 | 소득구분 | 원천징수 여부 | |
|---|---|---|---|
| 국내 | 국내원천소득 | 거주자·국내사업장이 있는 외국법인 | 과세대상(세금계산서 발급) |
| | | 국내사업장이 없는 비거주자·외국법인 | 원천징수 대상 |
| 외국 | 국외원천소득 | 원천징수 대상 아님 | |

### (3) 수출통관제비용

#### ① 파출검사수수료

검사장소가 지정장치장 또는 세관검사장이 아닌 경우 신고인은 기본수수료와 해당 검

10) 무역회계와 세무실무, 정천수, 2004, 영화조세통람, pp.203~220 참조.

사에 소요되는 세관과 검사장소와의 거리 등을 참작하여 관세청장이 정하는 실비상당액을 가산한 금액의 수수료를 납부하여야 한다. 다만, 다음 각 호의 어느 하나에 해당하는 경우에는 수수료를 납부하지 아니한다(관세법 247 ③).

1. 검사 장소가 보세창고인 경우로서 신고인이 운영인과 다른 경우
2. 검사 대상이 수출물품인 경우

[기본수수료(시간당 기본수수료 2천원 × 해당 검사에 걸리는 시간)] + 실비상당액(세관과 검사장소와의 거리 등을 고려하여 관세청장이 정하는 금액)

### ② 임시개청 허가수수료(관세법 시행규칙 제81조)

법 제321조 제3항의 규정에 의하여 납부하여야 하는 개청시간외 통관절차・보세운송절차 또는 입출항절차에 관한 수수료(구호용 물품의 경우 당해 수수료를 면제한다)는 기본수수료 4천원(휴일은 1만2천원)에 다음 각호의 구분에 의한 금액을 합한 금액으로 한다. 다만, 수출물품의 통관절차 또는 출항절차에 관한 수수료는 수입물품의 통관절차 또는 출항절차에 관한 수수료의 4분의 1에 상당하는 금액으로 한다.

1. 오전 6시부터 오후 6시까지 : 1시간당 3천원
2. 오후 6시부터 오후 10시까지 : 1시간당 4천8백원
3. 오후 10시부터 그 다음날 오전 6시까지 : 1시간당 7천원

### ③ 증명서 및 통계 교부수수료

세관사무에 관한 증명서와 통계의 교부를 받고자 하는 자는 세관사무에 관한 증명서, 통계 및 통관관련 세부통계자료의 교부수수료를 납부하여야 한다.

### ④ 세관설비사용료(관세법 시행규칙 제83조)

물품장치 또는 통관을 위한 세관설비를 사용하고자 하는 자는 기본사용료 1만2천원에 다음의 구분에 의한 금액을 합한 금액을 설비사용료로 납부하여야 한다.

- 토지 : 분기마다 1제곱미터당 780원
- 건물 : 분기마다 1제곱미터당 1천560원

### ⑤ 보세구역 외 장치허가 수수료

물품을 보세구역이 아닌 장소에 장치하고자 하는 자는 세관장의 허가를 받아야 하며 납부하여야 하는 보세구역 외 장치허가수수료는 1만8천원으로 한다.

### ⑥ 개항이 아닌 지역에 대한 출입허가수수료

개항이 아닌 지역에 출입하기 위하여 납부하여야 하는 수수료는 외국무역선의 경우에

는 1회 출입에 대하여 당해 선박의 순톤수 1톤당 100원으로 하고, 외국무역기의 경우에는 1회 출입에 대하여 당해 항공기의 자체무게 1톤당 1천2백원으로 한다. 이 경우 수수료의 총액은 50만원을 초과하지 못한다.

⑦ **항외 하역에 관한 허가수수료**

외국무역선이 개항의 바깥에서 물품을 하역하거나 환적하고자 하는 때에는 선장은 세관장의 허가를 받아야 하며 납부하여야 하는 항외하역에 관한 허가수수료는 하역 1일마다 4만원으로 한다. 다만, 수출물품(보세판매장에서 판매하는 물품과 보세공장, 「자유무역지역의 지정 및 운영에 관한 법률」에 의한 자유무역지역에서 제조 · 가공하여 외국으로 반출하는 물품을 포함한다)에 대한 하역인 경우에는 하역 1일마다 1만원으로 한다.

⑧ **사증수수료**

국경을 출입하려는 도로차량의 운전자는 해당 도로차량이 국경을 출입할 수 있음을 증명하는 서류를 세관장으로부터 교부받아야 하며 국경을 출입하는 도로차량의 운전자는 출입할 때마다 서류를 세관공무원에게 제시하고 사증을 받아야 한다. 이 경우 전자적인 방법으로 서류의 제시 및 사증을 받는 것을 대신할 수 있다. 납부하여야 하는 사증수수료는 400원으로 한다.

⑨ **특허수수료**

특허보세구역의 설치 · 운영에 관한 특허를 받고자 하는 자, 특허보세구역을 설치 · 운영하는 자 및 이미 받은 특허를 갱신하고자 하는 자는 기획재정부령으로 정하는 바에 의하여 수수료를 납부하여야 한다. 납부하여야 하는 특허신청의 수수료는 4만5천원으로 한다.

⑩ **매각대행수수료**

세관장은 보세구역에 반입한 외국물품의 장치기간이 경과된 때에는 공고한 후 당해 물품을 매각할 수 있다.

이 경우 매각대행수수료는 다음 각 호의 금액으로 한다.

1. 매각대행을 의뢰한 물품이 매각된 경우 : 건별 매각금액에 1천분의 20을 곱하여 계산한 금액
2. 매각대행을 의뢰한 물품이 수입 또는 반송되어 매각대행이 중지된 경우 : 건별 최초공매예정가격에 1천분의 1을 곱하여 계산한 금액
3. 매각대행을 의뢰한 물품의 국고귀속 · 폐기 · 매각의뢰 철회 등의 사유로 매각대행이 종료된 경우 : 건별 최초공매예정가격에 1천분의 2를 곱하여 계산한 금액

⑪ **통관수수료**

통관에 관한 업무를 관세사 등에게 대행시키는 경우에 지급하는 수수료이다.

⑫ **항만하역료**

선박에 수출화물을 적재하고 양하하는 데 소요되는 수수료이다.

⑬ **보세장치장 보관료**

수입물품을 즉시 통관하지 않고 보세장치장에 임시로 보관하는 데 발생하는 보관료이다.

### (4) 수출대행수수료

무역업등록을 하지 않은 자가 수출업자의 명의를 빌려 수출하는 경우 수출명의자에게 지급하는 수수료로 부가가치세 과세대상이므로 세금계산서를 발급받아야 한다.

### (5) 사용료(로열티)

외국의 상표권이나 기술을 상호간의 사용계약에 의하여 이를 사용하여 수출하고 그 대가로 매출액 등에 비례하여 일정률을 지급하는 금액이다. 법인이 비거주자나 국내사업장이 없는 외국법인에게 국내원천소득에 해당되는 사용료를 지급하는 경우에는 법인세법의 규정에 의하여 원천징수하여 다음 달 10일까지 납부하여야 한다. 다만, 조세협약이 체결되어 있는 경우에는 조세협약에 따라 원천징수한다.

### (6) 환가료

외국환거래시 외국환은행이 은행측의 자금부담에 따른 이자율로 징수하는 수수료를 말한다. 즉, 외국환은행이 일람불출급환어음(At sight Draft)을 매입하는 경우 매입은행이 우선 수출상에게 대금을 지급하고 개설은행으로부터 추후에 지급받게 되는데 그 기간 동안의 이자를 수출상으로부터 받게 되는 것을 환가료라 한다. 환가료는 이자성격이므로 이자비용으로 처리하거나 환가료를 계정과목으로 처리할 수 있다. 일람불출급환어음의 경우 10일간의 환가료를 징수하며 이자율은 런던 은행간 대출금리(RIBO Rate)에 1%를 가산한 율로 하고 있다.

환가료 = 매입금액 × 매매기준율 × 환가요율(Libor + 0.5~1.0%) × 통화별 표준우편일수(9일, 10일, 12일)/360

### (7) 벌금 · 과료

보세구역에 장치되어 있는 수출용 원자재가 관세법상의 장치기간 경과로 국고귀속이 확정된 자산의 가액은 손금불산입되는 벌금에 해당되지 아니하여 손금에 산입한다(법기통 21-0-2). 그리고 법인의 임원 또는 사용인이 관세법을 위반하고 지급한 벌과금은 손금에 산입하지 아니한다(법기통 21-0-3).

### (8) 해상운임(Freight)

수출물품을 수출항에서 수입항까지 운송시 발생하는 해상운임으로 가격조건이 CIF, CFR 가격조건일 경우 해상운임을 수출자가 부담하고 판매관리비로 처리한다. 해상운임은 선하증권에 표시된다.

### (9) 수출포장비

완성된 제품의 판매를 위하여 실제로 소비되는 포장자재비는 법인이 계속적으로 적용하는 회계관행에 따라 제조비 또는 판매관리비로 처리하는 것이며, 이 경우 판매관리비로 처리한 포장비는 당해 사업연도의 손금으로 할 수 있다(법인 22601-2443, 1987. 9. 8).

### (10) 신용장 제수수료

#### 1) 신용장개설수수료

신용장을 개설하는 과정에서 발생하는 지급보증수수료를 말하며 수입하는 재고자산의 취득부대비용으로 재고자산의 취득원가로 계상한다.

#### 2) 환거래수수료(Correspondent Charge)

개설은행이 통지은행, 매입은행, 지급은행, 상환은행, 인수은행, 확인은행 등으로부터 서비스를 제공받는 경우 지급하는 수수료를 총칭한다.

① **통지수수료**(Advising Commission) : 수출지의 통지은행이 신용장을 수익자(수출상)에게 통지할 때 받는 수수료를 말한다. 통지수수료는 각 은행이 수수료율을 정하도록 하고 있다.

② **매입수수료**(Negotiating Commission) : 매입신용장에서 매입은행이 환어음 매입시 수익자 또는 개설은행으로부터 받는 수수료를 말한다. 우리나라는 수출자의 비용부담을 줄이기 위해서 매입수수료를 면제하고 있다.

③ **지급수수료**(Payment Commission) : 지급신용장에서 지급업무를 담당하는 수출지의 매입은행이 선적서류 매입시 수익자 또는 개설은행으로부터 받는 수수료를 말한다.

④ **상환수수료**(Reimbursement Commission) : 개설은행에 의하여 상환은행으로 지정된 은행이 개설은행 또는 지급 또는 매입은행으로부터 받는 수수료를 말한다. 상환수수료는 금액과 관계없이 매 어음당일 정액을 징수한다.

⑤ **인수수수료**(Acceptance Commission) : 신용장조건에 따라 수익자가 발행하는 어음이 기한부어음(Usance Bill)일 경우 은행이 지급에 앞서 인수하는데 이 경우 발생하는 수수료를 말한다.

⑥ **확인수수료**(Confirming Commission) : 수익자에게 발행은행과 동일한 의무를 부담하고, 그 의무는 발행은행의 파산 또는 불가항력에 의해서 발행은행이 신용장의 채무를 이행할 수 없게 되었을 경우에도 확인은행이 이를 이행해야 한다. 따라서 위험부담비용에 해당하는 확인수수료를 발행은행이나 수익자로부터 받는 수수료를 말한다.

### 3) 대체료(In Lieu of Exchange Commission)

신용장발행은행에서 입금된 외화를 수익자의 외화계정으로 이체하는 경우 받는 수수료를 말한다. 일반적으로 외국환은행은 자국화폐와 외국화폐의 교환에 따른 매매차익을 얻게 되는데 단지 외화계정에 대체하는 경우 매매차익을 얻을 수 없게 되어 고객으로부터 이체수수료를 받게 된다.

대체료 = 외화금액 × 매매기준율 × 0.1%

### 4) 미입금수수료(Less Charge)

매입 당시에는 예상하지 않은 은행 수수료가 해외은행으로부터 추가로 징수된 경우에 추징하는 수수료를 말한다. 또한 매입은행이 수익자에게 환가료를 받았으나 개설은행에서 기간을 초과하여 신용장 대금을 지연 입금시킨 경우 받는 수수료를 말한다.

### 5) 지연이자(Delay Charge)

수입상의 경우는 개설은행에 서류가 도착한 후 5영업일이 지날 때까지 수입상이 그 대금을 지급하지 못하면 6일째 되는 날 개설은행이 우선 대납처리하고 그 이후 대금 완납 시까지 기간에 대한 이자를 수입상에게 부과하는 수수료를 말한다. 적용이율은 받는 날의 원화연체대출 이율을 적용한다.

지연이자 = 외화금액 × 연체대출이율 × 경과일수/360

### 6) 양도수수료(Transfer Charge)

양도가능신용장을 수취한 원수익자가 신용장 금액의 일부 또는 전부를 제2 수익자에게 양도해 줄 것을 요청할 때에 은행이 받는 수수료이다.

## (11) 견본비

견본비는 해외시장을 개척하기 위하여 바이어에게 광고선전 목적으로 무상으로 발송하는 증여물품을 말한다. 다만, 대가를 받고 견본품을 발송하는 경우에는 수출매출액으로 계상하여야 하고 영세율 과세표준에도 산입하여야 한다.

### ① 재화의 무상수출

사업자가 재화를 국외로 무상으로 반출하는 경우에는 영의 세율을 적용한다. 다만, 자기의 사업을 위하여 대가를 받지 아니하고 국외의 사업자에게 견본품을 반출하는 경우에는 재화의 공급으로 보지 아니한다(부기통 24-31…4).

### ② 해외시장 개척을 위한 견본비의 손금산입

해외시장 개척을 위하여 해외에 견본품을 무상으로 송부하는 경우에는 그 견본품에 상당하는 가액은 이를 송부일이 속하는 사업연도의 소득금액 계산상 손금에 산입할 수 있다(법기통 19-19…21).

## (12) 해외기업업무추진비

해외기업업무추진비는 업무와 관련하여 해외거래처에 무상으로 지출한 금품의 가액을 말한다. 일반적으로 국내사업장이 없는 외국법인과 거래를 하거나 국외에서 재화나 용역을 공급받는 경우 적격증빙수취의무가 배제되나 해외기업업무추진비의 경우에는 해당되지 아니한다. 따라서 거래건당 3만원 초과(특정지역은 예외) 금액은 법인신용카드를 사용하여야 한다. 법인신용카드를 사용하지 않는 금액은 손금불산입 기타사외유출로 소득처분된다.

## (13) 해외여비

임원 또는 사용인의 해외여행에 관련하여 지급하는 여비는 그 해외여행이 당해 법인의 업무수행상 통상 필요하다고 인정되는 부분의 금액에 한한다. 따라서 법인의 업무수행상 필요하다고 인정되지 아니하는 해외여행의 여비와 법인의 업무수행상 필요하다고 인정되는 금액을 초과하는 부분의 금액은 원칙적으로 당해 임원 또는 사용인에 대한 급여로 한다. 다만, 그 해외여행이 여행기간의 거의 전 기간을 통하여 분명히 법인의 업무수행상 필요하다고 인정되는 것인 경우에는 그 해외여행을 위해 지급하는 여비는 사회통념상 합리적인 기준에 의하여 계산하고 있는 등, 부당하게 다액이 아니라고 인정되는 한 전액을 당해 법인의 손금으로 한다(법기통 19-19-22).

또한, 임원 또는 사용인의 해외여행에 있어서 그 해외여행기간에 걸쳐 법인의 업무수행상 필요하다고 인정할 수 없는 여행을 겸한 때에는 그 해외여행에 관련하여 지급되는 여비를 법인의 업무수행상 필요하다고 인정되는 여행의 기간과 인정할 수 없는 여행의 기간과의 비에 안분하여 업무수행과 관련 없는 여비는 이를 당해 임원 또는 사용인에 대한 급여로 한다. 이 경우 해외여행의 직접 동기가 특정의 거래처와의 상담, 계약의 체결 등 업무수행을 위한 것인 때에는 그 해외여행을 기회로 관광을 병행한 경우에도 그 왕복교통비(당해 거래처의 주소지 등 그 업무를 수행하는 장소까지의 것에 한함)는 업무수행에 관련된 것으로 본다(법기통 19-19-25).

### (14) 해외여행경비

임원 또는 사용인의 해외여행이 법인의 업무수행상 필요한 것인가는 그 여행의 목적, 여행지, 여행기간 등을 참작하여 판정한다. 다만, 다음에 해당하는 여행은 원칙적으로 법인의 업무수행상 필요한 해외여행으로 보지 아니한다.

① 관광여행의 허가를 얻어 행하는 여행

② 여행알선업자 등이 행하는 단체여행에 응모하여 행하는 여행

③ 동업자단체, 기타 이에 준하는 단체가 주최하여 행하는 단체여행으로서 주로 관광목적이라고 인정되는 것

다만, 단서에 해당하는 경우에도 그 해외여행기간 중에 있어서의 여행지, 수행한 일의 내용 등으로 보아 법인의 업무와 직접 관련이 있는 것이 있다고 인정될 때에는 법인이 지급하는 그 해외여행에 소요되는 여비 가운데 법인의 업무에 직접 관련이 있는 부분에 직접 소요된 비용(왕복교통비는 제외한다)은 여비로서 손금에 산입한다(법기통 19-19-23).

## 4. 수출입업의 지출증명의 관리

### (1) 지출증명 수취 · 보관의무

법인이 사업자로부터 재화 또는 용역을 공급받고 그 대가를 지급하는 경우에는 그 지출증명서류로 세금계산서, 계산서 등 법정지출증명서류를 수취하여 보관하여야 한다. 이는 납세자의 거래의 투명성을 확보하고 거래상대방의 과세표준 양성화할 목적으로 도입되었다. 이러한 법소정의 지출증명을 수취하지 아니한 경우에는 수취하지 아니한 금액을 2%를 가산세로 납부하여야 하며 접대비의 경우에는 손금으로 인정받을 수 없게 된다.

사업자는 사업과 관련된 모든 거래에 관한 증명서류를 작성 또는 수취하여 법인세 신고기한이 경과한 날부터 5년간 이를 보관하여야 한다.

사업자는 사업과 관련하여 사업자로부터 재화와 용역을 공급받고 그 대가를 지출하는 경우에 다음에 해당하는 정규증빙을 수취하여야 한다.

① 「여신전문금융업법」에 따른 신용카드(신용카드와 유사한 것으로서 여신전문금융업법에 의한 직불카드, 외국에서 발행된 신용카드, 조세특례제한법 제126조의 2 제1항에 따른 기명식 선불카드 포함) 매출전표
② 「조세특례제한법」 제126조의 3 제3항의 규정에 의한 현금영수증
③ 「부가가치세법」 제32조의 규정에 의한 세금계산서
④ 「법인세법」 제121조 및 「소득세법」 제163조의 규정에 의한 계산서
⑤ 「부가가치세법」 제34조의 2 제2항에 따른 매입자발행세금계산서
⑥ 비사업자로부터 용역을 제공받는 경우 원천징수영수증을 발행하여 지출하는 경비

### (2) 국외거래관련 지출증명 수취의무

국외에서 재화 또는 용역을 공급받은 경우(세관장이 세금계산서 또는 계산서를 발급한 경우를 제외한다)에는 정규지출증명 수취의무가 없다. 왜냐하면 국외에서는 정규증빙수취가 불가능하기 때문이다. 따라서 국외거래에 대하여는 현지의 영수증(특별한 형식의 제한은 없음)을 수취하여야 한다. 다만, 해외접대비의 경우에는 거래건당 3만원을 초과하는 경우 정규증명을 수취하여야 한다.

#### 1) 출장경비

① 법인이 사규에 따라 업무와 관련하여 출장하는 사용인에게 지급한 경비 중 사업자로부터 거래 건당 3만원 초과의 재화 또는 용역을 공급받고 그 대가를 지급한 금액에 대하여 법인세법 제116조 제2항 각호의 1에 규정하는 지출증빙을 수취하지 아니한 경

우에는 같은 법 제76조 제5항의 규정에 따라 증빙불비가산세가 적용되는 것이나, 사업자가 아닌 자로부터 재화 또는 용역을 공급받거나 국세청장이 정하여 고시한 전산발매통합관리시스템에 가입한 사업자로부터 승차권을 구입하는 경우에는 그러하지 아니하는 것이다(법인 46012-1366, 2000. 6. 15).

② 법인이 업무와 관련하여 출장하는 사용인에게 지급한 교통비·숙박비·식대 등이 당해 법인의 지급규정 및 객관적인 증빙에 의하여 법인에게 귀속시키는 것이 정당함이 입증되는 경우에는 이를 소득금액계산상 손금에 산입하는 것이나 이 경우 당해 사용인이 지출한 경비 중 사업자로부터 거래건당 3만원 초과의 재화 또는 용역을 공급받고 그 대가를 지급한 금액에 대하여 신용카드매출전표·세금계산서·계산서 중 하나를 지출증빙서류로 수취하지 아니한 경우에는 법인세법 제76조 제5항의 규정에 따라 증빙불비가산세가 적용되는 것이다(제도 46013-10044, 2001. 3. 13).

③ 법인이 해외출장비로 지급한 금액에 대하여는 회사업무와 관련이 있는지를 판단하여 사용처별로 증빙을 첨부하여야만 손금용인이 가능하며 증빙서류의 첨부가 불가능한 경우에는 사회통념상 합리적인 기준에 의거 회사의 규모, 출장목적, 업무수행 여부 및 정도에 따라 사실판단할 사항이다(법인 46012-372, 1993. 2. 15).

④ 법인이 임직원에게 지급하는 해외출장비, 여비는 당해 법인의 업무수행상 통상 필요하다고 인정되는 부분의 금액에 한하여 사용처별로 거래증빙과 객관적인 자료를 첨부하여야만 손금산입 가능하며, 증빙서류의 첨부가 불가능한 경우는 사회통념상 부득이하다고 인정되는 범위 내의 금액과 내부통제기능을 감안하여 인정할 수 있는 범위 내의 지급은 손비로 인정되는 것이나, 이에 해당되는지의 여부는 합리적인 기준에 의거 회사의 규모, 출장목적, 업무수행 여부 및 정도에 따라 사실판단할 사항이다(법인 46012-3088, 1996. 11. 6).

### 2) 해외지출경비

법인이 국내사업장이 없는 외국법인이나 비거주자로부터 재화나 용역을 공급받거나 국외에서 재화 또는 용역을 공급받은 경우(세관장이 세금계산서 또는 계산서를 발급한 경우를 제외한다)에는 법인세법 제116조에 규정한 지출증빙서류의 수취 및 보관대상에서 제외되는 것이다(서이-2156, 2005. 12. 22). 따라서 국내사업장이 없는 외국법인과의 거래시에는 정규증빙을 수취하지 않아도 별도의 가산세 부담이 없다. 그러나 국내사업장이 있는 외국법인과 거래할 경우에는 반드시 정규증빙을 수취하여야 하며 정규증빙 미수취시 가산세 또는 손금불산입의 제재를 받게 된다.

① 국내에 사업장 없는 외국법인으로부터 재화 또는 용역을 공급받고 그 대가를 외국법

인에게 지급하는 내국법인이 그 외국법인으로부터 대가를 지급받는 국내하청업체로부터 편의상 재화 또는 용역의 일부를 국내에서 공급받는 경우에는 법인세법 제116조에 규정한 지출증빙서류의 수취 및 보관의무가 없는 것이다(서이-839, 2006. 5. 12).

### 3) 운송용역

① 항공기의 항행용역을 제공받은 경우에는 지출증빙수취의 특례를 적용한다. 부가가치세법상 항공기의 외국항행용역은 국내사업장 유무에 관계없이 세금계산서 발급의무가 면제되므로 정규지출증빙 수취특례가 적용된다.

② 사업자가 국제복합운송계약에 의하여 화주로부터 화물을 인수하여 자기명의로 선하증권 · 항공화물운송장 등을 발급하고 타인의 운송수단을 이용하여 자기책임 하에 국제간에 화물을 수송해 주는 운송주선사업자로부터 운송용역을 제공받는 경우에는 소득세법 제160조의 2 제2항의 규정에 의하여 세금계산서 등을 증빙서류로 수취하여야 하는 것이며, 이때, 복식부기의무자인 당해 사업자가 세금계산서 외의 증빙을 수취한 경우에는 같은 법 제81조 제8항에 의하여 그 수취분에 해당하는 금액에 가산세에 상당하는 금액을 결정세액에 가산하는 것이다(소득 46011-484, 1999. 12. 13).

③ 운송주선업을 영위하는 사업자 (갑)이 항공기에 의한 외국항행용역을 제공하는 사업자 (을)과 항공화물의 판매대리 계약을 체결한 후 (을)사업자를 대신하여 화주와 화물의 국제운송계약을 체결하고 (을)사업자의 명의로 항공화물운송장을 발급한 후 화주로부터 운임을 받아 (을)사업자에게 송금하는 경우에 항공기에 의한 외국항행용역은 부가가치세법 시행령 제57조 제3호의 규정에 의하여 세금계산서 교부의무가 면제되는 것으로 당해 운임에 대하여는 (갑)사업자가 세금계산서를 교부할 수 없는 것이다(부가 46015-4863, 1999. 12. 11).

**참고 반품에 대한 회계 및 세무실무**

1. 국내거래의 경우

(1) 하자로 인하여 반품을 받은 경우

① 동일제품으로 교환한 경우(부가 46015-4797, 2000. 12. 20)

- 과세거래가 아니며 수정세금계산서 발급대상 아님
- 회계처리 : (차) 매출원가 ××× (대) 제품 ×××

② 동종 · 유사제품으로 교환하여 준 경우(서면3팀-1303, 2007. 5. 1)

- 반품일에 수정세금계산서 교부하고, 교환시 재화의 공급으로 세금계산서 발급
- 회계처리

반품시 : (차) 매출 ××× (대) 매출채권 ×××
부가세예수금 ×××
교환시 : (차) 매출채권 ××× (대) 매출 ×××
부가세예수금 ×××

(2) 반품 없이 동일재화를 재공급하는 경우
별도 재화의 공급에 해당되나 간주공급(사업상증여)으로 세금계산서 발급 면제

(3) 반품 후 현금으로 환불하는 경우
(-)수정세금계산서 발급

### 2. 국외거래(무역클레임)의 경우

(1) 반품 후 재수출하지 않는 경우
- 반품일이 속하는 과세기간의 과세표준에서 차감
- 과세기간 중에 수출한 재화가 있는 경우에는 수출실적명세서상의 기타 영세율 적용분에서 차감
- 수입세금계산서의 매입세액 공제

(차) 매출 ××× (대) 매출채권 ×××

(2) 반품 후 수리하여 재수출하거나 동일제품으로 교환하여 재수출하는 경우
- 재수출은 재화의 공급으로 보지 아니하고 반품 역시 과세표준에서 차감하지 아니함
- 반품에 대한 수입세금계산서는 매입세액공제
- 수리비만 비용으로 회계처리

(3) 반품 없이 동종 또는 이종의 재화를 재수출하는 경우
- 수출재화에 해당되어 영세율 과세표준 신고

(차) 수출제비용 ××× (대) 재고자산(타계정 대체) ×××

(4) 수입한 재화를 반품하는 경우
- 관세법상 위약물품(과세대상 아님)이 아닌 한 수출재화에 해당됨

### 3. 수출입 클레임과 부가가치세 과세 여부

| 보상 형태 | 과세 여부 | 근거 |
|---|---|---|
| 수리하여 재수출 | × | 부가 46015-2284, 1999. 8. 3 |
| 동일제품으로 교환 재수출 | × | 부가 46015-2284, 1999. 8. 3 |
| 반품 없이 현금변상 | × | 부가 46015-2537, 1996. 11. 28 |
| 반품 후 이종재화 재수출 | ○ | 서면3팀-1686, 2005. 10. 5 |
| 반품 없이 동종(이종)재화 공급 | ○ | 서면3팀-2303, 2004. 11. 11 |
| 수입재화의 반품 | ○ | 서면3팀-526, 2005. 4. 22 |
| 수입재화의 반품(위약물품) | × | 서면3팀-526, 2005. 4. 22 |
| 보세공장 반입 위약물품 반송 및 수입 신고 취하 | × | 서삼 46015-12063, 2002. 12. 2 |

■ 환입된 재화를 국내 반입하지 않고 국내사업자에게 공급하는 경우 과세표준 및 세금계산서 발급 여부

수출한 제품의 사양 등의 이유로 일부 환입된 재화를 국내에 반입하지 않고 국외에서 국내사업자에게 공급하는 경우 부가가치세의 과세표준과 세금계산서를 발급하여야 하는지요?
당사는 국외사업자에게 재화를 수출하였으나 수입업체에서 제품사양 등의 이유로 매입을 일부 취소하였고, 반품재화는 현지에 보관되어 있던 국내사업자의 구매요청에 따라 국내로 반입하지 않고 국내사업자는 제3국사업자에게 직접 인도함. 당사는 관세청에 수출신고필증 정정 신청을 하였으나, 국내에서 수출된 것이 아니기 때문에 수출일자와 금액은 변경되지 않고 수출자만 당사에서 국내사업자로 변경됨.

| 수출신고필증 | |
|---|---|
| 변경 전 | 변경 후 |
| • 수출일자 : 20×2년 1월<br>• 수출대행사 : (주)다솔무역<br>• 수출화주 : (주)다솔무역<br>• 제 조 사 : (주)다솔무역 | • 수출자 변경신고일자 : 20×2년 6월<br>• 수출대행사 : (주)동작상사<br>• 수출화주 : (주)동작상사<br>• 제 조 사 : (주)다솔무역 |

수출한 재화의 품질·기타 계약조건위반 등으로 일부 환입되는 경우 부가가치세법 제13조 제2항 제2호에 따라 부가가치세의 과세표준에 포함하지 아니하는 것이며, 환입된 재화를 국내에 반입하지 아니하고 국내사업자와의 계약에 따라 국외에서 재화를 공급하는 경우에는 부가가치세 과세대상에 해당되지 않는 것이나, 소득세법 제163조 제1항에 따른 계산서를 발급하여야 하는 것입니다.

(근거 : 법규부가 2011-0283, 2011. 8. 23)

## Ⅲ 수출업종별 회계와 세무실무

### 1. 직수출(수출신고자 부호 : A)

#### (1) 의의

사업자가 자신이 생산·취득한 내국물품을 자기명의·책임 하에 외국으로 물품을 반출하는 것을 말한다. 이 경우 수출대가가 **유상이든 무상이든** 모두 영세율이 적용된다. 다만, **자기의 사업을 위하여 대가를 받지 아니하고 외국의 사업자에게 견본품을 반출하는 경우에는 재화의 공급으로 보지 아니한다**(부기통 11-24-4). 또한, 사업자가 자기의 사업과 관련하여 생산하거나 취득한 재화를 외국의 거래처나 친지에게 무상으로 증여하는 경우에도 당해 재화의 시가를 영세율과세표준으로 하여 신고하여야 한다. 사업자가 수입한 재화를 반품하는 경우 수출하는 재화에 해당되어 영의 세율을 적용하는 것이며, 부가가치세 과세표준 신

고시 이를 누락한 경우에는 가산세가 부과된다. 또한, 사업자가 외국의 바이어 요청으로 과세재화를 간이수출신고 없이 직접 휴대반출(HAND CARRY)하여 외국현지에서 당해 바이어에게 납품하고(보따리무역) 외국환 및 신분증, 사업자등록증, 인수증을 수령한 후 귀국하여 은행에 외국환을 매각했을 경우 그 국외반출 하여 공급한 사실이 객관적인 증빙에 의해 확인되는 경우에는 영세율 적용대상 수출재화에 해당하는 것이다(재부가-177, 2007. 3. 20). 보따리무역이나 소포우편수출의 경우 등 간이통관수출(FOB 2백만원 이하)은 통관절차가 간단하지만 관세환급이 배제된다.

**| 실무적용 Tips |**

**재화의 무상수출에 대한 영세율 적용 여부**

무상수출이란 물품에 대한 환결제가 이루어지지 않고 외국으로 반출되는 것으로 원칙적으로 재화의 공급에 해당되어 부가가치세 영세율 신고를 하여야 하지만 법인세법상 수입금액에서는 제외되므로 부가가치세 신고서상 **수입금액 제외란**(31)에 표시하여야 한다.

① 견본품의 무상수출(부기통 21-31-5) : 수출신고필증상의 거래구분란(9)에 92로 표시가 되며 재화의 공급으로 보지 않아 영세율 신고대상이 아니다. 다만, 추후 대가를 받기로 확정된 때에는 확정된 때를 공급시기로 보아 영세율 적용대상이 되는 것이다(부가 22601-1427, 1990. 10. 31).

② 해외 수탁사업자에게 원자재 무환반출(부령 24 ②) : 수출신고필증상의 거래구분(9)에 29로 표시되며 재화의 공급에 해당되지 아니하고 외국에서 제품을 완성하여 인도하는 때 영세율 적용이 된다.

③ 수입재화의 반품(부가 46015-2390, 1998. 10. 22)은 영세율 적용대상이나 관세법상 위약물품에 해당되어 수출업자에 반환하는 경우(서삼 46015-10282, 2001. 9. 21) 영세율 적용대상이 아니다.

④ 박람회 등에 무상으로 출품하는 재화(해석편람 11-1-4) : 수출재화에 해당되어 영세율이 적용된다.

⑤ 수출한 재화의 하자로 인한 무상 재수출(부가 46015-2284, 1999. 8. 3) : 재화의 공급에 해당되지 아니한다.

⑥ 건설업을 영위하는 사업자가 자기의 사업과 관련하여 생산 또는 취득한 재화를 자기의 해외건설공사에서 건설용 자재로 사용 · 소비할 목적으로 국외로 반출하는 경우에는 재화의 공급으로 보지 아니한다(부기통 10-0-2) : 국외제공용역의 부수재화 반출

⑦ 국내 전시목적으로 외국사업자 소유의 물품을 무환수입 전시 후 반환하기 위한 외국무환반출(서면3팀-3425, 2007. 12. 27) : 영세율 적용대상이 아니다.

⑧ 수입자가 반환조건의 용기를 외국사업자에게 반환하기 위한 무상반출(서삼 46015-10017, 2004. 1. 5) : 영세율 적용대상이 아니다.

### (2) 공급시기

수출재화의 공급시기는 **선(기)적기일**이다. 다만, 원양어업의 경우에는 수출재화의 공급가액이 확정되는 때이다.

### (3) 과세표준

수출재화의 공급시기 이전에 환가(원화로 바꾼 경우)한 경우에는 그 환가한 금액이며, 공급시기 이후에 환가한 경우(매출채권 등 외상거래)에는 공급시기일의 기준환율 또는 재정환율로 환산한 금액이 과세표준이다. 따라서 외국환으로 받은 대가를 공급시기 전에 원화로 환가하지 않고 외화차입금의 상환이나 물품대금을 결제한 경우에는 공급시기의 기준환율 또는 재정환율로 환산한 금액이 과세표준이 된다. 이 경우 공급시기가 토요일·공휴일인 경우에는 그 전날의 기준환율 또는 재정환율을 적용한다.

또한, 수출신용장의 금액과 실제수출금액이 다른 경우 사업자가 재화를 수출하고 수출금액과 신용장상의 금액과의 차액을 별도로 지급받는 경우 그 금액에 대하여도 영의 세율을 적용한다(부기통 21-31-4).

#### ① 영세율 과세표준의 증감발생

내국물품을 외국으로 직접 반출(수출)하는 사업자가 국외의 외국법인과 수출계약에 의하여 재화를 수출한 후에 계약내용 변경사유가 발생하여 거래당사자간의 합의에 의하여 당초 계약내용이 변경됨으로써 당초 거래금액에 증가 또는 감소되는 금액이 발생한 경우에는 그 변경사유가 발생한 날이 속하는 예정신고 또는 확정신고시에 신고할 과세표준에서 계약변경으로 인하여 증가 또는 감소되는 금액을 가감하여 신고하여야 하는 것이다(서삼 46015-11619, 2003. 10. 15). 즉, 과세표준의 증감이 확정되는 예정신고 또는 확정신고 과세기간의 과세표준에 가감하여 신고하여야 하며 수출실적명세서에 가감하여 조정하게 된다.

### (4) 세금계산서 발급 및 대금결제방법

세금계산서 발급의무가 없으며 대금결제방법에 제한이 없다.

### (5) 영세율첨부서류

**수출실적명세서**(전자계산조직에 의하여 처리된 테이프 또는 디스켓을 포함한다). 다만, 소포우편에 의하여 수출하는 경우에는 당해 우체국장이 발행하는 소포수령증으로 한다. 또한 개별소비세법에 의한 수출면세의 적용을 받기 위하여 영세율첨부서류를 관할세무서장에게 이미 제출한 경우에는 영세율첨부서류제출명세서로 수출실적명세서 및 소포수령증을 갈음할 수 있다. 그리고 사업자가 소포수령증을 복사하여 저장한 테이프 또는 디스켓을 영세율첨부서류제출명세서(전자계산조직에 의하여 처리된 테이프 또는 디스켓을 포함한다)와 함께 제출한 경우에는 소포수령증을 제출한 것으로 본다.

직수출의 경우 2002. 7. 1. 이후 최초로 공급하는 수출재화의 경우 영세율첨부서류는 수출실적명세서로 단순화하였다. 이는 전산시스템을 통하여 수출실적명세서와 관세청의 통관자료를 직접 대사·확인하여 수출 진위 여부 및 신고누락 여부 등을 검증하기 위해서이다. 따라서 수출실적명세서를 작성할 경우 수출신고번호와 선적일을 정확히 확인하여 기재하여야 한다.

### (6) 회계처리 사례

#### 1) 일람불신용장 방식(At Sight L/C)

**사례**

(주)민지상사는 20×1. 10. 20 미국의 수입상에 US $10,000의 상품을 수출하였다. 20×2. 11. 3 동 금액을 은행에서 환어음을 매입의뢰(네고)하여 환가료 50,000원과 추심료 40,000원을 차감하고 9,800,000원을 보통예금하였다. 단, 선적시의 기준환율은 1,000원이다.

① 선적시(20×2. 10. 20)

| | | | |
|---|---|---|---|
| (차) 수출매출채권( $10,000×1,000) | 10,000,000 | (대) 수출매출 | 10,000,000 |

② 네고시(20×2. 11. 3)

| | | | |
|---|---|---|---|
| (차) 현금 및 현금성자산 | 9,800,000 | (대) 수출매출채권 | 10,000,000 |
| 환가료 | 50,000 | | |
| 추심료 | 40,000 | | |
| 외환차손 | 110,000 | | |

※ 이 경우 부가가치세 과세표준은 선적일의 기준환율로 환산한 10,000,000원이며 네고시의 외환차손은 선적일의 환율과 네고시의 환율의 차이(환율하락)로 인하여 발생한 손실로 감면대상 개별손금에 해당된다. 한편 일람불신용장방식이란 수익자(수출상)가 서류를 제시할 경우 서류와의 상환으로 즉시 대금이 지급되는 신용장을 말한다.
또한 환가료란 은행이 고객에게 대금을 미리 지급하고 외화를 뒤에 수취하게 되는 데 따른 시차의 기간이자비용 성격을 말한다.

### 2) 기한부신용장(Usance L/C) 방식의 수출

**사례**

(주)성균상사는 20×1. 10. 2 기한부신용장(Shipper's Usance L/C)방식으로 US$10,000을 미국의 수입상에 수출하였다. 선적일의 기준환율은 1,000원이다. 20×1. 10. 15. 은행에 선적서류를 제시하고 환어음 매입의뢰하였다. 90일분 선이자 100,000원과 환가료 50,000원, 추심료 60,000원을 차감한 9,700,000원을 보통예금하였다.

① 선적시(20×1. 10. 2)

| | | | | |
|---|---|---|---|---|
| (차) | 수출매출채권 | 10,000,000 | (대) 수출매출 | 10,000,000 |

② 네고시(20×1. 10. 15)

| | | | | |
|---|---|---|---|---|
| (차) | 현금 및 현금성자산 | 9,700,000 | (대) 수출매출채권 | 10,000,000 |
| | 환가료 | 50,000 | | |
| | 선급이자(이자비용) | 100,000 | | |
| | 추심료 | 80,000 | | |
| | 외환차손 | 70,000 | | |

**참 고** 연불조건으로 수입하는 발생이자의 처리

| 구분 | Shippers Usance Bill (D/A Bill) | Banker's Usance Bill |
|---|---|---|
| 기업회계 | 금융비용 | 금융비용 |
| 법인세법 | 취득원가 | 취득원가 |
| 개념 | 수출자 외상판매(어음할인방식) | 은행신용공여(일람불방식) |
| 부담주체 | 수출자 부담 | 수입자 부담 |
| 기업회계 수용 여부 | 수용 | 수용 |

※ 연불조건으로 수입하는 경우 발생하는 이자를 기업회계에서는 당기비용으로 처리하도록 하고 있으나 법인세법에서는 취득원가로 처리하도록 하고 있어 차이가 발생한다. 그러나 기업회계에서 당기비용으로 처리한 경우 법인세법상 이를 수용하므로 세무조정이 발생하지 않는다.

### 3) 추심결제방식(D/P, D/A 조건)

#### ① 어음지급서류 인도조건(Documents Against Payment)

수입자가 신용장을 개설하지 않고 수출자는 수입자의 신용에 기초하여 계약을 체결하고 수출물품을 선적한 후 화환어음을 발행하여 은행을 통하여 추심, 결제하는 방식의 거래이다. 이때 발행하는 어음은 일람불(at sight) 어음이므로 수출자, 수출자의 외국환은행, 추심은행(수입자의 거래은행) 및 수입자간에 운송서류와 대금지급이 거의 동시에 발생하게 된다. 이 거래는 일람출급신용장방식거래와 유사한데 추심은행이 물품대금의 지급을 보증하느냐의 여부에 달려있게 되며, D/P거래에서의 추심은행은 단순히 물품대금의 추심업무만을 수행하게 되며 지급보증 등 채무부담 의무를 지지 않는다. D/P방식은 D/P at sight와 D/P Usance 방식으로 구분된다. D/P Usance 방식은 추심은행이 운송서류 도착 즉시 수입업자에게 인도하는 것이 아니라 명시된 Usance 기간(D/P at 30days after B/L date : 선하증권 발행 다음 날부터 30일의 날) 동안 서류를 보관하다가 기간 경과 후 수입업자에게 수입대금을 지급하고 서류를 인도하는 방식을 말한다. 이는 운송서류가 이미 도착하였으나 물품이 목적항에 도착하지 않아 수입자의 자금 부담을 완화해주고 수출업자의 자금미회수 위험을 방지하기 위한 것이다.

[D/P 조건에 의한 대금흐름]

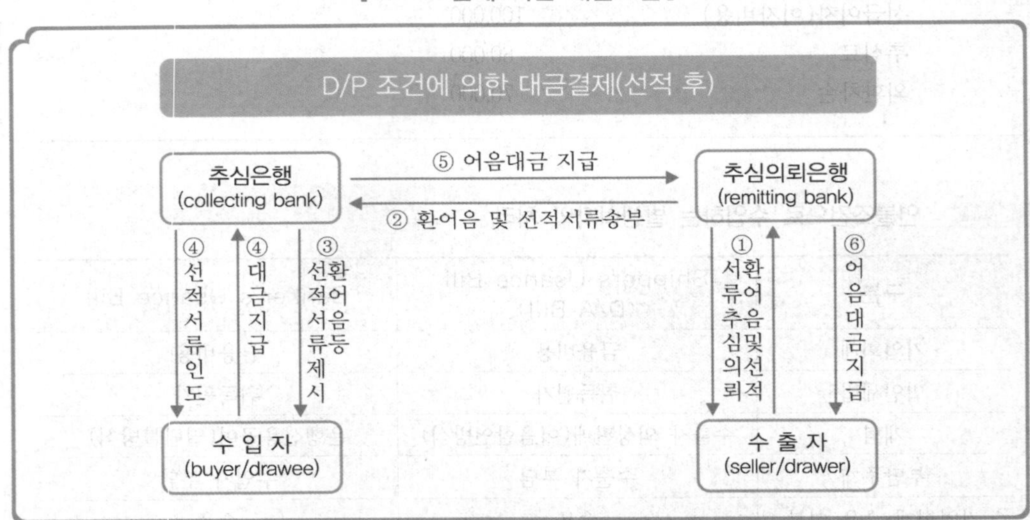


② 어음인수서류 인도조건(Documents Against Acceptance)

기본적으로 D/P거래와 방식이 동일하나 일람불(at sight) 어음이 아닌 기한부어음(Usance Bill)이 발행된다는 것이 가장 큰 차이점이다. D/P거래에서는 운송서류의 인도시점과 결제시점이 동일하나 D/A거래에서는 운송서류가 수입자에게 인도되는 시점에 수입자의 인수(accept) 행위가 발생하고 대금은 어음 만기일 시점에 이루어지게 된다. 즉, D/A거래는 D/P거래와 달리 수입자에게 큰 혜택을 주는 것으로서 수출자는 선적시점부터 어음만기시점까지 자금이 묶이게 되는 부담을 지게 되는 것이다. 이로 인하여 일반적으로 수출자는 자신이 거래하는 외국환은행과 D/A거래대금을 할인하는 계약을 체결하고 실제 수출대금을 할인함으로써 국내매출채권을 일반은행에 할인하는 형태와 동일한 모습을 가지게 된다.

[D/A 조건에 의한 대금흐름]

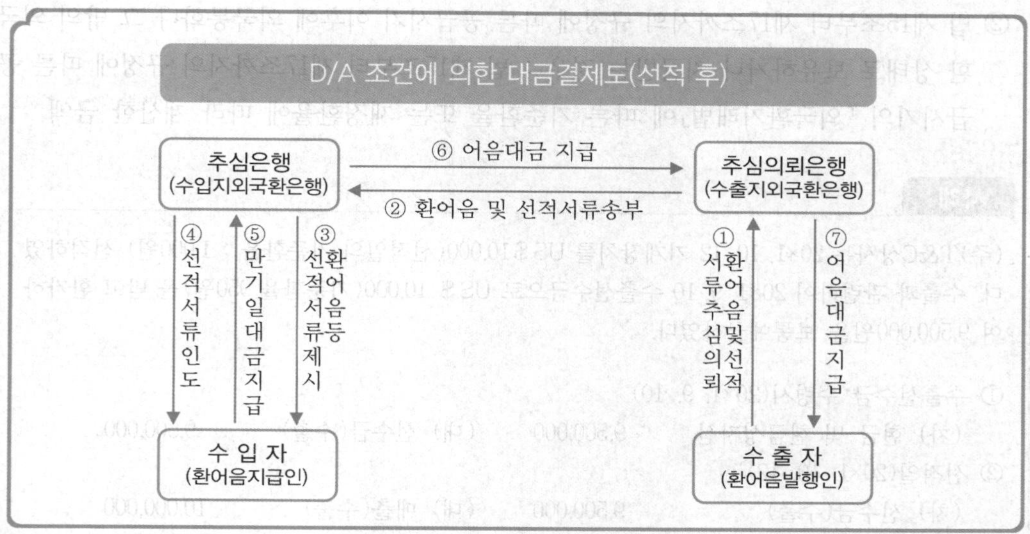


**사례**

(주)T&C상사는 20×1. 6. 20 90일 D/A조건으로 US $10,000을 선적하였으며 선적일의 기준환율은 1,000원이다. 20×1. 7. 5 선적서류와 환어음을 구입하여 외국환은행에 추심의뢰하였고 이에 따라 D/A이자 100,000원을 제외하고 9,840,000원이 입금되었다.

① 선적일(20×1. 6. 20)

| | | | |
|---|---|---|---|
| (차) 수출매출채권 | 10,000,000 | (대) 수출매출 | 10,000,000 |

② 네고시(20×1. 7. 5)

| | | | |
|---|---|---|---|
| (차) 현금 및 현금성자산 | 9,840,000 | (대) 수출매출채권 | 10,000,000 |
| 이자비용 | 100,000 | | |
| 외환차손 | 60,000 | | |

## 4) 수출선수금을 받은 경우

수출선수금의 공급가액은 대금, 요금, 수수료, 그 밖에 어떤 명목이든 상관없이 재화 또는 용역을 공급받는 자로부터 받는 금전적 가치 있는 모든 것을 포함하되, 부가가치세는 포함하지 아니한다. 금전으로 대가를 받는 경우 그 대가를 과세표준으로 하며 다만, 그 대가를 외국통화나 그 밖의 외국환으로 받은 경우에는 다음에 따라 환산한 가액을 과세표준으로 한다(부법 29 ③ 1호).

① 법 제15조부터 제17조까지의 규정에 따른 공급시기가 되기 전에 원화로 환가(換價)한 경우 : 환가한 금액

② 법 제15조부터 제17조까지의 규정에 따른 공급시기 이후에 외국통화나 그 밖의 외국환 상태로 보유하거나 지급받는 경우 : 법 제15조부터 제17조까지의 규정에 따른 공급시기의 「외국환거래법」에 따른 기준환율 또는 재정환율에 따라 계산한 금액

**사례**

(주)T&C상사는 20×1. 10. 12 기계장치를 US＄10,000(선적일의 기준환율 : 1,000원) 선적하였다. 수출과 관련하여 20×1. 9. 10 수출선수금으로 US＄ 10,000(기준환율 950원)을 받고 환가하여 9,500,000원을 보통예금하였다.

① 수출선수금 수령시(20×1. 9. 10)

| | | | |
|---|---|---|---|
| (차) 현금 및 현금성자산 | 9,500,000 | (대) 선수금(수출) | 9,500,000 |

② 선적일(20×1. 10. 12)

| | | | |
|---|---|---|---|
| (차) 선수금(수출) | 9,500,000 | (대) 매출(수출) | 10,000,000 |
| 외환차손 | 500,000 | | |

※ 부가가치세법상 수출재화의 공급시기는 선적일(20×1. 10. 12)이다. 다만, 부가가치세의 과세표준 계산은 부가가치세법 시행령 제51조의 규정에 의하여 공급시기 도래 전에 원화로 환가한 경우에는 그 환가한 금액을 과세표준으로 하므로 부가가치세 과세표준은 9,500,000원이다. 이 경우 법인세법상 수입금액은 선적일(소유권이전일)인 10,000,000원이 되어 그 차이가 발생하게 된다. 즉, 수출선수금을 받게 되는 경우 부가가치세법상 과세표준과 법인세법상 수입금액의 차이는 다음과 같이 산출하게 되며 이를 조정후수입금액명세서에서 표시하게 된다.

부가가치세 과세표준 + (-) 외환차손익 = 법인세법상 수입금액

### (7) 일반적인 형태 수출

① 사업자가 사업상 취득한 특허권과 상표권 및 이에 부수되는 노하우 등 일체의 권리를 국내사업장이 없는 외국법인에게 양도하여 당해 외국법인이 동 권리를 국외에서 사용·소비하는 경우 동 권리의 양도에 대하여는 부가가치세법 제11조 제1항 제1호 및 동법 시행령 제24조 제1항 제1호의 규정에 의한 수출하는 재화에 해당하여 부가가치세 영의 세율이 적용되는 것이다(서삼 46015-10405, 2003. 3. 11).

② 사업자가 소프트웨어산업진흥법 제2조 제1호의 규정에 의한 소프트웨어를 외국환관리법 제3조 제13호 규정에 의한 비거주자에게 전자통신망을 통한 전송 방법으로 국외

로 공급하는 경우에는 부가가치세법 제11조 제1항 제1호 및 동법 시행령 제24조 제1항의 규정에 의한 수출하는 재화에 해당하여 부가가치세 영세율이 적용되는 것이다(부가 46015-752, 2002. 10. 16).

③ 사업자가 선박을 건조하여 수출하는 경우에는 영의 세율을 적용하는 것이며, 외국법인이 그 선박을 국내에 사업장이 없는 다른 외국법인에게 국외에서 사용하게 하고 그 대가를 받는 경우, 당해 대가는 부가가치세 과세대상에 해당하지 아니하는 것이다(부가-3135, 2008. 9. 18).

**참 고** **보세창고 인도조건(BWT) 수출**

**(1) 의 의**

**보세창고거래**(BWT-Bonded Warehouse Transaction)방식의 수출이란 수출업자가 자기의 책임 하에 수입지의 보세창고에 물품을 반입시켜 보관해 둔 상태에서 수입업자의 요청시 물품을 판매하는 거래형태를 말한다. 위탁판매 방식수출의 변형인 보세창고 인도조건에 의한 수출로서 우리나라의 수출업자가 해당 지역에 자기의 지점 또는 출장소, 대리점을 설치하고 거래상대국의 정부로부터 허가받은 보세창고에 상품을 무상으로 반출하여 현지에서 판매하는 거래 방식이다.

이러한 보세창고 인도조건 수출의 특징은 거래상대자, 즉 수입업자와의 사전계약이 체결되지 않고 수출업자의 책임 하에 현지에서 상품의 매매계약이 성립하기까지에는 수입업자가 미확정상태에서 국외 보세구역으로 무환반출되는 것을 말한다.

**(2) 공급시기**

보세창고거래 방식 **수출재화의 공급시기는 선(기)적일**이다. 즉, 위탁판매방식에 의한 수출과 유사하지만 대외무역법상 위탁판매수출에 해당하지 아니하는 보세창고 수출은 직수출에 포함하여 수출재화의 선적일을 공급시기로 한다.

**(3) 과세표준**

사업자가 자기가 생산하거나 취득한 재화를 외국의 보세창고에 반출하여 보관하다가 수입자에게 판매하는 경우 부가가치세 과세표준은 **무환반출(선적)시의 시가상당액**을 과세표준으로 하여 신고하고 추후 수입자에게 판매하는 때 과세표준이 확정되므로 그 확정되는 때 당초 신고금액과 증감되는 금액에 대하여 예정신고 또는 확정신고시 가감하여 신고하여야 한다(부가-4952, 2008. 12. 23).

**(4) 수입금액**

수출업자가 자기책임 하에 수입국의 보세창고까지 수출상품을 반출하고 현지에서 수입자를 물색하여 계약이 성립되면 상품을 인도하는 방식의 수출을 하는 경우에는 당해 수출물품을 **수입업자에게 인도한 날**이 속하는 사업연도에 손익을 계상하는 것이다(법인 46012-2085, 1998. 7. 25).

따라서 부가가치세 공급시기와 법인세법상 수입금액의 귀속시기의 차이가 발생하여 과세표준과 수입금액이 다르게 되어 조정 후 수입금액명세서에서 그 원인을 기재하면 된다.

## 2. 대행수출(수출신고자 부호 : B)

### (1) 의의

대행수출이란 자기명의로 직접 수출하지 아니하고 제3자 명의를 빌려 수출을 하는 것을 말한다. 수출지역・수출품목에 대한 수출한도가 적용되는 경우에 쿼터(Quata)가 없는 사업자 등이 다른 사업자와 계약을 맺고 위탁수출을 하는 경우에 주로 이용된다.

**| 용어정리 |**

① **수출업자**

대외무역법에 의하여 수출입업자로 등록되어 있는 자를 말한다.

직수출의 경우에는 수출품생산업자와 동일하며 대행수출의 경우에는 대행 수출업자를 의미한다.

② **수출품생산업자**

실제로 수출품을 생산하여 자기계산 하에 외국으로 반출하는 자를 말한다. 즉, 수출품생산업자는 수출의 주체가 되므로 수출재화의 공급시기, 과세표준 및 세금계산서 교부의무 등 직수출과 동일하며 영세율이 적용된다.

③ **대행수출업자**

단순히 수출품생산업자를 대신하여 수출대행용역만 제공하므로 제공용역에 대한 대행수수료는 영세율 적용대상이 아니라 국내거래이므로 세금계산서의 발급대상이다.

### (2) 대행수출의 영세율 적용대상

수출품생산업자가 수출업자와 다음과 같이 수출대행계약을 체결하여 수출업자의 명의로 수출하는 경우에 수출품생산업자가 외국으로 반출하는 재화는 영의 세율을 적용한다.

① 수출품생산업자가 직접 수출신용장을 받아 수출업자에게 양도하고 수출대행계약을 체결한 경우

② 수출업자가 수출신용장을 받고 수출품생산업자와 수출대행계약을 체결한 경우. 이 경우 수출품생산업자가 완제품 내국신용장을 개설받는 경우를 포함한다.

③ 수출품생산업자가 실제로 수출을 하였는지는 거래의 실질내용에 따라 판단한다.

### (3) 공급시기

수출재화의 선적일이다. 한편, 수출대행용역의 공급시기는 용역제공완료일인 수출을 완료한 날이나 수출대행업자가 수출위탁자에게 수출대행용역을 공급함에 있어, 수출대행업자가 수출대금을 회수하여 수출위탁자에게 지급한 경우에 수출대행용역 등에 대한 대가를 지급받기로 한 경우에는, 그 수출대행용역의 공급은 「부가가치세법 시행령」 제22조 제2호의 규정에 의한 기타 조건부로 용역을 공급하는 경우에 해당하는 것으로서 그 대가의 각 부분을 받기로 한 때가 공급시기가 되는 것이다(부가-3106, 2008. 9. 18).

### (4) 과세표준

수출재화의 공급시기 이전에 환가한 경우에는 그 환가한 금액이며, 공급시기 이후에 환가한 경우(매출채권 등 외상거래)에는 공급시기일의 기준환율 또는 재정환율로 환산한 금액이 과세표준이다.

### (5) 세금계산서 발급의무

세금계산서 발급의무가 없다. 다만, 수출업자는 수출품생산업자로부터 수출대행수수료를 받은 금액에 대하여 일반 세금계산서를 발급하여야 한다.

### (6) 영세율첨부서류

① 수출대행계약서사본과 수출신고필증사본・수출대금입금증명서사본 중 1가지. 다만, 수출신고필증에 수출위탁자(수출품생산업자)가 표시된 경우에는 수출신고필증사본만을 제출할 수 있다.

② 수출실적명세서(전자계산조직에 의하여 처리된 테이프 또는 디스켓을 포함). 또한 외국환은행장이 발급하는 수출실적명세서는 수출대금증명서에 갈음할 수 있다.

③ 우체국장의 소포수령증

**사례**

(주)혜화상사는 (주)성균물산과 20×1. 5. 10 수출대행계약(US$100,000)을 체결하고 수출대행수수료 2,000,000원을 수령하였다. (주)혜화상사는 20×1. 5. 20 수출물품 60,000,000을 인수받아 보세창고에 입고시켰다. 20×1. 5. 25 선적되었고 선적시의 기준환율은 1,000원이다. (주)혜화상사는 은행에 20×1. 6. 1 네고(환율 950원)하여 수출대금을 (주)성균물산에 지급하였다.

(1) 혜화상사(수출대행업자)의 회계처리

① 대행수수료 수령시(20×1. 5. 10)

| (차) 현금 및 예금 | 2,200,000 | (대) 수출대행수수료 | 2,000,000 |
|---|---|---|---|
| | | 부가세예수금 | 200,000 |

② 네고시(20×1. 6. 1)

| (차) 현금 및 예금 | 95,000,000 | (대) 예수금 | 95,000,000 |
|---|---|---|---|

③ 송금시

| (차) 예수금 | 95,000,000 | (대) 현금 및 예금 | 95,000,000 |
|---|---|---|---|

(2) 성균상사(수출위탁자)의 회계처리

① 수출대행수수료 지급시(20×1. 5. 10)

| (차) 지급수수료 | 2,000,000 | (대) 현금 및 예금 | 2,200,000 |
|---|---|---|---|
| 부가가치세대급금 | 200,000 | | |

② 수출물품 인계시(20×1. 5. 20)

| (차) 적송품 | 60,000,000 | (대) 제품 | 60,000,000 |
|---|---|---|---|

③ 선적시(20×1. 5. 25)

| (차) 수출매출채권 | 100,000,000 | (대) 수출매출 | 100,000,000 |
|---|---|---|---|
| 매출원가 | 60,000,000 | 적송품 | 60,000,000 |

④ 수출대금 회수시(20×1. 6. 1)

| (차) 현금 및 예금 | 95,000,000 | (대) 수출매출채권 | 100,000,000 |
|---|---|---|---|
| 외환차손 | 5,000,000 | | |

### (7) 관련 사례

#### ① 대행수출의 과세표준

사업자가 재화를 구입하여 자기 책임과 계산 하에 수출하고 그 대가를 받는 경우에는 그 대가의 합계액을 부가가치세 과세표준으로 하는 것이나, 대행수출계약을 체결하여 타인(수출위탁자)의 계산으로 수출을 대행(수출대행자)하고 수수료를 받는 경우에는 당해 수수료를 부가가치세 과세표준으로 하는 것이나 이 경우, 수출대행거래 여부는 계약내용, 수출가격의 결정권, 반품에 대한 책임 등 거래의 실질내용을 종합하여 판단하는 것이다(서면3팀-525, 2005. 4. 22).

② 대행수출에 해당되는지 여부

대행수출은 부가가치세법상 직수출과 마찬가지로 수출하는 재화에 해당되어 영세율 적용대상이나, 대행수출은 사업자가 자기의 명의가 아닌 수출업자의 명의로 외국으로 반출하는 것으로서, 무역업 등록이 없는 자가 수출을 하려고 할 때 무역업자인 수출업자와 수출대행계약에 의해 대행·위탁하여 무역업자의 명의로 수출하는 것을 말하는 것으로, 대행수출인 경우에는 수출대행업자인 수출업자의 과세표준은 수출대행용역의 수수료가 되고, 수출품생산업자는 세금계산서 교부의무가 면제되는 반면, 수출대행업자인 수출업자는 수출대행 수수료에 대하여 수출품생산업자에게 세금계산서를 교부하여야 한다. 청구법인의 경우 쟁점거래금액에 해당하는 재화를 납품하고 영세율 세금계산서를 작성·교부하였고, 처분청의 부가가치세 환급조사시에는 쟁점거래금액이 내국신용장 개설 또는 외화구매승인신청 등 서류미비로 영세율 적용대상이 아님을 확인한 사실에 비추어 볼 때, 청구법인이 쟁점거래금액에 해당하는 재화를 청구외 법인을 통하여 대행수출한 것으로 보기는 어렵다 할 것이다(국심 2004부2756, 2005. 1. 11).

③ 선박매각이 국내거래 또는 대행수출에 해당되는지의 여부

청구법인이 선박매각거래에 대하여 국내거래로 보아 부가가치세를 과세한 데 대하여 사실관계를 보면, 청구법인은 수출자와 수출대행계약을 체결한 사실이 없고, 수출신고필증상에도 수출자가 양수 후 수출하는 것으로 기재되어 있으며, 청구법인과 ○○○간에 체결한 영문 매매계약서를 허위계약서로 보기 어려울 뿐만 아니라, ○○○가 선박출항허가를 기다리던 중 태풍으로 인하여 선박이 좌초되고 기름이 유출되어 구조작업과 재난으로 초래된 비용을 ○○○을 상대로 손해배상 소송을 제기한 것으로 보아 수출대행계약으로 볼 수 없으므로 당초처분은 정당하다(국심 2005광858, 2005. 6. 27).

## 3. 내국신용장(구매확인서)에 의하여 공급하는 재화

### (1) 의의

#### 1) 내국신용장(Local L/c)의 정의

내국신용장이라 함은 일반적으로 수출업자가 수출용 재화를 구입하거나 수출용재화의 제조에 소요되는 원자재 등을 구입하는 경우에 필요한 자금부담을 덜어주고, 한편으로는 그 제품이나 원자재를 공급하는 자에 대하여 수출업자의 신용이나 그 대금지급을 은행이 보증하여 주는 수출금융방식의 하나로서, 수출업자의 의뢰에 따라 외국환은행이 수출업자가 수취한 **원신용장(Master L/C)을 근거로 하여 제품이나 원자재의 공급자를 수익자로**

하여 국내에서 개설하는 수출신용장을 말한다. 부가가치세법상 영세율이 적용되는 내국신용장이라 함은 사업자가 국내에서 수출용 원자재, 수출용 완제품 또는 수출재화임가공용역을 공급받으려는 경우에 해당 사업자의 신청에 따라 외국환은행의 장이 재화나 용역의 공급시기가 속하는 과세기간이 끝난 후 25일(그 날이 공휴일 또는 토요일인 경우에는 바로 다음 영업일을 말한다) 이내에 개설하는 신용장을 말한다.

내국신용장은 다음의 조건을 구비하여야 한다(한국은행 총액한도 대출관련 무역금융 취급세칙 14).

① 양도가 불가능한 취소불능신용장일 것

② 표시통화는 다음 각 목의 하나로 하는 것일 것

가. 원화

나. 외화

다. 원화로 하되 개설일 현재 매매기준율로 환산한 외화금액을 부기

③ 내국신용장의 금액은 물품대금 전액으로 하고, 제2호 다목에 의한 내국신용장의 경우 금액은 부기외화금액을 내국신용장어음 매입일(추심시는 추심의뢰일) 현재의 매매기준율로 환산한 금액으로 하는 것일 것

④ 물품의 인도기일은 대응수출 또는 물품공급이 원활히 이행되는 데 지장이 없도록 책정된 것일 것

⑤ 유효기일은 물품의 인도기일에 최장 10일을 가산한 기일 이내일 것. 다만, 원수출신용장 등을 근거로 하여 개설되는 내국신용장의 유효기일은 대응되는 원수출신용장 등의 선적 또는 인도기일 이전이어야 한다.

⑥ 서류제시기간은 물품수령증명서 발급일로부터 최장 5영업일 범위 내에서 책정된 것일 것. 다만, 개설의뢰인과 수혜자의 소재지가 원격지인 경우에는 물품수령증명서 발급일로부터 7영업일까지로 할 수 있다.

⑦ 어음의 형식은 개설의뢰인을 지급인으로 하고, 개설은행을 지급장소로 하는 일람출금환어음일 것

⑧ 어음대금은 개설의뢰인이 자체자금으로 결제(일람불 내국신용장)하거나 개설은행이 융자하여 결제(기한부 내국신용장)하는 방식일 것

⑨ 어음의 발행조건은 원수출신용장 매입조건부 결제 등 수혜자에게 불리한 조건이 아닐 것. 다만, 선박 또는 대외무역법에서 정하는 산업설비의 수출을 위하여 개설되는 완제품 내국신용장의 경우에는 원수출신용장 등의 대금결제조건에 따른 제조공정별 분할지급조건으로 할 수 있다.

⑩ 제1호 내지 제9호에서 정하는 사항 외의 조건에 관하여는 국제상공회의소(ICC) 제정 「화환신용장에 관한 통일규칙 및 관례」를 준용한다는 문언이 기재된 것일 것

| 담 당 | 결재권자 |
|---|---|
| | |

## 취소불능내국신용장개설신청서

<table>
<tr><td colspan="2">취 소 불 능 내 국 신 용 장</td><td colspan="2">신용장번호</td></tr>
<tr><td colspan="2">1 CMF번호<br>개설신청인<br>(상호, 주소, 대표자, 전화)</td><td colspan="2">2결제통화 및 금액<br>□①원 화₩<br>□②외 화(통화표시)<br>□③원 화₩<br>(외화금액@ )<br>다만, 환어음 매입시 대고객 전신환 매입률이 개설시와 다를 경우 원화금액은 동 매매기준율로 환산한 금액으로 함.<br>3어음대금 결제조건<br>□일람불(개설의뢰인이 자체자금으로 결제)<br>□기한부(개설은행이 융자하여 결제)</td></tr>
<tr><td colspan="2">4 수 혜 자(상호, 주소, 대표자, 전화)</td><td>5물품인도기일</td><td>6유효기일</td></tr>
<tr><td colspan="4">형식 : 수익자가 신용장 금액을 한도로 하여 송장금액 전액을 이용금액으로 하고 본인(당사)을 지급인, 귀행을 지급장소로 하는 일람출급환어음을 발행함을 허용하는 신용장</td></tr>
<tr><td colspan="4">제 출 서 류<br>7물품수령증명서 통 8물품명세가 기재된 송장 통 9공급자발행 세금계산서사본 통<br>10기 타</td></tr>
</table>

| 공 급 물 품 명 세 | | | | |
|---|---|---|---|---|
| HS부호 | 품명 및 규격 | 단위 및 수량 | 단가 | 금액 |
| 29922-11-10000 | Mono-Ethanol | 2,000 M/T | @US$28,161 | US$563,200 |

| | |
|---|---|
| 11분할일도 □①허용함□②불허함 | 12서류제시기간<br>물품수령증명서 발급일로부터 영업일 이내 |
| 13기타 | 14용 도 |

**원 수 출 신 용 장 등 의 내 용**

15종류 :
□수출L/C. □D/A □D/P □외화표시물품 공급계약서 □내국신용장 □외화표시건설·용역 공급계약서 □기타 수출 관련계약서

| | | | |
|---|---|---|---|
| 16신용장(계약서)번호 | 17결제통화18금액 | 19선적(인도)기일 | 20유효기일 |
| 21수출(공급)상대방 | 22발행은행 | 23대금결제조건 | 24수출지역 |
| 25HS부호 | 26품명 및 규격 | 27단위 및 수량 | 금 액 |

귀행이 개설하는 내국신용장은 상기 원신용장과는 독립된 별개의 것임을 서약하고 위와같이 내국신용장 개설을 신청하오며 귀행 별도 소정 외국환거래약정서 조건을 무위 준수할 것을 확약합니다.

주 소 :

년 월 일 신 청 인 : (인)

귀하 Tel.

이 신용장에 관한 사항은 다른 특별한 규정이 없는 한 국제상공회의소 제정(1993년 개정) 화환신용장 통일규칙에 따릅니다.

※ 은행사용란

| | | | | | | |
|---|---|---|---|---|---|---|
| 28융 자 조 건 | 29수 수 료 구 분 | 지급보증 | 금 액 | | 확 인 | |
| 30수 입 보 증 금 | 31입 금 구 분 | | 번 호 | | 검 인 | |
| 32자 기 앞 금 액 | 33기 산 일 | | 일 자 | | 인감대조 | |

[ 내국신용장의 개설절차[11)] ]

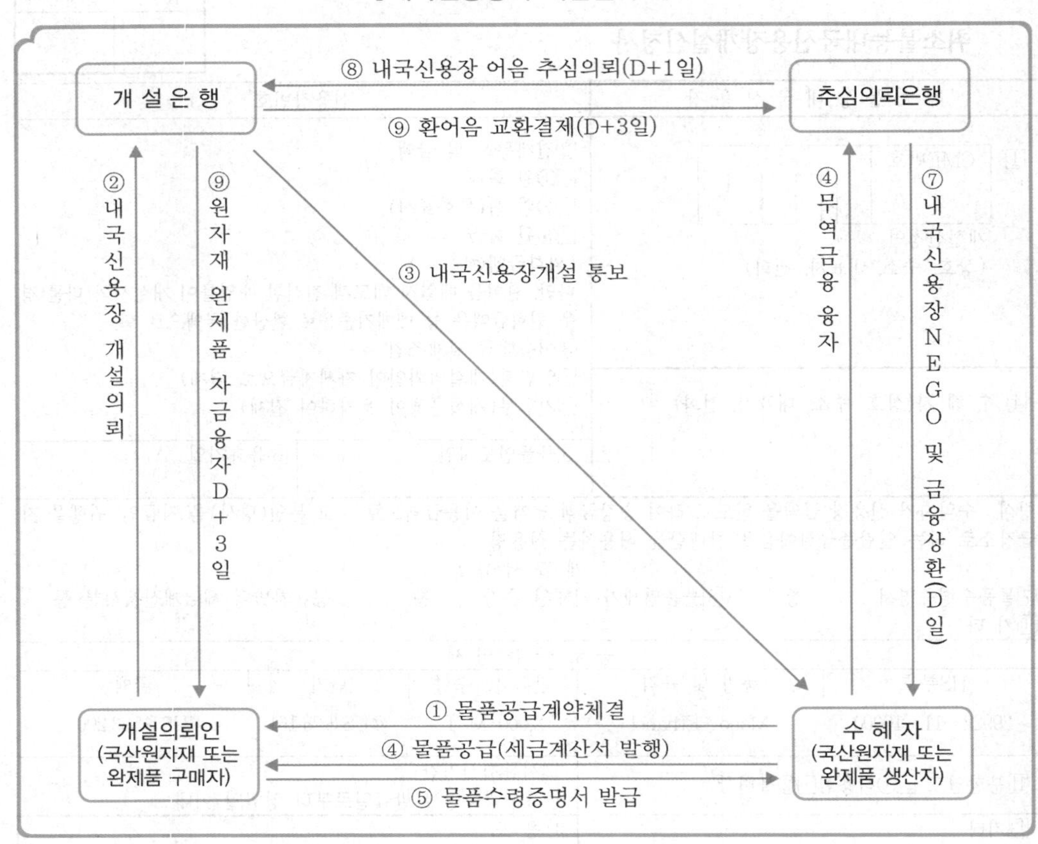


## 2) 구매확인서의 정의

구매확인서라 함은 내국신용장에 의하지 않고 국내에서 외화획득용 원료 또는 물품을 공급하는 경우에 **외국환은행의 장이 내국신용장에 준하여 발급**하는 것을 말한다. 이러한 구매확인서를 근거로 하여 이에 소요되는 기초 국산원자재를 국내에서 구매하는 경우 공급자와의 계약에 의하여 구매확인서 소지자가 거래하고 있는 외국환은행의 장이 공급자 앞으로 또다시 구매확인서를 발급해 줄 수 있는데 이를 2차 구매확인서라 하고 2차 구매확인서에 의하여 발급된 구매확인서를 3차 구매확인서라 한다.

구매확인서는 다음의 용도를 목적으로 발급되며 실무적으로는 구매확인서보다 용도가 더 다양하고 혜택이 많은 내국신용장을 이용하고 있으나 내국신용장 개설한도가 부족하여 내국신용장을 개설할 수 없는 경우에 구매확인서를 주로 이용하고 있다.

11) 박종수, 수출입실무매뉴얼, 두남, 1998, p.450 인용

① 수출실적인정(무역금융한도 산정을 위한 수출실적으로는 인정되지 않음)

② 부가가치세 영세율 적용

③ 관세환급

④ 외화획득용 원료의 사후관리

**참 고** **구매확인서 On-line발급 2011. 7. 1부터 전면시행**[12)]

**(1) 「대외무역관리규정」을 개정**

- 구매확인서 발급 및 부가가치세 영세율 신고의 효율적인 운영과 관리를 위해 구매확인서 전자발급을 의무화하고, 전자발급신청을 위탁할 수 있는 발급지원서비스 제공
- 동 개정고시에 따라, 2011년 7월 1일부터 은행창구를 통한 구매확인서 발급(off-line 발급)은 폐지되며, uTradeHub 포털(www.utradehub.or.kr) 또는 각 사업자가 발급기관과 직접 연계한 내부전산시스템(ERP) 등을 통해 on-line으로 발급받아야 함
- 또한, 전산설비를 갖추지 못하였거나 기타 부득이한 사유로 on-line 발급신청이 어려운 사업자는 전자무역기반사업자에게 위탁하여 구매확인서 발급을 신청할 수 있음

**(2) 영세율 적용시 구매확인서 사본제출 폐지**

- 지식경제부는 on-line으로 발급된 구매확인서 발급 정보를 국세청과 공유하여, 부가가치세 신고시 구매확인서 사본을 별도로 제출하지 않아도 영세율 적용이 가능
- 이러한 제도개선에 따라, 그동안 구매확인서 서류발급 및 세무서 제출에 소요되던 기업의 수출비용과 납세비용은 물론, 외국환은행의 인력과 국세청의 행정비용도 대폭 절감될 것으로 기대됨

11) 지식경제부(http//www.mke.go.kr), 보도자료, 2011. 1. 3.

양식

[별지 제13호 서식]

## 외화획득용 원료 · 기재구매확인신청서

① 구매자
(상호)
(주소)
(성명)
(사업자등록번호)

② 공급자
(상호)
(주소)
(성명)
(사업자등록번호)

1. 구매원료 · 기재의 내용

| ③ HS부호 | ④ 품명 및 규격 | ⑤ 단위 및 수량 | ⑥ 구매일 | ⑦ 단가 | ⑧ 금액 | ⑨ 비고 |
|---|---|---|---|---|---|---|
| | | | | | | |

2. 외화획득용 원료 · 기재라는 사실을 증명하는 서류

| ⑩ 서류명 및 번호 | ⑪ HS부호 | ⑫ 품명 및 규격 | ⑬ 금액 | ⑭ 선적기일 | ⑮ 발급기관명 |
|---|---|---|---|---|---|
| | | | | | |

3. 세금계산서(외화획득용 원료 · 기재를 구매한 자가 신청하는 경우에만 해당)

| ⑯ 세금계산서 번호 | ⑰ 작성일자 | ⑱ 공급가액 | ⑲ 세액 | ⑳ 품목 | ㉑ 규격 | ㉒ 수량 |
|---|---|---|---|---|---|---|
| | | | | | | |

㉓ 구매원료 · 기재의 용도명세 : 원자재구매, 원자재 임가공위탁, 완제품 임가공위탁, 완제품구매, 수출대행 등 해당 용도를 표시하되, 위탁가공무역에 소요되는 국산원자재를 구입하는 경우는 "(위탁가공)" 문구를 추가 표시

* 한국은행 총액한도대출관련 무역금융 취급절차상의 용도표시 준용

위의 사항을 대외무역법 제18조에 따라 신청합니다.

신청일자 년 월 일

신 청 자
전자서명

※ * ③은 HS부호 또는 자사관리코드 중 어느 하나를 반드시 기재하여야 합니다.
⑳ 내지 ㉒은 1. 구매원료 · 기재의 내용과 금액이 다른 경우에는 반드시 기재하여야 합니다.

㎡

[구매확인서의 개설절차[13)]]

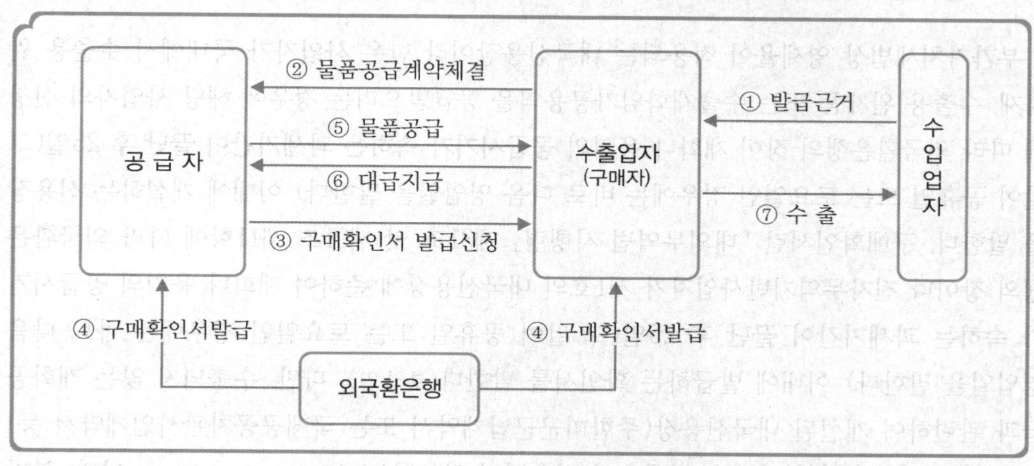


### 3) 내국신용장과 구매확인서의 비교

| 구 분 | 내국신용장 | 구매확인서 |
|---|---|---|
| 근거법령 | 무역금융규정 | 대외무역법 |
| 개설기관 | 외국환은행 | 좌동 |
| 개설조건 | 무역금융 융자한도 내에서 개설 | 제한 없이 개설 |
| 수출실적 | 공급업체의 수출실적인정 | 좌동 |
| 개설목적 | 국산수출용 원자재 및 완제품 구매 | 외화획득용 원료 등 구매 |
| **지급보증** | **개설은행이 지급보증** | **발급은행이 지급보증 없고 당사자간의 계약** |
| 발급근거 | 1. 수출신용장<br>2. 수출계약서(D/A, D/P 등)<br>3. 외화표시 물품(용역)계약서<br>4. 내국신용장<br>5. 과거 수출실적 | 1. 수출신용장<br>2. 수출계약서<br>3. 내국신용장<br>4. 외화입금증명서<br>5. 구매확인서 |
| 발급제한 | 2차(단, 1차 내국신용장이 완제품 내국신용장일 경우 3차까지 가능) | 차수제한 없이 순차적으로 발급가능 |
| 영세율 적용 여부 | 적 용 | 적 용 |

13) 박종수, 수출입실무매뉴얼, 두남, 1998, p.456 인용

### (2) 영세율 적용요건

부가가치세법상 영세율이 적용되는 내국신용장이라 함은 사업자가 국내에서 수출용 원자재, 수출용 완제품 또는 수출재화임가공용역을 공급받으려는 경우에 해당 사업자의 신청에 따라 외국환은행의 장이 재화나 용역의 **공급시기가 속하는 과세기간이 끝난 후** 25일(그 날이 공휴일 또는 토요일인 경우에는 바로 다음 영업일을 말한다) 이내에 개설하는 신용장을 말한다. 구매확인서란 「대외무역법 시행령」 제31조 및 제91조 제11항에 따라 외국환은행의 장이나 전자무역기반사업자가 제1호의 내국신용장에 준하여 재화나 용역의 **공급시기가 속하는 과세기간이 끝난 후** 25일(그 날이 공휴일 또는 토요일인 경우에는 바로 다음 영업일을 말한다) 이내에 발급하는 확인서를 말한다(부칙 21). 다만, 수출되지 않는 재화공급과 관련하여 개설된 내국신용장(주한미군군납계약서 또는 국제공공차관사업계약서 등)에 의한 재화·용역의 공급은 영세율이 적용되지 않는다(부기통 21-31-8 ①).[14] 다만, 부가가치세법 집행기준 21-31-8 ⑧에서 "내국신용장 또는 대외무역법에서 정하는 구매확인서에 의하여 공급하는 재화는 공급된 이후 당해 재화를 수출용도에 사용하였는지 여부에 불구하고 영의 세율을 적용한다"고 규정하고 있으나 이는 구매확인서 발급절차에 하자가 없는 경우, 공급받는 자의 사정에 의하여 수출용도에 사용하였는지 여부에 불구하고 영의 세율을 적용한다는 의미로 발급절차에 중대한 하자가 없는 구매확인서에 의하여 수출업자에게 수출용재화를 공급하였으나, 수출업자의 사정(수출계약의 취소, 부도발생 등 사업의 중지 등)으로 수출을 하지 못한 경우에 구매확인서에 의하여 공급한 사업자를 선의의 거래상대방으로 보아 영의 세율을 적용한다는 취지이다.

한편, 국세심판례에서는 유효한 구매확인서를 다음과 같이 판시하고 있다. "당해 납세자를 선의의 납세자로 보기 위해서는 당해 납세자에게도 거래당사자로서의 최소한의 주의의무가 요구된다고 할 것이다. 그러나 쟁점 구매확인서는 대부분 수출계약서가 없이 발급되었거나 수출계약서가 제시된 경우에도 그 수출계약서가 허위인 경우로 확인되고 있어 그 발급절차에 중대한 하자가 있는 구매확인서임이 확인되고, 청구인이 최소한의 주의의무를 다하였다면 적법하게 발급된 구매확인서인지 여부를 확인할 수 있었다고 판단되므로, 청구법인이 수취한 쟁점 구매확인서를 외국환은행장이 발급하였다는 사실만으로 청구법인을 선의의 거래당사자로서 주의의무를 다했다고 보기는 어렵다"(국심 2002서191, 2002. 5. 2).

한편, 내국신용장이나 구매확인서에 의하여 공급되는 금지금은 영세율이 적용되는 수출의 범위에서 제외되었다. 즉, 구매확인서로 공급하는 금지금에 대한 영세율 배제는 2003.

14) 국내에 주둔하는 미국군에게 공급하는 재화 및 용역에 대하여는 영세율이 적용되나, 사업자가 미국군에게 납품하는 사업자에게 내국신용장이나 구매확인서에 의하여 공급하는 경우에는 영세율이 적용되지 아니한다(부가 46015-2533, 1999. 8. 23).

7. 1 이후부터 적용된 것과 같이 내국신용장에 의한 금지금의 공급도 2006. 1. 1. 이후부터 영세율 적용을 배제하도록 하였다. 이는 2005. 3부터 면세금 납세담보제도에 의거 면세금 탈세가 원천 봉쇄됨에 따라 일부 사업자들이 수출거래를 가장하여 환급받은 후 국내에 유통시키는 수법으로 부가가치세를 탈루하는 변칙거래를 방지하기 위해서이다.

**관련법조문**

**◈ 부가가치세법 시행규칙 제21조【내국신용장 등의 범위】**

법 제21조 제2항 제3호와 영 제31조 제2항 제1호 및 제33조 제2항 제4호에서 "기획재정부령으로 정하는 내국신용장 또는 구매확인서"란 다음 각 호의 내국신용장 또는 구매확인서를 말한다.

1. 내국신용장 : 사업자가 국내에서 수출용 원자재, 수출용 완제품 또는 수출재화임가공용역을 공급받으려는 경우에 해당 사업자의 신청에 따라 외국환은행의 장이 재화나 용역의 공급시기가 속하는 과세기간이 끝난 후 25일(그 날이 공휴일 또는 토요일인 경우에는 바로 다음 영업일을 말한다) 이내에 개설하는 신용장
2. 구매확인서 : 「대외무역법 시행령」 제31조 및 제91조 제11항에 따라 외국환은행의 장이나 전자무역기반사업자가 제1호의 내국신용장에 준하여 재화나 용역의 공급시기가 속하는 과세기간이 끝난 후 25일(그 날이 공휴일 또는 토요일인 경우에는 바로 다음 영업일을 말한다) 이내에 발급하는 확인서

### (3) 공급시기

내국신용장 또는 구매확인서에 의하여 공급되는 재화는 국내에서 거래되는 재화의 공급시기와 동일하게 적용된다.

### (4) 과세표준

내국신용장상의 표시된 금액으로 한다.

① 원화로 표시된 금액 : 그 금액

② 외화로 표시된 금액 : 공급시기일 현재의 기준환율 또는 재정환율로 환산한 금액

즉, 구매확인서 또는 내국신용장에 의하여 수출용 원자재 등을 공급하는 사업자가 당해 재화를 공급하기 전에 공급받는 사업자와 사전약정에 의하여 당해 재화의 공급가액을 원화가액으로 확정하여 당해 확정된 원화금액으로 대가를 지급받는 경우 당해 재화의 공급에 대한 과세표준은 사전약정에 의하여 확정된 원화가액이 되는 것이나, 사업자가 내국신용장 등에 당해 내국신용장 등의 개설 당시의 환율을 부기하였으나 당해 공급시기 이후에 외국통화 또는 외국통화 상태로 보유하거나 지급받는 경우에는 당해 외화대금을 당해 재화의

공급시기의 외국환거래법에 의한 기준환율 또는 재정환율에 의하여 계산한 금액을 부가가치세 과세표준으로 하는 것이다(서삼 46015-12199, 2002. 12. 18).

한편, 내국신용장에 의하여 재화를 공급하고 그 대가의 일부(관세환급금 등)를 내국신용장에 포함하지 아니하고 별도로 받는 경우 당해 금액이 대가의 일부로 확인되는 때에는 영의 세율을 적용한다(부기통 11-24-10).

### (5) 세금계산서 발급

공급받는 자에게 영세율을 적용하여 세금계산서를 발급하여야 한다. 재화 공급일 이전에 매입처로부터 구매확인서를 발급받아 재화를 공급하였으나, 영세율이 아닌 10% 세금계산서를 발급하거나 재화를 공급하면서 10% 세금계산서를 발급하고 매입처로부터 공급일이 속하는 과세기간 종료 후 25일 이내에 구매확인서를 발급받았으나, 영세율 수정세금계산서를 발급하지 아니한 경우로 과세표준 등을 신고·납부하는 등 조세탈루 사실이 없는 경우에는 「부가가치세법」 제22조 제2항 제1호의 가산세 부과대상인 사실과 다른 경우에 해당하지 아니하는 것이다(기재부 부가-747, 2011. 11. 28).

### (6) 수정세금계산서의 발급 및 전송

내국신용장 또는 구매확인서는 재화 등의 공급일에 개설되어야 하나 사후에 개설되는 경우가 많다. 이 경우 부가가치세법에서는 공급시기가 속하는 과세기간 종료일로부터 25일 이내에 개설된 경우에는 영세율이 적용되도록 하고 있다. 이 경우 당초 공급시기에 일반세금계산서(10%)를 발급하고 내국신용장 등이 개설된 경우에는 영세율세금계산서를 수정발급하여야 한다.

재화 또는 용역을 공급한 후 공급시기가 속하는 과세기간 종료 후 25일 이내에 내국신용장이 개설되었거나 구매확인서가 발급된 경우의 수정세금계산서의 발급은 내국신용장 등이 개설된 때에 그 작성일자는 당초 세금계산서 작성일자를 적고 비고란에 내국신용장 개설일 등을 부기하여 영세율 적용분은 검은색 글씨로 세금계산서를 작성하여 발급하고, 추가하여 당초에 발급한 세금계산서의 내용대로 세금계산서를 붉은색 글씨로 또는 부의 표시를 하여 작성하고 발급한다. 이와 같이 과세기간 종료 후에 전자세금계산서를 수정하여 발급한 경우 당초 세금계산서 작성일자가 속하는 과세기간의 과세표준 신고기한까지 수정세금계산서를 전송하여야 한다(부령 53의 2 ⑥ 2호).

수정세금계산서의 발급방법은 다음과 같다.

• 재화의 공급일 : 20×1. 3. 20

• 내국신용장 개설일자 : 20×1. 7. 15

① 재화의 공급일인 20×1. 3. 20에 일반세금계산서(10%)를 발행한다.

② 내국신용장의 개설일자에 당초 발행한 일반세금계산서에 대한 마이너스 세금계산서를 발행한다(발행일자 20×1. 3. 20).

③ 당초 발행일자(20×1. 3. 20)에 영세율세금계산서를 발행하고 비고란에 내국신용장 개설일자(20×1. 7. 15)를 부기한다.

다만, 사업자가 재화를 공급한 후 당해 재화의 공급일이 속하는 달의 다음 달 10일 이전에 내국신용장이 개설된 경우(재화의 공급시기가 속하는 과세기간 내에 개설된 것)로서 관계증빙서류 등에 의하여 실제 거래사실이 확인되는 경우에는 당해 재화의 공급일을 발행일자로 하여 그 공급일이 속하는 달의 다음 달 10일까지 영세율세금계산서를 교부할 수 있는 것이다(제도 46013-617, 2000. 12. 22).

**참 고** **내국신용장 개설 변경에 따른 수정세금계산서 발급**(부가-1027, 2014. 12. 30)

1. 사실관계
   가. 2014. 6. 27 개설한 내국신용장에 대한 영세율 전자세금계산서를 2014. 6. 20 작성일자로 2014. 7. 14 발급함.
   나. 추후 신용장에 대한 조건이 변경되어 개설일자가 2014. 7. 7로 정정되었으며 6월분에 대한 영세율 전자세금계산서를 수정 발급하고 7월로 발급함.
2. 질의내용
   6월분에 대한 영세율 전자세금계산서를 7월 10일까지 발급하지 않으면 가산세가 부과되는데 상기와 같이 영세율 전자세금계산서에 대한 수정발급이 되었을 경우 당초에 발급한 영세율 전자세금계산서에 대하여 가산세가 해당되는지 여부
3. 회신내용
   사업자가 내국신용장에 의하여 재화를 공급하고 그 거래시기에 영세율세금계산서를 교부한 후 당해 내국신용장의 개설일자가 변경된 경우 그 변경된 내용에 따라 당해 변경사유 발생 시 「부가가치세법 시행령」 제70조【수정세금계산서 또는 수정전자세금계산서의 발급사유 및 발급절차】에 따라 당초 교부한 영세율세금계산서를 수정한 세금계산서를 교부할 수 있는 것입니다.

**참 고** **내국신용장 사후개설에 의한 가산세 부과 여부**

① 사업자가 내국신용장이 개설되기 전에 재화를 공급하면서 부가가치세법 제9조의 규정에 의한 재화의 공급시기에 일반세율(10%)을 적용한 세금계산서를 교부하고 당해 재화의 공급시기가 속하는 과세기간 종료 후 25일 이내에 내국신용장이 개설됨에 따라 수정세금계산서를 교부(당초 세금계산서는 감액처리하고 영세율 세금계산서를 교부)한 경우에 있어, 부가가치세 확정신고시 당초 재화의 공급시기에 교부한 과세분 세금계산서에 대하여만 매출처별세금계산서합계표를 작성하여 신고·납부한 후 수정세금계산서 교부분에 대하여는 국세기본법 제45조의 2의 규정에 의하여 부가가치세 경정 등의 청구를 하는 경우에는 매출처별세금계산서합계표 관련 가산세와 영세율 과세표준 신고불성실가산세는 적용되지 않는 것이다(서삼 46015-10401, 2003. 3. 8).

② 사업자가 재화를 공급한 후 당해 재화의 공급일이 속하는 달의 다음 달 10일 이전에 내국신용장이 개설된 경우(재화의 공급시기가 속하는 과세기간 내에 개설된 것)로서 관계증빙서류 등에 의하여 실제 거래사실이 확인되는 경우에는 당해 재화의 공급일을 발행일자로 하여 그 공급일이 속하는 달의 다음 달 10일까지 영세율세금계산서를 교부할 수 있는 것이다(제도 46013-617, 2000. 12. 22).

③ 사업자가 재화 또는 용역을 공급한 후 수정신고기한 내에 내국신용장 또는 무역거래법에서 정하는 구매승인서가 개설되는 경우에는 수정세금계산서를 교부하여야 하며, 수정세금계산서 교부 및 과세표준 수정신고를 하지 아니하는 경우 소관 세무서장은 공급자에게 당초 거래징수 하여 납부한 세액을 환급하고 가산세를 징수하는 것이며, 공급받는 자로부터는 당초 매입세액으로 공제한 가산세를 징수하는 것이다(부가 22601-1304, 1985. 7. 11).

④ 사업자가 「관세법」 제196조에 따른 보세판매장에 재화를 공급하고 10%의 세율이 기재된 세금계산서를 발급한 후 공급시기가 속하는 과세기간 종료 후 25일 이내에 「대외무역법」 제18조에 따른 구매확인서를 발급받은 경우에는 「부가가치세법 시행령」 제70조 제1항 제4호에 따라 0% 세율이 기재된 세금계산서로 수정발급할 수 있는 것임. 다만, 사업자가 구매확인서를 발급받았음에도 (영세율)수정세금계산서를 발급하지 아니한 경우로서 당초 발급한 세금계산서에 의해 「부가가치세법」 제48조 또는 제49조에 따른 신고·납부를 이행한 경우에는 해당 거래에 대하여 「부가가치세법」 제60조 제2항 및 제6항의 가산세를 적용하지 않는 것이며, 공급시기가 속하는 과세기간 종료 후 25일이 경과한 뒤에는 「부가가치세법 시행령」 제70조 제1항 제4호에 따른 수정세금계산서를 발급할 수 없는 것이다(기재부 부가-585, 2017. 11. 16).

※ 내국신용장은 사후개설이 금지되어 있으나 구매확인서는 사후발급이 가능하다.

### (7) 사후개설에 따른 부가가치세의 수정신고 또는 경정청구방법

부가가치세법 시행령 제73조 제3항의 규정에 의하여 매월별로 영세율 등 조기환급신고를 하는 사업자가 재화를 공급하면서 당해 재화의 공급시기에 내국신용장이 개설되지 아니하여 과세분(10%)으로 세금계산서를 교부하여 신고한 후 당해 재화의 공급시기가 속하는 예정신고기간 내에 내국신용장이 개설되어 수정세금계산서를 교부한 경우에는 당해 수정세금계산서를 부가가치세 예정신고에 포함하여 신고하는 것이며, 예정신고기간 경과 후 과세기간 내에 내국신용장이 개설되어 수정세금계산서를 교부한 경우에는 당해 수정세금계산서를 부가가치세 확정신고에 포함하여 신고하는 것이다(부가 46015-5048, 1999. 12. 27).

#### ① 공급시기가 속하는 예정 또는 확정신고기간 내에 개설된 경우

⇨ 수정신고 · 경정청구 필요 없음

재화를 예정신고기간 또는 확정신고기간 내에 공급하고 내국신용장이 예정신고기간 또는 확정신고기간 내에 개설된 경우 재화의 공급시기에 일반세금계산서를 발급하고, 내국신용장 개설시에 당초 작성일자를 작성일자로 하여 (-) 세금계산서와 영세율 세금계산서를 수정발급한다. 이 경우 부가가치세 예정신고 또는 확정신고시에 영세율 적용대상으로 과세표준 신고를 하면 되고 수정신고를 하지 않아도 무방하다.

| 재화의 공급시기 | 내국신용장 개설일 | 부가가치세 신고일 |
|---|---|---|
| 20×1. 2. 20 | 20×1. 3. 30 | 1기 예정신고(4. 25) |
| 20×1. 5. 10 | 20×1. 6. 28 | 1기 확정신고(7. 25) |

#### ② 예정신고기간 내에 공급하고 확정신고기간 내에 개설된 경우

⇨ 수정신고 · 경정청구 필요 없음

재화를 예정신고기간 내에 공급하고 내국신용장이 확정신고기간 내에 개설된 경우 당초 공급일(당초 작성일자)을 작성일자로 하여 (-)세금계산서와 영세율 수정세금계산서를 발급하고 예정신고분에 대하여 경정청구를 하여 환급받는다. 다만, 예정신고에 대한 경정청구를 생략하고 확정신고시에 포함하여 신고를 할 수 있다.

| 재화의 공급시기 | 내국신용장 개설일 | 부가가치세 신고일 |
|---|---|---|
| 20×1. 2. 20 | 20×1. 6. 30 | 1기 확정신고(7. 25) |

#### ③ 공급시기가 속하는 예정 또는 확정신고기한 내에 내국신용장이 개설된 경우

⇨ 수정신고 · 경정청구 필요 없음

재화를 예정신고기간 내에 공급하고 내국신용장이 확정신고기한 내에 개설된 경우 당초 공급일(당초 작성일자)을 작성일자로 하여 (-)세금계산서와 영세율 수정세금계산서를 발급하고 예정신고분에 대하여 경정청구를 하여 환급받는다. 다만, 예정신고에 대한 경정청구를 생략하고 확정신고시에 영세율로 포함하여 신고를 할 수 있다.

| 재화의 공급시기 | 내국신용장 개설일 | 부가가치세 신고일 |
|---|---|---|
| 20×1. 4. 20 | 20×1. 7. 15 | 1기 확정신고(7. 25) |

### (8) 내국신용장 사후개설시 수정세금계산서를 발급하지 아니한 경우 불이익

물품을 공급한 자는 당초 거래징수하여 납부한 부가가치세를 환급결정하고, (-)세금계산서와 영세율세금계산서 미교부가산세를 부과한다. 또한, 공급받는 자(수출업자)는 당초 공제받은 매입세액을 추징하면서 신고·납부불성실가산세를 부과한다(부가 22601-1304, 1985. 7. 11). 반면에 심판원에서는 이에 대하여 사실과 다른 세금계산서로 보지 않고 있다. 재화의 공급시기가 속하는 과세기간 종료 후 25일 이내에 구매확인서가 발급된 경우 그 작성일자는 당초 세금계산서 작성일자를 기재하고 비고란에 내국신용장 개설일 등을 부기하여 영세율 적용분은 검은색 글씨로 세금계산서를 작성하여 교부하고, 추가하여 당초에 교부한 세금계산서의 내용대로 세금계산서를 붉은색 글씨로 또는 부(負)의 표시를 하여 작성하고 교부한다고 규정하고 있는 바, 원칙적으로는 당초 교부한 일반 세금계산서에 대하여는 이를 없었던 것으로 하는 부의 세금계산서를 교부하고 다시 영세율 세금계산서를 교부하여 부가가치세를 신고하여야 하나, 영세율 세금계산서만을 교부하고 이에 근거하여 부가가치세를 신고한 것은 **일부 절차를 생략한 것에 불과하다** 할 것이고, 또한 동 영세율 세금계산서는 수정세금계산서의 역할을 한 것으로 볼 수 있으므로 「부가가치세법」 제16조 제1항의 규정에 의한 세금계산서의 필요적 기재사항의 전부 또는 일부가 착오 또는 과실로 기재되지 아니하거나 사실과 다른 때에 해당하지 아니하고, 더불어 같은 법 시행령 제70조의3 제2항의 규정에 따라 세금계산서의 필요적 기재사항 중 일부가 착오로 기재되었으나 당해 세금계산서의 그 밖의 필요적 기재사항 또는 임의적 기재사항으로 보아 거래사실이 확인되는 경우에 해당한다 할 것이다(조심 2011중0863, 2011. 6. 29). 사업자가 「관세법」 제196조에 따른 보세판매장에 재화를 공급하고 10%의 세율이 기재된 세금계산서를 발급한 후 공급시기가 속하는 과세기간 종료 후 25일 이내에 「대외무역법」 제18조에 따른 구매확인서를 발급받은 경우에는 「부가가치세법 시행령」 제70조 제1항 제4호에 따라 0% 세율이 기재된 세금계산서를 수정 발급할 수 있는 것입니다. 다만, 사업자가 구매확인서를 발급받았음에도 (영세율)수정세금계산서를 발급하지 아니한 경우로서 당초 발급한 세금계산서에 의해 「부가가치세법」 제48조 또는 제49조에 따른 신고·납부를 이행한 경우에는 해당 거래에 대하여

「부가가치세법」 제60조 제2항 및 제6항의 가산세를 적용하지 않는 것이며, 공급시기가 속하는 과세기간 종료 후 25일이 경과한 뒤에는 「부가가치세법 시행령」 제70조 제1항 제4호에 따른 수정세금계산서를 발급할 수 없는 것이다(기획재정부 부가가치세제과-585, 2017. 11. 16).

관련법조문

◈ 부가가치세법 제60조【가산세】

② 사업자가 다음 각 호의 어느 하나에 해당하면 각 호에 따른 금액을 납부세액에 더하거나 환급세액에서 뺀다. 이 경우 제1호 또는 제2호가 적용되는 부분은 제3호부터 제5호까지를 적용하지 아니하고, 제5호가 적용되는 부분은 제3호 및 제4호를 적용하지 아니한다.

2. 제34조에 따른 세금계산서의 발급시기가 지난 후 해당 재화 또는 용역의 공급시기가 속하는 과세기간에 대한 확정신고 기한까지 세금계산서를 발급하지 아니한 경우 그 공급가액의 2퍼센트. 다만, 제32조 제2항에 따라 전자세금계산서를 발급하여야 할 의무가 있는 자가 전자세금계산서를 발급하지 아니하고 제34조에 따른 세금계산서의 발급시기에 전자세금계산서 외의 세금계산서를 발급한 경우에는 그 공급가액의 1퍼센트로 한다.

5. 세금계산서의 필요적 기재사항의 전부 또는 일부가 착오 또는 과실로 적혀 있지 아니하거나 사실과 다른 경우 그 공급가액의 1퍼센트. 다만, 대통령령으로 정하는 바에 따라 거래사실이 확인되는 경우는 제외한다.

⑥ 사업자가 다음 각 호의 어느 하나에 해당하면 각 호에 따른 금액을 납부세액에 더하거나 환급세액에서 뺀다. 다만, 제54조 제1항에 따라 제출한 매출처별 세금계산서합계표의 기재사항이 착오로 적힌 경우로서 사업자가 발급한 세금계산서에 따라 거래사실이 확인되는 부분의 공급가액에 대하여는 그러하지 아니하다.

1. 제54조 제1항 및 제3항에 따른 매출처별 세금계산서합계표를 제출하지 아니한 경우에는 매출처별 세금계산서합계표를 제출하지 아니한 부분에 대한 공급가액의 0.5퍼센트
2. 제54조 제1항 및 제3항에 따라 제출한 매출처별 세금계산서합계표의 기재사항 중 거래처별 등록번호 또는 공급가액의 전부 또는 일부가 적혀 있지 아니하거나 사실과 다르게 적혀 있는 경우에는 매출처별 세금계산서합계표의 기재사항이 적혀 있지 아니하거나 사실과 다르게 적혀 있는 부분에 대한 공급가액의 0.5퍼센트

**영세율세금계산서를 취소하고 다시 발행된 일반세금계산서에 대하여 매입세액 불공제**
(조심 2013중0445, 2013. 6. 21)

판례

청구법인은 영세율 적용대상 여부에 착오가 있는 경우도 「부가가치세법」 제16조 제1항 제3호의 공급가액과 부가가치세액에 관하여 착오가 있는 경우에 해당한다고 보아야 할 것이고, 부가가치세 확정신고기한 이전에 개정된 대외무역관리규정의 내용을 확인하고 세법상의 절차를 존중하여 당초 영세율세금계산서에서 일반세금계산서로 수정발급을 요구한 행위는 「부가가

치세법」 제16조 제1항에 규정하는 정당한 행위이므로 이에 대하여 매입세액 불공제한 처분은 부당하다고 주장하나, 수정세금계산서 교부사유 및 교부절차에 대하여 규정하고 있는 「부가가치세법 시행령」 제59조 제1항 제5호에 의하면, 필요적 기재사항 등을 착오로 잘못 기재한 경우에는 세무서장이 경정하여 통지하기 전까지 수정세금계산서를 작성 · 교부할 수 있도록 규정하고 있으나, 이 건의 경우 청구법인이 2011년 7월 해당 부가가치세 예정신고를 위하여 거래은행에 구매확인서를 발급받고자 하였으나 2011. 7. 1부터 전자문서로만 발급하도록 개정된 대외무역관리규정에 따라 구매확인서를 발급받지 못하여 OOO를 통하여 영세율세금계산서를 취소하고 일반 세금계산서를 발급받았으므로 필요적 기재사항의 착오기재라고 보기보다는 법령을 알지 못하는 것에서 비롯된 것으로 보이는 점과 사업자가 10% 세율이 적용되는 거래에 대하여 영세율세금계산서를 발급한 경우 수정세금계산서를 발급할 수 없는 것이고, 개정된 「부가가치세법 시행령」 제59조 제1항 제9호는 부칙에 따라 2012. 7. 1 전에 수정세금계산서 발급사유가 발생한 분부터 적용하는 것이므로 2012. 7. 1 전에 수정세금계산서 발급사유가 발생한 경우에는 적용할 수 없는 점(부가-314, 2013. 4. 9) 등에 비추어 볼 때 쟁점세금계산서를 과세기간이 종료된 후에 교부받았다고 보아 관련 매입세액 불공제하여 과세한 처분청 처분은 잘못이 없다고 판단된다.

**사례** **내국신용장 사후개설시 수정세금계산서 미발급 사례**

(주)MH물산은 (주)HJ상사에 수출용의류를 가공하여 납품하면서 인도일에 10%의 세율을 적용하여 세금계산서를 발행하고 내국신용장이 사후개설된 후 수정세금계산서를 발급하지 아니하였다.

- 20×1. 3. 20 (주)MH물산(수출업자)에 납품 10,000,000(부가세 별도)
- 20×1. 4. 25 부가가치세 신고 · 납부
- 20×1. 6. 28 내국신용장 개설

(1) 공급자(MH물산)

과세관청에서 당초 납부한 부가가치세 1,000,000원을 환급하면서 세금계산서 미발급가산세와 영세율신고불성실가산세를 부과한다. 세금계산서 미발급가산세는 (-)공급가액과 영세율 공급가액 합계 20,000,000원에 대하여 2%인 400,000원을 부과하고 영세율신고불성실가산세는 10,000,000원의 0.5%인 50,000원을 부과한다.

(2) 공급받는 자(HJ상사)

당초 공제받은 매입세액 1,000,000원과 납부지연가산세 일당 10,000분의 0.22 및 과소신고가산세(10%)를 부과한다.

## (9) 영세율첨부서류

### ① 내국신용장 · 구매확인서 전자발급명세서

■ 부가가치세법 시행규칙 [별지 제41호 서식(1)]    홈택스(www.hometax.go.kr)에서도 신청할 수 있습니다.

**내국신용장 · 구매확인서 전자발급명세서(갑)**

년 제 기 ( 월 일 ~ 월 일)

※ 아래의 작성방법을 읽고 작성하시기 바랍니다.

| 접수번호 | 접수일 | 처리기간 즉시 |
|---|---|---|

1. 제출자 인적사항

| | |
|---|---|
| ① 상호(법인명) | ② 사업자등록번호 |
| ③ 성명(대표자) | ④ 사업장 소재지 |
| ⑤ 업태 | ⑥ 종목 |
| ⑦ 거래기간 년 월 일 ~ 월 일 | ⑧ 작성일 |

2. 내국신용장 · 구매확인서에 의한 공급실적 합계

| 구분 | 건 수 | 금액(원) | 비고 |
|---|---|---|---|
| ⑨ 합 계(=⑩+⑪) | | | |
| ⑩ 내 국 신 용 장 | | | |
| ⑪ 구 매 확 인 서 | | | |

3. 내국신용장 · 구매확인서에 의한 공급실적 명세서

| ⑫ 번호 | ⑬ 구분 | ⑭ 서류번호 | ⑮ 발급일 | ⑯ 공급받는 자의 사업자등록번호 | ⑰ 금액(원) | ⑱ 비고 |
|---|---|---|---|---|---|---|
| | | | | | | |
| | | | | | | |
| | | | | | | |
| | | | | | | |
| | | | | | | |

「부가가치세법 시행령」 제101조 제1항의 표 제3호 가목에 따라 내국신용장 · 구매확인서 전자발급명세서를 제출합니다.

년 월 일

제출자 (서명 또는 인)

세 무 서 장 귀하

**작성방법**

이 명세서는 전자무역문서(「전자무역 촉진에 관한 법률」 제12조에 따른 전자무역기반시설을 이용한 전자문서를 말함)로 발급된 내국신용장 · 구매확인서에 의해 공급하는 재화 또는 수출재화임가공용역에 대하여 영세율을 적용받는 사업자가 작성하며, 해당 서류는 전자무역문서로 대체되고 그 사본은 제출하지 않습니다.

①~⑥: 제출자(공급자)의 사업자등록증에 적힌 내용을 적습니다.

⑦,⑧: 제출대상기간과 이 명세서의 작성일을 적습니다.

⑨~⑪: ⑨~⑪ 아래 ⑫~⑱에 작성된 내국신용장과 구매확인서 제출대상기간의 건수 및 금액의 합계를 적습니다.

⑫~⑱: 내국신용장과 구매확인서를 구분하여 서류번호, 발급일을 작성하며, 공급받는 자(내국신용장 개설업체, 구매확인서 신청업체)의 사업자등록번호 및 신고대상기간의 발급 또는 개설 금액을 각각 적습니다.

※ 『내국신용장 · 구매확인서 전자발급명세서(갑)』 서식을 초과하는 공급실적분에 대해서는 『내국신용장 · 구매확인서 전자발급명세서(을)』 [별지 제41호 서식(2)]에 이어서 작성합니다.

210㎜×297㎜[백상지 80g/㎡(재활용품)]

### (10) 관련 사례

#### ① 영세율 적용 여부

사업자가 국외에서 제공하는 건설용역·설계용역은 부가가치세법 제11조 제1항 제2호의 규정에 의하여 영세율이 적용되는 것이며, 또한 해외 건설공사에 필요한 자재를 국내에서 내국신용장이나 대외무역법에 정하는 구매확인서에 의하여 공급하는 경우에는 부가가치세 영의 세율을 적용하는 것이나, 건설장비 임대용역의 제공은 국내에서 임대한 건설장비를 해외에서 사용하는 것에 불과하므로 부가가치세법 제11조 제1항 제2호의 규정에 의한 영세율 적용대상이 아니다(서면3팀-593, 2005. 5. 3).

#### ② 예정신고 대상 여부

사업자가 재화를 공급한 후 재화의 공급시기가 속하는 과세기간 종료 후 20일 이내에 내국신용장이 개설되는 때에는 수정세금계산서를 교부(당초 기재사항의 착오 또는 정정사유로 인한 교부)할 수 있는 것이며, 당초 재화의 공급시기가 부가가치세법 제18조 규정의 각 예정신고기간인 경우에는 당해 예정신고기간의 종료 후 25일 이내에 과세표준과 납부세액 또는 환급세액을 신고하여야 하는 것이다(서면3팀-590, 2005. 5. 3).

#### ③ 북한반출 재화의 영세율 적용 여부

북한으로 반출되는 물품에 대하여는 남북교류협력에 관한 법률 시행령 제51조 제3항[15]의 규정에 의하여 이를 수출품목으로 보아 부가가치세법을 준용하는 것이므로 영세율이 적용되는 것이며(북한에 재화를 반출하는 경우 수출로 봄) 사업자가 북한으로 반출할 물품을 국내에서 다른 사업자에게 공급하는 경우에는 당해 물품이 부가가치세법 시행령 제24조 제2항 제1호의 규정에 의한 내국신용장 또는 구매확인서에 의하여 공급되는 재화에 해당되는 경우에는 영세율이 적용되는 것이다(서면3팀-1214, 2005. 7. 29). 그러나 북한 개성공단사업과 관련하여 사업자가 국내에서 설계, 장비 및 물자운송 등의 용역을 제공하는 경우에는 부가가치세 영세율이 적용되지 아니하는 것이다(서면3팀-517, 2006. 3. 17). 즉, 운수업을 영위하는 사업자가 무역업자 등과의 계약에 의거 남한에서 북한간 관광객 또는 화물을 수송하고 대가를 받는 경우 동 운송용역에 대하여는 부가가치세법 제14조의 규정에 의한 세율을 적용하여 부가가치세를 과세하는 것이다(재소비-1244, 2004. 11. 20). 왜냐하면, 선박·항공기의 외국항행용역에 대하여

---

15) 북한으로 반출되는 물품과 북한에 제공되는 용역 및 선박·항공기의 북한항행용역에 대하여는 이를 각각 수출품목, 국외제공용역 또는 외국항행용역으로 보아 지방세법·부가가치세법·개별소비세법·주세법 및 교통세법을 준용한다. 다만, 당해 선박 또는 항공기 안에서 판매되는 물품과 운행요금 외에 별도로 대가를 받고 제공되는 용역에 대하여는 그러하지 아니하다.

만 남북교류협력에 관한 법률 시행령 제51조 제3항의 규정에 의거 영세율이 적용되며 육상운송용역에 대하여는 규정되어 있지 않기 때문이다.

④ **완제품 납품의 영세율 적용 여부**

수출재화의 임가공용역은 수출업자와 직접 도급계약에 의하여 수출재화를 임가공하는 용역 및 내국신용장에 의하여 공급하는 수출재화를 임가공하는 용역(서비스)으로서 임가공업자가 부자재의 일부를 부담하고 공작을 가하여 납품하는 경우인 바, 청구인이 주요자재 전부를 부담하여 완제품을 제조·납품한 사실이 청구인이 신고한 부가가치세 부속서류 등에서 확인되고 이에 대하여는 청구인도 인정하고 있으므로 쟁점거래는 수출재화의 임가공용역의 공급이 아닌 재화의 공급(제조)에 해당된다 하겠고, 수출되는 재화의 공급은 내국신용장 또는 구매확인서에 의하여 공급하여야 하나, 청구인은 그러한 서류 없이 단지 수출품가공계약서와 납품사실증명서만으로 영세율 적용을 받은 것이므로 영세율 적용대상이 아니다(국심 2004서3746, 2005. 9. 18).

## 4. 위탁판매수출

### (1) 의의

위탁판매수출이라 함은 **물품 등을 무환으로 수출하여 당해 물품이 판매된 범위 안에서 대금을 결제하는 계약에 의한 수출**을 말한다(대외무역관리규정 제1-0-2조 4). 즉, 수탁자가 위탁자의 물품을 판매하고 총판매대금에서 판매수수료를 차감한 금액을 위탁자에게 송금하는 형태이다. 부가가치세법에서는 국내의 사업장에서 계약과 대가수령 등 거래가 이루어지는 대외무역법상 위탁판매수출은 수출하는 재화에 해당되어 영세율을 적용한다(부령 31 ①).

### (2) 공급시기

수출재화의 공급가액이 확정되는 때이다. 즉, 국외의 수탁자가 판매하는 때이다.

위탁판매계약서의 일부

제10조(소유권)

Company는 Consignee에게 위탁한 제품의 **소유권은 제품이 고객에게 인도 완료될 때까지는** Company에게 있다.

* 재화의 공급인 인도가 이루어지지 않았으므로 부가가치세 과세대상이 아니다.

### (3) 과세표준

공급시기 도래 전에 수출대금을 원화로 환가한 경우에는 그 환가한 금액을, 수출물품 공급시기까지 수출대금을 원화로 환가하지 아니하였거나 공급시기 이후에 지급받은 경우에는 공급시기의 외국환거래법에 의한 기준환율 또는 재정환율로 환산한 금액이다(부령 51).

### (4) 세금계산서 발급

국외거래에 해당되어 세금계산서 발급의무가 없다.

### (5) 영세율첨부서류

수출계약서 사본 또는 외화입금증명서

### (6) 위탁판매수수료의 처리

국내사업자와의 위탁판매계약에 따라 수탁자에게 지급하는 위탁판매수수료는 부가가치세 과세대상이므로 세금계산서를 발급하여야 하나 국내사업장이 없는 외국법인이나 비거주자가 내국법인의 상품을 위탁받아 현지에서 판매를 대행하고 지급받는 수수료는 국내원천소득에 해당되지 않으므로 원천징수하지 않는다.

### (7) 위탁물품 중 미판매분의 재반입

수출된 후 다시 수입하는 재화로서 수출자와 수입자가 동일하거나 당해 재화의 제조자가 직접 수입하는 것으로서 관세가 감면되는 것 중 수출(보세가공수출을 포함한다) 한 물품을 수출신고일부터 2년 이내에 다시 수입하는 것은 부가가치세를 면제한다.

**사례**

의류 제조업체인 (주)다솔상사는 미국의 수탁사업자에게 20×1. 5. 20 의류 US＄10,000(원가 7,500,000)을 선적하였다. 발송관련 제비용 500,000원이 발생하였다. 20×1. 7. 10. 미국의 수탁자로부터 수탁수수료 1,000,000원을 차감한 금액을 송부하였다. 단, 기준환율은 1,000원이다.

① 적송시(20×1. 5. 20)

| | | | | |
|---|---|---|---|---|
| (차) | 적송품 | 8,000,000 | (대) 제품 | 7,500,000 |
| | | | 현금 및 예금 | 500,000 |

② 판매보고시(20×1. 7. 10)

| | | | | |
|---|---|---|---|---|
| (차) | 현금 및 예금 | 9,000,000 | (대) 수출매출 | 10,000,000 |
| | 위탁판매수수료 | 1,000,000 | | |

**참 고** **풀필먼트(FBA, Fulfillment By Amazon) 방식의 수출**

판매상품을 아마존 등 해외플랫폼 제공업체의 물류센터에 보관하여 고객의 주문에 따라 상품을 파킹(picking), 패킹(packing) 및 배송하고 사후 교환 및 환불 등 물류대행서비스를 제공하는 방식에 의한 수출을 말한다. 즉, 수출자(seller)가 아마존 물류센터에 제품을 공급하고 수수료(15%)를 내면 보관·출하·결제·고객서비스 등 e-commerce 전반의 업무를 위탁하는 형태이다. 관세청은 2021. 3. 9.부터 전자상거래 풀필먼트 방식으로 수출하는 경우 거래구분코드를 17로 신설하였다.

## 5. 위탁가공무역방식의 수출

### (1) 의의

위탁가공무역이란 **가공임을 지급하는 조건**으로 외국에서 가공(제조, 조립, 재생, 개조를 포함한다)할 원료의 전부 또는 일부를 거래상대방에게 수출하거나 외국에서 조달하여 이를 가공한 후 가공물품 등을 수입하거나 외국으로 인도하는 수출입을 말한다(대외무역관리규정 제1-0-2조 6).

즉, 노동력이 저렴한 중국, 베트남 등 동남아시아 등에서 제품을 위탁가공방식에 의해 생산하여 제3국으로 수출하거나 국내로 재반입하는 형태의 무역거래방식이다. 위탁가공무역에 해당되기 위해서는 **다음의 모든 조건을 충족**하여야 한다.

① 가공임(CMT charge)을 지급하는 조건으로 외국에서 가공이 이루어질 것

② 원재료의 국내 또는 외국에서 조달하여(외국인수수입) 외국수탁가공업자에게 전부 또는 일부 제공할 것. 이 경우 일부가공 또는 완제품 상태로 조달한 경우에도 내국신용장 개설이 허용되어 무역금융혜택을 받을 수 있다.

③ 가공물품을 제3국으로 인도하거나 가공국내의 제3자에게 인도할 것

따라서 국내사업자가 외국임가공사업자에게 원부자재를 무환반출하여 가공한 제품을 국내로 반입하지 아니하고 국외에서 국내의 다른 사업자가 지정하는 외국사업자에게 인도한 후 국내에서 국내의 다른 사업자로부터 대가를 받는 경우에는 「대외무역법」에 의한 "위탁가공무역"에 해당하지 아니하므로 영세율 적용대상이 되는 수출의 범위에 포함되지 아니하는 것이다(부가-735, 2010. 6. 14).

위탁가공무역의 거래형태를 살펴보면,

신청법인은 국내수출업자 "DMT사"와 "제품"을 납품하기로 하는 계약을 체결하고 제품

생산을 위하여 국외에 소재하는 "A사"와 "임가공계약"을 체결하고 제품생산을 위한 원자재를 무환으로 반출하거나 또는 A사가 국외 현지에서 필요한 자재를 직접 구입하는 경우에는 그에 대한 대가를 지불하는 형태로 제품을 생산하고 A사가 생산한 제품은 DMT사가 지정하는 국외의 수입업자 B사에게 인도되는 경우 위탁가공무역에 해당된다(법규부가 2012-339, 2012. 9. 7).

[ 위탁가공무역의 거래형태 ]

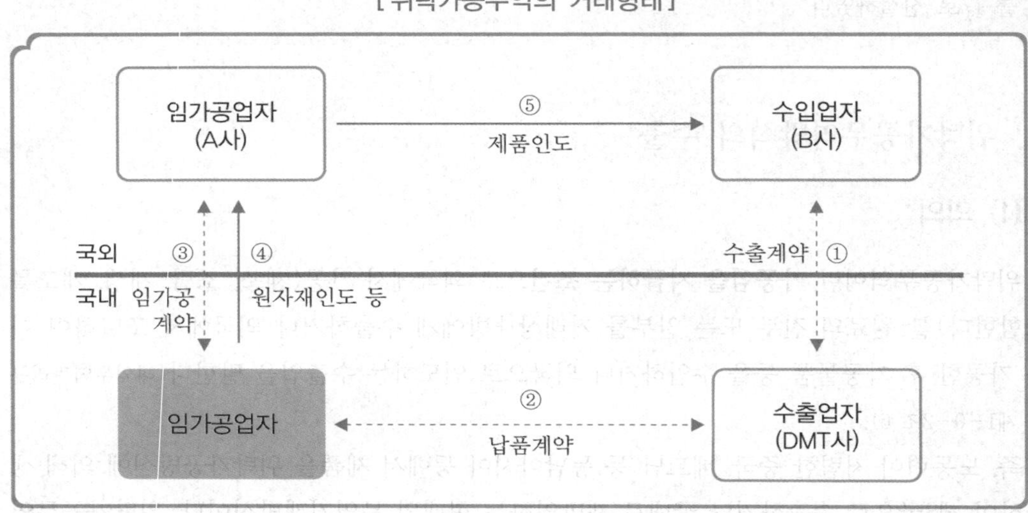


### (2) 공급시기

**외국에서 당해 재화가 인도되는 때이다.**

즉, 국외위탁가공목적으로 국외(중국, 동남아 등)로 무환반출하는 원·부자재는 부가가치세의 과세대상인 재화의 공급(재화의 수출)에 해당하지 아니한다. 이 법 개정 전에는 공급시기에 관하여 행정해석에 의하여 국내에서 원자재가 선적되는 때를 공급시기로 하여 부가가치세 영세율과세표준 신고를 하도록 하여 왔으나 대법원판례에서 '재화가 외국에서 인도되는 때'를 공급시기로 하도록 판시하여 부가가치세법에 규정하게 되었다.

따라서 개정 전에는 부가가치세법 과세표준과 법인세법상 수입금액이 차이가 발생했으나 공급시기와 손익의 귀속사업연도의 일치로 부가가치세법상 과세표준 및 법인세법상 수입금액이 일치하게 되었다.

### (3) 과세대상 여부

국내에서 위탁가공목적으로 반출이 이루어지는 원·부자재가 부가가치세 과세대상이 되는 재화의 공급에 해당되는지의 여부를 보면, 법 제1조 제1항 제1호, 제6조 제1항은 부가가치세 과세대상거래인 재화의 공급에 대하여 계약상 또는 법률상의 모든 원인에 의한 재화의 인도 또는 양도는 **부가가치세가 소비세의 일종**인 점에 비추어 궁극적으로 재화를 사용·소비할 권한의 이전이 수반되어야 할 것인데, 원고는 임가공계약에 의하여 국외의 임가공업자에게 임가공을 목적으로 원·부자재를 제공한 데 불과하여 내국물품인 원·부자재가 국외로 반출되었다 하더라도 **원·부자재에 대한 소유권이나 사실상의 지배권은 여전히 원고에게 남아있는 것이고,** 비록 국외의 임가공업체에 의하여 완성된 일부 완제품이 직접 국내에 재반입되지 아니하고 곧바로 제3국으로 수출되는 경우라 하더라도 그 원·부자재의 반출이 임가공계약에 의해 이루어졌고 제3국으로의 수출도 위 계약에 따른 원고의 지시에 따라 그 지배범위 내에서 이루어진 것인 이상, 위 원·부자재의 공급당시로 소급하여 국외의 임가공업자에게 그 사용·소비할 권한이 이전·귀속된 재화의 공급이 이루어진 것이라고 볼 수 없는 것이다(대법원 2001. 3. 13 선고, 1999두9247 판결). 이 판결의 계기로 2010. 2. 18. 이후부터 사업자가 위탁가공을 위하여 원자재를 국외의 수탁가공사업자에게 **대가 없이 반출하는 것**은 재화의 공급으로 보지 않도록 법에 명문화하였다(부령 18 ② 3호).

<u>위탁가공계약서의 일부</u>

제3조(자재의 소유권 등)

① **"갑"이 공급한 자재는 "갑"의 재산이다.** "을"은 동 자재를 선량한 관리자로서 유지하고, 제3자에 대하여 "갑"의 재산임을 공시해야 하며, 판매 또는 기타 처분행위를 할 수 없다.

② "을"은 자재 및 가공품 및 완제품에 대하여 자신의 비용으로 "갑"이 동의하는 보험회사에 부보한다.

* <u>자재의 소유권이 수탁가공업자에게 인도되지 않았으므로 무환반출되어 해외현지에서 가공중인 재공품은 위탁가공업자 소유이며 따라서 원자재 무환반출은 재화의 공급에 해당되지 아니한다.</u>

**판례** **무환반출 가공물품을 외국사업자에 인도**(조심 2012중3067, 2013. 5. 20)

쟁점거래의 거래구조를 보면, ① 국내에서 청구법인과 OOO가 쟁점물품 OOO공급계약을 체결하고 대금수수는 국내에서, 완성품인 쟁점물품의 납품은 중국 현지에서 직납하기로 하는 내용의 계약을 체결, ② 청구법인은 국내에서 매입한 원자재를 중국 현지 임가공업체인 중국법인 OOO에게 무환으로 반출, ③ OOO은 원재료를 가공하여 완성된 쟁점물품을 중국 현지에서 직접 OOO의 중국 현지 임가공업체인 OOO에게 납품하고 그 임가공 수수료는 청구법인으로부터 수취하며 청구법인은 OOO이 OOO에게 쟁점물품을 인도하는 시점에 OOO에게 대금을 청구, ⑤ 관련 대금은 국내에서 외화로 수수, ⑥ OOO는 납품받은 쟁점물품과 다른 원자재를 추가 가공하여 완성된 OOO을 OOO에게 납품, ⑦ OOO는 완성된 OOO을 국내에 반입하여 수입통관한 다음 국내의 휴대폰 업체에게 Local 수출방식으로 납품하거나 국내로 반입하지 아니하고 외국에서 직접 다른 국외업체에게 수출하는 내용이다.

살피건대, 청구법인은 쟁점거래가 부가가치세법상 영세율적용대상 거래라는 주장이나, 쟁점거래는 국내사업자가 외국 임가공사업자에게 원·부자재를 무환반출하여 가공한 제품을 국내로 반입하지 아니하고 국외에서 국내의 다른 사업자가 지정하는 외국사업자에게 인도한 후 국내에서 국내의 다른 사업자로부터 대가를 받는 거래로서 「부가가치세법」 제11조 제1항 제1호 및 같은 법 시행령 제24조 제1항 제2호의 규정에 의한 영세율 적용대상이 되는 수출의 범위에 포함되지 아니하는 거래라고 할 것(기획재정부 부가가치세과-366, 2010. 6. 4 참조)이고, 쟁점거래는 재화의 이동이 국외에서 이루어진 것이므로 부가가치세 과세대상거래가 아닌 국외거래에 해당하므로 관련 원자재의 매입세액도 공제할 수 없다고 할 것이다.

또한, 청구법인은 2012. 2. 2과 2013. 2. 15 「부가가치세법 시행령」 제24조가 개정되어 쟁점거래가 영세율 적용대상 거래로 추가되었고 부칙에서 개정법령의 시행 후 경정·결정하는 분부터 적용한다고 규정되어 있으므로 쟁점거래도 영세율 적용대상거래로 보아 재경정하여야 한다고도 주장하나, 부칙에서 소급하여 적용한다고 규정하지 아니하였고, 처분청이 이미 쟁점거래 당시 법령에 따라 영세율적용을 부인한 점 등에 비추어 청구주장을 받아들이기 어렵다고 판단된다.

### (4) 과세표준

완성된 제품의 인도가액을 과세표준으로 한다.

### (5) 세금계산서 발급

국외거래이므로 세금계산서 발급의무 없다.

### (6) 영세율첨부서류

수출계약서사본 또는 외국환은행이 발행하는 외화입금증명서이다.

### (7) 재반입조건부 위탁가공무역의 경우

위탁가공을 위하여 국외로 반출한 원부자재에 대하여 과세당국에서는 부가가치세법 시행령 제21조의 규정에 의거 공급으로 보지 아니하므로 반출하여도 매출과세표준(영세율)에 포함되지 아니하나 이를 가공하여 국내반입하는 경우 관세당국에서는 품목이 다르다는 이유로 매입처리되어 매입세액을 과다공제받을 수 있고 국내임가공업자에 비해 업종별부가가치율이 낮아지는 문제점이 있다.

그 이유는 관세법 제101조 규정상 국외 위탁가공하여 수입시 품목분류(HS)가 같으면 국내에서 반출한 원자재를 제외한 임가공비 등에 대해서만 수입세금계산서를 발행하나 품목분류가 다르면 전체를 수입으로 보아 세금계산서를 발행하기 때문이다.

※ 위탁가공품 재반입시 수입세금계산서 발급대상(관세법 101, 동법령 119)

| 구 분 | 수입세금계산서 교부방법 |
|---|---|
| 수출물품(원자재반출)과 수입물품의 품목이 달라지는 경우 | 가공물품 전액(원자재+가공임)에 대하여 관세 및 부가가치세 과세 |
| 수출물품과 수입물품의 품목이 동일한 경우 | 가공임에 대해서만 관세 및 부가가치세 과세. 즉, 원자재부분은 면세 |

### (8) 회계처리 사례

**사례**

(주)안면무역은 중국의 청도유한공사와 위탁임가공계약을 20×1. 5. 20 체결하고 원자재를 국내사업자인 태안무역으로부터 20,000,000원을 공급받았다(내국신용장 개설되었음). 당사는 20×1. 5. 30 원자재를 중국사업자에게 무환반출하였다. 20×1. 6. 20 임가공료 지급을 위한 수입신용장을 개설하면서 10,000원의 비용이 발생하였다. 20×1. 6. 28 무환임가공료 3,000,000원이 결제되었다. 20×1. 7. 20 중국에서 임가공한 제품을 미국에 선적하였다는 통보를 받았다(수출신용장 가격 40,000,000원). 20×1. 7. 30 환어음 매입에 따른 추심료 100,000원, 환가료 150,000원을 제외한 41,000,000원을 보통예금하였다.

① 원자재를 공급받은 경우(20×1. 5. 20)

| | | | |
|---|---|---|---|
| (차) 원재료 | 20,000,000 | (대) 보통예금 | 20,000,000 |

※ 수출목적으로 원자재를 공급받는 경우 내국신용장이 개설되었으므로 영세율이 적용되며 영세율세금계산서를 공급시기(원자재 인도시)에 발급받아야 한다.

② 중국으로 원자재 무환반출(20×1. 5. 30)

| | | | |
|---|---|---|---|
| (차) 무환(적송)원재료 | 20,000,000 | (대) 원재료 | 20,000,000 |

③ 수입신용장 개설(20×1. 6. 20)

| | | | |
|---|---|---|---|
| (차) 무환외주가공품(임가공료) | 10,000 | (대) 보통예금 | 10,000 |

④ 무환외주가공료 결제(20×1. 6. 28)

| | | | |
|---|---|---|---|
| (차) 무환외주가공품 | 3,000,000 | (대) 보통예금 | 3,000,000 |
| (차) 무환외주가공품 | 20,000,000 | (대) 무환(적송)원재료 | 20,000,000 |

| | | | |
|---|---|---|---|
| ⑤ 선적통보(20×1. 7. 20) | | | |
| (차) 수출매출채권 | 40,000,000 | (대) 수출매출 | 40,000,000 |
| ⑥ 네고시(20×1. 7. 30) | | | |
| (차) 보통예금 | 41,000,000 | (대) 수출매출채권 | 40,000,000 |
| 추심료 | 100,000 | 외환차익 | 1,250,000 |
| 환가료 | 150,000 | | |
| (차) 수출매출원가 | 23,010,000 | (대) 무환외주가공품 | 23,010,000 |

**참 고** 위탁가공무역 흐름도[16)]

① 위탁가공무역 : 제3국 원자재반출

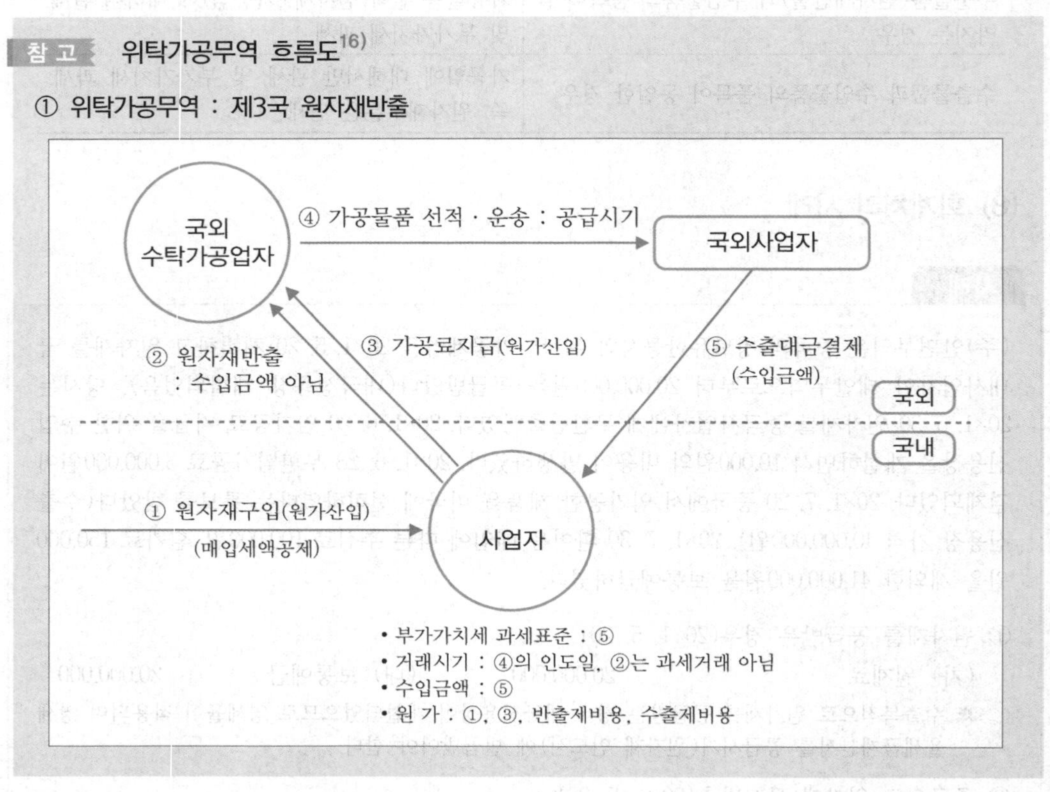

② 위탁가공무역 : 재반입조건부 수출

국외사업자

국외수탁
가공업자

⑦ 수출
(수입금액)
영세율적용

② 원자재반출
(수입금액아님)
: 과세안함

③ 가공료결제
(원가산입)

④ 가공품반입

국외

국내

① 원자재구입
(원가산입)
(매입세액공제)

사 업 자

⑤ 수입세금계산서
(매입세액공제)
(통관수수료 등만 원가산입)

보 세 구 역
(세관)

⑥ 판매(수입금액)

국외사업자

• 부가가치세 과세표준 : ⑥ 또는 ⑦
• 공급시기 : ⑥의 인도일 또는 ⑦의 선적일
• 수입금액 : ⑥ 또는 ⑦
• 원가 : ①, ③, 반출제비용, 수입제비용

※ 법인이 위탁가공무역방식에 의하여 외국의 수탁가공업자에게 무환으로 원자재를 수출하여 가공한 후 완제품을 국내로 반입하여 판매하는 경우 당해 원자재를 수출금액과 완제품 수입금액은 당해 법인의 각 사업연도 소득금액계산상 익금과 손금에 산입하지 아니하는 것이다(법인 46012-1201, 1996. 4. 19).

## (9) 위탁가공무역이 제조업[17]에 해당되는지 여부

위탁가공무역방식에 의한 수출이 제조업에 해당되는지의 여부에 대한 논란이 있다. 이에 대한 국세심판원과 국세청의 행정해석으로는 도매업으로 분류하고 있다.

내국인이 국내기업에 임가공하지 않고 외국기업에 위탁가공하여 제3국으로 수출하는 위탁가공무역방식에 의한 수출이 제조업에 해당되는지의 여부이다. 이에 관하여 국세심판원에서는 원·부자재를 중국현지법인에게 무환반출하고 현지법인에서 의류를 제조하여 제3국으로 수출하는 경우 업종은 도매업(무역업)에 해당되어 제조업에서 발생한 소득으로 보지 아니한다라고 결정한 바 있다(국심 2001서2953, 2002. 1. 15). 또한 국세청의 유권해석에서는 자기가 직접 제조하지 않고 국내기업에 임가공의 방식으로 제조하는 경우에는 일정요건을 충족하는 경우 제조업으로 보나, 외국기업에 임가공의 방식으로 제조하는 경우에는 무역업에 해당되어 제조

16) 한장석·김용관 저, 부가가치세 2005, 광교TNS, p.384. 인용

17) 이 법에서 사용되는 업종의 분류는 이 법에 특별한 규정이 있는 경우를 제외하고는 통계법 제17조의 규정에 의하여 통계청장이 고시하는 한국표준산업분류에 의한다(조특법 2 ③).

업에 대한 특별세액감면을 적용할 수 없다고 해석한 바 있다(법인 46012-158, 2000. 1. 18).

한편, 조세특례제한법 제7조 제1항 제1호 어목(2002. 12. 11 법률 6762호로 개정)이 추가되면서 대통령령이 정하는 **주문자상표부착방식에 의한 수탁생산업**도 중소기업특별세액감면을 받도록 하였다. 조세특례제한법 시행령 제6조 제2항에서 주문자상표부착방식에 의한 수탁생산업이라 함은 위탁자로부터 주문자상표부착방식에 의한 제품생산을 수탁받아 이를 재위탁하여 제품을 생산·공급하는 사업을 말한다고 규정하고 있다.

또한, 조세특례제한법 시행규칙 제2조 제1항에 의하면, 자기가 제품을 직접 제조하지 아니하고 **제조업체(사업장이 국내 또는 「개성공업지구 지원에 관한 법률」 제2조 제1호에 따른 개성공업지구에 소재하는 업체에 한한다)에 의뢰**하여 제조하는 사업으로서 그 사업이 다음 각 호의 요건을 충족하는 경우에는 중소기업 해당 업종의 제조업의 범위에 포함되는 것으로 규정하고 있다.

① 생산할 제품을 직접 기획(도안 및 디자인, 견본제작 등을 말한다)할 것
② 그 제품을 자기명의로 제조할 것
③ 그 제품을 인수하여 자기책임 하에 직접 판매할 것

위 규정을 종합하여 볼 때 외국의 임가공사업자에게 위탁가공하여 제조하는 위탁가공무역방식에 의한 수출의 경우에는 중소기업인 제조업의 범위에 포함되지 아니하며 한국표준산업분류에서도 **제조업은 국내기업에 한정하고 있으므로 제조업이 아닌 도매업으로 업종분류**를 하고 있다.

한편, 국세청 해석은 다음과 같다.

조세특례제한법 시행규칙 제2조 제1항의 규정을 적용함에 있어 같은 항 각호의 요건을 모두 충족하는 법인이 자기가 제품을 직접 제조하지 아니하고 국외에 소재하는 제조업체에 의뢰하여 제품을 제조하는 경우 동 사업은 제조업의 범위에 포함하지 않는 것이다(서면2팀-454, 2004. 3. 16).

**판례** **위탁가공무역의 업종구분(국심 2001서2953, 2002. 1. 15)**

(1) 처분의 개요

청구법인은 1998년부터 2000년 기간 중 국내에서 매입한 의류제조용 가죽을 중국에서 임가공하여 제3국으로 직접 수출하고, 당해 임가공수출에서 발생한 소득에 대하여 조세특례제한법 제7조의 규정에 의한 중소제조업 등에 대한 특별세액감면을 받았다. 이에 대하여 처분청은 청구법인이 도매업(무역업)을 영위하는 것으로 보고 1998년부터 2000년까지 중소제조업 등에 대한 특별세액감면을 배제하였다.

(2) 결정의 요지

쟁점 : 임가공수출소득이 제조업 소득인지의 여부를 살펴본다.

1) 조세특례제한법의 적용범위에 있어서 업종의 범위는 위 조세특례제한법(구 조세감면규제법)의 규정에 의하여 각 세법이 규정한 바에 의하며, 소득세법 시행령 제29조 및 제31조, 법인세법 시행령 제2조, 부가가치세법 시행령 제1조 등은 원칙적으로 통계법 제17조의 규정에 의하여 통계청장이 고시하는 한국표준산업분류표의 정의규정을 준용하도록 규정하고, 조세정책상 달리 적용할 필요가 있는 경우에 한하여 부분적으로 그 범위를 달리 규정하고 있다.

2) 한국표준산업분류표는 "생산할 제품을 직접 기획하고 자기계정으로 구입한 원재료를 계약사업체에 제공하여 그 제품을 자기명의로 제조하게 하고 이를 인수하여 자기책임 하에 직접 시장에 판매하는 경우"를 제조업에 포함하고 있으며, 업종분류의 소관부처인 통계청은 한국표준산업분류표의 목적이 국내총생산액의 집계에 있는 점을 고려하여 수탁업체의 범위를 국내업체에 한정하고, "자기명의 제조"의 의미를 "제품생산과정을 직접 관리·감독하고 생산된 제품에 자기상표를 부착하는 것"으로 해석하고 있으며, 세법에서도 이에 맞추어 수탁업체의 범위를 국내업체에 한정하고 생산된 제품에 자기상표를 부착하여 판매하는 경우에만 제조업을 영위하는 것으로 해석하고 집행하고 있다.

### (10) 위탁가공을 위해 취득하는 기계장치의 임시투자세액공제 적용 여부

제조업을 영위하는 내국법인이 제품을 직접 제조하지 아니하고 국외에 소재하는 자회사에 임가공 의뢰하여 제품을 제조하는 경우, 국외소재 자회사에서 사용하기 위해 내국법인이 취득하는 기계장치에 대하여는 조세특례제한법 제26조의 규정에 의한 제조업의 임시투자세액공제 대상이 되지 않고, 제조업을 영위하는 내국법인이 기계설비를 취득하여 제조업에 직접 사용하다가 취득일이 속하는 사업연도의 종료일로부터 2년 내에 국외 임가공업체에 반출하는 경우에는 같은 법 제146조의 규정에 의해 감면세액이 추징되는 것이다(서면2팀-1992, 2005. 12. 6).

### (11) 초기 비용협의(Start-up Cost Agreement)를 체결하고 지급하는 금액

내국법인이 국내사업장이 없는 인도법인과 자동차엔진 관련 부품을 위탁생산하는 계약을 체결한 후 동 인도법인의 원활한 계약이행을 위한 생산시설 증설과 관련하여 인도법인과 초기 비용협의(Start-up Cost Agreement)를 체결하고 지급하는 금액이 향후 내국법인이 공급받게 될 위탁생산 재화가격의 선급금으로서 지급하는 금액인 경우, 동 지급액은 「법인세법」 제93조에 따른 국내원천소득에 해당하지 않는 것임. 이 경우, 해당 지급액이 「국제조세조정에 관한 법률」 제4조에 따른 정상가격에 해당하는지 여부는 별도로 판단할 사항이다(법규국조 2014-543, 2014. 12. 24).

(단위 : 백만원)

| 초기설비명세 | 금액 | 세무내용 |
|---|---|---|
| PV Testing | 230.8 | ECU제품권에 대한 reliability test(독일법인 수행)로 PV Testing의 결과로 Testingtlgja 측정치 결과물만 존재<br>* 설계도면 등 지적재산권 소유물 발행하지 않음 |
| DLVsupport& Travel-Leed Plant | 121.6 | 그룹 내 위탁생산 대상부품의 핵심생산을 담당하는 법인으로부터 신규 생산라인 증설과 관련하여 제공받은 서비스<br>* 설계도면 등 지적재산권 소유물 발생하지 않음 |
| Cost for manufacturing site | 76.0 | 내부구조변경공사, 구조공사, 전기공사, 배관공사 등 비용 |
| Salary Cost, Others | 44.7 | 관련 인건비, 재료비, 소모품비 |
| 계 | 473.1 | |

**실무적용 Tips**

**위탁가공무역의 세무처리 검토사항**

① 원자재반출(29)은 재화의 공급이 아니고 외국에서 완제품이 인도되는 때 부가가치세 영세율 신고를 한다. 즉, 무환반출에 대한 수출신고필증은 신고대상이 아니다.
② 도매업에 해당되므로 감면율에 주의한다.
③ 외국에 지급하는 임가공료(CMT)를 외주가공비(무환임가공료)로 처리한다.
④ 기말재고자산에 외국에서 가공 중에 있거나 선적되지 않은 것을 확인하여 포함한다.
⑤ 임가공료를 T/T 방식으로 송금한 경우 송금자료가 국세청에 통보된다. 위탁가공무역의 경우 국외에서 원자재를 조달하고 가공임을 송금하게 되어 적격증명 수취비율이 낮아 국세청으로부터 소명요구를 받는 경우가 많다. 이 경우 적격증빙 수취대상이 아닌 국외에서 조달한 원자재 구입금액과 가공임 송금자료 등으로 소명하여야 한다. 다만, 외국에서 구매하는 경우 국외에서 외화가 송금되며 그 내역이 국세청에 통보되므로 송금된 범위 내에서 원가처리하여야 한다.

## 6. 수탁가공무역

### (1) 의의

수탁가공무역이란 가득액을 영수하기 위하여 **원자재의 전부 또는 일부를 거래 상대방의 위탁에 의하여 외국으로부터 수입하여** 이를 가공한 후 위탁자 또는 그가 지정하는 자에게 수출하는 수출입을 말한다. 다만, 위탁자가 지정하는 자가 국내에 있음으로써 보세구역 및 수출자유지역에서 가공한 물품 등을 외국으로 수출할 수 없는 경우 관세법에 의한 수출자의 수출·반출과 위탁자가 지정한 자의 수입·반입·사용은 이를 대외무역법에 의한 수출·수입으로 본다(대외무역관리규정 제1-0-2조 7). 따라서 **수탁가공무역은 원재료의 일부 또는 전부를 국외에서 조달하여야 하며 국내에서 전부 조달하는 경우 수탁가공무역이 아니다.** 그 가득액을 수취하는 방식에 따라 유환수탁가공무역과 무환수탁가공무역으로 나누어진다. 유환수탁가공무역은 원자재의 수입대금과 가공제품의 수출대금이 별도로 지급·회수되는 것이며, 무환수탁가공무역은 그 차액만이 영수되는 방법이다. 수탁가공무역방식의 거래는 저렴한 노동력 또는 고도의 기술을 이용하고자 하는 경우에 발생하는 거래로서 수입과 수출승인이 동시에 이루어진다. 수탁가공무역에 의해 수입되는 원료는 대외무역법상 외화획득 원료로 취급되므로 수출입공고에서 수입이 제한되는 품목일지라도 수입승인이 가능하다.

### (2) 위탁자가 지정하는 국내의 다른 사업자에게 인도하는 경우

#### 1) 영세율 적용요건

수탁가공무역에 의한 국내사업자에게 인도되는 재화가 영세율을 적용받기 위해서는 다음 요건을 충족하여야 한다.

① 국외의 비거주자 또는 외국법인과 직접 계약에 의하여 공급할 것
② 대금을 외국환은행에서 원화로 받을 것
③ 비거주자 등이 지정하는 국내의 다른 사업자에게 인도할 것
④ 국내의 다른 사업자가 비거주자 등과 계약에 의하여 인도받은 재화를 그대로 반출하거나 제조·가공 후 반출할 것

#### 2) 공급시기

국내거래에 해당되므로 가공된 재화를 인도(입고)하는 때이다(부령 21 ⑤, 소비 46015-212, 2001. 8. 20).

#### 3) 과세표준

공급시기 이전에 수출대금을 원화로 환가한 경우에는 그 환가한 금액이 과세표준이다. 공급시기 이후에 환가한 경우에는 공급시기의 기준환율 또는 재정환율로 환산한 금액이다.

#### 4) 세금계산서 발급

세금계산서 발급의무 없다.

#### 5) 영세율첨부서류

국내의 다른 사업자가 비거주자 등과 계약에 의하여 인도받은 재화를 그대로 반출하거나 제조·가공 후 반출한 사실을 입증할 수 있는 관계증빙서류 또는 외국환은행이 발행하는 외화입금증명서이다.

### (3) 외국의 위탁자에게 반출하는 경우

#### 1) 과세대상 및 과세표준

① 유환수탁가공무역

대상 원재료를 유환으로 수입하여 가공 후 수출하는 거래로 원자재의 수입대금과 가공제품의 수출대금이 직접 지급되고 수취되는 것으로서, 가공제품의 수출대금 전액이 영세율과세표준이다.

② 무환수탁가공무역

대상원재료를 무환으로 수입하여 가공 후 가공료만을 받고 수출하는 것으로서 보세공장의 설영특허를 받아 외국의 구매자가 제공하는 원재료를 무환으로 수입하여 임가공 후 반출하는 때에는 재화로 본다(부기통 11-24-6).
이 경우 과세표준은 가공수수료이다.

#### 2) 공급시기

수출재화의 선(기)적일이다.

#### 3) 세금계산서 발급

세금계산서의 발급의무가 없다.

#### 4) 영세율첨부서류

수출실적명세서이다.

## 7. 중계무역방식의 수출

### (1) 의의

중계무역이라 함은 수출할 것을 목적으로 물품 등을 수입[18]하여 「관세법」 제154조에 따른 보세구역 및 같은 법 제156조에 따라 보세구역 외 장치의 허가를 받은 장소 또는 「자유무역지역의 지정 및 운영에 관한 법률」 제4조에 따른 자유무역지역 외의 국내에 반입하지 아니하는 방식의 수출을 말한다(부령 31 ① 1호). 즉, 중계무역은 거주자의 책임 하에 수입하여 수출하며, 대금결제도 **같은 은행에서 함께 이루어지는 데** 비하여 중개무역은 거주자가 수출입주체가 되지 않고 단순히 중개수수료만을 취득하는 경우로 양자의 구분이 필요하다. 일반적으로 중계무역은 최초수출자로부터 최종수입자에게 직접운송이 이루어지나 운송서류는 수출국에서 중계국을 거쳐 최종수입자에게 인계된다. 중계무역은 수입물품의 성질을 변형시키지 않고 원상태로 수출하여 수출대금과 수입대금의 차액을 가득액으로 하는 제3자간 무역형태이다.

[거래형태 도해[19]]

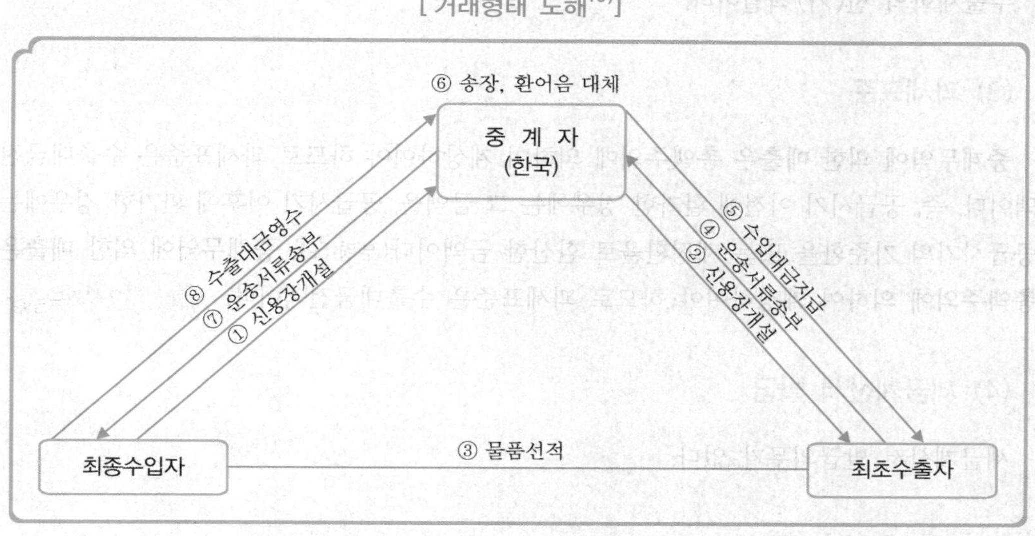


18) 보세구역으로 반입하지 않고 수입국에서 수출국으로 바로 인도되는 것도 중계무역에 포함된다.
19) 박종수, 수출입 실무 매뉴얼, 두남, 1998, p.361 참조

판례 **중계무역 해당 여부**(조심 2011서0829, 2012. 3. 20)

청구법인이 자동차부품의 수입자 및 판매자로서 계약을 체결한 사실이 계약서에 의하여 확인된다 하여 청구법인이 중계무역에 의한 수출을 한 것으로 보았으나, ① 청구법인이 제시한 합의서에 의하면, 청구법인은 쟁점거래처의 수입물품 대금의 지급을 대행하기로 하고, 수입과 관련한 권리와 의무를 쟁점거래처가 지기로 합의한 점, ② 통상적인 무역거래와 달리 청구법인의 경우 자동차 부품의 수입 및 수출로 인한 이익이 없는 것으로 나타나는 점, ③ 해외수출업자인 OOO가 수입과 관련된 거래조건 등을 쟁점거래처와 직접 협의하고 있다고 공증서에 의하여 확인하고 있는 점 등을 감안할 때, 청구법인이 형식상 중계무역방식의 거래를 취하고 있을 뿐, 쟁점거래처가 자동차부품을 해외수출업자인 OOO로부터 수입함에 있어 대금지급의 원활한 이행을 확보하기 위하여 청구법인이 수입대금을 OOO에 선지급한 것으로 중계무역에 해당하지 아니한다는 청구법인의 주장은 신빙성이 있어 보인다고 하겠다.

### (2) 공급시기

**수출재화의 선(기)적일**이다.

### (3) 과세표준

**중계무역에 의한 매출은 총액주의**에 의하여 계상하여야 하므로 과세표준은 수출대금전액이다. 즉, 공급시기 이전에 환가한 경우에는 그 금액을, 공급시기 이후에 환가한 경우에는 공급시기의 기준환율 또는 재정환율로 환산한 금액이다(부령 59). 중계무역에 의한 **매출은 총액주의에 의하여 계상**하여야 하므로 과세표준은 수출대금전액이다.

### (4) 세금계산서 발급

세금계산서 발급의무가 없다.

### (5) 영세율첨부서류

**수출계약서 사본 또는 외화입금증명서**이다. 즉, 사업자가 외국으로부터 물품을 국내의 보세구역까지만 반입한 후 다시 「관세법」에 따라 세관장에 반송신고를 하고 외국으로 반출하는 「대외무역법」에 의한 중계무역방식의 수출에 있어서 부가가치세 예정신고 또는 확정신고 시에 제출하여야 하는 영세율첨부서류는 「부가가치세법 시행령」 제64조 제3항 제1호의 2의 규정에 의한 수출계약서 사본 또는 외국환은행이 발행하는 외화입금증명서로 하는 것이나, 부득이한 사유로 인하여 당해 서류를 첨부할 수 없는 때에는 영세율 규정에 의한 외화획득명세서에 당해 외화획득내역을 입증할 수 있는 반송신고서나 반송신고내용을 기재한 수출실적명세서를 제출할 수 있는 것이다(부가-2170, 2008. 7. 22).

### (6) 중계무역의 업종구분

중계무역은 자기책임 하에 국내사업장에서 계약을 체결하고 대가를 수령하는 형태로 수입물품의 성질을 변형시키지 않고 원상태로 수출하는 것으로 **한국표준산업분류상 도매업**으로 분류한다. 따라서 중소기업 해당 업종의 범위에 포함되어 일정한 요건이 충족되면 조세특례를 받을 수 있다(서이 46012-11271, 2003. 7. 7). 도매업으로 분류되기 때문에 수입금액의 인식은 총액으로 하여야 한다. 다만, 수출실적의 인정금액은 수출금액(FOB가격)에서 수입금액(CIF가격)을 공제한 가득액으로 한다(대외무역관리규정 26 ① 1호).

### (7) 중계무역과 반송통관

**중계무역방식으로 수입하여 보세구역에 장치 후 수출할 목적으로 외국으로 반출하는 경우 반송통관 절차를 거친다.** 반송이란 외국으로부터 우리나라에 반입된 물품을 수입신고를 하지 아니하고 외국으로 되돌려 보내는 것을 반송이라 하고 반송에 관련된 절차를 반송통관이라 한다. 즉, 국내에 도착한 외국물품이 수입통관절차를 거치지 아니하고 다시 외국으로 반출되는 것을 말한다(관세법 2 2호의 2). 반송통관으로 원재료를 수입하는 경우 관세 등을 납부하지 않으므로 외국으로 반송하더라도 관세환급을 받을 수 없다.

### (8) 회계처리 사례

**사례**

(주)중계무역상사는 20×1. 5. 10 수입신용장을 개설하고 개설수수료 100,000원, 수입보증금 5,000,000원을 지급하였다. 20×1. 5. 20 상품이 선적되었음을 통보받았다( $10,000, 기준환율 1,000원). 20×1. 5. 25 수입대금을 결제하였다( $8,000, 기준환율 950원). 20×1. 6. 2 환어음을 매입하고 환가료 100,000원, 추심료 150,000원을 제외한 9,900,000원을 보통예금하였다.

① 신용장 개설(20×1. 5. 10)

| | | | |
|---|---|---|---|
| (차) 선급금 | 100,000 | (대) 보통예금 | 5,100,000 |
| 수입보증금 | 5,000,000 | | |

② 상품 선적(20×1. 5. 20)

| | | | |
|---|---|---|---|
| (차) 매출채권 | 10,000,000 | (대) 수출매출 | 10,000,000 |
| (차) 매입 | 8,100,000 | (대) 매입채무 | 8,000,000 |
| | | 선급금 | 100,000 |

③ 수입대금 결제(20×1. 6. 2)

| | | | |
|---|---|---|---|
| (차) 보통예금 | 9,900,000 | (대) 매출채권 | 10,000,000 |
| 환가료 | 100,000 | 외환차익 | 150,000 |
| 추심료 | 150,000 | | |

## 8. 외국인도수출

### (1) 의의

외국인도수출이라 함은 **수출대금은 국내에서 영수하지만 국내에서 통관되지 아니한 수출물품 등을 외국으로 인도하는 수출**을 말한다(대외무역관리규정 제1-0-2조 13). 외국인도수출은 주로 해외건설현장에서 사용하는 건설기계나 산업설비를 현지에서 구입하여 사용하다가 매각하는 거래 등이 이에 해당된다.

### (2) 과세대상 여부

외국인도수출은 국내사업장에서 계약과 대가수령 등 거래가 이루어지는 경우에는 재화의 공급으로 본다.

### (3) 공급시기

**외국에서 당해 재화가 인도되는 때**이다.

판례 **검수조건부 외국인도수출의 공급시기**(조심 2011서3753, 2012. 2. 22)

처분청은 검수조건부 공급이 대형 기계장치・플랜트설비 등에 적용되는 것으로, 쟁점재화와 같이 소규모의 재화에는 적용되지 않는 것이고, 쟁점재화의 공급시기를 중국에서 선적된 날로 보았으나, 검사에 합격하여 공급이 확정되는 검수조건부 판매의 계약은 계약당사자 간의 약정에 의하여 재화의 종류에 관계없이 계약이 가능한 것(대법원 1979. 10. 30 선고, 79누135 판결)이고, 쟁점재화와 같이 외국인도수출에 해당하는 경우의 공급시기는 「부가가치세법 시행령」 제21조 제1항 제10호 다목에서 외국에서 당해 재화가 인도되는 때로 규정되어 있는 바, 인도되는 때에 대하여 부가가치세법령에서 별도의 명문 규정이 없으므로 「법인세법 시행령」 제68조 및

「법인세법 시행규칙」 제33조의 규정을 준용하여야 할 것인 바, 법인세법령에서 인도한 날을 판정함에 있어 물품을 수출하는 경우에는 수출물품을 계약상 인도하여야 할 장소에 보관한 날로 규정되어 있고, 수출물품을 계약상 인도하여야 할 장소에 보관한 날이라 함은 계약상 별단의 명시가 없는 한 선적을 완료한 날을 뜻하는 것(법기통 40-68-2)이나, 청구법인의 경우와 같이 미국의 OOO와 검수 조건부 판매로 쟁점재화를 공급하는 별단의 검수조건부 계약을 체결한 경우에는 계약내용에 따라 검수가 완료된 날을 공급시기로 보아야 하는 것(서면3팀-1928, 2004. 9. 20)으로, 선적일 이후 청구법인의 거래상대방인 OOO가 쟁점재화를 2011. 1. 3자에 검수한 사실이 나타나고 있어, 쟁점재화의 공급시기는 검수완료일인 2011. 1. 3로 보아야 할 것으로 판단된다.

### (4) 세금계산서 발급

세금계산서 발급의무가 없다.

### (5) 영세율첨부서류

수출계약서 사본 또는 외화입금증명서이다.

### (6) 회계처리 사례

**사례**

(주)성균산업은 20×1. 6. 20 해외공장에서 사용하던 기계장치(구입가격 20,000,000원, 감가상각누계액 15,000,000원)를 US＄10,000에 매각하기로 수입업자와 계약을 하였다. 20×1. 6. 30 선적되었으며(기준환율 1,200원), 20×1. 7. 10 환어음과 선적서류를 구입하여 환어음매입의뢰(기준환율 1,100원)하고 환가료 100,000원 추심료 150,000원을 지급하고 잔액을 보통예금하였다.

① 선적일(20×1. 6. 30)

| | | | | |
|---|---|---|---|---|
| (차) | 미수금 | 12,000,000 | (대) 기계장치 | 20,000,000 |
| | 감가상각누계액 | 15,000,000 | 유형자산처분이익 | 7,000,000 |

② 네고시(20×1. 7. 10)

| | | | | |
|---|---|---|---|---|
| (차) | 보통예금 | 10,750,000 | (대) 미수금 | 12,000,000 |
| | 환가료 | 100,000 | | |
| | 추심료 | 150,000 | | |
| | 외환차손 | 1,000,000 | | |

[중계무역과 외국인도수출의 비교]

| 구분 | 중계무역 | 외국인도수출 |
|---|---|---|
| 근거법령 | 대외무역법 | 대외무역법 |
| 취급품목 | 재고자산(상품 또는 제품) | 사업용고정자산(기계장치, 선박) |
| 부가가치세 | 영세율 | 영세율 |
| 공급시기 | 선적일 | 인도일 |
| 시 차 | 수입과 수출이 동시에 발생 | 구입하여 사용하다가 판매 |
| 영세율첨부서류 | 외화입금증명서 | 외화입금증명서 |
| 세금계산서 발급의무 | 없 음 | 없 음 |
| 수출인정금액 | 수출금액(FOB가격)에서 수입금액(CIF가격)을 공제한 가득액 | 외국환은행의 입금액 |

**참 고** 4자간 거래시 영세율 적용 여부

## 1. 사례 Ⅰ

### (1) 거래형태

갑과 을 간의 거래가 다음과 같을 때 영세율 적용대상인 수출에 해당되는지 아니면 국내거래에 해당되는지 여부

① 매수인 갑과 매도인 을은 국내에서 기계장치 매매계약을 체결한 바, 갑은 기계장치 대금을 원화로 지급하기로 하고, 기계장치를 중국의 A사업자에게 인도하는 조건으로 계약

② 매도인 을은 일본에 소재하는 사업자 B로부터 기계장치를 구입하여 B로 하여금 A에게 인도해 주도록 함(FOB 조건, 운송책임은 중국의 A에게 있음)

③ 갑은 기계장치를 중국의 A에게 현물출자함

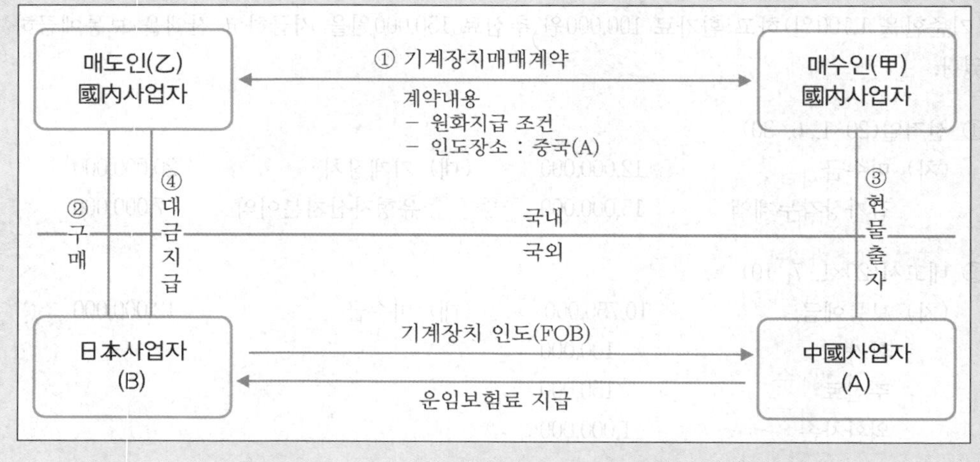

(2) 과세대상 여부

① 매도인(을)의 경우

**재화의 이동이 국외에서 이루어진 것에 해당하므로 부가가치세 과세거래가 아니다**(재소비-1404, 2004. 12. 12 및 서면3팀-497, 2005. 4. 14, 서면3팀-385, 2008. 3. 21). 즉, 부가가치세 납세의무는 대한민국의 주권이 미치는 범위 내에서 적용되므로 사업자가 대한민국의 주권이 미치지 아니하는 국외에서 재화를 공급하는 경우에는 납세의무가 없으며. 또한, 국내사업자간 거래에 해당하여 영세율 거래로 규정되어 있는 대외무역법에 의한 중계무역 등의 무역거래에도 속하지 아니하므로(산업자원부 무역정책과-1310, 2004. 10. 16) 부가가치세 과세대상이 아니다. 다만, 매도인의 수입금액은 법인세법상 익금에 해당되므로 법인세 납세의무(내국법인의 경우 전세계소득이 과세대상임)는 발생한다.

② 매수인(갑)의 경우

매수인(갑)은 기계장치를 중국사업자(A)에 현물출자하는 경우 국내에 반입하지 않고 외국에서 외국으로 인도하는 경우로 외국인도수출에 해당한다. 따라서 수출하는 재화에 포함되어 영세율 적용대상이다.

③ 세금계산서 발급대상 여부

매도인과 매수인간에 국내거래로 보아 세금계산서 교부대상에 해당되는지를 보면, 이는 재화가 국외에서 이동이 이루어지므로 부가가치세 과세대상이 아니다. 따라서 세금계산서 교부의무가 없다(서면3팀-385, 2005. 3. 21). 다만, 소득세법 제163조 및 같은 법 시행령 제211조에 따라 **계산서를 작성 · 교부**하여야 한다(서일-528, 2008. 4. 15). 이 경우 **부가가치세가 과세되지 아니하는 거래와 관련된 매입세액은 매출세액에서 공제하지 아니하는 것**이다(서면3팀-1164, 2008. 6. 10).

## 2. 사례 Ⅱ

(1) 거래형태

① (주)T&C는 화학제품 도매업을 주업으로 영위하는 국내사업자로 다른 국내사업자 "갑"으로부터 물품을 공급받는 계약을 체결하고 국내에서 물품대금을 AED(아랍에미리트 화폐)로 지급하기로 하였음

② "갑"은 "을"에게 납품할 제품을 중동 소재의 국외사업자 "A"로부터 구입하면서 물품은 국내로 반입하지 아니하고 "A"로 하여금 "을"이 지정하는 중국 소재의 국외사업자 "B"에게 인도하며

- "A"의 지시로 해외선사의 국내 대리인이 "을"에게 선하증권을 직접 발행하므로 "갑"과 "을"은 선하증권상 표시되지 아니함

③ 통상 중계무역거래방식에서는 최초 수출자 운송사에서 선하증권을 발행하고 국내 운송사가 입수한 후 〔Shipper(화주) : "A", Consignee(수하인) : "갑", Notify(착하통지처) : "갑"〕

- 국내에서 계약된 운송사를 통해 Switch B/L*(변경 선하증권)을 발행하여 최종 수입자 운송사 및 수입자에게 송부하나 〔Shipper(화주) : "을", Consignee(수하인) : "B", Notify(착하통지처) : "갑"〕

* Switch B/L : 중계무역에 주로 사용되는 선하증권으로 중계업자가 원수출자를 노출시키지 않기 위해 화물을 실제 수출한 지역에 속한 선사, 운송사가 발행한 B/L을 근거로 제3의 장소에서 원수출자를 중계업자로 교체하여 발급받는 B/L

– 본건 거래의 경우 Shipper(화주)를 "A", Consignee(수하인)를 "B", Notify(착하통지처)를 "B"로 하여 선하증권상의 화주, 수하인, 착화통지처 변경 과정이 없음

④ 본건 거래는 "을"의 입장에서 "갑"으로부터의 구매와 "B"로의 매출이 동시에 일어나는 거래이나 계약상 "을"은 "을"과 "갑", "을"과 "B"간의 거래에서 재고위험을 각각 부담함

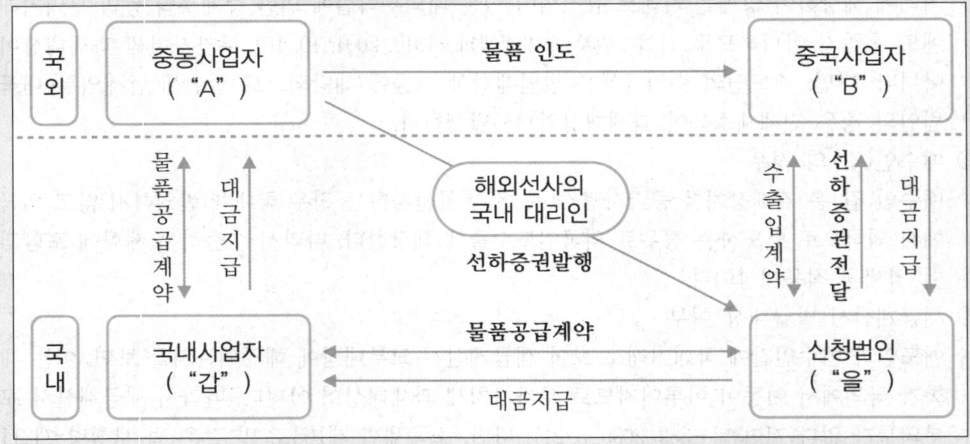


### (2) 과세대상 여부

국내사업자 "을"이 국외사업자 "B"에게 수출할 목적으로 국내사업자 "갑"과의 계약에 따라 물품을 공급받기로 하고 "갑"은 국외사업자 "A"로부터 해당 물품을 「대외무역관리규정」상 외국인수수입에 해당하는 방식으로 수입하여 "을"의 요청에 따라 "A"에서 "B"로 직접 이동시키는 경우 "갑"과 "을"의 거래는 **재화의 이동이 국외에서 이루어진 것**이므로 「부가가치세법」 제19조의 규정에 의하여 부가가치세 과세거래에 해당하지 아니하는 것이며, 이 경우 "갑"은 「법인세법」 제121조 및 같은 법 시행령 제164조의 규정에 의하여 **계산서를 작성하여 "을"에게 발급**하여야 하는 것이다(법령해석과-1746, 2017. 6. 14).

## 3. 관련 사례

사업자(갑)가 국내에서 수출업체인 내국법인(을)과 임가공계약을 체결하고 국내에 사업장이 없는 외국법인(병)으로 하여금 국외에서 내국법인(을)이 현지구매하거나 내국법인(을) 명의로 국외 반출한 주요자재를 직접 인도받아 임가공하게 한 후 내국법인(을)으로부터 임가공용역의 대가를 받는 경우 당해 대가에 대하여는 부가가치세가 과세되지 아니하는 것이다(서면3팀-1325, 2008. 6. 26).

## 4. 국외거래의 부가가치세 과세대상(영세율)의 판단기준

부가가치세가 과세되기 위해서는 우리나라의 과세권이 미치는 영토에서 재화가 인도되거나 이

동이 이루어져야 한다(부법 10). 다만, 소비지국과세원칙이 적용되는 국외제공용역에 대하여는 영세율이 적용된다. 따라서 수출의 경우 적용되는 영세율거래도 재화의 이동장소가 우리나라에서 이루어져야 한다. 다만 재화의 이동장소가 국외에서 이루어지는 대외무역법상의 중계무역, 위탁가공무역, 위탁판매수출, 외국인도수출의 경우에 한하여 영세율이 적용된다. 그러므로 국외거래 중 대외무역법상의 4가지 수출이 아닌 거래에 대하여는 부가가치세 과세대상이 아니므로 영세율 적용대상도 아니다.

## 9. 무역대리업(오퍼상)

### (1) 의의

무역대리업은 물품매도확약서(offer)의 발행용역을 제공하는 사업자로 외국의 수출업자를 대리하여 국내에서 수입업자와 수입거래 계약을 체결・중개해 준 대가로 용역수수료를 받는 사업이다. 무역대리업은 외국의 수출상이 물품을 선적했을 때 오퍼수수료를 받을 권리가 발생하게 된다.

**참 고 무역업 고유번호 발급절차**

현행 대외무역법, 대외무역법시행령 및 대외무역관리규정에 따르면 대외로 수출입을 하고자 하는 자는 무역업고유번호를 발급받도록 되어 있다. 무역업고유번호는 갑・을류 구분이 없으며, 등록이 아니라 신고제이므로 별다른 까다로운 절차 없이 한국무역협회 본지부에 사업자등록증 사본을 갖고 가신청서를 작성, 제출하면 발급받을 수 있다.

### (2) 과세대상 여부

오퍼수수료수입(수출입알선용역)은 영세율이 적용되는 부가가치세 과세대상이다. 즉, 국내에서 **국내사업장이 없는 비거주자 또는 외국법인에게 공급되는 상품중개업으로 그 대금을 외국환은행에서 원화 또는 기획재정부령으로 정하는 방법**으로 받는 것은 영의 세율이 적용된다(부령 33 ② 1호 사목). 국내에서 국내사업장이 없는 비거주자 또는 외국법인에게 공급하는 재화 또는 용역으로서 그 대금을 외국환은행에서 원화로 받는 것은 영의 세율이 적용된다. 따라서 그 대금을 국내 제3자 또는 국내대리인으로부터 받거나 외국에서 직접 수령하는 경우에는 영세율을 적용받을 수 없다(서면3팀-2314, 2005. 12. 19).

**[한국표준산업분류상 상품중개업의 분류]**

| 분류코드 | 분류명 | 예시 |
|---|---|---|
| 461 | 상품중개업 | |
| 4610 | 상품중개업 | |
| 46101 | 산업용 농축산물 및 산동물 중개업 | |
| 46102 | 음·식료품 및 담배중개업 | 주류 및 비알콜음료 중개 |
| 46103 | 섬유, 의복, 신발 및 가죽제품중개업 | |
| 46104 | 기계장비 중개업 | 농업용 기계장비 중개 |
| 46105 | 상품종합 중개업 | 종합무역중개, 연쇄화사업<br>종합상품중개 |
| 46109 | 기타 상품중개업 | |

- 상품중개업 : 수수료 또는 계약에 의하여 타인의 명의로 타인의 상품을 거래하는 대리판매점, 상품중개인, 무역대리 또는 중개인 및 경매인, 기타 대리도매인의 활동이 포함된다. 이들은 통상 구매자와 판매자를 연결시켜 주어 그들의 사업을 영위하거나 상업적 거래를 대리한다. 소매 중개 및 대리활동은 해당 상품 소매업으로 분류한다.
- **상품종합중개업** : 타인의 계정으로 타인을 대신하여 각종 상품의 거래와 관련된 경매 또는 중개를 수행하는 산업활동을 말한다.

판례

**상품중개업의 영세율 적용 여부**(심사 2016-0042, 2016. 8. 1)

처분청은 이 건에서 부가가치세법 시행령에서 열거하고 있는 해당 사업에 대하여만 제한적으로 영세율을 적용하여야 하고, 사업 분류는 통계청의 한국표준산업분류에 따라야 한다고 주장하고 있으나, 통계청은 통계작성 이외의 목적으로 한국표준산업분류를 준용하는 경우 해당 준용기관에서 그 행정목적에 맞도록 합리적으로 적용하도록 하고 있으며, 그동안 과세관청은 한국표준산업분류를 준용함에 있어, 부가가치세 과세특례적용대상 사업자 요건 등 판정을 위한 업종 분류시 한국표준산업분류상 도매업으로 분류되었던 상품중개업을 사업서비스업 등으로 분류하거나, 기준경비율 업종 분류시 '국내중개'인 '중개업'과 '대외중개'인 '물품매도확약서발행업'으로 별도 구분하는 등 과세 목적에 맞게 달리 적용하고 있던 점 등에 비추어, 부가가치세법상 재화와 용역의 구분, 영세율 적용대상 업종 구분 등에 한국표준산업분류를 적용함에 있어서도 입법 취지 및 법 적용상의 유용성 등을 고려하여 합리적으로 적용할 필요가 있다고 판단되는바(국세청적부 2015-90, 2015. 9. 17 같은 뜻), 한국표준산업분류의 제7차 개정 이전까지 상품중개업 중 '대외거래'는 '무역중개업'으로 분류되었다가, 제8차 개정시(2000. 3. 1) 상품중개업이 '상품종합중개업', '기타상품중개업' 등으로 재편성됨에 따라 상품종합중개업은 '국내거래'와 '대외거래'로 구분되지 않게 되었으며, 구 부가가치세법시행령 제26조 개정시(2001. 12. 31) 개정세법 해설서상 영세율 적용 항목 중 사목에 '상품중개업 중 상품종합중개업'을 규정하면서 상품종합중개업에 '오퍼상'을 포함하고 있어 상품중개업 중 국내거래가 아닌 '대외거래',

즉 '무역중개'에 대하여는 영세율을 적용한다는 의미로 해석함이 타당해 보이는 점(국세청적부 2015-90, 2015. 9. 17, 국세청적부 2015-147, 2016. 1. 22 같은 뜻), 처분청의 상품종합중개업 영세율 적용 방법에 따를 경우 다양한 상품의 '국내중개'와 단일 상품의 '대외중개'를 함께 영위하는 사업자는 상품종합중개업에 해당하여 단일 상품의 '대외중개'에 대하여 영세율 적용을 받을 수 있는 반면, 단일 상품의 '대외중개'만을 영위하는 사업자는 '기타상품중개업'에 해당하여 영세율 적용이 배제되는 모순이 발생하는 점(국세청적부 2015-90, 2015. 9. 17, 국세청적부 2015-147, 2016. 1. 22 같은 뜻), 무역중개업자(오퍼상)는 외국 수출업자를 대리해 국내 수입업자와의 계약 등을 중개해 주고 그 외국 수출업자로부터 수수료를 받으므로 무역중개업자가 외국 수출업자에게 제공하는 중개용역은 국외에서 소비되는 것으로 보는 것이 타당한 점 등으로 볼 때 이 건 쟁점용역에 대하여 통계청의 분류 기준을 그대로 적용하여 '기타상품중개업'으로 보아 영세율 적용을 배제하는 것은 합리적이지 않아 보인다(국세청적부 2015-90, 2015. 9. 17, 국세청적부 2015-147, 2016. 1. 22 같은 뜻). 소비가 국외에서 이루어지는 것으로 볼 수 있는 무형의 서비스 중 실질적인 용역의 수출에 해당하는 것에 대하여 영세율을 적용하도록 한 구 부가가치세법 시행령 제26조의 개정 취지에 비추어 보아도, 청구법인이 해외 선사에 선박용 유류 공급을 중개해 주고 해외 선사 또는 중개업자로부터 외화로 수취하는 중개수수료의 경우 실질적인 용역의 수출에 해당하므로 해당 중개수수료에 대하여 영의 세율을 적용하는 것이 타당하다고 판단된다(국세청적부 2015-90, 2015. 9. 17, 국세청적부 2015-147, 2016. 1. 22 같은 뜻).

그렇다면 처분청이 청구법인의 쟁점용역이 '기타상품중개업'에 해당하는 것으로 보아 영세율 적용을 배제한 이 건 처분은 잘못이 있다고 판단된다.

### ① 수출입 알선용역의 영세율 적용

국내에서 국내사업장이 없는 비거주자 또는 외국법인에게 수출알선용역을 제공하고 그 대가를 외국환은행에서 원화로 받는 경우에는 영의 세율을 적용한다. 다만, 외국으로부터 수출신용장을 받아 수출업자에게 양도하고 받는 대가는 국내거래수수료로 영의 세율을 적용하지 아니한다(부기통 24-33-1).

### ② 국내사업장이 없는 외국법인 등이 지정하는 자에게 공급하는 재화 또는 용역

국내에 사업장이 없는 비거주자 또는 외국법인이 지정한 자에게 국내에서 재화 또는 용역을 공급하고 그 대가를 당해 비거주자 또는 외국법인으로부터 외국환은행을 통하여 원화로 받는 경우에는 영의 세율을 적용한다(집행기준 24-33-1).

### ③ 대가의 지급방법에 따른 영세율 적용범위(집행기준 24-33-1 ②)

국내사업장이 없는 비거주자 또는 외국법인에게 재화 또는 용역을 공급하고 그 대가를 다음과 같은 방법으로 받는 때에는 영의 세율을 적용한다.

1. 국외의 비거주자 또는 외국 법인으로부터 직접 송금받아 외국환은행에 매각하는 경우

2. 국내사업장이 없는 비거주자 또는 외국법인에게 재화를 공급하거나 용역을 제공하고 그 대가를 당해 비거주자 또는 외국법인에게 지급할 금액에서 차감하는 경우

④ **영세율 과세표준**

수출알선수수료를 수출상품가액에 포함한 수출신용장을 개설받은 수출업자가 재화를 수출하고 동 신용장 결제금액 중에서 수출알선수수료를 지급하는 경우 수출업자 영세율 과세표준은 동 수수료를 포함한 전체 금액이 되는 것이며, 수출알선업자가 수출업자로부터 동 수수료를 지급받는 경우에는 부가가치세를 거래징수하고 세금계산서를 교부하여야 하는 것이다(부가 22601-743, 1988. 5. 7).

### (3) 공급시기 및 귀속시기

물품매도확약서 발행용역의 공급시기는 계약조건에 따라 역무의 제공이 완료되는 때이나 당해 역무의 제공이 완료되는 때에 그 대가가 확정되지 아니한 경우에는 대가가 확정된 때를 그 공급시기로 본다(부기통 9-22-1). 한편, 물품매도확약서 발행업에 있어서 수익실현시기는 당해 물품을 선적한 날이 속하는 사업연도로 하는 것이고, 수익이 실현된 그 다음 사업연도에 그 선적한 물품의 하자로 당해 물품이 반환된 경우에는 그 반환된 날이 속하는 사업연도의 손금에 산입한다(법인 46012-3824, 1995. 10. 12). 다만, 물품매도확약서 발행에 관한 장부와 제증빙서류를 비치하지 아니한 경우에는 신용장개설일이 속하는 사업연도로 한다(법기통 40-71…4).

### (4) 영세율첨부서류

국내사업장이 없는 비거주자나 외국법인에게 재화 또는 용역의 공급시 영세율첨부서류는 다음과 같다(부기통 24-101-1).

| 구 분 | 영 제101조<br>제1항의 첨부서류 | 국세청장 지정서류 |
|---|---|---|
| 국내사업장이 없는 비거주자 또는 외국법인에게 공급하는 재화 또는 용역 | 외화입금증명서 또는 수출신고필증 | 용역공급계약서 사본<br>외환매입증명서 또는 외국환매각증명서는 외화입금증명서에 갈음한다.<br>직접 외화가 입금되지 아니하는 경우에는 영세율 규정에 의한 외화획득명세서에 외화획득사실을 증명하는 서류를 첨부하여 제출하여야 한다. |

## (5) 오퍼상의 업종분류

「조세특례제한법」상 업종의 분류는 이 법에 특별한 규정이 있는 경우를 제외하고는 한국표준산업분류에 의하는 것이며, **한국표준산업분류상 상품중개업은 도매업에 포함**된다. 세무서장이 발급한 사업자등록증상 업종코드는 한국표준산업분류와 코드체계가 다르고, 세무서장의 정정교부 없이 한국표준산업분류상의 도·소매 업종코드로 수정할 수 없다.

| 분 류 | 기 관 | 분류코드 | 업 종 | 2018 |
|---|---|---|---|---|
| 한국표준산업분류 | 통계청 | 46105 | 도매업 | • 단순경비율(67.8)<br>• 기준경비율(19.9) |
| 기준경비율 | 국세청 | 749927 | 사업서비스업 | |

## (6) 오퍼상의 중소기업 범위

① 중소기업기본법상의 범위

| 업 종 | 분류부호 | 규 모 기 준 |
|---|---|---|
| 도 매 | G | 평균매출액 등 1,000억원 이하 |

② 중소기업특별세액감면 적용대상 범위

| 수도권 내 | 소기업 | 평균매출액 일정금액 이하 |
|---|---|---|
| 수도권 외 | 중소기업 | 조세특례제한법상 중소기업의 범위 내 |

**참고** **수출알선수수료의 세무처리**

수출알선을 국내에서 하는 경우에는 국내원천소득에 해당되어 원천징수 또는 세금계산서를 교부하여야 한다. 그러나 알선행위가 국외에서 이루어지면 국내원천소득에 해당되지 않아 원천징수대상이 아니다.

① **수출알선수수료의 원천징수 여부**

수출알선수수료 지급시 원천징수관계는 수출알선행위가 국외에서 행하여진 경우에는 국내원천소득에 해당되지 않으므로 원천징수문제가 발생하지 않으며(서이 46017-12308, 2002. 12. 23), 수출알선행위가 국내에서 행하여진 경우라도 국내사업장이 있는 외국법인에게 수출알선수수료를 지급하는 경우에는 원천징수를 하지 않는 것이고(세금계산서 교부, 부가 22601-410, 1987. 3. 10), 비거주자인 외국인인 개인과 내국법인 및 내국인인 개인에게 수수료를 지급하는 경우에는 원천징수를 하는 것이다(외인 1264.37-2290, 1981. 6. 27).

내국법인이 국내사업장이 없는 인도의 알선업자로부터 자사 제품을 인도에 수출할 수 있도록 수출알선용역을 제공받음에 있어, 당해 인도의 알선업자가 수출을 성사시키는 역할을 전적으로 인도에서 수행하는 경우에는 내국법인이 그 알선업자에게 지급하는 수수료는 소득세법 제119조 및 법인세법 제93조의 국내원천소득에 해당되지 아니 한다(국조-550, 2009. 11. 6).

② **통상가격을 초과하는 수출알선수수료**

내국법인이 국내사업장이 없는 비거주자에게 해외에서 동 내국법인 제품의 수출알선을 수행한 대가로 지급하는 수출알선수수료는 소득세법 제119조 규정에 의한 국내원천소득에 해당되지 않는 것이며, 거래의 형태나 실질관계로 보아 특수관계 없는 비거주자에게 지급하는 수출알선수수료가 상거래관행에 따른 통상 알선수수료를 초과함으로써 그 초과하는 금액이 수출알선행위와 직접 관련 없이 무상으로 지급하는 재산적 증여의 가액에 해당되는 경우에는 법인세법 제24조의 규정에 의한 비지정기부금에 해당되어 내국법인의 각 사업연도의 소득금액계산시 손금불산입된다(국총 46017-554, 1999. 8. 16).

## 10. 수출재화임가공용역

### (1) 의의

수출재화임가공이란 수출업자(수출품생산업자)의 의뢰에 의하여 수출업자가 공급한 재화에 주요자재를 전혀 부담하지 아니하고 단순히 가공만 하여 주고 대가(가공임)를 받는 경우를 말한다.

[임가공형태의 업종구분]

| 업종구분 | 부가가치세법 | 적용범위 및 분류기준 | 부가가치율 |
|---|---|---|---|
| 제 조 | 재화의 공급 | 주요자재의 전부·일부 부담 | 낮음(주요자재 매입) |
| 서비스 | 용역의 공급 | 주요자재를 전혀 부담하지 않고 단순가공<br>(기준경비율 코드: 749604) | 높음(인건비 비중 큼) |

### (2) 과세대상 여부

다음에 해당하는 경우에는 영의 세율을 적용한다.

① **수출업자와 직접 도급계약**에 의하여 수출재화를 임가공하는 수출재화임가공(염색임가공)용역. 다만, 사업자가 부가가치세를 별도로 기재한 세금계산서를 발급한 경우에는 과세대상으로 일반세율을 적용한다.

② 사업자가 주요자재의 전부 또는 일부를 부담하고 일부 자재는 상대방으로부터 인도받아 공작을 가하여 생산한 재화를 거래상대방이 수출하는 경우에 당해 사업자간의 거래는 재화의 공급에 해당하므로 내국신용장이 개설된 경우에 한하여 영의 세율을 적용한다(부기통 21-31-11).

③ 수출업자와 직접 도급계약에 의하여 수출재화의 부분품·반제품 및 포장재를 임가공하는 용역은 직접 도급계약을 체결한 사업자 자신이 임가공하였는지의 여부에 불구하고 수출재화임가공용역으로 본다(부기통 24-33-4).

다만, 재하도급업자는 내국신용장 또는 구매확인서에 의하여 공급하여야 영세율을 적용받을 수 있다(부가 22601-1045, 1985. 6. 10).

### (3) 대가의 수수방법

수출재화임가공용역은 대가를 원화로 받든지 외화로 받든지 내국신용장에 의하여 받든지에 불구하고 영세율을 적용한다.

### (4) 과세표준

내국신용장에 의하여 공급하는 수출재화임가공용역은 내국신용장이나 구매확인서에 의한 재화의 공급과 동일하게 계산하며, 내국신용장 등이 없는 수출재화임가공용역은 계약상 약정된 금액으로 한다.

### (5) 세금계산서의 발급

영세율 세금계산서를 발급하여야 한다. 다만 10% 세금계산서 발행도 가능하다.

### (6) 영세율첨부서류

임가공계약서 사본과 당해 수출업자가 교부한 납품사실을 증명할 수 있는 서류, 내국신용장, 구매확인서 사본 또는 수출대금입금증명서이다.

[영세율을 적용받을 수 있는 경우[20]]

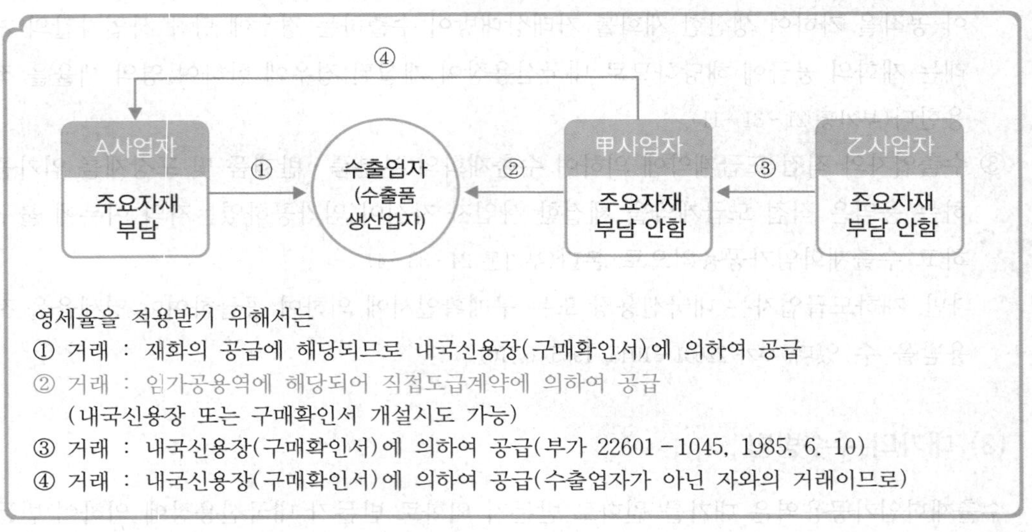

④
A사업자
주요자재 부담
①
수출업자 (수출품 생산업자)
②
甲사업자
주요자재 부담 안함
③
乙사업자
주요자재 부담 안함
영세율을 적용받기 위해서는
① 거래 : 재화의 공급에 해당되므로 내국신용장(구매확인서)에 의하여 공급
② 거래 : 임가공용역에 해당되어 직접도급계약에 의하여 공급
(내국신용장 또는 구매확인서 개설시도 가능)
③ 거래 : 내국신용장(구매확인서)에 의하여 공급(부가 22601-1045, 1985. 6. 10)
④ 거래 : 내국신용장(구매확인서)에 의하여 공급(수출업자가 아닌 자와의 거래이므로)


### (7) 임가공용역의 공급시기

임가공용역을 공급하는 사업자가 공급물량에 대한 단위별 요율이 결정되고 공급한 물량을 공급받는 자의 인수확인을 거쳐 용역의 공급이 확정되는 경우에는 공급받는 자가 인수확인한 때를 공급시기로 보아 세금계산서를 교부하여야 한다(부가 22601-1864, 1986. 9. 12).

## 11. 수출신용장 양도와 영세율

### (1) 양도가능신용장의 개념

양도가능신용장이란 신용장상에 **"양도가능"**(transferable)이라고 명시한 신용장으로 신용장의 제1수익자가 양도은행에게 신용장상의 권리의 전부 또는 일부를 다른 수익자에게 양도해 주도록 요청할 수 있는 신용장이다.

#### ① 양도비용의 부담자

양도시에 달리 합의하지 않는 한, 양도와 관련하여 발생한 수수료 · 요금 · 비용 또는 지출금과 같은 모든 경비는 제1수익자(원수익자)가 지급하여야 한다(UCP 제38조 c항).

#### ② 양도의 횟수

양도가능신용장은 1**회에 한하여 양도**할 수 있다.

---

20) 한장석 · 김용관, 부가가치세 2006, 광교이택스, 2006, p.432 인용

③ 양도되는 신용장의 조건변경

양도되는 신용장은 원칙적으로 원신용장의 조건과 동일해야 하지만 다음의 경우는 조건변경이 인정된다.

- 신용장의 금액 및 단가의 감액
- 유효기일, 서류제시기간, 선적기일 또는 선적기간의 단축
- 부보비율의 인상
- 발행신청인의 명의를 제1수익자 명의로 대체하는 것

## (2) 신용장 국외양도 방식(중계무역)

### 1) 거래형태

- 국내사업자 (갑)이 양도가능신용장에 의하여 T/S(Transfer)방법으로 다음 각각의 거래를 행하는 경우로서 판매계약 이행에 대한 주된 책임을 (갑)이 부담하는 경우 (갑)의 영세율 적용 여부 및 과세표준
  - 사업자 (갑)이 외국의 수입업자 (을)에게 완제품(100원)을 수출함에 있어 (을)로부터 Master L/C를 수취한 후 완제품 생산업체인 해외 현지법인 (병)에게 당해 Master L/C상의 권리 일부[(갑)의 마진(10원)을 제외한 금액]를 지정은행에서 양도[T/S(Transfer)]하여 완제품(90원)은 (병)이 생산하여 (을)에게 인도되는 경우로서 그 대가는 Master L/C상의 지정은행으로 100원이 입금되며 당해 지정은행은 (갑)에게는 10원을, (병)에게는 90원을 각각 지급한다.

[신용장 국외양도방식을 이용한 중계무역 거래형태]

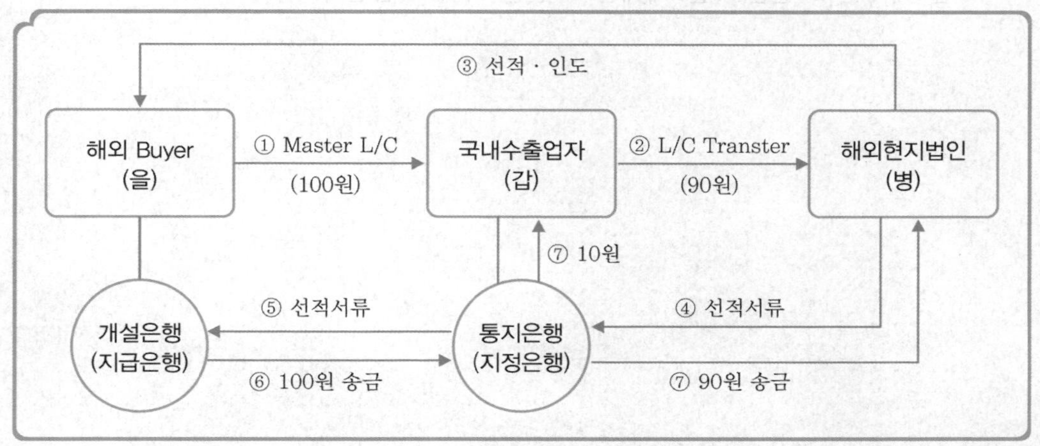

### 2) 과세 여부

국내사업자를 수익자로 하여 국외구매자로부터 개설된 신용장(Master L/C)을 국내사업자가 수취한 후 동 신용장을 국내 지정은행에서 제3국의 국외사업자에게 양도하여 제3국의 국외사업자가 수출재화를 국외구매자에게 직접 인도하는 경우로서 국내사업자의 계산과 책임 하에 수출계약에 따른 거래가 이루어지고 국내사업자가 원신용장의 금액보다 낮은 금액으로 원신용장의 조건을 변경하여 양도함으로써 **원신용장 금액과 양도통지서 금액과의 차액**을 가득액으로 획득하는 경우 국내사업자의 **신용장 국외양도에 의한 거래는 중계무역에 해당**하여 영세율이 적용되는 것이다(서삼 46015-10012, 2004. 1. 5). 영세율첨부서류는 외화입금증명서 또는 수출계약서이며 공급시기는 수출재화의 선적일이다.

## (3) 신용장 국내양도 방식

### 1) 거래형태

- 국내수출업자(갑)가 양도가능신용장에 의하여 T/S(Transfer)방법으로 다음 각각의 거래를 행하는 경우로서 판매계약 이행에 대한 주된 책임을 (갑)이 부담하는 경우 (갑)과 (을)의 영세율 적용 여부 및 과세표준
  - 사업자(갑)가 외국의 수입업자(병)에게 완제품(100원)을 수출함에 있어 (병)으로부터 Master L/C를 수취한 후 완제품 생산업체인 국내제조업자 (을)에게 당해 Master L/C상의 권리 일부[(갑)의 마진(10원)을 제외한 금액]를 지정은행에서 양도[T/S(Transfer)]하여 완제품(90원)은 (을)이 생산하여 (병)에게 인도되는 경우로서 그 대가는 Master L/C상의 지정은행으로 100원이 입금되며 당해 지정은행은 (갑)에게는 10원을, (을)에게는 90원을 각각 지급한다.

[신용장 국내양도방식과 영세율 적용 거래형태]

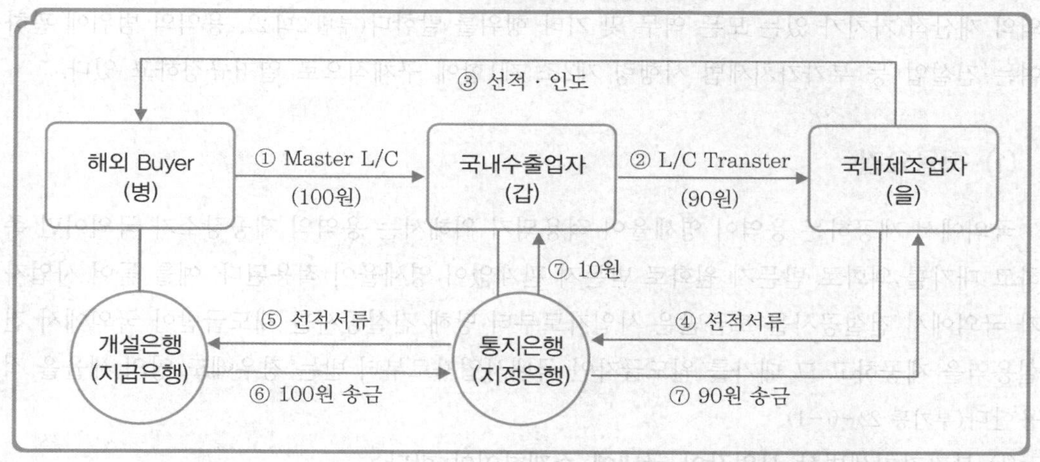


### 2) 세무처리

**① 수출업자(갑)**

수출업자 (갑)은 수출에 대한 전반적인 책임을 지므로 수출하는 재화에 해당되어 영세율이 적용된다(재부가-479, 2007. 6. 21, 법인 22601-2082, 1991. 11. 4).

- 공급시기 : 수출재화의 선적일
- 과세표준 및 수입금액 : 수출금액(100원)
- 세금계산서 발급 : 면제

**② 제조업자(을)**

제조업자 (을)은 수출업자에게 수출하는 재화를 공급하면서 **원신용장의 조건을 변경한 신용장을 양도받아 대금을 결제받는 경우에는 내국신용장방식에 의한 수출과 유사**하므로 영세율이 적용된다(부가-765, 2009. 6. 5).

- 공급시기 : 수출재화의 선적일
- 과세표준 : 원신용장의 양도금액(90원)
- 세금계산서 발급 : 국내거래로 영세율세금계산서 발급

## 12. 국외제공용역

국외에서 제공하는 용역에 대하여는 영세율을 적용한다(부법 22). 여기에서 말하는 '국외에서 제공하는 용역'이라 함은 당해 용역을 제공하는 사업의 사업장이 국내에 소재하는 경우를 말한다(재소비 22601-1333, 1989. 12. 8). 따라서 외국에서 부동산임대업을 영위하는 것은 사업장

이 외국에 있으므로(부동산등기부상 소재지) 납세의무가 없다. 또한, 용역이라 함은 재화 이외의 재산적 가치가 있는 모든 역무 및 기타 행위를 말한다(부법 2의 2). 용역의 범위에 관하여는 건설업 등 부가가치세법 시행령 제2조 제1항에 구체적으로 열거규정하고 있다.

### (1) 적용요건

국외에서 제공하는 용역이 영세율이 적용되기 위해서는 용역의 제공장소가 국외이면 족하고 대가를 외화로 받든지 원화로 받든지 관계없이 영세율이 적용된다. 예를 들어 사업자가 국외에서 건설공사를 도급받은 사업자로부터 당해 건설공사를 재도급받아 국외에서 건설용역을 제공하고 그 대가를 원도급자인 국내사업자로부터 받는 경우에도 영의 세율을 적용한다(부기통 22-0-1).

① 부가가치세법상 **사업장이 국내에 소재**하여야 한다.

② 용역의 수행이 **국외에서 제공**되어야 한다.

### (2) 공급시기

국외제공용역의 공급시기는 역무가 제공되거나 재화·시설물 또는 권리가 사용되는 때이다. 국내에 사업장을 둔 사업자가 국외에서 건설용역을 제공하는 경우 공급계약서상 특정내용에 따라 당해 건설용역에 대하여 검사를 거쳐 대가의 각 부분의 지급이 확정되는 경우에는 검사 후 대가의 지급이 확정되는 때를 그 공급시기로 보는 것으로서 지급확약서를 통해 건설공사의 기성부분에 대한 대가가 확정되는 경우에는 당해 지급확약서를 수령하는 때가 공급시기가 되는 것이다(서면3팀-2459, 2004. 12. 6).

### (3) 과세표준의 계산

공급시기 이전에 환가한 경우에는 그 환가한 금액이며, 공급시기 이후에 환가한 경우에는 공급시기의 기준환율 또는 재정환율로 환산한 금액이 과세표준이다.

### (4) 세금계산서 발급

국외에서 제공하는 용역에 대하여는 세금계산서 발급의무가 면제된다. 다만, 국내사업자가 외국의 건설공사를 도급받아 국내사업자에게 하도급을 한 경우, 하도급업자가 국외에서 건설용역을 제공하고 그 대가를 국내사업자로부터 받는 경우에는 영세율세금계산서를 교부하여야 한다(부가 22601-1014, 1985. 6. 4).

## (5) 영세율첨부서류

외국환은행장이 발행하는 외화입금증명서 또는 국외에서 제공하는 용역제공계약서(하도급계약서)이다. 다만, 장기해외건설공사의 경우 당해 건설용역에 대한 최초의 과세표준 신고시에 공사도급계약서 사본을 제출하고 그 이후의 신고에 있어서는 당해 신고기간의 용역제공실적을 외화획득명세서에 의하여 제출할 수 있다(부기통 22-101-1).

**부가가치세 집행기준 22-0-2 영세율이 적용되는 용역의 국외공급 사례**

| 용역의 국외공급에 해당되는 것 | 용역의 국외공급에 해당되지 아니하는 것 |
|---|---|
| • 국외에서 건설공사를 도급받은 사업자로부터 건설공사를 하도급받아 국외에서 건설용역을 제공하는 경우 | • 국내에서 외국법인에게 용역을 제공하고 그 대가를 외화로 받는 경우 |
| • 광고물의 제작설치 및 유지보수용역을 제공하는 사업자가 광고대행업자의 주선으로 국내 광조주와 해외광고계약을 체결하고 국외에서 광고물을 제작, 설치한 후 해당 광고물의 유지보수용역을 공급하는 경우 | • 국외에 소재하는 건설공사에 사용되는 건설장비임대용역<br>• 국외 건설공사를 수주한 국내 건설업자에게 국내에서 제공하는 설계용역 |
| • 사업자가 외국기업과 국외에 설립한 합작법인에 해당 사업자의 기술을 이전하여 주고 합작법인으로부터 출자지분을 취득하는 경우 | • 세관의 보세구역에서 외국인이 입국시 예치품을 일시보관하였다가 출국시 인출하여 주고 외국인으로부터 경비료를 받는 경우 |

## (6) 관련 사례

### ① 인터넷 쇼핑몰 운영시 영세율 여부

사업자가 국내 고객으로부터 인터넷상으로 상품에 관한 주문을 받아 그 대금을 받고 주문받은 상품을 외국의 사업자로부터 구입하여 국내에 반입하지 아니하고 동 외국의 사업자를 통하여 고객이 원하는 국외의 장소(주문고객의 외국거주 가족 등)에 배달하게 하는 경우에는 부가가치세법 제10조의 규정에 의하여 부가가치세가 과세되지 아니하는 것이다(서면3팀-2685, 2004. 12. 30).

### ② 외국에 인력파견을 하는 경우

인력파견업을 영위하는 사업자가 대한무역투자진흥공사와 계약상 한국 내에서 채용한 안내요원을 일본현지 한국관에 파견하여 국외에서 용역을 제공하고 그 대가를 받는 경우 부가가치세법 제11조 제1항 제2호의 규정에 의하여 영세율이 적용되는 것이며, 대한무역투자진흥공사가 일본 엑스포 한국관 개최와 관련하여 국내의 업체와 도급계약에 의하여 일본 현지인들에게 배포할 홍보물 등을 국내에서 공급받는 경우에는 부가가치세법 제11조 제1항 제2호의 규정에 의한 영세율 적용대상에 해당하지 아니하는 것이며, 같은 법 제1조의 규정에 의하여 부가가치세가 과세되는 것이다(서면3팀-2197, 2004. 10. 28).

③ **북한에서 제공하는 용역**

북한에 제공하는 용역은 남북교류협력에 관한 법률 시행령에 의하여 국외제공용역에 해당되므로 부가가치세법 제11조 제1항 제2호의 규정에 의하여 영세율이 적용되는 것이다(서삼 46015-10039, 2004. 1. 8).

④ **설계용역의 영세율 적용 여부**

사업자가 국외의 건설공사를 수주받은 국내 건설업자로부터 당해 건설공사의 설계를 의뢰받아 국내에서 설계업무를 수행하는 경우에 당해 설계용역은 부가가치세법 제11조 제1항 제2호의 규정에 의하여 영세율이 적용되는 국외에서 제공하는 용역에 해당하지 아니하는 것이다(서삼 46015-11342, 2003. 8. 22).

⑤ 선박수리업을 영위하는 국내사업자가 국외에 소재하는 국내사업자 소유의 선박을 국외의 특정장소에서 수리하기로 당해 사업자와 계약을 체결하고 자기의 계산과 책임하에 국외의 선박수리회사에 도급을 주어 선박수리용역을 제공하고 그 대가는 선박을 소유한 국내사업자로부터 국내에서 원화로 지급받는 경우 국내사업자가 제공한 당해 선박수리용역은 영세율이 적용하는 것이다(부가 46015-2391, 1997. 10. 20).

**참고** **설계용역의 영세율 적용**

① **설계용역을 국외에서 제공하는 경우**

설계용역을 국외에서 제공하는 경우 대금수수 방법에 관계 없이 국외제공용역에 해당되어 영세율이 적용된다. 또한, 국내사업자로부터 하도급을 받아 국외에서 설계용역을 수행하는 경우에도 영세율이 적용되며 이 경우 국내사업자로부터 대금을 지급받게 되므로 영세율세금계산서를 교부하여야 한다.

② **설계용역을 국내에서 제공하는 경우**

설계용역을 국내에서 제공하는 경우에는 부가가치세가 과세되어 일반세금계산서를 교부하여야 한다. 다만, 국내에서 국내사업장이 없는 외국법인과의 계약에 따라 설계용역을 제공하는 경우 해당 설계용역은 부가가치세법 시행령 제26조 제1항 제1호 나목에서 규정하는 사업서비스업에 해당하여 그 대금을 외국환은행에서 원화 또는 같은 법 시행규칙 제9조의3에서 정하는 방법으로 받는 때에는 영세율을 적용하는 것이다(부가 2009-438, 2009. 12. 28).

## 13. 선박 또는 항공기의 외국항행용역

### (1) 외국항행용역의 범위

#### 1) 선박 또는 항공기의 외국항행용역

영세율이 적용되는 외국항행용역은 선박 또는 항공기에 의하여 여객이나 화물을 국내에서 국외로, 국외에서 국내로 또는 국외에서 국외로 수송하는 것을 말하며, 외국여행사업자가 자기의 사업에 부수하여 행하는 재화 또는 용역의 공급으로서 다음에 규정하는 것을 포함한다(부령 25 ①).

① 다른 외국항행사업자가 운용하는 선박 또는 항공기의 탑승권을 판매하거나 화물운송계약을 체결하는 것
② 외국을 항행하는 선박 내 또는 항공기 내에서 승객에게 공급하는 것
③ 자기의 승객만이 전용하는 버스를 탑승하게 하는 것
④ 자기의 승객만이 전용하는 호텔에 투숙하게 하는 것

#### 2) 복합운송주선용역

운송주선업자가 국제복합운송계약에 의하여 화주로부터 화물을 인수하고 자기책임과 계산 하에 타인의 선박 또는 항공기 등의 운송수단을 이용하여 화물을 운송하고 화주로부터 운임을 받는 국제운송용역은 외국항행용역에 포함한다. 복합운송주선업은 이 책 제3절(국제물류주선업)에서 별도로 설명한다.

#### 3) 상업서류송달용역

「항공사업법」에 의한 상업서류송달용역은 외국항행용역에 포함된다.

**관련법조문**

**◈ 항공사업법 제2조 제28호**

"상업서류 송달업"이란 타인의 수요에 맞추어 유상으로 「우편법」 제1조의 2 제7호 단서에 해당하는 수출입 등에 관한 서류와 그에 딸린 견본품을 항공기를 이용하여 송달하는 사업을 말한다.

### (2) 영세율 적용범위

#### 1) 영세율 적용대상 거래 예시

① 용선과 이용운송

다음의 용역은 외국항행용역에 해당하므로 영의 세율을 적용한다(부기통 23-32-1).

① 사업자가 외국항행선박으로 면허를 받은 선박을 선원부용선계약에 의하여 타인에게 임대하여 자기책임 하에 자기의 선원이 그 선박을 국제간에 운항하도록 하고 용선자로부터 용선료를 받는 경우의 선원부선박임대용역

② 사업자가 선원부용선계약에 의하여 임차한 선박으로 자기계산하에 여객이나 화물을 국제간에 수송해 주고 여객 또는 화주로부터 운임을 받는 경우의 운송용역

③ 운송주선업을 영위하는 사업자가 국제복합운송계약에 의하여 화주로부터 화물을 인수하고 타인의 운송수단을 이용하여 화주에 대하여는 자기책임과 계산 하에 외국으로 화물을 수송해 주고 화주로부터 운임을 받는 경우의 국제간이용운송용역

다만, 외국항행사업자가 국내의 외국항행사업자에게 나용선으로 선박을 대여하고 그 대가를 받는 경우에는 영의 세율을 적용하지 아니한다.

② 외항선박 등에 공급하는 재화 또는 용역

외국을 항행하는 선박 및 항공기 또는 원양어선에 공급하는 재화 또는 용역이라 함은 당해 외항선박 및 항공기 또는 원양어선에 직접 공급하는 재화 또는 용역을 말하는 것(외항선박 자체에서 소요되는 물품을 말한다)이므로 다음에 대하여는 영(0)의 세율이 적용된다. 여기서 외국을 항행하는 선박이라 함은 외국의 선박과 해운업법의 규정에 의하여 사업면허를 얻은 외국항행사업자가 운항하는 선박으로서 외국을 항행하는 우리나라의 선박을 말하며, 원양어선이라 함은 수산업법의 규정에 의하여 원양어선으로 허가를 얻어 주로 해외수역에서 조업을 하는 선박을 말한다(부기통 24-33-6).

#### 2) 영세율 적용제외 거래 예시

다음의 경우에는 외항선박 등에 직접 공급하는 재화 또는 용역이라 볼 수 없으므로 영(0)의 세율을 적용하지 아니한다. 즉, 사업상의 목적으로 사용하기 위하여 공급받는 재화 또는 용역은 영세율이 적용되지 않는다.

① 외항선박의 컨테이너 수리용역(부기통 24-33-7)

② 외항선을 예인하는 예인선박에 소요되는 재화(석유류 제품)의 공급(간세 1235-2924, 1977. 9. 3). 즉 사업상의 목적으로 사용하기 위하여 공급받는 재화 또는 용역은 영의

세율이 적용되지 않는다.

③ 사업자가 항행사업자에게 재화를 공급하는 경우(예 : 탑승객에게 제공하는 넥타이를 제조하여 항공회사에 공급하는 경우)(부가 22601-478, 1991. 4. 18)

④ 침몰된 외국항행선박으로부터 유출된 유류제거를 위한 용역(부가 1265.1-1541, 1982. 6. 24)

#### 3) 비거주자 또는 외국법인의 경우

국내사업장이 있는 외국법인이 제공하는 외국항행용역에 대한 영의 세율은 당해 외국법인이 상호면세국의 사업자에 해당하는지 여부에 따라 다음과 같이 적용한다(부기통 23-32-2).

① 상호면세국일 경우에는 우리나라에서 여객이나 화물이 탑승 또는 적재되는 것에 한하여 영의 세율을 적용한다.

② 상호면세국이 아닐 경우에는 우리나라에서 여객이나 화물이 탑승 또는 적재되는 것에 한하여 과세하며, 영의 세율을 적용하지 아니한다.

### (3) 공급시기

외국항행용역의 공급시기는 역무의 제공이 완료되고 그 공급가액이 확정되는 때이다. 즉, 항공운행이 완료된 시점이나 항공권의 발급시점이 아니다. 그 이유는 항공료 수입은 국제항공운송협회(IATA)의 항공료 정산시점에서 확정되기 때문이다.

### (4) 대가의 영수방법

용역제공에 대한 대가를 원화로 받느냐 외화로 받느냐 또는 누구에게서 받느냐 등의 영수조건에 관계없이 영의 세율이 적용된다.

### (5) 세금계산서 발급

국내에 사업장이 없는 비거주자 또는 외국법인인 경우와 항공기의 외국항행용역 및「항공법」에 의한 상업서류송달용역에 한한다)에 규정하는 재화 또는 용역은 세금계산서 발급의무가 면제된다.

따라서 선박에 의한 외국항행용역을 거주자·내국법인 또는 국내사업장이 있는 비거주자·외국법인에게 공급하는 경우에는 영세율세금계산서를 발급하여야 한다.

(6) 영세율첨부서류(부기통 23-101-1)

① 항공기의 운송용역

공급가액 확정명세서를 제출한다.

② 외항선박에 의한 운송용역

외화입금명세서나 부득이한 경우에는 선박에 의한 운송용역 공급가액일람표를 제출할 수 있다.

③ 타 외항사업자의 탑승권판매 · 화물운송계약을 체결한 경우

공급자와 공급받는 자간의 송장집계표를 제출한다. 송장집계표는 공급자와 공급받는 자 간에 정하는 서식으로 일정기간의 거래내용을 기재하여 집계한 서류를 말한다.

④ 국제복합운송용역

외화획득명세서에 영세율이 확인되는 증빙서류를 제출한다.

## 14. 자유무역지역 안의 반입 재화 · 북한반출 재화 및 용역

### (1) 개요

일반적인 수출이라 함은 내국물품을 외국으로 반출하는 것을 말한다. 다만, 일정한 요건을 갖춘 경우 수출로 보는 경우가 있는가 하면 타법령에 의하여 영세율이 적용되도록 규정하고 있다. 타법령에 의해서 영세율이 적용되는 것은 대북반출과 자유무역지역 안의 공급 등이 있다.

### (2) 영세율 적용범위

#### 1) 관련법령

자유무역지역의 지정 및 운영에 관한 법률 제45조에 부가가치세의 영세율 적용 및 관세 등의 면제 또는 환급에 대하여 다음과 같이 규정하고 있다.

① 입주기업체가 제29조 제1항 제2호에 따라 반입신고를 한 내국물품에 대하여는 「주세법」 제31조 제1항 제1호, 「개별소비세법」 제15조 제1항 제1호 또는 「교통 · 에너지 · 환경세법」 제13조 제1항 제1호에 따라 수출하거나 「수출용원재료에 대한 관세 등 환급에 관한 특례법」 제4조 제1호 또는 제3호에 따라 수출 또는 공급하는 것으로 보아 관세등을 면제하거나 환급한다.

② 입주기업체가 제29조 제1항 제2호・제3호에 따라 반입신고를 한 내국물품에 대해서는 「부가가치세법」 제21조 제1항에 따라 수출에 해당하는 것으로 보아 부가가치세의 영세율(零稅律)을 적용한다.

③ 자유무역지역에서 입주기업체 간에 공급하거나 제공하는 외국물품등과 용역에 대하여는 부가가치세의 영세율을 적용한다.

#### 2) 부가가치세법 규정(부기통 9－18－7)

① 보세구역(자유무역지역 및 관세자유지역 포함)에 관련된 부가가치세법 적용은 다음과 같이 한다.

1. 외국에서 보세구역으로 재화를 반입하는 것은 재화의 수입에 해당하지 아니한다.
2. 동일한 보세구역 내에서 재화를 공급하거나 용역을 제공하는 것은 재화의 공급 또는 용역의 제공에 해당한다.
3. 보세구역 이외의 장소에서 보세구역으로 재화 또는 용역을 공급하는 것은 재화 또는 용역의 공급에 해당한다.
4. 사업자가 보세구역 내에서 보세구역 이외의 국내에 재화를 공급하는 경우에 공급가액 중 관세가 과세되는 부분에 대하여는 세관장이 부가가치세를 거래징수하고 수입세금계산서를 교부하며 공급가액 중 관세의 과세가격과 관세, 개별소비세, 주세, 교육세, 교통・에너지・환경세 및 농어촌특별세의 합계액을 공제한 잔액에 대하여는 재화를 공급하는 사업자가 부가가치세를 거래징수하고 세금계산서를 교부하여야 한다.
5. 사업자가 보세구역 내에서 보세구역 이외의 국내로 내국신용장에 의하여 재화를 공급하는 경우에 공급가액 중 관세가 과세되는 부분에 대하여는 세관장이 부가가치세를 거래징수하고 수입세금계산서를 교부하며 공급가액 중 관세의 과세가격과 관세, 개별소비세, 주세, 교육세, 교통・에너지・환경세 및 농어촌특별세의 합계액을 공제한 잔액에 대하여는 재화를 공급하는 사업자가 영의 세율이 적용되는 세금계산서를 교부하여야 한다.

② 「자유무역지역의 지정 및 운영에 관한 법률」에서 제1항과 달리 규정하고 있는 경우에는 그 법률에 의한다.

### (3) 영세율첨부서류

세관장이 발행하는 내국물품 반입사실을 증명할 수 있는 서류를 제출하여야 한다.

## 15. 기타외화획득 재화 · 용역

### (1) 적용범위

재화나 용역의 공급이 국내에서 거래되지만 외화획득을 장려하기 위하여 일정한 요건을 갖춘 다음의 경우에 영세율을 적용한다(부령 33 ②).

① 국내에서 국내사업장이 없는 비거주자 또는 외국법인에게 공급되는 다음 각 목의 어느 하나에 해당하는 재화 또는 사업에 해당하는 용역으로서 그 **대금을 외국환은행에서 원화로 받거나 기획재정부령으로 정하는 방법으로 받는 것**. 다만, 나목 중 전문서비스업과 아목에 해당하는 용역의 경우에는 해당 국가에서 우리나라의 거주자 또는 내국법인에 대하여 동일하게 면세하는 경우(우리나라의 부가가치세 또는 이와 유사한 성질의 조세가 없거나 면세하는 경우를 말한다)에 한정한다.

② 비거주자 또는 외국법인의 국내사업장이 있는 경우에 국내에서 국외의 비거주자 또는 외국법인과 직접 계약에 의하여 공급되는 재화 또는 용역 중 제1호 각 목의 어느 하나에 해당하는 재화 또는 사업에 해당하는 용역으로서 그 대금을 해당 국외의 비거주자 또는 외국법인으로부터 외국환은행을 통하여 원화로 받거나 기획재정부령으로 정하는 방법으로 받는 것

### (2) 영세율 적용대상 재화 및 용역

① 비거주자 또는 외국법인이 지정하는 국내사업자에게 인도되는 재화로서 해당 사업자의 과세사업에 사용되는 재화

② 전문, 과학 및 기술 서비스업[수의업(獸醫業), 제조업 회사본부 및 기타 산업 회사본부는 제외한다]

③ 사업지원 및 임대서비스업 중 무형재산권 임대업

④ 통신업

⑤ 컨테이너수리업, 보세구역 내의 보관 및 창고업, 「해운법」에 따른 해운대리점업, 해운중개업 및 선박관리업

⑥ 출판, 영상, 방송통신 및 정보서비스업 중 뉴스 제공업, 영상 · 오디오 기록물 제작 및 배급업(영화관 운영업과 비디오물 감상실 운영업은 제외한다), 소프트웨어 개발업, 컴퓨터 프로그래밍, 시스템 통합관리업, 자료처리, 호스팅, 포털 및 기타 인터넷 정보매개서비스업, 기타 정보 서비스업

⑦ **상품 중개업 및 전자상거래 소매 중개업**

⑧ 사업시설관리 및 사업지원 서비스업(조경 관리 및 유지 서비스업, 여행사 및 기타 여

행보조 서비스업은 제외한다)

⑨ 교육 서비스업(교육지원 서비스업으로 한정한다)

⑩ 보건업(임상시험용역을 공급하는 경우로 한정한다)

⑪ 그 밖에 ①부터 ⑩까지의 규정과 유사한 재화 또는 용역으로서 「관세법」에 의한 보세운송업자가 제공하는 보세운송용역

이 경우 업종의 구분은 통계청장이 고시하는 한국표준산업분류에 의한다(서면3팀-3178, 2006. 12. 18).

**참 고** **상호주의**

(전문직업서비스업, 사업지원서비스업에 대해 2016. 7. 1 이후 계약체결 분부터 영세율 적용 여부는 상호주의가 적용된다. 상호주의란 해당 외국에서 외국법인, 비거주자에 대하여 부가가치세를 면제하거나 영세율이 적용되기 위해서는 우리나라 거주자 등에게 동일하게 부여하는 경우 적용되는 것이다. 실무적으로 국내에서 비거주자나 외국법인에게 전문직업서비스 용역을 제공하고 영세율을 적용받기 위해서는 상대국이 우리나라의 거주자 등에게 영세율이 적용되는지를 입증하여야 하는 어려움이 따른다.

• 전문직업서비스업 : 법무, 회계 및 세무서비스업, 광고업, 시장조사업, 경영컨설팅업
• 사업지원서비스업 : 인력공급업, 고용알선업, 사무지원서비스업

### (3) 비거주자 또는 외국법인의 범위

비거주자라 함은 외국환관리법상의 비거주자(다만, 법인 국내주재 외교관·국내주재 국제연합군 및 미국군의 장병·군무원은 제외)를 말한다(소비 22601-1033, 1989. 9. 20).

**관련법조문**

**◈ 외국환거래법 제3조**

14. "거주자"란 대한민국에 주소 또는 거소를 둔 개인과 대한민국에 주된 사무소를 둔 법인을 말한다.
15. "비거주자"란 거주자 외의 개인 및 법인을 말한다. 다만, 비거주자의 대한민국에 있는 지점, 출장소, 그 밖의 사무소는 법률상 대리권의 유무에 상관없이 거주자로 본다.

**◈ 외국환거래법 시행령 제10조**

① 다음 각 호의 자는 법 제3조 제2항에 따라 거주자로 본다.
1. 대한민국 재외공관

2. 국내에 주된 사무소가 있는 단체·기관, 그 밖에 이에 준하는 조직체
3. 다음 각 목의 어느 하나에 해당하는 대한민국국민
가. 대한민국 재외공관에서 근무할 목적으로 외국에 파견되어 체재하고 있는 자
나. 비거주자이었던 자로서 입국하여 국내에 3개월 이상 체재하고 있는 자
다. 그 밖에 영업 양태, 주요 체재지 등을 고려하여 거주자로 판단할 필요성이 인정되는 자로서 기획재정부장관이 정하는 자
4. 다음 각 목의 어느 하나에 해당하는 외국인(제2항 제2호 및 제6호 가목·나목에 해당하는 자는 제외한다)
가. 국내에서 영업활동에 종사하고 있는 자
나. 6개월 이상 국내에서 체재하고 있는 자

② 다음 각 호의 자는 법 제3조 제2항에 따라 비거주자로 본다. 〈개정 2017. 6. 27〉
1. 국내에 있는 외국정부의 공관과 국제기구
2. 「대한민국과 아메리카합중국 간의 상호방위조약 제4조에 의한 시설과 구역 및 대한민국에서의 합중국군대의 지위에 관한 협정」에 따른 미합중국군대 및 이에 준하는 국제연합군(이하 이 호에서 "미합중국군대등"이라 한다), 미합중국군대등의 구성원·군속·초청계약자와 미합중국군대등의 비세출자금기관·군사우편국 및 군용은행시설
3. 외국에 있는 국내법인 등의 영업소 및 그 밖의 사무소
4. 외국에 주된 사무소가 있는 단체·기관, 그 밖에 이에 준하는 조직체
5. 다음 각 목의 어느 하나에 해당하는 대한민국 국민
가. 외국에서 영업활동에 종사하고 있는 자
나. 외국에 있는 국제기구에서 근무하고 있는 자
다. 2년 이상 외국에 체재하고 있는 자. 이 경우 일시 귀국의 목적으로 귀국하여 3개월 이내의 기간 동안 체재한 경우 그 체재기간은 2년에 포함되는 것으로 본다.
라. 그 밖에 영업양태, 주요 체재지 등을 고려하여 비거주자로 판단할 필요성이 인정되는 자로서 기획재정부장관이 정하는 자
6. 다음 각 목의 어느 하나에 해당하는 외국인
가. 국내에 있는 외국정부의 공관 또는 국제기구에서 근무하는 외교관·영사 또는 그 수행원이나 사용인
나. 외국정부 또는 국제기구의 공무로 입국하는 자
다. 거주자였던 외국인으로서 출국하여 외국에서 3개월 이상 체재 중인 자

③ 거주자 또는 비거주자에 의하여 주로 생계를 유지하는 동거 가족은 해당 거주자 또는 비거주자의 구분에 따라 거주자 또는 비거주자로 구분한다.

### (4)「외국환은행에서 원화로 받는 경우」의 의미

#### 1) 대상 업종

① 오퍼수수료 수입(상품중개업)

② 국내에서 국내사업장이 없는 비거주자 또는 외국법인에게 공급되는 다음 각 목의 어느 하나에 해당하는 재화 또는 사업에 해당하는 용역

㉠ 비거주자 또는 외국법인이 지정하는 국내사업자에게 인도되는 재화로서 당해 사업자의 과세사업에 사용되는 재화

㉡ 사업서비스업

㉢ 금융 및 보험업 중 무형재산권 임대업

㉣ 통신업(소포송달업을 제외한다)

㉤ 컨테이너수리업, 보세구역의 창고업,「해운법」에 따른 해운대리점업 및 해운중개업

㉥ 오락 · 문화 및 운동관련 서비스업 중 뉴스제공업과 영화산업(영화관 운영업과 비디오물감상실 운영업을 제외한다)

③ 비거주자 또는 외국법인의 국내사업장이 있는 경우에 국내에서 국외의 비거주자 또는 외국법인과 직접 계약에 의하여 공급되는 재화 또는 용역 중 상기 제2항 각목의 1에 해당하는 재화 또는 사업에 해당하는 용역으로서 그 대금을 당해 국외의 비거주자 또는 외국법인으로부터 외국환은행을 통하여 원화로 받는 것

④「관광진흥법」에 따른 일반여행업자가 외국인관광객에게 공급하는 관광알선용역으로서 그 대가를 다음 각 목의 어느 하나의 방법에 의하여 받는 것

㉠ 외국환은행에서 원화로 받은 것

㉡ 외화 현금으로 받아 외국인관광객과의 거래임이 확인된 것(국세청장이 정하는 관광알선수수료명세표와 외화매입증명서에 의하여 확인되는 것만 해당한다)

⑤ 다음에 해당하는 사업자가 국내에서 공급하는 재화 또는 용역으로서 그 대가를 외화로 받고 그 외화를 외국환은행에서 원화로 환전하는 것

㉠「개별소비세법」 제17조 제1항의 규정에 의한 지정을 받아 외국인전용판매장을 영위하는 자

㉡「조세특례제한법」 제115조의 규정에 의한 주한외국군인 및 외국인선원 전용의 유흥음식점업을 영위하는 자

#### 2)「외국환은행에서 원화로 받는 경우」로 대금수령 요건을 제한한 이유

영세율 적용요건 중에서 상기의 업종과 같이 대금수령 요건을 제한하여 외국환은행에서

원화로 수출대금을 회수하는 경우에 한하여 영세율을 적용하는 취지는 외화획득의 장려를 위해서이다.

### 3) 영세율이 적용되는 경우

① 국외의 비거주자 또는 외국법인으로부터 직접 송금받아 외국환은행에서 매각하는 경우

② 국내사업장이 없는 비거주자 또는 외국법인에게 재화 또는 용역을 제공하고 그 대가를 당해 비거주자 또는 외국법인에게 지급할 금액에서 차감하는 경우

다만, 대법원에서는 이를 인정하지 않고 있다. 부가세법 기본통칙은 과세관청의 내부에 있어서 세법의 해석기준 및 집행기준을 시달한 시행규칙에 불과하고 법원이나 국민을 기속하는 효력이 있는 법규가 아니라 할 것이고, 오랫동안 시행되어 왔다는 사정만으로 법규적 효력을 인정할 수도 없다(대법원 2007. 6. 14 선고, 2005두12718 판결).

③ 내국법인이 국외에 소재하는 국외사업자에게 용역을 제공하고 그 용역대가를 당해 내국법인의 대표이사 개인이 외국환은행을 통하여 원화로 결제받았으나 내국법인의 부가가치세 신고시 이를 누락시킨 경우에도 외국환은행을 통하여 원화로 결제받은 금액이 당해 용역의 대가로 확인되는 경우에는 영의 세율이 적용되는 것이며 이 경우 당해 용역의 대가에 대하여는 세금계산서 교부의무가 없는 것이다(부가 46015-1608, 1998. 7. 15).

④ 국내에서 국내사업장이 없는 비거주자 또는 외국법인에게 재화 또는 용역을 공급하고 그 대가를 외국신용카드로 받는 경우(소비 46015-41, 2002. 2. 8)

⑤ 대가를 당해 용역을 공급받은 비거주자 또는 외국법인이 국외에 소재하는 금융기관을 지급자로 하고 당해 용역의 공급자를 수취인으로 하여 발행한 개인수표를 받아 외국환은행에서 매각하는 경우(부가 46015-494, 2001. 3. 14)

⑥ 내국법인이 소득세법 제120조 및 법인세법 제94조의 규정에 의한 국내사업장에 해당하지 아니하는 사무소를 두고 있는 비거주자 또는 외국법인과 직접 계약에 의하여 사업서비스 용역을 제공하고 그 대가는 비거주자 등의 국내사무소의 계좌로 송금된 외화를 외국환은행을 통하여 원화로 받는 경우에도 부가가치세법 시행령 제26조 제1항 제1호의 규정에 의하여 영세율이 적용되는 것임. 다만, 이 경우 국내사무소가 비거주자 등의 국내사업장에 해당하는 경우에는 동령 제26조 제1항 제1호의 2의 규정에 의한 영세율이 적용되지 아니하는 것임(서면3팀-194, 2004. 2. 9).

⑦ 국내에서 국내사업장이 없는 비거주자 또는 외국법인에게 재화 또는 용역을 공급하고 그 대금을 외국환은행으로부터 비거주자 등의 국내대리점을 경유하여 원화로 받는 경우, 국내대리점이 비거주자 등으로부터 국내대리점의 계정으로 송금된 외화를 매각하

거나 비거주자 등에게 송금할 국내대리점계정상의 외화의 전부 또는 일부를 매각하여 원화로 지급한 사실이 확인되는 때에는 영의 세율이 적용됨(소비 22601-61, 1987. 1. 24).

### 4) 영세율이 적용되지 않는 경우

① 국내에서 국내사업장이 없는 외국법인에게 용역을 제공하고 그 대금을 당해 외국법인의 국내소재 외국환은행의 비거주자 원화예금구좌를 통하여 원화로 받는 경우에는 영세율이 적용되지 아니함(부가 22601-2150, 1986. 10. 29).

② 외국소재의 비거주자 또는 외국법인으로부터 직접 송금이 아니고 직접 미화(달러)로서 대금을 받은 경우 외국환은행이 발행하는 외환교환계산서를 발급받는 경우(부가 22601-2148, 1985. 11. 2)

③ 사업자가 국내에서 국내사업장이 없는 비거주자 또는 외국법인에게 재화를 공급하고 그 대금을 국내에서 원화 또는 외화로 직접 받는 경우(부가 22601-1325, 1988. 7. 29)

**부가가치세 집행기준 24-33-1 그 밖의 외화획득 재화·용역의 범위**

① 외화를 획득하는 재화 또는 용역은 대가를 외국환은행에서 원화로 받는 경우에만 영세율이 적용되는 것과 대금결제수단에 관계없이 영세율이 적용되는 것이 있으며, 그 사례는 다음과 같다.

| 대금결제요건 필요 | 대금결제요건 불필요 |
|---|---|
| • 국내사업장이 없는 비거주가 또는 외국법인에게 공급되는 특정 재화 또는 용역 | • 수출업자와의 도급계약에 따라 공급하는 수출재화 임가공용역 |
| • 비거주자 또는 외국법인의 국내사업장이 있는 경우 국내에서 국외의 비거주자 또는 외국법인과 직접 계약에 의하여 공급되는 특정 재화 또는 용역 | • 우리나라에 상주하는 외교공관, 영사기관, 국제연합과 이에 준하는 국제기구(우리나라가 당사국인 조약과 그 밖의 국내법령에 따라 특권과 면제를 부여받을 수 있는 경우만 해당) 등 외교공관 등에 공급하는 재화 또는 용역 |
| • 국내사업장이 없는 비거주자 또는 외국법인에게 제공하는 수출알선용역 | • 외국을 항행하는 선박, 항공기 및 원양어선에 공급하는 재화 또는 용역 |
| • 일반 여행업자가 외국인관광객에게 공급하는 관광알선용역 | • 내국신용장 또는 구매확인서에 의하여 공급하는 수출재화 임가공용역 |
| • 외국인전용판매장을 영위하는 사업자와 주한 외국군인 및 외국인선원 전용의 유흥음식점을 영위하는 사업자가 공급하는 재화 또는 용역 | • 외교관 등이 외교관면세점에서 외교관면세판매기록표에 의하여 공급받는 음식 · 숙박용역, 석유류, 보석제품 등의 물품, 주류, 자동차 |

② 재화 또는 용역의 대가를 다음과 같은 방법으로 받는 경우에는 외국환은행에서 원화로 받는 것으로 본다.

1. 비거주자 등으로부터 외화를 직접 송금받아 외국환은행에서 매각하는 방법
2. 비거주자 등에게 지급할 금액에서 빼는 방법
3. 대가를 외국신용카드로 결제받는 방법
4. 비거주자가 발행한 개인수표를 받아 외국환은행에서 매각하는 방법
5. 외국환은행을 통하여 외화로 송금받아 외화예금계좌로 예치하는 방법
6. 대가를 외국환은행을 통해 외화구좌로 받아 외화상태로 예치하였다가 외화채무 상환 등에 사용하는 경우

## 16. 영세율 적용대상 사업자의 면세포기

법 제12조 제1항의 규정에 의하여 부가가치세가 면제되는 재화 또는 용역의 공급이 법 제11조의 규정에 의하여 영세율 적용의 대상이 되는 경우에 법 제12조 제4항의 규정에 의하여 부가가치세의 면제를 받지 아니하고자 하는 사업자는 면세포기신고서에 의하여 관할 세무서장에게 신고(국세정보통신망에 의한 신고를 포함한다)하고, 법 제5조의 규정에 의하여 지체 없이 등록하여야 한다. 면세포기를 한 사업자는 신고한 날로부터 3년간은 부가가치세의 면제를 받지 못한다. 면세포기신고를 한 사업자가 기간 경과 후 부가가치세의 면제를 받고자 하는 때에는 면세적용신고서와 함께 교부받은 사업자등록증을 제출하여야 하며, 면세적용신고서를 제출하지 아니한 경우에는 계속하여 면세를 포기한 것으로 본다. 면세포기를 두는 이유는 매입세액공제를 허용하도록 하는 데 있다.

### (1) 내국신용장에 의하여 재화를 공급하는 경우

영세율 적용대상이 되는 재화 또는 용역의 공급에 대하여 부가가치세법 시행령 제47조의 규정에 의하여 면세포기신고를 한 사업자가 동법 시행령 제24조 제2항의 규정에 의한 내국신용장에 의하여 수출용 재화를 공급하는 경우에는 동법 제16조의 규정에 의한 세금계산서를 교부하여야 하는 것이다(부가 22601-1414, 1988. 8. 11). 예를 들어 영농조합이 수출업자에게 면세대상인 화훼 등을 공급하는 경우 면세포기를 한 경우에는 계산서가 아닌 영세율세금계산서를 교부하여야 한다.

### (2) 인삼제품 등의 영세율 적용 여부

부가가치세 과세사업과 면세사업을 겸영하는 사업자가 면세재화를 수출하는 경우(인삼, 홍삼 등) 당해 면세재화에 대하여 영세율 적용을 받고자 하는 때에는 면세포기를 하는 경우에 영세율을 적용받을 수 있는 것이다(서면3팀-816, 2007. 3. 16).

### (3) 면세포기한 자가 입어권을 양도하는 경우 과세 여부

수출에 대하여 면세포기를 한 원양어업 및 제조업을 겸업하는 사업자가 러시아 해역에서 우리나라와 러시아 간 어업협정에 의해 명태 등을 어획할 수 있는 권리(입어허가권)를 러시아 정부로부터 이를 국내에서 국내의 다른 원양어업회사에 양도하는 경우에 당해 입어허가권은 부가가치세법 제1조 제1항의 규정에 의하여 부가가치세가 과세되는 것이다(재소비 46015-257, 2003. 8. 18).

### (4) 면세포기 재화를 국내에 공급하는 경우

양돈을 공급하는 회사로써 부가가치세법상 면세되는 회사이나, 면세대상 중 수출하는 품목에 대해서는 면세포기신고를 하고 영세율 규정을 적용하여 수출하는 재화로써 환급을 받았으나 당해 재화를 수출하지 아니하고 국내에 공급한 경우에는 부가가치세 영세율을 적용받을 수 없는 것으로 부가가치세가 면제되는 것으로 면세포기를 적용받는 과세기간에 감가상각자산을 공급받아 매입세액을 공제한 후 수출목적의 재화를 국내에 공급함에 따라 총공급가액에 대한 면세공급가액의 비율이 증가하는 경우에는 납부세액 또는 환급세액을 재계산하여 당해 과세기간의 확정신고와 함께 신고납부하여야 하는 것이다(부가 46015-4030, 2000. 12. 14).

### (5) 면세포기관련 선박의 판매

수산물을 원양에서 채취하여 수출하는 사업자가 면세포기를 하여 과세사업을 영위하다가 동 과세사업에 사용되는 선박을 매각하는 경우에는 부가가치세가 과세되는 것이다(부가 22601-1316, 1989. 9. 11).

### (6) 한국국제협력단의 면세포기

한국국제협력단법에 의하여 설립된 한국국제협력단의 국제협력 사업의 일환으로 해외에 무상으로 반출하는 재화에 대하여는 면세포기에 의하여 영세율을 적용받을 수 있는 것이다(재부가 46015-87, 1993. 5. 22).

# 수출업의 영세율 조기환급 신고

## 1. 수출업의 부가가치세 신고

수출업을 영위하는 사업자는 조기환급기간의 종료일로부터 25일 이내에 영세율 조기환급신고를 하는 경우 조기환급신고기한 경과 후 15일 내에 환급을 받을 수 있다. 또한, 조기환급을 받을 수 있는 사업자는 당해 영세율 등 조기환급 신고기간·예정신고기간 또는 과세기간 중에 **각 신고기간 단위별로 영세율 등의 적용대상이 되는 과세표준이 있는 경우에 한한다**(부기통 59-107-1).

[영세율 조기환급 신고대상 해당 여부]

| 구 분 | 1월 | 2월 | 3월 |
|---|---|---|---|
| 영세율 과세표준 | 100,000,000 | 0 | 1,000,000 |
| 조기환급 신고 여부 | 가능 | 불가능 | 가능 |

### (1) 영세율 등 조기환급기간

수출업을 영위하는 사업자는 예정신고기간 중 또는 과세기간 최종 3월 중 매월 또는 매 2월에 영세율 등 조기환급기간 종료일로부터 25일 내에 영세율 등 조기환급기간에 대한 과세표준과 환급세액을 정부에 신고하는 경우에는 영세율 등 조기환급기간에 대한 환급세액을 각 영세율 등 조기환급기간별로 당해 조기환급신고기한 경과 후 15일 이내에 사업자에게 환급하여야 한다.

[영세율 제1기 조기환급 신고기한 및 환급기한]

| 구 분 | 예정신고기간 | | | 과세기간 최종3월(확정신고기간) | | |
|---|---|---|---|---|---|---|
| | 기 간 | 신고기한 | 환급기한 | 기 간 | 신고기한 | 환급기한 |
| 매월 | 1. 1~1. 31<br>2. 1~2. 28<br>3. 1~3. 31 | 2. 25<br>3. 25<br>4. 25 | 3. 12<br>4. 9<br>5. 10 | 4. 1~4. 30<br>5. 1~5. 31<br>6. 1~6. 30 | 5. 25<br>6. 25<br>7. 25 | 6. 9<br>7. 10<br>8. 9 |
| 매2월 | 1. 1~2. 28<br>2. 1~3. 31 | 3. 25<br>4. 25 | 4. 9<br>5. 10 | 4. 1~5. 31<br>5. 1~6. 30 | 6. 25<br>7. 25 | 7. 10<br>8. 9 |
| 3월 | 1. 1~3. 31 | 4. 25 | 5. 10 | 4. 1~6. 30 | 7. 25 | 8. 9 |

※ 환급기한은 조기환급 신고기한 경과 후 15일 이내로 상기의 기한 전에 환급을 받게 된다. 다만, 조기환급

신고 내역의 적정성을 검증하기 위하여 환급 신고 현지 확인조사를 실시하는 경우에는 다소 지연될 수도 있다.

### (2) 영세율 조기환급신고시 첨부서류

영세율 등 조기환급신고에 있어서는 다음의 사항을 기재한 영세율 등 조기환급신고서에 당해 과세표준에 대한 영세율첨부서류와 매출처별세금계산서합계표 및 매입처별세금계산서합계표를 첨부하여 제출하여야 한다. 또한 영세율매출명세서를 제출하여야 한다.

① 사업자의 인적사항

② 과세표준과 환급세액 및 그 계산근거

③ 매출·매입처별세금계산서합계표 제출내용

④ 기타 참고사항

■ 부가가치세법 시행규칙 [별지 제29호 서식] 〈개정 2017. 3. 10〉

홈텍스(www.hometax.go.kr)에서도 신청할 수 있습니다.

# 영세율 매출명세서

년 제 기 ( 월 일 ~ 월 일)

※ 뒤쪽의 작성방법을 읽고 작성하시기 바랍니다. (앞쪽)

## 1. 제출자 인적사항

| | |
|---|---|
| ① 상호(법인명) | ② 사업자등록번호 |
| ③ 성명(대표자) | ④ 사업장 소재지 |
| ⑤ 업태 | ⑥ 종목 |

## 2. 영세율 적용 공급실적 합계

| ⑦ 구분 | ⑧ 조문 | ⑨ 내 용 | ⑩ 금액(원) |
|---|---|---|---|
| 부가가치세법 | 제21조 | 직접수출(대행수출 포함) | |
| | | 중계무역・위탁판매・외국인도 또는 위탁가공무역 방식의 수출 | |
| | | 내국신용장・구매확인서에 의하여 공급하는 재화 | |
| | | 한국국제협력단, 한국국제보건의료재단 및 대한적십자사에 공급하는 해외반출용 재화 | |
| | | 수탁가공무역 수출용으로 공급하는 재화 | |
| | 제22조 | 국외에서 공급하는 용역 | |
| | 제23조 | 선박・항공기에 의한 외국항행용역 | |
| | | 국제복합운송계약에 의한 외국항행용역 | |
| | 제24조 | 국내에서 비거주자・외국법인에 공급되는 재화 또는 용역 | |
| | | 수출재화임가공용역 | |
| | | 외국항행 선박・항공기 등에 공급하는 재화 또는 용역 | |
| | | 국내 주재 외교공관, 영사기관, 국제연합과 이에 준하는 국제기구, 국제연합군 또는 미합중국군대에 공급하는 재화 또는 용역 | |
| | | 「관광진흥법 시행령」에 따른 일반여행업자가 외국인 관광객에게 공급하는 관광알선용역 | |
| | | 외국인전용판매장 또는 주한외국군인 등의 전용 유흥음식점에서 공급하는 재화 또는 용역 | |
| | | 외교관 등에게 공급하는 재화 또는 용역 | |
| | | 외국인환자 유치용역 | |
| ⑪ 「부가가치세법」에 따른 영세율 적용 공급실적 합계 | | | |
| 조세특례제한법 | 제105조 제1항 제1호 | 방위산업물자 또는 「비상대비자원 관리법」에 따라 지정된 자가 생산공급하는 시제품 및 자원동원으로 공급하는 용역 | |
| | 제105조 제1항 제2호 | 「국군조직법」에 따라 설치된 부대 또는 기관에 공급하는 석유류 | |
| | 제105조 제1항 제3호 | 도시철도건설용역 | |
| | 제105조 제1항 제3호의 2 | 국가・지방자치단체에 공급하는 사회기반시설 등 | |
| | 제105조 제1항 제4호 | 장애인용 보장구 및 장애인용 특수 정보통신기기 등 | |
| | 제105조 제1항 제5호 | 농민 또는 임업에 종사하는 자에게 공급하는 농업용・축산업용・임업용 기자재 | |
| | 제105조 제1항 제6호 | 어민에게 공급하는 어업용 기자재 | |
| | 제107조 | 외국인 관광객 등에게 공급하는 재화 | |
| | 제121조의 13 | 제주특별자치도 면세품판매장에서 판매하거나 제주특별자치도 면세품판매장에 공급하는 물품 | |
| ⑫ 「조세특례제한법」 및 그 밖의 법률에 따른 영세율 적용 공급실적 합계 | | | |
| ⑬ 영세율 적용 공급실적 총 합계 ⑪+⑫ | | | |

210mm×297mm[백상지 80g/㎡ 또는 중질지 80g/㎡]

### (3) 국세환급금 계좌개설신고

국세환급금을 지급받고자 하는 납세자는 「계좌개설(변경)신고서(국세기본법 시행규칙 별지 제22호 서식)」에 통장사본 1부를 첨부하여 신고하도록 하여야 한다. 다만, 계좌개설신고를 하지 아니한 납세자가 과세표준신고시 환급신고액이 5,000만원 미만으로서 각 세법이 정하는 바에 따라 제출한 과세표준신고서에 납세자 명의의 환급계좌를 신고한 경우에는 계좌개설 신고를 한 것으로 보며 이후 5,000만원 미만 환급에 한하여 당해 신고계좌가 유효하다(국세징수사무처리규정 71 ②).

## 2. 영세율첨부서류

영세율이 적용되는 경우에는 **법령이 정하는 서류를 첨부하여 제출**하여야 한다. 다만, 부득이한 사유로 인하여 해당 서류를 첨부할 수 없는 때에는 국세청장이 정하는 서류로서 이에 갈음할 수 있다. 여기서 부득이한 사유는 다음과 같다.

① 영의 세율 적용대상거래로서 영 제64조 제3항 각호에서 정한 서류가 없는 때

② 신고기한 내 서류발급관서의 사정으로 제출할 수 없는 때

③ 기타 영세율적용사업자에게 귀책사유가 없는 때

### (1) 영세율첨부서류 제출기한

조기환급을 받고자 하는 경우 영세율첨부서류는 **부가가치세 신고기한까지 제출**하여야 한다(국세청고시 제2003-1호, 2003. 1. 10). 다만 조기환급신고 외에 전자신고하는 부가가치세 과세표준신고 중 수출실적명세서 및 영세율첨부서류제출명세서를 제외한 영세율첨부서류는 신고기한 경과 후 10일 이내에 제출할 수 있다(국세청고시 제2003-2호, 2003. 1. 22).

**[영세율첨부서류 제출기한]**

| 구분 | | 제출기한 |
|---|---|---|
| 전자신고 | • 조기환급을 받고자 하는 경우<br>• 수출실적명세서<br>• 영세율첨부서류제출명세서 | 부가가치세 신고기한 |
| | • 그 외 | 10일 연장 |
| 서면신고 | | 부가가치세 신고기한 |

### (2) 영세율첨부서류

| 영세율적용대상 | 첨부 서류 | |
|---|---|---|
| | 법령에 의한 첨부서류 | 국세청장 지정서류 |
| 직접수출<br>(대행수출 포함) | - 수출실적명세서<br>- 휴대반출시 간이수출신고수리필증<br>- 소포우편 수출의 경우 소포수령증 | 수출대행계약서 사본 및 수출신고필증, 또는 수출대금입금증명서 |
| 중계무역방식 수출·위탁판매수출·외국인도수출·위탁가공수출 | 수출계약서 사본 또는 외화입금증명서 | |
| 내국신용장·구매확인서에 의한 공급 | 내국신용장 등 전자발급명세서 | 관세환급금 등 명세서<br>(내국신용장에 불포함분) |
| 한국국제협력단에 재화공급 | 한국국제협력단 발행 공급사실 증명서류 | |
| 수탁가공무역 수출용 재화공급 | 수출재화를 입증하는 서류 및 외화입금증명서 | |
| 국외에서 제공하는 용역 | 외화입금증명서 또는 용역공급 계약서 | 장기 해외건설공사의 경우 최초신고시 공사도급계약서 사본을 제출하고 당해 신고기간에는 외화획득명세서 제출) |
| 선박에 의한 외국항행용역 | 외화입금증명서 | 「선박에 의한 운송용역 공급가액일람표」 |
| 항공기에 의한 외국항행용역 | 공급가액 확정명세서 | 다른 외국항행사업의 탑승권을 판매하거나 화물운송계약을 체결하여 주는 경우 「송장집계표」 |
| 국제복합운송계약에 의한 외국항행용역 | | 선박·항공기에 의한 외국항행용역 입증서류 |
| 국내에서 비거주자·외국법인에게 공급하는 재화 및 일부 용역 | 외화입금증명서 | - 용역공급계약서 사본<br>- 외화매입증명서 또는 외국환매각증명서는 외화입금증명서에 갈음<br>- 직접 외화가 입금되지 아니한 경우 →「외화획득명세서」에 외화획득사실 증빙 첨부 |
| 수출재화 임가공용역 | - 임가공계약서 사본과 납품사실증명서 또는 수출대금입금증명서<br>- 내국신용장 또는 구매확인서 사본 | 수출업자와 임가공 사업자의 사업장이 동일한 경우 납품사실증명서만 제출함 |

| 영세율적용대상 | | 첨부 서류 | |
|---|---|---|---|
| | | 법령에 의한 첨부서류 | 국세청장 지정서류 |
| 외국항행 선박·항공기 등에 공급하는 재화·용역 | 재화 | 선(기)적완료증명서<br>다만, 전기통신사업은 용역공급기록표 | 세관장 발행 물품·선(기)용품 적재허가서 |
| | 하역 용역 | | 세관장에게 제출한 작업신고 및 교통허가서 또는 작업보고필증이나 선박회사 대금청구서 |
| | 기타 용역 | | 세관장 발행 승선허가증 사본 |
| 외국정부기관 등에 공급하는 재화·용역 | | 수출(군납)대금입금증명서 또는 군납완료증명서 또는 외국정부기관 등이 발급하는 납품 또는 용역공급 사실을 증명하는 서류<br>다만, 전력 등 계속 공급하는 경우 재화공급기록표, 용역공급기록표 | 외화입금 증명서 |
| 외국인관광객에게 공급하는 관광기념품과 관광알선용역 및 관광호텔의 숙박용역 | | - 외국인물품판매 기록표<br>- 일반여행업은 외화입금증명서<br>- 외국인숙박 기록표 | |
| 외국인전용판매장에서 공급하는 재화·용역 및 미군주둔지역 관광특구 내 사업자가 공급하는 재화 | | 외화입금증명서 또는 외화매입증명서 | |
| 외교관 등에게 공급하는 재화·용역 | | 외교관면세판매 기록표 | |
| 차관자금에 의해 공급하는 재화·용역 | | 외화입금증명서 또는 차관사업증명서 | |
| 방위산업물자 군부대등에 공급하는 석유류 | | 납품증명서 | |
| 도시철도 건설용역 | | 납품받는 기관장 발행 용역공급사실 증명서류 | |
| 국가·지방자치단체에 공급하는 사회간접자본시설 | | 「사회간접시설에 대한 민간투자법」에 의한 공급 입증서류 | |
| 장애인용보장구 및 정보통신기기 | | 월별판매액합계표 | |
| 농민 등에게 공급하는 농·축·임·어업용 기자재 | | - 월별판매액합계표<br>- 농협 등을 통한 공급의 경우 납품 확인서 | |

### (3) 부득이한 사유로 신고기한 내에 법정서류를 제출할 수 없는 경우

법정 영세율첨부서류를 신고기한 내 제출할 수 없는 경우나 법정서류가 없는 경우 및 영세율 적용사업자에게 귀책사유를 물을 수 없는 경우에는 **외화획득명세서(별지 제7호 서식)에 영세율이 확인되는 증빙서류를 첨부하여 제출**하여야 한다(부기통 11-64-12, 서삼 46015-12043, 2003. 12. 31). 당해 서류를 제출한 사업자는 법정서류를 실질적으로 발급받을 수 있는 날이 속하는 과세기간의 예정신고 또는 확정신고기한 내에 제출하여야 하며, 이를 보완하여 제출하지 아니한 때에는 당초부터 법령에 의한 영세율첨부서류를 제출하지 아니한 것으로 보아 영세율신고불성실가산세를 적용한다. 인터넷쇼핑몰을 통하여 부가가치세 과세재화를 판매하는 사업자가 비거주자로부터 주문받아 소포우편(EMS 등) 등에 의하여 수출하는 경우에는 「부가가치세법」 제21조 제2항 제1호에 따라 영의 세율을 적용하는 것이다. 이 경우 영세율첨부서류는 같은 법 시행령 제101조에 따르는 것이나, 부득이한 사유로 인하여 해당 규정에 따른 서류를 첨부할 수 없는 때에는 국세청장이 정하는 서류로써 갈음할 수 있는 것이며 법령 또는 훈령에 정한 서류를 제출할 수 없는 경우에는 영세율 규정에 의한 외화획득명세서에 해당 외화획득내역을 입증할 수 있는 증빙서류를 첨부하여 제출하는 것이다(부가-0571, 2016. 3. 20).

## 3. 영세율신고불성실가산세

### (1) 영세율신고불성실가산세

영세율이 적용되는 과세표준을 예정신고 또는 확정신고를 하지 아니하거나 그 신고한 과세표준이 신고하여야 할 과세표준에 미달하는 때에는 그 신고하지 아니한 과세표준, 미달하게 신고한 경우에는 그 미달한 **과세표준의 100분의 0.5에 상당하는 금액**을 납부세액에 가산하거나 환급세액에서 공제한다. 한편, 사업자가 부가가치세 영세율 과세표준을 신고함에 있어 신고하여야 할 과세표준보다 초과하여 신고한 경우에는 동법 제22조 제6항의 규정에 의한 가산세는 적용하지 아니하는 것이다(부가 46015-1009, 1999. 4. 10). 또한, 사업자가 부가가치세 신고시 영세율이 적용되는 과세표준에 관하여 법에 규정하는 영세율첨부서류를 제출하지 아니한 때에는 부가가치세법 시행령 제64조 제9항 및 제65조 제4항의 규정에 의하여 신고된 것으로 보지 아니하여 영세율신고불성실가산세가 적용되는 것이다(서면3팀-2892, 2006. 11. 22). 영세율첨부서류 제출은 영세율 적용대상 모두에 해당되며 특히 조세특례제한법에서 규정하는 영세율 적용대상의 경우에도 영세율첨부서류를 미제출하는 경우 가산세 적용대상에 해당하는 것이다(서면3팀-1177, 2008. 6. 12).

① **영세율첨부서류는 제출하였으나 과세표준신고서에 기재하지 않은 경우**

「부가가치세법 시행령」 제64조 및 제65조에 따른 부가가치세 예정신고서 또는 부가가치세 확정신고서를 작성할 때 영세율이 적용되는 과세표준을 과세표준란에 기재하지 않았으나 「부가가치세법 시행령」 제64조 제9항 및 제65조 제4항에 따른 서류를 첨부하여 제출한 경우에는 법 제22조 제8항을 적용하지 아니하는 것이다(부가-1352, 2011. 10. 31).

② 부가가치세 신고시 영세율 과세표준을 외화표시 금액의 원화환산의 오류로 인하여 신고하여야 할 과세표준에 미달하게 신고한 경우 부가가치세법 제22조 제7항의 규정에 의하여 영세율과세표준 신고불성실가산세를 적용하는 것이다(부가-1418, 2009. 9. 30).

③ 영세율 등 조기환급신고에 대하여 같은 법 시행령 제68조 제2항 제5호의 규정에 따라 부가가치세의 과세표준과 환급세액을 조사에 의하여 같은 법 제18조 또는 제19조에 의한 신고기한 전에 경정하는 경우, 「부가가치세법」 제22조 제3항 제3호의 2의 규정에 의한 세금계산서불성실가산세를 부과하는 것이다(기획재정부 부가가치세제과-404, 2008. 10. 15).

④ **면세수입금액에 기재한 경우**

영세율과세표준을 과세표준으로 신고하지 아니하고 신고서상 면세수입금액란에 기재하여 신고한 경우에는 영세율과세표준 신고불성실가산세가 적용된다(서면3팀-1242, 2005. 8. 3).

### 영세율에 대해 10% 세금계산서 발급한 경우 사실과 다른 세금계산서 해당 여부

재화 공급일 이전에 매입처로부터 구매확인서를 발급받아 재화를 공급하였으나, 영세율이 아닌 10% 세금계산서를 발급한 경우 사실과 다른 세금계산서에 해당하는지요?

사업자가 「부가가치세법 시행령」 제24조 제2항 제1호에 따라 영세율을 적용할 수 있는 거래에 대해 「부가가치세법」 제16조에 따라 부가가치세액(세율 10%)을 별도로 적은 세금계산서를 발급하고 이에 따라 과세표준 등을 신고·납부하는 등 조세탈루 사실이 없는 경우에는 「부가가치세법」 제22조 제2항 제1호의 가산세 부과대상인 사실과 다른 경우에 해당하지 아니하는 것입니다. (근거 : 기재부 부가-747, 2011. 11. 28)

또한, 영세율 적용대상 거래에 대하여 착오로 10%의 세율을 적용한 세금계산서를 교부하고 부가가치세를 신고·납부한 경우에는 영세율을 적용하는 수정세금계산서를 교부하여 경정 등의 청구를 할 수 있는 것입니다. (근거 : 부가-123, 2011. 2. 9)

**판례** **영세율첨부서류 미제출가산세**(조심 2012서800, 2012. 5. 22)

청구법인은 중계무역방식의 수출을 하는 업체로서 수출계약서를 따로 작성하지 않으므로 외화입금증명서를 첨부하여 부가가치세를 신고하고 있으나, 수출대금의 입금이 늦게 이루어져 외화입금증명서를 발급받지 못하여 부득이 외화획득명세서를 우선 첨부하고, 나중에 수출대금의 입금이 되면 외화입금증명서를 발급받을 수 있을 때 외화입금증명서를 첨부하고 있는 것으로, 국세청장이 정하는 서류를 제출하여야 하는데, 국세청장은 현재 그 서류를 고시하지 않고 있고, 본점의 경우도 2001. 4. 이후 외화획득명세서의 제출로 영세율 조기 환급을 받음에 있어 관할 세무서로부터 이의제기 또는 행정지도를 받은 바가 없고, 외화획득명세서에 공급연월, 공급받는 자의 상호 및 국적, 재화·용역의 구분, 원사·부자재·물품·완제품의 표시, 수량, 단가, 금액, B/L 번호 등을 기재하여 영세율 확인에 필요한 정보를 모두 기재하였고, 외화획득명세서만 첨부한 거래에 대하여 청구인은 ○○○ 등을 보관하고 있어 과세관청은 언제든지 이를 확인할 수 있음에도 영세율 과세표준 신고불성실가산세를 부과한 처분은 부당하다고 주장하며, 부가가치세 신고서 및 외화입금명세서(매입실적확인 및 증명발급신청서), 외화획득명세서(외화미입금 해당분), 수출실적명세서(직수출분) 등을 제출한 바, 이 중 외화획득명세서를 보면, 공급연월, 공급받는 자의 상호 및 국적, 재화·용역의 구분, 원사·부자재·물품·완제품의 표시, 수량, 단가, 금액, B/L 번호 등이 기재되어 있고, 법정서식제출불능사유에는 "미입금"이라고 기재되어 있고, 추후 입금시 발급받은 외화입금증명서를 제출할 때에는 기보고분이라고 기재하여 구분하여 영세율신고를 하고 있는 것으로 나타난다.

「부가가치세법 시행령」 제64조 제3항에서 영세율이 적용되는 경우에 일반과세표준 신고시와는 달리 영세율 적용대상임을 확인할 수 있는 서류를 제출하도록 한 취지는 영세율이 적용되는 경우에는 부가가치세가 완전 면세되는 만큼 그 적용대상 여부와 금액을 정확하게 확인하기 위한 것으로 세무서장이 납세자의 신고서류만으로 이를 확인할 수 있도록 하기 위한 것이라 할 것이나, 납세자가 신고시 의무적으로 제출하여야 하는 법정 첨부서류에 대하여 과세관청이 유효 적절한 행정지도를 하지 아니한 채 기왕에 별다른 이의 제기없이 장기간 영세율 적용대상임을 승인하여 왔다면 영세율신고불성실의 귀책사유가 납세자에게만 있다고 보기 어려운 점이 있다(국심 2000서436, 2000. 7. 29, 국심 1998전2715, 1999. 2. 8 등 참조).

이상의 내용을 종합하여 살피건대, 이 건에 있어 <u>청구법인은 수출대금의 외화입금 해당분은 외화입금증명서를 첨부하고, 그 미입금분은 부득이 수출사실이 상세하게 기록된 외화획득명세서를 처분청에 제출하고 OOO를 보관하고 있어 처분청으로서도 언제든지 영세율 적용대상의 여부와 금액 등의 수출사실을 확인할 수 있다고 보이고,</u> 다음 달 외화입금 시 외화입금증명서에 "기보고분"이라고 표시하여 다음 달의 실적신고 시 정상적으로 신고해온 점에서 수출상대국의 대금지연이라는 부득이한 사유가 있는 것으로 보이며, 본사의 경우 2001년 4월 이후 외화획득명세서의 제출로 영세율 조기 환급을 받음에 있어 관할 세무서로부터 이의제기 또는 행정지도를 받은 바가 없는 점 등에 비추어 신고불성실의 귀책사유가 청구법인에게만 있다고 보기 어려우므로 처분청이 청구법인에게 영세율과세표준 신고불성실가산세를 부과한 처분은 부당한 것으로 판단된다.

### (2) 수정신고에 대한 영세율신고불성실가산세 감면

법정신고기한 경과 후 2년 이내에 영세율부가가치세 예정신고 또는 확정신고에 대한 수정신고를 한 경우 다음의 기한에 따라 영세율신고불성실가산세를 감면한다. 다만, 과세표준수정신고서를 제출한 과세표준과 세액에 관하여 **경정이 있을 것을 미리 알고 제출한 경우를 제외**한다(국기법 48 ① 2호). 한편, 영세율과세표준 예정신고누락분으로 확정신고하면서 첨부서류를 제출하는 경우에 「국세기본법」 제48조 제2항 제1호(2008. 12. 26 법률 제9263호로 개정된 것)에 따라 영세율 과세표준 신고불성실가산세에 대하여 100분의 50을 감면받을 수 있는 것이다(국기, 징세과-12, 2009. 8. 27).

[수정신고에 따른 기간별 영세율신고불성실가산세 감면비율]

| 법정신고기한 경과 후 기간 | 감 면 비 율 |
|---|---|
| 1개월 이내 | 90% |
| 1개월 초과 ~ 3개월 이내 | 75% |
| 3개월 초과 ~ 6개월 이내 | 50% |
| 6개월 초과 ~ 1년 이내 | 20% |
| 1년 초과 ~ 2년 이내 | 10% |

### (3) 영세율 관련사례

#### ① 영세율신고불성실가산세 부과처분의 당부

청구인은 국내에서 전자부품(변압기 등)을 제조하여 수출하다 원가상승으로 국내 제조설비를 이전하여 위탁가공 생산한 후 제품 일부는 국내업체에게 판매하거나 국내에 반입 후 직접 수출하고, 나머지 제품은 위탁가공무역방식으로 인도네시아 현지에서 수출하고 있다.

청구인은 2006년 제2기 이후 영세율첨부서류를 간소화하라는 처분청 담당자의 행정지도에 의거, 위탁가공무역방식의 수출에 대한 월별조기환급신고시 수출실적명세서상의 "기타영세율 적용"란에 그 총액을 기재하고, 상세내역은 별지로 작성하여 팩스로 제출하고 21회에 걸쳐 환급받았음에도 처분청은 「부가가치세법 시행령」 제64조 제3항 제1호의2에서 정하는 "수출계약서 사본" 또는 "외화입금증명서"를 제출하지 않았다 하여 2006년 제2기분 이후 위탁가공무역방식의 수출에 대하여 영세율 과세표준신고불성실가산세를 적용한 것은 부당하다고 주장한다.

「부가가치세법 시행령」 제64조 제3항 및 제65조 제2항에서 영세율 과세표준에 대하여 일반 과세표준과는 달리 영세율 적용대상임을 확인할 수 있는 서류를 제출하도록 규정한 취지는 영세율이 적용되는 경우에는 부가가치세가 완전면세되는 만큼 그 적용대상 여부와 금액을 정확하게 확인하여야 하기 때문에 신고납부제도를 채택하고 있는 부가가치세 체제에서 세무서장이 납세자의 신고서류만으로 이를 확인할 수 있게 하기 위한 것인 바, 청구인이 처분청에 팩스로 제출한 "기타영세율 적용" 상세내역에 의하면 수출일자, 거래상대방 상호, 송장번호, 선적일, 통화, 환율, 외화입금액, 원화금액이 기재되어 수출내역을 확인할 수 있고, 청구인이 보관하고 있는 송장 및 송장별 수출대금입금내역에서 그 구체적 수출내역 및 외화입금내역을 확인할 수 있는 것으로 나타난다. 또한, 영세율 조기환급신고시 의무적으로 제출하여야 하는 영세율첨부서류에 대한 유효적절한 행정지도를 하지 아니한 채 기왕에 별다른 이의제기 없이 장기간 영세율적용대상임을 승인하여 왔다면, 그 귀책사유가 영세율 신청을 한 사업자에게 있다고 보기 어려운 바 처분청에서는 「부가가치세 영세율 적용에 관한 규정」에 영세율적용사업자에 대하여 사후관리대장과 영세율첨부서류 검토조사서 등을 비치·등재하여 사후관리하도록 규정하고 있어 청구인의 위탁가공무역방식의 수출이 영세율거래임을 알 수 있었고, 청구인은 영세율과세표준이나 세액을 실제 수출과 동일하게 신고하고 대금이 입금되었음이 확인될 뿐만 아니라 청구인은 2006년 제1기까지 영세율첨부서류를 제출하다 2006년 제2기부터 첨부서류 일부를 생략하고 처분청은 생략 제출된 영세율첨부서류에도 불구하고 21회에 걸쳐 별다른 이의제기 없이 청구인의 영세율 과세표준신고 내용을 용인하여 왔던 점에 비추어 청구인에게 영세율첨부서류 미제출에 대한 의무위반을 탓하기는 어렵다고 볼 수 있다(조심 2008중3984, 2009. 3. 12, 조심 2010부3408, 2010. 12. 14).

② **신고기한 경과 후 영세율첨부서류 제출시 가산세 부과 여부**

국세기본법 제5조의 2 제3항 및 국세청고시 제2003-2호에서 조기환급신고의 경우 영세율첨부서류를 제출기한 연장대상에서 제외하는 것은 그 취지가 영세율사업자에게 조기환급하여 자금부담을 덜어주기 위하여 일반환급시보다 빨리 영세율첨부서류를 제출하라는 것임을 감안할 때 청구법인이 조기환급신고자의 제출기한 내에 영세율첨부서류를 제출하지는 않았으나 일반 환급신고자의 제출기한 내에 영세율첨부서류를 제출하였다면 이를 일반환급신고로 보아 영세율 조기환급의 혜택을 부여하지 아니하고 일반환급으로 전환하는 것으로 충분한 것이지 영세율사업자에게 신고불성실가산세까지 부과할 것은 아니라고 할 것이다. 따라서 처분청이 청구법인에게 신고불성실가산세를 부과한 이 건 처분은 잘못이 있는 것으로 판단된다(국심 2006서3669, 2007. 4. 27).

③ 영세율 조기환급에 대한 세금계산서불성실가산세

부가가치세법 시행령 제73조 제3항에 따른 영세율 등 조기환급신고에 대하여 같은 법 시행령 제68조 제2항 제5호의 규정에 따라 부가가치세의 과세표준과 환급세액을 조사에 의하여 같은 법 제18조 또는 제19조에 의한 신고기한 전에 경정하는 경우, 부가가치세법 제22조 제3항 제3호의2의 규정에 의한 세금계산서불성실가산세를 부과하는 것이다(기획재정부-404, 2008. 10. 15).

④ 착오로 영세율세금계산서를 발급한 경우 일반세금계산서로 발급교부 가능 여부

㉠ 국세청 법규해석

사업자가 부가가치세법 제11조의 규정에 의한 영의 세율이 적용되지 아니하는 재화 또는 용역을 공급하면서 영세율세금계산서를 교부한 경우에 당해 재화 또는 용역의 공급시기 이후에는 10%의 세율을 적용하여 부가가치세법 시행령 제59조의 규정에 의한 수정세금계산서를 교부할 수 없는 것이다(재부가-700, 2007. 10. 4).

㉡ 법원 판결

부가가치세법 시행령 제59조의 규정은 세금계산서상의 작성에 있어 착오나 정정의 사유가 있을 경우 이를 수정하도록 함으로써 거래의 실제와 일치시켜 정당한 부가가치세액을 산출하기 위한 데에 그 취지가 있다 할 것이므로 이 사건과 같이 매입분에 대한 세율의 착오가 있는 경우에도 이를 정당한 세율로 정정한 수정세금계산서를 교부할 수 있다고 보아야 할 것이고, 또한 위와 같이 착오 내지 정정사유가 발생한 이유에 관하여 아무런 제한을 두고 있지 아니하므로 이 사건 세율의 착오가 부가가치세 조사과정에서 발견된 것이라고 하여 수정세금계산서 교부의 대상이 아니라고 볼 수도 없는 것임(대구고등법원 2002. 11. 8 선고, 2002누1183 판결).

2012. 7. 1 이후 수정세금계산서 발급분부터 세율(영세율을 10%로 또는 10%를 영세율로)을 잘못 적용하여 발급한 경우 처음에 발급한 세금계산서의 내용대로 세금계산서를 붉은색 글씨로 쓰거나 부(負)의 표시를 하여 발급하고, 수정하여 발급하는 세금계산서는 검은색 글씨로 작성하여 발급할 수 있도록 개정하였다(부령 59 ① 9호).

⑤ 월별 조기환급신고에 대한 가산세 여부

㉠ 사업자가 부가가치세법 시행령 제73조 제3항의 규정에 의하여 4월분 과세표준과 환급세액에 대하여 영세율 등 조기환급신고서를 제출한 후 당해 영세율 등 조기환급신고시 누락한 4월분 매입세금계산서는 확정신고시 제출하는 것이며, 당해 매입세금계산서를 5월분 과세표준과 환급세액에 대하여 영세율 등 조기환급신고서를

제출하면서 포함하여 제출한 경우 「부가가치세법」 제22조 제5항(매입처별세금계산서 합계표 관련 가산세) 및 「국세기본법」 제47조의 4(초과환급신고가산세)에서 규정하는 가산세는 적용하지 아니하는 것이다(서면3팀-1904, 2007. 7. 5).

㉡ 부가가치세법 시행령 제73조 제3항에 따른 영세율 등 조기환급신고에 대하여 같은 법 시행령 제68조 제2항 제5호의 규정에 따라 부가가치세의 과세표준과 환급세액을 조사에 의하여 같은 법 제18조 또는 제19조에 의한 신고기한 전에 경정하는 경우, 부가가치세법 제22조 제3항 제3호의2의 규정에 의한 세금계산서불성실가산세를 부과하는 것이다(재부가-404, 2008. 10. 15).

㉢ 사업자가 부가가치세법 시행령 제73조 제3항의 규정에 의하여 조기환급신고를 하면서 당해 조기환급기간에 대한 환급세액을 초과하여 환급세액을 신고하였다고 하더라도 신고불성실가산세는 부과되지 아니하는 것이다(국심 2006중919, 2006. 11. 16).

㉣ 재화의 공급에서 제외되는 사업의 포괄양도·양수와 관련하여 세금계산서를 교부받고 조기환급신고를 한 후, 관할세무서의 조기환급결정 전에 수정신고서를 통해 조기환급신고를 취소한 경우 초과환급신고가산세는 적용되지 아니하는 것이다(재정부-420, 2008. 3. 12).

**⑥ 영세율첨부서류 미제출가산세**

부가가치세 조기환급신고시 의무적으로 제출하여야 하는 법정 영세율첨부서류를 생략한 채 조기환급을 신청하였고, 처분청이 그에 대하여 유효적절한 행정지도를 하지 아니한 채 별다른 이의제기 없이 2008년 4월분부터 2009년 12월분까지 총 21회에 걸쳐 영세율 적용에 따른 환급결정을 승인하여 왔다면 조기환급신청시 법정 첨부서류를 제출하지 아니한 데 대한 귀책사유가 청구법인에게 있다고 보기는 어렵다 할 것이다(조심 2011중364, 2011. 11. 3).

## 4. 영세율 조기환급에 대한 세금계산서불성실가산세

부가가치세법 시행령 제73조 제3항에 따른 영세율 등 조기환급신고에 대하여 같은 법 시행령 제68조 제2항 제5호의 규정에 따라 부가가치세의 과세표준과 환급세액을 조사에 의하여 같은 법 제18조 또는 제19조에 의한 신고기한 전에 경정하는 경우, 부가가치세법 제22조 제3항 제3호의2의 규정에 의한 세금계산서불성실가산세를 부과하는 것이다(기획재정부-404, 2008. 10. 15).

# 제2절 수입업

##  개 요

### 1. 수입의 정의

#### (1) 대외무역법상의 정의

"수입"이라 함은 다음의 어느 하나에 해당하는 것을 말한다(대외무역법 시행령 2 4호).

① 매매, 교환, 임대차, 사용대차, 증여 등을 원인으로 외국으로부터 국내로 물품이 이동하는 것

② 유상으로 외국에서 외국으로 물품을 인수하는 것으로서 산업통상자원부장관이 정하여 고시하는 기준에 해당하는 것

③ 비거주자가 거주자에게 산업통상자원부장관이 정하여 고시하는 방법으로 제3조에 따른 용역을 제공하는 것

④ 비거주자가 거주자에게 정보통신망을 통한 전송과 그 밖에 산업통상자원부장관이 정하여 고시하는 방법으로 제4조에 따른 전자적 형태의 무체물을 인도하는 것

#### (2) 관세법상의 정의

수입이란 외국물품을 우리나라에 반입(보세구역을 경유하는 것은 보세구역으로부터 반입하는 것을 말한다)하거나 우리나라에서 소비 또는 사용하는 것(우리나라의 운송수단 안에서의 소비 또는 사용을 포함하며, 제239조 각 호의 어느 하나에 해당하는 소비 또는 사용은 제외한다)을 말한다(관세법 2).

#### (3) 부가가치세법상의 정의

재화의 수입은 다음의 어느 하나에 해당하는 물품을 국내에 반입하는 것[대통령령으로 정하는 보세구역을 거치는 것은 보세구역에서 반입하는 것을 말한다]으로 한다(부법 13).

① 외국으로부터 국내에 도착한 물품[외국 선박에 의하여 공해(公海)에서 채집되거나 잡힌 수산물을 포함한다]으로서 수입신고가 수리(受理)되기 전의 것

② 수출신고가 수리된 물품[수출신고가 수리된 물품으로서 선적(船積)되지 아니한 물품을 보세구역에서 반입하는 경우는 제외한다]

### (4) 특수거래수입의 정의(대외무역관리규정 제1－0－2조)

① "수탁판매수입"이라 함은 물품을 무환으로 수입하여 당해 물품이 판매된 범위 안에서 대금을 결제하는 계약에 의한 수입을 말한다.

② "임차수입"이라 함은 임차(사용임차를 포함한다) 계약에 의하여 물품을 수입하여 일정기간 후 다시 수출하거나 그 기간의 만료 전 또는 만료 후 당해 물품의 소유권을 이전받는 수입을 말한다.

③ "연계무역"이라 함은 물물교환(Barter Trade), 구상무역(Compensation trade), 대응구매(Counter purchase), 제품환매(Buy Back) 등의 형태에 의하여 수출·수입이 연계되어 이루어지는 수출입을 말한다.

④ **"외국인수수입"**이라 함은 수입대금은 국내에서 지급되지만 수입물품은 외국에서 인수하는 수입을 말한다.

⑤ **"무환수출입"**이라 함은 외국환거래가 수반되지 아니하는 물품 등의 수출·수입을 말한다.

## 2. 수입절차

수입의 절차를 그림으로 나타내면 다음과 같다.[21)]

| 참 고 사 항 | 절 차 | 구 비 서 류 |
|---|---|---|
| ⊙ 수입승인 유효기간<br>수입승인의 유효기간은 승인일로부터 원칙적으로 1년임.<br>⊙ 신용장개설시 주의사항<br>① 대금결제방법, 선적항, 도착항의 계약서와의 일치여부<br>② 품목, 규격, 단가, 원산지, 가격조건이 계약서와의 일치 여부<br>③ 선적기일과 유효기일이 계약서상의 유효기일 이내이며 선적기일은 유효기일 이내인가 확인<br>④ 분할 선적과 환적의 허용여부<br>⊙ L/G발급시 유의사항<br>① L/G발급 후엔 도착하는 서 | 수입계약체결<br>↓<br>(수입승인)필요시<br>↓<br>신용장개설<br>↓<br>선적서류내도 및 대금결제 --- L/G<br>↓<br>수입신고 및 통관<br>↓<br>사후관리 | ⊙ 수입승인신청시 구비서류<br>① 수입승인신청서<br>② 수입계약서 또는 물품매도확약서<br>③ 수입대행계약서(대행시)<br>④ 기타 수출입공고 등에서 규정한 요건을 충족하는 서류<br>⊙ 신용장개설시 구비서류<br>① 수입신용장 개설신청서<br>② 외국환거래 약정서<br>③ 수입승인서(필요시)<br>④ 물품매도 확약서<br>⑤ 기타 필요한 서류 : 담보제공증서 등<br>⊙ L/G발급신청시 구비서류<br>① 발급은행소정의 선취보증서 및 보증서 발행신청서 각 1부<br>② 선하증권사본 |

21) 무역실무매뉴얼(한국무역협회, 2003).

| 참 고 사 항 | 절 차 | 구 비 서 류 |
|---|---|---|
| 류에 하자가 있더라도 클레임을 제기할 수 없음.<br>② 일람후 정기출급조건의 기한부 신용장인 경우 기간개시의 기산일이 L/G발급일임(최장 20일 인정)<br><br>⊙ 수입신고 시기<br>반입신고 후 30일 이내에 수입신고 해야 함(기간 경과시 최고 2% 이내의 가산세 부과). | | ③ 상업송장사본<br>④ 화물도착통지서(Arrival Notice)<br>⑤ 기타 필요하다고 인정되는 서류(각서 등)<br>⊙ 수입신고시 구비서류<br>① 수입신고서<br>② 수입승인서(필요시)<br>③ 가격신고서(송장 포함)<br>④ 선하증권사본<br>⑤ 기타필요서류(C/O, 수입물품 명세확인서 등) |

## 3. 수입신고필증 검토방법

### (1) 수입신고필증의 개념

외국물품을 국내로 수입하고자 하는 자는 세관장에 외국물품을 수입하겠다는 의사표시를 한 서류를 세관장에게 제출하는 것으로 이에 대하여 세관장은 적법하게 신고된 경우에는 수입신고필증을 교부하게 된다.

### (2) 수입신고필증의 양식

UNI-PASS

# 수 입 신 고 필 증

(갑지)
※ 처리기간 : 3일

| ①신고번호 | ②신고일 | ③세관.과 | ⑥입항일 | ⑦전자인보이스 제출번호 |
|---|---|---|---|---|
| 11194-13-701627U- | 2013/10/31 | 040-11 | 2013/10/31 | |

| ④B/L(AWB)번호 | ⑤화물관리번호 | ⑧반입일 | ⑨징수형태 |
|---|---|---|---|
| 213100334 | 13KE0E0AV18-0017-001 | 2013/10/31 | 11 |

⑩신 고 인 현덕관세사무소 이동헌
⑪수 입 자 더존시스템즈(더존시스-5-00-1-01-2 B)
⑫납세의무자 (더존시스-1-13-1-01-6 / 119-86-77239)
(주소) 서울특별시 금천구 시흥대로 97 (시흥동)시 (153)
(상호) (주)더존시스템즈
(성명) 김기판
⑬운송주선인 (주)더웨이 로지스틱스(TWLC)
⑭해외거래처 SIMACO ELETTROMECCANICA S R L (IT) /

| ⑮통관계획 F 도착후부두직반출 | ⑲원산지증명서 유무 Y | ㉑총중량 148 KG |
|---|---|---|
| ⑯신고구분 B 일반서류신고 | ⑳가격신고서 유무 N | ㉒총포장갯수 1 CT |
| ⑰거래구분 11 일반형태수입 | ㉓국내도착항 ICN 인천공항 | ㉔운송형태 40-ETC |
| ⑱종류 K 일반수입(내수용) | ㉕적출국 IT ITALY | |
| | ㉖선기명 KE0528 KR | |
| ㉗MASTER B/L번호 18054937326 | ㉘운수기관부호 | |

㉙검사(반입)장소 04077003-1304976428((주)대한항공)

● 품명·규격 (란번호/총란수 : 001/002 )
㉚품 명 PUMPS ㉜상표 NO
㉛거래품명 VERTICAL ELECTRIC PUMPS

| ㉝모델·규격1 | ㉞성분 | ㉟수량 | ㊱단가(EUR) | ㊲금액(EUR) |
|---|---|---|---|---|
| (NO. 01) ITEM NO. 298136 PUMP VA7-1/150220-380V 60HZ OUTLET POSITION04 BOCCHE POSIZIONE 04 | | 10 PC | 377 | 3,770 |

| ㊳세번부호 | | 8413.70-9090 | ㊵순중량 | 100 KG | ㊸C/S검사 | S 정CS검사생략 | ㊺사후확인기관 | |
|---|---|---|---|---|---|---|---|---|
| ㊴과세가격(CIF) | $ | 6,159 | ㊶수 량 | 10 U | ㊹검사변경 | | | |
| | W | 6,590,096 | ㊷환급물량 | 10 EA | ㊼원산지 | IT-A-E-03 | ㊽특수세액 | 0.00 |

㊻수입요건확인 (발급서류명)

| ㊾세종 | ㊿세율(구분) | (51)감면율 | (52)세액 | (53)감면분납부호 | 감면액 | *내국세종부호 |
|---|---|---|---|---|---|---|
| 관 | 4.00 (FEU1이가) | 0.00 | 263,603 | | 0 | |
| 부 | 10.00 (A) | 0.00 | 685,369 | | 0 | |

| (54)결제금액(인도조건-통화종류-금액-결제방법) | | EXW-EUR-4,624-TT | | | (56)환 율 | 1,470.8200 |
|---|---|---|---|---|---|---|
| (55)총과세가격 | $ 7,554 | (57)운 임 1,281,849 | (59)가산금액 | 0 | (64)납부번호 | 040-11-13-1-402205-6 |
| | W 8,082,919 | (58)보험료 0 | (60)공제금액 | 0 | (65)부가가치세과표 | 8,376,378 |

| (61)세 종 | (62)세 액 |
|---|---|
| 관 세 | 293,450 |
| 개별소비세 | 0 |
| 교 통 세 | 0 |
| 주 세 | 0 |
| 교 육 세 | 0 |
| 농 특 세 | 0 |
| 부 가 세 | 837,630 |
| 신고지연가산세 | 0 |
| 미신고가산세 | 0 |
| (63)총세액합계 | 1,131,080 |

※신고인기재란
*1란참조:11194-13-701111U- 1란 (20130715):A

(66) 세관기재란
-이 물품은 사후세액심사결과에 따라 세율이 변경 될 수 있습니다.

INCHEON AIRPORT CUSTOMS ★ 인천공항세관 ★ THE REPUBLIC OF KOREA

(67)담당자 엄영진 110444 (68)접수일시 2013/10/31 13:01 (69)수리일자 2013/10/31

발 행 번 호 : 2014266238132(2014.03.05) 세관.과 : 040-11 신고번호 : 11194-13-701627U Page : 1/2

* 본 신고필증은 발행 후 세관심사 등에 따라 정정,수정될 수 있으므로 정확한 내용은 발행번호 등을 이용하여 관세청 전자통관시스템 (http://portal.customs.go.kr)에서 확인하시기 바랍니다.

### (3) 수입신고필증의 검토

**① 신고번호**

신고자부호, 연도, 일련번호, 구분을 기재한다.

- 수입신고인 부호기재(통계부호표 참조)
- 신고연도 기재
- 신고자가 관리하는 연도별 일련번호로서 중복될 수 없음(일련번호(6)+CHK. DGT(1))
- 일부 통관보류할 경우 통관보류된 분에 대하여는 세관에서 부여한 부호를 기재
  ※ 수입신고 전 물품반출신고 후 수입신고하는 경우에는 반출신고서의 신고번호를 기재

**② 신고일**

신고일자를 기재한다.

**③ 세관-과**

통관지 세관 및 과부호를 기재한다.

- 통계부호표 참조
  ※ 수입신고 전 물품반출신고 후 수입신고하는 경우에는 반출신고세관의 세관 및 과부호를 기재

**④ B/L(AWB)번호**

House단위의 B/L(AWB)번호 및 분할수입신고 여부

- Master B/L(AWB)에 종속되어 있는 House B/L(AWB)이 있는 경우에는 House B/L(AWB)번호를 기재(적하목록상의 House단위 B/L(AWB)번호와 일치하여야 함)
- 국내로 반입되는 물품이 B/L번호가 없는 경우 공란으로 함
- B/L을 분할하여 수입신고할 경우 'Y', B/L분할이 아닌 경우에는 'N'을 기재
- B/L분할 수입신고인 경우 (　　)에 "분할"출력

**⑤ 화물관리번호**

적하목록상의 화물관리번호를 기재한다.

- 적하목록 관리번호(Manifest Reference No)
- Master B/L(AWB) Sequence No. 4자리 기재
- House B/L(AWB) Squence No. 3자리 기재
  ※ 화물관리번호가 없는 경우 "NO"로 기재

⑥ **입항일**

입항일자를 기재한다.

※ 출항 전·입항 전 신고시 입항일자는 입항예정일을 전송

⑦ **반입일**

장치장소 반입일자를 기재한다.

⑧ **징수형태**

통계부호표상의 징수형태부호를 기재한다.

※ 접수통보 이후에는 징수형태 부호 변경 제한(징수형태부호 첫째 자리 변경 불가 등)

※ 수입신고 전 물품반출신고한 물품을 수입신고기한을 경과하여 수입신고하는 경우에는 부과고지 징수형태 부호 기재

⑨ **신고자**

신고자상호와 대표자 성명을 기재한다.

- 관세사인 경우
  신고자상호와 대표자 성명 기재
- 자가통관업체인 경우
  ○○회사(주) 관세사 ○○○
- 자가신고업체인 경우
  신고자 상호와 대표자성명
- 기타 개인의 경우
  성명만 기재

⑩ **수입자**

수입자 관련사항을 기재한다.

- 수입자상호 또는 성명 기재
- 무역업고유번호를 기재(개인인 경우 기재 생략)
  - 정부기관, 정부투자기관의 경우에는 관세청에서 부여한 번호를 기재(통계부호표 참조)
  - 무역을 업으로 하는 자는 한국무역협회장이 부여한 무역업고유번호(대외무역관리규정 제3-5-1조)를 기재

  ※ 남북교역물품은 무역업고유번호 생략 불가

수입자 구분부호를 기재한다.

- 수입자와 납세의무자가 동일한 경우 : A
- 수입자와 납세의무자가 상이한 경우 : B

⑪ **납세의무자**

납세의무자 관련사항을 기재한다.

- 납세의무자의 주소지 우편번호 앞 3자리 기재
- 납세의무자의 주소를 기재
- 납세의무자의 상호를 기재
- 납세의무자의 성명을 기재
- 관세청장이 지정한 통관고유부호를 기재(개인인 경우 기재 생략)
- 납세의무자의 사업자등록번호 기재
  - 국세청장이 지정한 사업자등록번호 기재
  - 사업자등록번호가 없는 개인의 경우는 주민등록번호 또는 여권번호(외국인인 경우) 기재

※ 외국인인 경우 여권번호 앞자리에 "F"를 기재(13자 이내)

⑫ **무역대리점**

무역대리점 관련사항을 기재한다.

- 무역대리점 상호를 기재
- 무역대리점 등록번호 기재

※ 등록번호가 없는 경우 기재 생략

※ 가격신고대상물품으로서 수입관련 계약의 내용이 '독점대리점계약'인 경우에는 무역대리점 상호 및 부호를 반드시 기재

⑬ **공급자**

공급자 관련사항을 기재한다.

- 공급자상호 기재
- 공급자 국가부호(ISO코드) 기재(통계부호 참조)
- 관세청장이 지정한 해외공급자부호를 기재

※ 수입승인면제물품의 경우

- 송품장(Invoice)상에 명시된 외국의 공급회사 이름을 영문으로 기재하고, 맨끝 2자리는 국가부호(ISO코드) 2자리를 기재
- 회사명 중 Corporation 등의 경우는 CORP와 같이 약어로 기재

⑭ **통관계획**

통관계획 부호를 기재한다.

- 출항 전 신고(A), 입항 전 신고(B), 보세구역 도착 전 신고(C), 보세구역장치 후 신고(D)

※ 특급탁송화물, 간이수입통관대상은 기재 생략

※ 수입신고 전 물품반출신고 후 수입신고하는 경우 'G(물품반출 후 수입신고)'로 기재

⑮ **신고구분**

신고구분 부호를 기재한다.

- 일반P/L신고(A), 일반서류신고(B), 간이P/L신고(C), 간이서류신고(D), 간이자동수리신청(E)

⑯ **거래구분**

거래구분 부호를 기재한다.

| 구 분 | 통계부호 | 부호내역 | 비 고 |
|---|---|---|---|
| 수입거래 구분 | 11 | 일반형태 수입 | 일반형태수입 |
| 수입거래 구분 | 12 | 주문자 상표 부착에 의한 수입물품(OEM방식) | 주문자상표부착 |
| 수입거래 구분 | 13 | 방위산업용 시설재 및 원자재의 수입 | 방산용원자재 |
| 수입거래 구분 | 14 | 계획조선용 원자재의 수입 | 조선용원자재 |
| 수입거래 구분 | 15 | 전자상거래에 의한 수입 | |
| 수입거래 구분 | 21 | 국내외국인투자업체 수탁가공수출을 위한 원자재 수입 | 수탁가공용(외투) |
| 수입거래 구분 | 22 | 기타일반업체 수탁가공수출을 위한 원자재 수입 | 수탁가공용(일반) |
| 수입거래 구분 | 29 | 위탁가공(국외가공) 후 수입 | 위탁가공 |
| 수입거래 구분 | 31 | 공공차관 수입 | 공공차관 |
| 수입거래 구분 | 39 | 기타차관 수입 | 기타차관 |
| 수입거래 구분 | 41 | 국내투자 수입 | 국내투자 |
| 수입거래 구분 | 49 | 수출자유지역 입주 | 수출자유지역입주 |
| 수입거래 구분 | 51 | 수탁판매를 위한 물품의 수입 | 수탁판매수입 |
| 수입거래 구분 | 52 | 연계(구상)무역 수출을 위한 물품의 수입 | 연계무역수출용 |
| 수입거래 구분 | 53 | 소유권이전 조건 | 소유권이전조건 |
| 수입거래 구분 | 54 | 소유권불이전 조건 | 소유권불이전조건 |
| 수입거래 구분 | 55 | 임대방식수출 후 다시 수입되는 물품 | 임대수출물품수입 |

| 구 분 | 통계부호 | 부호내역 | 비 고 |
|---|---|---|---|
| 수입거래 구분 | 59 | 미군납품자재, 국내에서 외화를 받고 판매할 물품구입 | 미군납품용수입 |
| 수입거래 구분 | 61 | 상계원재료 | 상계원재료 |
| 수입거래 구분 | 70 | 국내 보세공장에서 건조된 국적취득 조건부 나용선의 수입 | 국적취득용양수도 |
| 수입거래 구분 | 71 | SOFA 특례수입 | SOFA특례수입 |
| 수입거래 구분 | 72 | 외교관 물품으로서 양수도승인 수입 | 외교관물품양수도 |
| 수입거래 구분 | 80 | 기타 외국환거래 수반 않는 물품수입 | 기타무환물품 |
| 수입거래 구분 | 81 | 국내에서 수리하기 위한 선박, 항공기 수입 | 수리용선박항공기 |
| 수입거래 구분 | 82 | 검사·수리목적 외국에 반출된 선박, 항공기 수입 | 수리된선박항공기 |
| 수입거래 구분 | 83 | 외국검사·수리 목적 반출물품수입(선·기 제외) | 수리된물품 |
| 수입거래 구분 | 84 | 외국물품 국내검사·수리 후 반출위한 물품수입(선·기 제외) | 수리용물품 |
| 수입거래 구분 | 85 | 외국국제행사, 체육, 전시회, 박람회, 문화공연 등 출품물품반입 | 외국개최행사물품 |
| 수입거래 구분 | 86 | 국내개최 국제행사, 체육대회, 전시회, 박람회, 공연일시반입물품 | 국내개최행사물품 |
| 수입거래 구분 | 87 | 무상으로 반입하는 상품의 견품 및 광고용품 | 견품및광고용품 |
| 수입거래 구분 | 88 | 수출물품수리 후 재반출 위해 수입 | 수출물품수리용 |
| 수입거래 구분 | 89 | 수출물품 크레임 등의 사유로 반입 | 크레임물품반입 |
| 수입거래 구분 | 90 | 수리·검사 위해 반출했던 물품수입, 해외검사 의뢰 물품의 수입 | 성능보장수출물품 |
| 수입거래 구분 | 91 | 이사화물수입 | 이사화물 |
| 수입거래 구분 | 92 | 수출계약이행필요물품의 수입등 거래원활 위한 물품 | 수출계약이행용 |
| 수입거래 구분 | 93 | 대체 위하여 반입하는 물품, 누락, 부족품보충 위한 반입물품 | 수출물품대체용 |
| 수입거래 구분 | 94 | 기타 수입승인 면제물품 | 기타수입승인면제 |
| 수입거래 구분 | 95 | 외교관 용품 등 수입 | 외교관용품등수입 |
| 수입거래 구분 | 96 | 여행자 또는 승무원 휴대품 수입 | 휴대품수입 |
| 수입거래 구분 | 97 | SOFA 협정에 의한 면세대상물품의 반입 | SOFA면세물품반입 |
| 수입거래 구분 | 98 | 대북반입대상물품이나 과세를 한 경우 | |
| 수입거래 구분 | 99 | 대북반입 또는 직수입물품 | |

⑰ **수입종류**

수입종류 부호를 기재한다.

| 구 분 | 통계부호 | 부호내역 | 비 고 |
|---|---|---|---|
| 수입종류 구분 | A | 일반수입(외화획득용) | 일반외화획득용 |
| 수입종류 구분 | B | 외국으로부터 수출할 목적으로 보세공장에 반입되는 물품 | 수출보세공장반입 |
| 수입종류 구분 | C | 보세공장 물품 수입통관 | 보세공장통관 |
| 수입종류 구분 | D | 외국자유무역지역 반입물품 | 자유무역지역반입 |
| 수입종류 구분 | E | 자유무역지역 제조가공물품통관 | 자유무역지역통관 |
| 수입종류 구분 | F | 해외진출기업 제작물품 수입(외화획득용) | 해외진출기업 외획 |
| 수입종류 구분 | G | 보세건설장 반입물품 수리전사용승인 물품 | 건설장수리전사용 |
| 수입종류 구분 | H | 보세판매장 반입물품(보세공장, 수출자유지역 반입) | 보세판매장등반입 |
| 수입종류 구분 | I | 해외진출기업 제작물품 수입(내수용) | 해외진출기업 내수 |
| 수입종류 구분 | J | 보세건설장반입물품 수리전사용승인물품(분할신고) | 건설장분할사용 |
| 수입종류 구분 | K | 일반수입(내수용) | 일반수입(내수용) |
| 수입종류 구분 | L | 수리전반출승인수입(외화획득용) | 수리전반출(외.획) |
| 수입종류 구분 | M | 수리전반출승인수입(내수용) | 수리전반출(내수) |
| 수입종류 구분 | N | 면세품 판매장 수입(반입) | 면세품 판매장 수입 |
| 수입종류 구분 | O | 면세품 판매장의 잉여품 수입(반입) | 면세품 판매장의 잉여품 수입 |
| 수입종류 구분 | P | 우편물품(국제우체국 면허분) | 우편물품 |
| 수입종류 구분 | R | 보세공장물품, 자유무역지역 잉여품통관 | 잉여품수입통관 |
| 수입종류 구분 | T | 보세판매장 반입물품(외국에서 직수입) | 판매장(직수입) |
| 수입종류 구분 | U | 외국으로부터 수입을 목적으로 보세공장에 반입되는 물품 | 내수보세공장반입 |
| 수입종류 구분 | W | 보세판매장 반입물품(기타 환급대상물품반입) | 판매장(기타) |

⑱ **원산지증명서 유무**

관세법 제232조 및 대외무역관리규정 제6-3-5조에 의거 세관장이 원산지를 확인해야 할 물품으로서, 원산지증명서 구비 여부를 기재한다.

- 원산지증명서를 구비한 경우 : Y

- 원산지증명서 제출면제 대상인 경우 : X
- 세관장 확인대상이 아니거나 원산지증명서를 구비하지 못한 경우 : N

### ⑲ 가격신고서 유무

가격신고서 제출(EDI전송) 여부를 기재한다.

- 가격신고서 제출대상인 경우 : Y
- 가격신고서 제출대상이 아닌 경우 : N

### ⑳ 총중량

신고물품의 총중량을 기재한다.

- 신고물품의 총중량(용기 포함)을 기재(소수점 이하 둘째 자리에서 반올림)
- 단위는 KG으로 기재

### ㉑ 총포장 개수

신고물품의 총포장 개수를 기재한다.

- 신고물품의 외포장 개수를 기재
- 신고물품의 포장종류 부호(UN/EDIFACT 기준 138종)를 기재(통계부호표 참조)

### ㉒ 국내도착항

우리나라의 도착항(공항 및 항구) 부호를 기재한다.

### ㉓ 운송형태

운송수단 및 운송용기 부호를 기재한다.

- 운송수단 부호 기재(통계부호표 참조)
- 운송용기 부호 기재(통계부호표 참조)

### ㉔ 적출국

수입신고물품의 적출국 부호를 기재한다.

- 적출국 부호 기재(통계부호표 참조)
- 해당 국가명 약어(신고서 출력시)

※ 보세공장 및 수출자유지역은 KR(R.KOREA)로 기재

### ㉕ 선(기)명

수입물품을 적재한 선(기)명 및 국적을 기재한다.

- 선박 또는 항공기명을 영문으로 기재

- 선박 또는 항공기 국적의 국가부호 기재

### ㉖ Master B/L번호

선사 또는 항공사가 발행한 Master B/L(AWB)번호를 기재한다.

- 입항 전 신고물품으로서 화물관리번호를 확인할 수 없는 해상화물의 경우 필수 기재

### ㉗ 운수기관부호

세관에 신고된 운항 선사 또는 항공사 부호를 기재한다.

- 입항 전 신고물품으로서 화물관리번호를 확인할 수 없는 해상화물의 경우 필수 기재

### ㉘ 검사(반입)장소

수입물품을 검사 또는 반입할 장소를 기재한다.

- 검사 또는 반입장소의 보세구역부호와 화물의 장치위치를 18자리 이내로 기재
  - ※ 타소장치장인 경우 장치위치는 "연도(2)+일련번호(6)" 기재
  - ※ 수입신고 전 물품반출신고 후 수입신고하는 경우 물품반출신고시의 화물반입 보세구역부호 기재
  - ※ 보세구역 명칭(신고서 출력시)

### ㉙ 품명

○ 당해 물품을 나타내는 관세율표상의 품명을 영문으로 기재한다.

- 관세율표상 품목번호 10단위에 당해 품명이 특게되어 있는 경우 이를 기재
- 10단위에 특게되어 있는 품명이 없는 경우에는 9단위부터 4단위까지 순차적으로 특게된 품명을 찾아 기재

※ (예) OPTICAL DISK DRIVE (8471.70-2039) … 9단위
CINEMATOGRAPHIC FILM
(3702.90-1010) … 8단위
LOBSTER(바다가재, 1605.30-1000)
… 6단위
ANTI-KNOCK PREPARATION
(3811.19-0000) … 5단위
PAPER LABELS(지제라벨, 4821.10-0000)
… 4단위

### ㉚ 거래품명

거래품명이라 함은 실제 상거래시 송품장 등 무역서류에 기재되는 품명으로서 학명을 병기하여 기재할 수 있다.

영어 이외의 외국어는 단순히 발음을 영자로 표기

- 품명 : ELETRONIC GAMES(9504.90-2000)
- 거래품명 : TAMAGOCHI

학명은 CITES대상품목, 한약재, 조정관세 적용 여부 등의 확인이 필요한 경우에 한하여 기재

- 품명 : BELLFLOWER ROOT(도라지, 1211.90-9090)
- 거래품명 : PLATYCODI RADIX(도라지의 학명)

### ㉛ 상표

상표코드의 기재를 생략한다. 다만, 상표가 없는 물품에 대하여만 상표코드 "0000(없음)"을 기재

- 상표명

상표가 있는 경우에는 실제 사용하는 상표명(한글 또는 영문)을 기재

- "BRAND"라는 단어는 기재할 수 없음
  - 상표가 없는 경우에는 상표명을 "없음"으로 기재
  - 상표가 둘 이상인 경우 50자리 내에서 여러 개 기재. 이때 각 상표사이에는 세미콜론(;)을 기재하여 각 상표를 구분
  - 상표는 지적재산권 확인, 원산지 확인, 가격심사 등에 필수적인 기재요소로서 상표가 있는 물품을 "없음"으로 기재하는 것은 신고오류임

### ㉜ 모델 · 규격

용도의 기재방법

- 법 제266조의 규정에 의한 세관장확인대상 물품에 해당하는 세번의 물품은 식용, 공업용, 사료용, 비료용, 의약용, 동물의약용, 연구 · 실험용, 기타 등의 용도를 영문자로 표기한다. 다만, '기타'라고 표기한 경우 ( )안에 구분 가능한 용도를 영문 또는 한글로 기입한다.
  - 표기방법USE : EDIBLE
  - 용도기재 사례
    - 식용 : EDIBLE
    - 공업용 : INDUSTRIAL
    - 화장품용 : COSMETICS
    - 사료용 : FEEDING
    - 미끼용 : BAIT
    - 비료용 : FERTILIZER

- 의약용 : MEDICINAL
- 동물의약용 : ANIMAL MEDICINAL
- 연구·실험용 : RESEARCH
- 기타 : ETC(용도)

자동차 모델·규격 기재방법

- 기재형식 : [모델명], [차대번호], [주요특성]의 순서로 기재
- 모델명 : BMW520i, BENZ320S 등으로 기재
- 차대번호 : 17단위. 모델명 다음에 콤마(,)로 구분하여 기재
- 주요특성 : 배기량, 제작연도, 주행거리, 차체형상, 변속기형식, 엔진번호 등을 차대번호 다음에 각 주요특성마다 콤마(,)로 구분하여 기재
- 2대 이상인 경우 줄을 바꾸어 기재
- 란을 초과(50대 이상)하는 경우 새로운 란에 기재하거나 수입 B/L분할신고방법으로 신고가능

※ 주요특성 예시
- 배기량 : 1997cc
- 제작연도 : 2001년식
- 주행거리 : 35,758 mile
- 차체형상 : 4D세단(Four Door Sedan)
- 변속기형식 : 수동, 자동, 반자동, 무단변속기등
- 엔진번호 : 1G 6831372
- 기타 수입신고서 기재 필요사항

※ 기재예시
BENZ320S, WBDGA33EOTA312272, 1997cc, 2001yr, mile 35758, 4D, Auto, 1G 6831372

### ㉝ 성분

세관심사에 필요한 성분 및 함량을 기재한다.

### ㉞ 수량

해당 품목의 모델·규격별 수량을 기재한다.

- 모델·규격별 수량을 소수점 이하 4자리까지 기재(소수점 이하 5자리에서 반올림)
- 실제 수량단위를 기재

### ㉟ 단가

해당 품목의 모델·규격별 단가를 결제통화 단위로 기재한다.

### ㊱ 금액

해당 품목의 모델·규격별 금액을 기재한다.

### ㊲ 세번부호

관세율표에 기재된 H.S.K. 10단위 품목번호를 기재한다.

- 간이세번은 간이세율표에 기재된 세번을 기재(3단위)

### ㊳ 과세가격

해당 품목의 과세가격을 기재한다.

- 과세가격을 미화로 기재(CIF기준 US$)
- 과세가격을 원화로 기재

### ㊴ 순중량

물품의 포장용기를 제외한 순중량을 기재한다.

- 관세율표에 게기된 당해 물품의 중량단위로 환산하여 기재
- 소수점 이하 둘째 자리에서 반올림
- 중량단위가 KG(I.C 등)인 경우에는 용기를 포함한 중량을 기재 단위는 KG으로 기재한다.

### ㊵ 수량

※ 수량단위가 U로 되어 있는 물품으로서 송품장 등에 수량이 나타나 있지 않거나 packs으로 되어 있어 개개의 수량을 파악하기 불가능한 물품의 경우는 packs(U)단위로 기재한다.

### ㊶ 환급물량

환급에서 사용하는 물량을 입력(소수점 이하 3자리)한다.

- 물량단위 기재(통계부호표 참조)

### ㊷ C/S검사

C/S결과 검사구분 부호를 기재한다.

### ㊸ 검사방법 변경

C/S검사방법 변경 부호를 기재한다.

### ㊹ 사후확인기관

수입물품이 사후확인대상인 경우 당해 수입요건확인기관의 부호를 3개까지 기재한다.

㊺ 수입요건확인

타법령에 의한 수입요건확인 관련사항(법 제226조)

- '911' : 승인서 등, '852' : 검사/검역증
- 타법령에 의하여 수입요건에 대하여 허가·승인 등을 받은 요건확인서의 허가·승인 번호
- 수입요건확인서류명
  신고서 출력시 20자리까지 (　　)로 표시
- 수입요건확인서류 발급일자
- 수입요건확인 관련 법령부호(통계부호표 참조)

㊻ 원산지표시

법령에 의하여 원산지 표시대상물품의 원산지 표시

- 상품의 원산국(생산, 제조국) 국가부호를 기재
- 원산지 표시유무 기재(통계부호표 참조)
- 원산지 표시방법 기재(통계부호표 참조)
- 원산지 표시형태 부호 기재(통계부호표 참조)

㊼ 특수세액계산 근거

특수세액 계산근거를 기재한다.

- 주정인 경우 알콜도수를 기재
- 비디오 테이프 등 분당으로 계산되는 종량세인 경우 란별 총분수 기재
- 내국세4종 물품(귀금속, 모피, 양탄자, 고급가구 등)인 경우 기준가격 초과분 개수 또는 조 기재

㊽ 세종

관세와 각종 내국세의 종류를 순차적으로 기재한다.

- 관세인 경우 "관"
- 개별소비세인 경우 "개"
- 교통세인 경우 "통"
- 주세인 경우 "주"
- 교육세인 경우 "육"
- 농특세인 경우 "농"
- 부가세인 경우 "부"

⑲ **세율**

세종에 해당하는 세율구분과 세율을 기재한다.

- 관세의 세율을 기재
- 종량세인 경우 세율 대신 단위당 세액 기재
- 관세율 구분부호 기재(통계부호표 참조)
- "1" : 종가세, "3" : 종량세
- 내국세의 세율을 기재
- 내국세 구분 부호 (통계부호표 참조)
- 관세율란에는 당해 품목에 대한 관세율 구분부호 및 구분명을 ( )에 기재
- 내국세율란에는 내국세 구분부호를 ( )에 기재

⑳ **감면율**

해당 세목의 감면율을 기재한다.

㉑ **세액**

각 품목별 해당 세액을 기재한다.

- 원 미만은 절사하고 기재
- 수리 전 반출승인물품은 세액이 확정되지 않은 경우라도 잠정세액을 기재
- 보세공장 및 수출자유지역에서의 사용신고 또는 반입신고시 산출된 세액을 기재

㉒ **감면분납부호**

감면분납부호 및 감면액을 기재한다.

- 관세인 경우 감면분납부호 기재(통계부호표 참조)
- 부가세 감면인 경우 부가세 감면부호를 기재(통계부호표 참조)
- 특소세 면세인 경우 특소세 면세부호를 기재(통계부호표 참조)
- 보세공장 및 수출자유지역에서의 사용신고 또는 반입신고시에는 "과세보류"로 표시
- 관세감면액을 ( )에 기재

㉓ **결제금액**

송품장 등의 내용에 근거하여 인도조건, 통화종류, 결제금액, 결제방법순으로 기재한다.

- 인도조건은 INCOTERMS 2010 코드를 기재
- 통화종류는 통계부호표상의 통화코드를 기재(단, 관세청 고시환율에 해당 통화 코드가 없거나 또는 결제금액이 없는 경우에는 "USD"로 통일)

- 금액은 통화종류에 따른 금액 기재(INCOTERMS 90 코드 이외에는 환산하여 기재 : 통계부호표 참조)
- 결제방법부호 기재(통계부호표 참조)

⑭ **총과세가격**

- 신고서 총과세금액을 미화로 기재
- 신고서 총과세금액을 원화로 기재

⑮ **환율**

53번 항목의 통화종류에 대한 관세청 고시환율을 기재한다.

결제금액이 없는 경우에도 해당 환율은 기재

※ 수입신고 전 물품반출신고 후 수입신고하는 경우 물품반출신고시의 환율 기재

⑯ **운임**

운임에 대한 통화종류 및 금액을 기재한다.

- 운임은 실제 지급한 운임을 원화로 환산하여 기재
- 통화종류는 "KRW" 기재

⑰ **보험료**

보험료에 대한 통화종류 및 금액을 기재한다.

- 보험료는 실제 지급한 보험료를 원화로 환산하여 기재
- 통화종류는 "KRW" 기재

⑱ **가산금액**

품목 전체에 영향을 미친 가산금액을 원화로 환산하여 기재한다.

- 통화종류는 "KRW" 기재

⑲ **공제금액**

품목 전체에 영향을 미친 공제금액을 원화로 환산하여 기재한다.

- 통화종류는 "KRW" 기재

⑳ **세종(합계)**

관세 및 내국세의 종류(출력시)를 기재한다.

㉑ **세액(합계)**

세종별 세액합계를 기재한다.

⑥② **총세액합계**

총세액합계를 기재한다.

⑥③ **납부(고지)서번호**

세관에서 접수통보시 부여한 납부(고지)서번호를 기재한다.

- 세관(3)+과(2)+연도(2)+고지유형(1)+일련번호(6)+CHK.DGT(1)

⑥④ **총부가세과표**

- 총부가세과세과표를 기재
- 총부가세면세과표를 기재

⑥⑤ **세관기재란**

의무이행요구사항 등 세관에서 필요한 사항을 기재한다.

⑥⑥ **담당자**

세관 심사담당자 성명 및 직원부호를 기재한다.

⑥⑦ **접수일시**

세관에서 접수통보한 접수일시를 기재한다.

⑥⑧ **수리일자**

신고수리일자를 기재한다.

# Ⅱ 수입업의 회계실무

## 1. 취득원가 산정의 기본원칙

손금은 자본 또는 출자의 환급, 잉여금의 처분 및 법인세법에서 규정하는 것은 제외하고 해당 법인의 순자산을 감소시키는 거래로 인하여 발생하는 손비의 금액으로 한다(법법 19). 손비는 이 법 및 다른 법률에서 달리 정하고 있는 것을 제외하고는 그 법인의 사업과 관련하여 발생하거나 지출된 손실 또는 비용으로서 일반적으로 인정되는 통상적인 것이거나 수익과 직접 관련된 것으로 한다. 판매한 상품 또는 제품에 대한 원료의 매입가액(기업회계기준에 따른 매입에누리금액 및 매입할인금액을 제외한다)과 그 부대비용 및 판매한 상품 또는 제품의 보관료, 포장비, 운반비, 판매장려금 및 판매수당 등 판매와 관련된 부대비용(판매장려금 및 판매수당의 경우 사전약정 없이 지급하는 경우를 포함한다)은 손금에 해당한다(법령 19).

## 2. 취득원가의 산정

### (1) 취득원가의 계상시점

수입물품의 경우 미착상품(재고자산)으로 언제 계상할 것인가가 중요한 문제이다. 재고자산으로 계상하는 시점은 다음과 같은 시점에서 계상하는 것이 실무관행이다.

① 수출상의 B/L(선적일)일자로 계상하는 방법
② 수입상이 외국환은행으로부터의 선적서류 인수일자로 계상하는 방법
③ 수입물품 통관일자로 계상하는 방법
④ 수입상의 창고입고일자로 계상하는 방법

기업회계에서는 운송 중에 있어 아직 도착하지 않은 미착상품은 **법률적인 소유권의 유무에 따라서** 재고자산 포함 여부를 결정한다. 법률적인 소유권 유무는 매매계약상의 거래조건에 따라서 다르다. 선적지인도조건인 경우에는 상품이 선적된 시점에 소유권이 매입자에게 이전되기 때문에 미착상품은 매입자의 재고자산에 포함된다. 그러나 목적지인도조건인 경우에는 상품이 목적지에 도착하여 매입자가 인수한 시점에 소유권이 매입자에게 이전되기 때문에 매입자의 재고자산에 포함되지 않는다. 즉, 수입물품의 재고자산 계상시점은 인도조건에 따라 수입원가 계상시점을 정하여야 한다. 예를 들어 인도조건이 수출상의 본선인도조건(FOB, CIF, CFR)인 경우에는 본선인도시점에서 수입상은 미착상품(미착원재료)으로 계상하고 창고입고시에 상품 또는 원재료계정으로 대체하여야 한다.

[주요 거래조건별 재고자산의 계상시점]

| 거래 조건 | 취득원가 계상시점 |
|---|---|
| EXW(공장인도조건) | 매도인의 공장 등에서 인수하는 시점 |
| FAS(선측인도조건) | 매도인이 선측에 인도하는 시점 |
| FOB · CFR · CIF | 매도인이 본선에 인도하는 시점 |
| CPT(운송비지급조건) | 매수인이 지정한 운송인에게 인도하는 시점 |
| DAT(터미널인도조건) | 수입항에 도착하여 터미널에서 인도하는 시점 |
| DAP(지정장소인도조건) | 수입통관 후 지정장소에서 매수인에 인도하는 시점 |
| DDP(관세지급인도조건) | 수입통관 되어 매수인이 인수하는 시점 |

### (2) 취득원가의 범위

수입물품에 대한 취득원가는 매입가액에 매입운임, 하역료 및 보험료 등 취득과정에서 정상적으로 발생한 부대비용을 가산한 금액이다. 다만, 매입과 관련된 할인, 에누리, 기타 유사한 항목은 매입원가에서 차감한다.

#### 1) 연지급 수입이자의 처리

법인세법 시행령 제72조 제4항 제2호에서는 기획재정부령이 정하는 연지급수입에 있어서 취득가액과 구분하여 지급이자로 계상한 금액은 취득가액에 포함하지 않도록 하고 있다.

연지급수입이라 함은 다음의 수입을 말한다.

① 은행이 신용을 공여하는 기한부 신용장방식 또는 공급자가 신용을 공여하는 수출자신용방식에 의한 수입방법에 의하여 그 선적서류나 물품의 영수일부터 일정기간이 경과한 후에 당해 물품의 수입대금 전액을 지급하는 방법에 의한 수입

② 수출자가 발행한 기한부환어음을 수입자가 인수하면 선적서류나 물품이 수입자에게 인도되도록 하고 그 선적서류나 물품의 인도일부터 일정기간이 지난 후에 수입자가 해당 물품의 수입대금 전액을 지급하는 방법에 의한 수입

③ 정유회사, 원유 또는 액화천연가스 수입업자가 원유 또는 액화천연가스의 일람불 수입대금결제를 위하여 외국환거래법에 의한 연지급수입기간 이내에 단기외화자금을 차입하는 방법에 의한 수입

④ 기타 이와 유사한 연지급수입

#### 2) 관세의 원가산입 여부

원재료를 수입하면서 납부한 관세는 원가에 산입하지 아니한다. 다만, 실무상 관세를 납부한 경우에는 수입원가에 포함하여 처리하였다가 수출하여 환급을 받는 경우 매출원가에서 차감한다.

#### 3) 무상으로 수입한 물품

① **소득세법**(소기통 24 - 51-12)

사업자가 사업과 관련하여 해외에서 무상으로 수입한 물품을 사업용으로 공한 때에는 다음 각호와 같이 처리한다.

1. 그 물품이 재산적 가치가 있는 경우 소득금액계산상 총수입금액에 산입한다. 이 경우 총수입금액에 산입할 금액은 당해 물품의 관세 과세표준금액으로 하며 관세 및

부대비용은 취득가액에 합산한다.

2. 그 물품이 필요경비에 산입할 성질인 경우 관세 및 부대비용은 견본비, 소모품비 등 그 성질에 따라 필요경비에 산입한다.

② **법인세법**(법기통 15-11-3)

법인이 해외에서 물품을 무환으로 수입하는 경우에는 이를 각 사업연도의 소득금액계산상 익금으로 한다. 이 경우에 익금에 산입할 금액은 당해 물품의 통관시 관세 과세표준금액이 되는 감정가액으로 하며 관세 및 부대비용은 취득가액에 합산한다.

반환할 것이 약정된 무상수입자산의 통관비용 등은 그 효익이 미치는 기간에 안분하여 손금에 산입한다(법기통 19-19-16).

(차) 미착상품(관세과세가액+관세 등 부대비용) ××× (대) 자산수증이익 ×××

■ **무상제공받은 부품가액의 익금산입 여부**

내국법인이 미국의 수입업자가 제공한 부품에 다른 부품을 결합하여 해당 수입업자에게 수출하는 경우, 수입업자로부터 무상제공받은 부품가액을 자산수증이익으로 익금에 산입하는지?

내국법인이 외국의 수입업자로부터 무상제공받은 부품에 다른 부품을 부착하여 해당 거래처에 수출함에 있어 수입업자의 제공부품이 내국법인에 귀속되지 않는 수탁가공 형태인 경우에는 해당 내국법인은 수입업자 제공부품의 시가상당액을 익금에 산입하지 않는 것이다. (근거 : 법인-193, 2011. 3. 16)

### (3) 취득원가의 원화환산방법

재화를 수입하고 그 재화가액을 통관일까지 지급하지 아니한 경우 그 수입하는 재화의 가액은 통관일 현재의 기준환율로 평가한 가액으로 수입물품의 장부가액으로 하며, 그 후 수입대금을 결제하는 경우 장부가액과 전신환매도율 등 실제 적용한 환율로 수입물품의 장부가액을 확정하고 그 차액을 외환차손익으로 영업외 손익에 반영한다(법인 46012-1435, 1999. 4. 16).

**참 고** L/G 발행시 수입원가 산정(질의회신 02 - 142, 2002. 8. 23)

① 질의 내용

회사는 물품 수입시 거래상대방으로부터 B/L 수취 이전에 수입화물선취보증서(Letter of Guarantee)를 통하여 먼저 통관을 진행하고 L/G를 발급하기 위해 은행에 적립한 보증금으로 향후 수입대금을 결제하고 있는 경우의 회계처리는?

② 회신 내용

운송중인 재고자산은 매매계약상 조건에 따라 소유권이 이전된 시점에서 회사의 재고자산 및 매입채무로 인식하는 것이 타당합니다. 또한 수입화물선취보증서를 발급받기 위하여 은행에 적립한 금액은 보증금으로 회계처리하는 것이 타당합니다. 이때 재고자산 관련 매입채무 및 보증금의 환율변동에 해당하는 금액은 영업외손익으로 회계처리합니다.

③ 회계처리

- 선적시 : (차) 미착상품 ××× (대) 외화매입채무 ×××
- L/G 발급시 : (차) 수입보증금 ××× (대) 현금 및 현금성자산 ×××

* 수입자는 L/G 발급시 수입대금을 결제한다.

- 정산시 : (차) 외화매입채무 ××× (대) 수입보증금 ×××

※ 수입화물선취보증서(Letter of Guarantee)는 수입상의 신용장개설은행이 선박회사 앞 지급보증을 하는 보증서로 수입자가 선박회사에 제시하여 화물을 인도받고 추후 선하증권원본이 내도하면 이를 선박회사에 제시하여 회수하게 된다. 즉, 수입화물보다 선하증권이 늦게 도착하는 경우 수입상은 화물을 찾기 위하여 신용장개설은행에 "선하증권의 지급을 보증한다"는 증서를 발급받아 선박회사에 제시하여 화물을 인수하기 위한 보증서를 말한다.

※ 권리포기선하증권(Surrender B/L)은 L/G를 발행하게 되면 수수료가 많이 들게 되므로 그 대신에 Surrender B/L를 이용하는 경우가 많다. Surrender B/L은 선하증권의 종류를 말하는 것이 아니라 선하증권상에 Surrender란 문구를 표시하여 유가증권인 선하증권의 유통성(Negotiable)을 포기한 선하증권으로서, Original B/L 없이 수입화물을 인도할 수 있는 권리포기선하증권을 말한다.

## 3. 거래형태별 회계처리

### (1) 외화선급금 지급에 의한 수입

**사례**

① 20×1. 3. 5 (주)민지상사는 미국의 LA상사와 수입계약을 체결하고 선급금으로 U.S $10,000(외화예금의 장부가액 10,500,000원)를 송금하였다. 매매기준율은 ₩1,000원이며 FOB가격조건이다.

| | | | |
|---|---|---|---|
| (차) 외화선급금 | 10,000,000 | (대) 현금 및 현금성자산 | 10,500,000 |
| 외환차손 | 500,000 | | |

※ 선급금은 비화폐성자산으로 외환차손익이 발생하지 않는다. 그러나 이 분개의 경우 외화예금에서 선급금을 지급하였으므로 외화예금은 화폐성자산으로 발생일의 기준환율을 적용하여 외환차손을 계상하여야 한다. 또한 여기에서 발생한 외환차손은 과세분 개별손금에 해당된다. 따라서 외환차손은 감면을 받을 수 없다.

② 20×1. 4. 20 은행으로부터 선적서류를 인수하였다.

| | | | |
|---|---|---|---|
| (차) 미착상품 | 10,000,000 | (대) 외화선급금 | 10,000,000 |

③ 20×1. 4. 25 수입통관비용 3,525,000원을 다음과 같이 지급하다.

| | | | |
|---|---|---|---|
| - 타관타소장치료 | 50,000 | 해상운임 | 300,000 |
| - 창고료 | 100,000 | 하역비 | 10,000 |
| - 출고상차료 | 100,000 | 화물검수표 | 5,000 |
| - 화재보험료 | 10,000 | 운송료 | 100,000 |
| - 파출료 | 50,000 | 통관수수료 | 100,000 |
| - 관세 | 1,500,000 | 부가가치세 | 1,200,000 |

| | | | |
|---|---|---|---|
| (차) 미착상품 | 2,325,000 | (대) 현금과 예금 | 3,525,000 |
| 부가가치세대급금 | 1,200,000 | | |

④ 20×1. 4. 30 수입물품이 창고에 입고되었다.

| | | | |
|---|---|---|---|
| (차) 상품 | 12,350,000 | (대) 미착상품 | 12,350,000 |

**핵심체크**

수입물품의 취득원가 계상은 취득에 소요되는 모든 금액의 합계액으로 한다. 따라서 수입세금계산서 또는 수입계산서상의 공급가액은 취득원가와 차이가 있으므로 수입세금계산서는 매입세금계산서 합계표만 제출하고 부가가치세를 제외한 공급가액은 회계처리하지 말아야 한다. 즉, 관세사사무소로부터 받은 **수입통관정산서를 통하여 일반전표에서 분개를 하여 취득원가를 계상**하여야 한다. 그 이유는 수입시의 부가가치세 공급가액은 실제 취득가액이 아닌 다음과 같은 금액으로 산출되기 때문이다.

수입시 부가가치세 과세표준(공급가액) = 관세의 과세가격 + 관세 + 개별소비세, 주세, 교육세, 농어촌특별세 + 교통 · 에너지 · 환경세

**관련법조문**

◈ 관세법 제30조【과세가격결정의 원칙】

① 수입물품의 과세가격은 우리나라에 수출하기 위하여 판매되는 물품에 대하여 **구매자가 실제로 지급하였거나 지급하여야 할 가격**에 다음 각호의 금액을 가산하여 조정한 거래가격으로 한다. 다만, 다음 각호의 금액을 가산함에 있어서는 객관적이고 수량화할 수 있는 자료에 근거하여야 하며, 이러한 자료가 없는 때에는 이 조의 규정에 의한 방법으로 과세가격을 결정하지 아니하고, 제31조 내지 제35조의 규정에 의한 방법으로 과세가격을 결정한다.

1. 구매자가 부담하는 수수료 및 중개료. 다만, 구매수수료를 제외한다.
2. 당해 물품과 동일체로 취급되는 용기의 비용과 당해 물품의 포장에 소요되는 노무비 및 자재비로서 구매자가 부담하는 비용
3. 구매자가 당해 물품의 생산 및 수출거래를 위하여 무료 또는 인하된 가격으로 직접 또는 간접으로 대통령령이 정하는 물품 및 용역을 공급하는 때에는 그 가격 또는 인하차액
4. 특허권 · 실용신안권 · 의장권 · 상표권 및 이와 유사한 권리를 사용하는 대가로 지급하는 것으로서 대통령령이 정하는 바에 의하여 산출된 금액
5. 당해 물품의 수입 후의 전매 · 처분 또는 사용에 따른 수익금액 중 판매자에게 직접 또는 간접으로 귀속되는 금액
6. 수입항까지의 운임 · 보험료 기타 운송에 관련되는 비용으로서 대통령령이 정하는 바에 의하여 결정된 금액. 다만, 기획재정부령이 정하는 물품의 경우에는 이의 전부 또는 일부를 제외할 수 있다.

② 제1항 본문에서 "구매자가 실제로 지급하였거나 지급하여야 할 가격"이라 함은 당해 수입물품의 대가로서 구매자가 지급하였거나 지급하여야 할 총금액을 말하며, 구매자가 당해 수입물품의 대가와 판매자의 채무를 상계하는 금액, 구매자가 판매자의 채무를 변제하는 금액 및 기타의 간접적인 지급액을 포함한다. 다만, 구매자가 지급하였거나 지급하여야 할 총금액에서 다음 각호의 1에 해당하는 금액을 명백히 구분할 수 있는 때에는 그 금액을 뺀 금액

을 말한다.

1. 수입 후에 행하여지는 당해 수입물품의 건설 · 설치 · 조립 · 정비 · 유지 또는 당해 수입물품에 관한 기술지원에 필요한 비용
2. 수입항에 도착한 후 당해 수입물품의 운송에 필요한 운임 · 보험료 기타 운송에 관련되는 비용
3. 우리나라에서 당해 수입물품에 부과된 관세 등의 세금 기타 공과금
4. 연불조건수입의 경우에는 당해 수입물품에 대한 연불이자

## (2) 일반 내수용 수입(at sight L/C)

**사례**

① 20×1. 5. 20 (주)민지상사는 L/C 금액 U.S $10,000을 개설하고 다음의 금액을 지급하였다.

\- 신용장 개설수수료 10,000 신용장개설전보료 15,000

| (차) 선급금 | 25,000 | (대) 현금과 예금 | 25,000 |
|---|---|---|---|

② 20×1. 5. 25 L/C 금액 U.S $10,000에 대하여 L/C 개설은행으로부터 일람불화환어음을 제시받고 U.S $10,000 @전신환매도율 1,000으로 결제하고 선적서류를 인수하였다.

| (차) 미착상품 | 10,025,000 | (대) 현금과 예금 | 10,000,000 |
|---|---|---|---|
| | | 선급금 | 25,000 |

③ 20×1. 5. 30 수입통관시 수입통관제비용 1,000,000을 지급하였다.

| (차) 미착상품 | 1,000,000 | (대) 현금과 예금 | 1,000,000 |
|---|---|---|---|

④ 20×1. 6. 5 창고에 입고되었다.

| (차) 상품 | 11,025,000 | (대) 미착상품 | 11,025,000 |
|---|---|---|---|

### (3) Banker's Usance L/C에 의한 수입

**사례**

① 20×1. 7. 20 (주)성균상사는 Banker's Usance L/C 90일 조건의 F.O.B U.S $10,000 상품을 LA상사와 수입신용장을 개설하였다.

- 신용장 개설수수료 10,000 신용장개설전보료 15,000
- 환율 : T.T 매도율 @1,000
- L/C 개설보증금 : 10% U.S $1000

| | | | | |
|---|---|---|---|---|
| (차) | 선급금 | 25,000 | (대) 현금과 예금 | 25,000 |
| | 수입보증금 | 1,000,000 | 현금과 예금 | 1,000,000 |

② 20×1. 7. 30 은행으로부터 선적서류 도착통지와 함께 Usance 90일 어음의 지급인수 요청을 받고 지급인수 서명 후 선적서류를 인수하였다. 매매기준율은 @1,100원이다.

| | | | | |
|---|---|---|---|---|
| (차) | 미착상품 | 11,025,000 | (대) 외화단기차입금 | 11,000,000 |
| | | | 선급금 | 25,000 |

※ D/A조건, Shipper's Usance L/C로 수입하는 경우 은행으로부터 선적서류 인수시 다음과 같이 회계처리한다.

| | | | | |
|---|---|---|---|---|
| (차) | 미착상품(원재료) | ××× | (대) 외화외상매입금 | ××× |

③ 20×1. 8. 5 수입통관을 완료하고 수입통관제비용 1,000,000원을 지급하였다.

| | | | | |
|---|---|---|---|---|
| (차) | 미착상품 | 1,000,000 | (대) 현금과 예금 | 1,000,000 |

④ 20×1. 8. 10 창고에 입고되었다.

| | | | | |
|---|---|---|---|---|
| (차) | 상품 | 12,025,000 | (대) 미착상품 | 12,025,000 |

⑤ 20×1. 10. 19 어음 만기도래하여 Usance이자 200,000원과 함께 어음 결제하였다. (환율 : T.T 매도율 @1,100)

| | | | | |
|---|---|---|---|---|
| (차) | 외화단기차입금 | 11,000,000 | (대) 수입보증금 | 1,000,000 |
| | 외환차손 | 1,000,000 | 현금과 예금 | 11,200,000 |
| | 이자비용 | 200,000 | | |

### (4) 수입관세의 회계처리

#### 1) 관세환급

① 관세환급의 개념

관세환급금은 자국상품의 국제경쟁력을 강화하기 위하여 수출용원자재를 수입하는 경우 부담하는 관세 등(관세, 개별소비세, 주세, 교통세, 교육세, 농어촌특별세)에 대하여 수입한 원자재 등으로 제조가공하여 수출하면 다시 이를 환급해주는 것을 말한다.

② 관세환급권자

관세환급권자는 수출업자이다. 다만, 수출대행위탁자, 완제품내국신용장에 의하여 완제품을 수출업자에게 공급하는 자도 수출업자로부터 관세 등에 대한 환급권을 양도받아 환급신청할 수 있다.

③ 환급대상

수출용원재료를 수입한 때에는 납부한 관세 등을 2년 내에 수출 등에 제공하여야 하고, **수출에 제공된 날로부터 2년 이내에 환급을 신청**하여야 한다(관세법 3).

④ 환급유형

ⓐ 개별환급

수출물품에 제공된 수입원재료를 계산하여 소요량증명서를 발급받아 환급액을 신청하는 제도이다.

ⓑ 간이정액환급

간이정액환급은 간편한 절차(간이정액환급률표)에 의하여 수출 즉시 신속히 환급을 받을 수 있는 방법으로 **중소기업기본법 제2조의 규정에 의한 중소기업자로서 환급신청일이 속하는 연도의 직전 2년간 매년도 환급실적(기초원재료납세증명서 발급실적을 포함한다)이 6억원 이하인 자**가 제조가공한 물품에 대한 관세 등의 환급과 내국신용장 등에 의하여 공급된 수출용원재료에 대한 기초원재료 납입증명서 발급시에 적용한다(관세환급특례법 12, 2010. 3. 30 개정). 이 제도는 개별환급과 선택이 가능하며, 포기시에는 2년간은 개별환급을 적용하여야 한다.

관련법조문

◈ **수출용원재료에 대한 관세 등 환급에 관한 특례법 제10조【환급금의 산출 등】**

① 환급신청자는 대통령령으로 정하는 바에 따라 수출물품에 대한 원재료의 소요량을 계산한 서류(이하 "소요량계산서"라 한다)를 작성하고 그 소요량계산서에 따라 환급금을 산출(算出)한다.

② 관세청장은 제1항에도 불구하고 소요량 계산업무의 간소화 등을 위하여 필요하다고 인정하는 경우에는 수출물품별 평균 소요량 등을 기준으로 한 표준 소요량을 정하여 고시하고, 환급신청자로 하여금 이를 선택적으로 적용하게 할 수 있다.

◈ **수출용원재료에 대한 관세 등 환급에 관한 특례법 시행령 제16조【간이정액환급】**

① 관세청장은 법 제13조 제1항의 규정에 의하여 중소기업의 수출물품에 적용하는 정액환급률표(이하 "간이정액환급률표"라 한다)를 정할 때에는 최근 6월 이상 기간 동안의 수출물품의 품목번호별 평균환급액 또는 평균납부세액 등을 기초로 하여 적정한 환급액을 정하여야 한다. 다만, 최근 6월 이상의 기간 동안 수출물품의 품목번호별 환급실적(간이정액환급실적을 제외한다)이 없거나 미미하여 당해 물품의 품목번호별 평균환급액 또는 평균납부세액 등을 기초로 간이정액환급률표의 환급액을 정하는 것이 불합리한 것으로 판단되는 경우에는 직전의 간이정액환급률표의 환급액을 기초로 하여 적정한 환급액을 정할 수 있다.

사례

수출용원재료에 대한 수입시 납부한 관세 등에 대한 회계처리는 다음과 같다.

① (주)서울상사는 20×1. 10. 5 수출용원재료를 수입통관하면서 관세 등 1,000,000원을 납부하였다.

| (차) 원재료 | 1,000,000 | (대) 현금과 예금 | 1,000,000 |
|---|---|---|---|

② 20×1. 12. 20 수출이 완료되어 관세환급금을 지급받았다.

| (차) 현금과 예금 | 1,000,000 | (대) 관세환급금(매출원가) | 1,000,000 |
|---|---|---|---|

※ 기업회계기준 제39조 제5항에서는 관세환급금에 대하여 다음과 같이 규정하고 있다. 상품 또는 제품에 대하여 판매·생산 또는 매입 이외의 사유로 증감액이 있는 경우와 관세환급금 등 기타 매출원가항목으로 차감 또는 부가하여야 할 것이 있는 경우에는 이를 구분하여 기재한다.

| | |
|---|---|
| Ⅰ. 매출액 | 100,000,000 |
| Ⅱ. 매출원가 | 55,000,000 |
| 1. 기초제품재고액 | 10,000,000 |
| 2. 당기제품제조원가 | 70,000,000 |
| 합　계 | 80,000,000 |
| 3. 기말제품재고액 | 20,000,000 |
| 4. 관세환급금 | 5,000,000 |
| Ⅲ. 매출총이익 | 45,000,000 |

### 2) 관세환급금의 귀속시기

관세환급금의 손익 귀속시기는 다음의 날이 속하는 사업연도로 한다(법기통 40-71-6).

① 수출과 동시에 환급받을 관세 등이 확정되는 경우(수출용원재료에 대한 관세 등 환급에 관한 특례법 제13조의 규정에 의한 정액환급률표에 의한 환급액을 포함한다)에는 당해 수출을 완료한 날

② 수출과 동시에 환급받을 관세 등이 확정되지 아니하는 경우에는 환급금의 결정통지일 또는 환급일 중 빠른 날

### 3) 추가고지된 관세 등의 세무처리

법인이 세관장으로부터 수입물품의 거래가격이 동종·동질물품 또는 유사물품의 거래가격과 현저한 차이가 있는 등의 사유로 관세법의 규정에 의하여 관세가 추가로 고지되는 관세(가산세 제외)는 세관장으로부터 고지된 날이 속하는 사업연도의 손금에 산입하는 것이며 관세 추징으로 추가 부담하는 부가가치세에 상당하는 공급가액을 수입물품의 수입자가 실제 지출하지 않은 경우에는 동 법인의 매입원가 등에 산입하지 아니하는 것이다(서면2팀-1379, 2007. 7. 26).

한편, 외국으로부터 재화를 수입하는 수입업자가 재화를 수입하고 부가가치세법 제16조 제3항의 규정에 의하여 세관장으로부터 수입세금계산서를 교부받은 후 당초 수입한 재화에 대하여 관할세관장이 경정하여 추가로 관세 및 부가가치세를 부담하고 추가 수입세금계산서를 교부받은 경우 당해 수입세금계산서의 매입세액은 같은 법 제17조 제1항에 의하여 그 수입세금계산서를 교부받은 날이 속하는 과세기간에 자기의 매출세액에서 공제하거나 환급할 세액에 가산하여 환급받을 수 있는 것이다(서면3팀-1969, 2007. 7. 13).

## Ⅲ 수입업의 부가가치세 실무

### 1. 수입재화에 대한 부가가치세 과세 여부

재화의 수입은 원칙적으로 부가가치세 과세대상이다. 다만, 부가가치세법 제27조에 규정하는 다음에 대하여는 부가가치세를 면제한다.

1. 가공되지 아니한 식료품(식용으로 제공되는 농산물, 축산물, 수산물 및 임산물을 포함한다)으로서 대통령령으로 정하는 것
2. 도서, 신문 및 잡지로서 대통령령으로 정하는 것
3. 학술연구단체, 교육기관, 「한국교육방송공사법」에 따른 한국교육방송공사 또는 문화단체가 과학용·교육용·문화용으로 수입하는 재화로서 대통령령으로 정하는 것
4. 종교의식, 자선, 구호, 그 밖의 공익을 목적으로 외국으로부터 종교단체·자선단체 또는 구호단체에 기증되는 재화로서 대통령령으로 정하는 것
5. 외국으로부터 국가, 지방자치단체 또는 지방자치단체조합에 기증되는 재화
6. 거주자가 받는 소액물품으로서 관세가 면제되는 재화
7. 이사, 이민 또는 상속으로 인하여 수입하는 재화로서 관세가 면제되거나 「관세법」 제81조 제1항에 따른 간이세율이 적용되는 재화
8. 여행자의 휴대품, 별송(別送) 물품 및 우송(郵送) 물품으로서 관세가 면제되거나 「관세법」 제81조 제1항에 따른 간이세율이 적용되는 재화
9. 수입하는 상품의 견본과 광고용 물품으로서 관세가 면제되는 재화
10. 국내에서 열리는 박람회, 전시회, 품평회, 영화제 또는 이와 유사한 행사에 출품하기 위하여 무상으로 수입하는 물품으로서 관세가 면제되는 재화
11. 조약·국제법규 또는 국제관습에 따라 관세가 면제되는 재화로서 대통령령으로 정하는 것
12. 수출된 후 다시 수입하는 재화로서 관세가 감면되는 것 중 대통령령으로 정하는 것. 다만, 관세가 경감(輕減)되는 경우에는 경감되는 비율만큼만 면제한다.
13. 다시 수출하는 조건으로 일시 수입하는 재화로서 관세가 감면되는 것 중 대통령령으로 정하는 것. 다만, 관세가 경감되는 경우에는 경감되는 비율만큼만 면제한다.
14. 제26조 제1항 제10호에 따른 담배
15. 제6호부터 제13호까지의 규정에 따른 재화 외에 관세가 무세(無稅)이거나 감면되는 재화로서 대통령령으로 정하는 것. 다만, 관세가 경감되는 경우에는 경감되는 비율만큼만 면제한다.

## 2. 수입재화의 부가가치세 과세표준

재화의 수입에 대한 부가가치세의 과세표준은 관세의 과세가격과 관세 · 개별소비세 · 주세 · 교육세 · 농어촌특별세 및 교통 · 에너지 · 환경세의 합계액으로 한다(부법 29 ②).

## 3. 수입세금계산서 또는 수입계산서의 발급

재화의 수입에 대하여는 수입자로부터 관세법에 따라 세관장이 부가가치세를 징수하고 과세대상에 대하여는 세금계산서를 발급하고 면세대상에 대해서는 계산서를 발급하여야 한다. 다만, 소득세법 시행령 제212조의 2 제2항에서 부가가치세법 시행령 제12조의 제2항 제2호 내지 제11호 및 제14호의 규정에 의하여 부가가치세가 면제되는 수입에 대하여는 계산서를 발급하지 아니할 수 있도록 하고 있다.

수입계산서 합계표는 세관장이 수입업자에게 발급한 자료를 세관에서 국세청에 통보하므로 수입업자의 매입처별계산서합계표 제출의무가 2006. 1. 1 이후 개시하는 사업연도부터 폐지되었다. 즉, 계산서를 발급받은 수입자는 그 계산서의 매입처별합계표를 제출하지 아니할 수 있다(소법 163 ⑤).

### (1) 수입세금계산서의 매입세액공제 여부

수입업자가 자기과세사업을 위하여 세관장으로부터 발급받은 수입세금계산서상의 매입세액은 매출세액에서 공제한다.

#### ① 무환수입시의 매입세액 공제 여부

사업자가 국내사업장이 없는 외국법인과 당해 외국법인이 국내에 공급한 재화에 대한 사후보증수리 대행계약을 체결하고 당해 외국법인으로부터 수리용 부품을 무상으로 제공받아 수리용역을 제공하는 경우로서 당해 부품을 무환으로 수입하면서 관세 · 부가가치세 등을 부담하고 세관장으로부터 수입세금계산서를 교부받은 경우에 당해 세금계산서의 매입세액은 부가가치세법 제17조 제1항 제2호의 규정에 의하여 매출세액에서 공제되는 것이다(서면3팀-2915, 2007. 10. 26).

#### ② 수입대행의 경우 매입세액공제 대상자

사업자가 재화의 수입을 위탁하는 경우에는 수입위탁자의 명의로 수입세금계산서를 교부받아야 하는 것이므로 수입대행자가 수입세금계산서를 자기명의로 교부받은 경우 당해 매입세액은 부가가치세법 제17조 제2항의 규정에 의하여 수입대행자의 매입세액으로 공제받을 수 없으나, 수입대행자가 실질적으로 자기의 책임과 계산 하에 재화를 수입하고 자기명의로 수입세금계산서를 교부받아 위탁자에게 당해 수입재화를 공급하는 경우에는 그러하지 아니하는 것이다(서면3팀-1122, 2007. 4. 13).

### ③ 수출자가 관세 등을 부담하는 조건의 수입

국내사업자가 외국 수출업체로부터 재화를 수입(DDP조건 : 매도인 관세부담조건)함에 있어 당해 재화의 수입주체가 실질적으로 외국 수출업체로서 수입에 관련된 관세 및 부가가치세를 외국 수출업체가 납부하는 경우에는 국내사업자가 수취한 수입세금계산서의 매입세액은 공제할 수 없는 것이나, 다만, 국내사업자가 당해 재화를 자기의 과세사업을 위하여 사용하고 실질적인 수입의 주체로서 수입과 관련한 관세 및 부가가치세를 납부하는 경우에는 세관장으로부터 수취한 수입세금계산서의 매입세액은 매출세액에서 공제받을 수 있는 것이다(서면3팀-2234, 2005. 12. 8).

**사례** DDP 조건으로 수입하는 경우 매입세액공제 여부

1) 국세청 법규해석 및 심사결정례

① 매도인 관세지급 인도조건의 경우 수출자가 관세 등을 대납하는 경우로서 수입주체가 외국 수출업체인 경우 수입자의 상품원가로 처리하지 말아야 하며(또는 원가처리하고 대납액을 수익으로 계상가능), 수입세금계산서를 교부받아도 매입세액공제를 받을 수 없음에 주의하여야 한다.

즉, 수입업자가 세관장으로부터 수입세금계산서를 교부받은 경우에 재화의 수입이 실질적으로 수입자의 책임과 계산 하의 수입이라면 당해 세금계산서의 매입세액은 수입업자의 매출세액에서 공제받을 수 있는 것이나, 수입에 관련된 관세 및 부가가치세를 외국 수출업체가 대납한 경우(DDP조건)로서 당해 재화의 수입주체가 실질적으로 외국 수출업체인 경우에는 수입업자가 수취한 수입세금계산서의 매입세액은 공제할 수 없는 것이다(서면3팀-417, 2005. 3. 25). 다만, 국내사업자가 당해 재화를 자기의 과세사업을 위하여 사용하고 실질적인 수입의 주체로서 수입과 관련한 관세 및 부가가치세를 납부하는 경우에는 세관장으로부터 수취한 수입세금계산서의 매입세액은 매출세액에서 공제받을 수 있는 것이다(서면3팀-2234, 2005. 12. 8).

② 매도인 관세지급 인도조건(DDP조건)으로 수입하였고 부가가치세 부담을 수출업자가 하였다고 하더라도 수입시 세관에서 징수하는 부가가치세를 누가 부담할 것인가는 거래당사자의 해결사항이고(서면3팀-3214, 2007. 11. 28) 수입대행업체가 아니라 자신의 책임과 계산하에 수입을 하였으므로 실질적인 수입주체로 인정되고 수입물품을 판매하여 매출로 계상하여 자기의 과세사업을 위하여 사용한 사실이 인정되므로 매입세액공제는 타당하다(심사부가 2011-0046, 2011. 6. 30).

2) 조세심판원

① DDP조건으로 철강촉매제를 판매하고 있으나 이들이 약정한 계약서에는 부가가치세를 누가 부담할 것인지에 대한 명시적인 규정이 없어 부가가치세 부담 주체가 불분명하나 부가가치세법령에 의하면 재화를 수입하는 수입자는 부가가치세를 납부하여야 하는 것은 당연하고, 청구법인은 ○○○와 별도의 철강촉매제 납품계약을 체결한 사실이 없고 ○○○이 지정하는 자에게 철강촉매제를 납품하도록 ○○○과 임가공계약이 체결되어 있는 바, 청구법인이 ○○○의 계약에 의하여 수입한 철강촉매제 원재료를 국내임가공회사에 임가공시키고 국내임가공회사가 청구법인에 납품한 철강촉매제를 ○○○에 납품하는 등 청구법인은 ○○○의 국내대리인 역할을 수행하고 있는 것으로 보인다.

한편, 청구법인은 쟁점수입세금계산서의 철강촉매제 원재료 가액에 대해 재무제표상 매입원가로 인식하지 아니하였음은 물론 쟁점수입세금계산서의 물품가액에 대해서도 수입금액으로 계상하지 아니하였으며, 부가가치세 영세율 매출로 신고한 것도 국내 운송비, 통관수수료, 관세, 임가공료 등 실제 발생한 비용에 일정 이윤을 가산한 것이며, 쟁점매입세액과 관련된 사항에 대해 매출로 신고한 것도 아니므로 쟁점매입세액이 청구법인의 과세사업과 직접 관련이 없는 것으로 보이고, ○○○과 ○○○의 무역거래조건은 DDP조건으로 거래조건을 살펴보면, 매도인이 물품을 수입국의 지정된 장소에서 매수인이 임의처분 가능한 상태로 인도하는 것으로 매도인은 물품을 수입통관을 수행한 상태로 지정 인도 장소에서 인도하기 위해 필요한 제세공과금을 포함한 비용과 위험을 부담해야 하는 무역거래조건이며, 계약당사자들은 매도인의 의무에서 물품 수입시 지불해야 하는 부가가치세 등을 제외하기 위하여 명시적인 문구(부가가치세 미지급)를 추가할 수 있는 것으로 되어 있는 바, 그 원문의 규정 중 일부를 보면 다음과 같고, ○○○과 ○○○간에 약정된 계약서에는 위 명시적인 문구(부가가치세 미지급) 관련 내용의 규정은 없는 것으로 나타난다. 쟁점매입세액은 ○○○이 ○○○에 철강촉매제를 판매하는 과정 중 하나인 동 촉매제를 수입하면서 부가가치세법에 따라 발생하는 비용으로 이는 ○○○이 부담하여야 할 비용으로 보여지므로 처분청이 쟁점매입세액을 불공제한 처분은 잘못이 없는 것으로 판단된다(국심 2006서4039, 2007. 7. 4).

② 「부가가치세법 시행령」 제58조 제3항은 「조달사업에 관한 법률」에 의하여 물자가 공급되는 경우에는 공급자 또는 세관장이 당해 실수요자에게 직접 세금계산서를 교부하여야 하는 것으로 규정하고 있는 바, 청구법인이 쟁점특수차량의 수입신고필증에 납세의무자로서 청구법인 명의로 쟁점수입세금계산서를 교부받았으나 이에 대응되는 매출이 나타나지 아니한 점, 청구법인이 수입수수료 명목으로 외국수출업체로부터 146,089천원 상당을 수령한 것으로 나타나는 점, 쟁점특수차량의 실수요자인 ○○○이 납세의무자라고 관세청으로부터 회신받은 점, ○○○의 외자구매요청서에 계약방법이 DDP조건이고 관세 및 부가가치세가 구매요청금액에 포함된 것으로 기재되어 있는 점, 쟁점특수차량의 인도조건이 DDP조건으로 구매계약서에 명시되어 있는 점, 상업송장의 계약금액에 관세 및 부가가치세 등이 포함된 DDP조건으로 되어 있어 외국수출업체가 부가가치세를 부담하는 것으로 볼 수 있는 점, ○○○이 외국수출업체에 쟁점특수차량의 계약금액을 송금한 점 등으로 볼 때, 수입자(납세의무자)는 ○○○이나 외국수출업체가 부가가치세를 대납하는 것으로 보이고 청구법

인은 쟁점특수차량의 수입대행업체로 보이므로 수입주체로 보기는 어렵다 할 것이다(조심 2010서0509, 2010. 7. 20).

3) 판단

위 판례를 요약하여 보면 DDP조건으로 수입하는 경우 수입과 관련된 관세, 통관비용, 수입허가 절차 등을 매도자(수출상)가 부담하게 되므로 이 경우 수입상 앞으로 발행되는 수입세금계산서상의 매입세액을 수입상이 공제받을 수 있는가 하는 것이다.

국세청 해석으로는 DDP조건으로 수입하는 경우 실질적인 수입주체가 외국수출업체인 경우에는 사업과 관련없는 매입세액으로 보아 공제받을 수 없는 것이나 수입주체가 국내수입업체인 경우에는 공제받을 수 있다고 해석하고 있다. 그러면 실질적인 수입주체란 의미는 무엇일까?

원칙적으로 DDP조건으로 수입하는 경우 수입주체는 외국수출상이 된다고 보아야 한다. 왜냐하면 수출상이 수입과 관련된 인허가나 수입절차, 관세, 부가세, 내국세 등 모든 세금을 부담하여 실질적인 수입주체가 되기 때문이다. 다만, 실질적인 수입주체는 수입상으로 부가가치세 등을 수입상이 부담하는 경우에는 자기사업을 위하여 사용되었거나 사용될 재화 또는 용역과 관련된 즉, 과세사업과 관련된 사업으로 매입세액공제가 가능하다고 판단된다.

→ (DDP조건의 영문계약서 일부) The supplier shall pay all taxes, duties, dues and other relate charge, imposed under any present or future law, whether now or hereafter in force, up to the delivery point as the result of, or in connection with, this agreement or any purchase order issued thereunder.

4) DDP조건 사례

(갑)은 태양광 웨이퍼를 제조 판매하는 내국법인으로 웨이퍼 제조에 필요한 부재료 일부를 국외에서 수입하고 있으며, 일부 거래처에서는 당사가 고정 거래처이기 때문에 일부 품목에 대하여 소량으로 무상공급하기도 함.

무상 공급받는 물품의 수입은 DDP조건(매도인 관세부담 조건)으로 외국수출업체가 당해 관세 및 부가가치세를 납부하고, (갑)은 무상으로 재화를 인도받으면서, 세관장으로부터 (갑)명의의 수입세금계산서를 발급받음.

### ④ 세금계산서 발급대상의 해당 여부

외국법인의 국내지점이 국내의 사업자와 계약에 의하여 부가가치세가 과세되는 재화를 국외의 외국법인 본점에서 수입하여 공급하는 경우에 있어서 국내사업자가 자기명의로 직접 당해 재화의 수입・통관 등 제반 수입절차를 이행하고 세관장으로부터 동 재화의 수입에 따른 수입세금계산서를 교부받는 경우 외국법인의 국내지점은 국내사업자에게 동 재화의 공급에 대하여 별도의 세금계산서를 교부할 의무가 없는 것이다(부가-1619, 2011. 12. 23).

⑤ **사후보증수리용역의 제공에 사용될 수리용부품의 무환수입시 매입세액공제 여부**

국내사업자가 국외에 소재한 외국법인과 당해 외국법인이 국내에 판매한 로봇장비에 대한 사후보증수리 대행계약을 체결하고 당해 외국법인으로부터 수리에 사용될 부품을 무상으로 제공받아 수리용역을 제공하는 경우로서 당해 부품을 무환으로 수입하면서 관세·부가가치세 등을 부담하고 세관장으로부터 수입세금계산서를 교부받은 경우 당해 세금계산서의 매입세액은 「부가가치세법」 제17조 제1항 제2호에 따라 매출세액에서 공제되는 것이다(부가-1481, 2009. 10. 13).

⑥ **위탁부품무환 수입세금계산서 교부받고 관세 등 부담한 때 매입세액공제 여부**

기상청에 공급한 수퍼컴퓨터의 1년간 사후무상수리 및 유지관리 등을 위하여 청구법인과 서비스 하청계약을 체결하였고, 청구법인은 계약에 따라 기상청에 직원을 파견하여 상시 주재하면서 수퍼컴퓨터의 부품교체 및 유지보수 등을 지원하고, 이와 관련하여 무상보증수리에 사용할 위탁부품을 청구법인이 무환으로 수입·통관하여 이를 운반·보관 등을 한 것인바, 쟁점매입세액은 청구법인이 무상보증수리용역 등을 제공하기 위해 자기명의로 무상보증수리용 위탁부품을 수입·통관하고 부가가치세를 직접 납부한 것이므로 청구법인의 사업수행에 필수적으로 발생되는 매입세액으로서 자기의 사업을 위한 매입세액으로 보아야 할 것이므로(국심 99서458, 1999. 9. 28) 처분청이 쟁점매입세액을 청구법인의 사업과 직접 관련 없는 매입세액으로 보아 당해 매입세액을 불공제한 것은 잘못이라고 판단된다(심사부가 2000-0078, 2000. 7. 7).

### (2) 수입세금계산서 등의 공제시기

사업자가 보세구역 내에서 보세구역 이외의 국내에 재화를 공급하는 경우에 당해 재화가 수입재화에 해당하는 때에는 수입신고수리일이다(부령 28 ⑦).

세관장은 부가가치세를 징수, 환급, 충당하는 때에 수입세금계산서를 교부한다. 다만, 법령에 따라 부가가치세의 징수를 유예하는 경우에는 실제로 부가가치세를 징수하는 때에 교부한다. 부가가치세가 면제되는 경우에는 수입신고수리를 하는 때(「관세법」 제16조의 각 호에 해당하는 물품은 그 사실이 발생한 때)에 「소득세법」 제163조 제3항에 따른 수입계산서(별지 제1호의2 서식)를 교부한다.

① **세관장이 부가가치세를 소급하여 추징하는 경우 공제시기**

외국으로부터 재화를 수입하는 수입업자가 재화를 수입하고 부가가치세법 제16조 제3항의 규정에 의하여 세관장으로부터 수입세금계산서를 교부받은 후 당초 수입한 재화에 대하여 관할세관장이 경정하여 추가로 관세 및 부가가치세를 부담하고 추가 수입세금계산서를 교부받은 경우 당해 수입세금계산서의 매입세액은 같은 법 제17조 제1항에 의하여 그 수입세금계산서를 교부받은 날이 속하는 과세기간에 자기의 매출세액에서 공제하거나 환급할 세액에 가산하여 환급받을 수 있는 것이다(서면3팀-1969, 2007. 7. 13).

**② 사업의 양도시까지 교부받지 못한 수입세금계산서 처리**

사업양도자가 수입재화에 대한 수입세금계산서를 사업양도시까지 교부받지 못하고 사업양도 후 사업양수자가 사업양도자 명의로 교부받은 경우에는 당해 수입세금계산서를 교부받은 과세기간에 매입세액으로 공제받을 수 있다(부기통 38-0-3).

**③ 수입세금계산서에 의한 매입세액공제**

사업자가 자기의 사업과 관련된 재화의 수입에 따른 수입세금계산서를 수입일이 속하는 과세기간 경과 후에 교부받은 때에는 수입세금계산서를 교부받은 날이 속하는 과세기간의 매출세액에서 공제받을 수 있다(부기통 38-0-7).

**④ 폐업 후 발급받은 수입세금계산서**

사업자가 수입재화에 대한 매출세액을 신고・납부하고 폐업한 후에 해당 수입재화에 대한 수입세금계산서를 교부받은 경우 그 매입세액은 부가가치세법 시행령 제21조 제1항 단서의 규정에 의하여 폐업일이 속하는 과세기간에 대한 매출세액에서 공제되는 것이다(서면3팀-2003, 2006. 9. 5).

**⑤ 수입신고일과 수입세금계산서의 발행일이 상이한 경우의 매입세액공제 여부**

부가가치세법상 수입재화의 공급시기는 수입신고수리일로 보는 것이고, 사업자가 재화나 용역을 제공하는 때에는 공급받는 자에게 세금계산서를 교부하여야 하는 것인바, 사업자가 수입신고수리일이 속하는 과세기간이 경과한 후에 세관장으로부터 수입세금계산서를 교부받은 경우에는 교부받은 날이 속하는 과세기간의 매출세액에서 공제받을 수 있도록 한 것(부기통 17-0-8)은 세관장이 수입재화에 대하여 부가가치세 등의 납부일에 수입세금계산서가 발행되는 현실을 고려하여 수입신고수리일과 수입세금계산서의 발행일이 다른 경우 수입세금계산서에 의한 매입세액을 수입신고수리일이 속하는 과세기간은 물론 그 수입세금계산서 발행일이 속하는 과세기간에도 공제받을 수 있도록 허용한 것으로 보아야 할 것이다(국심 2004광1579, 2005. 8. 22). 그러하다면 청구법인이 쟁점금액과 관련된 재화를 수입하고 수입세금계산서를 지연 교부받은 이건의 경우, 청구법인이 수입신고수리일을 공급시기로 보아 매입처별세금계산서합계표를 당해 수입신고수리일이 속하는 과세기간 및 예정신고기간에 작성・제출한 것에 대하여 당해 수입세금계산서를 위 과세기간 및 예정신고기간 이후에 교부받았음을 사유로 청구법인이 신고한 동 부가가치세 매입세액의 공제를 부인하고 수입세금계산서의 교부일이 속하는 과세기간의 매입세액으로 공제하면서 신고·납부불성실가산세를 부과한 처분은 부당하다고 판단된다(국심 2005부4405, 2006. 11. 9).

⑥ **위약물품에 대한 수정세금계산서의 발급**

세관장으로부터 부가가치세를 징수당한 수입재화가 「관세법」 제106조에 규정하는 위약물품에 해당하는 경우에는 관할세관장은 부가가치세를 지체 없이 환급하여야 한다. 이 경우 세관장은 수정수입세금계산서를 수입자에게 발급하고, 법 제20조에 따라 이를 관할세무서장에게 제출하여야 한다(부령 71 ②).

사업자가 국외로부터 수입한 재화가 하자가 발생하여 반송하는 경우 동 재화가 관세법 제106조에 규정하는 위약물품에 해당하는 경우에는 관할세관장은 부가가치세를 지체 없이 환급하여야 하는 것이므로 수출하는 재화에 해당하지 아니하는 것이며, 반송하는 수입재화가 관세법에 규정하는 위약물품에 해당되지 아니하는 경우에는 수출하는 재화에 해당하는 것이다(제도 46015-12407, 2001. 7. 26). 또한, 사업자가 수입한 재화가 관세법 제106조에 규정하는 위약물품에 해당되어 세관장으로부터 수정수입세금계산서를 교부받고 당해 재화의 반출에 따른 수출신고를 필한 후 외국의 수출자에게 반출하는 경우에는 부가가치세가 과세되지 아니하는 것이다(서삼 46015-10282, 2001. 9. 21). 따라서 (-)수입세금계산서는 당해 작성일자가 속하는 과세기간에 대한 부가가치세 신고시 부가가치세대급금(-)으로 처리하면 된다.

수입한 재화를 국외로 반품하는 경우, 선결정(국심 1999서972, 1999. 8. 17)에 의하면, 반품선적분도 수출하는 재화에 해당하여 영세율이 적용되며, 부가가치세 과세표준 신고시 이를 누락한 경우에는 가산세가 부과되는 것으로 판단한 점, 관세청장은 질의회신문(관세제도과-561, 2009. 6. 10)에서 "하자를 이유로 수입된 물품을 원상태로 유상 수출한 경우, 제106조에 의한 환급조건과 환특법에 의한 환급조건(영세율 신고방법)의 충족 여부에 따라 선택적으로 환급을 신청할 수 있는 것"으로 회신하고 있는 점 등으로 보아 처분청이 과세근거로 삼은 「부가가치세법 시행령」 제71조 제2항의 "제106조에 규정하는 위약물품에 해당하는 경우에는 관할세관장은 부가가치세를 지체없이 환급하여야 한다"는 규정은, 납세자가 제106조의 규정에 의하여 위약물품에 대한 관세환급을 신청함에 따라 관세당국이 관세환급대상임을 확인하는 경우에는 수정(-)수입세금계산서를 발행·교부하면서, 환급신청한 관세뿐만 아니라, 관세와 동시에 징수한 수입부가가치세도 함께 지체없이 환급해 주어야 한다는 납세자에 대한 편의적 규정으로 판단되며, 동 규정을 관세환급이 불필요한 무관세 물품의 수입자에게도 수입당시 납부한 부가가치세를 환급받기 위해서는 반드시 제106조에 의한 관세환급절차를 이행해야 한다고 판단하기는 어려운 것으로 보인다. 따라서 수입자가 하자 등을 이유로 수입품을 반품하는 방법으로는 제106조에 의한 환급방법과 환특법에 의한 원상태로의 수출방법 중에서 선택할 수 있다 할 것이므로, 쟁점거래에 대하여는 영세율을 적용하여 관련 매입세액을 공제하는 것이 타당한 것으로 판단된다(조심 2010서0067, 2010. 10. 28).

**참고** **수입세금계산서 · 수입계산서의 관리상 주의사항**

세무실무에서는 수입계산서의 관리 소홀에 따라 매입원가누락으로 인하여 재고자산 누락 또는 매출누락으로 법인세 및 소득세 등을 부과받는 일이 발생한다. 또한 수입계산서와 수입세금계산서의 구분상 착오를 일으키는 경우가 발생한다. 따라서 수입계산서의 관리상 주의를 요한다.

### (3) 수정수입세금계산서의 발급

수입자가 보정신고, 수정신고, 경정청구, 후발경정청구, 과세가격조정 경정, 과오납 및 위약환급의 사유로 스스로 정정한 경우에는 세관장은 수정세금계산서를 발급할 수 있다. 또한, 관세조사 등 개시 이후 세액 경정할 것을 미리알고 보정 · 수정 · 경정 신청하거나 세관장이 세액을 결정 경정하는 경우로서 단순착오 등 수입자가 귀책사유가 없음을 증명하는 경우에는 수정세금계산서를 발급할 수 있다. 이 개정규정은 2013년 7월 26일 최초로 수정신고하거나 결정 경정하는 분부터 적용하며 성실신고 유도를 위하여 도입되었다.

#### 1) 발급사유

세관장은 다음의 어느 하나에 해당하는 경우에는 수입하는 자에게 수정한 수입세금계산서(이하 "수정수입세금계산서"라 한다)를 발급하여야 한다(부법 35 ②).

① 「관세법」에 따라 세관장이 과세표준 또는 세액을 결정 또는 경정하기 전에 수입하는 자가 대통령령으로 정하는 바에 따라 수정신고 등을 하는 경우(제3호에 따라 수정신고하는 경우는 제외한다)

② 「관세법」에 따라 세관장이 과세표준 또는 세액을 결정 또는 경정하는 경우(수입하는 자가 해당 재화의 수입과 관련하여 다음 각 목의 어느 하나에 해당하지 아니하는 경우로 한정한다)

가. 「관세법」 제270조(제271조 제2항에 따른 미수범의 경우를 포함한다), 제270조의 2 또는 제276조를 위반하여 고발되거나 같은 법 제311조에 따라 통고처분을 받은 경우

나. 「관세법」 제42조 제2항에 따른 부정한 행위 또는 「자유무역협정의 이행을 위한 관세법의 특례에 관한 법률」 제36조 제1항 제1호 단서에 따른 부당한 방법으로 관세의 과세표준 또는 세액을 과소신고한 경우

다. 수입자가 과세표준 또는 세액을 신고하면서 관세조사 등을 통하여 이미 통지받은 오류를 다음 신고 시에도 반복하는 등 대통령령으로 정하는 중대한 잘못이 있는 경우

세관장은 「관세법」에 따라 과세표준 또는 세액을 결정 또는 경정하기 전에 같은 법 제28조 제2항, 제38조의 2 제1항 · 제2항, 제38조의 3 제1항부터 제3항까지, 제38조의 4 제1항, 제46조, 제47조 및 제106조에 따라 부가가치세를 납부받거나 징수 또는 환급하는 경우에는 법 제35조 제2항에 따라 수입자에게 수정한 수입세금계산서를 발급하여야 한다.

### 2) 경정 등을 알고 수정신고하는 경우

수입하는 자가 세관공무원의 관세조사 등 대통령령으로 정하는 행위가 발생하여 과세표준 또는 세액이 결정 또는 경정될 것을 미리 알고 그 결정 · 경정 전에 「관세법」에 따라 수정신고하는 경우(해당 재화의 수입과 관련하여 제2호 각 목의 어느 하나에 해당하지 아니하는 경우로 한정한다)

세관장은 제2항 제2호 또는 제3호의 결정 · 경정 또는 수정신고에 따라 수정수입세금계산서를 발급한 후 수입하는 자가 제2항 제2호 각 목의 어느 하나에 해당하는 사실을 알게 된 경우에는 이미 발급한 수정수입세금계산서를 그 수정 전으로 되돌리는 내용의 수정수입세금계산서를 발급하여야 한다.

### 3) 발급방법

세관장이 수정한 수입세금계산서를 발급하는 경우에는 부가가치세를 납부받거나 징수 또는 환급한 날을 작성일로 적고 비고란에 최초 수입세금계산서 발급일 등을 덧붙여 적은 후 추가되는 금액은 검은색 글씨로 쓰고, 차감되는 금액은 붉은색 글씨로 쓰거나 음의 표시를 하여 발급한다(부령 72 ⑤). 수정수입세금계산서를 발급한 세관장은 법 제54조를 준용하여 작성한 수정된 매출처별 세금계산서합계표를 해당 세관 소재지를 관할하는 세무서장에게 제출하여야 한다.

#### ① 수입신고서의 납세의무자를 착오로 수정세금계산서의 발급방법

세관장이 수입되는 재화에 대하여 「부가가치세법」 제16조 제3항의 규정에 의하여 수입세금계산서를 교부한 후에 수입세금계산서상의 납세의무자를 착오로 잘못 기재한 것이 확인되는 경우에는 수입세금계산서 교부에 관한 고시(2006. 2. 9. 관세청고시 제2006-

13호)에 의하여 당초 교부일자로 과세표준 및 세액 앞에 각각 (-)표시한 수입세금계산서(상계처리용)를 당초 납세의무자에게 교부하고 정정된 수입세금계산서를 실제 납세자에게 동시에 교부하는 것이다(부가-3936, 2008. 10. 30).

② **과오납부한 수입재화에 대한 부가가치세의 징수 및 환급**

세관장으로부터 부가가치세를 징수당한 수입재화가 「관세법」 제38조 제5항 및 제46조에 따라 과오납부한 수입재화에 해당하는 경우에는 관할세관장은 부가가치세를 지체 없이 징수 또는 환급한다. 이 경우 세관장은 수정수입세금계산서를 수입자에게 발급하고, 법 제20조에 따라 이를 관할세무서장에게 제출하여야 한다(부령 71 ③).

## 4. 보세구역에 대한 부가가치세법의 적용(부기통 9-18-7)

① 외국에서 보세구역으로 재화를 반입하는 것은 재화의 수입에 해당하지 아니한다.

② 동일한 보세구역 내에서 재화를 공급하거나 용역을 제공하는 것은 재화의 공급 또는 용역의 제공에 해당한다.

③ 보세구역 이외의 장소에서 보세구역으로 재화 또는 용역을 공급하는 것은 재화 또는 용역의 공급에 해당한다.

④ 보세구역 내에 사업장을 둔 사업자가 보세구역 이외의 장소로 재화 또는 용역을 공급하는 경우에 공급가액 중 관세가 과세되는 부분에 대하여는 세관장이 부가가치세를 거래징수하고 수입세금계산서를 교부하며 공급가액 중 관세의 과세가격과 관세, 개별소비세, 주세, 교육세, 교통세 및 농어촌특별세의 합계액을 공제한 잔액에 대하여는 재화 또는 용역을 공급하는 사업자가 부가가치세를 거래징수하고 세금계산서를 교부하여야 한다.

⑤ 보세구역 내에 사업장을 둔 사업자가 보세구역 외의 사업자에게 내국신용장에 의하여 재화 또는 용역을 공급하는 경우에 공급가액 중 관세가 과세되는 부분에 대하여는 세관장이 부가가치세를 거래징수하고 수입세금계산서를 교부하며 공급가액 중 관세의 과세가격과 관세, 개별소비세, 주세, 교육세, 교통세 및 농어촌특별세의 합계액을 공제한 잔액에 대하여는 재화 또는 용역을 공급하는 사업자가 영의 세율이 적용되는 세금계산서를 교부하여야 한다.

⑥ 보세구역 내에 별도의 사업장을 두지 아니한 사업자가 외국물품을 수입함에 있어서 당해 물품을 수입통관 전에 양도한 경우 과세표준은 부가가치세법 제13조 제1항에서 규정한 공급가액으로 하며 이때 해당 물품을 양수받은 사업자는 자기가 부담한 매입세액을 동법 제17조 제1항의 규정에 의하여 매출세액에서 공제받을 수 있다.

**사례**

보세구역 내에서 제조업을 영위하는 다솔물산은 외국에서 도착한 물품을 원재료로 하여 생산한 제품을 보세구역 밖의 영등포물산에게 다음과 같이 공급하였다고 할 때 각각 거래징수할 부가가치세는 얼마인가? 단, 관세의 과세가격은 20,000,000원, 관세 10,000,000 제조원가 5,000,000원이다.

1. 판매가액(공급가액) 40,000,000원인 경우
   ① 세관장이 징수할 부가가치세 : (20,000,000 + 10,000,000) × 10% = 3,000,000원
   ② 다솔물산이 징수할 부가가치세 : (40,000,000 − 30,000,000) × 10% = 1,000,000원

2. 판매가액(공급가액) 25,000,000원인 경우
   ① 세관장이 징수할 부가가치세 : (20,000,000 + 10,000,000) × 10% = 3,000,000원
   ② 다솔물산이 징수할 부가가치세 : (25,000,000 − 30,000,000) × 10% = −500,000원
   ※ 음수로 부가가치세 징수 및 세금계산서 발급의무가 없다.

### 부가가치세 집행기준 13-0-2 보세구역에 대한 부가가치세 납세의무

보세구역(자유무역지역 및 관세법에 따른 보세구역을 포함)에서 거래되는 재화 또는 용역에 대한 「부가가치세법」 적용은 다음과 같이 한다.

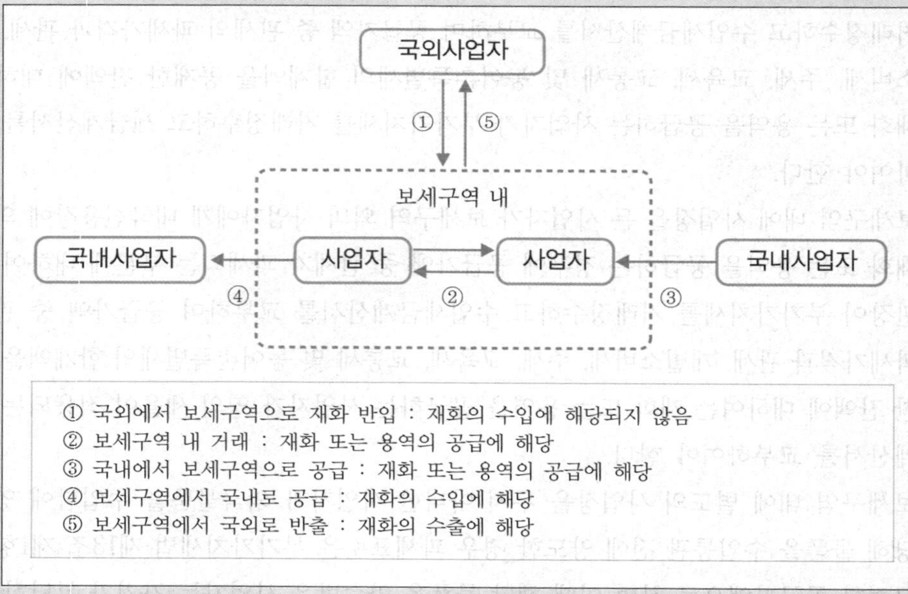
국외사업자
①
⑤
보세구역 내
국내사업자
사업자
사업자
국내사업자
④
②
③
① 국외에서 보세구역으로 재화 반입 : 재화의 수입에 해당되지 않음
② 보세구역 내 거래 : 재화 또는 용역의 공급에 해당
③ 국내에서 보세구역으로 공급 : 재화 또는 용역의 공급에 해당
④ 보세구역에서 국내로 공급 : 재화의 수입에 해당
⑤ 보세구역에서 국외로 반출 : 재화의 수출에 해당

## 5. 수입물품에 대한 선하증권 양도

### (1) 선하증권 양도와 부가가치세 과세문제

선하증권의 양도는 운송물을 인도한 것과 동일한 효력[22]이 있으므로 수입재화가 부가가치세 과세대상인 경우에는 부가가치세가 과세된다. 다만, 면세대상인 경우에는 부가가치세가 면제된다. 국내사업자 "갑"이 수입물품(「산림자원의 조성 및 관리에 관한 법률 시행령」 제2조 제6호에 따른 목재펠릿)을 신청인에게 공급하기로 하는 DDU조건(관세미지급 인도조건) 물품공급계약을 체결하여 DDU조건에 따라 선하증권을 양수한 신청인이 수입통관한 수입물품을 신청인의 사업장까지 운송하면 해당 수입물품에 대한 검수를 거쳐 공급대가가 확정되는 경우, 수입물품인 목재펠릿의 수입에 대하여는 「부가가치세법」 제13조에 따라 부가가치세가 과세되는 것이며, "갑"이 신청인에게 국내에서 공급하는 목재펠릿은 「조세특례제한법」 제106조 제1항 제12호에 따라 검수를 거쳐 대가가 확정되는 때에 확정된 대가(운송비용 포함)를 공급가액으로 기재한 계산서를 발급하여야 하는 것이다(서면법규과-1326, 2014. 12. 16).

### (2) 과세표준의 계산

사업자가 보세구역 내에 보관된 재화를 다른 사업자에게 공급하고 해당 재화를 공급받은 자가 그 재화를 보세구역으로부터 반입하는 경우에 재화를 공급한 자의 과세표준은 그 재화의 공급가액에서 세관장이 법 제23조 제3항에 따라 부가가치세를 징수하고 발급한 수입세금계산서에 적힌 공급가액을 뺀 금액으로 한다. 다만, 세관장이 법 제58조 제2항에 따라 부가가치세를 징수하기 전에 같은 재화에 대한 선하증권이 양도되는 경우에는 선하증권의 **양수인으로부터 받은 대가**를 공급가액으로 할 수 있다(부령 61 ② 5호).

**① 선하증권 재양도시 부가가치세 과세표준**

사업자 "갑"이 수입물품에 대한 선하증권을 "을"에게 양도(수입물품이 보세구역에 도착하기 전에 양도하는 경우를 포함)하고 "을"이 다시 당해 선하증권을 "병"에게 양도한 후 선하증권의 최종소유자인 "병"이 수입물품을 통관하는 경우, "갑"은 선하증권을 양도하는 때에 선하증권 양도가액(부가가치세 제외)을 공급가액으로 하여 "을"에게 세금계산서를 발급하는 것이며, "을"은 「부가가치세법 시행령」 제48조 제8항 규정에 따라 세금계산서를 발급하는 것이다(부가-1246, 2010. 9. 17).

---

22) 화물상환증에 의하여 운송물을 받을 수 있는 자에게 화물상환증을 교부한 때에는 운송물 위에 행사하는 권리의 취득에 관하여 운송물을 인도한 것과 동일한 효력이 있다(상법 133).

② **면세대상인 경우 과세표준의 계산**

사업자가 수입면세물품에 대한 선하증권을 양도하고 당해 선하증권을 양수한 자가 수입 통관하는 경우 과세표준 계산은 「부가가치세법 시행령」 제48조 제8항의 규정에 의하여 당해 재화가 「부가가치세법」 제8조에 규정하는 수입재화에 해당되어 세관장이 「법인세법」 제121조 제3항의 규정에 의하여 계산서를 교부한 때에는 공급가액 중 「부가가치세법」 제13조 제4항에 규정하는 금액은 과세표준에 포함하지 아니한다(서면2팀-1133, 2005. 7. 19). 다만, 세관장이 법 제23조 제3항에 따라 부가가치세를 징수하기 전에 같은 재화에 대한 선하증권이 양도되는 경우에는 해당 재화를 공급하는 자의 과세표준은 선하증권의 양수인으로부터 받은 대가를 공급가액으로 할 수 있다(부령 61 ①).

**사례** **선하증권 양도시 과세표준의 계산 및 세금계산서의 발급**

20×1. 8. 28 사업자 (갑)은 (을)에게 선하증권을 1억원에 양도하고 (을)은 20×1. 9. 20 수입통관 하였다. 사업자 (을)은 수입통관 하면서 세관장으로부터 수입세금계산서를 8천만원에 발급받았다. 이 경우 사업자 (갑)의 선하증권 양도관련 과세표준은 다음과 같이 선택적으로 세금계산서를 발급할 수 있다.

① 수입신고수리일을 작성일자(20×1. 9. 20)로 하여 세관장이 징수한 금액을 제외한 2천만원을 과세표준으로 하여 발급

② 선하증권 양도일을 작성일자(20×1. 8. 28)로 하여 선하증권 양도가액 1억원을 과세표준으로 하여 발급

### (3) 선하증권 양도와 공급시기

사업자가 수입물품에 대한 선하증권을 양도하고 당해 선하증권을 양수하여 수입통관하는 공급시기는 당해 수입물품의 수입신고수리일인 것이다(서삼 46015-11452, 2003. 9. 15). 다만 심판례에서는 **선하증권 양도관련 공급시기는 선하증권의 교부일**로 보고 있다. 즉, 물품증권인 선하증권을 교부하거나 양도하는 경우 당해 운송물의 권리·취득에 대하여 운송물 등을 인도하는 것과 같은 법적효력이 있으므로, 사업자가 부가가치세가 과세되는 수입물품에 대한 선하증권을 수입통관 전에 양도하는 경우에는 부가가치세가 과세되는 것이며, 이 경우 당해 선하증권을 양수한 사업자가 양도한 사업자로부터 선하증권의 교부일을 공급시기로 하여 교부받은 세금계산서상의 매입세액은 매출세액에서 공제되는 것인 바, 수입물품 수입통관일 전에 선하증권을 교부받은 날 수입물품 취득에 관하여 동 물품을 인도받은 것과 동일한 효력이 있다 할 것이므로, 사실과 다른 세금계산서라 볼 수 없다고 판단된다(국심 2007서2342, 2007. 8. 30).

### (4) 선하증권 양도와 세금계산서 발급

사업자가 과세되는 선하증권을 매입하면서 교부받은 세금계산서의 공급가액에 동 선하증권 관련 재화의 수입통관 시 **세관장으로부터 교부받은 수입세금계산서의 공급가액이 포함되어 기재된 경우 당해 선하증권 매입 시 부담한 부가가치세의 매입세액은 공제 가능하다**(기획재정부 부가-445, 2009. 6. 29). 또한, 재화의 공급에 대하여 해당 거래시기에 교부받은 정당한 세금계산서에 해당하여 매입세액공제 가능하다(부가-919, 2009. 7. 1).

## Ⅳ 외화자산 · 부채의 평가

### 1. 외화자산 · 부채의 상환손익

#### (1) 기업회계

외화자산을 회수하거나 외화부채를 상환하는 경우 그 회수 또는 상환금액이 외화자산 · 부채의 장부가액보다 크거나 작은 경우에 발생하는 외환차손익은 영업외손익으로 처리한다.

원화를 외화로 예금하는 경우 회계처리는 은행에서 외화를 매입하는 때 적용한 환율(대고객외국환매입률)로 한다. 반면에 수출매출채권을 회수하여 외화예금을 하는 경우에는 기준환율 또는 재정환율로 환산하여 회계처리한다. 외화를 원화로 인출하는 경우에는 선입선출법이나 이동평균법 중 선택하여 회계처리하고 그 방법을 계속 적용하여야 한다. 내국법인이 외화예금을 원화로 인출함으로써 수취하는 원화금액과 해당 외화예금의 원화기장액의 차익 또는 차손은 그 인출일이 속하는 사업연도의 익금 또는 손금에 산입하는 것이며, 이 경우 수차례에 걸쳐 입금한 외화예금의 일부를 인출한 때에는 먼저 입금된 분부터 인출하는 것으로 하는 것이나, 해당 법인이 법인세법 시행령 제74조 제1항 제1호 마목의 '이동평균법'을 준용한 평가방법을 계속적으로 적용하여 온 경우에는 그에 따른 평가방법을 적용할 수 있는 것이다(법인-865, 2009. 7. 29). 또한 외화매출채권의 회수(12. 15)와 원화환전(12. 25)이 동시에 이루어지지 않고 외화예금을 보유하다가 시차를 두고 원화로 환전하는 경우 외환차손익은 12. 15과 12. 25에 모두 인식한다(회제일 8360-00154, 2004. 3. 12).

**사례** **외화예금거래의 회계처리**

① 외화매출채권 $10,000을 수령하여 외화예금을 하였다.
(차) 매출채권 11,000,000 (대) 수출매출 11,000,000($10,000×1,100)
기준환율 1,000/1$(외화예금시), 1,100/1$(수출선적시)

② 수출계약금으로 받은 $20,000을 외화예금하였다. 기준환율 1,100/1$

③ 외화예금에서 $20,000을 원화로 환전하였다. 환전환율당시의 환율은 1,200/1$이었으며 환전수수료 50,000원을 차감하고 당좌예금하였다.

④ 결산시의 기준환율은 1,300/1$이다.

(1) 평균법

| | | | | |
|---|---|---|---|---|
| ① (차) 외화예금 | 10,000,000 | (대) 외화매출채권 | 11,000,000 |
| 외환차손 | 1,000,000 | | |
| ② (차) 외화예금 | 22,000,000 | (대) 수출선수금 | 22,000,000 |
| ③ (차) 당좌예금 | 23,950,000 | (대) 외화예금 | 21,333,200 |
| 지급수수료 | 50,000 | 외환차익 | 2,666,800 |

* 평균환율 =(10,000,000+22,000,000)/($10,000+$20,000)=1,066.66

| | | | |
|---|---|---|---|
| ④ (차) 외화예금 | 2,333,200 | (대) 외화환산이익 | 2,333,200 |

* 재무상태표상 외화예금 : 13,000,000($10,000×1,300)
외화예금 장부금액 : 10,666,800원
외화환산이익 : 2,333,200원

(2) 선입선출법

| | | | |
|---|---|---|---|
| ① (차) 외화예금 | 10,000,000 | (대) 외화매출채권 | 11,000,000 |
| 외환차손 | 1,000,000 | | |
| ② (차) 외화예금 | 22,000,000 | (대) 수출선수금 | 22,000,000 |
| ③ (차) 당좌예금 | 23,950,000 | (대) 외화예금 | 21,000,000 |
| 지급수수료 | 50,000 | 외환차익 | 3,000,000 |

* 선입선출법 적용 =($10,000×1,000/1$+$10,000×1,100/1$)=21,000,000

| | | | |
|---|---|---|---|
| ④ (차) 외화예금 | 2,000,000 | (대) 외화환산이익 | 2,000,000 |

* 재무상태표상 외화예금 : 13,000,000($10,000×1,300)
외화예금 장부금액 : 11,000,000원
외화환산이익 : 2,000,000원

(3) 이동평균법과 선입선출법의 비교

| 구 분 | 선입선출법 | 이동평균법 |
|---|---|---|
| 외환차익 | 3,000,000 | 2,666,800 |
| 외환차손 | (1,000,000) | (1,000,000) |
| 외화환산이익 | 2,000,000 | 2,333,200 |
| 손익합계 | 4,000,000 | 4,000,000 |
| 외화예금 기말잔액 | 13,000,000 | 13,000,000 |

위 표에서와 같이 선입선출법과 이동평균법의 손익의 차이는 발생하지 않는다. 다만, 외환차손익과 외화환산손익에서 차이가 발생할 뿐이다.

## 사례 외화매출채권을 외화로 회수하여 보유하다가 시차로 환전하는 경우

외화매출채권의 회수(12. 15)와 원화환전(12. 25)이 동시에 이루어지지 않고 외화예금을 보유하다가 시차를 두고 원화로 환전하는 경우 외환차손익은 12. 15과 12. 25에 모두 인식한다(회제일 8360-00154, 2004. 3. 12).

① 20×1. 4. 20 $10,000을 미국 소재 수입상에게 선적하였다.(기준환율 1,100/1$)

• 선적(20×1. 4. 20)

| | | | |
|---|---|---|---|
| (차) 매출채권 | 11,000,000 | (대) 수출매출 | 11,000,000($10,000×1,100) |

② 20×1. 6. 20 외화매출채권 $10,000을 수령하여 외화예금을 하였다.(기준환율 1,000/1$)

• 매출채권 회수(20×1. 6. 20)

| | | | |
|---|---|---|---|
| (차) 외화예금 | 10,000,000 | (대) 매출채권 | 11,000,000 |
| 외환차손 | 1,000,000 | | |

* 매출채권회수와 관련된 외환차손은 감면대상 개별손금이다.

| 사업연도 | . . .<br>~<br>. . . | 소득구분계산서 | 법인명 | |
|---|---|---|---|---|
| | | | 사업자등록번호 | |

| ① 과목 | ②구분 | 코드 | ③ 합계 | 감면분 또는 합병 승계사업해당분등 | | | | | | 기타분 | | 비고 |
|---|---|---|---|---|---|---|---|---|---|---|---|---|
| | | | | ④ 금액 | ⑤ 비율 | ④ 금액 | ⑤ 비율 | ④ 금액 | ⑤ 비율 | ⑥ 금액 | ⑦ 비율 | |
| (7) 영업외비용 | 개별분 | 11 | | 1,000,000 | | | | | | | | |
| | 공통분 | 12 | | | | | | | | | | |
| | 계 | 13 | | 1,000,000 | | | | | | | | |

③ 20×1. 7. 20 외화예금 $10,000을 원화로 환전하였다. 환전당시의 환율은 1,200/1$이었으며 환전수수료 50,000원을 차감하고 당좌예금하였다.

• 외화예금 환가(20×1. 7. 20)

| | | | |
|---|---|---|---|
| (차) 당좌예금 | 11,950,000 | (대) 외화예금 | 10,000,000 |
| 지급수수료 | 50,000 | 외환차익 | 2,000,000 |

* 외화예금 회수와 관련된 외환차익은 과세대상 개별익금이다.

| 사업연도 | . . .<br>~<br>. . . | 소득구분계산서 | 법인명 | |
|---|---|---|---|---|
| | | | 사업자등록번호 | |

| ① 과목 | ②구분 | 코드 | ③ 합계 | 감면분 또는 합병 승계사업해당분등 | | | | | | 기타분 | | 비고 |
|---|---|---|---|---|---|---|---|---|---|---|---|---|
| | | | | ④ 금액 | ⑤ 비율 | ④ 금액 | ⑤ 비율 | ④ 금액 | ⑤ 비율 | ⑥ 금액 | ⑦ 비율 | |
| (6) 영업외수익 | 개별분 | 11 | | | | | | | | 2,000,000 | | |
| | 공통분 | 12 | | | | | | | | | | |
| | 계 | 13 | | | | | | | | 2,000,000 | | |

### (2) 법인세법

내국법인이 상환받거나 상환하는 외화채권 · 채무의 원화금액과 외화기장액의 차익 또는 차손은 당해 사업연도의 익금 또는 손금에 이를 산입한다(법령 76 ⑤).

① 사업연도 중에 발생된 외화자산 · 부채는 발생일 현재 외국환거래법에 의한 기준환율 또는 재정환율에 의하여 환산한다. 이 경우 외화자산 · 부채의 발생일이 공휴일인 때에는 그 직전일의 환율에 의한다.

② 사업연도 중에 보유외환을 매각하거나 외환을 매입하는 경우에는 거래은행에서 실제 적용한 환율에 의하여 기장한다.

③ 사업연도 중에 보유외환으로 다른 외화자산을 취득하거나 기존의 외화부채를 상환하는 경우에는 보유외환의 장부상 원화금액으로 회계처리한다.

**사례 외환차손익의 회계처리**

(주)신길상사는 우리은행으로부터 20×1. 5. 30 $200,000(적용환율 1,000원)을 차입하여 영업자금으로 사용하다가 20×1. 9. 30 전액 상환(적용환율 1,200원)하였다.

① 차입(20×1. 5. 30)

| | | | |
|---|---|---|---|
| (차) 보통예금 | 200,000,000 | (대) 단기차입금 | 200,000,000 |

② 상환(20×1. 9. 30)

| | | | |
|---|---|---|---|
| (차) 단기차입금 | 200,000,000 | (대) 보통예금 | 240,000,000 |
| 외환차손 | 40,000,000 | | |

※ 매출채권, 매입채무와 관련되지 않는 외환차손은 감면대상 소득금액에서 제외된다.

## 2. 외화자산 · 부채의 평가손익

### (1) 금융기관의 외화평가

① 화폐성 외화자산 · 부채 : 사업연도 종료일 현재의 기획재정부령으로 정하는 매매기준율 또는 재정된 매매기준율로 평가하는 방법

② 통화선도와 통화스왑 : 다음 각 호의 어느 하나에 해당하는 방법 중 관할 세무서장에게 신고한 방법에 따라 평가하는 방법. 다만, 최초로 나목의 방법을 신고하여 적용하기 이전 사업연도에는 가목의 방법을 적용하여야 한다.

가. 계약의 내용 중 외화자산 및 부채를 계약체결일의 매매기준율 등으로 평가하는 방법

나. 계약의 내용 중 외화자산 및 부채를 사업연도 종료일 현재의 매매기준율 등으로 평가하는 방법

### (2) 금융기관 외의 외화평가

다음 각 호의 어느 하나에 해당하는 방법 중 **관할 세무서장에게 신고한 방법에 따라 평가**하여야 한다. 다만, 최초로 제2호의 방법을 신고하여 적용하기 이전 사업연도의 경우에는 제1호의 방법을 적용하여야 한다.

① 화폐성외화자산 · 부채와 환위험회피용통화선도 · 통화스왑의 계약 내용 중 외화자산 및 부채 : 취득일 또는 발생일(통화선도 · 통화스왑의 경우에는 계약체결일을 말한다) 현재의 매매기준율 등으로 평가하는 방법

② 화폐성외화자산 · 부채와 환위험회피용 통화선도 · 통화스왑의 계약 내용 중 외화자산 및 부채 : 사업연도 종료일 현재의 매매기준율 등으로 평가하는 방법

법인이 신고한 평가방법은 그 후의 사업연도에도 계속하여 적용하여야 한다.

[법인세법상 외화자산 · 부채의 평가방법]

| 구 분 | 금융기관 | 일반기업 |
|---|---|---|
| ① 화폐성 외화자산 · 부채 | 강제평가 | 선택가능 |
| ② 통화선도 · 스왑 | 선택가능 | – |
| ③ 헷지목적 통화선도 · 스왑 | – | 선택가능 |

### (3) 외화평가 대상 금융기관의 범위

① 「은행법」에 의한 인가를 받아 설립된 금융기관
② 「한국산업은행법」에 의한 한국산업은행
③ 「중소기업은행법」에 의한 중소기업은행
④ 「한국수출입은행법」에 의한 한국수출입은행
⑤ 「한국정책금융공사법」에 따른 한국정책금융공사
⑥ 「농업협동조합법」에 따른 농업협동조합중앙회(신용사업에 한함)
⑦ 「수산업협동조합법」에 따른 수산업협동조합중앙회(신용사업에 한함)

### (4) 화폐성항목 · 비화폐성항목

화폐성항목은 현금 및 현금등가물 · 매출채권 · 매입채무 등과 같이 화폐가치의 변동과 상관없이 자산 · 부채의 금액이 계약 기타에 의하여 일정액의 화폐액으로 고정되어 있는 경우의 자산 · 부채로 한다. 반면에 비화폐성항목으로는 일정한 화폐금액으로 고정되어 있지 않아 화폐가치의 변동에 따라 변동하는 항목으로 재고자산, 선급금, 선수금, 유형자산, 무형자산 등을 말한다.

[외화자산 · 부채의 평가분류]

| 계정과목 | 구 분 | | 평가 | 계정과목 | 구 분 | | 평가 |
|---|---|---|---|---|---|---|---|
| | 화폐성 | 비화폐성 | | | 화폐성 | 비화폐성 | |
| 현금 및 현금성자산 | ○ | | ○ | 매입채무 | ○ | | ○ |
| 유가증권 | ○ | ○ | | 차입금 | ○ | | ○ |
| 매출채권 | ○ | | ○ | 미지급금 | ○ | | ○ |
| 미수금 | ○ | | ○ | 선수금 | | × | × |
| 대여금 | ○ | | ○ | 예수금 | | × | × |
| 선급비용 | | ○ | × | 선수수익 | | × | × |
| 재고자산 | | ○ | × | 퇴직급여 충당부채 | ○ | | ○ |
| 유형자산 | | ○ | × | 사 채 | ○ × | | ○ × |
| 무형자산 | | ○ | × | 자 본 | ○ | | ○ |

① 유가증권은 화폐성 · 비화폐성의 양면적인 성격을 동시에 가지므로 보유상의 목적 또는 성실에 따라 화폐성 · 비화폐성 여부를 구분한다.

② 외화표시 전환사채는 전환청구기간 만료시까지 비화폐성 외화부채로 구분한다.

### (5) 기업회계기준과의 차이

법인세법과 화폐성 항목에 대한 외화평가를 선택하여 신고한 경우에는 기업회계의 평가와 차이가 나지 않으므로 세무조정이 발생하지 않는다.

[외화평가방법의 기업회계와 법인세법 비교]

| 구 분 | 기업회계 | 법인세법(평가한 경우) | |
|---|---|---|---|
| 외화평가대상 | 화폐성 외화자산 · 부채 | 금융기관 | 일반기업 |
| | | 화폐성 외화자산 · 부채 | 화폐성 외화자산 · 부채 |
| 적용환율 | 종료일의 적절한 환율 | 기준환율, 재정환율 | 기준환율, 재정환율 |
| 평가손익 | 영업외손익 | 익금, 손금 | 익금, 손금 |

# 제2장

# 건설업 회계와 세무실무

## 제1절 건설업 일반

### Ⅰ 개 요

#### 1. 건설업의 쟁점사항

**건설업 종사자의 세무관리의 실태와 문제점**을 보면 건설업의 특성을 이해하지 못해 다음과 같은 문제점이 발생함을 종종 볼 수 있다.

(1) **건설업은 다른 업종과 재무제표의 작성목적이 다르다.** 타업종은 재무제표의 작성 목적이 금융기관의 대출목적이나 세무신고 목적이 주된 것이다. 그러나 건설업의 재무제표작성은 세무신고나 금융기관 거래목적 이외에도 등록관청에서 요구하는 실질자본금 심사, 적격심사, 시공능력평가, 신용평가를 위한 경영비율 분석, 입찰요건에 따른 점수 등 재무제표의 작성이 중요하다. 그러나 대부분 세무사사무실에서는 세무신고에 목적을 두다보니 경영비율이나 실질자본금 부분을 소홀히 하여 건설업등록이 말소되거나 낙찰을 받지 못하여 고객이 불만을 제기하는 경우를 종종 본다.

(2) **건설업은 세금계산서의 작성시점인 공급시기가 매우 중요하다.** 건설업의 도급계약이나 하도급계약에서 계약서가 반드시 작성되므로 발주자가 조기환급신청을 하거나 수급인 또는 하수급인이 세무조사를 받는 경우 과세관청에서 계약서를 검토하여 공급시기가 위배되면 매입세액불공제 또는 가산세를 부과한다. 따라서 선금, 기성금, 준공금에 대한 완성도기준지급 등 정확한 공급시기의 이해가 필요하다.

(3) **건설업의 부가가치세 핵심은 도급공사의 경우 국민주택규모 이하의 면세매출과 국민주택규모 초과의 과세매출에 대한 과세표준 안분계산, 분양건설의 경우 토지와 건물의 과세표준 안분계산, 현장별 매입세액의 안분계산 및 정산, 재계산이다.**

(4) **건설업의 계정과목은 타업종과 다른 계정과목이 많다.** 공사미수금, 공사선수금은 진행기준에 따른 회계처리에서 중요하며 공제조합출자금은 기말평가 및 세무조정, 배당금수익에 대한 익금불산입 등의 조정이 필요한데 제대로 세무조정을 하지 않는 경우가 많다.

(5) **건설업 회계와 세무는 공사수익과 공사원가를 공사기간에 걸쳐 적절히 배분하여 인식하는 것이다.** 이것이 진행기준에 따른 수익의 인식인데 중소건설업체는 진행기준에 따라 수입금액을 인식하지 않고 부가가치세법에 따라 세금계산서를 발행한 대로 수입금액을 계상하는 경우가 많다. 이 경우 귀속시기 위배에 따른 가산세 등 불이익을 받게 된다. 따라서 부가가치세법상 과세표준과 법인세법상 수입금액의 차이 즉, 거래시기 또는 진행률 차이로 조정 후 수입금액명세서에서 조정하게 된다.

(6) **건설업은 노무비 비율이 매우 높으며 용역인부를 인력공급회사나 직업소개소를 통하여 조달하는데 인력회사로부터 조달받아 세금계산서를 수취하면 파견근로자 보호법에 위반되어 불법파견이 될 수 있다.** 또한 오야지 등에게 재하도급을 주는 경우가 있는데 이는 건설산업기본법에 위배되며 십장(작업반장)이 부가세법상 사업자에 해당되어 부가가치세가 과세되는 사례가 종종 발생하고 있다.

(7) **종합건설회사의 경우 외주비 비율이 높은데 외주비는 산재보험의 보수총액 산정에 있어 중요한 계정과목이다.** 건설회사의 경우 외주비를 재료비 등으로 분산처리하여 보수총액을 줄이는 경우가 있는데 근로복지공단에서 보험료 확정정산에 따라 거액의 보험료 추징 및 가산금과 연체금을 부과받게 된다.

(8) **건설업은 실질자본금 관리나 경영평가 등 입찰 등 목적으로 재무제표를 작성하게 되므로 실질 주식가치보다 높게 평가되는 경우가 많다.** 또한 주식의 명의신탁 등으로 인하여 형식적인 주식이동(액면가액)을 하게 되는데 이 경우 고·저가 양수도로 인한 부당행위계산 부인, 증여세 추징 등의 사례가 종종 발생한다. 또한 면허를 추가하기 위하여 액면가액 등 저가로 증자를 하여 특정인에게 배정하게 되면 불균등 증자로 인한 증여세 등을 추징당하게 된다.

(9) **건설공사의 경우 공동수급체를 구성하여 공동도급공사를 수행하게 된다.** 공동수급체는 민법상 조합으로 법적실체를 인정하지 않기 때문에 수급체 구성원 각각 독립회계와 세무처리를 이행하게 된다. 현행 부가가치세법 제34조에 의한 월합계 세금계산서 발행과 부가가치세법 시행령 제69조에 따른 공동매입에 대한 세금계산서 발행에 따라 공동수급체 구성원 간에 세금계산서를 수수하게 된다.

이처럼 건설업은 120여 개 되는 관련 법률과 기업회계 및 세법 등 다양한 상황이 얽혀있어 많은 지식과 경험이 요구된다. 따라서 이 책의 목적은 건설업에 대한 이해와 세무관리 방법 등을 제시하여 고객에게 만족스러운 세무서비스를 제공하는 데 있다.

[건설업 회계의 기본방향]

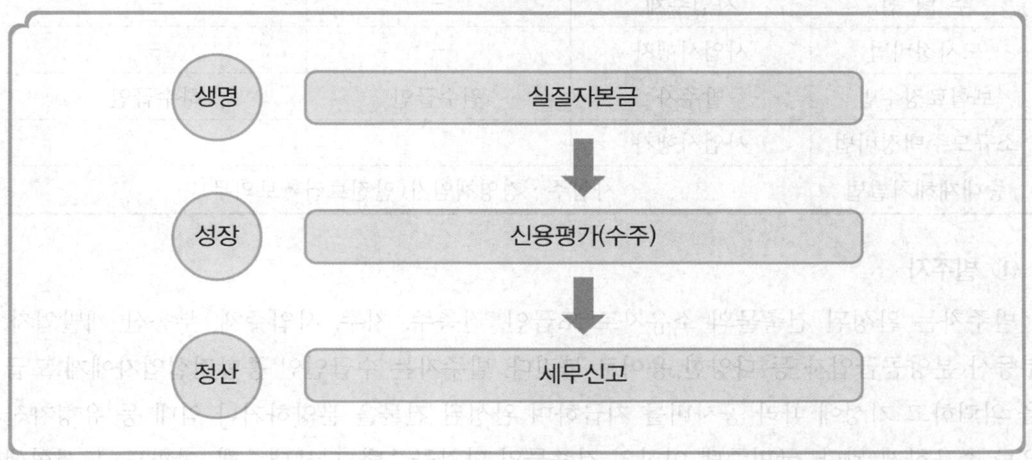


## 2. 건설공사 관련당사자

건설업은 최종산출물인 건축물의 완성을 위하여 발주자(도급인), 수급인, 하수급인, 설계자, 감리자, 보증인, 건축허가 및 감독권자인 행정청, 조세징수권자인 국세청, 지방자치단체, 보험료 징수권자인 보험공단 등 다양한 이해관계자들이 조합으로 이루어진다. 또한 건설산업을 둘러싼 이해관계의 조정, 권리·의무관계의 규율을 위해 수많은 관련 법률이 시행되고 있다.

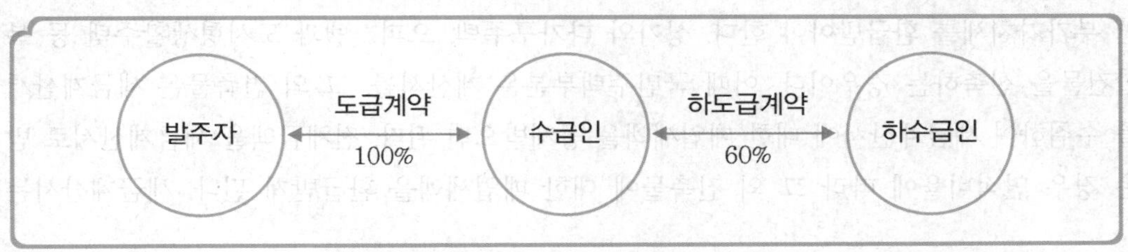

| 관련 법률 | 시 행 사 | 종합건설업자 | 전문건설업자 |
|---|---|---|---|
| 건설산업기본법 | 발주자 | 수급인(원도급자) | 하수급인(하도급자) |
| 하도급법 | 발주자 | 원사업자 | 수급사업자 |
| 건 축 법 | 건축주 | 공사시공자 | 공사시공자 |
| 주 택 법 | 사업주체 | – | – |
| 도시정비법 | 사업시행자 | – | – |
| 보험료징수법 | 발주자 | 원수급인 | 하수급인 |
| 소규모주택정비법 | 사업시행자 | | |
| 중대재해처벌법 | 사업주·경영책임자(안전보건확보의무) | | |

① 발주자

발주자는 완성된 건축물의 소유자로 도급인, 건축주, 지주, 사업주체, 부동산 개발업자, 부동산 분양공급업자 등 다양한 용어로 불린다. 발주자는 수급인인 종합건설업자에게 도급을 의뢰하고 기성에 따라 공사비를 지급하며 완성된 건물을 분양하거나 임대 등 유형자산으로 소유하게 된다. 국민주택 이하의 건축물인 다가구주택, 다세대주택, 아파트, 도시형생활주택을 건축할 때 부가가치세가 면제되어 수급인에게 부가가치세를 지급할 의무가 없으며 공사비에 대한 정규증명서류인 계산서를 받는다. 국민주택규모를 초과하는 주택이나 오피스텔, 상가, 기타 건축물의 신축은 부가가치세가 과세되므로 공사비에 대하여 정규증명서류로 세금계산서를 수취하여 부가가치세 일반 환급 또는 조기 환급[23]을 받게 된다. 다만, 부가가치세가 과세되는 다중주택, 오피스텔, 국민주택규모 초과의 건축비에 대하여 부가가치세를 환급받은 후 분양하지 않고 부가가치세가 면제되는 주택임대사업으로 전환하는 경우 면세전용[24]에 해당되어 부가가치세를 납부하여야 한다. 발주자가 과세되는 건축물과 면세되는 국민주택을 혼합하여 복합건축물을 신축하게 되는 경우 과세되는 건축물에 대해서만 부가가치세를 환급받아야 한다. 상가와 다가구주택, 오피스텔과 도시형생활주택 등 복합건물을 신축하는 경우이다. 이때 국민주택부분은 계산서를, 그 외 건축물은 세금계산서를 수취하여 세금계산서에 대한 매입세액을 공제받으면 된다. 전체금액을 세금계산서로 받은 경우 면적비율에 따라 그 외 건축물에 대한 매입세액을 환급받게 된다. 세금계산서는

23) 부가가치세는 매출세액에서 매입세액을 공제하여 납부세액을 계산하는데 매입세액이 매출세액을 초과하는 경우 환급세액이 발생한다. 조기 환급은 사업용 자산의 취득과 관련된 부가가치세 매입세액으로 매월 또는 매2월 세금계산서 수취 분을 다음 달 25일까지 부가가치세 신고를 하면 15일 이내에 환급을 받게 된다. 다만, 분양목적의 건축물은 재고자산으로 조기 환급을 받을 수 없으므로 확정신고 후 30일 이내에 환급을 받게 된다.

24) 부가가치세 매입세액을 부가가치세 과세사업에 사용될 것을 전제로 하여 미리 공제하여주는 것이다. 그러나 당초 의도와는 다르게 과세사업에 사용하지 않고 주택임대 등 면세사업에 사용하게 된다면 과세권자는 공제해준 매입세액을 징수할 수가 없게 되므로 면세사업으로 전환된 시점에서 부가가치세를 징수하는 것을 면세전용이라 한다.

작성일자인 공급시기가 중요한데 공급시기를 잘못 작성하여 발급받게 되면 사실과 다른 세금계산서로 보아 매입세액을 공제받지 못하거나 가산세를 부담하는 등 불이익을 받게 된다. 따라서 도급계약서상의 공급시기를 정확히 파악하여 세금계산서를 수취하여야 한다. 발주자는 건설산업기본법 제41조에 따라 일정한 규모 이상의 건축물을 시공할 때에는 반드시 수급인에게 도급을 주어야 하며 직접 건물을 신축할 수 없다. 따라서 세법상 취급에서도 건설업자에 해당되지 않아 창업중소기업 세액감면이나 중소기업특별세액감면 등 조세특례를 적용받을 수 없다.

② 수급인

수급인은 도급계약의 주체로 건설공사에 대한 총괄적인 책임과 하도급관리책임 등 도급인에 대하여 채무불이행책임을 지게 된다. 이에는 설계변경 또는 물가변동으로 인한 추가공사대금의 지급문제, 공기지연으로 인한 지체상금 산정문제 등이 발생한다. 수급인은 발주자에게 건설용역의 공급주체로서 세금계산서를 공급시기에 정확히 발급하여야 한다. 만일 시공사의 귀책으로 인한 세금계산서 발급을 잘못하여 발주자가 부가가치세 환급을 받지 못하게 되면 손해배상책임을 부담하게 된다.[25] 세금계산서 발급은 원칙적으로 역무제공완료일인 공사완료일이나 완성도기준지급조건부에 해당되면 기성대금을 받기로 한 날이 공급시기가 된다. 수급인의 공사수익 인식은 기업회계기준에 따라 진행기준에 의해 인식한다. 완성도기준지급조건부란 건설공사에서 기성금에 대한 대금지급조건으로 건설공사의 완료정도에 따라 대가를 받기로 하는 약정으로 선급금이나 잔금은 완성도에 따라 대금을 받은 것이 아니므로 완성도기준이 아닌 원칙적인 공급시기인 기성대금에 충당되는 때, 공사완료일이 공급시기이다. 시공건축물이 부가가치세 과세가 되는 비주거용건축물이나 국민주택규모초과인 주택인 경우 세금계산서(주택은 영수증)를 발행하여 부가가치세를 거래징수하여야 한다. 다만, 국민주택규모 이하의 공사비에 대해서는 부가가치세를 거래징수할 수 없으므로 계산서를 발급한다. 과・면세가 혼합되어 있는 복합건물을 시공하는 경우 계약금액을 면적비율 등에 따라 과세와 면세로 안분하여 세금계산서와 계산서를 비율에 따라 발급한다.

③ 하수급인

하수급인은 도급인과 직접적인 계약의 당사자는 아니므로 하도급대금을 수급인으로부터

25) 공사도급계약을 체결하면서 부가가치세를 별도로 지급하기로 약정하였음에도 불구하고 피고가 원고에게 이 사건 공사대금 일부를 지급하면서 부가가치세 상당액을 지급하지 아니하였음이 분명하므로, 원고가 이와 같이 부가가치세를 지급받지 못하여 세금계산서를 작성 교부하지 않았고, 이로 인하여 피고가 매입세액공제를 받지 못하게 되었다고 하더라도 이는 세금계산서를 교부하지 않은 원고의 잘못에 기인한 것이 아니라 약정한 부가가치세 상당액을 지급하지 아니한 피고 자신의 잘못에 기인하였다고 보아야 할 것이므로 원심이 원고의 청구금액과 부가가치세 매입세액공제를 받지 못한 손해를 대등액에서 상계하겠다는 피고의 주장은 잘못이 있음(대법원 1996. 12. 6 선고, 95다49738 판결).

지급받게 되며 발주자에게 직접 청구할 수 없다. 다만, 건설산업기본법 제35조나 하도급법 제14조에 따라 수급인이 파산하거나 직불합의 등의 사유가 있을 때에는 도급인에게 하도급 대금 직접 지급을 청구할 수 있다. 또한 발주자도 계약의 직접 당사자가 아닌 하수급인에게 하자담보책임을 물을 수 없으나 건설산업기본법 제32조 제1항[26]에 따라 하수급인이 시공한 부분에 하자가 발생한 경우 도급인은 하수급인에게 직접 하자보수를 청구할 수 있다. 하수급인은 수급인에게 제공하는 건설용역이 부가가치세가 면제되는 국민주택 건설용역이면 부가가치세를 거래징수할 수 없으므로 계산서를 발급한다. 다만, 하수급인이 건설산업기본법 등에 따라 등록을 하지 않은 경우 부가가치세가 과세되므로 세금계산서를 발급한다. 수급인과 직불합의에 따라 도급인으로부터 공사대금을 직접 지급받는 경우라도 하수급인은 수급인에게, 수급인은 도급인에게 세금계산서를 발급하여야 한다(부가가치세과-1822, 2008. 7. 7).

④ 설계자

설계자란 자기의 책임(보조자의 도움을 받는 경우를 포함한다)으로 설계도서를 작성하고 그 설계도서에서 의도하는 바를 해설하며, 지도하고 자문에 응하는 자를 말한다(건축법 2 ② 13호). 설계도서란 건축물의 건축 등에 관한 공사용 도면, 구조 계산서, 시방서(示方書), 그 밖에 국토교통부령으로 정하는 공사에 필요한 서류를 말한다(건축법 2 ② 14호). 설계란 자기 책임 아래(보조자의 도움을 받는 경우를 포함한다) 건축물의 건축, 대수선(大修繕), 용도변경, 리모델링, 건축설비의 설치 또는 공작물(工作物)의 축조(築造)를 위한 다음의 행위를 말한다.

① 건축물, 건축설비, 공작물 및 공간환경을 조사하고 건축 등을 기획하는 행위
② 도면, 구조계획서, 공사 설계설명서, 그 밖에 국토교통부령으로 정하는 공사에 필요한 서류를 작성하는 행위
③ 설계도서에서 의도한 바를 해설·조언하는 행위

국민주택의 설계용역으로서 「건축사법」, 「전력기술관리법」, 「소방시설공사업법」, 「기술사법」 및 「엔지니어링산업 진흥법」에 따라 등록 또는 신고를 한 자가 공급하는 것에 대하여는 부가가치세를 면제한다. 또한 건축사법에 의하여 등록을 한 자가 하도급 또는 재하도급을 받아 제공하는 국민주택 설계용역은 부가가치세가 면제된다. 설계대상 건축물이 부가가치세 과세가 되는 비주거용건축물이나 국민주택규모 초과인 주택인 경우 세금계산서를 발행하여 부가가치세를 거래징수하여야 한다. 다만, 국민주택규모 이하의 설계용역비에 대해서는 부가가치세를 거래징수할 수 없으므로 계산서를 발급한다. 과세·면세가 혼합되어 있는 복합건축물을 설계하는 경우 계약금액을 면적비율 등에 따라 과세와 면세로 안분하여

26) 하수급인은 하도급받은 건설공사의 시공에 관하여는 발주자에 대하여 수급인과 같은 의무를 진다.

세금계산서와 계산서를 발급한다. 설계용역에 대한 세금계산서 발급은 원칙적으로 역무제공완료일인 설계완료일이나 완성도기준지급조건부에 해당되면 기성대금을 받기로 한 날이 공급시기가 된다. 국토교통부에서 고시한 표준설계용역계약서에 따른 세금계산서 발급시기는 다음과 같다.

[건축물의 설계 표준계약서 일부]

제4조(대가의 산출 및 지불방법) ① 설계업무에 대한 대가의 산출기준 및 방법은 [별표2]를 참고하여 현장여건 및 설계조건에 따라 "갑"과 "을"이 협의하여 정한다.

② 설계업무의 대가는 일시불로 또는 분할하여 지불할 수 있다.

③ 대가를 분할하여 지불하는 경우에 그 지불시기 및 지불금액을 다음과 같이 정함을 원칙으로 하되, "갑"과 "을"이 협의하여 조정할 수 있다.

| 지불시기 및 기준비율(%) | 조정비율(%) | 지 불 금 액 | 비 고 |
|---|---|---|---|
| 계 약 시(20) | | 일금 원<br>(₩ ) | |
| 계획설계도서 제출시(20) | | 일금 원<br>(₩ ) | 건축심의 해당시<br>심의도서 포함 |
| 중간설계도서 제출시(30) | | 일금 원<br>(₩ ) | 건축허가도서 포함 |
| 실시설계도서 제출시(30) | | 일금 원<br>(₩ ) | |
| 계(100) | | 일금 원<br>(₩ ) | 부가가치세 별도 |

위와 같이 대금의 지급시기가 설계용역의 완료정도에 따라 대가의 일부를 받기로 약정한 것은 부가가치세법상 완성도기준지급조건부에 해당된다. 따라서 대가의 각 부분을 받기로 약정한 때 세금계산서나 계산서를 발급하여야 한다. 다만 잔금은 설계완료일에 세금계산서를 발급하여야 한다.

### ⑤ 공사감리자

공사감리자란 자기의 책임(보조자의 도움을 받는 경우를 포함한다)으로 이 법으로 정하는 바에 따라 건축물, 건축설비 또는 공작물이 설계도서의 내용대로 시공되는지를 확인하고, 품질관리 · 공사관리 · 안전관리 등에 대하여 지도 · 감독하는 자를 말한다(건축법 2 15호). 공사감리란 자기 책임 아래(보조자의 도움을 받는 경우를 포함한다) 「건축법」에서 정하는 바에 따라 건축물, 건축설비 또는 공작물이 설계도서의 내용대로 시공되는지 확인하고 품질관리, 공사관리 및 안전관리 등에 대하여 지도·감독하는 행위를 말한다(건축사법 2 4호). 건축사가 국민주택규모 이하 건축물의 감리용역을 제공하는 경우 부가가치세 면제에 해당하지 아니하므로 세금계산서를 발급하여야 한다.

## 3. 건설업 용어 및 기본사항

### (1) 도급계약, 하도급계약

**"도급"이라 함은** 원도급·하도급·위탁 기타 명칭의 여하에 불구하고 건설공사를 완성할 것을 약정하고, 상대방이 그 일의 결과에 대하여 대가를 지급할 것을 약정하는 계약을 말한다. **"하도급거래"란** 원사업자가 수급사업자에게 제조위탁(가공위탁을 포함한다)·수리위탁·건설위탁 또는 용역위탁을 하거나 원사업자가 다른 사업자로부터 제조위탁·수리위탁·건설위탁 또는 용역위탁을 받은 것을 수급사업자에게 다시 위탁한 경우, 그 위탁을 받은 수급사업자가 위탁받은 것을 제조·수리·시공하거나 용역수행하여 원사업자에게 납품·인도 또는 제공하고 그 대가를 받는 행위를 말한다(하도급법 2).

**관련법조문**

**◈ 건설산업기본법 제2조【도급의 정의】**

"도급"이라 함은 원도급·하도급·위탁 기타 명칭의 여하에 불구하고 건설공사를 완성할 것을 약정하고, 상대방이 그 일의 결과에 대하여 대가를 지급할 것을 약정하는 계약을 말한다.

**◈ 민법 제664조【도급의 의의】**

도급은 당사자 일방이 어느 일을 완성할 것을 약정하고 상대방이 그 일의 결과에 대하여 보수를 지급할 것을 약정함으로써 그 효력이 생긴다.

**◈ 민법 제665조【보수의 지급시기】**

보수는 그 완성된 목적물의 인도와 동시에 지급하여야 한다. 그러나 목적물의 인도를 요하지 아니하는 경우에는 그 일을 완성한 후 지체없이 지급하여야 한다.

### (2) 원사업자, 수급사업자

**"원사업자"란** 중소기업자(「중소기업기본법」 제2조 제1항 또는 제3항에 따른 자를 말하며, 「중소기업협동조합법」에 따른 중소기업협동조합을 포함한다)가 아닌 사업자로서 중소기업자에게 제조 등의 위탁을 한 자 또는 중소기업자 중 직전 사업연도의 연간매출액[관계

법률에 따라 시공능력평가액을 적용받는 거래의 경우에는 하도급계약 체결 당시 공시된 시공능력평가액의 합계액(가장 최근에 공시된 것을 말한다)을 말하고, 연간매출액이나 시공능력평가액이 없는 경우에는 자산총액을 말한다. 이하 이 호에서 같다] 또는 상시고용 종업원 수가 제조 등의 위탁을 받은 다른 중소기업자의 연간매출액 또는 상시고용 종업원 수보다 많은 중소기업자로서 그 다른 중소기업자에게 제조 등의 위탁을 한 자. 다만, 대통령령으로 정하는 연간매출액에 해당하는 중소기업자는 제외한다.

**"수급사업자"란** 원사업자로부터 제조 등의 위탁을 받은 중소기업자를 말한다.

### (3) 건설업의 정의

건설업의 업종구분은 관련법에서 특별한 규정이 없으면 「통계법」 제22조에 따라 통계청장이 고시하는 한국표준산업분류에 따른다. 계약 또는 자기계정에 의하여 지반조성 및 건설을 위한 발파, 시굴, 정지 등의 시공활동과 건설용지에 각종 건물 및 구축물을 신축 및 설치, 증축·재축·개축·수리 및 보수·해체 등의 건설활동을 수행하는 산업활동으로서 임시건물, 조립식 건물 및 구축물을 설치하는 활동이 포함된다. 이러한 건설활동은 도급·자영건설업자, 종합 또는 전문건설업자에 의하여 수행된다. **직접 건설활동을 수행하지 않더라도 건설공사에 대한 총괄적인 책임을 지면서 건설공사 분야별로 도급 또는 하도급을 주어 전체적으로 건설공사를 관리하는 경우**에도 건설활동으로 본다(한국표준산업분류).

### (4) 예약매출(자체사업)과 도급공사(외주사업)

**"예약매출"이란** 아파트·상가 등을 신축 분양하는 경우와 같이 매매목적물의 견본이나 안내서와 함께 판매조건을 매수희망자에게 제시하고 그 대금을 일부 또는 전부를 수령한 후 매매목적물을 제조·건설하여 인도하는 형태의 매출을 말한다. 주문자규격에 맞추어 건설하는 일반적인 도급공사와는 다소 차이가 있으나, 일반적으로 장기간 건설공사가 이루어지면서 계약금, 중도금, 잔금 등이 지급된다는 점에서 진행기준을 적용하는 일반 도급공사와 유사하다. 이러한 측면에서, "예약매출계약"에 해당하는 아파트분양계약도 건설형 공사계약에 포함한다. **"도급공사"란** 토목·건축·산업설비공사와 같이 원도급·하도급·위탁 기타 명칭의 여하에 불구하고 건설업자가 건설공사를 완성할 것을 약정하고 상대방이 그 일의 결과에 대하여 대가를 지급할 것을 약정하는 계약에 의거 수행하는 공사를 말하며, 용역매출액은 진행기준에 따라 실현되는 것을 원칙으로 한다.

### (5) 분양수익과 공사수익

분양공사(예약매출)의 수익인식은 인도기준이 원칙이나, 완공 전에 분양이 이루어지는 경우에는 공사진행기준을 적용하여 분양수익을 인식하여야 한다. 이러한 경우에는 총분양금액이 아닌 이미 분양된 금액에 공사진행률을 곱하여 분양수익을 인식한다.

도급공사의 수익인식은 착공과 진행 중 공사원가가 발생하면 해당 공사비용으로 집계하여 공사원가로 대체처리하고, 동 공사원가에 의하여 공사진행기준 또는 공사완성기준에 의하여 공사수익을 인식한다.

### (6) 인도기준과 진행기준

인도기준은 공사가 완성되어 인도되는 시점에서 총도급금액을 공사수익으로 인식하고 동 공사수익에 대응하여 발생한 총공사비를 공사원가로 계상하는 방법을 말한다. 도급에서의 인도라 함은 단순한 직접 점유의 이전보다는 도급인이 목적물을 검수하여 계약내용대로 완성되었음을 인정하여 점유이전을 받는 것으로 볼 수 있다. 인도기준은 계약이 완료되었을 때 또는 사실상 완성되었을 때에 손익을 인식함으로써 추정에 의존하지 않고 보수주의에 충실하게 되어 회계정보의 신뢰성을 높일 수 있다. 그러나 일정기간에 발생한 수익을 그 기간에 반영하지 못함으로써 기간손익의 계산을 제대로 반영하지 못한다는 단점이 있다.

**진행기준에 의한 공사손익의 인식**은 도급금액에 공사진행률을 곱하여 공사수익을 인식하고 동 공사수익에 대응하여 실제로 발생한 비용을 공사원가로 계산하는 방법을 말한다. 이는 장기간의 공사가 필요한 도급공사에 대하여 공사비의 발생에 따라 공사수익이 평균적으로 획득된다는 가정 하에 공사의 진행도중에 공사수익과 공사비용을 산출하여 기간손익의 계산을 가능하게 한다.

### (7) 중간지급조건부와 완성도기준지급조건부

이는 종합건설업자가 시행사에게, 전문건설업자가 종합건설업자에게 외주비에 대한 세금계산서를 발행하는 시점으로 부가가치세법에서 공급시기를 규정하고 있다. 중간지급조건부와 완성도기준지급조건부의 세금계산서 발행시기는 계약서상 대가를 지급받기로 한 때이다.

**중간지급조건부란** 계약금을 받기로 한 날의 다음 날부터 재화를 인도하는 날 또는 재화를 이용가능하게 하는 날까지의 기간이 6개월 이상인 경우로서 그 기간 이내에 계약금 외의 대가를 분할하여 받는 경우를 말한다.

**완성도기준지급조건부란** 건설공사 등 도급에 대한 대금지급조건으로서 당해 건설용역의 제공이 완료되기 전에 그 대가를 당해 역무의 완성도에 따라 분할하여 받기로 하는 약정에 의하여 공급하는 것을 말한다. 즉, 진행정도 또는 완성정도를 확인하여 그 비율만큼 대가를 지급하기로 약정하는 것을 말한다. 완성도기준지급조건부가 되기 위해서는 공사기간에 대한 제한 요건은 없으며 수급인의 공사대금 청구와 발주자의 검수확인, 대금지급일이 정해져야 한다. 완성도기준지급조건부로 용역을 공급하거나 그 공급단위를 구획할 수 없는 용역을 계속적으로 공급하는 경우에는 그 대가의 각 부분을 받기로 한 때(당해 기성부분이 확정되어 그 대가의 지급이 확정되는 때)를 용역의 공급시기로 보아 부가가치세법상 세금계산서를 발행하여야 한다.

### (8) 건설공사 하도급의 제한(건설산업기본법 29)

① 건설업자는 도급받은 **건설공사의 전부 또는 주요 부분의 대부분**을 다른 건설업자에게 하도급할 수 없다. 다만, 건설업자가 도급받은 공사를 법령에 정하는 바에 따라 계획, 관리 및 조정하는 경우로서 2인 이상에게 분할하여 하도급하는 경우에는 예외로 한다.

② 수급인은 그가 도급받은 건설공사의 일부를 동일한 업종에 해당하는 건설업자에게 하도급할 수 없다. 다만, 발주자가 공사품질이나 시공상 능률을 높이기 위하여 필요하다고 인정하여 서면으로 승낙한 경우에는 예외로 한다.

③ 하수급인은 하도급받은 건설공사를 다른 사람에게 다시 하도급할 수 없다. 다만, 다음 각 호의 어느 하나에 해당하는 경우에는 하도급할 수 있다.

1. 제2항 단서에 따라 종합공사를 시공하는 업종을 등록한 건설업자가 하도급받은 경우로서 그가 하도급받은 건설공사 중 전문공사에 해당하는 건설공사를 그 전문공사를 시공하는 업종을 등록한 건설업자에게 다시 하도급 하는 경우
2. 전문공사를 시공하는 업종을 등록한 건설업자가 하도급받은 경우로서 다음 각 목의 요건을 모두 충족하여 하도급받은 전문공사의 일부를 그 전문공사를 시공하는 업종을 등록한 건설업자에게 다시 하도급 하는 경우

   가. 공사의 품질이나 시공상의 능률을 높이기 위하여 필요한 경우로서 다음 요건에 해당할 것

   나. 수급인의 서면 승낙을 받을 것

### (9) 도급 및 하도급계약서 작성

#### 1) 건설공사에 관한 도급계약의 원칙(건설산업기본법 22)

① 건설공사에 관한 도급계약(하도급계약을 포함한다)의 당사자는 대등한 입장에서 합의에 따라 공정하게 계약을 체결하고 신의를 지켜 성실하게 계약을 이행하여야 한다.

② 건설공사에 관한 도급계약의 당사자는 계약을 체결할 때 도급금액, 공사기간, 그 밖에 대통령령으로 정하는 사항을 계약서에 분명하게 적어야 하고, 서명 또는 기명날인한 계약서를 서로 주고받아 보관하여야 한다.

#### 2) 도급계약서 미작성 및 미교부 과태료 부과(건설산업기본법 99)

건설산업기본법 제22조 제2항을 위반하여 도급계약을 계약서로 체결하지 아니하거나 계약서를 교부하지 아니한 **건설업자(하도급인 경우에는 하도급받은 건설업자는 제외한다)**에게는 500만원 이하의 과태료를 부과한다.

※ 도급은 당사자 일방, 즉 수급인이 일정한 일을 완성할 것을 약정하고 도급인이 그 일의 결과에 대하여 보수를 지급할 것을 약정함으로써 성립하는 낙성, 쌍무, 유상, 불요식계약이다(민법 664). 즉, 수급인은 일을 완성하여 완성물을 인도할 의무가 있고, 도급인은 보수지급의무가 있다.

### (10) 하도급대금의 직접 지급(건설산업기본법 35)

① 발주자는 다음 각 호의 어느 하나에 해당하는 경우에는 하수급인이 시공한 부분에 해당하는 하도급대금을 하수급인에게 직접 지급할 수 있다. 이 경우 **발주자의 수급인에 대한 대금 지급채무는 하수급인에게 지급한 한도에서 소멸**한 것으로 본다.

1. 국가, 지방자치단체 또는 대통령령으로 정하는 공공기관이 발주한 건설공사가 다음 각 목의 어느 하나에 해당하는 경우로서 발주자가 하수급인을 보호하기 위하여 필요하다고 인정하는 경우
   가. 수급인이 제34조 제1항에 따른 하도급대금 지급을 1회 이상 지체한 경우
   나. 공사 예정가격에 대비하여 국토교통부령으로 정하는 비율에 미달하는 금액으로 도급계약을 체결한 경우
2. 수급인의 파산 등 수급인이 하도급대금을 지급할 수 없는 명백한 사유가 있다고 발주자가 인정하는 경우
3. 삭제

② 발주자는 다음 각 호의 어느 하나에 해당하는 경우에는 하수급인이 시공한 부분에 해당하는 하도급대금을 하수급인에게 직접 지급하여야 한다.

1. 발주자가 하도급대금을 직접 하수급인에게 지급하기로 발주자와 수급인 간 또는 발주자·수급인 및 하수급인이 그 뜻과 지급의 방법·절차를 명백하게 하여 합의한 경우
2. 하수급인이 시공한 부분에 대한 하도급대금 지급을 명하는 확정판결을 받은 경우
3. 수급인이 제34조 제1항에 따른 하도급대금 지급을 2회 이상 지체한 경우로서 하수급인이 발주자에게 하도급대금의 직접 지급을 요청한 경우
4. 수급인의 지급정지, 파산, 그 밖에 이와 유사한 사유가 있거나 건설업 등록 등이 취

소되어 수급인이 하도급대금을 지급할 수 없게 된 경우로서 하수급인이 발주자에게 하도급대금의 직접 지급을 요청한 경우

5. 수급인이 하수급인에게 정당한 사유 없이 제34조 제2항에 따른 하도급대금 지급보증서를 주지 아니한 경우로서 발주자가 그 사실을 확인하거나 하수급인이 발주자에게 하도급대금의 직접 지급을 요청한 경우

③ 제2항 각 호의 어느 하나에 해당하는 사유가 발생하여 발주자가 하수급인에게 하도급대금을 직접 지급한 경우에는 발주자의 수급인에 대한 대금 지급채무와 수급인의 하수급인에 대한 하도급대금 지급채무는 그 범위에서 소멸한 것으로 본다.

④ 수급인은 제1항 제1호 각 목의 어느 하나에 해당하는 경우로서 하수급인에게 책임이 있는 사유로 자신이 피해를 입을 우려가 있다고 인정되는 경우에는 그 사유를 분명하게 밝혀 발주자에게 발주자가 하수급인에게 하도급대금을 직접 지급하는 것을 중지할 것을 요청할 수 있다.

⑤ 발주자는 제2항에도 불구하고 수급인으로부터 하도급계약과 관련하여 하수급인이 임금, 자재대금 등의 지급을 지체한 사실을 증명할 수 있는 서류를 첨부하여 그 하도급대금의 직접 지급을 중지하도록 요청받은 경우에는 하수급인에게 하도급대금을 직접 지급하지 아니할 수 있다.

⑥ 제1항이나 제2항에 따라 하수급인이 발주자로부터 하도급대금을 직접 지급받기 위하여 하수급인이 시공한 부분의 확인 등이 필요한 경우에는 수급인은 지체 없이 이에 필요한 조치를 하여야 한다.

### (11) 건설공사 시공자의 제한(건설산업기본법 41)

① 다음 각 호의 어느 하나에 해당하는 건축물의 건축 또는 대수선(大修繕)에 관한 건설공사(제9조 제1항 단서에 따른 경미한 건설공사는 제외한다. 이하 이 조에서 같다)는 건설업자가 하여야 한다. 다만, 다음 각 호 외의 건설공사와 농업용, 축산업용 건축물 등 대통령령으로 정하는 건축물의 건설공사는 건축주가 직접 시공하거나 건설업자에게 도급하여야 한다.

1. 연면적이 200제곱미터를 초과하는 건축물
2. 연면적이 200제곱미터 이하인 건축물로서 다음 각 목의 어느 하나에 해당하는 경우
   가. 「건축법」에 따른 공동주택
   나. 「건축법」에 따른 단독주택 중 다중주택, 다가구주택, 공관, 그 밖에 대통령령으로 정하는 경우
   다. 주거용 외의 건축물로서 많은 사람이 이용하는 건축물 중 학교, 병원 등 대통령

령으로 정하는 건축물

3. 삭제 (2017. 12. 26)

4. 삭제 (2017. 12. 26)

② 많은 사람이 이용하는 시설물로서 다음 각 호의 어느 하나에 해당하는 새로운 시설물을 설치하는 건설공사는 건설업자가 하여야 한다.

1. 「체육시설의 설치 · 이용에 관한 법률」에 따른 체육시설 중 대통령령으로 정하는 체육시설
2. 「도시공원 및 녹지 등에 관한 법률」에 따른 도시공원 또는 도시공원에 설치되는 공원시설로서 대통령령으로 정하는 시설물
3. 「자연공원법」에 따른 자연공원에 설치되는 공원시설 중 대통령령으로 정하는 시설물
4. 「관광진흥법」에 따른 유기시설 중 대통령령으로 정하는 시설물

### (12) 건설공사 등의 분리발주

분리발주란 건설공사 등에서 발주자가 하나의 공사를 둘 이상의 건설업자 등에게 나누어 발주하는 것을 말한다. 분리발주에 대한 근거법령은 다음과 같다.

**① 소방시설공사업법 제21조(소방시설공사등의 도급)**

소방시설공사는 다른 업종의 공사와 분리하여 도급하여야 한다. 다만, 공사의 성질상 또는 기술관리상 분리하여 도급하는 것이 곤란한 경우로서 대통령령으로 정하는 경우에는 다른 업종의 공사와 분리하지 아니하고 도급할 수 있다.

**② 전기공사업법 제11조(전기공사 및 시공책임형 전기공사관리의 분리발주)**

전기공사는 다른 업종의 공사와 분리발주하여야 한다. 다만, 대통령령으로 정하는 특별한 사유가 있는 경우에는 그러하지 아니하다.

**③ 정보통신공사업법 제25조(도급의 분리)**

공사는 「건설산업기본법」에 따른 건설공사 또는 「전기공사업법」에 따른 전기공사 등 다른 공사와 분리하여 도급하여야 한다. 다만, 공사의 성질상 또는 기술관리상 분리하여 도급하는 것이 곤란한 경우로서 대통령령으로 정하는 경우에는 그러하지 아니하다.

건설공사를 발주자로부터 시공사가 도급을 받은 경우 건설공사 이외의 전기공사, 소방시설공사, 정보통신공사는 발주자가 해당 사업자에게 직접 발주를 하여야 한다. 따라서 세금계산서 발급의 경우 용역을 제공하는 해당 사업자가 발주자에게 발급하여야 한다.

## 4. 건설업의 의의

건설업은 주택건설사업자 또는 도급건설공사를 수행하는 건설업자가 건설공사계약 또는 도급계약에 의거 여러 종류의 건설자재로 각 종류의 건축물을 신축, 증축, 개축, 보수, 해체 등을 하는 산업활동을 말한다. 건설업의 종류는 건설산업기본법에서 종합공사를 시공하는 업종과 전문공사를 시공하는 업종으로 나누고 있다. 종합공사를 시공하는 업종에는 토목공사업, 건축공사업, 토목건축공사업, 산업설비공사업, 조경공사업 등 5가지로 분류되고, 전문공사를 시공하는 업종에는 실내건축공사업, 지반조성・포장공사업, 철강구조물공사업 등 14가지로 세분하고 있다.

## 5. 건설업의 업종과 업종별 업무내용

■ 건설산업기본법 시행령 [별표 1] 〈개정 2021. 8. 3〉

건설업의 업종, 업종별 업무분야 및 업무내용(제7조 관련)

1. 종합공사를 시공하는 업종 및 업무내용

| 건설업종 | 업무내용 | 건설공사의 예시 |
|---|---|---|
| 가. 토목공사업 | 종합적인 계획・관리 및 조정에 따라 토목공작물을 설치하거나 토지를 조성・개량하는 공사 | 도로・항만・교량・철도・지하철・공항・관개수로・발전(전기공사는 제외한다)・댐・하천 등의 건설, 택지조성 등 부지조성공사, 간척・매립공사 등 |
| 나. 건축공사업 | 종합적인 계획・관리 및 조정에 따라 토지에 정착하는 공작물 중 지붕과 기둥(또는 벽)이 있는 것과 이에 부수되는 시설물을 건설하는 공사 | |
| 다. 토목건축공사업 | 토목공사업과 건축공사업의 업무내용에 해당하는 공사 | |
| 라. 산업・환경설비공사업 | 종합적인 계획・관리 및 조정에 따라 산업의 생산시설, 환경오염을 예방・제거・감축하거나 환경오염물질을 처리・재활용하기 위한 시설, 에너지 등의 생산・저장・공급시설 등을 건설하는 공사 | 제철・석유화학공장 등 산업생산시설공사, 환경시설공사(소각장, 수처리설비, 환경오염방지시설, 하수처리시설, 공공폐수처리시설, 중수도, 하・폐수처리수 재이용시설 등의 공사를 말한다), 발전소설비공사 등 |

| 건설업종 | 업무내용 | 건설공사의 예시 |
|---|---|---|
| 마. 조경공사업 | 종합적인 계획·관리·조정에 따라 수목원·공원·녹지·숲의 조성 등 경관 및 환경을 조성·개량하는 공사 | 수목원·공원·숲·생태공원·정원 등의 조성공사 |

2. 전문공사를 시공하는 업종, 업무분야 및 업무내용

| 건설업종 | 업무분야 | 업무내용 | 건설공사의 예시 |
|---|---|---|---|
| 가. 지반조성·포장공사업 | 1) 토공사 | 땅을 굴착하거나 토사 등으로 지반을 조성하는 공사 | 굴착·성토(흙쌓기)·절토(흙깎기)·흙막이공사·철도도상자갈공사, 폐기물매립지에서의 굴착·선별·성토공사 등 |
| | 2) 포장공사 | 역청재 또는 시멘트콘크리트·투수콘크리트 등으로 도로·활주로·광장·단지·화물야적장 등을 포장하는 공사(포장공사에 수반되는 보조기층 및 선택층 공사를 포함한다)와 그 유지·수선공사 | 아스팔트콘크리트포장공사, 시멘트콘크리트포장공사, 유색·투수콘크리트포장공사, 소파(小破)보수 및 덧씌우기 포장공사, 과속방지턱설치공사 등 |
| | 3) 보링·그라우팅·파일공사 | 가) 보링·그라우팅공사 : 지반 또는 구조물 등에 천공을 하거나 압력을 가하여 보강재를 설치하거나 회반죽 등을 주입 또는 혼합처리하는 공사 | 보링[boring : 시추(試錐)하는 것을 말한다]공사, 그라우팅[grouting : 균열이나 공동(空洞) 등의 틈새에 그라우트(주입액)를 주입하거나 충전(充塡)하는 것을 말한다]공사, 착정공사, 지열공착정공사 등 |
| | | 나) 파일공사 : 항타(杭打)에 의하여 파일을 박거나 샌드파일 등을 설치하는 공사 | 샌드파일공사, 말뚝공사 등 |
| 나. 실내건축공사업 | 실내건축 공사 | 가) 실내건축공사 : 건축물의 내부를 용도와 기능에 맞게 건설하는 실내건축공사 및 실내공간의 마감을 위하여 구조체·집기 등을 제작 또는 설치하는 공사 | 실내건축공사(도장공사 또는 석공사만으로 시공되는 공사는 제외한다), 실내공간의 구조체 제작 및 마감공사, 그 밖에 집기 등을 제작 또는 설치하는 공사 등 |
| | | 나) 목재창호·목재구조물공사 : 목재로 된 창을 건축물 등에 설치하는 공사 및 목재구조물·공작물 등을 축조 또는 장치하는 공사 | 목재창호공사, 목재 등을 사용한 칸막이공사, 목재구조물·공작물 등을 축조 또는 장치하는 공사 등 |

| 건설업종 | 업무분야 | 업무내용 | 건설공사의 예시 |
|---|---|---|---|
| 다. 금속창호·지붕건축물 조립공사업 | 1) 금속구조물·창호·온실공사 | 가) 창호공사 : 각종 금속재·합성수지·유리 등으로 된 창 또는 문을 건축물 등에 설치하는 공사 | 창호공사, 발코니창호공사, 외벽유리공사, 커튼월창호공사, 배연창·방화문설치공사, 자동문·회전문설치공사, 승강장스크린도어설치공사, 유리공사 등 |
| | | 나) 금속구조물공사 | |
| | | (1) 금속류 구조체를 사용하여 건축물의 천장·벽체·칸막이 등을 설치하는 공사 | 천장·건식벽체·강재벽체·경량칸막이 등의 공사 |
| | | (2) 금속류 구조체를 사용하여 도로, 교량, 터널 및 그 밖의 장소에 안전·경계·방호·방음시설물 등을 설치하는 공사 | 가드레일·가드케이블·표지판·방호울타리·펜스·낙석방지망·낙석방지책·방음벽·방음터널·교량안전점검시설·버스승강대·도로교통안전시설물 등의 공사 |
| | | (3) 각종 금속류로 구조물 및 공작물을 축조하거나 설치하는 공사 | 굴뚝·탱크·수문설치·셔터설치·옥외광고탑·격납고문·사다리·철재프레임·난간·계단 등의 공사 |
| | | 다) 온실설치공사 : 농업·임업·원예용 등 온실의 설치공사 | 농업·임업·원예용 등 온실설치공사와 부대설비공사 |
| | 2) 지붕판금·건축물 조립공사 | 가) 지붕·판금공사 : 기와·슬레이트·금속판·아스팔트 싱글(asphalt shingle) 등으로 지붕을 설치하는 공사, 건축물 등에 판금을 설치하는 공사 | 지붕공사, 지붕단열공사, 지붕장식공사, 판금공사, 폴리염화비닐(PVC)가공 부착공사, 빗물받이 및 홈통공사 등 |
| | | 나) 건축물조립공사 : 공장에서 제조된 판넬과 부품 등으로 건축물의 내벽·외벽·바닥 등을 조립하는 공사 | 샌드위치판넬·ALC판넬·PC판넬·세라믹판넬·알루미늄복합판넬·사이딩판넬·클린복합판넬·시멘트보드판넬·악세스바닥판넬 등의 공사 |
| 라. 도장·습식·방수·석공사업 | 1) 도장공사 | 시설물에 칠바탕을 다듬고 도료 등을 솔·롤러·기계 등을 사용하여 칠하는 공사 | 일반도장공사, 도장뿜칠공사, 차선도색공사, 분사표면처리공사, 전천후경기장바탕도장공사, 부식방지공사 등 |

| 건설업종 | 업무분야 | 업무내용 | 건설공사의 예시 |
|---|---|---|---|
| | 2) 습식·방수공사 | 가) 미장공사 : 구조물 등에 모르타르·플러스터·회반죽·흙 등을 바르거나 내·외벽 및 바닥 등에 성형단열재·경량단열재 등을 접착하거나 뿜칠하여 마감하는 공사 | 일반미장공사, 미장모르타르공사, 합성수지모르타르공사, 미장뿜칠공사, 다듬기공사, 줄눈공사, 단열재 접착 및 뿜칠공사, 견출 및 코킹(caulking)공사, 내화충전공사 등 |
| | | 나) 타일공사 : 구조물 등에 점토·고령토·합성수지 등을 주된 원료로 제조된 타일을 붙이는 공사 | 내·외장 타일 붙임공사, 모자이크, 테라코타타일공사 및 합성수지계타일공사 등 |
| | | 다) 방수공사 : 아스팔트·실링재·에폭시·시멘트모르타르·합성수지 등을 사용하여 토목·건축구조물, 산업설비 및 폐기물매립시설 등에 방수·방습·누수방지 등을 하는 공사 | 방수공사, 에폭시공사, 방습공사, 도막(도료 도포막)공사, 누수방지공사 등 |
| | | 라) 조적공사 : 구조물의 벽체나 기초 등을 시멘트블록·벽돌 등의 재료를 각각 모르타르 등의 교착제로 부착시키거나 장치하여 쌓거나 축조하는 공사 | 블록쌓기공사, 벽돌쌓기공사, 벽돌붙임공사 등 |
| | 3) 석공사 | 석재를 사용하여 시설물 등을 시공하는 공사 | 건물외벽 등 석재공사, 바닥·벽체 등의 돌붙임공사, 인도·광장 등 돌포장공사, 석축 등 돌쌓기공사 등 |
| 마. 조경식재·시설물공사업 | 1) 조경식재공사 | 조경수목·잔디 및 초화류 등을 식재하거나 유지·관리하는 공사 | 조경수목·잔디·지피식물·초화류 등의 식재공사 및 이를 위한 토양개량공사, 종자뿜어붙이기공사 등 특수식재공사 및 유지·관리공사, 조경식물의 수세(樹勢) 회복공사 및 유지·관리공사 등 |
| | 2) 조경시설물설치공사 | 조경을 위하여 조경석·인조목·인조암 등을 설치하거나 야외의자·퍼걸러(pergola) 등의 조경시설물을 설치하는 공사 | 조경석·인조목·인조암 등의 설치공사, 야외의자·퍼걸러·놀이기구·운동기구·분수대·벽천(壁泉) 등의 설치공사, 인조잔디공사 등 |

| 건설업종 | 업무분야 | 업무내용 | 건설공사의 예시 |
|---|---|---|---|
| 바. 철근·콘크리트공사업 | 철근·콘크리트공사 | 철근·콘크리트로 토목·건축구조물 및 공작물 등을 축조하는 공사 | 철근가공 및 조립공사, 콘크리트공사, 거푸집 및 동바리공사, 각종 특수콘크리트공사, 프리스트레스트콘크리트(PSC)구조물공사, 포장장비로 시공하지 않는 2차로 미만의 농로·기계화 경작로·마을안길 등을 시멘트콘크리트로 포장하는 공사 등 |
| 사. 구조물해체·비계공사업 | 구조물해체·비계공사 | 가) 구조물해체공사 : 구조물 등을 해체하는 공사 | 건축물 및 구조물 등의 해체공사 등 |
| | | 나) 비계공사 : 건축물 등을 건축하기 위하여 비계를 설치하거나 높은 장소에서 중량물을 거치하는 공사 | 일반비계공사, 발판가설공사, 범운반거상공사, 특수중량물설치공사, 그 밖에 높은 장소에서 시행하는 공사 등 |
| 아. 상·하수도설비공사업 | 상하수도설비공사 | 가) 상수도설비공사 : 상수도, 농·공업용수도 등을 위한 기기를 설치하거나 상수도관, 농·공업용수도관 등을 부설하는 공사 | 취수·정수·송배수를 위한 기기설치공사, 상수도, 농·공업용수도 등의 용수관 설치공사(옥내급배수설비공사는 제외한다), 관세척 및 갱생공사, 각종 변류이형관설치공사, 옥외스프링클러설치공사 등 |
| | | 나) 하수도설비공사 : 하수 등을 처리하기 위한 기기를 설치하거나 하수관을 부설하는 공사 | 하수 등의 처리를 위한 기기설치공사, 하수·우수관 부설(옥내급배수설비공사는 제외한다) 및 세척·갱생공사 등 |
| 자. 철도·궤도공사업 | 철도·궤도공사 | 철도·궤도를 설치하는 공사 | 궤광(軌框)공사, 레일공사, 레일용접공사, 분기부공사, 받침목공사, 도상공사, 궤도임시받침공사, 선로차단공사, 아이빔(I-beam) 및 거더(girder)설치공사, 건널목보판공사 등 |
| 차. 철강구조물공사업 | 철강구조물공사 | 가) 교량 및 이와 유사한 시설물을 건설하기 위하여 철구조물을 제작·조립·설치하는 공사 | 교량 등의 철구조물의 제작·조립·설치공사 |
| | | 나) 건축물을 건축하기 위하여 철구조물을 조립·설치하는 공사 | 건축물의 철구조물조립·설치공사 |

| 건설업종 | 업무분야 | 업무내용 | 건설공사의 예시 |
|---|---|---|---|
| | | 다) 대형 댐의 수문 및 이와 유사한 시설을 건설하기 위하여 철구조물을 조립·설치하는 공사 | 대형 댐 수문설치공사 등 |
| | | 라) 그 밖의 각종 철구조물공사 | 인도전용강재육교설치공사, 철탑공사, 갑문 및 댐의 수문설치공사 등 |
| 카. 수중·준설공사업 | 1) 수중공사 | 수중에서 인원·장비 등으로 수중·해저의 시설물을 설치하거나 지장물을 해체하는 공사 | 수중암석파쇄공사·수중구조물의 설치 및 해체공사·계선부표 및 수중작업이 요구되는 항로표지설치공사, 수중구조물 방식공사, 해저케이블공사, 투석공사 등 |
| | 2) 준설공사 | 하천·항만 등의 물밑을 준설선 등의 장비를 활용하여 준설하는 공사 | 항만·항로·운하 및 하천의 준설공사 등 |
| 타. 승강기·삭도공사업 | 1) 승강기설치공사 | 건축물 및 공작물에 부착되어 사람이나 화물을 운반하는데 사용되는 승강설비를 설치·해체·교체 및 성능개선공사 | 승객·화물·건설공사용 엘리베이터 및 에스컬레이터설치공사, 무빙워크설치공사, 기계식주차설비공사 등 |
| | 2) 삭도설치공사 | 삭도를 신설·개설·유지보수 또는 제거하는 공사 | 케이블카·리프트의 설치공사 등 |
| 파. 기계가스설비공사업 | 1) 기계설비공사 | 건축물·플랜트 그 밖의 공작물에 급배수·위생·냉난방·공기조화·기계기구·배관설비 등을 조립·설치하는 공사 | 건축물 등 시설물에 설치하는 급배수·환기·공기조화·냉난방·급탕·주방·위생·방음·방진·전자파차단설비공사, 플랜트 안의 배관·기계기구설치공사, 기계설비를 자동제어하기 위한 제어기기·지능형제어시스템·자동원격검침설비 등의 자동제어공사, 시스템에어컨(GHP·EHP)공사, 지열냉·난방 기기설치 및 배관공사, 보온·보냉 등 열절연공사, 옥내급배수관개량·세척공사, 무대기계장치공사, 자동창고설비공사, 냉동냉장설비공사, 집진기공사, 철도기계신호공사, 건널목차단기공사 등 |

| 건설업종 | 업무분야 | 업무내용 | 건설공사의 예시 |
|---|---|---|---|
| | 2) 가스시설 공사 (제1종) | 가) 가스시설시설공사(제2종)의 업무내용에 해당하는 공사<br>나) 도시가스공급시설의 설치·변경공사<br>다) 액화석유가스의 충전시설·집단공급시설·저장소시설의 설치·변경공사<br>라) 도시가스시설 중 특정가스사용시설의 설치·변경공사<br>마) 저장능력 500kg 이상의 액화석유가스사용시설의 설치·변경공사<br>바) 고압가스배관의 설치·변경공사 | |
| 하. 가스난방공사업 | 1) 가스시설 공사 (제2종) | 가) 가스시설공사(제3종)의 업무내용에 해당하는 공사<br>나) 도시가스시설 중 특정가스사용시설 외의 가스사용시설의 설치·변경공사<br>다) 도시가스의 공급관과 내관이 분리되는 부분 이후의 보수공사<br>라) 배관에 고정설치되는 가스용품의 설치공사 및 그 부대공사<br>마) 저장능력 500kg 미만의 액화석유가스사용시설의 설치·변경공사<br>바) 액화석유가스판매시설의 설치·변경공사 | |
| | 2) 가스시설 공사 (제3종) | 공사예정금액이 1천만원 미만인 다음의 공사<br>가) 도시가스시설 중 특정가스사용시설 외의 온수보일러·온수기 및 그 부대시설의 설치·변경공사<br>나) 도시가스시설 중 특정가스사용시설로서 5만kcal/h 이하의 온수보일러·온수기 및 그 부대시설의 설치·변경공사<br>다) 액화석유가스사용시설 중 온수보일러·온수기 및 그 부 | |

| 건설업종 | 업무분야 | 업무내용 | 건설공사의 예시 |
|---|---|---|---|
| | | 대시설의 설치·변경공사 | |
| | 3) 난방공사<br>(제1종) | 가) 「에너지이용 합리화법」 제37조에 따른 특정열사용기자재 중 강철재보일러·주철재보일러·온수보일러·구멍탄용 온수보일러·축열식 전기보일러·가정용 화목보일러·태양열집열기·1종압력용기·2종압력용기의 설치와 이에 부대되는 배관·세관공사<br>나) 공사예정금액 2천만원 이하의 온돌설치공사 | |
| | 4) 난방공사<br>(제2종) | 가) 「에너지이용 합리화법」 제37조에 따른 특정열사용기자재 중 태양열집열기·용량 5만kcal/h 이하의 온수보일러·구멍탄용 온수보일러·가정용 화목보일러의 설치 및 이에 부대되는 배관·세관공사<br>나) 공사예정금액 2천만원 이하의 온돌설치공사 | |
| | 5) 난방공사<br>(제3종) | 특정열사용기자재 중 요업요로·금속요로의 설치공사 | |
| 거. 시설물유지관리업 | | 시설물의 완공 이후 그 기능을 보전하고 이용자의 편의와 안전을 높이기 위하여 시설물에 대하여 일상적으로 점검·정비하고 개량·보수·보강하는 공사로서 다음의 공사를 제외한 공사<br>가) 건축물의 경우 증축·개축·재축 및 대수선 공사<br>나) 건축물을 제외한 그 밖의 시설물의 경우 증설·확장공사 및 주요구조부를 해체한 후 보수·보강 및 변경하는 공사<br>다) 전문건설업종 중 1개 업종의 업무내용만으로 행하여지는 건축물의 개량·보수·보강공사 | |

비고

1. 위 표의 업무내용에는 건설공사용 재료의 채취 또는 그 공급업무, 기계 또는 기구의 공급업무와 단순한 노무공급업무 등은 포함되지 않는다. 다만, 건설공사의 시공 계약과 건설공사용 재료의 납품 계약을 같은 건설사업자가 체결하는 경우 해당 건설공사용 재료의 납품 업무는 해당 업종의 업무내용에 포함되는 것으로 본다.
2. 위 표에 명시되지 않은 건설공사에 관한 건설업종 및 업종별 업무분야의 구분은 해당 공사의 시공에 필요한 기술・재료・시설・장비 등의 유사성에 따라 구분한다.
3. 전문공사를 시공할 수 있는 자격을 보유한 자는 완성된 시설물 중 해당 업종의 업무내용에 해당하는 건설공사에 대하여 복구・개량・보수・보강하는 공사를 수행할 수 있다.
4. 전문공사를 시공하는 업종을 등록한 자는 해당 업종의 모든 업무분야의 공사를 수행할 수 있다. 다만, 수중・준설공사업, 승강기・삭도공사업, 가스난방공사업을 등록한 자 및 기계가스설비공사업 중 기계설비공사를 주력분야로 등록한 자는 주력분야의 공사만 수행할 수 있으며, 주력분야가 아닌 다른 업무분야의 공사는 수행할 수 없다.
5. 제4호 단서에도 불구하고 기계가스설비공사업 중 기계설비공사를 주력분야로 등록한 자는 기계설비공사와 가스시설공사(제1종)가 복합된 공사로서 기계설비공사가 주된 공사인 경우에는 해당 공사의 가스시설공사(제1종)를 함께 수행할 수 있다.
6. 제4호에도 불구하고 기계가스설비공사업 중 기계설비공사를 주력분야로 등록한 자는 기계설비공사와 다음 각 목의 공사가 복합된 공사의 경우에는 해당 공사를 수행할 수 있다.
   가. 난방공사(제1종)
   나. 난방공사(제2종)
   다. 플랜트 또는 냉동냉장설비 안에서의 고압가스배관의 설치・변경공사
7. 제4호에도 불구하고 가스난방공사업 중 난방공사(제1종)를 주력분야로 등록한 자는 연면적 350제곱미터 미만인 단독주택의 난방공사(제1종)를 하는 경우에는 해당 주택의 기계설비공사를 함께 수행할 수 있다.
8. 제4호에도 불구하고 가스난방공사업 중 난방공사(제2종)를 주력분야로 등록한 자는 연면적 250제곱미터 미만인 단독주택의 난방공사(제2종)를 하는 경우에는 해당 주택의 기계설비공사를 함께 수행할 수 있다.

## 6. 한국표준산업분류에 따른 건설업의 분류

### (1) 개요

계약 또는 자기계정에 의하여 지반조성을 위한 발파・시굴・굴착・정지 등의 지반공사, 건설용지에 각종 건물 및 구축물을 신축 및 설치, 증축・재축・개축・수리 및 보수・해체 등을 수행하는 산업활동으로서 임시건물, 조립식 건물 및 구축물을 설치하는 활동도 포함한다. 이러한 건설활동은 도급・자영 건설업자, 종합 또는 전문 건설업자에 의하여 수행된다. 직접 건설활동을 수행하지 않더라도 건설공사에 대한 총괄적인 책임을 지면서 건설공

사 분야별로 도급 또는 하도급을 주어 전체적으로 건설공사를 관리하는 경우에도 건설활동으로 본다. 건설공사에 대한 총괄적인 책임 및 전체 건설공사를 관리하는 활동은 건설공사와 관련한 인력·자재·장비·자금·시공·품질·안전관리 부문 등을 전체적으로 책임지고 관리하는 경우를 나타낸다. 여기에서 **직접 건설활동을 수행하지 않는다는 의미**는 건설활동을 전혀 수행하지 않고 일괄도급을 준다는 의미가 아니고 직접 시공능력을 갖추고 해당 법인의 총괄적인 책임 하에 공사전반을 계획·관리·조정하면서 필요한 전문공사를 하도급하여 수행하는 경우 하도급준 부분을 포함하여 전체를 건설업을 수행한 것으로 본다는 의미이다(서면2팀-826, 2007. 5. 3).

### (2) 분류구조

#### 1) 종합건설업(41)

특정 부문에 대한 전문직별 공사업이 아닌 건물 및 토목 시설물 건설을 위한 종합적인 계획에 따라 관리되고 조성되는 건설업 부문을 나타낸다. 택지, 공장용지 등 지반 조성공사 및 토목 시설물의 건설공사를 수행하는 산업활동과 각종 건축물을 신축, 증축, 재축 및 개축에 관한 총괄적인 책임을 지고 건설활동을 수행하는 산업활동을 말한다. 토목 건설업과 건물 건설업이 함께 실시되는 경우에는 주된 산업활동에 따라 분류한다.

#### 2) 전문직별공사업(42)

수수료 또는 계약에 의하여 토목시설 및 건물의 건설과 관련한 특정부문의 공사를 전문적으로 수행하는 산업활동을 말한다.

### (3) 타사업과의 관계

① 공원 및 정원조성을 위한 조경수 식재 및 유지관리활동(74300)

② 계약에 의한 원유 및 천연가스 채굴에 직접 관련된 시굴 및 건설활동(08000)

③ 조립식 건물 구성 부분품, 구조물 및 건물 장치용 기계·장비 등의 제조 또는 판매를 주로 하는 사업체에서 직접 이들을 조립·설치하는 경우에는 그 주된 활동에 따라 제조 또는 판매업으로 분류하나, 설치만을 전문적으로 수행하는 특정의 부서를 독립된 사업체로 분리·파악할 수 있을 경우에는 이를 건설업으로 분류

④ 건축 설계, 감리, 기획, 조사, 측량 및 기타 건축공학 관련서비스를 제공하는 경우는 "72 건축 기술, 엔지니어링 및 기타 과학기술 서비스업"에 분류하나, 건축 활동을 직접 수행하는 사업체가 건설할 건축물을 직접 설계하는 경우에는 그 주된 활동에 따라

건설업에 분류

⑤ 직접 건설 활동을 수행하지 않고 전체 공사를 건설업자에게 일괄 도급하여 건축물 또는 부동산(농지, 공장용지, 광산용지 등)을 개발하고 판매, 임대, 분양하는 경우(681)

### 집행기준 1-0-6 한국표준산업분류 개요

① 한국표준산업분류(KSIC : Korea Standard Industrial Classification)는 산업관련 통계자료의 정확성과 비교성을 확보하기 위하여 작성된 것으로 유엔의 국제표준산업분류에 기초하여 제정

② 생산단위(사업체단위, 기업체단위 등)가 주로 수행하는 산업활동을 그 유사성에 따라 체계적으로 유형화한 것으로서 산출물(생산된 재화 또는 제공된 서비스)의 특성, 투입물의 특성, 생산활동의 일반적인 결합형태에 의해 분류

### 참고 부동산 분양공급업의 업종구분

부동산을 개발하면서 다른 건설업자에게 의뢰하여 건물을 건설하게 하고 이를 분양・판매하는 사업(시행사의 상가분양공급업 등)은 부동산 분양공급업(681)에 해당되어 중소기업특별세액감면대상이 아니므로 주의하여야 한다. 이는 부동산매매업에 해당된다. 한편, 상가를 직접 건설하는 활동을 수행하여 직영 건설하여 분양하는 경우 건설업으로서 중소기업특별세액감면대상이 되는 것이다(서면2팀-482, 2004. 3. 17).

조세특례제한법에서의 업종의 분류는 이 법에 특별한 규정이 있는 경우를 제외하고는 통계법 제17조의 규정에 의하여 통계청장이 고시하는 한국표준산업분류표에 의한다. 다만, 한국표준산업분류가 변경되어 이 법에 따른 조세특례를 적용받지 못하게 되는 업종은 한국표준산업분류가 변경된 과세연도와 그 다음 과세연도까지는 변경 전의 한국표준산업분류에 따른 업종에 따라 조세특례를 적용한다(조특법 2 ③, 2007. 12. 31 개정).

주택건설면허를 보유하고 있는 업체가 주상복합 및 주거용・상업용 건물 등을 신축하기 위해, 토지를 매입하여 설계사무소에 설계를 의뢰하고 타 건설회사에 도급을 주어 건물을 준공하고 자사 명의로 분양 및 판매를 하는 경우 조세특례제한법 제7조[중소기업에 대한 특별세액감면] 제1항 및 동법 시행령 제129조[차입금 과다법인의 지급이자손금불산입] 제1항 제2호에 규정하는 건설업에 해당되는지 여부

법인이 직접 건설활동을 수행하지 않고 건설업체에 의뢰하여 주거용・비주거용 건물을 건설하고 이를 분양・판매하여 한국표준산업분류상 부동산업 중 부동산공급업(681)으로 분류되는 경우에는 조세특례제한법 제7조 및 같은법 시행령 제129조 제1항 제2호를 적용함에 있어서 건설업에 해당하지 아니하는 것이다(서이 46012-11700,

2002. 9. 12).

**핵심체크**

조세특례제한법상 건설업으로 보아 중소기업특별세액감면 등을 받기 위해서는 반드시 직접 건설활동을 수행하거나 직접 건설활동을 수행하지 않더라도 건설공사에 대한 **총괄적인 책임**을 지면서 건설공사 분야별로 도급 또는 하도급을 주어 **전체적으로 건설공사를 관리**하여야 한다. 따라서 다른 건설업자에게 전부 도급을 주어 건물을 완공한 후 분양하는 사업(시행사 등)은 건설업에 해당되지 아니한다.

**판례** **건설업의 업종구분**(대법원 2009. 8. 20 선고 2007두8843 판결)

1. 한국표준산업분류의 분류기준 등에 의하면, 조특법 제7조 제1항 소정의 중소기업특별세액감면 대상업종인 '아파트건설업'은 주거용 아파트를 직접 건설하는 산업활동을 의미한다고 해석되고, 이때 주거용 아파트를 직접 건설하였는지 여부는 위탁 또는 도급계약의 체결경위 및 내용, 전체 공사에서 위탁 또는 도급공사가 차지하는 비율, 당해 중소기업이 직접 시공한 공사의 비중과 전체 공정에 관여한 정도, 당사자의 의사 등을 종합적으로 고려하여 판단할 수 있으므로, 한국표준산업분류 중 '아파트건설업'과 '부동산공급업'의 범위를 정한 부분이 명확성을 결여하여 과세요건 명확주의 등에 위반된다고 할 수 없다.

2. 아파트 신축공사 중 직접 시공한 부분은 부지매입 후의 평탄화 작업과 준공 후의 알루미늄 새시공사 및 건설폐자재 처리 등의 잡공사 등 직접 시공한 공사 부분이 일부 있다고 하더라도 이 사건 아파트를 직접 건설하였다고 볼 수는 없으므로, 원고는 이 사건 아파트의 신축·분양과 관련하여 아파트건설업이 아닌 부동산공급업을 영위하였다고 봄이 타당하고, 또한 원고는 도급을 받아 이 사건 아파트 신축공사를 수행한 것이 아니므로 도급종합건설업자로서 건설업을 영위한 경우에 해당한다고 볼 수도 없다.

3. 이 사건 아파트의 건설과 관련하여 원고가 영위한 업종을 아파트건설업이 아닌 부동산공급업으로 보는 이상 이 사건 아파트의 건설과 관련된 원고의 소득은 원고가 그 신축공사 중 일부를 직접 시공하였는지 여부와 관계 없이 그 전부가 부동산공급업에서 발생한 것으로 볼 수밖에 없다는 이유로, 적어도 총공사비용 중 원고가 직접 시공한 공사비용에 해당하는 부분에 상응하는 소득만큼은 조특법 제7조 제1항 소정의 특별세액감면대상에 해당하는 것으로 보아야 한다는 원고의 주장을 배척하였다.

관련법조문

◈ 건설산업기본법 제41조 【건설공사 시공자의 제한】

① 다음 각 호의 어느 하나에 해당하는 건축물의 건축 또는 대수선(大修繕)에 관한 건설공사(제9조 제1항 단서에 따른 경미한 건설공사는 제외한다. 이하 이 조에서 같다)는 건설업자가 하여야 한다. 다만, 다음 각 호 외의 건설공사와 농업용, 축산업용 건축물 등 대통령령으로 정하는 건축물의 건설공사는 건축주가 직접 시공하거나 건설업자에게 도급하여야 한다.

1. 연면적이 200제곱미터를 초과하는 건축물
2. 연면적이 200제곱미터 이하인 건축물로서 다음 각 목의 어느 하나에 해당하는 경우
   가. 「건축법」에 따른 공동주택
   나. 「건축법」에 따른 단독주택 중 다중주택, 다가구주택, 공관, 그 밖에 대통령령으로 정하는 경우

## 7. 건설업과 관련된 주요법률 및 규정

### ① 건설산업기본법

건설공사의 기본적인 사항과 건설업의 등록, 건설공사의 도급에 관한 필요한 사항을 규정한 건설공사에 수행에 필요한 일반법적인 지위를 가진다.

### ② 주택법

주거생활에 필요한 주택의 건설 · 공급 · 관리와 이를 위한 자금을 조달 · 운영 등에 관한 사항을 규정하고 있다.

ⓐ 주택조합은 다수의 구성원이 주택을 마련하거나 리모델링하기 위하여 결성하는 지역주택조합, 직장주택조합, 임대주택조합, 리모델링주택조합을 말한다.

ⓑ 부대시설은 주택에 부수되는 주차장, 관리사무소, 담장 및 주택단지 안의 도로 등을 말하며, 복리시설은 주택단지 안의 입주자 등의 생활복리를 위한 어린이놀이터, 근린생활시설, 유치원, 주민운동시설 및 경로당 등을 말한다.

ⓒ "국민주택규모"란 주거의 용도로만 쓰이는 면적(이하 "주거전용면적"이라 한다)이 1호(戶) 또는 1세대당 85제곱미터 이하인 주택(「수도권정비계획법」 제2조 제1호에 따른 수도권을 제외한 도시지역이 아닌 읍 또는 면 지역은 1호 또는 1세대당 주거전용면적이 100제곱미터 이하인 주택을 말한다)을 말한다. 이 경우 주거전용면적의 산정방법은 국토교통부령으로 정한다.

### ③ 도시 및 주거환경 정비법

도시기능의 회복이 필요하거나 주거환경이 불량한 지역을 계획적으로 정비하고 노후,

불량건축물을 효율적으로 개량하기 위하여 필요한 사항을 규정하고 있다.

ⓐ 정비사업은 도시기능을 회복하기 위하여 정비구역 안에서 정비기반시설을 정비하고 주택 등 건축물을 개량하거나 건설하는 사업으로 주거환경개선사업, 재개발사업, 재건축사업을 말한다.

ⓑ 정비사업조합은 법인으로 하며, 조합설립의 인가를 받은 날로부터 30일 이내에 주된 사무소의 소재지에 등기함으로써 성립한다.

#### ④ 국가를 당사자로 하는 법률

국가를 당사자로 하는 계약에 관한 예정가격의 결정, 계약의 방법, 입찰 및 낙찰절차, 계약의 체결 및 이행과 관련한 계약보증금, 공사대금의 지급, 하자보수보증금과 지체상금 등을 규정하고 있다.

#### ⑤ 하도급거래 공정화에 관한 법률

공정한 하도급거래를 위하여 하도급거래에서 원사업자가 우월적인 지위를 남용하는 행위를 방지하고자 원사업자가 준수하여야 할 의무사항과 금지사항, 위반에 대한 제재사항을 규정하고 있다.

#### ⑥ 건축법

건축물의 대지, 구조 및 설비의 기준과 건축물의 용도 등을 정하여 건축물의 안전·기능 및 미관을 향상시킴으로써 공공복리의 증진을 목적으로 한다.

ⓐ 건축 또는 대수선을 하고자 하는 자는 시장·군수·구청장의 허가를 받아야 한다. 다만 일정한 경우에는 신고함으로써 건축허가를 받은 것으로 본다(건축법 9).

ⓑ 건폐율이란 대지면적에 대한 건축면적의 비율을 말하며, 용적률이란 건축물의 연면적의 대지면적에 대한 비율을 말한다.

#### ⑦ 빈집 및 소규모주택 정비에 관한 특례법

이 법은 방치된 빈집을 효율적으로 정비하고 소규모주택 정비를 활성화하기 위하여 필요한 사항 및 특례를 규정함으로써 주거생활의 질을 높이는 데 이바지함을 목적으로 한다.

#### ⑧ 중대재해 처벌 등에 관한 법률

이 법은 사업 또는 사업장, 공중이용시설 및 공중교통수단을 운영하거나 인체에 해로운 원료나 제조물을 취급하면서 안전·보건 조치의무를 위반하여 인명피해를 발생하게 한 사업주, 경영책임자, 공무원 및 법인의 처벌 등을 규정함으로써 중대재해를 예방하고 시민과 종사자의 생명과 신체를 보호함을 목적으로 한다.

⑨ **고용보험 및 산업재해보상보험의 보험료징수 등에 관한 법률**

이 법은 고용보험과 산업재해보상보험의 보험관계의 성립·소멸, 보험료의 납부·징수 등에 필요한 사항을 규정함으로써 보험사무의 효율성을 높이는 것을 목적으로 한다.

⑩ **일반기업회계기준(건설형공사계약)**

건설형 공사는 일반적으로 여러 회계기간에 걸쳐 진행되기 때문에 이 절의 주요 내용은 공사수익과 공사원가를 공사가 수행되는 회계기간에 적절하게 배분하여 인식하는 회계처리에 대한 것이다.

## 8. 건설업 관련 주요 용어정리

### (1) 건설산업기본법 제2조에서 건설업관련 용어의 정의

① "건설산업"이라 함은 건설업과 건설용역업을 말한다.

② "건설업"이라 함은 건설공사를 수행하는 업을 말한다.

③ "건설용역업"이라 함은 건설공사에 관한 조사·설계·감리·사업관리·유지관리 등 건설공사와 관련된 용역을 수행하는 업을 말한다.

④ "건설공사"라 함은 토목공사·건축공사·산업설비공사·조경공사 및 환경시설공사 등 시설물을 설치·유지·보수하는 공사(시설물을 설치하기 위한 부지조성공사를 포함한다), 기계설비 기타 구조물의 설치 및 해체공사 등을 말한다. 다만, 다음 각목의 1에 해당하는 공사를 포함하지 아니한다.

가. 전기공사업법에 의한 전기공사
나. 정보통신공사업법에 의한 정보통신공사
다. 소방법에 의한 소방설비공사
라. 문화재보호법에 의한 문화재수리공사

⑤ "건설업자"라 함은 이 법 또는 다른 법률에 의하여 등록 등을 하고 건설업을 영위하는 자를 말한다.

⑥ "건설사업관리"라 함은 건설공사에 관한 기획·타당성조사·분석·설계·조달·계약·시공관리·감리·평가·사후관리 등에 관한 관리업무의 전부 또는 일부를 수행하는 것을 말한다.

⑦ "발주자"라 함은 건설공사를 건설업자에게 도급하는 자를 말한다. 다만, 수급인으로서 도급받은 건설공사를 하도급하는 자를 제외한다.

⑧ "도급"이라 함은 원도급·하도급·위탁 기타 명칭의 여하에 불구하고 건설공사를 완성할 것을 약정하고, 상대방이 그 일의 결과에 대하여 대가를 지급할 것을 약정하는 계약을 말한다.

⑨ "하도급"이라 함은 도급받은 건설공사의 전부 또는 일부를 도급하기 위하여 수급인이 제3자와 체결하는 계약을 말한다.

⑩ "수급인"이라 함은 발주자로부터 건설공사를 도급받은 건설업자를 말하며, 하도급관계에 있어서 하도급하는 건설업자를 포함한다.

⑪ "하수급인"이라 함은 수급인으로부터 건설공사를 하도급받은 자를 말한다.

⑫ "건설기술자"라 함은 건설공사에 관한 기술 또는 기능을 가진 자로서 관계법령에서 그 기술이나 기능이 있다고 인정된 자를 말한다.

### (2) 하도급거래 공정화에 관한 법률상 용어의 정의

① "하도급거래"라 함은 원사업자가 수급사업자에게 제조위탁(가공위탁을 포함한다)·수리위탁 또는 건설위탁을 하거나 원사업자가 다른 사업자로부터 제조위탁·수리위탁 또는 건설위탁을 받은 것을 수급사업자에게 다시 위탁을 하고, 이를 위탁받은 수급사업자가 위탁받은 것을 제조 또는 수리하거나 시공하여 이를 원사업자에게 납품 또는 인도하고 그 대가를 수령하는 행위를 말한다.

② "원사업자"라 함은 다음 각호의 1에 해당하는 자를 말한다.

1. 중소기업자(「중소기업기본법」 제2조 제1항 또는 제3항에 따른 자를 말하며, 「중소기업협동조합법」에 따른 중소기업협동조합을 포함한다. 이하 같다)가 아닌 사업자로서 중소기업자에게 제조 등의 위탁을 한 자
2. 중소기업자 중 직전 사업연도의 연간매출액[관계 법률에 따라 시공능력평가액을 적용받는 거래의 경우에는 하도급계약 체결 당시 공시된 시공능력평가액의 합계액(가장 최근에 공시된 것을 말한다)을 말하고, 연간매출액이나 시공능력평가액이 없는 경우에는 자산총액을 말한다. 이하 이 호에서 같다] 또는 상시고용 종업원 수가 제조 등의 위탁을 받은 다른 중소기업자의 연간매출액 또는 상시고용 종업원 수보다 많은 중소기업자로서 그 다른 중소기업자에게 제조 등의 위탁을 한 자. 다만, 대통령령으로 정하는 연간매출액에 해당하는 중소기업자는 제외한다.

③ "수급사업자"라 함은 제2항 각호의 규정에 의한 원사업자로부터 제조 등의 위탁을 받은 중소기업자를 말한다.

④ "제조위탁"이라 함은 다음 각호의 1에 해당하는 행위를 업으로 하는 사업자가 그 업에 따른 물품의 제조를 다른 사업자에게 위탁하는 것을 말한다.

⑤ "수리위탁"이라 함은 사업자가 물품의 수리를 주문에 의하여 행하는 것을 업으로 하거나 자기가 사용하는 물품에 대한 수리를 업으로 하는 경우에 그 수리행위의 전부 또는 일부를 다른 사업자에게 위탁하는 것을 말한다.

⑥ "건설위탁"이라 함은 다음 각호의 1에 해당하는 사업자가 그 업에 따른 건설공사의 전부 또는 일부를 다른 건설업자에게 위탁하는 것과 건설업자가 대통령령이 정하는 건설공사를 다른 사업자에게 위탁하는 것을 말한다.

1. 건설산업기본법 제2조 제5호의 규정에 의한 건설업자
2. 전기공사업법 제2조(용어의 정의) 제3호의 규정에 의한 정보통신공사업자
3. 정보통신공사업법 제2조 제4호의 규정에 의한 공사업자
4. 소방시설공사업법 제4조 제1항의 규정에 의한 소방시설공사업의 등록을 한 자
5. 기타 대통령령이 정하는 사업자

⑦ "발주자"라 함은 제조, 수리 또는 시공을 원사업자에게 도급하는 자를 말한다. 다만, 재하도급의 경우에는 원사업자를 말한다.

# 9. 건설업의 등록과 기업진단

## (1) 건설업등록

건설업은 1999년 3월 면허제에서 등록제로 전환되어 건설업을 영위하고자 하는 자는 국토교통부장관에게 업종별로 등록을 하여야 한다(건설산업기본법 9).

**핵심체크**

건설회사가 어느 업종에 해당되어 실질자본금을 얼마로 유지하여야 하는지를 확인하여 기말결산시에 실질자본금이 등록기준에 미달하는지를 검토하고 미달시에는 증자 등을 통하여 실질자본금을 유지하도록 하여야 한다. 특히 가지급금, 장기 미회수채권, 영업권 등은 실질자산에서 제외하여야 한다.

**관련법조문**

**◈ 건설산업기본법 제9조【건설업의 등록】**

① 건설업을 영위하려는 자는 국토교통부장관에게 대통령령이 정하는 업종별로 등록을 하여야 한다. 다만, 대통령령이 정하는 경미한 건설공사를 업으로 하려는 경우에는 그러하지 아니하다. 여기서 경미한 공사란 건설산업기본법 시행령 제8조에 규정된 다음에 해당하는 공사를 말한다.

ⓐ 별표 1에 따른 종합공사를 시공하는 업종과 그 업종별 업무내용에 해당하는 건설공사로서 1건 공사의 공사예정금액[동일한 공사를 2 이상의 계약으로 분할하여 발주하는 경우에는 각각의 공사예정금액을 합산한 금액으로 하고, 발주자(하도급의 경우에는 수급인을 포함한다)가 재료를 제공하는 경우에는 그 재료의 시장가격 및 운임을 포함한 금액으로 하며, 이하 "공사예정금액"이라 한다]이 **5천만원 미만인 건설공사**

ⓑ 별표 1에 따른 전문공사를 시공하는 업종과 그 업종별 업무내용에 해당하는 건설공사로서 공사예정금액이 **1천5백만원 미만인 건설공사**. 다만, 다음 각 목의 어느 하나에 해당하는 공사를 제외한다.

가. 가스시설공사
나. 삭제 〈1998. 12. 31〉
다. 철강재설치공사 및 강구조물공사
라. 삭도설치공사
마. 승강기설치공사
바. 철도·궤도공사
사. 난방공사

ⓒ 조립·해체하여 이동이 용이한 기계설비 등의 설치공사(당해 기계설비 등을 제작하거나 공급하는 자가 직접 설치하는 경우에 한한다)

② 제1항에 따라 건설업의 등록을 하려는 자는 국토교통부령이 정하는 바에 따라 국토교통부장관에게 등록을 신청하여야 한다.

③ 국가 또는 지방자치단체가 자본금의 5할 이상을 출자한 법인 또는 영리를 목적으로 하지 아니하는 법인은 다른 법률에 특별한 규정이 있는 경우를 제외하고는 제1항의 규정에 의한 건설업의 등록을 신청할 수 없다.

④ 제1항에 따라 건설업의 등록을 한 자는 제10조에 따른 등록기준에 관한 사항별로 3년 이내의 범위에서 대통령령이 정하는 기간이 경과할 때마다 국토교통부장관에게 대통령령이 정하는 바에 따라 등록기준에 관한 사항을 신고하여야 한다.

### (2) 전문건설업의 통합

전문공사를 시공하는 업종은 시설물의 일부 또는 전문분야에 관한 공사를 시공하는 건설업으로서 그 업종은 2022년부터 14가지 대업종으로 통합되었다. 전문건설업 업종별 업무범위를 확대해 종합공사 수주를 더욱 용이하게 함으로써 종합·전문 건설업체 간 경쟁구도를 만든다는 데 그 목적이 있다. 전문공사를 시공하는 업종을 등록하려는 자는 법 제9조 제1항 본문에 따라 건설업을 등록할 때 해당 업종의 업무분야 중 주력으로 시공할 수 있는 1개 이상의 업무분야(이하 "주력분야"라 한다)를 정하여 국토교통부장관에게 등록을 신청해야 한다.

| 현업종 · 주력분야 명칭 | 현재 전문업종 등록기준 | | 대업종 명칭 | 대업종 등록기준 | |
|---|---|---|---|---|---|
| | 기술자 | 자본금 | | 기술자 | 자본금 |
| 1. 토공사 | 2인 | 1.5억 | 1. 지반조성 · 포장공사업 | 2인 | 1.5억 |
| 2. 포장공사 | 3인 | 2억 | | | |
| 3. 보링 · 그라우팅 · 파일공사 | 2인 | 1.5억 | | | |
| 4. 실내건축공사 | 2인 | 1.5억 | 2. 실내건축공사업 | 2인 | 1.5억 |
| 5. 금속구조물 · 창호 · 온실공사 | 2인 | 1.5억 | 3. 금속창호 · 지붕건축물 조립공사업 | 2인 | 1.5억 |
| 6. 지붕판금 · 건축물조립공사 | 2인 | 1.5억 | | | |
| 7. 도장공사 | 2인 | 1.5억 | 4. 도장 · 습식 · 방수 · 석공사업 | 2인 | 1.5억 |
| 8. 습식 · 방수공사 | 2인 | 1.5억 | | | |
| 9. 석공사 | 2인 | 1.5억 | | | |
| 10. 조경식재공사 | 2인 | 1.5억 | 5. 조경식재 · 시설물공사업 | 2인 | 1.5억 |
| 11. 조경시설물설치공사 | 2인 | 1.5억 | | | |
| 12. 철근 · 콘크리트공사 | 2인 | 1.5억 | 6. 철근 · 콘크리트공사업 | 2인 | 1.5억 |
| 13. 구조물해체 · 비계공사 | 2인 | 1.5억 | 7. 구조물해체 · 비계 공사업 | 2인 | 1.5억 |
| 14. 상 · 하수도설비공사 | 2인 | 1.5억 | 8. 상 · 하수도설비공사업 | 2인 | 1.5억 |
| 15. 철도 · 궤도공사 | 5인 | 2억 | 9. 철도 · 궤도공사업 | 5인 | 1.5억 |
| 16. 강구조물공사 | 4인 | 2억 | 10. 철강구조물공사업 | 4인 | 1.5억 |
| 17. 철강재설치공사 | 5인 | 7억 | | | |
| 18. 수중공사 | 2인 | 1.5억 | 11. 수중 · 준설공사업 | 2인 | 1.5억 |
| 19. 준설공사 | 5인 | 7억 | | | |
| 20 승강기설치공사 | 2인 | 1.5억 | 12. 승강기 · 삭도공사업 | 2인 | 1.5억 |
| 21. 삭도설치공사 | 5인 | 2억 | | | |
| 22. 기계설비공사 | 2인 | 1.5억 | 13. 기계가스설비공사업 | 2인 | 1.5억 |
| 23. 가스시설공사(1종) | 3인 | 1.5억 | | | |
| 24. 가스시설공사(2종) | 1인 | - | 14. 가스난방공사업 | 1인 | - |
| 25. 가스시설공사(3종) | 1인 | - | | | |
| 26. 난방공사(1종) | 2인 | - | | | |
| 27. 난방공사(2종) | 1인 | - | | | |
| 28. 난방공사(3종) | 1인 | - | | | |

■ 건설산업기본법 시행령 [별표 2] 〈개정 2020. 12. 29〉

건설업의 등록기준(제13조 관련)

1. 종합공사를 시공하는 업종의 등록기준

<table>
<tr><th>건설업종</th><th>기술능력</th><th colspan="2">자본금</th></tr>
<tr><td rowspan="2">가. 토목공사업</td><td rowspan="2">다음의 어느 하나에 해당하는 사람 중 2명을 포함한 「건설기술 진흥법」에 따른 토목 분야의 초급 이상 건설기술인 6명 이상<br>1) 「국가기술자격법」에 따른 토목기사<br>2) 「건설기술 진흥법」에 따른 토목 분야의 중급 이상 건설기술인</td><td>법인</td><td>5억원 이상</td></tr>
<tr><td>개인</td><td>10억원 이상</td></tr>
<tr><td rowspan="2">나. 건축공사업</td><td rowspan="2">다음의 어느 하나에 해당하는 사람 중 2명을 포함한 「건설기술 진흥법」에 따른 건축 분야의 초급 이상 건설기술인 5명 이상<br>1) 「국가기술자격법」에 따른 건축기사<br>2) 「건설기술 진흥법」에 따른 건축 분야의 중급 이상 건설기술인</td><td>법인</td><td>3억5천만원 이상</td></tr>
<tr><td>개인</td><td>7억원 이상</td></tr>
<tr><td rowspan="2">다. 토목건축공사업</td><td rowspan="2">다음의 어느 하나에 해당하는 사람을 포함한 「건설기술 진흥법」에 따른 초급 이상(같은 법 시행령 별표 1 제3호 차목 중 건설금융·재무, 건설기획, 건설정보처리 분야는 제외한다)의 건설기술인 11명 이상<br>1) 다음의 어느 하나에 해당하는 사람 중 2명을 포함한 토목 분야의 초급 이상 건설기술인 5명 이상<br>가) 「국가기술자격법」에 따른 토목기사<br>나) 「건설기술 진흥법」에 따른 토목 분야의 중급 이상 건설기술인<br>2) 다음의 어느 하나에 해당하는 사람 중 2명을 포함한 건축 분야의 초급 이상 건설기술인 5명 이상<br>가) 「국가기술자격법」에 따른 건축기사<br>나) 「건설기술 진흥법」에 따른 건축 분야의 중급 이상 건설기술인</td><td>법인</td><td>8억5천만원 이상</td></tr>
<tr><td>개인</td><td>17억원 이상</td></tr>
<tr><td rowspan="2">라. 산업·환경설비공사업</td><td rowspan="2">「건설기술 진흥법」에 따른 초급 이상(같은 법 시행령 별표 1 제3호 차목 중 건설금융·재무, 건설기획, 건설정보처리 분야는 제외한다)의 건설기술인 또는 「국가기술자격법」에 따른 건축, 토목, 조경, 광업자원, 기계, 금속·재료, 화공, 전기·전자, 정보통신, 안전관리, 환경·에너지 분야의 분야의 산업기사 이상의 기술자격취득자 12명 이상. 이 경우 다음의 어느 하나에 해당하는 사람 중 6명을 포함해야 한다.</td><td>법인</td><td>8억5천만원 이상</td></tr>
<tr><td>개인</td><td>17억원 이상</td></tr>
</table>

| 건설업종 | 기술능력 | 자본금 | |
|---|---|---|---|
| | 1) 「국가기술자격법」에 따른 건축, 토목, 조경, 광업자원, 기계, 금속·재료, 화공, 전기·전자, 정보통신, 안전관리, 환경·에너지 분야의 기사 이상의 기술자격취득자<br>2) 「건설기술 진흥법」에 따른 중급 이상의 건설기술인 | | |
| 마. 조경공사업 | 1) 다음의 어느 하나에 해당하는 사람 중 2명을 포함한 「건설기술 진흥법」에 따른 조경 분야의 초급 이상 건설기술인 4명 이상<br>가) 「국가기술자격법」에 따른 조경기사<br>나) 「건설기술 진흥법」에 따른 조경 분야의 중급 이상 건설기술인<br>2) 「건설기술 진흥법」에 따른 토목 분야의 초급 건설기술인 1명 이상<br>3) 「건설기술 진흥법」에 따른 건축 분야의 초급 건설기술인 1명 이상 | 법인<br><br>개인 | 5억원 이상<br><br>10억원 이상 |

## 2. 전문공사를 시공하는 업종의 업무분야별 등록기준

| 건설업종 | 업무분야 | 기술능력 | 시설·장비 | 자본금 | |
|---|---|---|---|---|---|
| 가. 지반조성·포장공사업 | 1) 토공사 | 다음의 어느 하나에 해당하는 사람 중 2명 이상<br>가) 「건설기술 진흥법」에 따른 토목·광업 분야(화약류관리 분야만 해당한다)의 초급 이상 건설기술인<br>나) 「국가기술자격법」에 따른 관련 종목의 기술자격취득자 | | 법인 및 개인 | 1억5천만원 이상 |
| | 2) 포장공사 | 가) 「건설기술 진흥법」에 따른 토목 분야 초급 이상의 건설기술인 1명 이상<br>나) 「국가기술자격법」에 따른 관련 종목의 기술자격취득자 2명 이상 | | | |
| | 3) 보링·그라우팅·파일공사 | 다음의 어느 하나에 해당하는 사람 중 2명 이상<br>가) 「건설기술 진흥법」에 따른 토목 분야 초급 이상의 건설기술인<br>나) 「국가기술자격법」에 따른 | | | |

| 건설업종 | 업무분야 | 기술능력 | 시설·장비 | 자본금 | |
|---|---|---|---|---|---|
| | | 응용지질기사 또는 지질 및 지반기술사<br>다) 「국가기술자격법」에 따른 관련 종목의 기술자격취득자 | | | |
| 나. 실내건축공사업 | 실내건축공사 | 다음의 어느 하나에 해당하는 사람 중 2명 이상<br>가) 「건설기술 진흥법」에 따른 건축 분야의 초급 이상 건설기술인<br>나) 「국가기술자격법」에 따른 관련 종목의 기술자격취득자 | | 법인 및 개인 | 1억5천만원 이상 |
| 다. 금속창호·지붕건축물조립공사업 | 1) 금속구조물·창호·온실공사 | 다음의 어느 하나에 해당하는 사람 중 2명 이상<br>가) 「건설기술 진흥법」에 따른 기계·토목·건축 분야의 초급 이상 건설기술인<br>나) 「국가기술자격법」에 따른 관련 종목의 기술자격취득자 | | 법인 및 개인 | 1억5천만원 이상 |
| | 2) 지붕판금·건축물조립공사 | 다음의 어느 하나에 해당하는 사람 중 2명 이상<br>가) 「건설기술 진흥법」에 따른 기계·토목·건축 분야의 초급 이상 건설기술인<br>나) 「국가기술자격법」에 따른 관련 종목의 기술자격취득자 | | | |
| 라. 도장·습식·방수·석공사업 | 1) 도장공사 | 다음의 어느 하나에 해당하는 사람 중 2명 이상<br>가) 「건설기술 진흥법」에 따른 토목·건축 분야의 초급 이상 건설기술인<br>나) 「국가기술자격법」에 따른 관련 종목의 기술자격취득자 | | 법인 및 개인 | 1억5천만원 이상 |
| | 2) 습식·방수공사 | 다음의 어느 하나에 해당하는 사람 중 2명 이상<br>가) 「건설기술 진흥법」에 따른 토목·건축 분야의 초급 이상 건설기술인<br>나) 「국가기술자격법」에 따른 관련 종목의 기술자격취득자 | | | |

| 건설업종 | 업무분야 | 기술능력 | 시설 · 장비 | 자본금 | |
|---|---|---|---|---|---|
| | 3) 석공사 | 다음의 어느 하나에 해당하는 사람 중 2명 이상<br>가) 「건설기술 진흥법」에 따른 토목 · 건축 분야의 초급 이상 건설기술인<br>나) 「국가기술자격법」에 따른 관련 종목의 기술자격취득자 | | | |
| 마. 조경식재 · 시설물공사업 | 1) 조경식재공사 | 다음의 어느 하나에 해당하는 사람 중 2명 이상<br>가) 「건설기술 진흥법」에 따른 조경 분야의 초급 이상 건설기술인<br>나) 「국가기술자격법」에 따른 관련 종목의 기술자격취득자 | | 법인 및 개인 | 1억5천만원 이상 |
| | 2) 조경시설물설치공사 | 다음의 어느 하나에 해당하는 사람 중 2명 이상<br>가) 「건설기술 진흥법」에 따른 조경 분야의 초급 이상 건설기술인<br>나) 「국가기술자격법」에 따른 관련 종목의 기술자격취득자 | | | |
| 바. 철근 · 콘크리트공사업 | 철근 · 콘크리트공사 | 다음의 어느 하나에 해당하는 사람 중 2명 이상<br>가) 「건설기술 진흥법」에 따른 토목 · 건축 분야의 초급 이상 건설기술인<br>나) 「국가기술자격법」에 따른 관련 종목의 기술자격취득자 | | 법인 및 개인 | 1억5천만원 이상 |
| 사. 구조물해체 · 비계공사업 | 구조물해체 · 비계공사 | 다음의 어느 하나에 해당하는 사람 중 2명 이상<br>가) 「건설기술 진흥법」에 따른 토목 · 건축 · 광업 분야(화학류관리 분야로 한정한다)의 초급 이상 건설기술인<br>나) 「국가기술자격법」에 따른 관련 종목의 기술자격취득자 | | 법인 및 개인 | 1억5천만원 이상 |
| 아. 상 · 하수도설비공사업 | 상하수도설비공사 | 다음의 어느 하나에 해당하는 사람 중 2명 이상<br>가) 「건설기술 진흥법」에 따른 기계 · 토목 분야의 초급 이 | | 법인 및 개인 | 1억5천만원 이상 |

| 건설업종 | 업무분야 | 기술능력 | 시설 · 장비 | 자본금 | |
|---|---|---|---|---|---|
| | | 상 건설기술인<br>나) 「국가기술자격법」에 따른 관련 종목의 기술자격취득자 | | | |
| 자. 철도 · 궤도공사업 | 철도 · 궤도공사 | 가) 다음의 어느 하나에 대당하는 사람 중 1명을 포함한 「건설기술 진흥법」에 따른 토목 분야의 초급 이상 건설기술인 2명 이상<br>(1) 「국가기술자격법」에 따른 토목기사 · 철도토목기사<br>(2) 「건설기술 진흥법」에 따른 토목 분야의 중급 이상 건설기술인<br>나) 「건설기술 진흥법」에 따른 기계 분야의 초급 이상 건설기술인 1명 이상<br>다) 용접기능사 · 특수용접기능사 1명을 포함한 「국가기술자격법」에 따른 관련 종목의 기술자격취득자 2명 이상 | (가) 운반궤도차(모터카를 말하며, 견인력 25톤 이상인 것으로 한정한다) 1대 이상<br>(나) 트롤리(trolley: 흙 등 운반 차량을 말하며, 적재하중 10톤 이상인 것으로 한정한다) 4대 이상<br>(다) 타이탬퍼(tie tamper: 철로 자갈을 다지는 장비를 말한다) 2대 이상<br>(라) 레일을 연결하는 특수용접설비[플래시버트용접(불꽃막대기용접) · 가스압착용접(가스압접)] 1조 이상<br>(마) 양로기(揚路機: 레일틀을 드는 기구를 말한다) 1대 이상 | 법인 | 1억5천만원 이상 |
| | | | | 개인 | 3억원 이상 |
| 차. 철강구조물공사업 | 철강구조물공사 | 다음의 어느 하나에 해당하는 사람 중 4명 이상<br>가) 「건설기술 진흥법」에 따른 | | 법인 | 1억5천만원 이상 |

| 건설업종 | 업무분야 | 기술능력 | 시설·장비 | | 자본금 |
|---|---|---|---|---|---|
| | | 기계·토목·건축 분야의 초급 이상 건설기술인<br>나) 「국가기술자격법」에 따른 관련 종목의 기술자격취득자 | | 개인 | 3억원 이상 |
| 카. 수중·준설공사업 | 1) 수중공사 | 가) 「국가기술자격법」에 따른 잠수기능장, 잠수산업기사 또는 잠수기능사 1명 이상<br>나) 다음의 어느 하나에 해당하는 사람 중 1명 이상<br>(1) 「건설기술 진흥법」에 따른 기계·토목 분야의 초급 이상 건설기술인<br>(2) 「국가기술자격법」에 따른 관련 종목의 기술자격취득자 | (가) 다음의 장비를 모두 포함한 표면공급식 잠수설비 2세트 이상<br>① 잠수헬멧(KMB 또는 Super Lite-17로 한정한다)<br>② 공기압축기<br>③ 수상·수중 통화기<br>④ 생명줄 일체(저압공기호스, 수심계호스, 통화용전선 각 200미터 이상을 모두 갖춘 것으로 한정한다)<br>(나) 스쿠버 장비 5세트 이상 | 법인 및 개인 | 1억5천만원 이상 |
| | 2) 준설공사 | 가) 다음의 어느 하나에 해당하는 사람 중 1명을 포함한 「건설기술 진흥법」에 따른 토목 분야의 초급 이상 건설기술인 3명 이상<br>(1) 「국가기술자격법」에 따른 토목기사<br>(2) 「건설기술 진흥법」에 따른 토목 분야의 중급 이상 건설기술인<br>나) 다음의 어느 하나에 해당하는 사람 중 1명을 포함한 「건설기술 진흥법」에 따른 기계 분야의 초급 이상 건 | (가) 다음의 준설선 중 2종 이상<br>① 펌프식 준설선(동력 2천마력 이상인 것으로 한정한다)<br>② 그랩(grab)식 준설선(용량 6세제곱미터 이상인 것으로 한정한다) | | |

| 건설업종 | 업무분야 | 기술능력 | 시설·장비 | 자본금 |
|---|---|---|---|---|
| | | 설기술인 2명 이상<br>(1) 「국가기술자격법」에 따른 건설기계설비기사<br>(2) 「건설기술 진흥법」에 따른 건설기계 분야의 중급 이상 건설기술인 | ③ 디퍼(dipper)식 준설선(용량 5세제곱미터 이상인 것으로 한정한다)<br>④ 버킷(bucket)식 준설선(동력 2천마력 이상인 것으로 한정한다)<br>(나) 예선(동력 200마력 이상인 것으로 한정한다) 1척 이상<br>(다) 앵커바지(anchor barge: 톱니바퀴닻 화물운반선을 말하며, 동력 100마력 이상인 것으로 한정한다) 1척 이상 | | |
| 타. 승강기·삭도공사업 | 1) 승강기설치공사 | 「국가기술자격법」에 따른 관련 종목의 기술자격취득자 2명 이상 | | 법인 및 개인 | 1억5천만원 이상 |
| | 2) 삭도설치공사 | 가) 「건설기술 진흥법」에 따른 기계·토목·안전관리 분야 초급 이상의 건설기술인 각 1명 이상<br>나) 「국가기술자격법」에 따른 관련 종목의 기술자격취득자 2명 이상 | (가) 기중기(견인중량 50톤 이상인 것으로 한정한다) 1대 이상<br>(나) 전기용접기(출력 30KVA 이상인 것으로 한정한다)1대 이상<br>(다) 동력윈치(동력winch : 쇠 | | |

| 건설업종 | 업무분야 | 기술능력 | 시설·장비 | | 자본금 |
|---|---|---|---|---|---|
| | | | 중량물을 끌어올리거나 당기는 동력기계를 말한다) 1대 이상<br>(라) 발전기 1대 이상 | | |
| 파. 기계가스설비공사업 | 1) 기계설비공사 | 다음의 어느 하나에 해당하는 사람 중 2명 이상<br>가) 「건설기술 진흥법」에 따른 기계·건축 분야의 초급 이상 건설기술인<br>나) 「국가기술자격법」에 따른 관련 종목의 기술자격취득자 | | | |
| | 2) 가스시설공사(제1종) | 가) 「국가기술자격법」에 따른 가스산업기사 이상의 기술자격취득자로서 가스 관계 업무에 종사한 실무경력이 5년(실무경력은 「국가기술자격법」에 따른 자격을 취득하기 전과 취득한 후의 경력을 모두 포함한다) 이상인 사람 1명 이상<br>나) 다음의 어느 하나에 해당하는 사람 중 1명 이상<br>(1) 「건설기술 진흥법」에 따른 토목 분야의 초급 이상 건설기술인<br>(2) 「국가기술자격법」에 따른 용접산업기사 또는 가스기능사 이상의 기술자격취득자<br>다) 다음의 어느 하나에 해당하는 사람 중 1명 이상<br>(1) 「국가기술자격법」에 따른 용접기능사·특수용접기능사 또는 배관기능사 이상의 기술자격취득자<br>(2) 가스관계업무에 종사한 실무경력이 5년 이상이고, 한국가스안전공사가 | (가) 기밀시험설비<br>(나) 내압시험설비<br>(다) 자기압력기록계<br>(라) 가스누출검지기<br>(마) 공기호흡기 또는 공기를 내보내는 마스크<br>(바) 볼트및암페어미터(전류계)<br>(사) 절연저항측정기(500V 1천MΩ까지 측정할 수 있는 것으로 한정한다) 그 밖의 측정기[아들자캘리퍼스(아들자 calipers: 아들자가 달려 두께나 지름을 재는 기구를 말한다)·내외경마이 | 법인 및 개인 | 1억5천만원 이상 |

| 건설업종 | 업무분야 | 기술능력 | 시설 · 장비 | 자본금 |
|---|---|---|---|---|
| | | 실시하는 가스시설시공관리자양성교육을 이수한 사람 | 크로미터(내외경미세측정기) · 초음파측정기 · 다이얼게이지(톱니바퀴식측정기) · 도막측정기 등]<br>(아) 각종 압력계<br>(자) 표준이 되는 온도계 | |
| 하. 가스난방공사업 | 1) 가스시설공사(제2종) | 다음의 어느 하나에 해당하는 사람 중 1명 이상<br>가) 「국가기술자격법」에 따른 가스기능사 이상의 자격을 취득한 후 한국가스안전공사에서 실시하는 시공자양성교육과정을 이수한 사람<br>나) 한국가스안전공사에서 실시하는 일반시설안전관리자양성교육을 이수한 후 한국가스안전공사에서 실시하는 시공자양성과정을 이수한 사람<br>다) 한국가스안전공사가 실시하는 가스시설시공관리자양성교육을 이수한 사람 | (가) 기밀시험설비<br>(나) 자기압력기록계<br>(다) 가스누출검지기 | |
| | 2) 가스시설공사(제3종) | 다음의 어느 하나에 해당하는 사람 중 1명 이상<br>가) 다음의 어느 하나에 해당하는 기술자격을 취득한 후 한국가스안전공사에서 실시하는 온수보일러시공자양성교육 또는 온수보일러시공관리자양성교육을 이수한 사람<br>(1) 「국가기술자격법」에 따른 가스기능사 또는 온수온돌기능사 이상의 자격을 가진 사람<br>(2) 한국가스안전공사에서 실 | (가) 기밀시험설비<br>(나) 자기압력기록계<br>(다) 가스누출검지기 | |

| 건설업종 | 업무분야 | 기술능력 | 시설·장비 | 자본금 |
|---|---|---|---|---|
| | | 시하는 일반시설안전관리자양성교육·도시가스시설안전관리자양성교육·판매시설안전관리자양성교육 또는 사용시설안전관리자양성교육을 이수한 사람<br>(3) 난방공사(제1종) 또는 난방공사(제2종)을 주력분야로 등록한 사람<br>나) 한국가스안전공사에서 실시하는 가스시설시공관리자양성교육을 이수한 사람<br>다) 난방공사(제1종) 또는 난방공사(제2종)의 기술능력을 갖춘 후 한국가스안전공사에서 실시하는 온수보일러시공관리자양성교육을 이수하고, 온수보일러시공자양성교육을 이수한 사람 | | |
| | 3) 난방공사(제1종) | 다음의 어느 하나에 해당하는 사람 중 2명 이상<br>가) 「국가기술자격법」에 따른 관련 종목의 기술자격취득자<br>나) 「건설기술 진흥법」에 따른 초급 이상(같은 법 시행령 별표 1 제3호 차목 중 건설금융·재무, 건설기획 및 건설정보처리 분야는 제외한다)의 건설기술인<br>다) 관련 분야 공사의 실무에 3년 이상 종사한 후 산업통상자원부장관 또는 국토교통부장관이 정하는 일정 교육을 이수한 사람 | 수압시험기 1대 이상 | |
| | 4) 난방공사(제2종) | 난방공사(제1종)의 기술능력을 갖춘 사람 중 1명 이상 | 수압시험기 1대 이상 | |
| | 5) 난방공사(제3 | 다음의 어느 하나에 해당하는 사람 중 1명 이상 | (가) 가스분석기 1대 이상 | |

| 건설업종 | 업무분야 | 기술능력 | 시설·장비 | | 자본금 |
|---|---|---|---|---|---|
| | 종) | 가) 「국가기술자격법」에 따른 금속·재료 분야(금속가공·금속재료·금속제련·세라믹 기술·기능 분야로 한정한다) 기사 및 기능장 이상의 건설기술인<br>나) 「국가기술자격법」에 따른 기계 분야 기사 및 기능장 이상의 건설기술인<br>다) 「국가기술자격법」에 따른 에너지관리기사 이상의 건설기술인<br>라) 관련 분야 공사의 실무에 3년 이상 종사한 후 산업통상자원부장관 또는 국토교통부장관이 정하는 일정 교육을 이수한 사람 | (나) 광고온계(光高溫計: 밝기로 온도를 재는 기계를 말한다) 1대 이상<br>(다) 열전식 또는 저항식으로서 온도측정범위가 1,200℃ 이상인 온도측정기 1대 이상<br>(라) 온도측정범위가 300℃ 이하인 표면온도측정기 1대 이상<br>(마) 아들자캘리퍼스 및 마이크로미터 각 1대 이상<br>(바) 압축강도시험기 1대 이상<br>(사) 한국산업규격에 규정된 내화도(耐火度: 열에 견디는 정도를 말한다) 시험에 적합한 내화도측정기 1대 이상 | | |
| 거. 시설물유지관리업 | | 「건설기술 진흥법」에 따른 토목 또는 건축 분야 초급 이상의 건설기술인 중 4명 이상 | (가) 육안검사장비: 돋보기·망원경 및 균열폭 측정 현미경<br>(나) 비파괴시험을 위한 다음의 장비 | 법인 및 개인 | 2억원 이상 |

| 건설업종 | 업무분야 | 기술능력 | 시설 · 장비 | 자본금 |
|---|---|---|---|---|
| | | | ① 반발경도(反撥硬度: 튀어오르는 높이에 따른 단단한 정도를 말한다) 측정기 1대 이상<br>② 음파를 이용하는 측정장비: 망치 · 체인 1대 이상<br>③ 초음파를 이용하는 측정장비1대 이상<br>(다) 자기감응검사장비: 콘크리트 피복 측정장비 1대 이상<br>(라) 전기에 의한 부식검사장비: 콘크리트전기저항 측정장치(resistivity), 전위차측정장치(half cell potential) 각 1대 이상 | |

비고

1. 기술능력

가. 기술인력에 해당하는 사람은 상시 근무하는 사람이어야 하며, 「국가기술자격법」에 따라 그 자격이 정지된 사람과 「건설기술 진흥법」에 따라 업무정지처분을 받은 건설기술인은 제외한다.

나. 위 표 중 「국가기술자격법」에 따른 관련 종목의 기술자격취득자의 범위는 국토교통부장관이 정하는 바에 따른다.

다. 위 표 중 「국가기술자격법」에 따른 관련 종목의 기술자격취득자는 「근로자직업능력 개발법」에 따른 직업능력개발훈련시설에서 시행하는 6개월 이상의 관련 분야의 직업훈련과정을 수료한 사람 또는 관련 분야 공사의 실무에 3년 이상 종사한 사람으로서 국토교통부장관이 지정하는 협회 등 사업자단체가 그 능력이 있다고 인정한 사람으로 갈음할 수 있다.

라. 토목공사업 · 건축공사업 또는 토목건축공사업의 등록기준으로서의 토목 또는 건축 분야 건설기술인(토목기사, 토목 분야의 중급기술인 이상의 기술인, 건축기사 및 건축 분야의 중급기술인 이상의 기술인은 제외한다) 중 1명은 기계 또는 안전관리 분야 초급 이상의 건설기술인으로 갈음할 수 있다.

마. 토목공사업 또는 토목건축공사업을 등록한 사람이 「물의 재이용 촉진 및 지원에 관한 법률」 제2조 제7호에 따른 하 · 폐수처리수 재이용시설을 시공하려는 경우에는 공동으로 활용할 수 있는 기술인력인 「국가기술자격법」에 따른 토목기사 1명은 이미 갖춘 것으로 본다.

바. 난방공사(제1종) 주력분야의 업무내용 중 가스용보일러(「에너지이용 합리화법」 제39조 제1항에 따른 검사대상기기인 경우로 한정한다)를 시공하려는 사람은 추가로 「국가기술자격법」에 따른 가스 분야 기술자격취득자 1명 이상과 기밀시험설비 · 자기압력기록계 · 가스누출검지기를 각 1대 이상 갖춰야 한다.

2. 시설 · 장비

가. 위 표의 장비 중 「건설기계관리법」 등 그 밖의 법령의 적용을 받는 장비는 해당 법령에 따라 자기소유로 등록한 것이어야 한다. 다만, 난방공사(제3종)의 경우에는 임차한 장비로 갈음할 수 있다.

나. 위 표의 장비는 그와 같거나 같은 수준 이상의 성능이 있다고 인정되는 것으로 갈음할 수 있다.

3. 자본금

가. 주식회사 외의 법인인 경우에는 출자금을 자본금으로 한다.

나. 자본금이 총자산에서 총부채를 뺀 금액보다 큰 때에는 총자산에서 총부채를 뺀 금액을 자본금으로 한다. 이 경우 총자산과 총부채의 산정은 「주식회사 등의 외부감사에 관한 법률」 제5조에 따른 회계처리기준에 따른다.

다. 실내건축공사업, 금속창호 · 지붕건축물조립공사업, 도장 · 습식 · 방수 · 석공사업을 하는 사람이 「국가기술자격법」에 따른 건축 분야 기능장을 보유한 경우에는 해당 업종의 최저 자본금기준의 2분의 1을 감경한다.

라. 가목부터 다목까지의 규정 외에 자본금을 산정하는 기준 및 방법은 국토교통부장관이 정하는 바에 따른다.

### (3) 건설업 관리규정

#### 1) 개정연혁

① 2010. 11. 11

국토해양부는 건설업 등록기준에 미달하는 페이퍼컴퍼니 등 부실 · 부적격업체로 인한 부실시공이나 입찰질서 저해 등을 해소하고 건설업 등록기준 미달업체 심사 · 퇴출장치 강화 등 건설업관리규정을 대폭적으로 개정하여 2010. 11. 11부터 시행하였다. 이번 개정은 자본금 · 기술인력 등 등록기준 충족 여부에 대한 현행 심사방법 및 사후관리에 있어 미비점을 보완하고, 허위충족 가능성을 차단하는 데 주안점을 두었다.

국토해양부는 건설업관리규정의 개정 · 시행으로 향후 등록기준의 허위 · 부실 충족 여부에 대한 심사와 사후관리가 대폭 강화되고, 페이퍼컴퍼니 등 부실 · 부적격 건설업체로 인한 건설시장 왜곡현상이 감소할 것으로 전망하였다.

② 2014. 9. 29

국토교통부는 건설업 등록시 필요한 자본금 부담을 완화하기 위해 실질자산의 인정범위를 확대하고, 불공정행위에 대한 처분기준을 구체화하는 등 제도개선을 위해 9월 29일 「건설업관리규정」을 개정 · 고시하였다.

### 2) 주요내용[27)]

① 2010. 11. 11 개정

ⓐ 일시적 조달 예금의 확인기간을 60일로 강화

건설업 등록기준 중 자본금을 확인하기 위해 제출하는 재무제표나 진단보고서상 예금의 경우, 일시적 예금인지 여부를 확인하기 위해 종전에는 30일간의 은행거래내역을 확인하였으나 이번에 60일로 강화하였다. 이는 출처가 불분명한 예금에 대해서는 60일간의 은행거래내역을 확인함으로써, 사채 등을 통해 일시적으로 자본금기준을 충족한 후 되갚는 편법 사례를 방지하기 위한 것이다.

ⓑ 주기적 신고시 기업진단기준일 변경(폐지)

건설업 주기적 신고(매 3년마다 실시)시 재무제표상 부실자산의 혐의가 있는 업체가 제출하는 진단보고서의 진단기준일을 주기적 신고하는 달의 직전월 말일에서 직전 회계연도 말로 변경하였다. 이는 주기적 신고의 기업진단기준일을 세법상의 재무제표 결산일과 일치시켜 재무상태의 조작을 어렵게 함으로써, 직전연도의 재무제표상 자본금 미달인데도 불구하고 주기적 신고시 사채 등 일시적 자금조달을 통하여 자본금을 충족하는 편법을 방지하기 위한 것이다. 주기적 신고제도는 2018년 폐지되었다.

ⓒ 부실진단 의심되는 기업진단보고서의 감리 의무화 등

건설업체 진단보고서의 신뢰성이 의심되는 등 부실진단이 의심되는 경우[28)]에도, 종전에는 별도의 검증절차가 없어 지자체 등이 자체 판단해야 하는 문제가 있었으나 부실진단 의심 진단보고서에 대해 한국공인회계사회에 감리를 받도록 의무화하여 진단의 적정성을 확보하였다. 이와 함께, 부실진단이 의심되는 진단보고서에

---

27) 국토교통부 보도자료

28) 부실진단이 의심되는 경우는 진단조서 미제출, 신뢰성이 의심되는 진단보고서, 감사보고서상 감사의견이 의견거절 · 부적정의견인 재무제표에 대한 진단보고서 제출 등을 말한다.

대한 감리결과, 부실진단이 확인될 경우 부실진단자의 감독관청[29]에 제재를 요청할 수 있도록 하였다.

ⓓ 등록기준 미달 혐의업체에 대한 사후관리 강화

건설업 주기적 신고나 실태조사 등을 통해 적발된 등록기준 미달 혐의업체에 대해서는 지자체의 영업정지 등 처분결과(청문과정에서 무혐의 확인된 경우 포함)를 건설산업정보망(KISCON)에 입력토록 하여 모니터링함으로써 혐의업체에 대한 상시 사후관리를 강화하였다. 또한, 기준미달로 영업정지 처분을 받은 업체에 대해 영업・정지 종료일까지 등록기준 미달사항이 보완되었는지 여부를 처분관청에서 확인토록 개선하였다.

ⓔ 기술인력 심사의 기본자료를 고용보험 가입서류로 변경

건설업 등록기준 중 기술인력 충족 여부에 대한 심사자료로 제출하는 국민연금 가입서류를 고용보험 가입서류로 변경하여 기술인력 심사를 용이하게 하였다. 이는 국민연금 가입서류의 경우, 기술자의 이중 취업에 대한 확인이 곤란하여, 이중 등록이 불가능한 고용보험 관련서류로 대체한 것이다.

② 2014. 9. 29 개정

ⓐ 건설업 자본금(실질자산) 인정범위 확대

건설업을 하려는 자는 기술능력, 자본금 및 사무실을 갖추어야 하는데 이 중 자본금으로 인정되는 실질자산의 범위가 대폭 확대하였다.

종전에는 판매용 재고자산 중 주택, 상가, 오피스텔만 자본금으로 인정되어 왔으나 앞으로는 판매를 위한 모든 신축건물도 자본금으로 인정된다. 또한, 매출채권을 자본금으로 인정하는 기간을 종전 1년에서 2년으로 연장한다.

아울러, 공사대금을 대물로 받은 경우 취득일로부터 2년간 자본금으로 인정하고, 자기 소유 본사건물을 임대하는 경우에도 이를 자본금으로 인정한다.

ⓑ 행정제재처분의 구체적 기준 마련

종전에는 불공정행위에 대해 행정청이 시정명령이나 영업정지를 선택적으로 할 수 있어 동일행위에 대해 행정청마다 처분이 다양하여 형평성의 논란이 있어 왔다.

이에, 불공정행위에 대해 우선적으로 시정명령을 한 후 업종별로 2년 이내에 동일행위를 위반하거나 하수급인의 특별한 보호가 필요한 경우 영업정지(또는 과징금) 처분을 하도록 규정을 명확히 하였다.

---

29) 공인회계사의 경우 금융위원회, 경영지도사의 경우 중소기업청을 말한다.

ⓒ 행정처분 공개기간 마련

종전에는 행정처분의 공개기간을 두지 않아 입찰과정에서 업체간 상호 흠집내기 등 불합리한 행태가 문제되었다.

이에, 행정처분 내용의 경중에 따라 등록말소·폐업은 5년, 영업정지·과징금·과태료·시정명령은 3년으로 공개기간을 차등하여 건설산업종합정보망(KISCON)에 공개하도록 한다.

ⓓ 영업장 소재지 변경 처리기관 개선

건설업체가 주된 영업장 소재지를 변경하는 경우 지금까지는 종전 소재지 등록관청에서 기재사항을 변경하여 왔다. 앞으로는 전입지 등록관청에서 기재사항을 변경토록 하여 업체들의 불편을 줄이게 된다.

③ 2017. 11. 1 개정

ⓐ 건설업 등록기준에 관한 사항의 주기적 신고 규정에서 정한 내용(자본금)을 자본금 기준에 이기함(관리규정 제2장 3.나.(1)(가)③ 및 ④).

ⓑ 신설법인의 경우 자본금은 재무상태표, 손익계산서, 자산증빙서류로 확인하도록 하였으나, 신설법인은 손익계산서를 작성하지 아니하므로 '손익계산서' 삭제(관리규정 제2장 3.나.(1)(나))

ⓒ 영업정지 또는 과징금부과 결정기준 중 '등록말소처분'을 '해당 업종별로 등록말소처분'으로 하여 업종별 처분을 명확히 하도록 함(관리규정 안 제7장 2.나).

ⓓ 진단기준일은 법인인 경우 정관에서 정한 회계기간의 말일인 연차결산일을 말하고, 개인인 경우 12월 31일로 하며, 회계연도의 변경이 있는 경우는 「법인세법」에서 정하는 규정에 따르도록 진단기준일을 명확하게 함(진단지침 제5조 제4항).

ⓔ 진단조서 등을 제출하지 않는 경우 및 진단보고서의 신뢰성이 의심되거나 진단의견에 영향을 줄 수 있는 진단오류가 예상되는 경우 등록관청은 한국공인회계사회, 한국세무사회에 감리를 요청하여야 했으나, 한국공인회계사회, 한국세무사회 이외에 한국경영기술지도사회에도 요청할 수 있도록 감리요청 대상기관을 확대함(진단지침 제11조 제1항).

ⓕ 진단대상 사업의 수행을 위해 보증기관이 질권을 설정한 예금, 법원이 인가한 회생계획에 따라 변제 확정된 채권 및 외부에서 구입한 소프트웨어는 실질자산으로 인정(진단지침 안 제15조 제4항, 안 제17조 제4항 제3호 신설, 제24조 제4호 신설)

ⓖ 이연법인세부채는 겸업자본과 실질자본을 차감하는 부채로 보지 아니하도록 함(진단지침 제25조 제4항 신설).

### (4) 건설업 기업진단지침(2017. 11. 개정)

#### 제1장 총칙

**제1조(목 적)** 이 지침은 영 제9조에 따른 재무관리상태의 진단을 실시함에 있어 진단자의 진단에 통일성과 객관성을 부여하기 위하여 필요한 사항을 규정함을 목적으로 한다.

**제2조(적용범위)** ① 이 지침은 영 제13조에 따른 건설업 등록기준 중 사업자의 실질자본에 대한 진단에 관하여 적용한다.

② 진단을 실시함에 있어 이 지침에서 정하는 사항 및 다른 법령에 특별한 규정이 있는 경우를 제외하고는 기업회계기준에 따른다. 이 경우 "기업회계기준"이란 한국회계기준원 회계기준위원회가 공표하여 진단기준일 현재 시행하고 있는 회계기준을 말한다.

**제3조(정의)** 이 지침에서 사용하는 용어의 뜻은 다음과 같다.

1. "실질자산"이란 회사제시자산에서 이 지침에 따른 수정사항과 부실자산을 반영한 후의 금액을 말한다.
2. "실질부채"란 회사제시부채에서 이 지침에 따른 수정사항을 반영한 후의 금액을 말한다.
3. "겸업사업"이란 재무관리상태의 진단대상이 되는 사업 이외의 사업을 말한다. 이 경우 법인등기사항 등 형식적인 사업목적에 불구하고 그 실질적 사업내용에 따라 적용한다.
4. "겸업자산"이란 이 지침에서 겸업자산으로 열거한 자산과 겸업사업을 위하여 제공된 자산을 말한다.
5. "겸업부채"란 겸업자산과 직접 관련된 부채와 겸업사업에 제공된 부채를 말한다.
6. "겸업자본"이란 겸업자산에서 겸업부채를 차감한 금액을 말한다.
7. "진단대상사업 실질자산"이란 실질자산에서 겸업자산을 차감한 금액을 말한다.
8. "진단대상사업 실질부채"란 실질부채에서 겸업부채를 차감한 금액을 말한다.
9. "진단대상사업 실질자본"이란 진단대상사업의 실질자산에서 진단대상사업의 실질부채를 차감한 금액으로서 진단대상이 되는 사업의 실질자본을 말한다.

**제4조(진단자)** 진단자는 법 제49조 제2항에 따른 공인회계사(「공인회계사법」 제7조에 따라 금융위원회에 등록한 개업 공인회계사 및 같은 법 제24조에 따라 등록한 회계법인을 말한다), 세무사(「세무사법」 제6조에 따라 등록한 세무사 및 같은 법 제16조의 4에 따라 등록한 세무법인을 말한다) 또는 전문경영진단기관으로 한다.

**제5조(진단의 기준일)** ① 신규신청(건설업종 추가 등록을 위한 신청을 포함한다)의 경우 진단기준일은 등록신청일이 속하는 달의 직전월 마지막 날로 한다. 다만, 신설법인의 경

우에는 설립등기일을 진단기준일로 한다.

② 〈삭제〉

③ 사업의 양수·양도, 법인의 분할·분할합병·합병, 자본금 변경 등에 따른 기업진단의 경우에는 다음 각 호에서 정하는 날을 진단기준일로 한다.

1. 양수·양도 : 양도·양수 계약일
2. 분할·분할합병·합병 : 분할·분할합병·합병 등기일
3. 자본금 변경 : 다음 각 목의 어느 하나에 해당하는 법인인 경우에는 자본금 변경등기일
   가. 기존법인 : 업종별 등록기준 자본금이 강화된 경우
   나. 신설법인 : 기준자본금이 미달되어 추가로 증자한 경우

④ 당해 등록·신고수리관청이 실태조사 등의 목적에 의하여 기업진단을 실시하는 경우에는 당해 등록·신고수리관청이 지정하는 날을 진단기준일로 하되, 진단기준일은 법인인 경우 정관에서 정한 회계기간의 말일인 연차결산일을 말하고, 개인인 경우 12월 31일을 말한다. 다만, 회계연도의 변경이 있는 경우는 「법인세법」에서 정하는 규정에 따른다.

**제6조(재무제표와 진단 증빙 등)** ① 진단을 받고자 하는 자(이하 "진단을 받는 자"라 한다)는 기업회계기준에 따라 작성한 재무제표(진단기준일이 연차결산일인 경우에는 「법인세법」 및 「소득세법」에 따라 관할 세무서장에게 제출한 정기 연차결산 재무제표를 말한다), 공사원가명세서, 회계장부 및 진단자가 요구하는 입증서류를 작성 제출하거나 제시하여야 한다.

② 제1항에도 불구하고 외감법 제2조에 따라 외부감사를 받은 법인은 재무제표 대신에 해당 감사보고서를 제출하여야 하며, 그 외의 법인으로서 재무제표를 한국채택국제회계기준에 따라 작성한 법인은 재무제표 대신에 감사보고서를 제출하여야 한다.

③ 제1항과 제2항에 따라 제출된 서류는 재작성 또는 정정 등을 이유로 반려를 요구하지 못한다. 다만, 이미 제출된 서류에 명백한 오류가 있는 경우에 한하여 진단자의 승인을 얻어 정정하거나 보완서류를 추가로 제출할 수 있다.

**제7조(실질자본에 대한 입증서류, 확인 및 평가 등)** ① 실질자본에 대한 입증서류는 다음 각 호와 같다.

1. 실질자산을 확인하는 입증서류는 다음 각 목의 서류를 말한다.
   가. 기본서류(계정명세서, 계약서, 금융자료, 세금계산서, 계산서, 정규영수증, 등기·등록서류 등을 말하며, 이하 같다)
   나. 제2항 각 호에 따른 추가 증빙서류
   다. 진단자가 제2장에 따라 각 계정의 평가를 위하여 필요하다고 판단하는 보완서류

2. 실질부채를 확인하는 입증서류는 계정명세서, 신용정보조회서 또는 금융기관별 금융거래확인서, 공제조합 등 보증가능금액확인서 발급기관의 융자확인서를 말한다.

② 실질자본에 대한 확인과 평가는 다음 각 호에 의한다.

1. 계정명세서를 확인하여 무기명식 금융상품, 실재하지 않거나 출처가 불분명한 유가증권, 가지급금, 대여금, 미수금, 미수수익, 선급금, 선급비용, 선납세금, 재고자산, 부도어음, 장기성매출채권 및 무형자산은 부실자산으로 분류하고, 비상장 주식과 임대 또는 운휴 중인 자산은 겸업자산으로 분류한다. 다만, 이 지침의 다른 조항에 따라 실질자산으로 인정되는 것은 제외한다.
2. 회사가 제시한 자본총계의 100분의 1을 초과하는 현금은 부실자산으로 본다.
3. 예금은 진단기준일 현재의 예금잔액증명서와 진단기준일을 포함한 60일간의 거래실적증명을 확인하되 허위의 예금이나 일시적으로 조달된 예금으로 확인된 경우는 부실자산으로 분류하고, 사용이 제한된 예금은 겸업자산으로 분류한다.
4. 매출채권은 기본서류와 거래처원장을 비교하여 실재성(實在性) 및 적정성을 평가한다.
5. 진단대상사업을 위한 재고자산으로서 원자재와 수목 등은 기본서류, 거래명세서, 현장일지로 확인하고, 단기공사현장의 미성공사는 기본서류, 공사원가명세서로 확인하며, 진단대상사업과 연관 있고 판매를 위한 신축용 재고자산은 기본서류, 공사원가명세서, 분양내역서 등으로 확인하여 실재성이 인정될 경우에는 실질자산으로 본다.
6. 종업원 주택자금과 우리사주조합에 대한 대여금은 기본서류 등으로 확인하고, 장기성매출채권과 미수금은 기본서류, 제공받은 담보의 가치와 회수가능성을 입증하는 서류로 확인하며, 선납세금은 환급통보 내역을 입증하는 서류로 확인하여 실재성이 입증될 경우에는 실질자산으로 본다.
7. 시장성있는 유가증권과 금융기관에 보관 중인 유가증권에 대해서는 금융기관의 잔고증명서를 확인하여 사실과 다르거나 시가를 초과하는 금액은 부실자산으로 본다.
8. 유형자산은 기본서류와 감가상각명세서를 통하여 소유권과 실재성 및 금액의 적정성을 평가하고 담보대출이나 임대보증금 유무를 확인한다.
9. 임차보증금은 기본서류, 임대인의 세무신고 자료 및 시가 조회자료를 통하여 평가하고, 그 밖의 보증금은 기본서류, 보증기관의 확인서나 보관증으로 확인하여 사실과 다르거나 시가를 현저히 초과한 금액은 부실자산으로 본다.
10. 부동산물권은 제9호에 준하여 확인한다.
11. 산업재산권은 기본서류와 인허가기관의 확인서로 평가하며 사용수익기부자산은 기본서류, 수증자의 확인서와 세무신고 자료를 통하여 평가한다.

③ 실질부채를 확인하는 입증서류를 확인한 결과 차입금 등 부외부채가 있을 경우에는

실질자본에서 해당 금액을 차감하여야 한다.

④ 제1항부터 제3항까지와 이 지침의 다른 규정에 따라 해당 자산 및 부채의 실재성과 적정성을 확인할 수 없는 경우, 이 지침에서 부실자산이나 겸업자산으로 분류하는 경우 및 실질자본에서 차감하여야 하는 경우는 진단대상사업 실질자본에서 제외한다.

**제8조(진단불능)** ① 진단자는 다음 각 호의 사유에 해당하는 경우에는 진단불능으로 처리하고, 진단을 받는 자 및 진단자가 소속된 협회에 통보한다. 다만, 제1호부터 제3호까지의 사유에 따라 진단불능으로 처리된 경우는 다른 진단자로부터 별도의 진단받을 수 없다.

1. 제6조 제1항 및 제2항에 따른 자료의 제출과 제시를 하지 않은 경우
2. 진단에 필요한 입증서류와 보완요구를 거부·기피·태만히 하는 경우
3. 진단받는 자가 작성·제출한 서류 중 실질자본에 중대한 영향을 미치는 허위가 발견된 경우
4. 신설법인이 법인설립등기일 이후 20일 이내의 날을 진단일로 하여 기업진단을 의뢰하는 경우

② 진단자는 진단을 받는 자에 대한 장부의 작성 및 재무제표 작성업무를 수행한 경우(수행하는 경우를 포함한다)에는 해당 회계연도에 대한 재무관리상태 진단을 행할 수 없으며 또한 다음 각호의 1에 해당하는 자에 대한 재무관리상태 진단을 행할 수 없다.

1. 진단자 또는 진단자의 배우자가 임원이거나 이에 준하는 직위(재무에 관한 사무의 책임있는 담당자를 포함한다)에 있거나, 과거 1년 이내에 이러한 직위에 있었던 자(회사를 포함한다. 이하 이 항에서 같다)
2. 현재 진단자 또는 진단자의 배우자가 사용인이거나 과거 1년 이내에 사용인이었던 자
3. 진단자 또는 진단자의 배우자가 주식 또는 출자지분을 소유하고 있는 자
4. 진단자 또는 진단자의 배우자와 채권 또는 채무관계에 있는 자. 이 경우 진단자를 규율하는 관련 법 등에서 세부적으로 정한 경우에는 해당 규정에 따른다.
5. 진단자에게 무상으로 또는 통상의 거래가격보다 현저히 낮은 대가로 사무실을 제공하고 있는 자
6. 진단자의 고유업무 외의 업무로 인하여 계속적인 보수를 지급하거나 그 밖에 경제상의 특별한 이익을 제공하고 있는 자
7. 진단을 수행하는 대가로 자기 회사의 주식·신주인수권부사채·전환사채 또는 주식매수선택권을 제공하였거나 제공하기로 한 자

**제9조(진단방법 및 진단의견)** ① 진단자는 진단을 받는 자가 제출 또는 제시하는 서류를 검토하되, 진단의견 결정에 필요한 경우 분석적 검토·실사·입회·조회·계산검증 등

과 같은 전문가적 확인절차를 통하여 진단을 실시하여야 한다.

② 진단을 받는 자가 제1항에 따른 진단자의 진단의견 결정에 대하여 이의가 있을 때에는 이를 위해 반증을 제시할 수 있고, 진단자는 제시된 반증을 성실하게 평가한 후 진단의견을 결정하여야 한다.

③ 진단자는 별지 제1호 서식의 진단의견란에 다음과 같이 기재한다.

1. 진단을 받는 자의 진단대상사업 실질자본이 관련법규에서 정하고 있는 등록기준 자본액 이상인 경우에는 "적격"으로 기재하고, 미달인 경우에는 "부적격"으로 기재한다.
2. 제8조 제1항의 규정에 해당하는 경우에는 "진단불능"으로 기재한다.

**제10조(진단보고 및 진단조서의 작성 · 비치 등)** ① 진단을 실시한 진단자는 진단의 결과를 별지 제1호부터 제4호까지의 서식에 따라 작성하고 기명날인한 후 진단자가 소속된 협회의 확인(전자문서상 결재를 포함한다)을 받아 진단을 받는 자에게 교부한다.

② 진단을 실시한 진단자는 진단조서 및 관련 증빙서류(이하 "진단조서 등"이라 한다)를 작성 · 비치하여야 하며 이를 5년간 보존하여야 한다.

③ 국토교통부장관 또는 법 제91조 제1항, 제3항 제2호의2부터 제2호의4까지 및 같은 항 제6호에 따른 위임 · 위탁을 받은 자(이하 "위임 · 위탁받은 자"라 한다)는 진단보고서의 적정성을 판단하기 위하여 진단자에게 진단조서 등의 제출을 요구할 수 있고, 진단자는 제출 요청을 받은 날로부터 7일 이내에 진단조서 등을 국토교통부장관 및 위임 · 위탁받은 자에게 제출하여야 한다.

**제11조(진단보고서의 감리 요청 등)** ① 위임 · 위탁받은 자는 다음 각 호의 어느 하나에 해당하면 <u>한국공인회계사회, 한국세무사회 또는 한국경영기술지도사회 기업진단감리위원</u>회에 진단보고서의 감리를 요청하여야 한다. 다만, 위임받은 자가 종합건설업 등록에 관하여 감리를 요청하는 경우에는 위탁받은 자를 경유하여야 하며 이 경우 위탁받은 자는 사전 검토를 거쳐 감리요청 여부를 판단하여야 한다.

1. 제10조 제3항에 따른 진단조서 등을 제출하지 않는 경우
2. 진단보고서의 신뢰성이 의심되거나 진단의견에 영향을 줄 수 있는 오류가 예상되는 경우
3. 감사보고서상 감사의견이 의견거절이거나 부적정의견인 재무제표에 대한 진단보고서가 제출된 경우
4. 외감법에 따라 외부감사대상에 해당하나 외부감사를 받지 아니한 재무제표에 대한 진단보고서가 제출된 경우
5. 진단자가 제8조 제2항을 위반하여 업무를 수행한 경우

② 위임·위탁받은 자는 감리결과 부실진단으로 확인되고 관계법령에 위배된다고 판단되는 때에는 해당 진단자를 수사기관에 고발하는 등 필요한 조치를 하여야 한다.

## 제2장 실질자본의 진단

제12조(자산·부채 및 자본의 평가) ① 진단을 실시함에 있어서 자산, 부채 및 자본의 평가는 진단대상사업의 관련 법규와 이 지침에서 정하는 사항을 제외하고는 기업회계기준에 따른다.

② 이 지침에서 규정하는 계정은 진단을 받는 자가 작성한 재무제표 계정과목이나 계정분류에 불구하고 그 실질적 내용에 따라 적용한다.

③ 진단자는 한국채택국제회계기준을 적용하여 실질자본을 평가하여서는 아니된다. 다만, 진단받는 자가 제6조 제2항에 따라 재무제표 대신 감사보고서를 제출한 때에는 예외로 한다.

제13조(부실자산 등) ① 다음 각 호의 자산은 부실자산으로 처리하여야 한다.

1. 이 지침에서 부실자산으로 분류된 자산
2. 진단을 받는 자가 법적 또는 실질적으로 소유하지 않은 자산
3. 다음 각 목에 해당하는 자산. 다만, 이 지침에 따라 진단대상사업의 실질자산으로 평가된 자산은 제외한다.
   가. 무기명식 금융상품
   나. 실재하지 않거나 출처가 불분명한 유가증권
   다. 가지급금, 대여금
   라. 미수금, 미수수익
   마. 선급금, 선납세금, 선급비용
   바. 부도어음, 장기성매출채권, 대손 처리할 자산
   사. 무형자산

② 다음 각 호의 금액은 진단대상사업 실질자본에서 차감하여야 한다.

1. 제1항 각 호의 부실자산과 임의 상계된 부채에 상당하는 금액
2. 진행기준으로 매출을 계상한 후 세무신고를 통하여 그 일부 또는 전부를 세무상 수입금액에서 제외한 매출채권에 상당하는 금액
3. 발생원가 또는 비용을 누락한 분식결산 금액
4. 자산의 과대평가 등에 따른 가공자산이나 부채를 누락한 부외부채 금액

제14조(현금의 평가) ① 현금은 전도금과 현금성자산을 포함하며 예금은 제외한다.

② 현금은 진단자가 현금실사와 현금출납장 등을 통하여 확인한 금액만 인정한다. 다만, 진단을 받는 자가 제시한 재무제표의 자본총계의 100분의 1을 초과하는 현금은 부실자산으로 본다.

제15조(예금의 평가) ① 예금은 진단을 받는 자의 명의로 금융기관에 예치한 장·단기 금융상품으로 요구불예금, 정기예금, 정기적금, 증권예탁금 그 밖의 금융상품을 말한다.

② 예금은 다음 각 호에 따라 평가한다.

1. 예금은 진단기준일을 포함한 30일 동안의 은행거래실적 평균잔액으로 평가하며, 이 경우 30일 동안의 기산일과 종료일은 전체 예금에 동일하게 적용하여야 한다. 다만, 예금의 평가금액은 진단기준일 현재의 예금 잔액을 초과할 수 없다.
2. 제1호 본문에도 불구하고 신설법인의 경우 은행거래실적 평균잔액의 평가기간은 진단기준일부터 진단일 전일까지로 한다.
3. 진단기준일 현재 보유하던 실질자산을 예금으로 회수하거나 진단기준일 후 실질자산의 취득 또는 실질부채의 상환을 통하여 예금을 인출한 경우에는 이를 가감하여 은행거래실적 평균잔액을 계산할 수 있다.

③ 다음 각 호의 경우는 부실자산으로 처리하여야 하고 제2항에 따른 은행거래실적 평균잔액을 계산할 때에도 이를 제외하여야 한다.

1. 진단기준일 현재 진단을 받는 자 명의의 금융기관 예금잔액증명과 진단기준일을 포함한 60일간의 은행거래실적증명(제2항 제2호의 경우에는 진단기준일부터 진단일까지 기간의 은행거래실적증명을 말한다)을 제시하지 못하는 경우. 다만, 은행거래실적증명이 발급되지 않는 금융상품의 경우에는 금융기관으로부터 발급받은 거래사실을 증명하는 다른 서류로 갈음할 수 있다.
2. 예금이 이 지침에서 부실자산이나 겸업자산으로 보는 자산을 회수하는 형식으로 입금된 후 진단기준일을 포함한 60일 이내에 그 일부 또는 전부가 부실자산이나 겸업자산으로 출금된 경우

④ 질권 설정 등 사용 또는 인출이 제한된 예금(진단대상사업의 수행을 위해 보증기관이 선급금보증, 계약보증 등과 관련하여 예금에 질권을 설정한 경우는 제외한다)은 겸업자산으로 보며, 제2항에 따른 은행거래실적 평균잔액을 계산할 때에도 이를 제외하여야 한다. 이 경우 겸업자산으로 보는 예금과 직접 관련된 차입금 등은 겸업부채로 처리한다.

⑤ 진단을 받는 자는 진단기준일 현재 예금이 예치되거나 차입금이 있는 금융기관별로 금융거래확인서를 발급받거나 전체 금융기관에 대한 신용정보조회서를 발급받아 진단자에게 제출하고 진단자는 부외부채 유무를 검토하여야 한다.

제16조(유가증권의 평가) ① 유가증권은 보유기간 또는 보유목적에 따라 단기매매증권, 매도가능증권, 만기보유증권 및 지분법적용투자주식으로 구분되는 지분증권과 채무증권으로 구분된다.

② 다음 각 호를 제외한 유가증권은 겸업자산으로 본다.

1. 특정 건설사업의 수행을 위하여 계약상 취득하는 특수 목적 법인의 지분증권
2. 진단대상사업과 관련된 공제조합 출자금
3. 한국금융투자협회 회원사로부터 발급받은 잔고증명서를 제출한 유가증권

③ 제2항의 유가증권은 다음 각 호에 따라 평가한다.

1. 제2항 제1호의 지분증권은 계약서, 출자확인서, 금융자료 등으로 확인한 취득원가로 평가한다.
2. 제2항 제2호 및 제3호의 출자금 및 유가증권은 진단기준일 현재의 시가로 평가한다.
3. 제2항 제3호의 유가증권이 진단기준일 현재 사용 또는 인출이 제한된 때에는 겸업자산으로 보며, 이 경우 겸업자산으로 보는 유가증권과 직접 관련된 차입금 등도 겸업부채로 처리한다.
4. 제2항 제3호의 유가증권이 진단기준일 이후 매도되어 예입된 매매대금이 입금 후 60일 이내에 그 일부 또는 전부가 부실자산이나 겸업자산으로 출금 또는 유지된 경우에는 부실자산으로 본다.

제17조(매출채권과 미수금 등의 평가) ① 매출채권은 공사미수금과 분양미수금으로 구분되고, 거래상대방에게 세무자료에 의하여 청구한 것과 진행기준에 의하여 계상한 것을 포함하며 대손충당금을 차감하여 평가한다. 다만, 진단대상사업과 무관한 매출채권은 겸업자산으로 본다.

② 세무자료에 의하여 청구한 매출채권은 계약서, 세금계산서 · 계산서의 청구와 금융자료에 의한 회수내역을 통하여 검토하며 필요한 경우에는 채권조회를 실시하여 확인하여야 한다.

③ 진행기준에 의하여 계산한 매출채권은 제2항에 따른 계약서 등을 통한 평가에 추가하여 진행률의 산정이 적정한지를 평가하여야 한다.

④ 다음 각 호를 제외하고 발생일로부터 2년 이상을 경과한 매출채권과 미수금 등 받을 채권(이하 "받을채권"이라 한다)은 부실자산으로 본다.

1. 국가, 지방자치단체 또는 공공기관에 대한 받을채권. 이 경우 제25조에 따른 관련 부채를 차감하여 평가하여야 한다.
2. 법원의 판결 등에 의하여 금액이 확정되었거나 소송이 진행 중인 받을채권. 이 경우 다음 각 목에 따라 평가하여야 한다.

가. 채권 회수를 위한 담보의 제공이 없는 경우에는 전액 부실자산으로 본다.

나. 채권 회수를 위한 담보의 제공이 있는 경우에는 그 제공된 담보물을 통하여 회수 가능한 금액을 초과하는 금액을 부실자산으로 본다.

3. 「채무자 회생 및 파산에 관한 법률」에 따라 법원이 인가한 회생계획에 따라 변제 확정된 회생채권

⑤ 매출채권을 건물(부속토지 포함)로 회수한 경우, 그 건물은 취득한 날부터 2년간 실질자산으로 본다.

⑥ 국가와 지방자치단체에 대한 조세 채권(조세불복청구 중에 있는 금액을 포함한다)은 부실자산으로 본다. 다만, 진단일 현재 환급 결정된 경우는 제외한다.

제18조(재고자산의 평가) ① 재고자산은 취득원가로 평가하되 시가가 취득원가보다 하락한 경우에는 시가에 의한다. 이 경우 「부동산가격공시 및 감정평가에 관한 법률」에 의한 감정평가법인이 감정한 가액이 있는 경우 그 가액을 시가로 본다.

② 원자재 및 이와 유사한 재고자산은 부실자산으로 본다. 다만, 보유기간이 취득일로부터 1년 이내인 재고자산으로서 그 종류, 취득일자, 취득사유, 금융자료, 현장일지, 실사 등에 의하여 진단기준일 현재 진단대상사업을 위하여 보유하고 있음을 확인한 경우에는 실질자산으로 본다.

③ 조경공사업이나 조경식재공사업을 위한 수목자산과 주택, 상가, 오피스텔 등 진단대상사업과 연관이 있고 판매를 위한 신축용 자산(시공한 경우에 한함)의 재고자산은 보유기간에 관계없이 제2항 단서에 따라 확인한 경우에는 실질자산으로 본다.

④ 진단대상사업에 직접 관련이 없는 재고자산과 부동산매매업을 위한 재고자산은 겸업자산으로 본다.

제19조(대여금 등의 평가) ① 「법인세법」상 특수관계자에 대한 가지급금 및 대여금은 부실자산으로 보며, 특수관계자가 아닌 자에 대한 대여금은 겸업자산으로 본다.

② 종업원에 대한 주택자금과 우리사주조합에 대한 대여금은 계약서, 금융자료, 주택취득현황, 조합 결산서 등을 통하여 실재성이 확인되고 진단을 받는 자의 재무상태와 사회통념에 비추어 대여금액의 규모가 합리적인 경우에 한하여 실질자산으로 인정할 수 있다.

제20조(선급금 등의 평가) 선급금이 발생한 당시의 계약서 및 금융자료 등 증빙자료와 진단일 현재 계약이행 여부 및 진행 상황을 검토하여 실재성을 확인한 경우 다음 각 호의 선급금은 실질자산으로 본다.

1. 계약서상 선급금 규정에 의한 선급금 중 기성금으로 정산되지 않은 금액

2. 진단대상사업을 위하여 입고 예정인 재료의 구입대금으로 선지급한 금액
3. 주택건설용지를 취득하기 위하여 선지급한 금액. 다만, 제23조 제4항에 따라 실질자산에 해당하지 않는 금액은 제외한다.
4. 기업회계기준에 따라 선급공사원가로 대체될 예정인 선급금

제21조(보증금의 평가) ① 임차보증금은 임대차계약서, 금융자료, 확정일자, 임대인의 세무신고서 및 시가자료 등에 의하여 평가하며, 다음 각 호의 경우에는 부실자산으로 본다.
1. 거래의 실재성이 없다고 인정되는 경우
2. 임차목적물이 부동산이 아닌 경우. 다만, 리스사업자와 리스계약에 의한 리스보증금은 제외한다.
3. 임차부동산이 본점, 지점 또는 사업장 소재지 및 그 인접한 지역이 아닌 경우 또는 임직원용 주택인 경우
4. 임차보증금이 시가보다 과다하여 그 시가를 초과한 금액의 경우

② 진단대상사업을 수행하면서 예치한 보증금은 그 근거가 되는 계약서, 금융자료, 진단기준일 현재 보증기관의 보관증 및 보증금 납부 후 진단일까지 진단대상사업의 진행상황 등을 종합적으로 판단하여 실재성을 확인한다. 다만, 보증기간이 만료된 경우로서 보증금의 회수가 지체되는 때에는 회수가능금액으로 평가하고, 보증금과 관련한 소송이 계속 중인 경우에는 보증금의 범위에서 소송금액 총액을 차감하여 평가한다.

③ 법원에 예치한 공탁금은 진단일 현재의 소송 결과 등을 반영한 회수가능금액으로 평가한다.

④ 진단대상사업에 직접 제공되지 않는 임차보증금은 겸업자산으로 본다.

제22조(투자자산 등의 평가) 이 지침에서 따로 정하지 아니한 투자자산과 기타의 비유동자산은 겸업자산으로 본다.

제23조(유형자산의 평가) ① 유형자산은 토지, 건물, 건설중인자산 및 그 밖의 유형자산을 포함한다.

② 유형자산은 소유권, 자산의 실재성 및 진단대상사업에 대한 관련성을 종합하여 평가하며, 등기 또는 등록대상인 자산으로서 법적 및 실질적 소유권이 없는 경우에는 부실자산으로 본다.

③ 유형자산은 기업회계기준에 따라 취득원가모형이나 재평가모형 중에서 진단을 받는 자가 회계장부에 반영한 방식으로 평가한다. 이 경우 감가상각누계액은 취득일부터 진단기준일까지의 감가상각비로 「법인세법」에 따른 기준내용연수와 정액법으로 계산한 금액

으로 한다. 다만, 진단을 받는 자의 회계장부상 감가상각누계액이 클 경우에는 그 금액으로 한다.

④ 건설중인자산은 계약서, 금융자료, 회계장부 등으로 확인한다. 다만, 실재하지 않는 계약인 경우, 진단일 현재 계약일로부터 1년이 초과되었으나 그 사유를 객관적으로 소명하지 못하는 경우, 진단일까지 계약이 해제된 경우로서 불입금액이 예금으로 환입된 후 그 일부 또는 전부가 부실자산이나 겸업자산으로 출금되거나 유지되는 경우는 부실자산으로 본다.

⑤ 진단자는 토지와 건물의 등기부등본을 통하여 부외부채에 대한 평가를 하여야 한다.

⑥ 임대자산이나 운휴자산 등 진단대상사업과 관련이 없는 유형자산은 겸업자산으로 보며, 토지 또는 건물의 일부가 임대자산인 경우에는 전체 연면적에 대한 임대면적의 비율로 계산한 금액을 겸업자산으로 본다. 다만, 진단을 받는 자가 소유한 본사의 업무용 건축물(부속토지 포함)이 임대자산인 경우에는 실질자산으로 보며, 해당 임대자산에 대하여 진단을 받는 자 또는 타인 명의의 부채(담보로 제공된 경우 채권최고액)는 실질부채로 본다.

**실무적용 Tips**

**1. 유형자산의 재평가와 세무조정**

**(1) 유형자산의 재평가 도입**

2011년 회계연도부터 상장법인의 경우 의무적으로 국제회계기준을 적용하여야 하며, 국제회계기준에서는 유형자산의 평가방법을 원가모형 또는 재평가모형 중 하나를 선택하여 평가하도록 하고 있다. 이와 더불어 2008년 초래된 전세계적 금융위기로 인하여 기업의 재무구조가 취약해져 자금조달에서 어려움을 겪고 있으므로 금융위원회에서는 유형자산의 재평가를 허용함으로써 부채비율 감소와 재무제표를 개선하는 측면에서 기업회계기준서 제5호(유형자산)를 개정하여 2008년 결산부터 적용하도록 하였다.

**(2) 일반기업회계기준 제10장(유형자산)의 내용**

① 선택적 재평가

유형자산의 재평가는 기업의 필요에 따라 원가모형이나 재평가모형을 회계정책으로 선택하여 적용할 수 있다.

② 유형자산 분류별로 동일방법 적용

유형자산 분류별(토지, 건물, 차량운반구, 기계장치 등)로 동일하게 적용하여야 한다. 즉, 토지는 재평가하고 기계장치는 재평가하지 않을 수 있지만 토지 중 일부필지만 재평가하는 방법은 적용할 수 없다. 또한 가치의 증가뿐 아니라 감소의 경우에도 재평가를 하여야 한다.

③ 재평가의 시기

재평가를 실시한 경우 주기적(매년, 3년, 5년)으로 재평가를 반복하여 실시하여야 한다.

④ 재평가액의 회계처리

유형자산 재평가에 따른 차액은 자본항목 중 기타포괄손익으로 처리한다.

### (3) 유형자산 재평가와 세무조정사례

안면개발(주)은 20×1. 12. 31 결산기에 보유중인 유형자산을 재평가모형을 적용하여 재평가하고 다음과 같이 회계처리하였다. 이에 대한 세무조정을 하면?

| 유형자산명 | 재평가 전 | | | 재평가액 | 차액 |
|---|---|---|---|---|---|
| | 취득가액 | 감가상각누계액 | 장부가액 | | |
| 토 지 | 100억원 | | | 200억원 | 100억원 |
| 건 물 | 10억원 | 2억원 | 8억원 | 6억원 | △2억원 |

① 토지의 회계처리 및 세무조정

(차) 토지 100억원 (대) 재평가잉여금(기타포괄손익누계액) 100억원

[세무조정] 익금산입 재평가차익 100억원(기타)

손금산입 토지 100억원(△유보)

② 건물의 회계처리 및 세무조정

(차) 재평가손실(영업외비용) 2억원 (대) 건물 4억원

감가상각누계액 2억원

[세무조정] 손금불산입 재평가손실 2억원(유보)

익금산입 건물 2억원(유보)

손금산입 감가상각누계액 2억원(△유보)

## 2. 무형자산의 재평가와 세무조정

무형자산에 대한 재평가는 회계기준에 따라 다음과 같은 차이가 있다.

| 구 분 | 재평가 | 근 거 |
|---|---|---|
| K-IFRS | 재평가 허용 | K-IFRS 제1038호 [무형자산] |
| 일반기업회계기준 | 재평가 불허 | 일반기업회계기준 11장 [무형자산] |

따라서 일반기업회계기준에 따라 무형자산을 재평가한 경우 세법상 인정되지 않는다.

**제24조(무형자산의 평가)** 무형자산은 부실자산으로 본다. 다만, 진단대상사업과 직접 관련하여 취득한 다음 각 호의 경우는 예외로 한다.

1. 시설물을 기부채납하고 일정기간 무상으로 사용수익할 수 있는 권리를 보유한 경우에는 정액법에 따른 상각액을 차감하여 평가한다.
2. 산업재산권은 취득원가에 정액법에 따른 상각액을 차감하여 평가한다.

3. 부동산물권은 제21조 제1항 및 제23조 제2항에 준하여 평가한다.

4. 거래명세서 등에 의하여 실재성이 확인되는 외부에서 구입한 소프트웨어(유형자산의 운용에 직접 사용되는 경우에 한함)는 취득원가에 정액법에 따른 상각액을 차감하여 평가한다.

**제25조(부채의 평가)** ① 부채는 그 발생사유를 공사원가, 비용의 발생 및 관련 자산의 규모 등과 비교 분석하여 그 적정성 및 부외부채의 유무를 평가하여야 한다.

② 부외부채는 다음 각 호에 따라 평가한다.

1. 진단을 받는 자는 진단기준일 현재 예금이 예치되거나 차입금이 있는 금융기관별로 금융거래확인서를 발급받거나 전체 금융기관에 대한 신용정보조회서를 발급받아 진단자에게 제출하고 진단자는 부외부채 유무를 검토하여야 한다.
2. 제15조 제3항에 따른 은행거래실적증명과 같은 기간 동안 지급한 부채내역을 제출받아 진단기준일 현재 부외부채 유무를 확인한다.
3. 진단기준일 현재 과세기간이 종료한 세무신고에 대하여 진단일까지 과세관청에 신고한 세무신고서를 제출받아 미지급세금 등을 확인한다.

③ 충당부채는 다음 각 호에 따라 적정성 여부를 평가한다.

1. 퇴직급여충당부채는 기업회계기준에 따라 평가한다.
2. 진단을 받는 자가 하자보수충당부채와 공사손실충당부채를 장부에 계상한 경우에는 그 금액으로 평가한다.
3. 보증채무와 관련한 충당부채는 기업회계기준에 따라 평가한다.

④ 이연법인세부채는 이 지침의 다른 규정에 의한 겸업자본과 실질자본을 차감하는 부채로 보지 아니한다.

**제26조(자본의 평가)** ① 납입자본금은 법인등기사항으로 등기된 자본금으로 한다.

② 적법한 세무신고 없이 장부상 이익잉여금 등 자본을 증액한 경우에는 실질자본에서 직접 차감한다.

**제27조(수익과 비용의 평가)** 수익과 비용은 기업회계기준에 따라 평가한다.

**제28조(겸업자본의 평가)** ① 건설업체가 진단대상사업과 겸업사업을 경영하는 경우에는 다음 각 호의 순으로 겸업자본을 평가하여야 한다.

1. 이 지침에서 겸업자산으로 열거한 자산은 겸업자산으로 하고, 그 겸업자산과 직접 관련된 부채는 겸업부채로 한다.
2. 제1호의 겸업자산과 겸업부채를 제외한 자산과 부채는 다음 각 목의 순에 따라 구분한다.

가. 진단대상사업과 겸업사업을 상시 구분 경리하여 실지귀속이 분명한 경우에는 실지귀속에 따라 겸업자산과 겸업부채를 구분한다.

나. 가목에 따라 겸업자산과 겸업부채로 구분할 수 없는 공통자산과 공통부채는 겸업비율에 의하여 구분한다. 이 경우 겸업비율은 진단기준일이 속한 회계연도의 각 사업별 수입금액 비율로 한다. 다만, 하나 또는 그 이상의 사업에서 수입금액이 없어 수입금액 비율을 산정할 수 없는 경우에는 사용면적, 종업원 수 등 합리적인 방식으로 산정한 겸업비율에 의한다.

② 관련법규 등에서 기준자본액이 정하여진 겸업사업에 대하여 제1항에 따라 계산한 겸업자본이 그 기준자본액에 미달하는 경우에는 기준자본액을 겸업자본으로 본다.

**제29조(겸업사업자의 신규등록 신청시 실질자본의 평가)** ① 겸업사업을 영위하는 자가 건설업종을 신규등록 신청하는 경우에는 다음 각 호에 따라 진단대상업종의 납입자본액을 보유하여야 한다.

1. 회사가 등록기준 자본액을 유상 또는 무상 증자한 경우. 다만, 증자일 현재 완전 자본잠식 상태인 경우에는 제외한다.
2. 회사가 등록기준 자본액 이상의 자본금을 보유하고, 주주총회 또는 이사회 결의를 통하여 동액 이상의 이익잉여금을 진단대상업종을 위해 유보하고 있는 경우

② 진단대상업종의 실질자본은 제1항에 따른 증자액 또는 이익잉여금 유보액을 별도의 예금으로 예치하여야 하고 그 예금은 제15조에 따라 평가한다.

[별지 제1호 서식]

| 진단자 소속협회 경 유 |
|---|
| |

# 재 무 관 리 상 태 진 단 보 고 서

| 진 단 구 분 | | 1. 신규등록 2. 기타 ( ) | | |
|---|---|---|---|---|
| 상 호 | | | 대 표 자 | |
| 소 재 지 | | | 전 화 번 호 | |
| 진 단 기 준 일 | | 년 월 일 | | |
| 구분 | 등록업종 종류 | 등록기준자본 | 평정 후 실질자본 | 진 단 의 견 |
| 기존 | | 원 | – | – |
| | | 원 | | |
| | | 원 | | |
| 신규 (신고등) | | 원 | 원 | |
| 계 | | 원 | 원 | – |

* 진단내역

| 과 목 | 금 액 | 과 목 | 금 액 | 겸 업 내 용 |
|---|---|---|---|---|
| 회사제시자산총계( i ) | | 회사제시부채총계(iv) | | |
| 자 산 증 가( ii ) | | 부 채 증 가( v ) | | |
| 자 산 감 소(iii) | | 부 채 감 소(vi) | | |
| 실 질 자 산( I )<br>( i )+( ii )−(iii) | | 실 질 부 채( II )<br>(iv)+( v )−(vi) | | |
| 겸 업 자 산(vii) | | 겸 업 부 채(viii) | | |
| 진단대상사업의<br>실질자산( III )<br>( I ) − (vii) | | 진단대상사업의<br>실질부채( IV )<br>( II ) − (viii) | | |
| 진단대상사업실질자본( V )<br>( III ) − ( IV ) | | | | |

상기의 실질자본은 건설업체 기업진단지침에 의거 진단하였음을 확인합니다.

년 월 일

* 진단자

·진단자 상호·명칭(대표자) :

·사무소소재지 : (Tel : , Fax : )

·담당공인회계사(세무사, 경영지도사) : 등록번호 성명 (서명 또는 인)

·(진단자)법인등록번호 : 사업자등록번호 :

※ 전문경영진단기관의 경우 고용된 공인회계사 · 세무사 · 경영지도사 모두 기재 · 날인한다.

(제출기관) 귀하

[별지 제2호 서식]

# 진 단 평 가 서

년 월 일 현재

등록번호 :
업 체 명 :

(단위 : 원)

| 과 목 | 회사제시금액 | 평 정 | | 평정후금액 |
|---|---|---|---|---|
| | | 차 변 | 대 변 | |
| 1. 유동자산 | | | | |
| (1) 당좌자산 | | | | |
| ① 현금및현금성자산 | | | | |
| ② 단기투자자산 | | | | |
| ③ 매출채권 | | | | |
| - 대손충당금 | | | | |
| ④ 가지급금 | | | | |
| ⑤ 단기대여금 | | | | |
| ⑥ 미 수 금 | | | | |
| ⑦ 미수수익 | | | | |
| ⑧ 선 급 금 | | | | |
| ⑨ 선급비용 | | | | |
| ⑩ 선급공사원가 | | | | |
| ⑪ 선납세금 | | | | |
| ⑫ 부가세선급금 | | | | |
| ⑬ 전도금 | | | | |
| ⑭ 기타 | | | | |
| (2) 재고자산 | | | | |
| ① 원재료 | | | | |
| ② 가설재 | | | | |
| ③ 수목 | | | | |
| ④ 용지 | | | | |
| ⑤ 미성공사 | | | | |
| ⑥ 미완성주택 | | | | |
| ⑦ 완성주택 | | | | |
| ⑧ 기타 | | | | |

| 과 목 | 회사제시금액 | 평 정 | | 평정후금액 |
|---|---|---|---|---|
| | | 차 변 | 대 변 | |
| 2. 비유동자산 | | | | |
| (1) 투자자산 | | | | |
| ① 장기금융상품 | | | | |
| ② 매도가능증권 | | | | |
| ③ 만기보유증권 | | | | |
| ④ 장기대여금 | | | | |
| ⑤ 투자부동산 | | | | |
| ⑥ 기타 | | | | |
| (2) 유형자산 | | | | |
| ① 토 지 | | | | |
| ② 건 물 | | | | |
| 감가상각누계액 | | | | |
| ③ 건설장비 | | | | |
| 감가상각누계액 | | | | |
| ④ 차량운반구 | | | | |
| 감가상각누계액 | | | | |
| ⑤ 건설중인자산 | | | | |
| ⑥ 기타 | | | | |
| (3) 무형자산 | | | | |
| ① 사용수익권 | | | | |
| ② 지적재산권 | | | | |
| ③ 부동산물권 | | | | |
| ④ 기타 | | | | |
| (4) 기타비유동자산 | | | | |
| ① 임차보증금 | | | | |
| ② 기타보증금 | | | | |
| ③ 기타 | | | | |
| (겸 업 자 산) | | | ( ) | |
| 자 산 총 계 | | | | |

| 과　　목 | 회사제시금액 | 평　　정 | | 평정후금액 |
|---|---|---|---|---|
| | | 차　변 | 대　변 | |
| 1. 유동부채 | | | | |
| ① 단기차입금 | | | | |
| ② 매입채무 | | | | |
| ③ 공사미지급금 | | | | |
| ④ 공사선수금 | | | | |
| ⑤ 분양선수금 | | | | |
| ⑥ 미지급금 | | | | |
| ⑦ 미지급비용 | | | | |
| ⑧ 예수금 | | | | |
| ⑨ 부가세예수금 | | | | |
| ⑩ 미지급세금 | | | | |
| ⑪ 가수금 | | | | |
| ⑫ 기타 | | | | |
| 2. 비유동부채 | | | | |
| ① 장기차입금 | | | | |
| ② 퇴직급여충당부채 | | | | |
| ③ 하자보수충당부채 | | | | |
| ④ 임대보증금 | | | | |
| ⑤ 기타 | | | | |
| (겸 업 부 채) | | (　　) | | (　　) |
| 부 채 총 계 | | | | |
| 1. 자 본 금 | | | | |
| 2. 자본잉여금 | | | | |
| 3. 자본조정 | | | | |
| 4. 기타포괄손익누계액 | | | | |
| ① 매도가능증권평가이익 | | | | |
| ② 유형자산평가이익 | | | | |
| ③ 기타 | | | | |
| 5. 차기이월이익잉여금<br>(또는 이월결손금) | | | | |
| (진 단 조 정) | | (　　) | | (　　) |
| 자 본 총 계 | | | | |
| 부채와 자본총계 | | | | |

| 겸업자산 및 겸업부채에 대한 계산 내역 | | | | | | | | | |
|---|---|---|---|---|---|---|---|---|---|
| (1) | 겸업자산 | = | 겸업사업에 제공된 자산 | + | 겸업자산으로 열거한 자산 | + | 진단대상사업과 겸업사업에 공통으로 사용된 자산 | × | 겸업비율 |
| | (　　) | | (　　) | | (　　) | | (　　) | | (　) |
| (2) | 겸업부채 | = | 겸업사업 및 겸업자산으로 열거한 자산과 관련하여 발생한 부채 | | | + | 진단대상사업과 겸업사업에 공통으로 발생한 부채 | × | 겸업비율 |
| | (　　) | | (　　) | | | | (　　) | | (　) |
| (3) | 겸업비율 계산기준 | : | , 겸업비율 (　　)% | | | | | | |

[별지 제3호 서식] : 기업회계기준에 따라 작성한 재무상태표

[별지 제4호 서식] : 기업회계기준에 따라 작성한 손익계산서

### (5) 건설업의 실질자본금 심사제도

#### 1) 실질자본금 심사제도의 개요

① 실질자본금의 의미

건설업의 실질자본금이란 **실질자산에서 실질부채를 차감한 금액**으로 건설업 등록의 기준이 되는 자본금 이상을 갖출 것을 요구하고 있다. 이는 부실시공을 방지하고 건전한 건설산업을 육성하기 위한 것이다. 실질자본금을 구체적으로 살펴보면 다음과 같이 표시할 수 있다.

- 실질자본 = 실질자산 − 실질부채
- 실질자본 = {회사제시자산 ± 수정사항 − 부실자산 − 겸업자산}
  − {회사제시부채 ± 수정사항 − 겸업부채}

※ 겸업자산이란 이 지침에서 겸업자산으로 열거한 자산과 겸업사업을 위하여 제공된 자산을 말한다. 겸업부채란 겸업자산과 직접 관련된 부채와 겸업사업에 제공된 부채를 말한다.

[부실(협의)자산 · 겸업자산]

| 부 실 (협 의) 자 산 | 겸 업 자 산 |
|---|---|
| - 법적 · 실질적 소유하지 않는 자산 | - 비상장주식 |
| - 무기명식 금융상품 | - 임대자산 |
| - 출처가 불분명한 유가증권 | - 운휴자산 |
| - 가지급금, 대여금, 미수금 | - 질권설정된 예금 |
| - 미수수익, 선급금, 선납세금 | - 사용이 제한된 예금 |
| - 부도어음, 장기성 매출채권 | - 골프회원권 등 각종 회원권 |
| - 대손처리할 자산 | - 진단사업과 관련 없는 유형자산 |

② 실질자본금의 확인요령

ⓐ 재무관리상태진단보고서를 제출받지 않는 경우

(가) 신설법인(법인설립 후 90일이 경과되지 아니하고 별도의 영업실적이 없는 법인을 말하며, 이하 같다)이 아닌 경우에는 다음 각 호의 어느 하나에 해당하는 재무제표로 확인

① 「주식회사의 외부감사에 관한 법률」(이하 "외감법"이라 한다) 제2조에 따라 외부감사를 받은 재무제표

② 「법인세법」 및 「소득세법」에 따라 관할 세무서장에게 제출한 정기 연차 결산일 기준 재무제표(세무대리인이 확인한 것을 말한다)

③ 위의 각 경우에 제3장 제3항 다목 (3)에 준하여 자본금기준의 적격 여부를 확인하여야 한다.

(나) 신설법인의 경우에는 재무상태표, 자산증빙 서류로 확인 등록신청자가 제출한 재무상태표상의 자산 및 부채항목을 종합적으로 고려하되, 자산항목 입증을 위해 등록신청자(법인인 경우 대표이사 및 이사명의의 자산은 불인정) 명의로 된 다음의 서류를 확인한다.

① 보증가능금액확인서 발급을 위한 예치금

② 30일 이상의 은행평균잔고증명서

③ 사무실 임차시 임차보증금이 있음을 증명하는 서류

④ 공사용 장비를 구입한 경우에는 장비구입영수증

⑤ 그 밖에 등록신청자 명의의 재산보유를 증명하는 서류

(다) 등록신청서를 접수받아 심사하는 기관은 (가)목 및 (나)목의 경우 외에도 별지 2의 규정에 의한 재무관리상태진단보고서 제출 없이 자본금기준 적격

여부를 확인할 수 있는 경우에 대한 세부기준을 정하여 운영할 수 있다.

ⓑ 재무관리상태진단보고서를 제출받아 자본금기준의 적격 여부를 확인한 경우

(가) 등록신청서를 접수받아 심사하는 기관은 매월 10일까지 별지 6에 따라 지난 달의 진단자 현황을 국토교통부장관에게 보고하여야 한다.

(나) 재무관리상태진단보고서의 내용에 부실자산이나 겸업자산이 포함되어 있는 것을 확인하였거나 의심이 되는 경우에는 진단자에게 진단조서 및 별지 2 건설업체 기업진단지침 제7조에 따른 증빙자료의 제출을 통한 소명을 요구하여 적정성 여부를 확인하여야 한다.

(다) (나)에 따른 소명자료의 확인결과, 별지 2 건설업체 기업진단지침 제11조 제1항 각 호의 어느 하나에 해당하는 경우에는 「공인회계사법」에 따른 한국공인회계사회 기업진단감리위원회에 재무관리상태진단보고서의 감리를 요청하는 등 필요한 조치를 하여야 한다.

ⓒ 재무상태표나 재무관리상태진단보고서상의 자산계정에 예금 등의 금융상품이 있을 때에는 (1) (나)와 (2)에도 불구하고 건설업등록신청을 심사하는 시점까지 그 금액의 계속 보유(경상적인 경영활동에 의한 인출은 제외한다) 여부를 확인하여야 하고, 자본금기준에 미달하는 때에는 건설업등록기준의 부적격으로 처리하여야 한다.

ⓓ 다른 법률에 따른 등록업종 등을 보유하는 경우

(가) 자본금기준 등 건설업 등록기준의 적격 여부를 검토할 때에는 건설업종 중복보유 및 주택건설업, 전기공사업, 정보통신공사업, 소방시설공사업 등 다른 법률에 따른 자본금기준 등 등록기준이 있는 업종을 함께 보유하고 있는지 확인하고, 이를 고려하여 적격 여부를 판단하여야 한다.

[건설공사 등 등록기준 자본금]

| 업 종 | 근 거 법 률 | 자 본 금 기 준 액 |
|---|---|---|
| 소방공사업 | 소방시설공사업법 | 1억원(개인 2억원) |
| 주택건설사업 | 주택법 | 3억원(개인 6억원) |
| 부동산개발업 | 부동산개발업법 | 3억원(개인 6억원) |
| 정보통신공사업 | 정보통신공사업법 | 1.5억원 |
| 전기공사업 | 전기공사업법 | 1.5억원 |

※ 2004. 9. 17 개정된 「주택법 시행령」 제10조에 따라 「건설산업기본법」 제9조에 따른 종합공사를 시공하는 건설업종을 등록한 건설업자(토목건축공사업 또는 건축공사업에 한함)와 주택건설사업자(또는 대지조성사업자)에 대하여는 상호 중복인정이 가능한 자본금 · 기술인력 및 사무실 면적은 중복 인정함.

(나) (1)에 따라 확인한 결과, 다른 법률에 따른 등록업종의 등록기준을 모두 충족하지 아니한 때에는 건설업등록기준을 부적격한 것으로 처리하되, 해당 신청인이 보유한 등록업종의 등록기준을 모두 충족시키는 조치를 취한 경우에는 적격으로 처리한다.

## (6) 건설업등록기준에 관한 실태조사

### 1) 실태조사의 법적근거

- 건설산업기본법 제49조 및 제91조 제3항 제6호

  건설업 실태조사 업무는 건설업종별로 각 협회에 위탁되어 업무를 수행하도록 하고 있다. 종합건설업은 대한건설협회에, 전문건설업은 전문건설협회, 설비건설협회, 시설물유지관리협회에 위탁하여 수행하고 있다.
- 다만, 신규등록신청 등의 접수 및 심사업무는 종합건설업만 대한건설협회에 위탁되어 있으며 전문건설업은 지방자치단체인 시·군·구에서 직접 수행하고 있다.

### 2) 실태조사의 절차 및 조사내용

#### ① 실태조사의 절차

- 국토교통부의 실태조사 공문시달
- 대한건설협회는 실태조사 계획수립 및 보고
- 실태조사 대상업체 통보 및 서류제출 요구

  * 제출서류는 실질자본금 심사와 관련된 직전연도 결산 재무제표와 부속서류 및 각 증빙자료이며, 기한 내 서류를 제출하지 아니한 경우 과태료 부과 및 시정명령처분의 대상이 되므로 지자체에 명단을 통보하게 된다.
- 등록기준 적합 여부 등 실태조사실시 및 추가증빙 요구
- 조사완료 후 등록기준미달 혐의 업체에 대한 명단 통보

#### ② 조사내용 및 방법

건설업관리규정의 실질자본금 심사요령에 따라 재무상태표상의 자본총계를 확인하고 부실혐의자산에 대한 증빙자료를 요구하여 부실자산 여부 및 부외부채, 겸업자산 등에 대한 사항 등을 검토하게 된다.

[별지 7] 「건설업자 실태조사규정」

※ 2018. 2. 4. 주기적 신고제도의 폐지에 따라 실태조사규정을 신설함.

### 1. 조사기관

조사기관은 국토교통부장관 또는 건설업자의 주된 영업소소재지를 관할하는 시·도지사 또는 시장·군수·구청장(이하 "시·도지사 등"이라 한다)

### 2. 조사대상업자 선정

국토교통부장관은 다음 방법에 의거 수집된 정보를 토대로 조사대상업자 선정기준을 마련하여, 이에 따라 조사대상업자를 선정한 다음 실태조사를 실시하거나 선정된 조사대상업자를 시·도지사 등에게 통보하여 실태조사를 실시하도록 한다. 시·도지사 등은 국토교통부장관으로부터 통보받은 조사대상업자 외에 실태조사가 필요하다고 인정하는 건설업자를 포함하여 실태조사를 실시할 수 있다.

가. 기술능력

(1) 종합건설업자 : 한국건설기술인협회로부터 건설업자별 건설기술자 현황을 제출받아 기술능력 미달 혐의업체 추출

(2) 전문건설업자 : 건설업자로부터 건설기술자 또는 기술자격취득자 보유현황을 제출받아 기술능력 미달 혐의업체 추출

나. 자본금 : 실태조사 시 국토교통부장관이 별도의 기준을 정하여 미달 혐의업체 추출

다. 시설·장비·사무실

(1) 시설 : 제작장 및 현도장은 등기부등본 등을 제출받아 미달 혐의업체 추출(철강재 설치공사업)

(2) 장비 : 장비 중 건설기계관리법 기타 법령의 적용을 받는 장비는 해당 법령에 의한 등록증을, 그 이외의 장비는 보유하고 있음을 증명하는 서류를 제출받아 미달 혐의업체 추출

(3) 사무실 : 건물등기부등본, 임대차계약서, 건축물대장, 지방세세목별과세증명서(건물등기부등본이 없는 경우에 한함)를 제출받아 미달 혐의업체 추출

라. 보증가능금액확인서 : 보증기관으로부터 보증가능금액확인서 정보를 제출받아 미달 혐의업체 추출

### 3. 조사기준일

건설업 등록기준 충족 여부를 판단하기 위한 조사기준일은 다음과 같이 한다.

가. 기술능력 : 조사일 현재

나. 자본금 : 조사대상업자의 가장 최근 정기연차 결산일

다. 시설·장비·사무실, 보증가능금액확인서 : 조사일 현재

### 4. 조사방법

조사는 서면심사 또는 방문조사 등의 방법으로 실시한다.

## 5. 조사실시

가. 조사기관은 실태조사 시작 7일 전까지 조사일시, 조사이유 및 조사내용 등 조사계획을 미리 조사대상업자에게 알려야 한다. 다만, 긴급한 경우나 사전에 알리면 증거인멸 등으로 조사목적을 달성할 수 없다고 인정하는 경우에는 미리 알리지 아니할 수 있다.

나. 현지를 방문하여 조사를 실시하는 경우 조사를 담당하는 공무원은 그 권한을 표시하는 증표를 지니고 이를 관계인에게 보여 주어야 하고, 조사 관련 장소에 출입할 때에는 성명, 출입시간, 출입목적 등이 표시된 문서를 관계인에게 보여주어야 한다.

## 6. 자료제출 요구

조사기관은 조사대상업자에게 기한을 정하여 조사에 필요한 자료의 제출을 요구할 수 있으며, 제출된 자료가 미비할 경우에는 추가자료의 제출을 요구할 수 있다.

## 7. 조사지원 협조요청

국토교통부장관 또는 시 · 도지사 등은 대한건설협회 등 관련협회에 실태조사에 필요한 인력지원 또는 실태조사에 수반되는 업무수행 지원 등을 요청할 수 있다.

## 8. 건설업 등록기준의 적격 여부 확인

가. 기술능력

(1) 기술능력의 적격 여부 확인은 「건설업 관리규정」 제2장 제3항 가목에 준하여 처리하되, 근로소득원천징수영수증 · 급여 통장사본 등을 추가로 제출받아 확인한다.

(2) 조사기준일 현재 퇴사한 기술인력의 고용보험 피보험자격 이력내역서를 조사대상업자로부터 제출받기 어려운 경우에는 조사기관이 근로복지공단으로부터 직접 제출받아 확인한다.

(3) 주민등록표 등을 통하여 재학 · 군복무 · 해외체류 · 사망 · 연령(20세 이하, 70세 이상) 등을 감안할 때 정상근무가 곤란한 경우가 있는지 확인한다.

(4) 기술능력 보유현황 확인은 [별지1]의 「기술자보유 현황표」를 활용할 수 있다.

나. 자본금

(1) 조사대상업자의 가장 최근 정기연차 결산일 기준의 재무제표를 검토하여 제재처분 절차에 착수한다. 다만, 가장 최근 정기연차 결산일 이후 법 제17조 제1항 제1호 및 제2호의 양도 · 양수, 합병 또는 업종추가 등의 사유로 재무관리상태진단보고서를 작성한 사실이 있는 경우에는 이 진단 결과를 기준으로 진단조서 등의 서류 일체를 제출받아 등록기준 충족 여부를 판단할 수 있다.

(2) 자본금 조사일 현재 자본금 미달로 인해 행정처분 기간 중에 있는 자의 경우에는 조사대상에서 제외한다. 다만, 조사일 현재 처분종료일자 기준의 재무관리상태진단보고서를 작성한 사실이 있는 업체의 경우에는 등록기준 충족 여부를 판단할 수 있다.

(3) 조사대상업자에 대한 등록기준 심사를 위해 자본금의 산정 및 확인에 관한 사항은 [별지2] 건설업체 진단지침에 따른다.

(4) 재무관리상태진단보고서를 제출받아 자본금기준의 적격 여부를 확인한 경우에는 「건설업 관리규정」 제2장 제3항 나목 (2)에 의한다.

다. 보증가능금액확인서

보증가능금액확인서의 적합 여부는 건설행정정보시스템(CIS) 또는 보증가능금액확인서 발급기관을 통하여 확인한다.

라. 시설·장비·사무실

「건설업 관리규정」 제2장 제3항 라, 마목에 준하여 처리한다.

마. 다른 법률에 의한 등록업종 등을 겸업하는 경우

「건설업 관리규정」 제2장 제3항 바목에 준하여 처리한다.

바. 건설업 등록기준의 중복인정에 관한 특례 적용기준

「건설업 관리규정」 제2장 제3항 아목에 준하여 처리한다.

9. 제재처분

가. 건설업 등록기준에 미달한 사실이 확인된 경우에는 지체없이 청문 등 제재처분 절차에 착수한다.

나. 정당한 사유없이 자료를 제출하지 아니하는 건설업자에 대해서는 즉시 시정명령토록 하고, 시정명령 미이행시에는 영업정지 처분한다.

다. 실태조사 과정에서 다른 법에 의한 위법사항이 발견된 경우 해당 처분청 등에 통보 또는 고발한다.

라. 실태조사 기간 중 전출하는 경우에는 실태조사 시작일 기준으로 전출기관에서 조사한 후 전입기관에 청문회 및 처분 요청하고, 실태조사 중 조사대상업체의 폐업신고는 실태조사 완료 전까지는 수리하지 아니한다.

이 규정은 2018년 2월 3일부터 시행한다.

### (7) 실질자본금 미달자에 대한 제재기준

#### 1) 실질자본금 미달의 의미

건설업 실태조사나 주기적 신고, 건설업 등록시의 자본총계가 건설업 등록기준에 해당하는 자본금에 미달하여 **자본잠식이 발생한 상태**를 의미한다. 즉, 건설업의 납입자본금과 증자 등으로 인한 자본잉여금, 기타포괄손익누계액, 이익잉여금을 합한 자본총계가 기업의 결손의 발생으로 인하여 납입자본금까지도 잠식되어 건설업 등록기준이 되는 기준자본금에도 미달하는 상태를 말하여 이 경우 제재처분대상이 된다.

### 2) 제재기준

위반행위 중 다음의 경우에는 등록말소처분을 한다.

① 건설업등록기준 미달에 해당되는 건설업자로서 기술능력, 자본금, 시설・장비 및 보증가능금액확인서 등 동일한 사유에 해당하는 등록기준의 미달로 최근 3년 이내에 제재처분을 받은 사실이 있는 때

예) 등록기준 중 기술능력 미달로 행정처분을 받은 후 처분일부터 3년 이내에 기술능력미달에 해당하는 사유가 다시 발생한 때

② 법 제83조 제8호에 해당되는 건설업자가 법 제82조 제1항 제2호 또는 법 제83조 제2호의 사유가 함께 계류되어 있는 때

③ 건설업등록기준 미달에 해당되어 영업정지처분을 받은 건설업자가 처분종료일까지 등록기준의 미달사항을 보완하지 아니한 때

④ ③의 경우 시・도지사 등은 영업정지처분 종료일까지 등록기준 미달사항의 보완 여부를 확인하여야 하며, 건설업등록기준 중 자본금은 영업정지처분 종료일을 기준일로 한 재무관리상태진단보고서를 영업정지처분 종료일부터 30일 이내에 제출받아 확인하여야 한다.

토목공사업과 건축공사업으로 각각 등록하여 겸영하고 있는 건설업체가 토목공사업 건설기술자 관련 등록기준에 미달된 경우 행정처분을 토목공사업에 대하여만 하여야 하는지, 아니면 토목공사업과 건축공사업 모두에 대하여 하여야 하는지?

토목공사업과 건축공사업으로 각각 등록하여 겸영하고 있는 건설업체가 토목공사업 건설기술자 관련 등록기준에만 미달된 경우에는 「건설산업기본법」 제83조 제2호에 따른 행정처분은 토목공사업에 대하여만 하여야 합니다(법제처 07-0303, 2007. 10. 25, 건설교통부).

건설업 등록 이후 직원급여 및 영업을 위한 비용 지출 등으로 인해 건설업 등록기준 자본금이 미달한 경우 제재처분 대상인지 여부

건설산업기본법 제10조에 따라 건설업자는 건설업을 등록할 경우 기술자, 자본금, 시설 및 장비 등을 갖추어야 하며, 같은 법 제83조 제2호에 따라 건설업자가 건설업의 등록기준에 미달한 사실이 있는 때에는 영업정지 등의 제재처분을 받게 됩니다.

이 경우, 건설업 자본금 기준은 같은 법 시행령 제13조 및 별표 2와 건설업관리지침에 따라 법인의 경우 자본금이 총자산에서 총부채를 뺀 금액보다 큰 경우에는 총자산에서 총부채를 뺀 금액을 자본금으로 하고 있고, 건설업등록기준상 자본금은 법인등기부등본상 납입자본금과 해당 법인의 실질자본금 모두를 의미하며, 건설업자는 건설업을 영위하는 동안 자본금을 항상 갖추어야 합니다.

따라서, 건설업자가 건설업을 등록한 후 직원급여 및 기타 영업비용 등의 지출로 인하여 건설업자의 건설업 등록기준 자본금이 미달하였다면 해당 건설업은 제재처분대상이 됨을 알려드립니다(국토해양부-2010. 11. 30).

### (8) 실질자본금 유지를 위한 대응방안

#### ① 부실자산의 회수

실질자산에서 제외되는 가지급금, 대여금, 미수금, 미수수익, 선급금, 장기성매출채권 등을 회수한다. 다만, 부실자산이나 겸업자산으로 보는 자산을 회수하는 형식으로 입금된 후 진단기준일을 포함한 60일 이내에 그 일부 또는 전부가 부실자산이나 겸업자산으로 출금된 경우는 실질자산에서 제외된다.

#### ② 유형자산의 재평가

##### 가) 재평가로 자본증가

유형자산은 기업회계기준에 따라 취득원가모형이나 재평가모형 중에서 진단을 받는 자가 회계장부에 반영한 방식으로 평가한다. 따라서 본사의 업무용 건축물이 있을 경우에는 재평가하여 실질자본금을 높일 수 있다. 재평가액은 시가로 기준시가 또는 감정가액으로 한다.

##### 나) 본사의 업무용 건축물과 임대자산

진단을 받는 자가 소유한 본사의 업무용 건축물(부속토지 포함)이 임대자산인 경우에는 실질자산으로 보며, 해당 임대자산에 대하여 진단을 받는 자 또는 타인 명의의 부채(담보로 제공된 경우 채권최고액)는 실질부채로 본다. 따라서 본사의 업무용 건축물을 재평가하여 실질자본을 높일 수 있다.

다) 회계처리

보유중인 본사의 업무용 토지의 취득가액이 10억원이며 재평가액이 20억원일 경우 회계처리는 다음과 같다.

(차) 토지 10억원 (대) 재평가잉여금(기타포괄손익누계액) 10억원

재평가잉여금은 기업회계나 기업진단지침에서 인정되므로 실질자본을 증가시킨다. 다만 법인세법에서는 유형자산의 재평가를 인정하지 않으므로 세무조정을 하여야 한다.

③ 진행기준에 따른 공사미수금의 계상

진행기준에 따라 공사수익을 인식하며 공사미수금이 계상되며 인도기준에 따라 공사수익을 인식하면 미성공사(재고자산)가 계상된다. 원칙적으로 공사수익의 인식은 진행기준으로 계상하여야 한다. 세금계산서 발행금액을 공사수익으로 인식한 경우 진행률에 따라 계상한 공사수익과의 차액을 공사미수금으로 인식하여 실질자산을 높인다. 다만, 진행률과 기성청구(세금계산서 발행)를 많이 한 경우에는 공사미수금이 감소하여 실질자산이 줄 수도 있다. 진행기준에 따라 공사수익을 인식한 경우 진행률 계산에 대한 입증으로 현장별로 누적공사원가와 추정예정원가를 갖추어야 한다. 세금계산서를 발행하여 수익으로 인식하고 재고자산으로 미성공사를 계상한 경우 미성공사는 실질자산으로 인정받을 수 없다.

④ 유상증자

유상증자를 하여 자본을 확충할 수 있다. 이 경우 균등증자를 하여 자본을 증가시켜야 하며 불균등증자를 하는 경우 증여세 과세문제가 발생할 수 있어 주당가치를 평가하여 그 금액으로 증자를 하여야 한다.

**| 실무적용 Tips |**

**◈ 자본금 10억 미만 소규모 회사의 상법상 특례**

1. 공증면제
2. 잔액증명서로 주금납입증명서를 대체할 수 있음.
3. 이사 1인 또는 2인(이사회 없음)
4. 감사를 선임하지 않을 수 있음.
5. 주주총회 10일 전에 소집통지, 동의로 소집생략 및 서면결의로 주총 생략 가능

**⊙ 상법 제318조(납입금 보관자의 증명과 책임)**

① 납입금을 보관한 은행이나 그 밖의 금융기관은 발기인 또는 이사의 청구를 받으면 그 보관금액에 관하여 증명서를 발급하여야 한다.

② 제1항의 은행이나 그 밖의 금융기관은 증명한 보관금액에 대하여는 납입이 부실하거나 그 금액의 반환에 제한이 있다는 것을 이유로 회사에 대항하지 못한다.

③ <u>자본금 총액이 10억원 미만인 회사를 제295조 제1항에 따라 발기설립하는 경우에는 제1항의 증명서를 은행이나 그 밖의 금융기관의 잔고증명서로 대체할 수 있다.</u>

⊙ 자본금의 가장납입과 처벌

사채업자들이 자본금의 가장납입 방법을 이용하여 많은 개인 유사법인을 설립하고 거액의 수수료를 받는 사례가 발견되고 있으며 회사의 부실화로 인한 자본충실화 원칙 및 투자자 보호를 위태롭게 한다. 따라서 상법은 주금 가장납입 행위를 한 자, 행위에 응한 자, 중개한 자들에게 5년 이하의 징역 또는 1,500만원 이하의 벌금으로 처벌될 수 있다. 자본금의 가장납입이란 상법에 따라 법인을 설립하는 과정에서 주주들이 법인의 자본금을 정상적으로 납입하지 않고, 일시적인 차입금으로 자본금을 납입한 후에 바로 차입금을 상환하는 행위로 가지급금이 발생한다.

### ⑤ 가수금의 출자전환

채무의 출자전환이란 법인에 계상되어 있는 대표이사의 가수금 등 채무를 자본으로 전환함으로써 주식을 교부하여 자본을 확충하는 방법이다. 2014년 4월 개정상법에서 회사의 동의를 얻어 채무의 출자전환을 용이하게 할 수 있도록 하였다.[30] 다만, 가수금 등을 출자전환하는 경우 주식의 저가발행 또는 고가발행으로 인한 증여의제[31], 특수관계자 간의 부당행위계산 등 과세문제가 발생하기 때문에 주식평가를 통하여 주식을 발행하여 배정하여야 한다. 내국법인이 채무의 출자전환으로 발행하는 주식의 시가가 액면가액에 미달하는 경우에는 액면가액을 초과하여 발행된 금액을 채무면제이익으로 보아 익금에 산입하는 것으로 액면가액과 시가와의 차액은 익금에 산입하지 않는다(법인-916, 2010. 10. 6).

### ⑥ 주주의 자산증여 또는 채무면제

주주의 재산을 법인에 증여하거나 채권을 포기하여 자본을 확충한다. 이 경우 자산수증이익이나 채무면제이익은 익금에 산입되어 법인세가 과세된다. 다만, 이월결손금 보전에 충당된 채무면제이익이나 자산수증이익은 익금에 산입하지 않는다(법법 18 6호).

30) 상법 제421조(주식에 대한 납입)
① 이사는 신주의 인수인으로 하여금 그 배정한 주수(株數)에 따라 납입기일에 그 인수한 주식에 대한 인수가액의 전액을 납입시켜야 한다.
② 신주의 인수인은 회사의 동의 없이 제1항의 납입채무와 주식회사에 대한 채권을 상계할 수 없다.

31) 상속세 및 증여세법 제35조(저가 양수 또는 고가 양도에 따른 이익의 증여), 제39조(증자에 따른 이익의 증여)

⑦ **신규법인의 실질자본 일시적 미달**

건설업을 등록한 날부터 1년 이내에 자본금기준에 미달하는 기간이 50일 이내인 경우에는 등록말소 등의 제재를 받지 않으므로 50일 이내에 증자 등을 통하여 자본을 확충하여야 한다.[32)]

## 10. 시공능력평가 제도와 실적신고

발주자가 적정한 건설업자를 선정할 수 있도록 하기 위하여 **건설업자의 신청이 있는 경우** 그 건설업자의 건설공사 실적, 자본금, 건설공사의 안전·환경 및 품질관리 수준 등에 따라 시공능력을 평가하여 공시하여야 한다(건산법 23). 시공능력평가는 건설업자의 상대적인 공사수행 역량을 정량적으로 평가하여 나타낸 지표를 말한다(건산법 시행규칙 별표 1). 이처럼 시공능력평가제도는 건설업자가 발주자에게 스스로의 정보를 제공하여 발주자가 건설회사를 선택할 수 있도록 강제사항이 아닌 임의적 제도이다.

### (1) 시공능력평가액의 산정방법

#### 1) 산정방법

시공능력평가는 공사실적, 경영상태, 기술능력, 신인도를 합산하여 평가한다.

공사실적(3년간 공사실적) + 경영상태(재무제표) + 기술능력(기술개발비) + 신인도(부실벌점)

#### 2) 공사실적 평가액

최근 3년간의 해당 업종의 건설공사실적의 연차별 가중평균액 =
[(평가연도 이전 1차연도 공사실적액 × 1.2) + (평가연도 이전 2차연도 공사실적액 × 1) + (평가연도 이전 3차연도 공사실적액 × 0.8)] ÷ 3 × 70%

32) 건설산업기본법 시행령 제79조의 2(일시적인 등록기준 미달) 제3호 라목

### 3) 경영상태 평가액

- 경영평가액 = 실질자본금 × 경영평점 × 80/100
- 경영평점 = (차입금의존도평점 + 이자보상비율평점 + 자기자본비율평점 + 매출액순이익률평점 + 총자본회전율평점) ÷ 5

실질자본금은 총자산에서 총부채를 뺀 금액으로 하며, 건설업 외의 다른 사업을 겸업하는 자인 경우(산업업·환경설비공사업자가 산업·환경설비제조업을 겸업하는 경우는 제외한다)에는 **실질자본금에서 겸업비율에 해당하는 금액을 공제**하되, 평가연도 직전연도에 건설업을 신규로 등록한 경우 산정된 실질자본금이 건설업 등록기준 이하인 때에는 등록기준상 자본금을 실질자본금으로 한다.

### 4) 기술능력평가액

기술능력평가액 = 기술능력생산액(전년도 동종 업계의 기술자 1인당 평균생산액 × 건설업자가 보유한 기술자 수 × 30/100) + (퇴직공제납입금 × 10) + 최근 3년 간의 기술개발투자액

### 5) 신인도 평가액

- 신인도 평가액 = 3년간 연차별 가중평균액 × ±30/100(최대)
- 3년간 연차별 가중평균액 = [(1차연도 실적액 × 1.2) + (2차연도 실적액 × 1) + (3차연도 실적액 × 0.8)] ÷ 3

## (2) 시공능력평가 신고

### 1) 신고기관

### 2) 신고기한

시공능력의 평가를 받고자 하는 건설업자는 매년 2월 15일(재무제표는 법인은 4월 15일, 개인은 5월 31일, 「성실신고확인대상사업자는 6월 30일)까지 별지 제18호 서식의 건설공사 기성실적신고서(전자문서로 된 신고서를 포함한다)를 업무를 위탁받은 기관에 제출하여야 한다. 따라서 기한 내에 실적신고를 하지 않는 경우에는 시공능력평가 산정을 하지 않는다. 다만, 2월 15일까지 실적신고를 하지 않고 4월 15일에 재무제표만 제출한 경우에는 시공능력평가는 하지 않고 경영상태 관련 증명서는 발급이 가능하다.

### 3) 시공능력평가 신고서류

① 실적

㉠ 국가・지방자치단체 또는 국가・지방자치단체가 출자 또는 출연한 법인으로부터 도급받은 건설공사의 경우 ⇒ 건설공사기성실적 증명서

㉡ 민간건설공사의 경우 ⇒ 건설공사기성실적 증명서, 매출처별세금계산서합계표 다만, 건설공사기성실적증명서를 제출할 수 없는 경우에는 당해 건설공사의 도급계약서(하도급인 경우에는 하도급계약서) 사본. 세금계산서합계표를 제출할 수 없는 경우에는 당해 건설공사의 인・허가기관이 발급한 건축허가서・착공신고필증 또는 사용승인서

㉢ 자기건설공사의 경우 ⇒ 인・허가를 한 기관이 확인한 건설공사기성실적증명서 또는 협회가 발행한 건설공사기성실적증명서

## (3) 건설공사 실적신고방법

### 1) 건설업체 신고안내 시스템

전문건설업은 대한전문건설협회(www.kosca11.or.kr), 종합건설업은 대한건설협회(siljuk.cak.or.kr), 해외건설공사는 해외 e정보시스템(yes.icak.or.kr), 기계설비공사는 대한기계설비건설협회(siljuk.kmcca.or.kr)에 실적신고를 한다.

### 2) 기타공사업 등록현황

종합건설업이 아닌 기타공사업(전문·정보통신·전기공사업) 등록현황은 해당 협회에서 통보받은 내용으로 사실과 다른 경우 해당 협회에 문의하여 수정하여야 한다. 그 외 소방·환경·주택·문화재수리업 등을 보유한 경우 내용을 입력한 후 등록증사본을 제출하여야 한다.

### 3) 건설공사기성실적 신고서

① 계약연월은 최초계약일을, 착공연월과 준공연월은 실제일자를 입력한다.

② 총공사금액(장기계속공사는 총부기금액)은 공동도급의 경우 전체공사금액을 장기계속공사의 경우 전체공사금액을 입력한다.

③ 총계약액은 공동도급은 자기지분 해당 금액, 장기계속공사는 해당 차수, 해당 금액을 입력한다.

④ 발주자가 공급한 자재액은 실적으로 인정이 되지 않으므로 총계약액에서 제외한다.

### 4) 건설기술자명단

기술자의 직무분야, 기술등급은 보유한 업무와 동일하여야 하며 기술인협회의 등록현황과 대조확인한다.

### 5) 자기공사실적평가신청서

원도급 또는 하도급이 아닌 자체공사로 직접 시공 및 분양을 하는 경우 발주자가 없다. 이 경우 실적을 인정받기 위해서는 ① 인허가 관련서류(실제 착공 여부), ② 연면적(설계도면, 사진 등으로 공사비 추정), ③ 총공사비(직접공사비, 노무비, 일반관리비) 등을 입력하고 기성률을 감리자가 확인한다.

### 6) 종합건설업자간 하도급내역

PQ·적격심사에서는 종합건설업자가 종합건설업자에게 하도급한 경우 그 부분은 원도급자의 실적으로 인정되지 않고 다만, 하도급자는 시공한 만큼 실적으로 인정된다. 시공능력평가에서는 다음과 같이 구분한다.

#### ① 동일업종간 하도급

하도급자의 실적을 원도급자의 실적으로 50% 인정한다. 이 경우 발주자의 서면승낙서가 필요하며 하도급내역서를 제출하여야 한다.

ⓐ 건축공사업으로 등록한 업체가 건축공사를 수주하여 건축부분을 하도급한 경우

ⓑ 토목건축공사업을 보유한 업체가 건축공사를 수주하여 토목부분을 하도급한 경우

② **동일하지 않은 업종간 하도급**

하도급자의 실적을 원도급자의 실적으로 100% 인정한다.

ⓐ 건축공사업을 보유한 업체가 건축공사를 수주하여 그 중 조경공사를 하도급한 경우

ⓑ 건축공사업과 토목공사업을 보유한 업체가 건축공사를 수주하여 그 중 토목공사를 하도급한 경우

### 7) 공사실적신고 제출서류

① **필수서류**

㉠ 건설공사실적신고(1) 표지

㉡ 건설공사실적총괄표

㉢ 건설공사기성실적신고서

㉣ 건설기술인력보유현황표

㉤ 기성실적증명서, 매출처별세금계산서합계표

② **해당 업체 제출서류**

㉠ 종합건설업자간 하도급내역신고서

㉡ 산업환경설비 제조실적신고서

㉢ 건설사업관리 위탁수행실적신고서

㉣ 공사비절감 등 내역신고서

㉤ 자기공사실적신고 관련서류

**실무적용 Tips**

**실적신고시 유의사항**[33)]

**1. 신고기한 이후 제출 및 수정불가**

2월 15일까지 방문 또는 우편(도착일 기준)접수하여야 한다. 실적이 없더라도 실적신고를 하여야 시공능력평가 산정이 가능하며 4월 15일까지 재무제표만 제출한 경우 시공능력평가를 받을 수 없다.

33) 대한건설협회, “건설공사 실적신고 및 상호협력평가 실무” 2017. 1. 16, pp.46~48.

2. 발주자가 날인한 기성실적증명서 원본제출

증명서를 사본으로 제출하거나 발주자의 날인 또는 서명을 직접 받지 않고 건설업자가 날인하여 제출하면 인정되지 않는다.

① 공공공사의 경우 발주자가 증명서에 날인해 주지 않으면 실적인정이 불가능하다.

② 민간공사의 경우 증명서 또는 매출처별세금계산서합계표의 제출이 불가능하더라도 공사의 실제 여부와 공사대금에 대한 객관적인 자료가 있으면 실적인정이 가능하다.

③ 해외공사(공사현장에 해외)의 경우 해외건설협회로부터 받아 제출하여야 하며 국제협력단으로부터 받은 경우는 인정되지 않는다.

3. 기성실적은 실제공사 시공부분에 대해서 신고

기성액은 공사대금 또는 선급금의 수령 여부와 상관없이 실제시공한 부분에 대하여 신고하여야 한다. 예컨대 대금미지급 사유로 세금계산서를 미발급하고 실적신고를 하지 않았다가 향후 신고하는 경우 인정받을 수 없다.

4. 발주자가 공급한 자재(관급자재)는 제외

발주자 공급자재액은 계약액 및 기성액에서 제외하여야 하며 발주자 공급자재를 시공자가 설치하였다고 하더라도 인정되지 않는다.

5. 비건설 또는 전문건설공제는 인정불가

건설용역(설계, 감리), 전기, 통신, 소방, 문화재공사는 제외하여 신고하여야 한다. 양쪽으로 중복 신고한 경우 허위신고로 처벌 등 불이익을 받는다. 종합건설업자는 전문건설공사를 할 수 없으며, 전문건설업 보유시 전문건설협회 등에 신고하여야 한다.

### (4) 재무제표 신고방법

#### 1) 재무제표 관련서류의 제출

법인은 4월 15일, 개인은 6월 1일(성실신고대상사업자 6. 17)까지 제출하여야 하며 재무제표를 제출하지 않으면 시공능력평가를 산정하지 않는다. 재무제표는 2025년 12월 31일 정기결산일 기준 재무제표를 제출하여야 하며 만일 2025년에 사업연도가 종료하는 경우(예 : 2026. 3. 31)에는 해당 사업연도 종료일 재무제표를 제출하여야 한다.

① 외부감사대상업체는 감사보고서를 제출하여야 하며 의견거절인 경우에도 감사보고서를 제출하여야 한다.

② 2023년 신규등록하여 정기결산서가 없는 경우 개시재무상태표 및 정관을 제출하여야 한다.

③ 현금흐름표는 필요시(지방공공공사 100억원 이상) 제출하며 개시재무상태표 등 재무제표와 금액이 일치하여야 한다.

④ 건설기술개발비확인서는 공인회계사가 확인한 기술개발비확인서, 조세특례제한법 별지 제3호 서식(연구개발비명세서), 세무조정계산서를 제출하여야 한다.

### 2) 건설기술개발비확인서의 제출

공인회계사가 확인한 기술개발비확인서, 제3호 서식, 세무조정계산서를 제출하여야 한다. 기술개발투자액은 「조세특례제한법」 제10조에 따라 세액공제를 받기 위해 제출한 같은 법 시행규칙 별지 제3호 서식에 따른 해당 연도의 연구·인력개발비 발생 명세상의 금액 중 건설업에 실제 사용된 금액으로 한다. 다만, 실질자본금(제1호 나목 (1)에 따라 산정한 실질자본금을 말한다)과 공사실적평가액의 100분의 50 중 큰 금액을 초과할 수 없다.

① 건설기술개발비는 국세청에 연구인력개발비 세액공제신청을 한 경우에 한하여 제출하여야 하며 이에 해당되지 않으면 허위서류제출에 해당된다.

② 납부할 세액이 없는 경우에도 세액공제를 하여야 건설기술개발비로 인정받을 수 있다.

③ 건설개발비 인정금액은 세액공제받은 금액이 아닌 실제 지출한 연구인력개발비이다.

④ 연구개발비 중 자체연구개발비는 기업부설연구소 및 연구개발전부서임을 확인할 수 있는 서류를 제출하여야 한다.

⑤ 건설업 외의 다른 사업을 겸영하는 경우 기술개발투자비를 건설부문과 비건설부문으로 정확히 구분하여야 한다.

⑥ 세무사나 공인회계사가 발급한 확인서를 제출하여야 하며 PQ·적격심사기준에서는 공인회계사가 발급한 확인서만 인정된다.

## Ⅱ 건설업 계정과목의 회계와 세무실무

건설업의 회계와 세무실무에서 가장 중요한 점은 **현장중심의 회계와 세무관리**의 필요성이다. 건설현장은 비록 부가가치세법에서는 사업장은 아니지만 현장별로 공사수익과 공사원가의 인식을 위해 현장별 증빙의 관리가 필수적이다. 또한 부가가치세법상 매입세액공제 및 안분과 정산·재계산에 있어서도 현장별 관리가 건설업회계와 세무의 핵심이다. 건설업 세무관리의 주요 검토사항은 다음과 같다.

## 1 건설업 수입금액 검토

건설도급계약서상의 수입금액과 회사계상 수입금액이 일치하는지의 여부를 확인한다. 특히 계약변경 등에 따른 공사도급금액 증가분을 수입금액으로 계상하였는지 여부와 가정용 주택공사 등 비사업자에 대한 수입금액 누락이 있는지 확인한다.

## 2 세금계산서 발급시기(공급시기) 검토

건설업의 경우 가장 주의할 사항은 부가가치세법상 공급시기에 세금계산서를 제대로 발급했는가 하는 것이다. 공급시기를 잘못 적용하여 세금계산서를 발급하면 사실과 다른 세금계산서로 보아 공급자는 가산세를, 공급받는 자는 매입세액불공제 등 불이익을 받게 된다.

## 3 수입금액의 확정

부가가치세법상 공급시기에 발행한 세금계산서의 과세표준과 법인세법 또는 소득세법상의 수익의 귀속시기는 차이가 발생하는 것이 일반적이다. 예를 들어 부가가치세법상 공급시기는 중간지급조건부이며 법인세법상 손익의 귀속시기는 진행기준(예약매출 등)인 경우 그 차이를 수입금액조정명세서·조정후수입금액명세서를 통하여 조정한 후 소득금액조정합계표상에서 세무조정을 하여 반영하거나 결산조정을 통하여 재무제표에 반영하여야 한다. 특히 주의할 점은 진행률 계산시 누적공사원가의 확정과 예정원가의 합리적 추정이 중요하다.

## 4 위장·가공세금계산서 검토

건설업의 경우 원재료 매입, 장비사용료, 유류대 등에 대한 위장 및 가공세금계산서가 자주 문제가 된다. 따라서 반드시 거래발생시 상대방에 대한 실사업자 여부를 확인하고 세금계산서를 수취하여야 한다. 또한 대금지급을 금융거래를 이용하여 명백한 증빙자료를 갖추어 놓아야 한다.

## 5 일용근로자의 인건비 검토

건설업의 특성상 현장의 일용근로자에 대한 세무관리가 소홀하며 추후 세무조사시 노무비 지급사실에 대한 입증의 어려움이 발생한다. 따라서 객관적인 지급사실 입증서류(금융자료 등)를 갖추어 놓아야 하며 일용근로자에 대한 지급명세서를 지급일이 속하는 다음 달 말일까지 제출하여야 한다.

## 6 과세분과 면세분에 대한 구분

과세분에 대한 과세표준과 면세분에 대한 수입금액이 적정하게 구분되었는지를 검토한다. 즉, 국민주택과 국민주택 건설용역, 국민주택 리모델링 용역, 국민주택 설계용역 등 면세대상을 확인하여야 한다.

## 7 공통매입세액 안분계산의 적정성

과세분과 면세분 관련 매입세액의 실지귀속이 제대로 구분되었는가, 또한 공통매입세액에 대한 안분계산은 제대로 계산되었는가를 검토한다.

건설업의 경우 공통매입세액의 안분계산은 사업장 단위(건설현장단위)로 하되, 각 사업장에 공통적으로 사용되는(예 ; 본사 사업장의 임차료 및 사무용비품 등) 매입세액의 안분계산은 사업장의 공급가액의 합계액으로 부가가치세법 시행령 제81조의 규정에 의거 안분계산한다(부가 1265.2－1215, 1982. 5. 12).

## 8 중소기업기준 검토

건설업은 중소기업 업종에 해당되어 중소기업관련 세액감면 등을 적용받을 수 있다. 이 경우 건설업의 분류는 통계청장이 고시하는 한국표준산업분류에 의한다.

**실무적용 Tips**

**현장별 회계 및 세무관리의 중요성**

건설업은 현장별로 공사가 진행되고 분양이 이루어진다. 현장을 구분하면 도급현장과 분양현장, 과세현장과 면세현장, 단기현장과 장기현장 등 다양한 형태로 진행된다. 이러한 다양한 특성 때문에 현장별 원가계산을 통한 진행률에 따라 공사수익과 공사원가가 계산되어야 하며 면세현장과 과세현장을 구분하여 과세표준 안분계산 및 매입세액 안분계산과 정산, 재계산 등의 복잡한 회계와 세무관리가 필요하다.

① 현장별 진행률의 산정

건설업 현장별로 공사원가명세서를 작성하여야 한다. 건설업의 손익인식은 도급공사의 장단기에 따라 진행기준 또는 완성기준을 적용한다. 진행기준을 적용하는 경우 원칙적으로 공사현장별로 구분하고 공사현장별로 발생원가를 집계하여 진행률을 계산한다. 다만, 법인이 건설용역의 손익귀속시기에 관한 법인세법 시행령 제69조의 규정을 적용함에 있어 같은 아파트 공사현장이더라도 각 동별로 건설 등의 계약기간이 상이한 경우에는 각 동별로 장·단기도급공사인지의 여부에 따라 동 규정을 적용한다(서이 46012－10169, 2003. 1. 23).

② 현장별 매입세액의 구분 및 안분계산

건설현장을 과세현장과 면세현장·겸업현장을 구분하고 면세현장과 관련된 매입세액은 불공제하여야 하며 겸업현장은 합리적인 방법에 따라 안분계산하여야 한다. 건설업 및 부동산매매업을 영위하는 사업자가 공통매입세액인 일반관리비를 건설현장 단위로 안분계산함에 있어서 주상복합건물(주택은 국민주택규모)을 신축하는 현장에서 주택과 상가의 분양수익의 비율이 아닌 예정사용면적을 기준으로 안분계산하는 것인지 여부와 상기의 현장에서 발생한 분양광고비의 안분계산 방법 및 본사에서 발생한 일반관리비의 안분계산방법 과세사업과 면세사업을 겸영하는 경우 면세사업에 관련된 매입세액의 계산은 실지귀속에 따라 하되, 과세사업과 면세사업에 공통으로 사용되어 그 귀속을 구분할 수 없는 공통매입세액은 부가가치세법 시행령 제81조 제4항의 규정에 의하여 계산하여야 한다(서면3팀-1512, 2004. 7. 27).

③ 현장별 주민세(종업원분)의 납부

주민세의 과세대상이 되는 사업소라 함은 사업 또는 사무를 수행하기 위하여 설치한 인적·물적설비로서 계속하여 사업 또는 사무가 이루어지는 장소를 말하며, 주민세는 매월 말일 현재의 사업소 소재지를 관할하는 시·군에서 사업소별로 각각 부과하는 것으로 **월평균급여가 1억 5천만원 이하**는 부과하지 아니한다. 전국일원의 각 건설사업현장별로 직원이 근무할 수 있는 사무실 등 물적설비(본인소유, 임대, 무료제공 불문)를 갖추고 당해 장소에 종업원이 주재하면서 1개월 이상 계속해서 사업을 추진하고 있는 경우라면, 각 건설사업현장이 별개의 사업소에 해당된다 할 것이다(세정-1728, 2005. 7. 19).

**핵심체크**

[공사현장별 세무관리 요령]

1. 부가가치세 : 세금계산서 비고란에 현장소재지 표시

| 구분 | 유형 | 과세표준계산 | 매입세액 |
|---|---|---|---|
| 과세현장 | 상가, 오피스텔 | 도급금액(10%) | 공제 |
| 면세현장 | 다가구, 다세대(85㎡ 이하) | 도급금액(0%) | 불공제 |
| 겸업현장 | 다세대(85㎡ 이하), 오피스텔 | 안분계산(면적) | 안분계산(공급가액) |
| 본사 | 다세대(85㎡ 이하), 오피스텔 | - | 안분계산(공급가액) |

2. 법인세 : 현장별 진행기준, 인도기준 적용

| 계약기간<br>(착공~준공일) | 유 형 | 수입금액 인식 |
|---|---|---|
| 1년 미만 | 단기공사 | 진행기준, 인도기준 선택 |
| 1년 이상 | 장기공사 | 진행기준 |

## 1. 자산 · 부채항목

### (1) 공사(분양)미수금

도급공사(분양미수금은 아파트 분양과 상가 등 분양건설공사)의 착공과 진행 중 공사진행률에 의거 공사수익을 계상하는 경우 또는 계약금이나 중도금일에 그 금액을 회수하지 못한 경우 발생되는 계정과목이다. 공사미수금은 세법상 대손충당금 설정대상채권에 해당되나 특수관계자에게 장기간 미회수시에는 업무무관 가지급금으로 보아 인정이자계산과 지급이자 손금불산입 문제가 발생할 수 있다.

#### ① 지연회수 금액의 업무무관 가지급금 해당 여부

법인이 특수관계 있는 법인으로부터 공사대금을 통상적으로 회수할 수 있는 날로부터 지연하여 회수한 경우 지연회수금액에 대하여 적정이자를 받은 때에는 법인세법 제52조(부당행위계산부인)의 규정을 적용하지 아니하는 것이나 지연금액이 실질적인 **소비대차로 전환된 경우 동 금액은 "업무무관 가지급금"에 해당**되는 것이고, 법인이 특수관계 있는 법인에게 업무와 관련 없이 금전을 대여한 경우 법인세법 제28조 제1항 제4호 나목에 의하여 지급이자 손금불산입 규정을 적용한다(법인 46012-2424, 1997. 9. 18).

#### ② 공사대금을 대물변제로 받는 경우

건설업을 영위하는 법인이 거래처와 약정에 의하여 미회수 공사대금을 일정수량의 건축물로 대물변제받음으로써 당해 채권을 청산하기로 한 경우에 대물변제받을 당시 당해 자산의 시가가 채권액에 미달한 때에는 그 차액에 해당하는 채권을 약정에 의하여 포기한 것으로 보아 동 금액을 법인세법 제25조 제4항 규정의 접대비로 보는 것이다. 또한 당해 법인이 동 채권을 회수하기 위하여 거래처와 약정에 의하여 동 거래처 소유의 상가 등의 분양권을 위임받아 그 분양금액을 채권에 충당하기로 함에 있어서 분양가액을 임의로 할인하여 분양하고 그 할인한 금액을 채권과 상계함으로써 당해 법인이 부담한 경우에 동 금액도 접대비에 해당한다(법인 46012-677, 1999. 2. 22). 또한, 법인이 「법인세법 시행령」 제87조 규정에 의한 특수관계 없는 자에게 법인의 업무와 관련하여 자산을 시가보다 낮은 가액으로 대물변제함으로 인하여 이익을 제공하였다고 인정되는 금액은 접대비로 보는 것으로, 저가 대물변제 사유 및 규모의 적정 여부, 사전약정 여부 등을 감안하여 실질내용에 따라 사실판단할 사항이다(서면2팀-2010, 2007. 11. 6). 다만, 경영상의 위험회피 목적으로 수익증권증서를 소지한 대물계약자들에게 아파트 분양대금을 불가피하게 할인해 준 것은 접대비가 아니라 매출에누리에 해당된다(국심 2007서2227, 2009. 10. 14).

**사례** **공사미수금을 대물변제받은 경우의 회계 및 세무처리**

건설회사인 (갑)은 건설용역대가 10억에 해당하는 금액을 발주자 (을)로부터 상가 9억원(시가로 토지 5억, 건물 4억) 상당액을 부득이한 사유 없이 임의적으로 대물변제받았다.

(1) 갑의 경우

| | | | |
|---|---|---|---|
| (차) 토지 | 500,000,000 | (대) 공사미수금 | 1,000,000,000 |
| 건물 | 400,000,000 | | |
| 접대비 | 100,000,000 | | |

(2) 을의 경우

| | | | |
|---|---|---|---|
| (차) 공사미지급금 | 1,000,000,000 | (대) 분양수익 | 1,000,000,000 |

* 부득이한 사유 입증시 대손금 또는 매출에누리에 해당함.

* 대물변제하기로 약정함에 따라 대물변제 시점의 금 시가가 당초 폐 전자부품 매입시점보다 상승하여 상환차손이 발생한 경우 그 상환차손은 접대비에 해당되지 않는 것임(법인-1003, 2009. 9. 15).

* 당초 계약내용에 따라 공사수입금액을 정산하는 방법으로 미분양아파트 등을 대물상환받은 경우 그 가액이 시가보다 저가일지라도 그 차액을 채권의 포기로 보아 접대비로 시부인할 수 없음(심사법인 2008-0061, 2008. 12. 3).

* 대물계약자들로부터 수익권증서를 회수하지 못할 경우 신탁등기를 해제하지 못하여 입주예정일에 분양계약자들에게 소유권보존등기 절차를 진행할 수 없게 되어 잔금 미회수 및 지체보상금 지불 등 손실 발생이 예상되는 청구법인으로서는 경제적 약자로서 경영상 위험회피를 목적으로 수익권증서를 소지한 대물계약자들에게 아파트 분양대금을 불가피하게 할인해준 것으로 보이므로 접대비가 아님(국심 2007서2227, 2009. 10. 14).

* 공사대금의 일부를 불가피하게 포기한 경우 동 채권의 일부를 포기하거나 면제한 행위에 객관적으로 정당한 사유가 있는 때에는 동 채권포기액을 손금에 산입함(법인-414, 2010. 4. 26).

㉠ 과세표준 및 매입세액공제

(갑)은 건설용역대가에 대한 부가가치세 과세표준은 금전 이외의 대가로 받은 경우로 (갑)이 제공한 건설용역대가인 10억에 대하여 매출세금계산서를 발급하여야 하며 (을)로부터 대물변제받은 건물에 대한 매입세금계산서를 발급받아 매입세액공제를 받으면 된다. 즉, 사업자가 용역을 공급한 후 국민주택규모를 초과하는 주택을 그 대가로 대물변제받고 세금계산서를 발급받은 경우로 당해 주택을 부가가치세가 과세되는 사업에 사용할 경우에는 당해 세금계산서의 매입세액은 매출세액에서 공제되는 것이나, 당해 주택을 임대하거나 개인적인 목적으로 사용할 경우에는 매출세액에서 공제되지 아니하는 것이다(부가 46015-605, 2000. 3. 16).

㉡ 총수입금액 산입 및 부가가치세 과세

갑에게 공사비로 상가를 대물변제한 경우에는 대물변제한 분양건물 상당액을 총수입금액에 산입하여야 하며, 그 수입시기는 소득세법 시행령 제48조 제11호의 규정(대금

청산일, 소유권이전등기일, 사용수익일 중 빠른 날)의 시가에 의하여야 하며, 한편 대물변제한 자산이 부가가치세 과세대상인 경우에는 공급한 재화의 시가로 부가가치세가 과세되는 것이다(서면1팀-490, 2005. 5. 9). 한편, 법인이 특수관계 없는 다른 법인에게 금전을 대여하였으나 변제기일까지 채권이 회수되지 아니하여 비상장주식을 대물변제받기로 하는 경우로서 대물변제받은 주식의 시가가 채권액을 초과하는 경우 채권액을 동 주식의 취득가액으로 하는 것이다(법인-3199, 2008. 11. 3).

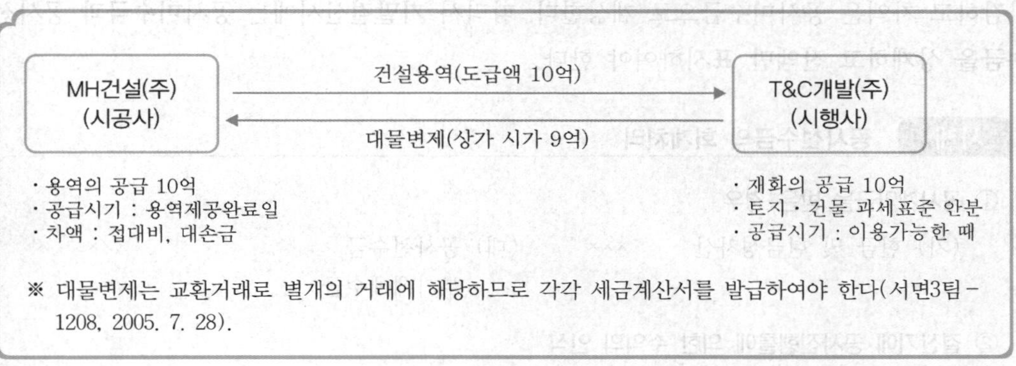


※ 대물변제는 교환거래로 별개의 거래에 해당하므로 각각 세금계산서를 발급하여야 한다(서면3팀-1208, 2005. 7. 28).

[대물변제와 과세문제]

① 대물변제로 양도되는 건물의 공급시기 : 건물이 이용가능하게 되는 때(서삼 46015-10881, 2001. 12. 14)

② 대물변제받은 국민주택 초과분에 대한 매입세액은 매출세액에서 공제되나, 당해 주택을 임대하거나 개인적인 목적으로 사용하는 경우에는 공제되지 아니함(서면3팀-1786, 2005. 10. 17).

③ 대물변제로 취득하는 부동산의 취득가액은 취득당시의 시가로 하되, 시가가 불분명한 경우에는 감정가액, 상속세 및 증여세법상의 평가액을 순차로 적용하는 것임(서면3팀-1468, 2006. 8. 2).

④ 대물변제받은 부동산의 취득일(소유권이전등기일)로부터 5년이 경과하지 아니한 부동산은 업무와 관련 없는 부동산에 해당하지 아니함(법칙 26 ⑤ 11호).

⑤ 도급금액 대신 대물변제받은 토지는 취득일로부터 2년 동안 비사업용토지에 해당되지 아니함(서이-1751, 2006. 9. 12).

⑥ 대물변제로 취득한 주택 및 부수토지는 대물변제 취득일로부터 3년 이내에 매각하면 토지 등 양도소득에 대한 법인세가 과세되지 않음(법령 92의 2 ② 3호).

⑦ 매출채권을 건물(부속토지 포함)로 회수한 경우, 그 건물은 취득한 날부터 2년간 실질자산으로 봄(건설업기업진단지침 17 ⑤).

⑧ 주택의 시공자가 제3호 가목 또는 나목의 자로부터 해당 주택의 공사대금으로 받은 제3호에 따른 미분양 주택(해당 주택을 공사대금으로 받은 날 이후 해당 주택의 주택분 재산세의 납세의무가 최초로 성립한 날부터 5년이 경과하지 않은 주택으로 한정한다)은 종합부동산

세 합산배제주택임(종부령 4 ① 5호).

## (2) 공사(분양)선수금

도급(자영)공사의 경우 공사수익으로 계상한 금액보다 공사대금의 입금액이 더 많은 경우에 발생하는 계정과목이다. 공사수익의 계상시에는 공사수익에 해당되는 공사선수금을 차감하고 차액은 공사미수금으로 계상한다. 따라서 **기말결산시에는 공사미수금과 공사선수금을 상계하고 잔액만 표시**하여야 한다.

**사례 공사선수금의 회계처리**

① 공사계약금을 받은 경우

| | | | |
|---|---|---|---|
| (차) 현금 및 현금성자산 | ××× | (대) 공사선수금 | ××× |
| | | 부가세예수금 | ××× |

② 결산기에 공사진행률에 의한 수익의 인식

| | | | |
|---|---|---|---|
| (차) 공사선수금 | ××× | (대) 공사수익 | ××× |
| 공사미수금 | ××× | | |

※ 세금계산서를 발급하고 받은 공사선수금(부가가치세법상 공급시기)보다 공사수익(법인세법상 익금)이 큰 경우에는 그 차액을 공사미수금으로 계상한다.

**사례 선금수령시 회계처리**

■ 도급계약서 내역

건설회사 (갑)은 발주자 (을)과 도급계약을 체결하고 완성도기준지급에 따라 공사대금을 청구하고 있으며 선금수령시 매출세금계산서를 발행하고 선금은 기성비율에 따라 정산한다.

- 도급금액 : 10억원(과세 5억원, 면세 5억원), 선금 20% 수령
- 1차 기성고 40%(선금 정산 후 청구)
- 결산시점의 진행률 50%

① 선금수령시

| | | | |
|---|---|---|---|
| (차) 현금및현금성자산 | 210,000,000 | (대) 공사선수금 | 200,000,000 |
| | | 부가세예수금 | 10,000,000 |

※ 선금 20%인 2억원(10억×20%)을 수령하면서 과세매출 1억원에 대하여 매출세금계산서를 발행하고 면세매출 1억원에 대하여 계산서를 발행한다.

※ 선금의 공급시기는 순차로 기성대금에 충당되는 때이나 대금을 받은 경우에는 그때를 공급시기로 할 수 있다.

② 1차 기성대금 청구시

| | | | | |
|---|---|---|---|---|
| (차) | 공사미수금 | 336,000,000 | (대) 공사선수금 | 400,000,000 |
| | 공사선수금 | 80,000,000 | 부가세예수금 | 16,000,000 |

※ 1차 기성액은 4억원이나 선금정산액 2억원 중 40%인 0.8억원을 차감한 3.2억원을 청구금액으로 하여 과세매출 1.6억원(부가세 별도) 세금계산서를 발행하고, 면세매출 1.6억원 계산서를 발행한다.

- 청구금액 = 기성금액 - (선금액 × 기성률)

③ 결산시

| | | | | |
|---|---|---|---|---|
| (차) | 공사선수금 | 500,000,000 | (대) 공사수익 | 500,000,000 |

※ 공사수익은 진행률에 따라 인식하고(10억원 × 50%) 1차 기성시 인식한 선수금과 상계하고 잔액은 선금수령시 인식한 공사선수금과 상계처리한다.

판례 **선금의 법적성격**(대법원 2002. 9. 4 선고, 2001다1386 판결)

공사도급계약에서 지급되는 선금은 자금 사정이 좋지 않은 수급인(건설사)으로 하여금 자재 확보, 노임 지급 등에 어려움이 없이 공사를 원활하게 진행할 수 있도록 하기 위하여, 도급인이 장차 지급할 공사대금을 수급인에게 미리 지급하여 주는 선급공사대금이라고 할 것인데, 만약 선금을 수급인이 지급받을 기성고 해당 중도금 중 최초분부터 전액 우선 충당하게 되면 위와 같은 선금지급의 목적을 달성할 수 없는 점을 감안하면, 선금이 지급된 경우에는 특별한 사정이 없는 한 기성부분 대가 지급시마다 계약금액에 대한 기성부분 대가 상당액의 비율에 따라 안분 정산하여 그 금액 상당을 선금 중 일부로 충당하고 나머지 공사대금을 지급받도록 함이 상당하다.

### (3) 선급공사원가

계약 전 공사원가 중 특정계약의 체결을 목표로 지출하였으나 계약이 체결되지 않는 경우 미래의 경제적 효익이 없는 지출은 당기비용으로 처리한다. 다만, 특정계약의 체결가능성이 매우 높고 지출이 특정계약의 체결과 직접 관련되어 있으며 식별가능하고 신뢰성 있게 측정할 수 있는 경우로 회수될 가능성이 매우 높은 경우에는 회수가능한 금액을 선급공사원가로 자산처리하고 계약이 체결된 후 적절한 방법으로 공사원가에 가산한다. 즉, 계약에 직접 관련이 되며 계약을 획득하기 위해 공사계약 체결 전에 부담한 지출은 경과적으로 선급공사원가로 계상하며, **당해 공사를 착수한 후 공사원가로 대체**한다.

① 분양계약 전 모델하우스 건립비용(특정 분양계약과 직접 관련된 경우에 한하며 회사

홍보목적 등으로 상설로 운영되는 경우는 제외됨)도 공사계약 전 지출로써, 선급공사원가로 회계처리한다.

② 건설회사가 재개발 또는 재건축아파트공사를 수주하여 공사하는 경우 원활한 공사진행을 위하여 재개발·재건축조합원 또는 세입자들에게 공사완료시까지의 이주비를 대여하며 이에 소요되는 자금은 자기자금 또는 금융기관 차입금으로 조달하게 된다. 이 때 이주비대여 목적으로 차입하는 자금에 대한 이자비용과 이주비대여로 인하여 발생하는 이자수익의 차액 중 공사개시 전까지 발생하는 부분은 발생시에 선급공사원가로 계상한다. 선급공사원가로 계상된 금액은 공사개시 후 공사진행률에 따라 공사원가로 계상한다.

[손금귀속시기]

| 구 분 | 기업회계 | 법인세법 | 차이 |
|---|---|---|---|
| • 수주비 | • 진행기준 : 진행률<br>• 완성기준 : 공사완료일 | 수주 여부가 확정된 날<br>(서면2팀-2305, 2006. 11. 10) | 발 생 |
| • 모델하우스 설치비용 | | 기업회계와 동일<br>(집행기준 40-69-10) | 없 음 |

**사례 선급공사원가의 회계처리**

- 20×1. 5. 1 수주비 20억원을 지출하고 20×2. 6. 30 계약이 체결되었다(결산시 공사진행률이 10%).
  - 20×1. 5. 1
    (차) 선급공사원가 20억 (대) 현금·예금 20억
  - 20×2. 12. 31
    (차) 수주비(공사원가) 2억 (대) 선급공사원가 2억
- 20×1. 5. 1 분양현장 모델하우스 건축비 20억원을 지출하였다(20×1 결산시 공사진행률이 10%).
  - 20×1. 5. 1
    (차) 선급공사원가 20억 (대) 현금 · 예금 20억
  - 20×2. 12. 31
    (차) 모델하우스비(공사원가) 2억 (대) 선급공사원가 2억

### (4) 전도금

사업장이 다수인 경우 사업장의 운영비와 관련하여 지급하는 임시계정으로 사용용도를 확인 정산하여 적절한 계정과목으로 대체하여야 한다. 전도금은 주로 공사현장 운영경비와 일용근로자의 인건비로 지급된다. 전도금의 지출은 주로 현장에서 이루어지며 현장소장의 책임 하에 집행되는 경우로 사후정산에 대한 철저한 지출증명의 관리가 필요하다. 지출증명을 제대로 챙기지 못하면 허위세금계산서로 대체하거나 가공인건비를 계상하게 되는 데 이 경우 세무조사시 적발되어 부가가치세, 법인세, 소득세 등의 세금을 추징당하게 된다.

### (5) 재고자산

#### ① 완성주택

분양공사의 경우 공사가 완료되어 분양시점까지 미완성주택을 완성주택으로 대체한다. 이후 분양이 완료되면 입주일 또는 잔금청산일 중 빠른 날에 공사수익을 인식하고 그에 대응하는 완성주택원가를 분양원가로 대체한다. 다만, 법인은 장기예약매출에 해당되면 진행기준에 따라 분양손익을 인식한다.

#### ② 미완성주택

분양건설공사의 경우 미분양된 상태에서 해당 건설공사는 진행중인 때 그 공사에 투입된 재료비, 노무비, 경비 등 제비용을 말한다.

#### ③ 용지

주택 및 상가의 신축판매를 위해 매입하는 토지를 말한다. 금융비용을 자본화하는 경우 용지에 포함하며, 토지만을 사용할 목적으로 구건물을 취득하여 철거하는 경우 구건물의 취득원가와 철거비용은 용지에 포함한다. 또한 토지의 취득관련 취득세 등 세금과 관련 부대비용도 용지에 포함한다. 한편 양수자가 양도자의 양도소득세를 부담하여 납부한 경우 토지의 취득원가에 포함한다(법인 46012-2087, 1995. 7. 29).

ⓐ 도시계획에 의한 도로공사로 인하여 공사비로 지출된 수익자부담금은 토지에 대한 자본적지출로 한다.

ⓑ 목야지(초지)의 조성비 중 최초의 조성비는 토지에 대한 자본적지출로 한다.

ⓒ 부동산매매업자(주택신축판매업자)가 토지개발 또는 주택신축 등 당해 사업의 수행과 관련하여 그 토지의 일부를 도로용 등으로 국가 등에 무상으로 기증한 경우 그 토지가액은 잔존토지에 대한 자본적지출로 한다.

**사례** 건설용지의 회계처리

- 용지 구입시 :

| | | | | |
|---|---|---|---|---|
| 계약금 및 중도금지급 | (차) 선급금 | ××× | (대) 현 금 | ××× |
| 잔금지급 | (차) 용 지 | ××× | (대) 선급금 등 | ××× |
| - 공사원가 투입시 : | (차) 용지비(공사원가) | ××× | (대) 용 지 | ××× |

※ 유형자산의 취득을 위하여 지출한 계약금 및 중도금은 건설중인 자산으로 계상한다(재무보고에 관한 실무의견서, 2006-2, 2006. 5. 2).

**참 고** 용지의 취득원가 계상과 원가배분

① 건설형공사계약

공사진행률은 실제공사비 발생액을 토지의 취득원가와 자본화대상 금융비용을 제외한 총공사예정원가로 나눈 비율로 계산함을 원칙으로 한다. 토지는 건설공사기간에 걸쳐 계속적으로 사용되는 것이라고 볼 수 있으므로 토지구입시점에서 전액 공사원가로 산입하는 것은 타당치 아니하며 **공사진행률에 의하여 공사원가에 안분하여 산입하는 것**이 타당하다. 이는 공사에 사용하기 위해 매입한 원가를 예상사용기간에 걸쳐 배분하는 것과 동일한 논리이다. 한편 건설공사에 소요된 값비싼 부품(컴퓨터, 엔진, 레이더 등)은 건설공사의 일정시점에 필요한 것이지 건설공사기간에 걸쳐 계속 사용되는 것은 아니므로 그 부품이 설치된 시점에서 공사원가에 포함시키는 것이 타당하다. 예를 들면 건설공사기간에 걸쳐 만일 공사진행률이 10%이고 용지금액이 10억원이면 용지비(공사원가)로 1억원을 대체하면 된다.

② 건설자금이자의 취득세 과세대상 여부

재고자산(분양용)에 대한 건설자금이자는 취득세 과세대상에 포함한다(지법령 82의 3).
건설자금이자를 기업회계에 따라 자본화하지 않고 회계처리상 영업외비용(이자비용)으로 회계처리한 경우에도 건축물을 신축하면서 발생한 건설자금에 충당한 금액의 이자에 해당함이 분명한 경우 취득세 과세표준에 포함하여야 한다(지방세심사 2006-16, 2006. 1. 23). 또한, 지방세법 시행령 제82조의 3 제1항의 법 문언상 건설자금이자가 있는 경우에는 기업회계기준에 따라 건설자금의 이자로 계상한 금액만 과세표준에 포함된다고 한정할 수는 없다 하겠으므로 회계처리방법의 차이에 상관 없이 건설자금의 이자가 있는 경우에는 이를 취득세 등의 과세표준에 포함하도록 해석하는 것이 타당하다(지방세심사 2007-777, 2007. 12. 26).

③ 용지의 취득원가(질의회신 02-188, 2002. 11. 18)

ⓐ 질의 내용

회사는 아파트 단지 조성을 위해 ○○문중 재단 소유의 토지를 구입하였으나 무단점유자 등이 동 토지상의 지상물을 장기간 점유하고 있는 상황이라 관련 점유자에 대한 각종 보상이 이루어지지 않을 경우 아파트 단지조성이 현실적으로 불가능함. 따라서 회사가 관련 점유자에게 이주보상비와 점유보상비를 지급하여 그 지상물을 명도받기로 하고, 지상물 철거를 위한 각종 법률적인 처리비용을 지출하기로 한 경우,
(질의1) 이주보상비와 점유보상비의 회계처리는?
(질의2) 제 법률비용의 회계처리는?

ⓑ 회신 내용
(질의1과 2) 용지의 취득원가로 회계처리한다.

#### ④ 미성공사

공사완성기준을 적용하는 경우 공사수익은 상가나 주택이 완성된 시점에서 인식하고, 총 공사원가는 미성공사로 집계한 후 완성시점에서 공사원가로 대체하는 계정과목이다. 따라서 진행기준을 적용하는 경우 미완성공사가 공사원가로 대체되어 재고자산으로 존재하지 않는다. 공사완성기준은 중소기업에 대하여 단기용역매출이나 단기예약매출의 경우 완성기준을 적용할 수 있도록 하고 있다.

법인세법에서는 공사기간이 1년 이상인 예약매출에 대한 손익의 귀속시기는 진행기준을 적용하도록 하고 있으나 미분양분에 대하여는 공사완성기준을 적용하도록 하고 있다(법인 46012-450, 2000. 2. 16).

#### ⑤ 가설재

건설공사에서 사용되는 가설재는 건설자재의 일종으로 공사를 위하여 보조적, 임시적으로 설치 또는 사용되며, 공사완료 후 철거, 해체되는 모든 자재를 말한다. 가설재의 종류로는 가설목재, 가설철재, 가설건물, 기계공구 등이 있다.

ⓐ 내구재(철재 등) : 유형자산으로 처리하고 감가상각비 처리방법에 따라 공사원가에 산입한다.

ⓑ 내구재 이외(목재류 등) : 재고자산으로 처리하고 기말평가(저가법)시 감모된 부분을 재고자산에서 직접 차감하여 가설재손료로 공사원가에 산입한다.

### (6) 비유동자산

#### ① 건설용 장비

건설공사용, 화물하역용 및 광업용으로 사용되는 건설용 기계장비로서 건설기계관리법에서 규정한 건설기계 및 이와 유사한 기계장비를 말한다. 이는 취득세 과세대상(지방세칙 제40조의 2에 규정한 자산[별표5])이다. 건설용 장비는 주로 지입회사에 소속된 장비소유자로부터 임차하여 사용하고 사용료를 지불하며 매입세금계산서를 수취

하게 된다. 이 경우 장비소유자는 자신의 과세표준이 노출되는 것을 꺼려하여 제3자의 세금계산서를 발급해주는 경우가 있다. 따라서 건설용 장비 임차 사용시에는 건설기계 등록원부 및 사업자등록증과 신분증을 확인하여 실사업자 유무를 확인하고 실지소유자 명의의 금융계좌에 이체하여 거래증빙자료를 갖추어 놓아야 한다.

② 건설중인 자산

유형자산의 건설을 위하여 투입된 원재료비, 노무비, 경비로 취득 또는 공사가 완료된 후 당해 비유동자산으로 대체된다. 건설 중인 자산에는 취득 및 건설 중에 발생한 금융비용을 자본화하는 경우 당해 금액을 포함한다. 건설중인 자산은 감가상각대상에 해당되지 아니하며 법인세법에서는 사업용 고정자산에 대한 건설자금이자만을 강제로 계상하도록 하고 있으므로 건설업에서 건설중인 자산(재고자산)을 계상한 경우 손금산입으로 세무조정하여야 한다.

③ 출자금(예치금)

출자금은 건설업을 하고자 하는 자가 건설공제조합에 출자하는 금액으로 건설업 등록을 하기 위해서 공제조합으로부터 보증가능금액확인서를 발급받아 제출하여야 한다. 보증가능금액확인서란 건설업등록을 하고자 하는 자가 국토교통부장관이 지정한 보증기관에서 재무상태 · 신용상태를 평가받고 그 등급 결과에 따라 건설업 등록기준에 의한 **업종별 자본금의 100분의 25 이상 100분의 60 이하의 범위**에 해당하는 금액을 예치하였음을 확인하는 서류를 말하는 것으로, 건설업등록 신청시 등록관청에 제출하여야 하며, 확인서를 발행한 보증기관은 보증의무를 부담하게 된다.

ⓐ 건설공제조합

건설공제조합은 건설산업기본법 제56조에 의거 조합원이 건설업을 영위함에 필요한 입찰보증 · 계약보증(공사이행보증), 자금의 융자, 공사대금의 어음할인 등의 사업을 수행하게 된다. 공제조합은 건설공제조합과 전문건설공제조합으로 나누어지며 건설공제조합은 일반건설회사의 공사이행보증과 하자보수이행증권을 발행해주며 전문건설공제조합은 전문건설업 영위 회사를 위하여 공사이행보증증권 등을 발행하여 주는 사업을 한다.

ⓑ 업종별 보증가능금액확인서 발급가능한 출자좌수

※ 전문건설공제조합(kscfc.co.kr) 자료에서 발췌한 것임.

## 업종별 공제조합 출자좌수

가. 업종별 보증가능금액확인서 발급가능한 출자좌수(2023년 7월 24일 현재)

※ 전문건설공제조합(kscfc.co.kr) 자료에서 발췌한 것임

보증가능금액확인서를 발급받기 위해서는 공제조합에서 신용평가를 받아야 하며 등록 기준좌수를 예치하여야 함.

**【업종별 공제조합 출자좌수】**

보증가능금액확인서를 발급받기 위해서는 공제조합에서 신용평가를 받아야 하며 등록 기준좌수를 예치하여야 함.

(단위 : 억원)

| 구 분 | | 법인 | | | 개인 | | |
|---|---|---|---|---|---|---|---|
| | | 법정 자본금 | CC등급 이상 | C등급 | 법정 자본금 | CC등급 이상 | C등급 |
| 전문 | 지반포장, 실내건축, 금속지붕, 도장방수석공, 조경식재시설, 철콘, 비계, 상하, 수중준설 승강기삭도, 가스설비 | 1.5억원 | 43좌 | 53좌 | 법인과 동일 | | |
| 전문 | 철도궤도, 철강구조 | 1.5억원 | 43좌 | 53좌 | 3억원 | 85좌 | 106좌 |
| | 시설물 | 2억원 | 64좌 | 80좌 | 법인과 동일 | | |
| | 가스난방 | 없음 | 43좌 | | 법인과 동일 | | |
| 종합 | 토건, 산업 설비 | 8.5억원 | 254좌 | 317좌 | 17억원 | 507좌 | 634좌 |
| 종합 | 건축 | 3.5억원 | 106좌 | 132좌 | 7억원 | 212좌 | 264좌 |
| 종합 | 토목, 조경 | 5억원 | 148좌 | 185좌 | 10억원 | 296좌 | 370좌 |

※ 2024. 7. 29 기준 1좌당 출자지분액은 947,723원이며, 이 금액은 향후 조합의 가결산, 결산결과에 따라 변동됩니다.

* 예시 : 철근콘크리트 공사업을 등록하고자 하는 경우 좌수 및 출자금액

- CC등급 이상 : 43좌 × 947,723원 = 40,752,089원
- C등급 : 53좌 × 947,723원 = 50,229,319원

**나. 공제조합 신용평가 서류**

| 기관별 | 제출서류 | 비 고 |
|---|---|---|
| 전문건설 공제조합 | • 신용평가신청서(조합소정양식)<br>• 신용평가조사서(조합소정양식)<br>• 법인등기부등본(법인) 또는 사업자등록증사본(개인)<br>• 재무자료 (재무상태표, 손익계산서, 세무조정계산서 등)<br>• 기타 신용평가에 필요한 자료 | 각종 양식은 조합 홈페이지 www.kscfc.co.kr에서 출력 가능함 |

| 기관별 | 제출서류 | 비 고 |
|---|---|---|
| 건설<br>공제조합 | • 신용평가조사서(조합소정양식)<br>• 조합원 실태 관련자료)<br>• 재무제표 관련자료<br>• 법인세신고 관련자료<br>• 기타 신용평가에 필요한 자료 | 각종 양식은<br>조합 홈페이지<br>www.cgbest.co.kr에서<br>출력 가능함 |
| 설비건설<br>공제조합 | • 신용평가신청서(조합소정양식)<br>• 신용평가조사서(조합원작성용)<br>• 법인등기부등본(법인) 또는 사업자등록증사본(개인)<br>• 납세증명서<br>• 재무자료 (대차대조표, 손익계산서, 합계잔액시산표등)<br>• 기타 신용평가에 필요한 자료 | 각종 양식은<br>조합 홈페이지<br>www.seolbi.com에서<br>출력 가능함 |

ⓒ 출자금에 대한 세무처리

ㄱ. 건설공제조합 출자증권의 양도소득세 과세대상 여부

소득세법 시행령 제44조의 2 제1항 제3호의 규정에 의거 영업권(행정관청으로부터 받은 건설업 면허권 포함)을 단독으로 양도하는 때와 동항 제2호 이외의 자산과 영업권을 함께 양도한 경우로서 영업권을 별도로 평가하여 양도한 때와 영업권을 별도로 평가하지 아니하였으나 사회통념상 영업권이 포함된 것으로 인정되는 때에는 양도소득세가 과세되는 것이다(재산 01254-2722, 1988. 9. 22).

ㄴ. 건설공제조합 출자증권의 증권거래세 과세 여부

증권거래세법 제2조 제4항 규정에 의하면 특별한 법률에 의하여 설립된 법인이 발행하는 출자증권은 이 법의 적용에 있어서 주권으로 보도록 되어 있어 건설공제조합의 출자증권은 증권거래세 과세대상인 주권에 해당되는 것이며, 또한 특별한 법률에 의하여 설립된 법인이 발행한 출자증권이 담보권의 실행으로 유상으로 그 소유권이 이전되는 경우에는 증권거래세법 제1조 규정에 의하여 증권거래세가 부과되는 것이다(소비 46430-596, 1999. 12. 4).

ㄷ. 초과인출금 계산과 건설공제조합 출자증권

건설업면허를 받기 위해 필수적으로 취득해야 하는 건설공제조합증권은 소득세법상 초과인출금 계산시 사업용자산의 합계액에 포함된다(소득 46011-1591, 1997. 6. 13).

ㄹ. 출자금에 대한 배당금수익 이중과세 조정

건설회사가 건설공제조합의 출자금에 대하여 배당금을 받는 경우에는 영업외수익으로 계상하고 출자비율에 따라 일정금액을 익금불산입으로 세무조정하여야 한다. 이는 법인원천소득에 대한 이중과세를 조정하기 위한 조치이다.

| 회사의 구분 | 지분비율 | 익금불산입 비율 |
|---|---|---|
| 모든 법인 | 50% 이상 | 100% |
| | 20% 이상 50% 미만 | 80% |
| | 20% 미만 | 30% |

**사례** **공제조합출자금의 회계 및 세무처리**

(주)태안건설의 건설공제조합과 관련된 다음의 거래에 대하여 회계처리와 세무조정을 하시오.

1. 20×1. 1. 20 건설업등록을 위하여 건설공제조합에 5억원을 출자하였다.

(차) 매도가능증권 500,000,000 (대) 현금 및 현금성자산 500,000,000

2. 20×1. 12. 31 출자금에 대하여 기말에 평가한 금액이 505,000,000원이었다.

(차) 매도가능증권 5,000,000 (대) 매도가능증권평가이익 5,000,000

* 기업회계기준이나 건설업 기업진단지침에서는 시가평가가 원칙이므로 출좌자수 변동액으로 평가하여 재무제표에 반영한다. 다만, 법인세법에서는 시가평가를 인정하지 않으므로 다음과 같이 세무조정하여야 한다.

익금산입 매도가능증권평가이익 5,000,000(기타)
익금불산입 매도가능증권 5,000,000(△유보)

일반적으로 중소기업의 경우 법인세법에 따라 시가평가를 하지 않고 취득원가로 계상하는 경우가 많다. 그러나 건설업관리규정에서 시가평가를 실질자본금으로 인정하므로 반드시 평가를 하고 세무조정을 하여야 한다.

3. 20×2. 4. 30 건설공제조합으로부터 배당금 1,000,000원을 수령하였다.

(차) 현금및현금성자산 1,000,000 (대) 배당금수익 1,000,000

* 배당금수령액은 건설공제조합에서 수익사업에 대한 법인세를 납부한 후 지급받은 배당소득으로 법인원천소득에 대한 이중과세 조정목적으로 법인세법상 수입배당금에 대한 익금불산입을 한다.
익금불산입 배당금수입 300,000(기타)

4. 20×2. 8. 30 공제조합으로 1억원을 차입하였다.

(차) 현금및현금성자산 100,000,000 (대) 장기차입금 100,000,000

5. 20×2. 12. 31 공제조합 차입금에 대한 이자비용 1,000,0000원이 발생하였다.

(차) 이자비용 1,000,000 (대) 미지급비용 1,000,000

* 이자비용이 발생하는 경우 가지급금 등 업무무관자산이 있을 때에는 가지급금 인정이자 계산을 하고 지급이자 손금불산입 및 수입배당금에 대한 익금불산입 계산시 차입금이자를 차감하여야 한다. 공제조합출자금에 대한 차입금 이자율이 낮으므로 가중평균차입이자율을 적용하는 것이 인정이자를 적게 계상하게 되므로 유리하다.

**참 고** 출자증권의 양도와 증권거래세

1. 양도내역

| 양도인 | 양수인 | 양도좌수 | 양도가액 (취득가액) | 상계내역 | | |
|---|---|---|---|---|---|---|
| | | | | 융자금 | 융자이자 | 반환금액 |
| (주)태안건설 | 건설공제조합 | 160좌 | 142,236,320 | 141,000,000 | 87,380 | 1,148,940 |

2. 회계처리(명의개서일 20×1. 4. 8)

| | | | |
|---|---|---|---|
| (차) 장기차입금 | 141,000,000 | (대) 출자금 | 142,236,320 |
| 보통예금 | 1,148,940 | | |
| 이자비용 | 87,380 | | |

3. 증권거래세

양도가액 142,236,320 × 0.35% = 497,827원, 반기 말로부터 2월 이내(20×1. 8. 31) 신고 · 납부

4. 양도소득세

취득가액과 양도가액이 동일하므로 양도차익 없음. 반기 말로부터 2월 이내 신고 · 납부

### (7) 산업재산권

법률에 의하여 일정기간 독점적 · 배타적으로 이용할 수 있는 권리로서 특허권 · 실용신안권 · 의장권 및 상표권 등이 있다. 특허권을 개인이 개발하여 법인에 양도하는 경우 기타소득에 해당된다. 다만, 법인의 대표자로서 업무를 수행하면서 특허권을 개인명의로 취득하여 법인에게 양도하는 경우 국세기본법 제14조에 따른 실질과세원칙과 법인세법 제52조에 따른 부당행위계산부인에 따른 과세상 쟁점이 발생할 수 있다.

**실무적용 Tips**

특허권의 취득 · 양도와 세무처리

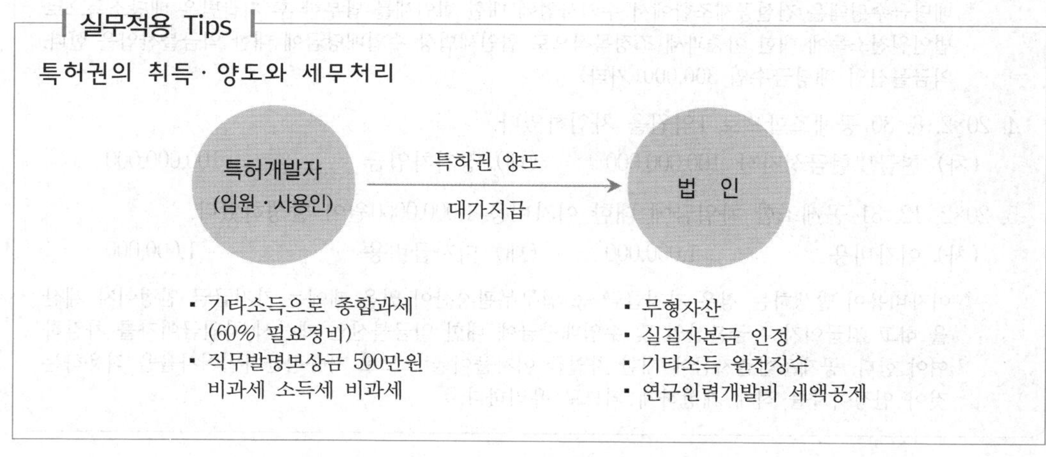

관련법조문

◈ 소득세법 제12조【비과세소득】

다음 각 호의 소득에 대해서는 소득세를 과세하지 아니한다.

어. 「발명진흥법」 제2조 제2호에 따른 직무발명으로 받는 다음의 보상금(이하 "직무발명보상금"이라 한다)으로서 대통령령으로 정하는 금액(700만원)

1) 「발명진흥법」 제2조 제2호에 따른 종업원등(이하 이 조, 제20조 및 제21조에서 "종업원등"이라 한다)이 같은 호에 따른 사용자등으로부터 받는 보상금

2) 대학의 교직원 또는 대학과 고용관계가 있는 학생이 소속 대학에 설치된 「산업교육진흥 및 산학연협력촉진에 관한 법률」 제25조에 따른 산학협력단(이하 이 조에서 "산학협력단"이라 한다)으로부터 같은 법 제32조 제1항 제4호에 따라 받는 보상금

* 근로기간은 근로소득으로 퇴직 후에는 퇴직소득으로 과세

◈ 발명진흥법 제2조【정의】

이 법에서 사용하는 용어의 뜻은 다음과 같다.

1. "발명"이란 「특허법」·「실용신안법」 또는 「디자인보호법」에 따라 보호 대상이 되는 발명, 고안 및 창작을 말한다.
2. "직무발명"이란 종업원, 법인의 임원 또는 공무원(이하 "종업원등"이라 한다)이 그 직무에 관하여 발명한 것이 성질상 사용자·법인 또는 국가나 지방자치단체(이하 "사용자등"이라 한다)의 업무 범위에 속하고 그 발명을 하게 된 행위가 종업원등의 현재 또는 과거의 직무에 속하는 발명을 말한다.
3. "개인발명가"란 직무발명 외의 발명을 한 자를 말한다.
4. "산업재산권"이란 「특허법」·「실용신안법」·「디자인보호법」 또는 「상표법」에 따라 등록된 특허권, 실용신안권, 디자인권 및 상표권을 말한다.

판례 **특허권 소유권의 실질적 귀속자에 대한 판단**

**⊙ 창원지방법원 2023. 10. 12. 선고 2022구합53059 판결**

직무발명보상규정에 의하면 원고의 임원·직원 등(이하 '종업원 등'이라 한다)이 그 직무에 관하여 발명한 것이 성질상 회사의 업무 범위에 속하고 그 발명을 하게 된 행위가 종업원등의 현재 또는 과거의 직무에 속하는 발명을 '직무발명'이라 규정하고(제2조 제2호), 회사를 대표하는 위원(사용자 위원)과 종업원 등을 대표하는 위원(종업원 위원)을 동수로 한 직무발명심의위원회를 구성하여 직무발명 해당 여부에 관한 심의, 종업원 등의 개인발명에 대한 권리의 양수 여부 및 보상액 등 결정에 관한 사항을 심의하도록 되어 있는데(제11조), 원고는 이 사건 양수도계약을 체결할 당시 위 심의위원회의 심의를 거치지 않았고, 이에 관하여 2017. 9. 5.자 원고의 이사회의사록이 작성되었을 뿐이다. 그리고 이 사건 양도대금은 위 직무발명보상금 산정기준세칙에 기재된 특허와 관련된 출원보상금(20만원), 등록보상금(30만원)과 비교하면 금

액 차이가 크다. 이 법원의 현장검증결과와 부실한 대표자 연구개발노트, 이 사건 특허에 대한 법인의 상당한 개입 사정 등을 더하여 살펴보면, 대표자가 이 사건 각 특허권을 개인이 발명하였다고 보기 어렵다.

⊙ **대전지방법원 2023. 9. 20 선고 2022구합100072 판결**

원고는 이 사건 각 특허권의 발명자가 개인이라고 주장하나, 이 사건 각 특허권에 대한 개인의 각 발명일지(을 제7호증)를 보면, 위 발명일지가 전체 16면에 불과하고, 그 내용이 연구개발 과정을 적은 것으로 보기에는 다소 부실할 뿐만 아니라 이 사건 각 발명의 연구과정을 설명하기 위하여 기재한 내용 이외에는 이 사건 각 특허권 등의 개발을 완성하기까지 그 오류나 시행착오에 관한 내용은 발견할 수 없는 점, 더욱이 이 사건 제2 특허권의 발명자는 개인이 아닌 법인임에도 발명일지가 개인 작성한 것으로 되어 있는 점, 특히 구체적인 연구과정과 발명의 목적 및 효과 달성을 위하여 요구되는 실질적인 수단에 관한 내용 등이 포함되어 있지 않고, 발명에 대한 기본적인 착상 내지 아이디어 등이 나열되어 있는 것으로 보일 뿐인 점 등에 비추어 보면, 위 발명일지만으로 개인 단독으로 이 사건 각 특허권 등을 개발하였다고 인정하기는 어렵다.

라) 더욱이 이 사건 각 특허권의 청구항(갑 제5호증) 내용을 살펴보면, 각 발명품의 구체적인 도면이 자세히 기재되어 있는데, 이 사건 각 특허권은 개인의 단순한 구상만으로는 개발이 어려웠을 것으로 판단되고, 기술의 실현가능성, 효율성 등을 검증하기 위해 시제품의 제작이나 다양한 실험이 필요하며 그 과정에서 상당한 설비와 비용이 필요하였을 것으로 보인다. 그런데도 위와 같은 비용지출이나 관련 설비 이용 방법에 관하여 입증할 수 있는 자료가 확인되지 않는다. 반면 이 사건 각 특허권의 출원 및 등록과 관련된 비용뿐만 아니라 특허에 관한 감정평가 비용은 모두 개인이 아닌 원고가 지출한 것으로 보인다.

### (8) 건설업관련 제충당부채

#### ① 하자보수충당부채

건설사업자가 주택을 신축, 판매 또는 국가기관과의 공사도급계약에 의하여 시공한 공사부분에 대하여 시공상의 결함, 기능마비 또는 재질불량, 품질미달 등 부실시공부분에 대하여 관련 법률에 정한 하자담보 책임기간 동안 하자가 발생할 것을 대비하여 설정하는 충당금이다. 하자보수충당부채는 관련법에 의한 하자보수기간 동안 설정하여야 하며 **하자보수기간이 끝나면 더 이상 설정할 수가 없다.** 국가를당사자로하는계약에관한법률시행규칙 제70조 [별표 1]에 하자담보책임기간을 공정별로 1년에서 10년까지 정하고 있다. 하자보수충당부채는 세법상 인정되는 충당금이 아니므로 장부에 하자보수충당금전입액을 계상한 경우에는 손금불산입(유보)하고 추후 실제 지출시에 손금산입(△유보)으로 세무조정하여야 한다.

※ 하자보수비는 작업진행률 계산시 총공사예정비에 포함하고 공사가 완료되는 사업연도의 총공사누적액에도 포함한다(법인 46012-312, 1998. 2. 6).

② **공사손실충당부채**

총공사원가가 총공사수익을 초과할 것으로 예상되는 경우에는 그 예상손실은 공사원가에 포함하여 보고하고, 예상손실에 대한 주요 세부내용을 주석으로 기재한다. 공사손실충당부채는 세법상 인정되는 충당금이 아니므로 장부에 공사손실충당금전입액을 계상한 경우에는 손금불산입(유보)하고 추후 실제 지출시에 손금산입(-유보)으로 세무조정하여야 한다.

③ **수선충당부채**

임대주택, 공동주택 등에 대한 시설물관리 유지비 및 주요시설의 교체, 점검 등에 필요한 일정한 비용 등을 특별수선충당부채로 적립하여야 한다. 특별수선충당부채는 세법상 인정되는 충당금이 아니므로 장부에 특별수선충당부채전입액을 계상한 경우에는 손금불산입(유보)하고 추후 실제 지출시에 손금산입(-유보)으로 세무조정하여야 한다.

## 2. 수익 · 비용항목

### (1) 수익 · 비용의 인식

건설 · 제조 기타 용역(도급공사 및 예약매출을 포함)의 제공으로 인한 익금과 손금은 그 목적물의 건설 등의 착수일이 속하는 사업연도부터 그 목적물의 인도일이 속하는 사업연도까지 그 **목적물의 건설 등을 완료한 정도(작업진행률)**를 기준으로 하여 계산한 수익과 비용을 각각 해당 사업연도의 익금과 손금에 산입한다. 다만, 다음의 어느 하나에 해당하는 경우에는 그 목적물의 인도일이 속하는 사업연도의 익금과 손금에 산입할 수 있다(법령 69 ①).

① 중소기업인 법인이 수행하는 계약기간이 1년 미만인 건설 등의 경우

② 기업회계기준에 따라 그 목적물의 인도일이 속하는 사업연도의 수익과 비용으로 계상한 경우

여기서 중소기업은 조세특례제한법 제2조 제1항에 규정한 중소기업을 의미하는 것으로 판단된다. **도급공사**란 건설사업자가 건설공사의 완성을 약정하고, 발주자가 그 결과에 대하여 대가의 지급을 약정한 건설형 공사계약에 따라 수행하는 공사를 말한다. **예약매출**이란 아파트, 상가 등을 신축 분양하는 경우에 매매목적물의 견본이나 안내서와 함께 판매조건을 매수희망자에게 제시하고 그 대금의 일부 또는 전부를 수령한 후 매매목적물을 제조, 건설하여 인도하는 형태의 매출을 말한다. 즉, 선분양과 같이

청약을 받은 후 시공이 이루어지고 청약자는 건물이 완공되어 인도되기 이전에 분양대금을 미리 납부하는 형태의 매출을 말한다. 예약매출은 도급공사와 유사하며 법인세법에서는 손익의 귀속시기로 진행기준을 적용하고 부가가치세법에서는 주로 중간지급조건부에 해당되어 대가의 각 부분을 받기로 한 때를 공급시기로 한다.

[각 법규정의 중소기업 요건 비교]

<table>
<tr><th>구 분</th><th>조특법 · 법인세법</th><th>기업회계 · 중소기업기본법</th></tr>
<tr><td>1. 업종기준</td><td>소비성서비스업을 제외한 모든 업종<br>(조특령 2 ①)</td><td>업종제한 없음</td></tr>
<tr><td>2. 규모기준</td><td>중소기업기본법 시행령 [별표1]의 요건<br>자산총액이 5천억원 미만</td><td>중소기업기본법 시행령 [별표1]의 요건</td></tr>
<tr><td>3. 독립성기준</td><td colspan="2">실질적인 독립성이「중소기업기본법 시행령」제3조 제2호 가목부터 다목까지의 규정에 적합할 것</td></tr>
<tr><td>4. 수입금액</td><td>해당 사업연도로 판단</td><td>직전 사업연도로 판단</td></tr>
</table>

※ 기업회계에서는 주권상장법인, 코스닥상장법인, 금융감독위원회 등록법인, 금융업을 영위하는 법인은 중소기업특례의 적용에서 배제된다.

**참 고** 건설형태별 공급시기 및 귀속시기 비교

<table>
<tr><th>구 분</th><th>계약조건</th><th>공급시기</th><th>수익의 인식(회계)</th><th>귀속시기(세법)</th></tr>
<tr><td rowspan="2">분양<br>(자체공사 ·<br>예약매출)</td><td>예약매출<br>(일반분양)</td><td>중간지급조건부</td><td rowspan="5">• 진행기준, 진행률추정이 불가능한 경우 원가회수기준<br>• 비상장중소기업 : 단기만 인도기준 가능</td><td rowspan="5">• 단기 : 진행기준, 다만 중소기업은 인도기준 선택<br>• 장기 : 진행기준<br>* 주택신축판매업, 부동산매매업을 개인사업자가 수행시 진행기준이 아닌 소유권이전등기일, 사용수익일, 잔금청산일 중 빠른 날</td></tr>
<tr><td>할 부</td><td>장기할부기준</td></tr>
<tr><td rowspan="3">도급공사</td><td>일정급</td><td>중간지급조건부</td></tr>
<tr><td>기성급</td><td>완성도기준지급<br>조건부</td></tr>
<tr><td>완성(준공)급</td><td>준공시<br>(용역제공완료일)</td></tr>
</table>

※ ① 장 · 단기의 구분기준 : 건설 등의 착수일부터 인도일까지의 기간이 1년 기준
② 단기도급공사가 장기도급공사로 전환된 경우 그 변경일이 속하는 사업연도부터 작업진행률을 적용하여 손익을 인식한다(법인 46012-3944, 1995. 10. 21).

#### ① 선납할인액의 귀속시기 및 수입금액 차감 여부

법인이 건설 등의 계약기간이 1년 이상인 장기도급계약을 체결하고 공사진행률에 따라 공사대금을 수수하기로 하되, 약정에 의한 지급기일 이전에 대금을 조기결제하는 경우에는 선납일수에 따라 일정금액을 할인하여 주기로 한 경우 동 할인금액은 매출할인금액에 해당하는 것으로 약정에 의한 지급기일이 속하는 사업연도의 수입금액에서 차감하는 것이다(서이 46012-11959, 2003. 11. 2).

#### ② 선납할인에 대한 부가가치세 과세표준 포함 여부

사업자가 중간지급 조건부로 재화를 공급함에 있어서 계약 당사자 간의 사전약정에 의하여 대금의 각 부분을 계약서상의 지급일 이전에 납부하는 때에는 일정금액을 차감하여 준다는 내용을 계약서상에 명시하고 지급일 이전에 납부받음으로써 당해 금액을 차감해 준 경우에는 그 차감된 금액을 과세표준으로 하여 그 대금을 지급받는 때에 세금계산서를 교부하여야 하는 것이다(부가 46015-938, 1999. 4. 6, 서삼 46015-11513, 2003. 9. 24).

#### ③ 귀속시기 위배와 과소신고가산세

법인세법상 손익의 귀속사업연도는 공사기간이 장기인 경우 공사진행기준을 적용하여야 한다. 이 경우 부가가치세법상 과세표준과 법인세법상 손익의 귀속시기 차이가 발생하므로 이를 조정후수입금액명세서(별지 제17호 서식)에서 표시한다. 법인이 법인세법 제60조의 규정에 의하여 과세표준과 세액을 신고함에 있어 손익귀속연도의 적용차이로 수익금액을 귀속시켜야 할 사업연도의 다음 연도에 귀속시켜 신고·납부한 내용에 대하여 과소하게 신고한 사업연도와 과다하게 신고한 사업연도의 과세표준과 세액을 함께 경정함에 있어서 과소하게 신고한 사업연도는 법인세법 제76조 제1항의 규정에 의하여 가산세를 부과한다(법인 46012-2518, 1997. 10. 1).

※ 손익의 귀속시기 이전에 미리 신고하여 납부하는 경우에도 과소신고가산세가 부과된다. 왜냐하면 분식회계를 방지하기 위한 조치이다.

**판례** **작업진행률 조작이 부정과소신고에 해당되는지의 여부 (대법원 2013. 11. 14 선고, 2013두12362 판결)**

1. 구 국세기본법 제47조의 3의 규정 체계, 구 국세기본법 시행령 제27조 제2항 각 호의 문언 내용, 과소신고가산세의 법적 성질 등을 종합하여 보면, 구 국세기본법 제47조의 3 제2항이 부당과소신고의 경우에 가산세를 중과하는 이유는 국세의 과세표준 또는 세액 계산의 기초가 되는 사실의 전부 또는 일부를 은폐하거나 가장하는 경우에는 조세의 부과와 징수가 불가능하거나 현저히 곤란하므로 납세의무자로 하여금 성실하게 과세표준을 신고하도록 유도하기 위하여 '부당한 방법'에 의하지 아니한 일반과소신고의 경우보다 훨씬 높은 세율의 가산세를 부과하는 제재를 가하려는 것으로 이해된다. 그리고 '부당한 방법'으로 볼 수 있는

경우를 예시적으로 규정하고 있는 구 국세기본법 시행령 제27조 제2항은 그 일반조항이라고 할 수 있는 제6호에서 '부당한 방법'에 해당하기 위하여는 국세포탈 등의 목적이 필요하다는 취지로 규정하고 있다. 따라서 구 국세기본법 제47조의 3 제2항 제1호가 규정하는 부당과소신고가산세의 요건인 '부당한 방법으로 한 과세표준의 과소신고'란 국세에 관한 과세요건사실의 발견을 곤란하게 하거나 허위의 사실을 작출하는 등의 부정한 적극적인 행위에 의하여 과세표준을 과소신고하는 경우로서 그 과소신고가 누진세율의 회피, 이월결손금 규정의 적용 등과 같은 조세포탈의 목적에서 비롯된 것을 의미한다고 보아야 할 것이다.

2. 그런데 원심판결 이유와 원심이 적법하게 채택한 증거에 의하면, 원고는 2003사업연도 내지 2008사업연도의 법인세에 관하여 종전의 사업연도에 이미 과다하게 익금에 산입한 금액을 공제하는 소극적인 방법으로 그 과세표준을 과소신고하였을 뿐 새롭게 과세요건사실의 발견을 곤란하게 하거나 허위의 사실을 작출하는 등의 행위를 한 바 없고, 원고가 작업진행률을 과다하게 조작하여 2000사업연도 내지 2002사업연도의 익금을 실제보다 많이 산입한 것은 해당 사업연도의 매출액을 늘려 수익이 실제보다 많이 발생한 것처럼 가장하려는 것으로서 그로 인하여 2003사업연도 내지 2008사업연도의 각 익금누락이 발생하는 외에 누진세율의 회피나 이월결손금 공제 등과 같은 조세포탈의 결과가 발생하지 아니하였음을 알 수 있다. 이러한 사정을 앞서 본 법리에 비추어 살펴보면, 원고가 2007사업연도 및 2008사업연도에 익금을 과소계상한 행위는 2000사업연도 내지 2002사업연도에 작업진행률을 조작하여 익금을 과다계상한 결과로 행해진 것으로서 **새롭게 부정한 적극적인 행위가 있다고 하기 어려울 뿐 아니라** 그 행위가 조세포탈의 목적에서 비롯된 것으로 단정하기도 어려워 보이므로, 이는 일반과소신고에 해당할 뿐 '부당한 방법'으로 과세표준을 과소신고한 경우에 해당한다고 할 수 없다.

3. 그럼에도 원심은 그 판시와 같은 이유만으로 원고가 2007사업연도 및 2008사업연도에 작업진행률을 조작하여 재무제표에 익금을 과소계상하는 부당한 방법으로 과세표준을 과소신고하였다고 보아 이 사건 처분이 적법하다고 판단하였으니, 이러한 원심의 판단에는 구 국세기본법 제47조의 3 제2항 제1호 소정의 부당과소신고가산세의 요건에 관한 법리를 오해하여 판결에 영향을 미친 위법이 있다. 이 점을 지적하는 상고이유의 주장은 이유 있다.

#### ④ 경정결정으로 손익귀속시기가 바뀌는 것이 후발적 경정청구사유인지 여부

납세의무자가 유형자산처분손실을 손실이연목적으로 매각한 사업연도 이후 사업연도의 손금으로 계상하였으나 과세관청에서 해당 유형자산처분손실을 손금불산입한 경우 해당 과세관청의 결정 또는 경정은 「국세기본법」 제45조의 2 제2항 제4호에 따른 경정청구사유에 해당하지 아니하는 것이 아니다(서면법령해석기본-22259, 2015. 12. 16).

판례

**귀속시기 변경으로 후발적 경정청구**(대법원 2013. 7. 11 선고, 2011두16971 판결)

후발적 경정청구제도를 둔 취지는 납세의무 성립 후 일정한 후발적 사유의 발생으로 말미암아 과세표준 및 세액의 산정기초에 변동이 생긴 경우에 납세자로 하여금 그 사실을 증명하여 감액을 청구할 수 있도록 함으로써 납세자의 권리구제를 확대하려는 데 있다(대법원 2011. 7. 28 선고, 2009두22379 판결). 법인이 특정 사업연도에 고의로 수익을 과다계상하거나 손비를 과소계상하는 방법으로 사실과 다른 분식결산을 하고 법인세를 과다신고하였다가, 위와 같은 분식결산의 효과를 상쇄시키기 위하여 그 차기 사업연도 이후부터 수익을 과소계상하거나 손비를 과다계상하는 방법으로 분식결산을 하고 법인세를 과소신고한 경우에 과세관청이 그 차기사업연도 이후 과소계상한 수익을 익금산입하거나 과다계상한 손비를 손금불산입하고 법인세를 증액경정함으로써 그 특정 사업연도에서 이루어진 분식결산의 효과를 상쇄시키지 못하게 되었다 하더라도, 그러한 사정만으로 과세관청의 조치로 인하여 그 특정 사업연도에 신고한 과세표준 및 세액의 산정기초에 후발적인 변동이 생겨 그 과세표준 및 세액이 세법에 의하여 신고하여야 할 과세표준 및 세액을 초과하게 된 때에 해당한다고 할 수 없다. 따라서 이러한 경우에는 구 국세기본법 제45조의 2 제1항에 의하여 적법한 경정청구기간 내에 감액경정청구를 할 수 있음은 별론으로 하고, 구 국세기본법 제45조의 2 제2항 제4호에 의하여 후발적 경정청구를 할 수는 없다.

**핵심체크**

법인이 상가나 아파트 등의 분양이 장기예약매출에 해당하는 경우 진행기준을 적용하여 손익을 인식하여야 한다. 그러나 개인사업자는 장기예약매출의 경우에도 진행기준을 적용하지 아니하고 대금청산일, 소유권이전등기일, 사용수익일 중 빠른 날에 총수입금액을 계상하여야 한다(소령 48 11호). 개인사업자가 장기예약매출에 대하여 진행기준을 적용하여 미리 세금을 납부하는 경우에도 과소신고가산세가 적용되는 것으로 주의하여야 한다.

## (2) 공사진행률에 의한 공사손익의 계산

공사진행률은 실제공사비 발생액을 총공사예정원가로 나눈 비율로 계산한다. 다만, 건설의 수익실현이 건설의 작업시간·작업일수 또는 기성공사의 면적이나 물량 등과 비례관계가 있고, 전체 작업시간 등에서 이미 투입되었거나 완성된 부분이 차지하는 비율을 객관적으로 산정할 수 있는 건설의 경우에는 그 비율로 할 수 있다(법칙 34). 따라서 각 사업연도의 익금과 손금에 산입할 금액은 다음과 같이 계산한다.

① 익금 : 계약금액 × 공사진행률 - 직전 사업연도 말까지의 수입계상액
② 손금 : 당해 사업연도에 발생한 총비용

## 참 고 공사진행률의 계산

### (1) 공사진행률의 계산항목

1) 계약금액

"계약금액"이란 발주자와 계약한 공사도급계약상의 도급금액을 말하므로 공사금액 중 일부를 타인에게 하도급하거나(법인 46012-1489, 1996. 5. 26), 일괄수주방식의 도급공사에 있어서 수급자가 자재의 일부를 외국으로부터 수입하면서 그 수입대금을 발주자가 직접 지급하는 경우에도 당초 계약상의 도급금액을 기준으로 하는 것이므로 이를 도급금액에서 차감하지 아니 한다(법인 46012-1345, 1997. 5. 16).

2) 공사진행률

공사진행률은 당해 사업연도 말까지 발생한 총공사비누적액을 총공사예정원가로 나누어 계산한다. 건설공사를 일괄 하도급을 준 경우 하도급업체의 공사비 발생액을 기준으로 작업진행률을 계산하는 것이지 공사대금 청구금액(세금계산서 발급금액)을 총공사비누적발생액에 포함시키는 방법으로 작업진행률을 계산할 수 없는 것이다(국심 2008부3906, 2009. 11. 25).

3) 총공사비누적액

공사진행률을 계산하는 경우 "당해 사업연도 말까지 발생한 총공사비누적액"이란 당해 공사의 개시일로부터 당해 사업연도 말까지 발생한 공사원가의 구성요소가 되는 재료비, 노무비 기타 공사경비의 누적액을 말한다(법기통 40-69-3). 다만, 다음의 금액은 포함하지 아니한다.

① 자재비를 부담하지 아니하는 조건으로 도급계약을 체결한 경우에는 자기가 부담하지 아니한 자재비(법기통 40-69-6)
② 공사원가 중 손금부인한 금액(국심 94경1578, 1994. 8. 19)
③ 판매비와 관리비(법인 46012-972, 1996. 3. 27)
④ 건설업법인의 공사진행률 계산시 재고자산에 대한 건설자금이자(법인 46012-2142, 1997. 8. 4)
⑤ 모델하우스 설치비용(질의회신 02-70, 2002. 4. 16)
⑥ 아파트 신축분양사업의 경우 아파트부지로 사용될 토지의 취득원가(기업회계기준 해석 27-37)
⑦ 재개발 등의 이주대여비 관련 순이자비용, 공사손실충당부채전입액(기준서 문단35)

4) 총공사예정비

"총공사예정비"는 확정된 도급공사 계약조건에 따라 공사를 수행함에 있어 재무상태표일 현재 이미 발생된 공사원가를 합한 금액을 말한다. 따라서 총공사예정비는 향후 발생할 공사원가를 도급계약 당시 추정한 공사원가로 공사진행 과정에서 계속적으로 변동된다. 총공사예정비의 산정방법은 견적원가방식, 실행원가방식, 표준원가방식이 있다. 한편, 총공사예정원가가 변동되는 경우에도 소급적으로 조정하지 아니한다. 즉, 법인세법 시행령 제69조 제2항 규정에 의한 장기도급계약을 체결한 경우의 각 사업연도의 손익은 같은 법 시행규칙 제34조 규정에 따라 건설업회계처리기준을 적용한 작업진행률 등에 의하여 계산한 수익과 비용을 당해 사업연도의 익금과 손금에 각각 산입하는 것이므로 당해연도에 총공사예정원가가 변동되었다 하더라도 전년도에 계상한 손익에 대하여는 세무조정을 하지 아니한다(법인 46012-1844, 1997. 7. 8).

※ 총공사예정원가의 추정방식

① 실행원가방식 : 공사수주 후 이용가능한 한도 내의 자료와 조사에 의해 검토한 가장 경제적인 시공계약에 의하여 계산한 예산원가를 말한다.

② 견적원가방식 : 견적원가는 단위당 발생하는 원가를 주로 경험이나 감각으로 설정한 후 실제 생산량을 곱하여 계산하는 방식으로 설정자의 판단에 주로 의존하기 때문에 정확한 금액의 산출이 어렵다. 이 방식은 설정방법이 용이하므로 주로 중소기업에서 활용한다.

③ 표준원가방식 : 이는 과학적이고 통계적인 조사에 의하여 재화나 용역의 표준소비량을 기준으로 예정한 원가이다.

### (2) 공사진행률과 공사원가와의 관계

| 구 분 | 작업진행률 포함 여부 | 공 사 원 가 |
|---|---|---|
| 토지원가 | 제 외 | 포함(공사진행률에 비례하여 공사원가 계상) |
| 건설자금이자 | 제 외 | 포함(공사진행률에 비례하여 공사원가 계상) |
| 이주대여비 순금융비용 | 제 외 | 포함(공사진행률에 비례하여 공사원가 계상) |
| 하자보수비 | 포 함 | 포함(공사완료 회계연도에 공사원가 계상) |
| 계약전 공사원가 (선급공사원가) | 제 외 | 포함(공사진행률에 비례하여 공사원가 계상) |
| 견본주택 건립비용 | 제 외 | 재고자산으로 계상 후 진행률에 따라 공사원가에 배부 |
| 견본주택 운영비용 | 제 외 | 판매관리비로 처리 |
| 분양수수료 | 제 외 | 판매관리비로 처리 |
| 건물관련 취득세 등 | 포 함 | 포함 |

※ 분양공사(예약매출)의 경우 분양대행수수료는 진행률 계산시 제외하는 것이 타당하며, 건물관련 취득세 등은 진행률 계산에 포함시키는 것이 타당하다(회제이 8360-00366, 2004. 8. 19).

### (3) 각 원가요소별 진행률산정 포함 여부

| 구분 | 내용 | 포함 여부 | 근거 |
|---|---|---|---|
| 하자보수비 | 하자보수비는 총공사예정비에 포함하고 공사가 완료되는 사업연도의 총공사누적액에도 포함한다. | ○ | 법인 46012-312, (1998. 2. 6.) |
| 보존등기비용 | 해당 법인이 아파트 준공시 지출하는 보존등기비용은 총공사예정비에 포함되는 것임 | ○ | 법인-1018 (2010. 10. 29.) |
| 공사관련 보험료 | 시행회사가 직접 부담하는 공사 관련 보험료, 설계비 및 기술지원비 | ○ | 서면2팀-1708 (2005. 10. 24.) |

| 구분 | 내용 | 포함 여부 | 근거 |
|---|---|---|---|
| 광역교통시설 부담금 | 주택건설사업을 영위하는 법인이 시공중인 공사와 관련하여 대도시권광역교통관리에관한특별법에 의하여 납부하는 「광역교통시설부담금」은 당해 공사원가에 포함 | ○ | 서면인터넷방문상담2팀-2445 (2004. 11. 25.) |
| 수주 및 판매활동 관련 비용 | 입찰, 견적서 작성 및 중개수수료 등 수주 및 기타 판매활동에 수반하여 발생한 경비(이하 '수주비'라 한다)는 공사원가에 포함시켜서는 안됨 | × | 건설업회계처리준칙 제7조 |
| 난방공사비, 도로분담금 등 | 지역 난방공사비, 상수도공사비, 전기공사비, 도로분담금, 설계비, 감리비 등 당해 공사와 직접적으로 관련이 있는 공사원가에 대하여는 총공사비에 포함 | ○ | 법인세과 46012-431 (2001. 2. 26.) |

### (3) 건설업의 공사수익 및 공사원가 계산명세

건설업법인의 경우 법인세법상 익금(주로 진행기준임)과 부가가치세법상 과세표준의 차이가 발생하므로 이에 대한 관리를 위하여 다음과 같은 도표를 활용하여 관리하여야 한다.

[건설업의 공사수익 및 공사원가계산명세서]

| ① 현장명(장, 단기) | A공사(장기) | B공사(장기) | C공사(단기) | 합 계 |
|---|---|---|---|---|
| ② 착공일 | | | | |
| ③ 준공예정일 | | | | |
| ④ 총도급금액 | | | | |
| ⑤ 총예정원가 | | | | |
| ⑥ 누적공사원가 | | | | |
| ⑦ 작업진행률(⑥/⑤) | | | | |
| ⑧ 총공사수입(④×⑦) | | | | |
| ⑨ 전기누적공사수입 | | | | |
| ⑩ 당기공사수입(⑧-⑨) | | | | |
| ⑪ 세금계산서 발행액 | | | | |
| ⑫ 공사선수금(⑧〈⑪) | | | | |
| ⑬ 공사미수금(⑧〉⑪) | | | | |
| ⑭ 당기미완성공사 | | | | |

※ 작업진행률은 분양계약 체결분에 대해서만 적용하고 미분양분은 미완성공사(재고자산)로 계상한 후 완성기준을 적용한다.

### (4) 미분양상가가 있는 경우 진행률 계산방법

법인이 건설 등의 계약기간이 1년 이상인 상가의 예약매출로 인한 익금과 손금을 계산함에 있어, 미분양상가가 있는 경우에 당해 상가의 준공 전 각 사업연도의 익금과 손금에 산입하는 금액의 계산은 다음과 같이 한다(서이 46012-11441, 2003. 8. 1).

① 익금(분양수익) : 총분양예정가액 × 작업진행률 × 분양계약률 - 전기말 누적분양수익

② 손금(분양원가) : 누적실제발생원가 × 누적분양계약률 - 전기말 누적분양원가

* 분양계약률 = 실제분양 계약금액 ÷ 총분양예정가액

### (5) 예약매출에 따른 시행사의 작업진행률 계산

아파트를 신축·분양하는 시행회사가 작업진행률을 계산함에 있어서 '해당 사업연도 말까지 발생한 총공사비누적액'은 당해 시행회사가 직접 부담한 공사원가의 누적액과 시공회사에 지급할 도급금액에 시공회사의 작업진행률을 적용하여 계산한 금액의 합계액으로 하는 것으로, 이 경우 시공회사의 작업진행률은 법인세법 시행규칙 제34조 제1항 제1호에 따라 산출하는 것이다(법인-958, 2010. 10. 21). 한편, 건설시행사가 건설 등의 계약기간이 1년 이상인 아파트를 2년 후 재매입조건으로 분양한 경우 진행률에 따라 손익을 인식하는 것이다(법인-34, 2010. 1. 12).

① 시공회사와 도급계약에 의하여 아파트를 신축분양하는 내국법인이 작업진행률 계산 시 "해당 사업연도 말까지 발생한 총공사비누적액"은 당해 법인이 직접 부담한 공사원가의 누적액과 당해 법인이 시공회사에 지급할 도급금액의 총액에 시공회사의 작업진행률을 적용하여 계산한 금액의 합계액이다(법인-760, 2009. 7. 2).

② 시행사의 작업진행률을 산정함에 있어 시행사가 직접 부담하는 공사관련 보험료, 설계비 및 기술지원비와 시공회사에 대한 도급공사비 등의 원가를 포함하는 것이다(법인-2354, 2008. 9. 5).

③ 아파트 등의 예약매출로 인한 손익의 귀속사업연도를 산정함에 있어서 건설공사를 시공사에게 일괄도급을 준 경우(지분제 방식 포함)에는 시공사 등의 작업진행률(법칙 34)에 의하여 수입금액을 계산할 수 있는 것이다(서면2팀-1521, 2007. 8. 13).

④ 작업진행률 산정에 있어서 당해 외주공사비에 대한 지급채무가 확정되는 시점(세금계산서 수취시점)보다는 쟁점공사의 완료한 정도를 반영하고 있는 시공사의 작업진행률을 기초로 산정하는 것이 타당하다고 보이는 점, 「주택법」 제24조 및 동법 시행령 제27조에 의해 감리자는 시공자가 설계도서에 맞게 시공하였는지 여부, 시공계획·예정공정표 및 시공도면 등의 검토·확인 등을 사업주체인 시행사에 보고하여야

하므로 시행사는 시공사의 작업진행률 등의 정보를 파악할 수 있다고 보이는 점 등에 비추어 처분청이 시공사의 작업진행률을 기초로 하여 청구법인에게 법인세를 부과한 처분은 잘못이 없다(국심 2008부3906, 2009. 11. 25).

⑤ 시행사의 작업진행률은 시공사 작업진행률을 기준으로 시공사공사비를 계산하고 여기에 시행사인 원고가 별도로 지출한 공사비를 합하여 총공사비누적액을 산정하고 여기에 총공사예정비를 나누어 작업진행률을 산정하여야 한다(부산지방법원 2010. 7. 16 선고, 2010구합680 판결).

⑥ 공사 등의 진행 정도에 맞추어 손익을 배분함으로써 기간손익의 왜곡을 방지하려는 입법 취지 등을 종합하여 보면, 이 사건 산식의 분자인 '당해 사업연도 말까지 발생한 총공사비 누적액'은 당해 사업연도 말까지 목적물의 건설 등을 위하여 실제 투입된 총공사비의 누적액을 말하고, 이는 공사 등의 일부 또는 전부를 제3자에게 도급하여 목적물의 건설 등을 완료하는 경우라고 하여 달리 볼 것은 아니다. 따라서 예약매출에 해당하는 아파트 분양사업을 하는 법인이 수급인에게 공사의 일부 또는 전부를 도급하여 아파트를 건설하는 경우, 그 도급계약과 관련하여 이 사건 산식의 분자인 '당해 사업연도 말까지 발생한 총공사비 누적액'에 포함되어야 하는 공사비는 그 도급계약에 따라 지급의무가 확정된 공사비가 아니라 '수급인의 실제 공사 진행 정도에 따라 그 법인에 사실상 지급의무가 발생한 공사비(= 도급금액 × 수급인의 작업진행률)'라고 할 것이다(대법원 2014. 2. 27. 선고 2011두13842 판결).

시행사의 총공사비 누적액 = 시행사의 직접 부담한 원가 + 〔시공사의 도급금액 ×시공사의 진행률〕

* 시행사의 직접 부담한 원가는 작업진행률 계산에 포함되는 공사원가 중 시공사에 도급을 준 금액을 제외한 감리비, 설계비 등 공사원가 당기발생액을 말함.

**사례**

**1. 시행사의 분양수익과 분양원가의 산정(진행률)**

시행사인 T&C(주)는 상가를 분양할 목적으로 신축하기로 하고 시공사인 (주)다솔건설에 건축공사 관련 도급을 주었다. 건축공사 내역은 다음과 같다.

- 상가분양금액(계약률 100%) : 2,000억원
- 공사기간 : 20×1. 2. 1 ~ 20×2. 12. 31
- 시공사 도급금액 : 1,000억원
- 설계비, 감리비 등 시행사의 자체공사원가 예상액 : 200억원
- 용지 취득가액 : 500억원
- 시행사의 자체공사원가 발생액 : 80억원(20×1), 120억원(20×2)

- 감리가 확인한 시공사의 진행률 : 40%(20×1), 100%(20×2)
- 시공사가 세금계산서 발행한 금액 : 300억(20×1), 700억(20×2)

위 자료에 의하여 시행사의 진행률을 계산하면 다음과 같다.

| 구 분 | 20×1 | 20×2 |
|---|---|---|
| ① 당기말 누적공사원가 | 480억원 | 1,200억원 |
| ② 총공사예정원가 | 1,200억원 | 1,200억원 |
| ③ 진행률(①/②) | 40% | 100% |

위 표에서 당기 말(20×1) 누적공사원가는 시행사의 자체공사원가에다 시공사의 도급금액에 진행률을 적용한 (1,000억원×40%)합계액이다. 특히 주의할 점은 시공사가 청구한 금액(세금계산서 발행)을 당기 발생한 공사원가로 적용하여 진행률을 산정하면 안 된다는 것이다. 다만, 시공사에 일괄 도급을 준다면 시공사의 진행률을 적용해도 된다고 판단되나 실무상 이러한 경우는 매우 드물 것이다.

## 2. 분양손익의 인식

| 구 분 | 20×1 | 20×2 |
|---|---|---|
| ① 분양수익 | 800억원<br>(2,000억×40%×100%) | 1,200억원<br>(2,000억×60%×100%) |
| ② 분양원가 | 680억원 | 1,020억원 |
| ③ 분양이익 | 120억원 | 180억원 |

- 공사진행률 : 40% {(400억원+80억원)/1,200억원}
- 분양계약률 : 100%

## 3. 회계처리

(1) 20×1

- (차) 분양미수금 800억원 (대) 분양수익 800억원
- (차) 공사비 300억원 (대) 미지급금 300억원(세금계산서 수취금액)
- (차) 용지비 200억원 (대) 용지 200억원(500억×40%×100%)
- (차) 설계비 등 80억원 (대) 미지급금 80억원(200억×40%×100%)
- (차) 공사비 100억원 (대) 미지급금 100억원

* 세금계산서 수취금액 300억원과 시공사의 도급금액에 따른 공사원가 계상액 400억원(1,000억원×40%)과의 차액 100억원에 대하여 추가 공사원가 계상함. 시공사와 도급계약에 의해 아파트를 신축·분양하는 법인(시행사)이 예약매출로 인한 손익을 진행기준으로 인식하는 경우 시공사에 지급할 도급금액 중 해당 사업연도에 손금(분양원가)으로 계상할 금액은 「법인세법 시행령」 제69조에 따라 시공사에 지급할 도급금액의 총액에 시공사의 작업진행률을 곱하고 분양계약률을 적용하여 계산한 금액에서 전기말까지 도급금액과 관련한 손금계상액을 차감하여 계산하는 것임(사전법인-37, 2015. 7. 16).

기말수정분개
(차) 분양원가 680억원 (대) 공사비 등 680억원

(2) 20×2

- (차) 분양미수금 1,200억원 (대) 분양수익 1,200억원
- (차) 공사비 600억원 (대) 미지급금 600억원
- (차) 용지비 300억원 (대) 용지 300억원(500억원×40%×100%)
- (차) 설계비 등 120억원 (대) 미지급금 120억원(200억원×40%×100%)

기말수정분개
(차) 분양원가 1,020억원 (대) 공사비 등 1,020억원

**판례** **각종 부담금의 진행률 산정시 제외**(대법원 2019. 6. 13. 선고, 2019두35008 판결)

구 법인세법 시행령 제69조 제2항, 같은 법 시행규칙 제34조 제1항은 계약 당시 추정한 공사원가를 기준으로 추정한 총 공사예정비가 실제 발생한 원가를 기준으로 한 총 공사예정비에 최대한 부합하도록 하기 위하여, 계약기간이 1년 이상인 건설등의 경우 그 목적물의 착수일이 속하는 사업연도부터 그 목적물의 인도일이 속하는 사업연도까지의 각 사업연도의 익금과 손금은 해당 사업연도말까지 발생한 총 공사비누적액을 총 공사예정비로 나눈 비율, 즉 작업진행률에 따라 수익과 비용을 계산하여 각각 해당 사업연도의 익금과 손금에 산입하도록 규정하고 있다. 위 규정의 입법취지 및 문언을 고려하면, 공사원가에 포함되는 비용이라 하더라도 공사 진행 정도에 따라 직접 발생한 지출이 아닌 항목은 작업진행률 산정에 있어 고려하지 않는 것이 타당하다고 할 것이다. 그런데 원고가 지출한 위 각종 부담금은 공사원가에는 포함된다 하더라도 그 지급시기가 이 사건 개발사업의 실제 진척 정도와는 무관하게 법령 또는 부담금 수령처와의 합의에 의해 결정되므로 작업진행률 산정에 있어서는 고려하지 않는 것이 타당하고, 갑 제56호증의 1 내지 3의 각 기재만으로는 이와 달리 보기에 부족하다. 따라서 원고의 이 부분 주장도 받아들일 수 없다. 따라서 공사원가에 반영되는 부담금 등 공사진행에 따라 발생하지 않는 교통시설부담금, 상하수도원인자부담금, 도시가스시설부담금, 학교용지부담금 등은 진행률 산정시 누적공사원가에 포함되지 않는다.

## 3. 도급(분양) 계약해제와 공사(분양) 손익의 귀속

### (1) 권리의무확정주의

각 사업연도 소득의 귀속시기를 법인 스스로 적용할 수 있도록 허용할 경우 법인세 부담의 조작 및 법인 간 과세의 불공평 등 많은 문제점이 야기되므로 과세소득계산의 공평을 기하기 위하여 익금과 손금의 귀속사업연도에 관하여 법에 규정하고 있다. 여기서 '확정'이란 익금의 경우에는 권리의 확정을 뜻하고 손금의 경우에는 의무의 확정을 뜻한다. 따라서 원칙적으로 익금은 권리가 확정된 시점에 귀속되고, 손금은 의무가 확정된 시점에 귀속된다.

판례 **분양계약해제에 따른 손익의 귀속시기**(대법원 2017. 9. 21 선고, 2017두38096 판결)

(1) 구 국세기본법(2015. 12. 15. 법률 제13552호로 개정되기 전의 것, 이하 같다) 제45조의 2 제2항 제5호, 구 국세기본법 시행령(2017. 2. 7. 대통령령 제27833호로 개정되기 전의 것, 이하 같다) 제25조의 2 제2호에서 정한 '해제권의 행사나 부득이한 사유로 인한 계약의 해제'는 원칙적으로 법인세에서도 후발적 경정청구사유가 된다. 다만 법인세법이나 관련 규정에서 일정한 계약의 해제에 대하여 그로 말미암아 실현되지 아니한 소득금액을 그 해제일이 속하는 사업연도의 소득금액에 대한 차감사유 등으로 별도로 규정하고 있거나 경상적・반복적으로 발생하는 상품판매계약 등의 해제에 대하여 납세의무자가 기업회계의 기준이나 관행에 따라 그 해제일이 속한 사업연도의 소득금액을 차감하는 방식으로 법인세를 신고해 왔다는 등의 특별한 사정이 있는 경우에는, 그러한 계약의 해제가 당초 성립하였던 납세의무에 영향을 미칠 수 없으므로 후발적 경정청구사유가 될 수 없다(대법원 2014. 3. 13 선고, 2012두10611 판결 등 참조). 한편 법인세법 제40조 제1항은 '내국법인의 각 사업연도의 익금과 손금의 귀속 사업연도는 그 익금과 손금이 확정된 날이 속하는 사업연도로 한다'고 규정하고 있고, 구 법인세법 시행령(2013. 2. 15 대통령령 제24357호로 개정되기 전의 것) 제69조 제1항은 '도급공사 및 예약매출을 포함하는 건설・제조 기타 용역의 제공으로 인한 익금과 손금은 작업진행률을 기준으로 하여 계산한 수익과 비용을 각각 해당 사업연도의 익금과 손금에 산입한다'고 규정하고 있는데, 2012. 2. 2 대통령령 제23589호로 개정된 법인세법 시행령(이하 '개정 시행령'이라고 한다)은 제69조 제3항(이하 '이 사건 조항'이라고 한다)을 신설하여 '작업진행률에 의한 익금과 손금이 공사계약의 해약으로 인하여 확정된 금액과 차액이 발생된 경우에는 그 차액을 해약일이 속하는 사업연도의 익금 또는 손금에 산입한다'고 규정함으로써, 계약의 해제로 인하여 실현되지 아니한 소득금액을 그 해제일이 속하는 사업연도의 손금에 산입하도록 하여 후발적 사유를 원인으로 한 경정청구권의 행사를 제한하고 있고, 개정 시행령 부칙 제2조는 '이 영은 2012년 1월 1일 이후 최초로 개시하는 사업연도 분부터 적용한다'고 규정하고 있다.

(2) 권리확정주의는 실질적으로 불확실한 소득에 대하여 장래의 실현을 전제로 미리 과세하는 것을 허용하는 것으로서 일정한 후발적 사유의 발생으로 인하여 소득이 실현되지 않는 것으로 확정되었다면, 당초 성립하였던 납세의무는 그 전제를 상실하게 되므로 구 국세기본법

제45조의 2 제2항, 구 국세기본법 시행령 제25조의 2는 당초 사업연도의 익금 산입에서 제외할 수 있도록 하는 후발적 경정청구제도를 규정하고 있다. 위와 같이 후발적 경정청구는 납세의무 성립 후 일정한 후발적 사유의 발생으로 말미암아 과세표준 및 세액의 산정기초에 변동이 생긴 경우 납세자로 하여금 그 사실을 증명하여 감액을 청구할 수 있도록 함으로써 납세자의 권리구제를 확대하려는 데에 취지가 있다. 또한 후발적 사유가 발생한 사업연도에 결손금이 누적되어 있거나 사실상 휴・폐업 상태여서 차감할 익금이 없는 경우에도 후발적 사유가 발생한 사업연도의 손익으로만 반영하도록 하는 것은 납세자의 권리구제에 미흡하고 형평에도 어긋나는 결과가 생길 수 있다. 따라서 후발적 경정청구를 제한하는 규정은 그 적용시기를 명시적으로 정하고 있지 않는 한 그 규정의 시행 이전의 사업연도에 대한 후발적 경정청구권에 영향을 미치지 못한다고 보아야 한다.

그런데 개정 시행령 부칙 제1조는 시행일에 관하여 '이 영은 공포한 날부터 시행한다'고 규정한 다음, 제2조는 일반적 적용례로 '이 영은 2012년 1월 1일 이후 최초로 개시하는 사업연도분부터 적용한다'고 규정하고 있을 뿐, 이 사건 조항에 관한 개별적 적용례를 별도로 규정하고 있지 않다. 이는 개정 시행령과 같은 날인 2012. 2. 2 대통령령 제23595호로 개정된 구 부가가치세법 시행령 제59조 제1항 제2호에서 계약이 해제되어 재화 또는 용역이 공급되지 않은 경우 계약해제일이 속한 과세기간에 부가가치세에서 차감하여 수정세금계산서를 발급할 수 있도록 규정하면서, 부칙 제7조에서 2012년 7월 1일 이후 최초로 수정세금계산서 발급사유가 생기는 분부터 적용한다는 개별적 적용례를 두고 있는 것과도 대비된다. 따라서 이 사건 조항은 계약의 해제일과는 관계없이 2012. 1. 1 이후부터 개시하는 사업연도에 관한 후발적 경정청구에 적용된다고 보아야 할 것이다.

### 관련법조문

◈ **법인세법 시행령 제69조 【용역제공 등에 의한 손익의 귀속사업연도】**

① 법 제40조 제1항 및 제2항을 적용함에 있어서 건설・제조 기타 용역(도급공사 및 예약매출을 포함하며, 이하 이 조에서 "건설등"이라 한다)의 제공으로 인한 익금과 손금은 그 목적물의 건설 등의 착수일이 속하는 사업연도부터 그 목적물의 인도일(용역제공의 경우에는 그 제공을 완료한 날을 말한다. 이하 이 조에서 같다)이 속하는 사업연도까지 기획재정부령으로 정하는 바에 따라 그 목적물의 건설 등을 완료한 정도(이하 이 조에서 "작업진행률"이라 한다)를 기준으로 하여 계산한 수익과 비용을 각각 해당 사업연도의 익금과 손금에 산입한다. 다만, 다음 각 호의 어느 하나에 해당하는 경우에는 그 목적물의 인도일이 속하는 사업연도의 익금과 손금에 산입할 수 있다.

1. 중소기업인 법인이 수행하는 계약기간이 1년 미만인 건설 등의 경우
2. 기업회계기준에 따라 그 목적물의 인도일이 속하는 사업연도의 수익과 비용으로 계상한 경우

② 제1항을 적용할 때 다음 각 호의 어느 하나에 해당하는 경우에는 그 목적물의 인도일이 속하는 사업연도의 익금과 손금에 각각 산입한다.

1. 작업진행률을 계산할 수 없다고 인정되는 경우로서 기획재정부령으로 정하는 경우
2. 법 제51조의 2 제1항 각 호의 어느 하나에 해당하는 법인으로서 국제회계기준을 적용하는 법인이 수행하는 예약매출의 경우

③ 제1항을 적용할 때 작업진행률에 의한 익금 또는 손금이 공사계약의 해약으로 인하여 확정된 금액과 차액이 발생된 경우에는 그 차액을 해약일이 속하는 사업연도의 익금 또는 손금에 산입한다.

### (2) 계약해제에 따른 손익의 귀속

상가 및 주택을 분양하는 사업자가 20×1년부터 20×4년까지 90%를 분양하였다. 해당 법인은 작업진행률과 분양률을 기준으로 진행률에 따라 법인세를 신고·납부하였다. 그 이후 경기악화 등의 사유로 수분양자의 잔금 미지급사유로 20×6년 80%가 계약해제되었다. 이 경우 계약해제에 따른 분양손익을 어떻게 귀속시킬 것인가가 쟁점이다.

#### 1) 당초 진행률을 재산정하여야 한다는 논거

① 권리확정주의는 실질적으로 불확실한 소득에 대하여 장래의 실현을 전제로 미리 과세하는 것을 허용하는 것으로서, 일정한 후발적 사유의 발생으로 인하여 소득이 실현되지 아니하는 것으로 확정되었다면 당초 성립하였던 납세의무는 그 전제를 상실하게 되므로, 후발적 경정청구제도를 인정하고 있다.

② 후발적 경정청구는 납세자로 하여금 그 사실을 증명하여 잘못된 당초의 과세에 대한 감액을 청구할 수 있도록 함으로써 납세자의 권리구제를 확대하려는 데에 취지가 있다.

③ 후발적 사유가 발생한 사업연도에 결손금이 누적되어 있거나 사실상 휴·폐업 상태여서 차감할 익금이 없는 경우에도 후발적 사유가 발생한 사업연도의 손익으로만 반영하도록 하는 것은 납세자의 권리구제에 미흡하고 형평에도 어긋나는 결과가 된다.

④ 아파트 등의 분양계약이 해제된 경우에, 그 해제로 인한 손익에 대하여 경상적·반복적으로 발생하는 상품판매계약의 매출에누리나 매출환입과 마찬가지로 후발적 사유가 발생한 사업연도의 소득금액을 차감하도록 하는 일반적으로 공정·타당하다고 인정되는 기업회계의 기준이나 관행이 존재한다고 볼 수도 없다.

#### 2) 해약일에 귀속시켜야 한다는 논거

2012. 2. 2 대통령령 제23589호로 개정된 법인세법 시행령은 제69조 제3항을 신설하여 '작업진행률에 의한 익금과 손금이 공사계약의 해약으로 인하여 확정된 금액과 차액이 발

생된 경우에는 그 차액을 해약일이 속하는 사업연도의 익금 또는 손금에 산입한다'라고 규정함으로써, 계약의 해제로 인하여 실현되지 아니한 소득금액을 그 해제일이 속하는 사업연도의 손금에 산입하도록 하여 후발적 사유를 원인으로 한 경정청구권의 행사를 제한하고 있고, 개정 시행령 부칙 제2조는 '이 영은 2012년 1월 1일 이후 최초로 개시하는 사업연도분부터 적용한다'고 규정하고 있다.

#### 3) 판례의 입장

대법원은 계약이 해제된 경우 원칙적으로 후발적 경정청구사유가 된다는 점을 명확하게 밝히면서, 한편으로는 ① 법인세법이나 관련 규정에서 일정한 계약의 해제에 대하여 그로 말미암아 실현되지 아니한 소득금액을 **그 해제일이 속하는 사업연도의 소득금액에 대한 차감사유 등으로 별도로 규정**하고 있거나 ② **경상적 · 반복적으로 발생하는 상품판매계약 등의 해제에 대하여 납세의무자가 기업회계의 기준이나 관행에 따라 그 해제일이 속한 사업연도의 소득금액을 차감하는 방식으로 법인세를 신고**하여 왔다는 등의 특별한 사정이 있는 경우에는 계약을 해제하더라도 계약이 해제된 사업연도에 귀속되는 것으로 판시하였다(대법원 2017. 9. 21 선고, 2016두60201 판결).

## 4. 공사원가

### (1) 재료비

재료비는 공사와 관련하여 직접 또는 간접적으로 투입되는 유형적 물체로서 철근, 목재, 시멘트 등 건설자재를 말한다. 재료비는 각 현장별로 재료수불부를 비치하여 구입량, 투입량, 재고량 등을 파악하여야 한다. 재료비는 도소매, 제조업자로부터 건축자재를 공급받은 것으로 건설업자로부터 건설용역을 공급받는 경우는 외주비에 해당되어 보수총액에 포함된다.

### (2) 노무비

노무비는 공사를 위하여 작업에 투입되는 인건비로 작업현장의 노무근로자 등에 지급되는 잡급과 현장관리를 위하여 지급되는 임 · 직원의 급여로 구성된다.

**참고** 일용근로자에 대한 세무처리

(1) 일용근로자의 범위(소령 20)

"일용근로자"라 함은 근로를 제공한 날 또는 시간에 따라 근로대가를 계산하거나 근로를 제공한 날 또는 시간의 근로성과에 따라 급여를 계산하여 받는 자로서 다음에 규정된 자를 말한다. 다만, 동일한 고용주에게 1년 이상 고용되어 일반근로자로 전환되는 경우에는 1년 이상이 되는 월부터 일반급여자로 보아 연말정산하여야 한다(서일-1590, 2006. 11. 24). 다만, 고용보험법상 일용근로자란 1개월 미만 동안 고용되는 자를 말한다(고용보험법 2 6호).

1) 건설공사에 종사하는 자로서 다음 각목의 자를 제외한 자
   가. 동일한 고용주에게 계속하여 1년 이상 고용된 자
   나. 다음의 업무에 종사하기 위하여 통상 동일한 고용주에게 계속하여 고용되는 자
      ① 작업준비를 하고 노무에 종사하는 자를 직접 지휘・감독하는 업무
      ② 작업현장에서 필요한 기술적인 업무, 사무・타자・취사・경비 등의 업무
      ③ 건설기계의 운전 또는 정비업무

2) 하역작업에 종사하는 자(항만근로자를 포함한다)로서 다음 각목의 자를 제외한 자
   가. 통상 근로를 제공한 날에 근로대가를 받지 아니하고 정기적으로 근로대가를 받는 자
   나. 다음의 업무에 종사하기 위하여 통상 동일한 고용주에게 계속하여 고용되는 자
      ① 작업준비를 하고 노무에 종사하는 자를 직접 지휘・감독하는 업무
      ② 주된 기계의 운전 또는 정비업무

3) 상기 외의 업무에 종사하는 자로서 근로계약에 따라 동일한 고용주에게 3월 이상 계속하여 고용되어 있지 아니한 자

### (2) 원천징수방법

원천징수의무자가 일용근로자의 근로소득을 지급하는 때에는 일급여액에서 150,000(2019. 1. 1 이후 발생분부터)원을 공제한 금액에 세율 6%를 적용하여 계산한 산출세액에서 근로소득공제 55%를 공제한 금액을 납부하며 완납적 원천징수로 납세의무가 종결되므로 연말정산의무가 없다.

### (3) 소득세법상 소액부징수

다음 각호의 1에 해당하는 경우에는 당해 소득세를 징수하지 아니한다(소법 86).

1. 제127조(같은 조 제1항 제1호는 제외한다)에 따른 원천징수세액이 1천원 미만인 경우
2. 제150조에 따른 납세조합의 징수세액이 1천원 미만인 경우
3. 삭제 〈2013. 1. 1〉
4. 제65조에 따른 중간예납세액이 50만원 미만인 경우

※ 일용근로자의 소액부징수 규정은 원천징수시기에 원천징수할 세액의 소득자별 합계액을 기준으로 적용하는 것이므로 일용근로자의 일급여를 일정기간 단위로 일괄지급하는 때에는 일별 소득세가 1천원 미만인 경우에도 일괄지급액에 대한 일별 징수액의 합계액을 기준으로 소액부징수 여부를 판단한다(법인 46013-343, 1997. 2. 1).

### (4) 지방소득세의 소액부징수 면제

지방소득세로 징수할 세액이 고지서 1장당 2천원 미만인 경우에는 그 지방소득세를 징수하지 아니한다(지법 103의 60).

### (5) 증명서류의 비치

일용근로자에게 지출한 잡급을 손금으로 인정받기 위해서는 이에 대한 입증서류를 철저히 비치해 두어야 한다. 즉, 현장별로 노무비 지급대장에 직책, 성명, 주민등록번호, 출역사항, 출역일수, 노무비단가 등을 기록하여 영수인의 도장이나 서명을 받아야 한다. 또한 신분증 사본을 보관하여야 하며, 지급시에 가급적 일용노무자 본인의 금융계좌에 예치시키는 방법을 사용하면 더욱 확실한 입증방법이다. 즉, 일용노무비 지급과 관련하여 비치·보존하여야 하는 증빙서류는 일용노무자의 인적사항(성명, 주민등록번호, 주소), 근로제공일(시간급인 경우에는 근로시간 포함), 지급금액 등 근로제공 내용 및 지급사실을 확인할 수 있는 것이어야 하며, 노무비 지급대장 등에 성명과 수령인의 날인만 되어 있고 주민등록번호와 주소가 없어 일용노무자의 인적사항을 확인할 수 없는 경우에는 정당한 지출증빙으로 볼 수 없는 것이다(서면1팀-486, 2007. 4. 6).

### (6) 일용근로자에 대한 지급명세서 제출

일용근로자의 근로소득의 경우에는 그 지급일이 속하는 달의 다음 달 말일(휴업, 폐업 또는 해산한 경우에는 휴업일, 폐업일 또는 해산일이 속하는 달의 다음 달 말일)까지 지급명세서를 제출하여야 한다(소법 164 ①).

### (7) 세무조사시 일용근로자의 잡급에 대한 검토사항

1) 가공인건비 계상 여부의 확인

① 현장에 투입된 일용근로자의 주민등록번호를 확보하여 전산조회한 결과 재산상황, 연령, 주소지, 사업자 유무, 근로자 유무 등을 파악하여 사실상 근무 여부를 파악한다.

② 기상청의 연간 강수량 등을 파악하여 공사종별로 공사가 불가능한 시기에 인건비를 계상하였는지 여부를 검토한다.

③ 공사종별로 노무비의 평균지출액을 파악하여 과다계상 여부를 검토한다.

④ 타 공사현장의 인건비를 계상하였는지 여부를 파악한다.

⑤ 하도급업체의 노무자를 허위계상하였는지를 검토한다.

⑥ 전근무자나 사망한 사람의 명의를 도용하였는지를 검토한다.

⑦ 하도급준 공사를 직영으로 위장하여 노무비를 과다계상하였는지를 검토한다.

⑧ 1년 이상 계속근로자의 경우 일반급여로 종합과세한다.

⑨ 고령자가 매월(25일 이상) 과다근로를 수행했는지 확인한다.

2) 일급여액의 축소 및 분산 여부 확인

일용근로자에 대한 일급여의 근로소득공제가 150,000원이므로 원천징수를 회피하기 위하여 일급여를 150,000원으로 과소신고하거나 실제 근무하지 않은 가공인물로 나눠 처리하거나 출역일수를 연장하여 분산하여 처리하는 경우이다. 이 경우 실제 지급된 일급여액이 확인되면 손금으로는 인정받을 수 있으나 원천징수세액과 납부지연가산세(3~10%)가 추징될 수 있다.

3) 가공세금계산서의 수취 여부 확인

일용근로자에 대한 현장인건비 지출에 대한 관리소홀로 이에 소요된 경비를 가공세금계산서로 대체하였는지 여부를 확인하는 것이다. 이 경우 사실이 확인되면 사실과 다른 세금계산서 수취에 해당되어 매입세액불공제 및 가산세를 추징당하고 가공원가로 법인세 추징 및 귀속불분명시 대표자 상여처분을 받게 되어 소득세 등이 추징된다. 다만, 실제 지출된 노무비가 확인되는 경우에는 원가에 대한 손금불산입 및 상여처분은 면하게 될 것이다.

#### (8) 고용보험과 산재보험

일정한 요건에 해당되는 경우 일용근로자에 대한 고용보험과 산재보험의 가입이 강제되어 있다. 따라서 고용보험이나 산재보험을 납부하지 않거나 과소납부한 경우 과세관청에 제출한 재무제표상에 계상된 인건비 총액을 확인하여 그 차이·원인을 소명하여야 하며 과소납부시에는 가산세와 더불어 추징당하게 된다.

#### (9) 용역인부의 관리

건설현장의 인부를 사용하는 경우 직접 고용하기보다는 통상적으로 인력회사를 통하여 인부를 조달받는 경우가 있다. 이 경우 용역대금지급에 대하여 세금계산서를 받는 경우 또는 계산서를 받는 경우가 있다. 원칙적으로 세금계산서를 수령하는 경우는 인력공급업에 해당되는 인력회사로부터 인력을 공급받고 임금과 수수료를 합한 금액을 지급하고 세금계산서를 발급받아야 한다. 다만, 직업안정법에 의한 직업소개소로부터 인력을 소개받는 경우 임금은 직접 지급하고 수수료만 용역회사에 지급하고 계산서(면세)를 발급받아야 한다. 그런데 용역회사로부터 용역인부를 조달하는 파견의 경우 파견근로자 보호 등에 관한 법률에 위반되어 불법파견에 해당될 수 있으므로 주의하여야 한다.

**◈ 파견근로자보호 등에 관한 법률 제5조【근로자 파견대상업무 등】**

① 근로자 파견사업은 제조업의 직접 생산공정업무를 제외하고 전문지식·기술·경험 또는 업무의 성질 등을 고려하여 적합하다고 판단되는 업무로서 대통령령이 정하는 업무를 대상으로 한다.

② 제1항의 규정에 불구하고 출산·질병·부상 등으로 결원이 생긴 경우 또는 일시적·간헐적으로 인력을 확보하여야 할 필요가 있는 경우에는 근로자 파견사업을 행할 수 있다.

③ 제1항 및 제2항의 규정에 불구하고 다음 각 호의 업무에 대하여는 근로자 파견사업을 행하여서는 아니 된다.

1. 건설공사현장에서 이루어지는 업무

ⓐ 인력공급업으로 본 경우

타사업체에 수요인력을 공급하는 사업이 인력공급업에 해당하는지 또는 직업소개업에 해당하는지의 여부는 계약내용 및 실제 사업내용 등 관련사실을 종합적으로 고려하여 판단하여야 하는 것인 바, 이 건의 경우 청구인이 청구외법인에게 필요한 인력을 알선하고 수수료만 받았다면 직업소개업으로 인정할 수 있는 것이나, 청구인이 청구외법인으로부터 파견근로자의 인건비 전부를 수령하여 파견근로자 각 개인에게 지급한 점, 청구외법인의 대표이사의 확인서 내용 및 청구외법인이 청구인과 동일한 방법으로 인력을 공급받은 사업자로부터 세금계산서를 수취한 점 등을 감안할 때 그 실질은 청구인의 책임 하에 근로자를 모집하여 청구외법인에게 파견한 것이므로 청구인이 인력공급업을 수행하였다고 보는 것이 타당하다고 할 것이다(조심 2008중3089, 2008. 12. 18).

ⓑ 고용알선업으로 본 경우

청구인이 운영하는 쟁점사업장이 직업소개로서 노동부고시(1999. 3. 1)에 의하여 고용기간이 3월 미만인 경우 지급하기로 한 임금의 10/100 이하로 구인자로부터 징수할 수 있는 사실, 일용근로자의 진술에 의하면 쟁점사업장의 직원이 아닌 구직자로서 일당 중 수수료 10%를 제외한 금액을 청구인으로부터 수령하였다고 진술한 사실과 청구인이 제시한 장부에 통상임금(일당×일수)의 10%를 제외한 금액을 인건비로 지급한 것이 확인되는 사실 등으로 자기관리 하(인력공급업체의 직원)에 있는 인력을 타인 또는 타사업체에 공급하는 "인력공급업"으로 보기는 어렵고 고용주 또는 구직자를 대신하여 일자리를 알선 및 배치하는 "고용알선"에 해당된다 할 것이고 청구인의 총수입금액은 청구인에게 귀속되었거나 귀속될 금액인 인력공급 장부에 의하여 확인된 인건비의 10%로 보아야 할 것이다(심사 2006-272, 2006. 9. 25).

### 소득세 집행기준 14-20-3 일용근로자를 일반급여자로 보는 시기 등

① 일용근로자에 해당하는 거주자가 3월 이상(건설공사종사자는 1년) 계속하여 동일한 고용주에게 고용되는 경우에는 3월 이상이 되는 월부터 일반급여자로 보아 원천징수하고, 해당 연도 1월 1일부터 12월 31일까지 지급받은 급여를 합산하여 연말정산 해야 한다.

② 근로자가 고용주와 일정근로조건(시간급파트타임 등)으로 고용 계약하여 근로를 제공하는 경우는 일용근로자에 해당하나, 동일한 고용주에게 3월 이상 계속하여 고용된 자는 이에 해당하지 않는다.

### 판례 불법 외국인 체류자의 인건비의 손금산입

과세처분의 위법을 이유로 그 취소를 구하는 소송에서 처분의 적법성 및 과세요건사실의 존재에 관한 입증책임은 과세관청에 있으므로 필요경비에 대한 입증책임도 원칙적으로는 과세관청에 있으나 납세의무자가 신고한 필요경비 중의 일부금액이 실지비용인지의 여부가 다투어져서 그것이 허위임이 밝혀지거나 납세의무자 스스로 신고금액이 허위임을 시인하면서 같은 금액만큼의 다른 비용에 소요되었다고 주장하는 경우에는 그 다른 비용의 존재와 액수에 대하여는 납세의무자가 이를 입증할 필요가 있다고 보아야 할 것인바, 처분청은 청구인이 제출한 자료만으로는 쟁점인건비의 지급사실이 객관적으로 입증되었다고 볼 수 없으므로 쟁점인건비를 필요경비로 인정할 수 없다는 의견이나, 청구인은 쟁점인건비에 대한 증명서류로 자필확인서, 여권 사본을 제출하고 있는 점, 청구인이 영위하고 있는 사업의 업태나 규모를 고려하면 청구인이 불법체류자를 고용하여 그 인건비를 현금으로 지급하였다고 볼 수 있는 점, 청구인이 제출한 금융증명서류에 의하면, 청구인과 청구인의 배우자는 2014년 합계 OOO원, 2015년 합계 OOO원을 현금인출한 것으로 확인되는 점 등을 종합하면, 처분청이 쟁점인건비 전부를 필요경비로 인정할 수 없다는 이유로 청구인의 경정청구를 거부한 처분은 잘못이 있고, 청구인이 주장하는 쟁점인건비 중 2014년 귀속분 OOO원, 2015년 귀속분 OOO원을 각 과세연도의 필요경비에 산입하여 과세표준 및 세액을 경정하는 것이 타당하다고 판단된다(조심-2020-중-8183, 2021. 6. 29.).

※ 소득세법 시행령 제208조의 5【사업용계좌의 신고 등】⑤ 법 제160조의 5 제1항 제2호 단서에서 "거래 상대방의 사정으로 사업용계좌를 사용하기 어려운 것으로서 대통령령으로 정하는 거래"란 다음 각 호의 어느 하나에 해당하는 자와 한 거래를 말한다.
2. 외국인 불법체류자

### (3) 외주비

하도급계약에 의하여 공사의 일부분을 타 건설업자에게 재도급하는 경우에 하도급과 관련된 공사비는 외주비로 처리하고 공사원가에 가산한다. 다만, 당해 하도급계약과 관련하여 건설업자가 직접 조달, 지급하는 공사비용은 재료비, 노무비, 경비 등 요소별로 구분 처리한다.

**참고** **십장(작업반장)의 과세상 쟁점**

1. 실무상 거래형태

건설회사는 용역인부를 직접 고용하기보다는 인력회사나 직업소개소를 통하여 조달하거나 십장(작업반장, 오야지)에게 일정부분을 넘기는 경우가 있다. 십장은 건설산업기본법 상 재하도급금지규정에 따라 사업자등록을 하지 않기 때문에 인건비를 지출하고 세금계산서 등 적격증빙을 수취할 수 없기 때문에 십장으로부터 받은 노무비대장으로 국세청에 지급명세서를 제출하는 것이 일반적이다. 이 경우 근로제공한 용역인부 중에 일부가 근로를 제공하지 않은 것으로 혐의가 있어 가공인건비 계상 등의 사유로 소명을 요구하는 경우가 발생한다. 또는 사업소득으로 원천징수하는 경우도 있는데 십장이 독립적 인적용역을 제공하는 것이 아니기 때문에 이 또한 적법한 방법은 아니다. 십장이 부가가치세법상 독립된 사업자로 인정되는 경우에는 부가가치세 과세문제가 발생하게 된다.

2. 거래흐름 - 십장 등을 통한 일용근로자의 조달

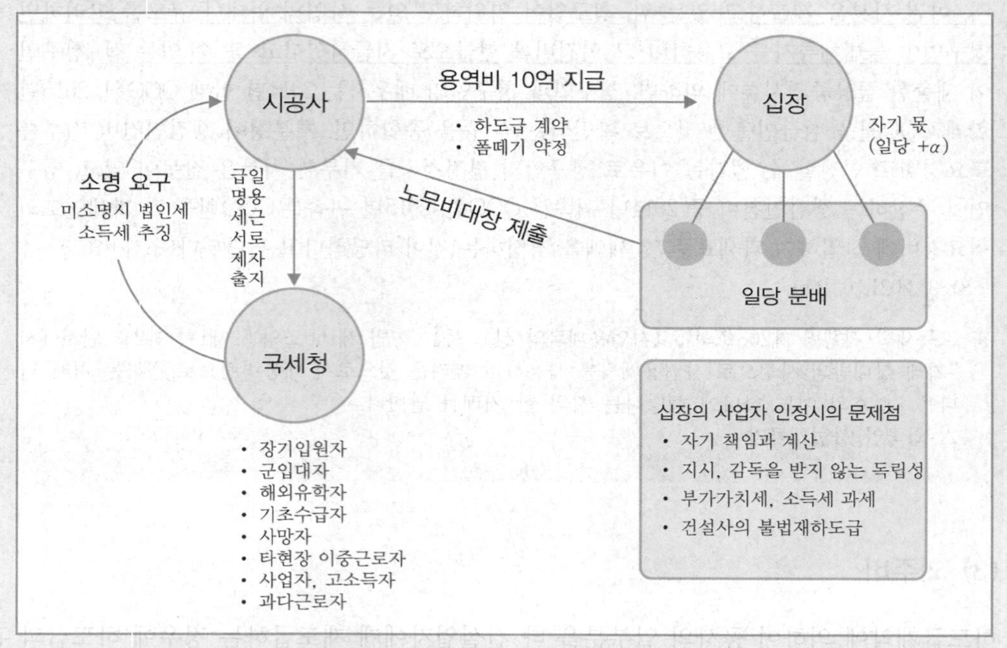


**판례** 십장의 부가가치세 과세대상인 사업자 여부

**1. 사업자로 본 사례**(조심 2013구0474, 2013. 5. 30)

청구인은 도급인과 수급인 자격으로 쟁점공사에 관한 표준도급계약서를 작성하면서 하자보수 보증금률 · 하자담보 책임기간 및 지체상금률을 약정하였고 특약사항으로 "모든 공사의 조건은 민간건설공사 도급계약 일반조건에 따른다" · "첨부 설계서에 의거 시공한다" · "공사완료시 공사 진행 여부에 따라 정산한다"라고 약정한 점, 청구인은 쟁점공사에 관한 추가 계약을 하면서 2009. 9. 1 계약서와 같은 조건으로 표준도급계약서를 작성하는 점, 청구인의 계좌에 공사 대금 대부분이 송금되는 점, 조경공사는 쟁점공사와 달리 건축주가 별도로 다른 사업자에게 하도급을 주는 것으로 보아 청구인이 총괄적으로 감독업무를 수행하였다고 보기 어려운 점, 건축주가 한옥을 건축할 정도의 능력을 갖고 있다고 인정하기 어려운 점 등을 종합하여 보면 청구인은 쟁점공사를 건축주로부터 도급받고 그에 따른 건축용역을 건축주에게 제공하였다고 하겠으므로 청구인이 건축용역을 제공한 것이 아니라 한옥주택 신축을 총괄감독하는 역할을 하였다는 청구주장은 받아들이기 어려운 것으로 판단된다.

**2. 사업자로 본 사례**(조심 2011중0161, 2011. 3. 2)

청구인은 건축주들이 시공한 오피스텔 신축공사 등의 내부단열공사를 하고 쟁점금액을 수령한 후, 노무비 · 식비 · 유류비 · 원자재 매입금액 등으로 지출한 것으로 보아 건축주들로부터 쟁점공사를 계속적 · 반복적으로 수주받아 이를 직접 시공한 후, 그 대금으로 쟁점금액을 수령한 것으로 보여지므로, 청구인이 쟁점공사와 관련하여 단순 근로자(십장)로서 노무를 제공한 것이라는 주장은 받아들이기 어렵다 할 것이다.

**3. 사업자로 보지 않은 사례**(조심 2012중5267, 2013. 2. 26)

청구인의 소득증명을 보면 청구인은 이 건 과세기간인 2006년과 2007년을 포함하여 2004년부터 2009년까지 근로소득금액만 있을 뿐 사업소득은 없는 것으로 나타나는 점, 청구인은 「부가가치세법」 상 사업자등록을 하지 않았을 뿐 아니라 「전기공사업법」 상의 공사업자 등록을 한 사실도 확인되지 아니한 점, 쟁점법인들로부터 청구인의 금융계좌에 입금된 쟁점금액 중 89.3%가 당일 내지 다음 날 다른 일용근로자들에게 계좌이체된 것이 확인되는 점 등을 종합하여 볼 때, 청구인은 2006년과 2007년에 독립된 사업자로 전기 공사용역을 제공한 것이 아니라 쟁점법인들로부터 공사 자재 등을 조달받고 다른 일용근로자들과 함께 노무를 제공하면서 쟁점법인들의 업무지시를 받고 현장안전사고 발생시 이를 보고하는 등 일종의 작업반장 역할을 하였다고 보는 것이 합리적이라고 할 것인바, 처분청이 청구인을 「부가가치세법」 상 독립된 사업자로 보아 부가가치세를 과세한 처분은 잘못이라고 판단된다.

**| 실무적용 Tips |**

**외주비의 세무관리**

건설공사원가에서 외주비의 세무처리가 매우 중요하다. 건설회사의 경우 입찰 등 적격심사에서 높은 점수를 받기 위해 외주비 계상시기를 조정하는 경우가 있다. 특히 부가가치세법상 세금계산서 발행시기를 위배한 경우 원도급자와 하도급자 모두 가산세와 매입세액불공제 등 불이익을 받게 되므로 주의하여야 한다.

(1) 세금계산서 발행을 다음 연도로 이월 또는 선발행한 경우

준공된 공사대금을 이월하여 부가가치세 확정신고기한 경과 후 세금계산서를 발행한 경우 원도급자는 매입세액불공제를 하도급업자는 공급가액의 2% 가산세를 부과당하게 된다.

(2) 진행률의 과소 또는 과다계상

외주비를 이월하여 계상하면 진행기준에 따른 공사수익과 공사원가에 오류가 발생하여 손익귀속시기에 따른 과소신고가산세가 부과된다.

(3) 작업반장 등에 재하도급을 준 경우

건설업 등록이 없는 작업반장에게 하도급을 준 경우 건설산업기본법에 위배되며 또한 작업반장 등이 부가가치세법상 사업자에 해당되면 부가가치세 및 종합소득세를 부과당하게 된다.

### (4) 장비사용료

중기임차료, 중기유류대, 중기운반비 등으로 당해 공사에 사용된 지출금액이다.

**참 고** **장비사용료와 매입세금계산서**

중기사용료는 주로 건설기계를 지입회사를 통하여 사용하는 경우가 대부분으로 사실과 다른 세금계산서로 인하여 매입세액불공제 및 원가부인이 빈번하게 발생하는 부분이다. 따라서 건설기계나 덤프트럭 등을 사용하는 경우에는 건설장비의 소유자와 사업자등록증 및 신분증을 확인하고 사업자명의의 통장으로 사용료를 지급하여야 추후 사실과 다른 세금계산서 수수에 따른 불이익을 받지 않는다.

① 건설업을 영위하는 법인이 소유하고 있는 영업용 중기를 중기지입회사에 지입한 경우 지입된 중기는 본래의 건설업법인에 귀속되는 것이므로 그 건설업을 영위하는 법인의 등기부상의 소재지를 사업장으로 보아야 하며 별도의 사업자등록을 하지 않는다(부가 1265-1375, 1981. 5. 30).

② 건설업자가 중기제조회사로부터 자기의 명의로 구입한 중기를 지입회사에 등록하고 중기관리위수탁계약을 체결하여 중기대여업을 영위하는 경우 당해 중기관련 매입세액은 부가가치세법 제17조 제1항의 규정에 의하여 동 건설업자의 매출세액에서 공제받을 수 있다(부가 22601-94, 1991. 1. 24).

### (5) 안전관리비

작업현장에서 발생하는 산업재해 및 건강장애예방을 위하여 법령에 의하여 계상이 요구되는 비용을 말한다. 건설업산업안전보건관리비계상 및 사용기준에 의하면 일반건설공사(갑)을 다음과 같이 고시하고 있다.

**[공사종류 및 규모별 안전관리비 계상기준표]**

[별표 1] 〈개정 2023. 10. 5〉 고용노동부 고시 제2023-49호

공사종류 및 규모별 안전관리비 계상기준표

(단위: 원)

| 구 분 / 공사종류 | 대상액 5억원 미만인 경우 적용 비율(%) | 대상액 5억원 이상 50억원 미만인 경우 | | 대상액 50억원 이상인 경우 적용 비율(%) | 영 별표 5에 따른 보건관리자 선임 대상 건설공사의 적용비율(%) |
|---|---|---|---|---|---|
| | | 적용 비율(%) | 기초액 | | |
| 건 축 공 사 | 2.93% | 1.86% | 5,349,000원 | 1.97% | 2.15% |
| 토 목 공 사 | 3.09% | 1.99% | 5,499,000원 | 2.10% | 2.29% |
| 중 건 설 공 사 | 3.43% | 2.35% | 5,400,000원 | 2.44% | 2.66% |
| 특수건설공사 | 1.85% | 1.20% | 3,250,000원 | 1.27% | 1.38% |

### (6) 퇴직공제부금비

관련법령에 의하여 건설근로자의 퇴직공제에 가입하는 데 소요되는 비용을 말하며, 노무비 중 퇴직급여충당금을 산정하여 계상한 경우에는 동 퇴직공제부금비를 계상하지 아니한다. 공사예정금액이 1억원 이상의 공공공사, 공사예정금액이 50억원 이상인 건설공사 등을 가입대상으로 하고 있다.

**관련법조문**

**◈ 건설근로자의 고용개선 등에 관한 법률 시행령 제6조【퇴직공제의 당연 가입 대상】**

법 제10조 제1항 전단에서 "대통령령으로 정하는 건설공사"란 「전기공사업법」에 따른 전기공사, 「정보통신공사업법」에 따른 정보통신공사, 「소방시설공사업법」에 따른 소방시설공사, 「문화재수리 등에 관한 법률」에 따른 문화재수리공사로서 다음 각 호의 어느 하나에 해당하는 공사를 말한다.

1. 국가나 지방자치단체가 발주하는 공사로서 공사예정금액(「국가를 당사자로 하는 계약에 관한 법률」 제21조 또는 「지방자치단체를 당사자로 하는 계약에 관한 법률」 제24조에 따른 장기계속계약에 따라 연차별로 계약을 체결하는 공사의 경우에는 해당 공사의 예정금액을 말한다. 이하 이 조에서 같다)이 1억원 이상인 공사
2. 국가나 지방자치단체가 출자 또는 출연한 법인(해당 법인이 납입자본금의 5할 이상을 재출자한 법인을 포함한다)이 발주하는 공사로서 공사예정금액이 1억원 이상인 공사
3. 「사회기반시설에 대한 민간투자법」 제2조 제6호에 따른 민간투자사업으로 시행되는 공사로서 공사예정금액이 1억원 이상인 공사
4. 공사예정금액이 50억원 이상인 공사

### (7) 보상비

보상비는 당해 공사로 인해 공사현장에 인접한 도로 하천, 기타 재산에 훼손을 가하거나 지장물을 철거하게 됨에 따라 발생하는 보상보수비를 말한다. 다만, 당해 공사를 위한 용지보상비는 제외한다. 건설현장의 사고로 인하여 지급하는 손해배상금은 임직원의 고의 또는 중과실이 아닌 경우 손금에 산입한다. 내국법인이 지급한 손해배상금 중 실제 발생한 손해를 초과하여 지급하는 금액으로서 대통령령으로 정하는 금액은 내국법인의 각 사업연도의 소득금액을 계산할 때 손금에 산입하지 아니한다(법법 21의 2). 실제 발생한 손해액이 분명하지 아니한 경우 손금불산입 대상 손해배상금은 다음 계산식에 따라 계산한 금액으로 한다(법령 23 ②).

$$\text{손금불산입 대상 손해배상금} = A \times \frac{B-1}{B}$$

A: 제1항의 규정에 따라 지급한 손해배상금
B: 제1항의 규정에 따른 실제 발생한 손해액 대비 손해배상액의 배수 상한

**실무적용 Tips**

보상비의 세무처리

보상금이나 손해배상금을 지급하는 경우 그 금액이 법인세법상 손금에 산입되는지 여부와 원천징수대상 여부를 검토하여야 한다. 또한, 그 소득의 귀속자의 경우 소득세 과세대상에 해당되는지 확인하여야 한다.

① 건설업을 영위하는 법인이 아파트를 건축 중 인근주민들에게 지급한 사회통념상 적정하다고 인정되는 범위 내의 피해보상금(소음, 분진, 진동, 주차 등)은 당해 아파트의 공사원가에 산입할 수 있다(법인 46012-1915, 1997. 7. 11). 그러나 피해보상금이 아닌 공사와 관련된 민원보상금・사례금 등은 접대비에 해당되며 수령자는 기타소득에 해당되므로 지급총액의 22%를 원천징수하여야 한다. 또한, 건설업 법인이 재개발조합의 운영비 명목으로 지급하는 금액은 접대비에 해당된다(국심 99서1673, 1999. 10. 30).

② 공장건축물을 건설회사의 도급공사에 의거 신축준공한 후 하자가 발생하여 쌍방합의에 의거 건설회사로부터 받은 금액이 손해보상금에 해당되는 경우 이를 받기로 확정된 날이 속하는 사업연도의 특별이익으로 처리하는 것이고, 당초 도급계약내용 변경으로 공사도급금액의 감액에 해당하는 경우에는 당해 공장건축물의 취득가액에서 차감하여 처리한다(법인 46012-2893, 1996. 10. 18).

③ 조세특례제한법 제7조의 중소기업에 대한 특별세액감면규정을 적용함에 있어서 건설업영위법인이 공사계약파기에 따른 배상금으로 하도급업체에 지급하는 금액은 감면사업(건설업)의 개별손금으로 구분하여 감면소득을 계산하는 것이다(서이 46012-10400, 2003. 3. 3).

④ 거주자가 정신・육체적 피해에 대한 배상금으로 지급받는 금액은 소득세법 제21조에 따른 기타소득에 포함되지 아니하는 것이나, 권리 등이 침해되지 아니할 정도의 일상생활에 불편을 감수한 데 대한 사례의 성격으로 받는 금액 또는 민・형사상의 이의를 제기하지 않는 조건으로 지급받는 합의금은 소득세법 제21조 제1항에 따른 사례금으로서 기타소득에 해당하는바, 귀 질의가 어느 경우에 해당되는지 여부는 구체적인 보상금 지급사유, 보상금의 성격 및 지급금액, 상대방과의 관계 등을 종합적으로 고려하여 사실판단 할 사항이다(기획재정부 조세법령운용과-211, 2020. 2. 12).

⑤ 피해보상금의 기타소득 과세 여부
건축공사중 주위의 아파트에 피해를 줌으로써 현실적으로 발생하는 피해의 보전 또는 원상회복을 초과하지 않는 범위 내에서 지급하는 보상금과 기타 정신상의 고통에 대한 배상 또는 위자료로서 지급하는 보상금은 소득세법 제21조 제1항의 규정에 의한 기타소득에 포함되지 않는다(소득 46011-186, 1999. 10. 14).

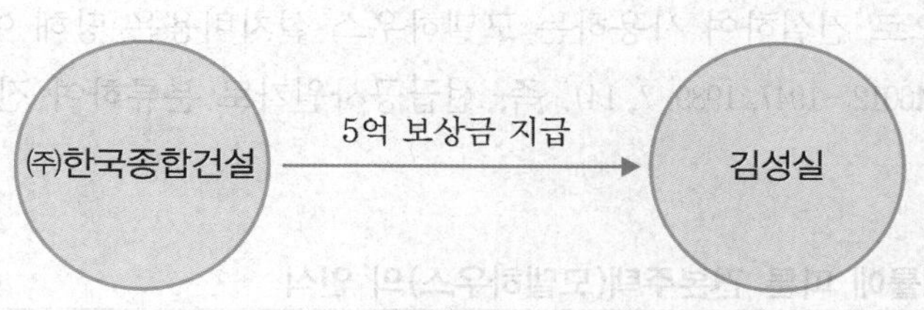


- 손금산입 : 임·직원의 고의 또는 중과실(×)
- 적격증빙 수취의무 없음(합의서, 금융자료)
- 사유 : 소음·분진 등의 피해보상금, 현장사고 발생
- 사례금 : 접대비로 손금불산입하고 기타소득 원천징수
- 정신적·육체적 피해보상금으로 소득세 과세대상 아님

**회계처리사례 : 건설용역의 대가로 받은 현물 및 계류 중인 소송사건관련 보상금**(질의회신 02-021, 2002. 1. 16)

(질의 1) 회사가 지방자치단체로부터 건설용역을 수주하면서 대가 중 일부로 건설용지에 있던 나무를 받기로 하여 현물을 먼저 인수한 후 공사를 착공한 경우 인수한 현물의 회계처리는?

(질의 2) (질의 1)에서 취득한 현물의 계정과목의 분류는?

(질의 3) 회사 직원이 재해를 입어 회사가 보상하였음에도 직원이 추가적인 보상을 요구하면서 회사 채권에 압류를 설정하여 소송을 진행하였는 바, 회사는 압류를 풀고자 임시로 직원에게 보상금을 지급하였고 소송 종료시 판결이 났을 경우 이 금액을 정산하기로 약정한 경우, 현재 지출한 금액의 회계처리는?

(회신 1) 현물 인수시 공사선수금으로 처리한 후, 공사수익 인식시점에서 공사수익에 해당되는 공사선수금을 차감하고 공사선수금을 초과하는 공사수익에 대해서는 공사미수금을 인식하는 것이 타당합니다.

(회신 2) 건설용역의 대가로 받은 현물자산은 당해 회사의 고유영업활동 및 자산의 보유목적에 따라 분류하는 것이 타당합니다. 따라서 정상적인 영업활동 과정에서 판매되거나 판매할 자산을 생산하는 데 사용되거나 소모될 경우에는 재고자산으로 분류하고, 영업활동에서 장기간 사용될 목적인 경우에는 유형자산으로, 그 밖의 경우에는 투자자산으로 분류합니다.

(회신 3) 임시로 지급된 보상금은 회수할 가능성이 높지 않다면 비용으로 회계처리하고, 소송 종료시 확정될 보상금에 대해서는 기업회계기준 제74조와 기업회계기준 등에 관한 해석 31-74를 적용하여 회계처리하는 것이 타당합니다.

## (8) 견본주택

분양을 촉진하기 위하여 홍보목적으로 건립하는 데 소요되는 비용으로 특정아파트의 분양촉진만을 목적으로 건설하여 사용하는 모델하우스 설치비용은 당해 아파트의 건설원가에 포함한다(법인 46012-1947, 1989. 7. 14). 즉, 선급공사원가로 분류하여 진행률에 따라 공사원가로 배분한다.

**사례 진행률에 따른 견본주택(모델하우스)의 인식**

2023. 10. 10. 국민주택 분양과 관련하여 모델하우스 건축비 20억원(재료비 10억원, 외주비 5억원, 기타경비 5억원)이 투입되었고 2024. 1. 1. 준공되었다. 2024. 12. 31. 현재 공사진행률은 30%이며 분양률은 50%이다.

〈회계처리〉

2023.10.10. 모델하우스 건축시

| | | | |
|---|---|---|---|
| (차) 재료비 등 | 2,000,000,000 | (대) 현금 및 예금 | 2,000,000,000 |
| 모델하우스비 | 2,000,000,000 | 재료비 등 | 2,000,000,000 |

2024.1.1. 모델하우스 준공시

| | | | |
|---|---|---|---|
| (차) 선급분양원가 | 2,000,000,000 | (대) 모델하우스비 | 2,000,000,000 |

2024.12.31. 예약매출에 따른 분양원가의 인식

| | | | |
|---|---|---|---|
| (차) 당기분양원가 | 300,000,000 | (대) 선급분양원가 | 300,000,000 |

**[모델하우스비 정산표(2024.12.31)]**

| 선급분양 원가 | 공사 진행률 | 모델 하우스비 | 전기 누적원가 | 당기 공사원가 | 분양률 | 누적 분양원가 | 당기 분양원가 |
|---|---|---|---|---|---|---|---|
| 2,000,000,000 | 30% | 600,000,000 | – | 600,000,000 | 50% | 300,000,000 | 300,000,000 |

**핵심체크**

**[모델하우스의 세무 처리]**

① 모델하우스 건립비용은 작업진행률 계산시 공사원가에 포함하여서는 안된다. 왜냐하면 광고선전비 성격이기 때문이다. 다만, 특정공사와 관련된 모델하우스 설치비용은 진행률에 따라 공사원가로 배분한다.

② 상가분양(부가가치세 과세대상)의 경우 모델하우스 건립비용은 매입세액을 전액 공제받는다. 왜냐하면 건물관련 매입세액으로 보기 때문이다.

③ 모델하우스는 취득세 과세대상이 아니다. 왜냐하면 1년 미만의 임시사용건축물이기 때문이다.

④ 모델하우스(부가가치세 과세대상)를 매각하는 경우 세금계산서를 발급하여야 한다.

### (9) 연구개발비

프로젝트의 연구단계에서는 미래경제적 효익을 창출할 무형자산이 존재한다는 것을 입증할 수 없기 때문에 연구단계에서 발생한 지출은 무형자산으로 인식할 수 없고 발생한 기간의 비용으로 인식한다(기준 11. 19). 개발단계에서 발생한 지출은 기업회계에 따른 개발비 요건에 충족한 경우에 무형자산으로 인식하고, 그 외의 경우에는 경상개발비의 과목으로 하여 발생한 기간의 비용으로 인식한다.

**실무적용 Tips**

**연구개발비 실적신고와 세액공제**

건설회사는 발주처의 적격심사기준에서 우수한 점수를 얻기 위하여 재무제표에 개발비, 연구개발비, 기술개발비 등의 과목으로 계상하고 건설협회에 실적신고시 공인회계사의 확인을 받은 "건설부문기술개발투자비확인서"를 제출하고 있다. 기술개발투자액은 「조세특례제한법 시행령」 별표 6에 규정된 비용 중 실제로 사용된 금액으로 하여야 한다. 2013년 기준 건설부문기술개발투자비율의 평균은 4.96%이며 시공능력평가에서 최상의 점수를 얻기 위해서는 2배정도인 10%를 기술개발비로 지출하여야 한다. 예를 들어 매출액이 500억일 경우 기술개발비로 50억을 지출하여야 한다는 것이다. 중소건설회사의 경우 연구개발비 지출액의 25%를 연구 및 인력개발비로 세액공제를 받을 수 있으며 이는 최저한세 배제, 농어촌특별세 비과세, 중소기업특별세액감면과 동시에 적용받을 수 있다. 결론적으로 말하면 시공능력평가시의 경영평가에서 사용되는 기술개발비 투자액은 조세특례제한법상 연구및인력개발비 세액공제와 범위가 동일하다는 것이다.

⇨ 종합공사를 시공하는 업종을 등록한 건설업자의 시공능력의 평가방법(제23조 제2항 관련) 〈개정 2014. 12. 31〉

기술개발투자액은 「조세특례제한법」 제10조에 따라 세액공제를 받기 위해 제출한 같은 법 시행규칙 별지 제3호 서식 부표(1)에 따른 해당 연도의 연구·인력개발비 발생 명세상의 금액 중 건설업에 실제 사용된 금액으로 한다.

## 5. 공동경비의 배분

### (1) 공동경비의 의의

법인이 당해 법인 외의 자와 동일한 조직 또는 사업 등을 공동으로 운영하거나 영위함에 따라 발생되거나 지출된 손비 중 일정한 기준에 의한 분담금액을 초과하는 금액은 당해 법인의 소득금액계산에 있어서 이를 손금에 산입하지 아니한다. 이는 출자관계에 있는 계열회사간의 기여도에 따른 비용을 균등하게 부담하도록 하기 위한 것이다.

### (2) 공동경비의 손금불산입 비율

법인이 당해 법인 외의 자와 동일한 조직 또는 사업 등을 공동으로 운영하거나 영위함에 따라 발생되거나 지출된 손비 중 다음 각 호의 기준에 의한 분담금액을 초과하는 금액은 당해 법인의 소득금액계산에 있어서 이를 손금에 산입하지 아니한다.

① 출자에 의하여 특정사업을 공동으로 영위하는 경우에는 출자총액 중 당해 법인이 출자한 금액의 비율

② 제1항 외의 경우로서 해당 조직·사업 등에 관련되는 모든 법인 등(이하 이 항에서 "비출자공동사업자"라 한다)이 지출하는 비용에 대하여는 다음 각 목에 따른 기준

가. 비출자공동사업자 사이에 제87조 제1항 각 호의 어느 하나의 관계가 있는 경우 : 직전 사업연도 또는 해당 사업연도의 매출액 총액 중 법인이 선택하는 금액(선택하지 아니한 경우에는 직전 사업연도의 매출액 총액을 선택한 것으로 보며, 선택한 사업연도부터 연속하여 5개 사업연도 동안 적용하여야 한다)에서 해당 법인의 매출액이 차지하는 비율. 다만, 공동행사비 및 공동구매비 등 기획재정부령으로 정하는 손비에 대하여는 참석인원수·구매금액 등 기획재정부령으로 정하는 기준에 따를 수 있다.

나. 가목 외의 경우 : 비출자공동사업자 사이의 약정에 따른 분담비율. 다만, 해당 비율이 없는 경우에는 가목의 비율에 따른다.

아래의 사례에서 동일인이 한국종합건설과 한국전문건설 2회사를 운영하는 경우 공동경비 등은 출자비율 등에 따라 배분하여 분담하여야 한다.

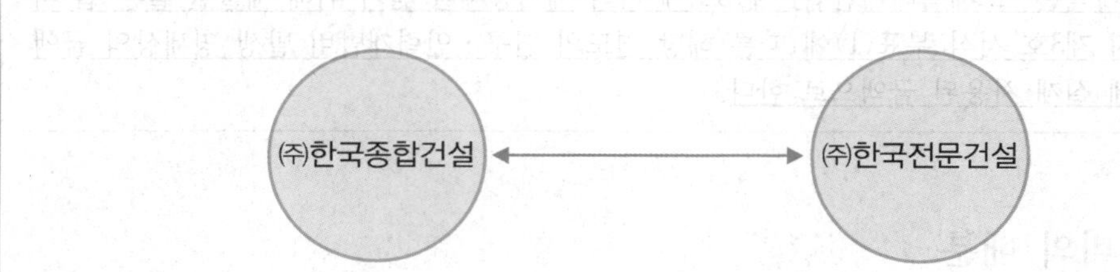


1. 대표이사가 한국종합건설에서만 급여를 10억원 받은 경우 : 손금불산입 2억원
2. 경리부서 임직원이 한국종합건설에서 급여를 10억원 받은 경우 : 손금불산입 2억원
3. 야유회 비용 2천만원을 한국종합건설에서만 지출한 경우 : 손금불산입 0.4천만원

* 매출액비율이 80 : 20으로 가정한 경우

### (3) 배분증명서류

법인이 공통적인 업무를 수행하기 위해 소요된 경비를 다수의 법인을 대표하여 지급한 후 합리적인 배분기준에 의해 개별법인에게 배부함에 있어 소요된 경비를 동 개별법인으로부터 금전으로 받는 것은 재화 또는 용역의 공급에 해당하지 아니하는 것으로 개별법인은 「법인세법」 제116조에 규정한 지출증빙서류의 수취 및 보관 대상이 아니며, 그 경비 중 세금계산서 수취분에 대하여는 「부가가치세법 시행규칙」 제18조의 규정을 준용하여 세금계산서를 수취할 수 있는 것이다(서면상담2팀-2557, 2006. 12. 12).

### (4) 대응조정 여부

부당행위계산부인규정은 특수관계에 있는 자와의 거래로 인하여 법인의 소득에 대한 조세의 부담을 부당히 감소시킨 것으로 인정되는 경우에 그 법인의 행위나 계산을 부인하여 과세소득금액을 다시 계산하기 위한 규정이고, 과다경비 등의 손금불산입규정은 공동경비의 배분기준을 규정하여 기업별 통일을 기하고, 임의배분에 따른 부당한 소득조절을 방지하기 위한 규정으로 서로 유사한바, 부당행위계산부인의 경우 사적자치의 원칙에 따라 사인 간에 이루어진 법률행위의 효력에는 영향을 미치지 않으면서 해당 법인의 과세소득금액만을 재계산하는 것과 마찬가지로 공동경비 기준초과금액의 경우에도 분담금액을 초과하여 지급한 해당 법인의 소득금액 계산에만 영향을 미칠 뿐 상대방에 대하여는 직접적인 영향을 미치지 않는다고 보는 것이 타당한 점 등으로 볼 때 대응조정으로 손금산입할 수 없다(조심 2012서4385, 2013. 1. 28).

### (5) 공동경비 분담 초과분의 매입세액불공제

부가가치세 공제대상 매입세액은 자기의 사업을 위하여 사용되었거나 사용될 매입세액으로 한다. 따라서 공동경비 중 자기부담 초과분은 자기사업관련 매입세액이 아니므로 공제되지 아니한다. 물품공급계약서상 제품광고와 관련된 일체의 광고선전비를 쌍방이 해당 물품의 매출액에 비례하여 공동으로 분담하기로 약정하였고, 청구법인 스스로 다른 광고선전비에 대하여 안분하여 세금계산서를 수수한 반면, 쟁점광고선전비가 안분대상 광고선전비에서 제외할 만한 사정이 보이지 아니하므로 쟁점광고선전비를 「법인세법 시행령」 제48조의 규정에 따라 안분계산한 후 과다부담한 비용에 대하여 손금불산입 및 매입세액 불공제하여 과세한 처분은 잘못이 없다고 판단된다(조심 2011중1988, 2011. 11. 7).

## 6. 가지급금과 가수금의 세무관리

### (1) 가지급금의 개념과 범위

부당행위계산의 유형의 하나인 특수관계자에게 금전을 무상 또는 시가보다 낮은 이율로 대부한 경우에는 시가와 실제로 수령한 이자의 이자율과의 차이에 해당하는 금액을 익금에 산입한다(법령 88 ①). 세법상 '가지급금'이란 명칭여하에 불구하고 당해 법인의 업무와 관련이 없는 자금의 대여액을 말한다(법령 53 ①). 이러한 가지급금에 해당하는지의 여부는 회계처리 여하에 불구하고 그 실질적 내용에 따라서 판단되어야 한다.

[세법상 가지급금에 대한 규제내용]

| 구 분 | 지급대상자 | 이자수령 여부 |
|---|---|---|
| ① 가지급금 인정이자의 익금산입 | 특수관계자에 한함 | 무상 또는 저리의 경우에 한함 |
| ② 업무무관자산 등에 대한 지급이자의 손금불산입 | 특수관계자에 한함 | 불문 |
| ③ 대손금 부인 및 대손충당금 설정 배제 | 특수관계자에 한함 | 불문 |

#### 1) 가지급금의 발생원인

업무와 관련 있는 가지급금은 정산시 적절한 과목으로 대체하면 되지만 문제는 업무와 무관한 가지급금이다. 업무무관 가지급금에 대하여는 세법상 인정이자계산과 지급이자 손금불산입, 대손충당금 설정대상 채권 제외 등 규제를 하고 있다. 가지급금의 발생원인은 다음과 같다.

① 자본금을 가장납입한 경우
② 매입 또는 경비가 누락되거나 부외경비가 발생하는 경우
③ 법인 명의로 차입하여 개인용도로 사용하는 경우

따라서 가지급금의 발생원인을 검토하여 그에 대한 대처방안을 검토하여야 한다. 즉, 업무 관련성 유무가 불분명한 금액이 있는 경우 급여에 포함하여 신고하거나 비록 적격증명을 수취하지 않더라도 지출근거를 갖추어 놓아야 한다.

#### 2) 가수금의 발생원인

가수금은 대표이사나 주주 · 임원이 회사자금의 부족으로 일시적으로 회사에 불입한 후 인출하여 가는 임시적 항목이다. 가수금을 법인에 입금시 가수금의 원천과 증빙이 분명해

야 가수금 인출에 제한을 받지 않으며 가능한 한 법인통장을 통하여 입금하고 차입금약정서를 작성해 놓아야 한다. 가수금의 발생원인은 크게 다음과 같이 분류할 수 있다.

① 회사자금이 부족한 경우
② 매출누락을 한 경우
③ 가공경비를 계상한 경우
④ 누적결손이 발생하는 경우

### (2) 가지급금 인정이자의 계산

법인이 특수관계에 있는 자에게 업무와 관련 없이 무상 또는 저율로 지급한 가지급금에 대하여서는 당좌대출이자율 또는 가중평균차입이자율을 적용하여 계산한 이자상당액을 익금에 산입한다. 인정이자의 계산과정을 산식으로서 표시하면 다음과 같다.

$$\text{가지급금인정이자} = \text{가지급금 등의 적수} \times \text{인정이자율} \times \frac{1}{365}$$

동일인에게 동일한 사업연도에 가지급금과 가수금이 있는 경우에는 서로 상계하여 차감한 적수에 대하여 인정이자를 계산한다. 다만, 가지급금 및 가수금의 발생시에 상환기간, 이자율 등에 대한 약정이 있어 이를 서로 상계할 수 없는 경우에는 상계하지 아니한다. 2007. 2. 28 이후 최초로 발생하는 가지급금 인정이자에 대하여는 시가와 거래가액의 차액이 3억원 이상이거나 시가의 5%에 상당하는 금액 이상인 경우에 한하여 익금산입한다.

한편, 가지급금 인정이자를 미수이자로 계상한 경우에는 다음과 같이 소득처분한다.

**㉠ 상환기간 및 이자율 등의 약정이 없는 경우**

법인이 금전소비대차에 관한 약정이 없는 대여금 등에 대하여 결산확정시 미수이자를 계상한 경우 동 미수이자는 이자계산의 근거없이 소득처분만을 회피할 목적으로 계상한 가공자산이므로, 동 미수이자를 익금불산입(△유보)하고 세법에 따라 계상한 인정이자상당액을 익금산입하여 소득처분한다(법기통 67-106-10).

**㉡ 상환기간 및 이자율 등의 약정이 있는 경우**

법인이 약정에 따라 계상한 미수이자는 이자계산의 근거가 있는 정당한 것이므로, 동 미수이자를 인정하고 그 차액만 익금산입하여 소득처분한다.

### 1) 가지급금적수의 계산

인정이자를 계산함에 있어서 가지급금은 계산의 정확을 위하여 적수로 계산한다. 적수계산의 방법으로는 금액에 가지급기간의 일수를 곱하여 계산하는 방법과 계산을 간편하게 하기 위하여 월말 현재액에 경과일수를 곱하여 계산하는 방법이 있으나 인정이자를 계산함에 있어서는 금액에 일수를 곱하는 방법만을 인정하고 있다[별지 제19호 서식(을) 가지급금 등의 인정이자조정명세서(을)].

### 2) 인정이자율

금전의 대여 또는 차용의 경우에는 기획재정부령으로 정하는 가중평균차입이자율을 시가로 한다. 다만, 다음의 경우에는 해당 각 호의 구분에 따라 기획재정부령으로 정하는 당좌대출이자율을 시가로 한다.

① 가중평균차입이자율의 적용이 불가능한 경우로서 기획재정부령으로 정하는 사유가 있는 경우 : 해당 사업연도에 한정하여 당좌대출이자율을 시가로 한다.

② 해당 법인이 법 제60조에 따른 신고와 함께 기획재정부령으로 정하는 바에 따라 당좌대출이자율을 시가로 선택하는 경우 : 당좌대출이자율을 시가로 하여 선택한 사업연도와 이후 2개 사업연도는 당좌대출이자율을 시가로 한다.

즉, 가지급금인정이자율은 원칙적으로 가중평균차입이자율로 하되 당좌대출이자율을 적용하려면 선택하여 신고하여야 하며 선택하면 3년간은 계속적으로 적용하여야 한다.

여기서 기획재정부령으로 정하는 "가중평균차입이자율"이란 자금을 대여한 법인의 대여시점 현재 각각의 차입금 잔액(특수관계자로부터의 차입금은 제외한다)에 차입 당시의 각각의 이자율을 곱한 금액의 합계액을 해당 차입금 잔액의 총액으로 나눈 비율을 말한다. 이 경우 산출된 비율과 대여금리가 해당 대여시점 현재 자금을 차입한 법인의 각각의 차입금 잔액(특수관계자로부터의 차입금은 제외한다)에 차입 당시의 각각의 이자율을 곱한 금액의 합계액을 해당 차입금 잔액의 총액으로 나눈 비율보다 높은 때에는 해당 사업연도의 가중평균차입이자율이 없는 것으로 본다(법칙 43 ①). 변동금리로 차입한 경우에는 차입 당시의 이자율로 차입금을 상환하고 변동된 이자율로 그 금액을 다시 차입한 것으로 보며, 차입금이 채권자가 불분명한 사채 또는 매입자가 불분명한 채권·증권의 발행으로 조달된 차입금에 해당하는 경우에는 해당 차입금의 잔액은 가중평균차입이자율 계산을 위한 잔액에 포함하지 아니한다. 또한, 「법인세법 시행령」 제89조 제3항 및 동법시행규칙 제43조 제1항 규정에 의한 가중평균차입이자율을 계산함에 있어 법인의 대여시점 현재 각각의 차입금 잔액에는 대한주택공사가 국민주택기금으로부터 차입한 금액 및 동 공사가 「국가를 당사자로 하는 계약에 관한 법률」에 따라 수취하는 계약보증금・하자보수보증금은 포함되지 않는 것이다(서면2팀-1876, 2007. 10. 17).

### 3) 인정이자 계산에서 제외되는 대여금(법칙 44)

부당행위계산에 해당하는 경우에는 인정이자 등을 익금에 산입하여 당해 법인의 각 사업연도의 소득금액을 계산한다. 다만, 다음의 금전 대여에 대하여는 이를 적용하지 아니한다(법령 89 ⑤).

① 소득세법 제132조(배당소득지급시기의 의제) 제1항 및 동법 제135조(근로소득지급시기의 의제) 제3항의 규정에 의하여 지급한 것으로 보는 배당소득 및 상여금(이하 이 조에서 "미지급소득"이라 한다)에 대한 소득세(지방소득세와 미지급소득으로 인한 중간예납세액상당액을 포함하며, 다음 산식에 의하여 계산한 금액을 한도로 한다)를 법인이 납부하고 이를 가지급금 등으로 계상한 금액(당해 소득을 실지로 지급할 때까지의 기간에 상당하는 금액에 한한다)

$$\text{미지급소득에 대한 소득세액} = \text{종합소득총결정세액} \times \frac{\text{미지급소득}}{\text{종합소득금액}}$$

② 정부의 허가를 받아 국외에 자본을 투자한 내국법인이 당해 국외투자법인에 종사하거나 종사할 자의 여비・급료 기타 비용을 대신하여 부담하고 이를 가지급금 등으로 계상한 금액(그 금액을 실지로 환부받을 때까지의 기간에 상당하는 금액에 한한다)

③ 법인이 근로자복지기본법 제2조 제4호의 규정에 의한 우리사주조합 또는 그 조합원에게 당해 법인의 주식취득(조합원간에 주식을 매매하는 경우와 조합원이 취득한 주식을 교환하거나 현물출자함으로써 독점규제및공정거래에관한법률에 의한 지주회사 또는 금융지주회사법에 의한 금융지주회사의 주식을 취득하는 경우를 포함한다)에 소요되는 자금을 대여한 금액(상환할 때까지의 기간에 상당하는 금액에 한한다)

④ 국민연금법에 의하여 근로자가 지급받은 것으로 보는 퇴직금전환금(당해 근로자가 퇴직할 때까지의 기간에 상당하는 금액에 한한다)

⑤ 법령 제106조 제1항 제1호 단서의 규정에 의하여 대표자에게 상여처분한 금액에 대한 소득세를 법인이 납부하고 이를 가지급금으로 계상한 금액(특수관계가 소멸될 때까지의 기간에 상당하는 금액에 한한다)

⑥ 사용인에 대한 월정급여액의 범위 안에서의 일시적인 급료의 가불금

⑦ 사용인에 대한 경조사비 또는 학자금(자녀의 학자금을 포함한다)의 대여액

**판례** **특수관계소멸에 따른 가지급금 상여처분과 건강보험료**
**(대법원 2015. 11. 26. 선고 2015두44479 판결)**

국민건강보험법 제70조 제3항은 보수월액보험료 산정의 기준이 되는 보수를 '근로자 등이 근로를 제공하고 사용자 등으로부터 지급받는 금품'으로 규정하고 있고, 구 국민건강보험법 시행령 제33조 제1항도 역시 보수를 '근로의 대가로 받은 봉급, 급료, 보수, 세비, 임금, 상여, 수당 그 밖에 이와 유사한 성질의 금품'이라고 규정하고 있다. 따라서 보수월액보험료의 산정 기준이 되는 보수에 해당하기 위해서는 '근로자 등이 사용자 등으로부터 금품을 지급받은 것'이 있어야 할 뿐만 아니라, 그것이 '근로의 제공에 대한 대가로 받은 것'이어야 한다. 그런데 법인세법 및 같은 법 시행령의 대표자 인정상여에 관한 규정은 사용자인 법인이 근로자 등에게 실제로 금품을 지급했다는 것을 이유로 과세하는 것이 아니라, 법인의 소득을 결정하거나 경정하면서 익금에 산입한 금액의 실제 귀속자가 분명하지 않은 경우 그 대표자에게 귀속한 것으로 추정하여 '세법 영역에 있어서의 과세요건사실에 관한 증명책임'을 납세자에게 전환시키는 규정에 불과할 뿐, 모든 경우에 대표자에게 그 금액이 실제로 귀속했다고 의제하는 규정은 아니므로 국민건강보험법에서 말하는 보수월액보험료의 산정기준이 되는 '근로자 등이 근로를 제공하고 사용자 등으로부터 지급받는 금품'에 해당한다고 볼 수는 없다. 따라서 원고의 대표이사이었던 자에 대하여 인정상여로 소득처분된 금액이 '직장가입자가 근로의 대가로 받은 봉급, 급료, 보수, 세비, 임금, 상여, 수당 그 밖에 이와 유사한 성질의 금품'에 해당함을 전제로 한 이 사건 처분은 처분사유가 부존재하여 위법하다.

### (3) 가지급금과 인정이자의 세무조정

#### 1) 개별약정이 없는 대여금 및 가지급금 인정이자의 상여처분

법인이 특수관계에 있는 자와의 금전거래에 있어서 상환기간 및 이자율 등에 대한 개별적인 약정이 없는 대여금 및 가지급금 등에 대하여 결산상 미수이자를 계상한 경우에 동 미수이자는 익금불산입하고 인정이자상당액을 익금에 산입하여 그 귀속자에 따라 소득처분한다(집행기준 58-89-7).

#### 2) 회수되지 않은 가지급금 인정이자의 상여처분

특수관계자와의 자금거래에서 발생한 가지급금 등과 동 이자상당액이 다음 각호의 1에 해당하는 경우에는 이를 그 귀속자의 소득으로 처분한 것으로 본다. 다만, 회수하지 아니한 정당한 사유가 있거나, 회수할 것임이 객관적으로 입증되는 경우에는 그러하지 아니한다.

① 특수관계가 소멸할 때까지 회수되지 아니한 가지급금 등과 미수이자

② 특수관계가 계속되는 경우 이자발생일이 속하는 사업연도 종료일로부터 1년이 되는

날까지 회수하지 아니한 미수이자

**판례** **가지급금의 현금회수와 상여처분**(국심 2001중2268, 2002. 1. 23.)

청구법인은 위 가지급금 인정이자 상당액(미수이자)을 매 익년도 초에 장부상 현금이 입금된 것으로 수익계상하였으나 사업연도 종료일로부터 1년이 되는 날까지 실질적으로 현금 회수되지 아니한 것으로 인정되고 이에 대해 청구법인이 금융자료 등 객관적인 증빙에 의해 입증제시를 못하고 있어 처분청이 법인세법 시행령 제94조의 2 등 관련 규정에 따라 귀속자에 상여로 소득처분한 것은 정당한 것으로 판단되며, 또한 가지급금 누적잔액이 사업연도말 현재 실질적으로 감소되었으므로 미수이자 현금유입 입금증빙이 없더라도 인정이자상당액이 현금으로 입금된 것으로 보아야 한다는 청구주장은 가지급금의 증감과 가지급금 인정이자상당액의 실제 현금입금 여부와는 직접 관련이 없는 것이므로 역시 청구주장은 이유 없다 할 것이다.

### (4) 가지급금 인정이자 회수와 원천징수

법인세 과세표준 신고시 금전소비대차 약정서에 의하여 가지급금 인정이자에 대한 미수이자를 계상한 경우 1년 이내에 미수수익을 회수하는 경우 원천징수가 면제된다. 즉, 법인세법 시행령 제111조[내국법인의 이자소득 등에 대한 원천징수]에 신고한 과세표준에 이미 산입된 미지급소득은 원천징수대상 범위에서 제외된다(법령 111 ① 3호).

**관련법조문**

◈ **법인세법 제120조【지급명세서의 제출의무】**

① 내국법인에 소득세법 제127조 제1항 제1호 또는 제2호의 소득을 지급하는 자(제73조 제4항부터 제6항까지 및 제73조의 2에 따라 원천징수를 하여야 하는 자를 포함한다)는 대통령령으로 정하는 바에 따라 납세지 관할 세무서장에게 지급명세서를 제출하여야 한다. 이 경우 자본시장과 금융투자업에 관한 법률의 적용을 받는 법인의 신탁재산에 귀속되는 소득은 제5조 제2항에도 불구하고 그 법인에 소득이 지급된 것으로 보아 해당 소득을 지급하는 자는 지급명세서를 제출하여야 한다.

② 제1항에 따른 지급명세서의 제출에 관하여는 소득세법 제164조를 준용한다.

### (5) 가지급금의 처리방안

건설회사의 경우 실질자본금 유지, 시공능력평가 등을 위하여 적정이익을 산정하다보면 가지급금이 많이 발생하게 된다. 가지급금이 있는 법인은 지급이자손금불산입 및 가지급금 인정이자 등의 불이익을 받게 되어 법인세 부담이 늘어난다. 따라서 가지급금에 대한 관리방안을 검토하여 대처하여야 한다. 기업에서는 다음과 같은 방법으로 가지급금을 줄이는데 이에 대한 내용과 문제점 등을 살펴본다.

### 1) 귀속자에 대한 급여로 처리

기밀비(판공비를 포함한다)·교제비 기타 이와 유사한 명목으로 받는 것으로서 업무를 위하여 사용된 것이 분명하지 아니한 급여는 근로소득에 포함한다(소령 38 ① 1호). 따라서 증빙처리가 어려운 기밀비 등은 임직원의 급여로 처리하여 가지급금의 발생을 줄여야 한다. 다만, 근로소득세 및 사회보험료가 증가된다.

### 2) 가지급금 귀속자의 자산과 상계

가지급금의 귀속자의 개인소유 부동산을 법인에 양도하고 가지급금과 상계하는 방법이다. 이 경우 법인과 임직원은 특수관계자에 해당되므로 시가를 산정하여 매매계약을 체결하여야 법인세법상 부당행위계산부인에 해당되지 않는다. 이 경우 시가의 산정은 감정평가액으로 하는 것이 안전하다.

### 3) 퇴직금의 중간정산금과 상계

임직원에 대한 퇴직금 중간정산사유에 해당되는 금액이 있는 경우 퇴직금을 중간정산하여 수령한 퇴직금과 가지급금을 상계하는 것이다. 이 경우 관련법령상 퇴직금 중간사유에 해당되는 경우에 한하여 중간정산하여야 하며 그렇지 않으면 가지급금에 해당되어 부인당하게 된다. 또한 퇴직금중간정산은 현실적인 퇴직사유에 해당되어 실제로 퇴직금을 지급한 때에 한한다.

### 4) 자기주식의 양도금액과 상계

상법 제341조에 의한 자기주식 취득요건에 충족하여 균등조건으로 자기주식을 양도하고 그 대금으로 가지급금을 상환하는 방법이다. 이 경우 양도자인 주주는 법인의 자기주식 취득목적이 보유 및 재매각 목적이면 양도소득세(중소기업은 과세표준의 10%, 20%)를, 소각목적이면 의제배당으로 종합소득세(과세표준의 6%~45%)를 납부하여야 한다. 다만, 이 방법은 자기주식 취득 후의 처리방안은 검토하여 상법상 적법절차에 의하여 처리하여야 한다. 그렇지 않으면 부당한 자금대여로 보아 법인세 등을 추징당할 수 있다.

### 5) 가지급금과 부채의 임의상계

건설업은 등록요건을 유지하기 위한 실질자본금 확충 및 입찰 참가를 위해 재무비율의 유지가 매우 중요하다. 이를 위해 회계연도 말에 가지급금 등 부실자산과 부채를 임의상계 한 후 다음 회계연도 초에 역분개를 하는 경우가 있는데 이 경우 실태조사를 통하여 이를 인정하지 않을 수 있고 세무조사시에 가지급금 총액에 대하여 상여처분할 수 있으니 주의를 하여야 한다.

**사례** **가지급금과 부채의 상계**

부실건설은 건설면허 목적으로 부도건설을 인수하면서 가지급금 5억원이 발생하였으며 실질자본금 및 입찰을 위해 가공이익을 계상하면서 가지급금이 5억원 발생하였다. 가지급금 10억원이 재무상태표에 계상되면 대출이 제한되고 가지급금은 부실자산에 해당되어 실질자본금이 미달되므로 어쩔 수 없이 다음과 같이 회계처리를 하였다.

(차) 매입채무　　10억원　　(대) 가지급금　　10억원

- 2017사업연도에 대표이사에 대한 채권을 포기한 것으로 볼 수 있는 반면, 계약서가 사후에 작성된 거짓계약서라고 주장하나 이를 확인할만한 아무런 증빙을 제시하지 못한 점, 매년 1월 1일 반대분개를 통해 가지급금을 되살렸다가 즉시 재반대분개를 통해 가지급금을 다시 회수한 것처럼 회계처리함으로써 일시적으로 단기대여금을 줄이는 것에 그치지 않고 대표이사에 대한 가지급금 인정이자까지도 누락하였는 바, 청구법인이 단순히 신용관리를 위한 목적으로만 이와 같은 회계처리를 하였다고 보기 어려운 점 등에 비추어보면, 쟁점금액은 대표이사에 대한 채권을 회수한 것처럼 처리함으로써 채권을 포기한 2017사업연도에 사외유출되었다고 할 것이다. 가공자산을 계상하여 가지급금을 실제 회수하지 않고 회수한 것으로 회계처리하고, 따라서 가공자산을 계상한 시점에 사외유출되었다고 보아 한 과세관청의 처분이 정당하다고 판단된다(조심-2020-서-2843, 2020. 11. 20).

### (6) 법인양도 · 양수와 가지급금

건설회사의 창업은 신설법인설립, 기존법인의 인수, 합병 · 분할 등의 방법이 있는데 신설법인의 설립보다는 기존법인을 인수하는 경향이 있다. 그 이유는 건설면허 및 사업실적의 승계, 과밀억제권역에서 취득세 중과의 회피 등 다양한 이유가 있다. 기존회사를 인수하는 경우 장점도 있지만 우발채무나 법적부담 등 다양한 위험이 내포되어 있어 인수시에는 인수전회사의 재무구조, 법적리스크, 우발채무의 존재여부 등 정확한 사실관계 파악으로 부담을 넘겨받지 않도록 하여야 한다. 기존법인을 인수하는 경우 일반적으로 면허와 실적만 인수하기 때문에 출자금을 제외한 자산(권리) 등은 양도자에 귀속되어 인출 및 처분이 이루어지기 때문에 결과적으로 가지급금이 발생하게 된다. 양도법인의 가지급금은 인정이자 계산, 지급이자 손금불산입 등 과세문제가 발생하게 되는데 근본적인 문제는 가지급금의 귀속자를 누구로 할 것인가이다.

관련법조문

◈ 건설산업기본법 시행규칙 제18조【건설업양도의 신고 등】

① 법 제17조 제1항 제1호의 규정에 의하여 건설업양도신고를 하고자 하는 경우에는 양도인과 양수인이 공동으로 별지 제14호 서식의 건설업양도신고서를 작성하여 시·도지사 또는 영 제87조 제1항 제1호 다목에 따른 업무를 위탁받은 기관에게 제출(전자문서에 의한 제출을 포함한다)하여야 한다.

⑥ 시·도지사는 건설업의 양도가 양도인의 건설업에 관한 자산과 권리·의무의 전부를 포괄적으로 양도하는 경우로서 다음 각 호의 어느 하나에 해당하는 경우에는 양도인의 건설업영위기간을 합산할 수 있다. 〈개정 2002. 9. 18, 2020. 3. 2〉

1. 개인이 영위하던 건설업을 법인사업으로 전환하기 위하여 건설업을 양도하는 경우
2. 건설사업자인 법인을 합명회사 또는 합자회사에서 유한회사 또는 주식회사로 전환하기 위하여 건설업을 양도하는 경우
3. 건설사업자인 회사가 분할로 인하여 설립되거나 분할합병한 회사에 그가 영위하는 건설업의 전부를 양도하는 경우

### 1) 가지급금을 승계하는 경우 과세문제

가지급금을 양수법인이 승계하기로 양도·양수계약을 체결한 경우이다.

**〈계약서의 일부〉 법인(건설업) 및 주식양도·양수계약서**

제4조(양도자산, 부채의 처리)

을은 갑이 처분 상환하는 자산·부채에 의하여 발생되는 법인의 재무상의 자산감소액을 을의 비용과 책임으로 인수 이후 즉시 충당보존하며, **회계처리과정에서 발생될 수 있는 대표이사 가지급금 및 인정이자와 재무제표상의 잉여금은 을이 승계한다.**

가지급금을 인수법인이 승계하는 조건으로 주식매매계약을 체결한 경우 양도한 주주는 가지급금 상당액만큼 매도금액을 더 받은 것이고 매수한 주주는 가지급금 승계한 상당액만큼 더 주고 인수한 것이다. 따라서 세법상 복잡한 과세문제가 발생한다.

**사례 가지급금을 승계한 경우**

(갑)법인과 (을)법인의 주주는 주식매매계약을 체결하였다. (갑)법인은 가지급금이 20억원임에도 (을)법인의 주주는 면허 및 실적을 위하여 매매대금 1억원을 지급하고 모든 주식을 인수하였다. 법인(건설업) 및 주식양도·양수계약서에 가지급금과 잉여금은 모두 을이 승계하도록 하였다.

1. (갑)의 과세문제 : (갑)은 비록 양도대가 1억원을 받았지만 상환해야 할 가지급금 20억원을 (을)에게 승계하였으므로 결국 양도가액은 21억원으로 하여 양도소득세를 납부하여야 한다.

2. (을)의 과세문제 : (을)은 양수대금 1억을 지급하였지만 가지급금 채무 20억원을 인수하였으므로 결국 양수가액은 21억원이다. (을)은 유상감자를 통하여 가지급금을 정리하여야 한다.

### 2) 가지급금을 승계하지 않은 경우 과세문제

가지급금을 인수하지 않기로 약정한 경우 양도·양수일에 특수관계가 소멸하므로 (갑)에 상여처분된다. 이 경우 원천징수의무는 인수법인이 부담하여야 한다.

## (7) 법인폐업·청산, 대표이사 사망과 소득처분

### 1) 법인폐업과 가지급금

고액체납 및 무단폐업으로 사실상 사업을 영위하지 않는 법인을 직권폐업함은 직권폐업일에 대표자와 법인 간 특수관계가 소멸된 것으로 보아야 하며, 따라서 법인의 가지급금을 대표자에게 귀속된 것으로 보아 상여처분할 수 있다(수원고등법원 2024. 12. 4 선고, 2024누10603 판결). 각 기재에 변론 전체의 취지를 종합하여 인정할 수 있는 사정, 즉 ① 세무서의 담당 직원이 작성한 직권폐업조사서에는, 이 사건 회사가 사업자등록 소재지에서 무단 전출한 지 오래되었고, 그 곳은 이미 다른 법인이 사업장으로 사용하고 있으며, 세무서의 담당 직원이 이 사건 회사와 전화통화한 내용은 이 사건 회사의 실제 사업장이 없고 사업을 할 수 없는 단계라고 기재되어 있는 점, ② 직권폐업 이후에 원고가 영업 활동을 하지 않아 2018. 12. 3 상법 제520조의 2 제1항에 따라 해산간주 처리되고, 2021. 12. 3 상법 제520조의 2 제4항에 따라 청산종결 간주 처리된 점, ③ 직권폐업 이후 원고에 대한 사업실적이 없고 달리 직권폐업 이후에도 원고가 사업을 영위하였다는 자료가 없는 점 등에 비추어 보면, 이 사건 회사는 직권폐업일 무렵 영위하던 사업을 폐지하여 폐업한 상태에 있었다고 봄이 타당하고, 이에 따라 직권폐업일에 원고와 이 사건 회사의 특수관계가 소멸하였다고 보아야 한다(부산고등법원 2023. 7. 7 선고, 2022누22637 판결).

**판례** **폐업이 특수관계자 소멸에 해당되지 않음(대법원 2021. 8. 12 선고 2020두51723 판결).**

직권폐업되었다는 사정만으로는 삼원(주)과 원고 사이에 존재하던 특수관계가 바로 소멸하였다고 볼 수 없고, 직권폐업 후 3년 내에 회사를 계속하지 않으면 청산이 종결된 것으로 간주된다는 근거도 없다. 따라서 이 사건 시행령 조항은 위 처분의 근거법령이 될 수 없으므로, 이와 다른 전제에서 이 사건 시행령 조항이 유효라는 취지의 이 부분 상고이유 주장은 더 나아가 살필 필요 없이 이유 없다.

**판례** **가지급금의 인수하지 않은 경우 소득처분**(조심 2018부4682, 2019. 10. 10)

가지급금계정별원장에 의하면 가지급금 OOO원이 OOO으로 대체된 것으로 나타나나 처분청이 관련 회계처리에 대하여 세무대리인에게 확인하여 객관적인 증빙 없이 대표자 변경사실에만 근거하여 회계처리하였다고 조사한 점, 쟁점양수도계약서 및 첨부자료(법인채권채무현황)를 보면 문언상 쟁점가지급금 채무는 양수도목적물로 고려되지 아니한 것으로 보이는 점 등에 비추어 청구인이 제시한 증빙만으로는 쟁점양수도계약의 양수인이 청구인의 쟁점가지급금 채무를 인수하였다고 인정하기 어려워 보이는바, 양수인이 쟁점양수도계약에 따라 OOO의 전 대표이사인 청구인의 쟁점가지급금 채무를 양수하였다는 청구주장을 받아들이기는 어렵다고 판단된다.

### 2) 대표이사 사망과 가지급금

법인이 대표이사의 사망으로 특수관계가 소멸한 날까지 회수하지 아니한 대표이사의 임원단기채권 및 미수이자 등에 대하여 가지급금 등으로 계상한 금액을 「법인세법」 제67조 및 같은법 시행령 제106조 제1항에 따라 대표이사에게 상여로 소득처분하여 법인세 신고(수정신고)하는 경우, 대표이사에 대한 소득세 납세의무는 「국세기본법」 제21조 제2항 제1호에 따라 해당 과세기간이 끝나는 때 성립하는 것이며 같은 법 시행령 제24조 제1항에 따라 상속인이 해당 소득세에 대하여 상속으로 받은 재산의 한도에서 납부할 의무를 지는 것이다(기획재정부 조세정책과-855, 2024. 4. 30).

## (8) 금전소비대차약정서 작성방법

[양식사례 : 금전소비대차약정서]

갑 : 서울(주)
을 : 홍길동(개인사업자)

서울(주)(이하 "갑"이라 한다)와 특수관계에 있는 홍길동(이하 "을"이라 한다)간에 다음과 같은 금전거래에 대한 약정을 체결한다.

제1조(목적) 갑과 을은 업무수행과 관련 없는 채권·채무에 대하여 이자율과 상환기간 등을 정함을 목적으로 한다.

제2조(자금의 대여) 갑은 을에게 100,000,000원을 20×1. 5. 1 대여하고 대여기간은 20×2. 4. 30까지로 한다. 다만, 갑과 을은 상호 약정에 의하여 상환기간을 연장할 수 있다.

제3조(적용이자율) 이자율의 계산은 법인세법에 따른 가중평균차입이자율 또는 당좌대출이자

울로 하며 지급이자의 지급기한은 이자지급기한이 속하는 사업연도 종료일로부터 1년을 초과할 수 없다.

제4조(기타) 상기 조항 이외의 사항은 관례에 따라 서로 협의하여 정한다.

제5조(시행일) 이 약정은 20×1. 5. 1부터 시행한다.

20×1. 5. 1

(갑) 서울(주) 대표이사 이철수 (인)

(을) 홍 길 동 (인)

### 1) 약정서를 만들어야 하는 이유

법인은 개인과는 달리 업무무관 가지급금에 대하여 엄격한 규제를 하고 있다. 즉, 가지급금 인정이자에 대하여 익금산입하고 그 귀속자에게 소득처분을 하게 되므로 법인세와 소득세의 추가부담이 발생한다. 이 경우 익금산입하는 인정이자는 법인이 차입한 가중평균차입이자율 또는 당좌대출이자율을 선택하여 적용하여야 한다. 다만, 법인과 법인 또는 사업을 영위하는 개인사업자는 금전소비대차약정을 체결하고 결산서상에 미수이자를 계상한 경우에는 이를 인정하여 소득처분을 면하게 됨과 동시에 약정이자율(당좌대출이자율 또는 가중평균차입이자율)을 적용받을 수 있다. 다만, 미수이자로 계상한 금액은 반드시 1년 이내에 회수하여야 한다.

가지급금인정이자 상당액(미수이자)을 매 익년도 초에 장부상 현금이 입금된 것으로 수익계상하였으나 처분청이 제시하는 심리자료와 조사내용 등에 의하면 청구법인의 대표이사는 사업연도 종료일로부터 1년이 되는 날까지 실질적으로 현금 회수되지 아니한 것으로 인정되고 이에 대해 청구법인이 금융자료 등 객관적인 증빙에 의해 입증제시를 못하므로 상여처분은 타당하다(국심 2001중2268, 2002. 1. 23). 다만, 회수하지 못한 정당한 사유가 있거나 회수할 것임이 객관적으로 입증되는 경우는 제외되며, 상당기간 회수되지 않는 가지급금과 미수이자는 다음과 같이 처분된다.

ⓐ 가지급금의 경우 특수관계가 소멸할 때까지 회수되지 아니하면 특수관계가 소멸하는 날에 회수하지 아니한 것으로 보아 귀속자에 따라 소득처분한다.

ⓑ 미수이자의 경우 이자발생일이 속하는 사업연도 종료일로부터 1년이 되는 날까지 회수하지 아니하면 당해 1년이 되는 날이 속하는 사업연도에 그 귀속자에 따라 소득처분한다.

### 2) 약정서 작성시 주의사항

ⓐ 가지급금에 대한 약정서는 가지급금 건별로 개별약정을 체결하여야 하며 포괄약정은 약정을 체결한 것으로 보지 않는다(국심 99서1963, 1999. 12. 23). 다만, 포괄약정을 인정한 사례도 있다(국심 91서1589, 1991. 12. 19, 국심 2007부2221, 2008. 4. 25).

ⓑ 적용이자율은 당좌대출이자율(또는 가중평균차입이자율)로 정하여야 하며 미수이자는 1년 내에 회수하도록 명시하여야 한다. 따라서 1년이 되기 전에 미수이자를 법인통장으로 회수하고 회계처리하여야 한다.

# Ⅲ 건설업의 부가가치세 실무

## 1. 건설업의 공급시기

### (1) 공급시기의 중요성

건설용역의 공급시기는 역무가 제공되거나 재화·시설물 또는 권리가 사용되는 때로 한다. 즉, 세금계산서의 발행시기는 세금계산서의 필요적 기재사항인 공급자, 공급받는 자, 공급가액, 작성연월일 등이 확정되는 시점으로 부가가치세법에서 구체적으로 열거규정하고 있으며 이를 위반하여 발급한 경우 사실과 다른 세금계산서로 보아 매입세액불공제 또는 가산세를 부과당하게 된다.

[세금계산서 공급시기 위배에 따른 불이익]

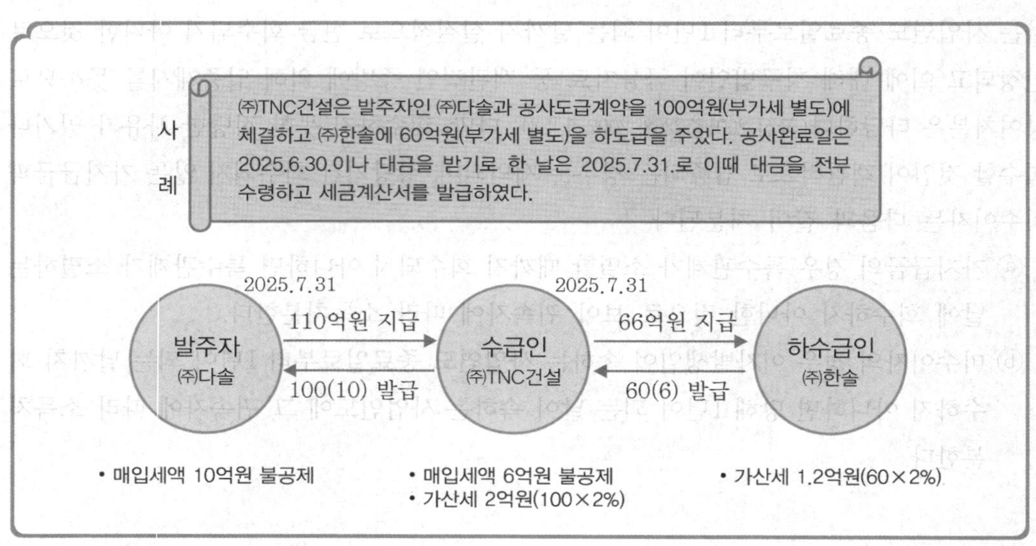

| 구 분 | 공 급 자 | 공급받는 자 |
|---|---|---|
| 공급일이 속하는 과세기간 이후 확정신고기한 내에 발급된 경우 | 가산세(1%) | 매입세액공제+가산세(0.5%) |
| 공급일이 속하는 과세기간 이후 확정신고기한 내에 발급되지 않은 경우 | 가산세(2%) | 매입세액불공제 |

관련법조문

◈ 부가가치세법 제60조 【가산세】

② 사업자가 다음 각 호의 어느 하나에 해당하면 각 호에 따른 금액을 납부세액에 더하거나 환급세액에서 뺀다. 이 경우 제1호 또는 제2호가 적용되는 부분은 제3호부터 제5호까지를 적용하지 아니하고, 제5호가 적용되는 부분은 제3호 및 제4호를 적용하지 아니한다.

1. 제34조에 따른 세금계산서의 발급시기가 지난 후 해당 재화 또는 용역의 공급시기가 속하는 과세기간에 대한 확정신고 기한까지 세금계산서를 발급하는 경우 그 공급가액의 1퍼센트
2. 제34조에 따른 세금계산서의 발급시기가 지난 후 해당 재화 또는 용역의 공급시기가 속하는 과세기간에 대한 확정신고 기한까지 세금계산서를 발급하지 아니한 경우 그 공급가액의 2퍼센트. 다만, 다음 각 목의 어느 하나에 해당하는 경우에는 그 공급가액의 1퍼센트로 한다.
   가. 제32조 제2항에 따라 전자세금계산서를 발급하여야 할 의무가 있는 자가 전자세금계산서를 발급하지 아니하고 제34조에 따른 세금계산서의 발급시기에 전자세금계산서 외의 세금계산서를 발급한 경우
   나. 둘 이상의 사업장을 가진 사업자가 재화 또는 용역을 공급한 사업장 명의로 세금계산서를 발급하지 아니하고 제34조에 따른 세금계산서의 발급시기에 자신의 다른 사업장 명의로 세금계산서를 발급한 경우
3. 제32조 제3항에 따른 기한이 지난 후 재화 또는 용역의 공급시기가 속하는 과세기간에 대한 확정신고기한까지 국세청장에게 전자세금계산서 발급명세를 전송하는 경우 그 공급가액의 0.3퍼센트
4. 제32조 제3항에 따른 기한이 지난 후 재화 또는 용역의 공급시기가 속하는 과세기간에 대한 확정신고기한까지 국세청장에게 전자세금계산서 발급명세를 전송하지 아니한 경우 그 공급가액의 0.5퍼센트
5. 세금계산서의 필요적 기재사항의 전부 또는 일부가 착오 또는 과실로 적혀 있지 아니하거나 사실과 다른 경우 그 공급가액의 1퍼센트. 다만, 대통령령으로 정하는 바에 따라 거래사실이 확인되는 경우는 제외한다.

◈ 부가가치세법 제39조 【공제하지 아니하는 매입세액】

① 제38조에도 불구하고 다음 각 호의 매입세액은 매출세액에서 공제하지 아니한다.

2. 세금계산서 또는 수입세금계산서를 발급받지 아니한 경우 또는 발급받은 세금계산서 또

는 수입세금계산서에 제32조 제1항 제1호부터 제4호까지의 규정에 따른 기재사항(이하 "필요적 기재사항"이라 한다)의 전부 또는 일부가 적히지 아니하였거나 사실과 다르게 적힌 경우의 매입세액. 다만, 대통령령으로 정하는 경우의 매입세액은 제외한다.

### ◈ 부가가치세법 시행령 제75조【세금계산서 등의 필요적 기재사항이 사실과 다르게 적힌 경우 등에 대한 매입세액 공제】

법 제39조 제1항 제2호 단서에서 "대통령령으로 정하는 경우"란 다음 각 호의 어느 하나에 해당하는 경우를 말한다.

1. 제11조 제1항 또는 제2항에 따라 사업자등록을 신청한 사업자가 제11조 제5항에 따른 사업자등록증 발급일까지의 거래에 대하여 해당 사업자 또는 대표자의 주민등록번호를 적어 발급받은 경우
2. 법 제32조에 따라 발급받은 세금계산서의 필요적 기재사항 중 일부가 착오로 사실과 다르게 적혔으나 그 세금계산서에 적힌 나머지 필요적 기재사항 또는 임의적 기재사항으로 보아 거래사실이 확인되는 경우
3. 재화 또는 용역의 공급시기 이후에 발급받은 세금계산서로서 해당 공급시기가 속하는 과세기간에 대한 확정신고기한까지 발급받은 경우
4. 법 제32조 제2항에 따라 발급받은 전자세금계산서로서 국세청장에게 전송되지 아니하였으나 발급한 사실이 확인되는 경우
5. 법 제32조 제2항에 따른 전자세금계산서 외의 세금계산서로서 재화 또는 용역의 공급시기가 속하는 과세기간에 대한 확정신고기한까지 발급받았고, 그 거래사실도 확인되는 경우
6. 실제로 재화 또는 용역을 공급하거나 공급받은 사업장이 아닌 사업장을 적은 세금계산서를 발급받았더라도 그 사업장이 법 제51조 제1항에 따라 총괄하여 납부하거나 사업자 단위 과세 사업자에 해당하는 사업장인 경우로서 그 재화 또는 용역을 실제로 공급한 사업자가 법 제48조ㆍ제49조 또는 제66조ㆍ제67조에 따라 납세지 관할 세무서장에게 해당 과세기간에 대한 납부세액을 신고하고 납부한 경우
7. 재화 또는 용역의 공급시기가 속하는 과세기간에 대한 확정신고기한이 지난 후 세금계산서를 발급받았더라도 그 세금계산서의 발급일이 확정신고기한 다음 날부터 1년 이내이고 다음 각 목의 어느 하나에 해당하는 경우
   가. 「국세기본법 시행령」 제25조 제1항에 따른 과세표준수정신고서와 같은 영 제25조의 3에 따른 경정 청구서를 세금계산서와 함께 제출하는 경우
   나. 해당 거래사실이 확인되어 법 제57조에 따라 납세지 관할 세무서장, 납세지 관할 지방국세청장 또는 국세청장(이하 이 조에서 "납세지 관할 세무서장등"이라 한다)이 결정 또는 경정하는 경우
8. 재화 또는 용역의 공급시기 전에 세금계산서를 발급받았더라도 재화 또는 용역의 공급시기가 그 세금계산서의 발급일부터 6개월 이내에 도래하고 해당 거래사실이 확인되어 법 제57조에 따라 납세지 관할 세무서장등이 결정 또는 경정하는 경우
9. 다음 각 목의 경우로서 그 거래사실이 확인되고 거래 당사자가 법 제48조ㆍ제49조 또는 제66조ㆍ제67조에 따라 납세지 관할 세무서장에게 해당 납부세액을 신고하고 납부한 경우

가. 거래의 실질이 위탁매매 또는 대리인에 의한 매매에 해당함에도 불구하고 거래 당사자 간 계약에 따라 위탁매매 또는 대리인에 의한 매매가 아닌 거래로 하여 세금계산서를 발급받은 경우
나. 거래의 실질이 위탁매매 또는 대리인에 의한 매매에 해당하지 않음에도 불구하고 거래 당사자 간 계약에 따라 위탁매매 또는 대리인에 의한 매매로 하여 세금계산서를 발급받은 경우
다. 거래의 실질이 용역의 공급에 대한 주선·중개에 해당함에도 불구하고 거래 당사자 간 계약에 따라 용역의 공급에 대한 주선·중개가 아닌 거래로 하여 세금계산서를 발급받은 경우
라. 거래의 실질이 용역의 공급에 대한 주선·중개에 해당하지 않음에도 불구하고 거래 당사자 간 계약에 따라 용역의 공급에 대한 주선·중개로 하여 세금계산서를 발급받은 경우
마. 다른 사업자로부터 사업(용역을 공급하는 사업으로 한정한다. 이하 이 호에서 같다)을 위탁받아 수행하는 사업자가 위탁받은 사업의 수행에 필요한 비용을 사업을 위탁한 사업자로부터 지급받아 지출한 경우로서 해당 비용을 공급가액에 포함해야 함에도 불구하고 거래 당사자 간 계약에 따라 이를 공급가액에서 제외하여 세금계산서를 발급받은 경우
바. 다른 사업자로부터 사업을 위탁받아 수행하는 사업자가 위탁받은 사업의 수행에 필요한 비용을 사업을 위탁한 사업자로부터 지급받아 지출한 경우로서 해당 비용을 공급가액에서 제외해야 함에도 불구하고 거래 당사자 간 계약에 따라 이를 공급가액에 포함하여 세금계산서를 발급받은 경우

### (2) 건설용역의 일반적인 공급시기

용역의 공급시기는 역무가 제공되거나 재화·시설물 또는 권리가 사용되는 때로 한다(부법 16 ①). 역무제공완료일이란 거래사업자 사이의 계약에 따른 역무제공의 범위와 계약조건 등을 고려하여 역무의 제공사실을 가장 확실하게 확인할 수 있는 시점, 즉 역무가 현실적으로 제공됨으로써 역무를 제공받는 자가 역무 제공의 **산출물을 사용할 수 있는 상태에 놓이게 된 시점**을 말한다(대법원 2008. 8. 21 선고, 2008두5117 판결). 즉, 건설공사가 완료되는 날이나 **공사완료일이 불분명한 경우 사용승인일**이 공급시기가 된다. 태양광 발전소 건설용역의 공급시기는 계약에 따른 역무의 제공이 완료되는 때로 하는 것이나, 개발행위 준공 전에 「전기사업법」에 따른 사용전검사에 합격하여 발주자가 전기를 생산, 판매하는 등 사실상 역무제공의 산출물을 사용할 수 있는 상태가 된 경우에는 해당 사용전검사확인증을 발급받은 시점이 공급시기이다(법령해석과-2763, 2019. 10. 21).

**관련법조문**

◈ **건축법 제22조【건축물의 사용승인】**

① 건축주가 제11조 · 제14조 또는 제20조 제1항에 따라 허가를 받았거나 신고를 한 건축물의 건축공사를 완료[하나의 대지에 둘 이상의 건축물을 건축하는 경우 동(棟)별 공사를 완료한 경우를 포함한다]한 후 그 건축물을 사용하려면 제25조 제5항에 따라 공사감리자가 작성한 감리완료보고서(같은 조 제1항에 따른 공사감리자를 지정한 경우만 해당된다)와 국토교통부령으로 정하는 공사완료도서를 첨부하여 허가권자에게 사용승인을 신청하여야 한다.
② 허가권자는 제1항에 따른 사용승인신청을 받은 경우에는 법 제22조 제2항에 따라 그 신청서를 받은 날부터 7일 이내에 사용승인을 위한 현장검사를 실시하여야 하며, 현장검사에 합격된 건축물에 대하여는 별지 제18호 서식의 사용승인서를 신청인에게 발급하여야 한다.

**| 실무적용 Tips |**

**공사완료일인 사용승인일 확인방법**

1. 건설공사 도급계약서상 준공일
2. 인허가권자가 발급한 사용승인서
3. 하자이행증권의 하자보증기간의 개시일 전일(건설공제조합, 서울보증보험)
4. 건축물관리대장

### (3) 완성도기준지급조건부

**'완성도기준지급조건부'란** 건설공사 등 도급에 대한 대금지급조건으로서 당해 **건설용역의 제공이 완료되기 전**에 그 대가를 당해 역무의 완성도에 따라 분할하여 받기로 하는 약정에 의하여 공급하는 것을 말한다. 즉, 진행정도 또는 완성정도를 확인하여 그 비율만큼 대가를 지급하기로 약정하는 것을 말한다. 완성도기준지급조건부가 되기 위해서는 공사기간에 대한 제한 요건은 없으며 **① 시공사의 기성청구 ② 발주자의 검수확인 ③ 대금을 받기로 한 날이 정해져야 한다.** 만일, 하도급계약서에 대금지급조건으로 매월 기성부분금으로 정해졌는데 기성을 청구하지 않은 경우 또는 대금을 받기로 한 날이 정해지지 않은 경우에는 완성도기준지급조건부에 해당되지 않아 역무제공완료일인 사용승인일이 공급시기가 되는 것이다. 완성도기준지급조건부로 용역을 공급하거나 그 공급단위를 구획할 수 없는 용역을 계속적으로 공급하는 경우에는 그 대가의 각 부분을 받기로 한 때(당해 기성부분이 확정되어 그 대가의 지급이 확정되는 때)를 용역의 공급시기로 보아 부가가치세법상 세금계산서를 발행하여야 한다. 다만, **역무의 제공이 완료되는 날 이후 받기로 한 대가의 부분에 대해서는 역무의 제공이 완료되는 날**을 그 용역의 공급시기로 본다(부령 29 ①).

#### 1) 선금(공사선급금)

사업자가 완성도기준지급조건부로 예산회계법 제68조의 적용을 받지 아니하는 건설용역을 공급함에 있어 도급인으로부터 공사자금의 지원목적으로 선수금을 지급받고 동 선수금 중 작업진행률에 상당하는 부분을 확정된 기성고대금에 순차로 충당하기로 한 경우 동 선수금의 공급시기는 계약에 따라 확정된 **기성고대금에 충당되는 때**인 것이다(부가 46015-1088, 1995. 6. 1, 1995. 6. 15). 다만, **공공공사의 경우에는 중간지급조건부에 해당되어 대가의 각 부분을 받기로 한 때**이다.

**참 고**

**선금의 법적성격**(국심 95경0569, 1995. 10. 13)

선급금이 계약금의 성질일 경우에는 대가를 받기로 한 때이나 선급금(선급공사대금)일 경우에는 기성대금에 충당되는 때이다. 이 경우 선급공사대금이 되기 위해서는 ① 하도급계약서에 선급금으로 표시되어 있고 ② 하도급계약서 본문에 선금에 대한 정산규정이 있어야 하며 ③ 계약이 해약될 때에는 계약금을 교부한 자는 이를 포기하고 수령자는 배액을 상환하여야 하는 해약금(민법 565)의 성질을 갖고 있는 점에 비해 계약이 해제될 때에는 당사자 간에 손해배상을 별도로 청구할 수 있도록 약정하고 있어야 한다.

**본문 제22조(선급금)**

④ 선급금은 계약목적 외에 사용할 수 없으며, 노임지급 및 자재확보에 우선 사용하도록 한다.

⑤ 선급금은 기성부분의 대가를 지급할 때마다 다음 산식에 의하여 산출한 금액을 정산한다.

$$\text{선급금 정산액} = \text{선급금액} \times \frac{\text{기성부분의 대가 상당액}}{\text{계약금액}}$$

**본문 제25조(계약해제, 해지)**

⑤ 갑 또는 을은 제1항에 의한 계약의 해제 또는 해지로 손해가 발생한 때에는 상대방에게 손해배상을 청구할 수 있다.

| 구 분 | 계약금 | 선금(선급금) |
|---|---|---|
| 성 질 | 해약금 : 매매의 당사자일방이 계약당시에 금전 기타 물건을 계약금, 보증금 등의 명목으로 상대방에게 교부한 때에는 당사자 간에 다른 약정이 없는 한 당사자의 일방이 이행에 착수할 때까지 교부자는 이를 포기하고 수령자는 그 배액을 상환하여 매매계약을 해제할 수 있다(민법 565 ①). | 수급인의 노임지급 및 자재확보 목적의 선급공사대금<br>• 계약서 선급금 표시<br>• 선급금 정산규정<br>• 손해배상청구권 |
| 사 례 | 중간지급조건부의 분양건설의 계약금 | 완성도기준지급조건부의 도급공사의 선급금 |

**사례 선금의 세금계산서 발행 : 선금수령시 세금계산서 미발행(Ⅰ)**

(주)T&C건설과 (주)부동산 개발산업의 계약내용은 다음과 같다.
계약금액 10억, 선(급)금 3억, 1차 기성 25% 지급, 2차 기성 65% 지급, 준공시 잔금 지급

① 1차 기성 확정(25%) : 세금계산서 발행 250,000,000원
   * 대금청구금액 [10억×25% - 3억×25%] = 1.75억

② 2차 기성 확정(65%-25%) : 세금계산서 발행 400,000,000원
   * 대금청구금액 [10억×(65%-25%) - 3억×(65%-25%)] = 2.80억

③ 준공 시 : 세금계산서 발행 350,000,000원
   * 대금청구금액 [10억×(100%-65%) - 3억×(100%-65%)] = 2.45억

**사례 선금의 세금계산서 발행 : 선금수령시 세금계산서 발행(Ⅱ)**

(주)T&C건설과 (주)부동산 개발산업의 계약내용은 다음과 같다.
계약금액 10억, 선(급)금 3억, 1차 기성 25% 지급, 2차 기성 65% 지급, 준공시 잔금 지급

① 선금지급시 : 세금계산서 발행금액 300,000,000원

| (차) 예금 | 330,000,000 | (대) 공사선수금 | 300,000,000 |
|---|---|---|---|
| | | 부가세 예수금 | 30,000,000 |

② 1차 기성 확정(25%) : 세금계산서 발행금액 175,000,000원

| (차) 예금 | 192,500,000 | (대) 공사선수금 | 175,000,000 |
|---|---|---|---|
| | | 부가세예수금 | 17,500,000 |

   * 세금계산서 발행금액 [10억×25% - 3억×25%]

③ 2차 기성(65%) : 세금계산서 발행금액 280,000,000원

| (차) 예금 | 308,000,000 | (대) 공사선수금 | 280,000,000 |
|---|---|---|---|
| | | 부가세 예수금 | 28,000,000 |

   * 세금계산서 발행금액 [10억×(65%-25%) - 3억×(65%-25%)]

④ 준공시 : 세금계산서 발행금액 245,000,000원

| (차) 예금 | 269,500,000 | (대) 공사선수금 | 245,000,000 |
|---|---|---|---|
| | | 부가세 예수금 | 24,500,000 |

   * 세금계산서 발행금액 [10억×(100%-65%) - 3억×(100%-65%)]

### 2) 기성금

기성금의 공급시기는 수급인의 기성대금 청구와 발주자의 확인에 의해 대가의 각 부분을 받기로 한 때이다. 즉, 기성대금에 대하여 세금계산서를 발행하기 위해서는 완성도기준지급 요건에 충족되는지를 확인하고 도급계약서에 대가의 각 부분을 받기로 한 때 세금계산

서를 발행하여야 한다. 따라서 완성도기준지급에 해당되는지를 입증하기 위해서는 **기성금의 집행요청공문, 발주자의 회신공문, 기성청구서, 기성검사원** 등이 필요하다. 사업자가 완성도기준지급 조건부계약에 따라 건설용역을 공급하면서 시행사와 사전약정에 따라 매월 감리업체의 기성검사 확인을 거쳐 기성금을 확정하여 기성청구를 하는 경우로서 「부가가치세법」 제34조 제3항 제3호(해당 거래일을 작성연월일로 하여 세금계산서를 발급하는 경우)에 따른 세금계산서를 발급하면서 작성연월일을 기성부분금 확정일이 아닌 그 확정일이 속한 달의 다른 날을 기재한 경우 해당 세금계산서는 「부가가치세법」 제39조 제1항 제2호에 따른 사실과 다른 세금계산서에 해당하지 아니하는 것이다(법령해석부가-0052, 2018. 4. 24).

### 관련법조문

◈ **건축법 제25조【건축물의 공사감리】**

① 건축주는 대통령령으로 정하는 용도·규모 및 구조의 건축물을 건축하는 경우 건축사나 대통령령으로 정하는 자를 공사감리자로 지정하여 공사감리를 하게 하여야 한다.

⑥ 공사감리자는 국토교통부령으로 정하는 바에 따라 감리일지를 기록·유지하여야 하고, 공사의 공정이 대통령령으로 정하는 진도에 다다른 경우에는 감리중간보고서를, 공사를 완료한 경우에는 감리완료보고서를 국토교통부령으로 정하는 바에 따라 각각 작성하여 건축주에게 제출하여야 하며, 건축주는 제22조에 따른 건축물의 사용승인을 신청할 때 중간감리보고서와 감리완료보고서를 첨부하여 허가권자에게 제출하여야 한다.

◈ **건축법 시행규칙 제19조**

① 법 제25조 제3항에 따라 공사감리자는 건축공사기간 중 발견한 위법사항에 관하여 시정·재시공 또는 공사중지의 요청을 하였음에도 불구하고 공사시공자가 이에 따르지 아니하는 경우에는 시정 등을 요청할 때에 명시한 기간이 만료되는 날부터 7일 이내에 별지 제20호서식의 위법건축공사보고서를 허가권자에게 제출(전자문서로 제출하는 것을 포함한다)하여야 한다.

### 실무적용 Tips

**기성금의 공급시기**

**1. 민간건설공사 표준도급계약서(국토교통부)**

제24조(기성부분금) ① 계약서에 기성부분금에 관하여 명시한 때에는 "을"은 이에 따라 기성부분에 대한 검사를 요청할 수 있으며, 이때 "갑"은 지체 없이 검사를 하고 그 결과를 "을"에게 통지하여야 하며, 14일 이내에 통지가 없는 경우에는 검사에 합격한 것으로 본다.

② 기성부분은 제2조 제8호의 산출내역서의 단가에 의하여 산정한다. 다만, 산출내역서가 없는 경우에는 공사진척률에 따라 "갑"과 "을"이 합의하여 산정한다.

③ "갑"은 검사완료일로부터 14일 이내에 검사된 내용에 따라 기성부분금을 "을"에게 지급하여야 한다.
④ "갑"이 제3항의 규정에 의한 기성부분금의 지급을 지연하는 경우에는 제28조 제3항의 규정을 준용한다.

2. 세금계산서 발급시기

대금지급시기를 검사완료일부터 14일 이내로 정하고 있으므로 14일이 되는 날을 공급시기로 하여 세금계산서를 발행하여야 한다(국심 2006서2328, 2006. 12. 12). 다만 14일 이전에 대금을 지급받은 경우에는 지급받은 날이 공급시기가 된다.

### 3) 준공금(잔금)

잔금에 대한 공급시기는 **원칙적으로 공사완료일**이나 공사완료일이 불분명한 경우 사용승인일이다. 따라서 준공일 이후에 대금을 지급받기로 한 경우에도 준공일이 공급시기가 된다. 다만, 다음의 경우에는 예외가 적용된다.

**① 사용승인 후 마무리공사가 진행되는 경우**

이자비용을 절약하고, 영업을 조기에 개시하기 위해 준공검사에 필요한 투숙과 관련된 주요 내・외 시설식재, 쟁점공사의 감리자가 제출한 추가공사 후 사진을 보면 영업개시일 이후의 공사진행 사실을 알 수 있으므로 실제공사완료일이 건설용역의 공급시기에 해당된다(조심 2012서4140, 2012. 12. 31). 통상적으로 건물의 사용승인일이 공급시기이나, 건물에 대하여 사용승인을 받은 후에도 마무리공사 및 보완공사를 진행한 것이 확인되는 경우에는 실제 공사완료일을 공급시기로 본다(국심 2004중1994, 2004. 10. 2). 이 경우에는 사용승인 후에도 공사가 진행된 사실을 작업일보, 원자재 투입내역, 현장사진 등으로 입증이 필요하다.

**② 검사합격통보일**

건설용역에 대하여 검사를 거쳐 대가의 각 부분의 지급이 확정되는 경우에는 검사 후 대가의 지급이 확정되는 때를 공급시기로 보아야 할 것인 바, 준공검사담당공무원이 현장에 나가 준공검사를 시행한 후 관련검사 및 내부결재를 거쳐 검사합격사실을 통지하고, 청구법인의 대금청구에 대하여 대금청구의 타당성을 검토하여 대금지급 청구 내용을 수락한 시기를 대가의 지급이 확정된 때로 보아야 할 것이다(심사부가 2006-0005, 2006. 12. 27). 공사계약서 제20조에서는 준공에 관련된 내용을 특별히 규정하고 있는데 동 규정에 의하면 을(수급인)은 공사를 완성한 때에는 갑(청구인)에게 통지하여야 하며, 갑은 을의 입회하에 검사를 하여야 하고, 검사에 합격하지 못한 때에는 지체

없이 보수 또는 개조하여 다시 검사를 받도록 규정되어 있어 검사합격 여부가 준공의 조건이 된다고 볼 수 있고, 따라서 위 공사계약서 제7조 제3항에 규정한 「허가기관에 검사를 의뢰한 날」을 부가가치세법상의 용역제공 완료일로 보기보다는 외형적인 공사를 완료한 날로 볼 수 있고, 이 건 공사용역의 경우는 일정기간의 시운전이나 기초검사를 거쳐서 공사용역의 가장 중요한 요건인 폐·오수 기준치가 적정수준 이하로 나타나서 허가기관에 검사를 의뢰할 경우 합격할 수 있는 상태에 도달한 시점을 용역의 공급시기로 보는 것이 합당하다 할 것이다(국심 2000전2062, 2000. 10. 19).

### ③ 사용승인 후 도급금액 변경소송

공사진행중에 도급금액에 대한 다툼이 있어 사용승인 이후에 도급금액 변경소송을 제기하여 도급금액이 판결에 의하여 확정되는 경우 공급시기는 대법원 확정판결일이다. 다만, 하급심에서 소송이 종결되는 경우에는 상고기한 종료일이 공급시기가 된다.

사업자가 「부가가치세법 시행령」 제22조 제2호에 규정하는 완성도기준지급조건으로 건설용역을 제공함에 있어 용역의 공급시기는 계약에 의하여 기성고가 결정되어 그 대가를 지급받을 수 있는 때로 하는 것이나, 발주자와 공사기성고 또는 총공사금액 등에 대한 다툼으로 동 기성고 등이 결정되지 아니하여 그 대가의 각 부분을 받기로 한 때가 확정되지 않은 경우에는 당해 건설용역의 제공이 완료되고 그 공급가액이 확정되는 때로 하는 것이다(부가-1001, 2014. 12. 24).

### ④ 사용승인 후 하자보수공사

이미 공사 도급계약에 따라 받기로 한 공사대금이 정하여진 상태에서 건물이 완공되어 사용승인까지 받은 이상, 그 후 공사 대금 정산에 관한 분쟁으로 소까지 제기되어 그에 관한 판결에서 공사잔금이 확정되었다고 하더라도 이는 **공급이 완료된 용역의 하자에 관한 문제일 뿐**이므로 이를 이유로 역무제공의 완료시 공급가액이 확정되지 아니한 경우에 적용되는 것은 아니다(대법원 2010. 8. 19 선고, 2010두731 판결). 건설업을 영위하는 사업자가 발주처와 완성도기준지급조건부로 호텔신축공사계약을 체결하여 건설용역을 공급하던 중 해당 공사가 완료되기 전에 지방자치단체로부터 임시사용승인을 받고 그 이후에도 발주처로부터 잔공사증명원을 수령하여 상점, 지하 공조시설, 호텔시설 등의 잔여공사를 진행한 경우로서 해당 잔여공사가 단순한 하자보수나 추가공사가 아닌 마무리공사에 해당하는 경우 잔금의 공급시기는 「부가가치세법 시행령」 제29조 제1항 본문 후단의 규정에 따라 역무의 제공이 완료된 날(잔여공사 완료일)이 되는 것이다. 다만, 해당 잔여공사가 단순한 하자보수나 추가공사인지 아니면 마무리공사인지 여부는 계약내용, 공사내용 등을 종합하여 사실판단할 사항이다(법령해석부가-3685, 2019. 4. 2).

### ⑤ 건설공사 도급계약서와 완성도기준지급

**[예시1] 건설공사표준하도급계약서 일부(완성도기준지급조건부)**

6. 대금의 지급

가. 선급금

(1) 계약체결 후 (   )일 이내에 일금 원정 (₩            )

(2) 발주자로부터 지급받은 날 또는 계약일로부터 15일 이내 그 내용과 비율에 따름

나. 기성부분금 :

(1) 월 (   )회

(2) 목적물 수령일로부터 (   )일 이내

(3) 지급방법 : 현금%, 어음%

⇒ 월(1)회로 지급하기로 약정하고 대금을 실제로 지급받은 것이 확인되면 완성도기준지급에 해당되어 대가의 각 부분을 받기로 한때 세금계산서 발급하여야 한다. 다만, 건설계약내용에 계약금지급 및 중도금지급에 대하여 그 금액이나 지급일자 등을 구체적으로 명시하지 아니하였으며, 기성금지급은 월 1회로 약정하고 있으나 그 지급기일을 명시하지 아니하였으며, 기성부분 확인 및 청구 절차를 명시하고 있으나 공사기간 중 기성부분의 확인 및 청구절차를 이행한 사실은 확인되지 아니하는 경우 건설용역이 완성되는 때를 공급시기로 한다(조심 2001전3249, 2002. 2. 23).

**[예시2] 건설공사표준하도급계약서 일부(완성도기준지급조건부)**

6. 대금의 지급

가. 선급금

(1) 계약체결 후 (   )일 이내에 일금 원정 (₩            )

(2) 발주자로부터 지급받은 날 또는 계약일로부터 15일 이내 그 내용과 비율에 따름

⇒ 선급금이 계약금의 성질일 경우에는 대가를 받기로 한 때이나 선급금(선급공사대금)일 경우에는 기성대금에 충당되는 때이다. 이 경우 선급공사대금이 되기 위해서는 ① 하도급계약서에 선급금으로 표시되어 있고 ② 하도급계약서 본문에 선급에 대한 정산규정이 있어야 하며 ③ 계약이 해약될 때에는 계약금을 교부한 자는 이를 포기하고 수령자는 배액을 상환하여야 하는 해약금(민법 565)의 성질을 갖고 있는 점에 비해 계약이 해제될 때에는 당사자 간에 손해배상을 별도로 청구할 수 있도록 약정하고 있어야 함(국심 95경0569, 1995. 10. 13).

나. 기성부분금 :

(1) 기성고(30%) 5억, 기성고(50%) 8억, 기성고(70%) 10억, 기성고(100%) 10억을 지급하기로 한다. 대금지급일은 기성고 확인일로부터 10일 이내 지급하기로 한다.

(2) 목적물 수령일로부터 (   )일 이내

(3) 지급방법 : 현금%, 어음%

⇒ 세금계산서 발급시기는 기성고 확인일부터 10일이 되는 날이며 그 이전에 대금을 지급받은 경우에는 그 지급받은 날을 세금계산서 발급시기로 할 수 있다(재부가-254, 2010. 4. 16). 반면, 심판원은 기성확정일(기성검사원 제출일)을 공급시기로 본 결정례도 있다(조심 2009중3105, 2010. 11. 2).

[시공사의 완성도기준지급조건과 세금계산서 발급시기]

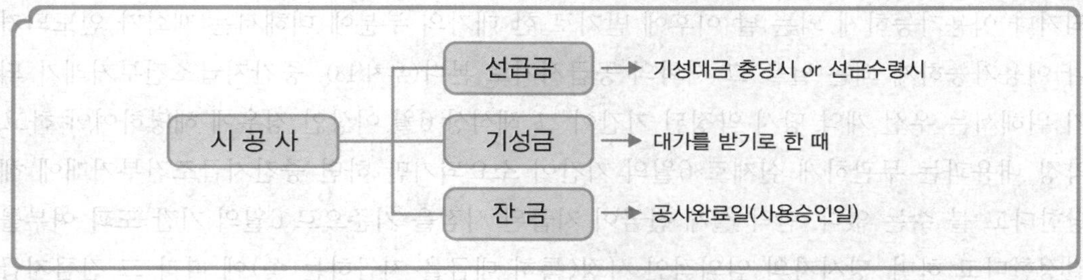


[완성도기준지급조건부 검증흐름도]

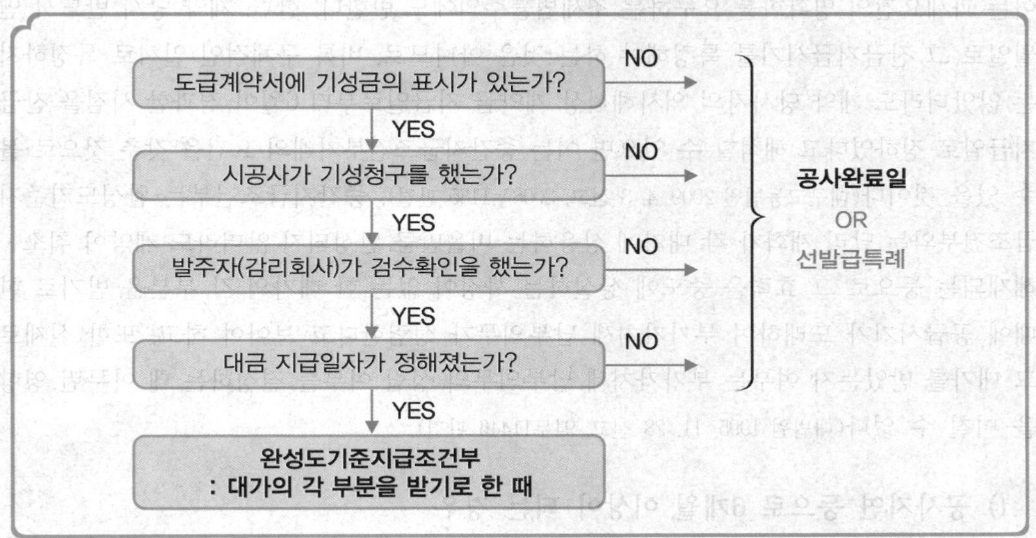


**| 실무적용 Tips |**

**완성도기준지급조건부에 해당되지 않는 경우**(국심 2004서401, 2004. 5. 7)

① 받기로 한 금액이나 지급일자 등을 구체적으로 명시하지 아니한 경우

② 기성금 지급은 월 1회로 약정하고 있으나 그 지급기일을 명시하지 아니한 경우

③ 기성부분 확인 및 청구절차를 명시하고 있으나 공사기간 중 시공사나 발주자가 기성고를 확인하지 않아 기성고 금액이 확정되지 아니한 경우

위와 같은 경우에는 건설공사가 완료된 때를 공급시기로 하여 세금계산서를 발행하여야 한다.

## (4) 중간지급조건부

계약금을 받기로 한 날의 다음 날부터 재화를 인도하는 날 또는 재화를 이용가능하게 하는 날까지의 기간이 **6개월 이상인 경우**로서 그 기간 이내에 **계약금 외의 대가를 분할하여**

**받는 경우**로 대가의 각 부분을 받기로 한 때를 공급시기로 본다. 다만, 이 경우 재화가 인도되거나 이용가능하게 되는 날 이후에 받기로 한 대가의 부분에 대해서는 재화가 인도되거나 이용가능하게 되는 날을 그 재화의 공급시기로 본다(부칙 18). 중간지급조건부거래가 되기 위해서는 우선 계약 당시 약정된 기간이 그 해석상 6월 이상인 경우에 해당하여야 하고, 약정 내용과는 무관하게 실제로 6월의 기간이 소요되기만 하면 중간지급조건부거래에 해당한다고 볼 수는 없다. 만약 실제 잔금이 지급된 시점을 기준으로 6월의 기간 도과 여부를 결정한다고 하며, 당사자의 임의적인 사정(특히 대금을 지급하는 쪽)에 따라 그 잔금지급시기가 불안정해지고, 결과적으로 중간지급조건부거래의 해당 여부도 달라지게 되는 바, 이는 과세요건의 명확화를 요구하는 조세법률주의에도 반한다. 한편, 계약 당시 반드시 연월일로 그 잔금지급시기를 특정해야 하는 것은 아니므로, 비록 구체적인 일시로 특정하지는 않았더라도 계약 당사자의 의사해석상 계약금 지급일로부터 6월이 경과한 시점을 잔금지급일로 정하였다고 해석할 수 있으면 이는 중간지급조건부거래의 요건을 갖춘 것으로 볼 수 있을 것이다(대구고등법원 2009. 4. 3 선고, 2008누1185 판결). 중간지급조건부는 완성도기준지급조건부와는 달리 재화가 각 대가에 상응하는 비율만큼 완성되지 않더라도 계약이 취소·해제되는 등으로 그 효력을 중도에 상실하는 사정이 없는 한 대가의 각 부분을 받기로 한 때에 공급시기가 도래하여 부가가치세 납부의무가 성립한다고 보아야 하고, 또한 실제로 그 대가를 받았는지 여부는 부가가치세 납부의무의 성립 여부를 결정하는 데 아무런 영향을 미칠 수 없다(대법원 1995. 11. 28 선고, 94누11446 판결).

### 1) 공사지연 등으로 6개월 이상이 되는 경우

상가를 신축하여 분양하는 사업자가 중간지급조건부에 해당하지 않는 일반적인 상가 공급계약을 체결하고 수분양자로부터 계약금과 중도금을 지급받았으나, 공사지연 등의 이유로 소유권 이전을 할 수 없어 잔금도 지급받지 못하게 됨에 따라 계약금을 지급받은 날로부터 잔금지급일(이용가능하게 되는 때)까지의 기간이 6개월 이상이 되는 경우 해당 상가의 공급 시기는 수분양자가 상가를 이용가능하게 되는 때가 되는 것이다(법규부가 2012-374, 2012. 10. 5). 즉, 당초에 6개월 미만으로 중간지급조건부에 해당되지 아니하였고 계약변경을 하지도 않은 상태에서 공사지연 등으로 준공이 늦어지는 경우 공급시기는 입주일, 소유권 이전등기일, 잔금청산일 중 빠른 날이 되는 것이다.

**사례** **중간지급조건부로 변경된 경우 거래시기(Ⅲ) : 단기 ⇒ 장기(6월 이상)**

시행사인 다솔 T&C는 마곡힐스테이트 상가를 수분양자인 이민지에게 10억(건물분, 부가세 별도)에 분양하면서 다음과 같이 계약을 체결하였다가 수분양자의 자금사정으로 변경계약을 체결하였다. 이 경우 세금계산서의 발급시기는 다음과 같다.

(당초계약)

- 계약일 : 20×1. 1. 1 2억원
- 잔금지급일 : 20×1. 5. 30 8억원

(변경계약)

- 변경계약 작성일 : 20×1. 5. 20 2억원
- 중도금 지급약정일 : 20×1. 9. 25 4억원
- 잔금 지급약정일 : 20×1. 12. 10 4억원

➡ 당초계약상 거래시기는 부동산이 이용가능한 시점인 20×1. 5. 30이나 20×1. 5. 20 중간지급조건부로 변경되었음. 따라서 공급시기는 대가의 각 부분을 받기로 한 때이나 이미 지급한 계약금은 변경계약일이 공급시기임.
즉, 계약금(20×1. 5. 20), 중도금( 20×1. 9. 25), 잔금일(20×1. 12. 10)이 공급시기임.

### 2) 중간지급조건부 계약 후 공사기간의 단축

사업자가 당초 중간지급조건부로 건설용역을 제공하면서 계약금 등에 대하여 대가의 각 부분을 받기로 한 때에 세금계산서를 교부하고 부가가치세를 신고·납부하였으나, 조기 준공으로 인하여 계약금을 지급하기로 한 날부터 준공예정일까지의 기간이 6월 미만이 되는 경우, 당해 사업자가 계약금 등에 대하여 기 발행한 세금계산서는 적법한 것이며, 기 발행된 세금계산서의 금액을 제외한 용역대가에 대한 세금계산서는 준공일을 공급시기로 하여 교부하는 것이다(부가-509, 2009. 4. 10).

**사례 중간지급조건부에서 변경된 경우 거래시기 : 장기 ⇒ 단기(6월 미만)**

T&C건설은 (주)원주에게 건물 신축에 대한 건설공사용역을 제공하여 주기로 하면서 아래와 같은 중간지급조건부로 도급공사계약을 체결하였다.

- 계약금 : 2억원(20×1. 2. 20)
- 중도금 : 5억원(20×1. 4. 20)
- 잔금 : 4억원(준공 후 지급)
- 준공(예정)일 : 20×1. 8. 20
- 실지준공일 : 20×1. 7. 20

이 경우 건설용역의 공급시기는?

➡ 중간지급조건부 건설용역 공급계약에 따라 계약금 : 2억원(20×1. 2. 20), 중도금 : 5억원(20×1. 4. 20), 준공(예정)일 : 20×1. 8. 20에 세금계산서를 발행하여야 하나 조기준공으로 중간지급조건부 요건을 미충족한 경우 당초 발행한 계약금과 중도금의 공급시기는 적법하고, 다만, 기 발행한 금액을 제외한 공사대금에 대하여 실지 준공일인 20×1. 7. 20에 세금계산서를 발행하여야 한다(부가-509, 2009. 4. 10).

[예시] 상가분양계약서 일부(중간지급조건부)

□ 회차별 납부일자 납부금액

| 구 분 | 계약금 | 중도금 | | | | 잔 금 |
|---|---|---|---|---|---|---|
| | | 1차 | 2차 | 3차 | 4차 | 입주지정일 |
| 납부일자 | 계약시 | 20×0. 2. 10 | 20×0. 10. 10 | 20×1. 2. 10 | 20×1. 6. 10 | 20×2. 2. 10 |
| 금 액 | 31,600 | 47,400 | 47,400 | 47,400 | 47,400 | 94,800 |

* 중간지급조건부에 해당되어 대가를 받기로 정해진 날 세금계산서를 발급한다. 다만, 약정일 이전에 선납한 경우에는 선납받은 날 세금계산서를 발급할 수 있다. 사업자가 사전약정에 의하여 공사대금의 각 부분을 계약서상의 지급일 이전에 납부하는 때에 일정금액을 차감하여 준다는 약정이 있는 경우, 그 차감된 금액을 과세표준으로 하여 공사대금을 수령하는 때에 세금계산서를 교부하여야 하는 것이다(서삼 46015-10941, 2002. 6. 3).

### 3) 관급공사 선금의 공급시기

「국고금관리법」 제26조에 따라 경비를 미리 지급받는 경우 또는 「지방회계법」 제35조에 따라 선금급을 지급받는 경우 중간지급조건부로 용역을 공급하는 경우로 보아 **선급금을 지급받기로 한 때**가 공급시기이다(부칙 20).

**관련법조문**

**◈ 국고금관리법 제26조 【선급과 개산급】**

지출관은 운임, 용선료(傭船料), 공사・제조・용역 계약의 대가, 그 밖에 대통령령으로 정하는 경비(계약금액이 3천만원 이상인 공사 또는 제조와 계약금액이 500만원 이상인 용역에서 계약금액의 100분의 70을 초과하지 아니하는 금액)로서 그 성질상 미리 지급하지 아니하거나 개산하여 지급하지 아니하면 해당 사무나 사업에 지장을 가져올 우려가 있는 경비의 경우에는 이를 미리 지급하거나 개산하여 지급할 수 있다.

[ 시행사의 중간지급조건부와 세금계산서 발급시기 ]

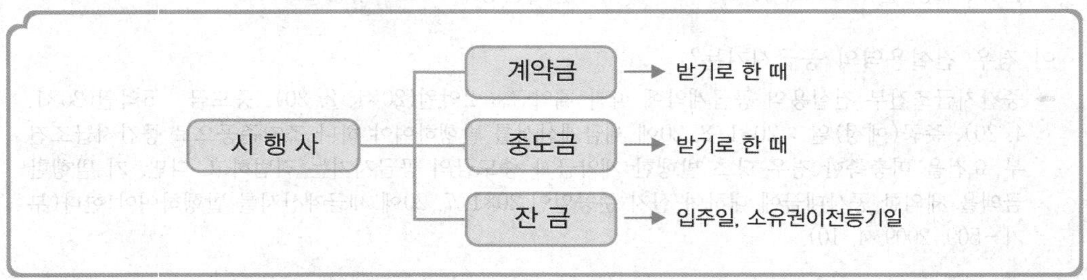

### (5) 세금계산서 선발급특례

#### 1) 7일 이내에 대가수령

사업자가 용역의 공급시기가 도래하기 전에 세금계산서를 발급하고 그 세금계산서 **발급일부터 7일 이내**에 대가를 지급받는 경우에는 법 제16조 제1항에 따라 세금계산서를 발급한 것으로 본다(부법 17 ②). 여기에서 대가란 현금, 예금, 수표로 받은 경우를 포함하며 어음의 경우 어음 교부일이 대가를 받은 날로 본다.

#### 2) 30일 이내에 대가수령

상기 1)에도 불구하고 대가를 지급하는 사업자가 다음의 어느 하나에 해당하는 경우에는 재화 또는 용역을 공급하는 사업자가 그 재화 또는 용역의 공급시기가 되기 전에 제32조에 따른 세금계산서를 발급하고 그 세금계산서 발급일부터 7일이 지난 후 대가를 받더라도 해당 세금계산서를 발급한 때를 재화 또는 용역의 공급시기로 본다(부법 17 ②).

① 거래 당사자 간의 계약서・약정서 등에 대금 청구시기(세금계산서 발급일을 말한다)와 지급시기를 따로 적고, 대금 청구시기와 지급시기 사이의 기간이 30일 이내인 경우

② 세금계산서 발급일이 속하는 과세기간(공급받는 자가 제59조 제2항에 따라 조기환급을 받은 경우에는 세금계산서 발급일부터 30일 이내)에 도래하는 경우

**사례** **대가의 일부수취와 세금계산서 발급**

T&C건설은 (주)제주개발에 다음과 같이 건설용역을 제공하고 세금계산서를 발행하였다.

- 20×1. 5. 20 세금계산서 10억원(공급가액) 발행, 대금은 20×1. 5. 25 3억원 수령함.
- 공급시기 : 20×1. 8. 20

⇒ T&C건설 : 사실과 다른 세금계산서로 공급가액의 1% 7,272,727원 가산세 부과
(3억원 대가를 받고 발행한 것으로 정상발행, 3억원은 공급대가임)

⇒ (주)제주개발 : 매입세액 72,727,272원 불공제, 초과환급신고가산세, 세금계산서불성실가산세 1% 부과

* 매입세액불공제액 : 공급가액 10억−272,727,272(3억/1.1, 정상수취분)

**실무적용 Tips**

발주자(갑)는 시공자(을)와 20×5. 2. 11 보일러 방지시설 공사계약을 체결하였으며 그 주요내용은 아래와 같음.

① 공사기간 : 계약 후 9개월을 준공일로 공사기간을 정하였으며, 준공이라 함은 본 계약 특별약관(성능보증 조항)의 전 항목의 합격을 의미함.

② 대금지급조건 : 선급금 20%, 중도금 50%, 준공금 30%

- 선급금 중 1/2은 이행(선급금)보증보험증권을 제출 후 지급
- 선급금 중 잔여금(쟁점 선급금)은 이행(선급금)보증보험증권 및 환경인허가를 득한 경우에 지급
- (을)이 선급금(잔여금을 의미)을 지급받고자 할 때에는 선급금에 해당하는 선급금 이행보증보험증권을 당사에 제출하고 환경인허가를 득하여야 하고 (갑)은 승인 후 30일 이내에 (을)에게 현금으로 지급함
- 기성금 지급은 공정률에 따른 청구 및 검토 확인 결과에 준하여 지급

③ 잔여 선급금의 정산과 관련한 일자별 진행상황

- 20×5. 4. 6 환경인허가 획득
- 20×5. 5. 6 이행보증보험증권(보험 개시일)
- 20×5. 5. 6 (을)이 전자세금계산서 작성·발급 및 전송
- 20×5. 5. 21 (을)에게 대금 지급

위 사례에서 선급금을 환경인허가를 득하고 이행보험증권을 제출하면 발주자의 승인 후 30일 이내에 지급하기로 약정하였다면 "대금 청구시기와 지급시기 사이의 기간이 30일 이내인 경우"로 볼 수 있는지 여부는 살펴보면 다음과 같다.

사업자가 건설용역을 제공하면서 선급금 지급조건으로 환경인허가를 받고 이행보증보험증권을 제출하면 발주자의 승인을 거친 후 30일 이내에 대가를 지급받기로 약정한 경우로서 선급금 지급조건을 갖추어 대금지급을 청구(전자세금계산서 발행)하고 발주자의 승인을 거쳐 30일 이내에 해당 대가를 지급받은 경우 해당 (전자)세금계산서는 「부가가치세법」 제17조 제3항에 따라 발급한 정당한 세금계산서에 해당하는 것임(서면법령해석부가-2138, 2015. 11. 26).

### 3) 매입세액 불공제 후 재발급

사업자가 공급시기 도래 전에 대가의 지급 없이 선발행세금계산서를 교부받아 부가가치세 예정신고를 하여 관할세무서장으로부터 경정처분을 받은 후, 해당 재화 또는 용역의 공급시기를 거래일자로 하는 세금계산서를 그 공급시기가 속하는 과세기간 내에 다시 교부받아 경정청구 등을 하는 경우 해당 매입세액은 「부가가치세법」 제17조 제1항에 따라 자기의 매출세액에서 공제할 수 있는 것이다(법규과-27, 2010. 1. 13).

#### 4) 동일과세기간 내 선발행과 매입세액공제

공급자는 사업자가 부가가치세를 부담하지 아니한 채 매입세액을 조기환급받을 의도로 공급시기 전에 미리 세금계산서를 발급받는 등의 특별한 사정이 없는 한, '공급시기 전에 발급된 세금계산서'이더라도 발급일이 속한 과세기간 내에 공급시기가 도래하고 세금계산서의 다른 기재사항으로 보아 거래사실도 진정한 것으로 확인되는 경우에는 매입세액은 공제되어야 한다(대법원 2016. 2. 18 선고, 2014두35706 판결).

### (6) 후발급특례

다음에 해당하는 경우에는 공급시기 이후에 월합계세금계산서를 발급할 수 있다.

① 세금계산서는 사업자가 제15조 및 제16조에 따른 재화 또는 용역의 공급시기에 재화 또는 용역을 공급받는 자에게 발급하여야 한다.

② 제1항에도 불구하고 사업자는 제15조 또는 제16조에 따른 재화 또는 용역의 공급시기가 되기 전 제17조에 따른 때에 세금계산서를 발급할 수 있다.

③ 제1항에도 불구하고 다음 각 호의 어느 하나에 해당하는 경우에는 재화 또는 용역의 공급일이 속하는 달의 다음 달 10일(그 날이 공휴일 또는 토요일인 경우에는 바로 다음 영업일을 말한다)까지 세금계산서를 발급할 수 있다.

1. **거래처별로 1역월(1曆月)의 공급가액을 합하여** 해당 달의 말일을 작성연월일로 하여 세금계산서를 발급하는 경우
2. 거래처별로 1역월 이내에서 사업자가 임의로 정한 기간의 공급가액을 합하여 그 기간의 종료일을 작성연월일로 하여 세금계산서를 발급하는 경우
3. 관계 증명서류 등에 따라 실제거래사실이 확인되는 경우로서 **해당 거래일을 작성연월일**로 하여 세금계산서를 발급하는 경우

**사례** **후발급특례와 세금계산서 발급**

(1) 공동도급 대표사로서 20×1. 1월에서 3월 거래분을 합하여 4. 10에 세금계산서를 발행하였다.
➡ 월합계세금계산서는 1역월(해당 월 초일부터 말일까지)의 공급가액을 합하여 해당 월의 말일자를 작성일자로 하여 세금계산서를 교부하여야 하므로 이 경우 필요적 기재사항이 사실과 다른 세금계산서에 해당된다.

(2) 관계증명서류에 의하여 실거래일이 1월 20일이나 작성일자를 1월 31일(해당 월의 말일)로 하여 세금계산서를 발행하였다.
➡ 관계증명서류에 의하여 실제거래사실이 확인되면 실제거래일을 작성일자로 하여 다음 달 10일까지 세금계산서를 발행하여야 한다.

[건설용역 공급시기 해석사례]

| | | |
|---|---|---|
| ① 중재판정에 의하여 증액된 도급금액 | 건설용역을 제공한 후 도급금액 증액변경에 대한 다툼이 있어 대한상사중재원의 중재판정에 따라 도급금액이 증액되는 경우 당해 증액된 도급금액에 대한 세금계산서는 중재판정의 정본(정본)이 각 당사자에게 정당하게 전달된 때임. | 부가-1723 (2010. 12. 28) |
| ② 검사 후 대가를 지급받기로 한 용역 | 용역을 공급하고 각 단계별로 공급받는 자의 검사 후 대가를 지급받기로 한 경우, 용역의 공급시기는 그 대가의 각 부분을 받기로 한 때가 되는 것임. | 부가-1217 (2010. 9. 13) |
| ③ 도급금액의 미확정 | 건설공사기간과 도급총액에 대한 약정은 있으나, 대금지급기일 및 조건에 관한 약정이 없는 경우 공급시기는 건설용역의 제공이 완료되는 때로 하는 것이며, 총 도급금액을 정하지 아니하고 건설용역을 공급하는 경우 공급시기는 용역의 제공이 완료되고 그 공급가액이 확정되는 때로 하는 것임. | 부가-582 (2010. 5. 10) |
| ④ 건설용역 제공시 지급되는 인센티브 | 선분양에 대한 인센티브를 건설공사금액에 추가하여 공사대금을 결정하고 완성도기준지급조건에 따라 용역제공시 인센티브를 기성금에 포함하여 확정하고 지급만을 유보하는 경우 인센티브의 공급시기는 대가의 각 부분을 받기로 한 때임. | 서면3팀-3060 (2007. 11. 8) |
| ⑤ 기성고 미확인 | 6월 미만의 단기건설공사이고 기성고를 확인할 수 없는 쟁점공사를 완성도기준지급조건부공사로 볼 수는 없다고 판단되므로, 쟁점공사에 대한 용역의 공급시기는 건물의 사용일인임. | 심사부가 2010-0051 (2010. 5. 28) |
| ⑥ 지급일이 명시되지 아니한 경우 | 건설공사 계약시에 완성도에 따라 기성고대금을 수차에 걸쳐 지급받기로 했으나 그 지급일을 명시하지 아니한 경우에는 공사기성고가 결정되어 그 대금을 지급받을 수 있는 날임. | 부기통 16-29-2 |
| ⑦ 지급일이 명시되지 아니한 경우 | 공사도급계약서에 의하면 건설공사 기간이 6개월 미만이지만, 완성도기준에 따라 매월 공사대금을 지급하기로 약정하였으므로 완성도지급조건부에 해당한다 할 것이며, 또한, 청구인이 공사대금을 매월 쟁점거래처에 지급한 사실이 금융계좌 등에 의하여 확인되고 있으므로, 계약서의 내용대로 대가의 각 부분을 받기로 한 때를 그 공급시기로 보아야 함. | 심사부가 2008-0144 (2008. 10. 31) |
| ⑧ 잔금 전에 사용 | 중간지급조건부 건물을 잔금지급 전에 매수인이 실제 사용·수익하고 있는 경우 사실상 이용가능하게 된 때임. | 조심 2010부2758 (2010. 11. 19) |
| ⑨ 사용승인 공사진행 | 사용승인일 이후 창고건물의 공사가 지속된 경우 최종완공일임. | 조심 2010중0013 (2010. 6. 24) |

| | | |
|---|---|---|
| ⑩ 기성대금을 월1회 지급약정 | 건설공사 도급계약서에는 청구법인이 상대건설 업체에게 공사진척에 따른 기성부분금을 '월 1회' 지급한다고 기재되어 있으므로 특별한 사정이 없는 한 청구법인에게 '월 1회 기성청구'를 하여 이와 관련된 세금계산서를 교부하여야 할 것임. | 조심 2008서2927 (2008. 11. 25) |
| ⑪ 사용승인 후 하자로 인한 잔금 지연지급 | 공사도급계약에 따라 받기로 한 공사대금이 정하여진 상태에서 건물이 완공되어 사용승인까지 받은 이상 용역의 공급이 완료되고 공급가액이 확정되었다고 볼 수 있으며, 용역의 하자로 인한 분쟁으로 판결에 의해 공사잔금이 확정되었다 하더라도 이는 하자에 관한 문제일 뿐임. | 대법원 2010두7314 (2010. 8. 19) |

## (7) 건설업관련 재화의 공급시기

### 1) 일반적인 재화의 공급시기(부법 15 ①)

재화가 공급되는 시기는 다음에 규정하는 때로 한다.

① 재화의 이동이 필요한 경우 : 재화가 인도되는 때

② 재화의 이동이 필요하지 아니한 경우 : **재화가 이용가능하게 되는 때**

③ 위의 규정을 적용할 수 없는 경우 : 재화의 공급이 확정되는 때

### 2) 토지 · 건물

부가가치세법 제9조 제1항 제2호의 규정에 의한 재화의 이동이 필요하지 않는 부동산의 공급시기는 당해 건물이 이용가능하게 되는 때이며, 이 경우 **"이용가능하게 되는 때"라 함은** 원칙적으로 소유권이전등기일을 말하나, 매매잔금 미지급금 등의 사유로 당사자간 특약에 의하여 당해 부동산에 대해 잔금지급 이전까지 사용 · 수익 등 이용을 제한하고 있는 경우에는 실제로 사용수익이 가능한 날을 공급시기로 본다(재소비 46015-259, 2000. 8. 19).

## (8) 세금계산서 발급위반과 손해배상

공사도급계약을 체결하면서 부가가치세를 별도로 지급하기로 약정하였음에도 불구하고 도급인이 수급인에게 공사대금 일부를 지급하면서 부가가치세 상당액을 지급하지 아니한 경우, 수급인이 이와 같이 부가가치세를 지급받지 못하여 세금계산서를 작성 · 교부하지 않았고 이로 인하여 도급인이 매입세액공제를 받지 못하게 되었다고 하더라도 이는 세금계산서를 교부하지 않은 수급인의 잘못에 기인한 것이 아니라 약정한 부가가치세 상당액을 지급하지 아니한 도급인 자신의 잘못에 기인하였다고 보아야 하므로, 수급인의 공사대금 청구금액과 도급인의 부가가치세 매입세액공제를 받지 못한 손해를 대등액에서 상계할 수 없

다(대법원 1996. 12. 6 선고, 95다49738 판결). 수급인인 갑 주식회사가 도급인인 을 주식회사에 도급계약에 따른 용역의 공급시기인 사용승인일(2020. 7. 23)이 아니라 공사대금 잔금 등이 모두 지급된 날(2021. 3. 30)에 세금계산서를 발급하였고, 을 회사는 위 세금계산서를 2021년 제1기 부가가치세 매입세액에 반영하여 과세관청에 부가가치세 환급신고를 하였는데, 과세관청이 위 세금계산서는 '사실과 다른 세금계산서'라는 이유로 을 회사의 환급신고세액에서 위 세금계산서의 부가가치세 신고액과 그에 대한 10%의 가산세를 합한 금액을 감액하는 경정처분을 하자, 을 회사가 갑 회사를 상대로 세금계산서를 사실과 다르게 발급한 행위 때문에 감액처분액 상당의 환급금을 감액당하는 손해를 입었다며 손해배상을 구한 사안에서, 부가가치세법 제39조 제1항 제2호에서 '필요적 기재사항의 전부 또는 일부가 사실과 다르게 적힌 경우의 매입세액은 매출세액에서 공제하지 아니한다.'고 규정하면서 다만 대통령령으로 정하는 경우의 매입세액에 대하여는 예외를 인정하고 있는데, 구 부가가치세법 시행령(2022. 2. 15 대통령령 제32419호로 개정되기 전의 것) 제75조 제7호에 의하면, 재화 또는 용역의 공급시기가 속하는 과세기간에 대한 확정신고기한이 지난 후 세금계산서를 발급받았더라도 그 세금계산서의 발급일이 확정신고기한 다음 날부터 6개월 이내이고, 과세표준수정신고서와 경정청구서를 세금계산서와 함께 제출하거나 해당 거래사실이 확인되어 납세지 관할 세무서장 등이 결정 또는 경정하는 경우도 그 예외 중 하나로 정하고 있는 점, 위 세금계산서상 용역의 공급시기는 건물의 사용승인일인 2020. 7. 23이고, 부가가치세 과세기간에 비추어 위 세금계산서상 매입세액은 을 회사의 2020년 제2기 매출세액에서 공제될 수 있을 뿐 2021년 제1기 매출세액에서 공제될 수 없으며, 위 감액처분은 을 회사가 용역 공급시기와 상이한 과세기간에 관하여 부가가치세 환급신고를 하였기 때문에 해당 신고액과 그에 대한 가산세를 환급액에서 감액한다는 취지에 불과한 것인 점 등에 비추어 보면, 위 감액처분은 을 회사가 처음부터 해당 과세기간에서 환급받을 수 없는 매입세액을 환급신고하였기 때문에 내려진 것일 뿐이고, 위 처분과 갑 회사의 세금계산서 지연발급 또는 사실과 다른 세금계산서 발급 사이에 상당인과관계가 있다고 볼 수 없는데도, 이와 달리 세금계산서 발급에 관한 갑 회사의 잘못과 을 회사의 감액처분액 상당 손해 사이에 상당인과관계가 있다고 보아 갑 회사의 손해배상책임을 인정한 원심판단에 법리오해 등의 잘못이 있다(대법원 2023. 11. 16 선고, 2023다253790 판결).

**관련법조문**

◈ **민법 제390조(채무불이행과 손해배상)**

채무자가 채무의 내용에 좇은 이행을 하지 아니한 때에는 채권자는 손해배상을 청구할 수 있다. 그러나 채무자의 고의나 과실 없이 이행할 수 없게 된 때에는 그러하지 아니하다.

◈ **민법 제750조(불법행위의 내용)**

고의 또는 과실로 인한 위법행위로 타인에게 손해를 가한 자는 그 손해를 배상할 책임이 있다.

## 2. 하도급거래와 세금계산서의 발급

### (1) 일반적인 경우

건설공사를 하도급 하는 경우 하도급인(수급사업자)은 도급인(원사업자)에게 도급인은 발주자에게 순차로 세금계산서를 발행하여야 한다.

[하도급거래의 세금계산서 발행]

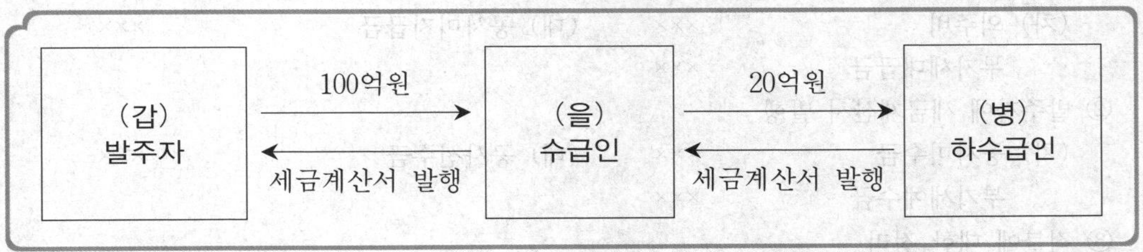


(병)은 (을)에게 20억원, (을)은 (갑)에게 100억원을 공급가액으로 하여 매출세금계산서를 발급한다.

### (2) 건설사의 부도 등으로 직불하는 경우

건설공사를 하도급 하는 경우 하도급인(수급사업자)은 도급인(원사업자)에게 도급인은 발주자에게 순차로 세금계산서를 발행하여야 한다. 따라서 하도급인이 발주자로부터 직불 받은 금액에 대하여 발주자에게 직접 세금계산서를 발급할 수 없다. 그 이유는 하수급인이 건설용역을 공급한 자는 발주자가 아닌 수급인이기 때문이다.

[하도급거래의 세금계산서 발행]

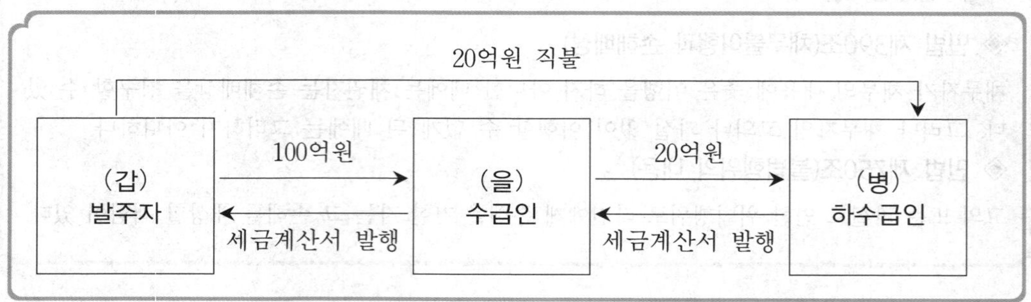


(병)은 (을)에게 20억원, (을)은 (갑)에게 100억원을 공급가액으로 하여 매출세금계산서를 발급한다.

**사례 하도급대금 직불시의 회계처리**

하도급계약상 공사대금 지급시기에 직불통보를 받은 때(하수급인의 매입세금계산서 수취시)의 분개는 다음과 같다.

① 하수급인으로부터 하도급대금을 청구받을 때

| | | | |
|---|---|---|---|
| (차) 외주비 | ××× | (대) 공사미지급금 | ××× |
| 부가세대급금 | ××× | | |

② 발주자에 세금계산서 발행

| | | | |
|---|---|---|---|
| (차) 공사미수금 | ××× | (대) 공사선수금 | ××× |
| 부가세예수금 | ××× | | |

③ 직불에 대한 정리

| | | | |
|---|---|---|---|
| (차) 공사미지급금 | ××× | (대) 공사미수금 | ××× |

① 세금계산서는 「부가가치세법」 제16조 제1항의 규정에 의하여 계약상 또는 법률상의 모든 원인에 의하여 재화 또는 용역을 공급하는 사업자가 재화 또는 용역을 공급받는 자에게 교부하는 것으로, 원도급자로부터 하도급공사계약에 의하여 건설공사용역을 하도급받은 사업자가 당해 공사용역 제공에 따른 세금계산서를 같은 법 제9조의 규정에 의한 거래시기에 원도급자에게 교부하였으나, 하도급 공사대금 전부 또는 일부를 지급받지 못하여 발주처로부터 당해 공사대금을 직접 지급받는 경우에도 하도급자는 발주처를 공급받는 자로 하여 세금계산서를 교부할 수 없는 것이다(부가-1822, 2008. 7. 7).

② 건설업을 영위하는 갑사업자가 발주자로부터 조경공사를 도급받아 공사용역을 제공함에 있어 당해 공사의 일부를 계약에 의하여 을사업자에게 하도급을 주고 그 대금은 발주자가 하도급자에게 직접 지급하더라도 당해 하도급공사대금에 대하여는 하도급자인 을사업자가 원도급자인 갑사업자에게 세금계산서를 교부하고, 원도급자인 갑사업자는 당해 조경공사 전체대금에 대하여 발주자에게 각각 세금계산서를 교부하여야 하는 것이다(서면3팀-331, 2005. 3. 9).

③ 원도급자로부터 도급계약에 의하여 주차설비 및 승강기를 제작설치공사 용역을 하도급받은 사업자가 원도급자에게 동 시설물 설치공사를 완료하고 세금계산서를 교부하였으나 하도급 공사대금 중 일부를 지급받지 못하여 법원에 소송을 제기 발주자로부터 당해 공사대금을 지급받는 것으로 하는 화해권고결정에 따라 발주자로부터 당해 공사대금을 직접 지급받는 경우에도 하도급자는 발주자를 공급받는 자로 하여 세금계산서를 교부할 수 없는 것이다(서삼 46015-11680, 2003. 10. 28).

**관련법조문**

**◈ 민법 제450조【지명채권양도의 대항요건】**

① 지명채권의 양도는 양도인이 채무자에게 통지하거나 채무자가 승낙하지 아니하면 채무자 기타 제삼자에게 대항하지 못한다.

② 전항의 통지나 승낙은 확정일자 있는 증서에 의하지 아니하면 채무자 이외의 제삼자에게 대항하지 못한다.

## 3. 국민주택 공급 및 건설용역과 부가가치세 면제

### (1) 면세의 범위

국민주택의 공급과 국민주택의 건설용역, 설계용역, 리모델링용역은 부가가치세를 면제한다. "국민주택 및 그 주택의 건설용역"이란 다음의 것을 말한다.

① 「주택법」 제2조 제1호에 따른 주택으로서 그 규모가 같은 조 제6호에 따른 국민주택규모(기획재정부령으로 정하는 다가구주택의 경우에는 가구당 전용면적을 기준으로 한 면적을 말한다) 이하인 주택

② 국민주택의 건설용역으로서 「건설산업기본법」·「전기공사업법」·「소방시설공사업법」·「정보통신공사업법」·「주택법」·「하수도법」 및 「가축분뇨의 관리 및 이용에 관한 법률」에 의하여 등록을 한 자가 공급하는 것. 다만, 「소방시설공사업법」에 따른 소방공사감리업은 제외한다.

③ 국민주택의 설계용역으로서 「건축사법」, 「전력기술관리법」, 「소방시설공사업법」, 「기술사법」 및 「엔지니어링산업 진흥법」에 따라 등록 또는 신고를 한 자가 공급하는 것 또한, 원도급자 및 하도급업자도 등록된 자가 공급하는 경우에는 부가가치세를 면제한다. 여기서 "국민주택규모"란 주거의 용도로만 쓰이는 면적(이하 "주거전용면적"이라 한다)이 1호(戶) 또는 1세대당 85제곱미터 이하인 주택(「수도권정비계획법」 제

2조 제1호에 따른 수도권을 제외한 도시지역이 아닌 읍 또는 면 지역은 1호 또는 1세대당 주거전용면적이 100제곱미터 이하인 주택을 말한다)을 말한다(주택법 2 6호). 국민주택에 부수하여 공급하는 복리시설, 부대시설도 주택의 분양가액에 포함하여 공급하는 경우 부가가치세를 면제한다.

**관련법조문**

◈ **주택법 제2조【정의】**

4. "준주택"이란 주택 외의 건축물과 그 부속토지로서 주거시설로 이용가능한 시설 등을 말하며, 그 범위와 종류는 대통령령으로 정한다.
5. "국민주택"이란 다음 각 목의 어느 하나에 해당하는 주택으로서 국민주택규모 이하인 주택을 말한다.
   가. 국가 · 지방자치단체, 「한국토지주택공사법」에 따른 한국토지주택공사(이하 "한국토지주택공사"라 한다) 또는 「지방공기업법」 제49조에 따라 주택사업을 목적으로 설립된 지방공사(이하 "지방공사"라 한다)가 건설하는 주택
   나. 국가 · 지방자치단체의 재정 또는 「주택도시기금법」에 따른 주택도시기금(이하 "주택도시기금"이라 한다)으로부터 자금을 지원받아 건설되거나 개량되는 주택
6. "국민주택규모"란 주거의 용도로만 쓰이는 면적(이하 "주거전용면적"이라 한다)이 1호(戶) 또는 1세대당 85제곱미터 이하인 주택(「수도권정비계획법」 제2조 제1호에 따른 수도권을 제외한 도시지역이 아닌 읍 또는 면 지역은 1호 또는 1세대당 주거전용면적이 100제곱미터 이하인 주택을 말한다)을 말한다. 이 경우 주거전용면적의 산정방법은 국토교통부령으로 정한다.

◈ **주택법 시행규칙 제2조【주거전용면적의 산정방법】**

「주택법」(이하 "법"이라 한다) 제2조 제6호 후단에 따른 주거전용면적(주거의 용도로만 쓰이는 면적을 말한다. 이하 같다)의 산정방법은 다음 각 호의 기준에 따른다.

1. 단독주택의 경우 : 그 바닥면적(「건축법 시행령」 제119조 제1항 제3호에 따른 바닥면적을 말한다. 이하 같다)에서 지하실(거실로 사용되는 면적은 제외한다), 본 건축물과 분리된 창고 · 차고 및 화장실의 면적을 제외한 면적. 다만, 그 주택이 「건축법 시행령」 별표 1 제1호 다목의 다가구주택에 해당하는 경우 그 바닥면적에서 본 건축물의 지상층에 있는 부분으로서 복도, 계단, 현관 등 2세대 이상이 공동으로 사용하는 부분의 면적도 제외한다.
2. 공동주택의 경우 : 외벽의 내부선을 기준으로 산정한 면적. 다만, 2세대 이상이 공동으로 사용하는 부분으로서 다음 각 목의 어느 하나에 해당하는 공용면적은 제외하며, 이 경우 바닥면적에서 주거전용면적을 제외하고 남는 외벽면적은 공용면적에 가산한다.
   가. 복도, 계단, 현관 등 공동주택의 지상층에 있는 공용면적
   나. 가목의 공용면적을 제외한 지하층, 관리사무소 등 그 밖의 공용면적

### (2) 제조업과 건설업 겸업자의 국민주택에 설치 · 시공용역

제조업은 재화의 공급이고 건설업은 용역의 공급으로 국민주택 건설용역에 한해서 부가가치세가 면제된다. 제조업과 건설업등록을 한 겸영사업자가 동일사업장에서 제작하여 국민주택에 설치하는 경우 부가가치세가 면제될 수 있는지의 여부이다. 건설업과 제조업은 한국표준산업분류와 건설산업기본법에 의하여 사업의 구분을 판단하여야 한다.

① 승강기(엘리베이터)를 제조 · 판매하는 사업자가 「건설산업기본법」에 따라 전문건설업(승강기설치공사업)으로 등록한 후 건설용역을 전문으로 제공하는 독립된 사업부서와 종업원을 두고 국민주택건설공사의 엘리베이터 설치공사를 수주하여 자기의 제조장에서 제작한 엘리베이터를 해당 부서의 책임 하에 국민주택에 설치 · 시공하는 경우에는 「조세특례제한법」 제106조 제1항 제4호에 따라 부가가치세가 면제되는 것이다. 다만, 부가가치세가 과세되는 사업과 관련하여 생산한 재화인 승강기를 부가가치세가 면제되는 용역을 공급하는 사업을 위하여 사용하는 경우에는 「부가가치세법」 제6조 제2항과 같은 법 시행령 제15조 제1항 제1호에 따라 재화의 공급에 해당하여 부가가치세가 과세되는 것이다(법규부가-442, 2012. 11. 20).

② 국민주택을 건설하는 사업자 "갑"과 「건설산업기본법」에 따라 전문건설업(실내건축공사업)으로 등록하고 주방가구 제조와 설치 · 시공을 함께 하는 사업자 "을"이 주방가구 설치공사를 위한 하도급계약을 체결하여 "을"이 자기의 제조공장에서 생산한 주방가구를 그 설치공사를 전문적으로 수행하는 자기의 다른 사업장으로 반출한 다음, 반입한 사업장에서 "갑"으로부터 수주한 주방가구 설치공사용역을 반입한 사업장의 책임 하에 제공하는 경우에는 「조세특례제한법」 제106조 제1항 제4호에 따라 부가가치세가 면제되는 것이다. 한편, "을"이 부가가치세가 과세되는 사업과 관련하여 생산한 재화인 주방가구를 자기의 다른 사업장으로 반출하여 부가가치세가 면제되는 용역을 공급하는 사업을 위하여 사용하는 경우에는 「부가가치세법」 제6조 제1항에 따라 부가가치세가 과세되는 것이다(법규부가 2012-397, 2012. 11. 15).

**| 실무적용 Tips |**

**◈ 국세청 행정해석 : 오피스텔 건설용역 및 분양이 국민주택 건설용역 및 공급 여부**

1. 사실관계

○ T&C종합건설(주)는 경기도 하남시 덕풍동에 아파트 및 오피스텔 신축공사를 함에 있어 분양시 주거용 오피스텔이지만 과세로 매매계획중임.

**[집합건축물대장상 건축물 현황]**

(사용승인일 : 2017. 8. 14)

| 층별 | 용도 | 면적(㎡) | 비고 |
|---|---|---|---|
| 지하1층 | 기계주차장(다층순환식), 펌프실, 방재실(휀룸), 계단실 및 복도 | 230.13 | |
| 1층 | 기계식주차장, 계단실, MDF실 | 62.84 | |
| 2층~8층 | 아파트(28세대) | 1,800.61 | |
| 9층~12층 | 오피스텔(16호) | 1,111.56 | 전용면적 85㎡ 이하, 주거용 |
| 옥탑 1층 | 계단실(연면적 제외) | 20.99 | |

* 오피스텔 : 전용면적 85㎡ 이하 4호, 60㎡ 이하 12호

○ 「조세특례제한법」 제106조 제1항 제4호에 따라 부가가치세가 면제되는 국민주택의 공급은 「주택법」에 따른 국민주택규모 이하의 주택 공급에 적용하는 것으로 알고 있음

○ 그러나 오피스텔 중 전용면적 85㎡ 이하를 신축하여 분양함에 있어 매수인(분양받은 자)과 협약을 맺어 주거용으로만 사용한다는 계약 및 협약 등을 추가로 맺어 오직 주거용으로만 사용하는 경우로서

- 실질적인 용도가 주거용 주택이면 국민주택규모 이하 주거용 오피스텔을 분양하는 경우에도 국민주택으로 판단하는 조세심판원 사례(조심 2016구0288, 2016. 5. 17 외)가 있음.

2. 질의내용

○ 사업자가 전용면적 85㎡ 이하의 오피스텔을 신축하여 분양함에 있어 매수인(분양받은 자)과 협약을 맺어

- 해당 오피스텔을 주거용으로만 사용하기로 하고 해당 매수인이 오직 주거용으로만 사용하는 경우 해당 오피스텔 공급이 부가가치세가 면제되는 국민주택에 해당되는지

3. 회신

○ 부가가치세가 면제되는 국민주택의 공급은 「주택법」에 따른 국민주택규모 이하의 주택 공급에 한해 적용하는 것이며, **오피스텔은 「주택법」에 의한 주택에 해당하지 않으므로** 이를 적용할 수 없는 것임(법령해석부가-0515, 2017. 10. 12).

○ 「조세특례제한법」 제106조 제1항 제4호에 따라 부가가치세가 면제되는 국민주택의 공급은 「주택법」에 따른 국민주택규모 이하의 주택 공급에 한해 적용하는 것으로 오피스텔은 「주택법」에 의한 주택에 해당하지 않으므로 이를 적용할 수 없는 것임(기재부 부가-563, 2014. 9. 24).

### ◈ 오피스텔 분양의 과세 여부(조심 2017중5047, 2017. 12. 27)

청구인들은 쟁점오피스텔을 부가가치세 면제대상으로 보아야 한다고 주장하나, 조세법률주의의 원칙상 조세법규의 해석은 특별한 사정이 없는 한 법문대로 해석할 것이고 합리적 이유 없이 확장해석하는 것은 허용되지 아니하며, 특히 <u>감면요건 규정 가운데 명백히 특혜규정이라고</u>

볼 수 있는 것은 엄격하게 해석하는 것이 조세공평의 원칙에 부합한다고 할 것인바, 「조세특례제한법」 제106조 제1항 제4호, 같은 법 시행령 제51조의 2 제3항 및 제106조 제4항 제1호에서 「주택법」에 따른 국민주택규모 이하의 주택 및 그 주택의 건설용역에 대하여 부가가치세를 면제한다고 규정하고 있고, 「주택법」 제2조 제1호 및 제3호에서 "주택"이란 세대의 구성원이 장기간 독립된 주거생활을 할 수 있는 구조로 된 건축물 및 그 부속토지로, "국민주택"은 주거전용면적 85제곱미터(읍 또는 면 지역은 100제곱미터) 이하인 주택으로 각각 규정하고 있으며, 「주택법 시행령」 제2조의 2 제4호에서 「건축법 시행령」에 따른 오피스텔을 준주택으로 분류하여 주택과는 별도로 규정하고 있으므로 「조세특례제한법」에서 부가가치세가 면제되는 국민주택규모 이하의 주택은 「주택법」에 따른 주택에 해당되는 것 중 그 주거전용 면적이 85㎡(읍·면 지역은 100㎡) 이하인 것만을 의미하는 것으로 보아야 할 것인 점, 부가가치세법 제15조 제1항에서 재화의 공급시기는 원칙적으로 재화가 인도되거나 이용가능하게 되는 때로 규정하고 있어 부가가치세의 납세의무는 재화의 공급시점에 결정되어야 하고 공급시기 이후 사용자의 사용상황에 따라 사후적으로 결정될 수 없는 것인바, 청구인들은 쟁점오피스텔을 업무용으로 분류하여 관할 지방자치단체로부터 건축허가 및 사용승인을 받은 것으로 나타나고, 달리 동 사용승인일부터 공급시기까지 쟁점오피스텔을 「주택법」상 주택으로 변경한 것으로 볼만한 객관적인 증빙도 없는 점 등에 비추어 청구주장은 받아들이기 어렵다고 판단된다(조심 2017서991, 2017. 12. 20 합동회의, 같은 뜻임).

◈ **2017. 12. 20 이전의 오피스텔 공급분에 대하여 세금계산서 미발급가산세와 과소신고가산세 감면의 정당한 사유**(조심 2019인3889, 2019. 12. 19)

세법상 가산세는 단순한 법률의 부지나 오해의 범위를 넘어 세법해석상 견해의 대립이 있는 등으로 인해 납세의무자가 그 의무를 알지 못하는 것이 무리가 아니었다고 할 수 있어서 그를 정당시할 수 있는 사정이 있을 때 또는 그 의무의 이행을 그 당사자에게 기대하는 것이 무리라고 하는 사정이 있을 때 등 그 의무를 게을리 한 점을 탓할 수 없는 정당한 사유가 있는 경우에는 이를 과할 수 없다 할 것인바(대법원 2002. 8. 23 선고, 2002두66 판결, 같은 뜻임), 그 동안 이 건의 쟁점과 유사한 '공부상의 용도가 업무시설인 오피스텔의 공급이 조세특례제한법 제106조 제1항 제4호에 따른 국민주택의 공급에 해당하여 부가가치세의 면제가 적용되는지 여부'에 대하여 납세자와 과세관청 간에 세법해석상 견해의 대립이 있었고, 이러한 견해의 대립이 납세의무자의 관련 법률에 대한 부지 또는 오해의 범위를 넘는 것이어서 우리 원도 위 면세적용 여부에 대한 결정이 엇갈리다가, 2017. 12. 20 조세심판관합동회의 결정으로 '오피스텔의 공급이 위 국민주택의 공급에 해당하지 아니하는 것'으로 판단한 점 등에 비추어 쟁점오피스텔 중 위 조세심판관합동회의 결정(2017. 12. 20)이 있기 전에 공급한 오피스텔은 위와 같이 부가가치세 면제대상인 국민주택으로 인정한 심판결정례를 신뢰하여 세금계산서를 발급하지 아니한 것으로 보이므로 이에 대하여 청구법인에게 책임이 있다고 보기는 어렵다 하겠다.

조세심판관합동회의의 결정이 있기 전 국민주택규모 이하의 오피스텔 공급을 부가가치세가 면제되는 국민주택의 공급으로 인정한 심판결정례를 신뢰하여 쟁점오피스텔이 포함된 집합건축물과 관련된 건설용역을 공급한 후 쟁점오피스텔에 대한 부가가치세 신고를 하지 아니한 것에 대하여 책임이 있다고 보기는 어려운 점 등에 비추어 청구법인이 정상적으로 조세심판관합동회의 이전에 쟁점오피스텔 관련 공급가액 및 매입세액 등을 과세사업을 전제로 세금계산서를 발급하거나 부가가치세 신고·납부의무를 이행할 것을 기대하는 것은 무리여서 그 의무해태를 탓할 수 없는 정당한 사유가 인정된다(조심-2019-인-1712, 2019. 12. 16).

판례 **주거용 오피스텔이 면세대상인 국민주택 여부**(대법원 2021. 1. 14 선고, 2020두40914 판결)

조세특례제한법 제106조 제1항 제4호(이하 '이 사건 면세조항'이라 한다)에 따르면 '대통령령으로 정하는 국민주택'의 공급에 대해서는 부가가치세가 면제된다. 그 위임에 따른 조세특례제한법 시행령 제106조 제4항 제1호는 위 '대통령령으로 정하는 국민주택'을 '제51조의 2 제3항에 규정된 규모 이하의 주택'으로 정하고 있고, 같은 법 시행령 제51조의 2 제3항은 위 규모를 '주택법에 따른 국민주택규모'라고 정하고 있다. 그리고 구 주택법(2016. 1. 19 법률 제13805호로 전부 개정되어 2016. 8. 12부터 시행되기 전의 것, 이하 같다) 제2조 제3호는 '국민주택규모'를 "주거의 용도로만 쓰이는 면적(이하 '주거전용면적'이라 한다)이 1호 또는 1세대당 85제곱미터 이하인 주택(수도권정비계획법 제2조 제1호에 따른 수도권을 제외한 도시지역이 아닌 읍 또는 면 지역은 1호 또는 1세대당 주거전용면적이 100제곱미터 이하인 주택)"으로 정하고 있다. 또한 구 주택법 제2조는 제1호에서 '주택'을 '세대의 구성원이 장기간 독립된 주거생활을 할 수 있는 구조로 된 건축물의 전부 또는 일부 및 그 부속토지'로 정의하면서 이를 '단독주택'과 '공동주택'으로 구분하고, 이와 별도로 제1호의 2에서 '준주택'을 '주택 외의 건축물과 그 부속토지로서 주거시설로 이용가능한 시설 등'으로 정의하면서 그 범위와 종류는 대통령령에 위임하고 있다. 그 위임에 따른 구 주택법 시행령(2016. 8. 11 대통령령 제27444호로 전부 개정되기 전의 것, 이하 같다) 제2조의 2 제4호는 '준주택'의 하나로 '건축법 시행령 [별표 1] 제14호 (나)목에 따른 오피스텔'을 들고 있다. 그리고 용도별 건축물의 종류를 정하고 있는 건축법 시행령 [별표 1] 제14호 (나)목은 '오피스텔'을 '단독주택' 또는 '공동주택'과 구분되는 '업무시설'의 하나로 정하면서 '업무를 주로 하며, 분양하거나 임대하는 구획 중 일부 구획에서 숙식을 할 수 있도록 한 건축물로서 국토교통부장관이 고시하는 기준에 적합한 것'으로 정의하고 있다. 이 사건 면세조항의 위임에 따른 조세특례제한법 시행령 제106조 제4항 제1호는 위와 같이 '주택'이라고만 규정하고 있다. 한편 같은 법령인 조세특례제한법 시행령에는 '주택'에 '주택법 시행령 규정에 따른 오피스텔' 또는 '주거에 사용하는 오피스텔'이 포함된다고 명시하고 있는 다른 규정이 있다. 즉, ① 조세특례제한법 제95조의 2 제1항의 위임에 따라 근로자의 종합소득세액에서 공제되는 월세액의 범위를 정한 조세특례제한법 시행령 제95조 제2항, ② 같은 법 제96조 제1항의 위임에 따라 소형주택 임대사업자에 대한 세액감면이 적용되는 임대주택의 범위를 정한 같은 법 시행령 제96조 제2항 제2호, ③ 같은 법 제97조의 6 제1항의 위임에 따라 임대주택 부동산투자회사의 현물출자자에 대한 과세특례가 적용되는 '임대주택용으로 사용되는 부분'의 범위를 정한 같은 법 시행령 제97조의 6 제2항 제1호, ④ 같은 법 제99조의 2 제1항의 위임에 따라 취득자에 대한 양도소득세 과세특례가 적용되는 신축주택 등의 범위를 정한 같은 법 시행령 제99조의 2 제1항 제9호 등은 주택에 일정한 주거용 오피스텔을 포함하고 있다. 위 법령의 문언·내용과 체계, 이 사건 면세조항이 국민주택규모 이하의 주택 공급에 대하여 부가가치세를 면제하는 취지, 주택과 오피스텔에 대한 각종 법적 규율의 차이, 특히 조세특례제한법령의 다른 규정에서 이 사건 면세조항과 달리 '오피스텔' 또는 '주거에 사용하는 오피스텔'이 '주택'에 포함된다고 명시하고 있는 점과의 균형 등을 종합하면, 특별한 사정이 없는 한 공급 당시 공부상 용도가 업무시설인 오피스텔은 그 규모가 주택법에 따른 국민주택규모 이하인지 여부와 관계없이 이 사건 면세조항의 '국민주택'에 해당한다고 볼 수 없다. 공급하는 건축물이 관련 법령에 따른 오피스텔의 요건을 적법하게 충족하여 공부상 업무시설로 등재되었다면, 그것이 공급 당시 사실상 주거의 용도로 사용될 수 있는 구조와 기능을 갖추었다고 하더라도 이를 건축법상 오피스텔의 용도인 업무시설로 사용할 수 있다. 위와 같은 경우 이 사건 면세조항의 적용대상이 될 수 없는 오피스텔에 해당하는지는 원칙적으로 공급 당시의 공부상 용도를 기준으로 판단하여야 한다. 나아가 해당 건축물이 공급 당시 공부상 용도가 업무시설인 오피스텔에 해당하여 이 사건 면세조항에 따른 부가가치세 면제대상에서 제외된 이상 나중에 실제로 주거 용도로 사용되고 있더라도 이와 달리 볼 수 없다.

## 4. 과세·면세 건설용역을 제공하는 경우 과세표준 안분계산

### (1) 과세표준안분의 필요성

도급현장은 시공사와 발주자 간에 도급계약서를 작성하게 된다. 계약금액에 부가가치세를 산정하여 계약서에 표시하게 되는 데 상가나 오피스, 오피스텔 등 비주거용건물은 부가가치세가 과세되기 때문에 부가가치세가 계약금액에 포함되어 기재되거나 별도로 기재된다. 반면에 국민주택규모 이하의 주택은 서민의 주거안정을 위하여 부가가치세를 면제하므로 부가가치세가 표시되지 않는다. 또한, 국민주택규모 이하의 주택과 비주거용건물을 복합하여 건축하는 경우에는 과세와 면세가 혼합되어 있다. 이 경우 총 계약금액 중에서 과세공급가액과 면세수입금액을 안분하여 구분표시 하여야 한다. 구분표시된 금액에 따라 과세부분은 세금계산서를, 면세부분은 계산서를 비율에 따라 발급하여야 한다.

### (2) 복합건물의 안분계산 기준

과세와 면세가 복합되어 있는 건물을 신축하는 경우 총 계약금액 중에서 과세공급가액과 면세수입금액을 안분하는 기준이 필요하다. 원칙적으로 과세에 해당되는 건물공사비와 면세에 해당되는 건물공사비를 정확히 파악할 수 있다면 실제 투입된 공사비율에 따라 과세표준을 안분하여 계약서에 구분표시하면 된다. 다만, 현실적으로 실제투입공사비를 구분하는 것이 어렵기 때문에 과세면적과 면세면적을 기준으로 과세표준을 안분계산한다.

### 1) 실지귀속에 따른 안분

과세와 면세를 겸영하는 건설용역을 공급하는 경우 그 실지귀속을 구분할 수 있는 경우 그 귀속에 따라 과세표준을 안분계산하여 도급계약서에 구분표시하면 되나 사실상 구분이 어려워 통상적으로 면적비율에 따라 과세표준을 안분계산한다. 상가 및 가구당 전용면적이 국민주택규모 이하인 다가구주택에 대한 건설용역을 제공하고 그 대가를 받는 경우 상가 건설용역의 대가에 대하여는 부가가치세법 제7조 제1항의 규정에 의하여 부가가치세가 과세되는 것이며, 다가구주택의 건설용역에 해당하는 부분은 조세특례제한법 제106조 제1항 제4호의 규정에 의하여 부가가치세가 면제되는 것으로, 과세되는 상가 건설용역과 면세되는 다가구주택의 건설용역의 대가가 구분되는 경우에 당해 상가 건설용역에 대한 부가가치세 과세표준은 구분된 상가 건설용역에 대한 구분된 대가인 것이나, 당해 상가에 대한 건설용역대가와 당해 다가구주택에 대한 건설용역대가의 구분이 불분명한 경우에는 당해 건설용역을 공급받는 자의 면세예정면적과 과세예정면적의 총예정면적의 비율에 따라 계산하는 것이다(부가가치세과-1820, 2008. 7. 7).

### 2) 전용면적과 공유면적

과세와 면세가 혼합된 도급금액에 대한 과세표준의 귀속이 불분명한 경우 예정사용면적에 따라 과세표준을 안분계산한다. 이 경우 전용면적으로 하는지 공유면적을 포함하여야 하는지에 대한 논란이 있다. 부가가치세 매입세액안분계산은 공유면적을 제외한 예정사용면적으로 안분계산한다(부가 46015-1741, 1999. 6. 22). 여기에서 공유면적이란 과세와 면세에 공통으로 사용되는 지하주차장, 기계실 등을 말한다. 따라서 과세표준 안분계산은 전용면적으로 하는 것이 아니라 과세와 면세에 공통 사용되는 공유면적을 제외하고 과세에 딸린 면적, 면세에 딸린 공유면적은 포함하여 과세표준을 안분계산하는 것이 타당하다고 판단된다.

| 구 분 | 면 적 | | 사용 용도 |
|---|---|---|---|
| | 전용 | 공유 | |
| 지 하 | 100 | | 지하주차장, 기계실 |
| 상 가 | 100 | 100 | 과세 |
| 주 택 | 200 | 100 | 면세(국민주택) |

※ 과세면적 : 계약금액 중(200/500) 40%를 과세표준으로 하여 구분표시한다.

### (3) 복합건물의 안분계산방법

안분계산의 대상이 되는 복합건물은 국민주택과 비주거용건물 등이 이에 해당한다. 예를 들면, 오피스텔과 도시형생활주택, 상가 등 근린시설과 국민주택규모 이하의 주택 등이 대상이다.

### (4) 복합건물의 안분계산 산식

사업자가 부가가치세가 과세되는 주택과 부가가치세가 면제되는 주택의 공통부대시설의 건설용역을 제공하는 경우 부가가치세 과세표준은 실지귀속에 따라 계산하는 것이나, 실지귀속이 불분명한 경우에는 동 건설용역의 대가에 과세주택의 예정건축면적이 총 예정건축면적 중 차지하는 비율을 곱하여 계산하는 것이다(서면3팀-2619, 2006. 11. 1).

$$\text{과세표준} = \text{총도급금액} \times \frac{\text{과세예정면적}}{\text{면세예정면적} + \text{과세예정면적} + \text{과세예정면적} \times 10\%}$$

※ 총도급금액에는 부가가치세가 포함된 금액임.

**사례** **도급현장의 과세표준 안분계산 : 도급금액에 부가가치세가 포함된 경우(Ⅰ)**

T&C건설은 다음과 같이 발주자와 도급계약을 체결하였다. 도급금액은 10억원이며 근린생활시설은 30%, 도시형생활주택은 70%이며 도급금액에는 부가가치세가 포함된 금액이다. 과세와 면세공급가액을 산출하라

| 민간건설공사 표준도급계약서 |
|---|
| 5. 계약금액 : 일 금 1,000,000,000원정(부가가치세 포함)<br>(부가가치세 일 금 29,126,214원정) |

① 과세공급가액 : 1,000,000,000 × {30%/(30%+70%+30%×10%)} = 291,262,136
② 면세공급가액 : 1,000,000,000 × {70%/(30%+70%+30%×10%)} = 679,611,650

| 과 세 | 부가가치세 | 면 세 | 합 계 |
|---|---|---|---|
| 30% | 3% | 70% | 103% |
| 291,262,136 | 29,126,213 | 679,611,651 | 1,000,000,000 |

* 매 기성청구시마다 동일비율로 세금계산서와 계산서를 발급하여야 하며 일부기성금액은 전부 계산서를 발급하고 나머지는 기성금액은 전부 세금계산서를 발행하지 않도록 주의

**사례** **도급현장의 과세표준 안분계산 : 도급금액에 부가가치세가 포함된 경우(Ⅱ)**

T&C건설은 다음과 같이 발주자와 도급계약을 체결하였다. 도급금액은 10억원이며 근린생활시설은 30%, 도시형생활주택은 70%이며 도급금액에는 부가가치세가 포함되지 않은 금액이다. 과세와 면세공급가액을 산출하라.

| 민간건설공사 도급계약서 |
|---|
| 5. 계약금액 : 일 금 1,000,000,000원정(부가가치세 별도)<br>(부가가치세 일 금 원정) |

① 과세공급가액 : 1,000,000,000 × {30%/(30%+70%)} = 300,000,000

② 면세공급가액 : 1,000,000,000 × {70%/(30%+70%)} = 700,000,000

**건축허가서(설계도서)에 따른 과세표준 안분방법(1)**

| 층별 | 용도 | 면적 | 비고 |
|---|---|---|---|
| 1층 | 1종근린생활시설 | 42.24 | |
| | 필로티 | 42.56 | 필로티 면적 산정 제외 |
| 2층 | 다가구주택 | 79.85 | |
| 3층 | 다가구주택 | 79.85 | |
| 4층 | 다가구주택 | 56.73 | |
| 다락 | | 43.40 | 면적 산정 제외 |
| 합계 | | 258.67 | |

• 과세(근린생활시설) : $\frac{42.24}{302.07} = 13.98\%$

• 면세(다가구주택) : $\frac{259.83}{302.07} = 86.02\%$

**건축허가서(설계도서)에 따른 과세표준 안분방법(2)**

| 층별 | 전용면적 | 공유면적 | 합계 | 용도 | 비고 |
|---|---|---|---|---|---|
| 지층 | – | – | 100 | 주차장 | |
| 1층 | 50 | 10 | 60 | 근린생활시설 | |
| 2층 | 50 | 10 | 60 | 다세대주택 | |
| 3층 | 50 | 10 | 60 | 다세대주택 | |

• 과세(근린생활시설) : $\frac{60}{180} = 33.33\%$

• 면세(다세대주택) : $\frac{120}{180} = 66.67\%$

**참 고** **건설업 이해관계자의 과세표준 산정**

건설업을 수행하기 위한 관련당사자는 매우 다양하나 그 중에서 건설활동을 수행하는 데 직접 참여하는 이해관계자는 시행사, 시공사(종합건설업자), 전문건설업자, 설계업자, 감리업자, 준공청소업자, 분양대행업자 등에 대한 부가가치세 과세표준 계산사례를 검토해 보면 다음과 같다.
- 아파트 건설현장으로 공사기간은 5년임.
- 건축연면적(국민주택 50%, 국민주택초과분 40%, 상가 10%)

**(1) 분양내역 : 계약금, 중도금(4차), 잔금형태의 회수조건**

- 60평 아파트 분양가액 : 10억원(토지분 4억원, 건물분 6억원, 부가세 별도 구분표시)
- 25평형 아파트 분양가액 : 3억원(토지 1.2억원, 건물 1.8억원 구분표시)
- 상가 201호 분양가액 : 3억원(부가세 별도, 계약시 감정가액으로 토지는 1억원, 건물은 1억원임)
- 상가 101호 분양가액 : 5억원(부가세 불분명, 계약시 감정가액으로 토지는 1억원, 건물은 1억원임)
- 분양대행수수료 : 상가분양가액의 10%(부가세 별도)

**(2) 공사원가 지출내역**

- 건축공사 하도급대금 : 600억원(부가세 별도)
- 미장공사 하도급대금 : 30억원(부가세 별도)
- 준공청소 대금 : 1억원(부가세 별도)
- 설계비 : 20억원(부가세 별도), 지장물 철거용역비 : 20억원(부가세 별도)
- 생활폐기물 수거 및 정화조 청소 : 1억원
- 지장물 철거용역비 : 10억원(부가세 별도)

**〈과세표준의 산정〉**

(1) 시행사 : 988,095,238원
- 60평형 주택(건물분) : 6억원
- 상가 201호 : 3억원 × (1억원/1억원+1억원) = 1.5억원
- 상가 101호 : 5억원 × 1억원/(1억원×1.1+1억원) = 238,095,238

* 토지 · 건물가액의 과세표준 안분계산(부령 48의 2 ④)

(2) 시공사 : 300억원
- 과세 : 600억원 × 50% = 300억원
- 면세 : 600억원 × 50% = 300억원

(3) 미장공사 하도급액(전문건설업자로 등록) : 15억원
- 과세 : 30억원 × 50% = 15억원
- 면세 : 30억원 × 50% = 15억원

* 국민주택건설용역으로 면세(조특법 106 ① 4호)

(4) 설계회사 : 10억원

- 과세 : 20억원 × 50% = 10억원
- 면세 : 20억원 × 50% = 10억원

* 건축사가 제공하는 국민주택 설계용역으로 면세(조특령 106 ④ 3호)

(5) 생활폐기물 및 정화조 청소용역업자

- 면세 : 1억원

* 생활폐기물 처리용역으로 폐기물처리업 허가를 받은 경우 면세(부령 35 12호)

* 정화조 청소용역으로 분뇨 등 관련영업허가를 받은 경우 면세(부령 29 10호)

* 건설폐기물(사업장폐기물)의 운반 및 처리용역의 과세(부가 46015-1011, 2001. 7. 5)

(6) 준공청소 용역업자 : 1억원

- 과세 : 1억원

(7) 분양대행업자 : 80,000,000원

- 과세 : 8억원 × 10%

* 분양대행업자가 사업자인 경우에는 세금계산서를 발급하여야 하나 사업자가 아닌 일시적인 분양대행용역을 제공하는 경우 지급금액의 20%를 기타소득으로 원천징수하고 분양대행업자는 종합소득세 확정신고를 하여야 함.

## 5. 건설업의 매입세액공제

### (1) 매입세액불공제

다음의 매입세액은 매출세액에서 공제하지 아니한다(부법 39 ①).

① 매입처별 세금계산서합계표를 제출하지 아니한 경우의 매입세액 또는 제출한 매입처별 세금계산서합계표의 기재사항 중 거래처별 등록번호 또는 공급가액의 전부 또는 일부가 적히지 아니하였거나 사실과 다르게 적힌 경우 그 기재사항이 적히지 아니한 부분 또는 사실과 다르게 적힌 부분의 매입세액

② 세금계산서를 발급받지 아니한 경우 또는 발급받은 세금계산서에 기재사항의 전부 또는 일부가 적히지 아니하였거나 사실과 다르게 적힌 경우의 매입세액

③ 사업과 직접 관련이 없는 지출에 대한 매입세액

④ 「개별소비세법」 제1조 제2항 제3호에 따른 자동차(운수업, 자동차판매업 등 대통령령으로 정하는 업종에 직접 영업으로 사용되는 것은 제외한다)의 구입과 임차 및 유지에 관한 매입세액

⑤ 기업업무추진비 및 이와 유사한 비용의 지출에 관련된 매입세액

⑥ 면세사업 등에 관련된 매입세액(면세사업 등을 위한 투자에 관련된 매입세액을 포함

한다)과 토지 관련 매입세액.

토지관련 매입세액은 토지의 조성 등을 위한 자본적 지출에 관련된 매입세액으로서 각 호의 어느 하나에 해당하는 매입세액을 말한다.

1. 토지의 취득 및 형질변경, 공장부지 및 택지의 조성 등에 관련된 매입세액 즉, 토지를 취득하기 위하여 지출한 중개수수료, 감정평가료, 컨설팅수수료, 명의이전비용, 정지비용 등이 이에 해당된다. 다만, 주차장운영업 또는 부동산임대업을 영위하던 사업자가 과세사업에 사용하던 토지를 양도하기 위하여 부동산 컨설팅 및 중개수수료를 지급하면서 부담한 매입세액은 공제된다(서면3팀-877, 2008. 5. 1). 또한 당해 토지의 소유자가 아닌 임차인이 토지조성 등을 위한 자본적지출의 성격의 비용은 공제된다(대법원 2010. 1. 14 선고, 2007두20744 판결).
2. 건축물이 있는 토지를 취득하여 그 건축물을 철거하고 **토지만을 사용하는 경우**에는 철거한 건축물의 취득 및 철거비용에 관련된 매입세액

| 구 분 | 취득목적 | 철거시점 | 건물의 자산성 | 계정분류 |
|---|---|---|---|---|
| 구건물 취득가액・철거비용 | 토지만 사용 | 즉시 철거 | 없 음 (불공제) | 토지 (자본적 지출) |
| 구건물 취득가액・철거비용 | 건물사용 후 철거 | 사업용사용 후 철거 | 있 음 (공제) | 건물(철거시 수익적 지출) |

**| 실무적용 Tips |**

**철거예정된 건물의 부가가치세 과세와 세금계산서 발급**

**(1) 건물가액을 없는 것으로 보는 경우**

① 「도시 및 주거환경정비법」, 「공익사업을 위한 토지 등의 취득 및 보상에 관한 법률」 등에 따른 수용절차에서 수용대상 건물의 소유자가 수용된 건물에 대한 대가를 받는 경우에는 재화의 공급으로 보지 않는다(부령 18 ③). 즉, 건물소유자의 직접 철거 여부와 관계없이 재화의 공급으로 보지 않는다(부가-651, 2014. 7. 18). 다만, 수용절차가 아닌 협의에 따른 매매는 재화의 공급으로 본다(법규-1291, 2014. 12. 9).

② 사업자가 토지와 해당 토지에 정착된 건물을 일괄양수하면서 계약서 상 토지 및 건물가액을 구분표시하되 건물가액은 없는 것으로 하고, **매매계약 체결 당시 건물 철거가 예정되어 있고 실제로 철거를 하였으며** 계약서 상 구분표시된 건물의 가액(0원)이 정상적인 거래 등에 비추어 합당하다고 인정되는 경우, 사업자가 양수한 건물의 공급가액은 "0"이 되는 것이다(법규부가 2014-508, 2014. 11. 12).

③ 매매계약을 체결할 당시 쟁점건물의 철거가 사실상 예정되어 있었으며 양수인이 쟁점건

물을 철거하고 신축하였음이 확인되므로 당사자의 합의에 의하여 매매계약서상에 기재한 쟁점건물의 가액인 0원을 인정하는 것이 타당하다(조심 2010중3545, 2011. 4. 12).

④ 처분청이 과세대상으로 한 쟁점호텔건물과 쟁점사우나건물은 주택건설업을 영위하는 양수법인이 이를 취득한 후 철거할 예정이어서 청구인과 양수법인은 건물의 가액을 없는 것으로 하고 토지의 가액으로만 거래한 것으로 보이는 점, 양수법인은 쟁점호텔건물과 쟁점사우나건물을 철거한 다음 그 부지 위에 주상복합아파트를 신축할 사업계획을 가지고 있었고, 실제로 2017. 1. 16 쟁점부동산에 대한 매매계약을 체결한 후 2017. 5. 10부터 2017. 7. 21까지 해당 부지에 주상복합아파트를 신축하는 건축허가를 받고, 쟁점호텔건물과 쟁점사우나건물의 철거·멸실신고를 한 점, 청구인은 2017. 3. 15 쟁점부동산을 양수법인에게 양도하면서 2017. 4. 1 호텔 및 사우나 서비스업과 관련한 개인사업자 등록을 폐지한 점 등에 비추어 계약 당시 이미 철거가 예정되어 그 가치가 OOO원으로 거래된 쟁점호텔건물과 쟁점사우나건물에 대하여 부가가치세를 과세한 처분은 잘못이 있는 것으로 판단된다(조심 2018부4509, 2019. 8. 6).

### (2) 토지와 건물가액을 안분해야 하는 경우

① 사업자가 토지 및 건물 등을 양도함에 있어 건물 등은 양도자의 부담으로 철거하여 나대지 상태로 양도하는 것을 원칙으로 하되 양도자가 철거하지 않고 양도하면 건물 등의 양도가액은 없는 것으로 한다는 내용을 계약서에 명시하였다 하더라도 양도 당시 건물 등을 철거하지 않는 상태로 양도하는 경우에는 당해 건물 등에 대한 부가가치세 과세표준은 안분계산한 금액으로 하는 것이다(재소비 46015-31, 2000. 1. 18).

② 부동산을 양도시 건물의 양도가액은 0으로 하고 전액 토지의 양도가액으로 약정한 데 대하여 건물이 존재하고 임차인이 사업을 영위하고 있으므로 토지 및 건물의 기준시가에 의하여 건물분 부가가치세 과세표준을 안분계산한 것은 정당하다(조심 2009서4104, 2010. 2. 22).

③ 사업자가 2019. 1. 1 이후 토지와 그 토지에 정착된 사업용 건물을 일괄양도하는 경우 건물의 실지거래가액을 공급가액으로 하는 것이나, 사업자가 실지거래가액으로 구분한 토지와 건물 가액이 「부가가치세법 시행령」 제64조에 따라 안분계산한 금액과 100분의 30 이상 차이가 있는 경우에는 같은 법 제29조 제9항에 따라 안분계산한 금액을 공급가액으로 하는 것이다(사전-2020-법령해석부가-0544, 2020. 8. 24).

### (3) 2022. 2. 15 공급 분부터

2022년 부가가치세법 제29조 제9항 제2호 개정을 하여 안분계산한 금액과 100분의 30 이상 차이가 나더라도 건물 등의 실지거래가액을 공급가액으로 한다.

① 다른 법령에서 정하는 바에 따라 토지와 건물등의 가액을 구분한 경우

② 토지와 건물 등을 함께 공급받은 후 건물 등을 철거하고 토지만 사용하는 경우

3. 토지의 가치를 현실적으로 증가시켜 토지의 취득원가를 구성하는 비용에 관련된 매입세액

ⓐ 건축에 필요한 토지의 성토 및 절토면을 보호하기 위한 철근콘크리트 구조물인 옹벽시설은 위의 감가상각 대상자산인 구축물에 해당하므로 매출세액에서 공제하는 것이 타당함(심사부가 2010-0206, 2010. 12. 23). 건물신축을 위한 터파기공사를 진행하는 과정 중 지하에 매설된 폐기물처리용역과 관련된 세금계산서를 발급받은 경우 해당 세금계산서상 매입세액은 공제가능한 것임(법령해석부가-3403, 2019. 4. 22).

ⓑ 당해 토지의 소유자가 아닌 사업자가 토지의 조성 등을 위한 자본적 지출의 성격을 갖는 비용을 지출한 경우 그에 관련된 매입세액은 특별한 사정이 없는 한 매입세액 불공제 대상인 토지관련 매입세액에 해당하지 않음(심사부가 2009-0216, 2010. 3. 30).

ⓒ 쟁점임야를 준산업단지로 지정받기 위한 상담, 서류작성 및 기타설계와 감리 등의 업무에 관한 것으로서 장차 쟁점임야가 준산업단지로 지정되면 그 가치를 현실적으로 증가시키는 효과를 가져올 것이므로 쟁점용역대금에 관련된 매입세액은 토지관련 매입세액에 해당함(심사부가 2009-0074, 2009. 7. 20).

ⓓ 재건축정비조합이 재건축사업을 시행함에 있어 공급받은 사전평가용역에 대한 부가가치세 매입세액이 토지의 가치를 현실적으로 증가시키는 토지관련 매입세액이므로 관련 매입세액임(조심 2009서4256, 2010. 12. 21).

ⓔ 건물신축과 직접 관련이 없고 건물과 분리되어 있거나, 저지대에 흙을 돋아 대지를 조성하거나 공장부지를 조성하기 위한 목적으로 한 옹벽공사에 지출된 비용은 토지의 가치를 현실적으로 증가시켜 토지의 취득원가를 구성하는 비용으로 보아 관련 매입세액을 불공제하는 것이 타당함(조심 2010중2060, 2010. 9. 17).

**사례** **건축물이 있는 토지를 취득하여 그 건축물을 철거하고 토지만을 사용하는 경우**

(1) (주)T&C건설은 상가를 신축할 목적으로 건축물이 있는 토지를 취득하여 철거하는데 다음과 같은 비용이 발생하였다.

- 토지가액 20억(영수증 수취), 건물가액 10억(부가세 별도, 세금계산서 수취), 철거비용 1억(세금계산서 수취)

| (차) 토지 | 3,210,000,000 | (대) 현금 등 | 3,210,000,000 |
|---|---|---|---|

(2) (주)T&C건설은 부동산임대 목적으로 건축물이 있는 토지를 취득하여 임대업에 사용하다가 상가신축 목적으로 철거하고 다음과 같은 비용이 발생하였다.

- 건축물 취득시 : 토지가액 20억(영수증 수취), 건물가액 10억(부가세 별도, 세금계산서 수취)

| | | | |
|---|---|---|---|
| (차) 토지 | 2,000,000,000 | (대) 현금 등 | 3,100,000,000 |
| 건물 | 1,000,000,000 | | |
| 부가세 대급금 | 100,000,000 | | |

• 건물철거시 : 건물감가상각누계액 300,000,000원 철거비용 1억(부가세 별도, 세금계산서 수취)

| | | | |
|---|---|---|---|
| (차) 감가상각누계액 | 300,000,000 | (대) 건물 | 1,000,000,000 |
| 철거비용 | 100,000,000 | 현금 등 | 110,000,000 |
| 부가세 대급금 | 10,000,000 | | |
| 유형자산폐기손실 | 700,000,000 | | |

**| 실무적용 Tips |**

**① 매입세액공제 여부**

공사와 발주자가 도급계약서를 작성하여 완성도기준지급조건부에 따라 기성금을 수차례에 걸쳐 청구한다. 시행사는 분양목적(재고자산)인 상가 등의 공사비에 대하여는 일반매입으로, 임대목적(사업용자산)은 시설투자로 하여 조기환급을 신청한다. 이 경우 시공사는 기존 건물의 철거비용 및 토지조성공사 등 토지관련 매입세액을 구분하지 않고 세금계산서를 발행하므로 부가가치세 환급신청시에 시공사로부터 구체적인 공사내역을 받아 토지관련 매입세액을 구분하여 매입세액불공제 신청을 하여야 하며 전액 공제받은 경우 매입세액불공제 및 초과환급가산세 등을 추징당하게 된다.

**② 인허가조건 기부채납 시 부가가치세 과세 및 관련 매입세액공제 여부**

사업자가 부가가치세 과세사업에 사용할 글로벌비즈니스센터를 신축하기 위하여 지방자치단체에 공공시설을 기부채납하는 조건으로 인허가(건축법상 용적률의 상향조정 등)를 받는 경우로서 기부채납에 상응하는 대가를 받지 아니한 경우 해당 기부채납에 대하여는 「부가가치세법」 제26조 제1항 제20호에 따라 부가가치세가 면제되며, 해당 공공시설의 건설과 관련된 매입세액은 같은 법 제38조 제1항에 따라 자기의 매출세액에서 공제되는 것임. 다만, 공공시설의 건설과 관련하여 토지의 조성 등을 위한 자본적 지출과 관련된 매입세액은 자기의 매출세액에서 공제하지 아니하는 것임(법령해석부가-0361, 2019. 8. 28). 즉, 매출세액에서 공제되는 매입세액은 자기의 과세사업과 관련된 매입세액으로 매입세액불공제를 열거되지 아니한 매입세액을 의미하며 면세관련 매입세액은 매출세액에서 공제되는 것이다.

③ 토목공사는 흙 · 돌 · 콘크리트 · 목재 · 철강 따위를 써서 둑 · 다리 · 도로 · 철도 · 운하 · 항만 · 댐 · 터널 · 상하수도 등을 건설하거나 보수하는 공사를 말한다. 토목공사는 크게 토공 공사 · 기초 공사 · 콘크리트 공사 · 포장 공사 · 준설 공사 등으로 나뉜다.

도급인의 부가가치세 환급신고에 대하여 매입세액을 불공제한 이유는 해당 공사비가 부가가치세법상 토지관련 매입세액에 해당된다고 본 것이다. 토지관련 매입세액은 토지조성 등을 위한 매입세액으로 토지의 취득 및 택지조성 등 토지의 가치를 현실적으로 증가시키는 공사비관련 매입세액을 말한다. 즉, 토지정지비용, 구건물 철거비용, 토지취득을 위한 사전평가용역, 대지조성공사, 금융자문수수료 등은 토지관련 매입세액에 해당된다. 그러나 건물을 신축을 위한 지하실 터파기공사, 굴삭작업, 철근빔공사, 흙막이공사 등은 토지관련 매입세액에 해당되지 않아 공제가 된다. 시공사는 도급인에게 공사대금을 청구하면서 토지조성 등 토지관련 매입세액을 구분하지 않고 세금계산서를 발행하고 도급인은 부가가치세 환급신청을 하게 된다. 관할 세무서는 이에 대하여 공사내역 등을 파악하여 토지조성공사 관련 공사비 등 토지관련 매입세액을 확인하여 불공제와 가산세 등을 부과하게 된다.

⑦ 사업자등록을 신청하기 전의 매입세액. 다만, 공급시기가 속하는 과세기간이 끝난 후 20일 이내에 등록을 신청한 경우 등록신청일부터 공급시기가 속하는 과세기간 기산일까지 역산한 기간 내의 것은 제외한다.

### (2) 현장별 매입세액의 안분계산

건설현장별로 과세현장, 면세현장, 겸업현장을 구분하여 관련 매입세액이 실지귀속이 확인되는 경우에는 그에 따라 공제 또는 불공제하고 불분명한 경우에는 합리적인 기준에 따라 공통매입세액을 안분계산한다.

건설업의 경우 공통매입세액의 안분계산은 사업장 단위(건설현장 단위)로 하되, 각 사업장에 공통적으로 사용되는(예 ; 본사 사업장의 임차료 및 사무용비품 등) 매입세액의 안분계산은 사업장의 공급가액의 합계액으로 부가가치세법 시행령 제81조의 규정에 의거 안분계산한다(부가 1265.2-1215, 1982. 5. 12).

### (3) 공통매입세액의 안분계산 요건

#### 1) 과세 · 면세사업의 겸영

사업자가 부가가치세법상 과세사업과 면세사업을 함께 운영하여야 한다.

#### 2) 과세 · 면세사업에의 공통사용

사업과 관련하여 취득한 재화가 겸영하는 과세사업 및 면세사업에 공통 사용되어야 한다. 공통사용의 예정으로 매입세액을 안분계산하면 그 정확도가 매우 불안정하다. 이 부정확성을 보완하기 위한 제도가 첫째, 예정신고기간의 안분계산한 것을 확정신고하는 때에 정산하는 장치 및 둘째, 감가상각자산에 대한 매입세액의 재계산제도라고 할 수 있다.

#### 3) 실지귀속의 불분명

취득한 재화 등이 과세사업에 사용될 것이 명백하거나 면세사업에 사용될 것이 명백하게 구분된 경우에는 매입세액계산이 그 실지귀속에 따라 산정되어 공제된다. 따라서 공통매입세액의 안분계산에 관한 규정은 구입한 재화 등이 과세사업과 면세사업에 공통으로 사용되어 실지귀속을 구분할 수 없는 경우에만 적용되는 것이다.

#### 4) 대상매입세액

안분계산의 대상이 되는 매입세액은 부가가치세법에 의하여 매출세액에서 공제할 수 있는 요건을 구비하고 있는 것이어야 한다. 불공제대상이 되는 매입세액은 안분계산의 대상이 될 수 없다.

### (4) 안분계산방법

#### 1) 공급가액이 있는 경우

① **원칙 : 당해 과세기간의 공급가액 기준**

사업자가 과세사업과 면세사업을 겸영하는 경우에 면세사업에 관련된 매입세액의 계산은 실지귀속에 따라 하되, 과세사업과 면세사업에 공통으로 사용되어 실지귀속을 구분할 수 없는 공통매입세액은 다음 산식에 의하여 계산한다.

다만, 예정신고를 하는 때에는 예정신고기간에 있어서 총공급가액에 대한 면세공급가액의 비율에 의하여 안분계산하고, 확정신고를 하는 때에 정산한다.

$$\text{면세사업에 관련된 매입세액} = \text{공통매입세액} \times \frac{\text{당해 과세기간 면세공급가액}}{\text{당해 과세기간 총공급가액}}$$

여기서 총공급가액이라 함은 공통매입세액에 관련된 당해 과세기간의 과세사업에 대한 공급가액과 면세사업에 대한 수입금액의 합계액을 말하며, 면세공급가액이라 함은 공통매입세액에 관련된 당해 과세기간의 면세사업에 대한 수입금액을 말한다.

② **예외 : 직전 과세기간 공급가액 기준**

과세사업과 면세사업에 공통으로 사용되는 재화를 공급받은 과세기간 중에 당해 재화를 공급하여 과세표준을 안분계산한 경우에는 그 재화에 대한 매입세액의 안분계산은 다음 산식에 의한다.

$$\text{공통매입세액} \times \frac{\text{직전 과세기간의 과세되는 공급가액}}{\text{직전 과세기간의 총공급가액}} = \text{과세사업에 관련된 매입세액}$$

### 2) 과세 · 면세 공급가액이 없는 경우

당해 과세기간 중 과세사업과 면세사업의 공급가액이 없거나 그 어느 한 사업의 공급가액이 없는 경우에 당해 과세기간에 있어서의 안분계산은 다음의 순서에 의한다. 다만, 건물을 신축 또는 취득하여 과세사업과 면세사업에 제공할 예정면적을 구분할 수 있는 경우에는 '③'을 '①' 및 '②'에 우선하여 적용한다(부령 81 ④). 단서에 따라 토지를 제외한 건물 등에 대하여 같은 항 제3호를 적용하여 공통매입세액 안분계산을 하였을 때에는 그 후 과세사업과 면세사업의 공급가액이 모두 있게 되어 제1항의 산식에 따라 공통매입세액을 계산할 수 있는 경우에도 과세사업과 면세사업의 사용면적이 확정되기 전의 과세기간까지는 제4항 제3호(총예정사용면적에 대한 면세사업에 관련된 예정사용면적의 비율)를 적용하고, 과세사업과 면세사업의 사용면적이 확정되는 과세기간에 「부가가치세법 시행령」 제82조 제2호(확정사용면적)에 따라 공통매입세액을 정산한다. 즉, 예정사용면적의 비율로 공통매입세액을 안분계산한 경우 같은 법 시행령 제81조 제4항에 따라 2011년 1월 1일 이후 최초로 과세표준을 신고하는 분부터는 계속하여 예정사용면적의 비율을 기준으로 안분계산하고, 사용면적이 확정되는 과세기간에 사용면적을 기준으로 정산하는 것이다(기획재정부 부가-189, 2011. 3. 30).

① 총매입가액(공통매입가액을 제외)에 대한 면세사업에 관련된 매입가액의 비율

② 총예정공급가액에 대한 면세사업에 관련된 예정공급가액의 비율

③ 총예정사용면적에 대한 면세사업에 관련된 예정사용면적의 비율

위의 '②'와 '③'에서 '예정'이라 함은 사업자가 각 과세기간에 공통매입세액을 안분계산함에 있어서 공통매입세액과 관련된 공급가액 또는 사용면적이 실제로 확정될 과세기간에 과세 · 면세사업으로부터 발생이 예상되거나 과세 · 면세사업으로 사용이 예상되는 것을 말한다(재무부 부가 46015-45, 1993. 3. 15). 따라서 예정공급가액의 산정은 사실상 추상적이기 때문에 이것은 최소한 과거의 사업실적, 현재의 시황 등을 근거로 한 사업계획서 등에 의하여 합리적으로 추정되어야 할 것이다(부가 46015-1169, 1994. 6. 10).

## (5) 매입세액 안분계산의 정산

### 1) 공급가액 기준으로 안분한 예정신고분의 정산

예정신고를 하는 때의 공통매입세액은 예정신고기간에 있어서 총공급가액에 대한 면세

공급가액 비율에 의하여 안분계산하고 확정신고를 하는 때에 정산하여야 한다.

### 2) 과세 · 면세 공급가액이 없는 경우

사업자가 매입가액비율, 예정공급가액의 비율, 예정사용면적의 비율의 방법으로 매입세액을 안분계산한 경우에는 당해 재화의 취득으로 과세사업과 면세사업의 공급가액 또는 과세사업과 면세사업의 사용면적이 확정되는 과세기간에 다음의 산식에 의하여 정산한다. 다만, 예정신고를 하는 때에는 예정신고기간에 있어서 총공급가액에 대한 면세공급가액의 비율 또는 총사용면적에 대한 면세사용면적의 비율에 의하여 안분계산하고 확정신고를 하는 때에 정산한다.

여기에서 '확정되는 과세기간'이라 함은 사업자가 공통매입세액을 안분계산함에 있어서 당해 재화를 실제로 과세사업과 면세사업에 사용하여 총공급가액에 대한 면세공급가액의 비율 또는 총사용면적에 대한 면세사용면적의 비율이 발생하는 과세기간을 말한다(재무부 부가 46015-45, 1993. 3. 15).

### 3) 매입가액비율 또는 예정공급가액비율로 매입세액을 안분계산한 경우

$$\text{가산 또는 공제되는 세액} = \text{총공통 매입세액} \times \left(1 - \frac{\text{과세사업과 면세사업의 사용면적이 확정되는 과세기간의 면세공급가액}}{\text{과세사업과 면세사업의 사용면적이 확정되는 과세기간의 총공급가액}}\right) - \text{기공제세액}$$

### 4) 예정사용면적비율로 매입세액을 안분계산한 경우

$$\text{가산 또는 공제되는 세액} = \text{총공통 매입세액} \times \left(1 - \frac{\text{과세사업과 면세사업의 사용면적이 확정되는 과세기간의 면세사용면적}}{\text{과세사업과 면세사업의 사용면적이 확정되는 과세기간의 총사용면적}}\right) - \text{기공제세액}$$

## (6) 매입세액 안분계산의 생략

다음의 경우에는 공통매입세액이라 하더라도 안분계산을 생략하고 전액 공제되는 매입세액으로 한다.

① 해당 과세기간의 총공급가액 중 면세공급가액이 100분의 5 미만인 경우의 공통매입세액. 다만, 공통매입세액이 5백만원 이상인 경우는 제외한다.

② 해당 과세기간 중의 공통매입세액이 5만원 미만인 경우의 매입세액

여기서 공통매입세액이 5만원 미만이라 함은 당해 과세기간 중 발생한 공통매입세액의 합계액이 5만원 미만인 경우를 말한다(부가 1265.1-2712, 1984. 12. 18).

③ 재화를 공급하는 날이 속하는 과세기간에 신규로 사업을 개시한 자가 당해 과세기간 중에 공급받은 재화를 당해 과세기간 중에 공급하는 경우의 그 재화에 대한 매입세액

### (7) 납부(환급)세액의 재계산

공통매입세액 안분계산에 의해 매입세액을 공제한 후 나중에 면세사업의 비중이 증가 또는 감소하는 경우에는 당초 매입세액공제가 과대 또는 과소해지는 결과가 된다. 따라서 그 과대 또는 과소공제된 매입세액을 납부세액에 가산(또는 공제)하거나 환급세액에 가산(또는 공제)하게 되는데, 이것을 '납부세액 또는 환급세액의 재계산'이라고 한다.

#### 1) 재계산의 대상이 되는 자산과 매입세액

재계산의 대상이 되는 자산은 감가상각자산에 한하며, 이는 과세사업과 면세사업에 공통으로 사용되고 있는 것으로 당초 안분계산 대상이 되었던 매입세액에 한한다.

#### 2) 면세비율의 증가 또는 감소

당해 과세기간의 면세비율과 당해 감가상각자산의 취득일이 속하는 과세기간(그 후의 과세기간에 재계산한 때에는 그 재계산한 과세기간)의 면세비율간의 차이가 5% 이상 증감하는 경우 납부(환급)세액을 재계산한다.

면세비율의 증가에는 취득당시 면세공급가액(면세사용면적)이 없어 전액 공제받고 이후 과세기간(건물 · 구축물은 10년, 기타상각자산은 2년)에 면세사업이 추가되어 면세공급가액이 발생한 때를 포함한다.

면세비율은 매 과세기간별로 계산하는 것이지 취득일이 속하는 과세기간부터 당해 과세기간까지를 통산하여 누적비율로 계산하는 것은 아니다.

#### 3) 재계산의 방법

다음 산식에 의해 계산된 금액을 납부세액에 가산(또는 공제)하거나 환급세액에 가산(또는 공제)한다.

$$\text{가산 또는 공제되는 매입세액} = \text{당해 재화의 매입세액} \times \left(1 - \text{체감률} \times \text{경과된 과세기간의 수}\right) \times \text{증감된 면세비율}$$

# 건설공사 하도급계약서 검토

## 1. 건설공사 표준하도급계약서

### 건설업종 표준하도급계약서(표지)

1. 발　주　자 :

○ 도급공사명 :

2. 하도급공사명 :

○ 하도급공사 등록업종 :

3. 공 사 장 소 :

4. 공 사 기 간 : 착공　　년　　월　　일<br>준공　　년　　월　　일

5. 계 약 금 액 : 일금　　　　원정 (₩　　　　)

○ 공급가액 : 일금　　　　원정 (₩　　　　)

[노무비　: 일금　　　　원정 (₩　　　　)

* 건설산업기본법 시행령 제84조 규정에 의한 노무비

○ 부가가치세 : 일금　　　　원정 (₩　　　　)

※ 변경 전 계약금액 : 일금　원정 (₩　　　　)

6. 대금의 지급

가. 선급금

○ 계약체결 후 (　　)일 이내에 일금　　　　원정 (₩　　　　)

※ 발주자로부터 선급금을 지급받은 날 또는 계약일로부터 15일 이내 그 내용과 비율에 따름

나. 기성금

(1) (　　)월 (　　)회

(2) 목적물 인수일로부터 (　　)일 이내

(3) 지급방법 : 현금　　%, 어음　　%, 어음대체결제수단　　%

※ 발주자로부터 지급받은 현금비율 이상 지급. 지급받은 어음 등의 지급기간을 초과하지 않는 어음 등을 교부

다. 설계변경, 경제상황변동 등에 따른 하도급대금 조정 및 지급

(1) 발주자로부터 조정받은 날부터 30일 이내 그 내용과 비율에 따라 조정

(2) 발주자로부터 지급받은 날부터 15일 이내 지급

7. 지급자재의 품목 및 수량 : 별도 첨부

8. 계약이행보증금

○ 계약금액의 ( )%, 일금 원정 (₩ )

9. 하도급대금 지급보증금

○ 계약금액의 ( )%, 일금 원정 (₩ )

10. 하자담보책임

가. 하자보수보증금률 : 계약금액의 ( )%

나. 하자보수보증금 : 일금 원정 (₩ )

다. 하자담보책임기간 : 년

11. 지체상금률 : 계약금액의 ( )%

양 당사자는 위 내용과 별첨 건설공사 표준하도급계약서(본문), 설계도( )장, 시방서( )책에 따라 이 건설공사 하도급 계약을 체결하고 계약서 2통을 작성하여 기명날인 후 각각 1통씩 보관한다.

년 월 일

| 원사업자 | | 수급사업자 | |
|---|---|---|---|
| 상호 또는 명칭 : | | 상호 또는 명칭 : | |
| 전 화 번 호 : | | 전 화 번 호 : | |
| 주 소 : | | 주 소 : | |
| 대표자 성명 : | (인) | 대표자 성명 : | (인) |
| 사업자(법인)번호 : | | 사업자(법인)번호 : | |

## 2. 건설공사 표준하도급계약서(본문)

### 제1조(기본원칙)

① 원사업자(이하 "갑"이라 한다)와 수급사업자(이하 "을"이라 한다)는 대등한 입장에서 서로 협력하여 신의에 따라 성실히 계약을 이행한다.

② 갑과 을은 이 공사의 시공 및 이 계약의 이행에 있어서 건설산업기본법, 하도급거래공정화에 관한 법률 및 관계법령의 제규정을 준수하다.

③ 이 계약의 내용과 배치되는 타계약에 대해서는 이 계약에 의한 내용을 우선하여 적용한다. 다만, 제30조(특수조건)에 의거 이 계약에서 정하지 아니한 사항에 대하여 갑과 을이 대등한 지위에서 합의하여 특약으로 정한 내용은 그러하지 아니한다.

제2조(원사업자의 협조)

① 갑은 하도급계약을 체결한 날로부터 30일 이내에 하도급계약통보서(건설산업기본법 시행규칙 별지 제23호 서식)에 다음 각호의 1의 서류를 첨부하여 발주자에게 제출한다. 다만, 갑이 기한 내에 통지를 하지 아니한 경우에는 을이 발주자에게 이를 통지할 수 있다.

1. 하도급계약서(변경계약서를 포함한다) 사본
2. 공사량(규모) · 공사단가 및 공사금액 등이 명시된 공사내역서
3. 예정공정표
4. 하도급대금지급보증서 사본(다만 하도급대금지급보증서 교부의무가 면제되는 경우에는 그 증빙서류)

② 갑은 을에게 이 공사 이행에 필요한 협조와 지원을 한다.

제3조(공사시공 등)

① 을은 이 계약조건과 설계도서(공사시방서, 설계도면 및 현장설명서를 포함한다. 다만, 총액단가계약의 경우는 산출내역서를 포함하며, 양식은 재정경제부 회계예규의 양식을 준용한다. 이하 같다)에 의하여 공사를 시공한다.

② 을은 공사예정공정표를 작성하여 계약체결 후 지체 없이 갑의 승인을 받아야 하며, 계약체결 후 지체 없이 갑에게 산출내역서를 제출하여야 한다.

제4조(관련공사와의 조정)

① 갑은 도급공사를 원활히 수행하기 위하여 이 공사와 관련이 있는 공사(이하 "관련공사"라 한다)와의 조정이 필요한 경우에 을과 협의하여 이 공사의 공사기간, 공사내용, 계약금액 등을 변경할 수 있다.

② 을은 관련공사의 시공자와 긴밀히 연락 협조하여 도급공사의 원활한 완성에 협력한다.

제5조(의견의 청취)

갑은 시공상 공정의 세부작업 방법 등을 정함에 있어 미리 을의 의견을 청취한다.

제6조(권리 · 의무의 양도)

① 갑 · 을은 이 계약으로부터 발생하는 권리 또는 의무를 제3자에게 양도하거나 승계하게 할 수 없다. 다만 상대방의 서면에 의한 승낙을 받았을 때에는 그러하지 아니하다.

② 을은 공사목적물 또는 공사현장에 반입하여 검사를 마친 공사자재를 제3자에게 매각, 양도 또는 대여하거나 담보목적으로 제공할 수 없다.

제7조(계약이행 및 공사대금지급보증)

① 갑과 을은 다음 각호의 1의 방법으로 계약이행 및 공사대금의 지급을 상호 보증한다. 다만, 하도급거래 공정화에 관한 법 시행령 제3조의 3의 규정에 의거 하도급대금지급보증이 면제된 경우에는 그러하지 아니하다.

1. 을은 갑에게 계약금액의 10%에 해당하는 금액의 계약이행보증
2. 갑은 을에게 다음 각목의 1에 해당하는 금액의 공사대금지급보증
   가. 공사기간이 4월 이하인 경우에는 계약금액에서 계약상 선급금을 제외한 금액
   나. 공사기간이 4월을 초과하는 경우로서 기성금지급 주기가 2월 이내이면 「(하도급계약금액 - 계약상 선급금)÷공사기간인 월수」에 4를 곱한 금액
   다. 공사기간이 4월을 초과하는 경우로서 기성금지급 주기가 2월을 초과하면 「(하도급계약금액 - 계약상 선급금)÷공사기간인 월수」에 기성금지급 주기인 월수의 배수를 곱한 금액

② 제1항의 규정에 의한 갑과 을 상호간의 보증은 현금의 납부 또는 다음 각호의 1에 의한 보증서의 교부에 의한다.

1. 건설공제조합, 전문건설공제조합 또는 보증보험회사, 신용보증기금 등 이와 동등한 보증기관이 발행하는 보증서
2. 국채 또는 지방채
3. 금융기관의 지급보증서 또는 예금증서

③ 갑이 을에 대하여 제2항 제1호의 방법으로 공사대금 지급보증서를 교부하는 경우 갑이 도급받은 공사의 공사기간 중 하도급하는 모든 공사에 대한 공사대금 일괄지급보증서 또는 갑이 1회계연도에 하도급하는 모든 공사에 대한 공사대금 일괄지급보증서로 갈음할 수 있다.

④ 갑이 제20조의 규정에 의한 공사대금의 지급을 지체하여 을로부터 서면으로 지급독촉을 받고도 이를 지급치 아니한 경우 을은 제2항 제1호의 보증기관에 공사대금 중 미지급액에 상당하는 보증금의 지급을 청구할 수 있다. 다만, 갑이 현금납부 또는 제2항 제2호 및 제3호의 증서를 교부한 경우에는 동 금액에서 공사대금 중 미지급액에 상당하는 금액을 을에게 귀속한다.

⑤ 을이 계약상 의무를 이행하지 아니하여 갑이 제25조 제1항의 규정에 의거 계약의 전부 또는 일부를 해제 또는 해지한 경우 갑은 제2항 제1호의 보증금에 대해 계약의 해제

또는 해지에 따른 손실에 상당하는 금액의 지급을 청구할 수 있다. 다만, 을이 현금납부 또는 제2항 제2호 및 제3호의 증서를 교부한 경우에는 손실액에 상당하는 금액은 갑에게 귀속된다.

⑥ 갑의 공사대금 미지급액 및 을의 계약불이행 등에 의한 손실액이 제1항의 규정에 의한 보증금을 초과하는 경우에는 갑과 을은 그 초과액에 대하여 상대방에게 청구할 수 있다.

⑦ 갑과 을이 납부한 보증금은 계약이 이행된 후 계약상대방에게 지체없이 반환한다. 이 경우 갑이 을에게 공사대금을 어음으로 지급한 경우는 어음만기일을 공사대금 지급보증에 있어서의 계약이행완료일로 본다.

제8조(감독원)

① 갑은 자기를 대리하는 감독원을 임명하였을 때에는 이를 서면으로 을에게 통지한다.

② 감독원은 다음과 같은 직무를 수행한다.

1. 시공일반에 대하여 감독하고 입회하는 일
2. 계약이행에 있어서 을 또는 을의 현장대리인에 대한 지시, 승낙 또는 협의하는 일
3. 공사재료와 시공에 대한 검사 또는 시험에 입회하는 일
4. 공사의 기성부분검사, 준공검사 또는 공사목적물의 인도에 입회하는 일

③ 을이 갑 또는 감독원에 대하여 검사입회 등을 요구한 때에는 갑 또는 감독원은 지체없이 이에 응한다.

④ 을은 감독원의 감독 또는 관리에 있어서 그 처리가 현저히 부당하다고 인정될 때에는 갑에 대하여 그 사유를 명시한 서면으로써 필요한 지시를 요구할 수 있다.

제9조(현장대리인)

① 을은 현장대리인을 두며 이를 미리 갑에게 통지한다.

② 현장대리인은 법률에 의하여 2개 현장에 배치할 수 있는 경우를 제외하고는 공사현장에 상주해야 하며 을을 대리하여 일체의 사항을 처리한다.

③ 현장대리인이 건설산업기본법 시행령 제35조 별표 5의 규정에 의한 건설기술자의 현장배치 기준에 적합한 기술자가 아닌 경우에는 을은 공사관리 기타 기술상의 관리를 위하여 적격한 건설기술자를 별도로 배치하고 갑에게 통지한다.

제10조(종업원 및 고용원)

① 을이 공사를 시공함에 있어서 종업원이나 고용원을 사용할 때에는 당해 공사의 시공 또는 관리에 관한 상당한 기술과 경험이 있는 자를 채용한다.

② 을은 그의 대리인, 안전관리책임자, 종업원 또는 고용원의 행위에 대하여 사용자로서

의 모든 책임을 지며, 갑이 을의 대리인, 종업원 또는 고용원에 대하여 공사의 시공 또는 관리에 있어 현저히 부적당하다고 인정하여 이의 교체를 요구한 때에는 정당한 사유가 없는 한 지체 없이 이에 응한다.

③ 을은 제2항에 의하여 교체된 대리인, 종업원 또는 고용원을 갑의 동의없이 당해 공사를 위하여 다시 채용할 수 없다.

제11조(공사재료의 검사)

① 공사에 사용할 재료는 신품이어야 하며, 품질, 품명 등은 반드시 설계도서와 일치하여야 한다. 다만, 설계도서에 품질 · 품명 등이 명확히 규정되지 아니한 것은 표준품 또는 표준품에 상당하는 재료로서 계약의 목적을 달성하는 데 가장 적합한 것이어야 한다.

② 공사에 사용할 재료는 사용 전에 공사 감독원의 검사를 받아야 하며 불합격된 재료는 즉시 대체하여 다시 검사를 받아야 한다. 이 경우에 을은 이를 이유로 계약기간의 연장을 청구할 수 없다.

③ 검사결과 불합격품으로 결정된 재료는 공사에 사용할 수 없다. 다만, 감독원의 검사에 이의가 있을 때에는 을은 갑에 대하여 재검사를 요청할 수 있으며, 재검사의 필요가 있을 때에는 갑은 지체 없이 재심사하도록 조치한다.

④ 갑은 을로부터 공사에 사용할 재료의 검사를 요청받거나 제3항의 규정에 의한 재검사의 요청을 받은 때에는 정당한 사유 없이 검사를 지체할 수 없다

⑤ 을이 불합격된 재료를 즉시 이송하지 않거나 대품으로 대체하지 않을 경우에는 갑은 일방적으로 불합격된 재료를 제거하거나 대품으로 대체시킬 수 있으며, 그 비용은 을의 부담으로 한다.

⑥ 을은 재료의 검사를 받을 때에는 감독원의 지시에 따라야 하며, 검사에 소요되는 비용은 별도로 정한 바가 없으면 자재를 조달하는 자가 부담한다. 다만, 검사에 소요되는 비용을 발주자로부터 지급받았을 경우에는 갑이 이를 부담한다.

⑦ 공사에 사용하는 재료 중 조합 또는 시험을 요하는 것은 감독원의 참여하에 그 조합 또는 시험을 한다.

⑧ 을은 공사현장 내에 반입한 공사재료를 감독원의 승낙없이 공사현장 밖으로 반출하지 못한다.

⑨ 수중 또는 지하에 설치하는 공작물과 기타 준공 후 외부로부터 검사할 수 없는 공작물의 검사는 감독원의 참여 없이 시공할 수 없다.

제12조(지급재료 및 대여품)

① 계약에 의하여 갑이 지급하는 재료의 인도시기는 공사예정공정표에 의하고, 그 인도

장소는 시방서에 따로 정한 바가 없으면 공사현장으로 한다.

② 제1항에 의하여 지급된 재료의 소유권은 갑에게 속하며 감독원의 서면 승낙 없이 공사현장에 반입된 재료를 이동할 수 없다.

③ 을은 갑 또는 감독원이 지급재료가 비치된 장소에 출입하여 이를 검사하고자 할 때에는 이에 협조한다.

④ 갑은 목적물의 품질유지, 개선이나 기타 정당한 사유가 있는 경우 또는 을의 요청이 있는 때에 건설위탁과 관련된 기계 · 기구(이하 "대여품"이라 한다) 등을 대여할 수 있다. 이 경우 갑은 대여품을 지정된 일시와 장소에서 인도하며 인도 후의 반송비는 을의 부담으로 한다.

⑤ 제1항의 지급재료와 제4항의 대여품을 지급한 후에 멸실 또는 훼손이 있을 때에는 을은 이에 대하여 책임을 진다. 다만 선량한 관리자의 주의의무를 다한 경우에는 그러하지 아니한다.

⑥ 갑이 지급한 재료와 기계, 기구 등은 계약의 목적을 수행하는 데에만 사용한다.

⑦ 재료지급의 지연으로 공사가 지연될 우려가 있을 때에는 을은 갑의 서면승낙을 얻어 자기가 보유한 재료를 대체 사용할 수 있다. 다만, 대체사용에 따른 경비는 갑이 부담한다.

⑧ 갑은 제7항의 규정에 의하여 대체사용한 재료를 그 사용당시의 가격에 의하여 그 대가를 공사기성금에 포함하여 을에게 지급하여야 한다. 다만 현품반환을 조건으로 하여 재료의 대체사용을 승인한 경우에는 그러하지 아니하다.

⑨ 감독원은 지급재료 및 대여품을 을의 입회하에 검사하여 인도한다.

⑩ 을은 공사내용의 변경으로 인하여 필요 없게 된 지급재료 또는 대여품을 지체 없이 갑에 반환한다.

제13조(부적합한 공사)

① 갑은 을이 시공한 공사중 설계도서에 적합하지 아니한 부분이 있을 때에는 이에 대한 시정을 요청할 수 있으며, 을은 지체없이 이에 응한다. 이 경우 을은 계약금액의 증액 또는 공기의 연장을 요청할 수 없다.

② 제1항의 경우에 그 부적합한 시공이 갑의 요청 또는 시공에 의하거나 기타 을의 책임으로 돌릴 수 없는 사유로 인한 때에는 을은 그 책임을 지지 아니한다.

제14조(공사의 변경 · 중지)

① 갑은 발주자의 요청 혹은 자신의 설계변경 등에 의하여 공사내용을 변경 · 추가하거나 공사의 전부나 일부에 대한 시공을 일시 중지할 경우에는 변경계약서 등을 사전에 을에게 교부하여야 한다.

② 갑의 지시에 의하여 을이 추가로 시공한 공사물량에 대하여 갑은 발주자로부터 증액받지 못하였다 하더라도 을에게 증액 지급한다.

③ 을은 동 계약서에 규정된 계약금액의 조정사유 이외의 계약체결 후 계약조건의 미숙지, 덤핑 수주 등을 이유로 계약금액의 변경을 요구하거나 시공을 거부할 수 없다.

제14조의 2(설계변경으로 인한 계약금액의 변경)

① 갑은 발주자의 요청 혹은 자신의 설계변경 등에 의하여 공사량의 증감이 발생한 경우에는 당해 계약금액을 조정하여야 한다.

② 제1항의 규정에 의한 계약금액의 조정은 다음 각호의 기준에 의한다. 다만 발주자로부터의 설계변경의 경우 발주자로부터 조정받은 범위 내에서 그러하다.

1. 증감된 공사의 단가는 제3조 제2항의 규정에 의한 산출내역서상의 단가(이하 "계약단가"라 한다)로 한다.
2. 계약단가가 없는 신규 비목의 단가는 설계변경 당시를 기준으로 산정한 단가에 낙찰율을 곱한 금액으로 한다.

③ 계약금액의 증감분에 대한 일반관리비 및 이윤은 계약체결 당시의 율에 의한다.

④ 갑이 발주자로부터 설계변경에 따른 하도급대금의 조정을 받은 경우 추가금액의 내용과 비율이 명확한 경우에는 그 내용과 비율에 따라 을에게 지급하여야 한다.

⑤ 갑의 지시에 따라 공사량이 증감되는 경우 갑과 을은 공사시공 전에 증감되는 공사량에 대한 대금을 확정하여야 한다. 다만 긴급한 상황이나 사전에 대금을 정하기가 불가능할 경우에는 갑과 을은 서로 합의하여 시공완료 후 즉시 대금을 확정하여야 한다.

⑥ 발주자의 설계변경으로 인한 하도급계약금액의 조정에 있어 갑이 추가금액을 지급받은 날부터 15일을 초과하여 지급하는 경우에는 지연이자를, 추가금액을 어음으로 지급하는 경우에는 추가금액을 지급받은 날부터 15일을 초과한 날 이후 만기일까지의 기간에 대한 할인료(공정거래위원회가 정하여 고시하는 할인료를 의미함. 이하 같음)를 각각 지급한다.

제15조(물가변동으로 인한 계약금액의 변경)

① 갑은 계약체결 이후 품목의 가격 또는 요금변동 등의 이유로 발주자로부터 계약금액을 조정받아 지급받은 경우 동일한 사유로 목적물의 완성에 추가비용이 소요되든가 감액되는 때에는 그 내용과 비율에 따라 을에게 계약금액을 조정하여 지급한다. 이 경우 하도급계약 금액의 조정은 갑이 발주자로부터 조정을 받은 날부터 30일 이내에 하기로 한다.

② 갑은 발주자로부터 계약금액을 조정받지 않은 경우에도 산출내역서에 포함되어 있는 품목의 가격 또는 요금의 급격한 변동이 있는 경우 계약금액을 조정하여 지급할 수 있는

약정을 상호 협의하여 별도로 정할 수 있다.

③ 제1항 혹은 제2항의 규정에 의한 계약금액의 조정은 물가변동 후 반입한 재료와 제공된 역무의 대가에 적용하되 시공 전에 제출된 공사예정공정표에서 물가변동이 있는 날 이전에 이미 계약이행이 완료되었어야 할 부분을 제외한 잔여부분의 대가에 대하여만 적용한다. 다만, 갑의 책임이 있는 사유 또는 천재지변 등 불가항력으로 인하여 지연된 경우에는 그러하지 아니하다.

④ 제14조의 2 제4항 및 제6항은 물가변동으로 인하여 발주자로부터 공사대금 조정을 받은 경우에도 적용한다.

제16조(응급조치)

① 을은 화재방지 등을 위하여 필요하다고 인정될 때에는 미리 응급조치를 취하고 즉시 이를 갑에게 통지한다.

② 갑 또는 감독원은 화재방지, 기타 공사의 시공상 긴급하고 부득이하다고 인정할 때에는 을에게 응급조치를 요구할 수 있다. 이 경우에 을은 즉시 이에 응한다. 다만, 을이 요구에 응하지 아니할 때에는 갑은 제3자로 하여금 필요한 조치를 하게 할 수 있다.

③ 제1항 및 제2항의 응급조치에 소요된 경비에 대하여는 갑과 을이 협의하여 제14조의 2의 규정을 준용한다. 다만, 응급조치 원인에 대한 책임이 을에게 있는 경우 을의 부담으로 한다.

제17조(검사 및 인도)

① 갑은 을로부터 기성부분 검사 또는 준공검사의 요청이 있는 때에는 하도급거래 공정화에 관한 법률 제9조 제1항의 규정에서 정한 검사기준 및 방법에 따라 즉시 검사를 하여야 하며, 정당한 사유가 없는 한 10일 이내에 검사결과를 을에게 서면으로 통지하여야 한다. 갑이 10일 이내에 통지를 하지 아니하는 경우에는 검사에 합격한 것으로 본다.

② 제1항의 검사합격 통지시 갑에게 목적물이 인도된 것으로 보며, 갑은 즉시 이를 인수하여야 한다.

③ 을은 제1항의 검사에 합격하지 못한 때에는 지체 없이 이를 보수 또는 개조하여 다시 검사를 받아야 한다.

④ 을은 갑의 검사에 이의가 있을 때에는 갑에 대하여 재검사를 요구할 수 있으며, 재검사의 요구가 있을 때에는 갑은 지체 없이 재검사를 한다.

⑤ 을은 공사를 완성하였을 때에는 모든 공사시설, 잉여자재, 폐물질 및 가설물 등을 공사현장으로부터 즉시 철거, 반출하고 공사현장을 정돈한다.

제18조(손해의 부담)

① 공사의 목적물이 갑에게 인도되기 전에 갑·을 쌍방의 책임 없는 사유로 공사의 목적물이나 제3자에게 손해가 생긴 경우 이는 을이 부담한다. 단, 갑의 귀책사유가 있는 경우나 갑의 인수지연 중 갑·을 쌍방의 책임 없는 사유로 목적물 또는 제3자에게 손해가 생긴 경우 이는 갑이 부담한다.

② 공사목적물 검사기간 중 갑·을 쌍방의 책임 없는 사유로 공사의 목적물이나 제3자에게 손해가 생긴 경우 다른 약정이 없는 한 갑과 을이 협의하여 결정한다.

③ 갑에게 공사의 목적물이 인도된 후 갑·을 쌍방의 책임 없는 사유로 공사의 목적물이나 제3자에게 손해가 발생한 경우 이는 갑이 부담한다. 그리고 천재지변 기타 불가항력에 의하여 검사를 마친 기성부분에 손해가 발생한 때에는 을은 그 사실을 지체 없이 갑에게 통지한다.

④ 을은 고의·과실로 인하여 하도급받은 공사를 조잡하게 하여 타인에게 손해를 가한 때에는 그 손해를 배상한다.

⑤ 갑이 제4항의 규정에 의한 손해를 건설산업기본법 제44조(건설업자의 손해배상책임) 제3항의 규정에 따라 배상한 때에는 을에게 구상권을 행사할 수 있다.

제19조(부분사용)

① 갑은 공사목적물의 인도전이라 하더라도 을의 동의를 얻어 공사목적물의 전부 또는 일부를 사용할 수 있다.

② 제1항의 경우 갑은 그 사용부분을 선량한 관리자의 주의로서 사용한다.

③ 갑은 제1항에 의한 사용으로 을에게 손해가 있거나 을의 비용을 증가하게 한 때에는 그 손해를 배상하거나 증가된 비용을 부담한다. 이 경우 배상액 또는 부담액은 갑과 을이 협의하여 정한다.

제20조(대금지급)

① 갑은 목적물인수일로부터 60일 이내의 기한으로 정한 지급기일까지 을에게 대금을 지급하여야 한다.

② 갑이 발주자로부터 준공금을 받은 때에는 하도급대금을, 기성금을 받은 때에는 을이 시공한 분에 상당한 금액을 그 지급받은 날로부터 15일(대금지급기일이 그전에 도래한 경우에는 지급기일) 이내에 을에게 지급하여야 한다.

③ 갑이 대금을 어음으로 지급하는 경우에는 그 어음은 법률에 근거하여 설립된 금융기관에서 할인이 가능한 것이어야 하며, 어음을 교부한 날부터 어음의 만기일까지의 기간에 대한 할인료를 어음을 교부하는 날에 을에게 지급하여야 한다. 다만, 목적물인수일로

부터 60일(발주자로부터 준공금 또는 기성금을 받은 때에는 제2항에서 정한 기일을 말함. 이하 같음) 이내에 어음을 교부하는 경우에는 목적물의 인수일로부터 60일을 초과한 날 이후 만기일까지의 기간에 대한 할인료를 목적물의 인수일로부터 60일 이내에 을에게 지급하여야 한다.

제21조(하도급대금의 직접 지급청구)

① 건설산업기본법 등 관계법령에 의거 발주자가 하도급대금을 직접 지급할 수 있는 사유에 해당하는 경우, 을은 발주자에게 하도급대금의 직접 지급을 청구할 수 있다.

② 을이 제1항의 규정에 의하여 하도급대금의 직접 지급을 청구하거나 발주자가 관계법령에 의하여 하도급대금을 을에게 직접 지급하고자 할 때에는 갑은 특별한 사유가 없는 한 그 지급의 방법 및 절차에 관하여 협조한다.

※ **하도급대금을 발주자가 직불하는 경우에도 하수급인이 직접 발주자에게 세금계산서를 교부할 수 없다.** 즉, 하수급인, 원도급인, 발주자 사이에 정상적인 세금계산서를 교부하여야 한다. 즉, 건설업을 영위하는 갑사업자가 발주자로부터 조경공사를 도급받아 공사용역을 제공함에 있어 당해 공사의 일부를 계약에 의하여 을사업자에게 하도급을 주고 그 대금은 발주자가 하도급자에게 직접 지급하더라도 당해 하도급공사대금에 대하여는 하도급자인 을사업자가 원도급자인 갑사업자에게 세금계산서를 교부하고, 원도급자인 갑사업자는 당해 조경공사 전체대금에 대하여 발주자에게 각각 세금계산서를 교부하여야 하는 것이다(서면3팀-331, 2005. 3. 9).

제22조(선급금)

① 갑은 계약서에 정한 바에 따라 선급금을 을에게 지급한다.

② 갑이 발주자로부터 선급금을 받은 때에는 을이 시공에 착수할 수 있도록 그가 받은 선급금의 내용과 비율에 따라 선급금을 지급받은 날로부터 15일 이내의 범위 안에서 계약서에 정한 바에 따라 선급금을 을에게 지급한다.

③ 을이 선급금을 지급받고자 할 때에는 제23조 제1항 각호의 1에 해당하는 증서를 갑에게 제출한다.

④ 선급금은 계약목적 외에 사용할 수 없으며, 노임지급 및 자재확보에 우선 사용하도록 한다.

⑤ <u>선급금은 기성부분의 대가를 지급할 때마다 다음 산식에 의하여 산출한 금액을 정산한다.</u>

$$\text{선급금 정산액} = \text{선급금액} \times \frac{\text{기성부분의 대가 상당액}}{\text{계약금액}}$$

제23조(하자담보)

① 을은 계약서에서 정한 하자보수보증금률을 계약금액에 곱하여 산출한 금액(이하 "하

자보수보증금"이라 한다)을 준공검사 후 그 공사의 대가를 지급받을 때까지 현금 또는 다음의 증서로써 갑에게 납부한다. 다만, 공사의 성질상 보증금의 납부가 필요하지 아니한 경우에는 그러하지 아니하다.

1. 건설공제조합, 전문건설공제조합, 설비공사공제조합, 전기공사공제조합 및 정보통신공제조합이 발행하는 보증서
2. 보증보험증권
3. 신용보증기금의 보증서
4. 국채 또는 지방채
5. 금융기관의 지급보증서
6. 금융기관의 예금증서

② 을은 준공검사를 마친 날로부터 계약서에 정하는 하자보수의무기간 중 을의 귀책사유로 하자가 발생한 것에 대하여는 이를 보수하여야 한다.

③ 을이 제2항의 하자보수의무기간 중 갑으로부터 하자보수의 요구를 받고 이에 응하지 아니하면 제1항의 하자보수보증금은 갑에게 귀속한다.

④ 제1항의 하자보수보증금은 하자보수의무기간이 종료한 후 을의 청구가 있는 날로부터 10일 이내에 반환하여야 한다.

제24조(이행지체)

① 을이 계약서에서 정한 준공기한 내에 공사를 완성하지 못하였을 때에는 계약금액에 계약서에 정한 지체상금률과 지체일수를 곱한 금액(이하 "지체상금"이라 한다)을 갑에게 현금으로 납부한다.

② 제1항의 경우 기성부분에 대하여 검사를 거쳐 이를 인수한 때에는 그 부분에 상당하는 금액을 계약금액에서 공제한 금액을 기준으로 지체상금을 계산한다. 이 경우 기성부분의 인수는 성질상 분할할 수 있는 공사의 완성부분으로서 인수하는 것에 한한다.

③ 다음 각호의 1에 해당되는 사유로 공사가 지체되었다고 인정될 때에는 그 해당일수에 상당한 일수를 지체일수에 산입하지 아니한다.

1. 태풍, 홍수, 기타 악천후, 전쟁 또는 사변, 지진, 화재, 폭동, 항만봉쇄, 방역 및 보안상 출입제한 등으로 인한 경우
2. 갑이 지급키로 한 지급재료의 공급이 지연되어 공사진행이 불가능하였을 경우
3. 갑의 귀책사유로 인하여 착공이 지연되거나 시공이 중단된 경우
4. 을의 부도 등으로 연대보증인이 보증이행을 할 경우(부도 등이 확정된 날부터 갑이 보증이행을 지시한 날까지를 의미함)

5. 을의 부도 등으로 보증기관이 보증이행업체를 지정하여 보증이행할 경우(갑으로부터 보증채무이행청구서를 접수한 날부터 보증이행개시일 전일까지를 의미함, 다만 30일 이내에 한함)

6. 기타 을의 책임에 속하지 아니하는 사유로 인하여 지체된 경우

④ 갑은 제1항의 지체상금을 을에게 지급하여야 할 공사비 또는 기타 예치금에서 공제할 수 있다.

제25조(계약해제, 해지)

① 갑 또는 을은 다음 각호의 1에 해당하는 경우 서면으로 서약의 이행을 (일 또는 월)의 기간으로 정하여 최고한 후 동 기간 내에 계약이 이행되지 아니하는 때에는 당해 계약의 전부 또는 일부를 해제·해지할 수 있다.

1. 갑 또는 을이 계약조건에 위반하여 그 위반으로 계약의 목적을 달성할 수 없다고 인정될 때
2. 부도·파산 등 을의 귀책사유로 공기 내에 공사를 완성할 수 없는 것이 명백히 인정될 때
3. 갑이 정당한 이유 없이 계약내용을 이행하지 아니하고 그 위반으로 공사를 완성하는 것이 불가능한 때
4. 을이 정당한 이유 없이 약정한 착공기간을 경과하고도 공사에 착공하지 아니한 때
5. 갑이 공사내용을 변경함으로써 계약금액이 40/100 이상 감소한 때
6. 제14조 제1항에 의한 공사의 정지기간이 전체 공사기간의 50/100 이상인 때
7. 을이 정당한 이유 없이 제7조에 정한 계약이행을 보증하지 아니한 때(제7조 제1항 본문에 의해 갑이 대금지급보증을 안한 경우는 제외)

② 제1항 각호의 사유로 계약을 해제 또는 해지한 경우 을은 기성부분 검사를 필한 부분에 대한 하자보수보증금을 제23조 제1항의 규정에 의거 갑에게 납부한다.

③ 을은 제2항의 하자보수보증금을 현금으로 납부한 경우 공사 준공검사 후 하자보수보증서로 대체할 수 있다.

④ 갑이 제1항 각호의 사유로 계약을 해제 또는 해지한 경우 을은 다음 각호의 사항을 이행한다.

1. 해약통지서를 받은 부분에 대한 공사를 지체없이 중지하고 모든 공사관련시설 및 장비 등을 공사현장으로부터 철거한다.
2. 제12조에 의한 대여품이 있을 때에는 지체없이 갑에게 반환한다. 이 경우 당해 대여품이 을의 고의 또는 과실로 인하여 멸실 또는 파손되었을 때에는 원상회복 또는 그 손해를 배상한다.
3. 제12조에 의한 지급자재 중 공사의 기성부분으로서 인수된 부분에 사용한 것을 제외

한 잔여재료는 갑에게 반환한다. 이 경우 당해 재료가 을의 고의 또는 과실로 인하여 멸실 또는 파손되었거나 공사의 기성부분으로서 인수되지 아니한 부분에 사용된 때에는 원상으로 회복하거나 그 손해를 배상한다.

⑤ 갑 또는 을은 제1항에 의한 계약의 해제 또는 해지로 손해가 발생한 때에는 상대방에게 손해배상을 청구할 수 있다.

제25조의 2(공사의 중지)

① 갑이 계약조건에 의한 선급금과 기성부분의 지급을 하지 않는 경우로서 을이 상당한 기한을 정하여 그 지급을 독촉하였음에도 불구하고, 갑이 이를 지급하지 아니하면 을은 공사중지기간을 정하여 갑에게 통보하고 공사의 전부 또는 일부를 일시 중지할 수 있다.

② 제1항의 공사중지에 따른 기간은 제24조의 지체상금 산정시 지체일수에서 제외한다.

제26조(서류제출)

을은 하도급공사의 임금, 산업재해보상보험금의 지급, 요양 등에 관한 서류에 대하여 갑의 요구가 있을 때에는 이에 협조한다.

제27조(보험가입 등)

① 관계법령에 의하여 가입이 의무화된 고용보험, 산재보험 등은 갑이 가입하고(다만, 을이 관련 공단으로부터 하도급사업자 승인을 얻은 경우에는 을이 가입) 국민연금보험, 국민건강보험은 갑과 을이 각각 가입함을 원칙으로 하며, 을은 시공에 있어서 재해방지를 위하여 만전을 기한다.

② 갑은 을이 관계 법령에 의하여 의무적으로 보험에 가입해야 하는 경우에는 을의 하도급내역을 기초로 산출된 보험가입에 필요한 금액을 별도로 계상하여 을에게 지급한다.

③ 갑은 제1항에 의해 보험 등에 가입한 경우에는 당해 사업장의 근로자가 보험금 등을 지급받아야 할 사유가 발생한 때에는 관계법령에 의한 보험금 등의 혜택을 받을 수 있도록 하여야 한다.

④ 갑은 재해발생에 대비하여 을에게 아래 각호의 보험을 택일 또는 중복 가입토록 요구할 수 있고, 이 경우 동 보험료 상당액을 지급한다.

1. 사용자 배상책임보험
2. 영업배상 책임보험
3. 공사보험

⑤ 갑이 산업재해보험에 일괄 가입하였을 경우 을이 책임이 있는 경우를 제외하고는 갑이 재해발생으로 인한 모든 책임을 져야 한다.

제28조(안전관리비)

① 갑은 건설공사 표준안전관리비계상 및 사용기준에 따라 안전관리비를 책정하여야 한다.

② 갑은 계상된 안전관리비의 범위 안에서 을의 위험도 등을 고려하여 적정하게 지급하거나, 갑의 관리 하에 공동으로 사용해야 한다.

③ 을은 계약체결 후 지체 없이 안전관리비 사용기준, 공사특성에 적합한 안전관리계획 및 안전관리비 사용계획을 작성, 갑에게 제출하고 이에 따라 안전관리비를 사용하여야 한다.

제29조(공업소유권)

① 을은 목적물 시공과 관련하여 갑으로부터 사용을 허락받은 특허권 · 실용신안권 · 의장권 등(이하 "공업소유권"이라 한다)을 목적물 시공 외에는 사용하지 못하며, 갑의 승낙 없이 제3자에게 공업소유권을 사용하게 할 수 없다.

② 갑 또는 을은 목적물에 대해 공업소유권침해 등 분쟁이 발생한 경우 상대방에게 지체없이 통지하여야 하며, 갑 또는 을 중 책임이 있는 자가 분쟁을 해결하여야 한다.

③ 갑과 을이 공동 연구하여 개발한 공업소유권의 취득은 상호 협의하여 정한다.

제30조(특수조건)

이 계약에서 정하지 아니한 사항에 대하여는 갑과 을이 대등한 지위에서 합의하여 특약으로 정할 수 있다.

제31조(분쟁의 해결)

① 이 계약에서 발생하는 문제에 관한 분쟁은 갑과 을이 쌍방의 합의에 의하여 해결한다.

② 제1항의 합의가 성립하지 못할 때는 건설산업기본법 제69조의 규정에 의한 건설분쟁조정위원회나 하도급거래 공정화에 관한 법률 제24조의 규정에 의한 하도급분쟁조정협의회 등에 조정을 신청하거나 다른 법령에 의하여 설치된 중재기관에 중재를 신청할 수 있다.

## 3. 세법상 검토사항

### (1) 발주자 · 하도급공사명 · 공사장소

#### 1) 발주자

발주자는 건설업자에 도급을 준 계약당사자로 목적물을 인도받아 부동산임대업 등 사업을 수행하게 된다. 따라서 사업용자산의 취득으로 부가가치세 조기환급을 받게 되며 토지와 건물의 취득으로 취득원가의 안분이 중요하다. 부가가치세 조기환급시에는 세금계산서의 발급의 적정성, 시공사의 면허의 적정성 등을 검토하여야 한다. 만일 공급시기가 사실과 다르거나 건설업자의 명의대여 등의 문제가 발생되는 경우 환급을 받지 못하게 되는 불이익을 당하게 된다.

#### 2) 하도급공사명

건설업자와 하도급자와의 하도급계약시 국민주택건설용역은 하수급인의 건설업 등록 여부를 검토한다. 건설업 등록을 하지 않은 경우 부가가치세 면제를 받을 수 없다.

#### 3) 공사장소

건설업의 부가가치세법상 사업장은 법인등기부상의 소재지이다. 따라서 공사현장은 사업장과는 무관하다. 다만, 공사현장은 부가가치세법, 법인세법, 지방세법상 중요한 의미를 지닌다.

##### ① 부가가치세법

공사현장을 과세현장, 면세현장, 겸업현장 등으로 구분하여 관리하여야 한다. 상가나 오피스텔, 기타건물 등 공사현장은 과세현장으로 이와 관련된 매입세액은 자기사업과 직접 관련되어 전액공제된다. 이에 비하여 국민주택건설현장은 면세현장으로 이와 관련된 매입세액은 전액 불공제된다. 반면에 겸업현장은 공통매입세액으로 공통매입세액을 면적 등 합리적인 기준에 따라 안분하여야 한다. 따라서 세금계산서를 발급받는 경우 현장별로 비고란에 표시하여 관리하여야 한다.

##### ② 법인세법

공사현장별로 공사원가를 관리하여 공사원가명세서를 작성하여야 한다. 이에 따라 공사진행률의 계산 및 현장별 성과평가를 하여야 한다.

##### ③ 지방세법

지방세법상 과세단위, 즉 사업소는 물적시설 또는 인적시설을 둔 장소이다. 따라서 건설현장이 지방세법상 사업연도 말 사업소의 요건에 충족된다면 지방소득세의 안분계산, 종업원 주민세 등의 산정 등에 활용하여야 한다.

### (2) 계약금액

계약금은 부가가치세법상 과세표준, 법인세법상 수입금액 산정에서 중요한 지표이다. 특히 겸업현장인 도급현장의 과세표준안분에 따른 부가가치세 산정에 주의하여야 한다.

과세현장과 면세현장 즉, 겸업현장의 경우 도급계약서에 과세비율과 면세비율이 확정되어 표시되거나 예정건축면적이 계약서나 설계도서에 구분되므로 이를 실지귀속으로 보아 기성청구시마다 과세분은 세금계산서를, 면세분은 계산서를 발행하면 된다.

**사례** 도급현장의 과세표준 안분계산 : 도급금액에 부가가치세가 포함되지 않은 경우(1)

T&C건설은 다음과 같이 발주자와 도급계약을 체결하였다. 도급금액은 10억원이며 근린생활시설은 30%, 도시형생활주택은 70%이며 도급금액에는 부가가치세가 포함되지 않은 금액이다. 과세와 면세 공급가액을 산출하라.

| 민간건설공사 도급계약서 |
|---|
| 5. 계약금액 : 일 금　1,000,000,000원정(부가가치세 별도)<br>(부가가치세 일 금　100,000,000원정) |

**풀이**

① 과세공급가액 : 1,000,000,000 × {30%/(30%+70%)} = 300,000,000
② 면세공급가액 : 1,000,000,000 × {70%/(30%+70%)} = 700,000,000

**사례** 도급현장의 과세표준 안분계산 : 도급금액에 부가가치세가 포함된 경우(2)

T&C건설은 다음과 같이 발주자와 도급계약을 체결하였다. 도급금액은 10억원이며 근린생활시설은 30%, 도시형생활주택은 70%이며 도급금액에는 부가가치세가 포함된 금액이다.
과세와 면세공급가액을 산출하라.

| 민간건설공사 표준도급계약서 |
|---|
| 5. 계약금액 : 일 금　1,000,000,000원정(부가가치세 포함)<br>(부가가치세 일 금　29,126,214원정) |

**풀이**

① 과세공급가액 : 1,000,000,000 × {30%/(30%+70%+30%×10%)} = 291,262,136
② 면세공급가액 : 1,000,000,000 × {70%/(30%+70%+30%×10%)} = 679,611,650

| 과 세 | 부가가치세 | 면 세 | 합 계 |
|---|---|---|---|
| 30% | 3% | 70% | 103% |
| 291,262,136 | 29,126,213 | 679,611,651 | 1,000,000,000 |

* 매 기성청구시마다 동일비율로 세금계산서와 계산서를 발급하여야 하며 일부기성금액은 전부 계산서를 발급하고 나머지는 기성금액은 전부 세금계산서를 발행하지 않도록 주의

판례 도급 · 하도급계약서의 도급금액상 부가가치세에 대한 약정

(1) 약정이 있는 경우

거래당사자 사이에 부가가치세를 부담하기로 하는 약정이 따로 있는 경우에는 사업자는 그 약정에 기하여 공급을 받는 자에게 부가가치세 상당액의 지급을 청구할 수 있는 것이고, 부가가치세 부담에 관한 위와 같은 약정은 반드시 재화 또는 용역의 공급 당시에 있어야 하는 것은 아니고 공급 후에 한 경우에도 유효하며, 또한 반드시 명시적이어야 하는 것은 아니고 묵시적인 형태로 이루어질 수도 있다(대법원 2004. 2. 13 선고, 2003다49153 판결).

(2) 약정이 없는 경우

무면허 건설업자와 공사대금을 평당 일정액으로 정하고 공사도급계약을 체결하면서 그 공사대금과 별도로 도급인이 수급인에게 부가가치세를 추가 지급하기로 약정한 바 없다면, 특별한 사정이 없는 한 약정공사대금에는 부가가치세가 포함된 것으로 보아야 하고, 수급인이 도급받은 공사의 전부를 직접 시공하지 아니하고 그 일부를 하도급주어 하수급인에게 그에 따른 부가가치세를 포함한 하도급공사비를 지급하였다고 하더라도 도급계약상의 약정공사대금이 지급된 부가가치세 금액만큼 추가된다고 볼 수는 없으므로, 수급인이 무면허 건설업자로서 부가가치세를 환급받을 처지가 되지 못하여 도급인이 임대사업자로서 임대건물의 신축공사와 관련하여 하수급인에게 지급된 부가가치세를 매입세액으로 하여 환급받았다 하여 약정공사비와 별도로 그 환급받은 금원을 수급인에게 반환해야 할 의무는 없다(대법원 2000. 2. 22 선고, 99다62821 판결).

(3) 국민주택규모 이하의 도급공사에 부가가치세 별도로 약정한 경우

부가가치세 납부의무는 재화 또는 용역이 부가가치세 과세대상인 경우에 한하여 도급인은 수급인에게 지급할 의무가 있는 것이지 부가가치세 과세대상이 아닌 국민주택 건설용역에 대하여 단지 도급계약서에 부가가치세 별도라고 명시하였다 하더라도 도급인 수급인에게 부가가치세를 지급할 의무는 없다.

(4) 가정용공사를 하면서 무자료 거래를 한 경우

공급가액과 부가가치세가 구분이 되어 있으나 무자료 거래로 인하여 부가가치세를 수령하지 않은 경우에는 수령한 금액을 부가가치세 과세표준으로 한다. 무자료 판매거래의 내용과 동기 등에 비추어 볼 때, 본 건 매출누락은 '공급가액과 세액이 별도로 표시되지 않은 경우'에 해당된다고 볼 수 없고, 무자료 매출의 경우 공급가액이 아닌 '공급대가'로 보는 관행이 있다는 주장은 인정할 증거가 없으므로 매출누락금액을 공급가액으로 보아 과세한 처분은 정당함(대법원 2018. 8. 30 선고, 2018두45794 판결, 대법원 2018. 10. 25 선고, 2018두50345 판결).

(5) 부가가치세의 포함여부가 불분명한 경우

청구법인은 쟁점오피스텔의 공사 및 분양매출에 부가가치세가 포함된 것이므로 그 금액의 100/110을 부가가치세 과세표준으로 하여야 한다고 주장하나, 「부가가치세법」 제29조

제7항에서 "사업자가 재화 또는 용역을 공급하고 그 대가로 받은 금액에 부가가치세가 포함되어 있는지가 분명하지 아니한 경우에는 그 대가로 받은 금액에 110분의 100을 곱한 금액을 공급가액으로 한다"고 규정하고 있고 납세자가 부가가치세를 납부할 의사가 없이 과세대상 물품 거래시에는 부가가치세가 제외된 금액으로 거래한 것으로 보아야 하는 바, 청구법인은 쟁점오피스텔의 공사 및 분양매출에 대하여 부가가치세 면제로 인식하여 부가가치세를 제외하였으므로 공급가액과 세액이 별도 표시되지 않은 경우라고 할 수 없어 보이는 점, 청구법인은 계산서를 발급하였고 이에 대하여 면세매출로 신고한 사실로 볼 때 그 거래금액에 부가가치세가 포함되어 있지 않음이 명백해 보이므로 부가가치세가 포함되어 있는지가 분명하지 아니한 경우에 해당하지 아니한 것으로 보이는 점등에 비추어 청구주장을 받아들이기 어렵다고 판단된다(조심-2021-인-2677, 2021. 11. 26).

**사례**

**건설공사 매입부가가치세의 세무처리**

국민주택 건설용역은 부가가치세가 면제된다. 이에 따라 건설회사는 관련매입세액을 공제받지 못하고 공사원가에 산입하게 된다. 이를 보전하기 위하여 계약서에 매입부가가치세란 명목으로 발주자에게 전가시키는 경우가 있다. 그러나 국민주택건설용역을 제공하는 시공사는 부가가치세법상 최종소비자와 동일한 납세지위에 있기 때문에 부가가치세를 거래징수할 수 없다. 따라서 도급계약서에 매입부가가치세를 명시하는 것은 문제가 있다. 이에 대한 해결책으로 매입부가가치세를 포함한 공사원가를 산정하여 도급금액에 가산하는 방안을 고려하여야 한다.

**[건설공사 매입부가가치세에 대한 약정]**

- 면세현장 건설공사 매입세액 ⇒ 면세사업관련 매입세액으로 불공제
- 도급계약서에 매입부가가치세를 발주자에 전가시키는 약정 ⇒ 거래징수 불가
- 방안 : 공사원가산정 시 매입부가가치세를 포함하여 도급금액 산정

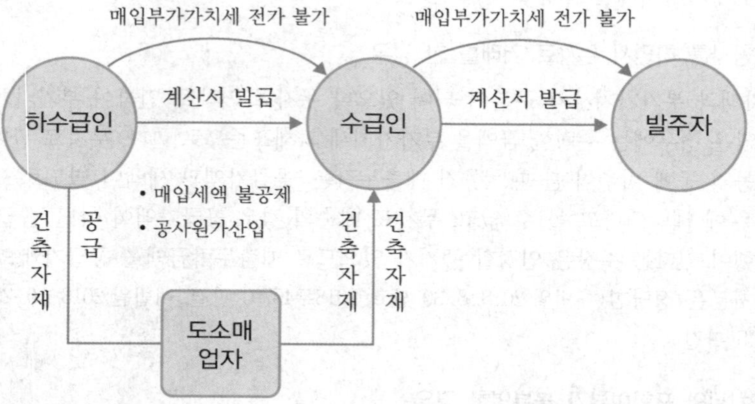

### (3) 대금의 지급

도급계약서상 대금의 지급은 부가가치세법상 공급시기를 판단하는 데 중요한 요소이다. 이를 검토하여 공사완료일에 세금계산서를 발행할 것인가 아니면 완성도기준지급조건부를 충족하여 대가의 각 부분을 받기로 한때 세금계산서를 발행하여야 하는지를 판단하여야 한다.

#### 1) 건설업의 일반적인 공급시기

용역의 공급시기는 역무가 제공되거나 재화 · 시설물 또는 권리가 사용되는 때로 한다(부법 16 ①). 역무제공완료일이란 거래사업자 사이의 계약에 따른 역무제공의 범위와 계약조건 등을 고려하여 역무의 제공사실을 가장 확실하게 확인할 수 있는 시점, 즉 역무가 현실적으로 제공됨으로써 역무를 제공받는 자가 역무 제공의 산출물을 사용할 수 있는 상태에 놓이게 된 시점을 말한다(대법원 2008. 8. 21 선고, 2008두5117 판결).

#### 2) 완성도기준지급조건부

**'완성도기준지급조건부'**란 건설공사 등 도급에 대한 대금지급조건으로서 당해 건설용역의 제공이 완료되기 전에 그 대가를 당해 역무의 완성도에 따라 분할하여 받기로 하는 약정에 의하여 공급하는 것을 말한다. 즉, 진행정도 또는 완성정도를 확인하여 그 비율만큼 대가를 지급하기로 약정하는 것을 말한다. 완성도기준지급조건부가 되기 위해서는 공사기간에 대한 제한 요건은 없으며 시공사의 기성청구와 발주자의 검수확인 및 대금을 받기로 한 날이 정해져야 한다. 만일, 하도급계약서에 대금지급조건으로 매월 기성부분금으로 정해졌는데 기성을 청구하지 않은 경우 또는 대금을 받기로 한 날이 정해지지 않은 경우에는 완성도기준지급조건부에 해당되지 않아 역무제공완료일인 사용승인일이 공급시기가 되는 것이다. 완성도기준지급조건부로 용역을 공급하거나 그 공급단위를 구획할 수 없는 용역을 계속적으로 공급하는 경우에는 그 대가의 각 부분을 받기로 한 때(당해 기성부분이 확정되어 그 대가의 지급이 확정되는 때)를 용역의 공급시기로 보아 부가가치세법상 세금계산서를 발행하여야 한다. 다만, 역무의 제공이 완료되는 날 이후 받기로 한 대가의 부분에 대해서는 역무의 제공이 완료되는 날을 그 용역의 공급시기로 본다(부령 29 ①).

#### 3) 중간지급조건부

계약금을 받기로 한 날의 다음 날부터 재화를 인도하는 날 또는 재화를 이용가능하게 하는 날, 역무제공완료일까지의 기간이 6개월 이상인 경우로서 그 기간 이내에 계약금 외의 대가를 분할하여 받는 경우로 대가의 각 부분을 받기로 한 때를 공급시기로 본다. 다만, 이 경우 재화가 인도되거나 이용가능하게 되는 날 이후에 받기로 한 대가의 부분에 대해서는 재화가 인도되거나 이용가능하게 되는 날을 그 재화의 공급시기로 본다(부령 28 ③).

### (4) 하도급대금 지급보증

#### 1) 하도급대금 지급

수급인은 도급받은 건설공사에 대한 준공금 또는 기성금을 받으면 그 준공금 또는 기성금을 받은 날(수급인이 발주자로부터 공사대금을 어음으로 받은 경우에는 그 어음만기일을 말한다)부터 15일 이내에 하수급인에게 현금으로 지급하여야 한다. 수급인은 하도급계약을 할 때 하수급인에게 국토교통부령으로 정하는 바에 따라 적정한 하도급대금의 지급을 보증하는 보증서를 주어야 한다. 하도급지급보증서를 교부하지 않는 경우에는 과태료를 부과한다.

#### 2) 하도급대금의 직접 지급

발주자는 일정한 요건에 해당하는 경우에는 하수급인이 시공한 부분에 해당하는 하도급대금을 하수급인에게 직접 지급할 수 있다. 이 경우 발주자의 수급인에 대한 대금 지급채무는 **하수급인에게 지급한 한도에서 소멸**한 것으로 본다. 발주자가 하도급대금을 직접 하수급인에게 지급하기로 발주자와 수급인 간 또는 발주자 · 수급인 및 하수급인이 그 뜻과 지급의 방법 · 절차를 명백하게 하여 합의한 경우 등에 해당하는 경우에는 하수급인이 시공한 부분에 해당하는 하도급대금을 하수급인에게 직접 지급하여야 한다.

### (5) 지체상금

지체상금은 재화나 용역의 공급대가가 아니므로 부가가치세 과세대상이 아니다.

[지체상금의 소득구분]

| 구 분 | 분류 기준 | 원천징수 여부 | 적격증명 수취대상 |
|---|---|---|---|
| 사업소득 | 일반적인 경우 | ×(수익계상) | × |
| 이자소득 | 소비대차 전환 | ○(이자소득) | ○(지급명세서) |

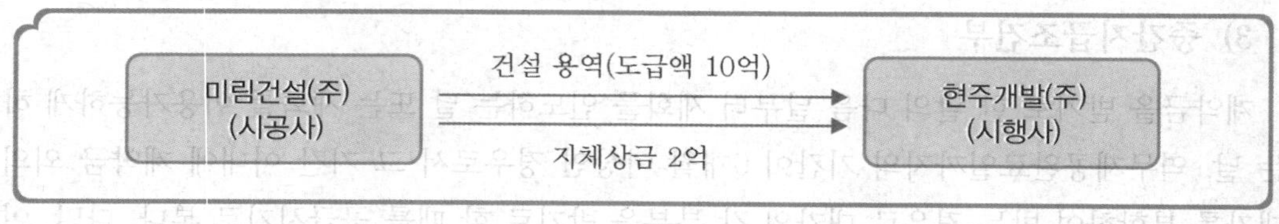


부가가치세가 과세되는 재화의 실질공급은 계약상 또는 법률상 모든 원인에 의하여 공급

이 이루어져야 하며 공급받는 자는 공급대가를 지급하여야 한다. 발주자가 공사지연으로 인하여 받는 지체상금은 시공사로부터 건설용역을 제공받고 게다가 지체상금도 받게 된다. 이것은 재화나 용역의 공급대가로 받는 것이 아니고 준공지체로 인한 손해배상금으로 받는 것이므로 부가가치세 과세대상이 아니다.

### (6) 원사업자 · 수급사업자

#### 1) 용어의 정의

**"원사업자"**란 중소기업자가 아닌 사업자로서 중소기업자에게 건설의 위탁을 한 자 또는 중소기업자 중 직전 사업연도의 연간매출액 또는 상시고용 종업원 수가 건설의 위탁을 받은 다른 중소기업자의 연간매출액 또는 상시고용 종업원 수보다 많은 중소기업자로서 그 다른 중소기업자에게 건설의 위탁을 한 자를 말한다.

**"수급사업자"**란 원사업자로부터 건설 등의 위탁을 받은 중소기업자를 말한다.

#### 2) 명의대여시의 불이익

건설업 명의대여 등의 경우 사실과 다른 세금계산서로 불이익을 받을 수 있으니 도급계약서, 세금계산서, 송금내역 등을 검토하여야 한다. 특히 건설업면허가 없는 자에게 건설용역을 공급받은 경우에는 발주자는 사실과 다른 세금계산서로 매입세액 불공제가 되며 건설업자는 사실과 다른 세금계산서로 인한 가산세와 국민주택 건설용역에 대한 면세적용을 받을 수 없다. 따라서 발주자는 하도급계약서와 세금계산서상의 공급자, 대금결제계좌번호가 일치하는지를 확인하여야 한다.

① 명의대여자 : 허위매출 경정 및 가산세 부과, 관련 법률에 따른 처벌
② 실사업자 : 매출누락 경정 및 세금계산서 미발급, 과소신고납부가산세, 미등록가산세 부과
③ 건축주(발주자) : 매입세액불공제, 선의의 당사자인 경우 공제가능

#### 3) 건축허가 명의와 실건축주가 다른 경우 세금계산서 수수

건물 신축과 관련한 세금계산서를 **건축허가 명의에 관계없이 실지로 당해 용역을 공급받는 자**의 명의로 교부받은 경우에는 매출세액에서 공제받을 수 있는 것이다(서면3팀-683, 2004. 4. 7). 법인이 개인 명의로 건축허가가 난 토지를 구입하여 자기 책임하에 건축물을 신축, 개인 명의로 소유권보존등기를 한 후 개인에게서 매매 형식으로 건축물의 소유권을 취득한 경우에도, 실질적으로 당해 법인이 건설용역을 제공받았다면, 그 건설용역과 관련된 매입세액

은 당해 법인이 공제받을 수 있는 것이다(부가-3414, 2008. 10. 5). 한편, 건축주가 변경된 경우 세금계산서 공급받는 자는 용역을 실제 공급받는 자에게 교부하여야 하는 것으로, 재화나 용역의 실제 공급받는 자가 누구인지에 대한 판단은 계약내용, 대가의 지급관계, 유효한 계약인지의 여부 등 거래의 실질에 따라 판단하여야 하는 것이다(부가-137, 2012. 2. 8).

**관련법조문**

**◈ 국세기본법 제14조【실질과세】**

① 과세의 대상이 되는 소득, 수익, 재산, 행위 또는 거래의 귀속이 명의(명의)일 뿐이고 사실상 귀속되는 자가 따로 있을 때에는 사실상 귀속되는 자를 납세의무자로 하여 세법을 적용한다.

② 세법 중 과세표준의 계산에 관한 규정은 소득, 수익, 재산, 행위 또는 거래의 명칭이나 형식에 관계없이 그 실질 내용에 따라 적용한다.

③ 제3자를 통한 간접적인 방법이나 둘 이상의 행위 또는 거래를 거치는 방법으로 이 법 또는 세법의 혜택을 부당하게 받기 위한 것으로 인정되는 경우에는 그 경제적 실질 내용에 따라 당사자가 직접 거래를 한 것으로 보거나 연속된 하나의 행위 또는 거래를 한 것으로 보아 이 법 또는 세법을 적용한다.

**◈ 국세기본법 제26조의 2【국세부과의 제척기간】**

⑦ 제1항부터 제5항까지의 규정에도 불구하고 제6항 제1호의 결정 또는 판결에 의하여 다음 각 호의 어느 하나에 해당하게 된 경우에는 당초의 부과처분을 취소하고 그 결정 또는 판결이 확정된 날부터 1년 이내에 다음 각 호의 구분에 따른 자에게 경정이나 그 밖에 필요한 처분을 할 수 있다. 〈2022. 12. 31. 개정〉

1. 명의대여 사실이 확인된 경우: 실제로 사업을 경영한 자
2. 과세의 대상이 되는 재산의 귀속이 명의일 뿐이고 사실상 귀속되는 자가 따로 있다는 사실이 확인된 경우: 재산의 사실상 귀속자
3. 「소득세법」 제119조 및 「법인세법」 제93조에 따른 국내원천소득의 실질귀속자(이하 이 항에서 "국내원천소득의 실질귀속자"라 한다)가 확인된 경우: 국내원천소득의 실질귀속자 또는 「소득세법」 제156조 및 「법인세법」 제98조에 따른 원천징수의무자

**◈ 조세범 처벌법 제11조【명의대여행위 등】**

① 조세의 회피 또는 강제집행의 면탈을 목적으로 타인의 성명을 사용하여 사업자등록을 한 자는 2년 이하의 징역 또는 2천만원 이하의 벌금에 처한다.

② 조세의 회피 또는 강제집행의 면탈을 목적으로 자신의 성명을 사용하여 타인에게 사업자등록을 할 것을 허락한 자는 1년 이하의 징역 또는 1천만원 이하의 벌금에 처한다.

판례 **건설업 명의대여와 실질과세원칙**(대법원 2014. 2. 13 선고, 2013두18124 판결)

(1) 과세요건사실에 관한 입증책임의 소재 및 입증 정도

일반적으로 조세부과처분의 취소소송에서 과세요건사실에 관한 증명책임은 과세 관청에게 있으므로, 과세관청이 구체적인 소송과정에서 과세요건사실을 직접 증명하거나 경험칙에 비추어 과세요건사실이 추정되는 사실을 밝히지 못하면 당해 과세처분은 과세요건을 충족시키지 못한 위법한 처분이 된다(대법원 2013. 3. 28 선고, 2010두20805 판결).

(2) 실질과세의 원칙

국세기본법 제14조의 실질과세의 규정은 소득의 형식적인 귀속자가 아닌 그 실질적인 귀속자에 조세부담의 의무를 부과하려는 것이므로 소득의 귀속은 형식적인 영업명의, 법률관계에 의하여 결정할 것이 아니라, 실질적인 영업활동에 의하여 생기는 이익의 귀속관계에 의하여 결정되어야 할 것이다(대법원 2012. 1. 19 선고, 2008두8499 전원합의체 판결).

(3) 건설업 명의대여 여부의 판단 기준

건설산업기본법 제21조가 금지하고 있는 "다른 사람에게 자기의 성명 또는 상호를 사용하여 건설공사를 시공하게 하는 행위"란 타인이 자신의 상호나 이름을 사용하여 자격을 갖춘 건설업자로 행세하면서 건설공사를 시공하리라는 것을 알면서도 그와 같은 목적에 자신의 상호나 이름을 사용하도록 승낙 내지 양해한 경우를 의미한다고 해석함이 상당하다 할 것이므로, 어떤 건설업자의 명의로 하도급된 건설공사 전부 또는 대부분을 다른 사람이 맡아서 시공하였다 하더라도, 그 건설업자 자신이 그 건설공사에 실질적으로 관여할 의사로 수급하였고, 또 그 시공 과정에 실질적으로 관여하여 왔다면, 이를 명의 대여로 볼 수는 없다. 그런데 여기서 건설업자가 건설공사의 시공에 실질적으로 관여하였는지 여부는, 건설공사의 수급·시공의 경위와 대가의 약속 및 수수 여부, 대가의 내용 및 수수 방법, 시공과 관련된 건설업자와 시공자 간의 약정 내용, 시공 과정에서 건설업자가 관여하였는지 여부, 관여하였다면 그 정도와 범위, 공사 자금의 조달·관리 및 기성금의 수령 방법, 시공에 따른 책임과 손익의 귀속 여하 등 드러난 사실관계에 비추어 객관적으로 판단하여야 할 것이고, 그 건설업자나 시공자, 기타 관련자가 수사기관이나 법정에서 진술하면서 명의대여 기타 그와 유사한 표현을 사용한 적이 있다 하여 그것만으로 가벼이 명의대여 사실을 인정하여서는 아니되고, 명의대여자와 실제 시공한 자 사이의 계약서 등 처분문서의 형식적 문구만을 가벼이 믿어 명의대여 사실을 부인하여서는 아니 된다(대법원 2003. 12. 26 선고, 2003도5541 판결).

## (7) 인지 첨부 여부

인지세는 과세문서에 「수입인지에 관한 법률」 제2조 제1항에 따른 전자수입인지(이하 "전자수입인지"라 한다)를 첨부하여 납부한다. 다만, 대통령령으로 정하는 바에 따라 인지

세액에 해당하는 금액을 납부하고 과세문서에 인지세를 납부한 사실을 표시함으로써 전자수입인지를 첨부하는 것을 갈음할 수 있다.

인지세를 납부할 의무가 있는 자는 과세문서 작성일이 속하는 달의 다음 달 10일까지 인지세를 납부하여야 한다(인지세법 8 ③).

과세대상 전자문서의 인지세는 제1항 단서, 제2항 또는 그 밖에 대통령령으로 정하는 방법으로 납부한다. 인지세의 납부 여부를 확인하는 방법은 세금과공과 계정을 확인하여 손금산입이 되었는지를 확인하면 된다. 인지 미첨부시 가산세 등의 불이익을 받게 된다. 도급계약서 작성시에 작성문서마다 인지를 첨부하여야 한다. 토목공사계약서를 작성한 후 당해 도급의 중요한 사항(도급의 내용, 계약금액)을 변경하는 경우에는 새로운 문서의 작성으로 보아 인지세를 과세하나, 토지보상지연 · 사업계획의 미확정 등의 사유로 공사가 중지되어 공사 재착수시 중지된 기간에 상당하는 계약기간을 연장하는 경우에는 인지세를 과세하지 않는다(소비 46440-371, 1994. 2. 24). 즉, 도급 또는 위임에 관한 증서를 작성한 후 도급의 내용 또는 계약금액의 변동 없이 계약기간을 변경하는 도급변경계약서를 작성하는 경우에는 인지세 과세대상에 해당되지 않는 것이다(소비세과-42, 2011. 2. 15).

| 계약형태별 구분 | 인지세 납부 | 근거 |
|---|---|---|
| 계약기간을 연장하고 계약금액도 새로 산정하는 경우 | 새로운 계약<br>-인지세 납부 | 소비 46430-275(1999. 6. 5.) |
| 당초 작성한 도급계약서의 도급내용, 계약금액의 변경 | 새로운 계약<br>-인지세 납부 | 소비 46440-371(1994. 2. 24.) |
| 변경된 계약금액 전액을 기재금액으로 하여 새로운 계약서를 다시 작성 | 새로운 계약<br>-총액으로 납부 | 소비 46440-311(1995. 2. 18.) |
| 기재금액을 나누어 계약서를 다시 작성 | 새로운 계약<br>-인지세 납부 | 소비 46440-1401(1995. 7. 28.) |
| 관리형 토지신탁 계약에 따라 신탁회사(수탁자), 위탁자 및 시공사 간에 작성한 공사도급계약 승계계약서 | 새로운 계약<br>인지세 납부 | 서면-2022-소비-5002<br>(2022. 12. 22.) |
| 단순히 기간만을 변경하는 경우 | 과세대상 아님 | 소비 46440-832(1995. 5. 4.) |
| 도급의 내용이 변경 없이 금액만 증액되는 경우 | 변경후 세액<br>-변경전 세액 | 인지세법 시행령 제12조 |
| 도급의 내용이 변경 없이 금액만 감액되는 경우 | 환급 없음 | 인지세법 시행령 제12조 |

### 도급문서의 범위

도급에 관한 증서 중 인지세 과세대상문서는 다음에 해당하는 것을 말한다.

① 건설산업기본법 제22조의 규정에 의하여 작성하는 도급문서
② 전기공사업법 제12조의 규정에 의하여 작성하는 도급문서
③ 정보통신공사업법 제26조의 규정에 의하여 작성하는 도급문서
④ 국가를 당사자로 하는 계약에 관한 법률 제11조의 규정에 의하여 작성하는 도급문서
⑤ 지방자치단체를 당사자로 하는 계약에 관한 법률에 의하여 작성하는 도급문서
⑥ 「문화재수리 등에 관한 법률」 제24조에 따라 작성하는 도급문서
⑦ 「소방시설공사업법」 제21조의 3에 따라 작성하는 도급문서

### 인지세율

| 과세문서 | 세 액 | |
|---|---|---|
| 도급에 관한 증서 | 기재금액이 1천만원 초과 3천만원 이하 | 2만원 |
| | 기재금액이 3천만원 초과 5천만원 이하 | 4만원 |
| | 기재금액이 5천만원 초과 1억원 이하 | 7만원 |
| | 기재금액이 1억원 초과 10억원 이하 | 15만원 |
| | 기재금액이 10억원 초과 | 35만원 |

#### 1) 하도급계약서

건설원도급계약서와 이에 따른 하도급계약서는 각각 별개의 과세문서이므로 각 작성자가 작성통수마다 기재금액에 따라 인지세를 별도로 계산하여 각각 납부한다(소비 22642-1285, 1992. 8. 17).

#### 2) 하나의 문서의 의의

① "하나의 문서"라 함은 인지세의 과세단위로서 통장에 있어서는 1권통장 외의 과세문서에 있어서는 1통을 말한다.

② 2매 이상의 용지가 간인 등에 의하여 결합되어 있는 것은 하나의 문서로 보는 것이나 그 형태·내용 등으로 보아 이를 분리하여 행사 또는 보존할 것을 예정하고 있는 것이 명백한 경우에는 각각 별개의 문서로 본다.

③ 과세문서를 작성한 후 당해 문서의 내용과 관계없이 별개의 과세사항을 추기 또는 부기한 때에는 새로운 문서를 작성한 것으로 본다.

④ 과세문서를 작성한 후 당해 문서의 중요한 사항에 변동을 가져오거나 이를 보완하는 추기 또는 부기를 한 때에는 변경계약서 또는 보완문서를 작성한 것으로 본다.

인지세의 납부를 하지 아니하거나 과소·납부한 경우에는 납부하지 아니한 세액 또는 과소납부분 세액의 100분의 300에 상당하는 금액을 가산세로 한다(국기법 47의 4 ⑨). 또한, 「인지세법」 제8조 제1항 본문에 따라 첨부한 종이문서용 전자수입인지를 재사용한 자는 500만원 이하의 과태료를 부과한다(조세범처벌법 17 4호). 「인지세법」 제10조에 따라 소인(消印)된 인지를 재사용한 자에 해당하는 자는 2년 이하의 징역 또는 2천만원 이하의 벌금에 처한다.

**사례** **인지세 무납부와 연대납세의무**

수급인인 백두종합건설(주)은 발주자 (주)한빛도시개발과 도급계약을 체결하면서 인지세 10,000,000원을 납부하지 않았다. 또한 (주)한라전문건설과 하도급계약을 체결하면서 인지세 5,000,000원을 납부하지 않았다. 발주자 및 전문건설업자가 인지세를 납부하지 않는 경우 종합건설인 (주)백두종합건설이 부담해야 할 인지세 총액은 얼마인가?

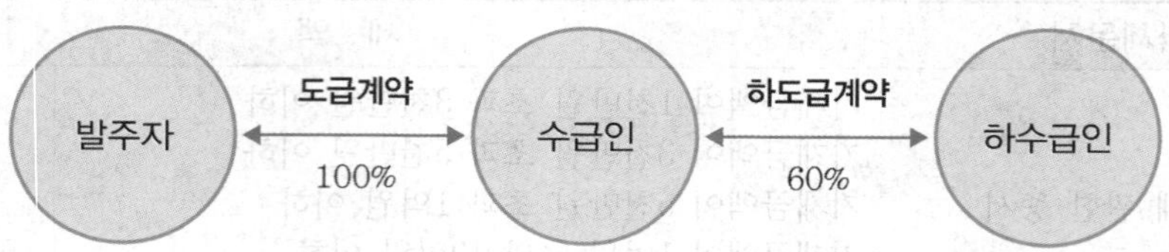


〈해설〉 2인 이상이 공동으로 문서를 작성하는 경우 그 작성자는 해당 문서에 대한 인지세를 연대(連帶)하여 납부할 의무가 있다. 위 〈사례〉의 경우 백두종합건설이 납부할 인지세는 15,000,000원이며 가산세는 300%인 45,000,000원이다. 즉 60,000,000원이다. 이 금액에 더하여 연대납세의무가 있으므로 최대 8배까지 인지세를 부담하여야 한다.

# 건설업의 지방세 실무

## 1. 지방세 중과제도

### (1) 사치성재산의 취득

다음의 어느 하나에 해당하는 부동산등을 취득하는 경우(고급주택 등을 구분하여 그 일부를 취득하는 경우를 포함한다)의 취득세는 제11조 및 제12조의 세율과 중과기준세율의 100분의 400을 합한 세율을 적용하여 계산한 금액을 그 세액으로 한다. 이 경우 골프장은 그 시설을 갖추어 「체육시설의 설치 · 이용에 관한 법률」에 따라 체육시설업의 등록(시설을 증설하여 변경등록하는 경우를 포함한다. 이하 이 항에서 같다)을 하는 경우뿐만 아니라 등록을 하지 아니하더라도 사실상 골프장으로 사용하는 경우에도 적용하며, 고급주택 · 고급오락장에 부속된 토지의 경계가 명확하지 아니할 때에는 그 건축물 바닥면적의 10배에 해당하는 토지를 그 부속토지로 본다(지법 13 ⑤).

① 삭 제 (2023. 3. 14.)

② 골프장: 「체육시설의 설치 · 이용에 관한 법률」에 따른 회원제 골프장용 부동산 중 구분등록의 대상이 되는 토지와 건축물 및 그 토지 상(上)의 입목

③ 고급주택: 주거용 건축물 또는 그 부속토지의 면적과 가액이 대통령령으로 정하는 기준을 초과하거나 해당 건축물에 67제곱미터 이상의 수영장 등 대통령령으로 정하는 부대시설을 설치한 주거용 건축물과 그 부속토지. 다만, 주거용 건축물을 취득한 날부터 60일[상속으로 인한 경우는 상속개시일이 속하는 달의 말일부터, 실종으로 인한 경우는 실종선고일이 속하는 달의 말일부터 각각 6개월(납세자가 외국에 주소를 둔 경우에는 각각 9개월)] 이내에 주거용이 아닌 용도로 사용하거나 고급주택이 아닌 용도로 사용하기 위하여 용도변경공사를 착공하는 경우는 제외한다.

④ 고급오락장: 도박장, 유흥주점영업장, 특수목욕장, 그 밖에 이와 유사한 용도에 사용되는 건축물 중 대통령령으로 정하는 건축물과 그 부속토지. 다만, 고급오락장용 건축물을 취득한 날부터 60일[상속으로 인한 경우는 상속개시일이 속하는 달의 말일부터, 실종으로 인한 경우는 실종선고일이 속하는 달의 말일부터 각각 6개월(납세자가 외국에 주소를 둔 경우에는 각각 9개월)] 이내에 고급오락장이 아닌 용도로 사용하거나 고급오락장이 아닌 용도로 사용하기 위하여 용도변경공사를 착공하는 경우는 제외한다.

⑤ 고급선박: 비업무용 자가용 선박으로서 대통령령으로 정하는 기준을 초과하는 선박

## (2) 수도권 과밀억제권역 내의 본점 등의 부동산취득

「수도권정비계획법」 제6조에 따른 과밀억제권역에서 대통령령으로 정하는 본점이나 주사무소의 사업용 부동산(본점이나 주사무소용으로 신축하거나 증축하는 건축물과 그 부속토지만 해당하며, 「신탁법」에 따른 수탁자가 취득한 신탁재산 중 위탁자가 신탁기간 중 또는 신탁종료 후 위탁자의 본점이나 주사무소의 사업용으로 사용하는 부동산을 포함한다)을 취득하는 경우와 같은 조에 따른 과밀억제권역(「산업집적활성화 및 공장설립에 관한 법률」을 적용받는 산업단지·유치지역 및 「국토의 계획 및 이용에 관한 법률」을 적용받는 공업지역은 제외한다)에서 공장을 신설하거나 증설하기 위하여 사업용 과세물건을 취득하는 경우의 취득세율은 제11조 및 제12조의 세율에 중과기준세율의 100분의 200을 합한 세율을 적용한다(지법 13 ①).

**판례** **과밀억제권역 밖에 형식적인 법인설립**(대법원 2018. 4. 26 선고, 2018두32385 판결)

「지방세법」 제13조 제1항 및 같은 법 시행령 제25조는 과밀억제권역에서 법인의 본점 또는 주사무소로 사용하는 건축물과 그 부대시설용 건축물을 신·증축하는 경우 당해 건축물과 그 부속토지의 취득세율은 「지방세법」 제11조의 표준세율에 중과기준세율(1천분의 20)의 2배를 합한 세율로 한다고 규정하고 있는바, 그 취지는 과밀억제권역 내에서 인구유입과 산업집중을 현저하게 유발시키는 본점 또는 주사무소의 신설 및 증설을 억제하고자 하는데 있다. 청구법인은 쟁점사무실에 대하여 중과세율을 적용하여 취득세 등을 과세한 처분이 부당하다고 주장하나, 과밀억제권역 밖에 본점을 둔 회사가 그 본점을 그대로 둔 채 과밀억제권역 내에서 본점의 업무 중 일부를 처리하는 사무소로 사용하기 위하여 취득한 부동산은 본점의 사업용 부동산으로 보는 것이 타당한 점, 이 건 건축물 8층에 본부의 본부장 집무실, 접견실, 대회의실 및 예비실이 별도로 설치되어 운영되고 있음에도 이 건 건축물 9층에 임원실, 접견실, 이사회 회의실 등 쟁점사무실을 별도로 설치한 점, 본부를 제외한 다른 지역본부에는 '임원실' 등이 설치되어 있지 아니한 것으로 확인되는 점, 2020년 개최된 11회의 이사회 중 3회가 쟁점사무실에서 개최되었는데, 이사회 회의록에 의하면 기획조정실의 소관 하에 사장 등 임원 9명이 쟁점사무실에서 정관 개정(안), 결산, 영업보고서, 정기주주총회 소집(안) 등의 안건을 의결하였음이 확인되는 점, 이사회가 본사와 본부를 제외한 다른 지역본부에서 개최된 사실은 없는 것으로 나타나는 점 등에 비추어 쟁점사무실은 「지방세법」 제13조 제1항에서 규정하는 법인의 본점 또는 주사무소의 사업용 부동산으로서 취득세 중과세율 적용대상으로 보는 것이 타당하므로 처분청이 이 건 취득세 등을 부과한 처분은 달리 잘못이 없는 것으로 판단된다(조심 2021지0860, 2022. 2. 15).

이 사건 건물에서 원고의 사내이사 및 이들을 보좌하는 조직인 기획조정실에 파견된 원고의 직원 3명이 수행하는 업무에는 원고의 경영점검 등 감사업무, 원고와 다른 계열사 사이의 업무조정, 원고의 신입사원 공채 및 교육 등의 업무가 포함되어 있다고 보아야 하고, 그러한 업무는 원고의 경영에 필수적이고 중요한 것으로서 본점 업무 중 일부에 해당한다고 보아야 한다. 이 사건 건물에서 원익그룹 전체를 총괄하는 업무를 수행하고 있다고 하더라도 원고를 포함한 계열사와는 분리된 원익그룹이라는 법적 실체가 존재한다고 볼 수 없는 이상, 그 업무 중 적어도 원고에 경영에 관련된 사항의 범위 내에서는 원고의 본점 업무에 해당한다고 볼 수밖에 없다. 따라서 원고는 본점 업무 중 일부를 처리하는 사무소로 사용하기 위하여 이 사건 건물을 취득하였다고 보아야 하므로, 이 사건 건물 및 그 대지지분은 본점의 사업용 부동산에 해당하고, 이를 전제로 한 이 사건 처분은 적법하고, 이에 반하는 원고의 주장은 이유 없다(대법원 2018. 4. 26. 선고, 2018두32385 판결).

### (3) 대도시 내의 부동산 취득

다음의 어느 하나에 해당하는 부동산을 취득하는 경우의 취득세는 제11조 제1항의 표준세율의 100분의 300에서 중과기준세율의 100분의 200을 뺀 세율을 적용한다. 다만, 「수도권정비계획법」 제6조에 따른 과밀억제권역(「산업집적활성화 및 공장설립에 관한 법률」을 적용받는 산업단지는 제외한다. 이하 이 조에서 "대도시"라 한다)에 설치가 불가피하다고 인정되는 업종으로서 대통령령으로 정하는 업종(이하 이 조에서 "대도시 중과 제외 업종"이라 한다)에 직접 사용할 목적으로 부동산을 취득하거나, 법인이 사원에 대한 분양 또는 임대용으로 직접 사용할 목적으로 대통령령으로 정하는 주거용 부동산(이하 이 조에서 "사원 주거용 목적 부동산"이라 한다)을 취득하는 경우의 취득세는 제11조에 따른 해당 세율을 적용한다.

① 대도시에서 법인을 설립[대통령령으로 정하는 휴면법인(이하 "휴면법인"이라 한다)을 인수하는 경우를 포함한다. 이하 이 호에서 같다]하거나 지점 또는 분사무소를 설치하는 경우 및 법인의 본점·주사무소·지점 또는 분사무소를 대도시로 전입함에 따라 대도시의 부동산을 취득(그 설립·설치·전입 이후의 부동산 취득을 포함한다)하는 경우

② 대도시(「산업집적활성화 및 공장설립에 관한 법률」을 적용받는 유치지역 및 「국토의 계획 및 이용에 관한 법률」을 적용받는 공업지역은 제외한다)에서 공장을 신설하거나 증설함에 따라 부동산을 취득하는 경우

### (4) 주택건설사업자의 중과배제

「해외건설촉진법」에 따라 신고된 해외건설업(해당 연도에 해외건설 실적이 있는 경우로서 해외건설에 직접 사용하는 사무실용 부동산만 해당한다) 및 「주택법」 제4조에 따라 국

토교통부에 등록된 주택건설사업(주택건설용으로 취득한 후 3년 이내에 주택건설에 착공하는 부동산만 해당한다)에 대해서는 대도시 법인 중과세에서 제외된다.

**참 고** 취득세 과세표준의 산정

기업회계와 세무회계상 유형자산의 취득원가 또는 제작원가에 부대비용을 가산한 금액으로 거의 유사하다. 또한 취득세 산출의 기초가 되는 과세표준은 취득당시의 가액으로 취득시기를 기준으로 그 이전에 당해 물건을 취득하기 위하여 다음 각 호의 자가 거래 상대방이나 제3자에게 지급하였거나 지급하여야 할 일체의 비용으로서 대통령령으로 정하는 사실상의 취득가격으로 한다. 〈개정 2023. 12. 29.〉

1. 납세의무자
2. 「신탁법」에 따른 신탁의 방식으로 해당 물건을 취득하는 경우에는 같은 법에 따른 위탁자
3. 그 밖에 해당 물건을 취득하기 위하여 비용을 지급하였거나 지급하여야 할 자로서 대통령령으로 정하는 자

거래상대방 또는 제3자에게 지급하였거나 지급할 일체의 비용(소개수수료, 설계비, 연체료, 할부이자 및 **건설자금에 충당한 금액의 이자 등 취득에 소요된 직·간접비용을 포함**하되, 법인이 아닌 자가 취득하는 경우에는 연체료 및 할부이자를 제외한다)으로 한다. 여기서 말하는 취득가격에는 과세대상물건의 취득시기 이전에 지급원인이 발생 또는 확정된 것으로서 당해 물건 자체의 가격은 물론 그 이외에 실제로 당해 물건 자체의 가격으로 지급되었다고 볼 수 있거나 그에 준하는 취득절차비용도 간접비용으로서 이에 포함된다 할 것이나, 다만 그것이 과세대상물건이 아닌 다른 물건이나 권리에 관하여 지급된 것이라면 이는 취득가격에 포함되지 아니한다 할 것(대법원 1996. 1. 26 선고, 95누4155 판결)인 바, 통상적으로 건축물공사원가에 포함되는 비용은 사업타당성 검토비용 및 법령상 이행하여야 할 환경교통영향평가 등의 용역비, 설계비 공사와 관련하여 발생한 직간접적인 비용일체가 모두 포함된다(지방세심사 2006-1105, 2006. 12. 27). 간혹 법인이 부동산을 취득하고 취득일로부터 60일 이내에 취득세 신고를 위하여 매매계약서를 가지고 시·군·구청에 실제매매가액으로 신고를 하는 경우가 있다. 그 후 지방자치단체는 지방세 세무조사를 통하여 해당 법인이 계상한 유형자산의 취득원가와 취득세 신고 과세표준과의 차이를 조사하여 추가적으로 취득세 등을 추징하는 사례가 발생하고 있으니 주의를 요한다.

예를 들면, 한국산업(주)은 사옥을 취득하면서 유형자산(토지 및 건물)의 취득원가 계정에 다음과 같이 계상하였다. 다만, 취득세 신고시에는 매매계약서의 실제매입가액으로 취득세 신고를 하였다.

- 취득가액(매매계약서상) : 5,000,000,000원
- 취득세 등 : 200,000,000원
- 토지취득 중개수수료 등 : 200,000,000원
- 건물취득을 위한 차입금이자비용(건설자금이자) : 20,000,000원

이 경우 취득세 과세표준은 5,220,000,000원으로 취득세 신고과세표준(매매계약서상의 금액)과의 차액 220,000,000원에 대하여 취득세 등을 추가로 추징당하게 된다.

※ **취득세의 사실상 취득가격의 범위(지령 18)**

① 법 제10조의 3 제1항에서 "대통령령으로 정하는 사실상의 취득가격"(이하 "사실상취득가격"이라 한다)이란 해당 물건을 취득하기 위하여 거래 상대방 또는 제3자에게 지급했거나 지급해야 할 직접비용과 다음 각 호의 어느 하나에 해당하는 간접비용의 합계액을 말한다. 다만, 취득대금을 일시급 등으로 지급하여 일정액을 할인받은 경우에는 그 할인된 금액으로 하고, 법인이 아닌 자가 취득한 경우에는 제1호, 제2호 또는 제7호의 금액을 제외한 금액으로 한다.

1. 건설자금에 충당한 차입금의 이자 또는 이와 유사한 금융비용
2. 할부 또는 연부(年賦) 계약에 따른 이자 상당액 및 연체료
3. 「농지법」에 따른 농지보전부담금, 「문화예술진흥법」 제9조 제3항에 따른 미술작품의 설치 또는 문화예술진흥기금에 출연하는 금액, 「산지관리법」에 따른 대체산림자원조성비 등 관계 법령에 따라 의무적으로 부담하는 비용
4. 취득에 필요한 용역을 제공받은 대가로 지급하는 용역비 · 수수료(건축 및 토지조성공사로 수탁자가 취득하는 경우 위탁자가 수탁자에게 지급하는 신탁수수료를 포함한다)
5. 취득대금 외에 당사자의 약정에 따른 취득자 조건 부담액과 채무인수액
6. 부동산을 취득하는 경우 「주택도시기금법」 제8조에 따라 매입한 국민주택채권을 해당 부동산의 취득 이전에 양도함으로써 발생하는 매각차손. 이 경우 행정안전부령으로 정하는 금융회사 등(이하 이 조에서 "금융회사등"이라 한다) 외의 자에게 양도한 경우에는 동일한 날에 금융회사등에 양도하였을 경우 발생하는 매각차손을 한도로 한다.
7. 「공인중개사법」에 따른 공인중개사에게 지급한 중개보수
8. 붙박이 가구 · 가전제품 등 건축물에 부착되거나 일체를 이루면서 건축물의 효용을 유지 또는 증대시키기 위한 설비 · 시설 등의 설치비용
9. 정원 또는 부속시설물 등을 조성 · 설치하는 비용
10. 제1호부터 제9호까지의 비용에 준하는 비용

② 제1항에도 불구하고 다음 각 호의 어느 하나에 해당하는 비용은 사실상취득가격에 포함하지 않는다.

1. 취득하는 물건의 판매를 위한 광고선전비 등의 판매비용과 그와 관련한 부대비용
2. 「전기사업법」, 「도시가스사업법」, 「집단에너지사업법」, 그 밖의 법률에 따라 전기 · 가스 · 열 등을 이용하는 자가 분담하는 비용
3. 이주비, 지장물 보상금 등 취득물건과는 별개의 권리에 관한 보상 성격으로 지급되는 비용
4. 부가가치세
5. 제1호부터 제4호까지의 비용에 준하는 비용

## 2. 과점주주의 간주취득

### (1) 개요

법인의 주식 또는 지분을 취득함으로써 「지방세기본법」 제46조 제2호에 따른 과점주주(이하 "과점주주"라 한다)가 되었을 때에는 그 과점주주가 해당 법인의 부동산 등을 취득(법인설립 시에 발행하는 주식 또는 지분을 취득함으로써 과점주주가 된 경우에는 취득으로 보지 아니한다)한 것으로 본다. 이 경우 과점주주의 연대납세의무에 관하여는 「지방세기본법」 제44조를 준용한다(지법 7 ⑤). 여기서 과점주주란 주주 또는 유한책임사원 1인과 그와 대통령령이 정하는 친족 기타 특수관계에 있는 자들의 소유주식의 합계 또는 출자액의 합계가 당해 법인의 발행주식총수 또는 출자총액의 100분의 50을 초과하는 자들을 말한다(지기법 46 2호).

※ 과점주주에 해당되면 출자자의 제2차 납세의무(지기법 46)를 진다.

※ 법인세법상 주식변동상황명세서에 의하여 과점주주에 대한 지분변동 등을 파악하게 되니 정확히 작성하여 제출하여야 한다.

### (2) 과세표준의 계산

과점주주가 취득한 것으로 보는 당해 법인의 취득세 과세대상자산에 대한 과세표준은 그 부동산 · 차량 · 기계장비 · 입목 · 항공기 · 선박 · 광업권 · 어업권 · 골프회원권 · 승마회원권 · 콘도미니엄회원권 또는 종합체육시설이용회원권의 총가액을 그 법인의 주식 또는 출자의 총수로서 나눈 가액에 과점주주가 취득한 주식 또는 출자의 수를 곱한 금액을 과세표준으로 한다. 이 경우 과점주주는 조례가 정하는 바에 의하여 과세표준액 및 기타 필요한 사항을 신고하여야 한다. 다만, 신고 또는 신고가액의 표시가 없거나 신고가액이 과세표준액에 미달하는 때에는 시장 · 군수가 당해 법인의 결산서 기타 장부 등에 의한 취득세과세대상 자산총액을 기초로 전단의 계산방법에 의하여 산출한 금액을 과세표준액으로 한다(지법 27 ②).

### (3) 과점주주의 간주취득 해당 여부

① 주식 등의 원시취득 : 설립시 취득(해당 없음), 증자로 인한 취득(해당됨)

② 주식 등의 승계취득 : 해당됨

* 과점주주 성립일 현재 당해 법인이 소유하는 취득세 과세대상 자산에 대하여 간주취득에 대한 납세의무를 지며 과점주주 성립일 이후에 취득세 과세대상 자산을 취득하는 경우에는 과점주주에 대한 취득세 납세의무에 해당되지 아니한다.

**사례** **과점주주에 대한 간주취득세의 계산**

20×1년 (주)T&C건설의 주식보유현황 및 주식이동상황, 장부가액 현황이다. 이 경우 간주취득세를 계산하면?

(1) 주식보유 및 이동사항

| 월 일 | 유 형 | 대표이사 | 주주(대표자의 처) | 주주(제3자) | 비 고 |
|---|---|---|---|---|---|
| 20×1. 8. 1. | 설립시 | 50% | 20% | 30% | |
| 20×1. 10. 31. | 양수도 | 80% | 20% | – | 제3자 주식양수 |

* 설립시에는 해당되지 않으며 설립 후에 30% 인수로 인한 증가분 30%(100－70) 간주취득임.

(2) 취득세 과세대상자산 현황

20×1. 10. 31 현재

| 구 분 | 토 지 | 건 물 | 차량운반구 |
|---|---|---|---|
| 취득가액 | 100억원 | 50억원 | 1억원 |
| 감가상각누계액 | – | (10억원) | (0.5억원) |
| 장부가액 | 100억원 | 40억원 | 0.5억원 |

(3) 간주취득세의 계산

| 과세대상자산 | 장부가액 | 증가지분율 | 과세표준 | 취득세(2%) | 농특세(10%) | 계 |
|---|---|---|---|---|---|---|
| 토 지 | 100억원 | 30% | 30억원 | 60,000,000원 | 6,000,000원 | |
| 건 물 | 40억원 | 30% | 12억원 | 24,000,000원 | 2,400,000원 | |
| 차량운반구 | 0.5억원 | 30% | 15,000,000원 | 3,000,000원 | 면제 | |
| 계 | 140.5억원 | | 42억 15백만원 | 87,000,000원 | 8,400,000원 | 95,400,000원 |

## (4) 취득으로 간주되는 비율

| 사례 | 설립시 지분 | 증자(취득) | 증자 후 지분 | 간주취득비율 |
|---|---|---|---|---|
| 1 | 30% | 30% | 60% | 60% |
| 2 | 75% | 10% | 85% | 10% |
| 3 | – | 70% | 70% | 70% |
| 4 | 50% | 10%(추가10) | 70% | 60%(10) |

※ 사례 4의 경우 설립시에 과점주주가 아닌 경우로 최초 10% 추가 취득시 60%가 전부 간주취득대상이나 그 후 추가로 10% 취득하여 70%가 된 경우 추가 취득분 10%만 간주취득 대상이 되는 것임.

 핵심체크

주주가 증자나 주식을 승계취득 하는 경우 과점주주에 해당되는지를 검토하여야 하며 특히 취득세 과세대상자산인 부동산이나 차량운반구 등이 있는 경우 과점주주에 해당되면 법인이 취득세를 납부하였음에도 불구하고 과점주주가 다시 취득세를 납부하여야 하므로 주의하여야 한다.

참 고 **주식 및 출자지분의 취득 · 보유 · 양도시의 세무실무**

(1) 주식취득시

① 명의개서 및 자금출처 입증

주식취득시에는 주식취득자금이 확인되어야 한다. 만일 주식취득자금에 대한 자금출처를 입증하지 못하면 주식취득자금에 대한 증여추정규정에 따라 증여세를 부과당할 우려가 있다. 법인입장에서는 개인주주 또는 법인주주가 주식을 취득하여 주주가 변동되는 경우에는 명의개서를 하고 주주명부를 재작성하여야 하며, 법인세 과세표준신고시에 주식 등 변동상황명세서에 변동상황을 반영하여 제출하여야 한다.

② 명의신탁주식의 증여의제

주식을 타인명의로 신탁하거나 소유자가 바뀌었는데도 명의개서 등을 하지 않는 경우에는 다른 사람 명의로 명의개서 등을 한 날(미명의개서의 경우 소유권취득일이 속하는 연도의 다음 연도 말일의 다음 날)에 증여한 것으로 보아 증여세를 과세한다.

〈조세회피목적 판단기준〉

1) 조세회피목적이 있는 경우로 본 사례

① 청구인은 명의만 대여하였을 뿐 자금을 대여한 사실이 없어 배정주식을 담보목적으로 취득한 것이 아니라 할 것이고, 청구인 명의의 배정주식을 취득 및 양도하는 과정에서 실질소유자에게 상당규모의 양도차익이 발생하였음에도 이를 신고하지 아니하였기에 명의신탁에 조세회피목적이 있는 것으로 판단됨(조심 2010서2258, 2010. 12. 29).

② 유상증자주식의 명의신탁을 알았다고 진술한 점, 인감증명서를 첨부하여 양도소득세를 신고한 점, 명의도용 관련자를 고발하지 않는 점 등에 비추어 볼 때 청구인이 명의신탁에 대하여 사실상 묵시적으로 동의하였다고 보여지므로 명의신탁 증여의제로 본 처분은 정당함(조심 2010서3639, 2010. 12. 28).

③ 주식 명의신탁과 관련하여 명의를 도용당하였다고 주장하나, 청구인이 이사 및 감사로 오랜 기간 근무하면서 근로소득을 지급받은 점, 배당으로 인한 종합소득세 누진과세 회피 가능성 등이 있는 점 등에 비추어 볼 때, 처분청의 이 건 처분은 잘못이 없음(조심 2010중3222, 2010. 12. 16).

④ 주식과 관련한 법인이 결손처분을 받는 경우에 납세의무를 면탈하게 되는 점, 실제 소유자의 사망으로 인하여 납부하게 되는 상속세 등을 절감할 수 있는 점, 과점주주를 회피

하게 되어 출자자의 제2차 납세의무를 기피할 수 있는 점, 과점주주에 대한 취득세 중과세를 피할 수 있는 점 등을 감안하면, 명의신탁에 조세회피목적이 없었다고 인정하기는 어렵다고 판단됨(조심 2010전2050, 2010. 12. 1).

⑤ 명의신탁의 목적을 구체적으로 밝히지 못하는 점, 명의신탁 이후 과점주주로서의 제2차 납세의무, 배당으로 인한 누적적 종합소득세 부담 등 조세회피의 결과가 발생하지 않았다 하더라도 이는 명의신탁 이후의 사정에 불과함(대법원 2010. 12. 15 선고, 2010두23880 판결).

2) 조세회피목적이 없는 것으로 본 사례

① 청구인 등 자금대여자들은 이자를 취할 목적에서 자금대여 후 담보로 쟁점주식을 보유하였다가 매도시 약정내용대로 대여원금과 이자를 수취한 것으로 이는 금전소비대차계약에 해당하는 것이므로 명의신탁이라 볼 수 없음(조심 2010서2024, 2010. 12. 29).

② 주식을 양도하는 과정에서 주식처분이익에 대하여 법인소득으로 신고한 점, 청구인이 간접적으로 유상증자에 참여하고 주식과 관련된 주주권의 행사 및 배당금의 수령 등 어떠한 권리행사도 한 사실이 나타나지 아니한 점에 비추어, 조세를 회피할 목적으로 주식을 취득한 것으로 보기는 어려움(조심 2010서2020, 2010. 11. 18).

③ 주식을 명의신탁함으로써 누진세율 적용시 증가하는 세액만큼 조세회피가 가능하나 다면 명의신탁자와 명의수탁자의 조세부담을 합산하여 아무런 변동이 없거나 그 차이가 미미한 경우 조세회피목적의 명의신탁이라고 볼 수 없음.

④ 명의신탁자는 이미 과점주주로서 제2차 납세의무를 회피할 의도가 없다고 보이는 점, 배당소득의 조세경감 여부는 명의신탁자와 수탁자의 조세부담을 합산하여 판단하면 그 차이가 크지 않는 점 등으로 보아 조세회피목적이 있었다고 볼 수 없음(서울고등법원 2009누33289, 2010. 10. 7).

⑤ 주식을 명의신탁한 것은 후처로부터 자신의 재산을 보전하기 위한 것으로서 명의신탁 당시 조세회피의 목적이 없었다고 봄이 상당하고 장래에 조세경감의 결과가 발생할 가능성이 존재할 수 있다는 막연한 사정만으로 달리 볼 것은 아님(대법원 2009두1471, 2009. 5. 14).

### ③ 과점주주에 대한 간주취득세의 신고·납부

법인의 주식 또는 지분을 취득함으로써 과점주주(지분이 50% 초과)가 된 때에는 그 과점주주는 당해 법인의 부동산·차량 등 취득세 과세대상자산을 취득한 것으로 보아 취득세를 신고·납부하여야 한다. 취득세 과세물건을 취득한 자는 그 취득한 날(「부동산 거래신고 등에 관한 법률」 제10조 제1항에 따른 토지거래계약에 관한 허가구역에 있는 토지를 취득하는 경우로서 같은 법 제11조에 따른 토지거래계약에 관한 허가를 받기 전에 거래대금을 완납한 경우에는 그 허가일이나 허가구역의 지정 해제일 또는 축소일을 말한다)부터 60일[무상취득(상속은 제외한다)으로 인한 경우는 취득일이 속하는 달의 말일부터 3개월, 상속으로 인한 경우는 상속개시일이 속하는 달의 말일부터, 실종으로 인한 경우는 실종선고일이 속하는 달의 말일부터 각각 6개월(외국에 주소를 둔 상속인이 있는 경우에는 각각 9개월)] 이내에 그 과세표준에 제11조부터 제13조까지, 제13조의 2, 제13조의 3, 제14조 및 제15조의 세율을 적용하여 산출한 세액을 대통령령으로 정하는 바에 따라 신고하고 납부하여야 한다(지법 20 ①).

### (2) 주식보유시

법인이 현금배당금을 받는 경우 배당금수익을 영업외수익으로 계상한다. 이 금액은 법인세가 과세된 세후소득으로 이중과세를 조정하기 위하여 수입배당금에 대한 익금불산입을 하여야 한다. 또한 주식배당을 받는 경우 발행가액을 익금으로 산입하여야 하며 무상증자의 경우 일정한 경우에는 의제배당으로 보아 익금에 산입하여야 한다. 개인이 배당금을 받는 경우에는 분리과세 또는 종합과세를 통하여 종합소득세를 납부하게 되며 종합과세시 귀속법인세 상당액을 배당세액공제를 통하여 이중과세를 조정하게 된다.

### (3) 주식양도시

① 양도소득세 신고 · 납부

양도소득세가 과세되는 주식을 양도한 경우에는 **양도일이 속하는 반기의 말일로부터 2월 이내**에 양도소득세 과세표준과 세액에 대하여 예정신고 · 납부를 하여야 한다(소법 105 ①). 주식의 양도차익을 계산함에 있어 그 취득시기 및 양도시기는 「소득세법 시행령」 제162조의 규정에 의하여 원칙적으로 당해 자산의 대금청산일이며, 주식 또는 출자지분의 경우로서 대금을 청산하기 전에 명의의 개서를 한 경우에는 명부에 기재된 명의개시일이다(서면5팀-3284, 2007. 12. 21). 개인주주가 주식 또는 출자지분을 양도하는 경우에는 일정한 경우를 제외하고는 양도소득세가 과세된다. 이 경우 양도가액과 취득가액은 실지거래가액이 원칙이다. 양도소득세율은 다음과 같다.

- 중소기업 외의 법인의 주식 등으로서 대주주가 1년 미만 보유한 주식 : 30%
- 중소기업 주식(대주주 제외) : 10%
- 비중소기업 주식 : 20%(3억초과 25%)
- 기타자산(특정주식 · 특정시설물이용권, 영업권) : 6%~45%

여기서 특히 주의할 점은 중소기업주식의 판정시 중소기업 주식의 범위이다. 소득세법 시행령 제167조의 4의 규정을 보면, **중소기업이란 주식 등의 양도일 현재 「중소기업기본법」 제2조에 따른 중소기업에 해당하는 기업**을 말한다. 따라서 법인세법상 또는 조세특례제한법상 중소기업 범위와는 다소 차이가 있으며 이 경우의 범위가 더 넓다고 볼 수 있다.

**[사례] 부동산임대업 주식양도소득의 중소기업 해당 여부**

소득세법 제104조 제1항 제4호의 가목에서 '대통령령이 정하는 중소기업'이라 함은 동법 시행령 제167조의 4에 의하여 주식 등의 양도일이 속하는 사업연도의 직전사업연도 종료일(개정 : 양도일) 현재의 중소기업기본법 제2조의 규정에 의한 중소기업에 해당하는 기업을 말하는 것이며, 부동산임대업의 경우 중소기업기본법 시행령 제3항 각 호의 기준에 해당하면서 같은법 시행령 [별표 1]의 해당업종 6. '그 밖의 모든 업종'의 매출액 기준에 적합하고 소유 및 경영의 실질적인 독립성이 같은 시행령 [별표 2]의 기준에 적합한 경우 위 중소기업에 해당하는 것으로 세율은 10%

가 적용되는 것이나, 다만 당해 주식이 소득세법 시행령 제158조의 규정에 해당하는 '기타 자산의 범위'에 해당하는 경우에는 누진세율이 적용되는 것이다(서면4팀-1047, 2005. 6. 24).

한편, 주식을 양도한 경우에는 그 **양도일이 속하는 반기의 말일부터 2월 이내**에 양도소득세 예정신고를 하여야 한다. 양도소득세 신고시 첨부서류는 양도 및 취득 계약서, 양도 및 취득대금 입증서류, 증권거래세 납부영수증 등이다.

**[별표 1]** 〈개정 2017. 10. 17〉

**[주된 업종별 평균매출액 등의 규모 기준(제3조 제1항 제1호 가목 관련)]**

| 해당 기업의 주된 업종 | 분류기호 | 규모 기준 |
|---|---|---|
| 1. 의복, 의복액세서리 및 모피제품 제조업 | C14 | 평균매출액등 1,500억원 이하 |
| 2. 가죽, 가방 및 신발 제조업 | C15 | |
| 3. 펄프, 종이 및 종이제품 제조업 | C17 | |
| 4. 1차 금속 제조업 | C24 | |
| 5. 전기장비 제조업 | C28 | |
| 6. 가구 제조업 | C32 | |
| 7. 농업, 임업 및 어업 | A | 평균매출액등 1,000억원 이하 |
| 8. 광업 | B | |
| 9. 식료품 제조업 | C10 | |
| 10. 담배 제조업 | C12 | |
| 11. 섬유제품 제조업(의복 제조업은 제외한다) | C13 | |
| 12. 목재 및 나무제품 제조업(가구 제조업은 제외한다) | C16 | |
| 13. 코크스, 연탄 및 석유정제품 제조업 | C19 | |
| 14. 화학물질 및 화학제품 제조업(의약품 제조업은 제외한다) | C20 | |
| 15. 고무제품 및 플라스틱제품 제조업 | C22 | |
| 16. 금속가공제품 제조업(기계 및 가구 제조업은 제외한다) | C25 | |
| 17. 전자부품, 컴퓨터, 영상, 음향 및 통신장비 제조업 | C26 | |
| 18. 그 밖의 기계 및 장비 제조업 | C29 | |
| 19. 자동차 및 트레일러 제조업 | C30 | |
| 20. 그 밖의 운송장비 제조업 | C31 | |
| 21. 전기, 가스, 증기 및 공기조절 공급업 | D | |
| 22. 수도업 | E36 | |
| 23. 건설업 | F | |
| 24. 도매 및 소매업 | G | |
| 25. 음료 제조업 | C11 | 평균매출액등 800억원 이하 |

| 해당 기업의 주된 업종 | 분류기호 | 규모 기준 |
|---|---|---|
| 26. 인쇄 및 기록매체 복제업 | C18 | 평균매출액등 600억원 이하 |
| 27. 의료용 물질 및 의약품 제조업 | C21 | |
| 28. 비금속 광물제품 제조업 | C23 | |
| 29. 의료, 정밀, 광학기기 및 시계 제조업 | C27 | |
| 30. 그 밖의 제품 제조업 | C33 | |
| 31. 수도, 하수 및 폐기물 처리, 원료재생업(수도업은 제외한다) | E (E36 제외) | |
| 32. 운수 및 창고업 | H | |
| 33. 정보통신업 | J | |
| 34. 산업용 기계 및 장비 수리업 | C34 | |
| 35. 전문, 과학 및 기술 서비스업 | M | |
| 36. 사업시설관리, 사업지원 및 임대 서비스업(임대업은 제외한다) | N (N76 제외) | |
| 37. 보건업 및 사회복지 서비스업 | Q | |
| 38. 예술, 스포츠 및 여가 관련 서비스업 | R | |
| 39. 수리(修理) 및 기타 개인 서비스업 | S | |
| 40. 숙박 및 음식점업 | I | 평균매출액등 400억원 이하 |
| 41. 금융 및 보험업 | K | |
| 42. 부동산업 | L | |
| 43. 임대업 | N76 | |
| 44. 교육 서비스업 | P | |

비고

1. 해당 기업의 주된 업종의 분류 및 분류기호는 「통계법」 제22조에 따라 통계청장이 고시한 한국표준산업분류에 따른다.
2. 위 표 제19호 및 제20호에도 불구하고 자동차용 신품 의자 제조업(C30393), 철도 차량 부품 및 관련 장치물 제조업(C31202) 중 철도 차량용 의자 제조업, 항공기용 부품 제조업(C31322) 중 항공기용 의자 제조업의 규모 기준은 평균매출액등 1,500억원 이하로 한다.

② 증권거래세 신고 · 납부

주식을 양도하는 경우에는 양도자가 과세표준과 세액을 **양도일이 속하는 반기의 말일부터 2개월 이내**(증권거래세법 제3조 제1호 및 제2호의 경우에는 매월분의 과세표준과 세액을 다음 달 10일)에 증권거래세를 신고 · 납부하여야 한다. 이 기한 내에 신고 · 납부를 하지 않는 경우에는 과소신고가산세 20%(40% : 부정한 방법)와 납부지연가산세 일당 2.22/10,000이 부과된다. 납세지는 양도자의 주소지이다. 만일, 주식발행법인이 주주의 증권거래세를 대납하는 경우에는 업무무관가지급금에 해당되므로 가지급금인정이자 계산대상이 된다. 증권거래세 신고는 양도자의 주소지 관할 세무서에 증권거래세 신고서와 주식양도계약서를 첨부하여 신고하면 된다.

③ 주식 등 변동상황명세서 제출

사업연도 중에 **주식 등의 변동상황이 있는 법인**(법인세법 시행령 제1조의 조합법인 등은 제외)은 법인세과세표준 신고기한 내에 주식변동상황명세서를 납세지 관할세무서장에게 제출하여야 한다. 다만, 주권상장법인 및 코스닥상장법인의 소액주주가 소유한 주식과 주식회사가 아닌 법인의 출자지분으로서 대통령령이 정하는 주식 등에 대하여는 제출하지 아니한다(법법 119). 주식변동상황명세서를 미제출・누락제출・불분명하게 제출한 주식 등의 액면가액 또는 출자가액의 0.5%에 상당하는 가산세가 부과된다. 다만, 제출된 주식변동상황명세서의 필요적 기재사항의 일부가 착오로 사실과 다르게 기재된 경우로서 그 밖의 기재사항에 의하여 주식 등의 변동상황을 확인할 수 있는 경우를 제외한다(법법 75의 2 ① 2호). 과세관청은 주식변동상황명세서를 제출받아 전산에 수록하여 주식이동조사 및 양도소득세, 상속세 및 증여세 과세자료 등으로 활용하므로 오류나 누락되지 않도록 작성에 주의를 요한다.

사업연도 중에 주식변동(양도, 증자 등)이 있는 법인이 법인세 신고시 주식변동상황을 누락하여 가산세를 추징당하는 사례가 많으니 특히 주의를 요한다. 또한 주식변동상황명세서는 주식회사뿐만 아니라 합명, 합자, 유한회사도 모두 적용되며 조합법인 등 일정한 법인을 제외한 특별법에 의하여 설립된 법인도 해당되니 변동상황이 있는 경우에는 반드시 제출하여야 한다. 또한, 신설법인은 사업자등록신청시 제출한 주주명부와 사업연도 종료일 현재 주주가 다른 경우, 증자의 경우, 합명회사나 합자회사의 출자지분 변동시에도 주식변동상황명세서를 제출하여야 한다. 즉, 법인 설립당시 주주명세서를 제출한 내국법인이 최초 사업연도에 대한 주식 등의 변동이 없이 「주식 등 변동상황명세서」를 제출하지 아니한 경우, 「법인세법」 제75조의 2의 가산세를 적용하지 아니한다(서면2팀-1190, 2007. 6. 19).

### (4) 일감몰아주기 증여세 과세

건설회사의 경우 통상 입찰 등을 위하여 종합건설회사와 전문건설회사 등 여러 회사를 보유하고 있는 경우가 있다. 이 경우 특수관계법인인 종합건설회사가 전문건설회사에 하도급을 주는 경우가 발생하는 되 이 경우 정상거래비율을 초과하는 경우 수혜법인의 지배주주에게 증여세가 부과된다(상증법 45의 3). 다만, 2014년부터 중소기업간의 거래에 대하여는 적용하지 아니한다.

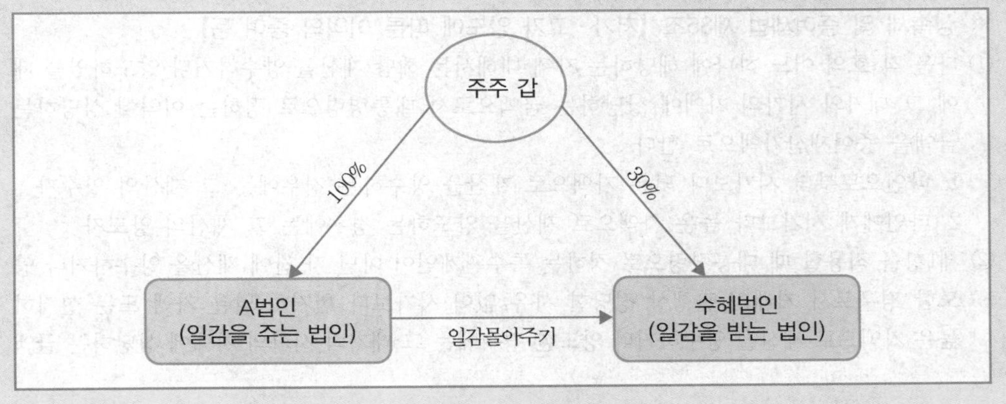

① 법인의 사업연도 매출액(「법인세법」 제43조의 기업회계기준에 따라 계산한 매출액을 말한다) 중에서 그 법인의 지배주주와 대통령령으로 정하는 특수관계에 있는 법인에 대한 매출액이 차지하는 비율이 그 법인의 업종 등을 고려하여 정상거래비율을 초과하는 경우에는 그 법인(수혜법인)의 지배주주와 그 지배주주의 친족[수혜법인의 발행주식총수 또는 출자총액에 대하여 직접 또는 간접으로 보유하는 주식보유비율이 대통령령으로 정하는 보유비율(한계보유비율)을 초과하는 주주에 한정한다]이 다음 계산식에 따라 계산한 이익을 각각 증여받은 것으로 본다.

수혜법인의 세후 영업이익 × 정상거래비율의 1/2를 초과하는 특수관계법인거래비율 × 한계보유비율을 초과하는 주식보유비율

② 증여의제이익의 계산 시 지배주주와 지배주주의 친족이 수혜법인에 직접적으로 출자하는 동시에 대통령령으로 정하는 법인을 통하여 수혜법인에 간접적으로 출자하는 경우에는 제1항의 계산식에 따라 각각 계산한 금액을 합산하여 계산한다.

③ 증여의제이익의 계산은 수혜법인의 사업연도 단위로 하고, 수혜법인의 해당 사업연도 종료일을 증여시기로 본다.

④ 제1항에 따른 지배주주 및 지배주주의 친족의 범위, 특수관계법인거래비율의 계산, 수혜법인의 세후영업이익의 계산, 주식보유비율의 계산, 그 밖에 증여의제이익의 계산에 필요한 사항은 대통령령으로 정한다.

⑤ 증여세 과세표준 신고기한은 수혜법인의 「법인세법」 제60조 제1항에 따른 과세표준의 신고기한이 속하는 달의 말일부터 3개월이 되는 날로 한다(상증법 68).

### (5) 건설회사의 주식거래시 주의사항

중소기업의 경우 주식거래를 할 때 액면가액으로 양도·양수거래를 하는 경우가 있다. 이 경우 과세관청에서는 시가(기준시가)로 주식을 평가하여 거래가액과의 차액이 일정한 금액 이상인 경우 특수관계자에게는 부당행위계산부인에 의해 양도소득세와 증여세를 추징하고 비특수관계자에게는 증여세를 과세하게 된다. 특히 건설업의 경우 실질자본금이나 경영상태비율을 유지하기 위하여 주식가치가 과대평가되는 경우가 있다. 따라서 주식을 양도·양수하는 경우에는 반드시 주식평가를 하여 거래가액을 결정하는 것이 바람직하다.

※ 상속세 및 증여세법 제35조 【저가·고가 양도에 따른 이익의 증여 등】

① 다음 각 호의 어느 하나에 해당하는 자에 대해서는 해당 재산을 양수하거나 양도하였을 때에 그 대가와 시가의 차액에 상당하는 금액으로서 대통령령으로 정하는 이익에 상당하는 금액을 증여재산가액으로 한다.

1. 타인으로부터 시가보다 낮은 가액으로 재산을 양수하는 경우에는 그 재산의 양수자
2. 타인에게 시가보다 높은 가액으로 재산을 양도하는 경우에는 그 재산의 양도자

② 제1항을 적용할 때 대통령령으로 정하는 특수관계인이 아닌 자 간에 재산을 양수하거나 양도한 경우로서 거래의 관행상 정당한 사유 없이 시가보다 현저히 낮은 가액 또는 현저히 높은 가액으로 재산을 양수하거나 양도한 경우에는 그 대가와 시가의 차액에 상당하는 금액

을 증여받은 것으로 추정하여 대통령령으로 정하는 이익에 상당하는 금액을 그 이익을 얻은 자의 증여재산가액으로 한다.

③ 제2항을 적용할 때 현저히 낮은 가액 또는 현저히 높은 가액의 범위는 대통령령으로 정한다.

> **[판례] 주식의 저가양수와 증여세**(청주지방법원 2012가단13873 선고, 2012. 9. 2 판결, 부당이득금반환청구)
>
> 이 사건 계약 당시 피고가 원고에게 세금은 증권거래세 이외에는 크게 나오지 않을 것이라고 말한 사실은 당사자 사이에 다툼이 없고, 변론 전체의 취지에 의하면, 피고가 지급한 자금의 마련을 위하여 평소에 알고 지내던 원고에게 이 사건 주식의 매수를 권유하여 이 사건 계약을 체결하게 된 사실을 인정할 수 있으며, 원고가 1주당 5천원씩으로 하여 10,000주를 5천만원에 매수하였으나 과세관청에 의하여 1주당 26만원 상당으로 평가가 되어 원고에게 10억원 상당의 증여세가 부과된 사실은 위에서 인정한 바와 같은 바, 위 인정사실에 의하면, 원고에게 고액의 증여세가 부과되지 않을 것이라는 착오가 있지 않았다면 이 사건 계약을 체결하지 않았거나 적어도 동일한 내용으로 계약을 체결하지 않았을 것임이 명백하고, 나아가 증여세 부과에 대하여 피고도 동일한 착오에 빠져 있었다고 봄이 상당하므로 원고의 위와 같은 착오는 계약의 내용의 중요한 부분에 관한 것에 해당한다고 할 것이다.

### (6) 주식양도 · 양수계약서

양도인(갑) : 김성실(주민등록번호)
양수인(을) : 홍길동(주민등록번호)

위 갑은 새천년(주)의 주식을 아래와 같이 을에게 양도하기로 하며 본 계약을 체결한다.

1. 주식종류 : 새천년(주) 보통주식
2. 양도주식수 : 100주
3. 1주당 액면가액 : 5,000원
4. 1주당 양도가액 : 10,000원
5. 주권 종류 및 수량 :
6. 주권번호 :
7. 양도조건(별도의 조건이 있는 경우) :
8. 잔금지급일 : 20×1. 5. 1

20×1년 4월 20일

양도자(갑) : 김성실 (인)
양수자(을) : 홍길동 (인)

**참 고** **주식이동조사**

주식이동조사는 주로 자본거래를 통한 주식의 취득, 양도, 증자, 감자 등의 변동상황을 조사함으로써 자금의 출처와 자금의 흐름을 통한 변칙증여, 사전증여, 상속에 해당되는지 여부를 확인하는 세무조사의 일종이다.

주식이동조사는 출자 · 증자 · 감자 · 매매 · 상속 · 증여 · 명의신탁 · 주식배당 · 의제배당 등 주주의 주식이동과 관련하여 제세금의 탈루 여부를 확인하는 절차이다.

주식이동조사의 대표적인 사례를 들어보면 다음과 같다.

① 미성년자 · 부녀자 등 소득원이 없는 자의 주식취득 및 증자시의 주식취득자금에 대한 출처를 조사한다.

② 배우자나 직계존비속 등 특수관계자 간의 매매형식을 통하여 양도를 가장한 증여 여부를 조사한다.

③ 고가 · 저가양도, 불공정합병 여부를 조사한다.

④ 주식의 명의신탁 여부를 조사한다.

⑤ 대표이사가 해당 법인의 자금을 차입하여 유상증자하였으나, 대금을 변제한 사실이 없는 경우에는 가지급금에 대한 인정이자 계산, 지급이자 손금불산입, 유상증자 대금에 대한 증여세 추징 여부를 조사한다.

## 3. 지방소득세

지방소득세는 종전 국세의 부가세 방식에서 독립세 방식으로 전환하여 과세대상 및 세액계산방법 등 지방세법에서 독자적으로 규정하고 있다. 지방소득세는 개인지방소득세와 법인지방소득세로 나눈다.

### (1) 지방소득세의 계산

지방소득세는 법인세 과세표준에 지방세율(0.9~2.4%)을 적용하여 산출세액을 계산하며 세액공제 및 감면은 지방세특례법에서 규정하고 있으나 현행 법인지방세에 대한 공제감면 규정을 두고 있지 않다.

지방소득세 = (법인세 과세표준) × 지방세율(0.9~2.4%) - 지방세특례제한법상 공제감면

### (2) 지방소득세의 납부방법

#### 1) 법인세를 신고·납부하는 경우

법인세를 신고·납부하는 경우에는 지방소득세 사업연도 종료일이 속하는 날의 말일로부터 4월 내에 신고·납부한다. 신고를 할 때에는 그 신고서에 다음의 서류를 첨부하여야 한다.

① 기업회계기준을 준용하여 작성한 개별 내국법인의 재무상태표·포괄손익계산서 및 이익잉여금처분계산서(또는 결손금처리계산서)

② 대통령령으로 정하는 바에 따라 작성한 세무조정계산서

③ 그 밖에 대통령령으로 정하는 서류

납세의무자가 법정신고기한까지 「지방세법」에 따라 산출한 세액을 신고하지 아니한 경우에는 산출세액의 100분의 20에 상당하는 금액을 가산세로 부과한다.

#### 2) 수정신고하는 경우

내국법인이 「국세기본법」에 따라 「법인세법」에 따른 신고내용을 수정신고할 때에는 납세지를 관할하는 지방자치단체의 장에게도 해당 내용을 신고하여야 한다. 수정신고를 하려는 내국법인은 수정신고와 함께 법인세의 수정신고 내용을 증명하는 서류를 관할 지방자치단체의 장에게 제출하여야 한다.

또한, 신고납부한 법인지방소득세의 납세지 또는 지방자치단체별 안분세액에 오류가 있음을 발견하였을 때에는 제103조의 25에 따라 지방자치단체의 장이 보통징수의 방법으로 부과고지를 하기 전까지 관할 지방자치단체의 장에게 「지방세기본법」 제50조 및 제51조에 따른 수정신고납부 또는 경정 등의 청구를 할 수 있다.

## 4. 주민세

### (1) 종업원분

종업원에게 급여를 지급하는 사업주는 **급여를 지급한 다음 달 10일**까지 급여총액의 0.5%를 신고·납부하여야 한다.

종업원에게 급여를 지급하는 사업주는 급여를 지급한 다음 달 10일까지 급여총액의 0.5%를 신고·납부하여야 한다. 종업원이라 함은 사업소에 근무하거나 사업소로부터 급여를 지급받는 임원·직원 기타 종사자(상근근로자는 물론 일용근로자, 법인의 비상근 이사

를 포함)를 말한다. 종업원의 급여총액이라 함은 사무소 또는 사업소의 종업원에게 지급하는 봉급·임금·상여금 등 근로소득에 해당하는 금액의 총액을 말하며 비과세대상 급여는 제외한다.

법 제85조 제8호에서 "대통령령이 정하는 것"이란 사업주가 그 종업원에게 지급하는 급여로서 소득세법 제20조 제1항에 따른 근로소득에 해당하는 급여의 총액을 말한다. 다만, 소득세법 제12조 제3호에 따른 비과세대상급여는 제외한다.

### 1) 면세점

「지방세기본법」 제34조에 따른 납세의무 성립일이 속하는 달부터 최근 1년간 해당 사업소 종업원 급여총액의 월평균금액이 1억 8천만원(50명×360만원) 이하인 경우에는 종업원분을 부과하지 아니한다.

사업주가 그 종업원에게 지급하는 급여로서 「소득세법」 제20조 제1항에 따른 근로소득에 해당하는 급여의 총액을 말한다. 다만, 다음 각 호의 어느 하나에 해당하는 급여는 제외한다.

1. 「소득세법」 제12조 제3호에 따른 비과세 대상 급여
2. 「남녀고용평등과 일·가정 양립 지원에 관한 법률」 제19조에 따른 육아휴직(이하 이 조에서 "육아휴직"이라 한다)을 한 종업원이 그 육아휴직 기간 동안 받는 급여
3. 6개월 이상 계속하여 육아휴직을 한 종업원이 직무 복귀 후 1년 동안 받는 급여

### 2) 납세절차

주민세(종업원분)는 신고납부의 방법에 의하여 징수한다. 따라서 납세의무자는 매월 납부할 세액을 다음 달 10일까지 납세지를 관할하는 시장·군수에게 신고·납부하여야 한다.

**판례** **시공참여자의 종업원 해당 여부(대법원 2009. 5. 14 선고, 2007두17083 판결)**

구 지방세법(2009. 12. 30 법률 제9889호로 개정되기 전의 것) 제243조 제6호의 '종업원'은 사업주 등과 체결한 계약의 명칭이나 형식 등을 불문하고 그 실질에서 당해 사업소에 근무하면서 근로를 제공하여 사업에 종사하면서 당해 사업소로부터 급여를 지급받은 사람을 말한다. 구 건설산업기본법(2007. 5. 17 법률 제8477호로 개정되기 전의 것)에 의한 시공참여자 및 그 소속 한 자가 구 지방세법(2009. 12. 30 법률 제9889호로 개정되기 전의 것) 제243조 제6호, 구 지방세법 시행령(2009. 12. 15 대통령령 제21887호로 개정되기 전의 것) 제204조 제1항 및 제2항에 따른 전문건설업자의 종업원에 해당하는지 여부는 시공참여자와의 약정의 성격 및 내용, 실제 업무의 내용 및 업무수행과정에 있어서 전문건설업자의 구체적이고 개별적인 지휘 및 감독을 받는지 여부, 전문건설업자에 의하여 근무시간 및 장소가 정해지는지 여부, 공사의 재료와

설비를 공급하는 자가 누구인지 여부, 공사대금이 근로 자체의 대상적 성격이 있는지 여부, 전문건설업자가 근로소득세를 원천징수하는지 여부 등 전문건설업자와 시공참여자 및 그 소속 근로자 사이에 실질적인 사용 · 종속관계가 존재하는지 여부를 종합적으로 판단하여야 한다. 시공참여계약에 의하면 전문건설업자가 시공참여자들에게 지급하는 계약금액에 근로자들의 노임, 식대, 퇴직급여, 시간외수당, 국민건강보험, 국민연금 등 시공참여자들이 근로자 고용에 따른 사업주로서 부담하여야 하는 모든 비용이 포함되어 있어, 그 계약금액을 '단순한 근로의 대가'만으로는 보기 어려운 점, 시공참여계약에 의하여 실제 지급하는 계약금액이 '단순한 근로제공일수'를 기준으로 산정된 것이 아니라 단가 별 또는 면적 별로 정해지고, 기성고에 따라 순차적으로 지급되도록 되어 있는 점 등에 비추어 보면, 위 시공참여자들이 고용한 근로자들을 전문건설업자의 종업원으로 보고 위 사업장의 종업원 수가 50인을 초과한다고 하여 부과한 종업원할 사업소세 부과처분은 위법하다.

**| 실무적용 Tips |**

**주민세 종업원분 사례**

**1. 면세기준(급여총액의 월평균금액) 산정방법**

해당 급여지급월을 포함하여 최근 12개월간(사업기간이 1년 미만인 경우는 급여지급월부터 개업일이 속하는 달까지) 급여총액을 해당 월 수로 나누어 산정하되, 휴 · 폐업 등으로 영업일이 15일 미만인 달은 평균금액 산정에서 제외

(예) '16. 1월 귀속분 면세기준 산정 시

1. 1년 이상 계속 영업한 경우 : '15. 2월 ~ '16. 1월 급여총액을 12월로 나눈 금액
2. '15. 8월 신설한 경우 : '15. 8월 ~ '16. 1월 급여총액을 6월로 나눈 금액

**2. 종업원 "급여총액의 월평균금액"의 구체적 산정방법은?**

해당 월 포함 최근 12개월간 급여총액을 해당 월 수로 나누어 산정하되, 사업소 신설 이전 또는 영업일 15일 미만인 달은 평균금액 산정에서 제외

(예) '16. 1월 귀속분 면세기준 산정 시

1. 1년 이상 계속 영업한 경우 : '15. 2월 ~ '16. 1월 급여총액을 12월로 나눈 금액
2. '15. 3월 신설, '15. 6월 ~ 8월 휴업한 경우 : '15. 3월 이후 8개월분(휴업 3개월 제외) 평균금액
3. 5개월간 휴업, 영업 재개 후 '16. 1. 10. 폐업한 경우 : '15. 2월 이후 6개월분(휴업 및 폐업월 제외) 평균금액

**3. 사업소별 면세기준은 매월 계산하여야 하는지?**

해당 급여지급월을 포함하여 최근 12개월간의 급여총액의 월 평균금액을 산정하여야 하므로 매월 계산 필요

※ ('16. 1월 귀속분) '15. 2월 ~ '16. 1월 평균 → ('16. 2월 귀속분) '15. 3월 ~ '16. 2월 평균 → ('16. 3월 귀속분) '15. 4월 ~ '16. 3월 평균 → ('16. 4월 귀속분) '15. 5월 ~ '16. 4월 평균 ……

**4. 해당 월의 급여가 아닌 1년간의 급여를 면세기준으로 하는 이유는?**

특정월에 상여금 등이 집중되는 경우 면제대상 사업소가 과세대상으로 전환되는 부작용 등 방지

예) 최근 1년간의 월평균급여액은 1억원이나 성과급 지급월의 급여총액이 1억5천인 경우 과세로 전환(세액 75만원)

**5. 수개월분의 급여를 일시에 지급하는 경우, 납세의무 발생시점 및 면세점 판단 방법은?**

급여지급일에 납세의무가 성립되며, 면세 여부는 해당 월을 포함하여 최근 12개월간의 급여평균으로 판단

(예) 영업은 하였으나 급여지급은 수개월 후부터 나누어 지급된 경우

| 급여지급월 | '15년 2~7월 | 8~10월 | 11~12월 | '16. 1월 | '16. 1월분 월평균급여액 |
|---|---|---|---|---|---|
| 월별 급여총액 | - | 2억* | 2억 | 4억 | 총급여액(14억) / 12개월 = 1억1,667만 (면세) |

* 각 월의 급여총액을 표기(8~10월 각 2억 지급, 3개월분 급여총액은 6억), 이하 동일

**6. 해당 월에 파업 등 내부사정으로 급여지급이 급감한 경우에도 과세되는지?**

급여를 소액이라도 지급하였고 해당 월 포함 최근 12개월간 급여평균이 면세점을 초과하는 경우에는 납세의무 성립

**7. 사업소가 이전하거나 합병 또는 승계 시 종전 사업소에서 지급한 급여 및 영업월 수도 면세기준 산정 시 포함되는지?**

사업소의 동일성이 유지되므로 면세기준 산정 시 기존 사업장의 급여 및 영업월 수를 포함하여 산정

**8. 별도 사업소를 추가로 신설, 종업원을 나눈 경우 면세기준 산정방법은?**

급여지급일 기준, 각 사업소별 급여총액의 월평균금액으로 산정

(예) A사업소(종업원 60명, 평균급여 2억)가 B사업소 신설, A사업소의 종업원 이동 시

- A사업소는 종전 급여액 포함, 최근 12개월간 평균 / B사업소는 신설 이후분 평균

**9. 세무조사 등을 통해 급여총액의 월평균금액이 변경된 경우 추징 또는 환급하는지?**

세무조사 결과에 따른 사후조치가 필요하며, 급여총액의 범위, 면세기준 산정방법 등에 대한 충분한 사전안내로 민원 방지

※ 출처 : 행정자치부 지방재정세제실(2015. 12)

### (2) 재산분

매년 7월 1일 현재 사무소의 사업주는 사무소 연면적당 250원(오염물질배출사업소 500원)을 **매년 7월 31일**까지 신고·납부하여야 한다. 다만, 사무소의 **연면적이** 330㎡ **이하**인

경우에는 주민세(재산분)를 면제한다. 여기서 사업소라 함은 사업 또는 사무를 수행하기 위하여 설치한 인적 및 물적설비로서 계속하여 사업 또는 사무가 이루어지는 장소를 말한다.

[건설업관련 주요 해석사례 및 심판례 요약]

| 구분 | 내용 | 근거 |
|---|---|---|
| ① 주택임대업(상시주거용)에 사용하던 국민주택규모 초과주택을 양도하는 경우 면세 여부 | 「부가가치세법」 제26조 제1항 제12호에 따라 부가가치세가 면제되는 주택임대업을 영위하다가 해당 사업에 사용하던 주택(국민주택규모 초과주택 포함)을 양도하는 경우에는 같은 법 제14조 제2항 제1호(부수 재화 및 부수 용역의 공급)에 따라 부가가치세가 면제되는 것임. | 사전법령해석 부가-0444 (2015. 12. 15) |
| ② 공사계약무효시기 완료된 용역의 과세 여부와 반환받는 부당이득금의 과세 여부 | 공사도급업체가 입찰방해 등 유죄판결을 받음에 따라 공사계약이 무효가 된 경우 공사용역이 완료된 부분에 대하여는 각각의 공급시기에 세금계산서를 발급하는 것이며, 공사도급업체의 귀책사유로 청구법인이 반환받는 부당이득금은 부가세 과세대상이 아님. | 사전법령해석 부가-0376 (2015. 12. 11) |
| ③ 건설근로자 퇴직공제금 추가 지급시 수입시기 | 「건설근로자의 고용개선 등에 관한 법률」에 따른 건설근로자공제회에 가입한 사업주의 공제부금의 납입지연으로 인하여 건설근로자가 추가로 지급받는 퇴직공제금의 수입시기는 「소득세법 시행령」 제50조 제2항에 따라 퇴직공제금을 지급받는 날이며, 동 퇴직공제금은 기존에 지급받은 퇴직공제금과 합산하여 「소득세법」 제48조 및 같은 법 시행령 제105조 제3항에 따른 근속연수를 적용하여 같은 법 제148조 및 같은 법 시행령 제203조에 따라 퇴직소득에 대한 세액정산을 하는 것이며, 부정 수급으로 인하여 퇴직공제금을 환수한 경우 「국세기본법」 제45조 및 제45조의 2에 따라 당초 퇴직소득에 대한 과세표준신고를 수정신고 또는 경정청구하는 것임. | 서면법규과-338 (2014. 4. 10) |
| ④ 사업비 분담금의 부가가치세 과세 여부 | 사업자가 다른 건설사업자와 공동주택 신축 및 분양사업을 각각 시행함에 있어 지리적으로 연접하고 있는 해당 사업지의 진입도로 개설공사 협약을 체결하여 진입도로 공사를 공동으로 수행하고 소요되는 사업비를 협약서에 합의된 분담비율에 따라 각각 분담하는 경우 해당 분담금은 「부가가치세법」 제4조에 따라 부가가치세 과세대상에 해당하지 아니하는 것임. | 사전-2022-법규부가-0970 (2022. 11. 15) |
| ⑤ 승강기 설치 및 유지보수업의 건설업 해당 여부 | 승강기 설치 및 수리 · 유지보수업은 한국표준산업분류에 따를 경우 건물용 기계 · 장비 설치 공사업(분류코드 : 42202)으로 건설업에 해당되어 중소기업특별세액감면 대상임. | 사전-2022-법규법인-0355 (2022. 3. 31) |

| ⑥ 도시철도건설용역의 부수공급 | 도시철도건설용역을 제공하는 사업자가 민간투자법 제2조 제8호에 따른 사업시행자에게 직접 공급하는 도시철도건설용역 및 이에 부수하여 설계, 조사 용역을 함께 공급하는 경우 영세율을 적용하는 것임. | 사전-2021-법령해석부가-1362 (2021. 12. 23) |
|---|---|---|
| ⑦ 인테리어 공사업의 현금영수증 미발급 | 인테리어 공사업을 영위하는 사업자가 다른 사업자에게 공사 용역을 공급하고 용역의 공급시기에 대금 수취분에 대해서만 세금계산서를 발급한 경우 세금계산서 기재불성실 가산세가 부과되며, 이후 10만원 이상인 공사 잔금을 지급받으며 현금영수증을 미발급한 경우 현금영수증 미발급 가산세가 부과되는 것임. | 법령해석과-1696 (2021. 5. 13) |

# 제2절 조경공사업

## 개 요

### 1. 조경관련공사업의 분류

#### ① 조경공사업

조경공사업은 일반건설업으로 종합적인 계획·관리·조정하여 수목원이나 공원의 조성 등 경관 및 환경을 조성하는 공사를 행한다. 조경공사업은 법인의 경우 5억원 이상의 자본금, 개인의 경우 10억원 이상의 영업용자산 평가액이 있어야만 건설업등록이 가능하다.

#### ② 조경식재공사업

조경식재공사업은 전문건설업으로 조경수목을 식재하거나 잔디 등 지피식물을 입히는 공사 및 유지·관리를 행한다. 조경식재공사업은 법인 및 개인의 경우 자본금 1.5억원 이상이 있어야만 등록이 가능하다.

#### ③ 조경시설물 설치공사업

조경시설물 설치공사업은 전문건설업으로 조경을 위하여 조경석·인조목·인조암 등을 설치하거나 야외의자·파고라 등의 조경시설물을 설치하는 공사를 행한다. 조경시설물 설치공사업은 법인 및 개인의 경우 자본금 1.5억원 이상이 있어야 등록이 가능하다.

[별표 2] 〈개정 2022. 2. 17〉

**[ 건설업의 등록기준(제13조 관련) ]**

<table>
<tr><td rowspan="2">조경<br>공사업</td><td rowspan="2">1. 건설기술관리법에 의한 국토개발분야의 조경기사 또는 조경분야의 중급기술자 이상인 자 중 2인을 포함한 조경분야 건설기술자 4인 이상<br>2. 건설기술관리법에 의한 토목분야 건설기술자 1인 이상<br>3. 건설기술관리법에 의한 건축분야 건설기술자 1인 이상</td><td>법인</td><td>5억원 이상</td><td rowspan="2">사무실</td></tr>
<tr><td>개인</td><td>10억원 이상</td></tr>
<tr><td>조경식재·<br>시설물<br>공사업</td><td>다음의 어느 하나에 해당하는 사람 중 2명 이상<br>가) 「건설기술 진흥법」에 따른 조경 분야의 초급 이상 건설기술인<br>나) 「국가기술자격법」에 따른 관련 종목의 기술자격취득자</td><td>법인 및<br>개인</td><td>1.5억원<br>이상</td><td>사무실</td></tr>
</table>

## 2. 한국표준산업분류상의 분류

### ① 조경공사업(45126)

계약 및 수수료에 의하여 건물주위, 도로변, 정원, 공원, 운동장 등의 외부환경을 조성하는 토목공사를 수행하는 산업활동으로서 조경수, 잔디, 화초 등 각종 조경용 식물을 식재 또는 파종하거나 조경시설물을 설치하는 공사가 결합 수행될 수 있다.

예시

- 외부 환경조성공사
- 조경용 시설물 설치
- 정원조성공사
- 녹지조성공사

제외

- 공원 및 정원조성을 위한 조경수 식재 및 유지관리활동(01410)

### ② 조경수식재 및 관리서비스업(01410)

수수료 및 계약에 의하여 건물주위, 도로변, 정원, 공원, 운동장 등의 환경조성에 따른 조경수, 잔디, 화초 등 각종 조경용 식물을 식재, 파종 및 유지관리 하는 산업활동을 말한다. 조경수 및 관목의 보호를 위한 활동도 여기에 포함된다.

예시

- 조경용 파종
- 정원수 식재 및 관리

• 정원관리대리 • 조경수목 치료서비스

제외

• 조경수를 재배한 사업체가 식재를 하는 경우(01122)
• 토목공사와 결합되는 조경수 식재(45126)
• 산림 병충해 방지 서비스(02030)

③ **기타 토목시설물 건설관련 전문 공사업(46119)**

기타 토목시설물의 건설에 관련된 특정공사를 전문적으로 수행하는 산업활동을 말한다.

예시

• 준설 공사 • 조경시설물 설치공사
• 삭도 공사

## 3. 세법상의 분류

도로 · 정원 · 공원 · 운동장 등의 조경을 위하여 관상수, 잔디, 관목 및 기타 장식용 식물을 심는 토목공사적인 성격의 조경공사는 조경건설업이며, 조경공사를 위한 설계는 사업서비스업으로 본다(소기통 19-0-4).

# 조경공사업의 세무실무

## 1. 부가가치세 실무

### (1) 과세대상

조경공사는 용역의 공급으로 부가가치세 과세대상이다. 다만, 국민주택규모 이하의 단지 내에 조경을 하여주고 분양가액에 해당 금액이 포함되어 있는 경우 조경공사용역은 부가가치세를 면제한다. 우리나라에서 생산된 화초나 수목, 잔디 등을 독립적으로 공급하는 경우에는 미가공임산물에 해당되어 면세되나 조경공사용역의 공급가액에 포함되어 공급하는 화초나 수목 등은 부가가치세가 과세된다(법기통 12-28-8, 부령 3). 즉, 주된 공급인 조경공사용역이 과세대상에 해당되어 부수공급인 화초나 수목 등도 주된 거래인 조경공사용역에 포함되는 것으로 보아 부가가치세가 과세되는 것이다. 또한 조경공사의 원재료인 석재(가공되지 아니한 자연석 포함)를 석재업자를 통하여 공급받거나 흙을 공급받는 경우에는 부가가치세 과세대상인 재화의 공급에 해당된다(부가 46015-2745, 1997. 12. 6).

① 조경공사관련 수목공급시 부가가치세 과세 여부

우리나라에서 생산된 수목의 공급에 대하여는 「부가가치세법」 제12조 제1항 및 같은 법 시행령 제28조 제3항에 의해 부가가치세가 면제되는 것이나, 조경공사용역의 공급가액에 포함된 수목에 대하여는 「부가가치세법 시행령」 제3조의 규정에 의하여 부가가치세가 과세되는 것이다(서면3팀-2919, 2007. 10. 26).

**실무적용 Tips**

조경수의 부수공급

1. 조경공사와 조경수

조경공사는 도급공사로 용역의 공급에 해당되어 부가가치세가 과세된다. 또한 조경수의 공급은 재화의 공급으로 부가가치세가 면세된다. 이 경우 조경수의 공급은 조경공사에 필수적으로 부수되는 자재로 부수공급에 해당되어 주된 조경건설용역에 과세이므로 설령 조경수 공급이 면세라고 하더라도 조경공사에 포함되어 부가가치세가 과세된다.

2. 발코니 확장공사와 국민주택 분양

발코니는 건축물의 내부와 외부를 연결하는 완충공간이며 건축물 외벽에 접하여 부가적으로 설치되는 공간으로서, 공동주택의 경우 외벽의 내부선을 기준으로 산정한 전용면적에 포함되지 않는 것으로 해석되는 점(대법원 2010. 9. 9 선고, 2009두23419 판결), 발코니확장은 외부공간을 내부화하는 과정으로 볼 수 있는 점 등에 비추어 보면, 발코니확장을 조특법 제106조에 따른 부가가치세의 면제대상이 아닌 것으로 보는 것이 조세법률주의의 원칙에 부합된다고 판단되고, <u>수분양자들이 주택분양계약과는 별도의 선택사양으로 발코니확장 계약을 체결한 점, 주택분양대금과 별개로 대금이 정하여져 있고 그 대금의 납부기한도 별도로 약정하고 있는 점, 발코니확장은 국민주택아파트 공급에 필수사항이 아니라 입주자들이 선택하는 품목인 점 등에 비추어 보아도 발코니확장은 부가가치세 과세대상으로 보는 것이 타당하다고 판단된다</u>(조심 2012광2320, 2013. 1. 9).

3. 홈오토시스템과 국민주택 분양공급

홈오토시스템과 국민주택공급가액이 포함되어 함께 공급하면 전체가 면세되며 분양 이후 별도로 설치가 된다면 부가가치세가 과세된다.

 **핵심체크**

우리나라에서 생산된 수목·화초 등은 부가가치세가 면제되나 조경공사용역의 공급가액에 포함된 경우에는 부가가치세가 과세된다. 다만, 주된 거래인 정원수를 판매하면서 통상적으로 포함되는 식재용역을 함께 공급한 경우 정원수 공급으로 보아 면세된다(국심 2000서487, 2000. 7. 19).

## (2) 매입세액공제

### ① 매입세액공제 여부

과세사업에 사용되어지는 조경공사와 관련된 매입세액은 매출세액에서 공제된다. 다만, 조경공사용역을 공급받는 사업자는 그 지출이 토지의 자본적지출과 관련된 매입세액은 불공제된다. 즉, 토지관련 매입세액은 토지는 부가가치세 면세재화이므로 토지의 조성 등을 위한 자본적지출에 관련된 매입세액은 불공제하여 취득원가로 계상하여야 한다는 것으로 조경공사관련 매입세액을 보면, 건설공사 도급계약서, 시방서 및 조경계획도에서와 같이 조경공사는 공장건물 주변에 조형소나무, 눈주목, 화양목 등 정원수를 식재하여 정원을 만든 것으로 보여지고, 청구법인 결산서에 조경공사를 구축물로 계상한 점 등으로 보아 이는 토지조성과 같이 토지의 가치를 현실적으로 증가시킨 자본적지출로 보기보다는 감가상각대상자산인 구축물로 보는 것이 보다 타당하다고 보여지며, 다만 운동장공사비와 측량비는 조경공사와는 별개인 운동장 정리작업에 따른 비용으로 이는 토지조성을 위하여 직접적이고 실질적으로 토지의 가치를 증가시킨 토지에 대한 자본적지출에 해당되어 관련매입세액을 불공제함이 타당하다고 보고 있다(국심 95전1524, 1995. 8. 8). 또한 건물주변의 조경공사와 관련된 매입세액은 매출세액에서 공제된다(서삼 46015-10553, 2002. 4. 2).

### ② 의제매입세액공제

부가가치세법상 사업자가 부가가치세의 면제를 받아 공급받는 임산물을 원재료로 하여 창출한 용역이 과세되는 경우 발급받은 계산서에 의하여 공급가액의 102분의 2에 해당하는 금액을 매입세액으로 공제받을 수 있다. 즉, 조경건설용역을 공급하는 사업자가 우리나라에서 생산된 임산물(수목, 잔디 등)을 공급받아 매입처별계산서합계표와 의제매입세액공제신고서를 세무서장에게 제출하는 경우에는 의제매입세액으로 공제받을 수 있다(서면3팀-1402, 2005. 8. 29).

## (3) 세금계산서의 발급

과세되는 조경공사용역을 제공하는 사업자는 공급시기에 세금계산서를 발급하여야 한다. 따라서 묘지 조경공사업(건설업)을 하는 법인으로 석물판매와 묘지설치 등 개인을 최종소비자로 하고 있는 경우 개인(공급받는 자)이 세금계산서를 요구하는 이가 드물어 세금계산서를 교부하지 않고 기타 현금매출로 신고하는 경우에도 세금계산서 미교부가산세가 적용된다(서면3팀-663, 2007. 3. 2). 조경공사를 영위하는 사업자가 발주자로부터 조경공사를 도급받아 공사용역을 제공함에 있어 당해 공사의 일부를 하도급업자에게 주고 그 대금을 발주자가 하도급업자에게 직접 지급하더라도 당해 하도급공사대금에 대하여는 하도급자가 원도급자에게 세금계산서를 발급하고, 원도급사업자는 조경공사 전체금액에 대하여 발주자에게 세금계산서를 발급하여야 한다(서면3팀-331, 2005. 3. 9).

## 2. 소득세 · 법인세 실무

### (1) 소득세 과세대상

조경공사업은 건설업으로 소득세법상 사업소득에 해당된다.

**참 고** **농업소득세가 과세되는 농작물(묘목, 관상수 등)의 재배로 인한 소득의 소득세 과세 여부**

[질의]

- 당사는 조경사업을 하는 건설회사로 조경사업을 한 경우 조경에 필요한 나무를 개인(조경용으로 나무를 조림함)들로부터 구매를 하는 바, 그 나무를 판매하는 사람들의 소득이 산림소득에 해당하는지 아니면, 사업소득 중 임업에 해당하는지 아니면, 조경용 수목의 판매이므로 사업소득 중 비과세에 해당하는 작물재배업에 해당하는지의 여부
- 만약 나무 판매자가 작물재배업에 해당된다면, 이는 비사업자에 해당하여 당사가 그 나무 판매자에게서 3만원 초과의 나무를 구매시 영수증을 받아도 적격증빙 수취의무가 없는지의 여부

[회신]

- 농지세가 과세되는 농작물(묘목, 관상수 등)을 재배하여 얻은 소득은 소득세법 제19조 제1항의 규정에 의하여 소득세가 비과세되는 것이며,
- 사업자가 농어민(통계청장이 고시하는 한국표준산업분류상의 농업 중 작물생산업 · 축산업 · 복합농업, 임업 또는 어업에 종사하는 자를 말하며, 법인을 제외함)으로부터 재화 또는 용역을 직접 공급받고 소득세법 제160조의 2 제2항 각호의 1에 해당하는 증빙서류 외의 증빙을 수취한 경우에는 소득세법 제81조 제8항 단서 및 같은법 시행령 제208조의 2 제1항 제5호의 규정에 의하여 증빙불비가산세가 적용되지 아니하는 것이다(서일 46011-10156, 2001. 9. 14).

### (2) 법인세 과세대상

소득세법에서는 소득원천설에 근거한 열거주의에 따라 작물생산업을 과세대상에서 제외하고 있다. 이에 반하여 법인세법은 순자산증가설에 의하여 작물재배업에서 생긴 소득도 각 사업연도소득에 대한 법인세의 납세의무를 지게 된다.

### (3) 재고자산의 평가문제

조경공사를 영위하는 법인이 조경공사의 원재료에 공하는 입목을 매입하여 일정기간 재배 후 원재료에 투입하는 경우에 입목의 재배와 직접 관련하여 발생한 제비용은 이를 당해 입목의 가액에 포함하여 재고자산을 평가한다(법인 22601-3075, 1985. 10. 15). 또한 조경공사업을 영위하는 사업자가 농업소득세가 과세되는 관상수 등을 오래 전부터 재배관리하여 오다가 조경공사의 원재료에 투입하는 경우 관상수의 평가는 지방세법 제204조(과세표준) 및 시행령 제152조의 규정에 의하여 수확당시의 거래시가를 기준으로 계산하여 취득원가를 계상하는 것이다(소득 46011-1443, 1997. 5. 28).

### (4) 감가상각대상 여부

① 공장부지에 조경공사를 하고 그 공사비로 지급된 금액은 감가상각대상 자산에 해당되지 아니한다(법인 1234.21-1982. 7. 2).

② 목야지(초지)의 조성비 중 최초의 조성비 및 잔디시설이 없는 토지에 처음으로 잔디를 조성하는 데 지출하는 비용은 토지의 자본적지출로 보고, 조경수목의 구입 및 식재비용은 토지와는 별도로 자산으로 계상하는 것이며 기존 초지나 잔디가 훼손되어 원상회복하거나 유지관리를 위하여 지출하는 비용은 당기비용으로 처리한다(법인 46012-874, 2000. 4. 4).

③ 기업부설연구소의 조경목적을 위한 정원수 식재비용을 토지 또는 건물과 별도의 자산가액으로 계상한 경우 당해 식재비용은 토지 및 건물에 대한 자본적지출로 볼 수 없는 것이나 정원수는 감가상각자산에 해당되지 아니한다(법인 46012-3478, 1994. 12. 20).

### (5) 조경수 구입과 적격증명 수취의무

조경공사업에 사용하기 위하여 농민 또는 임업에 종사하는 자로부터 조경수를 구입하는 경우 적격증명 수취의무가 없다.

**관련법조문**

◈ **소득세법 시행령 제208조의 2 【경비 등의 지출증명 수취 및 보관】**

① 법 제160조의 2 제2항 각 호 외의 부분 단서에서 "대통령령으로 정하는 경우"란 다음 각 호의 어느 하나에 해당하는 경우를 말한다(2010. 2. 18 개정).

5. 농어민(한국표준산업분류에 따른 농업 중 작물 재배업, 축산업, 작물재배 및 축산 복합농업, 임업 또는 어업에 종사하는 자를 말하며, 법인은 제외한다)으로부터 재화 또는 용역을 직접 공급받은 경우

## 3. 지방세 실무

공동주택 신축시에 토지의 지목변경을 수반하는 공동주택 단지 내에 조경공사와 포장공사비는 토지의 지목변경에 소요된 비용으로서 지방세법 제105조 제5항 및 지방세법 시행령 제73조 제8항의 규정에 의하여 취득세 과세표준에 포함되는 것이다(세정 13407－1189, 2002. 12. 17).

[조경공사관련 주요 해석사례 및 심판례 요약]

| | | |
|---|---|---|
| ① 조경공사업의 세금계산서 발급의무 | 석물판매와 묘지설치 등 개인을 최종소비자로 하는 조경공사업도 세금계산서를 발급하여야 함. | 전자세원과－778 (2009. 11. 24) |
| ② 조경업의 비사업용 토지 해당 여부 | 내국법인이 비사업용 토지를 양도한 경우에는 토지등의 양도소득에 100분의 30을 계산한 세액을 토지등 양도소득에 대한 법인세로 하여 법인세법 제13조의 규정에 의한 과세표준에 법인세법 제55조의 규정에 의한 세율을 적용하여 계산한 법인세액에 추가하여 납부하여야 하는 것임. | 서면2팀－408 (2008. 3. 6) |
| ③ 택지조성용역 | 국민주택 건설용역은 부가가치세가 면제되나 국민주택 건설용역에 해당하지 아니하는 택지조성용역을 공급하고 그 대가를 받는 경우 부가가치세가 과세되는 것임. | 서면3팀－2647 (2007. 9. 20) |
| ④ 국민주택의 조경시설물 설치용역 | 건설업법에 의하여 조경시설물 설치에 관한 면허를 받은 사업자가 국민주택을 신축하는 건설업자로부터 하도급을 받아 제공하는 국민주택의 조경시설물 설치용역은 부가가치세가 면제되는 것임. | 부가 46015－258 (1995. 2. 9) |
| ⑤ 국민주택 리모델링 부수용역 | 국민주택 리모델링용역에 부수되는 조경공사용역을 공급하는 경우에는 부가가치세가 면제되는 것임. | 서면3팀－2324 (2007. 8. 20) |
| ⑥ 의제매입세액공제 여부 | 조경공사업을 영위하는 사업자가 거래상대방이 사업자가 아닌 농민인 경우 면세원재료에 대한 의제매입세액을 공제받을 수 없음. | 서면3팀－1727 (2006. 8. 9) |
| ⑦ 작물생산 소득의 과세대상 | 전・답・과수원 등의 농지를 작물생산에 이용하게 함으로 인하여 발생하는 소득은 소득세법에서 규정하는 과세소득에 해당하지 아니하는 것임. | 소득 46011－3028 (1999. 8. 3) |
| ⑧ 지출증빙미수취 가산세 부과 여부 | 조경수의 매입처가 농민이므로 정규지출증빙 수취의무가 없다고 주장하나 거래품목 등 거래내역과 거래상대방의 사업자등록 현황 등을 종합하여 볼 때, 매입처는 농민이 아닌 조경수 도매업자로 확인되는 바, 지출증빙미제출가산세를 부과한 처분은 정당함. | 국심 2003중3098 (2004. 2. 20) |
| ⑨ 조경수의 공급 | 본인은 조경수목 공급을 담당하고 동업자는 공사수주 및 시공을 담당하는 내용의 공동사업을 운영하는 자가, 공동사업자 명의로 조경공사 계약을 체결한 후 공사를 시공하고 대금을 수령하여 분배한 경우 당해 대가는 조경공사 용역의 대가로 부가가치세가 과세됨. | 대법원 2009두10581 (2009. 9. 10) |

| ⑩ 자경 여부 | 원고의 조카가 조경공사업을 개업하고 이 사건 각 토지 지상에 관상수 묘목을 식재, 관리하면서 독자적으로 조경사업을 영위하여 온 것으로 보일 뿐 직접 자경에 해당되지 않는 것으로 판단됨. | 제주부 2009누74 (2009. 10. 21) |
|---|---|---|

# 제 3 절 공동도급공사

##  개 요

### 1. 공동도급계약의 정의

**공동도급계약**이란 2인 이상의 사업자가 공사도급계약에 있어서 발주자와 당해 계약을 공동으로 수행하기 위하여 공동체를 구성하여 도급받아 계약을 이행하는 형태의 계약을 말한다. 이 경우 **공동수급체**라 함은 구성원 2인 이상으로 하여 수급인이 당해 계약을 공동으로 수행하기 위하여 구성한 경영실체로 그 중 대표자로 선임된 자를 공동수급체대표자라고 한다.

### 2. 공동도급의 형태

#### (1) 공동이행방식

공동이행방식은 공동수급체의 각 구성원이 자금, 인원, 기자재를 동원하여 공사・물자 또는 용역에 대한 계획, 입찰, 시공 등을 위하여 공동연대하여 사업을 이행하는 방식을 말한다. 따라서 발주자에 대한 계약이행은 연대하여 책임을 지며 공동수급체의 하도급업자나 납품업체에 대해서도 공동연대책임을 진다. 그리고 손익분배는 출자비율에 따라서 손익을 분배한다.

#### (2) 분담이행방식

분담이행방식은 공동수급체의 각 구성원이 계약의 목적물을 분할하여 구성원 각자 부담분에서만 책임을 지고 공동경비에 대해서만 분담공사비율에 따라 각각 부담하는 형태이다.

### (3) 주계약자관리방식

공동수급체구성원중 주계약자를 선정하고, 주계약자가 전체건설공사의 수행에 관하여 종합적인 계획·관리 및 조정을 하는 공동도급계약을 말한다. 다만, 일반건설업자와 전문건설업자가 공동으로 도급받은 경우에는 일반건설업자가 주계약자가 된다.

# Ⅱ 공동도급의 세무실무

## 1. 공사수입금액의 정산 : 세금계산서에 의한 정산

### (1) 공동도급 유형에 따른 대금 수령방식

공동수급체의 대표자는 선금·공사대금 등을 구성원 별로 구분 기재된 지급청구서를 발주자에게 제출하여야 한다. 다만, 공동수급체의 대표자가 파산 또는 해산, 부도 기타 부득이한 사유로 이를 행사할 수 없는 경우에는 공동수급체의 다른 모든 구성원의 연명으로 이를 제출할 수 있다.

발주자는 청구된 금액을 공동수급체 구성원 각자에게 지급하여야 한다. 다만, 공동이행방식 또는 주계약자관리방식으로 공동도급받은 건설공사의 선금은 공동수급체의 대표자에게 일괄지급하여야 한다.

기성대가는 공동수급체의 대표자 및 각 구성원의 이행내용에 따라 지급하여야 한다. 이 경우 준공대가 지급 시에는 구성원별 총 지급금액이 준공당시 공동수급체구성원의 출자비율 또는 분담내용과 일치하여야 한다.

따라서 대금수령방식이 대표사가 일괄수령 후 참여사에게 분배하면 참여사는 대표사에게 자기지분에 해당하는 공사매출에 대한 세금계산서를 발행한다. 반면에 발주자로부터 각자 대금을 수령하는 경우 발주자에게 매출세금계산서를 발행한다.

| 공사대금의 수령 | 세금계산서 발급 |
|---|---|
| 발주자 ⇨ 대표사 | • 대표사 ⇨ 발주자 / 수급체구성원 ⇨ 대표사<br>• 공동수급자 각자 ⇨ 대표사 |
| 발주자 ⇨ 직불 | • 대표사 ⇨ 발주자 / 수급체구성원 ⇨ 대표사<br>• 공동수급자 각자 ⇨ 대표사 |

### (2) 대표사가 일괄수령 후 참여사에게 분배하는 방식

공동도급운영기준에 따라 공동이행방식과 주계약자 관리방식에서 선금은 대표사가 일괄수령 후 참여사에게 배분하도록 하고 있다. 또한 기성금의 경우에도 대표사가 일괄수령 후 참여사에게 배분할 수도 있다. 이 경우 대표사는 발주자에게 공급시기에 해당하는 총공사대금에 대하여 매출세금계산서를 발행하고 참여사는 대표사에게 공급시기에 각자 지분에 해당하는 매출세금계산서를 발행한다.

국가를 당사자로 하는 계약에 관한 법률에 의한 공동도급계약에 의하여 용역을 공급하고 그 공동수급체의 대표자가 그 대가를 지급받는 경우에는 그 대가를 지급받아 약정된 지분에 의하여 공동수급체의 구성원에게 분배하는 경우에 공동수급체의 대표자는 발주자인 정부기관에 세금계산서를 교부하고 공동수급체의 구성원은 공동수급체의 대표자에게 세금계산서를 발급할 수 있다(부가 46015-1746, 1999. 6. 22). '갑', '을' 두 사업자가 사업에 관련한 공동비용의 분배비율을 약정하고 그 공동비용에 대한 매입세금계산서를 약정에 의하여 공동도급계약서 상의 대표자(갑)가 아닌 '을'이 일괄하여 교부받은 경우에는 '을'은 「부가가치세법 시행규칙」 제18조의 규정에 따라 '갑'에게 매출세금계산서를 교부할 수 있는 것이다(부가-2311, 2008. 7. 29).

### (3) 수급체구성원이 각각 수령하는 방식

국가를 당사자로 하는 계약에 관한 법률에 의한 공동도급계약에 의하여 2인 이상의 사업자(공동수급체)가 정부기관에 건설용역을 공급하고 공동수급체의 구성원이 약정된 지분대로 정부기관으로부터 대가를 지급받는 경우에는 공동수급체의 구성원이 각자에게 귀속되는 대가에 대하여 발주자인 정부기관에 세금계산서를 발급하여야 한다.

## 2. 공사원가의 정산

### (1) 공동원가 정산의 기본원칙

#### ① 월합계세금계산서로 매월정산

공동이행방식의 경우 대표사가 세금계산서 등으로 공급시기에 하도급업자로부터 공동매입한 외주비 등을 공사대금을 참여사 지분별로 배분하여 청구하는 경우 개별거래건을 합하여 매월 말일자를 작성일자로 하여 다음 달 10일까지 세금계산서를 발행하여 공동원가를 정산한다.

관련법조문

◈ 부가가치세법 제34조【세금계산서 발급시기】

③ 제1항에도 불구하고 다음 각 호의 어느 하나에 해당하는 경우에는 재화 또는 용역의 공급일이 속하는 달의 다음 달 10일(그 날이 공휴일 또는 토요일인 경우에는 바로 다음 영업일을 말한다)까지 세금계산서를 발급할 수 있다.

1. 거래처별로 달의 1일부터 말일까지의 공급가액을 합하여 해당 달의 말일을 작성 연월일로 하여 세금계산서를 발급하는 경우

◈ 부가가치세법 시행령 제69조【위탁판매 등에 대한 세금계산서 발급】

⑭ 「전기사업법」에 따른 전기사업자가 전력을 공급하는 경우로서 전력을 공급받는 명의자와 전력을 실제로 소비하는 자가 서로 다른 경우에 그 전기사업자가 전력을 공급받는 명의자를 공급받는 자로 하여 세금계산서를 발급하고 그 명의자는 발급받은 세금계산서에 적힌 공급가액의 범위에서 전력을 실제로 소비하는 자를 공급받는 자로 하여 세금계산서를 발급하였을 때(세금계산서의 발급이 면제되는 경우로서 기획재정부령으로 정하는 경우에 그 세금계산서를 발급하였을 때를 포함한다)에는 그 전기사업자가 전력을 실제로 소비하는 자를 공급받는 자로 하여 세금계산서를 발급한 것으로 본다.

⑮ 동업자가 조직한 조합 또는 이와 유사한 단체가 그 조합원이나 그 밖의 구성원을 위하여 재화 또는 용역을 공급하거나 공급받는 경우와 「국가를 당사자로 하는 계약에 관한 법률」에 따른 공동 도급계약에 의하여 용역을 공급하고 그 공동 수급체의 대표자가 그 대가를 지급받는 경우 및 「도시가스사업법」에 따른 도시가스사업자가 도시가스를 공급할 때 도시가스를 공급받는 명의자와 도시가스를 실제로 소비하는 자가 서로 다른 경우에 관하여는 제14항을 준용한다.

※ 준용은 특정조문을 그와 성질이 유사한 규율대상에 대해 그 성질에 따라 다소 수정하여 적용한 것을 말한다.

② 동일한 적격증빙으로 정산

공사에 소요되는 재화 또는 용역을 다른 사업자로부터 공급받고 공동수급체의 대표자가 세금계산서 또는 영수증을 교부받은 경우에는 당해 대표자가 부가가치세법 시행령 제69조의 규정에 의하여 세금계산서를 교부받은 분은 그 교부받은 세금계산서에 기재된 공급가액의 범위 안에서 세금계산서를, 영수증을 교부받은 분은 같은 방법으로 영수증을 각각의 지분비율에 따라 공동수급체의 구성원에게 교부할 수 있으며, 부가가치세가 과세되지 아니하는 공동비용에 대하여는 당해 대표자가 구성원에게 세금계산서를 교부할 수 없다(부가 46015-4870, 1999. 12. 11).

[공동매입 등에 대한 세금계산서 발급방법]

공동매입(공동도급 대표자 : 세금계산서 수령)

세금계산서 발행(공동도급대표자 → 공동수급체)
* 발급받은 세금계산서 공급가액의 범위 내에서 발행

□ 외부거래(매입정산과 관련한 증빙수수)

| 외부거래자(도매 등) | 대표사 | 수급체 구성원 |
|---|---|---|
| • 세금계산서 발행 | ⇨ 세금계산서수취 및 발행 | ⇨ 세금계산서 수취 |
| • 계산서 발행 | ⇨ 계산서 수취 및 발행 | ⇨ 계산서 수취 |
| • 영수증 발행 | ⇨ 영수증 수취 및 발행 | ⇨ 영수증 수취 |
| • 영세율세금계산서 발행 | ⇨ 영세율세금계산서 수취 및 발행 | ⇨ 영세율세금계산서 수취 |

* 기타증빙은 내부문서 등에 사본을 첨부하여 정산

**사례 공동원가의 공동매입세액의 공제방법**

(1) 자 료

LH 공사는 국민주택을 공급하기 위하여 (갑)과 (을)에 공동도급공사를 발주하였다. 공동수급체인 (갑)과 (을)의 출자지분은 60% : 40%로 공동이행방식에 따라 공동수급체를 구성하였다. (갑)과 (을)은 발주자에게 도급공사비에 대하여 각각 60% : 40%로 계산서를 발급하였다.

또한, 대표사인 (갑)은 건축자재비 등 공동원가를 자재공급업자인 (병)으로부터 세금계산서를 수취하였다. (갑)은 자기지분 60%를 제외한 40%에 대한 공동원가 분담분을 (을)에게 청구하면서 세금계산서를 발급하였다.

(2) 물음

위 사례에서 (갑)은 매입세액에 대한 공제방법에 대한 설명으로 맞는 것은?

1. 전액 불공제한다.
2. 전액 공제한다.
3. 자기지분을 제외한 40%를 공제한다.

(3) 해설

(갑)의 매입세액은 자기부담액인 60%이며 40%의 참여사부담분은 세금계산서를 발행하여 부가가치세를 납부하게 된다. 따라서 매출세액에 대응하는 매입세액 40%를 매출세액

에서 공제되며 참여사가 수취한 40%의 매입세액은 면세사업과 관련된 매입세액으로 공제되지 않는다.

## 3. 대표사의 법인신용카드 사용액의 정산과 매입세액공제방법

대표사의 법인카드에 대한 매입세액은 **대표사의 지분상당액에 해당되는 매입세액**을 대표사의 매출세액에서 공제가능하며 신용카드매출전표는 부가가치세법에서 세금계산서가 아닌 영수증으로 보는 것으로 참여사에 해당되는 지분에 대하여 세금계산서를 교부할 수 없으며 따라서 참여사도 매입세액공제를 받을 수 없다.

즉, 대표사의 신용카드발행분은 영수증으로 정산하여야 하며 매출세금계산서를 발행하여 정산할 수 없다.

건설공사를 공동수주한 공동수급체의 대표사가 공사에 소요되는 부가가치세가 과세되는 공동비용에 대하여 대표사 명의로 신용카드매출전표를 교부받은 경우에는 부가가치세법 제17조 제1항의 규정에 의하여 교부받은 신용카드매출전표상의 매입세액중 대표사의 지분 해당분에 대하여만 자기의 매출세액에서 공제가능하다(서면상담3팀-1858, 2007. 6. 29). 부가가치세 공제대상 매입세액은 자기의 사업을 위하여 사용되었거나 사용될 매입세액으로 한다. 따라서 공동경비 중 자기부담 초과분은 자기사업관련 매입세액이 아니므로 공제되지 아니한다. 물품공급계약서상 제품광고와 관련된 일체의 광고선전비를 쌍방이 해당 물품의 매출액에 비례하여 공동으로 분담하기로 약정하였고, 청구법인 스스로 다른 광고선전비에 대하여 안분하여 세금계산서를 수수한 반면, 쟁점광고선전비가 안분대상 광고선전비에서 제외할 만한 사정이 보이지 아니하므로 쟁점광고선전비를 「법인세법 시행령」 제48조의 규정에 따라 안분계산한 후 과다부담한 비용에 대하여 손금불산입 및 매입세액 불공제하여 과세한 처분은 잘못이 없다고 판단된다(조심 2011중1988, 2011. 11. 7).

두 법인이 공동기술개발 약정을 체결하여 그에 따른 내 · 외부 비용을 분담비율에 따라 부담하고 개발결과물을 공동으로 소유하는 공동기술개발을 수행하면서 어느 한 법인이 인력 · 시설 등 내부비용을 전액 또는 비용분담비율을 초과하여 선부담하고 정산하는 경우 용역의 공급에 해당하지 아니하나, 외부로부터 공급받은 재화나 용역 등 외부비용 관련 매입세액 중 당해 법인의 비용분담비율을 초과하는 분에 대한 매입세액은 공제받을 수 없는 것이다(기획재정부 부가가치세제과-402, 2014. 6. 2).

## 4. 기성차이의 정산(정산세금계산서 발급)

공동이행방식(공동분담방식이 아님)으로 공사를 수주받아 “갑”사가 60%, “을”사가 40%의 지분으로 발주처와 계약체결하고 공사를 진행하여 준공을 하였으나, 준공 후 정산으로 “갑”사의 지분인 60%를 초과하여 70%를 “갑”사가 시공하고, “을”사는 30%를 시공한 것으로 밝혀진 경우에 “갑”사가 “을”사로부터 수령한 10%의 금액에 대하여, 예산회계법에 의한 공동도급계약에 의하여 건설용역을 공급하고 발주자에게 세금계산서를 교부한 후 실제 **공사진행에 따른 각자의 공사진행차이분을 공동수급인간에 정산하기로 한 경우** 당해 공사진행차이에 따른 정산금액에 대하여는 부가가치세법 시행령 제69조 제15항의 규정에 준하여 세금계산서를 교부할 수 있다(서삼 46015-10864, 2001. 12. 13). 즉, 공동도급계약상 지분율에 따라 세금계산서를 수수하다가 추후에 지분율과 다르게 기성이 확정되는 경우 정산하는 세금계산서를 발행하여야 한다.

즉, 당초 지분율보다 과다 수행한 공동수급사는 그 차이에 대한 정산세금계산서를 발행하여 공사수익으로 인식하고 과소 수행한 공동수급체는 그 차이에 대한 정산세금계산서를 수취하면서 외주비로 계상하여야 한다.

[공사진행차이와 정산세금계산서 발급]

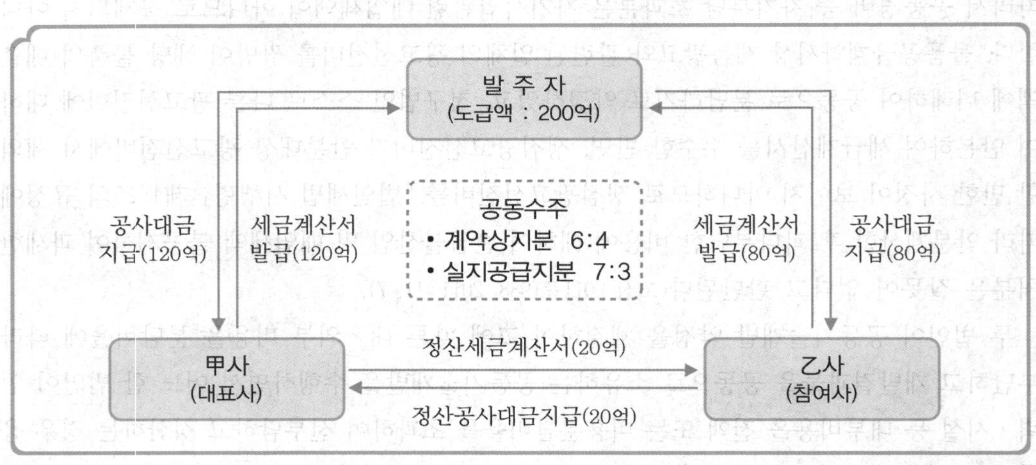


## 5. 형식적인 공동도급(부금현장)

공동도급공사는 구성원 전원이 연대하여 시공책임이 있으나 공동시공은 현실적으로 어려우며 비효율적이어서 대부분의 경우 주간사가 주도적으로 공사를 시행하고 있으며, 법원은 공동도급공사의 **공동수급체를 민법상의 조합**이라고 판시(대법원 2006. 6. 16 선고, 2004다7019

판결)하고 있어 대표사와 비주간 사이에는 업무집행자와 조합원의 관계에 있는 바(대법원 2000. 12. 12 선고, 99다49620 판결), 공동도급공사의 이행 여부도 조합 구성원이 아닌 조합을 기준으로 판단되어야 하고, 조합이 공사 이행시 조합의 구성원 전부가 공사를 이행한 것으로 보아야 할 것이다(국심 2006서1274, 2007. 2. 7).

한편, 「국가를 당사자로 하는 계약에 관한 법률」 제25조에 근거하여 국가 등은 필요에 따라서 공동계약을 체결할 수 있고, 공동도급계약을 체결하는 경우 계약당사자 전원이 계약서에 기명·날인하여야 하므로 공동계약을 체결한 당사자 중 한 업체가 자신의 지분에 해당하는 공사의 시공을 다른 공동계약업체에 원가율 약정(이면약정)을 하고 위임하는 것은 당사자 사이에만 효력이 있을 뿐이며, 원가율 약정은 낙찰일로부터 약 6개월에서 2년 이후에 체결되고 있어 그 이전까지는 실행률 약정에 의하여 집행되고 있으므로 원가율 약정 이전의 행위에 대하여 입찰에 참여할 때부터 명의를 대여하기로 하였다고 볼 수 없을 뿐만 아니라, 발주자 및 공동수급체간의 관계에 있어서 계약서상의 시공, 하자 담보책임 등 본 공동계약상의 용역 제공에 대하여 연대하여 채무를 부담하여야 하므로 공동도급계약의 당사자로서 지위를 부인하는 것은 어려움이 있다고 보인다.

따라서 공동수급체의 구성원으로서의 법률상 권리의무는 그대로 보유한 채 공동수급체 구성원들 사이에 약정한 출자비율에 따라 발주처로부터 비주간사가 대금을 수령하면 공동도급계약운용요령(회계예규 2200. 4-136-10, 2003. 12. 26)에 따라 비주간사는 발주처에 세금계산서를 교부하고, 주간사로부터는 공동도급계약에 의하여 공동수급체의 주간사가 교부받은 매입세금계산서는 공동수급업체 구성원들에게 교부하였으므로 각 거래과정에서 세금계산서 질서를 저해하거나 조세회피 목적도 없다고 보인다(심사부가 2006-0134, 2007. 3. 30, 국심 2006서1274, 2007. 2. 7).

판례

**공동수급체의 법적성격(대법원 2012. 6. 28 선고, 2010두5219 판결)**

1. 공동이행방식의 공동수급체는 기본적으로 민법상의 조합의 성질을 가지는 것으로서(대법원 2000. 12. 12 선고, 99다49620 판결 등 참조) 공동수급체가 공사를 시행함으로써 도급인에 대하여 가지는 채권은 원칙적으로 공동수급체의 구성원에게 합유적으로 귀속하므로, 특별한 사정이 없는 한 그 구성원 중 1인이 단독으로 도급인에 대하여 출자지분의 비율에 따른 급부를 청구할 수 없고, 구성원 중 1인에 대한 채권으로써 그 구성원 개인을 집행채무자로 하여 공동수급체의 도급인에 대한 채권에 대하여 강제집행을 할 수 없다(대법원 1997. 8. 26 선고, 97다4401 판결, 대법원 2001. 2. 23 선고, 2000다68924 판결).

   그렇지만 공동이행방식의 공동수급체와 도급인이 공사도급계약에서 발생한 채권과 관련하여 공동수급체가 아닌 개별 구성원으로 하여금 그 지분비율에 따라 직접 도급인에 대하여 권리를 취득하게 하는 약정을 한 경우와 같이 공사도급계약의 내용에 따라서는 공사도급계약과 관련하여 도급인에 대하여 가지는 채권이 공동수급체의 구성원 각자에게 그 지분비율에 따라 구분하여 귀속할 수 있으며(대법원 2002. 1. 11 선고, 2001다75332 판결), 위와 같은 약정은 명시적으로는 물론 묵시적으로도 할 수 있다. 그런데 공동이행방식의 공동수급체의 구성원들이 재정경제부 회계예규인 공동도급계약운용요령 별첨 1의 공동수급표준협정서(공동이행방식) 제8조를 참고하여 기성대가 등을 공동수급체의 구성원별로 직접 지급받기로 하는 공동수급협정을 체결하였다면 이는 도급인에 대한 관계에서 공사대금채권을 공동수급체의 구성원 각자가 그 출자지분의 비율에 따라 구분하여 취득하기로 합의한 것으로 보아야 하고, 거기에서 더 나아가 공동수급체의 대표자가 공동도급계약운용요령 제11조의 규정에 따라 공동수급체 구성원 각자에게 공사대금채권을 지급할 것을 예정하고 있는 도급인에게 위와 같은 공사대금채권의 구분 귀속에 관한 공동수급체 구성원들의 합의가 담긴 공동수급협정서를 입찰참가신청서류와 함께 제출하고 도급인이 별다른 이의를 유보하지 않은 채 이를 수령한 다음 공동도급계약을 체결하였다면, 공동수급체와 도급인 사이에서 공동수급체의 개별 구성원으로 하여금 공사대금채권에 관하여 그 출자지분의 비율에 따라 직접 도급인에 대하여 권리를 취득하게 하는 묵시적 약정이 이루어졌다고 볼 것이다(대법원 2012. 5. 17 선고, 2009다105406 전원합의체 판결, 대법원 2012. 5. 24 선고, 2010다41997 판결).

2. (1) 원심은 제1심판결을 인용하여 그 판시 사실에 나타난 사정들을 종합하여, 주식회사 XX와 주식회사 OO의 이 사건 공동수급체가 민법상의 조합에 해당한다고 판단한 다음, 주식회사 XX가 이 사건 공사의 시공으로 인하여 도급인인 원주시에 대하여 가지는 이 사건 압류채권은 조합의 채권으로서 이 사건 공동수급체의 구성원들에게 합유적으로 귀속한다 할 것이므로, 피고들이 이 사건 공동수급체의 구성원 중 1인인 주식회사 XX의 법인세, 연금보험료 등의 체납을 이유로 조합재산인 공사대금채권에 대하여 압류처분을 한 것은 제3자 소유의 재산을 대상으로 한 것으로서 당연무효라고 판단하였다. (2) 그러나 원심판결 이유를 앞서 본 법리에 비추어 보면, 위와 같은 원심의 판단은 다음과 같은 이유에서 수긍하기 어렵다. 원심이 인용한 제1심판결 이유와 기록에 의하면, 주식회사 XX와 주식회사 OO이 이 사건 공동수급체를 구성할 당시, 이 사건 공동수급협정서 제8조에서 기성대가를 구성원별로 별도 기재한 각자의 계좌로 지급받기로 약정하였음을 알 수 있다.

따라서 만약에 <u>도급인으로 하여금 기성대가 등을 공동수급체 구성원 각자에게 구분하여 직접 지급하는 내용의 공동도급계약운용요령에 따라 위와 같은 내용이 담긴 공동수급협정서가 원주시에 제출되어 공사도급계약이 체결되었다면, 이 사건 공동수급체와 원주시는 이 사건 공동수급체의 구성원 각자로 하여금 공사대금채권에 관하여 그 출자지분의 비율에 따른 권리를 취득하게 하는 묵시적인 약정을 하였다고 봄이 상당하고,</u> 그렇다면 이 사건 공동수급체의 구성원들은 원주시에 대하여 각 지분비율에 따라 각자에게 구분하여 귀속하는 공사대금채권을 가진다고 볼 여지가 있다.

그럼에도 불구하고 원심은 이 사건 공동수급협정서가 원주시에 제출되어 공사도급계약이 체결되었는지 여부에 관하여 살펴보지 아니한 채 그 판시와 같은 이유만으로 이 사건 공사대금채권을 공동수급체의 구성원들에게 합유적으로 귀속하는 조합채권으로 보아 피고들의 각 채권압류를 무효라고 판단하였는바, 이러한 원심판결은 공동이행방식의 공동수급체에 있어 공사대금채권의 귀속에 관한 법리를 오해한 나머지 필요한 심리를 다하지 아니하여 판단을 그르친 것이다.

### ① 공동도급공사 도중 일부 구성원의 지분포기와 신규 참여시 당해 지분의 공통원가 배분금액에 대한 세금계산서 발급방법

수개의 건설회사가 공동이행방식으로 도급공사를 수행하던 중에 지분 참여회사 중의 일부가 자기의 지분을 포기하고 당해 지분을 새로운 참여회사에게 양도하는 때에는 당해 지분(당해 공사에 대하여 투입된 원가에 대한 미완성분)을 양도하고 받는 대가에 대하여 당해 지분을 양도하는 회사가 양수받는 회사를 공급받는 자로 하여 세금계산서를 교부하여야 한다(부가 46015-2744, 1997. 12. 6).

### ② 공동도급공사의 공사진행 차이분에 대한 세금계산서 발급가능 여부

예산회계법에 의한 공동도급계약에 의하여 건설용역을 공급하고 발주자에게 세금계산서를 교부한 후 실제 공사진행에 따른 각자의 공사진행 차이분을 공동수급인간에 정산하기로 한 경우 당해 공사진행 차이에 따른 정산금액에 대하여는 부가가치세법 시행규칙 제18조 제1항의 규정에 준하여 세금계산서를 교부할 수 있는 것이다(부가 46015-235, 1995. 2. 4).

**사례** **공동도급공사의 공동대표사(갑)의 부가가치세 신고방법**

- 도급금액 : 100억원
- 공동도급인 : 갑(60%), 을(40%)
- 대표회사 : 갑

① 선수금 수령시(갑사) : 공동도급대표자가 세금계산서를 발행한 경우
  - 대표사가 선수금 10억원을 수령하고 일괄세금계산서 발행
  - 을로부터 지분 40%에 해당하는 4억원에 대한 매입세금계산서 수취

② 공사재료비에 대하여 공동매입으로 세금계산서 수취
  - 공사재료비 6억원(부가세 별도)을 공동수급체 대표사 갑이 매입세금계산서 수취
  - 을에게 지분 40%에 해당하는 2.4억원에 대한 매출세금계산서 발행

[수입금액 제외 내역]

- 공동수급체 구성원에게 분배하는 4억원
- 공동매입에 대하여 공동수급체 구성원에게 발행한 2.4억원

| ❶ 신 고 내 용 | | | | | | |
|---|---|---|---|---|---|---|
| 구 분 | | | | 금 액 | 세율 | 세 액 |
| 과세표준및매출세액 | 과세 | 세금계산서교부분 | ① | 1,240,000,000 | 10/100 | 124,000,000 |
| | | 매입자발행세금계산서 | ② | | 10/100 | |
| | | 신용카드 · 현금영수증발행분 | ③ | | 10/100 | |
| | | 기타(정규영수증외매출분) | ④ | | | |
| | 영세율 | 세금계산서교부분 | ⑤ | | 0/100 | |
| | | 기타 | ⑥ | | 0/100 | |
| | 예정신고누락분 | | ⑦ | | | |
| | 대손세액가감 | | ⑧ | | | |
| | 합계 | | ⑨ | | ㉮ | |
| 매입세액 | 세금계산서 수취분 | 일반매입 | ⑩ | 1,000,000,000 | | 100,000,000 |
| | | 고정자산매입 | ⑪ | | | |
| | 예정신고누락분 | | ⑫ | | | |
| | 매입자발행세금계산서 | | ⑬ | | | |
| | 기타공제매입세액 | | ⑭ | | | |
| | 합계(⑩+⑪+⑫+⑬+⑭) | | ⑮ | | | |
| | 공제받지못할매입세액 | | ⑯ | | | |
| | 차감계(⑮ − ⑯) | | ⑰ | | ㉯ | |
| 납부(환급)세액 (매출세액㉮ − 매입세액㉯) | | | | | ㉰ | 24,000,000 |

| ❹ 과세표준명세 | | | |
|---|---|---|---|
| 업 태 | 종 목 | 업종코드 | 금 액 |
| ㉖ 건설 | 일반건축공사 | | 600,000,000 |
| ㉗ | | | |
| ㉘ | | | |
| ㉙ 수입금액 제외 | | | 640,000,000 |
| ㉚ 합 계 | | | 1,240,000,000 |

「부가가치세법」 제18조 · 제19조 또는 제24조와 「국세기본법」 제45조의 3에 따라 위의 내용을 신고하며, 위 내용을 충분히 검토하였고 신고인이 알고 있는 사실 그대로를 정확하게 적었음을 확인합니다.

년 월 일

신고인: (서명 또는 인)

세무대리인은 조세전문자격자로서 위 신고서를 성실하고 공정하게 작성하였음을 확인합니다.

세무대리인: (서명 또는 인)

세무서장 귀하

| 구 비 서 류 | 뒤쪽참조 |
|---|---|

## 6. 소득세 · 법인세 실무

### (1) 수입금액 계상방법

공동도급의 수입금액 계상방법은 총공사 도급금액을 공동수급대표자가 계상하는 방법과 공동수급체 구성원의 지분율에 따라 각자의 수익으로 계상하는 방법이 있는데 공동도급계약의 취지상 각자의 지분비율에 따라 수익으로 계상하는 방법이 타당하다고 본다.

### (2) 수입금액의 회계처리

**사례** **지분비율에 따라 수익을 배분하는 방식**

- 도급금액 : 100억원
- 공동도급인 : 갑(60%), 을(40%)
- 대표회사 : 갑

① 선수금 수령시(갑사) : 공동도급대표자가 세금계산서를 발행한 경우

- 대표사가 선수금 10%를 수령하고 일괄세금계산서 발행

| (차) | | (대) | |
|---|---|---|---|
| 현금 및 예금 | 11억원 | 공사선수금 | 6억원 |
| | | 부가세예수금 | 1억원 |
| | | 예수금 | 4억원 |

※ 공동수급대표자가 총도급금액 중 60%를 수익(공사선수금)으로 계상하고 40%는 수급체 구성원에게 분배할 금액으로 예수금으로 처리

- 을로부터 세금계산서 수취시

| (차) | | (대) | |
|---|---|---|---|
| 예수금 | 4억원 | 현금 및 예금 | 4.4억원 |
| 부가세대급금 | 0.4억원 | | |

② 선수금 수령시 (을사)

- 갑사로부터 선수금 수령 및 세금계산서 발행시

| (차) | | (대) | |
|---|---|---|---|
| 현금 및 예금 | 4.4억원 | 공사선수금 | 4억원 |
| | | 부가세예수금 | 0.4억원 |

③ 공사수익 실현(공사 100% 완료)

- 갑사의 회계처리

| (차) | | (대) | |
|---|---|---|---|
| 공사미수금 | 54억원 | 공사수익 | 60억원 |
| 공사선수금 | 6억원 | | |

- 을사의 회계처리

| (차) | | (대) | |
|---|---|---|---|
| 공사미수금 | 36억원 | 공사수익 | 40억원 |
| 공사선수금 | 4억원 | | |

### (3) 공사원가의 회계처리

**사례** **공사재료비 10억원(부가세 별도)을 공동도급수급체 대표사 갑이 현금지급하고 취득한 경우**

(1) 갑의 회계처리

| | | | |
|---|---|---|---|
| (차) 원재료 | 6억원 | (대) 현금 및 예금 | 11억원 |
| 미수금 | 4억원 | | |
| 부가세대급금 | 1억원 | | |

※ 공동수급체대표사가 구입한 원재료 중 본인 해당분 6억원(60%)은 원재료로 처리하고 수급체구성원에게 인도하고 청구할 원재료 4억원(40%)은 미수금으로 처리한다.

- 을사에게 세금계산서를 발행하고 대금을 받은 경우

| | | | |
|---|---|---|---|
| (차) 현금 및 예금 | 4.4억원 | (대) 미수금 | 4억원 |
| | | 부가세예수금 | 0.4억원 |

※ 세금계산서 교부방법은 거래처별로 공급받은 매입세금계산서 범위 내에서만 발행할 수 있다.

(2) 을사의 회계처리

- 갑으로부터 세금계산서 수취 현금지급

| | | | |
|---|---|---|---|
| (차) 원재료 | 4억원 | (대) 현금 및 예금 | 4.4억원 |
| 부가세대급금 | 0.4억원 | | |

(3) 기성공사비 정산서 작성사례

[기성공사비 정산서(20×1. 10. 1 ~ 20×1. 10. 31)]

현장명 : 검단 신축공사 작성일자 : 20×1. 11. 7

(단위 : 백만원)

| 계 정 | 세금계산서 | 계산서 | 영수증 | 신용카드 | 원천징수 | 계 | 비 고 |
|---|---|---|---|---|---|---|---|
| 재료비 | 1,200(120) | | | | | 1,320 | |
| 노무비 | | | | | 500 | 500 | |
| 외주비 | 300(30) | 400 | | | | 730 | |
| 경비 | 50(5) | 10 | 100 | 500 | 10 | 675 | |
| 합계 | 1,550(155) | 410 | 100 | 500 | 510 | 3,225 | |
| 정산내역 | | | | | | | 지분율 |
| 갑 | 775(77) | 205 | 50 | 250 | 255 | 1,612 | 50% |
| 을 | 465(46) | 123 | 30 | 150 | 153 | 856 | 30% |
| 병 | 310(32) | 82 | 20 | 100 | 102 | 646 | 20% |
| 합계 | 1,550(155) | 410 | 100 | 500 | 510 | 3,225 | 100% |

### (4) 관련 사례

#### ① 공동사업법인에 대한 장부 및 증명서류 작성 · 보관의무

법인이 법인세법 제62조(현행 법법 112)의 규정에 의하여 장부를 비치 · 기장하고 장부와 관련된 증빙서류를 비치 · 보존함에 있어 2인 이상이 공동으로 수행하는 공동도급공사에 대한 장부와 증빙서류를 대표사가 작성 · 보관하고 있는 경우에는 공동수행자는 그 장부와 증빙서류의 사본을 비치 · 보존하여야 한다(법인 46012-2411, 1996. 8. 31).

**[공동도급공사관련 주요 해석사례 및 심판례 요약]**

| | | |
|---|---|---|
| ① 공동도급비용의 처리 | 공동도급계약에 의한 건설공사 진행과정에서 발생하는 폐기물 처리비용의 정산방법에 대하여는 시행사(SPC), 공동시공사, 폐기물처리업체간 계약내용에 따라 처리하여야 함. | 법인-447 (2009. 4. 10) |
| ② 공동수급체의 공동구매에 따른 배분금액의 미회수시 대손세액공제 가능 여부 | 공동수급체가 공동도급공사에 소요되는 재화 또는 용역을 공동으로 공급받고 당해 재화 등에 대한 세금계산서를 대표자 명의로 교부받아 그 대표자가 구성원으로부터 공동구매대금을 지급받지 못한 경우 대손세액공제를 받을 수 없음. | 부가가치세과-3754 (2008. 10. 21) |
| ③ 공동도급의 원천징수의무자 | 공동도급 건설용역 임금지급시 원천징수의무자는 각각 고용한 사용자임. | 원천세과-1897 (2008. 9. 3) |
| ④ 공동도급의 증빙서류 | 재화 또는 용역의 공급에 대하여는 공동수급체의 대표자가 구성원에게 세금계산서를 교부하여야 하는 것이나, 동 공사에 소요되는 재화 또는 용역을 다른 사업자로부터 공급받고 공동수급체의 대표자가 세금계산서 또는 영수증을 교부받은 경우에는 세금계산서를 교부받은 분은 그 교부받은 세금계산서에 기재된 공급가액의 범위 안에서 세금계산서를, 영수증을 교부받은 분은 같은 방법으로 영수증을 각각의 지분비율에 따라 공동수급체의 구성원에게 교부할 수 있는 것이며, 부가가치세가 과세되지 아니하는 공동비용에 대하여는 당해 대표자가 구성원에게 세금계산서를 교부할 수 없는 것임. | 부가 46015-4870 (1999. 12. 11) |
| ⑤ 공동도급공사 공통매입세액 안분계산 | 공동도급계약에 의하여 과세 · 면세 건설용역을 공급하고 각 사업자들의 지분대로 세금계산서를 교부한 후, 공동수급사간 실지 공사비율에 의한 차액 정산금액에 대하여 세금계산서를 교부함에 있어 각각 그 과세표준은 당해 공동도급공사의 전체 과 · 면세 공급비율을 기준으로 안분계산하는 것임. | 부가-2084 (2008. 7. 18) |

| | | |
|---|---|---|
| ⑥ 사실과 다른 세금계산서 여부 | 공동도급계약운용요령(회계예규 2200. 4-136-10, 2003. 12. 26)에 따라 비주간사는 발주처에 세금계산서를 교부하고, 주간사가 교부받은 매입세금계산서상의 금액을 공동수급체 구성원들에게 다시 발행한 것은 사실과 다른 세금계산서의 교부로 볼 수 없음. | 심사부가 2006-0134 (2007. 3. 30) |
| ⑦ 공동도급 여부 | 공동도급공사의 공동수급체는 민법상 조합으로서 공동수급체가 공동도급공사를 이행하였는지 여부는 조합을 기준으로 판단하여야 하고, 공사이행에 대해 조합원이 대외적으로 연대책임도 부담하므로 어느 한 구성원이 다른 구성원에게 확정된 이익을 보장하였다고 하여 그 한 구성원이 단독으로 시공하였다고 볼 수 없음. | 조심 2009중3702 (2010. 9. 15) |
| ⑧ 공동도급 여부 | 공동도급공사는 공동수급체가 공사를 이행한 것으로 보는 것이 타당하다고 할 것이므로 청구법인이 청구외법인의 공사지분을 단독으로 수행한 것으로 보아 과세한 이 건 처분은 잘못임. | 국심 2006서1274 (2007. 2. 7) |
| ⑨ 공동수급체 구성원 채권의 압류 | 공동수급체가 공사도급계약과 관련하여 도급인에 대하여 갖는 모든 채권이 반드시 공동수급체의 구성원들에게 합유적으로 귀속되어야만 하는 것은 아니고, 공동수급체의 구성원들이 도급인에 대하여 갖는 채권의 성격은 공사도급계약의 내용에 따라 결정됨. | 대법원 2009두14729 (2009. 12. 10) |
| ⑩ 주계약자관리 방식에 의한 공동계약에서의 세금계산서 발급방법 | 민간기업간의 공동계약(주계약자관리방식 포함)에 따라서 2인 이상의 사업자(공동수급체)가 용역을 공급하고 공동수급체의 구성원 각자가 해당 용역을 공급받는 자에게 자기가 공급한 용역에 대하여 각각 세금계산서를 발급하는 것임. 다만, 공동수급체의 대표자가 발주자로부터 대가를 지급받아 공동수급체의 구성원에게 약정된 지분에 따라 분배하는 경우에는 부가가치세법 시행령 제69조 제14항을 준용하여 공동수급체의 대표자가 발주자에게 세금계산서를 발급하고 공동수급체의 구성원이 공동수급체의 대표자에게 세금계산서를 발급할 수 있는 것임. | 사전법령해석 부가-0445 (2015. 12. 28) |
| ⑪ 공동수급체 대표사가 부담한 인건비에 대하여 구성원에게 세금계산서 발급 여부 | 공동수급체를 결성하여 공동도급공사를 수행할 때 대표사가 해당 공사에 소요되는 공동비용 중 인건비 등을 선부담하고 해당 공동수급체의 구성원으로부터 구성원 부담분을 지급받는 경우 해당 인건비 등 세금계산서 미수취분은 세금계산서 발급대상이 아니므로 세금계산서를 교부할 수 없는 것임. | 기획재정부 부가가치세제과-394 (2020. 9. 10) |

## Ⅲ 공동도급계약운용요령

# 지방자치단체 공동도급계약운용요령

행정자치부예규 제189호

(2005. 12. 30)

### (1) 목적 및 용어의 정의

**1. 목적**

이 예규는 「지방자치단체를 당사자로 하는 계약에 관한 법률 시행령」(이하 "시행령"이라 한다) 제88조의 규정에 의한 공동계약 중 공동도급계약의 체결방법, 그 밖에 필요한 사항을 정함을 목적으로 한다.

**2. 용어의 정의**

가. "공동도급계약"이라 함은 공사·제조·기타의 도급계약에 있어서 발주기관(지방자치단체 및 그 계약사무를 위탁받은 기관을 말함)과 공동수급체가 체결하는 계약을 말한다.

나. "공동수급체"라 함은 구성원을 2인 이상으로 하여 수급인이 당해 계약을 공동으로 수행하기 위하여 잠정적으로 결성한 실체를 말한다.

다. "공동수급체 대표자"라 함은 공동수급체의 구성원 중에서 대표자로 선정된 자를 말한다.

라. "공동수급협정서"라 함은 공동도급계약에 있어서 공동수급체 구성원 상호간의 권리·의무 등 공동도급계약의 수행에 관한 중요사항을 규정한 계약서를 말한다.

마. "주계약자"라 함은 공동수급체의 구성원 중에서 공동도급계약의 수행에 관하여 종합적인 계획·관리 및 조정을 하는 자를 말한다.

**3. 공동도급의 유형**

가. "공동이행방식"이라 함은 계약이행에 필요한 자금·인력 등을 공동수급체의 구성원이 공동으로 출자하거나 파견하여 계약을 수행하고 이에 따른 이익 또는 손

실을 각 구성원의 출자비율에 따라 배당하거나 분담하는 공동도급계약을 말한다.

나. "분담이행방식"이라 함은 계약이행을 공동수급체의 구성원별로 분담하여 수행하는 공동도급계약을 말한다.

다. "주계약자관리방식"이라 함은 건설산업기본법에 의한 건설공사를 시행하기 위한 공동수급체의 구성원 중 주계약자를 선정하고 주계약자가 계약의 수행에 관하여 종합적인 계획·관리 및 조정을 하는 공동도급계약을 말한다. 이 경우 일반건설업자와 전문건설업자가 공동으로 도급받은 경우에는 일반건설업자가 주계약자가 된다.

**4. 주계약자 관리방식에 의한 공동도급**

가. 건설산업기본법 제12조 및 동시행령 제15조의 규정에 의하여 일반건설업자가 전문건설업을 겸업할 수 있는 아래 업종이 포함된 공사는 주계약자 관리방식에 의한 공동도급에 의할 수 있다

| ㉠ 철강재설치공사업 | ㉡ 준설공사업 | ㉢ 삭도설치공사업 | ㉣ 승강기설치공사업 |
|---|---|---|---|
| ㉤ 가스시설시공업 | ㉥ 난방시공업 | ㉦ 시설물유지관리업 | |

나. 다음의 건설공사는 주계약자 관리방식에 의한 공동도급의 대상이 될 수 없다.

① 일반건설공사와 다른 법령에 의한 전기·정보통신·소방 등의 업종이 복합된 공사로서 통합발주하는 경우

② 추정가격이 2억원 미만의 공사인 경우

다. 주계약자 관리방식에 의한 공동도급의 경우 건설산업기본법 제30조 제1항에 의한 의무하도급 비율산정은 건설산업기본법 시행규칙 제27조의 규정에 일반건설업자가 전문건설업자와 공동도급할 때에는 당해 전문건설업자가 시공하는 공사는 하도급한 공사에 포함하여 의무하도급 비율을 산정한다.

## (2) 공동수급체의 구성 및 적용범위

**1. 공동수급체의 구성**

가. 자격요건

(1) 계약담당자는 공동수급체의 구성원으로 하여금 공동도급에 의하여 계약을 이행하는 데 필요한 면허·허가·신고·등록 등의 자격요건을 모두 충족하게 하여야 한다. 다만, 주계약자관리방식에 의한 공동수급체로서 주계약자

이외의 구성원 또는 분담이행방식에 의한 구성원은 분담한 공사를 이행하는 데 필요한 면허 · 허가 · 등록 · 신고 등의 자격요건만 충족하여도 된다.

(2) 시행령 제20조 제1항의 규정에 의한 제한경쟁입찰에 있어서 시공능력공시액, 실적, 기술보유상황 등은 건설산업기본법 등 관련법령에서 규정하고 있는 등록 · 면허가 동일한 경우에는 공동수급체의 구성원 모두의 것을 합산하여 적용한다.

나. 구성원 수

(1) 계약담당자는 5인 이하로 공동수급체를 구성하게 하여야 한다.

(2) 구성원별 계약참여 최소지분율은 5% 이상으로 하여야 한다.

다. 공동수급체 구성의 제한

(1) 계약담당자는 공동수급체의 구성원이 동일한 입찰 · 계약 등에 대하여 공동수급체를 중복적으로 결성하여 참가하게 하여서는 아니된다.

(2) 시행령 제88조 제3항(지역의무공동도급)의 규정에 의하여 공동수급체를 구성하는 경우 당해 지역의 업체와 그 외 지역업체간에는 독점규제및공정거래에관한법률에 의한 계열회사가 아니어야 한다.

(3) 계약담당자는 공동도급을 입찰 전(현장설명이 의무인 공사는 현장설명일 전)에 구성하게 하여야 하며 입찰 후에 구성하는 것을 허용하여서는 아니한다. 또한, 면허(등록)가 필요한 공동도급에 대하여는 면허(등록) 미보유자와의 공동수급체 구성을 하여서는 아니된다.

**2. 공동수급체 대표자의 선임**

가. 계약담당자는 공동수급체의 구성원으로 하여금 상호 협의하여 공동수급체 대표자를 선임하게 하되, 출자비율 또는 분담내용의 비중이 크며 시행령 제36조의 규정에 의한 입찰공고 등에서 요구한 자격을 가장 우수하게 갖춘 업체를 우선적으로 선임하게 하여야 한다. 다만, 주계약자관리방식에 의한 공동도급의 경우에는 주계약자가 공동수급체의 대표자가 된다.

나. 선임된 공동수급체 대표자는 발주기관 및 제3자에 대하여 공동수급체를 대표한다.

다. 계약담당자는 시행령 제42조 제1항 단서의 규정에 의한 최저가낙찰제 대상공사 입찰의 경우 공동수급체 대표자의 출자비율 또는 분담내용이 100분의 50 이상이 되도록 하여야 한다.

3. 공동수급협정서의 작성 및 제출

가. 공동수급협정서 작성

(1) 계약담당자는 공동수급체의 구성원으로 하여금 입찰공고 내용에 명시된 공동계약의 이행방식에 따라 별첨 1 내지 별첨 3의 공동수급표준협정서를 기준으로 공동수급협정서를 작성하게 하여야 한다.

나. 공동수급협정서 제출

(1) 계약담당자는 공동수급체 대표자로 하여금 공동수급협정서를 지방자치단체를 당사자로 하는 계약에 관한 법률 시행규칙(이하 "시행규칙"이라 한다) 제38조의 규정에 의한 입찰참가신청서류 제출시 함께 제출토록 하여 이를 보관하여야 한다.

### (3) 공동도급에 의한 입찰 및 계약 절차

1. 입찰공고

가. 계약담당자는 시행령 제88조 제2항의 규정에 의하여 입찰공고시 계약이행 규모가 소규모이거나 동일현장에 2인 이상의 수급인을 투입하기 곤란하거나 긴급한 이행이 필요한 경우 등 계약의 목적 · 성질상 공동도급계약에 의함이 곤란하다고 인정되는 경우를 제외하고는 가능한 한 공동도급계약이 가능하다는 뜻을 명시하여야 한다.

나. 계약담당자는 시행령 제88조 제1항 또는 제3항의 규정에 의한 공동도급계약의 이행방식과 공동수급체 구성원의 자격제한 사항을 입찰공고에 명시하여야 한다.

다. 계약담당자는 시행령 제88조 제3항의 규정에 의하여 공동계약을 체결하고자 하는 경우 당해 지역업체의 시공 참여 비율이 공사금액의 100분의 40 이상이 되어야 한다는 내용을 입찰공고에 명시하여야 한다. 다만, 아래의 경우에는 당해 지역업체의 시공비율로 입찰 참여를 제한할 수 없다.

① 당해 공사예정금액의 40% 이상에 해당하는 시공능력공시액을 갖춘 지역업체가 입찰공고일 전일기준 10인 미만인 경우

② 40% 이상 지역업체로 제한할 경우 입찰참가자격에 필요한 면허·등록 등 자격을 갖춘 지역업체가 입찰공고일 전일기준 10인 미만에 해당하는 경우

③ 기타 지역업체의 시공비율로 제한할 경우 시공상 품질이 떨어질 우려가 있거나 원활한 공동수급체 구성이 어려운 경우

## 2. 현장설명

가. 공동수급체 대표자는 단독으로 현장설명 및 입찰에 참가할 수 있다.

나. 공동수급체 구성원 전원의 연명으로 특정인에게 현장설명 및 입찰 참가를 위임한 경우 그 대리인은 단독으로 현장설명 또는 입찰에 참가할 수 있다.

## 3. 계약의 체결

가. 계약담당자는 공동도급계약 체결시 공동수급체의 구성원 전원이 계약서에 연명으로 서명날인토록 하여야 한다. 이 경우 공동수급체 구성원 상호간에는 연대보증인이 될 수 없다.

## 4. 보증금 등

가. 보증금 등의 납부

(1) 계약담당자는 각종 보증금의 납부는 공동수급체의 구성원이 공동수급협정서에서 정한 구성원의 출자비율 또는 분담내용에 따라 분할 납부하게 하여야 한다. 다만, 공동이행방식 또는 주계약자 관리방식에 의한 공동계약일 경우에는 공동수급체 대표자(주계약자를 포함한다) 또는 공동수급체의 구성원 중 1인으로 하여금 일괄 납부하게 할 수 있다.

(2) 계약담당자는 주계약자관리방식에 의한 공동계약일 경우에는 시행령 제51조 제1항 제1호 또는 제3호의 방법 중 하나를 선택하여 계약의 이행을 보증하게 하여야 한다.

나. 보증금 등의 반환

(1) 계약담당자는 보증금 등을 반환하는 경우에는 납부한 자에게 각각 반환하여야 한다. 다만 공동수급체 구성원의 합의가 있는 경우는 그 합의된 내용에 따라 직접 반환하여야 한다.

## 5. 공동수급체의 책임

가. 계약이행 및 하자보수 책임

계약담당자는 공동수급체의 구성원으로 하여금 발주자에 대한 계약상의 시공・제조・용역의무이행 및 하자보수에 대하여 다음과 같이 책임을 지도록 하여야 한다.

(1) 공동이행방식에 의한 경우에는 공동수급체의 구성원이 계약상의 의무이행에 대해 연대하여 책임을 진다.

(2) 분담이행방식에 의한 경우에는 공동수급체의 구성원이 각자 자신이 분담한 부분에 대하여만 책임을 진다.

(3) 주계약자관리방식에 의한 경우 주계약자는 전체 계약의 이행에 대하여 책임을 진다. 다만, 주계약자가 탈퇴한 후 주계약자의 계약이행의무 대행이 이루어지지 않는 경우에는 주계약자 이외의 구성원은 자신의 분담부분에 대하여 계약 이행이 이루어지지 아니하는 것으로 본다.

나. 시행령 제92조 제1항의 규정은 입찰참가자격의 제한사유를 야기시킨 자에 대하여 적용하며, 출자비율 또는 분담내용과 다르게 시공한 경우에는 해당 구성원에 대하여 적용한다.

## 6. 시공관리

### 가. 현장대리인의 선임

(1) 공동이행방식의 경우에는 구성원간에 협의하여 선임한다.

(2) 분담이행방식의 경우에는 자신의 분담부분에 대하여 각자 선임한다.

(3) 주계약자관리방식의 경우에는 구성원이 분담부분에 대하여 각자 선임하되 주계약자가 총괄하여 현장대리인을 배치하여야 한다.

## 7. 대가의 지급

### 가. 대가 신청방법

(1) 계약담당자는 선금・대가 등을 지급함에 있어서는 공동수급체의 구성원별로 구분 기재된 신청서를 공동수급체 대표자가 제출하도록 하여야 한다.

(2) 공동수급체 대표자가 파산, 해산, 부도 등의 부득이한 사유로 신청서를 제출할 수 없는 경우에는 공동수급체의 다른 구성원 모두의 연명으로 이를 제출하게 할 수 있다.

### 나. 대가 지급방법

(1) 계약담당자는 대가 등의 지급 신청이 있을 경우 신청된 금액을 공동수급체의 구성원 각자에게 지급하여야 한다.

(2) 선금은 공동이행방식 또는 주계약자관리방식에 의한 공동계약일 경우에는 공동수급체 대표자에게 지급하고, 분담이행방식에 의한 공동계약일 경우에는 구성원 각자에게 지급하여야 한다.

## 8. 공동계약 내용의 변경

### 가. 출자비율 또는 분담내용의 변경

(1) 계약담당자는 공동도급계약을 체결한 후 공동수급체 구성원의 출자비율 또는 분담내용을 원칙적으로 변경하게 할 수 없다.

(2) (1)에도 불구하고 계약담당자는 계약내용의 변경이나 파산, 해산, 부도 등의 사유로 인하여 당초 협정서의 내용대로 계약이행이 곤란한 구성원이 발생하여 공동수급체 구성원의 연명으로 출자비율 또는 분담내용의 변경을 요청한 경우에는 출자비율 또는 분담내용을 변경하게 할 수 있다.

(3) 계약담당자는 공동수급체 구성원의 출자비율 또는 분담내용의 변경을 승인함에 있어 구성원 각각의 출자지분 또는 분담내용 전부를 다른 구성원에게 이전하게 하여서는 아니된다.

나. 구성원의 변경

(1) 계약담당자는 공동수급체의 구성원을 추가하게 할 수 없다.

(2) (1)에도 불구하고 계약담당자는 계약내용의 변경이나 공동수급체의 구성원 중 일부 구성원의 파산, 해산, 부도 등의 사유로 인하여 잔존구성원(연대보증인 포함)만으로는 면허, 시공능력 및 실적 등 계약이행에 필요한 요건을 갖추지 못할 경우로서 공동수급체 구성원의 연명으로 구성원의 추가를 요청한 경우에는 구성원을 추가할 수 있다.

(3) 주계약자는 구성원이 정당한 이유없이 계약을 이행하지 아니하여 계약이행이 곤란하다고 판단되는 경우에는 계약담당자에게 구성원의 변경을 요청할 수 있다.

(4) 주계약자관리방식에 있어서 주계약자가 제1항의 규정에 의하여 중도탈퇴한 경우에는 주계약자의 연대보증인 또는 공사이행보증기관이 주계약자의 의무를 이행하거나 공동수급체가 연명으로 계약담당자에게 요청하여 새로운 주계약자를 선정하여야 한다.

### (4) 공동수급체 구성원의 제재

#### 1. 계약이행의 확인

가. 계약담당자는 공동수급체의 구성원으로 하여금 출자비율 또는 분담내용에 따라 실제 계약이행에 참여하게 하여야 한다. 다만, 주계약자관리방식에 의한 경우로서 주계약자는 직접 시공에는 참여하지 않으나 시공관리, 품질관리, 하자관리, 공정관리, 안전관리, 환경관리 등 시공의 종합적인 계획·관리 및 조정에만 참여하는 경우에도 이를 계약이행으로 본다.

나. 계약담당자는 주계약자관리방식에 의한 공동도급의 경우 주계약자 이외의 공동수급체의 구성원이 자신이 분담한 부분을 직접 시공하게 하여야 한다.

다만, 다른 법령의 규정이나 시공품질의 향상 및 현장사정 등 불가피한 사유가 있는 경우에는 주계약자와 합의하고 계약담당자의 승인을 얻어 하도급하게 할 수 있다.

다. 계약담당자는 주계약자 관리방식에 의한 공동수급체 구성원의 직접 시공을 담보하기 위하여 계약체결 시 구성원으로 하여금 직접 시공하겠다는 각서(별표1)를 제출토록 해야 한다.

라. 계약담당자는 필요하다고 인정하는 경우에는 공동수급체의 구성원별 계약이행계획을 제출하게 할 수 있다.

**2. 입찰참가자격의 제한**

가. 지방자치단체의 장은 공동수급체의 구성원 중 다음 각호의 어느 하나에 해당하는 경우에는 시행령 제92조 제1항 제6호의 규정에 의한 입찰참가자격 제한조치를 하여야 한다.

(1) 정당한 이유 없이 실제 계약이행에 참여하지 아니하는 구성원(단순히 자본참여만 한 경우 등을 포함)

(2) 출자비율 또는 분담내용과 다르게 계약을 이행하는 구성원

(3) 주계약자 관리방식에 의한 경우 주계약자 이외의 구성원이 발주자의 사전 서면 승인 없이 직접 시공하지 않고 하도급한 경우

## 부 칙

이 예규는 시행령 및 시행규칙 공포일 이후 입찰공고되거나 또는 수의계약하는 경우부터 시행한다.

별첨1

## 공동수급표준협정서(공동이행방식)

**제1조 [목적]**

이 협정서는 ○○○사와 ○○○사가 재정, 경영, 기술능력, 인원 및 기자재를 동원하여 아래의 공사, 물자 또는 용역에 대한 계획, 입찰, 시공 등을 위하여 공동 연대하여 사업을 영위할 것을 약속하는 협약을 정함에 있다.

1. 사 업 명 :
2. 계약금액 :
3. 발주자명 :

**제2조 [공동수급체]**

공동수급체의 명칭, 사업소의 소재지, 대표자는 다음과 같다.

1. 명　　　칭 : ○○○
2. 주사무소소재지 :
3. 대 표 자 성 명 :

**제3조 [공동수급체의 구성원]**

① 공동수급체의 구성원은 다음과 같다.
　1. ○○○회사(대표자 :　　　　　소재지 :　　　　　　)
　2. ○○○회사(대표자 :　　　　　소재지 :　　　　　　)

② 공동수급체 대표자는 ○○○로 한다.

③ 공동수급체 대표자는 발주자 및 제3자에 대하여 공동수급체를 대표하며, 공동수급체의 재산관리 및 대금청구 등의 권한을 가진다.

**제4조 [효력기간]**

본 협정서는 당사자간의 서명과 동시에 발효하며, 당해 계약의 이행으로 종결된다. 다만, 발주자 또는 제3자에 대하여 당해 계약과 관련한 권리의무 관계가 남아있는 한 본 협정서의 효력은 존속된다.

**제5조 [의무]**

공동수급체의 구성원은 제1조에서 정한 목적을 수행하기 위하여 성실, 근면 및 신의를 바탕으로 하여 필요한 모든 지식과 기술을 활용할 것을 약속한다.

**제6조 [책임]**

공동수급체의 구성원은 발주기관에 대한 계약상의 의무이행에 대하여 연대하여 책임을 진다.

### 제7조 [하도급]

공동수급체의 구성원은 다른 구성원의 동의를 받지 않고 분담부분의 일부를 하도급할 수 없다.

### 제8조 [거래계좌]

기성대가 등은 공동수급체의 대표자 및 구성원의 다음 계좌로 지급받는다. 다만, 선금은 공동수급체 대표자의 계좌로 지급받는다.

1. ○○○회사(공동수급체대표자) : ○○은행, 계좌번호○○○, 예금주○○○
2. ○○○회사 : ○○은행, 계좌번호○○○, 예금주○○○

### 제9조 [구성원의 출자비율]

① 공동수급체의 출자비율은 다음과 같이 정한다.

1. ○○○: %
2. ○○○: %

② 제1항의 비율은 다음 각호의 어느 하나에 해당하는 경우 변경할 수 있다. 다만, 출자비율을 변경함에 있어 일부 구성원의 출자지분 전부를 다른 구성원에게 이전할 수 없다.

1. 발주기관과의 계약내용 변경에 따라 계약금액이 증감되었을 경우
2. 공동수급체의 구성원 중 파산, 해산, 부도 등의 사유로 인하여 당초 협정서의 내용대로 계약이행이 곤란한 구성원이 발생하여 공동수급체의 구성원 연명으로 출자비율의 변경을 요청한 경우

③ 현금 이외의 출자는 시가를 참작, 구성원이 협의 평가하는 것으로 한다.

### 제10조 [손익의 배분]

도급계약을 이행한 후 이익 또는 손실이 발생하였을 경우에는 제9조에서 정한 비율에 따라 배당하거나 분담한다.

### 제11조 [권리, 의무의 양도제한]

구성원은 이 협정서에 의한 권리의무를 제3자에게 양도할 수 없다.

### 제12조 [중도탈퇴에 대한 조치]

① 공동수급체의 구성원은 다음 각호의 어느 하나에 해당하는 경우 외에는 입찰 및 당해 계약의 이행을 완료하는 날까지 탈퇴할 수 없다. 다만, 제3호의 규정에 해당하는 경우에는 다른 구성원이 반드시 탈퇴조치를 하여야 한다.

1. 발주자 및 구성원 전원이 동의하는 경우
2. 파산, 해산, 부도 기타 정당한 이유없이 당해 계약을 이행하지 아니하여 공동수급체의 다른 구성원이 발주자의 동의를 얻어 탈퇴조치를 하는 경우
3. 공동수급체의 구성원 중 파산, 해산, 부도 기타 정당한 이유없이 당해 계약을 이행하지 아니하여 시행령 제92조 제1항 제6호의 규정에 의하여 입찰참가자격제한조치를 받은 경우

② 제1항의 규정에 의하여 구성원 중 일부가 탈퇴한 경우에는 잔존구성원이 공동 연대하여 당

해 계약을 이행한다. 다만, 잔존구성원만으로 면허, 실적, 시공능력공시액 등 잔여계약이행에 필요한 요건을 갖추지 못할 경우에는 연대보증인과 연대하여 당해 계약을 이행하여야 하며, 연대보증인이 없거나 연대보증인이 계약을 이행하지 않는 경우에는 잔존구성원이 발주기관의 승인을 얻어 당해 요건을 충족하여야 한다.

③ 제2항 본문의 경우 출자비율은 탈퇴자의 출자비율을 잔존구성원의 출자비율에 따라 분할하여 제9조의 비율에 가산한다.

④ 탈퇴하는 자의 출자금은 계약이행 완료 후 제10조의 손실을 공제한 잔액을 반환한다.

**제13조 [하자담보책임]**

공동수급체가 해산한 후 당해 공사에 관하여 하자가 발생하였을 경우에는 연대하여 책임을 진다.

**제14조 [운영위원회]**

① 공동수급체는 공동수급체의 구성원을 위원으로 하는 운영위원회를 설치하여 계약이행에 관한 제반사항을 협의한다.

② 이 협정서에 규정되지 아니한 사항은 운영위원회에서 정한다.

위와 같이 공동수급협정을 체결하고 그 증거로서 협정서 ○통을 작성하여 공동수급체의 구성원이 기명날인하여 각자 보관한다.

20 년 월 일

○○○ (인)

○○○ (인)

별첨2

### 공동수급표준협정서(분담이행방식)

**제1조 [목적]**

이 협정서는 ○○○사와 ○○○사가 재정, 경영, 기술능력, 인원 및 기자재를 동원하여 아래의 공사, 물자 또는 용역에 대한 계획, 시공 등을 위하여 공동으로 사업을 영위할 것을 약속하는 협약을 정함에 있다.

1. 사 업 명 :
2. 계약금액 :
3. 발주자명 :

**제2조 [공동수급체]**

공동수급체의 명칭, 사업소의 소재지, 대표자는 다음과 같다.

1. 명　　　　칭 : ○○○
2. 주사무소소재지 :
3. 대 표 자 성 명 :

**제3조 [공동수급체의 구성원]**

① 공동수급체의 구성원은 다음과 같다.

1. ○○○회사(대표자:　　　　소재지:　　　　　)
2. ○○○회사(대표자:　　　　소재지:　　　　　)

② 공동수급체 대표자는 ○○○로 한다.

③ 공동수급체 대표자는 발주자 및 제3자에 대하여 공동수급체를 대표하며, 공동수급체 재산의 관리 및 대금청구 등의 권한을 가진다.

**제4조 [효력기간]**

본 협정서는 당사자간의 서명과 동시에 발효하며, 당해 계약의 이행으로 종결된다. 다만, 발주자 또는 제3자에 대하여 계약과 관련한 권리의무관계가 남아있는 한 본 협정서의 효력은 존속된다.

**제5조 [의무]**

공동수급체의 구성원은 제1조에서 정한 목적을 수행하기 위하여 성실, 근면 및 신의를 바탕으로 하여 필요한 모든 지식과 기술을 활용할 것을 약속한다.

**제6조 [책임]**

공동수급체의 구성원은 발주기관에 대한 계약상의 의무이행에 대하여 분담내용에 따라 각자 책임을 진다.

### 제7조 [하도급]

공동수급체의 각 구성원은 자기 책임하에 분담부분의 일부를 하도급 할 수 있다.

### 제8조 [거래계좌]

선금 및 대가 등은 공동수급체 대표자 및 구성원의 다음 계좌로 지급받는다.
1. ○○○회사(공동수급체대표자) : ○○은행, 계좌번호○○○, 예금주○○○
2. ○○○회사 : ○○은행, 계좌번호○○○, 예금주○○○

### 제9조 [구성원의 분담내용]

① 각 구성원의 분담내용은 다음과 같이 정한다.

[예시]
1. 일반건설공사의 경우
   가) ○○○건설회사 : 토목공사
   나) ○○○건설회사 : 포장공사
2. 환경설비설치공사의 경우
   가) ○○○건설회사 : 설비설치공사
   나) ○○○제조회사 : 설비제작

② 제1항의 분담내용은 다음 각호의 어느 하나에 해당하는 경우 변경할 수 있다. 다만, 분담내용을 변경함에 있어 일부 구성원의 분담내용 전부를 다른 구성원에게 이전할 수 없다.
1. 발주기관과의 계약내용 변경에 따라 계약금액이 증감되었을 경우
2. 공동수급체의 구성원 중 파산, 해산, 부도 등의 사유로 인하여 당초 협정서의 내용대로 계약이행이 곤란한 구성원이 발생하여 공동수급체의 구성원 연명으로 분담내용의 변경을 요청할 경우

### 제10조 [공동비용의 분담]

본 계약이행을 위하여 발생한 공동의 경비 등에 대하여 분담내용의 금액비율에 따라 각 구성원이 분담한다.

### 제11조 [구성원상호간의 책임]

① 구성원이 분담이행과 관련하여 제3자에게 끼친 손해는 당해 구성원이 분담한다.
② 구성원이 다른 구성원에게 손해를 끼친 경우에는 상호 협의하여 처리하되, 협의가 성립되지 아니하는 경우에는 운영위원회의 결정에 따른다.

### 제12조 [권리, 책임의 양도제한]

구성원은 이 협정서에 의한 권리의무를 제3자에게 양도할 수 없다.

**제13조 [중도탈퇴에 대한 조치]**

① 공동수급체의 구성원은 다음 각호의 어느 하나에 해당하는 경우 외에는 입찰 및 당해 계약의 이행을 완료하는 날까지 탈퇴할 수 없다.

1. 발주자 및 구성원 전원이 동의하는 경우
2. 파산, 해산, 부도 기타 정당한 이유없이 당해 계약을 이행하지 아니하여 공동수급체의 다른 구성원이 발주자의 동의를 얻어 탈퇴조치를 하는 경우

② 구성원 중 일부가 파산, 해산, 또는 부도 등으로 계약을 이행할 수 없는 경우에는 연대보증인이 당해 구성원의 분담부분을 이행하여야 하며, 연대보증인이 없거나 연대보증인이 계약을 이행하지 않는 경우에는 잔존구성원이 이를 이행한다. 다만, 잔존구성원만으로는 면허, 실적, 시공능력공시액 등 잔여계약이행에 필요한 요건을 갖추지 못할 경우에는 발주자의 승인을 얻어 당해 요건을 충족하여야 한다.

③ 제2항 본문의 경우 제11조 제2항의 규정을 준용한다.

**제14조 [하자담보책임]**

공동수급체가 해산한 후 당해 공사에 관하여 하자가 발생하였을 경우에는 분담내용에 따라 그 책임을 진다.

**제15조 [운영위원회]**

① 공동수급체는 공동수급체의 구성원을 위원으로 하는 운영위원회를 설치하여 계약이행에 관한 제반사항을 협의한다.

② 이 협정서에 규정되지 아니한 사항은 운영위원회에서 정한다.

위와 같이 공동수급협정을 체결하고 그 증거로서 협정서 ○통을 작성하여 공동수급체의 구성원이 기명날인하여 각자 보관한다.

20 년 월 일

○○○ (인)

○○○ (인)

별첨3

## 공동수급표준협정서(주계약자관리방식)

### 제1조 [목적]

이 협정서는 ○○○사와 ○○○사가 재정, 경영, 기술능력, 인원 및 기자재를 동원하여 아래의 공사, 물자 또는 용역에 대한 계획, 입찰, 시공 등을 위하여 주계약자가 전체사업의 수행에 관하여 계획 · 관리 및 조정을 하면서 공동으로 사업을 영위할 것을 약속하는 협약을 정함에 있다.

1. 사 업 명 :
2. 계약금액 :
3. 발주자명 :

### 제2조 [공동수급체]

공동수급체의 명칭, 사업소의 소재지, 대표자는 다음과 같다.

1. 명　　　칭 : ○○○
2. 주사무소소재지 :
3. 대 표 자 성 명 :

### 제3조 [공동수급체의 구성원]

① 공동수급체의 구성원은 다음과 같다.

1. ○○○회사(대표자:　　　)
2. ○○○회사(대표자:　　　)

② 공동수급체 대표자는 ○○○로 한다.

③ 공동수급체 대표자는 발주자 및 제3자에 대하여 공동수급체를 대표하며, 공동수급체의 재산관리 및 대금청구 등의 권한을 가진다.

### 제4조 [효력기간]

본 협정서는 당사자간의 서명과 동시에 발효하며, 당해 계약의 이행으로 종결된다. 다만, 발주자 또는 제3자에 대하여 계약과 관련한 권리의무관계가 남아있는 한 본 협정서의 효력은 존속된다.

### 제5조 [의무]

공동수급체의 구성원은 제1조에서 정한 목적을 수행하기 위하여 성실, 근면 및 신의를 바탕으로 하여 필요한 모든 지식과 기술을 활용할 것을 약속하며, 주계약자의 전체건설공사 수행을 위한 계획 · 관리 및 조정하는 사항에 적극 협조하여야 한다.

### 제6조 [책임]

공동수급체의 구성원은 발주자에 대한 계약상의 의무이행에 대하여 분담내용에 따라 각자 책임을 진다. 다만, 주계약자는 전체 계약의 수행에 관하여 계획 · 관리 및 조정을 하며 다른 구성원의 계약의무이행에 대하여 연대하여 책임을 진다.

**제7조 [계약이행]**

공동수급체의 구성원(주계약자는 제외한다)은 자신이 분담한 부분을 직접 시공하여야 한다. 다만, 다른 법령의 규정이나 시공품질의 향상 및 현장사정 등 불가피한 사유가 있는 경우에는 주계약자와 합의하고 계약담당자의 승인을 얻어 시공할 수 있다.

**제8조 [거래계좌]**

선금 및 대가 등은 공동수급체의 대표자 및 구성원의 다음 계좌로 지급받는다.

1. ○○○회사(공동수급체대표자) : ○○은행, 계좌번호○○○, 예금주○○○
2. ○○○회사 : ○○은행, 계좌번호○○○, 예금주○○○

**제9조 [구성원의 분담내용]**

① 각 구성원의 분담내용은 다음과 같이 정한다.

[예시]

일반공사의 경우

가) ○○○건설회사 : 토목공사

나) ○○○건설회사 : 철강재설치공사

② 제1항의 분담내용은 다음 각호의 어느 하나에 해당하는 경우 변경할 수 있다. 다만, 분담내용을 변경하는 경우 공동수급체 일부 구성원의 분담내용 전부를 다른 구성원에게 이전할 수 없다.

1. 발주기관과의 계약내용 변경에 따라 계약금액이 증감되었을 경우
2. 공동수급체의 구성원 중 파산, 해산, 부도 등의 사유로 인하여 당초 협정서의 내용대로 계약이행이 곤란한 구성원이 발생하여 공동수급체의 구성원 연명으로 분담내용의 변경을 요청할 경우

**제10조 [공동비용의 분담]**

본 계약이행을 위하여 발생한 공동의 경비 등에 대하여 분담내용의 금액비율에 따라 각 구성원이 분담하는 것을 원칙으로 하되, 전체계약의 종합관리 및 보증금 등의 일괄납부에 소요되는 비용의 재원은 공동수급체 구성원간의 협의에 의하여 별도로 정할 수 있다.

**제11조 [구성원상호간의 책임]**

① 구성원이 분담공사와 관련하여 제3자에게 끼친 손해는 당해 구성원이 분담한다.

② 공동수급체의 구성원이 다른 구성원에게 손해를 끼친 경우에는 상호 협의하여 처리하되, 협의가 성립되지 아니하는 경우에는 운영위원회의 결정에 따른다.

**제12조 [구상권의 행사]**

주계약자는 이 협정서에 의하여 다른 구성원의 책임 있는 사유로 연대 책임을 이행하여 발생한 손실에 대하여는 다른 구성원에게 구상권을 행사할 수 있다.

제13조 [권리, 의무의 양도제한]

공동수급체의 구성원은 이 협정서에 의한 권리의무를 제3자에게 양도할 수 없다.

제14조 [중도탈퇴에 대한 조치]

① 공동수급체의 구성원은 다음 각호의 어느 하나에 해당하는 경우 외에는 입찰 및 당해 계약의 이행을 완료하는 날까지 탈퇴할 수 없다.

1. 발주자 및 구성원 전원이 동의하는 경우
2. 파산, 해산, 부도 기타 정당한 이유 없이 당해 계약을 이행하지 아니하여 공동수급체의 다른 구성원이 발주자의 동의를 얻어 탈퇴조치를 하는 경우

② 공동수급체의 구성원 중 일부가 탈퇴한 경우에는 주계약자가 당해 구성원의 분담부분을 이행하거나 발주기관의 승인을 얻어 요건을 갖춘 구성원을 추가하여 이행할 수 있다.

③ 주계약자가 탈퇴한 경우에는 연대보증인이 당해 계약을 이행하여야 하며, 연대보증인이 없거나 연대보증인이 계약을 이행하지 아니하는 경우에는 잔존구성원이 면허, 실적, 시공능력공시액 등 잔여계약이행에 필요한 요건을 갖추거나, 발주자의 승인을 얻어 요건을 갖춘 구성원을 추가하여 이행할 수 있다.

④ 제2항 본문의 경우 제11조 제2항의 규정을 준용한다.

제15조 [하자담보책임]

① 공동수급체가 해산한 후 당해 계약에 관하여 하자가 발생하였을 경우에는 분담내용에 따라 그 책임을 진다.

② 해당 구성원이 하자 담보책임을 이행하지 않은 경우(부도, 파산 등으로 이행할 수 없는 경우를 포함한다)에는 해당 구성원의 연대보증인과 주계약자가 연대하여 하자담보 책임을 지되, 해당 구성원의 연대보증인이 우선하여 하자담보 책임을 이행하여야 한다.

③ 구성원간(주계약자를 포함한다)에 하자책임 구분이 곤란한 경우에는 하자와 관련 있는 구성원이 공동으로 하자 담보책임을 이행하여야 한다.

제16조 [운영위원회]

① 공동수급체는 공동수급체의 구성원을 위원으로 하는 운영위원회를 설치하여 계약이행에 관한 제반사항을 협의한다.

② 이 협정서에 규정되지 아니한 사항은 운영위원회에서 정한다.

위와 같이 공동수급협정을 체결하고 그 증거로서 협정서 ○통을 작성하여 공동수급구성원이 기명날인하여 각자 보관한다.

20 년 월 일

대표자 ○○○ (인)
구성원 ○○○ (인)

연대보증인 ○○○ (인)

## 제 4 절 지주공동사업

### 개 요

#### 1. 지주공동사업의 의의

지주공동사업이란 지주(토지소유자)와 건설회사가 공동으로 주택이나 상가를 건설하여 분양하는 시행사업을 행하는 것을 말한다. 즉, 지주는 토지를 제공하고 건설회사는 건설용역을 제공하여 수익금액을 지분에 따라 분배하는 형태의 건설업을 말한다.

#### 2. 지주공동사업의 형태

##### (1) 토지양도 형태

지주가 소유하고 있는 토지를 건설회사에 양도하고, 토지매각대금은 건설회사가 사업을 시행하여 받는 분양대금의 수령에 따라 토지대금을 수령하는 형태이다. 이 경우 지주는 토지양도에 따른 양도소득세만 부담하게 되며 사업시행에 따른 사업소득세나 부가가치세 등은 부담하지 않게 된다.

##### (2) 개인사업 형태

지주가 사업의 시행자가 되며 건설회사로부터 건설용역을 공급받고 건축비는 분양대금에서 지불하는 형태이다. 이 경우 지주는 사업시행에 따른 사업소득세와 부가가치세 등을 부담하게 된다.

##### (3) 법인설립 형태

지주는 토지를 법인에 현물출자 하여 법인을 설립하고 건설회사에 도급을 주어 공동으로 사업을 영위하는 형태이다. 이 경우 시행에 따른 사업소득에 대한 법인세의 납세의무를 지게 되며 그 이익을 분배금액에 대하여 배당소득세를 납부하게 된다.

## Ⅱ 지주공동사업의 세무실무

### 1. 부가가치세 실무

#### (1) 사업자등록

① 사업자등록 방법

지주와 건설회사가 사업을 공동으로 영위하는 경우 지분비율 및 출자금액을 약정한 동업계약서를 첨부하여 공동사업자의 인격을 법인 또는 개인사업자로 사업자등록하여야 한다. 법인과 개인이 동업계약에 의하여 공동사업을 영위하는 경우에는 당해 공동사업체의 인격에 따라 법인 또는 개인으로 사업자등록을 하여야 하며 인격의 구분이 불분명한 경우에는 국세기본법 제13조의 규정에 따라 판정한다(부가 1235-2025, 1978. 5. 23).

② 사업자등록의 정정

2인의 공동사업자가 동업계약을 해지한 후 대표자로 되어 있던 1인은 기존 사업을 계속하여 영위하고 다른 1인은 신규로 사업을 개시하는 경우에는 기존 사업을 계속하여 영위하는 자는 사업자등록을 정정하여야 하며, 신규로 사업을 개시하는 자는 사업자등록을 신청하여야 한다(재무부 부가 22601-1073, 1990. 11. 9).

#### (2) 공동사업에 현물출자시의 부가가치세 과세 여부

공동사업에 현물출자하는 경우에 출자자산이 부가가치세 과세대상인 경우(건물 등)에는 재화의 공급에 해당되어 부가가치세가 과세된다. 다만, 사업의 포괄양도에 해당되는 경우에는 재화의 공급에 해당되지 아니한다.

#### (3) 출자지분의 반환 및 공유물 분할

① 출자지분의 현물반환

출자자가 자기의 출자지분을 타인에게 양도하거나 법인 또는 공동사업자가 출자지분을 현금으로 반환하는 것은 재화의 공급에 해당하지 아니하나(부가 22601-248, 1991. 2. 28), 법인 또는 공동사업자가 출자지분을 현물로 반환하는 것은 재화의 공급에 해당된다(부기통 9-18-2).

② 출자지분의 양도

약국을 운영하는 사업자가 다른 장소에 당해 사업자의 부인과 공동으로 사업용 건물을 취득하면서 약국사업자 명의로 세금계산서를 교부받은 경우 당해 세금계산서의 매입세액은 약국사업자의 매출세액에서 공제되지 아니하는 것이고, 공동명의로 취득한 사업용 건물의 소유지분 일부를 양도하고 새로 지분을 취득한 자와 공동으로 사업을 영위하는 경우에는 출자지분의 양도로서 재화의 공급에 해당하지 아니하는 것이나, 새로 지분을 취득한 자가 소유지분의 부동산을 공동사업에 공하지 아니하고 독립하여 별도의 사업을 영위하는 경우에는 재화의 공급에 해당되어 지분양도에 대하여는 당해 공동사업자의 명의로 세금계산서를 교부하여야 하는 것이다(서삼 46015-10984, 2003. 6. 20).

③ 출자지분의 반환

ⓐ 공동사업으로 아들의 토지 위에 아버지가 건물을 신축한 후 공동사업을 영위하다가 건물을 아들에게 증여한 것은 출자지분을 타인에게 양도한 것에 해당되어 부가가치세 과세대상이 아니고(서삼 46015-11896, 2002. 11. 7), 또한 공동사업자가 지분의 일부를 동업예정자에게 양도하는 것도 부가가치세가 과세되지 아니한다(간세 1235-1764, 1979. 5. 29).

ⓑ 주택신축판매업을 영위하던 공동사업자가 주택신축 후 각각 독립적으로 사업을 영위하고자 당해 주택을 분할등기 하여 소유권을 각자 명의로 이전등기하는 경우는 공동사업자의 출자지분을 현물로 변환한 것으로 재화의 공급에 해당하여 부가가치세가 과세되나, 단순한 주택소유권의 분할등기는 재화의 공급에 해당하지는 아니하는 것이다.

ⓒ 3인이 동업계약을 체결하여 공동사업으로 부동산임대용 건물을 신축한 후 각각 독립적으로 부동산임대업을 영위하고자 동업계약을 해지한 후 공동사업자 사업자등록증은 대표자 1인 명의로 정정하고 다른 2인은 각각 신규로 사업을 개시하는 경우에 신규로 사업을 개시하는 사업자에게 당해 부동산임대용 건물의 소유권을 분할등기하여 소유권을 이전하는 경우는 공동사업자가 출자지분을 현물로 반환하는 것에 해당하여 부가가치세법 제6조 제1항의 규정에 의하여 부가가치세가 과세되는 것이며, 이 경우 당해 공동사업자는 신규로 사업을 개시하는 2인에게 반환하는 건물의 시가상당액을 과세표준으로 하여 동법 제16조 제1항의 규정에 의하여 세금계산서를 교부하여야 하는 것이며, 사업용 건물을 공급받는 사업자가 당해 건물을 부가가치세가 과세되는 사업에 사용할 경우에는 동법 제17조 제1항 제1호의 규정에 의하여 교부받은 세금계산서상 매입세액은 자기의 매출세액에서 공제할 수 있는 것이다(서면3팀-2300, 2004. 11. 11).

**핵심체크**

공동사업의 현물출자 지분에 대한 부가가치세 과세 여부를 체크해 보자.

① 현물출자 : 부가가치세 과세대상

② 현물출자지분의 반환
- 현물반환 : 부가가치세 과세
- 현금반환(출자지분 양도) : 부가가치세 과세대상 아님

③ 공유물분할
- 공동사업 해지 후 각자 사업목적으로 분할 : 현물반환을 부가가치세 과세
- 단순한 지분분할 : 공동사업에 계속 출자하는 것으로 부가가치세 과세 안함

### (4) 세금계산서 발급방법

갑, 을, 병 3인이 공동사업 등록하여 상가를 신축하면서 건축비에 대한 매입세액공제를 받은 후 준공과 동시에 지분별로 분할등기 후 각자 독립된 사업을 영위하는 경우에는 출자지분의 현물반환에 해당되어 부가가치세가 과세되며 세금계산서 교부는 공동사업자가 현물로 반환받은 자에게 세금계산서를 교부하여야 하는 것이다(부가 46015-1496, 2001. 12. 13).

① 을과 병은 분할등기를 합의할 날로부터 20일 이내에 사업자등록, 갑은 단독명의로 사업자등록 정정신고

② 을(30%), 병(20%)에게 공동사업자등록번호로 반환하는 재화의 시가상당액에 대하여 세금계산서 발급. 즉, 상가의 총가액(시가)이 5억원인 경우 을에게 2억원을 병에게 1억원을 과세표준으로 하여 세금계산서 발급

## 2. 소득세·법인세 실무

### (1) 사업소득의 귀속시기 및 손익분배 방법

개인과 법인이 개인공동명의로 사업을 경영하는 경우, 공동사업장에 대한 소득금액계산은 소득세법 제43조의 규정에 의하여 당해 공동사업장을 1거주자로 보아 계산하는 것이므로, 개인과 법인의 소득금액은 그 지분 또는 손익분배의 비율에 의하여 분배되었거나 분배될 소득금액에 따라 계산하는 것이며, 주택신축판매업의 주택매매의 경우, 사업소득의 수입시기는 소득세법 시행령 제48조 제11호의 규정에 의하여 **대금을 청산한 날**이다. 다만, 대금을 청산하기 전에 등기·등록하거나 사용수익하는 경우에는 그 등기·등록일 또는 사용수익일로 하는 것이다(서면1팀-1371, 2004. 10. 5). 또한, 법인이 개인사업자와 공동으로 사업을

영위하는 경우에는 당해 공동사업장의 자산·부채 및 수입·지출 등에 관한 거래금액 중 법인의 지분에 해당하는 금액에 대하여 법인세법을 적용하여 산출된 금액을 당해 법인의 익금과 손금으로 하는 것이다(서이 46012-10336, 2002. 2. 27).

### (2) 개인·법인, 법인·법인 간 공동사업 형태

법인과 법인, 개인과 법인이 공동으로 분양사업을 하는 경우 공동사업자의 인격을 무엇으로 할 것인가, 기장의무, 소득세법 또는 법인세법 적용 여부 등 복잡한 세무처리 문제가 발생하게 된다.

#### 1) 공동사업자의 인격

법인과 법인, 개인과 법인이 공동으로 분양사업을 하는 경우 특별히 새로운 법인을 설립하지 않는 한 개인사업자로 등록하여야 한다. 즉, 개인과 법인이 동업계약에 의하여 공동사업을 영위할 경우, 당해 공동사업체가 법인설립등기를 하거나 법인으로 보는 때에는 법인세법의 규정을 적용받으며, 그 외의 경우에는 거주자로 보아 소득세법의 규정을 적용하는 것이다(소득 46011-3086, 1997. 11. 29).

#### 2) 개인과 법인형태

개인과 법인이 공동사업을 하는 경우 사업자등록은 개인사업자로 하여야 하며 부가가치세 납세의무는 별도로 등록한 개인사업자가 납세의무를 이행하여야 한다.

다만, 소득금액계산은 개인은 소득세법을 적용하여 산정하고 법인은 법인세법을 적용하여 산정하여야 한다. 따라서 예약매출에 대한 분양손익의 인식은 개인은 소득세법 시행령 제48조 제11호에 의거 대금청산일, 소유권이전등기일, 사용수익일 중 빠른 날에 인식하여야 하나 법인은 손익분배비율에 해당되는 자산, 부채, 손익을 분배받아 법인세법을 적용하여 법인세를 산출하여야 하므로 법인세법 시행령 제69조에 따른 진행기준으로 손익을 인식하여야 한다.

#### 3) 법인과 법인형태

법인과 법인 간에 민법상 조합계약을 체결하여 공동사업을 영위하는 경우 공동사업에서 발생한 수익·비용을 공동사업계약에 의한 지분비율에 의하여 안분한 금액을 각 법인의 익금과 손금으로 하며, 공동사업용 고정자산에 대하여는 공동사업자 지분비율에 의하여 안분한 금액을 각 법인의 자산으로 계상하여 각 사업자별 감가상각방법 및 내용연수에 따라 감가상각하는 것이다(서이-340, 2004. 3. 2). 이 경우 등록한 개인사업자는 소득세법상 납세의무가 없으므로 성실신고대상자도 아니다.

(갑)법인과 (을)법인이 동업계약에 의하여 공동사업을 영위함에 있어 당해 공동사업장을 개인사업자로 사업자등록한 경우 당해 공동사업장에서 발생하는 자산・부채 및 수입・비용 등에 관한 거래금액에 대해서 법인세법을 적용하여 산출된 금액을 동업계약에 의한 지분비율로 안분하여 이를 당해 법인의 익금과 손금으로 하는 것이며, 이 경우 1거주자로 보는 공동사업장은 종합소득 과세표준확정 신고의무는 없는 것이다(서면1팀-1218, 2005. 10. 10).

[개인・법인과의 공동사업 형태]

| 구성 | | 등록 | 신고・납부 |
|---|---|---|---|
| **개인** + 개인<br>개인 + 법인<br>법인 + **법인** | 동업계약 → | 개인사업자등록<br>(공동사업자) | **종합소득세 신고・납부**<br>(5월, 6월)<br>지분별 귀속, 인도기준<br><br>**법인세 신고・납부**<br>(3월)<br>익금, 손금, 진행기준<br>소득처분 |

## (3) 공동사업자의 지분양도시 총수입금액 산입

갑과 을이 주택신축판매업을 공동으로 영위하는 경우 판매목적으로 신축한 주택을 공동사업구성원인 을에게 공유물분할등기에 의해 자기지분을 양도하는 때에는 분할등기한 주택의 시가상당액을 그 분할등기 한 연도의 당해 공동사업장의 소득금액계산에 있어서 총수입금액에 산입하는 것이다(서면1팀-1260, 2005. 10. 20). 공동주택 신축판매업을 공동으로 하는 공동사업자가 공동사업자별로 소유권이 된 현물출자 토지에 대해서 공동주택의 분양시에 그 분양자에게 대지권등기를 원활히 해주기 위하여 공동사업을 해지하지 아니하고 형식상 다른 공동사업자 중 1인에게 매매를 원인으로 소유권이전등기를 하는 경우에는 해당 토지의 가액을 해당 공동사업장의 총수입금액에 산입하지 않는 것이나, 이에 해당하는지는 공동사업에 대한 약정내용 등 관련 사실을 종합하여 사실판단 할 사항이다(서면-2016-소득-6196, 2017. 1. 17.).

**판례** **공동사업자의 지분양도와 소득구분**(대법원 2015. 12. 23 선고, 2012두8977 판결)

어느 조합원이 조합체에서 탈퇴하면서 지분의 계산으로 일부 조합재산을 받는 경우에는 마치 합유물의 일부 양도가 있는 것처럼 그 개별 재산에 관한 합유관계가 종료하므로(민법 제274조 제1항), 이와 같은 지분의 계산은 세법상 탈퇴한 조합원과 공동 사업을 계속하는 다른 조합원들이 조합재산에 분산되어 있던 지분을 상호 교환 또는 매매한 것으로 볼 수 있다. 그런데 공동사업을 목적으로 한 조합체가 조합재산인 부동산을 양도함으로써 얻는 소득은, 그것이 사업용 재고자산이라면 사업소득이 되며(구 소득세법 제87조, 제43조) 사업용 고정자산으로서 양도소득세 과세대상이라면 양도소득이 된다(구 소득세법 제118조). 탈퇴한 조합원이 다른 조합원들에게 잔존 조합재산에 관한 자신의 지분을 양도하고 일부 조합재산을 받음으로써 얻는 소득의 성질도 이와 다르지 않으므로, 탈퇴 당시 조합재산의 구성내역에 따라 탈퇴한 조합원의 사업소득 또는 양도소득 등이 된다고 할 것임.

### 관련법조문

#### ◈ 건축법 제11조【건축허가】

① 건축물을 건축하거나 대수선하려는 자는 특별자치시장・특별자치도지사 또는 시장・군수・구청장의 허가를 받아야 한다. 다만, 21층 이상의 건축물 등 대통령령으로 정하는 용도 및 규모의 건축물을 특별시나 광역시에 건축하려면 특별시장이나 광역시장의 허가를 받아야 한다.

⑪ 제1항에 따라 건축허가를 받으려는 자는 해당 대지의 소유권을 확보하여야 한다. 다만, 다음 각 호의 어느 하나에 해당하는 경우에는 그러하지 아니하다.

1. 건축주가 대지의 소유권을 확보하지 못하였으나 그 대지를 사용할 수 있는 권원을 확보한 경우. 다만, 분양을 목적으로 하는 공동주택은 제외한다.

#### ◈ 주택법 제21조【대지의 소유권 확보 등】

① 제15조 제1항 또는 제3항에 따라 주택건설사업계획의 승인을 받으려는 자는 해당 주택건설대지의 소유권을 확보하여야 한다. 다만, 다음 각 호의 어느 하나에 해당하는 경우에는 그러하지 아니하다.

1. 「국토의 계획 및 이용에 관한 법률」 제49조에 따른 지구단위계획(이하 "지구단위계획"이라 한다)의 결정(제19조 제1항 제5호에 따라 의제되는 경우를 포함한다)이 필요한 주택건설사업의 해당 대지면적의 80퍼센트 이상을 사용할 수 있는 권원(權原)[제5조 제2항에 따라 등록사업자와 공동으로 사업을 시행하는 주택조합(리모델링주택조합은 제외한다)의 경우에는 95퍼센트 이상의 소유권을 말한다. 이하 이 조, 제22조 및 제23조에서 같다]을 확보하고(국공유지가 포함된 경우에는 해당 토지의 관리청이 해당 토지를 사업주체에게 매각하거나 양여할 것을 확인한 서류를 사업계획승인권자에게 제출하는 경우에는 확보한 것으로 본다), 확보하지 못한 대지가 제22조 및 제23조에 따른 매도청구 대상이 되는 대지에 해당하는 경우
2. 사업주체가 주택건설대지의 소유권을 확보하지 못하였으나 그 대지를 사용할 수 있는 권원을 확보한 경우
3. 국가・지방자치단체・한국토지주택공사 또는 지방공사가 주택건설사업을 하는 경우

### (4) 공동사업 지분의 양도가액의 귀속

상가신축판매 공동사업자 중 1인이 당해 공동사업장을 탈퇴하면서 자기지분을 다른 공동사업자 또는 제3자에게 양도하고 얻은 소득은 소득세법 제19조 제1항 제12호 및 같은법 시행령 제34조의 규정에 의하여 당해 공동사업장의 사업소득(부동산매매업)에 해당하는 것이며, 그 소득금액은 당해 공동사업의 지분을 양도한 구성원에게 귀속되는 것이다(서면1팀-1283, 2005. 10. 25).

### (5) 출자금(차입금)의 이자비용에 대한 필요경비 산입 여부

거주자가 부동산임대 공동사업에 출자하기 위하여 차입한 차입금의 지급이자는 당해 공동사업장의 소득금액 계산에 있어서 필요경비에 산입할 수 없는 것이나, 출자를 위한 차입금 외에 당해 공동사업을 위하여 차입한 차입금의 지급이자는 당해 공동사업의 필요경비에 산입할 수 있는 것이다. 또한, 부동산임대 공동사업자가 금융기관으로부터 차입한 차입금으로 당해 공동사업의 임대건물을 신축하는 경우 당해 차입금에 대한 준공된 날까지의 지급이자는 소득세법 제33조 제1항 제10호 및 동법 시행령 제75조의 규정에 의하여 건물가액에 가산하며, 준공된 날 이후의 지급이자는 동법 제27조 및 동법 시행령 제55조의 규정에 의하여 당해 연도의 필요경비에 산입하는 것이다. 이 경우 그 차입금의 지급이자를 공동사업장의 필요경비로 인정하기 위해서는 당해 차입금의 실질적인 차용인이 공동사업장으로서 당해 공동사업을 위하여 사용된 차입금에 대한 지급이자에 해당되어야 하는 것이다(서면1팀-1170, 2005. 10. 4). 다만, 그 차입금이 출자를 위한 차입금인지 아니면 공동사업장의 사업을 위한 차입금인지 여부는 공동사업 구성원 간에 정한 동업계약의 내용 및 출자금의 실제 사용내역 등에 따라 판단하는 것이다(서면1팀-1201, 2005. 10. 7).

판례

**공동사업장 이자비용의 필요경비 산입**(서울고등법원 2012. 2. 29 선고, 2011누27638 판결)

① 원고들이 공동사업형태로 운영하지 않고, 원고들 중 누구 하나가 개인사업자로서 주차장업을 운영하였다면 이 사건 지급이자가 필요경비로 인정될 수 있음은 자명한 바, 단지 이 사건 주차장업이 공동사업의 형태를 띠고 있다고 하여 이와 달리 취급하는 것은 동일한 경제적 실질에 대하여 합리적 이유 없이 차별적인 취급을 하는 것으로 보인다.

② 소득세법 제43조에 의하면 공동사업의 경우 공동사업장을 1거주자로 보아 공동사업자별로 소득금액을 계산하도록 되어 있고, 피고도 이러한 전제에서 이 사건 공동사업장을 하나의 거주자로 보아 소득금액을 산정하였음에도, 유독 그 공동사업을 운영하기 위하여 발생한 이 사건 차입금채무만은 원고들 개인차원으로 환원하여 이 사건 공동사업과 무관한 것으로 새기는 것은 부당하다.

③ 거주자가 부동산임대업을 자기자본에 의하여 경영할 것인지 차입금에 의하여 경영할 것인지는 거주자 개인의 선택에 달린 문제이므로, 거주자의 부동산 임대소득금액을 계산함에 있어, 당초 자기자본으로 임대용 부동산을 취득하였다가 그 후 투하자본의 회수를 위하여 새로 차입한 금원을 자본인출금으로 사용한 경우에도, 초과인출금(필요경비 불산입 항목인 사업용자산의 합계액이 부채의 합계액에 미달하는 경우에 그 미달하는 금액) 상당의 부채에 해당한다는 등의 특별한 사정이 없는 한, 그 차입금 채무는 부동산임대업을 영위하는 데 필요한 자산에 대응한 부채로서 사업에 직접 사용된 부채에 해당한다고 보아야 한다(대법원 2010. 1. 14 선고, 2009두11874 판결), 가사 원고들이 이 사건 차입금을 통하여 개인적 출자의무를 이행한 것으로 보더라도, 원고들이 이 사건 차입금에 상응하는 별도의 조합채무를 발생시킨 뒤 그 금원으로 자신들이 당초 부담하였던 차입금채무를 상환하는 형태로 당초 납입한 자본금을 인출하였을 경우를 가정하면, 새로이 발생한 조합채무에 의한 지급이자는 이 사건 공동사업의 소득금액을 산정함에 있어 당연히 필요경비로 인정될 것인 바, 위와 같은 경우와 이 사건을 다르게 취급할만한 합리적 이유를 찾기 어렵다.

### (6) 현물출자 자산의 양도소득세 과세

거주자가 공동사업(주택신축판매업 등)을 경영할 것을 약정하는 계약에 의해 토지 등을 당해 공동사업에 현물출자하는 경우 현물출자하는 날 또는 등기접수일 중 빠른 날에 등기 등록 여부와 관계없이 당해 자산 전체가 사실상 유상 양도된 것으로 보는 것이며, 공동사업자가 공동으로 건물을 신축하여 본인들이 자가사용하는 건물에 대하여는 당해 공동사업자의 소득금액계산에 있어서 총수입금액에 산입하지 아니하는 것이며, 자가사용하는 새로운 건물의 양도차익을 산정함에 있어 그 취득시기는 소득세법 시행령 제162조 제1항 제4호의 규정에 의하여 건물의 사용검사필증 교부일(다만, 사용검사 전에 사실상 사용하거나 사용승인을 얻은 경우에는 그 사실상의 사용일), 그 부수 토지는 현물출자일이 되는 것이다(서면4팀-1677, 2005. 9. 16).

**관련법조문**

◈ **소득세법 제88조【정의】**

1. "양도"란 자산에 대한 등기 또는 등록과 관계없이 매도, 교환, 법인에 대한 현물출자 등을 통하여 그 자산을 유상으로 사실상 이전하는 것을 말한다. 이 경우 대통령령으로 정하는 부담부증여 시 수증자가 부담하는 채무액에 해당하는 부분은 양도로 보며, 다음 각 목의 어느 하나에 해당하는 경우에는 양도로 보지 아니한다.

◈ **소득세법시행령 제152조【환지등의 정의】**

① 법 제88조 제1호 가목에서 환지처분이란 「도시개발법」에 따른 도시개발사업, 「농어촌정비

법」에 따른 농업생산기반 정비사업, 그 밖의 법률에 따라 사업시행자가 사업완료후에 사업 구역 내의 토지 소유자 또는 관계인에게 종전의 토지 또는 건축물 대신에 그 구역 내의 다른 토지 또는 사업시행자에게 처분할 권한이 있는 건축물의 일부와 그 건축물이 있는 토지의 공유지분으로 바꾸어주는 것(사업시행에 따라 분할·합병 또는 교환하는 것을 포함한다)을 말한다.

가. 「도시개발법」이나 그 밖의 법률에 따른 환지처분으로 지목 또는 지번이 변경되거나 보류지(保留地)로 충당되는 경우

**핵심체크**

공동사업은 민법상 조합에 해당되어 동업계약서를 작성하여 현물출자하면 구성원 각자의 자산은 등기 여부와 관계없이 조합의 합유자산에 귀속되며 또한 구성원은 조합원으로서의 지위(출자지분)를 얻게 되어 유상양도에 해당된다. 이 경우 양도소득세 과세대상자산은 출자일이 속하는 달의 말일로부터 2월 이내에 양도소득세를 신고하여야 한다. 또한 출자를 하기 위하여 차입한 차입금의 이자비용은 업무무관비용(인출금)에 해당되어 필요경비로 인정되지 않으므로 동업계약서 작성 및 사업자등록신청시 주의를 하여야 한다.

### (7) 공동사업자에 대한 경정시 소득금액의 처리

개인과 법인이 공동사업으로 경영하는 사업장을 개인으로 사업자등록을 하고 사업을 영위하던 중 공동사업자에 대한 세무조사시 적출된 금액에 대하여 분배비율에 따라 법인에 귀속시킨 금액은 법인의 각 사업연도 소득금액 계산시 익금에 산입하고 법인세법에 따라 상여 등 귀속자에게 소득처분하는 것이다(법인 46012-2371, 1996. 8. 26).

**관련법조문**

**◈ 주택법 제5조 【공동사업 주체】**

① 토지소유자가 주택을 건설하는 경우에는 제4조 제1항에도 불구하고 대통령령으로 정하는 바에 따라 제4조에 따라 등록을 한 자(이하 "등록사업자"라 한다)와 공동으로 사업을 시행할 수 있다. 이 경우 토지소유자와 등록사업자를 공동사업주체로 본다.

② 제11조에 따라 설립된 주택조합(세대수를 증가하지 아니하는 리모델링주택조합은 제외한다)이 그 구성원의 주택을 건설하는 경우에는 대통령령으로 정하는 바에 따라 등록사업자(지방자치단체·한국토지주택공사 및 지방공사를 포함한다)와 공동으로 사업을 시행할 수 있다. 이 경우 주택조합과 등록사업자를 공동사업주체로 본다.

③ 고용자가 그 근로자의 주택을 건설하는 경우에는 대통령령으로 정하는 바에 따라 등록사업

자와 공동으로 사업을 시행하여야 한다. 이 경우 고용자와 등록사업자를 공동사업주체로 본다.

④ 제1항부터 제3항까지에 따른 공동사업주체 간의 구체적인 업무・비용 및 책임의 분담 등에 관하여는 대통령령으로 정하는 범위에서 당사자 간의 협약에 따른다.

# 제3장 부동산분양 및 임대업의 회계와 세무실무

## 제1절 주택신축판매업

## I 개 요

### 1. 주택신축판매업의 의의

#### (1) 주택의 정의

"주택"이란 세대(世帶)의 구성원이 장기간 독립된 주거생활을 할 수 있는 구조로 된 건축물의 전부 또는 일부 및 그 부속토지를 말하며, 이를 단독주택과 공동주택으로 구분한다(주택법 제2조 제1호). '주택'에 해당하는지 여부는 건물공부상의 용도구분에 관계없이 실제 용도가 사실상 주거에 공하는 건물인가에 의하여 판단하여야 하고, 일시적으로 주거가 아닌 다른 용도로 사용되고 있다고 하더라도 그 구조·기능이나 시설 등이 본래 주거용으로서 주거에 적합한 상태에 있고 주거기능이 그대로 유지·관리되고 있어 언제든지 본인이나 제3자가 주택으로 사용할 수 있는 건물의 경우에는 이를 주택으로 보아야 할 것이다.[34] 주거기능에 적합하기 위해서는 구조·기능이나 시설 등은 침실, 주방 및 식당, 화장실 겸 욕실 등으로 이루어져 독립된 주거에 적합한 형태를 갖추고 있어야 한다. 즉, 한 세대가 독립되어 거주가 가능할 수 있도록 침실, 거실, 욕실, 주방 및 가구 등 그 구조나 시설 등이 주거기능을 갖추고 있어서 인간의 생리적 욕구인 식사·배설·수면 등을 해결할 수 있는 공간과 시설로서 언제든지 주택으로 사용할 수 있는 상황을 일컬어 주택이라고 정의할 수 있다.

34) 대법원 1987. 9. 8 선고, 87누584 판결, 대법원 2005. 4. 28 선고, 2004두14960 판결.

관련법조문

◈ 소득세법 제88조 【정의】

7. "주택"이란 허가 여부나 공부(公簿)상의 용도구분과 관계없이 세대의 구성원이 독립된 주거생활을 할 수 있는 구조로서 대통령령으로 정하는 구조를 갖추어 사실상 주거용으로 사용하는 건물을 말한다. 이 경우 그 용도가 분명하지 아니하면 공부상의 용도에 따른다.

◈ 소득세법 시행령 제152조의 4 【주택의 범위】

법 제88조 제7호 전단에서 "대통령령으로 정하는 구조"란 세대별로 구분된 각각의 공간마다 별도의 출입문, 화장실, 취사시설이 설치되어 있는 구조를 말한다.

### (2) 용도별 주택의 분류

주택은 공동주택과 단독주택으로 분류하고 구체적으로 다음과 같이 구분하고 있다(건축법 시행령 3의 5, 별표 1).

① 단독주택[단독주택의 형태를 갖춘 가정어린이집・공동생활가정・지역아동센터 및 노인복지시설(노인복지주택은 제외한다)을 포함한다]

가. 단독주택

나. 다중주택 : 다음의 요건을 모두 갖춘 주택을 말한다.

1) 학생 또는 직장인 등 여러 사람이 장기간 거주할 수 있는 구조로 되어 있는 것

2) 독립된 주거의 형태를 갖추지 아니한 것(각 실별로 욕실은 설치할 수 있으나, 취사시설은 설치하지 아니한 것을 말한다. 이하 같다)

3) 1개 동의 주택으로 쓰이는 바닥면적의 합계가 330제곱미터 이하이고 주택으로 쓰는 층수(지하층은 제외한다)가 3개 층 이하일 것

다. 다가구주택 : 다음의 요건을 모두 갖춘 주택으로서 공동주택에 해당하지 아니하는 것을 말한다.

1) 주택으로 쓰는 층수(지하층은 제외한다)가 3개 층 이하일 것. 다만, 1층의 전부 또는 일부를 필로티 구조로 하여 주차장으로 사용하고 나머지 부분을 주택 외의 용도로 쓰는 경우에는 해당 층을 주택의 층수에서 제외한다.

2) 1개 동의 주택으로 쓰이는 바닥면적(부설 주차장 면적은 제외한다. 이하 같다)의 합계가 660제곱미터 이하일 것

3) 19세대(대지 내 동별 세대수를 합한 세대를 말한다) 이하가 거주할 수 있을 것

라. 공관(公館)

② 공동주택[공동주택의 형태를 갖춘 가정어린이집・공동생활가정・지역아동센터・노

인복지시설(노인복지주택은 제외한다) 및 「주택법 시행령」 제10조 제1항 제1호에 따른 원룸형 주택을 포함한다]. 다만, 가목이나 나목에서 층수를 산정할 때 1층 전부를 필로티 구조로 하여 주차장으로 사용하는 경우에는 필로티 부분을 층수에서 제외하고, 다목에서 층수를 산정할 때 1층의 전부 또는 일부를 필로티 구조로 하여 주차장으로 사용하고 나머지 부분을 주택 외의 용도로 쓰는 경우에는 해당 층을 주택의 층수에서 제외하며, 가목부터 라목까지의 규정에서 층수를 산정할 때 지하층을 주택의 층수에서 제외한다.

가. 아파트 : 주택으로 쓰는 층수가 5개 층 이상인 주택

나. 연립주택 : 주택으로 쓰는 1개 동의 바닥면적(2개 이상의 동을 지하주차장으로 연결하는 경우에는 각각의 동으로 본다) 합계가 660제곱미터를 초과하고, 층수가 4개 층 이하인 주택

다. 다세대주택 : 주택으로 쓰는 1개 동의 바닥면적 합계가 660제곱미터 이하이고, 층수가 4개 층 이하인 주택(2개 이상의 동을 지하주차장으로 연결하는 경우에는 각각의 동으로 본다)

라. 기숙사 : 학교 또는 공장 등의 학생 또는 종업원 등을 위하여 쓰는 것으로서 1개 동의 공동취사시설 이용 세대 수가 전체의 50퍼센트 이상인 것(「교육기본법」 제27조 제2항에 따른 학생복지주택을 포함한다)

### (3) 주택신축판매업의 정의

주택신축판매업이란 주택을 건설하여 판매하는 사업으로 계속・반복적으로 수익을 얻기 위하여 행하는 산업활동을 말한다. 다만, 구입한 주거용 건물을 재판매하는 경우는 부동산매매업으로 본다(소령 122 ①). "주택"이란 허가 여부나 공부(公簿)상의 용도구분과 관계없이 세대의 구성원이 독립된 주거생활을 할 수 있는 구조로서 대통령령으로 정하는 구조를 갖추어 사실상 주거용으로 사용하는 건물을 말한다. 이 경우 그 용도가 분명하지 아니하면 공부상의 용도에 따른다(소법 88 11호).

건설업으로 보는 주택신축판매업의 범위를 예시하면 다음과 같다.

① 그 주택에는 이에 부수되는 토지로서 건물이 정착된 면적의 10배(도시지역 안의 토지는 5배) 이내의 토지를 포함하는 것으로 한다.

② 주택의 일부에 설치된 점포 등 다른 목적의 건물 또는 동일 지번(주거여건이 동일한 단지 내의 다른 지번을 포함한다)상에 설치된 다른 목적의 건물이 당해 건물과 같이 있는 경우에는 다른 목적의 건물 및 그에 부수되는 토지는 주택에서 제외하는 것으로 한다. 즉, 주택부분의 신축판매소득은 건설업으로 분류하고 다른 목적의 건물부분의

신축판매소득은 부동산매매업소득으로 분류한다. 다만, 한국표준산업분류에 따른 주거용 건물 개발 및 공급업(구입한 주거용 건물을 재판매하는 경우는 제외한다. 이하 "주거용 건물 개발 및 공급업"이라 한다)은 제외한다(소령 122).

다음의 어느 하나에 해당하는 경우에는 그 전체를 주거용 건물로 본다. 이 경우 건물에 딸린 토지의 면적의 계산에 관하여는 제154조 제4항을 준용한다.

(i) 주거용 건물과 다른 목적의 건물이 각각의 매매단위로 매매되는 경우로서 다른 목적의 건물면적이 주거용 건물면적의 100분의 10 이하인 경우

(ii) 주거용 건물에 딸린 다른 목적의 건물과 주거용 건물을 하나의 매매단위로 매매하는 경우로서 다른 목적의 건물면적이 주거용 건물면적보다 작은 경우

주택과 다른 목적의 건물을 신축하여 판매하는 경우에는 각각 이를 구분하여 기장하고, 이에 공통되는 필요경비가 있는 경우에는 안분계산한다.

③ 사업성을 갖고 1동의 주택을 신축하여 판매하는 경우

④ 건설업자에게 도급을 주어서 주택을 신축하여 계속적으로 판매하는 경우

⑤ 종전부터 소유하던 자기의 토지 위에 주택을 신축하여 주택과 함께 토지를 판매하는 경우 그 토지의 양도로 인한 소득은 건설업의 소득으로 본다.

⑥ 시공중인 주택을 양도하는 경우에는 그 주택의 시공 정도가 건축법에 의한 건축물에 해당되는 때에는 건설업으로 본다.

⑦ 신축한 주택이 판매되지 아니하여 판매될 때까지 일시적으로 일부 또는 전부를 임대한 후 판매하는 경우에도 주택의 판매사업으로 본다.

### (4) 한국표준산업분류의 정의

부동산업은 부동산의 임대, 구매, 판매에 관련되는 산업활동으로서, 직접 건설한 주거용 및 비주거용 건물의 임대활동과 토지 및 기타 부동산의 개발·분양, 임대 활동도 포함한다. 반면에 건설업은 직접 건설활동을 수행하지 않더라도 건설공사에 대한 총괄적인 책임을 지면서 건설공사 분야별로 도급 또는 하도급을 주어 전체적으로 건설공사를 관리하는 경우에도 건설활동으로 본다. 건설공사에 대한 총괄적인 책임 및 전체 건설공사를 관리하는 활동은 건설공사와 관련한 인력·자재·장비·자금·시공·품질·안전관리 부문 등을 전체적으로 책임지고 관리하는 경우를 나타낸다.

**한국표준산업분류**

**부동산업의 분류**

② 부동산 개발 및 공급업(6812) : 직접 개발한 농장·택지·공업용지 등의 토지와 타인에게 도급을 주어 건설한 건물 등을 분양·판매하는 산업활동을 말한다. 구입한 부동산을 임대 또는 운영하지 않고 재판매하는 경우도 여기에 포함된다.

- 주거용 건물 개발 및 공급업(68121)
- 비주거용 건물 개발 및 공급업(68122)
- 기타 부동산 개발 및 공급업(68129)

### (5) 소득세법상 기준경비율 적용상 구분(2022귀속)

| 세세분류 | 기 준 경비율 코 드 | 단 순 경비율 | 기 준 경비율 | 적용범위 및 기준 |
|---|---|---|---|---|
| 주거용 건물 개발 및 공급업 | 703012 | 70.0 | 12.9 | • 주거용 건물 매매업(토지보유 5년 이상)<br>- 구입한 주거용 건물 재판매 〈제외〉<br>* 토지보유 5년 미만(→ 703011) |

## 2. 미분양주택을 임대·양도에 따른 소득구분

주택을 신축하여 판매하기 위하여 완성한 주택이 미분양되어 임대하다가 판매하는 경우 소득구분에 논란이 있다. 이에 대하여 판례에서는 부동산의 취득 및 양도의 목적과 이용실태, 거래의 규모, 계속성·반복성 등 제반사항을 종합하여 사회통념에 따라 사실판단하여야 한다고 보고 있다.

① **판매를 목적으로** 주택을 신축하여 판매(동 주택이 판매되지 아니하여 그 전부 또는 일부를 일시적으로 임대하다가 판매하는 경우를 포함)하는 경우에는「소득세법」제19조 제1항 제6호의 규정에 의하여 건설업으로 보아 사업소득에 해당하는 것이며, 임대목적으로 이를 신축하여 임대용으로 사용하다가 양도하는 경우에는 같은 법 제88조 제1항의 규정에 의한 양도소득에 해당하는 것으로 사업소득에 해당하는지 또는 양도소득에 해당하는지의 여부는 그 부동산의 취득 및 양도의 목적과 경위, 이용실태, 거래의 규모·빈도·계속성·반복성 등을 종합하여 사회통념에 비추어 사실 판단할 사항이다(재산-1508, 2009. 7. 22).

② 주택을 신축하여 판매하는 경우에는 사업소득에 해당하는 것이나, 조세특례제한법 제97조의 규정에 의한 장기임대주택을 5년 이상 임대한 후 양도하는 경우에는 사업소득

에 해당하지 아니하는 것이다(서면1팀-596, 2008. 4. 29).

③ 부동산매매업 등으로 사업자등록을 한 자가 건물을 신축한 후 일시적으로 임대하다가 이를 타인에게 양도하였다 하더라도 그 양도가 부동산매매업자로서의 사업활동의 일환으로 이루어진 경우에는 부가가치세법상 비과세 대상인 사업의 양도에 해당되지 아니하고, 그 신축 건물의 임대 사실이 부동산매매업으로서의 사업성에는 아무런 영향을 미치지 않는다고 할 것이다(대법원 2000. 10. 24 선고, 99두7609 판결).

④ 청구인이 쟁점주택을 분양하고 그 대금으로 건축비를 지급하는 조건으로 약정한 점, 청구인이 취·등록세가 감면되는 임대사업자가 아닌 주택신축판매업으로 사업자등록하여 쟁점주택의 신축판매 목적을 대외적으로 표방한 점, 건물준공 후 6개월이 경과하여도 쟁점주택의 분양이 지연됨에 따라 부득이하게 임대로 전환한 것으로 보이는 점, 쟁점주택을 차임 없이 임차보증금만 있는 형태로 임대한 점 등을 감안할 때 쟁점주택의 신축동기가 판매를 위한 것으로 보이고, 쟁점주택의 구조 역시 5세대가 독립적으로 거주할 수 있도록 다세대주택으로 신축된 것으로 보아 청구인이 임대목적으로 신축하였다기보다는 판매를 목적으로 신축하였다고 보여지므로 쟁점주택의 신축양도가 주택신축판매업에 해당하는 것으로 보는 것이 타당하다고 판단된다(조심 2009서1582, 2009. 7. 22).

⑤ 판매를 목적으로 주택을 신축하여 판매(동 주택이 판매되지 아니하여 그 전부 또는 일부를 일시적으로 임대하다가 판매하는 경우를 포함)하는 경우에는 「소득세법」 제19조 제1항 제6호의 규정에 의하여 건설업으로 보아 사업소득에 해당하는 것이며, 임대목적으로 이를 신축하여 임대용으로 사용하다가 양도하는 경우에는 같은법 제88조 제1호의 규정에 의한 양도소득에 해당하는 것으로 사업소득에 해당하는지 또는 양도소득에 해당하는지의 여부는 그 부동산의 취득 및 양도의 목적과 경위, 이용실태, 거래의 규모·빈도·계속성·반복성 등을 종합하여 사회통념에 비추어 사실판단할 사항이며, 양도소득세가 비과세되는 1세대 1주택을 판정함에 있어서 주택신축판매업자의 판매용 재고주택은 주거용 주택으로 보지 아니하는 것이다(사전-2020-법령해석재산-1094, 2020. 12. 31).

[소득구분 기준]

| 소득구분 | 취득목적 | 임대기간 | 사업자등록 | 자산종류 | 양도 빈도 |
|---|---|---|---|---|---|
| 주택신축판매 | 판 매 | 일시적 | 매매업 | 재고자산 | 계속·반복 |
| 양도소득 | 임 대 | 장기적 | 임대업 | 사업용자산 | 일시적 |

판례 **사업소득 · 양도소득의 구분**(조심 2013서3694, 2013. 11. 19)

쟁점건물의 신축판매가 주택신축판매업에 해당하는지 여부는 그 행위가 수익을 목적으로 하고 그 규모, 횟수 등에 비추어 사업활동으로 볼 수 있을 정도의 계속성과 반복성이 있는지의 여부 등을 고려하여 사회통념에 따라 판단할 사항으로, 「소득세법」 제19조 및 같은 법 시행령 제32조에서 주택을 건설하여 판매하는 사업은 주택신축판매업에서 발생하는 사업소득으로 보아 종합소득세 과세대상으로 규정하고 있는 바, 청구인은 쟁점건물이 「건축법」상 건축물이 완공되기 전이므로 구주택의 양도에 대하여 양도소득세가 부과되어야 한다고 주장하나, 청구인이 구주택을 매입하여 멸실하고 다가구주택을 신축 중에 양도한 후 건축주 명의를 양수인으로 변경한 점, 양수인은 구주택이 아닌 약 2/3 정도 신축 중인 쟁점건물을 취득한 것으로 확인하고 있는 점으로 보아 청구인이 양도한 쟁점건물은 주택의 시공정도가 「건축법」에 의한 건축물에 해당하므로 「소득세법 시행령」 제32조의 규정에 의한 주택신축판매업을 영위한 것으로 보아 쟁점건물의 양도는 사업소득에 해당된다 하겠다.

또한, 청구인은 쟁점건물 및 구주택의 매매계약서는 이중계약서 또는 허위계약서가 아니며, 단지 건물신축판매업을 영위하면서 무신고한 것이므로 부과제척기간 7년을 적용해야 한다고 주장하나, 「국세기본법」 제26조의 2 제1항 제1호에 규정된 10년의 국세부과제척기간을 적용받는 "사기 기타 부정한 행위"라 함은 납세의무자가 조세의 부과징수를 불가능하게 하거나 또는 현저하게 곤란하게 하는 위계 기타 부정한 적극적 행위를 함으로써 국세를 포탈하거나 환급·공제받은 것을 의미하며 특별한 사정이 없는 한 양도소득세 신고시 허위로 작성된 이중계약서 등을 제출하는 행위는 이에 해당되는 것인바(조심 2012중896, 2012. 5. 10), 청구인이 실제로는 쟁점건물(토지와 건물)을 양도하여 매매계약서를 작성하였음에도 이를 신고하지 아니하고 구주택(토지부분)만을 양도한 것으로 하여 작성한 매매계약서는 실지거래가 아닌 허위계약서에 해당한 것으로 보이므로 청구주장은 받아들이기 어렵다고 하겠다.

# Ⅱ 주택신축판매업의 세무실무

## 1. 부가가치세 실무

주택신축판매업은 부가가치세 납세의무를 진다. 다만, 국민주택의 신축판매와 그 건설용역, 국민주택의 리모델링 건설용역에 대하여는 부가가치세를 면제한다(조특법 106 ① 4호, 조특령 106 ④). 한편 주거용 업무시설(오피스텔)로 건축허가 및 사용승인을 받았으나 주거용으로 분양한 경우 오피스텔은 주택법상 주택이 아닌 준주택으로 「조세특례제한법」 제106조 제1항 제4호의 부가가치세 면제대상에 해당되지 아니하며 건물에 대해서는 세금계산서를 발급하여야 한다(조심-2017-중-5047, 2017. 12. 27).

### (1) 국민주택의 공급

#### 1) 국민주택의 범위

국민주택과 국민주택 건설용역의 공급에 대하여는 부가가치세를 면세한다. 이는 서민층의 주택복지 향상을 위하여 국민주택 그 자체뿐만 아니라 건설하는 용역까지 면세하는 방법으로 주택가격을 저렴하게 하고자 하는 데 그 목적이 있다. 따라서 일몰제도를 적용하지 않는다. 국민주택이라 함은 「주택법」 제2조 제1호에 따른 주택으로서 그 규모가 같은 조 제6호에 따른 국민주택규모(기획재정부령이 정하는 **다가구주택의 경우에는 가구당 전용면적을 기준**으로 한 면적을 말한다)를 말한다(조특령 106 ④). 별장 · 콘도미니엄 · 주말농장주택 등 임시주거주택은 포함하지 아니한다(부가 46015-684, 1993. 5. 14). 주택법에서 국민주택이란 국민주택기금으로부터 자금을 지원받아 건설되거나 개량되는 주택으로서 주거의 용도로만 쓰이는 면적(주거전용면적)이 1호(戶) 또는 1세대당 85제곱미터 이하인 주택(**「수도권정비계획법」 제2조 제1호에 따른 수도권을 제외한 도시지역이 아닌 읍 또는 면 지역은 1호 또는 1세대당 주거전용면적이 100제곱미터 이하인 주택**을 말한다)을 말한다. 이 경우 주거전용면적(주거의 용도로만 쓰이는 면적)의 산정방법은 다음과 같다.

① 단독주택의 경우 : 그 바닥면적(「건축법 시행령」 제119조 제1항 제3호에 따른 바닥면적을 말한다. 이하 같다)에서 지하실(거실로 사용되는 면적은 제외한다), 본 건축물과 분리된 창고 · 차고 및 화장실의 면적을 제외한 면적. 다만, 그 주택이 「건축법 시행령」 별표 1 제1호 다목의 다가구주택에 해당하는 경우 그 바닥면적에서 본 건축물의 지상층에 있는 부분으로서 복도, 계단, 현관 등 2세대 이상이 공동으로 사용하는 부분의 면적도 제외한다.

② 공동주택의 경우 : 외벽의 내부선을 기준으로 산정한 면적. 다만, 2세대 이상이 공동으로 사용하는 부분으로서 다음 각 목의 어느 하나에 해당하는 공용면적은 제외하며, 이 경우 바닥면적에서 주거전용면적을 제외하고 남는 외벽면적은 공용면적에 가산한다.

가. 복도, 계단, 현관 등 공동주택의 지상층에 있는 공용면적

나. 가목의 공용면적을 제외한 지하층, 관리사무소 등 그 밖의 공용면적

**사례** **단독주택의 주거전용면적 판정**

〈문1〉 서울시 동작구 대방동에 2층 단독주택을 신축하려고 건축개요를 작성하였다. 1층 바닥면적은 40㎡, 2층 바닥면적은 40㎡이고 화장실면적은 각각 10㎡이다. 해당 건물을 신축 분양하는 경우 부가가치세가 과세되는가?

〈문2〉 서울시 동작구 대방동에 3층 다가구주택을 신축하려고 건축개요를 작성하였다. 층별 바

닥면적은 80㎡, 복도와 계단 면적은 각층별 10㎡이다. 해당 건물을 신축분양하는 경우 부가가치세가 과세되는가?

〈해설〉

단독주택은 본 건축물과 분리되지 않은 화장실을 포함한 전체면적(40+40+20)이 국민주택규모를 초과하므로 부가가치세가 과세된다. 다만, 다가구주택은 공용면적이 제외된 면적이 국민주택규모(80㎡)로 부가가치세가 면제된다.

**참고** 다중주택과 도시형생활주택

(1) 다중주택

① 다중주택의 정의

다음의 요건 모두를 갖춘 주택을 말한다.

ⓐ 학생 또는 직장인 등 다수인이 장기간 거주할 수 있는 구조로 되어 있을 것

ⓑ 독립된 주거의 형태가 아닐 것

ⓒ 연면적이 660제곱미터 이하이고 층수가 3층 이하일 것

건축법 시행령 [별표 1] 건축물의 용도분류에 의하면 주택은 "단독주택"과 "공동주택"으로 분류되고 "단독주택"은 다시 단독주택, 다중주택(학생 또는 직장인 등의 다수인이 장기간 거주할 수 있는 구조로 된 주택을 말한다) 및 공관으로, "공동주택"은 아파트, 연립주택 및 다세대주택으로 각각 3분되고 있다.

② 다중주택의 면세판정기준

다중주택의 경우 부가가치세가 면제되는 국민주택규모의 주택 해당 여부는 1동 전체의 전용면적을 기준으로 판단한다(서면3팀-1674, 2007. 6. 7).

③ 다중주택의 세무실무 주의사항

다중주택은 1동 전체의 면적을 기준으로 국민주택 여부를 판단하게 되므로 다음 사항을 주의하여 업무처리하여야 한다.

ⓐ 1동 전체의 면적은 대부분 국민주택규모를 초과하게 된다. 따라서 주택신축판매업으로 사업자등록을 하는 경우 부가가치세 과세사업자로 사업자등록을 하여야 한다. 면세사업자로 사업자등록을 하는 경우 미등록에 해당되어 미등록가산세와 건설용역에 대한 매입세액은 등록 전 매입세액에 해당되어 불공제된다. 세무서에서 면세사업자로 사업자등록증을 발급하였더라도 신의성실원칙을 주장할 수 없다는 것이 판례의 일관된 견해이다.

ⓑ 다중주택을 신축하기 위한 건설용역제공은 국민주택건설용역에 해당되지 아니하므로 부가가치세 과세대상에 해당되어 세금계산서를 발급하여야 한다.

ⓒ 다중주택을 사업자에게 분양하는 경우 토지와 건물을 안분한 건물에 대해서는 세금계산서를 발급하여야 한다.

ⓓ 주택신축판매업자가 다중주택을 신축한 후 주거용 건물 임대업을 추가하여 일시적으로 임대사업을 영위하다가 부동산 임대 사업예정자에게 사업을 포괄양도하는 경우 해당 양도는 재화의 공급으로 보지 않는 사업의 양도에 해당하지 않는 것으로 일시적으로 임대업을 영위한 것인지의 여부는 거래사실을 종합하여 사실판단하여야 할 사항이다(법령해석과-2028, 2021. 6. 10).

## (2) 도시형생활주택

1) 정의(주택법 2 20호)

"도시형 생활주택"이란 **도시지역에 건설하는 300세대 미만의 국민주택규모**에 해당하는 주택으로서 다음의 주택을 말한다.

① 소형 주택 : 다음의 요건을 모두 갖춘 공동주택

가. 세대별 주거전용면적은 60제곱미터 이하일 것

나. 세대별로 독립된 주거가 가능하도록 욕실 및 부엌을 설치할 것

다. 주거전용면적이 30제곱미터 미만인 경우에는 욕실 및 보일러실을 제외한 부분을 하나의 공간으로 구성할 것

라. 주거전용면적이 30제곱미터 이상인 경우에는 욕실 및 보일러실을 제외한 부분을 세 개 이하의 침실(각각의 면적이 7제곱미터 이상인 것을 말한다. 이하 같다)과 그 밖의 공간으로 구성할 수 있으며, 침실이 두 개 이상인 세대수는 소형 주택 전체 세대수(제2항 단서에 따라 소형 주택과 함께 건축하는 그 밖의 주택의 세대수를 포함한다)의 3분의 1을 초과하지 않을 것

마. 지하층에는 세대를 설치하지 아니할 것

② 단지형 연립주택 : 원룸형 주택이 아닌 연립주택. 다만, 「건축법」 제5조 제2항에 따라 같은 법 제4조에 따른 건축위원회의 심의를 받은 경우에는 주택으로 쓰는 층수를 5개층까지 건축할 수 있다.

③ 단지형 다세대주택 : 원룸형 주택이 아닌 다세대주택. 다만, 「건축법」 제5조 제2항에 따라 같은 법 제4조에 따른 건축위원회의 심의를 받은 경우에는 주택으로 쓰는 층수를 5개층까지 건축할 수 있다.

2) 건축사례

○ 건축허가내용

• 연면적 : 90,127평방미터

• 층 : 5층

**[동별 및 층별 바닥면적표]**

| 구 분 | 면 적 | 용 도 |
|---|---|---|
| 지상1층 | 32.72 | 연립주택(도시형생활주택, 원룸형) |
| 지상2층 | 208.895 | 연립주택(도시형생활주택, 원룸형) 원룸 5세대 |
| 지상3층 | 208.895 | 연립주택(도시형생활주택, 원룸형) 원룸 5세대 |

| 구 분 | 면 적 | 용 도 |
|---|---|---|
| 지상4층 | 208.895 | 연립주택(도시형생활주택, 원룸형) 원룸 5세대 |
| 지상5층 | 208.895 | 연립주택(도시형생활주택, 원룸형) 원룸 5세대 |

3) 도시형생활주택의 공급 및 건설용역의 면세 여부

도시형생활주택의 각 세대당(가구당) 전용면적이 85제곱평방미터(수도권 이외의 읍면 지역은 100제곱평방미터) 이하인 주택의 공급 및 건설용역은 부가가치세가 면제되며 이 경우 면적 판단은 주거전용면적으로 등기부상의 가구당 또는 세대당 주거전용면적으로 판단하는 것이다. 도시형 생활주택은 국민주택규모 이하로 신축하여야 하므로 항상 부가가치세가 면제된다.

[ 다중주택과 다가구주택의 구분 ]

| 구 분 | 다중주택 | 다가구주택 | 비 고 |
|---|---|---|---|
| 근거법령 | 주택법 시행령(별표 1) | 주택법 시행령(별표 1) | |
| 독립된 주거형태 (취사 등) | 불 가 | 가 능 | |
| 용 도 | 학생 또는 직장인 | 가정(살림집) | |
| 면 적 | 바닥면적 660 이하 | 바닥면적 660 이하 | |
| 층 수 | 주택으로 쓰는 층수 3개 층 이하 (지하층 제외) | 주택으로 쓰는 층수 3개 층 이하 (지하층 제외) | |
| 층수의 산정 (1층 일부 필로티구조로 사용하고 나머지는 주택 외 용도사용) | 층수 포함 | 층수 제외 | 법제처 18-0197 (2018. 7. 10) |
| 세대수 | 제한 없음 통상 50호 이상 | 19세대 이하 | |

판례

**다중주택의 부가가치세 과세 여부**(조심 2018전-1597, 2018. 10. 1)

청구인이 쟁점주택을 다중주택으로 사용승인받았고 그 연면적(328.82㎡)이 국민주택규모(85㎡)를 초과하는 점, 청구인이 쟁점주택을 적법한 허가(승인)를 받지 아니하고 취사시설 등을 모두 갖춘 원룸 20호로 용도변경한 점, 「주차장법」에서는 시설물의 종류별로 주차장 설치기준을 규정하고 있고 청구인은 쟁점주택을 다중주택으로 건축허가(사용승인)받음으로 인해 다가구주택 또는 공동주택 등으로 건축허가 등을 받은 경우보다 훨씬 적은 주차대수를 확보하면

되었는바 이는 적법하게 다가구주택 또는 공동주택 등으로 건축허가 등을 받은 경우와 비교할 때 형평에 맞지 아니하는 점, 명백히 특혜규정이라고 볼 수 있는 「조세특례제한법」 제106조 제1항 제4호 소정의 부가가치세가 면제되는 국민주택을 엄격하게 해석하는 것이 조세공평의 원칙에 부합한다고 할 것인 점 등에 비추어 쟁점주택이 「조세특례제한법」상 부가가치세 면제 대상인 국민주택에 해당한다는 청구주장은 받아들이기 어려운 것으로 판단된다.

판례

**주택유형에 따른 국민주택의 판단기준**(대법원 2021. 1. 28 선고, 2020두42637 판결)

조세특례제한법 제106조 제1항 제4호(이하 '이 사건 면세조항'이라고 한다)에 의하면 '대통령령으로 정하는 국민주택'의 공급에 대하여는 부가가치세가 면제된다. 그 위임에 따른 조세특례제한법 시행령 제106조 제4항 제1호는 위 '대통령령으로 정하는 국민주택'을 '제51조의 2 제3항에 규정된 규모 이하의 주택'으로 정하고 있고, 같은 법 시행령 제51조의 2 제3항은 위 규모를 '주택법에 따른 국민주택규모'라고 정하면서 그 괄호 부분(이하 '이 사건 괄호규정'이라고 한다)에서 "기획재정부령이 정하는 다가구주택의 경우에는 가구당 전용면적을 기준으로 한 면적을 말한다"라고 정하고 있다. 그 위임에 따른 조세특례제한법 시행규칙 제20조는 위 '기획재정부령이 정하는 다가구주택'을 '건축법 시행령 [별표 1] 제1호 (다)목에 해당하는 것'으로 정하고 있다. 그리고 주택법 제2조 제6호는 '국민주택규모'를 "주거의 용도로만 쓰이는 면적(이하 '주거전용면적'이라 한다)이 1호 또는 1세대당 85제곱미터 이하인 주택(수도권정비계획법 제2조 제1호에 따른 수도권을 제외한 도시지역이 아닌 읍 또는 면 지역은 1호 또는 1세대당 주거전용면적이 100제곱미터 이하인 주택을 말한다)"으로 정하고 있다.
한편 주택법령상 '주택'은 '단독주택과 공동주택'으로 구분되는데, '단독주택'에는 '건축법 시행령 [별표 1] 제1호 (나)목에 따른 다중주택'과 '건축법 시행령 [별표 1] 제1호 (다)목에 따른 다가구주택'이 포함된다(주택법 제2조 제1호, 주택법 시행령 제2조 제2호, 제3호). 구 건축법 시행령(2016. 5. 17 대통령령 제27175호로 개정되기 전의 것, 이하 같다) [별표 1] 제1호 (나)목에 의하면, '다중주택'은 ① 학생 또는 직장인 등 여러 사람이 장기간 거주할 수 있는 구조로 되어 있는 것, ② 독립된 주거의 형태를 갖추지 아니한 것(각 실별로 욕실은 설치할 수 있으나, 취사시설은 설치하지 아니한 것을 말한다), ③ 연면적이 330제곱미터 이하이고 층수가 3층 이하인 것의 요건을 모두 갖춘 주택을 말하고, 같은 호 (다)목에 의하면, '다가구주택'은 ① 주택으로 쓰는 층수(지하층은 제외한다)가 3개 층 이하일 것(다만, 1층의 바닥면적 2분의 1 이상을 필로티 구조로 하여 주차장으로 사용하고 나머지 부분을 주택 외의 용도로 쓰는 경우에는 해당 층을 주택의 층수에서 제외한다), ② 1개 동의 주택으로 쓰이는 바닥면적(부설 주차장 면적은 제외한다)의 합계가 660제곱미터 이하일 것, ③ 19세대 이하가 거주할 수 있을 것의 요건을 모두 갖춘 주택으로서 공동주택에 해당하지 아니하는 것을 말한다.
위 각 규정에 의하면, 이 사건 괄호규정은 주택법에 따른 단독주택 중 '다가구주택'만을 그 적용대상으로 하고 있으므로, 주택법에 따른 단독주택이 이 사건 면세조항의 '국민주택'에 해당하기 위한 요건인 '주택법에 따른 국민주택규모 이하'인지 여부는 이 사건 괄호규정의 '다가구주택'의 경우에는 '가구당 전용면적'을 기준으로 판단하고, 그 외의 단독주택의 경우에는 '주택의 전체 주거전용면적'을 기준으로 판단하여야 한다.
그런데 위와 같이 주택법령에서 인용하고 있는 구 건축법 시행령은 단독주택 중 '다중주택'과 '다가구주택'의 요건을 분명하게 구분하면서 특히 '다중주택'의 경우 각 실별로 취사시설을 설치할 수 없다고 규정하고 있는 점, '다중주택'과 '다가구주택'은 주차장법령에 따른 부설주차장의 설치기준에도 차이가 있는데, '다가구주택'의 경우 공동주택에 준하여 그 설치기준의 적용을 받기 때문에 '다중주택'에 비해 많은 주차대수의 부설주차장을 설치해야 하는 점 등을 종합하면, 이 사건 괄호규정의 '다가구주택'은 특별한 사정이 없는 한 관련 법령에 따른 '다가구주택'의 요건을 적법하게 충족하여 공부상 '다가구주택'으로 등재된 건축물만 해당한다고 봄이 타당하다. 이와 달리 <u>'다중주택'으로 건축허가 및 사용승인을 받은 다음 용도변경의 허가 없이 각 실별로 취사시설을 설치함으로써 사실상 '다가구주택'의 용도로 개조한 경우에는 이 사건 괄호규정의 '다가구주택'에 해당한다고 볼 수 없으므로,</u> 이 사건 면세조항의 적용과 관련하여 가구당 전용면적이 아닌 주택의 전체 주거전용면적을 기준으로 주택법에 따른 국민주택규모 이하인지 여부를 판단하여야 한다.

**사례** **다중주택과 부가가치세 과세표준**

티앤씨건설은 2018년 면세사업자로 사업자등록을 한 후 다중주택을 신축하여 2021년 100억원(토지 40억원, 건물 60억원)에 분양완료하고 면세사업자 사업장현황신고를 하였다. 이후 2024년 10월에 동작세무서에서 다중주택의 분양은 부가가치세가 과세된다고 하여 경정고지하였다.

- 〈문1〉 부가가치세 과세표준은 60억원인가, 아니면 60억원/1.1인가?
- 〈문2〉 부가가치세의 국세부과제척기간은 5년인가 아니면 7년인가?

〈해설〉

「부가가치세법」 제29조 제7항에서 "사업자가 재화 또는 용역을 공급하고 그 대가로 받은 금액에 부가가치세가 포함되어 있는지가 분명하지 아니한 경우에는 그 대가로 받은 금액에 110분의 100을 곱한 금액을 공급가액으로 한다"고 규정하고 있고 납세자가 부가가치세를 납부할 의사가 없이 과세대상 물품 거래시에는 부가가치세가 제외된 금액으로 거래한 것으로 보아야 하는 바(조심 2021인2677, 2021. 11. 26) 부가가치세 과세표준은 60억원이다. 또한, 「국세기본법」 제26조의 2 제2항은 제1호에서 납세자가 법정신고기한까지 과세표준신고서를 제출하지 아니한 경우 해당 국세를 부과할 수 있는 기간을 7년으로 규정하고 있는바, 「소득세법」에 따른 종합소득세 신고는 개인사업자가 1년 동안의 수입금액 등을 신고하는 절차이고 사업자가 과세사업을 영위하는 경우에는 그와 별도로 해당 과세기간에 공급한 재화 또는 용역에 대한 부가가치세 과세표준과 세액을 신고하여야 할 것인데 신고하지 아니하였으므로 제척기간은 7년이다(조심 2021인0512, 2021. 4. 7).

### 2) 국민주택의 부수공급

사업자가 국민주택규모 이하의 아파트를 신축하여 분양하면서 주택분양 계약시 피분양자의 신청에 따라 발코니 새시 설치계약을 체결하고 주택공급과 함께 발코니 새시를 공급하면서 그 대가를 주택분양가액에 포함하여 받지 아니하는 경우에는 국민주택공급과는 별개의 공급으로서 부가가치세가 면제되지 아니하는 것이다(소비-159, 2004. 2. 12). 또한, 국민주택에 해당하는 집단주택의 부대설비 및 복리시설을 주택공급과 별도로 공급하는 경우에는 부가가치세를 면제하지 아니하나 동 설비시설을 주택의 공급에 부수하여 공급하고 그 대가를 주택의 분양가격에 포함하여 받는 경우에는 동 부가가치세를 면제한다.

### 3) 국민주택 공급시 선택품목의 부가가치세 과세 여부

국민주택규모의 아파트를 신축하여 분양하는 사업자가 아파트 공급시 분양가액에 가구, 가전, 위생용품 등 선택품목을 포함시키지 아니하고 동 선택품목을 원하는 계약자에 대하여는 별도의 계약을 체결하여 공급하고 그 대가를 받는 경우에는 주택공급과는 별개의 공급으로서 부가가치세가 과세되는 것이다(서면3팀-1960, 2004. 9. 23). 이 경우 공급받는 자가 사업자가 아닌 경우에는 공급자의 주소, 성명, 주민등록번호를 기재하여 세금계산서를 교부하여야 한다(대법원 2008. 5. 15 선고, 2008두3579 판결). 다만, 분양계약시 분양가액에 포함시켜 공급하는 경우에는 국민주택에 부수되는 공급으로 부가가치세가 면세되는 것이다. 이 경우 공급받는 자가 최종소비자인 경우에는 부가가치세법 제32조 제1항 및 동법 시행령 제79조의 2 제1항의 규정에 의하여 영수증을 교부할 수 있는 것이다.

### 4) 발코니확장 및 건설용역의 부수공급

구 주택법(2012. 1. 26 법률 제11243호로 개정되기 전의 것) 제38조 제1항 제3호의 위임에 따른 구 공동주택 분양가격의 산정 등에 관한 규칙(2012. 3. 9 국토해양부령 제447호로 개정되기 전의 것) 제4조 등은 '분양가격에 포함되지 아니하는 품목으로서 사업주체가 입주자모집공고에 제시하여 입주자에게 추가로 선택할 수 있도록 하는 품목'(이하 '추가선택품목'이라고 한다)의 하나로 '발코니 확장'을 규정하면서, 사업주체가 발코니 확장을 추가선택품목으로 하는 경우에는 입주자모집공고에 그에 따른 비용을 해당 주택의 분양가격과 구분하여 표시하여 이를 입주자가 선택할 수 있도록 하여야 한다고 규정하고 있는 점, 이에 대부분의 사업주체들은 공동주택을 공급하면서 주택공급계약과 별도로 발코니 확장에 관한 계약을 체결하고 그 대금도 분양대금과 별도로 수령하여 온 점, 원고도 아파트에 관한 분양계약서와 별도로 이 사건용역에 관하여 '선택사양품목에 관한 계약서'를 따로 작성하고 분양대금과 별도의 용역대금을 산정하여 수령한 점, 그에 따라 수분양자들 대부분은 분양계약을 체결하면서 발코니 확장 여부를 선택할 수 있었던 점, 그 밖에 발코니의 구조변경이 합법화된 경위 등을 종합하여 보면, 비록 일부 사업지구에 속한 이 사건 아파트의 경우에는 원고가 처음부터 해당 사업지구의 전체 세대를 발코니 확장형으로 정하여 공급하였더라도 그러한 사정만으로 이 사건 용역의 공급이 부가가치세가 면제되는 이 사건 아파트의 공급에 거래의 관행으로 보아 통상적으로 부수되는 것이라거나 필수적으로 부수되는 것에 해당한다고 볼 수 없다는 이유로, 피고들이 이 사건 용역의 공급을 부가가치세가 과세되는 별개의 독립된 거래로 보아 원고에게 한 이 사건 부가가치세 부과처분은 적법하다(대법원 2016. 1. 28, 2015두48617 판결). 국민주택규모 이하의 공동주택을 신축하여 임대하고자 하는 사업자가 전체 세대를 발코니 확장형으로 공급받기로 시공사와 일괄도급계약을 체결하여 발코니를 거실 등으로 변경하기 위해 공급받는 용역은 주택건설 용역과 구분되는 별도의 용역으로서 「부가가치세법」 제14조에 따라 '주택건설 용역의 공급에 부수되어 공급되는 것으로서 주택건설 용역의 공급에 포함되는 것'에 해당하지 아니하는 것이다(기획재정부 부가가치세제과-54, 2019. 1. 15). 원고는 분양계약서에는 발코니 확장공사가 무상으로 공급됨이 분명하게 명시되어 있고, 발코니 확장을 선택하는지 여부에 따라 분양대금이 달라지지 않으므로, 발코니 확장용역과 분양대금이 대가관계에 있다고 볼 수 없다고 주장하나 수분양자들로부터 공동주택 분양대금 명목으로 돈을 지급받았다고 하더라도, 그 돈에 실질적으로 발코니 확장에 대한 대가가 포함된 것이어서 발코니 확장과도 대가관계에 있는 것이라면, 분양대금 중 발코니 확장의 대가에 해당하는 부분은 발코니 확장의 공급가액으로서 부가가치세의 과세표준이 되어야 한다(대법원 2023. 3. 30 선고 2022두69056 판결).

**판례** **발코니 확장공사 국민주택 부수공급 여부(광주고등법원 2018. 11. 1 선고, 2018누4396 판결)**

① 발코니는 건축물의 내부와 외부를 연결하는 완충공간으로서 전망·휴식 등의 목적으로 건축물 외벽에 접하여 부가적으로 설치되는 공간을 말한다[구 건축법 시행령(2013. 3. 23 대통령령 제24443호로 개정되기 전의 것) 및 건축법 제2조 제14호]. 2005. 12. 2 대통령령 제19163호로 건축법 시행령이 개정되어 제2조 제1항 제15호가 신설되면서 발코니 구조변경이 합법화되었는데(2008. 10. 29 대통령령 제21098호로 개정되면서 조문 위치가 제2조 제14호로 이동하였다), 이는 입주자의 편의와 주거의 질적 향상을 위하여 건축물의 내부와 외부를 연결하는 완충공간인 발코니를 필요에 따라 거실·침실·창고 등 다양한 용도로 사용할 수 있도록 하기 위한 것이다. 국민주택 공급 시 발코니를 확장하여야 하는 것은 아니고 국민주택 공급 후에도 발코니 확장이 별개의 용역으로 공급될 수 있으므로, 발코니 확장은 국민주택의 공급에 필수적인 사항이 아니다.

② 발코니는 공동주택 외벽의 내부선을 기준으로 산정한 주거전용면적에 포함되지 않는데[구 주택법 시행령(2005. 3. 8 대통령령 제18733호로 개정되기 전의 것) 제3조 제2항, 구 주택법

시행규칙(2005. 3. 9 국토교통부령 제427호 및 2016. 8. 12 국토교통부령 제353호로 개정되기 전의 것) 제2조], 확장된 발코니 부분의 면적까지 고려할 경우 주택법상 국민주택으로 인정되는 면적을 초과하게 될 가능성이 있어 오히려 조세특례제한법에서 서민의 주거안정을 위해 국민주택 내지 그 건설용역을 부가가치세 면제 대상으로 규정한 취지에 반한다.

③ 구 건축법 시행령 및 건축법 시행령 제2조, 제46조 제4항의 위임에 따른 발코니 등의 구조변경절차 및 설치기준(2005. 12. 8 건설교통부고시 제2005-400호로 제정된 것) 제9조에 의하면 건축물대장을 작성함에 있어 발코니 구조변경으로 인한 주거전용면적은 주택법령에 따라 당초 외벽의 내부선을 기준으로 산정한 면적으로 하도록 규정하고 있다. 이는 발코니 구조변경이 있더라도 당초 국민주택규모 부분에 대한 세제 혜택 등이 변함없이 적용될 수 있도록 하기 위한 것으로 보인다.

④ 국민주택의 공급을 부가가치세 면제대상으로 규정한 구 조세특례제한법 및 조세특례제한법 제106조 제1항 제4호는 건축법 시행령이 발코니 구조변경을 합법화하는 내용으로 개정되기 이전부터 존재하였던 규정이므로, 위 규정이 이 사건 국민주택의 공급을 넘어 발코니 확장공사의 공급까지 면제대상으로 하려는 취지라고 보기 어렵다.

### (2) 국민주택 건설용역 및 설계용역

다음에 해당하는 국민주택 건설용역에 대하여 부가가치세를 면제한다(조특령 106 ④).

① 국민주택의 건설용역으로서 「전기공사업법」·「소방시설공사업법」·「정보통신공사업법」·「주택법」 및 「오수·분뇨 및 축산 폐수의 처리에 관한 법률」**에 의하여 등록을 한 자가 공급하는 것**. 또한, 원도급자 및 하도급업자도 등록된 자가 공급하는 경우에는 부가가치세를 면제한다. 즉, 「건설산업기본법」 등에 의하여 등록을 한 자가 다른 사업자로부터 하도급 또는 재하도급을 받아 국민주택규모 이하의 주택건설용역의 일부를 제공하는 경우와 건축사법에 의하여 등록을 한 자가 공급하는 국민주택규모 이하의 주택의 설계용역은 조세특례제한법 제106조 제1항 제4호 및 같은법 시행령 제106조 제4항의 규정에 의하여 부가가치세가 면제되는 것이며, 부가가치세가 면제되는 국민주택건설용역을 공급하는 자가 국민주택건설에 소요되는 재화(자재)를 구입하는 경우에도 당해 재화(자재)를 공급하는 자에게 부가가치세법 제15조의 규정에 의하여 부가가치세를 거래징수당하는 것이며, 부가가치세가 면제되는 용역의 공급에 관련된 매입세액은 같은법 제17조 제2항 제4호의 규정에 의하여 공제받을 수 없는 것이다(서면3팀-1849, 2005. 10. 25).

판례 국민주택공급 · 국민주택 건설용역과 면세

◈ 오피스텔 건설용역(조심 2010전3002, 2011. 6. 1)

건축물대장 등에 의하면 청구인이 쟁점오피스텔을 주거용으로 용도를 변경한 것으로 나타나지 아니하며, 임대차계약서상 용도는 대체로 오피스텔, 주거 및 업무시설 등으로 되어있고, 쟁점오피스텔의 공급일은 2008. 8. 21이나 청구인이 제출한 임대차계약서에 의하면 2008년 9월에서 11월 사이에 쟁점오피스텔을 임대한 것으로 나타나는 바, 청구인은 쟁점오피스텔에 대하여 그 용도를 오피스텔로 하여 건축허가를 받고 오피스텔로 사용승인받은 후 오피스텔로 일괄공급한 것으로 보이므로, 국민주택규모의 주거용 원룸을 공급하였으므로 부가가치세가 면제되어야 한다는 청구인의 주장은 받아들이기 어려운 것으로 판단된다. 따라서, 처분청이 쟁점오피스텔의 신축을 부가가치세가 과세되는 건설용역의 제공으로 보아 관련 부가가치세를 과세한 처분은 잘못이 없다 하겠다. 애초에 오피스텔로 건축허가를 받아 오피스텔 건축기준에 부합하게 신축되어 사용승인까지 마친 다음 용도변경의 허가를 받음이 없이 발코니를 설치하여 주택과 유사하게 개조된 건물은 그 건물 내 각 호실의 면적이 국민주택규모에 해당한다고 하더라도 부가가치세가 면제되는 국민주택에 해당하지 않는다(대전지방법원 2011구합3656, 2012. 10. 24).

◈ 고시원 건설용역(조심 2010전3002, 2011. 6. 1)

「조세특례제한법」 제106조 제1항 제1호에 따라 부가가치세가 면제되는 국민주택이라 함은 적어도 당초부터 주택의 용도로서 적법하게 건축허가를 받아 그에 따라 건축된 건물을 뜻하는 것인 점(대법원 1996. 10. 11 선고, 96누8758 판결), 쟁점1,2 건물은 건축법상 근린생활시설(고시원 등)로 사용승인받고 실제로는 주택(원룸)으로 면세전용한 것으로 나타나고 있고, 면세전용은 건설용역을 정당하게 제공받은 이후에 과세사업자인 건물주가 면세사업에 사용함을 의미하는 것인 점, 사용승인시 관할구청에 제출한 건축물 현황도를 보면, 내부에 취사시설은 포함하지 않고 고시원으로 명기되어 있으며, 당초 과세사업자로 사업자등록을 하고, 청구법인 스스로도 매출세금계산서를 교부하였던 점 등에서 청구법인이 공사계약시점부터 주택건설을 위한 용역제공을 하였다는 청구법인의 주장은 맞지 아니한 것으로 보인다.

◈ 근린생활시설의 국민주택 불법 개조(조심 2011서2968, 2011. 11. 16)

「조세특례제한법」 제106조 제1항 제4호 및 같은 법 시행령 제106조 제4항 제1호에서 국민주택규모 이하의 주택에 대하여는 부가가치세를 면제하도록 규정하고 있는바, 동 규정에서 부가가치세가 면제되는 국민주택은 동법의 목적 등에 비추어 적어도 주택의 용도로 적법하게 건축허가를 받아 그에 따라 건축된 건물만 해당된다고 할 것이므로, 근린생활시설로 건축허가를 받아 준공검사까지 마친 다음, 용도변경의 허가를 받음이 없이 주택으로 개조한 경우에는 설사 그 면적이 국민주택규모에 해당한다고 하더라도, 위 규정 소정의 부가가치세가 면제되는 국민주택에 해당한다고 할 수는 없다고 할 것이다(대법원 1996. 10. 11 선고, 96누8758 판결). 청구인이 제시한 증빙자료나 처분청이 건축법 위반건축물로 건축물대장에 등재한 사실, 내부현황사진 등을 고려하면, 쟁점건물이 근린생활시설이 아니라 주거용으로 사용되기 적합한 건물인 것으로 보여지는 면이 있으나, 쟁점건물은 「건축법」 상 근린생활시설로 건축허가를 받아 건축된 건축물로, 공부상 근린생활시설로 등재되어 있을 뿐만 아니라, 적법한 용도변경 절차를 거치지 아니하고 무단으로 용도변경하여 언제든지 시정의 대상이 될 수 있는 점 등을 감안하면, 쟁점건물을 위 규정 소정의 부가가치세가 면제되는 국민주택에 해당된다고 인정하기는 어렵다고 판단된다.

**사례** **건설업자의 과세·면세 건설용역 제공시 건축공사비의 안분계산방법**

주택건설사업자가 다음과 같이 다세대주택 건설용역을 제공하는 경우 과세표준은 다음과 같다.

- 국민주택규모 이하(면세분) 주택면적 : 1,000㎡
- 국민주택규모 초과(과세분) 주택면적 : 900㎡
- 총 건축공사비 : 100,000,000(부가세 포함)
  - 과세표준 = 100,000,000×{900/1,000+900+900×10%} = 45,226,130
  - 세금계산서 발행금액 45,226,130(부가가치세 별도 4,522,613)
  - 계산서 발행금액 50,251,257

※ 과세되는 점포의 건설용역과 면세되는 다가구주택의 건설용역의 대가가 구분되는 경우 당해 점포의 건설용역에 대한 부가가치세 과세표준은 구분된 점포건설용역에 대한 구분된 대가인 것이나, 당해 점포에 대한 건설용역대가와 당해 다가구주택에 대한 건설용역 대가에 구분이 불분명한 경우 점포건설용역에 대한 부가가치세 과세표준은 당해 건설용역을 공급받는 자의 면세예정면적과 과세예정면적의 총예정면적의 비율에 따라 안분계산하는 것이다(부가 46015-897, 2000. 4. 21).

② 국민주택의 설계용역으로서 건축사법 등에 의하여 등록을 한 자가 공급하는 것

국민주택의 설계용역으로서 「건축사법」, 「전력기술관리법」, 「소방시설공사업법」, 「기술사법」 및 「엔지니어링 기술진흥법」에 따라 등록 또는 신고를 한 자가 공급하는 것은 부가가치세를 면제한다(조특령 106 ④ 3호). 국민주택 공사감리용역과 건축사법에 의하여 등록을 한 자에 해당하지 아니한 자가 제공하는 국민주택 설계용역은 조세특례제한법 시행령 제106조 제4항 제3호의 규정에 의한 부가가치세가 면제되는 설계용역의 범위에 포함되지 아니하는 것이다(서삼 46015-11107, 2003. 7. 11).

### (3) 국민주택 리모델링 용역

국민주택 리모델링용역이라 함은 주택법·도시 및 주거환경정비법 및 건축법에 의하여 리모델링하는 것으로서 다음에 해당하는 용역을 말하며, 당해 리모델링을 하기 전의 주택규모가 주택법 규정에 의한 주택에 해당하는 경우(리모델링 후 당해 주택의 규모가 주택법

에 의한 규모를 초과하는 경우로서 리모델링하기 전의 주택규모의 100분의 130을 초과하는 경우를 제외한다)에 한한다(조특령 106 ⑤).

① 건설산업기본법 · 전기공사업법 · 소방법 · 정보통신공사업법 · 주택법 및 오수 · 분뇨 및 축산폐수의 처리에 관한 법률에 의하여 등록을 한 자가 공급하는 것

② 당해 리모델링에 사용되는 설계용역으로서 건축사법에 의하여 등록을 한 자가 공급하는 것

### (4) 토지와 건물을 함께 공급하는 경우 과세표준의 안분계산

국민주택규모 초과분을 신축 · 분양하는 주택신축판매업자가 주택을 분양하면서 분양계약서에 토지와 건물가액을 구분표시하고 부가가치세 별도를 명시한 경우 그 금액을 과세표준으로 한다. 다만, 토지가액과 건물가액의 구분표시가 없거나 구분이 불분명하거나 사업자가 실지거래가액으로 구분한 토지와 건물 또는 구축물 등의 가액이 대통령령으로 정하는 바에 따라 안분계산한 금액과 100분의 30 이상 차이가 있는 경우에는 다음과 같이 감정가액, 기준시가, 장부가액, 취득원가 등의 순서로 안분계산한다(부법 29 ⑨). 다만, 다른 법령에서 정하는 바에 따라 가액을 구분한 경우 또는 토지와 건물 등을 함께 공급받은 후 건물등을 철거하고 토지만 사용하는 경우에 해당하는 경우는 제외한다(부령 64 ②).

① 토지와 건물 등에 대한 「소득세법」 제99조에 따른 기준시가가 모두 있는 경우 : 공급계약일 현재의 기준시가에 따라 계산한 가액에 비례하여 안분(按分) 계산한 금액. 다만, 감정평가가액[제28조에 따른 공급시기(중간지급조건부 또는 장기할부판매의 경우는 최초 공급시기)가 속하는 과세기간의 직전 과세기간 개시일부터 공급시기가 속하는 과세기간의 종료일까지 「감정평가 및 감정평가사에 관한 법률」 제2조 제4호에 따른 감정평가업자가 평가한 감정평가가액을 말한다. 이하 이 조에서 같다]이 있는 경우에는 그 가액에 비례하여 안분계산한 금액으로 한다.

② 토지와 건물 등 중 어느 하나 또는 모두의 기준시가가 없는 경우로서 감정평가가액이 있는 경우 : 그 가액에 비례하여 안분계산한 금액. 다만, 감정평가가액이 없는 경우에는 장부가액(장부가액이 없는 경우에는 취득가액)에 비례하여 안분계산한 후 기준시가가 있는 자산에 대해서는 그 합계액을 다시 기준시가에 의하여 안분계산한 금액으로 한다.

③ ①과 ②를 적용할 수 없거나 적용하기 곤란한 경우 : 국세청장이 정하는 바에 따라 안분하여 계산한 금액

**사례** **분양계약서에 토지와 건물가액을 구분표시하지 않은 경우**

○분양가액 : 200,000,000원(부가세 포함)
- 토지 기준시가 : 80,000,000원
- 건물 기준시가 : 60,000,000원

과세표준 = 200,000,000×{60,000,000/80,000,000+60,000,000+60,000,000×10%}
= 82,191,780

**관련법조문**

◈ **부가가치세법 제29조【과세표준】**

① 재화 또는 용역의 공급에 대한 부가가치세의 과세표준은 해당 과세기간에 공급한 재화 또는 용역의 공급가액을 합한 금액으로 한다.

⑨ 사업자가 토지와 그 토지에 정착된 건물 또는 구축물 등을 함께 공급하는 경우에는 건물 또는 구축물 등의 실지거래가액을 공급가액으로 한다. 다만, 다음 각 호의 어느 하나에 해당하는 경우에는 대통령령으로 정하는 바에 따라 안분계산한 금액을 공급가액으로 한다.

1. 실지거래가액 중 토지의 가액과 건물 또는 구축물 등의 가액의 구분이 불분명한 경우
2. 사업자가 실지거래가액으로 구분한 토지와 건물 또는 구축물 등의 가액이 대통령령으로 정하는 바에 따라 안분계산한 금액과 100분의 30 이상 차이가 있는 경우. 다만, 다른 법령에서 정하는 바에 따라 가액을 구분한 경우 등 대통령령으로 정하는 사유에 해당하는 경우는 제외한다.

◈ **부가가치세법 시행령 제64조【토지와 건물 등을 함께 공급하는 경우 건물 등의 공급가액 계산】**

② 법 제29조 제9항 제2호 단서에 따라 다음 각 호의 어느 하나에 해당하는 경우에는 건물등의 실지거래가액을 공급가액으로 한다. 〈신설 2022. 2. 15.〉

1. 다른 법령에서 정하는 바에 따라 토지와 건물등의 가액을 구분한 경우
2. 토지와 건물등을 함께 공급받은 후 건물등을 철거하고 토지만 사용하는 경우

### (5) 주택신축을 위한 구건물 취득가액

주택신축과 관련하여 기존건물과 토지를 취득하는 경우 과세대상인 건물을 취득하는 경우 세금계산서를 수취하게 된다. 그러나 해당 매입세액은 부가가치세법 제39조 제1항 제7호에 따른 토지관련 매입세액으로 공제되지 아니한다. 이 경우 사업자가 토지와 그 토지에 정착된 건물을 일괄양도하면서 계약서상에 토지 및 건물가액을 구분표시하되, 건물가액은 없는 것으로 하고 양수인이 양도받은 건물을 철거한 경우, 매매계약 체결 당시 건물철거가

예정되어 있고, 실제 철거되었으며, 계약서에 구분표시된 건물의 가액(0원)이 정상적인 거래 등에 비추어 합당하다고 인정되는 경우에는 건물의 과세표준은 '0원'이고, 이에 해당하지 않는 경우에는 실지거래가액을 부가가치세법 시행령 제48조의 2 제4항 단서에 따라 계산한 가액에 비례하여 안분계산하는 것이다. 다만, 건물의 과세표준이 '0원'에 해당하는지 여부는 매매계약서, 건물 노후화 상태, 사용 여부 및 철거현황 등 제반사정을 종합하여 판단할 사항이다(기획재정부 부가가치세제과-267, 2012. 5. 24). 2022. 2. 15. 개정된 부가가치세법 제29조 제9항 단서에서 다른 법령에서 정하는 바에 따라 가액을 구분한 경우 또는 토지와 건물 등을 함께 공급받은 후 건물 등을 철거하고 토지만 사용하는 경우에 해당하는 경우에는 구분한 가액을 실지거래가액으로 한다.

판례

**철거예정인 건물의 과세표준**

◈ 조심 2010중3545, 2011. 4. 12

매매계약체결일에 쟁점건물을 철거한 후에 새로운 건물을 신축할 예정이라는 확인서를 청구법인에게 교부하고 매매계약서상에 쟁점건물가액을 0원으로 기재한 점, 경영위원회 결의서 내용에 비추어 동 법인이 업무용 건물을 신축할 부지를 확보하기 위하여 쟁점부동산을 매입한 것으로 보이는 점, 쟁점부동산을 매수한 이후에 토지만 소유권이전등기를 하고 쟁점건물에 대하여는 그러하지 아니한 채 단기간에 철거한 뒤에 새로운 건물을 신축한 점, 쟁점건물의 대부분이 노후화된 창고일 뿐만 아니라 청구법인이 임차인과의 임대차계약을 중도에 해지하고 양도한 점 등을 종합할 때, 매매계약을 체결할 당시 쟁점건물의 철거가 사실상 예정되어 있었으므로 당사자의 합의에 의하여 매매계약서상에 기재한 쟁점건물의 가액인 0원을 인정하는 것이 타당하다고 보이므로 처분청이 쟁점건물의 가액을 기준시가에 의하여 안분계산하여 이 건 부가가치세를 과세한 처분은 잘못이 있다고 판단된다.

◈ 조심 2018서2623, 2018. 10. 11

청구인은 쟁점건물의 양도 당시 쟁점건물의 철거가 예정되어 있었으므로 쟁점건물의 양도에 대하여 부가가치세를 과세한 처분은 부당하다고 주장하나, 비록 양수인들이 토지만을 사용할 목적으로 쟁점부동산을 취득하였다 하더라도 청구인과 양수인들은 토지와 건물을 일괄하여 거래하였고, 쟁점건물은 양수인들이 자신의 비용으로 철거한 것으로 확인되므로 쟁점건물의 양도를 부가가치세 과세대상인 재화의 공급에 해당하는 것으로 볼 수 있는 점(조심 2014전1507, 2014. 5. 20 외 다수, 같은 뜻임), 쟁점토지와 연접토지를 단기간 내에 양수인들에게 양도함에 있어 각 토지 기준시가 대비 양도가액을 비교해보면 쟁점토지의 양도가액이 기준시가 대비 더 높은 가액으로 책정된 것으로 확인되므로 양 당사자 간에 쟁점건물에 대한 소정의 대가(권리금 등)를 합의한 것으로 추정할 수 있고, 이 경우 쟁점부동산 양도가액에는 쟁점건물의 공급가액이 포함되어 있다고 보는 것이 타당한 점 등에 비추어 청구주장을 받아들이기 어려운 것으로 판단된다.

### (6) 매입세액의 안분계산

주택신축과 관련된 건설용역과 재화의 공급 등에 대한 매입세액은 실지귀속에 따라 과세관련 매입세액은 전액공제하고 면세관련 매입세액은 전액 불공제한다. 다만, 그 귀속이 불분명한 경우로 당해 과세기간 중 과세사업과 면세사업의 공급가액이 없거나 그 어느 한 사업의 공급가액이 없는 경우로 건물을 신축 또는 취득하여 과세사업과 면세사업에 제공할 예정면적을 구분할 수 있는 경우에는 총사용면적에 대한 면세사업에 관련된 예정사용 면적 비율에 해당하는 금액을 면세관련 매입세액으로 보아 불공제한다(부령 81). 한편, 주택건설촉진법의 규정에 의한 국민주택규모를 초과하는 아파트를 신축분양하는 사업자가 당해 아파트 분양을 위한 광고선전에 관련된 매입세액은 부가가치세법 제61조 제1항의 규정에 의하여 안분계산하나, 당해 아파트의 분양 등을 위하여 모델하우스를 설치한 경우 모델하우스 설치와 관련된 매입세액은 매출세액에서 공제된다(부가 46015-3998, 1999. 9. 30). 국민주택규모 이하의 주택과 국민주택규모 초과의 주택을 신축·판매하는 사업자가 주택을 신축하면서 발생한 매입세액에 대해서는 공사원가비율, 신축예정면적비율 및 예정공급가액비율 등에 따라 과세사업·면세사업에 사용되는지 여부를 구분하여 그 실지귀속에 따라 매입세액을 공제하는 것이다. 실지귀속을 구분할 수 없는 공통매입세액은 공급가액이 발생한 과세기간에는 「부가가치세법 시행령」 제61조 제1항에 따라 공통매입세액을 안분계산하고 당해 과세기간 중 과세사업과 면세사업의 공급가액이 없거나 그 어느 한 사업의 공급가액이 없는 경우에는 같은 시행령 제61조 제4항에 따라 공통매입세액을 안분계산하는 것이며, 이후 과세사업과 면세사업의 공급가액 또는 과세사업과 면세사업의 사용면적이 확정되는 과세기간에 대한 납부세액을 확정신고하는 때에 같은 시행령 제61조의 2에 따라 공통매입세액을 정산하는 것이다. 다만, 예정사용면적의 비율로 공통매입세액을 안분계산한 경우 「부가가치세법 시행령」 제61조 제6항에 따라 2011년 1월 1일 이후 최초로 과세표준을 신고하는 분부터는 계속하여 예정사용면적의 비율을 기준으로 안분계산하고, 사용면적이 확정되는 과세기간에 사용면적을 기준으로 정산하는 것이다(기획재정부 부가-189, 2011. 3. 30).

**참 고** 주택신축판매업자의 공통매입세액 안분계산

(1) 안분계산방법

겸영사업자의 매입세액은 그 실지귀속에 따라 공제 또는 불공제한다. 다만, 그 실지귀속이 불분명한 경우에는 일정한 방식에 의하여 안분계산하게 된다. 우선 공통매입세액은 당해 과세기간의 공급가액 비율로 안분계산하는 것이나, 당해 과세기간의 공급가액이 없는 경우에는 예정사용면적비율에 따라 안분계산한다.

① 공급가액이 있는 경우 : 당해 과세기간의 공급가액 비율
② 공급가액이 없는 경우 : 예정 사용면적 비율 → 매입가액 비율 → 예정공급가액 비율 순

**(2) 안분계산 사례**

1) 건물관련 매입세액 : 건축공사비, 설계비, 감리비, 모델하우스 건립비용 등
- 공제(불공제) = 건물관련 매입세액 × [국민주택초과(이하)분 예정분양면적 / 주택총예정분양면적]

2) 토지 · 건물 공통매입세액 : 분양홍보비, 분양대행수수료, 시행대행수수료, 기장료 등
① 토지분 : 불공제
- 공통매입세액 × [토지예정분양가액/총예정분양가액(토지+건물)]

② 건물분 : 공제 또는 불공제
- 공통매입세액 × [건물예정분양가액/총예정분양가액(토지+건물)] = ②

ⓐ 국민주택 초과분 : 공제
- 건물관련 매입세액(②) × [국민주택초과분 예정분양면적 / 주택 총예정분양면적]

ⓑ 국민주택분 : 불공제
- 건물관련 매입세액(②) × [국민주택분 예정분양면적 / 주택 총예정분양면적]

## (7) 세금계산서 및 영수증의 발급

건설업은 원칙적으로 세금계산서 발급대상이나 주거용건물 공급의 경우 주택법에 따라 주택건설사업자로 등록한 사업자가 국민주택규모초과 아파트를 직접 건설하여 일반에게 분양하는 경우에는 부가가치세법 시행령 제79조의 2 제1항 제7호 및 동법 시행규칙 제25조의 3 제3호의 규정에 의하여 영수증을 발급하는 것이나, 공급받는 자가 사업자등록증을 제시하고, 세금계산서의 발급을 요구하는 때에는 세금계산서를 발급하여야 하는 것이다(부가 46015-323, 1997. 2. 13). 또한 국민주택에 대하여 건물(분양권 포함)에 대하여 계산서 대신 영수증을 발급할 수 있다. 국민주택규모 초과 주택을 법인이나 SH, LH 공사 등 사업자에 공급하는 경우 건물에 대하여 세금계산서를 의무 발급하여야 하나 국민주택 이하를 법인이나 SH, LH 공사 등 사업자에 공급하는 경우에도 계산서 발급이 면제된다.

| 구 분 | | 부가가치세 | 소득세 · 법인세 |
|---|---|---|---|
| 국민주택 (85㎡) 이하 | 토지 | 영수증(계산서) | 영수증(계산서) |
| | 건물 | 영수증(계산서) | 영수증(계산서) |
| 국민주택 초과 | 토지 | 영수증(계산서) | 영수증(계산서) |
| | 건물 | 영수증, 수분양자가 사업자이면 세금계산서 의무발급 | 영수증, 수분양자가 사업자이면 세금계산서 의무발급 |

| 구 분 | | 부가가치세 | 소득세 · 법인세 |
|---|---|---|---|
| 오피스텔 | 토지 | 영수증(계산서) | 영수증(계산서) |
| | 건물 | 세금계산서 의무발급 | 세금계산서 의무발급 |

관련법조문

◈ 부가가치세법 시행령 제73조【영수증 등】

14. 주로 사업자가 아닌 소비자에게 재화 또는 용역을 공급하는 사업으로서 기획재정부령으로 정하는 사업{주거용 건물공급업(주거용 건물을 자영건설하는 경우를 포함한다)}

◈ 법인세법 제121조【계산서의 작성 · 발급 등】

④ 부동산을 매각하는 경우 등 계산서 등을 발급하는 것이 적합하지 아니하다고 인정되어 대통령령으로 정하는 경우에는 제1항부터 제3항까지의 규정을 적용하지 아니한다.

◈ 법인세법 시행령 제164조【계산서의 작성 · 교부 등】

③ 법 제121조 제4항에서 "대통령령으로 정하는 경우"란 토지 및 건축물과 그 각각의 분양권을 공급하는 경우를 말한다.

### (8) 일시적 임대 후 사업양도 여부

① 사실관계

본인은 2004년 7월경에 토지를 구입한 후 나대지로 가지고 있다가 2007년도에 지상5층 상가를 신축 2007년 12월경에 준공필하고 2007년 6월에 사업자등록증을 업태는 부동산업, 건설, 부동산 종목은 건물신축판매(토지보유 5년 미만), 일반건축공사, 임대로 교부받았으며, 건물신축 후 1~5층 전층이 임대가 되어 있는 상태로 2008년 2월에 매각되었다. 건물에 대한 은행차입금과 입주한 임차인은 매수인에게 그대로 승계가 되면서 양도가 되었으며, 양수인은 부동산임대업으로 사업자등록을 하였다. 이러한 경우 본인이 건물 신축한 후 양도한 것이 부동산매매업에 해당되는지 및 포괄적인 양도 · 양수가 되는지 여부

② 회신

사업자가 사업장별로 당해 사업에 관한 모든 권리와 의무를 포괄적으로 승계시키는 경우 부가가치세법 제6조 제6항에 규정한 사업의 양도에 해당하는 것이며, 건물을 신축하여 판매할 것을 사업목적으로 하는 사업자가 당해 신축건물에서 일시적으로 임대업을 영위하다가 당해 건물을 양도한 경우는 이에 해당하지 아니하는 것이나, 당해 건

물을 판매할 목적으로 건물을 신축하여 일시적으로 임대업을 영위한 것인지 여부는 거래사실을 종합하여 판단할 사항이다(서면3팀-291, 2008. 2. 5).

### (9) 환매조건부로 양도와 부가가치세

주택신축판매업자가 신축 중인 국민주택규모 초과 미분양주택을 환매조건부 매매계약에 따라 양도한 후 약정에 따라 계약체결일로부터 소유권이전 또는 잔금지급 후 6개월 이내에 환매하는 경우 당해 환매는 「부가가치세법」 제6조 제1항에 따른 재화의 공급에 해당하는 것이다(부가-50, 2010. 1. 13).

## 2. 소득세 실무

### (1) 총수입금액의 귀속시기

주택신축판매업과 부동산매매업의 수입시기는 대금을 청산한 날로 한다. 다만, 대금을 청산하기 전에 소유권이전등기를 하거나 당해 자산을 사용수익하는 경우에는 소유권이전 등기일 또는 사용수익일로 한다(소령 48 11호, 재경부소득 46073-60, 2003. 5. 6). 여기서 "사용수익일"은 당사자 간의 계약에 의하여 사용수익하기로 약정한 날로 하는 것이나, 별도 약정이 없는 경우에는 사용승낙을 하고 매수인이 당해 자산을 실질적으로 사용할 수 있게 된 날을 말한다(서이 46012-11509, 2003. 8. 19).

따라서 장기예약매출에 해당하는 경우에도 진행기준을 적용하지 아니한다(서면1팀-632, 2005. 6. 7).

**참 고　기업회계상 부동산 양도손익의 인식시기**

부동산 양도손익은 소유권이전등기일·잔금청산일·사용가능일 중 빠른 날이 속하는 회계연도에 처분손익을 인식한다. 다만, 다음의 경우에는 그 때를 수익으로 인식한다.

① 소유에 따른 위험과 효익이 이전된 이후에도 판매자가 추가로 중요한 행위를 할 의무가 있는 경우에는 해당 행위가 완료되는 날
② 부동산을 판매한 후에도 소유에 따른 위험과 효익이 이전되지 않는 경우에는 판매거래·금융거래·리스거래 등으로 처리한다.
③ 판매자가 수취한 금액(계약금 및 중도금 포함)에 비추어 볼 때 잔금지급에 대한 구매자의 의사표시가 확인되지 않는 경우에는 현금수취액의 한도 내에서만 수익을 인식한다.

 핵심체크

부동산 등의 판매업을 영위하는 사업자가 법인인 경우 장기예약매출에 해당되면 진행기준을 적용하여 손익을 인식하여야 하나 개인인 경우에는 소득세법 시행령 제48조 제11호의 규정에 따라 대금청산일 등에 총수입금액을 인식하여야 한다. 주택신축판매업자와 부동산매매업자의 양도자료는 국세청 홈택스에서 조회하여 면세수입금액에 반영하여야 한다.

### (2) 총수입금액의 계산

주택신축판매업 또는 부동산매매업의 총수입금액은 매매계약서상 실제거래가액으로 한다. 이 경우 토지와 건물가액의 산정은 매매계약서에 구분표시된 경우 거래관례에 비추어 합리적 타당성이 인정되면 그 가액으로 한다. 다만, 그 가액이 불분명한 경우에는 감정가액, 기준시가 등으로 안분계산한다. 또한 거주자가 기존주택을 헐고 1세대는 본인이 거주할 목적으로, 잔여세대는 분양할 목적으로 다세대주택을 신축분양한 경우에 본인이 거주하는 세대에 대한 가액은 총수입금액에 산입하지 아니한다(소득-109, 2011. 1. 31). 건설업을 경영하는 거주자가 자기가 생산한 물품을 자기가 도급받은 건설공사의 자재로 사용하는 때에는 그 사용된 부분에 상당하는 금액은 당해연도의 소득금액의 계산에 있어서 이를 총수입금액에 산입하지 아니한다(소법 26).

또한, 거주자가 공장신축과 관련한 건설자재를 구입하여 당해 공장의 신축을 도급받은 건설회사에게 공급한 것은 고정자산의 취득과 관련된 것으로서, 당해 제조업의 총수입금액에 산입할 사항이 아니다(소득 46011-3367, 1999. 8. 28).

#### ① 자가소비의 경우 총수입금액 산입 여부

주택을 신축하여 판매하는 사업은 건설업(직접 건설을 하는 경우에 한함)에 해당하는 것이며, 당해 사업자가 판매용으로 신축한 주택을 가사용으로 사용하는 경우에도 그 날이 속하는 연도의 사업소득금액 계산에 있어 총수입금액에 산입하는 것이다(소득 22601-609, 1989. 2. 22).

#### ② 자녀에게 증여한 경우 총수입금액 산입 여부

주택신축판매업자가 신축주택을 분양하던 중 일부 미분양주택분의 토지를 자녀에게 증여하는 경우 그 토지를 증여한 때의 가액에 상당하는 금액은 당해 주택신축판매업의 소득금액계산에 있어서 총수입금액에 산입하는 것이며, 동 토지의 취득가액은 총수입금액에 대응하는 비용의 합계액으로 필요경비에 산입하는 것이다(재삼 46014-917, 1995. 4. 13). 또한, 주택신축판매업자가 폐업시점에 판매하지 아니한 주택을 가사용으로 소비하거나 종업원 또는 타인에게 지급한 경우에는 이를 소비 또는 지급한 때의 가액을 그 소비일 또는 지급일이 속하는 연도의 사업소득 총수입금액에 산입하는 것이고, 그 후에 그 주택을 양도하고 받는 대가는 양도소득에 해당하는 것이며(소득-4960, 2008. 12. 31), 이 경우 양도자산에 대한 취득시기는 폐업일이다(재일 46300-2863, 1997. 12. 6).

③ **폐업시 미분양주택에 대한 총수입금액 산입 여부**

주택신축판매업을 영위하던 사업자의 폐업 시 판매되지 아니한 주택은 폐업일이 속하는 연도의 총수입금액에 포함하지 아니하고 이를 처분하는 연도의 총수입금액에 산입하여 사업소득으로 과세하는 것이며, 사업자가 폐업 시 미분양된 주택을 가사용으로 소비하거나 임대목적(판매되지 아니하여 일시 임대하는 경우 제외)으로 사용한 후 당해 주택을 양도하는 경우에는 양도소득세가 과세되는 것이다(서면1팀-842, 2008. 6. 17). 즉, 부가가치세법에서는 사업을 폐지한 때 잔존재화는 자기에게 공급한 것으로 보아 시가상당액을 과세표준으로 하나 소득세법에서는 주택신축판매업과 부동산매매업의 총수입금액 수입시기는 잔금청산일, 소유권이전등기일, 사용수익일 중 빠른 날을 양도시기로 본다(소령 48 11호).

**[주택신축판매업 · 부동산매매업의 폐업시 과세문제]**

| 구 분 | 공급시기 · 귀속시기 | 과세표준(총수입금액) |
|---|---|---|
| 부가세법<br>(부법 5 ③) | 폐업일 | 시가(수입금액 제외) |
| 소득세법<br>(소령 48 11호) | 자가소비 · 증여 : 폐업일 | 시가(총수입금액 산입)<br>양도시 양도소득 과세 |
| | 기타 : 잔금청산일 · 소유권이전등기일 · 사용수익일 중 빠른 날 | 총수입금액 제외(실제 분양시 총수입금액 산입) |

ⓐ 거주자가 재고자산 또는 임목을 가사용으로 소비하거나 이를 종업원 또는 타인에게 지급한 경우에도 이를 소비 또는 지급한 때의 가액에 상당하는 금액은 그 날이 속하는 연도의 사업소득금액 또는 기타소득금액의 계산에 있어서 이를 총수입금액에 산입한다(소법 25 ②).

ⓑ 주택신축판매업자가 폐업시점에 판매하지 아니한 주택을 가사용으로 소비하거나 종업원 또는 타인에게 지급한 경우에는 이를 소비 또는 지급한 때의 가액을 그 소비일 또는 지급일이 속하는 연도의 사업소득 총수입금액에 산입하는 것이고, 그 후에 그 주택을 양도하고 받는 대가는 양도소득에 해당한다(소득-4960, 2008. 12. 30).

④ 주택신축판매 공동사업자 분할등기시 총수입금액 산정

2인 이상의 공동사업자가 판매목적으로 신축한 건물을 공동사업자의 출자지분에 따라 분할등기하는 경우에는 「소득세법」 제25조 제2항의 규정에 의하여 분할등기한 주택의 시가상당액을 공동사업장의 총수입금액에 산입하는 것이며, 공동사업자가 공동으로 건물을 신축한 후 당해 신축건물을 자기의 지분별로 구분 등기하여 각각 자기의 계산과 책임 하에 사용·수익하는 경우에는 공동사업에 해당하지 아니하는 것으로 각 사업자별로 사업자등록을 하여야 하는 것이다(소득-298, 2011. 3. 30). 2인 이상 공동사업자가 판매목적의 신축건물을 출자지분에 따라 분할등기하는 경우, 분할등기한 주택의 시가상당액을 공동사업장의 총수입금액에 산입하는 것이며, 과세기간 중 공동사업의 구성원 또는 지분의 변동이 발생한 경우에는 변동시마다 공동사업자별 소득분배비율에 따라 각 거주자별로 소득금액을 구분 계산하여 당해 거주자별로 납세의무를 지는 것이다(서면-2015-소득-1779[소득세과-59], 2016. 1. 13).

⑤ 조합으로부터 받는 자기지분초과분(추가부담금)의 총수입금액 산입

재건축조합의 소득금액계산에 있어서 총수입금액은 일반분양하는 잔여세대의 아파트와 자기지분을 초과한 아파트를 취득하는 조합원으로부터 조합의 규약 등에 따라 분양대금으로 별도로 지급받는 금액 및 상가 등의 분양대금을 합계한 금액으로 하는 것이다(서면 2017소득-3466, 2017. 12. 14).

**참 고** 공동사업 계약서 일부

**제1조 (공동사업 목적)**

공동사업의 목적은 △△동 소재 ○○빌라를 철거하고 새로운 주택을 신축하여 공동소유자 각자 1개의 주택을 가져가고 나머지 주택은 일반분양할 것을 목적으로 한다.

**제5조 (공동사업 대상 주택)**

지분제 방식으로 신축된 주택 중 공동사업자 각자가 가져가는 1주택은 공동사업과 별도로 공동사업자가 개별 신축하는 것으로 공동사업에서 제외하며, 일반분양주택만 공동사업 대상 주택으로 한다.

## (3) 필요경비의 산정

### 1) 필요경비의 산정방법

필요경비의 산정방법에는 국세청장이 정한 단순경비율 및 기준경비율에 따른 추계에 의

한 방법과 실제로 지출한 필요경비에 따른 기장에 의하여 산정하는 방법으로 구분된다. 단순경비율은 영세사업자의 기장의무를 완화해주기 위한 제도로 신규사업자는 직전연도 수입금액이 일정한 금액에 미달하는 사업자에 한하여 적용된다.

### 2) 신규사업자 중 복식부기의무자 규모의 단순경비율 적용배제

해당 과세기간에 신규로 사업을 개시한 사업자로서 해당 과세기간의 수입금액이 복식부기의무자에 따른 금액 이상인 사업자는 단순경비율을 적용할 수 없도록 하였다. 이는 주요경비의 증빙비치 및 기장이 충분히 가능한 점을 고려하여 단순경비율 적용을 통한 소득금액의 축소를 방지하기 위한 데 있다. 따라서 주택신축판매업의 경우 신규사업자 중 해당 사업연도의 수입금액이 1억 5천만원 이상인 경우에는 단순경비율에 의한 추계소득금액을 계산할 수 없으며 기준경비율 또는 기장에 의한 소득금액을 계산하여야 한다. 해당 규정은 직전 과세기간의 수입금액만을 기준으로 단순경비율을 적용하는 것에 대한 문제점이 제기되어 '해당 과세기간의 수입금액이 일정금액 이하일 것'이라는 요건을 추가하여 소득세법 시행령이 개정되었다.

| 종전규정 | 현행규정 |
|---|---|
| 소득세법 시행령 제143조 (추계결정 및 경정)<br>④ 제3항 각 호 외의 부분 단서에서 "단순경비율 적용대상자"란 다음 각 호의 어느 하나에 해당하는 사업자를 말한다.<br>1. 해당 과세기간에 신규로 사업을 개시한 사업자로서 해당 과세기간의 수입금액이 제208조 제5항 제2호 각 목에 따른 금액에 미달하는 사업자<br>2. 직전 과세기간의 수입금액(결정 또는 경정으로 증가된 수입금액을 포함한다)의 합계액이 다음 각 목의 금액에 미달하는 사업자 | 소득세법 시행령 제143조 (추계결정 및 경정)<br>④ 제3항 각 호 외의 부분 단서에서 "단순경비율 적용대상자"란 다음 각 호의 어느 하나에 해당하는 사업자로서 해당 과세기간의 수입금액이 제208조 제5항 제2호 각 목에 따른 금액에 미달하는 사업자를 말한다.<br>1. 해당 과세기간에 신규로 사업을 개시한 사업자<br>2. 직전 과세기간의 수입금액(결정 또는 경정으로 증가된 수입금액을 포함한다)의 합계액이 다음 각 목의 금액에 미달하는 사업자 |

〈적용시기〉 2019. 1. 1 이후 개시하는 과세기간부터

〈개정취지〉 사업소득의 소득금액을 추계신고・결정・경정 시 직전 과세기간의 수입금액이 단순경비율 적용기준에 해당하더라도 해당 과세기간의 수입금액이 복식부기의무자 기준에 해당하는 경우에는 단순경비율 대신 기준경비율을 적용하도록 함.

### 단순경비율 적용이 배제되는 신규사업자의 정의

단순경비율 적용대상자를 판단함에 있어서 당해 기간에 신규로 사업을 개시한 사업자의 신규 사업개시일 기준일을 판단함에 있어서 거주자가 2010년도를 개업('10. 11. 1)연도로 하여 사업자등록('10. 7)을 하였으나 2010년에는 수입금액이 발생하지 아니하고 익년도인 2011년에 수입금액이 발생한 경우 사업을 개시한 날이 속하는 연도는 다음 중 어느 것이 타당한지요?

① 실질적인 사업개시일이 속하는 연도로 함

② 최초로 '총수입금액이 발생한 날'이 속하는 연도로 함

신규로 사업을 개시한 날은 「부가가치세법 시행규칙」 제3조에 따른 날이 해당하는 것입니다.

제3조【개업일의 기준】

「부가가치세법」 제5조 제1항에 규정하는 사업개시일은 다음 각호의 규정에 의한다. 다만, 해당 사업이 법령의 개정 등으로 면세사업에서 과세사업으로 전환되는 경우에는 그 과세전환일로 한다.

1. 제조업에 있어서는 제조장별로 재화의 제조를 개시하는 날
2. 광업에 있어서는 사업장별로 광물의 채취・채광을 개시하는 날
3. 기타의 사업에 있어서는 재화 또는 용역의 공급을 개시하는 날

(근거 : 기획재정부 소득세제과-179, 2011. 5. 4)

**사례** 신규사업자의 단순경비율 적용배제

- 2010. 12. 30 토지와 건물을 취득하여, 2010. 12. 31 원룸 건축허가를 취득하고, 2011. 1. 4. 사업자등록증(업태: 건설, 종목: 주택신축판매)을 교부받았으며, 2011. 6. 30. 원룸의 사용허가를 득하여 2012. 1. 20. 원룸을 매각할 예정임. 2011년에 원룸의 신축 등으로 매출이 0원이며, 2012년도에 매출이 발생할 경우에 사업개시일자는 언제이며, 2012년 귀속 종합소득세 신고시 단순경비율 신고가 가능한지요?
- '복식부기의무자' 및 '단순경비율 적용대상자'의 판단에 있어서 신규로 사업을 개시한 날은 「부가가치세법 시행규칙」 제3조에 따른 날이다(소득세과-0560, 2011. 6. 20).

**참고** 신규사업자의 단순경비율 적용배제

- 2010년 주택신축판매업 사업자등록하고 2010년 주택을 완공하여 임대사업소득 1천만원 발생하였고 2011년에 5억원에 주택분양을 하였을 경우 2011년 귀속기장의무 판단 시 2010년 수입금액 기준으로 판단하는지 아니면 2011년 신규사업자로 봐야 하는지?
- 소득금액 추계 결정시 해당 사업자가 직전연도 수입금액이 있는 경우에는 '해당 과세기간에 신규로 사업을 개시한 사업자'에 해당하지 않는 것이며, 직전연도 수입금액에 의하여 단순경비율 적용대상자 여부를 판단하는 것이다(소득-1068, 2011. 12. 21).

**참 고** **신규사업자의 단순경비율 적용배제**

• 2011년에 걸쳐 다가구 주택 6채를 시축하여 판매하고 있으며 사업의 진행은 다음과 같음.
  - 최초 토지 구입일 : 2010. 3. 5
  - 최초 건축 허가일 : 2010. 7. 18
  - 최초 공사 착공일 : 2010. 11. 16
  - 판매일 : 6채 모두 2011년도에 판매할 예정임.
  - 사업자등록신청 : 2011. 2. 26(사업개시일을 최초착공일인 2011. 11. 16.로 기재)

• '복식부기의무자' 및 '단순경비율 적용대상자'의 판단에 있어서 신규로 사업을 개시한 날은 「부가가치세법 시행규칙」 제3조에 따른 날이다(소득-0612, 2011. 7. 7).

**참 고** **단순경비율 · 기준경비율 적용에 따른 분류(2020귀속)**

① 토지보유기간이 5년 미만인 경우(451102) : 단순경비율(91.0), 기준경비율(16.0)
이 경우는 토지의 취득원가가 높으므로 소득률이 낮은 편이다. 따라서 토지의 취득원가가 확인되고 공사원가가 확인되는 경우 증빙 등에 의거 장부를 기장하는 편이 유리하다.

② 토지보유기간이 5년 이상인 경우(451103) : 단순경비율(87.6), 기준경비율(14.8)
이 경우에는 토지취득시기가 오래되어 취득원가가 상당히 낮으며 따라서 소득률이 높다. 이 경우 토지취득원가가 확인이 안되는 경우 취득일의 기준시가를 적용하게 되나 용지원가가 낮아 기장을 하는 경우에 오히려 세부담이 늘어날 수 있다. 다만, 신규사업자로서 당해 과세기간 수입금액이 복식부기의무자에 해당되면 단순경비율에 의한 추계신고를 할 수 없다.

③ 토지보유기간의 계산
주택신축판매업의 토지보유기간은 **토지 취득일로부터 당해 주택의 사용승인서(사용검사필증) 교부일까지**로 계산한다. 다만, 사용승인서(사용검사필증) 교부일 이전에 분양 등이 완료된 경우에는 소득세법 시행령 제162조 제1항 각호의 규정에 의한다.

※ 주택신축판매업자의 종합소득세를 추계신고하는 경우 주의할 점은 추후에 과세관청에서 토지취득가액과 공사비를 확인하여 과세표준과 세액을 실지조사 경정할 수 있다는 것이다. 토지가액은 부동산거래신고와 등기부기재 등으로 명확히 확인이 가능하며 공사비는 건설회사에 일괄도급을 준 경우에는 공사비 총액의 확인이 가능하므로 과세관청에서 실지조사에 의거 과세표준과 세액을 경정할 수 있다는 것이다(국심 2006부3529, 2006. 12. 27).

**판례** **주택신축판매업자의 단순경비율 적용배제**(조심 2018서-3304, 2018. 10. 18)

사실관계 및 관련 법령 등을 종합하여, 먼저 쟁점①에 대하여 살피건대, 청구인은 2015년에 사업을 개시하였고 기존주택을 철거하는 과정에서 고철 등 부산물을 판매함에 따라 발생한 수익이 「소득세법 시행령」 제143조 제4항 제2호 나목의 기준수입금액인 3,600만원에 미달하므로 단순경비율 적용대상자에 해당한다고 주장하나, 「소득세법 시행령」 제143조 제4항 제1호는 해당 과세기간에 신규로 사업을 개시한 사업자로서 해당 과세기간의 수입금액이 「소득세법 시행령」 제208조 제5항 제2호 각 목에 따른 금액에 미달하는 사업자를 단순경비율 적용대상자로 규정하고 있는 점, 「부가가치세법 시행령」 제6조 제3호에서 제조업 및 광업을 제외한 사업의 개시일을 '재화나 용역의 공급을 시작하는 날'로 규정하고 있는 점, <u>사업개시일은 설립등기일이나 사업자등록일 등을 기준으로 형식적으로 판단할 것이 아니라 사업의 준비가 끝나고 본래의 사업목적을 수행하거나 수행할 수 있는 상태로 된 때를 기준으로 실질적으로 판단하여야 할 것</u>(대법원 1995. 12. 8 선고, 94누15905 판결, 같은 뜻임)인바 청구인이 2015년에 고철 등 부산물을 일부 판매하였다 하더라도 주택신축판매업을 영위한 청구인의 사업개시일은 쟁점주택을 판매하기 시작한 2016년으로 봄이 타당한 점, 2015년에 기존주택을 철거하면서 발생한 일부 부산물의 매각수입이 있다 하더라도 이는 주택신축판매업과 직접적인 관련이 없는 것으로 보이는 점 등에 비추어 청구인의 사업개시 시점은 2016년으로 보이므로 처분청이 청구인을 「소득세법 시행령」 제143조 제4항의 단순경비율 적용대상자에 해당되지 아니하는 것으로 보아 종합소득세를 과세한 처분은 달리 잘못이 없는 것으로 판단된다(조심 2018중2210, 2018. 7. 30 외 다수, 같은 뜻임).

다음으로 쟁점 ②에 대하여 살피건대, 청구인은 건설업을 영위하였으므로 중소기업에 대한 특별세액감면 적용대상이라고 주장하나, 쟁점주택의 집합건축물대장에 공사시공자로 (주)OOO이 기재되어 있는 점, 청구인이 쟁점주택 신축관련 건설용역을 직접 수행함에 필요한 토공사, 공조, 인테리어 등 세부공사를 위한 자재매입, 부분하도급 등에 대한 구체적인 증빙서류 등을 제출하지 못하고 있는 점, 그 밖에 청구인이 직접 쟁점주택을 시공하였음을 입증할 수 있는 자료를 제출한 사실이 없는 점, <u>「건설산업기본법」 제41조에 의하면 「건축법」에 따른 공동주택인 쟁점주택은 건설업면허를 받은 건설업자가 시공하여야 하므로 건설업면허가 없는 청구인이 직접 쟁점주택을 건설하였다고 보기 어려운 점</u>, 청구인은 건설업면허도 없을 뿐만 아니라 전문인력을 고용한 사실도 확인되지 아니하는바 청구인이 쟁점주택 건설공사를 총괄적인 책임하에 건설할 인적·물적시설이나 능력을 갖추었다고 보기 어려운 점 등에 비추어 처분청이 청구인은 부동산 개발 및 공급업을 영위한 것으로 보아 중소기업에 대한 특별세액감면 적용을 배제하여 청구인에게 종합소득세를 과세한 처분은 달리 잘못이 없는 것으로 판단된다(조심 2018중2210, 2018. 7. 30 외 다수, 같은 뜻임). 주택신축판매업의 사업개시일은 주택의 공급이 개시된 시기이며 주택 소재지별로 별개의 사업으로 보아 해당 사업의 개시 및 종료 여부를 판단하여야 하므로 원고는 신규사업자에 해당하여 단순경비율 적용 대상자에 해당되지 않는다(대법원 2022. 5. 13 선고, 2022두34319 판결).

### 3) 토지의 취득원가의 결정

주택신축판매업의 경우 필요경비는 토지의 취득가액과 공사비용으로 구성된다. 그 중 토지(용지)의 취득원가는 매입가액에 취득세 등 부대비용을 가산한 금액으로 한다. 다만, 그 취득가액을 알 수 없는 경우에는 취득당시의 기준시가(소기통 39-21)에 취득세 등을 가산한 금액으로 하며, 이 경우 1984. 12. 31 이전에 취득한 토지는 1985. 1. 1(의제취득일)에 취득한 것으로 보아 기준시가를 적용한다. 또한, 토지를 취득하기 위하여 지출한 구건물 취득가액과 철거비용, 취득세, 토지정지비용 등은 토지의 취득원가로 처리한다. 거주자가(주택신축판매업 등) 공동사업을 경영할 것을 약정하는 계약에 의해 당해 공동사업에 현물출자하는 경우에는 등기에 관계없이 현물출자한 날 또는 등기접수일 중 빠른 날에 당해 토지가 유상으로 양도된 것으로 보아 양도소득세가 과세되는 것이며, 공동사업자인 주택신축판매업자 또는 부동산매매업자의 사업소득금액을 계산함에 있어서 현물출자된 토지는 "공동사업에 현물출자한 당시의 가액"을 총수입금액에 대응하는 필요경비로 계산하는 것이다(재경부 재산 46014-119, 2002. 6. 7). **현물출자한 당시의 가액**은 ① 법인세법 시행령 제89조 제1항에 해당하는 가격 ② 법인세법 시행령 제89조 제2항 제1호의 감정가액 ③ 상속세법 제61조의 개별공시지가를 순차적으로 적용한 금액에 취득세 등 부대비용을 가산한 금액으로 한다.

아파트 분양사업을 시행하는 내국법인이 토지취득 후 아파트공사 전에 발생하는 각종 환경성 평가, 재측량, 아파트 배치, 각종 구조물 배치 등의 측량 및 아파트 사업성 평가 등과 관련된 비용은 토지원가에 산입하는 것이다(서면2팀-1470, 2006. 8. 2).

**소득세 집행기준 39-89-5 공동사업에 현물출자한 토지의 취득가액**

① 공동사업자인 주택신축판매업자의 총수입금액에 대응하는 필요경비 중 토지가액은 공동사업에 현물출자한 당시의 가액으로 하는 것으로 이 경우 공동사업계약을 체결한 날을 현물출자 시기로 본다.

② 현물출자한 당시의 가액의 계산은 다음을 순차적으로 적용하여 계산한 금액에 취득세·등록세 기타 부대비용을 가산한 금액으로 한다.

1. 「법인세법」 시행령 제89조 제1항에 해당하는 가격
2. 「법인세법」 시행령 제89조 제2항 제1호의 감정가액(이 경우 소급감정가액은 인정하지 않는다)
3. 「상속세 및 증여세법」 제61조에 따라 평가한 가액

### 소득세 집행기준 39-89-6 취득가액이 불분명한 토지 및 건물의 취득가액 계산방법

거주자가 개별공시지가 고시 이전 취득한 토지에 기준시가 고시 이전에 건물을 신축하여 자가 사용 하다가 해당 자산을 부동산임대업에 사용하여 장부를 기장하는 경우 취득가액이 불분명한 토지 및 건물의 취득가액 산정방법은 아래의 산식에 의한다.

1. 토지

$$1990.1.1.\text{기준으로 한 개별공시지가} \times \frac{1985.1.1.\text{ 당시의 시가표준액}}{(1990.8.30.\text{ 현재의 시가표준액} + \text{그 직전에 결정된 시가표준액})/2}$$

2. 건물

$$\text{국세청장이 해당 자산에 대하여 최초로 고시한 기준시가} \times \frac{\text{취득당시의 「지방세법 시행령」 제80조 제1항의 시가표준액 (동항 단서의 가감산율을 적용하지 아니한 가액으로 함)}}{\text{해당 자산에 대하여 국세청장이 최초로 고시한 기준시가 고시당시의 시가표준액 (취득당시의 가액과 최초로 고시한 기준시가 고시당시의 가액이 동일한 경우에는 「소득세법 시행령」 제164조 제8항을 준용함)}}$$

**참 고** **사업용 외의 목적으로 취득한 자산의 취득가액의 산정**

사업용 외의 목적으로 취득한 부동산을 주택신축판매업으로 사용한 것에 대하여는 당해 사업자가 **당초에 취득한 때의 가격**을 취득가액으로 산정하여 필요경비로 공제한다(소령 55 ① 2호). 여기서 당초에 취득한 때의 가격은 다음을 말한다.

① 타인으로부터 매입한 자산 : 매입가액에 취득세 기타부대비용을 가산한 금액

② 자기가 행한 제조·생산 또는 건설 등에 의하여 취득한 자산 : 원재료비·노무비·운임·하역비·보험료·수수료·공과금(취득세를 포함한다)·설치비 기타부대비용의 합계액

③ 취득가액이 불분명한 경우 : 당해 자산의 취득당시의 기획재정부령이 정하는 시가에 취득세 기타부대비용을 가산한 금액

* 시가 : 제3자 거래가격 → 감정평가법인의 감정가액 → 상속세 및 증여세법상의 평가액 순으로 적용

#### 4) 공사비용

건축공사비는 시공사에 일괄도급을 준 금액으로 국민주택규모 초과분에 대하여는 세금계산서를 국민주택규모 이하분에 대하여는 계산서를 수취하여야 한다.

주택신축·분양과 관련하여 지출하는 관리대행 용역비는 그 용역의 구체적인 내용에 따라 자산의 취득가액 또는 필요경비에 산입한다(소득-2036, 2009. 12. 29).

### (4) 토지 등 매매차익에 대한 세액계산특례 적용 여부

주택신축판매업을 영위하는 거주자가 판매목적으로 신축한 재고자산인 주택의 매매차익에 대하여는 부동산매매업자에 대한 세액계산의 특례의 규정이 적용되지 아니하는 것이다(소득-4702, 2008. 12. 15).

### (5) 동호인 주택 여부

일반적으로 '동호인 주택'이라 함은 각 개인이 단독으로 주택을 신축할 경우의 불편 및 부담을 피하고 건축원가절감 및 친밀한 이웃관계의 조성 등과 같은 편익을 도모할 목적으로 일군의 사람들이 인적 유대관계를 기초로 동호회를 구성하여 부지의 선정·구매에서 인·허가 및 신고절차, 건축공사에 이르는 주택사업을 공동으로 수행한 후 정산절차를 거쳐 실수요자로서 입주하는 형태의 주택을 말하는바, 어떤 주택이 동호인 주택에 해당하는지 여부는 동호회원의 수 및 그들 사이의 인적관계, 건축절차와 동호회 결성 사이에 선후관계, 주택신축사업에 관한 동호회의 의사결정방법, 주택부지의 매수인이나 건축주 또는 건축공사도급인의 명의, 건축비용의 지급방법과 건축에 따른 손익의 정산방법, 주택부지 및 주택의 소유관계, 건축 후의 이용상황 등과 같은 제반사정을 종합하여 그것이 민법상 조합으로서의 성격을 가진 동호회에 의하여 건축된 것인지를 기준으로 판단하여야 할 것이고, 동호인 주택의 본질상 이와 같은 판단에 있어서는 특히 동호회원들이 해당 주택의 완공을 전후하여 각자가 이미 부담한 건축비용과 건축에 실제로 소요된 제반비용의 차액에 해당하는 '손익'을 합리적인 기준에 따라 산정하고 분배하는 정산절차를 거쳤는지 여부가 중요하게 참작될 것이다.

이 사건에 관하여 보건대, 위 인정사실 및 변론 전체의 취지에 의하여 추단되는 다음의 각 사정, 즉 ① 이 사건 주택의 동호회원들은 유사한 주택수요를 가졌다는 것 외에는 별다른 공통점이나 인적관계가 없었고, 이 사건 주택의 부지가 확보된 뒤에야 비로소 그 구성이 확정된 점, ② 위 동호회원들은 원고의 처를 제외하면 총 19명으로서, 일반적으로 소위 조합주택으로 간주되는 세대수의 기준을 초과하지 아니하는 한도에서 최대한의 수인 점, ③ 이 사건 주택의 동호회는 그 회칙에 따라 의결을 하였던 적이 없고, 이 사건 주택의 신축·분양에 관한 제반사항은 동호회원들의 합의에 의하여 결정된 것으로 보이는 점, ④ 이 사건 주택의 동호회 간부는 회장과 총무 각 1인뿐인데 원고 및 원고의 처가 이를 모두 맡은 점, ⑥ 위 동호회원들이 공사대금을 일반적인 주택분양계약서에서와 유사한 방식으로 분할하여 지급한 점, ⑦ 위 동호회원들은 공사대금을 정액으로 부담하였을 뿐 이 사건 주택의 완공을 전후하여 손익에 대한 정산절차를 전혀 거치지 아니하였던 점, ⑧ 이 사건 주택의 동호회의 당초 가입신청자와 이 사건 주택 완공 후의 취득자가 일부 상이하고, 위 동호회원들 중 일부는 입주 후 단기간 내에 다른 곳으로 이사한 점 등을 종합하면, 이 사건 주택은 민법상 조합으로서의 성격을 가진 동호회에 의하여 건축되었다고 보이 어렵고, 이에 대하여 원고가 주장하는 사정들(이 사건 주택의 동호회원들이 공동명의로 부지를 구입하고 각자 자신의 명의로 소유권이전등기를 각자 자신 소유의 부지 지분을 공사자금의 대출을 위한 공동담보로 제공한 점, 원고가 수시로 위 동호회원들에게 이 사건 주택의 건축진행상황을 보고한 점, 위 동호회원들이 정산절차의 결여에 대하여 불만이 없는 점, 이 사건 주택이 비교적 저렴하게 공급된 점 등)만 가지고는 위 판단을 뒤집기에 부족하다.

따라서 이 사건 주택은 동호인 주택에 해당한다고 보기 어렵고, 위에서 인정한 바와 같이 이 사건 주택 중 원고 이외의 자들에게 분양된 세대가 19세대에 이르는 점, 이 사건 주택의 신축 · 분양이 원고의 주도로 이루어졌고 그에 따른 손익이 결국 원고에게 귀속된 점 등에 비추어 보면, 이 사건 주택의 신축 · 분양은 전체적으로 보아 원고의 주택신축판매사업의 일환으로 볼 수 있는 정도의 계속성과 반복성이 있다고 봄이 상당하고, 원고가 사무실 등 사업시설을 갖추거나 사업자등록을 하지 아니하였고, 이 사건 주택 이외의 다른 주택 건축에 관여하지 아니하였으며 이 사건 주택의 공사비용을 사업비용으로 계상하지 아니하였고, 위 동호회원들이 이 사건 주택의 공사대금에 대한 부가가치세를 부담하지 아니하였다고 하여 그 사업성이 부정되는 것은 아니다(대법원 2010. 5. 24 선고, 2010두6021 판결).

## 3. 법인세 실무

### (1) 익금과 손금의 귀속시기

법인이 주택신축판매업으로 아파트 등을 판매하는 경우 자산의 양도손익에 대한 귀속사업연도는 그 대금을 청산한 날로 한다. 다만, 대금을 청산하기 전에 소유권 등의 이전등기를 하거나 당해 자산을 인도하거나 상대방이 당해 자산을 사용수익하는 경우에는 그 이전등기일 · 인도일 또는 사용수익일 중 빠른 날로 한다(법령 68 ① 3호). 다만 주택이나 아파트 등의 예약매출로 인한 익금 또는 손금의 귀속사업연도는 진행기준을 적용한다(법령 69). 다만, **중소기업인 법인이 수행하는 계약기간이 1년 미만인 건설 등의 제공으로 인한 손익은 인도기준을 적용할 수 있으며** 기업회계에 따라 진행기준을 적용한 경우에도 신고조정을 통하여 인도기준을 적용할 수 있다. 여기서 예약매출이란 상품이나 제품 등을 일정한 기일 동안 일정한 가액에 의하여 매매할 것을 미리 예약한 후 약정된 시점에 이르러 당해 상품 등을 인도하는 판매형태로 상가나 오피스텔을 분양공급하는 경우에 주로 이루어지는 선분양방식을 말한다.

 핵심체크

진행기준의 적용은 분양된 부분에 대해서만 적용하는 것이며 미분양된 부분에 대하여는 인도기준(대금청산일 등)을 적용하여야 하는 것이다.

### (2) 주택건설사업자가 보유하는 사업용부동산

주택법에 의한 주택건설사업자로 등록한 법인이 보유하는 토지 중 동법에 의하여 승인을 얻은 주택건설사업계획서에 기재된 사업부지에 인접한 토지로서 당해 계획서상의 주택 및 대지 등에 대한 사용검사일부터 5년이 경과되지 아니한 토지는 업무무관자산의 범위에서 제외한다(법령 49 ① 1호, 법칙 26 ⑤ 19호).

### (3) 대출이자비용을 대신 부담하는 경우

아파트 신축 분양업을 영위하는 법인이 분양대금의 조기회수를 위하여 피분양자에게 금융기관대출을 알선하고 대출이자의 일부를 대신 부담하는 경우의 당해 부담하는 대출이자는 법인세법 제18조의 2의 규정에 의한 접대비로 보아 시부인계산하는 것이나, 아파트분양 당시 모든 피분양자에게 금융기관의 대출알선 및 대출이자의 일정액을 **법인이 부담해주는 조건임을 공시한 경우에는 이를 판매부대비용**으로 보는 것이고, 이 경우 법인이 대신 지급하는 이자상당액은 법인세법상 지급이자 손금불산입 규정에 의한 차입금의 이자에 해당하지 않는 것이다(법인 46012-1404, 2000. 6. 22).

## 4. 주택신축판매업의 조세특례

### (1) 중소기업특별세액감면

주택신축판매업은 중소기업 업종인 건설업에 해당되어 일정한 요건이 충족되면 중소기업특별세액감면을 받을 수 있다. 건설업은 직접 건설활동을 수행하지 않더라도 건설공사에 대한 총괄적인 책임을 지고 건설공사 분야별로 도급 또는 하도급을 주어 전체적으로 건설공사를 관리하는 경우에도 건설업으로 본다. 다만, 주택을 건설업자에게 도급을 주어 신축판매하는 경우 건설업으로 본다는 의미는 소득세법상 사업소득 과세대상이라는 의미로 해석하여야 하고(국심 2005서1932, 2005. 10. 10), 조세특례제한법상 업종의 구분은 이 법에서 특별히 규정하고 있지 않는 한 한국표준산업분류에 의하는 것이므로 한국표준산업분류에서는 건설회사에 일괄도급을 주는 경우에는 건설업이 아닌 부동산분양공급업(부동산매매업)으로 보고 있다. 따라서 이 경우 중소기업특별세액감면을 받을 수 없음을 주의하여야 한다. 복식부기의무자가 종합소득 과세표준 및 세액을 추계하여 신고한 경우에는 「조세특례제한법」 제128조 제2항에 따라 중소기업특별세액감면을 적용하지 않는 것이다. 다만, 복식부기의무자가 종합소득 과세표준 및 세액을 추계로 신고하면서 중소기업특별세액감면을 적용한 납세자(2016. 7. 13 전 신고한 자에 한한다)에 대해서 「소득세법」 제80조에 따라 결정·경정하는 경우에는 「국세기본법」 제47조의 4 제1항에 따른 납부불성실가산세를 부과하지 아니하는 것이다(기재부-335, 2017. 3. 27).

**관련법조문**

◈ **건설산업기본법 제41조【건설공사 시공자의 제한】**

① 다음 각 호의 어느 하나에 해당하는 건축물의 건축 또는 대수선(大修繕)에 관한 건설공사(제9조 제1항 단서에 따른 경미한 건설공사는 제외한다. 이하 이 조에서 같다)는 건설업자가 하여야 한다. 다만, 다음 각 호 외의 건설공사와 농업용, 축산업용 건축물 등 대통령령으로 정하는 건축물의 건설공사는 건축주가 직접 시공하거나 건설업자에게 도급하여야 한다.

1. 연면적이 200제곱미터를 초과하는 건축물
2. 연면적이 200제곱미터 이하인 건축물로서 다음 각 목의 어느 하나에 해당하는 경우
   가. 「건축법」에 따른 공동주택
   나. 「건축법」에 따른 단독주택 중 다중주택, 다가구주택, 공관, 그 밖에 대통령령으로 정하는 경우
   다. 주거용 외의 건축물로서 많은 사람이 이용하는 건축물 중 학교, 병원 등 대통령령으로 정하는 건축물
3. 삭제 〈2017. 12. 26〉
4. 삭제 〈2017. 12. 26〉

② 많은 사람이 이용하는 시설물로서 다음 각 호의 어느 하나에 해당하는 새로운 시설물을 설치하는 건설공사는 건설업자가 하여야 한다.

1. 「체육시설의 설치·이용에 관한 법률」에 따른 체육시설 중 대통령령으로 정하는 체육시설
2. 「도시공원 및 녹지 등에 관한 법률」에 따른 도시공원 또는 도시공원에 설치되는 공원시설로서 대통령령으로 정하는 시설물
3. 「자연공원법」에 따른 자연공원에 설치되는 공원시설 중 대통령령으로 정하는 시설물
4. 「관광진흥법」에 따른 유기시설 중 대통령령으로 정하는 시설물

### (2) 창업중소기업 감면

2024년 12월 31일 이전에 건설업으로 창업한 중소기업(이하 "창업중소기업"이라 한다)에 대해서는 해당 사업에서 최초로 소득이 발생한 과세연도(사업 개시일부터 5년이 되는

날이 속하는 과세연도까지 해당 사업에서 소득이 발생하지 아니하는 경우에는 5년이 되는 날이 속하는 과세연도를 말한다)와 그 다음 과세연도의 개시일부터 4년 이내에 끝나는 과세연도까지 해당 사업에서 발생한 소득에 대한 소득세 또는 법인세에 다음 각 호의 구분에 따른 비율을 곱한 금액에 상당하는 세액을 감면한다(조특법 6).

① 수도권과밀억제권역 외의 지역에서 창업한 대통령령으로 정하는 청년창업중소기업의 경우 : 100분의 100

② 수도권과밀억제권역에서 창업한 청년창업중소기업 및 수도권과밀억제권역 외의 지역에서 창업한 창업중소기업의 경우 : 100분의 50

다음의 어느 하나에 해당하는 경우는 창업으로 보지 아니한다.

① 합병 · 분할 · 현물출자 또는 사업의 양수를 통하여 종전의 사업을 승계하거나 종전의 사업에 사용되던 자산을 인수 또는 매입하여 같은 종류의 사업을 하는 경우. 다만, 다음 각 목의 어느 하나에 해당하는 경우는 제외한다.

가. 종전의 사업에 사용되던 자산을 인수하거나 매입하여 같은 종류의 사업을 하는 경우 그 자산가액의 합계가 사업 개시 당시 토지 · 건물 및 기계장치 등 대통령령으로 정하는 사업용자산의 총가액에서 차지하는 비율이 100분의 50 미만으로서 대통령령으로 정하는 비율 이하인 경우

나. 사업의 일부를 분리하여 해당 기업의 임직원이 사업을 개시하는 경우로서 대통령령으로 정하는 요건에 해당하는 경우

② 거주자가 하던 사업을 법인으로 전환하여 새로운 법인을 설립하는 경우

③ 폐업 후 사업을 다시 개시하여 폐업 전의 사업과 같은 종류의 사업을 하는 경우

④ 사업을 확장하거나 다른 업종을 추가하는 경우 등 새로운 사업을 최초로 개시하는 것으로 보기 곤란한 경우

다만, 주거용 건물을 신축하여 분양 · 판매하는 사업자가 그 사업을 폐업하고 주거용 건물 및 비주거용 건물을 건설하여 분양 · 판매하는 법인을 설립하는 경우에는 「조세특례제한법」 제6조의 창업에 해당하지 아니하므로 같은 법에 따른 세액감면을 받을 수 없는 것이다(사전 2018 법령해석소득-0717, 2018. 12. 10).

**판례** **건설면허를 보유하지 않은 경우 세액감면**(조심-2022-광-8275, 2023. 4. 12)

「조세특례제한법」 제6조 제1항 및 제3항에서 수도권과밀억제권역 외의 지역에서 창업한 중소기업이 소득세 등에 대한 특별세액감면을 받을 수 있는 업종으로 '건설업' 등을 열거하면서, 같은 법 제2조 제3항에서 구체적인 업종의 분류는 「통계법」 제22조에 따른 통계청장이 고시하는 한국표준산업분류에 의하도록 규정하고 있고, 한국표준산업분류는 관련 사업의 면허 · 허

가 취득 여부와 관계없이 생산단위(기업체, 사업체)가 실질적으로 수행하는 주된 산업활동에 따라 분류하고 있으므로 청구인이 건설업 면허를 보유하지 아니하였거나 또는 공사업의 등록 없이 전기공사업을 영위하였다고 하더라도 이러한 사실로 인해 청구인의 사업이 '건설업'이 아닌 것으로 보기 어려운 점, 세무서장은 현장확인을 통해 쟁점사업장의 주된 사업이 전기공사업임을 확인한 사실이 있고, 세금계산서 등 발급 내용 및 거래처 등을 보면 청구인의 이 건 종합소득금액은 도매업이 아닌 건설업에서 발생한 소득으로 보이는 점 등에 비추어 이 건 종합소득세 등을 부과한 처분과 경정청구를 거부한 처분은 잘못이 있는 것으로 판단된다.

## 5. 주택신축판매업의 소득금액산정에 관한 쟁점[32)]

정부는 2010년 세법개정(대통령령 제22580호, 2010. 12. 30)을 통하여 신규사업자라 하더라도 총수입금액이 일정규모 이상인 사업자의 경우 주요경비의 증빙서류 비치 및 기장이 충분히 가능한 점을 고려하여 신규사업자 중 해당 과세기간의 수입금액이 복식부기의무자의 판단기준이 되는 수입금액 이상인 자는 단순경비율 적용대상에서 제외하도록 하였다. 개정취지는 주택신축판매업 등 실질소득이 상당함에도 불구하고 단순경비율을 적용하여 소득세를 축소하여 신고하는 행위를 막고 공평과세를 구현하기 위함이었다.

구 소득세법 시행령 제143조 제4항에서 단순경비율 적용대상자를 (ⅰ) 해당 과세기간에 신규로 사업을 개시한 사업자로서 해당 과세기간의 수입금액이 제208조 제5항 제2호 각 목에 따른 금액에 미달하는 사업자 (ⅱ) 직전 과세기간의 수입금액(결정 또는 경정으로 증가된 수입금액을 포함한다)의 합계액이 일정한 금액에 미달하는 사업자로 규정하였다. 이에 따라 주택신축판매업을 영위하는 사업자는 신규사업자가 아닌 계속사업자의 지위를 이용하여 단순경비율을 적용할 목적으로 자의적으로 일정수입금액을 신고하거나 주택임대수입 등을 발생시켜 단순경비율에 따른 추계로 소득금액을 산정하여 신고하는 사례가 많았다.

이러한 조세회피행위를 막기 위하여 과세관청은 신규사업자의 판단기준인 사업개시일을 정의한 부가가치세법 시행령 제6조에서 준용 및 해석한 후 단순경비율을 부인하고 기준경비율로 과세하였고 조세심판원도 사업개시일을 공급이 개시된 시점(분양일)으로 동일하게 결정하고 있다.

위에서 살펴본 바와 같이 해당 과세기간에 신규로 사업을 개시한 사업자가 단순경비율 적용을 통해 소득세를 축소신고하는 문제가 발생하였다. 이를 방지하고자 총수입금액이 일정규모 이상의 사업자는 주요경비의 증빙비치 및 기장이 충분히 가능하다고 판단되는 바 소득세법 시행령 제143조 제4항 규정이 2011. 1. 1 이후 과세기간부터 시행되었다. 여기서

32) 본 원고는 필자가 계간세무사 가을호(한국세무사회, 2019)에 기고한 내용중 일부를 발췌하여 게재한 것임.

쟁점사항은 사업개시일을 언제로 볼 것인가 여부인데 과세관청과 조세심판원이 분양이 개시된 날 또는 분양이 완료된 날로 보고 있는 것에 대하여 비판적으로 검토해보고자 한다.

### (1) 사업개시일 정의규정의 미비

사업개시일에 대한 현행 소득세법의 정의규정은 없다. 과세관청과 조세심판원은 사업개시일의 개념을 부가가치세법 시행령 제6조에서 준용하여 소득세법을 해석하고 있다. 그러나 부가가치세는 재화나 용역이 생산·제공되거나 유통되는 모든 단계에서 창출된 부가가치를 과세표준으로 하고 소비행위에 담세력을 인정하여 과세하는 소비세로서의 성격을 가지고 있으며 부가가치 창출을 위한 '재화 또는 용역의 공급'이라는 거래 그 자체를 과세대상으로 하고 있을 뿐 그 거래에서 얻은 소득이나 부가가치를 직접적인 과세대상으로 삼고 있지 않다. 이와 같이 우리나라의 부가가치세는 실질적인 소득이 아닌 거래의 외형에 대하여 부과하는 거래세의 형태를 지니고 있으므로, 부가가치세법상 납세의무자에 해당하는지 여부 역시 원칙적으로 그 거래에서 발생한 이익이나 비용의 귀속이 아니라 재화 또는 용역의 공급이라는 거래행위를 기준으로 판단하여야 한다.[33] 소득과세에서 거래형식을 중시하는 부가가치세법을 준용한다는 것은 문제가 있다. 부가가치세법은 재화나 용역의 공급을 과세대상으로 하므로 "공급행위"를 중시할 수 밖에 없는 세목이다. 이에 비하여 소득과세는 납세주체의 부담능력을 가장 직접적으로 표상하는 소득을 과세물건으로 하여 누진세율을 적용하기 때문에 응능부담의 원칙을 실현하기에 가장 적합한 조세이다.[34] 따라서 소득과세는 수입금액뿐만 아니라 소득을 창출하기 위해 투입되는 모든 행위에 따른 필요경비가 과세소득을 창출하는 기본이 되는 것이다. 사업소득금액을 계산할 때 필요경비에 산입할 금액은 해당 과세기간의 총수입금액에 대응하는 비용으로서 일반적으로 용인되는 통상적인 것의 합계액으로 한다.[35] 사업을 개시하여도 수년간 수입이 발생하지 않는 연구개발업 등의 경우에도 미래에 창출될 수입금액의 발생을 위하여 필요경비가 발생하며 이월결손금 공제를 통하여 기간과세의 문제점을 해결하고 있다. 연구개발업 등 장기간 동안 수입이 발생하지 않는다고 해서 사업개시가 되지 않았다는 주장이 타당한지 의문이 든다. 소득세법에서 사업개시일에 대한 정의 규정이 없어 사업개시일의 개념을 다른 세법에서 준용한다면 오히려 과세체계가 유사한 법인세법에서 준용하는 것이 타당하다. 즉, 법인세법 시행령 제4조[36] 제2항에 따라 최초 손익이 발생한 날을 사업개시일로 보는 것이 타당한 해석방법이라

33) 대법원 2017. 5. 18 선고, 2012두22485 전원합의체 판결.
34) 김완석 · 정지선, 『소득세법론』, 삼일인포마인, 2016. p.25
35) 소득세법 제27조 제1항.
36) 법인세법 시행령 제4조(사업연도의 개시일) ① 법인의 최초사업연도의 개시일은 다음 각 호의 날로 한다.
1. 내국법인의 경우에는 설립등기일. 다만, 법 제2조 제2호 다목에 따른 법인으로 보는 단체(이하 "법인으로 보는 단체"라 한다)의 경우에는 다음 각 목의 날로 한다.

고 본다. 종전의 행정해석에서도 부동산매매업(신축분양업)의 경우 매매용 부동산을 최초로 매입한 날을 영업개시일로 보았으며,[37] 주택건설업의 경우 공사시공일을 영업개시일[38]이라고 해석하였다. 정부가 소득세법 시행령 제143조(대통령령 제28637호, 2018. 2. 13)를 개정한 취지를 보더라도 해당 규정의 문제점을 인정한 것이 아닌가 싶다.

### (2) 사업개시일의 기준시점 : 공사착공일

과세관청의 사업개시일에 대한 논거로 대법원 1995. 12. 8 선고, 94누15905 판결을 들고 있다. 해당 판결에서 사업개시일은 설립등기일이라든가 사업자등록일 등을 기준으로 형식적으로 판단할 것이 아니라 사업의 준비가 끝나고 본래의 사업목적을 수행하거나 수행할 수 있는 상태로 된 때를 기준으로 실질적으로 판단함이 타당하다고 판시하고 있다. 해당 판례에서 자동차정류업 등을 사업목적으로 하는 회사가 사업용 건물을 준공한 때를 전후하여 회사의 사업이 개시되었다고 본다. 자동차정류업에서 사업용고정자산의 취득은 영업을 위한 필수불가결한 자산의 취득으로써 사업개시일로 보는 것이 타당하며 주택신축판매업의 경우에도 토지의 취득과 착공은 사업개시를 위한 본질적인 행위로 사업개시일로 보는 것이 타당하다. 그럼에도 불구하고 과세관청과 조세심판원이 해당 판례를 인용하는 것은 (ⅰ) 해당 판례는 상속세 및 증여세법상 주식평가와 관련된 판례이며 (ⅱ) 업종이 주택신축판매업이 아닌 자동차정류업이며 (ⅲ) 자동차정류업은 사업용자산인 반면 주택신축판매업은 재고자산이고 (ⅳ) 사업개시일을 자동차정류업 수입이 발생한 날로 판시한 근거도 없어 사업개시일의 논거가 부족하다. 반면에 소득세법 시행규칙 제83조의 5[39]에서 공사착공

---

가. 법령에 의하여 설립된 단체에 있어서 당해 법령에 설립일이 정하여진 경우에는 그 설립일
나. 설립에 관하여 주무관청의 허가 또는 인가를 요하는 단체와 법령에 의하여 주무관청에 등록한 단체의 경우에는 그 허가일·인가일 또는 등록일
다. 공익을 목적으로 출연된 기본재산이 있는 재단으로서 등기되지 아니한 단체에 있어서는 그 기본재산의 출연을 받은 날
라. 「국세기본법」 제13조 제2항의 규정에 의하여 납세지 관할세무서장의 승인을 얻은 단체의 경우에는 그 승인일
2. 외국법인의 경우에는 법 제94조에 따른 국내사업장(이하 "국내사업장"이라 한다)을 가지게 된 날(국내사업장이 없는 경우에는 법 제6조 제4항의 규정에 의한 소득이 최초로 발생한 날)
② 제1항의 규정을 적용함에 있어서 최초사업연도의 개시일전에 생긴 손익을 사실상 그 법인에 귀속시킨 것이 있는 경우 조세포탈의 우려가 없을 때에는 최초사업연도의 기간이 1년을 초과하지 아니하는 범위내에서 이를 당해 법인의 최초사업연도의 손익에 산입할 수 있다. 이 경우 최초사업연도의 개시일은 당해 법인에 귀속시킨 손익이 최초로 발생한 날로 한다.

37) 법인 46012-2333, 1996. 8. 22
38) 법인 22601-221, 1985. 1. 23
39) ① 영 제168조의 14 제1항 제4호에 따라 다음 각 호의 어느 하나에 해당하는 토지는 해당 각 호에서 규정한 기간 동안 법 제104조의 3제1항 각 호의 어느 하나에 해당하지 아니하는 토지로 보아 같은 항에 따른 비사업용 토지에 해당하는지 여부를 판정한다. 다만, 부동산매매업(한국표준산업분류에 따른 건물건설업 및 부동산공급업을 말한다)을 영위하는 자가 취득한 매매용부동산에 대하여는 제1호 및 제2호를 적용하지 아니한다.
5. 지상에 건축물이 정착되어 있지 아니한 토지를 취득하여 사업용으로 사용하기 위하여 건설에 착공(착공일이 불분명한 경우에는 착공신고서 제출일을 기준으로 한다)한 토지 : 당해 토지의 취득일부터 2년 및 착공일 이후 건설이 진행 중인 기간(천재지변, 민원의 발생 그 밖의 정당한 사유로 인하여 건설을 중단한 경우에는 중단한 기간을 포함한다)

한 토지는 비사업용토지에서 제외하도록 규정하고 있다. 비록 세목이 다르지만 공사착공일은 사업개시에 있어 시발점이 된다는 입법취지를 보면 주택신축판매업의 사업개시일을 공사착공일로 보는 것이 타당하다고 판단된다.

### (3) 부가가치세법 시행령 제6조 제3호 적용의 문제점

부가가치세법 시행령 제6조에 사업개시일을 제조업은 제조장별로 재화의 제조를 시작하는 날, 광업은 사업장별로 광물의 채취·채광을 시작하는 날로 정의하고 있다. 즉, 제조업과 광업의 경우 제조공정을 통하여 산출물인 제품을 생산하여 판매하는 과정이 상당한 기간에 걸쳐 이루어진다. 이러한 점을 고려할 때 제조업이나 광업은 공급(매출)이 이루어진 날보다는 제조 등을 시작한 날을 사업개시일로 보고 있는 것이다. 건설업의 경우 사업준비단계인 인허가 절차, 도급계약체결 등을 하게 되며 그 이후에 착공, 공사진행, 준공, 분양 등을 거치게 된다. 주택신축판매업의 일련의 행위는 제조업과 그 과정이 유사한데 제조업이나 광업과 차별하여야 하는 논리적 근거가 미약하다. 부가가치세법 시행령 제6조 제3호에서는 공급이 발생한 날을 사업개시일로 보는데 도매업, 음식점업, 서비스업 등의 경우 단기간 내에 공급(매출)이 발생하므로 공급행위를 중시하는 거래세의 성격을 띤 부가가치세에서는 이를 적용하는 데에는 적절하다고 판단된다. 그러나 투입시점과 산출시점 사이에 상당한 기간의 소요되는 주택신축판매업에서도 이 규정을 적용하는 것은 문제가 있다. 따라서 1호 또는 2호와 같이 별도로 규정(예 : 3호 건설업 : 착공을 개시한 날)하는 것이 업종의 특성을 고려한 입법이라고 판단된다.

### (4) 사업자등록신청기간과의 부조화

부가가치세법 제8조 제1항[40]에 따르면 사업자는 사업장마다 사업개시일로부터 20일 내에 사업자등록을 신청하여야 하고 같은 법 제39조 제1항 8호[41]에서 사업자등록을 신청하기 전의 매입세액은 매출세액에서 공제되지 않도록 규정하고 있다. 이 규정을 주택신축판매업에 적용한다면 사업개시일인 분양완료일로부터 20일 이내에 사업자등록을 하면 되는 것이다. 또한 부가가치세법 시행령 제7조[42]에서 폐업일의 기준일을 사업장별로 그 사업을

---

40) 사업자는 사업장마다 대통령령으로 정하는 바에 따라 사업 개시일부터 20일 이내에 사업장 관할세무서장에게 사업자등록을 신청하여야 한다. 다만, 신규로 사업을 시작하려는 자는 사업 개시일 이전이라도 사업자등록을 신청할 수 있다.

41) 사업자등록을 신청하기 전의 매입세액. 다만, 공급시기가 속하는 과세기간이 끝난 후 20일 이내에 등록을 신청한 경우 등록신청일부터 공급시기가 속하는 과세기간 기산일(제5조 제1항에 따른 과세기간의 기산일을 말한다)까지 역산한 기간 내의 것은 제외한다.

42) ① 법 제5조 제3항에 따른 폐업일은 다음 각 호의 구분에 따른다.
1. 합병으로 인한 소멸법인의 경우 : 합병법인의 변경등기일 또는 설립등기일
2. 분할로 인하여 사업을 폐업하는 경우 : 분할법인의 분할변경등기일(분할법인이 소멸하는 경우에는 분할신설법

실질적으로 폐업하는 날로 규정하고 있다. 사업개시일을 행정해석과 심판 결정례에 따르면 분양완료일이 되므로 폐업일은 분양완료일이 사실상 폐업일이 될 것이고 사업자등록은 분양완료일로부터 20일 이내에 가능하므로 폐업일이 사업자등록일보다 빠른 이상한 결과가 발생하게 된다.[43] 또한 사업개시일로부터 20일 이내인 분양완료일에 사업자등록을 하게 되면 등록 전 매입세액으로 매입세액공제가 불가능하게 된다.

### (5) 주택임대수입이 2,000만원 이하인 경우

주택신축판매업의 단순경비율 적용대상자는 직전연도 수입금액이 3,600만원에 미달하거나 신규사업자 중 해당연도 수입금액이 간편장부대상자인 1억 5천만원에 미달하는 사업자이다. 이 경우 비과세 대상인 직전연도의 주택임대수입이 2,000만원에 미달하는 경우 단순경비율 적용대상자에 해당되는가의 여부이다. 과세관청은 비과세수입은 기장의무의 판단에서 제외되므로 신규사업자에 해당한다고 해석하고 있다.[44] 그러나 사업개시일의 판단에서 분양목적의 건물이 완성되어 임대가 개시된 사실이 중요하지 비과세소득이라는 점을 들어 사업개시가 되지 않았다는 것은 논리의 비약일 수밖에 없다. 게다가 주택임대 비과세는 2014년(법률 제12852호, 2014. 12. 23) 임대차시장의 안정을 위하여 소규모 주택임대소득에 대해서는 한시적으로 비과세한 조세우대조치로 2019년도부터 과세로 전환되었다. 이는 조세정책적인 배려에 따라 일시적으로 입법화한 것이지 이를 근거로 사업개시가 안되었다는 것은 수긍하기 어렵다.

### (6) 사업개시일 확대와 조세회피 우려

사업개시일을 분양시점이 아닌 인허가 절차, 착공, 건축공사, 사용승인 등 사업준비행위 시점까지 확대하면 사업자가 자신의 편의에 따라 사업개시일을 선택함으로써 조세회피 우려가 있다고 하나 분양시점도 조정이 가능하며 착공시에 선분양 또는 준공 이후에 후분양의 경우 사업개시일이 달라지는 문제점도 발생한다. 사업자는 경제적 사정에 따라 착공시점과 분양시점을 선택할 수 있으며 조세요인보다는 오히려 경제상황, 분양환경 등을 우선적으로 고려하는 경우가 더 많다. 납세의무자가 경제활동을 함에 있어 동일한 경제적 목적

---

인의 설립등기일)

3. 제1호 및 제2호 외의 경우 : 사업장별로 그 사업을 실질적으로 폐업하는 날. 다만, 폐업한 날이 분명하지 아니한 경우에는 제13조 제1항에 따른 폐업신고서의 접수일

43) 사업자등록은 부가가치세법 제8조 제1항 단서에 따라 사업개시 전에 등록할 수도 있다는 반론을 제기할 수도 있다. 그러나 단서보다는 본문이 원칙으로 사업개시일로부터 20일 이내라는 것을 적용하면 서로 모순된 결론에 도달하게 된다.

44) 소득세법 제160조 규정에 의한 기장의무 판정 및 같은법 시행령 제143조 규정에 의한 단순경비율 적용대상자 판정에 있어 직전연도의 수입금액에는 소득세법 제12조 및 같은법 시행령 제9조 규정에 의하여 비과세되는 농가부업소득의 수입금액은 포함되지 아니하는 것이다(서면인터넷방문상담1팀-897, 2007. 6. 28).

을 달성하기 위하여 여러 적법·유효한 법률관계 중 하나를 선택할 수 있는 경우에 그 중 어느 방식을 취할 것인가는 그 목적 달성의 효율성, 조세 등 관련비용의 부담 정도 등을 고려하여 스스로 선택할 사항이라고 할 것이고, 그 중 어느 한 가지 방식을 선택하여 법률관계를 형성하였다면 그로 인한 조세의 내용이나 범위는 그 법률관계에 맞추어 개별적으로 결정되어야 하며, 과세관청으로서는 특별한 사정이 없는 한 당사자들이 선택한 법률관계를 존중하여야 할 것[45]이지 조세회피를 위해 사업개시일을 조정한다는 논리는 수긍하기 어렵다.

### (7) 다른 업종 등 복수의 사업장과 기장의무의 판정

과세관청은 직전과세기간의 수입금액은 주택신축판매업에 의한 수입금액으로 한정하고 주택임대수입, 고철판매수입, 분양대행수입은 일시적이며 주택신축판매업과 관련이 없는 수입으로 직전과세기간의 수입금액은 인정하기 어렵다고 주장한다. 그러나 소득세의 과세원칙은 인별 종합과세원칙으로 다른 사업의 업종을 합산하여 기장의무 등을 판단하는 것이다. 소득세법 시행령 제208조 제7항[46] 및 대전고등법원 판결[47]에서도 기장의무는 업종을 불문하고 합산하여 판단하도록 하고 있다.

### (8) 소득세법과 부가가치세법 과세기간의 차이

과세기간이란 세법에 따라 국세의 과세표준 계산의 기초가 되는 기간을 말한다.[48] 소득세법 제5조에서 소득세의 과세기간은 원칙적으로 1월 1일부터 12월 31일까지 1년으로 한다. 다만, 거주자가 사망한 경우의 과세기간은 1월 1일부터 사망한 날까지로 하며, 거주자가 주소 또는 거소를 국외로 이전하여 비거주자가 되는 경우의 과세기간은 1월 1일부터 출국한 날까지로 한다. 소득세는 과세의 편의 또는 기술상의 필요에 따라 기간과세의 원칙을 채택하고 있으며 연도중에 사업을 개시한 경우에도 과세기간을 1월 1일로 설정한 이유는

---

45) 조심 2018중0199, 2018. 9. 19

46) 제5항 제2호의 규정을 적용함에 있어서 동호 가목 내지 다목의 업종을 겸영하거나 사업장이 2이상인 경우에는 다음의 산식에 의하여 계산한 수입금액에 의한다.
주업종(수입금액이 가장 큰 업종을 말한다. 이하 이 항에서 같다)의 수입금액 + 주업종 외의 업종의 수입금액 × (주업종에 대한 제5항 제2호 각목의 금액 / 주업종 외의 업종에 대한 제5항 제2호 각목의 금액)

47) 대전고등법원 2014. 7. 24 선고, 2014누10583 판결.
소득세법 시행령 제208조 제7항은 '같은 조 제5항 제2호의 규정을 적용함에 있어서 가목 내지 다목의 업종을 겸영하거나 사업장이 2이상인 경우에는 다음의 산식에 의하여 계산한 수입금액에 의한다. 주업종(수입금액이 가장 큰 업종을 말한다. 이하 이항에서 같다)의 수입금액 + 주업종 외의 업종의 수입금액 × (주업종에 대한 제5항 제2호 각목의 금액/주업종 외의 업종에 대한 제5항 제2호 각목의 금액)'이라고 규정하고 있는바, 직전 과세기간의 수입금액의 합계액을 판단함에 있어 1인이 수개의 업종을 겸영하는 경우 주업종과 주업종이 아닌 업종의 각 수입금액을 일정비율로 합산하는 방식으로 직전 과세기간의 수입금액을 계산하고 있다. 이러한 규정에 종합소득세는 사업장별로 과세하는 부가가치세와 달리 개인별로 과세하는 점을 더하여 고려해보면 소득세법 시행령 제208조 제5항 제1호 소정의 '해당 과세기간에 신규로 사업을 개시한 사업자'는 업종을 불문하고 직전 과세기간의 수입금액이 없는 자로서 처음으로 사업을 시작하는 신규사업자를 의미한다고 보는 것이 자연스럽다.

48) 국세기본법 제2조 제13호.

인별 종합과세원칙 때문이다. 반면에 부가가치세법 제5조 제2항에서 신규로 사업을 시작하는 자에 대한 최초의 과세기간은 사업 개시일부터 그 날이 속하는 과세기간의 종료일까지로 하며, 사업자가 폐업하는 경우의 과세기간은 폐업일이 속하는 과세기간의 개시일부터 폐업일까지로 한다고 규정함으로써 사업장별 과세원칙과 공급이라는 거래세 성격을 반영한 입법조치이다. 이러한 차이에도 불구하고 소득세법상 사업개시일을 부가가치세법에서 준용한다는 것은 타당하지 않다.

## 6. 건설용지의 취득과 취득세 중과

### (1) 개인의 1주택 취득세율

유상거래를 원인으로 주택[「주택법」 제2조 제1호에 따른 주택으로서 「건축법」에 따른 건축물대장 · 사용승인서 · 임시사용승인서 또는 「부동산등기법」에 따른 등기부에 주택으로 기재{「건축법」(법률 제7696호로 개정되기 전의 것을 말한다)에 따라 건축허가 또는 건축신고 없이 건축이 가능하였던 주택(법률 제7696호 건축법 일부개정법률 부칙 제3조에 따라 건축허가를 받거나 건축신고가 있는 것으로 보는 경우를 포함한다)으로서 건축물대장에 기재되어 있지 아니한 주택의 경우에도 건축물대장에 주택으로 기재된 것으로 본다}된 주거용 건축물과 그 부속토지를 말한다. 이하 이 조에서 같다]을 취득하는 경우에는 다음 각 목의 구분에 따른 세율을 적용한다. 이 경우 지분으로 취득한 주택의 제10조에 따른 취득당시의 가액(이하 이 호에서 "취득당시 가액"이라 한다)은 다음 계산식에 따라 산출한 전체 주택의 취득당시 가액으로 한다.

$$\frac{\text{전체 주택의}}{\text{취득당시의 가액}} = \frac{\text{취득 지분의}}{\text{취득당시의 가액}} \times \frac{\text{전체 주택의 시가표준액}}{\text{취득 지분의 시가표준액}}$$

가. 취득당시 가액이 6억원 이하인 주택: 1천분의 10

나. 취득당시 가액이 6억원을 초과하고 9억원 이하인 주택: 다음 계산식에 따라 산출한 세율. 이 경우 소수점 이하 다섯째 자리에서 반올림하여 소수점 넷째 자리까지 계산한다.

$$\left(\text{해당 주택의 취득당시 가액} \times \frac{2}{\text{3억원}} - 3\right) \times \frac{1}{100}$$

다. 취득당시 가액이 9억원을 초과하는 주택: 1천분의 30

### (2) 법인의 주택취득

법인이 주택(제11조 제1항 제8호에 따른 주택을 말한다. 이 경우 주택의 공유지분이나 부속토지만을 소유하거나 취득하는 경우에도 주택을 소유하거나 취득한 것으로 본다)을 유상거래를 원인으로 취득하는 경우에는 12%의 세율을 적용한다. 이 경우 법인은 「국세기본법」 제13조에 따른 법인으로 보는 단체, 「부동산등기법」 제49조 제1항 제3호에 따른 법인 아닌 사단 · 재단 등 개인이 아닌 자를 포함한다(지법 13의 2 ① 1호).

### (3) 개인의 다주택 취득

1세대 2주택(대통령령으로 정하는 일시적 2주택은 제외한다)에 해당하는 주택으로서 「주택법」 제63조의 2 제1항 제1호에 따른 조정대상지역에 있는 주택을 취득하는 경우 또는 1세대 3주택에 해당하는 주택으로서 조정대상지역 외의 지역에 있는 주택을 취득하는 경우에는 8%의 취득세율을 적용한다. 1세대 3주택 이상에 해당하는 주택으로서 조정대상지역에 있는 주택을 취득하는 경우 또는 1세대 4주택 이상에 해당하는 주택으로서 조정대상지역 외의 지역에 있는 주택을 취득하는 경우에는 12%의 취득세율을 적용한다(지법 13의 2 ① 2호, 3호). 조정대상지역에 있는 주택으로서 3억원 이상인 주택을 무상취득을 원인으로 취득하는 경우에는 12%의 취득세율을 적용한다. 다만, 1세대 1주택자가 소유한 주택을 배우자 또는 직계존비속이 무상취득하는 등 대통령령으로 정하는 경우는 제외한다.

### (4) 주택수의 산정

지방세법 제13조의 2를 적용할 때 다음에서 정하는 바에 따라 세대별 소유 주택 수에 가산한다.

① 「신탁법」에 따라 신탁된 주택은 위탁자의 주택 수에 가산한다.

② 「도시 및 주거환경정비법」 제74조에 따른 관리처분계획의 인가 및 「빈집 및 소규모주택 정비에 관한 특례법」 제29조에 따른 사업시행계획인가로 인하여 취득한 입주자로 선정된 지위[「도시 및 주거환경정비법」에 따른 재건축사업 또는 재개발사업, 「빈집 및 소규모주택 정비에 관한 특례법」에 따른 소규모재건축사업을 시행하는 정비사업조합의 조합원으로서 취득한 것(그 조합원으로부터 취득한 것을 포함한다)으로 한정하며, 이에 딸린 토지를 포함한다. 이하 이 조에서 "조합원입주권"이라 한다]는 해당 주거용 건축물이 멸실된 경우라도 해당 조합원입주권 소유자의 주택 수에 가산한다.

③ 「부동산 거래신고 등에 관한 법률」 제3조 제1항 제2호에 따른 "부동산에 대한 공급계약"을 통하여 주택을 공급받는 자로 선정된 지위(해당 지위를 매매 또는 증여 등의

방법으로 취득한 것을 포함한다. 이하 이 조에서 "주택분양권"이라 한다)는 해당 주택분양권을 소유한 자의 주택 수에 가산한다.

④ 제105조에 따라 주택으로 과세하는 오피스텔은 해당 오피스텔을 소유한 자의 주택 수에 가산한다.

### (5) 주택 유상거래 취득 중과세의 예외

다음의 어느 하나에 해당하는 주택은 중과세 대상으로 보지 않는다(지령 28의 2).

① 법 제4조에 따른 시가표준액(지분이나 부속토지만을 취득한 경우에는 전체 주택의 시가표준액을 말한다)이 1억원 이하인 주택. 다만, 「도시 및 주거환경정비법」 제2조 제1호에 따른 정비구역(종전의 「주택건설촉진법」에 따라 설립인가를 받은 재건축조합의 사업부지를 포함한다)으로 지정·고시된 지역 또는 「빈집 및 소규모주택 정비에 관한 특례법」 제2조 제1항 제4호에 따른 사업시행구역에 소재하는 주택은 제외한다.

② 「공공주택 특별법」 제4조 제1항에 따라 지정된 공공주택사업자가 다음의 어느 하나에 해당하는 주택을 공급(㉮의 경우 신축·개축하여 공급하는 경우를 포함한다)하기 위하여 취득하는 주택

㉮ 「공공주택 특별법」 제43조 제1항에 따라 공급하는 공공매입임대주택. 다만, 정당한 사유 없이 그 취득일부터 2년이 경과할 때까지 공공매입임대주택으로 공급하지 않거나 공공매입임대주택으로 공급한 기간이 3년 미만인 상태에서 매각·증여하거나 다른 용도로 사용하는 경우는 제외한다.

㉯ 「공공주택 특별법」에 따른 지분적립형 분양주택이나 이익공유형 분양주택

③ 「공공주택 특별법」 제4조 제1항에 따라 지정된 공공주택사업자가 ② ㉯의 주택을 분양받은 자로부터 환매하여 취득하는 주택

④ 「공공주택 특별법」 제40조의 7 제2항 제2호에 따른 토지등소유자가 같은 법 제40조의 10 제3항에 따라 공공주택사업자로부터 현물보상으로 공급받아 취득하는 주택

⑤ 「노인복지법」 제32조 제1항 제3호에 따른 노인복지주택으로 운영하기 위하여 취득하는 주택. 다만, 정당한 사유 없이 그 취득일부터 1년이 경과할 때까지 해당 용도에 직접 사용하지 않거나 해당 용도로 직접 사용한 기간이 3년 미만인 상태에서 매각·증여하거나 다른 용도로 사용하는 경우는 제외한다.

⑥ 「도시재생 활성화 및 지원에 관한 특별법」 제55조의 3에 따른 토지등소유자가 같은 법 제45조 제1호에 따른 혁신지구사업시행자로부터 현물보상으로 공급받아 취득하는 주택

⑦ 「문화재보호법」 제2조 제3항에 따른 지정문화재 또는 같은 조 제4항에 따른 등록문화재에 해당하는 주택

⑧「민간임대주택에 관한 특별법」 제2조 제7호에 따른 임대사업자가 같은 조 제4호에 따른 공공지원민간임대주택으로 공급하기 위하여 취득하는 주택. 다만, 정당한 사유 없이 그 취득일부터 2년이 경과할 때까지 공공지원민간임대주택으로 공급하지 않거나 공공지원민간임대주택으로 공급한 기간이 3년 미만인 상태에서 매각·증여하거나 다른 용도로 사용하는 경우는 제외한다.

⑨「영유아보육법」 제10조 제5호에 따른 가정어린이집으로 운영하기 위하여 취득하는 주택. 다만, 정당한 사유 없이 그 취득일부터 1년이 경과할 때까지 해당 용도에 직접 사용하지 않거나 해당 용도로 직접 사용한 기간이 3년 미만인 상태에서 매각·증여하거나 다른 용도로 사용하는 경우는 제외하되, 가정어린이집을「영유아보육법」 제10조 제1호에 따른 국공립어린이집으로 전환한 경우는 당초 용도대로 직접 사용하는 것으로 본다.

⑩「주택도시기금법」 제3조에 따른 주택도시기금과「한국토지주택공사법」에 따라 설립된 한국토지주택공사가 공동으로 출자하여 설립한 부동산투자회사 또는「한국자산관리공사 설립 등에 관한 법률」에 따라 설립된 한국자산관리공사가 출자하여 설립한 부동산투자회사가 취득하는 주택으로서 취득 당시 다음의 요건을 모두 갖춘 주택

㉮ 해당 주택의 매도자(이하 "매도자"라 한다)가 거주하고 있는 주택으로서 해당 주택 외에 매도자가 속한 세대가 보유하고 있는 주택이 없을 것

㉯ 매도자로부터 취득한 주택을 5년 이상 매도자에게 임대하고 임대기간 종료 후에 그 주택을 재매입할 수 있는 권리를 매도자에게 부여할 것

㉰ 법 제4조에 따른 시가표준액(지분이나 부속토지만을 취득한 경우에는 전체 주택의 시가표준액을 말한다)이 5억원 이하인 주택일 것

⑪ 다음의 어느 하나에 해당하는 주택으로서 멸실시킬 목적으로 취득하는 주택. 다만, 나목 5)의 경우에는 정당한 사유 없이 그 취득일부터 2년이 경과할 때까지 해당 주택을 멸실시키지 않거나 그 취득일부터 7년이 경과할 때까지 주택을 신축하지 않거나 그 취득일부터 6년이 경과할 때까지 주택을 신축하지 않은 경우는 제외하고, 나목 6)의 경우에는 정당한 사유 없이 그 취득일부터 1년이 경과할 때까지 해당 주택을 멸실시키지 않거나 그 취득일부터 3년이 경과할 때까지 주택을 신축하여 판매하지 않은 경우는 제외하며, 나목 5) 및 6) 외의 경우에는 정당한 사유 없이 그 취득일부터 3년이 경과할 때까지 해당 주택을 멸실시키지 않거나 그 취득일부터 7년이 경과할 때까지 주택을 신축하지 않은 경우는 제외한다.

㉮「공공기관의 운영에 관한 법률」 제4조에 따른 공공기관 또는「지방공기업법」 제3조에 따른 지방공기업이「공익사업을 위한 토지 등의 취득 및 보상에 관한 법률」

제4조에 따른 공익사업을 위하여 취득하는 주택

㉯ 다음 중 어느 하나에 해당하는 자가 주택건설사업을 위하여 취득하는 주택. 다만, 해당 주택건설사업이 주택과 주택이 아닌 건축물을 한꺼번에 신축하는 사업인 경우에는 신축하는 주택의 건축면적 등을 고려하여 행정안전부령으로 정하는 바에 따라 산정한 부분으로 한정한다.

1) 「도시 및 주거환경정비법」 제2조 제8호에 따른 사업시행자

2) 「빈집 및 소규모주택 정비에 관한 특례법」 제2조 제1항 제5호에 따른 사업시행자

3) 「주택법」 제2조 제11호에 따른 주택조합(같은 법 제11조 제2항에 따른 "주택조합설립인가를 받으려는 자"를 포함한다)

4) 「주택법」 제4조에 따라 등록한 주택건설사업자

5) 「민간임대주택에 관한 특별법」 제23조에 따른 공공지원민간임대주택 개발사업 시행자

6) 주택신축판매업[한국표준산업분류에 따른 주거용 건물 개발 및 공급업과 주거용 건물 건설업(자영건설업으로 한정한다)을 말한다]을 영위할 목적으로 「부가가치세법」 제8조 제1항에 따라 사업자 등록을 한 자

⑫ 주택의 시공자(「주택법」 제33조 제2항에 따른 시공자 및 「건축법」 제2조 제16호에 따른 공사시공자를 말한다)가 다음의 어느 하나에 해당하는 자로부터 해당 주택의 공사대금으로 취득한 미분양 주택(「주택법」 제54조에 따른 사업주체가 같은 조에 따라 공급하는 주택으로서 입주자모집공고에 따른 입주자의 계약일이 지난 주택단지에서 취득일 현재까지 분양계약이 체결되지 않아 선착순의 방법으로 공급하는 주택을 말한다. 이하 이 조 및 제28조의 6에서 같다). 다만, ㉮의 자로부터 취득한 주택으로서 자기 또는 임대계약 등 권원을 불문하고 타인이 거주한 기간이 1년 이상인 경우는 제외한다.

㉮ 「건축법」 제11조에 따른 허가를 받은 자

㉯ 「주택법」 제15조에 따른 사업계획승인을 받은 자

⑬ 다음 각 목의 어느 하나에 해당하는 자가 저당권의 실행 또는 채권변제로 취득하는 주택. 다만, 취득일부터 3년이 경과할 때까지 해당 주택을 처분하지 않은 경우는 제외한다.

㉮ 「농업협동조합법」에 따라 설립된 조합

㉯ 「산림조합법」에 따라 설립된 산림조합 및 그 중앙회

㉰ 「상호저축은행법」에 따른 상호저축은행

㉱ 「새마을금고법」에 따라 설립된 새마을금고 및 그 중앙회

㉲ 「수산업협동조합법」에 따라 설립된 조합

㉶ 「신용협동조합법」에 따라 설립된 신용협동조합 및 그 중앙회
㉷ 「은행법」에 따른 은행

⑭ 다음 각 목의 요건을 갖춘 농어촌주택

㉮ 「지방자치법」 제3조 제3항 및 제4항에 따른 읍 또는 면에 있을 것
㉯ 대지면적이 660제곱미터 이내이고 건축물의 연면적이 150제곱미터 이내일 것
㉰ 건축물의 가액(제4조 제1항 제1호의 2를 준용하여 산출한 가액을 말한다)이 6천500만원 이내일 것
㉱ 다음의 어느 하나에 해당하는 지역에 있지 아니할 것

1) 광역시에 소속된 군지역 또는 「수도권정비계획법」 제2조 제1호에 따른 수도권지역. 다만, 「접경지역 지원 특별법」 제2조 제1호에 따른 접경지역과 「수도권정비계획법」에 따른 자연보전권역 중 행정안전부령으로 정하는 지역은 제외한다.
2) 「국토의 계획 및 이용에 관한 법률」 제6조에 따른 도시지역 및 「부동산 거래신고 등에 관한 법률」 제10조에 따른 허가구역
3) 「소득세법」 제104조의 2 제1항에 따라 기획재정부장관이 지정하는 지역
4) 「조세특례제한법」 제99조의 4 제1항 제1호 가목 5)에 따라 정하는 지역

⑮ 사원에 대한 임대용으로 직접 사용할 목적으로 취득하는 주택으로서 1구의 건축물의 연면적(전용면적을 말한다)이 60제곱미터 이하인 공동주택. 다만, 다음의 어느 하나에 해당하는 주택은 제외한다.

㉮ 취득하는 자가 개인인 경우로서 「지방세기본법 시행령」 제2조 제1항 각 호의 어느 하나에 해당하는 관계인 사람에게 제공하는 주택
㉯ 취득하는 자가 법인인 경우로서 「지방세기본법」 제46조 제2호에 따른 과점주주에게 제공하는 주택
㉰ 정당한 사유 없이 그 취득일부터 1년이 경과할 때까지 해당 용도에 직접 사용하지 않거나 해당 용도로 직접 사용한 기간이 3년 미만인 상태에서 매각·증여하거나 다른 용도로 사용하는 주택

⑯ 물적분할[「법인세법」 제46조 제2항 각 호의 요건(같은 항 제2호의 경우 전액이 주식등이어야 한다)을 갖춘 경우로 한정한다]로 인하여 분할신설법인이 분할법인으로부터 취득하는 미분양 주택. 다만, 분할등기일부터 3년 이내에 「법인세법」 제47조 제3항 각 호의 어느 하나에 해당하는 사유가 발생한 경우(같은 항 각 호 외의 부분 단서에 해당하는 경우는 제외한다)는 제외한다.

⑰ 「주택법」에 따른 리모델링주택조합이 같은 법 제22조 제2항에 따라 취득하는 주택

⑱ 「주택법」 제2조 제10호 나목의 사업주체가 취득하는 다음의 주택

㉮ 「주택법」에 따른 토지임대부 분양주택을 공급하기 위하여 취득하는 주택
㉯ 「주택법」에 따른 토지임대부 분양주택을 분양받은 자로부터 환매하여 취득하는 주택

**핵심체크**

주택신축판매업자가 주택을 건설하여 분양할 목적으로 주택이 딸린 건설용지를 취득하여 철거하는 경우에도 주택수에 따라 취득세가 중과된다. 다만, 주택법에 따라 주택건설사업자로 등록을 한 경우에는 취득세 중과에서 제외된다. 개인은 자본금 6억원 이상, 건설기술자 1인 이상 사무실을 갖추면 주택건설사업자로 등록할 수 있다. 또한, 주택신축판매업[한국표준산업분류에 따른 주거용 건물 개발 및 공급업과 주거용 건물 건설업(자영건설업으로 한정한다)을 말한다]을 영위할 목적으로 「부가가치세법」 제8조 제1항에 따라 사업자 등록을 한 자는 중과에서 제외된다.

## 7. 주택건설사업자의 종합부동산세

### (1) 주택건설사업자가 취득한 토지에 대한 과세특례

다음에 해당하는 사업자(이하 "주택건설사업자"라 한다)가 주택을 건설하기 위하여 취득한 토지(토지를 취득한 후 해당 연도 종합부동산세 과세기준일 전까지 주택건설사업자의 지위를 얻은 자의 토지를 포함한다) 중 취득일부터 5년 이내에 「주택법」에 따른 사업계획의 승인을 받을 토지는 「종합부동산세법」 제13조 제1항에 따른 과세표준 합산의 대상이 되는 토지의 범위에 포함되지 아니하는 것으로 본다(조특법 104의 18).

① 「주택법」에 따라 주택건설사업자 등록을 한 주택건설사업자
② 「주택법」 제11조에 따른 주택조합 및 고용자인 사업주체
③ 「도시 및 주거환경정비법」 제24조부터 제28조까지 및 「빈집 및 소규모주택 정비에 관한 특례법」 제17조부터 제19조까지의 규정에 따른 사업시행자
④ 제104조의 31 제1항에 따른 법인(프로젝트금융투자회사에 대한 소득공제)

「주택법」에 따라 주택건설사업자 등록을 한 주택건설사업자(같은 법 제11조에 따른 주택조합 및 고용자인 사업주체와 「도시 및 주거환경정비법」 제24조부터 제28조까지 또는 「빈집 및 소규모주택 정비에 관한 특례법」 제17조부터 제19조까지의 규정에 따른 사업시행자를 포함한다)가 주택을 건설하기 위하여 같은 법에 따른 사업계획의 승인을 받은 토지로서 주택건설사업에 제공되고 있는 토지(「주택법」 제2조 제11호에 따른 지역주택조합·직장주택조합이 조합원이 납부한 금전으로 매수하여 소유하고 있는 「신탁법」에 따른 신탁재산의 경우에는 사업계획의 승인을 받기 전의 토지를 포함한다)는 재산세를 분리과세한다

(지령 102 ⑦ 7호). "주택건설사업에 공여되고 있는 토지"라 함은 재산세 과세기준일 현재 주택건설사업의 부지로 제공되기 위하여 다른 용도로 사용되지 않고 있는 토지를 의미한다 할 것인바, 쟁점토지의 경우 청구법인이 2006. 5. 12부터 순차적으로 취득하여 이 건 재산세 과세기준일 현재 주차장용지로 사용되고 있는 이상, 동 토지를 주택건설사업에 공여되고 있는 토지로 볼 수는 없다 할 것이고, 동 토지를 관리차원에서 무상임대(사용대차)하였다 하여 이를 달리 볼 수는 없다(조심 2011지33, 2011. 10. 13). 주택법 제16조 제2항은 주택건설사업계획의 승인을 얻고자 하는 사업자로 하여금 당해 주택건설대지의 소유권을 확보하거나 또는 이를 사용할 수 있는 권원 등을 확보하도록 정하고 있으므로 타인 소유의 토지라고 하더라도 그 사용권 등을 확보하여 주택건설사업계획의 승인을 받으면 주택건설사업에 공여되는 토지라고 볼 수 있다고 할 것이다(대법원 2012. 4. 26 선고, 2010두28632 판결).

### (2) 미분양주택에 대한 합산배제

과세기준일 현재 사업자등록을 한 「주택법」 제15조에 따른 사업계획승인을 얻은 자 또는 「건축법」 제11조에 따른 허가를 받은 자가 건축하여 소유하는 주택으로서 다음에 해당하는 미분양주택은 종합부동산세 합산을 배제한다(종부세 시행규칙 4).

① 「주택법」 제15조에 따른 사업계획승인을 얻은 자가 건축하여 소유하는 미분양 주택으로서 2005년 1월 1일 이후에 주택분 재산세의 납세의무가 최초로 성립하는 날부터 5년이 경과하지 아니한 주택

② 「건축법」 제11조에 따른 허가를 받은 자가 건축하여 소유하는 미분양 주택으로서 2005년 1월 1일 이후에 주택분 재산세의 납세의무가 최초로 성립하는 날부터 5년이 경과하지 아니한 주택

**| 유권해석 |**

**신탁부동산의 수탁자가 사업계획승인을 받은 경우 합산배제[49)]**

개발신탁에 의하여 수탁자인 신탁회사가 사업계획승인을 얻어 주택을 신축 판매하다가 미분양이 발생한 경우, 해당 미분양주택은 종합부동산세법 제8조 제2항 제2호 및 같은 법 시행령 제4조 제1항 제3호에 따라 그 납세의무자인 위탁자의 종합부동산세 과세표준 합산대상에서 제외하는 것이다(기획재정부 재산세제과-1296, 2024. 11. 7).

---

49) 건축허가나 사업계획승인을 수탁자인 신탁회사가 받은 경우 미분양주택에 대하여 위탁자인 시행사가 종부세 합산배제가 가능한가에 대하여 검토해본다.

가. 엄격해석에 따른 해석론

종부세법 시행령 제4조 제1항 제3호 나목에 명확히 건축허가를 받은 자의 미분양주택에 대하여 합산배제신청이 된다고 규정하고 있으므로 신탁회사인 수탁자명의로 건축허가를 받은 경우 합산배제대상에 해당되지 아니함.

나. 실질 및 입법취지에 따른 해석론

**[주택신축판매업 관련 주요 해석사례 및 심판례 요약]**

| | | |
|---|---|---|
| ① 사업승인조건에 따라 학교법인에 기부한 교육연구시설 가액 | 지식경제부장관으로부터 승인을 받은 「인천경제자유구역 송도국제화복합단지 개발사업」 실시계획의 승인조건 및 인천광역시로부터 동 사업승인의 전제조건에 따라 학교법인에 기부하는 교육연구시설의 가액은 사업용자산의 자본적 지출임. | 법규법인 2011-16 (2011. 2. 18) |
| ② 도로용 무상기증 | 부동산매매업자(주택신축판매업자를 포함한다)가 토지개발 또는 주택신축 등 당해 사업의 수행과 관련하여 그 토지의 일부를 도로용 등으로 국가 등에 무상으로 기증한 경우 그 토지가액은 잔존토지에 대한 자본적 지출로 한다. | 법기통 23-31…1 |
| ③ 신탁재산의 재화의 공급 여부 | 주택신축판매업자(위탁자)가 신축한 주택 전부(미분양주택 포함)를 신탁재산으로 하여 신탁회사와 "부동산처분신탁계약"을 체결하면서 대주(貸主)에게는 1순위 수익권을, 신청인에게는 2순위 수익권을 각각 교부하고, 그 신탁재산에 대한 사용·수익 및 처분의 권한 등(실질적 통제권)을 조건부로 이전하기로 하였으나, 그 조건이 성취되지 아니하여 실질적 통제권이 이전되지 않은 경우 당해 처분신탁은 「부가가치세법」 제6조 제1항에 따른 재화의 공급에 해당하지 아니하는 것임. | 법규부가 2009-0358 (2009. 11. 2) |
| ④ 환매조건부로 양도 재화공급 | 주택신축판매업자가 신축 중인 국민주택규모 초과 미분양주택을 환매조건부 매매계약에 따라 양도한 후 약정에 따라 계약체결일로부터 소유권이전 또는 잔금지급 후 6개월 이내에 환매하는 경우 당해 환매는 「부가가치세법」 제6조 제1항에 따른 재화의 공급에 해당하는 것임. | 부가-50 (2010. 1. 13) |

---

"신탁"이란 신탁을 설정하는 자(이하 "위탁자"라 한다)와 신탁을 인수하는 자(이하 "수탁자"라 한다) 간의 신임관계에 기하여 위탁자가 수탁자에게 특정의 재산(영업이나 저작재산권의 일부를 포함한다)을 이전하거나 담보권의 설정 또는 그 밖의 처분을 하고 수탁자로 하여금 일정한 자(이하 "수익자"라 한다)의 이익 또는 특정의 목적을 위하여 그 재산의 관리, 처분, 운용, 개발, 그 밖에 신탁 목적의 달성을 위하여 필요한 행위를 하게 하는 법률관계를 말한다(신탁법 2). 즉, 신탁은 위탁자와 신탁계약을 체결하고 위탁자를 위하여 재산의 관리 등을 수탁받아 행하는 것으로 실질적인 재산의 소유권은 위탁자에 있는 것임. 이러한 법리를 기초로 세법에서도 신탁재산이 위탁자에서 수탁자에게 이전되는 행위는 양도에 해당되지 아니하는 것임. 이러한 법리를 반영하여 2020. 12. 29. 종부세법 제7조 제2항을 신설하여 형식적인 소유권은 수탁자에게 있음에도 불구하고 실질적인 소유권을 가진 위탁자가 종합부동산세 납세의무자로 규정하고 있으므로 위탁자가 합산배제 가능함.

다. 검토

종부세법 제7조 및 동법 시행령 제4조에 따르면 종합부동산세의 납세의무는 수탁자가 아닌 위탁자로 규정하고 있음. 위탁자가 수탁자와 체결한 관리형 토지신탁계약서 제2조 제2항 제3호에 따르면 수탁자가 건축허가를 받도록 되어 있으며 통상적으로 건설용지를 수탁자에게 신탁등기를 하고 수탁자 명의로 건축허가를 받아 분양하기 때문에 위탁자명의로 건축허가를 받을 수 없음. 따라서 수탁자 명의로 건축허가를 받았더라도 위탁자로부터 신탁계약에 따라 한 행위로 종부세법 시행령 제4조 제2항 제3호 나목에 따라 종합부동산 합산배제가 가능하다고 판단됨.

필자의 검토의견과 같이 기획재정부는 2024. 11. 7. 수탁자인 신탁회사 명의로 건축허가나 사업승인을 받은 경우에도 위탁자가 종부세 합산가능하다고 유권해석을 하였다.

| | | |
|---|---|---|
| ⑤ 공통매입세액의 안분계산 | 예정사용면적비율로 안분계산한 후 과세 및 면세사업의 공급가액이 발생되는 경우는 공급가액비율로 안분계산하는 것이며, 공사완공 및 주택 등의 분양 이후 하자보수 보증기간 내에 발생된 하자보수비의 공통매입세액 안분계산은 당초 건물의 신축·공급과 관련하여 최종 확정된 면·과세 안분계산방법을 그대로 적용하여 계산하는 것임. 부가가치세법 시행령 제61조 제4항 단서조항은 자가사용 또는 판매(도급공사 포함)목적을 구분하지 않고 적용하는 것임. | 재부가-28 (2008. 1. 21) |
| ⑥ 과면세겸업 주택신축판매업자의 하자보수비에 대한 공통매입세액 안분계산 방법 | 과세사업과 면세사업을 겸영하는 사업자가 과세사업과 면세사업에 공통으로 사용되어 실지귀속을 구분할 수 없는 공통매입세액을 「부가가치세법 시행령」 제61조 제4항 제3호(예정사용면적비율)의 규정에 의하여 안분계산하여 신고한 경우에는 이후 과세기간에 계속하여 동일한 공통매입세액 안분계산방법으로 안분계산하는 것이며, 주택신축판매 후 당해 주택에 대한 하자보수(하자보수보증기간 내)와 관련된 공통매입세액은 같은 법 시행령 제61조의 2의 규정에 따른 공통매입세액의 정산시 적용한 "총사용면적에 대한 면세사용면적의 비율"에 의하여 안분계산함. | 서면3팀-3068 (2007. 11. 9) |
| ⑦ 건설중인 국민주택 양도시 부가가치세가 면제 여부 | 국민주택규모의 주택신축판매업 사업자가 당해 면세사업에 관련하여 사업권을 양도하고 그 대가를 받는 경우에는 부가가치세가 면제되는 것임. | 서면3팀-2617 (2006. 11. 1) |
| ⑧ 조합원이 동호인 조합에서 탈퇴시 과세여부 | 주택을 공동으로 신축하여 기존의 주택소유자 또는 토지소유자에게 각각 1세대씩 배정하는 경우 부가가치세가 과세되지 아니하나 잔여주택을 일반인에게 분양하는 경우 부가가치세가 과세됨. | 서면3팀-246 (2006. 2. 6) |
| ⑨ 출자지분의 현물반환 | 주택신축판매업으로 공동사업자 등록하고 신축주택 소유권보존등기 시 분할등기 후 공동사업자 중 1인이 쟁점주택을 개인적인 주거용으로 사용한 경우 쟁점주택은 개인적 공급이 아닌 출자지분의 현물반환으로 봄이 타당함. | 심사부가 2010-0027 (2010. 12. 29) |
| ⑩ 일시적 임대 후 매매부동산 양도시 사업양도 여부 | 부동산임대업으로 사업자등록을 한 자가 건물을 신축한 후 일시적으로 임대하다가 이를 타인에게 양도하였다 하더라도 그 양도가 부동산매매업자로서의 사업활동의 일환으로 이루어진 경우에는 부가가치세법상 비과세 대상인 사업의 양도에 해당되지 아니한다. | 대법원 2009두16695 (2009. 11. 16) |
| ⑪ 사업소득 해당 여부 | 개인이 주택을 신축하여 판매하는 경우 사업목적이 있는 경우에는 단 1동의 주택을 신축하여 판매하여도 건설업으로 보고 있는 점, 사업소득 여부 판단은 실지 주택신축판매 여부가 기준이 되는 것이지 사업자등록 | 조심 2010전0374 (2010. 3. 12) |

| | | |
|---|---|---|
| | 여부가 절대적인 기준은 아니고 비록 대외적으로 표방한 사실은 없었다고 하더라도 실지 주택신축판매업을 영위하였다면 사업소득으로 보는 것이 타당함. | |
| ⑫ 토지관련 매입세액 | ① PM용역비는 당초 미등록인 사업자에게 용역을 제공받고 사업자등록 후 계약서를 작성하고, 세금계산서를 교부받았으므로 실제용역공급자와 세금계산서상의 용역공급자가 다른 경우에 해당하여 사실과 다른 세금계산서로서 매입세액을 불공제함이 타당하다 할 것이고, ② 수수료 중 토지매입 관련비용은 금융기관대출을 목적으로 지급된 금융자문수수료, 감정평가수수료, 신용평가수수료, 법률자문수수료 등으로서 금융자문용역 등의 성격(과세, 면세)은 자문용역의 결과로 조달되는 자금의 성격에 의하여 정해지고 조달자금의 성격은 자금의 용도에 따라 정해진다고 할 것이므로, 자문용역의 성격은 조달자금의 사용용도에 따라 정해진다 할 것인바, 위 수수료 등과 관련된 대출자금이 토지취득에 전부 또는 일부가 사용되었으므로, 토지취득에 사용된 비율에 따라 계산된 쟁점용역비는 토지의 취득과 관련된 매입으로 봄이 타당하다 할 것이며, 지구단위계획 수립관련 용역비도 토지를 취득하기 전 또는 취득과정에서 지구단위계획수립 용역, 교통영향평가 등을 제공받는 경우 동 용역비는 토지관련 매입으로 봄이 상당하다. | 조심 2009중0129<br>(2010. 7. 14) |
| ⑬ 소득구분 | 주택신축판매업으로 사업자등록하고, 부가가치세 조기환급한 사실, 일부 호수 양도 후 종합소득세 신고한 사실등 청구인은 판매할 목적으로 신축하였으나 분양하지 못하고 재고자산으로 보유하고 있던 주택을 판매하였다고 봄이 타당함. | 대법원 2010두5431<br>(2010. 6. 24) |
| ⑭ 부가가치세 과세 여부 | 시행사의 부도로 인하여 분양받은 자들이 구성한 단체인 청구법인이 사업자등록하고 쟁점부동산 신축공사를 준공한 뒤 분양받은 자들 앞으로 소유권 보전등기를 한 경우 청구법인을 과세사업자로 보아 당해 부동산의 분양에 대하여 부가가치세를 부과한 처분은 정당함. | 서울행정법원<br>2008구합46934<br>(2009. 4. 22) |
| ⑮ 일시적 임대의 사업양도 여부 | 건물신축판매업자가 분양이 되지 아니하여 일시적으로 임대업을 영위하다가 양도한 것에 대하여 사업의 포괄양수도로 보았으나, 부동산 소재지에서 건물신축판매업을 계속 영위중이고, 잔여 미분양 상가를 계속 분양 중에 있음이 확인되므로 건물신축판매업자가 재고자산을 판매한 것으로 사업의 양도로 보지 아니하는 것임. | 조심 2011서2248<br>(2011. 9. 22) |

## 제 2 절 부동산매매업

### 개 요

### 1. 부동산매매업의 정의

#### (1) 부가가치세법상의 정의

부동산매매업은 재화의 공급에 해당되고(부령 2 ②), 동법 시행규칙 제1조 제2항에 다음과 같이 규정하고 있다.

"부동산의 매매(주거용 또는 비거주용 및 기타 건축물을 자영건설하여 분양·판매하는 경우를 포함한다) 또는 그 중개를 사업목적으로 나타내어 부동산을 판매하거나, 사업상의 목적으로 1과세기간 중에 1회 이상 부동산을 취득하고 2회 이상 판매하는 사업을 말한다." 여기에서 사업목적은 법인등기부나 정관, 사업자등록증상에 표시되거나 분양공고문 등을 통하여 고시된 경우를 말한다.

#### (2) 대법원 판례

부동산의 거래행위가 사업소득세 및 부가가치세의 과세요건인 부동산매매업에 해당하는지의 여부는 그 거래행위가 수익을 목적으로 하고, 그 규모·횟수 등에 비추어 사업활동으로 볼 수 있는 정도의 계속성과 반복성이 있는지 여부 등을 고려하여 사회통념에 비추어 가려져야 하고, 부가가치세법 시행규칙 제1조 제2항은 부동산매매업으로 볼 수 있는 경우를 예시적으로 규정한 것에 불과하며 그 부동산의 거래가 전체적으로 사업목적 하에 계속성과 반복성을 갖고 이루어진 이상 판매횟수에 미달하는 거래가 발생하였다고 하더라도 그 과세기간 중에 있는 거래의 사업성이 부정되는 것이 아니다 라고 판시하고 있다(대법원 1996. 2. 23 선고, 95누10969 판결). 반면, 부동산매매업으로 사업자등록을 한 후 미완성건물을 양도한 경우에는 사업성이 없는 것으로 보아 부동산매매업으로 보지 않는다는 심판례가 있다. 즉, 부동산매매업으로 사업자등록을 하고 자기소유의 토지 위에 상가사무실을 신축하여 이를 불특정다수인에게 분양하거나 임대할 목적으로 건축공사를 진척시켜 철골공사를 마치고 또 사업자등록을 한 사실이 있다고 하더라도 자금이 여의치 않아 그 사업계획을 포기하고 그 토지와 미완성건물을 양도한 행위는 수익의 목적이나 계속성 및 반복성이 없음이 명백하여 이를 사업소득인 부동산매매업으로 볼 수는 없고 양도소득세로 과세하여야 한다(국심 2001구2666, 2002. 3. 29, 대법원 1985. 12. 10 선고, 1985누442 판결).

### (3) 소득세법상의 정의

"부동산매매업"이란 한국표준산업분류에 따른 **비주거용 건물건설업(건물을 자영건설하여 판매하는 경우만 해당한다)과 부동산개발 및 공급업**을 말한다. 다만, 한국표준산업분류에 따른 주거용 건물 개발 및 공급업(구입한 주거용 건물을 재판매하는 경우는 제외한다. 이하 "주거용 건물 개발 및 공급업"이라 한다)은 제외한다.

**┃ 한국표준산업분류 ┃**

**부동산매매업의 구분**

① 비주거용 건물건설업(4112) : 상업용 건물, 공업용 건물 등의 비거주용 건물을 건설하는 산업활동을 말한다.
- 사무 및 상업용 건물건설업(41121)
- 공업 및 유사 산업용 건물건설업(41122)
- 기타 비거주용 건물건설업(41129)

② 부동산 개발 및 공급업(6812) : 직접 개발한 농장·택지·공업용지 등의 토지와 타인에게 도급을 주어 건설한 건물 등을 분양·판매하는 산업활동을 말한다. 구입한 부동산을 임대 또는 운영하지 않고 재판매하는 경우도 여기에 포함된다.
- 주거용 건물 개발 및 공급업(68121)
- 비주거용 건물 개발 및 공급업(68122)
- 기타 부동산개발 및 공급업(68129)

소득세법상 **토지 등 매매차익 예정신고의무와 확정신고시 비교과세 특례가 적용**되는 부동산매매업의 범위는 다음 표와 같이 정리할 수 있다.

| 구 분 | 자영건설 | 도급건설 | 비 고 |
|---|---|---|---|
| 주거용(주택) | 제 외 | 제 외 | 다만, **완성된 주거용 건물**을 구입하여 재판매하는 경우에는 부동산매매업임. |
| 비주거용(상가 등) | 포 함 | 포 함 | |

직접 건설활동을 수행하지 아니하고 건설업을 영위하는 법인에게 도급을 주어 건물을 신축하여 분양 및 판매하는 산업활동은 「법인세법 시행규칙」 제26조 제1항 제2호에 의한 부동산매매업에 해당되는 것이다(법인세과-1154, 2009. 10. 16).

## 2. 업종구분

### (1) 한국표준산업분류상의 구분

한국표준산업분류상 부동산개발 및 공급업은 직접 개발한 농장·택지·공업용지 등의 토지와 타인에게 도급을 주어 건설한 건물 등을 분양·판매하는 산업활동을 말한다. 구입한 부동산을 임대 또는 운영하지 않고 재판매하는 경우도 여기에 포함된다.

예시

• 건물 위탁개발 분양 • 부동산 매매

제외

• 자영 건축물 건설(411)
• 직접 건설활동을 수행하지 않더라도 건설공사에 대한 총괄적인 책임을 지면서 건설공사분야별로 하도급을 주어 전체적으로 건설공사를 관리하는 경우 "41 : 종합건설업"에 분류

### (2) 소득세법상 기준경비율 적용상 구분(2022귀속)

| 세세분류 | 기 준<br>경비율<br>코 드 | 단 순<br>경비율 | 기 준<br>경비율 | 적용범위 및 기준 |
|---|---|---|---|---|
| ① 부동산매매<br>(토지보유<br>5년 미만) | 703011 | 82.1 | 9.5 | • 소득세법 시행령 제34조와 부가가치세법 시행규칙 제1조의 규정에 의하여 부동산의 매매(건물을 신축하여 판매하는 경우를 포함하고 주택을 신축하여 판매하는 경우를 제외한다) 또는 중개를 사업목적으로 나타내어 부동산을 판매하거나 사업상의 목적으로 부가가치세법에 의한 1과세기간 중에 1회 이상 부동산을 취득하고 2회 이상 판매하는 경우에는 부동산매매업을 영위하는 것으로 본다.<br>* 부동산의 매매 중 건물만 취득하여 판매하는 경우(→ 703011) |
| ② 부동산매매<br>(토지보유<br>5년 이상) | 703012 | 70.0 | 12.9 | • 소득세법 시행령 제34조와 부가가치세법 시행규칙 제1조의 규정에 의하여 부동산의 매매(건물을 신축하여 판매하는 경우를 포함하고 주택을 신축하여 판매하는 경우를 제외한다) 또는 중개를 사업목적으로 나타내어 부동산을 판매하거나 |

| 세세분류 | 기 준 경비율 코 드 | 단 순 경비율 | 기 준 경비율 | 적용범위 및 기준 |
|---|---|---|---|---|
| | | | | 사업상의 목적으로 부가가치세법에 의한 1과세기간 중에 1회 이상 부동산을 취득하고 2회 이상 판매하는 경우에는 부동산매매업을 영위하는 것으로 본다.<br>* 부동산의 매매 중 건물만 취득하여 판매하는 경우(→ 703011) |
| ③ 건물신축판매 (토지보유 5년 미만) | 703021 | 85.6 | 18.2 | • 소득세법 시행령 제34조와 부가가치세법 시행규칙 제1조의 규정에 의하여 부동산의 매매(건물을 신축하여 판매하는 경우를 포함하고 주택을 신축하여 판매하는 경우를 제외한다) 또는 중개를 사업목적으로 나타내어 부동산을 판매하거나 사업상의 목적으로 부가가치세법에 의한 1과세기간 중에 1회 이상 부동산을 취득하고 2회 이상 판매하는 경우에는 부동산매매업을 영위하는 것으로 본다.<br>* 부동산의 매매 중 건물만 취득하여 판매하는 경우(→ 703011) |
| ④ 건물신축판매 (토지보유 5년 미만) | 703022 | 83.1 | 15.2 | • 소득세법 시행령 제34조와 부가가치세법 시행규칙 제1조의 규정에 의하여 부동산의 매매(건물을 신축하여 판매하는 경우를 포함하고 주택을 신축하여 판매하는 경우를 제외한다) 또는 중개를 사업목적으로 나타내어 부동산을 판매하거나 사업상의 목적으로 부가가치세법에 의한 1과세기간 중에 1회 이상 부동산을 취득하고 2회 이상 판매하는 경우에는 부동산매매업을 영위하는 것으로 본다.<br>* 부동산의 매매 중 건물만 취득하여 판매하는 경우(→ 703011) |

**참고** 업종의 구분

사업구분은 부가가치세법 시행령에 특별한 규정이 있는 경우를 제외하고는 통계청장이 고시하는 당해 과세기간 개시일 현재의 한국표준산업분류에 의한다(부령 4 ①). 부가가치세법상 업종의 구분은 재화에 해당되는지, 용역에 해당되는지에 따라 무상공급 및 간주공급에 대한 과세문제가 차이가 나게 되므로 업종구분을 정확히 해야 한다.

## 3. 부동산매매업 · 주택신축판매업(건설업) · 양도소득의 구분

### (1) 구분의 실익

① **부가가치세 과세대상 여부**

부동산매매업 및 주택신축판매업(국민주택규모 초과)의 경우 건물공급에 대하여는 사업성이 인정되어 부가가치세가 과세되나 양도소득의 경우에는 사업성이 없으므로 부가가치세가 과세되지 않는다.

② **세액계산 방법의 차이**

부동산매매업과 주택신축판매업은 사업소득에 해당되어 소득세법상 사업소득의 계산방법 및 법인세법상 각 사업연도소득 계산방법에 따라 세액을 계산하게 되나 양도소득은 양도소득 계산방법에 따라 세액을 계산하게 된다. 다만, 개인이 부동산매매업을 영위하는 경우에는 예정신고시에 양도소득 계산방법을 준용하여 세액을 계산하도록 하고 있다.

③ **신고 · 납부 방법의 차이**

개인사업자의 부동산매매업과 양도소득은 예정신고 의무가 있으나 주택신축판매업은 예정신고 의무가 없다. 또한, 부동산매매업은 예정신고 후 반드시 확정신고 의무를 이행하여야 하나 양도소득은 예정신고를 하면 과세기간 중 2회 이상 양도소득이 발생하지 않는 경우 확정신고 의무가 없다.

| 소득구분 | 사업자 여부 | 부가가치세 | 4대보험 | 예정신고 | 세금계산서 |
|---|---|---|---|---|---|
| 부동산매매업 | ○ | ○(×) | ○ | ○ | ○ |
| 양도소득 | × | × | × | ○ | × |

### (2) 소득구분 방법

#### 1) 부동산매매업

① 부동산의 매매(주거용 또는 비거주용 및 기타건축물을 자영건설하여 분양 판매하는 경우를 포함한다) 또는 그 중개를 사업목적으로 나타내어 부동산을 판매하거나

② 사업상의 목적으로 **1과세기간 중에 1회 이상 부동산을 취득하고 2회 이상 판매**하는 경우를 말한다(부칙 2 ② 2호). 부동산매매업은 부가가치세법상 재화의 공급으로 보아 부가가치세가 과세(건물공급)된다.

또한, 부동산매매업이라 함은 한국표준산업분류상의 건물건설업(건물을 자영건설하여 판매하는 경우에 한한다) 및 부동산공급업을 말한다.

부동산매매업의 구분에 있어 토지의 개발이라 함은 일정한 토지를 정지·분합·조성·변경 등을 함으로써 당해 토지의 효용가치가 합리적이고 효율적으로 증진을 가져오게 되는 일체의 행위를 말한다.

**소득세 집행기준 19-0-9 부동산매매업 등의 업종구분**

① 부동산매매업의 범위는 다음과 같다.
  1. 자기의 토지 위에 상가 등을 신축하여 판매할 목적으로 건축 중인 「건축법」에 따른 건물과 토지를 제3자에게 양도한 경우
  2. 토지를 개발하여 주택지·공업단지·상가·묘지 등으로 분할판매하는 경우(「공유수면 관리 및 매립에 관한 법률」 제46조에 따라 소유권을 취득한 자가 그 취득한 매립지를 분할하여 양도하는 경우를 포함한다)

② 부동산매매·저당·임대 등에 따라 행하는 부동산 감정업무를 수행하는 사업은 부동산 감정평가업으로 본다.

③ 부동산매매업의 구분에 있어 토지의 개발이라 함은 일정한 토지를 정지·분합·조성·변경 등을 함으로써 해당 토지의 효용가치가 합리적이고 효율적으로 증진을 가져오게 되는 일체의 행위를 말한다.

④ 근린생활시설과 주택이 함께 있는 건물을 상속받아 그 건물 전체를 다세대주택으로 증·개축하여 판매함으로써 발생하는 소득은 부동산매매업에서 발생하는 소득에 해당한다.

### 2) 주택신축판매업

주택신축판매업이란 주택을 건설하여 판매하는 사업으로 계속·반복적으로 수익을 얻기 위하여 행하는 산업활동을 말한다. 다만, 구입한 주거용 건물을 재판매하는 경우에는 부동산매매업으로 본다(소령 122 ①). 시공중인 주택을 양도하는 경우에는 그 주택의 시공 정도가 건축법에 의한 건축물에 해당되는 때에는 주택신축판매업으로 본다.

신축한 주택이 판매되지 아니하여 판매될 때까지 일시적으로 일부 또는 전부를 임대한 후 판매하는 경우에도 당해 주택의 판매사업은 건설업으로 본다. 주택신축판매업을 영위하는 사업자가 단독주택(다중주택) 및 근린생활시설로 건축허가를 받아 신축한 건물을 용도변경의 허가를 받지 아니하고 건물 전체를 원룸 형태로 개조하여 주택으로 임대하다 양도하는 경우로서 주거전용면적의 합계가 국민주택규모 이하인 단독주택(다중주택)의 양도는 「조세특례제한법」 제106조 제1항 제4호 및 같은 법 시행령 제106조 제4항 제1호에 따라 부가가치세가 면제되는 것이며, 근린생활시설을 상시 주거용으로 임대하여 「부가가치세법」

제10조 제1항 제1호에 따라 부가가치세가 과세된 근린생활시설의 양도는 같은 법 제14조 제2항 제1호에 따라 부가가치세가 면제되는 것이다. 다만, 해당 건물이 양도되기 전까지 일시적, 잠정적으로 임대하여 같은 법 제10조 제1항 제1호에 따른 재화의 공급에 해당하지 아니하는 경우 근린생활시설의 양도는 부가가치세가 과세되는 것이며, 이 경우 해당 근린생활시설의 임대가 일시적, 잠정적인 임대에 해당하는지는 사실판단할 사항이다(사전 2018 법령해석부가-0286, 2018. 5. 14).

주택신축판매업은 건설업으로 부가가치세 및 소득세의 납세의무를 진다. 다만, 국민 주택을 신축하여 판매하는 경우에는 부가가치세가 면제된다.

**관련법조문**

◈ **건축법 제2조【정의】**

① 이 법에서 사용하는 용어의 뜻은 다음과 같다

2. "건축물"이란 토지에 정착(定着)하는 공작물 중 지붕과 기둥 또는 벽이 있는 것과 이에 딸린 시설물, 지하나 고가(高架)의 공작물에 설치하는 사무소・공연장・점포・차고・창고, 그 밖에 대통령령으로 정하는 것을 말한다.

### 3) 양도소득

개인이 비사업자로서 판매목적 없이 일시적・비반복적으로 부동산을 양도함으로 인하여 발생하는 소득을 말한다. 부동산의 양도가 양도소득 또는 사업소득에 해당되는지의 여부는 그 규모・횟수・태양・상대방 등에 비추어 그 양도가 수익을 목적으로 하고 있는지, 사업활동으로 볼 수 있을 정도의 계속성과 반복성이 있는지의 여부 등을 고려하여 사회통념에 따라 사실판단할 사항이다(재산 46014-28, 2002. 1. 31).

**부동산매매와 사업성 판단 : 사업성이 없다고 본 사례**
**(대법원 2012. 5. 30 선고, 2012두8939 판결)**

판례

원고가 이 사건 아파트를 처분함으로써 발생한 소득 자체는 원고의 주업종인 인테리어공사업에서 발생한 소득이 아니므로 이를 건설업에서 발생한 소득으로 볼 수 없고, 원고는 건물을 자영으로 건설하여 판매하는 업을 영위한 바 없는 데다가 이 사건 아파트 외의 다른 건물을 판매하는 등 부동산 매매거래의 실적이 있음을 인정하기 어려운 점, ② 이 사건 아파트의 처분행위는 1회성에 불과할뿐더러 원고가 이를 위하여 달리 영업적인 활동을 수행한 것으로 볼만한 자료가 없는 점, ③ 원고는 사실상 공사대금채권을 회수한다는 차원에서 이 사건 아파트를 매각한 것이므로 이를 일반소비자에게 계속적이고 반복적으로 판매할 의사로 행한 것으로는 보기 어려운 점 등을 종합하면, 이 사건 아파트의 처분행위는 부동산매매업 내지 건설업의 일환으로 이루어진 것임을 인정하기 어려워 그 사업성이 부정되므로 부가가치세의 과세대상이 되는 재화의 공급으로 볼 수 없다. 청구인은 실내 인테리어 내장공사업을 영위하는 개인사업자로서 쟁점주택을 공사대금 회수를 위해 일시·우발적으로 취득하였으며, 대물변제로 취득한 쟁점주택을 종업원 기숙사 등의 용도로 사업에 사용한 사실이 나타나지 아니하고, 그 밖에 쟁점주택을 사업에 사용하였거나 부동산매매를 업으로 영위하였다고 볼 만한 증거가 부족한 점 등에 비추어 볼 때 처분청의 과세처분에는 달리 잘못이 없다고 판단된다(조심 2010서3233, 2010. 11. 29).

판례

**부동산매매와 사업성 판단 : 사업성이 있다고 본 사례**
**(서울고등법원 2012. 1. 20 선고, 2011누25793 판결)**

부가가치세법상 재화 등의 공급에 해당하는 이상 그 공급이 사업의 계속적 유지·확장을 위한 것이든, 사업의 청산·정리 또는 폐지를 위한 것이든 이를 가리지 않고 과세대상이 된다고 할 것인바(대법원 2008. 2. 14 선고, 2005두17157 판결), 원고가 이 사건 상가 분양권을 잔금 조달의 문제 때문에 양도하였다고 하더라도 부동산매매업을 영위하고자 한 원고로서는 부동산매매업을 하는 데 있어 경영상 자금 계획의 차질 또는 계획의 변경으로 인한 사업의 철수 또는 투자원금의 회수를 위한 경영상 전략 차원에서 한 것이므로 이 사건 상가 분양권 양도 행위의 사업성이 부정되는 것이 아니다.

### (3) 소득구분 착오와 과소신고가산세

양도인이 보유하는 부동산 전반에 걸쳐 당해 양도가 사업소득에 해당하는지 여부를 판단함에 있어서는 사전·사후적인 요소를 감안하여야 하므로 부동산을 양도하는 행위가 종합소득세 과세대상인지 아니면 양도소득세의 과세대상인 양도인지 여부를 **세법지식이 부족한 납세자 입장에서 판단하기 어려운 측면**이 있다 할 것이고, 양도소득세와 종합소득세는 소득세로서 소득의 분류가 다른 것에 불과하며, 납세자가 부동산 등을 양도한 때 양도소득세를 신고·납부하는 것이 일반적인 점 등을 고려하면 청구인이 쟁점부동산을 양도하고 양도소득세 과세대상으로 착오를 일으켜 양도소득세를 신고한 이 건에 대하여 신고하지 않았다는 이유로 신고불성실가산세를 부과하는 것은 부당하다고 판단된다(국심 2004서4107, 2005. 6. 21). 반면에 쟁점용역을 계속적·반복적으로 수행하고 그 대가를 지급받은 것으로 나타나므로 사업소득으로 봄이 타당하며, 청구인의 **학력 및 근무경력과 세무대리인을 통하여 신고**한 점 등으로 볼 때, 쟁점금액이 사업소득에 해당함을 알 수 있었을 것으로 보이므로 가산세를 적용함이 타당해 보이고, 무기장가산세 적용시 과소신고가산세를 공제하여 달라는 주장은 타당하지 않다(조심 2012서1912, 2012. 6. 26).

판례 **소득구분 착오와 과소신고가산세**(조심 2009서4128, 2010. 6. 30)

청구인은 쟁점퇴직위로금이 근로소득인지 퇴직소득인지 모르는 상황에서 청구외법인으로부터 원천징수당하였고, 그 후 평온하게 수년간 지내오다가 고지서를 수령한 후에야 비로소 쟁점퇴직위로금을 근로소득으로 보아 과세한 내용을 알았으며, 2009. 6. 24. 청구외법인으로부터 쟁점퇴직위로금의 지급현황자료를 회신받은 사실이 있는 바, 청구외법인의 원천징수 담당자가 소득분류를 잘못한 것이지 청구인에게 고의적인 조세포탈 목적이 있었던 것이 아니므로 신고 및 납부불성실가산세의 적용을 제외하여야 한다고 주장한다. 살피건대, 처분청은 청구인이 고의적인 조세포탈 목적으로 소득구분을 달리한 것으로 보았으나, 청구인이 청구외법인의 대표이사로서 회계담당자와 공모하여 쟁점퇴직위로금의 소득구분을 고의로 달리하였다는 구체적인 입증이 없고, 원천징수납부일로부터 부과제척기간이 임박한 고지서송달일 직전까지도 처분청이 소득구분의 잘못을 지적하여 경정하려는 의지가 없었던 점 등을 감안할 때, 청구인에게만 소득구분 오류의 책임을 묻기는 어렵다 할 것이므로 신고불성실가산세는 제외하는 것이 합리적인 것으로 판단된다.

### (4) 과 · 면세 및 소득구분 착오로 인한 제척기간

① 납세의무자가 소득구분을 착오로 하여 종합소득세 과세표준신고 대상을 양도소득세 과세표준신고서를 제출한 경우 당초신고행위를 정당한 신고로 보아 국세부과 제척기간의 기산일을 당초신고부터 기산하는지 아니면 양도소득세 무신고로 7년의 제척기간이 적용되는지의 여부이다.

이에 대하여 법원은 과세단위를 달리하는 양도소득 과세표준예정신고서를 제출하였다고 하더라도 이를 두고 종합소득세 과세표준신고서를 제출한 것으로 볼 수는 없어 무신고로 7년의 부과제척기간을 적용하여 종합소득세 과세처분은 적법하다고 판시하고 있다.

② **부가가치세 과세사업자가 사업장현황신고를 한 경우**

납세자가 법정신고기한 내에 과세표준신고서를 제출하지 아니한 경우에는 해당 국세를 부과할 수 있는 날부터 7년간을 국세부과의 제척기간으로 규정하고 있는데, 여기서 7년의 제척기간의 적용을 받게 되는 "해당 국세"라 함은 과세표준신고서를 제출하지 아니한 바로 그 국세를 말하는 것인바(서울고등법원 2007. 1. 25 선고, 2006누16436 판결 참조), 부가가치세 과세표준 신고를 하였다고 보기 위해서는 과세표준뿐만 아니라 '사업자의 인적사항, 납부세액 및 그 계산근거, 공제세액 및 그 계산근거, 매출 · 매입처별 세금계산서 합계표 제출내용' 등 국세의 납부 또는 환급에 필요한 사항이 기재된 과세표준신고서를 제출하여야 하고, 부가가치세 납부 또는 환급에 필요한 위와 같은 사항이 포함되지 아니한 사업장 현황신고를 한 것만으로는 부가가치세에 대한 과세표준 신고를 하였다고 볼 수 없으므로(서울행정법원 2021. 8. 17 선고, 2020구합76920 판결 및 조심 2019서3421, 2020. 7. 30 등 참조) 청구인이 법정 신고기한인 2017. 1. 25까지 부가가치세 과세표준신고서를 제출하지 아니한 이상 부과제척기간 7년이 적용됨이 타당하다 할 것이다. 따라서 청구인이 과세대상 부동산인 쟁점오피스텔을 분양하였음에도 부가가치세 과세표준신고서를 제출하지 아니한 것으로 보아 「국세기본법」 제26조의 2 제2항 제1호의 부과제척기간(7년)을 적용하여야 한다(조심-2022-인-7048, 2022. 12. 6).

**판례** **소득구분 착오와 제척기간의 기산일(서울행정법원 2012. 6. 8 선고, 2012구합6506 판결)**

국세기본법 제26조의 2 제1항 제2호에 의하면, 납세자가 법정신고기한까지 '과세표준신고서'를 제출하지 아니한 경우에 해당 국세를 부과할 수 있는 날부터 7년간 국세를 부과할 수 있다고 규정하고 있고, 같은 법 제2조 제14호 제15호는 '과세표준'이란 세법에 따라 직접적으로 세액산출의 기초가 되는 과세물건의 수량 또는 가액으로, '과세표준신고서'란 국세의 과세표준과 국세의 납부 또는 환급에 필요한 사항을 적은 신고서라고 각 정의하고 있다. 통상적으로 신고에 의하든, 부과처분에 의하든 세액의 확정은 하나의 과세단위 내에서 이루어지므로, 여기서의 과세표준 또한 하나의 과세단위 내에서의 과세표준을 의미한다고 할 것이다. 하나의 과세단위란 같은 세목 내에서 기간과세에서는 과세연도로 특정되고, 특히 소득세에 있어서는 개개의 원천을 구성하는 종합소득·양도소득·퇴직소득 등 구분소득별로 하나의 과세단위를 구성한다. 소득세법도 이와 같은 전제에서 제70조에서 종합소득 과세표준확정신고 제출의무를 규정하는 것과 별도로 제110조에서 양도소득 과세표준확정신고 제출의무를 규정함으로써 과세단위별로 독립하여 과세표준 신고의무를 부여하고 있고, 과세표준신고시 제출하여야 하는 서류 또한 상이하다. 따라서 국세기본법 제26조의 제1항 제2호에서 규정하는 '과세표준신고서'란 해당 제척기간의 대상이 되는 국세의 통일한 과세단위에 해당하는 과세표준신고서만을 의미하는 것이다.

### (5) 관련사례

**① 상속받은 건물을 증·개축하여 판매하는 경우 소득구분**

근린생활시설과 주택이 함께 있는 건물을 상속받아 그 건물 전체를 다세대주택으로 증·개축하여 판매함으로써 발생하는 소득은 소득세법 제19조 제1항 제12호의 규정에 따른 부동산매매업에서 발생하는 소득에 해당하는 것이다(서면1팀-189, 2008. 2. 5).

② 주택신축판매업 공동해지시 소득구분

주택을 완공하기 전부터 주택신축판매업을 공동으로 영위하던 거주자가 당해 주택을 완공하기 전부터 당해 공동사업의 구성원이었던 자로부터 지분을 인수받아 당해 공동사업 해지 후 단독사업자로서 당해 주택을 판매함으로써 발생하는 소득은 「소득세법 시행령」 제32조의 규정에 따른 주택신축판매업에 해당하는 것이다(서면1팀-154, 2008. 1. 31).

③ 상가 신축분양 목적 토지 취득 후 나대지 상태로 매매시 소득구분

부동산을 매매함으로 인하여 발생하는 소득의 구분은 당해 거주자의 부동산매매의 규모, 거래횟수, 반복성 등 거래에 관한 제반사항을 종합적으로 판단하여 사업적인 것으로 인정되는 경우에는 「소득세법」 제19조의 규정에 의하여 사업소득에 해당하는 것이나 사업목적 없이 단순히 부동산을 양도하는 경우에는 같은 법 제94조의 규정에 의하여 양도소득에 해당하는 것이다(서면1팀-1601, 2007. 11. 21).

④ 신축주택의 임대 후 판매시 소득구분

판매를 목적으로 다세대주택을 신축하여 판매(동 주택이 판매되지 아니하여 그 전부 또는 일부를 일시적으로 임대하다가 판매하는 경우를 포함)하는 경우에는 「소득세법」 제19조 제1항 제6호의 규정에 의하여 건설업으로 보아 사업소득에 해당하는 것이며, 임대목적으로 이를 신축하여 임대용으로 사용하다가 양도하는 경우에는 같은법 제88조 제1항의 규정에 의한 양도소득에 해당하는 것이며, 사업소득에 해당하는지 또는 양도소득에 해당하는지의 여부는 그 규모, 횟수, 태양 등에 비추어 사업활동으로 볼 수 있을 정도의 계속성과 반복성이 있는지 여부 등의 사실을 고려하여 판단할 사항이다(서면5팀-2461, 2007. 9. 4).

핵심체크

**[사업소득(부동산매매업)과 양도소득의 구분기준]**

사업소득과 양도소득의 실무상 구분은 매우 어렵다. 다만, 사업소득으로 분류하기 위해서는 매매행위가 사업성(수익의 목적)이 있는가의 판단이 중요하다. 사업성이란 계속적·반복적으로 판매활동을 행하여야 하며 이는 이용실태, 보유기간, 매매업자의 직업, 부동산의 취득목적, 사업의 의사표시인 사업자등록 여부 등을 종합적으로 판단하여야 한다.

# 부동산매매업의 세무실무

## 1. 부가가치세 실무

### (1) 사업장소재지

부동산매매업과 건설업의 사업장소재지는 법인등기부상의 소재지(등기부상 지점소재지)를 사업장으로 한다. 개인의 경우는 업무를 총괄하는 장소가 사업장이다. 따라서 법인의 건설현장은 법인등기부상 소재지가 아니면 사업장에 해당하지 아니한다.

### (2) 공급시기

재화의 이동이 필요하지 않은 부동산의 공급시기는 당해 건물이 이용가능하게 되는 때이며, 이 경우 **이용가능하게 되는 때라 함은 원칙적으로 소유권이전등기일**을 말하는 것이나 매매잔금 미지급 등의 사유로 당사자 간 특약에 의하여 당해 부동산에 대해 잔금지급 이전까지 사용수익 등 이용을 제한하고 있는 경우에는 실제로 사용수익이 가능한 날을 공급시기로 보는 것이다(소비 46015-259, 2000. 8. 19). 부동산매매업의 경우 주로 중간지급조건부에 해당되므로 이 때의 공급시기는 대가의 각 부분을 받기로 한 때이다. 과세사업용 건물을 양도함에 있어서 잔금청산일 이전에 소유권이전등기를 경료해 준 경우, 당해 건물의 공급시기는 당해 건물이 이용가능하게 되는 때로, 원칙적으로 소유권이전등기일로 하되 소유권이전등기일과 실지명도일이 다를 경우 실지명도일을 이용가능한 때로 볼 수 있다(부가 22601-294, 1991. 3. 13). 예를 들면 취득자의 자금부족으로 융자를 받기 위해 양도자와의 합의 하에 소유권을 이전하는 경우 이 때의 공급시기는 소유권이전등기일이 아닌 실지명도일을 공급시기로 본다.

### (3) 과세표준의 계산

사업자가 토지와 그 토지에 정착된 건물 또는 구축물 등을 함께 공급하는 경우에는 건물 또는 구축물 등의 실지거래가액을 공급가액으로 한다. 다만, 다음의 어느 하나에 해당하는 경우에는 대통령령으로 정하는 바에 따라 안분계산한 금액을 공급가액으로 한다.

① 실지거래가액 중 토지의 가액과 건물 또는 구축물 등의 가액의 구분이 불분명한 경우

② 사업자가 실지거래가액으로 구분한 토지와 건물 또는 구축물 등의 가액이 대통령령으로 정하는 바에 따라 안분계산한 금액과 100분의 30 이상 차이가 있는 경우. 다만, 다른 법령에서 정하는 바에 따라 가액을 구분한 경우 또는 토지와 건물 등을 함께 공급받은

후 건물등을 철거하고 토지만 사용하는 경우에 해당하는 경우는 제외한다(부령 64 ②).

### 1) 토지 및 건물가액의 안분계산

① 토지와 건물 등에 대한 소득세법 제99조의 규정에 의한 기준시가가 모두 있는 경우에는 공급계약일 현재의 기준시가에 따라 계산한 가액에 비례하여 안분계산한다. 다만, 감정평가가액[제28조에 규정된 공급시기(중간지급조건부 또는 장기할부판매의 경우는 최초 공급시기)가 속하는 과세기간의 직전 과세기간 개시일부터 공급시기가 속하는 과세기간의 종료일까지 「부동산가격공시 및 감정평가에 관한 법률」에 따른 감정평가법인이 평가한 감정평가가액을 말한다]이 있는 경우에는 그 가액에 비례하여 안분계산한다(부령 64 ①).

② 토지와 건물 등 중 어느 하나 또는 모두의 기준시가가 없는 경우로서 감정평가가액이 있는 경우에는 그 가액에 비례하여 안분계산한다. 다만, 감정평가가액이 없는 경우에는 장부가액(장부가액이 없는 경우에는 취득가액)에 비례하여 안분계산한 후 기준시가가 있는 자산에 대하여는 그 합계액을 다시 기준시가에 의하여 안분계산한다.

③ 제1호 및 제2호의 규정을 적용할 수 없거나 적용하기 곤란한 경우에는 국세청장이 정하는 바에 따라 안분계산한다.

### 2) 토지와 건물 등의 가액구분이 불분명한 경우 과세표준 안분계산방법

국세청고시 제2021 - 43호(2021. 8. 24)

토지와 건물 등의 가액구분이 불분명한 경우 과세표준 안분계산방법 고시

「부가가치세법」 제29조 제9항, 같은 법 시행령 제64조 제3호의 위임에 따라 사업자가 토지와 건물 등을 함께 공급하는 경우로서 실지거래가액 중 토지의 가액과 건물 등의 가액의 구분이 불분명한 경우에 대한 과세표준 안분계산방법에 관한 사항을 다음과 같이 개정하여 고시합니다.

2021년 8월 24일

국 세 청 장

제1조(목적) 이 고시는 「부가가치세법」 제29조 제9항, 같은 법 시행령 제64조 제3호에서 국세청장에게 위임한, 사업자가 토지와 건물 등을 함께 공급하는 경우로서 실지거래가액 중 토지의 가액과 건물 등의 가액의 구분이 불분명한 경우에 대한 과세표준 안분계산방법에 관한 사항을 정함을 목적으로 한다.

제2조(토지와 건물 등의 가액을 일괄 산정 · 고시하는 오피스텔, 상업용 건물 및 주택을 공급하는 경우) 사업자가 「소득세법」 제99조 제1항 제1호 다목 및 라목에 규정하는 오피스텔, 상업용 건물, 주택을 공급하는 경우로서 실지거래가액 중 토지의 가액과 건물 등의 가액의 구분이 불분명한 경우에는 다음 각 호와 같이 과세표준을 계산한다.

1. 토지 및 건물 등의 기준가액 산정

   토지의 기준가액은 「소득세법」 제99조 제1항 제1호 가목에 따른 토지의 기준시가로 하고, 건물 등의 기준가액은 같은 법 제99조 제1항 제1호 나목의 규정에 따라 국세청장이 고시한 건물의 기준시가의 산정방법을 준용하여 계산한 가액으로 한다.

2. 과세표준의 안분계산

$$\text{과세표준} = \begin{array}{c}\text{실지거래가액}\\ \text{(부가가치세 불포함)}\end{array} \times \frac{\text{제1호에 따른 건물 등의 기준가액}}{\text{제1호에 따른 토지의 기준가액과 건물 등의 기준가액의 합계액}}$$

제3조(건물의 건축 중에 토지와 건물을 함께 공급하는 경우) 사업자가 건물의 건축 중에 토지와 건물의 공급계약을 체결하면서 해당 건물을 완성하여 공급하기로 한 경우로서 실지거래가액 중 토지의 가액과 건물 등의 가액의 구분이 불분명한 경우에는 다음 각 호의 순서에 따라 과세표준을 계산한다.

1. 토지 및 건물 등의 기준가액 산정

   토지는 제2조 제1호에 따른 토지의 기준가액에 의하고, 건물 등은 공급계약일 현재에 건축법상의 건축허가조건에 따라 건물이 완성된 것으로 보아 제2조 제1호에 따른 건물 등의 기준가액에 의한다. 다만, 당초의 건축허가조건이 변경되거나 건축허가조건과 다르게 건

물이 완성되는 경우에는 해당 건물 등이 완성된 날(완성된 날이 불분명한 경우에는 준공검사일)에 정산하여야 한다.

2. 과세표준의 안분계산

$$\text{과세표준} = \frac{\text{실지거래가액}}{(\text{부가가치세 불포함})} \times \frac{\text{제1호에 따른 건물 등의 기준가액}}{\text{제1호에 따른 토지의 기준가액과 건물 등의 기준가액의 합계액}}$$

3. 과세표준의 정산

제1호의 단서규정에 따라 토지와 건물 등의 기준가액을 정산하는 경우에는 제2호의 규정에 따른 과세표준을 정산하여야 한다.

**제4조(미완성된 건물 등을 토지와 함께 공급하는 경우)** 사업자가 토지와 미완성된 건물 등을 함께 공급하며 실지거래가액 중 토지의 가액과 건물 등의 가액의 구분이 불분명한 경우, 토지는 제2조 제1호의 기준가액으로 하고, 미완성된 건물 등은 장부가액(장부가액이 없는 경우에는 취득가액)으로 하여 그 가액에 비례하여 실지거래가액을 안분계산한다.

**제5조(재검토기한)** 「훈령·예규 등의 발령 및 관리에 관한 규정」(대통령 훈령 제334호)에 따라 이 고시 발령 후의 법령이나 현실여건의 변화 등을 검토하여 이 고시의 폐지, 개정 등의 조치를 하여야 하는 기한은 2024년 8월 23일까지로 한다.

부 칙(2021. 8. 24. 국세청 고시 제2021-43호)

**제1조(시행일)** 이 고시는 발령한 날부터 시행한다.

**제2조(종전 고시의 폐지)** 종전의 「토지와 건물 등의 가액구분이 불분명한 경우 과세표준 안분계산방법 고시」(2018. 8. 24. 국세청 고시 제2018-36호)는 폐지한다.

## (4) 철거예정된 건물의 과세표준

### 1) 건물가액을 없는 것으로 보는 경우

① 「도시 및 주거환경정비법」, 「공익사업을 위한 토지 등의 취득 및 보상에 관한 법률」 등에 따른 수용절차에서 수용대상 건물의 소유자가 수용된 건물에 대한 대가를 받는 경우에는 재화의 공급으로 보지 않는다(부령 18 ③). 즉, 건물소유자의 직접 철거 여부와 관계없이 재화의 공급으로 보지 않는다(부가-651, 2014. 7. 18). 다만, 수용절차가 아닌 협의에 따른 매매는 재화의 공급으로 본다(법규-1291, 2014. 12. 9).

② 사업자가 토지와 해당 토지에 정착된 건물을 일괄양수하면서 계약서상 토지 및 건물가액을 구분표시하되 건물가액은 없는 것으로 하고, **매매계약 체결 당시 건물 철거가 예정되어 있고 실제로 철거를 하였으며** 계약서상 구분표시된 건물의 가액(0원)이 정상적인 거래 등에 비추어 합당하다고 인정되는 경우, 사업자가 양수한 건물의 공급가

액은 "0"이 되는 것이다(법규부가 2014-508, 2014. 11. 12).

③ 매매계약을 체결할 당시 쟁점건물의 철거가 사실상 예정되어 있었으며 양수인이 쟁점건물을 철거하고 신축하였음이 확인되므로 당사자의 합의에 의하여 매매계약서상에 기재한 쟁점건물의 가액인 0원을 인정하는 것이 타당하다(조심 2010중3545, 2011. 4. 12).

④ 처분청이 과세대상으로 한 쟁점호텔건물과 쟁점사우나건물은 주택건설업을 영위하는 양수법인이 이를 취득한 후 철거할 예정이어서 청구인과 양수법인은 건물의 가액을 없는 것으로 하고 토지의 가액으로만 거래한 것으로 보이는 점, 양수법인은 쟁점호텔건물과 쟁점사우나건물을 철거한 다음 그 부지 위에 주상복합아파트를 신축할 사업계획을 가지고 있었고, 실제로 2017. 1. 16 쟁점부동산에 대한 매매계약을 체결한 후 2017. 5. 10부터 2017. 7. 21까지 해당 부지에 주상복합아파트를 신축하는 건축허가를 받고, 쟁점호텔건물과 쟁점사우나건물의 철거·멸실신고를 한 점, 청구인은 2017. 3. 15 쟁점부동산을 양수법인에게 양도하면서 2017. 4. 10 호텔 및 사우나 서비스업과 관련한 개인사업자등록을 폐지한 점 등에 비추어 계약 당시 이미 철거가 예정되어 그 가치가 OOO원으로 거래된 쟁점호텔건물과 쟁점사우나건물에 대하여 부가가치세를 과세한 처분은 잘못이 있는 것으로 판단된다(조심 2018부4509, 2019. 8. 6).

### 2) 토지와 건물가액을 안분해야 하는 경우

① 사업자가 토지 및 건물 등을 양도함에 있어 건물 등은 양도자의 부담으로 철거하여 나대지 상태로 양도하는 것을 원칙으로 하되 양도자가 철거하지 않고 양도하면 건물 등의 양도가액은 없는 것으로 한다는 내용을 계약서에 명시하였다 하더라도 양도 당시 건물 등을 철거하지 않는 상태로 양도하는 경우에는 당해 건물 등에 대한 부가가치세 과세표준은 안분계산한 금액으로 하는 것이다(재소비 46015-31, 2000. 1. 18).

② 부동산을 양도시 건물의 양도가액은 0으로 하고 전액 토지의 양도가액으로 약정한 데 대하여 건물이 존재하고 임차인이 사업을 영위하고 있으므로 토지 및 건물의 기준시가에 의하여 건물분 부가가치세 과세표준을 안분계산한 것은 정당하다(조심 2009서4104, 2010. 2. 22).

③ 사업자가 2019. 1. 1 이후 토지와 그 토지에 정착된 사업용 건물을 일괄양도하는 경우 건물의 실지거래가액을 공급가액으로 하는 것이나, 사업자가 실지거래가액으로 구분한 토지와 건물 가액이 「부가가치세법 시행령」 제64조에 따라 안분계산한 금액과 100분의 30 이상 차이가 있는 경우에는 같은 법 제29조 제9항에 따라 안분계산한 금액을 공급가액으로 하는 것이다(사전-2020-법령해석부가-0544, 2020. 8. 24).

### 3) 2022. 2. 15 공급 분부터

2022년 부가가치세법 제29조 제9항 제2호 개정을 하여 안분계산한 금액과 100분의 30 이상 차이가 나더라도 건물 등의 실지거래가액을 공급가액으로 한다.

① 다른 법령에서 정하는 바에 따라 토지와 건물등의 가액을 구분한 경우

② 토지와 건물 등을 함께 공급받은 후 건물 등을 철거하고 토지만 사용하는 경우

 **핵심체크**

**[철거예정인 건물의 부가가치세 과세표준과 양도소득세의 양도차익산정의 관계]**

「소득세법」 제100조에서 양도차익을 산정할 때 실지거래가액이 원칙이나 토지와 건물 등의 가액 구분이 불분명하거나 토지와 건물 등을 구분 기장한 가액이 안분계산한 가액과 100분의 30 이상 차이가 있는 경우에는 취득 또는 양도 당시의 기준시가 등을 고려하여 대통령령으로 정하는 바에 따라 안분계산(按分計算)하도록 규정하고 있다. 여기서 다음과 같은 의문이 생긴다. 2022.2.15. 시행된 「부가가치세법 시행령」 제64조에 따라 토지와 건물 등을 함께 공급받은 후 건물 등을 철거하고 토지만 사용하는 경우 구분기재한 가액이 30% 이상 차이가 나는 경우에도 그 가액을 실질거래가액으로 규정하고 있어 철거예정인 건물의 가액을 매도자와 매수자의 의사의 합치에 의하여 임의기재하거나 건물가액을 0으로 하여도 「부가가치세법」에서는 인정된다고 판단된다. 그러나 「소득세법」에서 건물양도가액을 임의구분하거나 0으로 표시한 경우 다음과 같은 쟁점이 예견된다. 예를 들면 매매가액 100억원을 토지가액 100억원 건물가액 0으로 구분표시한 경우를 가정해 본다. 이 경우 「부가가치세법」 제66조 제6항 제2호에 따라 해당금액 실질거래가액으로 본다. 그러나 「소득세법」의 양도차익 산정에 있어 30% 이상의 차이가 발생하여 감정가액 등으로 안분계산하여야 하는지 아니면 해당 가액을 실지거래가액으로 볼 수 있는지가 쟁점이다. 「부가가치세법」에 따라 안분계산한 금액을 「소득세법」에서도 그대로 적용해야 한다는 논거는 「소득세법」 제166조 제6항서 「부가가치세법」 제64조를 따르도록 규정하고 있으므로 「부가가치세법 시행령」 제64조 제1항(안분계산)과 제2항(2022.1.1. 개정) 모두 해당되므로 「부가가치세법」과 동일하게 적용되어야 한다. 반대 논거는 「소득세법 시행령」 제166조 제6항에서 「부가가치세법 시행령」 제64조에 따라 안분계산한다는 조항은 「부가가치세법 시행령」 제64조 제1항에만 적용되며 새로이 신설된 제2항에는 적용되지 않는다는 것이다. 부가가치세와 소득세의 입법취지가 다르며 매수자가 토지와 건물을 일괄취득한 후 건물을 철거하는 경우 매수자의 입장에서는 건물의 재산적 가치가 없어 부가가치세의 과세대상으로 볼 수 없기 때문에 건물가액이 감정가액 등에 비해 30%를 벗어나더라도 그 금액을 실질거래가액으로 본다는 것이다. 「소득세법」에서는 양도시기 및 취득시기에 건물이 현존해 있으므로 「부가가치세법 시행령」 제64조 제1항을 적용하여 안분계산하여야 한다는 주장이다. 또한 해당 가액을 실지거래가액으로 본다면 매도자는 토지만 양도한 것으로 보아 양도차익의 산정에 있어서 문제가 발생한다. 즉, 이 경우 매도자의 입장에서 양도차익을 산정하는 경우 당초 건물에 대한 취득원가를 인정받을 수 있는지에 대하여 검토해봐야 한다. 「소득세법 시행령」 제166조 제6항을 보면 부가가치세법 시행령 제64조에 따라 안분계산하도록 규정하고 있다. 그러나 과세관청에서는 당사자 간의

합의에 의해 작성된 처분문서인 매매계약서에 건물가액을 0으로 한 것은 토지만을 양도한 것으로 보아 건물에 대한 취득가액을 부인할 수 있다.

※ 해당규정(소득세법 시행령 제166조 제6항)은 필자의 주장대로 2023. 2. 28. 개정되어 철거예정건물의 건물가액을 0으로 하더라도 양도차익의 산정시 토지와 건물가액을 안분하여 산정하도록 함에 따라 건물취득가액에 대한 필요경비 산입은 가능하게 되었다.

**관련법조문**

**◈ 소득세법 제100조【양도차익의 산정】**

① 양도차익을 계산할 때 양도가액을 실지거래가액(제96조 제3항에 따른 가액 및 제114조 제7항에 따라 매매사례가액·감정가액이 적용되는 경우 그 매매사례가액·감정가액 등을 포함한다)에 따를 때에는 취득가액도 실지거래가액(제97조 제7항에 따른 가액 및 제114조 제7항에 따라 매매사례가액·감정가액·환산취득가액이 적용되는 경우 그 매매사례가액·감정가액·환산취득가액 등을 포함한다)에 따르고, 양도가액을 기준시가에 따를 때에는 취득가액도 기준시가에 따른다.

② 제1항을 적용할 때 양도가액 또는 취득가액을 실지거래가액에 따라 산정하는 경우로서 토지와 건물 등을 함께 취득하거나 양도한 경우에는 이를 각각 구분하여 기장하되 토지와 건물 등의 가액 구분이 불분명할 때에는 취득 또는 양도 당시의 기준시가 등을 고려하여 대통령령으로 정하는 바에 따라 안분계산(按分計算)한다. 이 경우 공통되는 취득가액과 양도비용은 해당 자산의 가액에 비례하여 안분계산한다.

③ 제2항을 적용할 때 토지와 건물 등을 함께 취득하거나 양도한 경우로서 그 토지와 건물 등을 구분 기장한 가액이 같은 항에 따라 안분계산한 가액과 100분의 30 이상 차이가 있는 경우에는 토지와 건물 등의 가액 구분이 불분명한 때로 본다.

**◈ 소득세법 시행령 제166조【양도차익의 산정 등】**

⑥ 법 제100조 제2항의 규정을 적용함에 있어서 토지와 건물 등의 가액의 구분이 불분명한 때에는 「부가가치세법 시행령」 제64조 제1항에 따라 안분계산하며, 이를 적용함에 있어 「상속세 및 증여세법」 제62조 제1항에 따른 선박 등 그 밖의 유형재산에 대하여 「부가가치세법 시행령」 제64조 제2호 단서에 해당하는 장부가액이 없는 경우에는 「상속세 및 증여세법」 제62조 제1항에 따라 평가한 가액을 기준으로 한다.

### (5) 상가분양법인의 개발비에 대한 과세표준

토지를 매입하여 그 토지 위에 법인명의로 상가건축물을 신축하여 불특정다수인에게 분양하는 법인이 신축상가의 활성화를 위한 광고 및 홍보에 필요한 자금을 개발비라는 명목으로 분양수입과 구분하여 수납하고 당해 법인의 책임과 계산 하에 사용하는 경우 그 개발비는 당해 법인의 익금에 해당되는 것이며 동 개발비가 상가분양수입금액의 일부분에 해당되는지 또는 분양수입금액과는 별도로 상가의 홍보 등의 대가에 해당하는지는 사실 판단할 사항이다(서이 46012-12146, 2002. 12. 2).

### (6) 매입세액공제

매입세액은 그 실지귀속에 따라 과세사업관련 매입세액은 전액 공제하고 면세관련 매입세액은 불공제하여 원가로 처리한다. 다만 그 귀속이 불분명한 공통매입세액은 법이 정한 방법에 따라 안분계산한다.

아파트를 신축분양하는 사업자가 과세사업과 면세사업에 제공할 예정사용면적을 구분할 수 있는 경우, 부가가치세 매입세액의 안분계산은 부가가치세법 시행령 제61조 제4항 본문 단서규정에 따라 예정사용면적비율에 의하여 하는 것이다(재소비 46015-171, 2002. 6. 21). 또한, 사업자가 부속된 토지를 포함하여 오피스텔을 신축하여 분양함에 있어 분양을 위해 지출되는 광고홍보비 및 분양대행수수료, 시행대행수수료, 일반관리비에 대한 매입세액은 부가가치세법 시행령 제61조의 규정에 의하여 안분계산하는 것이다(재소비 46015-304, 2003. 9. 4). 국민주택규모 이하 아파트와 국민주택규모 초과 아파트를 건설하여 분양하는 사업자가 당해 신축아파트 분양을 위하여 모델하우스를 건립하는 경우 동 매입세액은 과세면세분 아파트 연면적비율로 안분계산하여야 하는 것이다(부가 46015-770, 1998. 4. 18). 따라서 국민주택규모 초과분에 대한 모델하우스 건립비용에 대한 매입세액은 전액 공제된다.

**① 신축건물의 매입세액 안분에 대한 질의**

건물을 신축하여 분양 및 임대사업을 영위하는 사업자가 분양을 통해 토지와 건물을 공급하고 건물의 일부는 임대를 할 예정이며 사업초기 법인 설립관련 매입세액이 발생하여 공통매입세액 안분계산이 필요하나 현재 토지만 매입한 상태이고 건물을 분양하는 부분에 대하여는 사용면적비율을 적용할 수 없으며 예정공급가액을 추정할 수 있으나 임대에 관하여 공급가액을 예상할 수 없는 경우 공통매입세액 안분계산방법과 그 정산방법은?

**② 회신**

사업자가 과세사업과 면세사업을 겸영하는 경우에 면세사업에 관련된 매입세액의 계산은 실지귀속에 따라 하되, 과세사업과 면세사업에 공통으로 사용되어 실지귀속을 구분할 수 없는 매입세액은 부가가치세법 시행령 제61조 제1항의 규정에 의해 총공급가액에 대한 면세공급가액의 비율에 따라 계산하는 것이며, 다만, 당해 과세기간 중 과세사업과 면세사업의 공급가액이 없거나 그 어느 한 사업의 공급가액이 없는 경우에 당해 과세기간에 있어서의 공통매입세액 안분계산은 부가가치세법 시행령 제61조 제4항 각호의 순(다만, 건물을 신축 또는 취득하여 과세사업과 면세사업에 제공할 예정면적을 구분할 수 있는 경우에는 제3호를 제1호 및 제2호에 우선하여 적용)에 의해 계산하는 것이다. 이 경우에 과세사업과 면세사업의 공급가액 또는 과세사업과 면세사업의 사용면적이 확정되는 과세기간에 대한 납부세액을 확정신고하는 때에 같은법 시행령 제61조의 2의 규정에 따라 공통매입세액을 정산하는 것이다(서면3팀-2826, 2006. 11. 16).

**참 고** 주상복합 신축건물의 공통매입세액 안분계산

주상복합건물을 신축·분양하는 경우 건물신축과 관련된 공통매입세액은 과세(상가)·면세(국민주택 이하) 예정사용면적비율로 안분계산한다. 또한 분양관련경비(분양수수료, 일반관리비 등)는 예정분양가액(토지+건물)으로 안분하고 분양가액이 확정된 경우 정산한다. 다만, 선분양으로 인한 과세분(상가) 과세표준과 면세분(주택) 수입금액이 발생하는 경우 공급가액 비율로 안분계산이 가능하다. 이 경우 안분계산방법은 다음과 같이 행하여야 한다.

① 건물신축관련 공통매입세액 : 건물분양수입(상가 + 주택)으로 안분
② 분양광고비, 사무실운영비, 기장료 등 일반관리비 : 총분양수입(토지분양가액 포함)으로 안분(국심 2005서3595, 2005. 12. 19)

### (7) 세금계산서의 발급

상가를 최종소비자인 개인에게 분양하는 경우에도 세금계산서를 발급하여야 한다. 세금계산서를 발급하지 않으면 미발급가산세가 부과된다. 다만, 주거용 건물공급(주택)을 최종소비자에게 하는 경우에는 영수증을 발급할 수 있다(부칙 53 10호).

### (8) 매매용 부동산과 사업양도

건물을 신축하여 판매할 것을 사업목적으로 하는 사업자가 당해 신축건물에서 일시적으로 임대업을 영위하다가 당해 건물을 양도한 경우는 사업양도에 해당하지 아니하는 것이다(서면3팀-291, 2008. 2. 5). 그 이유는 사업양도는 모든 권리와 의무가 포괄적으로 양도되어야 하나 매매업자의 부동산 양도는 폐업을 전제로 한 포괄양도가 아닌 사업의 일부양도로 계속사업자로 보기 때문이다.

## 2. 소득세 · 법인세 실무

### (1) 개요

부동산매매업을 개인사업자가 영위하는 경우에는 부동산매매차익에 대하여 매매일이 속하는 달의 말일로부터 2월 이내에 양도소득 계산방법을 준용하여 계산한 매매차익에 양도소득세율을 적용하여 예정신고 · 납부 하여야 한다. 또한, 종합소득세 과세표준확정신고시에는 종합소득금액 계산방법에 따라 종합소득세율을 적용하여 종합소득세를 신고 · 납부하여야 한다. 다만, 부동산매매업을 영위하는 거주자로서 종합소득금액에 2주택자 또는 3주택 이상 자가 양도하는 조정지역대상 내 주택 · 비사업용토지 및 미등기양도자산, 분양권에 대하여 종합소득산출세액의 계산은 매매차익에 양도소득세율을 적용하여 계산하는 금액과 종합소득세 과세표준에 종합소득세율을 적용하여 계산한 금액 중 큰 금액을 산출세액으로 적용하는 비교과세방식을 취하고 있다(소법 64).

이에 비하여 부동산매매업을 법인사업자가 영위하는 경우에는 토지 등 매매차익에 대한 예정신고의무가 없으며 법인세 과세표준 신고를 이행하면 된다. 다만, 법인이 비사업용토지 등의 매매차익이 있는 때에는 법인세 이외에 추가하여 토지 등 양도소득에 대한 법인세를 과세하도록 하고 있다.

### (2) 토지 등 매매차익 예정신고 의무

개인인 부동산매매업자는 토지 또는 건물의 매매차익과 그 세액을 **매매일이 속하는 달의 말일부터 2개월이 되는 날**까지 납세지 관할 세무서장에게 신고하여야 한다. 토지 등의 매매차익이 없거나 매매차손이 발생하였을 때에도 또한 같다(소법 69 ①). 여기에서 토지 등의 매도일이란 대금을 청산한 날이나, 다만 대금을 청산하기 전에 소유권 등의 이전에 관한 등기 또는 등록을 하거나 당해 자산을 사용수익하는 경우에는 그 등기일 · 등록일 또는 사용수익일로 한다(소령 48 11호). 토지 등 매매차익 예정신고는 2010. 1. 1 이후 양도분부터 의무적으로 이행하여야 하며 미이행시에는 과소신고가산세(20%), 납부지연가산세(10,000분의 2.22)를 부과한다. 다만 건설업으로 보는 주택신축판매업은 토지 등 매매차익에 대한 예정신고 의무를 지지 않지만 주거용 오피스텔을 신축하여 판매하는 사업자는 「소득세법」 제69조의 토지 등 매매차익에 대한 예정신고납부를 하여야 한다(법령해석과-327, 2018. 2. 2).

「소득세법」 제64조 제1항에 따른 부동산매매업자가 같은 과세기간 중 토지등 매매차익 예정신고를 2회 이상 하는 경우로서 이미 신고한 매매차익과 합산하여 신고하는 경우, 환급세액이 있을 때에는 자진납부한 세액의 범위 내에서 즉시 그 환급세액을 국세환급금으로 결정하여야 한다(사전-2023-법규소득-0726, 2023. 12. 28.). 부동산매매업자가 해당 과세기간에 누진세율 적용대상 자산에 대한 토지등 매매차익에 대한 예정신고를 2회 이상 하는 경우, 각각의 매매차익에 대하여 예정신고를 하는 것이며 이를 합산하여 신고하려는 경우에는 2회 이후 신고하는 예정신고 산출세액은 「소득세법」 제107조 제2항에 따라 산정하는 것이다(사전-2023-법규소득-0741, 2023. 12. 21.). 또한, 주택신축판매업, 주거용 건물개발 및 공급업, 비주거용 건물 임대업 등을 영위하는 사업자는 오피스텔로 전체 허가를 받은 건물을 사용승인 후 상시주거용으로 임대하다가 양도한 경우에도 토지 등 매매차익 예정신고를 하여야 한다(사전-2022-법규소득-0887, 2023. 6. 23.).

**핵심체크**

**[토지 등 매매차익 예정신고를 이행하지 않고 확정신고를 한 경우]**

상가나 오피스텔 등 비주거용 건물을 분양하고 잔금청산일이 속하는 달의 말일로부터 2개월 이내에 토지 등 매매차익 예정신고를 하고 다음 연도에 종합소득세 확정신고를 하여야 한다. 이 경우 예정신고를 하지 않고 확정신고를 한 경우 무신고가산세 50%가 감면되어 10%의 가산세가 부과된다. 동일 과세기간에 여러 건의 매매가 이루어질 경우 각각 예정신고의무만 이행하고 종합소득세 확정신고시에 합산하여 신고하여도 된다.

◈ 국세기본법 제48조(가산세 감면 등) 제2항

3. 다음 각 목의 어느 하나에 해당하는 경우에는 해당 가산세액의 100분의 50에 상당하는 금액
   가. 제81조의 15에 따른 과세전적부심사 결정·통지기간에 그 결과를 통지하지 아니한 경우(결정·통지가 지연됨으로써 해당 기간에 부과되는 제47조의 4에 따른 가산세만 해당한다)
   나. 세법에 따른 제출, 신고, 가입, 등록, 개설(이하 이 목에서 "제출 등"이라 한다)의 기한이 지난 후 1개월 이내에 해당 세법에 따른 제출 등의 의무를 이행하는 경우(제출 등의 의무 위반에 대하여 세법에 따라 부과되는 가산세만 해당한다)
   다. 제1호 라목부터 바목까지의 규정에도 불구하고 세법에 따른 예정신고기한 및 중간신고기한까지 예정신고 및 중간신고를 하였으나 과소신고하거나 초과신고한 경우로서 확정신고기한까지 과세표준을 수정하여 신고한 경우(해당 기간에 부과되는 제47조의 3에 따른 가산세만 해당하며, 과세표준과 세액을 경정할 것을 미리 알고 과세표준신고를 하는 경우는 제외한다)
   라. 제2호에도 불구하고 세법에 따른 예정신고기한 및 중간신고기한까지 예정신고 및 중간신고를 하지 아니하였으나 확정신고기한까지 과세표준신고를 한 경우(해당 기간에 부과되는 제47조의 2에 따른 가산세만 해당하며, 과세표준과 세액을 경정할 것을 미리 알고 과세표준신고를 하는 경우는 제외한다)

### 1) 토지 등 매매차익예정 신고의 확정력

토지 등의 매매차익 예정신고에 대한 납세의무의 성립시기는 국세기본법 제21조 제2항

제2호에서 **"예정신고 · 납부 하는 소득세는 과세표준이 되는 금액이 발생한 달의 말일"**로 정하고 있으므로 이 때에 납세의무가 성립한다. 문제는 예정신고하는 경우에 납세의무가 확정되는가의 여부이다. 납세의무의 확정이라 함은 조세의 납부 또는 징수를 위하여 세법이 정하는 바에 따라 납부할 세액을 납세의무자 또는 세무관청의 일정한 행위나 절차를 거쳐서 구체적으로 확정하는 것을 말하며, 납세의무의 성립과 동시에 법률상 당연히 확정되는 것(예: 인지세)과 납세의무 성립 후 특별한 절차가 요구되는 것으로서 납세자의 신고에 의하여 확정되는 것(예: 소득세 · 부가가치세 · 법인세)과 정부의 결정에 의하여 확정되는 것(예: 상속세 · 증여세)이 있다.

국세기본법 시행령 제12조의 3에서 국세부과의 제척기간의 기산일을 국세를 부과할 수 있는 날로 하고 있고 과세표준과 세액을 신고하는 국세(「종합부동산세법」 제16조 제3항에 따라 신고하는 종합부동산세는 제외한다)의 경우 해당 국세의 과세표준과 세액에 대한 신고기한 또는 신고서 제출기한의 다음 날로 정하고 있으나 이 경우 중간예납 · 예정신고기한과 수정신고기한은 과세표준신고기한에 포함되지 아니한다라 하여 토지 등 매매차익에 대한 예정신고는 확정력을 인정하지 않고 있다.

### 2) 예정신고분 등의 과세표준과 세액에 대한 국세부과 제척기간의 기산일

「중간예납 · 예정신고 및 수정신고기한은 과세표준 신고기한에 포함되지 아니한다」라 함은 중간예납 · 중간예납 · 예정신고 및 수정신고기한의 다음 날은 국세부과제척기간의 기산일로 보지 아니하고, 당해 국세의 과세표준과 세액에 대한 정기분 확정신고기한의 다음 날을 기산일로 보는 것을 말한다(소기통 26의 2-12의 3…1).

### 3) 공동사업자의 토지 등 매매차익 예정신고방법

공동사업으로 부동산매매업을 영위하는 자의 토지 등 매매차익예정신고서는 공동사업자별로 「소득세법 시행령」 제127조 제1항에 따라 납세지 관할세무서장에게 제출하여야 하는 것이며, 이때 공동사업에서 발생한 소득금액은 「소득세법」 제43조 제2항에 따라 손익분배비율에 따라 각 공동사업자별로 배분하는 것이다(법령해석소득-0406, 2019. 6. 5). 따라서 토지 등 매매차익 예정신고 시 대표 공동사업자가 해당 공동사업장의 소득금액 전체에 대하여 신고납부할 경우 대표 공동사업자 이외의 사업자는 토지 등 매매차익 예정신고의무를 이행하지 않은 것으로 보아 무신고가산세 납부할세액의 20%가 부과된다. 토지등 매매차익 예정신고를 하지 않은 경우에는 국세기본법 제47조의 2 제1항에 의하여 납부할 세액에 대하여 적용되며 수입금액에 1만분의 7을 곱한 금액과 비교하여 적용하지 않는다.

**관련법조문**

◈ 소득세법 시행령 제122조【부동산매매업자에 대한 세액 계산의 특례】

① 법 제64조 제1항 각 호 외의 부분에서 "대통령령으로 정하는 부동산매매업"이란 한국표준산업분류에 따른 비주거용 건물건설업(건물을 자영건설하여 판매하는 경우만 해당한다)과 부동산 개발 및 공급업을 말한다. 다만, 한국표준산업분류에 따른 주거용 건물 개발 및 공급업(구입한 주거용 건물을 재판매하는 경우는 제외한다. 이하 "주거용 건물 개발 및 공급업"이라 한다)은 제외한다.

② 법 제64조 제1항에 따른 주택등매매차익은 해당 자산의 매매가액에서 다음 각 호의 금액을 차감한 것으로 한다.

1. 제163조 제1항부터 제3항까지 및 제5항에 따라 계산한 양도자산의 필요경비
2. 법 제103조에 따른 양도소득 기본공제 금액
3. 법 제95조 제2항에 따른 장기보유 특별공제액

③ 제1항 단서를 적용할 때 주거용 건물에는 이에 딸린 토지로서 다음 각 호의 어느 하나의 면적 중 넓은 면적 이내의 토지를 포함하는 것으로 한다.

1. 건물의 연면적(지하층의 면적, 지상층의 주차용으로 사용되는 면적, 「건축법 시행령」 제34조 제3항에 따른 피난안전구역의 면적 및 「주택건설기준 등에 관한 규정」 제2조 제3호에 따른 주민공동시설의 면적은 제외한다)
2. 건물이 정착된 면적에 5배(「국토의 계획 및 이용에 관한 법률」 제6조 제1호에 따른 도시지역 밖의 토지의 경우에는 10배)를 곱하여 산정한 면적

④ 제1항 단서를 적용할 때 주거용 건물의 일부에 설치된 점포 등 다른 목적의 건물 또는 같은 지번(주거여건이 같은 단지 내의 다른 지번을 포함한다)에 설치된 다른 목적의 건물(이하 이 항에서 "다른 목적의 건물"이라 한다)이 해당 건물과 같이 있는 경우에는 다른 목적의 건물 및 그에 딸린 토지는 제1항 단서에 따른 주거용 건물에서 제외하는 것으로 하고, 다음 각 호의 어느 하나에 해당하는 경우에는 그 전체를 제1항 단서에 따른 주거용 건물로 본다. 이 경우 건물에 딸린 토지의 면적의 계산에 관하여는 제154조 제4항을 준용한다.

1. 주거용 건물과 다른 목적의 건물이 각각의 매매단위로 매매되는 경우로서 다른 목적의 건물면적이 주거용 건물면적의 100분의 10 이하인 경우
2. 주거용 건물에 딸린 다른 목적의 건물과 주거용 건물을 하나의 매매단위로 매매하는 경우로서 다른 목적의 건물면적이 주거용 건물면적보다 작은 경우

⑤ 주거용 건물과 다른 목적의 건물을 신축하여 판매하는 경우에는 각각 이를 구분하여 기장하고, 이에 공통되는 필요경비가 있는 경우에는 기획재정부령으로 정하는 바에 따라 안분계산한다.

### (3) 토지 등 매매차익의 계산구조

부동산매매업을 영위하는 사업자는 토지 등 매매차익에 대하여 양도소득세 과세방식에 따라 예정신고의무를 부여하고 있으며 확정신고하는 때에 중과대상 다주택 및 비사업용토

지와 미등기자산에 대하여 비교과세하도록 규정하고 있다. 즉, 부동산매매업을 경영하는 거주자로서 종합소득금액에 제104조 제1항 제1호(분양권에 한정한다)·제8호·제10호 또는 같은 조 제7항 각 호의 어느 하나에 해당하는 자산의 매매차익이 있는 자의 종합소득 산출세액은 다음의 세액 중 많은 것으로 한다(소법 64 ①).

① 종합소득 산출세액

② 다음에 따른 세액의 합계액

㉮ 주택등매매차익에 제104조에 따른 세율을 적용하여 산출한 세액의 합계액

㉯ 종합소득과세표준에서 주택등매매차익의 해당 과세기간 합계액을 공제한 금액을 과세표준으로 하고 이에 제55조에 따른 세율을 적용하여 산출한 세액

따라서 종합소득세 확정신고하는 경우 비교과세가 적용되는 부동산매매업의 범위는 다음과 같다.

① 중과대상인 다주택 및 비사업용토지, 분양권

② 미등기양도자산

"미등기양도자산"이란 제94조 제1항 제1호 및 제2호에서 규정하는 자산을 취득한 자가 그 자산 취득에 관한 등기를 하지 아니하고 양도하는 것을 말한다.

㉮ 장기할부조건으로 취득한 자산으로서 그 계약조건에 의하여 양도 당시 그 자산의 취득에 관한 등기가 불가능한 자산

㉯ 법률의 규정 또는 법원의 결정에 의하여 양도 당시 그 자산의 취득에 관한 등기가 불가능한 자산

㉰ 법 제89조 제1항 제2호, 「조세특례제한법」 제69조 제1항 및 제70조 제1항에 규정하는 토지

㉱ 법 제89조 제1항 제3호 각 목의 어느 하나에 해당하는 주택으로서 「건축법」에 따른 건축허가를 받지 아니하여 등기가 불가능한 자산

㉲ 「도시개발법」에 따른 도시개발사업이 종료되지 아니하여 토지 취득등기를 하지 아니하고 양도하는 토지

㉳ 건설업자가 「도시개발법」에 따라 공사용역 대가로 취득한 체비지를 토지구획환지 처분공고 전에 양도하는 토지

관련법조문

◈ 소득세법 제64조【부동산매매업자에 대한 세액 계산의 특례】

① 대통령령으로 정하는 부동산매매업(이하 "부동산매매업"이라 한다)을 경영하는 거주자(이하 "부동산매매업자"라 한다)로서 종합소득금액에 제104조 제1항 제1호(분양권에 한정한다)·제8호·제10호 또는 같은 조 제7항 각 호의 어느 하나에 해당하는 자산의 매매차익(이하 이 조에서 "주택 등 매매차익"이라 한다)이 있는 자의 종합소득 산출세액은 다음 각 호의 세액 중 많은 것으로 한다.

1. 종합소득 산출세액
2. 다음 각 목에 따른 세액의 합계액
   가. 주택 등 매매차익에 제104조에 따른 세율을 적용하여 산출한 세액의 합계액
   나. 종합소득과세표준에서 주택 등 매매차익의 해당 과세기간 합계액을 공제한 금액을 과세표준으로 하고 이에 제55조에 따른 세율을 적용하여 산출한 세액

② 부동산매매업자에 대한 주택 등 매매차익의 계산과 그 밖에 종합소득 산출세액의 계산에 필요한 사항은 대통령령으로 정한다.

◈ 소득세법 제104조【양도소득세의 세율】

① 거주자의 양도소득세는 해당 과세기간의 양도소득과세표준에 다음 각 호의 세율을 적용하여 계산한 금액(이하 "양도소득 산출세액"이라 한다)을 그 세액으로 한다. 이 경우 하나의 자산이 다음 각 호에 따른 세율 중 둘 이상에 해당할 때에는 해당 세율을 적용하여 계산한 양도소득 산출세액 중 큰 것을 그 세액으로 한다.

1. 제94조 제1항 제1호·제2호 및 제4호에 따른 자산
   제55조 제1항에 따른 세율(분양권의 경우에는 양도소득 과세표준의 100분의 60)
2. 제94조 제1항 제1호 및 제2호에서 규정하는 자산으로서 그 보유기간이 1년 이상 2년 미만인 것
   양도소득 과세표준의 100분의 40[주택(이에 딸린 토지로서 대통령령으로 정하는 토지를 포함한다. 이하 이 항에서 같다), 조합원입주권 및 분양권의 경우에는 100분의 60]
3. 제94조 제1항 제1호 및 제2호에 따른 자산으로서 그 보유기간이 1년 미만인 것
   양도소득 과세표준의 100분의 50(주택, 조합원입주권 및 분양권의 경우에는 100분의 70)

### (4) 양도소득 과세방식과 종합소득 과세방식의 비교

토지 등 매매차익에 대하여 예정신고하는 경우에는 양도소득세 계산방법에 따라 과세표준을 산출하게 되므로 양도가액에서 취득원가와 필요경비, 자본적지출 상당액이 공제된다. 과세표준 확정신고시에는 종합소득세 계산방식에 따라 과세표준이 산정되므로 종합소득세 계산과 동일하게 취득원가와 필요경비가 적용된다. 다만, 비교과세가 적용되는 경우 양도소득세 계산방식에 따라 취득가액에 자본적 지출액, 양도비용 등만 공제가 된다.

| 세액계산순서 | 양도소득 | 종합소득 |
|---|---|---|
| ① 양도가액 | 실지거래가액(양도) | 실지거래가액(양도) |
| ② 취득가액 | 실지거래가액(취득) | 실지거래가액(취득) |
| ③ 자본적 지출액 | 공제 | 공제 |
| ④ 양도비용 | 공제 | 공제 |
| ⑤ 건설자금이자 | 공제 | 공제 |
| ⑥ 취득세 등 | 공제 | 공제 |
| ⑦ 일반관리비<br>• 인건비, 임대료<br>• 이자비용 등 | 배제 | 공제 |
| ⑧ 장기보유특별공제 | 공제 | 배제 |
| ⑨ 세 율 | 양도소득세율 | 종합소득세율 |

### 소득세 집행기준 64-122-1 부동산매매업자에 대한 세액계산특례 적용대상

① 부동산매매업자에 대한 세액계산특례 적용대상은 부동산매매업을 경영하는 거주자로서 다음 각 호에 해당하는 자산의 매매차익이 있는 자를 말한다.

1. 분양권(소법 §104 ① 1호)
2. 비사업용 토지(소법 §104 ① 8호)
3. 미등기양도자산(2009. 1. 1 이후 최초로 양도하는 분부터) (소법 §104 ① 10호)
4. 2주택자 또는 3주택이상자가 양도하는 조정지역대상 내 주택(소법 §104 ⑦)

② 주택신축판매업을 경영하는 거주자가 판매목적으로 신축한 주택의 매매차익에 대해서는 부동산매매업자에 대한 세액계산의 특례가 적용되지 않는다.

### 소득세 집행기준 69-128-1 토지 등 매매차익 예정신고납부세액 계산방법

① 토지 등 매매차익 예정신고납부세액은 다음과 같이 양도소득세 계산방법을 준용하여 계산한다.

- 토지 등 매매차익 = 매매가액
  - 양도자산의 필요경비 상당액[주1)] (취득가액 · 자본적지출액 · 양도비용 등)
  - 토지 등의 건설자금에 충당한 금액의 이자
  - 토지 등의 매도로 인하여 법률에 따라 지급하는 공과금
  - 장기보유특별공제액
- 산출세액 = 토지 등 매매차익 × 양도소득세율(일반세율 또는 중과세율, 다만 2년 미만 단기 양도자산은 일반세율을 적용한다)

주1) 양도자산의 필요경비 상당액은 다음의 금액을 포함한다.

- 취득원가 : 현재가치할인차금과 자기생산 · 취득재화의 면세전용 및 폐업 시 잔존재화에 대한 간주공급에 따라 납부하였거나 납부할 부가가치세를 포함하되 부당행위계산에 의한 시가초과액은 제외하고, 소유권확보를 위한 소송비용 · 화해비용 등 포함함
- 자본적지출액, 용도변경 · 개량 · 이용편의비용, 개발부담금, 재건축부담금, 수익자부담금, 장애철거비용, 도로시설비 등
- 과세표준신고서 및 계약서 작성비용, 공증비용, 인지대 및 소개비 등 양도비용

☞ 신고기한내 신고납부시 10% 세액공제 하였던 예정신고납부세액공제는 2010. 1. 1 이후 매매하거나 양도하는 분부터 폐지되었으며 의무 불이행시 예정신고납부 가산세 적용

② 토지 등을 평가증하여 장부가액을 수정한 때에는 그 평가증을 하지 아니한 장부가액으로 매매 차익을 계산한다.

③ 토지 등과 기타의 자산을 함께 매매하는 경우 이를 구분하여 기장하고 공통되는 필요경비는 해당 자산의 가액에 따라 안분계산 해야 한다.

### (5) 매매용부동산의 취득가액

부동산매매업의 필요경비 계산은 부동산의 양도당시의 장부가액(건물건설업과 부동산개발 및 공급업의 경우만 해당한다)으로 한다. 이 경우 사업용 외의 목적으로 취득한 부동산을 사업용으로 사용한 것에 대해서는 해당 사업자가 당초에 취득한 때의 제89조를 준용하여 계산한 취득가액을 그 장부가액으로 한다.

#### 1) 자산의 취득가액(소령 89)

① 타인으로부터 매입한 자산은 매입가액에 취득세 기타 부대비용을 가산한 금액

② 자기가 행한 제조 · 생산 또는 건설 등에 의하여 취득한 자산은 원재료비 · 노무비 · 운임 · 하역비 · 보험료 · 수수료 · 공과금(취득세를 포함한다) · 설치비 기타 부대비용의 합계액

③ ① 및 ②의 자산으로서 그 취득가액이 불분명한 자산과 제1호 및 제2호의 자산 외의 자산은 당해 자산의 취득당시의 기획재정부령이 정하는 시가에 취득세 기타 부대비용을 가산한 금액

#### 2) 상속 · 증여받은 부동산(집행기준 39－89－7)

① 특수관계 있는 자로부터 증여 또는 상속받은 토지를 주택신축판매업에 사용한 경우 해당 토지의 취득가액은 「상속세 및 증여세법」 제60조 및 제61조에 따라 평가한 증여세 또는 상속세 과세가액에 증여 또는 상속 당시의 취득세 및 그 부수비용을 합계한 금액으로 한다.

② 사업용 부동산을 증여받아 해당 사업을 계속 경영하는 경우 해당 부동산의 취득가액은 증여세가 포함되지 않는 금액이며, 증여세를 납부하기 위한 차입금의 이자는 필요경비에 산입하지 않는다.

### 3) 공동사업에 현물출자한 토지의 취득가액(집행기준 39-89-5)

① 공동사업자인 주택신축판매업자의 총수입금액에 대응하는 필요경비 중 토지가액은 공동사업에 현물출자한 당시의 가액으로 하는 것으로 이 경우 공동사업계약을 체결한 날을 현물출자 시기로 본다.

② 현물출자한 당시의 가액의 계산은 다음을 순차적으로 적용하여 계산한 금액에 취득세·등록세 기타 부수비용을 가산한 금액으로 한다.

1. 「법인세법 시행령」 제89조 제1항에 해당하는 가격
2. 「법인세법 시행령」 제89조 제2항 제1호의 감정가액(이 경우 소급감정가액은 인정하지 않는다)
3. 「상속세 및 증여세법」 제61조에 따라 평가한 가액

### 4) 경매로 일괄취득하는 자산의 취득가액 계산(집행기준 39-89-3)

① 법원의 경매를 통하여 취득한 사업용 고정자산의 취득가액은 해당 사업용 고정자산의 경락가액에 취득세 등 기타 부수비용을 가산하는 금액으로 한다.

② 법원의 경매를 통하여 사업용 고정자산을 일괄취득하여 각 자산별 가액의 구분이 불분명한 경우 자산별 취득가액은 경매를 위하여 감정평가한 각 자산별 감정평가액을 기준으로 총경락가액을 안분계산한 금액으로 할 수 있다.

### 5) 취득가액이 불분명한 토지 및 건물의 취득가액 계산방법(집행기준 39-89-6)

거주자가 개별공시지가 고시 이전 취득한 토지에 기준시가 고시 이전에 건물을 신축하여 자가사용하다가 해당 자산을 부동산임대업에 사용하여 장부를 기장하는 경우 취득가액이 불분명한 토지 및 건물의 취득가액 산정방법은 아래의 산식에 의한다.

1. 토지

$$1990.\ 1.\ 1.\ \text{기준으로 한 개별공시지가} \times \frac{1985.\ 1.\ 1.\ \text{당시의 시가표준액}}{(1990.\ 8.\ 30.\ \text{현재의 시가표준액} + \text{그 직전에 결정된 시가표준액})/2}$$

2. 건물

| 국세청장이 해당 자산에 대하여 최초로 고시한 기준시가 | × | 취득당시의 「지방세법 시행령」 제80조 제1항의 시가표준액 (동항 단서의 가감산율을 적용하지 아니한 가액으로 함) / 해당 자산에 대하여 국세청장이 최초로 고시한 기준시가 고시당시의 시가표준액(취득당시의 가액과 최초로 고시한 기준시가 고시당시의 가액이 동일한 경우에는 「소득세법 시행령」 제164조 제8항을 준용함) |
|---|---|---|

#### 6) 구건물의 장부가액

공동사업자가 자기 소유의 토지상에 새로운 건축물을 건축하기 위하여 기존 건축물을 철거하는 경우 기존 건축물의 장부가액은 새로운 건축물에 대한 자본적지출로 하는 것이다(사전 2018 법령해석소득-0525, 2018. 12. 19).

### (6) 종합소득금액 계산시 필요경비

사업소득금액을 계산할 때 필요경비에 산입할 금액은 해당 과세기간의 총수입금액에 대응하는 비용으로서 일반적으로 용인되는 통상적인 것의 합계액으로 한다. 해당 과세기간 전의 총수입금액에 대응하는 비용으로서 그 과세기간에 확정된 것에 대해서는 그 과세기간 전에 필요경비로 계상하지 아니한 것만 그 과세기간의 필요경비로 본다(소법 27).

#### 1) 매출원가(분양원가)

부동산의 매입가액에 취득세, 중개수수료, 명도비용, 컨설팅수수료, 유치권해제를 위한 합의금, 대항력 있는 임차인에 부담한 임차보증금, 자본적 지출액 등이 이에 해당된다.

##### ① 분양원가의 산정방법

상가신축분양업을 영위하는 내국법인이 상가분양에 따른 손익을 인식함에 있어 그 목적물의 완공일 이전에 분양계약이 이루어진 부분에 대하여는 예약매출로서 법인세법 시행령 제69조를 적용하는 것이며, 그 목적물이 완공된 이후에 분양계약이 이루어진 부분은 상품 등 외의 자산의 양도로 보아 같은 영 제68조 제1항 제3호를 적용하는 것이다. 법인세법 시행령 제69조 제1항에 따라 상가분양수입을 작업진행률에 의해 산정하는 경우, 분양수입금액에 대응되는 분양원가는 원칙적으로 개별원가계산방법 또는 분양면적비율에 의한 안분계산방법에 의하는 것이나, 각 층별·위치별·용도별 분양금액이 다르고 전체 분양가액이 구체적으로 산정되었음이 사전 공시방법 등에 의해 명백히 확인되는 경우에는 분양가액비율에 의한 안분계산방법으로 산정할 수 있는 것이다(법규법인 2013-104, 2013. 4. 26).

**건강보험료 산정을 위한 소득금액 산정과 이월결손금**
**(대법원 2018. 5. 11 선고, 2015두41326 판결)**

**판례**

구 국민건강보험법 시행령 제41조 제1항 제3호가 보험료부과점수 산정에 포함되는 소득으로 열거한 사업소득은 구 소득세법 제19조 제2항에서 정하는 사업소득금액을 가리킨다고 보아야 한다. 이와 달리 위 사업소득금액에서 다시 해당 과세기간 이전에 발생한 이월결손금까지 추가로 공제하여야 한다고 보기 어렵다. 그 이유는 다음과 같다.

(가) 구 국민건강보험법 시행령 제41조 제1항 제3호는 보험료부과점수 산정에 포함되는 소득으로 '소득세법 제19조에 따른 소득'인 '사업소득'을 명시하고 있을 뿐이고, 이러한 사업소득의 계산방법을 따로 정하고 있지 않다. 구 소득세법 제19조 제2항은 '해당 과세기간 동안 발생한 사업의 총수입금액에서 이에 사용된 필요경비를 공제하여 얻은 금액'으로 사업소득금액을 계산하도록 하고 있다. 따라서 국민건강보험법령에서 말하는 '소득세법 제19조에 따른 소득'의 금액은 구 소득세법 제19조 제2항에 따라 계산한 사업소득금액을 가리킨다고 보는 것이 문언에 부합한다.

구 국민건강보험법 시행령 제41조 제1항이 보험료부과점수의 산정기준이 되는 소득종류로 열거한 근로소득(제4호)과 연금소득(제5호)의 경우 명문으로 단서를 두어 소득의 종류에 해당하는 소득금액을 계산할 때 일정한 소득공제 규정(구 소법 47, 20의 3 ②, 47의 2)을 적용하지 않는다는 뜻을 명시하고 있으나, 사업소득(제3호)의 경우에는 공제 조항을 적용하지 않는다는 별도의 단서를 두고 있지 않다.

따라서 '소득세법 제19조에 따른 소득' 금액을 계산할 때 구 소득세법 제45조 제3항에 따른 이월결손금 공제 규정이 적용된다고 볼 여지도 있으나, 이것만으로 국민건강보험법령에서 말하는 '소득세법 제19조에 따른 소득'을 구 소득세법 제45조 제3항에 따른 이월결손금을 공제하여 계산하는 금액이라고 보아야 하는 것은 아니다.

(나) 사업소득의 결손금은 해당 과세기간의 필요경비가 총수입금액을 초과할 때 그 초과하는 금액을 말한다(구 소법 19 ② 후단). 부동산임대업 외의 사업자는 결손금을 그 과세기간의 종합소득 과세표준을 계산할 때 근로소득금액·연금소득금액·기타소득금액·이자소득금액·배당소득금액에서 순서대로 공제한다(구 소법 45 ①). 이월결손금은 그 발생 과세기간의 종료일부터 10년 이내에 끝나는 과세기간의 소득금액을 계산할 때 사업소득금액, 근로소득금액, 연금소득금액, 기타소득금액, 이자소득금액과 배당소득금액에서 순서대로 공제한다(구 소법 45 ③ 1호).

이와 같이 이월결손금은 단순히 사업소득금액에서만 공제되는 것이 아니라 종합소득을 구성하는 다른 소득금액에서도 법정된 순서에 따라 통산하여 공제된다. 과세표준의 계산에 관한 구 소득세법 제14조 제2항 역시 종합소득금액의 산출근거로 '소득세법 제19조'와 함께 '소득세법 제45조'를 나란히 명시하고 있다. 더구나 사업소득의 종류, 사업소득금액에 대한 신고나 결정의 형태, 배당소득 또는 이자소득 중 원천징수세율의 적용을 받는 부분이 있는지 등에 따라 이월결손금의 공제 여부나 범위도 달라진다. 즉 사업자의 부동산임대업에서 발생한 결손금은 종합소득 과세표준을 계산할 때 공제하지 않고, 그 이월결손금은 일정 기간의 소득금액을 계산할 때 부동산임대업의 소득금액에서 공제될 뿐이다(구 소법 45 ③ 2호). 또한 해당 과세기간의 소득금액에 대하여 추계신고를 하거나 추계조사결정을 하는 경우에는 이월결손금 공제가 허용되지 않고(구 소법 45 ④), 종합과세되는 배당소득 또는 이자소득이 있으면 그중 원천징수세율을 적용받는 부분은 결손금 또는 이월결손금 공제대상에서 제외된다(구 소법 45 ⑤).

결국 구 소득세법은 제19조 제2항에서 사업소득금액의 의미를 정하고, 종합소득금액 산출의 토대가 되지만 사업소득금액 자체는 아닌 이월결손금을 제45조 제3항에서 별도로 정하고 있다. 이러한 소득세법의 체계 등에 비추어 보더라도, 국민건강보험법령에서 말하는 '소득세법 제19조에 따른 소득'에 구 소득세법 제45조 제3항에 따른 이월결손금을 반드시 반영하여야 한다고 볼 수 없다.

(다) 이월결손금 공제 제도는 과세의 편의 또는 기술적 필요에 따라 인위적으로 획정한 기간을 단위로 과세표준과 세액을 산정하는 기간과세 원칙에서 발생하는 부작용을 완화하고 조세부담의 형평을 도모할 목적으로 소득세법에서 마련한 것이다. 반면 건강보험사업에 드는 비용에 충당할 목적으로 징수하는 건강보험료는 그 입법 목적, 법적 성격, 납부의무자 등에서 소득세와 분명한 차이가 있으므로 그 보험료 부담의 내용과 정도 등을 소득세와 달리 정할 수 있다.

이러한 건강보험료와 소득세의 차이, 건강보험제도에 관하여 입법자가 가지는 입법형성권의 범위 등에 비추어 보면, 국민건강보험법령이 소득세법의 이월결손금 공제 조항을 적용하겠다는 명시적 규정을 두고 있지 않는데도 위에서 본 소득세법상 고유의 필요에 따른 이월결손금 공제 제도가 건강보험료 부담의 정도를 정하는 데에 당연히 반영되어, 국민건강보험법령이 정한 '소득세법 제19조에 따른 소득'을 구 소득세법 제19조 제2항에 따른 사업소득금액과 달리 정해야 한다고 볼 수 없다.

### ② 지출 미확정된 금액의 손금산입

토지 등을 취득·개발하여 주택 등을 분양하면서 지출될 특정비용을 추정하여 원가통제계정(부채)에 상계함과 동시에 분양원가에 산입하고, 실제로 비용 발생시 원가통제계정과 상계하는 방법으로 회계처리하여 사업연도 종료일 현재 지출 미확정된 금액이 분양원가에 산입된 경우 사업연도의 손금에 산입할 수 없는 것이다(재법인 46012-29, 1998. 10. 22).

### ③ 부과 예정통지를 받은 개발부담금의 손금산입

개발이익환수에 관한 법률에 따라 개발부담금 부과 예정통지를 받은 개발사업시행자가 건설공사를 완료한 사업연도 종료일 현재 해당 예정통지금액에 대해 고지 전 심사청구를 제기하여 진행 중인 경우, 건설을 완료한 사업연도에는 개발이익환수에 관한 법률에 따른 개발부담금 상당액을 토지원가에 산입하고 이후 실제로 확정·부과된 개발부담금과의 차액이 발생하는 경우 그 차액은 부과일이 속하는 사업연도의 손금 또는 익금으로 처리하는 것이다(서면법규과-612, 2013. 5. 29).

### 2) 판매비와 일반관리비

사업과 관련하여 발생하는 인건비, 복리후생비, 분양수수료, 광고선전비, 접대비, 임차료 등이 필요경비에 산입된다. 다만, 부동산매매업 관련 감가상각비는 재고자산에 해당되어 인정되지 아니한다.

### 3) 영업외비용

사업과 관련된 지급이자, 매매계약 해제로 인한 위약금, 기부금 등은 필요경비로 인정된다.

**판례** **토지 등 매매차익의 필요경비(수원지방법원 2013. 8. 22 선고, 2013구합322 판결)**

소득세법 제64조 및 같은 법 시행령 제122조 제2항은 부동산매매업자의 부동산 매매차익은 해당 토지의 매매가액에서 같은 법 시행령 제163조 제1항 내지 제5항의 규정에 따른 양도자산의 필요경비와 양도소득기본공제 250만 원을 차감한 가액으로 한다고 규정하고 있고, 동법 시행령 제163조 제5항 제1호는 자산을 양도하기 위하여 직접 지출한 비용으로서 증권거래세법에 따라 납부한 증권거래세, 양도소득세 과세표준 신고서 작성비용 및 계약서 작성비용, 공증비용, 인지대 및 소개비를 규정하고 있다. 살피건대, 관계법령 및 앞서 본 증거들에 의하여 알 수 있는 다음과 같은 사정 즉, ① 부동산매매차익 계산에 있어 필요경비로 공제할 수 있는 비용은 '자산을 양도하기 위하여 직접 지출한 비용'을 말하는 것이나, 이 사건에서 원고가 지출한 판매촉진비는 불특정 다수에 대한 매매계약 유언에 사용한 돈이어서, 위 시행령 제163조 제5항 제1호 소정의 '소개비'와는 성격이 다르고, 이를 자산양도에 직접 대응하는 비용이라고 보기 어려운 점, ② 공인중개사의 업무 및 부동산 거래신고에 관한 법률 제32조 같은 법 시행규칙 제20조에 의하면 토지에 대한 중개수수료는 양도가액의 0.9%가 넘지 않도록 하고 있으나, 원고가 지출한 판매촉진비는 2009년도의 경우 부동산 양도가액 OOOO원의 약 52%, 2010년도의 경우 부동산 양도가액 OOOO원의 약 24%에 이르러 도저히 통상적으로 지출되는 필요경비라고 보기는 어려운 점 등을 종합하여 보면, 판매촉진비를 소개비로 보아 공제하여야 한다는 원고의 주장은 이유 없다.

◈ **건설자금이자의 필요경비(대법원 2003. 4. 25 선고, 2000두10724 판결)**

부동산매매업자에 대한 종합소득세의 계산을 양도소득세 과세방식에 의하는 경우에는, 토지 등의 매입・제작・건설에 소요되는 차입금에 대한 지급이자 또는 이와 유사한 성질의 지출금은 이른바 건설자금이자로서 법 제92조 제1항, 제45조, 제48조 제9호에 의하여 양도소득금액의 계산에 있어 필요경비에 산입하지 아니하되, 토지매입의 경우에는 그 대금을 완불한 날까지, 건물의 제작・건설의 경우에는 건설이 준공된 날까지 이를 자본적 지출로 하여 그 원본에 산입되어 매매차익의 계산에 있어 양도가액에서 공제된다고 할 것이나(대법원 1996. 4. 12 선고,

95누17519 판결), 부동산매매업자에 대한 종합소득세액의 계산을 종합소득세 과세방식에 의하는 경우에는 부동산매매업자의 판매용 토지와 건물은 사업용 고정자산에 해당하지 아니하여 법 제48조 제9호, 시행령 제98조 제1항 소정의 건설자금이자의 계산 대상에서 제외되므로(대법원 1997. 7. 25 선고, 95누16950 판결), 그 토지 등의 매입·건설에 소요되는 차입금에 대한 지급이자 등이 토지대금의 완납일 또는 건물의 준공일 이후에 그 발생사실이 확정되었다고 하더라도 이는 필요경비로서 매매가액에서 공제되어야 할 것이다.

◈ 텔레마케터 지급수수료(기획재정부 재산세제과-464, 2017. 7. 24)

「소득세법」 제64조 제1항 제2호에 따라 부동산매매업자의 주택 등 매매차익을 계산할 때 부동산매매업자가 텔레마케터에게 지급하는 수수료는 같은 법 시행령 제163조 제5항에 따른 양도비(소개비)에 해당하지 아니하는 것이다.

**실무적용 Tips**

**부동산매매업자의 토지 등 매매차익 예정신고 세율 보완**

(1) 개정취지

○ 단기양도자산(보유기간 2년 미만)은 부동산매매업자의 매매차익 예정신고시 높은 양도세율(40%~50%)을 적용받은 후

  - 종합소득세 확정신고시 거액을 환급받게 되는 문제점 해소

  * 부동산매매업자는 사업자로서 주택 단기매매가 불가피한 점을 감안, 2년 미만의 단기양도에 대해서는 비교과세(소법 64 ①) 대상에서 제외하고 있음.

(2) 개정내용

| 종 전 | 개 정 |
|---|---|
| ○ 부동산매매업자가 토지·건물 양도시<br>- 매매일이 속하는 달의 말일부터 2월 이내 매매차익 및 세액 신고<br>- 산출세액의 계산<br>▪ (매매가액-필요경비) × 양도소득세 세율<br>- 토지 등 매매차익 예정신고 납부세액공제 : 10% | - 단기양도자산 적용세율 보완<br>▪ 양도소득세율 적용<br>(일반세율 또는 중과세율)<br>▪ 다만, 2년 미만 단기양도자산은 일반 양도세율 적용 |

(3) 적용시기 및 적용례

○ 2009. 1. 1 이후 최초로 양도하는 분부터 적용

### 4) 총수입금액의 수입시기

부동산매매업이나 주택신축판매업의 경우 예약매출로 보아 소득세법 시행령 제48조 제5호(건설·제조 기타 용역, "도급공사 및 예약매출을 포함한다"의 제공은 용역의 제공이 완

료한 날. 다만, 계약기간이 1년 이상인 경우에는 작업진행률을 적용한다)의 규정에 따라 진행기준을 적용하는지 아니면 동법 시행령 제11호(제1호 내지 제10호의 4에 해당하지 아니하는 자산 "주택신축판매업의 경우의 주택과 부동산매매업의 경우의 부동산을 포함한다"의 매매는 대금을 청산한 날. 다만, 대금을 청산하기 전에 소유권 등의 이전에 관한 등기 또는 등록을 하거나 당해 자산을 사용수익하는 경우에는 그 등기·등록일 또는 사용수익일로 한다)의 규정에 의하여 대금을 청산한 날을 총수입금액의 수입시기로 할 것인가에 대한 논란이 있다. 여기에서 예약매출이란 제품이나 상품 등의 판매를 미리 예약하고 장래의 정해진 시점에 매수자에게 상품 또는 제품을 인도하는 판매형태를 말하는 것이나 건설업실무에서는 아파트분양방식에 의한 매출계약을 의미하는 것이다. 이에 대하여 국세청 해석은 **개인사업자의 경우에는 진행규정을 적용할 수 없고 대금청산일에 총수입금액의 수입시기로** 보고 있다. 즉, 개인사업자인 부동산매매업 및 주택신축판매업의 수입시기는 소득세법 시행령 제48조 제5호의 예약매출의 수입시기에 불구하고 소득세법 시행령 제48조 제11호의 규정에 의한 대금을 청산한 날이며, 대금을 청산하기 전에 소유권 등의 이전에 관한 등기·등록을 하거나 당해 자산을 사용수익하는 경우에는 그 등기·등록일 또는 사용수익일로 하는 것이다(서면1팀-632, 2005. 6. 7).

**참 고** 예정신고 및 확정신고시 세액계산 방법

| 세액계산순서 | 예정신고 | 확정신고 |
|---|---|---|
| ① 양도가액 | 실지거래가액(양도) | 실지거래가액(양도) |
| ② 취득가액 | 실지거래가액(취득) | 실지거래가액(취득) |
| ③ 자본적 지출액 | 공제 | 공제 |
| ④ 양도비용 | 공제 | 공제 |
| ⑤ 건설자금이자 | 공제 | 공제 |
| ⑥ 공과금 | 공제 | 공제 |
| ⑦ 일반관리비<br>• 인건비, 임대료<br>• 이자비용 등 | 배제 | 공제 |
| ⑧ 장기보유특별공제 | 공제 | 배제 |
| ⑨ 종합소득공제 | 배제 | 공제 |
| ⑩ 예정신고납부세액공제 | 배제(2010. 1. 1 이후 양도분부터) | 배제(좌동) |
| ⑪ 세율 | 양도소득세율 | 종합소득세율 |

※ 위 도표에서 보듯이 예정신고와 확정신고의 가장 큰 차이점은 예정신고시에는 양도소득세 계산방

법에 따라 계산하는 데 비하여 확정신고시에는 종합소득세 계산방법에 따라 계산한다는 점이다. 즉, 예정신고시에는 사업과 관련된 일반관리비인 인건비, 임대료, 이자비용 등이 매매차익에서 공제가 되지 않는 데 반하여 확정신고시에는 이러한 비용이 공제된다는 점이다. 다만, 다주택자나 비사업용토지에 대하여는 양도소득세와 종합소득세 중 큰 금액을 적용하므로 실익이 없다. 다만, 상가나 건물 또는 사업용토지의 경우 양도소득세 계산방법에 따라 예정신고하고 확정신고시에 장부기장을 통한 종합소득세 계산방법에 따라 세액을 계산하여 신고납부하면 절세혜택을 볼 수 있다.

### (7) 부동산매매업을 법인으로 영위하는 경우

법인의 주택과 비사업용 토지 매매차익에 대해서는 일반법인세(9%, 19%, 21%, 24%) 외에 10%(주택 20%, 미등기 40%)의 법인세를 추가하여 과세한다. 다만, 법인세법 시행령 제92조의 2 제2항에 규정한 주택은 제외한다. 부동산매매업 법인은 예정신고의무는 없으며 사업연도 종료일이 속하는 달의 말일로부터 3월 이내에 법인세 과세표준 신고와 납부를 하면 된다.

#### 1) 과세대상

부동산매매업 법인이 매매용 부동산을 양도하는 경우에 양도차익에 대하여 각 사업연도 소득에 대한 법인세를 납부하여야 한다. 또한 주택과 비사업용토지를 양도하는 경우에는 토지 등 양도소득에 대한 법인세를 추가하여 납부하여야 한다.

즉, 내국법인이 다음의 어느 하나에 해당하는 토지 및 건물(건물에 부속된 시설물과 구축물을 포함)을 양도한 경우에는 해당 각 호에 따라 계산한 세액을 토지 등 양도소득에 대한 법인세로 하여 제13조에 따른 과세표준에 제55조에 따른 세율을 적용하여 계산한 법인세액에 추가하여 납부하여야 한다. 이 경우 하나의 자산이 다음의 규정 중 둘 이상에 해당할 때에는 그 중 가장 높은 세액을 적용한다.

① 다음의 어느 하나에 해당하는 부동산을 2012년 12월 31일까지 양도한 경우에는 그 양도소득에 100분의 10을 곱하여 산출한 세액

㉮ 「소득세법」 제104조의 2 제2항에 따른 지정지역에 있는 부동산으로서 ②에 따른 주택(이에 부수되는 토지를 포함한다)

㉯ 「소득세법」 제104조의 2 제2항에 따른 지정지역에 있는 부동산으로서 ③에 따른 비사업용 토지

㉰ 그 밖에 부동산가격이 급등하거나 급등할 우려가 있어 부동산가격의 안정을 위하여 필요한 경우에 대통령령으로 정하는 부동산

② 대통령령으로 정하는 주택(이에 부수되는 토지를 포함한다) 및 주거용 건축물로서 상시 주거용으로 사용하지 아니하고 휴양 · 피서 · 위락 등의 용도로 사용하는 건축물(이

하 "별장"이라 한다)을 양도한 경우에는 토지등의 양도소득에 100분의 20(미등기 토지등의 양도소득에 대하여는 100분의 40)을 곱하여 산출한 세액. 다만, 「지방자치법」 제3조 제3항 및 제4항에 따른 읍 또는 면에 있으면서 대통령령으로 정하는 범위 및 기준에 해당하는 농어촌주택(그 부속토지를 포함한다)은 제외한다.

③ 비사업용 토지를 양도한 경우에는 토지등의 양도소득에 100분의 10(미등기 토지등의 양도소득에 대하여는 100분의 40)을 곱하여 산출한 세액

④ 주택을 취득하기 위한 권리로서 「소득세법」 제88조 제9호에 따른 조합원입주권 및 같은 조 제10호에 따른 분양권을 양도한 경우에는 토지등의 양도소득에 100분의 20을 곱하여 산출한 세액

**관련법조문**

〈토지 등 양도소득 과세특례 적용 제외〉

**◈ 법인세법 시행령 제92조의 2【토지등 양도소득에 대한 과세특례】**

② 3. 저당권의 실행으로 인하여 취득하거나 채권변제를 대신하여 취득한 주택으로서 취득일부터 3년이 경과하지 아니한 주택

4. 그 밖에 부득이한 사유로 보유하고 있는 주택으로서 기획재정부령으로 정하는 주택

④ 1. 「도시개발법」 그 밖의 법률에 의한 환지처분으로 지목 또는 지번이 변경되거나 체비지로 충당됨으로써 발생하는 소득. 이 경우 환지처분 및 체비지는 「소득세법 시행령」 제152조의 규정에 의한 것으로 한다.

1의 2. 「소득세법 시행령」 제152조 제3항에 따른 교환으로 발생하는 소득

4. 주택을 신축하여 판매(「민간임대주택에 관한 특별법」 제2조 제2호에 따른 민간건설임대주택 또는 「공공주택 특별법」 제2조 제1호의 2에 따른 공공건설임대주택을 동법에 따라 분양하거나 다른 임대사업자에게 매각하는 경우를 포함한다)하는 법인이 그 주택 및 주택에 부수되는 토지로서 그 면적이 다음 각 목의 면적 중 넓은 면적 이내의 토지를 양도함으로써 발생하는 소득

가. 주택의 연면적(지하층의 면적, 지상층의 주차용으로 사용되는 면적 및 「주택건설기준 등에 관한 규정」 제2조 제3호의 규정에 따른 주민공동시설의 면적을 제외한다)

나. 건물이 정착된 면적에 5배(「국토의 계획 및 이용에 관한 법률」 제6조의 규정에 따른 도시지역 밖의 토지의 경우에는 10배)를 곱하여 산정한 면적

### 2) 세액계산구조

부동산매매업 법인이 「법인세법」 제55조의 2 제2항 제2호 및 제3항, 제4항의 규정에 의하여 "토지 등 양도소득에 대한 과세특례" 적용대상임야를 양도하는 경우에는 동 규정에 의해 계산한 세액을 법인세에 추가하여 납부하여야 하는 것이며, 토지 등 양도소득은 같은

조 제6항의 규정에 의하여 토지 등의 양도금액에서 양도당시의 장부가액을 차감한 금액으로 하는 것으로, 이 경우 양도당시의 장부가액에는 양도를 위하여 지출하는 비용은 포함하지 않는 것이다(서면2팀-587, 2007. 4. 3).

#### 3) 손익의 귀속사업연도

법인사업자의 경우 자산의 판매손익의 귀속시기에 대하여 법인세법 시행령 제68조 제1항 제3호(상품 등 외의 자산의 양도 : 그 대금을 청산한 날, 다만, 대금을 청산하기 전에 소유권 등의 이전등기를 하거나 당해 자산을 인도하거나 상대방이 당해 자산을 사용수익하는 경우에는 그 이전등기일・인도일 또는 사용수익일 중 빠른 날로 한다)에서 대금청산일로 규정하고 있다. 다만, 건설・제조 기타 용역(도급공사 및 예약매출을 포함하며, 이하 이 조에서 "건설 등"이라 한다)의 제공으로 인한 익금과 손금은 그 목적물의 건설 등의 착수일이 속하는 사업연도부터 그 목적물의 인도일이 속하는 사업연도까지 기획재정부령으로 정하는 바에 따라 그 목적물의 건설 등을 완료한 정도(작업진행률)를 기준으로 하여 계산한 수익과 비용을 각각 해당 사업연도의 익금과 손금에 산입한다. 다만, 중소기업인 법인이 수행하는 계약기간이 1년 미만인 건설 등의 제공으로 인한 익금과 손금의 귀속사업연도는 그 목적물의 인도일이 속하는 사업연도로 할 수 있다. 그러나 상가분양 등 예약매출 형태의 부동산매매업 영위법인은 중소기업에 해당되지 아니하므로 진행기준을 적용하여야 한다.

### (8) 부동산매매업의 재고자산평가

부동산매매업을 영위하는 법인의 부동산 등 재고자산의 평가는 원가법 및 저가법을 선택하여 평가방법을 신고한 방법으로 한다. 다만, 평가방법을 신고하지 않은 경우 개별법으로 평가한다. 또한, 신고방법과 다른 방법으로 평가하거나 승인 없이 평가방법을 변경한 경우에도 개별법으로 평가한다.

## 3. 부동산매매업 관련사례

#### ① 소득구분 착오로 인한 제척기간

양도소득세 예정신고자는 확정신고의무가 없고 종합소득세와 양도소득세는 동일한 소득세로서 다른 세목이 아니고 소득종류의 구분에 불과한 것이므로 거주자가 과세표준 확정신고를 함에 있어 소득분류를 잘못하여 종합소득을 양도소득으로 또는 양도소득을 종합소득(부동산매매업)으로 신고한 경우에는 무신고로 볼 수 없으며, 소득세법 기본통칙 81-2에서 소득분류착오의 경우 신고불성실가산세 적용을 배제하고 있는 점으로 보아 국세부과제척기간을 5년으로 적용하여야 하는 것이다(국심 2001중2457, 2002. 5. 30).

② 상가 등의 신축분양시 분양원가 산정방법

법인이 상가 등을 신축분양 함에 있어 층별·위치별·용도별 분양금액을 달리하여 분양하는 경우 분양되는 상가 등에 대한 각 사업연도 소득금액 계산시 취득가액은 원칙적으로 개별원가계산방법 또는 분양면적비율에 의한 안분계산방법에 의하는 것이나, 각 층별·위치별·용도별 분양금액이 다르고 전체 분양가액이 구체적으로 산정되었음이 사전 공시방법 등에 의해 명백히 확인되는 경우에는 총취득가액에 당해 사업연도에 분양된 건물의 분양가액이 총분양예정가액에서 차지하는 비율을 곱하여 계산한 금액으로 할 수 있는 것이며, 이 경우 동 원가계산방법은 당해 건물의 분양이 완료될 때까지 계속 적용하여야 한다(서이 46012-11875, 2003. 10. 27).

③ 종합소득세 확정신고시 장기보유특별공제 필요경비 산입 여부

부동산매매업자가 토지 등 매매차익 계산시 소득세법 시행령 제128조 제1항 제4호에 따라 토지 등 매매가액에서 공제받은 장기보유특별공제액은 당해 사업자의 사업소득금액을 계산함에 있어 필요경비에 산입하지 아니하는 것이다(서면1팀-1422, 2007. 10. 16).

사례

**부동산 현물출자와 임대 및 분양사례**

(1) 사실관계

부부가 각각 토지를 취득하여 보유하다가 부동산매매업 및 부동산임대업 등 공동사업을 영위하기 위하여 현물출자하여 건물을 신축한 후 50%를 분양하고 50%를 부동산임대업을 영위하는 경우 과세문제를 검토해 보자.

〈거래형태 개요〉

1. 20×1. 1. 1 토지 취득
   본인 취득가액 20억원(기준시가 7억원), 배우자 10억원(기준시가 3억원)
2. 20×7. 1. 4 공동사업 현물출자
   출자가액 : 감정가액 80억원, 기준시가 70억원
3. 20×7. 8. 31 50% 분양(분양수입금액 100억원)

(2) 과세문제

1) 양도소득세 과세문제

양도소득세 과세대상 자산인 토지를 현물출자 하는 경우 유상양도인 출자지분을 취득하게 되어 현물출자일(사업자등록 및 동업계약일)을 양도시기로 보아 양도소득세를 납

부하여야 한다. 다만, 출자 후 부동산임대업을 영위하는 경우에는 **사용권출자**에 해당되어 양도소득세 과세대상이 아니라는 주장이 있다.[50] 즉, 주택임대업의 공동사업자로 사업자등록을 하였고, 쟁점토지가 공동사업에 제공된 사실 등을 근거로 청구인이 쟁점토지를 공동사업에 현물출자한 것으로 판단하였으나, 청구인 등이 쟁점토지에 건물을 신축하여 부동산임대업을 영위하기 위해서는 임대부동산의 소유자별로 함께 공동사업으로 등록하여야 할 당위성이 인정된다 하겠고, 동업계약서에 공동사업자가 각자의 토지소유지분을 공동사업에 현물출자 한다는 약정이 없을 뿐만 아니라, 쟁점토지의 소유권이 공동사업자 명의로 변경되거나 합유재산으로 등기된 사실이 없는 점 등에 비추어 볼 때, 청구인 등이 각자의 토지 지분을 공동사업주체인 조합에 현물출자하였다기보다는 사용권의 출자로 보는 것이 합리적이라 할 것이며, 공동사업자 각 개인이 자기지분에 해당하는 부동산을 매각할 수 없는 것도 아니고 공동사업인 임대사업이 종료되었을 때 공동사업에 공하는 부동산이 공동사업자들 각자에게 환원등기가 된다거나 이로 인하여 청구인을 비롯한 공동사업자 각자에게 양도소득세가 과세된다고 볼 수도 없으므로 이 건 공동 임대사업에 관한 약정만을 근거로 조합에 자산을 유상으로 이전하였다고 보기는 어려운 것으로 판단된다(조심 2009서4094, 2010. 3. 31).

2) 토지 등 매매차익에 대한 예정신고

부동산매매업자는 토지 또는 건물의 매매차익과 그 세액을 매매일이 속하는 달의 말일부터 2개월이 되는 날까지 납세지 관할 세무서장에게 신고하여야 한다. 이 경우 분양가액이 총수입금액에 해당되고 취득가액은 토지는 현물출자 당시의 가액으로 하여야 하며 공사비와 자본적지출액 등 양도소득세 필요경비에 해당되는 가액을 합하여 양도차익에 대하여 토지 등 매매차익 예정신고를 하면 된다. 이 사례의 경우 동일연도에 현물출자와 분양이 이뤄졌으나 양도소득과 사업소득으로 소득구분이 다르므로 합산하지 아니한다.

3) 현물출자가액의 산정문제

현물출자가액인 양도가액을 산정하는 경우 **시가(감정가액, 매매사례가액 등)**가 존재하지 않으므로 소득세법 제114조 제5항의 기준시가를 현물출자가액으로 하는 경우 소득세법 제100조 제1항에 따라 취득가액도 기준시가를 적용하여 양도차익을 계산하여야 하느냐의 문제이다. 즉, 현물출자 당시의 가액을 기준시가로 출자가액을 합의에 의하여 확정한 경우에도 기준시가를 출자당시의 시가로 인정하지 않고 소득세법의 동일기준 과세원칙에 따라 양도가액이 기준시가이면 취득가액도 기준시가로 하여 양도차익을 산정하여야 하는 것인가? 소득세법상 양도라 함은 자산에 대한 **등기 또는 등록에 관계없이 매도·교환·법인에 대한 현물출자 등**으로 인하여 그 자산이 사실상 유상으로 이전되는 것을 말하는 바, 2인 이상이 출자하여 공동사업을 경영할 것을 약정하는 조합계약에 따라 조합원이 출자한 재산은 그 출자자의 개인재산과 구별되는 조합재산을 구성하게 되어 조합원의 합유로 되고, 그 출자는 출자자가 취득하는 조합원의 지위와 대가관계(즉 조합원으로서 출자자산에 대하여 지분을 취득한다)에 있는 것이므로, 조합원의 조합에 대한 부동산 현물출자는 양도에 해당한다 할 것이고 이로 인하여 발생하는 소득은 양도소득세의 과세대상이 된다 할 것이므로(대법원 84누680, 1985. 4. 23), 현물출자할 때까지의 양도소득에 대한 양도소득세와 조합에의 현물출자 후의 조합의 사업소득(조합의 취득가액은 현물출자 당시의 가액임)에 대하여 종합소득세를 과세하는 것은 별개이다(국심 2001서1644, 2002. 1. 9). 따라서 종합소득세의 종합소득 산정방법과 양도소득세의 양도차익 산정방법은 각각의 법규정에 따라 별개로 산정하여야 한다. 따라서 현물출자가액을 기준시가로 산정하는 경우에는 취득가액도 기준시가로 산정하여야 하므로 실제의 양도차익보다 과다한 양도차익이 발생할 수 있다. 즉, 현물출자 후 분양하는 경우에는 총양도차익을 양도소득과 사업소득으로 배분하는 문제인데 출자가액을 기준시가로 하는 경우 실질양도차익이 아닌 과도한 양도차익이 발생하므로 현물출자가액을 출자일 전후 3개월 이내에 감정평가법인의 감정을 받아 출자가액을 산정하여야 한다.

**관련법조문**

◈ **소득세법 시행령 제176조의 2【추계결정 및 경정】**

③ 법 제114조 제7항에 따라 양도가액 또는 취득가액을 추계결정 또는 경정하는 경우에는 다음 각 호의 방법을 순차적으로 적용(신주인수권의 경우에는 제3호를 적용하지 않는다)하여 산정한 가액에 따른다. 다만, 제1호에 따른 매매사례가액 또는 제2호에 따른 감정가액이 제98조 제1항에 따른 특수관계인과의 거래에 따른 가액 등으로서 객관적으로 부당하다고 인정되는 경우에는 해당 가액을 적용하지 않는다.

1. 양도일 또는 취득일 전후 각 3개월 이내에 해당 자산(주권상장법인의 주식등은 제외한다)과 동일성 또는 유사성이 있는 자산의 매매사례가 있는 경우 그 가액
2. 양도일 또는 취득일 전후 각 3개월 이내에 해당 자산(주식등을 제외한다)에 대하여 둘 이상의 감정평가법인등이 평가한 것으로서 신빙성이 있는 것으로 인정되는 감정가액(감정평가기준일이 양도일 또는 취득일 전후 각 3개월 이내인 것에 한정한다)이 있는 경우에는 그 감정가액의 평균액. 다만, 기준시가가 10억원 이하인 자산(주식등은 제외한다)의 경우에는 양도일 또는 취득일 전후 각 3개월 이내에 하나의 감정평가법인등이 평가한 것으로서 신빙성이 있는 것으로 인정되는 경우 그 감정가액(감정평가기준일이 양도일 또는 취득일 전후 각 3개월 이내인 것에 한정한다)으로 한다.
3. 제2항의 규정에 의하여 환산한 취득가액
4. 기준시가

50) 토지 등을 현물출자하여 공동으로 주택신축판매업을 영위하는 경우 현물출자 이후에 출자된 토지 등은 재고자산으로 사업소득세 과세대상으로 변경되지만, 수인이 개인 토지를 출자하여 임대업을 공동운영하는 경우에는 현물출자 이후에도 과세대상의 변경이 없고 대부분 개인 토지가 공동사업체에 이전등기되지 않는 상태에서 현물출자되고 있는 현실로 볼 때 이를 현물출자로 보아 양도소득세를 과세할 수 없다. 공동사업에 대한 현물출자로 보아 양도소득세를 과세하기 위해서는 다음의 요건에 충족되어야 한다.
첫째, 조합에 대한 현물출자이어야 한다.
둘째, 조합에 대한 자산의 사실상 유상 이전에 해당되어야 한다.
셋째, 조합원은 당해 공동사업에 대한 채권, 채무, 손익분배에 대하여 공동으로 책임 및 경영을 하여야 한다(안수남, 양도소득세 2016, 광교이택스, p.197).

**[부동산매매업 관련 주요 해석사례 및 심판례 요약]**

| | | |
|---|---|---|
| ① 토지판매 영업활동수당 | 양도차익을 계산함에 있어 양도가액에서 공제하는 필요경비는 「소득세법」 제97조 및 같은 법 시행령 제163조에 열거된 항목에 한하는 것으로, 귀 질의의 경우 부동산매매업자로부터 텔레마케터가 토지판매실적에 따라 지급받는 영업활동수당은 필요경비에 해당하지 아니하는 것임. | 부동산거래 관리과-21 (2011. 1. 11) |
| ② 현물출자 사업양도 | 부동산매매업을 주업으로 영위하는 법인 사업자가 그 법인의 등기부상 본점소재지로 사업자등록을 하는 경우 그 사업자의 개발사업 부지가 현물출자 부동산의 등기부상 소재지 또는 사업내용이 구분되는 때에는 해당 개발사업 부지 또는 사업내용별로 사업장을 판단하여 사업양도를 판단함. | 기획재정부 부가-839 (2010. 12. 20) |
| ③ 공동사업 약정 해제 합의대가의 소득구분 | 거주자가 공동으로 부동산매매업을 경영하고자 공동사업약정을 체결하였으나 공동사업의 원활한 진행이 이루어지지 않은 과정에서 공동사업약정을 해제하는 조건에 합의하고 공동사업약정서의 다른 구성원으로부터 지급받는 대가는 「소득세법」 제21조 제1항 제17호에 따른 기타소득에 해당하는 것임. | 소득세과-1220 (2010. 12. 9) |
| ④ 사업양도 | 상가신축분양업자가 미분양상가를 일시적으로 임대하다가 양도하는 것은 사업의 양도에 해당하지 아니하는 것임. 다만, 2개 이상의 당해 상가를 임대업의 고정자산으로 완전히 변경하여 하나의 사업자등록번호로 부동산임대업을 영위하다가 각 사업장을 양도하면서 각 사업장별로 모든 권리와 의무를 승계시키는 경우에는 사업의 양도에 해당하는 것임. | 부가-1461 (2010. 11. 4) |
| ⑤ 단기양도 세율적용 | 부동산매매업자의 토지 등 매매차익 예정신고시 토지 등의 보유기간이 2년 미만인 경우에는 「소득세법」 제104조 제1항 제2호 및 제3호에도 불구하고 같은 항 제1호에 따른 세율(제55조 제1항에 따른 세율)을 적용하는 것이며, 부동산매매업을 영위하는 거주자가 「소득세법」 제64조의 「부동산매매업자에 대한 세액계산의 특례」규정이 적용되지 않는 부동산 매매차익에 대하여 같은 법 제70조의 종합소득 과세표준 확정신고를 하는 경우 적용되는 세율은 같은 법 제55조 제1항의 규정에 의한 세율을 적용하는 것임. | 소득-956 (2010. 9. 2) |
| ⑥ 토지를 취득할 수 있는 권리양도 | 부동산 신축판매 용도의 토지매매계약을 체결하여 계약금만 지급하고 등기이전하지 아니한 상태에서 토지사용 승낙을 받아 대지조성을 위한 토목공사를 진행하다가 자금사정에 의하여 당해 토지를 취득할 수 있는 권리를 제3자에게 양도하는 경우 당해 토지를 취득할 수 있는 권리양도에 대하여는 부가가치세가 과세되지 아니함. | 부가-1340 (2010. 10. 8) |

| | | |
|---|---|---|
| ⑦ 토지를 취득할 수 있는 권리의 양도 | 분양권은 토지를 취득할 수 있는 권리에 불과하여 소득세법상 부동산매매업에 대상에 해당하지 않는다 할 것이고, 토지분양권을 매수하였다가 재판매하는 행위는 재화를 공급하는 사업에 해당하여 부가가치세 과세대상이 된다 할 것임. | 서울고등법원 2010누1882 (2010. 11. 11) |
| ⑧ 위약금 | 부동산매매업자가 판매용 상가의 매매계약 해제와 관련하여 부담한 위약금은 필요경비에 해당하는 것임. | 소득-547 (2010. 5. 7) |
| ⑨ 상가 분양조건에 따라 지급받는 임대수익 보전상당액의 소득구분 | 미분양상가의 분양촉진을 위해 상가를 분양하면서 그 수분양자에게 소유권이전과 함께 임대차계약을 이전하고 당해 계약에 따른 임대료 외 임대수익 상당액을 보전하여 주는 경우, 해당 수분양자가 보전받는 임대수익 상당액은 사업소득에 해당하는 것임. | 소득세과-468 (2010. 4. 15) |
| ⑩ 일시적 임대 | 분양목적으로 신축하여 매각될 때까지 일시적·잠정적으로 임대하였다고 하더라도 쟁점부동산의 소재지 관할세무서장에게 사업자등록을 하고 임대수입금액에 대한 부가가치세를 신고하였어야 하는바, 청구법인이 이를 이행하지 않은 이상 처분청이 청구법인에게 사업자미등록가산세 및 신고불성실가산세를 부과한 처분은 달리 잘못이 없다고 판단됨. | 심사부가 2010-0154 (2010. 10. 12) |
| ⑪ 판매수당의 소득구분 | 기획부동산업을 영위하는 법인에 임원으로 고용되어 근로를 제공하는 청구인이 당해 법인으로부터 텔레마케터의 토지판매실적에 따라 지급받는 판매수당은 근로소득에 해당함. | 심사소득 2010-0012 (2010. 7. 23) |
| ⑫ 사업양도 | 양수인이 쟁점부동산 취득 직후 해당 구청의 도시계획심의와 건축신고처리를 거쳐 분양한 사실 등에 비추어 양수인은 부동산임대업을 영위하기 위하여 쟁점부동산을 취득한 것이라기보다 쟁점부동산을 리모델링하여 분양할 목적으로 취득하여, 취득 후 바로 부동산매매업을 영위하였다고 봄이 타당하므로 쟁점부동산의 거래를 사업의 양도로 볼 수 없음. | 심사부가 2010-0093 (2010. 7. 19) |
| | 부동산매매사업활동의 일환으로서 행한 것이어서 부동산의 양도는 부동산매매업자로서 특정재화를 공급한 것에 불과할 뿐 부동산임대사업의 포괄양도로 보기 어려움. | 대법원 2009두16695 (2009. 11. 16) |
| ⑬ 소득구분 | 부동산매매업으로 사업자등록을 한 청구인이 토지에 공장신축허가를 받고 공사를 진행하다가 부지조성공사만 완료한 상태에서 이를 양도한 경우, 그간 계속적·반복적으로 부동산매매업을 영위한 사실이 없는 점으로 보아 양도소득으로 봄은 타당함. | 조심 2010서3826 (2011. 2. 15) |
| ⑭ 공동사업 탈퇴시 출자금액을 초과한 금액 | 법원의 확정판결에 의하여 공동사업에서 탈퇴할 때 나머지 공동사업자들로부터 분배받은 쟁점상가의 가액('시가')에서 공동사업에 출자한 금액('투자원가 중 청구인 지분 상당액으로 청구인 부담분')을 차감한 나머지를 배당소득으로 보아 종합소득세를 과세한 처분은 정당함. | 조심 2010중2137 (2010. 12. 27) |

| | | |
|---|---|---|
| ⑮ 추계결정 | 부동산매매업을 영위하기 위해서는 부동산의 취득가액 외에도 부동산 매입, 보관 매도에 수반되는 제반 경비, 관련 직원의 인건비, 영업장 임차비용, 사무용품, 구입비 공과금, 광고선전비 등의 각종 필요경비가 소요되는 것이 일반적인데, 이와 같은 비용의 대부분이 확인되지 아니하므로 추계결정함이 타당함. | 조심<br>2008서2364<br>(2010. 4. 5) |
| ⑯ 허가권의 소득구분 | 토지의 양도가액에는 가스충전소 허가권의 가액이 포함되어 있다고 보아야 하므로 쟁점 토지의 양도로 인한 청구인의 사업소득금액에서 허가권의 가액을 차감하여 이를 일시재산소득으로 하여 과세하는 것이 타당함. | 조심<br>2009부1832<br>(2010. 3. 17) |
| ⑰ 사업시행권 양도 | 관청의 인·허가를 얻지 아니하였으나 구체적인 사업추진실적이 있고 시공사 및 대출금융기관 사이의 협약을 모두 승계시킨 점 등을 종합적으로 보면 재산적 가치가 있는 일정한 권리를 보유하고 있었고 토지를 양도하면서 그 권리를 사업추진경비라는 명목으로 대가를 받고 함께 양도한 것으로 보아야 할 것임. | 조심<br>2009중3029<br>(2009. 12. 30) |
| ⑱ 장기보유특별공제 | 부동산매매업자에 대하여 장기보유특별공제를 필요경비로 규정하는 법령이 없고, 장기보유특별공제는 소득세법상 필요경비항목에 포함되는 것이 아님. | 대법원<br>2010두15742<br>(2010. 11. 25) |
| ⑲ 분양형 토지(개발)신탁 사업의 부가가치세 납세의무자가 누구인지 여부 | 신탁법에 따라 위탁자가 신탁회사에 토지를 신탁하고 수탁자가 건물신축 후 개발사업을 하면서 금융기관이나 시공사를 우선수익자로 지정한 후 수분양자에게 건물을 분양하는 경우 부가가치세 납세의무자는 위탁자가 되는 것이며, 미분양 등 사업의 부진으로 금융기관에 대해 대출금을 상환하지 못하거나 시공사에 대해 공사비를 지급하지 못하여 이들 우선수익자에게 신탁부동산의 처분·관리 등 일체의 권리가 이전되어 해당 부동산을 매각하는 경우 부가가치세법(2013. 6. 7. 법률 제11873호로 개정되기 전의 것) 제1조 제1항 제1호에 따라 부동산 매각에 대한 부가가치세 납세의무자는 우선수익자가 되는 것입니다. 또한, 신탁부동산의 처분·관리 등 일체의 권리가 위탁자에서 우선수익자에게 이전되었다고 볼 수 있는 경우 공급시기는 부가가치세법 제9조 제1항 제2호에 따라 당해 재화가 이용가능하게 되는 때이며, 이 때의 과세표준은 해당 부동산의 시가가 되는 것이다. | 기획재정부<br>부가－130<br>(2015. 2. 10) |

# 시행사의 회계와 세무실무

## I 개 요

### 1. 시행사의 정의

#### (1) 개념

시행사는 부동산개발업자 또는 디벨로퍼라고도 불리우며 토지를 매입하여 아파트나 상가, 오피스텔 등을 신축분양 하는 사업자를 말한다. 시행사는 토지확보, 자금조달, 분양 등 부동산을 개발하여 판매하는 업을 주업으로 한다. 즉, 시행사는 지주로부터 토지취득, 인허가, 사업자금의 조달, 시공사의 선정, 건축공사의 관리 및 분양 등의 일련의 책임을 지고 이에 따른 수익을 향유하고 위험을 부담하는 사업의 주체를 말한다.

#### (2) 업무흐름

부동산을 개발하기 위하여 토지를 지주에게 매입하는 지주작업, 건축허가, 프로젝트 파이낸싱을 통한 자금조달, 시공사의 지급보증 등의 절차가 필요하며 일반적으로 부동산개발업자의 수익은 아파트는 분양대금의 10%, 주상복합아파트는 14%, 상가는 16%의 평균수익을 창출하고 있다.

[시행사의 업무흐름도]

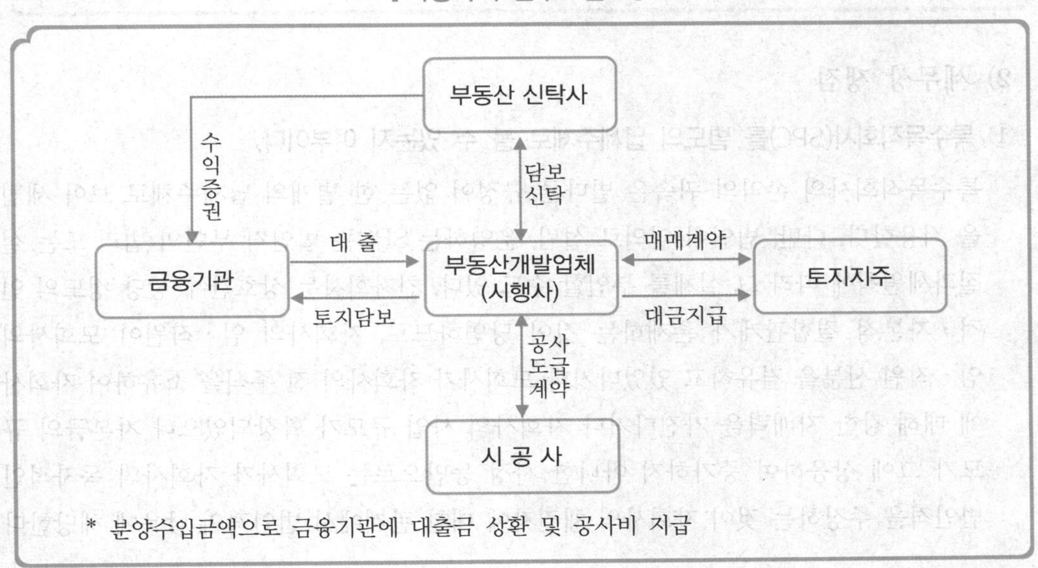

① 시행사는 토지지주로부터 토지 계약을 체결하고 토지사용승낙서로 시공사를 선정하여 공사도급계약을 체결하고 금융기관에 지급보증을 하고 토지담보로 대출을 받는다.

② 사업시행자는 **프로젝트 파이낸싱**(Project Financing) **방식**의 금융기법을 동원하여 자금을 조달한다. 프로젝트 파이낸싱이란 부동산개발에 소요되는 자금을 분양 및 개발수익을 담보로 회사채를 발행하여 자금을 조달하는 새로운 방식의 금융기법이다.

③ 부동산신탁회사는 담보신탁을 의뢰하면 부동산 감정평가액의 범위 내에서 수익증권을 발급하고 해당 은행은 시행사가 제출한 수익증권으로 자금을 대출한다. 부동산신탁은 토지 등의 소유자가 수탁자에 부동산을 위탁하여 부동산 소유권을 신탁회사에 이전하거나 저당권을 설정하고 부동산 개발이익을 토지소유자나 그가 지정한 수익자에게 돌려주는 제도이다. 부동산신탁회사는 한국토지신탁, 코람코자산신탁, KB부동산신탁, 한국자산신탁, 하나자산신탁 등 14곳이 있다.

④ 시행사는 분양대금을 받아 대출금 상환과 시공사에 공사비를 지급한다.

## (3) 시행사의 사업구조와 세무상 쟁점

### 1) 사업구조

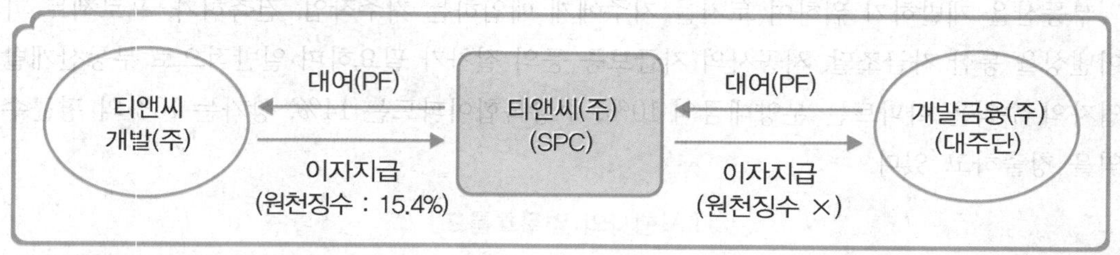


### 2) 세무상 쟁점

① **특수목적회사(SPC)를 별도의 납세주체로 볼 수 있는지 여부이다.**

특수목적회사의 손익의 귀속은 별다른 규정이 없는 한 별개의 납세주체로 보아 세법을 적용한다. 다만, 법인이 임의로 설립, 운영하는 SPC는 법인격 부인의 법리 또는 실질과세원칙에 따라 그 실체를 부인할 수도 있다. 친자회사는 상호간에 상당 정도의 인적 · 자본적 결합관계가 존재하는 것이 당연하므로, 자회사의 임 · 직원이 모회사의 임 · 직원 신분을 겸유하고 있었다거나 모회사가 자회사의 전 주식을 소유하여 자회사에 대해 강한 지배력을 가진다거나 자회사의 사업 규모가 확장되었으나 자본금의 규모가 그에 상응하여 증가하지 아니한 사정 등만으로는 모회사가 자회사의 독자적인 법인격을 주장하는 것이 자회사의 채권자에 대한 관계에서 법인격의 남용에 해당한다고 보기에 부족하고, 적어도 자회사가 독자적인 의사 또는 존재를 상실하고 모회사가 자신의 사업의 일부로서 자회사를 운영한다고 할 수 있을 정도로 완전한 지배력을 행사하고 있을 것이 요구되며, 구체적으로는 모회사와 자회사 간의 재산과 업무 및 대외적인 기업거래활동 등이 명확히 구분되어 있지 않고 양자가 서로 혼용되어 있다는 등의 객관적 징표가 있어야 하며, 자회사의 법인격이 모회사에 대한 법률 적용을 회피하기 위한 수단으로 사용되거나 채무면탈이라는 위법한 목적 달성을 위하여 회사제도를 남용하는 등의 주관적 의도 또는 목적이 인정되어야 한다(대법원 2006. 8. 25 선고, 2004두26119 판결).

**② 특수목적회사가 시행사에 대여한 금액이 업무와 관련성이 있는지 여부이다.**

업무와 관련성 여부는 법인세법 시행규칙 제26조 제2항에서 규정한 당해 법인의 업무에 해당되어야 한다. 업무에 해당되기 위해서는 법인등기부상의 목적사업으로 열거된 업무에 해당되어야 한다. 따라서 특수목적회사가 대여를 위한 금융업 등을 영위하지 않는 경우에는 업무와 관련성이 없다고 판단된다. 따라서 이 경우에는 지급이자 등 손금불산입 규정이 적용된다.

**관련법조문**

**◈ 법인세법 시행규칙 제26조【업무와 관련이 없는 부동산 등의 범위】**

② 영 제49조 제1항 제1호 가목 및 나목에서 "법인의 업무"란 다음 각 호의 업무를 말한다.

1. 법령에서 업무를 정한 경우에는 그 법령에 규정된 업무
2. 각 사업연도 종료일 현재의 법인등기부상의 목적사업(행정관청의 인가·허가 등을 요하는 사업의 경우에는 그 인가·허가 등을 받은 경우에 한한다)으로 정하여진 업무

**③ 특수목적회사가 이자수입에 대하여 성실신고대상인지 여부이다.**

대부업(사업소득)을 영위하는 내국법인이 영업활동으로 인하여 발생한 이자수입만 있는 경우 「법인세법」 제60조의 2 제1항에 따른 성실신고확인대상자가 아니다(서면 2023법규법인-0399, 2023. 7. 18.).

## 2. 신탁재산의 세법상 납세의무

### (1) 신탁재산의 부가가치세 납세의무

#### 1) 납세의무자(원칙) : 수탁자

부가가치세법상 납세의무자는 영리목적에 관계없이 부가가치세가 과세되는 재화와 용역을 독립적으로 계속·반복하여 공급하는 자를 말한다. 이 경우 신탁재산에 대한 부가가치세 납세의무자가 위탁자, 수탁자, 수익자 중 누구로 하여야 할 것인가이다. 종전의 대법원입장은 위탁자와 수익자가 동일한 자익신탁의 경우 위탁자를 납세의무자로 하고 위탁자와 수익자가 다른 타익신탁의 경우 수익자를 납세자로 보았다. 그러나 대법원전원합의체 판결에서 이를 변경하여 신탁방식에 불구하고 수탁자인 신탁회사를 납세의무자로 하도록 하였다. 한편, 2018년 세법개정을 통하여 위탁자를 납세의무자로 개정하였다가 2020. 12. 22 재개정을 통하여 수탁자로 변경하였다.

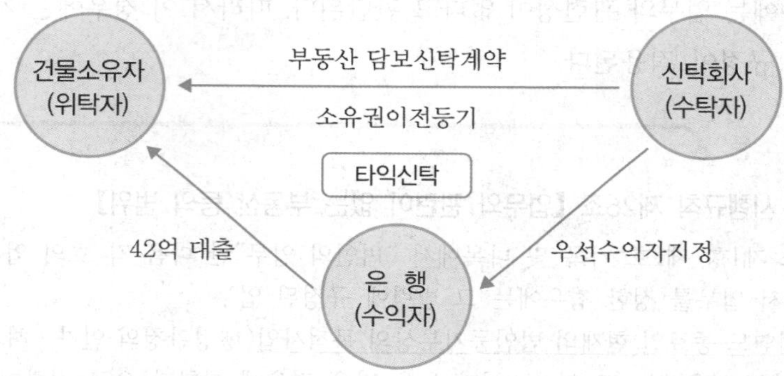


#### 2) 납세의무자(예외) : 위탁자

다음의 어느 하나에 해당하는 경우에는 「신탁법」 제2조에 따른 위탁자가 부가가치세를 납부할 의무가 있다.

① 신탁재산과 관련된 재화 또는 용역을 위탁자 명의로 공급하는 경우

② 위탁자가 신탁재산을 실질적으로 지배·통제하는 경우로서 대통령령으로 정하는 경우

③ 그 밖에 신탁의 유형, 신탁설정의 내용, 수탁자의 임무 및 신탁사무 범위 등을 고려하여 대통령령으로 정하는 경우

관련법조문

◈ 부가가치세법 제3조 【납세의무자】

② 제1항에도 불구하고 대통령령으로 정하는 신탁재산(이하 "신탁재산"이라 한다)과 관련된 재화 또는 용역을 공급하는 때에는 「신탁법」 제2조에 따른 수탁자(이하 이 조, 제3조의 2, 제8조, 제10조 제9항 제4호, 제29조 제4항, 제52조의 2 및 제58조의 2에서 "수탁자"라 한다)가 신탁재산별로 각각 별도의 납세의무자로서 부가가치세를 납부할 의무가 있다.

③ 제1항 및 제2항에도 불구하고 다음 각 호의 어느 하나에 해당하는 경우에는 「신탁법」 제2조에 따른 위탁자(이하 이 조, 제3조의 2, 제10조 제8항, 같은 조 제9항 제4호, 제29조 제4항 및 제52조의 2에서 "위탁자"라 한다)가 부가가치세를 납부할 의무가 있다.

1. 신탁재산과 관련된 재화 또는 용역을 위탁자 명의로 공급하는 경우
2. 위탁자가 신탁재산을 실질적으로 지배·통제하는 경우로서 대통령령으로 정하는 경우
3. 그 밖에 신탁의 유형, 신탁설정의 내용, 수탁자의 임무 및 신탁사무 범위 등을 고려하여 대통령령으로 정하는 경우

④ 제2항에 따라 수탁자가 납세의무자가 되는 신탁재산에 둘 이상의 수탁자(이하 "공동수탁자"라 한다)가 있는 경우 공동수탁자는 부가가치세를 연대하여 납부할 의무가 있다. 이 경우 공동수탁자 중 신탁사무를 주로 처리하는 수탁자(이하 "대표수탁자"라 한다)가 부가가치세를 신고·납부하여야 한다.

⑤ 제2항부터 제4항까지에서 규정한 사항 외에 신탁 관련 납세의무의 적용에 필요한 사항은 대통령령으로 정한다.

### 3) 공동수탁자의 연대납세의무

수탁자가 납세의무자가 되는 신탁재산에 둘 이상의 수탁자가 있는 경우 공동수탁자는 부가가치세를 연대하여 납부할 의무가 있다. 이 경우 공동수탁자 중 신탁사무를 주로 처리하는 수탁자가 부가가치세를 신고·납부하여야 한다(부법 3 ③).

### 4) 사업자등록

수탁자가 납세의무자가 되는 경우 수탁자(공동수탁자가 있는 경우 대표수탁자를 말한다)는 해당 신탁재산을 사업장으로 보아 사업자등록을 신청하여야 한다(부법 8 ⑥). 수탁자가 법 제8조 제6항에 따라 사업자등록을 신청하는 경우로서 다음의 요건을 모두 갖춘 경우에는 둘 이상의 신탁재산을 하나의 사업장으로 보아 신탁사업에 관한 업무를 총괄하는 장소를 관할하는 세무서장에게 사업자등록을 신청할 수 있다(부령 11 ⑪).

① 수탁자가 하나 또는 둘 이상의 위탁자와 둘 이상의 신탁계약을 체결하였을 것

② 신탁계약이 수탁자가 위탁자로부터 「자본시장과 금융투자업에 관한 법률」 제103조 제1항 제5호 또는 제6호의 재산을 위탁자의 채무이행을 담보하기 위해 수탁으로 운용

하는 내용으로 체결되는 신탁계약일 것

### 5) 신탁재산 재화공급의 특례

「신탁법」 제10조에 따라 위탁자의 지위가 이전되는 경우에는 기존 위탁자가 새로운 위탁자에게 신탁재산을 공급한 것으로 본다(부법 10 ⑧).

다만, 신탁재산에 대한 실질적인 소유권의 변동이 있다고 보기 어려운 경우로서 다음의 경우에는 신탁재산의 공급으로 보지 아니한다(부령 21의 2).

① 「자본시장과 금융투자업에 관한 법률」에 따른 집합투자기구의 집합투자업자가 다른 집합투자업자에게 위탁자의 지위를 이전하는 경우

② 신탁재산의 실질적인 소유권이 위탁자가 아닌 제3자에게 있는 경우 등 위탁자의 지위 이전에도 불구하고 신탁재산에 대한 실질적인 소유권의 변동이 있다고 보기 어려운 경우

신탁재산의 소유권 이전으로서 다음의 어느 하나에 해당하는 것은 재화의 공급으로 보지 아니한다(부법 10 ⑨ 4호).

① 위탁자로부터 수탁자에게 신탁재산을 이전하는 경우

② 신탁의 종료로 인하여 수탁자로부터 위탁자에게 신탁재산을 이전하는 경우

③ 수탁자가 변경되어 새로운 수탁자에게 신탁재산을 이전하는 경우

### 6) 신탁유형별 부가가치세 납세의무[51)]

<table>
<tr><th colspan="2">신탁 유형</th><th>법인세/소득세</th><th>부가가치세</th><th>비 고</th></tr>
<tr><td colspan="2">처분신탁(*1)</td><td>수익자</td><td>수탁자</td><td></td></tr>
<tr><td rowspan="2">토지신탁</td><td>차입형(*2)</td><td>수익자</td><td>수탁자</td><td rowspan="2">개발사업비의 조달<br>주체에 따른 분류임</td></tr>
<tr><td>관리형(*3)</td><td>수익자</td><td>위탁자</td></tr>
<tr><td colspan="2">분양관리신탁(*4)</td><td>수익자</td><td>위탁자</td><td></td></tr>
<tr><td colspan="2">담보신탁(*5)</td><td>수익자</td><td>위탁자</td><td></td></tr>
<tr><td colspan="2">관리신탁(*6)</td><td>수익자</td><td>위탁자</td><td></td></tr>
</table>

(*1) 처분신탁 : 신탁회사의 전문성을 이용하여 대형 · 고가의 부동산, 권리관계가 복잡하여 처분에 어려움이 있는 부동산을 효율적으로 처분해 주는 신탁임. 부동산 소유권을 신탁회사에 이전한 후 처분한다는 점에서 일반중개와 차이점이 있음.

(*2) 차입형 토지신탁 : 부동산 개발 · 시행 능력이나 자금이 부족한 토지 소유자로부터 사업부지를 신탁받아서 신탁회사가 개발계획의 수립, 건설자금의 조달, 공사관리, 건축물의 분양 및 임대 등 부동산 개발

51) 정연대 · 김완용, "토지신탁의 부가가치세 납세의무자 결정에 관한 소고, 세무와 회계 연구", 2023. 배영석 · 김병일 "수탁자를 부가가치세의 납세의무자로 하는 신탁세제 논리의 문제점에 관한 연구", 세무와 회계연구, 2024. 5. 10

사업의 전 과정을 수행하고 이 개발사업에서 발생한 수익 중 일정한 신탁보수를 공제한 후 나머지를 토지소유자(위탁자) 또는 지정한 수익자에게 돌려주는 부동산개발신탁임.

(*3) 관리형 토지신탁 : 토지소유자(위탁자)가 토지를 신탁하면 신탁회사는 인·허가 및 분양계약 등의 법적 주체가 되면서 분양계약 및 자금입출금 등 관리업무만을 수행하고, 위탁자는 자기 책임으로 사업비 조달, 인·허가, 분양 등의 제반업무를 수행하는 부동산개발신탁임. 차입형 토지신탁과 외견상 유사하게 보이나, 개발사업비의 조달을 신탁회사가 하는 경우는 차입형 토지신탁이고 개발사업비의 조달을 위탁자가 하는 경우는 관리형 토지신탁이 되는 것임.

(*4) 분양관리신탁 : 건축물의 분양에 관한 법률에 따라 일정 건축물을 선분양할 때 사업시행자(위탁자)가 신탁회사와 신탁 및 대리사무계약을 체결한 후 신탁회사가 사업부지의 소유권과 분양대금을 보관 및 집행을 하여 피분양자를 보호하는 신탁임.

(*5) 담보신탁 : 부동산 소유자가 저당권을 설정하여 담보대출을 받는 대신에 소유 부동산을 신탁회사에 신탁한 후 수익권증서를 교부받아 이를 채권자에게 제시, 대출을 받는 신탁임. 일반적으로 담보신탁은 저당권 설정 방식으로 차입하는 것보다 제반비용이 저렴함.

(*6) 관리신탁 : 위탁자의 부동산을 신탁회사가 신탁받아서 개량·보존·임대 등의 관리업무를 수행한 후 그 수익을 미리 정한 수익자에게 교부하거나(이를 "갑종 관리신탁"이라 함) 부동산 소유권만을 신탁회사가 관리(이를 "을종 관리신탁"이라 함)해 주는 신탁임.

#### 7) 신탁의 매입세액공제특례

제출한 매입처별 세금계산서합계표의 기재사항 중 거래처별 등록번호 또는 공급가액의 전부 또는 일부가 적히지 아니하였거나 사실과 다르게 적힌 경우 그 기재사항이 적히지 아니한 부분 또는 사실과 다르게 적힌 부분의 매입세액. 다만, 다음의 경우 매입세액은 공제된다.

① 법 제3조 제2항에 따라 부가가치세를 납부해야 하는 수탁자가 위탁자를 재화 또는 용역을 공급받는 자로 하여 발급된 세금계산서의 부가가치세액을 매출세액에서 공제받으려는 경우로서 그 거래사실이 확인되고 재화 또는 용역을 공급한 자가 법 제48조·제49조 또는 제66조·제67조에 따라 납세지 관할 세무서장에게 해당 납부세액을 신고하고 납부한 경우

② 법 제3조 제3항에 따라 부가가치세를 납부해야 하는 위탁자가 수탁자를 재화 또는 용역을 공급받는 자로 하여 발급된 세금계산서의 부가가치세액을 매출세액에서 공제받으려는 경우로서 그 거래사실이 확인되고 재화 또는 용역을 공급한 자가 법 제48조·제49조 또는 제66조·제67조에 따라 납세지 관할 세무서장에게 해당 납부세액을 신고하고 납부한 경우

### (2) 신탁재산의 법인세 납세의무

#### 1) 납세의무자(원칙) : 수익자

신탁재산에 귀속되는 소득에 대해서는 그 신탁의 이익을 받을 수익자가 그 신탁재산을 가진 것으로 보고 이 법을 적용한다(법법 5 ①).

### 2) 납세의무자(예외) : 수탁자

다음의 어느 하나에 해당하는 신탁으로서 대통령령으로 정하는 요건을 충족하는 신탁(「자본시장과 금융투자업에 관한 법률」 제9조 제18항 제1호에 따른 투자신탁은 제외한다)의 경우에는 신탁재산에 귀속되는 소득에 대하여 신탁계약에 따라 그 신탁의 수탁자[내국법인 또는 「소득세법」에 따른 거주자(이하 "거주자"라 한다)인 경우에 한정한다]가 법인세를 납부할 수 있다. 이 경우 신탁재산별로 각각을 하나의 내국법인으로 본다(법법 5 ②).

① 「신탁법」 제3조 제1항 각 호 외의 부분 단서에 따른 목적신탁
② 「신탁법」 제78조 제2항에 따른 수익증권발행신탁
③ 「신탁법」 제114조 제1항에 따른 유한책임신탁
④ 그 밖에 제1호부터 제3호까지의 규정에 따른 신탁과 유사한 신탁으로서 대통령령으로 정하는 신탁

수익자가 특별히 정하여지지 아니하거나 존재하지 아니하는 신탁 또는 위탁자가 신탁재산을 실질적으로 통제하는 등 대통령령으로 정하는 요건을 충족하는 신탁의 경우에는 신탁재산에 귀속되는 소득에 대하여 그 신탁의 위탁자가 법인세를 납부할 의무가 있다.

「자본시장과 금융투자업에 관한 법률」의 적용을 받는 법인의 신탁재산(같은 법 제251조 제1항에 따른 보험회사의 특별계정은 제외한다. 이하 같다)에 귀속되는 수입과 지출은 그 법인에 귀속되는 수입과 지출로 보지 아니한다.

**사례** **신탁재산의 법인세 납부**

부동산개발사업과 관련된 이익은 신탁법 제103조에 따라 신탁사무에 관한 최종계산을 하고 정산을 하는 것이 원칙이다. 그 이유는 신탁사업의 종료 이전에 이익을 분배한 후 전체적으로 손실이 발생할 경우 이해관계자에 대한 채무불이행이 발생하기 때문이다. 그러나 법인세의 납부는 법인세법 시행령 제69조에 따른 예약매출에 해당되어 진행기준으로 분양손익을 인식하여 미리 납부하게 된다. 이 경우 신탁계정에서 법인세 납부를 할 수 없게 되면 위탁자의 자금으로 납부하거나 납세보증보험증권 등으로 납부하여야 하는 부담이 발생한다. 이 경우 「금융투자회사의 영업 및 업무에 관한 규정」에 따라 다음의 요건이 충족되는 경우 법인세를 신탁계정에서 선지급할 수 있다.

① 위탁자가 해당 신탁사업의 법인세 산정내역(전체사업 및 사업별로 구분된 사업매출, 비용, 산출세액 등 신탁회사가 신탁사업의 법인세 확인을 요구하는 자료 등)을 신탁회사에 제출
② 우선수익자 및 수익권에 대한 질권자 전원이 법인세 납부를 위한 선지급에 동의
③ 위탁자가 신탁회사 앞으로 법인세 환급금 양도를 약정

관리형 토지신탁의 경우 선지급액의 범위는 다음과 같다.

선지급액 ≤ 분양수입금 − 사업비

#### 3) 위탁자의 회계처리

종합건설업을 영위하는 회사는 A부동산신탁㈜와 분양형토지 신탁계약을 체결하여 회사 소유용지를 신탁하고 동 용지상에 A회사가 시행하는 아파트 분양공사에 대하여 도급계약을 체결(50%)하였으며, 동 아파트 분양현장과 관련하여 회사와 A회사는 위탁자(동시에 수익자)와 수탁자의 대리관계에 있으며, 이 토지신탁계약에 의하면 신탁의 관리 운영권은 A회사에 귀속하며 회사는 아파트 분양 완료 후 정산금액을 수령할 권리만 있으며 회사는 외부자금조달시 담보로 제공하기 위하여 A회사와 협의하여 동 수익권을 표창하는 수익증권을 발행한 경우, 위탁자의 회계처리는 어떤 기준에 의해 이루어져야 하는지이다.

아파트 분양사업에 대한 위험과 효익의 대부분이 위탁자에게 귀속되고 위탁자의 의사가 당해 사업에 반영되는 등 위탁자가 실질적으로 관련 아파트 분양사업을 시행하고 있는 것으로 볼 수 있는 경우에는, 기업회계기준 제3조 제7호에 따라 위탁자가 당해 사업을 직접 시행하는 것과 같이 회계처리하는 것이 타당하다. 이 경우, 위탁자가 직접 시공하는 부분에서 발생한 원가와 다른 공사업체에게 도급을 주어 시공하는 부분에서 발생한 외주비는 분양원가 또는 재고자산으로 처리하고, 진행기준에 따라 관련 분양수익을 인식하여야 한다 (질의회신 01-085).

## 3. 관련 법률상의 시행사의 범위 및 등록요건

### (1) 주택법

#### 1) 시행사의 범위

① "사업주체"란 제16조에 따른 주택건설사업계획 또는 대지조성사업계획의 승인을 받아 그 사업을 시행하는 다음 각 목의 자를 말한다.

가. 국가 · 지방자치단체

나. 한국토지주택공사

다. 제9조에 따라 등록한 주택건설사업자 또는 대지조성사업자

라. 그 밖에 이 법에 따라 주택건설사업 또는 대지조성사업을 시행하는 자

② "주택조합"이란 많은 수의 구성원이 주택을 마련하거나 리모델링하기 위하여 결성하는 다음 각 목의 조합을 말한다.

가. 지역주택조합 : 같은 특별시 · 광역시 · 특별자치도 · 시 또는 군(광역시의 관할구역에 있는 군은 제외한다)에 거주하는 주민이 주택을 마련하기 위하여 설립한 조합

나. 직장주택조합 : 같은 직장의 근로자가 주택을 마련하기 위하여 설립한 조합
다. 리모델링주택조합 : 공동주택의 소유자가 그 주택을 리모델링하기 위하여 설립한 조합

### 2) 시행사(주택건설사업자)의 등록

① 연간 대통령령으로 정하는 호수 이상의 주택건설사업을 시행하려는 자 또는 연간 대통령령으로 정하는 면적 이상의 대지조성사업을 시행하려는 자는 국토교통부장관에게 등록하여야 한다. 다만, 다음 각 호의 사업주체의 경우에는 그러하지 아니하다.

1. 국가 · 지방자치단체
2. 한국토지주택공사
3. 지방공사
4. 「공익법인의 설립 · 운영에 관한 법률」 제4조에 따라 주택건설사업을 목적으로 설립된 공익법인
5. 제32조에 따라 설립된 주택조합(제10조 제2항에 따라 등록사업자와 공동으로 주택건설사업을 하는 주택조합만 해당한다)
6. 근로자를 고용하는 자(제10조 제3항에 따라 등록사업자와 공동으로 주택건설사업을 시행하는 고용자만 해당)

② 제1항에 따라 등록하여야 할 사업자의 자본금과 기술인력 및 사무실면적에 관한 등록의 기준 · 절차 · 방법 등에 필요한 사항은 대통령령으로 정한다.

③ 「임대주택법」 제17조 제1항 제2호에 따른 특수 목적 법인 등에 대하여는 대통령령으로 정하는 바에 따라 제2항에 따른 사업자 등록기준 중 인적 기준 등을 완화하여 적용할 수 있다.

### 3) 등록범위 및 등록요건

① 법 제9조 제1항 각 호 외의 부분 본문에서 "대통령령으로 정하는 호수"란 단독주택의 경우에는 20호, 공동주택의 경우에는 20세대(제3조 제1항에 따른 도시형 생활주택의 경우와 같은 조 제2항 제1호의 경우에는 30세대)를 말하며, "대통령령으로 정하는 면적"이란 1만제곱미터를 말한다.

② 법 제9조에 따라 주택건설사업 또는 대지조성사업의 등록을 하려는 자는 다음 각 호의 요건을 갖추어야 한다. 이 경우 「건설산업기본법」 제9조에 따라 등록한 건설업자(건축공사업 또는 토목건축공사업으로 등록한 자만 해당한다)가 주택건설사

업 또는 대지조성사업의 등록을 하려는 경우에는 이미 보유하고 있는 자본금·기술인력 및 사무실면적을 다음 각 호의 기준에 포함하여 산정한다.

1. 자본금 3억원(개인인 경우에는 자산평가액 6억원) 이상
2. 주택건설사업의 경우에는 「건설기술관리법 시행령」 별표 1의 규정에 의한 건축분야기술자 1인 이상, 대지조성사업의 경우에는 동표의 규정에 의한 토목분야기술자 1인 이상
3. 사무실 면적 33제곱미터 이상. 다만, 2009년 7월 1일부터 2013년 6월 30일까지 사무실 면적은 22제곱미터 이상으로 한다.

③ 주택건설사업을 등록한 자가 대지조성사업을 함께 영위하기 위하여 등록하는 때에는 제2항의 규정에 의한 대지조성사업의 등록기준에 적합한 기술자를, 대지조성사업을 등록한 자가 주택건설사업을 함께 영위하기 위하여 등록하는 때에는 제2항의 규정에 의한 주택건설사업의 등록기준에 적합한 기술자를 각각 확보하여야 한다.

| 주택건설사업자 | 단독주택 | 20호 이상 |
|---|---|---|
| | 공동주택, 도시형생활주택 | 20(30)세대 이상 |
| 대지조성사업자 | 1만 제곱미터 이상 | |

## (2) 도시 및 주거환경정비법

“사업시행자”라 함은 정비사업을 시행하는 자를 말한다(도정법 2 8호).

“정비사업”이라 함은 이 법에서 정한 절차에 따라 도시기능을 회복하기 위하여 정비구역 안에서 정비기반시설을 정비하고 주택 등 건축물을 개량하거나 건설하는 다음 각목의 사업을 말한다. 다만, 다목의 경우에는 정비구역이 아닌 구역에서 시행하는 재건축 사업을 포함한다.

가. 주거환경개선사업 : 도시저소득주민이 집단으로 거주하는 지역으로서 정비기반시설이 극히 열악하고 노후·불량건축물이 과도하게 밀집한 지역에서 주거환경을 개선하기 위하여 시행하는 사업

나. 재개발사업 : 정비기반시설이 열악하고 노후·불량건축물이 밀집한 지역에서 주거환경을 개선하기 위하여 시행하는 사업

이 경우 다음 요건을 모두 갖추어 시행하는 재개발사업을 "공공재개발사업"이라 한다.

1) 특별자치시장, 특별자치도지사, 시장, 군수, 자치구의 구청장(이하 "시장 · 군수 등"이라 한다) 또는 제10호에 따른 토지주택공사 등(조합과 공동으로 시행하는 경우를 포함한다)이 제24조에 따른 주거환경개선사업의 시행자, 제25조 제1항 또는 제26조 제1항에 따른 재개발사업의 시행자나 제28조에 따른 재개발사업의 대행자(이하 "공공재개발사업 시행자"라 한다)일 것
2) 건설 · 공급되는 주택의 전체 세대수 또는 전체 연면적 중 토지 등 소유자 대상 분양분(제80조에 따른 지분형주택은 제외한다)을 제외한 나머지 주택의 세대수 또는 연면적의 100분의 50 이상을 제80조에 따른 지분형주택, 「공공주택 특별법」에 따른 공공임대주택(이하 "공공임대주택"이라 한다) 또는 「민간임대주택에 관한 특별법」 제2조 제4호에 따른 공공지원민간임대주택(이하 "공공지원민간임대주택"이라 한다)으로 건설 · 공급할 것. 이 경우 주택 수 산정방법 및 주택 유형별 건설비율은 대통령령으로 정한다.

다. 재건축사업 : 정비기반시설은 양호하나 노후 · 불량건축물이 밀집한 지역에서 주거환경을 개선하기 위하여 시행하는 사업

이 경우 다음 요건을 모두 갖추어 시행하는 재건축사업을 "공공재건축사업"이라 한다.

1) 시장 · 군수 등 또는 토지주택공사 등(조합과 공동으로 시행하는 경우를 포함한다)이 제25조 제2항 또는 제26조 제1항에 따른 재건축사업의 시행자나 제28조 제1항에 따른 재건축사업의 대행자(이하 "공공재건축사업 시행자"라 한다)일 것
2) 종전의 용적률, 토지면적, 기반시설 현황 등을 고려하여 대통령령으로 정하는 세대수 이상을 건설 · 공급할 것. 다만, 제8조 제1항에 따른 정비구역의 지정권자가 「국토의 계획 및 이용에 관한 법률」 제18조에 따른 도시 · 군기본계획, 토지이용 현황 등 대통령령으로 정하는 불가피한 사유로 해당하는 세대수를 충족할 수 없다고 인정하는 경우에는 그러하지 아니하다.

### (3) 건축법

"건축주"란 건축물의 건축 · 대수선 · 용도변경, 건축설비의 설치 또는 공작물의 축조에 관한 공사를 발주하거나 현장 관리인을 두어 스스로 그 공사를 하는 자를 말한다(건축법 2 12호).

### (4) 부동산개발업의 관리 및 육성에 관한 법률

#### 1) 등록대상

① 다음 각 호의 구분에 따른 면적을 말한다.

1. 건축물

가. 「주택법」 제2조 제1호에 따른 주택과 주거용 외의 용도가 복합된 건축물(다수의 건축물이 연결된 하나의 건축물을 포함한다)

전체 연면적 중 주거용 외의 용도로 사용되는 부분의 연면적의 합계가 2천 제곱미터 또는 연간 5천 제곱미터. 다만, 전체 연면적에 대하여 주거용 외의 용도로 사용되는 부분의 연면적의 합계의 비율이 30퍼센트 이상인 경우에 한정한다.

나. 가목 외의 건축물

연면적이 2천 제곱미터 또는 연간 5천 제곱미터

2. 토지

면적이 3천 제곱미터 또는 연간 1만 제곱미터

### 2) 등록요건

① 법 제4조 제2항 제1호에서 "대통령령으로 정하는 금액"이란 다음 각 호의 구분에 따른 금액을 말한다.

1. 법인

가. 주식회사인 경우에는 자본금 3억원

나. 주식회사 외의 회사인 경우에는 출자금 3억원

다. 가목 및 나목 외의 법인인 경우에는 총자산에서 총부채를 뺀 금액 3억원

2. 개인

영업용자산평가액 6억원

② 법 제4조 제2항 제2호에서 "대통령령으로 정하는 시설 및 부동산개발 전문인력을 확보할 것"이란 다음 각 호의 요건을 모두 충족하는 것을 말한다.

1. 전용면적 33제곱미터 이상의 사무실을 확보할 것

2. 법 제5조 제1항에 따른 부동산개발 전문인력(이하 "부동산개발 전문인력"이라 한다) 2명 이상이 상근할 것. 이 경우 외국인인 부동산개발 전문인력은 「출입국관리법 시행령」 별표 1에 따른 주재, 기업투자 또는 무역경영의 체류자격을 갖춘 자이어야 한다.

③ 외국에 주된 영업소를 두고 있는 외국인이나 외국의 법령에 따라 설립된 법인이 부동산개발업의 등록을 하려면 「상법」 제614조에 따라 영업소를 설치하고 등기를 하여야 한다.

## 4. 시행사의 업종구분

건축물 이외의 부동산(토지, 광업권 등)을 직접 개발하여 판매 또는 임대하거나 직접 건설활동을 수행하지 않으면서 전체 건설공사를 건설업자에게 일괄 도급하여 건물을 건설하게 한 후, 이를 분양 · 판매하는 시행사는 부동산공급업(681)으로 한국표준산업분류에서 분류하고 있다.

### (1) 업종구분의 필요성

업종구분의 필요성은 업종에 따라 세법상 적용을 달리하고 있기 때문이다. 예를 들면, 도급을 주는 시행사가 시공사에 일괄도급을 주는 경우 부동산 분양공급업에 해당되어 중소기업특별세액감면을 받을 수 없다. 또한 재화의 공급에 해당되는가, 용역의 공급에 해당되는가에 따라 간주공급 또는 무상공급에 대한 과세문제가 달라지게 된다. 예를 들면 부동산 분양공급업은 재화의 공급에 해당되나 건설업은 용역의 공급에 해당되어 무상공급에 대한 부가가치세 과세문제가 발생되지 않는다.

### (2) 세법상 업종구분

조세특례제한법 제2조 제3항에서 업종의 구분은 이 법에 특별한 규정이 있는 경우를 제외하고는 통계법 제17조의 규정에 의하여 통계청장이 고시하는 한국표준산업분류에 의하도록 하고 있다.[52)] 한국표준산업분류에 의하면 건설업은 직접 건설활동을 수행하지 않더라도 건설공사에 대한 **총괄적인 책임을 지면서 건설공사 분야별로 도급 또는 하도급을 주어 전체적으로 건설공사를 관리**하는 산업활동으로 부동산을 개발하면서 다른 건설업자에게 일괄도급을 의뢰하여 건물을 건설하게 하고 이를 분양 · 판매하는 사업은 건설업이 아닌 부동산 분양공급업으로 분류하고 있다. 즉, 법인이 직접 건설활동을 수행하지 않고 건설업체에 의뢰하여 주거용 · 비주거용 건물을 건설하고 이를 분양 · 판매하여 한국표준산업분류상 부동산업 중 부동산공급업(681)으로 분류되는 경우에는 조세특례제한법 제7조 및 같은법 시행령 제 129조 제1항 제2호를 적용함에 있어서 건설업에 해당하지 아니하는 것이다(서이 46012-11700, 2002. 9. 12).

---

52) 조세특례제한법 제2조 제3항은 업종의 분류는 고도의 전문적 · 기술적 지식이 요구되고, 많은 전문인력과 시간이 소요되며, 분류되는 업종의 범위 역시 방대하므로 통계청장이 고시한 한국표준산업분류에 위임할 필요성이 인정되므로 헌법에 위반되지 아니한다(2005헌바59, 2006. 12. 28 합헌).

### (3) 시행사(부동산개발업자) 등의 업종구분

아파트의 건축을 위한 부지 마련, 설계용역 선정, 분양 등의 업무를 수행하고 아파트의 신축공사 전체를 건설회사에 도급함으로써 아파트를 시공한 바는 전혀 없음을 알 수 있는 바 아파트의 신축・분양과 관련하여 아파트건설업이 아닌 부동산공급업을 영위하였다고 봄이 타당하다(창원지법 2009. 9. 10 선고, 2007구합1352 판결). 즉, 상가나 오피스텔 등을 개발하여 분양판매하는 시행사의 경우 대부분 시공사(건설회사)에 건설을 의뢰하고 직접 건설활동을 수행하지 않는다. 따라서 건설업이 아닌 부동산공급업에 해당한다.

##  시행사의 각 단계별 업무흐름 및 세무실무 개관

### 1. 법인설립 단계

#### (1) 신규설립 또는 법인인수

상가 등을 신축하여 분양하는 시행사업을 영위하는 경우 일반적으로 법인을 설립하여 사업을 하게 된다. 이 경우 특히 문제가 되는 경우는 지방세 중과문제이다. 따라서 수도권에서 시행사업을 하는 경우에는 법인설립 등기 후 5년이 경과한 법인으로 하는 것이 세부담 측면에서 유리하다. 이 경우 설립일로부터 5년 이상 경과한 휴면법인을 인수한 경우에 중과대상에 해당되는지의 여부이다. 이에 대하여 논란이 있었으나 2010. 1. 1**부터 지방세법을 개정하여 휴면법인의 중과범위 및 적용기준 등을 구체적으로 명시**하여 대도시 내 법인 설립 시 휴면법인 인수가 조세회피수단으로 악용될 여지를 차단하였다.

① 대도시에서 법인의 설립[설립 후 또는 휴면법인을 인수한 후 5년 이내에 자본 또는 출자액을 증가하는 경우를 포함한다] 지점 또는 분사무소의 설치에 따른 등기

② 대도시 외의 법인이 대도시 내에로의 본점 또는 주사무소의 전입(전입 후 5년 이내에 자본 또는 출자액을 증가하는 경우를 포함한다)에 따른 등기. 이 경우 전입은 법인의 설립으로 보아 세율을 적용한다.

③ 대도시에서 법인의 설립(휴면법인을 인수하는 경우를 포함한다)과 지점 또는 분사무소의 설치 및 대도시 내로의 법인의 본점・주사무소 지점 또는 분사무소의 전입에 따른 부동산등기와 그 설립・설치・전입 이후의 부동산등기

여기서 휴면법인이란 다음에 해당되는 경우를 말한다(지령 27 ①). "휴면법인"이란 다음 각 호의 어느 하나에 해당하는 법인을 말한다.

1. 「상법」에 따라 해산한 법인(해산법인)
2. 「상법」에 따라 해산한 것으로 보는 법인(해산간주법인)
3. 「부가가치세법 시행령」 제13조에 따라 폐업한 법인(폐업법인)
4. 법인 인수일 이전 1년 이내에 「상법」 제229조, 제285조, 제521조의 2 및 제611조에 따른 계속등기를 한 해산법인 또는 해산간주법인
5. 법인 인수일 이전 1년 이내에 다시 사업자등록을 한 폐업법인
6. 법인 인수일 이전 2년 이상 사업 실적이 없고, 인수일 전후 1년 이내에 인수법인 임원의 100분의 50 이상을 교체한 법인

판례

**휴면법인 인수와 취득세 중과**(조심 2020지1588, 2021. 6. 2)

지방세법이 '휴면법인의 인수'를 '법인의 설립'과 동일하게 보아 취득세 중과세 대상으로 삼고 있는 것은, 법인을 설립하는 대신에 휴면법인의 주식 전부를 매수한 다음 법인의 임원, 자본, 상호, 목적사업 등을 변경함으로써 실질적으로는 법인 설립의 효과를 얻으면서도 대도시 내 법인 설립에 따른 부동산 취득 시 취득세의 중과를 회피하는 행위가 성행함에 따라 이를 규제하기 위함이다(대법원 2016. 1. 28. 선고 2015두54582 판결).

이상의 사실관계 및 관련 법령 등을 종합하여 살피건대, 법인을 인수한 후 1년 이내에 임원의 100분의 50 이상을 교체하였으므로 휴면법인에 해당되는지 여부는 인수되기 이전 2년 이상 사업 실적이 없는지 여부로 판단하여야 하는 점, 위 대법원 판례에 기재된 입법 취지 등을 고려하면 법인의 인수일을 기준으로 소급하여 2년 이상 계속 사업실적이 있어야 휴면법인에서 제외된다고 보는 것이 타당하다고 할 것인 점, 청구법인이 휴면법인에 해당되지 않으려면 청구법인을 <u>인수한 날부터 소급하여 2년(2014. 11. 12.부터 2016. 11. 11.까지) 이상 계속해서 사업실적이 있어야 하는데, 2015년도에 매출액이 전혀 없고, 소액의 영업외비용과 영업외수익만 존재하는바 이를 정상적인 사업실적으로 볼 수는 없는 점,</u> 2014사업연도의 손익계산서에서 매출액과 매출총이익이 동일한 것으로 나타나는바 이는 매출원가를 구성할 만한 인적·물적설비를 구비하지 않았다고 할 것이고 나아가 그 매출이 거래 수수료라고 하더라도 이는 정상적인 영업행위에서 발생할 수 없다고 보이는 점 등에 비추어 2016. 11. 11. 휴면상태인 법인을 인수하는 방법으로 사실상 대도시 내에서 청구법인을 설립하였다 할 것이고 청구법인은 그 날부터 5년 이내인 2019. 2. 13. 이 건 부동산을 취득하였다고 할 것이므로 처분청이 이 건 부동산을 대도시 내 법인이 그 설립일부터 5년 이내에 취득한 대도시의 부동산으로 보아 청구법인에게 이 건 취득세 등을 부과한 처분은 달리 잘못이 없다고 판단된다.

**핵심체크**

**[기존법인의 주식인수로 인한 양수시 검토사항]**

① 주식양도 · 양수에 따른 증권거래세 신고납부
② 15년이 경과되지 않은 이월결손금 공제가능
③ 과점주주에 의한 간주취득세 검토
④ 주식 등 변동상황명세서의 제출
⑤ 계속법인 여부 확인 : 인수 전 2년 이상 매출액이 실제로 발생하고 인건비, 임대료 등 물적시설 및 인적시설이 존재하는지 여부 확인

### (2) 시행권의 양수와 세무

#### ① 영업권 해당 여부

무형자산 중 다음에 해당하는 금액을 유상으로 취득한 금액을 영업권으로 한다(법칙 12 ① 1호). 영업권은 초과수익력 또는 영업상 가치의 존재가 구체적으로 인정되는 것으로 한다(대법원 2008. 9. 11 선고, 2006두2558 판결). 영업권은 무형자산으로 계상하고 감가상각을 하여야 한다.

㉠ 사업의 양도 · 양수과정에서 양도 · 양수자산과는 별도로 양도사업에 관한 허가 · 인가 등 법률상의 지위, 사업상 편리한 지리적 여건, 영업상의 비법, 신용 · 명성 · 거래처 등 영업상의 이점 등을 고려하여 적절한 평가방법에 따라 유상으로 취득한 금액

㉡ 설립인가, 특정사업의 면허, 사업의 개시 등과 관련하여 부담한 기금 · 입회금 등으로서 반환청구를 할 수 없는 금액과 기부금 등

즉, 아파트신축 · 분양사업을 영위하는 법인이 주택신축용 토지와 사업권을 취득함에 있어서 토지가액과 별도의 사업권에 대한 대가로 보상금을 구분하여 지급한 경우로서, 동 보상금이 사업포기로 인하여 당해 토지가액과 별도로 독립된 가치로 인정되어 유상으로 지급된 법인세법시행규칙 제12조 제1항의 영업권에 해당되는 경우에는 토지의 취득부대비용에 포함하지 아니하는 것이나, 당해 보상금이 사업을 포기하는 대가로 지급하는 것인지 여부는 계약당시 매입하지 아니한 토지의 대가성 여부 및 토지의 시가, 실질적인 사업권의 포기에 해당되는지 여부 등을 종합적으로 검토하여 판단할 사항이다(서면2팀-47, 2005. 1. 6).

### 소득세 집행기준 33-62-1 영업권의 범위

무형고정자산에 속하는 영업권에는 다음의 것이 포함되는 것으로 한다.

1. 사업의 양수도과정에서 양수도 자산과는 별도로 양도사업에서 소유하고 있는 허가·인가 등 법률상의 특권, 사업상 편리한 지리적 여건, 영업상의 비법, 신용·명성·거래선 등 영업상의 이점 등을 감안하여 적절한 평가방법에 따라 유상으로 취득한 가액
2. 사업인가 당시 인가조건으로 부담한 기금(반환받을 수 있는 경우를 제외한다) 및 기부금 등
3. 등록된 관광사업용 버스와 이에 따른 모든 권리 등을 함께 양수함에 있어서 버스자체의 대가 외에 관광사업에 따른 권리금을 별도로 평가하여 지급한 경우 그 가액
4. 양곡의 하역 및 보관업을 경영하는 자가 기계화로 인하여 실직되는 기존노무자의 생계를 위한 일종의 보상적 성질로 일정 하역량에 달할 때까지 인가조건에 따라 지급하는 보상금
5. 지입차량을 직영화함에 따라 지입차주로부터 차량을 매입하는 경우 차량자체대금 외의 권리금(T.O.대금)이 포함되어 있는 경우의 그 권리금
6. 특정사업의 면허를 취득하기 위하여 동업자조합 또는 협회에 가입할 때 지급하는 것으로서 반환청구할 수 없는 가입 회비

#### ② 사업권 양도·양수시 수익의 인식방법

아파트를 신축하여 판매하는 법인으로서 기업회계기준에 의한 진행기준으로 그 판매손익을 인식하는 법인이 동 아파트의 신축분양 중에 그와 관련된 사업을 다른 법인에게 양도하는 경우에 양도일까지 발생한 익금과 손금은 사업을 양도한 법인에게 귀속되는 것이며, 동 사업의 양도대가와 양도 당시 당해 사업에 속하는 순자산의 장부가액과의 차액을 익금 또는 손금에 산입하는 것이다.

또한, 사업을 양수한 법인은 당해 법인이 인수한 총분양계약금액을 그 손익의 귀속사업연도에 각각 익금에 산입하는 것이다(법인 46012-262, 1999. 1. 21).

이 경우 인수한 "총 분양계약금액"이란 총 분양계약금에서 분양사업을 양도한 시행사가 「법인세법 시행규칙」 제34조의 작업진행률에 따라 기 인식한 분양수익금액을 차감한 금액인 것이다(서면2팀-2342, 2006. 11. 16).

#### ③ 매입세액공제 여부

청구법인은 22개월 동안 추진하여온 아파트분양사업 시행에 관한 권리를 55억원에 평가하여 지급하기로 하였는 바, 이러한 사업권은 영업권으로서 사업용 자산과 별개인 아파트분양사업의 인·허가 등 법률상의 지위나 사업지역이 역에 근접하거나 지하철역에 가깝다는 등 사업의 입지조건이 유리한 점을 인정하여 사업권 대가를 지급한 것으로 보이므로, 지급한 10억원은 아파트분양사업과 관련된 지출로 인정된다 할 것이

다(국심 2006서2865, 2006. 12. 27, 국심 2004중2027, 2005. 4. 2). 따라서 처분청이 사업권 취득에 대한 부가가치세 1억원을 토지관련 매입세액이라 하여 매입세액을 불공제한 이 건 처분은 잘못이라고 판단된다(국심 2006구3845, 2007. 7. 13). 콘도미니엄을 신축·분양하는 사업을 영위하고자 하는 사업자가 기존에 해당 사업을 위해 보유 토지의 개발행위 및 인허가 업무, 관련 용역계약 체결 등 사업을 진행해 오던 다른 사업자로부터 토지와 사업권을 매입하는 경우 사업권 관련 매입세액은 「부가가치세법」 제38조 제1항 제1호에 따라 양수인의 매출세액에서 공제하는 것이나 해당 사업권 대가에 토지에 대한 자본적 지출에 관련된 비용이 포함되어 있는 경우 관련 매입세액은 실지 귀속으로 구분하여 같은 법 제39조 제1항 제7호에 따라 공제하지 아니하는 것이며 실지 귀속이 구분되지 아니하는 경우에는 총매입가액(공통매입가액 제외)에 대한 토지의 취득·조성과 관련된 매입가액의 비율에 의하여 안분계산하는 것이다. 또한 콘도미니엄의 신축·분양사업이 토지와 건물의 공급으로서 과면세 겸영사업에 해당하는 경우 사업권 관련 매입세액(토지에 대한 자본적 지출 관련 매입세액 차감 후의 세액) 중 면세사업 관련 매입세액은 실지 귀속으로 구분하여 같은 법 제39조 제1항 제7호에 따라 공제하지 아니하는 것이며 실지 귀속이 구분되지 아니하는 경우에는 같은 법 시행령 제81조 제1항에 따라 안분계산하는 것이다(법령해석과-2420, 2021. 7. 9).

④ 사업권 양도와 세금계산서 발급

사업자(갑)이 국민주택규모 이하 및 초과 아파트를 신축하여 분양하는 과·면세 겸영사업을 영위하기 위해 사업부지를 매입하고 사업계획승인을 신청하는 등 사업을 진행하다 분양 개시 전에 해당 사업부지 및 사업권을 다른 사업자(을)에게 양도하는 경우 양도인은 「부가가치세법 시행령」 제63조 제3항 제3호에 따라 사업권의 공급가액 전부를 과세표준으로 하여 양수인에게 세금계산서를 발급하는 것이며 양수인은 같은 법 제40조 및 같은 법 시행령 제81조에 따라 공통매입세액을 안분계산 하는 것이다(서면-2021-법령해석부가-1717, 2021. 8. 17.).

**관련법조문**

◈ **부가가치세법 시행령 제63조【과세사업과 면세사업 등에 공통으로 사용된 재화의 공급가액 계산】**

① 법 제29조 제8항에 따른 과세표준에 포함되는 공급가액은 다음 계산식에 따라 계산한다. 이 경우 휴업 등으로 인하여 직전 과세기간의 공급가액이 없을 때에는 그 재화를 공급한 날에 가장 가까운 과세기간의 공급가액으로 계산한다.

③ 제1항에도 불구하고 다음 각 호의 어느 하나에 해당하는 경우에는 해당 재화의 공급가액

전부를 과세표준으로 한다.
3. 재화를 공급하는 날이 속하는 과세기간에 신규로 사업을 시작하여 직전 과세기간이 없는 경우

## 2. 용지구입 단계

### (1) 취득원가의 구성

부동산매매업을 영위하기 위하여 토지만을 사용할 목적(구건물 철거 후 나대지로 사용하거나 새로운 건축물을 신축하는 경우 포함)으로 구건물과 토지를 취득하는 경우에는 매매계약서상 표시된 총매매 대금과 취득세 등 취득과 관련된 부대비용을 용지로 처리한다. 이 경우 토지에 대하여는 영수증(계산서)을 발급받고, 건물분에 대하여는 세금계산서를 발급받게 된다. 이 경우 건물분에 대한 부가가치세는 토지관련 매입세액에 해당되어 매입세액불공제 되고 토지의 취득원가로 처리한다. 한편 프로젝트 파이낸싱과 관련하여 발생하는 대출업무주선수수료, 부동산 매입시 자산실사 자문 용역비, 부동산 중개수수료 등 부동산 취득과 관련한 취득부대비용은 취득가액에 포함된다(서면2팀-2289, 2006. 11. 9).

 핵심체크

**[부동산공급을 받는 경우 적격증명수취 대상 여부]**

건물(토지를 함께 공급하는 경우에는 당해 토지를 포함하며, 주택을 제외한다)을 구입하는 경우로서 거래내용이 확인되는 매매계약서 사본을 법인세과세표준신고서에 첨부하여 신고하는 경우에는 증명불비가산세를 적용하지 아니한다(법칙 79 8호).

### (2) 토지의 취득원가 및 토지관련 매입세액

#### 1) 자본적지출의 범위(법기통 23-31-1)

자본적지출에는 다음에 따라 처리하는 것을 포함한다.

① 토지만을 사용할 목적으로 건축물이 있는 토지를 취득하여 그 건축물을 철거하거나, 자기소유의 토지상에 있는 임차인의 건축물을 취득하여 철거한 경우 철거한 건축물의 취득가액과 철거비용은 당해 토지에 대한 자본적지출로 한다.

② 부동산매매업자(주택신축판매업자를 포함한다)가 토지개발 또는 주택신축 등 당해 사업의 수행과 관련하여 그 토지의 일부를 도로용 등으로 국가 등에 무상으로 기증한

경우 그 토지가액은 잔존토지에 대한 자본적지출로 한다.

### 2) 토지관련 매입세액(부령 80)

토지 조성 등을 위한 자본적 지출에 관련된 매입세액은 매출세액에서 공제하지 아니한다. 여기서 토지관련 매입세액은 다음에 해당하는 것을 말한다.

① 토지의 취득 및 형질변경, 공장부지 및 택지의 조성 등에 관련된 매입세액

② 건축물이 있는 토지를 취득하여 그 건축물을 철거하고 토지만을 사용하는 경우에는 철거한 건축물의 취득 및 철거비용에 관련된 매입세액

③ 토지의 가치를 현실적으로 증가시켜 토지의 취득원가를 구성하는 비용에 관련된 매입세액

다만, 토지의 조성 등을 위한 자본적 지출은 토지 소유자인 사업자가 당해 토지의 조성 등을 위하여 한 자본적 지출을 의미하며, 당해 토지의 소유자가 아닌 임차사업자가 토지 조성 등을 위한 자본적 지출의 성격을 갖는 비용을 지출한 경우 매입세액불공제 대상인 토지관련 매입세액에 해당하지 않는다(대법원 2010. 1. 14 선고, 2007두20744 판결).

판례 **토지관련 매입세액**

**옹벽공사비용(조심 2010중2060, 2010. 9. 17)**

부가가치세법 시행령 제60조(매입세액의 범위) 제6항 제1호는 토지의 취득 및 형질변경, 공장부지 및 택지의 조성 등에 관련된 매입세액은 토지의 조성 등을 위한 자본적 지출에 관련된 매입세액으로 매출세액에서 공제하지 아니하는 것으로 규정하고 있으며, 처분청이 당초 청구법인의 부가가치세 신고에 대하여 건물후면의 옹벽공사비는 구축물공사로 보아 관련 매입세액의 공제를 인정하였고, 이후 청구법인이 한 이의신청의 심리과정에서 진입로 개설을 위한 옹벽공사비 관련 매입세액의 공제를 인정한 사실이 있으며, 건물신축과 직접 관련이 없고 건물과 분리되어 있거나, 저지대에 흙을 돋아 대지를 조성하거나 공장부지를 조성하기 위한 목적으로 한 옹벽공사에 지출된 비용은 토지의 가치를 현실적으로 증가시켜 토지의 취득원가를 구성하는 비용으로 보아 관련 매입세액을 불공제하는 것이 타당한 바, 처분청이 쟁점공사비 중 진입로 개설과 관련된 옹벽공사 외의 옹벽공사로 조성된 공간은 현재도 공장건물의 주차장 또는 정원으로 사용하고 있음을 확인하고, 이에 지출된 비용을 공장부지를 넓히기 위하여 공장 앞쪽 저지대를 흙으로 돋아 옹벽을 설치하는 데 소요된 비용으로 토지의 조성 등을 위한 자본적 지출에 해당한다고 보아 관련 매입세액을 불공제하여 부과한 이 건 부가가치세 처분은 달리 잘못이 없는 것으로 판단된다.

**구축물 공사비용(대법원 2006. 7. 28 선고, 2004두13844 판결)**

「부가가치세법」 제17조 제2항 각호에서 매출세액에서 공제하지 아니하는 매입세액을 규정하

고 있고, 제6호에서 '부가가치세가 면제되는 재화 또는 용역을 공급하는 사업에 관련된 매입세액과 대통령령이 정하는 토지 관련 매입세액'을 들고 있으며, 같은 법 시행령 제60조 제6항 제3호에서 '대통령령이 정하는 토지 관련 매입세액'이라 함은 '토지의 가치를 현실적으로 증가시켜 토지의 취득원가를 구성하는 비용'으로 규정하고 있는 한편, 토지와 구분되는 건물·구축물 등 건설공사와 관련된 매입세액은 같은 법 제17조 제1항의 규정에 따라 매출세액에서 공제하여야 할 것인 바, 구축물이란 토지 위에 정착 건설한 건물 이외의 토목설비·공작물 및 이들의 부속설비로서 교량, 샘, 상하수도, 용수설비, 도로, 터널, 지하도관, 정원 등을 포함하는 것으로 매입세액 공제대상인지 여부는 구체적인 공사내용별로 판단하여야 할 것이다.

**수목이식 공사비용**(조심 2010전1251, 2011. 5. 18)

청구법인은 발전시설 설치를 위해서는 수목의 이전이 반드시 필요하였기 때문에 쟁점조경이식공사가 발전시설공사와 직접 관련된 공사로서 동 공사비는 자본적지출이 아니라 수익적지출에 해당한다고 주장하고 있으며, 발전시설 공사를 위한 산지전용을 승인하면서, 부지조성시 기존지형을 최대한 이용하고 주변환경과 조화로운 조경계획을 수립·시행하라고 요구함과 동시에 임상이 양호한 수목을 사업지역 내 이식하라고 요구한 것에 대하여 청구법인이 이를 수용하여 수목을 이식하였고, 수목이식 공사비용이 발전시설공사의 원가를 구성하는 점 등에 비추어, 쟁점조경이식공사는 토지조성을 위한 공사라기보다는 발전시설공사에 필수적으로 수반되는 조경공사로 판단되므로, 처분청이 쟁점세금계산서 해당 매입세액을 토지관련 매입세액으로 보아 청구법인에게 부가가치세를 경정·고지한 처분은 잘못이 있는 것으로 판단된다.

**구건물 취득가액**(조심 2018서1596, 2018. 12. 24)

처분청은 이에 불구하고 기존 건물을 취득한 후 철거시까지 1년 이상 임대 등에 사용한 경우, 건물 취득 관련 매입세액을 공제하고 그렇지 않은 경우에는 토지 관련으로 보아 매입세액 불공제하는 기간기준을 제시하였으나, 이러한 기준은 우리나라 세법상 근거가 없는 것이어서 획일적으로 이러한 기간기준을 적용하는 것은 곤란해 보이는 점 등을 종합적으로 고려할 때, (차) OOO개발사업의 경우 인허가에 상당한 기간이 소요될 것임이 분명하였는데, 청구법인이 총 매매가액이 OOO이 넘는 쟁점건물을 취득한 후 수익을 얻기 위하여 임대사업에 사용할 목적은 없었던 것으로 보거나 그러할 목적이 있었더라도 이를 인정하지 아니하여야 한다는 처분청의 의견은 설득력이 낮아 보이고, 실제 쟁점건물을 취득한 후 상당한 기간 동안 부가가치세 과세사업에 공하여 거액의 수입금액이 발생하였으며, 이를 가장행위로 보거나 그 사실 자체를 부인할만한 객관적인 근거 내지 합당한 이유가 있다고 보기 어려움.

**금융자문수수료**(조심-2018-중-0774, 2018. 4. 30.).

대법원 2013. 5. 9. 선고 2010두15902 판결 등에서 토지와 관련된 매입세액 또는 면세사업과 관련된 매입세액에 해당하는지 여부는 동 매입세액이 발생한 원인이 되는 지출의 목적과 내용에 따라 개별적으로 판단하여야 하는 사항으로, 단지 동 지출이 발생한 시점에 지출 법인이 영위하고 있는 사업의 내용이나 보유하고 있는 자산의 종류를 기준으로 공제 여부를 판단하여서는 아니된다고 판시하고 있고, 조심 2015서3824, 2015. 12. 16. 등에서도 **금융자문수수료 관련 매입세액의 공제 여부를 판단하는 기준은 해당 자문 용역의 결과로 조달된 자금의 사용용**

도에 따라 판단하여야 한다고 해석하고 있다.

청구법인은 쟁점 금융자문수수료가 토지의 개발·공급과는 구분된 기존의 과세사업에 따른 대출을 상환하기 위한 대출과정에서 발생한 것이라고 주장하나, 쟁점자문계약서에 의하면 동 계약의 목적을 '신규사업인 부동산개발에 필요한 자금조달(기존대출 대환 및 기한 연장)을 위한 금융구조 자문'으로 명시하고 있어, 해당 대출금의 차입이 기존의 대출을 대환하기 위한 것이기는 하나 종국적으로 청구법인 토지의 개발·공급을 위해 이루어진 것으로 보이는 점, 청구법인은 당초 토지개발 및 공급에 필요한 자금조달을 위해 전체 자문수수료를 산정하고 세금계산서도 1매로 발급하였다가 객관적이고 구체적인 입증이나 기준 없이 대환대출을 위한 수수료로 구분하여 산정, 합의한 것으로 보이는 점으로 토지관련 매입세액에 해당된다.

 핵심체크

1) 토지관련 매입세액 : 매입세액불공제

토지관련 매입세액은 토지의 가치를 증가시키는 지출로 매입세액을 공제하지 않으며 토지의 자본적지출로 처리하게 된다. 실무상 토지관련 매입세액의 사례를 들어보면 다음과 같다.

① 토지만을 사용하기 위해 취득하는 구건물의 취득가액과 철거비용
② 새로운 건물신축에 따른 옹벽설치를 위한 토사제거, 정지공사(부가 46015-109, 1998. 1. 19)
③ 토지의 형질변경, 택지조성 등을 위한 명의 이전비, 법무사수수료, 개량비, 정리비
④ 구건물 안전진단비용(서면3팀-2124, 2004. 10. 15)
⑤ 관광휴양지 조성관련 토지측량용역 및 토목설계용역(서면3팀-7, 2005. 1. 4)
⑥ 건축물 건설을 위한 대지조성비용(부가 46015-65, 1998. 1. 10)

2) 건축물관련 매입세액 : 매입세액공제

과세사업에 사용되는 건물을 신축하기 위하여 지출되는 비용에 관련되는 다음의 매입세액은 매출세액에서 전액 공제된다.

① 건물신축관련 설계용역비
② 모델하우스 건립비용
③ 지하실 터파기 공사비 및 잔토붕괴를 막기 위한 흙막이 공사비
④ 증축목적으로 사업용으로 사용하던 기존건축물의 철거비용
⑤ 건물주변의 조경공사(정원설치) 및 포장공사(서삼 46015-10267, 2001. 9. 19)
⑥ 국가 등에 기부채납한 진입도로의 개설 및 포장공사관련 비용(부가 46015-1855, 2000. 7. 29)

### 3) 사업개시와 관련된 필수불가결한 비용

과세사업에 공하기 위한 건물을 신축하기 위하여 건축물이 있는 토지를 취득하여 구건물을 철거하는 경우 철거한 건축물의 취득가액과 철거비용은 토지의 자본적 지출에 해당하므

로 관련매입세액은 매출세액에서 공제하지 아니하는 것이다(소비-208, 2004. 2. 27).

또한, 청구법인이 쟁점부동산 중 건물을 매입한 것은 그 건물을 활용하기 위해서가 아니라 쟁점부동산 중 토지상에 새로운 건축물을 신축하기 위한 것인 사실이 쟁점부동산을 취득한 이후 건물을 철거한 내용이 나타나는 건축물대장에 의하여 확인되는 이상 쟁점부동산 중 건물의 취득과 관련된 매입세액은 토지관련 매입세액으로 불공제대상이다(국심 2003서1823, 2003. 10. 2).

다만, 사업상 필수불가결하게 지출된 비용의 매입세액 공제대상 여부에 대해서는 다음과 같은 사례가 있다.

즉, 사업과 직접 관련 없는 매입세액 또는 토지의 조성 등을 위한 자본적 지출에 관련된 매입세액은 매출세액에서 공제할 수 없는 것이나, 사업을 개업하는 과정에서 필수불가결하게 지출된 비용에 해당되는 경우 관련매입세액은 매출세액에서 공제받을 수 있는 것이다(심사부가 2002-112, 2002. 6. 24).

또한, 경락으로 취득한 석재공장에 방치되어 있던 산업폐기물을 처리하고 처리비에 대한 세금계산서를 교부받아 부가가치세 매입세액으로 공제받은 데 대하여 폐기물처리비는 섬유가공업과 직접 관련이 없고 토지의 자본적 지출에 해당한다 하여 매입세액을 불공제하였으나, 석재공장을 경락으로 취득하여 섬유가공업을 운영하고자 하였으나 전사업자가 석재공장을 운영하면서 발생한 산업폐기물을 처리하지 않고 임의로 방치하여 섬유가공업을 개업하는 데 지장이 있어 관할관청에 사업장 폐기물 배출자 신고를 한 후 폐기물을 위탁처리하였는 바 폐기물처리비는 섬유가공업을 개업하는 과정에서 필수불가결하게 지출된 비용으로 사업과 직접 관련이 없다거나 토지의 가치를 현실적으로 증가시키는 자본적지출로 볼 수는 없으므로 매입세액 공제대상이다.

#### 4) 토지의 취득에 관한 회계처리

(주)MH 개발은 오피스텔 신축목적으로 구건물 100,000,000원(부가세 별도)과 토지 200,000,000원을 취득하고 구건물 철거비용 10,000,000원(부가세 별도)을 6개월 만기의 어음으로 교부하였다.

| (차) 용지 | 321,000,000 | (대) 매입채무 | 321,000,000 |
|---|---|---|---|

**참 고** **관련해석 사례**

**(1) 시행사 예금계좌의 시공사 수탁관리 관련 질의**(질의회신 02-150, 2002. 9. 9)

① 질의 내용

시공사는 시행사의 명의로 차입한 자금에 대하여 지급보증을 하고 시공사 명의의 예금 계좌에 입금하여 수탁관리하고 있으며, 일부 여유자금에 대하여는 시공사 명의의 수익 계좌로 이체하여 운영하고 있음. 시행사는 시공사의 승인 하에 동 계좌로부터 자금을 인출하여 토지매입 등 운영자금으로 사용함. 이 경우, 시행사의 적절한 회계처리는?

② 회신 내용

시행사가 시공사의 명의로 된 예금계좌에 입금되어 수탁관리되는 차입금을 합의한 내용에 따라 운용 자금으로 사용하는 데에 실질적인 제한이 없다면, 동 차입금을 시행사의 자산과 부채로 회계처리하고 동 계좌의 여유자금의 운용으로부터 발생하는 수익은 시행자의 당기손익으로 회계처리하는 것이 타당합니다.

**[세법규정 검토]**

주택신축판매업을 영위하는 법인이 분양수입금의 입금통장 명의를 시공사인 건설업 법인의 명의로 개설(통장인감은 공동날인)함에 따라 당해 입금통장에서 발생한 수입이자에 대하여 금융기관이 시공사 명의로 원천징수한 경우 당해 원천징수세액은 동 수입이자의 실질적인 귀속자인 주택신축판매업 법인의 기납부세액으로 공제한다(서이 46012-11872, 2003. 10. 27). 즉, 실질과세원칙에 따라 처리한다.

**(2) 분양대행수수료와 분양 광고선전비의 회계처리**(회신 03-133, 2003. 12. 31)

① 질의 내용

건설시행사인 회사가 아파트분양을 위하여 분양계약 전에 분양대행사에게 지급한 분양대행수수료와 아파트분양 관련 광고선전비는 어떻게 회계처리해야 하는지(기준서 12호 적용)

② 회신 내용

분양대행수수료와 분양광고선전비는 판매비와관리비로 회계처리하는 것이 타당합니다.

**(3) 임대료 보상액 회계처리**(질의회신 03-124, 2003. 12. 22)

① 질의 내용

오피스텔을 신축 분양하는 회사가 X1년 초에 분양 및 공사를 시작하여 X2년 말에 입주하도록 할 예정이며, 분양계약자에게 입주 후 2년(X3년과 X4년)간의 임대를 보장하는 조건으로 분양계약하고 임대가 안되는 경우에는 그 기간에 대한 적정임대료를 회사가 분양계약자에게 지급하기로 하였음.

(질의1) X1년과 X2년에 결산시 예상되는 임대료 보상액에 대하여 부채로 인식하여야 하는지?

(질의2) 질의1에서 예상 임대료 보상액을 부채로 인식하여야 한다면, X3년과 X4년에 미임대 부분에 대하여 실제로 지급한 적정임대료가 부채로 인식된 금액을 초과하는 부분을 당해연도의 비용으로 회계처리할 수 있는지?

② 회신 내용

(질의1) 합리적으로 추정된 임대료 보상예상액을 부채로 인식하여야 합니다.

(질의2) 비용으로 회계처리하는 것이 타당합니다.

[세법규정 검토]

시행사가 상가 등의 분양을 촉진하기 위하여 임대보장조건부로 분양하는 경우 준공 후에 미분양된 부분에 대하여 분양자를 임대인으로, 시행사를 임차인으로 하여 일정기간 동안 임대를 보장해주는 경우가 있다. 이 경우 회계상으로는 임대보장에 따른 보장상당예상액을 추정손실로 계약시점에서 계상하도록 하고 있지만 세법에서는 열거된 충당금이 아니므로 손금으로 인정받을 수 없고 실제로 지출시에 손금산입하여야 한다. 한편, 상가의 초기 활성화를 위하여 일정기간 분양자가 수분양자에게 수익보장금을 지급하되 수분양자의 소유권 양도시 양수인에게 수익보장금을 지급하고, 영업을 개시한 상가에는 더 높은 수익보장금을 지급하는 경우 수분양자 또는 양수인이 지급받는 수익보장금은「소득세법」제19조 제1항 제12호의 사업소득에 해당하는 것이다(법령해석소득 2017-225, 2017. 6. 30).

## 5) 기존건물 취득가액에 대한 매입세액공제 받는 방법

새로운 건물을 신축하기 위하여 구건물과 토지를 취득하는 경우 구건물에 대한 매입세액은 토지의 자본적지출(토지관련 매입세액)로 보아 매입세액이 불공제된다. 즉, 구건물의 경제적 효용가치(용역잠재력)는 더 이상 없으므로 건물로 계상이 불가능하고 토지로 계상하여야 한다는 것이다. 그러나 건물은 신축하기 위하여 구 건물을 취득하였으나 여러 가지 사정(기존임대차 계약기간이 남아있는 경우 등)에 의하여 구 건물을 계속 사업용으로 사용하는 경우에는 사업용자산으로 보아 매입세액공제가 가능하다고 판단된다. 이 경우에는 건물로 계상하고 감가상각을 하여야 하며 또는 기존건물소재지 해당 사업장에 사업자등록을 하고 부동산임대업에 대한 부가가치세 신고 등을 하여야 한다.

**판례** **구 건물취득가액과 매입세액공제(조심-2018-서-1596, 2018. 12. 24)**

청구법인 등이 부동산 개발사업을 추진하여 장래에 건립할 목적할 목적으로 2015. 9. 25. 쟁점부동산을 취득한 것이기는 하나, 그 부동산 개발사업을 위해서는 인허가(주요 절차 : 프로젝트 제안서 접수 → 협상조정협의 → 공공기여협의 및 감정평가 → 지구단위계획수립 및 용도지역 변경 → 건축심의 및 교통·경관·환경 등의 영향평가 → 수도권정비위원회 심의 → 건축심의 및 허가)에 3년 가량이 소요될 것으로 예상하고 쟁점건물을 취득하기 이전부터 쟁점건물을 부가가치세 과세사업인 임대업에 상당한 기간 동안 사용할 계획이 있었음이 2014. 11. 19.자 청구법인의 관련 프로젝트 추진현황 보고문건, 2014. 11. 23. 본사 사옥 이전비용 검토보고서 등에 나타나고, 청구법인은 쟁점건물의 예상 사용기간을 반영하여 추정내용연수로 4년을 적용하여 감가상각 하였으며, 이에 대하여 외부회계감사에서 적정하다는 의견을 받은 점, 궁극적으로 목적하는 부동산 개발사업의 시행을 위하여 필요한 조건이 장래에 충족될 경우 철거할 것으로 계획한 건물이라 하더라도 그 조건이 충족되는 데에 장기간이 소요되어 이를 취득하여 상당한 기간 동안 부가가치세 과세사업에 사용할 목적 역시 있었고 실제 그러하였다면 위의 두 목적은 양립할 수 있다 할 것인데 처분청의 의견은 전체적으로 그 양립이 불가함을 전제로 하고 있어 수긍하기 어려우며, 처분청의 의견과 반대로 국세청도 부동산개발을 위해 철거예정 건축물을 취득하고 부동산개발사업 절차가 확정될 때까지 상당기간이 소요되어 그 기간까지 부동산 임대에 사용하면서 실제 임대차계약 내용대로 임대업에 공하는 경우, 당해 건축물을 취득하면서 지출한 매입세액을 매출세액에서 공제할 수 있다(국세청 부가-313, 2013. 4. 9)는 행정해석도 있으므로 이는 토지관련 매입세액이 아닌 건물관련 매입세액으로 공제됨이 타당하다.

**참 고** **수익적지출의 예**(법기통 23-31-2)

23-31…1 제1호 이외의 사유로서 기존건축물을 철거하는 경우 기존건축물의 장부가액과 철거비용은 수익적지출로 한다. 이 경우 과세사업을 위한 건축물의 증설, 확장 등을 위해 지출된 철거비용은 매입세액공제가 된다.

## 3. 분양단계

### (1) 부동산공급업자

#### ① 분양가액의 결정

토지와 건물의 일괄공급시 토지와 건물가액은 실지거래가액이 원칙이다. 이 경우 **실지거래가액이란 거래 당사자간의 합의에 의한 가액으로 매매계약서, 세금계산서 등 관련 증빙자료에 의하여 객관적으로 입증될 수 있는 거래가액**으로 해석하고 있으며(재경부 부가 22601-123, 1992. 8. 11, 재소비-165, 2004. 2. 13) 판례에서는 일반적으로 매매계약서상의 매매금액이 실지거래가액임이 확인되고 계약서상에 토지의 가액과 건물의 가액이 구분표시되어 있으며, 구분표시된 토지와 건물가액 등이 정상적인 거래 등에 비추어 합당하다고 인정되는 경우에는 실지거래가액으로 본다(대법원 1995. 2. 24 선고, 93누18914 판결). 사업자가 토지와 그 토지에 정착된 건물 및 그 밖의 구축물 등을 함께 공급하는 경우의 실지거래가액 중 토지의 가액과 건물 등의 가액의 구분이 불분명한 경우 또는 사업자가 실지거래가액으로 구분한 토지와 건물 또는 구축물 등의 가액이 다음에 따라 안분계산한 금액과 100분의 30 이상 차이가 있는 경우에는 (ⅰ) 감정가액 (ⅱ) 기준시가 (ⅲ) 장부가액 (ⅳ) 취득원가 순으로 안분계산한다. 다만, 다른 법령에서 정하는 바에 따라 가액을 구분한 경우 등 대통령령으로 정하는 사유에 해당하는 경우는 제외한다(부법 29 ⑨ 2호). 즉, 다른 법령에서 토지와 건물의 양도가액을 정한 경우와 건물이 있는 토지를 취득하여 건물을 철거하고 토지만을 사용하는 경우를 말한다(부령 64 ②). 따라서 분양공급업자는 토지, 건물가액을 결정하여 계약서에 구분표시하여야 한다. 이 경우 건물가액에 부가가치세 별도라는 명시를 반드시 해야 하며, 이에 대한 표시가 없으면 부가가치세가 분양가액에 포함된 것으로 보아 분양받은 자로부터 부가가치세를 거래징수할 수 없게 되어 그만큼 사업성이 떨어진다.

판례 **토지와 건물의 과세표준 안분계산**

**실지거래가액의 의미**(서울행정법원 2013. 4. 5. 선고 2012구합36651 판결)

원고와 양수인들 사이에서는 결국 매매계약서 내지 세금계산서에 표시된 가액을 위 각 건물의 매매대금으로 삼기로 하는 의사의 합치가 있었다고 할 것이므로, 이를 각 건물의 실지거래가액으로 보는 것이 타당하다.

나아가 실지거래가액이라 함은 객관적인 교환가치를 반영하는 일반적인 시가가 아니라 실지의 거래대금 그 자체 또는 거래 당시 급부의 대가로 실지 약정된 금액을 의미하는 것이므로, 피고 주장과 같이 '토지와 건물의 가액 등이 합당하다고 인정되지 않는 경우'를 실지거래가액 중 토지와 건물의 가액이 불분명한 경우라고 볼 수도 없다.

**토지와 건물가액의 구분기장**(대법원 1989. 12. 26 선고, 89누169 판결)

사업자가 토지와 그 토지에 정착된 건물 등을 함께 공급하는 경우에 그 건물 등의 공급가액은 실지거래가액에 의하도록 정하고, 단서에서는 실지거래가액 중 토지의 가액과 건물 등의 가액의 구분이 불분명한 경우 직전 과세기간 개시일부터 공급시기가 속하는 과세기간의 종료일까지 '부동산 가격공시 및 감정평가에 관한 법'에 따른 감정평가법인이 평가한 감정평가 가액이 있는 경우에는 그 가액에 비례하여 안분계산하거나(제1호 단서), 기준시가에 따라 안분계산하는 등의 방법을 규정하고 있다. 위 단서 규정은 부가가치세 과세대상인 건물의 공급가액과 비과세대상인 토지의 공급가액이 구분되어 있지 아니하여 양자의 가액이 불분명한 경우에 과세대상 건물의 공급가액을 산출하기 위한 특례규정으로서, 세법에 의한 장부나 그 밖의 증빙 서류에 건물의 공급가액이 토지의 가액과 구분기장되어 있는 경우에는, 그 기재에 허위 또는 누락이 있다고 인정되는 경우에만 적용되어야 한다.

**토지 및 건물가액의 비합리성**(조심 2013구3047, 2013. 9. 2)

매매계약서상 양도금액은 토지와 건물이 구분되지 않고 일괄하여 되어 있는 점, 청구법인이 토지와 구분하여 거래하였다는 건물가액에 대한 산정기준을 제시하지 못하고 있는 점, 양도일 직전에 작성된 감정평가표가 있음에도 거래당사자간 임의로 건물가액을 산정하였고, 산정결과도 전체 양도금액에 대한 건물가액 비율이 51%로서 감정평가표상의 건물가액 비율인 34%보다 과다한 점 등으로 볼 때, 처분청이 쟁점부동산의 거래가액 중 토지의 가액과 건물의 가액의 구분이 불분명하다고 보아 감정평가액에 비례하여 토지와 건물의 가액을 안분계산하고 이에 따라 청구법인에게 부가가치세를 부과한 이 건 처분은 달리 잘못이 없다고 판단된다.

**매매사례가액으로 구분**(조심 2011서4815, 2012. 2. 8)

쟁점부동산을 매입하면서 인근 부동산의 매매사례가액 및 감정가액 등을 참작하여 토지와 건물의 가액을 구분하여 계약하였고, 공급자는 관련 부가가치세 매출세액을 납부하였으며, 공급받는 자인 청구인은 부가가치세 매입세액을 매출세액에서 공제하여 신고한 사실이 확인되고, 쟁점부동산이 철근콘크리트 구조물로 향후에도 장기간 사용이 가능하다고 보이는 점과 쟁점부동산과 이용현황이 유사한 인근 부동산의 매매사례가액 및 감정가액 등에 비추어 청구인과 신OOO이 매매계약서에 구분 기재한 토지와 건물 가액을 사회통념에 벗어난 가액이라고는 보이지 아니하므로 이 건 처분청이 쟁점부동산의 거래가액 중 토지의 가액과 건물 등의 가액의 구분이 불분명하다고 보아 동 시행령 제48조의 2 제4항 단서 제1호를 적용하여 기준시가의 비율로 계산한 가액을 건물가액으로 하여 관련 매입세액 중 일부만 환급한 이 건 처분은 부당하다고 판단된다.

### ② 실지거래가액의 결정

실지거래가액은 토지의 취득원가, 건축비 등을 감안하여 산정하거나 감정가액이 있으면 감정가액으로, 없으면 기준시가로 토지와 건물가액을 산정한 금액으로 매수인과 합의 하에 분양계약서에 토지와 건물가액을 구분표시하면 된다. 만일 매매계약서상의 실지거래가액이 통상적인 가격보다 부당하게 높거나 낮으면 과세관청에서 문제를 제기할 수 있다. 토지의 가액이 부당히 고가로 표시되면 실지거래가액이 불분명한 것으로 보아 부가가치세법의 토지·건물 일괄공급시의 안분계산 규정에 의해 안분한 후 분양업자의 건물분에 대한 부가가치세의 추징을 받을 수 있으며 상대적으로 건물가액이 부당히 고가로 계상되면 분양받은 자의 경우 감가상각비가 과다 계상되는 문제가 발생된다.

따라서 실지거래가액이 결정되더라도 국세청기준시가(건축물 허가서 등에 의해 산출)와 비교하여 30% 범위 내인지를 검토하여야 한다.

**관련법조문**

**◈ 부가가치세법 제29조 【과세표준】**

⑨ 사업자가 토지와 그 토지에 정착된 건물 또는 구축물 등을 함께 공급하는 경우에는 건물 또는 구축물 등의 실지거래가액을 공급가액으로 한다. 다만, 다음 각 호의 어느 하나에 해당하는 경우에는 대통령령으로 정하는 바에 따라 안분계산한 금액을 공급가액으로 한다.

1. 실지거래가액 중 토지의 가액과 건물 또는 구축물 등의 가액의 구분이 불분명한 경우
2. 사업자가 실지거래가액으로 구분한 토지와 건물 또는 구축물 등의 가액이 대통령령으로 정하는 바에 따라 안분계산한 금액과 100분의 30 이상 차이가 있는 경우. 다만, 다른 법령

에서 정하는 바에 따라 가액을 구분한 경우 및 토지와 건물 등을 함께 공급받은 후 건물 등을 철거하고 토지만 사용하는 경우는 제외한다(부령 64 ②).

◈ 부가가치세법 시행령 제64조 【토지와 건물 등을 함께 공급하는 경우 건물 등의 공급가액 계산】

② 법 제29조 제9항 제2호 단서에 따라 다음 각 호의 어느 하나에 해당하는 경우에는 건물 등의 실지거래가액을 공급가액으로 한다. 〈신설 2022. 2. 15.〉

1. 다른 법령에서 정하는 바에 따라 토지와 건물 등의 가액을 구분한 경우
2. 토지와 건물 등을 함께 공급받은 후 건물 등을 철거하고 토지만 사용하는 경우

### ③ 공급시기

**상가분양업 등은 통상적으로 부가가치세법상 중간지급조건부에 해당**된다. 따라서 공급시기는 대가의 각 부분을 받기로 한 때이며, 이 때에 세금계산서를 발급하여야 한다. 다만, 공급시기 이전에 대가를 받은 경우에는 받은 금액의 범위 내에서 세금계산서를 발급하면 그 때가 공급시기가 된다. 중간지급조건부에 해당되지 않는 경우에는 이용 가능하게 되는 때인 잔금청산일, 소유권이전등기일, 입주일 중 빠른 날이다.

### ④ 매입세액공제

상가분양 등과 관련하여 발생하는 매입세액은 그 귀속에 따라 공제 또는 불공제한다. 다만, 모델하우스 건립비용은 전액공제하고, 광고홍보비(부가 22601-266, 1991. 3. 4) 및 분양대행수수료(부가 46015-1988, 1996. 9. 2), 일반관리비에 대한 매입세액은 공통매입세액에 해당되므로 총분양예정가액(토지 및 건물)으로 안분계산한다.

### ⑤ 손익의 귀속사업연도

법인세법상 상품 등 외의 자산의 양도손익의 귀속사업연도는 그 대금을 청산한 날이나 일반적으로 상가나 오피스텔의 공급은 예약매출에 해당되어 분양이 된 부분에 대해서는 공사진행기준에 따라 익금과 손금을 인식해야 한다.

예약매출에 대한 진행률에 의한 익금과 손금은 다음과 같이 계산한다. 분양계약률은 실제 분양 계약금액을 총 분양 예정가액으로 나눈 율을 말한다.

| ⓐ 익금(분양수익) : 총분양예정가액 × 작업진행률 × 분양계약률 - 전기말 누적분양수익 |
|---|
| ⓑ 손금(분양원가) : 누적실제발생원가 × 분양계약률 - 전기말 누적분양원가 |

### ⑥ 임대사업으로의 전환(면세전용)

주택을 신축하여 분양하는 부동산매매업자가 분양되지 아니한 부가가치세가 과세되는 주택을 분양이 될 때까지 일시적으로 임대하던 중에 분양가능성이 없어 부동산매매업을 폐업하는 경우, 당해 주택은 부가가치세법 제6조 제4항의 규정에 의하여 자기에게 공급하는 것으로 보는 것이며, 동법 제13조 제1항 제4호 및 동법 시행령 제50조 제1항의 규정에 의한 당해 주택의 시가를 부가가치세 과세표준으로 하는 것이다(서삼 46015-10270, 2003. 2. 14). 임대사업으로 전환하는 경우 사업장소재지는 부동산의 등기부상의 소재지이므로 임대사업개시일로부터 20일 이내에 사업자등록을 하여야 한다.

**⑦ 분양계약 취소시 수정세금계산서 발급방법**

분양계약당사자가 중간지급조건부에 의하여 분양대금을 수수하다가 계약이 해제된 경우 수정세금계산서를 **해제일을 작성일자로 하여 발급**하여야 한다. 2012. 7. 1 이후 최초로 해제사유 발생분부터 적용되며 수정신고대상이 아니다.

**⑧ 매수인 지위이전에 따른 공급시기**

신축 중인 부동산을 준공 조건부로 매수하는 계약을 체결한 사업자가 잔금 지급 전에 해당 부동산 매수인의 지위를 다른 사업자(이하 "최종매수인")에게 양도하는 계약을 체결하며 계약금을 수취하고 계약 체결일부터 계약의 효력이 발생하는 것으로 약정한 경우로서 매수인 지위 이전에 대한 잔금은 부동산이 준공되어 최종매수인이 부동산 매도인에게 매매잔금을 지급하고 소유권을 이전받은 부동산 매매거래의 종결일 이후에 최종매수인의 부동산 임대 실적에 따라 정산하여 받기로 약정한 경우 매수인 지위 이전에 대한 공급시기는 「부가가치세법」 제15조 제1항 제2호에 따라 최종매수인이 해당 권리를 이용가능하게 되는 때인 부동산 매매거래의 종결일로 보는 것이다(법령해석과-2596, 2021. 7. 26).

**관련해석사례**

**◈ 매수자 지위양도와 세금계산서 발급**

사업자(이하 "매도자")가 신축 중인 건물과 토지를 다른 사업자(이하 "기존매수자")에게 매도하기로 계약한 후 계약금과 중도금을 지급받고 세금계산서를 발급한 상태에서 기존매수자가 관광숙박시설을 임대하는 사업을 영위하고자 하는 사업자(이하 "매수자")에게 매수자 지위를 이전함에 따라 매수자가 매도자에게 잔금을, 기존매수자에게 매수자 지위 이전대가를 지급하는 경우 매도자는 변경된 계약내용에 따라 매수자에게 잔금에 대한 세금계산서를 발급하는 것이며, 기존매수자는 매수자에게 매수자 지위 이전에 따른 대가관계 있는 금액(계약금, 중도금, 매수자 지위 이전대가)에 대하여 세금계산서를 발급하는 것이다. 이때 매수자 지위 이전대가에 토지를 취득할 수 있는 권리가 포함되어 있는 경우 해당 토지를 취득할 수 있는 권리의 양도는 부가가치세가 과세되지 아니하는 것이며, 매수자 지위 이전대가 중 토지와 건물 상당액의 구분이 불분명한 경우에는 「부가가치세법 시행령」 제64조 제1항에 따라 안분계산한 금액으로 하는 것이다. 한편, 매수자가 매수자 지위 이전과 관련하여 부담한 매입세액은 같은 법 제39조에 따른 공제하지 아니하는 매입세액을 제외하고는 매출세액에서 공제할 수 있는 것이다(사전-2020-법령해석부가-0673, 2020. 10. 11.).

### (2) 분양계약자

분양계약자는 분양물건을 임대하거나(부동산임대업) 직접 사업을 행하는 경우에 다음 사항을 유의해야 한다.

#### ① 사업자등록

사업개시 전에 분양계약서를 첨부하여 사업자등록을 해야 한다. 사업자등록 전의 매입세액은 공제되지 않기 때문이다. 이 경우 공급시기가 속하는 과세기간이 끝난 후 20일 이내에 등록 신청한 경우 그 과세기간 내의 것은 매입세액공제가 가능하다.

#### ② 과세유형의 결정

부동산임대업이나 사업소득의 경우 간이과세 배제지역 또는 배제업종이 아니면 간이과세자나 일반과세자를 선택할 수 있다. 이 경우 환급을 받기 위해서는 일반과세자로 사업자등록을 신청해야 한다. 통상적으로 과세유형은 여러 가지 복합적인 판단에 따라 결정해야 하지만 다음을 고려해 볼 필요가 있다.

[일반과세자가 유리한 경우]

㉠ 간이과세자의 납부면제 기준인 과세기간의 공급대가가 4천 8백만원 이상인 경우

㉡ 임차인으로부터 부가가치세의 거래징수가 가능한 경우 : 임차인 역시 거래징수당한 매입세액이 환급가능하고 임대인 또한 거래징수한 세액을 납부하므로 임대료 감소효과 없음.

[간이과세자가 유리한 경우]

㉠ 과세기간의 공급대가(임대료)가 4천 8백만원 미만인 경우 : 부가가치세의 납부의무 없음. 납부면제기준의 판단은 신규사업자는 해당 과세기간에 신규로 사업을 시작한 간이과세자에 대하여는 그 사업개시일부터 그 과세기간 종료일까지의 공급대가의 합계액을 12개월로 환산한 금액을 기준으로 하고, 휴업자·폐업자 및 과세기간 중 과세유형을 전환한 간이과세자에 대하여는 그 과세기간 개시일부터 휴업일·폐업일 및

과세유형 전환일까지의 공급대가의 합계액을 12개월로 환산한 금액을 기준으로 한다. 이 경우 1개월 미만의 끝수가 있을 때에는 이를 1개월로 한다(부법 69).

㉡ 임대료에 부가가치세가 포함된 경우 : 부가가치세를 거래징수할 수 없음.

핵심체크

**[상가신축분양 건축비에 대한 조기환급대상 여부]**

부가가치세의 조기환급대상(부법 59 ②)은 영세율 적용대상과 사업설비의 신설·취득·확장·증축하는 경우이다. 따라서 부동산매매업자가 상가신축과 관련된 건설비 관련 매입세액은 사업설비가 아닌 재고자산으로 조기환급대상이 아니며, 조기환급신고한 경우 초과환급신고가산세가 부과된다.

### ③ 신축중인 건물의 사업양도 여부

신축중인 건물을 분양받아 부동산임대업을 영위하기 위하여 사업개시 전 사업자등록을 한 자가 당해 임대용건물이 완공되기 전에 부동산임대업 일반과세자로 사업자등록을 한 사업자에게 그 사업에 관한 권리(미수금에 관한 것을 제외)와 의무(미지급금에 관한 것 제외)를 포괄적으로 승계시키는 경우에는 부가가치세법 제6조 제2호에서 규정하는 사업의 양도에 해당하는 것이다(재경부 소비 46015-58, 2003. 3. 3).

### ④ 분양권 양도시의 과세대상 여부

사업자가 계약금 및 중도금 등을 지급한 후 재화를 취득할 수 있는 권리(분양권)를 양도함에 있어 당해 분양권 거래가액 중 토지관련분은 부가가치세법 제12조 제1항 제12호 및 제3항의 규정에 의하여 부가가치세가 면제되는 것이나, 당해 건물관련분에 대하여는 부가가치세법 제6조 제1항 및 동법 시행령 제3조의 규정에 의하여 부가가치세가 과세되는 것이며, 이 경우 과세되는 공급가액과 면세되는 공급가액의 구분에 대하여는 부가가치세법 시행령 제48조의 2 제4항의 규정을 준용하는 것이다(서면3팀-2000, 2004. 9. 30).

핵심체크

**[분양권 양도 및 증여시의 과세문제 검토]**

- 건물분에 대한 부가가치세 납부 또는 사업양도시 부가가치세 면제
- 분양권 양도에 따른 실거래가액으로 양도소득세 신고·납부
- 증여시(시가) 증여세 신고 및 부가가치세 납부. 다만, 사업양도시 부가가치세 면제

⑤ **오피스텔을 임차한 자가 상시 주거용으로 사용시 면세 여부**

건축법상 업무시설로 분류되는 오피스텔을 신축하거나 취득하여 임대한 경우로서 임차인이 이를 상시 주거용으로 사용하는 것이 확인되는 경우에 부가가치세가 면제되는 주택의 임대용역에 해당하는지 여부(부가 46015-440, 2003. 6. 7)

1. 그 동안 오피스텔 임대에 대하여는 임차자가 주거용으로 사용하는 때에도 부가가치세를 과세하여 왔으나, 2003. 2. 18 재정경제부 국세예규심사위원회에서 1세대 1주택에 대한 양도소득세 비과세와 관련 오피스텔의 주택 해당 여부는 공부상 용도구분에 관계없이 실질과세원칙에 의해 판정하라고 결정함에 따라
2. 오피스텔을 신축하거나 취득하여 임대한 경우로서 임차인이 이를 상시 주거용으로 사용하는 것이 확인되는 경우 부가가치세가 면제된다.

### (3) 임대보장지원금에 대한 과세문제

① **소득구분**

상업용 건물을 신축하여 수분양자에게 분양하는 것을 주된 사업으로 하는 자로서 신축상가의 분양촉진을 위해 상가를 분양받고자 하는 수분양자를 대상으로 확약서를 작성하여 임대보장 지원제도를 시행하는 경우 소득구분은 소득세법 제19조 제1항 제12호의 사업소득에 해당하는 것이다(법령해석소득-4794, 2020. 7. 14).

② **부가가치세 과세**

수분양자가 부동산 분양 법인에게 재화 또는 용역을 공급하고 그 대가로 지급받는 것이 아니므로 부가가치세 과세대상에 해당하지 아니한다(부가-320, 2018. 2. 28). 오피스텔을 분양하는 사업자가 분양촉진정책의 일환으로 분양시점에 분양계약서와 별도로 수분양자와 체결한 합의서에 따라 분양이 완료된 후 임대사업을 영위하는 수분양자에게 일정한 임대수익을 보장하는 차원에서 임대수익보장금액과 실제 임대료와의 차액을 별도로 지급하거나, 오피스텔을 자가 사용하는 수분양자에게 임대수익보장 혜택을 받지 않는 부분에 대한 보상차원에서 오피스텔 중도금 대출이자를 별도로 지급하는 경우 해당 임대수익보장지원액과 대출이자지원액은 「부가가치세법」 제29조 제5항 제1호에 따른 에누리에 해당하지 아니하는 것이다(서면-2017-법령해석부가-0865[법령해석과-2723], 2017. 9. 27).

③ **적격증명서류**

임대보장지원금은 부가가치세 과세대상이 아니며 원천징수대상 사업소득도 아니므로

세금계산서 등 적격증명 수취대상이 아니므로 지급에 대한 약정서와 금융거래내역으로 입증하면 된다.

**참 고** 임대보증지원금 확약내용

○ 잔금 지급 후 공실인 경우
- 약정 월임대료(보장수익률 5.5%)에 해당하는 금액을 임차인 모집 용역비로 매월 말일 수분양자에게 지급(보장기간 24개월 한도)
- 임대차계약이 체결되는 경우 확약에 의한 월임대료 지급의무 소멸
- 수분양자가 부동산을 직접 사용하는 경우 임대보장지원 확약의무는 소멸

○ 임대차계약이 체결되었으나 임대보장 약정에 미치지 못하는 경우
- 보장기간에 대한 임대보장 확약금

## Ⅲ 시행사의 건설용지의 취득과 세무실무

### 1. 건설용지의 취득원가

#### (1) 일반원칙

자산의 취득가액은 다음 각 호의 금액으로 한다(법령 72 ②).

1. 타인으로부터 매입한 자산 : 매입가액에 취득세·기타 부대비용을 가산한 금액
2. 자기가 제조·생산·건설 기타 이에 준하는 방법에 의하여 취득한 자산 : 원재료비·노무비·운임·하역비·보험료·수수료·공과금(취득세를 포함한다)·설치비 기타 부대비용의 합계액
3. 합병·분할 또는 현물출자에 따라 취득한 자산 : 법 제44조 제2항·제3항, 제46조 제2항, 제47조 제1항 또는 제47조의 2 제1항에 따라 양도손익이 없는 것으로 하거나 양도차익에 상당하는 금액을 손금에 산입한 경우에는 피합병법인 등 또는 출자법인의 장부가액으로 하고, 그 밖의 경우에는 해당 자산의 시가로 한다.
4. 현물출자, 물적분할에 따라 취득한 주식 등 : 법 제47조 제1항 또는 제47조의 2 제1항에 따라 양도차익에 상당하는 금액을 손금에 산입한 경우에는 출자법인이 현물출자한 자산의 장부가액 또는 분할법인이 양도한 자산의 장부가액으로 하고, 그 밖의 경우에는 해당 주식 등의 시가로 한다.

## (2) 건설용지의 취득가액

건설용지의 취득가액은 토지소유자에게 지급한 매매계약서상의 실지거래가액과 부대비용을 합한 금액으로 한다.

## (3) 취득부대비용

### 1) 기존건축물의 취득가액 및 철거비용

토지만을 사용할 목적으로 건축물이 있는 토지를 취득하여 그 건축물을 철거하거나, 자기소유의 토지상에 있는 임차인의 건축물을 취득하여 철거한 경우 철거한 건축물의 취득가액과 철거비용은 당해 토지에 대한 자본적지출로 한다(법기통 23-31…1).

### 2) 구건물 취득가액 및 철거비용관련 부가가치세

건축물이 있는 토지를 취득하여 그 건축물을 철거하고 토지만을 사용하는 경우에는 철거한 건축물의 취득 및 철거비용에 관련된 매입세액(부령 80 2호)은 토지의 원가로 처리한다.

### 3) 토지 매입관련 사전평가용역비

법인이 토지를 보유하고 있는지 여부에 불문하고 사업 타당성 조사를 하여 토지매입 여부를 결정하기 위한 사전 평가 용역비를 지급한 경우 ① 사업성이 있다고 판단하여 토지를 매입하는 경우 사전 평가 용역비를 토지에 대한 매매계약을 하고 대금을 지급한 날이 속하는 사업연도의 토지원가에 산입하며, ② 사업성이 없는 것으로 판단하여 토지를 매입하지 않기로 결정한 때에는 사전 평가 용역비를 사업성이 없는 것으로 판단하여 부지를 매입하지 않기로 결정한 날이 속하는 사업연도의 손금에 산입한다(서면2팀-597, 2005. 4. 27).

### 4) 건축허가조건 토지의 기부채납

부동산매매업자(주택신축판매업자를 포함한다)가 토지개발 또는 주택신축 등 당해 사업의 수행과 관련하여 그 토지의 일부를 도로용 등으로 국가 등에 무상으로 기증한 경우 그 토지가액은 잔존토지에 대한 자본적 지출로 한다(법기통 23-31…1).

### 5) 토지취득 후 아파트공사 전에 발생하는 비용

아파트 분양사업을 하는 시행사가 토지취득 후 아파트공사 전에 발생하는 각종 환경성 평가, 재측량, 아파트 배치, 각종 구조물 배치 등의 측량, 및 아파트사업성 평가 등과 관련된 비용을 토지의 자본적지출로 보아 토지원가에 산입하는 것이다(서면2팀-1470, 2006. 8. 2).

#### 6) 토지취득관련 자산실사비용

타인으로부터 토지매입 시에 부담한 자산의 실사와 관련된 법률자문료, 등기 이전 비용 등은 토지의 원가에 포함되는 것이다(서면2팀-2443, 2004. 11. 15).

#### 7) 임차인 소유의 건축물의 취득가액 및 철거비용

내국법인이 자기소유의 토지상에 있는 임차인의 건축물을 취득하여 철거한 경우 철거한 건축물의 취득가액과 철거비용은 당해 토지에 대한 자본적 지출로 보아 장부가액에 가산하는 것이다(법인-807, 2009. 2. 26).

#### 8) 토지취득을 위한 감정평가비용

유동화의 대상이 되는 토지와 건물을 자산보유자(부동산신탁회사)로부터 당해 유동화대상자산을 취득하기 위하여 회사가 설립 전 및 설립 후 지출한 부동산 감정평가비용은 자산의 취득원가에 가산하는 것이다(서면 46012-11845, 2003. 10. 23).

#### 9) 대위변제한 양도자의 채무

건설업을 영위하는 법인이 타인이 토지공사로부터 취득 중에 있는 공동주택사업용지를 그 매수인의 명의를 변경하여 당초 계약조건으로 취득하기로 하였으나 당초의 취득자가 당해 토지에 관한 권리를 담보로 금융기관 등으로부터 차입한 금액이 사후에 밝혀짐에 따라 당해 토지를 취득하기 위하여 매매대금과는 별도로 동 차입금을 불가피하게 대위변제한 경우에 그 대위변제금액은 당해 토지의 취득가액에 산입하는 것이다. 이 경우 그 대위변제한 금액에 대하여 채무자에게 구상권을 행사할 수 있는 때에는 이를 구상채권으로 계상한 후 동 금액을 회수하기 위하여 법에 의한 제반절차를 취하였음에도 무재산 등으로 회수할 수 없는 경우에 동 금액을 당해 토지의 취득가액에 산입한다(법인 46012-387, 1999. 1. 30).

#### 10) 토지보상비, 지연손해금

토지를 취득하기 위하여 지출한 토지수용보상금, 토지수용잔여지 가격감소보상금, 지급지연손해금, 수몰토지 및 저장물에 대한 보상금 등은 토지에 대한 자본적지출로 처리하는 것이다(법인 46012-2831, 1993. 9. 21). 이 경우 토지의 취득과 관련하여 중도금 및 잔금을 지체하여 지주에게 지급하는 지체보상금은 기타소득에 해당되며 필요경비의제 규정이 적용되지 않아 지급액의 22%를 원천징수하여야 한다.

#### 11) 양도자의 양도소득세 등 제세공과금을 대납한 경우

토지를 취득하는 매수법인이 매도자가 부담해야 할 제세공과금을 대신 부담하기로 약정하고 이를 실지로 지급함으로 동 제세공과금 상당액이 양도대가의 성격에 해당하는 경우에는 「법인세법」 제41조에 의해 당해 부동산의 취득가액에 포함되는 것이다(서면2팀-1747, 2007. 9. 21).

### 12) 토사유출 복구비용

내국법인이 집중호우로 인하여 주변 임야로부터 유출된 토사를 제거하는 처리비용은 해당 사업연도의 손금에 산입하되, 임야로부터의 토사유출을 막기 위하여 옹벽을 설치한 경우 옹벽설치에 소요된 비용은 구축물의 취득가액으로 처리하는 것이다(법인-677, 2011. 9. 16).

### 13) 계약금, 중도금 대출상환액

건설업을 영위하는 법인(시공사)이 시행사와의 공사도급 및 사업약정상 시행사의 부도발생시 사업시행권을 인수하기로 약정하였으나 시행사의 거부로 사업시행권을 인수하지 못하여 법원의 강제조정결정에 따라 시행사가 분양사업을 진행하고 있는 부동산(분양 및 미분양분 포함)으로 공사채권 등을 대물변제받은 경우로서 법인(시공사)이 사업약정에 따른 권리・의무 이행과정에서 시행사로부터 부동산을 분양받은 자들과 행한 사전약속 등에 따라 부득이하게 수분양자들이 이미 납부한 계약금과 중도금 대출액을 반환 또는 상환해 주는 경우 동 금액은 대물변제로 취득한 부동산의 취득가액에 가산하는 것이다(법인-637, 2011. 8. 31).

### 14) 토지의 지목변경관련 취득세 등

내국법인이 보유하고 있는 토지의 지목변경에 따라 「지방세법」에 따라 추가 부담하는 취득세는 토지에 대한 자본적지출로 처리하는 것이다(법인-12, 2011. 1. 5).

### 15) 건축물의 신축 등에 소요되는 자금의 차입과 관련하여 지출하는 대출수수료

부동산 개발 및 공급업을 영위하는 내국법인이 재고자산인 건축물의 신축 등에 소요되는 자금의 차입과 관련하여 지출하는 대출수수료 등은 당해 비용의 지출이 확정된 날이 속하는 사업연도의 손금으로 하는 것이다. 다만, 법인에게 귀속되는 모든 비용은 일반적으로 공정・타당하다고 인정되는 기업회계기준에 준거하여 판매비와 일반관리비, 건설원가 등으로 구분하여 경리하여야 하는 것으로 사업평가 비용, 부동산 신탁등기 등의 수수료가 판매비와 일반관리비 또는 건설원가에 해당되는지 여부는 그 실질에 따라 사실판단할 사항이다(법인-1235, 2009. 11. 5). 따라서 대출이자를 자본화한 경우에도 법인세법에서는 손금산입하여야 한다.

| 구 분 | 토지의 취득 관련 지출액 | 근 거 |
|---|---|---|
| 인・허가비용 | 구축물 설치와 관련하여 발생한 인허가 비용 등은 구축물의 취득가액에 포함되는 것이나, 해당 비용이 지목의 변경 등 토지와 관련된 경우에는 토지원가에 산입하는 것임 | 서면법인-3803<br>(2020. 3. 13) |
| 보상금 | 토지를 취득하기 위하여 지출한 토지수용보상금, 토지수용 잔여지 가격감소보상금, 지급지연 손해금, 수몰 토지 및 지장 물에 대한 보상금 등은 당해 토지에 대한 자본적 지출로 보는 것임 | 법인 46012-2831<br>(1993. 9. 21) |
| 면세사업<br>매입세액 | 부가가치세 면세사업자의 고정자산 취득에 따른 매입세액은 당해 자산에 대한 자본적 지출로 함 | 법기통 23-31…1 |
| 무상<br>분할양도된<br>체비지 | 토지구획정리사업의 결과 무상분할양도하게 된 체비지를 대신하여 지급하는 금액은 토지에 대한 자본적 지출로 함 | 법기통 23-31…1 |
| 수익자부담금 | 도시계획에 의한 도로공사로 인하여 공사비로 지출된 수익자부담금 | 법기통 23-31…1 |
| 도료용으로<br>국가에<br>무상기증 | 부동산 매매업자(주택신축판매업자를 포함한다)가 토지개발 또는 주택신축 등 당해 사업의 수행과 관련하여 그 토지의 일부를 도로용 등으로 국가 등에 무상으로 기증한 경우 | 법기통 23-31…1 |
| 국・공채매입 | 유형자산의 취득과 함께 국・공채를 매입하는 경우 기업회계기준에 따라 그 국・공채의 매입가액과 현재가치의 차액을 해당 유형자산의 취득가액으로 계상한 금액 | 법령 72 ② 3호 |
| 채무인수액 | 토지매입에 대한 합의시 양도자가 분양계약자로부터 수취한 계약금 등 채무를 양수자가 인수하기로 한 경우에 채무인수액 | 서면상담2팀-82<br>(2007. 1. 11) |
| 사업성평가 | 아파트 분양사업을 시행하는 내국법인이 토지취득 후 아파트공사 전에 발생하는 각종 환경성 평가, 재측량, 아파트 배치, 각종 구조물 배치 등의 측량, 및 아파트 사업성 평가 등과 관련된 비용 | 서면상담2팀-1470<br>(2006. 8. 2) |
| 할부이자 | 토지의 장기할부조건부 매매시 할부이자 | 법규법인<br>2009-0072<br>(2009. 4. 8) |
| 명도비용 | 법인이 경락 부동산을 취득하면서 그 부동산을 명도받기 위하여 불가피하게 지급하는 사회통념상 타당하다고 인정되는 범위내의 금액은 부동산의 취득가액에 가산하는 것임 | 법인세과-3063<br>(2020. 8. 25) |
| 자산의<br>실사비용 | 타인으로부터 매입시에 부담한 자산의 실사 관련 자문용역비, 부동산 중개수수료 | 법인세과-565<br>(2013. 10. 16) |

## 참고 부동산개발 투자자금 이익분배금의 세무처리

### (1) 출자공동사업자의 개요

부동산개발사업을 수행하기 위한 자금조달방법으로 금융기관으로부터 차입하는 경우에는 차입금으로 그에 대한 확정이자가 지급되며 이자비용으로 손금산입이 되나 개인이나 또는 법인으로부터 투자를 받고 그에 따른 이익분배금을 배분하는 경우 이자소득인지 아니면 배당소득인지에 따라 손금산입 여부가 달라지게 된다.

익명조합에 참여하는 공동사업자를 **업무집행공동사업자와 출자공동사업자**로 구분하여 과세방식을 다르게 적용하도록 하였다(소법 17, 43 ①, 62, 129). 여기서 업무집행공동사업자란 공동사업의 업무집행 결정에 관여하는 자를 말하며, 출자공동사업자란 경영에 참여하지 않고 금전 기타 재산을 출자만 하는 자를 말한다. 즉, 다음 각 호의 어느 하나에 해당하지 아니하는 자로서 공동사업의 경영에 참여하지 아니하고 출자만 하는 자를 말한다.

1. 공동사업에 성명 또는 상호를 사용하게 한 자
2. 공동사업에서 발생한 채무에 대하여 무한책임을 부담하기로 약정한 자

| 구분 | 과세 방식 |
|---|---|
| • 업무집행공동사업자(영업자) | 손익분배비율에 해당하는 부분 : 사업소득 과세 |
| • 출자공동사업자(익명조합원) | 손익분배비율에 해당하는 부분 : 배당소득 과세<br>* 25% 세율로 원천징수하여 당연종합과세하되 14%와 비교과세<br>* 지급시기의제 : **과세기간 종료 후 3개월이 되는 날**(2010. 1. 1. 과세연도부터) |

### (2) 이자소득과 배당소득의 구분

부동산개발업에 참여하여 출자를 하고 사업성과에 따라 분배받는 소득에 대하여 이자소득인지 배당소득인지의 구분은 투자약정서 및 거래계약 등 실질내용을 파악하여 다음과 같이 구분할 수 있다.

| 구분 | 투자원금 회수 | 손실위험부담 | 원천징수 | 손금 |
|---|---|---|---|---|
| 이자소득 | 확정 | 지지 않음 | 25% | 인정 |
| 배당소득 | 미확정 | 투자금 한도 내에서 부담 | 25% | 인정 안됨 |

① 거주자가 법인에게 자금을 투자하면서 투자원금을 보장받고 투자결과 손실에 대한 책임을 지지 않는 경우의 투자이익금은 이자소득에 해당하는 것이다(소득-0479, 2011. 6. 7).

② 거주자가 법인에 자금을 투자하고 일정기간 경과 후 원금과 투자수익 명목으로 사전에 확정된 금액 또는 사업이익금의 일부를 지급받기로 한 경우 당해 확정된 금액 또는 사업이익금은 소득세법 제16조 규정에 의한 이자소득에 해당하는 것이다(서면1팀-864, 2005. 7. 15).

③ 배당소득이 성립되기 위해서는 투자자들이 조합을 구성하여 투자약정서를 체결하고 출연금을 공동사업에 투자한 후, 실현한 이익금을 투자자들에게 배분하는 것이라고 할 수 있다고

할 것임에도 위의 금전소비대차계약서에는 상환기한과 이자금액이 계약 체결시에 이미 확정되었고, 청구법인은 동 계약서에 의해 이자를 지급하였으며, 청구법인이 이자소득으로 원천징수하여 납부한 것으로 볼 때, 위의 금전소비대차계약서는 투자약정서로 보기 어려울 뿐 아니라, 청구법인과 같이 금융업을 영위하지 아니하는 거주자가 자금을 대여해 주고 사업이익금 명목으로 일정금액을 분배금으로 지급받는 경우 이자소득에 해당한다(국심 2007서277, 2008. 3. 21).

④「소득세법 시행령」 제100조 제1항 규정이 정하는 출자공동사업자가 있는 공동사업을 영위하는 익명조합법인이「소득세법」 제43조 제2항 규정에 따라 약정된 손익분배비율(약정된 손익분배비율이 없는 경우에는 지분비율을 말한다)에 상당하는 금액을 출자공동사업자에게 지급하는 경우 동 이익의 분배금은 손금에 해당하지 않는 것이다(법인-2819, 2008. 10. 9).

⑤ 법인이 자신의 영업을 위하여 개인과「상법」 제78조에 따른 익명조합계약을 체결하고「조세특례제한법」 제100조의 17 규정에 따라 동업기업 과세특례의 적용을 신청하지 않은 경우 익명조합원으로부터 출자받은 금액에 대하여「상법」 제82조의 규정에 따라 이익분배 시 해당 이익분배금은 당해 법인의 각 사업연도 소득금액 계산상 손금(이자비용)에 산입하는 것이다(서면-2018-법인-2920, 2019. 10. 6).

### (3) 대부업법 등 이자율을 초과하여 지급하는 이자비용의 손금산입 여부

대부업법 등을 위반하여 이자를 과다지급하는 경우 해당 법인의 각 사업연도 소득금액 산정시 손금에 산입할 수 있는지의 여부이다. 법인세법 제19조에서 "손금은 자본 또는 출자의 환급, 잉여금의 처분 및 이 법에서 규정하는 것은 제외하고 해당 법인의 순자산을 감소시키는 거래로 인하여 발생하는 손비의 금액을 말한다"라고 규정하고 있다. 또한 법인의 사업과 직접 관련성, 통상성, 수익과 직접 관련성이 있어야 한다. 시행사가 자금대여자에게 대부업법 등을 위반하여 이자를 과다지급하면 강행법규위반으로 무효인 법률행위에 해당한다. 대법원(대법원 2015. 1. 29. 선고, 2011도13730 판결)은 사회질서에 위반하여 지출한 비용은 손금성을 부인하고 있다. 따라서 이자제한법을 초과하여 지급한 이자비용은 손금부인될 것으로 판단된다.

| 구분 | 법정최고이자율 | 벌 칙 | |
|---|---|---|---|
| | | 형사 처벌 | 벌금 |
| 대부업법(등록업체) | 20% | 3년 이하 징역 | 3,000만원 이하 |
| 이자제한법(미등록업체) | 20% | 1년 이하 징역 | 1,000만원 이하 |

**소득세 집행기준 43-100-3 투자이익보장 약정에 따른 투자이익의 소득구분**

손익발생 여부와 관계없이 일정금액을 지급하기로 되어 있고 사업의 위험부담이나 책임이 없이 일정액 이상의 투자이익을 보장하는 약정서는 공동사업약정서가 아닌 금전소비대차약정서에 해당하며 그 투자이익은 비영업대금의 이익에 해당한다.

## 2. 건설용지의 취득관련 부가가치세 실무

### (1) 토지관련 매입세액의 범위

토지 관련 매입세액은 토지의 조성 등을 위한 자본적 지출에 관련된 매입세액으로서 다음 각 호의 어느 하나에 해당하는 매입세액을 말한다.

1. 토지의 취득 및 형질변경, 공장부지 및 택지의 조성 등에 관련된 매입세액
2. 건축물이 있는 토지를 취득하여 그 건축물을 철거하고 토지만을 사용하는 경우에는 철거한 건축물의 취득 및 철거비용에 관련된 매입세액
3. 토지의 가치를 현실적으로 증가시켜 토지의 취득원가를 구성하는 비용에 관련된 매입세액

### (2) 관련사례

#### ① 토지취득관련 소송비용

사업자가 토지의 취득과 관련되어 변호사 자문용역을 공급받고 그 대가를 지급하면서 부담한 부가가치세는 토지관련 매입세액에 해당하는 것이다(부가-830, 2011. 7. 26).

#### ② 문화재 지표조사 및 시·발굴용역을 제공받고 부담한 매입세액

사업자가 「문화재보호법」 제55조에 따라 문화재 지표조사 및 시·발굴용역을 제공받고 부담한 매입세액은 「부가가치세법 시행령」 제60조 제6항에 따른 토지관련 매입세액에 해당하는 것이다(부가-1673, 2010. 12. 16).

#### ③ 토지매매계약 소송관련 변호사 선임료

사업자가 공동주택 신축·판매를 위한 토지를 취득하는 과정에서 토지매매계약 체결 후 매도자의 일방적인 부동산매매계약 해제에 따른 손해배상청구 소송을 위한 변호사 선임료와 관련된 매입세액은 「부가가치세법 시행령」 제60조 제6항 규정에 의한 토지관련 매입세액에 해당하는 것이다(부가-1620, 2010. 12. 8).

#### ④ 토지측량관련 비용

「건축법」 제54조 제1항에 따라 건축물의 대지가 지역·지구 또는 구역에 걸치는 경우 대지의 과반이 속하는 지역·지구 또는 구역의 대지에 관한 규정을 그 대지 전부에 대하여 적용받으려는 사업자가 같은 법 시행령 제77조에 따라 지역·지구 또는 구역별 면적을 측량하여 허가권자에게 제출하는 경우 측량비용 관련 매입세액은 「부가가치세법 시행령」 제60조 제6항 제3호에 따라 토지관련 매입세액에 해당하는 것이다(부가-1098, 2010. 8. 23).

## 3. 건설자금이자의 자본화

### (1) 건설자금의 이자의 범위

"건설자금의 이자"란 건설자금을 자기자본으로 충당하지 아니하고 차입금으로 충당한 경우에 당해 차입금에서 발생한 이자 또는 이와 유사한 성질의 지출금을 말한다(법령 52 ①).

#### 1) 기업회계기준

기업회계에서는 재고자산 · 투자자산 · 유형자산 및 무형자산의 제조 · 매입 또는 건설(재고자산은 당해 자산의 제조 등에 장기간이 소요되는 경우에 한함)에 사용된 차입금에 대하여서도 당해 자산의 제조, 매입 또는 건설완료시까지 발생된 이자비용과 기타 유사한 금융비용은 기간비용으로 처리함을 원칙으로 하고, 예외로 자본화대상자산의 취득에 소요된 자금에 대한 금융비용은 취득원가에 산입할 수 있도록 하였다.

이때에 '자본화대상자산'은 제조 · 매입, 건설 또는 개발이 개시된 날부터 의도된 용도로 사용하거나 판매할 수 있는 상태가 될 때까지 1년 이상의 기간이 소요되는 재고자산과 유 · 무형자산 및 투자자산을 말한다.

#### 2) 법인세법

법인세법에서도 "건설자금에 충당한 차입금의 이자"라 함은 그 명목여하에 불구하고 사업용 유형자산 및 무형자산의 매입 · 제작 또는 건설(이하 이 조에서 "건설 등"이라 한다)에 소요되는 차입금(자산의 건설 등에 소요된지의 여부가 분명하지 아니한 차입금은 제외한다. 이하 이 조에서 "특정차입금"이라 한다)에 대한 지급이자 또는 이와 유사한 성질의 지출금(이하 이 조에서 "지급이자 등"이라 한다)을 말한다. 특정차입금에 대한 지급이자 등은 건설 등이 준공된 날까지 이를 자본적 지출로 하여 그 원본에 가산한다. 다만, 특정차입금의 일시예금에서 생기는 수입이자는 원본에 가산하는 자본적 지출금액에서 차감한다. 특정차입금의 일부를 운영자금에 전용한 경우에는 그 부분에 상당하는 지급이자는 이를 손금으로 한다. 특정차입금의 연체로 인하여 생긴 이자를 원본에 가산한 경우 그 가산한 금액은 이를 해당 사업연도의 자본적 지출로 하고, 그 원본에 가산한 금액에 대한 지급이자는 이를 손금으로 한다. 특정차입금 중 해당 건설 등이 준공된 후에 남은 차입금에 대한 이자는 각 사업연도의 손금으로 한다. 이 경우 건설 등의 준공일은 당해 건설 등의 목적물이 전부 준공된 날로 한다(법령 52).

#### 3) 시행사의 건설용지, 분양용 건물에 대한 건설자금이자

시행사가 매매를 목적으로 매입 또는 건설하는 주택 및 아파트에 대하여는 법인세법 시행령 제33조(법령 52)의 규정에 의한 건설자금이자를 계산하지 아니한다(법인 46012-1845, 1997. 7. 8). 따라서 기업회계에 따라 시행사가 취득하는 용지와 건축관련 차입금에 대한 이자비용에 대한 건설자금이자를 자본화한 경우 손금산입으로 세무조정을 하여야 한다.

### (2) 건설자금 이자의 계산

건설자금의 이자는 사업용고정자산의 매입・제작・건설한 때부터 준공한 때까지 당해 자산의 취득에 소요된 차입금에 대한 지급이자와 이와 유사한 지출금을 말하는바, 건설자금의 이자의 계산기간인 기산일과 종료일을 설명하면 다음과 같다.

#### 1) 건설자금의 이자의 기산일

"건설자금"이란 건설자금에 충당한 금액을 말하므로 건설자금이자는 사업용고정자산의 매입・제작・건설을 위하여 최초로 원가를 투입하는 시점부터 기산한다.

따라서 매입의 경우에는 계약금의 지급일부터 제작・건설의 경우에는 재료비・노무비 및 경비가 실제로 발생된 때부터 기산하되 최초로 원가가 투입된 이후에 차입금이 발생한 때에는 당해 차입금이 발생한 때부터 기산한다.

#### 2) 건설자금의 이자의 종료일

건설자금의 이자를 계산하는 경우의 종료일은 건설이 준공된 날까지로 하는 바(법령 52 ⑥) 이때의 "준공된 날"이란 다음과 같다.

① 토지매입의 경우

토지매입의 경우 "준공된 날"이란 그 대금을 청산한 날, 다만 그 대금을 청산하기 전에 당해 토지를 사업에 사용하는 경우에는 그 사업에 사용되기 시작한 날로 한다(법령 52 ⑥ 1호). 따라서 토지매입의 경우 "준공된 날"이란 매입대금의 완불일과 사업에 제공한 날 중 빠른 날을 말한다.

이때에 "대금을 청산한 날"이라 함은 계약서상의 잔금지급 약정일에 불구하고 당해 대금을 실제로 완불한 날을 말한다(법인 46012-3467, 1994. 12. 19).

"사업에 사용되기 시작한 날"이란 토지상에 공장 등 건축물을 신축하는 경우에는 착공일로 하고 나대지 상태로 사용하는 경우에는 업무에 직접 사용하는 날을 말한다(법기통 2-9-11).

② **건축물의 경우**

건축물의 경우 "준공된 날"이란 당해 건설의 목적물의 취득일 또는 당해 건설의 목적물이 그 목적에 실제로 사용되기 시작한 날(사용개시일) 중 빠른 날을 말한다(법령 52 ⑥ 2호).

이때에 "사용개시일"이란 정상제품을 생산하기 위하여 실제로 가동되는 날(선박의 경우에는 최초의 출항일, 전기사업자가 발전소를 건설하는 경우에는 당해 공작물의 사용허가를 받은 날)을 말한다(법기통 28-52…1).

### 3) 차입금에 대한 지급이자 등의 범위

세법에서 건설자금의 이자의 계산대상이 되는 차입금에 대한 이자는 사업용고정자산의 매입·제작·건설에 소요된 차입금에 대한 지급이자 또는 이와 유사한 성질의 지출금으로 하고 있다(법령 52 ①). 건설자금의 이자의 계산대상이 되는 차입금에 대한 지급이자 또는 이와 유사한 지출금으로 보는 경우를 열거하면 다음과 같다.

① 장기할부조건 등으로 자산을 취득하는 경우에 발생한 채무를 현재가치로 평가하여 계상한 현재가치할인차금의 상각액과 연지급수입의 경우에 취득과 분리하여 지급이자로 계상한 금액에 대하여는 법인세법 제28조의 규정에 의한 지급이자의 손금불산입 규정을 적용하지 아니한다(법령 72 ④).

② 건설기간 중에 발생한 지급보증료·신용보증료 및 차입알선수수료는 지급이자와 유사한 지출금으로 본다(법기통 28-52…1).

③ 차입금 및 사채의 이자비용, 사채할인발행차금상각액, 금융리스의 이자비용

### 4) 건설자금이자의 계산

특정차입금에 대한 지급이자 등은 건설 등이 준공된 날까지 이를 자본적 지출로 하여 그 원본에 가산한다. 다만, 특정차입금의 일시예금에서 생기는 수입이자는 원본에 가산하는 자본적 지출금액에서 차감한다(법령 52 ②).

이때에 "사업용 고정자산의 건물 등에 소요된 것이 분명한 차입금"에는 공장건설에 필요한 자금을 법인의 운영자금에서 우선 지급하고 그 후에 공장건설 명목으로 자금을 차입하여 이를 운영자금에 충당한 경우 동 차입금을 포함한다(재법인 46012-119, 1995. 10. 10).

## (3) 건설자금이자의 처리

사업용 고정자산의 매입·제작·건설에 소요되는 차입금에 대한 지급이자 또는 이와 유사한 성질의 지출금은 당해 건설이 준공된 날까지 자본적지출로 하여 원본에 가산하되 차

입금의 일시예금에서 생기는 수입이자는 원본에 가산한 자본적지출액에서 차감한다(법령 52 ②). 그러나 법인이 건설자금의 이자를 원본에 가산하지 아니하고 기간비용으로 계상한 경우에도 사업연도 중에 당해 자산의 건설이 준공되어 감가상각이 가능한 경우에는 이를 감가상각비로 간주하여 감가상각의 한도 내의 금액은 손금으로 인정하고 한도를 초과한 금액만을 감가상각비의 한도초과로 손금불산입하여야 한다.

또한 건설자금의 이자를 법인이 과다하게 계상한 때에는 과다하게 계상한 금액은 손금산입(△유보)한다(법기통 2-9-11, 법인 46012-1734, 1999. 5. 7).

## Ⅳ 시행사의 건물신축관련 부가가치세 매입세액

### 1. 매입세액공제와 공통매입세액의 안분계산

#### (1) 일반원칙

#### 1) 안분계산의 의의와 필요성

부가가치세 납부세액 계산시 면세사업 관련 매입세액은 매출세액에서 공제되지 않는다. 따라서 공제받지 못하는 매입세액은 그 실지귀속에 따라 계산하는 것을 원칙으로 한다. 그러므로 공급받은 재화 또는 용역의 사용처가 과세사업과 면세사업으로 분명히 구분되는 경우에는 그 실지귀속에 따라 과세사업에 관련된 매입세액은 공제하고 면세사업에 관련된 매입세액은 공제하지 아니하면 될 것이다.

그러나 과세사업과 면세사업에 어느 정도 관련된 것인지를 구획할 수 없는 공통매입세액의 경우에는 부득이 일정한 기준을 정하여 그 실지귀속을 인위적으로 구분하여야 하는바, 이러한 인위적 구분기준에 의거 공통매입세액 중 공제가능 매입세액과 공제불가능 매입세액을 계산하는 것을 매입세액 안분계산이라 한다.

#### 2) 공통매입세액의 안분계산 요건

**① 과세·면세사업의 겸영**

사업자가 부가가치세법상 과세사업과 면세사업을 함께 운영하여야 한다.

**② 과세·면세사업에의 공통사용**

사업과 관련하여 취득한 재화가 겸영하는 과세사업 및 면세사업에 공통사용되어야 한다. 공통사용의 예정으로 매입세액을 안분계산하면 그 정확도가 매우 불안정하다. 이 부정확성을 보완하기 위한 제도가 첫째, 예정신고기간의 안분계산한 것을 확정신고하는 때에 정산하는 장치(부령 81 ① 단서) 및 둘째, 감가상각자산에 대한 매입세액의 재계산제도(부령 63)라고 할 수 있다.

③ **실지귀속의 불분명**

취득한 재화 등이 과세사업에 사용될 것이 명백하거나 면세사업에 사용될 것이 명백하게 구분된 경우에는 매입세액계산이 그 실지귀속에 따라 산정되어 공제된다(부령 61 ①). 따라서 공통매입세액의 안분계산에 관한 규정은 구입한 재화 등이 과세사업과 면세사업에 공통으로 사용되어 실지귀속을 구분할 수 없는 경우에만 적용되는 것이다.

④ **대상매입세액**

안분계산의 대상이 되는 매입세액은 부가가치세법에 의하여 매출세액에서 공제할 수 있는 요건을 구비하고 있는 것이어야 한다. 불공제대상이 되는 매입세액(부법 39 ①)은 안분계산의 대상이 될 수 없다.

### 3) 안분계산방법

① **공급가액이 있는 경우**

㉠ 원칙 : 당해 과세기간의 공급가액 기준

사업자가 과세사업과 면세사업을 겸영하는 경우에 면세사업에 관련된 매입세액의 계산은 실지귀속에 따라 하되, 과세사업과 면세사업에 공통으로 사용되어 실지귀속을 구분할 수 없는 공통매입세액은 다음 산식에 의하여 계산한다(부령 81 ①). 다만, 예정신고를 하는 때에는 예정신고기간에 있어서 총공급가액에 대한 면세공급가액의 비율에 의하여 안분계산하고, 확정신고를 하는 때에 정산한다.

$$\text{면세사업에 관련된 매입세액} = \text{공통매입세액} \times \frac{\text{당해 과세기간 면세공급가액}}{\text{당해 과세기간 총공급가액금액}}$$

여기서 총공급가액이라 함은 공통매입세액에 관련된 당해 과세기간의 과세사업에 대한 공급가액과 면세사업에 대한 수입금액의 합계액을 말하며, 면세공급가액이라 함은 공통매입세액에 관련된 당해 과세기간의 면세사업에 대한 수입금액을 말한다.

㉡ 예외 : 직전 과세기간 공급가액 기준

과세사업과 면세사업에 공통으로 사용되는 재화를 공급받은 과세기간 중에 당해 재화를 공급하여 과세표준을 안분계산한 경우에는 그 재화에 대한 매입세액의 안분계산은 다음 산식에 의한다.

$$\text{공통매입세액} \times \frac{\text{직전과세기간의 과세되는 공급가액}}{\text{직전과세기간의 총공급가액}} = \text{과세사업에 관련된 공제매입세액}$$

② 과세 · 면세 공급가액이 없는 경우

당해 과세기간 중 과세사업과 면세사업의 공급가액이 없거나 그 어느 한 사업의 공급가액이 없는 경우에 당해 과세기간에 있어서의 안분계산은 다음의 순서에 의한다. 다만, 건물을 신축 또는 취득하여 과세사업과 면세사업에 제공할 예정면적을 구분할 수 있는 경우에는 '③'을 '①' 및 '②'에 우선하여 적용한다(부령 81 ④). 이 경우 토지를 제외한 건물 등에 대하여 제3항을 적용하여 공통매입세액 안분계산을 하였을 때에는 그 후 과세사업과 면세사업의 공급가액이 모두 있게 되어 공급가액에 따라 공통매입세액을 계산할 수 있는 경우에도 과세사업과 면세사업의 사용면적이 확정되기 전의 과세기간까지는 제3항을 적용하고, 과세사업과 면세사업의 사용면적이 확정되는 과세기간에 공통매입세액을 정산한다.

① 총매입가액(공통매입가액을 제외)에 대한 면세사업에 관련된 매입가액의 비율
② 총예정공급가액에 대한 면세사업에 관련된 예정공급가액의 비율
③ 총예정사용면적에 대한 면세사업에 관련된 예정사용면적의 비율

위의 '②'와 '③'에서 '예정'이라 함은 사업자가 각 과세기간에 공통매입세액을 안분계산함에 있어서 공통매입세액과 관련된 공급가액 또는 사용면적이 실제로 확정될 과세기간에 과세 · 면세사업으로부터 발생이 예상되거나 과세 · 면세사업으로 사용이 예상되는 것을 말한다(재무부 부가 46015-45, 1993. 3. 15). 따라서 예정공급가액의 산정은 사실상 추상적이기 때문에 이것은 최소한 과거의 사업실적, 현재의 시황 등을 근거로 한 사업계획서 등에 의하여 합리적으로 추정되어야 할 것이다(부가 46015-1169, 1994. 6. 10). 또한, 공통으로 사용되는 공유면적은 총예정사용면적 및 면세사업에 관련된 예정사용면적에 포함되지 않는다(부가 46015-1741, 1999. 5. 1).

**사례** **매입세액불공제액의 계산**

법인은 20×1. 4. 1 사업자등록을 하고 건물을 신축한 바, 다음 자료에 의하여 20×1년 1기 부가가치세 확정신고시 매입세액불공제세액을 계산하라.

1. 건물신축기간　　20×1. 4. 30. ~ 20×1. 6. 30.
2. 건물신축 관련 매입세액　　60,000,000원
   (토지에 대한 자본적 지출분 10,000,000원 포함)
3. 예정공급가액　　10억원
   ① 과세예정공급가액　　3억원
   ② 면세예정공급가액　　7억원
4. 총건평(500㎡)
   ① 과세사업에 사용할 예정면적　　400㎡
   ② 면세사업에 사용할 예정면적　　100㎡
   계　　500㎡

① 건물의 신축・취득의 경우는 과세사업과 면세사업에 제공할 예정면적을 구분할 수 있는 경우에는 매입가액비율, 예정공급가액비율에 우선하여 예정사용면적비율을 적용함
② 건물신축관련 매입세액 중 10,000,000원은 토지에 대한 자본적 지출분이므로 매입세액불공제
③ 공통매입세액

$$50,000,000원 \times \frac{100}{500} = 10,000,000원(불공제분)$$

④ 따라서 20×1년 1기 확정신고시 매입세액불공제분은 20,000,000원임

### 4) 매입세액 안분계산의 정산

#### ① 공급가액 기준으로 안분한 예정신고분의 정산

예정신고를 하는 때의 공통매입세액은 예정신고기간에 있어서 총공급가액에 대한 면세공급가액 비율에 의하여 안분계산하고 확정신고를 하는 때에 정산하여야 한다(부령 81 ①).

#### ② 과세・면세 공급가액이 없는 경우

사업자가 매입가액비율, 예정공급가액의 비율, 예정사용면적의 비율의 방법으로 매입세액을 안분계산한 경우에는 당해 재화의 취득으로 과세사업과 면세사업의 공급가액 또는 과세사업과 면세사업의 사용면적이 확정되는 과세기간에 다음의 산식에 의하여 정산한다. 다만, 예정신고를 하는 때에는 예정신고기간에 있어서 총공급가액에 대한 면세공급가액의 비율 또는 총사용면적에 대한 면세사용면적의 비율에 의하여 안분계산하고 확정신고를 하는 때에 정산한다(부령 81 ①).

여기에서 '확정되는 과세기간'이라 함은 사업자가 공통매입세액을 안분계산함에 있어서 당해 재화를 실제로 과세사업과 면세사업에 사용하여 총공급가액에 대한 면세공급가액의 비율 또는 총사용면적에 대한 면세사용면적의 비율이 발생하는 과세기간을 말한다(재무부 부가 46015-45, 1993. 3. 15).

㉠ 매입가액비율 또는 예정공급가액비율로 매입세액을 안분계산한 경우

$$\text{가산 또는 공제되는 세액} = \text{총공통 매입세액} \times \left(1 - \frac{\text{과세사업과 면세사업의 사용면적이 확정되는 과세기간의 면세공급가액}}{\text{과세사업과 면세사업의 사용면적이 확정되는 과세기간의 총공급가액}}\right) - \text{기공제세액}$$

㉡ 예정사용면적비율로 매입세액을 안분계산한 경우

$$\text{가산 또는 공제되는 세액} = \text{총공통 매입세액} \times \left(1 - \frac{\text{과세사업과 면세사업의 사용면적이 확정되는 과세기간의 면세사용면적}}{\text{과세사업과 면세사업의 사용면적이 확정되는 과세기간의 총사용면적}}\right) - \text{기공제세액}$$

### (2) 시행사의 매입세액공제와 공통매입세액의 안분계산방법

#### 1) 토지관련 매입세액의 불공제

토지조성 등을 위한 자본적 지출에 관련된 매입세액은 매출세액에서 공제하지 아니한다. 여기서 토지관련 매입세액은 다음에 해당하는 것을 말한다.

① 토지의 취득 및 형질변경, 공장부지 및 택지의 조성 등에 관련된 매입세액

② 건축물이 있는 토지를 취득하여 그 건축물을 철거하고 토지만을 사용하는 경우에는 철거한 건축물의 취득 및 철거비용에 관련된 매입세액

③ 토지의 가치를 현실적으로 증가시켜 토지의 취득원가를 구성하는 비용에 관련된 매입세액. 특히 시행사의 경우 건설용지를 취득하는 경우 필수적으로 기존건물을 같이 취득하여 기존건물을 철거하고 토지만을 사용하게 되는 데 이 경우 기존건물의 취득가액과 철거비용관련 매입세액은 토지관련 매입세액으로 불공제하고 토지원가로 처리하여야 한다. 또한, 시공사가 공사비관련 세금계산서를 발행할 때 토지관련 매입세액

을 구체적으로 구분하여 발행하지 않기 때문에 공사초기에 발생하는 매입세액은 공사지출내역서를 받아 토지관련 매입세액을 파악하여 불공제하여야 한다.

### 2) 매입세액공제의 기본원칙

#### ① 현장별 실지귀속에 따른 안분계산

과세현장, 면세현장, 겸업현장 등 분양현장별로 실지귀속에 따라 매입세금계산서를 구분하여 공제, 불공제, 안분계산을 하여야 한다. 예를 들면, 과세와 면세 겸업현장인 주상복합건물을 분양하는 데 광고선전비가 발생한 경우 그 광고선전비의 성격이 과세와 관련된 상가분양을 위한 지출이라면 실지귀속에 따라 상가의 토지와 건물로 안분하여 건물에 해당하는 매입세액을 전액 공제하면 된다.

#### ② 실지귀속이 불분명한 경우

분양건물의 신축과 관련된 공사비 등의 실지귀속이 불분명한 경우에는 과세사업과 면세사업에 제공할 예정사용면적기준을 안분하고 사용면적이 확정되는 과세기간에 정산한다.

## (3) 공사비 지출 항목별 안분계산

### 1) 건설공사관련 매입세액

국민주택규모 이하의 건설용역은 면세대상으로 시공사로부터 계산서를 발급받으면 된다. 따라서 매입세액은 국민주택규모 초과분과 상가 등에 한하여 과세관련 매입세액으로 공제받을 수 있다. 이 경우 공통매입세액은 과세사업과 면세사업에 제공할 예정사용면적을 구분하여 매입세액공제를 안분계산하고 사용면적이 확정되는 때(사용승인시)에 정산하여야 한다.

| 분 류 | 국민주택 | 국민주택규모 초과 | 상가 |
|---|---|---|---|
| 과세 여부 | 면세(계산서) | 과세(세금계산서) | 과세(세금계산서) |
| 매입세액 | – | 공제 | 공제 |

### 2) 설계비

건축사가 제공하는 국민주택규모 이하의 설계용역은 부가가치세를 면제한다. 따라서 매입세액은 국민주택규모 초과분, 상가에 대하여 발생한다.

| 분 류 | 국민주택 | 국민주택규모 초과 | 상가 |
|---|---|---|---|
| 과세 여부 | 면세(계산서) | 과세(세금계산서) | 과세(세금계산서) |
| 매입세액 | - | 공제 | 공제 |

### 3) 감리용역비

감리비에 대하여는 국민주택 여부에 관계 없이 부가가치세가 과세된다.

| 분 류 | 국민주택 | 국민주택규모 초과 | 상가 |
|---|---|---|---|
| 과세 여부 | 과세(세금계산서) | 과세(세금계산서) | 과세(세금계산서) |
| 매입세액 | 불공제 | 공제 | 공제 |

### 4) 광고홍보비, 일반관리비

분양건물 신축과 관련된 매입세액은 사용면적과 인과관계가 있어 사용면적비율에 따라 안분계산하는 것이 타당하나 광고홍보비, 분양수수료, 일반관리비 등은 분양사업 전체의 진행을 위하여 소요된 공통매입세액으로 보아 사업 전체의 예정공급가액비율에 따라 안분계산하고 공급가액이 확정되는 때 정산한다.

① 토지분 매입세액 : 불공제

- 공통매입세액 × [토지예정분양가액 / 총예정분양가액(토지+건물)]

② 건물분 : 공제

- 공통매입세액 × [건물(과세)예정분양가액 / 총예정분양가액(토지+건물)]

## 2. 시행사의 매입세액 관련사례

### (1) 주택신축판매업자의 공통매입세액 안분계산 방법

국민주택규모 이하(면세) 및 국민주택규모 초과(과세) 아파트를 동시에 신축하여 판매하는 사업자로서 다음과 같은 조건으로 분양이 이루어질 예정임.

○ 아파트 건축 및 분양(예시)

| 구 분 | 계 | 과세 | 면세 | 비 고 |
|---|---|---|---|---|
| 아파트공급면적비율(%) | 100 | 70 | 30 | |
| 분양예상가액(억원, 공급가액) | 100 | 75 | 25 | |
| 준공까지 분양가액(억원, 공급가액) | 50 | 25 | 25 | 과세분 재고자산 50억원 |

※ 재고분은 임대 후 추후 분양까지는 5~10년 장기간 소요 예정임. 이 경우 건축과 관련한 매입세액을 예정공급면적, 예정분양가액, 실제분양가액 중 어떤 방법으로 안분하는지?
국민주택규모 이하의 주택과 국민주택규모 초과의 주택을 신축·판매하는 사업자가 주택을 신축하면서 발생한 매입세액에 대해서는 공사원가비율, 신축예정면적비율 및 예정공급가액비율 등에 따라 과세사업·면세사업에 사용되는지 여부를 구분하여 그 실지귀속에 따라 매입세액을 공제하는 것이다. 다만, 실지귀속을 구분할 수 없는 공통매입세액은 공급가액이 발생한 과세기간에는 「부가가치세법 시행령」 제61조 제1항에 따라 공통매입세액을 안분계산하고 당해 과세기간 중 과세사업과 면세사업의 공급가액이 없거나 그 어느 한 사업의 공급가액이 없는 경우에는 같은법 시행령 제61조 제4항에 따라 공통매입세액을 안분계산하는 것이며, 이후 과세사업과 면세사업의 공급가액 또는 과세사업과 면세사업의 사용면적이 확정되는 과세기간에 대한 납부세액을 확정신고하는 때에 같은법 시행령 제61조의 2에 따라 공통매입세액을 정산하는 것이다. 다만, 예정사용면적의 비율로 공통매입세액을 안분계산한 경우 「부가가치세법 시행령」 제61조 제6항에 따라 2011년 1월 1일 이후 최초로 과세표준을 신고하는 분부터는 계속하여 예정사용면적의 비율을 기준으로 안분계산하고, 사용면적이 확정되는 과세기간에 사용면적을 기준으로 정산하는 것이다(기획재정부 부가-189, 2011. 3. 30). 즉, 분양공급가액비율로 안분계산하면 경기부진으로 국민주택규모 초과분 아파트의 분양이 부진하여 면세공급가액비율이 높아지게 되어 실지귀속에 따른 매입세액공제를 적게 받게 되어 불합리하다.

### (2) 일시적 주택임대시 건물신축관련 매입세액

부동산매매업을 영위하는 사업자가 부가가치세가 과세되는 주택을 신축하였으나 분양이 되지 않아 그 주택분양을 포기하고 임대한 것이 아니라 사업목적을 변경하지 아니하고 분양될 때까지 일시적, 잠정적으로 주택으로 임대하는 경우에는 부가가치세가 과세되는 주택의 신축 등에 관련된 매입세액은 매출세액에서 공제되는 것이다. 다만, 사업목적이 변경되었는지, 일시적 잠정적인 임대인지 여부는 사실판단할 사항이다(부가-1239, 2010. 9. 17).

### (3) 사업승인조건으로 증축하여 기부채납한 학교건물의 매입세액

사업자가 자기사업과 관련 없이 취득한 재화를 국가 또는 지방자치단체에 무상으로 기부하기로 하고 완공 즉시 기부채납하는 경우에는 이는 조건 없는 무상기부채납으로서 「부가가치세법」 제12조 제1항 제19호의 규정에 의하여 부가가치세가 면제되는 것으로서 당해 기부채납 대상 재화의 취득과 관련하여 교부받은 세금계산서의 매입세액은 매출세액에서 공제되지 아니하는 것이 타당하다고 할 것이나, 사업자가 자기의 사업을 위하여 행정청으로부터 그 사업의 허가조건에 따라 취득한 재화를 국가 또는 지방자치단체에 기부채납하기로 하고 완공 즉시 기부채납하는 경우에는 그 재화의 취득과 관련된 매입세액은 자기의 사업과 관련된 매입세액으로 보아야 할 것이고, 자기의 사업이 과·면세 겸업인 경우에는 「부가가치세법 시행령」 제61조의 규정에 따라 안분계산하여야 하는 것인 바(국심 2005부3139, 2006.

6. 21), 공동주택 사업의 승인조건으로 초·중학교의 부족한 교사 등 기부채납한 것이므로, 쟁점매입세액을 청구인의 매출세액에서 공제할 수 있는 것이고, 청구인이 과세·면세사업 겸영사업자로서 기부채납건물은 청구법인의 자기의 사업과 관련한 과세대상 물건인 국민주택규모초과 주택 및 상가건물의 현장밖에 위치하고 있어「부가가치세법 시행령」제61조 제4항에 규정된 건물신축과 직접 관련이 없는 것이므로 사업 전체의 진행을 위하여 소요된 경비로 보아 과·면세 예정사용면적보다는 사업전체의 공급가액의 비율에 따라 안분계산하는 것이 합리적이다(조심 2011서2123, 2011. 11. 3).

### (4) 사업계획승인이나 관리처분계획인가 전 고시내용에 따른 매입세액 안분계산

부가가치세 신고시에 공통매입세액을 안분계산하지 않고 매입세액 전체를 공제신청하였지만, 사업계획승인신청을 위한 총회에서 설계면적비율을 논의한 후 첫 번째 부가가치세 확정신고 시점에「부가가치세법」제61조의 2 규정에 따라 공통매입세액의 정산을 실시할 예정인 바, 처분청이 객관적인 예정사용면적기준이 없음에도 불구하고 임의의 안분비율을 적용하여 매입세액을 불공제하여 과세한 처분은 부당하다고 주장하나,「부가가치세법 시행령」제61조 제4항의 규정에 의하면 공통매입세액 안분계산을 함에 있어 당해 과세기간 중 과세사업과 면세사업의 공급가액이 없거나 그 어느 한 사업의 공급가액이 없는 경우로써 건물을 신축 또는 취득하여 과세사업과 면세사업에 제공할 예정면적을 구분할 수 있는 경우에는 과세사업과 면세사업에 관련된 예정사용면적의 비율로 안분계산하도록 규정되어 있는 점, 청구법인이 건설하는 주택의 전체 세대수는 80% 이상을 국민주택규모 이하로 건설하여야 한다'고 고시한 사실이 확인되는 점 등에 비추어 볼 때 이 건의 경우, 사업계획승인이나 관리처분계획인가 전에도「부가가치세법 시행령」제61조 제4항에 따라 총예정사용면적기준으로 안분계산이 가능하다고 보아야 할 것이며 청구인이 매입세액을 전액공제한 것에 대한 초과환급신고가산세를 부과한 처분은 정당하다(조심 2011중2446, 2011. 11. 1).

### (5) 본사의 사옥유지관리비, 전기료 및 업무개선비 등 일반관리비 성격의 공통매입액의 안분

사업자가 과세사업과 면세사업을 겸영하는 경우에 면세사업에 관련된 매입세액의 계산은「부가가치세법 시행령」제61조 제1항의 규정에 따라 그 실지귀속에 따라 안분계산하되 과세사업과 면세사업에 공통으로 사용되어 실지귀속을 구분할 수 없는 매입세액은 공통매입세액을 총공급가액 중 면세공급가액비율로 안분계산하도록 규정되어 있는 바, 청구법인은 택지개발공급, 주택건설 및 분양·임대, 관리업을 영위하는 과·면세 겸업법인이고, 쟁점일반관리비는 사옥유지관리비, 전기료, 광고료 및 업무성과관리시스템설치비 등으로서 사업지 단위의 건물신축에 귀속된 것으로 보기 어려우므로 쟁점일반관리비와 관련된 공통매입분은 공급가액비율로 공통매입세액을 안분계산하는 것이 합리적인 것으로 판단된다(조심 2011서0779, 2011. 10. 31).

### (6) 사용면적비율에 따라 안분계산하고, 추후 확정 면적에 따라 정산

「부가가치세법」 제61조 제1항 및 제4항은 과세사업과 면세사업을 겸영하는 사업자에게 발생하는 공통매입세액에서 총공급가액 중 면세공급가액이 차지하는 비율에 따라 면세사업에 관련된 매입세액을 산출하며, 공급가액이 없는 경우에는 면세사업과 관련된 매입가액의 비율, 예정공급가액의 비율, 예정사용면적의 비율을 순차적용하여 이를 계산하되, 건물을 신축하는 경우에는 총예정사용면적에 대한 면세사업에 관련된 예정사용면적의 비율을 우선 적용하도록 규정하고 있었으며, 같은 법 시행령 제61조의 2는 위 규정에 따라 매입세액을 안분계산한 경우 공급가액 또는 사용면적이 확정되는 때에 정산되도록 규정하고 있었던 바, 관련하여 2010. 12. 30 신설된 같은 법 시행령 제61조 제6항은 공통매입세액을 예정사용면적기준으로 안분계산·신고한 경우 추후 과·면세 공급가액이 확정되더라도 확정사용면적기준으로 정산함을 명확히 하였다. 따라서, 당초부터 공통매입세액을 총예정사용면적에서 면세관련 예정사용면적이 차지하는 비율에 따라 안분하였던 이 건은 비록 과·면세 공급가액이 확정되더라도 그에 따라서 안분할 것이 아니라 사용면적비율에 따라서 안분하여야 하고 사후 확정된 면적에 따라 정산하여야 할 것이므로, 처분청에서 과세·면세 공급가액이 발생한 기간 동 가액비율에 의하여 공통매입세액을 안분한 것은 타당하지 아니한 것으로 판단된다(조심 2010서2832, 2011. 9. 29).

### (7) 공통매입세액 안분계산은 과·면세 사업의 실질귀속이 불분명한 경우에 적용

「부가가치세법 시행령」 제61조 제1항 및 제4항의 규정을 보면, 사업자가 과세사업과 면세사업을 겸영하는 경우에 면세사업에 관련된 매입세액의 계산은 실지귀속에 따라 하되, 과세사업과 면세사업에 공통으로 사용되어 실지귀속을 구분할 수 없는 공통매입세액은 총공급가액 중 면세공급가액의 비율 등에 의하여 안분계산하도록 규정하고 있는바, 원칙적으로 매입세액의 안분계산은 그 실지 귀속에 따라 하고, 공통매입세액의 안분계산은 과세사업과 면세사업에 공통으로 사용되어 그 실지귀속을 구분할 수 없는 경우에만 적용되는 것이라 하겠다. 쟁점건물의 경우 쟁점부동산의 공급계약서상 각 층 및 호별로 분양가액을 정하여 공급받는 것으로 계약체결이 이루어졌고 그에 따라 쟁점세금계산서가 7회에 걸쳐 층·호별로 정하여진 공급가액을 합산하여 각 발행된 사실이 확인되므로 당해 매입세액은 과세사업과 면세사업의 층·호별 실지귀속을 구분할 수 있는 경우로서 공통매입세액 안분계산의 적용대상이 아닌 것으로 보는 것이 타당하다고 판단된다(조심 2011중0214, 2011. 9. 19).

##  시행사의 건물분양과 세무실무

### 1. 분양관련 법률

#### (1) 건축물의 분양에 관한 법률

**1) 적용범위**

이 법은 「건축법」 제11조에 따른 건축허가를 받아 건축하여야 하는 다음의 어느 하나에 해당하는 건축물로서 같은 법 제22조에 따른 사용승인서의 교부 전에 분양하는 건축물에 대하여 적용한다.

① 분양하는 부분의 바닥면적(「건축법」 제84조에 따른 바닥면적을 말한다)의 합계가 3천제곱미터 이상인 건축물

② 업무시설 등 대통령령으로 정하는 용도 및 규모의 건축물

㉮ 오피스텔(「건축법 시행령」 별표 1 제14호 나목에 따른 일반업무시설인 오피스텔을 말한다. 이하 같다)로서 20실 이상인 것

㉯ 주택 외의 시설과 주택을 동일 건축물로 짓는 건축물 중 주택 외의 용도로 쓰이는 바닥면적(「건축법 시행령」 제119조 제1항 제3호에 따라 산정한 바닥면적을 말한다. 이하 같다)의 합계가 3천 제곱미터 이상인 것

㉰ 바닥면적의 합계가 3천 제곱미터 이상으로서 임대 후 분양전환을 조건으로 임대하는 것(분양전환 시 임차인에게 우선순위를 부여하는 것을 포함한다)

**2) 분양시기**

분양사업자는 다음의 구분에 따라 건축물을 분양하여야 한다.

① 「자본시장과 금융투자업에 관한 법률」에 따른 신탁업자와 신탁계약 및 대리사무계약을 체결한 경우 또는 금융기관 등으로부터 분양보증을 받는 경우 : 「건축법」 제21조에 따른 착공신고 후

② 해당 건축물의 사용승인에 대하여 다른 건설업자 둘 이상의 연대보증을 받아 공증받은 경우 : 골조공사의 3분의 2 이상이 완료된 후

### 3) 분양신고

① 분양사업자는 건축물을 분양하려는 경우에는 「건축법」 제11조에 따른 허가권자에게 신고하여야 한다.

② 분양사업자는 제1항에 따라 분양신고를 할 때에는 신탁계약서, 대리사무계약서, 대지의 등기사항증명서 등 대통령령으로 정하는 서류를 갖추어 허가권자에게 제출하여야 한다. 다만, 허가권자가 「전자정부법」 제36조 제1항에 따라 행정정보의 공동이용을 통하여 확인한 서류의 경우에는 그러하지 아니하다.

③ 허가권자는 분양신고의 내용을 검토하여 이 법에 적합한 경우에는 분양신고를 수리하고 그 사실을 분양사업자에게 통보하여야 한다.

### 4) 분양대금 납부

① 분양사업자가 법 제8조 제2항의 규정에 의하여 피분양자로부터 받는 계약금은 분양대금의 20퍼센트, 중도금은 분양대금의 70퍼센트 이하의 범위 안에서 받을 수 있다. 다만, 법 제4조 제1항 제2호에 해당하는 경우에는 분양사업자가 계약금·중도금 및 잔금의 비율을 따로 정할 수 있다.

② 제1항 본문에 따른 분양대금은 다음 각 호의 구분에 따라 그 해당하는 시기에 이를 받을 수 있다.

1. 계약금 : 계약체결시
2. 중도금 : 공사감리자의 공정확인서에 의하여 건축공사비(대지 매입비를 제외한다)의 50퍼센트 이상 투입이 확인된 때를 기준으로 그 전후 각 2회 이상으로 구분하여 받을 수 있으며, 최초로 납부하는 중도금은 계약일부터 1월이 경과한 날부터 받을 수 있다.
3. 잔금 : 사용승인일 이후. 다만, 「건축법」 제22조 제3항 단서에 따라 임시사용승인을 얻어 입주하는 경우에는 잔금 중 50퍼센트는 입주일에, 나머지 50퍼센트의 잔금은 사용승인일 이후에 받을 수 있다.

## (2) 주택공급에 관한 규칙

### 1) 적용범위

이 규칙은 사업주체가 법 제16조에 따라 사업계획승인(「건축법」 제11조에 따른 건축허가를 포함한다)을 받아 건설하는 주택 및 복리시설의 공급에 적용한다.

### 2) 입주금의 납부

① 사업주체가 주택을 공급하는 경우 입주자로부터 받는 입주금은 청약금·계약금·중

도금 및 잔금으로 구분한다.

② 분양주택의 청약금은 주택가격의 10퍼센트, 계약금은 청약금을 포함하여 주택가격의 20퍼센트, 중도금은 주택가격의 60퍼센트의 범위 안에서 받을 수 있다. 다만, 국민주택기금이나 금융기관으로부터 주택건설자금의 융자를 받아 입주자에게 제공하는 경우에는 계약금 및 중도금의 합계액은 세대별 분양가에서 세대별 융자지원액을 뺀 금액을 초과할 수 없다.

③ 임대주택의 청약금은 임대보증금의 10퍼센트, 계약금은 청약금을 포함하여 임대보증금의 20퍼센트, 중도금은 임대보증금의 40퍼센트의 범위 안에서 받을 수 있다.

④ 입주금은 다음 각 호의 구분에 따라 그 해당되는 시기에 이를 받을 수 있다.

1. 청약금

   입주자 모집시

2. 계약금

   계약체결시. 이 경우 계약체결은 입주자로 선정된 날부터 5일(제12조의 2에 따라 입주자로 선정된 자와 계약을 체결하는 경우에는 10일)이 지난 후 3일 이상의 기간을 정하여 그 기간 동안에 계약을 체결하도록 하여야 한다.

3. 중도금

   다음 각 목의 규정에 해당하는 때

   가. 임대주택의 경우에는 건축공정이 다음의 1에 달할 것

   (1) 아파트의 경우 : 전체 공사비(부지매입비를 제외한다)의 50퍼센트 이상이 투입된 때. 다만, 동별 건축공정이 30퍼센트 이상이어야 한다.

   (2) 연립주택 및 단독주택의 경우 : 지붕의 구조가 완성된 때

   나. 분양주택의 경우에는 다음의 기준에 의할 것

   (1) 건축공정이 가목 (1) 또는 (2)에 달한 때를 기준으로 그 전후 각 2회 이상 분할하여 받을 것. 다만, 기준시점 이전에는 중도금의 2분의 1을 초과하여 받을 수 없다.

   (2) (1)의 경우 최초 중도금은 계약일부터 1월이 경과한 후 받을 것

4. 잔금

   사용검사일 이후. 다만, 법 제29조 제1항 단서에 따른 동별 사용검사 또는 같은 조 제4항 단서에 따른 임시 사용승인을 받아 입주하는 경우에는 전체입주금의 10퍼센트에 해당하는 금액을 제외한 잔금은 입주일에, 전체입주금의 10퍼센트에 해당하는 잔금은 사용검사일 이후에 받을 수 있다.

## 2. 분양관련 세무실무

### (1) 분양계약서

※ 분양계약서 중 세법상 주요쟁점부분만 발췌한 것임

**○○○오피스텔 공급계약서**

□ 공급금액

(단위 : 만원)

| 구 분 | 금 액 | 비 고 |
|---|---|---|
| 공급금액 | 316,000 | |
| 토 지 | 140,000 | |
| 건 물 | 160,000 | |
| 부가가치세 | 16,000 | |

※ 부가가치세는 건물가액의 10%로 반드시 별도 구분표시하여야 한다.

□ 회차별 납부일자 납부금액

| 구 분 | 계약금 | 중도금 | | | | 잔 금 |
|---|---|---|---|---|---|---|
| | | 1차 | 2차 | 3차 | 4차 | |
| 납부일자 | 계약시 | 20×1. 2. 10 | 20×1. 10. 10 | 20×2. 2. 10 | 20×2. 6. 10 | 20×3. 00. 00 |
| 금 액 | 31,600 | 47,400 | 47,400 | 47,400 | 47,400 | 94,800 |

□ 중도금 및 잔금 납부

④ 을(매수인)은 중도금(1차~4차)에 대하여 갑(시행사)이 지정한 금융기관에서 융자를 신청하여 중도금으로 대체키로 하며 입주지정일까지의 대출이자는 갑(시행사)이 부담하기로 한다.

⑤ 갑은 을이 중도금과 잔금을 약정일 이전에 납부하는 경우 선납액에 대하여 연 5%의 할인율을 적용하여 선납일수에 따라 산정된 금액을 할인한다.

⑥ 을은 중도금 및 잔금의 납부를 지연하였을 때에는 그 지연일수에 연 17%의 연체요율을 가산하여 연체료를 납부하여야 한다.

### (2) 세법상 검토사항

#### 1) 토지 · 건물가액의 구분표시 여부

토지가액과 건물가액의 구분은 부가가치세 과세표준의 산정과 관련하여 상당히 중요한 부분이다. 따라서 토지가액과 건물가액을 얼마로 구분하여 표시할 것인가가 문제이다. 원칙적으로 토지가액과 건물가액을 구분표시하고 그 가액이 타당하다고 인정되면 그 가액을 실지거래가액으로 보아 건물가액이 부가가치세법상 과세표준이 된다. 따라서 합리적인 가액을 정하여 분양계약서에 구분표시하여야 한다. 다만, 감정가액 등과 30% 이상 차이가 나면 실질거래가액으로 인정되지 않는다.

#### 2) 부가가치세법상 공급시기

부가가치세법상 공급시기는 상가분양공급의 경우 대부분 중간지급조건부로 대가의 각 부분을 받기로 한 때이다. 따라서 실제로 받았는지 여부를 불문하고 받기로 약정한 날에 반드시 세금계산서를 발급하여야 한다. 다만, 상기의 계약서의 내용에 따라 선납할인을 하는 경우 그 대가를 받은 부분에 한하여 동시에 세금계산서를 발급하면 그때를 공급시기로 할 수 있다.

또한, 신축주택을 중간지급조건부로 공급하는 경우, 계약서상에 잔금지급일자를 명시하지 아니하고 **막연히 입주시**라고 표시하였을 때 잔금부분에 대한 공급시기는 다음과 같다(서면3팀-3175, 2007. 11. 23, 부가 1265.2-1380, 1983. 7. 12).

① 입주통보에 의한 입주지정일 또는 입주기간 종료일 이전에 잔금을 청산하는 때는 잔금을 청산한 때

② 입주통보에 의한 입주지정일 또는 입주기간 종료일까지 잔금을 청산하지 아니하고 사실상 입주를 하지 아니한 때에는 입주지정일 또는 입주기간이 종료하는 때

③ 입주통보에 의한 입주지정일 또는 입주기간 종료일까지 잔금을 청산하지 아니하고 입주하는 경우는 입주하는 때

위 해석사례 ②항은 다음과 같이 변경되었다.

사업자가 국민주택규모를 초과하는 공동주택을 신축하여 중간지급조건부로 공급함에 있어서 공급계약서에 의해 공동주택이 이용가능하게 되는 날이 되는 입주지정일 이후에 잔금을 받기로 한 경우로서, 공급계약서상의 잔금 납부일이 되는 입주지정일 또는 입주지정기간의 종료일까지 잔금이 청산되지 않았을 뿐만 아니라, 관련 계약 등에 따라 잔금 미청산으로 인해 입주가 불가능한 경우에는 이후 입주증 교부, 소유권이전등기 등에 의해 사실상 해당 공동주택이 이용가능하게 되는 날을 잔금의 공급시기로 보는 것이다(기획재정부 부가-

191, 2017. 4. 6).

### 3) 시행사가 부담하는 무이자 대출이자의 처리

아파트신축분양업을 영위하는 법인이 분양대금의 조기회수를 위하여 피분양자에게 금융기관대출을 알선하고 대출이자의 일부를 대신 부담하는 경우의 당해 부담하는 금액은 법인세법 제18조의 2의 규정에 의한 접대비로 보아 시부인계산하는 것이나, 아파트분양 당시 모든 피분양자에게 금융기관의 대출알선 및 대출이자의 일정액을 **법인이 부담해 주는 조건임을 공시한 경우에는 이를 판매부대비용으로 보는 것**이고, 이 경우 법인이 대신 지급하는 이자상당액은 법인세법상 지급이자 손금불산입 규정에 의한 차입금의 이자에 해당하지 않는 것이다(법인 46012-1404, 2000. 6. 22). 또한, 상가신축분양업을 영위하는 법인(시행사)가 분양촉진을 위하여 사전 광고매체를 통하여 중도금 대출에 대한 이자부담 조건부 분양(무이자 융자)을 공시하고 그 공시내용에 따라 분양계약을 체결한 경우, 그 계약내용에 따라 대신 부담한 금액이 사회통념상 적정하다고 인정되는 범위 내 금액에 해당하면 이를 각 사업연도 소득금액 계산시 손금산입할 수 있는 것이다(서면2팀-1460, 2004. 7. 14). 따라서 상기의 계약서의 예에서 중도금과 잔금납부와 관련하여 4항과 같이 사전공시하여야 접대비로 손금불산입 당하지 않을 것으로 판단된다.

**소득세 집행기준 27-55-28 광고선전비와 유사비용의 구분**

광고·선전을 목적으로 견본품·달력·수첩·컵·부채 기타 이와 유사한 물품을 불특정다수인에게 기증하기 위하여 지출한 비용[특정인에게 기증한 물품(개당 3만원 이하의 물품은 제외한다)의 경우에는 연간 5만원 이내의 금액에 한정한다]은 광고선전비로서 필요경비에 산입하며 이와 유사한 비용(기업업무추진비, 기부금, 판매장려금)은 다음과 같이 구분된다.

| 구 분 | 광고선전비 | 유사비용 | 유사비용처리 |
|---|---|---|---|
| 지출대상 | 불특정 다수인 | 특정인 | - |
| 지출목적 | 판매촉진, 구매의욕 자극 | 거래처와의 원활한 관계 지속 | 기업업무추진비 |
| 업무관련성 | 업무와 관련 | 사업목적과 무관 | 기부금 |
| 지급대상 | 사전약정없이 불특정 다수인에게 지급 | 매입처에게 판매수당·장려금 지급 (사전약정없이 지급하는 경우 포함) | 판매장려금 |

### 4) 선납할인

#### ① 부가가치세 과세표준

사업자가 중간지급조건부로 재화를 공급함에 있어서 계약 당사자간의 사전약정에 의하여 대금의 각 부분을 계약서상의 지급일 이전에 납부하는 때에는 일정금액을 차감하여 준다는 내용을 계약서상에 명시하고 지급일 이전에 납부받음으로써 당해 금액을 차감해 준 경우에는 그 차감된 금액을 과세표준으로 하여 그 대금을 지급받는 때에 세금계산서를 교부하여야 하는 것이다(서면상담3팀-498, 2008. 3. 6).

#### ② 법인세법상 수입금액 차감

법인이 건설 등의 계약기간이 1년 이상인 장기도급계약을 체결하고 목적물의 건설 등을 완료한 정도(작업 진행률)에 따라 공사대금을 수수하기로 하되, 약정에 의한 지급기일 이전에 대금을 조기결제하는 경우에는 선납일수에 따라 일정금액을 할인하여 주기로 한 경우, 동 할인금액은 매출할인금액에 해당하는 것으로 약정에 의한 지급기일이 속하는 사업연도의 수입금액에서 차감하는 것이다(서이 46012-11959, 2003. 11. 12).

#### ③ 할인료의 귀속시기

약정에 의해 공사기성확정일 이전에 공사대금을 선납하였을 때, 선납일수에 따라 일정금액을 할인받기로 한 경우, 동 할인금액에 대한 손익의 귀속사업연도는 위 규정에 따라 할인금액이 확정되는 날이 속하는 사업연도로 보는 것이 타당하다 하겠다. 따라서 청구인이 건설공사 도급공사대금을 선납함으로써 할인받는 금액의 손익의 귀속사업연도를 기성확인에 의하여 실제 선납할인금액이 산출되어지는 날이 속하는 사업연도로 보아 과세한 당초처분은 잘못이 없는 것으로 판단된다(조심 2008중3118, 2008. 12. 2).

### 5) 할인분양

#### ① 미분양주택을 사전공고 후 동일조건으로 할인분양

주택을 신축하여 판매하는 법인이 미분양주택을 판매함에 있어서 이를 매입하는 자들 모두에게 동등한 조건으로 당초의 분양가액보다 낮은 가액으로 판매하기로 하였다면 그 매매계약 및 회계처리를 실제거래내용대로 처리하고 그 실제판매가액을 법인세법 시행령 제11조 제1호의 수입금액으로 하는 것이다(법인 46012-3067, 1999. 8. 5).

#### ② 사전공고 없이 임의 할인분양

시행사가 사전 공고 없이 할인분양하는 경우 특수관계자에게는 부당행위계산이 적용되고 특정거래처에게는 기업업무추진비, 특수관계 없는 자에게는 기부금으로 본다.

즉, 피분양자에게 동일한 조건으로 혜택을 부여하는 것은 판매부대비용이지만 특정인에게만 혜택을 부여하는 것은 접대비에 해당하고 일반분양평균가액을 시가로 하여 쟁점차액을 접대비로 보아 접대비 시부인한 처분은 정당하다(조심 2010서1979, 2010. 12. 14).

③ 임대수익보장지원액 및 대출이자지원액이 매출에누리인지 여부

오피스텔을 분양하는 사업자가 분양촉진정책의 일환으로 분양시점에 분양계약서와 별도로 수분양자와 체결한 합의서에 따라 분양이 완료된 후 임대사업을 영위하는 수분양자에게 일정한 임대수익을 보장하는 차원에서 임대수익보장금액과 실제 임대료와의 차액을 별도로 지급하거나, 오피스텔을 자가 사용하는 수분양자에게 임대수익보장 혜택을 받지 않는 부분에 대한 보상차원에서 오피스텔 중도금 대출이자를 별도로 지급하는 경우 해당 임대수익보장지원액과 대출이자지원액은 「부가가치세법」 제29조 제5항 제1호에 따른 에누리에 해당하지 아니하는 것이다(서면-2017-법령해석부가-0865, 2017. 9. 27).

### 6) 연체료에 대한 부가가치세 과세대상 여부

사업자가 재화나 용역을 공급하고 거래상대방이 대가를 지급지연함에 따라 당해 사업자가 지급받는 연체료는 부가가치세 과세표준의 해당 여부에 불구하고 소득세법 시행령 제51조 제3항 제5호의 규정에 의하여 당해 사업의 총수입금액에 산입하는 것이며, 또한, 부가가치세법 제13조 제2항 제5호의 규정을 적용받는 연체료는 재화 또는 용역의 공급대가에 해당되지 아니하는 것이므로 소득세법 제163조의 규정에 따른 계산서의 작성·교부는 하지 아니하는 것이다(재경부 소득 46073-71, 1999. 5. 3). 즉, 공급대가의 지급지연에 따른 연체이자나 연체료 등은 재화나 용역의 공급대가가 아니므로 과세표준에서 제외되며 적격증빙의 수취대상에서 제외되어 증빙불비가산세가 적용되지 않는다. 따라서 법인의 경우 익금으로, 개인의 경우 총수입금액으로 산입하면 된다.

**참 고** **건설회사가 부담하는 중도금 이자에 대한 회계처리**(질의회신 03-028, 2003. 2. 4)

1. 질의
   상가를 신축하여 판매하는 회사가 분양받은 자가 부담해야 할 중도금에 대한 이자를 부담하기로 하는 상가 분양계약을 분양받은 자와 체결하였을 경우 이자부담분을 어떻게 회계처리해야 하는지?
2. 회신
   판매비와관리비로 회계처리한다.

### 7) 분양계약 해제와 수정세금계산서 발급

분양계약의 해제로 인하여 재화 또는 용역이 공급되지 아니한 경우에는 계약이 해제된 때에 그 작성일자는 해제일을 작성일자를 기재하여 수정세금계산서를 발급하고 수정신고 대상이 아니며 해제일이 속하는 과세기간에 포함하여 신고한다.

| 구 분 | 2006. 12. 31 이전 | 2007. 1. 1 이후<br>(최초 공급분부터) | 2012. 7. 1 이후<br>(계약해제 사유발생분부터) |
|---|---|---|---|
| 작성일자 | 해제일 | 당초 작성일자 | 해제일 |
| 수정신고 여부 | 해당 없음 | 해 당 | 해당 없음 |

### 8) 분양계약 해제시 손익의 귀속시기

상가를 신축 판매하는 법인이 동 상가에 대한 양도시기 및 손익의 귀속시기가 도래하여 법인세를 신고한 후 당사자 간의 계약불이행으로 계약이 해제된 경우에는 당해 상가의 분양수입과 분양원가 상당액을 그 계약의 해제일이 속하는 사업연도의 손익에 반영하는 것이다(법인 46012-298, 2001. 2. 5). 즉, 권리의무가 확정된 사업연도에 귀속된다.

### 9) 세금계산서 또는 영수증 발행

건축물을 신축분양 하는 시행사가 상가 등 비주거용건물을 분양하는 경우 건물에 대하여는 세금계산서를 반드시 발행하여야 하나, 주택건설사업자로 등록한 사업자가 국민주택규모초과 아파트를 직접 건설하여 일반에게 분양하는 경우에는 영수증을 교부하는 것이나, 공급받는 자가 사업자등록증을 제시하고 세금계산서의 교부를 요구하는 때에는 세금계산서를 교부하여야 하는 것이다(부가 46015-323, 1997. 2. 13). 다만, 토지공급에 대하여는 계산서 발급이 면제되므로 영수증을 발행하면 된다.

국민주택규모 초과 주택을 법인이나 SH, LH 공사 등 사업자에 공급하는 경우 건물에 대하여 세금계산서를 의무 발급하여야 하나 국민주택 이하를 법인이나 SH, LH 공사 등 사업자에 공급하는 경우에도 계산서 발급이 면제된다.

| 구 분 | | 부가가치세 | 소득세 · 법인세 |
|---|---|---|---|
| 국민주택<br>(85㎡) 이하 | 토지 | 영수증(계산서) | 영수증(계산서) |
| | 건물 | 영수증(계산서) | 영수증(계산서) |
| 국민주택<br>초과 | 토지 | 영수증(계산서) | 영수증(계산서) |
| | 건물 | 영수증, 수분양자가 사업자이면 | 영수증, 수분양자가 사업자이면 |

| 구 분 | | 부가가치세 | 소득세 · 법인세 |
|---|---|---|---|
| | | 세금계산서 의무발급 | 세금계산서 의무발급 |
| 오피스텔 | 토지 | 영수증(계산서) | 영수증(계산서) |
| | 건물 | 세금계산서 의무발급 | 세금계산서 의무발급 |

**관련법조문**

**◈ 부가가치세법 시행령 제73조**

14. 주로 사업자가 아닌 소비자에게 재화 또는 용역을 공급하는 사업으로서 기획재정부령으로 정하는 사업{주거용 건물공급업(주거용 건물을 자영건설하는 경우를 포함한다)}

**◈ 법인세법 제121조【계산서의 작성 · 발급 등】**

④ 부동산을 매각하는 경우 등 계산서 등을 발급하는 것이 적합하지 아니하다고 인정되어 대통령령으로 정하는 경우에는 제1항부터 제3항까지의 규정을 적용하지 아니한다.

③ 법 제121조 제4항에서 "대통령령으로 정하는 경우"란 토지 및 건축물을 공급하는 경우를 말한다(법령 164).

**◈ 법인세법 시행령 제164조【계산서의 작성 · 발급 등】**

③ 법 제121조 제4항에서 "대통령령으로 정하는 경우"란 토지 및 건축물 그 각각의 분양권을 공급하는 경우를 말한다(법령 164).

## Ⅵ 시행사의 분양수익과 분양원가의 계산

### 1. 분양수익의 계산

#### (1) 예약매출의 손익인식

건설 · 제조 기타 용역(도급공사 및 예약매출을 포함)의 제공으로 인한 익금과 손금은 그 목적물의 건설 등의 착수일이 속하는 사업연도부터 그 목적물의 인도일이 속하는 사업연도까지 그 목적물의 건설 등을 완료한 정도(작업진행률)를 기준으로 하여 계산한 수익과 비용을 각각 해당 사업연도의 익금과 손금에 산입한다. 다만, 작업진행률을 계산할 수 없다고 인정되는 경우로서 기획재정부령으로 정하는 경우와 법 제51조의 2 제1항 각 호의 어느 하나에 해당하는 법인으로서 국제회계기준을 적용하는 법인이 수행하는 예약매출의 경우에는 그 목적물의 인도일(용역제공의 경우에는 그 제공을 완료한 날을 말한다)이 속하는 사업연도의 익금과 손금에 각각 산입한다. 다만, 개인사업자가 시행사업을 하는 경우에는 소득세법 시행령 제48조 제11호에 의하여 대금을 청산한 날. 다만, 대금을 청산하기 전에 소유권 등의 이전에 관한 등기 또는 등록을 하거나 해당 자산을 사용수익하는 경우에는 그 등기·등록일 또는 사용수익일로 한다. 한편, 시행사가 아파트를 신축분양함에 있어 분양 및 건설공사를 맡은 시공사로부터 일정금액의 이익을 보장받았다 하더라도 사업 인·허가, 분양대금 공동관리, 토지취득 PF차입금 상환, 수분양자 중도금융자에 대한 보증, 소유권보존등기 등 시행사로서의 법적 책임과 권리가 계속 유지되는 경우 당해 아파트 분양계약기간(「법인세법 시행령」 제69조 제2항에 규정된 계약기간으로서 그 목적물의 건설 등의 착수일로부터 인도일까지의 기간을 말함)이 1년 이상인 때에는 같은 법 시행규칙 제34조의 규정에 의한 작업진행률을 기준으로 하여 계산한 수익과 비용을 해당 사업연도의 익금과 손금으로 인식하는 것이다(법인-1423, 2009. 12. 21).

### (2) 분양손익의 계산방법

분양수익과 분양원가는 분양계약이 체결된 분에 대하여 다음과 같이 계산한다. 다만, 미분양분에 대하여는 예약매출에 해당되지 아니하므로 상품 등의 자산의 양도손익의 귀속시기에 따라 대금청산일·소유권이전등기일·인도일·사용수익일 중 빠른 날에 손익을 인식한다(법인 46012-450, 2000. 2. 16).

ㅇ익금(분양수익) : 총분양예정가액 × 작업진행률 × 분양계약률 - 전기말 누적분양수익
ㅇ손금(분양원가) : 누적실제발생비용 × 분양계약률 - 전기말 누적분양원가

총분양예정가액과 공사진행률을 산정하는 총공사예정비는 사업수지분석표 등을 참조하여 계산한다.

#### ① 작업진행률

$$공사진행률 = \frac{당해\ 사업연도\ 말까지\ 발생한\ 총공사비누적액}{총공사예정비}$$

총공사예정비에는 직접공사비, 간접공사비(시설인입비, 미술품장식비), 설계비, 감리비, 각종부담금, 보존등기비 등은 포함되나, 용지구입비, 모델하우스 건설비, 광고선전비, 분양대행수수료, 관리신탁수수료, 입주관리비, 건설자금이자 등은 제외한다.

② **분양계약률**

$$분양계약률 = \frac{당해\ 사업연도\ 말까지\ 분양계약된\ 총분양금액}{총분양예정금액}$$

예약매출에 대한 손익은 「법인세법」 제40조 및 같은 법 시행령 제69조에 따라 작업진행률 및 분양률을 적용하여 분양수입금액을 계상하는 것으로, 분양계약의 해제로 인하여 발생한 수입금액의 차액을 해약일이 속하는 사업연도의 손익에 산입하는 것이 「법인세법」 제40조의 권리의무확정주의에 부합하는 점, 법인세법상 진행기준에 의한 수익의 인식은 기간손익 배분과 관련한 기업회계기준을 수용한 것인데, 작업진행률 계산은 공사수입과 공사원가를 회계추정에 의하여 계산하도록 하고 있어 그 추정내용의 변경사유가 발생할 경우 기업회계기준에서도 변경이 이루어진 회계기간과 그 이후 회계기간의 수익과 비용의 금액결정에 사용되는 **회계추정을 변경**으로 회계처리하도록 하고 있고, 분양계약자의 계약해제는 전기 또는 그 이전기간의 재무제표에 반영하는 '중대한 전기오류'라고 보기도 어렵다는 점, 계속기업에서 수많은 거래를 개별사항별로 법률적 원인에 따라 소급적용하는 경우, 재무정보의 신뢰성 및 법적 안정성의 저하, 조세행정의 복잡화 등을 유발할 수 있다는 점, 청구법인은 2007년도에 계약하였다가 2008년 이후 계약해제분에 대하여 계약해제일이 속하는 사업연도의 수입금액 및 분양원가에서 차감하여 회계처리하였음에도 경정청구시에는 자신의 기업회계관행과 상반된 회계처리를 주장하고 있는 점 등을 종합적으로 감안하면 계약해제일이 속하는 사업연도의 손익에 반영하는 것이 타당하므로 청구주장을 받아들이기 어렵다고 판단된다(조심 2011중2549, 2011. 12. 22).

### (3) 시공사에 도급을 주는 시행사의 분양손익의 인식

아파트를 신축·분양하는 시행회사가 작업진행률을 계산함에 있어서 **'해당 사업연도 말까지 발생한 총공사비누적액'**은 당해 시행회사가 직접 부담한 공사원가의 누적액과 시공회사에 지급할 도급금액에 시공회사의 작업진행률을 적용하여 계산한 금액의 합계액으로 하는 것으로, 이 경우 시공회사의 작업진행률은 법인세법 시행규칙 제34조 제1항 제1호에 따라 산출하는 것이다(법인-958, 2010. 10. 21, 심사법인 2010-0050, 2010. 10. 22). 한편, 건설시행사가 건설 등의 계약기간이 1년 이상인 아파트를 2년 후 재매입조건으로 분양한 경우 진행률에 따라 손익을 인식하는 것이다(법인-34, 2010. 1. 12).

① 시공회사와 도급계약에 의하여 아파트를 신축분양하는 내국법인이 작업진행률 계산

시 "해당 사업연도 말까지 발생한 총공사비누적액"은 당해 법인이 직접 부담한 공사원가의 누적액과 당해 법인이 시공회사에 지급할 도급금액의 총액에 시공회사의 작업진행률을 적용하여 계산한 금액의 합계액이다(법인-760, 2009. 7. 2).

② 시행사의 작업진행률을 산정함에 있어 시행사가 직접 부담하는 공사관련 보험료, 설계비 및 기술지원비와 시공회사에 대한 도급공사비 등의 원가를 포함하는 것이다(법인-2354, 2008. 9. 5).

③ 아파트 등의 예약매출로 인한 손익의 귀속사업연도를 산정함에 있어서 건설공사를 시공사에게 일괄도급을 준 경우(지분제 방식 포함)에는 시공사 등의 작업진행률(법칙 34)에 의하여 수입금액을 계산할 수 있는 것이다(서면2팀-1521, 2007. 8. 13).

④ 작업진행률 산정에 있어서 당해 외주공사비에 대한 지급채무가 확정되는 시점(세금계산서 수취시점)보다는 쟁점공사의 완료한 정도를 반영하고 있는 시공사의 작업진행률을 기초로 산정하는 것이 타당하다고 보이는 점, 「주택법」 제24조 및 동법 시행령 제27조에 의해 감리자는 시공자가 설계도서에 맞게 시공하였는지 여부, 시공계획·예정공정표 및 시공도면 등의 검토·확인 등을 사업주체인 시행사에 보고하여야 하므로 시행사는 시공사의 작업진행률 등의 정보를 파악할 수 있다고 보이는 점 등에 비추어 처분청이 시공사의 작업진행률을 기초로 하여 청구법인에게 법인세를 부과한 처분은 잘못이 없다(국심 2008부3906, 2009. 11. 25).

⑤ 시행사의 작업진행률은 시공사 작업진행률을 기준으로 시공사공사비를 계산하고 여기에 시행사인 원고가 별도로 지출한 공사비를 합하여 총공사비 누적액을 산정하고 여기에 총공사예정비를 나누어 작업진행률을 산정하여야 한다(부산지방법원 2010구합680, 2010. 7. 16).

시행사의 총공사비 누적액 = 시행사의 직접 부담한 원가 + [시공사의 도급금액 × 시공사의 진행률]

* 시행사의 직접 부담한 원가는 작업진행률 계산에 포함되는 공사원가 중 시공사에 도급을 준 금액을 제외한 감리비, 설계비 등 공사원가 당기발생액을 말함.

사례

### 1. 시행사의 분양수익과 분양원가의 산정(진행률)

시행사인 T&C(주)는 상가를 분양할 목적으로 신축하기로 하고 시공사인 (주)다솔건설에 건축공사 관련 도급을 주었다. 건축공사 내역은 다음과 같다.

- 상가분양금액(계약률 100%) : 2,000억원
- 공사기간 : 20×1. 2. 1 ~ 20×2. 12. 31
- 시공사 도급금액 : 1,000억원
- 설계비, 감리비 등 시행사의 자체공사원가 예상액 : 200억원
- 용지 취득가액 : 500억원
- 시행사의 자체공사원가 발생액 : 80억원(20×1), 120억원(20×2)
- 감리가 확인한 시공사의 진행률 : 40%(20×1), 100%(20×2)
- 시공사가 세금계산서 발행한 금액 : 300억원(20×1), 700억원(20×2)

위 자료에 의하여 시행사의 진행률을 계산하면 다음과 같다.

| 구 분 | 20×1 | 20×2 |
|---|---|---|
| ① 당기말 누적공사원가 | 480억원 | 1,200억원 |
| ② 총공사예정원가 | 1,200억원 | 1,200억원 |
| ③ 진행률(①/②) | 40% | 100% |

위 표에서 당기 말(20×1) 누적공사원가는 시행사의 자체공사원가에다 시공사의 도급금액에 진행률을 적용한 (1,000억원 × 40%)합계액이다. 특히 주의할 점은 시공사가 청구한 금액(세금계산서 발행)을 당기 발생한 공사원가로 적용하여 진행률을 산정하면 안 된다는 것이다. 다만, 시공사에 일괄 도급을 준다면 시공사의 진행률을 적용해도 된다고 판단되나 실무상 이러한 경우는 매우 드물 것이다.

### 2. 분양손익의 인식

| 구 분 | 20×1 | 20×2 |
|---|---|---|
| ① 분양수익 | 800억원<br>(2,000억원 × 40% × 100%) | 1,200억원<br>(2,000억원 × 60% × 100%) |
| ② 분양원가 | 680억원 | 1,020억원 |
| ③ 분양이익 | 120억원 | 180억원 |

- 공사진행률 : 40% {(400억원+80억원)/1,200억원}
- 분양계약률 : 100%

### 3. 회계처리

(1) 20×1

- (차) 분양미수금 800억원 (대) 분양수익 800억원
- (차) 공사비 300억원 (대) 미지급금 300억원(세금계산서 수취금액)
- (차) 용지비 200억원 (대) 용지 200억원(500억원×40%×100%)
- (차) 설계비 등 80억원 (대) 미지급금 80억원(200억원×40%×100%)
- (차) 공사비 100억원 (대) 미지급금 100억원

* 세금계산서 수취금액 300억원과 시공사의 도급금액에 따른 공사원가 계상액 400억원(1,000억원×40%)과의 차액 100억원에 대하여 추가 공사원가 계상함. 시공사와 도급계약에 의해 아파트를 신축·분양하는 법인(시행사)이 예약매출로 인한 손익을 진행기준으로 인식하는 경우 시공사에 지급할 도급금액 중 해당 사업연도에 손금(분양원가)으로 계상할 금액은 「법인세법 시행령」 제69조에 따라 시공사에 지급할 도급금액의 총액에 시공사의 작업진행률을 곱하고 분양계약률을 적용하여 계산한 금액에서 전기말까지 도급금액과 관련한 손금계상액을 차감하여 계산하는 것임(사전법인-37, 2015. 7. 16).

| 기말수정분개 | | | |
|---|---|---|---|
| (차) 분양원가 | 680억원 | (대) 공사비 등 | 680억원 |

(2) 20×2

- (차) 분양미수금 1,200억원 (대) 분양수익 1,200억원
- (차) 공사비 600억원 (대) 미지급금 600억원
- (차) 용지비 300억원 (대) 용지 300억원(500억원×40%×100%)
- (차) 설계비 등 120억원 (대) 미지급금 120억원(200억원×40%×100%)

| 기말수정분개 | | | |
|---|---|---|---|
| (차) 분양원가 | 1,020억원 | (대) 공사비 등 | 1,020억원 |

## 2. 분양원가의 계산

### ① 분양원가의 산정방법 : 면적기준(원칙)

부동산매매업을 영위하는 법인이 동일 필지 내에 상가를 신축하고 층별·위치별로 분양금액을 달리하여 2 이상의 사업연도에 걸쳐 분양하는 경우 분양수입금액에 대응하는 상가의 분양원가(취득원가)는 개별원가계산 방법 또는 총 취득가액을 총건축면적에서 분양면적이 차지하는 비율에 따라 안분계산하는 방법에 의하는 것이다(법인 46012-1390, 1999. 4. 14).

### ② 분양원가의 산정방법 : 총분양예정가액(예외)

법인이 상가 등을 신축분양함에 있어 층별·위치별·용도별 분양금액을 달리하여 분양하는 경우 분양되는 상가 등에 대한 각 사업연도 소득금액 계산시 취득가액은 원칙적으로 개별원가계산방법 또는 분양면적비율에 의한 안분계산방법에 의하는 것이나, 각 층별·위치별·용도별 분양금액이 다르고 전체 분양가액이 구체적으로 산정되었음이 사전 공시방법 등에 의해 명백히 확인되는 경우에는 총취득가액에 당해 사업연도에 분양된 건물의 분양가액이 총분양예정가액에서 차지하는 비율을 곱하여 계산한 금액으로 할 수 있는 것이며, 이 경우 동 원가계산방법은 당해 건물의 분양이 완료될 때까지 계속 적용하여야 한다(서이 46012-11875, 2003. 10. 27). 상가를 신축하여 2 이상의 사업연도에 걸쳐 분양하는 경우, 분양수입금액에 대응하는 분양원가(매출원가)는 분양면적비율에 의하여 안분계산함을 원칙으로 하되, 납세의무자가 채택한 방법이 일반적으로 공정·타당하고 계속성이 유지되었다면 분양금액비율에 의한 분양원가계산도 가능(국심 92서1528, 1992. 7. 6)한 바, 분양수입금액에 대응하는 분양원가를 분양금액비율에 의하여 계산하기 위하여는 분양가액이 층별·위치별로 차이가 있고 전체분양예정가액이 구체적으로 산정되었음이 입증되어야 하며, 또한 그 원가계산방법을 계속하여 적용하고 있음이 전제되어야 하나, 청구법인은 분양금액을 기준으로 대응원가를 산정하여야 한다고 주장만 할 뿐 아무런 근거를 제시하지 아니하여 청구주장이 타당한지 여부를 심리할 수가 없으므로 분양금액비율에 비례하여 분양원가를 산정하여야 한다는 청구법인의 주장은 받아들이기 어렵다고 판단된다(심사법인 2000-0012, 2000. 6. 23). 상가건물을 신축하여 분양한 경우 건물 내의 상가의 원가계산방식은 개별원가방식을 채택할 수 없고 종합원가방식을 택해야 하는데 그 중 총분양예정면적 중 실분양면적의 비율에 의한 단순종합원가계산방식에 의하여 상가의 취득원가를 산정하는 것은 원가계산의 기본목적에도 맞지 아니할 뿐 아니라 실질과세의 원칙에도 어긋나고 납세자에게만 불리한 결과를 가져다주는 것이 되어서 불합리한 원가계산방법이라 할 것이므로, 각층별 이용가치의 구체적 기준인 분양예정가액을 각층의 등급계수로 하여 연산품 원가계산방법으로 각층의 취득가액을 정하고 그 가액을 기준으로 하여 당해 사업연도 매출원가를 산정하여야 한다(서울고등법원 1997. 11. 20. 선고 96구36489 판결).

### ③ 모델하우스 설치비용과 분양보증료의 손금산입

모델하우스의 설치비용 및 주택분양보증수수료의 손금귀속시기는 분양이 완료된 부분에 대하여 작업진행률과 분양계약률에 의하여 손금에 산입하는 것이다(서이 46012-11778, 2003. 10. 15).

공동주택신축판매업을 영위하는 회사가 분양승인을 얻기 위하여 대한주택보증주식회사에 지급한 분양보증수수료는 회사의 신용등급에 따라 분양금액의 0.25%~0.5%로 결정되며 분양되지 않는 경우에는 사후적으로 환급받는 것으로 판매비와 관리비로 회계처리한다(질의회신 06-045, 2006. 11. 24).

## Ⅶ 미분양상가 · 주택의 부가가치세 세무실무

### 1. 부가가치세 개요

#### (1) 사업자등록

시행사는 부동산매매업에 해당되어 법인등기부상의 소재지가 사업장에 해당되어 사업자등록을 하여야 하나, 미분양상가 등을 임대로 전환하는 경우 부동산의 등기부상의 소재지가 사업장이므로 이에 대하여 임대개시 후 20일 이내에 사업자등록을 하여야 한다(서면3팀-180, 2008. 1. 22). 쟁점부동산을 분양목적으로 신축하여 매각될 때까지 일시적·잠정적으로 임대하였다고 하더라도 쟁점부동산의 소재지 관할세무서장에게 사업자등록을 하고 임대수입금액에 대한 부가가치세를 신고하였어야 하는 바, 청구법인이 이를 이행하지 않은 이상 처분청이 청구법인에게 사업자미등록가산세 및 신고불성실가산세를 부과한 처분은 달리 잘못이 없다고 판단된다(심사부가 2010-0154, 2010. 10. 12).

#### (2) 일시임대 후 분양

상가를 신축하여 분양하는 사업자가 상가신축 관련 매입세액을 공제받고 일부 미분양상가를 사업목적의 변경 없이 일시적·잠정적으로 면세사업을 위하여 사용하는 경우에는 「부가가치세법」 제6조 제2항 및 같은 법 시행령 제15조 제1항의 규정에 의한 자가공급에 해당하지 아니하여 부가가치세가 과세되지 아니하는 것이나, 일시적·잠정적으로 면세사업을 위하여 사용하는 경우인지 여부는 사실판단할 사항이다(부가-2715, 2008. 8. 26).

#### (3) 면세전용

주택을 신축하여 분양하는 사업자가 미분양주택이 다수 발생함에 따라 당해 미분양주택이 분양될 때까지 일시적 또는 잠정적으로 주택의 임대에 사용하는 경우로서, 미분양주택의 원활한 분양을 위하여 사업목적(주택의 공급)의 변경 없이 분양활동을 지속하면서 주택임대차계약서에 분양목적의 재고자산임을 명시하는 등 주택의 임대사업으로 전환한 것으로 볼 수 없는 경우에는 「부가가치세법」 제6조 제2항 및 같은 법 시행령 제15조 제1항에 따른 재화의 공급에 해당하지 아니하는 것이다(부가-578, 2010. 5. 10).

오피스텔 신축판매업을 영위하는 사업자가 완공한 미분양 오피스텔을 임대한 경우로서 임차인이 이를 상시주거용으로 사용하는 것이 확인되는 경우에는 부가가치세법 제6조 제2항 및 동법 시행령 제15조 제1항의 규정에 의하여 부가가치세가 과세되는 것이나, 당초 오피스텔을 분양을 목적으로 신축하였으나 분양이 되지 않아 일시적 · 잠정적으로 주거용으로 임대한 경우에는 자가공급에 해당하지 아니하는 것이나 이 경우 주택임대업으로 등록을 하였거나, 임대계약서 등에 분양목적의 주택임을 표시함이 없이 임대기간을 2년 이상 장기로 계약하여 사실상 주택임대업을 영위하는 것으로 보는 것이 타당하다고 인정되는 경우, 분양을 위한 대외적인 의사표시 없이 임대광고만을 한 경우, 사실상 분양을 포기하고 임대사업으로 전환한 것으로 볼 수 있는 경우 등은 면세전용으로 볼 수 있는 것이며, 일시적 · 잠정적 임대 여부는 당초 사업목적 및 임대조건, 실제 사업내용 등에 의하여 사실판단할 사항이다. 또한, 오피스텔을 상시주거용으로 임대하여 부가가치세법 제6조 제2항 및 동법 시행령 제15조 제1항의 규정에 의하여 부가가치세가 과세된 오피스텔을 양도하는 경우에는 부가가치세법 제12조 제3항의 규정에 의하여 부가가치세가 면제되는 것이다(서삼 46015-11786, 2003. 11. 14).

### (4) 사업양도

건물을 신축하여 판매할 것을 사업목적으로 하는 사업자가 서로 연접한 토지에 공동주택 및 근린생활시설인 건물을 신축하여 각각 별도로 등기(개별등기)를 한 후 일부 부동산은 판매하고 판매되지 아니한 부동산은 임대를 하다가 일부 부동산은 제외하고 다른 지번에 소재한 부동산만을 임대업하려는 사업자에게 양도한 경우에는 「부가가치세법」 제6조 제6항 제2호에 따라 재화의 공급으로 보지 아니하는 사업의 양도에 해당하지 아니하는 것이다(부가-722, 2011. 7. 4). 쟁점상가를 신축한 것은 임대목적이라기보다는 분양할 목적이었다고 보여지고 일부 점포에 대하여 임대를 한 것은 미분양으로 인한 일시적인 임대로 보여지므로 이건 쟁점거래는 건물신축판매업자인 양도인이 재고자산을 양도한 것으로 판단되므로 사업양도로 보아 매입세액을 불공제한 처분은 잘못이라고 판단된다(조심 2011중3100, 2011. 11. 15).

### (5) 미분양분을 환매조건부로 양도

주택신축판매업자가 신축 중인 국민주택규모 초과 미분양주택을 환매조건부 매매계약에 따라 양도한 후 약정에 따라 계약체결일로부터 소유권이전 또는 잔금지급 후 6개월 이내에 환매하는 경우 당해 환매는 「부가가치세법」 제6조 제1항에 따른 재화의 공급에 해당하는 것이다(부가-50, 2010. 1. 13).

### (6) 미분양상가의 공유물분할

상가를 신축분양하는 공동사업자가 공유물 분할받은 미분양상가는 현물반환에 해당되어 재화의 공급으로 보아 시가로 부가가치세가 과세되는 것이며 시가는 쟁점부동산의 매매가액 및 매매사례가액을 시가로 보는 것이 타당하다 할 것이다(조심 2011중0323, 2011. 4. 1).

## 2. 임대료의 부가가치세 신고·납부

부동산임대업은 임대료와 관리비에 대하여 부가가치세를 신고·납부하여야 한다. 또한, 간주임대료에 대하여 예정신고기간 또는 과세기간 종료일을 공급시기로 하여 부가가치세를 신고·납부하여야 한다. 다만, 주택임대 및 부수토지의 임대에 대하여는 부가가치세가 과세되지 않는다. 임대료의 공급시기는 계약상 받기로 한 날이나 임대용역은 계속적 공급에 해당되어 세금계산서를 미리 발행하는 경우 그 때를 공급시기로 하여 부가가치세를 신고·납부하여야 한다. 또한 임대료를 선불 또는 후불로 받는 경우 당해 금액을 계약기간의 월수로 나눈 금액의 각 과세대상기간의 합계액을 과세표준으로 하여야 하며 이 경우 공급시기는 예정신고기간 또는 과세기간 종료일이다.

#  시행사의 신축건물의 취득세 실무

## 1. 취득가액의 범위

취득가격 또는 연부금액은 취득시기를 기준으로 그 이전에 해당 물건을 취득하기 위하여 다음 각 호의 자가 거래 상대방이나 제3자에게 지급하였거나 지급하여야 할 일체의 비용으로서 대통령령으로 정하는 사실상의 취득가격으로 한다. (개정 2023. 12. 29.)

1. 납세의무자
2. 「신탁법」에 따른 신탁의 방식으로 해당 물건을 취득하는 경우에는 같은 법에 따른 위탁자
3. 그 밖에 해당 물건을 취득하기 위하여 비용을 지급하였거나 지급하여야 할 자로서 대통령령으로 정하는 자 다만, 취득대금을 일시급 등으로 지급하여 일정액을 할인받은 경우에는 그 할인된 금액으로 한다.

① 건설자금에 충당한 차입금의 이자 또는 이와 유사한 금융비용
② 할부 또는 연부(年賦) 계약에 따른 이자 상당액 및 연체료. 다만, 법인이 아닌 자가 취득하는 경우는 취득가격 또는 연부금액에서 제외한다.
③ 「농지법」에 따른 농지보전부담금, 「문화예술진흥법」 제9조 제3항에 따른 미술작품의 설치 또는 문화예술진흥기금에 출연하는 금액, 「산지관리법」에 따른 대체산림자원조성비 등 관계 법령에 따라 의무적으로 부담하는 비용
④ 취득에 필요한 용역을 제공받은 대가로 지급하는 용역비 · 수수료(건축 및 토지조성공사로 수탁자가 취득하는 경우 위탁자가 수탁자에게 지급하는 신탁수수료를 포함한다)
⑤ 취득대금 외에 당사자의 약정에 따른 취득자 조건 부담액과 채무인수액
⑥ 부동산을 취득하는 경우 「주택도시기금법」 제8조에 따라 매입한 국민주택채권을 해당 부동산의 취득 이전에 양도함으로써 발생하는 매각차손. 이 경우 행정안전부령으로 정하는 금융회사 등(이하 "금융회사등"이라 한다) 외의 자에게 양도한 경우에는 동일한 날에 금융회사등에 양도하였을 경우 발생하는 매각차손을 한도로 한다.
⑦ 「공인중개사법」에 따른 공인중개사에게 지급한 중개보수. 다만, 법인이 아닌 자가 취득하는 경우는 취득가격 또는 연부금액에서 제외한다.
⑧ 붙박이 가구 · 가전제품 등 건축물에 부착되거나 일체를 이루면서 건축물의 효용을 유지 또는 증대시키기 위한 설비 · 시설 등의 설치비용
⑨ 정원 또는 부속시설물 등을 조성 · 설치하는 비용
⑩ ①부터 ⑨까지의 비용에 준하는 비용

다만, 다음의 어느 하나에 해당하는 비용은 취득가격에 포함하지 아니한다.
① 취득하는 물건의 판매를 위한 광고선전비 등의 판매비용과 그와 관련한 부대비용
② 「전기사업법」, 「도시가스사업법」, 「집단에너지사업법」, 그 밖의 법률에 따라 전기 · 가스 · 열 등을 이용하는 자가 분담하는 비용
③ 이주비, 지장물 보상금 등 취득물건과는 별개의 권리에 관한 보상 성격으로 지급되는 비용
④ 부가가치세
⑤ ①부터 ④까지의 비용에 준하는 비용

## 2. 시행사의 취득세 과세표준 포함 여부

### (1) 상하수도 원인자부담금

건축물을 신축하면서 부담한 상수도원인자부담금은 수도공사를 하는 데에 비용 발생의 원인을 제공한 자(주택단지·산업시설 등 수돗물을 많이 쓰는 시설을 설치하여 수도시설의 신설이나 증설 등의 원인을 제공한 자를 포함한다) 또는 수도시설을 손괴하는 사업이나 행위를 한 자에게 부담하게 하는 비용(수도법 71)으로서, 건축물 신축행위를 위하여 필요불가결하게 발생되는 간접비용이므로 관계법령에 따라 의무적으로 부담하여야 하는 비용(지령 82의 2 ① 3호)에 해당되어 취득세 등 과세표준에 포함하는 것이 타당하다(지방세운영-2146, 2010. 5. 20).

### (2) 채권매각차손

법인이 토지를 취득하면서 주택법 등 관계법령에 따라 국민주택채권을 매입하고 만기 이전에 매각함으로써 매각차손이 발생하는 경우, 토지취득에 따른 취득세 과세표준에는 취득을 위하여 실질적으로 지출한 비용인 매각차손만을 포함하는 것이 타당하다(지방세운영-5018, 2009. 11. 27).

### (3) 차양막 설치공사

법인이 상업용 건축물을 신축하면서 상업용 건축물의 일부 부대공사인 차양막 설치를 위한 공사계약을 체결하고 준공 이후에 추가공사를 한 경우, 동 공사는 건축물에 부착(창문에 설치)되어 당해 건축물의 효용을 증대시키는 부대시설 공사로서 그 지급원인이 신축건물 취득시기 이전에 발생 또는 확정된 것이라면 건축물 신축과 관련하여 제3자에게 “지급하여야 할 비용에 해당되어 신축건물 취득가격에 포함하는 것이 타당하다(지방세운영-208, 2010. 1. 15).

### (4) 조망권 피해보상금

건설업 영위법인이 당해 건설공사로 인해 인근주민의 조망권 침해에 따른 손해를 배상하기 위하여 피해보상금을 지급한 경우, 보상금 등은 건축물을 신축하는 과정에서 발생되는 비용이기는 하나 신축건물을 취득하기 위하여 지급하는 비용이 아니라 별개의 권리에 대하여 손실보전 등을 위해 지급되는 것이므로 법인장부상에 건축물의 공사원가로 계상하였다 하더라도 건축물 신축에 따른 취득가격에서 제외되는 것이 타당하다고 판단된다(지방세운영-4295, 2009. 10. 12).

### (5) 아파트 발코니 새시비용

아파트 건설법인이 아파트 신축공사를 하면서 아파트 준공시점에 아파트 전체세대 중 일부세대는 발코니공사를 완료하고 그 나머지는 준공 이후에 공사를 완료한 경우, 준공일 이전에 아파트 발코니 새시 등 공사가 완료된 경우에는 건축물의 주체구조부와 일체를 이루고 있는 것에 해당되어 이에 지급된 비용은 아파트 신축에 따른 취득가격에 포함되어야 할 것이나, 준공 이후에 공사완료된 발코니에 대하여 지급된 비용은 당해 건축물의 신축을 위하여 소요된 비용으로 보기에는 어렵다고 판단된다(지방세운영-2313, 2009. 6. 10).

### (6) 가스공사분담금, 급수공사분담금, 지역난방공사분담금

건축물을 신축하면서 가스·수도·지역난방·전기 등의 시설을 공급자로부터 신축건물 인입점까지 관매립 또는 선연결공사를 선행하면서 소요된 시설의 비용 중 일부를 사용자에게 분담하게 하는 분담금은 당해 시설물을 취득한 것이 아니라 시설물 이용에 따른 공사비를 분담한 것에 불과하므로 가스공사분담금, 급수공사분담금, 지역난방공사분담금, 전기공사분담금은 건축물 신축에 따른 취득비용에 포함되지 않는 것으로 판단된다(지방세운영-2657, 2008. 12. 18).

### (7) 아파트 분양가격에 포함된 빌트인 가전제품

분양 아파트의 취득 시점에 아파트에 연결되거나 부착하는 방법으로 설치되어 아파트와 일체로 유상 취득하는 빌트인 가전제품의 경우에는 당해 분양아파트의 취득비용에 포함되는 것이다(지방세운영-2456, 2008. 12. 10).

### (8) 개발행위관련 부담금

개발행위허가에 따른 농지전용부담금, 대체산림자원조성비, 대체초지조성비는 농지조성비, 산림전용부담금, 대체조림비, 허가관련 면허세는 지목변경을 수반한 경우라면 지목변경에 따른 취득세 과세표준에 포함되는 것이다(지방세운영-207, 2008. 7. 10). 다만, 취득일 이후에 공사가 완료로 인하여 수익이 전제가 되는 개발이익환수에 관한 법률에 의한 개발부담금은 제외한다.

### (9) 사업권 양도·양수비

건설사업과 관련하여 사업권양도합의서를 작성하고 부동산 매매계약을 승계하면서 별도의 사업권양도 · 양수비를 지급하였을 경우 사업권양도 · 양수비가 추후 토지 또는 건축물 취득세 과세표준에 포함되지 않는다(세정-1900, 2005. 7. 26).

### (10) 기존건축물의 철거비용

기존건축물의 철거비용은 건물의 신축에 필수불가결한 준비행위에 소요되는 취득원가이므로 신축건축물의 취득가액에 포함되는 것이다(세정-154, 2005. 1. 11).

### (11) 명도소송비용, 이사비용, 합의금

부동산을 법원으로부터 경락 취득한 이후에 발생한 세입자들의 명도소송비용 · 이사비용 · 기타합의금은 취득세 과세표준에 포함되지 않는다(세정 13407-956, 2000. 7. 31).

### (12) 주택분양보증수수료

주택분양보증수수료는 그 본질에 있어 주택분양을 위한 비용이라는 점, 주택보증비용을 통해 착공과 동시에 분양을 하여 그 분양대금을 미리 지급받는다고 하더라도 주택분양보증수수료 자체를 건설자금에 충당한 금액에 대한 이자로 보기 어려운 점, 일반적으로 인정된 기업회계기준에 따르면 건물의 취득원가로 회계처리하는 것이 아니라 판매비와 관리비로 처리하고 있는 점으로 보아 취득세 과세표준에 포함된다고 할 수 없다(대법원 2010. 10. 23 선고, 2009두12150 판결).

# Ⅸ 부동산개발업의 관리 및 육성에 관한 법률

## 1. 제정목적 및 배경

### (1) 부동산개발업을 독립된 전문업종으로 육성

부동산개발업은 개발과 금융이 결합된 산업으로 기획에서 사업성 검토, 시공관리, 분양, 사후관리까지 여러 분야에 걸쳐 전문성이 필요한 업종으로 부동산개발업에 관한 종합적 · 체계적 관리제도를 도입하여 부동산개발업을 독립된 전문업종으로 육성하고자 하는 데 목적을 두고 있다.

### (2) 부동산개발업자의 관리와 소비자보호

개발사업실적 등 개발업자에 관한 정보가 부족하여 건전한 개발업자와 부실개발업자를 구별하기 어렵고, 테마상가 · 오피스텔 등 사업시행과정에서 사기분양 · 허위광고 등 불법행위로 소비자 피해가 발생하여 부동산개발사업에서 소비자를 보호할 수 있는 제도적 장치를 마련할 필요성이 제기되었다.

## 2. 부동산개발업의 관리 및 육성에 관한 법률의 주요내용

### (1) 용어의 정의(법 제2조)

1. "부동산개발"이란 다음 각 목의 어느 하나에 해당하는 행위를 하여 그 행위로 조성 · 건축 · 대수선 · 리모델링 · 용도변경 또는 설치되거나 될 예정인 부동산, 그 부동산의 이용권으로서 대통령령으로 정하는 권리의 전부 또는 일부를 공급하는 것을 말한다. 다만, 시공을 담당하는 행위를 제외한다.
   ① 타인에게 공급할 목적으로 토지를 건설공사의 수행 또는 형질변경의 방법으로 조성하는 행위
   ② 타인에게 공급할 목적으로 건축물을 건축 · 대수선 · 리모델링 또는 용도변경 하거나 공작물을 설치하는 행위. 이 경우 "건축", "대수선", "리모델링"은 「건축법」 제2조 제1항 제8호부터 제10호까지의 규정에 따른 "건축", "대수선" 및 "리모델링"을 말하고, "용도변경"은 같은 법 제19조에 따른 "용도변경"을 말한다.
2. "부동산개발업"이란 부동산개발을 수행하는 업을 말한다.
3. "부동산개발업자"란 부동산개발을 업으로 영위하는 자를 말한다.
4. "등록사업자"란 제4조에 따라 등록을 한 부동산개발업자를 말한다.
5. "공급"이란 부동산 등을 타인에게 판매 또는 임대하는 행위를 말한다.
6. "소비자"란 부동산개발업자로부터 부동산 등을 공급받거나 공급받으려는 자를 말한다.
7. "표시 · 광고"란 「표시 · 광고의 공정화에 관한 법률」 제2조 제1호 및 제2호에 따른 표시 또는 광고를 말한다.

### (2) 부동산개발업의 등록(법 제4조)

① 건축물의 연면적(「건축법」 제84조에 따른 연면적을 말한다)이 2천 제곱미터 또는 연간 5천 제곱미터 이상이거나 토지의 면적이 3천 제곱미터 또는 연간 1만 제곱미터 이상으로서 대통령령으로 정하는 규모 이상의 부동산개발을 업으로 영위하려는 자는

국토교통부장관에게 등록을 하여야 한다. 다만, 다음 각 호의 어느 하나에 해당하는 자의 경우에는 그러하지 아니하다.

1. 국가 · 지방자치단체
2. 대한주택공사, 한국토지공사, 그 밖의 「공공기관의 운영에 관한 법률」에 따른 공공기관 중 대통령령으로 정하는 자
3. 「지방공기업법」에 따른 지방공사 및 지방공단(이하 "지방공기업"이라 한다)
4. 「주택법」 제9조에 따라 등록한 주택건설사업자 또는 대지조성사업자(주택건설사업 또는 대지조성사업을 하는 경우에 한한다)
5. 다른 법률에 따라 해당 부동산개발을 시행할 수 있는 자로서 대통령령으로 정하는 자

② 제1항에 따라 등록하는 자는 다음 각 호의 요건을 갖추어야 한다. 이 경우 등록절차와 그 밖에 필요한 사항은 대통령령으로 정한다.

1. 자본금이 3억원(개인인 경우에는 영업용자산평가액이 6억원) 이상으로서 대통령령으로 정하는 금액 이상일 것
2. 대통령령으로 정하는 시설 및 부동산개발 전문인력을 확보할 것

③ 부동산개발업을 영위하려는 자가 부동산개발을 위하여 대통령령으로 정하는 상근 임직원이 없는 특수목적법인을 설립한 경우에는 제2항에도 불구하고 등록요건이나 그 밖에 필요한 사항은 따로 대통령령으로 정하는 바에 따른다.

④ 토지소유자는 제1항에도 불구하고 대통령령으로 정하는 바에 따라 등록사업자와 공동으로 부동산개발을 할 수 있다. 이 경우 토지소유자와 등록사업자를 공동사업주체로 보며, 공동사업주체 간의 구체적인 업무 · 비용 및 책임의 분담 등에 관하여는 대통령령으로 정한다.

### (3) 부동산개발 전문인력의 범위와 교육 등(법 제5조)

① 제4조 제2항 제2호에 따른 부동산개발 전문인력이란 다음 각 호의 어느 하나에 해당하는 자로서 대통령령으로 정하는 자격을 갖춘 자를 말한다.

1. 변호사 · 법무사 · 공인회계사 · 세무사 · 감정평가사 · 공인중개사 · 건축사
2. 부동산 관련 분야의 학사학위 이상의 소지자로서 부동산의 취득 · 처분 · 관리 · 개발 또는 자문 관련 업무에 종사한 자
3. 「건설기술 진흥법」 제2조 제8호에 따른 건설기술인
4. 그 밖에 부동산개발에 필요한 전문성이 있다고 인정되는 자로서 대통령령으로 정하는 자

② 제1항에 따른 부동산개발 전문인력은 부동산개발에 필요한 사전교육을 받아야 한다.

이 경우 교육기관, 교육과정, 사전교육의 면제대상, 그 밖에 필요한 사항은 대통령령으로 정한다.

### (4) 등록사업자의 보고의무 등(법 제17조)

등록사업자는 국토교통부령으로 정하는 바에 따라 다음 각 호의 사항을 국토교통부장관에게 보고하여야 한다.

1. 사업실적(개인인 등록사업자가 부동산개발업에 1년 이상 사용한 사업용 자산을 현물출자하여 법인을 설립한 경우에는 그 개인인 등록사업자의 사업실적을 포함한 실적을 말하며, 등록취소 후 다시 등록한 경우에는 다시 등록한 이후의 실적을 말한다)
2. 자본금(개인인 경우에는 영업용자산평가액을 말한다. 이하 같다)의 변경
3. 임원 및 부동산개발 전문인력의 변경

### (5) 부동산개발업자의 실태조사 등(법 제18조)

① 시·도지사는 제4조에 따른 등록요건에의 적합 여부 확인, 부동산개발의 적정성 등을 판단하기 위하여 필요한 때에는 등록사업자에게 그 업무나 재무관리상태 등에 관하여 보고할 것을 명할 수 있으며, 소속 공무원으로 하여금 등록사업자의 경영실태를 조사하게 하거나 그 시설을 검사하게 할 수 있다.

② 시·도지사는 제1항에 따른 등록사업자의 경영실태 조사를 위하여 필요한 때에는 등록사업자가 시행한 부동산개발을 위하여 시공을 담당한 건설업자나 부동산개발에 참여한 자에게 부동산개발의 현황 등에 관한 자료의 제출을 요구할 수 있다.

③ 제1항에 따른 조사 또는 검사를 하는 경우에는 국토교통부령으로 정하는 바에 따라 조사 또는 검사의 일시·이유 및 내용 등에 대한 계획을 피조사자에게 국토교통부령으로 정하는 기간 전까지 통지하여야 한다. 다만, 긴급을 요하거나 사전 통지의 경우 증거인멸 등으로 조사 또는 검사의 목적을 달성할 수 없다고 인정하는 경우에는 그러하지 아니하다.

④ 제1항에 따라 조사 또는 검사를 하는 공무원은 그 권한을 표시하는 증표를 지니고 이를 관계인에게 내보여야 한다.

⑤ 제1항 및 제2항에 따른 조사·검사 및 자료 제출 요구의 요건·기간 및 방법, 그 밖에 필요한 사항은 국토해양부령으로 정한다.

### (6) 부동산개발업 정보의 종합관리(법 제19조)

① 국토해양부장관은 등록사업자의 자본금 · 사업실적 · 경영실태 등 등록사업자에 관한 정보와 부동산개발에 필요한 정보를 종합적으로 관리하고, 국토해양부령으로 정하는 바에 따라 소비자 보호를 위하여 필요한 정보를 소비자, 관련 기관 · 단체 등에 제공하여야 한다. 이 경우 제공하여야 하는 정보는 등록사업자의 영업비밀을 침해하지 아니하는 범위에 한한다.

② 국토교통부장관은 제1항에 따른 부동산개발업에 관한 정보를 체계적으로 관리하기 위하여 대통령령으로 정하는 바에 따라 부동산개발업 정보종합관리체계를 구축 · 운영하여야 한다.

### (7) 부동산개발업자의 금지행위(법 제20조)

① 부동산개발업자 등은 다음 각 호의 어느 하나에 해당하는 행위를 하여서는 아니 된다.

1. 거짓 또는 과장된 사실을 알리거나 속임수를 써서 타인으로 하여금 부동산 등을 공급받도록 유인하는 행위
2. 타인으로 하여금 그릇된 판단을 하게 하여 부동산 등을 공급받도록 유인할 목적으로 부동산개발에 대한 거짓 정보를 불특정다수인에게 퍼뜨리는 행위
3. 상대방이 부동산 등을 공급받을 의사가 없음을 밝혔음에도 불구하고 전화 · 모사전송 · 컴퓨터통신 등을 통하여 부동산 등을 공급받을 것을 강요하는 행위

② 제1항은 부동산개발업자로부터 업무를 위탁받아 처리하거나 대행하는 자(그 임직원을 포함한다)에게 준용한다.

## 제4절 재건축 · 재개발정비사업조합

# 개 요

### 1. 의의

주택재건축사업은 정비기반시설은 양호하나 노후 · 불량건축물이 밀집한 지역에서 주거환경을 개선하기 위하여 시행하는 사업(정비구역이 아닌 구역에서 시행하는 주택재건축사업을 포함한다)을 말한다(도정법 2 2호 다목). 이에 비해 도시재개발사업이란 정비기반시설이 열악하고 노후 · 불량주택이 밀집한 지역에서 주거환경을 개선하기 위하여 시행하는 사업을 말한다(도정법 2 2호 나목).

**관련법조문**

**◈ 도시 및 주거환경정비법 제2조【용어의 정의】**

① "정비구역"이란 정비사업을 계획적으로 시행하기 위하여 제16조에 따라 지정 · 고시된 구역을 말한다.

② "정비사업"이란 이 법에서 정한 절차에 따라 도시기능을 회복하기 위하여 정비구역에서 정비기반시설을 정비하거나 주택 등 건축물을 개량 또는 건설하는 다음 각 목의 사업을 말한다.

가. 주거환경개선사업 : 도시저소득 주민이 집단거주하는 지역으로서 정비기반시설이 극히 열악하고 노후 · 불량건축물이 과도하게 밀집한 지역의 주거환경을 개선하거나 단독주택 및 다세대주택이 밀집한 지역에서 정비기반시설과 공동이용시설 확충을 통하여 주거환경을 보전 · 정비 · 개량하기 위한 사업

나. 재개발사업 : 정비기반시설이 열악하고 노후 · 불량건축물이 밀집한 지역에서 주거환경을 개선하거나 상업지역 · 공업지역 등에서 도시기능의 회복 및 상권활성화 등을 위하여 도시환경을 개선하기 위한 사업

다. 재건축사업 : 정비기반시설은 양호하나 노후 · 불량건축물에 해당하는 공동주택이 밀집한 지역에서 주거환경을 개선하기 위한 사업

## 2. 주택조합의 종류

주택조합에 대한 종류와 개념을 관련법률에 따라 다음과 같이 분류할 수 있다.[53)]

| 구분 | 정의 | 근거법령 | 조합원 권리의무 | 건축방법 |
|---|---|---|---|---|
| 재건축조합 | 정비기반시설이 양호한 노후불량주택 개선 | 도시정비법<br>(법인) | -토지신탁<br>-건물(조합원 보존등기)<br>-토지(신탁해지) | 조합원의 신탁 토지에 건축 |
| 재개발조합 | 정비기반시설이 불량한 건축물의 주거환경 개선 | 도시정비법<br>(법인) | -토지제공<br>-건물(조합원 보존등기)<br>-토지(환지로 취득) | 조합원의 기존토지 위에 신축 |
| 지역주택조합 | 동일시, 군에 소재하는 주민이 주택 마련을 위해 설립 | 주택법<br>(공동사업자) | -금전신탁<br>-건물(조합원 보존등기)<br>-토지(신탁해지) | 용지구입 후 건축 |
| 직장주택조합 | 동일 직장의 근로자가 주택마련을 위해 설립 | 주택법<br>(공동사업자, 법인) | -금전신탁<br>-건물(조합원 보존등기)<br>-토지(신탁해지) | 용지구입 후 건축 |
| 임대주택조합 | 임대주택건설, 매입을 위해 설립 | 주택법 | -금전신탁<br>-건물(조합원 보존, 이전등기)<br>-토지(신탁해지) | 용지구입 후 건축, 기존주택 매입 |
| 리모델링 주택조합 | 공동주택소유자가 리모델링을 위해 설립 | 주택법<br>(공동사업자, 법인) | -금전신탁<br>-건물(조합원 보존, 변경등기) | 기존건축의 리모델링 |

## 3. 재건축 · 재개발사업관련 법규

① 도시 및 주거환경정비법

② 주택법

③ 주택건설기준 등에 관한 규정

④ 주택공급에 관한 규칙

⑤ 집합건물의 소유 및 관리에 관한 법률

⑥ 건축법

53) 임종석, 건설업세무회계, 한국재정경제연구소, 2005, p.449. 일부수정

## 4. 재건축 · 재개발사업의 추진절차

### (1) 재건축사업의 추진절차

**① 재건축 기본계획의 수립**

특별시장 · 광역시장 또는 시장은 도시 · 주거환경정비기본계획을 10년 단위로 수립하여야 한다(도정법 3).

**② 정비구역의 지정(도정법 8)**

㉠ 특별시장 · 광역시장 · 특별자치시장 · 특별자치도지사 · 시장 또는 군수(광역시의 군수는 제외하며, 이하 "정비구역의 지정권자"라 한다)는 기본계획에 적합한 범위에서 노후 · 불량건축물이 밀집하는 등 대통령령으로 정하는 요건에 해당하는 구역에 대하여 제16조에 따라 정비계획을 결정하여 정비구역을 지정(변경지정을 포함한다)할 수 있다.

㉡ 제1항에도 불구하고 제26조 제1항 제1호 및 제27조 제1항 제1호에 따라 정비사업을 시행하려는 경우에는 기본계획을 수립하거나 변경하지 아니하고 정비구역을 지정할 수 있다.

㉢ 정비구역의 지정권자는 정비구역의 진입로 설치를 위하여 필요한 경우에는 진입로 지역과 그 인접지역을 포함하여 정비구역을 지정할 수 있다.

㉣ 정비구역의 지정권자는 정비구역 지정을 위하여 직접 제9조에 따른 정비계획을 입안할 수 있다.

㉤ 자치구의 구청장 또는 광역시의 군수(이하 제9조, 제11조 및 제20조에서 "구청장 등"이라 한다)는 제9조에 따른 정비계획을 입안하여 특별시장 · 광역시장에게 정비구역 지정을 신청하여야 한다. 이 경우 제15조 제2항에 따른 지방의회의 의견을 첨부하여야 한다.

**③ 조합설립추진위원회의 구성(도정법 31)**

조합을 설립하려는 경우에는 제16조에 따른 정비구역 지정 · 고시 후 다음 각 호의 사항에 대하여 토지등소유자 과반수의 동의를 받아 조합설립을 위한 추진위원회를 구성하여 국토교통부령으로 정하는 방법과 절차에 따라 시장 · 군수 등의 승인을 받아야 한다.

**④ 안전진단(도정법 13)**

정비계획의 입안권자(특별자치시장 및 특별자치도지사는 제외한다. 이하 이 조에서 같다)는 제12조 제6항에 따라 정비계획의 입안 여부를 결정한 경우에는 지체 없이 특별시장 · 광역시장 · 도지사에게 결정내용과 해당 안전진단 결과보고서를 제출하여야 한다.

⑤ **조합설립인가**(도정법 35)

시장 · 군수 등, 토지주택공사 등 또는 지정개발자가 아닌 자가 정비사업을 시행하려는 경우에는 토지등소유자로 구성된 조합을 설립하여야 한다. 다만, 제25조 제1항 제2호에 따라 토지등소유자가 재개발사업을 시행하려는 경우에는 그러하지 아니하다.

재개발사업의 추진위원회(제31조 제4항에 따라 추진위원회를 구성하지 아니하는 경우에는 토지등소유자를 말한다)가 조합을 설립하려면 토지등소유자의 4분의 3 이상 및 토지면적의 2분의 1 이상의 토지등소유자의 동의를 받아 다음 각 호의 사항을 첨부하여 시장 · 군수 등의 인가를 받아야 한다.

⑥ **조합의 법인격**(도정법 38)

조합은 법인으로 한다. 조합은 조합설립인가를 받은 날부터 30일 이내에 주된 사무소의 소재지에서 대통령령으로 정하는 사항을 등기하는 때에 성립한다.

⑦ **사업시행인가**(도정법 50)

사업시행자(제25조 제1항 및 제2항에 따른 공동시행의 경우를 포함하되, 사업시행자가 시장 · 군수 등인 경우는 제외한다)는 정비사업을 시행하려는 경우에는 제52조에 따른 사업시행계획서(이하 "사업시행계획서"라 한다)에 정관 등과 그 밖에 국토교통부령으로 정하는 서류를 첨부하여 시장 · 군수 등에게 제출하고 사업시행계획인가를 받아야 하고, 인가받은 사항을 변경하거나 정비사업을 중지 또는 폐지하려는 경우에도 또한 같다. 다만, 대통령령으로 정하는 경미한 사항을 변경하려는 때에는 시장 · 군수 등에게 신고하여야 한다. 시장 · 군수 등은 특별한 사유가 없으면 제1항에 따라 사업시행계획서의 제출이 있은 날부터 60일 이내에 인가 여부를 결정하여 사업시행자에게 통보하여야 한다.

⑧ **관리처분계획의 인가 등**(도정법 74)

사업시행자는 제72조에 따른 분양신청기간이 종료된 때에는 분양신청의 현황을 기초로 다음 각 호의 사항이 포함된 관리처분계획을 수립하여 시장 · 군수 등의 인가를 받아야 하며, 관리처분계획을 변경 · 중지 또는 폐지하려는 경우에도 또한 같다. 다만, 대통령령으로 정하는 경미한 사항을 변경하려는 경우에는 시장 · 군수 등에게 신고하여야 한다.

### (2) 재건축 · 재개발사업 추진 흐름도[54)]

#### 1) 주택재건축사업

| 관련 절차 | 단계 | 주체 |
|---|---|---|
| • 주민공람(14일 이상)<br>• 지방의회 의견청취<br>• 지방도시계획위원회 심의 | 도시 · 주거환경정비기본계획 수립<br>(50만 이상 시) | 특별시장 · 광역시장 · 시장<br>(시장은 도시사 승인) |
| • 주민공람(14일 이상)<br>• 지방의회 의견청취 | 정비계획수립 및 정비구역지정 신청 | 시장 · 군수 · 구청장<br>→ 시 · 도지사 |
| • 지방도시계획위원회 심의 | 정비계획수립 및 정비구역지정<br>(지구단위계획수립 간주) | 시 · 도지사 |
| • 정비사업전문관리업자 선정 | 조합설립추진위원회의 구성<br>(토지등소유자 1/2 이상 동의) | 시장 · 군수 · 구청장 |
| 창립총회 ⇨ | ⬇ | |
| | 조합설립인가<br>(토지등소유자 4/5 이상 동의) | 시장 · 군수 · 구청장 |
| • 주민공람(30일 이상)<br>• 건축심의 등 관계기관협의 | 사업시행인가<br>(다른 법률 인 · 허가 의제처리) | 시장 · 군수 · 구청장 |
| ※ 시공사 선정(경쟁입찰) ⇨ | ⬇ | |
| | 분양신청 | |
| • 토지등소유자 공람(30일 이상) ⇨ | ⬇ | |
| | 관리처분계획인가<br>(30일 이내 인가 여부 결정) | 시장 · 군수 · 구청장 |
| • 보상 및 이주 ⇨ | ⬇ | |
| | 착공 | |
| • 주택공급 ⇨ | ⬇ | |
| | 준공 및 입주 | |
| | ⬇ | |
| | 이전고시 | |
| | ⬇ | |
| | 청산 | |

54) 임종석, 건설업세무회계, 한국재정경제연구소, 2005, p.451 및 p.480 인용

### 2) 주택재개발사업

| 비고 | 절차 | 주체 |
|---|---|---|
| • 주민공람(14일 이상)<br>• 지방의회 의견청취<br>• 지방도시계획위원회 심의 | 도시 · 주거환경정비기본계획 수립<br>(50만 이상 시) | 특별시장 · 광역시장 · 시장(시장은 도시사 승인) |
| | ⬇ | |
| • 주민공람(14일 이상)<br>• 지방의회 의견청취 | 정비계획수립 및 정비구역지정 신청 | 시장 · 군수 · 구청장<br>→ 시 · 도지사 |
| | ⬇ | |
| • 지방도시계획위원회 심의 | 정비계획수립 및 정비구역지정<br>(지구단위계획수립 간주) | 시 · 도지사 |
| | ⬇ | |
| • 정비사업전문관리업자 선정 | 조합설립추진위원회 구성<br>(토지등소유자 1/2 이상 동의) | 시장 · 군수 · 구청장 |
| | ⬇ | |
| | 안전진단<br>(공동주택) | 시장 · 군수 · 구청장 |
| 창립총회 ⇨ | ⬇ | |
| | 조합설립인가<br>(토지등소유자의 4분의 3 이상 및 토지면적의 2분의 1 이상의 토지소유자의 동의) | |
| | ⬇ | |
| • 주민공람(30일 이상)<br>• 건축심의 등 관계기관협의 | 사업시행인가<br>(다른 법률 인·허가 의제처리) | 시장 · 군수 · 구청장 |
| ※ 조합단독시행시 시공사 선정(경쟁입찰) ⇨ | ⬇ | |
| | 분양신청 | |
| • 토지등소유자 공람(30일 이상) ⇨ | ⬇ | |
| | 관리처분계획인가<br>(30일 이내 인가 여부 결정) | 시장 · 군수 · 구청장 |
| • 이주 ⇨ | ⬇ | |
| | 착공 | |
| • 주택공급 ⇨ | ⬇ | |
| | 준공 및 입주 | |
| | ⬇ | |
| | 이전고시 | |
| | ⬇ | |
| | 청산 | |

## Ⅱ 재건축 · 재개발사업의 회계감사

### 1. 회계감사 시기(도정법 112)

시장 · 군수 등 또는 토지주택공사 등이 아닌 사업시행자는 대통령령으로 정하는 방법 및 절차에 따라 다음 각 호의 어느 하나에 해당하는 시기에 「주식회사 등의 외부감사에 관한 법률」 제2조 제7호 및 제9조에 따른 감사인의 회계감사를 받아야 하며, 그 감사결과를 회계감사가 종료된 날부터 15일 이내에 시장 · 군수 등 및 해당 조합에 보고하고 조합원이 공람할 수 있도록 하여야 한다. 다만, 지정개발자가 사업시행자인 경우 제2호 및 제3호에 해당하는 시기에 한정한다(개정 2017. 10. 31).

① 제34조 제4항에 따라 추진위원회에서 조합으로 인계되기 전 7일 이내
② 제50조 제7항에 따른 사업시행계획인가의 고시일부터 20일 이내
③ 제83조 제1항에 따른 준공인가의 신청일부터 7일 이내

### 2. 회계감사 대상(도정법 시행령 88)

법 제112조에 따라 시장 · 군수 등 또는 토지주택공사 등이 아닌 사업시행자 또는 추진위원회는 다음 각 호의 어느 하나에 해당하는 경우에는 회계감사를 받아야 한다.

① 법 제112조 제1항 제1호의 경우에는 추진위원회에서 사업시행자로 인계되기 전까지 납부 또는 지출된 금액과 계약 등으로 지출될 것이 확정된 금액의 합이 3억5천만원 이상인 경우
② 법 제112조 제1항 제2호의 경우에는 사업시행계획인가 고시일 전까지 납부 또는 지출된 금액이 7억원 이상인 경우
③ 법 제112조 제1항 제3호의 경우에는 준공인가 신청일까지 납부 또는 지출된 금액이 14억원 이상인 경우

여기에서 지출금액은 재건축사업 관련하여 발생한 누적금액으로 공사비를 포함한 금액을 말한다(건교부 주환 58507-1647, 2003. 9. 29).

### 3. 회계감사의 내용

회계감사는 재건축조합의 결산서가 회계감사기준에 입각하여 작성되었는지를 감사한다.

① 예금통장의 인출과 그 인출시 자금집행과의 시차, 금액의 정당한 목적 외 사용 및 유용 여부

② 자금수입(시공사의 입금, 조합원 분담금, 차입금, 분양대금, 기타 잡수입) 등이 즉시 통장에 입금되었는지의 여부

③ 총회나 대의원회에서 결의된 예산대로 집행되었는지의 여부

④ 가공비용계상, 공금유용, 계산상의 오류, 예산과목의 불법전용

⑤ 회계 상의 조작, 업무의 비효율로 인한 손실, 부정, 비리 등의 여부

## Ⅲ 재건축 · 재개발사업의 공사계약 체결방식

### 1. 지분계약 형태

지분계약 형태는 조합원의 소유토지와 기존건축면적에 따라 사업시행 후 증가되는 세대당 건축면적에 비례하여 조합원에게 무상으로 제공하고 시공사는 일반분양분(주택, 상가, 기타복리시설 등)을 매각하여 공사비에 충당하는 것을 말한다. 이 계약형태는 가장 보편화된 방식으로 조합원은 토지를 제공하고 시공사는 건설용역을 제공하는 공동사업형태로 시공사의 책임으로 모든 사업을 수행하고 사업결과에 따른 추가이익은 시공사에 돌아가는 형태이다. 시공사는 공사에 소요되는 모든 비용에 대하여 책임을 지게 되며 조합원은 각 조합원에게 부과되는 제세공과금을 책임지게 된다.

### 2. 도급계약 형태

조합이 사업시행에 따른 건축공사비, 사업경비 등의 모든 자금을 자체조달하여 사업을 시행하는 방식으로 일반적인 건축공사의 발주방식에 따라 시공사와 도급계약을 체결하는 방식이다. 이는 건축공사의 진행이 빠르고 시공사는 공사비만 받게 되므로 개발이익이 조합원에게 귀속된다. 그러나 재건축사업은 주로 서민을 대상으로 이루어지므로 자금부담에 따라 거의 실무적으로 발생하지 않는다.

## Ⅳ 재건축 · 재개발사업의 회계실무

### 1. 재건축 · 재개발사업의 회계목적

재건축사업의 회계목적은 조합원에게 유용한 재무정보를 제공하기 위함이다. 즉, 재건축사업 진행과정에서 발생하는 자금운영의 투명성 확보 및 경영성과 파악, 정관목적상의 사

업의 진행 등에 대한 성과 등을 측정하여 재건축사업이 원활하게 진행되도록 하는 데 그 목적이 있는 것이다. 부수적으로 재건축조합의 수익사업과 관련된 활동 즉, 일반아파트분양, 상가분양, 체비지 등의 매각 등 수익사업에 대해서는 법인세의 납세의무를 지므로 법인세 과세소득을 산출하기 위한 자료로 회계의 필요성이 있는 것이다.

## 2. 재건축·재개발사업관련 특수계정과목의 회계처리

### (1) 현금 및 현금성자산

조합이 조합운영경비로 지출하는 소액현금과 사업비로 지출하는 금액으로 건설회사나 금융기관으로부터 무이자 융자나 차입금으로 송금되어 오는 금액이다. 이러한 금액은 자금의 집행용도별로 계좌를 개설하여 관리하여야 한다.

- 조합운영비 통장, 사업비 통장
- 국공유지 불하대금 통장
- 이주비 대여금 통장 등

예금과 관련하여 발생하는 이자수익은 조합에 귀속되므로 비록 건설회사 명의(조합과 시공사가 인감을 공동날인함)로 원천징수가 되더라도 조합의 기납부세액으로 공제하여야 한다(서이 46012-11872, 2003. 10. 27).

### (2) 미수청산금

미수청산금은 조합원이 관리처분계획에 의하여 감정평가한 종전 부동산의 평가액과 새로이 분양받을 아파트 등의 금액과의 차이로 조합이 조합원으로부터 징수할 금액을 말한다. 청산금이 있는 경우에는 사업시행자는 소유권의 이전의 고시가 있은 후에 그 차액에 상당하는 금액을 분양받은 자로부터 징수하거나 분양받은 자에게 분할 지급할 수 있다.

#### ① 청산금의 회계처리

관리처분에 의해 기존 부동산에 대한 평가금액이 확정되어 비례율이 결정되는 경우 조합원이 추가로 납부하여야 하는 추가부담금 또는 추가로 조합원에게 지급하여야 할 금액을 청산금으로 회계처리한다. 이러한 청산금(추가부담금 또는 미지급청산금)은 세법상의 수입금액과는 무관한 조합의 출자금의 납입 또는 반환으로 처리한다. 즉, 기존부동산에 대한 평가액은 현물출자금으로, 조합원이 부담하는 청산금은 금전출자금으로 계상하여야 한다.

② **비례율의 산정**

비례율이란 개발이익을 종전부동산평가액으로 나눈 금액을 말한다. 비례율이 높으면 투자수익률이 높으므로 조합의 이익이 산출될 수 있다. 이러한 비례율은 사업의 타당성을 분석하고 개발이익을 조합원에게 합리적으로 분배하여 추가부담금 및 청산금을 결정하기 위해서 사용된다.

비례율(투자수익률) = 개발이익{사업분양수입} ÷ 종전부동산 평가액

③ **조합원 분담금(청산금)의 산정**

조합원 분담금은 조합원분양가에서 권리가액을 차감하여 계산한다. 또는 총사업비에서 일반분양수입금액을 차감하여 계산한다.

| 조합원 | 분양면적 | 조합원분양가 | 종전평가액 | 비례율 | 권리가액 | 조합원분담금 |
|---|---|---|---|---|---|---|
| 홍길동 | 130 | 500,000 | 400,000 | 90% | 360,000 | 140,000 |

### (3) 종전부동산의 평가

기존부동산에 대한 평가액을 용지로 계상한다. 이 경우 구건물에 대한 평가액도 토지의 자본적지출로 처리한다. 다만, 소득세법이 적용되는 공동사업자의 경우 구건물의 평가액은 필요경비에 산입할 수 없다. 즉, 재건축조합이 분양하는 주택은 사업용 고정자산이 아니라 재고자산이므로 철거되는 기존건축물의 취득가액은 필요경비에 산입할 수 없는 것이다(소득 46011-3210, 1999. 8. 14).

① **종전부동산의 평가방법**

주택재개발사업에서 재산을 평가할 때에는 다음 각호의 방법에 의한다.

1. 제1항 제3호의 분양예정인 대지 또는 건축물의 추산액은 시・도의 조례가 정하는 바에 의하여 산정하되, 시장・군수가 추천하는 부동산가격공시및감정평가에관한법률에 의한 2인 이상의 감정평가업자의 감정평가 의견을 참작하여야 한다.
2. 제1항 제4호에 규정된 사항 중 종전의 토지 또는 건축물의 가격은 시장・군수가 추천하는 부동산가격공시및감정평가에관한법률에 의한 감정평가업자 2인 이상이 평가한 금액을 산술평균하여 산정한다.

② **종전부동산의 평가와 취득시기**

「도시 및 주거환경정비법」 제49조에서도 관리처분계획을 인가하는 고시가 있는 때에

는 종전의 토지 또는 건축물의 소유자 등 권리자는 소유권 이전의 고시가 있는 날까지 종전의 토지 또는 건축물을 사용하거나 수익하는 것이 금지되며, 「법인세법」은 제40조에서 내국법인의 각 사업연도 익금과 손금의 귀속사업연도는 그 익금과 손금이 확정되는 날이 속하는 사업연도로 한다고 규정함으로써 손익의 귀속사업연도에 관하여 권리의무확정주의를 따르고 있으므로 조합과 조합원의 권리 및 의무는 관리처분계획의 인가가 고시된 시점에 확정된다고 보아야 한다. 또한 「법인세법」 제41조 제1항 및 「법인세법 시행령」 제72조 제2항 제3호 나목에 의하면 현물출자에 의하여 취득한 자산의 가액은 시가이고, 그 시가가 불분명한 경우에 한하여 「부동산가격공시 및 감정평가에 관한 법률」에 의한 감정평가법인이 감정한 가액이 있는 경우 그 가액을 시가로 하는 것이며, 재개발 사업에 출자된 부동산의 시가는 그 취득시기를 기준으로 사업이 시행된다는 것을 전제로 한 개발이익이 포함된 가격으로 평가하여야 할 것(대법원 2009. 3. 26 선고, 2008다21549 판결, 같은 뜻임)인바, 청구법인이 조합원들로부터 종전부동산의 소유권을 취득한 관리처분계획인가일(2013. 8. 23)을 기준으로 주택재건축사업이 시행된다는 것을 전제로 하여 종전부동산을 감정평가한 가액을 시가로 하여야 할 것이다(조심-2020-부-8389, 2021. 12. 3).

#### ③ 회계처리 방법

관리처분에 의하여 조합원이 부담하여야 할 청산금(추가부담금)과 조합원에 돌려줘야 하는 청산금이 확정된다. 이 경우 회계처리를 예시하면 다음과 같다.

- 조합설립일 또는 신탁등기접수일(현물출자일)

| | | | |
|---|---|---|---|
| (차) 용지(종전부동산 평가액) | 200억원 | (대) 현물출자금 | 200억원 |

※ 종전부동산 평가액은 2 이상의 감정평가법인의 감정가액의 산술평균액으로 한다. 종전부동산 평가액은 조합원의 토지와 건물가액의 평가액으로 새로 분양받는 부동산과의 차액에 대하여 청산금이 결정되게 된다.

- 관리처분으로 청산금의 확정

| | | | |
|---|---|---|---|
| (차) 미불입 청산금 | 20억원 | (대) 현금출자금 | 16억원 |
| | | 미지급청산금 | 4억원 |

#### ④ 청산금의 산정기준

종전에 소유하고 있던 토지 또는 건축물의 가격과 분양받은 대지 또는 건축물의 가격은 그 토지 또는 건축물의 규모·위치·용도·이용상황·정비사업비 등을 참작하여 평가하여야 한다.

⑤ **청산금의 징수 및 소멸시효**

청산금을 납부할 자가 이를 납부하지 아니하는 경우에는 시장 · 군수인 사업시행자는 지방세체납처분의 예에 의하여 이를 징수(분할징수를 포함한다. 이하 이 조에서 같다)할 수 있으며, 시장 · 군수가 아닌 사업시행자는 시장 · 군수에게 청산금의 징수를 위탁할 수 있다. 청산금을 지급(분할지급을 포함한다)받을 권리 또는 이를 징수할 권리는 제54조 제2항의 규정에 의한 이전의 고시일 다음 날부터 5년간 이를 행사하지 아니하면 소멸한다.

### (4) 선급금

조합이 사업과 관련하여 국 · 공유지 매입대금, 비점유지 매입대금, 사유지 매입대금 등 사업용토지 매입대금과 관련하여 지급하는 계약금, 중도금은 선급금으로 처리한다.

※ 유형자산의 취득을 위하여 지출한 계약금 및 중도금은 건설 중인 자산으로 계상한다(재무보고에 관한 실무의견서, 2006-2, 2006. 5. 2).

### (5) 재고자산

#### 1) 대지조성원가

아파트 등 건설을 위해 투입된 대지조성과 관련된 직접원가와 간접원가를 말한다.

이에는 조합원 소유의 기존부동산에 대한 평가액, 철거용역비, 기존부동산의 감정평가비, 측량비, 지장물 이전비용, 주거대책비, 국 · 공유지 매입대금, 토목공사비, 토지관련 부가가치세 등이 포함된다.

① **주거대책비**

도시재개발법에 의해 설립한 재개발조합이 재개발구역 내의 기존건축물을 철거하기 위하여 사업시행인가 조건에 따라 세입자에게 일정금액의 주거대책비를 지급하는 경우에는 이를 기존건축물에 대한 철거비용으로 보아 신축건물(일반분양분 포함)에 대한 자본적지출로 처리하는 것이다(법인 46012-2011, 1998. 7. 20).

② **철거이전보상금**

법인이 토지수용법 등에 따라 지급받는 철거이전보상금과 이에 따른 철거이전비용은 당해 건축물 등을 철거한 날이 속하는 사업연도에 각각 익금과 손금에 산입하는 것이다(법인 46012-3069, 1998. 10. 20).

#### 2) 건설공사원가

아파트 건설을 위해 투입된 외주공사비, 설계비, 감리비, 관리처분용역비 등이 이에 해당된다.

### (6) 미지급청산금

조합은 조합원에게 종전부동산의 평가액과 분양받을 부동산의 평가액의 차이가 발생하는 경우 그 차액을 조합원에게 지급하여야 한다. 이 경우 조합원은 청산금을 수령하게 되어 그 금액만큼 부동산의 유상양도로 보아 양도소득세의 납세의무를 지게 된다.

#### 1) 현금청산 대상자

사업시행자는 제2항 각호 외의 부분 본문의 규정에 의하여 조합설립인가 후 당해 정비사업의 건축물 또는 토지를 양수한 자로서 조합원의 자격을 취득할 수 없는 자에 대하여는 제47조의 규정을 준용하여 현금으로 청산하여야 한다. 이 경우 청산금액은 조합설립인가일을 기준으로 하여 산정한다.

① 관리처분계획상 종전대지 및 건물평가부분이 부족하여 조합원 자격에서 제외된 자
② 분양신청을 하지 아니한 자
③ 분양신청을 철회한 자

#### 2) 청산금의 양도시기

「소득세법」 제98조 및 같은 법 시행령 제162조에 따라 자산의 취득 및 양도시기는 원칙적으로 당해 자산의 대금을 청산한 날이며, 「도시 및 주거환경정비법」에 따라 주택재건축사업을 시행하는 정비사업조합의 조합원이 당해 조합에 기존건물(그 부수토지를 포함, 이하 같음)을 제공하고 기존건물의 평가액과 신축건물의 분양가액에 차이가 있어 청산금을 수령한 경우로서 대금을 청산한 날까지 당해 청산금에 상당하는 기존건물이 확정되지 아니한 경우 그 양도시기는 「소득세법 시행령」 제162조 제2항에 따라 목적물이 확정된 날(「도시 및 주거환경정비법」 제54조의 소유권이전 고시일의 다음날)이다(양도소득세 집행기준 98-162-14).

#### 3) 청산금자료의 제출의무

과세자료의 제출 및 관리에 관한 시행규칙 제2조에 의하여 도시 및 주거환경정비법 제57조 제1항의 규정에 의한 청산금을 지급하는 경우 정비사업시행자는 청산금 지급에 관한 자료를 다음의 기한 내에 관할세무서에 제출하여야 한다.

- 매년 1/31, 4/30, 7/31, 10/31

### (7) 출자금

조합원이 기존부동산을 출자한 금액으로 출자금 계상시기는 관리처분인가일이다. 주택재개발조합 등은 관리처분계획인가를 받은 날에 조합의 개발이익 등을 반영하여 조합원의 권리가액을 정하고 있고, 이에 따라 조합원들에게 청산금을 정산하고 있는 점 등을 고려할 때 청구법인 조합원들의 권리가액 등을 참고하여 청구법인 관리처분계획인가일을 기준으로 「법인세법」 제41조 제1항 제3호 및 같은 법 시행령 제72조 제2항 제3호 나목에 따라 쟁점부동산의 취득가액을 재조사하고, 그 결과에 따라 과세표준 및 세액을 경정하는 것이 타당하다고 판단된다(조심 2021서1778, 2021. 12. 23).

### (8) 차입금

조합의 차입금에는 이주비 차입금, 사업비 차입금, 조합운영비 차입금, 국·공유지 차입금 등으로 구분된다.

#### ① 이주비 차입금

이주비 차입금은 장기간의 공사기간 동안 조합원이 이주하여 거주하도록 자금을 대여하고, 입주시에 상환하도록 하는 금액을 말한다. 이주비 차입금은 건설회사나 은행에서 차입하여 조합원에게 대여하는 것으로 유이자차입금과 무이자차입금으로 구분된다. 이 경우 사전약정이나 공시에 의하여 시공사가 조합원 대신 부담하는 이자비용은 판매부대비용으로 공사원가로 처리한다. 그러나 사전공시가 없는 경우에는 접대비로 볼 수 있다. 즉, 사전약정에 의해 조합원명의로 은행차입하여 전세자금이나 운영비 등으로 조합원이 사용하고, 그 이자비용을 법인이 부담하였다면 그 비용은 건설회사의 재건축공사원가로 비용처리할 수 있는 것이다(법인 46012-1875, 1994. 6. 29). 이주비대여금에 대하여 조합에서 관리하기로 계약한 경우 조합입장에서 회계처리하면 다음과 같다.

– 무이자 차입시

| | | | |
|---|---|---|---|
| (차) 현금 및 예금 | ××× | (대) 장기차입금 | ××× |

– 무이자 상환시

| | | | |
|---|---|---|---|
| (차) 유동성장기차입금 | ××× | (대) 현금 및 예금 | ××× |

– 유이자 차입시

| | | | |
|---|---|---|---|
| (차) 현금 및 예금 | ××× | (대) 장기차입금 | ××× |

- 유이자 지급시

(차) 이자비용 ××× (대) 현금 및 예금 ×××
예수금(원천세) ×××

다만, 조합원이주비 대여금을 건설회사나 금융기관에서 직접 관리하는 경우에는 조합은 회계처리를 하지 않는다.

② **사업비 차입금**

정비사업의 시행과정에서 소요되는 자금을 충당하기 위하여 건설회사나 금융기관에서 조합이 차입하는 금액이다. 주로 행정용역비, 설계비, 법률자문비 등이 이에 해당된다. 사업비 차입금은 건설회사와 조합과 관련된 것으로 조합회계에 포함하여야 한다. 회계처리는 다음과 같다.

- 차입시

(차) 현금 및 예금 ××× (대) 장기차입금(사업비) ×××

- 이자지급시

(차) 이자비용 ××× (대) 현금 및 예금 ×××
예수금(원천세) ×××

사업비 차입금을 건설회사(법인)로부터 하는 경우에 이자를 지급하는 때 지급이자의 25%(지방소득세 별도)를 원천징수하여야 한다.

③ **조합운영비 차입금**

조합의 임직원의 급여, 복리후생비, 임차료, 기타 일반관리비 성격의 비용을 시공사로부터 대여받는 금액이다. 회계처리는 다음과 같다.

(차) 현금 및 예금 ××× (대) 장기차입금 ×××

④ **국 · 공유지 차입금**

재개발조합이 정비사업구역 안에서 정비사업을 시행하기 위하여 필요한 경우 토지 등을 수용 또는 사용할 수 있으므로(도정법 38), 이 경우 사유지나 국유지, 시유지 등을 불하받게 되는 데 필요한 자금을 조달하기 위하여 차입하는 금액을 말한다. 국 · 공유지 차입금은 조합원이 점유하고 있는 토지 등을 불하받는 점유지 차입금과 도로 등 점유하지 않는 토지 등을 취득하기 위하여 소유되는 비점유지 차입금이 있다. 점유지 차입금은 5년 이상의 기간 동안에 분할하여 상환하게 되며, 비점유지 차입금은 사업기간 동안 대금을 지급하여 조합이 취득하게 된다. 회계처리는 다음과 같다.

- 점유지 차입금

(차) 점유지 대여금(조합원) ××× (대) 점유지 차입금 ×××

※ 조합원이 금융기관으로부터 직접 차입한 경우에는 조합회계에 포함시킬 필요는 없다. 상환시에는 반대의 회계처리를 하면 된다.

- 비점유지 차입금(토지 취득)

| | | | |
|---|---|---|---|
| (차) 현금 및 예금 | ××× | (대) 비점유지 차입금 | ××× |
| 용지(비점유지) | ××× | 현금 및 예금 | ××× |

※ 용어정리
- 사유지 : 조합원 소유 부동산
- 점유지 : 국가 등 소유부동산을 조합원이 점유하고 있는 것
- 비점유지 : 국가 등이 도로, 공원 등 소유하고 있는 토지

### (9) 일반분양수입

#### ① 의의

일반분양수입은 조합원에게 분양하고 남은 주택이나 상가 등 잔여분을 조합원 이외의 제3자에게 분양하여 사업비에 충당하는 것을 말한다. 사업시행자는 분양신청을 받은 후 잔여분이 있는 경우에는 정관 또는 사업시행계획이 정하는 목적을 위하여 보류지를 정하거나 조합원 외의 자에게 분양할 수 있다(도정법 79 ④).

#### ② 일반분양수입 항목

일반분양수입에는 분양수입, 연체료수입, 옵션사양수입, 부가가치세(국민주택규모 초과분, 상가 등) 등으로 구성된다. 다만, 분양금 납기약정일보다 미리 납부하는 경우 납입액의 일부를 깎아주는 선납할인액은 분양수입에서 차감표시한다.

#### ③ 회계처리

| | | | |
|---|---|---|---|
| (차) 현금 및 예금 | ××× | (대) 일반분양수입 | ××× |
| | | 연체료수입 | ××× |
| | | (할인료 | ×××) |
| | | 기타수입 | ××× |
| | | 부가가치세예수금 | ××× |

#### ④ 일반분양수입의 납입시기

사업주체가 주택을 공급하는 경우 입주자로부터 받는 입주금은 청약금 · 계약금 · 중

도금 및 잔금으로 구분한다. 분양주택의 청약금은 주택가격의 10퍼센트, 계약금은 청약금을 포함하여 주택가격의 20퍼센트, 중도금은 주택가격의 60퍼센트의 범위 안에서 받을 수 있다. 임대주택의 청약금은 임대보증금의 10퍼센트, 계약금은 청약금을 포함하여 임대보증금의 20퍼센트, 중도금은 임대보증금의 40퍼센트의 범위 안에서 받을 수 있다.

청약금은 입주자모집시에 받고, 계약금은 입주자로 선정된 날부터 7일이 경과한 후 계약체결시에 받으며, 잔금은 주택의 사용검사일을 기준으로(임시사용승인을 받아 입주하는 경우에는 잔금의 50퍼센트는 입주일을 기준으로, 나머지 50퍼센트는 사용검사일을 기준으로 한다) 받고, 중도금은 임대주택인 경우에는 당해 주택의 건축공정이 다음 각호의 1에 달한 때에, 분양주택인 경우에는 당해 주택의 건축공정이 다음 각호의 1에 달한 때를 기준으로 전후 각 2회 이상 분할하여 받되, 최초의 중도금은 계약일부터 1월이 경과한 후 받을 수 있다.

1. 아파트인 경우 : 옥상층의 철근배치가 완료된 때
2. 연립주택 및 단독주택의 경우 : 지붕의 구조가 완성된 때

### (10) 조합원 분양수입

#### ① 의의

조합원이 기존 토지나, 건물 등을 조합에 출자하고 새로운 건물을 취득하는 경우에 처리한다. 원칙적으로 조합원 분양수입은 조합원 자신이 출자하여 취득하는 부동산으로 수입으로 볼 수 없으며, 따라서 법인세법이나 부가가치세법에서 과세대상으로 보지 않고 있다(부산고등법원 2018. 7. 20 선고, 2018누20238 판결).

[조합원 분양계약 예시]

| 구 분 | | 공급금액(②) | 청산금(②-①) | 이주비 대여금 | |
|---|---|---|---|---|---|
| 동호수 | 무상지분(①) | | | 무이자 | 유이자 |
| 1-104 | 100,000,000 | 300,000,000 | 200,000,000 | 60,000,000 | 40,000,000 |

#### ② 조합원 분양수입 항목

조합원 분양수입에는 주택분양수입, 상가분양수입, 연체료수입 등이 있다.

#### ③ 회계처리

(차) 현금 및 예금 ××× (대) 현금출자금(자본금) ×××

※ 조합원이 출자하는 금액에 대한 회계처리는 조합과 조합원의 관계를 어떻게 보느냐에 따라 회계처리가 달라질 수 있다. 즉, 신탁사업설, 현물출자설, 환지처분설, 공동사업설에 따라 회계처리가 달라진다.

#### ④ 조합원 분양공고 및 분양신청

사업시행자는 사업시행인가의 고시가 있은 날(주택재건축사업의 경우에는 제11조의 규정에 의하여 시공자를 선정하여 계약을 체결한 날)부터 21일 이내에 개략적인 부담금내역 및 분양신청기간 그 밖에 대통령령이 정하는 사항을 토지등소유자에게 통지하고 분양의 대상이 되는 대지 또는 건축물의 내역 등 대통령령이 정하는 사항을 해당 지역에서 발간되는 일간신문에 공고하여야 한다. 이 경우 분양신청기간은 그 통지한 날부터 30일 이상 60일 이내로 하여야 한다. 다만, 사업시행자는 관리처분계획의 수립에 지장이 없다고 판단되는 경우에는 분양신청기간을 20일의 범위 이내에서 연장할 수 있다. 대지 또는 건축물에 대한 분양을 받고자 하는 토지등소유자는 제1항의 규정에 의한 분양신청기간 이내에 대통령령이 정하는 방법 및 절차에 의하여 사업시행자에게 대지 또는 건축물에 대한 분양신청을 하여야 한다(도정법 72 ③).

### (11) 사업단계별 지출구분

재건축・재개발사업 시행과 관련하여 지출하는 비용으로 사업초기에 지출하는 경비(착공 이전), 건설공사기간 동안 지출하는 경비, 준공 이후에 지출하는 경비로 구분된다.

#### ① 사업초기의 지출경비

사업초기의 지출경비로는 안전진단비(도정법 12), 임차료 등 조합운영비, 행정용역비, 교통영향평가비, 법률 등 자문 수수료, 감정평가비, 명도소송비, 설계비, 측량비, 세입자 주거대책비, 등기수수료 등이 발생한다.

※ 주거대책비의 회계처리
공익사업보상법 시행규칙 제30조의 2에 따라 도시재개발법에 의해 설립한 재개발조합이 재개발구역 내의 기존건축물을 철거하기 위하여 사업시행인가 조건에 따라 세입자에게 일정금액의 주거대책비를 지급하는 경우에는 이를 기존건축물에 대한 철거비용으로 보아 신축건물(일반 분양분 포함)에 대한 자본적지출로 처리한다(법인 46012-2011, 1998. 7. 20).

#### ② 건축공사(착공 이후)기간의 지출경비

기존건물의 철거비용, 건축공사비, 감리비, 분양경비, 기타 일반관리비용이 발생한다.

#### ③ 준공 이후의 지출경비

소유권보존 등기비용 및 제세공과금, 사업소득세, 기타 일반관리비 등이 발생한다.

### (12) 각종 부담금

재건축, 재개발사업과 관련된 개발부담금 등 각종 부담금은 그 성격에 따른 해당 토지 및 건물 등의 원가로 처리한다. 개발사업시행자가 「개발이익환수에 관한 법률」에 의한 개발부담금이 부과되기 전에 토지를 양도한 경우 그 양도일이 속하는 사업연도에 동 법률에 의한 개발부담금 상당액을 토지의 원가로 손금산입하고, 그 후 실제로 부과된 개발부담금과 차액이 발생한 경우 그 차액은 부과일이 속하는 사업연도의 손금 또는 익금에 산입한다 (법기통 40-71-14).

## 3. 재건축 · 재개발사업의 재무제표 예시

### (1) 손익계산서

회사명 : 동작 18구역 재개발정비사업조합

20×1. 1. 1 ~ 20×1. 12. 31

| | | |
|---|---|---|
| Ⅰ. 매출액 | | ××× |
| 1. 일반아파트 분양수입 | ××× | |
| 2. 임대아파트 분양수입 | ××× | |
| 3. 상가분양수입 | ××× | |
| 4. 기타부수수입 | ××× | |
| 5. | | |
| Ⅱ. 분양원가 | | ××× |
| 1. 기초완성주택(상가)재고액 | ××× | |
| 2. 당기완성주택(상가)공사원가 | ××× | |
| 3. 기말완성주택(상가)재고액 | ××× | |
| Ⅲ. 매출총이익 | | ××× |

### (2) 분양원가명세서

회사명 : 동작 18구역 재개발정비사업조합

20×1. 1. 1 ~ 20×1. 12. 31

| | | |
|---|---|---|
| Ⅰ. 원 재 료 비 | | ××× |
| Ⅱ. 용 지 비 | | ××× |
| 1. 기초용지재고액 | ××× | |
| 2. 당기용지매입액 | ××× | |
| 3. 타계정대체액 | ××× | |
| 4. 기말용지재고액 | ××× | |
| Ⅲ. 경 비 | | ××× |
| 1. 외주공사비 | ××× | |
| 2. 설계용역비 | ××× | |
| 3. 정비전문관리용역비 | ××× | |
| 4. 세무회계용역비 | ××× | |
| 5. 감리용역비 | ××× | |
| 6. … | | |
| Ⅴ. 당기총분양비용 | | ××× |
| Ⅵ. 기초미완성주택 | | ××× |
| Ⅶ. 타계정에서 대체액 | | ××× |
| Ⅷ. 합 계 | | ××× |
| Ⅸ. 기말미완성주택 | | ××× |
| Ⅹ. 타계정으로 대체액 | | ××× |
| Ⅺ. 당기분양원가 | | ××× |

# 재건축 · 재개발사업의 세무실무

## 1. 정비사업조합의 인격구분

2003년 7월 1일 도시 및 주거환경정비법이 시행되기 이전에는 재건축조합을 소득세법상 1거주자 또는 공동사업자로 보아 소득세의 납세의무를 부여하거나 비법인사단으로 보아 법인격 없는 단체 중 법인으로 보아 법인세 납세의무를 부여하였다. 그러나 도시 및 주거환경정비법(이하 "도정법"이라 한다) 시행 이후에 설립되는 조합은 법인으로 하며 조합설립인가를 받은 날로부터 30일 이내에 주된 사무소의 소재지에서 등기함으로써 성립한다(도정법 38)라고 규정하고 있어 비영리법인으로 수익사업에 한하여 법인세의 납세의무를 지게 되었다.

## 2. 재건축 · 재개발사업의 세무실무 검토사항

재건축과 재개발사업은 다수의 이해관계자(조합원, 조합, 시공사, 정비용역업체 등)가 존재하므로 장부기장 및 회계감사, 세무처리에 주의를 기울여야 한다. 정비사업조합의 기장 및 세무처리에 주의점을 검토해 보면 다음과 같다.

① 조합으로 법인 등기가 되기 전에 조합설립추진위원회의 지출비용의 기장 및 조합으로의 승계 여부
② 사업자등록과 부가가치세 환급가능 여부
③ 회계감사의 시기 및 방법, 관계당국에 제출시기
④ 조합설립시 법인설립신고 및 사업자등록 신청
⑤ 조합원의 기존부동산의 평가와 청산금의 산정에 따른 회계처리
⑥ 관리처분인가에 따른 조합원 권리가의 확정 및 분양면적 등의 확정
⑦ 부가가치세 매입세액의 안분계산의 확정, 토지관련 매입세액 등 검토
⑧ 법인세 신고시의 수익사업(일반분양)과 비수익사업(조합원분양)의 원가배분방법
⑨ 조합원 출자지분(입주권)의 변동에 따른 주식 등 변동상황명세서 제출 여부
⑩ 주택, 상가, 임대아파트 등 일반분양분의 진행기준 적용 여부
⑪ 청산에 따른 의제배당의 계산

## 3. 부가가치세 실무

### (1) 사업자등록

#### ① 업종의 구분

주택조합의 업종구분이 건설업(주택신축판매업)에 해당하는지의 여부이다. 한국표준산업분류에 의하면 주택조합사업은 조합자체가 직접 건설활동을 수행하지 않으므로 건설업이 아닌 부동산공급업(7012)에 해당되며 따라서 세법에서도 건설업이 아닌 부동산매매업으로 분류하고 있다. 부가가치세법에서는 부동산매매업으로 재화의 공급에 해당된다.

#### ② 사업자등록 시기 및 절차

주택조합은 조합사무실을 사업장으로 하여 다음의 시기에 사업자등록을 하여야 한다.

ⓐ 조합설립추진위원회

법인이 설립되기 이전에는 법인으로 사업자등록을 할 수 없으므로 대표자명의로 고유번호를 부여받아 원천징수의무를 이행하여야 한다. 다만, 사업초기에 발생하는 매입세금계산서를 발급받은 경우 매입세액공제를 받기 위해서는 사업자등록을 신청하여야 한다. 만일 사업자등록을 하지 않거나 고유번호로 등록한 경우 등록전매입세액에 해당되어 불공제된다. 즉, 「도시 및 주거환경정비법」 제13조의 규정에 해당하는 조합설립추진위원회는 「국세기본법」 제13조의 규정에 의하여 법인으로 보는 단체로 보는 것이나, 「도시 및 주거환경정비법」 제15조 제4항에 의하여 당해 조합설립추진위원회가 행한 업무와 관련된 권리와 의무를 「조세특례제한법」 제104조의 7 제2항의 규정에 의한 정비사업조합이 포괄승계하는 경우에는 그 조직을 변경한 것으로 보는 것이며, 동 조합설립추진위원회가 「도시 및 주거환경정비법」 제2조의 규정에 의한 정비사업을 시행하면서 신규로 부가가치세 과세사업을 개시하고자 하는 경우 「부가가치세법」 제5조 제1항의 규정에 의하여 사업자등록을 하여야 한다(서면3팀-1506, 2007. 5. 16).

참고 정비사업조합 추진위원회의 세무실무

(1) 법적성격

비사단법인(대법원 92다36052, 1994. 6. 28)으로 보아 국세기본법 제13조의 규정에 의거 법인으로 보는 단체(비영리법인)로 본다.

(2) 사업자등록

정비사업조합은 부동산공급업(상가 등 일반분양) 또는 주택신축판매업을 업종으로 하여 사업자등록신청을 하여야 한다. 다만, 추진위원회 단계에서 추진위원회승인서, 추진위원회 운영규정 등의 서류를 갖춰 추진위원장 명의로 고유번호증을 부여받는다. 다만, 체비지, 보류지, 일반분양이 있는 경우에는 수익사업개시신고 및 사업자등록신청을 하여야 한다.

(3) 부가가치세 환급가능 여부

추진위원회 단계에서는 주로 행정용역비, 설계용역비, 세무회계용역비, 안전진단 용역비 등이 발생한다. 이 경우 세금계산서를 발급받으면 고유번호를 발급받은 상태에서는 미등록사업자로 등록전 매입세액에 해당되어 매입세액공제를 받지 못하게 된다. 따라서 사업자등록증을 발급받던가 아니면 용역계약서 작성시 중간지급조건부 등 공급시기를 사업자등록 이후로 조정하여 환급을 받도록 하여야 한다. 또한 수익사업(일반분양)과 비수익사업(조합원 분양)이 확정되지 않았기 때문에 대략적인 사업계획서를 통하여 예정사용면적에 따라 안분한 후 추후 확정시점에서 정산하여야 한다.

(4) 추진위원회 지출경비의 처리

추진위원회에서 발생한 비용을 정비사업조합으로 포괄승계하여 조합손익에 포함시킬 수 있는지의 문제이다. 이에 대해 행정해석은 최초 사업연도의 기간이 1년을 초과하지 않는 범위 내에서 조합의 최초 사업연도에 손익을 산입할 수 있다고 보고 있다(법인-525, 2009. 5. 4). 그러나 이 경우 조합설립추진위원회의 활동이 장기적으로 수행되는 경우가 대부분으로 조합의 손익에 포함시킬 수 없는데 이는 정비사업조합의 전단계에서 필수적으로 발생하는 지출을 조합손익에 포함시키지 못한다는 문제점이 있다. 또한, 발생비용을 당기비용으로 처리할 것인가 아니면 선급비용으로 자산으로 계상할 것인가의 문제인데 실무상 선급비용으로 처리하였다가 조합설립 이후에 비용으로 처리하는 경우가 실무상 일반적이다.

ⓑ 조합설립인가받은 경우

주택조합은 조합설립인가일 이후 30일 이내에 법인설립등기를 한(도정법 18 ②) 후 관할세무서에 수익사업개시신고 및 사업자등록 신청을 하여야 한다.

## (2) 과세대상

정비사업조합이 「도시 및 주거환경정비법」 또는 「빈집 및 소규모주택 정비에 관한 특례법」에 따라 해당 정비사업에 관한 공사를 마친 후에 그 관리처분계획에 따라 조합원에게 공급하는 것으로서 종전의 토지를 대신하여 공급하는 토지 및 건축물(해당 정비사업의 시행으로 건설된 것만 해당한다. 이하 같다)은 「부가가치세법」 제9조 및 제10조에 따른 재화의 공급으로 보지 아니한다(조특법 104의 7 ③). 또한 국민주택과 당해 국민주택의 건설용역, 설계용역에 대하여는 부가가치세를 면제한다.

따라서 부가가치세 과세대상은 일반분양분 중 국민주택규모 초과분 주택(건물)과 상가(건물)이다. 다만, 재건축조합이 재건축사업을 시행하여 신축한 상가를 관리처분계획에 의하지 아니하고 상가를 당해 조합원에게 분양하는 경우 부가가치세가 과세되는 것이다(서면3팀-1795, 2007. 6. 21).

### (3) 공급시기

주택을 공급하는 경우 정비사업조합이 20세대 이상을 일반분양하는 경우 주택공급규칙에 따라 공개모집하여야 한다(주택공급규칙 3 ②, 8 ①). 이 경우 분양대금은 청약금, 계약금, 중도금, 잔금으로 구분하도록 하고 있다. 따라서 이러한 거래는 부가가치세법상 중간지급조건부에 해당되어 공급시기는 대가의 각 부분을 받기로 한 때이다.

한편, 신축주택을 중간지급조건부로 공급하는 경우, 계약서상에 잔금지급일자를 명시하지 아니하고 막연히 입주시라고 표시하였을 때 잔금부분에 대한 공급시기는 다음과 같다(부가 1265-1380, 1983. 7. 12).

① 입주통보에 의한 입주지정일 또는 입주기간 종료일 이전에 잔금을 청산하는 때는 잔금을 청산한 때
② 입주통보에 의한 입주지정일 또는 입주기간 종료일까지 잔금을 청산하지 아니하고 사실상 입주를 하지 아니한 때에는 이용가능하게 되는 때
③ 입주통보에 의한 입주지정일 또는 입주기간 종료일까지 잔금을 청산하지 아니하고 입주하는 경우는 입주하는 때

### (4) 세금계산서의 발급

주택조합의 일반분양분 중 국민주택규모 초과분은 재화의 공급에 해당되므로 세금계산서 교부대상이나 공급받는 자가 최종소비자이므로 영수증을 교부하면 되고(부가 46015-2432, 1997. 10. 25), 면세에 해당되는 토지분은 계산서 교부면제대상이다. 다만 상가분양분은 세금계산서 교부대상으로 교부하지 않으면 미교부가산세가 부과된다. 한편, 정비사업조합이 시공자 등으로부터 세금계산서를 교부받은 경우에는 부가가치세법 시행령 제69조의 규정에

의하여 교부받은 세금계산서의 공급가액 범위 내에서 실제 비용을 부담한 조합원들에게 세금계산서를 교부할 수 있는 것이며, 이 경우 조합원에게 세금계산서를 발행하는 시기는 정비사업조합이 교부받은 세금계산서상의 발행일자로 하는 것이다(부가-3167, 2008. 9. 19).

### (5) 과세표준

일반분양수입의 과세표준은 부가가치세 과세대상인 건물(주택 및 상가)로 구분표시된 실지거래가액으로 한다. 이 경우 분양가액에 선택사양금액은 가산하고 미리 납부하는 선납할인(부가 46015-857, 1997. 4. 18)과 연체이자(부법 29 ⑤ 5호)는 과세표준에서 제외된다.

### (6) 매입세액의 계산

건축공사와 관련된 매입세액 중 조합원에게 공급되는 건축물에 대한 매입세액은 공제되지 아니한다. 그리고 국민주택규모 이하의 건설용역은 면세대상으로 시공사로부터 계산서를 발급받으면 된다. 따라서 매입세액은 일반분양분 중 국민주택규모 초과분과 상가에 한하여 과세관련 매입세액으로 공제받을 수 있다. 이 경우 공통매입세액은 과세사업과 면세사업(비과세사업[55] 인 조합원분양분 포함)에 제공할 예정사용면적을 구분하여 매입세액공제를 안분계산하고 사용면적이 확정되는 때에 정산하여야 한다. 정비사업조합은 관리처분시에 조합원분양분과 일반분양분, 국민주택규모 이하분과 국민주택규모 초과분이 명확히 확정되어 있으므로 매입세액의 실제귀속이 분명한 것으로 실지귀속에 따라 사용면적비율로 안분하여야 한다. 즉, 매입세액 안분계산은 그 실지귀속이 불분명한 경우 합리적인 기준이 없는 경우에 부득이하게 적용하는 것이며 면세사업에 사용되는 면적과 임대사업에 사용되는 면적이 엄격히 구분되는 경우 그 사용면적을 실지귀속, 즉 실지부분의 가장 적합한 판단기준으로 볼 수 있으므로 건물신축에 관련된 매입세액은 실지귀속이 확인되는 것으로 보아야 할 것이다(국심 95서667, 1995. 6. 7). 매입세액공제 여부를 관련 용역제공에 따라 분류하면 다음과 같다.

#### 1) 건설공사관련 매입세액

건축공사와 관련된 매입세액 중 조합원에게 공급되는 건축물에 대한 매입세액은 공제되지 아니한다. 그리고 국민주택규모 이하의 건설용역은 면세대상으로 시공사로부터 계산서를 교부받으면 된다. 따라서 매입세액은 일반분양분 중 국민주택규모 초과분과 상가에 한하여 과세관련 매입세액으로 공제받을 수 있다. 이 경우 공통매입세액은 과세사업과 면세

55) 공통매입세액 안분계산규정은 과세사업과 비과세사업을 겸영하는 경우에도 유추적용 됨(대법원 2011. 9. 8 선고, 2009두16268 판결).

사업(비과세사업인 조합원분양분 포함)에 제공할 예정사용면적을 구분하여 매입세액공제를 안분계산하고 사용면적이 확정되는 때에 정산하여야 한다.

| 분 류 | 조합원 분양분 | 일반 분양분 |
|---|---|---|
| 국민주택규모 이하 | 면세(계산서) | 면세(계산서) |
| 국민주택규모 초과, 상가 | 과세(불공제) | 과세(공제) |

※ 조합이 조합원에게 분양하는 것은 조합원들이 실질적인 최종소비자의 지위에 있고 조합원과 법률상 인격이 다른 조합이 그 공사비를 지급하였다거나 조합이 조합원들에게 주택을 분양하는 형식을 취했다고 하더라도 조합원과 조합은 동일체로서 재화를 공급하였다고 볼 수는 없다(대법원 1990. 6. 22 선고, 90누509 판결). 이에 대하여 조특법에서 조합원에게 분양되는 분은 재화의 공급으로 보지 않도록 명확히 규정하고 있다.

#### 2) 건물철거관련 공사비

건물의 철거관련 공사비(건설업종 : 비계·구조물 해체공사업)는 토지관련 매입세액으로 볼 것인가 아니면 새로운 건축물의 자본적지출로 볼 것인가에 따라 불공제 또는 공제 여부를 판단한다. 이에 따른 기업회계기준과 세법의 입장을 정리해보면 다음과 같다.

① 기업회계기준

건물을 신축하기 위하여 사용 중인 기존 건물을 철거하는 경우 그 건물의 장부가액은 제거하여 처분손실로 반영하고, 철거비용은 전액 당기비용으로 처리한다. 다만 새 건물을 신축하기 위하여 기존 건물이 있는 토지를 취득하고 그 건물을 철거하는 경우 기존 건물의 철거 관련 비용에서 철거된 건물의 부산물을 판매하여 수취한 금액을 차감한 가액은 토지의 취득원가에 산입한다.

② 법인세법

기본통칙 23－31…1 [고정자산에 대한 자본적지출의 범위]

영 제31조 제2항 제5호에 규정하는 자본적지출에는 다음 각호의 예에 따라 처리하는 것을 포함한다.

1. 토지만을 사용할 목적으로 건축물이 있는 토지를 취득하여 그 건축물을 철거하거나, 자기소유의 토지상에 있는 임차인의 건축물을 취득하여 철거한 경우 철거한 건축물의 취득가액과 철거비용은 당해 토지에 대한 자본적 지출로 한다.

기본통칙 23－31…2 [고정자산에 대한 수익적지출의 범위]

규칙 제17조 제6호에 규정하는 수익적지출에는 다음 각호의 예에 따라 처리하는 것을 포함한다.

5. 23－31…1 제1호 이외의 사유로서 기존 건축물을 철거하는 경우 기존 건축물의 장

부가액과 철거비용은 수익적지출로 한다.

③ **부가가치세법**

법 제17조 제2항 제4호에서 "대통령령이 정하는 토지관련 매입세액"이라 함은 토지의 조성 등을 위한 자본적지출에 관련된 매입세액으로서 다음 각호의 1에 해당하는 매입세액을 말한다.

2. 건축물이 있는 토지를 취득하여 그 건축물을 철거하고 **토지만을 사용하는 경우에는** 철거한 건축물의 취득 및 철거비용에 관련된 매입세액(부령 80 2호)

④ **정비사업조합이 사업을 위하여 구 건물을 취득하여 즉시 철거하는 경우**

부가가치세법 시행령 제60조 제6항의 토지관련 매입세액에 해당되어 공제되지 아니한다.

⑤ **조합원의 기존 건축물을 철거하는 경우**

사용중인 기존 건축물을 철거하는 경우 기업회계와 법인세법에서는 수익적지출로 보아 당기비용으로 처리하도록 하고 있으며 부가가치세법에서도 토지관련 매입세액으로 열거규정하고 있지 않다(부가 46015-4043, 1999. 10. 4). 따라서 공제가능하다는 주장과 토지관련 매입세액으로 불공제하여야 한다는 견해가 있다.

청구법인은 조합원의 출자에 의하여 주택재개발사업을 시행하는 것이므로 그 철거용역비용과 관련한 매입세액은 「부가가치세법 시행령」 제80조 제2호의 토지관련 매입세액(건축물이 있는 토지를 취득하여 그 건축물을 철거하고 토지만 사용하는 경우 철거 비용과 관련된 매입세액)에 해당하여 매출세액에서 공제할 수 없는 것으로 보인다(조심 2016-부-3861, 2017. 2. 2).

### 3) 설계비

건축사가 제공하는 국민주택규모 이하의 설계용역은 부가가치세를 면제한다. 따라서 매입세액은 국민주택규모 초과분 조합원분양분과 일반분양분, 상가에 대하여 발생한다.

| 분 류 | 조합원 분양분 | 일반 분양분 |
|---|---|---|
| 국민주택규모 이하 | 면세(계산서) | 면세(계산서) |
| 국민주택규모 초과, 상가 | 과세(불공제) | 과세(공제) |

#### 4) 감리용역비

감리비에 대하여는 부가가치세가 과세된다.

| 분 류 | 조합원 분양분 | 일반 분양분 |
|---|---|---|
| 국민주택규모 이하 | 과세(불공제) | 과세(불공제) |
| 국민주택규모 초과, 상가 | 과세(불공제) | 과세(공제) |

#### 5) 전문용역비 · 분양광고비 · 일반관리비 등

조합정비사업관련 전문용역비에는 정비사업관리 전문용역비, 세무회계 용역비, 안전진단 용역비, 소송수행 용역비, 측량비 등이 있다. 분양관련 매입세액은 총예정분양가액에서 과세건물 예정분양수입금액에 해당하는 매입세액을 공제받고 분양가액이 확정되는 때 정산한다.

#### 6) 정비사업 관련 매입세액 공제방법 요약

| 지출내역 | 구 분 | 공제 여부 | 공제 방법 |
|---|---|---|---|
| 토지원가 | 철거 용역비 | 불공제 | 전액 불공제<br>다만, 철거용역비 등 공제된다는 주장 있음 |
| | 안전진단 용역비 | | |
| | 종전자산 감정비 | | |
| | 사전평가 용역비 | | |
| 건축공사비<br>설계용역비 | 조합원분양 | 불공제 | 국민주택 이하 분은 면세 |
| | 일반분양 | 공제 | 매입세액×{과세일반분양면적÷과세총면적(조합원+일반)} |
| 감리용역비 | 일반분양 | 공제 | 매입세액×{과세일반분양면적÷총건축연면적} |
| 행정용역비<br>일반관리비 | 일반분양 | 공제 | 총 예정분양가액 중 과세건물예정분양수입비율 |

## 4. 법인세 실무

### (1) 과세소득의 범위

「도시 및 주거환경정비법」 제18조에 따라 설립된 조합(전환정비사업조합을 포함하며, 이하 이 조에서 "정비사업조합"이라 한다)에 대해서는 「법인세법」 제1조에도 불구하고 비영리내국법인으로 보아 「법인세법」(같은 법 제29조는 제외한다)을 적용한다. 이 경우 전환정비사업조합은 제1항 단서에 따라 신고한 경우만 해당한다(조특법 104의 7 ②). 또한, 법 제104조의 7 제2항을 적용할 때 정비사업조합이 「도시 및 주거환경정비법」에 따라 해당 정비사업에 관한 관리처분계획에 따라 조합원에게 종전의 토지를 대신하여 토지 및 건축물을 공급하는 사업은 「법인세법」 제4조 제3항에 따른 수익사업이 아닌 것으로 본다(조특령 104의 4). 따라서 정비사업조합은 수익사업에 속하는 조합원 분양수입을 제외한 일반분양수입 등에 대해서만 법인세의 납세의무를 진다. 비영리법인에 해당하는 정비사업조합의 수익사업의 범위는 다음과 같다.

| 일반주택 · 상가 · 임대주택 분양수입 | 이자수익 |
|---|---|
| 유치원 등 분양수입 | 수익사업과 관련된 채무면제익, 자산수증익 |
| 관리처분계획에 의하지 않은 조합원 분양수입 | 구건물 철거 등으로 인한 매각수입 |

판례 **조합원 분양수입 중 추가부담금의 수입금액 해당 여부**

**◈ 대법원 2018. 12. 6 선고, 2018두54040 판결**

원고가 조합원들에게 토지 및 건축물을 분양하여 얻은 수입이 비영리법인의 과세대상인 각 사업연도의 소득, 즉 수익사업에서 생기는 소득에 해당하는지 여부에 관하여 보건대, 별지 관계법령에서 보는 바와 같이 조세특례제한법 시행령 제104조의 4에서는 도시정비법상의 정비사업조합이 해당 정비사업에 관한 관리처분계획에 따라 조합원에게 종전의 토지를 대신하여 토지 및 건축물을 공급하는 사업은 수익사업이 아닌 것으로 본다고 규정하고 있는바, 위 사업에서 어떠한 소득이 생기더라도 이는 법인세 과세대상인 수익사업에서 생긴 소득이라고 할 수 없으므로, 이에 대하여 법인세를 부과할 수 없다. 이에 대하여 피고는 위 시행령에서 말하는 조합원분양사업은 재건축조합이 조합원에게 조합원 소유 종전 토지 및 건물과 동일한 가치의 토지 및 건물을 공급하는 경우만을 가리킨다고 주장하나, 위 시행령 규정을 이와 같이 축소해석할 합리적인 근거를 찾을 수 없고, 오히려 이와 같이 해석한다면 조합원분양사업의 익금과 손금은 항상 동일할 것이므로 조합원분양사업에 관하여 과세대상이 아니라고 특별히 규정할 이유도 없다. 또한, 별지 관계법령에서 보는 바와 같이 내국법인의 각 사업연도의 소득은 그 사업연도에 속하는 익금의 총액에서 손금의 총액을 공제한 금액을 말하는데(법인세법 제14조 제1항), 여기서의 익금은 해당 법인의 순자산을 증가시키는 거래로 인하여 발생하는 수익의 금액으로서, 자본 또는 출자의 납입은 익금에서 제외되고(법인세법 제15조 제1항), 손금은 해당 법인의 순자산을 감소시키는 거래로 인하여 발생하는 손비(損費)의 금액으로서, 자본 또는 출자의 환급은 손금에서 제외되며(법인세법 제19조 제1항), 구체적인 익금과 손금의 범위에 관해서는 법인세법 시행령에서 정하고 있다. 그러므로, 설령 피고가 주장하는 바와 같이 재건축조합이 조합원에게 조합원 소유 종전 토지 및 건물과 동일한 가치의 토지 및 건물을 공급하는 경우를 제외한 나머지 경우를 수익사업으로 본다고 하더라도, 재건축조합이 조합원들에게 토지 및 건축물을 공급하고 조합원들이 종전에 소유하고 있던 토지 또는 건축물의 가격과 분양받은 대지 또는 건축물의 가격의 차액에 해당하는 청산금을 조합으로부터 수령하거나 조합에 지급하는 것을 법인세법이 정하는 조합의 '순자산을 증가 또는 감소시키는 거래'로 보아 익금 또는 손금에 산입할 것인지, 또는 출자의 납입 또는 환급으로 보아 제외시킬 것인지에 관하여 본다.

재건축조합의 사업은 조합설립에 동의한 토지 및 건물의 소유자들을 조합원으로 하여 이들로부터 토지 및 건물을 현물출자 받아 건물을 신축한 후 이를 조합원들에게 공급하는 사업인바, 조합원이 현물출자한 가액에 미달하는 토지와 건물을 공급받고 그 차액에 해당하는 청산금을 조합으로부터 수령하는 경우 그 청산금이 출자의 환급에 해당함은 분명해 보이므로, 그 반대의 경우 즉, 조합원이 현물출자한 가액을 초과하는 토지와 건물을 공급받고 그 차액에 해당하는 청산금을 조합에 지급하는 것은 추가적인 출자의 납입이라고 봄이 타당하다. 뿐만 아니라, 원고 조합은 토지등소유자들을 구성원으로 하는 법인인 단체로서, 법인세법에서 말하는 익금은 법인의 순자산을 증가시키는 '거래'를 전제로 하는 것인데, 원고 조합과 그 조합원들 사이에 현물출자 이외에 어떠한 별도의 '거래'가 있다고 보기도 어렵고, 법인세법 시행령에 의하더라도 위와 같은 청산금을 익금의 범위에 포함시킬 근거가 될 만한 규정을 찾을 수 없다.

**◈ 부산지방법원 2017. 12. 21 선고, 2017구합22948 판결**

공사도급계약 제5조, 제19조, 제36조에 의하면, 조합원 청산금이란 조합원이 종전에 자기가 소유하고 있던 토지 또는 건물의 가격을 초과하는 토지 및 건물을 공급받고 추가적으로 부담하는 돈을 말하고, 이는 조합원 지위를 이용하여 추가로 토지 및 건물을 분양받고 그 대가를 지급하는 것과 동일하므로, 이를 일반 분양의 분양대금과 다르게 취급할 이유가 없다. 또한 위 조세특례제한법 규정이 재건축조합의 위 사업을 비수익사업으로 규정한 이유는 재건축조합이 조합원에게 조합원 소유 종전 토지 및 건물과 동일한 가치의 토지 및 건물을 공급하는 경우 조합원이 그 소유 토지 및 건물을 출자하는 외에 추가로 출자하지 않고, 재건축조합도 실질적으로 수익이 발생한다고 보기 어렵기 때문인바, 위 조세특례제한법 규정에 의한 비수익사업은 재건축조합이 조합원에게 조합원 소유 종전 토지 및 건물과 동일한 가치의 토지 및 건물을 공급하는 경우로 한정함이 상당하다. 앞서 본 바와 같이 원고가 조합원에게 추가로 토지 및 건물을 분양하고 그 대가로 조합원 청산금을 받았는바, 이는 재고자산과 관련된 것이지 고정자산과 관련된 것으로 볼 수도 없다.

### (2) 각 사업연도 소득금액의 계산

각 사업연도 소득금액은 익금의 총액에서 손금의 총액을 차감하여 계산한다.

#### 1) 익금의 총액

재건축조합의 익금은 수익사업인 일반분양분 주택, 상가, 기타부대시설 및 체비지 등의 판매수입이다. 또한 부대수입인 연체료, 부산물 매각대, 이자수익 등도 익금에 포함된다. 다만, 부가가치세와 선납할인료는 익금에서 제외된다. 한편, 재건축조합이 조합원으로부터 신탁받은 사업용토지의 일부가 재건축아파트 설계상 건축용지에서 제외되어 부득이 제3자에게 양도함에 따라 발생하는 소득은 사업의 수행과정에서 사업활동과 관련하여 발생하는 부수소득으로 조합원의 양도소득이 아닌 사업소득에 해당한다(서면1팀-41, 2006. 1. 13).

### 2) 손금의 총액

재건축조합의 손금의 총액은 일반분양수입에 대응하는 토지가액과 공사도급금액, 조합운영비 등이다.

#### ① 토지가액

조합원이 기존부동산을 출자한 금액으로 출자금 계상시기는 관리처분인가일이다(조심2020부8270, 2021. 12. 28). 따라서 관리처분인가일의 공신력 있는 감정평가기관의 감정가액이 있는 경우에는 그 가액을, 감정가액이 없는 경우에는 기준시가(개별공시지가)를 취득가액으로 계상하면 될 것으로 판단된다. 또한 재건축조합의 기존건물에 대한 장부가액을 손금에 산입할 수 있다는 주장과 산입할 수 없다는 주장이 있다. 필요경비에 산입할 수 없다는 주장은 분양주택은 사업용고정자산이 아닌 재고자산이므로 철거된 주택은 필요경비에 산입할 수 없다는 것이다(소득 46011-3507, 1996. 12. 17). 반면에 법인세법 기본통칙 23-31-2. 5호에서는 건물을 신축하기 위하여 기존건축물을 철거하는 경우 기존건축물의 장부가액 및 철거비용은 당기비용으로 처리하도록 하고 있다. 토지가액은 진행률 따라 공사원가에 투입되게 된다.

#### ② 공사도급금액

익금총액에 대응하는 공사도급원가는 전체공사 도급금액 중 일반분양분에 해당하는 건축비상당액을 면적비율 등 합리적인 방법에 따라 안분계산하면 된다.

#### ③ 조합운영비

조합을 운영하기 위해 소요되는 인건비, 복리후생비, 임대료 기타 부대비용으로 증빙을 구비하여야 한다.

### 3) 재건축조합설립추진위원회에서 지출한 비용의 승계 여부

재건축조합추진위원회가 주무관청으로부터 승인을 받아 조합으로 설립하는 경우, 조합 설립 이전 사용 손익은 최초사업연도의 기간이 1년을 초과하지 않은 범위 내에서 실질적으로 조합의 손익에 해당할 경우에는 조합의 손익이 되는 것이나, 조합설립 이전의 경우로서 수년

전부터 사용한 비용이 추진위원회의 손익인 경우에는 「도시 및 주거환경정비법」 제15조 제4항의 추진위원회의 권리 및 의무가 조합에 포괄적으로 승계에 불구하고 조합의 손익으로 볼 수 없으며, 이 경우 추진위원회에 귀속되는 손익으로 보는 것이다(서면2팀-1287, 2007. 7. 5).

### (3) 손익의 귀속시기

재건축 · 재개발사업은 그 기간이 1년 이상 소요되고 일반분양분은 예약매출에 해당되어 공사진행기준을 적용하여 손익을 인식하여야 한다(서면2팀-293, 2006. 2. 6). 일반기업회계기준을 적용하고 있는 법인인 주택재개발정비사업조합이 아파트를 일반분양함에 있어 분양계약기간(「법인세법 시행령」 제69조 제1항에 규정된 계약기간으로서 그 목적물의 건설 등의 착수일부터 인도일까지의 기간을 말함)이 1년 이상인 경우에는 작업진행률을 기준으로 하여 계산한 수익과 비용을 각각 해당 사업연도의 익금과 손금에 산입하는 것이다(서면-2019-법인-3682, 2020. 3. 5). 다만, 재건축조합에 장부를 비치, 기장하지 않아 실제로 소요된 총공사비누적액을 확인할 수 없는 경우에는 인도기준으로 손익을 계상하여야 한다. 한편 주택조합이 개인사업자에 해당되는 경우에는 진행기준을 적용하지 못하고 소유권이전등기일, 사용수익일, 대금청산일 중 빠른 날 손익을 인식하여야 한다(소령 48 11호).

※ 지분제 계약방식의 정비사업시 시공사의 진행률 적용 여부
아파트 등의 예약매출로 인한 손익의 귀속사업연도를 산정함에 있어서 건설공사를 시공사에게 일괄도급을 준 경우(지분제 방식 포함)에도 시공사 등의 작업진행률(법칙 34)에 의하여 수입금액을 계산할 수 없는 것이다. 즉, 시공사에 작업진행률 계산시 총예정공사비와 누적공사원가 관련 공사비를 일괄도급 준 경우에는 시공사의 진행률을 적용하여야 하며 설계용역비, 감리비, 전문용역비 등을 각각 별도로 도급을 준 경우에는 시행사가 직접 작업진행률을 계산하여야 한다고 판단된다.

### (4) 청산소득에 대한 법인세

청산소득에 대한 법인세는 각 사업연도소득에 과세되지 않는 유보소득으로 법인 해산시 잔여재산가액이 출자금을 초과하는 경우에 발생한다. 청산소득에 대한 법인세의 납세의무는 영리법인에만 해당된다. 따라서 정비사업조합은 조세특례제한법 제104조의 7 제2항의 규정에 의하여 비영리법인으로 의제되므로 청산소득에 대한 법인세 납세의무를 지지 않는다.

### (5) 조합원의 제2차 납세의무

정비사업조합이 관리처분계획에 따라 해당 정비사업의 시행으로 조성된 토지 및 건축물의 소유권을 타인에게 모두 이전한 경우로서 그 정비사업조합이 납부할 국세 · 가산금 또는 체납처분비를 납부하지 아니하고 그 남은 재산을 분배하거나 인도한 경우에는 그 정비사업

조합에 대하여 체납처분을 집행하여도 징수할 금액이 부족한 경우에만 그 남은 재산의 분배 또는 인도를 받은 자가 그 부족액에 대하여 제2차 납세의무를 진다. 이 경우 해당 제2차 납세의무는 그 남은 재산을 분배 또는 인도받은 가액을 한도로 한다(조특법 104의 7 ④).

### (6) 조합해산에 따른 잔여재산분배액의 의제배당 과세

2003. 6. 30 이전에 주택건설촉진법(법률 제6852호로 개정되기 전의 것) 제44조 제1항의 규정에 의하여 조합설립의 인가를 받은 재건축조합으로서 2003. 7. 1. 이후 「도시 및 주거환경정비법」 제18조의 규정에 의하여 법인으로 등기한 조합(이하 '전환정비사업조합'이라 함)에 대하여는 조세특례제한법 제104조의 7 제1항의 규정에 따라 「법인세법」 제2조의 규정에 불구하고 전환정비사업조합 및 그 조합원을 각각 「소득세법」 제87조 제1항 및 같은 법 제43조 제3항의 규정에 의한 공동사업장 및 공동사업자로 보아 소득세법을 적용할 수 있는 것이며, 주택재개발조합원이 조합의 해산으로 인한 잔여재산의 분배로써 취득하는 금전 기타 재산의 가액이 당해 조합의 주식 및 출자 또는 자본을 취득하기 위하여 소요된 금액을 초과하는 경우 그 초과금액은 「소득세법」 제17조 제2항 제3호의 규정에 의하여 의제배당에 해당하는 것이다(서면2팀-1213, 2005. 7. 26).

**관련법조문**

◈ 서면법인 2016-3140, 2016. 6. 13 【조합원 이주비 대여금 이자부담】

주택재개발사업을 시행하는 정비사업조합이 일반분양하는 주택 및 상가에서 발생하는 소득을 조합원분의 이주비 대여금에 대한 이자지급에 충당하는 경우에 동 충당금액은 「법인세법」 제52조(부당행위계산 부인) 또는 같은 법 제19조(손금의 범위)의 규정에 의해 해당 조합의 손금에 해당하지 아니하는 것임.

◈ 기준법령해석법인 2019-485, 2019. 10. 17 【조합원 무이자 이주비 소득구분】

「조세특례제한법」 제104조의 7에 따라 「법인세법」(같은 법 제29조를 제외한다)을 적용받는 「도시 및 주거환경정비법」 제35조에 따라 설립된 정비사업조합이 관리처분계획에 따라 조합원의 이주비를 금융기관으로부터 차입하여 무이자로 대여하는 경우 조합원을 대신하여 해당 조합이 사업비에서 지출하는 이주비 이자비용 중 수익사업 부문 상당액은 「법인세법」 제52조 또는 같은 법 제19조에 따라 해당 조합의 손금에 해당하지 않고 같은 법 제67조 및 같은 법 시행령 제106조 제1항 제1호에 따라 해당 조합원에게 배당소득으로 소득처분되는 것임.

◈ 사전-2020-법령해석소득-0350, 2021. 1. 28 【조합원 이사비용의 소득구분】

조합원이 해당 조합으로부터 상환의무 없는 "이사비"를 지급받는 경우 이는 소득세법 제17조 제1항에 규정된 배당소득에 해당되는 것임.

### (7) 주식 등 변동상황명세서의 제출 제외

2021년 법인세법 시행령 제161조 제1항 제5호에서 「도시 및 주거환경정비법」 제38조에 따른 정비사업조합은 주식변동상황명세서 제출을 제외하도록 개정하였다.

※ 조합원의 입주권 양도에 대한 증권거래세 과세대상 여부
주권 또는 지분의 양도에 대하여는 증권거래세를 부과한다(증권거래세법 2).
여기서 "주권"이라 함은 상법 또는 특별한 법률에 의하여 설립된 법인의 주권 또는 외국법인이 발행한 주권 또는 주식예탁증서로서 유가증권시장 등에 상장 또는 등록된 것을 말한다. 또한 "지분"이라 함은 상법에 의하여 설립된 합명회사·합자회사 및 유한회사의 사원의 지분을 말한다. 그리고 "양도"라 함은 계약상 또는 법률상의 원인에 의하여 유상으로 소유권이 이전되는 것을 말한다. 따라서 조세특례제한법 제104조의 7 제2항의 규정에 의한 정비사업조합의 조합원이 당해 조합원의 자격이나 권한, 입주자로 선정된 지위를 양도하는 경우에는 「증권거래세법」 제1조의 규정에 의한 과세대상에 해당하지 아니하는 것이다(서면3팀-430, 2008. 2. 27).

## 5. 소득구분계산

재건축·재개발정비조합은 비영리법인으로 수익사업(일반분양수입)과 비수익사업(조합원분양분으로 고유목적사업임)으로 장부를 구분·기장하여야 한다. 수익사업과 비수익사업에 공통되는 자산과 부채는 이를 전부 수익사업에 속하는 것으로 보며 수익사업의 자산의 합계액에서 부채의 합계액을 차감하여 수익사업의 자본금을 계산한다. 이 경우 공통손금과 공통익금은 구분하지 않고 하나의 계정과목으로 기장한 후 안분·계산하여 각 사업에 귀속시켜야 한다.

### (1) 일반분양분과 조합원분양분의 개별손금

일반분양분과 조합원분에 직접 대응되는 개별손금은 각각 그 실질귀속에 따라 손금에 산입하여야 한다.

#### ① 일반분양분(수익사업)의 개별손금

- 일반분양분에 대한 제세공과금 및 등기수수료
- 일반분양 선택사양 공사비 지출액
- 일반분양수수료
- 일반분양관련 부가가치세 불공제 매입세액
- 일반분양 광고선전비·모델하우스 건립비용
- 일반인 중도금 대출이자

② 조합원분양분(비수익사업) 개별손금

- 조합원분양 부가가치세 불공제 매입세액
- 조합원분양분 별도 공사비 지출액
- 조합원 무이자 이주비 관련 이자비용 대납액
- 조합원 이사비 무상 지급액
- 조합원 중도금 대출이자 무상지원액

### (2) 공통손금의 안분계산

정비사업과 관련된 건축공사비, 설계비, 감리비, 전문용역비, 행정용역비, 조합운영비, 종전부동산 평가액, 기타 공통사업경비에 대하여는 법인세법 시행규칙 제77조 제6항의 규정에 의하여 안분계산한다. 즉, 재건축조합 및 재개발조합의 수익사업과 비수익사업의 공통손금은 「법인세법 시행규칙」 제76조 제6항에 따라 안분하는 것이다(법인-708, 2010. 10. 27). 재건축한 주택의 분양가액의 경우, 일반분양분 아파트의 분양가액은 사전에 감독관청의 승인을 얻어 산정되는 반면, 조합원분양분 아파트의 분양가액은 조합의 내부적인 의사결정과정을 거쳐 결정될 뿐만 아니라 재건축에 따른 추가분담금의 부담 등으로 인하여 비교적 낮게 산정되는 것이 일반적이라 할 것이므로 이 건의 경우 공통경비를 분양가액을 기준으로 안분계산하는 것은 합리적인 배분방법으로 볼 수 없다고 보여진다.

따라서, 처분청이 청구법인이 재건축한 주택의 수입금액에 대응하는 공통경비를 일반분양분 주택과 조합원분양분 주택의 분양면적을 기준으로 하여 안분계산한 처분은 달리 잘못이 없는 것으로 판단된다(국심 2007서2220, 2007. 8. 24, 국심 2004서4494, 2005. 4. 19).

① 분양수입금액으로 안분하는 방법

조합원 분양가액과 일반분양가액으로 안분계산하는 방법이다.

※ 상가 등의 신축분양시 분양원가 산정방법
법인이 상가 등을 신축분양 함에 있어 층별·위치별·용도별 분양금액을 달리하여 분양하는 경우 분양되는 상가 등에 대한 각 사업연도 소득금액 계산시 취득가액은 원칙적으로 개별원가계산방법 또는 분양면적비율에 의한 안분계산방법에 의하는 것이나, 각 층별·위치별·용도별 분양금액이 다르고 전체 분양가액이 구체적으로 산정되었음이 사전 공시방법 등에 의해 명백히 확인되는 경우에는 총취득가액에 당해 사업연도에 분양된 건물의 분양가액이 총분양예정가액에서 차지하는 비율을 곱하여 계산한 금액으로 할 수 있는 것이며, 이 경우 동 원가계산방법은 당해 건물의 분양이 완료될 때까지 계속 적용하여야 한다(서이 46012-11875, 2003. 10. 27).

② 사용면적기준으로 안분계산하는 방법

조합원분양분과 일반분양분의 건축면적으로 공통손금을 안분계산하는 방법이다. 이

방법은 조합원분양분과 일반분양분에 투입된 원가가 동일한 경우 가장 합리적인 방법이다.

③ 법인세법상의 규정

비영리법인이 법 제113조 제1항의 규정에 의하여 수익사업과 기타의 사업의 손익을 구분경리하는 경우 공통되는 익금과 손금은 다음 각호의 규정에 의하여 구분계산하여야 한다. 다만, 공통익금 또는 손금의 구분계산에 있어서 개별손금(공통손금 외의 손금의 합계액을 말한다)이 없는 경우나 기타의 사유로 다음 각호의 규정을 적용할 수 없거나 적용하는 것이 불합리한 경우에는 공통익금의 수입항목 또는 공통손금의 비용항목에 따라 국세청장이 정하는 작업시간·사용시간·사용면적 등의 기준에 의하여 안분계산한다.

1. 수익사업과 기타의 사업의 공통익금은 수익사업과 기타의 사업의 수입금액 또는 매출액에 비례하여 안분계산
2. 수익사업과 기타의 사업의 업종이 동일한 경우의 공통손금은 수익사업과 기타의 사업의 수입금액 또는 매출액에 비례하여 안분계산
3. 수익사업과 기타의 사업의 업종이 다른 경우의 공통손금은 수익사업과 기타의 사업의 개별 손금액에 비례하여 안분계산

**판례** **조합원분양원가와 일반분양원가의 안분계산**(대법원 2011. 7. 14 선고, 2008두17479 판결)

법인세법 시행규칙 제76조 제6항 제2호는, 비영리법인이 법인세법 제113조 제1항의 규정에 의하여 업종이 동일한 수익사업과 기타 사업의 손익을 구분경리하는 경우 공통 손금은 수익사업과 기타 사업의 수입금액 또는 매출액에 비례하여 안분계산 하되, 다만 개별손금(공통손금 외의 손금의 합계액을 말한다)이 없는 경우나 기타의 사유로 이와 같은 계산방법을 적용할 수 없거나 적용하는 것이 불합리한 경우에는 공통손금의 비용 항목에 따라 국세청장이 정하는 작업시간·사용시간·사용면적 등의 기준에 의하여 안 분계산하도록 규정하고 있다.

원심은, 그 판시와 같은 사실을 인정한 다음, 재건축아파트의 분양가액은 통상적으로 일반 분양분의 경우에는 사전에 감독관청의 승인을 얻어 적정하게 산정되는 반면, 조합원 분양분의 경우에는 조합원들의 의결을 거쳐 비교적 낮게 산정되는 사정이 있어 그 공통손금을 일률적으로 재건축아파트의 분양가액에 비례하여 안분계산 하는 것은 합리적 계산방법이라 할 수 없으므로, 피고가 일반 분양분 아파트와 조합원 분양분 아파트의 공통손금을 그 분양가액이 아닌 분양면적에 비례하여 안분계산 하였다고 하여 이 를 위법하다고 할 수는 없다.

### (3) 각 사업연도별로 조합원분양(비수익사업)면적과 일반분양(수익사업)면적이 수시로 변동하는 경우 원가배분 방법

일반분양수입(수익사업)과 조합원분양수입(비수익사업)에 대한 공사원가 배분을 법인세법 시행규칙 제76조 제6항 단서 규정에 의하여 면적비율로 구분계산 함에 있어 조합원분양(비수익사업)면적과 일반분양(수익사업)면적이 수시로 변동되는 경우 각 사업연도 말 현재 확정된 일반분양면적비율에 의하여 법인세 신고를 한 후 최종 일반분양면적이 확정되는 날이 속하는 사업연도의 법인세신고시 이전 각 사업연도 배분원가를 정산하여 신고하는 것이다(서면2팀-1693, 2006. 9. 7).

### (4) 분양수입금액 비율로 원가배분 예시

#### 1) 관리처분계획서상의 자금운용계획

| 수입금액 내역 | 금 액 | 비 율 | 비 고 |
|---|---|---|---|
| 조합원 분양 | 20,000,000,000 | 57.14% | |
| (비수익사업 소계) | 20,000,000,000 | | |
| 일반아파트 분양 | 10,000,000,000 | | |
| 임대아파트 분양 | 3,000,000,000 | | |
| 상가 및 체비지 | 2,000,000,000 | | |
| (수익사업 소계) | 15,000,000,000 | 42.86% | |
| 분양수입 합계 | 35,000,000,000 | 100% | |

※ 실무적용시 분양수입금액 비율보다는 분양면적비율이 합리적이라는 심판례가 있으니 주의하기 바람(국심 2007서2220, 2007. 8. 24, 국심 2004서4494, 2005. 4. 19). 비영리법인인 주택재개발정비조합이 일반분양수입(수익사업)과 조합원분양수입(기타의 사업)에 대한 공통손금 안분계산시 「법인세법 시행규칙」 제76조 제6항 단서규정에 따라 매출액 기준을 적용하는 것이 불합리한 경우, 공통손금의 비용항목에 따라 국세청장이 정하는 작업시간·사용시간·사용면적 등의 기준에 의하여 사업연도별로 동일한 방법으로 안분계산하여 각 사업연도의 공통손금을 신고하는 것이다(서면-2017-법인-0210, 2017. 7. 20).

## 2) 소득구분계산서

[별지 제48호 서식] 〈개정 2022. 3. 18〉 (앞 쪽)

| 사업연도 | . . ~ . . | 소득구분계산서 | 법인명 | 동작 18구역 재개발 정비사업 조합 |
|---|---|---|---|---|
| ※ 관리번호 | - | 사업자등록번호 | - - | |

※표시란은 기입하지 마십시오.

| ① 과 목 | ②구 분 | 코드 | ③합계 | 조합원 분양분 금 액 | 조합원 분양분 비율 | 일반 분양분 금 액 | 일반 분양분 비율 | 비 고 |
|---|---|---|---|---|---|---|---|---|
| (1)매 출 액 | | 01 | 35,000,000,000 | 20,000,000,000 | 57.14 | 15,000,000,000 | 42.86 | |
| (2)매 출 원 가 | | 02 | 25,000,000,000 | 14,285,000,000 | 57.14 | 10,715,000,000 | 42.86 | 매출액 |
| (3)매 출 총 이 익 {(1)-(2)} | | 03 | 10,000,000,000 | 5,714,000,000 | | 4,286,000,000 | | |
| (4)판 매 비 와 관 리 비 | 개별분 | 04 | 3,000,000,000 | 2,000,000,000 | | 1,000,000,000 | | |
| | 공통분 | 05 | 4,000,000,000 | 2,285,600,000 | 57.14 | 1,714,400,000 | 42.86 | 매출액 |
| | 계 | 06 | 7,000,000,000 | 4,285,600,000 | | 2,714,400,000 | | |
| (5)영 업 이 익 {(3)-(4)} | | 07 | 3,000,000,000 | 1,428,400,000 | | 1,571,600,000 | | |
| (6)영 업 외 수 익 | 개별분 | 08 | 500,000,000 | 300,000,000 | | 200,000,000 | | |
| | 공통분 | 09 | 500,000,000 | 285,700,000 | 57.14 | 214,300,000 | 42.86 | 매출액 |
| | 계 | 10 | 1,000,000,000 | 585,700,000 | | 414,300,000 | | |
| (7)영 업 외 비 용 | 개별분 | 11 | | | | | | |
| | 공통분 | 12 | | | | | | |
| | 계 | 13 | | | | | | |
| (8)경 상 이 익 {(5)+(6)-(7)} | | 14 | 4,000,000,000 | 2,014,100,000 | | 1,958,900,000 | | |
| (9)특 별 이 익 | 개별분 | 15 | | | | | | |
| | 공통분 | 16 | | | | | | |
| | 계 | 17 | | | | | | |
| (10)특 별 손 실 | 개별분 | 18 | | | | | | |
| | 공통분 | 19 | | | | | | |
| | 계 | 20 | | | | | | |
| (11)각 사 업 연 도 소 득 또 는 설 정 전 소 득 {(8)+(9)-(10)} | | 21 | 4,000,000,000 | 2,014,100,000 | | 1,958,900,000 | | |
| (12)이 월 결 손 금 | | 22 | | | | | | |
| (13)비 과 세 소 득 | | 23 | | | | | | |
| (14)소 득 공 제 액 | | 24 | | | | | | |
| (15)과 세 표 준 {(11)-(12)-(13)-(4)} | | 25 | 4,000,000,000 | 2,014,100,000 | | 1,958,900,000 | | |

210㎜×297㎜(신문용지 54g/㎡(재활용품))

## 6. 정비사업조합의 이월결손금

정비사업조합의 각 사업연도의 소득에 대한 법인세의 과세표준은 각 사업연도의 100분의 80[「조세특례제한법」 제5조 제1항에 따른 중소기업(이하 "중소기업"이라 한다)과 회생계획을 이행 중인 기업 등 대통령령으로 정하는 법인의 경우는 100분의 100]을 한도로 한다. 정비사업조합은 매출액이 업종별로 「중소기업기본법 시행령」 별표 1에 따른 규모 기준("평균매출액 등"은 "매출액"으로 보며, 이하 이 조에서 "중소기업기준"이라 한다) 이내이어야 한다. 재건축정비사업조합은 건설회사에 도급을 주어 건축물을 완성하므로 건설업이 아닌 부동산분양공급업(부동산매매업)에 해당되어 평균매출액이 400억원 이하이어야 한다. 그러나 정비사업조합의 경우 사업초기에는 매출액이 평균매출액에 미달하여 중소기업에 해당되나 사업진행과정에서 예약매출에 따른 진행기준으로 수입금액을 인식하게 되어 중소기업에 해당되지 않게 되므로 계속적으로 누적된 이월결손금의 20%를 공제받지 못하는 결과가 발생하여 법인세의 부담이 늘어나게 된다.

## 7. 재건축 · 재개발사업의 부가가치세 · 법인세 요약

재건축 · 재개발 사업과 관련한 부가가치세 및 법인세 과세 여부를 종합하여 보면 다음과 같다.

| 구분 | 항목 | 부가가치세 과세대상 여부 | 매입세액 공제 여부 | 법인세 과세대상 여부 |
|---|---|---|---|---|
| 조합원분양분 | 주택 | 과세 제외 | 불공제 | 과세 제외 |
| | 상가 | | | |
| | 토지 | | | |
| 일반분양분 | 국민주택 | 면세 | 불공제 | 과세(익금) |
| | 국민주택 초과 | 과세 | 공제 | |
| | 상가 | 과세 | 공제 | |
| | 토지 | 면세 | 불공제 | |

## Ⅵ 신탁방식에 의한 정비사업의 세무실무

### 1. 개요

정비사업은 정비구역 내 토지등소유자로 구성된 조합이 사업시행자가 되어 사업을 추진하는 것이 일반적이지만 일정한 경우 신탁업자가 직접 사업시행자가 되어 정비사업을 시행하거나 사업대행자로서 조합이나 토지등소유자를 대신하여 정비사업을 시행할 수 있다.

도시정비법 제정당시 천재지변 등 불가피한 경우 신탁업자가 제한적으로 정비사업의 시행자가 되어 시행할 수 있었지만 2015. 9. 1. 법률 제13508호로의 개정을 통해 재개발사업과 재건축사업의 경우 천재지변 등의 긴급한 사유가 없더라도 일정 수 이상의 토지등소유자의 동의가 있으면 신탁업자를 사업시행자로 지정하여 사업을 시행할 수 있도록 개정하였다.

#### (1) 도입배경

기존 조합방식의 정비사업은 조합의 전문성 부족, 업무집행의 투명성과 객관성 부족, 자금조달의 어려움, 조합 내부 갈등으로 인한 정비사업의 지연 등으로 인해 정비사업 시행에 많은 문제점을 초래하였다. 그리고 이러한 문제점들을 보완하기 위해 조합은 자금조달에서부터 시공 및 분양에 이르기까지 사업의 전반에 걸쳐 시공자에게 의존하는 경향이 컸고, 그 과정에서 조합원들의 이익보다는 시공자의 이익을 위해 사업의 방향이 결정되거나 시장상황에 따른 시공자의 수주포기로 사업진척이 지지부진해지는 병폐도 있어 왔다. 이에 반해 신탁업자의 경우 개발신탁에서의 전문성을 활용할 수 있을 뿐만 아니라 안정적인 자금확보가 가능하기 때문에, 신탁업자가 정비사업에 참여할 경우 사업을 안정적으로 추진할 수 있는 여건이 된다. 나아가 신탁업자는 자본시장과 금융투자업에 관한 법률에 따라 관리·감독을 받기 때문에, 투명한 자금집행이 가능하고 동법에 따른 각종 의무를 부담함으로써 보다 충실한 사업관리가 가능하다는 이점이 있다. 이러한 배경으로 2015년 도시정비법 개정을 통해 신탁방식의 정비사업에 대한 신탁업자의 참여 요건이 확대된 것으로 이해된다.[56] 도시정비법 개정안 제안이유에서도, 「기존의 법에 따르면 신탁업자가 사업시행자로 지정받는 사유가 제한되어 신탁업자의 정비사업 참여가 매우 저조한 상황에서, 신탁업자의 부동산개발사업에 관한 전문성과 정비사업비 조달 능력을 활용할 경우 정비사업에 있어 투명한 사업관리를 통해 갈등을 감소시켜 사업지연을 줄일 수 있고, 전문적인 사업관리와 시공자에 대한 교섭력을 강화할 수 있으며, 시공자가 적정 수익률 확보가 어렵다는 이

56) 김창화, "신탁방식의 정비사업, 신탁자가 직접 시행방식의 중심으로", BFL 제119호, 2023.5. p.6.

유로 수주를 꺼려하는 소규모 사업장에 대하여 신탁업자가 참여하여 해당 정비사업의 원활한 진행을 도모할 수 있을 뿐만 아니라 다양한 갈등요인으로 인해 정비사업의 진행이 교착된 사업장의 정상화를 도모함으로써, 궁극적으로는 정비사업 활성화를 촉진하기 위함」이라고 도입배경과 취지를 밝히고 있다.[57)]

### (2) 조합방식과의 비교

신탁방식의 정비사업은 조합방식의 정비사업과 달리, 사업시행자가 조합이 아니라 신탁업자라는 점, 즉 정비구역 내 토지등소유자로 구성된 조합이 아닌 제3자가 사업시행자로서 정비사업을 시행한다는 점이다. 그에 따라 신탁방식의 정비사업에서는 조합 총회가 아닌 토지등소유자 전체회의에서 정비사업 시행에 관한 주요 사항을 의결한다. 시공자 선정과 관련해서도 조합방식의 경우 시공자 선정을 위해서는 반드시 조합 총회의 의결을 거쳐야 하나, 신탁방식은 원칙적으로 토지등소유자 전체회의 의결 없이도 일반경쟁입찰을 통해 시공자를 선정할 수 있다. 또한 조합방식의 경우 정비사업에 필요한 자금을 시공자가 조달하여 조합에 대여하는 방식이 일반적이고 그에 따라 조달한 자금 및 분양수입금 등의 관리를 사업시행자가 아닌 시공자가 주도적으로 관리하는 반면, 신탁방식의 경우 사업시행자인 신탁업자가 직접 자금관리를 함으로써 정비사업 시행과정에서 시공사의 역할이 대폭 축소된다.[58)]

## 2. 신탁방식의 정비사업 거래구조[59)]

### (1) 사업시행자 방식

시장·군수 등은 재개발사업 및 재건축사업이 다음의 어느 하나에 해당하는 때에는 토지등소유자, 「사회기반시설에 대한 민간투자법」 제2조 제12호에 따른 민관합동법인 또는 신탁업자로서 대통령령으로 정하는 요건을 갖춘 자(이하 "지정개발자"라 한다)를 사업시행자로 지정하여 정비사업을 시행하게 할 수 있다.

① 천재지변, 「재난 및 안전관리 기본법」 제27조 또는 「시설물의 안전 및 유지관리에 관한 특별법」 제23조에 따른 사용제한·사용금지, 그 밖의 불가피한 사유로 긴급하게 정비사업을 시행할 필요가 있다고 인정하는 때

57) 김수홍, "도시 및 주거환경정비법 일부개정법률안 검토보고", 국토교통위원회, 2015. 4., p.41.
58) 김창화, 앞의 논문, p. 8.
59) 한국토지신탁(koreit.co.kr), 2024. 1. 6. 검색

② 제16조 제2항 전단에 따라 고시된 정비계획에서 정한 정비사업시행 예정일부터 2년 이내에 사업시행계획인가를 신청하지 아니하거나 사업시행계획인가를 신청한 내용이 위법 또는 부당하다고 인정하는 때(재건축사업의 경우는 제외한다)

3. 제35조에 따른 재개발사업 및 재건축사업의 조합설립을 위한 동의요건 이상에 해당하는 자가 신탁업자를 사업시행자로 지정하는 것에 동의하는 때

<사업시행자 방식 정비사업의 거래구조>

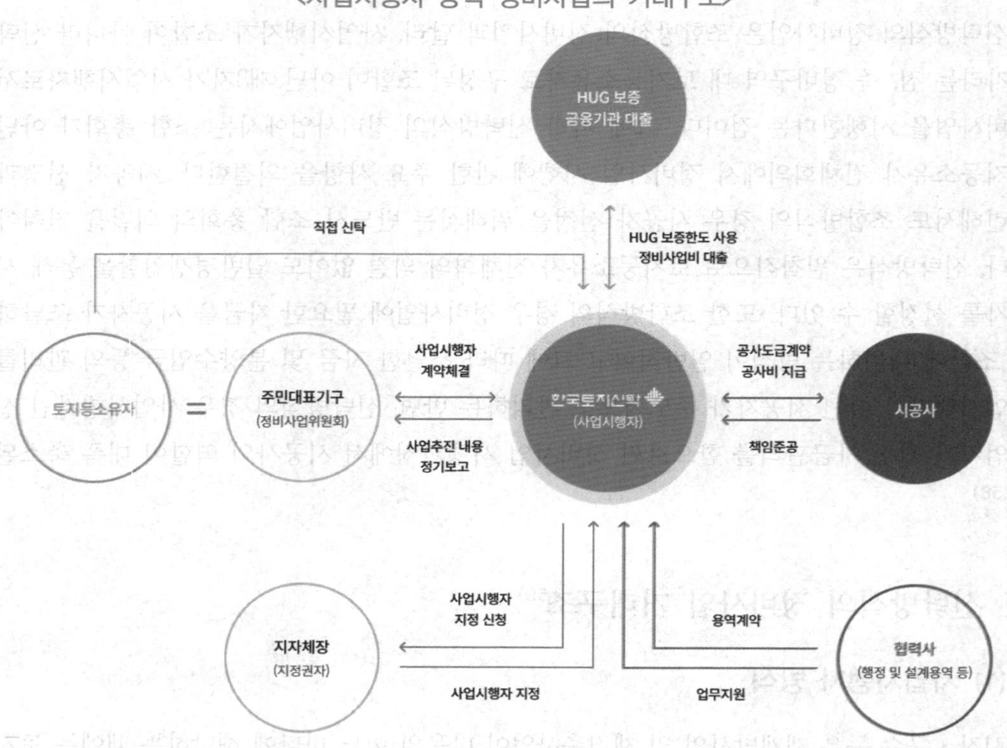


## (2) 사업대행자 방식

시장·군수 등은 다음의 어느 하나에 해당하는 경우에는 해당 조합 또는 토지등소유자를 대신하여 직접 정비사업을 시행하거나 토지주택공사 등 또는 지정개발자에게 해당 조합 또는 토지등소유자를 대신하여 정비사업을 시행하게 할 수 있다.

① 장기간 정비사업이 지연되거나 권리관계에 관한 분쟁 등으로 해당 조합 또는 토지등소유자가 시행하는 정비사업을 계속 추진하기 어렵다고 인정하는 경우

② 토지등소유자(조합을 설립한 경우에는 조합원을 말한다)의 과반수 동의로 요청하는 경우

따라서 신탁회사가 토지등소유자인 조합원을 대신하여 정비사업을 대행하고 이에 대한 보수를 받게 된다.

| 사업대행자 방식 정비사업의 거래구조 |

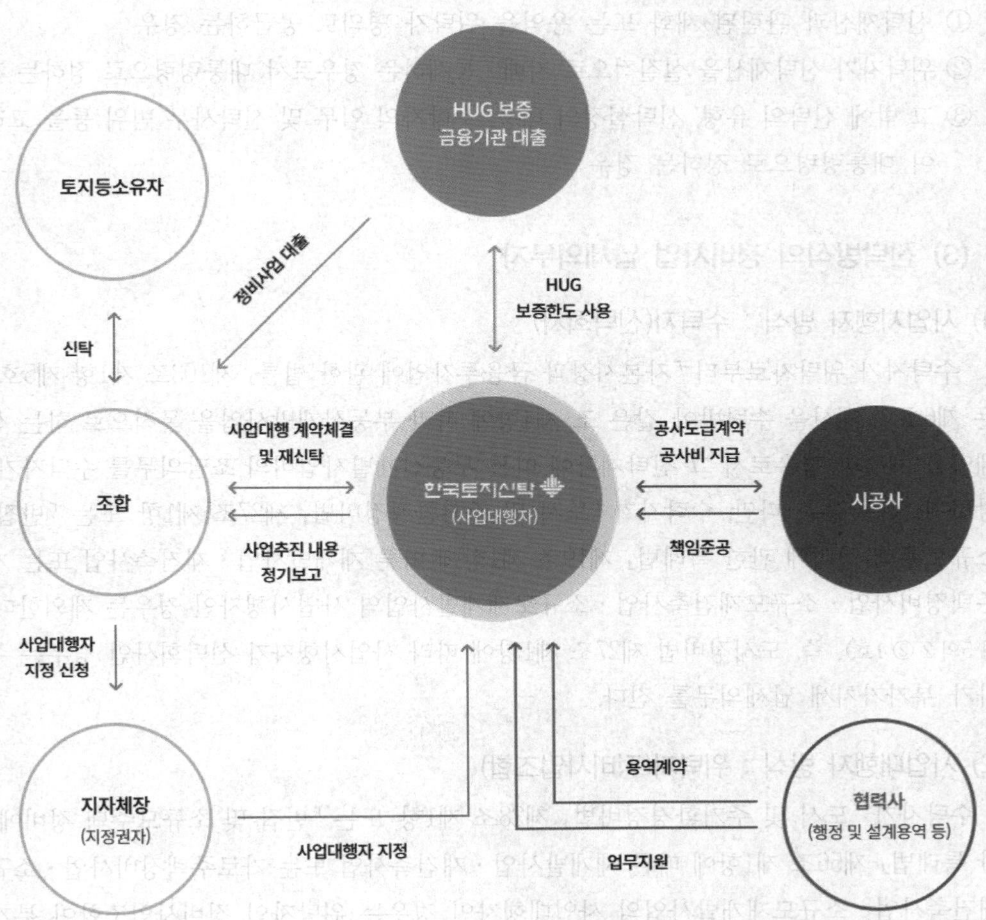


## 2. 신탁방식의 정비사업 부가가치세 납세의무자

### (1) 원칙 : 수탁자

신탁재산과 관련된 재화 또는 용역을 공급하는 때에는 「신탁법」 제2조에 따른 수탁자가 신탁재산별로 각각 별도의 납세의무자로서 부가가치세를 납부할 의무가 있다(부법 3 ②).

#### (2) 예외

다음의 어느 하나에 해당하는 경우에는 「신탁법」 제2조에 따른 위탁자가 부가가치세를 납부할 의무가 있다.

① 신탁재산과 관련된 재화 또는 용역을 위탁자 명의로 공급하는 경우

② 위탁자가 신탁재산을 실질적으로 지배·통제하는 경우로서 대통령령으로 정하는 경우

③ 그 밖에 신탁의 유형, 신탁설정의 내용, 수탁자의 임무 및 신탁사무 범위 등을 고려하여 대통령령으로 정하는 경우

#### (3) 신탁방식의 정비사업 납세의무자

##### 1) 사업시행자 방식 : 수탁자(신탁회사)

수탁자가 위탁자로부터 「자본시장과 금융투자업에 관한 법률」 제103조 제1항 제5호 또는 제6호의 재산을 수탁받아 같은 조 제4항에 따라 부동산개발사업을 목적으로 하는 신탁계약을 체결한 경우로서 그 신탁계약에 따른 부동산개발사업비의 조달의무를 수탁자가 부담하지 않는 경우. 다만, 수탁자가 「도시 및 주거환경정비법」 제27조 제1항 또는 「빈집 및 소규모주택 정비에 관한 특례법」 제19조 제1항에 따른 재개발사업·재건축사업 또는 가로주택정비사업·소규모재건축사업·소규모재개발사업의 사업시행자인 경우는 제외한다(부령 5의 2 ② 1호). 즉, 도시정비법 제27조 제1항에 따라 사업시행자가 신탁회사인 경우는 수탁자가 부가가치세 납세의무를 진다.

##### 2) 사업대행자 방식 : 위탁자(정비사업조합)

수탁자가 「도시 및 주거환경정비법」 제28조 제1항 또는 「빈집 및 소규모주택 정비에 관한 특례법」 제56조 제1항에 따른 재개발사업·재건축사업 또는 가로주택정비사업·소규모재건축사업·소규모재개발사업의 사업대행자인 경우는 위탁자인 정비사업조합이 부가가치세 납세의무를 진다(부령 5의 2 ② 2호).

[재건축·재개발 정비사업조합 관련 주요 해석사례 및 심판례 요약]

| | | |
|---|---|---|
| ① 아파트재건축 조합이 손해금으로 배상하는 금전의 이자소득 해당 여부 | 재건축사업 시행자인 건설업 법인으로부터 사업경비 등을 무이자 조건으로 차입한 아파트재건축조합이 계약의 해약으로 인하여 사업경비에 대한 이자상당액 및 이주비의 이자상당액을 법인에게 손해금으로 배상하는 경우, 당해 배상하는 금액은 원천징수 대상 이자소득에 해당하지 아니함. | 법규소득 2009-0369 (2009. 11. 24) |

| | | |
|---|---|---|
| ② 조합운영비의 귀속시기 | 「도시 및 주거환경정비법」에 따라 설립한 정비사업조합이 정비사업의 수익사업과 관련하여 지출한 운영비 및 건설자금이자에 해당하지 아니하는 차입금이자는 손금이 확정된 날이 속하는 사업연도의 손익으로 처리하는 것임. | 법인-1030<br>(2010. 11. 2) |
| ③ 조합원의 추가부담금 | 재건축조합 및 재개발조합이 조합원에게 자기지분(무상지분)을 초과하여 토지 및 건축물을 공급하고 받는 추가부담금은 수익사업에 해당하는 것이며, 수익사업과 비수익사업의 공통손금은 「법인세법 시행규칙」 제76조 제6항에 따라 안분하는 것임. | 법인-708<br>(2010. 7. 27) |
| ④ 정비사업 조합에 대한 제2차납세의무자의 범위 | 「도시 및 주거환경정비법」 제18조에 따라 설립된 정비사업조합이 해산한 경우에는 「국세기본법」 제38조에 따라 청산인 또는 잔여재산을 분배 또는 인도받은 자가 그 부족액에 대하여 제2차 납세의무를 지는 것임. | 국기, 징세과-128<br>(2009. 10. 5) |
| ⑤ 세금계산서 발급 | 정비사업조합이 시공자 등으로부터 건설용역대가에 대하여 세금계산서를 교부받은 경우 교부받은 세금계산서상의 공급가액의 범위 안에서 실제로 당해 건설용역을 공급받은 조합원(관리처분에 의해 상가를 분양받은 조합원)에게 당해 조합원이 부담한 현금·토지 등의 비용을 기준으로 「부가가치세법 시행규칙」 제18조 규정에 의해 세금계산서를 교부할 수 있는 것이며, 조합원은 당해 매입세액이 자기의 과세사업과 관련된 경우에는 자기의 매출세액에서 공제받을 수 있는 것임. | 부가-1290<br>(2010. 9. 30) |
| ⑥ 정비사업 조합에 건설용역공급 | 건설산업기본법 등에 의하여 등록한 건설업자가 정비사업조합에게 계약상의 원인에 의하여 국민주택규모 초과분의 아파트의 건설용역을 제공하는 경우에는 당해 정비사업조합이 당해 아파트를 조합원에게 분양하든지 또는 일반인에게 분양하든지에 관계없이, 그 건설용역의 대가에 대하여는 부가가치세가 과세되는 것이며, 그 공급받는 자로부터 부가가치세를 거래징수하여야 하는 것임. | 부가-719<br>(2009. 5. 26) |
| ⑦ 조합설립 추진위원회의 사업자등록 여부 | 1. 「도시 및 주거환경정비법」 제13조의 규정에 해당하는 조합설립추진위원회는 「국세기본법」 제13조의 규정에 의하여 법인으로 보는 단체로 보는 것이나, 「도시 및 주거환경정비법」 제15조 제4항에 의하여 당해 조합설립추진위원회가 행한 업무와 관련된 권리와 의무를 「조세특례제한법」 제104조의 7 제2항의 규정에 의한 정비사업조합이 포괄승계하는 경우에는 그 조직을 변경한 것으로 보는 것임. | 서면3팀-1507<br>(2007. 5. 16) |

| | | |
|---|---|---|
| | 2. 동 조합설립추진위원회가 「도시 및 주거환경정비법」 제2조의 규정에 의한 정비사업을 시행하면서 신규로 부가가치세 과세사업을 개시하고자 하는 경우 「부가가치세법」 제5조 제1항의 규정에 의하여 사업자등록을 하여야 함.<br>3. 부가가치세과세사업을 영위하면서 재화 또는 용역을 공급받고 「부가가치세법」 제16조 제1항의 규정에 의한 세금계산서를 교부받은 경우 「부가가치세법」 제17조 제1항의 규정에 의하여 자기의 사업을 위하여 사용되었거나 사용될 재화 또는 용역의 공급에 대한 세액은 매출세액에서 공제되는 것이나, 「부가가치세법」 제17조 제2항에 해당하는 매입세액은 매출세액에서 공제하지 아니하는 것임. 재화 또는 용역을 공급하는 사업자는 「부가가치세법」 제15조의 규정에 의하여 부가가치세를 그 공급받는 자로부터 징수하여야 하는 것임. | |
| ⑧ 사전평가용역 | 재건축정비조합이 재건축사업을 시행함에 있어 공급받은 사전평가용역에 대한 부가가치세 매입세액은 토지관련 매입세액으로 불공제 대상임. | 조심 2009서4256<br>(2010. 12. 21) |
| ⑨ 토지관련 매입세액 | 주택재개발 공사 관련 철거공사비, 교통영향평가비, 환경영향평가비, 감정평가용역비, 소송관련 변호사비용, 측량비 관련 매입세액은 토지를 사용하기 위하여 지출된 비용으로 매입세액 불공제함. | 조심 2009서3697<br>(2010. 10. 29) |
| ⑩ 공통매입세액 | 재건축 사업당시 공급받은 시행대행용역비, 감정평가비, 수목이식용역, 환경영향평가용역과 관련된 매입세액 중 건물착공 이후에 공급받은 용역과 관련된 매입세액부분은 공통매입세액으로 보아 과세사업부분 매입세액은 일부공제하는 것임. | 조심 2008중1270<br>(2009. 6. 11) |
| ⑪ 토지관련 매입세액 | 새로운 건축물 신축을 위해 구 건물을 철거하기 위한 조합원신탁등기비용, 근저당설정비, 이주용역비, 철거공사비는 토지관련 매입세액이고, 설계변경 등으로 예정사용면적이 변경되는 경우 변경일이 속하는 과세기간부터 변경된 비율에 근거하여 공통매입세액을 안분계산함. | 조심 2008전1041<br>(2008. 11. 7) |
| ⑫ 조합원 분배금 | 법인세법상 비영리내국법인에 해당하는 이상 원고가 주체가 되어 3자에게 재건축한 아파트를 일반분양하고 얻은 소득은 원고에게는 비영리법인의 사업소득이 되어 법인세 부과대상이 되는 것이고, 원고의 조합원들에게는 소득세법 제17조 제1항 제1호, 제4호에 정한 배당소득이 되어 소득세 부과대상이 되는 것임. | 서울고등법원<br>2008누10388<br>(2008. 8. 26) |

# 소규모재건축 사업의 세무실무

## 1. 소규모재건축사업의 의의

### (1) 도입취지

최근 저출산 · 고령화문제 및 경제적 저성장 기조가 지속되고 전국 주택보급률이 100%를 초과함에 따라 다수의 대규모 정비사업이 지연 · 중단되고 있으며 구도심 쇠퇴 등으로 빈집이 지속적으로 증가하고 있는 추세에 있다.

현행 「도시 및 주거환경정비법」은 대규모 정비사업 위주로 주요내용이 구성되어 있고, 가로주택정비사업 등 소규모 정비사업과 관련된 사항이 있으나 사업 활성화를 위한 지원규정은 미흡한 수준이다. 특히 저소득층의 60% 이상이 단독 · 다세대주택에 거주하고 있다는 점에서 소규모주택 정비에 대한 공공의 다각적 지원이 요구되고 있다. 이에 소규모주택정비사업은 고층 아파트 건설위주의 대규모 재개발 · 재건축이 부동산 경기침체, 이해관계자 간의 갈등, 원주민의 재정착 문제 등으로 지연 · 중단됨에 따라 그 대안으로 도입된 것이다.

즉, 빈집의 체계적 정비를 위한 제도적 근거를 마련하고자 빈집 및 소규모주택 정비에 관한 「빈집 및 소규모주택 정비에 관한 특례법」을 새로이 제정하였다. 한편, 현행 「도시 및 주거환경정비법」에서 규정하고 있는 가로주택정비사업 등을 이 법으로 이관하여 사업절차를 간소화하였다. 이는 사업 활성화를 위하여 건축규제완화, 임대주택건설 등의 특례규정과 정비지원기구 지정, 임대관리업무 지원, 기술지원 및 정보제공 등의 지원규정을 신설하려는 것이다.

### (2) 소규모주택정비사업의 종류

#### 1) 자율주택정비사업

노후 · 불량건축물이 밀집된 단독주택 또는 다세대주택 및 연립주택을 소유한 주민들이 주민합의체를 구성하여 스스로 개량 또는 건설하기 위한 사업을 말한다. 노후 · 불량건축물의 수가 전체의 3분의 2 이상이고 단독주택 10호 미만 또는 다세대주택 20세대 미만, 단독 · 다세대 · 연립 합하여 20채 미만의 주민들이 주민합의체를 구성하여 자율주택사업을 시행할 수 있다. 주민합의체란 토지등소유자가 소규모주택정비사업을 시행하기 위하여 토지등소유자 전원의 합의로 결성하는 협의체를 말한다. 사업시행자는 토지등소유자 2명 이상이 주민합의체를 구성하여 시행할 수 있으며 시장 · 군수, 토지주택공사 등, 건설업자, 등록사업자, 신탁업자, 부동산투자회사와 공동으로 시행할 수 있다. 사업진행은 주민합의체 구성, 사업시행인가, 착공, 준공인가 절차를 거치게 된다.

### 2) 가로주택정비사업

노후·불량건축물이 밀집된 가로구역에서 종전의 가로를 유지하면서 소규모로 주거환경을 개선하기 위한 사업을 말한다. 노후·불량건축물의 수가 기존주택이 모두 단독주택인 경우 10호 이상, 기존주택이 모두 「주택법」 제2조 제3호의 공동주택인 경우 20세대 이상, 기존주택이 단독주택과 공동주택으로 구성된 경우 20채(단독주택의 호수와 공동주택의 세대수를 합한 수를 말한다) 이상인 경우 주민합의체 또는 조합을 설립하여 사업을 시행하거나 시장·군수, 토지주택공사 등, 건설업자, 등록사업자, 신탁업자, 부동산투자회사와 공동으로 시행할 수 있다. 가로주택정비사업의 토지등소유자는 조합을 설립하는 경우 토지등소유자의 10분의 8 이상 및 토지면적의 3분의 2 이상의 토지소유자 동의를 받아 시장·군수 등의 인가를 받아야 한다. 이 경우 사업시행구역의 공동주택은 각 동(복리시설의 경우에는 주택단지의 복리시설 전체를 하나의 동으로 본다)별 구분소유자의 과반수 동의(공동주택의 각 동별 구분소유자가 5명 이하인 경우는 제외한다)를, 공동주택 외의 건축물은 해당 건축물이 소재하는 전체 토지면적의 2분의 1 이상의 토지소유자 동의를 받아야 한다. 사업진행은 주민합의체 구성 또는 조합설립, 건축심의, 분양신청, 사업시행계획인가(관리처분계획 포함), 매도청구, 착공, 준공인가 절차를 거치게 된다.

### 3) 소규모재건축사업

노후정비기반시설이 양호한 지역에서 소규모로 공동주택을 재건축하기 위한 사업을 말한다. 소규모재건축사업을 시행하기 위해선 「도시 및 주거환경정비법」 제2조 제7호의 주택단지로서 다음의 요건을 모두 충족한 지역에 해당되어야 한다.

① 해당 사업시행구역의 면적이 1만제곱미터 미만일 것

② 노후·불량건축물의 수가 해당 사업시행구역 전체 건축물 수의 3분의 2 이상일 것

③ 기존주택의 세대수가 200세대 미만일 것

소규모재건축사업은 사업시행계획에 따라 주택, 부대시설·복리시설 및 오피스텔(「건축법」 제2조 제2항에 따른 업무시설 중 오피스텔을 말한다)을 건설하여 공급하는 방법으로 시행한다. 시행의 주체는 주민합의체 또는 조합을 설립하여 사업을 시행하거나 시장·군수, 토지주택공사 등, 건설업자, 등록사업자, 신탁업자, 부동산투자회사와 공동으로 시행할 수 있다. 사업진행은 주민합의체 구성 또는 조합설립, 건축심의, 분양신청, 사업시행계획인가(관리처분계획 포함), 매도청구, 착공, 준공인가 절차를 거치게 된다.

#### 4) 소규모재개발사업

역세권 또는 준공업지역에서 소규모로 주거환경 또는 도시환경을 개선하기 위한 사업을 말한다. 소규모재개발사업은 제29조에 따라 인가받은 사업시행계획에 따라 주택 등 건축물을 건설하여 공급하는 방법으로 시행한다. 소규모재개발사업을 시행하려는 토지등소유자는 사업을 시행하려는 구역(이하 "사업시행예정구역"이라 한다)의 토지등소유자의 4분의 1 이상 동의를 받아 해당 사업시행예정구역의 지정(변경지정을 포함한다)을 시장·군수등에게 제안하여야 한다. 소규모재개발사업의 토지등소유자는 조합을 설립하는 경우 토지등소유자의 10분의 8 이상 및 토지면적의 3분의 2 이상의 토지소유자 동의를 받아 제1항 각 호의 사항을 첨부하여 시장·군수등의 인가를 받아야 한다.

## 2. 소규모 재건축사업의 세무실무

「빈집 및 소규모주택 정비에 관한 특례법」에 따른 정비사업에서는 단계별로 다음과 같은 과세문제가 발생한다. 먼저 공동사업에 현물출자하는 단계에서 양도소득세와 부가가치세, 정비사업 진행과정과 완료단계에서 사업소득세, 양도소득세, 부가가치세 과세문제가 발생한다. 이에 대하여 정비사업 형태별로 과세문제를 살펴보기로 한다.

### (1) 소득세

#### 1) 양도소득세

양도득세가 과세되는 "양도"란 자산에 대한 등기 또는 등록과 관계없이 매도, 교환, 법인에 대한 현물출자 등을 통하여 그 자산을 유상으로 사실상 이전하는 것을 말한다. 다만, 「도시개발법」이나 그 밖의 법률에 따른 환지처분으로 지목 또는 지번이 변경되거나 보류지(保留地)로 충당되는 경우는 양도로 보지 아니한다. 이 법에서 환지처분이란 「도시개발법」에 따른 도시개발사업, 「농어촌정비법」에 따른 농업생산기반 정비사업, 그 밖의 법률에 따라 사업시행자가 사업완료 후에 사업구역 내의 토지 소유자 또는 관계인에게 종전의 토지 또는 건축물 대신에 그 구역 내의 다른 토지 또는 사업시행자에게 처분할 권한이 있는 건축물의 일부와 그 건축물이 있는 토지의 공유지분으로 바꾸어주는 것(사업시행에 따라 분할·합병 또는 교환하는 것을 포함한다)을 말한다. 즉, 개발사업의 사업시행방식 중 환지처분은 종전 토지를 소멸시키고 환지소유권을 부여하는 방식이다. 환지처분에 대하여 양도소득세를 과세하지 아니하는 이유는 종전의 토지가 새로운 토지로 변경된 것에 불과하여 사실상 유상으로 이전된 것이 아니기 때문이다. 또한 토지의 취득시기를 환지전 취득일로 보므로 종전토지의 취득시부터 환지시까지의 양도차익을 과세에서 제외하는 것이 아니라, 결국 토지의 보유기간 전체의 양도차익에 대하여 과세하게 되어 이월과세에 의한 과세이연효과가 발생하게 된다. 2012년 세법개정을 통하여 환지처분의 개념에 입체환지를 포함시켰다. 소득세법상 양도의 개념정의에서 법인에 대한 현물출자는 양도소득세 과세대상임을 명시적으로 규정하고 있으나 공동사업 또는 조합에 대한 현물출자에 대한 명시적인 규정은 두고 있지 않다. 다만, 대법원은 양도에 해당된다고 보고 있으며, 그 논리적 근거는 조합에 현물출자하면 개인재산이 아닌 조합의 합유재산으로 이전되고 조합원은 조합의 권리(지분)를 취득하게 되어 유상양도에 해당된다고 보기 때문이다. 2022년 소득세법을 개정하여 「빈집 및 소규모주택 정비에 관한 특례법」에 따른 소규모주택정비사업에 출자하는 종전부동산에 대해서는 양도에서 제외하였다(소령 166).

**관련법조문**

**◈ 소득세법 제88조【정의】**

9. "조합원입주권"이란 「도시 및 주거환경정비법」 제74조에 따른 관리처분계획의 인가 및 「빈집 및 소규모주택 정비에 관한 특례법」 제29조에 따른 사업시행계획인가로 인하여 취득한 입주자로 선정된 지위를 말한다. 이 경우 「도시 및 주거환경정비법」에 따른 재건축사업 또는 재개발사업, 「빈집 및 소규모주택 정비에 관한 특례법」에 따른 자율주택정비사업, 가로주택정비사업, 소규모재건축사업 또는 소규모재개발사업을 시행하는 정비사업조합의 조합원(같은 법 제22조에 따라 주민합의체를 구성하는 경우에는 같은 법 제2조 제6호의 토지등소유자를 말한다)으로서 취득한 것(그 조합원으로부터 취득한 것을 포함한다)으로 한정하며, 이에 딸린 토지를 포함한다.
10. "분양권"이란 「주택법」 등 대통령령으로 정하는 법률에 따른 주택에 대한 공급계약을 통하여 주택을 공급받는 자로 선정된 지위(해당 지위를 매매 또는 증여 등의 방법으로 취득한 것을 포함한다)를 말한다.

**◈ 소득세법 시행령 제152조의 4【분양권의 범위】**

법 제88조 제10호에서 "「주택법」 등 대통령령으로 정하는 법률"이란 다음 각 호의 법률을 말한다.

1. 「건축물의 분양에 관한 법률」
2. 「공공주택 특별법」
3. 「도시개발법」
4. 「도시 및 주거환경정비법」
5. 「빈집 및 소규모주택 정비에 관한 특례법」
6. 「산업입지 및 개발에 관한 법률」
7. 「주택법」
8. 「택지개발촉진법」

① 자율주택정비사업

자율주택 정비사업은 노후・불량건축물이 밀집된 단독주택 또는 다세대주택 및 연립주택을 소유한 주민들이 주민합의체를 구성하여 스스로 개량 또는 건설하기 위한 사업으로서 주민합의체는 소득세법상 공동사업자이다. 공동사업이란 그 사업이 당사자 전원의 공동의 것으로서, 공동으로 경영되고 따라서 당사자 전원이 그 사업의 성공 여부에 대하여 이해관계를 가지는 사업을 말한다. 「소규모주택정비법」에 따른 자율주택 정비사업 시행자가 사업시행계획서에 관리처분계획을 포함하여 사업시행계획인가를 받고, 공사완료 후 사업시행계획인가에 따라 토지등소유자에게 소유권 이전고시를 한 경우 「소득세법」 제88조 제1호 단서 가목에 따른 환지처분에 해당되어 양도의 범위에서 제외된다(기획재정부 재산세제과-328, 2020. 4. 8). 자율주택정비사업의 구성원이 법인인 경우 양도소득세 과세문제는 발생하지 않으며 기업회계기준에 따라 공동지배기업 지분을 인식한다. 즉, 개인인 구성원은 소득세법을 적용하고, 법인인 구성원은 법인세법을 적용하여 소득금액을 산정하도록 하고 있다.

**관련법조문**

◈ **빈집 및 소규모주택 정비에 관한 특례법 제56조【「도시 및 주거환경정비법」의 준용】**

토지등소유자의 동의방법 등에 관하여는 「도시 및 주거환경정비법」 제27조 및 제36조를, 조합의 법인격・정관・임원 등에 관하여는 같은 법 제38조 및 제40조부터 제46조까지를, 주민대표회의 및 토지등소유자 전체회의 등에 관하여는 같은 법 제47조 및 제48조를, 정비기반시설 기부채납 기준 등에 관하여는 같은 법 제51조를, 용적률 상한 등에 관하여는 같은 법 제54조를, 시장・군수등의 사업시행계획인가 및 사업시행계획서 작성 등에 관하여는 같은 법 제56조 및 제58조를, 소유자 확인이 곤란한 건축물 등에 대한 처분 등에 관하여는 같은 법 제71조를, 재산 또는 권리 평가 등에 관하여는 같은 법 제74조를, 시공보증에 관하여는 같은 법 제82조를, 준공인가 및 공사완료의 절차 및 방법 등에 관하여는 같은 법 제83조 및 제85조를, 소유권을 이전한 경우의 대지 및 건축물에 대한 권리 확정 등에 관하여는 같은 법 제87조를, 청산금의 가격평가 방법 및 절차 등에 관하여는 같은 법 제89조 및 제90조를, 부과금 및 연체료의 부과・징수 등에 관하여는 같은 법 제93조를, 정비기반시설 관리자의 비용부담 및 귀속 등에 관하여는 같은 법 제95조 및 제97조를, 국유・공유 재산 처분 등에 관하여는 같은 법 제98조를, 정비사업전문관리업자에 관하여는 같은 법 제102조부터 제110조까지를, 소규모주택정비사업의 감독 등에 관하여는 같은 법 제111조부터 제113조까지, 제124조 및 제125조를, 조합임원 등에 대한 교육, 토지등소유자의 설명의무 등에 관하여는 같은 법 제115조, 제120조부터 제122조까지를 준용한다.

◈ **도시 및 주거환경정비법 제87조【대지 및 건축물에 대한 권리의 확정】**

① 대지 또는 건축물을 분양받을 자에게 제86조 제2항에 따라 소유권을 이전한 경우 종전의 토지 또는 건축물에 설정된 지상권・전세권・저당권・임차권・가등기담보권・가압류 등

등기된 권리 및 「주택임대차보호법」 제3조 제1항의 요건을 갖춘 임차권은 소유권을 이전받은 대지 또는 건축물에 설정된 것으로 본다.

② 제1항에 따라 취득하는 대지 또는 건축물 중 토지등소유자에게 분양하는 대지 또는 건축물은 「도시개발법」 제40조에 따라 행하여진 환지로 본다.

③ 제79조 제4항에 따른 보류지와 일반에게 분양하는 대지 또는 건축물은 「도시개발법」 제34조에 따른 보류지 또는 체비지로 본다.

② 가로주택 정비사업

노후ㆍ불량건축물이 밀집된 가로구역에서 종전의 가로를 유지하면서 소규모로 주거환경을 개선하기 위한 사업이다. 정비사업을 위하여 주민합의체로 공동사업을 구성하거나 법인격이 부여된 조합에 현물출자하는 경우 자율주택 정비사업과 동일한 과세문제가 발생한다.

③ 소규모재건축사업

노후정비기반시설이 양호한 지역에서 소규모로 공동주택을 재건축하기 위한 사업을 말한다. 소득세법 시행령 제166조 제1항부터 제6항까지의 규정을 보면 소규모재건축사업의 양도차익의 산정에서 재개발사업, 재건축사업과 동일하게 관리처분인가 전 양도차익(종전부동산)과 관리처분인가 후의 양도차익(종후부동산)을 구분하여 양도차익을 산정하도록 하고 있어 종전부동산을 조합에 현물출자하는 것은 양도소득세 과세대상이 아닌 것을 명시적으로 규정하고 있다. 즉, 도시정비법에 따른 재건축, 재개발사업과 동일하게 환지로 취급함을 알 수 있다.

### 2) 사업소득세

① 국세기본법에 대한 특례규정

공유물, 공동사업 또는 그 공동사업에 속하는 재산에 관계되는 국세ㆍ가산금과 체납처분비는 공유자 또는 공동사업자가 연대하여 납부할 의무를 진다. 그러나 사업소득이 발생하는 사업을 공동으로 경영하는 경우 국세기본법의 규정에도 불구하고 소득세법을 우선 적용한다. 따라서 소득세법상 공동사업은 원칙적으로 분배된 소득금액에 대하여 각각 개인별 납세의무를 지며 연대납세의무를 지지 않는다.

② 공동사업장의 소득금액계산 특례

사업소득이 발생하는 사업을 공동으로 경영하고 그 손익을 분배하는 공동사업(경영에 참여하지 아니하고 출자만 하는 출자공동사업자가 있는 공동사업을 포함한다)의 경우에는 해당 공동사업장을 1거주자로 보아 공동사업장별로 그 소득금액을 계산한다. 여기서 출자공동사업자란 (ⅰ) 공동사업에 성명 또는 상호를 사용하게 한 자 (ⅱ) 공동사업에서 발생한 채무에 대하여 무한책임을 부담하기로 약정한 자 중 어느 하나에 해당하지 아니하는 자로서 공동사업의 경영에 참여하지 아니하고 출자만 하는 자를 말한다.

공동사업에서 발생한 소득금액은 해당 공동사업을 경영하는 각 거주자(출자공동사업자를 포함한다) 간에 약정된 손익분배비율(약정된 손익분배비율이 없는 경우에는 지분비율을 말한다)에 의하여 분배되었거나 분배될 소득금액에 따라 각 공동사업자별로 분배한다. 여기서 '분배되었거나 분배될 소득금액'이란 그 손익분배비율에 따라 현실적으로 분배(distribution)받은 소득금액뿐만 아니라 아직 분배받지 못하였으나 그 손익분배비율에 따라 분배받을 수 있는 배분(allocation)된 소득금액을 의미한다.

소득세법은 소득금액을 개인별로 산정하는 것이 원칙인데 공동사업장에 대한 소득금액의 계산특례는 이에 대한 예외규정으로 기장 등 납세편의를 위하여 둔 규정이다. 공동사업장을 1거주자로 의제하므로 기장의무, 접대비 또는 기부금 및 감가상각비 한도액 계산 등 소득금액 계산의 기준은 공동사업장 단위로 산정하게 된다. 또한, 공동사업장에서 발생한 결손금은 각 공동사업자별로 배분되어 공동사업자 각각의 다른 종합소득금액과 통산하여 과세표준을 산정한다. 해당 과세기간의 소득금액에서 공제받지 못한 결손금은 각각의 공동사업자별로 이월되어 공제받게 되기 때문에 공동사업장의 이월결손금은 존재할 수 없다.

소규모주택정비법에 따른 자율주택정비사업과 가로주택정비사업에서 법인에 해당되지 않는 주민합의체는 공동사업으로 보아 소득세법상 조합원이 각각 소득세의 납세의무를 부담한다.

### (2) 법인세

소규모주택정비법에 따라 법인격이 부여된 정비사업조합은 법인세의 납세의무를 진다. 법인은 법적실체를 갖추고 설립등기를 하지만, 법인격이 없는 사단·재단 기타단체라 하더라도 국세기본법 제13조에서 법인으로 보는 단체는 이를 비영리법인으로 보아 법인세법을 적용한다. 법인은 영리목적의 유무에 따라 영리법인과 비영리법인으로 구분하는 데 여기서 '비영리'라 함은 단순히 이윤추구를 목적으로 하는 사업을 영위하지 않는다는 의미가 아니라, 사업에서 발생한 이익을 구성원에게 분배하지 않고 고유목적에 사용하여야 한다는 것을 의미한다. 비영리법인은 수익사업에 한하여 법인세의 납세의무를 진다.

#### 1) 정비사업조합의 과세소득의 범위

「도시 및 주거환경정비법」 제35조 및 「빈집 및 소규모주택 정비에 관한 특례법」 제23조에 따라 설립된 조합에 따라 설립된 조합(전환정비사업조합을 포함하며, 이하 "정비사업조합"이라 한다)에 대해서는 「법인세법」 제2조에도 불구하고 비영리내국법인으로 보아 「법인세법」(같은 법 제29조는 제외한다)을 적용한다. 또한, 법 제104조의 7 제2항을 적용할 때 정비사업조합이 「도시 및 주거환경정비법」에 따라 해당 정비사업에 관한 관리처분계획에 따라 조합원에게 종전의 토지를 대신하여 토지 및 건축물을 공급하는 사업은 「법인세법」 제4조 제3항에 따른 수익사업이 아닌 것으로 본다. 따라서 정비사업조합은 수익사업에 속하는 조합원 분양수입을 제외한 일반분양수입 등에 대해서만 법인세의 납세의무를 진다. 여기에서 '관리처분계획에 따라 조합원에게 종전의 토지를 대신하여 토지 및 건축물을 공급'하는 사업의 의미에 조합이 부담하는 추가부담금이 수익사업에 포함되느냐에 대한 논란이 있다. 대법원은 조합원이 현물출자한 가액을 초과하는 토지와 건물을 공급받고 그 차액에 해당하는 청산금을 조합에 지급하는 것은 추가적인 출자의 납입이라는 논거로 수익사업에 해당되지 않는다고 판시하였다(대법원 2018. 12. 6 선고, 2018두54040 판결). 뿐만 아니라, 조합은 토지등소유자들을 구성원으로 하는 법인인 단체로서, 법인세법에서 말하는 익금은 법인의 순자산을 증가시키는 '거래'를 전제로 하는 것인데, 조합과 그 조합원들 사이에 현물출자 이외에 어떠한 별도의 '거래'가 있다고 보기도 어렵고, 법인세법 시행령에 의하더라도 청산금을 익금의 범위에 포함시킬 근거가 될 만한 규정을 찾을 수 없다고 판단하였다.

### (3) 부가가치세

「도시 및 주거환경정비법」, 「공익사업을 위한 토지 등의 취득 및 보상에 관한 법률」 등에 따른 수용절차에서 수용대상 재화의 소유자가 수용된 재화에 대한 대가를 받는 경우에는 재화의 공급으로 보지 아니한다. 정비사업조합이 「도시 및 주거환경정비법」 또는 「빈집 및 소규모주택 정비에 관한 특례법」에 따라 해당 정비사업에 관한 공사를 마친 후에 그 관리처분계획에 따라 조합원에게 공급하는 것으로서 종전의 토지를 대신하여 공급하는 토지 및 건축물(해당 정비사업의 시행으로 건설된 것만 해당한다. 이하 같다)은 「부가가치세법」 제9조 및 제10조에 따른 재화의 공급으로 보지 아니한다.

## Ⅷ 서울특별시 정비사업 조합 등 표준 예산 · 회계규정

### 1. 규정의 목적

「도시 및 주거환경정비법」에 따라 시행되는 정비사업 추진위원회 · 조합 등 운영과정에서 낭비적 자금처리 요인을 제거하고 효율적인 자금통제 장치를 마련하기 위하여 예산 및 회계업무처리에 대한 기본원칙과 작성기준을 정함으로써 투명하고 공정한 정비사업 추진에 이바지함을 목적으로 한다.

### 2. 적용기준 및 작성의 기본원칙

#### (1) 적용기준

이 규정은 「서울특별시 도시 및 주거환경정비조례」 제83조 제1항에 따라 추진위원회 · 조합이 예산 · 회계처리에 관한 운영규정을 정함에 있어 관련법령 · 세법, 클린업시스템, 기업회계기준 등을 종합적으로 검토하고 실정에 맞게 작성한 최소 기준으로서 다른 규정에 우선하여 적용함을 원칙으로 한다.

#### (2) 기본원칙

추진위원회 · 조합은 투명하고 공정한 정비사업 예산 · 회계 업무를 위해서 아래 각호의 원칙에 따라 처리해야 한다.

① [자금차입의 원칙] 조합 등은 「도시 및 주거환경정비법」 및 하위규정에서 정한 적법한 절차와 방법에 따라야 하며, 사전 총회승인을 통해 차입대상, 금액, 이자, 상환시기 등 구체적인 사항까지 정해야 한다.

② [자금관리의 원칙] 조합장 또는 추진위원장은 주민들의 정비사업 업무를 대표하는 책임자로서 조합 등 예산회계업무에 관한 책임감을 갖고 공정하게 성실한 자세로 엄정하게 자금을 관리하여야 한다.

③ [예산통제의 원칙] 정비사업비는 예산목적에 맞게 편성 및 집행되어야 하고, 예산지출에 따른 실적비교, 차이에 따른 개선조치 등 예산의 효율적인 집행을 위한 예산의 통제활동을 하여야 한다.

④ [예산결산보고 원칙] 모든 수입과 지출은 사전에 예산으로 정하고, 집행 후에는 모든 거래에 대한 객관적인 자료와 근거에 따라 적기에 결산보고가 이루어져야 한다.

⑤ [정보공개의 원칙] 조합 등의 정비사업비 사용 내역을 정비사업비와 관련하여 예산·지출내역·결산 등 조합원 등의 알권리를 충족시키기 위하여 관련법령 등에서 정한 절차와 방법에 따라 투명하게 공개하여야 한다.

⑥ [자금운용의 원칙] 조합장 등은 주민들의 권익을 보호하고 정비사업 목적달성을 위하여 관련법과 규정을 준수하고 최소의 비용으로 최대의 효과를 창출되도록 노력해야 한다.

## 3. 재무제표 등 서식

### (1) 자금수지계산서

제 ×(당) 기 20××년 ×월 ×일부터 20××년 ×월 ×일까지
제 ×(전) 기 20××년 ×월 ×일부터 20××년 ×월 ×일까지

조합(추진위원회)명 : (단위 : 원)

| 과 목 | | 제 ×(당) 기 | | 제 ×(전) 기 | |
|---|---|---|---|---|---|
| | | 금 | 액 | 금 | 액 |
| Ⅰ. | **수입총계**(1+2+3) | | ××× | | ××× |
| 1. | **분양금 수입** | | ××× | | ××× |
| (1) | 조합원분양금수입 | ××× | | ××× | |
| (2) | 일반분양금수입 | ××× | | ××× | |
| (3) | …… | ××× | | ××× | |
| 2. | **차입금 수입** | | ××× | | ××× |
| (1) | 시공회사차입금 | ××× | | ××× | |
| (2) | 서울시차입금 | ××× | | ××× | |
| (3) | …… | ××× | | ××× | |
| 3. | **기타수입** | | ××× | | ××× |
| (1) | 이자수입 | ××× | | ××× | |
| (2) | 제세환급금 | ××× | | ××× | |
| (3) | 대여금회수 | ××× | | ××× | |
| (4) | …… | ××× | | ××× | |
| Ⅱ. | **지출총계**(1+2+3+4) | | ××× | | ××× |
| 1. | **사업비** | | ××× | | ××× |
| (1) | 시공사공사비 | ××× | | ××× | |
| (2) | 설계용역비 | ××× | | ××× | |
| (3) | 정비사업전문관리용역비 | ××× | | ××× | |
| (4) | …… | ××× | | ××× | |
| 2. | **조합운영비** | | ××× | | ××× |
| (1) | 급여 | ××× | | ××× | |
| (2) | 상여금 | ××× | | ××× | |
| (3) | 퇴직급여 | ××× | | ××× | |
| (4) | 복리후생비 | ××× | | ××× | |
| (5) | 통신비 | ××× | | ××× | |
| (6) | …… | ××× | | ××× | |
| 3. | **차입금상환** | | ××× | | ××× |
| (1) | 사업비차입금 | ××× | | ××× | |
| 4. | **기타지출** | | ××× | | ××× |
| (1) | 국공유지대여금 | ××× | | ××× | |
| (2) | 임차보증금지급 | ××× | | ××× | |
| (3) | …… | ××× | | ××× | |
| Ⅲ. | **수지차액**(Ⅰ-Ⅱ) | | ××× | | ××× |
| Ⅳ. | **기초현금과 예금** | | ××× | | ××× |
| Ⅴ. | **기말현금과예금**(Ⅲ+Ⅳ) | | ××× | | ××× |

[별지 제2호 서식]

## (2) 재무상태표

제 ×(당) 기 20××년 ×월 ×일 현재
제 ×(전) 기 20××년 ×월 ×일 현재

조합(추진위원회)명 : (단위 : 원)

| | 과 목 | 제 ×(당) 기 금 액 | | 제 ×(전) 기 금 액 | |
|---|---|---|---|---|---|
| | 자 산 | | | | |
| Ⅰ. | **유동자산** | | ××× | | ××× |
| (1) | 당좌자산 | | ××× | | ××× |
| 1. | 현금및현금성자산 | ××× | | | |
| 2. | 미수금 | ××× | | | |
| 3. | …… | ××× | | | |
| (2) | 재고자산 | | ××× | | ××× |
| 1. | 건설용지 | ××× | | ××× | |
| 2. | 미완성건물 | ××× | | ××× | |
| 3. | …… | ××× | | ××× | |
| Ⅱ. | **비유동자산** | | ××× | | ××× |
| (1) | 투자자산 | | ××× | | ××× |
| 1. | 퇴직예치금 | ××× | | ××× | |
| (2) | 유형자산 | | ××× | | ××× |
| 1. | 집기비품 | ××× | | ××× | |
| | 감가상각누계액 | ××× | | ××× | |
| (3) | 기타자산 | | ××× | | ××× |
| 1. | 임차보증금 | ××× | | ××× | |
| | …… | ××× | | ××× | |
| | **자산총계** | | ××× | | ××× |
| | **부 채** | | | | |
| Ⅰ. | **유동부채** | | ××× | | ××× |
| 1. | 미지급금 | ××× | | ××× | |
| 2. | 분양선수금 | ××× | | ××× | |
| 3. | 예수금 | ××× | | ××× | |
| 4. | …… | ××× | | ××× | |
| Ⅱ. | **비유동부채** | | ××× | | ××× |
| 1. | 사업비차입금 | ××× | | ××× | |
| 2. | 운영비차입금 | ××× | | ××× | |
| 3. | 퇴직급여충당금부채 | ××× | | ××× | |
| 4. | …… | ××× | | ××× | |
| | **부채총계** | | ××× | | ××× |
| | **자 본** | | | | |
| Ⅰ. | **출자금** | | ××× | | ××× |
| 1. | …… | ××× | | ××× | |
| Ⅱ. | **운영차액누계액** | | ××× | | ××× |
| 1. | 전기이월운영차액 | ××× | | ××× | |
| 2. | 당기운영차액 | ××× | | ××× | |
| | **자본총계** | | ××× | | ××× |
| | **부채와자본 총계** | | ××× | | ××× |

[별지 제3호 서식]

## 운 영 계 산 서

제 ×(당) 기 20××년 ×월 ×일부터 20××년 ×월 ×일까지
제 ×(전) 기 20××년 ×월 ×일부터 20××년 ×월 ×일까지

조합(추진위원회)명: (단위 : 원)

| 과 목 | | 제 ×(당) 기 | | 제 ×(전) 기 | |
|---|---|---|---|---|---|
| | | 금 액 | | 금 액 | |
| 수 익 | | | | | |
| 1. | **분양금수익** | | ××× | | ××× |
| (1) | 조합원분양금수익 | ××× | | ××× | |
| (2) | 일반분양금수익 | ××× | | ××× | |
| (3) | …… | ××× | | ××× | |
| 2. | **정비사업외수익** | | ××× | | ××× |
| (1) | 이자수익 | ××× | | ××× | |
| (2) | 잡수익 | ××× | | ××× | |
| (3) | …… | ××× | | ××× | |
| **수 익 총 계** | | | ××× | | ××× |
| 비 용 | | | | | |
| 1. | **분양원가** | | ××× | | ××× |
| (1) | 기초완성건물재고액 | ××× | | ××× | |
| (2) | 당기공사원가 | ××× | | ××× | |
| (3) | 타계정으로대체 | (×××) | | (×××) | |
| (4) | 타계정에서대체 | ××× | | ××× | |
| (5) | 기말완성건물재고액 | (×××) | | (×××) | |
| 2. | **조합운영비** | | ××× | | ××× |
| (1) | 직원급여 | ××× | | ××× | |
| (2) | 상여금 | ××× | | ××× | |
| (3) | 퇴직급여 | ××× | | ××× | |
| (4) | 복리후생비 | ××× | | ××× | |
| (5) | 통신비 | ××× | | ××× | |
| (6) | …… | ××× | | ××× | |
| 3. | **정비사업외비용** | | ××× | | ××× |
| (1) | 잡손실 | ××× | | ××× | |
| (2) | …… | ××× | | ××× | |
| **비 용 총 계** | | | ××× | | ××× |
| **당기운영차액** | | | ××× | | ××× |

[별지 제4호 서식]

## 공 사 원 가 명 세 서

제 ×(당) 기 20××년 ×월 ×일부터 20××년 ×월 ×일까지
제 ×(전) 기 20××년 ×월 ×일부터 20××년 ×월 ×일까지

조합(추진위원회)명 : (단위 : 원)

| 과 목 | | 제 ×(당) 기 | | 제 ×(전) 기 | |
|---|---|---|---|---|---|
| | | 금 | 액 | 금 | 액 |
| Ⅰ. | **건설용지** | | ××× | | ××× |
| (1) | 기초용지재고액 | ××× | | ××× | |
| (2) | 당기용지매입액 | ××× | | ××× | |
| (3) | 기말용지재고액 | (×××) | | (×××) | |
| Ⅱ. | **경 비** | | ××× | | ××× |
| 1. | **사 업 비** | | ××× | | ××× |
| (1) | 시공사공사비 | ××× | | ××× | |
| (2) | 설계용역비 | ××× | | ××× | |
| (3) | 정비사업전문관리용역비 | ××× | | ××× | |
| (4) | …… | ××× | | ××× | |
| 2. | **조합운영비** | | ××× | | ××× |
| (1) | 직원급여 | ××× | | ××× | |
| (2) | 상여금 | ××× | | ××× | |
| (3) | 퇴직급여 | ××× | | ××× | |
| (4) | 복리후생비 | ××× | | ××× | |
| (5) | 통신비 | ××× | | ××× | |
| (6) | …… | ××× | | ××× | |
| Ⅲ. | **당기총공사원가** | | ××× | | ××× |
| Ⅳ. | **기초미완성건물** | | ××× | | ××× |
| Ⅴ. | **합계** | | ××× | | ××× |
| Ⅵ. | **타계정에서대체** | | ××× | | ××× |
| Ⅶ. | **기말미완성건물** | | (×××) | | (×××) |
| Ⅷ. | **당기공사원가** | | ××× | | ××× |

## 제 5 절 부동산임대업[60)]

## 개 요

부동산임대소득은 토지나 건물 및 부동산상의 권리를 대여한 소득을 과세대상으로 하여 소득세 또는 법인세가 과세되며, 부가가치세법상 용역의 공급에 해당되어 부가가치세가 과세된다. 다만, 주택임대소득에는 주거안정을 위하여 부가가치세를 면제하고 있다. 부동산임대소득은 이자소득, 배당소득과 더불어 자산소득에 해당되어 중과세하는 경향이 있다. 임대소득은 임차인과 임대차계약에 의하여 채권, 채무관계가 성립된다. 사업자가 부동산임대업을 영위하기 위하여 토지와 건물을 일괄로 취득하면 취득원가를 토지와 건물로 안분하여야 한다. 이 경우 취득원가는 매매계약서상에 토지와 건축물의 가액을 당사자 간의 합의에 의하여 구분표시되고 그 금액이 합당하다고 인정되면 그 금액을 실지거래가액으로 하여 건물가액과 토지가액을 산정하면 된다. 감정가액 등 공정시가가 있으면 그 가액을, 감정가액이 없으면 기준시가에 의하여 안분한다. 취득시점에서 건물은 감가상각자산으로 건물가액이 클수록 감가상각비로 비용처리가 많이 되지만 추후 양도시에 감가상각비만큼 취득원가가 줄어들어 양도소득세의 부담이 늘어나게 된다. 따라서 토지 · 건물가액의 결정을 정확히 하여야 하며 건물에 대해서는 재화의 공급에 해당되어 부가가치세가 과세된다.

## Ⅱ 부동산임대업의 회계실무

### 1. 취득원가의 산정

#### (1) 부동산을 매입하는 경우

임대업에 사용하기 위하여 부동산을 취득하면서 토지와 건물의 가액이 매매계약서 등에 구분된 때에는 그 금액에 취득세 등 부대비용을 가산하여 취득원가를 산정한다. 이 경우 부대비용(취득세 등)은 토지와 건물의 취득가액기준으로 안분계산한다.

토지와 건물을 일괄 구입하는 경우에는 공정가액(감정가액 또는 기준시가)으로 안분계산한다.

60) 2010. 1. 1 이후 발생하는 소득분부터 부동산임대소득을 사업소득에 편입하였다. 그러나 부동산임대소득에 대하여는 구분경리하고, 소득금액의 계산방법, 결손금 및 이월결손금 공제방법, 각종 공제 등 사업소득과 달리 적용하지만 다자녀 추가공제는 허용하였다.

 핵심체크

임대부동산을 취득하여 임대업을 영위하는 경우 건물분에 대한 부가가치세 환급문제가 발생한다. 이 경우 공급시기가 중요하며, 부동산의 공급시기는 이용가능하게 되는 때, 즉 소유권이전등기일(잔금청산일)이다. 따라서 계약금, 중도금, 잔금을 받기로 한 때에도 원칙적으로 이용가능하게 되는 때를 공급시기로 하여 세금계산서를 발급받아야 하며 그 이전에 발급받는 경우에는 사실과 다른 세금계산서에 해당될 수 있다. 다만, 공급시기 이전에 대가를 지급한 부분에 한해서 그 때에 미리 세금계산서를 발급받는 것은 가능하다. 또한 중간지급조건부에 해당되는 경우에는 대가의 지급 여부에 관계없이 대가를 지급하기로 약정한 때에 세금계산서를 발급받으면 된다. 한편 건설업자가 명의상 사업자(건설업 면허대여)일 경우 이로부터 세금계산서를 수취한 경우 명의위장자로 판명이 나면 매입세액공제를 받지 못하는 불이익을 당하게 되므로 실사업자 유무를 확인하여야 한다.

**사례** **임대용부동산의 취득과 공급시기**

부동산임대업을 영위하기 위하여 다음과 같이 부동산을 취득할 경우 세금계산서 발행시기는?

- 계약금 : 20×1. 1. 10 200,000,000원
- 중도금 : 20×1. 2. 10 400,000,000원
- 잔금 : 20×1. 3. 10 400,000,000원

(1) 원칙적인 부동산 공급시기 : 20×1. 3. 10

(2) 잔금 전에 대출을 받기 위하여 소유권이전등기를 한 경우 : 소유권이전등기일

(3) 잔금 전에 입주한 경우 : 입주일(사용수익일)

(4) 계약금과 중도금을 약정일자에 받은 경우 : 약정일에 대가를 받았으므로 받은 부분에 한하여 선발행하면 그 때를 공급시기로 한다.

### (2) 상속받은 부동산의 취득원가 산정

상속으로 부동산을 무상 취득하는 경우에 취득가액을 어떻게 결정할 것인가가 문제이다. 기업회계는 유형자산을 무상 또는 공정가액보다 낮은 대가로 취득한 경우 그 유형자산의 취득원가는 취득일의 공정가액으로 하도록 하고 있다. 한편, 법인세법 및 소득세법에서는 법인이 교환·증여에 의해 자산을 취득하는 경우, 자산의 취득가액은 「법인세법 시행령」 제72조 제1항 제5호의 규정에 의하여 취득당시의 시가로 하는 것이며, 이 경우 시가는 감정가액 또는 상속세 및 증여세법상 평가액으로 하도록 하고 있다(서면2팀-1909, 2005. 11. 24).

① 부동산매매업자로부터 상가를 상속받아 분양하는 경우 부동산매매업의 상가취득원가는 상속세 과세가액으로 하는 것이다(재삼 46014-343, 1995. 2. 13).

② 거주자가 상속받은 토지를 사업용고정자산으로 사용하는 경우 토지의 취득가액은 상속세 과세가액이다(소득 46011-1694, 1997. 6. 23).

③ 거주자가 상속받은 건물에 대하여 자본적 지출에 해당하는 수선을 하고 부동산임대사업에 사용하는 경우 당해 건물에 대한 감가상각 계산의 기초가액은 당해 **건물의 상속개시일 현재의 「소득세법 시행령」 제89조 제1항 제3호에 따른 금액(시가)**에 자본적 지출에 상당하는 금액의 합계액으로 하는 것이다. 또한, 이 경우 내용연수는 「소득세법 시행령」 제63조 및 같은 법 시행규칙 제32조의 규정을 적용하는 것이다(소득세과-3749, 2008. 10. 15.)

④ 모와 자가 공동사업을 하던 중 母가 사망하여 단독사업을 하는 경우 기존 장부가액을 그대로 적용한다(법령해석-0764. 2016. 12. 23.). 즉, 부동산임대업을 모와 자가 공동으로 운영하다가 모의 사망으로 상속이 되어 단독사업으로 사업자등록을 정정하는 경우에도 당초의 취득가액을 그대로 승계하여 감가상각 등을 하여야 한다.

### 소득세 집행기준 2의2-0-2 피상속인의 소득금액에 대한 납세의무 등

① 납세의무자의 사망으로 상속이 개시된 경우 피상속인의 소득세는 상속인이 승계하여 상속으로 인하여 얻는 재산을 한도로 납세의무를 지며 피상속인의 소득세와 상속인의 소득세는 구분하여 계산한다.

② 상속인이 2인 이상인 경우 피상속인의 소득세는 각 상속인이 상속지분에 따라 안분계산하여 상속으로 인하여 얻은 재산을 한도로 연대하여 납세의무를 부담하며 각 상속인은 상속인 대표자를 선정하여 신고해야 한다.

③ 대표자 인정상여(귀속이 불분명하여 대표자에게 귀속된 것으로 보는 상여)로 처분된 것으로 「소득세법 시행령」 제192조에 의한 소득금액변동통지서를 받기 전에 그 대표자가 사망한 경우에는 이에 대한 소득세를 과세하지 아니한다.

### 관련법조문

◈ **소득세법 제74조 【과세표준확정신고의 특례】**

① 거주자가 사망한 경우 그 상속인은 그 상속 개시일이 속하는 달의 말일부터 6개월이 되는 날(이 기간 중 상속인이 출국하는 경우에는 출국일 전날)까지 사망일이 속하는 과세기간에 대한 그 거주자의 과세표준을 대통령령으로 정하는 바에 따라 신고하여야 한다. 다만, 제44조 제2항에 따라 상속인이 승계한 연금계좌의 소득금액에 대해서는 그러하지 아니하다.

② 1월 1일과 5월 31일 사이에 사망한 거주자가 사망일이 속하는 과세기간의 직전 과세기간에 대한 과세표준확정신고를 하지 아니한 경우에는 제1항을 준용한다.

③ 제1항과 제2항은 해당 상속인이 과세표준확정신고를 정해진 기간에 하지 아니하고 사망한

경우에 준용한다.

◈ **소득세법 제44조【상속의 경우의 소득금액의 구분 계산】**

① 피상속인의 소득금액에 대한 소득세로서 상속인에게 과세할 것과 상속인의 소득금액에 대한 소득세는 구분하여 계산하여야 한다.

◈ **국세기본법 제24조【상속으로 인한 납세의무의 승계】**

① 상속이 개시된 때에 그 상속인[「민법」 제1000조, 제1001조, 제1003조 및 제1004조에 따른 상속인을 말하고, 「상속세 및 증여세법」 제2조 제5호에 따른 수유자(受遺者)를 포함한다. 이하 이 조에서 같다] 또는 「민법」 제1053조에 규정된 상속재산관리인은 피상속인에게 부과되거나 그 피상속인이 납부할 국세 및 강제징수비를 상속으로 받은 재산의 한도에서 납부할 의무를 진다.

**사례** **부동산 취득과 국·공채매입의 회계처리**

T&C 상사는 임대용건물을 취득하는 과정에서 국·공채를 매입하여 할인하였다.

- 국·공채(지역개발채권) 매입계산서 내역

매입금액 1,000,000　매도금액 750,000　선급이자 20,000　소득세 2,800　지방소득세 280
수수료 10,000　고객부담금 243,080

① 취득원가로 가산하는 방법

| | | | |
|---|---|---|---|
| (차) 매도가능증권 | 1,000,000 | (대) 보통예금 | 1,000,000 |
| (차) 보통예금 | 756,920 | (대) 매도가능증권 | 1,000,000 |
| 선급법인세 등 | 3,080 | 이자수익 | 20,000 |
| 건 물 | 260,000 | | |

② 당기비용으로 처리하는 방법

| | | | |
|---|---|---|---|
| (차) 매도가능증권 | 1,000,000 | (대) 보통예금 | 1,000,000 |
| (차) 보통예금 | 756,920 | (대) 매도가능증권 | 1,000,000 |
| 선급법인세 등 | 3,080 | 이자수익 | 20,000 |
| 지급수수료 | 10,000 | | |
| 매도가능증권처분손실 | 250,000 | | |

※ 기업회계기준에서는 부동산구입시 필수적으로 발생하는 채권매각차손을 취득가액에 가산하도록 하고 있으나 법인세법에서는 당기비용 또는 취득원가 모두 인정하고 있다.

### (3) 부동산을 신축하는 경우

부동산임대업을 영위하기 위하여 토지를 구입하여 건물을 신축하는 경우에는 토지의 취득가액과 건물을 신축하기 위하여 소요된 모든 공사원가를 취득원가로 처리한다. 다만, 구건물을 취득하여 즉시 철거하고 새로운 건물을 신축하는 경우 구건물 취득가액과 철거비용, 부가가치세 등은 토지의 취득가액에 포함한다.

**참 고 공통매입세액의 안분계산**

부동산임대업을 영위하기 위하여 토지를 신축한 후 건설회사에 건물을 신축하기 위하여 도급을 주는 경우가 있다. 이 경우에 관련매입세액에 대한 검토가 필요하다. 만일 신축 후 건물전체를 임대업 등 과세사업에 사용한다면 매입세액을 전부 공제받으면 되지만 예를 들어 일부를 출판업을 영위하기 위하여 자가사용하는 경우에 건축관련 매입세액은 공통매입세액에 해당된다. 이에 따른 공통매입세액의 안분계산은 예정사용면적비율에 따라 안분하고 과세사업과 면세사업의 사용면적이 확정되는 과세기간에 대한 납부세액의 확정신고시에 정산하면 된다(소비46015-335, 1996. 12. 2). 이 경우 가산세는 적용대상이 아니다.

**사례 임대목적 부동산 취득가액의 안분방법**

(주) 민지개발은 임대목적으로 부동산을 취득하고 대금을 현금으로 지급하였다. 지급내역은 다음과 같을 때 회계처리를 하면?

① 지출내역
- 매매계약서상 부동산 취득가액 : 1,000,000,000
- 취득세 : 46,000,000
- 중개수수료 : 5,000,000

② 기준시가
- 토지 개별공시지가 : 400,000,000
- 건물 국세청기준시가 : 300,000,000

③ 안분계산
- 토지 : 1,051,000,000 × (4억/7억) = 600,571,429
- 건물 : 1,051,000,000 × (3억/7억) = 450,428,571

④ 회계처리

| | | | |
|---|---|---|---|
| (차) 토지 | 600,571,429 | (대) 현금 및 현금성자산 | 1,000,000,000 |
| 건물 | 450,428,571 | | |

### (4) 건설자금이자의 자본화

필요경비에 불산입하는(토지 및 건물의 취득원가에 산입) **"건설자금에 충당한 금액의 이자"**란 그 명목 여하에 불구하고 해당 **사업용 고정자산의 매입·제작·건설에 소요된 차입금**에 대한 지급이자 또는 이와 유사한 성질의 지출금을 말한다(소령 75 ①). 지급이자 또는 지출금은 건설이 준공된 날까지(토지를 매입한 경우에는 그 대금을 완불한 날까지로 하되, 대금을 완불하기 전에 당해 토지를 사업에 제공한 경우에는 그 제공한 날까지로 한다) 이를 자본적지출로 하여 그 원본에 가산한다. 다만 차입금의 일시예금에서 생기는 수입이자는 원본에 가산하는 자본적지출금액에서 이를 차감한다. 건설자금의 명목으로 차입한 것으로서 그 건설이 준공된 후에 남은 차입금에 대한 이자는 각 과세기간의 필요경비로 한다. 부동산임대업을 영위하는 공동사업자가 금융기관 차입금으로 임대건물을 신축한 경우 준공시까지의 지급이자는 건물가액에 가산하고 준공된 날 이후의 지급이자는 필요경비에 산입하는 것이다(서면1팀-1170, 2005. 10. 4).

**사례** **건설자금이자의 계산**

부동산업을 영위하는 이승학은 토지를 취득하여 사업용 건물을 건축하여 부동산임대업을 하고 있으며 자기자본의 부족으로 다음과 같이 하나은행에서 차입하여 이자비용이 지출되었다. 이 경우 20×1년 이자비용 지출 내역은 다음과 같을 때 이자비용에 대한 회계처리를 하면?

| 구 분 | 계약일<br>(착공일) | 잔금일<br>(준공일) | 취득일까지<br>지출 이자비용 | 취득 후 지출<br>이자비용 |
|---|---|---|---|---|
| 토 지 | 20×1. 1. 20 | 20×1. 5. 20 | 10,000,000 | 13,000,000 |
| 건 물 | 20×1. 6. 20 | 20×1. 12. 20 | 12,000,000 | 1,000,000 |

| | | | | |
|---|---|---|---|---|
| (차) | 토지 | 10,000,000 | (대) 현금 및 현금성자산 | 36,000,000 |
| | 건물 | 12,000,000 | | |
| | 이자비용 | 14,000,000 | | |

특히, 주의할 점은 부동산임대업을 영위하기 위하여 취득완료시(잔금청산일, 사용승인일)까지 지출한 이자비용을 종합소득세 계산시 필요경비 불산입하여 자본화하여야 한다는 점이다. 그 이후에 지출된 이자비용은 종합소득세 계산시 필요경비에 산입한다.

### 소득세 집행기준 27-55-20 사업용자산을 취득하기 위한 차입금이자의 처리

① 사업용 고정자산의 취득에 직접 사용된 차입금에 대한 지급이자는 해당 사업용 고정자산의 취득일까지는 이를 자본적 지출로 하여 고정자산의 취득가액에 산입하는 것이며, 취득일 이후 발생된 이자는 필요경비에 산입할 수 있다.

② 재고자산에 해당하는 토지의 매입·개발에 소요된 차입금에 대한 지급이자는 해당연도의 필요경비에 산입한다.

③ 사업자가 원자재의 구입을 위하여 금융지원을 받았을 경우에 그 자금에 대한 지급이자는 해당 과세기간의 필요경비로 본다. 다만, 「소득세법 시행령」 제89조 제2항 제2호에 따른 연지급수입의 경우에 취득가액과 구분하여 지급이자로 계상한 금액을 제외하고 D/A수입자재에 대한 이자 및 유산스이자는 해당 수입자재의 매입부대비로 한다.

④ 사업을 포괄적으로 양수하는 과정에서 자산매입대가의 일부 또는 전부를 양도자의 부채를 인수하는 경우 인수일 이후에 발생된 지급이자는 각 과세기간의 필요경비로 한다.

⑤ 사업용 자산의 취득과 관련하여 금융기관으로부터 대출받은 차입금을 상환하기 위하여 새로운 차입금을 차입하여 이를 기존차입금의 상환에 사용한 경우에는 새로운 차입금에 대한 지급이자는 필요경비에 산입할 수 있다.

**판례** **건설자금이자의 양도차익산정시 필요경비 공제 여부**(조심 2023서6895, 2023. 9. 7.)

「소득세법」 제97조 제1항은 양도차익을 계산할 때 양도가액에서 공제할 필요경비를 '취득가액(제1호)', '자본적 지출액 등으로서 대통령령으로 정하는 것(제2호)', '양도비 등으로서 대통령령으로 정하는 것(제3호)'으로 한정하고 있고, 같은 법 시행령 제163조는 같은 법 제97조 제1항에서 정한 필요경비에 해당하는 것을 열거하고 있는데, 건설자금에 충당한 금액의 이자는 양도소득의 필요경비 계산시 취득가액에 포함되는 사항으로 규정하고 있지 아니한 점, 쟁점건설자금이자는 쟁점부동산의 사용승인일까지 발생한 건설자금이자로서 자본적 지출로 하여 원본에 가산한 후 상각을 통해 비용화하여야 하는 항목으로 보이는 점(조심 2018서1120, 2018. 6. 19. 등, 같은 뜻임) 등에 비추어 위 청구주장은 받아들이기 어려운 것으로 판단된다.

## 2. 임대보증금 및 임대료에 대한 회계처리

① 보증금을 받았을 때

| (차) 현금 및 현금성자산 | ××× | (대) 예수보증금 | ××× |
|---|---|---|---|

② 보증금 사용 및 투자시

| (차) 장기금융상품 | ××× | (대) 현금 및 현금성자산 | ××× |
|---|---|---|---|

(차) 현금 및 현금성자산 ××× (대) 이자수익 등 ×××

※ 일반적으로 위의 회계처리는 생략하는 경우가 많다. 그러나 주의할 점은 법인세법이나 소득세법에서 간주익금(간주총수익금액)을 계산할 때 수입이자를 차감하는 경우에는 반드시 회계처리를 하여야 한다는 것이다. 즉, 비치·기장한 장부나 증빙서류에 의하여 확인되는 금융자산에서 발생한 보증금운용수익에 한하여 차감한다. 소득세 계산의 경우에는 수입이자를 총수입금액 불산입으로 세무조정하여야 한다.

③ 임대료를 받는 경우

(차) 현금 및 현금성자산 ××× (대) 수입임대료 ×××

④ 간주임대료 납부시

(차) 세금과공과 ××× (대) 현금 및 현금성자산 ×××

※ 간주임대료에 대한 부가가치세는 부담하는 자(임대인 또는 임차인)의 세금과공과로 손금산입하며 세금계산서 발급대상이 아니다.

## 3. 관련해석 사례

### (1) 부동산임대시의 회계처리(질의회신 03-095, 2003. 10. 16)

① 질의 내용

부동산임대업을 영위하는 회사는 상업용 건물을 임대할 목적으로 토지를 매입하여 공사를 완료하고 임대에 들어감. 공사완료시 토지와 건물을 감정평가한 결과 감정평가금액이 장부상 취득가액보다 높았음. 회사는 건물과 토지를 임대하고 이에 대하여 총 취득가액의 50%를 임대보증금으로 받고 나머지 50%는 20년간 리스료로 회수하고 있음.

(질의1) 리스 분류에 있어서 건물의 공정가액을 취득가액으로 하여야 하는지, 아니면 공사완료 후의 감정평가액으로 하여야 하는지?

(질의2) 회사는 리스기간 종료 후 임대보증금을 돌려주고 있는 바, 임대보증금이 기본리스료에 포함되는지의 여부와 기본리스료에 포함되지 않을 경우 내재이자율 계산시 고려하여야 하는지?

(질의3) 위의 임대보증금이 기본리스료에 포함된다면, 임대보증금에 대한 회계처리는 어떻게 하는 것이 적정한지 질의함.

② 회신 내용

(질의1) 리스분류기준에 사용하는 건물의 공정가액은 취득원가가 아닌 리스실행일의 공정가액을 의미합니다.

(질의2) 내재이자율 계산시 포함시키며 임대보증금의 성격상 리스료의 다른 형태라 볼 수 있으므로 기본리스료에도 포함하는 것이 타당합니다.

(질의3) 임대보증금을 부채로 계상하고 현재가치로 평가하는 것이 타당합니다.

### (2) 임대사업관련 회계처리(질의회신 03-060, 2002. 4. 3)

① 질의 내용

철강도매 및 가공판매업을 영위하는 회사가 임대용 건물을 신축하여 임대업을 병행하고자 하는 경우 다음 각 사항에 대한 회계처리는?

(질의1) 임대시황의 부진으로 공실이 발생할 경우 공실분에 해당하는 원가의 회계처리는?

(질의2) 임대료를 별도로 수령하지 않는 전세계약이거나 전세금이 일부 포함된 계약일 경우의 회계처리는?

(질의3) 임대료수익은 어느 시점부터 인식해야 하는지?

(질의4) 임대료를 평당 임대료 및 평당 관리비로 구성되는 정액으로 수령하는 계약일 경우 전체를 매출로 인식해야 하는지? 이때 평당 관리비는 사후 실비 정산하지 않으며 주변 시세에 따라 결정됨.

(질의5) 임대용자산(토지 포함)에 대한 제세공과 및 간접비용(보험료, 중개수수료)의 회계처는?

② 회신 내용

(질의1) 영업비용으로 회계처리하는 것이 타당합니다.

(질의2) 회사가 수취한 전세금은 수익으로 인식하지 않으며, 전세금으로 받은 자금을 운용함으로써 발생하는 이자수익은 영업외수익으로 인식합니다. 다만, 전세금으로 받은 자금을 특정의 예금계좌에 예치하여 임대기간 동안 고정이자수익을 얻는 경우 등, 그 실질을 임대수익으로 볼 수 있는 경우에는 이자수익을 영업수익으로 분류할 수 있습니다. 임대수익에 대응하여 발생하는 비용은 영업비용으로 인식합니다.

(질의3) 임대계약에 따라 임차인이 건물을 사용할 수 있게 되어 임차료를 부담하기로 하는 시점부터 수익을 인식하는 것이 타당합니다.

(질의4) 회사가 단순히 관리비의 수납을 대행하는 것이 아니라면 회사가 수취하는 정액의 평당 관리비는 실질적인 임대료로 보아 평당 임대료와 함께 영업수익으로 인식하는 것이 타당합니다.

(질의5) 영업비용으로 회계처리하는 것이 타당합니다.

### (3) 임대목적으로 취득한 건물에 관한 회계처리(질의회신 02-041, 2002. 2. 20)

① 질의 내용

노후화된 건물을 매입하여 최신형의 건물로 수선 및 증축하여 재임대하는 부동산 개발 및 임대업을 영위하고 있는 회사는 건물주의 부도로 인하여 경매가 진행중인 건물을 낙찰받았으나 동 건물의 관리부실과 정기적인 수선이 이루어지지 않아 정상적인 임대가 불가능하여 건물 취득 후 대수선 공사 및 증축공사를 진행시켜 건물의 용도를 변경한 후 수선 및 증축 공사의 완료일을 입주일로 하여 임차인을 모집하기 위한 임차자 모집활동(주로 광고활동)을 진행시키고 있는 상황임. 이 경우 다음 사항에 대한 회계처리는?

(질의1) 건물의 취득시기 및 감가상각시점

(질의2) 금융비용 자본화 대상기간

(질의3) 임차자 모집비용의 회계처리

② 회신 내용

(질의1) 노후화된 건물을 의도한 용도로 사용하기 위한 대수선을 전제로 구입한 경우에는 대수선이 완료되어 건물을 의도한 용도로 사용할 수 있는 상태에 도달한 날을 취득일로 하며 취득일부터 감가상각합니다. 다만, 대수선이 완료되기 전에 건물의 일부를 임대하는 등 실제로 사업목적으로 사용한 경우에는 사용한 건물 부분에 대한 구입원가(건물 전체의 구입에 따른 부대비용의 배부액 포함)와 대수선 전의 구입상태에서의 내용연수를 적용하여 사업목적에 사용한 시점부터 감가상각합니다.

(질의2) 노후화된 건물을 의도한 용도로 사용하기 위한 대수선을 전제로 구입한 경우에는 대수선이 완료되어 건물을 의도한 용도로 사용할 수 있는 상태에 도달한 날까지 건물의 구입 및 대수선에 사용된 차입금에 대한 금융비용을 자본화합니다. 다만, 대수선이 완료되기 전에 건물의 일부를 임대하는 등 실제로 사업목적으로 사용한 경우에는 사용한 건물 부분에 대한 구입원가(건물 전체의 구입에 따른 부대비용의 배부액 포함)와 관련된 차입금에 대한 금융비용에 대해서 사업목적에 사용한 시점에 자본화를 종료합니다.

(질의3) 임차인 모집비용은 광고선전비로서 당기비용으로 인식합니다.

##  부동산임대업의 세무실무

### 1. 부동산임대업의 세무실무 검토사항

부동산임대업은 용역의 공급에 해당되어 부가가치세 과세대상이다. 다만, 주택임대소득에 대하여는 면세하고 있다. 또한 소득세법에서는 부동산임대소득으로 별도로 구분하여 소득금액을 계산하도록 하고 있으며 임대소득에서 발생한 결손금을 다른 소득과 통산하지 못하도록 규정하고 있다. 부동산임대업의 세무실무시 유의할 점을 다음과 같다.

① 부동산 임대용 건물취득시 토지가액과 건물가액의 결정
② 임대용 건물을 승계취득 하는 경우 사업양도에 해당되는지 여부
③ 건물신축과 매입시 매입세액 환급과 부가가치세법상 공급시기
④ 임대료의 공급시기
⑤ 특수관계자에게 임대시 부당행위계산부인 해당 여부
⑥ 임차인과 쟁송시의 세무처리
⑦ 임대용 건물 처분시 양도소득세와 부가가치세 과세문제
⑧ 임차인이 고급오락장을 영위하는 경우 지방세 중과문제

## 2. 부가가치세 실무

### (1) 사업자등록

#### 1) 사업장소재지

부동산임대업은 **부동산등기부상의 소재지**가 사업장이다. 다만, 부동산상의 권리를 대여하는 경우 또는 국가나 지방자치단체가 공급하는 부동산임대용역은 업무총괄장소가 사업장이다. 부동산임대업을 영위하는 경우에는 사업장마다 사업자등록을 하여야 한다.

① 부동산임대업을 영위하고 있는 사업자가 법정동이 다른 연접한 장소에 소재하는 건물을 새로이 부동산임대사업에 공하는 경우 그 건물의 등기부상의 소재지를 사업장으로 하여 사업자등록 하는 것이다.

② 연접한 상가를 분양받아 각 호수별(예 101호, 102호)로 부동산임대업으로 사업자등록을 하고 건물분에 대한 매입세액을 각각 공제(환급)받은 사업자가 어느 한 사업장(101호)을 폐지하고 1개의 사업장(102호)으로 통합하여 부동산임대업을 계속 영위하고자 하는 경우에는 사업자등록정정 신고를 하는 것이며, 이 경우 폐지한 사업장의 사업용건물은 재화의 공급에 해당하지 아니하는 것이다.

#### 2) 과세유형

부동산임대업은 임대료에 따라 간이과세자와 일반과세자로 구분한다. 다만, 임대료가 간이과세자에 해당되더라도 지역・면적・공시지가 등을 참작하여 국세청장이 간이과세 배제기준을 정하고 있으므로 이 경우에 해당되면 일반과세자로 사업자등록을 하여야 한다.

① 부동산임대업 기준은 특별시 및 광역시(읍・면지역 제외), 시(읍・면지역 제외)지역에 소재한 임대용 건물에 대하여 적용하며, 건물연면적(공용면적 포함, 주상복합건물인 경우 주택면적 제외)이 동 기준에서 정하는 면적 이상인 경우에는 간이과세를 적용하지 아니한다.

② 임대용 건물이 신축 중에 있는 경우에는 임대에 제공될 면적으로 동 기준을 적용하고, 임대용 건물에 일시적으로 임대에 사용되지 아니하는 면적이 있는 경우에는 당해 면적을 포함한 면적으로 적용한다.

③ 오피스텔, 상가 등과 같이 구분소유(등기)되는 건물의 경우에는 각각의 구분소유(등기) 연면적(공용면적 포함)을 기준으로 동 기준을 적용한다.

**참 고** **연접한 장소의 사업자등록방법과 사업양도 해당 여부**

① 부동산임대업을 영위하고 있는 사업자가 법정동이 다른 연접한 장소에 소재하는 건물을 새로이 부동산임대사업에 공하는 경우 그 건물의 등기부상의 소재지를 사업장으로 하여 사업자등록 하는 것이다(재소비-249, 2004. 3. 5).

② 연접한 상가를 분양받아 각 호수별(예 101호, 102호)로 부동산임대업으로 사업자등록을 하고 건물분에 대한 매입세액을 각각 공제(환급)받은 사업자가 어느 한 사업장(101호)을 폐지하고 1개의 사업장(102호)으로 통합하여 부동산임대업을 계속 영위하고자 하는 경우에는 부가가치세법 시행령 제11조 제1항 제5호의 규정에 의하여 사업자등록정정 신고를 하는 것이며, 이 경우 폐지한 사업장의 사업용건물은 같은 법 제6조 제4항에서 규정하는 재화의 공급에 해당하지 아니하는 것이다(서면3팀-246, 2005. 2. 19).

③ 하나의 사업자등록번호로 2개 이상의 사업장에서 부동산임대업을 영위하다가 그 중 하나의 사업장에 관한 모든 권리와 의무를 포괄적으로 승계시키는 경우에는 「부가가치세법」 제6조 제6항 및 같은 법 시행령 제17조 제2항의 규정에 의하여 재화의 공급으로 보지 아니하는 사업의 양도에 해당하는 것이다(서삼-843, 2008. 4. 29).

※ 종전해석(서삼-1801, 2007. 6. 22)에서는 사업양도로 보지 않았으나 2008. 2. 1 사업양도에 해당하는 것으로 해석을 변경하였음.

### (2) 과세대상

부동산임대업은 용역의 공급에 해당되어 부가가치세가 과세된다.[61] 다만, 전・답・과수원・목장용지・임야 또는 염전임대업과 「공익사업을 위한 토지 등의 취득 및 보상에 관한 법률」 제4조에 따른 공익사업과 관련해 지역권・지상권(지하 또는 공중에 설정된 권리를 포함한다)을 설정하거나 대여하는 사업은 제외된다(부령 3 ① 6호). 과세대상에서 제외되는 전・답・과수원・목장용지・임야 또는 염전은 지적공부상의 지목에 관계없이 실지로 경작하거나 당해 **토지의 고유용도에 사용**하는 것으로 한다. 따라서 전・답 등을 임차한 자가 상품판매 등을 위한 용도로 사용하거나 광고탑임대용 등으로 사용되는 경우에는 고유용도로 사용하지 않으므로 부가가치세가 과세된다(서면3팀-960, 2004. 5. 17).

| 구 분 | 과세대상 | 근 거 |
|---|---|---|
| • 묘지분양・임대용역 | 면 세 | 토지양도 및 임야 임대로 면세 |
| • 납골당임대・관리용역 | 면 세 | 의료보건용역(부령 35 7호) |

사업자가 오피스텔을 신축하여 임대하고 그 대가를 받는 경우 실제로 당해 건물을 사용

61) 국가 등이 공급하는 부동산임대용역이 과세전환 되면서 그 적용시기를 2007. 1. 1 이후 계약하여 공급하는 분부터 적용하도록 하였다(부칙 2).

하는 임차자가 상시 주거용으로 사용하는 것이 확인되는 경우에는 「부가가치세법」 제12조 제1항 제11호 및 같은법 시행령 제34조의 규정에 의하여 부가가치세가 면제되는 것으로서 임차인이 사업을 위하여 사용하는 것인지 또는 상시 주거용으로 사용하는 것인지의 여부는 임차인이 실제로 당해 건물을 사용한 객관적인 용도를 기준으로 하여 판단하는 것이다. 사업자가 오피스텔을 취득하여 면세사업(상시 주거용으로 임대)에 사용하던 오피스텔을 양도하는 경우 당해 오피스텔은 같은법 제12조 제3항의 규정에 의하여 부가가치세가 면제되는 것이다(부가-1264, 2011. 10. 12).

소득세 집행기준 12-0-1 **농지임대에 따른 소득세 과세 여부**

① 비과세되는 사업소득인 농지임대에 따른 소득이란 임차인에게 농지를 논·밭의 본래 목적인 작물생산에 이용하게 하고 받는 소득을 말한다.

② 거주자의 과수원을 임차하여 다른 작물생산에 이용한 경우 해당 거주자의 과수원임대로 발생하는 소득은 비과세소득에 해당하나 작물생산 이외의 용도로 이용하는 경우에는 과세소득에 해당한다.

## 제2종 근린생활시설에 해당하는 고시원 사용료의 과세 여부

본인은 경기도 용인에 토지를 매입하여 고시원을 신축하려고 하며, 호실당 면적은 15~20 평방미터로 근린생활시설입니다. 이 경우 부가가치세 면세사업자로 사업자등록을 할 수 있는지요?

사업자가 2009. 7. 16. 개정된 「건축법 시행령」 제3조의 4 〔별표 1〕 제4호 파목에 따라 제2종 근린생활시설에 해당하는 고시원(같은 건축물에 고시원의 용도로 쓰는 바닥면적의 합계가 1,000㎡ 미만의 것)을 상시 주거용이 아닌 사실상 숙박 또는 숙식을 제공하는 형태로 사용하게 하는 경우에는 부가가치세가 과세되는 것입니다.

(근거 : 부가-682, 2011. 6. 30)

## 원룸을 상시 주거용으로 임대하는 경우 부가가치세 과세 여부

원룸을 임대하는 경우 당해 원룸이 주거용인 경우와 사무실 등 업무용인 경우 당해 원룸 임대용역의 부가가치세 면제 여부 및 당해 원룸이 국민주택규모를 초과하는 경우에는 부가가치세가 면제되는지요?

사업자가 원룸 형태의 건물을 신축하여 상시주거용 주택으로 임대하는 경우 당해 임대분에 대하여는 부가가치세가 면제되는 것이며, 당해 건물 신축과 관련된 매입세액은 공제되지 아니하는 것입니다. (근거 : 서삼 46015-10425, 2001. 10. 10)

관련법조문

◈ 주택법 시행령 제4조【준주택의 범위와 종류】

법 제2조 제4호에 따른 준주택의 범위와 종류는 다음 각 호와 같다.

1. 「건축법 시행령」 별표 1 제2호 라목에 따른 기숙사
2. 「건축법 시행령」 별표 1 제4호 거목 및 제15호 다목에 따른 다중생활시설
3. 「건축법 시행령」 별표 1 제11호 나목에 따른 노인복지시설 중 「노인복지법」 제32조 제1항 제3호의 노인복지주택
4. 「건축법 시행령」 별표 1 제14호 나목에 따른 오피스텔

◈ 건축법 시행령 제3조의 4 별표 1【용도별 건축물의 종류】

거. 다중생활시설(「다중이용업소의 안전관리에 관한 특별법」에 따른 다중이용업 중 고시원업의 시설로서 독립된 주거의 형태를 갖추지 않은 것을 말한다. 이하 같다)로서 같은 건축물에 해당 용도로 쓰는 바닥면적의 합계가 500제곱미터 미만인 것

판례

**서비스드 레지던스(serviced residence) 임대용역의 과세 여부**
(조심 2017서1125, 2017. 4. 24)

(1) '임대 및 관리위탁계약서' 앞부분에서 "소유자로부터 부동산의 임대 및 관리업무 일체를 위탁받아 수행"한다고 규정하고 있고, 제1조에서 "계약기간을 1년으로 하여 매년 임대료를 조정하는 방식으로 계약을 1년 단위로 연장할 수 있다"고 규정하고 있으며, 제2조에서 "1년분 임대료는 공급계약서상 총공급가액의 6.9%(제세공과금 미공제 기준)로 확정하여 분기별로 선지급"하도록 규정하고 있다.

(2) 처분청이 작성한 법인세 통합조사 복명서(2015년 8월)에는 "부동산임대업으로 사업자등록을 하였고, 주상복합 건물의 객실 약 150개를 임차하여 호텔식 서비스를 제공하는 서비스드 레지던스업을 영위하는 법인"이라고 기재되어 있고, 신문 기사를 인용하여 "서비스드 레지던스(serviced residence)는 숙박용 호텔과 주거용 오피스텔이 합쳐진 개념으로 호텔과 같은 숙박시설에서 취사 및 세탁 시설을 갖춰 주거기능을 갖춘 것이 특징이고, 주로 중·단기 비즈니스 바이어 및 관광객을 타겟으로 하여 수요가 꾸준하며, 전문위탁 운영업체의 관리를 통해 수익을 제공받는 시스템 이어서 특별히 신경쓰지 않아도 안정적인 수익을 지급받을 수 있어 강남역 숙박시설 부족에 투자로 각광받고 있다"고 기재되어 있다.

(3) 쟁점건물의 집합건축물대장에는 주용도가 '아파트'로 기재되어 있고, 쟁점건물 관리사무소장의 확인서에 각 평형별로 아래와 같이 월 주차비를 부과하고 있다는 내용이 기재되어 있다.

(4) 이상의 사실관계 및 관련 법령 등을 종합하여, 먼저 쟁점① 처분청의 조사결과 쟁점건물에서 객실 약 150개를 임차하여 호텔식 서비스를 제공하는 것으로 확인되었던 점, 언론 기사에 따르면 '서비스드 레지던스'란 숙박용 호텔과 주거용 오피스텔이 합쳐진 것이라고 설명

되는 점, 청구인들은 계약기간을 1년으로 하여 매년 조정한 임대료를 분기별로 선지급받는 방식으로 쟁점건물의 관리위탁계약을 체결하였는 바, 이러한 계약내용은 통상적인 주택임대차계약의 내용과는 차이가 있어 보이는 점 등에 비추어 쟁점임대용역이 주택의 임대용역에 해당하지 아니한다고 보아 청구인들에게 부가가치세를 과세한 처분은 잘못이 없는 것으로 판단된다.

(5) 쟁점②에 대하여 살피건대, 「간이과세 배제기준 고시」 제3조 제3항에서 "오피스텔, 상가 등과 같이 구분소유 되는 건물의 경우에는 각각의 구분소유 연면적(공용면적 포함)을 기준으로 동 기준을 적용한다"고 규정하고 있는 바, 쟁점임대용역이 간이과세 배제기준에 해당하는지 여부를 판단함에 있어 공용면적인 주차장 면적을 제외하고 건물연면적을 계산하여야 한다는 청구주장은 받아들이기 어려운 것으로 판단된다.

**참 고** 고시원 신축관련 매입세액과 임대업에 대한 부가가치세 과세 여부

(1) 사실관계

2009. 7. 16 개정된 「건축법 시행령」 제3조의 4 〔별표 1〕 제4호 파목에 따라 제2종 근린생활시설에 해당하는 고시원(「다중이용업소의 안전관리에 관한 특별법」에 따른 다중이용업 중 고시원의 시설로서 독립된 주거의 형태를 갖추지 아니한 것을 말함)으로서 같은 건축물에 해당 용도로 쓰는 바닥면적의 합계가 1천 제곱미터 미만인 것을 신축하려고 구청의 허가를 받아 공사를 예정 중에 있음. 동 고시원은 「주택법」에 따른 공동주택 및 단독주택(다중주택, 다가구주택)에 해당하지 아니하나, 2010년 4월 「주택법」이 개정되어 고시원이 준주택(주택 외의 건축물과 그 부속토지로서 주거시설로 이용 가능한 시설 등)으로 분류됨.

(2) 질의

고시원 신축관련 매입세액공제 여부 및 고시원임대소득에 대한 부가가치세 과세 여부

(3) 회신

사업자가 「건축법 시행령」 제3조의 4 [별표 1] 제4호 파목의 제2종 근린생활시설에 해당하는 고시원 건물을 신축하여 구획된 실(室) 안에 학습자가 공부할 수 있는 시설을 갖추고 숙박 또는 숙식을 제공하는 영업(고시원업)을 하는 경우에는 「부가가치세법」 제7조 제1항에 따라 부가가치세가 과세되고, 해당 건물의 신축에 관련된 매입세액은 같은 법 제17조 제1항에 따라 매출세액에서 공제하는 것이나 해당 건물에 독립된 화장실, 주방설비 등을 갖추고 세대(世帶)의 구성원이 장기간 독립된 주거활동을 하도록 임대하는 경우에는 「부가가치세법」 제12조 제1항 제12호 및 같은 법 시행령 제34조에 따라 부가가치세가 면제되고, 해당 건물의 신축에 관련된 매입세액은 같은 법 제17조 제2항 제6호에 따라 공제되지 아니하는 것이다. 따라서 매입세액 공제 여부는 해당 건물의 구체적인 형태와 실제 사용실태 등을 종합하여 사실판단 할 사항이다(부가-294, 2011. 3. 24).

* 관련사례 : 조심 2011서0774, 2011. 6. 21, 대전지방법원 2011구합718, 2011. 11. 30

(4) 고시원의 상시주거용 등 주택임대 판단기준

다음과 같은 경우에는 고시원의 상시주거용 임대로 보아 고시원 신축관련 매입세액의 불공제 및 월 사용료에 대하여는 부가가치세가 면제되며 면세사업자로 사업자등록을 하여야 한다.

① 싱크대(조리시설 및 환풍기 완비) · 욕실 · 냉장고 · 에어컨 · 침대 · 소형옷장 등 독립된 주거시설로 사용할 수 있도록 필요한 시설을 갖추고 있는지

② 임대보증금이 다액(500만원 이상)이며 계약기간이 장기(1년 이상)인지

③ 임차인이 전입신고를 하였는지

④ 주택용 도시가스가 공급되었는지

### 1) 위약금, 연체이자

임대차계약의 해약으로 인한 위약금 및 손해배상금, 임대료지연에 따른 연체이자는 부동산임대용역의 공급대가가 아니므로 부가가치세 과세대상이 아니다(부가 46015-10345, 2001. 3. 29).

**참 고** 연체료에 대한 소득구분 및 수입시기

부동산임대차 계약서상 임대료의 지급이 지연되는 경우 연체료를 받기로 약정한 후 임차료지급을 요구하는 소송을 제기하여 판결에 의하여 미불임차료와 동 임차료에 대한 연체료를 지급할 보증금과 상계하는 경우 당해 연체료는 소득세법 제21조 제1항 제10호(계약의 위약 또는 해약으로 인하여 받은 위약금과 배상금)에 규정된 기타소득(지급금액의 22% 원천징수)에 해당하는 것이며, 그 수입시기는 소득세법 시행령 제50조 제1항의 규정에 의하여 그 지급을 받은 날(보증금과 상계한 날)로 하는 것이다(서일 46011-10088, 2003. 1. 23).

### 2) 명도소송에 따른 부당이득금

부동산 불법점유에 대한 부당이득금 반환청구소송에 의한 부당이득금은 계약상 · 법률상의 원인에 의한 부동산임대용역의 제공대가가 아니므로 부가가치세 과세대상이 아니다.

① 과세대상으로 보지 않은 사례

지방자치단체에서 개인 및 법인 소유의 토지를 도로 등으로 무단점유 · 사용하던 중 토지소유주로부터 그 토지 사용에 대한 부당이득금 반환청구소송이 제기되어 「토지를 점유사용하기 시작한 날 이후부터 인도완료일까지 토지 점유사용으로 인한 임대료 상당의 부당이득금을 인도완료일까지 지급하라는 법원의 확정판결문에 의하여 수용하지 못한 토지소유주에게 별도의 계약 없이 매월 일정금액을 지급하는 경우 토지소

유자들이 지급받는 금액이 지방자치단체와 토지소유주간 계약상의 원인으로 볼 수 있는 특별한 사정이 없다면 법원의 판결에 따라 지급받는 부당이득금은 부가가치세법 제7조에 의한 계약상 또는 법률상의 원인에 의한 용역의 공급에 해당하지 아니하여 부가가치세가 과세되지 아니하는 것이다(재부가-420, 2007. 6. 1). 개인이나 법인이 자기의 토지를 타인에게 임대하였으나 임대계약조건 위반으로 동 계약이 해지되었음에도 임차인이 계속 무단, 불법점용으로 인해 당해 토지를 명도받지 못하여 당해 토지의 명도 및 부당이득금 반환청구소송을 통해 받는 부당이득금은 법률상 원이 없이 타인의 재산 또는 노무로 인해 얻은 이익으로서 이는 계약상 또는 법률상의 원인에 의한 용역의 공급에 해당하지 아니하므로 부가가치세가 과세되지 아니하는 것이다(부가 46015-86, 1997. 1. 14).

**② 과세대상으로 본 사례**

임대인의 해지통고는 건물 임대차계약이 해지되어 임차인의 점유가 불법점유가 된다고 하더라도, 임차인이 건물을 명도하지 아니하고 계속 사용하고 있고 임대인 또한, 임대보증금을 반환하지 아니하고 보유하고 있으면서 향후 월임료 상당액을 보증금에서 공제하는 관계에 있다면, 이는 부가가치세의 과세대상인 용역의 공급에 해당한다(대법원 2002. 11. 22 선고, 2002다38828 판결). 또한, 계약이라 함은 쌍방 간에 합의된 묵시적이거나 명시적인 사유로 확정이 된다고 볼 수 있어야 하며, 이러한 합의사항을 객관적으로 확정하는 것이 쌍방이 확인하고 서면으로 작성되는 계약서라고 보아야 하는 바, 이 청구와 관련하여 서면으로 작성한 계약서가 존재하지 아니한다고 하여도 쟁점토지 사용과 관련하여 쌍방 간에 묵시적인 계약이 있는 것으로 보아야 하므로 청구인과 쟁점 주택의 소유자 간에 토지 사용에 대한 경제적인 채권·채무의 관계가 존재하는 것으로 볼 수밖에 없다 할 것이고, 부당이득금 반환소송 판결문 내용을 검토한 바, 쟁점 주택 소유자가 토지를 점유한 사실에 기인하여 미지급한 토지임대료에 상당하는 금액을 지급하라는 판결로서 청구인이 침해받은 경제적 손실인 임대료 상당액에 추가하여 그 이자상당액을 지급할 것을 결정한 판결로 문맥상으로는 부당이득금 또는 손해배상금으로 인식할 수 있지만, 세법상 또는 사안의 본질을 실질적으로 살펴본다면, 청구인이 제기한 부당이득금 반환청구소송은 장기간에 걸친 토지임대료 수령현황 등 일련의 과정을 통찰할 때, 소송의 명칭만 "부당이득금 반환청구소송"으로 보일 뿐 실제 내용에 있어서는 "토지임대료" 청구소송으로 판단된다(심사부가 2007-326, 2008. 10. 9).

**소득세 집행기준 27－55－4 부당이득금의 과세 여부와 소송비용 등의 필요경비 해당 여부**

① 개인소유의 토지를 토지 소유자의 의사에 반하여 정당한 권원없이 불법으로 점유하고 사용한 대가로 법원판결에 의하여 지급받는 금전이 부당이득반환 또는 손해배상의 성격을 가지는 경우에는 과세대상 소득에 해당하지 않는다. 다만 토지소유자가 법원의 판결에 의한 '재판상 화해조항'에서 정하는 바에 따라 토지를 사용하게 하고 그 사용료로서 받는 대가는 부동산임대업에서 발생하는 소득에 해당한다.

② 부동산업에서 발생하는 소득에 해당하는 부당이득금을 지급받기 위하여 부담한 일반적으로 용인되는 통상적인 변호사 비용과 관련 수수료 등 소송비용은 필요경비에 해당하며, 그 귀속시기는 해당 비용이 확정된 날이 속하는 연도로 한다.

### 3) 부동산임대용역의 무상공급 및 저율공급

특수관계자에게 임대료를 받지 않거나, 저율로 받는 경우에는 부당대가의 부인에 해당되어 시가를 과세표준으로 하여 부가가치세가 과세된다. 부동산 무상임대는 용역의 무상공급에 해당되어 부가가치세를 과세하지 않다가 2012. 7. 1 이후 공급분부터 시가를 과세표준으로 하여 부가가치세를 과세하도록 개정하였다.

**참 고 부동산의 무상 · 저율임대시의 과세문제 검토**

토지와 건물의 소유자는 본인명의로 취득하여 부동산임대업을 영위하고 그 부동산에 특수관계자인 배우자 또는 자녀가 무상 또는 저율로 임차하여 사업을 영위하는 경우에 여러 종류의 복잡한 조세문제가 발생한다. 이 경우 임대료를 특수관계가 없는 타인과 동일하게 받는다면 타 임대사업자와 세금문제는 대동소이 하겠지만 통상적으로 부부간 또는 부자간에 임대료를 주고 받는 경우는 거의 없을 것이다. 이 경우에 세법상의 규정과 대처방법을 검토해 보자.

(1) 부가가치세 과세문제

부가가치세법상 부동산임대업은 용역의 공급으로 규정(부령 3 ① 6호)하고 있다. 또한 부가가치세법 제12조 제2항의 규정을 보면 사업자가 대가를 받지 아니하고 타인에게 용역을 공급하는 것은 용역의 공급으로 보지 아니한다. 다만, 사업자가 대통령령으로 정하는 **특수관계에 있는 자에게 사업용 부동산의 임대용역** 등 대통령령으로 정하는 용역을 공급하는 경우에는 그러하지 아니하다. 즉, 부동산임대용역의 무상공급은 부가가치세 과세대상에 해당된다. 부가가치세법 제29조 제4항 제1호(과세표준)에 "재화의 공급에 대하여 부당하게 낮은 대가를 받거나 대가를 받지 아니하는 경우에는 자기가 공급한 재화의 시가"를 과세표준으로 하고 있다. 또한 동법 제2호에 "특수관계인에 대하여 용역의 공급에 대하여 부당하게 낮은 대가를 받거나 대가를 받지 아니하는 경우에는 자기가 공급한 용역의 시가"를 과세표준으로 하고 있다. 여기에서 알 수 있듯이 부동산임대용역의 공급시 특수관계자간(소득세법 시행령 제98조 제1항 각호 또는 법인세법 시행령 제87조 제1항 각호에 규정된 자)에 대가를 전혀 받지 않아도 시가를 과세표준으로 하여 부가가치세가 과세된다. 예를 들어 남편이 처에게 임대하면서 임대료를 전혀 받지 않는 경우와 임대료로 1,000,000원(적정임대료를 1억이라고 가정)을 받는 경우를 살펴보자.

1) 임대료를 전혀 받지 않는 경우

특수관계자간의 용역의 저율공급으로 부당행위 계산부인에 해당되어 시가를 과세표준으로 한다. 따라서 부가가치세 과세표준은 1억원이 되는 것이다(2012. 7. 1. 이후 공급분부터).

2) 임대료를 1,000,000원 받는 경우

특수관계자 간의 용역의 저율공급으로 부당행위 계산부인에 해당되어 시가를 과세표준으로 한다. 따라서 부가가치세 과세표준은 1억원이 되는 것이다.

### (2) 소득세 또는 법인세의 과세문제

소득세법 또는 법인세법에서는 특수관계자간의 거래로 인하여 조세부담을 부당히 감소시키는 경우에는 부당행위계산부인이 된다. 따라서 시가와 거래가액의 차액이 3억원 이상이거나 시가의 5%에 상당하는 금액 이상인 경우에 한하여 그 차액을 총수입금액 또는 익금에 산입하여 소득세 또는 법인세를 납부해야 한다. 여기서 시가란 건전한 사회통념 및 상관행과 특수관계자가 아닌 자간의 정상적인 거래에서 적용되거나 적용될 것으로 판단되는 가격을 말한다(법법 52 ②). 시가는 제3자간의 정상거래가격, 2개 이상 감정평가법인의 감정가액, 상속세 및 증여세법에 의한 평가액을 순차적으로 적용한 가액으로 한다(법령 89 ②).

### (3) 증여세 과세문제

1) 부동산 무상사용에 따른 이익의 증여(상증법 37)

① 특수관계에 있는 자의 부동산(그 부동산 소유자와 함께 거주하는 주택과 그에 딸린 토지는 제외한다)을 무상으로 사용함에 따라 대통령령으로 정하는 이익을 얻은 경우에는 그 이익에 상당하는 금액을 부동산 무상사용자의 증여재산가액으로 한다.

2) 부동산 무상사용에 따른 이익의 계산방법 등(상증법령 27)

① 법 제37조 제1항은 부동산 무상사용자가 타인의 토지 또는 건물만을 각각 무상으로 사용하는 경우에도 이를 적용한다.

② 법 제37조 제1항을 적용할 때 수인이 부동산을 무상사용하는 경우로서 각 부동산사용자의 실제 사용면적이 분명하지 않은 경우에는 해당 부동산사용자들이 각각 동일한 면적을 사용한 것으로 본다. 이 경우 부동산소유자와 제2조의 2 제1항 제1호의 관계에 있는 부동산사용자가 2명 이상인 경우 그 부동산사용자들에 대해서는 근친관계 등을 고려하여 기획재정부령으로 정하는 대표사용자를 무상사용자로 보고, 그 외의 경우에는 해당 부동산사용자들을 각각 무상사용자로 본다.

부동산가액(법 제4장의 규정에 의하여 평가한 가액을 말한다) × 1년간 부동산사용료를 감안하여 기획재정부령이 정하는 율

③ 법 제37조 제1항에 따른 부동산 무상사용에 따른 이익은 다음의 계산식에 따라 계산한 각 연도의 부동산 무상사용 이익을 기획재정부령으로 정하는 방법에 따라 환산한 가액

으로 한다. 이 경우 해당 부동산에 대한 무상사용 기간은 5년으로 하고, 무상사용 기간이 5년을 초과하는 경우에는 그 무상사용을 개시한 날부터 5년이 되는 날의 다음 날에 새로 해당 부동산의 무상사용을 개시한 것으로 본다.

④ 법 제37조 제1항 단서에서 "대통령령으로 정하는 기준금액"이란 1억원을 말한다.

⑤ 법 제37조 제2항에 따른 부동산을 무상으로 담보로 이용하여 금전 등을 차입함에 따라 얻은 이익은 차입금에 제31조의 4 제1항 본문에 따른 적정 이자율을 곱하여 계산한 금액에서 금전 등을 차입할 때 실제로 지급하였거나 지급할 이자를 뺀 금액으로 한다. 이 경우 차입기간이 정하여지지 아니한 경우에는 그 차입기간은 1년으로 하고, 차입기간이 1년을 초과하는 경우에는 그 부동산 담보 이용을 개시한 날부터 1년이 되는 날의 다음 날에 새로 해당 부동산의 담보 이용을 개시한 것으로 본다.

※ 소득세와 증여세의 이중과세 해당 여부
토지소유자에게 부당행위계산부인에 따른 소득세가 과세되고 무상사용하는 자에게 증여세가 부과되는 것이 이중과세에 해당되는지의 여부이다. 이 문제는 2003. 1. 1 상속세 및 증여세법 제37조 제2항(소득세와 증여세의 이중과세 배제)을 삭제하여 토지소유자에게 소득세법상 소득세가 부과되는 것과는 별개로 토지무상사용이익에 증여세를 과세하도록 하였다.

### (4) 특수관계자와의 임대시 절세 전략

1) 적정임대료를 산정하여 임대할 것

부동산임대료를 받지 않거나 현저하게 낮은 임대료를 받는 경우에는 시가를 과세표준으로 하여 부가가치세를 납부해야 하므로 임대사례가액 등 적정임대료를 산정하여 임대료를 주고받아야 한다.

2) 임대료를 받는 경우에는 보증금으로 받을 것

임대료를 전혀 받지 않으면 세법상 부당행위계산부인에 해당되어 소득세 등을 납부해야 한다. 따라서 이를 예방하고 세부담을 최소화하기 위해서는 주변시세를 감안하여 임대보증금을 받으면 된다. 이 경우 임대보증금에 대해서는 간주임대료(2.9%)를 과세표준으로 하여 부가가치세를 납부해야 하지만 소득세와 법인세에서는 장부기장의 경우 임대보증금에서 건설비상당액을 공제해 주므로 소득세 등의 부담을 줄일 수 있다.

① 시가의 의미

세법상의 시가개념은 특수관계에 있는 자 외의 자와 당해 거래와 유사한 상황에서 계속적으로 거래한 가격 또는 제3자간의 일반적으로 거래된 가격을 말한다. 이러한 가격이 없거나 시가가 불분명한 경우에는 소득세법 시행령 제98조 제3항 또는 법인세법 시행령 제89조 제4항의 규정에 의한 가격으로 한다. 즉, 법인세법 제52조의 부당행위계산의 부인규정을 적용함에 있어 법인이 특수관계자에게 부동산 등을 임대하는 경우 시가는 당해 거래와 유사한 상황에서 당해 법인이 특수관계자 외의 불특정다수인과 계속적으로 거래한 가격 또는 특수관계자가 아닌 제3자간에 일반적으로 거래된 가격이 있는 경우에는 그 가격(유사임대사례가액 등)에 의하는 것이며, 시가가 불분명한 경우에는 동법 시행령 제89조 제2항 각호의 규정을 순차적으로 적용하여 계산한 금액으로 하는 것이나, 이 경우, 법인세법 시행령 제89조 제1항 및 제2항의 규정을 적용할 수 없는 경우에는 동조 제4항 제1호의 규정에 의하여 계산한 금액을 시가로 하는 것이다(서면2팀-1652, 2005. 10. 17).

적정임대료의 산정은 소유대상자산의 시가에 일반적으로 인정되는 기대수익률을 적용하여 산정하는데 예를 들면 다음과 같다.

> 시가(적정임대료・임차료)
> = (당해 자산의 시가×50%-수령한 전세금・보증금) × 정기예금이자율(2.9%)

특수관계자에게 부동산 저가 또는 무상임대시 시가의 계산방법은 임대차 기간이 속하는 각 과세기간마다 부동산 및 임대료의 시가를 산정한다(소득-4811, 2008. 12. 19).

② 특수관계자간 임대시 적정임대료 산정기준

청구인의 토지와 청구외인(청구인의 부)의 토지 위에 청구외인이 건물을 신축하여 부동산임대업을 영위하면서 부동산임대소득을 청구인과 청구외인의 소득으로 구분하지 아니하고 청구외인의 소득으로 신고하였고, 처분청은 청구인이 특수관계자인 청구외인에게 쟁점 토지를 무상으로 임대한 것으로 보아 부당행위계산부인규정을 적용하여 국유재산법 시행령 제26조에 따라 임대소득을 산정하여 종합소득세를 결정, 고지한 것에 대하여 청구인은 쟁점토지의 임대소득이 청구외인의 부동산임대소득에 포함되어 있다고 주장하나 사업자등록은 청구외인의 단독사업으로 되어있어 쟁점토지의 임대소득을 청구외인의 임대소득에 포함하여 신고하더라도 청구외인이 청구인에게 쟁점토지 사용에 대한 임차료를 지급하지 아니하였고 청구인도 임대소득을 신고하지 아니하였으므로 청구인에 대하여 부당행위계산부인규정을 적용하여 과세한 처분은 잘못이 없다고 판단된다. 부당행위계산부인규정의 적정임대료 산정방법이 소득세법에 규정되어 있지 아니함에도(1998. 12. 31 이전) 쟁점토지의 적정임대료를 국유재산법 시행령 제26조에 따라 기준시가의 5%를 적용하여 산정한 것은 합리적인 방법이 아니므로 쟁점토지 인근의 유사임대사례를 재조사하여 적정임대료를 산정하고 그 과세표준과 세액을 경정함이 타당하다(국심 2002서2346, 2003. 3. 4. 재조사결정).

③ 유사임대사례가액의 산정

특수관계 없는 임차자의 임대보증금 및 월임대료를 각각 단위 면적당 가액을 산출한 후 동일한 면적당 가액으로 청구인의 배우자의 실제 임대수입금액을 산정한 것은 가장 공평하고 진실에 가까운 수입금액 산정방법으로 합리적이고 타당하다(심사부가 2011-0170, 2011. 12. 23).

### (5) 토지와 건물소유자가 다른 경우

아버지의 토지 위에 자녀가 건물을 신축하여 부동산임대업을 영위하는 경우 사업자등록을 어떻게 하느냐에 따라 복잡한 세무처리가 발생한다. 우선 자녀의 자금으로 건물을 신축하였다면 자금출처에 대한 증여문제는 발생하지 않겠지만 실질적으로 아버지가 건물신축대금을 부담하였다면 증여세 과세문제가 발생한다. 그리고 사업자등록을 다음과 같이 할 경우에도 증여세 등 문제가 발생할 수 있다.

① 건물소유주인 자녀 단독명의로 한 경우

이 경우에는 자녀가 아버지로부터 토지를 무상사용하여 이익이 발생하므로 토지무상사용이익이 1억원 이상인 경우에는 증여세가 과세된다(상증법 37). 또한 아버지의 경우 소득세법상 부당행위계산부인에 해당되어 소득세가 과세된다.

② 부자간의 공동사업자로 하는 경우

이 경우 부동산을 공동사업에 현물출자한 것으로 보아 양도소득세가 과세되고 출자한 차입금에 대한 지급이자가 필요경비 불산입된다.

따라서 특수관계자간 토지와 건물의 소유자가 다른 경우 각각 사업자등록을 한 후 적정임대료를 수수하든가 아니면 공동사업에 현물출자하는 경우 토지 및 건물에 대한 사용권리만 각각 출자하여 부동산임대업을 공동으로 영위하면 양도소득세, 소득세, 증여세 과세문제가 발생하지 아니한다(재산-1138, 2009. 6. 9).

※ 사용권출자 : 현물출자한다는 약정이 없고 공동사업자 명의로 합유등기가 되지 않는 점 등을 비추어 부동산임대업을 공동으로 영위하기 위한 단순한 사용권리만 출자한 것으로 양도세 과세대상이 아니다.

### (6) 관련사례

① 토지를 공동사업장에 무상으로 제공하는 경우

특수관계자간에 공동사업을 영위하는 경우로서 공동사업자가 당해 공동사업장에 토지를 무상제공하는 경우에는 자신의 토지를 자신에게 제공한 결과가 되고, 또한 공동사업자간의 토지소유지분이 다르다 하여 당해 공동사업장에서 토지에 대한 임대료를 지급할 경우에도 당해 공동사업장에서 토지에 대한 임대료를 지급할 경우에도 당해 공동사업장은 동 임대료상당액을 필요경비로 공제받게 되므로 당해 공동사업장의 소득금액에는 영향을 미치지 아니하므로 공동으로 건물을 신축하여 부동산임대업을 영위하고 종합소득세 확정신고시 합산하여 신고하였으므로 결국 조세부담의 부당한 감소로 볼 수 없는 것이다(국심 2002서3374, 2003. 5. 13).

② 무상임대 부당행위계산부인시 상대방의 필요경비산입 여부

아버지가 소유하는 토지를 아들에게 무상 또는 낮은 임대료로 제공한 때에는 소득세법 제41조의 규정에 의하여 부당행위계산의 부인대상이 되는 것이며, 부동산임대소득금액 · 사업소득금액 · 일시재산소득금액 · 기타소득금액 또는 산림소득금액의 계산에 있어서 필요경비에 산입할 금액은 당해연도의 총수입금액에 대응하는 비용으로서 일반적으로 용인되는 통상적인 것의 합계액으로 하는 것이므로, 부동산임대차계약에 의하지 아니하고 부동산을 무상으로 임대하여 부당행위계산에 의하여 산정된 임대료상당액에 대하여 임대인에게 과세한 경우 당해 임대료상당액은 무상으로 사용한 사업자가 실제 지급하지 아니한 것이므로 당해 사업자의 소득금액계산상 필요경비에 산입할 수 없는 것이다(서면1팀-1481, 2007. 10. 30).

판례 **현물출자와 사용권출자의 구분**(조심 2015서3275, 2015. 12. 28.)

처분청은 공동사업자들이 공동사업계약을 체결하고, 토지를 출자하는 등 쟁점토지는 조합원인 청구인들의 합유재산으로 볼 수 있고, 쟁점토지를 공동사업에 현물출자한 것으로 하여 양도소득세를 신고·납부하는 등 청구인들은 쟁점토지를 현물출자한 것이라는 의견이나, 개인간 공동사업에의 토지 제공 등이 양도소득세의 과세대상이 되는 현물출자에 해당되는지, 아니면 단순한 사용권의 출자에 해당되는지 여부는 공동사업의 성격 및 토지 등을 제공한 자의 의사 등을 감안하여 판단하여야 할 것인 바,

토지 등을 현물출자하는 경우 조합의 재산으로서 이를 합유로 보는 것으로서, 이 경우 「부동산등기법」에 따라 합유등기를 해야 하고, 「민법」 제271조 등에 따라 합유자 전원의 동의없이 처분하지 못하는 것이나, 쟁점토지 등의 등기부등본을 보면, 공동사업자 명의로 합유등기하지 아니하였고, 공동사업약정서를 보면, 쟁점토지를 현물출자한다는 의사표시가 나타나지 아니하였으며, 공동사업자들이 다른 소유자들에게 사전통보 조건으로 타인에게 매매할 수 있는 것으로 약정되어 있어 자기지분에 해당하는 토지를 매각하는데 큰 제한이 없는 것으로 보이는 점, <u>새로운 공동사업 전·후 청구인들의 토지소유지분(면적)에 실질적인 변동이 없고, 토지가액기준이 아닌 토지면적지분대로 수익을 배분하는 것으로 나타나는 점, 공동사업인 임대사업 등이 종료되었을 때 공동사업에 공하는 부동산이 공동사업자들 각자에게 환원등기가 된다거나 이로 인하여 청구인들을 비롯한 공동사업자 각자에게 양도소득세가 과세된다고 보기도 어려운 점,</u> 쟁점부동산은 최종적으로 분양실적이 없는 것으로 보이고, 청구인들은 준공 후 부동산임대업 및 숙박업을 영위하고 있는 것으로 보이는바, 소유권 출자로 보아 양도소득세 무신고 후 현물출자로 과세되는 경우 가산세 등의 부담이 커서 일단 현물출자로 양도소득세 신고를 하였다는 청구주장에 수긍이 가는 점 등에 비추어 청구인들이 쟁점토지를 현물출자하였다기보다는 사용권의 출자로 보는 것이 타당하다 할 것이므로 청구인들이 임대 및 숙박업에 공하던 쟁점토지를 제3자에게 양도하거나 분할하여 판매할 경우 이를 양도로 보는 것은 별론으로 하더라도 처분청의 이 건 환급경정청구 거부처분은 잘못이 있는 것으로 판단된다.

**핵심체크**

① 재조사결정이란 인용결정(필요한 처분의 결정)의 한 유형으로 본안심리 결과 청구의 대상이 된 처분에 대하여 처분청으로 하여금 다시 조사시킬 필요가 있을 때 내리는 처분으로 심리결과 과세표준이나 세액의 산정에 있어서 처분의 적법성이 의심스럽거나 과세자료에 대한 조사가 미흡한 경우에 주로 행하여진다. 이는 국세기본법상 규정되어 있지 않는 결정유형이나 관행적으로 행하여지고 있다. 이 경우 주의할 점은 행정소송 제기시 불복기간의 기산일이 행정심판 결정서를 받은 날로부터 90일 이내에 제기하여야 한다는 것이다(대법원 1996. 7. 30 선고, 95누6328 판결). 따라서 추후 처분청이 다시 조사하여 감액경정하는 경우 그 부분에 대하여 불복하는 경우에는 청구기간이 도과되는 일이 있을 수 있으니 주의하여야 한다. 다만, 행정해석에서는 재조사결정 결과에 불복하는 경우 재조사에 따른 조사결과통지서를 수령한 날로부

터 불복청구의 기산일(재조세 46000-271, 2001. 11. 27)이 된다고 해석하고 있다.

② 재조사결정에 따른 증액경정이 불이익변경금지에 해당되는지의 여부(심사증여 2004-7020, 2004. 11. 8).

증여세를 증액경정한 처분은 불이익변경금지의 원칙에 반한다고 주장하는 청구인은 처분청이 이의신청결정에 따라 재조사경정하면서 당초결정고지한 증여세를 결정취소하고 다시 결정한 것이 불이익변경에 위반되는지를 보면, 국제기본법 제79조 제2항의 불이익변경금지의 원칙은 불복청구사건에 대한 심리결정을 함에 있어서 불복청구한 처분보다 청구인에게 불이익이 되게 결정하지 못한다는 의미로 해석되는 바, 이 건의 경우 당초에 주식을 저가로 양수한 것으로 보아 저가양수액에 대하여 증여세를 과세하였다가 재조사과정에서 명의신탁된 주식이라는 사실이 확인됨에 따라 당초결정을 결정취소하고 명의신탁의 증여의제규정을 적용하여 과세한 것으로서 당초결정한 증여세 과세처분과는 적용법류가 다르고, 증여세 과세대상이 다른 처분으로서 이는 이의신청결정에 따른 처분이라기보다는 과세관청이 과세표준과 세액에 탈루 또는 오류가 있는 것을 발견한 경우에는 즉시 그 과세표준과 세액을 조사하여 결정 또는 경정할 수 있는데 근거하여 이루어진 처분으로 보아야 할 것이므로, 비록 이의신청결정에 따른 재조사경정에 의하여 부과한 세액이 당초처분보다 증가되었다고 하여 이를 국세기본법 제79조에서 규정하고 있는 불이익변경금지의 원칙에 반하는 처분이라고 할 수 없다할 것이다(대법원 1992. 7. 14. 1992누893 판결).

**사례** **부동산 무상임대 또는 저율임대시 세금계산서 발급방법**

부동산임대업을 영위하고 있는 (갑)은 아들인 (을)에게 건물을 다음과 같이 시가인 1억원을 20×1년 1년간 임대한 경우 부가가치세 과세표준 및 세금계산서 발급대상금액은?

① 무상임대의 경우

부가가치세 과세표준은 시가인 1억이며 이 경우 세금계산서 발급의무가 면제된다(집행기준 16-57-1 ⑪). 따라서 부가가치세 신고서상 과세분 기타 란에 기재하면 된다.

② 임대료를 5천만원 받는 경우

부가가치세 과세표준은 시가인 1억원이며 실제로 받은 금액인 5천만원은 세금계산서를 발급하여야 하며 부당대가로 과세표준에 포함된 5천만원은 세금계산서 발급이 면제되어 부가가치세 신고서상 과세분 기타로 기재한다.

**판례** **시가의 적용시점**(조심 2013서3194, 2013. 12. 9)

(1) 「소득세법」 제41조 제1항에서 납세지 관할 세무서장은 사업소득 등이 있는 거주자의 행위 또는 계산이 그 거주자와 특수관계인과의 거래로 인하여 그 소득에 대한 조세부담을 부당하게 감소시킨 것으로 인정되는 경우에는 그 거주자의 행위 또는 계산과 관계없이 해당

과세기간의 소득금액을 계산할 수 있다고 규정하고 있고, 같은 법 시행령 제98조 제2항 제2호 본문 및 제2호에서 특수관계인에게 금전이나 그 밖의 자산 또는 용역을 무상 또는 낮은 이율 등으로 대부하거나 제공한 경우를 조세부담을 부당하게 감소시킨 것으로 인정한다고 규정하고 있으며, 같은 조 제4항은 위와 같은 경우 소득금액의 계산에 관하여는 「법인세법 시행령」 제89조 제3항 내지 제5항의 규정을 준용한다고 규정하고 있다.

한편 「법인세법 시행령」 제89조 제4항 본문 및 제1호에서 유형 또는 무형의 자산을 제공하거나 제공받는 경우에는 당해 자산시가의 100분의 50에 상당하는 금액에서 그 자산의 제공과 관련하여 받은 전세금 또는 보증금을 차감한 금액에 정기예금이자율을 곱하여 산출한 금액을 시가로 한다고 규정하고 있다.

(2) 처분청은 적정임대료를 산정함에 있어서 쟁점토지의 경우 현 시세를 반영한 개별공시지가가 매년 고시되고 있고, 정기예금이자율도 변경 고시되고 있으므로 쟁점토지의 적정임대료 계산에 있어서 시가는 당해 과세기간별로 고시된 개별공시지가 및 정기예금이자율을 기준으로 계산하여야 한다는 의견이다.

(3) 그러나, 「법인세법 시행령」 제88조 제1항의 규정에 의한 부당행위계산의 유형에 해당하는지 여부는 임대차계약일을 기준으로 판단하는 것으로 임대차계약 체결시점에서 같은 법 시행령 제89조 제4항 제1호의 규정에 의하여 산출한 시가를 임대차계약기간에 속하는 사업연도에 계속하여 적용하는 것이며(재법인-72, 2005. 1. 28), <u>특수관계자에게 임대한 자산의 임대료가 「법인세법」 제52조의 규정에 의한 부당행위계산의 부인대상에 해당하여 임대료의 시가를 산정함에 있어 임대자산의 시가를 「상속세 및 증여세법」 제61조 제1항에 규정된 개별공시지가를 적용하는 경우에는 **그 계약일 현재 고시되어 있는 개별공시지가**를 기준으로 판단하여야 하므로</u>(서이 46012-12334, 2002. 12. 27), 쟁점토지의 적정임대료에 대한 시가 산정은 임대차계약일 현재 고시되어 있는 개별공시지가 및 정기예금이자율을 기준으로 하여 계산하는 것이 타당하다고 판단된다.

### 소득세 집행기준 41-98-9 부동산임대용역 무상제공시 부당행위계산 해당 여부

① 특수관계인 간에 공유하고 있는 부동산을 그 특수관계인 중 1인에게 무상임대하는 경우에는 부당행위계산 대상이 된다.

② 본인이 대표이사인 법인에 토지를 무상으로 제공하여 건물을 신축하고 임대업을 경영한 경우, 실제 임대소득이 없는 건축기간 동안에도 토지의 무상사용으로 인한 소득은 부당행위계산의 부인 대상에 포함된다.

③ 부동산임대업을 경영하는 거주자가 그 임대용부동산의 일부를 해당 거주자가 구성원인 공동사업장에 무상으로 제공하는 경우(구성원 간 특수관계가 없는 경우를 말함) 그 부분에 대해서는 부동산임대업의 총수입금액에 산입하지 아니하며 부당행위계산의 부인 대상에도 해당하지 않는다.

### 4) 임차인이 대납한 재산세

건물 및 부속토지 등을 임차인에게 사용하게 하고 동 건물 및 부속토지에 부과되는 재산세 등을 임차인이 대납하기로 약정한 경우에는 부가가치세가 과세되는 것이며, 세금계산서의 발행시기는 대납하기로 한 재산세의 납기일이다(부가 1265-2184, 1983. 10. 13). 예를 들면 룸싸롱, 나이트클럽 등을 경영하는 임차인에게 임대하는 경우에 이 부동산은 지방세법상 **고급오락장용 건축물에 해당되어 재산세가 중과**된다. 이 경우 재산세의 납세의무자는 건축물 소유자인 임대인이나 통상적으로 임차인이 재산세를 부담하는 조건으로 임대차계약을 체결하여 임차인에게 전가시키고 있다. 이 경우 임차인이 부담한 재산세는 임차료 성격인 것이다.

**관련법조문**

**◈ 지방세법 시행령 제28조【골프장 등의 범위와 적용기준】**

⑤ 법 제13조 제5항 제4호 본문에서 "대통령령으로 정하는 건축물과 그 부속토지"란 다음 각 호의 어느 하나에 해당하는 용도에 사용되는 건축물과 그 부속토지를 말한다. 이 경우 고급오락장이 건축물의 일부에 시설되었을 때에는 해당 건축물에 부속된 토지 중 그 건축물의 연면적에 대한 고급오락장용 건축물의 연면적 비율에 해당하는 토지를 고급오락장의 부속토지로 본다.

1. 당사자 상호간에 재물을 걸고 우연한 결과에 따라 재물의 득실을 결정하는 카지노장(「관광진흥법」에 따라 허가된 외국인전용 카지노장은 제외한다)
2. 사행행위 또는 도박행위에 제공될 수 있도록 자동도박기[파친코, 슬롯머신(slot machine), 아케이드 이퀴프먼트(arcade equipment) 등을 말한다]를 설치한 장소
3. 머리와 얼굴에 대한 미용시설 외에 욕실 등을 부설한 장소로서 그 설비를 이용하기 위하여 정해진 요금을 지급하도록 시설된 미용실
4. 「식품위생법」 제37조에 따른 허가 대상인 유흥주점영업으로서 다음 각 목의 어느 하나에 해당하는 영업장소(공용면적을 포함한 영업장의 면적이 100제곱미터를 초과하는 것만 해당한다)
   가. 손님이 춤을 출 수 있도록 객석과 구분된 무도장을 설치한 영업장소(카바레 · 나이트클럽 · 디스코클럽 등을 말한다)
   나. 유흥접객원(남녀를 불문하며, 임시로 고용된 사람을 포함한다)을 두는 경우로, 별도로 반영구적으로 구획된 객실의 면적이 영업장 전용면적의 100분의 50 이상이거나 객실 수가 5개 이상인 영업장소(룸살롱, 요정 등을 말한다)

① 고급오락장에 해당되는지의 여부

부동산을 취득할 당시 고급오락장시설을 갖추고 유흥주점영업허가를 받아 영업을 하고 있었다면 이는 특별한 사정이 없는 한 고급오락장을 취득한 것으로 보아야 하고 취득자가 고급오락장으로 인하여 어떠한 경제적 이익을 누린 바 없었다든가, 고급오락장을 경영하던 제3자로부터 소송을 통하여 이를 명도받으면서 그 동안의 밀린 임대료나 부당이득금을 받지 못하고 돈을 더 지급하고 명도받았다고 하여도 고급오락장으로 취득한 것으로 보아야 한다(대법원 1992. 4. 28 선고, 91누11889 판결).

② 취득세중과분의 총수입금액 산입 여부

지방세법 제105조 제4항의 규정에 의하여 부동산임대사업자가 납부할 의무가 있는 취득세 중과분을 임차인이 부담하기로 약정한 경우 당해 취득세 중과분은 그 납부기일이 속하는 연도의 부동산임대소득금액 계산시 총수입금액에 산입함과 동시에 동 금액을 필요경비에 산입하는 것이다(서일 46011-10050, 2003. 1. 16).

**핵심체크**

부동산임대사업자에 대한 부가가치세 신고시 부동산임대공급가액명세서상에 특수관계자와의 임대료 적정 여부 및 임차인이 고급오락장을 영위하는지를 검토하여야 한다.

### 5) 영업손실보상금의 과세대상 여부

① 임대인의 계약해지에 따라 임차인이 지급받는 영업손실보상금은 소득세법 제24조 제1항 및 같은법 시행령 제51조 제3항의 규정에 의하여 총수입금액에 산입하는 것이며, 사업용 고정자산에 대한 손실보상금은 소득세법 기본통칙 24-9의 규정에 의하여 총수입금액에 산입하지 아니하는 것이다(소득 46011-21182, 2000. 9. 30).

② 사업자가 사업장을 계속 사용할 수 없어 사업장이전에 따라 임대인인 건물주로부터 받는 영업손실보상금, 사업장이전비, 기타보상금은 소득세법 제21조 제1항 제10호의 "계약의 위약 또는 해약으로 인하여 받는 위약금과 배상금"에 해당하지 아니하여 원천징수대상 소득이 아니며, 동 보상금은 같은법 제24조 및 같은법 시행령 제51조 제3항 규정에 의하여 사업소득 총수입금액에 산입하고 사업장 이전에 실제 소요된 비용 등은 필요경비에 산입하는 것이다. 다만, 건물 등 사업용 고정자산의 보상금은 당해 사업소득의 총수입금액에 산입하지 아니하는 것이다(법인 46013-2657, 1998. 9. 18).

③ 임차인이 법원의 조정결정 또는 화해권고결정에 따라 부동산임대업을 영위하는 사업자인 임대인으로부터 건물 명도 협조 및 이사비용 명목의 금전(이하 "합의금")을 지

급받는 경우, 해당 합의금이 영업손실보상금에 해당하는 경우에는 「소득세법」 제19조 제1항에 따른 사업소득이고 사업장을 원만하게 명도받기 위하여 지급받는 금전에 해당하는 경우에는 「소득세법」 제21조 제1항 제17호의 기타소득(사례금)에 해당하는 것이다(사전-2021-법령해석소득-1753, 2021. 12. 22).

### 6) 상가분양시 임대보장조건에 따라 지급하는 금액의 소득구분

① 상가의 초기 활성화를 위하여 일정기간 분양자가 수분양자에게 수익보장금을 지급하되 수분양자의 소유권 양도시 양수인에게 수익보장금을 지급하고, 영업을 개시한 상가에는 더 높은 수익보장금을 지급하는 경우 수분양자 또는 양수인이 지급받는 수익보장금은 「소득세법」 제19조 제1항 제12호의 사업소득에 해당하는 것이다(법령해석소득 2017-225, 2017. 6. 30). 분양사업자가 상가를 분양하면서 미분양상가의 분양촉진을 위해 수분양자들에게 소유권이전을 완료한 후 임대권한을 부여받고 일정금액을 임대수익으로 보장하여 지급하는 경우, 수분양자가 보장받는 해당 임대수익 보장금은 「소득세법」 제19조 제1항 제12호의 사업소득에 해당하는 것이다(서면법규-775, 2014. 7. 22).

② 법인이 미분양상가의 분양촉진을 위해 임차인을 모집하여 임대차계약을 체결하고 해당 상가를 분양하면서 그 수분양자에게 소유권이전과 함께 임대차계약을 이전하고 당해 계약에 따른 임대료 외 임대수익 상당액을 보전(補塡)하여 주는 경우, 해당 수분양자가 보전받는 임대수익 상당액은 「소득세법」 제19조 제1항 제12호의 사업소득에 해당하는 것이다(소득세과-468, 2010. 4. 15).

③ 부동산매매업을 영위하는 법인이 아파트 분양계약시 프리미엄 보장조건에 따라 입주 후 일정기간 분양가 이하로 거래되는 경우 수분양자에게 지급하는 대가(프리미엄 보장금액)는 기타소득(계약의 위약 또는 해약으로 인한 배상금)에 해당하고, 기타소득금액을 지급하는 자는 기타소득금액에 20%의 세율을 적용하여 소득세를 원천징수해야 하는 것이다(기획재정부 소득세제과-69, 2008. 4. 25, 원천세과-154, 2012. 3. 26).

④ 신축 상가를 분양하는 분양업체가 상가의 수분양자에게 분양가액의 잔금 납부시점부터 1년 동안 분양가액의 일정률에 해당하는 수익금을 보장해 주는 약정을 해줌에 따라 수분양자가 그 잔금납부시에 수익보장금을 일시에 입금받아 해당 상가의 잔금청산에 사용한 경우로서 해당 수익보장금이 소득세법 시행령 제51조 제3항 제1호의 규정에 따른 선세금에 해당하는 경우에는 위 같은 규정에 따라 선세금을 계약기간의 월수로 나눈 금액의 각 과세기간의 합계액을 사업소득의 총수입금액으로 계산할 수 있는 것이다(서면소득 2017-1667, 2017. 7. 26).

### (3) 부동산임대 건물 매각시 과세 여부

부동산임대업을 영위하던 사업자가 부동산을 양도하는 경우에는 부동산의 신축, 취득시 매입세액공제 여부, 매수자의 사업자등록 여부에 관계없이 건물에 대하여 부가가치세가 과세된다. 한편, 부동산임대업을 영위하던 사업자가 당해 부동산을 양도하기 위하여 부동산컨설팅 및 중개수수료를 지급하면서 부담한 매입세액은 매출세액에서 공제된다(서삼-309, 2008. 2. 12).

**참 고** **상가임대건물 양도시 부가가치세 과세문제**

부동산임대업에 공하던 부동산(토지와 건물)을 양도하는 경우에 토지에 대하여는 부가가치세가 면제되어 논의의 대상에서 제외되나 건물분에 대해서는 과세거래로 볼 것인가, 폐업시 잔존재화로 볼 것인가, 과세대상에서 제외할 것인가가 문제가 된다.

**1) 폐업 전에 부동산을 양도하는 경우**

폐업 전(건물명도 전)에 부동산을 양도하는 경우에는 부가가치세법상 사업자의 지위가 유지된 상태에서 양도하므로 실지양도가액에 대하여 부가가치세를 부과하게 된다. 따라서 양도자는 양수자로부터 부가가치세를 거래징수 하여야 하며 양수자는 사업용 고정자산 취득에 따른 부가가치세를 환급받기 위하여 사업개시 전에 사업자등록신청을 하여야 한다. 이 경우 과세대상에서 제외되기 위해서는 사업양도방법에 의해 부동산을 양도하면 된다.

**2) 폐업 후에 양도하는 경우**

폐업 후에 부동산을 양도하면 부가가치세법상 사업자가 아니므로 부가가치세 과세대상이 아니다. 따라서 이 경우에는 폐업일에 자기에게 공급한 것으로 보아 폐업시 잔존재화로 과세되며 과세표준은 실지거래가액이 존재하지 않기 때문에 부가가치세법에서 정한 간주시가로 과세된다. 다만, 취득시 매입세액이 공제되지 아니한 부동산을 양도하는 경우에는 공급으로 보지 않는다(부법 10 ⑥). 그러나 사업자가 「부가가치세법」 제6조 제6항 제2호에 따라 사업을 포괄양수하면서 양도한 사업자가 매입세액을 공제받은 재화를 취득한 후 같은 법 같은 조 제2항부터 제4항에서 규정하는 사유에 해당하는 경우 당해 사업자의 재화는 자기에게 공급한 것으로 보아 부가가치세 과세대상에 해당하는 것이다(부가-668, 2009. 5. 13). 즉, 사업양수자가 매입세액을 공제받은 것으로 보아 폐업시 잔존재화에 대하여 과세대상에 해당된다는 것이다. 이 경우 해당 재화의 취득일은 양도자가 당초 취득한 날이다(재소비 46015-374, 1996. 12. 4).

**3) 양도와 폐업시기의 확정문제**

부동산임대업의 폐업이란 양도 전에 임대차계약을 모두 해지한 후에 부동산을 양도하는 것이다. 이 경우에는 사업자가 아니므로 폐업시의 잔존재화에 해당되어 간주시가로 부가가치세가 과세된다. 다만, 폐업 전에 매매계약을 체결하고 폐업일 이후에 잔금을 받는 경우에는 잔존재화로 과세되는 것이 아니고 실지거래가액으로 과세 된다. 왜냐하면 폐업 전에 공급한 재화가 폐업일 이후에 공급시기가 도래하는 경우에는 그 폐업일을 공급시기로 보는 것이며, 폐업 전 체결한 계약으로 인하여 공급가액, 공급시기, 거래상대방이 결정되어 부가가치세의 전가가 가능하기 때문에 폐업일을 공급시기로 보는 것이다(국심 2000서2940, 2001. 3. 22).

### (4) 부동산임대업 또는 부동산매매용 건물의 주택임대사업으로 전환

부동산임대업에 사용하였거나 분양목적으로 신축하였으나 분양되지 않아 주택임대사업으로 전환하는 경우 자가공급(면세전용)에 해당되어 부가가치세가 과세된다. 다만, 부동산매매업자가 분양되지 않아 일시적으로 주택임대를 하는 경우에는 자가공급으로 보지 아니한다(서삼 46015-11786, 2003. 11. 14).

부가가치세 집행기준 10-0-1 **매입세액의 공제와 간주공급 과세 여부**

① 사업자가 자기의 과세사업과 관련하여 생산하거나 취득한 재화로서 다음 각 호의 어느 하나에 해당하는 재화(이하 "자기생산·취득재화"라 한다)가 간주공급에 해당하는 경우 부가가치세를 과세한다.

1. 「부가가치세법」 제38조에 따른 매입세액, 그 밖에 이 법 및 다른 법률에 따른 매입세액이 공제된 재화
2. 「부가가치세법」 제10조 제9항 제2호에 따른 사업양도로 취득한 재화로서 사업양도자가 제38조에 따른 매입세액, 그 밖에 이 법 및 다른 법률에 따른 매입세액을 공제받은 재화
3. 「부가가치세법」 제21조 제2항 제3호에 따른 수출에 해당하여 영세율을 적용받는 재화

② 취득 시 제1항에 따라 매입세액이 공제되지 아니한 재화가 간주공급에 해당하는 경우 부가가치세의 과세 여부는 다음과 같다.

| 간주공급 유형 | 과세 여부 | 비고 |
|---|---|---|
| • 면세 전용 | 과세 안함 | 2008. 2. 22 이후부터 적용 |
| • 비영업용 소형승용자동차와 그 유지를 위한 재화 | 과세 안함 | |
| • 직매장 반출(판매목적) | 과세 대상 | |
| • 개인적 공급·사업상 증여 | 과세 안함 | |
| • 폐업할 때 남아 있는 재화 | 과세 안함 | 2007. 1. 1 이후부터 적용 |

## (5) 사업양도

### 1) 부동산임대업의 사업양도 요건

사업의 포괄양도는 부가가치세 과세대상이 아니다. 사업양도란 사업장별(「상법」에 의하여 분할 또는 분할합병하는 경우에는 동일한 사업장 안에서 사업부문별로 양도하는 경우를 포함한다)로 그 사업에 관한 모든 권리와 의무를 포괄적으로 승계시키는 것(「법인세법」 제46조 제1항의 요건을 갖춘 분할의 경우와 양수자가 승계받은 사업 외에 새로운 사업의 종류를 추가하거나 사업의 종류를 변경한 경우를 포함한다)을 말한다(부법 10 ⑨ 2호). 다만, 제52조 제4항에 따라 그 사업을 양수받는 자가 대가를 지급하는 때에 그 대가를 받은 자로부터 부가가치세를 징수하여 납부한 경우는 제외한다. 여기서 승계받은 사업 외의 새로운 사업을 추가하거나 사업의 종류를 변경한 경우란 양수자가 양도자의 사업을 승계하는 것을 전제로 하며 양도자의 사업 외에 새로운 업종의 추가 또는 변경을 의미하는 것이다(조심 2010광0020, 2010. 7. 9). 다만, 양수자가 면세사업으로 전용하거나 개인적 목적으로 사용하는 경우에는 사업양도에 해당되지 아니한다.

**관련법조문**

◈ **부가가치세법 제10조【재화 공급의 특례】**

⑨ 다음 각 호의 어느 하나에 해당하는 것은 재화의 공급으로 보지 아니한다.

2. 사업을 양도하는 것으로서 대통령령으로 정하는 것. 다만, 제52조 제4항에 따라 그 사업을 양수받는 자가 대가를 지급하는 때에 그 대가를 받은 자로부터 부가가치세를 징수하여 납부한 경우는 제외한다.

◈ **부칙 제5조【사업의 포괄양도에 따른 사업양수자의 부가가치세 대리납부에 관한 적용례】**

제10조 제8항 제2호 단서, 제38조 제1항 제1호 및 제52조 제4항의 개정규정은 이 법 시행 후(2014. 2. 21) 사업을 양도하는 분부터 적용한다.

◈ **부가가치세법 제52조【대리납부】**

④ 제10조 제9항 제2호 본문에 따른 사업의 양도(이에 해당하는지 여부가 분명하지 아니한 경우를 포함한다)에 따라 그 사업을 양수받는 자는 그 대가를 지급하는 때에 같은 호 본문 및 제31조에도 불구하고 그 대가를 받은 자로부터 부가가치세를 징수하여 그 대가를 지급하는 날이 속하는 달의 다음 달 25일까지 제49조 제2항을 준용하여 대통령령으로 정하는 바에 따라 사업장 관할 세무서장에게 납부할 수 있다.

① 대리납부와 부가가치세 신고서의 작성

**사업의 양도(이에 해당하는지 여부가 분명하지 아니한 경우를 포함한다)**에 따라 그 사업을 양수받는 자는 그 대가를 지급하는 때에 같은 호 본문 및 제31조에도 불구하고 그 대가를 받은 자로부터 **부가가치세를 징수하여 그 대가를 지급하는 날이 속하는 달의 다음 달 25일까지** 제49조 제2항을 준용하여 대통령령으로 정하는 바에 따라 사업장 관할 세무서장에게 납부할 수 있다(부법 52 ④). 매도자는 대리납부세액을 징수하지 않았으므로 다음과 같이 사업양수자가 대리납부한 세액을 기납부세액으로 공제받는다.

**| 일반과세자 부가가치세 신고서 |**

| 소규모 개인사업자 부가가치세 감면세액 | (20-1) | | ㉮ | |
|---|---|---|---|---|
| 예정 신고 미환급 세액 | (21) | | ㉯ | |
| 예정 고지 세액 | (22) | | ㉰ | |
| 사업양수자가 대리납부한 세액 | (23) | | ㉱ | |

■ 부가가치세법 시행규칙 [별지 제37호의 2 서식] 〈신설 2014. 3. 14〉

## 부가가치세 대리납부신고서(사업양수자용)

※ 아래의 작성방법을 읽고 작성하시기 바랍니다.

| 접수번호 | 접수일 | 처리기간 즉시 |
|---|---|---|

**1. 사업양수자 인적사항**

| | |
|---|---|
| ① 상호(법인명) | ② 사업자등록번호 |
| ③ 성명(대표자) | ④ 사업장 소재지 |
| ⑤ 업태 | ⑥ 종목 |

**2. 사업양도자 인적사항**

| | |
|---|---|
| ⑦ 상호(법인명) | ⑧ 사업자등록번호 |
| ⑨ 성명(대표자) | ⑩ 사업장 소재지 |
| ⑪ 업태 | ⑫ 종목 |

**3. 대리납부 신고 내용**

| ⑬ 공급일 | ⑭ 공급가액 | ⑮ 부가가치세액 |
|---|---|---|
| | | |
| | | |
| | | |
| | | |

「부가가치세법 시행령」 제95조 제5항에 따라 위와 같이 부가가치세 대리납부를 신고합니다.

년 월 일

신고인 (서명 또는 인)

세 무 서 장 귀하

| 첨부서류 | 없음 | 수수료 없 음 |
|---|---|---|

**작 성 방 법**

이 신고서는 아래의 작성방법에 따라 한글과 아라비아 숫자로 정확하게 적고, 거래금액은 원단위까지 표시합니다.

1. 사업양수자 인적사항
   ① ~ ⑥: 대리납부신고서를 제출하는 사업자의 인적사항을 적습니다.
2. 사업양도자 인적사항
   ⑦ ~ ⑫: 사업의 양도에 따른 대가를 받은 사업자의 인적사항을 적습니다.
3. 대리납부 신고 내용
   ⑬: 사업의 양수에 따른 대가의 지급일을 적습니다.
   ⑭: 사업의 양수에 따른 대가의 가액을 적습니다.
   ⑮: 대리납부하는 부가가치세액을 적습니다.

210㎜×297㎜[백상지 80g/㎡(재활용품)]

## 임차인에게 부동산 양도

부동산임대업을 영위하는 자가 해당 부동산을 1층에서 음식점을 영위하는 임차인에게 양도하는 경우 사업양도에 해당하는지?

부동산임대업자가 임대부동산을 해당 부동산의 임차인에게 양도하는 경우 재화의 공급으로 보지 않는 사업의 양도에 해당하지 아니하는 것이다.

(근거 : 부가-1128, 2011. 9. 19)

**핵심체크**

부동산임대업을 영위하던 자가 부동산을 양도하는 경우 사업양도에 해당되기 위해서는 임차인, 임대보증금, 임대사업관련 미수임대료, 차입금 등을 그대로 승계하여야 한다. 또한, 부가가치세 확정신고시에 사업양도신고서를 제출하여야 한다. 한편, 사업양도로 부동산을 취득하여 임대사업을 영위하고자 하는 경우에는 간이과세자 적용을 배제한다.

### 2) 사업양도에 해당하는 경우

#### ① 건물완공 전 양도

부동산임대업자가 오피스텔을 취득하여 임대업을 개시하기 전에 그 사업에 관한 모든 권리(미수금에 관한 것을 제외함)와 의무(미지급금에 관한 것을 제외함)를 포괄적으로 승계시키는 경우에는 부가가치세법 제6조 제6항 제2호에서 규정하는 사업양도에 해당하는 것이다(서삼-3249, 2007. 12. 4).

#### ② 사업장의 일부양도

사업자가 구분 등기된 두 개의 상가를 취득하여 납세편의상 하나의 사업자등록번호를 발급받아 하나의 상가에서는 부동산임대업을 영위하고, 나머지 상가에서는 도매업을 영위하던 중 사업을 양도함에 있어 부동산임대업을 영위하던 상가에 관한 모든 권리와 의무를 포괄적으로 승계시키나, 도매업을 영위하던 상가에 관한 모든 권리와 의무는 승계시키지 아니하는 경우 부동산임대업을 영위하던 상가양도는 「부가가치세법」 제6조 제6항 제2호에 따른 사업의 양도에 해당하는 것이다(부가-1150, 2010. 9. 1).

#### ③ 주상복합건물의 양도

주상복합건물 내의 주택에서 거주하면서 당해 건물의 상가 부분을 임대하던 사업자가 양도 후에 일시적으로 계속 주택에 거주하더라도 공실을 포함한 부동산임대업에 관한 모든 권리와 의무를 포괄적으로 승계시키는 경우에는 부가가치세가 과세되지 아니하는 사업의 양도에 해당된다(부가-388, 2010. 3. 31).

④ 양수인의 업종변경

부동산임대업을 영위하던 사업자가 그 사업과 관련된 모든 권리와 의무를 포괄적으로 양수인에게 승계시킨 후 양수인이 그 부동산임대업을 다른 과세사업으로 변경하는 경우에는 「부가가치세법」 제6조 제6항 제2호의 규정에 따라 재화의 공급으로 보지 않는 사업의 양도에 해당하는 것이다(부가-36, 2010. 1. 8).

⑤ 공유지분의 양도

건물의 공유지분에 대해 구분 사용수익 하여 부동산임대업을 영위하고 있는 사업자가 자기 지분 전체를 양도하면서 그 부동산임대업과 관련된 권리와 의무를 포괄적으로 양수인에게 승계시키는 경우에는 「부가가치세법」 제6조 제6항 제2호의 규정에 따라 재화의 공급으로 보지 않는 사업의 양도에 해당하는 것이다(부가-1906, 2009. 12. 31).

⑥ 부동산매매업을 영위하는 법인이 타인에게 매매할 목적으로 특정한 장소에 오피스텔을 신축하였으나 매매가 되지 아니하여 이사회를 열어 해당 오피스텔을 임대하기로 사업목적을 변경하고 해당 오피스텔 소재지에 부동산임대업으로 사업자등록을 한 후 일부는 사업을 위한 주거용인 기숙사 등으로 임대하고 일부는 상시 주거용인 주택으로 임대한 경우로서 주택으로 임대한 부분에 대하여 「부가가치세법」 제10조 제1항에 따른 재화의 공급으로 보아 부가가치세를 신고·납부한 후 해당 오피스텔을 양도하면서 부동산임대업에 관한 모든 권리와 의무를 포괄적으로 승계한 경우에는 같은 법 제10조 제8항 제2호와 같은 법 시행령 제23조에 따라 재화의 공급에 해당하지 아니하는 것이다(법규부가 2013-531, 2014. 1. 18).

⑦ 양수인의 사업자 미등록

부동산임대업을 영위하는 사업자가 그 사업과 관련된 모든 권리와 의무를 포괄적으로 양수인에게 승계하고 사업자등록을 하지 아니한 양수인이 해당 사업을 실질적으로 영위하여 사업의 동일성이 유지되는 경우에는 사업의 양도에 해당한다(법령해석부가-0039, 2018. 2. 13).

### 3) 사업양도에 해당하지 아니하는 경우

① 연접한 상가의 일부양도

하나의 건물에서 구분 등기된 인접 상가 두 개를 분양받아 하나로 사업자등록을 하고 부동산임대업을 경영하는 사업자가 해당 상가의 벽을 철거하여 임차인 1인에게 임대하던 중 임차인의 변경 없이 하나의 상가를 다른 사업자에게 양도하는 경우에는 「부가가치세법」 제6조 제6항의 규정을 적용할 수 없는 것이다(부가-871, 2010. 7. 9).

② **임대보증금을 제외한 부동산 양도**

부동산임대업을 영위하던 사업자가 사업장별로 부동산임대업에 관련된 인적·물적 시설 및 모든 권리와 의무 등을 아들에게 증여하면서 부동산임대업과 관련된 임대보증금을 제외하는 경우에는 「부가가치세법」 제6조 제6항의 규정에 의한 사업의 양도에 해당하지 아니하는 것이다(부가-1752, 2009. 12. 3).

③ **임대차계약의 해지 후 양도**

부동산(스포츠센터)임대업을 영위하는 사업자가 스포츠센터운영업과 전대업을 영위하던 임차인과의 계약을 해지한 후 부동산을 양도함에 따라 양수인이 스포츠센터운영업과 부동산임대업을 영위하는 경우 당해 부동산의 양도는 「부가가치세법」 제6조 제6항 제2호에 따라 재화의 공급으로 보지 아니하는 사업의 양도에 해당하지 아니하는 것이다(부가-1620, 2009. 11. 9).

④ **자산과 부채의 일부승계**

부동산임대업을 영위하는 법인이 부동산임대업에 공하던 부동산과 임차인의 임대보증금 이외의 부동산과 직접 관련된 선급비용 등의 자산과 차입금 등의 부채 및 건물의 위탁관리계약, 보험계약 등을 승계시키지 아니하고 사업을 양도하여 사업의 동일성을 유지하면서 경영주체만을 교체시킨 것으로 볼 수 없는 경우에는 「부가가치세법」 제6조 제6항 제2호의 규정에 의한 사업의 양도에 해당하지 아니하는 것이다(부가-1411, 2009. 9. 29).

### 4) 부동산매매업과 사업양도

재화의 공급으로 보지 않는 사업양도는 그 사업에 관한 권리와 의무를 포괄적으로 승계시키는 것으로 부동산의 취득과 양도를 계속, 반복적으로 수행하는 부동산매매업자의 일부 부동산 양도는 사업양도에 해당되지 아니한다. 부가가치세법 시행령 제23조 제1호는 **매출채권 일부가 양도대상에서 제외되었다고 하더라도 사업을 포괄적으로 승계시킨 것으로 보도록 규정**하고 있으므로, 이 건 매매 이후 원고 운영 사업체에 매출채권이 남아있다 하더라도 이 사건 매매를 구 부가가치세법 제10조 제8항 제2호의 '재화의 공급으로 보지 않는 사업의 양도'로 보는 데 아무런 지장이 없다. 부가가치세법상 폐업일은 사실상의 사업폐업일로 판단해야 하며, 폐업 후 잔무처리를 위해 원고가 이 사건 매매일인 2016. 5. 2.보다 늦은 2016. 12. 31. 원고 운영 사업체를 폐업하였다고 하더라도 이 사건 매매를 사업의 양도로 보는 데 장애가 되지 아니한다. 원고는 비주거용 건물 신축과 더불어 부동산매매업을 영위하고 있었으므로 특별한 사정이 없는 한 부동산의 매매는 원고가 운영하는 사업체의 영업활동으로 보아야 한다. 원고가 들고 있는 대법원 2011. 11. 10. 선고 2011두18717 판결은 건축물신축판매업을 영위하는 자가 부동산임대업을 영위하는 자에게 신축한 건물을 양도한 것으로 사업의 동일성이 유지되지 않아 사업의 양도로 볼 수 없다고 판단한 사안으로서, 원고의 주장을 뒷받침하기에 적절하지 아니하다. 따라서 원고의 이 부분 주장도 이유 없다(대구고등법원 2021. 1. 15. 선고 2019누5305 판결). 즉, 부동산매매업자가 부동산의 일부를 양도하는 것은 사업활동의 일환이고 사업의 동일성을 유지할 수 없기 때문에 사업양도에 해당되지 않는다. 부동산매매업자가 당해 신축건물에서 일시적으로 임대업을 영위하다가 당해 건물을 양도한 경우는 부가가치세법 제6조 제6항에 규정한 사업의 양도에 해당하지 아니하는 것이다(부가가치세과-232, 2012. 3. 6).

### 부가가치세 집행기준 10-23-1 사업양도의 구체적 범위

재화의 공급으로 보지 아니하는 사업양도란 사업장별로 사업용 자산을 비롯한 물적·인적시설 및 권리와 의무를 포괄적으로 승계시키는 것을 말하며(미수금, 미지급금, 사업과 관련없는 토지·건물 등 제외), 다음과 같은 사례가 포함된다.

1. 개인인 사업자가 법인설립을 위하여 사업장별로 그 사업에 관한 모든 권리와 의무를 포괄적으로 현물출자하는 경우
2. 과세사업과 면세사업을 겸영하는 사업자가 사업장별로 과세사업에 관한 모든 권리와 의무를 포괄적으로 양도하는 경우
3. 과세사업에 사용·소비할 목적으로 건설 중인 독립된 제조장으로서 등록되지 아니한 사업장에 관한 모든 권리와 의무를 포괄적으로 양도하는 경우
4. 사업과 관련없는 특정 권리와 의무, 사업의 핵심적 구성요소가 아닌 일부 자산, 채권, 채무를 제외하고 사업에 관한 모든 권리와 의무를 승계시키는 경우
5. 사업의 포괄적 승계 이후 사업양수자가 사업자등록만을 지연하거나 사업자등록을 하지 아니한 경우
6. 사업을 포괄적으로 승계받은 자가 승계받은 사업 외에 새로운 사업의 종류를 추가하거나 사업의 종류를 변경한 경우(2006. 2. 9 이후 사업양도분부터 적용한다)
7. 주사업장 외에 종사업장을 가지고 있는 사업자단위과세사업자가 종사업장에 대한 모든 권리와 의무를 포괄적으로 승계시키는 경우
8. 2 이상의 사업장이 있는 사업자가 그 중 한 사업장에 관한 모든 권리와 의무를 포괄적으로 양도하는 경우
9. 「상법」에 따라 분할하거나 분할합병하는 경우에는 같은 사업장 안에서 사업부문별로 구분

하는 경우

10. 「법인세법」 제46조 제2항 또는 제47조 제1항의 요건을 갖춘 분할의 경우

**부가가치세 집행기준 10-23-2 사업양도에 해당하지 아니하는 사례**

1. 사업과 직접 관련이 있는 토지와 건물을 제외하고 양도하는 경우
2. 부동산매매업자 또는 건설업자가 일부 부동산 또는 일부 사업장의 부동산을 매각하는 경우
3. 종업원 전부, 기계설비 등을 제외하고 양도하는 경우
4. 부동산임대업자가 임차인에게 부동산임대업에 관한 일체의 권리와 의무를 포괄적으로 승계시키는 경우
5. 일부 과세대상 사업용 부동산을 먼저 양도하고 동일한 과세기간 경과 후 나머지 사업과 관련된 권리·의무, 종업원 등을 양도하는 경우

**참고 부동산임대업의 사업양도의 요건 및 세무처리**

**1. 사업양도의 요건**

부동산임대업을 영위하는 사업자가 부동산을 양도하면서 부가가치세 과세대상에서 제외되는 사업양도의 요건을 충족하기 위해서는 다음을 충족하여야 한다.

(1) 양수인이 부동산임대업을 영위할 것

부동산임대업자가 당해 부동산을 양도하고 사업양수인은 부동산임대업을 영위하여야 한다. 다만, 양수자가 양수일 이후에 승계받은 부동산임대업 외에 새로운 사업의 종류를 추가하거나 사업의 종류를 변경한 경우는 사업양도에 해당된다. 따라서 임대용 부동산을 숙박업자에게 양도한 경우 사업의 종류를 변경한 경우에 해당되지 아니하여 부가가치세가 과세된다. 그러나 사업양수인은 사업양수 후에 사정변경으로 인하여 부동산임대업을 다른 업종으로 변경하는 경우에도 사업양도의 효력에는 영향을 받지 않는다고 판단된다.

| 유 형 | 양도자 | 양수자 | 사업양도 여부 |
|---|---|---|---|
| 1 | 부동산임대업 | 약국(과세+면세) | × |
| 2 | 부동산임대업 | 부동산임대업+음식점(과세) | × |
| 3 | 부동산임대업 | 임대업+목욕탕업(과세) | × |
| 4 | 부동산임대업+주택임대업 | 부동산임대업 | ○ |

(2) 주택임대 및 사택 등으로 사용하는 경우

사업양도는 미래에 부가가치세가 과세될 것으로 예상하여 일시적으로 과세를 유예해주는 제도로 사업양수인이 주택임대 등 면세사업에 사용하거나 부가가치세 과세제외 대상으로 사용한다면 사업양도로 과세대상에서 제외해줄 이유가 없다. 따라서 이 경우에는 부가가

치세 과세대상거래에 해당된다.

(3) 자산과 부채를 포괄적으로 승계할 것

부동산임대업에 사용된 토지와 건물 등 임대용자산과 임차인, 임대보증금, 담보부동산에 대한 차입금이 모두 사업양수인에게 승계되어야 한다. 따라서 계약기간이 남아 있는 임차인 일부를 양수인에게 승계시키지 아니한 경우 사업양도에 해당되지 아니 한다(부가-117, 2009. 1. 8).

(4) 양도자의 폐업신고와 양수인의 사업자등록 신청

사업양도에 의하여 소유권이 이전되면 사실상 폐업에 해당되어 양도일이 속하는 달의 말일로부터 25일 이내에 부가가치세 신고납부를 하여야 한다. 또한 사업양수인은 사업양수일로부터 20일 이내에 사업자등록신청을 하여야 미등록에 따른 불이익을 받지 않는다. 사업양수인의 과세유형은 간이과세가 배제되므로 일반과세자로 사업자등록을 하여야 한다.

(5) 사업양도신고서의 제출

사업양도에 해당하는 경우 폐업신고와 더불어 사업양도신고서(별지 제19호 서식)와 사업양도·양수계약서를 제출하여야 한다. 그러나 사업양도신고서 및 사업양도계약서를 제출하지 않는다고 하여도 사업양도의 효력에는 영향을 미치지 아니한다(서면3팀-662, 2006. 4. 5).

## 2. 사업양도·양수계약서의 작성

위에서 살펴본 바와 같이 부동산임대업의 양도시 사업양도에 해당되는 요건을 면밀히 검토하고 그에 대한 내용을 사업양도·양수계약서에 명확히 나타나도록 작성하여야 한다. 부동산임대업의 사업양도·양수계약서의 일부를 예시하면 다음과 같다.

**[사업양도 · 양수계약서(일부 예시)]**

**(제1조)** 본 계약은 (갑)이 운영하고 있는 회사의 사업에 관한 일체의 권리와 의무를 (을)이 양수하고자 하는 데 그 목적이 있다.

**(제2조)** (갑)은 부가가치세법 제10조 제9항의 규정에 의한 사업양도에 따른 부가가치세의 면제를 받기 위하여 20×1년 5월 27일 현재의 붙임 재무상태표상의 사업용 자산 총액에서 부채 총액을 차감한 잔액을 대가로 하여 (을)에게 사업 일체의 권리와 의무를 포괄적으로 양도한다.

**(제3조)** (을)은 (갑)이 제출한 20×1년 5월 27일 현재의 재무상태표상의 양수할 자산과 부채를 포괄적으로 인수한다. 양수인(을)은 양도인(갑)과 체결한 기존임차인들의 임대계약 내용, 임차보증금을 현 상태로 인수하며 양수부동산에 담보된 채무를 그대로 승계한다.

**(제4조)** 양수인(을)은 당해 부동산 매매와 관련하여 부가가치세법상 일반과세자로 사업자등록을 지체 없이 이행하여야 한다.

## 3. 사업양도의 절차

(1) 자산·부채 가액의 확정과 재무제표의 확정

사업양도·양수계약을 체결하기 위해서는 우선 자산과 부채가액을 확정하고 차액에 대한 대금지급 방법을 정하여야 한다. 그 다음에 사업양도·양수계약서를 작성하여야 한다.

(2) 사업양도인의 폐업신고와 사업양수인의 사업자등록 신청

사업양도인은 사업양도일을 폐업일자로 하고 폐업원인을 사업양도로 하여 사업장 관할 세무서에 폐업신고서를 제출하여야 한다. 다만, 부가가치세 확정신고서에 폐업연월일(사업양도일) 및 사유(사업양도)를 기재하고 사업자등록증을 첨부하여 제출하는 경우에는 폐업신고서를 제출한 것으로 본다(부령 10 ①). 한편 사업양수인은 사업양수일로부터 20일 이내에 일반과세자인 부동산임대업(추가업종 가능)으로 사업자등록을 하여야 한다.

(3) 사업양도자의 부가가치세 확정신고

사업양도자는 사업양도일이 속하는 달의 다음 달 25일까지 부가가치세 확정신고・납부를 이행하여야 한다. 확정신고 대상기간(과세기간)의 임대료에 대한 세금계산서와 임대보증금에 대한 간주임대료를 과세표준으로 하여 사업장 관할 세무서장에게 신고납부의무를 이행하여야 한다.

(4) 양도소득세・증여세의 신고・납부

1) 사업양도의 원인이 매매인 경우

사업양도의 원인이 매매에 해당하는 경우 사업양도자는 양도일이 속하는 달의 말일로부터 2월 이내에 양도소득세 예정신고・납부의무를 이행하여야 한다. 예정신고・납부의무를 이행하지 아니한 경우 무신고가산세가 부과된다. 사업양도에 의하여 매매가 이루어지는 경우 양도차익의 산정시 당초취득가액에서 감가상각누계액을 차감한 장부가액을 필요경비로 공제하여야 한다는 점에 유의하여야 한다.

2) 사업양도의 원인이 증여인 경우

임대용부동산이 배우자나 자녀에게 증여를 원인으로 하여 소유권이 이전되는 경우에도 상기의 사업양도 요건이 충족되면 부가가치세 과세거래에 해당되지 아니한다. 이 경우 사업양수인은 증여일(사업양수일)이 속하는 달의 말일로부터 3월 이내에 증여세 신고・납부의무를 이행하여야 한다. 다만, 임대보증금이나 부채를 부담부증여로 승계하는 경우 그 부분에 대하여는 유상양도에 해당되어 양도소득세를 신고납부하여야 한다. 이 경우 양도소득세의 예정신고・납부기한은 증여등기일이 속하는 달의 말일로부터 3월 이내에 하여야 한다.

(5) 종합소득세 확정신고・납부

사업양도자는 부동산임대업소득(사업소득)에 대한 종합소득세를 다음 연도 5월 말일까지 신고・납부하여야 한다. 이 경우 임대용부동산의 매각은 사업용자산의 처분이익으로 종합소득세 과세대상이 아니다. 따라서 손익계산서에 계상된 유형자산처분이익을 총수입금액불산입으로 세무조정하여야 한다.

### (6) 부동산임대용역의 공급시기

#### 1) 일반적인 경우

용역이 공급되는 시기는 역무가 제공되거나 재화 · 시설물 또는 권리가 사용되는 때로 한다. 즉, 용역의 공급이 완료되는 때이다. 따라서 부가가치세법상 임대료의 공급시기는 계약서상 임대료를 받기로 약정한 날이며 이때 세금계산서를 발급하여야 한다. 다만, 부동산임대용역은 계속적으로 공급되므로 공급시기 도래 전에 세금계산서 또는 영수증의 교부한 경우에는 그 때를 공급시기로 보는 것이다(서면3팀 - 1284, 2004. 7. 5). 한편, 간주임대료의 경우에는 예정신고기간 또는 과세기간의 종료일이 공급시기이며 간주임대료는 세금계산서를 발급할 수 없다. 또한 사업자가 2과세기간에 걸쳐 부동산임대용역을 공급하고 **그 대가를 선불 또는 후불로 받는 금액**에 대하여 당해 금액을 계약기간의 월수로 나눈 금액의 각 과세기간의 합계액을 과세표준으로 하는 경우에는 **예정신고기간 또는 과세기간 종료일**을 공급시기로 한다(부령 29). 즉, 3. 31, 6. 30, 9. 30, 12. 31로 하여 세금계산서를 발행하여야 한다.

#### 2) 임대료가 법원의 판결에 의하여 확정되는 경우

부동산임대업을 영위하는 사업자가 임차인과 임대료에 대한 다툼이 있어 그 임대료 상당액이 법원의 판결에 의하여 확정되는 경우에는 부가가치세법 시행령 제22조 제3호의 규정에 의하여 당해 임대료 상당액이 법원의 판결에 의하여 확정되는 때를 공급시기로 하여 부가가치세를 거래징수 하는 것이다(서삼 46015 - 10313, 2003. 2. 20). 부동산임대업을 영위하는 사업자가 당초 부동산임대차 계약기간이 종료되고 임대보증금이 월 임대료에 충당되어 잔액이 없어 임차인에게 계약해지 통보 후 명도소송을 진행 중이나 임차인이 해당 부동산을 명도하지 아니하고 계속 사용하여 실질적으로 임대용역을 제공하는 경우로서 해당 사업자가 소송에 승소하여 임대료 상당액에 해당하는 대가를 받기로 한 경우 해당 임대료에 대한 공급시기는 「부가가치세법 시행령」 제29조 제2항 제1호에 따라 법원의 판결에 의하여 확정되는 때인 것이다(법규부가 2013 - 508, 2013. 12. 17).

#### 3) 명도소송에 따른 임대료의 공급시기 및 귀속시기

부동산을 임대함에 있어서 재산세를 임차자가 부담한 경우 당해 재산세에 대한 공급시기는 그 재산세의 납부기일로 하는 것이며 임대차계약의 존부경개 등으로 임대료상당액이 법원의 판결에 의하여 확정되는 경우 그 임대료 상당액의 공급시기는 법원의 판결에 의하여 확정되는 때이다(부가 1265 - 1489, 1982. 6. 9). 또한 임대차계약에 관한 쟁송(미불임대료의 청구에 관한 쟁송 제외)에 대한 판결, 화해 등으로 인하여 소유자 등이 받게 되어 있는 이미 경과한 기간에 대응하는 임대료상당액의 수입시기는 판결, 화해가 있는 날이다

(소령 48 10호의 4 다목).

#### 4) 판결에 의한 미수임대료의 공급시기 및 귀속시기

미수임대료의 공급시기 및 귀속시기는 이에 대한 청구소송의 여부에 불구하고 계약에 의하여 정하여진 지급일이다(국심 2004부1873, 2004. 10. 5).

**부가가치세 집행기준 15-28-6 임차토지에 설치한 시설물의 공급시기**

① 사업자가 타인 소유의 토지 위에 건물을 신축하여 일정 기간 동안 무상 또는 저리로 사용하기로 약정하고 토지 소유자 명의로 신축건물을 보존 등기하는 경우 재화와 용역의 교환거래로서 해당 건축물의 이전은 재화의 공급에 해당한다.

② 타인의 토지 위에 임차인이 건물을 신축하여 자기의 명의로 등기하여 토지를 무상 또는 저리로 사용하던 중에 임대차계약 종료 시 토지를 명도하면서 해당 건물의 소유권을 임대인에게 이전하는 경우 그 건물에 대한 소유권을 이전하는 때에 재화의 공급으로 부가가치세가 과세된다. 이 경우 임대인은 토지의 임대에 따른 대가를 금전 외의 것으로 받은 것으로서 「부가가치세법 시행령」 제65조 제5항에 따라 공급가액을 계산하여 부가가치세 신고납부의무를 진다.

③ 임차인이 임차토지위에 자신의 계산과 책임으로 건물을 신축하여 적정한 토지임대료를 지급하고 사용한 후 임대기간 만료 또는 해지 시 임차인의 비용으로 철거하도록 약정되었다면 해당 건축물의 취득가액을 임대인의 토지임대료에 포함하지 아니한다.

#### 5) 간주임대료의 공급시기

사업자가 부동산 임대용역을 공급하고 전세금 또는 임대보증금을 받는 경우 또는 사업자가 둘 이상의 과세기간에 걸쳐 부동산 임대용역을 공급하고 그 대가를 선불 또는 후불로 받는 경우 공급시기는 예정신고기간 또는 과세기간 종료일로 한다(부령 29 ② 2호).

### (7) 공동매입의 경우

임대인이 한국전력공사로부터 전기요금에 대한 세금계산서를 총액으로 발급받은 후(사업자등록번호가 기재된 것) 실제 사용자인 임차인에게 다시 발급하는 경우 발급일자는 임대인이 발급받은 일자와 동일하고 사업자등록번호로 발급받아야 하며, 임대인의 공급가액은 임대인이 공급받은 범위 내에서 발급하여야 한다. 만일 임차인에게 발급한 공급가액의 합계가 발급받은 공급가액보다 큰 경우에는 발급금액 총액이 소득세법상 총수입금액이 된다. 임대인은 간이과세자나 면세사업자인 경우에도 세금계산서 발급이 가능하다. 부가가치세신고시에는 과세표준에 모두 포함하여 신고하고 신고서상 과세표준명세서상의 "수입금액 제외(29란)" 란에 표시하여야 한다. 임대업자인 개인사업자가 공동매입 전기료에 대한 세금계산서를 발급받아 전력을 실제 소비하는 임차인에게 발급한 세금계산서의 공급가액은 전자세금계산서 의무발급 공급가액에 포함되지 아니하는 것이다(법령해석과-217, 2018. 1. 25).

### (8) 과세표준의 계산

부동산임대용역을 공급하는 경우의 과세표준은 과세기간의 월임대료 합계와 간주임대료 합계로 한다. 여기에는 부가가치세가 제외된다. 따라서 임대차 계약시 일반과세자인 경우에는 임대료에 부가가치세 별도를 표시하여야 한다. 왜냐하면 부가가치세 별도 표시가 없으면 임대료에 부가가치세가 포함된 것으로 보아 부가가치세를 거래징수 할 수 없기 때문이다.

**참고** **대가에 부가가치세 별도 표시가 없는 경우**

공급가액이란 통상 재화 또는 용역을 공급하고 받는 금액에서 부가가치세를 제외한 금액을 말하는데 재화 또는 용역 공급시 '부가가치세 별도'라는 의사표시가 없으면 부가가치세가 포함된 공급대가로 본다(부기통 13-48-1, 재소비 46015-40, 2003. 2. 14).

#### 1) 임대료

임대료는 받기로 약정한 날은 공급시기로 한다. 다만, 임대료를 2과세기간에 걸쳐 선불 또는 후불로 받은 경우에는 당해 금액을 계약기간의 월수로 나눈 금액의 각 과세대상기간의 합계액을 그 과세표준으로 한다. 또한 사업자가 부가가치세가 과세되는 부동산임대료와 관리비(전기요금 등 포함) 등을 구분하지 아니하고 영수한 때에는 전체금액을 과세표준으로 보지만, 임차인이 부담하여야 할 보험료・수도료 및 공공요금 등을 별도로 구분 징수하여 납입을 대행하는 때에는 당해 금액은 부동산임대 관리에 따른 대가에 포함하지 아니한다.

#### 2) 간주임대료

사업자가 부동산임대용역(주택임대용역은 제외)을 공급하고 전세금 또는 보증금을 받은 경우에는 금전 이외의 대가를 받은 것으로 보아 다음과 같이 과세표준을 계산한다. 그리고 간주임대료에 대해서는 세금계산서를 발급할 수 없으며 간주임대료를 임차인이 부담하기로 약정한 경우에는 임차인의 필요경비(세금과공과)로 처리한다.

① 일반적인 경우

$$\text{과세표준} = \text{당해 과세기간의 전세금(보증금)} \times \frac{\text{일수}}{365(366)} \times \text{이자율}$$

② 전대업자의 경우

부동산전대란 임차인이 다시 전차인과 전대차계약을 체결하여 임대업을 영위하는 방식으로 당해 계약이 효력을 갖기 위해서는 임대인의 동의를 요한다. 전대업의 경우에는 전대로부터 수령한 보증금에서 임차를 위해 지불한 보증금을 차감한 금액에 대하여 간주임대료를 계산하게 되는데 산식은 다음과 같다.

간주임대료 = [당해 기간의 전세금 또는 임대보증금 - 임차시 지불한 전세금 또는 임차보증금] × 일수/365(366) × 이자율

이 경우 임차한 부동산 중 직접 자기의 사업에 사용하는 부분이 있는 경우 임차시 지불한 전세금 또는 임차보증금은 다음 산식에 의한 금액을 제외한 금액으로 한다.

$$\text{임차시 지불한 전세금 또는 임차보증금} \times \frac{\text{예정신고기간 또는 과세기간 종료일 현재 직접 자기의 사업에 사용하는 면적}}{\text{예정신고기간 또는 과세기간 종료일 현재 임차한 부동산의 총 면적}}$$

이 경우 직접 자기의 사업에 사용하는 면적에는 사업자가 직접 사용하는 사무실의 전용면적과 그에 대응하는 공용면적이 포함되는 것이다(법규부가 2011-0518, 2011. 12. 29).

③ 임대료 연체에 따른 간주임대료 계산

부동산임대업을 영위하는 사업자가 임대용역을 제공하고 임대보증금과 매월 임대료를 별도로 받기로 하였으나 중도에 매월 임대료를 임대보증금에서 차감하기로 하고 임대계약 종료시 임대기간 동안의 임대료를 차감한 잔액만을 반환하기로 변경한 경우 부가가치세 과세표준은 매월의 임대료와 보증금 중 매월 임대료를 순차로 차감한 금액에 대한 간주임대료의 합계액이 되는 것이나, 임대사업자가 단순히 매월의 임대료를 지급받지 못하여 임대계약 종료시 지급받지 못한 임대료 전액을 지급할 보증금과 상계처리하는 경우에는(부가 46015-2338, 1997. 10. 15) 임대보증금을 차감하지 않고 간주임대료를 계산한다(부가 46015-905, 1998. 5. 1).

■ 부가가치세법 시행규칙 [별지 제25호 서식] 〈개정 2021. 10. 28〉[62]

홈택스(www.hometax.go.kr)에서도 신청할 수 있습니다.

# 부동산임대공급가액명세서

**년 제 기 ( 월 일 ~ 월 일)**

(앞쪽)

| ① 부동산 소재지 | ② 상호(소유자 성명) |
|---|---|
| ③ 사업자등록번호 | ④ 사업자 단위 과세자의 종된 사업장 일련번호 |

수입금액 내용 (기간 월 ~ 월) (단위: 원)

| 임대사항 | | | | 임차인 인적사항 및 임대차 계약내용 | | | | | | | 임대수입금액 (과세표준) | | |
|---|---|---|---|---|---|---|---|---|---|---|---|---|---|
| ⑤ 동 | ⑥ 층 | ⑦ 호 | ⑧ 임대면적 (㎡) | ⑨ 상 호 (성명) | ⑩ 사업자등록번호 (주민등록번호) | ⑪ 입주일 | ⑫ 갱신일 | ⑬ 퇴거일 | ⑭ 보증금 | ⑮ 월 임대료 | ⑯ 합 계 | ⑰ 보증금 이자(계) | ⑱ 월 임대료(계) |
| 합 계 | | | | | | | | | | | | | |
| | | | | | | | | | | | | | |
| | | | | | | | | | | | | | |
| | | | | | | | | | | | | | |
| | | | | | | | | | | | | | |
| | | | | | | | | | | | | | |
| | | | | | | | | | | | | | |
| | | | | | | | | | | | | | |
| | | | | | | | | | | | | | |

290㎜×210㎜[백상지 80g/㎡(재활용품)]

62) 부동산관리를 영위하는 사업자는 2007. 7. 1 이후 최초로 신고하는 분부터 건물관리명세서를 제출하여야 한다. 다만, 주거용건물관리는 제외한다(부령 65 ① 5호의 2).

### (9) 세금계산서 및 영수증의 발급

임대료에 대하여는 공급시기에 임차인에게 세금계산서를 발급하여야 한다. 다만, 간주임대료를 임차인이 부담하기로 약정한 경우에도 세금계산서를 발급할 수 없으며 영수증을 발급하여야 한다. 한편, 주택임대업을 영위하는 법인이 사업자가 아닌 개인에게 주택임대용역을 제공하는 경우 「법인세법 시행령」 제164조 및 「소득세법 시행령」 제211조 제2항의 규정에 따라 영수증을 발급할 수 있는 것이나, 주택임대용역을 제공받는 자가 사업자인 경우에는 계산서를 발급하여야 하는 것이다(법인-947, 2009. 8. 31).

### (10) 부동산임대차 계약갱신시 임대차계약서 제출

부동산임대업자의 경우에는 부동산임대공급가액명세서와 임대차계약서 사본(사업장을 임대한 후 임대차계약을 갱신한 경우에만 해당한다)을 예정신고·확정신고시에 제출하여야 한다. 또한, **부동산임대공급가액명세서를 제출하지 아니하거나 제출한 수입금액이 사실과 다르게 적혀 있는 경우**에는 제출하지 아니한 수입금액 또는 제출한 수입금액과 실제 수입금액과의 차액에 대하여 100분의 1에 해당하는 금액을 납부세액에 더하거나 환급세액에서 뺀다.

### (11) 임차인이 건축 후 임대인 명의로 하는 경우

임차인이 임대인과 체결한 임대차계약에 따라 임차인이 임대차 목적물인 건물 증축비를 부담하고 증축된 건물 소유권을 임대인 명의로 하는 경우, 임차인은 임대인에게 증축 건물의 공급에 대하여 건물의 시가를 공급가액으로 하여 「부가가치세법」 제32조에 따른 세금계산서를 발급하는 것이며, 임대인이 부동산임대용역을 제공하고 임차인으로부터 현금으로 지급받는 증축 건물에 대한 월 임대료는 같은 법 시행령 제29조 제1항에 따라 그 대가를 받기로 한 때에 세금계산서를 발급하는 것이나, 임대인이 임차인으로부터 증축된 건물을 이전받는 것은 부동산임대용역에 대한 대가를 선불로 받는 것이므로 같은 법 시행령 제29조 제2항에 따라 예정신고기간 또는 과세기간의 종료일에 임차인에게 세금계산서를 발급하는 것이다(사전-2020-법령해석부가-0997, 2020. 12. 18). 임차인이 임대인과 체결한 임대차계약에 따라 임대차 목적물인 건물 증축비를 부담하고 증축된 건물 소유권을 임대인 명의로 하는 경우, 임대인은 임차인이 부담한 해당 건물 증축비에 대하여 선수임대료로 계상한 후 임대자산인 건물의 원본에 가산하여 감가상각함과 동시에 임대계약기간에 안분하여 수익을 인식하는 것이다(사전-2020-법령해석법인-0998, 2020. 12. 4).

**부가가치세 집행기준 29-0-5 부동산임대에 따른 공공요금의 공급가액**

사업자가 부가가치세가 과세되는 부동산임대료와 해당 부동산을 관리해 주는 대가로 받는 관리비 등을 구분하지 아니하고 영수하는 때에는 전체 금액에 대하여 과세하나, 임차인이 부담하여야 할 보험료 · 수도료 및 공공요금 등을 별도로 구분 · 징수하여 납입을 대행하는 경우 해당 금액은 부동산 임대관리에 따른 대가에 포함되지 아니한다.

## 3. 소득세 · 법인세 실무

### (1) 부동산임대소득의 범위

부동산임대소득이란 부동산임대업에서 발생하는 소득을 말한다. 다만, 「공익사업을 위한 토지 등의 취득 및 보상에 관한 법률」 제4조에 따른 공익사업과 관련하여 지역권 · 지상권(지하 또는 공중에 설정된 권리를 포함한다)을 설정하거나 대여함으로써 발생하는 소득은 제외한다. 부동산임대소득의 범위는 다음과 같다(소법 45 ②).

① 부동산 또는 부동산상의 권리의 대여소득. 다만, 부동산상의 권리에는 지역권 · 전세권을 포함하지 않는다.

② 공장재단 또는 광업재단의 대여소득

③ 채굴권의 대여소득으로서 광업권자 · 조광권자 또는 덕대(이하 "광업권자등"이라 한다)가 채굴 시설과 함께 광산을 대여하는 사업을 말한다. 다만, 광업권자등이 자본적 지출이나 수익적 지출의 일부 또는 전부를 제공하는 것을 조건으로 광업권 · 조광권 또는 채굴에 관한 권리를 대여하고 덕대 또는 분덕대로부터 분철료를 받는 것은 제외한다(소령 101 ②).

④ 자기소유의 부동산을 타인의 담보물로 사용하게 하고 그 사용대가를 받는 것은 법 제18조 제1항에 규정하는 부동산상의 권리의 대여로 인하여 발생하는 소득으로 본다(소령 16 ②).

⑤ 부동산매매업 또는 건설업자가 판매를 목적으로 취득한 토지 등의 부동산을 일시적으로 대여하고 얻는 소득은 부동산임대소득으로 본다. 이 경우에 부동산임대소득금액 계산상 필요경비에 산입된 감가상각비 등은 부동산매매업자의 필요경비 계산시 취득가액에서 공제한다(소기통 19-122…1).

### 소득세 집행기준 12-8의2-4 오피스텔 임대소득에 대한 과세 여부 등

① 오피스텔을 임대함에 있어 임차인이 항상 주거용(사업을 위한 주거용인 경우는 제외한다)으로 사용하는 경우에는 주택임대소득에 해당한다.
② 조합원입주권은 그 사용검사필증 교부일(사용검사 전 사실상 사용하거나 사용승인을 얻은 경우에는 그 사실상의 사용일 또는 사용승인일) 이후부터 주택으로 본다.
③ 과세기간 중에 일시적으로 주택을 2개 소유하는 자의 2주택 소유기간 동안 발생하는 주택임대소득은 과세한다.

**참 고** **비과세 주택임대소득의 범위**(소법 12)

**(1) 비과세 주택임대소득**(소법 12 2호 나목)

1개의 주택을 소유하는 자의 주택임대소득(제99조에 따른 기준시가가 12억원을 초과하는 주택 및 국외에 소재하는 주택의 임대소득은 제외한다) 또는 해당 과세기간에 대통령령으로 정하는 **총수입금액의 합계액이 2천만원 이하인 자**의 주택임대소득(2018년 12월 31일 이전에 끝나는 과세기간까지 발생하는 소득으로 한정한다). 이 경우 주택 수의 계산 및 주택임대소득의 산정 등 필요한 사항은 대통령령으로 정한다.

**(2) 주택수의 계산**(소령 8의 2)

③ 법 제12조 제2호 나목을 적용할 때 주택 수는 다음 각 호에 따라 계산한다.

1. 다가구주택은 1개의 주택으로 보되, 구분 등기된 경우에는 각각을 1개의 주택으로 계산
2. 공동소유하는 주택은 지분이 가장 큰 사람의 소유로 계산(지분이 가장 큰 사람이 2명 이상인 경우로서 그들이 합의하여 그들 중 1명을 해당 주택 임대수입의 귀속자로 정한 경우에는 그의 소유로 계산한다). 다만, 다음 각 목의 어느 하나에 해당하는 사람은 본문에 따라 공동소유의 주택을 소유하는 것으로 계산되지 않는 경우라도 그의 소유로 계산한다.
   가. 해당 공동소유하는 주택을 임대해 얻은 수입금액을 기획재정부령으로 정하는 방법에 따라 계산한 금액이 연간 6백만원 이상인 사람
   나. 해당 공동소유하는 주택의 기준시가가 12억원을 초과하는 경우로서 그 주택의 지분을 100분의 30 초과 보유하는 사람
3. 임차 또는 전세 받은 주택을 전대하거나 전전세하는 경우에는 당해 임차 또는 전세받은 주택을 임차인 또는 전세받은 자의 주택으로 계산
4. 본인과 배우자가 각각 주택을 소유하는 경우에는 이를 합산. 다만, 제2호에 따라 공동소유의 주택 하나에 대해 본인과 배우자가 각각 소유하는 주택으로 계산되는 경우에는 다음 각 목에 따라 본인과 배우자 중 1명이 소유하는 주택으로 보아 합산한다.
   가. 본인과 배우자 중 지분이 더 큰 사람의 소유로 계산
   나. 본인과 배우자의 지분이 같은 경우로서 그들 중 1명을 해당 주택 임대수입의 귀속자로 합의해 정하는 경우에는 그의 소유로 계산

### (2) 총수입금액 및 익금의 계산

#### 1) 임대수입금액의 구성

부동산임대업의 수입금액은 임대료와 관리비, 청소비, 난방비 등이다. 다만, 구분 징수된 전기료, 수도요금(예수금)은 수입금액에서 제외된다. 간주임대료(간주익금)는 개인사업자의 경우 추계결정시 부가가치세법상 간주임대료와 소득세법상 간주총수입금액이 동일하므로 세무조정이 불필요하다. 다만 장부에 의하여 총수입금액을 계산하는 경우 임대보증금의 적수에서 건설비상당액의 적수를 차감하여야 하며 임대수입부문에서 발생한 수입이자와 할인료(비치·기장한 장부에 확인된 것에 한함) 등 금융수익을 차감해야 된다. 주의할 점은 건설비상당액의 적수를 계산할 때 건축물의 연면적에서 임대면적비율만 해당되므로 공가 및 자가사용 해당 면적은 제외하여야 한다. 법인의 경우에는 **영리내국법인 중 임대업을 주업으로 하고 차입금 과다법인인 경우**에만 간주익금으로 계산하면 된다. 여기에서 부동산임대업의 주업판단기준은 사업연도종료일 현재 자산총액 중 임대사업에 사용된 자산가액(기준시가)이 50% 이상인 법인을 말한다. 또한 차입금 과다법인이란 차입금이 자기자본의 2배를 초과하는 법인을 말한다(조특법 138).

소득세 집행기준 25-53-3 **임대용부동산의 건설비상당액의 범위**

① 임대용부동산의 매입·건설비의 범위

1. 임대용부동산의 매입·건설비란 해당 건축물의 취득(매입·건설을 포함한다)에 소요된 금액(자본적 지출금액을 포함하고 재평가차액을 제외한다)을 말하고, 건물에 설치된 자동승강기·냉난방시설 등 부대시설의 가액을 포함한다.
2. 건축물의 연면적이란 해당 건축물에 대한 건축물관리대장의 건물 연면적을 말하며, 임대면적이란 해당 건축물 중 임대차계약에 의하여 임대보증금·전세금 또는 이와 유사한 성질의 금액(월세만 받은 면적을 제외한다)을 받고 실제로 임대한 면적을 말하는 것으로 주택으로 임대한 면적을 제외한다.

② 임대용부동산 취득시 건물 토지가액 구분 불분명시 건설비상당액

1. 신축한 부동산 외에 타인으로부터 매입한 임대용 부동산에 대하여도 건설비상당액(토지가액 제외)을 공제할 수 있으며 타인으로부터 매입한 자산의 취득가액은 매입가액에 취득세·등록세 기타 부수비용을 가산한 금액으로 한다.
2. 토지·건물을 포괄 취득하여 각 자산별 가액의 구분이 불분명한 경우에 각 자산별 취득가액은 총취득가액을 취득당시의 기준시가로 안분계산한다.

③ 상속·증여에 의해 취득한 부동산의 건설비상당액

상속·증여에 의하여 취득한 임대용 부동산의 건설비상당액은 상속세 과세가액 또는 증여세 과세가액으로 한다.

### 2) 주택임대의 경우

거주자가 부동산 또는 그 부동산상의 권리 등을 대여하고 보증금·전세금 또는 이와 유사한 성질의 금액(이하 이 항에서 "보증금 등"이라 한다)을 받은 경우에는 대통령령으로 정하는 바에 따라 계산한 금액을 사업소득금액을 계산할 때에 총수입금액에 산입(算入)한다. 다만, 주택[주거의 용도로만 쓰이는 면적이 1호(戶) 또는 1세대당 40제곱미터 이하인 주택으로서 해당 과세기간의 기준시가가 2억원 이하인 주택은 2026년 12월 31일까지는 주택 수에 포함하지 아니한다]을 대여하고 보증금 등을 받은 경우에는 다음 각 호의 어느 하나에 해당하는 경우를 말하며, 주택 수의 계산 그밖에 필요한 사항은 대통령령으로 정한다 (소법 25 ①).

1. 3주택 이상을 소유하고 해당 주택의 보증금 등의 합계액이 3억원을 초과하는 경우
2. 2주택(해당 과세기간의 기준시가가 12억원 이하인 주택은 주택 수에 포함하지 아니한다)을 소유하고 해당 주택의 보증금 등의 합계액이 3억원 이상의 금액으로서 대통령령으로 정하는 금액을 초과하는 경우

**① 장부기장에 의하는 경우**

총수입금액에 산입할 금액 = {해당 과세기간의 보증금 등 - 3억원(보증금 등을 받은 주택이 2주택 이상인 경우에는 보증금 등의 적수가 가장 큰 주택의 보증금 등부터 순서대로 뺀다)}의 적수 × 60/100 × 1/365(윤년의 경우에는 366) × 금융회사 등의 정기예금이자율을 고려하여 기획재정부령으로 정하는 이자율(이하 "정기예금이자율"이라 한다) - 해당 과세기간의 해당 임대사업부분에서 발생한 수입이자와 할인료 및 배당금의 합계액

**② 추계에 의하는 경우**

총수입금액에 산입할 금액 = {해당 과세기간의 보증금 등-3억원(보증금 등을 받은 주택이 2주택 이상인 경우에는 보증금 등의 적수가 가장 큰 주택의 보증금 등부터 순서대로 뺀다)}의 적수 × 60/100 × 1/365(윤년의 경우에는 366) × 정기예금이자율

### 3) 부동산전대업의 총수입금액 계산

부동산을 전전세(轉傳貰) 또는 전대(轉貸)하는 경우 해당 부동산의 보증금 등에 산입할 금액은 다음 계산식에 따라 계산한 금액으로 한다. 이 경우 부동산의 일부만을 전전세 또는 전대한 경우에는 다음 계산식에 따라 계산한 금액에 전전세 또는 전대한 부분의 면적이 전세 또는 임차받은 부동산의 면적에서 차지하는 비율을 곱하여 계산한 금액으로 한다.

- 보증금 등에 산입할 금액 = (전전세 또는 전대하고 받은 보증금 등의 적수 - 전세 또

는 임차받기 위하여 지급한 보증금 등의 적수) × 1/365(윤년의 경우에는 366)

• 총수입금액 = 전차인으로부터 받은 총수입금액 - (건물주에 지급한 전세금 등에 대한 간주임대료 + 건물주에게 지급한 임차료)

### (3) 필요경비 및 손금의 계산

부동산임대업의 주된 필요경비는 감가상각비, 이자비용, 인건비, 제세공과금, 수선비, 수도광열비 등이다.

#### ① 세금과공과

세금과공과는 재산세, 종합부동산세, 간주임대료 부가가치세, 간이과세자 부가가치세, 도로사용료, 교통유발부담금, 환경개선부담금 등이 있다.

**소득세 집행기준 27-55-16 사업용자산에 부과되는 제세공과금 등의 필요경비 산입 여부**

① 사업자가 매매를 목적으로 취득한 토지 등에 부과되는 재산세 등은 필요경비에 산입한다. 다만 취득세와 등록세(등록세에 부가되는 교육세를 포함한다)는 해당 토지 등의 취득가액에 산입한다.

② 부동산임대업자가 납부할 의무가 있는 재산세·종합토지세·취득세중과분은 필요경비에 산입하며, 임차인이 부담하기로 약정한 경우에도 해당 재산세 등은 부동산임대업자의 총수입금액으로 계산하는 한편 필요경비로 산입한다.

③ 종합부동산세 중 해당 사업과 직접 관련이 있는 세액은 자진신고납부일(「종합부동산세법」에 따라 결정 경정하는 경우에는 고지일)이 속하는 과세기간의 필요경비로 산입할 수 있다.

④ 주택임대사업자가 소유하는 주택이 「지방세법」 제114조에 따른 재산세 과세기준일(매년 6월 1일) 현재 사업용 자산에 해당되지 않는 경우에는 해당 주택에 대한 재산세 및 종합부동산세를 부동산임대업의 필요경비에 산입하지 않는다.

**소득세 집행기준 27-55-17 국민건강보험료 등의 필요경비 산입 범위**

「국민건강보험법」, 「노인장기요양보험법」, 「고용보험법」에 따른 다음의 보험료 또는 부담금은 필요경비에 산입한다.

| 관련 법 | 필요경비 산입 범위 | 귀속연도 |
|---|---|---|
| 국민건강보험법<br>노인장기요양 보험법 | 사용자로서 부담하는 보험료 | • 고지분 : 고지일이 속하는 과세연도 |
| | 직장가입자로서 부담하는 사용자 본인 보험료 | |
| | 사업주가 지역가입자로서 부담하는 건강보험료(세대주인 배우자 명의로 부과된 건강보험료를 | |

| 관련 법 | 필요경비 산입 범위 | 귀속연도 |
|---|---|---|
| | 포함한다 : 2009년 납세의무 발생분부터 적용) | • 정산으로 인한 차액 추가납부분 : 추가금액이 확정된 날이 속하는 과세연도 |
| 고용보험법 | 사용자로서 부담하는 보험료 | |
| 고용보험 및 산업재해 보상보험의 보험료징수 등에 관한 법률 | 개산보험료 및 확정보험료 추가납부분 | |
| | 연체금, 보험급여액 징수금 | |

### 소득세 집행기준 27-55-18 사용자가 부담하는 보험료의 필요경비 산입 범위

종업원을 피보험자로 종업원의 사망·상해·질병 등을 지급사유로 하고 계약자는 사용자로 하여 사용자가 부담하는 보험료의 필요경비 산입범위는 수익자에 따라 다음과 같이 구분된다.

| 피보험자 | 수익자 | 보험내용 (지급사유) | 필요경비 해당 여부 |
|---|---|---|---|
| 종업원 | 종업원 | 종업원의 사망·상해·질병을 지급사유로 하는 다음의 보험 | 보험료 : 필요경비 산입(해당 종업원의 근로소득)<br>다만, ① 〈단체순수보장성보험〉과 ② 〈단체환급부보장성보험〉의 경우 해당 보험료 중 연간 70만원 이하 금액은 근로소득으로 보지 않음 |
| | | ① 만기에 납입보험료를 환급하지 않는 〈단체순수보장성보험〉<br>② 만기에 환급보험료가 납입보험료를 초과하지 않는 〈단체환급부보장성보험〉 | |
| | | ③ 선원보험료, 상해보험료, 신원보증보험료, 선원보증보험료, 퇴직보험료, 단체퇴직보험에 부가된 특약보험 등 | |
| | 회사 | 종업원의 사망·상해·질병을 지급사유로 하는 보험 | • 보험료 납입시 : 필요경비 불산입(자산처리)<br>• 보험금 수령시 : 총수입금액 산입<br>• 보험금 종업원에 지급시 : 필요경비 산입(근로소득)<br>• 보험계약자 및 수익자를 종업원으로 변경시 : 필요경비 산입(근로소득) |

#### ② 이자비용

이자비용은 부동산의 취득에 소요된 차입금의 이자, 임대보증금 반환에 소요된 차입금의 이자로 비용으로 인정된다. 또한, 임대부동산 취득비용으로 사용된 차입금을 다른 차입금으로 상환한 경우는 물론이고, 자기자본으로 임대부동산을 취득하였다가 투하자본의 회수를 위하여 새로 차입한 금원을 자본인출금으로 사용한 경우에도, 초과인출금 상당의 부채에 해당한다는 등의 특별한 사정이 없는 한, 그 차입금채무는 부동산임대업을 영위하는 데 필요한 자산에 대응한 부채에 해당되므로 이자비용은 필요경비로 산입된다(대법원 2010. 1. 14 선고, 2009두11874 판결).

다만, 주의할 것은 임대소득자가 은행차입금을 자본에 대한 인출금으로 직접 사용한 경우 동 차입금에 대한 지급이자 또는 공동사업장에 출자하기 위한 차입금에 대한 지급이자는 필요경비에 산입하지 아니한다는 점이다(소득 46011－415, 1994. 2. 14).

판례

**상속세 납부목적 대출이자의 필요경비 산입(조심 2019서1569, 2019. 9. 3)**

거주자가 부동산임대업을 자기 자본에 의하여 경영할 것인지 차입금에 의하여 경영할 것인지는 거주자 개인의 선택에 달린 문제이므로, 거주자의 부동산임대소득금액을 계산함에 있어서, 임대용 부동산의 취득비용으로 사용된 당초의 차입금을 그 후 다른 차입금으로 상환한 경우는 물론이고, 당초 자기 자본으로 임대용 부동산을 취득하였다가 그 후 투하자본의 회수를 위하여 새로 차입한 금원을 자본인출금으로 사용한 경우에도, 앞서 본 초과인출금 상당의 부채에 해당한다는 등의 특별한 사정이 없는 한, 그 차입금채무는 부동산임대업을 영위하는 데 필요한 자산에 대응한 부채로서 사업에 직접 사용된 부채에 해당한다고 보아야 할 것이고, 따라서 그 차입금의 지급이자는 총수입금액을 얻기 위하여 직접 사용된 부채에 대한 지급이자로서 필요경비에 해당한다고 보아야 할 것(대법원 2002. 1. 11 선고, 2000두1799 판결, 참조)인 바, 청구인들은 부동산임대업에 공하던 쟁점부동산을 상속받아 자신들의 부동산임대업을 영위하기 위하여 공동으로 출자하여 공동사업을 영위할 목적으로 쟁점대출금을 새로이 대출받았는데, 이는 출자자산 중 일부를 자본회수하기 위한 목적도 있다고 할 것이고, 쟁점대출금에 따른 지급이자가 달리 「소득세법」 제33조 제1항 제5호 및 같은 법 시행령 제61조 제1항 제2호에 따른 초과인출금의 지급이자 등에 해당하지 아니하는 이상 이를 필요경비에 산입할 수 있는 것이므로, 청구인들의 사업소득의 필요경비로 쟁점지급이자를 인정하여야 한다는 내용의 경정청구를 거부한 처분청의 당초 처분은 잘못이 있다고 판단된다.

주의 사항 **공동사업장에 대한 지급이자의 처리**

① 부동산임대소득, 사업소득, 산림소득이 있는 공동사업장에 대하여는 당해 공동사업장을 1사업자로 보아 소득금액을 계산하는 것이므로 공동사업자가 공동사업장에 출자하기 위하여 차입한 차입금의 지급이자는 공동사업장의 업무와 관련 없는 경비(인출금 성격으로 가산관련 개인적 경비)로 필요경비 불산입하는 것이다(서일 46011－10471, 2002. 4. 11). 그러나 공동사업으로 부동산임대업을 영위하기 위하여 금융기관으로부터 차입한 자금으로 건물을 신축하는 경우 차입금에 대한 준공된 날까지의 이자는 건축물의 가액에 가산(건설자금이자)하며, 준공된 날 이후의 이자는 해당연도의 필요경비에 산입하는 것이다(소득 46011－21136, 2000. 9. 8). 즉, 공동사업자 구성전에 출자(자본조달)

하기 위하여 차입한 금액에 대한 이자비용은 사업무관경비로 필요경비로 인정이 되지 않는 것이나, 공동사업 구성 후에(사업자등록) 공동사업장을 운영하기 위한 소요경비 조달목적인 차입금에 대한 이자비용은 필요경비에 산입된다는 것이다. 공동사업을 영위하기 위해서는 공동사업약정에 따라 각자의 출자비율에 따른 부동산을 출자하거나 금원을 출자하여 그 출자금으로 부동산을 매수하여야 할 것이므로 설령 차입금이 부동산 매수자금의 용도로 사용되었다 하더라도 차입금은 공동사업자가 공동사업을 영위하기 위하여 공동사업자와 약정된 지분비율에 따라 공동사업장에 출자하여야 할 자신의 출자지분에 상응하는 자금을 대출받은 것으로서 공동사업 출자를 위한 개인적인 채무의 부담이지 부동산의 공동사업 자체와는 무관한 부채이므로 필요경비에 산입할 수 없는 것이다(서울고등법원 2005누22779, 2008. 8. 22. 심사소득 2011-0150, 2012. 1. 16).

② 주차장업 동업약정, 공동사업장의 재무제표 등 어디에도 차입금을 '조합원의 출자'로 해석할만한 근거는 존재하지 않고, 차입금채무 부담행위를 출자행위로 간주하는 법령 규정을 찾을 수 없는 바, 피고가 차입금을 공동사업출자의 개인적인 채무로 보고 관련 지급이자를 필요경비 불산입하여 부과한 처분은 위법하다(서울고등법원 2011누27638, 2012. 2. 29).

③ 대출금은 동업계약에 따른 출자의무를 이행하기 위하여 차용한 자금이 아니라 목적사업인 부동산 임대업을 영위하는 데 필요한 토지 및 건물을 구입하기 위하여 차용한 자금이므로 대출금의 지급이자는 필요경비에 해당하는데도 이를 원고들의 개인적인 출자 관련 채무로 보고 지급이자를 필요경비 불산입한 것은 위법하다(대법원 2011. 10. 13 선고, 2011두15466 판결).

**사례** **공동사업관련 이자비용의 필요경비 불산입**

[사실관계]

○ 거주자인 갑과 을은 부동산임대업을 공동으로 경영하기 위하여 100억원의 상가건물을 구입하기로 하고 동업계약을 체결한 바, 동업계약서에 기재된 출자금은 40억원(각 20억원씩)이며 나머지 취득자금은 임대보증금 10억원과 금융기관 대출금 50억원으로 충당함

* 임대부동산 취득자금 내역

| 구분 | 지급일자 | 지급금액 | 자금조달 내역 |
|---|---|---|---|
| 계약금 | 2009. 6. 1 | 20억원 | 공동사업자 2인 출자금으로 지급 |
| 중도금 | 2009. 7. 1 | 20억원 | 공동사업자 2인 출자금으로 지급 |
| 잔금 | 2009. 9. 30 | 60억원 | 임대보증금과 대출금으로 충당 |
| 계 | | 100억원 | |

○ 공동사업 약정내용 및 부동산 매매계약 내용

① 2009. 5. 25 갑과 을은 부동산임대사업을 목적으로 동업계약서 작성

[동업계약서 내용]

- 부동산임대사업 공동경영
- 지분율 : 갑 50%, 을 50%
- 출자금 : 현금 40억원(갑과 을 각 20억원씩 출자)
- 계약금과 중도금은 출자금으로 충당하고 나머지 취득자금은 임대보증금과 금융기관

대출금으로 충당

- 대출금 지급이자는 공동사업장의 임대수입금에서 지급하기로 약정
- 지분을 처분할 때는 반드시 동업자의 동의를 받아야 함.

② 출자금 40억원은 2009. 6. 1 대표 공동사업자인 갑의 통장에서 납입완료

③ 2009. 6. 1 부동산 매매계약 체결

[계약내용]

- 부동산 내용 : 대지 및 상가 건물(매매가액 계 : 100억원)
- 계약금 : 20억원(2009. 6. 1 지급)
- 중도금 : 20억원(2009. 7. 1 지급)
- 잔 금 : 60억원(2009. 9. 30 지급, 임대보증금 10억원은 매수자가 승계받음)

④ 공동사업자 사업자등록증 신청일 : 2009. 10. 1. 갑과 을 각 2분의 1 공유지분으로 등기필

⑤ 금융기관 대출 : 잔금일(2009. 9. 30)에 은행대출 50억원을 차입하여 잔금으로 지급함. 대출명의자는 대표공동사업자인 갑명의로 하고 담보는 갑과 을이 공동 제공함

⑥ 상가임대 실제 개시일 : 2009. 10. 1

⑦ 소유권이전등기 : 2009. 10. 1 갑과 을 각 2분의 1 공유지분으로 등기필

⑧ 임대사업 개시 대차대조표는 아래와 같음

| 차 변 | | 대 변 | |
|---|---|---|---|
| 계정과목 | 금 액 | 계정과목 | 금 액 |
| 토지 · 건물 | 100억원 | 임대보증금 | 10억원 |
| | | 장기차입금 | 50억원 |
| | | 출 자 금 | 40억원 |
| 계 | 100억원 | 계 | 100억원 |

⑨ 공동사업에 대한 이익금의 분배는 임대수입금액에서 판관비 및 차입금에 대한 지급이자 등을 차감한 소득금액을 구성원의 지분별로 안분하여 배분하려 함

[질의내용]

부동산임대업을 경영하는 공동사업에서 부동산의 취득자금을 지급하기 위하여 차입한 차입금 지급이자의 공동사업장 필요경비 해당 여부

[회신]

공동사업에 출자하기 위하여 차입한 차입금의 지급이자는 당해 공동사업장의 필요경비에 산입할 수 없는 것이며 출자를 위한 차입금 외에 당해 공동사업을 위하여 차입한 차입금의 지급이자는 당해 공동사업장의 필요경비에 산입할 수 있는 것이나, 이에 해당하는지 여부는 공동사업 구성원 간에 정한 동업계약의 내용 및 출자금의 실제 사용내역 등에 따라 판단하는 것입니다. 다만, 사업을 위한 차입금의 지급이자에 해당하더라도 준공된 날까지의 지급이자는 소득세법 제33조 제1항 제10호 및 같은 법 시행령 제75조의 규정에 의하여 건물가액에 가산하며,

준공된 날 이후의 지급이자는 해당 과세기간의 필요경비에 산입하는 것입니다(기재부 소득-149, 2011. 4. 22).

판례

**초과인출금 지급이자 필요경비 부인**(대구지방법원 2013구합10207, 2013. 8. 30)

(1) 원고의 위 1) 가) 주장에 관하여

가) 먼저 필요경비에 불산입되는 초과인출금 계산시 사업장별로 구분하여 산정하여야 하는지에 관하여 살펴본다.

사업소득이란 일정한 사업에서 발생한 소득을 말하는데, 소득세법 제19조 제2항은 사업소득금액은 해당 과세기간의 총수입금액에서 이에 사용된 필요경비를 공제한 금액으로 한다고 규정하고, 같은 법 제27조 제1항, 제3항은 사업소득금액을 계산할 때 필요경비에 산입할 금액은 해당 과세기간의 총수입금액에 대응하는 비용으로서 일반적으로 용인되는 통상적인 것의 합계액으로 하고, 필요경비의 계산에 필요한 사항은 대통령령으로 정한다고 규정하고 같은 법 시행령 제55조 제1항 제13호는 총수입금액을 얻기 위하여 직접 사용된 부채에 대한 지급이자를 필요경비로 규정하고 있다. 그리고 소득세법 제33조 제1항 제5호는 대통령령으로 정하는 가사의 경비와 이에 관련되는 경비를 필요경비에 불산입하는 것으로 규정하고, 같은 법 시행령 제61조 제1항 제1호, 제2호는 '사업자가 가사와 관련하여 지출하였음이 확인되는 경비', '사업용 자산의 합계액이 부채의 합계액에 미달하는 경우에 그 미달하는 금액에 상당하는 부채의 지급이자로서 기획재정부령이 정하는 바에 따라 계산한 금액'을 필요경비에 불산입하는 가사와 관련된 경비로 규정하고 있다.

한편 소득세법 제160조 제1항, 제4항, 제5항은 사업자는 소득금액을 계산할 수 있도록 증명서류 등을 갖춰 놓고 그 사업에 관한 모든 거래 사실이 객관적으로 파악될 수 있도록 복식부기에 따라 장부에 기록・관리하여야 하는데, 그 경우 사업소득에 부동산임대업에서 발생한 소득이 포함되어 있는 사업자는 그 소득별로 구분하여 회계처리하여야 하고, 둘 이상의 사업장을 가진 사업자가 이 법 또는 「조세특례제한법」에 따라 사업장별로 감면을 달리 적용받는 경우에는 사업장별 거래 내용이 구분될 수 있도록 장부에 기록하여야 한다고 규정하고 있다. 그러나 구 소득세법 제160조 제5항은 둘 이상의 사업장을 가진 사업자의 경우에는 사업장별 거래 내용이 구분될 수 있도록 장부에 기록하여야 한다고 규정하였다.

위 관련규정에 의하여 알 수 있는 다음과 같은 사정 즉, <u>① 부가가치세는 원칙적으로 사업장 단위로 신고・납부하여야 하나</u>(부가가치세법 제4조 제1항)<u>, 소득세는 개인을 과세단위로 하고 있으므로 사업소득금액 산정시 둘 이상의 사업장이 있다고 하여 사업장 단위로 신고・납부하는 것이 아닌 점, ② 소득세법 제19조 제2항 및 같은 법 시행령 제55조 제1항 제13호에서도 사업소득금액은 해당 과세기간의 총수입금액에서 이에 사용된 필요경비를 공제한 금액으로 하고, 총수입금액을 얻기 위하여 직접 사용된 부채에 대한 지급이자를 필요경비로 규정하고 있을 뿐인 점, ③ 소득세법 시행령 제61조 제1항 제2호는 사업용 자산의 합계액이 부채의 합계액에 미달하는 경우에 그 미달하는 금액(초과인출금)에 상당하는 부채의 지급이자로서 기획재정부령이 정하는 바에 따라 계산한 금액을 필요경비에</u>

불산입한다고 규정하고 있을 뿐이고 위 초과인출금 산정을 사업장별로 하여야 한다는 규정은 전혀 없는 점. ④ 구 소득세법 제160조 제5항은 둘 이상의 사업장을 가진 사업자는 사업장별로 거래내용이 구분될 수 있도록 장부를 기록하여야 한다는 장부의 비치・기록에 관한 일반적 의무를 규정한 것에 불과하므로, 위 규정이 각 사업장별 초과인출금 산정의 근거가 될 수 없는 점. ⑤ 2010. 10. 27 개정 된 소득세법 제160조 제5항은 '둘 이상의 사업장을 가진 사업자가 이 법 또는 조세특례제한법에 따라 사업장별로 감면을 달리 적용받는 경우에는 사업장별 거래 내용이 구분될 수 있도록 장부에 기록하여야 한다'고 규정하고 있는바, 피고의 주장에 의하면 위 소득세법 개정 전후로 초과인출금 산정방법이 달라져야 할 것이나, 위 규정의 개정취지가 그와 같은 것은 아닌 것으로 보이는 점 등에 비추어 보면, 구 소득세법 제160조 제5항이 각 사업장별 초과인출금 산정의 근거규정이 될 수 없고, 그 밖에 과세단위가 개인인 소득세의 사업소득금액 산정을 위한 필요경비와 관련하여 각 사업장별로 초과인출금을 산정하여야 한다는 볼 근거가 없으므로, 원고가 둘 이상의 사업장을 가지고 있다고 하더라도 각각 구분하여 초과인출금을 산정할 필요가 없고, 이 사건 ①, ② 사업장 전체의 자산과 부채를 비교하여 초과인출금을 산정하는 것이 타당하다.

나) 그러므로 이 사건 ①, ② 사업장의 부채 합계액이 자산 합계액을 초과하는지에 관하여 보건대, 이 사건 ①, ② 사업장의 2008년 자산가액 합계는 OOOO원( = OOOO원 + OOOO원)으로서 부채가액 합계 OOOO원(OOOO원 + OOOO원)을 초과하고, 2009년 자산가액 합계는 OOOO원( = OOOO원 + OOOO원)으로서 부채가액 합계 OOOO원(OOOO원 + OOOO원)을 초과하는 사실은 앞서 본 바와 같으므로, 원고의 부동산임대업에 관하여는 초과인출금이 발생하지 아니하였다고 할 것이다.

따라서 이 사건 전체 사업장을 기준으로 하면 초과인출금이 발생하지 않는다는 취지의 원고의 위 주장은 이유 있다.

**(2) 원고의 위 1) 나) 주장에 관하여**

가) 소득세법 제27조 제3항, 같은 법 시행령 제55조 제1항 제13호는 총수입금액을 얻기 위하여 직접 사용된 부채에 대한 지급이자를 필요경비로 계상하도록 규정하고 있는데, 이 때 '지급이자'라 함은 사업을 위한 차입금 기타 부채에 대하여 지급하는 이자를 말하고, 이는 총수입금액을 얻기 위하여 직접 사용된 부채에 대한 이자에 한하므로 당해 사업에 직접 투하된 차입금에 관한 것이어야 한다.

한편 거주자가 부동산임대업을 자기 자본에 의하여 경영할 것인지 차입금에 의하여 경영할 것인지는 거주자 개인의 선택에 달린 문제이므로, 거주자의 부동산임대소득금액을 계산함에 있어, 임대용 부동산의 취득비용으로 사용된 당초의 차입금을 그 후 다른 차입금으로 상환한 경우는 물론이고, 당초 자기 자본으로 임대용 부동산을 취득하였다가 그 후 투하자본의 회수를 위하여 새로 차입한 금원을 자본인출금으로 사용한 경우에도, 초과인출금(필요경비 불산입 항목인 사업용 자산의 합계액이 부채의 합계액에 미달하는 경우에 그 미달하는 금액) 상당의 부채에 해당한다는 등의 특별한 사정이 없는 한, 그 차입금채무는 부동산임대업을 영위하는 데 필요한 자산에 대응한 부채로서 사업에 직접 사용된 부채에 해당한다고 보아야 하고, 따라서 그 차입금의 지급이자는 총수입금액을 얻기 위하여 직접 사용된 부채에 대한 지급이자로서 필요경비에 해당한다고 보아야 한다(대법원 2010. 1. 14 선고, 2009두11874 판결, 2002. 1. 11 선고, 2000두1799 판결 등 참조).

그런데 사업에 직접 사용된 부채임이 밝혀진 경우에도 초과인출금이 발생하였다는 이유만으로 필요경비 산입이 부정되는지에 관하여 보건대, 사업용 자산의 합계액이 부채의 합계액에 미달하여 그 차액 상당인 초과인출금이 생긴 경우 그 초과인출금이 생기게 된 사유는, 사업으로 인한 결손 등 사업과 관련하여 부채가 증가한 경우, 사업과 관련 없는 경비로 인하여 부채가 증가한 경우, 가사와 관련하여 초과인출금이 생기는 경우 등 다양한데, 초과인출금이 발생한 근거를 따져본 결과 가사와는 무관하게 사업과 관련하여 부채가 증가한 것이 입증된다면 이를 가사관련 경비로 의제하는 것은 실질과세의 원칙에 위반될 뿐만 아니라 합리성이나 타당성이 없는 바(대법원 1990. 11. 27 선고, 88누9749 판결), 이러한 법리에 비추어 보면 소득세법 시행령 제61조 제1항 제2호는 부채의 합계가 사업용자산의 합계를 초과할 경우 그 초과인출금 상당의 차입금 지급이자는 필요경비에 불산입함이 원칙이지만, 이때에도 사업에 직접 사용된 부채임이 밝혀진 경우에는 그 지급이자를 필요경비에 산입하여야 한다는 취지로 해석함이 타당하다.

나) 이 사건에 관하여 보건대, 이 사건 ① 사업장에 대한 부채의 구체적 내역은 2008년의 경우 임대차보증금 OOOO원, 장기차입금 OOOO원, 유동부채 OOOO원이고, 2009년의 경우 임대차보증금 OOOO원, 장기차입금 OOOO원, 유동부채 OOOO원인 사실, 위 장기차입금은 원고가 2006. 9. 4 CC은행으로부터 이 사건 ① 부동산을 담보로 대출받은 이 사건 차입금을 말하는데, 위 금원 전액이 이 사건 ① 부동산의 취득에 사용된 사실은 앞서 본 바와 같은바, 위 인정사실에 의하면, 이 사건 ① 사업장에 관하여 초과인출금이 발생하였다고 하더라도 이 사건 차입금 전액이 이 사건 ① 부동산의 취득에 사용된 이상 이는 당해 사업에 직접 사용된 부채에 해당한다고 보아야 하므로 그 차입금의 지급이자는 총수입금액을 얻기 위하여 직접 사용된 부채에 대한 지급이자로서 필요경비에 해당한다고 보아야 한다. 따라서 이 사건 차입금 관련 지급이자는 필요경비 불산입 대상이 아니라는 원고의 위 주장도 이유 있다.

[공동사업장 지급이자의 필요경비 쟁점]

| 구 분 | 필요경비 산입 | 필요경비 불산입 |
|---|---|---|
| 1. 차입의도 및 목적 | 공동사업운영 | 공동사업출자 |
| 2. 대출시기 | 동업계약체결 후<br>(가급적 사업자등록 후) | 동업계약 체결 전 |
| 3. 채무의 성격 | 공동사업장(조합)채무 | 개인채무 |
| 4. 채무의 부담행위 | 조합활동의 일환 | 출자행위 |
| 5. 부동산의 소유관계 | 조합재산(합유) | 개인 재산(단독소유 또는 공유) |

| 구 분 | 필요경비 산입 | 필요경비 불산입 |
|---|---|---|
| 6. 동업약정, 재무제표 | 차입금 | 출자금 |
| 7. 손익분배비율 약정 | 적극재산과 소극재산(채무)을 공제한 후 손익분배 | 소극재산을 제외한 금액으로 손익분배 |
| 8. 초과인출금 | 사업용자산 〉 차입금 | 사업용자산 〈 차입금 |

※ 따라서 동업계약서 작성내용, 대출시기, 사업자등록시기, 손익분배비율, 회계처리가 매우 중요함.

### ③ 수도광열비

수도광열비는 전기요금, 수도요금, 도시가스료 등이며 이를 총수입금액에 산입하면 필요경비로 계상하고, 구분 징수된 공공요금을 총수입금액에 산입하지 아니하는 경우에는 필요경비에 산입하지 않는다.

### ④ 수선비

임대용 건물의 수선 등을 위한 수익적지출에 해당하는 비용을 말한다. 다만, 다음에 해당하는 수선비를 필요경비로 계상한 경우에는 자본적지출에 포함되지 아니하며 당해연도의 필요경비로 본다(소령 67 ③).

ⓐ 개별자산별로 수선비로 지출한 금액이 600만원 미만인 경우

ⓑ 개별자산별로 수선비로 지출한 금액이 직전 과세기간 종료일 현재의 재무상태표상 자산가액(취득가액에서 감가상각누계액상당액을 차감한 금액)의 100분의 5에 미달하는 경우

ⓒ 3년 미만의 주기적 수선을 위하여 지출한 비용의 경우

**사례** **소액수선비의 필요경비 산입 여부**

| B/S | 수선비 지출액 | 기준(5%) | 구분 |
|---|---|---|---|
| 토지 2,000,000,000 | | | |
| 건물 3,000,000,000 | 90,000,000 | 미만 | 필요경비 선택 |
| 감가상각누계액 (1,000,000,000) | 100,000,000 | 이상 | 자본적 지출 |
| 건물 장부가액 2,000,000,000 | | | |

건물의 직전 과세기간 장부가액의 5% 미만일 경우 금액에 관계 없이 필요경비에 산입할 수 있다.

⑤ 감가상각비

임대용건물・집기・비품・차량운반구 등에 대한 감가상각비 계상액이다. 한편, 소득세법 시행령 제53조 제1항에 규정된 주택(당해 주택임대소득이 비과세소득에 해당되는 경우는 제외)에 대하여는 전세금만을 받는 경우에도 동 주택에 대한 감가상각비 등 비용은 부동산임대소득 계산시 필요경비에 산입한다(서일 46011-10842, 2002. 6. 25).

**법인세 집행기준 23-26-5 개축하는 건축물 등에 대한 감가상각**

기존 건축물에 대한 개량, 확장, 증설 등에 해당하는 자본적 지출액은 기존 건축물의 내용연수를 적용하여 감가상각한다. 다만, 기존 건축물의 수선이 「건축법 시행령」 제2조에서 규정하는 신축, 개축, 재축에 해당하는 경우에는 기존 건축물의 장부가액과 철거비용은 당기비용으로 처리하고 그 외의 새로이 지출한 금액은 신규 취득자산의 장부가액으로 보아 새로이 내용연수를 적용하여 감가상각한다.

**핵심체크**

부동산임대업자 중에 임대용건물의 일부분을 자가사용하는 경우가 있다. 이 경우 그 부분에 해당하는 감가상각비, 세금과공과 등의 비용을 필요경비에 산입하여서는 아니 된다.

**참 고 감가상각비의 손금계상**

**1. 내용연수 범위의 선택**

부동산임대업의 경우 필요경비 중 중요한 부분은 감가상각비와 수선비 등이다. 감가상각비 금액의 결정은 부동산의 취득가액 중 건물가액과 감가상각의 내용연수 결정문제가 중요하다. 부동산 취득가액은 취득시에 토지가액과 건물가액을 구분 표시하여 실지거래가액으로 표시하는 것이 필요하다. 왜냐 하면 일괄구입시에는 기준시가로 안분하여야 하나 이 경우 일반적으로 건물가액이 낮게 책정되는 문제점이 있다. 한편 건물의 구조에 따라서 내용연수의 적용이 다음과 같이 차이가 나게 되나 이 경우 최초 또는 신규취득시 신고내용연수를 선택하여 조기상각하는 방안도 검토하여야 할 것이다. 또한 부속시설비가 있는 경우에는 부속설비를 건축물과 구분하여 업종별 자산으로 회계처리하는 경우에는 별표 6을 적용할 수 있다. 다만, 감가상각비를 임대소득에서 비용처리한 경우에는 처분시의 유형자산처분이익이 과대계상되어 양도소득세가 늘어나게 된다. 즉, 양도소득세 계산시 감가상각비는 취득원가에서 제외하여야 하기 때문이다.

| 구 조 | 기준내용연수 | 신고내용연수 | 기준내용연수(상각률) |
|---|---|---|---|
| 연와조, 블럭조, 콘크리트조, 토조, 토벽조, 목조, 목골모르타르조, 기타조의 모든 건물(부속설비 포함)과 구축물 | 20년 | 15년 ~ 25년 | 0.050 |
| 철골·철근콘크리트조, 석조, 연와석조, 철골조의 모든 건물(부속설비 포함)과 구축물 | 40년 | 30년 ~ 50년 | 0.025 |

① 법인이나 또는 개인사업자로부터 취득한 중고건물(구건물)로서 기준내용연수의 50% 이상 경과한 건물에 대해서는 그 자산의 기준내용연수의 50%에 상당하는 연수와 기준내용연수의 범위 내에서 선택하여 납세지 관할세무서장에게 신고한 수정내용연수를 적용할 수 있다(법령 29의 2 ①). 이러한 수정내용연수를 적용하고자 하는 경우에는 중고부동산의 취득일이 속하는 사업연도의 과세표준 신고기한까지 내용연수변경신고서를 제출한 경우에 한하여 적용한다(법령 29의 2 ⑤).

② 건물(부속설비를 포함한다) 및 구축물이 기준내용연수 및 내용연수범위가 서로 다른 2 이상의 복합구조로 구성되어 있는 경우에는 주된 구조에 의한 기준내용연수 및 내용연수범위를 적용한다.

③ 부속설비에는 당해 건물과 관련된 전기설비, 급배수·위생설비, 가스설비, 냉방·난방·통풍 및 보일러설비, 승강기설비 등 모든 부속설비를 포함하고, 구축물에는 하수도, 굴뚝, 경륜장, 포장도로, 교량, 도크, 방벽, 철탑, 터널 기타 토지에 정착한 모든 토목설비나 공작물을 포함한다. 다만, 부속설비를 건축물과 구분하여 업종별 자산으로 회계처리하는 경우에는 별표 6을 적용할 수 있다(2006. 3. 14 단서신설).

④ 건물 중 변전소, 발전소, 공장, 창고, 정거장·정류장·차고용 건물, 폐수 및 폐기물처리용 건물, 유통산업발전법 시행령에 의한 대형점용 건물(당해 건물의 지상층에 주차장이 있는 경우에 한한다), 국제회의산업육성에관한법률에 의한 국제회의시설 및 무역거래기반조성에관한법률에 의한 무역거래기반시설(별도의 건물인 무역연수원을 제외한다), 구축물 중 하수도, 굴뚝, 경륜장, 포장도로와 폐수 및 폐기물처리용 구축물과 기타 진동이 심하거나 부식성물질에 심하게 노출된 것은 기준내용연수를 각각 10년, 20년으로 하고, 내용연수범위를 각각(8년~12년), (15년~25년)으로 하여 신고내용연수를 선택적용 할 수 있다(2004. 3. 5 개정).

### 2. 내용연수의 신고

| | |
|---|---|
| 1. 신설법인과 새로 수익사업을 개시한 비영리내국법인 | 그 영업을 개시한 날 |
| 2. 1외의 법인이 자산별·업종별 구분에 따른 기준내용연수가 다른 감가상각자산을 새로 취득하거나 새로운 업종의 사업을 개시한 경우 | 그 취득한 날<br>또는 개시한 날 |

자산별·업종별로 적용한 신고내용연수 또는 기준내용연수는 그 후의 사업연도에 있어서도 계속하여 그 내용연수를 적용하여야 한다(법령 28 ④).

3. 중고취득자산의 내용연수

법인이나 또는 개인사업자로부터 취득한 중고건물(구건물)로서 기준내용연수의 50% 이상 경과한 건물에 대해서는 그 자산의 기준내용연수의 50%에 상당하는 연수와 기준내용연수의 범위 내에서 선택하여 납세지 관할세무서장에게 신고한 수정내용연수를 적용할 수 있다(법령 29의 2 ①). 이러한 수정내용연수를 적용하고자 하는 경우에는 중고부동산의 취득일이 속하는 사업연도의 과세표준 신고기한까지 내용연수변경신고서를 제출한 경우에 한하여 적용한다(법령 29의 2 ⑤).

⑥ 외환차손익

임대용건물을 취득하면서 엔화로 대출받아 외화부채로 기장한 경우 부채의 원화기장액과 상환받거나 상환하는 원화금액과의 차익 또는 차손은 당해연도의 필요경비 또는 총수입금액에 산입한다(소법 39 및 소령 97).

**소득세 집행기준 27-55-2 매매계약 해지로 부담한 위약금의 필요경비 해당 여부**

① 부동산임대업자가 임대계약을 위약하여 임차인이 부담한 실내장식비·이사비용 등으로 지급하는 실제 비용상당액은 필요경비에 산입할 수 있으나 임대용 상가 매매계약의 해지로 인한 위약금은 부동산임대소득의 총수입금액에 대응되지 않아 필요경비에 산입할 수 없다.
② 부동산매매업을 경영하는 거주자가 판매용 상가의 매매계약의 해제와 관련하여 부담한 위약금은 필요경비에 해당한다.

**소득세 집행기준 27-55-3 근저당 설정비용 등의 부동산임대업의 필요경비 해당 여부**

① 부동산임대업을 경영하기 위한 건물을 취득하는 과정에서 근저당권 설정과 관련된 비용을 지출한 경우 동 비용은 해당 부동산의 취득가액에 가산하며, 임대용 부동산의 매각을 위하여 지출하는 비용(지급수수료 등)은 필요경비에 산입할 수 없다.
② 임대보증금을 투자신탁수익증권에 투자하여 손실이 발생한 경우에도 해당 투자신탁수익증권에서 발생한 손실은 필요경비로 산입할 수 없다.
③ 새마을금고 등 금융권에 예탁한 전세보증금이 금융권의 도산으로 회수불능인 경우에도 해당 전세보증금은 총수입금액에 직접 대응되는 필요경비에 해당되지 않는다.
④ 부동산임대업을 경영하기 위한 건물을 취득시 의무적으로 첨가 취득한 국공채를 양도함으로써 발생한 손실은 필요경비에 산입할 수 없다.

**소득세 집행기준 27-55-9 1거주자로 보는 단체 등의 부동산임대업의 필요경비**

① 1거주자로 보는 종중이 부동산임대업을 경영하는 경우, 종중의 고유목적사업을 위하여 지출하는 비용(선영의 유지보수비 · 개축비 · 증축비 · 공사비 등)은 해당 부동산임대업에서 발생하는 총수입금액에 대응하는 필요경비에 해당하지 않는다.

② 1거주자로 보는 법인격 없는 단체가 그 대표자에게 지급하는 급여 · 상여 등은 해당 단체의 총수입금액에 대응하는 필요경비에 해당한다.

### (4) 부동산 임대소득의 수입시기

① 계약 또는 관습에 의하여 지급일이 정하여진 것 : 그 정하여진 날

② 계약 또는 관습에 의하여 지급일이 정하여지지 아니한 것 : 그 지급을 받은 날

③ 임대차계약에 관한 쟁송(미불임대료의 청구에 관한 쟁송을 제외한다)에 대한 판결 · 화해 등으로 인하여 소유자 등이 받게 되어 있는 이미 경과한 기간에 대응하는 임대료상당액(지연이자 기타 손해배상금을 포함) : 판결 · 화해 등이 있는 날. 다만, 임대료에 관한 쟁송의 경우에 그 임대료를 변제하기 위하여 공탁된 금액에 대하여는 위 ①에 규정하는 날

**소득세 집행기준 24-48-1 부동산임대업에서 발생하는 소득의 수입시기**

① 부동산임대업에서 발생하는 소득에 대한 총수입금액의 수입시기는 계약 또는 관습에 의하여 지급일이 정하여진 경우 그 정하여진 날로 하는 것이고, 지급일이 정하여지지 아니한 경우에는 그 지급을 받은 날로 한다.

② 임대차계약에 관한 쟁송의 판결 · 화해 등으로 인한 부동산임대업에서 발생하는 소득의 수입시기는 다음과 같다.

1. 임대차계약에 관한 쟁송(미불임대료의 청구에 관한 쟁송은 제외한다)의 판결 · 화해 등으로 인하여 소유자 등이 받게 되어 있는 이미 경과한 기간에 대응하는 임대료상당액(지연이자, 기타 손해배상금을 포함한다)은 판결 · 화해 등이 있는 날이 된다.
2. 임대료에 관한 쟁송의 경우에 그 임대료를 변제하기 위하여 공탁된 금액에 대해서는 약정에 의하여 지급일로 정해진 날이 된다.

### (5) 부동산임대소득에서 발생한 결손금과 이월결손금의 처리

부동산임대소득이 있는 거주자가 비치 · 기장한 장부에 의하여 당해연도의 소득금액을 계산함에 있어 발생하는 결손금은 다른 소득금액과 통산하지 아니한다. **다만, 주**

거용 건물임대업의 경우에는 그러하지 아니하다(소법 45 ②). 따라서 부동산임대소득에서 발생한 결손금은 이월하여 당해 부동산임대소득이 발생하는 경우 이월결손금으로 공제한다. 당해연도에 결손금이 발생하고 이월결손금이 있는 경우에는 당해연도의 결손금을 먼저 부동산임대소득금액에서 공제한다(소법 45 ⑥).

[개 정 : 주택임대사업 지원 강화(2014 귀속분부터)]

| 종 전 | 개 정 |
|---|---|
| □ 결손금 · 이월결손금 공제 방식 | □ 주택임대업 결손금 · 이월결손금 공제범위 확대 |
| ○ 사업소득의 결손금 · 이월결손금은 다른 종합소득금액에서도 공제 가능 | ○ (좌 동) |
| ○ 부동산임대업의 결손금 · 이월결손금은 부동산임대업의 소득금액에서만 공제 가능 | ○ 주택임대업의 결손금 · 이월결손금도 다른 종합소득금액에서 공제 가능 |

## 4. 주택임대소득에 대한 과세

### (1) 주택임대사업자등록

주택임대업 사업자등록을 하려는 자는 사업장마다 사업 개시일부터 20일 이내에 사업자등록신청서에 임대주택명세서를 첨부하여 사업장 소재지 관할 세무서장에게 제출해야 한다(소법 168 ①). 이 경우 임대주택명세서에 갈음해 「민간임대주택에 관한 특별법 시행령」 제4조 제5항에 따른 임대사업자 등록증 사본을 첨부할 수 있다. 따라서 분리과세되는 주택임대소득만 있는 경우에도 사업자등록을 하여야 한다. 「민간임대주택에 관한 특별법」 제5조에 따라 특별자치시장 · 특별자치도지사 · 시장 · 군수 또는 구청장(구청장은 자치구의 구청장을 말한다)에게 임대사업자 등록을 신청하면서 법 제168조 제1항에 따른 사업자등록을 위해 「민간임대주택에 관한 특별법 시행령」 제4조 제3항에 따른 신청서에 제1항에 따른 사업자등록신청서를 함께 제출한 경우에는 법 제168조 제1항에 따른 사업자등록을 신청한 것으로 본다. 이 경우 「부가가치세법 시행령」 제11조 제5항 본문에 따른 발급기한은 사업자등록신청서가 국세정보통신망에 도달한 때부터 기산한다(소령 220 ③). 주택임대소득이 있는 사업자가 제168조 제1항 및 제3항에 따라 「부가가치세법」 제8조 제1항 본문에 따른 기한까지 등록을 신청하지 아니한 경우에는 사업 개시일부터 등록을 신청한 날의 직전일까지의 주택임대수입금액의 1천분의 2에 해당하는 금액을 해당 과세기간의 결정세액에 더한다(소법 81의 12).

### 소득세 집행기준 168-0-4 주택임대업의 사업자등록 방법

「소득세법」에 따른 사업자등록은 임대주택의 소재지를 사업장으로 해야 하나, 「민간임대주택에 관한 특별법」 제5조에 따라 임대사업자로 등록한 사업자는 그 등록한 주소지(사무소 소재지)를 사업장으로 하여 관할세무서장에게 「소득세법」 제168조에 따라 사업자등록신청을 할 수 있다.

## (2) 주택임대사업자의 총수입금액 계산

주택임대업 사업자의 총수입금액은 연간 총임대료에 주택임대보증금에 대한 간주총수입금액을 합하여 계산한다. 거주자가 부동산 또는 그 부동산상의 권리 등을 대여하고 보증금・전세금 또는 이와 유사한 성질의 금액을 받은 경우에는 대통령령으로 정하는 바에 따라 계산한 금액을 사업소득금액을 계산할 때에 총수입금액에 산입(算入)한다. 다만, 주택[주거의 용도로만 쓰이는 면적이 1호(戶) 또는 1세대당 40제곱미터 이하인 주택으로서 해당 과세기간의 기준시가가 2억원 이하인 주택은 2026년 12월 31일까지는 주택 수에 포함하지 아니한다]을 대여하고 보증금 등을 받은 경우에는 다음 각 호의 어느 하나에 해당하는 경우를 말하며, 주택 수의 계산 그밖에 필요한 사항은 대통령령으로 정한다.

1. 3주택 이상을 소유하고 해당 주택의 보증금 등의 합계액이 3억원을 초과하는 경우
2. 2주택(해당 과세기간의 기준시가가 12억원 이하인 주택은 주택 수에 포함하지 아니한다)을 소유하고 해당 주택의 보증금 등의 합계액이 3억원 이상의 금액으로서 대통령령으로 정하는 금액을 초과하는 경우(소법 25 ①)

간주임대료에 대한 총수입금액에 산입할 금액은 다음의 구분에 따라 계산한다. 이 경우 총수입금액에 산입할 금액이 영보다 적은 때에는 없는 것으로 보며, 적수의 계산은 매월 말 현재의 법 제25조 제1항 본문에 따른 보증금 등의 잔액에 경과일수를 곱하여 계산할 수 있다.

**① 주택과 주택부수토지를 임대하는 경우(주택부수토지만 임대하는 경우는 제외한다)**

총수입금액에 산입할 금액 = {해당 과세기간의 보증금 등 - 3억원(보증금 등을 받은 주택이 2주택 이상인 경우에는 보증금 등의 적수가 가장 큰 주택의 보증금 등부터 순서대로 뺀다)}의 적수 × 60/100 × 1/365(윤년의 경우에는 366) × 금융회사 등의 정기예금이자율을 고려하여 기획재정부령으로 정하는 이자율(이하 이 조에서 "정기예금이자율"이라 한다) - 해당 과세기간의 해당 임대사업부분에서 발생한 수입이자와 할인료 및 배당금의 합계액

② ① 외의 경우

총수입금액에 산입할 금액 = (해당 과세기간의 보증금 등의 적수 - 임대용부동산의 건설비 상당액의 적수) × 1/365(윤년의 경우에는 366) × 정기예금이자율 - 해당 과세기간의 해당 임대사업부분에서 발생한 수입이자와 할인료 및 배당금의 합계액

소득금액을 추계신고하거나 법 제80조 제3항 단서에 따라 소득금액을 추계조사결정하는 경우에는 다음의 구분에 따라 계산한 금액을 총수입금액에 산입한다.

㉠ 주택과 주택부수토지를 임대하는 경우(주택부수토지만 임대하는 경우는 제외한다)

총수입금액에 산입할 금액 = {해당 과세기간의 보증금 등 - 3억원(보증금 등을 받은 주택이 2주택 이상인 경우에는 보증금 등의 적수가 가장 큰 주택의 보증금 등부터 순서대로 뺀다)}의 적수 × 60/100 × 1/365(윤년의 경우에는 366) × 정기예금이자율

㉡ 그 외의 경우

총수입금액에 산입할 금액 = 해당 과세기간의 보증금 등의 적수 × 1/365(윤년의 경우에는 366) × 정기예금이자율

여기에서 "임대용부동산의 건설비 상당액"이라 함은 다음의 어느 하나에 해당하는 금액을 말한다.

ⓐ 지하도를 건설하여 「국유재산법」 기타 법령에 의하여 국가 또는 지방자치단체에 기부채납하고 지하도로점용허가(1차 무상점용허가기간에 한한다)를 받아 이를 임대하는 경우에는 기획재정부령이 정하는 지하도 건설비 상당액

ⓑ 그 외의 임대용부동산의 경우에는 기획재정부령이 정하는 당해 임대용부동산의 건설비 상당액(토지가액을 제외한다)

또한, 임대사업부분에서 발생한 수입이자·할인료 및 배당금은 비치·기장한 장부나 증빙서류에 의하여 당해 임대보증금 등으로 취득한 것이 확인되는 금융자산으로부터 발생한 것에 한한다. 부동산을 전전세(轉傳貰) 또는 전대(轉貸)하는 경우 해당 부동산의 보증금 등에 산입할 금액은 다음 계산식에 따라 계산한 금액으로 한다.

보증금 등에 산입할 금액 = [전전세 또는 전대하고 받은 보증금 등의 적수 - {전세 또는 임차받기 위하여 지급한 보증금 등의 적수 × 전전세 또는 전대한 부분의 면적이 전세 또는 임차받은 부동산의 면적에서 차지하는 비율(사업시설을 포함하여 전전세 또는 전대한 경우 그 가액의 비율)}] × 1/365(윤년의 경우에는 366)

소득세 집행기준 160의5-0-1 **임차료의 사업용계좌 사용 해당 여부**

① 임대부동산의 관리업무를 수탁받은 관리업자가 임차료를 수금하여 부동산임대업자의 사업용 계좌에 입금하는 경우 부동산임대업자는 사업용계좌를 사용한 것에 해당하며, 이 때 관리업자가 수금한 임차료 중 수수료를 차감하고 부동산임대업자에게 지급한 경우 차감한 수수료 상당액은 사업용계좌 미사용금액에 해당하지 않는다.

② 부동산임대소득의 총수입금액에 포함되지 아니하는 전기요금 등의 공공요금을 지급받아 금융기관에 납부하는 경우 해당 공공요금은 임대인의 사업용계좌 사용대상 임차료에 해당하지 않는다.

③ 임차인의 종업원 또는 가족이 부동산임대업자의 사업용계좌에 임차료를 입금하는 경우 부동산임대업자는 사업용계좌를 사용한 것에 해당한다.

④ 임차료의 미납으로 연체된 임차료 상당액을 임차보증금에서 차감하는 행위는 임차료를 지급받는 행위에 해당하지 아니하여 사업용계좌의 사용의무가 없다.

### (3) 임대주택 유형에 따른 소득금액 산출방법

분리과세 주택임대소득이 있는 거주자의 종합소득 결정세액은 다음의 세액 중 하나를 선택하여 적용한다.

① 제14조 제3항 제7호를 적용하기 전의 종합소득 결정세액

② 다음 각 목의 세액을 더한 금액

가. 분리과세 주택임대소득에 대한 사업소득금액에 100분의 14를 곱하여 산출한 금액. 다만, 조세특례제한법 제96조 제1항에 해당하는 거주자가 같은 항에 따른 임대주택을 임대하는 경우에는 해당 임대사업에서 발생한 분리과세 주택임대소득에 대한 사업소득금액에 100분의 14를 곱하여 산출한 금액에서 같은 항에 따라 감면받는 세액을 차감한 금액으로 한다.

나. 가목 외의 종합소득 결정세액

### (4) 비과세 주택임대소득

1개의 주택(부수토지 포함)을 소유하는 자의 주택임대소득(제99조에 따른 기준시가가 9억원을 초과하는 주택 및 국외에 소재하는 주택의 임대소득은 제외한다) 또는 해당 과세기간에 대통령령으로 정하는 총수입금액의 합계액이 2천만원 이하인 자의 주택임대소득(2018년 12월 31일 이전에 끝나는 과세기간까지 발생하는 소득으로 한정한다)(소법 12 2호 나목). "주택"이란 상시 주거용(사업을 위한 주거용의 경우는 제외한다)으로 사용하는 건물을 말하고, "주택부수토지"란 주택에 딸린 토지로서 다음의 어느 하나에 해당하는 면적 중

넓은 면적 이내의 토지를 말한다(소령 8의 2). 기준시가가 12억원을 초과하는 주택은 과세기간 종료일 또는 해당 주택의 양도일을 기준으로 판단한다. "대통령령으로 정하는 총수입금액의 합계액"이란 주거용 건물임대업에서 발생한 수입금액(이하 이 항 및 제122조의 2에서 "주택임대수입금액"이라 한다)의 합계액을 말한다. 이 경우 사업자가 법 제43조 제2항에 따른 공동사업자인 경우에는 공동사업장에서 발생한 주택임대수입금액의 합계액을 같은 항에 따른 손익분배비율에 의해 공동사업자에게 분배한 금액을 각 사업자의 주택임대수입금액에 합산한다.

① 건물의 연면적(지하층의 면적, 지상층의 주차용으로 사용되는 면적, 「건축법 시행령」 제34조 제3항에 따른 피난안전구역의 면적 및 「주택건설기준 등에 관한 규정」 제2조 제3호에 따른 주민공동시설의 면적은 제외한다)

② 건물이 정착된 면적에 5배(「국토의 계획 및 이용에 관한 법률」 제6조 제1호에 따른 도시지역 밖의 토지의 경우에는 10배)를 곱하여 산정한 면적

주택 수는 다음에 따라 계산한다.

㉠ 다가구주택은 1개의 주택으로 보되, 구분 등기된 경우에는 각각을 1개의 주택으로 계산

㉡ 공동소유의 주택은 지분이 가장 큰 자의 소유로 계산하되, 지분이 가장 큰 자가 2인 이상인 경우에는 각각의 소유로 계산. 다만, 지분이 가장 큰 자가 2인 이상인 경우로서 그들이 합의하여 그들 중 1인을 당해 주택의 임대수입의 귀속자로 정한 경우에는 그의 소유로 계산한다.

㉢ 임차 또는 전세 받은 주택을 전대하거나 전전세하는 경우에는 당해 임차 또는 전세 받은 주택을 임차인 또는 전세 받은 자의 주택으로 계산

㉣ 본인과 배우자가 각각 주택을 소유하는 경우에는 이를 합산

주택과 부가가치세가 과세되는 사업용 건물이 함께 설치되어 있는 경우 그 주택과 주택부수토지의 범위는 다음의 구분에 따른다. 이 경우 주택과 주택부수토지를 2인 이상의 임차인에게 임대한 경우에는 각 임차인의 주택 부분의 면적(사업을 위한 거주용은 제외한다)과 사업용건물 부분의 면적을 계산하여 각각 적용한다.

ⓐ 주택 부분의 면적이 사업용건물 부분의 면적보다 큰 때에는 그 전부를 주택으로 본다. 이 경우 해당 주택의 주택부수토지의 범위는 제2항과 같다.

ⓑ 주택 부분의 면적이 사업용건물 부분의 면적과 같거나 그 보다 작은 때에는 주택 부분 외의 사업용건물 부분은 주택으로 보지 아니한다. 이 경우 해당 주택의 주택부수토지의 면적은 총토지면적에 주택 부분의 면적이 총건물면적에서 차지하는 비율을 곱하여 계산하며, 그 범위는 제2항과 같다.

### (5) 분리과세 주택임대소득

해당 과세기간에 총수입금액의 합계액이 2천만원 이하인 자의 주택임대소득은 종합소득과세표준을 계산할 때 합산하지 아니한다(소법 14 ③ 7호).

#### 1) 세액계산의 특례

분리과세 주택임대소득이 있는 거주자의 종합소득 결정세액은 다음의 세액 중 하나를 선택하여 적용한다(소법 64의 2).

① 제14조 제3항 제7호(해당 과세기간에 대통령령으로 정하는 총수입금액의 합계액이 2천만원 이하인 자의 주택임대소득)를 적용하기 전의 종합소득 결정세액

② 다음 각 목의 세액을 더한 금액

가. 분리과세 주택임대소득에 대한 사업소득금액에 100분의 14를 곱하여 산출한 금액. 다만, 「조세특례제한법」 제96조 제1항에 해당하는 거주자가 같은 항에 따른 임대주택을 임대하는 경우에는 해당 임대사업에서 발생한 분리과세 주택임대소득에 대한 사업소득금액에 100분의 14를 곱하여 산출한 금액에서 같은 항에 따라 감면받는 세액을 차감한 금액으로 한다.

나. 가목 외의 종합소득 결정세액

가목에 따른 분리과세 주택임대소득에 대한 사업소득금액은 총수입금액에서 필요경비(총수입금액의 100분의 50으로 한다)를 차감한 금액으로 하되, 분리과세 주택임대소득을 제외한 해당 과세기간의 종합소득금액이 2천만원 이하인 경우에는 추가로 200만원을 차감한 금액으로 한다. 다만, 대통령령으로 정하는 임대주택을 임대하는 경우에는 해당 임대사업에서 발생한 사업소득금액은 총수입금액에서 필요경비(총수입금액의 100분의 60으로 한다)를 차감한 금액으로 하되, 분리과세 주택임대소득을 제외한 해당 과세기간의 종합소득금액이 2천만원 이하인 경우에는 추가로 400만원을 차감한 금액으로 한다.

#### 2) 분리과세 주택임대소득에 대한 사업소득금액 등 계산의 특례(소령 122의 2)

① 임대주택의 요건

임대주택이란 다음 각 호의 요건을 모두 충족하는 임대주택(이하 이 조에서 "등록임대주택"이라 한다)을 말한다.

1. 「민간임대주택에 관한 특별법」 제5조에 따른 임대사업자등록을 한 자가 임대 중인 같은 법 제2조 제4호에 따른 공공지원민간임대주택, 같은 조 제5호에 따른 장기일반민간임대주택 또는 같은 조 제6호에 따른 단기민간임대주택일 것

2. 법 제168조에 따른 사업자의 임대주택일 것
3. 임대보증금 또는 임대료의 연 증가율이 100분의 5를 초과하지 않을 것

② 주택임대소득의 계산
1. 제1항을 적용할 때 과세기간 중 일부 기간 동안 등록임대주택을 임대한 경우 등록임대주택의 임대사업에서 발생하는 수입금액은 월수로 계산한다. 이 경우 해당 임대기간의 개시일 또는 종료일이 속하는 달이 15일 이상인 경우에는 1개월로 본다.
2. 해당 과세기간 중에 임대주택을 등록한 경우 주택임대소득금액은 다음의 계산식에 따라 계산한다.

$$[\frac{\text{등록한 기간에}}{\text{발생한 수입금액}} \times (1-0.6)] + [\frac{\text{등록하지 않은 기간에}}{\text{발생한 수입금액}} \times (1-0.5)]$$

3. 해당 과세기간 동안 등록임대주택과 등록임대주택이 아닌 주택에서 수입금액이 발생한 경우 법 제64조의 2 제2항에 따라 해당 과세기간의 종합소득금액이 2천만원 이하인 경우에 추가로 차감하는 금액은 다음의 계산식에 따라 계산한다.

$$(\frac{\text{등록임대주택에서 발생한 수입금액}}{\text{총 주택임대수입금액}} \times 400\text{만원}) + (\frac{\text{등록임대주택이 아닌 주택에서 발생한 수입금액}}{\text{총 주택임대수입금액}} \times 200\text{만원})$$

### (6) 소형주택 임대사업자에 대한 세액감면

「소득세법」 제168조 또는 「법인세법」 제111조에 따른 사업자등록을 하였을 하고 「민간임대주택에 관한 특별법」 제5조에 따른 임대사업자등록을 하였거나 「공공주택 특별법」 제4조에 따른 공공주택사업자로 지정된 자가 임대주택을 1호 이상 임대하는 경우에는 2025년 12월 31일 이전에 끝나는 과세연도까지 해당 임대사업에서 발생한 소득에 대해서는 다음에 따른 세액을 감면한다.

① 임대주택을 1호 임대하는 경우: 소득세 또는 법인세의 100분의 30[임대주택 중 「민간임대주택에 관한 특별법」 제2조 제4호에 따른 공공지원민간임대주택 또는 같은 법 제2조 제5호에 따른 장기일반민간임대주택(이하 이 조에서 "장기일반민간임대주택 등"이라 한다)의 경우에는 100분의 75]에 상당하는 세액
② 임대주택을 2호 이상 임대하는 경우: 소득세 또는 법인세의 100분의 20(장기일반민간

임대주택 등의 경우에는 100분의 50)에 상당하는 세액

소득세 또는 법인세를 감면받은 내국인이 대통령령으로 정하는 바에 따라 1호 이상의 임대주택을 4년(장기일반민간임대주택 등의 경우에는 10년) 이상 임대하지 아니하는 경우 그 사유가 발생한 날이 속하는 과세연도의 과세표준신고를 할 때 감면받은 세액을 소득세 또는 법인세로 납부하여야 한다.

## 5. 부동산임대업의 현물출자(법인전환)

### (1) 양도소득세 이월과세

거주자가 **사업용고정자산을 현물출자**하거나 해당 사업을 영위하던 자가 발기인이 되어 제5항에 따른 금액 이상을 출자하여 법인을 설립하고, 그 법인설립일부터 3개월 이내에 해당 법인에게 사업에 관한 모든 권리와 의무를 포괄적으로 양도하는 방법에 따라 법인(대통령령으로 정하는 소비성서비스업을 경영하는 법인은 제외한다)으로 전환하는 경우 그 사업용고정자산에 대해서는 이월과세를 적용받을 수 있다.

이 경우 새로 설립되는 법인의 자본금이 사업용고정자산을 현물출자하거나 사업양수도하여 법인으로 전환하는 사업장의 **순자산가액으로서 제28조 제1항 제2호의 규정을 준용하여 계산한 금액 이상인 경우**에만 적용한다.

설립된 법인의 설립일부터 5년 이내에 다음 각 호의 어느 하나에 해당하는 사유가 발생하는 경우에는 제1항을 적용받은 거주자가 사유발생일이 속하는 달의 말일부터 2개월 이내에 제1항에 따른 이월과세액(해당 법인이 이미 납부한 세액을 제외한 금액을 말한다)을 양도소득세로 납부하여야 한다.

① 제1항에 따라 설립된 법인이 제1항을 적용받은 거주자로부터 승계받은 사업을 폐지하는 경우

② 제1항을 적용받은 거주자가 법인전환으로 취득한 주식 또는 출자지분의 100분의 50 이상을 처분하는 경우

### (2) 취득세의 감면배제

「조세특례제한법」 제32조에 따른 현물출자 또는 사업 양도·양수에 따라 2024년 12월 31일까지 취득하는 사업용고정자산(「통계법」 제22조에 따라 통계청장이 고시하는 한국표준산업분류에 따른 부동산 임대 및 공급업에 대해서는 제외한다)에 대해서는 취득세의 100분의 75를 경감한다. 다만, 취득일부터 5년 이내에 대통령령으로 정하는 정당한 사유 없이

해당 사업을 폐업하거나 해당 재산을 처분(임대를 포함한다) 또는 주식을 처분하는 경우에는 경감받은 취득세를 추징한다(지특법 57의 2 ④).

## 6. 부동산임대업의 성실신고확인서 제출

### (1) 개인사업자

부동산임대업을 영위하는 개인사업자는 종합소득과세표준 확정신고를 할 때에 비치·기록된 장부와 증명서류에 의하여 계산한 사업소득금액의 적정성을 세무사 등이 확인하고 작성한 성실신고확인서를 그 과세기간의 다음 연도 5월 1일부터 6월 30일까지 납세지 관할 세무서장에게 제출하여야 한다.

### (2) 법인사업자

#### 1) 대상법인

부동산임대업 등을 영위하는 내국법인은 성실한 납세를 위하여 법인세의 과세표준과 세액을 신고할 때 비치·기록된 장부와 증명서류에 의하여 계산한 과세표준금액의 적정성을 세무사 등이 확인하고 작성한 성실신고확인서를 납세지 관할 세무서장에게 제출하여야 한다. 다만, 「주식회사 등의 외부감사에 관한 법률」 제4조에 따라 감사인에 의한 감사를 받은 내국법인은 이를 제출하지 아니할 수 있다(법법 60의 2 ①).

① 부동산임대업을 주된 사업으로 하는 등 다음에 정하는 요건에 해당하는 내국법인

㉠ 해당 사업연도 종료일 현재 내국법인의 제43조 제7항에 따른 지배주주 등이 보유한 주식 등의 합계가 해당 내국법인의 발행주식총수 또는 출자총액의 100분의 50을 초과할 것

㉡ 해당 사업연도에 부동산임대업을 주된 사업으로 하거나 다음 각 목의 금액 합계가 기업회계기준에 따라 계산한 매출액(가목부터 다목까지에서 정하는 금액이 포함되지 않은 경우에는 이를 포함하여 계산한다)의 100분의 50 이상일 것

가. 부동산 또는 부동산상의 권리의 대여로 인하여 발생하는 소득의 금액(「조세특례제한법」 제138조 제1항에 따라 익금에 가산할 금액을 포함한다)

나. 「소득세법」 제16조 제1항에 따른 이자소득의 금액

다. 「소득세법」 제17조 제1항에 따른 배당소득의 금액

㉢ 해당 사업연도의 상시근로자 수가 5명 미만일 것

② 「소득세법」 제70조의 2 제1항에 따른 성실신고확인대상사업자가 사업용자산을 현물

출자하는 등 대통령령으로 정하는 방법에 따라 내국법인으로 전환한 경우 그 내국법인(사업연도 종료일 현재 법인으로 전환한 후 3년 이내의 내국법인으로 한정한다)

#### 2) 기업업무추진비 및 업무용승용차 감가상각비의 범위 축소

부동산임대업을 주된 사업으로 하는 등 대통령령으로 정하는 요건에 해당하는 내국법인의 경우에는 같은 항 각 호의 금액의 합계액의 100분의 50을 초과하는 금액은 해당 사업연도의 소득금액을 계산할 때 손금에 산입하지 아니한다(법법 25 ⑤).

또한, 부동산임대업을 주된 사업으로 하는 등 대통령령으로 정하는 요건에 해당하는 내국법인의 경우에는 "800만원"을 각각 "400만원"으로 한다(법법 27의 2 ⑤).

## 7. 상가건물 장기 임대사업자에 대한 세액감면

해당 과세연도의 부동산임대업에서 발생하는 수입금액(과세기간이 1년 미만인 과세연도의 수입금액은 1년으로 환산한 총수입금액을 말한다)이 7천5백만원 이하인 내국인이 2021년 12월 31일 이전에 끝나는 과세연도까지 다음의 요건을 모두 충족하는 임대사업(이하 "상가건물임대사업"이라 한다)을 하는 경우에는 해당 과세연도의 상가건물임대사업에서 발생한 소득에 대한 소득세 또는 법인세의 100분의 5에 상당하는 세액을 감면한다(조특법 96의 2).

① 「상가건물 임대차보호법」 제2조 제1항에 따른 상가건물을 「소득세법」 제168조 및 「부가가치세법」 제8조에 따라 사업자등록을 한 개인사업자(이하 "임차인"이라 한다)에게 대통령령으로 정하는 바에 따라 영업용 사용을 목적으로 임대할 것
② 해당 과세연도 개시일 현재 동일한 임차인에게 계속하여 임대한 기간이 5년을 초과할 것
③ 동일한 임차인에 대한 해당 과세연도 종료일 이전 2년간의 연평균 임대료 인상률이 「상가건물 임대차보호법」 제11조 제1항에 따른 차임 또는 보증금의 증액 청구기준 이내에서 대통령령으로 정하는 비율 이내일 것

## 8. 상가임대료를 인하한 임대사업자에 대한 세액공제

부동산임대사업을 하는 자가 대통령령으로 정하는 상가건물에 대한 임대료를 임차인(대통령령으로 정하는 소상공인에 한정한다)으로부터 2020년 1월 1일부터 2024년 12월 31일까지(이하 "공제기간"이라 한다) 인하하여 지급받는 경우 대통령령으로 정하는 임대료 인하액의 100분의 70(대통령령으로 정하는 바에 따라 계산한 해당 과세연도의 기준소득금액

이 1억원을 초과하는 경우에는 100분의 50)에 해당하는 금액을 소득세 또는 법인세에서 공제한다(조특법 96의 3). 소상공인은 다음의 요건을 모두 갖춘 자를 말한다.

① 다음의 요건을 모두 갖춘 자

㉮「소상공인기본법」 제2조에 따른 소상공인

㉯ 임대상가건물을 2021년 6월 30일 이전부터 계속하여 임차하여 영업용 목적으로 사용하고 있는 자

㉰ 별표 14에 따른 업종을 영위하지 않는 자

㉱ 상가임대인과 「국세기본법」 제2조 제20호에 따른 특수관계인이 아닌 자

㉲「소득세법」 제168조,「법인세법」 제111조 또는 「부가가치세법」 제8조에 따라 사업자등록을 한 자

② 임대상가건물 임대차계약이 종료되기 전에 폐업한 자로서 다음의 요건을 모두 갖춘 자

㉮ 폐업하기 전에 ①에 해당했을 것

㉯ 2021년 1월 1일 이후에 임대차계약 기간이 남아 있을 것

■ 조세특례제한법 시행령 [별표 14] 〈신설 2020. 4. 14〉

## 상가임대료를 인하한 임대사업자에 대한 세액공제를 적용받지 못하는 임차소상공인의 업종

(제96조의 3 제3항 제3호 관련)

다음 각 호의 어느 하나에 해당하는 업종 또는 사업

1. 다음 각 목의 구분에 따른 업종

| 업종분류 | 분류코드 | 세액공제 적용배제 업종 |
|---|---|---|
| 가. 제조업 | C33402 | 영상게임기 제조업(도박게임 등 사행행위에 사용되는 영상게임기로 한정한다) |
| | C33409 | 기타 오락용품 제조업(도박게임 등 사행행위에 사용되는 오락용품으로 한정한다) |
| 나. 정보통신업 | J5821 | 게임 소프트웨어 개발 및 공급업(도박게임 등 사행행위에 사용되는 게임소프트웨어로 한정한다) |
| 다. 금융 및 보험업 | K64 | 금융업 |
| | K65 | 보험 및 연금업 |
| | K66 | 금융 및 보험 관련 서비스업[「전자금융거래법」 제2조 제1호에 따른 전자금융업무, 「자본시장과 금융투자업에 관한 법률」 제9조 제27항에 따른 온라인소액투자중개 및 「외국환거래법 시행령」 제15조의 2 제1항에 따른 소액해외송금업무를 업으로 영위하는 업종 중 그 외 기타 금융지원 서비스업(66199)은 제외한다] |
| 라. 부동산업 | L68 | 부동산업[부동산 관리업(6821) 및 부동산 중개 및 대리업(68221)은 제외한다] |
| 마. 공공행정, 국방 및 사회보장 행정 | O84 | 공공행정, 국방 및 사회보장 행정 |
| 바. 교육 서비스업 | P851 | 초등 교육기관 |
| | P852 | 중등 교육기관 |
| | P853 | 고등 교육기관 |
| | P854 | 특수학교, 외국인학교 및 대안학교 |
| 사. 예술, 스포츠 및 여가관련 서비스업 | R9124 | 사행시설 관리 및 운영업 |
| 아. 협회 및 단체, 수리 및 기타 개인 서비스업 | S94 | 협회 및 단체 |
| 자. 가구 내 고용활동 및 달리 분류되지 않은 자가소비 생산활동 | T97 | 가구 내 고용활동 |
| | T98 | 달리 분류되지 않은 자가소비를 위한 가구의 재화 및 서비스 생산활동 |
| 차. 국제 및 외국기관 | U99 | 국제 및 외국기관 |

비고: 업종분류, 분류코드 및 세액공제 적용배제 업종은 「통계법」 제22조에 따라 통계청장이 고시하는 「한국표준산업분류」에 따른다.

2. 「개별소비세법」 제1조 제4항에 따른 과세유흥장소를 경영하는 사업

## 9. 출자지분과 손익분배비율의 차이로 인한 증여세 과세

공동사업의 경우 소득세법은 국세기본법에 대한 특례로 손익분배비율에 따라 공동사업자 별로 각각 소득금액을 분배하여 종합소득세 납세의무를 부담한다(소법 43 ②). 거주자 1인과 그의 특수관계인이 공동사업자에 포함되어 있는 경우로서 손익분배비율을 거짓으로 정하는 등 사유가 있는 경우에는 그 특수관계인의 소득금액은 그 손익분배비율이 큰 공동사업자의 소득금액으로 본다(소법 43 ③). 이 경우 공동사업자의 출자비율과 손익분배비율이 다른 경우 증여세 과세문제가 발생하는지의 여부이다. 공동으로 사업을 운영하던 중에 공동사업자 중 1인이 나머지 다른 공동사업자에게 자기지분의 일부를 양도하고 얻은 소득은 소득세법상 사업소득에 해당하며, 공동사업에 있어서 과세기간 중 그 구성원의 지분이 변동한 경우에는 변동시마다 지분 또는 손익분배비율에 따라 각 거주자별로 각각 소득금액을 계산하는 것이다. 타인의 증여에 의하여 재산을 취득한 자는 「상속세 및 증여세법」(2003. 12. 30, 법률 제7010호로 개정된 것) 제2조 및 제4조의 규정에 의하여 증여세를 납부할 의무가 있는 것이며, 이 경우 「증여」라 함은 "그 행위 또는 거래의 명칭ㆍ형식ㆍ목적 등에 불구하고 경제적 가치를 계산할 수 있는 유형ㆍ무형의 재산을 타인에게 직접 또는 간접적인 방법으로 무상으로 이전(현저히 저렴한 대가로 이전하는 경우를 포함한다)하는 것 또는 기여에 의하여 타인의 재산가치를 증가시키는 것"을 말하는 것이다(서면1팀-1453, 2005. 11. 30). 공동사업자간의 지분비율이 당해 공동사업자들의 당해 사업에 대한 출자, 노무제공, 경영능력, 거래형성에 대한 기여도, 명성 등을 종합적으로 고려한 사업상 이해관계에 따라 변동된 경우 그 변동된 지분비율에 따라 분배된 이득금액에 대하여는 「소득세법」 제43조 제2항 「상속세 및 증여세법」 제2조 제2항에 따라 소득세 등이 부과되는 것이다(재재산-96, 2006. 1. 25). 쟁점토지 및 쟁점건물의 기준시가를 적용하여 쟁점토지와 쟁점건물에 대한 청구인 및 최○○○의 출자지분비율을 살펴보면 각각 6.4% 및 93.6%인 반면 그 손익분배비율은 33.3% 및 66.7%로 산정되므로 출자지분비율과 손익분배비율이 약 26.9%의 차이가 발생하므로 이는 청구인 및 최○○○의 쟁점토지와 쟁점건물의 출자지분비율에 따라 통상적이고 정상적으로 손익분배가 이루어졌다고 보기 어려운 바, 청구인이 쟁점토지의 3분의 1 지분을 무상으로 사용하여 분배받은 소득을 상속세 및 증여세법 제37조 제1항의 규정에 따라 부동산을 무상사용함에 따른 이익의 증여로 보아 증여세를 과세한 처분에는 잘못이 없다고 판단된다(조심 2009서0118, 2009. 5. 11).

**사례** **공동사업자의 출자비율과 손익분배비율이 다른 경우 증여세 과세문제**

부동산임대업을 어머니와 자녀 2인이 공동으로 다음과 같이 영위하는 경우 과세문제를 살펴본다.

| 구성원 | 출자비율 | 출자비율 소득금액 | 손익분배비율 | 손익분배비율 소득금액 |
|---|---|---|---|---|
| 모 | 50% | 50억 | – | – |
| 자1 | 30% | 30억 | 60% | 60억 |
| 자2 | 20% | 20억 | 40% | 40억 |

(1) 국세청 및 재경부 행정해석

① 실제손익분배비율에 따라 종합소득세를 과세한다.

- 소득세법 제43조 제2항【공동사업에 대한 소득금액 계산의 특례】

  제1항에 따라 공동사업에서 발생한 소득금액은 해당 공동사업을 경영하는 각 거주자(출자공동사업자를 포함한다. 이하 "공동사업자"라 한다) 간에 약정된 손익분배비율(약정된 손익분배비율이 없는 경우에는 지분비율을 말한다. 이하 "손익분배비율"이라 한다)에 의하여 분배되었거나 분배될 소득금액에 따라 각 공동사업자별로 분배한다.

② 상속증여세법 제2조에 따라 증여세를 부과한다.

- 상속세 및 증여세법 제2조

  6. "증여"란 그 **행위 또는 거래의 명칭 · 형식 · 목적 등과 관계없이 직접 또는 간접적인 방법으로 타인에게 무상으로 유형 · 무형의 재산 또는 이익을 이전**(移轉)(현저히 낮은 대가를 받고 이전하는 경우를 포함한다)하거나 타인의 재산가치를 증가시키는 것을 말한다. 다만, 유증과 사인증여는 제외한다.

- 상속세 및 증여세법 제4조의 2【증여세 납부의무】

  ① 수증자는 다음 각 호의 구분에 따른 증여재산에 대하여 증여세를 납부할 의무가 있다.

  ② 제1항의 증여재산에 대하여 수증자에게 「소득세법」에 따른 소득세 또는 「법인세법」에 따른 법인세가 부과되는 경우에는 증여세를 부과하지 아니한다. 소득세 또는 법인세가 「소득세법」, 「법인세법」 또는 다른 법률에 따라 비과세되거나 감면되는 경우에도 또한 같다.

(2) 조세심판원의 결정

부동산 무상사용이익에 따른 이익의 증여에 해당되어 증여세가 과세된다.

- 상속세 및 증여세법 제37조【부동산 무상사용에 따른 이익의 증여】

  ① 타인의 부동산(그 부동산 소유자와 함께 거주하는 주택과 그에 딸린 토지는 제외한다. 이하 이 조에서 같다)을 무상으로 사용함에 따라 이익을 얻은 경우에는 그 무상사용을 개시한 날을 증여일로 하여 그 이익에 상당하는 금액을 부동산 무상사용자의 증여재산가액으로 한다. 다만, 그 이익에 상당하는 금액이 대통령령으로 정하는 기준금액 미만인 경우는 제외한다.

## 10. 지방세 실무

### (1) 임대용건물 취득 후의 지출의 취득세 등 과세 여부

임대건물을 취득 후 보수, 리모델링, 개수, 대수선을 하는 경우가 있다. 이 경우 건물의 내용연수를 증가시키거나 가치를 증가시키는 경우에는 자본적 지출로 처리하고 능률유지나 단순한 수선의 경우에는 수익적지출로 처리하여 당기비용으로 처리하면 된다. 특히 주의할 점은 취득 후의 지출이 취득세 과세대상에 해당되는가의 문제이다. 지방세법 제6조에 "취득"을 다음과 같이 정의하고 있다. "취득 : 매매, 교환, 상속, 증여, 기부, 법인에 대한 현물출자, 건축, 개수, 공유수면의 매립, 간척에 의한 토지의 조성 등과 기타 이와 유사한 취득으로서 원시취득, 승계취득 또는 유상, 무상을 불문한 일체의 취득을 말한다". 또한, 같은 법 제9호에 "건축이란 건축법 제2조 제1항 제9호의 규정에 의한 건축물을 말한다". 같은 법 제10호에 "개수란 건축법 제2조 제1항 제10호의 규정에 의한 대수선과 건축물에 부수되는 시설물 중 대통령령이 정하는 시설물의 1종 이상을 설치하거나 수선하는 것을 말한다". 따라서 지방세법 104조의 규정을 종합해 볼 때 취득세의 과세대상인 개수와 대수선은 전적으로 건축법에서 차용개념을 사용하고 있다. 그러므로 취득 후의 지출에 대한 취득세 과세여부에 대한 판단은 건축법을 면밀히 검토하여 판단해야 할 것이다.

### (2) 지방세 서면신고제도

지방세기본법 제36조(세무공무원의 질문검사권) 제1항에 의하여 지방세법상 납세의무자에 대하여 조사상 필요할 때에는 보고 기타 필요한 서류나 물건의 제출을 명할 수 있도록 규정하고 있다. 따라서 법인에 대하여는 법인세 신고기한 경과 후 2월 이내에 지방세 서면신고서를 제출하여야 한다. 이를 토대로 관할구청은 납세의무자가 제출한 서면신고서를 바탕으로 지방세 납부를 적정하게 이행하였는지를 조사하게 된다. 만일 지방세 서면신고를 불이행하거나 지방세신고 납부사항과 다를 때에는 세무조사 등을 통하여 지방세를 추징하게 된다. 지방세 서면신고의 첨부서류는 다음과 같다.

① 해당 사업연도 법인세과세표준 및 세액신고서 : 지방소득세 및 농특세 적정납부 여부
② 법인등기부등본 : 증자 등에 따른 등록면허세 적정납부 여부
③ 사업자등록증사본
④ 주식이동상황명세서 : 과점주주의 간주취득 여부
⑤ 임대차계약서
⑥ 해당 사업연도 및 직전 사업연도 합계잔액시산표와 손익계산서
⑦ 해당 사업연도의 유형고정자산 당기증가분 보조원장 사본

※ 고정자산의 증가는 취득이나 개수 또는 대수선으로 전기와 비교하여 금액이 증가하는 경우로 이 경우 그 행위가 취득세 과세대상에 해당되는지의 여부와 과세표준을 적정하게 산정하였는지를 검토하여야 한다.

## 11. 해외부동산의 취득 · 보유 · 처분단계의 세무실무

### (1) 취득단계

#### ① 자금출처소명

상속세 및 증여세법 제45조에 따라 자금출처의 소명이 필요하며 소명을 못할 경우 증여세가 과세된다.

#### ② 해외부동산 취득 및 투자운용 명세서 제출

해외부동산을 취득 후 다음 연도 종합소득세 확정신고기한까지 '해외부동산 취득 및 투자운용 명세서'를 제출하여야 한다. 「외국환거래법」 제3조 제1항 제18호에 따른 해외직접투자를 하거나 같은 항 제19호에 따른 자본거래 중 외국에 있는 부동산이나 이에 관한 권리를 취득하거나 처분(해외부동산 등의 물건별 취득가액 또는 처분가액이 2억원 이상인 경우로 한정한다)한 거주자(제3조 제1항 단서에 따른 외국인 거주자는 제외한다)는 제70조 또는 제70조의 2에 따른 신고기한까지 "해외부동산 등의 투자명세 등"을 납세지 관할 세무서장에게 제출하여야 한다(국조법 58 ②). 해외부동산 등의 투자 명세 및 같은 항 제7호에 따른 해외부동산 등과 관련된 자료의 제출의무가 있는 거주자가 해외부동산 등의 투자 명세 등을 제출하지 아니하거나 거짓된 해외부동산 등의 투자 명세 등을 제출한 경우 그 거주자에게는 해외부동산 등의 취득가액, 처분가액 및 투자운용 소득의 100분의 10 이하의 과태료(1억원을 한도로 한다)를 부과한다(국조법 63 ②).

■ 국제조세조정에 관한 법률 시행규칙 [별지 제51호 서식] 〈개정 2022. 3. 18〉



# 해외부동산 취득 · 보유 · 투자운용(임대) 및 처분 명세서

| ① 과세연도 | 년 월 일부터<br>년 월 일까지 | ② 사업자<br>(주민)<br>등록번호 | | ③ 취득<br>(소유)자 | |
|---|---|---|---|---|---|
| ④ 주소 | | | | ⑤ 전화번호 | |

| 해외부동산 고유번호* | |
|---|---|
| * 국세청에서 부여한 번호, 확인경로 : 국세청 홈택스 [조회/발급]→[세금신고납부]→[해외부동산고유번호 조회] | |

★ 취득 · 운용 · 처분행위 없이 보유명세서만 제출대상일 경우 → 2. 보유명세서 ㉒~㉕ 만 작성 ☐ 여 ☐ 부

## 1. 해외부동산 취득 명세

| 부동산 소재지 | ⑥ 국가 | | ⑦ 소재지 | |
|---|---|---|---|---|
| | ⑧ 신고수리은행 | | ⑨ 신고수리번호 | |
| ⑩ 취득일 | 년 월 일 | | ⑪ 취득 목적 | [ ]주거, [ ]주거 외 |
| ⑫ 부동산의 종류 | [ ]주택·아파트, [ ]상가건물, [ ]토지, [ ]부동산에 관한 권리, [ ]기타 | | | |
| ⑬ 부동산의 규모(면적,㎡) | 건물 ( ), 대지 ( ) | | ⑭ 소유지분 | % |
| ⑮ 총취득금액(A)=(B+C) | 현지통화: ( )(원화환산: ₩ ) | | | |
| ⑯ 국내에서 송금액(B) | 현지통화: ( )(원화환산: ₩ ) | | | |
| ⑰ 현지조달금액(방법)(C) | 현지통화: ( )(원화환산: ₩ ) | | | |

1-1. 공동취득인 경우

| 구분 | 제출(법)인 | 공동취득인1 | 공동취득인2 | 기타 공동취득인 |
|---|---|---|---|---|
| ⑱ 공동취득자 성명(상호) | | | | |
| ⑲ 사업자(주민)등록번호 | | | | |
| ⑳ 제출(법)인(본인)과의 관계 | | | | |
| ㉑ 소유지분 | % | % | % | % |

*(취득시) 붙임 서류: 1. 매매계약서 사본 2. 등기부등본 사본 3. 그 밖의 증빙서류*

## 2. 해외부동산 보유 명세

| 부동산 현황 | ㉒ 국가 | | ㉓ 소재지 | | |
|---|---|---|---|---|---|
| | ㉔ 부동산의 종류 | [ ]주택·아파트, [ ]상가건물, [ ]토지, [ ]부동산에 관한 권리, [ ]기타 | | ㉕ 임대여부 | ☐ 여 ☐ 부 |

210㎜×297㎜[백상지 80g/㎡ 또는 중질지 80g/㎡]

## 3. 해외부동산 투자운용(임대) 명세

<table>
<tr><td rowspan="2">부동산 현황</td><td>㉖ 국가</td><td></td><td>㉗ 소재지</td><td></td></tr>
<tr><td>㉘ 부동산의 종류</td><td colspan="3">[ ]주택·아파트, [ ]상가건물, [ ]토지, [ ]부동산에 관한 권리, [ ]기타</td></tr>
</table>

<table>
<tr><td rowspan="2">㉙ 층·호수</td><td colspan="3">임차인</td><td colspan="3">임대수입 등 명세</td></tr>
<tr><td>㉚ 상호(성명)</td><td>㉛ 개시일 (입주일)</td><td>㉜ 종료일 (퇴거일)</td><td>㉝ 보증금</td><td>㉞ 월세</td><td>㉟ 연간 월세 합계</td></tr>
<tr><td></td><td></td><td></td><td></td><td></td><td></td><td></td></tr>
</table>

| ㊱ 종합소득세 신고여부 | □ 여 □ 부 | ㊲ 소득 국내반입여부 | □ 여 □ 부 |
|---|---|---|---|

*(운용시) 붙임 서류: 1. 임대차계약서 사본*

## 4. 해외부동산 처분 명세

<table>
<tr><td rowspan="2">부동산 소재지</td><td>㊳ 국가</td><td></td><td>㊴ 소재지</td><td colspan="3"></td></tr>
<tr><td>㊵ 보고은행</td><td></td><td>㊶ 보고번호</td><td></td><td>㊷ 처분일</td><td>년 월 일</td></tr>
<tr><td colspan="2">㊸ 부동산의 종류</td><td colspan="5">[ ]주택·아파트, [ ]상가건물, [ ]토지, [ ]부동산에 관한 권리, [ ]기타</td></tr>
<tr><td colspan="2">㊹ 부동산의 규모(면적, ㎡)</td><td colspan="3">건물 ( ), 대지 ( )</td><td>㊺ 처분지분</td><td>%</td></tr>
<tr><td colspan="2">㊻ 총처분금액</td><td colspan="5">현지통화: ( )(원화환산: ₩ )</td></tr>
<tr><td colspan="2">㊼ 양도소득세 신고여부</td><td>□ 여 □ 부</td><td colspan="2">㊽ 처분자금 국내반입여부</td><td colspan="2">□ 여 □ 부</td></tr>
</table>

*(처분시) 붙임 서류: 1. 매매계약서 사본 2. 등기부등본 사본 3. 그 밖의 증빙서류*

「국제조세조정에 관한 법률」 제58조 및 같은 법 시행령 제98조에 따라 해외부동산 취득·보유·투자운용(임대) 및 처분 명세서를 제출합니다.

년 월 일

제출법인 (인)

세무서장 귀하

210㎜×297㎜[백상지 80g/㎡ 또는 중질지 80g/㎡]

## 작성방법

이 서식은 「외국환거래법」 제3조 제1항 제19호에 따른 자본거래 중 외국에 있는 부동산이나 이에 관한 권리(이하 '해외부동산등' 이라 함)를 해당 과세기간에 취득·보유·투자운용(임대 포함) 및 처분한 거주자 및 내국법인이 해당 물건별로 각각 별지로 작성하여 제출하며, 해외부동산등의 물건별 취득가액 또는 처분가액이 2억원 미만인 경우에는 다음과 같이 제출대상에서 제외됩니다.

※ 해외부동산 취득·보유·투자운용(임대) 및 처분 명세서 제출대상

| 취득가액 | 자료 제출의무 | | | | |
|---|---|---|---|---|---|
| | 취득 시 | 보유 시 | 투자운용(임대) 시 | 처분 시 | |
| | | | | 2억원 미만 | 2억원 이상 |
| 2억원 미만 | × | × | × | × | ○ (처분 명세) |
| 2억원 이상 | ○ (취득 명세) | ○ [보유 명세] | ○ [투자운용(임대) 명세] | ○ (처분 명세) | ○ (처분 명세) |

1. ⑥, ⑦, ㉒, ㉓, ㉖, ㉗, ㊳, ㊴: 부동산 소재지는 한글 또는 영문으로 적어야 합니다.
2. ⑬: 취득부동산 전체 규모를 적고(면적 단위는 ㎡로 통일), 공동취득자의 경우도 취득부동산 전체 규모를 적습니다.

   * 1평 = 3.3058㎡, 1ft$^2$ = 0.092903㎡, 1a = 100㎡

3. ⑭: 공동취득자의 경우에 제출자의 소유지분 비율을 적습니다.
4. ⑮, ⑯, ⑰: 금액은 현지통화기준으로 적되, (   ) 안에 통화 단위를 적고, 원화환산금액을 취득 시 기준환율 또는 재정환율로 환산하여 적습니다.

   ※ 공동취득인 경우에도 총취득금액(국내송금액+현지조달금액)은 총액으로 적습니다.

5. ⑱~㉑: 공동취득인 경우 각각 취득인의 인적 사항과 지분을 적습니다.
6. ㉛: 취득 이후 연도에 계속 임대하는 경우 해당 사업연도 개시일을 적습니다.
7. ㉜: 해당 과세연도 말까지 계속 임대하는 경우 해당 사업연도 종료일을 적습니다.
8. ㉝~㉟: 보증금, 월세, 연간 월세 합계는 현지통화를 '수입금액 획득 시 기준환율 또는 재정환율'로 환산하여 원단위로 적습니다. 다만, 공동취득자의 경우에는 제출자의 소유지분(⑭)에 상당하는 금액을 적습니다.
9. ㊱: 해외부동산 투자운용(임대) 관련 임대소득은 「소득세법」 제1조의 2 제1항에 따른 거주자(국내에 주소를 두거나 183일 이상 거소를 둔 개인)에 해당할 경우 국내에 종합소득세로 신고 · 납부 하여야 합니다.
10. ㊼: 해외부동산 처분관련 양도소득은 「소득세법」 제118조의 2에 따른 거주자(거주자 중 해외부동산 양도일까지 계속 5년 이상 국내에 주소 또는 거소를 둔 자)에 해당할 경우 국내에 양도소득세로 신고 · 납부하여야 합니다.
11. 붙임 서류: 부동산 매매계약서, 등기부 등본 등은 취득 후 최초로 제출하거나 처분할 때 제출하고, 소유권 변동이 없을 경우에는 이후 다시 제출하지 않아도 됩니다.

210㎜×297㎜[백상지 80g/㎡ 또는 중질지 80g/㎡]

### (2) 보유단계

해외에서 발생한 부동산 임대소득에 대하여 종합소득세의 신고·납부하여야 한다. 이 경우 외국에서 납부한 세금은 외국납부세액공제 또는 필요경비에 산입한다. 해외에서 발생한 주택임대소득은 주택수와 관계없이 모두과세되며 전세보증금에 대한 간주임대료는 3주택 이상 보유자 중 전세보증금이 3억을 초과하는 경우에 과세된다. 수입금액을 산정할 때 기준환율 또는 재정환율로 수입시기(받기로 한 날)에 적용하여 환산하며 필요경비는 지출시점의 환율로 적용한다.

### (3) 처분단계

해외부동산을 양도한 경우 거주자는 양도소득세의 납세의무를 진다.

거주자(해당 자산의 양도일까지 계속 5년 이상 국내에 주소 또는 거소를 둔 자만 해당한다)의 국외에 있는 자산의 양도에 대한 양도소득은 해당 과세기간에 국외에 있는 자산을 양도함으로써 발생하는 소득으로 한다. 다만, 양도소득이 국외에서 외화를 차입하여 취득한 자산을 양도하여 발생하는 소득으로서 환율변동으로 인하여 외화차입금으로부터 발생하는 환차익을 포함하고 있는 경우에는 해당 환차익을 양도소득의 범위에서 제외한다(소법 118의 2).

### (4) 해외부동산 관련 외국환거래규정

[해외부동산 취득자가 주거래은행에 제출할 보고서 목록·기한]

| 보고서명 | 제출기한 | 외국환거래규정 |
|---|---|---|
| 해외부동산취득보고서 | 부동산 취득자금 송금 후 3월 이내 | 9~40 ② 1호 |
| 해외부동산처분보고서 | 부동산 처분(변경) 후 3월 이내. 다만, 3월 이내에 처분대금을 수령하는 경우에는 수령하는 시점 | 9~40 ② 2호 |
| 수시 보고서 | 취득부동산의 계속 보유 여부의 증명 등 사후관리에 필요하여 요구하는 경우 | 9~40 ② 3호 |

[외국환은행이 국세청에 통보하는 해외부동산 취득·양도자료]

| 구분 | 국세청 통보시기 | 외국환거래규정 |
|---|---|---|
| 취득신고수리 | 신고수리 후 매익월 20일까지 | 9~40 ① |
| 취득보고서 | 취득보고서 제출받은 후 익월 말일까지 | 9~40 ② |
| 처분보고서 | 처분(변경)보고서 제출받은 후 익월 말일까지 | 9~40 ② |

## 12. 관련사례

### (1) 원상회복조건으로 임차인이 부담한 실내장식

사업자가 부가가치세가 과세되는 부동산을 임차함에 있어 임차인이 자기의 부담으로 실내장식 등을 하고 임차기간 만료시 원상복구하여 주는 조건으로 임대차계약을 하였을 경우, 임차기간 만료시 임차인의 부담으로 원상복구를 하는 때에는 임대인에 대한 재화의 공급으로 보지 아니하는 것이나, 임차기간의 만료시 임차인이 원상복구를 하지 아니하고 원상복구에 필요한 대가를 임대인에게 별도로 지급하는 때에는 당해 대가에 대하여 부가가치세가 과세되는 것이다(부가 46015-1779, 1994. 5. 27).

### (2) 임차인이 자본적 지출을 발생시킨 경우의 처리

법인이 특수관계 없는 다른 법인이 소유하고 있는 토지 위에 건물을 신축하여 동 건물 및 건물의 부속토지를 일정기간 사용하는 조건으로 건물의 소유권을 무상으로 이전하는 경우 건물의 신축비용은 선급임차료에 해당하며 사용수익기간 동안 균등하게 안분하여 손금산입하는 것이다(재법인 46012-86, 2001. 5. 3). 한편 토지소유주는 임차인의 임차료 상당금액을 수익으로 계상하고, 당해 건축물은 토지소유자의 감가상각대상자산으로 한다(법인 46012-716, 2001. 5. 18).

#### 1) 회계처리

| | | | | |
|---|---|---|---|---|
| ① 임대인 | (차) 건물 등 | ××× | (대) 장기선수임대료 | ××× |
| ② 임차인 | (차) 장기선급임차료 | ××× | (대) 현금 및 예금 | ××× |

#### 2) 부가가치세 과세 여부

사업자가 타인소유의 토지 위에 건물을 신축하여 일정기간 무상으로 사용 후 명도하기로 약정하고 토지소유자의 명의로 신축건물을 보존등기한 것은 부가가치세법 제6조 제1항의 규정에 의한 재화의 공급에 해당하는 것으로 당해 건물이 이용가능한 시기에 당해 건물의 시가를 과세표준으로 하여 부가가치세를 거래징수하는 것이다(부가 46015-1519, 2000. 6. 30).

반면에 토지 임차인이 자신의 명의로 상업용 건물을 신축하여 사용 수익하다가 토지임대기간 종료 후 동 건물을 토지임대인에 반환하기로 약정한 경우 약정내용이 사실상 원상회복(건물철거 등) 후 반환하는 것이라면 토지 임대료 외 건물가액을 임대차 계약기간으로 적정 배분하여 이를 임대용역으로 과세할 수 없는 것이다(조심 2010중2516, 2010. 12. 31).

### (3) 임차인이 부담한 건물 개수비

부동산임대차 계약에 의하여 임차자의 책임 하에 건물을 개수(자본적 지출)하여 사용하는 경우에는 건물주인 임대인은 동 자본적 지출에 해당하는 개수비 상당액을 부가가치세 과세대상으로 신고하여야 하는 것이며, 임차자가 부가가치세 과세사업자일 경우에는 임대자에게 개수비상당액의 재화를 공급한 것으로 보아 그 개수종료일에 당해 재화공급에 대한 부가가치세를 거래징수하여야 한다. 또한 임차건물에 대한 개수비를 임차자가 부담하기로 약정하고 부담한 비용으로서 동 비용이 임차자산에 대한 자본적 지출에 해당하는 경우에는 이연비용으로 계상하고 임차기간에 안분계산하여 손금에 산입하여야 한다(부가 22601-1693, 1991. 12. 20).

### (4) 임대부동산을 법인에게 증여한 경우

부동산임대업을 영위하는 사업자가 당해 임대업에 공하던 부동산을 당해 사업자가 대주주인 법인에게 증여하는 경우 부가가치세법 제6조 제1항 및 동법 시행령 제14조 제4호의 규정에 의하여 부가가치세가 과세되는 것이며, 이 경우 당해 재화의 공급시기는 동법 제9조 제1항의 규정에 의하여 재화가 이용가능하게 되는 때(증여등기일)이다(부가 46015-2484, 1998. 11. 3). 다만, 사업양도방식에 의하여 증여하는 경우에는 재화의 공급에 해당되지 아니한다.

**참 고 탈세제보와 세무조사**

처분청은 부동산임대업을 영위하고 있는 청구인에 대한 탈세제보 자료와 관련세무조사를 통하여 부동산임대 수입금액 누락분을 확인하였고, 처분청의 세무조사는 임차인에 대한 직접조사, 우편조사, 제보자료 및 금융자료에 의한 조사 등 객관적이고 합리적인 방법에 의거 실시하였으나, 청구인들은 이에 대한 반증으로 관리비명세서 및 임대차계약서 외에 금융자료 등 객관적인 증빙에 의해 뒷받침되지 못하고 있어 임차인들이 확인하고 있는 내용과 처분청에서 조사한 내용을 부인하고 청구인의 주장을 받아들인다는 것은 어렵다 할 것이다(국심 2002서196, 2002. 4. 8).

### (5) 임차인이 승강기를 설치한 경우

음식점을 영위하는 임차인이 임대인소유의 건물에 승강기를 설치하여 사용하고 그 대신 임대인이 10년간 임대료를 인상하지 않고 임차인이 임대인의 소유로 귀속시키기로 한 경우에 있어서, 임차인은 임대인에게 승강기가 이용 가능하게 되는 때에 당해 승강기의 시가를 과세표준으로 하여 부가가치세를 거래징수하여야 하며, 승강기의 취득에 관련된 매입세액은 부가가치세법 제17조 제2항의 규정을 제외하고 임차인의 매출세액에서 공제하는 것이고, 임대인은 건물임대용역에 대한 대가를 선불 또는 후불로 받는 경우에 해당하여 임대인의 부가가치세 과세표준은 당해 승강기의 시가를 계약기간의 월수로 나눈 금액의 각 과세대상기간의 합계액으로 하는 것이며, 그 공급시기는 부가가치세법 시행령 제22조 제4호의 규정에 의하여 예정신고기간 또는 과세기간의 종료일로 하는 것이다(서면3팀-284, 2005. 2. 24).

### (6) 부동산임대업자의 승용차 유지비 등이 필요경비에 해당되는지의 여부

부동산임대업자가 당해 부동산임대소득을 얻기 위하여 직접 사용하는 사업용 고정자산의 유지·관리비 등은 필요경비에 산입할 수 있는 것이나, 당해 자산이 사업과 가사에 공통으로 사용되는 경우 부동산임대업과 관련된 필요경비의 계산은 소득세법 기본통칙 33-3의 규정에 의하는 것이며, 당해 부동산임대업자가 사용하는 승용차의 유지 및 관리비 등을 당해 부동산임대소득을 계산함에 있어 필요경비에 산입할 수 있는지의 여부는 당해 사업자의 부동산임대업의 규모와 형태 등에 비추어 종합적으로 사실 판단할 사항이다(서면1팀-664, 2004. 5. 20).

### (7) 폐업일 이후에 잔금기일이 도래하는 경우 공급시기

부동산임대업을 영위하던 사업자가 임대사업에 공하던 건물을 매각하는 계약을 체결하여 계약금과 중도금을 받고 잔금을 받지 않은 상태에서 폐업한 경우 당해 건물의 공급시기는 부가가치세법 시행령 제21조 제1항 단서의 규정에 의하여 그 폐업일로 보는 것이다(재소비-136, 2003. 11. 4). 이 경우 과세표준은 간주시가가 아닌 실거래 양도가액이다.

## 13. 부동산임대차 계약서 검토

### [ 부동산임대차계약서 ]

1. 부동산의 표시

| 소 재 지 | 서울시 강서구 방화동 609-1 | | |
|---|---|---|---|
| 토지면적 | 100㎡ | 지 목 | 대지 |
| 건물면적 | 120㎡ | 구조, 용도 | 철근콘크리트, 그린생활시설 |
| 임대부분 | 전체 | 임대목적 | |

2. 계약내용

제1조 임차인은 상기 표시 부동산에 대한 임대보증금 및 차임(월세)을 아래와 같이 임대인에게 지불한다.

| 보 증 금 | 일 억원 整 ( ₩ 100,000,000 ) |
|---|---|
| 계 약 금 | 20,000,000원整은 계약시 지불하고 영수함. |
| 중 도 금 | 50,000,000원整은 20×1년 1월 20일에 지불한다. |
| 잔 금 | 30,000,000원整은 20×1년 2월 10일에 지불한다. |
| 차임(월세) | 2,000,000원(부가세별도)整은 매월 5일에 지불한다. |

제2조 임대인은 상기 부동산을 임대차 목적대로 사용. 수익할 수 있는 상태로 하여 20×1년 2월 10일까지 임차인에게 인도하며, 임대차 기간은 인도일로부터 24개월로 한다.

제3조 임차인은 임대인의 동의 없이 상기 부동산의 용도나 구조 등을 변경하거나 전대, 임차권 양도 또는 담보제공을 하지 못하며 임대차목적 이외의 용도에 사용할 수 없다.

제4조 임차인이 차임(월세)을 2개월 지불하지 않은 경우 임대인은 임대계약을 해지 할 수 있으며 차임이 매월 5일까지 지불하지 않는 경우에는 연체이자 5%를 지불한다.

제5조 을이 임대료의 지급을 3회 이상 연체하였을 때는, 갑은 보증금으로 그 변제에 충당할 수 있다.

제6조 임대 계약기간이 종료한 경우 임차인은 상기 부동산을 원상으로 복구하여 임대인에게 인도하여야 하며, 임대인은 임대보증금을 임차인에게 반환한다.

제7조 임차인이 임대인에게 중도금(중도금이 없으면 잔금)을 지불하기 전까지는 임대인은 계약금의 2배액을 상환하고 임차인은 계약금을 포기하고 본 계약을 해제 할 수 있다

제8조 중개수수료와 실비는 본 계약체결과 동시에 임대인과 임차인 쌍방이 각각 지불하여야 하며, 중개업자의 과실 없이 거래 당사자 사정으로 본 계약이 해약되어도 중개수수료는 지불한다.

※ 특약사항 : 보증금에 대한 간주임대료는 임대인이 부담하기로 한다.

본 계약에 대하여 계약당사자가 확인하고 각자 서명. 날인한다.

20×1년 1월 5일

| | | | | | | | |
|---|---|---|---|---|---|---|---|
| 임대인 | 주 소 | 서울시 강서구 방화동 609-45 | | | | | |
| | 주민등록번호 | | 전화 | | 성명 | 이 강 오 | ㉞ |
| 임차인 | 주 소 | 서울시 강서구 방화동 808-40 | | | | | |
| | 주민등록번호 | | 전화 | | 성명 | 홍 길 동 | ㉞ |
| 중개업자 | 소 재 지 | 서울시 강서구 방화동 508-200 | | | | | |
| | 허 가 번 호 | | 전화 | | | | |
| | 상 호 | 로또 공인중개사 사무소 | | | 대표 | 김 성 실 | ㉞ |

### (1) 임대보증금 수령시의 회계처리

① 20×1. 1. 5 계약금 수령시

| | | | |
|---|---|---|---|
| (차) 현금및현금성자산 | 20,000,000 | (대) 선수보증금 | 20,000,000 |

② 20×1. 1. 20 중도금 수령시

| | | | |
|---|---|---|---|
| (차) 현금및현금성자산 | 50,000,000 | (대) 선수보증금 | 50,000,000 |

③ 20×1. 2. 10 잔금 수령시

| | | | |
|---|---|---|---|
| (차) 현금및현금성자산 | 30,000,000 | (대) 임대보증금 | 100,000,000 |
| 선수보증금 | 70,000,000 | | |

### (2) 임대료의 공급시기

임대료의 공급시기는 계속적 공급에 해당되어 **대가의 각 부분을 받기로 한 때**이다. 즉, 매월 지급받는 월세는 임대료 지급약정일(매월 5일)이 되므로 이 때 세금계산서를 발급하여야 한다. 다만, 공급시기 이전에 세금계산서를 선 발급한 경우에는 그 때를 공급시기로 한다. 또한 간주임대료와 2과세기간에 걸쳐 임대용역을 공급하고 **선불 또는 후불로 받는 임대료는 예정신고기간 또는 과세기간 종료일**이다.

### (3) 임대차계약서 제3조(임차인의 전대시 임차인의 동의 필요)

부동산전대의 경우에는 **임대인(부동산 소유자)의 사용승낙서**를 첨부하여야 한다. 왜냐하면 임차권의 양도 및 임차물의 전대는 임대인의 동의를 얻어야 하며, 임대인의 동의를 얻지 않은 경우에 임대인은 임대차계약을 해지할 수 있다.

### (4) 임대차계약서 제4조(연체이자 수령)

임대차계약에 의하여 확정된 임대료의 지급지연으로 인하여 지급받는 연체이자는 용역제공의 공급대가가 아니므로 과세표준에 산입하지 아니한다. 다만, 임대소득의 총수입금액에 산입하여야 한다.

### (5) 임대차계약서 제5조(미수임대료 보증금 충당)

미수임대료에 대해서는 공급시기에 세금계산서를 발급하여야 한다. 또한 계약에 따라 임대보증금을 임대료에 충당한 경우에는 그 금액을 제외한 임대보증금으로 하여 간주임대료를 계산한다. 간주임대료의 계산시점은 임차자가 당해 부동산을 사용하거나 사용하기로 한 때이다.

### (6) 임대차계약서 제6조(임대만료시 원상회복조건)

임차기간 만료시 임차인의 부담으로 원상복구를 하는 때에는 임대인에 대한 재화의 공급으로 보지 아니하는 것이나, 임차기간 만료시 임차인이 원상복구를 하지 아니하고 원상복구에 필요한 대가를 임대인에게 별도로 지급하는 때에는 당해 대가에 대하여 부가가치세가 과세된다.

[임대건물의 자본적지출]

| 건물개수비(자본적지출) | 과세대상 | 공급시기 | 계정분류 |
|---|---|---|---|
| 원상회복조건인 경우 | × | – | 임차자산 개설비(임차인) |
| 원상회복조건 아닌 경우 | ○ | 개수종료일 | 선수임대료(임대인)<br>선급임차료(임차인) |

### (7) 임대차계약서 제7조(임차인의 계약해제)

임차인이 계약을 해제하여 계약금을 위약금으로 받는 경우 영업외수익으로 처리한다. 다만, 계약의 위약 또는 해약으로 인하여 받는 위약금과 배상금으로 계약금이 위약금·배상금으로 대체되는 경우에는 원천징수 대상이 아니다.

### (8) 임대차계약서의 인지첨부

부동산 임대차계약서는 인지세 과세대상이 아니다.

### (9) 환경개선부담금, 교통유발부담금 등을 임차인에게 부담시킨 경우

사업자가 부동산 임대에 대한 대가를 받음에 있어서 임차인이 부담하는 수도요금 등 공공요금은 부동산 임대대가에 포함하지 아니하는 것이나, 임대인 명의로 부과된 재산세·교통유발부담금·환경개선 부담금 등을 임대차계약에 의해 임차인이 부담하기로 한 경우 당해 금액은 부동산 임대대가에 포함되어 부가가치세가 과세되는 것이다(서면상담3팀-931, 2008. 5. 9). 따라서 납부일을 공급시기로 하여 임차인에게 세금계산서를 교부하고 총수입금액 및 필요경비에 산입하여야 한다.

[부동산임대업 관련 주요 해석사례 및 심판례 요약]

| | | |
|---|---|---|
| ① 철거예정 부동산 임대건물 | 사업자가 임대사업에 공하던 건물을 양도하면서 계약금과 중도금은 받고 잔금을 수령하지 아니한 상태에서 임차인을 모두 퇴거시키고 양수인은 신축을 위해 철거 예정인 경우 동 건물의 양도는 재화의 공급에 해당하며, 과세표준은 실지거래가액에 의하되 구분이 불분명한 경우에는 안분계산하는 것임. | 법규부가 2010-297 (2010. 11. 16) |
| ② 지분증여시 사업양도 여부 | 건물의 일부 지분을 소유자인 부동산임대업자가 임차인이자 건물의 나머지 지분을 소유한 배우자에게 그 사업 관련된 자산 및 부채를 포괄적으로 증여하는 경우 「부가가치세법」 제6조 제6항 제2호 따라 재화의 공급으로 보지 않는 사업의 양도에 해당하지 아니하는 것임. | 법규부가 2010-249 (2010. 10. 13) |
| ③ 임차인을 승계하지 않는 경우 사업양도 여부 | 과·면세 겸업자에 해당하는 임차인 법인사업자가 대표이사인 개인으로부터 부동산임대업에 공하고 있던 부동산을 취득하려고 하면서 기존의 타 임차인들을 승계하지 않는 경우에는 해당 양도·양수 거래는 재화의 공급으로 보지 않는 사업의 양도에 해당되지 않음. | 법규부가 2010-239 (2010. 8. 13) |
| ④ 사업양도 | 부동산임대업을 영위하는 사업자가 사업양도 계약일 전에 임대차계약이 만료된 임차인의 임대보증금을 제외하고 그 사업에 관한 모든 권리와 의무를 포괄적으로 승계시키는 경우에는 「부가가치세법」 제6조 제6항 제2호에 따른 '사업의 양도'에 해당함. | 법규부가 2010-214 (2010. 7. 29) |
| ⑤ 매도인으로부터 받는 임대료 차액 보상금 | 매도인의 부동산을 양수하면서 매도인의 임대차계약을 승계하기로 합의한 후 승계한 매도인의 임대차계약에 따라 임대료를 시가보다 낮게 받게 되어 매도인으로부터 시가와의 차액을 보상받는 경우 해당 보상금은 「부가가치세법」 제1조의 과세대상에 해당하지 아니하는 것임. | 법규부가 2010-13 (2010. 1. 29) |
| ⑥ 임대차계약서 갱신시 사본 제출 범위 | 「부가가치세법 시행령」 제64조 제2항 제4호에 규정한 임대차계약의 갱신에는 임대차기간을 연장하는 것 이외에 임차보증금, 임대료 등이 변경되는 경우가 포함되는 것임. | 재부가-411(7) (2010. 6. 24) |
| ⑦ 임대공급가액 명세서 미제출 가산세 적용 방법 | 「부가가치세법」 제22조 제6항의 규정에 따라 부동산임대업자가 임대공급가액명세서를 제출하지 아니하거나 사실과 다르게 작성하여 제출한 경우에는 수입금액을 적지 아니하거나 사실과 다르게 적은 수입금액만을 기준으로 가산세를 부과하는 것임. | 재부가-411(8) (2010. 6. 24) |
| ⑧ 취득세 중과분의 귀속시기 | 부동산임대업자가 임차인의 유흥시설 설치·운영으로 인하여 취득세 중과분을 자진 신고·납부하는 경우, 해당 취득세 중과분은 자진신고납부일이 속하는 과세기간의 필요경비로 산입할 수 있는 것임. | 소득세과-580 (2010. 5. 18) |

| | | |
|---|---|---|
| ⑨ 지분증여시 감가상각 방법 | 부동산임대업을 경영하는 공동사업장의 구성원이 지분을 제3자에게 증여하여 구성원 일부가 변경된 경우, 해당 사업장 감가상각자산의 장부가액 및 내용연수는 구성원 변경 전의 장부가액과 내용연수를 동일하게 적용하는 것임. | 소득세과-487 (2010. 4. 20) |
| ⑩ 부동산 임대업의 현금영수증 발행의무 | 부동산임대업은 「소득세법 시행령」 별표 3의2에 따른 현금영수증가맹점 가입 의무 업종인 소비자상대업종 및 「소득세법 시행령」 별표 3의3에 따른 현금영수증 의무발행업종에 해당되지 않음. | 전자세원과-206 (2010. 4. 7) |
| ⑪ 변동부 임대료의 공급시기 | 사업자가 임차인의 매출액과 연계한 변동부임대료를 받기로 하고, 매월 매출액을 연간 예상매출액으로 환산하여 선납임대료 명목으로 익월 6영업일 이내에 받은 후, 기준사업연도 종료시 1년간의 임대료를 확정하여 선납임대료를 차감하는 방법으로 정산하는 경우 당해 임대료의 공급시기는 대가의 각 부분을 받기로 한 때가 되는 것임. | 부가-111 (2010. 1. 28) |
| ⑫ 토지, 건물 가액의 안분계산 | 쟁점부동산의 경우 매매계약서상 전체 거래가액은 인정이 되나 토지와 건물가액이 기준시가나 감정가액비율에 비하여 합리적이라고 볼 수 없는 점 등이 토지와 건물 가액이 불분명한 경우에 해당한다고 보이므로 감정가액비율로 안분함이 타당함. | 심사부가 2010-0034 (2010. 7. 12) |
| ⑬ 무상임대의 시가산정 기준 | 공동소유부동산을 무상사용하여 부당행위계산부인시 동일 건물 내 1층 도로변에 접한 전면점포의 임대료를 적정임대료로 보아 무상사용한 건물 내부의 후면점포 임대료의 시가로 본 처분은 정당함. | 심사소득 2010-0003 (2010. 6. 7) |
| ⑭ 사업양도 | 각 구분등기가 되어있는 쟁점부동산의 일부(4개층)를 하나의 사업장으로 하여 부동산임대업을 영위하는 법인으로부터 그 중 1개층을 매수하여 부동산임대업을 영위하는 경우 사업의 포괄적 양도에 해당함. | 조심 2010부3817 (2011. 1. 25) |
| ⑮ 원상회복 조건 | 토지 임차인이 자신의 명의로 상업용 건물을 신축하여 사용 수익하다가 토지임대기간 종료 후 동 건물을 토지임대인에 반환하기로 약정한 경우 약정내용이 사실상 원상회복(건물철거 등) 후 반환하는 것이라면 토지 임대료 외 건물가액을 임대차 계약기간으로 적정 배분하여 이를 임대용역으로 과세할 수 없는 것임. | 조심 2010중2516 (2010. 12. 31) |
| ⑯ 사업용계좌 미개설 감면배제 | 복수사업을 영위하는 청구인이 부동산임대업 사업장에 대하여 사업용계좌 신고를 하지 아니하였다 하여 청구인의 제조업 사업장에 대하여 중소기업에 대한 특별세액감면 규정의 적용을 배제하고 종합소득세를 과세한 처분은 부당함. | 조심 2010부3638 (2010. 12. 30) |

| | | |
|---|---|---|
| ⑰ 부당행위 부인 | 특수관계자에게 시가보다 낮은 가액으로 받은 임대료 상당액에 대하여 부당행위계산부인 규정을 적용하여 그 차액을 익금산입하고, 과세처분을 한 것은 잘못이 없는 것으로 판단됨. | 조심 2009전4302 (2010. 12. 29) |
| ⑱ 간주공급 | 부동산임대사업을 영위하는 기간 중에 사업용 건물을 양도하고 폐업신고를 하였더라도 건물 임차인이 폐업일 이후에도 계속하여 영업한 사실이 확인되는 경우 재화의 공급시기는 폐업일 이후에 도래하는 경우에 해당하여 그 폐업일을 공급시기로 양도한 건물은 재화의 실질적 공급에 해당함. | 조심 2010중1589 (2010. 11. 11) |
| ⑲ 임차인의 신축후 무상증여 | 타인 소유의 토지에 임차인 부담으로 건물을 신축한 후 건물 소유권에 대해 토지 소유자의 명의로 보존등기한 후 임차인이 사용·수익하는 경우 해당 건물가액을 용역의 공급대가(선수임대료)로 보아 과세함. | 조심 2010중2089 (2010. 11. 1) |
| ⑳ 임차인 개수비 | 건물의 임대차계약에 의하여 임차인의 책임하에 건물을 개보수하여 사용하는 경우 건물주인 임대인은 자본적 지출액에 해당하는 개보수비용 상당액의 선수임대료를 받은 것으로 보아 과세함. | 조심 2010서2823 (2010. 10. 28) |
| ㉑ 관리비·공공요금 | 부동산임대관리 대가인 임대료와 보험료, 수도료 및 공공요금 등과 관리비를 분명하게 구분하지 아니한 채 총액으로 받은 쟁점전대수입금액을 관리비 등으로 전용·사용한 것으로 보이는 점 및 공공요금 등을 임대관리용역비와 구별하여 징수하지 아니한 경우 전체 금액을 부가가치세 과세표준으로 하여야 하는 점(국심 1998부628, 1998. 9. 19 같은 뜻) 등에 비추어 쟁점전대수입금액을 부가가치세 과세대상임. | 조심 2010서0751 (2010. 9. 10) |
| ㉒ 임대료의 공급시기 | 진행 중인 소송은 임대보증금, 임대료, 임대차 목적물의 범위 등을 다투는 사건으로 심리일 현재 소송이 진행 중에 있어 공급가액이 확정되었다고 보기 어렵고, 다만, 임차인이 임대인을 대신하여 납부한 대출이자상당액은 실제로 임대료로 지급받은 것으로 이 부분은 공급가액이 확정된 것으로 봄이 타당함. | 조심 2009서3826 (2010. 7. 20) |
| ㉓ 사업양도의 범위 | 양수자가 승계받은 사업 외에 새로운 사업의 종류를 추가하거나 사업의 종류를 변경한 경우란 양수자가 양도자의 이전의 사업을 승계받은 경우를 전제로 하는 것으로 보아야 할 것인 바, 임대용 부동산을 숙박업자에게 양도한 경우 사업의 종류를 변경한 경우에 해당되지 않음. | 조심 2010광0020 (2010. 7. 9) |
| ㉔ 임대료의 귀속 | 건물의 옥탑에 기지국을 설치하도록 허용할 수 있는 권리와 기지국 설치에 따른 사용료를 수취할 권한은 쟁점건물의 관리인이 아닌 건물주에게 있으므로 임대수입은 건물주에게 귀속되어 과세하여야 함. | 조심 2010서0210 (2010. 4. 29) |

| | | |
|---|---|---|
| ㉕ 매입세액 | 부동산임대업을 영위하는 법인이 임대에 사용하지 아니하고 있는 오피스텔 및 연립주택에 설치한 홈시어터 및 와인냉장고 매입 관련 쟁점세금계산서를 사업과 직접 관련 없는 자산(회장 개인용도) 및 면세사업과 관련된 것으로 보아 매입세액을 불공제한 처분은 정당함. | 조심<br>2010부0640<br>(2010. 4. 20) |
| ㉖ 영업손실 보상금 | 지급받은 보상금은 재건축사업과 관련하여 상가에 대한 영업손실을 보상하기 위하여 지급된 손실보상금으로서, 사업내역과 기간, 규모, 보상금 지급의 경위와 금액 등에 비추어 볼 때 임대사업과 관련하여 얻은 별도의 수입금액으로서 총수입금액에 산입되는 사업소득으로 봄. | 서울고등법원<br>2010누5365<br>(2010. 8. 27) |
| ㉗ 시설공사비 | 상가 임대용역 외 시설공사비를 별도로 받은 경우 부동산임대용역의 공급에 포함됨. | 서울행정법원<br>2009구합55539<br>(2010. 7. 15) |
| ㉘ 임대인의 차량유지비 | 임대업자의 차량유지비는 주로 원고의 출퇴근 및 가사요 승용차의 유지비로 보이는 점, 임대의 경우 차량유지비를 지출할 필요성이 있었다고 볼 만한 별다른 자료가 없는 점을 종합하면 수입에 대응되는 필요경비로 인정하기 어려움. | 서울행정법원<br>2010구합3473<br>(2010. 5. 6) |
| ㉙ 임대소득의 실현시기 | 임대소득은 임대차 계약을 체결함으로써 그 차임채권의 실현가능성이 상당히 높은 정도로 성숙, 확정되어 차임 상당의 수입이 그 차임 약정지급일에 원고에게 귀속된 것으로 봄이 상당함. | 서울행정법원<br>2009구합50084<br>(2010. 4. 9) |
| ㉚ 임대업의 사업장 | 부동산 등기부상 소재지에 사업자등록하지 않고 본점에서 임대수입금액을 합산하여 신고한 경우 본점과 별개의 사업장은 예정 및 확정신고로서의 효력이 없고, 부동산 등기부상 소재지가 동일한 관할세무서장이라는 이유로도 달리 볼 수 없으며 이러한 경우 가산세 부과도 정당함. | 부산고등법원<br>2009누6179<br>(2010. 2. 12) |
| ㉛ 부동산 임대업의 외환차손익 | 소득세는 기간과세의 원칙에 의해 일정한 과세기간을 단위로 과세소득을 산정하는 것으로, 부동산임대업을 영위하는 자의 외화부채 평가차익은 총수입금액에 포함되며, 평가차손은 필요경비에 산입하는 것임. | 서울고등법원<br>2009누16710<br>(2010. 1. 29) |
| ㉜ 임대업의 이자비용 | 임대부동산 취득비용으로 사용된 차입금을 다른 차입금으로 상환한 경우는 물론이고, 자기 자본으로 임대부동산을 취득하였다가 투하자본의 회수를 위하여 새로 차입한 금원을 자본인출금으로 사용한 경우에도, 초과인출금 상당의 부채에 해당한다는 등의 특별한 사정이 없는 한, 그 차입금채무는 부동산임대업을 영위하는 데 필요한 자산에 대응한 부채임. | 대법원<br>2009두11874<br>(2010. 1. 14) |

| ㉝ 무상임대 | 무상임대 없이 임대할 때까지 기다렸다면 빈 사무실로 두었어야 할 가능성도 배제할 수 없는 점, 스포츠센터 수 분양자들로부터 손해배상청구를 받을 위험이 있었던 점 등으로 보아 임대료를 받지 아니한 것은 경제적 합리성이 결여되었다고 할 수 없음. | 서울행정법원 2009구합18639 (2009. 12. 3) |
|---|---|---|
| ㉞ 지상권의 지료의 소득구분 | 기타소득 중 지상권을 설정하고 받는 금품은 1회적 금품으로 한하는 게 아니고, 당사자 사이에 지상권을 설정하고 지료에 관한 약정이 있는 경우 그 지료액 또는 지급시기를 등기하지 않았다고 하더라도 토지소유자가 지급받는 지료는 계속적 정기적으로 지급받는지 여부에 상관없이 기타소득에 해당함. | 대법원 2007두7505 (2009. 9. 24) |
| ㉟ 부동산 임대업의 폐업시기 | 부동산임대업에 있어서의 사실상 폐업시기는 각 임차인들이 임차보증금을 반환받고 당해 건물에서 모두 퇴거하거나 또는 당해 건물에 관하여 제3자 앞으로 소유권이전등기가 경료되는 등 임대차관계 사무의 종료시점이라고 봄이 상당함. | 대구고등법원 2008누1758 (2009. 7. 24) |
| ㊱ 제척기간 | 이중계약서를 작성한 후 부가가치세 과세표준을 0으로 신고한 행위는 조세의 부과징수를 불가능하게 하거나 현저히 곤란하게 하는 위계 기타 부정한 적극적인 행위에 해당하므로 10년의 국세부과의 제척기간을 적용하여 이 건 부가가치세를 과세한 처분은 달리 잘못이 없다고 판단됨. | 조심 2011중0984 (2011. 5. 30) |

# 제 6 절 부동산투자회사

## Ⅰ 부동산투자회사의 설립

### 1. 개요

#### (1) 의의 및 종류

"부동산투자회사"라 함은 자산을 부동산에 투자하여 운용하는 것을 주된 목적으로 제3조부터 제8조까지, 제11조의 2, 제26조의 2 제1항·제2항, 제45조 및 제49조의 2 제1항 제2호에 적합하게 설립된 회사로서 다음과 같이 분류한다(부투법 2 1호).

① 자기관리부동산투자회사 : 자산운용전문인력을 포함한 임·직원을 상근으로 두고 자산의 투자·운용을 직접 수행하는 회사

② 위탁관리부동산투자회사 : 자산의 투자·운용을 자산관리회사에 위탁하는 회사
위탁관리부동산투자회사는 본점 외의 지점을 설치할 수 없으며, 직원을 고용하거나 상근인 임원을 둘 수 없다(부투법 11의2).

③ 기업구조조정부동산투자회사 : 제49조의 2 제1항 제1호 각목의 부동산을 투자대상으로 하며 자산의 투자·운용을 자산관리회사에 위탁하는 회사

### (2) 부동산투자회사의 업무

부동산투자회사는 자산을 제21조 제1항 각 호에 대하여 같은 조 제2항 각 호의 방법으로 부동산 등에 투자·운용하는 것 외의 업무는 할 수 없다(부투법 4). 부동산투자회사는 그 자산을 다음에 해당하는 방법으로 투자·운용하여야 한다(부투법 21).

① 부동산의 취득·관리·개량 및 처분
② 부동산개발사업
③ 부동산의 임대차
④ 증권의 매매
⑤ 금융기관에의 예치
⑥ 지상권·임차권 등 부동산사용에 관한 권리의 취득·관리·처분

### (3) 부동산개발사업에 대한 투자

① 제12조 제1항 제4호의 2에 따른 총자산은 부동산개발사업에 대한 투자비율을 결의한 주주총회 개최일 전날을 기준으로 하여 직전 분기 말 현재의 재무상태표상의 자산총액을 말한다.

② 제12조 제1항 제4호의 2에 따라 부동산개발사업에 대한 투자비율을 산정할 때 건축물을 신축하거나 재축하는 부동산개발사업의 경우에는 부동산투자회사가 소유한 토지의 가액은 총자산에는 산입하되, 부동산개발사업의 투자액에서는 제외한다.

③ 부동산투자회사가 부동산개발사업에 투자하려면 개발 대상 토지, 개발 방법, 그 밖에 대통령령으로 정하는 사항이 포함된 사업계획서를 작성하여 부동산투자자문회사의 평가를 거쳐야 하며, 부동산투자자문회사가 작성한 평가서를 부동산개발사업에 투자하기 1개월 전에 국토교통부장관에게 제출하여야 한다.

## 2. 부동산투자회사의 설립과 사업연도

부동산투자회사는 주식회사로 하며, 이 법에서 특별히 정한 경우를 제외하고는 「상법」의 적용을 받는다(부투법 3). 부동산투자회사는 발기설립의 방법으로 하여야 한다. 즉, 「상법」 제290조 제2호에도 불구하고 현물출자에 의한 설립을 할 수 없다(부투법 5).

부동산투자회사를 설립하고자 하는 자는 국토교통부장관의 인가를 받아야 하며 설립시의 최저자본금은 5억 이상이어야 한다(부투법 6). 그리고 영업인가를 받은 날부터 6개월(최저자본금준비기간)이 지난 부동산투자회사의 자본금은 100억원 이상이 되어야 한다(부투법 9). 부동산투자회사의 최초 사업연도 개시일은 설립등기일이다(법령 4 ① 1호). 다만 최초사업연도의 개시일 전에 생긴 손익을 사실상 그 법인에 귀속시킨 것이 있는 경우 조세포탈의 우려가 없을 때에는 최초사업연도의 기간이 1년을 초과하지 아니하는 범위 내에서 이를 당해 법인의 최초사업연도의 손익에 산입할 수 있다. 이 경우 최초사업연도의 개시일은 당해 법인에 귀속시킨 손익이 최초로 발생한 날로 한다(법령 4 ②).

부동산투자회사의 설립과 관련된 비용(창업비)은 당기비용으로 처리한다. 즉, 상법 제290조 제4항의 규정에 의한 지출과 설립등기를 위하여 지출한 세액 및 등기수수료, 개업준비 기간 중 사업의 인가 또는 허가 등을 얻기 위하여 지출한 비용이 이에 해당한다. 여기서 상법 제290조 제4호의 규정에 의한 지출이라 함은 회사가 부담할 설립비용과 발기인이 받은 보수액을 정관에 구체적으로 기재한 경우에 한한다. 따라서 정관에 기재되지 않은 설립비용과 발기인의 보수는 발기인이 부담하여야 할 비용으로 손금으로 인정되지 아니한다.

## 3. 사업자등록 장소

부동산투자회사의 경우 부동산임대업을 영위하는 것으로 부가가치세법 시행령 제4조 제1항 제4호에 의거 부동산등기부상의 소재지인 사업장마다 사업자등록을 하여야 한다. 다만, 부동산투자회사법에 의한 기업구조조정부동산투자회사는 그 사업에 관한 업무를 총괄하는 장소를 사업장으로 하여 사업자등록 할 수 있다. 따라서 자기관리부동산투자회사와 위탁관리부동산투자회사는 부동산임대건물 소재지마다 사업자등록을 하여야 한다. 기한 내에 사업자등록을 하지 않는 경우에는 임대사업용 건물에 대한 매입부가가치세 10%를 공제받을 수 없으며 미등록가산세 1%를 부과당하게 된다.

# 사업용부동산 취득시 세무실무

## 1. 재산인수계약서의 작성과 부가가치세 환급

① 부동산매매계약서 작성시 토지가액과 건물가액을 구분표시하여야 한다. 왜냐하면 토지는 면세에 해당하고 건물부분은 부가가치세 과세대상에 해당하기 때문이다. 따라서 토지가액은 면세대상으로 계산서 교부하여야 하나 계산서 교부면제 대상으로 영수증을 교부받으면 된다.

② 건물가액은 부가가치세 과세대상으로 세금계산서를 교부받아 조기환급을 받을 수 있다. 조기환급은 거래발생일이 속하는 다음 달 25일까지 부가가치세 환급신청을 하면 15일 이내에 환급이 된다.

③ 토지가액과 건물가액의 구분은 부가가치세법 시행령 제48조의 2 제4항의 규정에 의거 실지거래가액으로 구분표시하면 된다. 다만, 실지거래가액 중 토지의 가액과 건물 등의 가액의 구분이 불분명한 경우에는 부가가치세법 시행령 제48조의 2 제4항에 따라 토지가액과 건물가액의 일괄공급에 대한 과세표준을 안분계산하면 된다.

## 2. 취득세 신고 · 납부

### (1) 취득세의 감면(지특법 31의 4)

① 「부동산투자회사법」 제2조 제1호 나목에 따른 위탁관리 부동산투자회사(해당 부동산투자회사의 발행주식 총수에 대한 국가, 지방자치단체, 한국토지주택공사 및 지방공사가 단독 또는 공동으로 출자한 경우 그 소유주식 수의 비율이 100분의 50을 초과하는 경우를 말한다)가 임대할 목적으로 취득하는 부동산[「주택법」 제2조 제3호에 따른 공동주택(같은 법 제2조 제4호에 따른 준주택 중 오피스텔을 포함한다. 이하 이 조에서 같다)을 건축 또는 매입하기 위하여 취득하는 경우의 부동산으로 한정한다]에 대해서는 취득세의 100분의 20을 2021년 12월 31일까지 경감한다. 이 경우 「지방세법」 제13조 제2항 본문 및 같은 조 제3항의 세율을 적용하지 아니한다.

② 제1항에 따른 부동산투자회사가 과세기준일 현재 국내에 2세대 이상의 해당 공동주택을 임대 목적에 직접 사용(「부동산투자회사법」 제22조의 2 또는 제35조에 따라 위탁하여 임대하는 경우를 포함한다)하는 경우에는 다음 각 호에서 정하는 바에 따라 지방세를 2021년 12월 31일까지 감면한다.

1. 전용면적 60제곱미터 이하인 임대 목적의 공동주택에 대해서는 재산세(「지방세법」

제112조에 따른 부과액을 포함한다)의 100분의 40을 경감한다.

2. 전용면적 85제곱미터 이하인 임대 목적의 공동주택에 대해서는 재산세의 100분의 15를 경감한다.

③ 제1항을 적용할 때 다음 각 호의 어느 하나에 해당하는 경우에는 경감받은 취득세를 추징한다.

1. 토지를 취득한 날부터 정당한 사유 없이 2년 이내에 착공하지 아니한 경우
2. 정당한 사유 없이 해당 부동산의 매입일부터 1년이 경과할 때까지 해당 용도로 직접 사용하지 아니하는 경우
3. 해당 용도로 직접 사용한 기간이 2년 미만인 상태에서 매각·증여하거나 다른 용도로 사용하는 경우

### (2) 과밀억제권역 내에서 부동산 취득시 중과 여부

수도권정비계획법 제6조의 규정에 의한 과밀억제권역에 본점 또는 주사무소의 사업용부동산 취득시의 취득세 3배중과 규정이 적용된다. 다만, 이 경우는 원시취득인 신축 또는 증축의 경우만 해당되어 부동산투자회사가 승계취득(매매)에 의하여 부동산을 취득하는 경우에는 중과되지 아니한다.

### (3) 취득 후의 지출에 대한 취득세 과세문제

부동산투자회사가 부동산을 취득한 후 임대사업에 공하기 위하여 내부수선 등 공사를 하는 경우 그 지출금액이 취득세 과세대상에 해당되느냐의 문제이다. 이것은 건축법상 개수와 대수선에 해당되는지 여부를 판단하여야 할 것이다.

## 3. 인지세의 과세 여부

부동산투자회사가 취득하는 부동산에 대한 재산인수계약서는 인지세법상 소유권이전에 관한 과세문서에 해당하여 기재금액이 10억원을 초과하는 경우 35만원의 인지세를 납부하여야 한다(인지세법 3).

## Ⅲ 부동산투자회사 운영시의 세무실무

### 1. 부가가치세 실무

#### (1) 과세대상 및 공급시기

부동산투자회사가 부동산임대용역을 공급하는 경우의 과세표준은 임대료와 간주임대료의 합계액으로 한다.

임대료는 원칙적으로 받기로 한 날에 수입할 임대료로 한다. 즉, 임대차계약서에 기재된 임대료를 받기로 약정한 날이 되는 것이다.

다만, 2 이상의 과세기간(1기와 2기)에 걸쳐 부동산임대용역을 공급하고 그 대가를 선불 또는 후불로 받는 경우에는 당해 금액을 계약기간의 월수로 나눈 금액의 각 과세대상기간의 합계액을 그 과세표준으로 한다.

#### (2) 부동산 임대차계약서 검토사항

##### 1) 부가가치세 별도로 표시할 것

임대차계약시 일반과세자인 경우에는 반드시 임대료에 부가가치세 별도를 표시하여야 한다. 왜냐하면 부가가치세 별도 표시가 없으면 임대료에 부가가치세가 포함된 것으로 보아 부가가치세를 거래징수할 수 없기 때문이다.

즉, 공급가액이란 통상 재화 또는 용역을 공급하고 받는 금액에서 부가가치세를 제외한 금액을 말하는데 재화 또는 용역 공급시 '부가가치세 별도'라는 의사표시가 없으면 부가가치세가 포함된 공급대가로 본다(부기통 13-48-1, 재소비 46015-40, 2003. 2. 14).

##### 2) 차임을 지체한 경우 임대보증금에서 공제

임차인이 임대차계약에 의하여 부담하게 되는 차임 등 지급의무의 이행을 지체하는 경우 별도의 사전절차 없이 임차인이 납부한 임대보증금에서 공제하는 경우 이는 임대료 상당액의 회수로 보아 세금계산서를 교부하여야 한다. 다만, 감액된 임대보증금은 간주임대료 계산시 임대보증금에서 제외하여야 한다.

##### 3) 제세공과금의 부담 주체

임차인이 부담할 제세공과금 등 일체의 비용을 임차인을 납부자 명의로 하여 임차인이 부담하는 경우에는 임대인과는 관련이 없다. 한편, 임대목적물의 소유자 또는 임대차목적물 자체에 부과되는 재산세, 환경개선부담금, 교통유발부담금, 도로점용료 등 제세공과금 및 임차목적물의 보험료를 임대인이 부담하기로 한 경우에는 임대인의 손금에 해당된다. 다만, 임차인의 필요에 의한 행위로 인하여 신규로 발생되는 취득세(임대용건물의 증축, 개축, 대수선 등 자본적 지출 발생시), 면허세 등 제세공과금 또는 임차인의 귀책사유로 임대인이 납부하는 제세공과금이 증액(중과세)되는 경우 신규발생 부분 또는 증액부분은 임차인이 부담하기로 약정한 경우에는 부가가치세 과세 여부 및 임대인의 익금산입 여부를 검토하여야 한다. 즉, 임대인이 법률상 납세의무자로 규정된 취득세 등(대수선 등)이나 중과되는 부분을 임차인에게 전가시키는 경우에는 임대인이 임차인으로부터 임대료를 지급받아 납부하는 것과 동일하므로 부가가치세 과세대상으로 보아 세금계산서를 교부하여야 하고, 임대인의 익금과 손금에 산입하여야 한다.

#### 4) 지연이자를 지급받는 경우

임차인이 차임이나 관리비 이행을 지체하는 경우 임대인에게 그 지체된 날로부터 계산하여 실제지급일까지 지연이자를 지급하여야 하는데, 이는 임대용역의 제공에 대한 대가가 아니므로 부가가치세 과세대상이 아니다. 따라서 원천징수나 적격증빙의 수취대상도 아니며 단지 부동산투자회사의 영업외수익으로 익금산입하면 된다.

#### 5) 임대건물의 개수를 임차인이 하는 경우

임차인이 본인의 비용으로 임대인과 상호 합의하에 부동산의 각종 시설의 설치 및 교체, 증축, 개조(리모델링을 포함)를 시행할 수 있는데 이러한 지출이 건물의 가치를 증가시키는 자본적 지출인 경우 부가가치세 과세대상에 해당된다. 다만, 임차인이 임대기간 종료시점(해지)에 원상회복조건의 지출인 경우에는 부가가치세 과세대상은 아니라고 판단된다.

## 2. 법인세 실무

### (1) 익금

익금이란 자본 또는 출자의 납입 및 법인세법에서 규정하는 것을 제외하고 당해 법인의 순자산을 증가시키는 거래로 인하여 발생하는 수익의 금액을 말한다. 부동산투자회사의 익금은 임대료수입, 간주임대료수입, 임대사업용 건물의 양도가액 등으로 구성된다.

#### ① 간주익금

부동산투자회사가 금융기관 등으로부터 차입한 차입금이 자기자본의 2배를 초과하는 경우로서 부동산임대업을 주업(당해 법인의 사업연도 종료일 현재 자산총액 중 임대사업에 사용된 자산가액의 100분의 50 이상인 경우)으로 하는 때에는 임대보증금에 대하여 일정액에 상당하는 금액을 익금으로 본다. 그러나 부동산투자회사의 경우 주업이 임대업을 영위하는 법인에는 해당되지만 차입금 과다법인(자기자본의 2배 초과)에는 해당되지 않는 경우가 대부분이므로 간주임대료에 대하여는 익금에 산입하지 않게 될 것이다.

② **임대료에 대한 부당행위계산 부인 적용 여부**

부동산투자회사의 행위 또는 소득금액의 계산이 법인세법 시행령 제87조에 규정한 특수관계에 있는 자와의 거래로 인하여 조세의 부담을 부당히 감소시키는 것으로 인정되는 경우에는 부동산투자회사의 행위 또는 소득금액의 계산에 관계없이 정부는 각 사업연도 소득금액을 계산할 수 있다. 부동산투자회사의 경우 부당행위대상은 임대료를 무상 또는 저율로 받는 경우, 임대보증금이나 미수임대료를 지연하여 받는 경우, 임대사업용 건물을 저가로 양도하는 경우에 적용될 것이다.

### (2) 손금

부동산투자회사의 손금은 자산관리수수료, 자산보관수수료, 사무수탁수수료, 위탁관리비, 수도광열비, 수선유지비, 세금과공과, 감가상각비, 대손상각비, 이자비용 등이다.

① **감가상각비**

부동산임대업의 경우 필요경비 중 중요한 부분은 감가상각비와 수선비 등이다. 감가상각비 금액의 결정은 부동산의 취득가액 중 건물가액과 감가상각의 내용연수 결정문제가 중요하다. 부동산 취득가액은 취득시에 토지가액과 건물가액을 구분 표시하여 실지거래가액으로 표시하는 것이 필요하다. 왜냐하면 일괄구입시에는 기준시가로 안분하여야 하나 이 경우 일반적으로 건물가액이 낮게 책정되는 문제점이 있다. 한편 건물의 구조에 따라서 내용연수의 적용이 차이가 나나 이 경우 최초 또는 신규취득시 신고내용연수를 선택하여 조기상각하는 방안도 검토하여야 할 것이다. 다만, 부동산투자회사의 경우 투자수익률을 높이기 위해서는 신고내용연수를 길게 하여(25년 또는 50년) 상각할 필요가 있다.

② **대손상각비**

부동산투자회사의 대손충당금 설정대상채권은 미수임대료부분이다. 미수임대료에 대하여 법인세법 제34조 및 동법 시행령 제61조 제2항에서 설정대상채권의 100분의 1에 상당하는 금액과 채권잔액에 대손실적률을 곱하여 계산한 금액 중 큰 금액에 대하여 대손충당금을 설정할 수 있다. 이 경우 기업회계기준에서는 대손추산액을 합리적으로 추산하여 설정하도록 되어 있으므로 일반적으로 세법상 한도액보다 크게 되어 세무조정을 통하여 손금불산입 유보처분을 하게 된다.

한편, 미수임대료가 회수불가능할 경우 대손상각비로 손금계상할 수 있다. 이 경우 검토해야 할 사항은 대손요건의 충족 여부와 귀속시기문제이다. 미수임대료의 상법상 소멸시효는 3년으로 소멸시효완성일이 속하는 사업연도에 신고조정을 통하여 손금산입하여야 한다. 다만, 임차인의 변제능력이 있음에도 불구하고 채권을 임의포기한 것은 접대비나 기부금으로 보아 손금불산입된다(법인 46012-2409, 2000. 12. 19).

### (3) 손익의 귀속사업연도

부동산투자회사의 손익의 귀속사업연도는 익금과 손금이 확정된 날이 속하는 사업연도로 한다. 즉, 이를 권리의무 확정주의라 한다. 거래유형별 권리의무의 개별적 확정시기를 살펴보면 다음과 같다.

#### ① 임대료수익

임대료수익의 귀속시기는 계약 등에 의하여 임대료의 지급일이 정하여진 경우에는 그 지급일을, 계약 등에 의하여 임대료의 지급일이 정하여지지 아니한 경우에는 그 지급을 받은 날이 속하는 사업연도로 한다. 다만, 결산을 확정함에 있어서 이미 경과한 기간에 대응하는 임대료상당액과 이에 대응하는 비용을 당해 사업연도의 수익과 손비로 계상한 경우 및 임대료 지급기간이 1년을 초과하는 경우 이미 경과한 기간에 대응하는 임대료상당액과 비용은 이를 각각 당해 사업연도의 익금과 손금으로 한다(법령 71 ①).

#### ② 관리수익, 주차료수익

관리수익, 주차료수익 등 용역제공으로 인한 수익은 용역제공을 완료한 사업연도의 익금으로 한다(법령 69 ①).

#### ③ 부동산처분손익

부동산투자회사의 부동산처분손익은 그 대금을 청산한 날로 한다. 다만, 대금을 청산하기 전에 소유권 등의 이전등기를 하거나 당해 자산을 인도하거나 상대방이 당해 자산을 사용수익하는 경우에는 그 이전등기일, 인도일 또는 사용수익일 중 빠른 날로 한다(법령 68 ① 3호).

④ **이자수익**

법인이 수입하는 이자는 소득세법 시행령 제45조의 규정에 의한 수입시기에 해당하는 날이 속하는 사업연도로 한다. 즉, 인출일, 해약일, 만기일 등 실제로 받은 날로 하며 기업회계에 의한 발생주의에 따른 미수이자의 계상을 배제한다.

⑤ **자산관리수수료**

자산관리수수료는 용역제공 완료일이 속하는 사업연도의 손금으로 한다.

⑥ **이자비용**

법인이 지급하는 이자는 소득세법 시행령 제45조의 규정에 의한 수입시기에 해당하는 날이 속하는 사업연도의 손금으로 한다. 다만, 결산을 확정함에 있어서 이미 경과한 기간에 대응하는 이자 등을 당해 사업연도의 손금으로 계상한 경우(발생주의)에는 그 계상한 사업연도의 손금으로 한다.

### (4) 기타 부동산투자회사에 관한 규정

#### 1) 기업구조조정부동산투자회사 등에 대한 소득공제

부동산투자회사법에 의한 기업구조조정부동산투자회사(위탁관리부동산투자회사)가 배당가능이익의 100분의 90 이상을 배당한 경우 그 금액은 당해 사업연도 소득금액에서 이를 공제한다(법법 51의 2 ①). 이는 주식발행법인 단계에서 배당소득에 대한 이중과세 조정을 통하여 부동산투자회사의 활성화와 기업의 구조조정을 지원하기 위한 것이다. 여기에서 배당가능이익이라 함은 기업회계기준에 의하여 작성한 재무제표상의 법인세비용 차감 후 당기순이익에 이월이익잉여금을 가산하거나 이월결손금을 공제하고, 「상법」 제458조의 규정에 의하여 적립한 이익준비금을 차감한 금액을 말한다. 이 경우 당기순이익, 이월이익잉여금 및 이월결손금 중 유가증권평가에 따른 손익은 제외하되, 「간접투자자산 운용업법」에 따른 투자회사의 경우에는 그러하지 아니하다(법령 86의 3). 다만, 부동산투자회사의 경우 상법 제458조에 의한 이익준비금은 이를 적립하지 아니한다. 결국 기업구조조정부동산투자회사는 회계상 당기순이익과 법인세법상 각 사업연도소득이 동일한 경우로 당기순이익 전액을 배당하는 경우에는 법인세가 산출되지 아니한다. 다만, 세무조정사항(미수임대료에 대한 대손충당금)이 발생하는 경우에는 법인세가 산출된 것이다.

참고 부동산투자회사법 제28조

① 부동산투자회사는 「상법」 제462조 제1항에 따른 해당 연도 이익배당한도의 100분의 90 이상을 주주에게 배당하여야 한다. 이 경우 「상법」 제458조에 따른 이익준비금은 적립하지 아니한다.

② 제1항에도 불구하고 자기관리 부동산투자회사의 경우 2018년 12월 31일까지 「상법」 제462조 제1항에 따른 해당 연도 이익배당한도의 100분의 50 이상을 주주에게 배당하여야 하며 「상법」 제458조에 따른 이익준비금을 적립할 수 있다. 이 경우 「상법」 제462조 제2항 단서에도 불구하고 다음 각 호의 구분에 따른 방법으로 이익배당을 정한다.

1. 「상법」 제462조 제1항에 따른 해당 연도 이익배당한도의 100분의 50 이상 100분의 90 미만으로 이익배당을 정하는 경우 : 「상법」 제434조에 따른 주주총회의 특별결의
2. 「상법」 제462조 제1항에 따른 해당 연도 이익배당한도의 100분의 90 이상으로 이익배당을 정하는 경우 : 「상법」 제462조 제2항 본문에 따른 주주총회의 결의

③ 위탁관리 부동산투자회사가 제1항에 따라 이익을 배당할 때에는 「상법」 제462조 제1항에도 불구하고 이익을 초과하여 배당할 수 있다. 이 경우 초과배당금의 기준은 해당 연도 감가상각비의 범위에서 대통령령으로 정한다.

④ 제20조에 따라 상장된 부동산투자회사가 총자산에서 대통령령으로 정하는 비율 이상을 차지하는 부동산을 매각하여 그 이익을 배당할 때에는 해당 사업연도 말 10일 전까지 이사회를 개최하여 이사회의 결의로 배당 여부 및 배당 예정금액을 결정하여야 한다.

⑤ 제4항에 따라 결정된 배당은 주주총회의 결의를 거쳐 실시한다. 다만, 정관으로 이사회의 결의로 배당을 할 수 있다고 규정하는 경우에는 이사회의 결의로 배당을 실시할 수 있다.

### 2) 자기관리부동산투자회사 등에 대한 과세특례

① 「부동산투자회사법」 제2조 제1호 가목에 따른 자기관리 부동산투자회사(이하 이 조에서 "자기관리부동산투자회사"라 한다)가 2009년 12월 31일 이전에 대통령령으로 정하는 규모 이하의 주택(이하 "국민주택"이라 한다)을 신축하거나 취득 당시 입주된 사실이 없는 국민주택을 매입하여 임대업을 경영하는 경우에는 그 임대업으로부터 최초로 소득이 발생한 사업연도(임대사업 개시일부터 5년이 되는 날이 속하는 사업연도까지 그 사업에서 소득이 발생하지 아니하는 경우에는 5년이 되는 날이 속하는 사업연도)와 그 다음 사업연도 개시일부터 5년 이내에 끝나는 사업연도까지 국민주택을 임대함으로써 발생한 소득금액의 100분의 50에 상당하는 금액을 각 사업연도의 소득금액에서 공제한다.

② 자기관리 부동산투자회사가 2021년 12월 31일 이전에 다음 각 호의 어느 하나에 해당하는 주택을 신축하거나 취득 당시 입주된 사실이 없는 다음 각 호의 어느 하나에 해당하는 주택을 매입하여 임대업을 경영하는 경우에는 그 임대업으로부터 최초로 소득

이 발생한 사업연도(임대사업 개시일부터 5년이 되는 날이 속하는 사업연도까지 그 사업에서 소득이 발생하지 아니하는 경우에는 5년이 되는 날이 속하는 사업연도)와 그 다음 사업연도 개시일부터 8년(제2호에 해당하는 주택의 경우에는 5년) 이내에 끝나는 사업연도까지 해당 주택을 임대함으로써 발생한 소득금액의 100분의 100에 상당하는 금액을 각 사업연도의 소득금액에서 공제한다.

1. 「민간임대주택에 관한 특별법」 제2조 제4호에 따른 공공지원민간임대주택 또는 같은 법 제2조 제5호에 따른 장기일반민간임대주택으로서 대통령령으로 정하는 규모 이하의 주택
2. 제1호에 해당하지 아니하는 주택으로서 대통령령으로 정하는 규모 이하의 주택

### 3) 외국납부세액공제

「부동산투자회사법」에 따른 기업구조조정부동산투자회사・위탁관리부동산투자회사가 국외의 자산에 투자하여 얻은 소득에 대하여 납부한 외국법인세액이 있는 경우에는 당해 소득이 발생한 사업연도의 과세표준 신고시 당해 사업연도의 법인세액에서 당해 사업연도의 외국납부세액(국외자산에 투자하여 얻은 소득에 대하여 「소득세법」 제129조 제1항 제2호의 규정에 따른 세율을 곱하여 계산한 세액을 한도로 하고, 이를 초과하는 금액은 없는 것으로 본다)을 차감하여 납부하여야 한다(법법 57의 2 : 2007. 1. 1 이후 최초로 발생하는 소득분부터).

## 3. 재산세 실무

### (1) 과세대상

부동산투자회사가 보유하는 토지와 건축물이 재산세의 과세대상이다. 여기에서 토지는 지적법에 의하여 지적공부에 등록대상이 되는 토지와 그밖에 사용되고 있는 사실상의 토지를 말한다.

### (2) 납세의무자

재산세 과세기준일(매년 6월 1일) 현재 재산을 사실상 소유하고 있는 자이다. 따라서 부동산투자회사가 재산인수계약(매매)에 의하여 취득하는 부동산은 잔금지급일을 기준으로 판단한다.

#### (3) 과세표준 및 세율

부동산투자회사법에 의하여 설립된 부동산투자회사가 목적사업(법인등기부등본)에 사용하기 위하여 소유하고 있는 토지는 분리과세대상토지에 해당되어 세율은 과세표준에 1,000분의 2가 적용된다. 또한 부동산투자회사가 소유하는 건축물은 과세표준의 1,000분의 2.5가 적용된다.

#### (4) 부과징수

재산세의 납기는 토지분은 매년 9월 16일부터 9월 30일까지, 건축물은 매년 7월 16일부터 7월 31일까지 시장·군수가 부과징수한다.

### 4. 종합부동산세 실무

주택과 토지에 대하여 매년 6월 1일을 기준으로 종합부동산세가 부과된다. 그러나 주택이 아닌 일반사업용건물에 대하여는 종합부동산세가 부과되지 않으므로 부동산투자회사의 경우 주택이 아닌 임대사업용건물에 대하여는 종합부동산세가 과세되지 아니한다.

### 5. 인지세 실무

부동산투자회사가 재산인수계약에 의하여 부동산을 취득하는 경우에는 그 기재금액이 10억원을 초과하는 경우로 35만원을 인지세로 납부하여야 한다. 다만, 부동산임대차계약서는 인지세 과세대상이 아니다.

## Ⅳ 투자자(주주)에 대한 세무실무

주주의 투하자본에 대한 이윤의 분배는 배당을 통하여 주주에게 귀속되는 데 이 경우 법인원천소득에 대하여 법인단계에서 법인세가 과세되며, 귀속되는 주주가 법인이면 법인세를, 개인주주이면 소득세가 과세된다. 이러한 경우 동일한 소득에 대하여 법인세와 소득세의 이중과세 문제가 발생한다. 이를 입법적으로 해결하기 위하여 현행 세법에서는 배당금을 수취하는 입장에서 개인주주에게 귀속될 경우에는 배당세액공제(소법 56)를 통하여, 법인주주에게는 수입배당금의 익금불산입(법법 18의 3)을 통하여 이중과세를 조정하고 있다. 그러나 부동산투자회사와 같은 서류상의 회사(Paper Company)는 도관으로 보아 법인세의 면제장치를 법인세법 제51조의 2에서 규정을 두고 있다. 즉, 주식발행법인단계에서 배당소득공제를 통하여 이중과세를 조정하는 것이다. 법인세법 제51조의 2에 의하면, 자산유동화에관한법률에 의한 유동화전문회사, 간접투자자산운용업법에 의한 투자회사, 사모투자전문회사, 투자목적회사, 기업구조조정투자회사법에 의한 기업구조조정투자회사, 부동산투자회사법에 의한 기업구조조정부동산투자회사 및 위탁관리부동산투자회사, 선박투자회사법에 의한 선박투자회사가 배당가능이익의 100분의 90 이상을 배당하는 경우 그 금액은 당해 사업연도의 소득금액계산에 있어서 공제하도록 하고 있다. 따라서 부동산투자회사는 주식발행단계에서 이중과세조정을 하게 되므로 배당을 지급받는 법인주주 입장에서는 수입배당금의 익금불산입 규정을 배제하도록 법인세법 제18조의 3 제2항 제4호에서 규정하고 있는 것이다.

##  부동산투자회사의 청산시의 과세문제

### 1. 부동산투자회사의 청산소득에 대한 법인세

부동산투자회사의 청산소득에 대한 법인세는 주로 임대사업용 부동산의 가치상승분, 즉 시가와 장부가액의 차액으로 인하여 발생하게 된다. 청산소득금액계산은 잔여재산가액에서 자기자본총액을 차감하여 계산하고 여기에 세율을 적용하게 된다. 따라서 법인세법 제51조의 2에 의한 배당소득공제규정이 적용되지 않게 된다. 따라서 부동산처분이익이 청산소득에 포함되느냐 또는 각 사업연도소득에 포함되느냐에 따라 법인세부담액의 크기가 크게 달라진다. 따라서 절세효과측면에서는 부동산처분이익이 해산등기일 전 각 사업연도소득에 포함되는 것이 유리하다고 할 수 있다.

### 2. 의제배당

의제배당은 주로 법인이 그동안 발생된 이익을 배당하지 않고 사내에 유보시켰기 때문에 발생하는 것으로 부동산투자회사법 제28조의 규정에 의하여 배당가능이익의 90% 이상을 배당하도록 하고 법인세법 제51조의 2에서 그 배당액을 전액 소득공제 하도록 규정하고 있으므로 유보이익은 거의 없을 것이며 따라서 주주의 의제배당에 대한 과세문제는 거의 미미할 것으로 판단된다.

참 고 **부동산투자회사의 손익계산서**

주식회사 000위탁관리 부동산투자회사 제4기 20×1. 5. 1 ~ 20×1. 10. 31

| | | |
|---|---|---|
| Ⅰ. 영업수익 | | ×××|
| 1. 임대료수익 | ××× | |
| 2. 관리수익 | ××× | |
| 3. 주차료수익 | ××× | |
| 4. 금융리스이자수익 | ××× | |
| 5. 기타수익 | | |
| Ⅱ. 영업비용 | | ××× |
| 1. 임원보수 | ××× | |
| 2. 위탁관리비 | ××× | |
| 3. 자산관리수수료 | ××× | |
| 4. 자산보관수수료 | ××× | |
| 5. 사무위탁수수료 | ××× | |
| 6. 수도광열비 | ××× | |
| 7. 세금과공과 | ××× | |
| 8. 보험료 | ××× | |
| 9. 감가상각비 | ××× | |
| 10. 수수료비용 | ××× | |
| 11. 금융리스이자비용 | ××× | |
| 12. 기타일반관리비 | ××× | |
| 13. … | ××× | |
| Ⅲ. 영업이익 | | ××× |
| Ⅳ. 영업외수익 | | ××× |
| 1. 이자수익 | ××× | |
| 2. 잡이익 | ××× | |
| Ⅴ. 영업외비용 | | ××× |
| 1. 이자비용 | ××× | |

[부동산투자회사 관련 주요 해석사례 및 심판례 요약]

| | | |
|---|---|---|
| ① 대토보상권을 개발전문 부동산투자회사에 현물출자 | 「조세특례제한법」 제77조의 2 제1항에 따라 양도소득세 과세이연을 적용받은 거주자가 같은법 시행령 제73조 제4항 각 호의 어느 하나에 해당하는 경우에는 과세이연금액에 상당하는 세액과 이자상당가산액을 양도소득세로 납부해야 하는 것임. | 부동산거래관리과-1229 (2010. 10. 7) |
| ② 청산소득과세 | 기업구조조정부동산투자회사가 보유 부동산을 청산기간 중 매각할 경우 이에 따라 발생하는 매각차익을 청산소득으로 보아야 하며 부동산 매각차익을 포함하여 모든 소득을 잔여재산분배방식으로 전액 주주에게 분배하는 경우 동 분배금액을 청산소득에 대한 법인세 과세표준 계산시 공제함. | 법인세과-600 (2010. 6. 25) |
| ③ 배당소득공제 요건 | 특정 프로젝트금융투자회사의 자산관리·운용 및 처분에 관한 업무를 수행하는 자산관리회사가 다른 프로젝트금융투자회사의 자산관리업무를 수행하더라도 당해 자산관리회사가 「법인세법 시행령」 제86조의 2 제5항 제2호 가목 또는 나목에 해당하는 경우 소득공제 요건을 충족한 자산관리회사에 해당하는 것임. | 법인세과-577 (2010. 6. 23) |
| ④ 매수자의 지위인계 | 자산관리회사가 향후 설립될 투자회사를 대리하여 부동산 매매계약(부동산투자회사가 투자·운용할 자산임)을 체결한 후 그 매매계약에 의하여 부동산투자회사에 매매계약에 대한 매수자 지위를 인계하는 것은 재화의 공급에 해당하지 아니하는 것임. | 부가가치세과-5042 (2008. 12. 29) |
| ⑤ 기업구조조정 부동산투자회사의 부동산임대업 폐업일 | 폐업하는 때는 사업장별로 그 사업을 실질적으로 폐업하는 날로서 귀 질의의 경우 다수 임대용 부동산 중 최종적으로 양도되는 부동산의 양도일이 되는 것입니다. 다만, 해산으로 인하여 청산중에 있는 내국법인 또는 「채무자 회생 및 파산에 관한 법률」에 따라 법원으로부터 회생계획인가의 결정을 받고 회생절차를 진행 중인 내국법인인 사업자는 사업을 실질적으로 폐업하는 날로부터 25일 내에 사업장 관할세무서장에게 신고하여 그 승인을 얻은 경우에 한하여 잔여재산가액 확정일(해산일로부터 365일이 되는 날까지 잔여재산가액이 확정되지 아니한 경우에는 그 해산일로부터 365일이 되는 날)을 폐업일로 할 수 있음. | 서면인터넷방문상담3팀-1210 (2008. 6. 10 ) |

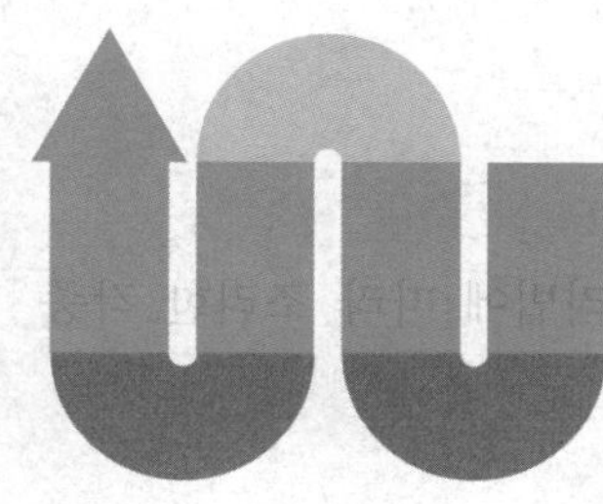

# 제4장

# 외식산업의 회계와 세무실무

## 제1절 개 요

### 1. 외식산업의 정의

외식산업이란 식당업, 요식업, 음식점업으로 불리며 가정 이외의 장소에서 식사나 음료, 주류 등을 제공해주고 그 대가를 받는 산업으로 경제발전과 더불어 급격히 성장하고 있다.

### 2. 한국표준산업분류표상 외식산업의 분류

#### (1) 음식점업

##### ① 한식음식점업(5611)

한식 요리법에 따라 조리한 각종 일반 음식류를 제공하는 산업활동을 말한다.

〈제외〉

- 라면, 피자, 샌드위치 등과 같은 간이 음식을 제공하는 활동(5619)
- 음식의 종류 등과 관계없이 이동 음식점을 운영하는 경우(56142)
- 기관 구내식당을 운영하는 경우(56130)
- 출장 음식 서비스(56141)
  - 한식일반음식점업(56111) : 설렁탕집, 해물탕집, 해장국집, 보쌈집, 일반 한식 전문 뷔페
  - 한식면요리전문점(56112) : 냉면전문점, 칼국수 전문점
  - 한식육류요리전문점(56113) : 갈비구이 전문점, 곱창구이 등
  - 한식해산물요리전문점(56114) : 한국식 횟집, 일식 이외의 해산물 요리 전문점

### ② 외국인 음식점(5612)

한식 요리를 제외한 중식, 일식, 서양식 및 기타 외국식 요리법에 따라 조리한 각종 일반 음식류를 제공하는 산업활동을 말한다.

- 중식음식점업(56121)
- 일식음식점업(56122) : 일식 횟집, 초밥집, 일식 우동 전문점
- 서양식음식점업(56123) : 서양식 레스토랑, 이탈리아 음식점
- 기타외국식음식점업(56129) : 베트남 음식점, 인도 음식점

### ③ 기관 구내식당업(5613)

회사, 학교, 공공기관 등의 기관과 계약에 의하여 구내식당을 설치하고 음식을 조리하여 제공하는 산업활동을 말한다.

- 기관구내식당업(56130) : 회사 및 학교 구내식당운영

### ④ 출장 및 이동 음식점업(5614)

연회 등과 같은 행사시에 특정 장소로 출장하여 음식 서비스를 제공하는 산업활동과 고정된 식당시설 없이 각종의 음식을 조리하여 제공하는 이동식 음식점을 운영하는 산업활동을 포함한다.

- 출장 음식 서비스업(56141) : 출장 뷔페 음식 서비스, 독립 식당차 등
- 이동음식점업(56142) : 이동식 포장마차, 이동식 떡볶이 판매점 등

### ⑤ 기타 간이 음식점업(5619)

즉석식의 빵, 케이크, 생과자, 떡류, 피자, 햄버거, 샌드위치, 분식류, 기타 패스트 푸드 및 유사 식품 등을 조리하여 소비자에게 제공하는 음식점을 운영하는 산업활동을 말한다.

- 제과점업(56191) : 제과점, 떡집
- 피자, 햄버거, 샌드위치 및 유사 음식점업(56192) : 피자전문점, 샌드위치 전문점 등
- 치킨전문점(56193) : 양념치킨 전문점, 프라이드 치킨 전문점
- 김밥 및 기타 간이 음식점업(56194) : 김밥 판매점, 일반 분식점
- 간이 음식 포장 판매 전문점(56199)

## (2) 주점 및 비알코올 음료점업

### ① 주점업(5621)

요정, 선술집(스탠드바), 나이트클럽, 생맥주 전문점, 디스코클럽, 카바레, 대폿집 등과 같이 술과 이에 따른 음식을 판매하는 산업활동을 말한다.

- 일반 유흥 주점업(56211) : 요정, 룸살롱 등
- 무도 유흥 주점업(56212) : 카바레, 나이트클럽 등
- 생맥주 전문점(56213) : 생맥주집(호프집)
- 기타 주점업(56219) : 소주방, 막걸리집, 토속 주점

② **비알코올 음료점업(5622)**

- 커피 전문점(56221) : 커피전문점, 커피숍
- 기타 비알코올 음료점업(56229) : 주스 전문점, 찻집, 다방

# 외식산업과 의제매입세액공제

## Ⅰ 개 요

### 1. 개념

사업자가 부가가치세가 면제되는 농·축·수·임산물을 공급받아 이를 원재료로 하여 제조·가공한 재화 또는 창출한 용역의 공급이 과세되는 경우 전단계세액공제법이 적용되지 않음에 따라 발생하는 누적효과와 환수효과를 완화하기 위하여 일정금액을 부가가치세 매입세액으로 의제하여 공제하도록 하고 있다. 다만, 면세포기를 하여 부가가치세 면제를 받지 아니하기로 하고, 영세율이 적용되는 경우에는 의제매입세액공제를 받을 수 없다.

외식산업의 경우 식자재의 많은 부분을 차지하는 원재료가 주로 미가공식료품으로 면세로 공급받기 때문에 세금계산서상의 매입세액을 공제받을 수 없어 부가가치세의 부담이 큰 편이다. 따라서 이러한 부가가치세의 중복과세효과를 완화하기 위하여 의제매입세액공제를 두고 있다.

## 2. 의제매입세액의 계산

### (1) 공제대상금액

의제매입세액 = 면세로 공급받은 농 · 축 · 수 · 임산물의 매입가액 × 8/108(법인 6/106)
* 과세유흥장소(2/102)
* 연매출 2억 이하 개인음식점(9/109) : 2023. 12. 31까지

과세유흥장소란 개별소비세법 제1조 제4항의 유흥음식행위에 대하여 개별소비세를 부과하는 장소로서 유흥주점, 외국인전용 유흥음식점, 그 밖에 이와 유사한 장소를 말한다. 또한, 원재료의 매입가액은 운임 등의 부대비용을 제외한 매입원가로 한다(부기통 42-84-2). 또한 농산물 등을 수입하는 경우에는 수입가격을 원재료가액으로 하며 수입가격은 관세의 과세가액을 말한다.

① 입시학원생을 대상으로 기숙사업을 영위하는 사업자가 면세농산물을 공급받아 이를 원재료로 하여 과세되는 음식용역을 제공하는 경우에, 동 **음식용역은 숙박업에 부수하여 공급**되는 것이므로 의제매입세액 공제시 음식업의 공제율(6/106, 8/108, 9/109)을 적용하지 아니하는 것이며 기타업종에 해당되는 공제율(2/102)을 적용하여야 한다(부가 46015-1177, 2000. 5. 25).

② 호텔사업자가 식당과 구분되지 않는 예식장을 고객에게 무상으로 임대함에 있어 생화를 구입하여 예식장을 장식하고 그 대가를 받는 경우 당해 생화의 구입가액에 대하여 「부가가치세법」 제17조 제3항의 규정에 의한 의제매입세액 공제시 같은 법 시행규칙 제19조 제1항에 규정된 음식점업의 공제율을 적용하지 아니하는 것이다(서면3팀-1876, 2007. 7. 2).

### (2) 한 도

의제매입세액공제 대상업종인 음식점 등이 계산서 등을 매출액의 50% 초과하여 실제거래금액보다 과다하게 수취하여 매입세액공제를 받는 경우가 발생하여 2014년 공급분부터 의제매입세액공제 한도를 신설하였다. 다만, 개인영세사업자의 세부담을 완화해주기 위해 일정기간 한도율을 높였다.

관련법조문

◈ 부가가치세법 시행령 제84조【의제매입세액 계산】

① 법 제42조 제1항에 따라 매입세액으로서 공제할 수 있는 면세농산물 등(이하 "면세농산물 등"이라 한다)은 부가가치세를 면제받아 공급받은 농산물, 축산물, 수산물 또는 임산물(제34조 제1항에 따른 1차 가공을 거친 것, 같은 조 제2항 각 호의 것 및 소금을 포함한다)로 한다.

② 법 제42조 제1항 표 외의 부분에서 "대통령령으로 정하는 금액"이란 해당 과세기간에 해당 사업자가 면세농산물 등과 관련하여 공급한 과세표준(이하 이 항에서 "과세표준"이라 한다)에 100분의 30(개인사업자에 대해서는 과세표준이 2억원 이하인 경우에는 100분의 50, 과세표준이 2억원 초과인 경우에는 100분의 40)을 곱하여 계산한 금액을 말한다. 다만, 2025년 12월 31일까지는 사업자별로 매입세액으로서 공제할 수 있는 금액의 한도를 다음 각 호의 구분에 따라 계산한 금액으로 한다.

1. 법인사업자: 과세표준에 100분의 50을 곱하여 계산한 금액에 공제율을 곱한 금액
2. 음식점업을 경영하는 개인사업자는 다음 각 목의 구분에 따라 계산한 금액에 공제율을 곱한 금액
   가. 과세표준이 1억원 이하인 경우: 과세표준에 100분의 75를 곱하여 계산한 금액
   나. 과세표준이 1억원 초과 2억원 이하인 경우: 과세표준에 100분의 70을 곱하여 계산한 금액
   다. 과세표준이 2억원 초과인 경우: 과세표준에 100분의 60을 곱하여 계산한 금액
3. 제2호 외의 사업을 경영하는 개인사업자는 다음 각 목의 구분에 따라 계산한 금액에 공제율을 곱한 금액
   가. 과세표준이 2억원 이하인 경우: 과세표준에 100분의 65를 곱하여 계산한 금액
   나. 과세표준이 2억원 초과인 경우: 과세표준에 100분의 55를 곱하여 계산한 금액

③ 제1항 및 제2항에도 불구하고 다음 각 호의 요건을 모두 충족하는 사업자는 제2기 과세기간에 대한 납부세액을 확정신고할 때, 해의 1월 1일부터 12월 31일까지 공급받은 면세농산물 등의 가액에 공제율을 곱한 금액에서 제1기 과세기간에 제1항 및 제2항에 따라 매입세액으로 공제받은 금액을 차감한 금액을 매입세액으로 공제할 수 있다. 이 경우 해의 1월 1일부터 12월 31일까지 매입세액으로서 공제할 수 있는 금액의 한도는 해의 1월 1일부터 12월 31일까지 면세농산물 등과 관련하여 공급한 과세표준 합계액(이하 "과세표준 합계액"이라 한다)에 100분의 30[개인사업자에 대해서는 과세표준 합계액이 4억원 이하인 경우에는 100분의 50, 과세표준 합계액이 4억원 초과인 경우에는 100분의 40(2025년 12월 31일까지는 과세표준 합계액이 4억원 이하인 경우에는 100분의 65, 과세표준 합계액이 4억원 초과인 경우에는 100분의 55), 2025년 12월 31일까지 법인사업자에 대해서는 100분의 50]을 곱하여 계산한 금액에 공제율을 곱한 금액으로 한다.

1. 제1기 과세기간에 공급받은 면세농산물 등의 가액을 해의 1월 1일부터 12월 31일까지 공급받은 면세농산물 등의 가액으로 나누어 계산한 비율이 100분의 75 이상이거나 100분

의 25 미만일 것

2. 해당 과세기간이 속하는 해의 1월 1일부터 12월 31일까지 계속하여 제조업을 영위하였을 것

## 3. 의제매입세액의 안분계산

과세사업과 면세사업을 겸영하는 사업자가 면세농산물 등을 구입한 경우 의제매입세액 공제는 실지귀속에 따라 공제대상 여부를 판단하며 그 귀속이 불분명한 경우에는 당해 과세기간의 공급가액의 비율에 따라 안분계산한다. 또한, 총공급가액 중 면세공급가액이 100분의 5 미만인 경우에는 면세원재료 전액에 대한 의제매입세액을 공제하는 것이며, 그 후 면세공급가액 비율이 증감하는 경우에도 납부세액 또는 환급세액의 재계산 규정은 적용되지 아니하는 것이다(부가 46015-4494, 1999. 11. 8).

**사례** **의제매입세액의 안분계산**

정육점과 음식점을 겸업하는 개인사업자가 20×1. 1기에 돼지정육 100,000,000원을 구입한 경우 의제매입세액공제액을 계산하면 다음과 같다.

| 기 별 | 음식점 공급가액 | 정육점 수입금액 | 공제율 | 의제매입세액 |
|---|---|---|---|---|
| 20×1. 1 | 200,000,000 | 100,000,000 | 8/108 | 4,938,271 |

### 부가가치세 집행기준 42-84-9 겸업자의 의제매입세액 안분계산

① 과세사업과 면세사업을 겸업하는 사업자가 면세원재료를 매입한 경우에는 그 과세기간 종료일까지 해당 원재료의 실지귀속에 따라 의제매입세액 공제대상 원재료 여부를 구분하고 차기이월 원재료에 대하여는 그 용도가 불분명하므로 공통매입세액 안분계산규정을 준용한다.

② 공통매입세액 안분계산규정을 준용할 때 적용하는 산식은 해당 사업장에서 매입한 면세원재료로서 제조·가공한 과세재화 또는 창출한 과세용역과 면세재화 또는 면세용역과의 총공급가액에 대한 과세재화 또는 과세용역 공급가액이 차지하는 비율에 따라 의제매입세액 공제대상 원재료를 구분한다.

③ 구분된 의제매입세액 공제대상 원재료의 매입가액으로 의제매입세액을 계산·공제한다.

④ 의제매입세액이 공제된 원재료가 과세재화 또는 과세용역의 원재료로 사용되지 아니하고 면세재화 또는 면세용역의 원재료로 전용되는 경우 전용한 날이 속하는 예정신고 또는 확정신고시 추가 납부한다.

## 4. 의제매입세액의 공제시기

외식사업자가 면세농산물을 구입한 날이 속하는 예정신고기간 또는 과세기간으로 사용소비된 시점이 아니다. 그리고 사업자가 예정신고시 공제받지 아니한 경우에는 확정신고시 공제받을 수 있으며, 예정신고나 확정신고시 공제받지 아니한 경우에는 국세기본법에 의한 수정신고나 경정청구 또는 경정기관의 확인을 거쳐 공제받을 수 있다(부기통 42-84-6).

## 5. 의제매입세액공제신고서의 제출

일반과세자인 음식점사업자가 의제매입세액공제를 받고자 하는 외식사업자는 의제매입세액공제신고서와 매입처별계산서합계표, 신용카드매출전표 등 수취명세서 등을 제출한 경우에 한하여 의제매입세액공제를 받을 수 있다(부령 84 ⑤). 따라서 농·축·수·임산물을 농어민으로부터 직접 구입하고 영수증을 수취하는 경우에는 의제매입세액공제를 받을 수 없다.

## 6. 의제매입세액공제 사례

### ① 제조업과 음식점업을 겸업하는 경우 의제매입세액공제 방법

다수의 사업장에서 제조업 및 음식점업 등을 영위하는 사업자가 부가가치세의 면제를 받아 공급받은 농산물 등을 원재료로 하여 과세재화를 제조하여 일부는 외부에 판매하고 일부는 자기의 다른 사업장에 반출하여 음식용역의 원재료로 사용하는 경우 당해 음식용역에 소비된 농산물 등의 의제매입세액공제율은 「부가가치세법 시행규칙」 제19조 제1항의 규정에 의한 음식점업의 공제율을 적용하는 것이며, 이 경우 외부에 판매하거나 음식용역의 원재료로 사용·소비된 농산물 등의 가액구분은 실지 사용된 수량 또는 금액이 각각 구분되는 경우에는 그 구분되는 실지 귀속에 의하는 것이나, 실지귀속이 불분명한 경우에는 「부가가치세법 시행령」 제61조 제1항의 규정을 준용하는 것이다(부가-1821, 2008. 7. 7).

### ② 수출하는 재화의 의제매입세액공제

사업자가 부가가치세의 면제를 받아 공급받은 수산물을 원재료로 하여 제조·가공한 재화 또는 창출한 용역의 공급이 과세되는 경우에는 부가가치세법 제17조 제3항에 의거 의제매입세액공제를 받을 수 있는 것이나, 부가가치세법 제12조 제4항의 규정에 의하여 부가가치세 면제를 받지 아니하기로 하고 같은법 제11조의 규정에 의하여 영세율이 적용되는 경우에는 의제매입세액공제를 받을 수 없는 것이다(서면3팀-2654, 2007. 9. 20).

## Ⅱ 면세농산물 등의 범위

### 1. 미가공식료품 등의 범위

가공되지 아니한 식료품(식용에 공하는 농산물·축산물·수산물과 임산물을 포함한다) 및 우리나라에서 생산된 식용에 공하지 아니하는 농·축·수·임산물에 대하여는 부가가치세를 면제한다(부법 26 ① 1호). 한편 미가공식료품의 수입에 대하여도 부가가치세를 면제하나 관세가 감면되지 않는 식료품으로서 과세되는 수입미가공식료품(부가가치세법 시행규칙 별표 2의 면세하지 아니하는 수입 미가공식료품 분류표 : 커피두, 코코아두 등)에 대하여는 부가가치세가 과세된다(부칙 12). 여기에서 식용에 공하는지의 판단 여부는 현실적·개별적인 용도로 판단하는 것이 아니라 일반적·추상적 관념(식용의 적합성)에 따라 판단한다(재무부 간세 1265.1-278, 1981. 3. 6). 미가공식료품의 범위는 [별표 1] 미가공식료품분류표에 규정된 경우에 한한다. 따라서 여기에 규정되어 있지 않은 도토리, 개 등은 미가공식료품에 해당되지 아니한다.

**부가가치세 집행기준 26-34-1 식용에 사용하지 않는 농·축·수임산물의 면세 범위**

① 우리나라에서 생산된 식용에 사용하지 아니하는 관상용의 새·열대어·금붕어 및 갯지렁이에 대하여는 면세한다.

② 우리나라에서 생산된 화초·수목 등의 공급에 대하여는 면세하나, 조경공사용역의 공급가액에 포함된 화초·수목 등에 대하여는 주된 용역의 공급에 포함되는 부수재화로 과세한다.

③ 우리나라에서 생산되어 단순히 건조한 크로레라(이끼)의 공급에 대하여는 면세한다. 다만, 해당 크로레라에 벌꿀 등을 가미하거나 정제한 크로레라제품의 공급에 대하여는 과세한다.

④ 우리나라에서 생산된 조개껍질(패각)의 공급에 대하여는 면세하나, 조개껍질(패각)을 분쇄한 패분의 공급에 대하여는 과세한다.

⑤ 상묘·잠종·잠아·치잠 등 잠견류와 누에고치(생견)를 열처리하여 건조시킨 마른 누에고치(건견) 및 누에가루(식용에 적합한 것에 한한다)의 공급에 대하여는 면세하나, 제사공정에서 부산물로 산출되는 번데기의 공급에 대하여는 과세한다.

⑥ 우리나라에서 생산된 볏짚·왕골·청올치(갈저)의 공급에 대하여는 면세하나, 이를 재료로 하여 제조한 돗자리·공예품 등의 공급에 대하여는 과세한다.

**참 고** 미가공식료품 등의 면세 여부

| 구 분 | 국내에서 생산된 것 | 외국에서 수입한 것 |
|---|---|---|
| 식 용 | 면세(곡류, 서류, 패류, 생선류, 소금 등) | 면세(별표 2의 커피두, 코코아두 등은 과세) |
| 비식용 | 면세(수목, 화초, 관상용새, 열대어 등) | 과세 |

※ 북한으로부터 미가공식료품 등을 수입하는 경우에는 국내거래와 동일하게 식용 여부와 관계없이 부가가치세를 면제(북한산 활갯지렁이의 면세 : 제도 46015-12215, 2001. 7. 18)하며, 북한으로 반출하는 재화 등은 남북교류협력에 관한 법률 제51조에 의거 수출품목의 공급으로 보아 부가가치세의 영세율을 적용한다(서면3팀-1214, 2005. 7. 29).

## 2. 미가공식료품 등 관련사례

① 김치, 단무지 등(부가 46015-3734, 2000. 11. 9)

- 포장판매 : 독립된 거래단위로 백화점 등에서 포장판매(과세)
- 비닐 등 판매 : 일시적 운반목적으로 비닐에 담아 판매(면세)

부가가치세가 면제되는 포장이란 일반소비자가 바로 식용에 공할 수 있는 정도에 이르지 아니한 단순한 운반 및 보관 등을 위하여 한 포장을 말한다 할 것이고, 부가가치세법 시행규칙 제24조 제1항 및 별표 1은 같은 법 시행령 제34조 제1항 및 제2항의 위임을 받아 김치 등을 포함한 미가공식료품의 범위를 구체화·명확화한 것으로 보이므로, 부가가치세법 시행규칙 별표 1에서 '제조시설을 갖추고 판매목적으로 독립된 거래단위로 포장하여 공급하는 단무지 등'을 부가가치세 면제대상에서 제외한 것은 정당하므로 부가가치세 과세대상임(상위 규정의 위임근거가 없어 무효라는 청구주장은 받아들이기 어려움(조심 2019광0294, 2019. 3. 14).

② 돼지 등 축산물

- 정육 등 1차 가공으로 본래의 성질이 변하지 않는 것 : 면세(부기통 12-22-2)
- 양념(마늘, 생강, 간장 등)을 혼합한 양념육으로 공급 : 과세(서삼 46015-12064, 2002. 11. 28).
- 도계하여 염장을 한 닭 : 면세(소비 46015-10, 2000. 1. 7)
- 날계란은 면세, 삶은 계란은 과세(간세 1235-55, 1978. 1. 10)

③ 목탄(숯) : 과세(부가 1265.1-1037, 1984. 5. 29)

④ 영양강화 밀가루 : 면세(부가 46015-1485, 1992. 9. 29)

⑤ 절간고구마, 무말랭이 : 면세(부가 1265-1471, 1981. 6. 10)

⑥ 고추와 고춧가루 : 면세(간세 1235-3717, 1977. 10. 7)

⑦ 메주, 생강 : 면세(간세 1235-1085, 1979. 4. 6)

⑧ 냉동한 어육의 절단판매 : 면세(서면3팀-79, 2005. 1. 14)

- 신선한 어류의 껍질·머리·뼈·내장 등을 제거하고 조미하지 아니한 채 냉동한 순 살코기(어육)로서 식용에 공할 수 있도록 이를 단순히 절단하여 판매하는 경우에는 부가가치세 면세

⑨ 죽염을 사용한 두부 : 면세(서면3팀-375, 2005. 3. 18)

⑩ 쌀로 밥을 지어 김밥제조업체에 공급 : 과세(서면3팀-207, 2005. 2. 14)

⑪ 생닭에 소금을 주입하여 공급 : 면세(서면3팀-511, 2005. 4. 19)

- 생닭에 소금물을 주입하여 공급하는 경우와 생닭의 신선도를 유지하기 위하여 자몽종자추출물이 주성분인 천연성분의 액상 식품첨가물을 소량 첨가한 소금물을 주입하여 공급하는 경우로서 원생산물의 성질이 변하지 아니한 것으로 부가가치세가 면세됨.

⑫ 고등어에 녹차 농축한 경우 : 면세(서면3팀-888, 2005. 6. 20)

⑬ 데친 채소류 : 면세(서면3팀-1297, 2005. 8. 17)

- 부가가치세법 시행규칙 [별표 1]의 미가공식료품 분류표상 데친 채소류(관세율표번호 제0709호로 분류되는 버섯 포함)는 2005. 7. 1 이후 최초로 공급하는 분부터 부가가치세가 면세되는 단순가공식료품의 범위에 포함됨.

| 면세, 과세의 구분 |

| 면 세 | 과 세 |
|---|---|
| 1. 미가공 농축수임산물(국산, 수입산)<br>2. 데친 채소류, 김치, 단무지, 장아찌, 젓갈류, 게장, 두부 등 단순운반편의를 위해 포장(재래시장의 비닐봉지)<br>3. 데친 채소류<br>4. 정육 1차가공 공급<br>5. 피클, 무말랭이, 간장, 쌈장, 고추와 고춧가루, 고등어에 녹차 농축, 냉동어육 | 1. 미가공 농축수임산물(비식용), 숯<br>2. 데친 채소류, 김치, 단무지, 장아찌, 젓갈류, 게장, 두부 등 제조시설을 갖추고 판매목적으로 독립된 거래단위로 관입·병입 등 포장하여 공급(슈퍼의 포장김치). 다만, 2026. 1. 1. 이후부터 과세<br>3. 삶은 채소, 계란<br>4. 양념(마늘, 간장 등)육 공급<br>5. 청국장, 초장, 연근조림, 볶음김치 |

### 부가가치세 집행기준 26-0-3 미가공식료품의 면세 범위

① 식용에 공하는 식료품에서 식용이란 현실적·개별적인 용도를 말하는 것이 아니고, 일반적·추상적 관념(식용에 적합한지 여부)의 용도를 말하는 것으로 「부가가치세법 시행규칙」 별표 1 미가공식료품분류표에 의한다.

② 신선한 어류의 껍질 · 머리 · 뼈 · 내장 등을 제거하고 냉동한 순살코기와 조미하지 아니하고 단순히 분쇄 · 냉동한 어육으로서 식용에 사용하는 것은 면세한다.

③ 축산물인 돼지 · 소 · 닭 등을 도살 · 해체하여 정육 · 건조 · 냉장 등 본래의 성질이 변하지 아니하는 정도의 1차가공을 거쳐 식용에 사용하는 것은 면세한다.

④ 조미료 · 향신료(고추 · 후추 등) 등을 가미하여 가공처리한 다음의 식료품에 대하여는 과세한다.

다만, 어류 등의 신선도 유지 · 저장 · 운반 등을 위하여 화학물질 등을 첨가하는 때에는 면세한다.

1. 맛김
2. 볶거나 조미한 멸치
3. 조미하여 건조한 쥐치포 등의 어포류
4. 생크림 · 유당 · 카제인 · 우유향 등을 배합하여 제조한 가공 우유 등 제품. 다만, 영유아용 분유는 제외한다.

⑤ 본래의 성질이 변한 정도의 가공을 거친 다음의 식료품은 과세한다.

전분, 면류, 팥 · 콩 등의 앙금, 떡, 한천, 묵, 인삼차, 엿기름 등

⑥ 데친 채소류, 김치, 젓갈류, 두부, 간장 또는 된장 등 단순가공식료품에 대하여는 면세하나, 단순가공식료품을 제조시설을 갖추고 판매목적으로 독립된 거래단위로 관입 · 병입 또는 이와 유사한 형태로 포장하여 2026. 1. 1 이후 최종소비자에게 그 포장의 상태로 직접 공급하는 경우에는 과세한다.

⑦ 식용에 사용하는 천일염, 재제소금은 면세재화인 소금에 포함하나, 공업용 소금 · 맛소금 · 공업용 천일염은 과세한다.

**판례** **게장의 부가가치세 과세 여부**(조심 2011광2674, 2012. 5. 21)

게장은 종전에는 부가가치세 과세대상이었다가 2004. 7. 1부터 면세대상으로 되었는데, 단순히 운반편의를 위하여 일시적으로 포장하였다고 하여 과세대상으로 본다면 일시적 포장이 불가피한 게장의 특성을 고려할 때 불합리한 것으로 보이고, 적어도 현재의 공장건물을 신축(2011. 6. 9)하기 전에는 음식점 주방에 부속된 소규모 작업장에 해당하여 제조시설을 갖추었다고 보기 어려운 측면이 있으므로, 청구법인이 공급한 게장을 「부가가치세법」 제12조 제1항 및 같은 법 시행규칙 제10조 제1항 별표 1. 미가공식료품분류표 제12호의 미가공식료품에서 제외되는 것으로 보아 과세한 처분은 잘못으로 판단된다(조심 2011광2674, 2012. 5. 21).

사업자가 제조시설을 갖추고 꽃게를 주재료로 하는 게장을 제조하여 최종소비자에게 판매목적으로 독립된 거래단위로 관입 · 병입 등의 형태로 포장하여 공급하는 때에는 해당 게장은 「부가가치세법 시행령」 제34조 제2항 제1호에 따른 부가가치세가 면제되는 단순가공식료품에 해당하지 아니하는 것이다(부가가치세과-637, 2013. 7. 12).

**핵심체크**

외식산업의 원재료인 미가공식료품의 과세・면세의 구분이 매우 난해하여 음식사업자의 경우 과세에 해당되는 품목을 면세로 잘못 알아 계산서를 발급받는 경우가 있다. 이 경우 식자재 공급자의 부가가치세 과세문제와 외식사업자의 의제매입세액 추징 등의 사례가 발생할 수 있으니 계산서의 품목 등을 면밀히 검토하여 과세와 면세를 명확히 구분하여야 한다.

[ 면세하는 미가공식료품 분류표(제24조 제1항 관련) ]

| 구분 | 관세율표 번호 | 품명 |
|---|---|---|
| 1. 곡류 | 1001 | ① 밀과 메슬린(meslin) |
| | 1002 | ② 호밀 |
| | 1003 | ③ 보리 |
| | 1004 | ④ 귀리 |
| | 1005 | ⑤ 옥수수 |
| | 1006 | ⑥ 쌀(벼를 포함한다) |
| | 1007 | ⑦ 수수 |
| | 1008 | ⑧ 메밀・밀리트(millet)・카나리시드(canary seed)와 그 밖의 곡물 |
| | 1101 | ⑨ 밀가루나 메슬린(meslin) 가루 |
| | 1102 | ⑩ 곡물가루[밀가루나 메슬린(meslin) 가루는 제외한다] |
| | 1103 | ⑪ 곡물의 부순 알곡, 거친 가루, 펠릿(pellet) |
| | 1104 | ⑫ 그 밖의 가공한 곡물[예: 껍질을 벗긴 것, 압착한 것, 플레이크(flake) 모양인 것, 진주 모양인 것, 얇은 조각으로 만든 것, 거칠게 빻은 것(관세율표 제1006호의 쌀은 제외한다)], 곡물의 씨눈으로서 원래 모양인 것, 압착한 것, 플레이크(flake) 모양인 것, 잘게 부순 것 |
| | 1106 | ⑬ 관세율표 제1106호에 해당하는 물품 중 건조한 채두류(菜豆類)(관세율표 제0713호의 것)의 거친 가루, 가루 |
| 2. 서류 | 0714 | ① 매니옥(manioc)・칡뿌리・살렙(salep)・돼지감자(Jerusalem artichoke)・고구마와 그 밖에 이와 유사한 전분이나 이눌린(inulin)을 다량 함유한 뿌리・괴경(塊莖)[자른 것인지 또는 펠릿(pellet) 모양인지에 상관없으며 신선한 것, 건조한 것으로 한정한다], 사고야자(sago)의 심(pith) |
| | 1106 | ② 관세율표 제1106호에 해당하는 물품 중 사고(sago)・뿌리나 괴경(塊莖)(관세율표 제0714호의 것)의 고운 가루 및 거친 가루 |
| | 0701 | ③ 감자(신선한 것이나 냉장한 것으로 한정한다) |

| 구분 | 관세율표 번호 | 품명 |
| --- | --- | --- |
| | 1105 | ④ 감자의 고운 가루, 거친 가루, 가루, 플레이크(flake), 알갱이, 펠릿(pellet) |
| 3. 특용 작물류 | 0901 | ① 관세율표 제0901호에 해당하는 물품 중 커피(원래 모양이나 분쇄한 것으로서 볶은 것은 제외한다) 및 커피의 껍데기·껍질과 웨이스트(waste) |
| | 0902 | ② 차류(소매용으로 포장한 것은 제외한다) |
| | 0904 | ③ 후추[파이퍼(Piper)속의 것으로 한정한다], 건조하거나 부수거나 잘게 부순 고추류[캡시컴(Capsicum)속]의 열매나 피멘타(Pimenta)속의 열매 |
| | 1201 | ④ 대두(부수었는지에 상관없다) |
| | 1202 | ⑤ 땅콩(볶거나 그 밖의 조리를 한 것은 제외하며, 껍데기를 벗겼는지, 부수었는지에 상관없다) |
| | 1206 | ⑥ 해바라기씨(부수었는지에 상관없다) |
| | 1207 | ⑦ 그 밖의 채유(採油)에 적합한 종자와 과실[팜너트(palm nut)와 핵(核), 목화씨, 피마자, 잇꽃 종자, 양귀비씨는 제외하며, 부수었는지는 상관없다] |
| | 1208 | ⑧ 채유(採油)에 적합한 종자와 과실의 고운 가루 및 거친 가루(겨자의 고운 가루 및 거친 가루는 제외한다) |
| | 1212 | ⑨ 관세율표번호 제1212호에 해당하는 물품 중 사탕무와 사탕수수(신선한 것 또는 건조한 것으로서 잘게 부수었는지에 상관없다) |
| | 1211 | ⑩ 관세율표 제1211호에 해당하는 물품 중 인삼류 |
| | 1801 | ⑪ 코코아두(원래 모양이나 부순 것으로 한정한다) |
| | 1802 | ⑫ 코코아의 껍데기와 껍질, 그 밖의 코코아 웨이스트(waste) |
| | 2401 | ⑬ 잎담배와 담배 부산물 |
| | 0910 | ⑭ 관세율표 제0910호에 해당하는 물품 중 생강 |
| 4. 과실류 | 0801 | ① 코코넛·브라질너트·캐슈너트(cashew nut)(신선한 것이나 건조한 것으로 한정하며, 껍데기나 껍질을 벗겼는지에 상관없다) |
| | 0802 | ② 그 밖의 견과류(신선하거나 건조한 것으로 한정하며, 껍데기나 껍질을 벗겼는지에 상관없다) |
| | 0803 | ③ 바나나[플랜틴(plantain)을 포함하며, 신선하거나 건조한 것으로 한정한다] |
| | 0804 | ④ 대추야자·무화과·파인애플·아보카도(avocado)·구아바(guava)·망고(mango)·망고스틴(mangosteen)(신선하거나 건조한 것으로 한정한다) |
| | 0805 | ⑤ 감귤류의 과실(신선하거나 건조한 것으로 한정한다) |

| 구분 | 관세율표 번호 | 품명 |
|---|---|---|
| | 0806 | ⑥ 포도(신선한 것으로 한정한다) |
| | 0807 | ⑦ 멜론(수박을 포함한다)과 포포(papaw)[파파야(papaya)](신선한 것으로 한정한다) |
| | 0808 | ⑧ 사과·배·마르멜로(quince)(신선한 것으로 한정한다) |
| | 0809 | ⑨ 살구·체리·복숭아[넥터린(nectarine)을 포함한다]·자두·슬로(sloe)(신선한 것으로 한정한다) |
| | 0810 | ⑩ 그 밖의 과실(신선한 것으로 한정한다) |
| | 0811 | ⑪ 냉동 과실과 냉동 견과류(물에 삶거나 찐 것과 설탕이나 그 밖의 감미료를 첨가한 것은 제외한다) |
| | 0812 | ⑫ 일시적으로 보존하기 위하여 처리(예: 이산화유황가스·염수·유황수나 그 밖의 저장용액으로 보존처리)한 과실과 견과류(그 상태로는 식용에 적합하지 않은 것으로 한정한다) |
| | 0813 | ⑬ 건조한 과실(관세율표 제0801호부터 제0806호까지에 해당하는 것은 제외한다)과 관세율표 제8류의 견과류나 건조한 과실의 혼합물 |
| 5. 채소류 | 0702 | ① 토마토(신선한 것이나 냉장한 것으로 한정한다) |
| | 0703 | ② 양파·쪽파·마늘·리크(leek)와 그 밖의 파속의 채소(신선한 것이나 냉장한 것으로 한정한다) |
| | 0704 | ③ 양배추·꽃양배추·구경(球莖)양배추·케일(kale)과 그 밖에 이와 유사한 식용 배추속(신선한 것이나 냉장한 것으로 한정한다) |
| | 0705 | ④ 상추[락투카 사티바(Lactuca sativa)]와 치커리(chicory)[시커리엄(Cichorium)종](신선한 것이나 냉장한 것으로 한정한다) |
| | 0706 | ⑤ 당근, 순무, 샐러드용 사탕무뿌리, 선모(仙茅), 셀러리액(celeriac), 무와 그 밖에 이와 유사한 식용 뿌리(신선한 것이나 냉장한 것으로 한정한다) |
| | 0707 | ⑥ 오이류(신선한 것이나 냉장한 것으로 한정한다) |
| | 0708 | ⑦ 채두류(菜豆類)(꼬투리가 있는지에 상관없으며 신선한 것이나 냉장한 것으로 한정한다) |
| | 0709 | ⑧ 그 밖의 채소(신선한 것이나 냉장한 것으로 한정한다) |
| | 0710 | ⑨ 냉동채소(조리한 것은 제외한다) |
| | 0711 | ⑩ 일시적으로 보존하기 위하여 처리(예: 이산화유황가스·염수·유황수나 그 밖의 저장용액으로 보존처리)한 채소(그 상태로는 식용에 적합하지 않은 것으로 한정한다) |
| | 0712 | ⑪ 건조한 채소(원래 모양인 것, 절단한 것, 얇게 썬 것, 부순 것, 가루 모양인 것으로 한정하며, 더 이상 조 제한 것은 제외한다) |

| 구분 | 관세율표 번호 | 품명 |
|---|---|---|
| | 0713 | ⑫ 건조한 채두류(菜豆類)(꼬투리가 없는 것으로서 껍질을 제거한 것인지 또는 쪼갠 것인지에 상관없다) |
| 6. 수축류 | 0101 | ① 말(경주마, 승용마 및 번식용 말은 제외한다), 당나귀, 노새와 버새 |
| | 0102 | ② 소(물소를 포함한다) |
| | 0103 | ③ 돼지 |
| | 0104 | ④ 면양과 산양 |
| | 0105 | ⑤ 가금(家禽)류(닭·오리·거위·칠면조 및 기니아새로 한정한다) |
| | 0106 | ⑥ 그 밖의 살아 있는 동물(식용에 적합한 것으로 한정한다) |
| 7. 수육류 | 0201 | ① 쇠고기(신선한 것이나 냉장한 것으로 한정한다) |
| | 0202 | ② 쇠고기(냉동한 것으로 한정한다) |
| | 0203 | ③ 돼지고기(신선한 것, 냉장하거나 냉동한 것으로 한정한다) |
| | 0204 | ④ 면양과 산양의 고기(신선한 것, 냉장하거나 냉동한 것으로 한정한다) |
| | 0205 | ⑤ 말·당나귀·노새·버새의 고기(신선한 것, 냉장하거나 냉동한 것으로 한정한다) |
| | 0206 | ⑥ 소·돼지·면양·산양·말·당나귀·노새·버새의 식용 설육(屑肉)(신선한 것, 냉장하거나 냉동한 것으로 한정한다) |
| | 0207 | ⑦ 관세율표 제0105호의 가금(家禽)류의 육과 식용 설육(屑肉)(신선한 것, 냉장하거나 냉동한 것으로 한정한다) |
| | 0208 | ⑧ 그 밖의 육과 식용 설육(屑肉)(신선한 것, 냉장하거나 냉동한 것으로 한정한다) |
| | 0209 | ⑨ 살코기가 없는 돼지 비계와 가금(家禽)의 비계(기름을 빼지 않은 것이나 그 밖의 방법으로 추출하지 않은 것으로서 신선한 것, 냉장하거나 냉동한 것, 염장하거나 염수장한 것, 건조하거나 훈제한 것으로 한정한다) |
| | 0210 | ⑩ 육과 식용 설육(屑肉)(염장하거나 염수장한 것이나 건조하거나 훈제한 것으로 한정한다), 육이나 설육(屑肉)의 식용 고운 가루 및 거친 가루 |
| | 0504 | ⑪ 동물(어류는 제외한다)의 장·방광·위의 전체나 부분(식용에 적합한 것으로 한정한다) |
| | 0511 | ⑫ 관세율표 제0511호에 해당하는 물품 중 건(腱)·근(筋)과 원피의 웨이스트(waste) 및 누에가루(식용에 적합한 것으로 한정한다) |
| | 0506 | ⑬ 뼈와 혼코어(horn-core)[가공하지 않은 것, 탈지(脫脂)한 것, 단순히 정리한 것(특정한 형상으로 깎은 것은 제외한다), 산(酸)처리를 하거나 탈교한(degelatinised) 것], 이들의 가루와 |

| 구분 | 관세율표 번호 | 품명 |
|---|---|---|
| | | 웨이스트(waste) |
| 8. 유란류 | 0401 | ① 밀크(관세율표 제0401호에 해당하는 물품 중 신선한 것으로 한정하며 농축·건조·가당 또는 발효된 것은 제외한다) |
| | 0402 | ② 관세율표 제0402호에 해당하는 물품 중 농축유·연유와 분유 |
| | 0407 | ③ 새의 알(껍질이 붙은 것으로서 신선하거나 저장에 적합한 처리를 한 것으로 한정한다) |
| | 0408 | ④ 새의 알(껍질이 붙지 않은 것)과 알의 노른자위(신선한 것, 건조한 것, 그 밖의 저장에 적합한 처리를 한 것으로 한정한다) |
| | 1901 | ⑤ 관세율표 제1901호에 해당하는 물품 중 유아용 조제 분유로 한정한다. |
| | 3502 | ⑥ 알의 흰자위(egg albumin)(신선한 것, 건조한 것, 그 밖의 저장에 적합한 처리를 한 것으로 한정한다) |
| 9. 생선류 | 0301 | ① 활어(관상용은 제외한다) |
| | 0302 | ② 신선하거나 냉장한 어류[관세율표 제0304호의 어류의 필레(fillet)와 그 밖의 어육은 제외한다] |
| | 0303 | ③ 냉동어류[관세율표 제0304호의 어류의 필레(fillet)와 기타 어육은 제외한다] |
| | 0304 | ④ 어류의 필레(fillet)와 그 밖의 어육(잘게 썰었는지에 상관없으며 신선한 것, 냉장·냉동한 것으로 한정한다) |
| | 0305 | ⑤ 건조한 어류, 염장이나 염수장한 어류, 훈제한 어류(훈제과정 중이나 훈제 전에 조리한 것인지에 상관없다), 어류의 고운 가루 및 거친 가루와 펠릿(pellet)(식용에 적합한 것으로 한정한다) |
| | 0306 | ⑥ 갑각류(껍데기가 붙어 있는 것인지에 상관없으며 살아 있는 것과 신선한 것, 냉장이나 냉동한 것, 건조한 것, 염장이나 염수장한 것으로 한정하며, 껍데기가 붙어 있는 상태로 물에 찌거나 삶아서 냉장이나 냉동한 것, 건조한 것, 염장이나 염수장한 것을 포함한다) |
| | 0307 | ⑦ 연체동물[껍데기가 붙어 있는지에 상관없으며 살아 있는 것과 신선한 것, 냉장이나 냉동한 것, 건조한 것, 염장이나 염수장한 것, 연체동물의 고운 가루 및 거친 가루와 펠릿(pellet)(식용에 적합한 것으로 한정한다)을 포함한다] |
| | 0308 | ⑧ 수생(水生) 무척추동물[갑각류와 연체동물은 제외하며, 살아 있는 것과 신선한 것, 냉장이나 냉동한 것, 건조한 것, 염장이나 염수장한 것, 수생(水生) 무척추동물(갑각류와 연체동물은 제외한다)의 고운 가루 및 거친 가루와 펠릿(pellet)(식용에 적합한 것으로 한정한다)을 포함한다] |

| 구분 | 관세율표 번호 | 품명 |
|---|---|---|
| | 0511 | ⑨ 관세율표 제0511호에 해당하는 물품 중 어류의 웨이스트(waste)(식용에 적합한 것으로 한정한다) |
| 10. 패류 | 0307 | 관세율표 제0307호에 해당하는 물품 중 조개·바지락·백합·홍합·전복과 그 밖의 패류(살아 있는 것과 신선한 것, 냉장이나 냉동한 것, 건조한 것, 염장이나 염수장한 것으로 한정한다) |
| 11. 해조류 | 1212 | 관세율표 제1212호에 해당하는 물품 중 김·미역·톳·파래·다시마와 그 밖의 식용에 적합한 해조류(신선한 것과 냉장이나 냉동한 것, 건조한 것, 염장이나 염수장한 것으로 한정한다) |
| 12. 그 밖에 식용으로 제공되는 농산물, 축산물, 수산물 또는 임산물과 단순가공식료품 | 0409 | ① 천연꿀 |
| | 0410 | ② 따로 분류되지 않은 식용인 동물성 생산품 |
| | 1212 | ③ 관세율표 제1212호에 해당하는 물품 중 주로 식용에 적합한 과실의 핵(核)과 그 밖의 식물성 생산품으로서 따로 분류되지 아니한 것(산채류를 포함한다) |
| | 2501 | ④ 관세율표 제2501호에 해당하는 물품 중 소금 |
| | | ⑤ 데친 채소류·김치·단무지·장아찌·젓갈류·게장·두부·메주·간장·된장·고추장(제조시설을 갖추고 판매목적으로 독립된 거래단위로 관입·병입 또는 이와 유사한 형태로 포장하여 2026년 1월 1일부터 공급하는 것은 제외하되 공급하는 것은 제외하되, 단순하게 운반편의를 위하여 일시적으로 관입·병입 등의 포장을 하는 경우를 포함한다) |
| | 1209 | ⑥ 관세율표 제1209호에 해당하는 물품 중 채소 종자 |
| | | ⑦ 쌀에 인산추출물·아미노산 등 식품첨가물을 첨가·코팅하거나 버섯균 등을 배양시킨 것으로서 쌀의 원형을 유지하고 있어야 하고(쌀을 분쇄한 후 식품첨가물을 혼합하여 다시 알곡모양을 낸 것은 제외한다), 쌀의 함량이 90퍼센트 이상인 것 |

## 제3절 음식점업

### I 음식점업의 분류

#### 1. 한국표준산업분류표상 분류

##### (1) 개요

음식점업은 구내에서 직접 소비할 수 있도록 **접객시설을 갖추고** 조리된 음식을 제공하는 식당, 음식점, 간이식당, 카페, 다과점 등을 운영하는 활동과 독립적인 식당차를 운영하는 산업활동을 말한다. 또한 여기에는 접객시설을 갖추지 않고 고객이 주문한 특정음식물을 조리하여 즉시 소비할 수 있는 상태로 주문자에게 직접 배달(제공)하거나 고객이 원하는 장소에 가서 직접 조리하여 음식물을 제공하는 경우가 포함된다.

① 접객시설을 갖추고 즉시 소비할 수 있는 음식을 조리하여 고객에게 제공하는 경우
- 회사 등 기관과 계약에 의하여 구내식당을 운영하는 산업활동을 포함한다.

② 접객시설을 갖추고 구입한 음식을 즉시 소비할 수 있는 상태로 고객에게 제공하는 경우

③ 접객시설 없이 고객이 주문한 특정음식을 즉시 소비할 수 있는 상태로 직접 조리하여 고객에게 제공(배달)하는 경우
- 접객시설 없이 즉석식 빵, 케익 등을 직접 만들어 일반소비자에게 판매하는 산업활동을 포함한다.

④ 접객시설 없이 개별 행사(연회)시에 그 장소에 출장하여 소비할 음식을 직접 조리하여 제공하는 경우

##### (2) 타산업과의 관계

① 숙박업에 결합되어 운영하는 식사제공 활동(5590 : 기타숙박업)

② 철도운수사업체에서 철도 식당칸을 직접 운영하는 경우(4910 : 철도운송업)

③ 조리사만을 공급하는 경우(75120 : 인력공급업)(7512 : 인력공급업)

④ 음식을 조리하여 도매 및 소매사업체에 납품하는 경우(10798 : 도시락 및 식사용 조리식품제조업)(1075 : 도시락 및 식사용 조리식품 제조업)

⑤ 회사 등의 기관과 계약에 의하여 별도의 장소에서 다량의 집단급식용 식사를 조리하여 약정기간 동안 운송·공급하는 경우(10798 : 도시락 및 식사용 조리식품제조업)

(1075 : 도시락 및 식사용 조리식품 제조업)

| 구 분 | 접객시설 | 조리시설 | 배달(제공) | 근 거 |
|---|---|---|---|---|
| 음식점 | ○ | ○ | ○ | 접객시설 구비(포장배달, 출장부페 포함) |
| 제조업 | × | ○ | ○ | 가공하여 납품 |
| 소매업 | × | × | ○ | 완제품 구입하여 최종소비자에게 판매 |

**참 고** **제조업과 음식점업의 구분**

**1) 구분기준**

① 도시락을 제조하여 도매 또는 소매상에게 판매하는 경우는 제조업에 해당되나, 접객시설을 갖추고 구내에서 소비를 목적으로 도시락을 제조·판매하는 경우는 음식점업에 해당되며, 음식점업자가 주문에 의하여 일시적으로 도시락을 제조·판매하는 것은 음식점업의 부수수익에 포함된다(부가 1265-236, 1981. 1. 31).

② 사업자가 일정한 장소에 접객시설을 갖추지 아니하고 고객의 주문 없이 김밥을 만들어 직접 판매하거나 다른 도매업자 등에 판매하는 것을 주로 하는 경우에는 제조업 중 기타 식료품 제조업에 해당한다(부가 1265-1969, 1983. 9. 15).

**2) 업종구분에 따른 세제상 차이**

제조업과 음식점업 중 어느 사업에 해당되는가에 따라 다음과 같은 세제상의 차이점이 나타나므로 업종구분을 명확히 하여야 한다.

① 재화(제조)의 공급으로 볼 것인가, 용역(음식점업)의 공급으로 볼 것인가에 따라 무상공급에 대한 부가가치세 과세문제가 달라진다.

② 업종별 부가가치율, 단순경비율 또는 기준경비율의 차이가 난다.

③ 의제매입세액공제율의 차이가 난다(제조업, 음식점업 8/108(법인 6/106)).

㉠ 과자점업, 도정업, 제분업, 떡방앗간 운영하는 개인 : 6/106

㉡ ㉠을 제외한 개인, 중소기업 : 4/104

㉢ 그 외 : 2/102

## 2. 식품위생법상의 분류(식품위생법 시행령 21 8호)

### (1) 휴게음식점영업

음식류를 조리·판매하는 영업으로서 음주행위가 허용되지 아니하는 영업(주로 다류를 조리·판매하는 다방 및 주로 빵·떡·과자·아이스크림류를 제조·판매하는 과자점형태의 영업을 포함한다). 다만, 편의점·슈퍼마켓·휴게소 기타 음식류를 판매하는 장소에서 컵라면, 1회용 다류 기타 음식류에 뜨거운 물을 부어주는 경우를 제외한다. 주로 다류(茶

類), 아이스크림류 등을 조리 · 판매하거나 패스트푸드점, 분식점 형태의 영업 등 음식류를 조리 · 판매하는 영업으로서 음주행위가 허용되지 아니하는 영업. 다만, 편의점, 슈퍼마켓, 휴게소, 그 밖에 음식류를 판매하는 장소(만화가게 및 「게임산업진흥에 관한 법률」 제2조 제7호에 따른 인터넷컴퓨터게임시설제공업을 하는 영업소 등 음식류를 부수적으로 판매하는 장소를 포함한다)에서 컵라면, 일회용 다류 또는 그 밖의 음식류에 물을 부어주는 경우는 제외한다.

### (2) 일반음식점영업

음식류를 조리 · 판매하는 영업으로서 식사와 함께 부수적으로 음주행위가 허용되는 영업

### (3) 단란주점영업

주로 주류를 조리 · 판매하는 영업으로서 손님이 노래를 부르는 행위가 허용되는 영업

### (4) 유흥주점영업

주로 주류를 조리 · 판매하는 영업으로서 유흥종사자를 두거나 유흥시설을 설치할 수 있고 손님이 노래를 부르거나 춤을 추는 행위가 허용되는 영업

### (5) 위탁급식영업

집단급식소를 설치 · 운영하는 자와의 계약에 의하여 그 집단급식소 내에서 음식류를 조리하여 제공하는 영업

### (6) 제과점영업

주로 빵, 떡, 과자 등을 제조 · 판매하는 영업으로서 음주행위가 허용되지 아니하는 영업

**참 고** **음식점 영업신고**

휴게음식점영업과 일반음식점영업을 하고자 하는 자는 다음의 서류를 구비하여 시 · 도지사에게 신고를 하여야 한다(식품위생법 37).

① 영업신고 · 신청서
② 교육수료증(휴게음식점 제외). 휴게음식점은 신고수리 후 3개월 이내에 위생교육 수료
③ 일반음식점의 경우 지하 66평방미터 이상 업소는 소방시설완비 증명서 첨부

## Ⅱ 음식업종의 세무실무

### 1. 개요

#### (1) 현황

음식점업의 수입금액은 신용카드매출 · 현금영수증 매출 · 현금매출로 구성된다. 신용카드매출은 카드회사에서 국세청으로 통보되므로 카드회사를 파악하여 관리하여야 한다. 요즈음 신용카드 및 현금영수증 사용의 증가로 매출액이 현실화되어 수입금액이 급격히 증가됨에 따라 세부담이 크게 늘고 있다. 따라서 지출영수증을 모두 발급받아 기장함으로써 절세를 하여야 할 것이다.

### 2. 음식점업의 세무관리

① **매출액은 누락되지 않았는가?**

신용카드 매출액은 사업자가 발행한 신용카드 매출전표합계와 카드회사별로 통보받은 신용카드 발행집계표와 대사하거나 또는 국세청으로부터 통보받은 세무대리정보자료와 확인 · 대사하여 누락됨이 없도록 하여야 하고 현금매출액을 사업자로부터 일별 또는 월별로 제출받아 기장 및 부가가치세 신고를 하여야 한다. 또한 배달의 민족, 배달통, 요기요 등 배달앱을 통한 매출액을 조회하여 신고하여야 한다.

> **참 고　신용카드 매출누락 여부**
>
> 부가가치세 신고를 하면서 과세기간 중 발생한 총매출액에서 신용카드 매출액을 제외한 나머지를 현금매출로 하여 부가가치세를 신고하는 과정에서 신용카드 매출액이 집계착오로 일부 누락되어 누락된 동 금액을 현금매출에 포함하여 신고하였다 하나, 신용카드매출금액 통보일람표상 신용카드 매출금액과 부가가치세 신고서상 신용카드 매출액에 차이가 있는 사실이 확인되고, 집계착오로 인해 누락된 신용카드 매출액을 현금매출액에 포함되었다는 근거는 없으므로 신용카드 매출금액통보일람표상 신용카드매출금액과 신고금액과 차액을 매출누락으로 보아 과세한 처분은 정당하다(국심 2001서2660, 2002. 1. 5).

② **신용카드발행 공제는 정당한가?**

신용카드 발행공제는 발행액(공급대가)의 1.3%(간이과세자는 2.6%)로 연간 1,000만원 한도로 공제되므로 1,000만원을 초과하여 받지 않도록 주의하여야 한다. 부가가치세 신고서상 신용카드매출전표 등 발행공제 등 공제란(⑲)에는 발행금액(공급대가)을 기재한다. 신용카드매출전표 등 발행세액 공제 규정을 적용하는 경우 그 공제금액은 과세기간별로 공제받는 금액을 차감하기 전의 납부할 세액을 한도로 하는 것이다(서면-2014-법령해석부가-20980, 2015. 7. 16). 특히 월별조기신고한 후 신고기간별로 신용카드 발행세액공제를 받지 않도록 주의하여야 한다.

③ **신용카드 매출액의 신고는 정당하게 했는가?**

신용카드 매출액은 부가가치세가 포함된 금액으로 일반과세자의 부가가치세 신고시에는 발행금액을 1. 1로 나누어 부가가치세 신고서상 신용카드 · 현금영수증 발행분(③)란에 기재하여야 하며 간이과세자의 경우에는 발행금액(공급대가)을 기재하여야 한다.

④ **원 · 부재료매입액과 매출액의 비율은 적정한가?**

음식점업의 부가가치율과 비교하여 원재료 매입액과 매출액과의 연관성을 검토한다. 매입세금계산서 또는 계산서를 과다 수취하지 않았는지 검토한다. 특히 주류매입비율이 높지 않은가를 살펴야 한다.

⑤ **의제매입세액공제는 정당한가?**

면세로 공급받은 농 · 축 · 수 · 임산물(소금, 단순가공 김치도 가능)로 계산서나 신용카드매출전표를 수취하여 매입처별계산서합계표, 신용카드수취명세서를 제출하였는가를 검토한다. 음식점업은 일반 영수증수취분으로 의제매입세액공제를 받을 수 없다. 다만, 간이과세자인 음식점업자는 2021. 7. 1. 이후 의제매입세액공제를 받을 수 없다. 또한, 매입처별계산서합계표상의 기재사항이 의제매입세액공제신고서의 신고내용에 다 포함되어 있다면 청구법인은 실질적으로 매입처별계산서합계표를 제출한 것으로 볼 수 있으므로, 처분청이 단순히 그 제출서류의 형식을 문제 삼는 것은 부당하다(국심 2002서677, 2002. 7. 29). 한편, 음식점업과 제조업은 공제율의 차이가 나므로 업종구분에 주의가 필요하다. 계산서 수취시 가공계산서나 사실과 다른 계산서를 수취하는 경우에는 의제매입세액공제 추징 및 원가부인 당할 염려가 있으니 주의를 요한다.

참고 음식점의 과세표준 누락 형태

① 현금수입금액을 친인척 명의의 차명계좌를 통한 수입금액 누락
② 정육점 겸업식당을 운영하면서 식당수입(과세)을 정육점 수입(면세)으로 변칙처리
③ 원재료 부분이 대부분 면세이므로 부가가치세를 탈루하기 위하여 부재료인 식자재에 대하여 가공세금계산서 수취를 통한 매입세액 부당공제
④ 면세품목의 식자재를 세금계산서로 발급받아 부당공제

## Ⅲ 음식점업의 부가가치세 실무

### 1. 부가가치세 과세 여부

음식점에서 고객에게 음식용역을 제공하는 것은 용역의 공급에 해당되어 부가가치세가 과세된다. 다만, 종업원 등에게 무상으로 음식을 제공하는 것은 용역의 무상공급에 해당되어 부가가치세 과세대상이 아니다. 프랜차이즈 본사가 프랜차이즈 가맹점을 지원하기 위하여 가맹점이 개업일 등에 시식회를 통하여 고객에게 제공한 음식용역 대가의 40%를 가맹점으로부터 받을 식재료 등 공급대가에서 차감하는 방식으로 재화 또는 용역의 공급과 관계없이 지원금을 지급하는 경우 해당 지원금의 지급에 대하여 가맹점은 본사에 세금계산서를 발급할 수 없다(법규부가 2012-182, 2012. 5. 17).

■ 신용카드단말기 사용 유도 대가의 부가가치세 과세대상 여부

Q& 다음과 같은 거래형태에서 신용카드 단말기 사용 유도대가가 부가가치세 과세대상인지요?

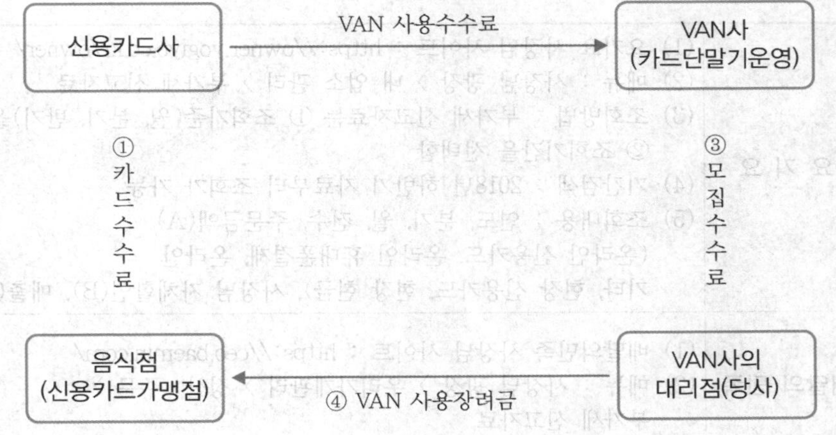

- 당사는 신용카드가맹 음식점을 상대로 VAN사의 카드단말기를 사용하도록 영업을 하고 있음. 영업이 성공하면 당사와 단말기사용 계약을 체결하고 VAN사의 단말기를 음식점에 설치해 줌.
- 음식점은 손님들의 식사 대금을 카드로 결제할시, VAN사의 단말기를 사용함.
- 음식점은 ①과 같이 신용카드사에게 카드사용수수료를 지급하고, 신용카드사는 ②와 같이 VAN사용수수료를 지급하고, VAN사는 당사에게 ③과 같이 모집수수료를 지급함.
- 위와 같이 음식점이 여러 종류의 단말기 중 특정 VAN사의 단말기를 사용할수록 당사의 매출금액이 늘어나는 거래흐름으로써, 당사의 매출신장을 위하여 당사와 음식점 당초 계약시 승인건별로 일정액의 수수료를 지급하는 내용을 포함하였음. 이는 일정기준을 초과하는 경우에 지급하는 것이 아닌 가령 1건을 결제하더라도 수수료를 지급하는 것임.

신용카드가맹점이 재화 또는 용역의 공급에 대한 대가를 신용카드로 받으면서 특정 부가통신사업자(VAN사)의 카드단말기를 이용하여 주고, 부가통신사업자의 대리점으로부터 재화 또는 용역의 공급과 관계없이 일정금액을 받는 경우 해당 거래는 「부가가치세법」 제1조에 따른 부가가치세 과세대상에 해당하지 아니하는 것이다.

(근거 : 부가-1774, 2009. 12. 7)

음식배달 앱(App)을 운영하는 사업자가 자기의 책임과 계산에 따라 고객이 요청한 음식, 물품 등을 대신 구매하여 배달하는 용역을 제공하고 그 대가를 받는 경우에 있어서 그 대가 중 배달용역을 제공한 자에게 지급하는 금액은 「부가가치세법 시행령」 제61조 제3항에 따른 공급가액에 포함하지 않는 봉사료에 해당하지 아니하는 것이다(기재부 부가-199, 2017. 4. 11).

## 2. 배달앱의 매출확인방법

### (1) 신고자료 조회방법

| | |
|---|---|
| 요 기 요 | (1) 요기요 사장님 사이트 : https://owner.yogiyo.co.kr/owner/<br>(2) 메뉴 : 사장님 광장 〉 내 업소 관리 〉 부가세 신고자료<br>(3) 조회방법 : 부가세 신고자료는 ① 조회기준(월, 분기, 반기)을 선택하고 ② 조회기간을 선택함<br>(4) 기간검색 : 2018년 하반기 자료부터 조회가 가능<br>(5) 조회내용 : 연도, 분기, 월, 건수, 주문금액(A) (온라인 신용카드, 온라인 휴대폰결제, 온라인 기타, 현장 신용카드, 현장 현금), 사장님 자체할인(B), 매출(A-B) |
| 배달의 민족 | (1) 배달의민족 사장님 사이트 : https://ceo.baemin.com/<br>(2) 메뉴 : 사장님 광장 〉 우리가게관리 〉 정산·주문 〉 부가세 신고자료 |

| | (3) 조회방법 : 부가세 신고자료는 ① 연도와 분기를 선택하고 조회하는 방법 ② 조회기간 시작일 YYYY-MM-DD, 종료일 YYYY-MM-DD를 선택하는 방법이 있음. 두 방법은 기간을 선택하는 방법만 다르고 조회되는 결과는 동일함.<br>(4) 기간검색 : 기간은 최대 3개월까지 조회 가능함.<br>(5) 조회내용 : 매출 구분, 매출, 부가세, 합계<br><br>※ 만나서결제 조회 방법<br>(1) 배달의민족 사장님 사이트 : https://ceo.baemin.com/<br>(2) 해당메뉴 : 사장님 광장 〉 우리가게관리 〉 정산 · 주문 〉 주문관리(https://ceo.baemin.com/myshop#orderdesk)<br>(3) 조회방법 : ① 조회기간을 선택하고, ② 결제 타입에서 "만나서 결제"를 선택<br>(4) 기간검색 : 최대 7일까지 검색 가능<br>(5) 조회내용 : 번호, 주문시각, 주문번호, 광고상품, 캠페인ID, 주문내역, 결제금액, 결제타입을 확인가능 |
|---|---|

## (2) 매출구분 과세유형

### 1) 매출구분

| | |
|---|---|
| 요 기 요<br>(온라인결제<br>+현장결제) | ① 온라인결제 : 고객이 요기요 웹사이트와 앱에서 주문할 때, 음식 주문과 동시에 음식값을 미리 결제하는 온라인/모바일 결제시스템<br>- 신용카드<br>- 휴대폰결제<br>- 기타<br>② 현장결제 : 고객이 요기요 웹사이트와 앱에서 음식 주문만 하고 음식값 결제는 음식 배달받을 때 배달원에게 직접 결제하는 방식<br>- 신용카드<br>- 현금 |
| 배달의 민족<br>(바로결제+<br>만나서 결제) | ① 바로 결제 : 고객이 배달의민족 웹사이트와 앱에서 주문할 때, 음식 주문과 동시에 음식값을 미리 결제하는 온라인/모바일 결제시스템<br>- 건별매출<br>- 카드매출<br>- 현금매출<br>② 만나서 결제 : 고객이 배달의민족 웹사이트와 앱에서 음식 주문만 하고 음식값 결제는 음식 배달받을 때 배달원에게 직접 결제하는 방식<br>- 신용카드<br>- 현금 |

### 2) 매출구분별 과세유형 구분

| | |
|---|---|
| 요 기 요<br>(온라인결제<br>+현장결제) | ① 온라인 결제<br>- 신용카드 : 카과(별도매출인식)/2019. 8. 13부터<br>- 휴대폰 결제 : 건별(별도매출인식)<br>- 기타 : 건별(별도매출인식)<br>② 현장결제<br>- 신용카드 : 카과(국세청 신용카드에 합산되어 있음)<br>- 현금 : 건별(별도매출인식) |
| 배달의 민족<br>(바로결제+<br>만나서 결제) | ① 바로 결제<br>- 건별매출 : 건별(별도매출인식)<br>- 카드매출 : 카과(별도매출인식)/2019. 1. 1부터<br>- 현금매출 : 현과(국세청 현금영수증에 합산되어있음)<br>★ 현금영수증 요청을 안해도 사장님 사업자번호로 현금영수증이 일괄 발행되고 있음.<br>★ 홈택스 현금영수증 매출 상세조회 시 발급수단에서 확인 가능(구분번호 : I7)<br>★ 다른 소셜 매출과 중요한 차이점으로 현금영수증매출과 중복되지 않도록 주의(수시로 변동사항업데이트 필요한 부분)<br>② 만나서 결제<br>- 고객이 앱에서 주문 후, 결제는 음식을 받을 때 배달원에게 하는 방식. 만나서결제는 결제 수단을 현금, 신용카드, 현금영수증 등으로 선택할 수 있음.<br>- 만약 고객이 만나서 결제로 주문을 했다면, 결제되지 않은 상태이기 때문에 별도로 배달원을 통해 고객에게 주문 금액 결제(현금 혹은 카드)를 받아야 함.<br>- 배달의민족 사장님 매출 중에"만나서결제(카드)", "만나서 결제(현금)"은 배달의 민족 사이트 "부가세 신고자료"에 조회되지 않고 별도의 메뉴에서 확인해야 함.<br>※ 만나서 결제 결제방법별 과세유형 선택<br>① 만나서 카드결제 : 카과(국세청 신용카드 매출에 자동반영되어 있음)<br>② 만나서 현금결제 : 건별(별도매출인식)<br>★ 만나서 현금결제는 현금영수증 등 증빙이 발행되지 않음. 따라서 과세기간 동안 주문 건별의 상세주문내역을 모두 확인해서 결제방법 "만나서 현금결제"인지 확인하여 매입·매출전표에 입력하여야 함. |

※ 한국세무사회 세무정보안내(2020. 1. 6)

## 3. 학교급식 등에 대한 부가가치세 면제

공장, 광산, 건설사업현장 및 이에 준하는 것으로서 대통령령으로 정하는 사업장과 「초·중등교육법」 제2조 및 「고등교육법」 제2조에 따른 학교(이하 이 호에서 "사업장 등"이라 한다)의 경영자가 그 종업원 또는 학생의 복리후생을 목적으로 해당 사업장 등의 구내에서

식당을 직접 경영하여 공급하거나 「학교급식법」 제4조 각 호의 어느 하나에 해당하는 학교의 장의 위탁을 받은 학교급식공급업자가 같은 법 제15조에 따른 **위탁급식의 방법으로 해당 학교에 직접 공급하는 음식용역**(식사류로 한정한다)에 대하여는 2026. 12. 31까지 부가가치세를 면제한다(조특법 106 ① 2호). 또한, 위탁급식의 방법으로 당해 학교에 직접 공급하는 음식용역(식사류에 한함)에 대하여는 조세특례제한법 제106조 제1항 제2호의 규정에 의하여 부가가치세가 면제되는 것이고, 부가가치세가 면제되는 학교급식용역을 공급하는 사업에 관련된 매입세액은 부가가치세법 제17조 제2항 2호의 2의 규정에 의하여 공제하지 아니하는 것이며, 이와 관련된 면세 원재료에 대하여는 의제매입세액을 공제받을 수 없는 것이며, 이 경우 동법 제17조 제2항 2호의 2의 규정에 의하여 공제되지 아니하는 매입세액은 당해 면세사업의 소득금액 계산상 당해 과세기간의 필요경비로 산입하는 것이다(부가 46015-2422, 1999. 8. 12).

① 학교급식법에 의한 학교급식공급업자가 위탁급식의 방법으로 학생을 대상으로 학교에 직접 공급하는 음식용역(식사류에 한함)은 부가가치세가 면제되는 것이나 교직원 및 종업원을 대상으로 음식용역을 공급하는 경우는 부가가치세가 과세된다(서면3팀-1422, 2007. 5. 10).

② 초·중등교육법 제2조 및 고등교육법 제2조의 규정에 의한 학교의 경영자가 그 종업원 또는 학생의 복리후생을 목적으로 당해 사업장 등의 구내에서 식당을 직접 경영하여 공급하는 경우에는 부가가치세가 면제된다(서면3팀-600, 2005. 5. 4).

③ 부가가치세가 면세되는 위탁급식의 방법으로 음식용역을 공급하는 학교급식공급업자는 「소득세법」 제78조의 규정에 의한 사업장현황신고(부가가치세 과세사업을 겸영하는 학교급식공급업자인 경우에는 「부가가치세법」 제18조 및 동법 제19조의 규정에 의한 부가가치세 예정신고 및 확정신고)를 할 때에 위탁급식을 공급받는 학교의 장이 확인한 위탁급식공급가액증명서를 사업장 관할세무서장에게 제출하여야 한다(조특령 106 ⑬).

④ 위탁급식영업의 신고를 한 사업자가 학교의 장과 학교급식에 대한 위탁계약을 체결하고 학교급식과정 중 조리, 운반, 배식 등의 용역을 해당 학교에 제공하는 경우, 해당 학교의 학생을 대상으로 제공하는 음식용역(식사류로 한정함)은 면세되는 것이다(부가-1019, 2011. 8. 30).

⑤ 「학교급식법」 제15조에 따른 학교급식공급업자가 학교의 교직원에게 제공하는 음식용역은 「조세특례제한법」 제106조 제1항 제2호의 부가가치세가 면제되는 학교급식의 범위에 포함되지 아니하는 것이나, 국·공립학교의 학교장이 그 소속 직원의 복리후생을 위하여 교내에서 식당을 직접 경영하여 음식을 공급하는 경우에는 「부가가치세법」 제26조 제1항 제19호에 따라 부가가치세가 면제되는 것이다(기재부 부가-523, 2017. 10. 17).

관련법조문

◈ 학교급식법 제4조【학교급식 대상】

학교급식은 대통령령으로 정하는 바에 따라 다음 각 호의 어느 하나에 해당하는 학교 또는 학급에 재학하는 학생을 대상으로 실시한다.

1. 「유아교육법」 제2조 제2호에 따른 유치원. 다만, 대통령령으로 정하는 규모 이하의 유치원은 제외한다.
2. 「초·중등교육법」 제2조 제1호부터 제4호까지의 어느 하나에 해당하는 학교
3. 「초·중등교육법」 제52조의 규정에 따른 근로청소년을 위한 특별학급 및 산업체부설 중·고등학교
4. 「초·중등교육법」 제60조의 3에 따른 대안학교
5. 그 밖에 교육감이 필요하다고 인정하는 학교

◈ 학교급식법 제4조【학교급식의 운영방식】

① 학교의 장은 학교급식을 직접 관리·운영하되, 「유아교육법」 제19조의 3에 따른 유치원운영위원회 및 「초·중등교육법」 제31조에 따른 학교운영위원회의 심의·자문을 거쳐 일정한 요건을 갖춘 자에게 학교급식에 관한 업무를 위탁하여 이를 행하게 할 수 있다. 다만, 식재료의 선정 및 구매·검수에 관한 업무는 학교급식 여건상 불가피한 경우를 제외하고는 위탁하지 아니한다.

② 제1항의 규정에 따라 의무교육기관에서 업무위탁을 하고자 하는 경우에는 미리 관할청의 승인을 얻어야 한다.

③ 제1항의 규정에 따른 학교급식에 관한 업무위탁의 범위, 학교급식공급업자가 갖추어야 할 요건 그 밖에 업무위탁에 관하여 필요한 사항은 대통령령으로 정한다.

[별지 제66호의 2 서식] 〈개정 2013. 6. 28〉 (앞면)

<table>
<tr><th colspan="5">위탁급식공급가액 증명서</th></tr>
<tr><td>학교급식공급업자</td><td>① 상호</td><td></td><td>② 사업자등록번호</td><td></td></tr>
<tr><td colspan="5">공급가액 명세(과세기간: )</td></tr>
<tr><td>③ 학교명</td><td>④ 월별</td><td>⑤ 공급가액</td><td>⑥ 월별</td><td>⑦ 공급가액</td></tr>
<tr><td rowspan="6"></td><td>1</td><td></td><td>7</td><td></td></tr>
<tr><td>2</td><td></td><td>8</td><td></td></tr>
<tr><td>3</td><td></td><td>9</td><td></td></tr>
<tr><td>4</td><td></td><td>10</td><td></td></tr>
<tr><td>5</td><td></td><td>11</td><td></td></tr>
<tr><td>6</td><td></td><td>12</td><td></td></tr>
<tr><td></td><td>⑧합계</td><td></td><td></td><td></td></tr>
<tr><td colspan="5">「조세특례제한법 시행령」 제106조 제1항 제2호 및 같은 법 시행령 제106조 제13항에 따라 위와 같이 위탁급식을 공급하였음을 확인하여 주시기 바랍니다.<br>년 월 일<br>신청인 (서명 또는 인)<br>귀하</td></tr>
<tr><td colspan="5">위와 같이 위탁급식을 공급받았음을 확인합니다.<br>년 월 일<br>( ) 학교장 (서명 또는 인)</td></tr>
</table>

210㎜×297㎜[일반용지 60g/㎡(재활용품)]

[작성요령]

이 증명서는 위탁급식의 방법으로 음식용역을 공급하는 학교급식 공급업자가 해당 학교장의 확인을 받아 다음의 시기에 관할 세무서장에게 제출하여야 합니다.

1. 부가가치세 과세사업과 면세사업을 겸영하는 사업자의 경우
   부가가치세법」 제48조 및 제49조에 따른 부가가치세 예정신고 및 확정신고를 할 때
2. 부가가치세 면세사업을 하는 사업자의 경우
   「소득세법」 제78조에 따른 사업장현황신고를 할 때

 핵심체크

**[학교급식 공급업자의 부가가치세 신고시 검토사항]**

① 과세유형 : 과세·면세 겸영사업자
- 학생에 식사공급 : 면세
- 교직원에 식사공급 : 과세

② 의제매입세액의 안분계산
면세농산물 등을 공급받아 위탁급식을 제공하는 경우 과세분과 면세분은 실지귀속에 따라 계산하나 그 귀속이 불분명한 경우에는 다음과 같이 안분하여 계산한다.
면세농산물 등의 매입가액×(당해 과세기간의 공급가액/당해 과세기간의 총 공급가액)×8/108(법인 6/106, 연매출 4억 이하 개인음식점 9/109, 과세유흥장소 2/102)

③ 공통매입세액의 안분계산
위탁급식을 위하여 제공되는 재화 또는 용역에 관련된 공통매입세액은 당해 과세기간의 총 공급가액 중 면세공급가액에 해당되는 금액을 불공제하고 원재료 매입액으로 처리한다.

## 4. 정육점과 함께 운영하는 음식점의 과세 여부

음식점 중 정육점과 함께 운영하는 경우가 있다. 즉, 고객이 정육점에서 정육을 직접 구입하여 음식점에서 제공한 장소와 식음료, 채소 등만 추가로 구입하여 이용하는 형태이다. 이 경우 정육점은 미가공축산물의 판매로 면세사업자에 해당되어 부가가치세 부담이 없고 또한 음식점은 수입금액의 대부분을 차지하는 정육의 판매가 없어 부가가치세 및 소득세 등의 부담을 줄일 수 있는 이점이 있다. 그러나 실질내용을 보면 동일한 사업자가 세부담을 회피하기 위하여 명의위장 사업자일 가능성이 있다. 따라서 명의위장이 밝혀질 경우 실질사업자에게 정육점 수입금액과 음식점수입금액을 합산하여 부가가치세와 소득세 등을 과세당할 우려가 있다. 따라서 정육점 사업자와 음식점 사업자는 각각 자기계산과 책임 하에 독립하여 사업을 영위하여야 한다.

① 청구인 명의로 운영되는 정육점 외에 청구인의 배우자 명의인 식당은 청구인이 실제로 운영하는 것으로 보아 쟁점 사업장의 수입금액을 모두 합산한 금액을 청구인의 수입금액을 보아 추계방법으로 이 건 종합소득세를 과세한 처분은 타당하다고 판단된다(심사 2002-448, 2003. 12. 8).

② 육류 판매법인이 동일 건물에 접객시설을 갖춰 음식부재료 등을 함께 공급하는 경우 당해 육류 및 음식부재료 등의 공급에 대하여는 부가가치세가 과세되는 것이다(부가-3411, 2008. 10. 2).

③ 청구인은 쟁점정육점은 관할관청에 축산물판매업 신고 및 등록을 하고 독립적으로 정

육을 판매한 것으로서 쟁점정육점의 매출을 전부 쟁점음식점의 과세매출로 보는 것은 부당하다고 주장하며, 쟁점음식점을 소재지로 하여 시장으로부터 교부받은 축산물 판매업에 대한 신고필증과 판매쇼케이스, 진공포장기, 저장고, 육절기, 골절기 등에 대한 사진을 제시하고 있으나, 쟁점정육점과 쟁점음식점이 같은 장소로서 별개의 사업장으로 구분되어 있지 아니하다고 조사된 점, 쟁점음식점의 위치가 고기만을 소매하기 위해 적합하지 아니하다고 조사된 점, 청구인의 매출현황을 관리하는 POS시스템에서도 쟁점음식점과 쟁점정육점의 수입금액을 별도로 구분하여 관리하고 있지 아니한 점, 쟁점정육점에서 매출금액이 발생된 이후 쟁점음식점의 수입금액이 직전과세기간 대비 40% 이상 급감한 점 등으로 보아 쟁점정육점과 쟁점음식점은 하나의 사업장에 해당된다고 보이므로 쟁점정육점의 매출액을 쟁점음식점의 매출액에 포함하여 이 건 부가가치세를 과세한 처분은 잘못이 없다고 판단된다(조심 2010중3850, 2011. 10. 31).

판례

**정육점식당의 부가가치세 과세 여부**(대법원 2015. 1. 29 선고, 2012두28636 판결)

원심은 그 채택 증거를 종합하여, 원고는 2009. 4.경부터 2011. 6.경까지 ○ ○ ○○읍 ○○리 000-0에 있는 건물(이하 '이 사건 건물'이라고 한다) 중 1층에서는 쇠고기와 부산물들을 판매하는 정육매장을, 2층에서는 고객들이 구입하여 온 쇠고기를 조리하여 먹을 수 있는 접객시설을 갖춘 식당을 운영한 사실, 원고가 운영하는 1층 정육매장과 2층 식당은 출입문이 별도로 구분되어 있고, 각 층마다 별도의 계산대를 설치하여 계산이 이루어지고 있으며, 2층 식당의 메뉴는 기본 상차림, 양념, 된장찌개, 공기밥, 냉면류, 주류 및 음료 등으로서 쇠고기를 제외한 음식부재료 등으로만 이루어져 있는 사실, 피고는 원고의 1층 정육매장에서 이루어진 쇠고기 매출 중 일부 고객들이 2층 식당에서 소비한 부분의 매출을 음식점 용역의 공급으로 인한 매출로 보아 2010. 7. 1. 원고에게 2009년 제1기 및 제2기 각 부가가치세를 부과하는 이 사건 처분을 한 사실 등을 인정하였다. 나아가 원심은 세금부과처분 취소소송에서 과세요건사실에 관한 증명책임이 과세권자에게 있다고 전제한 다음, 위와 같은 사실관계에 터잡아 1층 정육매장 및 2층 식당의 영업형태나 방식, 매출액 비중, 규모, 주변 식당과의 시세차이 등에 관하여 아무런 입증이 없는 이 사건에서, 고객들이 1층 정육매장에서 쇠고기를 구입하고 계산함으로써 1층 정육매장에서의 재화 공급행위는 종료되었을 뿐만 아니라 원고가 2층 식당에서 고객들에게 쇠고기 자체를 조리하여 제공하지도 않았으므로, 비록 고객들이 그의 선택으로 1층 정육매장에서 쇠고기를 구입한 즉시 2층 식당으로 가서 별도로 구입한 음식부재료와 함께 이를 조리하여 먹었다거나 원고가 단일한 사업자로서 1층 정육매장과 2층 식당을 함께 운영하였다는 등의 사정만으로는, 원고가 고객들에게 음식점 용역을 제공한 것으로 볼 수 없다는 이유로 이 사건 처분이 위법하다고 판단하였다. 앞서 본 관련 규정과 법리에 비추어 기록을 살펴보면, 원심의 이러한 판단은 정당하고, 거기에 상고이유의 주장과 같이 국세기본법 제14조 제2항이 규정한 실질과세의 원칙 등에 관한 법리를 오해하는 등의 잘못이 없다.

## 5. 매입세액공제

음식점업은 자기사업과 관련된 세금계산서 수취분에 대한 매입세액은 공제된다. 또한, 미가공농산물 등을 원재료로 매입하여 계산서를 받은 경우 일정률에 상당하는 금액을 의제매입세액으로 공제받을 수 있다. 외국어학원과 음식점을 운영하는 법인사업자가 음식점(지점1)에서 외국어학원(지점2) 소속 직원에게 무상으로 음식용역을 제공하는 경우 이와 관련된 매입세액은 자기의 매출세액에서 공제받을 수 있는 것이나, 외국어학원의 거래처 직원에게 무상으로 음식용역을 제공하는 경우에는 부가가치세법 제17조 제2항 제5호의 규정에 따라 이와 관련된 매입세액은 자기의 매출세액에서 공제받을 수 없는 것이다(법규부가 2012-498, 2012. 12. 27).

## 6. 신용카드 등의 사용에 따른 세액공제

음식점 사업자(법인사업자와 직전 연도의 재화 또는 용역의 공급가액의 합계액이 10억원을 초과하는 개인사업자는 제외한다)와 간이과세자가 부가가치세가 과세되는 재화 또는 용역을 공급하고 세금계산서의 발급시기에 신용카드매출전표 등을 발급하거나 전자적 결제 수단에 의하여 대금을 결제받는 경우에는 발급금액 또는 결제금액의 1퍼센트(2026년 12월 31일까지는 1.3퍼센트로 한다)에 따른 금액(2026년 12월 31일까지는 연간 1,000만원을 한도로 한다)을 납부세액에서 공제한다(부법 46). 10억원은 공급가액으로 판단하며 면세수입금액은 제외한다(재부가-361, 2016. 7. 20.).

음식점이 배달앱(배달의 민족, 요기요 등)을 통하여 매출이 발생되고, 배달중개업체가 대신 대금을 결제받아 음식점에 입금해 줄 때, 배달대행업체가 전자금융거래법에 따른 결제대행업체로 등록이 되어 있고, 신용카드매출전표 등을 발급한 경우 2019. 1. 1 이후 공급분부터 신용카드 발행세액공제를 받을 수 있다.

신용카드 발행세액공제액은 총수입금액에 산입되며 세액공제로 인한 환급을 받을 수 없다.

## 7. 사업장현황명세서의 제출

음식점업을 영위하는 사업자는 부가가치세 확정신고시 사업장현황명세서를 제출하여야 한다(부령 91 ② 표8).

| 2. 기본사항(자가・타가) ②~⑤란은 음식업자 및 숙박업자만 기재합니다. | | | | | | | | | | |
|---|---|---|---|---|---|---|---|---|---|---|
| ①사 업 장 | | | | | | | | ⑦차 량 | | |
| 대 지 | 건 물 (지하 층,지상 층) | | ② 객실수 | ③ 탁자수 | ④ 의자수 | ⑤ 주차장 | ⑥ 종업원수 | 승용차 | 화물차 | ⑧ 기타 |
| | 바닥면적 | 연면적 | | | | | | | | |
| ㎡ | ㎡ | ㎡ | 개 | 개 | 개 | 유・무 | 명 | 대 | 대 | |

| 3. 기본경비(6월, 12월 기준) | | | | | | (단위:천원) |
|---|---|---|---|---|---|---|
| ⑨임 차 료 | | ⑩ | ⑪ | ⑫ | ⑬ | ⑭ |
| 보 증 금 | 월 세 | 전기・가스료 | 수 도 료 | 인 건 비 | 기 타 | 월기본경비계 |
| | | | | | | |

※ 사업장현황명세서는 기본사항(시설 규모 등), 기본경비를 기재하여 매출액 규모 등을 추산하여 세원관리에 활용하기 위해서이다.

① 비용관계비율(비용 ÷ 매출액) : 수입금액 추계경정(부법 57 ②).

② 주원재료인 돼지고기 매입액과 부재료인 음료・주류 매입액을 기초로 비용관계비율을 근거로 한 수입금액 추계가 가장 합리적이므로 당초처분은 정당함(국심 2004구4704, 2005. 7. 6).

**참 고** **수익금액 및 소득금액의 추계경정**

지출경비를 과다계상하거나 비용은 사실대로 계상하고 매출을 누락하는 경우 장부기장이 허위라고 인정되어 매출액을 매출총이익률 등으로 비용을 역산하여 매출액을 추계결정할 수도 있다.

**(1) 수입금액 추계결정 방법의 적법성 여부**

- 부가가치율이란 1년간 도・소매업을 제외한 전체 법인, 개인 일반과세자의 부가가치세 신고상황을 매입과표와 매출과표에 의하여 산출하여 평균율로 제정한 것이므로, 매입과표에서 부가가치세의 과세대상이 아닌 인건비나 간주임대료 등 일반경비는 포함되지 않는다고 할 것이다.
- 따라서 처분청에서 부가가치세법상 매입과표가 아닌 인건비, 간주임대료 등 일반경비를 포함한 매입액에 부가가치율을 적용하여 청구인의 매출액을 추계경정한 과세처분은 부당하다(국심 2002서0237, 2002. 6. 14).

**(2) 소득금액 추계결정의 적법성 여부**

- 기장에 의하여 소득금액을 신고한 후 단순경비율 등에 의하여 추계로 수정신고할 수는 없는 것이다(소득 46011-31, 2000. 1. 10).
- 장부에 의하여 기장신고자의 가공원가율이 63%에 이른다면 이는 장부의 중요한 부분의 미미 또는 허위로 보아 추계결정하는 것이 타당하다(국심 2004서2708, 2004. 10. 25). 또한,

매출원가의 50% 이상의 누락(국심 2004서3738, 2005. 5. 16)의 경우나 허위기장률이 39.6%에 달하는 경우에도 장부의 중요한 부분의 미미 또는 허위로 보아 추계결정하는 것이 타당하다(국심 2005서723, 2005. 5. 16).

(3) 추계결정 청구기각 및 인용사례

| 구 분 | 허 위 기 장 률 | |
|---|---|---|
| | 인용사례 | 기각사례 |
| 수입금액 | 76.47%(국심 2005서2752, 2006. 6. 12) | 33.08%(국심 2006전1129, 2006. 6. 16) |
| | 70.09%(국심 2005구2553, 2006. 7. 5) | 29.5%(국심 2003중2756, 2004. 4. 8) |
| 매출원가 | 69.2%(국심 2005중2388,2 006. 1. 24) | 30.8%(국심 2005구3298, 2006. 4. 24) |
| | 51.8%(국심 2005중4302, 2006. 1. 20) | 47.2%(국심 2006서113, 2006. 4. 6) |
| | 66.9%(국심 2006서1702, 2006. 7. 31) | 45%(국심 2005서57, 2005. 10. 26) |

※ 소득금액의 경정은 증빙서류를 근거로 하여 실지조사에 의하는 것이 원칙이며 단지 허위기장률이 높다는 사유만으로 추계경정할 수는 없는 것이나, 당해 업종의 소득률 및 당해 사업의 현황 등을 종합적으로 고려하여 볼 때 기장한 내용 및 장부와 증빙서류의 중요한 부분이 미비 또는 허위라고 인정될 때에는 그 소득금액을 추계경정할 수 있는 것이다(법규과-2086, 2006. 7. 11). 위의 심판례를 보면 대체적으로 추계경정의 사유를 **허위기장률** 50%를 기준으로 판단하고 있다.

##  음식점업의 소득세 · 법인세실무

### 1. 음식매출의 세무처리

#### (1) 음식용역 매출의 귀속시기

음식점업의 매출귀속은 고객에게 음식용역의 제공이 완료되는 시점에서 인식한다. 따라서 외상판매나 신용판매의 경우에도 결제시점이 아닌 음식을 제공하는 시점에서 매출로 인식하여야 한다.

#### (2) 영업손실보상금의 처리

음식점업을 영위하는 사업자가 임대인의 조기 명도 요구에 따라 임차인이 임대차계약이 해지됨에 따라 임대인 또는 양수자로부터 지급받는 대가가 영업손실보상금에 해당하는 경우에는 사업소득의 총수입금액에 산입하는 것이고, 동 대가가 임대기한 전에 당해 사업장을 원만하게 명도받기 위하여 법적의무 없이 지급하는 합의금에 해당하는 경우에는 「소득세법」 제21조 제1항 제17호의 규정에 의한 기타소득에 해당하는 것이며, 임대차계약의 위약 또는 해약으로 인하여 받는 위약금과 배상금에 해당하는 경우에는 「소득세법」 제21조 제1항 제10호의 규정에 의한 기타소득에 해당하는 것이다(서면1팀-1466, 2007. 10. 26). 즉, 사업과 관련된 영업손실보상금은 총수입금액에 산입하며 복식부기의무자가 사업용 유형자산의 양도가액을 총수입금액에 산입한 경우 해당 사업용 유형자산의 양도 당시 장부가액(소법 제33조의 2 제1항에 따른 감가상각비 중 업무사용금액에 해당하지 않는 금액이 있는 경우에는 그 금액을 차감한 금액을 말한다)은 필요경비에 산입한다(소령 55 ① 7호의 2).

### (3) 쿠폰할인 판매

음식점 운영 사업자가 불특정 다수인에게 일정한 금액을 할인한다는 내용이 인쇄된 할인쿠폰을 배포한 후 할인쿠폰 소유자에게 음식을 공급하고 그 대금은 할인액을 공제한 금액으로 지급받는 경우 그 할인액은 부가가치세 과세표준에 포함하지 아니한다(부가 46015-2169, 1998. 9. 24, 국심 99중1863, 2000. 4. 3). 즉, **매출에누리**로 보아 부가가치세 과세표준과 사업수입금액에서 차감한다.

### (4) 음식점 폐업 후 영업권 양도시 소득구분

사업용 고정자산(소득세법 제94조 제1항 제1호 및 제2호의 자산을 말함)과 함께 양도되지 않는 영업권 양도는 소득세법 제21조 제1항 제7호에 규정된 기타소득에 해당되므로, 동 기타소득에 대한 필요경비는 같은법 제21조 제2항, 같은법 시행령 제202조의 규정에 의하여 당해연도의 총 수입금액에 대응하는 비용의 합계액(총수입금액의 60%)을 필요경비로 하여 계산된 기타소득금액에 대하여 같은법 제145조 규정에 의한 원천징수의무를 이행하여야 한다(서면1팀-297, 2008. 3. 7).

### (5) 신용카드 사용장려금

신용카드가맹점인 음식점을 경영하는 거주자가 용역의 공급에 대한 대가를 신용카드로 받으면서 특정 부가통신사업자(VAN사)의 신용카드단말기를 이용하여 주고, 부가통신사업자의 대리점으로부터 받는 장려금은 사업소득에 해당하는 것으로, 원천징수대상 사업소득에 해당하지 아니한다. 거래형태를 살펴보면 다음과 같다.

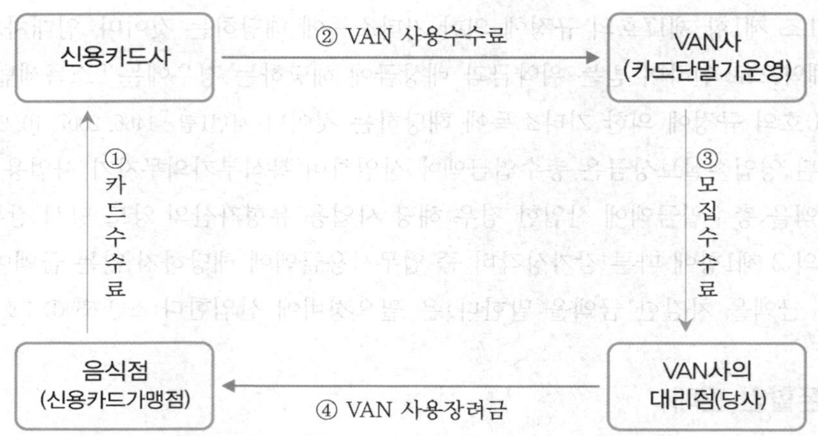


신용카드가맹점 모집 및 카드단말기를 설치하는 용역을 제공하는 사업자(이하 "VAN사의 대리점"이라 함)가 신용카드가맹음식점을 대상으로 특정 VAN사의 카드단말기를 사용하도록 영업을 하여 VAN사의 대리점과 음식점 간에 단말기사용 계약을 체결하고 해당 VAN사 소유의 단말기를 음식점에 설치하여 줌.

* VAN사 (Value Added Network, 부가가치통신망) :
신용카드가맹점에 카드단말기를 설치하여 신용카드의 거래승인 및 신용판매대금 자동이체 정산 서비스 등을 제공하는 부가통신사업자(ex. 한국정보통신, 케이에스넷, 나이스정보통신, KIS정보통신 등)

음식점에서 특정 VAN사의 단말기를 이용하여 손님들의 식사대금을 신용카드로 결제하면,

- 음식점은 신용카드사에 일정률의 카드사용수수료(①)를 지급하고, 신용카드사는 해당 VAN사에 카드결제 건수에 따라 일정액의 VAN사용수수료(②)를 지급하며
- 해당 VAN사도 그의 대리점에 신용카드 결제건수에 따라 모집수수료(③)를 지급함.

대리점은 음식점이 특정 VAN사의 단말기를 이용하여 신용카드 결제를 많이 할수록 모집수수료 수입이 많아지기 때문에 음식점과 단말기 사용계약을 체결할 때 아래와 같이 신용카드 결제 유효승인 건수 당 일정액(④)을 지급하기로 함.

| 항목 | 지급 수수료 | 비 고 |
|---|---|---|
| 신용카드 | 유효 승인건수 * 60원 | 매입처리 100% 기준 |
| 현금영수증 | 유효 승인건수 * 12원 | |

* 신용카드단말기 사용 장려금이 리베이트 성격의 금원이므로 불법 지급 여부에 대하여 금융위원회 중소서민금융과 실무자에게 전화문의 한바 현행「여신전문금융업법」에서 신용카드단말기 사용 장려금의 지급을 금지하는 규정은 없는 것으로 확인됨.

## 2. 음식비용의 세무처리

음식점업의 주요경비는 ① 원・부재료 ② 임대료 ③ 인건비 ④ 기타비용 등으로 구성된다. 원・부재료는 농・축・수・임산물과 공산품으로 구분되며 농・축・수・임산물은 면세대상으로 구입시 계산서를 교부받고, 공산품은 세금계산서를 교부받으면 된다.

### (1) 원・부재료

농・축・수・임산물(소금 포함)을 구입하고 계산서나 신용카드매출전표를 발급받으면 매입금액의 8/108(법인 6/106, 연매출 4억 이하 개인 9/109)에 해당하는 금액을 매입세액으로 공제받을 수 있는데 이를 의제매입세액공제라 한다. 특히 주의할 점은 계산서나 신용카드매출전표를 받아야 하고 간이영수증을 발급받으면 의제매입세액공제를 받을 수 없으며 적격증명미수취가산세(건당 3만원 초과)도 부과된다. 한편, 농어민(통계청장이 고시하는 한국표준산업분류상의 농업 중 작물생산업・축산업・복합농업, 임업 또는 어업에 종사하는 자를 말하며, 법인을 제외한다)으로부터 재화 또는 용역을 직접 공급받은 경우(농가부업소득 등)에는 적격증명을 수취하지 않아도 증명불비가산세를 적용하지 않으나(소령 208의 2 ① 5호, 법령 158 ② 2호), 거래를 입증할 수 있는 금융자료 등을 수취・보관하여야 한다.

**참 고** **의제매입세액의 회계처리**

의제매입세액으로 공제받은 금액은 당해 원재료의 매입가액에서 이를 공제한다(부법 42 ①). 예를 들어 한식점을 영위하는 연매출 4억원 초과 개인사업자가 면세농산물을 100,000원 구입하고 계산서를 교부받아 의제매입세액공제를 받았다면 다음과 같이 회계처리한다.

| | | | | |
|---|---|---|---|---|
| (차) | 원재료 | 92,593 | (대) 현금 등 | 100,000 |
| | 부가가치세 대급금 | 7,407 | | |

### (2) 공산품 매입액

된장, 고추장, 조미료 등을 구입하는 경우 세금계산서를 발급받아 매입세액공제를 받으면 된다.

### (3) 주류 매입액

주류(맥주, 소주, 양주 등), 음료수 등을 구입하고 세금계산서를 발급받으면 된다. 부가가치세 신고시 주류구입에 따른 신용카드 결제금액과 매입세금계산서상의 금액의 일치 여부를 확인하여야 한다. 일반음식점의 경우 주류매입비율이 통상 매입액의 10%를 초과하는 경우에는 세금계산서 과다 수취혐의자로 오인받을 수 있다.

### (4) 임차료

임대인이 일반과세자이면 세금계산서를 발급받으면 되고 간이과세자인 경우에는 임대인의 계좌로 송금하고 송금명세서를 종합소득세 확정신고시에 제출하면 적격증명 미수취가산세가 부과되지 않는다.

#### 백화점 내 음식점(수수료매장) 수수료의 계정과목 분류

백화점, 대형마트 내 직영이 아닌 음식점 입점업체들은 전세보증금에 월세 형식이 아닌 매월별 매출액의 일정비율(20% 내외)을 수수료로 지급하면서 임차료를 대신하고 있는 경우 계정분류 및 기준경비율 계산시 임차료에 해당되는지?

백화점 등에 입점한 수수료매장에서 매월 매출액의 일정액을 백화점 등에 임차료 지급하는 것은 사업용고정자산에 대한 임차료에 해당하는 것으로 주요경비인 임차료에 포함되는 것입니다.

### (5) 전기료, 도시가스 등

전기료, 도시가스요금에는 부가가치세가 포함되어 있으므로 사업자등록증을 한국전력공사 등에 제시하여 세금계산서를 발급받아 매입세액공제를 받도록 하여야 한다.

### (6) 인건비

인건비는 정규직원과 일용근로자(3월 미만 근로자)로 구분되며 급여는 사업용계좌를 통하여 송금해주어야 한다. 다음 달 10일까지 원천징수이행상황신고서를 제출하여야 하며 4대 보험과 직접적인 관련이 있으니 주의를 요한다.

### (7) 감가상각비

음식점업의 시설인테리어, 차량운반구, 집기비품에 대한 감가상각 내용연수는 다음과 같이 적용된다.

| 기구 및 비품 | 차량운반구 | 건물(연와조 등) | 건물(철근콘크리트) | 기타(시설 등) |
|---|---|---|---|---|
| 5(4~6) | 5(4~6) | 20(15~25) | 40(30~50) | 8(6~10) |

한편, 음식점업을 영위하는 법인이 타인의 건물을 임차하여 그 임차한 건물에 업무용 시설물을 설치하고 임대차계약의 해지 또는 계약기간 만료시 이를 철거하여 원상복구하기로 한 경우에 그 시설물은 당해 법인의 사업용고정자산으로 보아 법인세법 시행규칙 업종별자산(별표6)의 기준내용연수 및 내용연수범위표의 내용연수에 따라 감가상각하는 것이며, 임차기간의 만료 등의 사유로 동 자산을 폐기하는 때에는 당해 자산의 장부상 잔액을 그 폐기일이 속하는 사업연도에 손금산입하는 것이다(법인 46012-2741, 1998. 9. 24).

### (8) 주차관리비

음식점업을 영위하는 거주자가 당해 음식점 내의 주차장이 협소하여 고객에게 인근의 유료 주차장을 이용하게 하고 이에 대한 주차료를 지급하는 것은 당해 사업의 필요경비에 산입하는 것으로 접대비로 보지 아니한다(소득 46011-3678, 1995. 9. 28).

**참 고** **손해배상관련 매입세액 공제 여부**

음식점을 영위하는 사업자가 음식점 이용고객의 주차를 대행하는 과정에서 당해 차량을 망실하여 당해 사업자의 책임과 계산하여 수리하여 주고 세금계산서를 받는 경우 당해 매입세액은 매출세액에서 공제받을 수 있는 것이다(서면3팀-1885, 2004. 9. 14).

### (9) 대손상각비

법인이 중·고등학교 학생들에게 위탁급식을 제공하고 가정형편 등의 어려움으로 회수하지 못한 장기미수채권이 있는 경우에는 채권 회수를 위하여 관련 법률 등에 의한 제반 회수 절차를 취하는 충분한 노력을 하였음에도 당해 채권을 회수할 수 없는 것으로 인정되는 객관적인 증빙이 있는 때에 한해서 「법인세법 시행령」 제62조 제1항 제4호(「민법」 제164조 제1호를 적용) 또는 제11호의 규정에 의하여 대손금으로 손금에 산입할 수 있는 것이다(서면2팀-2123, 2005. 12. 20).

## 3. 세금계산서 등의 발급

#### ① 영수증 발급

음식점업을 영위하는 법인은 해당 용역을 공급받는 자가 최종 소비자인지의 여부에 불구하고 해당 사업의 관행에 따라 공급자의 인적사항 등이 기재된 영수증을 공급받는 자에게 발급할 수 있는 것으로 이에 따라 영수증이 발급된 거래에 대하여는 가산세 규정이 적용되지 아니하는 것이나, 공급받는 자가 사업자인 경우 사업자등록증을 제시하고 계산서의 발급을 요구하는 때에는 계산서를 발급해야 하는 것으로 이를 발급하지 않는 경우에는 가산세 규정이 적용되는 것이다(서이 46012-11794, 2002. 9. 28).

② **매입처별계산서합계표 등의 제출**

음식점사업자가 수산물(활어)을 매입하고 의제매입세액공제를 받기 위하여 부가가치세 예정 및 확정신고시 매입처별계산서합계표를 제출한 경우 소득세법상 다음 해 12. 10까지 다시 제출할 필요는 없는 것이다(서면1팀-1632, 2007. 11. 30).

## 4. 음식점의 중소기업 해당 여부

음식점업은 중소기업 업종에 해당되어(조특령 2 ①) 요건에 충족되면 중소기업에 대한 조세특례를 적용받을 수 있다. 즉, 접대비의 기본한도는 연간 36백만원, 결손금 소급공제 가능, 창업중소기업에 대한 세액감면 등 혜택을 받을 수 있다. 다만, 중소기업에 대한 특별세액감면은 적용되지 않는다. 내국법인이 예식장업과 음식점업을 겸영하면서 「조세특례제한법」 제143조에 따라 명확히 구분경리하는 경우 음식점업에서 발생한 소득에 대하여는 「조세특례제한법」 제6조에서 규정하는 창업중소기업 세액감면을 적용받을 수 있는 것이다(기획재정부 조세특례제도과-320, 2022. 5. 4).

**관련법조문**

◈ **조세특례제한법 제6조【창업중소기업 등에 대한 세액감면】**

① 대통령령으로 정하는 중소기업(이하 "중소기업"이라 한다) 중 2024년 12월 31일 이전에 제3항 각 호에 따른 업종으로 창업한 중소기업(이하 이 조에서 "창업중소기업"이라 한다)과 「중소기업창업 지원법」 제53조 제1항에 따라 창업보육센터사업자로 지정받은 내국인(이하 이 조에서 "창업보육센터사업자"라 한다)에 대해서는 해당 사업에서 최초로 소득이 발생한 과세연도(사업 개시일부터 5년이 되는 날이 속하는 과세연도까지 해당 사업에서 소득이 발생하지 아니하는 경우에는 5년이 되는 날이 속하는 과세연도를 말한다. 이하 제6항에서 같다)와 그 다음 과세연도의 개시일부터 4년 이내에 끝나는 과세연도까지 해당 사업에서 발생한 소득에 대한 소득세 또는 법인세에 다음 각 호의 구분에 따른 비율을 곱한 금액에 상당하는 세액을 감면한다.

③ 창업중소기업과 창업벤처중소기업의 범위는 다음 각 호의 업종을 경영하는 중소기업으로 한다.

1. 광업
2. 제조업(제조업과 유사한 사업으로서 대통령령으로 정하는 사업을 포함한다. 이하 같다)
3. 수도, 하수 및 폐기물 처리, 원료 재생업

4. 건설업
5. 통신판매업
6. 대통령령으로 정하는 물류산업(이하 "물류산업"이라 한다)
7. 음식점업

## 5. 음식점의 손익계산서

회사명 : ㈜한가네　　　　　　　　　　20×1. 1. 1 ~ 20×1. 12. 31

| 과목 | | | |
|---|---|---|---|
| Ⅰ. 매출액 | | | ××× |
| 1. 음식료매출 | | ××× | |
| 2. 상품매출 | | ××× | |
| 3. 기타매출 | | ××× | |
| Ⅱ. 매출원가 | | | ××× |
| 1. 식음료 매출원가 | | ××× | |
| ① 재료비 | ××× | | |
| ② 노무비 | ××× | | |
| ③ 경비 | ××× | | |
| 2. 상품 매출원가 | | ××× | |
| ① 기초상품재고액 | ××× | | |
| ② 당기상품매입액 | ××× | | |
| ③ 타계정대체액 | ××× | | |
| ④ 기말상품재고액 | ××× | | |
| Ⅵ. 영업외수익 | | | ××× |
| ① 이자수익 | ××× | | |
| ② … | ××× | | |

※ 개인음식점 사업자의 신용카드발행 세액공제액은 영업외수익으로 표시한다.

## V 개별업종별 특성

## 1. 일식점업

### (1) 업종특성

일식점업의 경우 원재료인 활어(계산서 수취)의 비중이 높으며 인건비 또한 상당한 비중을 차지하게 된다. 활어구입에 따른 계산서 수취는 의제매입세액공제와 관련성이 있으므로 사실과 다르게 교부받거나 과다 발급받아 추후 확인되면 의제매입세액 추징과 가공원가계상이 문제가 될 수 있다. 주류는 주로 소주와 맥주판매량이 많은 편이며 양주도 판매된다. 또한 고급일식점의 경우에는 단골거래처가 많아 외상매출이 발생하기도 한다.

### (2) 활어회를 떠서 판매하는 경우 부가가치세 면세 여부

건물 1층에 수족관을 갖춘 활어 판매대를 설치한 후 직원을 별도로 고용하여 손님들이 수족관에 있는 활어를 선택하면 손님들에게 즉석에서 회를 떠서 판매하고 당해 1층에서 그 대금을 수령하고 고객이 2층에나 3층에서 1인당 일정금액을 받고 상추, 고추장 등의 채소 등과 매운탕, 주류 등을 판매하고 그 대금만을 2층에서 지불하게 하는 경우 부가가치세가 과세되는지의 여부이다. 이 경우 거래가 독립적으로 이루어지고 각각 별개의 사업장인 경우 활어판매는 부가가치세가 면제되나 탁자, 의자, 룸 등 접객시설을 갖춘 장소에서 직접 음용・소비할 수 있도록 음식용역으로 생선회 등을 제공하는 경우에는 부가가치세가 과세되는 것이다(서면3팀-188, 2007. 1. 18).

**참 고** 세무조사 사례

- 고급일식 외상매출금 계상누락 및 가공원가계상 -

(1) 사건개요

○ (주) ○○일식은 고급일식점으로 주로 단골을 상대로 일식점을 영위하고 있음.

○ 고급일식점의 특성상 단골고객에 외상판매 등 신용거래가 일반적으로 이루어지며 신용카드로 회수된 부분만 수입금액으로 계상하고 현금으로 회수된 금액은 수입금액에 미계상하는 경향이 있음.

○ 활어 등 수산물 및 부재료 매입에 대한 위장, 가공 계산서 및 수취가 많은 편임.

(2) 조사기법 및 착안사항

○ 신고수입금액 중 신용카드 매출비율이 타업종보다 높은 점에 착안하여 현금매출누락이

있을 것으로 보고 중점조사. 특히 단골고객에 대한 외상판매 여부 검토 및 회수시 수입금액계상 여부 검토

○ 단골고객에 대한 외상매출부 및 예약내용 검토

○ 회사에 보관된 활어 등 수산물 및 부재료 매입장을 집계 ·대사하여 위장, 가공계산서 및 세금계산서 확인으로 의제매입세액 부당공제 추징 및 원가부인

○ 주류 및 음료구입량에 따라 수입금액 환산 및 입회조사로 일일평균 수입금액 확인

(3) 대응요령

1) 수입금액 환산(추계경정)방법의 적법성 검토

○ 원재료구입량, 기본경비사용량 등에 의하여 수입금액을 역산하여 추계하는 경우 합리적인 추계방법인지, 실질과세, 근거과세원칙에 위배되는지의 여부 검토

○ 신용카드비율에 의한 추계방법의 적법성 여부
판매일보 매출액에 의거 신용카드매출과 현금매출의 평균비율에 의하여 매출누락을 소급 적용한 것은 업종의 특성상 일별, 월별, 계절별 요인 등에 의해 업황이 달라질 수 있음에도 이를 고려하지 않고 수입금액을 산정한 것은 근거과세원칙 및 추계방법을 위반한 처분임(역삼서 98-32, 1998. 9. 26).

○ 입회조사방법의 적법성 여부
현금수입업종의 특성상 매출관련자료 등을 폐기하는 것이 관행으로 조사의 어려움이 있음. 이에 과세관청에서는 입회조사방법에 의해 수입금액을 추계경정하는 바 입회조사기준(국세청고시 제91-4호)에 합당한지의 여부 검토

- 1일 중 7시간 30분 동안의 시간을 입회조사하여 수입금액을 산정한 것은 부가가치세법 시행령 제69조 제1항 제6호의 규정에 따른 적법한 추계방법이 아님(국심 2007중1317, 2007. 7. 24).

참 고

### 음식 · 숙박업과 서비스업에 대한 추계경정 시 적용할 입회조사기준 고시

(국세청 고시 제2021-42호, 2021. 8. 24)

「부가가치세법」 제57조 제2항 단서, 같은 법 시행령 제104조 제1항 제6호의 위임에 따라 최종소비자를 대상으로 거래하는 음식업 및 숙박업과 서비스업에 대하여 추계경정 시 적용할 입회조사기준에 관한 사항을 다음과 같이 개정하여 고시합니다.

2021년 8월 24일
국 세 청 장

제1조(목적) 이 고시는 「부가가치세법」 제57조 제2항 단서, 같은 법 시행령 제104조 제1항 제6

호에서 국세청장에게 위임한 바에 따라 최종소비자를 대상으로 거래하는 음식업 및 숙박업과 서비스업에 대하여 추계경정 시 적용할 입회조사기준에 관한 내용을 명확히 규정함에 그 목적이 있다.

**제2조(입회조사에 따른 기준계산식)** ① 입회조사는 3개월 중 요일을 안분하여 2회 이상, 1과세기간 중 최소한 4회 이상 실시하고 입회조사 당일 영업개시 시간부터 영업종료 시간까지의 수입금액을 조사한다.

② 해당 과세기간의 과세표준은 제1항에 따른 입회조사에 의한 수입금액을 기준 삼아 아래 계산식에 따라서 계산한다.

〈기준계산식〉

| ○ 요일의 안분방법<br>주중(월요일 ~ 금요일), 주말(토요일, 일요일)<br>○ 과세표준계산식<br>1일 평균입회조사금액 × 영업일수<br>단, 1일 평균입회조사금액 = 입회조사금액의 합계/입회조사 횟수 |
|---|

**제3조(재검토기한)** 「훈령 · 예규 등의 발령 및 관리에 관한 규정」(대통령 훈령 제334호)에 따라 이 고시 발령 후의 법령이나 현실여건의 변화 등을 검토하여 이 고시의 폐지, 개정 등의 조치를 하여야 하는 기한은 2024년 8월 23일까지로 한다.

부 칙(2021. 8. 24 국세청 고시 제2021-42호)

**제1조(시행일)** 이 고시는 발령한 날부터 시행한다.

**제2조(종전 고시의 폐지)** 종전의 「음식 · 숙박업과 서비스업에 대한 추계경정 시 적용할 입회조사기준」(2018. 8. 24 국세청 고시 제2018-34호)은 폐지한다.

## 2. 체인화 음식점

체인화 음식점이란 피자, 햄버거, 닭갈비 등 본사로부터 상표와 원재료 등을 공급받고 가맹비 등을 지급하는 음식점 형태를 말한다. 체인화 음식점을 개설하는 경우에 최초로 본사와 계약시 로열티를 지급하게 되는데, 그 금액을 추후에 되돌려 받을 경우에는 부가가치세 과세대상이 아니나 소멸성이면 부가가치세 과세대상이므로 세금계산서를 교부받아야 한다. 또한 본사에서 인력을 공급받는 경우 본사와 인력공급계약을 체결하여 대가를 지급하면 부가가치세 과세대상이므로 세금계산서를 교부받아야 한다.

### ① 수입금액 노출가능성의 상존

체인화 음식점의 경우 가맹본부에서 매출액에 따라 사용료를 받거나 식자재를 납품하게 되므로 가맹점의 수입금액을 상시 관리하게 된다. 따라서 가맹점의 매출액은 가맹본부에서 받은 사용료(매입세금계산서) 또는 식자재 공급가액을 추산하여 보면 쉽게 파악이 가능하다. 따라서 수입금액을 부당하게 축소하여 신고하는 경우 추후에 세무조사 등을 통하여 세금을 추징당하게 되므로 관리에 주의를 요한다.

### ② 가맹점의 폐업시 과세문제

프랜차이즈업을 영위하는 사업자가 사업과 관련하여 가맹비 및 인테리어비를 지급하고 세금계산서를 교부받아 매입세액공제를 받고 사업을 영위하던 중 폐업하는 때에는 부가가치세법 제6조 제4항의 규정에 의하여 부가가치세가 과세되는 것이며, 이 경우 과세표준은 부가가치세법 시행령 제49조의 규정에 의하여 계산하는 것이다. 이 경우 사업자가 시설물 등 감가상각자산 취득관련 매입세액을 공제(환급)받은 경우에도 폐업 전에 당해 감가상각대상자산을 파쇄 또는 멸실한 경우에는 폐업시 잔존재화로 보지 아니하는 것이다(제도 46015-12029, 2001. 7. 10).

### ③ 프랜차이즈 가맹점의 사업용계좌 사용 여부

프랜차이즈 가맹점이 일일 판매금액을 프랜차이즈 본사에 송금하고 본사로부터 당해 판매금액에서 수수료 등을 공제한 후의 금액을 송금받는 경우 당해 가맹점이 복식부기의무자에 해당하는 때에는 「소득세법」 제160조의 5의 규정에 따른 사업용계좌를 사용하여야 하는 것이다(서면1팀-583, 2008. 4. 28).

### ④ 체인화음식점의 기준경비율

소득세법 제80조 및 같은 법 시행령 제143조 및 제145조의 규정에 의하여 국세청장이 정한 기준경비율 및 단순경비율의 업종분류는 한국표준산업분류를 기준으로 하고 소득세법상의 업종분류를 고려하여 정한 것으로서, 동 기준경비율에 특별히 규정되어 있지 아니한 경우에는 통계청장이 고시한 한국표준산업분류에 의하는 것이며, 가맹점비를 본사에 지급하고 당해 업종을 운영하는 데 필요한 주재료 등을 본사로부터 직접 공급받는 등 그 실질에 있어 체인화된 음식점에 해당하는 경우에는 프랜차이즈음식점(체인화음식점)의 업종코드(552107)를 적용하는 것이다(서면1팀-1524, 2005. 12. 12).

[음식점 관련 주요 해석사례 및 심판례 요약]

| | | |
|---|---|---|
| ① 미가공 식료품의 범위 | 부가가치세가 면제되는 쌀가루(30%)와 밀가루(67%)를 주된 재화로 하여 이에 소량(3%)의 과세되는 재화인 전분을 단순하게 혼합하여 본래의 성질이 변하지 아니하는 정도의 제품을 공급하는 경우에는 「부가가치세법」 제12조 제1항 제1호 및 같은 법 시행령 제28조에 따라 부가가치세가 면제되는 것임. | 법규부가 2008-0059 (2009. 1. 7) |
| ② 위탁급식 미수채권의 대손금 | 법인이 중·고등학교 학생들에게 위탁급식을 제공하고 회수하지 못한 장기미수채권이 있는 경우에는 채권 회수를 위하여 관련 법률 등에 의한 제반 회수 절차를 취하는 충분한 노력을 하였음에도 당해 채권을 회수할 수 없는 것으로 인정되는 객관적인 증빙이 있는 때에 한해서 「법인세법 시행령」 제62조 제1항 제4호(「민법」 제164조 제1호를 적용) 또는 제11호의 규정에 의하여 대손금으로 손금에 산입할 수 있는 것임. | 서면2팀-2123 (2005. 12. 20) |
| ③ 신용카드 단말기 사용 장려금의 소득구분 | 신용카드가맹점인 음식점을 경영하는 거주자가 용역의 공급에 대한 대가를 신용카드로 받으면서 특정 부가통신사업자(VAN사)의 신용카드단말기를 이용하여 주고, 부가통신사업자의 대리점으로부터 받는 장려금은 「소득세법」 제19조에 따라 사업소득에 해당하는 것으로, 같은 법 제127조 제1항 제3호에 따른 원천징수대상 사업소득에 해당하지 아니하는 것임. | 소득-594 (2010. 5. 24) |
| ④ 백화점 입점 업체의 수수료 | 매출액의 일정비율을 수수료로 지급하는 백화점 등에 입점한 업체(일명'수수료 매장')가 매월 매출액의 일정액을 백화점 등에 임차료로 지급하는 것은 「매입비용·임차료의 범위와 증빙서류의 종류 고시」(국세청고시 제2009-11호)에 따른 사업용고정자산에 대한 임차료에 해당하는 것임. | 소득-1405 (2009. 9. 11) |
| ⑤ 접객시설 설치 | 육류소매업을 영위하는 자가 구내에 접객시설을 갖추고 소비자에게 육류와 음식부재료 등을 각각 판매하여 동 소비자가 당해 접객시설에서 함께 소비하도록 하는 경우, 당해 육류 및 음식부재료 등의 공급에 대하여는 부가가치세가 과세되는 것임. | 부가-1788 (2009. 12. 9) |
| ⑥ 신용카드 단말기 이용 대가 | 신용카드가맹점이 재화 또는 용역의 공급에 대한 대가를 신용카드로 받으면서 특정 부가통신사업자(VAN사)의 카드단말기를 이용하여 주고, 부가통신사업자의 대리점으로부터 재화 또는 용역의 공급과 관계없이 일정금액을 받는 경우 해당 거래는 부가가치세 과세대상에 해당하지 아니하는 것임. | 부가-1774 (2009. 12. 7) |

| | | |
|---|---|---|
| ⑦ 제조업과 음식점업의 겸영시 의제매입세액공제율 | 제조업 및 음식점업 등을 영위하는 사업자가 부가가치세의 면제를 받아 공급받은 농산물 등을 원재료로 하여 과세 재화를 제조하여 일부는 외부에 판매하고 일부는 자기의 다른 사업장에 반출하여 음식용역의 원재료로 사용하는 경우 당해 음식용역에 소비된 농산물 등의 의제매입세액공제율은 음식점업의 공제율을 적용하는 것임. | 부가-1821 (2008. 7. 7) |
| ⑧ 직영 또는 위탁매장 여부 | 식재료를 청구법인의 책임하에 구입·관리하고 종업원의 채용 및 관리를 책임지고 있는 점, 계약서의 약정내용, 약정기간 종료 후 본사가 사업장을 임대차형식으로 변경하여 임대수수료를 인식하는 점 등으로 보아 직영매장을 운영한 것으로 보아 발생한 총 판매액이 부가가치세 과세표준에 해당함. | 조심 2009서4176 (2010. 5. 20) |
| ⑨ 고속도로 휴게소 내 입점업체에 대한 사업자등록 여부 | 고속도로 휴게소 내에 1년 이상 입점하여 자기 책임 하에 고객에게 국수 등을 공급하고 매장수수료를 제외한 나머지를 수수료로 받았으므로 이는 단순히 납품만 하였다고 볼 수 없고, 별개의 미등록사업장으로 보아 사실과 다른 세금계산서로 보아 관련 매입세액을 불공제한 것은 정당함. | 조심 2010전0350 (2010. 3. 19) |
| ⑩ 매입액으로 매출환산 | 매입금액에 관하여 세금계산서를 수수하지 않고 음식재료 등을 공급받았음이 추인되므로 매입금액에 관하여 무자료 거래라고 보아 매입액을 매출로 환산하여 과세함은 정당함. | 서울고등법원 2009누22333 (2010. 7. 15) |
| ⑪ 음식점의 사업양도 | 사업의 양도는 사업용 재산을 비롯한 물적 인적시설 및 권리의무 등을 포괄적으로 양도하여 사업의 동일성을 유지하면서 경영주체만을 교체하는 것을 말하는데, 종전의 종업원이 인수인계되지 아니하였다고 하여도 사업의 양도로 인정하는 데 장애가 되지 않음. | 서울행정법원 2010구합2586 (2010. 5. 28) |
| ⑫ 명의위장 사업자의 일반세율 적용 | 당초 타인명의로 사업자등록을 신청한 것은 불법행위로서 조세탈루의 악의가 있는 불법행위이며 한 과세기간의 매출액이 간이과세자의 과세기준금액을 초과하기에 실사업자에게 일반과세자의 세율을 적용한 것은 타당함. | 조심 2009서118 (2009. 5. 25) |

# 유흥주점

## 주점업의 분류

### 1. 식품위생법상 분류

식품위생법(식품위생법령 21 8호)에서는 식품접객업 중 주점업을 다음과 같이 분류하고 있다.

① 단란주점영업 : 주로 주류를 조리·판매하는 영업으로서 손님이 노래를 부르는 행위가 허용되는 영업

② 유흥주점영업 : 주로 주류를 조리·판매하는 영업으로서 유흥종사자를 두거나 유흥시설을 설치할 수 있고 손님이 노래를 부르거나 춤을 추는 행위가 허용되는 영업

※ 유흥종사자의 범위(식품위생법령 22 ①)
유흥종사자는 유흥접객원으로 손님과 함께 술을 마시거나 노래 또는 춤으로 손님의 유흥을 돋구는 부녀자를 말한다. 또한, 유흥시설이라 함은 유흥종사자 또는 손님이 춤을 출 수 있도록 설치한 무도장을 말한다.

※ 단란주점영업과 유흥주점영업을 하고자 하는 자는 시장·군수 또는 구청장에게 허가를 받아야 한다.
- 음식점영업 : 신청사항
- 단란주점·유흥주점영업 : 허가사항

**참 고** 단란주점·유흥주점업의 시설허가기준

(1) 단란주점영업

1) 영업장 안에 객실이나 칸막이를 설치하고자 하는 경우에는 다음 기준에 적합하여야 한다.
① 객실을 설치하는 경우 주된 객장의 중앙에서 객실내부가 전체적으로 훤하게 보일 수 있도록 투명한 유리로만 설비하여야 하며, 통로형태 또는 복도형태로 설비하여서는 아니 된다.
② 객실로 설치할 수 있는 면적은 객석면적의 2분의 1을 초과할 수 없다.
③ 주된 객장 안에서는 높이 1.5미터 미만의 칸막이(이동식 또는 고정식)를 설치할 수 있다. 이 경우 2면 이상을 완전히 차단하지 아니하여야 하고, 다른 객석에서 내부가 서로 보이도록 하여야 한다.

2) 객실에는 잠금장치를 설치할 수 없다.

3) 「다중이용업소의 안전관리에 관한 특별법」 제9조 제1항에 따른 소방·방화시설 등 및

영업장 내부 피난통로 그 밖의 안전시설을 갖추어야 한다.

(2) 유흥주점영업

1) 객실에는 잠금장치를 설치할 수 없다.

2) 「다중이용업소의 안전관리에 관한 특별법」 제9조 제1항에 따른 소방·방화시설 등 및 영업장 내부 피난통로 그 밖의 안전시설을 갖추어야 한다.

## 2. 한국표준산업분류상의 분류

① 주점업(5621)

요정, 바, 나이트클럽, 비어홀, 디스코클럽, 카바레, 대포집 등과 같이 술과 이에 따른 요리를 판매하는 산업활동을 말한다.

② 일반유흥 주점업(56211)

접객요원을 두고 술을 판매하는 유흥주점을 말한다.

예시

- 요정
- 한국식 접객주점
- 룸싸롱
- 바, 접객서비스 딸린
- 서양식 접객주점
- 비어홀, 접객서비스 딸린

③ 무도유흥 주점업(56212)

무도시설을 갖추고 술을 판매하는 무도 유흥주점을 말한다.

예시

- 무도 유흥주점
- 카바레
- 극장식 주점(식당) 클럽
- 나이트클럽

제외

- 무도장, 콜라텍 및 댄스 교습소 운영(91291)

④ 생맥주 전문업(56213)

접객시설을 갖추고 대중에게 주로 생맥주를 전문적으로 판매하는 주점을 말한다.

예시

- 생맥주집
- 호프집

⑤ 기타 주점업(56219)

생맥주 전문점을 제외한 대폿집, 선술집 등과 같이 접객시설을 갖추고 대중에게 술을 판매하는 기타의 주점을 말한다.

예시

- 소주방
- 막걸리집
- 토속주점

## 3. 법령에서의 주점업의 분류

### (1) 개별소비세법

#### 1) 과세대상과 세율(소비세법 1)

① 개별소비세는 특정한 물품, 특정한 장소에의 입장행위 및 특정한 장소에서의 유흥음식행위에 대하여 부과한다.

② 유흥음식행위에 대하여 개별소비세를 부과하는 장소와 그 세율은 다음과 같다.

유흥주점, 외국인전용유흥음식점과 기타 이와 유사한 장소 : 유흥음식요금의 100분의 10

#### 2) 과세표준(소비세법 8)

① 개별소비세의 과세표준은 다음의 규정에 의한다.

과세유흥장소에서의 유흥음식행위에 있어서는 유흥음식행위를 한 때의 그 요금 다만, 제23조의 3에 따라 금전등록기를 설치 · 사용하는 과세유흥장소는 대통령령으로 정하는 바에 따라 현금 수입금액을 과세표준으로 할 수 있다.

② 가격 또는 요금에는 당해 물품 또는 유흥음식행위에 대한 개별소비세와 부가가치세를 포함하지 아니한다.

### (2) 개별소비세법 시행령

#### 1) 과세유흥장소의 세목 등(소비령 1)

과세유흥장소의 종류는 유흥주점, 외국인전용유흥음식점 및 기타 이와 유사한 장소로 한다.

#### 2) 용어의 정의(소비령 2)

기타 이와 유사한 장소라 함은 식품위생법 시행령에 의한 유흥주점과 사실상 유사한 영업을 하는 장소를 말한다.

※ 카페·바·비어홀 등의 명칭으로 독립된 객실과 접객원을 둔 사실상의 룸싸롱은 룸싸롱(552201)으로 적용하고, 단란주점업 허가를 받고 접객원 등 유흥종사자를 두거나 독립된 객실(식품위생법 시행규칙에 의한 업종별 시설기준 해당자는 제외)에서 사실상 룸싸롱과 유사한 영업을 하는 주점은 룸싸롱(552201)으로 적용한다.

#### 3) 과세유흥장소범위에서 제외

객석에서 춤추는 것이 허용된 일반주점으로서 유흥종사자를 두지 않고 별도의 춤추는 공간을 설치하지 않은 경우에는 과세유흥장소범위에서 제외한다.

### (3) 식품위생법 시행령

#### 1) 영업의 종류(식품위생법령 21)

영업의 세부종류와 그 범위는 다음과 같다.

① 식품접객업 · 유흥주점영업

주로 주류를 조리 · 판매하는 영업으로서 유흥종사자를 두거나 유흥시설을 설치할 수 있고 손님이 노래를 부르거나 춤을 추는 행위가 허용되는 영업

#### 2) 유흥종사자의 범위(식품위생법령 22)

① 유흥종사자란 손님과 함께 술을 마시거나 노래 또는 춤으로 손님의 유흥을 돋우는 부녀자인 유흥접객원을 말한다.

② 유흥시설이라 함은 유흥종사자 또는 손님이 춤을 출 수 있도록 설치한 무도장을 말한다.

### (4) 지방세법상 유흥장소의 구분(지령 28 ⑤ 4호)

「식품위생법」 제37조에 따른 허가 대상인 유흥주점영업으로서 다음 각 목의 어느 하나에 해당하는 영업장소(공용면적을 포함한 영업장의 면적이 100제곱미터를 초과하는 것만 해당한다)

가. 손님이 춤을 출 수 있도록 객석과 구분된 무도장을 설치한 영업장소(카바레 · 나이트클럽 · 디스코클럽 등을 말한다)

나. 유흥접객원(남녀를 불문하며, 임시로 고용된 사람을 포함한다)을 두는 경우로, 별도로 반영구적으로 구획된 객실의 면적이 영업장 전용면적의 100분의 50 이상이거나 객실 수가 5개 이상인 영업장소(룸살롱, 요정 등을 말한다)

## 유흥주점의 세무실무

### 1. 일반적 특성

주점업은 술과 접대행위를 제공하는 업종으로 소비성서비스업에 해당되어 중점 세무관리대상 업종이며 부가가치율 및 단순경비율이 상당히 높아 세부담이 큰 업종으로 세무관리가 필요하다.

주점업은 룸싸롱, 카바레, 나이트클럽 등 개별소비세 과세대상업종과 호프방, 단란주점, 간이주점 등 개별소비세가 과세되지 않는 업종이 있다. 종전에는 유흥주점업 등 소비성서비스업에 대하여는 광고선전비를 수입금액의 2% 한도 내에서 손금으로 인정하였으나 2006. 1. 1 이후부터 차별적 규정을 폐지하고 다른 업종과 동일하게 전액 손금으로 인정하도록 하였다(법법 137, 법령 135). 유흥주점의 세무실무에서 중점적으로 검토하여야 할 사항은 다음과 같다.

① **현금매출과 신용카드매출 파악**

현금매출액 · 현금영수증 매출액과 신용카드매출액의 비율을 파악하여 현금매출액이 누락되지 않도록 하여야 한다.

또한, 신용카드매출액은 매월 신용카드매출전표를 집계하고 신용카드회사 또는 국세청으로부터 통보받은 금액과 차이 여부를 검토한다.

② **봉사료의 과다계상 여부 검토**

과세표준에서 제외되는 구분 · 기재되는 봉사료의 비율을 파악한다. 비율이 높은 경우에는 실제지급 여부와 지급에 따른 봉사료지급대장, 서명날인 여부, 지급방법 등을 파악한다.

③ **개별소비세 과세대상 여부 검토**

개별소비세법상 유흥음식행위에 대하여는 개별소비세가 과세된다. 따라서 당해 주점업이 과세유흥장소에 해당되는지 여부를 검토한다.

④ **개별소비세와 부가가치세 신고**

개별소비세와 부가가치세 신고시 과세표준이 서로 차이가 나지만 검증이 가능하므로 서로 확인하여야 한다. 또한 개별소비세 신고는 매월 과세유흥장소의 종류별로 인원, 유흥음식 요금, 산출세액, 면제세액, 공제세액, 납부세액 등을 적은 신고서를 **유흥음식행위를 한 날이 속하는 달의 다음 달** 25일까지 과세유흥장소의 관할 세무서장에게 제출하여야 한다.

⑤ 위장사업자 여부 파악

유흥주점의 경우 세부담이 높으므로 과세표준의 노출을 피하기 위하여 신용카드 위장 가맹점을 운영하거나 위장폐업을 하는 사례가 많다. 이 경우 적발시에는 세금추징 및 고발조치 등의 불이익을 받게 된다.

## 2. 부가가치세 실무

### (1) 사업자등록 신청시 자금출처소명서 제출

「개별소비세법」 제1조 제4항에 따른 과세유흥장소의 사업자등록 신청시 사업자금 내역 및 재무상황 등을 확인할 수 있는 서류를 제출하여야 한다(부령 11 ③ 표5). 이는 명의위장 사업자로 인한 세금탈루를 방지하기 위해 사업자등록 시점에서 명의위장사업자를 구별해 내는 것이 가장 효과적인 점을 감안하여 일부 명의위장을 통한 탈루가 빈번한 업종(과세유흥업, 금지금 도소매업)에 대하여 도입하였다. 이 제도는 2008. 7. 1. 이후 사업자등록을 신청하는 분부터 적용된다.

### (2) 과세표준의 계산

유흥주점업의 과세표준은 고객으로부터 받는 신용카드매출액(현금영수증매출액)과 현금매출액(공급대가) 등에서 부가가치세를 제외한 금액으로 한다. 이 경우 종업원에 대한 봉사료가 구분・기재된 경우로서 종업원에게 지급된 금액은 과세표준에서 제외한다.

즉, 사업자가 음식・숙박용역이나 개인서비스 용역을 공급하고 그 대가와 함께 받는 종업원(자유직업소득자를 포함한다)의 봉사료를 세금계산서・영수증 또는 신용카드매출전표 등에 그 대가와 구분하여 기재한 경우로서 봉사료를 당해 종업원에 지급한 사실이 확인되는 경우에는 그 봉사료는 과세표준에 포함하지 아니한다. 다만, 사업자가 그 봉사료를 자기의 수입금액에 계상하는 경우에는 그러하지 아니하다(부령 61 ④).

**참고** **구분・기재된 봉사료가 과세표준에 포함되는 경우**

사업자가 음식, 숙박용역이나 개인서비스용역을 공급하고 그 대가의 일정률의 금액을 봉사료 명목으로 직접 고객에게 청구하여 지급받아 당해 서비스를 제공한 종업원이 누구인지를 불문하고 전 종업원에게 일정한 지급기준에 의거 지급하는 경우 당해 봉사료 명목으로 지급받는 금액은 세금계산서, 간이세금계산서(현행 : 영수증) 또는 신용카드매출전표에 용역의 대가와 구분하여 기재하더라도 부가가치세 과세표준에 포함한다(부가 1265-2790, 1984. 12. 29). 따라서 이 경우 지급한 봉사료는 인건비로 필요경비 처리하면 된다.

### (3) 의제매입세액공제

과세유흥장소의 경영자가 면세농산물 등에 대하여는 102**분의** 2를 적용하여 매입세액으로 공제받을 수 있다. 여기서 '과세유흥장소'란 실제로 개별소비세가 부과되는지 여부에 관계없이 「개별소비세법」에서 규정하는 범위의 것(유흥주점, 외국인전용 유흥음식점, 유흥주점과 사실상 유사한 영업을 하는 장소)을 말한다(집행기준 17-62-3). 즉, 의제매입세액계산시 102분의 2의 공제율을 적용하는 '과세유흥장소의 경영자는 「개별소비세법」 제1조 제4항에 따른 과세유흥장소를 영위하는 사업자를 말하는 것이다(기획재정부 부가-526, 2010. 7. 30). 매입세액을 공제받으려는 사업자는 의제매입세액공제신고서와 다음의 어느 하나에 해당하는 서류를 관할세무서장에게 제출(국세정보통신망에 의한 제출을 포함한다)하여야 한다.

① 「소득세법」 제163조 또는 「법인세법」 제121조의 규정에 의한 매입처별계산서합계표

② 기획재정부령으로 정하는 신용카드매출전표 등 수령명세서

판례 **유흥주점의 의제매입세액공제율**(조심 2013중1247, 2013. 8. 27)

「부가가치세법 시행령」 제62조 제1항 제1호에서 「개별소비세법」 제1조 제4항에 따른 과세유흥장소의 경영자에 대하여는 104분의 4의 의제매입세액공제율을 적용하도록 규정하고 있고, 「개별소비세법」 제1조 제4항에서는 유흥주점을 과세유흥장소의 하나로 규정하고 있으며, 「식품위생법 시행령」 제21조 제8호 라목에서는 유흥주점영업을 주로 주류를 조리·판매하는 영업으로서 유흥종사자를 두거나 유흥시설을 설치할 수 있고 손님이 노래를 부르거나 춤을 추는 행위가 허용되는 영업으로 규정하고 있는바, 청구인은 시장으로부터 쟁점사업장에 대하여 유흥주점영업의 영업허가를 받았고, 「식품위생법」의 소관부처인 보건복지가족부에서 식품위생법령상 유흥주점 영업으로 허가를 받은 업소에서 유흥접객원을 두지 아니하고 유흥시설을 갖추지 아니하였더라도 유흥주점에 해당한다고 봄이 타당하다고 해석한 점으로 볼 때, 처분청에서 쟁점사업장이 유흥주점에 해당한다고 보아 104분의 4의 의제매입세액공제율을 적용하여 이 건 부가가치세를 과세한 처분에는 잘못이 없다고 판단된다.

### (4) 신용카드 발행세액공제

유흥주점을 운영하는 음식점 사업자(법인사업자와 직전연도의 재화 또는 용역의 공급가액의 합계액이 10억원을 초과하는 개인사업자는 제외한다)는 신용카드매출액(현금영수증 매출액)의 1.3%(연간 1,000만원 한도)를 납부세액에서 공제할 수 있다.

### (5) 신용카드 등 결제금액에 대한 부가가치세 대리납부

신용카드업자(이하 "신용카드업자"라 한다)는 부가가치세 체납률 등을 고려하여 대통령령으로 정하는 사업자(이하 "특례사업자"라 한다)가 부가가치세가 과세되는 재화 또는 용역을 공급(「여신전문금융업법」 제2조에 따른 신용카드·직불카드 또는 선불카드를 사용한 거래로 한정한다)하고 그 신용카드업자로부터 공급대가를 받는 경우에는 「부가가치세법」 제31조에도 불구하고 해당 공급대가를 특례사업자에게 지급하는 때에 공급대가의 110분의 4에 해당하는 금액을 부가가치세로 징수하여 매 분기가 끝나는 날의 다음 달 25일까지 대통령령으로 정하는 대리납부신고서와 함께 신용카드업자의 관할 세무서장에게 납부하여야 한다(조특법 106의 10).

① 부가가치세 대리납부제도 흐름도

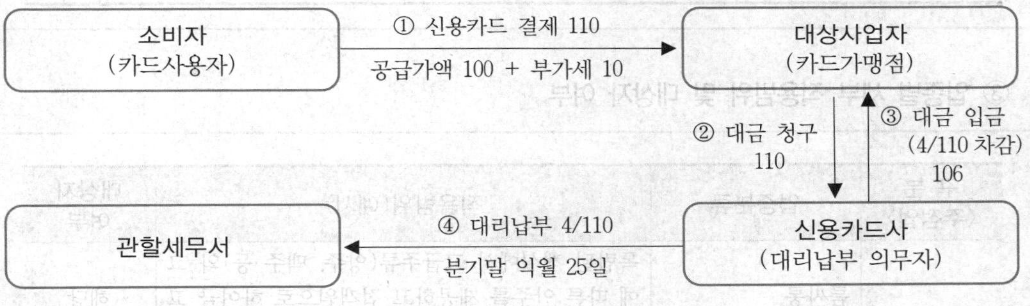


| |
|---|
| ① 대리납부대상 사업자가 부가가치세 과세대상 재화 또는 용역을 공급하고 소비자가 공급가액 100만원 및 부가가치세 10만원을 신용카드로 결제<br>② 대리납부대상 사업자는 신용카드사에게 110만원 대금 청구<br>③ 신용카드사는 신용카드 결제금액(110만원)의 4/110에 해당하는 4만원을 부가가치세로 징수하고, 나머지 106만원을 대리납부대상 사업자에게 입금<br>④ 신용카드사는 징수한 부가가치세 4만원을 매 분기가 끝나는 날의 다음 달 25일까지 관할 세무서장에게 납부 |

② 부가가치세 대리납부제도 도입 전후 비교

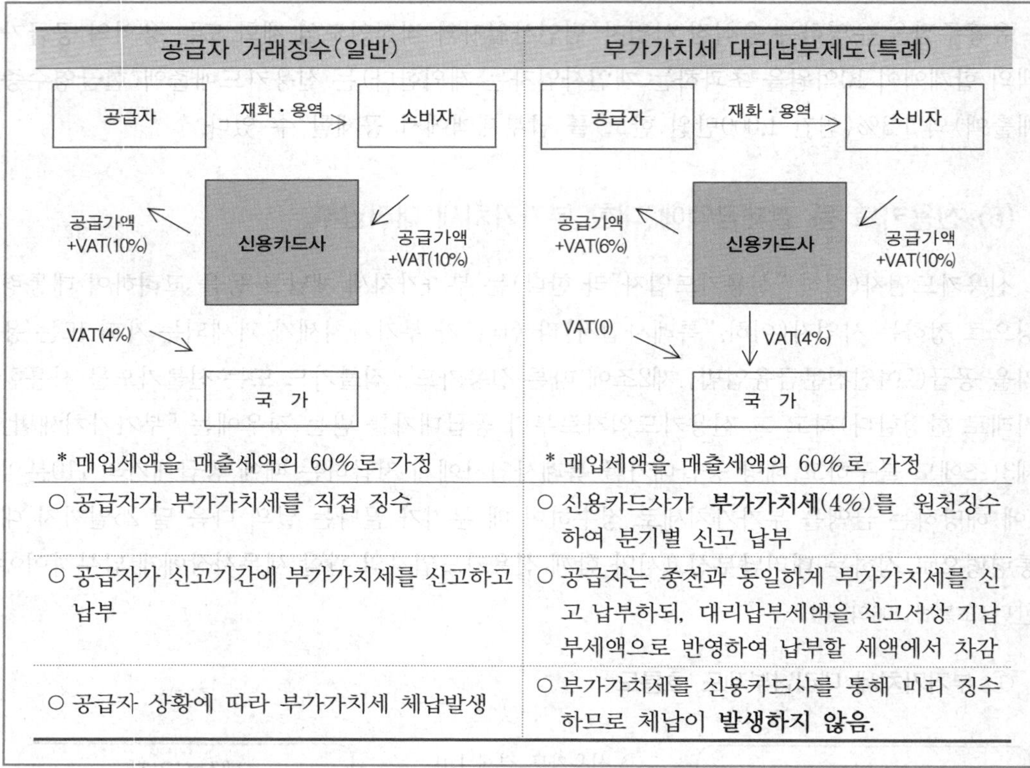


| 공급자 거래징수(일반) | 부가가치세 대리납부제도(특례) |
|---|---|
| * 매입세액을 매출세액의 60%로 가정 | * 매입세액을 매출세액의 60%로 가정 |
| ○ 공급자가 부가가치세를 직접 징수 | ○ 신용카드사가 **부가가치세(4%)**를 원천징수하여 분기별 신고 납부 |
| ○ 공급자가 신고기간에 부가가치세를 신고하고 납부 | ○ 공급자는 종전과 동일하게 부가가치세를 신고 납부하되, 대리납부세액을 신고서상 기납부세액으로 반영하여 납부할 세액에서 차감 |
| ○ 공급자 상황에 따라 부가가치세 체납발생 | ○ 부가가치세를 신용카드사를 통해 미리 징수하므로 체납이 **발생하지 않음.** |

③ 업종별 세부 적용범위 및 대상자 여부

| 구 분 〈주점업〉 | 업종분류 | 적용범위(예시) | 대상자 여부 |
|---|---|---|---|
| 일반유흥 주점업 | 룸싸롱 | 독립된 객실에서 고급주류(양주, 맥주 등)와 그에 따른 안주를 제공하고 접객원으로 하여금 고객을 유흥케 하는 고급주점 | 해당 |
| | 빠 | 유흥종사자가 있는 서양식 주점으로서 싸롱이 아닌 곳 | 해당 |
| | 스탠드 빠 | 과세유흥장소에 해당하는 스탠드 빠 | 해당 |
| | 극장식 식당 | 유흥종사자를 두고 주류와 음식물을 제공하며 노래, 연주 및 춤 등을 감상할 수 있는 음식점 | 해당 |
| | 외국인 전용 유흥음식점 | 유흥종사자를 두고 주류와 음식물을 제공하는 외국인 전용 유흥음식점 | 해당 |
| | 기타 유흥주점 | 독립된 객실에서 주류와 그에 따른 안주를 제공 | 해당 |

| 구 분 〈주점업〉 | 업종분류 | 적용범위(예시) | 대상자 여부 |
|---|---|---|---|
| | | 하고 접객원으로 하여금 고객을 유흥케 하는 유흥음식점 또는 유흥주점 허가를 받지 않고 유흥주점과 유사한 영업을 하는 음식점 | |
| 무도유흥 주점업 | 카바레, 나이트클럽, 디스코클럽, 고고클럽 | 주류와 음식물을 제공하며 노래, 연주 등을 감상하거나 손님이 직접 춤을 출 수 있는 음식점 | 해당 |
| 단란 주점업 | 단란주점 | 주로 주류를 조리·판매하는 영업으로서 손님이 노래를 부르는 행위가 허용되는 업 | 해당 |
| 위의 영업을 제외한 음주 허용 영업 | 호프전문점, 소주방 | 맥주, 소주 등 저가의 주류와 안주를 제공하는 주점 | 제외 |
| | 기타 서양식 주점 | 독립된 객실과 접객원이 없이 양주(맥주 포함)와 그에 따른 안주를 제공하는 카페 등의 서양식 주점 | 제외 |
| | 간이주점 | 대포집, 선술집 및 기타 간이 생맥주 등 달리 분류되지 않은 주점 | 제외 |

## 3. 개별소비세 실무

### (1) 개별소비세 과세대상

개별소비세는 특정한 물품·특정한 장소에의 입장행위 및 특정한 장소에서의 유흥음식행위에 대하여 부과한다. 주로 식품위생법에서 규정하고 있는 유흥주점, 유흥음식점 및 이와 유사한 장소로서, 룸싸롱, 요정, 카바레, 나이트클럽 등이 대표적인 개별소비세 과세대상 유흥주점이다. 과세관청의 업무지침에서 식품위생법상 유흥주점이라도 특별시·광역시는 30평 미만, 수도권은 35평 미만, 시지역은 40평 미만, 군지역은 45평 미만의 장소에 대해서는 개별소비세를 과세하지 않고 있다. 또한 단란주점의 경우 일반적으로 개별소비세를 과세하지 않으나 접객원 등 유흥종사자를 두거나 독립된 객실에서 사실상 룸싸롱과 같이 영업을 하는 경우 개별소비세가 과세된다. 따라서 단란주점의 경우에도 유흥종사자를 두고 주대와 봉사료를 구분기재하면 실질과세원칙에 따라 개별소비세가 과세되므로 주의를 요한다.

참 고 개별소비세 과세대상 여부

◈ 국심 2004중3737, 2005. 2. 3

• 개별소비세법 제1조에 의한 과세유흥장소를 운영하는 사업자가 유흥음식행위를 하는 경우에는 개별소비세 과세대상자로 신고·납부의무가 있는 것으로 규정하고 있고, 국세청의 유흥주점 과세정상화추진계획에서도 사업장 규모가 기준면적에 미달하더라도 유흥음식행위가 확인되고 세무서장이 과세하는 것이 적합하다고 인정되는 경우에는 개별소비세 과세대상으로 규정하고 있는 바, 쟁점사업장은 면적이 43.3평으로 유흥주점으로 허가를 받고 봉사료를 지급한 사실이 확인되어 개별소비세를 과세한 것은 정당하다.
또한, 청구인은 쟁점사업장의 소재지인 양주시가 2003. 10. 19자로 승격되었으므로 2003. 10. 18까지의 매출액에 대하여는 과세하지 않아야 한다고 주장하나, 국세청의 위 추진계획은 행정기관의 내부지침으로서 청구인에게 특별히 과세유예방침으로 표명한 사실이 없으므로 이를 근거로 신의성실의 원칙 및 공평과세원칙에 위배된다는 청구인의 주장은 이를 받아들일 수 없다. 한편, 청구인은 개별소비세 과세가 국세청의 「제2단계 유흥주점 과세정상화추진계획(1999. 4. 9) 사례에 비추어 신의성실의 원칙에 위배된다고 주장하나, 개별소비세법 제1조 제1항 및 제4항에서 유흥주점 영업장소에 대하여 개별소비세 과세장소로 규정하고 그 범위는 달리 특정하지 않고 있으므로 과세유흥장소의 범위는 그 규모에 관계없음을 알 수 있고, 또한, 국세청장의 지침은 일정규모 이상의 사업장에 대하여만 개별소비세를 과세한다는 것이 아니라 세법에 의하여 개별소비세를 신고·납부하여야 함에도 성실히 납세의무를 이행하지 아니하는 사업자에 대하여는 과세업무를 단계별로 정상화하겠다는 행정기관의 내부지침으로서 청구인에게 특별히 과세유예방침을 표명한 사실이 없으므로 이 건 처분이 신의성실의 원칙에 반한다고 볼 수 없다.

• 2단계 추진계획은 유흥주점에 대한 개별소비세의 과세정상화를 위해 국세청이 수립하여 일선 세무서에 시달한 실무기준으로 유흥주점에 대한 개별소비세 일괄 부과에 앞서 그 충격을 완화하고자 일정 규모 이상의 업소에서부터 점차 규모가 작은 업소까지 개별소비세의 부과, 징수를 점차 확대하는 것을 기본 방침으로 하여 수립·시행된 것으로서, 그 취지가 군 지역에 위치한 45평 미만의 유흥주점에 대하여 무조건 개별소비세를 부과하지 않겠다는 것이 아니라, 유흥주점에 대한 개별소비세의 일괄 부과에 앞서 그로 인하여 생계의 어려움 등 충격이 클 것으로 예상되는 일정 규모 미만의 영세 사업자를 구제하기 위한 잠정적인 조치로 그들에 대한 과세를 유예하되, 예외적으로 위 규모 기준을 충족하는 경우라도 해당 유흥주점의 영업방법이나 매출규모 등 제반 사정에 비추어, 그 경영자를 2단계 추진계획이 보호하고자 하는 영세 사업자로 볼 수 없고, 오히려 해당 업소에서의 유흥주점 영업에 대하여 개별소비세를 부과함으로써 사치성 소비행위를 억제할 정책적 필요가 있다고 판단되는 등 특별한 사정이 있는 때에는 관할 세무서장이 개별적으로 판단하여 개별소비세를 과세할 수 있도록 한 것이라고 봄이 상당하다. 따라서 2단계 추진계획으로 인해 원고가 주장하는 바와 같은 무조건적 비과세관행이 형성되었다고 할 수 없으므로, 피고의 이 사건 처분이 비과세 관행을 무시하고 이루어진 것으로서 위법하다고 할 수 없다(의정부지방법원 2011구합4096, 2012. 9. 18).

◈ 대법원 2018. 2. 28 선고, 2017두70403 판결

이 사건 사업장에는 무도장이 설치되어 있고, 손님이 술을 마시면서 그곳에서 춤을 추는 행위가 허용되었다고 봄이 상당하므로, 개별소비세법상의 '과세유흥장소'에 해당한다. 따라서 피고의 이 사건 처분은 적법하고, 이와 다른 전제에 선 원고의 위 주장은 이유 없다.

① 이 사건 사업장의 홀에는 디제이가 음악을 트는 공간인 디제이 박스가 존재하고, 디제이 박스와 테이블 사이에 빈 공간이 존재하며, 여러 대의 스피커 등 음향시설과 싸이키 조명과 우주볼 등 조명장치가 설치되어 있다.

② 이 사건 사업장을 찾은 손님들이 디제이가 튼 음악에 맞추어 디제이 박스와 테이블 사이의 빈 공간 및 테이블 사이에서 춤을 추고 있는 모습이 이 사건 사업장을 촬영한 사진과 영상에서 확인되고, 다수의 방문 후기에서도 이 사건 사업장에서 술을 마시면서 춤을 출 수 있다는 내용을 확인할 수 있다.

③ 디제이들이 이 사건 사업장을 방문한 고객들이 춤을 출 수 있도록 스피커를 통해 댄스음악 등을 반복적으로 틀고, 어두운 상태에서 춤을 추는 손님들에게 조명을 비추는 등 이 사건 사업장 내 음향시설과 조명장치가 손님들이 춤을 추는 것을 유도하거나 춤을 출 수 있는 분위기를 조성하는 데 사용되었다.

④ 개별소비세 과세대상은 특정한 장소에서의 유흥음식행위일 뿐만 아니라, 개별소비세법에서는 개별소비세를 부과하는 과세유흥장소의 구조와 규모에 대하여 아무런 제한도 두고 있지 않으므로, 그 과세대상 여부를 판단함에 있어 지방세법상 재산세 중과대상인 유흥주점에 해당하는지를 판단하는 기준인 '객석과 구분되어 설치된 무도장이 그 사업장 내에서 차지하는 면적' 등이 고려되어야 하는 것이 아니다. 따라서 이 사건 사업장 내에 객석과 구분된 일정 규모 이상의 무도장이 설치되어 있지 않다거나 ○○구청장이 이 사건 사업장에 대하여 재산세를 중과세하고 있지 않다는 등 원고가 들고 있는 사정만으로 이 사건 사업장이 개별소비세 부과 대상이 아니라고 할 수 없다.

⑤ 또한 원고는 이 사건 사업장이 무도장 영업을 하는 다른 유흥주점에 비해 결제 건당 평균 매출액이 소액이어서 개별소비세 과세대상이 아니라는 취지의 주장도 하고 있으나, 개별소비세법 및 그 시행령은 개별소비세의 과세대상을 명확하게 규정하고 있고, 위 법령이 정한 과세대상에는 사치성 물품뿐만 아니라 수렵용 총포류, 소형자동차, 유류 등 사치재라고 보기 어려운 물건들도 포함되어 있는바, 위 법령에 따른 유흥주점과 사실상 유사한 영업을 하는 장소, 즉 과세유흥장소에 해당하면 개별소비세 과세대상이 되는 것이고, 이 사건 사업장의 결제 건당 평균 매출액이 저렴한 수준이라는 사정만으로 개별소비세 과세대상이 아니라고 할 수 없다(서울행정법원 2017. 6. 1 선고, 2016-구합-84108 판결).

### (2) 개별소비세의 과세표준

과세유흥장소에서의 유흥음식행위에 있어서는 유흥음식행위를 한 때의 그 요금을 과세표준으로 한다. 다만, 제23조의 3의 규정에 의한 과세유흥장소에 있어서는 대통령령이 정하

는 바에 의하여 현금수입금액을 그 과세표준으로 할 수 있다.

유흥요금에는 당해 유흥음식행위에 대한 개별소비세와 부가가치세를 포함하지 아니한다.

유흥주점 경영자가 유흥음식행위를 무상 또는 외상으로 하게 한 경우에는 다음을 과세표준으로 한다(소비령 14의 2).

① 무상으로 유흥행위를 하게 한 것은 당해 월분의 과세표준에 합산한다.

② 외상으로 유흥음식행위를 하게 한 것으로서 경영을 폐지한 때의 외상매출금 잔액은 신고시의 과세표준에 합산한다.

또한, 과세유흥장소의 경영자가 유흥음식요금 영수시 일정률의 금액을 봉사료 명목으로 직접 고객에게 청구하여 지급받아 당해 서비스를 제공한 종업원이 누구인지를 불문하고 전 종업원에게 일정한 지급기준에 의거 지급하는 경우에는 영수증 · 세금계산서 · 신용카드매출전표 또는 금전등록기 계산서에 봉사료를 구분 기재하더라도 과세표준에 포함한다. 다만 봉사료를 사업자의 청구에 의하지 아니하고 고객이 스스로 지급하는 경우에는 과세표준에 포함하지 아니 한다(소비통 8-8-16).

### (3) 납세의무의 성립시기

개별소비세의 납세의무의 성립시기는 과세유흥장소에서 유흥음식행위를 한 때이다.

### (4) 개별소비세의 신고 · 납부

납세의무자는 매월 과세유흥장소의 종류별로 인원, 유흥음식 요금, 산출세액, 면제세액, 공제세액, 납부세액 등을 적은 신고서를 **유흥음식행위를 한 날이 속하는 달의 다음 달 25일**까지 과세유흥장소의 관할 세무서장에게 제출하여야 한다.

### (5) 개별소비세의 가산세

납세의무자가 다음에 해당하는 경우에는 규정된 금액을 납부세액에 가산하거나 환급세액에서 공제한다.

#### ① 무신고 · 과소신고 가산세

개별소비세를 신고하지 않거나 과소신고한 경우에는 다음과 같이 신고불성실가산세를 부과한다.

- 부당한 무신고, 과소신고, 환급신고 : 부당세액의 40%
- 일반무신고 : 일반무신고세액의 20%

• 일반과소신고 : 일반과소세액의 10%

② 납부지연가산세

개별소비세를 납부하지 아니하거나 납부한 세액이 납부하여야 할 세액에 미달하는 때에는 다음의 산식을 적용하여 계산한 금액을 납부불성실가산세로 부과한다.

「납부하지 아니한 세액(미달하게 납부한 경우에는 그 미달한 세액) × 납부기한의 다음 날부터 자진납부일 또는 납세고지일까지의 기간 × 금융기관이 연체대출금에 대하여 적용하는 이자율 등을 감안하여 대통령령이 정하는 이자율(2.22/10,000)」

### (6) 납세담보의 제공 및 처분

관할세무서장이 과세유흥장소의 경영자에게 납세담보의 제공을 요구하고자 할 경우에는 납세담보를 요구한 날로부터 30일 이내에 관할세무서장에게 납세담보를 제공하도록 통지하여야 한다. 납세담보를 요구할 수 있는 최고한도의 금액은 전월에 납부한 개별소비세액(전월에 납부한 세액이 없는 경우에는 당해 월에 납부할 개별소비세액의 추정액)의 2개월분에 상당하는 금액으로 한다. 담보를 제공한 자가 기한 내에 당해 개별소비세를 납부하지 아니하거나 당해 용도에 공한 사실을 증명하지 아니한 때에는 그 담보물로서 당해 개별소비세에 충당한다. 이 경우에 부족금이 있는 때에는 이를 징수하며, 잔금이 있는 때에는 이를 환급한다(소비법 10 ⑤, 소비령 17).

### (7) 관련사례

① 유흥주점 허가만으로 개별소비세를 부과할 수 있는지 여부

50여 평의 규모에 유흥주점 허가를 받아 노래방기기를 갖추고 인근주민을 상대로 맥주를 판매한 것에 대하여 업무 감사시 유흥주점으로 허가받은 형식에 근거 특소세를 부과하였으나 접대부나 객실 없이 서민을 상대로 맥주, 소주를 판매한 것은 특소세가 과세되는 유흥주점으로 보기 어렵다.

② 개별소비세 과세대상 여부

청구인은 쟁점사업장을 노래방의 형태로 운영하였음에도 과세유흥장소로 보아 특별소비세를 부과한 처분은 부당하다고 주장하나, 유흥주점 영업허가를 받은 쟁점사업장이 국세청장이 정한 지역별 특별소비세 과세기준금액(광역시 소재 30평) 이상이고 당해 사업장에서 발생한 신용카드매출전표 350건의 1건당 평균금액이 236,000원으로 일반 노래방에서 결제하는 금액을 훨씬 초과하며 전체 매입금액 중 양주매입금액이

51%를 차지하는 점 등을 종합하여 보면, 청구인이 쟁점사업장에서 유흥음식행위를 제공한 것으로 보이는 이상 당해 사업장을 과세유흥장소로 인정하여 특별소비세를 부과한 처분은 달리 잘못이 없다고 판단된다(국심 2003중1266, 2004. 2. 12).

※ 최근 심판례의 경향
기존 다수의 심판결정은 과세기준규모 이상인 유흥주점은 과세유흥장소로 인정한 반면, 최근 일부 심판결정은 사업장규모, 봉사료 계상 여부, 봉사료 점유비율, 신용카드매출전표 1건당 평균매출금액, 유흥종사자 고용 및 유흥시설의 설치 여부 등을 종합하여 과세유흥장소 해당 여부를 판정하여야 한다고 결정하고 있다.

### ③ 과세유흥장소 해당 여부

국세청장이 단계별 유흥주점 과세정상화추진계획에 명시한 과세기준규모는 국세청 내부업무처리지침에 불과한 것이고, 과세유흥장소경영자가 유흥종사자를 두고 유흥시설을 설치하여 유흥음식행위를 제공한 이상 당해 사업장은 과세유흥장소에 해당된다(국심 2001부972, 2001. 9. 14).

### ④ 신의성실원칙의 적용 여부

관할세무서장이 국세청장이 정한 과세기준규모 미만인 유흥주점 경영자에게 비과세한다는 안내문을 보내고 간담회를 열어 고지한 경우 기준규모 미만 유흥주점 경영자에게 특별소비세를 부과한 처분은 신의성실원칙에 위배되는 것이다(감사원 감심 99-322, 1999. 10. 26).

### ⑤ 유흥주점을 과세유흥장소로 보지 아니한 사례

과세유흥장소에 해당되는지의 여부는 식품위생법상 허가구분에 따른 것이 아니라 영업의 실질내용에 따라 판단하여야 하는데, 청구인은 식품위생법에 의한 유흥주점 영업허가를 받았으나, 내부에 유흥접객원 대기실이 없고 봉사료를 원천징수한 사실이 없는 이상 유흥접객원을 고용한 사실이 없는 것으로 보이며, 손님이 춤을 출 수 있는 무도장을 설치하지 아니하고 메뉴표상 주류와 안주의 값이 유흥주점의 그것으로 보기 어려울 정도로 저렴한 점으로 보아 쟁점사업장을 과세유흥장소로 보아 특별소비세 및 교육세를 부과한 처분은 사실관계를 오인한 잘못이 있다(국심 2003전3018, 2003. 12. 18).

### ⑥ 추계경정사유 및 추계결정방법의 당부

부가가치세 및 특별소비세 신고시 제출한 세금계산서 장부 기타 증빙의 내용이 주류구입량 등에 비추어 허위임이 명백한 때에는 부가가치세법 제21조 제2항의 추계경정사유에 해당되고, 주류구입수량, 주류판매단가, 안주수량 및 단가를 확인하여 산출한 추계수입금액이 진실에 가까운 실액이 반영되었다면 이는 합리적이고 타당성이 있는 추계방법이라 할 것이다(대법원 2001. 1. 30 선고, 99두8015 판결).

한편, 청구인으로부터 제출받은 메뉴판의 주류별 판매가격과 2004년 주류구입수량을 곱하여 쟁점사업장의 부가가치세 매출과세표준을 추계결정하고 이에 따라 과세한 이건 처분은 잘못이 없다고 판단된다(국심 2007서3599, 2007. 12. 7).

**⑦ 재조사 결정 사례**

유흥업소를 운영하는 청구인은 주류매입 세금계산서, 신용카드 매출전표 등 관련증빙을 갖추고, 신용카드 매출전표상에 22% 상당액을 수입금액으로, 78% 상당액을 봉사료로 구분 기재하여 장부를 비치·기장하였으며, 신용카드발행액 중 봉사료 부분에 대하여 5%의 소득세를 원천징수하여 납부하였고, 잔액에 대하여는 부가가치세 및 특별소비세를 납부하였으나, 처분청이 청구인의 신용카드발행액을 실지조사하고 청구인의 사업장과 인접한 지역의 동종 유흥업소 특별조사 결과 봉사료의 비율이 각각 38%와 40%로 확인됨에 따라 이를 근거로 청구인의 신용카드발행액의 40%를 봉사료로, 60%를 공급대가로 추계 결정한 처분은 객관성과 합리성이 있다고 보여지지 않아 재조사 경정하도록 하여야 한다(국심 2001전280, 2001. 6. 8).

## 4. 봉사료에 대한 세무처리[63)]

사업자가 영수하는 금액 중 종업원(자유직업소득자를 포함한다)의 봉사료가 포함되어 있는 경우에 「부가가치세법」의 규정에 의한 세금계산서·영수증·신용카드매출전표 또는 직불카드영수증에 이를 구분하여 기재하고 해당 종업원에게 지급한 사실이 확인되는 때에는 그 봉사료는 유흥음식요금에 포함하지 아니하되, 과세유흥장소의 경영자가 그 봉사료를 자기의 수입금액에 계상하는 경우에는 이를 포함하는 것으로 한다.

### (1) 봉사료의 사업자 수입금액 제외 요건

① 신용카드매출전표에 요금과 봉사료를 구분·기재할 것
② 사업자의 자기 수입금액에 계상하지 않을 것
③ **원천징수대상이 되는 봉사료**는 봉사료지급대장을 작성하여 수령자 본인의 서명을 받아 비치할 것

63) 봉사료의 세무처리, 국세청, 2007. 7. 7. 참조.

봉사료를 공급가액에서 제외하고자 하는 사업자가 지켜야 할 사항 서식 1

## 봉사료지급대장

| 사업자 인적사항 | 사업장소재지 | | | | |
|---|---|---|---|---|---|
| | 상 호 | | 사업자 등록번호 | | |
| | 대표자 | | 생년월일 | | |
| 봉사료 수령사실 확인(수령인 기재) | | | | | |
| 연월일 | 수령인성명 | 생년월일 | 봉사료 금액 | 원천징수액 | 수령확인 |
| | | | | | |
| | | | | | |

봉사료를 공급가액에서 제외하고자 하는 사업자가 지켜야 할 사항 서식 2

## 친필서명 확인서(예시)

주민등록증 또는 운전면허증 복사

지급업소 상호 : ________ 사업자등록번호 : ____________

수령인 성명 : ________ 생년월일 : ________ 연락처 : ________

주 소 : ________________________________

위 본인 ________이(가) 봉사료지급대장에 봉사료 수령사실을 확인하는데 사용하는 서명은 아래와 같습니다.

| 서 명 | |
|---|---|

20 년 월 일

성 명 ____________

※ 위 사항은 반드시 봉사료수령자가 자필로 기재해야만 합니다.

④ 봉사료가 20%를 초과하는 경우 봉사료의 5%를 원천징수하고 사업소득 원천징수영수증(지급명세서)을 제출할 것 : 다음 연도 2월 말까지

⑤ 봉사료를 유흥종사자에게 직접 지급한 사실이 확인될 것. 봉사료는 고객과 접객원과의 대응관계가 적용되므로 고객이 지불한 봉사료는 반드시 유흥종사자에게만 귀속되어야 한다. 따라서 사업주가 일괄수령 후 매출액의 일정률에 따라 획일적으로 지급하거나 종업원이 사업주에게 제공한 노력의 대가는 봉사료가 아니며 과세표준에 포함하여야 한다.

[봉사료 수령형태에 따른 세무처리 방법]

| 구 분 | 일괄수령 후 봉사료 지급 | 구분수령 후 봉사료 배분 |
|---|---|---|
| 수입금액 포함 여부 | 수입금액에 포함 | 봉사료 수입금액 제외 |
| 과세표준 포함 여부 | 과세표준에 포함 | 과세표준 제외 |
| 필요경비 | 종업원 인건비 해당 | 필요경비에 해당 안됨 |
| 원천징수 | 근로소득으로 원천징수 | 공급가액의 20% 초과시 원천징수 |

**| 실무해석사례 |**

**봉사료 등 지급금액의 수입금액 포함 여부**

**1. 헤어디자이너에 대한 봉사료**

미용 서비스업을 영위하는 사업자가 미용용역을 공급하고 고객으로부터 그 용역대가와 함께 자유직업소득자인 헤어디자이너에 대한 봉사료 명목으로 결제대금의 일정률 상당액을 신용카드매출전표 등에 구분기재하여 수령한 후 해당 금액과 대응되지 아니하는 내부기준에 따라 산정한 금액을 헤어디자이너에게 지급하는 경우 해당 봉사료 명목으로 지급받은 금액은 신용카드매출전표 등에 구분하여 기재하더라도 「부가가치세법」 제29조에 따른 부가가치세 과세표준에 포함하는 것임(부가가치세과-594, 2018. 3. 29).

**2. 미용실 운영사업자가 매출분리결제서비스**

미용실 운영사업자(이하 "사업자")가 자유직업소득자인 미용사(이하 "미용사")와 계약을 체결하여 사업자는 미용사에게 시설물 등을 제공하고 미용사는 독립적으로 용역을 제공하며 성과에 따라 수당 등의 대가를 받는 경우로서 사업자가 매출분리결제서비스에 가입하여 고객이 미용용역의 대가를 신용카드로 결제시 사업자에게 귀속될 금액과 미용사에게 귀속될 금액이 분리결제 되는 경우 사업자의 부가가치세 공급가액은 「부가가치세법」 제29조 제3항 제1호에 따라 고객이 결제한 대가 전체(부가가치세 제외)가 되는 것임(법령해석과-2137, 2019. 8. 19).

3. 배달용역 제공

음식배달 앱(App)을 운영하는 사업자가 자기의 책임과 계산에 따라 고객이 요청한 음식, 물품 등을 대신 구매하여 배달하는 용역을 제공하고 그 대가를 받는 경우에 있어서 그 대가 중 배달용역을 제공한 자에게 지급하는 금액은 「부가가치세법 시행령」 제61조 제3항에 따른 공급가액에 포함하지 않는 봉사료에 해당하지 아니하는 것임(기획재정부 부가-199, 2017. 4. 11).

4. 음식용역 제공

사업자가 음식용역을 공급하고 그 대가와 함께 서비스를 제공한 종업원의 봉사료를 신용카드매출전표 등에 구분·기재하여 수령한 후 당해 서비스를 제공한 종업원에게 지급하는 경우에 당해 봉사료는 부가가치세과세표준에 포함하지 아니하는 것이나, 구분·기재하여 수령한 당해 봉사료를 서비스를 제공한 종업원이 누구인지를 불문하고 전종업원에게 일정한 지급기준에 의거 지급하는 경우 당해 봉사료명목으로 지급받은 금액은 신용카드매출전표 등에 구분하여 기재하더라도 부가가치세과세표준에 포함하는 것임(부가 46015-2124, 1999. 7. 26).

### (2) 봉사료를 과세표준에서 제외하고자 하는 사업자가 지켜야 할 사항

참 고

**봉사료를 과세표준에서 제외하고자 하는 사업자가 지켜야 할 사항 고시**

(국세청 고시 제2021-38호, 2021. 8. 24)

「부가가치세법」 제29조 제12항, 같은 법 시행령 제61조 제4항과 관련하여 「부가가치세법」 제74조 제2항, 같은 법 시행령 제119조의 위임에 따라 봉사료를 구분 기재하고 과세표준에서 제외하고자 하는 사업자가 지켜야 할 사항을 다음과 같이 개정하여 고시합니다.

2021년 8월 24일

국 세 청 장

제1조(목적) 이 고시는 「부가가치세법」 제29조 제12항, 같은 법 시행령 제61조 제4항에 근거하여 「부가가치세법」 제74조 제2항, 같은 법 시행령 제119조에서 국세청장에게 위임한 바에 따라 봉사료를 구분 기재하여 공급가액에서 제외하려는 사업자가 지켜야 할 사항을 명확히 규정함을 그 목적으로 한다.

제2조(봉사료의 구분기재) 「부가가치세법 시행령」 제61조 제4항에 따라 봉사료를 매출액에서 제외하고자 하는 사업자는 공급받는 자에게 신용카드매출전표 등을 교부하는 시점에서 이미 봉사료가 구분 기재된 상태로 교부하여야 한다.

제3조(봉사료지급대장 작성 등) 「소득세법」 제127조 제1항 제8호 및 「소득세법 시행령」 제184

조의 2에 따라 봉사료에 대한 소득세를 원천징수하여야 하는 사업자는 붙임서식 1에 따른 봉사료지급대장을 작성하여야 하며, 「소득세법」 제164조 제1항 제7호에 따른 봉사료에 대한 사업소득 원천징수 영수증과 함께 5년간 보관하여야 한다.

**제4조(수령사실의 확인 및 서명 등)** 위 봉사료지급대장에는 봉사료를 수령하는 자가 직접 수령사실을 확인하고 서명하여야 하며, 수령자 본인의 서명임을 확인할 수 있도록, 붙임서식 2의 예시와 같이 봉사료 수령인별로 주민등록증 또는 운전면허증 등 신분증 사본의 여백에 봉사료 수령자 본인이 성명, 생년월일, 연락처, 주소 등을 자필로 기재한 뒤 봉사료지급대장에 사용할 서명을 기재하여 5년간 보관하여야 한다.

**제5조(수령사실확인의 서명거부 시 대체증명)** 봉사료를 수령하는 자가 봉사료지급대장에 서명을 거부하거나 제4조의 확인서 작성 등을 거부하는 경우에 사업자는 무통장입금영수증 등 지급사실을 직접 확인할 수 있는 다른 증빙을 대신 첨부하여야 한다.

**제6조(재검토기한)** 「훈령 · 예규 등의 발령 및 관리에 관한 규정」(대통령 훈령 제334호)에 따라 이 고시 발령 후의 법령이나 현실여건의 변화 등을 검토하여 이 고시의 폐지, 개정 등의 조치를 하여야 하는 기한은 2024년 8월 23일까지로 한다.

부 칙(2021. 8. 24 국세청 고시 제2021-38호)

**제1조(시행일)** 이 고시는 2021년 8월 24일부터 시행한다.

**제2조(종전 고시의 폐지)** 종전의 「봉사료를 과세표준에서 제외하고자 하는 사업자가 지켜야 할 사항」(2018. 8. 24 국세청 고시 제2018-44호)은 폐지한다.

## (3) 봉사료 원천징수 사례

| 구 분 | 사 례 1 | 사 례 2 | 사 례 3 |
|---|---|---|---|
| 음식대(VAT별도) | 600,000원 | 600,000원 | 600,000원 |
| 봉 사 료 | 250,000원 | 100,000원 | 250,000원 |
| 봉사료 점유율 | 41% | 16.7% | 41% |
| 구분기재 여부 | 구분기재 | 구분기재 | 구분기재 않음 |
| 원천징수대상 | ○ | × | ○ |
| 원천징수세액 | 12,500원<br>(250,000원×5%) | 0원 | 종업원인 경우 간이세액표에 의한 세액(연말정산 대상) |

※ 간이과세자의 경우 음식대에 부가가치세가 포함된 금액임.

### (4) 봉사료를 지급받는 자의 세무처리

#### 1) 소득구분

봉사료를 지급받는 자의 소득구분은 사업성과 계속 반복성 여부 등을 기준으로 계속성과 반복적으로 용역을 제공하고 수령한 봉사료는 사업소득으로, 일시적 우발적으로 지급받은 봉사료 수입금액은 기타소득으로 구분하며, 사업자가 봉사료 명목으로 고객으로부터 지급받아 당해 서비스를 제공한 종업원이 누구인지를 불문하고 모든 종업원에게 일정한 지급기준에 의하여 당해 봉사료를 지급하는 경우에는 지급받는 자의 근로소득에 해당된다. 이 경우 봉사료는 사업자의 수입금액에 포함된다.

#### 2) 종합소득세 신고

당해 소득자는 당해 연도의 다음 연도 5월 1일부터 5월 31일까지 당해 연도 1월 1일부터 12월 31일까지의 봉사료 수입금액에 대하여 주소지 관할세무서장에게 종합소득세 과세표준확정신고를 하고 납부할 소득세액을 금융기관 등에 납부하여야 한다. 다만, 기타소득금액이 연 300만원 이하인 경우에는 종합소득세 과세표준 확정신고를 하지 아니할 수 있다.

#### 3) 종합소득세 신고 방법

종합소득세 확정신고 방법은 원칙적으로 장부기장을 통한 신고방법에 의하나 장부기장을 하지 않은 경우에는 추계신고 방법에 의한다.

① 기준경비율 및 단순경비율 적용대상

기준경비율 적용대상자는 직전연도 수입금액의 합계액이 다음 금액 이상인 사업자로서 장부를 기장하지 않은 사업자를 말하고, 단순경비율 적용대상자는 직전연도 수입금액의 합계액이 다음 금액에 미달하는 사업자와 해당연도에 신규로 사업을 개시한 사업자로서 장부를 기장하지 아니한 사업자를 말한다. 다만, 신규사업자 중 과세기간 수입금액이 복식부기의무자에 해당하는 자(농어업, 도소매업 : 3억원 이상, 제조, 음식·숙박업 : 1.5억원 이상, 부동산임대, 서비스업 : 0.75억원 이상)는 단순경비율을 적용할 수 없고 기준경비율이나 간편장부, 복식부기에 의하여야 한다.

② 인적용역 제공사업자의 단순경비율(기본율, 초과율) 적용

인적용역 제공사업자에 대한 단순경비율은 수입금액이 4천만원까지는 기본율을 적용하고 4천만원을 초과하는 금액에 대하여는 초과율을 적용한다. 다만, 신규사업자 또는 폐업자로서 사업기간이 1년 미만인 경우에는 1년으로 환산한 수입금액으로 하여 소득

금액을 계산하고 그 소득금액을 12로 나눈 금액에 당해 사업월수를 곱하여 계산한 금액을 당해 인적용역 제공사업자의 소득금액으로 한다(월수는 사업개시일이 속하는 월이 1월 미만인 경우 1월로 하고, 사업종료일이 속하는 월이 1월 미만인 경우는 이를 산입하지 아니함).

### (5) 봉사료 수입금액 과세표준 포함 여부

**① 봉사료의 과세표준 포함 여부**

사업자가 음식용역을 공급하고 그 대가와 함께 서비스를 제공한 종업원의 봉사료를 신용카드 매출전표 등에 구분기재 하여 수령한 후 당해 서비스를 제공한 종업원에게 지급하는 경우에 당해 봉사료는 부가가치세 과세표준에 포함하지 아니하는 것이나, 구분기재 하여 수령한 당해 봉사료를 서비스를 제공한 종업원이 누구인지를 불문하고 전종업원에게 일정한 지급기준에 의거 지급하는 금액은 신용카드 매출전표 등에 구분하여 기재하더라도 부가가치세 과세표준에 포함하는 것이다.

**② 봉사료의 총수입금액 계상**

봉사료를 사업주가 자기의 수입금액으로 계상하거나 일괄수령 후 종업원에게 일괄 배분하는 경우에는 부가가치세 과세표준 및 총수입금액에 포함되어 인건비에 해당된다. 반면, 봉사료가 과세표준에서 제외되는 경우 종업원 등이 받는 봉사료는 사업소득 또는 기타소득에 해당되어 종합소득세 확정신고를 하여야 하며 당해 봉사료는 사업주의 비용으로 처리할 수 없다.

| 구 분 | 구분기재 | 분배방법 | 원천징수 | 개별소비세 | 소득세납세의무자 |
|---|---|---|---|---|---|
| 수입금액 제외 | ○ | 개별분배 | ○(20% 초과) | × | 사업자 |
| 수입금액 포함 | × | 일괄분배 | × | ○ | 접객원 |

### (6) 봉사료 관련사례

**① 봉사료의 과세표준 포함 여부**

사업자가 음식용역을 공급하고 그 대가와 함께 서비스를 제공한 종업원의 봉사료를 신용카드 매출전표 등에 구분기재 하여 수령한 후 당해 서비스를 제공한 종업원에게 지급하는 경우에 당해 봉사료는 부가가치세 과세표준에 포함하지 아니하는 것이나, 구분기재 하여 수령한 당해 봉사료를 서비스를 제공한 종업원이 누구인지를 불문하고 전종업원에게 일정한 지급기준에 의거 지급하는 금액은 신용카드 매출전표 등에 구분하여 기재하더라도 부가가치세 과세표준에 포함하는 것이다(부가 46015-2124, 1999. 7. 26).

② 봉사료의 총수입금액 계상

봉사료를 사업주가 자기의 수입금액으로 계상하거나 일괄수령 후 종업원에게 일괄 배분하는 경우에는 부가가치세 과세표준 및 총수입금액에 포함되어 봉사료는 인건비에 해당된다. 반면, 봉사료가 과세표준에서 제외되는 경우 종업원 등이 받는 봉사료는 사업소득 또는 기타소득에 해당되어 종합소득세 확정신고를 하여야 하며 당해 봉사료는 사업주의 비용으로 처리할 수 없다.

참고 봉사료에 대한 실무상 주의점

신용카드 매출에 대하여는 '신용카드매출금액통보일람표'라는 과세자료가 발생하여 매출누락 여부가 검증되므로 부가가치세 신고를 위해 매출전표 집계시 주의가 필요하고, 일부에서는 신용카드 매출전표 발행시 세무서에서 신용카드매출금액통보일람표를 처리할 때 봉사료가 전체 공급가액의 몇 % 미만은 경정대상에서 제외하는 기준에 맞춰 공급가액의 몇 %는 사실과 다르게 봉사료로 구분기재 하여 과세표준을 줄이는 경우가 있는데 세무서에서는 과세기간별로 기준을 달리하고 있고, 국심 2001중2255(2001. 12. 27)호에서는 "봉사료가 신용카드매출전표상 구분기재 되었으나 그 매출액 대비 41.5%로서 통상적인 봉사료비율인 20%보다 과다하고 종업원에 대한 개별적인 지급사실이 입증 안돼 매출누락으로 과세함은 정당하다"는 결정의 취지를 볼 때도 신용카드 매출금액만큼은 있는 그대로 신고하여야 한다. 또한, 실제 봉사료를 구분기재하고 종업원에게 지급한 경우에도 소명요구를 받는 경우가 있는데 소명자료 제출시 소득세법 제127조 제1항 제7호의 규정에 의거 음식·숙박용역 또는 과세유흥장소에서 용역 등을 제공하고 봉사료를 신용카드매출전표 등에 그 공급가액과 구분하여 기재하는 경우로서 그 구분기재한 봉사료금액이 공급가액의 100분의 20을 초과하여 원천징수의무를 이행하고 신고·납부한 금액에 대하여는 대체로 봉사료 부분을 인정받을 수 있으나, 고급 룸싸롱 등을 제외하고는 구분 기재한 봉사료가 공급가액의 20%를 넘는 경우가 거의 없으므로 단순히 종업원의 지급사실 확인서 등에 의존하여 소명할 것이 아니라 종업원 명의의 통장으로 무통장입금하여 무통장입금증, 봉사료지급대장, 종업원의 지급사실 확인서 등 증빙을 첨부하여 소명하여야만 실제 종업원에게 지급한 봉사료 부분을 인정받을 수 있을 것이다.

③ 나이트클럽 영업주임의 봉사료가 부가가치세 과세표준에서 제외되는지의 여부

호텔나이트클럽의 운영실태, 업소영업주임의 일의 성격, 그 용역대가의 결정 및 지급방법 등을 종합하여 보면, 영업주임은 독립된 사업자나 경영자가 아니라 실질적으로는 종업원이라는 지위에 있으므로 영업주임에게 지급한 돈이 성과급 형태의 보수에 해당하므로 당해 봉사료는 과세표준에서 제외된다고는 볼 수 없는 것이다(대법원 2000두8875, 2002. 4. 26).

④ 사업자의 봉사료 관련 카드수수료의 필요경비 해당 여부

사업자가 용역제공에 대한 대가(음식대)와 접대부 등의 봉사료를 신용카드매출전표에 구분기재 하여 결제받고, 그 구분기재 한 봉사료를 총수입금액에 계상하지 아니한 경우, 사업자가 부담한 봉사료에 대한 카드수수료는 사업소득을 계산함에 있어 필요경비에 산입하지 아니하는 것이다(서일-1417, 2004. 10. 14).

⑤ 전 종업원에게 일정한 지급기준에 의거 봉사료를 지급하는 경우

사업자가 음식용역을 공급하고 그 대가와 함께 서비스를 제공한 종업원의 봉사료를 신용카드매출전표 등에 구분・기재하여 수령한 후 당해 서비스를 제공한 종업원에게 지급하는 경우에 당해 봉사료는 부가가치세 과세표준에 포함하지 아니하는 것이나, 구분・기재하여 수령한 당해 봉사료를 서비스를 제공한 종업원이 누구인지를 불문하고 전 종업원에게 일정한 지급기준에 의거 지급하는 경우, 당해 봉사료 명목으로 지급받은 금액은 신용카드매출전표 등에 구분하여 기재하더라도 부가가치세 과세표준에 포함하는 것이다(부가 46015-2124, 1999. 7. 26).

⑥ 봉사료에 대한 원천징수방법

음식・숙박업소 또는 과세유흥장소에서 사업자와의 고용관계 없이 종사하는 접대부가 받는 봉사료는 소득세법 제19조 제1항 제15호의 개인서비스업에서 발생하는 봉사료수입금액에 해당하는 것으로서, 동 봉사료수입금액이 소득세법 시행령 제184조의 2의 규정에서 정한 요건을 갖춘 경우에는 소득세법 제127조 제1항 제7호 및 제129조 제1항 제8호의 규정에 의하여 원천징수하는 것이며, 일용근로소득으로 보아 원천징수하는 것은 아니다(재소득 46073-15, 2003. 1. 24).

⑦ 봉사료 지급대장과 친필서명 확인서가 작성되어 있고 원천징수이행한 경우

유흥주점은 통상 봉사료가 발생되는 업종임을 감안할 때 신용카드 매출전표상 봉사료로 구분기재된 금액 전체를 부인할 경우 사실에 부합되지 아니한 면이 있고, 청구인이 제시한 봉사료 지급대장 및 친필서명확인서 등에는 여종업원별 사진사본과 성명, 주소, 주민등록번호 및 일자별 수령금액이 구체적으로 기재되어 있는 점, 청구인이 종업원의 봉사료에 대하여 소득세를 원천징수하여 처분청에 납부시 제출하는 원천징수이행상황신고서[별지 제21호 서식(1)]에 소득자의 인원 및 총 지급액을 기재하여 매월 봉사료에 한 소득세를 원천징수하여 신고・납부한 점 등에 비추어 볼 때, 처분청이 쟁점봉사료 전액을 부인하고 이 건 과세한 처분은 타당성이 부족한 것으로 판단된다(국심 2005광2231, 2006. 3.10).

⑧ 봉사료의 인정 여부

신용카드 발행금액에서 봉사료 금액이 차지하는 비율이 다소 높게(69.65%) 나타나고 있지만, 청구인이 운영하는 사업장은 여성접대부를 고용하여 영업을 영위하는 유흥주점으로서, 동 사업장과 같은 업태의 사업장에서 통상 봉사료가 발생하고 있는 점, 봉사료 지급대장 및 유흥종사자들의 신분증과 친필서명확인서 등에 의하여 다수의 종업원이 봉사료를 수령한 사실을 확인하고 있다는 점, 비록 유사한 금액들이라고는 하나 청구인이 유흥종사자들에게 봉사료를 지급한 사실이 위와 같이 제출한 증빙서류에 의하여 확인되는데 이를 달리 부인할 수 없다는 점, 종업원 4명이 같은 기간 동안 두 곳에서 근무하였다 하여 청구인이 제시하는 장부의 신빙성을 부인하는 과세처분이 쟁점사업의 업종특성을 간과하였다는 점, 그리고 다음 과세기분에서 유사한 상황의 자료를 활용처리 하였다는 점 등으로 미루어 볼 때, 청구인이 종업원들에게 봉사료를 지급한 사실이 확인되므로 그에 상당하는 공급가액을 부가가치세 과세표준에서 차감하여 경정하는 것이 타당하다(심사소득 2005-239, 2005. 9. 26).

⑨ 봉사료가 구분기재되어 있으나 봉사료를 배분하여 지급한 경우

사업자가 음식·숙박용역이나 개인서비스용역을 공급하고 그 대가와 함께 받는 종업원의 봉사료를 신용카드매출전표에 그 대가와 구분하여 기재한 경우로서 봉사료를 당해 종업원에게 지급한 사실이 확인되는 경우에는 그 봉사료는 과세표준에 포함하지 아니하는 것이나, 봉사료의 청구와 종업원에의 지급이 대응되지 아니하는 경우에는 동 봉사료가 용역의 대가와 구분되어 표시되어 있다 하더라도 부가가치세 과세표준에 포함하는 것인 바(국세청 부가 1265-2790, 1984. 12. 29), 청구법인은 봉사료를 신용카드매출전표에 의하여 공급대가와 구분하여 수령한 경우에 수령 즉시 당해 봉사팀의 대표에게 지급하고 있음이 확인되나, 이는 외형상으로 나타난 장부 등 증빙자료에 의한 것일 뿐, 실질적으로는 주차관리원, 안내원 및 청소원 등 고객에게 직접 봉사하지 않는 타부서의 종업원에게도 배분되어 지급되고 있음이 확인되고 있어 봉사료의 청구와 종업원의 지급이 대응되고 있지 않으므로 처분청이 당해 봉사료를 청구법인의 수입금액에 포함시켜 부가가치세를 과세한 처분은 정당하다(국심 2004서1441, 2005.12.1).

⑩ 신용카드 매출전표상 구분기재금액 중 봉사료가 지나치게 높은 경우

원고가 부가가치세의 과세표준에서 제외되어야 한다고 주장하는 종업원의 봉사료가 신용카드 매출전표에 주대와 구분되어 기재되어 있기는 하나, 원고가 당초 신고한 매출금액이나 신용카드매출전표상의 주류대금에 비하여 그 금액이나 전체 매출에서 차지하는 비율이 지나치게 높아 이를 실제로 종업원에게 지급된 봉사료로 보기 어려운

점 등의 사정을 들어 일단 사업자의 수입금액에 계상된 것으로 위 과세표준에 포함된 다고 판단한 조치는 옳다고 수긍할 수 있고, 거기에 판결 결과에 영향을 미친 입증책임에 관한 법리오해, 채증법칙 위배 등의 위법이 있다고 할 수 없다(대법원 2001. 9. 28. 선고 2001두3556 판결).

## 5. 지방세 실무

### (1) 취득세

지방세법상 **고급오락장용 건축물**에 해당하는 건축물을 취득하는 경우에는 1000분의 40을 중과한다.

**참 고 취득세중과분의 총수입금액 산입**

지방세법 제105조 제4항의 규정에 의하여 부동산임대사업자가 납부할 의무가 있는 취득세중과분을 임차인이 부담하기로 약정한 경우 당해 취득세중과분은 그 납부기일이 속하는 연도의 부동산임대소득금액 계산시 총수입금액에 산입함과 동시에 동 금액을 필요경비에 산입하는 것이다(서일 46011-10050, 2003. 1. 16).

#### ① 취득세 중과대상인 무도유흥주점 해당 여부

지방세법 제112조 제2항 제4호 및 동법 시행령 제84조의 3 제4항 제5호 가목에서 손님이 춤을 출 수 있도록 객석과 구분된 무도장을 설치한 무도유흥주점(캬바레 · 나이트클럽 · 디스코클럽) 영업장소(영업장 면적이 100제곱미터를 초과하는 것에 한한다)를 취득하는 경우에는 취득세를 100분의 500으로 중과세 한다고 규정하고 있으며, 무도유흥주점 영업장소라 함은 손님들이 춤을 출 수 있는 공간(무도장)이 설치된 모든 유흥주점의 영업장소를 가리키는 것이 아니라 그 영업형태나 춤을 출 수 있는 공간의 규모 등을 고려하여 손님들이 춤을 출 수 있도록 하는 것을 주된 영업 형태로 하고 또 그에 상응하는 규모로 객석과 구분된 무도장이 설치된 유흥주점의 영업장소만을 말한다고 보는 것이 상당하므로 유흥주점 영업장 511.92㎡ 중 춤추는 공간인 무대가 21.50㎡에 불과하다면 이는 재산세 중과세 대상인 무도유흥주점 영업장소에 해당되지 않는다는 판례(대법원 2006. 3. 10 선고, 2005두197 판결)를 감안할 때 지방세법 시행령 제84조의 3 제4항 제5호 나목에 해당되지 않는 유흥주점으로서 영업장 면적 130㎡ 중 연주무대와 춤추는 공간이 9.9㎡에 해당하는 유흥주점이라면 동법 시행령 제84조의 3 제4항 제5호 가목 규정에 의한 무도유흥주점에 해당되지 않는다 할 것이다(세정-6303, 2006. 12. 18).

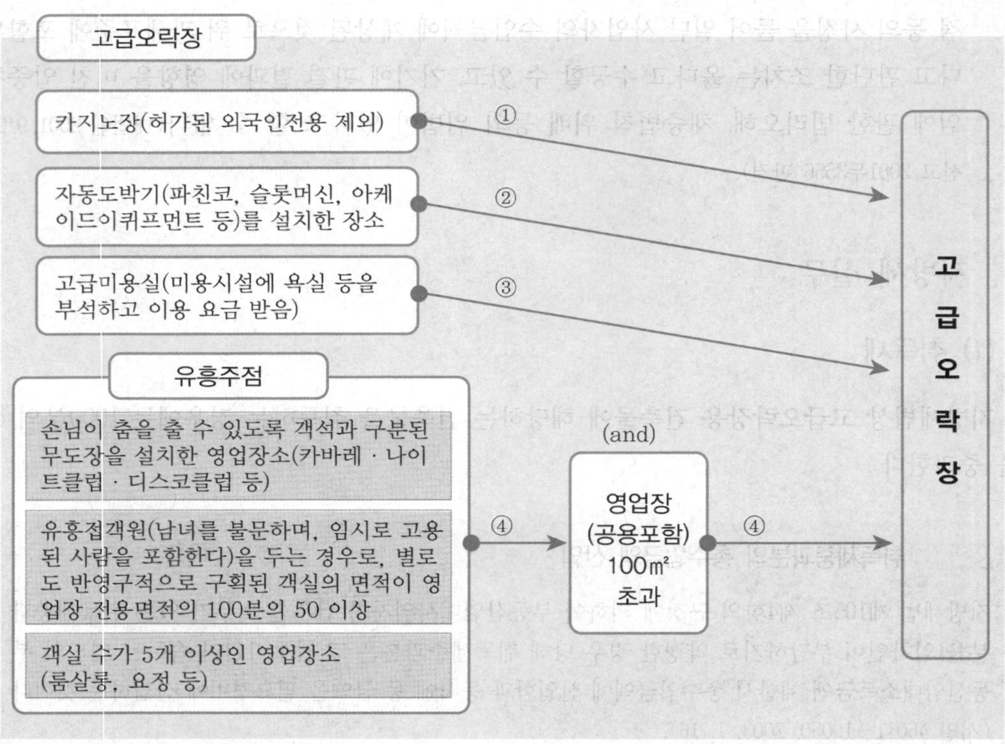


※ 자료 : 지방세 교육교재, 취득세(지방세 법령정보시스템)

### (2) 재산세

지방세법상 고급오락장용 건축물에 해당하는 경우에는 일반세율(0.3%)을 적용하지 않고 4%의 중과세율을 적용한다.

**참 고** **임차인이 대납한 부동산의 재산세**

건물 및 부속토지 등을 임차인에게 사용하게 하고 동 건물 및 부속토지에 부과되는 재산세 등을 임차인이 대납하기로 약정한 경우에는 부가가치세가 과세되는 것이며, 세금계산서의 발행시기는 대납하기로 한 재산세의 납기일이다(부가 1265-2184, 1983. 10. 13). 예를 들면 룸싸롱, 나이트클럽 등을 경영하는 임차인에게 임대하는 경우에 이 부동산은 고급오락장용 건축물에 해당되어 재산세가 4%로 중과된다. 이 경우 재산세의 납세의무자는 건축물 소유자인 임대인이나 통상적으로 임차인이 재산세를 부담하는 조건으로 임대차계약을 체결하여 임차인에게 전가시키고 있다. 이 경우 임차인이 부담한 재산세는 임차료 성격인 것이다.

### (3) 지역자원시설세

지방세법상 고급오락장용 건축물에 해당하는 경우에는 일반세율 0.6~1.6% 누진세율의 2배로 중과한다.

**사례** **유흥주점의 개별소비세 계산**

유흥주점인 신천지 룸싸롱의 20×1. 5 판매금액이 다음과 같을 때 개별소비세 과세표준신고서를 작성하시오. 단, 신용카드매출전표에 봉사료가 구분기재되어 있고 이 봉사료를 유흥종사자에게 직접 지급하였으며 당해 사업자는 일반과세자이다.

- 신용카드매출액 20,000,000
- 구분기재된 봉사료 5,000,000
- 현금매출액 15,000,000

(1) 개별소비세 과세표준
35,000,000(유흥음식요금)/1.243 = 28,157,683

(2) 부가가치세 과세표준
35,000,000(유흥음식요금)/1.1 = 31,818,181

■ 개별소비세법 시행규칙 [별지 제7호의 2 서식] 〈개정 2017. 3. 10〉

홈텍스(www.hometax.go.kr)에서도 신청할 수 있습니다.

## 과세유흥장소과세표준신고서 20×1년 5월분( 년월실적)

[0] 기한 전
[ ] 기한 후
[ ] 수정신고

※ 뒤쪽의 작성방법을 읽고 작성하여 주시기 바라며, [ ]에는 해당되는 곳에 √표를 합니다. (앞쪽)

| 관리번호 | | 처리기간 | 즉시 |
|---|---|---|---|

| ❶사업자 | 상호(법인명) 신천지 룸싸롱 | 사업자등록번호 |
|---|---|---|
| | 성명(대표자) | ① 주민등록번호 |
| | ② 주소(사업장) 서울시 역삼동 893 | 전화번호 |

❷신고내용

| 과세 장소별 | ③ 과세·면세 구분 | ④ 유흥음식 요 금 | ⑤ 세율 | 세목 | ⑥ 산출 세액 | ⑦ 가산세 | | ⑧ 납부 세액 (⑥+⑦) |
|---|---|---|---|---|---|---|---|---|
| | | | | | | 신고 불성실 | 납부 불성실 | |
| 룸싸롱 | 과 세 | 28,157,683 | 10 | 개별소비세 | 2,815,768 | | | 2,815,768 |
| | | | | 교육세 | 844,730 | | | 844,730 |
| | | | | 개별소비세 | | | | |
| | | | | 교육세 | | | | |
| | | | | 개별소비세 | | | | |
| | | | | 교육세 | | | | |
| 납부할 세액 계 | | | | | | 개별소비세 (⑧의 합계) | | 2,815,768 |
| | | | | | | 교육세 (⑧의 합계) | | 844,730 |
| 폐업신고 | ⑨ 폐업일자 | | | | | ⑩ 폐업사유 | | |

「개별소비세법」 제9조 제5항, 「교육세법」 제9조 제2항 및 「국세기본법」 제45조 또는 제45조의 3에 따라 위와 같이 신고합니다.

년 월 일

신청인 (서명 또는 인)

세 무 서 장 귀하

| 첨부서류 | 없음<br>※ 이 신고서는 무료로 배부합니다. | 수수료<br>없 음 |
|---|---|---|

210mm×297mm[일반용지 60g/㎡(재활용품)]

## 6. 부가가치세 · 개별소비세 과세표준과 소득세 총수입금액과의 관계

### (1) 부가가치세 과세표준

재화 또는 용역의 공급에 대한 부가가치세의 과세표준은 공급가액으로 한다. 다만, 부가가치세는 포함하지 아니한다(부법 29 ③). 과세표준에는 거래상대자로부터 받는 대금 · 요금 · 수수료 기타 명목 여하에 불구하고 실질적 대가관계에 있는 모든 금전적 가치 있는 것으로서 개별소비세, 교통 · 에너지 · 환경세 및 주세가 과세되는 재화 또는 용역에 대하여는 해당 개별소비세, 교통 · 에너지 · 환경세 및 주세와 그 교육세 및 농어촌특별세상당액을 포함한다(부기통 29-61-2).

부가가치세 과세표준 = 유흥음식요금 / 1.1

### (2) 개별소비세의 과세표준

과세유흥장소에서의 유흥음식행위에 있어서의 개별소비세의 과세표준은 유흥음식행위를 한 때의 그 요금으로 한다(소비법 8 ① 6호).

개별소비세의 과세표준 = 유흥음식요금 / 1.243

### (3) 소득세법의 총수입금액

개별소비세, 주세 및 교통 · 에너지 · 환경세의 납세의무자인 거주자가 자기의 총수입금액으로 수입한 또는 수입할 금액에 따라 납부하였거나 납부할 개별소비세 · 주세 및 교통 · 에너지 · 환경세는 해당연도의 소득금액의 계산에 있어서 이를 총수입금액에 산입하지 아니한다. 다만, 원재료 · 연료 기타 물품을 매입 · 수입 또는 사용함에 따라 부담하는 세액은 그러하지 아니하다(소법 26 ⑦).

소득세법상 총수입금액 = 유흥음식요금 / 1.243

### (4) 과세표준과 수입금액과의 관계

부가가치세 과세표준에는 개별소비세(10%)와 교육세(개별소비세의 30%)가 포함되어 다음과 같이 소득세법상 총수입금액을 계산하게 된다.

부가가치세법상 과세표준 / 1.13 = 부가가치세 공급대가(부가세 포함) / 1.243 = 소득세법상 총수입금액 = 개별소비세법상 과세표준

### (5) 유흥음식요금 수령시의 회계처리

| | | | |
|---|---|---|---|
| (차) 현금 및 현금성 자산 | ××× | (대) 매 출 | ××× |
| | | 부가가치세예수금 | ××× |
| | | 개별소비세(교육세예수금) | ××× |

### (6) 신고서 작성사례

※ 설명편의상 신고서의 일부분만 제시하였으며 세목별 과세기간은 고려하지 않았음.

**사례연구**

유흥주점인 ㈜영화나이트의 20×1. 2분기 판매금액이 다음과 같을 때 부가가치세·개별소비세 과세표준신고서와 종합소득세 조정후수입금액명세서를 작성하시오. 단, 신용카드매출전표에 봉사료가 구분기재 되어 있고 이 봉사료를 유흥종사자에게 직접 지급하였으며 해당 사업자는 일반과세자이다.

- 신용카드매출액 20,000,000 - 구분기재된 봉사료 5,000,000
- 현금매출액 15,000,000

#### ① 부가가치세 신고서 작성

| | | | | | | |
|---|---|---|---|---|---|---|
| 과세표준 및 매출세액 | 과 세 | 세금계산서 발급분 | (1) | | 10/100 | |
| | | 매입자발행세금계산서 | (2) | | 10/100 | |
| | | 신용카드· 현금영수증 발행분 | (3) | 31,818,181 | 10/100 | 3,181,818 |
| | | 기타(정규영수증 외 매출분) | (4) | | | |
| | 영세율 | 세금계산서 발급분 | (5) | | 0/100 | |
| | | 기 타 | (6) | | 0/100 | |
| | 예 정 신 고 누 락 분 | | (7) | | | |
| | 대 손 세 액 가 감 | | (8) | | | |
| | 합 계 | | (9) | 31,818,181 | ㉮ | 3,181,818 |

### ② 개별소비세 신고서의 작성

| ❷ 신 고 내 용 | | | | | | | | | | |
|---|---|---|---|---|---|---|---|---|---|---|
| ⑩ 과 세 장소별 | ⑪ 과세유흥 장소구분 | ⑫ 과세·면세 구분 | ⑬ 유흥음식 요 금 | ⑭ 세율 | ⑮ 세목 | ⑯ 산출세액 | ⑰ 공제 세액 | ⑱ 가산세 신 고 불성실 | ⑱ 가산세 납 부 불성실 | ⑲ 납부세액 |
| | 룸싸롱 | 과세 | 28,157,683 | 10 | 개별소비세 | 2,815,768 | | | | 2,815,768 |
| | | | | | 교 육 세 | 844,730 | | | | 844,730 |
| | | | | | 개별소비세 | | | | | |
| | | | | | 교 육 세 | | | | | |
| | | | | | 개별소비세 | | | | | |
| | | | | | 교 육 세 | | | | | |
| 납부할 세액계 | | | | | | ⑳ 개별소비세(⑲의 합계) | | | | 2,815,768 |
| | | | | | | ㉑ 교 육 세(⑲의 합계) | | | | 844,730 |

### ③ 종합소득세 조정후수입금액명세서의 작성

1. 업종별 수입금액명세서

| ① 업 태 | ② 종 목 | 코 드 | ※ ③ 표준소득 률 코 드 | 총 수 입 금 액 ④ 계 (⑤+⑥+⑦) | 내수 ⑤국내생산품 | 내수 ⑥수입상품 | ⑦ 수 출 |
|---|---|---|---|---|---|---|---|
| (101)음식 | 유흥주점 | 01 | | 28,157,683 | 28,157,683 | | |
| (102) | | 02 | | | | | |
| (103) | | 03 | | | | | |

2. 부가가치세 과세표준과 수입금액 차액검토

| 구 분 | | 금 액 | 수 입 금 액 조 정 내 역 | | | |
|---|---|---|---|---|---|---|
| | | | | 과 목 | 금 액 | 적 요 |
| 부가가치세 과세표준 | ⑧ 일 반 | 31,818,181 | (증) | | | |
| | ⑨ 영 세 율 | | | | | |
| | ⑩ 계 ( ⑧ + ⑨ ) | 31,818,181 | | | | |
| ⑪ 면 세 사 업 수 입 금 액 | | | | | | |
| ⑫ 합 계 ( ⑩ + ⑪ ) | | 31,818,181 | | 과 목 | 금 액 | 적 요 |
| 수 입 금 액 조 정 | ⑬ 증 | | (감) | | | |
| | ⑭ 감 | 3,660,498 | | 개별소비세 교육세 | 3,660,498 | |
| ⑮ 조정후총수입금액(⑫+⑬+⑭=④) | | 28,157,683 | | | | |

## 7. 유흥주점의 성실신고확인서의 제출

### (1) 개요

성실한 납세를 위하여 필요하다고 인정되어 수입금액이 업종별로 일정 규모 이상의 사업자는 종합소득세 과세표준 확정신고를 할 때에 비치·기록된 장부와 증명서류에 의하여 계산한 사업소득금액의 적정성을 세무사 등 확인하고 작성한 성실신고확인서를 납세지 관할 세무서장에게 제출하여야 한다. 이 제도는 사업자의 매출누락 및 비용 측면의 탈세를 모두 확인하되, 현금영수증 의무발급 등을 통해 수입금액이 상당부분 양성화된 점을 고려하여 가공경비·업무무관경비 등 비용 측면의 탈세 방지에 역점을 두고자 도입되어 2011귀속 종합소득세 확정신고부터 적용한다. 따라서 유흥주점을 영위하는 개인사업자는 2011귀속 종합소득세 신고시부터 성실신고확인서를 작성하여 제출하여야 한다.

### (2) 유흥주점 영위사업자의 성실신고확인 주요내용

#### 1) 원천징수대상 봉사료 신고사항 등 검토

**① 원천징수대상 봉사료 신고 현황**

(단위 : 천원)

| 공급가액(대가)(①) | 봉사료(②) | 공급가액(대가)의 20% 초과 봉사료(③) | 원천징수이행상황 신고서의 봉사료 지급액(④) | 차이금액(④ - ③) |
|---|---|---|---|---|
| | | | | |
| | | | | |

① : 봉사료를 제외한 금액으로 일반과세자는 공급가액, 간이과세자의 경우는 공급대가를 기재
② : 세금계산서, 계산서, 영수증, 신용카드매출전표 등에 구분 기재된 봉사료 총액
③ : ②번 봉사료 내역 중 봉사료 가액이 공급가액(대가) (①번 금액)의 100분의 20을 초과하는 경우 봉사료 총액
④ : ③번 봉사료에 대하여 원천징수이행상황신고서 상 사업소득 또는 기타소득으로 신고한 총 지급액의 합계

**② 원천징수대상 봉사료에 대한 지급명세서 제출 현황**

(단위 : 천원)

| 원천징수이행상황신고서의 봉사료 지급액(①) | 지급명세서 금액(②) | 차이금액(②-①) | 차이원인 |
|---|---|---|---|
| | | | |

② : 사업소득지급명세서 또는 기타소득지급명세서 중 봉사료 지급분에 대한 지급명세서의 총지급액의 합계

③ 연간 부가가치세 및 개별소비세 과세표준 비교(과세유흥장소만 작성)

(단위 : 천원)

| 부가세신고과표 (①) | 소비세신고과표 (②) | 환산과표 (③=②×1.13) | 차이 (③ - ①) | 차이원인 |
|---|---|---|---|---|
| | | | | |

[유흥주점 관련 주요 해석사례 및 심판례 요약]

| | | |
|---|---|---|
| ① 유흥주점과 의제 매입 세액 | 「부가가치세법 시행규칙」(2010. 3. 31. 기획재정부령 제140호로 개정된 것) 제19조 제1항 단서에 따라 의제매입세액계산 시 104분의 4의 공제율을 적용하는 과세유흥장소의 경영자는 「개별소비세법」 제1조 제4항에 따른 과세유흥장소를 영위하는 사업자를 말하는 것임. | 기획재정부 부가가치세제과-526 (2010. 7. 30) |
| ② 매출액의 일정률 지급 | 구분기재된 봉사료라 하여 과세표준에서 제외시키고자 하나 이는 단순히 매출액의 일정액을 지급받은 것으로 웨이터가 업주에게 제공한 용역에 대한 성과금 형태의 급료로 보아야 하므로 부가가치세 과세표준에 포함시킨 당초처분은 정당함. | 국심 2009부2816 (2010. 3. 16) |
| ③ 노래방의 유흥주점 여부 | 사업장의 영업허가가 「식품위생법 시행령」에 의거한 유흥주점이고 관련 신용카드에서 봉사료를 구분 결제하였으며, 유흥종사자는 유흥주점 외의 장소에서는 고용할 수 없음에도 도우미를 고용한 사실이 있는 것으로 보아 쟁점사업장은 개별소비세 과세대상이라고 보임. | 조심 2010중3117 (2010. 12. 23) |
| ④ 신용카드 위장가맹점으로 과세유흥업소의 매출전표를 발행한 경우 개별소비세를 과세할 수 있는지 | 실제 매출처가 과세유흥업에 해당한다는 사실이 확인되지 아니한 상태에서 추정만으로 개별소비세를 신용카드 매출전표 발행자인 청구인에게 전체에 대한 개별소비세를 과세하는 것은 무리가 있으므로 실제 매출이 발생된 유흥업소의 인적사항 등을 재조사하여 그 결과에 따라 실질사업자에게 개별소비세를 과세하는 것이 타당함. | 조심 2010서1434 (2010. 12. 23) |
| ⑤ 신의성실 원칙 | 유흥주점영업장소의 일정규모 이상의 사업장에 대하여 과세업무를 단계별로 정상화하겠다는 내부지침은 특별히 과세를 유예하겠다고 표명한 사실이 아니나, 전 사업자에게 개별소비세를 과세하지 않는다고 세무조사결과를 통보하면서 후 사업자에게 개별소비세를 과세한 것은 부당함. | 조심 2009중2329 (2010. 10. 13) |
| ⑥ 신의성실 원칙 | 실제규모가 국세청이 정하는 기준규모에 미달하는 경우에도 유흥음식행위가 확인되는 경우에는 개별소비세를 과세하도록 하고 있는 점 등을 종합적으로 고려할 때, 개별소비세 과세처분이 신의성실의 원칙에 위배된다는 청구주장은 받아들이기 어려움. | 조심 2009광3147 (2009. 11. 23) |

| | | |
|---|---|---|
| ⑦ 봉사료 | 신용카드매출전표에 주대와 봉사료가 구분기재되어 있다는 사실만으로 그 실질을 봉사료라고 보기 어렵고 청구인이 영업주임에게 지급한 것으로 신고한 쟁점금액은 실질적으로 성과급 형태의 보수에 해당하는 것으로 보여짐. | 조심 2009부0479 (2009. 8. 10) |
| ⑧ 사업용계좌 | 과세관청이 실제의 수입금액을 포착하는 방법으로서 객관적이라고 할 수 있는 한 특별한 방법상의 제한은 없다 할 것이므로, 청구인의 사업용계좌에 입금된 금액을 조사하는 방법으로 총수입금액을 결정하는 것은 객관성이 있는 방법으로서 적법한 실지조사방법에 속한다 할 것이고(대법원 2003두14284, 2004. 4. 27), 00주점 이외에 다른 사업을 영위한 사실이 없는 청구인의 사업용계좌에 입금된 금액은 당해 사업장에서 발생한 수입금액으로 추정된다 할 것으로서 당해 입금액이 수입금액이 아니라는 점은 이를 주장하는 사람이 입증하여야 할 것임(조심 2010서1531, 2010. 9. 10. 참고). | 조심 2011중0114 (2011. 2. 11) |
| ⑨ 봉사료의 현금영수증 발급 여부 | 유흥주점에서 용역을 공급하고 그 대가와 함께 받는 종업원의 봉사료는 용역의 대가와 구분하여 기재하고, 봉사료를 해당 종업원에게 실제로 지급한 경우에는 현금영수증 미발급 가산세 대상에 포함하지 아니하는 것임. | 서면-2022-전자세원-3665 (2022. 9. 7) |

# 제5장 관광사업의 회계와 세무실무

## 제1절 개 요

### 1. 관광사업의 정의

관광사업이라 함은 관광객을 위하여 운송·숙박·음식·운동·오락·휴양 또는 용역을 제공하거나 기타 관광에 부수되는 시설을 갖추어 이를 이용하게 하는 업을 말한다(관광진흥법 2). 현대사회에서 관광사업은 고부가가치 서비스 3차산업으로 각광을 받고 있다. 현대인들의 관광욕구 증가로 수요가 계속 늘어나고 있으며 타산업에 지대한 영향을 미치므로 각종 세제지원 등 관광사업을 육성하기 위한 정책을 펴고 있다. 관광사업에 대하여는 한국표준산업분류에서 특수분류로 분류하고 있다.

### 2. 관광사업의 종류

(1) **여행업** : 여행자 또는 운송시설·숙박시설 기타 여행에 부수되는 시설의 경영자 등을 위하여 당해 시설이용의 알선이나 계약체결의 대리, 여행에 관한 안내 기타 여행의 편의를 제공하는 업

① 종합여행업 : 국내외를 여행하는 내국인 및 외국인을 대상으로 하는 여행업[사증(査證)을 받는 절차를 대행하는 행위를 포함한다]

② 국내외여행업 : 국내외를 여행하는 내국인을 대상으로 하는 여행업(사증을 받는 절차를 대행하는 행위를 포함한다)

③ 국내여행업 : 국내를 여행하는 내국인을 대상으로 하는 여행업

### (2) 호텔업 : 다음에서 규정하는 업(관공진흥법 시행령 2)

① 관광호텔업 : 관광객의 숙박에 적합한 시설을 갖추어 관광객에게 이용하게 하고 숙박에 딸린 음식·운동·오락·휴양·공연 또는 연수에 적합한 시설 등(이하 “부대시설”이라 한다)을 함께 갖추어 관광객에게 이용하게 하는 업(業)

② 수상관광호텔업 : 수상에 구조물 또는 선박을 고정하거나 매어 놓고 관광객의 숙박에 적합한 시설을 갖추거나 부대시설을 함께 갖추어 관광객에게 이용하게 하는 업

③ 한국전통호텔업 : 한국전통의 건축물에 관광객의 숙박에 적합한 시설을 갖추거나 부대시설을 함께 갖추어 관광객에게 이용하게 하는 업

④ 가족호텔업 : 가족단위 관광객의 숙박에 적합하도록 숙박시설 및 취사도구를 갖추어 이를 관광객에게 이용하게 하거나 숙박에 부수되는 음식·운동·휴양 또는 연수에 적합한 시설을 함께 갖추어 이를 관광객에게 이용하게 하는 업

⑤ 호스텔업 : 배낭여행객 등 개별 관광객의 숙박에 적합한 시설로서 샤워장, 취사장 등의 편의시설과 외국인 및 내국인 관광객을 위한 문화·정보 교류시설 등을 함께 갖추어 이용하게 하는 업

⑥ 소형호텔업 : 관광객의 숙박에 적합한 시설을 소규모로 갖추고 숙박에 딸린 음식·운동·휴양 또는 연수에 적합한 시설을 함께 갖추어 관광객에게 이용하게 하는 업

⑦ 의료관광호텔업 : 의료관광객의 숙박에 적합한 시설 및 취사도구를 갖추거나 숙박에 딸린 음식·운동 또는 휴양에 적합한 시설을 함께 갖추어 주로 외국인 관광객에게 이용하게 하는 업

### (3) 관광객이용시설업 : 다음에서 규정하는 업

① 전문휴양업 : 관광객의 휴양이나 여가 선용을 위하여 숙박업 시설(「공중위생관리법 시행령」 제2조 제1항 제1호 및 제2호의 시설을 포함하며, 이하 “숙박시설”이라 한다)이나 「식품위생법 시행령」 제21조 제8호 가목·나목 또는 바목에 따른 휴게음식점영업, 일반음식점영업 또는 제과점영업의 신고에 필요한 시설(이하 “음식점시설”이라 한다)을 갖추고 별표 1 제4호 가목 (2)(가)부터 (거)까지의 규정에 따른 시설(이하 “전문휴양시설”이라 한다) 중 한 종류의 시설을 갖추어 관광객에게 이용하게 하는 업

② 종합휴양업

ⓐ 제1종 종합휴양업 : 관광객의 휴양이나 여가 선용을 위하여 숙박시설 또는 음식점시설을 갖추고 전문휴양시설 중 두 종류 이상의 시설을 갖추어 관광객에게 이용하게 하는 업이나, 숙박시설 또는 음식점시설을 갖추고 전문휴양시설 중 한 종류 이

상의 시설과 종합유원시설업의 시설을 갖추어 관광객에게 이용하게 하는 업

ⓑ 제2종 종합휴양업 : 관광객의 휴양이나 여가 선용을 위하여 관광숙박업의 등록에 필요한 시설과 제1종 종합휴양업의 등록에 필요한 전문휴양시설 중 두 종류 이상의 시설 또는 전문휴양시설 중 한 종류 이상의 시설 및 종합유원시설업의 시설을 함께 갖추어 관광객에게 이용하게 하는 업

③ 야영장업

ⓐ 일반야영장업 : 야영장비 등을 설치할 수 있는 공간을 갖추고 야영에 적합한 시설을 함께 갖추어 관광객에게 이용하게 하는 업

ⓑ 자동차야영장업 : 자동차를 주차하고 그 옆에 야영장비 등을 설치할 수 있는 공간을 갖추고 취사 등에 적합한 시설을 함께 갖추어 자동차를 이용하는 관광객에게 이용하게 하는 업

④ 관광유람선업

ⓐ 일반관광유람선업 : 「해운법」에 따른 해상여객운송사업의 면허를 받은 자나 「유선 및 도선사업법」에 따른 유선사업의 면허를 받거나 신고한 자가 선박을 이용하여 관광객에게 관광을 할 수 있도록 하는 업

ⓑ 크루즈업 : 「해운법」에 따른 순항(順航) 여객운송사업이나 복합 해상여객운송사업의 면허를 받은 자가 해당 선박 안에 숙박시설, 위락시설 등 편의시설을 갖춘 선박을 이용하여 관광객에게 관광을 할 수 있도록 하는 업

⑤ 관광공연장업 : 관광객을 위하여 적합한 공연시설을 갖추고 공연물을 공연하면서 관광객에게 식사와 주류를 판매하는 업

⑥ 외국인관광 도시민박업 : 「국토의 계획 및 이용에 관한 법률」 제6조 제1호에 따른 도시지역(「농어촌정비법」에 따른 농어촌지역 및 준농어촌지역은 제외한다. 이하 같다)의 주민이 자신이 거주하고 있는 다음의 어느 하나에 해당하는 주택을 이용하여 외국인 관광객에게 한국의 가정문화를 체험할 수 있도록 적합한 시설을 갖추고 숙식 등을 제공(도시지역에서 「도시재생 활성화 및 지원에 관한 특별법」 제2조 제6호에 따른 도시재생활성화계획에 따라 같은 조 제9호에 따른 마을기업이 외국인 관광객에게 우선하여 숙식 등을 제공하면서, 외국인 관광객의 이용에 지장을 주지 아니하는 범위에서 해당 지역을 방문하는 내국인 관광객에게 그 지역의 특성화된 문화를 체험할 수 있도록 숙식 등을 제공하는 것을 포함한다)하는 업

ⓐ 「건축법 시행령」 별표 1 제1호 가목 또는 다목에 따른 단독주택 또는 다가구주택

ⓑ 「건축법 시행령」 별표 1 제2호 가목, 나목 또는 다목에 따른 아파트, 연립주택 또는 다세대주택

⑦ 한옥체험업 : 한옥(「한옥 등 건축자산의 진흥에 관한 법률」 제2조 제2호에 따른 한옥을 말한다)에 관광객의 숙박 체험에 적합한 시설을 갖추고 관광객에게 이용하게 하거나, 전통 놀이 및 공예 등 전통문화 체험에 적합한 시설을 갖추어 관광객에게 이용하게 하는 업

### (4) 국제회의업의 종류

① 국제회의시설업 : 대규모 관광 수요를 유발하는 국제회의를 개최할 수 있는 시설을 설치하여 운영하는 업
② 국제회의기획업 : 대규모 관광 수요를 유발하는 국제회의의 계획 · 준비 · 진행 등의 업무를 위탁받아 대행하는 업

### (5) 유원시설업(遊園施設業)의 종류

① 종합유원시설업 : 유기시설이나 유기기구를 갖추어 관광객에게 이용하게 하는 업으로서 대규모의 대지 또는 실내에서 법 제33조에 따른 안전성검사 대상 유기시설 또는 유기기구 여섯 종류 이상을 설치하여 운영하는 업
② 일반유원시설업 : 유기시설이나 유기기구를 갖추어 관광객에게 이용하게 하는 업으로서 법 제33조에 따른 안전성검사 대상 유기시설 또는 유기기구 한 종류 이상을 설치하여 운영하는 업
③ 기타유원시설업 : 유기시설이나 유기기구를 갖추어 관광객에게 이용하게 하는 업으로서 법 제33조에 따른 안전성검사 대상이 아닌 유기시설 또는 유기기구를 설치하여 운영하는 업

### (6) 관광 편의시설업의 종류

① 관광유흥음식점업 : 식품위생 법령에 따른 유흥주점 영업의 허가를 받은 자가 관광객이 이용하기 적합한 한국 전통 분위기의 시설을 갖추어 그 시설을 이용하는 자에게 음식을 제공하고 노래와 춤을 감상하게 하거나 춤을 추게 하는 업
② 관광극장유흥업 : 식품위생 법령에 따른 유흥주점 영업의 허가를 받은 자가 관광객이 이용하기 적합한 무도(舞蹈)시설을 갖추어 그 시설을 이용하는 자에게 음식을 제공하고 노래와 춤을 감상하게 하거나 춤을 추게 하는 업
③ 외국인전용 유흥음식점업 : 식품위생 법령에 따른 유흥주점영업의 허가를 받은 자가 외국인이 이용하기 적합한 시설을 갖추어 외국인만을 대상으로 주류나 그 밖의 음식

을 제공하고 노래와 춤을 감상하게 하거나 춤을 추게 하는 업

④ 관광식당업 : 식품위생 법령에 따른 일반음식점영업의 허가를 받은 자가 관광객이 이용하기 적합한 음식 제공시설을 갖추고 관광객에게 특정 국가의 음식을 전문적으로 제공하는 업

⑤ 관광순환버스업 : 「여객자동차 운수사업법」에 따른 여객자동차운송사업의 면허를 받거나 등록을 한 자가 버스를 이용하여 관광객에게 시내와 그 주변 관광지를 정기적으로 순회하면서 관광할 수 있도록 하는 업

⑥ 관광사진업 : 외국인 관광객과 동행하며 기념사진을 촬영하여 판매하는 업

⑦ 여객자동차터미널시설업 : 「여객자동차 운수사업법」에 따른 여객자동차터미널사업의 면허를 받은 자가 관광객이 이용하기 적합한 여객자동차터미널시설을 갖추고 이들에게 휴게시설·안내시설 등 편익시설을 제공하는 업

⑧ 관광펜션업 : 숙박시설을 운영하고 있는 자가 자연·문화 체험관광에 적합한 시설을 갖추어 관광객에게 이용하게 하는 업

⑨ 관광궤도업 : 「궤도운송법」에 따른 궤도사업의 허가를 받은 자가 주변 관람과 운송에 적합한 시설을 갖추어 관광객에게 이용하게 하는 업

⑩ 관광면세업 : 다음의 어느 하나에 해당하는 자가 판매시설을 갖추고 관광객에게 면세물품을 판매하는 업

ⓐ 「관세법」 제196조에 따른 보세판매장의 특허를 받은 자

ⓑ 「외국인관광객 등에 대한 부가가치세 및 개별소비세 특례규정」 제5조에 따라 면세판매장의 지정을 받은 자

⑪ 관광지원서비스업 : 주로 관광객 또는 관광사업자 등을 위하여 사업이나 시설 등을 운영하는 업으로서 문화체육관광부장관이 「통계법」 제22조 제2항 단서에 따라 관광 관련 산업으로 분류한 쇼핑업, 운수업, 숙박업, 음식점업, 문화·오락·레저스포츠업, 건설업, 자동차임대업 및 교육서비스업 등. 다만, 법에 따라 등록·허가 또는 지정(이 영 제2조 제6호 가목부터 카목까지의 규정에 따른 업으로 한정한다)을 받거나 신고를 해야 하는 관광사업은 제외한다.

## 3. 중소기업의 범위

관광진흥법에 따른 관광사업(카지노, 관광유흥음식점업 및 외국인전용 유흥음식점업을 제외한다)이 중소기업기본법 시행령 별표 1에 해당하는 요건 등에 해당되는 경우에는 중소기업에 해당된다(조특령 2 ①).

① 여행알선업은 한국표준산업분류 9차개정(2008년 2월 시행)시 운수업에서 사업서비스업(사업지원서비스)으로 변경되었다.

② 이 법에서 사용되는 업종의 분류는 이 법에 특별한 규정이 있는 경우를 제외하고는 「통계법」 제22조에 따라 통계청장이 고시하는 한국표준산업분류에 따른다. 다만, 한국표준산업분류가 변경되어 이 법에 따른 조세특례를 적용받지 못하게 되는 업종에 대해서는 한국표준산업분류가 변경된 과세연도와 그 다음 과세연도까지는 변경 전의 한국표준산업분류에 따른 업종에 따라 조세특례를 적용한다(조특법 2 ③).

## 제 2 절 여행사

### I 개 요

#### 1. 여행업의 분류

여행알선업은 국내·외의 여행자를 위하여 각종 여행관련서비스를 제공하는 사업을 말한다. 즉, 여행업은 여행자 또는 운송시설·숙박시설 기타 여행에 부수되는 시설의 경영자 등을 위하여 당해 시설이용의 알선이나 계약체결의 대리, 여행에 관한 안내 기타 여행의 편의를 제공하는 업을 말한다(관광진흥법 3). 여행업은 다음과 같이 세분화된다.

##### (1) 종합여행업

국내외를 여행하는 내국인 및 외국인을 대상으로 하는 여행업[사증(査證)을 받는 절차를 대행하는 행위를 포함한다]으로 외국인의 국내여행을 대상으로 유치하거나 내국인의 국외여행을 알선하고, 내국인의 국내여행을 위한 사업을 영위하는 종합여행사를 말한다. 이 경우 국외의 여행객을 유치·인솔하는 여행사를 인바운드(inbound), 국내 여행객을 외국으로 여행을 알선하는 여행사를 아웃바운드(outbound)라고 한다.

##### (2) 국내외여행업

국내외를 여행하는 내국인을 대상으로 하는 여행업(사증을 받는 절차를 대행하는 행위를 포함한다)을 말한다.

### (3) 국내여행업

국내를 여행하는 내국인을 대상으로 하는 여행업으로 국내여행상품의 예약 및 수배, 국내항공권 · 철도승차권의 판매 알선업무를 한다.

한편, "기획여행"이라 함은 여행업을 경영하는 자가 국외여행을 하고자 하는 여행자를 위하여 여행의 목적지 · 일정 · 여행자가 제공받을 운송 또는 숙박 등의 서비스 내용과 그 요금 등에 관한 사항을 미리 정하고 이에 참가하는 여행자를 모집하여 실시하는 여행을 말한다.

## 2. 여행업의 등록

여행업 등 관광사업의 등록을 하고자 하는 자는 관광사업등록신청서에 다음의 서류를 첨부하여 특별자치도지사 · 시장 · 군수 · 구청장(자치구의 구청장을 말한다)에게 제출하여야 한다(관광진흥법 시행규칙 2).

① 사업계획서

② 신청인(법인의 경우에는 대표자 및 임원)이 내국인인 경우에는 성명 및 주민등록번호를 기재한 서류. 신청인(법인의 경우에는 대표자 및 임원)이 외국인인 경우에는 「관광진흥법」(이하 "법"이라 한다) 제7조 제1항 각 호에 해당하지 아니함을 증명하는 다음 각 목의 어느 하나에 해당하는 서류. 다만, 법 또는 다른 법령에 따라 인 · 허가 등을 받아 사업자등록을 하고 해당 영업 또는 사업을 영위하고 있는 자(법인의 경우에는 최근 1년 이내에 법인세를 납부한 시점부터 등록 신청 시점까지의 기간 동안 대표자 및 임원의 변경이 없는 경우로 한정한다)는 해당 영업 또는 사업의 인 · 허가증 등 인 · 허가 등을 받았음을 증명하는 서류와 최근 1년 이내에 소득세(법인의 경우에는 법인세를 말한다)를 납부한 사실을 증명하는 서류를 제출하는 경우에는 그 영위하고 있는 영업 또는 사업의 관련 법령에서 정하는 결격사유와 중복되는 법 제7조 제1항의 결격사유에 한하여 다음 각 목의 서류를 제출하지 아니할 수 있다.

가. 해당 국가의 정부나 그 밖의 권한 있는 기관이 발행한 서류 또는 공증인이 공증한 신청인의 진술서로서 「재외공관 공증법」에 따라 해당 국가에 주재하는 대한민국 공관의 영사관이 확인한 서류

나. 「외국공문서에 대한 인증의 요구를 폐지하는 협약」을 체결한 국가의 경우에는 해당 국가의 정부나 그 밖의 권한 있는 기관이 발행한 서류 또는 공증인이 공증한 신청인의 진술서로서 해당 국가의 아포스티유(Apostille) 확인서 발급 권한이 있는 기관이 그 확인서를 발급한 서류

③ 부동산의 소유권 또는 사용권을 증명하는 서류(부동산의 등기사항증명서를 통하여 부동산의 소유권 또는 사용권을 확인할 수 없는 경우만 해당한다)

④ 외국인투자촉진법에 의한 외국인투자를 증명하는 서류(외국인투자기업의 경우에 한한다)

⑤ 여행업 및 국제회의기획업의 등록을 하고자 하는 자는 상기의 서류 외에 공인회계사 또는 세무사가 확인한 등록신청 당시의 재무상태표(개인의 경우에는 영업용 자산명세서 및 그 증빙서류)를 첨부하여야 한다.

## 3. 여행업의 등록 및 보증보험가입

### (1) 등록기준

① 종합여행업

ⓐ 자본금(개인의 경우에는 자산평가액) : 5천만원 이상일 것

ⓑ 사무실 : 소유권이나 사용권이 있을 것

② 국내외여행업

ⓐ 자본금(개인의 경우에는 자산평가액) : 3천만원 이상일 것

ⓑ 사무실 : 소유권이나 사용권이 있을 것

③ 국내여행업

ⓐ 자본금(개인의 경우에는 자산평가액) : 1천500만원 이상일 것

ⓑ 사무실 : 소유권이나 사용권이 있을 것

### (2) 보증보험가입

여행업의 등록을 한 자(이하 "여행업자"라 한다)는 법 제9조에 따라 그 사업을 시작하기 전에 여행계약의 이행과 관련한 사고로 인하여 관광객에게 피해를 준 경우 그 손해를 배상할 것을 내용으로 하는 보증보험 또는 영 제39조에 따른 공제(이하 "보증보험 등"이라 한다)에 가입하거나 법 제45조에 따른 업종별 관광협회(업종별 관광협회가 구성되지 않은 경우에는 법 제45조에 따른 지역별 관광협회, 지역별 관광협회가 구성되지 않은 경우에는 법 제48조의 9에 따른 광역 단위의 지역관광협의회)에 영업보증금을 예치하고 그 사업을 하는 동안(휴업기간을 포함한다) 계속하여 이를 유지해야 한다.

## 4. 여행사의 업종분류

### (1) 한국표준산업분류상의 분류

① 여행사 및 기타 여행 보조업(752)

② 여행사업(7521)

국내 · 외 여행자를 위하여 각종 여행관련 서비스를 제공하는 산업활동을 말한다.

③ 일반 및 국외 여행사업(75211)

국내 · 외를 여행하는 관광객을 대상으로 여행관련 시설이용의 알선, 여행에 관한 안내, 계약체결의 대리 및 기타 여행의 편의를 제공하는 산업활동을 말한다.

④ 국내 여행사업(75212)

국내를 여행하는 관광객을 대상으로 여행관련 시설이용의 알선, 여행에 관한 안내, 계약체결의 대리 및 기타 여행의 편의를 제공하는 산업활동을 말한다.

⑤ 기타 여행지원 서비스업(7529)

⑥ 기타 여행지원 서비스업(75290)

기타 여행지원 서비스업을 수행하는 산업활동을 말한다.

예시

- 관광 안내소
- 카풀체계 운영
- 매표대리
- 숙식 알선
- 여행자 가이드(안내) 서비스

⇨ 여행사의 업종분류는 제9차 한국표준산업분류(2007년 12월 28일 고시) 개정시 운수업에서 사업지원서비스업으로 업종이 변경되었음.

### (2) 단순경비율 · 기준경비율에 따른 분류

(2022귀속)

| | | | | | |
|---|---|---|---|---|---|
| 630600 | 사업시설 관리 및 사업지원 서비스업 (사업지원 서비스업) | • 여 행 사 | ○ 여행사<br>• 국내 · 외 여행자를 위하여 각종 여행관련 서비스를 총괄적으로 제공하는 업<br>• 수수료 또는 계약에 의하여 여객 및 여객 수화물의 수송 및 이에 관련서비스를 알선하는 여행사 및 대리점의 영업<br>○ 외국어학원의 변형으로서 해외어학연수 명목으로 관광 알선을 전문으로 하는 학원형태의 여행 알선 포함<br>○ 국내를 여행하는 관광객을 대상으로 여행관련 시설이용의 알선, 여행에 관한 안내, 계약체결의 대리 및 기타 여행의 편의 제공<br>○ 기타 여행 알선<br>• 여행사와 독립적으로 운영되는 여행자 안내활동, 매표대리 활동, 음식안내 활동 등 특정 여행관련 서비스를 제공하는 업<br>• 관광안내소<br>• 카풀체계운영 | 84.2 | 22.8 |

## 5. 여행업의 주요업무[64)]

① 여행자를 위하여 각종 정보수집 후 이를 바탕으로 여행상담 및 여행상품을 설명한다.

② 여행상품과 관련된 각종 교통 및 숙박 등을 예약한다.

③ 여행상품의 수요를 발생시키는 것으로 주문여행뿐만 아니라, 각종 기획여행의 판매활동까지 포함한다.

④ 여행에 필요한 각종 여권 및 비자발급을 대행 수속하는 업무를 한다.

⑤ 항공권 및 숙박권, 철도권 등의 판매업무를 위탁받아 티켓을 발권하는 업무를 한다.

⑥ 여행일정을 예정과 같이 원활히 진행시키는 기능으로 국내외 여행 안내서비스 업무를 한다.

⑦ 여행비용의 정산 · 견적 · 청구 · 지불 등에 필요한 업무를 한다.

64) 박규영, “관광사업개론”, 형설출판사, 2002, p.145.

## Ⅱ 여행사의 회계실무[65)]

여행사의 수익은 항공권・철도승차권의 판매대행수수료, 여행상품의 판매수익, 숙박업소의 예약소개 등을 통한 알선수수료 등이다. 또한, 여권 및 비자수속 대행수수료, 쇼핑수수료 등이다. 비용은 운수경비, 임직원 급여, 복리후생비 등 일반회사와 거의 유사하다.

### 1. 여행사의 주요수입

① 여행상품 생산시 판매이익금 산출(10% 이상)
② Package Tour 상품의 판매로 인한 수수료(10%)
③ 항공권 판매수수료(국제선 9%, 국내선 5%)
※ 대한항공은 여행사에 지급하여오던 발권수수료(7%)를 2010. 1. 1부터 없앴고, 외국항공사인 에어프랑스와 KLM네덜란드항공도 발권수수료를 폐지하였음.
④ 호텔 객실 판매수수료(10%)
⑤ 관광식당 이용시 수수료(5~10%)
⑥ 관광기념품 판매수수료(10%)
⑦ 철도회사의 기차표 판매수수료(5%)
⑧ 전세버스 대절료(10%)
⑨ 렌트카 이용알선수수료(10%)

### 2. 인바운드의 회계처리

#### (1) 외국인 여행수탁금

외국의 에이전트사로부터 외국인의 국내여행에 소요되는 금액을 송금받는 경우에 처리하는 예수금(부채)계정이다.

[송금받은 경우]

(차) 현금 및 현금성자산 ××× (대) 외국인 여행수탁금 ×××

#### (2) 외국인단체입체금

외국인 단체관광객의 숙박비, 식사비, 차량비, 입장료 등 정산하는 경우 사용하는 임시계

65) 김영규, 여행사 경영과 실무, pp.181~200 참조

정이다.

[숙박비 · 식사비 · 차량비 등의 정산]

(차) 외국인단체입체금 ××× (대) 현금 및 현금성자산 ×××

### (3) 외국인 여행알선수입

외국인 여행알선수입은 외국인 여행객에 지출되는 모든 비용을 단체손익정산서를 통하여 계산한 후 남는 여행알선수수료이다.

(차) 외국인 여행수탁금 ××× (대) 외국인 단체입체금 ×××
외국인 여행알선수입 ×××

※ 외국인으로부터 받는 여행알선수입 중 일정한 요건을 갖춘 경우에는 영세율이 적용된다.

## 3. 아웃바운드의 회계처리

### (1) 해외여행 수탁금

해외여행 고객으로부터 여행요금을 받는 경우 처리하는 예수금(부채)계정이다.

(차) 현금 및 현금성자산 ××× (대) 해외여행 수탁금 ×××

### (2) 항공권 대매금

여행사가 항공권을 발권하고 여행객으로부터 미리 수취한 항공요금을 항공사로 송금하기 전까지 처리하는 임시항목 성격의 부채계정이다.

(차) 현금 및 현금성자산 ××× (대) 항공권 대매금 ×××

### (3) 해외여행 행사비

해외여행수탁금에 대응하는 원가성 경비로 항공료 · 각종행사비 · 제반경비 등을 말한다.

(차) 해외여행 행사비 ××× (대) 현금 및 현금성자산 ×××

### (4) 해외여행 알선수입

내국인 여행알선수입은 내국인 여행객에 지출되는 모든 비용을 단체손익정산서를 통하여 계산한 후 남는 여행알선수수료이다.

| | | | |
|---|---|---|---|
| (차) 해외여행 수탁금 | ××× | (대) 해외여행행사비 | ××× |
| | | 해외여행알선수입 | ××× |
| | | 부가세예수금 | ××× |

**참 고** **여행사의 수입금액**

**(1) 여행사 수탁판매 매출 등에 관한 질의**(질의회신 04-038, 2004. 9. 1)

I. 질의 내용

(질의1) 여행사에서 항공권을 사례와 같이 저가 판매하는 경우, 항공사에서 제시한 기준 가격과 실제 판매가격의 차이를 수익 인식시점에 매출에서 차감하거나, 매출에누리 또는 접대비 등으로 어떻게 분류할 수 있는지?

〈사례〉

- 일정한 기간, 노선에 대해 사전 공지하고 전체 고객에게 할인하는 경우, 인터넷사이트 상에 공동구입 기회를 마련하여 참여 고객에게 차별 없이 일정하게 할인하는 경우, 여행사가 일정 수량 이상의 항공권을 구매하여 항공사가 제시한 저가로 모객을 하였으나 모객이 되지 않아 그 차액을 여행사가 부담하는 경우와 같이 여행사에서 일정요건에 해당하는 고객에게 차별 없이 일률적으로 할인해 주는 경우
- 여행사직원 할인, 단골고객 할인, 단체고객 할인, 거래금액 할인, 첫 거래고객 할인, 경쟁여행사 고객 확보 목적 할인, 할인을 요구하는 고객에 대한 할인과 같이 여행사가 개별적으로 할인해 주는 경우
- 접대목적으로 할인하는 경우

(질의2) 회사는 관광상품을 개발하여 판매하는 여행사로 해외관광상품의 경우 해외호텔, 현지 관광지 이용 계약 등이 포함되며 해외호텔과 관광지 미판매로 인한 위험은 여행사가 부담하지 않음. 현재는 고객으로부터 받은 관광요금에서 호텔, 항공권 등 수탁경비를 지급한 차액을 매출로 회계처리하고 있음. 관광상품과 관련하여 발생하는 비용이 다음과 같은 경우 기업회계상 매출로 인식하여야 할 금액은?

- 수탁경비 해당 항목(TOUR COST)
  - * 운　　임 : 항공운임, 선박운임
  - * 지상경비 : 고객의 숙박비, 식사비, 입장료, 차량전세비 등 지상교통비 및 운송비, 공항세, 고속도로비
  - * 기타경비 : 고객의 여권인지대 등 여권발급 시 제비용, 사증비용, 보험료, 개인별 부담 전화요금 등 잡비
- 기 타 : 여행사 직원 출장비, 안내비(가이드 비용), 여행사 직원 출장수당, 안내원 교통비, 안내원 숙박비, 운전기사 식대, 접대비, 선물비, 기념품비, 여행사가 부담한 출입국 통관 시 선물 등에 대한 관세 등

Ⅱ. 회신 내용

귀 (질의1)의 경우, 수탁자의 재무제표 상 수익은 정해진 수수료에서 위탁자 지정가액과 실제 판매가격과의 차액을 차감한 후의 금액으로 표시하는 것이 타당합니다. 다만, 차액의 성격이 접대비로 판단되는 경우 수익은 총액으로 표시하는 것이 타당합니다.

귀 (질의2)의 경우 고객으로부터 받은 관광요금 중 여행사가 지불 대행을 위하여 수령하는 금액은 차감하여 수익을 인식하고 용역제공에 대한 주된 책임을 부담하는 거래의 경우 총액으로 수익을 인식하는 것이 타당합니다.

**(2) 여행사의 항공권 매매에 따른 수익금액의 결정에 대한 질의**(질의회신 02-084, 2002. 5. 17)

Ⅰ. 질의 내용

여행사가 항공사로부터 항공권을 매입하여 여행사 자체적으로 일정한 마진을 붙여 판매하는 경우, 여행사의 매출을 얼마로 인식하여야 하는지? 이때 여행사가 판매하지 못한 항공권은 여행사 책임으로 여행사의 손실이 됨.

Ⅱ. 회신 내용

여행사가 항공권의 미판매에 따른 보유 손실과 구매자의 신용위험을 부담하고 항공권의 판매가격을 직접 결정할 수 있는 등 항공권 매매거래와 관련하여 여행사가 위험과 효익을 가지게 된다면, 항공권 판매금액 총액(부가가치세가 과세되는 경우 부가가치세 제외)을 여행사의 수익(매출 등)으로 인식하는 것이 타당합니다.

## Ⅲ 여행사의 세무실무

### 1. 여행사의 형태에 따른 세무실무

#### (1) 도매여행사(WholeSale)

대형여행사로 대리점 유통채널을 통해 여행상품을 판매하는 곳으로 하나투어, 모두투어, 참좋은여행사, 노랑풍선 등이 이에 해당된다. 도매여행사의 자기의 책임과 계산하여 본인의 영업을 수행하므로 수입금액을 총액으로 인식한다.

#### (2) 여행사 대리점

모객 및 예약관련 진행과 상담서비스를 제공하며 판매대리용역수수료에 대하여 홀세일 여행사에게 세금계산서 발급하게 되므로 수입금액을 순액으로 인식한다.

#### (3) 항공사 대리점

국내사업장이 있는 외국항공사 본사와 대리점 계약을 통하여 항공권판매, 예약접수, 좌석배정 등 업무를 대행하며 업무대행수수료를 탑승권 판매대금 송금시 차감하고 지급한다. 따라서 외국법인에게 용역을 제공하고 외국환은행에서 원화로 지급받는 경우 영세율 적용된다.

#### (4) 외국항공사 총괄영업대리점(GSA)

항공기 탑승권을 외국항공사로부터 일괄 매수하여 국내여행사를 통해 일반소비자에게 판매하며 항공권 판매는 부가가치세 과세대상이 아니다.

### 2. 부가가치세 실무

#### (1) 일반적인 과세표준 : 여행알선수수료 → 알선수수료와 랜드비용의 구분(○)

여행알선업을 영위하는 사업자가 여행객에게 여행알선에 대한 서비스를 제공하고 받는 대가는 용역의 공급에 해당되어 부가가치세 과세대상이다. 이 경우 관광진흥법에 의한 일반여행업에 있어서 부가가치세 과세표준은 관광객으로부터 받은 알선수수료와 관광알선용역의 공급에 필수적으로 부수하여 발생하는 대가관계에 있는 모든 금전적 가치 있는 것을 포함하는 것이나, 관광객으로부터 수탁받아 지급되는 숙박비·운송비·고속도로비·전화요금·입장료 등의 경비는 과세표준에 포함하지 아니한다(서삼 46015-10299, 2003. 2. 28). 즉, 여행객이 직접 부담하는 항공료, 공항세, 운송비, 숙박비 등을 여행사가 납부대행만 하는 경우에는 예수금성격으로 구분기장한 때에는 과세표준 및 수입금액에서 제외되는 것이다. 그러나 수탁경비가 아닌 출장비, 안내비, 수당, 안내원교통비, 안내원숙박비, 기사식사비, 고속도로비, 주차비, 기념품비 등 여행사의 일반관리비·판매비 성격으로 여행사가 부담하여야 할 성격의 경비는 과세표준에 포함하여야 한다.

여행사의 과세표준 = 관광요금 - 랜드비용(숙박비 등 수탁금)

여행업을 영위하는 법인의 부가가치세 과세표준은 여행객으로부터 지급받는 모든 금전적 가치가 있는 것을 포함하는 것으로 여행알선수수료와 여행객이 부담하여야 할 수탁경비를 구분 계약하여 그 대가를 받는 경우에는 당해 수탁경비는 부가가치세 과세표준에 포함하지 않는 것이므로 여행알선에 따른 영업비용이 과다하게 지출되어 손실이 발생된 경우 이는 알선수수료가 없다고 보는 것이 타당하다고 보이는 바, 처분청이 청구법인의 여행알선에 따른 부수(-)의 알선수수료를 항공권판매알선수수료 등의 부가가치세 과세표준에서 차감하지 아니하고 과세한 처분은 정당하다(조심 2010서3289, 2011. 5. 19).

[부가가치세 과세표준의 산정]

| 구 분 | 영업성과 | 과세표준 | |
|---|---|---|---|
| | | 사례 Ⅰ | 사례 Ⅱ |
| 여행알선수수료 | △400,000천원 | 100,000천원 | 500,000천원 |
| 항공권판매알선수수료 | 500,000천원 | | |

즉, 위 사례와 같이 고객에 대한 항공권판매알선수수료와 여행알선수수료는 하나의 거래단위이므로 특정고객에게 여행상품을 판매시 손실이 발생한 경우에는 항공권판매알선수수료와 여행상품 손실분을 상계하여 순익부분만 부가가치세를 신고하여야 하는 바, 여행상품은 여행을 하면서 필요한 여러 가지 요소들이 결합된 하나의 상품으로 여행객으로부터 발생한 손익과 항공회사로부터 수취한 수익을 동시에 고려하여 여행상품의 전체적인 부가가치 증가분에 대하여 부가가치세가 산정되어야 한다고 하나(사례 Ⅰ), 여행객으로부터 지급받은 여행경비를 초과한 비용에 대하여, 이를 부가가치세 과세표준에서 차감할 수 없고, 사업과 관련하여 지출된 영업비용으로 봄이 타당하다. 또한 여행업을 영위하는 업체가 알선

수수료만을 부가가치세 과세표준과 법인세 등의 수입금액으로 인식하는 경우의 여행알선수수료란 여행객으로부터 받기로 구분 계약된 알선수수료로서, 여행객 유치에 따른 영업비용이 과다하게 지출되어 손실이 발생하는 경우 이는 알선수수료가 없는 것이므로 이를 항공권판매알선수수료 등의 부가가치세 과세표준에서 차감하지 아니하여야 한다(사례 Ⅱ). 따라서 위 사례의 경우 부가가치세 과세표준은 5억원이다.

### (2) 총액을 과세표준으로 한 경우 → 알선수수료와 랜드비용의 구분(×)

「관광진흥법」에 따른 일반여행업자가 관광상품을 기획하여 자기의 계산과 책임 하에 관광용역을 제공하면서 여행객으로부터 여행객이 부담하여야 할 비용의 종류별 금액과 여행알선수수료를 구분하지 아니하고 대가를 받는 경우 「부가가치세법」 제11조에 따라 용역의 공급으로 부가가치세가 과세되는 것입니다. 이 때 부가가치세 공급가액은 여행상품 판매가액(부가가치세 제외)이 되는 것이며, 해당 공급가액에 대응하여 거래징수된 매입세액은 자기의 매출세액에서 공제하는 것이다(법규부가 2014-433, 2014. 9. 19).

〈거래형태〉

○ 당사는 「관광진흥법」에 따른 일반여행업자로서 당사가 기획한 여행상품(세븐투어)을 인터넷 사이트에 런칭하고 해외 판매를 실시하고 있음.
  • 세븐투어는 제주도를 여행하는 외국인 관광객들을 대상으로 여행을 시켜주는 상품으로 모집한 외국인관광객을 오전 9시에 호텔에서 픽업하여 미리 정해진 관광지를 둘러보고 오후 6시 경에 호텔로 이동시켜 줌으로써 투어를 종료함.

○ 당사 홈페이지와 홍보물에는 관광지의 입장료, 중식, 통역가이드, 교통비 등의 비용을 포함한 총판매가격을 표시하며
  • 당사는 여행상품의 원가와 순수익(총판매가격-원가)을 구분하여 고지하거나 계약내용에 명시하지는 아니함.
  • 여행상품의 결제방식은 예약 시 신용카드로 결제받거나 달러 또는 그 밖의 외화현금으로 지급받음.

○ 또한 해외여행사와 계약을 체결하여 해외여행사가 외국인 관광객을 송객시켜주기도 하는데 이 때 계약된 금액을 정기적으로 정산하여 외국환은행에서 송금받아 원화로 인출함.
  • 당사는 여행상품의 원가를 마케팅 전략상 손님이나 해외여행사에게 공개하지 아니함.

① 여행계약은 청구법인이 여행을 기획하고 여행자를 직접 모집하여 여행을 실시한 일반모집여행의 성질을 가질 뿐 아니라, 이 건 여행계약 체결시 여행경비와 여행알선수수료를 구분하거나 추후 경비지출에 따른 정산을 하지 않았으므로 청구법인이 수령한 여행대가 전부가 부가가치세 과세대상인 청구법인의 매출이라고 보는 것이 타당하고,

이 건 여행대가 중 여행알선수수료 부분만 부가가치세 과세표준으로 삼아야 한다는 청구주장은 받아들이기 어렵다(국심 2003서535, 2003. 4. 24).

② 항공권, 숙박, 음식점 등의 여행용역 제공에 관하여 일괄적으로 계약을 체결하였고 여행용역 제공 과정에서 여행자들에게 발생한 손해를 배상하기로 약정한 점, 원고가 제1계약 체결 시 여행경비와 여행알선수수료를 구분하거나 원고와 고등학교 사이에 추후 경비지출에 따른 정산을 하였음을 인정할 자료도 없는 점 및 그 밖에 제1계약 체결 경위, 그 내용 등 제반 사정을 종합하여 보면, 원고는 수학여행과 관련하여 그 책임 하에 고등학교에 항공권, 숙박, 음식점 등의 여행용역 일체를 하나의 여행상품으로 하여 제공한 것으로 봄이 상당하므로 원고가 계약에 따라 수령한 금액 전부를 원고의 매출로 보아야 한다(대법원 2008. 8. 21 선고, 2008두8864 판결).

③ 여행사가 항공사와의 위수탁 판매계약에 의하여 항공권을 수탁판매하면서 항공사별 항공권 판매비율, 판매목표 초과달성률에 따라 약정된 일정 수수료 외에 추가로 받는 수수료(인센티브)상당액은 과세표준에 포함되는 것이다(서면3팀-3429, 2006. 12. 26).

④ 여행사가 항공사로부터 무료로 지급받은 항공권을 자기의 사업을 위하여 사용하였거나 사용할 경우에는 부가가치세가 과세되지 아니하는 것이나 당해 항공권을 고객에게 판매하는 경우에는 실지 판매가격을 과세표준으로 하여 부가가치세가 과세되는 것이다(부가 46015-2230, 1998. 10. 1).

⑤ 여행알선업자(갑)가 다른 여행알선업자(을)의 알선에 의하여 여행객에게 여행상품을 판매함에 있어 해외 호텔 객실료, 열차승차권 요금 등 수탁받아 지급하는 비용을 제외한 모든 알선 수수료 금액이 '갑'에게 귀속되는 경우, '갑'의 과세표준은 '을'에게 지급되는 비용을 포함한 전체 수수료 금액이 되는 것이다(부가-2750, 2008. 8. 27).

⑥ 「관광진흥법」에 의한 여행알선업자가 여행객에게 여행의 목적지와 여행기간만을 제시하고 여행객으로부터 여행자가 부담하여야 할 비용의 종류별 금액과 여행알선수수료를 구분하지 아니하고 대가를 받는 경우에는 그 대가 전액이 부가가치세 과세표준이 되는 것이나, 여행알선업자가 교통비, 숙박비, 주요방문지의 입장료, 식대 등의 소요비용과 여행알선수수료를 각각 구분하여 받는 경우에는 여행알선수수료에 대하여만 부가가치세를 과세하는 것이다(부가-52, 2014. 1. 21).

부가가치세 집행기준 29-0-11 **여행업자 수탁경비의 공급가액**

여행업자의 부가가치세 공급가액은 관광객으로부터 받는 알선수수료와 알선용역에 필수적으로 부수하여 발생되는 대가관계에 있는 모든 금전적 가치 있는 것을 포함하고 관광객으로부터 단순히 수탁받아 지급하는 숙박비, 운송비 등은 포함하지 아니한다. 다만, 관광객에게 여행의 목적지와 기간만을 제시하고 관광객이 부담하여야 할 비용의 종류별 금액과 알선수수료를 구분하지 아니하고 받는 대가는 그 대가 전액이 공급가액이 된다.

**참 고** **부가가치세 과세 여부**

**① 항공권 판매시 과세대상 여부**

[질의] 여행알선업을 영위하는 사업자가 항공사의 항공권을 판매함에 있어 기존 판매방식 즉, 동 항공권을 판매하여 주고 일정수수료를 지급받는 방식이 아닌 도급판매 형태로, 할인한 일정금액으로 항공권을 구입하여 일정한 마진을 붙여 재판매하는 경우(미판매시 당해 여행사의 손실로 처리됨) 당해 항공권 판매의 부가세 과세대상 여부

[회신] 귀 질의 경우 항공기의 외국항행 용역을 제공하는 사업자로부터 항공권을 구매하여 자기의 책임과 계산 하에 판매하는 경우에 있어서 당해 항공권은 부가가치세법 제1조의 규정에 의한 부가가치세 과세대상에 해당하지 아니하는 것이다.

다만, 항공권을 자기 책임과 계산 하에 판매하는 것인지 또는 항공권 판매의 주선·중개용역을 제공하는 것인지의 여부는 계약내용 및 구체적인 거래형태 등에 따라 사실판단 할 사항이다(서삼 46015-11925, 2002. 11. 11).

**② 여행계약서의 교부**(관광진흥법 14 ②)

여행업자는 여행자와 여행계약을 체결하는 때에는 당해 서비스에 관한 내용을 기재한 계약서(약관을 정하여 사용하는 경우로서 약관의 내용이 계약서에 기재되어 있지 아니한 경우에는 그 약관을 기재한 서면을 포함한다)를 교부하여야 한다.

**③ 무료항공권을 고객에게 판매하는 경우**

여행사가 항공사로부터 무료로 지급받은 항공권을 자기의 사업을 위하여 사용하였거나 사용할 경우에는 부가가치세가 과세되지 아니하는 것이나 당해 항공권을 고객에게 판매하는 경우에는 실지 판매가격을 과세표준으로 하여 부가가치세가 과세된다(부가 46015-2230, 1998. 10. 1).

**④ 여행사 가이드에게 무상증여시 과세 여부**

사업자가 외국인 관광객을 자기사업장에 유치하기 위하여 국내 특정인인 여행사 가이드에게 자기의 사업과 관련하여 생산한 카세트테이프를 무상으로 증여하는 경우에는 부가가치세법 제6조 제3항 및 동법 시행령 제16조 제2항의 규정에 의하여 부가가치세가 과세된다(부가 22601-1474, 1992. 9. 28).

**핵심체크**

여행사가 자기책임 하에 항공권을 구입하여 판매하는 경우에는 부가가치세 과세대상이 아니나 항공권을 항공사로부터 위탁받아 대리 판매하는 경우의 위탁판매수수료는 용역의 공급에 해당되어 부가가치세가 과세된다.

### (3) 영세율 적용대상

#### 1) 일반여행사의 인바운드 알선수수료

**「관광진흥법」에 따른 종합여행업자가 외국인관광객에게 공급하는 관광알선용역**으로서 그 대가를 다음 어느 하나의 방법에 의하여 받는 것은 영세율을 적용한다(부령 33 ② 7호). 여기서 외국인관광객이란 관광의 목적으로 우리나라에 입국한 외국인 또는 재외국민을 말한다(간세 1235-2748, 1978. 9. 7).

① 외국환은행에서 원화로 받은 것
② 외화 현금으로 받아 외국인관광객과의 거래임이 확인된 것(국세청장이 정하는 관광알선수수료명세표와 외화매입증명서에 의하여 확인되는 것만 해당한다)

종전에는 일반여행사의 영세율 적용대상을 외국환은행에서 원화로 받는 것에 제한하였으나 관광산업의 활성화 일환으로 2008. 7. 24 공급분부터 세법을 개정하여 영세율 적용대상을 확대하였다. 국내에서 여행업을 영위하는 사업자가 국내에 사업장이 없는 외국 선사와 MOU(업무협약)를 체결하여 해당 사업자가 국내외에서 크루즈 여행을 원하는 고객에게 크루즈 여행상품을 판매하는 용역(이하 “쟁점용역”)을 제공하고 그 대가로 수수료를 받기로 한 경우로서 쟁점용역의 제공이 국외에서 이루어지는 경우에는 「부가가치세법」 제22조에 따라 영의 세율을 적용하는 것이나, 쟁점용역의 제공이 국내에서 이루어지는 경우에는 영의 세율을 적용할 수 없는 것이다(사전-2018-법령해석부가-0631, 2018. 11. 27). 사업자가 국내여행업자와 현지행사 업무제휴계약에 따라 국외에서 자기 책임과 계산으로 관광용역을 제공하고 국내여행업자로부터 대가를 받는 경우 「부가가치세법」 제29조에 따라 국외에서 소요되는 비용과 용역수수료를 포함한 대가 전액이 공급가액이 되는 것이며, 사업자가 국외에서 직접 공급한 관광용역에 대하여는 같은 법 제22조에 따라 영세율이 적용되는 것이다(법령해석과-3696, 2020. 11. 13).

참 고

## 관광알선수수료명세표 고시

(국세청 고시 제2021-44호, 2021. 8. 24)

「부가가치세법」 제24조 제1항 제3호, 같은 법 시행령 제33조 제2항 제7호 나목의 위임에 따라 관광알선수수료명세표 서식을 다음과 같이 개정하여 고시합니다.

2021년 8월 24일

국 세 청 장

제1조(목적) 이 고시는 「부가가치세법」 제24조 제1항 제3호, 같은 법 시행령 제33조 제2항 제7호 나목에서 국세청장에게 위임한 관광알선수수료명세표의 서식내용을 명확히 규정함에 그 목적이 있다.

제2조(서식) 관광알선수수료명세표의 서식은 다음과 같다.

**관광알선수수료명세표**

근거 : 「부가가치세법 시행령」 제33조 제2항 제7호 나목

| 사업자 | ① 성 명 | | ③ 사업자등록번호 | |
|---|---|---|---|---|
| | ② 상 호 | | ④ 사 업 장 | |

| 공 급 내 용 | | | | | | | |
|---|---|---|---|---|---|---|---|
| 공 급 받 는 자 | | | | ⑨ 관광알선 용역제공 기간 | 관광알선용역 수수료 | | |
| ⑤ 성명 | ⑥ 국적 | ⑦ 여권번호 | ⑧ 입국 일자 | | ⑩ 계 | ⑪ 외화 수취 | ⑫ 여행자 수표 |
| | | | | | | | |

제3조(재검토기한) 「훈령 · 예규 등의 발령 및 관리에 관한 규정」(대통령 훈령 제431호)에 따라 이 고시 발령 후의 법령이나 현실여건의 변화 등을 검토하여 이 고시의 폐지, 개정 등의 조치를 하여야 하는 기한은 2024년 8월 23일까지로 한다.

외국에 소재한 숙박시설을 이용하고자 하는 고객에게 외국 숙박업자와 사전에 약정한 이용금액에 일정금액을 더하여 이용하도록 알선하는 경우 부가가치세 과세표준은 국내 고객으로부터 받은 금액에서 외국 숙박업자에게 지급한 금액을 뺀 금액이 되며, 동 용역은 영세율이 적용되지 아니한다(법규부가 2011-540, 2012. 1. 10).

**1. 영세율 적용대상**

여행상품(데일리투어) 판매대가를 외국신용카드로 결제받거나 외화로 지급받는 경우로서 여행상품의 원가(투어시 실제 소요된 비용)와 알선수수료를 구분하지 아니한 경우 영세율 적용 여부

〈거래형태〉

○ 당사는 「관광진흥법」에 따른 일반여행업자로서 당사가 기획한 여행상품(데일리투어)을 인터넷 사이트에 런칭하고 해외 판매를 실시하고 있음
- 데일리투어는 제주도를 여행하는 외국인관광객들을 대상으로 여행을 시켜주는 상품으로 모집한 외국인관광객을 오전 9시에 호텔에서 픽업하여 미리 정해진 관광지를 둘러보고 오후 6시경에 호텔로 이동시켜 줌으로써 투어를 종료함

○ 당사 홈페이지와 홍보물에는 관광지의 입장료, 중식, 통역가이드, 교통비 등의 비용을 포함한 총판매가격을 표시하며
- 당사는 여행상품의 원가와 순수익(총판매가격－원가)을 구분하여 고지하거나 계약내용에 명시하지는 아니함
- 여행상품의 결제방식은 예약 시 신용카드로 결제받거나 달러 또는 그 밖의 외화현금으로 지급받음

○ 또한 해외여행사와 계약을 체결하여 해외여행사가 외국인관광객을 송객시켜주기도 하는데 이 때 계약된 금액을 정기적으로 정산하여 외국환은행에서 송금받아 원화로 인출함
- 당사는 여행상품의 원가를 마케팅 전략상 손님이나 해외여행사에게 공개하지 아니함.

**2. 근 거**

「관광진흥법」에 따른 일반여행업자가 외국인관광객에게 공급하는 관광알선용역으로서 그 대가를 다음 어느 하나의 방법에 의하여 받는 것은 영세율을 적용한다(부령 26 ① 5호). 관광알선용역에 대한 영세율 적용취지는 소비지국 과세원칙과 상호주의에 따른 것으로 조세법상 엄격해석원칙이 적용되어야 한다. 위 사례와 같이 알선수수료와 수탁경비가 구분되지 않은 경우 영세율 적용대상인 알선수수료를 산정하기가 곤란하므로 영세율 적용대상이 아니라고 판단한 것으로 보인다.

[ 여행사의 업종구분 ]

| 구 분 | 업 종 | 분류코드 | 대분류 |
|---|---|---|---|
| 한국표준산업분류 | 여행사 및 기타 여행 보조업 | 752 | 사업지원서비스업 |
| 기준경비율 | 사업시설관리 및 사업지원서비스업 | 630600 | 사업지원서비스업 |

## 2) 상호주의

사업자가 외국 의료기관을 대신하여 환자모집 · 계약체결 · 송출하면서 수수료를 받는 경우로 한국표준산업분류상 사업지원 서비스업(N75999)으로 분류되는 용역을 제공하고 그 대가를 외국환은행에서 원화로 받거나 기획재정부령으로 정하는 방법으로 받는 경우로서 해당 국가에서 우리나라의 거주자 또는 내국법인에 대하여 동일하게 면세하는 경우에 한정하여 영세율을 적용하는 것이다(사전법령해석부가-0287, 2016. 8. 17). 다만, 조경 관리 및 유지 서비스업, 여행사 및 기타 여행보조 서비스업은 제외한다(부령 33 ② 1호 아목).

**외국인관광객에게 제공되는 관광용역 전체를 영세율이 적용되는지 여부**
**(대법원 2018. 8. 30 선고, 2018두43644 판결)**

판례

1) 부가가치세법 제24조 제1항 제3호는 그 밖에 외화를 획득하는 재화 또는 용역의 공급으로서 대통령령으로 정하는 경우에는 영세율을 적용한다고 규정하고 있고, 부가가치세법 시행령 제33조 제2항 제7호는 '관광진흥법 시행령에 따른 일반여행업자가 외국인관광객에게 공급하는 관광알선용역'을 영세율이 적용되는 용역의 제공으로 규정하고 있으며, 부가가치세법 시행령 제33조 제2항 제1호 아목은 '사업시설관리 및 사업지원 서비스업'을 영세율이 적용되는 용역의 제공으로 규정하면서도 그 중 '여행사 및 기타 여행보조 서비스업'은 제외한다고 규정하고 있다(구 부가가치세법 제11조 제1항 제4호 및 구 부가가치세법 시행령 제26조 제1항 제5호, 제26조 제1항 제1호 아목 규정내용도 위 규정 내용과 거의 비슷하다). 한편 부가가치세제하에서 영세율의 적용은 국제간의 재화 또는 용역의 거래에 있어서 생산 공급국에서 부가가치세를 과세징수하고 수입국에서 다시 부가가치세를 과세하는 경우의 이중과세를 방지하기 위하여 관세 및 조세에 관한 일반 협정(GATT)상의 소비지 과세원칙에 의하여 수출의 경우에만 원칙적으로 인정되고 국내의 공급소비에 대하여는 위 수출에 준할 수 있는 경우로서 그 경우에도 외국환의 관리 및 부가가치세의 징수질서를 해하지 않는 범위 내에서 외화획득의 장려라는 국가정책상의 목적에 부합되는 경우에만 예외적, 제한적으로 인정되는 것이다(대법원 1983. 12. 27 선고, 83누409 판결 참조). 위 법률 규정과 시행령 규정 및 알선의 문언적 의미와 영세율제도 취지를 종합하면, 외국인관광객에게 제공되는 관광용역 전체를 영세율이 적용되는 용역으로 볼 수 없고 외국인관광객에게 제공되는 관광알선용역만을 영세율이 적용되는 용역으로 보아야 하므로, 그 관광알선용역에 대한 대가인 관광알선수수료만을 영세율 적용대상 매출로 볼 수 있다.

2) 원고가 그 주장과 같이 외국인관광객에게 관광알선용역을 제공하였다고 하더라도 외국인 관광객에게 제공되는 숙박, 관광, 교통, 식사 등의 용역은 원고가 제공하는 관광알선용역의 대상에 불과할 뿐이고 이를 관광알선용역 자체 또는 그에 부수되는 용역으로 볼 수 없다. 따라서 외국인관광객의 여행경비(숙박비, 관광장소입장료, 교통비, 식사비 등)는 외국인관광객에게 제공되는 관광알선용역의 대가로 볼 수 없을 뿐만 아니라 원고의 관광알선용역을 위하여 원고가 공급받은 용역에 관한 것이라는 이유로 그 부가가치세액을 매입세액으로 공제할 수 없고, 달리 원고가 외국인관광객에 대하여 계약상책임을 지고 있다는 등의 원고가 주장하는 사정만으로 이와 달리 보기 어렵다. 나아가 원고가 외국여행사로부터 지급받은 지상비 중 여행경비와 관광알선수수료를 구분하지 아니하는 등으로 영세율이 적용되는 관광알선수수료 부분을 특정할 수도 없다.

3) 원고가 외국여행사로부터 지급받은 지상비 중 여행경비와 관광알선수수료를 구분하지 아니하고 지상비 전체를 원고의 매출로 신고하는 경우에 그 지상비 전체를 영세율이 아닌 일반세율이 적용되는 매출(부가가치세 과세대상 매출)로 보고 원고가 지출한 외국인관광객의 여행경비 중 원고의 매출인 지상비 매출수입에 대응하는 비용에 해당하는 부가가치세액을 매입세액으로 공제할 수 있을 것이나, 이는 어디까지나 지상비 전체에 대하여 영세율이 아닌 일반세율이 적용되는 것을 전제로 하는 것이다.

### (4) 세금계산서 또는 현금영수증의 발급

여행사가 **여행객에게 공급하는 여행알선용역만 부가가치세 과세대상**이므로 이 금액에 대해서 세금계산서를 발급하여야 하며, 따라서 여행객이 부담하는 항공요금, 숙박비 등을 단지 수탁받아 집행하는 경우에는 세금계산서 발급대상이 아니다. 즉, 조세특례제한법 제123조의 3 규정에 의한 현금영수증가맹점으로 가맹한 사업자가 일반 여행객에게 여행알선용역의 수수료와 당해 여행알선용역 외의 운송・숙박・식사 등에 대한 비용을 함께 현금으로 받는 경우에는 당해 사업자가 직접 제공한 여행알선용역의 수수료에 대하여만 현금영수증을 발급하여야 하는 것이며 항공료, 숙박비 등 수탁경비는 현금영수증 발행대상이 아니다(서면3팀-457, 2005. 4. 1). 다만, 영세율이 적용되는 일반여행업자로 등록한 여행사가 외국인관광객에게 제공하는 여행알선용역은 세금계산서 발급의무가 면제된다. 면세점과의 계약에 따라 중국구매상을 송객하고 송객수수료를 수취하는 여행사(이하 "갑")가 다른 여행사(이하 "을")와 계약을 체결하여 을로부터 중국구매상 모집・알선 용역을 공급받고 송객수수료 중 일부를 을에게 유치수수료로 지급하기로 약정한 경우로서 해당 송객・유치수수료에 중국구매상에게 지급되는 페이백이 포함되어 있고 해당 페이백이 갑과 을 각각의 용역 공급과 대가관계가 있는 경우 「부가가치세법」 제29조 제3항 제1호에 따라 페이백이 포함된 송객・유치수수료를 각각의 공급가액으로 하여 갑은 면세점에 을은 갑에게 세금계산서를 발급하는 것이나 갑과 을 사이에 실제 용역의 공급 없이 금전(유치수수료)만 수수되는 경우에는 세금계산서 발급대상에 해당하지 아니하는 것이며, 실제 용역의 공급이 있었는지 여부는 사실판단할 사항이다(법령해석과-3221, 2021. 9. 14).

### (5) 여행알선수수료와 수탁비용을 합하여 신용카드매출전표를 발행한 경우

여행사가 단지 여행알선용역만 제공하는 경우 계약서 및 관련장부 등에 의하여 구체적으로 확인이 되면 여행알선수수료만 과세표준으로 하여 부가가치세를 신고하면 된다. 이 경우 과세관청에서 소명요구가 있을 수 있으니 입증서류를 갖춰놓아야 하며 개인여행사의 신용카드발행세액공제도 알선수수료 부분만 받아야 한다.

위・수탁판매의 경우 세금계산서는 부가가치세법 시행령 제58조 규정에 따라 발급하여야 하는 것이며, 당해 판매 대가를 신용카드로 결제받는 경우 위탁자와의 위・수탁판매에 관한 명시적인 계약내용과 세금계산서 발급 등이 관련 장부의 기장내용과 증빙서류 등에 의해 위・수탁판매 대가임이 확인가능할 때에는 판매대금 영수용도에 한해 수탁자의 명의로 매출전표를 상대방에게 교부할 수 있는 것이다(서면3팀-2652, 2007. 9. 20). 해외 여행알선업을 영위하는 사업자가 자기의 수입으로 귀속되는 알선수수료와 음식비・숙박비・운송비 등의 수탁여행경비 전체 금액을 신용카드로 결제받고 신용카드매출전표를 발급하는 것이 여신전문금융업법 제19조 제4항 각 호에 따른 신용카드 가맹점의 금지행위에 해당하지 아니하는 경우에는 부가가치세법 제22조 제3항 제2호(재화 또는 용역을 공급하지 아니하고 제16조에 따른 세금계산서 또는 제32조의 2 제3항에 따른 신용카드매출전표 등을 발급한 경우)에 따른 가산세를 적용하지 아니하는 것이다(법규부가 2013-5, 2013. 3. 26).

### (6) 공급시기

용역의 공급시기는 역무의 제공이 완료되고 공급가액이 확정되는 때이다. 따라서 여행알선용역의 공급시기는 **여행알선용역의 제공이 완료되는 때**이다. 여행알선업자가 항공운송사업자와의 항공권 판매 대행계약에 의하여 항공권 판매 대행용역을 제공함에 있어 항공권 판매 대행용역의 제공이 완료되었으나, 그 대가가 확정되지 아니한 경우 항공권 판매 대행용역의 공급시기는 부가가치세법 시행령 제22조 제3호의 규정에 의하여 당해 용역의 제공이 완료되고 그 공급가액이 확정되는 때인 것이다(서삼 46015-11705, 2003. 10. 31). 한편, 여행사가 여행권(상품권)을 판매하고 추후 여행알선용역 및 여객운송용역을 제공하고 반환받는 경우 부가가치세 과세표준은 반환받은 여행권의 금액이 되는 것이며 그 공급시기는 여행알선 용역제공이 완료되는 때이다(서면3팀-2010, 2005. 11. 14).

### (7) 매입세액공제

국내여행사가 국내상품 판매점과의 계약에 따라 판매점에 외국관광객을 유치하여 주고 판매점으로부터 해당 외국관광객에 대한 매출액의 일정수수료를 수취하는 경우 외국관광객의 국내 여행경비(식사비, 숙박비, 운송비, 입장료 등)를 대신 지출하면서 부담하는 매입세액은「부가가치세법」제39조 제1항의 규정에 의하여 매출세액에서 공제되지 아니하는 것이다(부가, 서면-2016-법령해석부가-2670, 2016. 11. 16). 중국모객여행사와 사전 계약에 따라 청구법인이 지정한 쇼핑점 3~5곳을 의무 방문하여야 하는 한국단체관광 상품을 중국모객여행사를 통해 저렴하게 판매하는 대신 여행사는 중국 관광객의 국내 숙박비 등 국내 체류비 일체를 부담하고 면세점 및 쇼핑센터에 관광객을 송객하고 그에 대한 수수료를 받는 경우 여행사가 부담하는 관광객의 비용에 대하여 매입세액공제가 가능하다. 즉, "외국인관광객을 모집하여 국내 상품판매점에 데려다주는 서비스(이하 송객서비스)를 제공하고 해당 판매점으로부터 수수료를 받는 사업을 영위하는 여행사가 송객서비스 공급을 위하여 사전 약정에 따라 외국인관광객의 숙박비·교통비·식비 등을 부담하면서 발생한 부가가치세액은「부가가치세법」제38조 제1항에 따라 매출세액에서 공제하는 매입세액에 해당하는 것이다(기획재정부 부가가치세제과-390, 2019. 6. 24)." 한편 조세심판원은 "중국단체관광객 유치의 과당경쟁으로 인하여 국내 전담여행사 간에는 지상경비의 지출형태에 대한 일정한 상관행이 형성되어 있을 것인바, 쟁점지상경비와 같은 성격의 경비에 대하여 최종 부담주체가 누구인지와 관련하여 과세관청으로 하여금 동 경비의 지출형태, 자금출처 및 자금흐름 등을 전반적으로 재조사하게 하여 그 결과에 따라 쟁점지상경비 중 매입세액 공제대상으로 인정받을 수 있는 경비에 한하여 공제 여부를 결정하도록 하는 것이 타당하다고 판단된다(조심-2018-서-5003, 2019. 11. 5)"고 결정하였다.

따라서 여행사가 부담하는 지상경비에 대한 매입세액은 자기사업과의 관련성이 매우 중요하며 이의 입증은 계약서 등이 중요하다.

〈거래형태〉

다솔투어는 화장품, 김, 홍삼 등 국내상품판매점(이하 "판매점")과의 계약에 따라 해당 판매점에 외국관광객을 유치하여 주는 용역을 제공하는 국내여행사임

○ 외국관광객의 여행상품은 쇼핑이 주목적인 상품으로 신청법인은 외국여행사와의 계약(대가관계 없음)에 따라 숙박시설, 판매점, 관광지, 식당 등이 포함된 국내여행일정을 기획하여 외국여행사에 전달하며

- 외국여행사는 항공권 정도의 가격만이 포함된 여행상품을 판매하고 모집한 외국관광객을 신청법인에 송출하는 역할을 수행함

○ 신청법인의 수익은 판매점과의 계약에 따라 판매점에 외국관광객을 유치하여 주는 대가로 판매점으로부터 수취하는 외국관광객에 대한 매출액의 일정수수료(통상 20%~50%)가 전부이며

• 외국관광객의 국내여행에 소요되는 식사비, 호텔비, 전세버스 대절료, 관광지 입장료, 고속도로 통행료 등 여행경비를 지출하면서 기타판매관리비 중 지상비로 회계처리하고 있음

관광진흥법에 의한 여행업을 영위하는 사업자의 과세표준은 여행알선용역을 제공하고 받는 수수료이므로 당해 여행알선용역의 공급에 직접 관련되지 아니한 관광객의 운송·숙박·식사 등에 따른 매입세액은 매출세액에서 공제하지 아니한다(부기통 17-0-10). 이에 대한 판례를 보면, 청구법인은 외국여행사가 모집한 외국인관광객의 국내관광서비스 제공이 가능하도록 국내 여행알선용역을 제공한 것이므로 처분청이 외국인관광객의 여행경비 지급과 관련한 매입세액을 청구법인의 사업과 직접 관련이 없는 것으로 보아 이를 불공제하여 청구법인에게 이 건 부가가치세를 부과한 처분은 잘못이 없다(국심 1999서1610, 2000. 3. 22).

**질의회신** **여행업을 영위하는 사업자가 고객유치 및 광고선전 등의 목적으로 대신 지급한 비용의 매입세액 공제 여부**(부가-173, 2013. 2. 19)

**1. 사실관계**

가. 질의자(이하 "당사"라 함)는 사업자등록증상 여행업을 영위하는 사업자임

나. 당사는 외국여행사가 송출한 외국인관광객에게 국내여행 서비스와 국내의 물품(김, 홍삼, 화장품 등) 판매점을 소개·홍보하는 서비스를 제공함

다. 관광객들이 판매점에서 구매하는 상품가액의 일정비율을 판매점으로부터 수수료 명목으로 지급받아 매출로 인식하고 부가가치세 과세표준으로 신고함

라. 여행서비스와 관련하여 관광객들의 여행경비(숙박비, 식대, 놀이공원 입장료 등)는 대부분 당사가 판매점으로부터 수수하는 수수료를 이용하여 여행경비에 충당함

- 외국여행사는 당사에 알선수수료를 지급하지 않거나 일부만을 지급하고 있으며, 당사가 외국여행사에게 지급하는 경우도 있음

**2. 질의내용**

질의자가 부담한 여행경비의 매입세액을 공제받을 수 있는지

**3. 회신내용**

여행업을 영위하는 사업자의 부가가치세 과세표준은 여행알선용역을 제공하고 받는 수수료인 것으로 외국여행사가 송출한 외국관광객들이 부담하여야 할 여행경비(숙박비, 식대, 입장료

등)를 광고선전 및 고객유치 목적으로 대신 지급하는 경우 관련 매입세액은 부가가치세법 제17조 제2항에 의해 매출세액에서 공제되지 아니하는 것이다.

### (8) 면세점송객용역 매입자납부특례

「관광진흥법」 제2조 제2호에 따른 관광사업자가 다른 관광사업자 또는 「관세법」 제196조에 따른 보세판매장의 특허를 받은 자(이하 "면세점사업자"라 한다)에게 관광객을 면세점에 유치하는 용역으로서 송객(送客)용역(이하 "면세점송객용역"이라 한다)을 공급하려는 경우에는 해당 면세점송객용역을 공급하는 관광사업자와 그 면세점송객용역을 공급받는 관광사업자 및 면세점사업자는 대통령령으로 정하는 바에 따라 면세점송객용역거래계좌(이하 "면세점송객용역거래계좌"라 한다)를 개설하여야 한다. 관광사업자가 다른 관광사업자 또는 면세점사업자에게 면세점송객용역을 공급한 경우에는 「부가가치세법」 제31조에도 불구하고 그 공급받는 자로부터 부가가치세를 징수하지 아니한다(조특법 106의 11).

관광사업자로부터 면세점송객용역을 공급받은 관광사업자 또는 면세점사업자는 그 공급을 받은 날(면세점송객용역을 공급받은 날이 세금계산서를 발급받은 날보다 빠른 경우에는 세금계산서를 발급받은 날을 말한다)부터 기한("부가가치세액 입금기한"이라 한다)까지 면세점송객용역거래계좌를 사용하여 제1호의 금액은 해당 면세점송객용역을 공급한 관광사업자에게, 제2호의 금액은 대통령령으로 정하는 자에게 입금하여야 한다. 다만, 기업구매자금대출 등 대통령령으로 정하는 방법으로 면세점송객용역의 가액을 결제하는 경우에는 제2호의 금액만 입금할 수 있다.

1. 면세점송객용역의 가액
2. 「부가가치세법」 제29조에 따른 과세표준에 같은 법 제30조에 따른 세율을 적용하여 계산한 금액(이하 이 조에서 "부가가치세액"이라 한다)

면세점송객용역을 공급받은 관광사업자 또는 면세점사업자가 제3항에 따라 부가가치세액을 입금하지 아니한 경우에는 해당 면세점송객용역을 공급한 관광사업자로부터 발급받은 세금계산서에 적힌 세액은 「부가가치세법」 제38조에도 불구하고 매출세액에서 공제되는 매입세액으로 보지 아니한다. 납세지 관할 세무서장은 면세점송객용역을 공급한 관광사업자가 제3항에 따라 면세점송객용역거래계좌를 사용하지 아니하고 면세점송객용역의 가액을 결제받은 경우에는 해당 면세점송객용역을 공급한 관광사업자와 공급받은 관광사업자 또는 면세점사업자에게 각각 면세점송객용역 가액의 100분의 10을 가산세로 징수한다.

## 3. 소득세 · 법인세 실무

### (1) 손익의 귀속시기

내국법인의 각 사업연도의 익금과 손금의 귀속사업연도는 그 익금과 손금이 확정된 날이 속하는 사업연도로 한다. 따라서 여행알선용역의 귀속사업연도는 여행알선용역 제공이 완료된 사업연도로 한다.

**참고 여행상품권을 협찬하는 경우 손익 귀속사업연도 등**

(1) 질의

방송사는 프로그램 방송도중 MC의 멘트와 자막으로 여행사 광고를 해주는 조건으로 여행사의 여행상품권을 협찬을 받으며 방송사에서는 출연자에게 출연료의 일부를 협찬받은 여행상품권으로 지급함에 있어 당 법인이 여행상품권의 협찬을 중개하는 경우

질의 1) 원천징수시기가 방송사에서 여행상품권을 출연자에게 지급하는 시점인지 아니면 그 여행상품권으로 실지 여행을 하는 시점인지

질의 2) 여행사가 광고선전비로 계상할 수 있는 시기가 여행사에서 여행상품권을 방송사에 협찬물로 지급하는 시점인지 아니면 상품권소지자가 실지 여행을 하는 시점인지

질의 3) 여행상품권 협찬을 중개하는 법인의 손익인식 시기는 여행사의 여행상품권의 협찬시점인지 출연자가 여행이 실행되는 시점인지

(2) 회신

① 귀 질의 1)의 경우 거주자가 일시적으로 방송에 출연하고 그 대가의 일부로서 여행상품권을 수령한 경우 이는 기타소득에 해당하는 것으로, 원천징수의무자가 여행상품권을 지급하는 때에 소득세법 제145조 제1항의 규정에 의하여 소득세를 원천징수하는 것이며,

② 질의 2)의 경우 여행사가 여행상품권을 방송사에 협찬함에 있어 동 상품권을 제공해야 할 의무가 확정된 날이 속하는 사업연도에 손금으로 하는 것이며,

③ 질의 3)의 경우 방송사에 여행상품권의 협찬을 중개하는 법인에 대한 손익의 귀속시기는 법인세법 시행령 제69조의 규정에 의하여 그 용역의 제공이 완료된 날이 속하는 사업연도에 익금으로 하는 것이다(서이 46012-11803, 2002. 9. 30).

### (2) 수입금액의 인식

#### 1) 기업회계기준상 총액인식기준

기업이 본인인 경우에 수행의무를 이행할 때(또는 이행하는 대로) 기업은 이전되는 정해진 재화나 용역과 교환하여 받을 권리를 갖게 될 것으로 예상하는 대가의 총액을 수익으로 인식한다(기준서 1115호 고객과의 계약에서 생기는 수익 적용지침 B35).

고객에게 정해진 재화나 용역이 이전되기 전에 기업이 그 정해진 재화나 용역을 통제함[따라서 본인임(문단 B35 참조)]을 나타내는 지표에는 다음 사항이 포함되지만 이에 한정되지는 않는다.

① 정해진 재화나 용역을 제공하기로 하는 약속을 이행할 주된 책임이 이 기업에 있다. 이는 보통 정해진 재화나 용역을 수용할 수 있게 할 책임(예: 재화나 용역을 고객의 규격에 맞출 주된 책임)도 포함한다. 정해진 재화나 용역을 제공하기로 하는 약속을 이행할 주된 책임이 기업에 있다면, 이는 정해진 재화나 용역을 제공하는 데 관여하는 다른 당사자가 기업을 대신하여 활동하고 있음을 나타낼 수 있다.

② 정해진 재화나 용역이 고객에게 이전되기 전이나, 고객에게 통제가 이전된 후에 재고위험이 이 기업에 있다(예: 고객에게 반품권이 있는 경우). 예를 들면 고객과 계약을 체결하기 전에 기업이 정해진 재화나 용역을 획득하거나 획득하기로 약정한다면 고객에게 이전되기 전에 기업이 그 재화나 용역의 사용을 지시하고 그 나머지 효익의 대부분을 획득할 수 있는 능력이 있음을 나타낼 수 있다.

③ 정해진 재화나 용역의 가격을 결정할 재량이 기업에 있다. 정해진 재화나 용역에 대하여 고객이 지급하는 가격을 기업이 결정한다는 것은 기업이 재화나 용역의 사용을 지시하고 나머지 효익의 대부분을 획득할 능력이 있음을 나타낼 수 있다. 그러나 어떤 경우에는 가격을 결정할 재량이 대리인에게 있을 수 있다. 예를 들면 대리인이 다른 당사자가 고객에게 공급하는 재화나 용역을 주선하는 용역에서 추가 수익을 창출하기 위하여 가격 결정에 일부 융통성을 가질 수 있다(기준서 1115호 고객과의 계약에서 생기는 수익 적용지침 B37).

| 본 인 | 총액인식 |
|---|---|
| 대리인 | 순액인식 |

#### 2) 총액주의와 순액주의의 논거

여행사의 부가가치세 과세표준과 법인세법상 수입금액을 순액으로 할 것인가 아니면 총액으로 할 것인가에 대한 논란이 있다. 총액주의와 순액주의의 주장근거는 다음과 같다.

① **고객으로부터 받는 총액 : 총액주의**

ⓐ 부가가치세 과세표준은 과세표준에는 거래상대자로부터 받은 대금 · 요금 · 수수료 기타 명목여하에 불구하고 대가관계에 있는 모든 금전적 가치 있는 것을 포함한다(부법 29 ③).

ⓑ 익금은 당해 법인의 순자산을 증가시키는 거래로 인하여 발생하는 수익의 금액으로 한다(법법 15 ①).

ⓒ 여행사가 일괄적으로 계약을 체결하였고 여행용역 제공 과정에서 여행자들에게 발생한 손해를 배상하기로 약정한다. 즉, 자기책임과 계산 하에 여행알선용역을 제공한다.

② **여행알선수수료 : 순액주의**

ⓐ 여행사는 표준산업분류상 운수업이나 도매업이 아닌 사업지원서비스업으로 분류한다.

ⓑ 고객으로부터 받는 수탁비용(랜드비용)은 대가관계가 없는 것으로 단지 납입대행만 하는 예수금 성격이다.

주로 실무상으로는 순액법으로 처리하고 있으며 부가가치세 과세표준 산정에 대한 과세관청의 법규해석도 대부분 순액으로 인식하도록 하고 있다. 다만, 총액 · 순액에 대한 논란이 있을 수 있으니 다음과 같은 대처방안을 검토할 필요가 있다.

① 고객과 여행알선계약서를 작성할 경우 여행알선수수료와 수탁비용을 구체적으로 구분기재한다.

② 여행알선수수료에 대해서만 세금계산서 또는 현금영수증을 발행한다.

③ 여행알선용역 제공시 고객에 대한 위험의 한계를 명시한다.

**참고** 대리인 여부의 판단요건(총액 · 순액기준 : 일반기준 실16.19)

① **주요지표**

1. 회사가 거래의 당사자로서 재화나 용역의 제공에 대한 주된 책임을 부담한다.
2. 회사가 재고자산에 대한 전반적인 위험을 부담한다.

② **보조지표**

1. 회사가 가격결정의 권한을 갖는다.
2. 회사가 재화를 추가 가공(단순한 포장은 제외)하거나 용역의 일부를 수행한다.
3. 고객이 요구한 재화나 용역을 제공할 수 있는 복수의 공급자가 존재하는 상황에서 회사

가 공급자를 선정할 수 있는 재량을 갖는다.
4. 회사가 고객에게 제공되는 재화나 용역의 성격, 유형, 특성 또는 사양을 주로 결정한다.
5. 회사가 재고자산의 물리적 손상에 따른 위험을 부담한다.
6. 회사가 신용위험을 부담한다.

#### 3) 도매여행사의 총액인식

여행상품을 기획하고 본인을 위하여 영업활동을 수행하는 도매여행사는 한국채택 국제회계기준(K-IFRS 1115) 변경 이후부터 순액에서 총액으로 인식하고 있다. 수익인식기준 변경에 따른 주석공시내용을 보면 다음과 같다. (출처 : 금융감독원 전자공시시스템)

〈하나투어〉

가. 본인 대 대리인

회사는 일부 항공권, 호텔, 티켓을 확보하기 위하여 확정 수량과 가격으로 구매하는 약정을 체결하고 있습니다. 이러한 거래에서 회사는 고객과의 계약을 이행하기 위하여 그 권리의 사용을 지시할 능력이 있으므로 거래 총액을 수익으로 인식해야 함에 따라 회사의 영업수익과 영업비용이 각각 90,568백만 원 증가할 것으로 예상하며 영업이익에 미치는 영향은 없습니다.

〈모두투어〉

가. 본인 대 대리인

2017 회계연도를 기준으로 재무영향을 분석한 결과 기업회계기준서 제1115호 적용 시 회사는 순액으로 인식하던 금액을 총액으로 수익으로 인식하게 되어 수익이 75,871백만 원 증가하고, 관련 매출원가가 75,871백만 원 증가할 것으로 예상됩니다.

### (3) 중소기업 해당 여부

**여행사는 관광진흥법에 의한 관광사업에 해당**되어 세법상 중소기업 해당 업종으로 중소기업요건을 충족하는 경우 조세특례를 적용받을 수 있다(조특령 2 ①).

### (4) 중소기업특별세액감면

「관광진흥법」에 따른 관광사업(카지노, 관광유흥음식점 및 외국인전용유흥음식점업은 제외한다)은 중소기업특별세액감면대상업종에 해당된다(조특법 7 ① 1호).

① 매출액이 업종별로 「중소기업기본법 시행령」 별표 1에 따른 규모 기준("평균매출액 등"은 "매출액"으로 보며, 이하 이 조에서 "중소기업기준"이라 한다) 이내일 것

② 실질적인 독립성이 「중소기업기본법 시행령」 제3조 제1항 제2호에 적합할 것 등 일정한 요건을 충족한 경우에는 중소기업특별세액감면을 받을 수 있다(조특법 7 ① 1호 고목). 매출액은 기업회계기준에 따라 작성한 손익계산서상의 매출액으로 한다. 다만, 창업·분할·합병의 경우 그 등기일의 다음 날(창업의 경우에는 창업일)이 속하는 과세연도의 매출액을 연간 매출액으로 환산한 금액을 말한다(조특칙 2 ④).

[여행사의 중소기업특별세액 감면율]

| 구 분 | 지역기준 | 감면율 |
|---|---|---|
| 소 기 업 | 수도권 안 | 20% |
| | 수도권 밖 | 30% |
| 중 기 업 | 수도권 안 | 0% |
| | 수도권 밖 | 15% |

• 관광산업과 자동차정비업이 도매업 등의 범위에서 제외되어 중소기업특별세액 감면율이 대폭적으로 증가되었다.

※ 감면비율(조특법 7 ① 2호 가목)

가. 대통령령으로 정하는 소기업(이하 이 조에서 "소기업"이라 한다)이 **도매 및 소매업, 의료업**(이하 이 조에서 "도매업 등"이라 한다)을 경영하는 사업장 : 100분의 10(2010. 1. 1 개정, 시행시기 : 2010. 1. 1 최초로 개시하는 사업연도)

③ 감면한도 : 다음 각 목의 구분에 따른 금액으로 한다.

가. 해당 과세연도의 상시근로자 수가 직전 과세연도의 상시근로자 수보다 감소한 경우 : 1억원에서 감소한 상시근로자 1명당 5백만원씩을 뺀 금액(해당 금액이 음수인 경우에는 영으로 한다)

나. 그 밖의 경우 : 1억원

### (5) 적격증명 수취대상 여부

법인이 여행사에게 지급한 여행알선용역 대가의 수수료 외에 교통비, 숙박비, 입장료 등 여행경비를 대신 지급하도록 한 경우, 그 위탁 지급한 여행경비에 대하여도 법인세법 시행령 제158조 제2항 각호에 규정한 경우를 제외하고는 당해 법인이 실제 용역을 제공한 자로부터 같은 법 제116조 제2항 각호의 지출증빙서류를 수취하여야 하며 이를 수취하지 아니한 경우 증빙불비가산세(2%)에 해당하는 것이다. 다만, 이 경우에도 다른 객관적인 자료에

의하여 당해 법인사업 관련한 지출인 사실이 확인된 경우에는 각 사업연도 소득금액 계산 시 손금에 산입하는 것이다(서면2팀-1026, 2004. 5. 14).

### (6) 감가상각

여행알선, 창고 및 운송관련 서비스업(한국표준산업분류상 중분류 코드 63)에 사용되는 차량운반구는 「법인세법 시행규칙」 [별표 6] 업종별자산의 기준내용연수 및 내용연수범위표 구분2의 기준내용연수 및 내용연수범위를 적용하는 것이다(서면2팀-119, 2007. 1. 16).

**별표 6** 〈개정 2018. 3. 21〉

[업종별자산의 기준내용연수 및 내용연수범위표 (제15조 제3항 관련)]

| 구분 | 기준내용연수 및 내용연수범위표 (하한 ~ 상한) | 적용대상자산(다음에 규정된 한국표준산업분류상 해당 업종에 사용되는 자산) | |
|---|---|---|---|
| | | 대분류 | 중분류 |
| 2 | 5년 (4년 ~ 6년) | 사업시설관리, 사업지원 및 임대서비스업 | 74. 사업시설관리 및 조경 서비스업<br>75. 사업지원 서비스업. 다만, 여행사 및 기타 여행 보조 서비스업(752)은 구분 4(6년~10년)를 적용한다.<br>76. 임대업(부동산은 제외한다) |

### (7) 관광안내원의 소득구분

여행사 소속 가이드로 여행사와 독립적으로 운영되는 특정 여행관련 서비스를 제공하고 판매실적에 따라 일정한 사례금을 받은 경우에는 사업소득에 해당되며 사업소득으로 원천징수하는 것이다(서일 46011-10703, 2002. 5. 23). 따라서 여행업을 영위하는 법인이 고용관계 없는 해외여행 인솔자(프리랜서 여행안내자) 중 일정요건을 충족한 자에게 성과에 따라 추가로 지급하는 금액이 기업회계기준 및 일반적으로 공정・타당하다고 인정되는 관행에 비추어 정상적이라고 인정될 수 있는 범위 안의 것이면 「법인세법 시행령」 제19조 제1호의 2에 의한 판매부대비용으로 손금에 산입되는 것이다(법인-1189, 2010. 12. 30). 반면, 외국인관광객을 면세점에 안내하고 판매실적에 따라 받는 수수료는 일시적인 사례금으로 기타소득에 해당된다고 보는 판례가 있다(국심 1996부276, 1996. 7. 16).

[여행사 관련 주요 해석사례 및 심판례 요약]

| | | |
|---|---|---|
| ① 항공권 판매 | 여행사가 항공사로부터 구입한 항공권을 다른 여행사에게 판매하는 경우, 당해 항공권의 매매거래는 「부가가치세법」 제1조에서 규정하는 과세대상에 해당하지 아니하는 것임. | 부가-1351 (2010. 10. 12) |
| ② 호텔 등 서비스업체의 용역공급에 대한 세금계산서 수수 | 항공기를 이용하는 승객이 지상에 체류하는 동안 항공사가 제공하여야 할 호텔숙박 등의 서비스를 항공사와 여행사와의 업무대행계약에 의하여 여행사가 자기책임 하에 제공하는 경우, 호텔 등 서비스업체는 여행사를 공급받는 자로 하여 세금계산서를 작성·교부하여야 하며, 그 여행사는 정산금액과 대행수수료의 합계금액에 대하여 항공사에게 세금계산서를 교부하여야 하는 것임. | 부가-956 (2009. 3. 10) |
| ③ 여행사의 과세표준 | 청구법인이 여행계약 체결시 여행경비와 여행알선수수료를 구분하거나 추후 경비지출에 따른 정산을 하지 않았으므로 청구법인이 수령한 여행대가 전부가 부가가치세 과세대상인 청구법인의 매출이라고 보는 것이 타당함. | 국심 2006서1570 (2006. 12. 11) |
| ④ 매입세액의 범위 | 「관광진흥법」에 따른 여행업을 영위하는 사업자의 과세표준은 여행알선용역을 제공하고 받는 수수료이므로 해당 여행알선용역의 공급에 직접 관련되지 아니한 관광객의 운송·숙박·식사 등에 따른 매입세액은 매출세액에서 공제하지 아니함. | 부기통 17-0-10 |
| ⑤ 과세표준 | 여행사가 여행알선수수료와 여행객이 부담하여야 하는 숙박비 등을 구분 계약하여 그 대가를 받는 경우에는 당해 숙박비 등은 부가가치세 과세표준에 포함하지 아니하는 것임. | 서면3팀-780 (2008. 4. 17) |
| ⑥ 과세표준 | 여행알선업자가 여행자가 부담할 비용과 여행알선수수료를 각각 구분하여 대가를 받는 경우에 한하여 알선수수료에만 부가가치세가 과세되는 것임. | 국심 2001서0384 (2001. 5. 11) |
| ⑦ 과세표준 | 여행업자는 여행 출발시부터 도착시까지 여행업자 본인 또는 그 고용인, 현지여행업자 또는 그 고용인 등이 여행업자 임무와 관련하여 여행자에게 고의 또는 과실로 손해를 가한 경우 책임을 진다고 규정하고 있는 사실로 보아 전체용역을 과세표준으로 하여야 함. | 대법원 2008두8864 (2008. 8. 21) |

## Ⅳ 여행사의 손익계산서

회사명 : (주)민지여행사

사업연도 : 20×1. 1. 1 ~ 20×1. 12. 31

| | | |
|---|---|---|
| Ⅰ. 영업수익 | | ××× |
| 1. 항공권판매 수수료수입 | ××× | |
| 2. 여행알선 수수료수입 | ××× | |
| 3. 기타알선 수수료수입 | ××× | |
| 4. | | |
| Ⅱ. 영업비용 | | ××× |
| 1. 급여 | ××× | |
| 2. 퇴직급여 | ××× | |
| 3. 복리후생비 | ××× | |
| 4. 관광행사경비 | ××× | |
| 5. 여비교통비 | ××× | |
| 6. 해외시장개척비 | ××× | |
| 7. 통신비 | ××× | |
| 8. 보험료 | ××× | |
| 9. 접대비 | ××× | |
| 10. 차량유지비 | ××× | |
| 11. 지급수수료 | ××× | |
| 12. 광고선전비 | ××× | |
| 13. 대손상각비 | ××× | |
| 14. 기타 | ××× | |
| Ⅲ. 영업이익 | | ××× |

# 해외유학 알선업의 세무실무

## 1. 해외유학 상담용역의 과세 여부

① 통신유학원이라 함은 미국·프랑스 등 선진국 대학들의 입학조건, 구비서류, 입학자격 등을 사전에 정보를 수집하여 파악하고 그것을 바탕으로 유학을 원하는 자에게 정보를 제공함으로써 상담자가 원하는 대학 및 대학원에 진학할 수 있도록 도와주는 사업을 하는 것으로, 사업자가 타인에게 해외유학 정보(입학조건, 입학자격, 구비서류 등)를 제공하고 그 대가를 받는 경우에는 용역의 공급으로 부가가치세가 과세되는 것이다(부가 46015-170, 1993. 2. 19).

② 주무관청에 허가 또는 인가를 받거나 주무관청에 등록 또는 신고된 자에 해당하지 아니하는 자가 ○○대학교와의 협약에 따라 '○○대-△△주립대 글로벌 학사유학 과정'을 공동운영하면서 수강생에게 해당 과정 중 일부 교과목에 관한 교육용역을 제공하고 그 대가를 받은 경우, 해당 교육용역은 「부가가치세법」 제12조 제1항 제6호 및 같은 법 시행령 제30조에 따라 부가가치세가 면제되는 교육용역에 해당하지 아니하는 것이다(법규부가 2011-174, 2011. 6. 17).

## 2. 해외유학알선업의 업종구분 및 영세율 대상 여부

사업자가 호주에 있는 법인의 의뢰에 의하여 국내에서 한국유학생을 모집하여 주고 학생들이 송금한 금액 중 일정률의 수수료를 차감하고 호주소재 법인에게 송금하는 경우 부가가치세법 시행령 제26조 제1항 나목의 "사업서비스업"에 해당하는지 여부 및 채무를 차감하고 송금한 경우 영세율 적용가능 여부를 살펴보면, 주된 산업활동이 "유학알선서비스" 또는 "유학상담서비스"는 한국표준산업분류상 "74119(현재분류 : 71109). 기타 법무관련 서비스"로 분류되는 것이며, 사업자가 국내에서 국내사업장이 없는 외국법인에게 당해 용역을 공급하고 그 대가를 당해 외국법인에게 지급할 금액에서 차감하는 때에는 외국환은행에서 원화로 받는 것으로 보아 부가가치세법 시행령 제26조 제1항 제1호의 규정에 의하여 영의 세율이 적용되는 것이다(서면3팀-1846, 2005. 10. 25). 해당 사업자가 제공하는 용역이 현재 한국표준산업분류의 교육서비스업(유학알선 서비스)에 해당하는 것으로 개정 전 제8차 한국표준산업분류의 사업서비스업에 해당하는 경우에는 위 영세율 규정의 사업서비스 용역에 해당하는 것이다(부가-1038, 2011. 8. 31).

### 3. 유학생으로부터 받은 수속비 등의 과세표준 포함 여부

① 청구인의 장부와 간이세금계산서에 의하면 유학생으로부터 받은 금액이 일괄기재 되고 수수료와 유학생 수속비 등이 구분기재 되어 있지 않고, 청구인은 유학알선수수료 명목으로 일괄로 받은 금액 중에서 청구외 유학원에 송금한 무통장입금증과 이에 대한 청구외 유학원의 확인서를 제출하고 있으나 이 송금액의 명목이 불분명할 뿐만 아니라 만약 동 송금액이 청구인의 주장과 같이 매출액에 대한 매입액의 성격에 해당된다 하더라도 부가가치세 과세표준 계산에 있어서 필요경비 공제 여부는 관련이 없는 바, 따라서 이 건의 경우는 유학생으로부터 청구인이 받은 유학알선수수료 수입액 전액을 부가가치세 과세표준으로 하는 것이 타당한 것으로 인정된다(국심 1993구173, 1993. 4. 6).

② 직업안정법에 의한 국외유료직업소개 용역을 제공하고 그에 대한 알선수수료를 수입으로 하는 법인이 해외취업을 희망하는 자로부터 해외취업알선수수료와는 별도로 취업희망자 본인의 외국어교육비 · 비자발급수수료 · 해외항공료 등을 수령하여 학원 · 여행사 등에 동일한 금액을 지급 대행하는 경우 동 외국어교육비 등에 대하여는 당해 법인의 손익으로 계상하지 아니하는 것이나 당해 법인이 단순한 대행업무만을 영위하는 것인지 여부는 실질내용에 따라 사실판단할 사항이다(법인 46012-88, 1999. 1. 9).

③ 사업자가 자기의 책임과 계산 하에 부가가치세가 과세되는 재화나 용역을 제공하고 그 대가를 받는 경우는 그 대가의 합계액이 당해 사업자의 부가가치세 과세표준이 되는 것이나, 유학알선용역을 공급하고 그 대가로 수수료를 받기로 한 경우에는 당해 수수료에 해당하는 금액이 부가가치세 과세표준이 되는 것이다(서면3팀-932, 2007. 3. 28).

### 4. 해외유학 알선용역의 공급시기

해외여행 알선업체의 역무는 일정액의 대가를 받기로 하고 해외유학에 필요한 수속을 밟아 주는 것으로서, 상담 완료 후 제반서류를 외국에 송부하면 입학허가서가 해외유학알선업체에게 송부되는 것이 아니고 유학을 희망하는 학생에게 직접 송부되어 유학생 스스로가 차후 절차를 밟을 수 있는 것이므로 해외유학 알선용역업체가 제공하는 용역은 입학허가를 얻기 위한 제반서류가 송부된 때에 용역의 제공이 완료된 것으로 보는 것이다(국심 84서759, 1984. 7. 28).

# 여행사 및 유학알선업체 표준계약서

## 1. 국내여행 표준약관(공정거래위원회 제10020호)

제1조(목적) 이 약관은 ○○여행사와 여행자가 체결한 국내여행계약의 세부이행 및 준수사항을 정함을 목적으로 합니다.

제2조(여행업자와 여행자 의무)
① 여행업자는 여행자에게 안전하고 만족스러운 여행서비스를 제공하기 위하여 여행알선 및 안내·운송·숙박 등 여행계획의 수립 및 실행과정에서 맡은 바 임무를 충실히 수행하여야 합니다.
② 여행자는 안전하고 즐거운 여행을 위하여 여행자간 화합도모 및 여행업자의 여행질서 유지에 적극 협조하여야 합니다.

제3조(여행의 종류 및 정의) 여행의 종류와 정의는 다음과 같습니다.
1. 희망여행 : 여행자가 희망하는 여행조건에 따라 여행업자가 실시하는 여행.
2. 일반모집여행 : 여행업자가 수립한 여행조건에 따라 여행자를 모집하여 실시하는 여행.
3. 위탁모집여행 : 여행업자가 만든 모집여행상품의 여행자 모집을 타 여행업체에 위탁하여 실시하는 여행.

제4조(계약의 구성)
① 여행계약은 여행계약서(붙임)와 여행약관·여행일정표(또는 여행 설명서)를 계약내용으로 합니다.
② 여행일정표(또는 여행설명서)에는 여행일자별 여행지와 관광내용·교통수단·쇼핑횟수·숙박장소·식사 등 여행실시일정 및 여행사 제공 서비스 내용과 여행자 유의사항이 포함되어야 합니다.

제5조(특약) 여행업자와 여행자는 관계법규에 위반되지 않는 범위 내에서 서면으로 특약을 맺을 수 있습니다. 이 경우 표준약관과 다름을 여행업자는 여행자에게 설명하여야 합니다.

제6조(계약서 및 약관 등 교부) 여행업자는 여행자와 여행계약을 체결한 경우 계약서와 여행약관, 여행일정표(또는 여행설명서)를 각 1부씩 여행자에게 교부하여야 합니다.

제7조(계약서 및 약관 등 교부 간주) 다음 각 호의 경우에는 여행업자가 여행자에게 여행계약서와 여행약관 및 여행일정표(또는 여행설명서)가 교부된 것으로 간주합니다.
1. 여행자가 인터넷 등 전자정보망으로 제공된 여행계약서, 약관 및 여행일정표(또는 여행설명서)의 내용에 동의하고 여행계약의 체결을 신청한데 대해 여행업자가 전자정보망 내지 기계적 장치 등을 이용하여 여행자에게 승낙의 의사를 통지한 경우

2. 여행업자가 팩시밀리 등 기계적 장치를 이용하여 제공한 여행계약서, 약관 및 여행일정표(또는 여행설명서)의 내용에 대하여 여행자가 동의하고 여행계약의 체결을 신청하는 서면을 송부한데 대해 여행업자가 전자정보망 내지 기계적 장치 등을 이용하여 여행자에게 승낙의 의사를 통지한 경우

제8조(여행업자의 책임)
① 여행업자는 여행 출발시부터 도착시까지 여행업자 본인 또는 그 고용인, 현지여행업자 또는 그 고용인 등(이하 '사용인'이라 함)이 제2조 제1항에서 규정한 여행업자 임무와 관련하여 여행자에게 고의 또는 과실로 손해를 가한 경우 책임을 집니다.
② 여행업자는 항공기, 기차, 선박 등 교통기관의 연발착 또는 교통체증 등으로 인하여 여행자가 입은 손해를 배상하여야 합니다. 단 여행업자가 고의 또는 과실이 없음을 입증한 때에는 그러하지 아니합니다.
③ 여행업자는 자기나 그 사용인이 여행자의 수화물 수령・인도・보관 등에 관하여 주의를 해태하지 아니하였음을 증명하지 아니 하는 한 여행자의 수화물 멸실, 훼손 또는 연착으로 인하여 발생한 손해를 배상하여야 합니다.

제9조(최저 행사인원 미충족시 계약해제)
① 여행업자는 최저행사인원이 충족되지 아니하여 여행계약을 해제하는 경우 당일여행의 경우 여행출발 24시간 이전까지, 1박2일 이상인 경우에는 여행출발 48시간 이전까지 여행자에게 통지하여야 합니다.
② 여행업자가 여행참가자 수의 미달로 전항의 기일 내 통지를 하지 아니하고 계약을 해제하는 경우 이미 지급받은 계약금 환급 외에 계약금 100% 상당액을 여행자에게 배상하여야 합니다.

제10조(계약체결 거절) 여행업자는 여행자에게 다음 각 호의 1에 해당하는 사유가 있을 경우에는 여행자와의 계약체결을 거절할 수 있습니다.
1. 다른 여행자에게 폐를 끼치거나 여행의 원활한 실시에 지장이 있다고 인정될 때
2. 질병 기타 사유로 여행이 어렵다고 인정될 때
3. 계약서에 명시한 최대행사인원이 초과되었을 때

제11조(여행요금)
① 기본요금에는 다음 각 호가 포함됩니다. 단, 희망여행은 당사자간 합의에 따릅니다.
1. 항공기, 선박, 철도 등 이용운송기관의 운임(보통운임기준)
2. 공항, 역, 부두와 호텔사이 등 송영버스요금
3. 숙박요금 및 식사요금
4. 안내자경비
5. 여행 중 필요한 각종 세금
6. 국내 공항・항만 이용료
7. 일정표내 관광지 입장료

8. 기타 개별계약에 따른 비용

② 여행자는 계약 체결시 계약금(여행요금 중 10%이하의 금액)을 여행업자에게 지급하여야 하며, 계약금은 여행요금 또는 손해배상액의 전부 또는 일부로 취급합니다.

③ 여행자는 제1항의 여행요금 중 계약금을 제외한 잔금을 여행출발 전일까지 여행업자에게 지급하여야 합니다.

④ 여행자는 제1항의 여행요금을 여행업자가 지정한 방법(지로구좌, 무통장 입금 등)으로 지급하여야 합니다.

⑤ 희망여행요금에 여행자 보험료가 포함되는 경우 여행업자는 보험회사명, 보상내용 등을 여행자에게 설명하여야 합니다.

제12조(여행조건의 변경요건 및 요금 등의 정산)

① 위 제1조 내지 제11조의 여행조건은 다음 각 호의 1의 경우에 한하여 변경될 수 있습니다.

1. 여행자의 안전과 보호를 위하여 여행자의 요청 또는 현지사정에 의하여 부득이하다고 쌍방이 합의한 경우
2. 천재지변, 전란, 정부의 명령, 운송·숙박기관 등의 파업·휴업 등으로 여행의 목적을 달성할 수 없는 경우

② 제1항의 여행조건 변경으로 인하여 제11조 제1항의 여행요금에 증감이 생기는 경우에는 여행출발 전 변경분은 여행출발 이전에, 여행 중 변경분은 여행종료 후 10일 이내에 각각 정산(환급)하여야 합니다.

③ 제1항의 규정에 의하지 아니하고 여행조건이 변경되거나 제13조 또는 제14조의 규정에 의한 계약의 해제·해지로 인하여 손해배상액이 발생한 경우에는 여행출발 전 발생 분은 여행출발 이전에, 여행 중 발생분은 여행 종료 후 10일 이내에 각각 정산(환급)하여야 합니다.

④ 여행자는 여행출발 후 자기의 사정으로 숙박, 식사, 관광 등 여행요금에 포함된 서비스를 제공받지 못한 경우 여행업자에게 그에 상응하는 요금의 환급을 청구할 수 없습니다. 단, 여행이 중도에 종료된 경우에는 제14조에 준하여 처리합니다.

제13조(여행출발 전 계약해제)

① 여행업자 또는 여행자는 여행출발 전 이 여행계약을 해제할 수 있습니다. 이 경우 발생하는 손해액은 '소비자피해보상규정'(재정경제부고시)에 따라 배상합니다.

② 여행업자 또는 여행자는 여행출발 전에 다음 각 호의 1에 해당하는 사유가 있는 경우 상대방에게 제1항의 손해배상액을 지급하지 아니하고 이 여행계약을 해제할 수 있습니다.

1. 여행업자가 해제할 수 있는 경우
   가. 제12조 제1항 제1호 및 제2호 사유의 경우
   나. 여행자가 다른 여행자에게 폐를 끼치거나 여행의 원활한 실시에 현저한 지장이 있다고 인정될 때
   다. 질병 등 여행자의 신체에 이상이 발생하여 여행에의 참가가 불가능한 경우
   라. 여행자가 계약서에 기재된 기일까지 여행요금을 지급하지 아니하는 경우
2. 여행자가 해제할 수 있는 경우

가. 제12조 제1항 제1호 및 제2호 사유의 경우
나. 여행자의 3촌 이내 친족이 사망한 경우
다. 질병 등 여행자의 신체에 이상이 발생하여 여행에의 참가가 불가능한 경우
라. 배우자 또는 직계존비속이 신체이상으로 3일 이상 병원(의원)에 입원하여 여행 출발시까지 퇴원이 곤란한 경우 그 배우자 또는 보호자 1인
마. 여행업자의 귀책사유로 계약서에 기재된 여행일정대로의 여행실시가 불가능해진 경우

제14조(여행출발 후 계약해지)
① 여행업자 또는 여행자는 여행출발 후 부득이한 사유가 있는 경우 이 계약을 해지할 수 있습니다. 단, 이로 인하여 상대방이 입은 손해를 배상하여야 합니다.
② 제1항의 규정에 의하여 계약이 해지된 경우 여행업자는 여행자가 귀가하는 데 필요한 사항을 협조하여야 하며, 이에 필요한 비용으로서 여행업자의 귀책사유에 의하지 아니한 것은 여행자가 부담합니다.

제15조(여행의 시작과 종료) 여행의 시작은 출발하는 시점부터 시작하며 여행일정이 종료하여 최종목적지에 도착함과 동시에 종료합니다. 다만, 계약 및 일정을 변경할 때에는 예외로 합니다.

제16조(설명의무) 여행업자는 이 약관에 정하여져 있는 중요한 내용 및 그 변경사항을 여행자가 이해할 수 있도록 설명하여야 합니다.

제17조(보험가입 등) 여행업자는 여행과 관련하여 여행자에게 손해가 발생 한 경우 여행자에게 보험금을 지급하기 위한 보험 또는 공제에 가입하거나 영업 보증금을 예치하여야 합니다.

제18조(기타사항)
① 이 계약에 명시되지 아니한 사항 또는 이 계약의 해석에 관하여 다툼이 있는 경우에는 여행업자와 여행자가 합의하여 결정하되, 합의가 이루어지지 아니한 경우에는 관계법령 및 일반관례에 따릅니다.
② 특수지역에의 여행으로서 정당한 사유가 있는 경우에는 약관의 내용과 다르게 정할 수 있습니다.

## 2. 국외여행 표준약관(공정거래위원회 제10021호)

제1조(목적) 이 약관은 ○○여행사와 여행자가 체결한 국외여행계약의 세부 이행 및 준수사항을 정함을 목적으로 합니다.

제2조(여행업자와 여행자 의무)
① 여행업자는 여행자에게 안전하고 만족스러운 여행서비스를 제공하기 위하여 여행알선 및 안내・운송・숙박 등 여행계획의 수립 및 실행과정에서 맡은 바 임무를 충실히 수행하여야

합니다.

② 여행자는 안전하고 즐거운 여행을 위하여 여행자간 화합도모 및 여행업자의 여행질서 유지에 적극 협조하여야 합니다.

**제3조(용어의 정의)** 여행의 종류 및 정의, 해외여행수속대행업의 정의는 다음과 같습니다.

1. 기획여행 : 여행업자가 미리 여행목적지 및 관광일정, 여행자에게 제공될 운송 및 숙식서비스 내용(이하 '여행서비스'라 함), 여행요금을 정하여 광고 또는 기타 방법으로 여행자를 모집하여 실시하는 여행
2. 희망여행 : 여행자(개인 또는 단체)가 희망하는 여행조건에 따라 여행업자가 운송・숙식・관광 등 여행에 관한 전반적인 계획을 수립하여 실시하는 여행
3. 해외여행 수속대행(이하 수속대형계약이라 함) : 여행업자가 여행자로부터 소정의 수속대행요금을 받기로 약정하고, 여행자의 위탁에 따라 다음에 열거하는 업무(이하 수속대행업무라 함)를 대행하는 것
   1) 여권, 사증, 재입국 허가 및 각종 증명서 취득에 관한 수속
   2) 출입국 수속서류 작성 및 기타 관련업무

**제4조(계약의 구성)**

① 여행계약은 여행계약서(붙임)와 여행약관・여행일정표(또는 여행 설명서)를 계약내용으로 합니다.

② 여행일정표(또는 여행설명서)에는 여행일자별 여행지와 관광내용・교통수단・쇼핑횟수・숙박장소・식사 등 여행실시일정 및 여행사 제공 서비스 내용과 여행자 유의사항이 포함되어야 합니다.

**제5조(특약)** 여행업자와 여행자는 관계법규에 위반되지 않는 범위 내에서 서면으로 특약을 맺을 수 있습니다. 이 경우 표준약관과 다름을 여행업자는 여행자에게 설명해야 합니다.

**제6조(계약서 및 약관 등 교부)** 여행업자는 여행자와 여행계약을 체결한 경우 계약서와 여행약관, 여행일정표(또는 여행설명서)를 각 1부씩 여행자에게 교부하여야 합니다.

**제7조(계약서 및 약관 등 교부 간주)** 여행업자와 여행자는 다음 각 호의 경우 여행계약서와 여행약관 및 여행일정표(또는 여행설명서)가 교부된 것으로 간주합니다.

1. 여행자가 인터넷 등 전자정보망으로 제공된 여행계약서, 약관 및 여행일정표(또는 여행설명서)의 내용에 동의하고 여행계약의 체결을 신청한데 대해 여행업자가 전자정보망 내지 기계적 장치 등을 이용하여 여행자에게 승낙의 의사를 통지한 경우
2. 여행업자가 팩시밀리 등 기계적 장치를 이용하여 제공한 여행계약서, 약관 및 여행일정표(또는 여행설명서)의 내용에 대하여 여행자가 동의하고 여행계약의 체결을 신청하는 서면을 송부한데 대해 여행업자가 전자정보망 내지 기계적 장치 등을 이용하여 여행자에게 승낙의 의사를 통지한 경우

**제8조(여행업자의 책임)** 여행업자는 여행 출발시부터 도착시까지 여행업자 본인 또는 그 고용인, 현지여행업자 또는 그 고용인 등(이하 '사용인'이라 함)이 제2조 제1항에서 규정한 여행업자 임무와 관련하여 여행자에게 고의 또는 과실로 손해를 가한 경우 책임을 집니다.

**제9조(최저행사인원 미충족시 계약해제)**

① 여행업자는 최저행사인원이 충족되지 아니하여 여행계약을 해제하는 경우 여행출발 7일 전까지 여행자에게 통지하여야 합니다.

② 여행업자가 여행참가자 수 미달로 전항의 기일 내 통지를 하지 아니하고 계약을 해제하는 경우 이미 지급받은 계약금 환급 외에 다음 각 목의 1의 금액을 여행자에게 배상하여야 합니다.

가. 여행출발 1일 전까지 통지시 : 여행요금의 20%

나. 여행출발 당일 통지시 : 여행요금의 50%

**제10조(계약체결 거절)** 여행업자는 여행자에게 다음 각 호의 1에 해당하는 사유가 있을 경우에는 여행자와의 계약체결을 거절할 수 있습니다.

1. 다른 여행자에게 폐를 끼치거나 여행의 원활한 실시에 지장이 있다고 인정될 때
2. 질병 기타 사유로 여행이 어렵다고 인정될 때
3. 계약서에 명시한 최대행사인원이 초과되었을 때

**제11조(여행요금)**

① 여행계약서의 여행요금에는 다음 각 호가 포함됩니다. 단, 희망여행은 당사자간 합의에 따릅니다.

1. 항공기, 선박, 철도 등 이용운송기관의 운임(보통운임기준)
2. 공항, 역, 부두와 호텔사이 등 송영버스요금
3. 숙박요금 및 식사요금
4. 안내자경비
5. 여행 중 필요한 각종세금
6. 국내외 공항·항만세
7. 관광진흥개발기금
8. 일정표내 관광지 입장료
9. 기타 개별계약에 따른 비용

② 여행자는 계약체결시 계약금(여행요금 중 10% 이하 금액)을 여행업자에게 지급하여야 하며, 계약금은 여행요금 또는 손해배상액의 전부 또는 일부로 취급합니다.

③ 여행자는 제1항의 여행요금 중 계약금을 제외한 잔금을 여행출발 7일 전까지 여행업자에게 지급하여야 합니다.

④ 여행자는 제1항의 여행요금을 여행업자가 지정한 방법(지로구좌, 무통장입금 등)으로 지급하여야 합니다.

⑤ 희망여행요금에 여행자 보험료가 포함되는 경우 여행업자는 보험회사명, 보상내용 등을 여

행자에게 설명하여야 합니다.

제12조(여행요금의 변경)

① 국외여행을 실시함에 있어서 이용운송 · 숙박기관에 지급하여야 할 요금이 계약체결시보다 5% 이상 증감하거나 여행요금에 적용된 외화환율이 계약체결시보다 2% 이상 증감한 경우 여행업자 또는 여행자는 그 증감된 금액 범위 내에서 여행요금의 증감을 상대방에게 청구할 수 있습니다.

② 여행업자는 제1항의 규정에 따라 여행요금을 증액하였을 때에는 여행출발일 15일 전에 여행자에게 통지하여야 합니다.

제13조(여행조건의 변경요건 및 요금 등의 정산)

① 위 제1조 내지 제12조의 여행조건은 다음 각 호의 1의 경우에 한하여 변경될 수 있습니다.

1. 여행자의 안전과 보호를 위하여 여행자의 요청 또는 현지사정에 의하여 부득이하다고 쌍방이 합의한 경우
2. 천재지변, 전란, 정부의 명령, 운송 · 숙박기관 등의 파업 · 휴업 등으로 여행의 목적을 달성할 수 없는 경우

② 제1항의 여행조건 변경 및 제12조의 여행요금 변경으로 인하여 제11조 제1항의 여행요금에 증감이 생기는 경우에는 여행출발 전 변경 분은 여행출발 이전에, 여행 중 변경 분은 여행종료 후 10일 이내에 각각 정산(환급)하여야 합니다.

③ 제1항의 규정에 의하지 아니하고 여행조건이 변경되거나 제14조 또는 제15조의 규정에 의한 계약의 해제 · 해지로 인하여 손해배상액이 발생한 경우에는 여행출발 전 발생분은 여행출발 이전에, 여행 중 발생 분은 여행종료 후 10일 이내에 각각 정산(환급)하여야 합니다.

④ 여행자는 여행출발 후 자기의 사정으로 숙박, 식사, 관광 등 여행요금에 포함된 서비스를 제공받지 못한 경우 여행업자에게 그에 상응하는 요금의 환급을 청구할 수 없습니다. 단, 여행이 중도에 종료된 경우에는 제16조에 준하여 처리합니다.

제14조(손해배상)

① 여행업자는 현지여행업자 등의 고의 또는 과실로 여행자에게 손해를 가한 경우 여행업자는 여행자에게 손해를 배상하여야 합니다.

② 여행업자의 귀책사유로 여행자의 국외여행에 필요한 여권, 사증, 재입국 허가 또는 각종 증명서 등을 취득하지 못하여 여행자의 여행일정에 차질이 생긴 경우 여행업자는 여행자로부터 절차대행을 위하여 받은 금액 전부 및 그 금액의 100% 상당액을 여행자에게 배상하여야 합니다.

③ 여행업자는 항공기, 기차, 선박 등 교통기관의 연발착 또는 교통체증 등으로 인하여 여행자가 입은 손해를 배상하여야 합니다. 단, 여행업자가 고의 또는 과실이 없음을 입증한 때에는 그러하지 아니합니다.

④ 여행업자는 자기나 그 사용인이 여행자의 수하물 수령, 인도, 보관 등에 관하여 주의를 해태(懈怠)하지 아니하였음을 증명하지 아니하면 여행자의 수하물 멸실, 훼손 또는 연착으로 인

한 손해를 배상할 책임을 면하지 못합니다.

**제15조(여행출발 전 계약해제)**

① 여행업자 또는 여행자는 여행출발 전 이 여행계약을 해제할 수 있습니다. 이 경우 발생하는 손해액은 '소비자피해보상규정'(재정경제부고시)에 따라 배상합니다.

② 여행업자 또는 여행자는 여행출발 전에 다음 각 호의 1에 해당하는 사유가 있는 경우 상대방에게 제1항의 손해배상액을 지급하지 아니하고 이 여행계약을 해제할 수 있습니다.

1. 여행업자가 해제할 수 있는 경우
   가. 제13조 제1항 제1호 및 제2호 사유의 경우
   나. 다른 여행자에게 폐를 끼치거나 여행의 원활한 실시에 현저한 지장이 있다고 인정될 때
   다. 질병 등 여행자의 신체에 이상이 발생하여 여행에의 참가가 불가능한 경우
   라. 여행자가 계약서에 기재된 기일까지 여행요금을 납입하지 아니한 경우
2. 여행자가 해제할 수 있는 경우
   가. 제13조 제1항 제1호 및 제2호의 사유가 있는 경우
   나. 여행자의 3촌 이내 친족이 사망한 경우
   다. 질병 등 여행자의 신체에 이상이 발생하여 여행에의 참가가 불가능한 경우
   라. 배우자 또는 직계존비속이 신체이상으로 3일 이상 병원(의원)에 입원하여 여행 출발 전까지 퇴원이 곤란한 경우 그 배우자 또는 보호자 1인
   마. 여행업자의 귀책사유로 계약서 또는 여행일정표(여행설명서)에 기재된 여행일정대로의 여행실시가 불가능해진 경우
   바. 제12조 제1항의 규정에 의한 여행요금의 증액으로 인하여 여행 계속이 어렵다고 인정될 경우

**제16조(여행출발 후 계약해지)**

① 여행업자 또는 여행자는 여행출발 후 부득이한 사유가 있는 경우 이 여행계약을 해지할 수 있습니다. 단, 이로 인하여 상대방이 입은 손해를 배상하여야 합니다.

② 제1항의 규정에 의하여 계약이 해지된 경우 여행업자는 여행자가 귀국하는데 필요한 사항을 협조하여야 하며, 이에 필요한 비용으로서 여행업자의 귀책사유에 의하지 아니한 것은 여행자가 부담합니다.

**제17조(여행의 시작과 종료)** 여행의 시작은 탑승수속(선박인 경우 승선수속)을 마친 시점으로 하며, 여행의 종료는 여행자가 입국장 보세구역을 벗어나는 시점으로 합니다. 단, 계약내용상 국내이동이 있을 경우에는 최초 출발지에서 이용하는 운송수단의 출발시각과 도착시각으로 합니다.

**제18조(설명의무)** 여행업자는 계약서에 정하여져 있는 중요한 내용 및 그 변경사항을 여행자가 이해할 수 있도록 설명하여야 합니다.

**제19조(보험가입 등)** 여행업자는 이 여행과 관련하여 여행자에게 손해가 발생한 경우 여행자에

게 보험금을 지급하기 위한 보험 또는 공제에 가입하거나 영업보증금을 예치하여야 합니다.

제20조(기타사항)

① 이 계약에 명시되지 아니한 사항 또는 이 계약의 해석에 관하여 다툼이 있는 경우에는 여행업자 또는 여행자가 합의하여 결정하되, 합의가 이루어지지 아니한 경우에는 관계법령 및 일반관례에 따릅니다.

② 특수지역에의 여행으로서 정당한 사유가 있는 경우에는 이 표준약관의 내용과 달리 정할 수 있습니다.

## 3. 유학수속대행 표준계약서(공정거래위원회 표준약관 제100347호)

□ 일괄수속

| 구 분 | 내 역 | 단 위 | 금 액 |
|---|---|---|---|
| 기본 수속대행료 | 상담, 입학수속, 출국준비수속 및 기타 부대업무 수행에 따른 비용(기본 3개교 이내)<br>- 상담 및 정보제공비<br>- 입학원서(application form) 작성비<br>- 학업계획서(study plan) 작성비<br>- 자기소개서(autobiography) 작성비<br>- 통상적인 우편료 및 통신비 등 | 일괄 (팩키지) | |
| 추가 수속대행료 | 지원학교 추가 | 1개교당 | |
| 별도 본인부담금 | 1. 기본 수속대행료에 포함되지 않은 비용<br>- 학업계획서 및 자기소개서외 별도의 에세이 작성비<br>- portfolio description 작성비<br>- syllabus 작성비<br>- 의뢰인의 요청에 의한 국제통화료 및 특수우편료<br><br>2. 지원학교 등 외부기관 지불비용<br>- 지원학교 입학신청료<br>- 각종시험점수 통보요청 수수료<br>- 비자신청비<br>- 학비예납금<br>- 숙소신청비<br>- 공항마중 의뢰비<br>- 서류공증료<br>- 의료보험료 | 1건당 | |
| 계 | | | |

□ 부분수속

| 구 분 | 내 역 | 단 위 | 금 액 |
|---|---|---|---|
| 입학원서 작성비 | | 1개교당 | |
| 번역비 | □ 학업계획서(study plan)<br>□ 에세이(essay)<br>□ 추천서<br>□ 이력서<br>□ portfolio/syllabus<br>□ 졸업 및 성적증명서/생활기록부<br>□ 비자서류<br>□ 기타(                    ) | 1건당 | |
| 계 | | | |

유학상담을 통하여 유학수속을 대행해 줄 것을 의뢰한 자(이하 '의뢰인'이라 합니다)와 유학수속을 대행해 주는 사업자(이하 '유학원'이라 합니다)가 앞면에 기재한 금액 등으로 유학수속대행계약을 체결한 경우에 당사자의 권리·의무에 관한 내용은 다음과 같습니다.

제1조(유학원의 의무)

① 유학원은 의뢰인을 위해 다음 각 호의 업무를 제공·처리함에 있어서 의뢰인이 입학하고자 하는 지원학교에 예정된 일정에 입학할 수 있도록 선량한 관리자로서의 주의의무를 다하여야 합니다.

1. 상담(수속과정, 학교선택, 교육과정, 관련비용, 현지생활 등에 관한 구체적인 정보 제공)
2. 원서요청 및 원서작성
3. 서류번역, 에세이 작성, 학업계획서 작성, 추천서 자료 및 일정 점검
4. 외국어시험점수 통보(Test Score Report) 요청
5. 입학신청료(Application Fee) 환전·납부
6. 미술작품설명서(Portfolio Description) 작성
7. 원서·서류 발송 및 응신
8. 인터뷰 예약
9. 입학허가 여부 확인
10. 학비예약금(Deposit) 송금
11. 병무연기 안내
12. 비자서류 점검, 번역 및 비자면접 연습
13. 신체검사 안내
14. 기숙사 신청 및 공항마중 신청
15. 출국준비 안내

② 유학원은 의뢰인의 의뢰에 따라 유학상담 및 유학수속 대행업무를 수행함에 있어서 사실에 입각한 정확한 정보와 자료를 제공하여야 합니다.

③ 유학원은 의뢰인과의 상담 및 의뢰인이 제출한 자료 등을 기초로 지원학교를 선정한 경우에는 즉시, 의뢰인에게 통지하여야 합니다.

④ 유학원은 의뢰인에게 유학수속대행업무의 구체적인 내용과 그 비용을 서면으로 제시 · 설명하고, 추가적으로 비용을 청구하는 경우에는 근거자료를 제시하여 그 이유를 명백하게 설명하여야 합니다.

⑤ 유학원이 의뢰인을 대신하여 학비 및 제반 수수료의 송금업무를 수행하는 경우에는 먼저, 유학원 소정의 영수증을 발급하고 차후 해당 학교로부터 영수증이 도착되면 이를 지체없이 의뢰인에게 전달하여야 합니다.

제2조(의뢰인의 의무)

① 의뢰인은 유학원이 유학수속 대행업무를 수행할 수 있도록 계약체결시 약정한 비용 및 유학수속 진행과정에서 필요한 지원학교 입학신청료 등 의뢰인이 부담해야 할 비용을 지불하여야 합니다.

② 의뢰인은 유학원의 요청에 따라 유학수속 대행업무에 필요한 각종 서류 등을 지정된 기간 내에 유학원에 제출하여야 하며, 의뢰인이 유학원에 제출하는 각종 서류 등은 사실과 부합되고 적법하게 발급된 것이어야 합니다.

제3조(유학원의 면책)

① 유학원은 다음 각 호에 해당되는 경우에는 그 책임을 지지 않습니다.

1. 의뢰인이 제출한 서류 등이 사실과 어긋나거나 적법하지 않아 의뢰인에게 발생한 불이익
2. 의뢰인의 귀책사유로 의뢰인이 지원을 의뢰한 학교들 중 어느 곳으로부터도 입학허가서를 취득하지 못한 경우
3. 의뢰인의 사정으로 비자발급이 거부된 경우

② 유학원은, 의뢰인이 지원을 의뢰한 학교들 중 어느 곳에서도 소정 학기에 입학허가서를 취득하지 못한 경우, 유학수속상 업무처리의 오류가 없음을 입증할 경우에 한하여 그 책임을 면할 수 있습니다.

제4조(계약의 해제 및 손해배상)

① 유학원은 의뢰인이 제2조의 의무를 위반한 경우에 계약을 해제할 수 있으며, 유학원에게 손해가 발생한 경우 의뢰인에게 그 배상을 청구할 수 있습니다. 이 때에 유학원은 이미 수령한 유학수속대행료 등과 의뢰인에 대한 손해배상금을 상계할 수 있습니다.

② 의뢰인은, 유학원이 제1조 제1항 내지 제4항의 의무를 위반한 경우 또는 의뢰인이 지원을 의뢰한 학교들 중 어느 곳으로부터도 소정 학기에 입학허가서를 취득하지 못하고 유학원이 유학수속상 업무처리의 오류가 없었음을 입증하지 못하는 경우, 계약을 해제하고 이미 지급한 유학수속대행료 전액의 반환 및 손해배상을 청구할 수 있습니다.

제5조(계약의 해지 및 대행료 환급 등)

① 의뢰인은 개인적 사정으로 유학원과의 계약을 해지할 수 있습니다.

② 전항의 경우에 유학원은 다음 각 호의 업무처리 진행단계에 따라 유학수속대행료에서 다음과 같은 일정비율의 금액을 공제하고 그 나머지를 의뢰인에게 환급합니다.

1. 계약 후 의뢰인에 대한 학교선정 사실의 통지 전인 경우 : 20%
2. 위 통지 후 입학관련 서류 발송 전인 경우 : 50%
3. 입학관련 서류를 발송한 경우 : 80%
4. 1개교 이상 입학허가서를 수령한 경우 : 90%
5. 출국수속이 이루어진 경우 : 100%

③ 유학원은 계약의 중도 해지시 계약해지 시점까지 의뢰인으로부터 유학수속과 관련하여 수령하였거나 작성한 서류일체를 의뢰인에게 반환하여야 합니다.

제6조(대행업무의 계속 또는 종료)

① 유학원은, 의뢰인이 지원을 의뢰한 학교들 중 어느 곳으로부터도 소정 학기에 입학허가서를 취득하지 못하고 유학원이 유학수속상 업무처리의 오류가 없었음을 입증하지 못하는 경우, 의뢰인이 원하면 의뢰인의 동의를 얻은 3개교 이내에서 추가수속비의 수령 없이 유학수속을 계속 진행할 수 있습니다. 이 때에 의뢰인은 제4조 제2항의 규정에 의한 계약해제 및 손해배상청구를 하지 아니합니다.

② 출국준비수속이 완료되면 유학원의 대행업무는 종료됩니다.

제7조(계약의 변경 등)

① 본 계약의 변경 또는 수정은 유학원과 의뢰인이 서면으로 합의하여야 합니다.

② 본 약관에서 규정하지 않은 사항은 관계 법령 및 거래 관행을 고려하여 신의성실의 원칙에 따라 유학원과 의뢰인이 합의하여 해결합니다.

③ 본 계약과 관련된 분쟁에 관한 소송은 민사소송법상의 관할 법원에 제기합니다.

* 특약사항 및 기타 추가사항

본 계약의 내용을 증명하기 위하여 계약서 2통을 작성하여 유학원과 의뢰인이 각 1통씩 보관합니다.

20 년 월 일

유학원 : (인)

의뢰인 : (인)

## 4. 어학연수 절차대행 표준약관(공정거래위원회 표준약관 제10055호)

제1조(목적) 이 약관은 어학연수 절차대행업체(이하 '사업자'라 함)와 어학연수 절차대행을 의뢰한 사람(이하 '고객'이라 함)간의 권리와 의무사항을 규정함을 목적으로 한다.

제2조(어학연수의 정의) '어학연수'라 함은 명칭 및 기간에 관계없이 외국의 어학연수기관 등(이하 "어학원"이라 함)에서 외국어를 습득하는 일체의 활동을 말한다.

제3조(참가프로그램 등)

① 어학연수프로그램은 아래와 같다.

1. 어학연수프로그램명 : ( 개월 과정)
2. 연수기관 :
3. 국가 및 지역 :
4. 어학연수비용 : 원(달러)(입학신청료, 수업료, 기숙사비, 교재비 등)

② 어학연수참가자는 아래와 같다.

성 명 :
주민등록번호 : -
주 소 : (전화번호 : )
소 속 :

제4조(대행업무의 범위)

1. 상담(절차, 어학원 정보, 교육과정, 현지 생활정보, 관련비용, 일정 등)
2. 관련 서류번역, 신청서 작성
3. 어학원과의 업무연락
4. 출국 전 오리엔테이션
5. 현지어학원 생활규칙과 환급기준 등의 설명 및 관련자료 교부
6. 어학원 연수비용 직접 송금 또는 대행
7. 비자서류 점검, 비자 신청서류 번역 또는 발급신청 대행
8. 현지 숙소 소개 및 숙소 예약 절차대행
9. 출국준비 및 출국절차 대행(항공권 예약 및 관련업무 처리), 현지 공항마중 안내
10. 신체검사 안내

제5조(절차대행수수료의 구성)

① 어학연수절차대행수수료(이하 "대행수수료"라 함)는 ______원이고, 구체적인 내용은 아래와 같다. 다만, 대행수수료에는 여권신청료, 비자신청료, 참가자의 요청에 의한 국제통화료, Fax요금, 서류 공증료 및 의료보험료가 포함되지 않는다.

1. 상담 : ______원
2. 서류번역 및 신청서 작성 : ______원

3. 우편료 및 통신비 : ____________원

4. 비자발급 신청대행 : ____________원

5. 기타 : ________원

② 위 대행수수료의 납부방식에 대하여 사업자와 고객이 협의하여 다음 중 하나를 선택하여야 한다.

1. 일시납
2. 분납

제6조(예상일정) 절차대행일정은 아래와 같다.

1. 서류번역 및 신청서 작성 : . . .
2. 신청서 발송 : . . .
3. 입학허가 예정일 : . . .
4. 출국 예정일 : . . .

제7조(사업자의 의무)

① 사업자는 제4조의 업무를 수행함에 있어서 선량한 관리자로서의 주의와 의무를 다하여야 한다.

② 사업자는 어학연수 상담 및 절차대행업무를 수행함에 있어서 사실에 입각한 정확한 정보와 자료를 제공하여야 한다.

③ 사업자는 대행수수료가 추가적으로 발생하여 그 비용을 청구하는 경우에는 근거자료를 제시하여 그 이유를 설명하여야 한다.

④ 사업자가 고객을 대신하여 어학연수비용의 송금업무를 수행하는 경우에는 먼저 사업자가 소정 양식의 영수증을 발급하고 차후 해당 어학원으로부터 학비 및 제반비용 납부확인서가 도착되면 이를 고객에게 전달하여야 한다.

⑤ 사업자는 고객과 어학원간에 분쟁이 발생할 경우 그 분쟁의 해결을 위해 고객에게 협조하여야 한다.

제8조(고객의 의무)

① 고객은 사업자가 절차대행업무를 원활하게 수행할 수 있도록 그에 따른 비용(대행수수료)을 지불해야 한다.

② 고객은 어학연수절차에 필요한 각종 서류 등을 지정된 기간 내에 사업자에게 제출하여야 하며, 사업자에게 제출하는 각종 서류 등은 사실과 부합하고 적법하게 발급된 것이어야 한다.

③ 고객이 연수프로그램 참가절차에 필요한 각종 서류는 고객이 직접 작성함을 원칙으로 하며, 사업자는 수정 및 보완을 고객에게 요청할 수 있다.

제9조(계약해제 및 손해배상)

① 고객은 사업자가 제7조의 의무를 위반한 경우에는 계약을 해제할 수 있으며, 이로 인하여 손해가 발생하였을 경우에는 손해배상을 청구할 수 있다.

② 사업자는 고객이 제8조에 명시된 의무를 위반한 경우에 계약을 해제할 수 있으며, 이로 인하여 사업자에게 손해가 발생한 경우에는 고객에게 손해배상을 청구할 수 있다.

제10조(계약의 해지 및 환급기준)

① 고객은 개인사정으로 대행계약의 중도해지를 요청할 수 있으며, 대행수수료의 환급기준은 다음과 같다.

1. 계약서 작성 후 해지요청시: 대행수수료의 10% 공제 후 환급
2. 서류번역, 입학신청서 작성 후 해지요청시 : 대행수수료의 30% 공제 후 환급
3. 어학원 신청서 발송 후 해지요청시 : 대행수수료의 50% 공제 후 환급
4. 입학허가 받은 후 해지요청시 : 대행수수료의 70% 공제 후 환급
5. 비자발급 완료 후 해지요청시 : 대행수수료의 90% 공제 후 환급

② 사업자는 자기의 사정으로 절차대행계약을 이행할 수 없을 경우 대행계약의 중도해지를 요청할 수 있으며, 대행수수료의 환급 및 보상기준은 다음과 같다.

1. 계약서 작성 후 해지요청시 : 대행수수료 환급 및 대행수수료의 10% 보상
2. 대행업무가 이루어지지 않거나 출국예정일이 3개월 이상 지연되는 경우 : 대행수수료의 환급 및 대행수수료의 30% 보상

③ 제1항과 제2항에 의해 대행계약이 중도에 해지되어 환급사유가 발생할 경우 사업자는 사유가 발생한 날로부터 15일 이내에 정산(환급)하여야 한다.

④ 고객이 어학원을 중도 해지한 경우 어학원 등록비와 숙소 등의 제반비용에 대한 환급기준은 해당 어학원의 기준에 따른다.

제11조(사업자의 면책)

① 사업자는 다음의 각호에 해당하는 경우에는 책임을 지지 않는다.

1. 고객이 제출한 서류 등이 사실과 어긋나거나 적법하지 아니하여 고객에게 불이익이 발생한 경우
2. 고객의 사정으로 비자발급이 거부된 경우
3. 고객이 희망하는 연수프로그램의 허용불가가 고객의 어학능력부족에 의한 경우

② 위 각호에 해당되더라도 사업자의 책임이 있는 사유로 이루어진 경우에는 그러하지 아니하다.

제12조(분쟁의 해결)

① 이 약관에서 규정하지 않은 사항은 당사자간의 합의에 의해 해결하거나 합의되지 아니할 경우에는 관계법령 및 거래관행 등에 따른다.

② 제1항의 규정에도 불구하고 법률상 분쟁이 발생한 경우에는 사업자 또는 고객은 소비자기본법 또는 다른 법률에 따른 분쟁조정기구에 분쟁조정을 신청하거나 중재법 또는 다른 법률에 따라 운영중인 중재기관에 중재를 신청할 수 있다.

제13조(관할법원)

이 계약과 관련된 분쟁에 관한 소송은 민사소송법상의 관할법원에 제기하여야 한다.

위 계약의 내용을 증명하기 위하여 계약서 2통을 작성하여 사업자와 고객이 각 1통씩 보관한다.

20　　년　　월　　일

사업자

상　호 :
주　소 :
대표자 :　　　　　　　(인)
고　객 :　　　　　　　(인)

## 제 3 절 관광숙박시설 운영업

### 개 요

#### 1. 관광진흥법상의 구분

① 관광호텔업 : 관광객의 숙박에 적합한 시설을 갖추어 관광객에게 이용하게 하고 숙박에 딸린 음식·운동·오락·휴양·공연 또는 연수에 적합한 시설 등(이하 "부대시설"이라 한다)을 함께 갖추어 관광객에게 이용하게 하는 업(業)

② 수상관광호텔업 : 수상에 구조물 또는 선박을 고정하거나 매어 놓고 관광객의 숙박에 적합한 시설을 갖추거나 부대시설을 함께 갖추어 관광객에게 이용하게 하는 업

③ 한국전통호텔업 : 한국전통의 건축물에 관광객의 숙박에 적합한 시설을 갖추거나 부대시설을 함께 갖추어 관광객에게 이용하게 하는 업

④ 가족호텔업 : 가족단위 관광객의 숙박에 적합하도록 숙박시설 및 취사도구를 갖추어 이를 관광객에게 이용하게 하거나 숙박에 부수되는 음식·운동·휴양 또는 연수에 적합한 시설을 함께 갖추어 이를 관광객에게 이용하게 하는 업

⑤ 호스텔업 : 배낭여행객 등 개별 관광객의 숙박에 적합한 시설로서 샤워장, 취사장 등의 편의시설과 외국인 및 내국인 관광객을 위한 문화·정보 교류시설 등을 함께 갖추어 이용하게 하는 업

⑥ 소형호텔업 : 관광객의 숙박에 적합한 시설을 소규모로 갖추고 숙박에 딸린 음식·운동·휴양 또는 연수에 적합한 시설을 함께 갖추어 관광객에게 이용하게 하는 업

⑦ 의료관광호텔업 : 의료관광객의 숙박에 적합한 시설 및 취사도구를 갖추거나 숙박에 딸린 음식·운동 또는 휴양에 적합한 시설을 함께 갖추어 주로 외국인 관광객에게 이용하게 하는 업

#### 2. 한국표준산업분류상의 구분

##### (1) 일반 및 생활 숙박시설 운영업

① **호텔업**

일반적으로 안내 서비스(데스크 서비스), 식사(룸 서비스)·세탁·통역 등 개별 봉사 서비스를 제공하고, 공연·회의, 오락·스포츠, 주류 및 상품 판매 등의 관련 부대시설

을 2종 이상 제공하는 숙박시설을 운영하는 산업활동을 말한다.

예시

• 관광 호텔
• 의료 관광 일반 호텔
• 소형 호텔
• 수상 관광 호텔
• 한국 전통 호텔

제외

• 가족 호텔업(55103)
• 호스텔업(55109)

② 여관업

호텔에서 제공되는 서비스가 없거나 제한된 서비스를 제공하는 숙박시설을 운영하는 산업활동을 말한다.

예시

• 여관, 모텔
• 여인숙

③ 휴양콘도운영업

약정에 의하여 이용권을 획득한 특정 회원을 대상으로 제공되는 숙박시설로서 여유 객실은 일반인을 대상으로 제공하기도 한다. 스키장이나 골프장 등의 레저시설을 함께 운영하는 경우도 포함한다.

예시

• 회원제 숙박시설(취사시설을 갖춘) 운영
• 회원용 콘도미니엄 운영
• 특정 단체 전용 휴양·숙박시설 운영
• 가족호텔

제외

• 각종 휴양, 오락, 여가시설을 주로 운영하면서 숙박시설을 함께 운영하는 경우, 해당되는 휴양, 오락, 여가 산업활동으로 분류

④ 민박업

단독 주택, 다가구 주택, 다세대 주택, 아파트 등 일반 주거용 주택을 이용하여 숙박 서비스를 제공하는 산업활동을 말한다. 숙박과 함께 취사시설을 제공하거나 식사를 제공하는 경우도 포함한다.

예시

- 농·어촌 민박시설 운영
- 관광 도시 민박시설 운영

⑤ 기타 일반 및 생활 숙박시설 운영업

호텔, 여관, 휴양 콘도, 민박시설 등을 제외한 기타 일반 및 생활 숙박시설을 운영하는 산업활동을 말한다. 숙박을 위한 야영장 및 캠프장 시설을 운영하는 경우도 포함한다.

예시

- 산장 및 방갈로 운영
- 호스텔 운영
- 숙박용 펜션 운영
- 야영장 및 캠프장 운영
- 서비스드 레지던스(serviced residence) 단기 생활 숙박형 운영
- 호텔, 여관, 휴양 콘도 등의 일부 객실을 분양받아 운영
- 교육 목적이 아닌 청소년 수련 숙박시설 운영

제외

- 교육 목적용 청소년 수련 숙박시설 운영(85614)
- 서비스드 레지던스 임대 운영(68111)
- 게스트 하우스는 사용 명칭과 관련 없이 주된 시설과 제공 서비스 활동에 따라 민박업(55104) 또는 기타 일반 및 생활 숙박시설 운영업(55109) 등으로 분류

## Ⅱ 관광숙박시설 운영업의 세무실무

### 1. 부가가치세 실무

#### (1) 사업자등록

관광숙박시설 등에 관한 특별법 제10조의 규정에 의하여 설립한 관광호텔을 영위하는 사업자가 한 울타리 안에서 호텔업, 한식당, 양식당, 스포츠센터를 운영하는 경우 사업자등록을 한 사업장으로 할 수 있는 것이다. 즉, 복합 건물 내의 상가를 층별 또는 동일 층으로 2개 이상 분양받아 부동산임대업 또는 판매업을 영위하는 경우에는 상가 호수별로 사업자등록을 하는 것이나 분양받은 2개 이상의 상가가 바로 인접하여 있어 사실상 한 사업장으로 볼 수 있는 때에는 당해 인접하는 상가 전체를 하나의 사업장으로 등록할 수 있는 것이다(서삼 46015-10889, 2002. 5. 28).

#### (2) 사업양도

① 모텔을 직영하다가 이를 임대로 전환하여 부동산임대업을 영위하는 자가 모텔 숙박업을 영위할 자에게 부동산을 양도하는 경우 부가가치세법에 따른 사업의 양도에 해당되지 않는 것이다(법규부가 2012-250, 2012. 6. 21). 즉, 사업의 포괄양도는 부동산임대업의 업종, 임차인, 임대보증금 등 사업에 관한 권리와 의무를 포괄적으로 승계시켜 양수자가 사업양도일 현재 부동산임대업을 영위하여야 하는 것이다.

② 숙박업을 영위하는 사업자가 해당 사업장에 관한 영업권 및 그 사업에 관한 모든 권리와 의무를 양도하여 양도인과 동일시되는 정도로 법률상의 지위를 그대로 승계시켜 사업의 동일성을 유지하면서 경영주체만을 교체시키는 경우로서 숙박업을 영위하는 데 있어 핵심적 구성요소로 볼 수 없는 종업원 1인(계산원)을 승계하지 아니한 경우 「부가가치세법」 제10조 제8항 제2호에 따른 사업양도에 해당하는 것이다(법규부가 2014-573, 2015. 1. 7).

③ 모텔운영업을 영위하는 사업자가 양수도계약에 따라 사업양도대상자산을 담보로 차입한 금융기관 부채를 양수도일 이전에 변제한 후 소속직원 및 사업양도대상자산 등 그 사업에 관한 모든 권리와 의무를 포괄적으로 승계시켜 사업의 동일성이 유지되는 경우에는 「부가가치세법」 제10조 제8항 제2호 및 같은 법 시행령 제23조에 따라 재화의 공급으로 보지 아니하는 사업의 양도에 해당하는 것이다(법령해석부가-024, 2015. 7. 28).

④ 모텔양도에 대해 포괄양도·양수로 신고하였으나 양수인은 여관 양수 후 임대를 줌으로써 사업의 동일성이 유지되지 않는 등 사업의 포괄양도·양수에 대한 객관적 요건을 갖추지 못하였으므로 사업의 양도에 해당하지 않는 것이다(대법원 2016. 4. 28 선고, 2016두32428 판결).

### (3) 생활형 숙박시설

생활형숙박시설을 주거용으로 임대시 부가가치세 면세 여부는 실제 상시 주거용 주택으로 사용하는 경우, 해당 임대용역은 그 건물면적에 관계없이 「부가가치세법」 제26조 제1항 제12호에 따라 부가가치세가 면제되며 해당 건물의 신축공사비 관련 매입세액은 매출세액에서 공제하지 아니하는 것이다(서면-2017-부가-2910, 2017. 10. 31).

## 2. 소득세·법인세 실무

### (1) 현금영수증 의무발행

#### ① 미발행금액의 가산세 부과

관광숙박시설 운영업을 영위하는 사업자는 거래건당 10만원 이상인 경우 현금영수증을 의무발행하여야 한다. 미발행한 경우 미발행금액의 20%의 가산세를 부과한다.

**질의회신** **관광숙박시설 운영업의 의미**(법제처-14-0449, 2014. 8. 27)

1. 질의요지

「소득세법 시행령」 별표 3의3 제3호 다목에 따른 "관광숙박시설 운영업"이 한국표준산업분류에 따른 "관광숙박시설 운영업"을 의미하는 것인지, 아니면 「관광진흥법」 제3조 제1항 제3호 나목에 따른 "관광숙박시설"의 운영업을 의미하는 것인지?

※ 질의배경

- ○ 2013년 6월 11일 「소득세법 시행령」 별표 3의 3이 개정(2014년 1월 1일 시행)되어 현금영수증 의무발행업종에 "관광숙박시설 운영업"이 추가되었음.
- ○ 민원인은 위 "관광숙박시설 운영업"의 의미에 관하여 기획재정부에 질의하였으나, 기획재정부는 이에 관하여 한국표준산업분류를 기준으로 하여야 한다는 취지의 답변을 하였고, 이에 이의가 있는 민원인이 직접 이 건 법령해석을 요청함.

2. 회답

「소득세법 시행령」 별표 3의 3 제3호 다목에 따른 "관광숙박시설 운영업"은 한국표준산업분류에 따른 "관광숙박시설 운영업"을 의미한다고 할 것입니다.

3. 이유

「소득세법」 제162조의 3 제1항에 따르면 주로 사업자가 아닌 소비자에게 재화 또는 용역을 공급하는 사업자로서 업종 · 규모 등을 고려하여 대통령령으로 정하는 요건에 해당하는 사업자는 그 요건에 해당하는 날부터 3개월 이내에 신용카드단말기 등에 현금영수증 발급장치를 설치함으로써 현금영수증가맹점으로 가입하여야 한다고 규정하고 있고, 같은 조 제4항 본문에 따르면 제1항에 따라 현금영수증가맹점으로 가입하여야 하는 사업자 중 대통령령으로 정하는 업종을 영위하는 사업자는 건당 거래금액(부가가치세액을 포함함)이 10만원 이상인 재화 또는 용역을 공급하고 그 대금을 현금으로 받은 경우에는 제3항에도 불구하고 상대방이 현금영수증 발급을 요청하지 아니하더라도 대통령령으로 정하는 바에 따라 현금영수증을 발급하여야 한다고 규정하고 있으며, 같은 법 시행령 제210조의 3 제1항 제4호에 따르면 법 제162조의 3 제1항에서 "대통령령으로 정하는 요건에 해당하는 사업자"란 소비자상대업종을 경영하는 별표 3의 3에 따른 업종을 영위하는 사업자를 말하고, 다만 현금영수증가맹점으로 가입하기 곤란한 경우로서 기획재정부령으로 정하는 사업자는 제외한다고 규정하고 있습니다.

또한, 「소득세법 시행령」 별표 3의 3 제3호 다목에 따르면 현금영수증 의무발행업종으로 "관광숙박시설 운영업"을 규정하고 있고, 같은 별표 비고에 따르면 업종의 구분은 한국표준산업분류를 기준으로 하고, 다만 위 표에서 특별히 규정하는 업종의 경우에는 그러하지 아니하다고 규정하고 있으며, 「한국표준산업분류」(통계청고시 제2007-53호, 2007. 12. 28. 전부개정되어, 2008. 2. 1. 시행된 것)에 따르면 관광숙박시설 운영업에는 호텔업, 여관업, 휴양콘도 운영업, 청소년수련시설 운영업, 기타 관광숙박시설 운영업이 포함되는 것으로 규정하고 있습니다.

한편, 「관광진흥법」 제3조 제1항 제2호에 따르면 "호텔업" : 관광객의 숙박에 적합한 시설을 갖추어 이를 관광객에게 제공하거나 숙박에 딸리는 음식 · 운동 · 오락 · 휴양 · 공연 또는 연수에 적합한 시설 등을 함께 갖추어 이를 이용하게 하는 업(가목)과 "휴양 콘도미니엄업" : 관광객의 숙박과 취사에 적합한 시설을 갖추어 이를 그 시설의 회원이나 공유자, 그 밖의 관광객에게 제공하거나 숙박에 딸리는 음식 · 운동 · 오락 · 휴양 · 공연 또는 연수에 적합한 시설 등을 함께 갖추어 이를 이용하게 하는 업(나목)을 "관광숙박업"으로 규정하고 있고, 같은 항 제3호에 따르면 "관광객을 위하여 음식 · 운동 · 오락 · 휴양 · 문화 · 예술 또는 레저 등에 적합한 시설을 갖추어 이를 관광객에게 이용하게 하는 업(가목)"과 "대통령령으로 정하는 2종 이상의 시설과 관광숙박업의 시설(이하 "관광숙박시설"이라 한다) 등을 함께 갖추어 이를 회원이나 그 밖의 관광객에게 이용하게 하는 업(나목)"을 "관광객 이용시설업"으로 규정하고 있는바,

이 사안에서는 「소득세법 시행령」 별표 3의 3 제3호 다목에 따른 "관광숙박시설 운영업"이

한국표준산업분류에 따른 "관광숙박시설 운영업"을 의미하는 것인지, 아니면 「관광진흥법」 제3조 제1항 제3호 나목에 따른 "관광숙박시설"의 운영업을 의미하는 것인지가 문제될 수 있습니다.

살피건대, 법령의 문언 자체가 비교적 명확한 개념으로 구성되어 있다면 원칙적으로 더 이상 다른 해석방법은 활용할 필요가 없거나 제한될 수밖에 없다고 할 것인바, 「소득세법 시행령」 별표 3의 3 제3호 다목에서 현금영수증 의무발행업종으로 "관광숙박시설 운영업"을 명시하고 있고, 그 별표 3의 3 비고에서 "업종의 구분은 한국표준산업분류를 기준으로 한다."라고 규정하고 있으므로, 「소득세법 시행령」 별표 3의 3 제3호 다목에 따른 "관광숙박시설 운영업"은 한국표준산업분류에 따른 "관광숙박시설 운영업"을 의미하는 것으로 보아야 할 것입니다.

한편, 「관광진흥법」 제3조 제1항 제3호 나목에서는 "관광숙박시설"을 명시적으로 규정하고 있음을 이유로, 「소득세법 시행령」 별표 3의 3 제3호 다목에 따른 "관광숙박시설 운영업"이 「관광진흥법」에 따른 "관광숙박시설"의 운영업을 의미하는 것으로 보아야 한다는 의견이 있을 수 있으나, 「관광진흥법」 제3조 제1항 제3호 나목에서는 "관광객 이용시설업"에 대한 영업형태를 규정하면서 같은 항 제2호에 따른 "관광숙박업"의 시설을 "관광숙박시설"로 약칭하고 있을 뿐, "관광숙박시설 운영업"이라는 영업형태를 명시하고 있지 않을 뿐만 아니라, 다른 법령에서 "관광숙박시설 운영업"에 관하여 규정하고 있다고 하더라도 「소득세법 시행령」 별표 3의 3 비고에서 "업종의 구분은 한국표준산업분류를 기준으로 한다."라고 규정하고 있는 이상, 그 한국표준산업분류가 아닌 다른 법령을 근거로 「소득세법 시행령」 별표 3의 3 제3호 다목에 따른 "관광숙박시설 운영업"의 의미를 해석할 수 없는 점 등을 고려하면, 위 의견은 타당하지 않다고 할 것입니다.

<u>따라서, 「소득세법 시행령」 별표 3의 3 제3호 다목에 따른 "관광숙박시설 운영업"은 한국표준산업분류에 따른 "관광숙박시설 운영업"을 의미한다고 할 것입니다.</u>

**② 결제대행업체를 통한 수입금액의 현금영수증 발행의무**

현금영수증은 사업자가 재화 등을 공급하고 그 대가를 현금으로 받는 경우 발급하는 것으로 결제대행회사를 통해서 대금을 지급받는 경우에는 발급대상이 아니다. 즉, 통신판매업자가 부가통신사업자가 운영하는 쇼핑몰을 이용하여 재화를 공급하고 그 대가를 부가통신사업자를 통하여 받는 경우에는 통신판매업자는 현금영수증을 발급하지 않는 것이다(전자세원-72, 2014. 4. 8).

관련법조문

◈ 부가가치세법 시행령 제88조【신용카드 및 금전등록기의 운영】

① 법 제32조의 2 제1항 및 법 제32조의 3 제1항에서 "대통령령이 정하는 사업자"라 함은 제79조의 2 제1항 및 제2항에 규정된 사업자를 말한다.

② 법 제32조의 2 제1항 본문에서 "대통령령이 정하는 것"이라 함은 여신전문금융업법에 의한 직불카드영수증, 결제대행업체를 통한 신용카드매출전표, 선불카드영수증(실지명의가 확인되는 것에 한한다) 및 조세특례제한법 제126조의 3의 규정에 의한 현금영수증을 말한다.

◈ 소득세법 시행규칙 제58조의 2【성실사업자의 범위】

영 제113조의 2 제1항 제1호 나목에서 "기획재정부령으로 정하는 사업자"라 함은 다음 각 호의 어느 하나에 해당하는 사업자를 말한다.

3. 전자상거래사업을 영위하는 사업자로서 다음 각 목의 어느 하나에 해당하는 사업자

가. 「여신전문금융업법」에 따른 결제대행업체를 통해서만 매출대금의 결제가 이루어지는 사업자

### (2) 수입금액의 추정

① 이 사건 입금액의 입금과 이 사건 채무상환액의 상환은 모두 이 사건 모텔이 위치한 소재 금융기관에서 이루어진 점, ② 원고는 이 사건 모텔에 관한 2010년 제1기부터 2011년 제1기까지의 부가가치세 신고 당시 신용카드매출만 신고하였을 뿐 현금매출이 전혀 없는 것으로 신고하였는데 현금거래가 빈번하게 이루어지는 숙박업의 특성에 비추어 볼 때 현금매출이 전혀 없다는 것은 경험칙상 납득하기 어려운 점, ③ 나아가 이 사건 입금액 및 채무상환액은 여러 차례에 걸쳐 계속적・반복적으로 입금・상환된 것으로서 구체적인 건별 입금・상환액수나 시기 및 빈도 등을 살펴보면 위 입금액 및 채무상환액이 이 사건 모텔의 현금매출액이라는 피고의 주장에 부합하는 것으로 보이는 점 등에 비추어 보면, 이 사건 입금액 및 채무상환액은 이 사건 모텔의 누락된 현금매출액으로 추정된다고 봄이 상당하다(청주지방법원-2016-구합-938, 2017. 3. 9).

② 청구인은 수입금액을 확인할 수 있는 장부 등 증빙서류를 제시하지 아니하였고, 매출관련 기록을 수시로 폐기하였는 바, 처분청이 쟁점계좌에 입금된 금액을 조사하는 방법으로 총수입금액을 결정한 것은 객관성이 있는 방법으로 적법한 실지조사방법에 속한다고 할 것이고(조심 2010서3303, 2011. 6. 28. 같은 뜻임), 경험칙에 비추어 과세요건사실이 추정되는 사실이 밝혀지면 상대방이 문제로 된 당해 사실이 경험칙 적용의 대상적격이 되지 못하는 특별한 사정을 증명해야 할 것이며, 이를 입증하지 못한다면 과세요건사

실이 충족된 것으로 보아야 하는 바(대법원 97누13894, 1998. 7. 10. 판결 등 참조), 쟁점계좌는 청구인의 수입금액을 관리하는 계좌라는 사실에 대하여는 다툼이 없어 청구인은 쟁점계좌에 입금된 쟁점금액이 누락수입금액이 아니라는 사정을 증명해야 할 것임에도 청구인은 쟁점계좌에 입금된 쟁점금액이 임대차보증금, 대여금 등의 회수금액이라고 주장만 할 뿐 이를 입증할 만한 객관적 증빙을 전혀 제시하지 못하고 있는바, 청구인의 주장을 받아들이기는 어려운 것으로 판단된다(심사-소득-2015-0070, 2015. 11. 17).

## 3. 생활형 숙박시설

### (1) 건축법상의 분류

건축물의 용도는 건축법 제2조 제2항과 같이 구분하되, 각 용도에 속하는 건축물의 종류 중 숙박시설은 다음과 같다.

① 일반숙박시설 및 생활숙박시설

② 관광숙박시설(관광호텔 · 수상관광호텔 · 한국전통호텔 · 가족호텔 · 호스텔 · 소형호텔 · 의료관광호텔 및 휴양콘도미니엄)

③ 다중생활시설(제2종 근린생활시설에 해당하지 아니하는 것을 말한다)

④ 그 밖에 ①부터 ③까지의 시설과 비슷한 것

### (2) 부가가치세 과세 여부

생활형 숙박시설을 실제 상시 주거용 주택으로 사용하는 경우, 해당 임대용역은 그 건물면적에 관계없이 「부가가치세법」 제26조 제1항 제12호에 따라 부가가치세가 면제되며 해당 건물의 신축공사비 관련 매입세액은 매출세액에서 공제하지 아니하는 것이다(부가가치세과-2488, 2017. 10. 31). 사업자가 「건축법 시행령」 제3조의 5 [별표1] 제4호의 제2종 근린생활시설에 해당하는 건물을 임차하여 구획된 실(室) 안에 싱크대, 가스렌지 등의 취사시설을 설치하지 아니하고 침대, 책상, TV, 화장실, 세면시설만을 설치하는 등 국토교통부 장관이 고시하는 고시원업의 시설기준에 적합한 구조로 변경하여 숙박의 형태로 사용하게 하는 경우에는 「부가가치세법」 제11조 제1항의 규정에 의하여 부가가치세가 과세되는 것이다(사전-2017-법령해석부가-0020, 2017. 1. 20). 사업자가 제2종근린생활시설로 건축허가를 받아 신축한 고시텔을 주거용 주택으로 임대하고 임차인이 해당 건물을 실제 상시 주거용 주택으로 사용하는 경우, 해당 임대용역은 그 건물면적에 관계없이 「부가가치세법」 제26조 제1항 제12호에 따라 부가가치세가 면제되며 해당 건물의 신축공사비 관련 매입세액은 같은 법 제39조 제1항 제7호에 따라 매출세액에서 공제하지 아니하는 것이다(법규부가 2014-402, 2014. 8. 25.).

# 제4절 공유숙박업의 회계와 세무실무

## I 공유숙박업의 개요

### 1. 공유숙박업의 정의

공유숙박업은 「주택을 활용하여 온라인 중개 플랫폼을 통해 여행객들에게 유상으로 숙식 등을 제공하는 업」을 말한다. 즉, 일반인이 여유공간(숙박공간)을 여행객들에게 유상으로 제공하는 것으로, 온라인 중개 플랫폼에 등록하여 숙박공간을 사용하고자 하는 임차인에게 공간을 공유·사용하게 함으로써 대가를 수령하는 산업활동을 말한다.

현행법상 주택을 활용하여 여행객들에게 유상으로 숙식 등을 제공하는 업은 지역 혹은 건물형태에 따라 도시지역에서의 [외국인관광도시민박업], 농어촌지역의 [농어촌민박업], 한옥형태의 [한옥체험업] 세 가지로 분류한다.

공유숙박플랫폼 중 하나인 에어비앤비(Airbnb)는 숙박 공유 서비스를 제공하는 회사의 이름이다. 온라인 사이트를 통해 자신의 주거지를 다른 사람에게 빌려주는 서비스를 중개한다. 190개국 34,000개 도시에서 150만 개 이상의 숙소 목록을 가지고 있다. 본부는 미국 샌프란시스코에 있으며 전 세계에서 백만 명 이상의 주인과 여행자가 에어비앤비로 공간을 임대하거나 숙소를 예약하고 있다. 2008년 설립했으며, 한국에서는 2013년부터 서비스를 시행 중이다. 에어비앤비란 이름은 '침대를 빌려주고 아침밥을 함께 한다(Air Bed and Breakfast)'의 줄임말이다.[66] 에어비앤비는 경쟁사 OTA와 다른 수수료 부과 방식을 사용하고 있다. 에어비앤비는 회사가 수취하게 되는 수수료는 약 15% 수준으로 경쟁사들과 유사한 수준을 가져가고 있으나, 부과 수수료를 객실을 리스트(list) 해주는 호스트(Host)와 이용객 게스트(Guest) 서로 다르게 책정하여 호스트 친화적 정책을 사용하고 있다. 일반적인 OTA들의 경우 객실을 제공하는 호텔들로부터 1일 숙박 요금의 15% 수준의 수수료를 부과하고 있으나, 에어비앤비는 호스트들에게 약 3% 수준으로 경쟁사 대비 20% 수준의 수수료를 부과하고 있다. 반면 이용객에게 12% 수준의 수수료 및 일부 지역에서 발생하는 별도 숙박시설 이용 세금 또한 부과하고 있다. 호스트가 보유하고 있는 주거 공간을 에어비앤비를 통해 임대할 경우 경쟁업체들 대비 낮은 수수료를 부과하고 있으므로, 개인 주거공간 임대를 희망하는 호스트들의 에어비앤비 선택 확률이 높을 수 밖에 없다.

---

66) 다음백과 인용(2023. 12. 31).

## 2. 숙박공유업의 등록기준[67)]

숙박업을 하고자 하는 자는 보건복지부령이 정하는 시설 및 설비를 갖추고 시장·군수·구청장(자치구의 구청장에 한한다)에게 신고하여야 한다. 신고를 하지 아니하고 숙박업 영업을 한 자는 2년 이하의 징역 또는 2천만원 이하의 벌금에 처한다.[68)] 관광숙박업을 경영하려는 자는 특별자치시장·특별자치도지사·시장·군수·구청장(자치구의 구청장을 말한다)에게 등록하여야 한다.[69)]

| 구분 | 외국인관광도시민박업 | 농어촌민박업 | 한옥체험업 |
|---|---|---|---|
| 법령 | 관광진흥법 | 농어촌정비법 | 관광진흥법 |
| 등록 기준 | • 연면적 230㎡ 미만의 주택(소유/임차)<br>• 외국인 안내 서비스 체계 갖출 것<br>• 소화기 1개 이상 구비<br>• 단독형 감지기 설치(객실마다)<br>• 일산화탄소 경보기 설치(개별난방의 경우) | • 연면적 230㎡ 미만의 단독주택(소유)<br>*예외 : 해당지역 3년 이상 거주자<br>• 6개월 이상 계속 거주자(상속받은 자 제외)<br>• 조식 제공 시 주방시설 갖출 것<br>• 소화기 1개 이상 구비<br>• 단독형감지기(객실) 및 가스누석경보기(주방) 설치 | • 전통문화체험에 적합한 시설<br>• 연면적 230㎡ 미만<br>• 소화기 1개 이상 구비<br>• 단독형 감지기 설치(객실마다)<br>• 일산화탄소경보기 설치(개별난방의 경우) |
| 건물 용도 | 주택(단독주택/공동주택) | 주택(단독주택) | 주택(한옥) |
| 제한 사항 | • 도시지역<br>• 외국인관광객만 허용<br>• 주인거주 의무<br>• 연면적 230㎡ 미만 | • 농어촌/준농어촌지역<br>• 주인거주 의무<br>• 연면적 230㎡ 미만 | • 연면적 230㎡ 미만<br>• 월 1회 이상 소독(객실, 거실, 욕실 등)<br>• 영업시간 동안 관리자 배치 |

67) 사단법인 외국인관광도시민박업협회(https://0ucenter.com/00100), 2023. 12. 31.
68) 공중위생관리법 제20조 제1항
69) 관광진흥법 제4조 제1항

## 3. 숙박공유업의 업종구분

숙박공유업의 업종구분은 다음과 같다.

| 코드 | 세분류 | 세세분류 | 적용범위 |
|---|---|---|---|
| 551007 | 일반 및 생활 숙박 시설 운영업 | **숙박 공유업** | 일반인이 여유공간(숙박공간)을 여행객들에게 유상으로 제공하는 것으로 **온라인 중개 플랫폼에 등록**하여 숙박공간을 사용하고자 하는 임차인(GUEST)에게 공간을 **공유·사용**하게 함으로써 **대가를 수령**하는 산업활동 |
| 551005 | 일반 및 생활 숙박 시설 운영업 | 민박업 | 단독주택, 다가구주택, 다세대주택, 아파트 등 일반 주거용 주택을 이용하여 숙박 서비스를 제공하는 산업활동을 말한다. 숙박과 함께 취사시설을 제공하거나 식사를 제공하는 경우도 포함 |

## 4. 숙박 중개 플랫폼 거래형태[70)]

최근 도시에서 자신이 거주하는 주택이나 빈 방을 내국인 또는 외국인 관광객에게 단기 임대하여 이용할 수 있게 하고 그 대가로 돈을 받는 '공유숙박'이 활성화되면서 숙박제공자(호스트)와 그 이용자를 연결해주는 중개 플랫폼 이용이 높아지고 있다.

일반적으로 중개 플랫폼을 이용한 숙박 예약 서비스는 먼저 숙박제공자가 직접 또는 중개업체인 플랫폼 사업자를 통해 플랫폼에 객실정보를 등록하게 되면 이용자가 플랫폼에 직접 또는 오픈마켓 등 외부채널을 접속해 숙박상품을 검색·선택한 뒤 정보를 입력하고 예약·결제하는 절차를 거치게 된다. 숙박제공자의 사업자등록을 필수요건으로 하는 국내 공유숙박 플랫폼(예: 야놀자, 여기어때 등)과 달리, 에어비앤비 등 외국계열 공유숙박 플랫폼은 숙박제공자가 사업자등록을 하지 않아도 플랫폼에 숙소를 등록할 수 있어 공유숙박업소 100곳 중 98곳이 세금신고를 하지 않는 것으로 나타나는 등 공유숙박업에 대한 세원 관리가 취약하다는 지적이 제기되고 있다. 따라서 개정안과 같이 국내에서 판매 또는 결제를 대행하거나 중개하는 경우 관련 거래명세자료를 분기별로 제출하도록 하는 대상에 공유숙박 플랫폼 국외사업자를 추가함으로써 탈세를 예방하고 세원의 투명성을 확보하는 데 기여할 수 있을 것으로 보인다.

참고로 최근 미국 뉴욕시의 경우도 숙박공유업으로 인해 발생하는 범죄와 탈세 문제를 해결하기 위해 2023년 9월부터 단기임대등록법을 시행하여 단기임대업자가 숙박 날짜, 숙

70) 부가가치세법 일부개정법률안 검토보고서, 기획재정위원회 전문위원 이정은, 2024. 2.

박인원 수, 숙박 비용과 같은 등록 기록을 당국에 신고하도록 하고 있다.[71)]

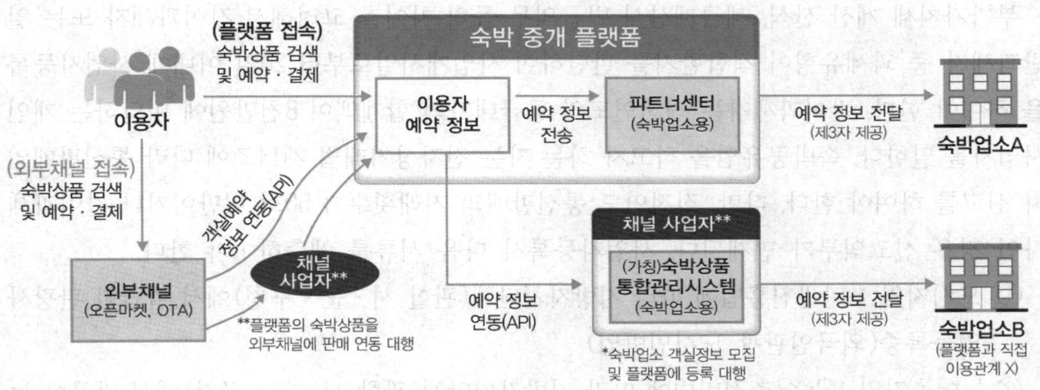


## Ⅱ 공유숙박업의 부가가치세 실무

### 1. 사업자등록

#### (1) 숙박업의 경우 : 단기임대[72)]

##### 1) 숙박업과 부동산임대업의 구분기준

부가가치세법상 숙박업과 부동산임대업의 구분은 부가가치세법 시행령 제2조 제1항, 제3항에 의하여 통계청장이 고시하는 한국표준산업분류에 의하여야 하는데, 위 분류에 따르면 관광 숙박시설 운영업(5511)은 수수료를 받고 일반 대중 또는 특정 회원을 대상으로 단기간 동안 숙박 또는 야영시설을 제공하는 산업활동을 말하는 것으로, 호텔, 여관, 콘도 등은 여기에 포함되나 장기간의 숙박시설(아파트식 호텔)의 임대는 여기서 제외되는 반면 부동산임대업(6811)은 자기 소유 또는 임차한 각종 부동산을 임대하는 산업활동을 말하되 다만 호텔·여관 등의 단기적인 임대는 제외되도록 되어 있어 임대기간의 장·단기 여부가 숙박업과 부동산임대업을 구분하는 중요한 요소가 된다.

---

71) 출처 : 2023. 9. 6 연합뉴스 [뉴욕, 에어비앤비 규제 착수…숙박 공유 수천건 감소할 듯]

72) "보증금 33만원으로 서울살이"…정체 뭐길래 '인기 폭발' 부동산 단기임대 플랫폼 삼삼엠투는 연 단위도, 월 단위도 아닌 '주 단위' 주택 계약 서비스를 내놨습니다. 주거의 패러다임이 바뀌면서 몇 주, 몇 달 살기를 원하는 단기임대 수요가 늘어나고 있다는 점에 주목한 것인데요. 에어비앤비 같은 공유숙박 플랫폼과는 조금 다르다고 합니다. 부동산 단기임대 플랫폼 삼삼엠투는 원룸이나 오피스텔, 아파트 등 주거 공간을 주 단위로 빌릴 수 있게 만들었다. 사명은 10평 남짓의 원룸이나 오피스텔 공간을 뜻하는 33㎡에서 따 왔다. 가장 많이 거래되는 유형이다. 주로 타지에 단기간 출장이나 파견을 온 직장인이나, 교환학생 프로그램으로 한국을 찾은 외국인, 또는 리모델링 등 수리로 짧은 기간 동안 집을 쓸 수 없게 된 사람들이 플랫폼을 이용한다. <한국경제, 2023. 11. 21>

### 2) 숙박공유업의 사업자등록

부가가치세 계산 산식, 세금계산서 발급의무 등의 차이를 고려해서 간이과세자 또는 일반과세자 중 과세유형이 적합한지를 판단하여 사업개시일로부터 20일 이내에 사업자등록을 하여야 한다. 간이과세자는 직전연도의 공급대가의 합계액이 8천만원에 미달하는 개인사업자를 말한다. 숙박공유업을 하고자 하는 자는 전자상거래법 제14조에 따라 통신판매업자 신고를 하여야 한다. 다만, 직전연도 통신판매의 거래횟수가 50회 미만이거나 간이과세자인 경우 신고의무가 면제된다. 사업자등록시 다음 서류를 제출하여야 한다.

① 도시지역 : 관광진흥법에 따라 지방자치단체(관할 시・군・구청)에서 발급한 관광사업등록증(외국인관광 도시민박업)

② 농어촌지역 : 농어촌정비법에 따라 지방자치단체(관할 시・군・구청)에서 발급한 농어촌민박업 신고필증

관련법조문

**◈ 부가가치세법 제53조의 2【전자적 용역을 공급하는 국외사업자의 사업자등록 및 납부 등에 관한 특례】**

① 국외사업자가 정보통신망(「정보통신망 이용촉진 및 정보보호 등에 관한 법률」 제2조 제1항 제1호에 따른 정보통신망을 말한다. 이하 이 조에서 같다)을 통하여 이동통신단말장치 또는 컴퓨터 등으로 공급하는 용역으로서 다음 각 호의 어느 하나에 해당하는 용역(이하 "전자적 용역"이라 한다)을 국내에 제공하는 경우[제8조, 「소득세법」 제168조 제1항 또는 「법인세법」 제111조 제1항에 따라 사업자등록을 한 자(이하 이 조에서 "등록사업자"라 한다)의 과세사업 또는 면세사업에 대하여 용역을 공급하는 경우는 제외한다]에는 사업의 개시일부터 20일 이내에 대통령령으로 정하는 간편한 방법으로 사업자등록(이하 "간편사업자등록"이라 한다)을 하여야 한다.

1. 게임・음성・동영상 파일 또는 소프트웨어 등 대통령령으로 정하는 용역
2. 광고를 게재하는 용역
3. 「클라우드컴퓨팅 발전 및 이용자 보호에 관한 법률」 제2조 제3호에 따른 클라우드컴퓨팅 서비스
4. 재화 또는 용역을 중개하는 용역으로서 대통령령으로 정하는 용역
5. 그 밖에 제1호부터 제4호까지와 유사한 용역으로서 대통령령으로 정하는 용역

② 국외사업자가 다음 각 호의 어느 하나에 해당하는 제3자(제52조 제1항 각 호의 어느 하나에 해당하는 비거주자 또는 외국법인을 포함한다)를 통하여 국내에 전자적 용역을 공급하는 경우(등록사업자의 과세사업 또는 면세사업에 대하여 용역을 공급하는 경우나 국외사업자의 용역등 공급 특례에 관한 제53조가 적용되는 경우는 제외한다)에는 그 제3자가 해당 전자적 용역을 공급한 것으로 보며, 그 제3자는 사업의 개시일부터 20일 이내에 간편사업자등록을 하여야 한다.

1. 정보통신망 등을 이용하여 전자적 용역의 거래가 가능하도록 오픈마켓이나 그와 유사한 것을 운영하고 관련 서비스를 제공하는 자
2. 전자적 용역의 거래에서 중개에 관한 행위 등을 하는 자로서 구매자로부터 거래대금을 수취하여 판매자에게 지급하는 자
3. 그 밖에 제1호 및 제2호와 유사하게 전자적 용역의 거래에 관여하는 자로서 대통령령으로 정하는 자

◈ **부가가치세법 시행령 제96조의 2 【전자적 용역을 공급하는 국외사업자의 용역 공급과 사업자등록 등에 관한 특례】**

② 법 제53조의 2 제1항 제4호에서 "대통령령으로 정하는 용역"이란 다음 각 호의 어느 하나에 해당하는 것을 말한다. 다만, 재화 또는 용역의 공급에 대한 대가에 중개 용역의 대가가 포함되어 법 제3조에 따른 납세의무자가 부가가치세를 신고하고 납부하는 경우는 제외한다.
1. 국내에서 물품 또는 장소 등을 대여하거나 사용·소비할 수 있도록 중개하는 것
2. 국내에서 재화 또는 용역을 공급하거나 공급받을 수 있도록 중개하는 것

### (2) 주택임대업의 경우 : 장기임대

상시주거용으로 사용하는 주택과 부수되는 토지의 임대용역은 부가가치세를 면제한다. 다만, 사업을 위한 주거용의 경우는 부가가치세를 과세한다. 상시주거용으로 사용한다는 의미는 공부상 용도에 관계없이 건물을 사용하는 임차자가 상시주거용으로 사용하는지 여부에 따라 판단한다.

**서비스드 레지던스 과세 여부**(서울행정법원 2014. 2. 11. 선고 2013구합21816 판결)

판례

① 부가가치세법상 숙박업과 부동산임대업의 구분은 부가가치세법 시행령 제2조 제1항, 제3항에 의하여 통계청장이 고시하는 한국표준산업분류에 의하여야 하는데 위 분류에 따르면 관광숙박시설 운영업(5511)은 수수료를 받고 일반 대중 또는 특정 회원을 대상으로 단기간 동안 숙박 또는 야영시설을 제공하는 산업활동을 말하는 것으로, 호텔, 여관, 콘도 등은 여기에 포함되나 장기간의 숙박시설(아파트식 호텔)의 임대는 여기서 제외되는 반면 부동산임대업(6811)은 자기 소유 또는 임차한 각종 부동산을 임대하는 산업활동을 말하되 다만 호텔 여관 등의 단기적인 임대는 제외되도록 되어 있어 임대기간의 장·단기 여부가 숙박업과 부동산임대업을 구분하는 중요한 요소가 되고 있으나 부가가치세 관계법령뿐만 아니라 숙박업의 근거법령인 공중위생관리법 등에서도 임대기간의 장·단기를 구별하는 기준에 대해 정함이 없고 한국표준산업분류의 기초가 된 유엔의 국제표준산업분류에서는 월이나 연 단위의 임대는 장기숙박으로 1일이나 1주일 단위의 임대는 단기숙박으로 분류하고 있는 점에서 1개월 이상 임대계약 객실이 상당 부분을 차지하는 이 사건 건물에 대하여 일반인이 스스로 업종을 정확히

판별해낼 것을 기대하기란 대단히 어려운 점, ② 서비스드 레지던스업이 숙박업에 해당하는지 부동산임대업에 해당하는지는 형식적 일률적으로 판단할 것이 아니라 해당 서비스드 레지던스업에 제공된 건물의 구조 객실의 규모와 내부설비 장기 계약 객실이 차지하는 비중 요금의 산정방식 및 수준 제공되는 서비스의 종류와 내용 등의 영업실태에 따라 실질적으로 판단하여야 할 것인바, 건축물대장상 '공동주택(아파트)'로 되어 있는 이 사건 건물을 CC으로부터 분양받아 CC과 사이에 임대대행을 통한 자산관리를 위탁하는 내용의 계약을 체결한 후 주택임대업 관련 사업자등록을 마치고 CC으로부터 받은 자산관리 수익에 대해 사업소득세를 납부해 온 것뿐인 원고로서는 자산관리 수탁자인 CC에 의해 이 사건 건물에서 실제 행해진 서비스드 레지던스업의 구체적인 영업실태를 제대로 알기 어려웠을 것인 점, ③ 국세청은 2007. 8월경에 이르러 서비스드 레지던스업이 부가가치세 과세대상이라는 해석기준을 제시하면서도, 서비스드 레지던스업에 대한 업종 구분 기준이 명확하지 아니한 점 등을 감안하여 2007. 10. 1.부터 이를 적용하도록 일선 세무서에 내부지침을 시달하였는바, 원고가 이러한 내부지침까지 알기는 어려웠을 것으로 보이며 또한 그 이후로도 이 사건 건물에서 행해진 서비스드 레지던스업의 영업형태가 숙박업인지 여부에 대한 형사소송이 계속되어 항소 상고를 거쳐 2010. 4. 5.에서야 대법원에서 확정된 점, ④ 물론 부동산임대업 중에서도 부가가치세 면세대상인 주택의 임대에 해당하는지 여부는 다시 임차인이 실제로 당해 건물을 사용한 객관적인 용도를 기준으로 하여 상시 주거용으로 사용하는 것인지 여부에 따라 결정될 문제이기는 하나, 상시 주거용 여부는 결국 그 임대사업 형태를 숙박업과 대비하면서 종합적으로 판단할 수밖에 없는 점, ⑤ 이 사건 건물에 대해서는 2010. 5월경까지도 종합부동산세 및 주택분 재산세가 부과되어 국세와 지방세 과세관청들 사이에서도 이 사건 건물을 둘러싼 서비스드 레지던스업의 업종 구분에 관한 기준과 인식이 확립되지 아니하였던 것으로 보이는 점, ⑥ 원고는 이 사건 건물에서의 서비스드 레지던스업이 주택임대업인 줄 알고 면세사업자로 사업자등록을 마쳤고, 이 사건 건물을 분양받으면서 부가가치세 매입세액 공제도 받지 아니한 점 등을 종합하여 보면 원고가 이 사건 부가가치세의 납부의무를 불이행한 데에는 정당한 사유가 있다고 봄이 타당하다.

## 2. 과세대상 : 숙박업

공유숙박업은 숙박시설운영업으로 부가가치세 과세대상으로 간이과세자의 업종별 부가가치율은 25%이다. 간이과세자와 일반과세자를 비교하면 다음과 같다.

| 구 분 | 일반과세자 | 간이과세자 |
|---|---|---|
| 적용기준(직전 과세기간 매출액) | 연 매출 8천만원 이상<br>간이과세 배제 업종 | 연 매출 8천만원 미만<br>간이과세 적용 업종 |
| 매출세액 | 공급가액×10% | 공급대가×**업종별 부가가치세율**×10% |
| 세금계산서 발급 | **발급 가능** | **직전연도 공급대가 합계액이 4,800만원 이상은 발급 가능** |

| 구 분 | 일반과세자 | 간이과세자 |
|---|---|---|
| 매입세액 공제 | 전액 공제 | 공급대가×0.5% |
| 환급 여부 | **환급 가능** | **환급 불가** |

① 상시주거용 일반 단독주택에 대한 임대용역은 부가가치세가 면제되나, 입주자가 거실, 주방 등 일부 공간을 공유하는 형태의 단독주택(쉐어하우스)과 일반 방문객의 스마트기술 체험장소로 사용하는 단독주택(게스트하우스) 및 커뮤니티센터에 대한 임대용역은 부가가치세가 과세된다(기획재정부 부가가치세제과-317, 2022. 7. 15).

② 「부가가치세법 시행령」 제4조에 따라 용역을 공급하는 사업의 구분은 이 영에 특별한 규정이 있는 경우를 제외하고는 통계청장이 고시하는 한국표준산업분류에 따르고, 이에 따르면 장기간 숙박시설(아파트식 호텔 등) 임대는 부동산임대업으로 보아 관광숙박시설 운영업에서 제외하나, 단기간 동안 제공하는 숙박시설을 운영하는 산업활동을 숙박시설 운영업(551)으로 보아 부동산임대업에서 제외하고 있는 점, 처분청은 당초 임대기간에 상관없이 모두 숙박업으로 보아 부가가치세를 과세하였다가 과세전적부심사 결정에 따라 재조사를 실시하였고, 그 결과 쟁점건물 임차인의 실제 거주기간이 단기간(30일 미만)인 경우에는 상시 주거용인 주택의 임대업이 아닌 숙박업에 해당한다고 보아 이 건 부가가치세를 과세한 점, 청구법인은 임차인들에게 특수관계법인을 통해 주차, 하우스키핑, 가사도우미, 세탁 등 부대서비스를 제공하고 있는 것으로 확인되고, 각 객실에는 조리시설, 식기류, 가전제품, 침대 등 숙박에 필요한 생활편의시설이 제공되며, 입퇴실시 '세대물품 set up 확인서'를 작성하는 등 쟁점건물의 운영형태가 숙박업에 해당하는 것으로 보이는 점, 청구법인은 이 건 과세기간 동안 일반대중 또는 특정인을 대상으로 단기간 동안 쟁점건물을 숙박시설로 제공하였고, 실제 내부적으로도 그렇게 운영한 사실이 청구법인의 내부보고서, 입주안내문, 단체입주확인서, 여행사에 보낸 고객의 객실예약 요청 공문 및 객실료 송금내역서, 성형외과의 중국인 고객 객실예약 신청서 등에 의해 확인되는 점, 쟁점건물 임차인과 체결한 임대차계약서 중 일부는 보증금, 계약금, 잔금, 월세, 임대차존속기간이 공란으로 되어 있고, 특히 외국인 임차자의 경우에는 별도의 임대차계약서를 작성하지 않은 사실이 확인되는 등 이를 주택임대차계약의 체결이라고 보기 어려운 점 등에 비추어 처분청에서 쟁점건물의 30일 미만의 단기 임대용역에 대하여 숙박업으로 보아 이 건 부가가치세를 과세한 처분은 달리 잘못이 없다고 판단된다(조심-2019-서-1644, 2020. 6. 18).

## 3. 면제대상

장기간 상시주거용 주택에 대한 임대용역은 부가가치세가 면제된다.

## 4. 과세표준의 산정

에어비앤비라는 해외 플랫폼을 통해 국내에서 숙박공유업을 영위하며 거래형태는 숙박고객은 플랫폼에서 신용카드나 계좌이체 등으로 결제를 하고 투숙하며, 에어비앤비는 호스트에게 플랫폼 이용 수수료를 제외한 잔액을 지급하는 경우 수수료를 포함한 총금액이 공급대가가 된다.

## 5. 매입세액공제

숙박공유업과 관련되어 수취한 주방용품, 세면용품, OTT 등 온라인 통신서비스수수료 등의 세금계산서는 매입세액공제가 된다. 또한 위수탁계약에 따른 수탁사에게 위탁수수료에 대하여 세금계산서를 수취하는 경우 매입세액은 매출세액에서 공제된다. 에어비앤비가 공급하는 용역은 부가가치세가 과세되는 용역으로서, 간편사업자등록을 하고 국내에 부가가치세를 신고납부하지만, 세금계산서 발급의무가 면제되어 세금계산서를 받을 수 없으므로 매입세액공제를 받을 수 없다.

**관련법조문**

**◈ 부가가치세법 시행령 제71조【세금계산서 발급의무의 면제 등】**

① 법 제33조 제1항에서 "세금계산서를 발급하기 어렵거나 세금계산서의 발급이 불필요한 경우 등 대통령령으로 정하는 경우"란 다음 각 호의 어느 하나에 해당하는 재화 또는 용역을 공급하는 경우를 말한다.

8. 법 제53조의 2 제1항 또는 제2항에 따라 간편사업자등록을 한 사업자가 국내에 공급하는 전자적 용역

## 6. 신용카드발행세액공제

숙박고객이 플랫폼에서 신용카드로 결제하는 금액이 신용카드 발행세액공제를 받을 수 있다. 다만, 법인사업자와 직전연도의 재화 또는 용역의 공급가액의 합계액이 사업장을 기준으로 10억원을 초과하는 개인사업자는 제외한다.

| 개정 전(2024. 2. 29 이전) | 개정 후(2024. 2. 29. 이후) |
|---|---|
| 부가가치세법 시행령 제88조<br>① 법 제46조 제1항 각 호 외의 부분에서 "대통령령으로 정하는 전자적 결제 수단"이란 다음 각 호의 요건을 모두 갖춘 것을 말한다. 〈신설 2020. 2. 11〉<br>1. 카드 또는 컴퓨터 등 전자적인 매체에 화폐가치를 저장했다가 재화 또는 용역을 구매할 때 지급하는 결제 수단(이하 이 조에서 "전자화폐"라 한다)일 것<br>2. 전자화폐를 발행하는 사업자가 결제 명세를 가맹 사업자별로 구분하여 관리할 것 | 부가가치세법 시행령 제88조<br>① 법 제46조 제1항 각 호 외의 부분에서 "대통령령으로 정하는 전자적 결제 수단에 의하여 대금을 결제받는 경우"란 다음 각 호의 어느 하나에 해당하는 것을 말한다. 〈신설 2020. 2. 11, 2024. 2. 29〉<br>1. 다음 각 목의 요건을 모두 갖춘 전자적 결제 수단으로 대금을 결제받는 경우<br>가. 카드 또는 컴퓨터 등 전자적인 매체에 화폐가치를 저장했다가 재화 또는 용역을 구매할 때 지급하는 결제 수단(이하 이 조에서 "전자화폐"라 한다)일 것<br>나. 전자화폐를 발행하는 사업자가 결제 명세를 가맹 사업자별로 구분하여 관리하는 결제 수단일 것<br><u>2. 통신판매업자가 판매를 대행 또는 중개하는 부가통신사업자를 통해 재화 또는 용역을 공급하고 부가통신사업자로부터 전자적으로 대금을 결제받는 경우(부가통신사업자가 법 제75조 제1항 및 이 영 제121조 제1항에 따라 제출하는 월별 거래 명세를 통해 그 결제 내역이 확인되는 경우만 해당한다)</u> |

**관련법조문**

◈ 부가가치세법 제46조【신용카드 등의 사용에 따른 세액공제 등】

① 제1호에 해당하는 사업자가 부가가치세가 과세되는 재화 또는 용역을 공급하고 제34조 제1항에 따른 세금계산서의 발급시기에 제2호에 해당하는 거래증빙서류(이하 이 조에서 "신용카드매출전표등"이라 한다)를 발급하거나 대통령령으로 정하는 전자적 결제수단에 의하여 대금을 결제받는 경우에는 제3호에 따른 금액을 납부세액에서 공제한다.

1. 사업자 : 다음 각 목의 어느 하나에 해당하는 사업자
   가. 주로 사업자가 아닌 자에게 재화 또는 용역을 공급하는 사업으로서 대통령령으로 정하는 사업을 하는 사업자(법인사업자와 직전 연도의 재화 또는 용역의 공급가액의 합계액이 대통령령으로 정하는 금액을 초과하는 개인사업자는 제외한다)
   나. 제36조 제1항 제2호에 해당하는 간이과세자
2. 거래증빙서류: 다음 각 목의 어느 하나에 해당하는 서류
   가. 「여신전문금융업법」에 따른 신용카드매출전표
   나. 「조세특례제한법」 제126조의 3에 따른 현금영수증
   다. 그 밖에 이와 유사한 것으로 대통령령으로 정하는 것

3. 공제금액(연간 500만원을 한도로 하되, 2026년 12월 31일까지는 연간 1천만원을 한도로 한다) : 발급금액 또는 결제금액의 1퍼센트(2026년 12월 31일까지는 1.3퍼센트로 한다)

◈ **부가가치세법 시행령 제88조【신용카드 등의 사용에 따른 세액공제 등】**

① 법 제46조 제1항 각 호 외의 부분에서 "대통령령으로 정하는 전자적 결제 수단에 의하여 대금을 결제받는 경우"란 다음 각 호의 어느 하나에 해당하는 것을 말한다. 〈개정 2024. 2. 29〉

1. 다음 각 목의 요건을 모두 갖춘 전자적 결제 수단으로 대금을 결제받는 경우
   가. 카드 또는 컴퓨터 등 전자적인 매체에 화폐가치를 저장했다가 재화 또는 용역을 구매할 때 지급하는 결제 수단(이하 이 조에서 "전자화폐"라 한다)일 것
   나. 전자화폐를 발행하는 사업자가 결제 명세를 가맹 사업자별로 구분하여 관리하는 결제 수단일 것
2. 통신판매업자가 판매를 대행 또는 중개하는 부가통신사업자를 통해 재화 또는 용역을 공급하고 부가통신사업자로부터 전자적으로 대금을 결제받는 경우(부가통신사업자가 법 제75조 제1항 및 이 영 제121조 제1항에 따라 제출하는 월별 거래 명세를 통해 그 결제 내역이 확인되는 경우만 해당한다)

## 7. 공유숙박 플랫폼 국외사업자의 전자적 용역 거래명세서 제출의무

국세청장은 부가가치세 신고의 적정성을 확인하기 위하여 간편사업자등록을 한 자(국내에서 물품 또는 장소 등을 대여하거나 사용·소비할 수 있도록 중개하는 것)에게 전자적 용역 거래명세서를 제출할 것을 요구할 수 있다. 공유숙박 국외사업자는 요구를 받은 날부터 60일 이내에 전자적 용역 거래명세서를 국세청장에게 제출하여야 한다.[73)]

## 8. 고객(guest), 에어비앤비, 호스트(숙박공유업자)의 과세문제

### (1) 고객(guest)

고객(guest)은 에어비앤비 플랫폼을 통하여 숙박예약을 하고 숙박비와 수수료 및 부가가치세를 결제한다.

예를 들어 숙박비가 100,000원인 경우 수수료 14.2%와 부가가치세 10%를 합하여 총 115,530원을 결제한다.

73) 「부가가치세법」 제53조의 2(전자적 용역을 공급하는 국외사업자의 사업자등록 및 납부 등에 관한 특례)

### (2) 에어비앤비

가. 사업자등록을 한 경우

숙박공유업자가 사업자등록을 한 경우 수수료 3%를 차감하고 호스트에게 입금한다.

나. 사업자등록을 안한 경우

숙박공유업자가 사업자등록을 한 경우 수수료 3.3%를 차감하고 호스트에게 입금한다.

### (3) 호스트(숙박공유업자)

에어비앤비에서 수수료 차감 전 숙박비 총액에 대해 공급대가로 보아 부가가치세를 신고하여야 한다. 예를 들면 고객이 지불한 숙박비가 100,000원이고 수수료가 3,000원인 경우 수수료 공제 전 100,000/1.1 = 90,909원이 과세표준이 된다.

## 9. 호스트의 영세율 적용 여부

해외 플랫폼인 에어비앤비를 통해서 결제가 이루어지지만, 실제 용역의 공급은 호스트가 국내에서 이루어지고 있으며, 부가가치세법 제24조 및 동법 시행령 제33조 제2항 제1호에 따른 국내에서 국내사업장이 없는 비거주자에 일정용역을 제공하는 경우에는 영세율이 적용이 되고 있지만, 숙박용역은 「부가가치세 시행령」 제33조 제2항 제1호 아목의 부가가치세 영세율 적용대상인 사업시설관리 및 사업지원서비스업에 해당하지 아니하며 플랫폼 이용수수료를 제외한 나머지 대가를 외국환은행 계좌가 아니라 원화계정으로 정산・수취한 것으로 나타나는 점으로 보아 영세율 대상이 아니다(조심 2022서6952, 2023. 5. 10).

| 개정 전(2024. 2. 29 이전) | 개정 후(2024. 2. 29. 이후) |
|---|---|
| **부가가치세법 제75조【자료제출】**<br>다음 각 호의 어느 하나에 해당하는 자는 재화 또는 용역의 공급과 관련하여 국내에서 판매 또는 결제를 대행하거나 중개하는 경우 대통령령으로 정하는 바에 따라 관련 명세를 매 분기 말일의 다음 달 15일까지 국세청장에게 제출하여야 한다. 〈개정 2021. 12. 8〉 | **부가가치세법 제75조【자료제출】**<br>① 다음 각 호의 어느 하나에 해당하는 자는 재화 또는 용역의 공급과 관련하여 국내에서 판매 또는 결제를 대행하거나 중개하는 경우 대통령령으로 정하는 바에 따라 관련 명세를 매 분기 말일의 다음 달 15일까지 국세청장, 납세지 관할 지방국세청장 또는 납세지 관할 세무서장에게 제출하여야 한다. 〈개정 2021. 12. 8, 2022. 12. 31〉 |
| 1. 「전기통신사업법」 제5조에 따른 부가통신사업자로서 「전자상거래 등에서의 소비자보호에 관한 법률」 제2조 제3호에 따른 통신판매업자의 판매를 대행 또는 중개하는 자<br>2. 「여신전문금융업법」 제2조 제5호 나목에 따른 결제대행업체<br>3. 「전자금융거래법」 제2조 제4호에 따른 전자금융업자<br>4. 「외국환거래법」 제8조 제4항에 따른 전문외국환업무취급업자<br>5. <u>그 밖에 제1호부터 제4호까지의 사업자와 유사한 사업을 수행하는 자로서 대통령령으로 정하는 자</u> | 1. 「전기통신사업법」 제5조에 따른 부가통신사업자로서 「전자상거래 등에서의 소비자보호에 관한 법률」 제2조 제3호에 따른 통신판매업자의 판매를 대행 또는 중개하는 자<br>2. 「여신전문금융업법」 제2조 제5호 나목에 따른 결제대행업체<br>3. 「전자금융거래법」 제2조 제4호에 따른 전자금융업자<br>4. 「외국환거래법」 제8조 제4항에 따른 전문외국환업무취급업자<br>5. <u>그 밖에 제1호부터 제4호까지의 사업자와 유사한 사업을 수행하는 자로서 대통령령으로 정하는 자</u><br>② 국세청장, 납세지 관할 지방국세청장 또는 납세지 관할 세무서장은 제1항에 따라 관련 명세를 제출하여야 하는 자가 관련 명세를 제출하지 아니하거나 사실과 다르게 제출한 경우 그 시정에 필요한 사항을 명할 수 있다. 〈신설 2022. 12. 31〉 |
| **부가가치세법 시행령 제121조【자료제출】**<br>① 법 제75조에 따라 해당 사업자는 기획재정부령으로 정하는 월별 거래 명세를 매 분기 말일의 다음 달 말일까지 국세청장에게 전자적 방법으로 제출하여야 한다.<br>② 제1항에서 규정한 사항 외에 자료제출 등에 관하여 필요한 사항은 국세청장이 정한다. | **부가가치세법 시행령 제121조【자료제출】**<br>① 법 제75조에 따라 해당 사업자는 <u>기획재정부령으로 정하는 월별 거래 명세를 매 분기 말일의 다음 달 15일까지</u> 국세청장에게 전자적 방법으로 제출하여야 한다. 〈개정 2024. 2. 29〉<br>② 법 제75조 제1항 제5호에서 "대통령령으로 정하는 자"란 <u>「정보통신망 이용촉진 및 정보보호 등에 관한 법률」 제2조 제1항 제9호의 게시판을 운영하여 재화 또는 용역의 공급을 중개하는 자로서 국세청장이 고시하는 자를 말한다.</u> 〈신설 2023. 2. 28〉 |

## Ⅲ 공유숙박업의 소득세 실무

### 1. 기장의무

| 업종명 | | 기장 의무에 따른 구분 | | 추계 신고 시 경비율 적용 | |
|---|---|---|---|---|---|
| | | 복식부기 의무자 | 간편장부 의무자 | 기준경비율 적용 | 단순경비율 적용 |
| 유튜버 | 미디어 콘텐츠 창작업(과세사업자) | 1억5천만원 이상 | 1억5천만원 미만 | 3천6백만원 이상 | 3천6백만원 미만 |
| | 1인 미디어 콘텐츠 창작자(면세사업자) | 7천5백만원 이상 | 7천5백만원 미만 | 2천4백만원 이상 | 2천4백만원 미만 |
| SNS마켓(소매업) | | 3억원 이상 | 3억원 미만 | 6천만원 이상 | 6천만원 미만 |
| 공유숙박(숙박업) | | 1억5천만원 이상 | 1억5천만원 미만 | 3천6백만원 이상 | 3천6백만원 미만 |

### 2. 소득세 과세방식

#### (1) 사업소득 과세방식

장부를 기록 · 비치한 사업자는 총수입금액에서 필요경비를 공제하여 계산한다. 장부를 기록 · 비치하지 않은 사업자는 단순경비율 또는 기준경비율에 따라 계산한다.

#### (2) 기타소득 과세방식

기타소득 과세방식은 연간수입금액이 500만원 이하인 경우로서 총수입금액에서 필요경비(60%)를 공제하여 기타소득금액을 계산한다. 즉, 「전자상거래 등에서의 소비자보호에 관한 법률」에 따라 통신판매중개를 하는 자를 통하여 물품 또는 장소를 대여하고 대통령령으로 정하는 규모(500만원 이하)의 사용료로서 받은 금품은 기타소득에 해당한다(소법 21 ① 8호의 2). 기타소득은 분리과세를 통하여 납세의무가 종결된다.

#### (3) 현금영수증 의무발생

2023년 1월 1일부터 공유숙박업을 영위하는 자는 거래건당 10만원 이상인 경우 현금영수증을 의무발행하여야 한다. 현금영수증 의무발행업종 사업자가 건당 거래금액(부가세 포함)이 10만원 이상인 재화(용역)를 공급하고, 대가를 현금으로 받은 경우 소비자의 요청이 없더라도 현금영수증을 발급하여야 한다. 다만, 예약자가 신용카드로 결제한 경우에는 현금영수증 발행할 의무가 없다.

의무발행업종 사업자가 10만원 이상 현금결제 시 현금영수증을 미발급한 경우 미발급 금액의 20%를 가산세로 부과한다. 일반가맹점 또는 의무발행가맹점의 건당 10만원 미만 거래금액인 경우에도 법인사업자와 직전연도 수입금액 합계액이 24백만원 이상인 개인사업자는 소비자가 요청하는 경우 현금영수증을 발급하여야 하며 1차 발급거부시 발급거부 또는 허위기재 금액의 5%를 가산세로 부과 및 명령서 교부, 명령서 수령 후 2차 발급거부시에는 발급거부 등 금액의 20%를 과태료가 부과된다.

해외 숙박 플랫폼에서 신용카드로 결제한 게스트에게 숙박 용역을 제공하고, 해외 숙박 플랫폼으로부터 수수료 등을 차감한 대금을 받는 경우에는 현금영수증 발급 대상에 해당하지 아니하나(서면전자세원 2021-8052, 2022. 1. 5) 고객이 계좌입금이나 현금으로 지급하는 경우 거래건당 10만원 이상이면 현금영수증 의무발급대상이다(서면전자세원 2022-4346, 2022. 10. 27).

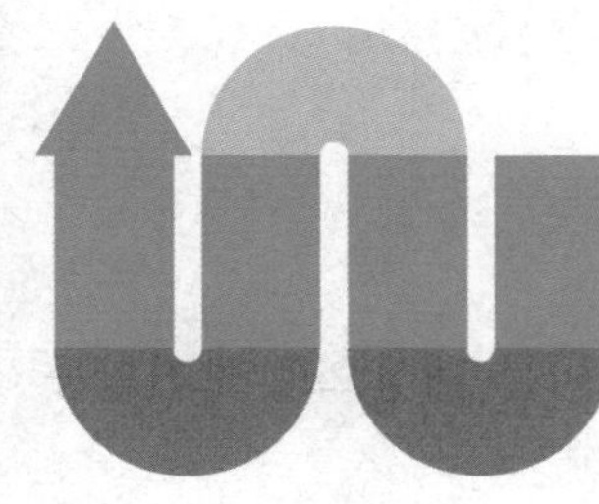

# 제 6 장

# 의료산업의 회계와 세무실무

## 제1절 병·의원

### 개 요

#### 1. 의료업의 정의

의료업은 인체질환의 예방 및 치료를 위한 보건서비스를 제공하는 산업활동을 말한다. 여기에는 종합병원, 병원, 의원, 치과병원 및 치과의원, 한방병원 및 한방의원, 조산원, 구급차서비스, 의료실험실 서비스 등이 포함된다. 한국표준산업분류상 의료업은 병원(8610), 의원(8620), 공중보건의료업(8630), 기타의료업(8690)로 분류하고 있다. 종합병원은 100인 이상의 입원시설과 일정수준 이상의 진료과목을 설치하고 의사가 입원환자를 위주로 진료행위를 하는 의료기관을 말한다. 일반병원은 30인 이상의 입원시설을 갖추고 의사가 입원환자를 위주로 진료행위를 하는 의료기관을 말한다. 반면에 의원은 외래환자를 위주로 진료행위를 하는 의료기관을 말한다.

#### 2. 의료법상 의료기관의 분류

제3조(의료기관)

① 이 법에서 "의료기관"이란 의료인이 공중(公衆) 또는 특정 다수인을 위하여 의료·조산의 업(이하 "의료업"이라 한다)을 하는 곳을 말한다.

② 의료기관은 다음 각 호와 같이 구분한다.

1. 의원급 의료기관: 의사, 치과의사 또는 한의사가 주로 외래환자를 대상으로 각각 그 의료행위를 하는 의료기관으로서 그 종류는 다음 각 목과 같다.

가. 의원

나. 치과의원

다. 한의원

2. 조산원: 조산사가 조산과 임부・해산부・산욕부 및 신생아를 대상으로 보건활동과 교육・상담을 하는 의료기관을 말한다.

3. 병원급 의료기관: 의사, 치과의사 또는 한의사가 주로 입원환자를 대상으로 의료행위를 하는 의료기관으로서 그 종류는 다음 각 목과 같다.

가. 병원

나. 치과병원

다. 한방병원

라. 요양병원(「정신보건법」 제3조 제3호에 따른 정신의료기관 중 정신병원, 「장애인복지법」 제58조 제1항 제2호에 따른 의료재활시설로서 제3조의 2의 요건을 갖춘 의료기관을 포함한다. 이하 같다)

마. 종합병원

③ 보건복지부장관은 보건의료정책에 필요하다고 인정하는 경우에는 제2항 제1호부터 제3호까지의 규정에 따른 의료기관의 종류별 표준업무를 정하여 고시할 수 있다.

제3조의 2(병원 등)

병원・치과병원・한방병원 및 요양병원(이하 "병원 등"이라 한다)은 30개 이상의 병상(병원・한방병원만 해당한다) 또는 요양병상(요양병원만 해당하며, 장기입원이 필요한 환자를 대상으로 의료행위를 하기 위하여 설치한 병상을 말한다)을 갖추어야 한다.

제3조의 3(종합병원)

① 종합병원은 다음 각 호의 요건을 갖추어야 한다.

1. 100개 이상의 병상을 갖출 것
2. 100병상 이상 300병상 이하인 경우에는 내과・외과・소아청소년과・산부인과 중 3개 진료과목, 영상의학과, 마취통증의학과와 진단검사의학과 또는 병리과를 포함한 7개 이상의 진료과목을 갖추고 각 진료과목마다 전속하는 전문의를 둘 것
3. 300병상을 초과하는 경우에는 내과, 외과, 소아청소년과, 산부인과, 영상의학과, 마취통증의학과, 진단검사의학과 또는 병리과, 정신건강의학과 및 치과를 포함한 9개 이상의 진료과목을 갖추고 각 진료과목마다 전속하는 전문의를 둘 것

② 종합병원은 제1항 제2호 또는 제3호에 따른 진료과목(이하 이 항에서 "필수진료과목"이라 한다) 외에 필요하면 추가로 진료과목을 설치・운영할 수 있다. 이 경우 필수진료과목 외의 진료과목에 대하여는 해당 의료기관에 전속하지 아니한 전문의를 둘 수 있다.

| 분 류 | 규 모 | 진료 형태 |
|---|---|---|
| 의원 · 치과의원 · 한의원 | - | 외래환자 |
| 병원 · 치과병원 · 한방병원 · 요양병원 | 입원환자 30명 이상 수용시설 | 외래환자 및 입원환자 |
| 종합병원 | 100병상 이상의 시설 | 외래환자 및 입원환자 |

## 3. 의료기관의 개설(의료법 33 및 시행규칙 25)

의료법 제33조(개설 등)

④ 제2항에 따라 종합병원 · 병원 · 치과병원 · 한방병원 또는 요양병원을 개설하려면 보건복지부령으로 정하는 바에 따라 시 · 도지사의 허가를 받아야 한다. 이 경우 시 · 도지사는 개설하려는 의료기관이 다음 각 호의 어느 하나에 해당하는 경우에는 개설허가를 할 수 없다.

1. 제36조에 따른 시설기준에 맞지 아니하는 경우
2. 제60조 제1항에 따른 기본시책과 같은 조 제2항에 따른 수급 및 관리계획에 적합하지 아니한 경우

⑦ 다음 각 호의 어느 하나에 해당하는 경우에는 의료기관을 개설할 수 없다.

1. 약국 시설 안이나 구내인 경우
2. 약국의 시설이나 부지 일부를 분할 · 변경 또는 개수하여 의료기관을 개설하는 경우
3. 약국과 전용 복도 · 계단 · 승강기 또는 구름다리 등의 통로가 설치되어 있거나 이런 것들을 설치하여 의료기관을 개설하는 경우
4. 「건축법」 등 관계 법령에 따라 허가를 받지 아니하거나 신고를 하지 아니하고 건축 또는 증축 · 개축한 건축물에 의료기관을 개설하는 경우

의료법 시행규칙 제25조(의료기관 개설신고)

① 법 제33조 제3항에 따라 의원 · 치과의원 · 한의원 또는 조산원을 개설하려는 자는 별지 제14호 서식의 의료기관 개설신고서에 다음 각 호의 서류를 첨부하여 시장 · 군수 · 구청장(자치구의 구청장을 말한다. 이하 같다)에게 신고하여야 한다. 이 경우 시장 · 군수 · 구청장은 「전자정부법」 제36조 제1항에 따른 행정정보의 공동이용을 통하여 법인 등기사항증명서를 확인하여야 한다.

1. 개설하려는 자가 법인(「공공기관의 운영에 관한 법률」에 따른 준정부기관 및 의료법인은 제외한다)인 경우 : 법인설립허가증 사본, 정관 사본 및 사업계획서 사본

2. 개설하려는 자가 의료인인 경우 : 면허증 사본
3. 건물평면도 사본 및 그 구조설명서 사본
4. 의료인 등 근무인원에 대한 확인이 필요한 경우 : 면허(자격)증 사본 1부
5. 법 제36조 제1호 · 제2호 · 제4호 및 제5호의 준수사항에 적합함을 증명하는 서류

② 시장 · 군수 · 구청장은 제1항에 따른 의료기관 개설신고를 받은 경우에는 다음 각 호의 사항을 확인하여야 한다. 이 경우 제3호에 대해서는 「화재예방, 소방시설 설치 · 유지 및 안전관리에 관한 법률」 제7조 제6항 전단에 따라 그 확인을 요청하여야 한다.

1. 법 제4조 제2항, 제33조 제2항, 같은 조 제6항부터 제8항까지 및 제64조 제2항에 따른 의료기관의 개설기준에 위배되는지 여부
2. 법 제36조 제1호 · 제2호 · 제4호 및 제5호의 준수사항에 적합한지 여부
3. 「화재예방, 소방시설 설치 · 유지 및 안전관리에 관한 법률 시행령」 별표 5에 따라 의료기관이 갖추어야 하는 소방시설에 적합한지 여부
4. 그 밖에 다른 법령에 따라 의료기관의 개설이 제한되거나 금지되는지 여부

③ 시장 · 군수 · 구청장은 제1항에 따른 의료기관 개설신고가 적법하다고 인정하는 경우에는 해당 신고를 수리하고, 별지 제15호 서식의 의료기관 개설신고증명서를 발급하여야 한다.

④ 시장 · 군수 · 구청장은 분기별 의료기관의 개설신고 수리 상황을 매 분기가 끝난 후 15일까지 시 · 도지사를 거쳐 보건복지부장관에게 보고하여야 한다.

⑤ 시장 · 군수 · 구청장은 제3항에 따라 의료기관 개설신고증명서를 발급한 경우에는 의료기관별로 관리카드를 작성 · 비치하여 신고 사항의 변경신고 및 행정처분 내용 등을 기록 · 관리하여야 한다.

**핵심체크**

**[개원절차 및 사업자등록신청]**

병 · 의원을 개원하고자 하는 때에는 관할 보건소 의약과에 의료기관 개설신고를 한 후 의료기관개설신고필증을 첨부하여 사업자등록신청을 하면 된다. 다만, 부득이 의료기관개설신고 전에 사업자등록을 하기 위해서는 의료기관개설신청서 사본이나 사업계획서를 첨부하여 사업자등록을 할 수 있다. 사업자등록신청시 과세유형이 일반과세자인지 또는 면세사업자인지를 확인하여야 한다. 병과별로 미용목적 성형수술 등 부가가치세가 과세되는 의료용역을 제공하는지, 의사의 처방전 없이 영양제 등 과세대상 의약품을 판매하는지, 환자 이외의 자에게 유상으로 음식을 제공하는지를 파악하여 이에 해당되면 일반과세자로 사업자등록을 하여야 한다. 사업자등록 후 건강보험심사평가원에 요양기관지정신청을 하여야 한다.

# Ⅱ 병 · 의원의 회계실무

## 1. 병 · 의원회계의 특성

병 · 의원에 적용되는 회계는 일반적으로 영리기업에 적용되는 기업회계와는 다른 특성을 지니며 이에 따라 보건복지부에서는 **의료기관회계기준규칙과 재무제표세부작성방법에 대한 고시**를 통하여 의료기관에 적용하도록 하고 있다. 의료기관 회계의 특징은 다음과 같다.

① 의료기관회계의 목적은 의료기관의 투명성확보와 국민의 건강증진, 의료수가의 책정을 위한 원가자료 제공 등에 있다.

② 의료기관회계는 영리기업과는 달리 이익처분 등 배당이 허용되지 않으므로(개인병 · 의원은 제외) 이익잉여금처분계산서가 없는 대신에 기본금변동계산서를 작성하도록 하고 있다.

③ 의료기관은 특별법에 따라 설립된 비영리법인으로 법인세법상 의료업에서 발생하는 수익은 수익사업에 해당되어 법인세의 납세의무를 진다. 따라서 법인회계와 병원회계를 구분경리하여야 한다.

## 2. 병 · 의원 특수계정과목의 회계처리

### (1) 의료미수금

의료미수금은 의료기관이 환자에 대한 치료를 행함으로써 발생하는 의료미수금, 받을어음, 부도어음 등이 이에 해당된다. 의료미수금은 재원미수금, 퇴원환자진료비, 외래환자진료비, 기타의료수익 중 미회수분이 해당된다. 이러한 의료미수금은 환자종류에 따라 건강보험, 의료급여, 자동차보험, 산업재해보험, 일반, 건강진단 등으로도 분류할 수 있다. 의료미수금은 회수가능성을 추정하여 회계 말에 대손충당금을 설정할 수 있다.

### (2) 진료재료

진료재료는 환자의 진료를 목적으로 보유하고 있는 각종 재료와 의료소모품 등이다. 진료재료에는 수술재료, 치과재료, 검사재료, 의료소모품 등으로 분류한다.

### (3) 의료장비

환자의 진료를 위해 사용되는 의료기구나 용구(병실침대 등) 등이다. 의료장비는 직접 구입하는 경우, 리스형태로 구입하는 경우가 있어 감가상각 또는 지급임차료 등으로 비용처리된다.

### (4) 기본금

기본금은 병원설립을 위하여 출연한 금액, 병원증축을 위하여 출연한 금액 중 미등기금액 또는 이익잉여금의 기본금 대체액이다. 법인병원 등은 자본을 기본금, 자본잉여금 및 이익잉여금으로 구분하며, 또한 기본금은 법인기본금과 기타기본금으로 구분한다. 그러나 개인병원은 자본금이라는 개념이 없고 총자산에서 총부채를 차감하면 자본이 되므로 이를 구분하지 아니한다.

### (5) 의료수익

의료수익은 입원수익, 외래수익, 기타의료수익으로 구분한다. 의료수익의 인식시기는 의료서비스를 제공한 시점, 즉 용역제공에 따라 의료수익을 계상하여야 한다.

#### 1) 의료수익의 귀속

의료수익의 가득과정을 보면 환자가 방문하여 접수하고 검사, 진료, 수술, 투약, 퇴원 등의 절차를 통하여 의료서비스가 제공된다. 이 경우 의료수익을 어느 시점에서 인식하여야 하느냐의 문제이다. 기업회계에서 수익의 인식은 실현기준과 가득기준의 요건이 충족되었을 때 인식하도록 하고 있다. 또한 기업회계기준에 의하면 일정한 요건이 충족된 경우에 진행기준을 적용하도록 하고 있다. 의료수익은 의료서비스의 제공과 동시에 인식하고 장기입원환자에 대하여는 진행기준을 적용하는 것이 타당할 수도 있다. 그러나 의료서비스는 일반적인 용역제공과는 달리 용역제공완료일인 퇴원시기를 예측하기가 매우 어려우며 발생원가를 합리적으로 추정하기도 어렵다. 따라서 의료서비스업의 수익인식에서 진행기준의 적용은 타당성이 떨어진다. 반면에 세법에서는 권리의무확정주의에 따라 손익을 인식하도록 하고 있다. 또한 법인세법 시행령 제69조에 의하면 용역의 제공은 용역제공완료일에 손익을 인식하도록 하고 있다. 따라서 의료수익의 세법상 귀속은 의료용역제공이 완료된 "환자의 퇴원일"로 하여야 한다. 그러나 장기치료환자의 경우 퇴원일을 예측하기가 어려우며 의료용역은 계속적으로 제공되고 그에 대한 채권인 청구권도 확정되므로 **의료서비스의 제공일(진료일)을 기준으로** 손익을 인식하는 것이 타당하다고 본다.

## 2) 기업회계와 세법상의 차이

기업회계에서는 수익은 실현주의를, 비용은 발생주의에 따라 수익·비용 대응을 통하여 인식한다. 반면에 세법은 법률적 귀속의 확정을 위하여 권리의무확정주의에 따라 손익을 귀속시키고 있다. 구체적으로 손익의 인식에 대한 기업회계와 세법상의 차이는 다음 표와 같다.

[의료수익의 귀속시기 차이]

| 구 분 | 기업회계 | 세무회계<br>(법인세법 · 소득세법) | 차 이<br>(세무조정) |
|---|---|---|---|
| 기본원칙 | 실현주의·발생주의·수익비용대응(경제적 합리성) | 권리의무 확정주의<br>(법률적 귀속) | |
| 의료용역제공 | - 의료서비스 제공일<br>- 진행기준 | 용역제공완료일<br>(법령 69)[74) | |
| 의료수익의 삭감 | 삭감예상액을 의료수익에서 차감 | 심사완료 후 확정된 시기에 의료미수금과 상계<br>(서면2팀-1542)[75) | 익금산입(유보) |
| 의료수익의 환입 | - | 이의신청 후 환입되는 시기 | 익금불산입(△유보) |
| 의료수익 에누리와 할인 | 의료수익에서 감액 | 의료수익에서 감액<br>(단, 비정상적 할인은 접대비) | |
| 직원에 대한 감면 | 의료수익에서 감액 | 복리후생비 또는 종업원에 대한 급여 | 근로소득 원천징수 |

※ 일반적으로 대부분의 병원에서는 의료수익 삭감액을 추정하여 계상하지 않고 삭감액이 확정된 시점에서 의료미수금과 상계하고 있다. 이 경우에는 의료기관회계기준규칙과 세법상의 귀속시기가 일치하므로 세무조정은 할 필요가 없다.

### ① 입원수익

입원환자 진료에 따른 제반의료수익으로 환자종류별로 보험·급여·산재·일반·자동차보험수익 등으로 구분이 가능하다. 이 경우 사전에 정한 할인율에 따라 특정기관 및 개인에게 진료비를 에누리 또는 할인해 준 금액, 극빈환자 등을 위한 자선진료에 따른 무료 또는 감액분, 연구용환자에 대한 진료비 감면액을 차감한 후의 수익을 계상

74) 다만 소득세법 시행령 제48조 제8호에서는 인적용역 대가의 총수익금액의 수입시기는 용역대가를 지급받기로 한 날 또는 용역제공을 완료한 날 중 빠른 날로 인식하도록 규정하고 있다.

75) 의료기관이 청구한 진료비를 건강보험심사평가원이 심사 후 병원과 국민건강보험공단에 통보하는 경우 국민건강보험공단에서 삭감하거나 동 삭감액 중 일부가 이의신청에 의해 수납되는 경우 삭감 또는 추가 지급받는 금액은 삭감 또는 추가지급이 확정되는 날이 속하는 사업연도의 익금 또는 손금에 산입하는 것이다(서면2팀-1542, 2004. 7. 21).

한다. 진료비에누리는 일정한 요건에 적합한 환자에 대하여 사전에 약정한 할인율에 따라 진료비의 일부 또는 전부를 감액하여 주는 것을 말하며, 진료비할인은 진료비가 청구되어 의료미수금으로 계상되었으나 환자의 지불능력부족 등의 이유로 진료비의 일부 또는 전부를 감액하여 주는 것을 말한다. 한편 연구용환자나 자선환자에 대한 진료비의 일부 또는 전부를 감액해 주는 경우에는 환자로부터 수납한 진료비만을 수익으로 계상한다.

② 외래수익

외래환자에 따른 제반 의료수익으로 환자종류별로 구분이 가능하다.

③ 기타의료수익

건강진단수익, 수탁검사수익, 직원급식수익, 제증명료수익, 구급차운영수익, 기타수익으로 구분한다.

**참 고** 의료수익의 회계처리

① 의료수익의 회계처리

의료수익은 의료용역을 제공한 시점에서 회계처리하여야 한다. 실무에서는 현금주의, 퇴원주의, 청구주의, 발생주의 등으로 혼합하여 회계처리하는 경우가 있으나 기업회계에서는 발생주의, 세법에서는 권리·의무 확정주의에 따라 회계처리하도록 요구하고 있으므로 주의를 요한다.

ⓐ 진료비 발생시의 회계처리

| | | | |
|---|---|---|---|
| (차) 입원미수금 | ××× | (대) 의료수익 | ××× |

ⓑ 본인부담금 수령시

| | | | |
|---|---|---|---|
| (차) 현금 및 예금 | ××× | (대) 입원미수금 | ××× |

ⓒ 제3자단체(건강보험공단 등)로부터 청구분이 입금될 때

| | | | |
|---|---|---|---|
| (차) 현금 및 예금 | ××× | (대) 입원미수금 | ××× |

② 의료비 삭감액의 회계처리

의료비 삭감은 병의원의 진료수가 청구액에 대하여 건강보험심사평가원 등 제3자 단체의 심사결과 과잉진료, 부당청구, 등의 사유로 인하여 진료비 청구액이 삭감된다. 이 경우 의료비 삭감액은 보험자단체의 심사가 완료되어 수납할 금액이 확정된 시점을 기준으로 하여 이미 계상된 의료미수금과 의료수익을 상계처리한다. 한편, 삭감된 진료비 중 보험자단체에 이의신청하여 일부 또는 전부가 수납될 경우에는 수납된 시점에 의료수익이 수납액만큼 발생한 것으로 회계처리한다. 따라서 이의신청시에는 회계처리하지 않으며 장부에 비망으로 기록한다.

ⓐ 삭감액을 통보받은 경우

| | | | |
|---|---|---|---|
| (차) 의료수익 | ××× | (대) 퇴원미수금 | ××× |

ⓑ 재심 또는 이의신청하여 환입된 경우

(차) 퇴원미수금(현금 등) ××× (대) 의료수익 ×××

③ 진료비 에누리와 할인

진료비 에누리와 할인액은 의료수익에서 직접 차감한다. 다만, 직원 등에 대한 감면, 비정상적인 감면 할인 등에 대하여는 상대방에 따라 급여, 접대비, 기부금으로 회계처리한다. 예를 들어 의료수익 100,000원 중 청구액이 60,000원, 본인부담금이 40,000원일 경우 본인부담금 10,000원을 할인해주면 회계처리는 다음과 같다.

| (차) 현금 및 예금 | 30,000 | (대) 의료수익 | 100,000 |
|---|---|---|---|
| 퇴원미수금 | 60,000 | | |
| 진료비 에누리 등 | 10,000 | | |

| 본인부담금의 할인유형 | 계정분류 | 과세 여부 |
|---|---|---|
| - 임직원(가족)에게 할인 | 인건비 | 근로소득으로 보아 원천징수 |
| - 거래처에 할인 | 접대비 | 접대비 한도시부인 |
| - 기타 | 기부금 | 기부금 한도시부인 |

④ 관련해석

의료업을 영위하는 법인이 환자들에게 의료용역을 제공함에 있어 아래와 같이 자체규정 또는 사전약정에 의하여 의료보험본인부담금을 경감하여 주는 경우로서,

(사례 1) 당해 의료법인의 임직원 가족으로 등록된 환자에 대하여는 본인부담금의 20%를 감면하도록 제정된 자체규정에 의하여 감면하는 경우

(사례 2) 의료수입확대를 위하여 사전약정에 따라 특정거래처 소속 임직원에 대하여 본인부담금의 20%를 경감하여 주는 경우

1. 사례 1의 경우 경감액을
   - 수입금액으로 보지 아니할 것인지?
   - 복리후생비로 볼 것인지?
   - 접대비로 볼 것인지?
   - 당해 임직원의 근로소득으로 볼 것인지?
2. 사례 2의 경우 경감액을
   - 수입금액으로 보지 아니할 것인지?
   - 접대비로 볼 것인지?
   - 의료원가(부대비용)로 볼 것인지?

(회신)

의료업을 영위하는 법인이 임·직원가족에게 의료용역을 제공하고 의료보험 본인부담금의 일부를 경감함으로써 당해 법인에 귀속될 익금의 금액이 과소계상된 경우에는 그 경감금액을 동

법인의 익금에 산입하고 이를 당해 임직원에 대한 근로소득으로 보는 것이며, 또한, 동일조건 하의 거래처 중 특정거래처 임직원에 대하여만 본인부담 의료비의 일부를 경감하여 준 경우에도 그 경감금액을 당해 법인의 익금에 산입하고 이를 접대비로 보는 것이나, 접대비에 해당하는지는 당해 의료비를 경감하여 준 경위 등을 감안하여 실질내용에 의하여 판단하는 것이다(제도 46012-12681, 2001. 8. 16).

### 3) 부당이득금 환수액의 귀속시기

의료업을 영위하는 개인사업자 갑과 을은 각각 병원을 개업한 후 20×1년 서로 교차하여 진료하고 수진자에게 진찰, 수술 및 검사 등을 실시하였으나 국민건강보험공단에 보험급여를 청구한 때에는 각각 병원을 운영하는 자가 진료를 한 것으로 보험급여를 청구하였는 바 해당 진료행위는 요양급여비용의 산정관계규정을 위반하여 요양급여비용을 부당하게 청구한 것에 해당되어 의료기관에 대한 현지조사 결과 위의 부당청구행위가 적발되어 환수예정 통보를 받은 경우 환수금액은 당초 보험급여를 지급받은 연도의 수입금액에서 경정청구하여야 하는 것이 아니라 **부당이득금으로 환수되는 연도**의 수입금액에서 차감하여야 하는 것이다(소득-203, 2010. 2. 8).

① 의료업 폐업 후 「국민건강보험법」 제52조에 따라 부당이득금으로 결정되어 환수조치된 경우, 해당 부당이득금은 환수가 확정된 날이 속하는 과세기간의 의료업 사업소득금액을 계산함에 있어 총수입금액에서 차감하여야 하는 것이나, 환수가 확정된 날이 속하는 과세기간에는 이미 의료업을 폐업하여 사업자에 해당하지 아니하므로 환수된 부당이득금은 환수가 확정된 날이 속하는 과세기간의 해당 거주자 소득금액에서 차감할 수 없는 것이다(소득세과-0999, 2011. 11. 30).

② 요양급여비용을 국민건강보험공단에 부당이득금으로 환수당하였으므로 이를 부가가치세 과세표준에서 제외하여야 한다고 주장하나, 「부가가치세법」 제13조 제1항 제1호의 규정에 의하면, 용역의 공급에 대한 과세표준을 산정할 때 금전으로 대가를 받는 경우에는 그 대가를 과세표준으로 산정하도록 규정하고 있는 반면, 같은 조 제2항과 같은 법 시행령 제48조에서는 과세표준에 포함하지 않는 경우를 규정하고 있으나, 요양급여비용의 반환과 같은 경우는 과세표준에 포함하지 않는다는 규정이 없는 점, 이러한 공급가액을 바탕으로 한 과세표준은 재화나 용역의 공급자가 실제로 그 대가를 받았는지, 매출 부가가치세에 대한 거래징수를 하였는지 여부와는 무관한 점, 설령 대가를 받지 못한 경우 일정한 요건에 따라 추후 대손세액공제를 받을 수 있는 것이나, 이는 공급가액 결정과는 별개의 문제인 점, 국민건강보험공단은 「국민건강보험법」 제57조에 따라 쟁점사업장에서 지급받은 쟁점금액 상당액의 요양급여비용을 징수한 것

인바, 이는 과징금의 성격이 있는 것으로 보이므로 이를 부가가치세 과세표준에서 공제하기는 어려워 보이는 점 등에 비추어 이에 대한 청구주장을 받아들이기 어렵다고 판단된다(조심 2016서-1526, 2016. 6. 16).

③ ㉠ 국민건강보험법 제57조 제1항 및 의료급여법 제23조 제1항에 의한 급여비용의 징수처분(이하 통틀어 '부당이득 징수처분'이라 한다)은 관련 법령상 급여비용으로 지급할 수 없는 비용임에도 지급한 급여비용을 원상회복하는 처분(대법원 2010. 6. 24 선고, 2010두5271 판결 등 참조)이므로, 환수당한 급여비용까지 공급가액에 포함한다면 이는 의료용역의 제공으로 얻은 소득이나 창출한 부가가치가 없는 부분에 대하여 세금을 부과하는 셈이어서, 결과적으로 부가가치의 합이 소비의 합과 같고 각 생산과 유통단계에서 부가가치의 합이 소비재의 가치와 일치하여야만 제대로 작동하는 부가가치세 제도의 사슬에 왜곡을 초래하는 점, ㉡ 보건복지부장관은 부당이득 징수처분과 따로, 사위 기타 부당한 방법으로 급여비용을 부담하게 한 요양·의료급여 기관에 대하여 업무정지 또는 과징금 부과 처분도 할 수 있고(국민건강보험법 98, 99 참조), 공단도 급여비용을 부당하게 지급받은 사람들을 상대로 급여비용을 위법하게 지출한 손해에 대한 민사상 손해배상 또는 부당이득 반환청구도 할 수 있으므로(대법원 2014. 8. 20 선고, 2012다201724 판결 및 그 원심인 광주고등법원 2012. 8. 17 선고, 2011나5928 판결, 대법원 2013. 7. 25 선고, 2013다203604 판결 및 그 원심인 서울고등법원 2013. 3. 14 선고, 2012나62259 판결 등 참조), 부당이득 징수처분은 성격상 징벌이 아니라 법문 그대로 부당이득의 회수라고 새기는 것이 법규의 체계에도 부합하는 점, ㉢ 일선 조세 행정 실무에도 납세의무자가 환수당한 급여비용액을 공급가액에서 공제하여 부가가치세를 감액·경정한 실례가 존재하는 점 [광주지방법원 2012. 6. 21 선고, 2012구합522 판결(항소기각 및 대법원의 상고기각결정으로 2013. 2. 28. 확정)에 따르면 요양병원의 구내식당에서 음식제공 용역을 공급한 사업자에게 관할세무서가 2011. 4. 21.자로 2007년 1기부터 2010년 1기까지 합계 365,159,630원의 부가가치세(미등록 가산세 23,961,673원 포함)를, 2011. 6. 5.자로 2007년부터 2009년까지 합계 57,826,586원의 종합소득세를 각 부과하였는데, 위 관할세무서가 그에 대한 사업자의 이의신청을 심의하는 과정에서 공단이 환자식사비 113,613,620원을 환수한 사실을 발견하고 이를 감안하여 식당 총 매출액을 2,522,170,610원(=2,635,784,230원-113,613,620원)으로 경정하였고, 그에 따라 부가가치세 16,546,290원, 종합소득세 40,377,035원을 각 감액·경정한 사례가 있음을 알 수 있다], ㉣ 의료법 제45조는 요양급여나 의료급여에서 제외하는 비급여 진료비용을 환자에게 고지하여야 하고 그 고지한 금액을 초과하여 징수할 수 없다고 규정하고 있어 원고가 이 사건 환수처분에 따라 지급받은 급여비용을 반환하여도 이를 환자에게서 지급받을 수

없는 점 등까지 보태어 보면, 원고가 이미 지급받은 급여비용을 이 사건 환수처분으로 반환하는 경우 그 급여비용은 결국 재화나 용역의 공급대가로 지급받은 것이 아니어서 부가가치세의 부과대상이라고 볼 수 없다. 원고의 이 부분 항소이유 주장은 이유 있고, 이와 다른 전제에서 나온 피고의 주장들은 모두 이유 없다(서울고등법원 2014누1302, 2015. 10. 21).

**참 고** 부당이득금 환수액의 귀속시기

(1) 사실관계

의료업을 영위하는 개인사업자 갑은 2003. 1. 1.~ 2007. 6. 30. 지방에서 단독으로 의료기관(A)을 경영하고 있었고, 2007. 8. 2.~ 2008. 7. 31. 서울에서 다른 의료인과 함께 공동으로 의료기관(B)을 경영하였으며, 2008. 8. 6.~현재까지 서울에서 단독으로 의료기관(C)을 경영하고 있음.

A의료기관에서 발생한 2004년, 2005년 귀속 의료보험수입금액 중 부당청구액이 확인되었고 해당 부당이득 의료급여 환수금(약 2억원)을 개인사업자 갑에게 지급할 의료보험수입금액과 상계처리할 금액이 없어 2010. 7. 30. 납부기한으로 하여 갑에게 청구되었고 갑은 행정소송을 제기하였으나 2011. 5. 16. 판결로 해당 환수금이 확정됨.

(2) 질의요약

의료업자가 기존 사업장(A)을 폐업하고 다른 장소에서 동업으로 의료업을 경영(B)하다가 폐업한 후 새로 단독으로 사업자등록을 하여 의료업을 경영(C)하고 있으나 (A)사업장의 부당이득금이 환수되는 경우 해당 환수금액의 귀속시기는?

(제1안) 당초 보험급여를 지급받은 연도의 수입금액에서 차감하여 경정청구
(제2안) 부당이득금으로 환수되는 연도의 C사업장의 수입금액에서 차감

(3) 회신

의료업을 경영하는 거주자가 사업소득에 대한 총수입금액으로 신고한 금액 중 「국민건강보험법」 제57조에 따라 환수되는 금액은 환수가 확정되는 날이 속하는 과세기간의 총수입금액에서 차감하는 것이다(소득세과-0648, 2011. 7. 27).

◈ 국민건강보험법 제57조(부당이득의 징수)

① 공단은 속임수나 그 밖의 부당한 방법으로 보험급여를 받은 사람이나 보험급여 비용을 받은 요양기관에 대하여 그 보험급여나 보험급여 비용에 상당하는 금액의 전부 또는 일부를 징수한다.

② 사용자나 가입자의 거짓 보고나 거짓 증명 또는 요양기관의 거짓 진단에 따라 보험급여가 실시된 경우 공단은 이들에게 보험급여를 받은 사람과 연대하여 제1항에 따른 징수금을 내게 할 수 있다.

③ 공단은 속임수나 그 밖의 부당한 방법으로 보험급여를 받은 사람과 같은 세대에 속한 가입자(속임수나 그 밖의 부당한 방법으로 보험급여를 받은 사람이 피부양자인 경우에는 그 직장가입자를 말한다)에게 속임수나 그 밖의 부당한 방법으로 보험급여를 받은 사람과 연대하여 제1항에 따른 징수금을 내게 할 수 있다.

④ 요양기관이 가입자나 피부양자로부터 속임수나 그 밖의 부당한 방법으로 요양급여비용을 받은 경우 공단은 해당 요양기관으로부터 이를 징수하여 가입자나 피부양자에게 지체 없이 지급하여야 한다.

### (6) 의료외 수익

의료외 수익은 의료부대수익, 이자수익, 배당금수익, 임대료수익, 단기매매증권수익, 단기매매증권평가이익, 외환차익, 외화환산이익, 투자자산처분이익, 유형자산처분이익, 외환차익, 외화환산이익 등으로 구분한다. 또한 의료부대수익은 주차장수익, 매점직영수익, 일반식당 직영수익, 영안실직영수익 및 기타시설직영수입 등으로 구분할 수 있다. 임대료수익은 임대한 병원시설에 따라 영안실임대수익 및 매점임대수익 등으로 구분할 수 있다.

**관련법조문**

◈ **의료법 제45조【비급여 진료비용 등의 고지】**

① 의료기관 개설자는 「국민건강보험법」 제39조 제3항에 따라 요양급여의 대상에서 제외되는 사항 또는 「의료급여법」 제7조 제3항에 따라 의료급여의 대상에서 제외되는 사항의 비용(이하 "비급여 진료비용"이라 한다)을 환자 또는 환자의 보호자가 쉽게 알 수 있도록 보건복지가족부령으로 정하는 바에 따라 고지하여야 한다.

② 의료기관 개설자는 보건복지가족부령으로 정하는 바에 따라 의료기관이 환자로부터 징수하는 제증명수수료의 비용을 게시하여야 한다.

③ 의료기관 개설자는 제1항 및 제2항에서 고지·게시한 금액을 초과하여 징수할 수 없다.

## 3. 의료기관의 회계기준

### (1) 의료기관회계기준규칙

※ 다음의 의료기관회계기준은 2003년 9월에 제정되어 현재 시행되고 있으며 의료기관 운영의 투명성 제고, 의료기관 경영분석, 각종 정책자료(의료정책, 건강보험수가 산정 등의 기초자료)로 활용하기 위해서이다.

관련법조문

◈ 의료법 제62조【의료기관회계기준】

① 의료기관 개설자는 의료기관 회계를 투명하게 하도록 노력하여야 한다.

② 보건복지가족부령으로 정하는 일정 규모 이상의 종합병원 개설자는 회계를 투명하게 하기 위하여 의료기관 회계기준을 지켜야 한다.

③ 제2항에 따른 의료기관 회계기준은 보건복지부령으로 정한다.

의료기관 회계기준 규칙

[시행 2019. 1. 1] [보건복지부령 제606호, 2018. 12. 28, 타법개정]

보건복지부(의료기관정책과) 044-202-2475

**제1조(목적)** 이 규칙은 「의료법」 제62조에 따라 의료기관의 개설자가 준수하여야 하는 의료기관 회계기준을 정함으로써 의료기관 회계의 투명성을 확보함을 목적으로 한다. 〈개정 2007. 7. 27〉

**제2조(의료기관 회계기준의 준수대상)** ① 「의료법」 제62조 제2항에 따라 의료기관 회계기준을 준수하여야 하는 의료기관의 개설자는 100병상 이상의 종합병원(이하 "병원"이라 한다)의 개설자를 말한다. 〈개정 2007. 7. 27, 2011. 2. 10〉

② 제1항에 따른 병상 수는 해당 병원의 직전 회계연도의 종료일을 기준으로 산정한다. 〈신설 2007. 7. 27〉

**제3조(회계의 구분)** ① 병원의 개설자인 법인(이하 "법인"이라 한다)의 회계와 병원의 회계는 이를 구분하여야 한다.

② 법인이 2 이상의 병원을 설치·운영하는 경우에는 각 병원마다 회계를 구분하여야 한다.

**제4조(재무제표)** ① 병원의 재무상태와 운영성과를 나타내기 위하여 작성하여야 하는 재무제표는 다음 각 호와 같다. 〈개정 2015. 12. 31〉

1. 재무상태표
2. 손익계산서
3. 기본금변동계산서(병원의 개설자가 개인인 경우를 제외한다)
4. 현금흐름표

② 제1항의 규정에 의한 재무제표의 세부작성방법은 보건복지부장관이 정하여 고시한다. 〈개정 2008. 3. 3, 2010. 3. 19〉

**제5조(회계연도)** 병원의 회계연도는 정부의 회계연도에 따른다. 다만, 「사립학교법」에 따라 설립된 학교법인이 개설자인 병원의 회계연도는 동법 제30조의 규정에 의한 사립학교의 학년도에 따른다. 〈개정 2007. 7. 27〉

**제6조(계정과목의 표시)** 제4조의 규정에 의한 재무제표는 이 규칙에서 정한 계정과목을 사용하여야 한다. 다만, 계정과목을 정하지 아니한 것은 그 성질이나 금액이 유사한 계정과목으로 통합하여 사용하거나 그 내용을 나타낼 수 있는 적절한 계정과목을 신설하여 사용할 수 있다.

**제7조(재무상태표)** ① 재무상태표는 재무상태표 작성일 현재의 자산·부채 및 자본에 관한 항목을 객관적인 자료에 따라 작성하여야 한다. 〈개정 2015. 12. 31〉
② 제1항에 따른 재무상태표는 별지 제1호서식에 따른다. 〈개정 2015. 12. 31〉
[제목개정 2015. 12. 31]

**제8조(손익계산서)** ① 손익계산서는 회계기간에 속하는 모든 수익과 이에 대응하는 모든 비용을 객관적인 자료에 따라 작성하여야 한다.
② 제1항의 규정에 의한 손익계산서는 별지 제2호 서식에 의한다.

**제9조(기본금변동계산서)** ① 기본금변동계산서는 기본금과 이익잉여금의 변동 및 수정에 관한 사항을 객관적인 자료에 따라 작성하여야 한다.
② 제1항의 규정에 의한 기본금변동계산서는 별지 제3호 서식에 의한다.

**제10조(현금흐름표)** ① 현금흐름표는 당해 회계기간에 속하는 현금의 유입과 유출내용을 객관적인 자료에 따라 작성하여야 한다. 다만, 병원의 개설자가 「사립학교법」에 따라 설립된 학교법인 또는 「지방공기업법」에 따라 설립된 지방공사인 경우에는 자금수지계산서로 이를 갈음할 수 있다. 〈개정 2007. 7. 27〉
② 제1항의 규정에 의한 현금흐름표는 별지 제4호 서식에 의한다.

**제11조(결산서의 제출 및 공시)** ① 병원의 장은 매 회계연도 종료일부터 3월 이내에 다음 각 호의 서류를 첨부한 결산서를 보건복지부장관에게 제출하여야 한다. 〈개정 2008. 3. 3, 2010. 3. 19, 2015. 12. 31〉
1. 재무상태표와 그 부속명세서
2. 손익계산서와 그 부속명세서
3. 기본금변동계산서(병원의 개설자가 개인인 경우를 제외한다)
4. 현금흐름표
② 법인은 제1항 제1호 및 제2호에 따른 병원의 재무상태표와 손익계산서를 보건복지부장관이 정하는 인터넷 사이트에 공시하여야 한다. 〈신설 2015. 12. 31〉
[제목개정 2015. 12. 31]

**제12조 삭제** 〈2018. 12. 28〉

부 칙 〈제606호, 2018. 12. 28〉

(행정규제기본법에 따른 일몰규제 정비를 위한 31개 법령의 일부개정에 관한 보건복지부령)
이 규칙은 2019년 1월 1일부터 시행한다.

[별지 제1호 서식]

# 재 무 상 태 표

제 (당)기 년 월 일 현재
제 (당)기 년 월 일 현재

(단위 : 원)

| 계 정 과 목 | 제 (당)기 | 제 (전)기 |
|---|---|---|
| | 금 액 | 금 액 |
| 자 산<br>Ⅰ. 유 동 자 산<br>(1) 당 좌 자 산<br>1. 현금 및 현금등가물<br>2. 단기금융상품<br>·<br>·<br>·<br>(2) 재 고 자 산<br>1. 약 품<br>2. 진 료 재 료<br>·<br>·<br>·<br>Ⅱ. 고 정 자 산<br>(1) 투 자 자 산<br>1. 장 기 금 융 상 품<br>2. 투 자 유 가 증 권<br>·<br>·<br>·<br>(2) 유 형 자 산<br>1. 토 지<br>2. 건 물<br>·<br>·<br>·<br>(3) 무 형 자 산<br>1. 영 업 권<br>2. 창 업 비<br>·<br>·<br>·<br>( 자 산 총 계 ) | | |

| 계 정 과 목 | 제 (당)기 | 제 (전)기 |
|---|---|---|
| | 금 액 | 금 액 |
| 자 본 | | |
| Ⅰ. 자 본(기본재산) | | |
| 1. 기 본 금 | | |
| - 법 인 기 본 금 | | |
| - 기 타 기 본 금 | | |
| Ⅱ. 잉 여 금 | | |
| 1. 자 본 잉 여 금 | | |
| - 기타자본잉여금 | | |
| 부 채 | | |
| Ⅰ. 유 동 부 채 | | |
| 1. 매 입 채 무 | | |
| 2. 단 기 차 입 금 | | |
| · | | |
| · | | |
| · | | |
| Ⅱ. 고 정 부 채 | | |
| 1. 장 기 차 입 금 | | |
| 2. 외화장기차입금 | | |
| · | | |
| · | | |
| · | | |
| ( 부 채 합 계 ) | | |
| 2. 이 익 잉 여 금 | | |
| - 차기이월잉여금 | | |
| - 당기순이익(순손실) | | |
| · | | |
| · | | |
| · | | |
| 자 본 총 계 | | |
| 부 채 와 자 본 총 계 | | |

210㎜×297㎜(보존용지(1종) 70g/㎡)

[별지 제1호 서식]

# 손 익 계 산 서

제 (당)기 년 월 일 현재
제 (당)기 년 월 일 현재

(단위 : 원)

| 계 정 과 목 | 제 (당)기 | 제 (전)기 |
|---|---|---|
| | 금 액 | 금 액 |
| Ⅰ. 의 료 수 익 | | |
| 1. 입원수익 | | |
| 2. 외래수익 | | |
| · | | |
| · | | |
| · | | |
| ( 의 료 수 익 계 ) | | |
| Ⅱ. 의 료 비 용 | | |
| (1) 인 건 비 | | |
| 1. 급 여 | | |
| 2. 퇴직급여 | | |
| · | | |
| · | | |
| · | | |
| (2) 재 료 비 | | |
| 1. 약 품 비 | | |
| 2. 진 료 재 료 비 | | |
| · | | |
| · | | |
| · | | |
| (3) 관 리 운 영 비 | | |
| 1. 복 리 후 생 비 | | |
| 2. 여 비 교 통 비 | | |
| · | | |
| · | | |
| · | | |
| (의 료 비 용 계) | | |

| 계정과목 | 제 (당)기 | 제 (전)기 |
|---|---|---|
| | 금 액 | 금 액 |
| Ⅲ. 의료이익(손실) | | |
| Ⅳ. 의료외수익 | | |
| 1. 의료부대수익 | | |
| 2. 이자수익 | | |
| · | | |
| · | | |
| · | | |
| Ⅴ. 의료외비용 | | |
| 1. 의료부대비용 | | |
| 2. 이자비 | | |
| · | | |
| · | | |
| · | | |
| Ⅵ. 경상이익(손실) | | |
| Ⅶ. 특별이익 | | |
| 1. 자산수증이익 | | |
| 2. 채무면제이익 | | |
| · | | |
| · | | |
| · | | |
| Ⅷ. 특별손실 | | |
| 1. 재해손실 | | |
| Ⅸ. 법인세차감전순이익(순손실) | | |
| Ⅹ. 법인세비용 | | |
| 1. 법인세비용 | | |
| XI. 당기순이익(순손실) | | |

210㎜×297㎜(보존용지(1종) 70g/㎡)

[별지 제3호 서식]

# 기 본 금 변 동 계 산 서

제 (당)기 년 월 일 현재
제 (당)기 년 월 일 현재

(단위 : 원)

| 계 정 과 목 | 제 (당)기 | 제 (전)기 |
|---|---|---|
| | 금 액 | 금 액 |
| Ⅰ. 기 본 금 | | |
| 1. 법 인 기 본 금 | | |
| 2. 기 타 기 본 금 | | |
| Ⅱ. 자 본 잉 여 금 | | |
| 1. 자 산 재 평 가 적 립 금 | | |
| · | | |
| · | | |
| · | | |
| Ⅲ. 이 익 잉 여 금 | | |
| 1. 전기이월이익잉여금(결손금) | | |
| 2. 회 계 변 경 의 누 적 효 과 | | |
| · | | |
| · | | |
| · | | |
| Ⅳ. 이 익 잉 여 금 처 분 액 | | |
| 1. 기 본 금 대 체 액 | | |
| Ⅴ. 차 기 이 월 이 익 잉 여 금 | | |

210㎜×297㎜(보존용지(1종) 70g/㎡)

[별지 제4호 서식]

## 현 금 흐 름 표

제 (당)기 년 월 일 현재
제 (당)기 년 월 일 현재

(단위 : 원)

| 계 정 과 목 | 제 (당)기 | 제 (전)기 |
|---|---|---|
| | 금 액 | 금 액 |
| Ⅰ. 영업활동으로인한현금흐름 | | |
| (1) 당 기 순 이 익(순 손 실) | | |
| (2) 현금의유출없는비용등의가산 | | |
| 1. 감 가 상 각 비 | | |
| 2. 퇴 직 급 여 | | |
| · | | |
| · | | |
| · | | |
| (3) 현금의유입없는수익등의차감 | | |
| 1. 채 무 면 제 이 익 | | |
| 2. 외 화 환 산 이 익 | | |
| · | | |
| · | | |
| · | | |
| (4) 영업활동으로인한자산부채의변동 | | |
| 1. 재 고 자 산 의 감 소(증 가) | | |
| 2. 매 출 채 권 의 감 소(증 가) | | |
| · | | |
| · | | |
| · | | |
| Ⅱ. 투자활동으로인한현금흐름 | | |
| (1) 투자활동으로인한현금유입액 | | |
| 1. 단 기 금 융 상 품 의 처 분 | | |
| 2. 토 지 의 처 분 | | |
| · | | |
| · | | |
| · | | |

| 계 정 과 목 | 제 (당)기 | 제 (전)기 |
|---|---|---|
| | 금 액 | 금 액 |
| (2) 투자활동으로인한현금유출액 | | |
| 1. 현 금 의 단 기 대 여 | | |
| 2. 토 지 의 취 득 | | |
| · | | |
| · | | |
| · | | |
| Ⅲ. 재무활동으로인한현금흐름 | | |
| (1) 재무활동으로인한현금유입액 | | |
| 1. 단 기 차 입 금 의 차 입 | | |
| · | | |
| · | | |
| · | | |
| (2) 재무활동으로인한현금유출액 | | |
| 1. 단 기 차 입 금 의 상 환 | | |
| · | | |
| · | | |
| · | | |
| Ⅳ. 현 금 의 증 가(감 소)( Ⅰ + Ⅱ + Ⅲ) | | |
| Ⅴ. 기 초 의 현 금 | | |
| Ⅵ. 기 말 의 현 금 | | |

210㎜×297㎜(보존용지(1종) 70g/㎡)

## (2) 재무제표 세부작성방법

제정 2003. 12. 19 보건복지부 고시 제2003－78호
개정 2010. 2. 9 보건복지가족부 고시 제2010－25호
개정 2015. 12. 31 보건복지부 고시 제2015－234호

### Ⅰ. 일반적 작성기준

1. 회계의 일반원칙

가. 회계처리 및 보고는 신뢰할 수 있도록 객관적인 자료와 증거에 의하여 공정하게 처리하여야 한다.

나. 재무제표의 양식 및 과목과 회계용어는 이해하기 쉽도록 간단·명료하게 표시하여야 한다.

다. 중요한 회계방침과 회계처리기준·과목 및 금액에 관하여는 그 내용을 재무제표상에 충분히 표시하여야 한다.

라. 회계처리에 관한 기준 및 추정은 기간별 비교가 가능하도록 매기 계속하여 적용하고 정당한 사유 없이 이를 변경하여서는 아니된다.

마. 회계처리와 재무제표 작성에 있어서 과목과 금액은 그 중요성에 따라 실용적인 방법에 의하여 결정하여야 한다.

바. 회계처리과정에서 2 이상의 선택 가능한 방법이 있는 경우에는 재무적 기초를 견고히 하는 관점에 따라 처리하여야 한다.

사. 회계처리는 거래의 실질과 경제적 사실을 반영할 수 있어야 한다.

2. 재무제표 및 부속명세서 작성원칙

재무제표는 재무상태표, 손익계산서, 기본금변동계산서, 현금흐름표 및 주기와 주석으로 한다.

가. 재무제표는 이 고시와 의료기관 회계기준 규칙에 따라 작성하되 이 고시 및 동 규칙에 정하지 아니한 사항에 대해서는 의료기관 회계기준 규칙에 반하지 않는 범위 내에서 기업회계기준과 일반적으로 공정·타당하다고 인정되는 회계 관행에 따라 처리한다.

나. 재무제표는 당해 회계연도분과 직전 회계연도 분을 비교하는 형식으로 작성하여야 한다.

다. 재무제표의 양식은 보고식을 원칙으로 한다.

라. 기타 필요한 명세서는 부속명세서를 작성하여야 한다.

마. 재무제표에는 이를 이용하는 자에게 충분한 회계정보를 제공하도록 중요한 회계방침 등 필요한 사항에 대하여는 다음의 방법에 따라 주기 및 주석을 하여야 한다.

1) 주기는 재무제표상의 해당과목 다음에 그 회계사실의 내용을 간단한 자구 또는 숫자로 괄호 안에 표시하는 방법으로 한다.

2) 주석은 재무제표상의 해당과목 또는 금액에 기호를 붙이고 난외 또는 별지에 동일한 기호를 표시하여 그 내용을 간결・명료하게 기재하는 방법으로 한다.

3) 동일한 내용의 주석이 2 이상의 과목에 관련되는 경우에는 주된 과목에 대한 주석만 기재하고, 다른 과목의 주석은 기호만 표시함으로써 이를 갈음할 수 있다.

## Ⅱ. 세부 작성기준

### 1. 재무상태표

가. 재무상태표 작성기준

1) 재무상태표는 자산, 부채 및 자본으로 구분한다.

2) 자산, 부채 및 자본은 총액에 의하여 기재함을 원칙으로 하고, 자산의 항목과 부채 또는 자본의 항목을 상계함으로써 그 전부 또는 일부를 재무상태표에서 제외하여서는 아니된다.

3) 자산과 부채는 1년을 기준으로 하여 유동자산 또는 비유동자산, 유동부채 또는 비유동부채로 구분하는 것을 원칙으로 한다.

4) 재무상태표에 기재하는 자산과 부채의 항목배열은 유동성배열법에 의함을 원칙으로 한다.

5) 가지급금 또는 가수금 등의 미결산 항목은 그 내용을 나타내는 적절한 과목으로 기재하여야 한다.

나. 자산의 계정과목구분

자산은 유동자산과 비유동자산으로 구분한다.

1) 유동자산은 당좌자산, 재고자산, 기타유동자산으로 구분한다.

가) 당좌자산은 현금 및 현금성자산, 국고보조금, 단기금융상품, 단기매매증권, 의료미수금, 단기대여금, 대손충당금, 미수금, 미수수익, 선급금, 선급비용, 선급제세, 본지점, 이연법인세자산 및 기타의 당좌자산으로 구분한다.

(1) 의료미수금은 진료행위로 인하여 발생한 외상매출금과 받을 어음으로 한다.

① 입원환자 재원기간 중 발생한 미수금은 재원미수금, 퇴원환자로부터

발생한 미수금은 퇴원미수금, 외래환자로부터 발생한 미수금은 외래미수금, 기타의료수익의 미수금은 기타의료수익미수금으로 구분한다.

② 의료미수금은 보험자단체 등의 청구미수금과 환자본인부담금미수액을 포함한다.

③ 재원미수금 등은 환자종류에 따라 건강보험미수금, 의료급여미수금, 자동차보험미수금, 산재보험미수금, 일반환자미수금 및 건강검진미수금 등으로 구분할 수 있다.

(2) 미수금은 의료미수금을 제외한 미수채권 등을 말한다.

나) 재고자산은 약품, 진료재료, 급식재료, 저장품, 의료부대물품으로 구분한다.

2) 비유동자산은 투자자산, 유형자산, 무형자산, 기타비유동자산으로 구분한다.

가) 투자자산은 장기금융상품, 투자유가증권, 장기대여금, 장기대여금대손충당금, 퇴직보험예치금, 보증금 및 기타투자자산으로 구분한다.

나) 유형자산은 토지, 건물, 구축물, 기계장치, 의료장비, 차량운반구, 공기구비품, 건설 중인 자산, 기타유형자산, 감가상각누계액 및 국고보조금으로 구분한다. 이 경우 유형자산 과목별로 감가상각방법, 내용연수 등을 주석으로 기재하여야 한다.

(1) 유형자산의 인식시점 이후에는 원가모형이나 재평가모형 중 하나를 회계정책으로 선택하여 유형자산 분류별로 동일하게 적용한다.

다) 무형자산은 영업권 및 산업재산권으로 구분한다.

다. 부채의 계정과목구분

부채는 유동부채와 비유동부채로 구분한다.

1) 유동부채는 매입채무, 단기차입금, 미지급금, 선수금, 예수금, 미지급비용, 미지급제세, 유동성장기부채, 선수수익, 예수보증금, 단기부채성충당금, 임직원단기차입금, 이연법인세부채 및 기타의 유동부채로 구분한다.

2) 비유동부채는 장기차입금, 외화장기차입금, 금융리스미지급금, 장기성매입채무, 퇴직급여충당금, 이연법인세부채 및 임대보증금으로 구분한다.

3) 고유목적사업준비금을 결산서에 인식하는 경우 해당 고유목적사업준비금은 유동부채 및 비유동부채와는 별도로 구분하여 표시한다.

라. 자본의 계정과목구분

1) 법인병원 등은 자본을 기본금, 자본잉여금, 기타포괄손익누계액 및 이익잉여금(결손금)으로 구분한다.

가) 기본금은 법인기본금과 기타기본금으로 구분한다.

나) 자본잉여금은 자본보존목적의 기타 자본잉여금으로 한다.

다) 기타포괄손익누계액은 재평가잉여금과 해외사업환산손익 등으로 구분한다.

라) 이익잉여금(결손금)은 차기이월잉여금(결손금) 및 당기순이익(순손실)으로 구분한다.

2) 개인병원은 자본금이라는 개념이 없고 총자산에서 총부채를 차감하면 자본이 되므로 이를 구분하지 아니한다.

마. 재무상태표 과목분류 및 내용해설은 별표 1과 같다.

2. 손익계산서

가. 손익계산서 작성기준

1) 모든 수익과 비용은 그것이 발생한 기간에 정당하게 배분되도록 처리하여야 한다. 다만, 수익은 실현시기를 기준으로 계상하고 미실현수익은 당기의 손익계산에 산입하지 아니함을 원칙으로 한다.

2) 수익과 비용은 그 발생원천에 따라 명확하게 분류하고 각 수익항목과 이에 관련되는 비용항목을 대응 표시하여야 한다.

3) 수익과 비용은 총액에 의하여 기재함을 원칙으로 하고 수익항목과 비용항목을 직접 상계함으로써 그 전부 또는 일부를 손익계산서에서 제외하여서는 아니된다.

4) 손익계산서는 의료이익(의료손실), 법인세차감전순이익(순손실), 법인세비용, 고유목적사업준비금설정전 당기순이익(손실), 고유목적사업준비금전입액, 고유목적사업준비금환입액 및 당기순이익(순손실)으로 구분 표시하여야 한다.

나. 수익과목 계정과목 구분

수익과목은 의료수익과 의료외수익으로 구분한다.

1) 의료수익은 입원수익, 외래수익 및 기타의료수익으로 구분하며 의료수익감면을 차감한 후의 수익을 계상한다. 이 경우 의료수익감면에 대한 세부내역을 주석으로 기재하여야 한다.

2) 의료수익감면은 진료비에누리(또는 진료비할인), 연구용환자감면 및 자선환자감면 등으로 구분한다.

가) 진료비에누리는 일정한 요건에 적합한 환자에 대하여 사전에 약정한 할인율에 따라 진료비의 일부 또는 전부를 감액하여 주는 것을 말한다.

나) 진료비할인은 진료비가 청구되어 의료미수금으로 계상되었으나 환자의 지

불능력부족 등의 이유로 진료비의 일부 또는 전부를 감액하여 주는 것을 말한다.

다) 연구용환자나 자선환자에 대해 진료비를 일부 또는 전부를 감면해주는 경우, 환자로부터 수납한 진료비만을 수익으로 계상한다.

3) 의료외수익은 의료부대수익, 이자수익, 배당금수익, 임대료수익, 단기매매증권처분이익, 단기매매증권평가이익, 연구수익, 외환차익, 외화환산이익, 투자자산처분이익, 유형자산처분이익, 대손충당금환입, 기부금수익, 잡이익, 자산수증이익, 채무면제이익 및 보험차익 등으로 구분한다.

가) 의료부대수익은 주차장직영수익, 매점직영수익, 일반식당직영수익, 영안실직영수익 및 기타 시설직영수입 등으로 구분할 수 있다. 이 경우 의료부대수익에 대한 세부내역을 주석으로 기재하여야 한다.

나) 임대료수익은 임대한 병원시설에 따라 영안실임대수익 및 매점임대수익 등으로 구분할 수 있다.

다) 연구수익은 연구가 1년 이상 진행되는 경우 진행기준에 따라 인식한다.

다. 비용과목 계정과목 구분

비용과목은 의료비용과 의료외비용으로 구분한다.

1) 의료비용은 인건비, 재료비 및 관리운영비로 구분한다.

가) 인건비는 급여, 제수당 및 퇴직급여로 구분한다.

나) 재료비는 약품비, 진료재료비 및 급식재료비로 구분하며 약품, 진료재료 등의 매입조건이나 대금지불조건 등에 따라 발생하는 매입대금의 감액은 매입에누리(또는 매입할인)로 분류하고, 약품 등의 매입액에서 직접 차감하여 표시한다.

(1) 매입에누리는 일정기간의 거래수량이나 거래금액 또는 대금지불조건 등에 따라 약품 등의 매입대금일부를 감액받는 것을 말한다.

(2) 매입할인은 약품, 진료재료 등의 매입과 관련하여 발생한 채무를 조기변제함으로써 상대방으로부터 할인받는 금액을 말한다.

다) 관리운영비는 복리후생비, 여비교통비, 통신비, 전기수도료, 세금과공과, 보험료, 환경관리비, 지급임차료, 지급수수료, 수선비, 차량유지비, 교육훈련비, 도서인쇄비, 접대비, 행사비, 연료비, 선교비, 의료사회사업비, 소모품비, 자체연구비, 감가상각비, 무형자산상각비, 임차자산개량상각비, 광고선전비, 대손상각비, 피복침구비, 외주용역비, 잡비 및 의료분쟁비용 등으로 구분한다.

(1) 의료분쟁비용은 의료사고 보상금, 의료사고 처리수수료 등으로 구분할 수 있으며, 이에 대한 세부내역을 주석으로 기재하여야 한다.

2) 의료외비용은 의료부대비용, 이자비용, 기타의 대손상각비, 기부금, 단기매매증권처분손실, 단기매매증권평가손실, 연구비용, 외환차손, 외화환산손실, 투자자산처분손실, 유형자산처분손실, 재고자산감모손, 고유목적사업비, 잡손실 및 재해손실 등으로 구분한다.

가) 의료부대비용은 주차장직영비용, 매점직영비용, 일반식당직영비용, 영안실직영비용 및 기타 시설직영비용 등으로 구분할 수 있다. 이 경우 의료부대비용에 대한 세부내역을 주석으로 기재하여야 한다.

(1) 의료부대비용은 의료비용과 별도로 인건비, 재료비, 관리운영비 등으로 구분하고, 공통비용은 의료기관의 특성을 고려하여 합리적인 기준에 따라 배분한다.

① 인건비는 인력 수, 총 급여 및 투입시간 등의 기준으로 배분한다.

② 재료비는 재료의 투입량, 직접재료비, 사용면적(병실수), 사용인원 등의 기준으로 배분한다.

③ 관리운영비는 매출액, 점유면적, 서비스시간, 사용인원, 관련 유형자산 가액 등의 기준으로 배분한다.

나) 학교법인병원 · 국립대학교병원 및 서울대학교병원에서 법인에 전출한 이익금은 고유목적사업비로 처리한다. 이 경우 고유목적사업비의 세부사용내역을 주석으로 기재하여야 한다.

다) 연구비용은 연구가 1년 이상 진행되는 경우 진행기준에 따라 인식한다.

3) 학교법인 · 국립대학교병원 · 서울대학교병원 또는 의료법인 등에서 이익금의 일부 또는 전부를 고유목적사업준비금으로 전입하기 위해 결산서에 반영하는 경우 해당 금액은 고유목적사업준비금전입액으로 처리하고, 고유목적사업준비금전입액은 의료비용 및 의료외비용과는 별도로 구분하여 표시한다. 이 경우 고유목적사업준비금의 세부사용내역을 주석으로 기재하여야 한다.

라. 법인세비용

법인세비용은 법인세법등의 법령에 의하여 당해 연도의 부담법인세와 법인세에 부가되는 세액합계에 당기 이연법인세 변동액을 가감하여 법인세비용을 산출한다. 다만, 학교법인병원 · 국립대학교병원 및 서울대학교병원 이외의 병원은 법인세부담액을 법인세비용으로 계상할 수 있다.

마. 손익계산서 과목분류 및 내용해설은 별표 2와 같다.

3. 자산·부채의 평가

가. 증여받은 자산의 평가

1) 당해 자산의 취득을 위하여 통상적으로 소요되는 가액과 비교하여 현저하게 저렴한 가격으로 취득한 자산 또는 증여받은 자산은 취득하거나 증여받은 때의 시가로 평가한다.

2) 증여받은 자산의 시가는 「부동산가격공시 및 감정평가에 관한 법률」에 의한 감정평가액에 의함을 원칙으로 하되, 토지의 경우는 동법 제3조의 규정에 의한 당해 토지의 공시지가(당해 토지의 공시지가가 없는 경우는 동법 제9조의 규정에 의하여 산정한 개별토지의 가격)에 의할 수 있다.

나. 진료비청구액의 삭감

1) 국민건강보험 등의 적용을 받아 진료비의 일부 또는 전부가 보험자단체에 의하여 지불되는 환자에 대하여 청구한 진료비의 일부가 삭감되는 경우에는 보험자단체의 심사가 완료되어 수납할 금액이 확정된 시점을 기준으로 하여 이미 계상된 의료미수금과 의료수익을 상계 처리한다. 이 경우 의료수익 삭감액에 대한 세부내역을 주석으로 기재하여야 한다.

2) 삭감된 진료비 중 보험자단체에 이의 신청하여 일부 또는 전부가 수납될 경우에는 수납된 시점에 의료수익이 수납액만큼 발생한 것으로 회계 처리한다. 따라서 이의신청시는 회계처리하지 않으며 이의신청장부에 비망으로 기록한다.

다. 국고보조금의 처리방법

1) 국립대학교병원이나 지방공사의료원 등의 공공병원이 적자보전이나 운영비보조 등 다음과 같은 수익적 지출에 충당하기 위해 국고보조금을 받았다면 의료외수익 중 기부금수입으로 처리한다.

가) 지방자치단체에서 지방공사의료원이 의료급여환자를 많이 진료하여 적자가 발생할 경우 건강보험수가와의 수가차액을 보조해주는 경우

나) 공공병원이 차관 등의 이자를 지불할 능력이 충분하지 않을 경우 지방자치단체에서 이자비용을 보조해 주는 경우

다) 기타 공공병원의 운영적자를 지방자치단체에서 보조해주는 경우

2) 시설투자목적 등 자본적 지출에 충당할 목적으로 받은 국고보조금은 이를 취득자산에서 차감하는 형식으로 표시하고 당해 자산의 내용연수에 걸쳐 상각금액

과 상계하며, 당해 자산을 처분하는 경우에는 그 잔액을 당해 자산의 처분손익에 차감 또는 부가한다.

4. 기본금변동계산서

기본금변동계산서는 기본금, 자본잉여금, 기타포괄손익누계액, 이익잉여금(결손금), 이익잉여금처분액 및 차기이월이익잉여금(결손금)으로 구분한다.

5. 현금흐름표

현금흐름표는 영업활동으로 인한 현금흐름, 투자활동으로 인한 현금흐름, 재무활동으로 인한 현금흐름, 현금의 증가, 기초의 현금 및 기말의 현금으로 구분한다.

6. 주석

가. 주석 작성기준

1) 주석은 재무상태표, 손익계산서, 기본금변동계산서 및 현금흐름표에 표시된 개별 항목과 상호 연결시켜 표시한다.

2) 주석은 일반적으로 다음 순서로 표시한다.

가) 의료기관 회계기준을 준수하였다는 사실

나) 의료기관 회계기준 규칙 제3조에 따른 회계 구분 내역

다) 재무상태표, 손익계산서, 기본금변동계산서 및 현금흐름표에 표시된 항목에 대한 보충 정보

## Ⅲ. 결산

결산 시 작성하여야 하는 서류는 다음과 같다.

1. 재무상태표와 그 부속명세서
2. 손익계산서와 그 부속명세서
3. 기본금변동계산서(개인병원은 제외)
4. 현금흐름표
5. 주기와 주석

## Ⅳ. 재무제표의 주요부속명세서

재무제표의 부속명세서로 작성하여야 하는 서류는 다음과 같다.

1. 의료미수금명세서(별지 제1호 서식과 같다)
2. 재고자산명세서(별지 제2호 서식과 같다)

3. 유형자산명세서(별지 제3호 서식과 같다)
4. 감가상각누계액명세서(별지 제4호 서식과 같다)
5. 차입금명세서(별지 제5호 서식과 같다)
6. 진료과별・환자종류별 외래(입원)수익명세서(별지 제6호 서식과 같다)
7. 직종별 인건비명세서(별지 제7호 서식과 같다)
8. 진료과별 환자종류별 입원환자 명세서(별지 제8호 서식과 같다)
9. 진료과별 환자종류별 외래환자 명세서(별지 제9호 서식과 같다)

## Ⅴ. 재검토기한

이 고시는 「훈령・예규 등의 발령 및 관리에 관한 규정」(대통령 훈령 제334호)에 따라 이 고시 발령 후의 법령이나 현실여건의 변화 등을 검토하여 이 고시의 폐지, 개정 등의 조치를 하여야 하는 기한은 2017년 1월 31일까지로 함.

### 부 칙 〈제2010-25호, 2010. 2. 9〉

**제1조(시행일)** 이 고시는 발령한 날부터 시행한다.

**제2조(비교표시에 관한 경과조치)** 재무제표는 Ⅰ. 2. 2)의 규정에 불구하고 이 기준을 처음으로 적용하는 회계연도에는 당해 회계연도분만 작성할 수 있다.

### 부 칙 〈제2015-234호, 2015. 12. 31〉

이 고시는 공포한 날부터 시행하되, 2016년 회계연도부터 적용한다.

별표 1

## 재무상태표 과목분류 및 내용해설

〈자산과목〉

□ 유동자산

| | |
|---|---|
| (1) 당좌자산 | 현금과 비교적 단기간 내에 현금화할 수 있는 유동자산 |
| 1. 현금 및 현금성자산 | 가. 현금 및 타인발행수표 등 통화대용증권과 당좌예금 · 보통예금 및 현금등가물을 포괄<br>나. 현금등가물은 큰 거래비용 없이 현금전환이 용이하고 이자율 변동에 따른 가치변동위험이 중요하지 않은 유가증권 및 단기금융상품으로서 취득당시 만기가 3월 내에 도래하는 것 |
| 2. 단기금융상품 | 금융기관이 취급하는 정기예금 · 정기적금 · 사용이 제한된 예금 및 기타 정형화된 상품 등으로 단기자금운용목적으로 소유 또는 기한이 1년 내 도래하는 것 |
| 3. 단기매매증권 | 시장성 있는 회사채 · 국공채 등과 같은 유가증권으로 단기자금운용목적으로 소유한 것 |
| 4. 의료미수금 | 가. 진료행위로 인하여 발생된 의료미수금, 받을어음, 부도어음 등<br>나. 의료미수금은 입원 중 발생하여 계상되는 재원미수금, 퇴원환자진료비 · 외래환자진료비 · 기타의료수익 중 미회수금액(청구분 및 본인부담금)<br>다. 재원미수금, 퇴원미수금, 외래미수금은 환자종류에 따라 보험, 급여(보호), 자보, 산재, 일반, 건강진단 등으로 분류 |
| 5. 단기대여금 | 회수기간이 1년 이내 도래하는 대여금(임직원에게 대여한 1년 이내 회수가능한 채권 등) |
| 6. 대손충당금 | 매출채권의 징수불능에 대비하여 설정한 평가성충당금 |
| 7. 미수금 | 의료미수금을 제외한 미수채권 |
| 8. 미수수익 | 이자, 임대료 등 당기에 속하는 수익 중 미수액 |
| 9. 선급금 | 의료장비 등의 발주를 위해 선급한 금액<br>※ 병원을 둘 이상 운영하는 법인이 본원과 분원간에 전도해준 전도금(선급금)은 결산시 정산하여 해당금액으로 처리 |
| 10. 선급비용 | 선급된 비용 중 1년 내에 비용으로 되는 것으로서 선급보험료 · 선급이자 · 선급리스료 등 |
| 11. 선급제세 | 의료수익이나 이자수입 중 원천징수된 세금과 중간예납한 세금 등 |
| 12. 본지점 | |
| 13. 이연법인세자산 | 자산 · 부채가 회수 · 상환되는 미래기간의 과세소득을 감소시키는 효과를 가지는 일시적 차이 등 |
| 14. 기타의 당좌자산 | 기타 다른 계정에 속하지 아니하는 당좌자산 |
| 15. 국고보조금 | 자산취득을 위한 국고보조금에 대한 예금(현금) 차감계정 |

(2) 재고자산 — 진료나 병원운영을 위해 보관중인 유형의 자산

1. 약품
   가. 진료목적으로 보유하고 있는 일반약품, 주사약품, 마취약품, 마약, 소독약품, 약국재료 등
   나. 약품매입시 또는 대금결재시의 에누리·할인·할증·판매장려금 등은 약품매입액에서 차감하여 계상
   다. 약국재료는 조제를 위한 약포장지·약병·연고튜브·약조제기기·실험정보실재료 등 간접재료

2. 진료재료
   가. 진료목적으로 보유하고 있는 각종재료와 진료용구로서 1년 이내에 사용되는 재료
   나. 진료재료는 방사선재료, 검사재료, 수술재료, 치과재료, 의료소모품, 혈액, 동위원소재료 등으로 분류
   - 방사선재료 : 진단방사선과의 방사선필름·현상약품·조영제·필름봉투 등
   - 검사재료 : 임상검사과·병리과·기능검사실 등의 시약·초자류 등
   - 수술재료 : 수술시 환자체내에 삽입되는 심장판막·인공수정체·인공관절 등
   - 치과재료 : 치과에서 치료시 사용하는 금·지경·석고·은·질렉스·징크세멘·수은 등
   - 의료소모품 : 중앙공급실에서 공급하는 수술이나 처치용 소모품(붕대·거즈 등) 및 내구성 의료용소도구(청진기, 혈압계, 감자류 등)
   - 동위원소재료 : 핵의학과의 동위원소(1년내 사용분)·필름·시약·장갑·컵 등

3. 급식재료 — 급식을 위한 채소류·육류·생선류·미곡류 등의 재료와 급식용구(접시, 수저 등)

4. 저장품
   가. 약품, 진료재료 및 급식재료 이외의 사무·수선·청소·냉난방을 위한 저장품
   나. 사무용·관리용 사무용품(장부·각종서식·인쇄물·문방구류), 기계부품 등 수선용부품, 냉난방을 위한 유류, 인쇄물, 청소용구·청소용품 등 환경용품, 직원복리를 위한 제복·포상용 상품 등의 저장품으로 구분

5. 의료부대물품 — 의료부대수익을 위하여 보유하고 있는 장의용품, 매점용품 등

(3) 기타유동자산

1. 기타유동자산 — 기타 다른 계정에 속하지 아니하는 유동자산

□ 비유동자산

| | |
|---|---|
| (1) 투자자산 | 투자목적으로 보유하는 자산 |
| 1. 장기금융상품 | 유동자산에 속하지 않는 자산으로서 금융상품 중 만기일이 1년 후에 도래하는 자산 |
| 2. 투자유가증권 | 투자목적으로 보유하는 유동자산에 속하지 않는 자산 |
| 3. 장기대여금 | 회수기간이 1년을 초과하는 장기성대여금 |
| 4. 장기대여금 대손충당금 | 장기대여금의 징수불능에 대비하여 설정한 평가성충당금 |
| 5. 퇴직보험 예치금 | 국민연금 전환금과 퇴직보험 예치금의 합이 퇴직급여 충당금을 초과한 금액 |
| 6. 보증금 | 전세보증금 · 전신전화가입보증금 · 영업보증금 등 |
| 7. 삭제 | |
| 8. 기타 투자자산 | 콘도회원권 · 골프회원권 · 임차자산개량비 등의 투자자산 |
| (2) 유형자산 | |
| 1. 토지 | 병원이 보유하는 업무용 · 비업무용 토지 |
| 2. 건물 | 병원이 보유하는 병동 · 관리동 · 직원숙소와 같은 일체의 건물과 전기 · 기관 · 난방 · 승강기 · 급배수 · 위생 · 기송관 등의 부속설비 |
| 3. 구축물 | 굴뚝 · 문 · 울타리 · 옹벽 · 도로 · 정원 등과 같이 건물 및 부속설비 이외의 공작물이나 토목설비로서 토지에 고정되어 있는 시설 |
| 4. 기계장치 | 전기설비 · 기계설비 · 냉동설비 · 주방설비(싱크대, 전기밥솥 등) · 세탁설비 등의 기계장치 |
| 5. 의료장비 | 환자진료를 위해 사용되는 의료기구나 용구(병실침대 포함) |
| 6. 차량운반구 | 승용차, 구급차와 기타의 육상운반구 |
| 7. 공기구비품 | 내용연수가 1년 이상이고 구입가액이 상당액 이상인 일반가구류 · 전기가구류 · 사무용비품 · 병실용비품(상두대) · 공구류 · 집기류 · 전자계산기 등 |
| 8. 기타유형자산 | 도서, 예술품(그림 등) 등 기타 유형자산에 속하지 아니하는 자산 |
| 9. 건설 중인 자산 | 유형자산의 건설을 위해 투입된 재료비, 인건비, 경비, 도급금 등 |
| 10. 감가상각 누계액 | 유형자산에 대한 감가상각비의 누계액을 기재하며 당해 자산에서 차감형식으로 기재 |
| 11. 국고보조금 | 자산취득을 위한 국고보조금에 대한 자산차감계정 |

(3) 무형자산

1. 영업권 — 합병, 영업양수 및 전세권 취득 등의 경우 유상으로 취득한 권리
2. 산업재산권 — 특허권, 의장권, 상표권 등의 재산권

(4) 기타비유동자산

1. 이연법인세자산 — 자산·부채가 회수·상환되는 미래기간의 과세소득을 감소시키는 효과를 가지는 일시적 차이 등

〈부채과목〉

| 과목 | 내용 |
|---|---|
| □ 유동부채 | 1년 내에 상환해야 할 부채 |
| 1. 매입채무 | 약품 등 재고자산매입대가의 미지급금 |
| 2. 단기차입금 | 금융기관으로부터 차입한 1년 이내에 상환할 부채 |
| 3. 미지급금 | 일반적 상거래 이외의 거래에서 발생한 1년 이내에 지급할 금액 |
| 4. 선수금 | 일반적 상거래에서 발생한 선수금 |
| 5. 예수금 | 거래상대방 또는 병원직원으로부터 원천징수하여 납부시까지 예수하고 있는 제세와 예수금 |
| 6. 미지급비용 | 발생된 비용 중 미지급한 금액(미지급급여·미지급집세·미지급이자 등) 등 |
| 7. 미지급제세 | 당기소득에 대해 납부할 법인세 등 기타 제세의 미지급액 |
| 8. 유동성 장기부채 | 장기부채 중 1년 이내에 상환할 부채 |
| 9. 선수수익 | 현금으로 수령하였으나 차기 이후에 속하는 것(선수임차료·선수이자·선수수수료 등) |
| 10. 예수보증금 | 업무상 일시적으로 보관하는 보증금(입원보증금·하자보증금 등) |
| 11. 단기부채성충당금 | 1년 이내에 사용되는 부채성충당금(임직원의 상여금지급충당금·연월차수당충당금 등) |
| 12. 임직원단기 차입금 | 임원이나 직원으로부터 일시적으로 차입한 금액(가수금) |
| 13. 이연법인세부채 | 자산·부채가 회수·상환되는 미래기간의 과세소득을 증가시키는 효과를 가지는 일시적 차이 등 |
| 14. 기타의 유동부채 | 기타 다른 계정에 속하지 아니하는 유동부채 |
| □ 비유동부채 | |
| 1. 장기차입금 | 상환기일이 1년 이후에 도래하는 차입금 |
| 2. 외화장기 차입금 | 외화표시차입금으로서 상환기일이 1년 이후에 도래하는 차입금 |

| | |
|---|---|
| 3. 금융리스 미지급금 | 상환기일이 1년 이후에 도래하는 금융리스 미지급금 |
| 4. 장기성 매입채무 | 지급기일이 1년 이후에 도래하는 매입채무 |
| 5. 퇴직급여 충당금 | 임직원이 일시에 퇴직할 경우에 지급할 금액으로 국민연금 퇴직전환금, 퇴직보험 예치금을 차감하는 형식으로 기재 |
| 6. 이연법인세부채 | 자산 · 부채가 회수 · 상환되는 미래기간의 과세소득을 증가시키는 효과를 가지는 일시적 차이 등 |
| 7. 삭제 | |
| 8. 임대보증금 | 임대계약 등을 확실히 하기 위하여 1년 이상 보관하는 보증금 |
| □ 의료발전준비금 | 고유목적사업준비금의 사용 |

〈자본과목〉

| | |
|---|---|
| □ 고유목적사업 준비금 | 법인의 고유목적사업 또는 기부금에 지출하기 위하여 설정한 준비금 |
| □ 기본금(기본재산) | |
| 1. 법인기본금 | 병원설립을 위하여 출연한 금액 |
| 2. 기타기본금 | 병원증축 등을 위해 출연한 금액 중 미등기금액 또는 이익잉여금의 기본금대체액(정부로부터 받는 출연금 포함) |
| □ 자본잉여금 | |
| 1. 자산재평가적립금 | |
| 2. 기타자본잉여금 | 자본보존 목적의 자본잉여금 |
| □ 기타포괄손익 누계액 | |
| 1. 재평가잉여금 | 재평가되는 유형자산의 공정가치와 장부금액과의 차이 |
| 2. 해외사업환산손익 | 해외사업소의 외화자산 및 부채의 환산과정에서 발생하는 환산손익 |
| □ 이익잉여금(결손금) | |
| 1. 차기이월 잉여금 (결손금) | 차기로 이월될 잉여금(결손금) |
| 2. 당기순이익(순손실) | |

별표 2

## 손익계산서 과목분류 및 내용해설

〈수익과목〉

□ 의료수익

| | |
|---|---|
| 1. 입원수익 | ① 입원환자 진료에 따른 제반 의료수익<br>② 환자 종류별로 보험 · 급여 · 산재 · 일반 · 자보수익 등으로 구분 가능<br>③ 사전에 정한 할인율에 따라 특정기관 및 개인에게 진료비를 에누리 또는 할인해 준 금액, 극빈환자 등을 위한 자선진료에 따른 무료 또는 감면액, 연구용환자에 대한 진료비감면액을 차감하여 계상 |
| 2. 외래수익 | ① 외래환자진료에 따른 제반 의료수익<br>② 환자종류별로 구분 가능<br>③ 진료비의 에누리 등은 입원수익과 같은 방법으로 차감하여 계상 |
| 3. 기타의료수익 | |
| - 건강진단수익 | 종합건강진단 · 신체검사 · 건강상담 · 예방접종 등에 따른 제반수익 |
| - 수탁검사수익 | 타 병원으로부터 검사 · 촬영 등을 의뢰받아 발생한 수익 |
| - 직원급식수익 | 병원의 주방시설을 이용하여 병원직원 및 내방객 등에게 식사를 제공하여 발생한 수익 |
| - 제증명료수익 | 진단서 등의 발급에 따른 수익 |
| - 구급차 운영수익 | 환자에게 구급차를 제공하여 발생한 수익 |
| - 기타수익 | 기타 다른 계정에 속하지 아니하는 의료수익(단, 금액적으로 중요한 경우 독립된 계정과목을 설정) |

□ 의료외수익

| | |
|---|---|
| 1. 의료부대수익 | ① 병원이 주된 의료사업 이외의 영안실 · 매점 · 슈퍼마켓 등의 부대사업을 직영하여 발생한 수익<br>② 시설직영수익 금액이 큰 경우에는 독립과목으로 계상 |
| 2. 이자수익 | 제예금 · 국공채 등의 이자 및 어음매입할인료 등의 수익 |
| 3. 배당금수익 | 투자한 회사로부터의 배당금수익 |
| 4. 임대료수익 | 병원건물 또는 시설(영안실, 식당 등)을 임대하여 발생한 수익 |
| 5. 단기매매증권 처분이익 | ① 투자자산인 투자주식 · 투자사채의 처분에 따른 이익<br>② 매매수수료를 비롯한 처분에 소요된 비용은 처분가액에서 공제하여 계상 |
| 6. 단기매매증권 평가이익 | 투자자산인 투자주식 · 투자사채의 평가에 따른 이익 |
| 7. 연구수익 | |

| | |
|---|---|
| - 연구중심병원 연구수익<br>- 수탁연구수익<br>- 임상시험수익<br>- 기타연구수익 | ① 연구중심병원으로 지정된 기관의 총 연구수익 및 연구중심병원이 아닌 기관에서 수행한 수탁연구수익<br>② 의약품 등의 안전성·유효성을 심의하기 위하여 병원에서 실시되는 임상시험 수익 등<br>③ 1년 이상 진행되는 연구의 경우 진행기준에 따라 연구수익을 인식하여야 함 |
| 8. 외환차익 | 외환의 매입 및 매각에 따라 발생하는 이익 |
| 9. 외화환산이익 | 연도 말에 외화자산 또는 외화부채를 결산일 현재의 환율로 평가하여 발생하는 이익 |
| 10. 투자자산 처분이익 | 투자자산의 처분시 처분가액이 장부가액(취득원가 - 감가상각누계액)보다 많아서 발생한 이익 |
| 11. 유형자산 처분이익 | 유형자산의 처분시 처분가액이 장부가액(취득원가 - 감가상각누계액)보다 많아서 발생한 이익 |
| 12. 대손충당금환입 | 초과설정된 대손충당금의 환입에 따른 이익 |
| 13. 기부금수익 | ① 병원이 재화 및 용역의 제공 없이 제3자로부터 무상으로 받은 수입 등<br>② 공공병원이 정부 등으로부터 결손보전 또는 운영비보조목적으로 받은 보조금 |
| 14. 잡이익 | 기타 다른 계정에 속하지 아니하는 의료외수익 |
| 15. 자산수증이익 | 의료장비 등의 재산을 무상으로 증여받은 경우 증여자산의 가액을 계상 |
| 16. 채무면제이익 | 채권자로부터 채무액을 변제받은 금액 |
| 17. 보험차익 | 보험에 든 재고자산과 유형자산의 멸실 등의 사고시 수령한 보험금액이 자산가액보다 많은 경우의 이익 |

〈비용과목〉

□ 의료비용

(1) 인건비

| | |
|---|---|
| 1. 급여 | ① 본봉·직책수당 등 명칭에 관계 없이 근로의 대가로 지급하는 비용<br>② 의사급여·간호직급여·약무직급여·의료기사급여·영양직급여·사무직급여·기술직급여·기능직급여·보조직급여 등으로 나누어 계상<br>③ 의사급여에는 전문의와 전공의급여, 간호직급여에는 간호사와 조산사, 간호조무사급여, 약무직급여에는 약사와 한약사급여, 의료기사직급여에는 의료기사 등의 급여, 영양직급여에는 영양사·조리사 등의 급여, 사무직급여에는 행정직원과 전산직원급여, 기술직급여에는 의공, 전기, 기계, 열관리, 환경관리 등 면허보유 기술자의 급여, 기능직급여에는 운전기사·교환원·경비원·목공·보일러공·미화원·세탁원 등의 급여, 보조직급여에는 기사 및 기능사 자격이 없는 일 |

|  |  |
|---|---|
|  | 용인력, 보조인력, 배식인력 등의 급여를 계상<br>④ 대학병원에서 의료 활동의 대가로 임상교원에게 지급하는 본봉·진료수당·선택진료성과금 등의 급여<br>⑤ 대학병원의 경우 고유목적사업비(전출금)는 임상교원의 급여를 차감한 전액을 계상 |
| 2. 제수당 | 급여외 지급되는 각종수당 |
| 3. 퇴직급여 | 보수규정에 의한 퇴직급여계상액 또는 지급액<br>(사학연금 또는 공무원연금 부담액 포함) |

(2) 재료비

|  |  |
|---|---|
| 1. 약품비 | ① 환자의 진료를 위하여 실제로 소모된 약품비 포함<br>② 약품종류에 따라 일반약품비·주사약품비·마취약비·마약비·소독약품비·약국재료비 등으로 분류 |
| 2. 진료재료비 | ① 환자의 진료를 위하여 실제로 소모된 진료재료비<br>② 진료재료의 종류에 따라 방사선재료비·검사재료비·수술재료비·치과재료비·의료소모품비·혈액비·동위원소재료비·기타재료비 등으로 분류 |
| 3. 급식재료비 | 환자·환자보호자·병원직원 등을 위한 급식에 소모된 급식재료와 급식용구 |

(3) 관리운영비

|  |  |
|---|---|
| 1. 복리후생비 | ① 직원복지후생을 위한 복지후생적인 비용<br>② 복리후생비는 그 성질에 따라 직원의료비, 병원이 부담하는 3대보험료(건강보험부담금·고용보험부담금·산재보험료), 국민연금부담금, 단체활동비, 축조의금, 당숙직비, 직원피복비 등으로 구분 |
| 2. 여비교통비 | 출장여비규정에 의한 국내외 출장여비·업무활동을 위한 시내교통비·통근버스임차료·의사 등의 부임여비 및 이와 유사한 성질의 교통비 |
| 3. 통신비 | 전신·전화·Fax·우편사서함 등 통신시설의 이용료 및 우편료 |
| 4. 전기수도료 | 전력료와 상·하수도료 |
| 5. 세금과공과 | 비용처리되는 재산세·종합토지세·주민세(균등할)·사업소세·공동시설세·도시계획세, 인지 및 증지비용, 대한병원협회 등 관련단체에 납부하는 회비 등의 공과금 |
| 6. 보험료 | 건물 및 의료장비에 대한 화재보험, 보증보험, 의료사고보험 등의 보험료(단, 차량보험은 제외) |
| 7. 환경관리비 | 소독용역비, 오물수거비, 쓰레기종량제봉투비 등 |
| 8. 지급임차료 | 건물·시설·의료기기 등의 임차 및 리스비용 |
| 9. 지급수수료 | 법률 및 경영업무를 위한 자문수수료, 경영진단·회계감사·세무조정 등에 대한 수수료, 등기비용, 송금수수료, 기타소송비 |

| | |
|---|---|
| 10. 수선비 | ① 유형자산의 수선유지를 위하여 외부수선업체에 지불한 금액과 수선을 위하여 소모된 수선용품비(단, 차량수선비는 차량비에 계상)<br>② 유형자산의 종류에 따라 의료장비수선비 · 건물수선비 등으로 구분 |
| 11. 차량유지비 | 차량의 운영 및 유지에 드는 통행료 · 주차비 · 자동차세 · 차량면허세 · 책임 및 종합보험료 · 유류대 · 수선비 등 |
| 12. 교육훈련비 | ① 직원의 교육 및 훈련을 위한 각종 세미나 및 연수참가비 · 외부강사의 강사료 · 직원의 해외교육비용 · 예비군 및 민방위훈련비 등<br>② 교육훈련비는 직종에 따라 의사교육훈련비 · 간호직원교육훈련비 등으로 구분 |
| 13. 도서인쇄비 | 연구용도서를 포함한 도서 · 잡지 · 신문의 구입 및 구독비용, 복사비 및 제규정 · 사내보 · 예산서 · 처방전 · 장표 등의 인쇄비용 |
| 14. 접대비 | 업무와 관련하여 거래와 관계 있는 자의 접대 및 사례비 |
| 15. 행사비 | 병원장 취임식, 체육대회 등 각종행사에 소요된 비용 |
| 16. 연료비 | 보일러 및 냉난방시설을 위한 가솔린, 중유, 가스 등의 비용(단, 차량유류대는 제외) |
| 17. 선교비 | 원목활동을 위한 비용(원목실 운영지원비 등) |
| 18. 의료사회사업비 | 부인암검진사업, 방역사업 및 의료계몽과 관련하여 발생하는 재료비, 출장비 등의 제반비용, 무의촌진료비, 채헌혈비 등(단, 연구용 및 자선진료감액은 해당 의료수익에서 차감하여 계상) |
| 19. 소모품비 | 장부, 제용지, 볼펜, 제서식 등의 사무용품비와 감가상각 대상은 아니나 1년 이상 사용하는 비품 중 금액이 적어 비용처리되는 소모품비 |
| 20. 자체연구비 | 병원의 자체연구활동과 직접 관련이 있거나 합리적이고 일관성 있는 기준에 따라 그러한 활동에 배부될 수 있는 모든 지출(연구용 동물구입비 및 의국운영비 포함) |
| 21. 감가상각비 | ① 유형자산에 대한 감가상각계산액<br>② 유형자산종류에 따라 건물 · 구축물 · 기계장치 · 의료장비 · 차량운반구 · 공기구비품 등으로 구분 |
| 22. 무형자산상각비 | 창업비, 장기의 외화채권 또는 외화채무에서 발생한 임시거액의 평가차손(환율조정차)의 상각비 등 |
| 23. 임차자산 개량상각비 | 타인명의 자산에 가산된 자본적 지출에 대한 상각비 |
| 24. 광고선전비 | 직원채용, 입찰, 기타 홍보를 위한 비용 |
| 25. 대손상각비 | 의료미수금 등 채권에 대한 대손충당금전입금과 불량채권의 대손처리비용 |
| 26. 피복침구비 | 환자에 제공된 피복침구의 소모금액, 환자 및 직원피복침구의 세탁에 따른 비누, 소독제 등의 비용(외주로 처리시는 외주용역비에 계상. 직원피복비는 복리후생비로 분류) |

| | |
|---|---|
| 27. 외주용역비 | 외부전문업체에 청소 · 세탁 · 시설관리 · 임상검사 등을 위탁하고 그 대가로 지불하는 비용 |
| 28. 잡비 | 각종 회의를 위한 다과비용 및 기타 상기 관리운영비에 해당되지 아니하는 비용 |
| 29. 의료분쟁비용 | 의료사고 등 의료분쟁으로 인해 발생한 손해배상 또는 합의 비용 등의 금액 |

□ 의료외비용

| | |
|---|---|
| 1. 의료부대비용 | ① 병원이 주된 의료사업 이외의 영안실 · 매점 · 슈퍼마켓 등의 부대사업을 직영하여 발생한 비용<br>② 시설직영수익을 독립과목으로 계상한 경우에는 해당비용도 독립과목으로 계상 |
| 2. 이자비용 | 장단기차입금 및 기타 채무에 대하여 지급한 이자 및 어음할인료 |
| 3. 기타의 대손상각비 | 일반적 매출채권(의료미수금)외 채권의 대손발생액 |
| 4. 기부금 | 불우이웃돕기, 기타 외부기관에의 기부금 및 의연금 등 |
| 5. 단기매매증권 처분손실 | 유가증권 처분시 취득가액이 처분가액보다 낮아서 발생한 손실 |
| 6. 단기매매증권 평가손실 | 시장성 있는 유가증권의 시가가 현저히 저락하여 시가로 평가시 발생한 손실 |
| 7. 연구비용<br>- 연구중심병원 연구비용<br>- 수탁연구비<br>- 임상시험비<br>- 기타연구비 | ① 연구중심병원으로 지정된 기관의 총 연구비용 및 연구중심병원이 아닌 기관에서 수행한 수탁연구비용 등<br>② 의약품 등의 안전성 · 유효성을 심의하기 위하여 의료기관에서 실시되는 임상시험으로 인해 발생한 비용<br>③ 연구비용은 1년 이상 진행되는 연구의 경우 진행기준에 따라 연구비용을 인식하여야 한다. |
| 8. 외환차손 | 외환채권의 회수 또는 외화부채의 변제시 환율변동에 따라 발생한 손실 |
| 9. 외화환산 손실 | 외화부채의 결산기말 원화환산액이 장부가액보다 많을 때의 차액 |
| 10. 투자자산 처분손실 | 투자자산의 처분시 처분가액이 장부가액보다 낮아서 발생한 손실 |
| 11. 유형자산 처분손실 | 유형자산의 처분시 처분가액이 장부가액보다 낮아서 발생한 손실 |
| 12. 재고자산 감모손 | 재고자산의 실사결과 실사된 재고량이 장부상 수량보다 부족하여 손실처리할 금액 |
| 13. 삭제 | |
| 14. 고유목적사업비 | ① 대학 및 학교법인의 고유목적사업을 위하여 전출한 금액<br>② 대학병원의 경우 임상교원의 급여와 연구보조비를 차감한 잔액을 계상 |
| 15. 잡손실 | 기타 다른 계정에 속하지 아니하는 의료외비용 |

| | |
|---|---|
| 16. 재해손실 | 화재, 도난 등 우발적인 재해로 인한 손실 |

□ 법인세비용

| | |
|---|---|
| 1. 법인세비용<br>(소득세 등) | 법인세 등에 의거 당기과세소득에 대해 당기부담할 법인세 및 부가되는 세액합계에 당기이연법인세변동액을 가감·산출된 금액 |
| □ 고유목적사업<br>준비금 전입액 | 법인의 고유목적사업인 연구용진료·건물증축·의료장비구입·대학운영 등을 위하여 준비금을 설정하여 결산서에 반영한 경우 준비금 전입액 |
| □ 고유목적사업<br>준비금 환입액 | 고유목적사업준비금 미사용분 및 의료발전준비금환입액 |

[별지 제1호 서식]

## 의료미수금명세서

(단위 : 원)

| 계 정 과 목 | 기초잔액 | 당기증가 | 당기감소 | 삭감액 | 기말잔액 | 대 손<br>충당금 | 비 고 |
|---|---|---|---|---|---|---|---|
| 1. 재원미수금<br>- 보험미수금<br>- 급여미수금<br>·<br>·<br>· | | | | | | | 충당금<br>설정률<br>등 |
| 2. 퇴원미수금<br>- 보험미수금<br>·<br>·<br>· | | | | | | | |
| 3. 외래미수금<br>- 보험미수금<br>·<br>·<br>· | | | | | | | |
| 계 | | | | | | | |

[별지 제2호 서식]

# 재고자산명세서

(단위 : 원)

| 계정과목 | 기초잔액 | 당기증가액 | 당기감소액 | 기말잔액 | 비 고 |
|---|---|---|---|---|---|
| 1. 약품<br>- 일반약품<br>·<br>·<br>· | | | | | 재고자산<br>평가방법 등 |
| 2. 진료재료<br>- 방사선재료<br>- 검사재료<br>·<br>·<br>· | | | | | |
| 3. 급식재료 | | | | | |
| 4. 저장품<br>- 사무용품<br>·<br>·<br>· | | | | | |
| 5. 의료부대물품 | | | | | |
| 계 | | | | | |

[별지 제3호 서식]

## 유형자산명세서

(단위 : 원)

| 계정과목 | 기초잔액 | 당기증가 | 당기감소 | 기말잔액 | 감가상각 누 계 액 | 비 고 |
|---|---|---|---|---|---|---|
| 1. 토지 | | | | | | 감가상각 방법 등 |
| 2. 건물<br>- 건물<br>- 부속설비 | | | | | | |
| 3. 구축물 | | | | | | |
| 4. 기계장치 | | | | | | |
| 5. 의료장비 | | | | | | |
| 6. 차량운반구 | | | | | | |
| 7. 공기구비품 | | | | | | |
| 8. 건설중인 자산 | | | | | | |
| 계 | | | | | | |

[별지 제4호 서식]

# 감가상각누계액명세서

(단위 : 원)

| 계정과목 | 취득원가 | 당기상각 | 상각누계 | 기말잔액 |
|---|---|---|---|---|
| 1. 유형자산<br>- 건물<br>- 구축물<br>·<br>·<br>· | | | | |
| 2. 무형자산<br>- 영업권<br>·<br>·<br>· | | | | |
| 계 | | | | |

[별지 제5호 서식]

## 차 입 금 명 세 서

(단위 : 원)

| 계정과목 | 차입처 | 종 류 | 기초 잔액 | 당기 증가 | 당기 상환 | 기말 잔액 | 이자율 | 비 고 |
|---|---|---|---|---|---|---|---|---|
| (단기차입금) | | | | | | | | |
| 1. 은행차입금<br>- A은행<br>- B은행 | | | | | | | | |
| 2. 유동성장기차입금 | | | | | | | | |
| 3. 기타차입채무<br>·<br>·<br>· | | | | | | | | |
| 소계 | | | | | | | | |
| (장기차입금) | | | | | | | | |
| 1. 은행차입금 | | | | | | | | |
| 2. 외화차입금 | | | | | | | | |
| 소계 | | | | | | | | |
| 합계 | | | | | | | | |

※ 연도별 상환계획, 환율 등 기재

[별지 제6호 서식]

## 진료과별 · 환자종류별 외래(입원)수익명세서

(단위 : 원)

| 진료과 | 건강보험 | 의료급여 | 자동차<br>보 험 | 산재보험 | 일반 | 기타 | 합계 |
|---|---|---|---|---|---|---|---|
| 내 과 | | | | | | | |
| 일반외과 | | | | | | | |
| 소아과 | | | | | | | |
| 산부인과 | | | | | | | |
| 신경정신과 | | | | | | | |
| 이비인후과 | | | | | | | |
| ·<br>·<br>· | | | | | | | |
| 응급실 | | | | | | | |
| 계 | | | | | | | |

(주) 외래(입원)수익명세서는 별도 구분하여 작성

[별지 제7호 서식]

## 직종별 인건비명세서

(단위 : 원)

| 직종별 | 급 여 | 제수당 | 퇴직급여 | 합 계 | 회계연도말 인력 |
|---|---|---|---|---|---|
| 1. 의사직<br>– 전문의<br>– 전공의 | | | | | |
| 2. 간호직<br>– 간호사<br>– 간호조무사<br>– 보조원 | | | | | |
| 3. 의료기사직<br>– 방사선사<br>– 보조원<br>·<br>·<br>· | | | | | |
| 4. 영양직<br>– 영양사<br>– 조리사<br>– 배식원 | | | | | |
| 5. 사무직 | | | | | |
| 6. 기술직<br>– 의공실<br>– 전기실<br>– 기계실 | | | | | |
| 7. 기능직<br>– 운전기사<br>·<br>·<br>· | | | | | |
| 8. 일용직 | | | | | |
| 계 | | | | | |

[별지 제8호 서식]

## 진료과별 · 환자종류별 입원환자 명세서

(단위:명)

| 진료과 | 건강보험 | | 의료급여 | | 자동차보험 | | 산재보험 | | 일반 | | 기타 | | 합계 | |
|---|---|---|---|---|---|---|---|---|---|---|---|---|---|---|
| | 실인원 | 연인원 | 실인원 | 연인원 | 실인원 | 연인원 | 실인원 | 연인원 | 실인원 | 연인원 | 실인원 | 연인원 | 실인원 | 연인원 |
| 내 과 | | | | | | | | | | | | | | |
| 일반외과 | | | | | | | | | | | | | | |
| 소 아 과 | | | | | | | | | | | | | | |
| 산부인과 | | | | | | | | | | | | | | |
| 신경정신과 | | | | | | | | | | | | | | |
| 이비인후과 | | | | | | | | | | | | | | |
| · | | | | | | | | | | | | | | |
| · | | | | | | | | | | | | | | |
| · | | | | | | | | | | | | | | |
| 응 급 실 | | | | | | | | | | | | | | |
| 계 | | | | | | | | | | | | | | |

(주) * 입원 실인원은 실제 입원수속 또는 퇴원수속을 한 환자수를 기재함.
* 입원 연인원은 입원환자 또는 퇴원환자의 총재원 일수를 기재함.

[별지 제9호 서식]

## 진료과별 · 환자종류별 외래환자 명세서

(단위 : 명)

| 진료과 | 초 진 환자수 | 환자 종류별 연 외래환자수 | | | | | | |
|---|---|---|---|---|---|---|---|---|
| | | 건강보험 | 의료급여 | 자동차 보 험 | 산재보험 | 일반 | 기타 | 합계 |
| 내 과 | | | | | | | | |
| 일반외과 | | | | | | | | |
| 소 아 과 | | | | | | | | |
| 산부인과 | | | | | | | | |
| 신경정신과 | | | | | | | | |
| 이비인후과 | | | | | | | | |
| · | | | | | | | | |
| · | | | | | | | | |
| · | | | | | | | | |
| 응 급 실 | | | | | | | | |
| 계 | | | | | | | | |

(주) * 초진환자 수 : 병원 외래에서 처음으로 진료를 받으러 온 환자수를 기재함.
* 연 외래환자 수: 내원한 외래환자와 연간합계를 기재함.

### 부 칙

① (시행일) 이 고시는 고시한 날부터 시행한다.

② (비교표시에 관한 경과조치) 재무제표는 Ⅰ. 2. 2)의 규정에 불구하고 이 기준을 처음으로 적용하는 회계연도에는 당해 회계연도분만 작성할 수 있다.

## Ⅲ 병 · 의원의 세무실무

### 1. 개 요

#### (1) 의료업의 일반적 특성

의료업은 고소득 전문직종이라는 사회적 인식과 고소득에도 불구하고 근로소득자에 비해 세금을 적게 낸다는 여론에 따라 국세청에서는 공평과세 취약분야로 분류하여 중점관리하고 있다. 다만, 의료업 중에서도 건강보험자료에 의해 과세표준 현실화가 높은 일반병의원, 내과 등에 대해서는 가급적 세무간섭을 배제토록 하고 있으나 2011. 1. 1. 귀속분에 대한 종합소득세 신고분부터 개인 병의원 중 의료수입금액이 5억 이상인 경우 성실신고확인서를 제출하도록 하고 있다.

#### (2) 의료업의 중점 검토사항

**① 급여(보험)수입금액의 파악**

건강보험 및 의료급여 수입금액은 국민건강보험공단의 **요양급여비용 지급내역통보서**에서 확인한다. 이 경우 해당연도의 의료수입금액은 의료용역을 제공한 시점에서 발생한 수입금액으로 해당연도 말에 공단에 청구하였으나 미수령한 금액과 미청구한 금액을 합산하여야 한다. 또한 자동차보험은 손해보험사 등 제3자 기관으로부터 원천징수자료를 파악하여 보험수입금액을 확정한다.

**② 현금 수입금액 파악**

신용카드 수입, 현금영수증 수입, 기타 현금수입을 파악한다. 특히, 보험수입금액과 현금수입금액의 비율을 파악한다. 현금수입은 진단서, 진료기록부, 처방전 등에서 확인이 가능하다. 특히 다음과 같은 비보험수입금액의 누락 여부를 확인하여야 한다.

- MRI 및 CT촬영, 보철 및 교정시술, 첩약수입
- 예방접종, 임신중절수술, 무통분만주사, 각종진단검사
- 피부과의 스킨케어시술, 라식, 라섹시술
- 진단서 발급수수료, 병실차액

참고 의료법

◈ 제17조 (진단서 등)

① 의료업에 종사하고 직접 진찰하거나 검안(檢案)한 의사[이하 이 항에서는 검안서에 한하여 검시(檢屍)업무를 담당하는 국가기관에 종사하는 의사를 포함한다], 치과의사, 한의사가 아니면 진단서·검안서·증명서를 작성하여 환자(환자가 사망하거나 의식이 없는 경우에는 직계존속·비속, 배우자 또는 배우자의 직계존속을 말하며, 환자가 사망하거나 의식이 없는 경우로서 환자의 직계존속·비속, 배우자 및 배우자의 직계존속이 모두 없는 경우에는 형제자매를 말한다) 또는 「형사소송법」 제222조 제1항에 따라 검시(檢屍)를 하는 지방검찰청검사(검안서에 한한다)에게 교부하지 못한다. 다만, 진료 중이던 환자가 최종 진료 시부터 48시간 이내에 사망한 경우에는 다시 진료하지 아니하더라도 진단서나 증명서를 내줄 수 있으며, 환자 또는 사망자를 직접 진찰하거나 검안한 의사·치과의사 또는 한의사가 부득이한 사유로 진단서·검안서 또는 증명서를 내줄 수 없으면 같은 의료기관에 종사하는 다른 의사·치과의사 또는 한의사가 환자의 진료기록부 등에 따라 내줄 수 있다.

② 의료업에 종사하고 직접 조산한 의사·한의사 또는 조산사가 아니면 출생·사망 또는 사산 증명서를 내주지 못한다. 다만, 직접 조산한 의사·한의사 또는 조산사가 부득이한 사유로 증명서를 내줄 수 없으면 같은 의료기관에 종사하는 다른 의사·한의사 또는 조산사가 진료기록부 등에 따라 증명서를 내줄 수 있다.

③ 의사·치과의사 또는 한의사는 자신이 진찰하거나 검안한 자에 대한 진단서·검안서 또는 증명서 교부를 요구받은 때에는 정당한 사유 없이 거부하지 못한다.

④ 의사·한의사 또는 조산사는 자신이 조산(助産)한 것에 대한 출생·사망 또는 사산 증명서 교부를 요구받은 때에는 정당한 사유 없이 거부하지 못한다.

⑤ 제1항부터 제4항까지의 규정에 따른 진단서, 증명서의 서식·기재사항, 그 밖에 필요한 사항은 보건복지부령으로 정한다.

◈ 제17조의 2 (처방전)

① 의료업에 종사하고 직접 진찰한 의사, 치과의사 또는 한의사가 아니면 처방전[의사나 치과의사가 「전자서명법」에 따른 전자서명이 기재된 전자문서 형태로 작성한 처방전(이하 "전자처방전"이라 한다)을 포함한다. 이하 같다]을 작성하여 환자에게 교부하거나 발송(전자처방전에 한정한다. 이하 이 조에서 같다)하지 못하며, 의사, 치과의사 또는 한의사에게 직접 진찰을 받은 환자가 아니면 누구든지 그 의사, 치과의사 또는 한의사가 작성한 처방전을 수령하지 못한다.

◈ 제18조 (처방전 작성과 교부)

① 의사나 치과의사는 환자에게 의약품을 투여할 필요가 있다고 인정하면 「약사법」에 따라 자신이 직접 의약품을 조제할 수 있는 경우가 아니면 보건복지부령으로 정하는 바에 따라 처방전을 작성하여 환자에게 내주거나 발송(전자처방전만 해당된다)하여야 한다.

② 제1항에 따른 처방전의 서식, 기재사항, 보존, 그 밖에 필요한 사항은 보건복지부령으로 정한다.

③ 누구든지 정당한 사유 없이 전자처방전에 저장된 개인정보를 탐지하거나 누출·변조 또는 훼손하여서는 아니 된다.

④ 제1항에 따라 처방전을 발행한 의사 또는 치과의사(처방전을 발행한 한의사를 포함한다)는 처방전에 따라 의약품을 조제하는 약사 또는 한약사가 「약사법」 제26조 제2항에 따라 문의한 때 즉시 이에 응하여야 한다. 다만, 다음 각 호의 어느 하나에 해당하는 사유로 약사 또는 한약사의 문의에 응할 수 없는 경우 사유가 종료된 때 즉시 이에 응하여야 한다.

1. 「응급의료에 관한 법률」 제2조 제1호에 따른 응급환자를 진료 중인 경우
2. 환자를 수술 또는 처치 중인 경우
3. 그 밖에 약사의 문의에 응할 수 없는 정당한 사유가 있는 경우

⑤ 의사, 치과의사 또는 한의사가 「약사법」에 따라 자신이 직접 의약품을 조제하여 환자에게 그 의약품을 내어주는 경우에는 그 약제의 용기 또는 포장에 환자의 이름, 용법 및 용량, 그 밖에 보건복지부령으로 정하는 사항을 적어야 한다. 다만, 급박한 응급의료상황 등 환자의 진료 상황이나 의약품의 성질상 그 약제의 용기 또는 포장에 적는 것이 어려운 경우로서 보건복지부령으로 정하는 경우에는 그러하지 아니하다.

◈ 제22조 (진료기록부 등)

④ 보건복지부장관은 의료인이 진료기록부 등에 기록하는 질병명, 검사명, 약제명 등 의학용어와 진료기록부 등의 서식 및 세부내용에 관한 표준을 마련하여 고시하고 의료인 또는 의료기관 개설자에게 그 준수를 권고할 수 있다.

◈ 제23조의 3 (진료정보 침해사고의 통지)

① 의료인 또는 의료기관 개설자는 전자의무기록에 대한 전자적 침해행위로 진료정보가 유출되거나 의료기관의 업무가 교란·마비되는 등 대통령령으로 정하는 사고(이하 "진료정보 침해사고"라 한다)가 발생한 때에는 보건복지부장관에게 즉시 그 사실을 통지하여야 한다.

② 보건복지부장관은 제1항에 따라 진료정보 침해사고의 통지를 받거나 진료정보 침해사고가 발생한 사실을 알게 되면 이를 관계 행정기관에 통보하여야 한다.

◈ 제23조의 4 (진료정보 침해사고의 예방 및 대응 등)

① 보건복지부장관은 진료정보 침해사고의 예방 및 대응을 위하여 다음 각 호의 업무를 수행한다.

1. 진료정보 침해사고에 관한 정보의 수집·전파
2. 진료정보 침해사고의 예보·경보
3. 진료정보 침해사고에 대한 긴급조치
4. 전자의무기록에 대한 전자적 침해행위의 탐지·분석
5. 그 밖에 진료정보 침해사고 예방 및 대응을 위하여 대통령령으로 정하는 사항

② 보건복지부장관은 제1항에 따른 업무의 전부 또는 일부를 전문기관에 위탁할 수 있다.

③ 제1항에 따른 업무를 수행하는 데 필요한 절차 및 방법, 제2항에 따른 업무의 위탁 절차 등에 필요한 사항은 보건복지부령으로 정한다.

③ 신용카드 수입금액에 보험수입금액의 포함 여부 확인

신용카드 매출액은 일반적으로 비보험수입금액이나 보험수입금액 중 **본인부담금을 신용카드로 결제하거나 현금영수증을 발급하는 경우**가 있다. 이 경우 급여수입금액과 신용카드 등 수입금액을 중복하여 계상할 수 있으니 이를 구분하여 신용카드 수입금액에서 제외하여야 한다. 다음과 같은 표를 작성하여 카드매출을 관리하면 수입금액의 중복계상을 방지할 수 있다.

[카드수납통계]

| 연월일 | A사 | B사 | C사 | 기타 | 본 인<br>부담금 | 비급여 | 합 계 |
|---|---|---|---|---|---|---|---|
| 20×1. 2. 10 | 33,000 | 13,000 | 15,800 | 2,500 | 35,000 | 49,300 | 84,300 |

- 건강보험수입은 요양급여비용지급내역통보서에 의하여 수입금액을 확정하고 그 중에서 본인부담금 수입금액을 카드로 결제받는 경우 상기와 같이 구분기재하여 카드매출수입금액(비급여)이 중복계상되지 않도록 하여야 한다. 위 카드수납통계 자료를 분석해 보면 총카드결제액 64,300원 중 급여(본인부담분) 카드결제분 35,000원을 차감한 29,300원이 비급여 카드결제분이며 비급여 49,300원 중 20,000원은 순수한 현금수입으로 신고한다. 따라서 신용카드와 보험수입이 중복되는 경우 보험수입을 먼저 계상하고 총신용카드금액에서 보험수입분을 차감하여 비급여 수입금액을 계상하면 된다.

④ 의약품비 및 인건비, 기타비용의 적정 계상 여부 확인

의약분업 이후 병의원의 원가 중 의약품 점유비율이 매우 낮다. 따라서 의약품 점유비율이 높은 경우에는 가공계상 여부를 확인하여야 한다. 의약품비는 손익계산서에 판매비와 관리비로 분류한다.

⑤ 공동개원시의 출자금에 대한 차입금 이자비용을 필요경비로 처리하였는지 검토

공동개원시에는 투자비용(출자금)을 개인별로 차입하여 투자하는 경우가 있다. 이 경우 출자를 위한 차입금에 대한 이자비용은 업무와 관련 없는 비용으로 필요경비에 산입할 수 없다.

⑥ 사업장규모, 의료기기 보유현황, 고용의사 여부, 간호사수 등을 파악하여 수입금액신고가 적절한지 파악

사업장 규모나 의료기기 보유 현황에 따라서 그에 대한 수입금액이 발생되므로 적절

히 계상되었는지를 검토하여야 한다. 즉, 비보험 의료장비(초음파 영상진단기, MRI, 엑시머레이저, 라식기 등)의 보유현황을 파악하여 수입금액을 적절히 계상하였는지를 확인하여야 한다. 또한 고용의사를 둔 경우 인건비의 처리문제를 검토하여야 한다.

**핵심체크**

**[의료업의 세무조사시 중점검토사항]**

① 환자진료차트, 일반수입금액 수납노트, 전산에 의한 환자관리기록 등에 의거 수입금액 누락 여부 확인
② 환자(고객)의 인적사항을 확인하여 개별 확인
③ 보험수입금액의 적정신고 검토
④ 진단서 발급수수료의 누락 여부 확인
⑤ 의약품비 등 원재료 공급처를 확인하고 실제 의약품 구입량을 파악하여 수입금액 추산
⑥ 의약품비 과다계상, 가공인건비, 가공감가상각비 등 가공비용의 계상 여부 검토
⑦ 잡지 등 언론매체를 통한 광고, 홈페이지 등을 통한 정보수집으로 업황 등 파악
⑧ 인건비, 임대료 점유비율 대비 수입금액의 적정성 검토
⑨ 미용목적 성형수술 등 과세매출액 파악 및 매입세액 안분계산

### (3) 병과별 수입금액 탈루 유형[76)]

| 병과별 | 탈 루 유 형 | 확인자료 |
|---|---|---|
| 종합병원 | - 비급여 MRI촬영비를 현금수취 후 누락<br>- 미수령 보험금 누락<br>- 비급여 식대 누락<br>- 장례식장 직영수입 누락<br>- 장례식장 및 매점 등 병원부대시설 임대수입 누락 | - 요양급여비용지급내역 통보서<br>- 급여청구내역서<br>- 진료차트, 임대차계약서 |
| 성형외과 | - 실리콘, 콜라겐 등 의료소모품을 무자료 구입 후 수입금액 누락<br>- 고용의사를 누락하여 대응수입금액 누락<br>- 연예인, 유학생 및 외국인에 대한 현금수입누락<br>- 진료차트상 진료단가를 암호화하여 수입금액 누락<br>- 성형부위별 단가를 동일하게 기장하여 누락<br>- 마취제, 보톡스 구입량 및 투입량 누락 | - 의료소모품 구입내역 및 대금결제내역<br>- 근로계약서 · 이력서 및 급여명세<br>- 마취제 구입량 및 사용량<br>- 계절별, 방학별 수입금액 변동추이 분석 |
| 산부인과 | - 비보험 무통시술, 병실료 수입금액 누락<br>- 건강검진비 누락<br>- 여성병 검진 수입 누락<br>- 친인척 명위위장 산후조리원 수입 누락<br>- 병원부대시설(매점, 자판기 등)직영 및 임대수입 누락 | - 진료차트<br>- 임대차계약서<br>- 식자재 구입량<br>- 건강검진회사 명단 |

| 병과별 | 탈 루 유 형 | 확인자료 |
|---|---|---|
| | - 입원산모 외에 보호자 등에 판매한 식대 누락 | |
| 피부과 | - 마취재 구입량 조작 및 마취과의사 초빙기록 삭제로 대응수입 누락<br>- 미용화장품 판매수입 누락<br>- 비보험 의료수입을 차명계좌로 입금하여 누락<br>- 피부관리 및 비만 치료수입의 누락 | - 마취제 관리대장<br>- 화장품 구입내역<br>- 마취과의사 방문기록 및 지급내역 |
| 안과 | - 라식 및 라섹 수술 건당 단가조작<br>- 백내장 수술시 초음파 검사비 누락<br>- 렌즈판매금액 누락 | - 수술서약서 및 입원확인서<br>- 렌즈구입내역 |
| 치과 | - 치아교정, 임플란트 등 수입 누락<br>- 치과재료상, 치과기공소로부터 매입자료 누락을 통한 수입금액 누락<br>- 비보험신용카드금액을 보험급여로 처리하여 누락 | - 치과기공소 및 치과재료상과 거래내역확인 |
| 한의원 | - 원거리 환자(택배이용) 현금수입 누락<br>- 녹용 등 한약재를 무자료로 구입하여 수입금액 누락<br>- 자체 개발한 어린이 성장클리닉 성장탕 매출 누락<br>- 자체개발한 편강탕(천식 비염치료) 매출 누락<br>- 전자상거래를 통한 수입금액 누락 | |

핵심체크

**(1) 차명계좌를 이용한 수입금액의 탈루가 가능한가?**

병의원의 비보험수입이나 전문직종사자 또는 현금매출이 많은 사업자는 친인척이나 직원명의의 차명계좌를 이용하여 현금매출을 누락하는 사례가 있다. 차명으로 수입금액을 회수하는 경우 과세관청에서는 확인이 불가능한 것일까? 일반적으로 납세자들은 차명을 이용하면 금융실명법 때문에 세무공무원이 쉽게 매출누락 등을 확인할 수 없다는 생각으로 배우자나 직원명의의 차명계좌를 이용한다. 그러나 이는 매우 잘못된 판단이다. 차명계좌를 이용하더라도 세무조사나 탈세제보에 의하여 쉽게 적발될 가능성이 매우 높다. 국세청은 금융정보분석원으로부터 고액 현금거래자료나 금융기관으로부터 제출받은 이자·배당 원천징수 소득자료를 활용하면 쉽게 차명계좌의 확인이 가능하다. 따라서 차명계좌를 이용한 수입금액 누락은 근본적으로 불가능하다고 판단된다.

76) 2006년 귀속 부가가치세 면세사업자 사업장 현황신고안내(국세청 보도자료, 2007. 1).

◈ 조사사무처리 규정 제36조【금융거래 현지확인의 제한】

① 세무조사를 실시함에 있어 금융거래 현지확인이 필요한 경우에는 그 사유와 범위를 구체적으로 표시하여 소관 지방국세청장의 승인을 받아 실시하여야 하며, 「금융실명거래및비밀보장에관한법률」과 「상속세 및 증여세법」 등 관련 법령에서 정한 범위와 절차를 엄격히 준수하여야 한다.

② 제1항의 규정에 불구하고 신용카드 변칙거래, 자료상, 자료중개인 및 자료중개 관련인(거래처포함)에 대한 금융거래 현지확인이 긴급히 필요한 경우에는 관할 관서장의 승인을 받아 착수할 수 있으며, 이 경우 지방국세청장에게 착수한 날의 다음 날까지 금융거래 현지확인 대상자와 긴급한 사유 등을 보고하여야 한다.

**(2) 사업용계좌 개설제도 도입**(소법 160의 5 및 소령 208의 5)

2007. 1. 1 거래분부터 사업자의 금융거래통장을 사업용과 가계용으로 분리하여 개설하고 사업용 계좌를 세무서에 신고하도록 하는 제도가 도입되었다. 즉, 개인사업자 중 복식부기의무자는 사업용계좌를 통하여 대금을 수수하고 인건비와 임차료는 반드시 사업용계좌를 통하여만 지출할 수 있도록 함으로써 과세표준 양성화와 세원 투명성 제고에 기여하도록 하였다.

**1) 거래대상**

사업상 재화·용역의 공급과 관련한 대가를 지급받거나 지급하는 거래로서

① 금융기관을 통하여 대금의 결제가 이루어지는 거래

② 인건비 및 임차료를 지급하거나 지급받는 때

**2) 사업용계좌 개설신고**

① 복식부기의무자는 복식부기의무자에 해당하는 과세기간의 개시일(사업 개시와 동시에 복식부기의무자에 해당되는 경우에는 다음 과세기간 개시일)부터 **6개월 이내**

② 복식부기의무자는 사업용계좌를 변경하거나 추가하는 경우 확정신고기한까지 신고

③ 가산세 부과 :

- 미사용가산세 : 미사용금액의 0.2%
- 미개설가산세 : 과세기간 중 미개설한 기간의 수입금액의 0.2%와 미사용금액의 0.2% 중 큰 금액
- 사업장별 신고를 하지 아니하고 이미 신고한 다른 사업장의 사업용 계좌를 사용한 경우에는 가산세를 적용하지 아니함(소법 81 ⑨).

④ 감면배제

* 한의원을 경영하고 있는 사업자가 과거에 폐업신고한 구한의원의 사업자등록번호를 부여받아 사업자등록하고 한의약품 제조업을 하는 탕전소를 개시하게 된 경우에는 폐업신고한 구한의원의 사업과 관련하여 과거에 사업용 계좌가 신고되었다고 하더라도 위 탕전소의 사업과 관련해서는 소득세법 제160조의 5 제3항에 따라 **사업용계좌를 별도로 신고**해야 함(소득세과-1024, 2016. 7. 8).

◈ **상속세 및 증여세법 제45조【재산 취득자금 등의 증여 추정】**

④ 「금융실명거래 및 비밀보장에 관한 법률」 제3조에 따라 실명이 확인된 계좌 또는 외국의 관계 법령에 따라 이와 유사한 방법으로 실명이 확인된 계좌에 보유하고 있는 재산은 명의자가 그 재산을 취득한 것으로 추정하여 제1항을 적용한다.

◈ **금융실명거래 및 비밀보장에 관한 법률**

제3조【금융실명거래】③ 누구든지 「특정 금융거래정보의 보고 및 이용 등에 관한 법률」 제2조 제3호에 따른 불법재산의 은닉, 같은 조 제4호에 따른 자금세탁행위 또는 같은 조 제5호에 따른 공중협박자금조달행위 및 강제집행의 면탈, 그 밖에 탈법행위를 목적으로 타인의 실명으로 금융거래를 하여서는 아니 된다.

제6조【벌칙】① 제3조 제3항 또는 제4항, 제4조 제1항 또는 제3항부터 제5항까지의 규정을 위반한 자는 **5년 이하의 징역 또는 5천만원 이하의 벌금**에 처한다.

② 제1항의 **징역형과 벌금형은 병과**(倂科)할 수 있다.

소득세 집행기준 162의3-0-2 **병원의 현금영수증 발급의무 대상금액**

① 현금영수증 발급의무 대상 거래금액은 보험급여를 포함한 총진료비를 기준으로 하는 것이며, 현금영수증은 현금으로 받은 금액에 대하여만 발급해야 한다.

② 현금영수증은 거래대금을 분할하여 현금으로 받는 때마다 각각 발급해야 한다.

### (4) 의료비 소득공제 자료의 제출

근로자의 연말정산 간소화를 위하여 의료기관은 국세청에 의료비자료를 제출하여야 한다. 의료비내역 정보에 대한 국세청 제출의무를 부여하고 있는 소득세법 제165조 제1항 등은 환자들의 개인정보 자기결정권 등을 침해하지 아니한다(헌재 2006헌마1401, 2008. 10. 30).

#### ① 국세청에 제출

병의원, 약국 등은 국민건강보험공단이 아닌 국세청으로 직접 의료비 자료를 제출하여야 한다(소령 216의 3 ②, 국세청 고시 제2008-39, 2008. 10. 8).

#### ② 제출대상

영세한 병의원의 자료제출 부담을 줄이기 위해 전체 의료비 자료 대신 '건강보험 직장가입자'와 '의료급여 수급권자' 자료만 제출할 수 있도록 하였으며, 앞으로 근로자의 부양가족 중 건강보험 지역가입자는 해당 병의원에서 의료비 영수증을 직접 수집해야 한다. 또한, 병의원, 약국은 국민건강보험공단에 기 청구한 보험 자료를 제외한 '비보험 의료비 자료'만 제출할 수 있다. 다만, 보험자료를 함께 제출하는 것이 편리한 병의원들은 보험·비보험 구분 없이 전체 자료를 제출하여도 된다.

③ 제출시기

2023년 1월 1일부터 2023년 12월 31일까지의 의료비 자료를 2024년 1월 초까지 국세청장 또는 사업장 소재지 관할 세무서장에게 제출하여야 한다.

**참 고** 의료비 소득공제 증빙자료 제출요령

1. 목적

소득세법 제165조 및 소득세법 시행령 제216조의 3의 규정에 따라 의료비 소득공제 증빙자료를 발급하는 자가 의료비 소득공제 증빙자료를 제출하는 데 필요한 절차적 사항을 안내하여 의료비자료 제출자의 편의를 도모하고 자료수집의 효율성을 기하기 위함

2. 용어의 정의

가. 의료비 : 소득세법 시행령 제110조 제1항 제1호, 제2호에서 규정하는 의료비로써, 미용·성형수술을 위한 비용 및 건강증진을 위한 의약품 구입비용을 포함

나. 의료비 소득공제증빙자료 : 소득세법 제165조 및 소득세법 시행령 제216조의 3의 규정에 따라 의료기관 등이 국세청장에게 제출하는 자료(이하 "의료비자료")

다. 의료기관 등 : 의료비자료를 국세청장에 제출해야 하는 자로서 다음에 해당하는 자

1) 「의료법」 제3조의 규정에 의한 의료기관

2) 「약사법」에 의하여 등록된 약국(한약방 포함)

3) 「지역보건법」에 의한 보건소, 보건의료원, 보건지소

4) 「농어촌 등 보건의료를 위한 특별조치법」에 의한 보건진료소

3. 의료비 자료 제출 대상자

의료기관 등은 국세청장 또는 사업장소재지 관할 세무서장에게 의료비자료를 제출하여야 하며, 제출자는 의료기관 등의 대표자(개설자)가 됨

4. 제출대상 의료비자료

가. 필요적 사항

1) 의료기관 등의 사업자등록번호·요양기관기호

2) 환자의 성명·주민등록번호

3) 의료비 수납일자

4) 의료비 수납금액

나. 의료비 수납(영수) 관련 항목만을 제출대상으로 하고, 환자의 병명·처방내용 등은 제

출대상이 아님

다. 구체적인 의료비자료의 제출항목은 아래와 같음

| 번호 | 제 출 항 목 |
|---|---|
| 1 | 의료기관 등의 사업자등록번호 |
| 2 | 의료기관 등의 요양기관기호 |
| 3 | 환자의 성명 |
| 4 | 환자의 주민등록번호 |
| 5 | 의료비 수납일자 |
| 6 | 의료비 수납금액 |
| 7 | 기타 의료기관 등의 기본현황 (의료비 집계표) |

※ 의료비 집계표 : 의료기관 등의 사업자등록번호, 상호, 요양기관기호, 대표자 성명, 연락처, 자료작성일자, 수납시작일자, 수납종료일자, 수납건수, 수납금액 합계, 제출대상 자료의 범위

라. 의료기관은 건강보험 지역가입자의 의료비자료는 제출하지 아니할 수 있으나, 건강보험 및 의료급여 적용을 받는 의료비(이하 "보험분")를 포함한 전체 의료비자료를 제출해야 함.

## 5. 의료비자료 작성방법

가. 의료기관 등은 자가 사용(보험청구 S/W업체) 개발 프로그램을 사용하거나, 국세청장이 제공하는 프로그램을 다운받아 작성할 수 있음.

나. 예외적으로 전산시스템이 없거나, 제출 대상 의료비자료 건수가 50건 이하인 의료기관 등은 「별지 1」의 서면서식에 따라 수기로 명세서를 작성하여 국세청장에게 의료비자료를 제출할 수 있음.

## 6. 의료비 자료 제출기한

의료기관 등이 국세청장에게 제출하는 의료비자료의 제출대상기간 및 제출기한은 아래와 같음.

| 제출대상기간 | 제출기한 |
|---|---|
| 2023년 1월 1일~2023년 12월 31일 | 2024년 1월 7일까지 |

※ 의료비 자료제출은 연중 수시로 제출가능 함. 단 기간별로 나누어 제출하는 경우, 먼저 제출한 자료와 현재 제출하는 자료의 기간이 하루라도 중복되면 경고 메시지가 나타나며, 이를 무시하고 「재전송」하는 경우는 기존 제출했던 자료는 삭제되고, 최종 제출한 자료만 인정되므로 반드시 확인하여야 함.

## 7. 의료비 자료의 제출방법

가. 의료기관 등은 의료비 자료를 정보통신망(국세청 연말정산간소화 홈페이지) 및 전산매체(CD 등)를 사용하여 국세청장 또는 사업장 소재지 관할세무서장에게 제출하는 것을 원칙으로 함.

나. 전산매체(CD 등)로 의료비 자료를 제출하는 경우는 「별지 2」의 전산매체 부착용 라벨을 부착하여 해당 의료기관 등의 사업장 소재지 관할세무서장에 방문하여 제출하여야 함

다. 서면서식으로 수기 작성한 의료비 자료를 제출하는 경우에는 해당 의료기관 등의 사업장 소재지 관할세무서에 방문하여 제출하여야 함.

※ 자료제출은 온라인 제출이 원칙이며, 부득이하게 서면서식으로 수기 작성하여 제출하는 경우에는 '20. 1. 13까지 해당 사업장 소재지 관할세무서장에게 제출하여야 함.

## 8. 의료비 자료의 보완

가. 의료기관 등은 의료비 자료를 국세청에 제출하기 전에 국세청에서 제공하는 오류검증 프로그램을 다운받아 자체 점검하여야 함.

나. 국세청장은 의료기관 등으로부터 제출받은 의료비 자료에 누락이 있거나 보완이 필요한 때에는 직접 당해 의료기관 등에 대하여 의료비 자료를 추가 또는 보완하여 제출할 것을 요구할 수 있음.

## 9. 의료비 자료의 접수

가. 국세청은 의료기관 등이 제출한 의료비 자료에 오류 등 이상이 없으면 「별지 3」의 접수증을 교부함.

나. 국세청은 의료기관 등이 정보통신망으로 의료비 자료를 제출한 경우에는 정보통신망으로 접수증을 교부하고, 전산매체(CD 등) 및 서면으로 제출한 경우에는 서면으로 접수증을 교부하여야 함.

## 10. 환자의 자료제출 거부(제외 신청)

환자가 본인의 의료비 수납내역 자료의 제출을 원하지 않는 경우에는 「별표 2」에 따른 제출기한 전까지 「별지 4」의 서식에 따라 의료기관 등에 자료제공 제외 신청할 수 있으며, 이 경우 의료기관 등은 해당 자료를 제출하지 아니함.

[별지 1] 서면으로 제출하는 의료비 소득공제증빙자료 제출 서식

<table>
<tr><td colspan="2">의 료 비 소 득 공 제 증 빙 자 료 집 계 표</td></tr>
<tr><td>제출대상 자료의 범위</td><td>보험분을 포함한 전체 의료비 자료제출 ☑</td></tr>
<tr><td>발급기관 사업자등록번호</td><td></td></tr>
<tr><td>발급기관 상호</td><td></td></tr>
<tr><td>발급기관 요양기관기호</td><td></td></tr>
<tr><td>발급기관 대표자 성명</td><td></td></tr>
<tr><td>발급기관 대표자 주민등록번호</td><td></td></tr>
<tr><td>발급기관 전화번호</td><td></td></tr>
<tr><td>자료작성일자</td><td></td></tr>
<tr><td>수납 시작일자</td><td></td></tr>
<tr><td>수납 종료일자</td><td></td></tr>
<tr><td>수납건수 합계</td><td></td></tr>
<tr><td>수납금액 합계</td><td></td></tr>
<tr><td colspan="2">첨부. 의료비 소득공제증빙자료 명세서 1부</td></tr>
<tr><td colspan="2">위와 같이 의료비 소득공제증빙자료 집계표를 제출합니다.<br>년 월 일<br>상호명 :<br>대표자 성명 : (인)<br>○○ 세무서장 귀하</td></tr>
<tr><td colspan="2">1. 이 서식은 전산시스템이 없고, 제출대상 건수가 50건 이하인 의료기관 또는 약국 등에 한하여 수기로 작성하여 사업장소재지관할세무서장에게 제출하는 서식입니다.<br>2. 수납건수는 의료비 소득공제증빙자료 명세서의 마지막 일련번호를 기재하며, 수납금액 합계는 의료비 소득공제증빙자료 명세서의 수납금액 합계를 기재합니다.</td></tr>
</table>

<table>
<tr><td colspan="5">의 료 비 소 득 공 제 증 빙 자 료 명 세 서</td></tr>
<tr><td>일련번호</td><td>환자 성명</td><td>주민등록번호</td><td>수납일자</td><td>수납금액</td></tr>
<tr><td></td><td></td><td>–</td><td>. . .</td><td></td></tr>
<tr><td></td><td></td><td>–</td><td>. . .</td><td></td></tr>
<tr><td></td><td></td><td>–</td><td>. . .</td><td></td></tr>
</table>

[별지 2] 의료비 소득공제증빙자료 전산매체 부착용 라벨

| 제출자료명 | 의료비 소득공제증빙자료 |
|---|---|
| 사업자등록번호 | |
| 요양기관기호 | |
| 의료기관 등의 상호 | |
| 전화번호 | |

[별지 4] 의료비 소득공제증빙자료 제공 제외(거부) 신청서

## 의료비 소득공제증빙자료 제공 제외 신청서

| | | | | |
|---|---|---|---|---|
| 신청인 | 성 명 | | 주 민 등 록 번 호 | |
| | 전 화 번 호 | | | |
| 요양기관 | 대 표 자 성 명 | | 사 업 자 등 록 번 호 | |
| | 상 호 | | | |

상기 신청인 본인은 소득세법 제165조 제1항 단서 및 동법 시행령 제216조의 3 제4항의 규정에 따라, 본인의 '의료비 수납내역 관련 자료'가 국세청으로 제출되는 것을 원하지 않음을 확인합니다.

위와 같이 확인함.

년 월 일

위 신청인(확인자) : (인)

귀하

1. 의료비 수납내역 관련 자료 : 요양기관 사업자등록번호, 환자 인적사항 및 환자가 지출한 의료비 금액 등이고, 병명 등 진료명세는 제출대상이 아닙니다.
2. 귀하 란에는 요양기관의 대표자를 기재합니다.

**안 내 말 씀**

- 정부는 근로자들이 연말정산에 필요한 소득공제 영수증을 수집해야 하는 불편을 줄이기 위해 2006년부터 연말정산간소화 서비스를 시행하고 있습니다.
- 이에 모든 요양기관(병의원, 약국)은 소득세법 제165조의 규정에 따라 환자의 '의료비 수납내역'(환자의 의료비 지출명세)을 국세청에 제출해야 합니다.
- 그러나 본인의 의료비 수납내역 관련 자료가 국세청에 제출되는 것을 원하지 않을 때에는 "의료비 소득공제증빙자료 제공 제외 신청서"를 작성하여 해당 요양기관에 제출하여 주시기 바랍니다.

## 2. 부가가치세 실무

### (1) 의료보건용역의 면세

다음 각호의 의료보건용역(「의료법」 또는 「수의사법」에 따라 의료기관 또는 동물병원을 개설한 자가 제공하는 것을 포함한다)과 혈액에 대해서는 부가가치세를 면제한다(부법 26 ① 5호 및 부령 35).

1. 「의료법」에 따른 의사, 치과의사, 한의사, 조산사 또는 간호사가 제공하는 용역. 다만, 「국민건강보험법」 제41조 제4항에 따라 요양급여의 대상에서 제외되는 다음 각 목의 진료용역은 제외한다.
   가. 쌍꺼풀수술, 코성형수술, 유방확대·축소술(유방암 수술에 따른 유방 재건술은 제외한다), 지방흡인술, 주름살제거술, 안면윤곽술, 치아성형(치아미백, 라미네이트와 잇몸성형술을 말한다) 등 성형수술(성형수술로 인한 후유증 치료, 선천성 기형의 재건수술과 종양 제거에 따른 재건수술은 제외한다)과 악안면 교정술(치아교정치료가 선행되는 악안면 교정술은 제외한다)
   나. 색소모반·주근깨·흑색점·기미 치료술, 여드름 치료술, 제모술, 탈모치료술, 모발이식술, 문신술 및 문신제거술, 피어싱, 지방융해술, 피부재생술, 피부미백술, 항노화치료술 및 모공축소술
2. 「의료법」에 따른 접골사(接骨士), 침사(鍼士), 구사(灸士) 또는 안마사가 제공하는 용역
3. 「의료기사 등에 관한 법률」에 따른 임상병리사, 방사선사, 물리치료사, 작업치료사, 치과기공사 또는 치과위생사가 제공하는 용역
4. 「약사법」에 따른 약사가 제공하는 의약품의 조제용역
   ⇨ 약사의 조제용역은 면세되나 일반의약품 판매는 과세된다.
5. 「수의사법」에 따른 수의사가 제공하는 용역. 다만, 동물의 진료용역은 다음 각 목의 어느 하나에 해당하는 진료용역으로 한정한다.
   가. 「축산물 위생관리법」에 따른 가축에 대한 진료용역
   나. 「수산생물질병 관리법」에 따른 수산동물에 대한 진료용역
   다. 「장애인복지법」 제40조 제2항에 따른 장애인 보조견표지를 발급받은 장애인 보조견에 대한 진료용역
   라. 「국민기초생활 보장법」 제2조 제2호에 따른 수급자가 기르는 동물의 진료용역
   마. 가목부터 라목까지의 규정에 따른 진료용역 외에 질병 예방을 목적으로 하는 동물의 진료용역으로서 농림축산식품부장관 또는 해양수산부장관이 기획재정부장관과 협의하여 고시하는 용역

6. 장의업자가 제공하는 장의용역

⇨ 장의용역 및 장의차 운송사업자의 운송용역은 부가가치세 면세대상이다. 장의업자 甲이 고객과의 계약에 따라 제공하는 장의용역 중 중요부분을 다른 장의업자 乙과의 장의행사용역계약에 따라 乙이 수행하도록 하고 고객으로부터 받은 대가 중 일정비율에 해당하는 금액을 乙에게 지급하는 경우 甲과 乙이 제공하는 용역에 대해서는 면세함(법규부가 2012-29, 2012. 5. 9).

7. 「장사 등에 관한 법률」 제14조 및 제15조에 따라 사설묘지, 사설화장시설 또는 사설봉안시설을 설치한 자가 제공하는 화장, 묘지분양 및 관리업 관련 용역

⇨ 묘지분양 및 임대용역, 납골당 분양 및 임대·관리용역은 부가가치세가 면제된다. 사설봉안시설 관리인이 사설봉안시설을 설치한 자로부터 위임받아 봉안시설 분양·관리업 관련 용역을 제공하는 경우에는 부가가치세가 면제되는 의료보건용역에 해당하지 아니하는 것임(부가-88, 2013. 1. 29).

8. 지방자치단체로부터 공설묘지, 공설화장시설 또는 공설봉안시설의 관리를 위탁받은 자가 제공하는 화장, 묘지분양 및 관리업 관련 용역

9. 「응급의료에 관한 법률」 제2조 제8호에 따른 응급환자이송업자가 제공하는 응급환자이송용역

10. 「하수도법」 제45조에 따른 분뇨수집·운반업의 허가를 받은 사업자와 「가축분뇨의 관리 및 이용에 관한 법률」 제28조에 따른 가축분뇨수집·운반업 또는 가축분뇨처리업의 허가를 받은 사업자가 공급하는 용역

11. 「감염병의 예방 및 관리에 관한 법률」 제52조에 따라 소독업의 신고를 한 사업자가 공급하는 소독용역

12. 「폐기물관리법」 제25조에 따라 생활폐기물 또는 의료폐기물의 폐기물처리업 허가를 받은 사업자가 공급하는 생활폐기물 또는 의료폐기물의 수집·운반 및 처리용역과 같은 법 제29조에 따라 폐기물처리시설의 설치승인을 받거나 그 설치의 신고를 한 사업자가 공급하는 생활폐기물의 재활용용역

13. 「산업안전보건법」 제21조에 따라 보건관리전문기관으로 지정된 자가 공급하는 보건관리용역 및 같은 법 제126조에 따른 작업환경측정기관이 공급하는 작업환경측정용역

14. 「노인장기요양보험법」 제2조 제4호에 따른 장기요양기관이 같은 법에 따라 장기요양인정을 받은 자에게 제공하는 신체활동·가사활동의 지원 또는 간병 등의 용역

15. 「사회복지사업법」 제33조의 7에 따라 보호대상자에게 지급되는 사회복지서비스 이용권을 대가로 국가 및 지방자치단체 외의 자가 공급하는 용역

⇨ 「부가가치세법 시행령」 제35조 제15호 규정에 따라 「사회복지사업법」 제33조의

7에 따라 보호대상자에게 지급되는 사회복지서비스 이용권을 대가로 국가 및 지방자치단체 외의 자가 공급하는 용역에 대하여 부가가치세를 면세함(서면부가-21631, 2015. 1. 25).

16. 「모자보건법」 제2조 제11호에 따른 산후조리원에서 분만 직후의 임산부나 영유아에게 제공하는 급식·요양 등의 용역

17. 「사회적기업 육성법」 제7조에 따라 인증받은 사회적기업이 직접 제공하는 간병·산후조리·보육 용역

18. 「정신건강증진 및 정신질환자 복지서비스 지원에 관한 법률」 제15조 제6항에 따라 국가 및 지방자치단체로부터 같은 법 제3조 제3호에 따른 정신건강증진사업 등을 위탁받은 자가 제공하는 정신건강증진사업 등의 용역

**관련법조문**

◈ **조특법 제106조 제1항 제10호【희귀병치료제 등의 부가가치세 면제】**

10. 「관세법」 제91조 제4호 및 제5호에 따른 물품 중 희귀병치료 등을 위한 것으로서 대통령령으로 정하는 것

◈ **조특령 제106조**

⑭ 법 제106조 제1항 제10호에서 "대통령령으로 정하는 것"이란 「관세법」 제91조 제4호의 규정에 의한 물품 중 다음 각 호의 것을 말한다.

1. 세레자임등 고셔병환자가 사용할 치료제 및 로렌조오일등 부신이영양증환자가 사용할 치료제
2. 혈우병으로 인한 심신장애자가 사용할 열처리된 혈액응고인자농축제
3. 근육이양증환자의 치료에 사용할 치료제
4. 윌슨병환자의 치료에 사용할 치료제
5. 후천성면역결핍증으로 인한 심신장애자가 사용할 치료제
6. 장애인의 음식물섭취에 사용할 삼킴장애제거제
7. 장기이식 후 면역억제제의 합병증으로 생긴 림파구증식증 환자의 치료에 사용할 치료제
8. 니티시논 등 타이로신혈증환자가 사용할 치료제
9. 삭제 〈2014. 2. 21〉
10. 삭제 〈2020. 2. 11〉
11. 발작성 야간 헤모글로빈뇨증, 비정형 용혈성 요독증후군, 전신 중증 근무력증 및 시신경척수염 범주질환 환자의 치료에 사용할 치료제

### 부가가치세 집행기준 26-35-1 의료보건용역의 면세 범위

① 부가가치세가 면제되는 의료보건용역에는 다음과 같은 용역이 포함된다.

1. 「의료법」 등에 따른 의사, 한의사, 간호사, 접골사, 안마사, 임상병리사, 물리치료사, 치과기 공사 등이 제공하는 용역과 약사의 의약품 조제용역. 다만, 「국민건강보험법」 제41조 제4항에 따라 요양급여의 대상에서 제외되는 쌍꺼풀수술, 코성형수술, 유방확대·축소술(유방암 수술에 따른 유방재건술 제외), 지방흡인술, 주름살제거술, 안면윤곽술, 치아성형, 안악면교정술, 색소모반·주근깨·흑색점·기미 치료술, 여드름 치료술, 제모술, 탈모치료술, 모발이식술, 문신술 및 문신제거술, 피어싱, 지방융해술, 피부재생술, 피부미백술, 항노화치료술 및 모공 축소술 등은 과세한다.
2. 장의업자가 제공하는 장의용역
3. 관련 법령에 따른 묘지 및 화장업, 유골안치, 자연장지 분양 및 관리업 관련 용역, 응급환자 이송용역, 가축분뇨 등의 수집·운반·처리 및 정화조 청소용역, 소독용역, 생활폐기물 또는 의료폐기물의 수집·운반·처리용역, 생활폐기물 재활용용역, 작업환경측정용역, 보건관리 용역 등
4. 관련 법령에 따른 장기요양기관이 장기요양인정을 받은 자에게 제공하는 신체활동·가사 활동의 지원 또는 간병 등의 용역
5. 관련 법령에 따른 보호대상자에게 지급되는 사회복지서비스이용권을 대가로 국가·지방자치 단체 외의 자가 공급하는 용역
6. 관련 법령에 따른 산후조리원에서 분만 직후의 임산부나 영유아에게 제공하는 급식·요양등의 용역
7. 사회적기업·사회적협동조합이 직접 제공하는 간병·산후조리·보육 용역
8. 국가·지방자치단체로부터 위탁받은 자가 제공하는 정신건강증진사업등의 용역

② 의약품조제용역 중 조제란 일정한 처방에 따라서 두 가지 이상의 의약품을 배합하거나 한 가지의 의약품을 그대로 일정한 분량으로 나누어서 특정한 용법에 따라 특정인의 특정된 질병을 치료하거나 예방하는 등의 목적으로 사용하도록 약제를 만드는 것을 말한다.

③ 장의업자가 제공하는 장의용역은 부가가치세를 면제하나, 장의용역에 필수적으로 부수되지 않는 장의용품만을 별도 판매 및 장의용역에 대한 거래를 단순히 주선 또는 알선하는 경우에는 부가 가치세가 과세된다.

④ 면세되는 의료보건용역에는 다음의 용역이 포함되지 않는다.

1. 「 폐기물관리법」, 「하수도법」 및 「가축분뇨의 관리 및 이용에 관한 법률」에 따라 허가를 얻은 사업자가 수거한 폐기물, 분뇨 등으로 과세되는 재화를 제조하여 공급하는 경우
2. 「폐기물관리법」에 따른 폐기물처리시설을 설치·운영하는 사업자, 「하수도법」 및 「가축분뇨의 관리 및 이용에 관한 법률」에 따라 등록한 사업자가 폐기물처리시설이나 분뇨처리시설, 오수정화시설, 정화조 또는 축산폐수정화시설의 설계·시공용역을 공급하거나 정화조를 공급하는 경우
3. 사업자가 타인에게 임대하거나 사용하게 한 공장 또는 사업장의 폐기물 또는 분뇨 등에 대한 수거와 청소용역을 제공하는 경우

**의사자격이 없는 자가 의사를 고용하여 개설한 의료기관에서 제공한 의료용역의 면세 여부**
(조심 2016서1526, 2016. 6. 16)

판례

「부가가치세법」 제12조 제5호 및 같은 법 시행령 제29조 제1호에서 의사가 제공하는 용역을 면세대상인 의료보건용역으로 규정하고 있는데, 이는 국민의 건강을 보호하고 증진하는 의료보건용역은 「의료법」에서 규정한 자격을 갖춘 자가 법률에 의하여 의료기관을 개설하여 의료서비스를 제공하는 경우에만 면세대상으로 하겠다는 취지로서, 부가가치세가 면제되는 의료보건용역은 「의료법」에 규정하는 의사(「의료법」에 의한 의료기관 포함)가 공급의 주체가 되어 「의료법」에 따라 제공하는 것을 의미한다고 봄이 타당하다고 할 것이다(조심 2008서3795, 2009. 9. 9. 같은 뜻임).

따라서, 의사가 아닌 청구인이 의사를 고용하여 쟁점사업장을 실제 운영하여 「의료법」 위반으로 형사처벌을 받은 이상, 청구인이 쟁점사업장에서 제공한 의료보건용역은 부가가치세가 면제되는 용역으로 볼 수 없으므로 이에 대한 청구주장을 받아들이기 어렵다고 판단된다.

※ 사업상 독립적으로 재화 또는 용역을 공급하는 자를 부가가치세 납세의무자인 사업자로 규정하고 있고, 제4조 제1항은 사업장마다 부가가치세를 신고·납부하도록 정하고 있으며, 제7조 제1항은 '용역의 공급은 계약상 또는 법률상의 모든 원인에 의하여 역무를 제공하거나 재화·시설물 또는 권리를 사용하게 하는 것으로 한다.'고 정하고 있는 점, 국세기본법 제14조가 규정하는 실질과세 원칙에 비추어 볼 때 과세대상이 되는 수익, 행위 또는 거래가 그 명의자 아닌 다른 자에게 사실상 귀속되는 경우에는 그 사실상의 귀속자가 실질적으로 사업을 영위한 것으로 보아 부가가치세의 납세의무자에 해당한다고 할 것인 점 등을 종합적으로 고려하면, 앞서 본 바와 같이 제1쟁점사업장을 주도적으로 운영한 사업자인 원고 김○○에게 그 자신이 의사와 동업하여 공급한 의료용역에 대하여 부가가치세를 신고·납부하여야 할 의무가 있다고 해석하는 것이 조세법률주의에 위반된다고 볼 수 없다(부산지방법원 2014구합-2172, 2015. 8. 13).

[의료용역의 면세판정]

| 구분 | 면세 여부 | 근거 |
|---|---|---|
| 산후조리원 | ○ | 2012. 1. 1 공급분부터 면세 |
| 치과기공소 | ○ | 의료보건용역에 해당되어 면세(업종: 제조업) |
| 성형외과 | ○ | 쌍꺼풀수술, 코성형수술, 유방확대·축소술, 지방흡인술, 주름살제거술 등 미용목적 성형수술은 과세 |
| 동물병원 | ○ | 애완용 진료는 과세 |
| 약국 | ○(×) | 처방전에 의한 조제수입은 면세 |
| 장례식장 | ○ | 장의용역 및 음식용역은 면세 |
| 병의원의 일반의약품 판매 | × | 처방전 없는 영양제, 화장품 등은 과세 |

### (2) 부가가치세가 과세되는 의료보건용역

2011. 7. 1부터 「국민건강보험법」 제39조 제3항에 따라 요양급여의 대상에서 제외되는 다음의 진료용역은 부가가치세가 과세된다. 이 경우 **병과 여부에 불구하고 실질적으로** 다음의 진료용역을 제공하는 경우 모든 병의원에 대하여 부가가치세가 과세된다. 또한 과세전환의료업에 대하여는 2012. 7. 1부터 간이과세 적용을 배제한다.

① 쌍꺼풀수술, 코성형수술, 유방확대・축소술(유방암 수술에 따른 유방 재건술은 제외한다), 지방흡인술, 주름살제거술, 안면윤곽술, 치아성형(치아미백, 라미네이트와 잇몸성형술을 말한다) 등 성형수술(성형수술로 인한 후유증 치료, 선천성 기형의 재건수술과 종양 제거에 따른 재건수술은 제외한다)과 악안면 교정술(치아교정치료가 선행되는 악안면 교정술은 제외한다)

② 색소모반・주근깨・흑색점・기미 치료술, 여드름 치료술, 제모술, 탈모치료술, 모발이식술, 문신술 및 문신제거술, 피어싱, 지방융해술, 피부재생술, 피부미백술, 항노화치료술 및 모공축소술

| 과세 대상 | 과세 제외 |
|---|---|
| ○ 쌍꺼풀수술, 코성형수술, 유방확대・축소술, 지방흡인술, 주름살제거술 등* 미용목적의 성형수술<br>* 눈(안검)관련 성형수술, 입술확대・축소술 등 입술관련성형, 귀성형수술 등<br>○ 저작・발음기능개선의 목적 아닌 외모개선 목적의 악안면 교정술*<br>* 양악수술, 사각턱축소술 등 안면윤곽술 등<br>○ 미용목적 피부 관련 시술*<br>* 여드름치료, 모공축소술, 기미・점・주근깨제거, 미백, 제모, 탈모치료 등 | ○ 사시교정 등 시각계 수술로써 시력개선 목적 아닌 외모개선 목적 수술<br>○ 관절운동 제한이 없는 반흔구축성형술 등 외모개선 목적의 반흔(흉터) 제거술<br>○ 안경, 콘텍트렌즈 대체목적 시력교정술 |

「의료법」에 따른 의료업자가 지방흡인술에 대한 진료용역을 제공하는 경우에는 면세되지 아니하는 것이나, 휜다리를 교정하기 위한 필수적 시술의 일부로 지방을 흡인하는 부분이 포함된 진료용역을 제공하는 때에는 면세 대상인 것이다(부가-1035, 2011. 8. 31).

### 부가가치세 집행기준 26-35-2 면세대상인 의료보건용역에 해당하지 아니하는 사례

① 「의료법」에 따른 면허나 자격이 없는 자가 제공하거나 「의료법」상 업무범위를 벗어나서 제공하는 의료용역
② 피부과의원에 부설된 피부관리실에서 제공하는 피부관리용역
③ 의료보건용역을 제공하는 사업자가 입원환자에게 직접 제공하는 음식용역은 면세대상이나, 외래환자, 환자의 보호자 및 일반인 등에게 제공하는 음식용역은 과세대상이다.
④ 의사가 아닌 자가 의사면허가 있는 자와 병원을 공동사업으로 운영하는 경우 해당 의료용역에 대하여는 부가가치세가 면제되지 아니한다.

판례

**피부과의 과세의료용역**(심사-2016-0074, 2016. 8. 1)

쟁점시술은 주름살제거술이 아닌 피부재생술, 또는 항노화치료술에 해당되어 2014. 2. 1. 이전에는 부가가치세 과세대상이 아니라고 청구인이 주장하고 있으므로 이에 대하여 살펴보면, 청구인은 쟁점시술과 필러시술로 인한 수입금액을 면세로 신고하면서 일부 환자의 경우 건당 **만원을 과세대상으로 분류하여 부가가치세를 신고한 점에 비추어 청구인도 쟁점시술이 과세대상에 해당된다는 사실을 인지한 것으로 보이는 점, 청구인은 쟁점시술이 주름치료에 효과가 있음을 쟁점병원 홈페이지를 통해 홍보하고 있고, 진료차트 상에도 팔자주름, 눈 밑, 입가주름 등 시술받은 부위와 스컬트라 주입량이 기록되어 있는 점으로 보아 쟁점시술이 주름완화 등 미용목적 시술로 보이는 점 등을 고려 시, 쟁점시술은 부가가치세법 시행령에서 규정하는 면세대상 의료보건용역에 해당한다고 보기 어렵다고 판단된다.

**[쟁점시술과 필러시술의 비교]**

| 구 분 | 쟁점시술 | 필러시술 |
|---|---|---|
| 수술 여부 | 비 수 술 | 비 수 술 |
| 회복기간 | 일상생활 바로 가능 | 일상생활 바로 가능 |
| 대상 | 제한없음 | 제한없음 |
| 효과 | 시간이 지날수록 볼륨 증가 | 시간이 지날수록 볼륨 감소 |
| 지속기간 | 약 2년 | 약 1년 |
| 1회비용 | 약 70~90만원 | 약 100~300만원 |

(가) 스컬트라는 PLLA(Poly-L-Lactic-Acid)라는 성분의 콜라겐 생성 주사제로 일반적으로 시술 후 즉시 효과를 볼 수 있는 필러와 다르게 지속적으로 피부 속에 콜라겐이 재생성되어 시간이 지날수록 자연스럽게 얼굴 볼륨을 증가시켜 주름개선 및 얼굴의 볼륨감을 더해준다. 콜라겐 생성 촉진제는 피부의 근본적인 구조를 회복시켜 안면 주름을 근본적으로 개선시켜 준다.
(나) 필러는 노화로 인해 깊게 패인 주름이나 볼륨감이 필요한 부위에 액체 혹은 겔성분으로

주름과 주름라인의 공간을 채워주며 그 효과가 즉시 나타난다. 팔자주름, 미간 주름은 물론 콧대를 높이거나 이마의 볼륨, 눈 밑 애교살 등에도 효과적으로 적용된다. 코, 입술, 이마, 볼 안정성이 입증된 필러제제 사용으로 부작용 걱정 없이 시술이 가능하다.

(다) 보톡스는 보톨리뉴톡신을 이용해 근육의 볼륨을 줄이거나 마비시키는 원리로 얼굴의 잔주름, 사각턱 개선, 종아리 근육 볼륨 축소, 국소다한증 치료 등에 적용되는 시술이다. 보톡스는 근육을 약화시켜 결과적으로 주름라인을 줄여 주며 효과는 3~4일 후 나타난다.

## 성형수술 과세전환 의료용역의 범위

**Q** 의료용역 중 과세전환하는 수술비용에는 직접 비용뿐만 아니라 간접 비용도 해당하는지?

**A** 2011년 7월 1일부터 「부가가치세법 시행령」 제29조 제1호 단서에 따라 과세되는 각 호의 진료용역에는 직접적인 수술비용뿐만 아니라 그 수술에 관련된 진찰료, 입원료, 처치료, 검사료, 진단료, 식대 등 모든 비용에 대한 용역이 포함되는 것입니다.

의료보건용역을 제공하는 사업자가 환자에게 진료용역을 제공하면서 면세용역과 과세용역으로 명확히 구분되는 것과 구분되지 아니하는 것을 함께 제공하고 그 대가를 받는 경우, 과세분과 면세분에 대한 공급가액은 실지귀속에 따라 계산하되, 그 실지귀속을 구분할 수 없는 때에는 공급 당시 구분되는 과세공급가액과 면세공급가액의 비율에 따라 산정된 가액으로 하여 각각 계산하는 것입니다.

또한, 의료보건용역을 제공하는 사업자가 과세되는 진료용역을 제공하고 그 대가를 받은 경우에는 「부가가치세법」 제32조 제1항 및 같은 법 시행령 제79조의 2 제1항 제7호에 따라 공급을 받은 자에게 영수증을 발급하는 것이나, 그 공급받은 사업자가 사업자등록증을 제시하고 같은 법 제16조 제1항 및 제2항에 따른 세금계산서의 발급을 요구하는 때에는 해당 규정에 따른 세금계산서를 발급하여야 하는 것입니다.

(근거 : 부가가치세과-692, 2011. 6. 30)

이와 같이 과세대상 의료행위를 하는 병의원은 면세사업과 과세사업을 겸영하는 사업자이다. 따라서 과세대상 의료업의 세무실무시에 다음과 같은 점을 주의하여 세무처리를 이행하여야 한다.

### 1) 과세수입과 면세수입의 구분기장

비급여수입 중 쌍꺼풀수술 등 과세대상인 수입과 그 밖의 면세수입을 구분하여 부가가치세 신고를 이행하여야 한다.

### 2) 매입세액의 공제 및 불공제세액의 계산

과세대상 수술과 직접 관련되는 의약품관련 매입세액 및 의료기기 등 매입세액은 매출세액에서 전액 공제하는 부가가치세 대급금으로 처리한다. 반면에 면세수입과 직접 관련된 매입세액은 불공제 매입세액으로 처리하여 의약품비원가로 처리한다.

또한, 임대료, 광고선전비, 비품구입 등과 관련된 공통매입세액은 과세기간의 공급가액비율로 안분계산하여 공제대상 매입세액을 계산한다.

| 구 분 | 공제 여부 | 계정과목 |
|---|---|---|
| 과세관련 매입세액 | 공제 | 부가가치세 대급금 |
| 면세관련 매입세액 | 불공제 | 의약품비 등 |
| 공통매입세액 | 공제 또는 불공제 | 대급금 또는 의약품비 |

공통매입세액의 안분계산은 예정신고기간의 총공급가액(과세공급가액+면세수입금액)에서 과세수입금액이 차지하는 비율로 안분하여 공제하고 확정신고기간에 정산한다.

병원 직영주차장 관련 공통매입세액은 병원의 면세사업인 의료사업과 과세사업인 주차장업에 공통으로 사용되어 실지귀속을 구분할 수 없는 공통매입세액에 해당하므로, 면세사업에 관련된 불공제매입세액은 주차장업의 공급가액과 의료사업 수입금액의 합계액 중 의료사업 수입금액이 차지하는 비율에 따라 공통매입세액을 안분하여 계산함(서울행정법원 2012구합18936, 2012. 12. 14).

### 3) 과세전환에 따른 불공제 매입세액의 재계산

부가가치세가 면제되는 재화 또는 용역을 공급하는 사업에 관련된 매입세액으로 매입세액이 공제되지 아니한 감가상각자산을 과세사업에 사용하거나 소비하는 때에 공제하는 세액은 다음 각 호의 산식에 따라 계산한 금액으로 한다.

① 건물 또는 구축물

공제되는 세액 = 취득 당시 해당 재화의 면세사업과 관련하여 공제되지 아니한 매입세액 × (1 - 5/100 × 경과된 과세기간의 수)

② 기타의 감가상각자산

공제되는 세액 = 취득 당시 해당 재화의 면세사업과 관련하여 공제되지 아니한 매입세액 × (1 - 25/100 × 경과된 과세기간의 수)

#### 4) 과세매출에 대한 신용카드 등 사용에 따른 세액공제

병의원은 한국표준산업분류상 보건업 및 사회복지서비스업으로 부가가치세법 시행령 제79조(영수증)의 제1항 및 제2항과 부가가치세법 시행규칙 제25조의 2(영수증을 발행하는 사업의 범위)에 속하므로 미용목적 성형수술 등 과세매출 신용카드발행분에 대하여 세액공제를 받을 수 있다. 다만 공급받는 자의 경우 세금계산서 발행대상이 아니므로 매입세액공제를 받을 수 없다.

#### 5) 협력의무의 이행

##### ① 사업자등록

병의원에서 부가가치세 과세대상 진료용역 제공일이 속하는 날로부터 20일 이내에 사업자등록을 신청하여야 한다. 만일 그 기한이 지난 후에 사업자등록을 하면 미등록가산세가 부과된다.

##### ② 부가가치세 신고

부가가치세 과세전환한 경우 겸영사업자에 해당되어 부가가치세 예정신고 또는 확정신고를 이행하여야 한다. 이 경우 면세사업자 사업장현황신고의무는 없다.

##### ③ 사업장현황신고

과세전환 전에 발생한 면세 진료수입금액에 대해서는 다음 연도 2월 10일까지 사업장현황신고를 하여야 한다.

##### ④ 현금매출명세서의 제출

보건업(병원 · 의원으로 한정한다)을 영위하는 사업자는 2012. 7. 1 이후 용역제공분부터 부가가치세 예정 · 확정신고시에 현금매출명세서를 제출하여야 한다.

**과세전환과 매입세액공제**

미용목적 성형수술용역, 수의사의 애완동물 진료용역, 자동차운전학원 · 무도학원 교육용역이 과세대상으로 전환됨에 따라 전환 전 구입한 감가상각자산에 관련된 매입세액을 공제받을 수 있는지?

면세사업용으로 사용하던 감가상각자산이 과세사업용으로 전환된 것이므로 그와 관련된 매입세액은 「부가가치세법」 제17조 제6항의 규정에 따라 매입세액으로 공제할 수 있습니다. (근거 : 재부가-342(7), 2011. 5. 30)

**사례** **병 · 의원의 사업용고정자산 양도**

병 · 의원이 사업용고정자산인 비품, 승용차, 병원건물 등을 양도하는 경우 면세관련 부수재화에 해당되어 부가가치세가 면제되며 이 경우 계산서를 발행하여야 한다(서면3팀-1744, 2006. 8. 9). 다만, 2011. 7. 1 이후부터 부가가치세가 과세되는 진료용역을 제공하는 경우 공급시기가 속하는 직전과세기간의 공급가액으로 과세표준을 안분계산하여야 한다.

① 의료법인인 경우

| | | | |
|---|---|---|---|
| (차) 현금 및 현금성자산 | ××× | (대) 건물 | ××× |
| 유형자산처분이익 | ××× | | |

* 순자산증가로 인한 유형자산처분이익이 익금에 해당됨

② 개인 병 · 의원인 경우

| | | | |
|---|---|---|---|
| (차) 현금 및 현금성자산 | ××× | (대) 건물 | ××× |
| 유형자산처분이익 | ××× | | |

* 소득세법상 양도소득세가 과세되는 유형자산처분이익은 사업소득의 과세대상이 아니므로 총수입금액 불산입으로 세무조정하고 양도소득세를 양도일이 속하는 달의 말일로부터 2월 이내에 신고 · 납부하여야 한다. 다만, 복식부기의무자가 차량 및 운반구 등 사업용 유형고정자산은 사업소득으로 과세한다(소법 19 ① 20호 및 소령 37의 2).

### (3) 장례식장 음식제공의 부가가치세 과세 여부

장례식장에서 문상객에게 제공하는 음식용역이 장의용역의 공급에 '필수적으로 부수되는' 용역의 공급에 해당되는 부수공급으로 부가가치세가 면제된다.

**판례** **장례식장의 음식용역**(대법원 2013. 6. 28 선고, 2013두932 판결)

원심은 그 판시와 같은 이유를 들어 구 부가가치세법 제12조 제3항에 따른 면세 대상 여부를 결정함에 있어서도 구 부가가치세법 시행령 제3조 제2호의 규정을 적용하여야 하는데, 이 사건 음식물 제공용역의 공급이 장의용역(시신의 보관, 염습 및 매장과 그 과정에서 망인에 대한 예를 갖추기 위한 빈소와 제단 설치, 조문을 위한 장례식장의 임대 등 노무 제공 등)에 해당하지 않는 것은 사실이나, 어떤 재화 또는 용역의 공급이 위와 같은 부가가치세법령의 규정에 의하여 면세 대상인지를 가릴 때에는 관련 규정을 바탕으로 여러 사정을 종합하여 결정하여야지 면세 대상인 주된 재화 또는 용역 본래의 의미에 해당하지 않는다는 이유만으로 어떤 재화 또는 용역의 공급의 부수성을 함부로 부정할 것은 아니라고 전제한 다음, ① 구 부가가치세법 시행령 제3조 제2호의 문언 내용, 국민의 복지후생 차원에서 장례의식을 위한 비용의 부담을 가볍게 하기 위한 부가가치세 면세제도의 취지 등에 비추어 볼 때, 부수성 인정 여부의 핵심은 거래 관행상 장의용역 공급 과정에서 누구에 의해서건 음식물 제공용역의 공급이 부수되어 이루어지고 있는 것인지에 있을 뿐, 음식물 제공용역의 공급이 장의용역 공급자에 의해 직접 이루어져야만 부수성을 인정할 수 있는 것으로 제한하여 해석할 아무런 이유가 없는 점, ② 원심 법원의 뉴타운장례식장 등 다수의 장례식장들에 대한 각 사실조회결과에 의하면, 위 각 장례식장에서는 장의용역을 제공하면서 동시에 빈소를 찾는 조문객들에게 조문에 필요한 범위 내에서 음식물(밥, 반찬, 약간의 다과 등) 등을 공급하고 있는 사실을 인정할 수 있는 점, ③ 장례식장에서의 음식물 제공용역의 공급은 일반인이 아니라 특정 조문객만을 대상으로 빈소 바로 옆 공간이라는 제한된 장소에서 이루어지는 것이 일반적인 점 등에 비추어 보면, 거래의 관행상 장례식장에서의 음식물 제공용역의 공급이 부가가치세 면세 대상인 장의용역의 공급에 통상적으로 부수되고 있음을 충분히 인정할 수 있다고 판단하였다.

### (4) 외국인 관광객 미용성형 의료용역 부가가치세 환급

2018년 1월 1일부터 2025년 12월 31일까지 한시적으로 외국인 환자가 국내 의료기관에서 피부 · 성형수술 등의 부가가치세 과세대상 의료용역을 공급받는 경우, 해당 의료용역에 부과된 부가가치세를 환급해 주는 제도를 시행 중이다.

#### 1) 제도의 취지

부가가치세 환급을 통하여 불법 브로커와의 거래가 줄어들고, 이에 따라 시장교란행위를 차단하고 의료업의 과세표준을 양성화하기 위해 도입된 제도이다(조특법 107의3).

#### 2) 대상 용역

의료법에 따라 등록된 의료기관이나 유치업자가 직접 유치한 외국인 관광객이 해당 의료기관에서 공급받은 부가가치세 과세대상 의료용역을 대상으로 한다(쌍커풀 수술, 코성형, 유방확대 · 축소술, 지방흡입술, 주름살제거술, 치아성형 등).

#### 3) 대상 의료기관

부가가치세 과세대상 진료용역을 제공하는 의료기관 중 보건복지부장관에게 외국인환자 유치 의료기관으로 등록한 의료기관

#### 4) 부가가치세 환급 절차

① 의료기관에서 의료용역을 공급받은 외국인 관광객에게 의료용역 공급확인서를 발급하여 준다.

② 해당 외국인 관광객은 환급창구운영 사업자에게 의료용역 공급확인서를 제출하여 부가가치세를 환급받고 출국한다.

③ 환급창구운영사업자는 부가가치세 환급실적을 가맹계약한 의료기관과 국세청에 통보한다.

④ 의료기관은 부가가치세 신고 시 환급창구운영사업자와 정산한 송금영수증 등의 서류를 첨부하여 신고한다.

## (5) 관련사례

### ① 산후조리원의 면세 여부(2012년부터 면세전환)

간호사, 조산사 등이 산모의 산후관리를 위한 시설을 갖추고 산모에게 침식을 제공하며 각종 시설을 이용하게 하고 이에 부수하여 건강상담, 신생아 관리 등의 용역을 제공하는 산후조리원을 운영하는 경우에 당해 용역은 부가가치세법 제12조 제1항 제4호 및 동법 시행령 제29조의 규정에 의하여 부가가치세가 면제되는 의료보건용역에 해당하지 아니하며, 동법 제7조 제1항의 규정에 의하여 부가가치세가 과세된다(부가 46015-876, 1999. 4. 2). 반면에 산후조리원의 용역을 의료용역인 면세로 본 사례도 있다. 즉, 청구법인은 의료법에 따라 13개의 병동을 설치운영하면서 그 중 1개의 병동인 산모병동의 5층에 쟁점산후조리원을 설치하였고, 동 조리원에 근무하는 간호사, 조산사 등도 산모병동 전체에 근무하는 것을 조건으로 선발하여 동 병동 내의 다른 입원실과 순환근무를 하고 있으므로 쟁점산후조리원은 청구법인이 의료법에 따라 설치한 병원시설의 일부임이 확인되며, 청구법인이 제출한 입실산모의 진료차트와 처분청이 과세근거로 삼은 쟁점산후조리원에 입실하였던 산모 2인의 확인서에 의하면 쟁점산후조리원은 대부분 청구법인의 분만실에서 분만한 산모가 입실하여 동 병원에 근무하는 산부인과의사, 한의사, 소아과의사의 진찰 및 진료를 받았고, 간호사, 조산사 등이 주야간 교대근무를 하면서 일반환자의 입원실에서 제공하는 용역과 동일한 용역을 제공하였음이 확인된다.

따라서, 청구법인이 쟁점 산후조리원에서 제공한 용역은 청구인이 의료법에 의해 의료기관을 설치하고 의사·간호사를 고용하여 제공한 용역에 해당되고, 특별히 의료행위라고 보기 어려울 정도로 학문적인 근거가 없는 비학술적인 행위가 아니라 할 것이므로 동 용역은 부가가치세법 시행령 제29조 제1호의 규정에 의해 부가가치세가 면제되는 의료보건용역으로 보는 것이 합당하다고 판단되며(국심 2007부2648, 2007. 9. 21), 처분청이 이를 일반서비스용역으로 보아 그 공급가액에 대하여 부가가치세를 과세한 처분은 취소함이 타당하다고 판단된다(국심 2003부1972, 2003. 10. 22). 산후조리원에서 제공하는 마사지 용역으로 부가가치세법 시행령 제35조 제16호 규정에 따라 「모자보건법」 제2조 제11호에 따른 산후조리원에서 분만 직후의 임산부나 영유아에게 제공하는 급식·요양 등의 용역에 대하여 부가가치세를 면제하는 것이다(부가-967, 2014. 12. 8).

② 한약업사가 조제·판매한 경우 면세되는 의료업 해당 여부

보건복지부장관으로부터 한약업사로 면허를 받은 청구인이 한약을 조제하여 판매한 경우 부가가치세법상 면세대상인 의료보건용역에 해당하지 아니하므로 그에 대하여 부가가치세를 부과한 처분은 적법하고, 또한 과세관청이 청구인에게 면세사업자용 사업자등록을 교부하고 등록증을 검열하면서 그 동안 부가가치세를 부과하지 아니하다가 이 건 부과하였다 하여 당해 처분이 신의성실원칙에 위배된다고 할 수는 없는 것이다. 즉, 부가가치세가 면제되는 약사의 조제용역은 약사법 제2조 제2항에서 약사라 함은 한약에 관한 사항을 제외한 약사에 관한 업무(한약조제에 관한 사항을 포함한다)를 담당하는 자이고, 한약사라 함은 한약 및 한약조제에 관련된 약사에 관한 업무를 담당하는 자로서 보건복지부장관의 허가를 받은 자를 말한다 라고 규정하고 있는데, 그렇다면 한약업사가 한약을 조제하여 판매하는 것이 부가가치세법 시행령 제29조 제4호에 규정한 "약사법에 의한 약사가 제공하는 의약품 조제용역에 해당된다"는 청구인의 주장은 받아들이기가 어렵다(국심 2003부3110, 2003. 12. 30).

③ 병원식당운영업이 의료용역에 부수되는 용역에 해당 여부

청구인이 식단을 작성하거나, 식대를 결정함에 있어 의료원의 지시나 결정에 따랐다고는 하나, 이는 급식대상의 대부분이 환자라는 특성에 의해 관련법규 등의 제한에 따른 부득이한 것이었다고 보일 뿐, 그 사실만으로 청구인이 의료원에 종속되어 용역만을 제공하였다고 보기는 어렵고, 청구인이 사용료를 지급하고 임대차계약을 체결하여 자기의 책임 하에 식당을 운영해 왔고, 음식제공에 대한 대가인 식대가 청구인의 수입으로 귀속되었으며, 식당운영에 따른 손익이 청구인에게 귀속된 사실관계를 종합하여 볼 때, 독립된 사업형태를 갖추고 계속적으로 음식용역을 공급한 사업자에 해당한다고 봄이 상당하고, 청구인이 제공한 급식 중 의료원의 직원들에게 제공한 부분은 의료용역으로 제공하는 것이 아니므로 부가가치세법 제12조의 적용대상이 아니며, 또한 환자에게 제공한 부분에 있어서도 청구인이 환자에게 직접 제공한 것이 아니라 의료원의 지시에 따라 제공하고 그 대가도 의료원으로부터 수령한 점, 청구인이 자신의 영리를 목적으로 식당을 임차한 후, 상당한 대가를 받고 급식을 제공한 점, 수령한 식대의 대부분이 청구인에게 귀속된 점, 의료원은 급식의 제공에 있어서 약정한 조건 이외에는 관여하지 아니한 점 등으로 보아 의료용역과는 별개로 독립하여 음식용역을 공급한 것으로 봄이 타당하다(국심 2001부916, 2001. 7. 26, 부산고법 2000누2792, 2001. 5. 11).

| 구 분 | 용역의 구분 | 과세대상 여부 |
|---|---|---|
| • 병 · 의원 직영식당 | 의료부수용역 | 면세 |
| • 병 · 의원 위탁경영 | 음식용역 | 과세 |

④ **제대혈의 냉동보관대가의 면세 여부**

의료법에 의하여 설립된 의료기관이 제대혈을 채취하여 일정기간 동안 초저온 상태로 냉동보관하여 주고 대가를 받는 경우 부가가치세법 제12조 제1항 제4호 및 동법 시행령 제29조 규정의 의료보건용역에 해당하지 아니하고 부가가치세가 과세되는 것이다(서면3팀-446, 2004. 3. 8).

⑤ **한방병원에 임대하고 의료수입의 일정비율을 받는 경우 과세 여부**

양방병원 사업자가 한방병원 사업자와 협약에 의하여 자기의 병원건물 일부분을 한방병원에 임대함에 있어서 쌍방이 상호 독립된 자격으로 각각 운영하되 자기의 의료기자재 이용 및 검사와 환자음식 제공 등을 포함하는 조건으로 하여 별도의 보증금이나 임대료를 받는 대신 한방병원의 외래 및 입원환자에 대한 월별 의료수입금액의 일정비율로 받기로 한 경우 당해 용역제공 대가에 대하여는 부가가치세법 제7조 제1항의 규정에 의하여 부가가치가 과세되는 것이다. 다만, 이 경우 제공하는 용역 중 의료검사 용역이 면세하는 의료보건 용역범위 및 이에 필수적으로 부수되는 용역에 해당하는 경우에는 부가가치세법 제12조 제1항 제4호 및 같은법 시행령 제29조에 규정에 의하여 부가가치세가 면제되는 것이다(제도 46015-11295, 2001. 6. 2).

⑥ **의료부대수익의 부가가치세 과세 여부**

병원이 건물의 일부를 임대하는 경우 발생하는 임대수익, 매점운영수익, 주차료 수익, 식당운영수익은 의료용역이 아닌 독립된 용역의 공급으로 부가가치세가 과세된다. 다만, 병의원 환자에게 제공하는 음식은 의료용역에 대한 부수용역으로 면세되며 직원에게 무료로 제공하는 음식용역도 복리후생성격으로 부가가치세가 면세된다.

⑦ **상호간 용역의 무상공급시 부가가치세 과세 여부**

종합병원 소유의 장례식장을 임차하여 장의용역 등을 제공하는 사업자가 당해 장례식장 임차의 대가로 종합병원에 청소용역을 제공하는 경우 종합병원이 제공하는 부동산 임대용역과 당해 사업자가 제공하는 청소용역에 대하여는 부가가치세가 과세되는 것으로, 부가가치세의 과세표준은 각각 자기가 공급한 용역의 시가로 하는 것이다(제도 46015-11673, 2001. 6. 26).

⑧ **과세재화를 공동구매시 세금계산서 발급 여부**

의료업자가 다른 의료업자와 의료용품 및 의료소모품을 공동구매하고 총 구매금액에 대하여 세금계산서를 발급받은 경우 그 기재된 공급가액의 범위 내에서 동일자로 의료용품 등을 실지로 사용·소비하는 다른 의료업자에게 세금계산서를 발급할 수 있다(서면3팀-41, 2005. 1. 10). 즉 공동매입의 경우 간이과세자나 면세사업자도 그 발급받은 공급가액의 범위 내에서 동일자를 작성일자로 하여 세금계산서를 발급할 수 있는 것이다.

⑨ **의약품 판매**

의료법의 규정에 의하여 의료기관을 개설한 자가 **의사의 처방 없이 영양제나 빈혈약 등 의약품**을 단순히 판매하는 경우에는 부가가치세법 제12조 제1항 제4호 및 동법 시행령 제29조의 규정에 의하여 부가가치세가 면제되지 아니하는 것이다(부가 46015-715, 2000. 4. 3). 즉, 소아과병원에서는 어린이용 영양제, 산부인과병원에서는 빈혈약, 정형외과병원에서는 칼슘제, 안과병원에서는 눈 영양제 등 처방 없는 일반의약품은 부가가치세가 과세된다.

## 3. 소득세·법인세 실무

### (1) 의료업의 총수입금액의 구성

의료업의 총수입금액은 다음과 같이 구성된다.

건강보험 수입 + 의료급여 수입 + 자동차보험·산재의료 수입 + 비급여 수입 + 판매장려금 등

[의료수입금액의 확인방법]

| 의료수입의 구분 | 내 용 | 지급자 | 확인방법(사이트) |
|---|---|---|---|
| 의료보험(요양급여) | 건강보험공단에 요양급여 청구(공단부담금+본인부담금) | 건강보험공단 | 요양급여비용지급내역통보서(요양기관정보마당) |
| 의료보호(의료급여) | 국민기초생활보장법에 의한 수급자에게 지급 | 지방자치단체 | 요양급여비용지급내역통보서(요양기관정보마당) |
| 자동차·상해보험 | 자동차 사고환자에 지급 | 손해보험사 공제조합 | 보험금 지급내역서(요양기관업무포털) |
| 산재의료수입 | 산업재해보상법에 따라 지급 | 근로복지공단 | 보험금 지급내역서(고용산재토탈서비스) |

| 의료수입의 구분 | 내 용 | 지급자 | 확인방법(사이트) |
|---|---|---|---|
| 건강 · 위탁검진 | 일반생애검진, 영유아검진, 암검진 등 | 건강보험공단 | 검진비 지급내역서 (건강검진 청구시스템) |
| 접종 | 영유아접종, 건강여성 첫걸음 클리닉, B형간염주산기, 노인 인플루엔자 등 | 질병관리본부 | 국가예방접종 비용 지급내역 (질병보건통합관리시스템) |
| 비급여 | 급여제외항목 | 환자 | 신용카드 · 현금영수증 · 현금 등 |
| 임산/출산진료비 | 임신/출산 진료비, 청소년산모 임신출산의료비 | 보건복지부 | 임신/출산진료비 원천징수영수증, 청소년산모 임신출산의료비 원천징수영수증 (사회서비스 전자바우처) |
| 판매장려금, 기타 | 제약회사 등으로부터 판매실적에 따라 지급받음. 각종 증명발급수수료 등 | 제약회사 등 | 판매장려금 등 명세서 |
| 공단 지원금 등 | 일자리안정자금, 내일채움공제(5년형) 등 | 근로복지공단 중소벤처기업부 | 지원금 지급명세서 |

① 건강보험 수입은 보험청구로 인하여 대가를 지급하는 사업자 또는 법인이 사업소득(지급액의 3.3%)으로 원천징수하여 납부하고 그 자료를 국세청에 통보하기 때문에 수입금액이 100% 노출된다. 비급여 수입은 현금수입과 카드수입으로 구성되며 신용카드사용의 증가 및 의료비영수증, 현금영수증 등의 사용으로 수입금액이 현실화되고 있는 상황이다.

② 의료업의 총수입금액은 급여수입, 의료급여, 비급여수입 등으로 구성된다. 급여수입은 국민건강보험법에 의한 공단부담금과 본인부담금으로 구분된다.

③ 의료급여는 국민기초생활보장법에 의한 수급자 등에게 지방자치단체가 대신 지급하는 금액을 말한다. 의료급여는 건강보험심사평가원에서 심사 한 후 구청 등에서 지급하므로 이를 확인하여 기장하여야 한다. 추계신고의 경우에는 의료급여수익을 총수입금액에 포함하여 건강보험수입과 동일한 기준경비율 및 단순경비율을 적용하여 추계소득금액을 계산하면 된다.

④ 자동차보험수입은 자동차사고환자에 대하여 자동차보험을 관장하는 손해보험회사들로부터 지급받는 진료수익을 말한다. 이 경우 병의원이 손해보험사에 청구하면 보험사에서 결정한 금액을 3% 원천징수한 후 지급받게 된다.

**[자동차 보험금 지급내역]**

지급처 : 세희한의원　　　　　　　　　　　　　　　　　　　　　　　　신세화재보험(주)

| 번호 | 사고번호 | 피해자 | 결정금액 | 소득세 | 지방소득세 | 지급일자 | 지급금액 |
|---|---|---|---|---|---|---|---|
| 1 | 20×1514－00250 | 홍길동 | 1,000,000 | 30,000 | 3,000 | 20×1. 6. 20 | 967,000 |

- 자동차보험수입은 원천징수 전의 결정금액이다.
- 소득세 등 원천징수세액은 종합소득세 신고시 기납부세액으로 공제한다.
- 결정금액은 병의원에서 청구한 의료비(본인부담금은 없음)를 손해보험사에서 심사결정한 금액이다.
- 자동차보험수입은 청구 또는 입금기준이 아닌 진료기준으로 한다.

⑤ 산재의료수입은 산업재해보상보험법에 의해 산재보험을 관장하는 노동부 산하 근로복지공단에서 진료비를 지급하는 산재환자에 대한 의료수입을 말한다.

⑥ 비급여수입은 국민건강보험 미가입자나 보험료를 납부하지 않은 경우 또는 건강보험 비급여항목의 진료 환자 등으로부터 받는 의료수입을 말한다.

⑦ 제약회사 등 거래상대방으로부터 받은 판매장려금도 수익(영업외수익)에 포함시켜야 한다. 판매장려금을 지급하는 회사는 판매장려금 지급내역을 세무서에 제출하게 되므로 누락시에는 추후 과세자료가 발생되어 세금을 추징받게 된다.

**핵심체크**

제약회사(메이커) 등으로부터 받는 판매장려금을 영업외수익으로 처리되었는지를 확인한다.

⑧ 기타수입으로는 각종 증명발급수수료, 인턴사원채용시 정부로부터 받는 보조금(서일 46011－10343, 2001. 10. 23), 의사가 제약회사에 임상시험용역을 제공하고 받는 대가(제도 46011－10274, 2001. 3. 26), 병원운영과 관련된 자산수증익이나 채무면제익, 매점운영수익, 자판기운영수익 등도 총수입금액에 산입하여야 한다.

### 1) 보험청구액에 대한 삭감액의 총수입금액 포함 여부

의료진료용역에 대하여 건강보험공단에 청구하는 경우 과다·부당청구 등 여러 가지 사정에 의하여 청구액을 삭감하여 지급하는 경우가 있다. 이러한 진료비 삭감액은 총수입금액에서 제외하거나(서일 46011－10188, 2002. 2. 14), 만일 총수입금액에 포함된 경우에는 진료비감액손실 등의 계정과목으로 하여 필요경비에 산입하면 될 것이다. 즉, 청구분과 실제입금분과의 차액은 다음과 같이 회계처리하면 된다.

- 청구시 (차) 미수금(공단부담금)　　×××　　(대) 의료수익　　×××
- 입금시 (차) 의료수익　　×××　　(대) 미수금(공단부담금)　×××

청구분이 사업장현황신고(2월 10일) 이후에 확정되어 신고한 수입금액과 차이가 발생하는 경우에는 매출액을 수정하여 신고하거나 5월(성실신고확인대상자는 6월)에 종합소득세 신고시 반영하여 신고하여야 한다. 이 경우 사업장현황신고 불성실가산세가 부과된다.

### 2) 의료수입 총수입금액 귀속시기

의료수입은 인적용역으로 용역대가를 지급받기로 한 날 또는 용역의 제공을 완료한 날 중 빠른 날에 수입금액을 인식하여야 한다(소령 48 ⑧, 서일 46011-10444, 2003. 4. 8). 따라서 의료수입의 귀속시기는 청구시점이나 입금시점이 아닌 진료용역을 제공한 시점에 수입으로 계상하면 된다. 즉, 20×1. 12월에 진료가 이루어지고 20×2. 1월에 보험청구를 하고 20×2. 2월에 입금된 경우 총수입금액의 귀속시기는 20×1. 12월이다.

### 3) 수입금액 확인방법

매월 진료분에 대한 급여지급을 국민건강보험공단에 진료일 이후에 청구하면 건강보험심사평가원(www.hira.or.kr)에서 청구의 적정성을 심사하여 과다청구나 오류청구가 있는 경우 이를 삭감하고 지급한다. 따라서 공단에서 발송하는 지급내역통보서를 기준으로 수입금액을 계상하면 되나 실무에서는 국민건강보험공단의 홈페이지(www. nhic.or.kr)에서 개별적으로 확인하면 된다. 다만, 연도 말에 진료분 중 미수령액(미청구액)은 병원장에게 청구액을 직접 확인하거나 건강보험공단 홈페이지에서 1월 중에 확인이 가능하므로 이를 확인하면 된다.

### 4) 겸영의료업자의 면세수입금액누락과 사업장현황신고불성실가산세

사업장현황신고의무가 없는 과세의료업을 영위하는 의료업자가 면세수입금액을 누락한 경우에는 사업장현황신고불성실가산세 0.5%를 부과한다.

관련법조문

◈ 소득세법 제81조의 3【가산세】

① 사업자(주로 사업자가 아닌 소비자에게 재화 또는 용역을 공급하는 사업자로서 대통령령으로 정하는 사업자만 해당한다)가 제78조에 따라 사업장 현황신고를 하지 아니하거나 같은 조 제2항에 따라 신고하여야 할 수입금액(같은 조 제1항 제2호 후단에 따라 사업장 현황신고를 한 것으로 보는 경우 면세사업 등 수입금액)에 미달하게 신고한 경우에는 그 신고하지

아니한 수입금액 또는 미달하게 신고한 수입금액의 1천분의 5에 해당하는 금액을 해당 과세기간의 결정세액에 더한다.

◈ **소득세법 제78조【사업장 현황신고】**

① 사업자(해당 과세기간 중 사업을 폐업 또는 휴업한 사업자를 포함한다)는 대통령령으로 정하는 바에 따라 해당 사업장의 현황을 해당 과세기간의 다음 연도 2월 10일까지 사업장 소재지 관할 세무서장에게 신고(이하 "사업장 현황신고"라 한다)하여야 한다. 다만, 다음 각 호의 어느 하나에 해당하는 경우에는 사업장 현황신고를 한 것으로 본다.

2. 「부가가치세법」 제2조 제3호에 따른 사업자가 같은 법 제48조 · 제49조 · 제66조 또는 제67조에 따라 신고한 경우. 다만, 사업자가 「부가가치세법」상 과세사업과 면세사업등을 겸영(兼營)하여 면세사업 수입금액 등을 신고하는 경우에는 그 면세사업등에 대하여 사업장 현황신고를 한 것으로 본다.

〈개정이유〉 2015. 1. 1 이후

「부가가치세법」상 과세사업과 면세사업 등을 겸영하는 사업자가 부가가치세 신고 시 면세사업 등의 수입금액을 과소신고하는 경우 사업장현황신고 불성실가산세를 적용할 수 있는지가 불분명하므로, 부가가치세 신고 시 면세사업 등의 수입금액을 과소신고하는 경우에도 해당 가산세 적용대상임을 명확히 함.

**참 고** "요양급여비용지급내역통보서"에 의한 의료업자 수입금액검토표 작성

[요양급여비용 지급내역통보서]

| 요양기관 | | | | | |
|---|---|---|---|---|---|
| 지급연도 | 2024 | 지급구분 | 전 체 | 조회건수 | |
| 대 표 자 | | 주민번호 | | 사업자등록번호 | |

| 업무구분 | 지급차수 | 지급건수 | 본인부담금 | 환수금상계액 | 소득세 |
|---|---|---|---|---|---|
| 진료연월 | 지급일자 | 총진료비 | 공단부담금 | 가지급정산액 | 주민세 |
| 기관기호 | 접수번호 | 본인부담환급금 | 국고단수액 | 과세표준액 | 실지급액 |
| 1차지급 | 20230117 | 1,176 | 5,431,380 | 0 | 336,200 |
| 2023－12 | 20230203 | 16,638,320 | 11,206,940 | 0 | 33,620 |
| 11391979 | 4033141 | 530 | 0 | 11,206,940 | 10,836,590 |
| 1차지급 | 20240213 | 1,097 | 4,589,920 | 0 | 304,780 |
| 2024－01 | 20240225 | 14,749,270 | 10,159,350 | 0 | 30,470 |
| 11391979 | 4088533 | 160 | 0 | 10,159,350 | 9,823,940 |

| 업무구분 | 지급차수 | 지급건수 | 본인부담금 | 환수금상계액 | 소득세 |
|---|---|---|---|---|---|
| 진료연월 | 지급일자 | 총진료비 | 공단부담금 | 가지급정산액 | 주민세 |
| 기관기호 | 접수번호 | 본인부담환급금 | 국고단수액 | 과세표준액 | 실지급액 |
| 1차지급 | 20240313 | 950 | 3,921,790 | 378,350 | 253,600 |
| 2024 - 02 | 20240326 | 12,732,710 | 8,810,920 | 0 | 25,360 |
| 11391979 | 4150660 | 480 | 0 | 8,432,570 | 8,153,130 |
| 1차지급 | 20240416 | 1,320 | 5,594,980 | 22,990 | 372,930 |
| 2024 - 03 | 20240429 | 18,026,140 | 12,431,160 | 0 | 37,290 |
| 11391979 | 4209730 | 30 | 0 | 12,408,170 | 11,997,920 |
| 1차지급 | 20240514 | 1,145 | 4,894,940 | 0 | 320,600 |
| 2024 - 04 | 20240528 | 15,581,860 | 10,686,920 | 0 | 32,060 |
| 11391979 | 4266222 | 0 | 0 | 10,686,920 | 10,334,260 |
| 1차지급 | 20240615 | 1,014 | 4,299,600 | 7,560 | 287,370 |
| 2024 - 05 | 20240625 | 13,882,160 | 9,582,560 | 0 | 28,730 |
| 11391979 | 4316555 | 2,040 | 0 | 9,575,000 | 9,256,860 |
| 1차지급 | 20240710 | 868 | 3,676,290 | 0 | 237,690 |
| 2024 - 06 | 20240727 | 11,599,420 | 7,923,130 | 0 | 23,760 |
| 11391979 | 4373512 | 0 | 0 | 7,923,130 | 7,661,680 |
| 1차지급 | 20240814 | 862 | 3,350,340 | 9,380 | 235,180 |
| 2024 - 07 | 20240827 | 11,199,330 | 7,848,990 | 0 | 23,510 |
| 11391979 | 4437042 | 0 | 0 | 7,839,610 | 7,580920 |
| 1차지급 | 20240913 | 773 | 2,971,830 | 0 | 199,290 |
| 2024 - 08 | 20240924 | 9,614,890 | 6,643,060 | 0 | 19,920 |
| 11391979 | 4488358 | 0 | 0 | 6,643,060 | 6,423,850 |
| 1차지급 | 20241012 | 1,005 | 4,040,290 | 0 | 274,170 |
| 2024 - 09 | 20241026 | 13,179,480 | 9,139,190 | 0 | 27,410 |
| 11391979 | 4538963 | 0 | 0 | 9,139,190 | 8,837,610 |
| 1차지급 | 20241112 | 1,096 | 4,704,030 | 740 | 315,060 |
| 2024 - 10 | 20241125 | 15,207,020 | 10,502,990 | 0 | 31,500 |
| 11391979 | 4612360 | 1,740 | 0 | 10,502,250 | 10,153,950 |
| 1차지급 | 20241212 | 1,125 | 4,769,100 | 0 | 315,030 |
| 2024 - 11 | 20241224 | 15,270,130 | 10,501,030 | 0 | 31,500 |
| 11391979 | 4668221 | 0 | 0 | 10,501,030 | 10,154,500 |
| 요양기관 이의신청 | 20241192 | 12 | 75,940 | 0 | 5,580 |

| 업무구분 | 지급차수 | 지급건수 | 본인부담금 | 환수금상계액 | 소득세 |
|---|---|---|---|---|---|
| 진료연월 | 지급일자 | 총진료비 | 공단부담금 | 가지급정산액 | 주민세 |
| 기관기호 | 접수번호 | 본인부담환급금 | 국고단수액 | 과세표준액 | 실지급액 |
| 2024-08 | 20241224 | 262,160 | 186,220 | 0 | 550 |
| 11391979 | 9999999 | 0 | 0 | 186,220 | 180,090 |
| 소계 | 1 | 12,443 | 52,320,430 | 419,020 | 3,457,480 |
| 1차지급 | | 167,942,890 | 115,622,460 | 0 | 345,680 |
| 2024-03 | | 4,980 | 0 | 115,203,440 | 111,395,300 |

① 총진료비는 본인부담금과 공단부담금의 합계액이나 차이가 발생하는 경우가 종종 있다. 그 이유는 과다청구나 오류청구 등으로 청구액이 삭감되는 경우이다. 따라서 보험수입금액은 총진료비가 아닌 본인부담금과 공단부담금의 합계액으로 계상하여야 한다.

② 본인부담환급금이란 요양기관에서 건강보험가입자 및 피부양자에게 요양급여를 실시하고 청구한 요양급여비를 건강보험심사평가원에서 심사한 결과, 이미 납부한 환자본인 일부부담금이 과다 납부된 것으로 확인된 경우, 요양기관에 지급할 진료비에서 과다하게 납부된 금액을 공제하여 이를 수진자나 가입자에게 반환하는 제도를 말한다. 본인부담환급금은 요양기관에서 청구한 진료비를 심사하는 과정에서 과잉진료 또는 착오청구 등으로 조정삭감된 경우와 요양기관에 대한 현지조사결과 환자에 본인부담금을 과다징수한 경우에 발생한다.

③ 본인부담금환급금 환입(환수)란 본인부담금환급금은 요양기관의 이의신청기간(6개월)이 경과한 후 즉시 지급하기 때문에 이의신청이 6개월 이상 지연처리 될 경우 환급금에 대한 환수금이 발생될 수 있다. 즉, 환수금은 진료비에 대한 1차심사에 대한 재심사결과 발생된 것으로 환수금이 발생되면 공단은 부득이 이미 지급된 환급금에서 이를 회수하여 해당요양기관에 지급해야 한다. 따라서 신청인은 환급금을 지급받는 경우 다시 환수될 수 있음을 알아야 하며, 환급금에 대한 환수고지서를 받게 될 경우 반드시 납부해야 한다.

④ 원천징수대상인 과세표준은 공단부담금에서 환수금상계액을 차감한 금액이다.

⑤ 원천징수세액은 종합소득세 확정신고시 기납부세액으로 공제되며 원천징수세액 계상기준은 당해연도의 과세표준에 산입된 보험수입에 대응하는 원천징수세액이다.

※ 사업소득이 있는 거주자는 소득세법 제107조 제3항의 규정에 의하여 당해연도의 과세표준에 대한 총결정세액에서 동항 각호의 금액을 공제하여 과세표준확정신고기한까지 납부하여야 하는 것인 바, 이때 기납부세액으로 공제하는 원천징수세액은 **당해연도의 과세표준에 산입된 사업소득에 대한 소득세원천징수세액**을 말하며, 소득세 확정신고납부시 산출세액에서 기납부세액으로 공제하는 원천징수세액은 당해 원천징수의무자가 소득세를 원천징수하고 교부한 원천징수영수증에 의하는 것이다(서일 46011-10831, 2002. 6. 21).

⑥ 당해 과세기간 보험수입금액은 당해 과세기간 수령금액(현금주의)에서 직전 과세기간 진료분 중 수령액(전년도 귀속분)을 차감하고 당해 과세기간 진료분 청구액 중 미수령액(직

접 확인)을 가산하여 계상하여야 한다. 즉, 현금주의에서 발생주의(진료연월)로 전환하는 과정이다.

⑦ 회계처리는 다음과 같다.

| | | | | | | |
|---|---|---|---|---|---|---|
| - 진료완료시 | (차) | 미수금(공단부담금) | ××× | (대) | 보험수입 | ××× |
| | | 현 금(본인부담금) | ××× | | | |
| - 급여수령시 | (차) | 현 금 | ××× | (대) | 미 수 금 | ××× |
| | | 선납세금 | ××× | | | |

⑧ 당해연도 중에 폐업한 후 병의원을 재개업하는 경우 사업자등록번호가 변경되므로 사업장현황신고서를 각각 작성하여야 한다. 이 경우 건강보험공단에서 통보되는 요양급여비용 지급내역은 인별로 통보되므로 당해연도에 지급받은 요양급여 전액이 표시되므로 사업장별로 구분하여 작성하여야 한다.

**핵심체크**

요양급여비용 지급내역 통보서의 총진료비에서 삭감된 부분은 수입금액에서 제외하고 원천징수금액은 과세표준에 대응되는 금액을 기납부세액으로 공제받는다. 또한 수입금액은 당해연도 총수령액에서 직전연도 진료분 수령액을 차감하고 당해연도 진료분 중 미청구액 및 미수령액을 가산하여야 한다.

### 5) 진료비 에누리의 처리

의료용역을 제공하고 환자로부터 수령할 본인부담금을 경감해주는 경우 그 경감액은 총수입금액에 산입하지 아니한다(소득 46011-10093, 2001. 2. 5).

### 6) 보험환수금의 처리

의료업자가 당해연도의 의료보험수입금액으로 신고한 금액 중 의료보험법 제45조의 규정에 의거 환수조치당한 금액이 있는 경우에는 동 환수금액이 확정되는 때에 당초 계상된 수입금액을 감액 수정한다(소득 22601-1843, 1986. 6. 4).

### (2) 의료업자 수입금액검토표 작성요령

#### ① 신고서식

[총수입금액 및 차이조정명세]

| 구 분 | 당 해 과 세 기 간 | | | | | |
|---|---|---|---|---|---|---|
| | ⑯합계 | ⑰비보험 | ⑱건강보험 | ⑲손해보험 공제조합등 | ⑳의료급여 | ㉑기타수입 |
| ㉒합 계 (㉓－㉔＋㉕) | | | | | | |
| ㉓당해과세기간 수 령 금 액 | | | | | | |
| ㉔직전과세기간 진료분수령액 | | | | | | |
| ㉕당해과세기간 진료분미수령액 | | | | | | |

총수입금액 및 차이조정명세는 병・의원이 진료수입에 대하여 건강보험공단에 요양급여를 청구한 후 진료일 이후에 받는 금액을 조정하여 해당연도 의료수입금액을 산출하는 과정을 보여주는 표이다.

즉, 합계(㉒)는 해당연도에 진료용역을 제공하고 받는 의료수입금액으로 이 금액이 의료기관의 해당연도 수입금액이 되는 것이다. 이 금액을 산출하기 위한 과정을 살펴보면 당해 과세기간 수령금액(㉓)에는 직전 과세기간 진료분 수령액(㉔ : 직전연도 수입금액 구성)이 포함되어 있어 그 금액을 차감하고 또한 당해 과세기간 진료분 미수령액 및 미청구액(㉕)이 제외되어 있으므로 이를 가산하여 해당연도 진료수입금액을 계산하게 된다.

또한, 해당과세기간 진료분 미수령액에는 공단청구액과 본인부담분을 포함하여 기재한다. 해당과세기간 진료분 미수령액은 의료기관에서 건강보험공단에 청구하는 요양급여비용청구서를 확인하여 기재한다. 이 금액은 추후 건강보험심사평가원에서 심사결정하여 확정하게 되는데 확정된 과세기간에 수입금액에서 조정하여야 한다.

[(20×1년 12월분) 요양급여비용 청구서]

| 구 분 | 11. 건수 | 12. 총진료비 | 13. 본인 부담금 | 14. 지원금 | 15. 청구액 | 15. 차등수가 청구액 | 16. 본인부담상환액 초과금총액 |
|---|---|---|---|---|---|---|---|
| | | | | | | | |

– 미수령액은 총진료비(본인부담금+청구액)을 기재한다.

② **실무상 관리요령**

실무상 병의원 수입금액 관리는 다음과 같은 표를 작성하여 활용하면 수입금액이 누락 되는 경우를 예방할 수 있다.

[의료업자 수입금액 명세서]

상 호 : 민지사랑 성형외과 단위 : 원

| 진료월일 | 보험수입(요양급여) | | | | 비보험수입(비급여) | | | 원천징수세액 | | 기 타 | 합 계 |
|---|---|---|---|---|---|---|---|---|---|---|---|
| | 건 강 보 험 | 의 료 급 여 | 자동차 보 험 | 산 재 보 험 | 신 용 카 드 | 현 금 영수증 | 현 금 | 소득세 | 지방 소득세 | | |
| | | | | | | | | | | | |
| 합계 | | | | | | | | | | | |

[작성요령]

① 진료연월일(용역제공완료일 : 의료수익의 귀속시기) 기준으로 작성한다.

② 보험수입은 본인부담금과 공단부담금을 합산하여 기재한다. 공단부담금은 심사평가원에서 심사확정된 금액을 기재한다. 11월, 12월 청구분 중 미수령액과 미청구액을 합산한다.

③ 비급여 중 신용카드, 현금영수증은 보험수입 중 본인부담금과 중복기재된 금액을 제외한 금액을 기재하고 그 금액을 별도 표시한다.

④ 원천징수세액은 보험수입금액에 대응하는 금액을 기재한다.

⑤ 기타에는 판매장려금, 의약품 등 매출액을 기재한다.

※ – 직전연도 진료분 중 해당연도 수령액 : 본인부담금+공단부담금(　　　　　)원
　– 해당연도 청구분 중 미수령액 및 미청구액 : 본인부담금+공단부담금(　　　　　)원

# 의료업자 수입금액검토표

(일반병의원 · 한의원 공통)

1. 기본사항

| ①사업자등록번호 | | | | ②상호 | | ③성명 | |
|---|---|---|---|---|---|---|---|
| ④주민등록번호 | | | | ⑤병과 | | ⑥업종코드 | |
| 사업장 시설 | ⑦진 료 실 | (　　　)㎡ | | 인원 현황 | ⑫고용의사 | (　　　)명 | |
| | ⑧수 술 실 | (　　　)㎡ | | | ⑬외래의사 | (　　　)명 | |
| | ⑨병　　실 | (　　　)㎡ | ⑩병상 (　　　)개 | | ⑭간 호 사 | (　　　)명 | |
| | ⑪대기실외 | (　　　)㎡ | | | ⑮기　　타 | (　　　)명 | |

2. 총수입금액 및 차이조정 명세 (단위:천원)

| 구 분 | 당 해 과 세 기 간 | | | | | |
|---|---|---|---|---|---|---|
| | ⑯합계 | ⑰비보험 | ⑱건강보험 | ⑲손해보험 공제조합등 | ⑳의료급여 | ㉑기타수입 |
| ㉒합　　계 (㉓－㉔＋㉕) | | | | | | |
| ㉓당해과세기간 수 령 금 액 | | | | | | |
| ㉔직전과세기간 진료분수령액 | | | | | | |
| ㉕당해과세기간 진료분미수령액 | | | | | | |

3. 의약품(한약재) 등 사용검토 (단위:천원)

| 구 분 | ㉖전기이월액 | 당 해 과 세 기 간 | | ㉙차기이월액 |
|---|---|---|---|---|
| | | ㉗매입액 | ㉘사용액 | |
| ㉚치료의약품 | | | | |
| ㉛의료소모품 | | | | |

4. 마취제 취급량 (단위:천원, ㎖)

| 종 류 | 전기이월 | | 당 해 과 세 기 간 | | | | | 차기이월 | |
|---|---|---|---|---|---|---|---|---|---|
| | | | 매입금액 | | ㊱마취건수 (건) | 사용(지급)금액 | | | |
| | ㉜용량 | ㉝금액 | ㉞용량 | ㉟금액 | | ㊲용량 | ㊳금액 | ㊴용량 | ㊵금액 |
| ㊶국부마취제 | | | | | | | | | |
| ㊷전신마취제 | | | | | | | | | |
| ㊸출장마취비 | | | | | | | | | |

(　　　　　　　) 의료업에 대한 수입금액 및 의약품 등 사용액을 신고합니다.

년　　　월　　　일

사 업 자 :　　　　　　　　　　　㊞

세무대리인 :　　　　　　　　　　　㊞

(관리번호　　　　　　　　　　　)

세무서장 귀하

## 작 성 요 령

※ 불성실하게 작성시는 조사대상자로 선정되는 등 불이익을 받으실 수 있으므로 성실하게 작성하여 주시기 바랍니다.

1. 작성대상 : 동물병원(수의사)을 제외한 모든 의료업자입니다.

2. 기본사항
사업자의 인적사항 및 과세기간 종료일 현재를 기준으로 사업장 시설과 종사인원 현황을 작성합니다.
※ 사업장시설은 반드시 ㎡(병상은 개수)로 기재하여 주시기 바랍니다.
※ 한의원의 경우 "한의사"는 고용 의사란에 "약제사"는 외래 의사란에 기재하여 주시기 바랍니다.

3. 총수입금액 및 차이조정 명세
당해 과세기간중 수입금액을 비보험, 건강보험, 손해·공제조합 등의 종류별로 나누어 기재하시고, 정산내역별 수입금액 작성방법은 아래내용을 참조하시기 바랍니다.

- ⑰ 비보험은 건강보험이 적용되지 않는 비급여대상 수입금액을 당해 과세기간 진료기준(용역의 제공을 완료한 날)으로 작성합니다.
- ⑱ 건강보험은 국민건강보험공단에서 각 요양기관에 통보하는「연간 요양급여비용 지급내역 통보서」를 참조하여 아래와 같은 요령으로 작성합니다.
  (⑲ 손해보험·각종 공제조합 등의 작성요령도 동일합니다)
  · ㉓ 당해과세기간수령금액은「연간 요양급여비용 지급내역 통보서」의 본인부담금과 공단부담금 합계액을 원천징수세액을 포함한 전체 금액으로 기재합니다.
  · ㉔ 직전과세기간진료분수령액은 직전 과세기간에 진료를 하고 건강보험심사평가원에 심사청구한 금액(본인부담금과 공단부담금 합계액)을 기재합니다.
  · ㉕ 해당과세기간진료분미수령액은 당해 과세기간에 진료하고 건강보험심사평가원에 심사청구한 공단부담금과 당기에 기수령한 본인부담금의 합계액을 기재합니다.
- ⑳ 의료급여는 국민건강보험공단에서 통지되는 내역을 참조하여 작성합니다.
- ㉑ 기타수입은 모자보건사업지원금 등을 기재합니다.

4. 의약품(한약재) 등 사용검토
치료를 위한 의약품 사용금액과 의료소모품 사용금액(부가가치세 포함)을 구분하여 기재합니다.

5. 마취제 취급량
직접 사용한 국부마취제 및 전신마취제의 매입액 및 사용액 등을 기재하시고, 출장마취비의 경우 사용수량과 지급액을 기재합니다.

## (3) 병의원 수입금액의 검증요령

### 1) 의료업자 수입금액합산표

1. 인적사항

| ① 사업자등록번호 | | ② 상호 | | ③ 성명 | |
|---|---|---|---|---|---|
| ④ 주민등록번호 | | ⑤ 병과 | | ⑥ 업종코드 | |

2. 수입금액 신고내역 (단위 : 천원)

| 구분 | 당 해 과 세 기 간 | | | | | |
|---|---|---|---|---|---|---|
| | ⑯ 합계 | ⑰ 비보험 | ⑱ 건강보험 | ⑲ 손해보험 공제조합등 | ⑳ 의료급여 | ㉑ 기타수입 |
| ㉒ 합계 (㉓－㉔+㉕) | 746,268 | 52,049 | 609,845 | | 12,040 | 72,332 |
| ㉓ 당해 과세기간 수령금액 | 798,165 | 52,049 | 659,727 | | 14,055 | 72,332 |
| ㉔ 직전과세기간 진료분수령액 | 173,182 | | 169,650 | | 4,161 | |
| ㉕ 당해 과세기간 진료분미수령액 | 121,915 | | 119,768 | | 2,146 | |

3. 매출과소신고협의금액 (단위 : 천원)

| 자료금액 | | | | 환자부담금 | | | 과소신고 금액 |
|---|---|---|---|---|---|---|---|
| 합계 | 신용카드 매출액 | 현금영수증 매출액 | 계산서 발행금액 | 합계 | 비보험급여 | 본인부담금 | |
| 231,317 | 225,111 | 6,216 | 0 | 166,900 | 52,049 | 114,851 | 64,426 |

4. 지급액 등 명세서 (단위 : 원)

| 일련 번호 | 지급처 인적사항 | | 지급금액 | | | |
|---|---|---|---|---|---|---|
| | 지급처 사업자등록번호 | 지급처 상호 (자료발생처) | 보험자료금액 | | | 지급조서자료 |
| | | | 합계 | 본인부담금 | 공단부담금 | 지급금액 |
| 1 | 117-83-00*** | (모자보건)**보건소 | 72,370,440 | 72,370,440 | 0 | 0 |
| 2 | 105-82-11*** | (모자보건) 국민건강보험공단 | 40,450 | 0 | 40,450 | 0 |
| 3 | 105-82-11*** | (의료급여) 국민건강보험공단 | 9,893,700 | 573,000 | 9,320,700 | 0 |
| 4 | 105-82-11*** | 국민건강보험공단 | 490,746,340 | 114,278,100 | 376,468,240 | 518,145,740 |
| | 소계 | | 573,050,930 | 187,221,540 | 385,829,390 | 518,145,740 |

### 2) 검증요령

위의 의료업자 수입금액합산표는 국세청이 사업장현황신고를 바탕으로 수입금액의 누락 여부를 검증하기 위한 자료이다. 매출과소 신고혐의금액(1)을 보면 자료금액과 환자부담금을 비교하여 그 차이를 과소신고 혐의금액으로 소명을 하여야 한다. 자료금액은 신용카드 매출액, 현금영수증 매출액, 계산서 발행금액을 합한 금액이며 환자부담금은 비보험급여와 본인부담금을 합한 금액이다. 환자부담금은 비보험급여(신용카드+현금영수증+순수현금)와 본인부담금(신용카드+현금영수증+순수한 현금)의 합계로 자료금액보다 순수현금만큼 많아야 하나 위 합산표는 64백만원이 적어 수입금액 누락혐의가 있는 것이다.

자료금액(신용카드매출액+현금영수증매출액+계산서매출액) ≤ 비보험급여+본인부담금

**| 실무적용 Tips |**

가. 의료수입금액의 구성

| 급여(보험) | | | | 비급여 | | | 기타 수입 |
|---|---|---|---|---|---|---|---|
| 본인부담금(30%) | | | 공단부담금 (70%) | | | | |
| 신용카드 | 현금영수증 | 순수현금 | 심사결정 | 신용카드 | 현금영수증 | 순수현금 | |

나. 검증방법

| 자료금액 | | | | | 환자부담금 | | |
|---|---|---|---|---|---|---|---|
| 합계 | 신용카드 | 현금영수증 | 계산서 | ≤ | 합계 | 비보험급여 | 본인부담금 |

매출과소 신고혐의 금액은 자료금액이 환자부담금보다 큰 경우이다. 자료금액은 신용카드매출액, 현금영수증 매출액, 계산서 발행금액을 합한 금액이며 환자부담금은 비보험급여와 본인부담금을 합한 금액이다. 환자부담금은 비보험급여(신용카드+현금영수증+순수현금)와 본인부담금(신용카드+현금영수증+순수한 현금)의 합계로 자료금액보다 순수현금만큼 많아야 하기 때문이다.

〈국세청 자료의 문제점〉

보험자료의 지급기준(현금주의)과 진료일 기준과의 차이발생 : 소명해야

* 병의원 수입금액의 확정시 주의사항

1. 위의 검증방법에 따라 확인
2. 병의원 수납프로그램 확인
3. 사업용계좌와 배우자 등 차명계좌 확인
4. 수입금액 확정 후 사업장현황신고 전에 반드시 원장에게 확인할 것

### (4) 손금 또는 필요경비의 계산

#### 1) 원재료

의료업의 원재료는 주로 의약품이다. 그러나 의약분업 이후 의약품 원가비율이 상당히 낮아졌으므로 의약품비율이 과다하게 높으면 가공원가계상 혐의로 추정받을 수 있다. 즉, 병·의원의 의약품비율은 10% 미만이나 정신과는 병원에서 직접 처방 및 조제가 이루어지므로 의약품비가 15~25% 정도에 이른다.

#### 2) 감가상각비

의료업의 비용 중 감가상각비가 차지하는 비율은 상당히 높다. 주로 감가상각비는 의료기구, 시설장치, 차량운반구 등이다. 의료기구는 투자세액공제대상인지 여부를 확인하여야 한다. 차량운반구는 주로 의사의 승용차인데 승용차가 감가상각대상(업무관련성)인지는 논란의 여지가 있다. 다만, 업무용승용차라도 차량운행일지를 작성하여야 하며 작성하지 않는 경우 감가상각비와 차량유지비가 1,500만원 한도 내에서 필요경비로 인정된다.

감가상각비도 과도하게 계상된 경우에는 가공계상 혐의로 추정받을 수 있다.

※ 개인병의원 원장의 출퇴근용 승용차에 대한 리스료를 업무와 관련된 필요경비로 인정한 사례도 있다(국심 2005부1298, 2006. 5. 12).

**관련법조문**

◈ **소득세법 제33조의 2【업무용승용차 관련 비용 등의 필요경비 불산입 특례】**

① 제160조 제3항에 따른 복식부기의무자가 해당 과세기간에 업무에 사용한 「개별소비세법」 제1조 제2항 제3호에 해당하는 승용자동차(운수업, 자동차판매업 등에서 사업에 직접 사용하는 승용자동차로서 대통령령으로 정하는 것은 제외하며, 이하 이 조 및 제81조의 14에서 "업무용승용차"라 한다)를 취득하거나 임차하여 해당 과세기간에 필요경비로 계상하거나 지출한 감가상각비, 임차료, 유류비 등 대통령령으로 정하는 비용(이하 이 조 및 제81조의 14에서 "업무용승용차 관련 비용"이라 한다) 중 대통령령으로 정하는 업무용 사용금액(이하 이 조에서 "업무사용금액"이라 한다)에 해당하지 아니하는 금액은 해당 과세기간의 사업소득금액을 계산할 때 필요경비에 산입하지 아니한다.

② 제1항을 적용할 때 업무사용금액 중 다음 각 호의 구분에 해당하는 비용이 해당 과세기간에 각각 8백만원을 초과하는 경우 그 초과하는 금액(이하 이 조에서 "감가상각비 한도초과액"이라 한다)은 해당 과세기간의 필요경비에 산입하지 아니하고 대통령령으로 정하는 방법에 따라 이월하여 필요경비에 산입한다.

1. 업무용승용차별 연간 감가상각비
2. 업무용승용차별 연간 임차료 중 대통령령으로 정하는 감가상각비 상당액

③ 제160조 제3항에 따른 복식부기의무자가 업무용승용차를 처분하여 발생하는 손실로서 업무용승용차별로 8백만원을 초과하는 금액은 대통령령으로 정하는 이월 등의 방법에 따라 필요경비에 산입한다.

④ 제1항부터 제3항까지에 따라 업무용승용차 관련 비용 등을 필요경비에 산입한 제160조 제3항에 따른 복식부기의무자는 대통령령으로 정하는 바에 따라 업무용승용차 관련 비용 등에 관한 명세서를 납세지 관할세무서장에게 제출하여야 한다.

⑤ 업무사용금액의 계산방법, 감가상각비 한도초과액 이월방법과 그 밖에 필요한 사항은 대통령령으로 정한다.

◈ 소득세법 시행령 제78조의 3【업무용승용차 관련비용 등의 필요경비 불산입 특례】

④ 법 제33조의 2 제1항에서 "대통령령으로 정하는 업무용 사용금액"이란 업무용승용차 관련 비용에 기획재정부령으로 정하는 운행기록 등(이하 이 조에서 "운행기록등"이라 한다)에 따라 확인되는 총 주행거리 중 업무용 사용거리가 차지하는 비율(이하 이 조에서 "업무사용비율"이라 한다)을 곱한 금액(이하 이 조에서 "업무사용비율금액"이라 한다)을 말한다. 다만, 법 제70조의 2 제1항에 따른 성실신고확인대상사업자(직전 과세기간의 성실신고확인대상사업자를 말한다), 의료업, 수의업, 약사업 및 「부가가치세법 시행령」 제109조 제2항 제7호에 따른 사업을 영위하는 사람이 업무용승용차를 보유하거나 임차한 경우 해당 업무용승용차(사업자별로 1대는 제외하며, 공동사업장의 경우는 1사업자로 보아 1대를 제외한다)에 대해서는 다음 각 호의 구분에 따른 금액으로 한다.

1. 해당 과세기간의 전체 기간(임차한 승용차의 경우 해당 과세기간 중에 임차한 기간을 말한다) 동안 해당 사업자, 그 직원 등 기획재정부령으로 정하는 사람이 운전하는 경우만 보상하는 자동차보험(이하 "업무전용자동차보험"이라 한다)에 가입한 경우 : 업무사용비율금액
2. 업무전용자동차보험에 가입하지 않은 경우 : 업무사용비율금액의 100분의 50

⑦ 제4항을 적용할 때 운행기록 등을 작성·비치하지 않은 경우 해당 업무용승용차의 업무사용비율은 제4항에도 불구하고 다음 각 호의 구분에 따른 비율로 한다.

1. 해당 과세기간의 업무용승용차 관련비용이 1천5백만원(해당 과세기간이 1년 미만이거나 과세기간 중 일부 기간 동안 보유 또는 임차한 경우에는 1천5백만원에 해당 보유기간 또는 임차기간에 해당하는 월수를 곱하고 이를 12로 나누어 산출한 금액을 말한다. 이하 이 조에서 같다) 이하인 경우 : 100분의 100
2. 해당 과세기간의 업무용승용차 관련비용이 1천5백만원을 초과하는 경우 : 1천5백만원을 업무용승용차 관련비용으로 나눈 비율

### 3) 급료와 임금

급료는 주로 고용의사, 사무장, 간호사 등의 인건비이다. 의료업의 경우 4대 보험의 부담 등으로 급여를 과소신고하는 경향이 있는데, 이로 인한 세부담이 더 늘어나는 것이 대부분

이므로 급여를 전부 신고하여야 한다. 의료업의 특성상 대부분 비용이 부족한 경우가 많은데 급여를 과소계상하면 소득세를 과다납부하게 된다. 특히 고용의사를 둔 경우 세금과 4대보험을 병 · 의원이 부담하는 조건으로 순액지급계약을 체결하는 경우가 많으나 대신 부담하는 비용은 고용의사의 급여로 그 금액을 포함하여 신고하여야 한다. 한편, 고용의사가 받는 자가운전보조금이 비과세 근로소득에 해당되는지의 여부에 논란이 있다. 자가운전보조금이 비과세근로소득에 해당되기 위해서는 그 금액이 실비변상적인 성격으로 **종업원이 직접 운전하여 사용자의 업무수행에 사용**하여야 하는데(법인 46013-2998, 1999. 7. 31), 고용의사의 경우 소유차량의 운전이 사용자의 업무수행에 직접적인 관련성이 있다고 보기에는 어려워 근로소득에 포함된다고 판단된다. 또한, 급여 중 가족에 대한 인건비 부분이다. 즉, 의사의 배우자가 간호사나 사무원으로 근무하는 경우, 즉 사실상 업무를 수행하는 경우에는 비용으로 인정을 받을 수 있다. 다만, 다른 직원과 형평성을 맞춰 급여를 지급하여야 한다.

### 4) 개업시의 지출비용

개업시에 인테리어, 비품구입, 권리금 지급 등에 대한 증빙을 확실히 갖추어 놓아야 한다. 즉, 감가상각비 등으로 비용처리하면 그만큼 절세를 할 수 있다. 가급적 세금계산서를 수취하는 것이 좋으나 부득이 하게 세금계산서를 수취하지 못하는 경우에는 반드시 무통장 입금을 통하여 근거를 남겨놓아야 한다. 병의원을 신규개업하는 경우 복식부기의무자에 해당되나 지출증명 미수취에 따른 가산세 부과대상이 아니다. 즉, 소득세법 제81조 및 같은법 시행령 제147조의 2에서 소규모사업자에 "해당 과세기간에 신규로 사업을 개시한 자"를 포함하고 있으므로 적격증명을 수취하지 않더라도 가산세 부과대상이 아니다(소령 147 ①). 다만, 세금계산서를 수취하지 않은 인테리어공사비를 자산으로 계상한 경우 과세관청으로부터 인테리어 공사업자에 대한 수입금액 누락 여부를 확인하여 부가가치세 등을 추징할 수 있다.

**참고** **개업시의 영업권(권리금)에 대한 세무실무**

(1) 기업회계

영업권은 합병, 영업양수 및 전세권취득 등의 경우에 유상으로 승계취득한 것으로 한다. 따라서 내부적으로 창출된 영업권은 취득원가를 신뢰성 있게 측정할 수 없을 뿐만 아니라 기업이 통제하고 있는 식별가능한 자원도 아니기 때문에 자산으로 인식해서는 아니 된다.

(2) 세무상 검토사항

영업권의 양도는 무체물로 재산적 가치가 있어 부가가치세 과세대상이 된다. 또한 양도자는 기타소득(사업용 고정자산과 함께 양도하는 경우는 제외)에 해당되어 종합소득세를 납부하여야 한다. 이 경우 기타소득인 영업권은 필요경비를 최소한 60% 인정받을 수 있다. 취득자는 무형자산으로 계상하고 감가상각을 통하여 비용처리하면 된다. 세법상 영업권의 범위는 다음과 같다.

① 법인이 상표·상호 및 인터넷 도메인명 등 타인에게 양도 또는 승계할 수 있는 배타적 권리의 취득대가로서 지출하는 비용은 법인세법 시행령 제24조의 규정에 의한 무형고정자산의 감가상각자산으로 보는 것이다(재법인 46012-169, 2002. 10. 28).

② 법인이 새로운 사업장용 건물을 임차하면서 선점임차인에게 지급하는 비반환성 권리금으로서 사업상 편리한 지리적 여건 등 영업상의 이점 등을 감안하여 적절히 평가하여 유상으로 지급한 금액은 법인세법 시행령 제24조 제1항 제2호 가목의 영업권에 해당하는 것이다(서이 46012-10970, 2002. 5. 7).

**사례** **영업권의 과세대상 여부**

이민지원장은 노량진에서 성형외과를 영위하던 중 임차보증금 1억원을 포함하여 5억원(부가가치세 별도)에 양도하였다. 이와 관련하여 다음 사례별로 양도인과 양수인이 각각 부담하여야 할 세금에 대하여 살펴보면 다음과 같다.

**(1) 매매계약서에 5억원에 대한 매매금액을 영업권으로 표시한 경우**

임차사업장을 양도하면서 시설권리금 명목으로 받는 대가가 장기간 당해 사업장을 운영하면서 형성된 초과수익력에 대한 영업권이면 부가가치세법상 재산적 가치가 있는 권리로 보아 재화의 공급으로 본다(심사부가 99-47, 1999. 3. 12). 따라서 영업권 양도소득은 부가가치세가 과세되며 과세표준은 미용목적 성형수술(과세분)에 대한 공급분만 해당되며 그 귀속이 불분명할 때에는 직전과세기간의 과세표준으로 안분계산하면 된다.

또한 양도인은 영업권 양도가 기타소득에 해당되며 최소한 60%의 필요경비가 인정되어 종합과세 된다. 다만, 토지·건물·부동산상의 권리가 포함된 사업용 고정자산과 함께 양도하는 경우에는 양도소득세가 과세된다.

이 경우 부가가치세를 절세할 수 있는 방법은 사업양도방식에 의하여 점포임차권에 대한 권리를 양도하면 부가가치세가 과세되지 아니한다.

**(2) 매매계약서에 시설, 비품 등 사업용 고정자산과 영업권을 별도로 구분표시한 경우**

사업용 고정자산과 영업권의 양도도 부수공급에 해당되어 성형외과 과세사업에 공한 과세표준은 부가가치세가 과세된다. 이 경우 영업권은 기타소득으로 필요경비가 60% 인정되며 유형자산처분이익은 소득세가 과세된다. 즉, **복식부기의무자가 차량 및 운반구 등 대통령령으로 정하는 사업용 유형고정자산**을 양도함으로써 발생하는 소득(양도소득에 해당되는 토지, 건물 제외)에 대해서는 소득세가 과세된다(소법 19 ① 20호).

**실무적용 Tips**

〈권리금의 세무처리〉

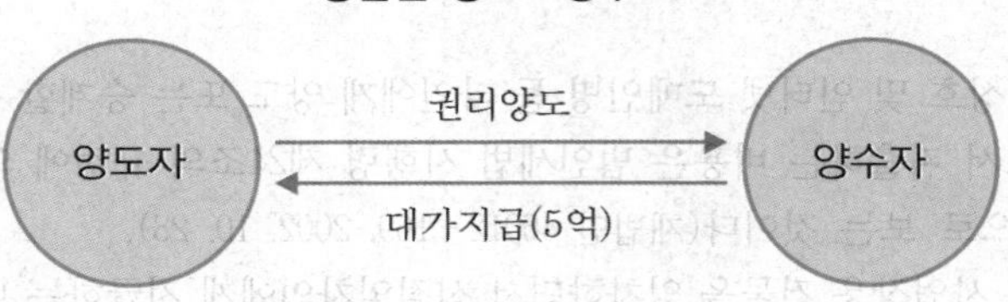


1) 부가가치세 과세 여부
   - 과세사업 관련 부수공급(과세대상)
   - 면세사업 관련 부수공급(면세대상)
   - 사업양도 : 재화의 공급(×)

2) 소득세 과세 여부
   - 유형자산처분이익(과세)
   - 영업권(권리금) : 기타소득(필요경비 60%, 종합과세)

3) 적격증명 수취의무
   ① 과세대상
   - 양도자 : 세금계산서 발급
   - 양수자 : 원천징수영수증 발급

   ② 면세대상
   - 양도자 : 계산서 발급 면제
   - 양수자 : 원천징수영수증 발급

4) 소득세법상 기타소득의 귀속시기
   그 대금을 청산한 날, 자산을 인도한 날 또는 사용 · 수익일 중 빠른 날. 다만, 대금을 청산하기 전에 자산을 인도 또는 사용 · 수익하였으나 대금이 확정되지 아니한 경우에는 그 대금 지급일로 한다(소령 50 ① 1호).
   여기서 대금이 확정되지 않았다는 의미는 예를 들어 영업권을 양도하고 양수회사의 매출액의 5%를 5년 동안 영업권으로 하도록 약정한 경우 매출액이 확정되는 때를 기타소득의 귀속시기로 한다는 것이다. 즉, 로열티를 받을 권리가 "로열티 산정기준이 되는 매출액 발생기간의 종료일"에 확정되는 경우에는 그 확정일이 속하는 사업연도에 로열티를 익금으로 인식하는 것이다(사전-2022-법규법인-1204, 2023. 3. 16.).

5) 원천징수시기
   소득을 지급하는 자는 지급하는 때 소득세를 원천징수하여야 한다(소법 127 ①).

6) 원천징수 배제

제127조 제1항 각 호의 소득으로서 발생 후 지급되지 아니함으로써 소득세가 원천징수되지 아니한 소득이 종합소득에 합산되어 종합소득에 대한 소득세가 과세된 경우에 그 소득을 지급할 때에는 소득세를 원천징수하지 아니한다(소법 155).

※ 개인기업의 법인전환(개인기업 폐업일 12/31) 등 사업을 포괄양도하면서 영업권의 평가하여 신설법인의 장부에 계상하는 경우 양수법인은 5년 동안 감가상각을 통하여 손금에 산입하고 개인사업자는 영업권에 대하여 다음 해 5월에 종합소득에 합산하여 종합소득세를 신고하여야 한다. 이 경우 신설법인은 종합소득세 확정신고시까지 영업권 금액을 지급하지 아니한 경우에는 원천징수의무가 배제된다.

### 5) 의료기구나 승용차구입 의사결정

병・의원에서 의료기구 등 사업용자산을 구입하는 방법으로는 현금구입, 할부구입, 리스구입 등의 형태가 있다. 개업초기에는 의료기구나 승용차를 구입하는 데 초기자금의 소요가 많아 리스형태로 구입하는 사례가 많다. 이 경우 금융리스로 할 것인가 운용리스로 할 것인가에 대한 의사결정문제가 초래된다. 결론적으로 별 차이가 없다. 금융리스로 구입하면 병・의원은 당해 리스물건의 리스실행일 현재의 취득가액상당액을 임대인으로부터 차입하여 동 리스물건을 구입한 것으로 보아 소유자산과 동일한 방법으로 감가상각한 해당 리스자산의 감가상각비와 대금결제조건에 따라 지급하기로 한 리스료 중 차입금에 대한 이자상당액을 각 사업연도의 소득금액계산상 손금에 산입한다(법기통 23-24-1). 따라서 리스유형을 리스회사나 시설대여계약서를 통하여 확인한 후 회계처리하여야 한다.

[의료장비 등 취득유형에 따른 회계처리 비교]

| 취득유형 | 회계처리 | 증빙서류 | 비 고 |
|---|---|---|---|
| 현금 등 취득 | 유형자산・감가상각 | 세금계산서 | 신규사업자는 미수취시 가산세 없음 |
| 할부취득 | 유형자산・감가상각 | 세금계산서 | 신규사업자는 미수취시 가산세 없음 |
| 금융리스 | 유형자산・감가상각 | 지출증빙 수취면제 | 금융보험업 |
| 운용리스 | 지급리스료・비용화 | 계산서 수취 | 기계장치 임대업 |

**참 고** 금융리스의 범위(법령 24 ⑤, 일반기업회계기준 제13장 리스 문단 13-6.7)

(1) 금융리스의 개념

리스는 계약의 형식보다는 거래의 실질에 따라 분류한다. 다음에 예시한 경우 중 하나 또는 그 이상에 해당하면 일반적으로 금융리스로 분류한다.

① 리스기간 종료시 또는 그 이전에 리스자산의 소유권이 리스이용자에게 이전되는 경우
② 리스실행일 현재 리스이용자가 염가매수선택권을 가지고 있고, 이를 행사할 것이 확실시 되는 경우
③ 리스자산의 소유권이 이전되지 않을지라도 리스기간이 리스자산 내용연수의 상당부분을 차지하는 경우
④ 리스실행일 현재 최소리스료를 내재이자율로 할인한 현재가치가 리스자산 공정가치의 대부분을 차지하는 경우
⑤ 리스이용자만이 중요한 변경 없이 사용할 수 있는 특수한 용도의 리스자산인 경우

또한, 다음 경우 중 하나 또는 그 이상에 해당하면 금융리스로 분류될 가능성이 있다.

① 리스이용자가 리스를 해지할 경우 해지로 인한 리스제공자의 손실을 리스이용자가 부담하는 경우
② 리스이용자가 잔존가치의 공정가치 변동에 따른 이익과 손실을 부담하는 경우(예를 들어 리스종료시점에 리스자산을 매각할 경우 얻을 수 있는 수익을 보장하도록 리스료가 조정되는 경우)
③ 리스이용자가 염가갱신선택권을 가지고 있는 경우

### (2) 리스형태에 따른 세무처리

리스회사는 부가가치세법상 면세사업자에 해당한다. 다만, 한국표준산업분류에서는 리스형태에 따라 달리 구분하고 있다.

| 리스형태 | 리스이용자의 회계처리 | 한국표준산업분류 | 계산서 수수 여부 |
|---|---|---|---|
| ① 금융리스 | 자산(감가상각) | 금융 및 보험업(64911) | 면제(법령 158 ① 1호 다목) |
| ② 운용리스 | 비용(지급리스료) | 부동산 및 임대업(69) | 발급 및 제출 |

- 운용리스형태는 리스회사는 계산서를 발행하여야 하고 리스이용자는 다음 해 2/10까지 제출하여야 하며 미교부(2%) 및 미제출(0.5%) 가산세가 부과되므로 주의를 요함.
- 【시설대여업자의 계산서 작성 · 발급의무】
  여신전문금융업법에 의한 시설대여업자가 규칙 제13조의 규정에 의한 금융리스 이외의 리스(운용리스)를 실행하고 리스이용자로부터 리스료를 수취하는 경우에는 계산서를 작성하여 리스이용자에게 발급하여야 한다(법기통 121-164…6).
- 소득세법 시행령 제29조에서 이 영에 특별한 규정이 있는 것을 제외하고는 한국표준산업분류를 기준으로 한다고 규정하고 있고, 소득세법 시행령에서 금융업의 범위를 특별히 규정한 바 없으므로 한국표준산업분류를 기준으로 하여 금융업의 범위를 판단하여야 할 것이며, 한국표준산업분류에서 리스회사의 금융리스업은 금융업으로 분류하고 있지만 운용리스업은 금융업이 아닌 L. 부동산 및 임대업, 71. 기계장비 및 소비용품 임대업으로 분류하여 금융업에 해당되지 않음을 명확히 하고 있다.

이와 같이 계산서 교부 관련 근거 법률인 법인세법 및 소득세법에서 운용리스업을 금융리스업과 달리 구분하여 금융업으로 보지 아니하고 기계장비 및 소비용품 임대업으로 보고 있으므로 리스회사가 운용리스를 실행하고 리스료를 수취하는 경우에는 계산서를 작성 · 교부할 의무가 있다 할 것이므로, 여신전문금융업법에 의한 시설대여업자가 제공하는 리스는 금융리스와 운용리스를 구분하지 아니하고 모두 금융업으로 보아 계산서를 교부하지 않아도 된다는 청구주장은 이유 없다 하겠다(국심 2005중3027, 2007. 4. 4).

### 소득세 집행기준 27-55-15 리스이용자의 회계처리

① 금융리스와 운용리스의 구분은 기업회계기준에 따른다.

② 금융리스에 의하는 경우의 회계처리는 다음에 의한다.

1. 해당 리스물건의 리스실행일 현재의 취득가액 상당액을 리스회사로부터 차입하여 동 리스 물건을 구입(설치비 등 취득부수비용을 포함한다)한 것으로 보아 소유자산과 동일한 방법으로 감가상각한 해당 리스자산의 감가상각비와 대금결제조건에 따라 지급하기로 한 리스료 중 차입금에 대한 이자상당액을 각 과세기간 소득금액계산상 필요경비에 산입한다. 이 경우 해당 이자상당액은 금융보험업자에게 지급하는 이자로 보아 이자소득에 대한 원천징수를 하지 않는다.
2. 제1호의 적용에 있어 각 과세기간 소득금액계산상 필요경비에 산입할 이자상당액은 리스 실행일 현재의 리스계약과 관련하여 리스이용자가 리스회사에게 지급해야 하는 금액(이하 '최소리스료'라 한다) 중 이자율법에 의하여 계산한 이자상당액과 금액이 확정되지는 않았지만 기간경과 외의 요소의 미래발생분을 기초로 결정되는 리스료 부분(이하 "조정리스료"라 한다)으로 한다.

③ 운용리스에 의하는 경우의 회계처리는 다음에 의한다.

1. 대금결제조건에 따라 지급할 최소리스료와 조정리스료를 각 과세기간 소득금액계산상 필요경비에 산입한다.
2. 제1호를 적용함에 있어 각 과세기간 소득금액계산상 필요경비에 산입할 최소리스료는 최소 리스료 총액이 리스기간동안 균등하게 배분되도록 계산한 금액으로 한다.
3. 제2호를 적용함에 있어 외화로 표시된 리스계약의 경우 최소리스료는 외화금액을 기준으로 한다.
4. 리스이용자가 리스물건 취득가액의 일부를 부담할 경우 리스이용자는 해당 금액을 선급비용으로 계상하고, 리스기간에 안분하여 필요경비에 산입한다.

④ 리스계약 당사자의 변동없이 리스기간이 연장되는 재리스의 경우 해당 연장기간 중의 리스료에 대한 처리는 지급하기로 한 때의 필요경비에 산입한다.

⑤ 리스에 관련한 외화자산 및 부채의 평가는 「소득세법 시행령」 제97조에 따라 처리한다.

⑥ 금융리스를 운용리스로 또는 운용리스를 금융리스로 처리한 경우에는 다음과 같이 한다.

1. 금융리스를 운용리스로 처리한 경우에는 리스물건의 취득가액상당액을 자산으로 계상하고, 필요경비에 산입한 리스료 중 제2항에 따라 필요경비에 산입할 금액을 초과하는

금액은 이를 감가상각한 것으로 보아 시부인한다.

2. 운용리스를 금융리스로 처리한 경우에는 리스료지급액 전액을 필요경비에 산입하고, 해당 자산에 대하여 필요경비에 산입한 감가상각비는 이를 필요경비에 산입하지 않는다.

관련법조문

◈ 부가가치세법 시행령 제69조 【위탁판매 등에 대한 세금계산서 발급】

⑧ 납세의무가 있는 사업자가 「여신전문금융업법」 제3조에 따라 등록한 시설대여업자로부터 시설 등을 임차하고, 그 시설 등을 공급자 또는 세관장으로부터 직접 인도받는 경우에는 법 제32조 제6항에 따라 공급자 또는 세관장이 그 사업자에게 직접 세금계산서를 발급할 수 있다.

즉, 사업자가 리스자산을 리스회사에 판매하고 해당 리스자산을 리스이용자에게 직접 인도하는 때 또는 리스자산을 수입하는 때의 법률적 및 사실상의 거래상대방 또는 수입자는 리스회사라 하더라도 공급시기의 적용에 있어서는 거래상대방을 리스이용자로 하여야 하며 세금계산서의 발급에 있어서도 공급받는 자는 리스이용자로 하도록 하고 있다.

이 규정은 리스회사가 면세사업자로 리스자산 취득시 부담한 부가가치세를 매출세액에서 공제받을 수 없으며, 리스이용자 앞으로 세금계산서를 발급할 수 없다. 그러나 리스회사는 해당 매입세액을 리스료에 포함하여 리스이용자로부터 받게 될 것이며, 리스이용자는 리스회사로부터 세금계산서를 발급받지 못하여 리스료에 포함되어 있는 매입세액을 공제받지 못하는 결과를 초래하기 때문이다.

### 6) 인테리어(시설장치)의 철거 및 폐기에 따른 처리

병・의원의 폐업 또는 사업장 이전, 개보수 등의 사유로 인하여 기존 인테리어를 철거하는 경우 폐기손실이나 원상복구비용은 유형자산폐기손실로 필요경비에 산입할 수 있는지의 여부이다. 이에 대하여 소득세법 시행령 제67조 제6항에서 다음의 어느 하나에 해당하는 경우에는 그 자산의 장부가액과 처분가액의 차액을 해당 과세기간의 필요경비에 산입할 수 있다.

① 시설의 개체(改替) 또는 기술의 낙후로 생산설비의 일부를 폐기한 경우

② **사업의 폐지 또는 사업장이전**으로 임대차계약에 따라 임차한 사업장의 원상회복을 위하여 시설물을 철거하는 경우

핵심체크

복식부기의무자가 사업용 유형자산의 양도가액을 총수입금액에 산입한 경우 해당 사업용 유형자산의 양도당시의 장부가액은 필요경비에 산입한다.

**참 고** **유형자산 폐기 관련법률 및 해석사례**

① **즉시상각의제**(소령 67 ⑥ 1호)

시설의 개체 또는 기술의 낙후로 인하여 생산설비의 일부를 폐기한 경우에는 당해 자산의 장부가액과 처분가액의 차액을 당해연도의 필요경비에 산입할 수 있다.

② **즉시상각의제**(법령 31 ⑦)

시설의 개체 또는 기술의 낙후로 인하여 생산설비의 일부를 폐기하는 경우에는 당해 자산의 장부가액에서 1천원을 공제한 금액을 폐기일이 속하는 사업연도의 손금에 산입할 수 있다.

③ **경주마의 폐사로 인한 손실의 필요경비산입 여부**

마사회의 경마경주에 경주마를 출주시키는 거주자가 경주마의 도태·폐사 또는 양도로 인하여 발생하는 차손익은 당해 사업에 대한 소득금액계산시 총수입금액이나 필요경비에 산입할 수 없는 것이다(소득 46011-376, 1996. 2. 1).

④ **법인사업자의 인테리어 폐기손실의 손금산입 여부**

숙박 및 음식점업을 영위하는 법인이 건물인테리어 설비의 개체 또는 기술의 낙후로 인하여 동 인테리어 설비자산을 폐기하는 경우에는 법인세법 시행령 제31조 제7항의 규정에 의하여 당해 자산의 장부가액에서 1천원을 공제한 금액을 폐기일이 속하는 사업연도에 손금산입할 수 있는 것이다(서면2팀-978, 2005. 7. 1).

### 7) 의료사고 배상금의 필요경비 여부

의료사고배상금이 필요경비로 인정받기 위해서는 업무수행과 관련하여 발생되고 고의 또는 중과실이 없어야 한다. 즉, 사업자 또는 사용인이 선량한 관리자로서의 주의의무를 다했음에도 발생가능성이 상존하는 경우에는 손금 또는 필요경비로 산입할 수 있다. 의료사고 합의금은 사업자 또는 사용인의 업무와 관련하여 고의 또는 중대한 과실로 타인의 권리를 침해함으로써 지급되는 손해배상금이라고 볼 수 없으므로 사업과 관련하여 발생한 손실로 필요경비에 산입함이 타당하다(심사소득 2002-155, 2003. 2. 14). 반면에 다음과 같이 의료사고 손해배상금이 중과실로 보아 필요경비 불산입한 판례도 있다. 즉, 관련법령에서 본 바와 같이 민법 제750조 규정의 손해배상금과 형법 제267조 규정의 업무상 과실치사상의 죄는 둘 다 과실만 있으면 족하고 과실 중 경과실과 중과실을 구분하고 있지 아니하며, 위 형사판결에서도 이 건 의료사고에 대하여 청구인에게 중과실이 있었다고 표현한 바는 없다. 그러나, 사망원인이 수술전과 그 과정에서 취하여야 할 주의의무를 다하지 아니한 것으로 판시한 점, 또한, 위 의료사고는 종종 사망사고가 발생하는 산부인과 등의 의료행위가 아닌 안면주름살을 제거하는 성형수술과정에서 사망하게 된 점 등을 감안할 때 이 건 의료사고는 중대한 과실이 있었다고 보아야 할 것이다(국심 2002서0535, 2002. 5. 16).

### 8) 기업업무추진비

기업업무추진비는 기업활동의 원활과 기업의 신장을 도모하기 위하여 필요한 경비로 기업의 영업규모와 비례관계에 있어서 이를 엄격하게 해석하여야 하는데, 법인이 사업을 위하여 지출한 비용 중 상대방이 사업과 관련 있는 자이고 지출목적이 접대 등의 행위에 의하여 친목을 두텁게 하여 거래관계의 원활한 진행을 도모하는 데에 있다면 그 비용은 「법인세법」상의 접대비라 할 것이지만, 그러하지 아니한 경우에는 접대비로 단정할 수 없다할 것인 바(대법원 2008. 7. 10 선고, 2007두 26650 판결), 이 건의 경우 병원관계자는 ○○대학교 의과대학직원과 대학(원)생, 병원 내 농협직원, 병원 내 전기·전자·통신기계 등을 관리하는 성원개발 직원, 병원청소를 담당하는 직원 및 간호실습학생 등으로서 청구인의 사업과 직접적인 관련이 있는 자라고 보기 어렵고, 그 목적이 접대 등의 행위에 의하여 친목을 두텁게 하여 거래관계의 원활한 진행을 도모하는 데에 있는 것으로 보기도 어려우므로, 이를 접대비로 보아 과세한 처분은 잘못이 있는 것으로 판단된다(조심 2012전1850, 2012. 12. 31).

관련법조문

◈ **소득세법 제33조【필요경비 불산입】**

① 거주자가 해당 과세기간에 지급하였거나 지급할 금액 중 다음 각 호에 해당하는 것은 사업소득금액을 계산할 때 필요경비에 산입하지 아니한다.

5. 대통령령으로 정하는 가사(家事)의 경비와 이에 관련되는 경비

◈ **소득세법 기본통칙 27-55…3【사업주 급료의 필요경비 불산입】**

개인기업체의 사업주에 대한 급료는 소득금액계산상 필요경비에 산입하지 아니한다. 이 경우 공동사업자의 경우 또한 같다.

※ 서면-2017-법령해석소득-1981, 2017. 9. 28

사업자가 사업활동 중에 본인의 식대를 지출하는 경우 사업자 본인의 식대는 사업소득금액 계산 시 필요경비에 해당하지 아니한다.

### 9) 네트워크 병원의 가산세

#### ① 공동사업장등록불성실가산세

네트워크 병원을 공동으로 운영하면서 공동사업자등록을 하지 아니하였다 하여 공동사업장등록불성실가산세를 부과하였으나, 청구인 등은 「의료법」 제33조 제8항의 1인

의 의사는 여러 개의 의료기관을 개설할 수 없다는 제약으로 인하여 부득이 청구인 등의 각자의 명의 또는 지점원장 명의로 사업자등록을 한 것으로 보이는 점, 일선 세무서에서 의료기관이 사업자등록을 하는 경우 의료기관개설신고필증상 사업자 명의로만 사업자등록을 하도록 하는 것이 세무행정의 일반적인 관행인 것으로 보이고 이로 인하여 청구인 등이 공동사업자등록을 하지 못한 것으로 보이는 점, 청구인의 경우에도 세무조사 당시 조사공무원의 도움을 받은 후에야 공동사업자등록을 할 수 있어 당초 공동사업자등록을 하지 못한 귀책사유가 청구인에게만 있다고 보기 어려운 점 등에 비추어 청구인에게 공동사업자등록을 하지 못한 정당한 사유가 있는 것으로 보인다. 따라서 청구인에게 공동사업장등록불성실가산세를 부과한 처분은 잘못이 있는 것으로 판단된다(조심 2012서1906, 2012. 9. 25).

② 부당과소신고가산세

청구인이 네트워크 병원의 종합소득세를 신고·납부하면서 이중장부, 장부·기록의 파기, 거짓 증명 문서, 소득의 조작 또는 은폐, 사기 등 부당한 행위 등의 적극적인 행위가 있었다고 보이지 아니한 점, 청구인이 네트워크 병원에서 발생한 대부분의 소득금액을 고용의사 명의로 종합소득세 신고·납부를 한 점, 청구인이 부당한 방법으로 종합소득세 과세표준을 과소신고하였다는 처분청의 확인조사 내용이 없는 점 등에 비추어 청구인의 종합소득금액을 경정하면서 「국세기본법」 제47조의 3 규정에 따른 부당과소신고가산세를 적용하여 과세한 이 건 처분은 잘못이 있는 것으로 판단된다(조심 2016서1154, 2016. 5. 30).

**무신고가산세 및 납부불성실가산세 부과처분의 당연무효 여부**
**(대법원 2019. 5. 16 선고, 2018두34848 판결)**

판례

甲이 병원의 실질적 소유자인 乙과의 약정에 따라 병원장으로서 대가를 받고 근로를 제공한 근로자인데도 자신의 이름으로 병원의 사업자등록을 마친 후 사업소득에 대한 종합소득세 명목으로 과세관청에 종합소득세를 신고·납부하였는데, 과세관청이 근로소득에 대한 종합소득세 명목으로 甲에게 무신고가산세와 납부불성실가산세를 포함한 종합소득세를 경정·고지하는 처분을 한 사안에서, 甲이 병원에서 근로자로 근무하면서 근로소득을 얻었음에도 자신이 직접 병원을 운영하여 사업소득을 얻은 것처럼 법정신고기한 내에 종합소득 과세표준확정신고 및 납부계산서를 제출하였더라도, 이는 자신이 얻은 근로소득을 사업소득에 포함하여 종합소득 과세표준을 신고한 것으로 볼 수 있으므로, 甲이 종합소득 과세표준을 무신고하였음을 전제로 한 무신고가산세 부과처분은 위법하고, 또한 이러한 하자는 과세처분의 근거가 되는 법규의 목적·의미·기능 등을 목적론적으로 고찰해 볼 때 중대하고 객관적으로도 명백하므로, 무신고가산세 부과처분은 당연무효이고, 甲의 기납부세액 납부의 법률효과는 甲에게 귀속되고 실제사업자인 乙이 甲 명의로 직접 납부행위를 하였다고 하여 달리 볼 수 없으며, 甲의 기납부세액이 甲의 체납세액을 초과하는 이상, 甲이 납부의무를 해태함으로써 얻은 금융이익이 있다고 볼 수 없다는 등의 사정에 비추어, 과세관청이 甲에게 甲의 체납세액에 대한 납부불성실가산세를 부과한 것은 납부의무 없는 자에 대한 처분으로 하자가 중대하고 객관적으로 명백하여 당연무효에 해당한다. 과세처분이 당연무효라고 하기 위하여는 처분에 위법사유가 있다는 것만으로는 부족하고 하자가 법규의 중요한 부분을 위반한 중대한 것으로서 객관적으로 명백한 것이어야 하며, 하자가 중대하고 명백한지를 판별할 때에는 과세처분의 근거가 되는 법규의 목적・의미・기능 등을 목적론적으로 고찰함과 동시에 구체적 사안 자체의 특수성에 관하여도 합리적으로 고찰하여야 한다. 그리고 어느 법률관계나 사실관계에 대하여 어느 법령의 규정을 적용하여 과세처분을 한 경우에 그 법률관계나 사실관계에 대하여는 그 법령의 규정을 적용할 수 없다는 법리가 명백히 밝혀져서 해석에 다툼의 여지가 없음에도 과세관청이 그 법령의 규정을 적용하여 과세처분을 하였다면 하자는 중대하고도 명백하다고 할 것이나, 그 법률관계나 사실관계에 대하여 그 법령의 규정을 적용할 수 없다는 법리가 명백히 밝혀지지 아니하여 해석에 다툼의 여지가 있는 때에는 과세관청이 이를 잘못 해석하여 과세처분을 하였더라도 이는 과세요건사실을 오인한 것에 불과하여 하자가 명백하다고 할 수 없다.

### (5) 의료업의 중소기업 조세특례

#### 1) 중소기업의 범위

의료업이 조세특례제한법 제2조에 해당되는 경우에는 세법상 조세특례를 적용받을 수 있다. 이 경우 「중소기업기본법 시행령」 별표 1의 규정에 의한 규모기준은 다음과 같다.

| 해당업종 | 분류기호 | 규모 기준 |
|---|---|---|
| 보건업 및 사회복지서비스업 | Q | 평균매출액 등 600억 이하 |

#### 2) 중소기업특별세액감면(조특법 7)

중소기업 범위에 해당되는 의료법에 의한 의료기관을 운영하는 사업은 중소기업특별세액감면을 받을 수 있다. 다만, 의원・치과의원 및 한의원은 해당 과세연도의 수입금액(기업회계기준에 따라 계산한 매출액을 말한다)에서 「국민건강보험법」 제47조에 따라 지급받는 **요양급여비용이 차지하는 비율이 100분의 80 이상으로서 해당 과세연도의 종합소득금액이 1억원 이하**인 경우에 한정한다.

즉, 의료법에 의한 의료기관을 운영하는 사업을 주된 사업으로 영위하는 법인이 중소기업의 요건을 충족하는 경우 중소기업특별세액감면 적용 등 일반적인 중소기업에 대한 조세지원과 동일한 적용을 받을 수 있다(서면2팀-1558, 2005. 9. 27).

| 구 분 | 소재지 | 감면율 |
|---|---|---|
| • 소기업 | – | 10% |
| • 중기업 | 수도권 내 | – |
| | 수도권 밖 | 5% |

**핵심체크**

의원, 치과의원 및 한의원은 중소기업은 해당되나 종합소득금액이 1억원 이하 등 일정한 요건을 갖추지 못하면 중소기업특별세액감면은 받을 수 없다. 다만, 병상이 30개 이상인 개인병원의 경우에(수도권은 평균매출액이 10억원 이하인 소기업에 한함)는 중소기업특별세액감면을 받을 수 있다.

• 접대비 기본한도 : 36,000,000

• 중소기업특별세액감면 배제

### 3) 통합투자세액공제(조특법 24)

병의원이 다음에 해당하는 자산에 투자(중고품 및 대통령령으로 정하는 리스에 의한 투자는 제외한다)하는 경우에는 제2호 각 목에 따른 기본공제 금액과 추가공제 금액을 합한 금액을 해당 투자가 이루어지는 과세연도의 소득세(사업소득에 대한 소득세만 해당한다) 또는 법인세에서 공제한다.

#### ① 공제대상 자산

가. 기계장치 등 사업용 유형자산. 다만, 대통령령으로 정하는 자산은 제외한다.

나. 가목에 해당하지 아니하는 유형자산과 무형자산으로서 대통령령으로 정하는 자산

#### ② 공제금액

가. 기본공제 금액: 해당 과세연도에 투자한 금액의 100분의 1(중견기업은 100분의 5, 중소기업은 100분의 10)에 상당하는 금액. 다만, 다음의 어느 하나에 해당하는 경우에는 다음의 구분에 따른 금액으로 한다.

1) 신성장 · 원천기술의 사업화를 위한 시설로서 대통령령으로 정하는 시설(이하 이 조에서 "신성장사업화시설"이라 한다)에 투자하는 경우: 100분의 3(중견기업은 100분의 6, 중소기업은 100분의 12)에 상당하는 금액

2) 국가전략기술의 사업화를 위한 시설로서 대통령령으로 정하는 시설(이하 이 조에서 "국가전략기술사업화시설"이라 한다)에 2024년 12월 31일까지 투자하는 경우: 100분의 15(중소기업은 100분의 25)에 상당하는 금액

나. 추가공제 금액: 해당 과세연도에 투자한 금액이 해당 과세연도의 직전 3년간 연평균 투자 또는 취득금액을 초과하는 경우에는 그 초과하는 금액의 100분의 3(국가전략기술사업화시설의 경우에는 100분의 4)에 상당하는 금액. 다만, 추가공제 금액이 기본공제 금액을 초과하는 경우에는 기본공제 금액의 2배를 그 한도로 한다.

③ **과밀억제권역에서 증설투자 공제배제**

1989년 12월 31일 이전부터 수도권과밀억제권역에서 계속하여 사업을 경영하고 있는 내국인과 1990년 1월 1일 이후 수도권과밀억제권역에서 새로 사업장을 설치하여 사업을 개시하거나 종전의 사업장(1989년 12월 31일 이전에 설치한 사업장을 포함한다. 이하 이 조에서 같다)을 이전하여 설치하는 중소기업(이하 이 항에서 "1990년 이후 중소기업 등"이라 한다)이 수도권과밀억제권역에 있는 해당 사업장에서 사용하기 위하여 취득하는 사업용 고정자산으로서 대통령령으로 정하는 증설투자에 해당하는 것에 대해서는 제24조를 적용하지 아니한다(조특법 130 ①).

따라서 과밀억제권역 내에서는 대체투자, 과밀억제권역 밖에서는 대체투자뿐 아니라 증설투자도 통합투자세액공제를 받을 수 있다. 대체투자란 제품을 진료로 사용하던 낡은 의료기구나 설비를 새로운 것으로 바꾸어 생산성을 높이려는 투자를 말한다. 따라서 교체되는 의료기구에 대한 처분내역 및 사진 등 입증서류를 갖춰놓고 의료업자 수입금액 검토부표에 표시되어야 한다.

### (6) 의료보건용역에 대한 원천징수 또는 계산서 발급

의료보건용역에 대하여는 건강보험공단에서 요양기관에게 급여를 지급하는 경우에 사업소득으로 3%를 원천징수하게 된다. 또한 의료기관의 형태에 따라 원천징수 등의 문제가 다음과 같이 달라진다(서이 46013-11831, 2002. 10. 7).

① **의료기관이 법인인 경우**

법인은 사업소득에 대하여 원천징수를 하지 않으므로 의료용역을 제공하는 자가 계산서를 발행하여야 한다.

② **의료기관이 개인인 경우**

의료보건용역에 해당하여 사업소득으로 원천징수하고 해당 의료기관으로부터 계산서를 발급받아야 하는 것이나 원천징수영수증을 교부받은 경우에는 계산서를 발급한 것으로 보는 것이다(소령 211 ⑤).

**소득세 집행기준 173-224-1 용역제공자에 대한 과세자료의 제출**

① 소득세 납세의무가 있는 개인으로서 대통령령으로 정하는 용역을 제공하는 자(이하 이 항에서 "용역제공자"라 한다)에게 용역 제공과 관련된 사업장을 제공하는 자 등 대통령령으로 정하는 자는 용역제공자에 관한 과세자료를 수입금액 또는 소득금액이 발생하는 달의 다음 달 말일까지 사업장 소재지 관할 세무서장, 지방국세청장 또는 국세청장에게 제출하여야 함

② '대리운전, 소포배달 등 대통령령으로 정하는 용역'이란 다음에 해당하는 용역을 말한다.

1. 대리운전용역
2. 소포배달용역
3. 간병용역
4. 골프장경기보조용역
5. 파출용역
6. 위와 유사한 용역으로서 한국표준산업분류 또는 한국표준직업분류에 따른 대인 서비스와 관련된 일에 종사하는 자로서 수하물운반원·중고자동차판매원·욕실종사원이 직접 제공하는 용역

③ '용역 제공과 관련된 사업장을 제공하는 자 등 대통령령으로 정하는 자'란 다음에 해당하는 자를 말한다. 다만, 「소득세법」 제127조 제7항 및 같은 법 시행령 제184조 제3항에 따라 원천징수 의무자가 원천징수하는 경우에는 이를 제외한다.

1. 골프장사업자
2. 병원사업자
3. 직업소개업자
4. 노무제공플랫폼사업자 등 제2항 각 호의 용역을 알선·중개하는 자(이 경우 해당 용역을 알선·중개하는 자가 노무제공플랫폼사업자와 「고용보험법」 제77조의 7 제1항에 따른 노무 제공플랫폼이용계약을 체결하고 그 계약에 따라 알선·중개하는 경우에는 노무제공플랫폼 사업자를 해당 용역을 알선·중개하는 자로 봄)

### (7) 의료업의 기장의무

의료법 따른 의료업, 수의사법에 따른 수의업 및 약사법에 따라 약국을 개설하여 약사에 관한 업을 행하는 사업자는 해당연도에 신규로 사업을 개시하는 경우에도 간편장부대상자로 보지 아니하므로 복식부기의무자에 해당한다. 따라서 의료업자가 신규개업시에 복식부기에 의하여 기장신고하여야 하며 이 경우 2010. 1. 1 이후부터 기장세액공제를 받을 수 없다.

**① 개업하지 아니한 의사의 사업소득의 기장의무**

마취통증의학과 전문의인 거주자가 독립된 자격으로 고용관계가 없는 병원에서 마취

의료용역을 제공하고 받는 수당 기타 이와 유사한 성질의 대가는 「소득세법」 제19조 제1항 제14호에 따른 사업소득에 해당하여 의료업의 업종 코드번호(851219)를 적용하는 것이다(소득-1178, 2009. 7. 29).

② **최초 개원병의원의 증빙불비가산세 적용 여부**

병의원의 최초 개업시 수입금액에도 불구하고 간편장부대상자의 적용이 배제되어 복식부기의무를 진다. 다만, 이 경우 증명불비가산세는 적용되지 않는다.

**관련법조문**

◈ **소득세법 제81조의 6【가산세】**

① 사업자(대통령령으로 정하는 소규모사업자 및 대통령령으로 정하는 바에 따라 소득금액이 추계되는 자는 제외한다)가 사업과 관련하여 다른 사업자(법인을 포함한다)로부터 재화 또는 용역을 공급받고 제160조의 2 제2항 각 호의 어느 하나에 해당하는 증명서류를 받지 아니하거나 사실과 다른 증명서류를 받은 경우에는 그 받지 아니하거나 사실과 다르게 받은 금액(건별로 받아야 할 금액과의 차액을 말한다)의 100분의 2에 해당하는 금액을 결정세액에 더한다. 다만, 제160조의 2 제2항 각 호 외의 부분 단서를 적용받는 경우에는 그러하지 아니하다.

◈ **소득세법 시행령 제147조**

① 법 제81조 제4항 단서, 같은 조 제5항 및 제8항에서 "대통령령으로 정하는 소규모사업자"란 제132조 제4항 각 호의 어느 하나에 해당하는 사업자를 말한다.

법 제70조 제4항 제5호에서 **"대통령령이 정하는 소규모사업자"란 다음 각 호의 어느 하나에 해당하는 사업자를 말한다.**

1. **해당 과세기간에 신규로 사업을 개시한 사업자**
2. 직전 과세기간의 사업소득의 수입금액(결정 또는 경정으로 증가된 수입금액을 포함한다)이 4천800만원에 미달하는 사업자
3. 법 제73조 제1항 제4호를 적용받는 사업자

## (8) 현금영수증의 의무발급

병·의원을 영위하는 사업자로서 현금영수증가맹점으로 가입한 사업자는 **건당 거래금액(부가가치세액을 포함한다)이 10만원 이상**인 재화 또는 용역을 공급하고 그 대금을 현금으로 받은 경우에는 상대방이 현금영수증 발급을 요청하지 아니하더라도 현금영수증을 발급하여야 한다. 다만, 사업자등록을 한 자에게 재화 또는 용역을 공급하고 계산서 또는 세금계산서를 발급한 경우에는 현금영수증을 발급하지 아니할 수 있다(소법 162의 3 ④ 및 법법

117의 2 ④). 현금영수증을 발급하지 아니한 경우(「국민건강보험법」에 따른 보험급여의 대상인 경우 등 대통령령으로 정하는 경우는 제외한다): 미발급금액의 100분의 20(착오나 누락으로 인하여 거래대금을 받은 날부터 10일 이내에 관할 세무서에 자진 신고하거나 현금영수증을 자진 발급한 경우에는 100분의 10으로 한다)(소법 81의 9 ② 3호). 현금영수증을 발급하는 경우에는 재화 또는 용역을 공급하고 그 대금을 현금으로 받은 날부터 5일 이내에 무기명으로 발급할 수 있다(소령 210의 3 ⑫).

① 현금영수증 발급의무 대상 거래금액은 보험급여를 포함한 **총진료비를 기준**으로 하는 것이며, 현금영수증은 현금으로 받은 금액에 대하여만 발급하여야 하는 것이다. 즉, 건강보험이 적용되는 공단부담금 7만원, 본인부담금 3만원으로 총진료비가 10만원인 경우 현금으로 받는 본인부담금 3만원은 현금영수증을 발급하여야 한다.

② 현금으로 결제하기로 한 총진료비 160만원을 기준으로 현금영수증 발급의무화 대상 거래금액을 판단하는 것이며, 현금영수증은 거래대금을 분할하여 현금으로 받는 때마다 각각 발급하여야 하는 것이다.

③ 현금영수증 발급의무 대상 거래금액은 거래당사자가 약정한 총진료비를 기준으로 판단하는 것이며, 현금영수증은 현금으로 받는 때마다 각각 발급하여야 하는 것이다.

④ 현금영수증은 거래상대방으로부터 현금으로 받은 금액 50만원에 대하여 발급하여야 하는 것이다(전자세원과-214, 2010. 4. 12).

⑤ 개인사업자인 요양병원은 「조세특례제한법」 제126조의 3 제4항 및 「소득세법」 제162조의 3 제4항에 따라 건당 거래금액(부가가치세액을 포함)이 10만원 이상인 진료용역을 공급하고 그 대금을 현금으로 받은 경우 상대방이 현금영수증 발급을 요청하지 아니하더라도 진료용역을 공급받은 자에게 현금영수증을 발급하여야 합니다. 다만, 사업자등록을 한 자에게 계산서를 교부한 경우에는 현금영수증을 발급하지 아니할 수 있다(서면소득-1726, 2015. 10. 5).

### (9) MSO 법인의 운영과 부당행위계산 부인

병원경영지원회사(MSO)란 의료인이 병원을 개설・운영함에 있어서 인사・노무・홍보 등 본연의 의료행위 외에 병원 경영에 필요한 업무를 지원해 주는 회사라고 정의할 수 있다. 병원경영지원회사는 대부분 상법상의 주식회사의 모습이지만, 주식회사가 아닌 개인도 병원경영지원회사를 개설할 수 있다. 병원경영지원회사가 실정법상 적법하게 수행할 수 있는 업무범위는 의료행위 외의 병원 경영 전반에 관한 서비스, 즉 구매・인력관리・홍보・회계 등의 경영지원서비스를 제공하는 업무를 수행할 수 있다. 즉 의료기관 개설자의 개설・운영권을 침해하지 않고 이를 보완 및 지원하는 경영지원서비스는 적법하게 제공할 수

있으며, 이러한 병원경영지원회사를 경영지원형 MSO라고 분류하기도 한다.[77)]

MSO 법인의 설립 및 운영에서 임원 및 주주구성은 배우자 또는 가족이 하는 경우가 많다. 이 경우 국세기본법 제14조에 따른 실질과세원칙에 따라 실질적인 경영활동을 하는지와 법인세법 제51조에 따른 부당행위계산 부인에 따라 병원과 가격산정의 적정성(시가)을 검토하여야 한다.

##  공동개원의 세무실무

### 1. 동업계약서의 작성과 공동사업자등록

공동개원을 하는 경우 권리의무 관계를 명확히 하는 동업계약서를 작성하여야 한다. 이 경우 투자금액, 손익분배비율, 동업해지시의 분배방법 등을 구체적으로 정하여야 한다.

사업자등록 신청서(개인사업자용)

| 2. 공동사업자 명세 | | | | | | | |
|---|---|---|---|---|---|---|---|
| 출자금 | | | 원 | 성립일 | | | |
| 성명 | 주민등록번호 | 지분율 | 관계 | 성명 | 주민등록번호 | 지분율 | 관계 |
| | | | | | | | |

① 출자금은 자기자본의 경우 자금출처 확인, 타인자본의 경우 이자비용에 대한 필요경비 불산입에 대한 검토가 필요하다.

② 성립일은 동업계약서 작성일이다.

③ 공동사업구성원의 일부추가 또는 탈퇴시 사업자등록 정정신고

### 2. 출자금액에 대한 이자비용의 필요경비불산입

부동산임대소득, 사업소득, 산림소득이 있는 공동사업장에 대하여는 당해 공동사업장을 1사업장으로 보아 소득금액을 계산하는 것이므로 공동사업자가 공동사업장에 출자하기 위하여 차입한 차입금의 지급이자는 공동사업장의 업무와 관련 없는 경비(인출금 성격)로 필요경비불산입하는 것이다(서일 46011-10471, 2002. 4. 11). 그러나 공동사업으로 부동산임대업을 영위하기 위하여 금융기관으로부터 차입한 자금으로 건물을 신축하는 경우 차입금에 대한 준공된 날까지의 이자는 건축물의 가액에 가산(건설자금이자)하며, 준공된 날 이후의 이

77) 김준래, “병원경영지원회사(MSO) 업무 범위와 한계” 메디컬타임즈, 2021. 12. 16.

자는 당해연도의 필요경비에 산입하는 것이다(소득 46011-21136, 2000. 9. 8).

[공동사업장 지급이자의 필요경비 쟁점]

| 구분 | 필요경비 산입 | 필요경비 불산입 |
|---|---|---|
| 1. 차입의도 및 목적 | 공동사업운영 | 공동사업출자 |
| 2. 대출시기 | 동업계약체결 후<br>(가급적 사업자등록 후) | 동업계약체결 전 |
| 3. 채무의 성격 | 공동사업장(조합)채무 | 개인채무 |
| 4. 채무의 부담행위 | 조합활동의 일환 | 출자행위 |
| 5. 부동산의 소유관계 | 조합재산(합유) | 개인자산(단독소유 또는 공유) |
| 6. 동업약정, 재무제표 | 차입금 | 출자금 |
| 7. 손익분배비율 약정 | 적극재산과 소극재산<br>(채무)을 공제한 후<br>손익분배 | 소극재산을 제외한 금액으로<br>손익분배 |
| 8. 초과인출금 | 사업용자산 > 차입금 | 사업용자산 < 차입금 |

※ 따라서 동업계약서 작성내용, 대출시기, 사업자등록시기, 손익분배비율, 회계처리가 매우 중요함.

**참고** **공동개원에 대한 세무처리**

**(1) 공동개원시 차입금 이자비용의 필요경비산입 여부**

① [질의]

의사 2인이 공동개원을 하기 위하여 개업 전 구성원 각각이 개인명의로 대출받아 개업을 하고 동 대출금으로 임차보증금과 의료기기 구입, 인테리어 비용 등으로 충당하는 경우에 사업자등록 전에도 사업과 관련된 비용은 필요경비에 산입이 가능하며 차입금에 대한 이자비용도 필요경비에 산입이 가능한 것으로 알고 있는데 공동사업의 경우 동 차입금을 사업과 관련된 자금으로 볼 수 있는지 아니면 이자비용으로 필요경비에 산입할 수 없는 출자를 위한 차입금으로 보는 것인지?

② [회신]

공동사업자가 공동사업과 관련하여 금융기관 등으로부터 차입한 차입금에 대한 이자비용은 소득세법 제27조의 규정에 의한 필요경비에 산입할 수 있는 것이나, 공동사업자가 공동사업에 출자하기 위하여 차입한 차입금에 대한 이자비용은 당해 공동사업장의 소득금액 계산에 있어서 같은 법 제3조 및 같은 법 시행령 제61조 제1항의 규정에 의한 업무와 관련 없는 비용에 해당하여 필요경비에 산입할 수 없는 것입니다(서면1팀-1737, 2006. 12. 26).

**(2) 의료인과 비의료인이 공동사업자로 사업자등록 가능 여부**

① [질의]

전문의 자격증을 소지한 전문의로서 의원을 개설하고자 개설신고필증을 득한 후 공동사업자등록을 준비 중에 있으나, 본인의 운영자금이 부족하여 경영 및 마케팅 능력과 자금력을 갖춘 비의료인과 공동사업형태로 의원을 운영하려고 하는 경우 의료인과 비의료인이 공동사업자로서 사업자등록이 가능한지?

② [회신]

「의료법」 제30조 제2항 제1호의 의료인에 해당되지 아니하는 개인은 의료기관을 개설할 수 없는 것으로서 의료업에 대하여는 의료인과 의료인이 아닌 자가 공동사업자로 사업자등록을 할 수 없는 것이다(서면1팀-1303, 2006. 9. 20).

**(3) 공동사업의 계속 중에 탈퇴하는 구성원으로부터 지분 인수시 감가상각자산의 기초(취득)가액**

의료업을 경영하는 공동사업장의 구성원 3인 중 1인이 건강상의 이유로 공동사업장을 탈퇴하면서 자기 지분을 나머지 2인에게 양도하여 공동사업장의 구성원이 변경된 경우에 해당 공동사업장의 감가상각자산의 장부가액은 구성원 변경 전의 장부가액을 동일하게 적용하는 것이다(서면-5844, 2017. 3. 28).

## 3. 구성원의 변경에 따른 세무처리

단독개원 후 구성원을 추가하여 공동운영하거나 공동경영하던 중 구성원 중 일부가 탈퇴하는 경우 출자지분에 양도·양수가 이루어진다.

### (1) 구성원 중 일부가 공동사업 탈퇴시

비특수관계자인 (갑)과 (을)은 각각 3억원을 출자하여 50:50의 지분으로 개인병원을 공동 개원하여 운영하였으며, 초기 투자금은 병원의 운영에 필요한 의료장비 및 비품을 구입하는 데 사용하고 병원을 운영하다가 (을)은 건강상의 이유로 자신의 지분 50%를 (갑)에게 모두 양도함. 의료장비 및 비품 등 자산가액이 5억원으로 평가되고 권리금이 3억원으로 평가되어 (을)은 자산가액의 대가로 2억 5천만원, 권리금의 가액으로 1억 5천만원 등 총 4억원을 (갑)으로부터 지급받음.

① 지급받는 자(영업권) : 기타소득으로 원천징수

의료업을 경영하는 공동사업장의 구성원 중 1인이 해당 공동사업장을 탈퇴하면서 자기 지분을 양도하고 받는 영업권 상당의 금액은 기타소득에 해당하는 것이며, 해당 영업권은 무형고정자산에 해당하는 것임(소득세과-773, 2010. 7. 5).

② 지급자(무형자산) : 감가상각

③ 출자금 반환을 위한 차입금 이자비용 : 필요경비불산입(소기통 27-55…41)

④ 유형자산 평가액 지급 : 종전 장부가액으로 감가상각

⑤ 자산의 구분계산 : 타인으로부터 영업권 및 기타의 사업용 고정자산을 포괄적으로 양수한 경우에도 영업권 및 기타 각 자산의 취득가액은 각 자산별로 구분하여 계산하여야 한다(소기통 33-62…8).

[구성원(의사) 중 일부 공동사업 탈퇴시의 세무처리]

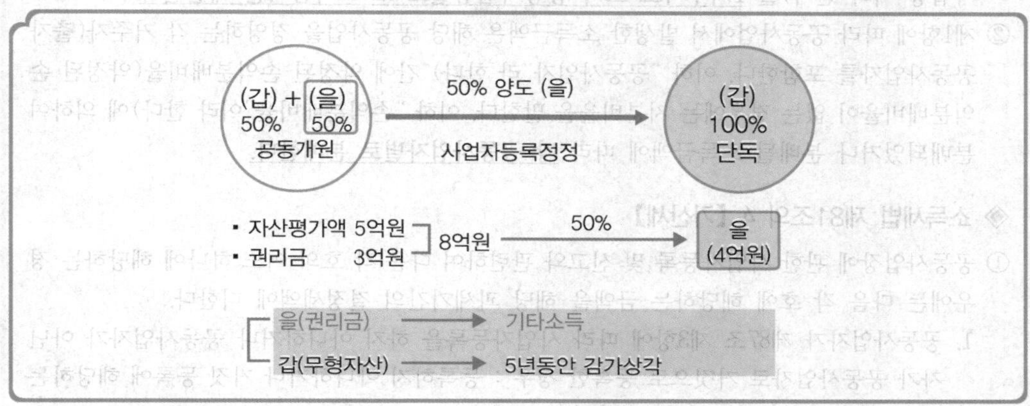


## (2) 구성원 중 일부가 공동사업에 추가

병의원을 영위하던 개인사업자 "갑"이 당해 사업장의 자산과 영업권을 적정하게 평가하여 "갑"과 "을"을 구성원으로 하는 공동사업에 출자한 경우 공동사업에 출자된 영업권은 「소득세법 시행령」 제62조 제2항 제2호에 따라 공동사업장의 무형고정자산에 해당하는 것이다(서면법규과-1266, 2013. 11. 19).

[구성원(의사) 중 일부 공동사업 추가시 세무처리]

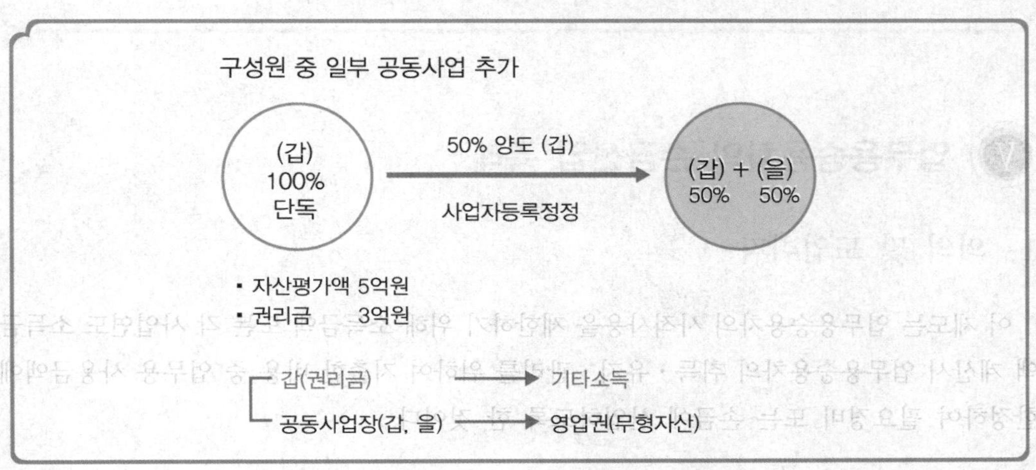

관련법조문

◈ 소득세법 제43조【공동사업에 대한 소득금액 계산의 특례】

① 사업소득이 발생하는 사업을 공동으로 경영하고 그 손익을 분배하는 공동사업[경영에 참여하지 아니하고 출자만 하는 대통령령으로 정하는 출자공동사업자(이하 "출자공동사업자"라 한다)가 있는 공동사업을 포함한다]의 경우에는 해당 사업을 경영하는 장소(이하 "공동사업장"이라 한다)를 1거주자로 보아 공동사업장별로 그 소득금액을 계산한다.

② 제1항에 따라 공동사업에서 발생한 소득금액은 해당 공동사업을 경영하는 각 거주자(출자공동사업자를 포함한다. 이하 "공동사업자"라 한다) 간에 약정된 손익분배비율(약정된 손익분배비율이 없는 경우에는 지분비율을 말한다. 이하 "손익분배비율"이라 한다)에 의하여 분배되었거나 분배될 소득금액에 따라 각 공동사업자별로 분배한다.

◈ 소득세법 제81조의 4【가산세】

① 공동사업장에 관한 사업자등록 및 신고와 관련하여 다음 각 호의 어느 하나에 해당하는 경우에는 다음 각 호에 해당하는 금액을 해당 과세기간의 결정세액에 더한다.

1. 공동사업자가 제87조 제3항에 따라 사업자등록을 하지 아니하거나 공동사업자가 아닌 자가 공동사업자로 거짓으로 등록한 경우 : 등록하지 아니하거나 거짓 등록에 해당하는 각 과세기간 총수입금액의 1천분의 5
2. 공동사업자가 제87조 제4항 및 제5항에 따라 신고하여야 할 내용을 신고하지 아니하거나 거짓으로 신고한 경우로서 대통령령으로 정하는 경우 : 신고하지 아니하거나 거짓 신고에 해당하는 각 과세기간 총수입금액의 1천분의 1

◈ 조세범 처벌법 제11조【명의대여행위 등】

① 조세의 회피 또는 강제집행의 면탈을 목적으로 타인의 성명을 사용하여 사업자등록을 한 자는 2년 이하의 징역 또는 2천만원 이하의 벌금에 처한다.

② 조세의 회피 또는 강제집행의 면탈을 목적으로 자신의 성명을 사용하여 타인에게 사업자등록을 할 것을 허락한 자는 1년 이하의 징역 또는 1천만원 이하의 벌금에 처한다.

## Ⅴ 업무용승용차의 손금산입 특례

### 1. 의의 및 도입취지

이 제도는 업무용승용차의 사적사용을 제한하기 위해 소득금액 또는 각 사업연도 소득금액 계산시 업무용승용차의 취득·유지·관리를 위하여 지출한 비용 중 업무용 사용금액에 한정하여 필요경비 또는 손금에 산입하도록 한 것이다.

## 2. 업무용승용차의 범위

### (1) 적용대상 자동차

개별소비세가 과세되는 다음의 자동차를 말한다.

① 배기량이 2천cc를 초과하는 승용자동차와 캠핑용자동차 : 100분의 5

② 배기량이 2천cc 이하인 승용자동차(배기량이 1천cc 이하인 경차 제외)와 이륜자동차 : 100분의 5

### (2) 적용제외 자동차

다음의 업종에서 사업상 수익을 얻기 위하여 직접 사용하는 승용차는 제외한다. 즉 부가가치세 매입세액공제가 되는 경차, 화물차 등은 적용대상이 아니다.

① 운수업, 자동차판매업, 자동차임대업(렌트회사), 운전학원업, 무인경비업(출동차량에 한함) 등에 해당하는 업종

② 여신전문금융업법에 따른 시설대여업(리스회사)

③ 위와 유사한 승용자동차로서 기획재정부령으로 정하는 승용자동차

④ 한국표준산업분류표 중 장례식장 및 장의관련 서비스업을 영위하는 법인이 소유하거나 임차한 운구용 승용차

### (3) 임직원 개인명의 승용자동차

#### 1) 법인소유 차량이 개인명의로 있는 경우

실질과세원칙에 따라 법인소유로 보아 감가상각 및 유지비용이 동일하게 적용되나 임직원전용 자동차보험에 가입할 수 없어 손금인정을 받을 수 없다.

#### 2) 개인소유차량을 회사업무에 사용하는 경우

업무용승용차 관련비용의 손금불산입 등 특례규정은 법인명의로 취득하거나 임차한 업무용승용차에 대하여 적용되므로 직원명의의 차량을 업무용으로 이용하는 경우에는 적용하지 아니한다(법인-손금2, 2016. 6. 29).

## 3. 업무용 승용자동차 관련비용의 범위

업무용 승용자동차 관련비용이란 업무용승용차에 대한 감가상각비, 임차료, 유류비, 보험

료, 수선비, 자동차세, 통행료 및 금융리스부채에 대한 이자비용 등 업무용승용차의 취득·유지를 위하여 지출한 비용을 말한다. 다만, 운전기사 인건비, 용역기사 수수료, 대리운전비, 교통범칙금, 손해배상금은 제외한다.

[업무용승용차 관련비용 명세서 중 일부]

<table>
<tr><th rowspan="2">(9)감가<br>상각비</th><th>(10)임차료</th><th rowspan="2">(12)<br>유류비</th><th rowspan="2">(13)<br>보험료</th><th rowspan="2">(14)<br>수선비</th><th rowspan="2">(15)<br>자동차세</th><th rowspan="2">(16)<br>기타</th><th rowspan="2">(17)<br>합계</th></tr>
<tr><th>(11)감가<br>상각비상당액</th></tr>
<tr><td rowspan="2"></td><td></td><td rowspan="2"></td><td rowspan="2"></td><td rowspan="2"></td><td rowspan="2"></td><td rowspan="2"></td><td rowspan="2"></td></tr>
<tr><td></td></tr>
</table>

## 4. 업무용 승용자동차 관련비용 세무조정

### (1) 업무전용자동차보험 가입

복식부기의무자, 의료업, 수의업, 약사업 및 「부가가치세법 시행령」 제109조 제2항 제7호에 따른 사업을 영위하는 사람이 업무용승용차를 보유하거나 임차한 경우 해당 업무용승용차(사업자별로 1대는 제외하며, 공동사업장의 경우는 1사업자로 보아 1대를 제외한다)에 대해서는 다음의 구분에 따른 금액으로 한다.

① 해당 과세기간의 전체 기간(임차한 승용차의 경우 해당 과세기간 중에 임차한 기간을 말한다) 동안 해당 사업자, 그 직원 등 기획재정부령으로 정하는 사람이 운전하는 경우만 보상하는 자동차보험(이하 "업무전용자동차보험"이라 한다)에 가입한 경우 : 업무사용비율금액

② 업무전용자동차보험에 가입하지 않은 경우 : 업무사용비율금액의 100분의 100

다만, 성실신고확인대상자 또는 전문직 종사자가 아닌 경우 2025년까지는 50% 손금불산입한다.

### (2) 업무사용금액

업무사용금액이란 업무용승용차 관련비용에 업무사용비율을 곱한 금액을 말한다.

$$업무사용금액 = 업무용승용차\ 관련비용 \times 업무사용비율\ \left(\frac{업무용사용거리}{총주행거리}\right)$$

### (3) 업무사용비율

<table>
<tr><th colspan="2">구분</th><th>업무사용비율</th></tr>
<tr><td colspan="2">운행기록 등을 작성·비치한 경우</td><td>$\frac{\text{업무용사용거리}}{\text{총주행거리}}$</td></tr>
<tr><td rowspan="2">운행기록 등을 작성·비치하지 않는 경우</td><td>업무용승용차관련비용이 1,500만원 이하인 경우</td><td>100%</td></tr>
<tr><td>업무용승용차관련비용이 1,500만원을 초과하는 경우</td><td>$\frac{\text{1,500만원}}{\text{업무용승용차관련비용}}$<br>* 사업연도가 1년 미만인 경우 :<br>$\text{1,500만원} \times \frac{\text{해당 사업연도월수}}{12}$</td></tr>
</table>

업무용 사용거리란 제조·판매시설 등 해당 법인의 사업장 방문, 거래처·대리점 방문, 회의 참석, 판촉 활동, 출·퇴근 등 직무와 관련된 업무수행을 위하여 주행한 거리를 말한다(소칙 42 ③).

### (4) 운행기록 등 제출의무

업무용승용차 관련 비용 등을 필요경비에 산입한 복식부기의무자가 같은 조 제4항에 따른 업무용승용차 관련 비용 등에 관한 명세서를 제출하지 아니하거나 사실과 다르게 제출한 경우에는 다음의 구분에 따른 금액을 가산세로 해당 과세기간의 종합소득 결정세액에 더하여 납부하여야 한다(소법 81의 14).

① 명세서를 제출하지 아니한 경우 : 해당 복식부기의무자가 제70조 및 제70조의 2에 따른 신고를 할 때 업무용승용차 관련 비용 등으로 필요경비에 산입한 금액의 100분의 1

② 명세서를 사실과 다르게 제출한 경우 : 해당 복식부기의무자가 제70조 및 제70조의 2에 따른 신고를 할 때 업무용승용차 관련 비용 등으로 필요경비에 산입한 금액 중 해당 명세서에 사실과 다르게 적은 금액의 100분의 1

### (5) 업무용 사용분 감가상각비 중 800만원 초과분 손금불산입

#### 1) 업무용 사용분 감가상각비 중 800만원 초과분

업무사용금액 중 다음의 구분에 해당하는 비용이 각각 800만원을 초과하는 경우 그 초과하는 금액은 해당 사업연도에 손금에 산입하지 않는다.

다만 해당 사업연도가 1년 미만이거나 과세기간 중 일부 기간 동안 보유하거나 임차한 경우 월수의 계산은 역에 따라 계산하되, 1월 미만의 일수는 1월로 한다.

① (업무용승용차별 감가상각비 × 업무사용비율) - 800만원 : 유보

② (업무용승용차별 임차료 중 감가상각비 × 업무사용비율) - 800만원 : 기타사외유출

업무용승용차의 임차료 중 감가상각비상당액은 보험료와 자동차세 등을 제외한 금액으로서 다음의 금액을 말한다.

㉠ 「여신전문금융업법」 제3조 제2항에 따라 등록한 시설대여업자로부터 임차한 승용차(리스차량) : 임차료에서 해당 임차료에 포함되어 있는 보험료, 자동차세 및 수선유지비를 차감한 금액. 다만, 수선유지비를 별도로 구분하기 어려운 경우에는 임차료(보험료와 자동차세를 차감한 금액을 말한다)의 100분의 7을 수선유지비로 할 수 있다.

㉡ 제1호에 따른 시설대여업자 외의 자동차대여사업자로부터 임차한 승용차(렌트차량) : 임차료의 100분의 70에 해당하는 금액

### (6) 감가상각비 이월액 손금추인

#### 1) 업무용승용차별 감가상각비 이월액

해당 사업연도의 다음 사업연도부터 해당 업무용승용차의 업무사용금액 중 감가상각비가 800만원에 미달하는 경우 그 미달하는 금액을 한도로 하여 손금으로 추인하고 △유보로 소득처분한다.

#### 2) 업무용승용차별 임차료 중 감가상각비 상당액 이월액

해당 사업연도의 다음 사업연도부터 해당 업무용승용차의 업무사용금액 중 감가상각비 상당액이 800만원에 미달하는 경우 그 미달하는 금액을 한도로 손금에 산입한다. 다만, 임차를 종료한 날부터 10년이 경과한 날이 속하는 사업연도에는 남은 금액을 모두 손금에 산입하고 기타로 소득처분한다. 해당 사업연도의 다음 사업연도부터 해당 업무용승용차의 업무사용금액 중 감가상각비 상당액이 800만원에 미달하는 경우 그 미달하는 금액을 한도로 손금에 산입한다.

### (7) 업무용승용차 처분손실

#### 1) 업무용승용차 처분손실 중 800만원 초과분

업무용승용차를 처분하여 발생하는 손실로서 업무용승용차별로 800만원을 초과하는 금

액은 해당 사업연도에 손금에 산입하지 않으며 기타사외유출로 소득처분한다. 해당 과세기간이 1년 미만이거나 과세기간 중 일부 기간 동안 보유하거나 임차한 경우 월수의 계산은 역에 따라 계산하되, 1월 미만의 일수는 1월로 한다.

### 2) 업무용승용차 처분손실의 이월액 손금추인

업무용승용차 처분손실 중 800만원 초과분(손금불산입액)은 해당 사업연도의 다음 사업연도부터 800만원을 균등하게 손금에 산입하고 기타로 소득처분하고, 남은 금액이 800만원 미만인 사업연도 또는 해당 업무용승용차를 처분한 날부터 10년이 경과한 날이 속하는 사업연도에는 남은 금액을 모두 손금에 산입하는 방법을 말한다.

**사례**

의료법인 T&C는 개별소비세 과세대상 승용자동차를 대표이사가 업무용으로 사용하기 위하여 2022. 1. 1 1억원(부가가치세 포함)에 취득하였다. 해당 법인은 2022년 사업연도(2022. 1. 1~2022. 12. 31) 결산을 하면서 감가상각비 10,000,000원과 유류비, 보험료 등 유지비용 10,000,000원을 지출하고 손금산입하였다. 해당 법인은 업무전용 자동차보험에 가입되어 있으며 운행기록을 작성하여 비치하고 업무사용비율은 50%이다.

(1) 업무용승용차 감가상각비 시부인

| 구 분 | 금 액 |
|---|---|
| 회사계상 감가상각비 | 10,000,000원 |
| 세법상 감가상각비 | 20,000,000원 |
| 한도미달액 | (10,000,000원) |

* 세무조정 : 〈손금산입〉 감가상각비 10,000,000원(－유보)

(2) 업무용승용차 관련비용 중 업무 미사용 금액 조정

| 구 분 | 금 액 |
|---|---|
| 세법상 감가상각비 | 20,000,000원 |
| 차량유지비 등 | 10,000,000원 |
| 업무용승용차 관련비용 | 30,000,000원 |

* 세무조정 : 〈손금불산입〉 업무외 사용금액 15,000,000원 (상여)

업무용승용차 관련비용 3천만원 중 업무미사용비율 50%에 상당하는 금액을 손금불산입하고 귀속자에 대하여 상여처분한다. 귀속자는 근로제공일이 속하는 사업연도의 근로소득에 포함되어 원천징수하여야 한다.

(3) 업무사용금액 중 감가상각비 한도초과액의 조정

| 구 분 | 금 액 |
|---|---|
| 손금산입된 회사감가상각비 | 10,000,000원 |
| 법인세법상 한도액 | 8,000,000원 |
| 한도초과액 | 2,000,000원 |

* 세무조정 : 〈손금불산입〉 감가상각비 한도초과액 2,000,000원 (유보)

##  의료업종별 세무실무

### 1. 한의원

#### (1) 현황

한의원은 의료업종 중 보험수입보다 비보험수입이 많아 과세표준양성화 비율이 낮은 편이다. 그러나 신용카드 및 현금영수증 사용의 증가, 의료비 소득공제자료 제출[78] 제도의 시행 등으로 일반수입금액비율의 양성화가 급격히 이루어지고 있다.

#### (2) 수입금액과 한약재의 연관성

한의원의 수입금액은 보험수입금액(치료제, 침술 등)과 일반수입금액(첩약수입 등)으로 구성된다. 보약수입은 지역적으로 편차가 심하나 일반적으로 30만원에서 60만원 정도에 이른다. 반면에 일반치료제는 8만원에서 20만원 정도를 받는다. 사업장현황신고시 수입금액검토부표를 작성하게 되는데 과세관청에서 이 자료를 근거로 하여 수입금액추산자료로 활용될 수 있으므로 신중히 작성하여야 한다. 한의원에서는 한약재가 200~300종이 소요된다. 이 중에서 주요재료인 감초, 당귀, 녹용의 사용량을 수입금액검토부표에 금액을 기록하도록 되어 있는데 참고적으로 대략적인 비율을 보면 다음과 같다.

78) 소득세법 제165조 및 같은법 시행령 제216조의 3에서 의료기관은 환자의 진료자료를 자료집중기관인 건강보험관리공단에 제출하여야 한다. 이 제도는 근로자의 연말정산 소득공제자료의 간소화차원에서 도입되었다. 이로 인하여 의료기관의 비급여수입금액이 양성화에 기여할 것이다. 또한 2006. 12. 1. 이후 모든 의료기관에 지출하는 의료비 및 의약품 구입비에 대하여 연말정산시 의료비 소득공제를 받도록 그 범위를 확대하였다(소령 110).

**참 고** **한약재 사용비율**

- 당귀 : 한약재의 1/15~1/20
- 감초 : 한약재의 1/40~1/50
- 녹용 : 보약수입의 30%~40%

**핵심체크**

한약재의 구입량과 비보험수입인 보약매출의 연관성을 검토한다. 그리고 한약재를 구입하고 세금계산서나 계산서를 수취하였는지 확인한다.

### (3) 한약재와 적격증명

한약재를 원산지에서 농민으로부터 직접 구입하고 적격증명을 수취하지 않아도 되는가에 대하여 살펴보면, 한약재의 판매·제조와 관련하여 "약사법 및 한약재 안전 및 품질관리 규정"에 의하면 인허가를 받은 의약품 도매상만이 판매할 수 있고 한의원에서 직접 현지 약초 채취업자로부터 구입할 수 없다. 따라서 한약재 등은 세금계산서나 계산서 등 적격증명을 수취하여야 한다.

**관련법조문**

◈ **한약재 안전 및 품질관리 규정**(식품의약품안전처고시 제2013-7호, 2013. 4. 5 제정)

**제11조 【규격품 유통질서확립 등을 위한 준수사항】**

① 의약품도매상·약국개설자 및 한약업사는 규격품이 아닌 것을 판매하거나 판매의 목적으로 저장·진열하여서는 아니 된다.
② 한약판매업자나 그 종사자는 한약재에 포자 등 화학적 변화를 가하거나 2가지 이상의 한약재를 혼합하여 포장하여서는 아니 된다. 다만, 한약조제약사, 한약사 또는 한약업사가 보건복지부장관이 정한 규정에 의해 한약을 조제 또는 혼합 판매할 경우에는 그러하지 아니하다.
③ 한약재를 수입한 수입자는 당해 품목의 제조품목허가를 받은 의약품제조업자 외의 자에게 이를 판매하거나 유통시켜서는 아니 된다.

### (4) 한의사가 주름살제거 등을 목적으로 하는 침술의 과세 여부

한의사가 유방확대·축소 또는 주름살제거를 목적으로 하는 침술이 「국민건강보험법」 제39조 제3항에 따라 요양급여의 대상에서 제외되는 미용목적 성형수술에 해당되는 경우에는 「부가가치세법 시행령」 제29조 제1호에 따라 2011. 7. 1 이후 공급하는 분부터 부가가치세 면제대상에서 제외되는 것이다(부가-1037, 2011. 8. 31).

### (5) 한방 병 · 의원 수입금액검토부표

양식

**한방 병 · 의원 수입금액검토부표**

(1) 인적사항

| ① 사업자번호 | | ② 상호 | | ③ 성명 | |
|---|---|---|---|---|---|

(2) 주요 의료기기 현황(고가순으로) (단위: 대,천원)

| 종 류 | | ⑤대수 | ⑥취득일 | ⑦취득가액 | ⑧리스일 | ⑨리스가액 |
|---|---|---|---|---|---|---|
| 코드 | ④ 명 칭 | | | | | |
| | | | | | | |
| | | | | | | |

(3) 진료유형별 비보험 수입금액 (단위: 대,천원)

| 종 류 | | 당해 과세기간 | | 구 분 | | 당해 과세기간 | |
|---|---|---|---|---|---|---|---|
| 코드 | ⑩ 유 형 | ⑪인원 | ⑫ 수입금액 | 코드 | ⑩ 유 형 | ⑪인원 | ⑫ 수입금액 |
| | | | | | | | |
| | | | | | | | |
| | | | | | | | |
| | | | | | | | |

(4) 주요한약재 사용현황 (단위: 천원)

| 약 재 명 | ⑬전기이월금액 | ⑭당해과세기간 매 입 금 액 | ⑮당해과세기간 사 용 금 액 | ⑯차기이월금액 |
|---|---|---|---|---|
| 감 초 | | | | |
| 녹 용 | | | | |
| 당 귀 | | | | |
| 기 타 | | | | |

한의원에 대한 수입금액 및 의료기기 현황 등을 신고합니다.

년 월 일

사 업 자 : ㉠

세무대리인 : ㉠

(관리번호 )

세무서장 귀하

[수입금액검토부표 작성요령]

① 주요의료기기 현황은 종류별로 구분하여 고가순으로 작성한다. 한의원의 의료기기는 초음파치료기, 물리치료기, 전침, 무통전자침, 혈관레이저침 등이다. 의료기기의 구입형태(리스 등), 관련수입금액 계상 여부, 투자세액공제 해당 여부를 검토한다.

② 진료유형별 비보험 수입금액을 고액순으로 기재한다. 비보험수입금액에는 보약, 추나요법, 통증치료, 불임치료, 혈관레이저요법, 물리치료 등이 해당된다.

③ 주요 한약재 사용현황에는 감초, 녹용, 당귀, 기타로 나누어 금액으로 기재하며 기말재고액은 재무제표상의 재고자산과 일치시킨다. 특히, 한약재사용량은 수입금액과 밀접한 관계가 있으니 한의사로부터 통보받은 금액을 기재하여야 한다.

### (6) 한의원의 관리요령

#### ① 비보험수입금액 비율

한의원의 경우 다른 의료업종에 비해 비보험수입금액 비율이 높은 편이다. 비보험수입 즉, 보약매출액의 비율을 얼마로 신고하는가가 한의원의 성실도 판단의 근거가 된다. 보약판매수입은 녹용구입량과 밀접한 연관관계가 있다. 비보험비율이 어느 정도인가는 개원연수, 한의사의 경력, 지리적 위치 등에 따라 천차만별이나 일반적으로 신규한의원의 경우에는 비보험비율이 상대적으로 낮다. 신규한의원은 진료수입이 주된 수입으로 비보험비율이 일반적으로 20~40% 정도에 이른다. 반면, 개원연수가 오래된 한의원의 경우와 경력이 오래된 경우, 강남 등 고소득층이 밀집된 지역에는 보약판매수입이 많아 비보험비율이 통상 40~60%에 이른다.

#### ② 원재료 구입량

한약재의 주된 원재료는 녹용, 감초, 당귀 등이다. 따라서 원재료의 구입량이 어느 정도 되는가에 따라 한의원의 매출액을 추산할 수 있다. 일반적으로 한의원의 총매출액에서 한약재의 비율은 10%~25% 정도에 이른다. 또한 한약포장에 필요한 포장재료의 구입량과 택배회사에 지급하는 지급수수료 등도 수입금액 추산과 관련성이 있다.

#### ③ 기타 수입금액의 관리

환자의 관리 및 일일 수입금액의 관리 등을 위하여 컴퓨터를 이용하는 경우가 대부분이므로 이를 기초로 수입금액 신고 자료로 활용하여야 한다. 또한 근로자의 경우 의료비공제자료로 활용되는 의료비 영수증발급대장을 확인하여 수입금액 신고에 활용하여야 한다.

### (7) 관련사례

① 영업손실보상금의 총수입금액산입 여부

질의

거주자가 지하철 7호선 노선이 예정된 도로변 건물을 임차하여 시설을 한 후 한의원을 영위하다가 지하철의 출입구공사와 도로확장공사로 인해 입주해 있던 건물이 철거되는 바람에 인테리어 공사 등 한의원을 영위하기 위해 투자하였던 시설들도 설치 2년 여만에 함께 철거되었습니다. 그리하여 철거당시 ○○구청에서 감정평가인들을 동원해서 철거되는 시설에 대한 감정을 하여 현실적인 피해보상비를 초과하지 않는 범위 내에서 "공공용지취득 및 손실보상에 관한 특례법 시행규칙 제25조"에 의한 영업손실보상금을 지급하였는 바, 이렇게 지하철공사로 인하여 당해 거주자가 투자한 금액에도 미치지 못하게 수령한 영업손실보상금의 소득의 종류와 과세대상 소득인지의 여부

회신

사업자가 공공용지의 취득 및 손실보상에 관한 특례법에 의하여 사업장 이전에 따라 사업시행자로부터 받는 영업손실보상금, 사업장시설 이전보상금, 기타 보상금 등은 소득세법 시행령 제51조 제3항의 규정에 의하여 총수입금액에 산입하는 것이나, 사업장 시설 이전보상금 중 이전이 불가능한 시설에 대한 대체취득보상금은 고정자산의 양도차손익으로 보아 총수입금액에 산입하지 아니하는 것이다(서일 46011-1035, 2002. 3. 18).

② 한약재의 부가가치세 과세 여부

한약제조업자, 한약 도·소매업자 및 농민 등이 국내산 약초를 건조·절단·가공·포장한 '규격품 한약'을 공급하는 경우 '규격품 한약' 중 약재의 본래 성질을 변화시키는 수치·법제대상품목(한의학 이론에 근거하여 한약재를 가공하여 처리함으로써 약재 본래의 성질을 변화시키는 한약 제약기술의 일종으로 대상품목은 숙지황, 태황, 녹각교, 두충, 반하 등 18개 품목임)은 부가가치세를 과세하되, 기타의 '규격품 한약' 제조 행위는 단순 가공에 해당되므로 부가가치세를 면세하는 것이다(부가 46015-3656, 2000. 10. 27). 한편 외국에서 수입되어 판매되는 계피·감초·마황·우황·사향은 부가가치세법 제12조 제1항 제1호에 규정하는 수입미가공식료품의 범위에 해당하지 아니하므로 부가가치세가 과세된다(부가 46015-12046, 2002. 11. 28).

③ 북한산 녹용의 부가가치세 과세 여부

북한지역에서 생산된 농산물·축산물·수산물·임산물로서 원생산물 또는 원생산물

의 본래의 성상이 변하지 아니하는 정도의 원시가공을 거친 것은 부가가치세가 면제되고, 부가가치세가 면제되는 북한산 녹용을 원생산물의 본래의 성상이 변하지 아니하는 정도로 절단하여 단순히 소량으로 포장하여 판매하는 경우에도 부가가치세가 면제되는 것이나, 건조한 북한산 녹용의 경우 가공하지 아니한 천연상태의 녹용에 해당되지 아니하여 개별소비세가 과세되는 물품에 해당되는 것이다(서삼 46015-10249, 2003. 2. 13).

④ 특수관계자 등에게 무상제공한 탕재의 총수입금액 산입

한의원이 진료행위를 위하여 보유하고 있는 탕재는 재고자산에 해당하고, 기능성 화장품에 대해 재고자산으로 계상한 점, 특수관계 있는 자 등에게 무상으로 탕재를 제공하고 비용으로 계상한 점 등으로 보아 처분청이 부당행위계산부인 규정 및 총수입금액계산특례 규정에 의거하여 과세한 처분은 잘못이 없다고 판단되나, 한의원의 특성상 환자에게 공급한 진료가액과 탕재의 매입금액은 확인되나 탕재의 판매가격은 구분되지 아니하므로 탕재의 매입금액에 그 이윤 상당액을 포함한 금액을 총수입금액에 산입하거나 당해연도의 소득금액 계산 시 탕재를 제공한 대가로 보는 것이 타당하다고 할 것이다. 따라서 청구인의 특수관계자 및 지인 등에게 무상으로 진료하고 탕재를 제공한 대가 중 탕재 매입금액에 국세청장이 정한 한약 소매업(523114)의 매매총이익률을 적용하여 환산한 가액을 부당행위계산부인에 따른 탕재의 시가 및 총수입금액계산특례에 따른 총수입금액에 산입할 금액으로 함이 타당하다고 판단된다(조심 2008서 2415, 2009. 12. 31).

- 한의원에 진료행위를 위하여 보유하고 있는 탕재(보약)는 재고자산에 해당한다(법규과-3204, 2007. 6. 29).
- 거주자가 재고자산을 가사용으로 소비하거나 이를 종업원 또는 타인에게 지급한 경우에도 이를 소비 또는 지급한 때의 가액에 상당하는 금액은 그 날이 속하는 연도의 사업소득금액 계산에 있어서 이를 총수입금액에 산입한다(소법 25).

### (8) 한의원 세무조사 사례

한의원을 영위하는 사업자로 신용카드 수입금액에 대하여는 정상적으로 신고하면서 비보험인 어린이 성장클리닉 진료비 중 고액의 현금 고객의 진료차트를 비밀장소에 보관하고, 현금으로 받은 수입금액 10억원을 종업원 명의 차명계좌에 입금하는 방법으로 신고누락하였으며 또한, 고급외제승용차 리스료, 유류비 등 개인 가사비용 2억원을 한의원 운영과 관련된 비용으로 허위 계상하는 방법으로 소득을 탈루하였다.

**참 고** **원외 탕전실의 운영**(부가가치세과-1034, 2009. 7. 21)

(1) 사실관계

서울 시내에 개원하고 있는 한의사가 의료법에 따라 원외 탕전실을 경기도 남양주에 설치하여 주무관할관청에 인허가 후, 공동이용하는 한의원과 공동이용계약을 체결함.

원외 탕전실을 공동이용하는 한의사가 준 처방전대로 원외 탕전실에 배치된 한약사가 한약을 조제하여 공동이용하는 한의사에게 공급하고 계약에 의거 관련 제비용을 청구함.

(2) 질의사항

원외 탕전실에 대해 업장으로 보아 사업자등록을 하여야 하는지 여부

원외 탕전실에서 처방전에 의하여 공급하는 조제용역에 대한 면세 여부

(3) 회신내용

한의원이 원외 탕전실을 설치하고, 그 원외 탕전실이 다른 한의원의 처방전에 의하여 그 다른 한의원에게 조제용역을 공급하고 대가를 받는 경우 당해 원외 탕전실은 「부가가치세법 시행령」 제4조 제1항 제2호의 규정에 따라 사업장에 해당하는 것이며, 그 조제용역의 공급은 동법 시행령 제29조 제1항 제4호의 규정에 따라 부가가치세가 면제되는 것임.

## 2. 치과의원

### (1) 현황

치과는 의료업 중 상대적으로 비보험수입금액이 많아 중점관리업종으로 수입금액관리에 주의를 하여야 한다. 그러나 신용카드사용의 활성화, 의료비 영수증의 시행, 현금영수증의 시행 등으로 인하여 과세표준이 거의 노출될 것으로 예상된다.

### (2) 수입금액과의 관련성

치과의 경우 비보험수입금액이 많아 주요 사용재료인 임플란트, 교정용브라켓, 보철재료 사용량을 파악하면 매출과 직접적인 대응관계를 파악할 수 있다. 임플란트(치아이식)의 경우 가격은 통상 150만원에서 250만원 정도이며 매출액 대비 원가비율은 약 30~40% 정도를 차지한다. 치아교정은 가격이 250만원에서 350만원 정도이며 기간이 2년 이상 장기적으로 소요된다. 다만, 치아이식이나 치아교정은 모든 치과에서 하는 것은 아니다. 치과의 주요 원재료는 금, 기공료, 기타부재료 등으로 기공료는 대략 수입금액 대비 10%정도, 금은 7% 정도, 기타부재료는 5%정도 소요된다.

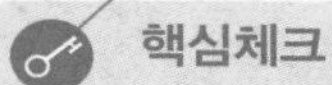 핵심체크

치과가 보철재료를 거래하는 치과기공소를 파악하고 계산서 수취 여부를 확인한다.

**참 고** **치과기공소의 세무처리**

**(1) 치과기공소의 업무내용**

치과기공소는 치과 의사가 진단하여 필요할 경우에 의치를 하거나 부분적으로 금관을 씌우기도 하고 교정장치를 하기도 하는데 이러한 치아의 대체물이나 장치물을 제작, 수리, 가공하는 업무를 담당하는 곳이 치과기공소이다. 이러한 업무를 수행하는 자를 치과기공사라고 하는 데 치과의사의 처방에 따른 의뢰사항에 맞게 대체물이나 보완물을 제작하게 된다. 이들은 의료기관의 치과기공실이나 치과기공시설에서 치과진료에 필요한 치과보철물, 충전물 또는 교정장치 등의 치료장치를 제작하는 업무에 종사하게 된다. 치과기공사의 주된 작업은 보철물 제작이다. 치과기공사는 손상된 치아를 회복하기 위해서 치과기공물을 취급하는 면허자격을 가진 고도의 의료 전문직이다. 치과기공사는 단순히 치과기공물만 제작하는 것만 아니라 치과의료팀의 한 일원으로서 보철물 제작 계획에 참여하는 중요한 역할을 담당하며 독립하여 직접 치과기공소를 운영하기도 한다.

**(2) 치과기공소의 세무처리**

① 업종구분

치과기공소는 한국표준산업분류상 정형외과 및 신체보정용 기기제조업(27192)에 해당된다. 따라서 치과기공소는 조세특례제한법 제7조 제1항 제1호 너목의 의료기관에 해당되지 아니한다.

② 부가가치세 과세유형

치과기공소는 부가가치세법 시행령 제29조 제3호의 규정에 의거 치과기공사가 제공하는 용역으로 의료보건용역에 해당되어 부가가치세가 면제된다.

③ 소득세 · 법인세의 세무처리

법인인 치과기공소가 치과에 기공물을 납품하는 경우에는 계산서를 교부하여야 한다. 치과기공소는 면세사업자로 개인인 경우에는 다음 해 2월 10일까지 사업장현황신고와 함께 매출매입처별 계산서합계표를 제출하여야 한다.

④ 원천징수

의료보건용역을 공급받고 그 대가를 지급하는 경우에는 지급자가 사업소득으로 지급액의 3%를 소득세로 원천징수하여야 한다. 이 경우 계산서를 발급한 것으로 본다. 다만, 치과기공소가 법인인 경우에는 법인에 대하여는 사업소득에 대한 원천징수를 하지 않으므로 치과기공소가 의료기관에 계산서를 발급하면 된다.

### (3) 치과기공료의 면세해당 여부

쟁점 치기공물은 치과의사의 각 환자들에 대한 처방에 따라 치과병원에서 직접 치기공사에게 발주하고, 치기공사는 병원에 직접 납품하고 있으며, 청구법인은 쟁점치기공물에 대하여 검수를 한 후 계산서는 치기공사 → 청구법인 → 병원의 경로로 교부하고 있으므로 면세용역이라고 주장하는 데 반하여, 처분청은 치기공사가 아닌 청구법인이 공급하는 쟁점치기공물은 과세재화라고 주장하고 있는 바, 이에 대하여 살펴본다.

쟁점 치기공물은 청구법인 주장대로 치과병원에서 직접 치기공사에게 발주하고, 치기공사가 치과병원에 직접 납품하며, 청구법인은 검수를 하고 대금을 치과병원에서 지급받아 치기공사에게 지급하고, 또한 쟁점치기공물은 특정 환자에게만 필요한 주문품이며 청구법인은 쟁점치기공물에 대하여 마진을 붙이지 아니한 사실도 확인된다.

다만, 청구법인은 ○○병원에 쟁점치기공물을 공급한 거래사실을 부인하고 있지는 아니하고 있고, 대금도 청구법인을 통하여 지급하였으며, 청구법인은 치기공사가 아닌 사실이 확인된다. 부가가치세법 시행령 제29조 제3호에는 「의료기사 등에 관한 법률에 규정하는 임상병리사 · 방사선사 · 물리치료사 · 작업치료사 · 치과기공사 또는 치과위생사가 제공하는 용역」을 면세용역으로 규정하고 있는 바, 청구법인과 ○○병원과의 거래단계를 부인하지 아니하는 한 쟁점치기공물의 공급은 부가가치세법 시행령 제29조 제3호에서 규정하는 '치기공사가 제공하는 용역'으로 보기는 어렵다고 판단된다(심사부가 2005-0540, 2005. 12. 23).

※ 납품경로에 따른 과면세 판단

- 치과기공소 → 의료기기 도매상 → 치과 : 과세
- 치과기공소 → 치과 : 면세

## (3) 치과병의원 수입금액 검토부표

[소득세사무처리규정 별지 제12－2(4)호 서식] 〈검토부표 4〉

### 치과 병 · 의원 수입금액검토부표

(1) 인적사항

| ①사업자번호 | | ②상호 | | ③성명 | |
|---|---|---|---|---|---|

(2) 주요 의료기기 현황 (고가순으로) (단위:대,천원)

| 종 류 | | ⑤대 수 | ⑥취득일 | ⑦취득가액 | ⑧리스일 | ⑨리스가액 |
|---|---|---|---|---|---|---|
| 코드 | ④명 칭 | | | | | |
| | | | | | | |
| | | | | | | |
| | | | | | | |
| | | | | | | |

(3) 진료유형별 비보험 수입금액 (고액순으로) (단위:명,천원)

| 구 분 | | 당해 과세기간 | | 구 분 | | 당해 과세기간 | |
|---|---|---|---|---|---|---|---|
| 코드 | ⑩유 형 | ⑪인원 | ⑫수입금액 | 코드 | ⑩유 형 | ⑪인원 | ⑫수입금액 |
| | | | | | | | |
| | | | | | | | |
| | | | | | | | |
| | | | | | | | |
| | | | | | | | |

(4) 주요사용재료 현황 (단위:개,세트,천원)

| ⑬종 류 | ⑭전기이월액 | 당해 과세기간 | | | ⑱차기이월액 |
|---|---|---|---|---|---|
| | | ⑮매입금액 | ⑯사용량 | ⑰사용금액 | |
| 임플란트 | | | | | |
| 교정용브라켓 | | | | | |
| 보철재료 | | | | | |

치과에 대한 수입금액 및 의료기기 현황 등을 신고합니다.

년 월 일

사 업 자 : ㊞

세무대리인 : ㊞

(관리번호 )

세무서장 귀하

## 작 성 요 령

※ 불성실하게 작성시는 조사대상자로 선정되는 등 불이익을 받으실 수 있으므로 성실하게 작성하여 주시기 바랍니다.

1. 인적사항
인적사항을 기재합니다.

2. 주요 의료기기 현황
사용하고 있는 주요 의료기기를 종류별로 구분하여 고가순으로 작성합니다.

| 코드 | 의료기기 명칭 | 코드 | 의료기기 명칭 |
|---|---|---|---|
| 01 | 유니트체어 | 06 | 첼린지 |
| 02 | 임플란트엔진 | 07 | 벤몬트 |
| 03 | X-Ray | 08 | MIXER |
| 04 | 파노라마 | 09 | 레이저 |
| 05 | 에어컴프레셔 | 91~93 | 기타 |

3. 진료유형별 비보험 수입금액
보험이 적용되지 않는 보철 등 진료유형별로 수입금액을 합계하여 고액순으로 기재 하고, 인원은 진료차트의 비보험 진료·수술건수를 기재합니다.

| 코드 | 진료유형별 비보험수입금액 | 코드 | 진료유형별 비보험수입금액 |
|---|---|---|---|
| 01 | 임플란트 | 06 | 미백 |
| 02 | 교정 | 07 | 골드크라운 |
| 03 | 보철 | 08 | 모세린크라운 |
| 04 | 스케일링 | 09 | 골드인레이 |
| 05 | 레진(RESIN) | 91~93 | 기타 |

4. 주요사용재료 현황
당해 과세기간의 임플란트·교정용브라켓 및 보철재료 등의 사용현황을 기재합니다.

### (4) 관련사례

#### ① 수입금액 누락형태

치과의 경우 비보험수입금액의 비율이 높아 비보험수입을 누락시키는 경우가 있다. 특히, 보철 및 교정수입 등 고가의 수입에 대하여 환자수를 줄이거나 금액을 과소신고하는 사례가 있다. 진료카드에 실제수입금액을 암호화(임의기호)하여 보관하는 경우에 수입금액 파악이 용이하며 또한 환자가 근로소득자인 경우 의료비 소득공제사항을 파악하면 쉽게 확인이 가능하다.

#### ② 비보험수입금액 누락에 따른 추계결정 여부

당초 신고한 총수입금액은 345,656천원이며 소득금액은 132,732천원으로 신고소득률은 38.2%이나 세무조사결과 비보험수입의 누락 399,074천원으로 대응원가의 인정없이 결정소득률을 68.2%로 하여 경정한 데 대하여 청구인은 신고시 형식적인 장부작성으로 소득금액을 추계결정하여 달라는 심판청구를 제기하였다. 이에 대하여 심판원은 일반적으로 소득금액은 총수입금액에서 이에 대응하는 필요경비를 차감하여 산출되는 것이고, 수입금액이 발생하면 달리 반증이 없는 한 그에 대응하는 필요경비가 있을 것으로 추정되므로 수입금액에 상응하는 필요경비를 인정하여 주는 것이 타당할 것인바, 청구인의 경우와 같이 의료보건업(치과)을 운영하는 업종 또한 수입금액에 대응하는 보철비용 등 필요경비가 발생하였다고 보는 것이 사회통념상 합당하므로 단지 청구인이 필요경비의 지출액을 입증할 만한 증빙을 제시하지 못하였다 하여, 쟁점금액을 소득금액에 가산하여 과세하는 것은 실질과세원칙에 비추어 불합리하며 수입금액 허위기장률이 53.6%에 달하는 사실에 비추어 볼 때 비치 · 기장한 장부는 중요부분이 허위 또는 미비된 것으로 보는 것이 합당하므로 청구인의 소득금액을 추계조사 결정하는 것이 타당하다고 판단하고 있다(국심 2005전1443, 2005. 7. 20).

#### ③ 강연료 등으로 얻은 소득구분

치과의사 등 고용관계 없는 자가 세미나, 연수회 등에서 강연을 하고 받는 강연료 기타 이와 유사한 성질의 보수는 소득세법 제21조 제1항 제14호의 규정에 의하여 기타소득에 해당하며, 세미나 등을 위하여 물품 또는 장소를 일시적으로 대여하고 사용료로서 받는 금품은 같은 항 제8호의 규정에 의하여 기타소득에 해당하는 것이다. 다만, 사업적으로 세미나, 연수회의를 개최하고 수입을 얻는 경우에는 같은법 제19조 제1항의 규정에 의하여 사업소득에 해당하나, 동일병과의 의사 등이 실비를 각출하여 세미나 등을 개최하는 경우 그 각출금은 행사를 주관하는 자의 과세대상 소득에 해당하지 아니하는 것이다.

이 경우 연수비는 소득세법 제52조에 규정한 교육비에 해당하지 아니하는 것이다(소득 46011-21170, 2000. 9. 22).

청구인은 매월 3회 가량 의료자문용역을 제공하고 68,100천원 상당의 쟁점수입금액을 수령한 점, 청구인이 강의를 하거나 세미나에 참석한 데에 대하여 지급한 대가는 기타소득으로 분류하면서도 쟁점수입금액은 사업소득으로 분류하여 원천징수를 한 점, 청구인은 5개 업체에 의료자문 등의 용역을 제공하고 22,141천원 상당의 대가를 수령하여 청구인이 이 건을 비롯하여 2004년 중 의료자문 등의 용역을 제공하고 수령한 대가가 총 90,241천원에 이르는 점 등을 고려할 때 이 건 의료자문용역 제공행위는 의사직과는 별도로 그 자체로서 수익목적으로 계속적・반복적으로 이루어진 사업 활동의 일환으로 볼 수 있을 것이고, 따라서 쟁점수입금액을 사업소득으로 보고 자문 등 기타자영업에 대한 경비율을 적용하여 소득금액을 추계 과세한 이 건 처분은 타당하다(국심 2007서1135, 2008. 2. 22).

④ **타의료기관에서 받은 진료수입의 소득구분**

의료법에 따라 의료기관(치과의원 또는 치과병원)을 개설한 치과의사가 동법에 따라 고용관계가 없는 다른 의료기관에서 진료행위를 하고 얻은 대가는 당해 치과의사가 개설한 의료기관에서 발생한 사업소득에 포함하는 것이다(서면1팀-1551, 2007. 11. 9).

⑤ **손해배상금의 필요경비 산입 여부**

치과의원에 설치된 유니트체어에 연결된 수도배관과 세면대 연결부분의 파손으로 인한 누수가 발생 아래층에 임차한 서점의 피해배상합의금으로 지급한 경우 필요경비에 산입할 수 있는지?

사업용 고정자산의 파손에 따른 누수로 인하여 아래층 임차인이 입은 영업손실 및 물적시설 피해에 대한 보상금을 지급한 경우 고의 또는 중대한 과실로 인한 것이 아닌 한 당해 손해배상금은 소득세법 제27조의 규정에 의하여 필요경비에 산입할 수 있는 것이다(서면1팀-1474, 2005. 11. 30).

⑥ **치과의원에서 금 매입 및 금 폐기물 공급시 금거래계좌 사용 여부**

치과의원에서 면세되는 의료용역을 제공하는 과정에서 필수적으로 부수되어 발생하는 금 폐기물을 판매하는 경우 「부가가치세법」 제14조에 따라 부가가치세가 면제되는 것으로 「조세특례제한법」 제106조의 4 적용 대상에 해당하지 아니하는 것이다(부가-2185, 2015. 12. 29).

## 3. 성형외과

### (1) 현황

성형외과는 다른 병과와는 달리 주로 여성들이 많이 이용하고 개인의 프라이버시가 중요시 되기 때문에 비밀스럽게 이용되는 경우가 많다. 따라서 대부분 비보험수입금액이 주를 이루며 신용카드 사용비율도 다른 병과보다 저조한 편이다. 또한 수술비가 고액이고 주로 성수기가 휴가철이나 방학기간이다. 이러한 특성으로 인하여 세원포착이 어려워 국세청에서는 중점관리업종으로 분류하여 세원관리를 강화하는 경향이 있다.

### (2) 수입금액과의 관련성

성형외과의 진료형태는 미용목적 성형수술과 치료목적 성형수술로 대별할 수 있다. 성형수술 유형에는 쌍커풀, 가슴성형, 지방흡입, 코성형, 주름살 제거수술, 전문진료 등으로 구성된다. 따라서 성형외과 기장시에는 각 수술종류별로 단가를 파악하는 것이 매우 중요하다. 특히, 성형수술시에는 마취가 이루어지는데 전신마취와 국부마취로 나누어진다. 즉, 성형외과의 수입금액은 마취제 사용량과 밀접한 관계가 있다고 보면 된다. 마취제는 향정신성 의약품으로 보건관리규정에 따라 사용량 및 사용내역을 정확히 기록・관리하도록 되어 있는 바, 동 향정신성 의약품 취급대장과 진료기록부를 상호 대사하여 수입금액의 정확성 여부를 검증해보아야 한다.

**핵심체크**

성형수술 진료유형별 수입금액을 파악하고 성수기가 언제인지를 확인한다.

### (3) 눈성형 등 진료용역의 면세 여부

「의료법」에 따라 의료보건용역을 제공하는 신청인이 진료용역 중 눈성형, 코성형, 주름성형(얼굴주름), 주름성형(눈 위아래주름), 가슴성형, 미니지방흡입, 보톡스, 필러, 지방이식 등에 대한 수술을 하는 경우, 해당 진료용역이 「부가가치세법 시행령」 제29조 제1호 단서 각 목에 따라 「국민건강보험법」상 비급여대상 진료용역 중 쌍꺼풀수술, 코성형수술, 유방확대・축소술, 지방흡인술, 주름살제거술에 해당하는 경우에는 부가가치세를 과세하는 것이다(법규부가 2011-309, 2011. 8. 24). 또한, 유방 절제 수술을 한 후 이와 병행하는 유방재건술은 「부가가치세법 시행령」 제29조 제1호 다목에 따른 유방확대・축소술의 범위에 포함되어 부가가치세가 과세된다(부가-724, 2011. 7. 4).

해당 진료항목이 부가가치세가 면제되는 의료용역의 범위에 해당하는지 여부는 사실 판단할 사항이다(기재부 부가-44, 2015. 1. 14).

[미용 성형 의료용역(체형부분)에 대한 부가가치세 과세]

| 구 분 | 해당 의료용역 |
|---|---|
| 체 형 | 지방흡인술, 엉덩이성형술, 팔다리근육확대 · 축소술, 복부성형술, 배꼽성형술, 종아리퇴축술, 유방성형술(유방확대 · 축소술[1], 유방하수교정술 등), 성기확대술[2], 소음순성형술, 사지연장술[3] 등 |

1) 유방암 수술에 따른 유방재건술은 과세 제외
2) 발기부전 · 불감증 또는 생식기 선천성기형 등의 비뇨생식기 질환 치료, 포경수술, 외상 후 재건술, 기능 개선을 위한 시술은 과세 제외
3) 신장을 늘리기 위하여 시행하는 경우에 한함.

### (4) 외국인관광객 미용성형의료용역에 대한 부가가치세환급 특례

외국인관광객이 「의료 해외진출 및 외국인환자 유치 지원에 관한 법률」 제6조 제1항에 따라 보건복지부장관에게 등록한 의료기관에서 2025년 12월 31일까지 공급받은 의료용역에 대해서는 대통령령으로 정하는 바에 따라 해당 환급대상 의료용역에 대한 부가가치세액을 환급할 수 있다.

특례적용의료기관의 사업자는 외국인관광객에게 환급대상 의료용역을 공급한 때에 기획재정부령으로 정하는 의료용역공급확인서를 해당 외국인관광객에게 교부하고, 외국인관광객이 부담한 부가가치세액을 환급하는 사업을 영위하는 자에게 정보통신망을 이용하여 전자적 방식으로 전송하여야 한다.

환급을 받으려는 외국인관광객은 환급대상 의료용역을 공급받은 날부터 3개월 이내에 환급창구운영사업자에게 해당 의료용역공급확인서를 제출하여야 한다. 특례적용의료기관 관할 세무서장은 환급대상 의료용역이 아닌 의료용역에 대하여 외국인관광객이 부가가치세를 환급받은 경우나 특례적용의료기관이 사실과 다른 의료용역공급확인서를 교부 또는 전송하는 등 대통령령으로 정하는 사유에 해당하는 경우에는 해당 특례적용의료기관으로부터 해당 부가가치세액 및 가산세를 징수하여야 한다(조특법 107의 3).

## (5) 성형외과 수입금액 검토부표

[소득세사무처리규정 별지 제12－2(2)호] 서식 〈검토부표 3〉

### 성형외과 병·의원 수입금액검토부표

(1) 인적사항

| ①사업자번호 | | ②상호 | | ③성명 | |
|---|---|---|---|---|---|

(2) 주요 의료기기 현황 (고가순으로) (단위:대,천원)

| 종 류 | | ⑤대 수 | ⑥취득일 | ⑦취득가액 | ⑧리스일 | ⑨리스가액 |
|---|---|---|---|---|---|---|
| 코드 | ④명 칭 | | | | | |
| | | | | | | |
| | | | | | | |
| | | | | | | |
| | | | | | | |

(3) 진료유형별 비보험 수입금액 (고액순으로) (단위:명,천원)

| 구 분 | | 당해 과세기간 | | 구 분 | | 당해 과세기간 | |
|---|---|---|---|---|---|---|---|
| 코드 | ⑩유 형 | ⑪인원 | ⑫수입금액 | 코드 | ⑩유 형 | ⑪인원 | ⑫수입금액 |
| | | | | | | | |
| | | | | | | | |
| | | | | | | | |
| | | | | | | | |
| | | | | | | | |

(4) 주요사용재료 현황 (단위:천원,Unit,세트)

| ⑬종 류 | 전기이월 | | 당해 과세기간 | | | | | 차기이월 | |
|---|---|---|---|---|---|---|---|---|---|
| | | | 매입금액 | | ⑱사용건수 (건) | 사용금액 | | | |
| | ⑭용량 | ⑮금액 | ⑯용량 | ⑰금액 | | ⑲용량 | ⑳금액 | ㉑용량 | ㉒금액 |
| 보툴리눔독스 (보톡스) | | | | | | | | | |
| 실리콘·콜라겐 ·고어택스 | | | | | | | | | |
| 셀라인· 하이드로겐 | | | | | | | | | |

성형외과에 대한 수입금액 및 의료기기 현황 등을 신고합니다.

년 월 일

사 업 자 : ㊞

세무대리인 : ㊞

(관리번호 )

세무서장 귀하

## 작 성 요 령

※ 불성실하게 작성시는 조사대상자로 선정되는 등 불이익을 받으실 수 있으므로 성실하게 작성하여 주시기 바랍니다.

1. 인적사항
인적사항을 기재합니다.

2. 주요 의료기기 현황
사용하고 있는 주요 의료기기를 종류별로 구분하여 고가순으로 작성합니다.

| 코드 | 의료기기 명칭 | 코드 | 의료기기 명칭 |
|---|---|---|---|
| 01 | CO2레이저 | 06 | IPL레이저 |
| 02 | 지방흡입기 | 07 | YAG레이저 |
| 03 | 마취기 | 08 | ERBIUM레이저 |
| 04 | 소독기 | 09 | 다이아몬드박피기 |
| 05 | MEDLITE레이저 | 91~93 | 기타 |

3. 진료유형별 비보험 수입금액
보험이 적용되지 않는 미용성형 등 진료유형별 수입금액을 합계하여 고액순으로 기재하고, 인원란은 진료차트를 기준으로 진료·치료·수술·미용 등 연인원을 기재합니다.

| 코드 | 진료유형별 비보험수입금액 | 코드 | 진료유형별 비보험수입금액 |
|---|---|---|---|
| 01 | 코성형 | 06 | 지방흡입 |
| 02 | 가슴(확대)성형 | 07 | 턱성형 |
| 03 | 점(문신,흉터)제거 등 | 08 | 쌍거풀 |
| 04 | 주름제거 | 09 | 제모 |
| 05 | 피부박피 | 91~93 | 기타 |

4. 주요 사용재료 현황
진료·치료·수술·미용 등 의료행위와 관련하여 사용되는 재료의 사용건수, 사용량, 금액을 구분하여 기재합니다.
(예) 보툴리눔독스(보톡스), 실리콘·콜라겐·고어택스, 셀라인·하이드로겐 등

### (6) 관련사례

① 성수기의 마취제 사용량 파악

성형외과의 특성상 비보험수입, 특히 현금수입이 많고 비밀이 보장되어 정확한 세원 포착이 어렵다는 점을 감안하여 월별수입금액을 확인하여 본 바, 매월 수입금액 신고 금액이 일정하고, 수술유형별 수입금액이 동일한 점에 착안하여 성수기의 수입금액 누락 및 건별 수입금액을 과소계상한 것으로 추정하여 조사에 착수함. 조사시에 성형외과의 성수기는 주로 휴가철과 방학기간이라는 점을 착안하여 성수기의 마취제 사용량과 진료기록부를 상호 대사확인한 바 비수기의 마취제 사용량보다 훨씬 많아 시술 수입금액을 누락한 것이 확인되어 소득세 등 추징함.

② 사전 신체검사(X-ray 촬영)자료 확인

강남일대의 성형외과는 호황임에도 불구하고 비보험수술이 많아 관련증빙을 폐기, 은닉하여 고의적인 탈루가 많은 실정이나 개인프라이버시로 인하여 조사가 상당히 어려운 점이 많음. 따라서 성형외과의 업종특성을 알아본 바 대부분 수술 전에 마취가 이루어지며 마취 전에는 사전에 신체검사를 위하여 대부분 X-ray 촬영이 이루어진다는 사실을 인지함. X-ray 촬영은 성형외과에서 직접 하지 않고 인근 고정 거래병원에서 이루어지는 것을 확인하여 거래병원에 보관중인 성형수술 진료차트를 확인하여 수입금액누락 확인하여 소득세 등을 추징함.

③ 기능성화장품에 대한 매출액 확인

성형외과의 수입금액 누락형태는 의료보험이 적용되지 않는 고가의 미용목적 성형수술부분에 대하여 환자수 및 단가조작을 통하여 누락시키고 있음. 또한 부가가치세 과세대상인 시술 후 판매하는 기능성화장품 매출에 대한 수입금액을 누락시키고 있음. 따라서 유명성형외과의 기장시에 부가가치세 과세대상 수입금액을 확인하여 신고하여야 함.

## 4. 안과

### (1) 현황

안과는 건강보험이 적용되는 안질환에 대한 일반적인 진료수입과 건강보험이 적용되지 않는 엑시머레이저나 라식, 라섹 등 시력교정 수술관련 비보험수입으로 구성된다. 병원의 특성에 따라 시력교정 수술관련 의료기기를 구비하지 않고 진료를 위주로 한다면 보험수입이 전체수입의 대부분을 차지할 것이고, 이런 경우에는 환절기나 봄철 황사현상이 나타날 때 상대적으로 진료수입이 증가할 것이다. 그리고 엑시머레이저나 라식, 라섹 수술용 의료기기의 매입이 있었다면 이와 관련된 비보험수입금액이 많을 것이다. 특히, 이러한 비보험수입은 주로 방학 등을 이용하여 주로 이루어지므로 방학이나 휴가철의 수입금액이 상대적으로 많을 것이다. 기타수입으로는 렌즈판매대금이 있을 수 있는데 이는 렌즈매입수량을 파악하여 수입금액을 신고하여야 한다.

### (2) 고가 의료기기의 구입 의사결정 및 관련 수입금액 확인

안과에서 사용되는 의료기기는 일반적으로 고가이므로 자기자본으로 구입할 것인가 아니면 타인자본으로 구입할 것인가의 의사결정이 필요하다. 타인자본의 경우 구입형태를 리스로 하는 경우도 있는데, 주로 금융리스로 구입하게 되며, 금융리스는 계약해지금지조건이 부과되어 있어, 의료기기의 급격한 발전을 가져오는 현재에 있어서는 의료기기의 진부화 위험을 고려하여야 한다. 라식레이저기 등 고가의 의료장비가 있는 경우에는 이와 관련된 수입금액의 계상 여부를 검토하여야 한다.

**핵심체크**

안과의 의료기기의 종류 및 구입형태(리스 등)를 파악하고 각종 세액공제 가능 여부를 검토한다.

### (3) 안과 수입금액의 확인

**① 환자 등에 우편조사 등을 통한 수입금액 확인**

청구인은 종합소득세 신고 후 수입금장부나 수술차트 등 과세근거자료를 제대로 보관하지 아니하거나 임의 폐기하여 수입금액을 확인할 수 없었기 때문에 부득이 보험대상이 되는 진료비에 대해서는 신고대로 인정하고, 수익금 누락가능성이 큰 라식, 라섹, ACI, ICI 등 비보험 수술환자에 대하여 우편조사(6,950명), 수술비 지급카드 사용내역조사, 전화확인조사 등의 방법으로 수술비 등을 조사하였고 확인이 어려운 환자에 대하여는 해당연도의 평균수술비 등을 고려하여 수술비 추정단가를 결정한 뒤 이를 적용하여 수입금액은 산정하였다. 이는 청구인의 병원에서 탈세를 목적으로 수입금을 장부에 제대로 기장하지 아니하고, 수술차트를 허위로 기재하는 등 과세근거자료를 보관하지 아니한 경우 실지조사방법에 의하여 수입금액을 산정한 것은 잘못이 없다고 보여진다(감심 2005-65, 2005. 7. 15).

② 수술서약서에 의한 수입금액 추산

○○국세청장이 세무조사시 조사한 내용에 의하면, 당초 확보한 수술서약서 및 입원확인서(쟁점수술서약서)가 1,242건으로 청구인이 주장하는 여러 가지 내용을 감안하여 160건은 제외한 점, 쟁점의원의 수입금액 노트에 기재된 수술일과 수술서약서의 서약일을 대사한 결과 122건 중 115건이 수술당일 작성된 것으로 조사된 점에 비추어 쟁점수술서약서가 수술당일에 작성되는 것으로 인정되는 점, 쟁점의원이 자사의 인터넷 홈페이지에서 재수술율을 3~4%로 밝히고 있다고 조사된 점에서 재수술율 5%를 적용한 것이 합리적으로 보이는 점, 블레이드의 경우 1개로 수술이 가능하다고 조사된 점 등을 감안할 때, 청구인이 주장하는 블레이드 사용량을 과세근거로 하기보다는 쟁점수술서약서를 과세근거로 하여 비보험 수입금액을 계산하는 것이 합리적이다 할 것이다. 따라서 쟁점수술서약서 1,082건에 라식수술비 평균수술비(2,900천원)를 곱하여 비보험 수입금액을 산정한 처분은 잘못이 없다고 판단된다(국심 2005서2151, 2007. 1. 10).

※ 청구인 주장 : 라식수술을 할 때 사용되는 1회용 수술용 칼(블레이드)은 1명당 2개를 사용하고 있음이 동종 업종의 안과에서 확인하고 있으므로 이를 기준으로 수입금액을 추산하여야 한다.

※ 처분청 의견 : 블레이드(수술용 칼)는 엑시머레이저를 통한 라식수술시 꼭 필요한 고가(1개당 10만원 선)의 소모품으로 일자별 입고량과, 일자별 환자별 사용량이 기재된 수불부를 작성 보관하여야 할 것이나 블레이드 수불장을 비치하지 않아 정확한 사용량을 확인할 수 없으며, 개인병원에서 블레이드 1개로 양안을 수술한 경우도 있고, 세금계산서 수취없이 실물만 유통되는 경우도 있어 세무조사시 수입금액의 산출자료로 채택하지 아니한 사안으로서, 1개의 블레이드로 양안수술을 하였다면 쟁점수술서약서로 확인한 수입금액과 상당히 일치함을 보였으나, 수술의 직접적인 증거서류인 수술서약서와 입원확인서가 있는 이 경우엔 수불부 등이 없어 블레이드 사용량이 확실치 않아 논란이 예상되는 블레이드 숫자를 근거로 수입금액의 결정을 하지 않은 것은 타당한 것이다.

## (4) 안과 관련사례

① 각막을 국외에서 수입하는 경우 부가가치세 과세 여부

관세의 기본세율이 무세인 품목으로서 재화의 수입시 부가가치세가 면제되는 품목은 부가가치세 시행규칙 제13조의 [별표 6]에서 규정하는 물품에 한하는 것으로 HSK 번호 3001.90-9090호로 분류되는 각막(실명을 극복할 수 있는 환자의 각막이식 수술용)을 수입하는 경우에는 부가가치세가 면제되지 아니하는 것이다(서삼 46015-10447, 2003. 3. 17).

② 의료장비의 구입이 증설투자인지, 대체투자인지의 여부

임시투자세액공제 제도는 정부가 경기진작을 위해 투자촉진정책의 일환으로 시행하

고 있고, 현재 안과수술은 기존에 사용하던 라식수술에서 쟁점의료장비와 같이 라섹수술로 변천하는 과정에 있으며, 통상 의료장비는 새로운 장비를 취득한 후부터는 기존장비에 대한 유지보수가 종료되기 마련인데, 이 건의 경우 구 의료장비에 대한 유지보수가 2005. 9. 30부로 종료된 후 청구인은 구 의료장비를 매각하기 위해 장기간 동안 노력하였지만 현재까지 매각되지 아니하여 이를 보관하고 있는 것으로 보인다. 일반적으로 안과수술을 받고자 하는 소비자는 보다 나은 의료서비스를 원하기 마련인데 청구인이 제시한 인터넷 홈페이지에는 기능이 향상된 쟁점의료장비로 라식 및 라섹수술을 하고 있는 것으로 나타난다. 청구인이 운영하는 안과의원은 개업 이후 현재까지 사업장 연면적이 증가하지 아니한 것으로 확인된다.

사실이 이와 같다면, 청구인은 보다 나은 안과수술을 위해 구 의료장비를 쟁점의료장비로 교체하고자 대체투자한 것으로 보이므로 처분청이 쟁점의료장비를 증설투자로 보아 임시투자세액 공제액을 배제하고 이 건 종합소득세를 부과한 처분은 잘못이라고 판단된다(국심 2007서1018, 2007. 7. 16).

### ③ 라식수술 수입금액 산정시 수술서약서를 근거로 과세할 수 있는지 여부

과세관청이 세무조사시 조사한 내용에 의하면, 당초 확보한 수술서약서 및 입원확인서(쟁점수술서약서)가 1,242건으로 청구인이 주장하는 여러 가지 내용을 감안하여 160건은 제외한 점, 쟁점의원의 수입금액 노트에 기재된 수술일과 수술서약서의 서약일을 대사한 결과 122건 중 115건이 수술당일 작성된 것으로 조사된 점에 비추어 쟁점수술서약서가 수술당일에 작성되는 것으로 인정되는 점, 쟁점의원이 자사의 인터넷 홈페이지에서 재수술율을 3~4%로 밝히고 있다고 조사된 점에서 재수술율 5%를 적용한 것이 합리적으로 보이는 점, 블레이드의 경우 1개로 수술이 가능하다고 조사된 점 등을 감안할 때, 청구인이 주장하는 블레이드 사용량을 과세근거로 하기보다는 쟁점수술서약서를 과세근거로 하여 비보험 수입금액을 계산하는 것이 합리적이다 할 것이다. 따라서 쟁점수술서약서 1,082건에 라식수술비 평균수술비(2,900천원)를 곱하여 비보험 수입금액을 산정한 처분은 잘못이 없다고 판단된다(국심 2005서2151, 2007. 1. 10).

### ④ 개인병원의 리스차량의 리스료 필요경비 산입 여부(서면1팀 - 1753, 2006. 12. 27)

개인병원(안과)을 운영하는 병원장이 리스차량(아우디)을 구입하여 출퇴근용으로 이용하면서 리스료를 지급하고 있는 경우 리스료를 필요경비에 산입할 수 있는지?

1. 사업소득금액 등의 계산에 있어서 필요경비에 산입할 금액은 당해연도의 총수입금액에 대응하는 비용으로서 일반적으로 용인되는 통상적인 것의 합계액으로 하는 것이므로 당해 사업소득을 얻기 위하여 직접 사용하는 사업용자산의 유지・관리비 등

은 필요경비에 산입할 수 있는 것이나 업무와 관련 없는 자산을 취득·관리함으로써 발생하는 비용은 가사 관련 비용으로서 필요경비에 산입할 수 없는 것이다.

2. 당해 자산과 관련하여 지급하는 금액이 업무 수행상 통상 필요로 하는 것이고, 그 필요로 하는 부분이 명확히 구분될 때에는 그 구분되는 금액에 한하여 필요경비로 산입하는 것이나, 사업에 관련되는 것이 명백하지 아니하거나 주로 가사에 관련되는 것으로 인정되는 때에는 필요경비로 산입하지 아니하는 것이다.

한편, 개인안과병원장의 개인승용차에 대한 리스료의 필요경비 불산입에 국세심판원은 다음과 같이 결정하고 있다.

"오늘날 고급 외제승용차의 국내보급이 보편화되어 의사 등 자유직업가들의 경우 이러한 고급 외제승용차를 업무용으로 사용하고 있는 경우가 많이 있으며, 청구인의 경우 병원에 업무용으로 사용하고 있는 승용차 등 3대가 있기는 하나, 청구인이 출퇴근용으로 사용하고 있다면 이는 업무용으로 사용한 것으로 보아야 하므로 단순히 고급 외제승용차라 하여 업무용으로 사용하지 아니한 것으로 보아 쟁점 리스료를 필요경비에 불산입한 처분은 잘못된 것으로 판단된다"(국심 2005부1298, 2006. 5. 12).

## 안과 병·의원 수입금액검토부표

(1) 인적사항

| ①사업자번호 | | ②상호 | | ③성명 | |
|---|---|---|---|---|---|

(2) 주요 의료기기 현황 (고가순으로) (단위:대,천원)

| 종 류 | | ⑤대 수 | ⑥취득일 | ⑦취득가액 | ⑧리스일 | ⑨리스가액 |
|---|---|---|---|---|---|---|
| 코드 | ④명 칭 | | | | | |
| | | | | | | |
| | | | | | | |
| | | | | | | |
| | | | | | | |

(3) 진료유형별 비보험 수입금액 (고액순으로) (단위:명,천원)

| 구 분 | | 당해 과세기간 | | 구 분 | | 당해 과세기간 | |
|---|---|---|---|---|---|---|---|
| 코드 | ⑩유 형 | ⑪인원 | ⑫수입금액 | 코드 | ⑩유 형 | ⑪인원 | ⑫수입금액 |
| | | | | | | | |
| | | | | | | | |
| | | | | | | | |
| | | | | | | | |
| | | | | | | | |

안과에 대한 수입금액 및 의료기기 현황 등을 신고합니다.

년 월 일

사 업 자 : ㉿
세무대리인 : ㉿
(관리번호 )

세무서장 귀하

## 작 성 요 령

※ 불성실하게 작성시는 조사대상자로 선정되는 등 불이익을 받으실 수 있으므로 성실하게 작성하여 주시기 바랍니다.

1. 인적사항
인적사항을 기재합니다.

2. 주요 의료기기 현황
사용하고 있는 주요 의료기기를 종류별로 구분하여 고가순으로 작성합니다.

| 코드 | 의료기기 명칭 | 코드 | 의료기기 명칭 |
|---|---|---|---|
| 01 | 엑시머레이저 | 11 | 안저카메라 |
| 02 | 자동굴절검사기 | 12 | LAMD |
| 03 | 자동안압검사기 | 13 | 유니트체어 |
| 04 | 미세각막절삭기 | 14 | 적외선치료기 |
| 05 | 초음파수술기 | 15 | 각막지형도검사기 |
| 06 | 세극동검사기 | 16 | 고압멸균소독기 |
| 07 | 수술용현미경 | 17 | 렌즈측정기 |
| 08 | YAG레이저 | 18 | 시각굴절기 |
| 09 | 라식레이저 | 19 | 세경동검사기 |
| 10 | Argon레이저 | 91~93 | 기타 |

3. 진료유형별 비보험 수입금액
보험이 적용되지 않는 미용성형 등 진료유형별 수입금액을 합계하여 고액순으로 기재하고, 인원란은 진료차트를 기준으로 진료·치료·수술·미용 등 연인원을 기재합니다.

| 코드 | 진료유형별 비보험수입금액 | 코드 | 진료유형별 비보험수입금액 |
|---|---|---|---|
| 01 | 라식 | 05 | 콘텍트렌즈 |
| 02 | 라섹 | 06 | 시력교정 |
| 03 | 엑시머레이저 | | |
| 04 | 미용쌍커풀 | 91~93 | 기타 |

## 5. 산부인과

### (1) 현황

산부인과의 형태는 분만실을 가지고 있는 경우와 분만실 없이 진료만 하는 경우의 2가지 형태로 운영되고 있다. 산부인과의 경우 비보험수입금액은 각종검사, 무통분만주사, 상급병실료 및 입원기간 중의 식대 등이 있다. 산부인과의 경우 비보험수입금액을 누락시키는 사례가 많으며 이는 환자별 진료차트를 확인하여 입원일수와 식사수 등을 파악하여 수입금액 파악이 가능하고 또한 배우자가 근로자인 경우 의료비공제를 받은 연말정산서류를 확인하면 수입금액이 확인가능하다.

### (2) 관련사례

#### 1) 탯줄혈액 보관대가의 귀속시기

산부인과에서 임산부와 아기의 탯줄혈액을 채취하여 분리된 조혈모세포층에 시약품을 첨가하여 액체 질소 내에 동결·저장 보관하는 사업을 영위하는 법인이 당해 혈액 보관기간은 15년으로 하되, 계약 시점에서 일시에 보관료 전액(120만원)을 받으며, 동 보관료는 보관기간 중 당해 의뢰인이 본인의 사용용도로 사용하는 것은 무관하나, 중도 계약해지 및 본인의 의뢰로 탯줄혈액을 사용하여도 계약금은 반환하지 아니하며, 다만, 보관자의 보관상 문제로 인하여 사용할 수 없는 경우에만 200만원을 배상금으로 지급하도록 하고 있는 경우 익금의 귀속시기는 약정한 보관기간 동안 균등하게 안분한 금액을 각 사업연도 소득금액 계산상 익금에 산입하는 것이나, 계약의 중도해지에 따른 잔여 보관료는 중도해지일이 속하는 사업연도의 소득금액상 익금에 산입하는 것이다(서면2팀-368, 2004. 3. 4).

※ 탯줄 보관 대가는 의료보건용역이 아닌 창고보관업에 해당되어 부가가치세 과세대상이다.

#### 2) 고유목적사업준비금 설정대상 여부

대한의사협회 산하단체인 대한산부인과학회는 법인세법 시행령 제36조 제1항 제1호의 규정에 의한 지정기부금 대상단체로 볼 수 없으므로 법인세법 제29조 제1항의 규정에 따라 고유목적사업준비금을 당해 사업연도의 소득금액 계산시 손금에 산입할 수 없는 것이다(법인 46012-156, 2001. 9. 14).

#### 3) 의약품 판매의 면세 여부

의료법의 규정에 의하여 의료기관을 개설한 자가 의사의 처방 없이 영양제나 빈혈약(소아과 병원에서는 어린이용 영양제, 산부인과 병원에서는 빈혈약, 정형외과 병원에서는 칼슘제, 안과 병원에서는 눈영양제) 등 의약품을 단순히 판매하는 경우에는 의료용역의 부수 공급에 해당되지 아니하므로 부가가치세가 면제되지 아니한다(부가 46015-715, 2000. 4. 3).

#### 4) 산후검진센터에서 제공한 용역의 면세해당 여부

① 청구법인이 병원건물 7층에 총 10개의 산모용방을 갖추어 한방과 소속으로 산후검진센타를 설치한 후 병원 산부인과에서 출산한 산모 및 신생아를 입실시켜 용역을 제공하였고, 2001~2004년도 기간 중 산후검진센타에서 발생된 수입금액이 960,961천원이라는 사실 등에 대하여는 다툼이 없고,

② 청구법인은 산모가 산부인과에서 출산한 후 산후풍 등의 원인으로 한방치료가 필요한 경우 한방과에 의뢰하여 산후검진센타에서 한방과 의사 및 간호사가 쟁점용역을 산모 및 신생아들에게 제공한다 하여 진료기록부 등을 관련 증빙으로 제시하고 있으며,

③ 처분청은 산후검진센타에서 산모 및 신생아들에게 제공되는 쟁점용역은 부가가치세 면세대상인 의료보건용역에 해당하지 아니한 것으로 보고 이 건 부가가치세를 과세하였고, 이에 청구법인은 한의사 및 간호사들이 쟁점용역을 제공하고 있으므로 쟁점용역은 부가가치세 면세대상인 의료보건용역에 해당한다고 주장하고 있어 살펴보면,

가) 부가가치세법 제12조 및 동법 시행령 제29조는 의료법에 의해 의료기관을 개설한 자가 의료법에 규정하는 의사·한의사·조산사 또는 간호사를 고용하여 제공하는 용역은 의료보건용역으로 부가가치세를 면세하도록 규정하고 있고,

나) 청구법인은 의료법에 따라 병원을 개설하여 운영하면서 병원건물 7층에 산후검진센타를 설치하여 운영하고 있는 바 청구법인이 제출한 입실산모의 진료기록부 등을 보면 산후검진센타의 경우 통상 병원 산부인과 분만실에서 분만한 산모가 신생아와 함께 입실하여 동 병원에 근무하는 한의사의 진찰 및 진료를 받았고, 간호사, 조산사 등이 주야간 교대근무를 하면서 일반환자의 입원실에서 제공하는 용역과 동일한 용역을 제공하였음을 알 수 있다.

다) 청구법인이 산후검진센타에서 제공한 쟁점용역은 청구법인이 의료법에 의해 의료기관을 설치하고 한의사·조산사 및 간호사를 고용하여 제공한 용역으로 특별히 의료행위라고 보기 어려울 정도로 학문적인 근거가 없는 비학술적인 행위가 아니므로 동 용역은 부가가치세법 제12조 제1항 제4호의 규정에 의한 의료보건용역에 해당한다 하겠고, 따라서 처분청이 이를 일반서비스용역으로 보아 그 공급가액에 대하여 부가가치세를 과세한 처분은 취소함이 타당하다고 판단된다(국심 2005중1380, 2005. 8. 31).

④ 산부인과 병원과 동일 건물 내에 설치된 산후조리원에 대부분의 산모가 산부인과 병원 분만실에서 분만한 산모가 입실하여 산부인과 병원의 의사 또는 간호사에 의하여 진찰 및 진료를 받았다고 인정되므로 부가가치세가 면제되는 의료보건용역에 해당된다(조심 2009중2445, 2010. 5. 26).

### 5) 수입금액 누락 여부

**① 청구주장**

처분청에서 일부 수입금액만을 신고수입금액으로 계산하여 쟁점금액을 산출한 것은 부당하며, 청구인이 세무조사 당시 제시한 근거서류를 감안하지 아니하고 현금수입으로 신고한 208,044,961원과 외래환자 수입금액으로 이미 신고한 금액을 쟁점누락금액에 포함하여 종합소득세를 부과하는 처분은 부당하다.

**② 처분청 의견**

가) 산부인과 수입금액은 산과(검사, 분만 및 외래), 부인과(검사, 수술 및 외래), 소아과(검사, 예방접종 및 외래)로 구성되는 것이 일반적이나, 쟁점사업장의 조사에서는 조사인원과 조사기간을 고려하여 의료보험 적용분에 대하여는 국민건강보험공단의 자료를 반영하여 100% 신고한 것이므로 조사대상에서 제외하고, 수입금액 구성항목 중 주요항목인 분만과 수술 수입금액에 대하여만 조사대상으로 한 것으로 청구인의 주장은 사실관계를 오인한 것이다.

나) 신용카드결제금액 및 입·퇴원 환자 중 지급 예상금액(병실료 차액, 식대, 보험단가, 수술단가, 기타 비보험 등)을 적용한 금액을 참조하여 수입금액을 결정하고, 이 중 신용카드로 결제된 금액을 기초로 신고금액을 추정하여 그 차액을 신고누락으로 보아 쟁점금액을 산출한 것이며, 청구인의 주장대로 현금급여와 현금비급여 금액이 연간 341백만원이라면 일일 평균 현금수납액이 935천원으로 매우 비현실적인 수치가 산출되어 청구주장은 받아들일 수 없다.

다) 또한, 청구인은 근종제거술, 폴립제거술, 맥도날드 수술 등은 입원수속을 하지 아니하고 당일 치료받고 당일 귀가한다고 주장하고 있으나, 근종이나 폴립을 제거하려면 개복이나 복강경 수술을 해야 하므로 입원이 불가피하며, 이는 수술대장 및 입·퇴원 차트에서도 입원사실이 확인되고 있으며, 입원이 불필요한 수술의 경우에도 수술전후 수시간 동안 회복실이나 병실에 환자가 입실하는 것은 불가피하고 입원일이 0일이라 하더라도 병실료는 계산하고 있는 실정으로, 명확한 자료를 제시하지 아니하고 막연히 수입금액으로 이미 신고하였다는 청구인의 주장은 근거가 없다.

③ **심리 및 판단**

청구인이 현금으로 신고한 수입금액이 쟁점누락금액에 포함되어 있는지 본다.

가) 조사관청에서 결정한 수입금액은 입원환자 및 분만환자의 비보험수입과 의료보험 적용대상 중 환자 본인부담분의 항목별 단가를 합한 금액과 환자별 신용카드 결제금액을 기준으로 정한 것으로, 이에 대하여는 처분청과 청구인 사이에 다툼이 없다.

나) 조사관청은 쟁점사업장의 환자별 신용카드 결제금액만을 신고한 금액으로 보아 조사결정수입금액에서 신용카드 결제금액을 차감한 금액을 신고누락금액으로 결정하였는바, 이는 입원환자 및 분만환자가 현금결제한 금액에 대해서는 신고사실 여부를 고려하지 아니하고 수입금액 누락금액을 산정한 것이므로 조사관청의 조사내용이 합리성이 결여되었다 할 것이다.

다) 쟁점사업장의 수입금액 신고내역을 보면, 총수입금액 5,474,101,106원 중 현금수입분은 341,576,759원으로 총수입금액의 6%를 점하고 있으며, 현금수입액 중 입원환자로부터 현금으로 수령한 124,915,567원임이 나타나는바, 처분청에서 입원환자와 분만환자 전체에 대하여 평균단가를 적용한 결정수입금액에서 신용카드 결제금액을 차감하여 쟁점누락금액을 산정하였다면 환자별 현금수입 신고분을 확인하거나 합리적인 방법에 의하여 산출된 현금수입 신고분을 차감하여야 함에도 현금수입 신고분에 대한 조사를 하지 아니한 채 현금수입 신고분을 고려하지 아니하고 과세하였는 바, 이는 사실관계조사를 소홀히 한 잘못과 채증법칙·근거과세원칙에 부합되지 아니한 처분으로 판단된다(국심 2003중1976, 2003. 12. 23).

라) 사실이 이러하다면, 쟁점누락금액에 쟁점사업장에서 현금수입 분으로 신고한 부분이 포함되었다는 청구주장은 일리가 있다 할 것으로, 조사관청에서 달리 현금수입 분에 대한 조사가 이루어지지 아니하였고 청구인들이 현금수입으로 신고한 부분에 대한 잘못이 확인되지 아니하였으므로 입원환자의 현금수입 신고금액인 124,925,567원을 쟁점누락금액에서 차감하여야 할 것으로 판단된다.

마) 외래환자에 대한 수입금액이 쟁점금액에 포함되었다는 청구주장에 대하여 보면, 설령 외래환자가 입원환자 명단에 포함되어 조사되었다 하더라도, 조사관청은 조사결정 수입금액에서 신용카드 결제금액을 차감하여 쟁점금액을 산정한 것이므로, 현금결제분을 수입금액으로 신고하였다는 별도의 자료제시가 없는 한 그 차액에 대하여 과세하는 것은 달리 잘못이 없다고 판단된다(심사소득 2005-0005, 2005. 5. 2).

## 6. 피부과

### (1) 현황

피부과는 보험이 적용되는 치료 및 수술과 보험이 적용되지 않는 피부미용, 레이저시술, 모발이식, 점제거 등으로 구성된다. 피부과의 경우 특히 유명 연예인이 자주 이용하고 여성지 등에 광고를 내는 유명 피부과의 경우에는 건강보험이 적용되지 않는 고가의 스킨케어 관련 수입금액의 파악이 중요하다.

### (2) 주요 의료기기

Vbeam레이저, ND-YAG레이저, IPL레이저, He-Ne레이저, 포토덤레이저, 크리스탈필링거, 제모기, 전기연동기, 자외선치료기, 이온연동치료기, 원적외선치료기, 스킨마스터, 바이옵트론

**핵심체크**

피부관리사를 고용하여 피부관리실을 운영하거나 화장품판매 등 의료용역이 아닌 부가가치세 과세업종을 영위하는지를 확인한다.

### (3) 피부과의사 지도 · 감독 하에 피부관리사가 제공하는 용역의 면세 여부

피부과의원을 공동 운영하는 원고들은 내원 고객들에게 위 의원 내에 별도 설치한 피부관리실에서 미용사자격증 소지자인 담당 피부관리사를 통해 피부관리 등의 용역을 제공하여 왔는데, 위 제공용역 중 진료부분과 피부관리사의 피부관리부분을 별도로 구분하지 않고 일괄하여 요금을 산정 · 수납하여 온 사실, 피고는 2001년 제2기부터 2004년 제3기까지 위 의원 내의 피부관리실에서 내원 고객들에게 피부관리 등의 용역을 제공하고 받은 총수입금 중 피부관리사의 용역제공에 대한 대가부분은 부가가치세 과세대상이 된다는 이유로 그 부분만을 산출하여 해당 분기별로 판시 각 부가가치세를 부과하는 이 사건 처분을 한 사실을 인정한 다음, 의료법상의 의료행위라고 함은 질병의 예방과 치료행위뿐 아니라 의학적 전문지식이 있는 의료인이 행하지 아니하면 사람의 생명 · 신체나 공중위생에 위해를 발생시킬 우려가 있는 행위를 포함하는데(대법원 2003. 9. 5 선고, 2003도2903 판결), 이 사건 의원 내의 피부관리실에서 피부관리사의 제공용역은 비록 피부과 의사의 지도 · 감독 하에 이루어진 행위라 하더라도 의료법상 의료인이 아닌 피부관리사가 제공한 용역으로서 그 주된

목적이 질병의 치료나 예방에 있다기보다 피부의 탄력이나 미백 등 미용적인 효과를 추구하는 피부관리에 있다고 보아야 하는 점, 위 피부관리 등의 용역은 일반 피부관리실에서도 일반적으로 행해지거나 행해질 수 있는 것으로서 의료보건용역에 반드시 부수되어야 하는 것은 아닌 점, 부가가치세 과세사업자인 일반 피부관리실에서 행해지는 용역과 그 추구 목적 및 수행 과정이 유사함에도 단지 피부과의원 내에서 이루어진다는 이유만으로 부가가치세를 면제한다는 것은 과세형평 및 실질과세원칙과 의료보건용역에 대한 부가가치세 면제의 입법취지에도 반한다는 점 등의 사정을 들어, 위 피부관리사의 제공용역은 「부가가치세법」 제12조 제1항, 제3항에서 부가가치세 면제대상으로 규정하고 있는 의료보건용역이나 그에 필수적으로 부수되는 용역에 해당하지 아니한다(대법원 2008. 10. 9 선고, 2008두11594 판결).

### (4) 피부과 세무조사 사례연구

피부과 운영하면서 탈모환자의 모발이식 전문의원으로 세무조사 등에 대비하여 환자들의 모발이식 전·후 사진 등을 별도의 장소에 보관하여 관리하고, 모발이식 진료비를 할인해 주는 등의 방법으로 현금결제를 유도하고 받은 현금 수입금액을 신고누락하였으며 또한, 고용의사를 공동사업자(동업자)로 위장등록하는 방법으로 소득을 분산하여 세금을 탈루하였음.

세무조사결과 탈루소득 20억원에 대하여 소득세 10억원을 추징하고 지능적·고의적 세금포탈에 대하여 조세범처벌법에 따라 포탈세액 상당액의 벌금을 부과함.

[소득세사무처리규정 별지 제12-2(5)호 서식] 〈검토부표 1〉

# 피부과 병·의원 수입금액검토부표

(1) 인적사항

| ①사업자번호 | | ②상호 | | ③성명 | |
|---|---|---|---|---|---|

(2) 주요 의료기기 현황 (고가순으로) (단위:대,천원)

| 종 류 | | ⑤대 수 | ⑥취득일 | ⑦취득가액 | ⑧리스일 | ⑨리스가액 |
|---|---|---|---|---|---|---|
| 코드 | ④명 칭 | | | | | |
| | | | | | | |
| | | | | | | |
| | | | | | | |
| | | | | | | |

(3) 진료유형별 비보험 수입금액 (고액순으로) (단위:명,천원)

| 구 분 | | 당해 과세기간 | | 구 분 | | 당해 과세기간 | |
|---|---|---|---|---|---|---|---|
| 코드 | ⑩유 형 | ⑪인원 | ⑫수입금액 | 코드 | ⑩유 형 | ⑪인원 | ⑫수입금액 |
| | | | | | | | |
| | | | | | | | |
| | | | | | | | |
| | | | | | | | |
| | | | | | | | |

(4) 주요사용재료 현황 (단위:천원,Unit,세트)

| ⑬종 류 | 전기이월 | | 당해 과세기간 | | | | | 차기이월 | |
|---|---|---|---|---|---|---|---|---|---|
| | | | 매입금액 | | ⑱사용건수 (건) | 사용금액 | | | |
| | ⑭용량 | ⑮금액 | ⑯용량 | ⑰금액 | | ⑲용량 | ⑳금액 | ㉑용량 | ㉒금액 |
| 보툴리눔독소 (보톡스) | | | | | | | | | |
| 실리콘·콜라겐 ·고어택스 | | | | | | | | | |
| 셀라인· 하이드로겐 | | | | | | | | | |

피부과에 대한 수입금액 및 의료기기 현황 등을 신고합니다.

년 월 일

사 업 자 : ㊞

세무대리인 : ㊞

(관리번호 )

세무서장 귀하

## 작 성 요 령

※ 불성실하게 작성시는 조사대상자로 선정되는 등 불이익을 받으실 수 있으므로 성실하게 작성하여 주시기 바랍니다.

1. 인적사항
인적사항을 기재합니다.

2. 주요 의료기기 현황
사용하고 있는 주요 의료기기를 종류별로 구분하여 고가순으로 작성합니다.

| 코드 | 의료기기 명칭 | 코드 | 의료기기 명칭 |
|---|---|---|---|
| 01 | CO2 레이저 | 11 | 롱펄스알렉산드라이트레이저 |
| 02 | ERBIUM레이저 | 12 | 포토덤레이저 |
| 03 | He-Ne레이저 | 13 | 전기연동기 |
| 04 | 스킨마스터 | 14 | EPITOUCH PLUS레이저 |
| 05 | IPL레이저 | 15 | 제모기 |
| 06 | Vbeam레이저 | 16 | 크리스탈필링기 |
| 07 | ND-YAG레이저 | 17 | 냉동치료기 |
| 08 | 레비레이저 | 18 | 바이옵트론 |
| 09 | 얼븀야그레이저 | 19 | 자외선치료기 |
| 10 | ACCOLADE레이저 | 91~93 | 기타 |

3. 진료유형별 비보험 수입금액
보험이 적용되지 않는 미용성형 등 진료유형별 수입금액을 합계하여 고액순으로 기재하고, 인원란은 진료차트를 기준으로 진료・치료・수술・미용 등 연인원을 기재합니다.

| 코드 | 진료유형별 비보험수입금액 | 코드 | 진료유형별 비보험수입금액 |
|---|---|---|---|
| 01 | 피부미용 | 06 | 여드름치료 |
| 02 | 레이저 | 07 | 기미제거 |
| 03 | 모발(털제거) | 08 | 검버섯수술 |
| 04 | 점제거 | 09 | 액취증수술 |
| 05 | 주름제거(보톨리늄독스) | 91~93 | 기타 |

4. 주요 사용재료 현황
진료・치료・수술・미용 등 의료행위와 관련하여 사용되는 재료의 사용건수, 사용량, 금액을 구분하여 기재합니다.
(예) 보툴리눔독스(보톡스), 실리콘・콜라겐・고어택스, 셀라인・하이드로겐 등

**[병의원 관련 주요 해석사례 및 심판례 요약]**

| | | |
|---|---|---|
| ① 대한의사협회가 제공하는 의료광고 심의용역 | 대한한의사협회가 보건복지부장관으로부터 위임받은 의료광고 심의용역을 한의사, 한의원, 한방병원 등에게 제공하고 대가를 받는 경우 그 대가는 부가가치세가 과세되는 것임. | 부가-88 (2011. 1. 21) |
| ② 장기요양기관의 현금영수증 발급 | 「부가가치세법 시행령」 제29조 제13호에 해당하는 장기요양기관이 제공하는 의료보건용역은 소득세법 제210조의 3 별표 3의2의 소비자상대업종에 구분되어 있지 아니하나, 「조세특례제한법」 제126조의 2 및 동법 시행령 제121조의 2에 따라 신용카드 등 사용금액에 대하여 소득공제가 가능한 경우에는 당해 용역을 공급받는 자에게 현금영수증을 발급할 수 있는 것임. | 전자세원과-80 (2010. 2. 8 ) |
| ③ 업무관련 비용 | 쟁점필요경비 대부분이 치과병원 휴무일에 사용한 금액이거나 심야에 음식점 또는 노래방에서 사용한 금액으로 청구인의 사업과 관련하여 일반적으로 용인되는 통상적인 비용이라고 보기 어려움. | 심사소득 2010-0045 (2010. 7. 23) |
| ④ 치과의료 용역의 수입시기 | 수입금액을 신고함에 있어서 현금수입일이나 용역제공진행률 등 일정한 기준이 없이 신고한 것으로 나타나고 다수의 환자에게 의료용역을 제공하고 그 진료의 시작과 완료가 복수의 과세기간에 걸쳐 있는 점에 비추어 청구인의 의료용역의 수입시기는 그 대가를 지급받은 날이 속하는 연도의 귀속시기로 봄이 타당함. | 조심 2009서2945 (2010. 9. 1) |
| ⑤ 수입금액 과다계상 | 과다계상된 수입금액이 건강보험관리공단의 진료비통보내역서 등으로 확인되어 수입금액 제외하고 청구인이 지급한 부외경비인 이자를 필요경비에 산입함이 타당함. | 조심 2010전0601 (2010. 7. 29) |
| ⑥ 산후조리원 | 산부인과 병원과 동일 건물 내에 설치된 산후조리원에 대부분의 산모가 산부인과 병원 분만실에서 분만한 산모가 입실하여 산부인과 병원의 의사 또는 간호사에 의하여 진찰 및 진료를 받았다고 인정되므로 부가가치세가 면제되는 의료보건용역에 해당됨. | 조심 2009중2445 (2010. 5. 26) |
| ⑦ 근거과세 원칙 | 수입금액에 관한 장부를 폐기한 상황에서 한의원과 관련된 수익을 관리한 계좌의 입금액과 관련자들의 진술 등을 토대로 소득금액 산정하였는 바, 이는 근거과세의 원칙에 반한다고 할 수 없음. | 서울고등법원 2009누29310 (2010. 5. 13) |
| ⑧ 피부관리 용역 | 피부과 의사의 지도·감독 하에 이루어진 행위라고 하더라도 의료법상의 의료인이 아닌 피부관리사가 제공한 용역임이 분명하므로 부가가치세 면세대상이 되는 의료보건용역이라고 할 수 없음. | 대법원 2008두11617 (2008. 10. 9) |

| | | |
|---|---|---|
| ⑨ 전산자료에 의한 수입 금액 결정 | 전산자료에 동일한 사람이 동일한 금액으로 연도만 달리하여 중복 기재되어 있고, 동일주민등록번호의 환자 및 주민등록번호는 똑같은데 이름이 다르게 중복 기재되어 있으며, 주민등록번호가 존재하지 아니하거나 불완전한 명단 등의 자료가 포함되어 있는데도 이에 대한 구체적인 조사를 하지 아니한 점 등으로 볼 때 쟁점전산자료에 수록된 일부 자료의 내용에 대한 검증이 부족한 것으로 판단됨. | 조심 2009중3610 (2010. 2. 23) |
| ⑩ 인비절라인의 과세 여부 | 판매업을 영위하는 사업자가 의료상품에 속하는 인비절라인(치과교정장치)을 치과병원에 공급하는 경우에는 부가가치세가 과세되는 재화의 공급에 해당. | 법규부가 2009-376 (2009. 11. 19) |
| ⑪ 치과기공용역의 원천징수 | 부가가치세법 제12조 제1항 제4호의 규정에 의한 치과기공사가 제공하는 의료·보건용역을 제공받고 그에 따라 지급하는 금액은 사업소득으로 원천징수하여야 하는 것임. | 원천세과-28 (2009. 4. 2) |
| ⑫ 의료급여의 원천징수 | 국민건강보험공단이 의료급여수급권자의 진료·치료비를 의료급여법에 따라 의료기관에 지급하는 경우 소득세법 제184조의 원천징수대상 사업소득에 해당함. | 원천세과-2918 (2008. 12. 18) |
| ⑬ 비만치료 용역 | 의료법의 규정에 의하여 의료기관을 개설한 자가 당해 의료기관 내에서 비만치료를 받고자 하는 자에게 비만상태의 검사 및 진단, 치료를 위한 의약품 처방, 지방제거를 위한 흡입수술 등의 용역을 제공하는 경우에 당해 용역은 부가가치세법 제12조 제1항 제4호 및 같은법 시행령 제29조의 규정에 의하여 부가가치세가 면제되는 것이나, 다만, 건강보조식품 등을 별도로 판매하는 경우에는 동 규정에 의한 의료보건용역에 해당하지 아니하여 부가가치세가 과세되는 것임. | 서면3팀-262 (2004. 12. 23) |

## 의료법인의 세무실무

### 1. 개요

법인형태의 의료기관은 그 설립형태에 따라서 민간이 설립한 비영리 민간병원, 국가나 지방자치단체가 설립한 국립병원, 시·도립병원, 지방공사의료원 등 공공병원으로 나누어 진다. 법인형태의 의료기관은 공익성이 강조된 비영리법인으로 의료업을 행함에 있어서 공중위생에 기여하여야 하며, 영리를 추구하여서는 아니 된다(의료법 시행령 18). 따라서 의료업을 통하여 발생한 이윤을 구성원(설립자 등)에게 분배할 수 없다.

### (1) 의료법인의 장·단점

#### 1) 장점

① 의료법인을 공익법인으로 분류하여 세제상 지원
- 지방세법, 법인세법상 지원
- 비영리법인으로 분류

② 의료법인 설립자의 유지를 계승하여 사업의 영속성 유지

③ 규모의 경제 달성

④ 세금부담의 완화
- 고유목적사업준비금의 설정
- 낮은 세율의 적용(10, 20, 22, 25%)

#### 2) 단점

① 출연재산의 개인소유 환원이 불가능함
- 국가나 지방자치단체 또는 동일한 목적의 비영리법인에 귀속

② 법인재산과 개인재산의 엄격한 분리

③ 법인재산의 개인유용이 불가 : 출연재산의 임의처분 불가

④ 엄격한 회계처리기준 적용
- 의료기관회계기준규칙
- 회계투명성 제고

### (2) 의료법인의 설립

#### 1) 의료법인의 설립허가(의료법 48)

① 의료법인을 설립하고자 하는 자는 정관 기타 서류를 갖추어 당해 법인의 주된 사무소의 소재지를 관할하는 시·도지사의 허가를 받아야 한다.

② 의료법인은 그가 개설하는 의료기관에 필요한 시설 또는 이에 소요되는 자금을 보유하여야 한다.

③ 의료법인은 그 재산을 처분하거나 정관을 변경하고자 할 때에는 시·도지사의 허가를 받아야 한다.

④ 이 법에 의한 의료법인이 아니면 의료법인 또는 이와 유사한 명칭을 사용할 수 없다.

### 2) 의료법인 설립시 준비서류

① 의료법인을 설립하고자 하는 자의 성명 · 주소 · 약력(설립발기인이 법인 또는 조합인 경우에는 그 명칭 · 소재지, 대표자의 성명 · 주소와 정관 또는 조합규약 및 최근의 사업활동)을 기재한 서류

② 설립취지서

③ 정관

④ 재산의 종류 · 수량 · 금액 및 권리관계를 기재한 재산목록(기본재산과 보통재산으로 구분기재) 및 기부신청서(기부자의 인감증명서 및 재산에 관한 증빙서 첨부)

⑤ 부동산 · 예금 · 유가증권 등 주된 재산에 관한 등기소 · 금융기관 등의 증명서

⑥ 사업개시 예정연월일과 당해 사업연도분의 사업계획서 및 수지예산서

⑦ 임원 취임예정자의 이력서(반명함판사진을 첨부한다) · 취임승낙서(인감증명서를 첨부한다) 및 호적등본

⑧ 설립발기인이 수인인 경우에 대표자에 의하여 신청되는 경우에는 다른 설립발기인의 위임장

**관련법조문**

◈ 의료법 제48조의 2【임원】

① 의료법인에는 5명 이상 15명 이하의 이사와 2명의 감사를 두되, 보건복지부장관의 승인을 받아 그 수를 증감할 수 있다.

② 이사와 감사의 임기는 정관으로 정하되, 이사는 4년, 감사는 2년을 초과할 수 없다. 다만, 이사와 감사는 각각 연임할 수 있다.

③ 이사회의 구성에 있어서 각 이사 상호 간에 「민법」 제777조에 규정된 친족관계에 있는 사람이 그 정수의 4분의 1을 초과해서는 아니 된다.

④ 다음 각 호의 어느 하나에 해당하는 사람은 의료법인의 임원이 될 수 없다.
1. 미성년자
2. 피성년후견인 또는 피한정후견인
3. 파산선고를 받은 사람으로서 복권되지 아니한 사람
4. 금고 이상의 형을 받고 집행이 종료되거나 집행을 받지 아니하기로 확정된 후 3년이 지나지 아니한 사람

⑤ 감사는 이사와 제3항에 따른 특별한 관계에 있는 사람이 아니어야 한다.

### (3) 의료법인의 부대사업(의료법 49)

① 의료법인은 그 법인이 개설하는 의료기관에서 의료업무 외에 다음의 부대사업을 할 수 있다. 이 경우 부대사업으로 얻은 수익에 관한 회계는 의료법인의 다른 회계와 구분하여 계산하여야 한다.

1. 의료인과 의료관계자 양성이나 보수교육
2. 의료나 의학에 관한 조사 연구
3. 「노인복지법」 제31조 제2호에 따른 노인의료복지시설의 설치 · 운영
4. 「장사 등에 관한 법률」 제25조 제1항에 따른 장례식장의 설치 · 운영
5. 「주차장법」 제19조 제1항에 따른 부설주차장의 설치 · 운영
6. 의료업 수행에 수반되는 의료정보시스템 개발 · 운영사업 중 대통령령으로 정하는 사업
7. 그 밖에 휴게음식점영업, 일반음식점영업, 이용업, 미용업 등 환자 또는 의료법인이 개설한 의료기관 종사자 등의 편의를 위하여 보건복지부령으로 정하는 사업

② 제1항 제4호 · 제5호 및 제7호의 부대사업을 하려는 의료법인은 타인에게 임대 또는 위탁하여 운영할 수 있다.

③ 제1항 및 제2항에 따라 부대사업을 하려는 의료법인은 보건복지부령으로 정하는 바에 따라 미리 의료기관의 소재지를 관할하는 시 · 도지사에게 신고하여야 한다. 신고사항을 변경하려는 경우에도 또한 같다.

## 2. 납세의무의 범위

### (1) 법인세 납세의무

비영리법인인 병원의 의료수익에 대하여는 법인세법상 수익사업에 해당되어 법인세의 납세의무를 진다(법법 4, 법령 3). 법인세법상 의료업의 수익사업 범위는 의료수익(보건 및 사회복지사업으로 사업소득), 이자소득, 배당소득, 주식 및 출자지분의 양도차익, 고정자산 처분이익(3년 이상 고유목적사업에 계속 사용한 것은 제외), 기타 대가를 얻는 계속적 행위로 인하여 얻은 수입 등이다. 다만, 의료업에서 생긴 일정한 소득에 대하여 수익사업으로 열거하여 법인세 과세대상으로 규정하고 있지만, 또한 고유목적사업준비금의 손금산입을 허용하고 있어 법인세를 경감 또는 면제하고 있다.

### 1) 고유목적사업준비금의 손금산입(법법 29)

① 비영리내국법인(법인으로 보는 단체의 경우에는 대통령령으로 정하는 단체만 해당한다. 이하 이 조에서 같다)이 각 사업연도의 결산을 확정할 때 그 법인의 고유목적사업이나 지정기부금(이하 이 조에서 "고유목적사업 등"이라 한다)에 지출하기 위하여 고유목적사업준비금을 손비로 계상한 경우에는 다음 각 호의 구분에 따른 금액의 합계액(제2호에 따른 수익사업에서 결손금이 발생한 경우에는 제1호 각 목의 금액의 합계액에서 그 결손금 상당액을 차감한 금액을 말한다)의 범위에서 그 계상한 고유목적사업준비금을 해당 사업연도의 소득금액을 계산할 때 손금에 산입한다.

1. 다음 각 목의 금액
   가. 「소득세법」 제16조 제1항 각 호(같은 항 제11호에 따른 비영업대금의 이익은 제외한다)에 따른 이자소득의 금액
   나. 「소득세법」 제17조 제1항 각 호에 따른 배당소득의 금액. 다만, 「상속세 및 증여세법」 제16조 또는 제48조에 따라 상속세 과세가액 또는 증여세 과세가액에 산입되거나 증여세가 부과되는 주식 등으로부터 발생한 배당소득의 금액은 제외한다.
   다. 특별법에 따라 설립된 비영리내국법인이 해당 법률에 따른 복지사업으로서 그 회원이나 조합원에게 대출한 융자금에서 발생한 이자금액
2. 그 밖의 수익사업에서 발생한 소득에 100분의 50(「공익법인의 설립·운영에 관한 법률」에 따라 설립된 법인으로서 고유목적사업 등에 대한 지출액 중 100분의 50 이상의 금액을 장학금으로 지출하는 법인의 경우에는 100분의 80)을 곱하여 산출한 금액

### 2) 고유목적사업준비금의 손금산입특례(조특법 74)

① 다음 각 호의 어느 하나에 해당하는 법인에 대해서는 2025년 12월 31일 이전에 끝나는 사업연도까지 「법인세법」 제29조를 적용하는 경우 같은 조 제1항 제2호에도 불구하고 해당 법인의 수익사업(이 항 제4호 및 제5호의 경우에는 해당 사업과 해당 사업 시설에서 그 시설을 이용하는 자를 대상으로 하는 수익사업만 해당한다)에서 발생한 소득을 고유목적사업준비금으로 손금에 산입할 수 있다.

1. 다음 각 목의 어느 하나에 해당하는 법인
   가. 「사립학교법」에 따른 학교법인
   나. 「산업교육진흥 및 산학연협력촉진에 관한 법률」에 따른 산학협력단
   다. 「평생교육법」에 따른 원격대학 형태의 평생교육시설을 운영하는 「민법」 제32

조에 따른 비영리법인

라. 「국립대학법인 서울대학교 설립 · 운영에 관한 법률」에 따른 국립대학법인 서울대학교 및 발전기금

마. 삭제

바. 「국립대학법인 인천대학교 설립 · 운영에 관한 법률」에 따른 국립대학법인 인천대학교 및 발전기금

2. 「사회복지사업법」에 따른 사회복지법인

3. 다음 각 목의 어느 하나에 해당하는 법인

가. 「국립대학병원 설치법」에 따른 국립대학병원 및 「국립대학치과병원 설치법」에 따른 국립대학치과병원

나. 「서울대학교병원 설치법」에 따른 서울대학교병원

다. 「서울대학교치과병원 설치법」에 따른 서울대학교치과병원

라. 「국립암센터법」에 따른 국립암센터

마. 「지방의료원의 설립 및 운영에 관한 법률」에 따른 지방의료원

바. 「대한적십자사 조직법」에 따른 대한적십자사가 운영하는 병원

사. 「국립중앙의료원의 설립 및 운영에 관한 법률」에 따른 국립중앙의료원

### 3) 고유목적사업에 사용 또는 지출

의료업을 영위하는 의료법인이 ① 병원건물 및 부속토지 ② 국민건강보험법에 의한 요양급여의 적용대상이 되는 의료기기 중 취득가액이 100만원 이상인 의료기기 ③ 초음파영상기 · 자기공명영상기 · 양전자단층촬영기를 취득하기 위하여 지출한 금액은 고유목적사업에 지출 또는 사용한 금액으로 본다(법령 56 ⑥ 3호, 법칙 29의 2). 그리고, 국민건강보험법에 의한 요양급여 대상 질환 및 비급여 대상 질환의 치료에 공동으로 사용되는 의료기기의 경우에도 규칙 제29조의 2 제1항 제2호 가목의 규정에 의한 "국민건강보험법에 의한 요양급여의 적용대상이 되는 의료기기"에 포함된다(법기통 29-56-8).

### 4) 의료기관 형태별 고유목적사업준비금의 손금산입 한도

| 구 분 | 손금산입 한도 |
|---|---|
| 개인병의원 | 손금산입 인정 안됨 |
| 사단 · 재단법인 | 이자 · 배당소득 등 × 100% + 수익사업소득 × 50% |
| 의료법인 | 이자 · 배당소득 등 × 100% + 수익사업소득 × 50% |
| 사회복지법인 | 이자 · 배당소득 등 × 100% + 수익사업소득 × 100% |

| 구 분 | 손금산입 한도 |
|---|---|
| 사립학교법인 | 이자 · 배당소득 등 × 100% + 수익사업소득 × 100% |
| 국립대학 · 지방의료원 | 이자 · 배당소득 등 × 100% + 수익사업소득 × 100% |

※ 사회복지법인 병원 · 사립학교법인 병원 · 국립대학병원 · 지방의료원은 수익사업소득 전액을 고유목적사업준비금으로 손금산입할 수 있기 때문에 법인세가 전액 면제된다.

### 5) 의료발전회계[79)]

① 의료법인이 의료기기 등 고정자산을 취득하기 위하여 지출하는 금액과 기획재정부령으로 정하는 연구개발사업을 위하여 지출하는 금액은 당해 법인의 선택에 따라 고유목적사업준비금을 사용한 것으로 경리할 수 있다.

② 제1항의 규정에 따라 지출하는 금액은 영 제56조 제9항의 규정에 따라 의료발전회계로 구분경리하여야 하며, 이에 대한 세무상 처리방법은 아래와 같다(법기통 29-56-6).

| 구 분 | 병원회계(수익사업) | 의료발전회계 |
|---|---|---|
| 100 전입시 | (차) 고유목적사업준비금전입 100<br>(대) 고유목적사업준비금 100 | - |
| 100 구입시 | (차) 자산 100 (대) 현금 100<br>(차) 고유목적사업준비금 100<br>(대) 의료발전준비금 100 | (차) 자산 100(별도관리)<br>(대) 의료발전준비금 100 |
| 20 감가상각시 | (차) 감가상각비 20<br>(대) 감가상각누계액 20<br>(차) 의료발전준비금 20<br>(대) 의료발전준비금환입(익금) 20 | (차) 의료발전준비금 20<br>(대) 자산 20 |
| 50 처분시 | (차) 현금 50 (대) 자산 100<br>감가상각누계액 20 의료발전분비근환입 80<br>처분손실 30<br>의료발전준비금 80 | (차) 의료발전준비금 80<br>(대) 자산 80 |

## (2) 상속세 및 증여세의 납세의무

### 1) 상속세 과세가액 불산입

상속재산 중 피상속인이나 상속인이 종교 · 자선 · 학술 또는 그 밖의 공익을 목적으로 하는 사업을 하는 자(이하 "공익법인 등"이라 한다)에게 출연한 재산의 가액으로서 제67조에

79) 의료발전회계는 고유목적사업준비금의 사용용도를 사후관리하기 위하여 별도로 구분경리하기 위함에 그 목적이 있다.

따른 신고기한(상속받은 재산을 출연하여 공익법인 등을 설립하는 경우로서 부득이한 사유가 있는 경우에는 그 사유가 없어진 날이 속하는 달의 말일부터 6개월까지를 말한다) 이내에 출연한 재산의 가액은 상속세 과세가액에 산입하지 아니한다(상증법 16 ①).

### 2) 증여세 과세가액 불산입

공익법인 등이 출연받은 재산의 가액은 증여세과세가액에 산입하지 아니한다(상증법 48 ①).

### 3) 의료법인 등에 대한 과세특례(지방세특례제한법 38)

① 「의료법」 제48조에 따라 설립된 의료법인이 의료업에 직접 사용하기 위하여 취득하는 부동산에 대해서는 취득세를, 과세기준일 현재 의료업에 직접 사용하는 부동산에 대해서는 재산세를 다음 각 호에서 정하는 바에 따라 각각 경감한다.

1. 2027년 12월 31일까지 취득세의 100분의 30(감염병전문병원의 경우에는 100분의 40)을, 재산세의 100분의 50(감염병전문병원의 경우에는 100분의 60)을 각각 경감한다.
2. 삭제 〈2021. 12. 28.〉

② 「고등교육법」 제4조에 따라 설립된 의과대학(한의과대학, 치과대학 및 수의과대학을 포함한다)의 부속병원에 대하여는 주민세 사업소분(「지방세법」 제81조 제1항 제2호에 따라 부과되는 세액으로 한정한다) 및 종업원분을 2014년 12월 31일까지 면제한다.

③ 삭제 〈2018. 12. 24.〉

④ 종교단체(「민법」에 따라 설립된 재단법인으로 한정한다)가 「의료법」에 따른 의료기관 개설을 통하여 의료업에 직접 사용할 목적으로 취득하는 부동산에 대해서는 취득세를, 과세기준일 현재 의료업에 직접 사용하는 부동산에 대해서는 재산세를 다음 각 호에서 정하는 바에 따라 각각 경감한다.

1. 2027년 12월 31일까지 취득세의 100분의 30(감염병전문병원의 경우에는 100분의 40)을, 재산세의 100분의 50(감염병전문병원의 경우에는 100분의 60)을 각각 경감한다.
2. 삭제 〈2021. 12. 28.〉

⑤ 「지방자치법」 제5조 제1항에 따라 둘 이상의 시·군이 통합되어 도청 소재지인 시가 된 경우 종전의 시(도청 소재지인 시는 제외한다)·군 지역에 대해서는 제1항 및 제4항에도 불구하고 통합 지방자치단체의 조례로 정하는 바에 따라 통합 지방자치단체가 설치된 때부터 5년의 범위에서 통합되기 전의 감면율을 적용할 수 있다.

#### 4) 종합부동산세의 납세의무

지방세법 또는 조세특례제한법에 의한 재산세의 비과세·과세면제 또는 경감에 관한 규정은 종합부동산세를 부과함에 있어서 이를 준용한다(종부세법 6 ①).

의료법인이 병원건물에 해당되지 아니하는 직원 기숙사 및 연수원을 취득하기 위하여 지출하는 금액은 고유목적사업에 지출 또는 사용한 금액에 해당되지 아니하는 것이다(법인-1121, 2010. 11. 30).

[의료법인 관련 주요 해석사례 및 심판례 요약]

| | | |
|---|---|---|
| ① 기숙사 취득 | 의료법인이 병원건물에 해당되지 아니하는 직원 기숙사 및 연수원을 취득하기 위하여 지출하는 금액은 고유목적사업에 지출 또는 사용한 금액에 해당되지 아니하는 것임. | 법인세과-1121 (2010. 11. 30) |
| ② 고유목적사업 지출 | 법인세법 제29조에 따라 고유목적사업준비금을 손금에 산입하고 이를 의료발전회계로 구분하여 경리하는 의료법인이 병원건물을 취득하기 위하여 지출하는 금액은 법인세법 시행령 제56조 제6항 제3호에 따라 고유목적사업에 지출 또는 사용한 금액으로 보는 것이며, 이 경우 '기획재정부령이 정하는 고정자산의 취득'에는 병원건물에 대한 자본적 지출액을 포함하는 것임. | 법인세과-753 (2010. 8. 9) |
| ③ 의료법인 출연 | 「의료법」에 의한 의료법인이 운영하던 2개의 병원 중 1개 병원의 자산·부채를 「사립학교법」에 따른 사립학교의 부속병원으로 포괄적으로 출연하는 경우 그 출연하는 순자산의 장부가액은 「조세특례제한법」 제73조 제1항 제2호 가목의 기부금에 해당하는 것으로, 동 금액은 「법인세법」 제29조에 따라 손금에 산입한 고유목적사업준비금의 사용액으로 보거나, 고유목적사업준비금과 별도로 「조세특례제한법」 제73조에 따라 손금에 산입할 수 있는 것이며,<br>출연하는 병원과 관련된 고유목적사업준비금 및 의료발전준비금 잔액은 학교법인에 승계되지 아니하는 것임(법규과-1243, 2010. 7. 29). | 법인세과-735 (2010. 8. 3) |
| ④ 고유목적사업 준비금 전입 후 예금 예치시 준비금 사용 여부 | 사립학교법」에 따른 학교법인이 「법인세법」 제3조 제3항 제5호의 고정자산 처분으로 인하여 발생된 소득을 「조세특례제한법」 제74조 제1항 제1호에 따라 고유목적사업준비금으로 손금산입한 후, 해당 금액을 수익용 기본재산인 예금으로 재예치하고 비영리사업회계에 전출한 경우라도 「법인세법」 제29조 제2항의 고유목적사업에 지출된 것으로 볼 수 없는 것임. | 법규법인 2010-0164 (2010. 6. 9) |
| ⑤ 무상수증자산 | 비영리내국법인인 의료법인의 해산에 따른 청산소득에 대한 법인세의 납세의무가 없으며, 비영리내국법인이 다른 비영리내국법인으로부터 업무와 직접 관련 없이 자산을 무상으로 받는 경우 비수익사업 소득에 해당되어 법인세가 과세되지 않는 것임. | 법인세과-598 (2010. 6. 25) |

# Ⅷ 동물병원의 세무실무

## 1. 개요

### (1) 정의

동물병원은 동물의 진료를 목적으로 수의사가 개설한 병원 또는 진료소 · 가축병원으로서 일반 병원과는 달리 진료과목에 대한 규정을 두지 않고 동물전반에 걸쳐 질료 등을 목적으로 한다. 즉, 동물병원이라 함은 동물진료업을 행하는 장소로서 수의사법 제17조의 규정에 의한 신고를 한 진료기관을 말한다(수의사법 2 4호).

### (2) 용어의 정의

이 법에서 사용하는 용어의 정의는 다음과 같다(수의사법 2).

① “수의사”란 수의업무를 담당하는 사람으로서 농림수산식품부장관의 면허를 받은 사람을 말한다.

② “동물”이란 소, 말, 돼지, 양, 개, 토끼, 고양이, 조류(鳥類), 꿀벌, 수생동물(水生動物), 그 밖에 대통령령으로 정하는 동물을 말한다.

③ “동물진료업”이란 동물을 진료[동물의 사체 검안(檢案)을 포함한다. 이하 같다]하거나 동물의 질병을 예방하는 업(業)을 말한다.

④ “동물병원”이란 동물진료업을 하는 장소로서 제17조에 따른 신고를 한 진료기관을 말한다.

### (3) 동물병원의 개설(수의사법 17)

① 수의사는 이 법에 따른 동물병원을 개설하지 아니하고는 동물진료업을 할 수 없다.

② 동물병원은 다음 각 호의 어느 하나에 해당되는 자가 아니면 개설할 수 없다.

1. 수의사
2. 국가 또는 지방자치단체
3. 동물진료업을 목적으로 설립한 법인
4. 수의학을 전공하는 대학(수의학과가 설치된 대학을 포함한다)
5. 「민법」이나 특별법에 따라 설립된 비영리법인

③ 제2항 제1호부터 제5호까지의 규정에 해당하는 자가 동물병원을 개설하려면 농림수산식품부령으로 정하는 바에 따라 특별자치도지사 · 특별자치시장 · 시장 · 군수 또는

자치구의 구청장(이하 "시장 · 군수"라 한다)에게 신고하여야 한다. 신고 사항 중 농림수산식품부령으로 정하는 중요 사항을 변경하려는 경우에도 같다.

### (4) 휴업 · 폐업의 신고(수의사법 18)

동물병원 개설자가 동물진료업을 휴업하거나 폐업한 경우에는 지체 없이 관할 시장 · 군수에게 신고하여야 한다. 다만, 30일 이내의 휴업인 경우에는 그러하지 아니하다.

### (5) 반려동물의 영업의 구분

반려동물과 관련된 다음의 영업을 하려는 자는 농림축산식품부령으로 정하는 기준에 맞는 시설과 인력을 갖추어야 한다(동물보호법 32).

① 동물장묘업(動物葬墓業)
② 동물판매업
③ 동물수입업
④ 동물생산업
⑤ 동물전시업
⑥ 동물위탁관리업
⑦ 동물미용업
⑧ 동물운송업

## 2. 동물병원의 분류

### (1) 한국표준산업분류

| 대 분 류 | 세 세 분 류 | 분 류 명 |
|---|---|---|
| 전문과학 및 기술서비스업(M) | 수의업(73100) | 수의업 |

※ 축산동물 및 애완용동물에 대한 질병의 예방 및 치료를 수행하는 산업활동을 말한다.
〈예시〉
- 축산동물병원, 애완동물병원
- 수의서비스, 수의 관련 실험서비스
- 동물관련 임상병리 서비스
- 동물구급 서비스

### (2) 기준경비율(단순경비율)상의 분류(2022귀속)

| 구 분 | 분류코드 | 분 류 명 | 단순경비율 | 기준경비율 |
|---|---|---|---|---|
| 보건업 | 852000 | 수의업 | 65.1 | 15.7 |

※ 적용범위 및 기준 : 고문료, 수당, 기타 이와 유사한 성질의 대가 포함

## 3. 부가가치세 실무

### (1) 과세대상

「수의사법」에 규정하는 수의사가 제공하는 용역은 의료보건용역에 해당되어 부가가치세가 면제된다(부령 35 5호). 다만, 다만, 동물의 진료용역은 다음 각 목의 어느 하나에 해당하는 진료용역으로 한정한다.

가. 「축산물위생관리법」에 따른 가축에 대한 진료용역
⇒ 소, 말, 양(염소 등 산양을 포함한다. 이하 같다), 돼지(사육하는 멧돼지를 포함한다), 닭, 오리, 사슴, 토끼, 칠면조, 거위, 메추리, 꿩, 당나귀를 말한다(축산물위생관리법 2 1호).

나. 「수산생물질병 관리법」에 따른 수산동물에 대한 진료용역
⇒ 어류, 패류, 갑각류, 연체동물(軟體動物) 중 두족류, 극피동물(棘皮動物) 중 성게류, 해삼류, 척색동물(脊索動物) 중 미색류(尾索類), 갯지렁이류 · 개불류 · 양서류 · 자라류 · 고래류(수산생물질병관리법 2 1호)

다. 「장애인복지법」 제40조 제2항에 따른 장애인 보조견표지를 발급받은 장애인 보조견에 대한 진료용역

라. 「국민기초생활 보장법」 제2조 제2호에 따른 수급자가 기르는 동물의 진료용역

마. 가목부터 라목까지의 규정에 따른 진료용역 외에 질병의 예방을 목적으로 하는 동물의 진료용역으로서 농림수산식품부장관이 기획재정부장관과 협의하여 고시하는 용역

**부가가치세 면제대상인 동물의 진료용역**

농림축산식품부고시 제2012-9호(2012. 1. 1., 제정)
농림축산식품부고시 제2013-172호(2013. 10. 7., 일부개정)
농림축산식품부고시 제2015-47호(2015. 7. 6., 일부개정)
농림축산식품부고시 제2023-68호(2023. 9. 27., 일부개정)

**제1조 (목적)** 이 규정은 「부가가치세법 시행령」 제35조 제5호 마목에 따른 부가가치세 면제대상인 동물의 진료용역을 규정함을 목적으로 한다.

**제2조 (부가가치세 면제대상 동물의 진료용역)** ① 부가가치세 면제대상인 동물의 진료용역은 질병의 예방 및 치료 목적의 진료용역으로서 다음 각 호와 같다.

1. 진찰 및 입원관리
2. 접종 및 투약(완제품 형태의 제제를 동물병원 내 단순 구입하는 경우는 제외한다)
3. 검사
4. 증상에 따른 처치
5. 질병의 예방 및 치료행위(「수의사법」 제20조의 3에 따라 표준화된 분류체계가 작성・고시된 질병에 대해서는 해당 예방 및 치료행위에 대해 적용한다)

② 제1항에 따른 부가가치세 면제대상 세부 진료용역은 별표와 같다.

**제3조 (재검토기한)** 농림축산식품부장관은 이 고시에 대하여 훈령・예규 등의 발령 및 관리에 관한 규정에 따라 2024년 1월 1일을 기준으로 매 3년이 되는 시점(매 3년째의 12월 31일까지를 말한다)마다 그 타당성을 검토하여 개선 등의 조치를 하여야 한다.

부 칙 (제2023-68호, 2023. 9. 27.)

이 고시는 2023년 10월 1일부터 시행한다.

**[별표] 부가가치세 면제대상 동물 질병의 예방 및 치료 목적의 진료용역(제2조 제2항 관련)**

| 연 번 | 분 류 | 세부 진료용역 |
|---|---|---|
| 1 | 진찰 및 입원 | 진찰 |
| 2 | | 입원관리 |
| 3 | 접종 및 투약 | 예방접종 |
| 4 | | 조제/투약<br>(완제품 형태의 제제를 동물병원 내 단순 구입하는 경우는 제외) |
| 5 | 검사 | 병리학적 검사<br>(혈액, 조직, 세포, 뇨, 분변, 항생제감수성, |

| 연 번 | 분 류 | | 세부 진료용역 |
|---|---|---|---|
| | | | 전염병키트검사 등) |
| 6 | | | 영상진단의학적 검사<br>(X-ray, 초음파, CT, MRI 등) |
| 7 | | | 계통별 기능검사<br>(순환기계, 신경계, 안과계, 근골격계 등) |
| 8 | | | 내시경검사<br>(내시경, 검이경 등) |
| 9 | 증상에 따른 처치 | | 구토 증상에 따른 처치 |
| 10 | | | 설사 증상에 따른 처치 |
| 11 | | | 기침 증상에 따른 처치 |
| 12 | | | 소양증 증상에 따른 처치 |
| 13 | | | 발작 증상에 따른 처치 |
| 14 | | | 황달 증상에 따른 처치 |
| 15 | | | 파행 증상에 따른 처치 |
| 16 | | | 호흡곤란 증상에 따른 처치 |
| 17 | | | 혈변 증상에 따른 처치 |
| 18 | | | 혈뇨 증상에 따른 처치 |
| 19 | | | 마비 증상에 따른 처치 |
| 20 | 질병의 예방 및 치료 | 내과/피부과 | 외이염 |
| 21 | | | 아토피성 피부염 |
| 22 | | | 위장염 |
| 23 | | | 식이 알러지 |
| 24 | | | 기관지염 |
| 25 | | | 방광염 |
| 26 | | | 췌장염 |
| 27 | | | 피부사상균증 |
| 28 | | | 점액성 이첨판막변성 |
| 29 | | | 만성신부전 |
| 30 | | | 비심인성 폐수종 |
| 31 | | | 부신피질기능항진증 |
| 32 | | | 고혈압 |

| 연 번 | 분 류 | | 세부 진료용역 |
|---|---|---|---|
| 33 | | | 당뇨병 |
| 34 | | | 단두종증후군 |
| 35 | | | 간질 |
| 36 | | | 폐렴 |
| 37 | | | 급성신부전 |
| 38 | | | 심장사상충증 |
| 39 | | 안과 | 결막염 |
| 40 | | 안과 | 유루증 |
| 41 | | 안과 | 고양이 허피스 각막염 |
| 42 | | 안과 | 각막궤양 |
| 43 | | 안과 | 백내장 |
| 44 | | 안과 | 건성각결막염 |
| 45 | | 안과 | 안검염 |
| 46 | | 안과 | 각막염(비궤양성) |
| 47 | | 안과 | 포도막염 |
| 48 | | 안과 | 녹내장 |
| 49 | | 안과 | 각막이상증 |
| 50 | | 안과 | 제3안검 탈출증 |
| 51 | | 안과 | 고양이 호산구성 각결막염 |
| 52 | | 안과 | 첩모중생 |
| 53 | | 안과 | 초자체변성 |
| 54 | | 안과 | 상공막염 |
| 55 | | 안과 | 안검종양 |
| 56 | | 안과 | 첩모난생 |
| 57 | | 안과 | 안검내번·외번 |
| 58 | | 외과 | 중성화 수술 |
| 59 | | 외과 | 무릎뼈 탈구 |
| 60 | | 외과 | 고양이 회음 요도루 창냄술 |
| 61 | | 외과 | 유선 종양 |
| 62 | | 외과 | 추간판 질환 |
| 63 | | 외과 | 위내 이물 |

| 연 번 | 분 류 | | 세부 진료용역 |
|---|---|---|---|
| 64 | | | 제대 탈장 |
| 65 | | | 자궁축농증 |
| 66 | | | 전방십자인대 파열 |
| 67 | | | 항문낭염 |
| 68 | | | 고관절 이형성증 |
| 69 | | | 장내 이물 |
| 70 | | | 담낭점액낭종 |
| 71 | | | 비장종양 |
| 72 | | | 골절 |
| 73 | | | 방광결석 |
| 74 | | | 식도 이물 |
| 75 | | | 담석증 |
| 76 | | | 드레싱 |
| 77 | | 응급중환자 의학과 | 위장관 출혈(혈토, 혈변) |
| 78 | | | 심인성 폐수종 |
| 79 | | | 빈혈 |
| 80 | | | 백혈구 이상 |
| 81 | | | 고양이 비대성 심근병증 |
| 82 | | | 고혈당 |
| 83 | | | 복막염 |
| 84 | | | 흉수 |
| 85 | | | 혈소판 감소증 |
| 86 | | | 중독 |
| 87 | | | 저혈당 |
| 88 | | | 위장관 폐색 |
| 89 | | | 핍뇨 |
| 90 | | | 부정맥 |
| 91 | | | 급성호흡곤란증후군 |
| 92 | | | 응고장애 |
| 93 | | | 혈전질환 |
| 94 | | | 심폐소생술 |

| 연 번 | 분 류 | | 세부 진료용역 |
|---|---|---|---|
| 95 | | | 쇼크처치 |
| 96 | | | 산소공급 |
| 97 | | 치과 | 구내염 |
| 98 | | | 치은염 |
| 99 | | | 고양이치아흡수성병변 |
| 100 | | | 치근단농양 |
| 101 | | | 발치 |
| 102 | | | 스케일링 |

수의사가 제공하는 용역 중 「부가가치세법」 제12조 제1항 제5호에 따른 면세적용 대상은 「수의사법」에 의한 수의사의 직무 중 「축산물위생관리법」에 따른 '가축', 「기르는 어업 육성법」에 따른 '수산동물'에 대한 진료용역(질병예방, 사체검사를 포함)과 축산물 위생검사 용역이 해당되는 것이다(부가-1322, 2011. 10. 24). 따라서 애완동물 진료용역과 애완동물의 미용용품 등을 판매하는 것은 부가가치세가 과세된다. 또한, 동물병원이 수의용역과 애완용품 판매를 겸영하는 경우에는 부가가치세법상 과세사업과 면세사업을 겸영하는 부가가치세법상 사업자에 해당된다. 수의사가 지방자치단체와 위탁계약을 체결하고 제공하는 유기동물의 보호 · 관리와 진료용역의 부가가치세 과세대상이다.

| 반려동물 과세대상 | 반려동물 면세대상 |
|---|---|
| • 면세대상 진료용역 외의 모든 진료용역<br>• 애완용품 판매(사료 등)<br>• 애완동물 미용용역<br>• 수입산(출생지가 해외) 애완동물 판매 | • 「축산물위생관리법」에 따른 가축에 대한 진료용역<br>• 「수산생물질병 관리법」에 따른 수산동물에 대한 진료용역<br>• 「장애인복지법」 제40조 제2항에 따른 장애인 보조견표지를 발급받은 장애인 보조견에 대한 진료용역<br>• 「국민기초생활 보장법」 제2조 제2호에 따른 수급자가 기르는 동물의 진료용역<br>• 위의 진료용역 외에 질병의 예방을 목적으로 하는 동물<br>• 국내산(출생지가 국내) 애완동물 판매, 수입산이 낳은 강아지 판매는 면세 |

부가가치세 집행기준 26-35-3 **수의사가 제공하는 동물진료용역의 면세되는 범위**

「수의사법」에 규정하는 수의사가 제공하는 용역으로 면세되는 동물진료용역은 다음 어느 하나에 해당하는 진료용역으로 한정한다.

1. 「축산물위생관리법」에 따른 가축에 대한 진료용역
2. 「수산생물질병관리법」에 따른 수산동물에 대한 진료용역
3. 「장애인복지법」 제40조 제2항에 따른 장애인 보조견표지를 발급받은 장애인 보조견에 대한 진료용역
4. 「국민기초생활 보장법」 제2조 제2호에 따른 수급자가 기르는 동물의 진료용역
5. 질병의 예방을 목적으로 하는 동물의 진료용역으로서 다음 어느 하나에 해당하는 것
   가. 예방접종 : DHPPL(종합백신), 광견병, 신종플루, 전염성기관지염, 코로나장염, FVRC(고양이 종합백신), 전염성복막염, 고양이백혈병바이러스, 고양이 Ringworm백신
   나. 약 : 심장사상충, 회충약 등 예방약 투약, 옴, 진드기, 벼룩, 사상균증 등 피부질환 및 외부 기생충 예방제 도포
   다. 수술 : 중성화 수술
   라. 검사 : 병리학적 검사

관련법조문

◈ 축산물위생관리법 제2조 【정의】

이 법에서 사용하는 용어의 뜻은 다음과 같다.

1. "가축"이란 소, 말, 양(염소 등 산양을 포함한다. 이하 같다), 돼지(사육하는 멧돼지를 포함한다. 이하 같다), 닭, 오리, 그 밖에 식용(食用)을 목적으로 하는 동물로서 대통령령으로 정하는 동물을 말한다.

◈ 축산물위생관리법 시행령 제2조 【가축의 범위 등】

① 「축산물위생관리법」(이하 "법"이라 한다) 제2조 제1호에서 "대통령령으로 정하는 동물"이란 다음 각 호의 동물을 말한다.

1. 사슴
2. 토끼
3. 칠면조
4. 거위
5. 메추리
6. 꿩
7. 당나귀

◈ 수산동물 질병관리법 제2조 【정의】

이 법에서 사용하는 용어의 뜻은 다음과 같다.

1. "수산동물"이란 어류 · 패류 · 갑각류, 그 밖에 대통령령으로 정하는 것을 말한다.

※ 동물병원을 개설한 수의사가 지방자치단체가 위탁계약을 체결하여 제공하는 유기동물(개, 고양이 등)에 대한 보호 · 관리와 진료용역은 「부가가치세법 시행령」 제29조 제5호에 따른 면세대상에 포함되지 아니하는 것이다(부가-1179, 2011. 10. 4).

※ 국립병원이 공급하는 애완동물 진료용역의 경우 2011. 7. 1 후 최초로 개시되는 의료보건용역부터 부가가치세가 과세되는 것이다(부가-683, 2011. 6. 30).

※ 축산물 위생관리법에 따른 '가축'에 해당하지 아니하는 애완동물('토끼' 포함)에 대한 수의사의 진료용역은 부가가치세법 제12조에 따른 부가가치세 면제를 적용할 수 없는 것이다(법규부가 2011-275, 2011. 7. 8).

### (2) 사업자등록

동물병원은 과세, 면세 겸영사업자로 부가가치세 과세사업자에 해당한다. 즉, 면세사업(가축진료 등)과 과세사업(애완용 진료 및 애완용품 판매)을 함께 영위하는 경우에는 부가가치세법상 간이과세 또는 일반과세자로 사업자등록을 하여야 한다.

### (3) 부가가치세의 신고 · 납부

동물병원이 과세사업을 겸영하는 경우에는 부가가치세를 신고 · 납부하여야 한다.

이 경우 수의사가 제공하는 가축 등 진료용역은 면세수입금액에 해당하고 애완용진료 및 애완용품 판매액은 부가가치세 과세표준에 해당된다. 따라서 가축진료용역 관련 의약품 매입액 등 면세수입금액에 대응하는 매입세액은 면세사업관련 매입세액으로 매출세액에서 공제되지 아니하며 불공제 매입세액은 진료비를 구성하게 된다. 또한, 애완동물 진료용역과 용품판매와 관련된 물품의 매입세액은 과세관련 매입세액으로 매출세액에서 공제된다. 한편, 동물병원을 영위하기 위하여 공통으로 소요되는 임대료, 광고선전비, 일반관리비 등 공통매입세액은 당해 과세기간의 총공급가액에서 면세공급가액이 차지하는 비율만큼 공제되지 아니한다.

### (4) 영수증 발급 및 현금매출명세서의 제출

수의사가 일반인에게 제공하는 진료용역은 영수증 발급대상이나 지방자치단체와 위탁계약을 체결하고 제공하는 유기동물의 보호 · 관리와 진료용역에 대해서는 세금계산서를 발급하여야 한다. 부가가치세가 과세되는 동물진료용역에 대하여는 현금매출명세서를 제출하여야 한다.

### (5) 동물진료용역 매출명세서의 제출

부가가치세가 면제되는 동물진료에 해당하는 용역을 공급하는 사업자는 기획재정부령으로 정하는 매출대장을 작성하여 사업장에 갖추어 두어야 한다. 이 경우 매출대장을 정보처리장치 · 전산테이프 또는 디스켓 등의 전자적 형태로 작성할 수 있다.

다만, 사업자가 「수의사법」 제13조 제1항에 따른 진료부에 기획재정부령으로 정하는 매출대장의 기재사항을 모두 적는 경우에는 그 진료부로 매출대장을 대신할 수 있다(부령 176 ⑥).

부가가치세법 시행령 제79조 제6항에 따른 매출대장은 별지 제21호의 2 서식(1)에 따른다. 다만, 매출분이 많아 별지 제21호의 2 서식(1)에 모두 적을 수 없는 경우에는 매출분을 별지 제21호의 2 서식(2)에 연속하여 적을 수 있으며, 사업자가 「수의사법」 제13조 제1항에 따른 진료부에 면세사유, 공급가액 등 별지 제21호의 2 서식(1)에 따른 사항을 모두 적는 경우에는 진료부를 매출대장으로 갈음한다.

■ 부가가치세법 시행규칙 [별지 제18호의 4 서식] 〈신설 2012. 2. 28〉

홈택스(www.hometax.go.kr)에서도 신청할 수 있습니다.

<table>
<tr><td colspan="5">동물 진료용역 매출명세서<br>( 년 기 예정 · 확정)</td></tr>
<tr><td rowspan="2">제출자<br>인적사항</td><td colspan="2">①상호(법인명)</td><td colspan="2">②사업자등록번호</td></tr>
<tr><td colspan="2">③성명(대표자)</td><td colspan="2">④거래기간</td></tr>
<tr><td rowspan="8">매출 내역</td><td>⑤ 면세사유</td><td>⑥ 공급 건수</td><td>⑦ 공급가액</td><td>비 고</td></tr>
<tr><td>가축 진료</td><td></td><td></td><td></td></tr>
<tr><td>수산동물 진료</td><td></td><td></td><td></td></tr>
<tr><td>장애인보조견 진료</td><td></td><td></td><td></td></tr>
<tr><td>기초수급자가 기르는 동물 진료</td><td></td><td></td><td></td></tr>
<tr><td>질병예방목적 진료</td><td></td><td></td><td></td></tr>
<tr><td></td><td></td><td></td><td></td></tr>
<tr><td>⑧ 합 계</td><td></td><td></td><td></td></tr>
<tr><td colspan="5">작성방법</td></tr>
<tr><td colspan="5">이 명세서는 아래의 작성방법에 따라 한글과 아라비아 숫자로 정확하게 적어야 하며, 거래금액은 원단위까지 표시하여야 합니다.<br>① ~ ④ : 제출자 인적사항을 적습니다.<br>⑤ : 「부가가치세법 시행령」 제29조 제5호 각 목에 따른 면세사유를 말합니다.<br>⑥ : 각 면세사유 별로 해당하는 총 공급건수를 적습니다.<br>⑦ : 각 면세사유 별로 해당하는 공급의 총 공급가액을 적습니다.<br>⑧ : 부가가치세 면세대상 동물진료용역 공급의 총 공급건수, 총 공급가액의 합계를 적습니다.</td></tr>
</table>

210mm×297mm[백상지 80g/㎡ 또는 중질지 80g/㎡]

## 4. 소득세 실무

### (1) 사업장현황신고

수의사가 제공하는 수의용역은 부가가치세가 면제되므로 해당 사업장의 현황을 과세기간 종료 후 2월 10일까지 사업장 관할세무서장에게 신고하여야 한다. 즉, 동물병원을 영위하는 사업자는 1년간의 수입금액과 기본경비내역을 신고하여야 한다. 다만, 부가가치세법상 과세사업자로 등록되어 부가가치세 납세의무를 이행하는 동물병원은 사업장현황신고의무가 없다.

#### ① 첨부서류

- 사업장현황신고서
- 동물병원 수입금액검토표
- 매출·매입처별 계산서합계표
- 매입처별세금계산서합계표

② 동물병원 수입금액 검토표의 작성

## 동물병원(수의사) 수입금액검토표

1. 기본사항

| ①사업자등록번호 | | | | ②상호 | | ③성명 | |
|---|---|---|---|---|---|---|---|
| ④주민 등록 번호 | | | | ⑤병과 | | ⑥업종코드 | |
| 사업장 시설 | ⑦진 료 실 | ( )㎡ | | 인원 현황 | ⑬고용의사 | ( )명 | |
| | ⑧수 술 실 ( )㎡ | ⑨미 용 실 | ( )㎡ | | ⑭간 호 사 | ( )명 | |
| | ⑩입 원 실 ( )㎡ | ⑪애견호텔 | ( )실 | | ⑮미 용 사 | ( )명 | |
| | ⑫대기실외 | ( )㎡ | | | ⑯기 타 | ( )명 | |

2. 주요 의료기기 현황(고가순으로) (단위 : 대, 천원)

| 종 류 | | ⑱대 수 | ⑲취득일 | ⑳취득가액 | ㉑리스일 | ㉒리스가액 |
|---|---|---|---|---|---|---|
| 코드 | ⑰명 칭 | | | | | |
| | | | | | | |
| | | | | | | |
| | | | | | | |
| | | | | | | |

3. 진료유형별 수입금액 (단위 : 천원)

| ㉓합 계 | ㉔진료부수입 | ㉕검안부수입 | ㉖기타수입 |
|---|---|---|---|
| | | | |

4. 처방전, 진단서, 증명서 교부현황 (단위 : 매)

| ㉗합계 | ㉘진단서 | ㉙출산증명서 | ㉚사산증명서 | ㉛예방접종증명서 | ㉜검안서 | ㉝처방전 |
|---|---|---|---|---|---|---|
| | | | | | | |

5. 의약품 등 사용검토 (단위 : 천원)

| 구 분 | ㉞전기이월액 | 당해 과세기간 | | ㊲차기이월액 |
|---|---|---|---|---|
| | | ㉟매입금액 | ㊱사용금액 | |
| ㊳치료의약품 | | | | |
| ㊴의료소모품 | | | | |

동물병원(수의사)에 대한 수입금액 및 의료기기 현황 등을 신고합니다.

년 월 일

사 업 자 : ㉄

세무대리인 : ㉄

(관리번호 )

세무서장 귀하

## 작 성 요 령

※ 동물병원(수의사) 수입금액검토표를 불성실하게 작성하시거나 제출하지 않는 경우, 현지확인 또는 조사대상자로 선정되는 등 불이익을 받을 수 있으므로 성실하게 작성하여 주시기 바랍니다.

※ 동물병원(수의사) 수입금액검토표는 특별시・광역시 이상에 소재하는 사업자에 한하여 제출합니다.

1. 기본사항
   과세기간 종료일 현재를 기준으로 사업자의 인적사항, 사업장시설 및 인원현황을 기재합니다.

2. 주요 의료기기 현황
   사용하고 있는 주요 의료기기를 종류별로 구분하여 고가순으로 작성합니다.

| 코드 | 의료기기 명칭 | 코드 | 의료기기 명칭 |
|---|---|---|---|
| 01 | X-Ray | 06 | 혈액검사기 |
| 02 | 초음파진단기 | 07 | (고압)멸균기 |
| 03 | 인큐베이터 | 08 | 자동현상기 |
| 04 | 호흡마취기 | 09 | 현미경 |
| 05 | 내시경 | 91~93 | 기타 |

3. 진료유형별 수입금액
   면세에 해당하는 예방접종, 피부치료 등은 진료부수입, 검안한 사항은 검안부수입, 애완동물 분양 등은 기타수입에 기재합니다.

4. 처방전, 진단서, 증명서 교부현황
   당해 과세기간에 교부한 진단서, 각종 증명서, 처방전의 발급매수를 기재합니다.

5. 의약품 등 사용검토
   치료를 위한 의약품 사용금액과 의료소모품 사용금액(부가가치세 포함)을 구분하여 기재합니다.

③ 사업장현황신고 불성실가산세

특별시·광역시 이상에 소재하는 동물병원을 영위하는 사업자가 사업장현황신고를 하지 아니하거나 신고하여야 할 수입금액에 미달하게 신고한 때에는 그 신고하지 아니한 수입금액 또는 미달하게 신고한 수입금액의 1천분의 5에 상당하는 금액의 사업장현황신고 불성실가산세를 부과한다.

### (2) 기장의무

수의업(852000)은 간편장부대상자에서 제외되므로 신규사업자라고 하더라도 복식부기에 따라 장부를 작성하여 종합소득세 신고를 하여야 한다. 복식부기에 의한 기장은 재산과 부채 등 자본의 변동을 빠짐없이 이중기록하여 계산하는 정규의 부기형식에 의하여 기장하는 것을 말한다. 간편장부를 작성하여 종합소득세를 신고하는 경우 무신고가산세 20%가 부과된다.

### (3) 사업용계좌 사용 및 신고의무

수의업을 운영하는 사업자는 사업용계좌를 신고하고 사용하여야 한다. 사업용계좌를 사용하지 아니한 경우에는 사용하지 아니한 금액의 1천분의 2에 해당하는 가산세를 부과한다.

**관련법조문**

◈ 소득세법 제160조의 5【사업용계좌의 신고·사용의무 등】

① 복식부기의무자는 사업과 관련하여 재화 또는 용역을 공급받거나 공급하는 거래의 경우로서 다음 각 호의 어느 하나에 해당하는 때에는 대통령령으로 정하는 사업용계좌(이하 "사업용계좌"라 한다)를 사용하여야 한다.

1. 거래의 대금을 금융회사 등을 통하여 결제하거나 결제받는 경우
2. 인건비 및 임차료를 지급하거나 지급받는 경우. 다만, 인건비를 지급하거나 지급받는 거래 중에서 거래 상대방의 사정으로 사업용계좌를 사용하기 어려운 것으로서 대통령령으로 정하는 거래는 제외한다.

③ 복식부기의무자는 복식부기의무자에 해당하는 과세기간의 개시일(사업 개시와 동시에 복식부기의무자에 해당되는 경우에는 다음 과세기간 개시일)부터 6개월 이내에 사업용계좌를 해당 사업자의 사업장 관할 세무서장 또는 납세지 관할 세무서장에게 신고하여야 한다. 다만, 사업용계좌가 이미 신고되어 있는 경우에는 그러하지 아니하다.

④ 복식부기의무자는 사업용계좌를 변경하거나 추가하는 경우 제70조 및 제70조의 2에 따른 확정신고기한까지 이를 신고하여야 한다.

### (4) 업무용승용차의 필요경비 불산입

수의업을 운영하는 복식부기의무자가 해당 과세기간에 업무에 사용한 「개별소비세법」 제1조 제2항 제3호에 해당하는 승용자동차를 취득하거나 임차하여 해당 과세기간에 필요경비로 계상하거나 지출한 감가상각비, 임차료, 유류비 등 비용 중 업무용 사용금액에 해당하지 아니하는 금액은 해당 과세기간의 사업소득금액을 계산할 때 필요경비에 산입하지 아니한다(소법 33의 2).

## 안마시술소의 세무실무

### 1. 개요

안마시술소는 일반 대중에게 안마, 마시지 등 용역으로 제공하는 서비스 산업활동으로 한국표준산업분류에서 기타서비스업(마사지업)으로 분류하고 있다. 즉, 보건업에 해당하지 않아 의료용역에 해당되지 아니한다. 다만, 부가가치세법 시행령 제35조 제2호에서 부가가치세가 면세되는 의료보건용역에 안마사가 제공하는 용역에 대하여 의료보건용역의 범위에 포함하여 부가가치세를 면세하고 있다.

#### (1) 한국표준산업분류

안마시술소는 일반대중에게 안마, 마사지 등으로 신체에 물리적 자극을 가하는 시설을 운영하는 산업활동을 말한다.

| 대 분 류 | 세세 분류 | 분 류 명 |
|---|---|---|
| 기타 공공, 수리 및 개인 서비스업(R) | 기타서비스업(93122) | 마사지업 |

※ 지압치료(85192)는 제외한다. 즉, 지압치료업은 보건업 중 유사의료업으로 분류한다.

#### (2) 기준경비율(단순경비율)상의 분류(2022귀속)

| 구 분 | 분류코드 | 분 류 명 | 단순경비율 | 기준경비율 |
|---|---|---|---|---|
| 안마시술소 | 851908 | 서비스(기타서비스) | 85.3 | 18.9 |
| 안마사 | 851903 | 보건업(기타의료업) | 79.1 | 11.6 |

※ 적용범위 및 기준

보건업에 해당하는 안마사가 제공하는 기타의료업은 다음에 모두 해당하는 사업자로 한다.

① 의료업 제61조에 의거 안마사 자격이 있는 자

② 안마사에 관한 규칙 제6조에 규정하는 시술소를 개설하지 아니하고 안마시술 행위를 하는 자

### (3) 안마시술소 관련법령

#### 1) 의료법 제82조(안마사) 제1항

안마사는 「장애인복지법」에 따른 시각장애인 중 다음 각 호의 어느 하나에 해당하는 자로서 시·도지사에게 자격인정을 받아야 한다.

1. 「초·중등교육법」 제2조 제5호에 따른 특수학교 중 고등학교에 준한 교육을 하는 학교에서 제4항에 따른 안마사의 업무한계에 따라 물리적 시술에 관한 교육과정을 마친 자
2. 중학교 과정 이상의 교육을 받고 보건복지부장관이 지정하는 안마수련기관에서 2년 이상의 안마수련과정을 마친 자

※ 헌법재판소는 2006. 5. 25. 시각장애인에 한하여 안마사 자격인정을 받을 수 있도록 하는 안마사에 관한 규칙 제3조 제1항 제1호와 제2호 중 각 "앞을 보지 못하는" 부분은 법률유보원칙이나 과잉금지원칙에 위배하여 시각장애인이 아닌 국민의 직업선택의 자유를 침해하고 있어 위헌이라는 결정을 선고하였음(헌재 2003헌마715, 2006헌마368(병합)).

#### 2) 안마시술소 또는 안마원의 시설기준

**별표 1** 〈개정 2018. 1. 3〉

<u>안마시술소·안마원의 시설 기준(제6조 관련)</u>

1. 안마시술소

가. 연면적은 830제곱미터 이하이어야 하고, 안마실의 외부에 욕실과 발한실(發汗室)을 부대시설로 설치하는 경우 그 규모는 90제곱미터(욕실과 발한실의 바닥면적의 합계를 말한다) 이하이어야 한다. 다만, 욕실과 발한실을 부대시설로 설치하지 아니한 경우에는 안마실의 내부에 욕조가 없는 샤워시설을 설치할 수 있다.

나. 안마실이 5개 이상 설치된 안마시술소를 개설하려는 자는 안마사를 2명 이상 두어야 한다.

다. 시설을 관리하는 데에 필요한 종업원의 수는 10명 이하로 하고, 안마사를 안내하는 종업원은 안마사 수의 2분의 1로 한다.

2. 안마원

가. 연면적은 300제곱미터 이하이어야 하고, 욕실과 발한실을 부대시설로 설치할 수 없다. 다만, 「초·중등교육법」 제2조 제5호에 따른 특수학교 또는 「장애인복지법」 제58조에 따른 장애인복지시설의 부속 기관으로 안마원을 설치·운영하는 경우에는 욕실과 발한

실을 부대시설로 설치할 수 있다.

나. 안마원의 내부에는 시술 장소를 구분하기 위하여 별도의 칸막이를 설치할 수 있다. 다만, 해당 시술 장소로 출입하는 부분에 대해서는 칸막이(출입문을 포함한다)를 설치할 수 없다.

다. 시설을 관리하는 데에 필요한 종업원의 수는 4명 이하로 한다.

라. 안마원의 외부에는 안마원의 명칭 외에 "안마, 마사지, 지압 또는 안마 보조자극요법"을 표기할 수 있다.

## 2. 안마시술소 운영업의 세무실무

### (1) 부가가치세 실무

#### 1) 과세대상

안마사가 제공하는 용역은 의료보건용역에 해당되어 부가가치세가 면제된다. 즉, 「의료법」에 규정하는 접골사 · 침사 · 구사 또는 안마사가 제공하는 용역은 부가가치세를 면제한다(부령 35 2호).

**판례** **안마사와 비안마사의 공동개원과 과세**(대법원 2013. 5. 9 선고, 2011두5834 판결)

1. 서울행정법원 2009구합53380, 2010. 5. 28

부가가치세는 모든 재화 및 용역을 과세대상으로 하면서도 그 예외로 소비세의 역진성을 완화하기 위하여 또는 사회 · 문화 · 공익상의 정책목적을 달성하기 위하여 면세 규정을 두고 있는바, 부가가치세법(이하 '법'이라 한다) 제12조 제1항 제5호는 '대통령령이 정하는 의료보건용역의 공급'에 대하여 부가가치세를 면제하도록 하고, 그 시행령 제29조는 법 제12조 제1항 제4호(종래 법 제12조 제1항에는 3의2. 여성용 생리처리 위생용품, 4. 의료보건용역으로 되어 있었는데 2010. 1. 1. 법률 제9915호로 변경되면서 3의2호를 4호, 4호를 5호로 그 조문 체계를 달리 하였음에도 시행령이 이를 제대로 반영하지 아니한 채 의료보건용역을 여전히 제4호로 표기함에 따른 것이다)에 규정하는 의료보건용역은 다음 각 호에 규정하는 것(의료법 또는 수의사법에 따라 의료기관 또는 동물병원을 개설한 자가 제공하는 것을 포함한다)으로 한다. 2. 의료법에 규정하는 접골사 · 침사 · 구사 또는 안마사가 제공하는 용역이라고 정하고 있으며, 법 제2조 제1항 제1호에 의하면 재화와 용역을 공급하는 자는 사업자이고, 조세공평의 원칙상 조세감면요건 규정 가운데에 명백히 특혜규정이라고 볼 수 있는 것은 엄격하게 해석하여야 하는 점(대법원 1998. 3. 27 선고, 97누20090 판결 등 참조) 등 관련 법령과 그 해석 방법에 의하면, 의료법에 따라 안마시술소를 개설한 자가 제공하는 안마시술 용역에 대하여만 부가가치세가 면제될 뿐, 의료법상 자격 없는 사업자가 개설한 안마시술소가 공급하는 용역에 대하여는 부가가치세 면제라는 예외 조항을 적용하지 않는다고 해석함이 상당하다.

의료법 제82조, 제33조, 제66조에 의하면, 일정한 교육과정을 거친 시각장애인만이 안마사가 될 수 있고 그러한 안마사만이 안마시술소나 안마원을 개설할 수 있으며, 안마시술소 개설자가 될 수 없는 자에게 고용되어 안마행위를 할 경우 해당 안마사에게 면허정지처분을 할 수 있도록 규정하고 있으며, 의료법 제82조에 따라 안마사의 자격인정 및 그 업무 한계와 안마시술소 또는 안마원의 시설 기준 등을 정하고 있는 안마사에 관한 규칙은 안마사의 업무(제2조), 안마시술소, 안마원의 설치기준(제6조)을 정하고 있고, 시장·군수·구청장은 반기마다 1회 이상 관계공무원으로 하여금 안마시술소나 안마원이 준수사항을 지키고 있는지 지도·점검하게 하여야 하고 위반사항에 대하여 행정처분의 세부기준을 두고 있고(제8조, 제9조), 시각장애인의 안마시술수가는 대한안마사협회 정관 제38조에 의하여 대의원총회가 의결한 전국협정요금을 따르도록 되어 있다(갑 제3호증).

한편 법 제12조 제1항 제6호는 대통령령으로 정하는 교육용역에 대하여 부가가치세를 면제하도록 규정하고 있고, 법 시행령 제30조는 '정부의 허가나 인가를 받은 학교·학원·강습소·훈련원·교습소 기타 비영리단체 ...'를 면세대상인 교육용역으로 정하고 있는바, 이와 같이 면세대상 교육용역의 요건으로 시행령에서 '정부의 허가나 인가'를 요구하고 있는 이유는 정부가 당해 학교나 학원 등의 교육기관을 지도·감독할 필요성에 따른 것으로서 정부의 허가나 인가를 받지 않은 교육기관은 면세대상에서 제외하고 있는바(대법원 2008. 6. 12 선고, 2007두23255 판결 참조), 위와 같은 법령 해석과 그 필요성은 앞서 본 안마사 및 안마시술소에 관한 의료법 규정에 비추어 이 사건과 같은 안마시술소에 대하여도 그대로 적용된다고 할 것이므로, 의료법에 따라 적법하게 안마시술소를 개설할 수 있는 자만을 면세 대상으로 함이 상당하다.

시각장애인만 안마사가 될 수 있고 또 안마사만이 안마시술소를 개설하도록 규정하고 안마용역을 유사의료행위로 보아 의료법에서 규정하고 있는 취지는 안마를 통한 국민의 건강증진뿐만 아니라 일반인보다 열악한 처지에 있는 시각장애인의 생계를 보호하기 위한 헌법적 요청에 따른 것이다(헌법재판소 2006. 5. 25. 2003헌바715 결정, 헌법재판소 2003. 6. 26 선고, 2002헌가16 결정 등 참조).

한편 부가가치세법상 면세 제도는 ① 공급하는 사업자가 누구인가에 관계없이 특정의 재화 또는 용역을 공급하는 때에는 모두 면세하는 경우, ② 특정의 사업자가 공급하는 모든 재화 또는 용역에 대하여 면세하는 경우 및 ③ 특정 사업자가 공급하는 특정한 재화 또는 용역에 대하여 면세하는 경우로 구분하여 볼 수 있는데, 위와 같은 시각장애인 안마사제도의 취지에다가 부가가치세법상의 면세 제도의 분류 및 면세제도의 사회정책적 기능을 종합하여 보면, 안마시술소의 경우 특정 사업자가 공급하는 특정한 용역에 대하여만 면세하는 경우에 해당한다고 볼 것인데 그와 같은 면세의 혜택은 적법하게 안마시술용역을 공급하는 안마사만이 향유하여야 할 것이므로, 의료법상 자격 있는 안마사가 직접 또는 자격 있는 안마사를 고용하여 안마용역을 공급한 경우에만 부가가 치세를 면제하는 것으로 제한적·한정적으로 해석함이 타당하다.

2. 서울고등법원 2010누18668, 2011. 1. 27

(1) 부가가치세 납세의무자의 범위

앞서 채택한 증거와 을 제8호증의 1 내지 5의 각 기재 및 변론 전체의 취지를 종합하면, 2004. 11.경 원고 김HH이 14억 여 원을, 원고 박GG가 1억 5,000만 여 원을 각 투자하여 원고 박GG 명의로 EEEE를 개설한 후 영업해 온 사실, 위 안마시술소에는 관리부장, 실장, 안마사 및 여자접대부들이 근무하였는데, 원고 박GG는 안마사 관리와 안마사 협회 관련 업무를 처리하였고, 원고 김HH은 위 안마시술소의 수입과 지출을 관리해 온 사실, 원고 김HH은 원고 박GG에게 월 500만 원씩을 지급하였고 위 안마시술소 수입 중 일부를 지급한 사실, EEEE가 폐업되고 JJJ가 개설된 이후에는 원고 김HH이 김FF의 명의를 빌어 안마시술소 영업을 계속한 사실을 인정할 수 있는바, 위 인정사실에 의하면 원고 박GG가 EEEE 등을 단독으로 운영하고 원고 김HH은 단지 EEEE 등에 대한 투자자에 머문 것이 아니라 원고들이 9:1의 지분으로 공동운영한 사실을 인정할 수 있으므로, 원고 김HH이 단순한 재무적 투자자에 불과하다고 볼 수 없다.

한편, 부가가치세법 제2조 제1항 제1호는 사업상 독립적으로 재화 또는 용역을 공급하는 자를 부가가치세 납세의무자인 사업자로 규정하고 있는바, 국세기본법 제14조가 규정하는 실질과세원칙에 비추어 볼 때 과세대상이 되는 수익, 행위 또는 거래가 그 명의자 아닌 다른 자에게 사실상 귀속되는 경우에는 그 사실상의 귀속자가 실질적으로 사업을 영위한 것으로 보아 부가가치세의 납세의무자에 해당한다고 할 것이고, 그 사업을 실질적으로 영위하게 된 원인관계에 대한 법률적 평가가 반드시 적법하고 유효하여야 하는 것은 아니다. 따라서 원고 김HH이 EEEE 등의 사업자가 아니라는 전제에서 부가가치세 납세의무자에 해당하지 아니한다는 원고들의 이 부분 주장은 이유 없다.

(2) 안마사에 의한 안마용역에 대한 부가가치세 면제 여부

(가) 부가가치세의 면세 제도

부가가치세는 모든 재화 및 용역에 과세되는 것이 원칙이지만, 부가가치세법은 이러한 원칙에 대한 예외로서 소비세의 역진부담을 완화하거나 사회·문화·공익상의 정책목적을 달성하기 위하여 면세대상이 되는 거래를 열거하고 있다. 그 중 의료보건용역은 국민후생용역으로 분류되고 생존을 위해 최종소비자가 아무런 중간단계를 거치지 않고 직접 소비하는 용역이므로 면세로서 보호할 필요가 있다. 부가가치세 면세효과는 그 면세사업자 단계에서 창출된 부가가치에 대해서만 부가가치세 부담을 면제하고, 그 면세사업자로부터 재화·용역을 공급받는 소비자는 그만큼의 부가가치세 부담 경감을 받는 것이므로, 결국 면세제도의 취지는 사업자가 아니라 소비자의 부가가치세 부담을 경감시키는 데에 있다고 할 것이다.

(나) 면세의 인적·물적 기준

면세되는 재화와 용역의 공급에 있어서 사업주체인지 사업객체인지에 따라 인적 기준과 물적기준으로 구분할 수 있는데, ① 물적 기준에 의한 면세는 공급하는 사업자가 누구인가에 관계없이 특정 재화 또는 용역을 공급하는 때에는 모두 면세로 하는 것으로 미가공식료품, 연탄 등이 이에 해당하고(부가가치세법 제12조 제1항 제1호 및 제3호), ② 인적 기준에 의한 면세는 특정 사업자가 공급하는 모든 재화 또는 용역에 대하여 면세로 하는 것으로 국가, 지방자치단체, 지방자치단체조합이 공급하는 재화

또는 용역이 이에 해당하며(부가가치세법 제12조 제1항 제17호), ③ 물적 및 인적 기준에 의한 면세는 특정 사업자가 공급하는 특정 재화 또는 용역에 대하여 면세로 하는 경우로 종교단체가 일시적으로 공급하거나 실비 또는 무상으로 공급하는 재화 또는 용역 (부가가치세법 제12조 제1항 제16호, 같은 법 시행령 제37조 제1호) 등을 들 수 있다.

(다) 안마용역 관련 조항

부가가치세법 제12조 제1항 제5호는 '대통령령이 정하는 의료보건용역의 공급'에 대하여 부가가치세를 면제하도록 하고, 같은 법 시행령 제29조는 "법 제12조 제1항 제4호(종래 법 제12조 제1항에는 "3의2. 여성용 생리처리 위생용품, 4. 의료보건용역"으로 되어 있었는데 2010. 1. 1. 법률 제9915호로 변경되면서 3호의2를 4호, 4호를 5호로 그 조문 체계를 달리 하였음에도 시행령이 이를 제대로 반영하지 아니한 채 의료 보건용역을 여전히 제4호로 표기함에 따른 것이다)에 규정하는 의료보건용역은 다음 각 호에 규정하는 것(의료법 또는 수의사법에 따라 의료기관 또는 동물병원을 개설한 자가 제공하는 것을 포함한다)으로 한다. 2. 의료법에 규정하는 접골사·침사·구사 또는 안마사가 제공하는 용역"이라고 규정하고 있다.

(라) 안마사에 의한 안마용역에 대한 면세 여부

앞서 살펴본 부가가치세 면세 제도, 면세의 인적·물적 기준 및 관련 규정을 종합하여 알 수 있는 아래와 같은 사정에 비추어 볼 때, 의료법에 규정하는 안마사에 의하여 안마용역이 제공된 경우에는 그 사업자가 누구인가에 관계없이 부가가치세 면제 대상에 해당한다고 봄이 상당하다.

① 안마용역은 의료보건용역의 하나로서 국민후생용역으로 분류되고 생존을 위해 최종소비자가 아무런 중간단계를 거치지 않고 직접 소비하는 용역이기 때문에 면세가 필요하다.

② 부가가치세법 제12조 제1항 제5호 및 같은 법 시행령 제29조 제2호는 부가가치세 면제 대상을 "의료법에 규정하는 안마사가 제공하는 용역"이라고만 규정하고 있다{의료법 제82조 제3항에 의하여 준용되는 같은 법 제33조 제1항 제1호에 의하면, 일정한 교육과정을 거친 시각장애인만이 안마시술소를 개설할 수 있지만, 안마사에 관한 규정인 같은 법 제82조 제3항은 같은 법 제33조 제1항(의료인은 이 법에 따른 의료 기관을 개설하지 아니하고는 의료업을 할 수 없다)을 준용하지 아니한다}.

③ 위 규정에 비추어 보면, 안마용역을 면세하는 근거는 그 용역 자체의 특성을 고려한 것으로서 공급하는 사업자가 누구인가에 관계없이 면세를 인정받는 물적 기준이 적용된다고 보아야 한다.

④ 의료법 제82조 제3항에 의하여 준용되는 같은 법 제66조 제1항 제2호는 안마시술소 개설자가 될 수 없는 자에게 고용되어 안마행위를 한 경우 해당 안마사에게 면허정지처분을 할 수 있도록 규정하고 있으나, 면세제도의 취지가 사업자가 아니라 소비자의 부가가치세 부담을 경감시키는 데에 있는 점에 비추어 볼 때, 안마사에 의한 안마용역의 면세인정기준에 관하여 물적 및 인적 기준을 따르는 것을 전제로

하여 의료법에 의하여 적법하게 개설된 안마시술소에서의 안마사 용역에 제한된다 고 보기 어렵다.

(마) 이 사건에 관한 판단

갑 제3호증, 을 제2호증의 1 내지 5, 을 제3호증의 1 내지 3의 각 기재에 변론 전체의 취지를 종합하면, 원고들은 EEEE 등을 운영하면서 안마사에 의한 안마시술비를 8만 원으로, 여자접대부 봉사료를 12만원으로 각 책정한 후 위 안마시술비 8만원 중 유지관리비로 4만 원을 지출하고 시각장애인 안마시술수가에 따라 전속안마사에게는 2만 원, 출퇴근안마사에게는 21,200원을 지급한 사실, 원고들은 EEEE 등에 관하여 부가가치세 면세사업과 과세사업을 겸영하는 것으로 하여 봉사료에 대해서는 과세대상으로 신고하였고 안마시술비에 대하여는 부가가치세 면제대상으로 보아 면세수입금액 사업장현황신고서(EEEE: 2004년 84,339,000원, 2005년 1,374,223,546원, 2006년 1,065,851,886원, 2007년 259,225,606원. JJJ: 2007년 926,236,681원)를 제출한 사실, 서울지방국세청은 원고들에 대한 세무조사결과 원고들이 EEEE 등을 운영하면서 면세사업장 현황신고 및 종합소득세 신고시에 카드매출금액에 일정비율을 곱한 금액을 현금매출액으로 신고함으로써 2005년 259,565,317원, 2006년 198,954,900원, 2007년 409,629,865원을 과소신고하였음을 밝혀내고 이를 EEEE 등의 부가가치세 매출과세표준에 포함하여 부가가치세를 산정한 사실을 인정할 수 있는바, 원고들이 9:1의 지분으로 EEEE 등을 공동운영하였고 원고 박GG가 안마사를 고용하거나 관리하였던 이상, EEEE 등의 부가가치세 매출과세표준에는 안마사에 의하여 제공된 안마용역의 매출액이 포함되어 있다고 할 것이고, 정상인으로서 안마사 자격이 없는 원고 김HH이 시각장애인으로서 안마사인 원고 박GG와 공동으로 EEEE 등을 운영하였다는 사정과 관계 없이 위 안마용역은 부가가치세 면제대상에 해당한다고 할 것이다.

(3) 소 결

결국 안마사에 의하여 제공된 안마용역은 부가가치세 면제대상에 해당하므로 그 매출액은 EEEE 등의 부가가치세 매출과세표준으로부터 공제되어야 함에도 그 전액이 부가가치세 부과대상에 해당한다고 본 이 사건 처분은 위법하다고 할 것인데, 당사자가 제출한 증거나 법원의 증거조사에 의하여 나타난 증거자료만으로는 안마사에 의하여 제공된 안마용역에 대한 매출액을 알 수 없어 정당한 부가가치세의 세액을 구체적으로 산정할 수 없으므로 그 전부를 취소하기로 한다.

### 3. 대법원 2013. 5. 9 선고, 2011두5834 판결

부가가치세법상 면세 제도는 ① 공급하는 사업자가 누구인가에 관계없이 특정의 재화 또는 용역을 공급하는 때에는 모두 면세하는 경우, ② 특정의 사업자가 공급하는 모든 재화 또는 용역에 대하여 면세하는 경우 및 ③ 특정 사업자가 공급하는 특정한 재화 또는 용역에 대하여 면세하는 경우로 구분하여 볼 수 있는데, 위와 같은 시각장애인 안마사제도의 취지에다가 부가가치세법상의 면세 제도의 분류 및 면세제도의 사회정책적 기능을 종합하여 보면, 안마시술소의 경우 특정 사업자가 공급하는 특정한 용역에 대하여만 면세하는 경우에 해당한다고 볼 것인데 그와 같은 면세의 혜택은 적법하게 안마시술용역을 공급하는 안마사만이 향유하여야 할 것이므로, 의료법상 자격 있는 안마사가 직접 또는 자격 있는 안마사를 고용하여 안마용역을 공급한 경우에만 부가가치세를 면제하는 것으로 제한적·한정적으로 해석함이 타당하다. 결국 이와 같은 모든 사정을 고려하여 보면, 법률상 자격 없는 원고 김CC이 안마사인 원고 박AA와 공동으로 안마시술소를 개설하여 공급한 이 사건 안마시술용역에 대하여 부가가치세를 부과한 피고의 처분은 정당하므로, 원고들의 주장은 이유 없다.

### 2) 외국인에게 제공하는 욕탕업 부수용역(안마 등)의 영세율 적용 여부

기타서비스업 중 욕탕업으로 주로 일본인 관광객(우리나라에 주소 또는 거소가 없는 비거주임)을 대상으로 사업을 영위하고 있고, 일부의 관광객에게는 안마, 마사지 등의 서비스를 목욕에 부수적으로 제공하고 있으며 목욕 및 기타서비스 제공의 대금을 대부분 외국신용카드로 받는 경우 영세율 적용이 된다. 즉, 국내에서 국내사업장이 없는 비거주자 또는 외국법인에게 재화 또는 용역을 공급하고 그 대가를 외국신용카드로 받는 경우 2002. 1. 1 부터는 영세율의 적용이 가능한 것이다(서삼 46015-10307, 2002. 2. 25). 부가가치세법 시행령 제33조(기타 외화획득재화 및 용역 등의 범위)에 의하면 "국내에서 국내사업장이 없는 비거주자 또는 외국법인에게 공급되는 다음 각목의 1에 해당하는 재화 또는 사업에 해당하는 용역으로서 그 대금을 외국환은행에서 원화로 받는 것"은 영세율을 적용하도록 규정하고 있다. 여기에 사업서비스업을 포함하고 있기 때문에 영세율이 적용된다(부령 33).

## (2) 소득세 실무

### 1) 사업자등록

안마시술소는 면세사업으로 소득세법상 사업자등록을 한다. 사업자등록을 하고자 하는 자는 관할 시·군·구에 안마시술소 또는 안마원 개설신고를 하고 신고필증을 첨부하여 사업자등록을 하면 된다. 사업자등록은 단독사업 또는 공동사업으로 할 수 있다.

#### ① 동업의 경우 사업자등록방법

안마시술소를 단독명의로 경영하다가 자금난으로 인하여 동업을 하게 된 경우 사업자등록 정정신고시에 임대차계약서를 건물주와 공동사업자와 다시 작성하여야 하며 또한 동업을 할 때는 공동명의로 인·허가를 다시 받아서 사업자등록 정정신고를 하여야 하는 것이다(서면3팀-2511, 2007. 9. 5).

② 인허가사항과 사업자등록의 일치 여부

안마시술소 사업자가 사업자등록시 신고필증의 상호와 사업자등록증의 상호가 일치하여야 하는지 여부는 허가관청의 사업허가내용과 실제사업의 내용이 일치하여야 하는 것이다(서면1팀-1513. 2005. 12. 9).

### 2) 원천징수

안마시술소에서 안마사가 제공하는 용역은 면세대상인 의료보건용역으로 사업소득에 해당되어 3%를 사업소득으로 원천징수한다(서면1팀-1636, 2004. 12. 10). 다만, 안마시술소에서 제공하는 용역으로 제공하는 자의 봉사료를 계산서 · 세금계산서 · 영수증 또는 신용카드매출전표 등에 그 공급가액과 구분하여 기재하는 경우(봉사료를 자기의 수입금액으로 계상하지 아니한 경우에 한한다)로서 그 구분 · 기재한 봉사료금액이 공급가액의 100분의 20을 초과하는 경우의 봉사료는 5%를 사업소득으로 원천징수한다(소령 184의 2).

### 3) 안마시술소와 안마사의 소득구분

고용관계 없는 의료법에 규정하는 안마사가 안마시술소에서 안마용역을 제공하고 안마시술소 사업자로부터 그 실적에 따라 지급받는 금액은 원천징수대상 사업소득(의료보건용역)으로서 안마시술소 사업자가 안마사에게 안마용역의 대가를 지급할 때 그 대가의 3%를 원천징수하는 것이고, 안마시술소는 고객에게 안마용역을 제공하고 그 대가로 지급받은 전체금액을 사업소득(사회 및 개인서비스업) 수입금액으로 하는 것이다(서면1팀-1512, 2005. 12. 9). 즉, 안마사가 독립적인 자격으로 안마시술소에서 안마용역을 제공하고 받는 대가는 사업소득으로 원천징수하여야 하며, 안마시술소 운영업의 관련수입은 사업소득으로 총수입금액에 산입하여 종합소득세를 신고 · 납부하여야 한다.

### 4) 장부기장 및 부가가치세 과세 여부(서면1팀-1375, 2004. 10. 6)

① 기장방법

- 면세사업자인 안마시술소에서 카드발생비율이 전체 수입금액의 95% 이상을 차지하는 경우 일자별로 장부를 기장해야 하는지 또는 카드발행전표만으로 장부기장한 것으로 볼 수 있는지요?
- 소득세법 제160조의 규정에 의거 소득금액을 계산할 수 있도록 증빙서류 등을 비치하고 그 사업에 관한 모든 거래사실이 객관적으로 파악될 수 있도록 복식부기에 의하여 장부에 기록 · 관리하여야 하는 것이나, 매매거래의 기록을 거래별로 기록하지 아니하고 세금계산서 · 계산서 또는 이에 준하는 영수증 · 지불증을 주의 깊게

철하여 이에 의하여 일계・주계 또는 월계로서 기록하여도 정당한 기장을 한 것으로 보는 것이다.

② 과세 여부

- 부가가치세 면제사업자인 안마시술소를 경영하는 사업자가 비시각장애자인 정상인과 50% 지분을 공동투자하여 공동사업에 대한 사업자등록을 하는 경우 부가가치세 과세 여부
- 의료법에 규정하는 안마사와 안마사가 아닌 자가 당해 사업장에서 사실상 공동사업을 영위하는 때에는 실지 사업내용대로 사업자등록증을 교부할 수 있는 것이다.

#### 5) 지급명세서 제출 여부

소득세법 시행령 제184조의 2 제1호의 2의 규정(봉사료 수입금액)에 의한 안마시술소에서 제공하는 용역에 대한 소득으로서 안마시술소가 소득세를 원천징수하는 소득(2004. 3. 5 신설)은 지급명세서 제출의무가 면제된다(소칙 97 3호). 즉, 봉사료 원천징수(5%) 부분에 대한 지급명세서 제출의무는 면제되나 안마사에 대한 사업소득 원천징수(3%)에 대하여는 지급명세서를 제출하여야 한다.

#### 6) 소비성 서비스업

의료행위가 아닌 안마를 행하는 안마업(2006. 4. 17 신설)은 소비성 서비스업에 해당되어 조세특례를 적용받을 수 없다(조특령 2 ① 4호).

### (3) 지방세 실무

안마시술소 허가를 득하여 안마시술소를 경영하고 있을 경우 안마시술소 내부에 소규모 목욕시설을 갖추고 주 영업행위가 안마시술을 목적으로 하고 있으며, 행위요금 자체가 안마시술 행위에 대한 요금일 뿐 목욕시설에 대한 목욕행위 요금이라고 인정할 수 없을 경우 목욕탕에 부수된 안마시술소가 아니라 안마시술소에 부수된 소규모 목욕시설이므로 안마시술소는 고급오락장용 가옥으로 볼 수 없는 것이다(세일 1234-3346, 1976. 3. 16). 따라서 재산세 중과대상이 아니다.

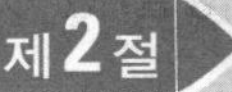

# 장기요양기관

## 개 요

### 1. 노인 장기요양 보험제도

수명의 증가로 인하여 노령층 인구가 증가함에 따라 「노인장기요양보험법」이 2008. 7. 1. 부터 시행되고 있다.

노인장기요양보험제도는 그 간 가족의 영역에 맡겨져 왔던 치매·중풍 등 노인에 대한 장기간에 걸친 간병, 장기요양 문제를 사회연대원리에 따라 국가와 사회가 분담하기 위한 사회보장제도의 일환이다.

### 2. 노인장기요양보험법

노인장기요양보험법은 고령이나 노인성 질병 등의 사유로 일상생활을 혼자서 수행하기 어려운 노인 등에게 제공하는 신체활동 또는 가사활동 지원 등의 장기요양급여에 관한 사항을 규정하여 노후의 건강증진 및 생활안정을 도모하고 그 가족의 부담을 덜어줌으로써 국민의 삶의 질을 향상하도록 함을 목적으로 한다.

#### (1) 장기요양기관

"장기요양기관"이란 노인장기요양보험법 제31조에 따라 지정을 받은 기관 또는 제32조에 따라 지정의제된 재가장기요양기관으로서 장기요양급여를 제공하는 기관을 말한다(법 2).

#### (2) 장기요양급여의 종류

**1) 재가급여**

가. 방문요양 : 장기요양요원이 수급자의 가정 등을 방문하여 신체활동 및 가사활동 등을 지원하는 장기요양급여

나. 방문목욕 : 장기요양요원이 목욕설비를 갖춘 장비를 이용하여 수급자의 가정 등을 방문하여 목욕을 제공하는 장기요양급여

다. 방문간호 : 장기요양요원인 간호사 등이 의사, 한의사 또는 치과의사의 지시서(이하

“방문간호지시서”라 한다)에 따라 수급자의 가정 등을 방문하여 간호, 진료의 보조, 요양에 관한 상담 또는 구강위생 등을 제공하는 장기요양급여

라. 주·야간보호 : 수급자를 하루 중 일정한 시간 동안 장기요양기관에 보호하여 신체활동 지원 및 심신기능의 유지·향상을 위한 교육·훈련 등을 제공하는 장기요양급여

마. 단기보호 : 수급자를 보건복지부령으로 정하는 범위 안에서 일정 기간 동안 장기요양기관에 보호하여 신체활동 지원 및 심신기능의 유지·향상을 위한 교육·훈련 등을 제공하는 장기요양급여

바. 기타재가급여 : 수급자의 일상생활·신체활동 지원에 필요한 용구를 제공하거나 가정을 방문하여 재활에 관한 지원 등을 제공하는 장기요양급여로서 대통령령으로 정하는 것

**2) 시설급여**

장기요양기관이 운영하는 「노인복지법」 제34조에 따른 노인의료복지시설 등에 장기간 동안 입소하여 신체활동 지원 및 심신기능의 유지·향상을 위한 교육·훈련 등을 제공하는 장기요양급여

**3) 특별현금급여**

가. 가족요양비 : 제24조에 따라 지급하는 가족장기요양급여

나. 특례요양비 : 제25조에 따라 지급하는 특례장기요양급여

다. 요양병원간병비 : 제26조에 따라 지급하는 요양병원장기요양급여

### (3) 장기요양기관의 종류

| 구 분 | 요양기관의 분류 | 관련법규정 |
|---|---|---|
| • 재가급여제공 | 재가 노인복지시설 | 노인복지법 제38조 |
| | 재가 장기요양기관 | 노인장기요양보험법 제32조 |
| • 시설급여제공 | 노인요양시설 | 노인복지법 제34조 |
| | 노인요양공동생활가정 | 노인복지법 제34조 |

### (4) 장기요양기관의 지정

장기요양기관을 설치·운영하고자 하는 자는 소재지를 관할 구역으로 하는 시장·군

수·구청장으로부터 지정을 받아야 한다.

장기요양기관으로 지정받고자 하는 자는 장기요양에 필요한 시설 및 인력을 갖추어야 한다.

#### (5) 장기요양기관의 폐업신고

장기요양기관은 폐업하거나 휴업하고자 하는 경우 폐업이나 휴업 예정일 전 30일까지 시장·군수·구청장에게 신고하여야 한다. 신고를 받은 시장·군수·구청장은 지체 없이 신고 명세를 공단에 통보하여야 한다.

#### (6) 재가 및 시설 급여비용의 청구 및 지급

① 장기요양기관은 수급자에게 제23조에 따른 재가급여 또는 시설급여를 제공한 경우 공단에 장기요양급여비용을 청구하여야 한다.

② 공단은 제1항에 따라 장기요양기관으로부터 재가 또는 시설 급여비용의 청구를 받은 경우 이를 심사하여 장기요양에 사용된 비용 중 공단부담금(재가 및 시설 급여비용 중 본인일부부담금을 공제한 금액을 말한다)을 당해 장기요양기관에 지급하여야 한다.

③ 공단은 제54조 제2항에 따른 장기요양기관의 장기요양급여평가 결과에 따라 장기요양급여비용을 가산 또는 감액조정하여 지급할 수 있다.

## Ⅱ 장기요양기관의 부가가치세 실무

### 1. 부가가치세 과세대상

#### (1) 장기요양 용역제공의 부가가치세 면제

「노인장기요양보험법」 제2조 제4호에 따른 장기요양기관이 같은 법에 따라 장기요양인정을 받은 자에게 제공하는 신체활동·가사활동의 지원 또는 간병 등의 용역에 대하여는 부가가치세를 면제한다(부령 35 14호). "장기요양기관"이란 제31조에 따라 지정을 받은 기관 또는 제32조에 따라 지정의제된 재가장기요양기관으로서 장기요양급여를 제공하는 기관을 말한다.

「노인장기요양보험법」 제2조 제4호에 따른 장기요양기관이 같은 법에 따라 장기요양인정을 받은 자에게 제공하는 신체활동·가사활동의 지원 또는 간병 등의 용역은 「부가가치세법 시행령」 제29조 제13호의 규정에 의하여 부가가치세가 면제되는 것이다(부가-955, 2009. 3. 10).

**관련법조문**

**◈ 부가가치세법 시행령 제35조【면세하는 의료보건용역의 범위】**

법 제26조 제1항 제5호에 따른 의료보건 용역은 다음 각 호의 용역(「의료법」 또는 「수의사법」에 따라 의료기관 또는 동물병원을 개설한 자가 제공하는 것을 포함한다)으로 한다.

14. 「노인장기요양보험법」 제2조 제4호에 따른 장기요양기관이 같은 법에 따라 장기요양인정을 받은 자에게 제공하는 신체활동ㆍ가사활동의 지원 또는 간병 등의 용역

### (2) 복지용구의 부가가치세 과세 여부

사업자가 「노인장기요양보험법」 제23조 제1항 제1호 바목에 따른 수급자의 일상생활ㆍ신체활동 지원에 필요한 용구로서 보건복지부장관이 정하여 고시하는 것(이하 "복지용구")을 장기요양인정을 받은 자에게 공급하는 경우, 해당 복지용구 중 「조세특례제한법 시행령」 제105조 각 호에 열거된 품목의 공급에 대하여는 영세율을 적용하는 것이나, 열거되지 아니한 품목의 공급에 대해서는 「부가가치세법」 제30조에 따른 세율(10%)을 적용하는 것이다(부가-1196, 2013. 12. 31).

**| 실무적용 Tips |**

**장기요양기관의 부가가치세ㆍ소득세ㆍ법인세 신고**

장기요양기관이 장기요양인정을 받은 자에게 제공하는 신체활동ㆍ가사활동의 지원 또는 간병 등의 용역은 부가가치세를 면제한다. 또한 장기요양사업은 법인세 또는 소득세 과세대상이 아니다. 다만, 장기요양기관이 부가가치세가 과세되는 보장용구 등을 판매하는 경우에는 부가가치세가 과세된다. 왜냐하면 부가가치세는 소비세 및 간접세이며 부가가치세법상 사업자란 사업목적이 영리이든 비영리이든 관계없이 사업상 독립적으로 부가가치세법 제4조에 규정하는 재화 또는 용역을 공급하는 자를 말하므로, 장기요양기관이 면세나 영세율 적용대상이 아닌 경우에는 부가가치세를 납부할 의무가 있다. 그러나 소득세나 법인세 납세의무는 없으므로 부가가치세 신고시에 수입금액 제외로 표시하여야 한다. 또한 원천징수와 지급명세서, 매입처별세금계산서ㆍ계산서합계표 제출 등 협력의무를 이행하여야 한다.

**관련법조문**

**◈ 조세특례제한법 시행령 제105조【부가가치세 영세율 적용】**

장애인용 보장구, 장애인용 특수 정보통신기기 및 장애인의 정보통신기기 이용에 필요한 특수 소프트웨어로서 대통령령으로 정하는 것은 영세율을 적용한다(조특법 105 ① 4).

② 법 제105조 제1항 제4호에서 "대통령령으로 정하는 것"이란 별표 9의 2에 따른 장애인용품

을 말한다.

◈ **조세특례제한법 시행규칙 [별표 9의2]** 〈개정 2021. 3. 16〉

부가가치세 영세율이 적용되는 장애인용품의 범위(제47조의 5 관련)

장애인 보조기기 등으로서 다음 각 호의 어느 하나에 해당하는 물품과 그 수리용 부분품

1. 「장애인ㆍ노인등을 위한 보조기기 지원 및 활용촉진에 관한 법률」 제3조 제2호 및 같은 법 시행규칙 제2조에 따른 보조기기로서 장애인용으로 특별히 제작된 다음 각 목의 것
   가. 팔 의지(義肢), 다리 의지(義肢)
   나. 수동휠체어, 전동휠체어
   다. 청각보조기기(청각보조기용 액세서리를 포함한다)
   라. 점자 교육용 보조기기
   마. 점자 읽기자료
   바. 휴대용 점자 기록기
   사. 프린터(점자프린터로 한정한다)
   아. 표준 네트워크 전화기(청각 장애인용 골도전화기로 한정한다)
   자. 특수 출력 소프트웨어
   차. 특수키보드
   카. 컴퓨터 포인팅용 장치
   타. 다리 보조기
   파. 척추 및 머리보조기
   하. 팔 보조기
   거. 보행용 막대기 및 지팡이
   너. 촉각 막대기 또는 흰 지팡이
   더. 팔꿈치 목발
   러. 아래팔 목발
   머. 겨드랑이 목발
   버. 양팔 조작형 보행용 보조기기
   서. 욕창방지 방석 및 커버
   어. 욕창 예방용 등받이 및 패드
   저. 와상용 욕창 예방 보조기구
   처. 침대 및 침대장비(욕창방지용으로 한정한다)
   커. 대소변 흡수용 보조기구
   터. 비디오 자막 및 자막 텔레비전 해독기(국가ㆍ지방자치단체 또는 「방송법」 제90조의 2에 따라 설립된 시청자미디어재단이 시ㆍ청각 장애인에게 무료로 공급하기 위하여 구매하는 것으로 한정한다)
   퍼. 시각 신호 표시기
   허. 음성 출력 읽기 자료

고. 영상 확대 비디오 시스템

2. 「의료기기법」 제2조에 따른 의료기기로서 장애인용으로 특수하게 제작되거나 제조된 다음 각 목의 것

가. 보청기

나. 인공달팽이관장치(연결사용하는 외부 장치 및 배터리를 포함한다)

다. 인공후두

## 2. 현금영수증 발급의무

「부가가치세법 시행령」 제29조 제13호에 해당하는 장기요양기관이 제공하는 의료보건용역은 「소득세법」 제210조의 3 별표 3의 2의 소비자상대업종에 구분되어 있지 아니하나, 「조세특례제한법」 제126조의 2 및 동법 시행령 제121조의 2에 따라 신용카드 등 사용금액에 대하여 소득공제가 가능한 경우에는 당해 용역을 공급받는 자에게 현금영수증을 발급할 수 있는 것이다(전자세원과-80, 2010. 2. 8).

[소비자대상업종(소득세법 제210조의 3 별표 3의 2)]

| 구 분 | 대상업종 |
|---|---|
| 보건업 및 사회복지서비스업 | 종합병원, 일반병원, 치과병원, 한방병원, 일반의원(일반과, 내과, 소아과, 일반외과, 정형외과, 신경과, 정신과, 피부과, 비뇨기과, 안과, 이비인후과, 산부인과, 방사선과 및 성형외과), 기타의원(마취과, 결핵과, 가정의학과, 재활의학과 등 달리 분류되지 아니한 병과), 치과의원, 한의원, 수의업 |

## 3. 매입세액공제

장기요양기관은 과세사업자에 해당되지 않으므로 매입세액은 공제되지 아니하나 부가가치세가 과세되는 보장용구 등의 구입비용은 매입세액이 공제된다.

## Ⅲ 장기요양기관의 소득세 · 법인세 실무

### 1. 장기요양기관의 인격

장기요양기관을 개인이 운영하는 경우와 법인이 운영하는 경우로 나눌 수 있다. 개인이 운영하는 경우에는 소득세의 납세의무가 발생하며 법인이 운영하는 경우에는 법인세의 납세의무가 발생한다. 다만, 보건 및 사회복지사업 중 「노인장기요양보험법」 제2조 제4호에 따른 장기요양기관에 해당하는 사회복지시설에서 제공하는 사회복지사업은 법인세가 과세되는 수익사업의 범위에서 제외된다(법령 3 ① 4호 마목). 이 경우에는 고유번호를 부여받아서 원천징수의무 및 매입세금계산서합계표 제출 등 협력의무를 이행하여야 한다.

### 2. 소득세 실무

#### (1) 과세대상

「노인장기요양보험법」에 따른 장기요양사업에 대하여는 2013년 1월 1일 이후 소득이 발생하는 분부터 소득세를 비과세한다. 따라서 소득세 납세의무를 지지 아니하므로 종합소득세 확정신고의무가 없다.

**관련법조문**

**◈ 소득세법 제19조【사업소득】**

① 사업소득은 해당 과세기간에 발생한 다음 각 호의 소득으로 한다.

16. 보건업 및 사회복지서비스업(대통령령으로 정하는 사회복지사업은 제외한다. 이하 같다)에서 발생하는 소득

**◈ 소득세법 시행령 제36조【사회복지사업의 범위】**

법 제19조 제1항 제16호에서 대통령령으로 정하는 사회복지사업 이란 「사회복지사업법」 제2조 제1호에 따른 사회복지사업 및 「노인장기요양보험법」 제2조 제3호에 따른 장기요양사업을 말한다.

[한국표준산업분류상 사회복지서비스업의 분류]

| | | |
|---|---|---|
| 87111 | 노인 요양 복지시설 운영업 | 노인성 질환 등으로 요양을 필요로 하는 노인을 입소시켜 숙식, 간단한 치료 및 일상생활의 편의를 제공하는 산업활동을 말한다.<br>〈예 시〉<br>• 실비노인 요양시설 • 유료노인 요양시설<br>• 노인 요양시설(무료) • 노인전문 요양시설<br>〈제 외〉<br>• 노인 전용주택 임대(68111) |
| 87112 | 노인 양로 복지시설 운영업 | 일상생활에 지장이 없는 노인을 입소시켜 숙식 및 일상생활의 편의를 제공하는 산업활동을 말한다.<br>〈예 시〉<br>• 양로시설(무료) • 실비 양로시설<br>• 유료 양로시설<br>〈제 외〉<br>• 노인 전용주택 임대(68111) |

### (2) 사업장현황신고

「노인장기요양보험법」에 따른 장기요양사업에 대하여는 2013년 1월 1일 이후 소득이 발생하는 분부터 소득세를 비과세하므로 사업장현황신고의무를 지지 않는다.

### (3) 요양보호사의 소득구분

「노인장기요양보험법」 제32조에 따라 재가장기요양기관을 설치한 자가 방문요양, 방문목욕, 방문간호 등 장기요양사업을 영위하기 위하여 같은 법 시행규칙 [별표 1]에 따라 요양보호사 자격보유자와 근로계약을 체결하고 당해 요양보호사에게 지급하는 대가는 「소득세법」 제20조에 따른 근로소득에 해당하는 것이다(소득-1323, 2009. 9. 01).

[인력기준 : 노인장기요양보험법 시행규칙 별표 1]

| 방문요양 | 방문목욕 | 주야간보호 | 단기보호 |
|---|---|---|---|
| 15명 이상<br>(농어촌지역 5명 이상) | 2명 이상 | 수급자 7명당 1명 이상 | 수급자 4명당 1명 이상 |

* 방문요양을 제공하는 기관은 20% 이상을 상근하는 자를 두어야 함.

### (4) 요양보호사 교육기관

요양보호사 교육기관을 설치하고 관할구청으로부터 "요양보호사교육기관 설치신고필증"을 발급받은 경우에는 부가가치세가 면제되는 교육용역에 포함된다. 따라서 다음연도 2월 10일까지 사업장현황신고를 하여야 한다. 「사회복지사업법」에 의한 사회복지사업을 영위하는 비영리 내국법인이 요양보호사 교육기관을 운영하면서 수강생들에게 받는 수강료는 수익사업에서 생기는 소득에 해당하여 법인세가 과세되는 것이다(법인-406, 2009. 4. 8).

### (5) 장기요양기관의 대표자의 급여

거주자로 보는 법인격 없는 단체인 「노인장기요양보험법」 제32조에 따른 재가장기요양기관의 대표자가 2013. 1. 1. 이후 인건비 명목으로 지급받는 금전은 「소득세법」 제20조에 따른 근로소득에 해당하는 것이다(법규과-392, 2013. 4. 8).

### (6) 복지용구 제공사업의 구분기장

의료기기 도소매업자가 「노인장기요양보험법」 제32조 및 같은 법 시행규칙 제24조 제1항에 따라 재가장기요양기관 설치신고를 하고 같은 법 시행규칙 제19조에서 정하는 복지용구를 수급자에게 구입 또는 대여방식으로 제공하는 사업(이하 "복지용구 제공사업"이라 한다)을 겸영하는 경우 복지용구 제공사업에서 발생하는 소득은 「소득세법」 제19조 제1항 제16호 및 같은 법 시행령 제36조에 따라 소득세가 과세되지 아니하는 것이며, 이 경우 복지용구제공사업의 소득과 그 밖의 사업의 소득을 구분하여 기장하는 것이다. 또한 복지용구 제공사업에서 발생한 수입금액은 「소득세법」 제160조 및 같은 법 시행령 제208조 제5항에서 정하는 기장의무 판정에 있어 직전 과세기간의 수입금액에 포함하지 않는 것이다(법규과-504, 2013. 5. 1).

## 3. 법인세 실무

### (1) 과세대상

장기요양기관, 노인복지시설 등 사회복지시설에서 제공하는 사회복지사업은 법인세가 과세되는 수익사업에서 제외된다.

**관련법조문**

◈ **법인세법 시행령 제3조【수익사업의 범위】**

① 「법인세법」(이하 "법"이라 한다) 제3조 제3항 제1호에서 "대통령령으로 정하는 것"이란 통계청장이 고시하는 한국표준산업분류(이하 "한국표준산업분류"라 한다)에 의한 각 사업중 수입이 발생하는 것을 말한다. 다만, 다음 각 호의 사업을 제외한다.

4. 보건 및 사회복지사업 중 다음 각 목의 어느 하나에 해당하는 사회복지시설에서 제공하는 사회복지사업

   마. 「노인장기요양보험법」 제2조 제4호에 따른 장기요양기관

◈ **사회복지사업법 제2조【정의】**

이 법에서 사용하는 용어의 뜻은 다음과 같다.

1. "사회복지사업"이란 다음 각 목의 법률에 따른 보호·선도(善導) 또는 복지에 관한 사업과 사회복지상담, 노숙인 등 보호, 직업지원, 무료 숙박, 지역사회복지, 의료복지, 재가복지(在家福祉), 사회복지관 운영, 정신질환자 및 한센병력자의 사회복귀에 관한 사업 등 각종 복지사업과 이와 관련된 자원봉사활동 및 복지시설의 운영 또는 지원을 목적으로 하는 사업을 말한다.

   다. 「노인복지법」

「노인장기요양보험법」에 의한 장기요양기관이 제공하는 재가급여 또는 시설급여를 제공하는 사업 중 「노인복지법」에 의한 재가노인복지시설, 노인요양시설, 노인요양공동생활가정에서 제공되는 경우에는 수익사업에 해당하지 아니한다(기획재정부 법인세제과-866, 2010. 10. 15). 다만, 장기요양기관의 재가급여 또는 시설급여가 노인복지법에 의한 재가노인복지시설, 노인요양시설, 노인요양공동생활가정에서 제공되고 있지 않는 경우에는 수익사업에 해당되는 것이다(기획재정부 법인세제과-535, 2009. 6. 9). 한편, 사회복지사업법에 의하여 설립된 사회복지법인이 노인복지법 제32조 제1항 제3호에서 규정하는 유료양로시설을 설치하고 노인을 입소시켜 급식 기타 일상생활에 필요한 편의를 제공하고 이에 소요되는 비용을 입소자로부터 수납하는 경우에는 법인세법 시행령 제2조 제1항 제4호의 규정에 의하여 법인세가 과세되지 아니하는 것이나, 별도의 부대시설 등을 운영함으로 인하여 생기는 소득에 대하여는 법인세가 과세되는 것이다. 사회복지사업법에 의한 사회복지사업을 영위하는 비영리 내국법인이 요양보호사교육기관을 운영하면서 수강생들에게 받는 수강료는 수익사업에서 생기는 소득에 해당하여 법인세가 과세되는 것이다(법인-406, 2009. 4. 8).

### (2) 학교법인의 유료노인요양시설운영업 수익사업 해당 여부

비영리내국법인이 「노인복지법」 제34조 제1항 제3호의 규정에 의한 유료노인요양시설을 설치하고 입소시켜 급식・요양 기타 일상생활에 필요한 편의를 제공하고 이에 소요되는 일체의 비용을 입소한 자로부터 수납하는 경우, 당해 노인복지시설 운영사업에서 발생한 소득은 「법인세법 시행령」 제2조 제1항 제4호의 규정에 의해 비영리내국법인의 수익사업소득에서 제외되는 것이다(서면2팀-1805, 2007. 10. 9).

## 4. 중소기업 조세특례

「노인복지법」에 따른 노인복지시설을 운영하는 사업, 「노인장기요양보험법」 제32조에 따른 재가장기요양기관을 운영하는 사업은 중소기업 해당 업종으로 조세특례제한법 제2조의 중소기업범위에 충족되면 중소기업에 대한 조세특례를 받을 수 있다.

### (1) 중소기업특별세액감면

「노인복지법」에 따른 노인복지시설을 운영하는 사업, 「노인장기요양보험법」 제32조에 따른 재가장기요양기관을 운영하는 사업은 중소기업특별세액감면을 받을 수 있다.

| 구 분 | 중소기업대상 업종 | 중소기업특별세액감면 |
|---|---|---|
| • 노인복지시설 운영사업 | 2009. 1. 1 이후 최초 개시하는 사업연도부터 | 2009. 1. 1 이후 최초 개시하는 사업연도부터 |
| • 재가장기요양기관 운영사업 | 2011. 1. 1 이후 최초 개시하는 사업연도부터 | 2011. 1. 1 이후 최초 개시하는 사업연도부터 |

### (2) 창업중소기업 등에 대한 세액감면

「조세특례제한법」 제6조 제3항 제21호에서 「노인복지법」에 따른 노인복지시설을 운영하는 사업을 창업중소기업감면 대상으로 열거하고 있으므로, 「노인복지법」에 따른 노인복지시설로서 「노인장기요양보험법」 제32조에 따라 지정의제된 재가장기요양기관을 운영하는 거주자가 노인 등에게 재가급여를 제공하는 경우 창업중소기업 등에 대한 세액감면을 받을 수 있으나 「노인장기요양보험법」 제32조에 따라 지정의제된 재가장기요양기관을 운영하는 거주자가 노인 등에게 재가급여를 제공하는 사업은 「조세특례제한법」 제6조에서 규정하고 있는 창업중소기업 등에 대한 세액감면 적용대상 사업에 해당하지 아니하는 것이다(소득세과-606, 2010. 5. 25).

(3) 농어촌특별세 비과세

노인장기요양시설에 대한 중소기업특별세액감면 및 창업중소기업 등에 대한 세액감면에 대하여는 농어촌특별세를 과세하지 아니한다.

## 제3절 약 국

# I 개 요

## 1. 업종특성

약국의 수입금액은 **조제수입과 의약품 판매수입** 등으로 구성된다. 의약분업 이후 면세에 해당되는 조제수입금액이 100% 노출됨에 따라 약국의 수입금액이 양성화되어 세부담이 늘어나 장부기장을 통한 절세방안을 모색하여야 할 것이다. 약국의 주된 수입인 조제수입은 병·의원의 소재 등 위치에 따라 많은 영향을 받게 되며, 또한 어떤 병과의 처방전을 받느냐에 따라 조제료가 차이가 나게 된다. 대학병원 등 대형병원 인근에 위치해 있으면 조제수입이 주를 이루며 비뇨기과, 성형외과 등 비급여가 많은 병원인근에 위치해 있는 경우 비급여 매출이 상당부분을 차지하게 된다.

**관련법조문**

◈ 약사법의 주요내용

(1) 정의(제2조)

① 이 법에서 사용하는 용어의 뜻은 다음과 같다.

1. "약사(藥事)"란 의약품·의약외품의 제조·조제·감정(鑑定)·보관·수입·판매[수여(授與)를 포함한다. 이하 같다]와 그 밖의 약학 기술에 관련된 사항을 말한다.
2. "약사(藥師)"란 한약에 관한 사항 외의 약사(藥事)에 관한 업무(한약제제에 관한 사항을 포함한다)를 담당하는 자로서, "한약사"란 한약과 한약제제에 관한 약사(藥事) 업무를 담당하는 자로서 각각 보건복지부장관의 면허를 받은 자를 말한다.
3. "약국"이란 약사나 한약사가 수여할 목적으로 의약품 조제 업무[약국제제(藥局製劑)를 포함한다]를 하는 장소(그 개설자가 의약품 판매업을 겸하는 경우에는 그 판매업에 필요한 장소를 포함한다)를 말한다. 다만, 의료기관의 조제실은 예외로 한다.

9. "일반의약품"이란 다음 각 목의 어느 하나에 해당하는 것으로서 보건복지부장관과 협의

하여 식품의약품안전처장이 정하여 고시하는 기준에 해당하는 의약품을 말한다.

가. 오용·남용될 우려가 적고, 의사나 치과의사의 처방 없이 사용하더라도 안전성 및 유효성을 기대할 수 있는 의약품

나. 질병 치료를 위하여 의사나 치과의사의 전문지식이 없어도 사용할 수 있는 의약품

다. 의약품의 제형(劑型)과 약리작용상 인체에 미치는 부작용이 비교적 적은 의약품

10. "전문의약품"이란 일반의약품이 아닌 의약품을 말한다.

11. "조제"란 일정한 처방에 따라서 두 가지 이상의 의약품을 배합하거나 한 가지 의약품을 그대로 일정한 분량으로 나누어서 특정한 용법에 따라 특정인의 특정된 질병을 치료하거나 예방하는 등의 목적으로 사용하도록 약제를 만드는 것을 말한다.

### (2) 약국의 개설등록(제20조)

① 약사 또는 한약사가 아니면 약국을 개설할 수 없다.

② 약국을 개설하려는 자는 보건복지부령으로 정하는 바에 따라 시장·군수·구청장(자치구의 구청장을 말한다. 이하 같다)에게 개설등록을 하여야 한다. 등록된 사항을 변경할 때에도 또한 같다.

③ 제2항에 따른 등록을 하려는 자는 대통령령으로 정하는 시설 기준에 따라 필요한 시설을 갖추어야 한다.

④ 시·도지사는 대통령령으로 정하는 기준에 따라 시·도의 규칙으로 약국의 개설등록 기준을 정할 수 있다.

⑤ 다음 각 호의 어느 하나에 해당하는 경우에는 개설등록을 받지 아니한다.

1. 제76조에 따라 개설등록이 취소된 날부터 6개월이 지나지 아니한 자인 경우
2. 약국을 개설하려는 장소가 의료기관의 시설 안 또는 구내인 경우
3. 의료기관의 시설 또는 부지의 일부를 분할·변경 또는 개수(改修)하여 약국을 개설하는 경우
4. 의료기관과 약국 사이에 전용(專用) 복도·계단·승강기 또는 구름다리 등의 통로가 설치되어 있거나 이를 설치하는 경우

### (3) 폐업 등의 신고(제22조)

약국개설자는 약국을 폐업 또는 휴업하거나 휴업하였던 약국을 다시 연 경우에는 폐업·휴업 또는 다시 연 날부터 7일 이내에 보건복지가족부령으로 정하는 바에 따라 이를 관할 시장·군수·구청장에게 신고하여야 한다. 다만, 휴업기간이 1개월 미만인 경우에는 그러하지 아니하다.

※ 법령에 따라 허가를 받거나 등록 또는 신고 등을 하여야 하는 사업의 경우에는 허가·등록·신고 등이 필요한 사업의 주무관청에 제1항의 휴업(폐업)신고서를 제출할 수 있으며, 휴업(폐업)신고서를 제출받은 주무관청은 지체 없이 관할 세무서장에게 해당 서류를 송부하여야 하고, 허가·등록·신고 등이 필요한 사업의 주무관청에 제출하여야 하는 해당 법령상의 신고서를 관할 세무서장에게 제출한 경우에는 관할 세무서장은 지체 없이 해당 서류를 관할 주무관청에 송부하여야 한다.

(4) 의약품의 조제(제23조)

① 약사 및 한약사가 아니면 의약품을 조제할 수 없으며, 약사 및 한약사는 각각 면허 범위에서 의약품을 조제하여야 한다. 다만, 약학을 전공하는 대학의 학생은 보건복지부령으로 정하는 범위에서 의약품을 조제할 수 있다.

② 약사 또는 한약사가 의약품을 조제할 때에는 약국 또는 의료기관의 조제실(제92조 제1항 제2호 후단에 따라 한국희귀의약품센터에 설치된 조제실을 포함한다)에서 하여야 한다. 다만, 시장·군수·구청장의 승인을 받은 경우에는 예외로 한다.

③ 의사 또는 치과의사는 전문의약품과 일반의약품을 처방할 수 있고, 약사는 의사 또는 치과의사의 처방전에 따라 전문의약품과 일반의약품을 조제하여야 한다. 다만, 다음 각 호의 어느 하나에 해당하면 의사 또는 치과의사의 처방전 없이 조제할 수 있다.

## 2. 겸영사업자

약국은 약사가 **의사의 처방전에 따라 조제하는 조제용역과 의약품 소매업**을 겸영하는 사업자이다. 한국표준산업분류에서는 소매업(47) 중 의약품, 의료용 기구 및 화장품소매업(4781)으로 분류하고 있다. 즉, 의약품 및 의약, 정형외과용품, 향수, 화장비누 등을 전문적으로 소매하는 산업활동을 말한다. 약국은 부가가치세가 면제되는 조제용역(의사의 진료에 의한 처방전에 따른 조제매출)과 의약품 소매, 화장품판매, 담배판매 등 과세사업을 동시에 영위하는 겸영사업자이다. 따라서 **과세분과 면세분의 수입금액의 구분, 매입세액에 대한 안분계산** 등 다소 복잡한 세무처리가 요구된다.

## 3. 약국의 개원절차

약국개원시에는 단독개원할 것인가, 공동개원할 것인가를 결정하여야 한다. 즉, 개원형태에 따라 세부담면에서 다소 차이가 나게 되며 각종 보험료 등 종합적인 부담을 고려하여야 한다. 개원 전에 인테리어 시설, 집기비품 구입, 상가분양 등의 경우에 부담한 부가가치세 매입세액은 공통매입세액에 해당되어 안분계산한 과세관련 매입세액을 공제받게 된다. 사업자등록은 사업개시 후 20일 이내에 하면 되나 사업개시 전에 부담한 매입세액을 환급받기 위해서는 개원 전에 사업자등록을 하여야 한다. 2층 이상의 상가건물 소유자가 1층은 약국, 2층 이상은 부동산임대업을 영위하는 경우에는 이를 하나의 사업장으로 보아 사업자등록을 하여야 한다(부가 22601-812, 1985. 5. 1).

판례 **약국건물취득과 매입세액 안분계산방법**(국심 2007서2302, 2007. 9. 20)

약국은 약사가 제공하는 의료보건용역(의료－면세)과 일반의약품의 판매 등(소매－과세)을 공급하는 겸영사업자이다. 따라서 이 경우 사업을 영위하기 위하여 취득하는 상가 등 건물분에 대한 매입세액은 공통매입세액에 해당되어 일정한 방법에 따라 안분계산하여야 한다. 이에 대한 사례를 보면 다음과 같다.

청구인은 건물분 매입세금계산서를 교부받은 후, 동 매입세액 44,000천원에 대하여 약국사업장인 쟁점부동산의 총건물면적 412.13㎡(전용 198.25㎡, 공용 213.88㎡) 중 조제실 면적 21.71㎡(전용 12㎡, 공용 9.71㎡)에 상당하는 세액(2,317천원)만을 면세관련 매입세액으로 계산하여 불공제하여 조기환급 신청하였으나 처분청은 약국사업장의 과세사업과 면세사업에 공통으로 사용되어 실지 귀속을 구분할 수 없는 공통매입세액에 해당한다 하여 쟁점매입세액에 대하여 **총공급가액에 대한 면세공급가액의 비율에 의하여 안분계산**하여 경정결정한 후 2002년 1기 과세기간에 대하여 부가가치세법 시행령 제63조의 납부세액 또는 환급세액의 재계산 규정에 따라 쟁점매입세액에 대한 면세비율 증가분 상당액을 공제받지 못할 매입세액으로 계산하여 추가로 경정고지하였다.

이에 대하여 심판원은 일반적으로 약국사업장은 사업장 전체면적 중 일부에 조제실을 두고 있으나 그 조제실 면적만 순수하게 면세사업에 공한다고 볼 수 없고, 조제실을 제외한 대부분의 면적도 의약품 및 건강보조식품 등의 진열장소, 의사 처방전에 의한 조제약품 구입고객과 처방전 없는 의약품이나 건강보조식품 등의 구입고객 대기장소 등으로 사용할 뿐만 아니라 진열된 의약품류도 결국 조제에 사용되고 있는 점 등으로 보아 약국사업장 전체면적이 공간적으로 과세분 및 면세분 사용면적을 구분하기가 어려운 것이 사실에 부합하다 할 것이고, 청구인의 경우에도 약국사업장 면적에 대한 면세사업 및 과세사업에 공하는 면적의 구분이 명확하게 입증되지 않는다는 점에 비추어 처분청이 건물분 쟁점매입세액에 대하여 과세사업과 면세사업에 공통으로 사용되어 실지귀속을 구분할 수 없는 매입세액으로 보아 부가가치세법 시행령 제61조 제1항 등의 규정을 적용하여 과세한 당초 처분은 잘못이 없는 것으로 판단하였다.

사례 **약국 건물취득과 매입세액안분계산**

종로약국은 사업확장 목적으로 종로에서 경영하던 약국을 마곡(마곡약국)으로 이전하기로 하고 상가를 5억원(토지 2억원, 건물 3억원, 부가가치세 별도)에 분양받았다. 세무처리에 대하여 세무상담을 요청받은 세무사는 다음과 같은 방안을 제시한다.

**(1) 사업장 이전 또는 사업장신설 방안**

사업확장목적으로 업종이 동일한 사업장을 신설하기 위하여 취득한 매입세액은 기존사업장에서 매입세액공제를 받을 수 있다. 다른 방안으로는 부동산임대업(마곡)으로 사업자등록을 한 후 건물분 매입세액을 공제받은 후 약국을 이전하면서 건물분 매입세액에 대하여 면세전용(안분)으로 부가가치세를 납부한다.

(2) 건물분 매입세액 안분방법

약국은 겸영사업자로(조제/일반의약품) 건물분 매입세액은 공통매입세액에 해당되어 해당 과세기간의 과세매출액과 면세매출액(조제)으로 안분하여 면세사업관련 매입세액을 불공제한다. 다만, 해당 과세기간의 수입금액이 없는 경우 ① 매입가액비율 → ② 예정공급가액비율로 안분계산한다. 이 경우 면적(조제실)기준으로 안분계산하면 합리적인 방법이 아니므로 주의하여야 한다. 예정공급가액은 사업계획서 등 합리적인 방법에 따라 추정하여야 한다.

(3) 공통매입세액정산 및 납부환급세액 재계산

건물 등 감가상각자산에 대하여 공통매입세액의 안분계산에 따라 매입세액이 공제된 후 공통매입세액 안분기준에 따른 비율과 감가상각자산의 취득일이 속하는 과세기간(그 후의 과세기간에 재계산한 때는 그 재계산한 과세기간)에 적용되었던 공통매입세액 안분기준에 따른 비율이 5퍼센트 이상 차이가 나면 납부세액 또는 환급세액을 다시 계산하여 해당 과세기간의 확정신고와 함께 관할 세무서장에게 신고・납부하여야 한다(부법 41).

## Ⅱ 약국의 세무실무

### 1. 약국의 세무실무시 중점검토사항

#### (1) 조제수입 · 현금매출수입의 파악

과세(일반의약품・의약부외품 등)와 면세(조제수입)를 겸영하는 부가가치세법상 사업자로 건강보험공단에서 지급받은 조제매출과 의약품 소매매출을 확인하여야 한다. 특히 신용카드・현금영수증 매출액이 누락되지 않도록 주의하여야 한다.

핵심체크

조제수입 중 본인부담금에 해당하는 금액을 신용카드・현금영수증으로 결제한 금액이 있는지 확인한다. 만일 조제분에 대한 신용카드 등 매출액을 일반의약품 판매수입 등으로 처리하면 수입금액이 이중 계상되고 공통매입세액 등의 안분계산 오류가 발생한다.

관련법조문

◈ 약사법 제30조 【조제기록부】

① 약사는 약국에서 의약품을 조제(제23조 제3항 각 호 외의 부분 단서 및 각 호에 따라 처방전 없이 조제하는 경우를 포함한다. 이하 이 조에서 같다)하면 환자의 인적 사항, 조제 연월일, 처방 약품명과 일수, 조제 내용 및 복약지도 내용, 그 밖에 보건복지부령으로 정하는 사항을

조제기록부(전자문서로 작성한 것을 포함한다)에 적어 5년 동안 보존하여야 한다.

② 약사는 환자, 환자의 배우자, 환자의 직계 존비속, 배우자의 직계존속(배우자 · 직계 존비속 및 배우자의 직계존속이 없으면 환자가 지정하는 대리인)이 제1항에 따른 조제기록부의 열람 · 사본 교부 등 그 내용 확인을 요구하면 이에 따라야 한다.

### (2) 매입세액의 공제대상 검토

① 전문의약품 구입(제약회사) : 조제용역으로 면세관련매입세액에 해당되어 매입세액불공제하고 의약품비에 포함하여 처리한다.

② 일반의약품 구입(의약품 도매상) : 의약품 소매로 과세관련 매입세액에 해당되어 매입세액공제하고 부가가치세대급금으로 처리한다.

③ 임차료, 비품구입, 광고선전비 등 공통매입세액 : 해당 과세기간의 부가가치세 공급가액(과세표준)과 면세수입금액(조제)으로 안분계산한다.

특히, 매입세금계산서 1매에 전문의약품과 일반의약품이 같이 기재되어 있는 경우 구분하여 매입세액공제 여부를 검토하여야 한다.

### (3) 신용카드 등 발행에 따른 세액공제

개인약국의 신용카드매출액은 주로 일반의약품 소매에서 발생되므로 신용카드 발행세액공제(발급금액 또는 결제금액의 1.3%, 연간 1,000만원을 한도로 한다)를 받을 수 있다. 다만, 직전연도의 재화 또는 용역의 공급가액의 합계액이 사업장별로 10억원을 초과하는 개인사업자는 신용카드발행공제를 받을 수 없다. 또한, 조제분 매출과 관련한 신용카드 매출(면세)은 신용카드 발행세액공제를 받을 수 없으니 구분하여야 한다. 이 경우 공제받는 금액이 그 금액을 차감하기 전의 납부할 세액[이 법, 「국세기본법」 및 「조세특례제한법」에 따라 빼거나 더할 세액(제22조 및 「국세기본법」 제47조의 2부터 제47조의 5까지의 규정에 따른 가산세는 제외한다)을 빼거나 더하여 계산한 세액을 말하며, 그 계산한 세액이 음수(음수)인 경우에는 "0"으로 본다]을 초과하는 경우에는 그 초과하는 부분은 없는 것으로 본다(부법 32의 2 ①). 따라서 환급세액이 발생하지 않는다. 한편, 신용카드 등의 사용에 따른 세액공제 등에서 납부세액의 범위는 신고기간(월별조기, 예정, 확정)별 납부세액으로 각 신고기간에 공제되지 아니한 동 세액은 다른 신고기간의 납부세액에서 공제할 수 없는 것이다(서면3팀-1983, 2005. 11. 18).

※ 한도 : 매출세액 - 매입세액 - 공제 · 경감세액

## 2. 부가가치세 실무

### (1) 과세유형

약사업, 한약사업을 영위하는 사업자는 공급대가와 관계 없이 간이과세적용이 배제된다(부령 109 ② 7호).

### (2) 과세대상

약사가 제공하는 의약품 조제용역은 의료보건용역에 해당되어 부가가치세를 면제한다(부령 29). 약사법에 규정하는 약사가 의사・치과의사・한의사의 처방전, 대한약전, 보건복지부장관이 지정하는 공정서 및 의약품집에 의하여 의약품을 배합하여 질병치료에 적합하도록 투여하는 의약품의 조제용역은 부가가치세가 면제되는 것이며, 이 경우에 면세되는 조제용역의 공급가액은 의약품 조제분의 가액(조제에 투입된 약품구입가격 + 이윤 + 조제용역비 등)을 말하는 것이다(부가 46105-561, 1994. 3. 24). 또한 조제용역에 필수적으로 부수되는 의약품가격이 포함되며 한약재를 혼합하여 투약하는 것은 조제용역에 해당한다(서면3팀-1923, 2007. 7. 9).

그러나 의약품 소매 등의 매출은 부가가치세 과세대상으로 부가가치세법상 납세의무를 이행하여야 한다. 약사가 의사의 처방전에 따라 「의료기기법」상 의료기기에 해당하는 당뇨병 소모성 재료를 판매하는 경우 「부가가치세법」 제26조 제1항 제5호 및 같은 법 시행령 제35조 제4호에 규정하는 부가가치세가 면제되는 의약품의 조제용역에 해당하지 아니하는 것이다(법령해석-3014, 2016. 9. 22).

면세되는 조제매출액은 부가가치세 신고서상(면세수입금액란 78, 79)에 기재하여 신고하면 된다.

| | | 업 태 | 종 목 | 코 드 번 호 | | | | | | 금 액 |
|---|---|---|---|---|---|---|---|---|---|---|
| 면세사업 수입금액 | (78) | 소매 | 의약품(조제수입) | 5 | 2 | 3 | 1 | 1 | 1 | 573,200,000 |
| | (79) | | | | | | | | | |
| | (80) | 수입금액 제 외 | | | | | | | | |
| | | | | (81)합 계 | | | | | | 573,200,000 |

| 계산서 발급 및 수취 명세 | (82) 계산서 발급금액 | |
|---|---|---|
| | (83) 계산서 수취금액 | |

– 의약품 소매(523111) : 건강보험법에 의한 약사의 의약품조제수입 및 일반조제수입 포함

한편, 약사법에 의한 한약업사가 제공하는 용역은 면세대상인 의료용역에 해당하지 아니한다. 즉, 보건복지부장관으로부터 한약업사로 면허를 받은 청구인이 한약을 조제하여 판매한 경우 부가가치세법상 면세대상인 의료보건용역에 해당하지 아니하므로 그에 대하여 부가가치세를 부과한 처분은 적법하고, 또한 과세관청이 청구인에게 면세사업자용 사업자등록을 교부하고 등록증을 검열하면서 그동안 부가가치세를 부과하지 아니하다가 이 건 부과하였다 하여 당해 처분이 신의성실원칙에 위배된다고 할 수는 없는 것이다(국심 2003부3110, 2003. 12. 30).

| 구 분 | 정 의 | 근거법령 | 전문직사업자 | 과세유형 |
|---|---|---|---|---|
| 한약사 | 한약과 한약제제에 관한 약사업무를 담당하는 자 | 약사법 | ○<br>(복식부기, 사업용 계좌 개설의무) | 면 세<br>(의료용역) |
| 약업사<br>한약업사 | 한약의 혼합판매 · 한의사 처방 조제 | 약사법 | ×<br>(일정수입금액 이상 해당자만 의무 부여) | 과 세 |

### (3) 과세표준 등의 확정

약국사업자의 수입금액은 과세분인 일반의약품 판매수입, 화장품 판매수입, 담배판매수입 등과 면세분인 조제수입으로 구성된다. 면세수입에 대해서는 사업장현황신고를 할 필요가 없으며 부가가치세 신고시에 함께 신고하면 된다. 다만, 면세수입금액을 누락하면 그 신고하지 아니한 수입금액 또는 미달하게 신고한 수입금액의 1천분의 5에 해당하는 금액을 해당 과세기간의 결정세액에 더한다(소법 81의 3 ①). 한편, 업태종목을 기재하는 경우 개별품목에 따라 부가가치율과 소득률에 차이가 나므로 부가가치세 신고서의 과세표준명세에 구분기재하여야 한다.

의약품 판매 등의 매출액은 소매매출로 부가가치세가 포함된 금액이다. 따라서 일반과세자의 경우에는 1.1로 나눠 공급가액을 계산한 후 10%의 세율을 적용하여 매출세액을 계산하면 된다.

**실무적용 Tips**

**매약매출액의 추정**

의약품 판매금액은 약국사업자가 일일 매출일보를 작성하여 이를 기초로 부가가치세 과세표준을 확정하여야 하나 실무상 쉬운 일은 아니다. 따라서 약사로부터 통보받은 판매금액이 적정한지를 검토해 볼 필요가 있는데 다음과 같이 과세표준을 추정해 볼 필요가 있다. 이 경우 매입액은 공급가액으로 비품 등 유형자산매입, 임차료 등을 제외한 순수한 의약품 매입액을 기준으로 하여야 한다.

**매약매출액(부가가치세 과세표준)**
= 매약매출에 사용된 매입금액/(1 - 매매총이익률)
= (순수의약품 총매입액 - 공제받지 못할 의약품 매입액)/(1 - 매매총이익률)
= (매입세금계산서 합계표상 순수의약품 공급가액
  - 조제에 사용된 의약품 공급가액)/(1 - 매매총이익률)

### (4) 매입세액의 계산

약국에서 발생되는 매입세액은 의약품 매입액, 지급임차료, 비품구입, 소모품, 광고선전비, 수도광열비, 통신비, 기업업무추진비 등이다.

[약국 매입세액의 처리]

| 과세표준 · 수입금액 | | 매입세액 | |
|---|---|---|---|
| • 조제수입(처방전) | 면 세 | 전문의약품 | 불공제(의약품비) |
| • 일반의약품 소매 | 과 세 | 일반의약품 | 공 제 |

**① 조제매출에 사용되는 전문의약품**

조제매출은 면세대상으로 이와 관련된 전문의약품 매입세액은 면세관련 매입세액으로 전액 매입세액불공제되며 불공제매입세액은 의약품 매입원가로 처리하여 필요경비에 산입한다.

**② 판매에 사용되는 일반의약품**

일반의약품 판매에 사용되는 의약품관련 매입세액은 과세관련 매입세액으로 전액 공제된다. 다만, 조제용역에 사용되는 일반의약품은 면세관련 매입세액으로 불공제하여야 한다.

**③ 조제 및 매약에 사용되는 일반의약품**

일반의약품 중에서 조제에 사용되는 매입세액은 전액불공제하고 조제와 일반의약품 판매에 공통으로 사용되는 금액은 공통매입세액으로 안분계산하여야 한다.

 **핵심체크**

제약회사로부터 일반의약품과 전문의약품을 동시에 구입하는 경우 가능한 한 일반의약품 및 전문의약품을 따로 세금계산서를 발급받아야 한다. 다만, 세금계산서를 분리하지 않고 1장에 동시에 표시되는 경우에는 전문의약품관련 매입세액은 매입세액불공제하여야 한다. 조제매출과 매약매출에 사용되는 의약품 매입세금계산서는 약사로부터 구분하여 회계처리 및 부가가치세 신고를 하여야 한다.

#### ④ 임대료 및 비품구입 등 공통매입세액

과세사업과 면세사업 귀속이 불분명한 경우에는 다음과 같이 공통매입세액을 안분계산하여 과세관련 매입세액만 매출세액에서 공제하면 된다.

$$\text{임차료 등 공통매입세액} \times \frac{\text{과세관련 매출액}}{\text{해당 과세기간의 약국 총매출액(과세+면세)}}$$

여기서 "총공급가액"이라 함은 **공통매입세액에 관련된** 당해 과세기간의 과세사업에 대한 공급가액과 면세사업에 대한 수입금액의 합계액을 말하며, "면세공급가액"이라 함은 공통매입세액에 관련된 당해 과세기간의 면세사업에 대한 수입금액을 말한다(부칙 54). 따라서 공통매입세액과 관련이 없는 사업용자산 매각수입 등은 제외한다.

### (5) 신용카드발행공제

일반의약품 판매 등 과세관련 매출액을 신용카드로 결제한 경우 판매금액의 1.3%(연간 1,000만원 한도)를 납부세액에서 공제한다. 다만, 직전연도의 재화 또는 용역의 공급가액의 합계액이 10억원을 초과하는 경우에는 신용카드사용 등에 대한 세액공제를 배제한다. '직전 연도의 재화 또는 용역의 공급가액의 합계액'은 부가가치세가 면제되는 재화 또는 용역의 공급가액을 제외한 금액을 말하는 것이다(기재부 부가-361, 2016. 7. 20). 신용카드발행공제를 받은 금액은 종합소득세 신고시에 총수입금액에 산입한다.

**[신용카드 매출전표 등 발행금액집계표]**

| 2. 신용카드매출전표 등 발행금액 현황 | | | |
|---|---|---|---|
| 구 분 | ⑤합 계 | ⑥신용 · 직불 · 기명식 선불카드 | ⑦현금영수증 |
| 합 계 | 145,000,000 | 120,000,000 | 25,000,000 |
| 과세 매출분 | 130,000,000 | 110,000,000 | 20,000,000 |
| 면세 매출분 | 15,000,000 | 10,000,000 | 5,000,000 |
| 봉 사 료 | | | |

- 과세매출분은 부가가치세가 포함된 공급대가를 기재
- 면세매출분은 조제수입으로 신용카드 및 현금영수증 결제분은 이중계상 방지
- 신용카드발행공제는 과세매출분의 130,000,000원의 1.3%를 받음.

## (6) 약국의 부가가치세신고서의 작성사례

**사례**

민지약국의 20×1. 제2기 부가가치세 확정신고(7. 1~12. 31) 매출 · 매입현황자료는 다음과 같다. 설명편의상 신고서의 일부분만 제시하였으며 가정치를 사용하였음.

1. 매출 · 매입자료

(1) 매출현황

① 처방조제매출

| 기 간 | 조제료 | | 약 가 | | 총약재비 |
|---|---|---|---|---|---|
| | 보 험 | 비보험 | 보 험 | 비보험 | |
| 7. 1~ 12. 31 | 33,801,030 | 1,411,320 | 109,779,520 | 10,730,080 | 155,721,950 |

② 신용카드매출

| 구 분 | 신용 · 직불 · 기명식 선불카드 | 현금영수증 |
|---|---|---|
| 과세매출분 | 24,250,400 | 4,584,200 |
| 면세매출분 | 12,917,100 | 2,257,900 |

③ 기타현금매출액 : 30,846,470(공급가액)

(2) 매입현황

| 구 분 | 공급가액 | 세 액 | 비 고 |
|---|---|---|---|
| 일반의약품 | 35,635,374 | 3,563,549 | 공 제 |
| 전문의약품 | 105,256,375 | 10,525,581 | 불공제 |
| 공통매입 | 28,200,000 | 2,820,000 | 안 분 |

## 2. 부가가치세 신고서 작성

| ❶ 신 고 내 용 | | | | | | |
|---|---|---|---|---|---|---|
| 구 분 | | | | 금 액 | 세율 | 세 액 |
| 과세표준및매출세액 | 과세 | 세 금 계 산 서 교 부 분 | ① | | 10/100 | |
| | | 매 입 자 발 행 세 금 계 산 서 | ② | | 10/100 | |
| | | 신용카드 · 현금영수증발행분 | ③ | 26,213,274 | 10/100 | 2,621,327 |
| | | 기타(정규영수증외매출분) | ④ | 30,846,470 | | 3,084,647 |
| | 영세율 | 세 금 계 산 서 교 부 분 | ⑤ | | 0/100 | |
| | | 기 타 | ⑥ | | 0/100 | |
| | 예 정 신 고 누 락 분 | | ⑦ | | | |
| | 대 손 세 액 가 감 | | ⑧ | | | |
| | 합 계 | | ⑨ | 57,059,744 | ㉮ | 5,705,974 |

(1) 과세표준 및 매출세액

- 신용카드 및 현금영수증 매출분과 현금매출을 구분하여 작성한다. 이 금액은 부가가치세가 포함된 공급대가이므로 1.1로 나눠 공급가액을 계산한다. 면세수입금액은 제외한다.

| | | | | | | |
|---|---|---|---|---|---|---|
| 매입세액 | 세금계산서 수취분 | 일 반 매 입 | ⑩ | 169,392,649 | | 16,939,220 |
| | | 고정자산매입 | ⑪ | | | |
| | 예 정 신 고 누 락 분 | | ⑫ | | | |
| | 매 입 자 발 행 세 금 계 산 서 | | ⑬ | | | |
| | 기 타 공 제 매 입 세 액 | | ⑭ | | | |
| | 합계(⑩+⑪+⑫+⑬+⑭) | | ⑮ | 169,392,649 | | 16,939,220 |
| | 공 제 받 지 못 할 매 입 세 액 | | ⑯ | 125,890,760 | | 12,589,076 |
| | 차 감 계 ( ⑮ − ⑯ ) | | ⑰ | 43,501,889 | ㉯ | 4,350,144 |
| 납부(환급)세액 (매출세액㉮−매입세액㉯) | | | | | ㉰ | 1,355,830 |
| 경감·공제세액 | 기 타 경 감 · 공 제 세 액 | | ⑱ | | | |
| | 신용카드매출전표등발행공제등 | | ⑲ | 28,834,600 | | 374,849 |
| | 합 계 | | ⑳ | | ㉱ | 374,849 |

(2) 매입세액과 경감·공제세액

① 고정자산매입분은 부가율 산정시 매입가액에서 제외하며, 건물 등 감가상각명세서를 작성한다.

② 신용카드매출전표발행공제는 과세매출액을 기재하며 공급대가의 1.3%를 연간 1,000만원 한도에서 납부세액을 한도로 공제하며 환급은 받을 수 없다.

③ 공제받지 못할 매입세액은 공통매입세액 중에서 면세수입금액에 해당되는 금액을 기재한다.

공통매입세액 중 면세사업관련 분 = (2,820,000×155,721,950/212,811,694)

따라서 공제받지 못할 매입세액은 전문의약품 불공제분 10,525,581원과 공통매입세액 불공제분 2,063,495원으로 합계 12,589,076원이다.

(3) 과세표준명세

| ❹ 과 세 표 준 명 세 | | | | | | | | |
|---|---|---|---|---|---|---|---|---|
| 업 태 | 종 목 | 업종코드 | | | | | | 금 액 |
| ㉖ 소 매 | 의약품 | 5 | 2 | 3 | 1 | 1 | 1 | 57,059,744 |
| | | | | | | | | |
| ㉘ | | | | | | | | |
| ㉙수입금액 제외 | | | | | | | | |
| ㉚합 계 | | | | | | | | 57,059,744 |

• 일반매출액과 담배매출액을 구분 기재한다. 고정자산 매각금액, 간주매출, 영업권양도 금액(기타소득) 등은 수입금액 제외 란에 기재한다.

(4) 면세수입금액

| | | 업 태 | 종 목 | 코 드 번 호 | 금 액 |
|---|---|---|---|---|---|
| 면세사업 수입금액 | ㊲ | 소매 | 의약품 | 5 2 3 1 1 1 | 155,751,950 |
| | ㊳ | | | | |
| | ㊴ | 수입금액제외 | | | |
| | | | | ㊵합 계 | 155,751,950 |
| 계산서 교부 및 수취명세 | | | ㊶계산서 교부금액 | | |
| | | | ㊷계산서 수취금액 | | |

(5) 신용카드매출전표 등 발행금액집계표

| 2. 신용카드매출전표 등 발행금액 현황 | | | |
|---|---|---|---|
| 구 분 | ⑤ 합 계 | ⑥ 신용·직불·기명식 선불카드 | ⑦ 현금영수증 |
| 합 계 | 44,009,600 | 37,167,500 | 6,842,100 |
| 과세 매출분 | 28,834,600 | 24,250,400 | 4,584,200 |
| 면세 매출분 | 15,175,000 | 12,917,100 | 2,257,900 |
| 봉 사 료 | | | |

• 과세매출금액과 면세매출금액을 구분하여 기재하며 과세매출분은 공급대가를 기재한다. 과세매출분 합계금액이 신용카드 등 발행공제 대상금액이 된다.

## 3. 소득세 실무

### (1) 기장의무

약사법에 의하여 약국을 개설하여 운영하는 사업자는 전문직사업자로 수입금액 규모에 상관없이 복식부기의무자이다.

### (2) 사업용계좌의 개설 · 신고

사업개시와 동시에 복식부기의무자에 해당되는 약국사업자는 과세기간의 개시일부터 6개월 이내에 사업용계좌를 해당 사업자의 사업장 관할 세무서장에게 신고하여야 한다. 다만, 사업용계좌가 이미 신고되어 있는 경우에는 그러하지 아니하다(소법 160의 5 ③).

### (3) 사업장현황신고

「약사법」에 따라 약국을 개설하여 약사에 관한 업을 행하는 사업자는 과세기간 종료일로부터 다음 연도 2월 10일까지 사업장현황신고를 하여야 한다. 사업장현황신고를 하지 아니하거나 신고하여야 할 수입금액에 미달하게 신고한 경우에는 그 신고하지 아니한 수입금액 또는 미달하게 신고한 수입금액의 1천분의 5에 해당하는 금액을 해당 과세기간의 결정세액에 더한다(소법 81의 3, 소령 147의 2). 다만, 대부분의 약국사업자는 겸영사업자로 부가가치세 신고시 면세수입금액을 신고하는 경우에는 사업장현황신고의무가 없다. 그러나 면세수입(조제수입)을 누락하는 경우 사업장현황신고 불성실가산세 0.5%가 과세된다.

**관련법조문**

**◈ 소득세법 제78조【사업장 현황신고】**

① 사업자(해당 과세기간 중 사업을 폐업 또는 휴업한 사업자를 포함한다)는 대통령령으로 정하는 바에 따라 해당 사업장의 현황을 해당 과세기간의 다음 연도 2월 10일까지 사업장 소재지 관할 세무서장에게 신고(이하 "사업장 현황신고"라 한다)하여야 한다. 다만, 다음 각 호의 어느 하나에 해당하는 경우에는 사업장 현황신고를 한 것으로 본다.

1. 사업자가 사망하거나 출국함에 따라 제74조가 적용되는 경우
2. 「부가가치세법」 제2조 제3호에 따른 사업자가 같은 법 제48조 · 제49조 · 제66조 또는 제67조에 따라 신고한 경우. 다만, 사업자가 「부가가치세법」상 과세사업과 면세사업등을 겸영(兼營)하여 면세사업 수입금액 등을 신고하는 경우에는 그 면세사업등에 대하여 사업장 현황신고를 한 것으로 본다.

**◈ 소득세법 제81조의 3【사업장 현황신고 불성실 가산세】**

① 사업자(주로 사업자가 아닌 소비자에게 재화 또는 용역을 공급하는 사업자로서 대통령령으로 정하는 사업자만 해당한다)가 제78조에 따라 사업장 현황신고를 하지 아니하거나 같은 조 제2항에 따라 신고하여야 할 수입금액(같은 조 제1항 제2호 단서에 따라 사업장 현황신고를 한 것으로 보는 경우 면세사업등 수입금액)에 미달하게 신고한 경우에는 그 신고하지 아니한 수입금액 또는 미달하게 신고한 수입금액의 1천분의 5에 해당하는 금액을 해당 과세기간의 결정세액에 더한다.

### (4) 총수입금액의 확정

총수입금액은 조제매출(면세분), 일반매약매출, 담배매출, 화장품매출 등이며 매출품목에 따른 소득률의 차이, 원가구성비율의 차이가 발생되므로 별도의 계정과목을 설정하여 구분표시 하여야 한다. 총수입금액에는 제약회사로부터 받는 판매장려금과 신용카드발행공제 상당액을 포함하여야 한다.

#### 1) 약국의 총수입금액의 구성

약국의 총수입금액은 다음과 같이 구성된다.

건강보험수입 + 의료급여수입 + 자동차보험, 산재의료수입 + 일반의약품 판매수입 + 판매장려금 등

① 건강보험수입은 보험청구로 인하여 대가를 지급하는 사업자 또는 법인이 사업소득(지급액의 3.3%)으로 원천징수하여 납부하고 그 자료를 과세관청으로 통보하기 때문에 수입금액이 100% 노출된다. 비보험수입은 현금수입과 카드수입으로 구성되며 신용카드사용의 증가 및 의료비영수증, 현금영수증 등의 사용으로 수입금액이 현실화되고 있는 상황이다.

② 약국의 총수입금액은 조제수입(건강보험수입, 의료급여, 산재, 자동차보험 수입), 일반의약품 판매수입, 화장품 등 판매수입 등으로 구성된다. 보험수입은 국민건강보험법에 의한 공단부담금과 본인부담금으로 구분된다.

③ 의료급여는 국민기초생활보장법에 의한 수급자 등에게 지방자치단체가 대신 지급하는 금액을 말한다. 의료급여는 건강보험심사평가원에서 심사한 후 구청 등에서 지급하므로 이를 확인하여 기장하여야 한다.

④ 자동차보험수입은 자동차사고환자에 대하여 자동차보험을 관장하는 손해보험회사들로부터 지급받는 진료수익을 말한다. 이 경우 약국이 손해보험사에 청구하면 보험사에서 결정한 금액을 3% 원천징수한 후 지급받게 된다.

- 자동차보험수입은 원천징수 전의 결정금액이다.
- 소득세 등 원천징수세액은 종합소득세 신고시 기납부세액으로 공제한다.
- 결정금액은 약국에서 청구한 의료비(본인부담금은 없음)를 손해보험사에서 심사결정한 금액이다.
- 자동차보험수입은 청구 또는 입금기준이 아닌 **진료기준**으로 한다.

⑤ 산재의료수입은 산업재해보상보험법에 의해 산재보험을 관장하는 노동부 산하 근로복지공단에서 진료비를 지급하는 산재환자에 대한 의료수입을 말한다.

⑥ 비보험수입은 국민건강보험 미가입자나 보험료를 납부하지 않은 경우 또는 건강보험 비급여항목의 진료 환자 등으로부터 받는 의료수입을 말한다.

⑦ 제약회사 등 거래상대방으로부터 받은 판매장려금도 수익(영업외수익)에 포함시켜야 한다. 판매장려금을 지급하는 회사는 판매장려금 지급내역을 세무서에 제출하게 되므로 누락시에는 추후 과세자료가 발생되어 세금을 추징받게 된다. 또한, 구매카드 결제대금의 마일리지 적립액을 총수입금액에 산입한다. 판매장려금 등은 재화나 용역의 공급대가가 아니므로 부가가치세 과세대상이 아니므로 부가가치세 신고시 면세수입금액에 포함하여 신고하거나 종합소득세 신고시 영업외수익에 포함하여 신고한다.

⑧ 기타수입으로는 화장품판매수입, 복권판매수입, 자판기운영수익 등도 총수입금액에 산입하여야 한다.

### 2) 처방조제수입(면세)금액의 계산

처방조제수입은 의사의 처방전에 의하여 약사가 전문의약품을 조제하여 판매하는 면세수입금액으로 다음과 같이 산정한다.

| 구 분 | 조제료 | 보험약가 | 총약제비 | 청구액 | 본인부담금 | 입금액 |
|---|---|---|---|---|---|---|
| (   )월 | | | | | | |

즉, 면세수입인 조제수입은 조제료와 보험약가를 합친 총약제비이다. 총약제비는 공단부담금과 본인부담금으로 구성되며 공단부담금은 약국에서 공단에 청구한 금액에서 심사평가원에서 심사결정한 금액으로 한다.

### 3) 요양급여비용 지급통보서

| 요양기관 | 11853001 (민지약국) | | | | | | |
|---|---|---|---|---|---|---|---|
| 지급차수 | 20220111 | 심사지원 | 서울 | 묶음번호 | 8856600 | 업무구분 | 1차지급 |
| 진료연월 | 2022-12 | 청구일자 | 2023-1-2 | 접수일자 | 2023-1-2 | 접수번호 | 4009860 |
| 진행상태 | 지급자료결정 | 금융기관 | 우리은행 | 예금주명 | 이민지 | 지급계좌 | 356-×××-×××× |
| 가지급일자 | | 가지급차수 | | 가지급금액 | | 미정산금액 | |

| 진료비 명세서 | | | | | 심사결정 | | | |
|---|---|---|---|---|---|---|---|---|
| 구분 | 건수 | 총진료비 | 본인부담금 | 청구액 | 건수 | 총진료비 | 본인부담금 | 공단부담 |
| 청구 및 심사결정 | 720 | 17,460,710 | 5,135,700 | 12,222,170 | 720 | 17,460,710 | 5,135,700 | 12,222,170 |
| 지급불능 및 보류 | | | | | 0 | 0 | 0 | 0 |
| 지급결정 | 720 | 17,460,710 | 5,135,700 | 12,222,170 | 720 | 17,460,710 | 5,135,700 | 12,222,170 |

| 지급일자 | 지급결정 (공단부담금) | 원천징수세액 | | | 본인부담 환급금 | 가지급 정산금 |
|---|---|---|---|---|---|---|
| | | 소득세 | 지방소득세 | 세액계 | | |
| 2022-1-20 | 12,222,170 | 87,810 | 8,780 | 96,590 | 0 | 0 |

| 환수금정산금 (가) | 환수금정산금 (나) | 환수금정산금 (다) | 검사료지급 | 공제처리 | 절사금액 | 증감액계 | 실지급 |
|---|---|---|---|---|---|---|---|
| 0 | 0 | 0 | 0 | 0 | 0 | 96,590 | 12,125,850 |

※ 요양급여비용 지급 통보서는 원천징수영수증 목적 외에는 사용할 수 없습니다.

※ 본 지급 통보서는 소득세법 제144조에 의한 원천징수영수증에 갈음한 자료입니다.
(원천징수대상 요양기관에 한함)

공단사업자등록번호 : 105-82-11133

2022. 1. 25
국민건강보험공단 이사장(직인생략)

① 총진료비는 본인부담금과 공단부담금의 합계액이나 차이가 발생하는 경우가 종종 있다. 그 이유는 과다청구나 오류청구 등으로 청구액이 삭감되는 경우이다. 따라서 보험수입금액은 총진료비가 아닌 본인부담금과 공단부담금의 합계액으로 계상하여야 한다.

② 본인부담환급금이란 요양기관에서 건강보험가입자 및 피부양자에게 요양급여를 실시하고 청구한 요양급여비를 건강보험심사평가원에서 심사한 결과, 이미 납부한 환자 본인 일부부담금이 과다납부된 것으로 확인된 경우, 요양기관에 지급할 진료비에서 과다하게 납부된 금액을 공제하여 이를 수진자나 가입자에게 반환하는 제도를 말한다. 본인부담환급금은 요양기관에서 청구한 진료비를 심사하는 과정에서 과잉진료 또는 착오청구 등으로 조정삭감된 경우와 요양기관에 대한 현지조사결과 환자에 본인부담금을 과다징수한 경우에 발생한다.

③ 본인부담금환급금 환입(환수)란 본인부담금환급금은 요양기관의 이의신청기간(6개월)이 경과한 후 즉시 지급하기 때문에 이의신청이 6개월 이상 지연처리될 경우 환급금에 대한 환수금이 발생될 수 있다. 즉, 환수금은 진료비에 대한 1차심사에 대한 재심사결과 발생된 것으로 환수금이 발생되면 공단은 부득이 이미 지급된 환급금에서 이를 회수하여 해당 요양기관에 지급해야 한다. 따라서 신청인은 환급금을 지급받는 경우 다시 환수될 수 있음을 알아야 하며, 환급금에 대한 환수고지서를 받게 될 경우 반드시 납부해야 한다.

④ 원천징수 대상인 과세표준은 공단부담금 중에서 약품비를 제외한 조제료에 대하여 3.3%를 원천징수한다.

⑤ 원천징수세액은 종합소득세 확정신고시 기납부세액으로 공제되며 원천징수세액 계상기준은 **당해연도의 과세표준에 산입된 보험수입**에 대응하는 원천징수세액이다.

**실무적용 Tips**

**요양급여 원천징수세액의 공제시기**

사업소득이 있는 거주자는 소득세법 제107조 제3항의 규정에 의하여 당해연도의 과세표준에 대한 총결정세액에서 동항 각호의 금액을 공제하여 과세표준확정신고기한까지 납부하여야 하는 것인 바, 이때 기납부세액으로 공제하는 원천징수세액은 당해연도의 과세표준에 산입된 사업소득에 대한 소득세원천징수세액을 말하며, 소득세 확정신고납부시 산출세액에서 기납부세액으로 공제하는 원천징수세액은 당해 원천징수의무자가 소득세를 원천징수하고 교부한 원천징수영수증에 의하는 것이다(서일 46011-10831, 2002. 6. 21). 따라서 공단부담금에 대응하는 원천징수세액을 종합소득세 신고시에 확인하여 공제받아야 한다.

⑥ 당해 과세기간 보험수입금액은 당해 과세기간 수령금액(현금주의)에서 직전과세기간 조제분 중 수령액(전년도 귀속분)을 차감하고 당해 과세기간 조제분 청구액 중 미수령액(직접 확인)을 가산하여 계상하여야 한다. 즉, 현금주의에서 발생주의(진료연월)로 전환하는 과정이다.

⑦ 회계처리는 다음과 같다.

| | | | | | | |
|---|---|---|---|---|---|---|
| - 조제완료시 | (차) | 미수금(공단부담금) | ××× | (대) | 보험수입 | ××× |
| | | 현　금(본인부담금) | ××× | | | |
| - 급여수령시 | (차) | 현　　금 | ××× | (대) | 미 수 금 | ××× |
| | | 선납세금 | ××× | | | |

**핵심체크**

[조제수입의 구성]

조제수입은 의료보건용역으로 부가가치세가 면세되며 그 구성은 건강보험수입, 의료급여수입, 산재보험 수입, 비보험 조제수입 등으로 구성된다. 특히 조제수입 신고시 주의할 점은 건강보험 등은 공단 등 제3자 기관에서 확인이 가능하나 비보험 조제수입은 공단에 청구하지 않고 처방전환자에게 조제료와 약가를 합하여 청구하게 되므로 이를 약사에게 확인하여 누락되지 않도록 하여야 한다. 이러한 비보험매출은 성형외과, 안과, 피부과, 비뇨기과 등의 처방전을 취급하는 약국의 경우 발생이 많이 된다.

※ 조제수입의 구성 = 본인부담금 + 공단청구액 = 조제수가 + 약가청구액

### 4) 구매카드 결제대금의 마일리지 적립액 총수입금액 산입

신용카드회사에서 청구인에게 지급한 마일리지 등은 사실상 청구인의 거래처가 부담한 것으로 거래처가 지급하는 장려금의 성격으로 보이므로 신용카드회사로부터 받은 현금수령액(캐쉬백)은 과세대상 소득으로 판단되며 사업자에 대하여 마일리지 등에 대해 과세하는 것은 소득세법상 과세소득에 포함되기 때문이고, 매입할인 또는 에누리도 매입가액을 줄여 과세소득을 증가시키므로 총수입금액에 포함된다(조심 2011서2381, 2011. 9. 22). 즉, 제약회사로부터 받는 리베이트 1.8%와 카드사로부터 받는 마일리지 1%는 총수입금액에 산입하여야 한다.

관련법조문

◈ 약사법 제47조【의약품 등의 판매 질서】

③ 약사 및 한약사는 의약품의 품목허가를 받은 자, 수입자 또는 의약품 도매상으로부터 의약품 채택 등 판매촉진을 목적으로 제공되는 경제적 이익 등을 받아서는 아니 된다. 다만, 견본품 제공 등의 행위로서 보건복지부령으로 정하는 범위 안의 경제적 이익등인 경우에는 그러하지 아니하다.

[법률에서 위임된 허용 가능한 경제적 이익 등의 범위]

| 허용 행위 | 허용 범위 |
|---|---|
| 1. 견본품 제공 | ○ 의약품 품목허가를 받은 자 · 수입자(이하 이 표에서 "사업자"라 한다)가 최소 포장단위로 "견본품" 또는 "sample"이라는 문자를 표기하여 「국민건강보험법」 제40조 제1항에 따른 요양기관(이하 이 표에서 "요양기관"이라 한다)에 해당 의약품의 제형 등을 확인하는데 필요한 최소 수량의 견본품을 제공하는 경우. 이 경우 제공받은 견본품은 환자에게 판매할 수 없다. |
| 2. 학술대회 지원 | ○ 다음 각 호의 어느 하나에 해당하는 자가 주최하는 의학 · 약학 관련 학술연구 목적의 학술대회(학술대회 중에 개최되는 제품설명회를 포함한다)에 참가하는 발표자 · 좌장 · 토론자가 학술대회 주최자로부터 교통비 · 식비 · 숙박비 · 등록비 용도의 실비로 지원받는 비용.<br>1. 의학 · 약학 관련 학술연구를 목적으로 설립된 비영리법인<br>2. 「의료법」 제28조 제1항에 따른 의사회 · 치과의사회 · 한의사회, 같은 법 제52조 제1항에 따른 의료기관단체 또는 「약사법」 제11조 및 제12조에 따른 대한약사회 · 대한한약사회(이하 "보건의료단체"라 한다)<br>3. 「고등교육법」 제2조 제1호에 따른 대학 또는 「산업교육진흥 및 산학협력촉진에 관한 법률」 제25조 제1항에 따른 산학협력단<br>4. 보건의료단체 또는 사업자들로 구성된 단체가 승인 또는 인정한 학회(해외학회를 포함한다), 학술기관 · 학술단체 또는 연구기관 · 연구단체 |
| 3. 임상시험 지원 | ○ 법 제34조 제1항 및 제7항에 따라 식품의약품안전청장의 임상시험계획 승인을 받은 임상시험(이 규칙 제31조 제3항에 해당하는 경우에는 임상시험심사위원회의 임상시험계획 승인을 받은 임상시험을 말한다)을 실시하는데 필요한 수량의 임상시험용 의약품과 적절한 연구비. 이 경우 해당 요양기관에 설치된 관련 위원회의 사전 승인을 받은 비임상시험(非臨床試驗: 동물실험 또는 실험실실험 등을 말한다)을 포함한다. |
| 4. 제품 설명회 | 1. 사업자가 국내에서 복수의 요양기관을 대상으로 그 사업자의 의약품에 대한 정보제공을 목적으로 주최하는 제품설명회에 참석한 의사 · 치과의사 · 한의사 · 약사 및 한약사(이하 이 표에서 "의사등" 이라 한다)에게 제공하는 실제 비용의 교통비, 5만원 이하의 기념품, 숙박, 식음료(세금 및 봉사료를 제외한 금액이 1회당 10만원 이하인 경우로 한정한다)<br>2. 사업자가 개별 요양기관을 방문하여 의사등에게 그 사업자의 의약품에 대한 정 |

| 허용 행위 | 허용 범위 |
|---|---|
| 4. 제품 설명회 | 보를 제공하는 방식으로 주최하는 제품설명회에 참석한 의사등에게 제공하는 1일 10만원 이하(월 4회 이내로 한정한다)의 식음료 및 자사의 회사명 또는 제품명이 기입된 1만원 이하의 판촉물<br>※ 제품설명회는 의약품에 대한 정보제공을 목적으로 개최하는 것만을 말하며, 「보건의료기본법」 제3조 제3호에 따른 보건의료인의 모임 등에 필요한 식음료를 지원하기 위하여 개최하는 것은 포함하지 않는다. |
| 5. 대금결제 조건에 따른 비용할인 | ○ 의약품 거래금액을 결제하는 경우로서 다음 각 호의 어느 하나에 해당하는 경우<br>1. 거래가 있은 날로부터 3개월 이내에 결제하는 경우 : 거래금액의 0.6퍼센트 이하의 비용할인<br>2. 거래가 있은 날로부터 2개월 이내에 결제하는 경우 : 거래금액의 1.2퍼센트 이하의 비용할인<br>3. 거래가 있은 날로부터 1개월 이내에 결제하는 경우(계속적 거래에서 1개월을 단위로 의약품 거래금액을 결제하는 경우에는 그 기간의 중간인 날로부터 1개월 이내에 결제하는 것을 포함한다): 거래금액의 1.8퍼센트 이하의 비용할인<br>※ "거래가 있은 날"이란 의약품이 요양기관에 도착한 날을 말한다.<br>※ 거래금액의 일부를 결제하는 경우에는 전체 거래금액에 대한 그 일부의 비율에 따라 비용할인을 한다. |
| 6. 시판 후 조사 | ○ 법 제32조 및 제42조 제4항에 따른 재심사 대상 의약품의 시판 후 조사에 참여하는 의사, 치과의사, 한의사에게 제공하는 증례보고서에 대한 건당 5만원(다만, 희귀질환, 장기적인 추적조사 등 추가 작업량이 필요한 경우는 30만원 이하로 한다) 이하의 사례비. 이 경우 사례비를 줄 수 있는 증례보고서의 개수는 이 규칙 제35조 및 제36조에 따라 제출하여야 하는 증례보고서의 최소 개수로 한다. |
| 7. 기타 | ○ 금융회사가 신용카드 또는 직불카드(이하 "신용카드"라 한다) 사용을 유도하기 위해 지급하는 의약품 결제금액의 1퍼센트 이하의 적립점수(항공마일리지 및 이용적립금을 포함하되, 의약품 대금결제 전용 신용카드 또는 의약품 대금결제를 주목적으로 하지 않는 신용카드를 사용하여 그 신용카드의 기본 적립률에 따라 적립한 적립점수는 제외한다). 이 경우 사업자 및 의약품 도매상은 1퍼센트를 초과하는 적립점수 또는 무이자 할부혜택 등을 주기 위하여 금융회사에 신용카드 가맹점 수수료를 추가로 지급하여서는 아니 된다. |

## 구매카드 결제대금의 마일리지 적립액 총수입금액 산입

(1) 약품 판매업자(제약회사 또는 약품도매상)는 카드회사와 사전약정에 의하여 카드수수료를 통상 3.5%로 계약하고 의약품을 구매하여 그 대금을 구매카드로 정산하는 약국에 캐쉬백이란 명목으로 결재대금의 3% 상당액을 약국의 통장으로 입금함.

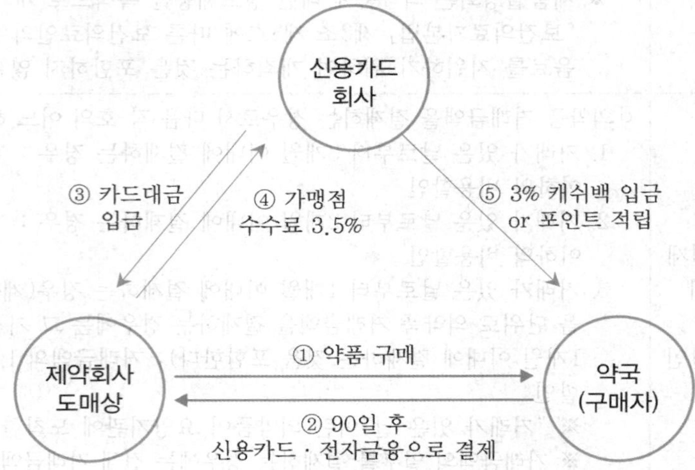


* 결제대금의 3%가 포인트로 적립된 후 1포인트 대 1원 비율로 현금화 또는 물건 구매 등으로의 사용이 가능하나, 대부분이 현금으로 약국(구매자) 계좌입금

- 약국의 포인트 부여 카드는 2008년 하반기부터 리베이트 양성화 방안이 논의되면서 2009년 하반기부터 사용규모가 급증하였음(당시에는 1~4% 수준으로 포인트 등을 부여하였으나, 2010. 12월 시행된 리베이트 쌍벌제 규정에서 1% 이상을 불법 리베이트로 정하면서 1% 수준으로 하향 조정됨)
- 한편, 2010. 12월 보건복지부의 의약품업계에 대한 '리베이트 쌍벌제'에 따르면 의약품 거래시 허용되는 신용카드 포인트는 결제금액의 1% 이하로 허용하고 있음

  * 리베이트 쌍벌제 관련 경제적 이익의 인정범위 : 견본품 제공, 대금 조기결제에 따른 금융비용 할인, 각종 사례비 지급, 임상시험 지원, 결제금액의 1% 이하의 카드포인트 등

(2) 질의내용

- 약국을 경영하는 사업자가 약품 도매업자로부터 의약품 구입 시 그 구매대금을 구매카드로 결제하고 카드회사로부터 결제금액의 일정비율 상당액을 포인트로 부여받아 이를 캐쉬백 또는 포인트 적립금으로 사용하는 경우, 해당 캐쉬백 상당액 등이 해당 사업소득의 총수입금액 산입대상에 해당하는지?

**A** 약국을 경영하는 사업자가 자기 사업과 관련하여 구입한 의약품 구매대금을 구매카드로 결제하고 카드회사로부터 그 결제금액의 일정비율을 포인트로 부여받아 이를 캐쉬백·마일리지 적립금 등으로 사용하는 경우, 해당 캐쉬백 상당액 등은「소득세법 시행령」제51조 제3항 제5호에 따라 해당 사업소득의 총수입금액 산입대상에 해당합니다. (근거 : 소득세과-0338, 2011. 4. 12)

### (5) 필요경비의 계산

약국사업자의 총수입금액에 대응하는 필요경비는 의약품 매입액, 임대료, 인건비, 이자비용, 전기료, 세금과공과 등이다. 총약제비는 처방전에 따른 약사의 조제행위에 대한 소득(조제수가)과 약값으로 구성되며 건강보험공단에서 청구분에 대한 지급시 지급액의 3.3%(지방소득세 포함)를 원천징수한다. 이는 원천징수세액으로 소득세 신고시 기납부세액으로 공제받은 후 소득세를 납부하게 된다.

**참고** **약제비에 대한 원천징수 대상 수입금액 범위조정**

**(1) 조제료의 원천징수**

건강보험공단에서 약국에 요양급여 지급시 인적용역에 대한 사업소득으로 원천징수대상 수입금액(약제비 : 약품비 + 조제료)의 3%를 원천징수하였다. 그러나 '의약품 실거래가 상한제'로 약국의 수입여건이 바뀐 점 등을 감안하여 원천징수 대상 수입금액을 실제이익이 발생하는 부분으로 한정하여 조제료만 원천징수하도록 소득세법(소득세법 시행령 제184조)을 개정하여 2007. 7. 1. 이후 원천징수하는 분부터 적용하도록 하였다. 따라서 종전에는 대부분 약국이 원천징수당한 기납부세액이 과다하여 종합소득세 확정신고시 환급세액이 발생하거나 납부세액이 적었으나 이 제도의 시행으로 총부담세액의 증가는 없으나 원천징수세액이 감소하여 종합소득세 신고시 납부할 세액이 많아질 것으로 예상된다. 2009. 4. 1 이전까지는 전년도 소득공제서류를 제출한 약국사업자에 대해서 조제료부분만 원천징수하였으나 2009. 4. 1 이후 최초로 원천징수하는 분부터 모든 **약국사업자에 대하여 조제료만 원천징수**하도록 개정하였다.

**(2) 원천징수의무**(소령 213 ③).

③ 다음 각 호의 어느 하나에 해당하는 경우에는 각 소득자에게 연간 지급된 금액의 합계액에 대한 지급명세서를 원천징수 관할 세무서장·지방국세청장 또는 국세청장에게 제출하여야 한다.

1.「국민건강보험법」에 의한 국민건강보험공단 또는「산업재해보상보험법」에 의한 근로복지공단이「의료법」에 의한 의료기관 또는「약사법」에 의한 약국에게 요양급여비용 등을 지급하는 경우

(3) 금연치료

국민건강보험공단이 「부가가치세법 시행령」 제35조 제4호의 '약사법에 따른 약사가 제공하는 의약품의 조제용역'의 공급에서 발생하는 소득을 지급하는 경우 「소득세법」 제127조 제1항 제3호에 따라 소득세를 원천징수하여야 하는 것이며, 당해 소득이 「국민건강보험법」 제43조에 따라 지급받는 요양급여비용 등에 해당하지 아니하는 경우에는 의약품 가격이 차지하는 비율에 상당하는 금액을 원천징수대상 소득에서 제외하지 아니한다(법령해석과-427, 2016. 2. 12).

① 일반의약품과 전문의약품 매출원가 구분

전문의약품의 매출원가는 국민건강보험공단에 청구하는 약가청구액과 처방전 수입금액이 대응되어야 한다. 즉, 전문의약품의 매출원가는 공단에 청구하는 약가와 일치시켜야 한다. 이 경우 건강보험공단에서 지급하는 약가는 전문의약품에 대한 매입세액불공제 부분까지 고려하여 지급되어 공단홈페이지에서 조회되는 약가에는 부가가치세가 포함된 금액이므로 매출원가 계상시 약가에서 다시 매입세액불공제분 부가가치세를 매출원가로 산정하지 않도록 주의하여야 한다. 만일 약가청구액보다 전문의약품 매출원가가 과다계상 되는 경우 가공원가 계상 등으로 수정신고를 하거나 경정을 받게 된다. 조제수가는 약국 관리료, 기본조제 기술료, 복약 지도료, 조제료, 의약품 관리료로 구성된다.

② 의약품의 폐기나 감모손실

사용하고 남은 의약품은 제약회사에 반품이 되지 않아 유효기간 등이 지나는 경우 폐기하는 경우가 있다. 이 경우 재고자산 폐기손실을 필요경비로 인정받기 위해서는 객관적인 입증서류(사진촬영, 폐기목록 비치 등)를 갖추어 놓아야 한다.

③ 고객에게 무상 제공하는 드링크제 등의 처리

약국을 찾은 환자 등에게 무상으로 제공하는 드링크제 등은 특정고객에게 제공하는 것으로 접대비로 처리하여야 한다. 또한 관련매입세액은 불공제하고 접대비로 포함하여야 한다.

## (6) 현금영수증 의무발행

약국을 영위하는 사업자로서 현금영수증가맹점으로 가입한 사업자는 **건당 거래금액(부가가치세액을 포함한다)이 10만원 이상**인 재화 또는 용역을 공급하고 그 대금을 현금으로 받은 경우에는 상대방이 현금영수증 발급을 요청하지 아니하더라도 현금영수증을 발급하여야 한다. 다만, 사업자등록을 한 자에게 재화 또는 용역을 공급하고 계산서 또는 세금계산서를 발급한 경우에는 현금영수증을 발급하지 아니할 수 있다(소법 162의 3 ④ 및 법법 117의 2 ④). 현금영수증을 발급하지 아니한 경우(「국민건강보험법」에 따른 보험급여의 대상인 경우 등 대통령령으로 정하는 경우는 제외한다)에는 미발급금액의 100분의 20(착오나 누락으로 인하여 거래대금을 받은 날부터 10일 이내에 관할 세무서에 자진 신고하거나 현금영수증을 자진 발급한 경우에는 100분의 10으로 한다)을 가산세로 부과한다(소법 81의 9 ② 3호).

**참 고** **약국사업자의 손익계산서 작성사례**

회사명 : 민지약국 20×1. 1. 1 ~ 20×1. 12. 31

| 항목 | | | |
|---|---|---|---|
| I. 매출액 | | | ××× |
| 1. 일반의약품수입 | | ××× | |
| 2. 조제수입 | | ××× | |
| 3. 화장품판매수입 | | ××× | |
| 4. 담배판매수입 | | ××× | |
| 5. … | | | |
| II. 매출원가 | | | ××× |
| 1. 일반의약품 매출원가 | | ××× | |
| ① 기초일반의약품 재고액 | ××× | | |
| ② 당기일반의약품매입액 | ××× | | |
| ③ 기말일반의약품재고액 | ××× | | |
| 2. 조제의약품 매출원가 | | ××× | |
| ① 기초조제의약품 재고액 | ××× | | |
| ② 당기조제의약품매입액 | ××× | | |
| ③ 기말조제의약품재고액 | ××× | | |
| VI. 영업외수익 | | | ××× |
| ① 판매장려금 | ××× | | |
| ② 신용카드발행공제 | ××× | | |

## 4. 관련사례

### (1) 조제수입의 귀속시기

약사법에 규정하는 약사가 의약품 조제용역을 제공한 경우, 당해 조제용역에 대한 총수입금액의 수입시기는 건강보험공단에 조제용역에 대한 비용을 청구하는 시기와는 관계없이 조제용역의 제공을 완료한 날이다(소득 46011-1849, 1999. 5. 15). 따라서 조제수입에는 청구분과 미청구분 모두 확인하여야 한다.

### (2) 재고납부세액의 계산

부가가치세가 과세되는 사업과 면제되는 사업을 겸영하는 일반과세자가 부가가치세법 제25조의 규정에 의한 간이과세자로 과세유형이 전환되는 경우에 있어 당해 사업자가 재고재화에 대한 매입세액을 동법 시행령 제61조 제1항의 규정에 의하여 안분계산한 경우 동법 제26조의 2의 규정에 의한 납부세액에 가산하여야 하는 재고납부세액 계산의 대상이 되는 동법 시행령 제74조의 4 제3항 제1호 규정상의 재고금액은 과세유형 변경당시의 전체 재고품(동법 제17조의 규정에 의하여 매입세액을 공제받은 것에 한함)의 재고금액 중 과세유형 전환일 직전 과세기간의 과세사업과 면세사업의 총공급가액에서 과세사업의 공급가액의 비율에 의하여 계산하는 것이다(서삼 46015-11972, 2002. 11. 18).

### (3) 가입비의 과세대상 여부

약국유통체인망을 구축한 사업자가 계약을 체결하여 약국에서 필요한 의약품 외의 물품과 용역을 제공함에 있어서 약국사업자에게 당해 사업자의 상표, 디자인, 매뉴얼 사용 및 영업지도, 교육 등의 용역을 제공하고 받는 경우 당해 가입비에 대하여는 부가가치세가 과세되는 것이며, 이 경우 동 계약에 따라 당해 용역공급과는 별도로 약국에서 필요한 일부재화를 무상지원하기로 한 경우 당해 재화의 공급에 대하여는 사업상증여로 보아 부가가치세를 과세하는 것이다(부가 46015-530, 1998. 3. 20).

### (4) 폐업 전 전문의약품 매각과 부가가치세 면제

겸영사업자인 약국을 영위하던 사업자가 폐업 전에 의약품 재고재화를 타사업자에게 매각함에 있어서 매입시 면세사업(의약품의 조제용역)에 관련된 매입세액으로 매출세액에서 공제하지 아니한 의약품의 공급은 주된 사업인 의약품의 조제용역과 관련하여 우발적 또는 일시적으로 공급되는 재화로서 부가가치세가 과세되지 아니하는 것이며, 직접 판매와 의약품 조제용역에 공통으로 사용하던 재화를 공급하는 경우의 과세표준은 부가가치세법 시행령 제48조의 2 제1항의 규정에 의하여 안분계산하는 것이다(서삼 46015-11701, 2003. 10. 31).

| 전문의약품 | 매입세액불공제 | 매각시 면세 |
|---|---|---|
| 일반의약품 | 매입세액공제 | 매각시 과세 |

### (5) 신설사업장 관련 매입세액의 공제 여부

양약소매업자가 기존 사업장 외의 부동산임대용 점포를 취득하는 경우로서 사업자등록 정정신고를 하지 아니한 경우 사업과 직접 관련 없는 지출로 보아 기존 사업장의 매입세액으로 공제받을 수 없다(부가 22601-1459, 1998. 8. 22).

[사업장의 신설 · 이전관련 매입세액공제]

| 법 인 | 신설, 기존사업장 모두 공제가능 | 정관상의 목적사업으로 유기체적 상호관련성 있음 |
|---|---|---|
| 개 인 | 업종이 동일한 경우만 기존사업장에서 공제 가능 | 사업관련성이 있는 경우 |

### (6) 과잉처방 원인제공자로부터 약제비 환수시 원천징수세액 환급 여부

국민건강보험법에 의하여 국민건강보험공단이 위법한 처방전 발행으로 인한 보험재정 손실액을 약제비 청구자(약국)가 아닌 처방전 발행 의료기관에게 징수하는 경우, 당해 징수액은 처방전 발행 의료기관의 의료비 지급액의 환수에 해당하지 아니하므로 원천징수세액을 환급하지 아니하는 것이다(서이 46013-10062, 2004. 1. 9).

### (7) 부부 공동명의로 구입한 부동산관련 매입세액의 공제가능 여부

질의 서울에서 본인 명의로 약국을 운영하고 있는 사업자로서 약국을 이전할 목적으로 성남에 건물을 본인과 아내의 공동명의로 구입하여 건물가액 전부에 대하여 약국 사업자 등록번호를 기재한 매입세금계산서를 교부받았음. 한달 후 자금사정으로 상기 건물의 1/2을 매각한 경우 부부명의로 공동등기한 건물전체에 대하여 매입세액을 공제받을 수 있는지와 매각한 건물에 대하여 매각분 전체에 대하여 약국명의로 세금계산서를 발행하고 납부하는 것인지 여부, 아니면 본인지분에 대하여만 공제받고 세금계산서 교부하여 납부하는 것인지의 여부

**회신** 약국을 운영하는 사업자가 다른 장소에 당해 사업자의 부인과 공동으로 사업용 건물을 취득하면서 약국사업자 명의로 세금계산서를 교부받은 경우 당해 세금계산서의 매입세액은 약국사업자의 매출세액에서 공제되지 아니하는 것이며, 공동명의로 취득한 사업용 건물의 소유지분 일부를 양도하고 새로 지분을 취득한 자와 공동으로 사업을 영위하는 경우에는 출자지분의 양도로서 재화의 공급에 해당하지 아니하는 것이나, 새로 지분을 취득한 자가 소유지분의 부동산을 공동사업에 공하지 아니하고 독립하여 별도의 사업을 영위하는 경우에는 재화의 공급에 해당되어 지분양도에 대하여는 당해 공동사업자의 명의로 세금계산서를 교부하여야 하는 것이며, 귀 질의가 공동사업에 대한 지분참여인지 또는 재화의 공급인지 여부는 구체적인 사실관계에 의하여 판단할 사항이다(서일 46015-10984, 2003. 6. 20).

### (8) 의약품 조제용역의 범위

주된 거래인 용역의 공급에 필수적으로 부수되는 재화의 공급은 부가가치세법 제1조의 규정에 의하여 주된 거래인 용역의 공급에 포함되는 것이므로 부가가치세가 면세되는 의약품조제용역에는 조제에 필수적으로 부수되는 의약품의 가격이 포함되는 것이다(재소비 46015-52, 2001. 2. 24).

### (9) 한의사의 처방전에 따라 조제하는 한약사의 조제용역의 면세 여부

**질의** 본인은 한약사 면허를 취득하여 개인사업자로 한약국을 개업하려고 하며, 주로 한의사의 처방전을 받아 한약을 조제하거나, 한약재를 일반인에게 판매하려고 합니다. 이 경우 부가가치세법에서는 "약사법에 규정하는 약사가 제공하는 의약품이 조제용역"을 부가가치세 면세 대상으로 규정하고 있는 반면 한약사의 조제용역에 대하여는 별다른 언급이 없는 것 같습니다. 그런데 약사법 제2조 제2항에 보면 약사와 한약사를 별개로 구분하고 있습니다.

그럼 과연 한약사의 조제용역도 약사의 조제용역에 준하여 부가가치세가 면세되는 용역으로 봐야 하는지

**회신** 약사법에 규정하는 약사가 의사 · 치과의사 · 한의사의 처방전등 일정한 처방에 따라서 두 가지 이상의 의약품을 배합하거나 한가지의 의약품을 그대로 일정한 분량으로 나눔으로써 특정한 용법에 따라 특정인의 특정된 질병을 치료하거나 예방하는 등의 목적으로 사용되도록 약제를 만드는 것과 **한약사가 한의사의 처방전에 의하여**

**한약을 조제하는 것**(보건복지부장관이 정하는 한약처방의 종류 및 조제방법에 따라 조제하는 경우를 포함)은 부가가치세법 제12조 제1항 제4호 및 같은법 시행령 제29조 제4호의 규정에 의하여 부가가치세가 면제되는 것이다(제도 46015-12267, 2001. 7. 20).

### (10) 제약회사가 약국에 비치하는 자산의 처리

**질의** 한약재를 주원료로 하는 의약품을 생산하는 업체가 주 생산품인 드링크류를 시판함에 있어 시음상 편의를 제공하고 또한 동 제품의 판매를 촉진시킬 목적으로 동절기에 본 제품의 보온 효과를 얻기 위하여 온장고 등을 일괄 구입하여 회사자산에 비품계정으로 처리 후 시중거래 약국에 사전 약정에 의한 인수보관증을 받고 무상 배포하였을 경우 과세관청에서 거래처 접대비 처리 및 자산 계정으로 처리하여도 된다는 양설이 있으며 계약내용은 다음과 같다.

① 편의상 제약 업체를 “갑”이라 하고 약국 등을 “을”이라 칭한다.
② 본 온장고에 대한 소유권은 제약 업체에 있다.
③ “을”이 사용 중 정상적인 고장은 “갑”이 책임 수리한다.
④ “을”이 사용 중 부주의로 인한 파손 또는 도난 등으로 “갑”에게 손해를 끼쳤을 때는 “을”은 지체 없이 “갑”에게 대가를 변상한다.
⑤ “을”은 사용기간 중 폐업 또는 휴업을 하였을 시에는 지체 없이 “갑”에게 반환하여야 한다.
⑥ “을”은 온장고를 인수한 본 제약업체 제품 이외에는 사용하지 못한다.

**회신** 법인의 제품을 판매하기 위하여 거래처에 당해 법인의 고정자산인 제품보관용기를 대여하는 경우에는 법인세법 제18조의 2 제2항 규정의 접대비에 해당하지 아니하는 것이다(법인 22601-34, 1990. 2. 1). 따라서 제약회사의 자산(비품)으로 계상하고 감가상각을 하여야 한다.

### (11) 계좌입금액의 약국수입 해당 여부

약국 특성에 비추어 금융기관에 예치금액은 특별한 경우를 제외하고는 판매수입금액이 입금되었다고 볼 수 있으며, 실제의 수입금액을 포착하는 방법으로서 예금계좌에 입금된 금액을 조사하는 방법으로 총수입금액을 결정하는 것은 객관성이 있는 방법으로서 적법한 실지조사방법에 속한다(국심 1999서2729, 2000. 9. 28).

**[약국 관련 주요 해석사례 및 심판례]**

| | | |
|---|---|---|
| ① 매입세액의 공제사업장 | 과세·면세 사업을 함께 영위하는 약국사업자가 사업장 이전·확장을 위해 취득하기로 한 상가와 관련하여 계약금과 중도금에 대한 세금계산서를 발급받아 「부가가치세법 시행령」 제61조에 따라 매입세액을 안분계산한 후, 해당 상가에 대하여 부동산임대업을 영위하기로 하고 사업자등록을 한 경우 공제되지 않은 매입세액은 기존 겸영사업장에서 「부가가치세법 시행령」 제61조의 2에 따라 매출세액에서 공제할 수 있는 것임. | 부가－597 (2010. 5. 11) |
| ② 사업양도 | 약국을 경영하는 사업자가 「부가가치세법」 제6조 제6항 제2호에 따라 약국을 양도한 후 다른 사업장에서 신규로 사업을 개시하면서 양도한 사업장의 사업자등록번호를 계속 이용하기 위하여 사업자등록정정신고를 하는 경우 동 사업자가 약국을 양도한 것은 재화의 공급으로 보지 아니하는 사업양도에 해당하는 것임. | 부가－1883 (2009. 12. 24) |
| ③ 한약사의 기장의무 | 한약사가 「약사법」에 따라 약국을 개설하여 약사(藥事)에 관한 업(業)을 행하는 경우에는 「소득세법 시행령」 제147조의 3에 따른 사업자로서 복식부기의무자에 해당하는 것임. | 소득－1114 (2009. 7. 17) |
| ④ 약국의 수입금액 | 약국보험청구 프로그램 및 요양급여비 지급내역통보서 등에 의해 과·면세매출 중복신고 사실이 확인되는 바 경정청구를 거부한 처분은 부당하므로 수입금액에서 차감하여 경정하여야 함. | 심사소득 2004－0004 (2004. 10. 11) |
| ⑤ 예금계좌 입금액의 수입금액 여부 | 예금계좌의 입금액 중 약국수입금액과 관련없는 금액이 포함되어 있다는 주장에 대한 객관적인 증빙을 제시하지 못하여 계좌입금액을 기준으로 수입금액을 결정하여 과세한 처분은 정당함. | 심사부가 99－0429 (1999. 9. 17) |
| ⑥ 한약업사의 사업용계좌 개설의무 | 「약사법」에 따른 한약업사가 직전연도 수입금액의 합계액이 「소득세법 시행령」 제208조 제5항 제2호 가목의 규정에 따른 금액에 미달하는 경우에는 사업용계좌의 개설·사용의무 대상자에 해당하지 아니하는 것임. | 서면1팀－1582 (2007. 11. 19) |
| ⑦ 조제수입의 면세 | 약사법에 규정하는 약사가 의사·치과의사·한의사의 처방전등 일정한 처방에 따라서 두 가지 이상의 의약품을 배합하거나 한가지의 의약품을 그대로 일정한 분량으로 나눔으로써 특정한 용법에 따라 특정인의 특정된 질병을 치료하거나 예장하는 등의 목적으로 사용되도록 약제를 만드는 것과 한약사가 한의사의 처방전에 의하여 한약을 조제하는 것(보건복지부장관이 정하는 한약처방의 종류 및 조제방법에 따라 조제하는 경우를 포함)은 부가가치세법 제12조 제1항 제4호 및 같은법 시행령 제29조 제4호의 규정에 의하여 부가가치세가 면제되는 것임. | 제도 46015－12267 (2001. 7. 20) |

| | | |
|---|---|---|
| ⑧ 약국폐업시 과세표준의 계산 | 과 · 면세겸영사업자인 약국을 영위하던 사업자가 폐업 전에 의약품 재고재화를 타 사업자에게 매각함에 있어서 매입시 면세사업(의약품의 조제용역)에 관련된 매입세액으로 매출세액에서 공제하지 아니한 의약품의 공급은 주된 사업인 의약품의 조제용역과 관련하여 우발적 또는 일시적으로 공급되는 재화로서 부가가치세가 과세되지 아니하는 것이며, 직접 판매(과세사업)와 의약품의 조제용역(면세사업)에 공통으로 사용하던 재화를 공급하는 경우의 부가가치세 과세표준은 부가가치세법 시행령 제48조의 2 제1항의 규정에 의하여 안분계산한 금액으로 하는 것임. | 서삼 46015-10877 (2002. 5. 27) |
| ⑨ 일반의약품, 전문의약품 관련 매입세액의 공제방법 | 사업자가 과세사업과 면세사업을 겸영하는 경우에, 면세사업에 관련된 매입세액의 계산은 실지귀속에 따라 하되, 공통매입세액은 부가가치세법 시행령에 규정하는 산식에 의하여 안분계산하는 것임. | 서삼 46015-11206 (2002. 7. 23) |
| ⑩ 전문의약품의 매각 | 과 · 면세 겸영사업자인 약국을 영위하던 사업자가 폐업 전에 의약품 재고를 매각함에 있어서 매입시 면세사업(의약품의 조제용역)에 관련된 매입세액으로 매출세액에서 공제하지 아니한 의약품의 공급은 부가가치세가 과세되지 아니하는 것임. | 서삼 46015-10878 (2002. 5. 27) |
| ⑪ 약국유통체인망 사업자가 가입비를 받고 제공하는 용역과는 별도로 지원하는 물품의 과세 여부 | 약국 유통체인망을 구축한 사업자가 회원제 계약을 체결하여 약국에서 필요한 의약품외의 물품과 용역을 제공함에 있어서 약국사업자에게 당해 사업자의 상표 · 디자인 · 경영메뉴얼 사용 및 영업지도 · 교육 등의 용역을 제공하고 가입비를 받는 경우 당해 가입비에 대하여는 부가가치세법 제7조 제1항의 규정에 의하여 부가가치세가 과세되는 것이며 이 경우 동 계약에 따라 당해 용역공급과는 별도로 약국에서 필요한 일부재화를 무상 지원하기로 한 경우 당해 재화의 공급에 대하여는 사업상 증여로 보아 동법 제6조 제3항의 규정에 의하여 부가가치세가 과세됨. | 재소비 46015-119 (1998. 6. 8) |
| ⑫ 공통매입세액의 안분 | 조제수입은 부가가치세 신고서란 면세수입금액에 표시하고 이와 관련된 의약품 매입세액은 불공제되며 공통매입세액은 실지귀속에 따라 하되, 과세사업과 면세사업에 공통으로 사용되어 실지귀속을 구분할 수 없는 매입세액(공통매입세액)은 안분계산하며 다만 예정신고를 하는 때에는 예정신고기간에 있어서 총공급가액에 대한 면세공급가액에 비율에 의하여 안분계산하고, 확정신고를 하는 때에 정산하는 것임. | 부가 46015-562 (1994. 3. 24) |

## 제 4 절 제약산업

### Ⅰ 개 요

### 1. 제약산업의 정의 및 특징

#### (1) 정의

제약산업이라 함은 인간 또는 동물의 각종 질병을 진단, 치료, 예방하는데 사용되는 의약품 및 의료용품을 제조하는 산업활동(의약품 제조업)과 의약품을 도매하는 산업활동을 말한다. 제약산업은 의약품제조업자와 의약품유통업자, 의약품을 구입하는 의료업과 관련된 산업이다.

#### (2) 특징

우리나라의 제약산업은 신약개발의 어려움으로 의약품 원료를 주로 외국에서 수입에 의존하고 있으며 의약분업과 국민건강보험의 정착 등으로 유통구조가 빠르게 정비되어 가고 있다.

### 2. 한국표준산업분류표상의 분류

① **완제의약품 제조업(21210)**

치과, 내과 및 외과용 등 사람의 각종 질병 치료·진단 및 예방을 위하여 직접 사용하기에 적합한 완제품 형태(정, 캡슐, 시럽, 주사제, 연고, 용액 등)의 의약제품을 제조하는 산업활동을 말한다.

② **한의약품 제조업(21220)**

한의학적 처방에 의한 특정 질환예방 및 치료용으로 사용할 수 있도록 의약용 동·식물성 물질을 배합 및 기타 조제하여 규격화한 한의약 조제품을 제조하는 산업활동을 말한다. 그러나 각종 한의약재료를 건조, 절단, 소형포장 등의 가공·처리는 판매활동의 부수적 활동으로 본다.

③ **동물용 의약품 제조업(21230)**

동물의 각종 질병의 치료·진단 및 예방을 위하여 직접 사용하기에 적합한 완제품 형태(정, 캡슐, 시럽, 주사제, 연고, 용액 등)의 약제품을 제조하는 산업활동을 말한다.

④ **의료용품 및 기타 의약관련 제품 제조업(21300)**

재료를 불문하고 내과용, 외과용, 치과용 및 수의과용 등의 의료적 처치에 사용될 수 있도록 특수 처리된 각종 의료용품 및 기타 의약 관련제품 제조활동이 포함된다.

⑤ **의약품 및 정형외과용품 도매업(46442)**

최종 소비용 의약품 및 의약제제, 의료용품 및 가정용 소독살균제 등을 도매하는 산업활동을 말한다. 보청기, 의족 등 신체보정용품 및 정형외과용품의 도매도 여기에 포함된다.

## 3. 의약품관련 약사법 내용

### (1) 일반의약품(법 2 9호)

"일반의약품"이란 다음 각 목의 어느 하나에 해당하는 것으로서 보건복지부장관과 협의하여 식품의약품안전처장이 정하여 고시하는 기준에 해당하는 의약품을 말한다.

가. 오용·남용될 우려가 적고, 의사나 치과의사의 처방 없이 사용하더라도 안전성 및 유효성을 기대할 수 있는 의약품

나. 질병 치료를 위하여 의사나 치과의사의 전문지식이 없어도 사용할 수 있는 의약품

다. 의약품의 제형(劑型)과 약리작용상 인체에 미치는 부작용이 비교적 적은 의약품

### (2) 전문의약품(법 2 10호)

"전문의약품"이라 함은 일반의약품이 아닌 의약품을 말한다.

### (3) 조제(법 2 11호)

"조제"란 일정한 처방에 따라서 두 가지 이상의 의약품을 배합하거나 한 가지 의약품을 그대로 일정한 분량으로 나누어서 특정한 용법에 따라 특정인의 특정된 질병을 치료하거나 예방하는 등의 목적으로 사용하도록 약제를 만드는 것을 말한다.

관련법조문

◈ 약사법 제27조

대체조제라 함은 의사가 처방전에 특정약품을 표시한 경우 이를 약사가 동일한 일반명을 가지고 있는 다른 약품으로 대체하여 조제하는 경우를 말한다. 임의조제란 약사가 의사의 처방전에 의하지 않고 성분이 전혀 다른 약품으로 대체하여 조제하는 것을 말하며 이는 법으로 금지하고 있다.

① 약사는 의사 또는 치과의사가 처방전에 기재한 의약품을 성분·함량 및 제형이 동일한 다른 의약품으로 대체하여 조제하고자 하는 경우에는 사전에 그 처방전을 발행한 의사 또는 치과의사의 동의를 받아야 한다.

② 제1항의 규정에 불구하고 약사는 일정한 경우에 해당하는 경우에는 그 처방전을 발행한 의사 또는 치과의사의 사전 동의 없이 대체조제 할 수 있다.

### (4) 의약품 등 제조업의 허가(법 31)

① 의약품 제조를 업(業)으로 하려는 자는 대통령령으로 정하는 시설기준에 따라 필요한 시설을 갖추고 총리령으로 정하는 바에 따라 식품의약품안전처장의 허가를 받아야 한다.

② 제1항에 따른 제조업자가 그 제조(다른 제조업자에게 제조를 위탁하는 경우를 포함한다)한 의약품을 판매하려는 경우에는 총리령으로 정하는 바에 따라 품목별로 식품의약품안전처장의 제조판매품목허가(이하 "품목허가"라 한다)를 받거나 제조판매품목신고(이하 "품목신고"라 한다)를 하여야 한다.

### (5) 의약품 등 판매업의 허가(법 45)

① 제44조 제2항 제2호에 따른 한약업사 및 의약품 도매상이 되려는 자는 보건복지부령으로 정하는 바에 따라 시장·군수·구청장의 허가를 받아야 한다. 허가받은 사항을 변경할 경우에도 또한 같다.

## 4. 의약품의 유통흐름

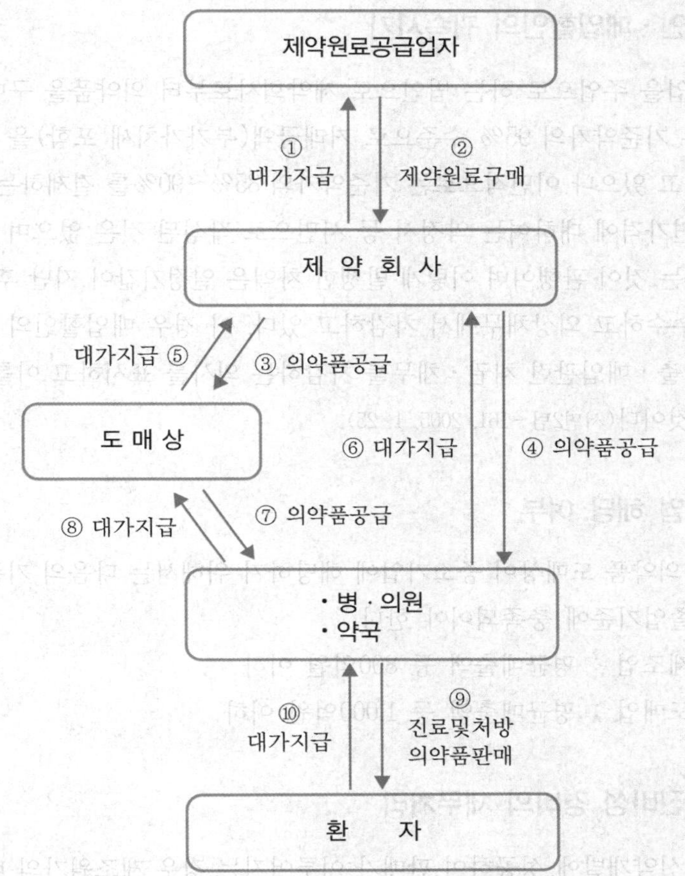


# Ⅱ 제약산업의 세무실무

## 1. 부가가치세 실무

의약품의 제조업 또는 의약품 판매업은 부가가치세 과세대상이다. 따라서 제약회사나 의약품 도매상, 약국은 부가가치세 과세사업자에 해당된다. 다만, 약사가 조제에 사용되는 전문의약품에 따른 조제수입은 의료보건용역으로 보아 부가가치세를 면제한다. 따라서 약국에서는 전문의약품 매입세액은 면세관련 매입세액으로 공제하지 아니한다.

## 2. 소득세 · 법인세 실무

### (1) 매출할인 · 매입할인의 귀속시기

의약품도매업을 주업으로 하는 법인으로 제약회사로부터 의약품을 구매하고 있으며 보험약품의 경우 기준약가의 95% 수준으로 거래금액(부가가치세 포함)을 책정하여 세금계산서를 수수하고 있으나 이면적으로는 기준약가의 85%~90%를 결제하는 경우가 있다. 이러한 경우 이면가격에 대하여는 약정서 등 서면으로 작성된 것은 없으며 영업사원과의 구두합의에 의하는 것이 관행이며 이렇게 발생한 차액은 일정기간이 지난 후 매입할인명목으로 입금표를 수수하고 외상채무에서 차감하고 있다. 이 경우 매입할인의 귀속시기는 거래당사자간에 매출 · 매입관련 채권 · 채무를 차감하는 의사를 표시하고 이를 확정한 때를 기준으로 하는 것이다(서면2팀-161, 2005. 1. 25).

### (2) 중소기업 해당 여부

제약회사나 의약품 도매상이 중소기업에 해당하기 위해서는 다음의 기준을 충족하고 독립성기준 및 졸업기준에 충족되어야 한다.

① 의약품 제조업 : 평균매출액 등 800억원 이하

② 의약품 도매업 : 평균매출액 등 1,000억원 이하

### (3) 판매촉진비성 경비의 세무처리

제약회사는 신약개발에 성공하여 판매가 이루어지는 경우 제조원가의 비율이 낮기 때문에 매출총이익률이 큰 편이다. 그러나 제약회사가 의약품을 직접 판매하는 경우에 병의원이나 약국에 제공하는 금품이 광고선전비나 접대비 성격의 비용이 크게 차지하는 것이 일반적이다. 이 경우 판매부대비용으로 볼 것인가, 아니면 접대비로 볼 것인가가 세무처리의 핵심 쟁점사항이다. 이러한 성격의 지출로는 매출할인, 랜딩비, 리베이트, 약품을 추가해 주는 경우 등이 있다.

#### ① 기업업무추진비 또는 판매부대비의 구분기준

약품판매업을 영위하는 법인이 고시가격으로 의약품을 외상판매한 후 모든 거래처에 대하여 사전약정에 의한 할인율에 의해 외상매출금을 할인해 주면서 대금결제조건 등에 따라 차등을 둔 경우에 그 할인금액이 건전한 사회통념과 상관행에 비추어 정상적인 거래라고 인정될 수 있는 범위 내의 금액이고 기업회계기준 또는 관행에 따라 계상한 금액에 해당되는 경우에는 이를 각 사업연도 소득금액 계산시 판매부대비용으로

보아 손금에 산입하는 것이나, 이에 해당되는지의 여부는 계약내용 및 당해 업종의 거래실태, 할인율의 결정과정 등의 구체적인 정황에 따라 사실판단할 사항이다(법인 46012-2770, 1997. 10. 27).

② 의약품 납품조건 병원신축자금 기증의 접대비 해당 여부

의약품을 판매하는 법인이 국립대학교 의과대학 부속병원에 의약품을 납품하기 위하여 당해 병원에 병원신축자금을 기증하는 경우 동 금액은 접대비에 해당하는 것이다(업무관련성이 있음)(법인 46012-251, 1999. 1. 20).

③ 제약회사의 의료용품지원에 대한 비용의 구분기준(국심 2005서1590, 2007. 1. 18)

| 지원명칭 | 지급처 | 처분청 | 심판원 판단 |
|---|---|---|---|
| • 학술진흥기금, 발전기금, 세미나 찬조금 | 대한간학회 등 의약관련학회(구성원 : 의사 및 약사) | 기부금 | 기부금<br>(특정인이 수혜대상자이고 광고선전효과가 미미함) |
| • 학술지광고료, 학술대회장 부스설치비 | 학회(구성원 : 의사) | 기부금 | 광고선전비<br>(불특정인이 수혜대상이고 법인의 이미지 및 특정의약품 광고선전대가임) |
| • 간염백신 | 한국건강관리협회 | 기부금 | 광고선전비<br>(불특정다수인이 수혜대상이고 법인의 이미지 개선효과 및 신규출시된 간염백신의 판매촉진효과가 큼) |

**참고** 제약회사의 판매수수료에 대한 회계처리(질의회신 03-007, 2003. 1. 6)

Ⅰ. 질의 내용

(질의1) 제약회사가 약품도매상이 아닌 약품의 유통업무를 주된 영업으로 하는 A사에 정부고시가격으로 매출을 하고 A사가 판매한 실적을 기준으로 거래처의 종류별로 계약서상 사전에 정해진 수수료율을 적용하여 비용으로 계상하는 경우, 동 수수료의 회계처리는?

(질의2) 제약회사가 특정약품에 대하여 특정약품회사에 정부고시가격에서 일정한 비율을 차감한 금액으로 매출하고 그 특정약품회사가 실제로 판매한 실적을 기준으로 수수료를 지급하고 있는 경우, 계약서상 특정약품에 대한 판매촉진활동을 공동으로 수행하는데 대한 대가로 명시되어 있는 동 수수료의 회계처리는?

Ⅱ. 회신 내용

(질의 1과 2) 수수료는 매출에누리에 해당하므로 매출액에서 차감하는 것이 타당합니다.

## 3. 의약품 도매업체의 세무조사 사례[80)]

의약품 도매업을 영위하는 법인은 병원, 약국 등에 판매촉진을 위하여 제공하는 리베이트를 손금으로 처리할 수 없으므로 제약회사로부터 의약품을 구입한 것으로 가장하여 가공매입세금계산서를 수취하고 비자금을 조성하여 리베이트로 사용하는 경우가 있다. 즉, 병원, 약국 등에 제공하는 리베이트를 손금처리하기 위하여 제약회사로부터 가공매입세금계산서를 수취하고 어음을 발행한 후 어음만기일 결제 후 제약회사로부터 현금을 되돌려 받는 수법으로 비자금을 조성, 리베이트로 사용하는 사례를 적발하여 도매업체에 대하여 법인세, 부가가치세, 소득세 등을 추징하였다.

그 거래관계를 보면 다음과 같다.

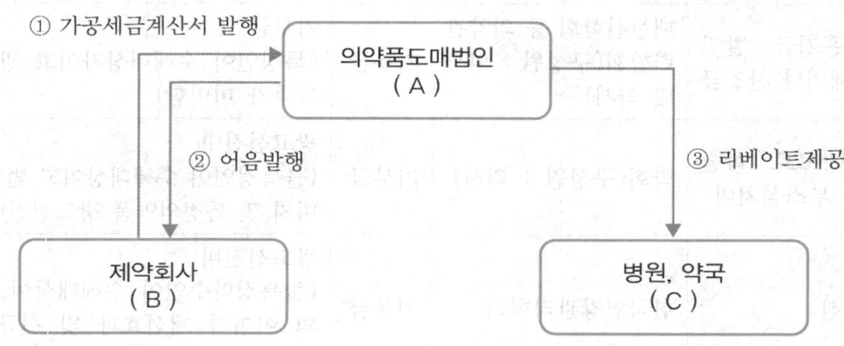


**판례** **제약사 리베이트 손금성**(대법원 2015. 1. 15 선고, 2012두7608 판결)

"구 법인세법 제19조 제2항에서 말하는 '일반적으로 용인되는 통상적인 비용'이라 함은 납세의무자와 같은 종류의 사업을 영위하는 다른 법인도 동일한 상황 아래에서는 지출하였을 것으로 인정되는 비용을 의미하고, 그러한 비용에 해당하는지 여부는 지출의 경위와 목적, 그 형태, 액수, 효과 등을 종합적으로 고려하여 판단하여야 하는데, 특별한 사정이 없는 한 사회질서에 위반하여 지출된 비용은 여기에서 제외된다.

의약품 도매상이 약국 등 개설자에게 금전을 제공하는 것이 약사법 등 관계 법령에 따라 금지된 행위가 아니라고 하여 곧바로 사회질서에 위반하여 지출된 비용이 아니라고 단정할 수는 없고, 그것이 사회질서에 위반하여 지출된 비용에 해당하는지 여부는 그러한 지출을 허용하는 경우 야기되는 부작용, 그리고 국민의 보건과 직결되는 의약품의 공정한 유통과 거래에 미칠영향, 이에 대한 사회적 비난의 정도, 규제의 필요성과 향후 법령상 금지될 가능성, 상관행과 선량한 풍속 등 제반 사정을 종합적으로 고려하여 사회통념에 따라 합리적으로 판단하여야 한다. 위와 같은 점들에 비추어 보면 의약품 도매상이 약국 등 개설자에게 의약품 판매촉진의 목적

80) 법인신고관리시 가짜 세금계산서를 이용한 법인세 탈루행위 엄정대처(국세청 보도자료, 2007. 1. 19)

으로 이른바 '리베이트'라고 불리는 금전을 지급하는 것은 약사법 등 관계 법령이 이를 명시적으로 금지하고 있지 않더라도 사회질서에 위반하여 지출된 것에 해당하여 그 비용은 손금에 산입할 수 없다고 보아야 할 것이다.

**참 고** 제약회사의 손익계산서

회사명 : T&C 제약　　　　　　　　20×1. 1. 1 ~ 20×1. 12. 31

| 과목 | 금액 | 금액 |
|---|---|---|
| Ⅰ. 매출액 | | ××× |
| 1. 제품매출 | ××× | |
| 2. 상품매출 | ××× | |
| 3. 기타매출 | ××× | |
| 4. 매출할인 | (×××) | |
| 5. | | |
| Ⅱ. 매출원가 | | ××× |
| 1. 제품 매출원가 | ××× | |
| ① 기초제품 재고액 | ××× | |
| ② 당기제품제조원가 | ××× | |
| ③ 기말제품재고액 | ××× | |
| ④ 타계정대체액 | ××× | |
| 2. 상품 매출원가 | | ××× |
| ① 기초상품 재고액 | ××× | |
| ② 당기상품매입액 | ××× | |
| ③ 기말상품재고액 | ××× | |
| Ⅲ. 매출총이익 | | ××× |
| Ⅳ. 판매비와 관리비 | | ××× |
| 1. 급여 | ××× | |
| 2. 퇴직급여 | ××× | |
| 3. 복리후생비 | ××× | |
| 4. 접대비 | ××× | |
| 5. 광고선전비 | ××× | |
| 6. 판매촉진비 | ××× | |
| 7. 견본비 | ××× | |
| 8. 기술개발비 | ××× | |
| 9. 반품비용 | ××× | |
| 10. … | ××× | |
| Ⅴ. 영업이익 | | ××× |
| Ⅵ. 영업외수익 | | ××× |
| 1. 이자수익 | ××× | |
| 2. … | ××× | |

## Ⅲ 의약품 도매상의 기업진단

### 의약품 도매상 기업진단 요령

[시행 2019. 12. 18] [보건복지부고시 제2019-272호, 2019. 12. 18, 일부개정]

#### 제1장 총 칙

**제1조(목적)** 이 요령은 약사법시행규칙 제36조 제1항의 규정에 의한 의약품도매상(신설업체를 포함한다)의 기업진단에 관하여 필요한 사항을 규정함을 목적으로 한다.

**제2조(진단의 기준 및 구분)** 제1조의 기업진단(이하 "진단"이라 한다)은 약사법시행규칙 제36조 내지 제38조와 제59조의 규정에 의한 허가요건을 기준으로 하여 회계 및 경영의 2개 부문으로 구분 실시하고 그 종합된 결과에 따라 업체의 실태를 평정한다.

**제3조(적용범위)** 진단에 관하여 다른 법령에 특별한 규정이 있는 경우를 제외하고는 이 요령에서 정하는 바에 따른다.

**제4조(진단자)** ① 이 요령에 의하여 진단을 실시하는 진단자는 다음 각 호의 어느 하나에 해당하는 자로 한다.

1. 「공인회계사법」에 따라 등록한 공인회계사 또는 회계법인
2. 「세무사법」에 따라 등록한 세무사 또는 세무법인
3. 「중소기업진흥에 관한 법률」에 따라 등록한 재무관리 경영지도사

② 보건복지부장관 또는 시장·군수·구청장은 진단을 위해 특히 필요하다고 인정하는 경우에는 제1항의 진단자, 기업의 회계 및 경영에 관한 연구단체 또는 전문적 지식을 가진 자 중에서 보건복지부장관 또는 시장·군수·구청장이 위촉한 자에게 제2조의 규정에 의한 진단의 전부문 또는 일부문을 실시하게 할 수 있다. 이 경우 진단을 실시하고자 하는 시장·군수·구청장은 보건복지부장관의 승인을 얻어야 한다.

**제5조(진단기준일)** 진단기준일은 다음 각 호와 같다. 다만, 보건복지부장관이 진단기준일을 지정하는 경우에는 예외로 한다.

1. 신규등록 : 허가신청 전일부터 역산하여 30일 이내의 기간
2. 양도·양수 : 양도·양수계약서 상의 양도·양수일(분할 또는 분할합병에 의한 양도·양수의 경우에는 그 등기일)
3. 법인합병 : 법인합병 등기일
4. 자본금 변경 : 자본금 변경일(법인인 경우에는 변경등기일)

**제6조(서류의 제출등)** ① 진단을 받는 자는 진단자에게 다음 각 호의 서류를 작성하여 제출 또는 제시하여야 한다.

1. 진단기준일의 재무상태표(진단자가 요구하는 기업회계기준에 의하여 작성해야 한다. 이하 이 항에 같다)
2. 진단기준일의 손익계산서
3. 재무제표부속명세서
4. 회계장부 및 기타서류

② 진단을 받는 자는 재작성 또는 정정 등을 이유로 제1항의 규정에 의하여 제출된 서류에 대한 반려를 요청할 수 없다. 다만, 이미 제출된 서류에 오기 또는 오산과 같은 명백한 오류가 있는 경우에는 진단자의 입회하에 정정할 수 있다.

③ 제1항과 제2항의 규정에 의하여 제출되었거나 정정된 서류에 대하여 추가서류를 제출하고자 할 때에는 진단자의 승인을 얻어야 한다.

**제7조(진단자의 지정신청)** ①진단을 받고자 하는 자는 별지 제1호 서식의 기업진단자 지정신청서에 다음 각호의 서류를 첨부하여 제4조에 의한 진단자에게 진단자 지정신청을 하여야 한다.

1. 별지 제2호서식에 의한 재무상태표
2. 별지 제4호서식에 의한 손익계산서

② 진단자 지정신청을 받은 진단자는 신청서류에 제1항 각 호의 서류가 첨부되어 있지 아니하거나 흠이 있다고 인정할 때에는 신청자에게 이를 보완하게 할 수 있다.

**제8조(진단불능)** ① 진단을 받는 자가 정당한 사유로 진단을 받을 수 없을 때에는 진단실시 5일전까지 보건복지부장관 또는 시장·군수·구청장에게 그 사유를 서면으로 제출하여 승인을 얻어야 한다. 다만 의약품도매상 허가증의 갱신 또는 제4조 제2항의 특별한 사유에 의하여 진단을 하는 경우에 한한다.

② 진단자는 다음 각 호의 어느 하나에 해당하는 경우 진단결과를 진단불능으로 처리하고 그 사실을 보건복지부장관 또는 해당 시장·군수·구청장에게 보고하여야 한다. 이 경우 보건복지부장관 또는 시장·군수·구청장은 정당한 사유없이 진단에 불응하거나 진단불능이 된 업체에 대하여는 약사법 제76조 제1항의 규정에 따라 필요한 조치를 하게 하거나 할 수 있다.

1. 진단을 받는 자가 제6조 제1항의 규정에 의한 자료의 제출과 제시를 거부하거나, 진단에 필요한 입증서류에 대한 보완요구를 거부·기피 또는 태만히 하여 진단을 할 수 없는 경우
2. 진단을 받는 자가 작성 제출한 서류에서 실질자본에 중대한 영향을 미치는 허위가 발

견된 경우

③ 진단자는 진단을 받는 자에 대한 장부의 작성 및 재무제표 작성업무를 수행한 경우(수행하는 경우를 포함한다)에는 해당 회계연도에 대한 기업진단을 행할 수 없으며 또한 각 호의 어느 하나에 해당하는 자에 대한 기업진단을 행할 수 없다.

1. 진단자 또는 진단자의 배우자가 임원이거나 이에 준하는 직위(재무에 관한 사무의 책임있는 담당자를 포함한다)에 있거나, 과거 1년 이내에 이러한 직위에 있었던 자(회사를 포함한다. 이하 이 항에서 같다.)
2. 현재 진단자 또는 진단자의 배우자가 사용인이거나 과거 1년 이내에 사용인이었던 자
3. 진단자 또는 진단자의 배우자가 주식 또는 출자지분을 소유하고 있는 자
4. 진단자 또는 진단자의 배우자와 채권 또는 채무관계에 있는 자. 이 경우 진단자를 규율하는 관련 법 등에서 세부적으로 정한 경우에는 해당 규정에 따른다.
5. 진단자에게 무상으로 또는 통상의 거래가격보다 현저히 낮은 대가로 사무실을 제공하고 있는 자
6. 진단자의 고유업무 외의 업무로 인하여 계속적인 보수를 지급하거나 그 밖에 경제상의 특별한 이익을 제공하고 있는 자
7. 진단을 수행하는 대가로 자기 회사의 주식·신주인수권부사채·전환사채 또는 주식매수선택권을 제공하였거나 제공하기로 한 자

④ 보건복지부장관 또는 시장·군수·구청장은 정당한 사유로 진단을 받을 수 없는 업체에 대하여는 별도로 진단일자를 지정하여 진단을 받게 할 수 있다.

**제9조(진단방법 및 진단의견 등)** ① 진단자는 진단을 받는 자가 제출 또는 제시하는 서류를 검토하여 성실하게 평가하여야 하며, 필요한 경우 실제 조사하여 확인하여야 한다.

② 진단자는 제1항의 규정에 의하여 확인한 사항에 대한 조서를 작성·비치하여야 한다.

③ 진단자는 진단을 받는 자가 제6조 제1항의 규정에 의한 장부 및 기타 증빙서류를 제출하지 아니한 때에는 그 부분에 대하여는 부실자산으로 처리하여야 한다.

④ 진단자는 제7조 제1항의 규정에 의거 지정신청을 받은 날로부터 3주 이내에 진단을 완료하고 그 결과를 별지 제4호 내지 제6호 서식에 따라 작성하여 진단을 받는 자에게 통보하여야 한다. 다만, 부득이한 사유로 인하여 동기간내에 진단완료가 불가능할 때에는 진단기간을 1주간 연장할 수 있다.

⑤ 진단자는 별지 제4호서식의 진단의견란에 다음과 같이 기재한다.

1. 진단을 받는 자의 실질자본금이 「약사법 시행규칙」 제38조의 규정에 의한 의약품도매상의 자본금이상인 경우에는 "적격"으로 기재한다.
2. 진단을 받는 자의 실질자본금이 「약사법 시행규칙」 제38조의 규정에 의한 의약품도매

상의 자본금에 미달된 경우에는 "부적격"으로 기재한다.

3. 제8조에 해당하여 진단하지 못한 경우에는 "진단불능"으로 기재한다.

⑥ 진단자는 진단조서와 관련 증빙서류를 5년간 보존하여야 한다.

⑦ 보건복지부장관은 필요한 경우 해당 소속협회의 장에게 기업진단보고서의 감리를 요청할 수 있다.

제10조(진단서의 제출) 진단을 받는 자는 진단일로부터 1월이내에 제9조 제4항에 의해 통보받은 진단결과를 허가관청에 제출하여야 한다.

제11조(세부사항) 진단을 실시함에 있어서 필요한 세부적 사항과 기타 기준으로서 이 요령에 규정되지 아니한 것은 보건복지부장관이 정한다.

## 제2장 회계부문

제12조(자본의 평정) 진단을 받는 자의 자본은 평정후 자산에서 평정후 부채를 공제하여 평정후 자본을 산출하고 그 금액에서 겸업자본을 공제한 금액으로 한다.

제13조(겸업자본의 평정) ① 겸업자본은 겸업자산에서 겸업부채를 공제한 금액으로 한다.

② 겸업자본을 산출함에 있어서 겸업자산과 겸업부채를 산출하기 어려운 경우에는 겸업비율을 계산하여 산출할 수 있다.

③ 겸업비율은 의약품도매상 수입금액과 의약품도매상 이외의 수입금액의 비율을 기준으로 한다. 다만, 수입금액비율에 의한 산출이 불가능하거나 심히 불공정하다고 인정되는 경우에는 의약품도매업용 비유동자산과 의약품도매업용 이외의 비유동자산의 비율에 따라 산출할 수 있다.

④ 의약품도매업과 겸업사업에 공통으로 관련된 자산과 부채의 경우는 겸업비율을 적용하여 산출한다.

제14조(용어의 정의) 제12조의 규정에 의한 자본의 평정에 있어서 필요한 용어의 정의는 다음 각 호와 같다.

1. "평정후 자산"이라 함은 기업제시 자산총계에서 부실자산을 차감하고 과소 평가된 자산금액을 가산한 금액을 말한다.
2. "평정후 부채"라 함은 기업제시 부채 총계에서 과소평가된 부채금액을 가산하고 과대평가된 부채금액을 공제한 금액을 말한다.
3. "부실자산"이라 함은 다음 각목의 것을 말한다.
   가. 자산총계의 100분의 3을 초과하는 현금(전도자금 포함)
   나. 자산의 과대평가로 인한 가공자산
   다. 진단을 받는 자의 소유가 아닌 자산

라. 대손처리하여야 할 자산

마. 선급비용 및 선급세금. 다만, 제세결정기관의 환급통지 있는 세액은 자산으로 인정한다.

바. 부도어음(담보권있는 부도어음은 제외한다)

사. 무형자산

아. 이연자산

자. 기업회계기준에 따라 비용으로 계상하여야 할 대상금액이 자산에 계상된 금액

차. 제15조 제2항, 제16조 제1항, 제17조 제2항, 제18조, 제19조 제1항, 제22조 제2항의 규정에 의한 부실자산

4. "겸업자산"이라 함은 의약품도매업 이외의 영업에 제공된 자산을 말한다.

5. "겸업부채"라 함은 겸업자산과 관련되는 부채를 말한다.

**제15조(자산 및 부채의 평정기준)** ① 자산 및 부채의 평정은 이 요령에 정하지 아니한 경우에는 일반적으로 인정하는 기업회계기준에 의한다.

② 자산의 가액은 당해 자산의 취득원가를 기초로 하여 평정함을 원칙으로 한다. 다만, 자산재평가법의 규정에 의하여 자산을 재평가할 경우에는 그 평가액을 기초로 하여 평정하고, 선급금, 영업보증금등의 가액을 거래당사자의 인감증명이 첨부된 증명서에 의하여 평정하되, 신규신청자에 한해서는 전도금, 선급금, 영업보증금등의 가액은 부실자산으로 본다.

**제16조(예금의 평정)** ① 예금은 진단을 받는 자의 명의(법인의 경우에는 법인명의)로 된 계좌에 대하여 진단기준일 전일부터 역산(신규 신청 및 신설법인의 경우에는 진단하는 날 전일부터 역산)하여 1개월 이상의 은행거래증명과 예금증서를 제시받아 예입원천을 확인하여 평정하고 예입원천이 분명하지 아니할 때에는 부실자산으로 본다.

② 제1항에 규정한 예금잔액 증명은 입금되어 있는 예금통장 등의 원본과 대조 확인하여야 한다.

**제17조(채권의 평정)** ① 매출채권 또는 미수금 등 채권은 거래처의 채무증명과 세금계산서를 확인하여야 하고 세법에서 정한 대손충당금을 차감하여 평정한다. 다만, 신규신청자의 매출채권 또는 미수금은 인정하지 아니한다.

② 6월이상 연체된 채권은 부실자산으로 평정한다. 다만, 채무자가 국가 또는 지방자치단체인 경우에는 1년으로 한다.

**제18조(임차보증금의 평정)** 임차보증금은 임대차계약서에 의하여 확인하되, 그 금액이 시가보다 현저히 과다할 경우에는 진단시의 시가에 의하여 이를 평가한다. 다만, 그 임차보증금이 자산총액의 100분의 50을 초과하는 금액은 부실자산으로 본다.

**제19조(가지급금등의 평정)** ① 가지급금은 급여선급인 경우에만 당해 임・직원의 1월 급여액 범위안에서 인정하고 이를 초과하는 금액에 대하여는 부실자산으로 평정한다.

② 가지급금의 성질이 아닌 대여금은 전액 겸업자산으로 평정한다.

**제20조(전도자금의 평정)** 의약품도매업과 관련있는 전도자금에 대하여는 당해 전도자자금출납책임자의 예금잔액증명 있는 금액은 자산으로 인정하고 예금잔액증명서로 확인할 수 없는 금액은 현금보유한 것으로 간주하여 현금평가기준에 의하여 평정한다.

**제21조(유가증권의 평정)** ① 유가증권의 평정은 취득원가로 평정함을 원칙으로 한다.

② 증권거래소에 상장되어 있는 주식과 시장성 있는 일시 소유의 유가증권으로서 그 시가가 현저하게 저락하여 회복할 가능성이 없다고 인정되는 경우에는 시가로 평정한다.

③ 상장되지 아니한 주식은 투자자산으로 간주하여 겸업자산으로 본다.

④ 유가증권총액이 자산총액의 100분의 20을 초과하는 금액은 겸업자산으로 본다.

**제22조(재고자산의 평정)** ① 재고자산은 의약품도매용 자산만을 인정하되 구입증빙서 및 재고자산수불장표를 대조 확인하여 평정한다. 다만, 시가가 취득원가보다 현저하게 저락하여 회복할 가능성이 없다고 인정되는 경우에는 시가로 평정한다.

② 신규신청자에 한해서는 재고자산을 부실자산으로 본다.

**제23조(유형자산의 평정)** ① 유형자산은 취득원가로 평정하고 상각대상 자산은 세법의 규정에 의한 감각상각 상당액을 공제한 가액으로 평정한다.

② 개인이 의약품도매상을 영위하는 경우 당해 자산의 취득가액이 불분명할 경우에는 부동산과세표준 또는 국가가 인정하는 감정기관의 감정가액으로 평정한다.

③ 임야, 전, 답, 유휴토지 등의 임대나 운휴와 같이 진단대상사업과 관련이 없는 유형자산은 겸업자산으로 보며, 토지 또는 건물의 일부가 임대인 경우에는 전체 연면적에 대한 임대면적의 비율로 계산한 금액을 겸업자산으로 본다.

**제24조(비품, 차량, 운반구등의 평정)** 이용 가능한 것에 한하고 의약품 도매상 소유임이 확인된 것만 평정하되 세법에 의하여 감가상각한 후의 잔액만 자산으로 평정한다.

**제25조(투자자산의 평정)** 의약품도매업과 관련이 없는 투자자산은 겸업자산으로 본다.

**제26조(부채의 평정)** ① 부채의 발생사유를 충분히 검토하고 자산 및 자본과 비교 관련시켜 부채를 평정하여야 한다.

② 퇴직급여충당금은 기업회계기준에 따라 평가한다.

**제27조(자본의 확인)** 자본의 조달원천과 증감원인을 충분히 검토하여 의제납입 또는 부채의 변칙처리를 확인하여야 한다.

## 제3장 경영부문

제28조(영업소 및 창고등) 영업소 및 창고에 대하여는 토지 및 건물의 등기부등록, 토지대장, 건축물관리대장 및 도시계획확인원을 제출받아 소유지 · 지목 · 용도 · 구조 · 면적 및 소유권자등을 확인하여 평정한다.

제29조(전화) 〈삭제〉

제30조(운반장비) 법령에 의하여 등록하여야 하는 차량운반구에 대하여는 등록증등본을 제시받아 소유권등을 확인하여 평정한다.

제31조(재검토기한) 보건복지부장관은 「훈령 · 예규 등의 발령 및 관리에 관한 규정」(대통령훈령 제334호)에 따라 이 고시에 대하여 2016년 1월 1일을 기준으로 매 3년이 되는 시점(매 3년째의 12월 31일까지를 말한다)마다 그 타당성을 검토하여 개선 등의 조치를 취하여야 한다.

부 칙 〈제2019 - 272호, 2019. 12. 18〉

이 고시는 발령한 날부터 시행한다.

[별지 제1호 서식]

## 의약품도매상(신설업체 포함)의 기업진단자지정신청서

| 접수번호 | 접수일자 | 처리기간 |
|---|---|---|

<table>
<tr><td rowspan="5">신청인<br>(대표자)</td><td>성　　명</td><td></td><td>생년월일</td><td></td></tr>
<tr><td>영업소의 명칭</td><td></td><td>전화번호</td><td></td></tr>
<tr><td>영 업 종 별</td><td></td><td colspan="2">법인등록번호(법인인 경우만 해당)</td></tr>
<tr><td>영업소의 소재지</td><td colspan="3"></td></tr>
<tr><td>창고의 소재지</td><td colspan="3"></td></tr>
</table>

의약품 도매상 기업진단요령 제7조 제1항의 규정에 의하여 의약품도매상의 기업 진단자 지정을 신청합니다.

년　　월　　일

신청인　　(서명 또는 인)

**공인회계사(재무관리경영지도사, 세무사) 또는 회계·세무법인** 귀하

| 첨부서류 | 1. 기업회계기준에 의하여 작성한 진단기준일의 재무상태표 1부.<br>2. 손익계산서 1부.<br>3. 재무제표부속명세서 1부.<br>4. 등기사항증명서 1부. |
|---|---|

210㎜×297㎜[백상지(80g/㎡)]

[별지 제4호 서식]

## 의약품도매상 기업진단보고서

| 성 명 | | 생년월일 | |
|---|---|---|---|
| 영업소의 명칭 | | 전화번호 | |
| 영 업 종 별 | | 법인등록번호(법인인 경우만 해당) | |
| 영업소의 소재지 | | | |
| 창고의 소재지 | | | |

| 진단기준일 | | 진단일자 | |
|---|---|---|---|

| 진단후의약품도매업실질자본액 | |
|---|---|
| 납입자본금 | |

| 종 목 | 건 평 및 대 수 | |
|---|---|---|
| | 회 사 제 시 | 진 단 후 |
| 영 업 소 | | |
| 창 고 | | |
| 전 화 | | |
| 운 반 장 비 | | |

| 진단의견 | |
|---|---|

의약품도매상 기업진단요령에 의거 의약품도매업의 기업진단을 실시하고 위와 같이 진단하였음을 확인합니다.

년 월 일

*진단자

- 진단자 상호 · 명칭(대표자) :
- 사무소 소재지(전화번호) :
- 담당공인회계사(경영지도사, 세무사) : 등록(인가)번호 제 호 ㊞
- (진단자)법인등록번호 :
- (진단자)사업자등록번호 :

※ 전문경영진단기관의 경우 고용된 공인회계사 · 세무사 · 경영지도사 모두 기재 · 날인한다.

**(제출기관)** **귀하**

| 첨부 | 1. 기업진단 내역서 1부. |
|---|---|

210㎜×297㎜[백상지(80g/㎡)]

# 제 7 장

# 학원업의 회계와 세무실무

## Ⅰ 학원업의 분류

### 1. 한국표준산업분류표의 분류

학원업은 교육서비스업(85)으로 기타교육기관(856)에 해당되며 주로 성인 또는 특정인을 대상으로 교육하기 위하여 설립된 교육기관으로서 직업훈련기관, 사회교육기관, 일반 또는 전문학원 등이 포함된다. 기타교육기관은 스포츠 및 레크레이션 교육기관(8561), 기술 및 직업훈련학원(8565), 일반교습학원(8550), 그 외 교육기관(8569)으로 분류한다.

### 2. 학원의 분류(학원의 설립·운영 및 과외교습에 관한 법률 제3조의 2 제1항)

별표 2 〈개정 2018. 12. 18〉

학원의 교습과정(제3조의 3 제1항 관련)

| 종류 | 분야 | 계열 | 교습과정 |
|---|---|---|---|
| 학교교과 교습학원 | 입시·검정 및 보습 | 보통교과 | 초등학교·중학교·고등학교의 교육과정에 속하는 교과(정보교과, 예·체능계 및 실업계 고등학교의 전문교과 제외) 및 논술 |
| | | 진학지도 | 진학상담·지도 |
| | 국제화 | 외국어 | 보통교과에 속하지 않는 교과로서 유아 또는 초등학교·중학교·고등학교 학생을 주된 교습대상으로 하는 실용 외국어 |
| | 예능 | 예능 | 음악, 미술, 무용 |
| | 독서실 | 독서 | 유아 또는 초등학교·중학교·고등학교 학생을 주된 대상으로 하는 시설 |
| | 정보 | 정보 | 정보교과에 속하는 교육활동 |
| | 특수교육 | 특수교육 | 특수학교 교육과정에 속하는 교육활동 |
| | 기타 | 기타 | 그 밖의 교습과정 |

| 종류 | 분야 | 계열 | 교습과정 |
|---|---|---|---|
| 평생직업 교육학원 | 직업기술 | 산업기반기술 | 기계, 자동차, 금속, 화공 및 세라믹, 전기, 통신, 전자, 조선, 항공, 토목, 건축, 의복, 섬유, 광업자원, 국토개발, 농림, 해양, 에너지, 환경, 공예, 교통, 안전관리, 조경 |
| | | 산업응용기술 | 디자인, 이용 · 미용, 식음료품(조리, 제과 · 제빵, 바리스타, 소믈리에 등), 포장, 인쇄, 사진, 피아노 조율 |
| | | 산업서비스 | 속기, 전산회계, 전자상거래, 직업상담, 사회조사, 컨벤션기획, 소비자전문상담, 텔레마케팅, 카지노 딜러, 도배, 미장, 세탁 |
| | | 일반서비스 | 애견 미용 · 훈련, 장의, 호스피스, 항공승무원, 병원 코디네이터, 청소 |
| | | 컴퓨터 | 컴퓨터(정보처리, 통신기기, 인터넷, 소프트웨어 등), 게임, 로봇 |
| | | 문화관광 | 출판, 영상, 음반, 영화, 방송, 캐릭터, 관광 |
| | | 간호보조기술 | 간호조무사 |
| | | 경영 · 사무관리 | 금융, 보험, 유통, 부동산, 비서, 경리, 펜글씨, 부기, 주산, 속셈, 속독, 경매 |
| | 국제화 | 국제 | 성인 대상 어학, 통역, 번역 |
| | 인문사회 · 자연 | 인문사회 · 자연 | 대학 편입, 행정, 경영, 회계, 통계, 성인 고시 |
| | 기예 | 기예 | 국악, 무용(전통무용, 현대무용 등), 서예, 만화, 모델, 화술, 마술(매직), 실용음악(성악), 바둑, 웅변, 공예(종이접기, 꽃꽂이, 꽃기예 등), 도예, 미술, 댄스(「체육시설의 설치 · 이용에 관한 법률」에 따른 무도학원업 제외), 연기(연극, 뮤지컬, 오페라 등) |
| | 독서실 | 독서 | 학교교과교습학원에 속하지 않는 독서실 |

## 3. 용어의 정의(학원의 설립 · 운영 및 과외교습에 관한 법률 제2조)

① "학원"이란 사인(私人)이 대통령령으로 정하는 수 이상의 학습자 또는 불특정다수의 학습자에게 30일 이상의 교습과정(교습과정의 반복으로 교습일수가 30일 이상이 되는 경우를 포함한다. 이하 같다)에 따라 지식 · 기술(기능을 포함한다. 이하 같다) · 예능을 교습(상급학교 진학에 필요한 컨설팅 등 지도를 하는 경우와 정보통신기술 등을 활용하여 원격으로 교습하는 경우를 포함한다. 이하 같다)하거나 30일 이

상 학습장소로 제공되는 시설을 말한다. 다만, 다음 각 목의 어느 하나에 해당하는 시설은 제외한다.

가. 「유아교육법」, 「초ㆍ중등교육법」, 「고등교육법」, 그 밖의 법령에 따른 학교

나. 도서관ㆍ박물관 및 과학관

다. 사업장 등의 시설로서 소속 직원의 연수를 위한 시설

라. 「평생교육법」에 따라 인가ㆍ등록ㆍ신고 또는 보고된 평생교육시설

마. 「국민 평생 직업능력 개발법」에 따른 직업능력개발훈련시설이나 그 밖에 평생교육에 관한 다른 법률에 따라 설치된 시설

바. 「도로교통법」에 따른 자동차운전학원

사. 「주택법」 제2조 제3호에 따른 공동주택에 거주하는 자가 공동으로 관리하는 시설로서 같은 법 제43조에 따른 입주자대표회의의 의결을 통하여 영리를 목적으로 하지 아니하고 입주민을 위한 교육을 하기 위하여 설치하거나 사용하는 시설

② "교습소"란 제4호에 따른 과외교습을 하는 시설로서 학원 및 제1호 각 목의 시설이 아닌 시설을 말한다.

③ "개인과외교습자"란 다음 각 목의 시설에서 교습비등을 받고 과외교습을 하는 자를 말한다.

가. 학습자의 주거지 또는 교습자의 주거지로서 「건축법」 제2조 제2항에 따른 단독주택 또는 공동주택

나. 제1호 사목에 따른 시설

④ "과외교습"이란 초등학교ㆍ중학교ㆍ고등학교 또는 이에 준하는 학교의 학생이나 학교 입학 또는 학력 인정에 관한 검정을 위한 시험 준비생에게 지식ㆍ기술ㆍ예능을 교습하는 행위를 말한다. 다만, 다음 각 목의 어느 하나에 해당하는 행위는 제외한다.

가. 제1호 가목부터 바목까지의 시설에서 그 설치목적에 따라 행하는 교습행위

나. 같은 등록기준지 내의 친족이 하는 교습행위

다. 대통령령으로 정하는 봉사활동에 속하는 교습행위

⑤ "학습자"란 다음 각 목의 자를 말한다.

가. 학원이나 교습소에서 교습을 받는 자

나. 30일 이상 학습장소로 제공되는 시설을 이용하는 자

다. 개인과외교습자로부터 교습을 받는 자

⑥ "교습비등"이란 학습자가 다음 각 목의 자에게 교습이나 학습장소 이용의 대가로 납부하는 수강료ㆍ이용료 또는 교습료 등(이하 "교습비"라 한다)과 그 외에 추가로 납부하는 모든 경비(이하 "기타경비"라 한다)를 말한다.

가. 학원을 설립·운영하는 자(이하 "학원설립·운영자"라 한다)

나. 교습소를 설립·운영하는 자(이하 "교습자"라 한다)

다. 개인과외교습자

**참 고** **학원의 설립절차(제6조)**

① 학원을 설립·운영하려는 자는 제8조에 따른 시설과 설비를 갖추어 대통령령으로 정하는 바에 따라 설립자의 인적사항, 교습과정, 강사명단, 교습비 등, 시설·설비 등을 학원설립·운영등록신청서에 기재하여 교육감에게 등록하여야 한다. 등록한 사항 중 교습과정, 강사명단, 교습비등, 그 밖에 대통령령으로 정하는 사항을 변경하려는 경우에도 또한 같다.

② 숙박시설을 갖춘 학교교과교습학원의 등록은 대통령령으로 정하는 범위에서 관할 지역의 교육여건과 수강생의 안전 및 숙박시설의 필요성 등을 고려하여 시·도의 조례로 정하는 기준에 맞는 경우에만 할 수 있다.

# Ⅱ 학원의 세무실무

## 1. 학원의 세무관리

### (1) 수입금액의 관리

학원의 수입금액은 수강료수입, 기타 부수수입(모의고사 응시료, 매점운영 또는 임대수입, 자판기 운영수입 등) 등으로 구성된다. 주로 수입금액은 카드매출, 지로매출, 현금매출, 무통장입금 등으로 구성된다. 주로 학생들을 대상으로 운영하는 입시학원, 보습학원, 교습소 등은 현금수입 및 지로수입, 무통장입금수입이 많은 반면 성인을 대상으로 하는 고시학원, 예체능학원, 기술계학원 등은 카드매출의 점유비율이 높은 편이다.

**핵심체크**

학원사업자의 수입금액 누락 여부를 검토한다.

① 비정기적인 특강수입 및 모의고사 수입 누락

② 수료증 및 합격증 발급수수료 등 누락

③ 운전학원의 경우 안전교육비 누락

④ 매점운영 및 자판기 운영수입 누락

⑤ 부대시설 임대수입 누락

관련법조문

◈ 학원법 제2조【정의】

6. "교습비 등"이란 학습자가 다음 각 목의 자에게 교습이나 학습장소 이용의 대가로 납부하는 수강료·이용료 또는 교습료 등(이하 "교습비"라 한다)과 그 외에 추가로 납부하는 일체의 경비(이하 "기타경비"라 한다)를 말한다.

◈ 학원법 제15조【교습비 등】

① 학원설립·운영자, 교습자 또는 개인과외교습자는 학습자로부터 교습비 등을 받을 수 있으며, 교습비 등을 받는 경우 교육부령으로 정하는 바에 따른 영수증을 발급하여야 한다.
② 학원설립·운영자, 교습자 또는 개인과외교습자는 교습내용과 교습시간 등을 고려하여 교습비를 정하고, 기타경비는 실비로 정한다.
③ 학원설립·운영자 및 교습자는 시·도의 교육규칙으로 정하는 바에 따라 제1항에 따른 교습비 등과 그 반환에 관한 사항을 학습자가 보기 쉬운 장소에 게시하여야 하며, 학습자를 모집할 목적으로 인쇄물·인터넷 등을 통하여 광고를 하는 경우에는 교습비 등을 표시하여야 한다. 이 경우 학습자 또는 학부모의 요구가 있을 때에는 교육부령으로 정하는 바에 따라 게시 또는 표시된 교습비 등의 내역을 서면으로 고지하여야 한다.
④ 학원설립·운영자 및 교습자는 교습비 등을 거짓으로 표시·게시·고지하거나, 표시·게시·고지한 교습비 등 또는 교육감에게 등록·신고한 교습비 등을 초과한 금액을 징수하여서는 아니 된다.
⑤ 개인과외교습자는 교육감에게 신고한 교습비 등을 초과하여 학습자에게 징수하여서는 아니 된다.
⑥ 교육감은 제2항에 따라 정한 학교교과교습학원 또는 교습소의 교습비 등이 과다하다고 인정하면 대통령령으로 정하는 바에 따라 교습비 등의 조정을 명할 수 있다.

〔별표 1〕〈신설 2011. 10. 25〉

기타경비의 범위(제3조의 2 관련)

| 항목 | 내용 |
|---|---|
| 모의고사비 | ○ 학습자의 실력을 평가하기 위하여 실시하는 시험 비용(학원 또는 교습소에서 자체 제작하거나 프린트하여 실시하는 시험의 비용은 제외) |
| 재료비 | ○ 학습자의 실험·실습을 위하여 필요한 소모성 재료 비용 |
| 피복비 | ○ 유아의 단체복을 제작하거나 구입하는 비용 |
| 급식비 | ○ 유아에게 식사 또는 간식을 제공하는 비용 |
| 기숙사비 | ○ 숙박시설을 갖춘 학교교과교습학원에서 숙식을 제공하는 비용 |
| 차량비 | ○ 학습자의 교통 편의를 위하여 차량을 운행하는 데 드는 비용 |

### (2) 강사료의 원천징수

학원의 수입금액은 강사료와 매우 밀접한 관계가 있다. 즉, 강사와의 계약체결시에 수강료수입과 비례하여 배분비율을 정하는 경우(예를 들면 5 : 5)에는 강사료와 학원매출액은 직접 관련이 있다.

강사료의 원천징수는 다음과 같이 소득을 분류하면 된다.

① **고용된 경우** : 고용계약에 따라 근로자에 해당되고 학원에 종속되어 매월 일정액의 급여를 받는 경우에는 근로소득으로 원천징수한다. 고용과 독립성의 판단기준은 지시·감독을 받느냐 아니면 자기책임과 계산 하에 강의활동이 이루어지는지의 여부에 따라 판단한다.

② **독립되어 강의를 반복적으로 하는 경우** : 강사가 독립적인 지위에서 강의를 하고 계속·반복적으로 타 학원에서도 강의를 전업으로 하는 경우에는 사업소득에 해당되어 지급액의 3.3%를 원천징수한다. 사업소득이란 개인이 영리를 목적으로 자기의 계산과 책임 하에 계속적·반복적으로 행하는 활동을 통해 얻는 소득으로서, 다른 사람에게 종속 고용되지 아니하고 자기의 책임과 계산 하에 사업을 경영하는 독립성이 있어야 하고, 동종의 활동을 계속적·반복적으로 행하여야 하며, 사업을 경제적 이익을 얻기 위한 의도를 가지고 행하는 영리목적성이 있어야 한다.

③ **강의를 일시적으로 하는 경우** : 강사가 강의를 일시적·우발적으로 하고 다른 직업 등이 있는 경우에는 기타소득으로 보아 필요경비가 60%(2018 귀속 70%)로 간주되어 공제한 기타소득금액의 22%를 원천징수한다.

- 3년간 장기간에 걸쳐 동일한 사업체에 계속적·반복적으로 경영업무 수행 관련 자문용역을 제공하고 매월 경영자문료를 받은 것으로 보이므로 사업소득으로 봄이 타당함(조심 2012중4381, 2012. 12. 12).
- 연초에 연간 개발프로젝트의 정보 제공 및 계약이 이루어질 수 있도록 용역을 제공한 후 그 계약이 유지되도록 품질관리와 자문을 제공하면서 그 대가로 매월 일정한 금액을 수령하였다면 계속적·반복적인 행위의 사업소득에 해당함(조심 2012전3695, 2012. 11. 14).
- 특정학원과 전속계약을 체결한 후 공인회계사 및 세무사 시험을 준비하는 수강생을 대상으로 세무회계 관련 강의용역을 제공하고 그 대가를 지급받는 사업소득자인 공인회계사가 다른 기업체 등에 세무회계 관련 강의용역을 제공하고 받는 대가는 사업소득에 해당하는 것임(서면법규과-1525, 2012. 12. 24).
- 외부자문료, 심사료·회의비, 학술연구·학회발표료, 원고료·책 인세 및 대학교 특

강료 등은 사업성의 목적으로 계속적 반복적으로 제공한 용역이라기보다는 대학교수로서 통상 부수적으로 발생될 수 있는 것이라고 봄이 타당함(심사소득 2010-0072, 2011. 3. 28).

**소득세 집행기준 21-0-10 사업소득과 기타소득의 구분**

| 구분 | 사업소득 | 기타소득 |
|---|---|---|
| 개념 | • 개인이 영리를 목적으로 자기의 계산과 책임 하에 계속적·반복적으로 행하는 활동을 통해 얻는 소득 | • 이자·배당·사업·근로·연금·퇴직·양도소득 외에 「소득세법」 제21조에서 열거하는 소득 |
| 판단기준 | • 독립성 : 다른 사업자에게 종속·고용되지 아니하고 자기책임과 계산 하에 사업을 경영하는 것<br>• 계속·반복성 : 동종의 활동을 계속적·반복적으로 행하는 것<br>• 영리목적성 : 사업을 경제적 이익을 얻기 위한 의도를 가지고 행하는 것 | • 사업 활동으로 볼 수 있을 정도의 계속성·반복성 없이 일시적·우발적으로 발생하는 소득 |

**사례**

| 유형 | 사업소득 | 기타소득 |
|---|---|---|
| 연구용역비 | 교수 등이 연구주체가 되어 연구계약을 체결하고 직접 대가로 수령하는 연구비 | 교수 등이 근로제공과 관계없이 대학으로부터 받는 연구비 |
| 문예창작소득 | 문필·미술·음악 등 예술을 전문으로 하는 사람이 창작활동을 하고 얻는 소득 | 신인발굴을 위한 문예창작 현상모집에 응하고 받는 상금 |
| 경영자문소득 | 변호사·회계사 등 전문직사업자가 독립적인 지위에서 사업목적으로 자문용역을 제공하고 얻는 소득 | 전문직 사업자가 아닌 자가 고용관계 없이 일시적으로 용역을 제공하고 얻는 소득 |

**판례** **학원강사의 근로자 여부**(조심 2016중2654, 2016. 9. 27)

쟁점소득이 근로소득이 아닌 사업소득이라고 주장하나, 청구인들은 퇴직금청구소송에서 「근로기준법」상 근로자라고 주장하여 승소한 점, 강의협약서에는 상호해지 사유가 아닌 이 건 원천징수의무자의 청구인들에 대한 계약해지 사유만이 규정된 점, 강의협약서에 명시되지 않는 사항은 취업규칙 및 「근로기준법」의 관련조항을 준용하도록 되어 있는 점, 청구인들은 당직

근무를 하였던 점, 청구인들이 강의시간과 강의실 등을 변경하려면 원장으로부터 승인을 받아야 했던 점 등에 비추어 청구인들은 근로자에 해당되는 것으로 보이므로 처분청이 쟁점소득을 근로소득으로 보아 과세한 이 건 처분은 잘못이 없다고 판단된다.

판례

**강사료의 소득구분**(조심 2013서2549, 2014. 3. 5) : **사업소득**

① 독립된 자격으로 용역을 제공하고 받는 소득이 사업소득에 해당하는지 또는 기타소득에 해당하는지 여부는 당사자 사이에 맺은 거래의 형식·명칭 및 외관에 구애될 것이 아니라 그 실질에 따라 평가한 다음, 그 거래의 일방 당사자인 당해 납세자의 직업활동의 내용, 그 활동기간, 횟수, 태양, 상대방 등에 비추어 그 활동이 수익을 목적으로 하고 있는지 여부와 사업활동으로 볼 수 있을 정도의 계속성과 반복성이 있는지 여부를 고려하여 사회통념에 따라 판단하여야 할 것인바(조심 2009서3259, 2009. 10. 28 외 다수 같은 뜻임), 청구인이 전속계약한 것으로는 나타나지 아니하나, 주식회사 OOO 등에서 반복적으로 강연하고 그 대가를 수령한 점, 세무사업으로 사업자등록한 자로 쟁점금액이 전체 수입금액(OOO원) 대비 20.5% 수준으로 일시적인 소득으로 보기 어려운 점 등에 비추어 볼 때, 쟁점금액이 기타소득에 해당된다는 청구주장은 받아들이기 어려운 것으로 판단된다.

② 세법상 가산세는 과세권의 행사 및 조세채권의 실현을 용이하게 하기 위하여 납세자가 정당한 이유 없이 법에 규정된 신고·납부 등 각종 의무를 위반한 경우에 부과되는 행정상의 제재이고, 그와 같은 제재는 납세의무자가 그 의무를 알지 못하는 것이 무리가 아니었다고 할 수 있어서 그를 정당시 할 수 있는 사정이 있을 때 또는 그 의무의 이행을 그 당사자에게 기대하는 것이 무리라고 하는 사정이 있을 때 등 그 의무해태를 탓할 수 없는 정당한 사유가 있는 경우에는 이를 가할 수 없다 할 것인바, 청구인이 기타소득으로 신고한 금액이 전체 수입금액 대비 20.5% 수준으로 사업소득으로 신고하여야 하는데도 기타소득으로 신고함으로써 종합소득세를 과소 신고하였으므로 과소신고금액에 대하여 과소신고가산세를 과세한 처분청의 처분은 잘못이 없다고 판단된다.

판례

**강사료의 소득구분**(조심 2012서3974, 2013. 4. 23) : **기타소득**

「소득세법」상 소득의 구분시 독립된 자격에서 용역을 제공하고 받는 소득이 사업소득에 해당하는지 또는 일시소득인 기타소득에 해당하는지 여부는 당사자 사이에 맺은 거래의 형식·명칭 및 외관에 구애될 것이 아니라 그 실질에 따라 평가한 다음, 그 거래의 한쪽 당사자인 당해 납세자의 직업 활동의 내용, 그 활동 기간, 횟수, 태양, 상대방 등에 비추어 그 활동이 수익을 목적으로 하고 있는지 여부와 사업활동으로 볼 수 있을 정도의 계속성과 반복성이 있는지 여부 등을 고려하여 사회통념에 따라 판단하여야 하며, 그 판단을 함에 있어서도 소득을 올린 당해 활동에 대한 것뿐만 아니라 그 전후를 통한 모든 사정을 참작하여 결정하여야 할 것(대법원 2001. 4. 24 선고, 2000두5203 판결 참조)으로, 청구인의 경우 OOO라는 출판업을 주업으로 하고 비록 매년 250여 회의 강의를 하고 계속적·반복적으로 수령한 사실은 있지만, 강의내용은 전국 각지의 교회 및 기독교 단체를 방문하여 현대의 종교문제 등 종교교화에 중점을 두어 강의하는 것으로 나타나고 있어 실제 종교전도활동의 일환으로 보이는 점과 실제 청구인이 수령한 수입금액을 강의횟수로 나눈 평균금액을 보면 OOO원에 미달되고 강의장소가 지방에 소재하고 있어 강의를 위하여 소요되는 필수적인 경비를 제외하면 실비변상적 보수수준으로 나타나고 있는 점 등 청구인의 직업활동의 내용, 그 활동기간 및 활동의 범위, 태양, 거래의 상대방, 주수입원, 수익을 얻어온 횟수 및 규모 등에 비추어 볼 때 청구인은 출판업자 겸 강사로서의 사회통념상 하나의 독립적인 사업활동으로 볼 수 있을 정도의 계속성과 반복성 및 영리성도 갖추고 있다고 보이지 않으므로 청구인이 2006년부터 2010년까지의 기간 동안 수령한 쟁점용역대가는 기타소득에 해당한다 할 것이므로 처분청이 쟁점용역대가를 사업소득으로 보아 과세한 처분은 잘못이 있는 것으로 판단된다.

 **핵심체크**

강사료와 수입금액은 대부분 직접 관련성이 있으니 강사와 맺은 계약서를 확인하여 강사료 산정기준을 검토한다.

특히, 수강료와 강사료의 분배비율이 정해진 경우에는 강사료에 대한 원천징수대상금액과 수강료 수입금액을 검토하여야 한다.

**참 고** 학원 강사의 세무실무

(1) 종합소득세 확정신고

- 강사가 독립적인 지위에서 계속적·반복적으로 강의를 하고 매월 강사료를 받는 경우 사업소득으로 원천징수 당한 후 다음 해 2월 10까지 사업장현황신고 및 5월 31까지 종합소득세 확정신고를 하여야 한다.
  이 경우 총강사료수입이 많지 않고 부양가족이 많으면 종합소득세 확정 신고로 이미 원천징수당한 기납부세액을 환급받게 된다.
- 반면에 강사료 연간총액이 직전연도 3,600만원(해당연도 7,500만원)을 초과하는 경우에는 장부기장을 하지 않고 추계신고하는 경우 기준경비율 대상에 해당되어 소득세의 부담이 크므로 실제로 지출된 비용(차량유지비, 식대, 인건비 등)에 따라 장부기장을 하여야 소득세를 절감할 수 있다.
- 2024년 7월 1일부터 인적용역 사업소득 원천징수세액이 1,000원 미만이더라도 원천징수를 하여 납부하여야 한다.

(2) 학원강사의 기장의무(직전연도 수입금액)

| 단순경비율 | 기준경비율 | 간편장부 | 복식부기 | 외부조정 |
|---|---|---|---|---|
| 36백만원 미만 | 36백만원 이상 | 75백만원 미만 | 75백만원 이상 | 1억5천만원 이상 |

- 단순경비율 적용대상자가 기준경비율로 신고는 가능하나 기준경비율대상자가 단순경비율로 신고는 불가능함. 다만, 단순경비율로 신고시 배율 적용(**간편장부대상자 2.8배, 복식부기의무자 3.4배**)

(3) 스카우트 비용의 처리

근로자를 채용하면서 지급하는 이직료(스카우트비용, Signing Bonus)는 근로소득에 해당된다. 다만, 고용관계가 없는 강사, 프로선수 등을 스카우트하면서 지급하는 비용은 사업소득에 해당된다.

① 기업회계상의 처리

회사는 다른 회사의 연구소에 근무하는 연구원을 스카웃하면서 지급한 이직료를 지급(3년이내 퇴사하면 회사에 반환하는 조건)하였고, 연구원은 이에 대한 용역이 제공되지 않았고 그 용역의 의무적인 제공기간이 대차대조표일로부터 1년을 초과하므로 동 이직료는 장기선급비용으로 계상하고 근로계약조건에 따른 의무적인 근로제공기간 동안 안분하여 비용처리하여야 하며, 또한 동 비용은 기업회계기준서 제3호 무형자산에 따라 개발비 또는 제조원가(판매비와 관리비)로 회계처리하는 것이 타당하다(회계 제8360-00090, 2001. 1. 22).

② 세법상의 처리

- 당해 근로계약기간에 안분하여 손금에 산입하나 다만, 사용인이 의무근속기간을 불이행함에 따라 동 금액을 환수하는 경우 그 환수조건이 확정된 사업연도의 익금으로 산입한다(법인 46012-147, 2001. 1. 16).
- 기업이 우수인력 확보를 위해 소득세법 제20조의 규정에 의하여 근로소득으로 보는 사이닝보너스를 근로계약 체결시 일시에 선지급(계약기간 내 중도퇴사시 일정금액 반환조건)하는 경우에는 당해 선급금액을 계약조건에 따른 근로기간 동안 안분하여 계산한 금액을 근로소득 수입금액으로 하여 소득세를 원천징수하는 것이다(서면1팀-741, 2006. 6. 8).

(4) 학원강사와 부가가치세 과세문제

학원강사가 지급받는 강사료는 일반적으로 부가가치세가 과세되지 아니한다. 즉, 학원강사가 학원사업자와 고용관계에 있으면 근로소득으로, 독립적으로 강의용역을 제공하면 사업소득이나 기타소득으로 과세되므로 부가가치세가 면제된다.

그러나 일정한 경우에는 부가가치세가 과세될 수 있다. 즉, 개인이 기획재정부령이 정하는 물적시설(계속적·반복적으로 사업에만 이용되는 건축물·기계장치 등의 사업설비(임차한 것을 포함한다)를 말한다) 없이 고용계약이나 도급계약, 위임계약 등 그 명칭이나 형식에 관계없이 근로자 등을 고용(고용 외의 형태로 해당 용역의 주된 업무에 대해 타인으로부터 노무 등을 제공받는 경우를 포함한다)하지 아니하고 독립된 자격으로 고용관계 없는 자가 다수인에게 강연을 하고, 강연료·강사료 등의 대가를 받는 경우에는 부가가치세가 면제되나 물적시설(사업설비)이나 종업원을 고용한 경우에는 부가가치세가 과세된다(부령 42 1호). 따라서 학원강사에 대한 종합소득세 신고시 종업원에 대한 급여나 지급임차료 등이 필요경비에 산입된 경우에는 인적설비와 물적설비를 갖춘 것으로 보아 부가가치세가 과세될 수 있음을 주의하여야 한다.

- 독립적인 용역제공자가 업무보조원을 고용한 경우, 주된 용역업무에 직접적으로 관련있는 용역제공 또는 주된 용역제공에 필수적으로 부수되는 업무보조는 과세이나, 업무보조원이 수행하는 업무가 주된 용역제공에 필수적으로 부수되는 업무에 해당하지 않는 경우에는 면세인 것이며, 이 경우 주된 용역에 필수적인지 여부는 사실판단할 사항이다(재부가-472, 2007. 6. 20).
- 개인이 방문판매업자와의 계약을 통하여 근로자를 고용하지 아니하고 본인 소유의 승합차량을 이용하여 독립적으로 상품을 설치, 배달, 사후관리, 판매대행의 대가로 수당을 지급받는 경우 부가가치세가 면제되는 것이며 본인의 신청에 의하여 면세사업자등록증을 교부받을 수 있다(부가-2221, 2008. 7. 24).
- 사업자가 구인을 희망하는 국내 학원 등에 구직을 희망하는 외국인 및 내국인 강사를 소개하고 그 대가를 받는 경우 당해 대가는 부가가치세법 시행령 제35조 제2호 마목(직업소개소 및 그밖에 기획재정부령이 정하는 상담소 등을 경영하는 자가 공급하는 용역)의 규정에 의하여 부가가치세가 면제되는 것이다(서면3팀-212, 2008. 1. 28).
- 오피스텔에서 인적, 물적시설을 갖춘 상태에서 제공하는 통역·번역 용역은 부가가치세 과세대상 용역이다(조심 2010중3167, 2011. 4. 5).

### 부가가치세 집행기준 26-42-1 **인적용역 등의 면세 범위**

① 개인이 물적시설 없이 근로자를 고용하지 아니하고 독립된 자격으로 제공하는 문화·예술·창작 및 연예활동, 학술용역 등의 인적용역에 대하여는 면세한다.

② 직업운동가·가수 등 스포츠·연예의 기능을 가진 자와 이들의 감독·매니저 등 해당 직업운동가 등의 기능발휘를 지도·주선하는 자가 개인의 독립된 자격으로 물적시설 없이 근로자를 고용하지 않고 제공하는 용역에 대하여는 면세한다.

③ 개인·법인 등이 공급하는 국선변호와 법률구조용역, 국선대리인의 국선대리용역, 후견인(후견 감독인)의 후견사무용역, 학술연구 및 기술연구용역, 직업소개 및 상담용역, 장애인 보조견 훈련 용역, 가사서비스 제공기관의 가사서비스 등에 대하여는 면세한다.

④ 독립된 사업으로 제공되는 학술 또는 기술연구용역은 새로운 학술이나 기술을 개발하기 위하여 새로운 이론·방법·공법 또는 공식 등을 연구하는 것이므로 신제품을 개발하거나 제품의 성능이나 질·용도 등을 개선시키는 연구용역에 대하여는 면세한다.

⑤ 물적시설이란 계속적·반복적으로 사업에만 이용되는 건축물·기계장치 등의 사업설비

(임차한 것을 포함)를 말하며, 인적용역의 실현에 있어 보조적 수단에 불과한 것이라면 물적시설을 갖춘 것으로 보지 아니한다.

⑥ 근로자를 고용하지 아니하였다는 의미는 인적용역 실현을 위한 본질적인 업무를 수행하는 근로자(일용근로자를 포함)를 고용한 경우를 말하므로 인적용역 제공과 직접 관련없이 보조역할만 수행하는 업무보조원을 고용한 경우는 제외한다.

**소득세 집행기준 20-0-2 사이닝보너스의 근로소득금액 계산방법**

특별한 능력 또는 우수한 능력이 있는 근로자가 기업과 근로계약을 체결하면서 지급받는 사이닝 보너스를 근로계약 체결 시 일시에 선지급(계약기간 내 중도퇴사 시 일정금액 반환조건)하는 경우에는 해당 선지급 사이닝보너스를 계약조건에 따른 근로기간 동안 안분하여 계산한 금액을 각 과세기간의 근로소득수입금액으로 한다.

### (3) 수강료수입과 기타수입의 구분

2011년 학원법 개정에 따라 학원에서 교재판매를 금지하고 있다. 학원법 제3조의 2에서 기타경비를 받을 수 있는 범위를 6개항목(모의고사비, 재료비, 피복비, 급식비, 기숙사비, 차량비)으로 정하고 있다. 따라서 교재비를 별도로 수강생으로부터 받을 수 없으며 학습자는 서점 등을 통하여 구매하거나 「건축법 시행령」 제3조의 5에서 정하는 용도를 갖추어 서점업으로 등록하여 판매하여야 한다. 이를 위반하는 경우 300만원 이하의 과태료가 부과된다. 따라서 학원사업자의 수입금액 검토표에서 교재대는 제외되어야 한다. 따라서 2023년 학원사업자 수입금액 검토표가 아래와 같이 개정되었다.

4. 총수입금액 명세 (단위: 원)

| 구분 | 해 당 과 세 기 간 | | | |
|---|---|---|---|---|
| | ㉒ 합 계 | ㉓ 수강료 | ㉔ 고용보험 기금등지원금액 | ㉕기타수입 |
| ㉖ 총수입금액 | | | | |

## 2. 부가가치세 실무

### (1) 면세되는 교육용역의 범위

교육용역은 다음 각 호의 어느 하나에 해당하는 시설 등에서 학생, 수강생, 훈련생, 교습생 또는 청강생에게 지식, 기술 등을 가르치는 것으로 한다(부령 36).

1. 주무관청의 **허가 또는 인가를 받거나 주무관청에 등록되거나 신고된** 학교, 학원, 강습소, 훈련원, 교습소 또는 그 밖의 비영리단체
2. 「청소년활동진흥법」 제10조 제1호에 따른 청소년수련시설
3. 「산업교육진흥 및 산학연협력촉진에 관한 법률」 제25조에 따른 산학협력단
4. 「사회적기업 육성법」 제7조에 따라 인증받은 사회적기업
5. 「과학관의 설립·운영 및 육성에 관한 법률」 제6조에 따라 등록한 과학관
6. 「박물관 및 미술관 진흥법」 제16조에 따라 등록한 박물관 및 미술관
7. 「협동조합기본법」 제85조 제1항에 따라 설립인가를 받은 사회적 협동조합
8. 「영유아보육법」 제10조에 따른 어린이집(같은 법 제24조 제2항 및 제3항에 따라 국공립어린이집이나 직장어린이집이 위탁하여 운영하는 경우를 포함한다)

다만, 다음에 해당하는 학원에서 가르치는 것은 면세되는 교육용역에서 제외한다.

1. 「체육시설의 설치·이용에 관한 법률」 제10조 제1항 제2호의 무도학원
2. 「도로교통법」 제2조 제32호의 자동차운전학원

따라서 인가나 신고 등을 하지 않은 학원은 부가가치세가 면제되는 교육용역에 해당되지 아니 한다. 또한, 교육용역 제공시 필요한 교재, 실습자재, 기타교육용구, 숙박, 음식 기타교육용역 대가를 수강료 등에 포함하여 받거나 별도로 받은 때에는 주된 용역인 교육용역에 필수적으로 부수되는 재화 또는 용역으로서 부가가치세를 면제한다. 대법원판례에서는 컴퓨터통신망을 통해 제공하는 회원제 과외교육용역은 부가가치세 과세대상이라고 판시하였다(대법원 2000. 11. 28 선고, 99두6460 판결). 「학원의 설립·운영 및 과외교습에 관한 법률」에 따라 주무관청에 학원으로 등록하고 수강생에게 교육용역을 제공하면서 교육용역의 제공과는 별도로 희망하는 수강생을 대상으로 입학자문용역을 제공하고 그 대가를 받는 경우 해당 입학자문용역은 「부가가치세법」 제12조 제1항 제6호 및 같은 법 시행령 제30조에 따른 부가가치세가 면제되는 교육용역에 해당하지 아니하는 것이다(법규부가 2011-0141, 2011. 5. 12). 주무관청의 허가를 받아 설립된 비영리법인이더라도 교육시설관련법에 따른 허가나 인가를 받지 않으면 부가가치세가 과세된다(대법원 2008. 6. 12 선고, 2007두23255 판결).

## 부가가치세 집행기준 26-36-1 교육용역의 면세 범위

① 면세하는 교육용역은 주무관청의 허가·인가 또는 승인을 얻어 설립하거나 주무관청에 등록 또는 신고한 학원·강습소 등과 「청소년활동진흥법」에 따른 청소년수련시설 등에서 지식·기술 등을 가르치는 것을 말하며, 그 지식 또는 기술의 내용은 관계없다. 이 경우 부가가치세가 면제되는 교육용역의 공급에 통상적으로 부수되는 재화 또는 용역의 공급은 면세용역의 공급에 포함된다.

② 교육용역 제공시 필요한 교재·실습자재 그 밖에 교육용구의 대가를 수강료 등에 포함하여 받거나, 별도로 받는 때에는 주된 용역인 교육용역에 부수되는 재화 또는 용역으로서 면세된다.

③ 「청소년활동진흥법」에 따른 청소년수련시설에서 학생·수강생·훈련생 등이 아닌 일반 이용자에게 해당 교육용역과 관계없이 음식·숙박용역만을 제공하거나 실내수영장 등의 체육활동시설을 이용하게 하고 받는 대가는 과세된다.

④ 허가 또는 인가 등이 없었다고 하여도 해당 교육기관이 주무관청 등에 신고·등록하여 관련 법령에 따라 지휘·감독의 범위 내에 포함되거나 실제 지휘·감독을 받은 사실이 있는 때에는 정부의 허가 또는 인가 등을 받은 것으로 본다.

⑤ 면세되는 학원을 운영하는 사업자가 다른 학원운영자에게 상호, 상표, 교육프로그램, 학원경영 노하우(Know-How) 등을 제공하고 그에 대한 대가를 받는 경우에는 과세된다.

⑥ 「과학관의 설립·운영 및 육성에 관한 법률」에 따라 등록한 과학관과 「박물관 및 미술관 진흥법」에 따라 등록한 박물관 및 미술관에서 교육용역을 제공하고 그 대가를 받는 경우에는 면세된다.

⑦ 「평생교육법」에 따라 지식·인력개발사업 관련 평생교육시설로 신고한 사업자가 신고한 내용의 범위 내에서 기업체 등과 계약을 체결하고 출장하여 외국어 등에 대한 교육용역을 제공하는 경우에는 부가가치세가 면제되는 교육용역에 해당한다.

판례

**정부의 허가 또는 인가의 개념**(대법원 1985. 9. 10 선고, 84누391 판결)

면세대상 교육용역에 대하여 부가가치세법 시행령 제30조는 "정부의 허가 또는 인가를 받은"이라고 규정하고 있어 '정부의 허가 또는 인가'를 필요적으로 요구하는 것으로 해석될 수도 있으나, 정부의 허가 또는 인가를 받도록 한 취지가 교육기관을 정부의 지도·감독 하에 두겠다는 취지이므로, 형식적인 허가 또는 인가가 없었다고 하더라도 당해 교육기관 등이 주무관청 등에의 신고나 등록에 의하여 지휘·감독의 범위 내에 포함된다면 이는 정부의 허가 또는 인가라는 개념을 둔 소기의 목적이 달성된 것이므로 그 교육기관이 제공한 교육용역도 면세대상에 포함된다고 봄이 상당하다. 따라서 '정부의 허가 또는 인가'라 함은 평생교육법 등 교육시설관련법에 따라 '주무관청에의 등록 또는 신고'한 경우도 포함하고 있는 것으로 보아야 할 것이다.

 핵심체크

학원이 관련 법률에 따라 인·허가나 등록을 받았는지를 확인한다. 무허가 학원은 부가가치세가 과세된다. 또한 교육용역제공과 관련된 필수·부수적인 용역의 공급인지 독립된 용역의 제공인지를 검토한다.

### (2) 헬스클럽에서 연회비를 선불로 받는 경우 세금계산서 발행

다음의 어느 하나에 해당하는 용역을 둘 이상의 과세기간에 걸쳐 계속적으로 제공하고 그 대가를 선불로 받는 경우에는 예정신고기간 또는 과세기간의 종료일을 공급시기로 한다(부령 29). 따라서 선불로 받은 수강료, 연회비 등은 계약기간 월수로 나눈 금액에 해당 기간의 월수를 곱하여 **예정신고기간 또는 과세기간 종료일**을 공급시기로 한다. 다만, 회원으로부터 받은 1년간의 연회비를 선수하고 회원에게 신용카드매출전표(영수증)를 발급하는 경우에는 발급한 때를 공급시기로 하는 것이다(법규부가 2011-268, 2011. 7. 29). 따라서 부가가치세 과세표준은 수령시점이 속하는 과세기간에 포함되나 법인세 및 소득세법상 수입금액은 과세기간에 안분하고 과세기간 미경과분은 선수금으로 계상하여야 한다.

① 헬스클럽장 등 스포츠센터를 운영하는 사업자가 연회비를 미리 받고 회원들에게 시설을 이용하게 하는 것

② 사업자가 다른 사업자와 상표권 사용계약을 할 때 사용대가 전액을 일시불로 받고 상표권을 사용하게 하는 것

③ 「노인복지법」에 따른 노인복지시설(유료인 경우에만 해당한다)을 설치·운영하는 사업자가 그 시설을 분양받은 자로부터 입주 후 수영장·헬스클럽장 등을 이용하는 대가를 입주 전에 미리 받고 시설 내 수영장·헬스클럽장 등을 이용하게 하는 것

④ 그 밖에 가목에서 다목까지의 규정과 유사한 용역

**부가가치세 집행기준 16-29-4 대가를 선불로 받은 장기공급용역의 공급시기**

완성도기준지급 또는 중간지급조건부 공급에 해당하지 아니하는 다음에 예시하는 용역을 2과세기간 이상에 걸쳐 계속적으로 제공하거나 재화·시설물 또는 권리를 사용하게 하고 그 대가를 선불로 받는 경우 「부가가치세법 시행령」 제65조 제5항을 준용하여 계산하는 공급가액 관련 용역의 공급시기는 예정신고기간 또는 과세기간의 종료일로 한다.

1. 스포츠센터(수영장, 헬스 등)를 운영하는 사업자가 해당 시설을 이용하게 하고 회원들로부터 1년 단위로 연회비를 받는 경우
2. 사업자가 다른 사업자에게 상표권을 수년간 사용하게 하고 그 사용대가 전액을 상표권 사용

계약 시 일시불로 받는 경우
3. 유료노인복지시설을 설치 · 운영하는 사업자가 해당 시설을 분양받은 자로부터 입주 후 수영장 · 헬스장 등의 이용대가를 '시설운영선납금' 명목으로 입주 전에 미리 받는 경우

### (3) 외국법인이 주무관청의 인 · 허가를 받은 시설에서 제공하는 교육용역

국내사업장이 있으나 국내사업장과 관련 없이 용역 등을 공급하는 외국법인이 '2018 평창 동계올림픽 조직위원회'와의 스폰서계약에 따라 학교를 방문하거나 온라인콘텐츠를 이용하여 올림픽 관련 교육서비스를 제공하고 그 대가로 올림픽 휘장을 사용할 수 있는 권리를 제공받는 경우 학교장의 책임 하에 시설 · 교육내용 · 교육과정 · 정원 등에 대한 일정한 요건을 갖추어 학교를 방문하는 방식으로 용역을 제공하는 경우에는 「부가가치세법」 제26조 제1항 제6호에 따라 부가가치세가 면제되는 것이며, 「평생교육법」 제30조 및 제33조에 의거 주무관청에 학교 부설 평생교육시설 또는 원격대학형태의 평생교육시설로 신고하지 아니하고 온라인콘텐츠를 이용하는 방식으로 쟁점용역을 제공하는 경우에는 같은 법 제52조에 따라 대리납부 규정이 적용되는 것이다(법령해석-3379, 2016. 10. 25).

**관련법조문**

**◈ 부가가치세법 제52조 【대리납부】**

① 다음 각 호의 어느 하나에 해당하는 자로부터 국내에서 용역 또는권리(이하 이 조 및 제53조에서 용역 등이라 한다)를 공급(국내에 반입하는 것으로서 제50조에 따라 관세와 함께 부가가치세를 신고 · 납부하여야 하는 재화의 수입에 해당하지 아니하는 경우를 포함한다. 이하 이 조 및 제53조에서 같다)받는 자(공급받은 그 용역 등을 과세사업에 제공하는 경우는 제외하되, 제39조에 따라 매입세액이 공제되지 아니하는 용역 등을 공급받는 경우는 포함한다)는 그 대가를 지급하는 때에 그 대가를 받은 자로부터 부가가치세를 징수하여야 한다.

1. 「소득세법」 제120조 또는 「법인세법」 제94조에 따른 국내사업장 (이하 이 조에서 국내사업장이라 한다)이 없는 비거주자 또는 외국법인
2. 국내사업장이 있는 비거주자 또는 외국법인(비거주자 또는 외국법인의 국내사업장과 관련 없이 용역 등을 공급하는 경우로서 대통령령으로 정하는 경우만 해당한다)

※ 원고는 국내사업장이 없는 해외법인인 해외 자회사로부터 이 사건 약정에 따른 용역을 공급받아 면세사업에 제공하고 그 대가를 지급하였으므로 부가가치세를 대리납부할 의무가 있음(서울고등법원 2015누53208, 2016. 7. 14).

판례 **외국법인에 대가를 지급하는 경우 대리납부의무**(대법원 2016.10.13. 선고 2016두47086 판결)

국내사업장이 없는 외국법인으로부터 용역을 받아 면세사업에 제공하고 대가를 지급하는 때에 부가가치세를 징수·납부하여야 한다(구 부가가치세법 제34조 제1항). 한편 정부의 허가 또는 인가를 받은 학원 등이 학생 등에게 제공하는 교육용역은 면세사업에 해당한다(구 부가가치세법 제12조, 같은 법 시행령 제30조). 갑 제4호증에 변론 전체의 취지를 더하여 보면, ① 원고는 BBB 법인과, BBB 법인이 원고의 수강생에게 전화영어 서비스를 제공하면 원고가 그 대가를 지급하기로 하는 내용의 용역 서비스 계약을 체결하였고, 이러한 계약에 따라 BBB 법인은 원고의 수강생들에게 전화영어 강의를 제공하고, 원고는 그 대가를 BBB 법인에 지급한 사실, ② BBB 법인은 BBB 증권거래위원회(Securities and Exchange Commission, BBB에서는 위 위원회가 법인에 대한 등록, 인·허가 및 감독업무를 담당하고 있다)의 인가를 받아 설립되었지만 국내에 별도의 사업장이 존재하지 아니한 사실을 인정할 수 있다.

위 인정사실에 의하면, BBB 법인의 전화영어 강의가 원고의 수강생들에게 제공되기는 하였으나 이는 위 용역 서비스 계약에 따른 것으로 원고가 국내 사업장이 없는 외국법인으로부터 전화영어용역을 공급받아 이를 원고의 수강생들에게 제공한 것으로 보아야 하고(원고가 원고의 이용자들에게 제공하는 용역은 교육용역으로서 면세사업에 해당한다), 외국법인에 그 대가도 지급하였으므로 부가가치세를 징수·납부할 의무가 있다(원고는 구 부가가치세법 시행령 제30조에서 정하고 있는 '정부'에 우리나라 정부뿐만 아니라 외국 정부도 포함되고, 실질적인 전화영어용역의 소비자는 수강생 등이므로 BBB 법인이 제공한 용역도 면세대상에 해당한다고 주장한다. 하지만 부가가치세는 거래단계마다 징수되는 조세이므로 BBB 법인이 학생 등에게 직접 용역을 제공한 것이 아니라 원고에게 제공한 이 사건의 경우 위 전화영어용역은 면세대상에 해당하지 아니한다). 따라서 이 사건 처분은 적법하고, 원고의 주장은 받아들이지 아니한다.

### (4) 관련사례

#### ① 입시학원의 기숙사용역

정부의 허가 또는 인가를 받은 학원에서 제공하는 교육용역에 필수적으로 부수되는 재화 또는 용역의 공급은 부가가치세가 면세되는 것이나, 다만 필수적으로 부수되는지의 여부는 구체적 사실에 따라 판단할 사항이다(재경부 부가 22601-1237, 1990. 12. 12).

또한, 청구법인이 운영하는 학원은 일반 입시학원과는 다르게 기숙사를 설비하여 숙식을 함께하며 강의를 받음으로써 교육의 효과를 증진시키는 특수학원임이 인정되고 있고 숙식이 전제되지 않고는 강의 자체가 불가능하도록 교육일과표가 짜여져 있는 점으로 볼 때, 청구법인이 기숙학원을 운영하면서 수강생들로부터 받고 있는 식대 및 기숙사비는 주된 교육용역에 필수적으로 부수되는 용역의 대가라고 하겠다(국심 1990중2080, 1990. 12. 24, 서면3팀-780, 2007. 3. 14).

※ 입시학원생을 대상으로 기숙사업을 영위하는 사업자가 면세농산물을 공급받아 이를 원재료로 하여 과세되는 음식용역을 제공하는 경우에, 동 **음식용역은 숙박업에 부수하여 공급**되는 것이므로 의제매입세액 공제시 음식업의 공제율(6/106, 8/108)을 적용하지 아니하는 것이며 기타업종에 해당되는 공제율(2/102)을 적용하여야 한다(부가 46015-1177, 2000. 5. 25). 다만, 이 해석은 입시기숙학원에서 제공하는 숙박용역이 교육용역과는 독립된 용역제공으로 부가가치세가 과세된다는 전제하의 해석으로 숙박용역이 교육용역의 부수공급으로 면세된다면 그와 관련 매입세액은 면세사업관련 매입세액으로 공제되지 아니하며 의제매입세액공제 대상도 아니다.

[근거] 한국표준산업분류]
숙박업에 결합되어 운영하는 식사제공 활동(5590 : 기타숙박업)

**② 학원운영사업자가 학원상호 등을 제공하고 가입비를 받는 경우**

학원을 운영하는 자가 사업상 독립적으로 다른 학원운영사업자에게 자기의 상호, 상표 등의 사용 및 자체개발한 교육프로그램, 학원경영 노하우 등을 제공하고 그 대가로 되돌려 주지 아니하는 가입비를 받는 경우 동 가입비는 부가가치세가 과세되는 것이다(부가 46015-268, 1996. 2. 9, 조심 2008서3806, 2009. 3. 31).

〈회계처리〉

• 수령측

| | | | | |
|---|---|---|---|---|
| (차) 현금 및 예금 | ××× | (대) | 사용료수입 | ××× |
| | | | 부가세 예수금 | ××× |

• 지급측

| | | | | |
|---|---|---|---|---|
| (차) 지급수수료(사용료) | ××× | (대) | 현금 및 예금 | ××× |
| 부가세대급금 | ××× | | | |

**③ 허가받은 학원을 임차하여 교육용역 제공**

법인명의로 인·허가를 받은 입시학원을 개인이 임차하여 실질적으로 운영하면서 제공하는 교육용역은 부가가치세가 과세된다(부가 46015-268, 1997. 1. 8). 한편, 면세된다는 반대의 심판결정례도 있다(국심 97중1437, 1997. 10. 23).

**④ 인터넷 교육용역**

평생교육법 제22조 제2항 및 동법 시행령 제26조·제27조의 규정에 의하여 원격교육 형태의 평생교육시설(10명 이상의 불특정 학습자에게 30시간 이상의 교습과정에 따라 화상강의 또는 인터넷강의 등을 통하여 지식·기술·기능 및 예능에 관한 교육을 실시하는 시설)등을 갖추어 **교육부장관에게 신고를 필한 후** 인터넷을 이용하여 교육용역을 제공하고 그 대가를 받는 경우에는 부가가치세법 제12조 제1항 제5호의 규정에 의하여 부가가치세가 면제된다(부가 46015-3991, 2000. 12. 12). 또한, 부가가치세법 시행령 제30조에서 규정하는 정부의 허가 또는 인가를 받은 학교 및 기타 비영리단체의 인터넷 수강생에게 지식 · 기술 등을 가르치는 교육용역은 같은법 제12조의 규정에 의하여 부가가치세가 면제되는 것이며, 대학교 산하단체인 비영리법인이 교육서비스인 인터넷방송강의 대가로 인한 계속적인 수입은 법인세법 시행령 제2조 제1항 제3호에서 규정하는 수익사업에서 제외되는 "원격대학을 경영하는 사업"에 해당되지 않으므로 같은법 제60조 제1항에 의하여 각 사업연도 소득금액에 대한 법인세 과세표준 등의 신고를 하여야 하는 것이다(수익사업에 해당됨)(서면2팀-1219, 2005. 7. 27). 학원법에 따라 주무관청에 교과교습학원으로 등록한 사업자가 원격교육 플랫폼을 통하여 파트너 강사가 기획 · 제작한 교육용역을 제공하는 경우 해당 온라인교육용역은 부가가치세가 면제되는 것이다(사전-2023-법규부가-0010, 2023. 8. 25.).

**참고** **포탈업체를 통한 동영상 교육프로그램 제공사업자의 회계처리**

**Ⅰ. 질의 내용**

인터넷 교육방송국을 운영하는 회사는 동영상 교육프로그램 제작비용을 영상저작권으로 하여 5년간 균등상각하면서 당기 상각액은 매출원가로 잔액은 재고자산으로 회계처리하고 있는데, 맞는 것인지? 또, 회사는 A회사에게 동영상 프로그램을 제공하고 A회사는 자사의 전용선을 이용하여 유료회원에게 서비스를 제공하는 계약을 체결하였는데, 동영상 프로그램에 대한 모든 권리는 회사가 보유하고 A회사에게는 전용선 이용료 및 유료회원 관리비용에 대한 일정 수수료를 지급하고 있는 바, A회사가 회원들에게 제공하여 발생하는 매출을 어떻게 인식해야 하는지?

**Ⅱ. 회신 내용**

인터넷을 통한 서비스 제공을 위해 제작된 동영상 교육프로그램의 제작원가는 기타의 무형자산(금액이 중요한 경우 무형자산 중 적절한 과목)으로 계상하고 합리적인 방법에 따라 계산한 상각비를 매출원가로 처리하는 것이 타당합니다. 쌍방의 계약 내용과 영업행태를 감안할 때 기본적으로 회사와 A회사는 제휴관계에 있으며, 포탈업체인 A회사는 호스팅 서비스를 제공하는 것이지 회사로부터 동영상 프로그램을 제공받아 이를 직접 정보이용자에게 제공하는 것으로 보기 어렵습니다. 이 경우 회사는 A회사를 통하여 제공하는 동영상 정보에 대해 정보이용자가 납부하는 정보이용료를 매출로 인식하고, A회사에게 시스템 사용료 등의 명목으로 지급하는 금액은 매출원가로 처리하는 것이 타당합니다(질의회신 01-081, 2001. 5. 31).

⑤ 학습지 판매

학생들의 교양 또는 지식의 보급을 위하여 일일학습지를 판매하는 경우는 도서의 공급에 해당되어 부가가치세가 면제된다(부가 1265-1388, 1983. 7. 13). 한편, 방문학습지도용역이 주된 재화인 도서의 판매에 필수적으로 부수하여 제공되는 경우 부가가치세 과세 여부에 대한 심판결정례를 보면 다음과 같다.

청구법인의 연도별 총수입금액, 방문학습지도용역 제공 불이행으로 인한 도서구입취소건수 등을 보면, 총수입금액 대비 방문학습지도용역의 점유비율이 7.7%에 불과하고 방문학습지도용역을 제공하기 시작한 이후인 1999년과 2000년의 총수입금액이 급격하게 상승한 것으로 보아 당해 방문학습지도용역은 도서의 판매를 향상시키기 위하여 제공한 최소한의 부수용역으로 보이고, 또한 청구법인이 도서를 판매하고 방문학습지도용역을 제공하지 아니한 때 도서구입이 취소된 경우가 다수 발생한 사실로 보아 당해 방문학습지도용역은 도서판매에 필수적으로 부수하여 제공되는 용역으로 보는 것이 타당하다(국심 2002광1500, 2002. 10. 10).

⑥ 학교부설 평생교육시설 사회체육교육과정의 부가가치세 면제 여부

학교부설 평생교육시설을 설치한 학교의 장이 평생교육법 제25조 및 동법 시행령 제43조 규정에 의하여 당해 시설의 운영규칙 및 교육과정 등의 내용을 관할관청에 보고하고 당해 운영규칙 및 교육과정 등에 따라 사회체육교육과정을 운영하는 경우에는 부가가치세법 제12조 제1항 제5호 및 동법 시행령 제30조 규정에 의하여 부가가치세가 면제되는 것이다(서삼 46015-10464, 2003. 3. 19).

⑦ 전화통신교육용역이 부가가치세 면세대상인지의 여부

한국표준산업분류표상 「방문 및 통신교육 학원(80933)」의 내용을 보면 ① 방문교육 ② 학습지활용 방문교육 ③ 통신이용 교육 ④ 인터넷이용 교육으로 되어 있고, 청구법인이 제공한 쟁점용역은 ③ 통신이용 교육에 해당함을 알 수 있다.

청구법인이 법인으로 전환되기 전 회사인 ○○○의 통신이용교육(전화교육부분)에 대하여 처분청이 1998년 11월에 1997년 및 1998년도 부가가치세를 조사하여 과세한 처분에 대하여 심판청구를 거쳐 행정소송을 제기하였으나, 정부의 허가 또는 인가를 받지 않은 미인가 교육용역(전화교육)에 대해 부가가치세를 부과한 처분은 적법하다고 확정판결(대법원 2001. 3. 27 선고, 2000두9700 판결)되었음이 확인된다.

또한, 청구법인이 제공한 쟁점용역은 한국표준산업분류표상 「방문 및 통신교육 학원(80933)」 중 통신이용 교육에 해당하는 것으로, 이는 학원의 설립·운영 및 과외교습

에 관한 법률 제2조 및 제8조에 규정하고 있는 학원의 형태에서 제공되지 않는 미인가 교육용역에 해당하여 부가가치세법 제12조 및 동법 시행령 제30조 규정에 의한 부가가치세 면세대상에 해당하지 아니한다 하겠다.

한편, 청구법인은 조사공무원의 납세지도에 따라 면세로 신고하였으므로 이 건 과세가 신의성실의 원칙에 반한다고 주장하나, 조사공무원의 세무지도는 공적인 견해 표명으로 보기 어려우므로, 위 청구법인의 주장을 받아들이기는 어려운 것으로 판단된다(국심 2000서915, 2000. 4. 23).

- 평생교육법에서 정한 원격평생교육시설로 신고하고, 성인 및 어린이를 대상으로 필리핀에 거주하는 필리핀 강사를 고용하여 전화로 영어를 교육하는 용역은 부가가치세가 면제됨(서울고등법원 2010누38174, 2011. 9. 15).
- 전화영어교육은 평생교육법상 원격교육에 해당하지 않는 것으로 보아 청구법인이 쟁점교육용역에 대하여 주무관청으로부터 허가·인가 또는 승인을 받거나 또는 그 용역에 대하여 주무관청에 등록·신고하지 아니한 이상 당해 용역을 부가가치세 면제대상인 교육용역으로 보기는 어려움(조심 2008서0541, 2010. 5. 6, 서울행정법원 2010구합31485, 2010. 10. 8).

### ⑧ 방문교육

관련법령에 의하여 시설·교습과정 및 정원 등에 관한 일정한 요건을 갖추어 주무관청으로부터 허가 또는 인가를 받지 아니한 사업자가 각 가정을 방문하여 아동을 교육하는 사업은 부가가치세법 제12조 제1항 제5호의 규정에 의한 교육용역에 해당되지 아니하여 부가가치세가 과세된다(부가 46015-2398, 1999. 8. 10).

| 구 분 | 면세 여부 | 업종구분 | 근 거 |
|---|---|---|---|
| • 방문교육 | × | 교육서비스 | 인·허가를 받지 않은 교육용역 |
| • 학습지 판매 | ○ | 소 매 | 도서판매로 면세(교육은 부수적임) |

### ⑨ 미용체조 교육용역

에어로빅장은 '체육시설의 설치·이용에 관한 법률'의 신고·등록 대상으로 규정되어 있으나, 2006년 3월에 관련법의 개정으로 말미암아 체육시설업의 건전한 육성·발전과 행정규제 완화를 위하여 **자유업으로 전환**되어 신고·등록 없이 자유롭게 설치 운영할 수 있게 됨에 따라 면세되는 교육용역에 해당되지 아니하여 부가가치세가 과세된다(서면3팀-3079, 2007. 11. 12).

통계청이 고시하는 한국표준산업분류에 규정된 기타 운동시설운영업(8839)으로 열거된 산업활동은 부가가치세 과세된다(재부가-186, 2007. 3. 22).

※ 기타운동시설운영업 : 무술도장, 에어로빅시설, 헬스클럽, 단전호흡시설, 관람석이 없는 수영장 운영업, 볼링장, 당구장, 스쿼시장, 골프연습장, 탁구장, 테니스장, 롤러스케이트장, 승마연습장, 요트장, 조정장, 카누장, 야구연습장, 종합사회체육시설, 복합체육시설 등을 말함.

| 구 분 | 면세 여부 | 근 거 |
|---|---|---|
| • 에어로빅장 · 합기도 · 택견 | × | 면세되는 교육용역이 아님(자유업) |
| • 태권도 · 유도 · 검도 · 우슈(쿵후) · 레슬링 · 권투 | ○ | 체육시설의 설치 및 이용에 관한 법률(신고대상) |
| • 헬스클럽 | × | 면세되는 교육용역이 아님 |
| • 수영장 | × | 면세되는 교육용역이 아님, 생존수영 어린이수영장 면세 |

**관련법조문**

◈ **체육시설의 설치 · 이용에 관한 법률**

**제10조 【체육시설업의 구분 · 종류】**

① 체육시설업은 다음과 같이 구분한다.

1. 등록 체육시설업 : 골프장업, 스키장업, 자동차 경주장업
2. 신고 체육시설업 : 요트장업, 조정장업, 카누장업, 빙상장업, 승마장업, 종합 체육시설업, 수영장업, 체육도장업, 골프 연습장업, 체력단련장업, 당구장업, 썰매장업, 무도학원업, 무도장업, 야구장업, 가상체험 체육시설업, 체육교습업, 인공암벽장업

**제20조 【체육시설업의 신고】**

① 제10조 제1항 제2호에 따른 체육시설업을 하려는 자는 제11조에 따른 시설을 갖추어 문화체육관광부령으로 정하는 바에 따라 특별자치시장 · 특별자치도지사 · 시장 · 군수 또는 구청장에게 신고하여야 한다.

■ 체육시설의 설치 · 이용에 관한 법률 시행령 [별표 1] 〈개정 2021. 6. 8〉

체육시설의 종류(제2조 관련)

| 구분 | 체육시설 종류 |
|---|---|
| 운동 종목 | 골프장, 골프연습장, 궁도장, 게이트볼장, 농구장, 당구장, 라켓볼장, 럭비풋볼장, 롤러스케이트장, 배구장, 배드민턴장, 벨로드롬, 볼링장, 봅슬레이장, 빙상장, 사격장, 세팍타크로장, 수상스키장, 수영장, 무도학원, 무도장, 스쿼시장, 스키장, 승마장, 썰매장, 씨름장, 아이스하키장, 야구장, 양궁장, 역도장, 에어로빅장, 요트장, 육상장, 자동차경주장, 조정장, 체력단련장, 체육도장, 체조장, 축구장, 카누장, 탁구장, 테니스장, 펜싱장, 하키장, 핸드볼장, 인공암벽장, 그 밖에 국내 또는 국제적으로 치러지는 운동 종목의 시설로서 문화체육관광부장관이 정하는 것 |
| 시설 형태 | 운동장, 체육관, 종합 체육시설, 가상체험 체육시설 |

■ 체육시설의 설치 · 이용에 관한 법률 시행령 [별표 2] 〈개정 2021. 6. 8〉

체육시설업의 종류별 범위(제6조 관련)

| 업종 | 영업의 범위 |
|---|---|
| 1. 스키장업 | 눈, 잔디, 그 밖에 천연 또는 인공 재료로 된 슬로프를 갖춘 스키장을 경영하는 업 |
| 2. 썰매장업 | 눈, 잔디, 그 밖에 천연 또는 인공 재료로 된 슬로프를 갖춘 썰매장(「산림문화 · 휴양에 관한 법률」에 따라 조성된 자연휴양림 안의 썰매장을 제외한다)을 경영하는 업 |
| 3. 요트장업 | 바람의 힘으로 추진되는 선박(보조추진장치로서 엔진을 부착한 선박을 포함한다)으로서 체육활동을 위한 선박을 갖춘 요트장을 경영하는 업 |
| 4. 빙상장업 | 제빙시설을 갖춘 빙상장을 경영하는 업 |
| 5. 종합 체육시설업 | 법 제10조 제1항 제2호에 따른 신고 체육시설업의 시설 중 실내수영장을 포함한 두 종류 이상의 체육시설을 같은 사람이 한 장소에 설치하여 하나의 단위 체육시설로 경영하는 업 |
| 6. 체육도장업 | 문화체육관광부령으로 정하는 종목의 운동을 하는 체육도장을 경영하는 업 |
| 7. 무도학원업 | 수강료 등을 받고 국제표준무도(볼룸댄스) 과정을 교습하는 업(「평생교육법」, 「노인복지법」, 그 밖에 다른 법률에 따라 허가 · 등록 · 신고 등을 마치고 교양강좌로 설치 · 운영하는 경우와 「학원의 설립 · 운영 및 과외교습에 관한 법률」에 따른 학원은 제외한다) |

| 업종 | 영업의 범위 |
|---|---|
| 8. 무도장업 | 입장료 등을 받고 국제표준무도(볼룸댄스)를 할 수 있는 장소를 제공하는 업 |
| 9. 가상체험 체육시설업 | 정보처리 기술이나 기계장치를 이용한 가상의 운동경기 환경에서 실제 운동경기를 하는 것처럼 체험하는 시설 중 골프 또는 야구 종목의 운동이 가능한 시설을 경영하는 업 |
| 10. 체육교습업 | 체육시설을 이용하는 자로부터 직접 이용료를 받고 다음 각 목의 어느 하나에 해당하는 운동에 대하여 13세 미만의 어린이를 대상으로 30일 이상 교습행위를 제공하는 업(교습과정의 반복으로 교습일수가 30일 이상이 되는 경우를 포함한다)<br>가. 농구<br>나. 롤러스케이트(인라인롤러와 인라인스케이트를 포함한다)<br>다. 배드민턴<br>라. 빙상<br>마. 수영<br>바. 야구<br>사. 줄넘기<br>아. 축구<br>자. 가목부터 아목까지의 운동 중 두 종류 이상의 운동을 포함한 운동 |
| 11. 인공암벽장업 | 인공적으로 구조물을 설치하여 등반을 할 수 있는 인공암벽장을 경영하는 업 |

**판례** **체육시설법에 따라 신고된 어린이수영장의 면세판정**
**(서울고법 2018.1.19 판결, 2017누69634 판결)**

체육시설법에 따라 설치된 체육시설의 경우에는, 그 설치목적이 주로 대중으로 하여금 체육시설을 이용하고 그 대가를 받는 것에 있다면 이는 체육시설에 해당할 뿐 교육관련시설로 볼 수 없으므로 일부 교습을 실시하는 경우가 있다고 하더라도 그것이 체육시설 설치의 주된 목적이 아니어서 부가가치세 면세대상이라고 할 수 없지만, 체육시설업자가 체육교습을 위한 목적에서 체육시설을 설치한 것으로서 이용자 또는 이용의 실제 등에 비추어 체육교습이 주된 것이고 그에 부수하여 체육시설이 이용되는 것이라면, 이는 종래 체육교습을 위한 사설강습소에 해당하는 교육관련시설에서 이루어진 교육용역에 해당하므로 부가가치세 면세대상으로 보아야 한다(다만 무도학원은 이에 해당하더라도 구 부가가치세법 시행령 제30조 제2호에 따라 부가가치세 면세대상에서 제외된다).

그리고 체육시설법에 따른 체육시설이 부가가치세 면세대상인 교육관련시설인지 또는 부가가치세 과세대상인 체육시설인지 여부는, 체육시설의 설치목적이 주로 체육교습을 위한 것인지 또는 시설이용을 위한 것인지, 실제로 이용자들의 대부분이 체육교습자인지 아니면 교습을 받지 않는 일반 고객인지, 이용자들이 이용시간 대부분 교습을 받으면서 체육시설을 이용하는지 또는 이용시간 중에 스스로 체육시설을 이용하다가 간간이 교습만을 받는지, 단순히 시설만을 이용하는 가격이 별도로 정해져 있는지 또는 수강료에서 교습비가 차지하는 비중이 순수한 체육시설 이용료에 비하여 상당한지 등을 종합하여 구체적 사안에서 개별적으로 판단하여야 할 것이다.

〈수영장 운영형태〉 원고들은 애초에 아래와 같이 수상안전교육, 수영교육 등 교육을 목적으로 하는 사업을 영위하기 위하여 사업자등록을 마쳤고, 관할 구청장에게 체육시설법에 따른 수영장 설치 신고를 마쳤다.

| 원 고 | 업 태 | 종 목 |
|---|---|---|
| 최AA | 교육서비스업 | 어린이수상안전교육 |
| 박BB | 서비스 | 수상안전교육 |
| 강CC | 서비스, 서비스(교육관련)업 | 상담컨설팅, 어린이수상안전교육 |
| 노DD | 교육서비스업 | 스포츠교육기관, 레크레이션교육기관 |
| 방EE | 교육서비스업, 서비스 | 어린이수상안전교육, 수영장 |
| 신FF | 서비스 | 수상안전교육장 |
| 송GG, 유HH, 노DD | 예술, 스포츠 등 | 수영교육 |

◈ 조심 - 2019 - 구 - 2922, 2019. 11. 19

부가가치세 면제대상 교육 용역 제공 대가에 부수적으로 발생되는 시설 이용 등의 대가가 일부 포함되어 있다 하더라도 이는 교육 용역 제공의 일환으로서 관련 수입 전액을 부가가치세 면제대상 수입금액으로 보아야 할 것이고, 청구법인의 수영강습료 중 주된 대가가 쟁점수영장 이용에 대한 대가라서 부가가치세 면제대상 교육 용역에 해당되지 않는다는 취지의 처분청 의견은 타당하지 않은 점, 청구법인의 쟁점수영장에서 발생된 수입 중 수영강습을 대가로 이용객별(성인, 대학생, 중고생, 초등생)로 사전에 정한 수강료로 지급받은 수입은 비록, 일부 토·공휴일의 자유수영에 대한 대가가 포함되어 있더라도 주된 용역이 부가가치세 면제대상 교육 용역에 해당된다 할 것인 점, 이 외에도 청구법인이 제시한 초·중·고등학교와 자유학기 프로그램 위탁계약을 맺고 학교 교과과정에 포함된 수영안전교육, 생존수영강습 및 아쿠아로빅 강습을 제공하고 대가를 받은 경우에도 부가가치세 면제대상 교육 용역에 해당되는 것으로 보이는 점, 다만 처분청은 청구법인이 이 건 경정청구시 쟁점수영장 관련 전체 수입내역을 구체적으로 확인할 수 있는 세부 매출내역에 대한 자료를 제시하지 아니하여 수영강습 유형별 세부적인 수입금액을 확인하지 못하였다는 의견을 제시한 점 등에 비추어 청구법인의 쟁점수영장 관련 각 유형별 세부 매출내역 확인을 통해 부가가치세가 면제되는 교육 용역에 해당되는 수입금액을 재조사하고, 그 결과에 따라 과세표준과 세액을 경정하는 것이 타당한 것으로 판단된다.

### ⑩ 고시원이 교육용역에 해당되는지의 여부

각종 고시준비생들에게 독립된 방과 음식을 제공하고 매월 일정한 대가를 받는 고시원은 **숙박업 중 하숙업**으로 분류되어 부가가치세가 과세된다. 대법원은 이용자들로부터 일정기간의 대실료를 받아 책상 등의 기본적인 가구가 비치된 방을 제공하여 숙박하도록 하고 이에 부수하여 식사의 편의도 제공하는 고시원 영업은 전체로서 숙박업에 해당할 뿐 부가가치세법 제12조 제1항 제15호에서 부가가치세 면제대상으로 규정하고 있는 도서관 입장 용역에 해당하지 아니한다(대법원 2002. 5. 17 선고, 2002두 4330 판결)라고 판시하였다. 또한, 원룸 형태의 고시원을 설치하여 각종 고시준비생을 입주시켜 매월 일정액의 사용료를 받거나 혹은 일부는 매1년 단위로 전세금을 받아 운영하고 있는 경우 부가가치세가 면제되는 도서관에 포함되지 아니하여 부가가치세가 과세되는 사업에 해당하는 것이다(서면3팀-265, 2005. 2. 23).

다만, 사설강습소설치법 규정에 의하여 인가받은 독서실은 부가가치세가 면제되는 도서관에 포함된다(간세 1235-4693, 1977. 12. 24).

판례 **독서실과 고시원의 용역공급**(국심 2002서1037, 2002. 6. 19)

공급대가측면에서 보면 독서실의 이용료 15만원과 고시원의 이용료 20만원은 별도로 구분하여 가격산정이 되어있고, 청구인은 다만 편의상 각각의 이용료를 함께 받고 있는 것으로 고시원의 이용료에 독서실의 이용료가 포함되어 있는 것으로 보기 어렵다. 또한 일반적으로 고시원은 동일장소에서 숙식과 함께 책상 등의 시설을 이용하는 형태이고 독서실은 숙식시설 없이 책상 등의 시설만을 이용하는 것으로서 서로 독립된 용역의 공급으로 볼 수 있고, 이 건의 경우 고시원의 이용자가 독서실을 이용하고 있으나 이는 거래의 성격상 고시원제공용역의 부수용역을 제공하는 것이라기보다는 고시원용역과 독서실용역을 동시에 제공하는 것으로 보아야 할 것이다. 독서실과 고시원의 이용자는 사전에 각각 독립된 용역의 대가를 지급하고 각각의 시설을 이용하고 있으므로 독서실의 제공용역은 우발적 또는 일시적으로 제공하는 것으로 볼 수도 없다. 따라서 청구인은 독서실을 고시원과 구분하여 운영하고 있고 이용요금도 고시원의 이용료와 구분하여 산정하고 있으며 관계기관으로부터 학원설립 및 운영등록증을 발급받아 부가가치세 면세사업자로 사업자등록을 하였고, 위에서 본 바와 같이 독서실의 제공용역이 고시원의 제공용역에 필수적으로 부수되는 것으로 볼 수 없으므로 독서실과 고시원은 각각 독립된 용역을 동시에 제공하는 것으로 보이는 바, 단순히 각각의 이용료를 함께 징수한다는 사실만으로 독서실의 제공용역을 고시원 용역의 부수용역으로 보아 이 건 부가가치세를 과세한 처분은 관련법규와 사실을 오인한 부당한 처분으로 판단된다.

[고시원 · 독서실의 구분] (2023귀속)

| 구 분 | 업종코드 | 단순경비율 | 차이점 | 과세 여부 |
|---|---|---|---|---|
| 서비스 · 고시원 (숙박업) | 551016 | 86.4 | 학습장소 제공 | 부가가치세 과세대상 |
| 일반 및 생활 숙박시설 운영업 | 551009 | 86.0 | 숙식제공 위주 | 부가가치세 과세대상 |
| 서비스 · 독서실 | 923100 | 87.4 | 인가(등록) | 면세(학원) |

〈학원기숙사의 의제매입세액공제율〉

입시학원생을 대상으로 기숙사업을 영위하는 사업자가 면세농산물을 공급받아 이를 원재료로 하여 과세되는 음식용역을 제공하는 경우에, 동 **음식용역은 숙박업에 부수하여 공급**되는 것이므로 의제매입세액 공제시 음식업의 공제율(6/106, 8/108)을 적용하지 아니하는 것이며 기타 업종에 해당되는 공제율(2/102)을 적용하여야 한다(부가 46015-1177, 2000. 5. 25).

[근거] 한국표준산업분류

숙박업에 결합되어 운영하는 식사제공 활동(5590 : 기타숙박업)

⑪ 심리상담연구소의 부가가치세 과세 여부

심리상담연구소는 의료법에 의한 의료기관에 해당하지 아니하고, 학원 등으로 정부의 인가 또는 허가를 받지 아니한 자가 인적·물적 설비를 갖추고 언어·행동 등에 장애가 있는 아동에 대한 상담·언어치료·심리발달교육 등의 용역을 제공함에 있어 동 상담용역은 부가가치세법 시행령 제35조 제2호 마목 및 동시행규칙 제11조의 3 제4항 제1호의 규정에 의한 인생상담에 해당되나, 언어치료 및 심리발달교육 용역은 부가가치세가 과세되는 용역의 공급에 해당되며, 따라서 동 상담용역을 위주로 공급하는 경우에는 부가가치세법 제1조 제4항의 규정에 의거 부가가치세가 과세되는 것이다(서면3팀-1197, 2005. 7. 27).

⑫ 서적 및 CD 판매시 과세 여부

학원을 영위하는 사업자가 도서 및 CD를 제작하여 판매하는 경우에 있어서 도서의 판매는 부가가치세법 제12조 제1항 제7호의 규정에 의하여 부가가치세가 면제되는 것이고, CD의 경우에는 도서에 부수하여 그 도서의 내용을 담은 CD를 첨부하여 통상 하나의 공급단위로 공급하는 때에는 부가가치세가 면제되는 것이나(도서의 부수공급), 도서와 별개로 CD를 공급하는 경우(독립된 별도공급)에는 부가가치세가 과세된다. 다만, 당해 CD를 별도로 판매하는 경우에 있어 당해 CD가 부가가치세법 시행령 제32조 제6항 및 같은법 시행규칙 제11조에 규정하는 전자출판물의 범위에 해당하는 때에는 부가가치세가 면제되는 것이다(서면3팀-367, 2005. 3. 16).

⑬ 마사회의 승마강습용역의 교육용역 해당 여부

한국마사회가 경마사업과는 별도로 마사진흥사업 일환으로 마필이용 등의 지도장려를 위하여 입장객에게 제공하는 마필의 이용(대여) 및 승마교육 등의 용역은 부가가치세법 제12조 제1항 제5호 규정의 면세하는 교육용역에 해당하지 아니하는 것이며(체육시설설치·이용에 관한 법률에 의한 체육시설업으로는 별도등록하고 있지는 아니함), 이 경우 과세되는 동 용역을 종전에는 유료로 제공하다가 경영방침에 의하여 무료로 제공하여 부가가치세법 제7조 제3항의 규정에 의하여 부가가치세가 과세되지 아니하더라도 당해 사업을 폐지한 것으로 보지 아니하는 것이다(서면3팀-198, 2005. 2. 11).

⑭ 해외연수비의 교육용역 해당 여부

평생교육법에 의한 교육용역을 제공하는 사업자가 수강생들을 대상으로 영어교육 연수를 실시함에 있어 부가가치세가 면제되는 교육용역의 제공에 필수적으로 부수되는 연수비용은 부가가치세법 제12조 제3항의 규정에 의하여 부가가치세가 면제되는 용역의 공급에 포함하는 것이나, 당해 교육용역 제공과는 관계없이 단순히 관광 및 음식·숙박 용역 등만을 제공하고 그 대가를 받는 경우에는 부가가치세법 제7조 제1항의 규정에 의하여 부가가치세가 과세되는 것이다(서면3팀-1340, 2005. 8. 22).

⑮ 요가 교습용역의 면세 여부

(사)요가협회 및 그 지부가 요가 교습용역을 제공하고 대가를 받는 경우 동 용역은 부가가치세법 제12조 제1항 제5호 및 같은법 시행령 제30조의 규정에 의한 부가가치세가 면제되는 교육용역에 해당하지 아니하는 것이다(재소비-471, 2005. 11. 16). 즉, 면세되는 교육용역은 정부의 인허가 등의 요건을 갖추어야 하는데, 여기서 정부의 허가 또는 인가라 함은 관계법령에 의하여 시설·교습과정·정원 등에 관한 일정한 요건을 갖추어 주무관청으로부터 설립이 허용되는 것을 말하는 것으로 이 경우 시설·교습과정·정원 등에 관한 일정한 요건을 갖추어 주무관청으로부터 설립이 허용된 것으로 볼 수 없는 것이므로 부가가치세법 제12조 제1항 제5호의 규정을 적용하지 아니하는 것이다.

⑯ 미인가 교육용역 해당 여부

부가가치세 신고서류 및 대리점계약서 등에 의하면, 청구인은 청구외 법인과 매출액의 20% 상당금액을 지급하는 조건으로 교육제공에 관한 대리점계약을 체결하고 일반 수강생을 모집하여 쟁점교육용역을 제공한 후 계약조건에 따른 사용수수료를 청구외 법인에게 지급하고 매입계산서를 수취하였으나, 주무관청에 원격평생교육시설을 신고하지 아니한 자가 신고한 자와 지사계약을 체결하고 교육 및 자료, 기술 등을 지원받아 교육용역을 제공하고 그 대가를 받는 경우에는 부가가치세가 과세되는 것이므로, 청구인은 이 건 과세기간에 주무관청에 신고한 사실이 없이 제공한 쟁점교육용역을 미인가 교육용역으로 보아 부가가치세를 과세한 처분은 잘못이 없는 것으로 판단된다(국심 2005서864, 2005. 7. 26).

⑰ 학원 등 면세사업자가 세금계산서를 발급한 경우

학원 등 면세사업자가 부동산 전대업 등 과세사업을 겸영하는 경우에는 부가가치세법상 사업자등록을 교부받아야 하나 소득세법 및 법인세법 규정에 의해 사업자등록을 한 자가 세금계산서를 교부하는 경우에는 공급받는 자는 사실과 다른 세금계산서 수수로 매입세액을 공제받을 수 없는 것이며, 이 경우 매입세액을 공제받은 경우 매입세액추징과 매입처별세금계산서합계표 관련가산세 및 신고납부불성실가산세가 적용되는 것이다. 또한 당해 과세재화를 공급한 사업자가 당해 과세재화 공급분에 대하여 신고·납부한 경우에는 미등록가산세만 적용되는 것이나, 당해 공급분에 대하여 신고·납부하지 아니한 경우에는 관련매출세액 추징 및 미등록가산세와 신고·납부불성실가산세가 적용되는 것이다(제도 46015-11363, 2001. 6. 5).

한편, 학원 등 면세사업자가 사업용 고정자산인 차량운반구를 매각하고 세금계산서를 교부한 경우 이는 우발적 공급으로 인한 부수재화로 계산서 교부대상이므로 수정세금계산서를 교부하여 경정청구에 의거 환급받을 수 있는 것이다.

⑱ 입학검사비의 면세 여부

정부의 허가 또는 인가를 받은 학원을 운영하는 사업자가 입학을 희망하는 자에게 학원 교육과정의 수학능력 검사 및 능력별 반 편성을 위한 입학검사용역을 제공하고 실비수준의 검사비를 받는 경우 해당 검사용역의 공급에 대하여는 부가가치세를 면제하는 것이다(부가-228, 2010. 2. 24).

⑲ 사업자가 교육콘텐츠를 임대하면서 도서를 함께 공급하는 경우 도서의 과세 여부

1) 사실관계

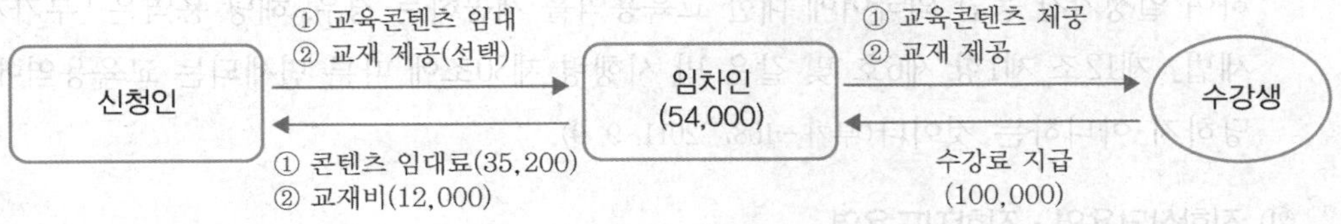


- 신청인은 「평생교육법」에 따른 원격평생교육시설로서 서울특별시 강남교육지원청교육장으로부터 2010. 9. 28. 신고증을 발급받음.
- 신청인은 웹을 기반으로 사이버 공간에서 직접 수강생들에게 교육용역(면세)을 제공하기도 하지만 다른 사업자에게 교육콘텐츠를 임대(과세)하고 임대료를 받는 경우도 있음.
- 신청인이 다른 사업자에게 교육콘텐츠를 임대하는 경우 계약상 임차인이 해당 프로그램의 교재를 채택하면 신청인이 교재도 함께 공급할 수 있음.
  - 교재는 임차인이 직접 시중에서 구입할 수 있는 도서이며, 수강생이 교육프로

그램을 수강하기 위하여 반드시 필요한 도서는 아니나 교육의 효과를 높이기 위하여 수강료에 포함하여 수강자에게 제공

- 신청인은 교재를 시중에서 구매하여 임차인에게 제공하고 있으며 교재공급으로 인한 판매마진이 일부 발생
- 신청인이 임차인으로부터 지급받는 임대료는 수강자가 임차인에게 지급하는 수강료에서 교재비를 차감한 잔액의 40% 정도임.

2) 신청내용

- 신청인이 임차인에게 교육콘텐츠를 임대하면서 함께 공급하는 교재가 부가가치세 과세대상에 해당하는지 여부

3) 회 신

사업자가 다른 사업자에게 교육용 콘텐츠를 임대하면서 「부가가치세법」 제12조 제1항 제8호에 따른 도서를 함께 공급하는 경우로서 해당 도서가 교육용역을 제공받기 위해 필수적으로 부수되는 교재에 해당하지 아니하고 교육용 콘텐츠 임대용역의 대가와 구분되는 경우 해당 도서의 공급에 대해서는 부가가치세를 과세하지 아니하는 것이다(법규부가 2011-0339, 2011. 9. 21).

**⑳ 기업체 등에 출장하여 제공하는 교육용역 면세 여부**

「학원의 설립·운영 및 과외교습에 관한 법률」에 따라 학원으로 등록한 사업자가 기업체 등과 위탁교육계약을 체결하고 소속강사로 하여금 해당 기업체 등에 출장토록 하여 일정기간 동안 외국어에 대한 교육용역을 제공하는 경우, 해당 용역은 「부가가치세법」 제12조 제1항 제6호 및 같은 법 시행령 제30조에 따른 면세되는 교육용역에 해당하지 아니하는 것이다(부가-1087, 2011. 9. 9).

**㉑ 진학상담용역·진학지도용역**

학원의 설립·운영 및 과외교습에 관한 법률에 따라 등록한 학교교과 교습학원으로서 같은 법 시행령 별표 2에 따른 입시·검정 및 보습분야의 진학상담·지도를 하는 학원이 학생 등에게 제공하는 진학상담·지도 용역은 부가가치세법 제12조 제1항 제6호 및 같은 법 시행령 제30조에 따라 부가가치세가 면제되는 것이다(재부가-279, 2013. 4. 24).

## 3. 소득세 · 법인세 실무

### (1) 사업장 현황신고

학원사업자(개인)는 당해 사업장의 현황을 과세기간 종료 후 다음 해 2월 10일 이내에 사업장소재지 관할 세무서에 신고하여야 한다. 이 경우 신고하여야 할 주요 내용은 다음과 같다.

#### ① 수입금액 신고사항

- 수입금액 입금내역(신용카드매출액, 현금영수증 매출액, 지로매출액, 현금매출액 등)
- 수입금액 구성내역(수강료, 특강비, 입학금, 기타)

#### ② 주요 기본경비 신고사항

임차료, 인건비(강사 · 직원), 광고선전비 등

#### ③ 매출 · 매입처별계산서합계표 제출

사업장현황신고와 함께 매출 · 매입처별계산서합계표, 매입처별세금계산서합계표를 제출하여야 하며 미제출시 공급가액의 0.5%의 가산세를 부과한다.

■ 소득세법 시행규칙 [별지 제19호의 5 서식] 〈개정 2023. 3. 20.〉

# 학원사업자 수입금액 검토표

(앞쪽)

**1. 기본사항**

| ① 사업자등록번호 | | ② 상호 | | ③ 성명 | |
|---|---|---|---|---|---|
| ④ 생 년 월 일 | | ⑤ 종목 | | ⑥ 업종코드 | |

| 사업장 시설 | ⑦ 강 의 실 | ( )㎡ | ⑧ 강의실 수 | ( )개 | ⑬ 강 좌 수 |
|---|---|---|---|---|---|
| | ⑨ 사 무 실 | ( )㎡ | ⑩ 책 상 수 | ( )개 | ( )개 |
| | ⑪ 휴게실 외 | ( )㎡ | ⑫ 통학버스등 | ( )대 | |

**2. 직원현황** (단위: 명, 원)

| 구 분 | ⑭ 인 원 | ⑮ 연간총급여액 |
|---|---|---|
| ⑯ 강 사 | | |
| ⑰ 사무직 등 그 밖의 직원 | | |

**3. 교습현황**(별지 작성 가능) (단위: 명, 원)

| ⑱ 과목명 (과정명) | ⑲수강 연인원 | ⑳ 수강 단가 | ㉑ 총수강료 (=⑲×⑳) |
|---|---|---|---|
| | | | |
| | | | |
| | | | |
| | | | |
| | | | |

**4. 총수입금액 명세** (단위: 원)

| 구분 | 해 당 과 세 기 간 | | | |
|---|---|---|---|---|
| | ㉒합 계 | ㉓수강료 | ㉔고용보험 기금등지원금액 | ㉕기타수입 |
| ㉖총수입금액 | | | | |

**5. 주요 기본경비 사용금액 검토** (단위: 원)

| ㉗ 교재구입비 ·제조비 | ㉘ 광고선전비 | 사업장 임차비용 | | ㉛ 차량유지비 | ㉜ 전기료 | ㉝ 그 밖의 증명 수취경비 |
|---|---|---|---|---|---|---|
| | | ㉙ 보증금 | ㉚ 연간임차료 | | | |
| | | | (월 ) | | | |

( )학원에 대한 수입금액 및 주요경비 사용금액 등을 신고합니다.

년 월 일

사 업 자 : (서명 또는 인)

세무대리인 : (서명 또는 인)

(관리번호 )

세무서장 귀하

210mm×297mm[백상지 80g/㎡(재활용품)]

| 작 성 방 법 |
|---|

**※ 학원사업자 수입금액 검토표를 불성실하게 작성하거나 제출하지 않는 경우에는 현지확인 또는 조사대상자로 선정되는 등 불이익을 받을 수 있으므로 성실하게 작성해 주시기 바랍니다.**

1. 작성대상
- 자동차학원을 제외한 모든 학원사업자가 작성합니다.

2. 기본사항
- 과세기간 종료일 현재를 기준으로 사업장 시설과 강좌 수를 작성합니다.

3. 직원현황
- 직원현황은 해당 과세기간의 강사 및 직원의 인원수와 직원·강사 등에게 급여 및 수당 등으로 지급된 ⑮ 연간총급여액을 적습니다.

4. 교습현황
- 과목명(과정명)이 많은 경우에는 별지로 작성합니다.
- ⑲ 수강연인원은 매월 실제 수강인원의 합계를 적습니다.
- ⑳ 수강단가는 과정별로 월수강료가 변경된 경우 수강단가별로 구분하여 적습니다.

5. 총수입금액 명세
- 해당 과세기간의 수입금액에 대해 수강료(특강비 등 포함), 고용보험기금 등 지원금액, 기타수입(입학금, 교재대, 모의고사비 등 포함) 등으로 구분하여 작성합니다.

6. 주요 기본경비 사용금액 검토
- 해당 과세기간의 교재구입(제조)비, 광고선전비, 사업장 임차비용 등을 연 합계액으로 적습니다.

### (2) 수강료 수익의 인식기준

기업회계의 수강료 수익의 인식기준은 **강의기간 동안 발생기준에 따라** 수익을 인식한다. 그러나 세무회계의 귀속시기는 권리・의무 확정주의에 따라 **강의용역의 제공이 완료된 날**이 속하는 사업연도로 한다. 즉, 기숙학원을 운영하는 법인이 기숙사 입실 및 강의시작 전에 수령하는 수업료 등은 용역제공 완료일이 속하는 사업연도에 손익을 인식하는 것이다(법인-340, 2009. 3. 27).

**실무적용 Tips**

〈수강료 수익의 귀속시기〉

수강료에 대한 귀속시기를 기업회계에서는 발생주의에 따라 강의기간 동안 배분하도록 하고 있다. 그런데 기업회계에 따라 발생주의로 기간경과분에 대한 수강료수입을 계상한 경우 세법에서 인정되는가의 문제이다. 소득세법 제39조 제3항에 의하면 거주자가 각 과세기간의 소득금액을 계산함에 있어서 총수입금액과 필요경비의 귀속연도와 자산・부채의 취득 및 평가에 관하여 일반적으로 공정・타당하다고 인정되는 기업회계의 기준을 적용하거나 관행을 계속적으로 적용하여 온 경우에는 이 법 및 조세특례제한법에서 달리 규정하고 있는 경우를 제외하고는 당해 기업회계의 기준 및 관행에 따르도록 규정하고 있다. 그러면 수강료 수익에 대한 귀속시기를 소득세법이나 법인세법에서 규정하고 있는지를 검토해보면 된다. 이에 대하여 소득세법 시행령 제48조 제5호에 건설・제조・기타용역의 제공은 용역의 제공을 완료한 날로 규정하고 있으므로 기업회계기준의 적용을 배제하여야 한다고 판단된다(심사소득 2002-183, 2003. 4. 25). 예를 들어 강의기간이 20×1년 12월부터 20×2년 2월까지 3개월간 진행되고 수강료 30,000,000원을 20×1년도에 전부 수령한 경우 기업회계와 세무회계의 차이는 다음과 같이 발생한다.

**(1) 기업회계에 의한 수익인식(20×1년)**

| (차) 현금 및 현금성자산 | 30,000,000 | (대) 수강료 수익 | 10,000,000 |
|---|---|---|---|
| | | 선수금 | 20,000,000 |

* 발생주의에 따라 강의기간 동안 배분한다.

**(2) 세무회계에 의한 수입금액의 귀속시기(20×2)**

| (차) 현금 및 현금성자산 | 30,000,000 | (대) 선수금 | 30,000,000 |
|---|---|---|---|

* 강의용역제공이 완료된 사업연도에 귀속시킨다.

따라서 기업회계기준에 따라 처리한 경우 20×1년도에 수강료 수익 10,000,000원을 익금불산입(-유보)하고 20×2년도에 익금산입(유보)한다.

※ 수강료를 신용카드 등으로 미리 받고 다음 연도에 수익귀속시기가 도래하는 경우 반드시 재무상태표에 선수금으로 계상한 후 추후 과세관청에서 신용카드 등 매출액과 차이원인을 검증하는 경우 소명 대비하여야 한다.

### (3) 수강료 할인액의 세무처리

학원에서 수강료를 수강생에 따라 일부 또는 전부를 감면해주는 경우가 있다. 이 경우 수강료 할인액을 총수입금액에서 제외할 것인가 또는 총수입금액에 포함하고 필요경비에 산입할 것인가의 문제이다. 또한 필요경비에 산입하는 경우 판매부대비용 또는 접대비로 처리할 것인가에 대한 문제이다. 원칙적으로 특정한 고객에게 수강료를 할인해주는 경우에는 접대비로 본다. 또한 임직원에 대한 할인금액은 임직원의 근로소득에 해당한다. 다만, 수강할인을 불특정 다수인에게 공지하고, 학원수강생에게 동일한 기준을 적용한 금액이 상관행에 비추어 정상적인 거래라고 인정될 수 있는 범위 내의 금액은 매출에누리에 해당되어 매출액에서 차감된다(법인-628, 2009. 5. 28).

① 학원사업을 영위하는 거주자가 사회공헌을 위하여 북한이탈주민에 해당하는 학생에게 무상으로 교육용역을 제공하는 경우 그 용역대가에 상당하는 금액은 「소득세법」 제24조 제1항의 규정에 의한 당해연도의 총수입금액에 산입하지 아니하는 것이다(소득-4282, 2008. 11. 19).

② 입시학원을 운영하는 법인이 우수학생을 유치하기 위하여 일간신문 등에 광고를 게재하여 장학생을 모집하고 동 장학생에게 수강료를 면제하는 경우 동 수강료 상당액은 당해 법인의 각 사업연도 소득금액계산시 수입금액에 계상하고 동액을 판매부대비로 처리하는 것이다(법인 46012-625, 1996. 2. 26).

③ 자동차운전전문학원의 수강생 등록시 수강료 에누리는 소득세법 제24조 제1항 및 같은법 시행령 제51조 제3항의 규정에 의하여 당해 연도의 총수입금액의 계산에 있어서 이를 산입하지 아니하는 것이다(제도 46011-10303, 2001. 3. 29).

④ 수강생의 수강취소 또는 중도포기 등의 사유로 일부금액을 환불해주는 경우 총수입금액에서 제외한다.

⑤ 외국어학원을 운영하는 법인사업자가 학원 수강을 촉진하기 위하여 학원수강생들에 대하여는 동영상 문법강좌를 그 외 수강생보다 할인된 금액의 수강료를 적용한다는 내용을 사전에 공지하고 그 공지내용에 따라 모든 학원수강생들에게 동일한 할인을 적용하는 경우 그 할인금액은 사회통념과 상관행에 비추어 정상적인 거래라고 인정될 수 있는 범위 내에서 매출에누리로 보는 것이다(법인-628, 2009. 5. 28).

※ 수강료 반환기준(학원의 설립 · 운영 및 과외교습에 관한 법률 시행령 별표 4)

**별표 4** 〈개정 2020. 3. 31〉

## 교습비등 반환기준(제18조 제3항 관련)

<table>
<tr><th colspan="3">구분</th><th>반환사유 발생일</th><th colspan="2">반환금액</th></tr>
<tr><td colspan="3">1. 제18조 제2항 제1호의 반환사유에 해당하는 경우</td><td>학습자가 학원으로부터 격리된 날</td><td colspan="2">이미 납부한 교습비등－(이미 납부한 교습비등을 일할계산한 금액 × 교습 시작일 또는 학습장소 제공 시작일부터 학원으로부터 격리된 날의 전날까지의 일수)</td></tr>
<tr><td colspan="3">2. 제18조 제2항 제1호의 2 및 제2호의 반환사유에 해당하는 경우</td><td>학원설립ㆍ운영자, 교습자 또는 개인과외교습자가 교습을 할 수 없거나 학습장소를 제공할 수 없게 된 날</td><td colspan="2">이미 납부한 교습비등－(이미 납부한 교습비등을 일할계산한 금액 × 교습 시작일 또는 학습장소 제공 시작일부터 교습을 할 수 없거나 학습장소를 제공할 수 없게 된 날의 전날까지의 일수)</td></tr>
<tr><td rowspan="6">3. 제18조 제2항 제3호의 반환사유에 해당하는 경우</td><td rowspan="6">가. 교습기간 또는 학습장소 사용기간이 1개월 이내인 경우</td><td rowspan="4">1) 독서실을 제외한 학원, 교습소 및 개인과외교습자의 경우</td><td rowspan="4">학습자가 본인의 의사로 수강을 포기한 날</td><td>교습 시작 전</td><td>이미 납부한 교습비등의 전액</td></tr>
<tr><td>교습 시작 후부터 총 교습시간의 1/3 경과 전까지</td><td>이미 납부한 교습비등의 2/3에 해당하는 금액</td></tr>
<tr><td>총 교습시간의 1/3 경과 후부터 1/2 경과 전까지</td><td>이미 납부한 교습비등의 1/2에 해당하는 금액</td></tr>
<tr><td>총 교습시간의 1/2 경과 후</td><td>없음</td></tr>
<tr><td rowspan="2">2) 독서실의 경우</td><td rowspan="2">학습자가 본인의 의사로 학습장소 사용을 포기한 날</td><td>학습장소 사용 전</td><td>이미 납부한 교습비등의 전액</td></tr>
<tr><td>학습장소 사용 후</td><td>이미 납부한 교습비등－(법 제15조 제3항 전단에 따라 게시된 1일 교습비등 × 학습장소 사용 시작일부터 학습장소 사용을 포기한 날의 전날까지의 일수)</td></tr>
</table>

| 구분 | | 반환사유 발생일 | 반환금액 | |
|---|---|---|---|---|
| | 나. 교습기간 또는 학습장소 사용기간이 1개월을 초과하는 경우 | 학습자가 본인의 의사로 수강 또는 학습장소 사용을 포기한 날 | 교습 시작 전 또는 학습장소 사용 전 | 이미 납부한 교습비등의 전액 |
| | | | 교습 시작 후 또는 학습장소 사용 후 | 반환사유가 발생한 해당 월의 반환 대상 교습비등(교습기간 또는 학습장소 사용기간이 1개월 이내인 경우의 기준에 따라 산출한 금액을 말한다)에 나머지 월의 교습비등의 전액을 합산한 금액 |

비고
1. 총 교습시간은 교습기간 중의 총 교습시간을 말하며, 반환금액의 산정은 반환사유가 발생한 날까지 경과된 교습시간을 기준으로 한다.
2. 원격교습의 경우 반환금액은 교습내용을 실제 수강한 부분(인터넷으로 수강하거나 학습기기로 저장한 것을 말한다)에 해당하는 금액을 뺀 금액으로 한다.

### (4) 소득세 과세대상 제외

소득세법상 사업소득인 교육서비스업에 초·중등교육법 및 고등교육법에 의한 학교와 이와 유사한 것으로서 다음에 해당하는 것은 포함하지 아니하는 것으로 한다(소령 35 및 소칙 15). 따라서 이에 해당되는 경우에는 소득세가 과세되지 아니한다.

**①「근로자직업능력개발법」에 의하여 사업주가 근로자의 직업능력의 개발·향상을 위하여 설치·운영하는 직업능력개발훈련시설**

※ 근로자직업능력개발법 제2조 제3호
"직업능력개발훈련시설"이라 함은 다음 각목의 시설을 말한다.
가. 공공직업훈련시설 : 국가·지방자치단체 및 대통령령이 정하는 공공단체(이하 "공공단체"라 한다)가 직업능력개발훈련을 실시하기 위하여 설치한 시설로서 제27조의 규정에 의하여 노동부장관과 협의하거나 노동부장관의 승인을 얻어 설치한 시설
나. 지정직업훈련시설 : 직업능력개발훈련을 실시하기 위하여 설립·설치된 직업훈련원·직업전문학교 등의 시설로서 제28조의 규정에 따라 노동부장관이 지정한 시설

다만, 소속 근로자의 직업능력개발을 위하여 직업능력개발훈련 시설을 설치·운영하는

사업주가 아닌 학원사업을 영위하는 거주자가 「근로자직업능력개발법」에 의하여 직업능력개발훈련시설로 지정받은 전산학원은 소득세가 과세되지 아니하는 교육서비스업에 해당하지 아니하는 것이다(서면1팀-72, 2007. 1. 11).

**② 한국표준산업분류상의 달리 분류되지 않은 기타 교육기관 중 노인 학교**

### (5) 중소기업 해당 여부

학원사업자는 조세특례제한법 제2조에 규정하는 중소기업 업종에 해당한다. 따라서 중소기업특별세액감면을 적용받을 수 없으나, 기업업무추진비의 기본한도는 연간 36,000,000이다. 다만, 「학원의 설립 · 운영 및 과외교습에 관한 법률」에 따른 **직업기술분야를 교습하는 학원**을 영위하는 사업은 중소기업업종으로 중소기업특별세액감면을 받을 수 있다(조특법 7 ① 1호 커목). 다만, 「소득세법」 제19조 제1항 제13호에 규정하는 교육서비스업의 범위에는 「근로자직업능력개발법」에 의하여 사업주가 근로자의 직업능력의 개발 · 향상을 위하여 설치 · 운영하는 직업능력개발훈련시설을 포함하지 아니하는 바, 해당 시설을 운영하여 발생하는 소득은 과세소득에서 제외되는 것이므로 「조세특례제한법」 제7조에 규정하는 중소기업에 대한 특별세액감면을 적용할 수 없는 것이다(소득-4189, 2008. 11. 13).

**※ 직업기술계열 학원의 종류(학원의 설립 · 운영 및 과외교습에 관한 법률 시행령 별표 1)**

| | | | |
|---|---|---|---|
| 평생직업 교육학원 | 직업기술 | 산업기반기술 | 기계, 자동차, 금속, 화공 및 세라믹, 전기, 통신, 전자, 조선, 항공, 토목, 건축, 의복, 섬유, 광업자원, 국토개발, 농림, 해양, 에너지, 환경, 공예, 교통, 안전관리, 조경 |
| | | 산업응용기술 | 디자인, 이 · 미용, 식음료품(바리스타, 소믈리에 등), 포장, 인쇄, 사진, 피아노조율 |
| | | 산업서비스 | 속기, 전산회계, 전자상거래, 직업상담, 사회조사, 컨벤션기획, 소비자전문상담, 텔레마케팅, 카지노 딜러, 도배, 미장, 세탁 |
| | | 일반서비스 | 애견미용, 장의, 호스피스, 항공승무원, 병원코디네이터, 청소 |
| | | 컴퓨터 | 컴퓨터(정보처리, 통신기기, 인터넷, 소프트웨어), 게임, 로봇 |
| | | 문화관광 | 출판, 영상, 음반, 영화, 방송, 캐릭터, 관광 |
| | | 간호보조기술 | 간호조무사 |
| | | 경영 · 사무관리 | 금융, 보험, 유통, 부동산, 비서, 경리, 펜글씨, 부기, 주산, 속셈, 속독, 경매 |

### (6) 장학금의 필요경비 산입 여부

학원의 설립・운영에 관한 법률 제2조에 해당하는 대학입시 전문학원을 운영하는 자가 당해 학원의 **장학금 지급규정에 따라** 그 원생에게 지급하는 장학금은 당해 과세기간의 판매부대비용으로 필요경비에 산입할 수 있는 것이다(소득 46011-3165, 1997. 12. 5).

### (7) 학원사업자의 영업권 양도

학원을 운영하는 개인사업자가 그 사업을 양도하는 경우 영업권(점포임차권 포함)의 양도로 인하여 발생하는 소득은 「소득세법」 제21조 제1항 제7호 및 같은법 시행령 제41조의 규정에 의하여 기타소득에 해당하는 것이나, 사업용 고정자산(「소득세법」 제94조 제1항 제1호 및 제2호의 자산을 말함)과 함께 양도하는 경우에는 같은 법 제94조 제1항 제4호의 규정에 의하여 양도소득에 해당하는 것이다(서면1팀-1240, 2007. 9. 6). 예를 들어, 양도할 당시 개인사업자의 자산은 임차보증금과 일부 집기비품이고, 동 자산의 가치는 1,000원이나 법인사업자에게 양도한 가격은 동 학원의 미래가치(영업권)를 반영하여 9,000에 양도한다고 가정할 때 그 차이인 8,000원은 기타소득으로 과세되고 집기비품에 대한 처분손익은 유형자산처분손익으로 소득세가 과세되지 않는 것이다. 다만, 2018. 1. 1 이후 개시하는 과세기간부터 **복식부기의무자는 사업용 유형자산(부동산 제외)의 처분손익은 사업소득으로 과세**된다. 이후 또한 학원사업자는 면세사업자로 영업권의 양도는 면세사업에 관한 부수공급으로 부가가치세가 과세되지 않는 것이다. 이 경우 양수자는 기타소득금액(지급액의 60%를 제외한)의 22%를 원천징수하고 지급명세서를 제출하면 계산서 발급의무가 면제된다. 다만, 과면세를 겸영하는 학원은 영업권 금액을 과세와 면세로 안분(직전과세기간 수입금액 비율)하고 과세분은 세금계산서와 원천징수를 동시에 하여야 한다.

**참 고** **영업권(권리금) 양도・양수계약서 작성방법**

**(1) 순수한 권리금인 경우**

양도인(개인사업자)은 영업권 양도가 기타소득에 해당되며 최소한 60%의 필요경비가 인정되어 종합과세 된다. 다만, 토지・건물・부동산상의 권리가 포함된 사업용 고정자산과 함께 양도하는 경우에는 양도소득세가 과세된다. 따라서 학원을 양수하는 자는 기타소득으로 원천징수 의무를 이행하여야 한다. 이 경우 원천징수영수증을 교부한 경우에는 계산서 발행이 면제된다.

**(2) 시설비와 권리금을 함께 포함되어 있는 경우**

교육기자재 및 비품, 시설장치의 처분은 유형자산처분에 해당되어 복식부기의무자는 소득세가 과세된다. 다만, 영업권은 기타소득에 해당되어 종합소득세를 납부하여야 한다.

또한 주된 사업이 부가가치세 과세대상인 경우에는 영업권의 양도도 부가가치세 과세대상이다. 따라서 실질적인 영업상의 이점, 초과수익력이 아닌 시설비의 양도인 경우에는 계약서에 명확히 양도되는 시설명세를 구체적으로 표시하여야 한다.

### (8) 포상금의 과세대상 여부

교육과학기술부장관이 '학원 등 불법 운영 신고포상금제'에 따라 거주자에게 지급하는 신고포상금은 기타소득에 해당하는 것이며, 필요경비 의제규정이 적용되지 아니한다(소득-182, 2009. 11. 26).

### (9) 현금영수증의 의무발급(2010년 4월 1일부터 시행)

학원을 영위하는 사업자로서 현금영수증가맹점으로 가입한 사업자는 **건당 거래금액(부가가치세액을 포함한다)이 10만원 이상**인 재화 또는 용역을 공급하고 그 대금을 현금으로 받은 경우에는 상대방이 현금영수증 발급을 요청하지 아니하더라도 현금영수증을 발급하여야 한다. 다만, 사업자등록을 한 자에게 재화 또는 용역을 공급하고 계산서 또는 세금계산서를 교부한 경우에는 현금영수증을 발급하지 아니할 수 있다(소법 162의 3 ④ 및 법법 117의 2 ④). 의무를 위반한 자에 대해서는 현금영수증을 발급하지 아니한 미발급금액의 100분의 20에 상당하는 가산세를 부과한다. 현금매출명세서를 제출한 경우에도 당초 현금영수증을 발급하지 아니한 경우 발급의무 위반에 해당하고, 지로(giro)수납금액은 현금영수증 발급 의무가 없는 것이다(기획재정부 소득세제과-181, 2011. 5. 4).

■ 소득세법 시행령 [별표 3의 3] 〈개정 2024. 2. 29.〉

[ 현금영수증 의무발행업종(제210조의 3 제1항 제4호 및 같은 조 제9항 관련)]

| | |
|---|---|
| 4. 교육 서비스업 | 가. 일반 교습학원<br>나. 예술 학원<br>다. 외국어학원 및 기타 교습학원<br>라. 운전학원<br>마. 태권도 및 무술 교육기관<br>바. 기타 스포츠 교육기관<br>사. 기타 교육지원 서비스업<br>아. 청소년 수련시설 운영업(교육목적용으로 한정한다)<br>자. 기타 기술 및 직업훈련학원<br>차. 컴퓨터 학원<br>카. 그 외 기타 교육기관 |

비고: 업종의 구분은 한국표준산업분류를 기준으로 한다. 다만, 위 표에서 특별히 규정하는 업종의 경우에는 그러하지 아니하다.

[ 한국표준산업분류 : P 교육서비스업(85)]

| 분류명 | 분류명(세분류) | 분류코드 | 예 시 |
|---|---|---|---|
| 일반교습학원 | 일반교과학원 | 85501 | 입시학원 · 일반교과 보습학원 · 속셈학원 |
| | 외국어학원 | 85502 | 외국어학원 · 회화학원 |
| | 방문교육학원 | 85503 | 방문교육 · 학습지활용 방문교육 |
| | 온라인교육학원 | 85504 | 통신이용 교육 · 인터넷이용 교육 |
| | 기타일반교습학원 | 85509 | 고시학원 |
| 예술학원 | | 85620 | 음악학원 · 미술학원 · 무용학원 · 예술입시학원 |
| 운전학원 | 기술 및 직업훈련학원 | 85651 | 자동차운전학원 · 중장비운전학원 · 항공훈련학원 · 선박운전학원 |

**| 실무적용 Tips |**

**사업장현황신고 및 면세수입금액 신고 주의사항**

1. 사업장현황 신고서 기타매출

② 수입금액(매출액) 구성 명세 (단위: 원)

| 합 계 | 계산서발행금액 | 계산서발행금액 이외 매출 | | |
|---|---|---|---|---|
| | | 신용카드 매출 | 현금영수증 매출 | 기타 매출 |
| | | | | |

2. 부가가치세 과세표준 신고서

| | | 업 태 | 종 목 | 코드번호 | 금 액 |
|---|---|---|---|---|---|
| 면세사업 수입금액 | (78) | | | | |
| | (79) | | | | |
| | (80) | 수입금액 제외 | | | |
| | | | | (81)합 계 | |

※ 면세사업자인 개인학원이 사업장현황신고시 기타매출에 건당 10만원 이상 매출이 포함되는 경우 또는 과·면세겸영사업자인 개인 또는 법인이 면세수입금액에 현금영수증 의무발급대상 미발급액이 포함된 경우 **가산세**가 부과되니 주의하여야 함.

## 4. 학원사업자의 세무조사 사례분석[81)]

### (1) 차명계좌를 통한 수입금액 누락

대표자와 직원 개인명의 계좌로 수상한 입출금이 반복적으로 있어 금융거래 추적한 결과, 수강료를 대표자 또는 직원명의 계좌로 입금받아 수입금액을 탈루한 사실을 밝혀냄

- ○○ 입시학원㈜은 방학특강, 학교시험 또는 수능 직전 보충수업 명목으로 임시강좌를 개설하고, 수강료는 당초 교육청에 신고한 금액만큼은 신용카드 및 현금영수증을 발급해 주고 초과징수하는 부분은 현금으로 받아 탈루
- 또한, 수입금액 탈루를 은폐할 목적으로 강사에게 지급한 성과급 강사료 7억원도 신고누락하였음

### (2) 수입금액을 누락하여 개인명의 부동산 취득

입시학원㈜은 세무조사에 착수하자 수강생기록부, 수강증 발급현황과 같은 과세근거자

81) 학원사업자 등 고소득자영업자 조사관련 주요적출사례(국세청 보도자료, 2008. 11)

료를 파기하여 매출액 파악을 어렵게 하였으나

- 수강료를 현금으로 내면 카드수수료만큼 할인해 준 사실을 수강생 등을 통해 확인하고 신고누락한 현금수입금액을 찾는 데 주력
- 조사 중 관리이사 컴퓨터에 접근이 제한된 수상한 파일이 있는 것을 발견하였으며, 이는 세무신고하지 않은 현금수납분의 집계표로 확인되었고
- 법인대표 개인명의 계좌에 대한 금융추적 조사결과, 동 계좌를 통해 현금으로 송금받아 수강료를 신고누락하였음을 적발함

또한, 이렇게 탈루한 소득으로 학원장 개인명의 부동산 취득

### (3) 미술학원의 고액 실기수강료를 차명계좌를 통한 수입금액 누락

미술학원을 운영하면서

- 교육청에 신고한 수강료는 18~36만원이나 실제로는 2~3배인 50~65만원의 수강료를 받으면서, 교육청에 신고한 수강료를 초과하는 금액은 현금으로 수령한 사실을 확인함
- 특히, 대학입시 무렵인 10~12월에 몰리는 실기 수강생들에게는 70~80만원의 고액 수강료를 요구하고, 이를 장인, 장모 또는 처제의 차명계좌로 입금받는 방법으로 수입금액 63억원을 신고누락

### (4) 기숙형 입시학원을 운영하면서 수입금액 누락

기숙학원을 운영하면서

- 수강생들로부터 현금으로 수령한 수강료를 신고누락하였으며
- 신용카드와 현금영수증 사용이 일반화되어 수입금액이 증가하자 신고소득을 줄이기 위해 기숙학원의 주요 비용항목인 식자재비를 허위로 부풀리는 방법으로 소득 탈루 이러한 탈루소득 등으로 배우자 명의 단독주택(2채), 아파트(2채), 오피스텔 및 상가 등 총 31억원 상당의 부동산을 취득

### (5) 대학편입학원 교재대 및 현금수강료를 신고누락

대학편입학원 및 출판업을 영위하면서

- 편입교재를 받아보는 신규회원의 교재료는 정상신고하였으나 기존회원에게 공급하는 교재료 수입 45억원과 학원수강생으로부터 받은 현금수강료를 신고누락하였고,
- 수입금액누락을 은폐할 목적으로 신고누락 수입금액에 대응하는 비용도 신고하지 않는 방법으로 소득을 탈루

• 탈루한 소득으로 자녀를 해외유학 보내고, 해외부동산을 취득하였으며, 관광을 위해 150여 차례에 걸쳐 해외여행을 하였음

[학원 관련 주요 해석사례 및 심판례]

| | | |
|---|---|---|
| ① 학원의 중소기업 해당 여부 | 「학원의 설립·운영 및 과외교습에 관한 법률」에 따른 직업기술(산업응용기술) 분야에 해당하는 조리·제과·제빵을 교육하는 학원은 「조세특례제한법」 제7조에 따른 중소기업에 대한 특별세액감면 대상 업종에 해당함.<br>이 경우, 해당 학원의 사업소득 총수입금액에 노동부장관으로부터 지원되는 실업자 및 구직자의 교육훈련비가 포함되어 있는 경우에도 해당 사업에서 발생하는 소득에 대해 동 감면을 적용받을 수 있는 것임. | 법규소득 2010-159 (2010. 5. 31) |
| ② 사업개시전 등록 | 학원사업을 시작하려는 법인이 해당 사업을 개시하기 전에 관할 세무서에 등록하고자 하는 경우 「부가가치세법」 제5조 제1항 단서규정에 따라 등록할 수 있으며, 이 때 같은 법 시행령 제7조 제1항 및 제2항에 따른 서류를 제출하여야 함.<br>또한 관할 세무서장은 해당 법인으로부터 사업자등록의 신청을 받은 경우 법령에 따른 등록 사항, 사업장 현황, 사업에 관련된 자료 등 제반 사실관계를 종합적으로 검토한 결과 동 법인이 해당 사업을 사실상 시작하지 아니할 것이라고 인정되는 때에는 등록을 거부할 수 있는 것임. | 법규부가 2010-102 (2010. 4. 12) |
| ③ 평생 교육시설 | 「평생교육법」 제37조에 의해 설치된 '언론기관 부설 평생교육시설'이 제공하는 교육용역은 소득세 과세대상에서 제외하는 「소득세법 시행령」 제35조의 교육서비스업의 범위에 포함되지 아니하는 것임. | 소득-1296 (2010. 12. 31) |
| ④ 체대입시 학원의 면세 여부 | 체대입시학원은 학원의 설립·운영에 관한 법률이 적용되지 아니한다고 하며, 관할 구청에서는 체육시설의 설치 및 이용에 관한 법률에도 적용되지 않는다고 함.<br>면세하는 교육용역은 주무관청의 허가·인가 또는 승인을 얻어 설립하거나 주무관청에 등록 또는 신고한 학원·강습소 등 및 「청소년기본법」에 의한 청소년 수련시설에서 지식·기술 등을 가르치는 것을 말하는 것으로, 주무관청에 등록 또는 신고하지 아니한 학원·강습소 등에서 지식·기술 등을 가르치고 받는 대가는 부가가치세가 면제되는 교육용역에 해당되지 아니함. | 부가-1562 (2010. 11. 29) |
| ⑤ 수영강습 용역의 면세 여부 | 사업자가 「체육시설의 설치이용에 관한 법률」에 따라 수영장 운영업을 신고한 후 일부 이용객들에게 수영강습 용역을 제공하고 대가를 받는 경우, 당해 수영강습 용역은 「부가가치세법」 제12조 제1항 제6호에 해당하지 아니하여 부가가치세가 과세되는 것임. | 부가-1417 (2010. 10. 22) |

| | | |
|---|---|---|
| ⑥ 학습지 공급 | 부가가치세가 면제되는 학습지를 주된 재화로 하고 진도관리 서비스 및 전화영어 말하기 회화 서비스를 당해 학습지와 함께 통상 하나의 공급단위로 공급하는 경우에는 「부가가치세법」 제12조 제1항 제8호 및 같은법 같은조 제3항의 규정에 의하여 부가가치세가 면제되는 것임. | 부가가치세과 -1259 (2010. 9. 28) |
| ⑦ 학원강사의 소득구분 | 청구인은 쟁점학원과의 고용관계 없이 독립된 자격으로 강의용역을 제공하고 일의 성과에 따라 대가를 지급받은 것이므로, 청구인의 소득금액은 사업소득에 해당함. | 심사소득 2009-0096 (2009. 8. 10) |
| ⑧ 사례 | 학원의 실제 운영자로서의 지위를 물려받을 수 있는 절차를 밟아 준 데 대한 사례의 뜻으로 청구인이 수령한 것으로서 소득세법 제21조 기타소득 중 사례에 해당됨. | 심사소득 2008-0076 (2008. 7. 25) |
| ⑨ 온라인 영어 교육 | 미국법인이 국내 수강생들에게 온라인 및 전화로 영어회화 교육용역을 제공하고 지급받는 대가는 한·미 조세조약 제8조의 사업소득으로 국내에 고정사업장이 없다면 국내에서 과세 안됨. | 국제세원관리 담당관실-310 (2010. 7. 5) |
| ⑩ 학원수입 금액 | 처분청이 프랜차이즈 본점으로부터 통보받은 매출자료에 의하여 매출누락 과세한 데 대하여 쟁점학원의 수강료 수입금액을 수강료 무통장입금액과 신용카드 결제액을 합 친 금액으로 하여 현금 수입액이 전혀 없다는 청구주장을 인정하기 어려움. | 심사소득 2008-0061 (2008. 6. 23) |
| ⑪ 교육용역의 면세 여부 | 교육용역을 운영규칙과 다르게 제공한 것으로 보기 어렵고 학생들의 교육시간관리, 학점관리 등을 제공하였으며, 설령 대학에 교육용역을 제공하였다고 하더라도 그 최종소비자는 시간제등록제 학생으로 불특정 다수인에게 교육을 제공한 것으로 그에 따른 교육비도 ○○○대학교 등이 일괄 수령하여 청구인에게 해당 교육용역비를 지급한 것이므로 부가가치세 면세대상 교육용역이라고 볼 수 있음. | 조심 2010서3490 (2010. 12. 29) |
| ⑫ 온라인 교육 용역의 면세 여부 | 외국 원어민을 강사로 고용하여 전화로 영어를 교육하는 것은 부가가치세 면세대상인 원격교육용역이라 보기 어려우며, 쟁점교육용역은 원어민 강사와의 전화를 통한 영어교습에 주안점을 두고 있으며, 쟁점교육용역이 포함되는지 여부에 따라 가격 간에 상당한 차이가 있기 때문에 주된 교육용역에 필수적으로 부수된 용역으로 인정할 수는 없다고 판단됨. | 조심 2010서2974 (2010. 12. 24) |
| ⑬ 특수관계자로부터 가맹비 미수령 | 청구법인이 특수관계자인 가맹학원으로부터 가맹비를 받지 아니한 사실에 대하여 부당행위계산 부인의 규정을 적용하여 과세한 처분은 정당함. | 조심 2009서4207 (2010. 12. 21) |

| | | |
|---|---|---|
| ⑭ 사업용 고정자산과 함께 양도한 영업권의 대가인지 여부 | 임대사업자가 학원설비 등을 설치할 이유가 없고, 이는 대차대조표에 토지·건물 외 별도의 유형자산 내역이 없는 점에 의해 확인되며, 쟁점금액 세무조사시 시설내역을 기재한 학원시설물에 대한 확인서에 대하여 청구인이 평가금액 및 시설물범위를 확정한 사실이 없다고 답변하였고, 양수인은 상가(점포)권리시설양도계약에 따라 지급한 쟁점금액을 회계장부상 영업권으로 계상하여 감가상각하고 있는 점에 비추어, 사업용고정자산과 함께 양도한 영업권가액으로 보아 과세한 것은 정당함. | 조심 2010서2909 (2010. 12. 13) |
| ⑮ 교육 프랜차이즈 목적용 신축건물에 대한 부가가치세 매입세액 공제 여부 | 건물의 용도가 교육훈련프로그램개발 및 공급 등 교육프랜차이즈 형태의 서비스 제공 목적으로 신축중인 경우 면세대상 학원용 건물이 아닌 과세사업용 건물로서 건물신축 용역 제공에 따른 세금계산서는 매입세액으로 공제되는 것임. | 조심 2010중0323 (2010. 6. 11) |
| ⑯ 학원임차 차량의 필요경비 | 학원임차차량으로 인근 입시학원 학원생을 위해 운송하였던 사실이 확인되는 바, 두 학원의 총 수입금액 비율로 안분하여 비용으로 인정함이 타당함. | 수원지방법원 2009구합5887 (2010. 2. 4) |
| ⑰ 누락 강사료의 필요경비 산입 | 원고들이 이 사건 강사들로부터 교부받은 현금영수증에는 그 내역이 '업무 및 교육수당으로 기재되어 있고, 위 각 현금영수증 작성일자와 근접한 날짜에 이 사건 강사들의 계좌에 현금이 입금된 사례가 다수 있는 점으로 보아 누락 강사료에 해당됨. | 서울행정법원 2007구합13883 (2008. 5. 20) |

## 5. 학원사업자 표준계약서(표준약관 : 공정거래위원회 제10032호)

제1조(목적) 이 약관은 ○○학원(이하 '학원'이라 합니다)과 학원이 제공하는 교습과정을 수강하는 자(이하 '수강자'라 합니다)간의 교습 및 수강에 관한 제반사항을 규정하는 것을 목적으로 합니다.

제2조(관계법령) 이 약관에 규정되지 아니한 사항 또는 이 약관의 해석에 관하여 다툼이 있는 사항에 대해서는 학원과 수강자가 합의하여 결정하되, 합의가 이루어지지 아니한 경우에는 학원의설립·운영및과외교습에관한법률, 약관의규제에관한법률, 할부거래에관한법률, 민법, 상법 등 관계법령 및 공정 타당한 일반관례에 따릅니다.

제3조(게시의무)

① 학원은 수강자가 보기 쉬운 곳에 다음 각호의 사항을 게시합니다.

1. 강사의 인적사항

2. 교습과정(과목)의 현황과 개요

3. 교습과정(과목)별 수강료 및 일체의 부대비용(교재대금, 실습재료비 등)
4. 교습과정(과목)별 강의시간
5. 이 약관
6. 기타 수강자에게 필요한 사항

② 학원은 제1항 제3호의 규정에 의한 수강료 및 부대비용(이하 '수강료 등'이라 합니다)을 허위로 게시하거나 이를 초과하여 징수하지 아니합니다.

제4조(수강신청 및 설명 · 교부)

① 수강자는 학원이 정한 절차에 의하여 수강신청을 하여야 하며, 수강신청서를 제출하고 수강료 등을 납부하여야 합니다.

② 학원은 수강자가 수강신청을 하기 전에 이 약관 제5조 내지 제12조의 규정을 설명하고, 수강료 이외에 교재대금 · 실습재료비 등의 부대비용을 부담해야 하는 경우에는 그 내역을 고지합니다.

③ 학원은 수강신청서와 수강료 등을 받은 때에는 수강자에게 영수증 및 다음 각호의 사항이 기재된 수강증을 교부하며, 수강자가 요구할 경우에는 이 약관도 교부합니다.

1. 교습과정(과목)
2. 강의시간
3. 기타 계약의 중요 사항

제5조(수강료 등)

① 학원은 수강자가 수강신청을 할 때 수강료 등을 청구합니다. 다만, 분할지급을 하기로 약정한 경우에는 수강신청을 할 때 1회 분할 수강료 등을 청구하고, 제2회 이후의 분할 수강료 등은 약정한 일자에 청구합니다.

② 수강자는 수강료 등을 신용카드로 지급할 수 있습니다.

③ 교재대금은 교재의 구입을 원하는 수강자에게만 청구합니다.

제6조(수강증)

① 수강자는 학원의 요구가 있을 때에는 수강증을 제시하여야 합니다.

② 수강자가 수강증을 분실한 경우에는 지체없이 학원에 그 사실을 통지하고, 학원은 허위신고 · 부당사용 등의 특별한 사유가 없는 한 재교부합니다.

③ 수강자는 수강증을 타인에게 빌려주거나 부당하게 사용해서는 안되며, 이를 위반하는 경우에는 학원은 퇴학을 명할 수 있습니다.

제7조(강의시간 및 강사)

① 학원은 교습과정(과목), 강의시간, 강사 등을 구체적으로 정하고 이를 성실히 준수합니다.

② 학원은 예정된 강의시간 또는 강사를 임의로 변경할 수 없습니다. 다만, 불가피하게 변경하는 경우에는 사전에 이를 수강자에게 고지합니다.

③ 수강자는 제2항 단서의 규정에 의해 변경된 강의시간에 또는 변경된 강사에게 수강하는 것을 원하지 않는 경우에는 그 변경된 강의개시 전에 계약을 해지할 수 있습니다.

제8조(휴강)

① 학원의 휴강일은 다음 각호와 같습니다.

1. 국경일 및 공휴일
2. 정기휴일: 개원기념일(00월 00일), 00기념일(00월 00일)

② 학원은 제1항이 규정하는 날을 제외하고는 임의로 휴강을 하지 않습니다. 다만, 불가피하게 휴강을 하게 될 경우에는 보강을 실시하며, 이 경우 제7조 제2항 단서 및 제3항의 규정을 준용합니다.

제9조(수강의 연기)

① 수강자는 수강신청 후 부득이한 사정으로 수강할 수 없게 된 경우에는 교습개시일 전에 수강의 연기를 신청할 수 있습니다.

② 수강자가 수강의 연기를 신청하기 위해서는 그 사유를 기재한 신청서와 수강증을 학원에 제출하여야 합니다.

③ 학원은 제2항의 연기신청서를 받은 경우에는 다음 번 교습과정(과목)을 개설하기가 어려운 사정이 있는 경우를 제외하고는 수강의 연기를 허락합니다.

④ 학원이 수강의 연기를 허락한 경우에는 수강증에 강의시간 등의 변경사항을 기재하여 이를 수강자에게 재교부합니다.

제10조(수강신청의 철회)

① 수강자는 교습개시일 전에 수강신청을 철회할 수 있습니다.

② 수강자가 다음 각호의 요건을 모두 갖춘 경우에는 수강증을 교부받은 날(수강증이 교부되지 아니한 경우에는 교습개시일)로부터 7일 이내에 수강신청을 철회할 수 있습니다.

1. 교습기간이 2개월 이상이고,
2. 수강료 등의 총액이 10만원을 초과하며(다만, 신용카드로 지급하는 경우에는 20만원을 초과해야 함)
3. 수강료 등을 3회 이상 분할하여 지급하는 경우

③ 수강자가 교습개시일 전에 수강신청을 철회한 경우에는 수강증을 학원에 반환하고, 학원은 지체없이 다음 각호의 금액을 수강자에게 환급합니다.

1. 수강자가 납부한 수강료(이하 '기납부[既納付] 수강료'라 합니다)의 전액
2. 수강자가 교재대금 또는 실습재료비를 납부한 경우에는 그 교재대금 또는 실습재료비의 전액. 다만, 수강자가 반환하지 않거나 훼손시킨 교재의 대금 또는 재료의 비용은 환급하지 않습니다.

④ 수강자가 교습개시일 이후에 수강신청을 철회한 경우에는 수강증을 학원에 반환하고, 학원은 지체없이 다음 각호의 금액을 수강자에게 환급합니다.

1. $\text{기납부 수강료의 전액} - \text{기납부 수강료의 전액} \times \dfrac{\text{철회시까지의 교습시간수}}{\text{전체 교습시간수}}$
2. 수강자가 교재대금을 납부한 경우에는 그 교재대금. 다만, 수강자가 반환하지 않거나 훼손시킨 교재의 대금은 환급하지 않습니다.
3. 수강자가 실습재료비를 납부한 경우에는 그 실습재료비의 전액(실습을 하지 않은 경우), 또는 실습을 하지 아니한 부분의 재료비(실습을 일부한 경우). 다만, 수강자가 실습을 하지 아니한 재료로서 반환하지 않거나 훼손시킨 재료의 비용은 환급하지 않습니다.

제11조(계약의 중도해지)

① 수강자가 학원에 대한 행정처분(인가·등록의 취소, 일정 기간의 교습정지 등), 학원의 이전, 폐강 등 학원의 귀책사유에 의하여 수강을 계속할 수 없게 된 경우이거나, 학원의 강의시간 또는 강사의 변경으로 인해 제7조 제3항 또는 제8조 제2항 단서의 규정에 의하여 계약을 해지한 경우에는, 수강증을 학원에 반환하고 학원은 지체없이 다음 각호의 금액을 수강자에게 환급합니다.

1. $\text{기납부 수강료의 전액} - \text{기납부 수강료의 전액} \times \dfrac{\text{당해 사유 발생시 또는 해지시까지의 교습시간수}}{\text{전체 교습시간수}}$
2. 제10조 제4항 제2호와 제3호의 규정에 의한 교재대금과 실습재료비

② 수강자가 질병, 주거지의 이전, 여행 등 그의 귀책사유에 의하여 수강 포기의 의사를 표시한 경우에는 수강증을 학원에 반환하고, 학원은 지체없이 다음 각호의 금액을 수강자에게 환급합니다.

1. $\text{기납부 수강료의 전액} - \text{기납부 수강료의 전액} \times \dfrac{\text{수강포기 의사표시시까지의 교습월수}}{\text{전체 교습월수}}$
2. 제10조 제4항 제3호의 규정에 의한 실습재료비

제12조(계약의 해제)

① 수강자는 다음 각호의 사유가 있을 때에는 계약을 해제할 수 있습니다.

1. 허위사실 또는 허위광고 등에 의한 계약의 체결
2. 정원을 초과한 수강자의 교습
3. 무자격 또는 자격미달의 강사에 의한 교습
4. 수강료 등의 허위게시 또는 초과징수
5. 기타 수강을 현저히 곤란하게 할 정도의 부당한 교습

② 수강자가 제1항 각호의 사유(제4호의 사유 제외)로 인하여 계약을 해제한 경우에는 수강증을 학원에 반환하고, 학원은 지체없이 다음 각호의 금액을 수강자에게 환급합니다.

1. 기납부 수강료의 전액(당해 사유를 안 후 지체없이 해제한 경우) 또는 다음의 금액(당해 사유를 알고서도 계속 수강을 하다가 해제한 경우)

2. $$\text{기납부 수강료의 전액} - \text{기납부 수강료의 전액} \times \frac{\text{해제시까지의 교습시간수}}{\text{전체 교습시간수}}$$

3. 제10조 제4항 제2호와 제3호의 규정에 의한 교재대금과 실습재료비

③ 수강자가 제1항 제4호(수강료 등의 허위게시 또는 초과징수)의 사유에 의하여 계약을 해제한 경우에는 수강증을 학원에 반환하고, 학원은 지체없이 다음 각호의 금액을 수강자에게 환급합니다.

1. 수강자가 당해 사유를 안 후 지체 없이 해제한 경우

| 기납부 수강료 등의 전액<br>- 정당한 교재대금<br>- 실습을 한 부분의 정당한 실습재료비<br>- 실습을 하지 아니한 부분의 정당한 실습재료비 |
|---|

다만, "정당한 교재대금"은 수강자가 당해 교재를 반환하지 않거나 훼손시킨 경우에 한하여 공제하며, "실습을 하지 아니한 부분의 정당한 실습재료비"는 수강자가 당해 실습재료를 반화하지 않거나 훼손시킨 경우에 한하여 공제합니다.

2. 수강자가 당해 사유를 알고서도 계속 수강을 하다가 해제한 경우
: 제1호의 규정에 의하여 산정된 금액에서 추가로 다시 다음의 금액을 공제한 금액

$$\text{정당한 수강료의 전액} \times \frac{\text{해제시까지의 교습시간수}}{\text{전체 교습시간수}}$$

제13조(퇴학)

① 학원은 다음 각호의 수강자에 대하여 퇴학을 명할 수 있습니다.

1. 강사의 교육지도에 따르지 않으며 학원 내부의 질서를 문란하게 하는 사람
2. 품행이 불량하여 다른 수강자의 교육에 지장을 초래하는 사람
3. 정당한 사유 없이 결석이 잦고 수강을 태만히 하는 사람
4. 수강증을 타인에게 빌려주거나 부당하게 사용하는 사람

② 학원은 퇴학을 명할 경우 그 수강자로부터 수강증을 반환받고 지체없이 다음 각호의 금액을 환급합니다.

1. $\text{기납부 수강료의 전액} - \text{기납부 수강료의 전액} \times \frac{\text{퇴학시까지의 교습월수}}{\text{전체 교습월수}}$
2. 제10조 제4항 제3호의 규정에 의한 실습재료비

제14조(손해배상)

① 수강자가 제12조 제2항 또는 제3항의 규정에 의한 환급금을 받은 경우에도 제12조 제1항 각호의 사유로 인한 손해가 있을 때에는 학원은 그 손해를 배상합니다.

② 수강자가 고의 또는 과실로 학원의 시설이나 교습기자재를 멸실・훼손한 경우에는 이로 인한 학원의 손해를 배상하여야 합니다.

제15조(천재지변 등)

① 천재지변 등 불가항력적인 사유가 발생한 경우에는 학원은 임시휴강을 하거나 교습을 중단할 수 있습니다. 이 경우 수강자는 제4항의 규정에 의한 환급금 이외에 별도의 손해배상을 청구할 수 없습니다.

② 학원이 임시휴강을 한 경우에는 당해 불가항력적 사유가 종료한 후에 보강을 실시하며, 수강자는 보강 실시 전에 계약을 해지할 수 있습니다.

③ 학원은 임시휴강을 한 경우에도 당해 불가항력적 사유가 상당 기간 지속되거나 보강을 실시하기가 어려운 경우에는 교습을 중단할 수 있습니다.

④ 학원이 임시휴강을 한 경우에는 수강자가 계약을 해지한 때 지체없이 다음 각호의 금액을 환급하며, 학원이 교습을 중단하기로 결정한 경우에는 그 결정한 때 지체없이 다음의 각호의 금액을 환급합니다.

1. $\text{기납부 수강료의 전액} - \text{기납부 수강료의 전액} \times \frac{\text{불가항력적인 사유 발생시까지의 교습시간수}}{\text{전체 교습시간수}}$
2. 제10조 제4항 제2호와 제3호의 규정에 의한 교재대금과 실습재료비

제16조(관할법원) 학원과 수강자간의 분쟁에 관한 소송은 민사소송법상의 관할에 관한 규정에 따른다.

## Ⅲ 운전학원의 세무실무

### 1. 개요

#### (1) 정의

자동차운전학원이라 함은 자동차 등의 운전에 관한 지식 · 기능을 교육하는 시설로서 다음 각 목의 시설 외의 시설을 말한다(도로교통법 2 32호).

가. 교육관계법령에 의한 학교에서 소속 학생 및 교직원의 연수를 위하여 설치한 시설
나. 사업장 등의 시설로서 소속 직원의 연수를 위한 시설
다. 전산장치에 의한 모의운전연습시설
라. 지방자치단체 등이 신체장애인의 운전교육을 위하여 설치하는 시설 가운데 지방경찰청장이 인정하는 시설
마. 대가를 받지 아니하고 운전교육을 실시하는 시설
바. 운전면허를 받은 사람을 대상으로 다양한 운전경험을 체험할 수 있도록 하기 위하여 도로가 아닌 장소에서 운전교육을 실시하는 시설

#### (2) 자동차운전학원의 개설등록

자동차운전학원을 설립 · 운영하고자 하는 자는 제101조의 규정에 의한 시설 및 설비 등과 제103조의 규정에 의한 강사의 정원 및 배치기준 등 필요한 조건을 갖추어 대통령령이 정하는 바에 의하여 지방경찰청장에게 등록하여야 한다. 등록한 사항 가운데 대통령령이 정하는 사항을 변경하고자 하는 경우에도 또한 같다(도로교통법 99).

#### (3) 자동차운전전문학원의 지정 등

① 지방경찰청장은 자동차운전에 관한 교육수준을 높이고 운전자의 자질향상을 도모하기 위하여 제99조의 규정에 의하여 등록된 학원으로서 다음 각 호의 기준에 적합한 학원을 대통령령이 정하는 바에 의하여 자동차운전전문학원으로 지정할 수 있다(도로교통법 104).

1. 제105조의 규정에 의한 자격요건을 갖춘 학감(전문학원의 학과 및 기능에 관한 교육과 학사운영을 담당하는 사람을 말한다. 이하 같다)을 둘 것. 다만, 학원을 설립 · 운영하는 자가 자격요건을 갖춘 경우에는 학감을 겸임할 수 있으며 이 경우에는 학감을 보좌하는 부학감을 두어야 한다.

2. 대통령령이 정하는 기준에 의하여 제106조의 규정에 의한 강사 및 제107조의 규정에 의한 기능검정원(제108조의 규정에 의한 기능검정을 실시하는 사람을 말한다. 이하 같다)을 둘 것
3. 대통령령이 정하는 기준에 적합한 시설 · 설비 및 제74조 제2항의 규정에 의한 교통안전교육기관의 지정에 필요한 시설 · 설비 등을 갖출 것
4. 교육방법 및 졸업자의 운전능력 등 해당 전문학원의 운영이 대통령령이 정하는 기준에 적합할 것

### (4) 수강료

① 학원 등 설립 · 운영자는 교육생으로부터 수강료나 제108조의 규정에 의한 기능검정에 소요되는 경비 또는 이용료 등을 받을 수 있다.
② 학원 등 설립 · 운영자는 교육내용 및 교육시간 등을 고려하여 수강료 등을 정하고 행정안전부령이 정하는 바에 의하여 학원 등에 이를 게시하여야 한다.
③ 학원 등 설립 · 운영자는 제2항의 규정에 의하여 게시한 수강료 등을 초과한 금액을 받아서는 아니 된다.
④ 지방경찰청장은 수강료 등의 과도한 인하 등으로 인하여 학원교육의 부실화가 우려된다고 인정되는 때에는 대통령령이 정하는 바에 따라 이의 조정을 명할 수 있다(도로교통법 110).

### (5) 수강료 등의 반환

① 학원 등 설립 · 운영자는 교육생이 수강을 계속할 수 없는 경우와 학원 등의 등록취소 · 이전 · 운영정지 또는 지정취소 등으로 교육을 계속할 수 없는 경우에는 교육생으로부터 받은 수강료 등을 반환하거나 교육생이 다른 학원 등에 편입할 수 있도록 하는 등 교육생의 보호를 위하여 필요한 조치를 하여야 한다.
② 제1항의 규정에 의한 수강료 등의 반환사유 및 반환금액과 교육생 편입조치 등에 관하여 필요한 사항은 대통령령으로 정한다.
③ 제1항의 규정에 의하여 교육생이 다른 학원 등에 편입한 경우에 종전의 학원 등에서 이수한 교육시간은 편입한 학원 등에서 이수한 것으로 본다(도로교통법 111).

### (6) 휴원 · 폐원 신고

학원 등 설립 · 운영자가 해당 학원을 폐원하거나 1월 이상의 기간 동안 휴원하는 경우에는 행정안전부령이 정하는 바에 의하여 휴원 또는 폐원한 날부터 7일 이내에 지방경찰청장

에게 이를 신고하여야 한다(도로교통법 112).

## 2. 운전학원의 분류

### (1) 한국표준산업분류

| 대 분 류 | 세 세 분 류 | 분 류 명 |
|---|---|---|
| 교육서비스업(P) | 운전학원(85651) | 자동차운전학원 |

※ 자동차, 중장비, 비행기, 선박 등의 운송장비에 대한 운전교습을 수행하는 산업활동을 말한다.

〈예시〉

- 자동차운전학원
- 중장비운전학원
- 항공훈련학원
- 선박운전학원

### (2) 기준경비율(단순경비율)상의 분류(2023)

| 구 분 | 분류코드 | 분 류 명 | 단순경비율 | 기준경비율 |
|---|---|---|---|---|
| 교육서비스업 | 809001 | 기술계열학원(자동차운전) | 80.2 | 29.8 |
| 교육서비스업 | 809011 | 자동차운전 전문학원 | 80.2 | 30.8 |

※ 적용범위 및 기준 : 중장비운전학원(809001)

## 3. 부가가치세 실무

### (1) 과세대상

「도로교통법」 제2조 제32호의 자동차운전학원은 2012. 7. 1 용역제공 분부터 부가가치세를 과세한다.

**관련법조문**

**◈ 도로교통법 제2조 제32호**

"자동차운전학원"이라 함은 자동차 등의 운전에 관한 지식·기능을 교육하는 시설로서 다음 각 목의 시설 외의 시설을 말한다.

가. 교육관계법령에 의한 학교에서 소속 학생 및 교직원의 연수를 위하여 설치한 시설

나. 사업장 등의 시설로서 소속 직원의 연수를 위한 시설

다. 전산장치에 의한 모의운전연습시설
라. 지방자치단체 등이 신체장애인의 운전교육을 위하여 설치하는 시설 가운데 지방경찰청장이 인정하는 시설
마. 대가를 받지 아니하고 운전교육을 실시하는 시설
바. 운전면허를 받은 사람을 대상으로 다양한 운전경험을 체험할 수 있도록 하기 위하여 도로가 아닌 장소에서 운전교육을 실시하는 시설

## (2) 과세전환에 따른 세무실무

### 1) 과세전환에 따른 불공제 매입세액의 재계산

부가가치세가 면제되는 재화 또는 용역을 공급하는 사업에 관련된 매입세액으로 매입세액이 공제되지 아니한 감가상각자산(실습용 자동차 등)을 과세사업에 사용하거나 소비하는 때에 공제하는 세액은 다음의 산식에 따라 계산한 금액으로 한다. 이 경우 경과된 과세기간의 수에 관하여는 제49조 제1항 각 호 외의 부분 후단을 준용한다.

#### ① 건물 또는 구축물

공제되는 세액 = 취득 당시 해당 재화의 면세사업과 관련하여 공제되지 아니한 매입세액 × (1 - 5/100 × 경과된 과세기간의 수)

#### ② 기타의 감가상각자산

공제되는 세액 = 취득 당시 해당 재화의 면세사업과 관련하여 공제되지 아니한 매입세액 × (1 - 25/100 × 경과된 과세기간의 수)

### 2) 과세매출에 대한 신용카드 등 사용에 따른 세액공제

부가가치세가 과세되는 운전학원에 수강료에 대하여 신용카드나 현금영수증으로 결제받은 금액에 대하여는 개인에 한하여 1.3%(연간 1천만원)의 세액공제를 받을 수 있다. 다만, 수강료 등 신용카드발행분에 대하여는 세금계산서 발행대상이 아니므로 매입세액공제를 받을 수 없다.

### 3) 운전연습용 자동차 취득관련 매입세액공제

운전학원에서 수강생들의 연습용으로 취득하는 소형승용자동차의 경우 비영업용 소형승용자동차에 해당되지 아니하므로 매입세액공제를 받을 수 있다.

**관련법조문**

◈ **부가가치세법 시행령 제19조**

법 제10조 제2항 제2호에서 "운수업, 자동차판매업 등 대통령령으로 정하는 업종"이란 다음 각 호의 업종을 말한다.

1. 운수업
2. 자동차 판매업
3. 자동차 임대업
4. 운전학원업
5. 「경비업법」 제2조 제1호 라목에 따른 기계경비업무를 하는 경비업. 이 경우 법 제10조 제2항 제2호에서의 자동차는 「경비업법」 제16조의 3에 따른 출동차량에 한정하여 적용한다.
6. 제1호부터 제5호까지의 업종과 유사한 업종

### 4) 협력의무의 이행

**① 사업자등록**

운전학원은 2012. 7. 1부터 과세전환 되었으므로 20일 이내에 부가가치세 일반과세자로 사업자등록을 신청하여야 한다. 만일 그 기한이 지난 후에 사업자등록을 하면 미등록가산세가 부과된다.

**② 부가가치세 신고**

부가가치세 신고를 이행하여야 한다.

## 4. 소득세·법인세 실무

### (1) 자동차운전학원의 수강료의 귀속시기

자동차운전학원의 수강료의 수입시기는 소득세법 시행령 제48조 제5호의 규정에 의하여 용역의 제공을 완료한 날로 하는 것이다(제도 46013-9, 2001. 1. 3). 즉, 강의가 종료되는 시점에서 수강료수입을 인식한다.

※ 수강료 수익의 누락형태

- 수료증 및 합격증 발급수수료 누락

• 안전교육비 누락
• 운전면허 불합격자 보충교육 수강료 누락

### (2) 수강료 에누리액의 세무처리

매출에누리는 소득세법 제24조 제1항 및 같은법 시행령 제51조 제3항의 규정에 의하여 당해 연도의 총수입금액의 계산에 있어서 이를 산입하지 아니한다(제도 46011－10303, 2001. 3. 29). 다만, 임직원이나 특정고객에 대한 비정상적인 수강료할인액은 급여 또는 접대비로 처리한다.

### (3) 자동차학원 인수에 따른 영업권의 감가상각

자동차운전학원을 설립·운영하고자 하는 자는 도로교통법 제101조의 규정에 의한 시설 및 설비 등과 제103조의 규정에 의한 강사의 정원 및 배치기준 등 필요한 조건을 갖추어 지방경찰청장에게 등록하여야 하는데(도로교통법 99), 도로교통법 제101조와 동법 시행령 제63조 등을 보면 학원에는 대통령령이 정하는 기준에 의하여 강의실·기능교육장·부대시설 등 교육에 필요한 시설(장애인을 위한 교육 및 부대시설 포함) 및 설비 등을 갖추어야 하는 바, 신규로 학원을 설립하기 위해서는 많은 경제적 시간적 비용이 소요되는 반면 이미 등록된 학원을 인수하면 등록에 필요한 비용을 절감할 수 있어 경제적 이익(초과 수익력)이 있다고 할 것으로서, 자동차운전학원을 양도·양수하는 데에 영업권이 존재하리라는 것은 사회통념이라고 판단된다. 따라서 자동차학원의 인수대가 중 자산부족분을 영업권으로 계상하고 감가상각비를 필요경비로 산입한 것은 정당하다고 판단된다(심사소득 2007－44, 2007. 11. 30).

### (4) 중소기업 조세특례

「학원의 설립·운영 및 과외교습에 관한 법률」에 따른 **직업기술분야를 교습하는 학원을 영위하는 사업**은 중소기업특별세액감면을 받을 수 있다(조특법 7 ① 1호 커목). 그러나 자동차운전학원은 「학원의 설립·운영 및 과외교습에 관한 법률」의 적용대상이 아니므로 중소기업특별세액감면대상이 아니다.

**관련법조문**

**◈ 「학원의 설립·운영 및 과외교습에 관한 법률」 제2조 제1호**

"학원"이란 사인이 대통령령으로 정하는 수 이상의 학습자에게 30일 이상의 교습과정(교습과정의 반복으로 교습일수가 30일 이상이 되는 경우를 포함한다. 이하 같다)에 따라 지식·기술(기능을 포함한다)·예능을 교습하거나 30일 이상 학습장소로 제공되는 시설을 말한다. 다만, 다음 각 목의 어느 하나에 해당하는 시설은 제외한다.

가. 「유아교육법」, 「초 · 중등교육법」, 「고등교육법」 그 밖의 법령에 따른 학교
나. 도서관 · 박물관 및 과학관
다. 사업장 등의 시설로서 소속 직원의 연수를 위한 시설
라. 「평생교육법」에 따라 인가 · 등록 · 신고 또는 보고된 평생교육시설
마. 「근로자직업능력 개발법」에 따른 직업능력개발훈련시설이나 그 밖에 평생교육에 관한 다른 법률에 따라 설치된 시설
바. 「도로교통법」에 따른 자동차운전학원

### (5) 자동차운전학원 표준약관[공정거래위원회(표준약관 제10031호)]

제1조(목적) 이 약관은 ○○자동차운전학원(이하 '학원'이라 합니다)과 자동차운전에 관한 지식 및 기능을 교육받고자 하는 자(이하 '수강자'라 합니다)간의 교육 및 수강에 관한 제반사항을 규정하는 것을 목적으로 합니다.

제2조(관계법령) 이 약관에 규정되지 아니한 사항 또는 이 약관의 해석에 관하여 다툼이 있는 사항에 대해서는 학원과 수강자가 합의하여 결정하되, 합의가 이루어지지 아니한 경우에는 도로교통법, 약관의규제에관한법률, 할부거래에관한법률, 민법, 상법 등 관계법령 및 공정 · 타당한 일반관례에 따릅니다.

제3조(게시의무)

① 학원은 수강자가 보기 쉬운 곳에 다음 각호의 사항을 게시합니다.

1. 학원 시설 및 강사의 인적사항
2. 학과 · 기능 · 도로주행 등의 교육과정(이하 '교육과정'이라 합니다)별 교육내용과 교육시간
3. 교육과정별 시간당 수강료, 보험료, 교재대금과 기능검정비
4. 이 약관

② 학원은 제1항 제2호의 규정에 의한 교육과정별 교육시간을 도로교통법 등 관계법령에 의해 요구되는 최소한의 교육시간수로 하며, 제1항 제3호의 규정에 의한 비용을 허위로 게시하거나 이를 초과하여 징수하지 아니합니다.

제4조(교육과정)

① 학과교육과정은 자동차 및 도로교통에 관한 법령, 자동차의 구조 및 취급방법, 특수환경에서의 안전운전요령 및 교통예절 등을 교육합니다.

② 기능교육과정은 면허종별에 따라 모의운전장치 및 개별코스에 의한 교육, 동승지도교

육, 단독교육으로 구분하여 실시합니다.

③ 도로주행교육과정은 운전면허(연습면허를 포함합니다)를 취득한 사람에 대하여 실시하며, 기능강사가 반드시 동승하여 수강자가 교통법규를 준수하여 안전하게 운전할 수 있도록 지도합니다.

제5조(수강신청 및 설명 · 교부)

① 수강신청을 하기 위해서는 수강자는 학원에 비치된 수강신청서를 작성하여 제출하고, 동시에 당해 교육과정별 수강료 · 보험료와 교재대금(이하 '수강료 등'이라 합니다)을 납부하여야 합니다.

② 학원은 수강자가 수강신청을 하기 전에 이 약관 제6조 내지 제11조의 규정을 설명하고, 운전면허시험의 합격을 위해 소요되는 전체비용(수강료 등과 기능검정비)을 내역별로 고지합니다.

③ 학원은 수강신청서와 수강료 등을 받은 때에는 영수증 및 다음 각호의 사항이 기재된 수강증을 교부하며, 수강자가 요구할 경우에는 이 약관도 교부합니다.

1. 교육과정
2. 교육시간
3. 기타 계약의 중요 사항

제6조(수강료 등과 기능검정비)

① 수강자는 교육과정의 전부 또는 일부를 선택할 수 있으며, 수강료는 수강자가 선택한 교육과정에 따라 학과교육비 · 기능교육비 · 도로주행교육비 등으로 분리하여 청구합니다.

② 학원이 수강자에게 보험료를 청구하는 경우에는 보험계약의 내용(보험회사, 보험금, 보험상품명 등)을 알려주어야 합니다.

③ 교재대금은 교재의 구입을 원하는 수강자에게만 청구합니다.

④ 기능검정비(기능검정에 소요되는 비용)는 기능검정을 받기를 원하는 수강자에게 수강료 등과는 별도로 청구합니다.

⑤ 수강자는 수강료 또는 기능검정비 등을 신용카드로 지급할 수 있습니다.

⑥ 기능검정 불합격자 또는 보충교육자(학원에서 자체적으로 실시하는 학과 또는 기능교육의 평가결과 일정 성적에 미달하는 자)는 당해 교육과정의 추가교육을 시간단위로 요구할 수 있으며, 이 경우 학원은 다음의 금액을 청구합니다.

| 당해 교육과정의 시간당 수강료 × 요구한 추가교육 시간수 |
|---|

제7조(수강증)

① 수강자는 학원의 요구가 있을 때에는 수강증을 제시하여야 합니다.

② 수강자가 수강증을 분실한 경우에는 지체없이 학원에 그 사실을 통지하고, 학원은 허위신고 · 부당사용 등의 특별한 사유가 없는 한 재교부합니다.

③ 수강자는 수강증을 타인에게 빌려주거나 부당하게 사용해서는 안되며, 이를 위반하는 경우에는 학원은 퇴학을 명할 수 있습니다.

제8조(수강신청의 철회)

① 수강자는 교육개시일 전에 수강신청을 철회할 수 있습니다.

② 수강자가 다음 각호의 요건을 모두 갖춘 경우에는 수강증을 교부받은 날(수강증이 교부되지 아니한 경우에는 교육개시일)로부터 7일 이내에 수강신청을 철회할 수 있습니다.

1. 교육기간이 2개월 이상이고,
2. 수강료 등의 총액이 10만원을 초과하며(다만, 신용카드로 지급하는 경우에는 20만원을 초과해야 함),
3. 수강료 등을 3회 이상 분할하여 지급하는 경우

③ 수강자가 교육개시일 전에 수강신청을 철회한 경우에는 수강증을 학원에 반환하고, 학원은 지체없이 다음 각호의 금액을 수강자에게 환급합니다.

1. 수강자가 납부한 수강료(이하 '기납부[旣納付] 수강료'라 합니다)의 전액
2. 수강자가 보험료를 납부한 경우에는 그 보험료의 전액
3. 수강자가 교재대금을 납부한 경우에는 그 교재대금의 전액. 다만, 수강자가 반환하지 않거나 훼손시킨 교재의 대금은 환급하지 않습니다.

④ 수강자가 교육개시일 이후에 수강신청을 철회한 경우에는 수강증을 학원에 반환하고, 학원은 지체없이 다음 각호의 금액을 수강자에게 환급합니다.

1. 기납부 수강료의 전액 − (당해 교육과정의 시간당 수강료 × 철회시까지의 교육시간수)
2. 수강자가 보험료를 납부한 경우에는 그 보험료의 전액(보험기간이 개시되지 않은 경우) 또는 일부(보험기간이 개시된 경우). 다만, 보험료의 일부 환급은 학원이 보험회사와 체결한 보험계약에 따라 일할(日割) 또는 단기요율 등에 의하여 미경과 보험기간에 대한 보험료를 환급받을 수 있는 경우에 한하여 합니다.
3. 수강자가 교재대금을 납부한 경우에는 그 교재대금의 전액. 다만, 수강자가 반환하지 않거나 훼손시킨 교재의 대금은 환급하지 않습니다.

제9조(계약의 중도해지)

① 수강자가 학원에 대한 행정처분(인가 · 등록의 취소, 일정 기간의 운영정지 등), 학원

의 이전, 폐강 등 학원의 귀책사유에 의하여 수강을 계속할 수 없는 경우에는 수강증을 학원에 반환하고, 학원은 지체없이 다음 각호의 금액을 수강자에게 환급합니다.

| 1. | 기납부 수강료의 전액<br>-(당해 교육과정의 시간당 수강료 × 당해 사유 발생시까지의 교육시간수) |
|---|---|

2. 제8조 제4항 제2호와 제3호의 규정에 의한 보험료와 교재대금

② 수강자가 질병, 주거지의 이전, 여행 등 그의 귀책사유에 의하여 수강 포기의 의사를 표시한 경우에는 수강증을 학원에 반환하고, 학원은 지체없이 다음 각호의 금액을 수강자에게 환급합니다.

| 1. | 〔기납부 수강료의 전액 -(당해 교육과정의 시간당 수강료 × 수강 포기 의사표시 시까지의 교육시간수)〕 × 50% |
|---|---|

2. 제8조 제4항 제2호의 규정에 의한 보험료

③ 수강자가 교육 도중에 운전면허시험에 합격한 경우에는 학원은 미교육시간수에 대한 수강료 등의 환급은 이를 하지 아니합니다.

제10조(계약의 해제)

① 수강자는 다음 각호의 사유가 있을 때에는 계약을 해제할 수 있습니다. 다만, 제5호의 사유가 있을 때에는 기능검정계약을 해제할 수 있습니다.

1. 허위사실 또는 허위광고 등에 의한 계약의 체결
2. 정원을 초과한 수강자의 교육
3. 무자격 또는 자격미달의 강사에 의한 교육
4. 수강료 등의 허위게시 또는 초과징수
5. 기능검정비의 허위게시 또는 초과징수
6. 기타 수강을 현저히 곤란하게 할 정도의 부당한 교육

② 수강자가 제1항 각호의 사유(제4호 및 제5호의 사유 제외)에 의하여 계약을 해제한 경우에는 수강증을 학원에 반환하고, 학원은 지체없이 다음 각호의 금액을 수강자에게 환급합니다.

1. 기납부 수강료의 전액(당해 사유를 안 후 지체없이 해제한 경우) 또는 다음의 금액(당해 사유를 알고서도 계속 수강을 하다가 해제한 경우)

| 기납부 수강료의 전액<br>- (당해 교육과정의 시간당 수강료 × 해제시까지의 교육시간수) |
|---|

2. 제8조 제4항 제2호와 제3호의 규정에 의한 보험료와 교재대금

③ 수강자가 제1항 제4호(수강료 등의 허위게시 또는 초과징수)의 사유에 의하여 계약을 해제한 경우에는 수강증을 학원에 반환하고, 학원은 지체없이 다음 각호의 금액을 수강자에게 환급합니다.

1. 수강자가 당해 사유를 안 후 지체없이 해제한 경우 :

| 기납부 수강료 등의 전액<br>－ (경과한 보험기간에 대한 정당한 보험료)<br>－ (미경과 보험기간에 대한 정당한 보험료)<br>－ (정당한 교재대금) |
|---|

다만, '미경과 보험기간에 대한 정당한 보험료'는 학원이 그의 과실없이 보험회사로부터 환급받을 수 없는 경우에 한하여 공제하며, '정당한 교재대금'은 수강자가 당해 교재를 반환하지 않거나 훼손시킨 경우에 한하여 공제합니다.

2. 수강자가 당해 사유를 알고서도 계속 수강을 하다가 해제한 경우 :
제1호의 규정에 의하여 산정된 금액에서 추가로 다음의 금액을 공제한 금액

| 잘못된 계산식당해 교육과정의 정당한 시간당 수강료 × 해제시까지의 교육시간수 |
|---|

④ 수강자가 제1항 제5호(기능검정비의 허위게시 또는 초과징수)의 사유에 의하여 기능검정 계약을 해제한 경우에는 학원은 지체없이 다음 각호의 금액을 수강자에게 환급합니다.

1. 기능검정을 받기 전에 해제한 경우 : 기납부 기능검정비의 전액
2. 기능검정을 받은 이후에 해제한 경우

| 기납부 기능검정비의 전액 － 정당한 기능검정비의 전액 |
|---|

제11조(교육의 예약)

① 학원은 원활한 교육의 진행을 위하여 수강자와 협의하여 교육일시·시간을 사전에 정하는 교육예약을 실시할 수 있습니다.

② 학원이 예약한 교육일시·시간(이하 '예약시간'이라 합니다)을 지키지 않은 경우에는, 다음 각호에 의한 손해배상액을 지급하고 수강자와 협의하여 변경한 일시·시간에 보강을 실시합니다.

1. 수강자와 사전 협의없이 예약시간을 지키지 않은 경우

| 당해 교육과정의 시간당 수강료 × 지키지 않은 교육시간수 |
|---|

2. 수강자와 사전 협의를 거쳐 예약시간을 지키지 않은 경우

| (당해 교육과정의 시간당 수강료 × 지키지 않은 교육시간수) × 20% |
|---|

③ 수강자가 예약시간을 지키지 않은 경우에는, 다음 각호에 의한 손해배상액을 지급하고 학원과 협의하여 변경한 일시·시간에 보강을 받을 수 있습니다.

1. 예약시간 24시간 전에 불참을 통지한 경우 : 손해배상책임을 면함
2. 예약시간 24시간 전 이후부터 예약시간 12시간 전까지의 사이에 불참을 통지한 경우

| (당해 교육과정의 시간당 수강료 × 불참한 교육시간수) × 10% |
|---|

3. 예약시간 12시간 전 이후부터 예약시간까지의 사이에 불참을 통지한 경우

| (당해 교육과정의 시간당 수강료 × 불참한 교육시간수) × 20% |
|---|

4. 예약시간 이후에 불참을 통지하거나 무단으로 불참한 경우

| (당해 교육과정의 시간당 수강료 × 불참한 교육시간수) × 50% |
|---|

**제12조(수료증·졸업증)** 학원은 장내기능검정에 합격한 수강자에 대하여 수료증을, 도로주행검정에 합격한 수강자에 대해서는 졸업증을 2일 이내에 교부합니다.

**제13조(휴강일)** 학원은 다음 각호의 경우 휴강을 할 수 있습니다.

1. 국경일 및 공휴일
2. 정기휴일: 개원기념일(00월 00일), 00기념일(00월 00일)

**제14조(퇴학)**

① 학원은 다음 각호의 수강자에 대하여 퇴학을 명할 수 있습니다.

1. 강사의 교육지도에 따르지 않으며 학원 내부의 질서를 문란하게 하는 사람
2. 품행이 불량하여 다른 수강자의 교육에 지장을 초래하는 사람
3. 정당한 사유 없이 결석이 잦고 수강을 태만히 하는 사람
4. 수강증을 타인에게 빌려주거나 부당하게 사용하는 사람

② 학원은 퇴학을 명할 경우 그 수강자로부터 수강증을 반환받고 지체없이 다음 각호의 금액을 수강자에게 환급합니다.

| | |
|---|---|
| 1. | 기납부 수강료의 전액<br>- (당해 교육과정의 시간당 수강료 × 퇴학시까지의 교육시간수) |

2. 제8조 제4항 제2호의 규정에 의한 보험료

**제15조(손해배상)**

① 학원의 교육차량 등 장비·시설의 결함, 강사의 교육상의 고의·과실 등으로 인하여

교육도중 수강자에게 사고가 발생한 경우에는 학원은 이로 인한 손해를 배상합니다.

② 수강자가 제10조 제2항 내지 제4항의 규정에 의한 환급금을 받더라도 제10조 제1항 각호의 사유로 인한 손해가 있는 경우에는 학원은 그 손해를 배상합니다.

③ 수강자가 학원의 교육차량을 고의·중대한 과실로 또는 그 밖의 학원의 장비·시설을 고의·과실로 멸실·훼손시킨 경우에는 이로 인한 학원의 손해를 배상하여야 합니다.

**제16조(천재지변 등)**

① 천재지변 등 불가항력적인 사유가 발생한 경우에는 학원은 임시휴강을 하거나 교육을 중단할 수 있습니다. 이 경우 수강자는 제4항의 규정에 의한 환급금 이외에 별도의 손해배상을 청구할 수 없습니다.

② 학원이 임시휴강을 한 경우에는 당해 불가항력적 사유가 종료한 후에 보강을 실시하며, 수강자는 보강실시 전에 계약을 해지할 수 있습니다.

③ 학원은 임시휴강을 한 경우에도 당해 불가항력적 사유가 상당기간 지속되거나 보강을 실시하기가 어려운 경우에는 교육을 중단할 수 있습니다.

④ 학원이 임시휴강을 한 경우에는 수강자가 계약을 해지한 때 지체없이 다음 각호의 금액을 환급하며, 학원이 교육을 중단하기로 결정한 경우에는 그 결정을 한 때 지체없이 다음 각호의 금액을 환급합니다.

1. 기납부 수강료의 전액 − (당해 교육과정의 시간당 수강료 × 불가항력적 사유 발생시까지의 교육시간수)
2. 제8조 제4항 제2호의 규정에 의한 보험료

**제17조(관할법원)** 학원과 수강자간의 분쟁에 관한 소송은 민사소송법상의 관할에 관한 규정에 따릅니다.

##  유치원 등 보육시설의 세무실무

### 1. 개요

유치원 및 영유아 보육시설에 대하여는 사업소득 중 교육서비스업에서 제외하는 등 여러 가지 세제혜택을 부여하고 있다. 유치원은 만 3세부터 초등학교 취학 전까지의 어린이(유아)의 교육을 위하여 설립·운영되는 학교를 말한다(유아교육법 2). 유치원은 다음과 같이 구분한다(유아교육법 7).

① 국립유치원 : 국가가 설립 · 경영하는 유치원

② 공립유치원 : 지방자치단체가 설립 · 경영하는 유치원(설립주체에 따라 시립유치원과 도립유치원으로 구분할 수 있다)

③ 사립유치원 : 법인 또는 사인이 설립 · 경영하는 유치원

한편, 영유아 보육시설은 6세 미만의 취학 전 아동(영유아)을 건강하고 안전하게 보호 · 양육하고 영유아의 발달특성에 적합한 교육을 제공하는 사회복지서비스를 제공하며 보호자의 위탁을 받아 영유아를 보육하는 시설을 말한다(영유아보육법 2).

## 2. 부가가치세 실무

유치원을 운영하는 사업자는 부가가치세 과세대상이 아니지만(부가 46015-2647, 1993. 11. 10), 매입처별세금계산서 및 계산서합계표를 제출할 의무는 진다(부가 46015-1112, 1998. 5. 26). 따라서 유치원이나 영유아 보육시설을 운영하는 자는 납세관리상 고유번호를 부여받아 원천징수 등 세법상 의무를 이행하여야 한다. 다만, 인 · 허가를 받지 않은 유치원에서 원아에게 제공하는 교육용역은 부가가치세가 과세된다.

## 3. 소득세 · 법인세 실무

사업소득에 해당되는 교육서비스업의 범위에는 「유아교육법」에 따른 유치원, 「초 · 중등교육법」 및 「고등교육법」에 따른 학교와 이와 유사한 것으로서 기획재정부령으로 정하는 것은 포함하지 아니하는 것으로 한다(소령 35). 또한 법인세법상 사업수입에 해당되는 사업의 범위에서 제외된다(법법 4 ③ 1호, 법령 3 ① 3호 가목). 즉, 소득세나 법인세가 과세되지 아니한다. 영유아보육법에 의하여 신고된 보육시설의 운영에서 발생하는 소득만 있는 자는 소득세법상 사업자에 해당하지 아니하며, 사업자가 아닌 자에게 부여되는 고유번호증은 사업자등록에 해당하지 아니하는 것이다(서면1팀-1394, 2004. 10. 1).

## 4. 기타 조세지원

### (1) 고유목적사업준비금의 손금산입

유아교육법에 의한 유치원 중 비영리법인은 지정기부금단체에 해당되어 고유목적사업준비금을 설정할 수 있다(법령 39 ① 1호 나목).

### (2) 직장보육시설 운영비를 복리후생비로 손금산입

임직원을 위하여 지출하는 「영유아보육법」에 의하여 설치된 직장보육시설의 운영비는 복리후생비로 손금산입한다(법령 45 ① 6호).

### (3) 지방세 등의 감면(지방세특례제한법 19)

① 「영유아보육법」에 따른 어린이집 및 「유아교육법」에 따른 유치원(이하 "유치원 등"이라 한다)을 설치·운영하기 위하여 취득하는 부동산에 대해서는 취득세를 2024년 12월 31일까지 면제한다.

② 다음 각 호의 부동산에 대해서는 재산세(「지방세법」 제112조에 따른 부과액을 포함한다)를 2027년 12월 31일까지 면제한다.

1. 해당 부동산 소유자가 과세기준일 현재 유치원 등에 직접 사용하는 부동산
2. 과세기준일 현재 유치원 등에 사용하는 부동산으로서 해당 부동산 소유자와 사용자의 관계 등을 고려하여 대통령령으로 정하는 부동산

### (4) 농어촌특별세 비과세

유치원 및 영유아 보육시설용 부동산 취득에 대한 지방세감면을 받은 경우 농어촌특별세가 비과세된다(농특령 4 ⑦ 5호).

### (5) 1세대 1주택 비과세·중과 제외

1세대의 구성원이 「영유아보육법」 제13조의 규정에 따라 시장·군수 또는 구청장(자치구의 구청장을 말한다)의 인가를 받고 법 제168조의 규정에 따른 사업자등록을 한 후 5년 이상 가정보육시설로 사용하고, 가정보육시설로 사용하지 아니하게 된 날부터 6월이 경과하지 아니한 주택에 대하여는 1세대 3주택 중과대상의 주택에서 제외한다(소령 167의 3 ① 8호의 2). 2018년 이후부터 세대원이 5년 이상 운영한 가정어린이집을 양도하는 경우 1세대 1주택 판정시 보유주택수에서 제외한다(소령 155).

### (6) 공익법인의 범위에 포함

「유아교육법」에 따른 유치원을 설립·경영하는 사업은 공익법인의 범위에 포함되어 공익법인에 대한 조세혜택을 받을 수 있다(상증령 12 2호).

# 평생교육시설의 세무실무

## 1. 개요

### (1) 평생교육시설의 정의

"평생교육시설"이라 함은 평생교육법에 의하여 인가·등록·신고된 시설과 학원 등 다른 법령에 의한 시설로서 평생교육을 주된 목적으로 하는 시설을 말한다(평생교육법 2 3호). 즉, 성인이나 근로청소년을 대상으로 하는 교육활동을 목적으로 설립된 시설을 말한다.

### (2) 평생교육시설의 구분

평생교육법에 의한 평생교육시설은 다음과 같이 구분된다.

| 구 분 | 인·허가 | 근거법령 |
|---|---|---|
| • 학교형태 | 교육감에게 등록 | 평생교육법 제20조 |
| • 사내대학형태 | 교육자원부장관의 인가 | 평생교육법 제21조 |
| • 원격대학형태 | 교육자원부장관에 신고 | 평생교육법 제22조 |
| • 사업장부설 | 교육감에 신고 | 평생교육법 제23조 |
| • 시민사회단체 | 교육감에 신고 | 평생교육법 제24조 |
| • 학교부설 | 관할관청에 보고 | 평생교육법 제25조 |
| • 언론기관부설 | 교육감에 신고 | 평생교육법 제26조 |
| • 지식·인력개발사업관련 | 교육감에 신고 | 평생교육법 제27조 |

### (3) 원격대학형태의 평생교육시설(평생교육법 33)

① 누구든지 정보통신매체를 이용하여 특정 또는 불특정 다수인에게 원격교육을 실시하거나 다양한 정보를 제공하는 등의 평생교육을 실시할 수 있다.

② 제1항에 따라 불특정 다수인을 대상으로 학습비를 받고 이를 실시하고자 하는 경우에는 대통령령으로 정하는 바에 따라 교육과학기술부장관에게 신고하여야 한다. 이를 폐쇄하고자 하는 경우에는 그 사실을 교육과학기술부장관에게 통보하여야 한다.

③ 제1항에 따라 전문대학 또는 대학졸업자와 동등한 학력·학위가 인정되는 원격대학형태의 평생교육시설을 설치하고자 하는 경우에는 대통령령으로 정하는 바에 따라 교육과학기술부장관의 인가를 받아야 한다. 이를 폐쇄하고자 하는 경우에는 교육과학기술부장관에게 신고하여야 한다.

### (4) 학교형태의 평생교육시설의 등록(평생교육법 시행령 26)

① 법 제31조 제1항에 따라 학교형태의 평생교육시설을 설치·운영하려는 자는 다음 각 호의 사항을 기재한 등록신청서에 운영규칙 및 교육과학기술부령으로 정하는 서류를 첨부하여 교육감에게 제출하여야 한다.

1. 명칭
2. 목적
3. 위치
4. 교육과정 편성
5. 학습비를 포함한 경비와 시설의 유집방법
6. 시설·설비의 설치내역
7. 개설예정일

### (5) 원격평생교육시설의 신고절차 등(평생교육법 시행령 49)

① 원격평생교육시설을 운영하려는 자는 다음 각 호의 사항을 기재한 신고서에 운영규칙 및 교육과학기술부령으로 정하는 서류를 첨부하여 교육과학기술부장관에게 제출하여야 한다.

1. 명칭
2. 목적
3. 설치자
4. 위치
5. 시설·설비
6. 개설예정일

## 2. 부가가치세 실무

### (1) 과세대상 여부

부가가치세가 면세하는 교육용역은 주무관청의 허가·인가 또는 승인을 얻어 설립하거나 주무관청에 등록 또는 신고한 학원·강습소 및 청소년기본법에 의한 청소년 수련시설에서 지식·기술 등을 가르치는 것을 말한다. 따라서 **주무관청에 인가 또는 신고된 평생교육시설**은 부가가치세가 면제되는 교육용역에 해당된다.

즉, 평생교육법에 의하여 원격평생교육시설을 신고한 자가 정보통신매체를 통하여 교육용역을 제공하고 그 대가를 받는 경우에는 부가가치세법 제12조 제1항 제5호에 규정하는 부가가치세가 면제되는 교육용역에 해당되는 것이나, 주무관청에 원격평생교육시설을 신고하지 아니한 자가 원격평생교육시설을 신고한 자와 계약체결에 의하여 교육 및 자료, 기술 등을 지원받아 교육용역을 제공하고 그 대가를 받는 경우에는 부가가치세가 과세되는 것이다(서면3팀-411, 2007. 2. 5). 「원격평생교육시설을 신고한 사업자가 대학으로부터 대학의 정규교육과정인 시간제등록제 교육의 전반적인 사항(학생모집, 온라인강의 컨텐츠 제공, 수업료 징수 등)을 위탁받아 교육용역을 제공하는 경우 면세되는 교육용역에 해당하지 아니하는 것으로 되어 있는 바(법규과-742, 2009. 12. 31), 청구인은 업무제휴한 대학교에서 학사관리 전반을 책임지고 운영하였고 청구인은 단지 컨텐츠 제공 및 기술적인 측면만 담당한다고 하였으나, 청구인은 시간제등록제 교육의 전반적인 사항을 위탁받아 교육용역을 제공하고 대가를 받은 것으로 판단되고 교육과학기술부장관에게 「평생교육법」 제33조 제2항 및 제3항, 같은 법 시행령 제49조 제3항에 따라 원격평생교육시설을 신고하거나 신청을 하여 인가를 받은 사실이 없고, 같은 법 시행령 제26조 제1항에 의하여 운영규칙 및 같은 법 시행규칙으로 정하는 서류를 관할 교육감에게 제출하여 등록요건을 검토받은 적도 없으며, 동 운영규칙에 의하여 원격평생교육시설을 운영한 사실도 나타나지 아니하는 점 등을 감안하면, 청구인이 제공한 쟁점용역이 「부가가치세법」 제12조 제1항 제5호 및 같은 법 시행령 제30조에서 규정하는 부가가치세 면세용역에 해당한다고 보기는 어렵다고 판단된다(조심 2012서1336, 2012. 5. 23).

① **평생교육시설에서 학교 등에 인터넷교육용역 공급**

「평생교육법」 제33조 제2항, 같은 법 시행령 제48조 및 제49조에 따라 원격평생교육시설(10명 이상의 불특정 학습자에게 30시간 이상의 교습과정에 따라 화상강의 또는 인터넷강의 등을 통하여 지식·기술·기능 및 예능에 관한 교육을 실시하는 시설)을 갖추고 당해 시설의 운영규칙을 첨부하여 교육과학기술부장관에게 신고한 후, 당해 운영규칙에 따라 교육용역을 제공하고 그 대가를 받는 경우에는 「부가가치세법」 제12조 제1항 제5호, 같은 법 시행령 제30조에 따라 부가가치세가 면제되는 것으로서, 교육과학기술부장관에게 신고한 운영규칙에 따라 학생들에게 직접 인터넷을 통한 교육용역을 공급하고 그 대가를 학생들로부터 직접 지급받거나 당해 대가의 회수를 대행한 학교로부터 일괄 지급받는 경우에는 부가가치세가 면제되며, 「소득세법 시행령」 제211조 제1항 제3호에 따라 학생들에게 영수증을 교부할 수 있는 것이나, 교육과학기술부장관에게 신고한 운영규칙과 다르게 개인이 아닌 법인이나 단체에게 인터넷을 통한 교육용역을 공급하는 경우에는 부가가치세가 과세되며, 부가가치세법 제16조에 따라 용역을 공급받는 법인이나 단체에게 세금계산서를 교부하는 것이다(부가-4580, 2008. 12. 3).

② **시간제등록 학생모집에 따른 수수료**

주무관청에 등록·신고하거나 신청을 하여 인가를 받은 사실이 없고, 원격평생교육시설을 운영한 사실도 나타나지 아니하고, 업무 협약서를 보면 청구인과 당해 대학이 교육비를 분리하여 수납되는 것으로 보아 학생모집에 따른 수수료에 관련된 수입으로 보아 부가가치세 과세는 정당하다(조심 2011서2115, 2011. 9. 19).

### (2) 파견강사의 교육용역 제공

평생교육법에 의해 평생교육시설로 인가받은 자가 유아교육기관과 계약을 체결하고 평생교육시설 소속의 강사를 유아교육기관에 파견하여 평생교육법 및 당해 시설의 운영규칙에 따른 교육과정 내용을 유아교육기관 소속 원생에게 제공하는 교육용역에 대하여 부가가치세법 제12조 제1항 제5호의 규정에 의하여 부가가치세가 면제되는 교육용역의 범위에 해당되는 것이다(서면3팀-1827, 2005. 10. 20).

## 3. 법인세 실무

### (1) 수익사업 범위에서 제외

「평생교육법」에 의한 원격대학 형태의 평생교육시설을 경영하는 사업은 수익사업의 범위에서 제외한다(법령 3 ① 3호 마목). 여기서 평생교육시설을 경영하는 사업이란 같은법에 의한 교육과정에 따라 실시하는 교육서비스업을 말하는 것으로 「평생교육법에 의한 학교부설 평생교육기관인 전산정보교육원 등의 운영과 관련된 교육서비스업은 이에 해당되지 아니한다(법기통 4-3…6). 따라서 법인세 과세대상이 아니다.

### (2) 고유목적사업준비금의 손금산입

평생교육시설의 경우 모두 비영리법인은 아니며 「평생교육법」에 따른 원격대학 형태의 평생교육시설을 운영하는 「민법」 제32조에 따른 비영리법인은 2025년 12월 31일 이전에 종료하는 사업연도까지 「법인세법」 제29조의 규정을 적용하는 경우 동법 동조 제1항 제4호의 규정에 불구하고 당해 법인의 수익사업에서 발생한 소득을 고유목적사업준비금으로 손금에 산입할 수 있다(조특법 74 ① 1호).

※ 민법 제32조 (비영리법인의 설립과 허가)
학술, 종교, 자선, 기예, 사교 기타 영리 아닌 사업을 목적으로 하는 사단 또는 재단은 주무관청

의 허가를 얻어 이를 법인으로 할 수 있다.

### (3) 법인으로 보는 법인격 없는 단체 중 고유목적사업준비금 전입대상 평생교육시설

「유아교육법」에 따른 유치원·「초·중등교육법」 및 「고등교육법」에 의한 학교, 「기능대학법」에 의한 기능대학 또는 「평생교육법」에 의한 원격대학은 지정기부금단체에 해당하여 고유목적사업준비금을 설정할 수 있다(법령 39 ① 1호 다목).

## 4. 지방세 실무

### (1) 평생교육단체 등에 대한 면제(지특법 43)

① 「평생교육법」에 따른 교육시설을 운영하는 평생교육단체(이하 "평생교육단체"라 한다)가 해당 사업에 직접 사용하기 위하여 취득하는 부동산에 대해서는 취득세를 2019년 12월 31일까지 면제한다.

② 평생교육단체가 과세기준일 현재 해당 사업에 직접 사용하는 부동산(대통령령으로 정하는 건축물의 부속토지를 포함한다)에 대해서는 재산세를 2019년 12월 31일까지 면제한다. 다만, 수익사업에 사용하는 경우와 해당 재산이 유료로 사용되는 경우의 그 재산 및 해당 재산의 일부가 그 목적에 직접 사용되지 아니하는 경우의 그 일부 재산에 대해서는 면제하지 아니한다.

③ 평생교육단체가 2020년 1월 1일부터 2027년 12월 31일까지 해당 사업에 직접 사용하기 위하여 취득하는 부동산에 대해서는 취득세를, 같은 기간에 취득한 부동산으로서 과세기준일 현재 해당 사업에 직접 사용하는 부동산(대통령령으로 정하는 건축물의 부속토지를 포함한다)에 대해서는 재산세를 다음 각 호의 구분에 따라 각각 경감한다.

1. 해당 부동산에 대해서는 취득세의 100분의 50을 경감한다.
2. 해당 부동산 취득일 이후 해당 부동산에 대한 재산세 납세의무가 최초로 성립한 날부터 5년간 재산세의 100분의 50을 경감한다. 다만, 수익사업에 사용하는 경우와 해당 재산이 유료로 사용되는 경우의 그 재산 및 해당 재산의 일부가 그 목적에 직접 사용되지 아니하는 경우의 그 일부 재산에 대해서는 경감하지 아니한다.

④ 제1항 및 제3항 제1호를 적용할 때 다음 각 호의 어느 하나에 해당하는 경우 감면된 취득세를 추징한다.

1. 해당 부동산을 취득한 날부터 5년 이내에 수익사업에 사용하는 경우
2. 정당한 사유 없이 그 취득일부터 3년이 지날 때까지 해당 용도로 직접 사용하지 아니하는 경우

3. 해당 용도로 직접 사용한 기간이 2년 미만인 상태에서 매각·증여하거나 다른 용도로 사용하는 경우

### (2) 제44조(평생교육시설 등에 대한 감면(지특법 44)

① 대통령령으로 정하는 평생교육시설에 사용하기 위하여 취득하는 부동산에 대해서는 취득세를, 과세기준일 현재 평생교육시설에 직접 사용하는 부동산(해당 시설을 다른 용도로 함께 사용하는 경우 그 부분은 제외한다)에 대해서는 재산세를 다음 각 호에서 정하는 바에 따라 각각 감면한다.

1. 2019년 12월 31일까지는 취득세 및 재산세를 각각 면제한다.
2. 2020년 1월 1일부터 2027년 12월 31일까지 취득하는 부동산에 대해서는 다음 각 목의 구분에 따라 취득세 및 재산세를 각각 경감한다.
   가. 해당 부동산에 대해서는 취득세의 100분의 50을 경감한다.
   나. 해당 부동산 취득일 이후 해당 부동산에 대한 재산세 납세의무가 최초로 성립한 날부터 5년간 재산세의 100분의 50을 경감한다.

② 제1항에 따른 평생교육시설로서 「평생교육법」 제31조 제4항에 따라 전공대학 명칭을 사용할 수 있는 평생교육시설(이하 "전공대학"이라 한다)에 직접 사용하기 위하여 취득하는 부동산에 대해서는 2027년 12월 31일까지 취득세를 면제하고, 과세기준일 현재 전공대학에 직접 사용하는 부동산(해당 시설을 다른 용도로 함께 사용하는 경우 그 부분은 제외한다)에 대해서는 2027년 12월 31일까지 재산세를 면제한다.

③ 전공대학의 운영과 관련하여 「산업교육진흥 및 산학연협력촉진에 관한 법률」 제25조에 따라 설립·운영하는 산학협력단이 그 고유업무에 직접 사용하기 위하여 취득하는 부동산에 대해서는 취득세의 100분의 75를, 과세기준일 현재 그 고유업무에 직접 사용하는 부동산에 대해서는 재산세의 100분의 75를 2026년 12월 31일까지 각각 경감한다.

④ 「국민 평생 직업능력 개발법」 제2조 제3호 가목에 따른 공공직업훈련시설에 직접 사용하기 위하여 취득하는 부동산에 대해서는 2027년 12월 31일까지 취득세의 100분의 50을 경감하고, 과세기준일 현재 공공직업훈련시설에 직접 사용하는 부동산(해당 시설을 다른 용도로 함께 사용하는 경우 그 부분은 제외한다)에 대해서는 2027년 12월 31일까지 재산세의 100분의 50을 경감한다.

⑤ 제1항에 따른 평생교육시설 중 「평생교육법」 제31조 제2항에 따라 고등학교졸업 이하의 학력이 인정되는 시설로 지정된 학교형태의 평생교육시설(이하 이 항에서 "학력인정 평생교육시설"이라 한다)에 대해서는 다음 각 호에서 정하는 바에 따라 지방세를 2027년 12월 31일까지 면제한다.

1. 학력인정 평생교육시설에 직접 사용하기 위하여 취득하는 부동산에 대해서는 취득세를 면제한다. 다만, 다음 각 목의 어느 하나에 해당하는 경우 그 해당 부분에 대해서는 면제된 취득세를 추징한다.
   가. 정당한 사유 없이 그 취득일부터 3년이 지날 때까지 해당 용도로 직접 사용하지 아니하는 경우
   나. 해당 용도로 직접 사용한 기간이 2년 미만인 상태에서 매각·증여하거나 다른 용도로 사용하는 경우
2. 과세기준일 현재 학력인정 평생교육시설에 직접 사용하는 부동산(해당 시설을 다른 용도로 함께 사용하는 경우 그 부분은 제외한다)에 대해서는 재산세(「지방세법」 제112조에 따른 부과액을 포함한다) 및 「지방세법」 제146조 제3항에 따른 지역자원시설세를 각각 면제한다.
3. 학력인정 평생교육시설이 그 사업에 직접 사용하기 위한 면허에 대한 등록면허세와 주민세 사업소분(「지방세법」 제81조 제1항 제2호에 따라 부과되는 세액으로 한정한다) 및 종업원분을 각각 면제한다.

⑥ 제1항 및 제4항을 적용할 때 다음 각 호의 어느 하나에 해당하는 경우 그 해당 부분에 대해서는 감면된 취득세 및 재산세를 추징한다.
1. 해당 부동산을 취득한 날부터 5년 이내에 수익사업에 사용하는 경우
2. 정당한 사유 없이 그 취득일부터 3년이 지날 때까지 해당 용도로 직접 사용하지 아니하는 경우
3. 해당 용도로 직접 사용한 기간이 2년 미만인 상태에서 매각·증여하거나 다른 용도로 사용하는 경우

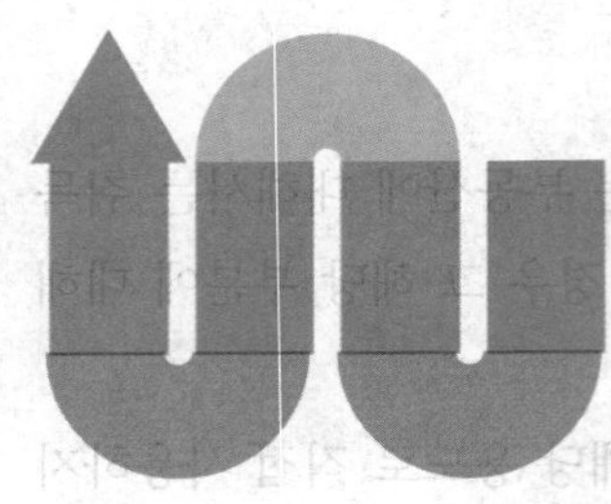

# 제 8 장

# 도·소매업의 회계와 세무실무

## 제 1 절 도·소매업 일반

### Ⅰ 개 요

### 1. 도매업

#### (1) 정의

도매업은 구입한 새로운 상품 또는 중고품을 변형하지 않고 소매업자, 산업 및 상업사용자, 단체, 기관 및 전문사용자 또는 다른 도매업자에게 재판매하는 산업활동을 말한다. 도매활동과 관련하여 상품을 물리적으로 조합·분류·선별·분할·재포장·상표부착·보관·냉장 및 배달과 설치 서비스 등이 부수될 수 있다.

#### (2) 형태

도매업의 유형에는 판매하는 상품에 대한 소유권을 갖고 소매업자에게 판매하는 도매업자와 산업체, 단체, 기관, 전문사용자 등에 상품을 공급해 주는 산업공급자 및 수출·입업자, 고물수집상 등이 있다. 광업 및 제조업체에서 별도로 운영하는 도매사업체 또는 도매지부도 포함된다

#### (3) 타산업과의 관계

① 배관시설에 의한 가스 공급은 "352 : 가스제조 및 배관공급업"에 분류된다.

② 도매업에 종사하는 사업체가 상품판매에 관련하여 부수적으로 그 기계 및 장비를 조립 또는 설치하는 경우는 주된 상품에 따라 도매업의 해당 항목에 분류된다.

③ 자기가 직접 기획한 제품을 직접 제조하지는 않지만, 자기 계정으로 구입한 원재료를

다른 제조사업자에게 제공하여 제품을 자기명의로 제조토록 하고, 이를 인수하여 자기 책임 하에 직접 판매하는 사업체는 제조업으로 분류된다.

④ 산업기계 및 장비, 건축자재 및 기타 산업용품을 판매하는 활동과 상업 및 기타 산업사용자에게 각종 상품을 대량으로 공급하는 산업활동은 도매업으로 본다. 다만, 사무용 기계장비, 목재, 페인트, 벽지, 종자, 농약 등은 산업용품 일지라도 일반대중을 대상으로 판매장을 개설하는 자가 사용자에게 판매하는 경우는 소매업으로 본다.

⑤ 현금거래 또는 선물거래 방식에 의하여 미래상품을 공급·중개하는 활동은 "66122 : 선물중개업"에 분류된다.

⑥ 고철 등 재생용 재료 및 기타 제품을 가공처리하여 재생용 원료를 생산하는 경우에는 "383 : 금속 및 비금속 원료재생업"에 분류된다.

**참고 상품중개업의 도매업 여부**

① 조세특례제한법상 업종의 분류는 법에 특별한 규정이 있는 경우를 제외하고는 실질내용에 따라 통계청장이 고시하는 한국표준산업분류에 의하는 것이므로 한국표준산업분류상 도매 및 소매업에 속하는 상품중개업(산업분류코드 : 461)은 조세특례제한법 시행령 제2조 제1항의 도매업으로 보아 중소기업을 판정하는 것이다(서이 46012-11628, 2003. 9. 9).

② 조세특례제한법상 업종의 분류는 이 법에 특별한 규정이 있는 경우를 제외하고는 통계법·제22조의 규정에 의하여 통계청장이 고시하는 한국표준산업분류에 의하는 것이며, 한국표준산업분류상 상품종합중개업(분류코드 51103, 신코드 46105)은 조세특례제한법 시행령 제2조 제1항의 규정에 의한 도매업에 포함되는 것이다.
관할 세무서장이 발급한 사업자등록증상 업종코드(서비스, 오퍼상 749927)는 한국표준산업분류와 코드체계가 다르고, 세무서장의 정정교부 없이 한국표준산업분류상의 도·소매 업종코드로 수정할 수 없는 것이다(법인-941, 2009. 8. 27).

## 2. 소매업

### (1) 정의

개인 및 소비용 상품(신품·중고품)을 변형하지 않고 일반 대중에게 재판매하는 산업활동으로서 여기에는 백화점, 점포, 노점, 배달 또는 통신판매, 소비조합, 행상인, 경매 등이 포함된다. 이러한 소매상은 대체적으로 자신들이 판매하는 상품에 대한 소유권을 갖고 판매하거나 계약(위탁) 또는 수수료에 의하여 소유자를 대리하여 상품을 판매하는 경우도 있다. 소매업은 일반대중이 용이하게 상품을 구매할 수 있도록 진열매장을 개설하여 판매하는 경우가 일반적이나 가정방문 및 배달판매, 이동판매, 전자통신, 우편 등의 통신판매를 하거나 행사형식으로 고객을 유치하여 판매하기도 한다.

① 소매업 분야에서 판매되는 상품은 소비재로 한정되어야 하기 때문에 통상적으로 광물, 원유, 산업용 화합물, 철강 및 산업용 기계장비 등과 같은 산업용 기계장비 및 용품의 판매는 도매업으로 본다.

② 타이프라이터, 페인트 또는 목재 등은 산업용품일지라도 일반대중을 대상으로 직접 판매할 수 있는 매장을 개설하고 자가사용자에게 직접 판매하는 경우에는 소매업으로 본다.

③ 상품판매와 관련하여 상품의 본질적 성질을 변환시키지 않는 처리활동(분할, 냉장, 포장, 절단 등)이 부수될 수 있다.

④ 소매활동과 관련하여 자기가 판매하는 개인 및 가정용품의 설치활동이 부수될 수 있다.

⑤ 반찬을 만들어 일반대중을 대상으로 직접 판매하는 경우는 소매업으로 분류한다.

### (2) 소매업의 형태

#### ① 종합소매업

일반대중을 대상으로 직접 판매할 수 있는 매장을 개설하고 식품 또는 비식품위주의 각종 상품을 종합적으로 소매하는 산업활동을 말한다.

#### ② 전문소매업

일반대중을 대상으로 직접 판매할 수 있는 매장을 개설하고 특정상품을 전문적으로 소매하는 산업활동을 말한다. 여기에는 특정 신상품 전문소매업과 특정 중고품 전문소매업이 포함된다.

#### ③ 중고품 소매업

중고 가구 · 가전제품 · 서적 등 각종의 중고상품을 소매하는 산업활동을 말한다.

#### ④ 무점포 소매업

일반대중을 대상으로 직접 판매할 수 있는 매장(점포)을 개설하지 않고 전자상거래 및 기타통신판매, 행사형식에 의한 고객유치판매, 배달 및 방문판매, 노점, 이동판매, 자동판매기 및 기타 무점포 판매방법에 의하여 각종의 특정상품 또는 종합상품을 소매하는 산업활동을 말한다.

### (3) 타사업과의 관계

① 농가, 광업 및 제조업체가 직접 생산한 생산물을 판매하는 경우는 그 주된 생산활동에 따라 농업, 광업 및 제조업으로 각각 분류
② 개인 또는 가정소비를 위하여 일반대중을 대상으로 특정제품(식품, 커튼 등)을 제조하여 소매하는 사업체(음식점 제외)의 경우에는 제조업(10~33)으로 분류된다.
③ 자동차, 이륜자동차(모터사이클), 설상용 차량 및 그 부분품 판매 (도 · 소매)와 차량연료 소매(45)
④ 자동차 이외의 각종 상품을 단체 및 산업사용자에게 주로 판매할 경우(46)
⑤ 직접 소비할 수 있는 상태의 음식을 구내소비 또는 직접 소비자를 대상으로 제공(판매)할 경우(561)
⑥ 일반대중에게 개인 및 가정용품을 임대하는 경우(692)

# Ⅱ 도 · 소매업의 세무실무

## 1. 부가가치세 실무

### (1) 과세대상

도 · 소매업은 재화의 공급에 해당되어 부가가치세 과세대상이다. 다만, 부가가치세법 제12조에 열거규정한 면세대상은 제외된다. 또한 상품권의 판매는 재화의 공급이 아닌 화폐대용증권과 유사하므로 부가가치세 과세대상이 아니며 고객이 상품권을 제시하고 재화를 인도할 때 부가가치세가 과세된다.

### (2) 공급시기

도 · 소매업의 공급시기는 재화를 인도하는 때이다. 한편 장기할부판매의 경우에는 대가의 각 부분을 받기로 한 때를 공급시기로 하나 공급시기 이전에 세금계산서를 선발행한 경우 그때를 공급시기로 한다.

### (3) 세금계산서의 발급

#### 1) 세금계산서 발급의무

도매업은 공급시기에 세금계산서를 의무발급하여야 한다. 다만, 신용카드발행분에 대한

세금계산서는 발급할 수 없다.

### 2) 도 · 소매 겸영자의 경우[82)]

도매업과 소매업을 겸영하는 사업자는 도매거래분에 대하여는 세금계산서를 발급하고, 소매거래분에 대하여는 공급받는 자가 사업자등록증을 제시하고 세금계산서의 발급을 요구하지 아니하는 한 영수증을 발급한다(부기통 16-53-4). 여기에서 세금계산서의 발급기준이 되는 도·소매업의 구분기준은 한국표준산업분류에 의한다. 구체적으로 다음과 같이 구분할 수 있다.

① **도매업** : 사업자가 재고자산, 생산재(원부자재), 산업용기자재(기계장치 등)로 판매하는 경우로 세금계산서를 발급하여야 한다.

② **소매업** : 사업자가 소모품, 사무용품으로 판매하거나 일반소비자에게 판매하는 경우로 영수증을 발급할 수 있다.

예를 들면 가구부품 도·소매업자가 가구제조업자나 다른 사업자에게 가구부품을 판매하는 경우에는 부가가치세법 제16조 규정에 의한 세금계산서를 교부하는 것이며, 일반 실소비자에게 판매하는 경우에는 같은법 제32조 규정에 의한 영수증(신용카드매출전표 포함)을 교부하는 것이다(서면3팀-277, 2004. 2. 18).

### 3) 선발행 세금계산서의 공급시기 의제

사업자가 공급시기가 되기 전에 재화 또는 용역에 대한 대가의 전부 또는 일부를 받고, 이와 동시에 그 받은 대가에 대하여 세금계산서 또는 영수증을 발급하는 경우에는 그 발급하는 때를 각각 그 재화 또는 용역의 공급 시기로 본다(부법 17).

다만, 사업자가 재화 또는 용역의 공급시기가 도래하기 전에 세금계산서를 발급하고 그 세금계산서 발급일부터 7일 이내에 대가를 지급받는 경우에는 법 제16조 제1항에 따라 세금계산서를 발급한 것으로 본다.

또한, 대가를 지급하는 사업자가 다음의 요건을 모두 충족하는 경우에는 공급하는 사업자가 재화 또는 용역의 공급시기가 도래하기 전에 세금계산서를 발급하고 그 세금계산서 발급일부터 7일 경과 후 대가를 지급받더라도 법 제16조 제1항에 따라 세금계산서를 발급한 것으로 본다.

① 거래 당사자 간의 계약서·약정서 등에 대금 청구시기(세금계산서 발급일을 말한다)와 지급시기를 따로 적고, 대금 청구시기와 지급시기 사이의 기간이 30일 이내인 경우

82) 한장석·김용관, 부가가치세 2005, 광교TNS, p.1103.

② 재화 또는 용역의 공급시기가 세금계산서 발급일이 속하는 과세기간 내(공급받는 자가 제59조 제2항에 따라 조기환급을 받은 경우에는 세금계산서 발급일부터 30일 이내)에 도래하는 경우

다만, 사업자가 다음의 규정에 의한 공급시기가 도래하기 전에 세금계산서 또는 영수증을 교부한 경우에는 그 발급하는 때를 각각 해당 재화 또는 용역의 공급시기로 본다(부령 30).

① 장기할부판매의 공급시기
② 전력 기타 공급단위를 구획할 수 없는 재화를 계속적으로 공급하는 경우의 공급시기
③ 장기할부 또는 통신 등 그 공급단위를 구획할 수 없는 용역을 계속적으로 공급하는 경우의 공급시기

한편, 사업자가 공급시기 도래 전에 재화 또는 용역에 대한 대가의 전부 또는 일부를 지급하고 그 대가를 지급한 날이 속하는 과세기간 내에 세금계산서를 교부하는 경우 당해 세금계산서의 매입세액은 사실과 다른 세금계산서의 매입세액에 해당하지 아니하는 것이다(서면3팀-1980, 2004. 9. 24). 또한, 용역에 대한 대가의 일부를 미리 지급한 후 그 공급시기가 도래하기 전에 세금계산서를 교부받은 경우로서 용역에 대한 일부 대가지급시기와 세금계산서 교부시기가 과세기간이 다르다하여도 세금계산서 교부가 이루어진 시기를 공급시기로 보아 매입세액공제를 할 수 있는 것이다(재부가-634, 2007. 9. 3).

**사례 발행세금계산서의 대가지급과 세금계산서 발행시기(Ⅰ)**

- 공사기간 : 20×1. 12. 28~20×2. 3. 31
- 공사금액 : 500,000천원
- 대금지급 : 20×1. 12. 18(계약금 100,000천원), 20×2. 1. 10(중도금 200,000천원)

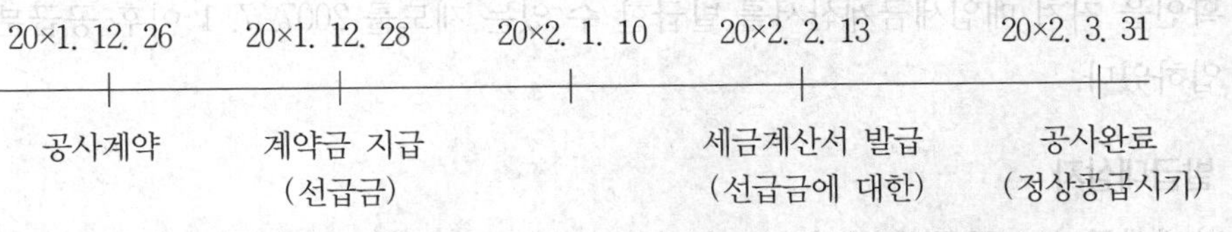


위 사례의 경우 원칙적인 공급시기는 용역제공완료일인 20×2. 3. 31. 500,000천원에 대하여 세금계산서를 발행하여야 하나 공급시기 이전에 수령한 300,000천원에 대하여 20×2. 2. 13. 세금계산서를 발행한 경우 선발행이 인정되어 이때를 공급시기로 보는 것이다.

**사례** **선발행세금계산서 불공제 매입세액을 공급시기 도래 후에 재발급한 경우(Ⅱ)**

(갑)은 기계장치를 검수완료 후 대금 지급조건으로 500,000천원에 구입하면서 아래와 같이 계약일에 계약금으로 일부 지급하고 잔금은 검수완료 후 지급하였으며 세금계산서는 계약일에 공급가액 전액에 대해서 매입세금계산서를 발급받아 관할 세무서에서 환급신청을 하였으나 관할세무서는 대금이 지불되지 않은 분에 대해서 사실과 다른 세금계산서로 보아 매입세액불공제 및 가산세를 적용하여 경정하였음.

- 계약일 : 20×1. 1. 3 금액 : 100,000천원(세금계산서 발행 500,000천원)
- 잔금지급일(검수완료일) : 20×2. 2. 28 금액 : 400,000천원

위 사례의 경우 공급시기가 도래하기 전에 재화에 대한 대가를 지급하지 아니하고 세금계산서를 발급받은 경우 매입세액은 매출세액에서 공제되지 아니하는 것이나 그 공급시기(20×2. 3. 31)가 도래하여 세금계산서를 적법하게 교부받은 경우에는 매입세액공제가 가능한 것이며, 이 경우 공급시기 이후에 교부받은 세금계산서로서 당해 공급시기가 속하는 과세기간 내에 교부받은 경우에도 당해 세금계산서의 매입세액은 매출세액에서 공제할 수 있는 것이나 부가가치세법 제22조 제4항 및 같은법 시행령 제70조의 3에 규정하는 가산세를 적용하는 것이다(서면3팀-1361, 2006. 7. 6).

#### 4) 매입자발행세금계산서(부법 34의 2)

##### ① 의의

세금계산서의 발급은 공급자가 발행하여야 하나 공급자의 우월적 지위에서 세금계산서를 발급하지 않는 경우 매입자는 매입세액공제를 받을 수 없는 결과가 발생한다. 이러한 문제점을 해결하기 위하여 일정한 요건을 갖춘 경우 매입자가 관할 세무서장의 확인을 거쳐 매입세금계산서를 발급할 수 있는 제도를 2007. 7. 1 이후 공급분부터 도입하였다.

##### ② 발급대상자

납세의무자로 등록한 사업자로서 대통령령으로 정하는 사업자(이하 이 항에서 "사업자"라 한다)가 재화 또는 용역을 공급하고 제34조에 따른 세금계산서 발급 시기에 세금계산서를 발급하지 아니한 경우(사업자의 부도·폐업, 공급 계약의 해제·변경 또는 그 밖에 대통령령으로 정하는 사유가 발생한 경우로서 사업자가 수정세금계산서 또는 수정전자세금계산서를 발급하지 아니한 경우를 포함한다) 그 재화 또는 용역을 공급받은 자는 대통령령으로 정하는 바에 따라 관할 세무서장의 확인을 받아 세금계산서를 발행할 수 있다. 이 경우 매입자는 일반과세자 또는 면세사업자를 포함한다.

③ **신고 및 확인신청**

거래사실의 확인신청대상이 되는 거래는 거래건당 공급대가가 5만원 이상인 경우로 한다. 매입자발행세금계산서를 발행하려는 자는 해당 재화 또는 용역의 공급시기가 속하는 과세기간의 종료일부터 1년 이내에 거래사실확인신청서에 거래사실을 객관적으로 입증할 수 있는 서류를 첨부하여 신청인 관할 세무서장에게 거래사실의 확인을 신청하여야 한다.

④ **보정요구 및 공급자 관할세무서에 송부**

신청을 받은 관할 세무서장은 신청서에 재화 또는 용역을 공급한 자의 인적사항이 부정확하거나 신청서 기재방식에 흠이 있는 경우에는 신청일부터 7일 이내에 일정한 기간을 정하여 보정요구를 할 수 있다.

신청인이 제4항의 기간 이내에 보정요구에 응하지 아니하거나 다음 각 호의 어느 하나에 해당하는 경우에는 신청인 관할 세무서장은 거래사실의 확인을 거부하는 결정을 하여야 한다.

1. 제2항의 신청기간을 넘긴 것이 명백한 경우
2. 신청서의 내용으로 보아 거래 당시 미등록사업자 또는 휴·폐업자와 거래한 것이 명백한 경우

신청인 관할 세무서장은 확인을 거부하는 결정을 하지 아니한 신청에 대하여는 거래사실확인신청서가 제출된 날(보정을 요구한 때에는 보정이 된 날)부터 7일 이내에 신청서와 제출된 증빙서류를 공급자의 관할 세무서장에게 송부하여야 한다.

⑤ **거래사실의 확인**

신청서를 송부받은 공급자 관할 세무서장은 신청인의 신청내용, 제출된 증빙자료를 검토하여 거래사실 여부를 확인하여야 한다. 이 경우 거래사실의 존재 및 그 내용에 대한 입증책임은 신청인에게 있다.

공급자 관할 세무서장은 신청일의 다음 달 말일까지 거래사실 여부를 확인하여 다음 각 호의 구분에 따른 통지를 공급자와 신청인 관할 세무서장에게 하여야 한다. 다만, 공급자의 부도, 일시 부재 등 기획재정부령이 정하는 불가피한 사유가 있는 경우에는 거래사실 확인기간을 20일 이내의 범위에서 연장할 수 있다.

1. 거래사실이 확인되는 경우 : 공급자 및 공급받는 자의 사업자등록번호, 작성연월일, 공급가액 및 부가가치세액 등을 포함한 거래사실 확인 통지
2. 거래사실이 확인되지 아니하는 경우 : 거래사실 확인불가 통지

⑥ 매입자발행세금계산서 발급

신청인 관할 세무서장으로부터 거래사실 확인 통지를 받은 신청인은 공급자 관할 세무서장이 확인한 거래일자를 작성일자로 하여 매입자발행세금계산서를 발행하여 공급자에게 발급하여야 한다. 다만, 신청인 및 공급자가 관할 세무서장으로부터 제8항 제1호의 통지를 받은 경우에는 매입자발행세금계산서를 발급한 것으로 본다.

⑦ 매입세액공제

매입자발행세금계산서를 발급한 신청인은「부가가치세법」제18조에 따른 예정신고 및 동법 제19조에 따른 확정신고 또는「국세기본법」제45조의 2 제1항에 따른 경정청구시 기획재정부령이 정하는 매입자발행세금계산서합계표를 제출한 경우 매입자발행세금계산서에 기재된 매입세액을「부가가치세법」제17조 제1항 및 제26조 제3항에 따라 해당 재화 또는 용역의 공급시기에 해당하는 과세기간의 매출세액 또는 납부세액에서 매입세액으로 공제받을 수 있다.

### (4) 신용카드 등 발행거래에 대한 세금계산서 발급 금지

부가가치세법 제80조 제4항의 규정에 의한 사업자가 법 제32조의 2 제1항에 규정된 신용카드매출전표 등을 발급한 경우에는 세금계산서를 발급하지 아니한다.

**질의** 신용카드 등 발행거래에 대한 세금계산서 발급 금지(서면3팀-438, 2004. 3. 8)

부가가치세법 시행령 제57조 제2항의 규정 신설과 관련하여 다음과 같이 질의함.

1. 부가가치세법 시행령 제80조 제4항의 규정에 의한 사업자가 부가가치세가 과세되는 재화 또는 용역을 공급하고 그 거래시기에 세금계산서를 교부한 후 거래시기 이후에 신용카드로 대금결제를 받는 경우 거래시기에 교부한 세금계산서를 취소하여야 하는지 여부
2. 부가가치세법 시행령 제80조 제4항의 규정에 의한 사업자가 재화를 공급하기 전에 선수금을 신용카드로 결제받고 재화가 인도될 때 세금계산서를 교부하는 것이 타당한지 여부
3. 일반과세자로서 소매업을 영위하는 주유소가 택시사업자에게 월중에 유류를 판매하고 그 거래시기에 신용카드로 결제를 받은 후 월말에 당해 택시사업자가 신용카드매출전표를 제시하면서 월합계세금계산서의 교부를 요구하는 경우 교부하여야 하는지 여부
4. 소매업을 영위하는 사업자가 고객으로부터 인터넷, 전화, 팩스 등으로 주문을 받아 재화를 공급하고 그 대금은 결제대행회사를 통한 신용카드에 의하여 인터넷으로 결제하고 매출전표는 이메일로 교부하는 경우 별도로 세금계산서를 교부하여야 하는지 여부

및 교부할 수 없는 경우 공급받는 자는 신용카드매출전표에 의하여 매입세액을 공제할 수 있는지 여부

**회신** 1. 부가가치세법 시행령 제80조 제4항의 규정에 의한 사업자가 재화 또는 용역을 공급하면서 부가가치세법 제9조에 규정된 거래시기에 그 대가를 영수하지 아니하고 동법 제16조의 규정에 의하여 세금계산서를 교부한 후 당해 재화 또는 용역의 공급에 대한 외상대금을 신용카드로 지급받는 경우에 당초에 교부한 세금계산서는 사실과 다른 세금계산서에 해당하지 아니하는 것임.

재화 또는 용역의 공급에 대한 외상대금을 신용카드로 지급받는 때에는 신용카드매출전표의 여백 또는 이면에 "○○년○○월○○일 세금계산서 발행분"으로 기재하여 교부하여야 하고, 당해 매출전표는 동법 제31조 제3항의 규정에 의하여 그 거래사실이 속하는 과세기간에 대한 확정신고를 한 날로부터 5년간 보존하여야 하는 것임.

2. 부가가치세법 시행령 제80조 제4항의 규정에 의한 사업자가 재화 또는 용역의 공급계약을 체결하고 부가가치세법 제9조 제1항 및 제2항의 규정에 의한 거래시기가 도래하기 전에 당해 재화 또는 용역의 공급에 대한 대가를 신용카드로 지급받고 신용카드매출전표를 발행한 경우 당해 재화 또는 용역의 공급에 대하여는 동법 시행령 제57조 제2항의 규정에 의하여 세금계산서를 교부할 수 없는 것임.

3. 부가가치세법 시행령 제80조 제4항의 규정에 의한 사업자가 동일한 거래처에 1역월 동안 2회 이상의 재화 또는 용역을 공급하고 동령 제54조 제1호의 규정에 의하여 세금계산서를 교부하는 경우에 있어 재화 또는 용역의 공급시 그 대가의 일부를 신용카드로 지급받고 신용카드매출전표를 발행한 분에 대하여는 동령 제57조 제2항의 규정에 의하여 세금계산서를 교부할 수 없는 것임.

4. 부가가치세법 시행령 제80조 제4항의 규정에 의한 사업자가 인터넷으로 주문받아 부가가치세가 과세되는 재화 또는 용역을 공급하고 그 공급시기에 결제대행업체를 통한 신용카드매출전표를 발행한 경우에는 동령 제57조 제2항의 규정에 의하여 세금계산서를 교부할 수 없는 것이며,

이 경우 인터넷에 의하여 신용카드매출전표를 발행한 경우에 당해 재화 또는 용역을 공급받은 자가 신용카드매출전표를 출력·보관하고 있는 경우에 신용카드매출전표상에 구분 기재된 부가가치세액(구분 기재되지 아니한 경우에는 발행금액의 110분의 10에 상당하는 금액)은 부가가치세법 제32조의 2 제3항의 규정에 의하여 매출세액에서 공제할 수 있는 것임.

### (5) 신용카드 발행세액공제 여부

일반과세자 중 주로 사업자가 아닌 자에게 재화 또는 용역을 공급하는 사업자(법인사업자와 직전 연도의 재화 또는 용역의 공급가액의 합계액이 10억원을 초과하는 개인사업자는 제외한다)와 간이과세자가 부가가치세가 과세되는 재화 또는 용역을 공급하고 제34조 제1항에 따른 세금계산서의 발급시기에 「여신전문금융업법」에 따른 신용카드매출전표, 「조세특례제한법」 제126조의 3에 따른 현금영수증 또는 그 밖에 이와 유사한 것으로서 "신용카드매출전표 등"이라 한다)을 발급하거나 전자적 결제 수단에 의하여 대금을 결제받는 경우에는 발급금액 또는 결제금액에 1퍼센트(2026년 12월 31일까지는 1.3퍼센트로 한다)를 곱한 금액(연간 500만원을 한도로 한다. 다만, 2026년 12월 31일까지는 연간 1천만원을 한도로 한다)을 납부세액에서 공제한다(부법 46 ①).

### (6) 마일리지

1) 재화 또는 용역의 구입실적에 따라 마일리지, 포인트 또는 그 밖에 이와 유사한 형태로 별도의 대가 없이 적립받은 후 다른 재화 또는 용역 구입 시 결제수단으로 사용할 수 있는 것과 재화 또는 용역의 구입실적에 따라 별도의 대가 없이 교부받으며 전산시스템 등을 통하여 그 밖의 상품권과 구분 관리되는 상품권으로 대금의 전부 또는 일부를 결제받은 경우(제10호에 해당하는 경우는 제외한다): 다음 각 목의 금액을 합한 금액은 과세표준에 포함한다.

   가. 마일리지 등 외의 수단으로 결제받은 금액

   나. 자기적립마일리지 등[당초 재화 또는 용역을 공급하고 마일리지 등을 적립(다른 사업자를 통하여 적립하여 준 경우를 포함한다)하여 준 사업자에게 사용한 마일리지등(여러 사업자가 적립하여 줄 수 있거나 여러 사업자를 대상으로 사용할 수 있는 마일리지 등의 경우 다음의 요건을 모두 충족한 경우로 한정한다)을 말한다] 외의 마일리지 등으로 결제받은 부분에 대하여 재화 또는 용역을 공급받는 자 외의 자로부터 보전(補塡)받았거나 보전받을 금액

      ① 고객별·사업자별로 마일리지 등의 적립 및 사용 실적을 구분하여 관리하는 등의 방법으로 당초 공급자와 이후 공급자가 같다는 사실이 확인될 것

      ② 사업자가 마일리지 등으로 결제받은 부분에 대하여 재화 또는 용역을 공급받는 자 외의 자로부터 보전받지 아니할 것

2) 자기적립마일리지 등 외의 마일리지 등으로 대금의 전부 또는 일부를 결제받은 경우로서 다음 각 목의 어느 하나에 해당하는 경우 : 공급한 재화 또는 용역의 시가(제62

조에 따른 금액을 말한다).

가. 제9호 나목에 따른 금액을 보전받지 아니하고 법 제10조 제1항에 따른 자기생산·취득재화를 공급한 경우

나. 제9호 나목과 관련하여 특수관계인으로부터 부당하게 낮은 금액을 보전받거나 아무런 금액을 받지 아니하여 조세의 부담을 부당하게 감소시킬 것으로 인정되는 경우

**마일리지 사례** **포인트 적립액의 약관 주요내용**

제8조 (OOO포인트 카드의 이용 및 관리)
① OOO포인트는 회원의 상품 구매 또는 서비스 이용 금액에 비례하여 당사가 정하는 적립률에 따라, 혹은 당사와 제휴사 또는 제휴가맹점 간에 약정된 적립률에 따라 부여됩니다. 단, 상품 구매 대금 또는 서비스 이용대금을 OOO포인트로 환산할 때 소수점 이하의 포인트는 절사 됩니다.
② OOO포인트는 회원의 상품 구매 또는 서비스 이용 당시에 적립하는 것이 원칙이나, 그 당시에 적립하지 못했을 경우에는 상품을 구매하거나 서비스를 이용한 날부터 30일 내에 적립이 가능합니다. 단, 적립 시 당사, 해당 제휴사 또는 제휴가맹점에 카드와 유효한 영수증을 함께 제시하여야 합니다.

제9조 (OOO포인트의 정정, 취소 및 소멸)
① OOO포인트의 적립에 오류가 있을 경우 회원은 오류 발생 시점부터 60일 이내에 당사에 정정신청을 하여야 하며, 당사는 회원의 정정 요청일부터 30일 이내에 정정할 수 있습니다. 단, 회원은 이를 증명할 수 있는 유효한 영수증 등의 자료를 제시하거나 또는 해당 제휴사나 제휴가맹점으로부터 동의를 얻어야 합니다.
② 당사는 제휴가 또는 제휴 가맹점을 이용한 회원에게 영수증 또는 기타의 방법으로 고지된 포인트라 할지라도 제휴사 또는 제휴가맹점과 당사 간의 정산과정에서 미결제 금액이 발생하거나 제휴사 또는 제휴가맹점의 지급 불능 상태가 발생하였을 경우 기 부여된 포인트를 취소할 수 있습니다. 단, 적립된 포인트를 취소할 경우 당사는 회원에 대한 서비스 차원에서 당사 소정의 포인트를 보상 포인트로 해당 회원에게 제공할 수 있습니다.
③ OOO포인트의 유효기간은 그 적립일부터 24개월이며, OOO포인트를 적립한 후 사용하지 않고 유효기간이 경과된 OOO포인트는 유효기간 경과분에 한해 월 단위 선입선출방식에 의하여 자동 소멸됩니다.

제10조 (OOO포인트의 사용)
① OOO포인트는 당사가 별도로 정하거나 또는 당사와 제휴사 혹은 제휴가맹점 간의 계약에서 별도로 정함이 없는 한, 원칙적으로 온라인 제휴가맹점에서 사용할 때에는 누적포인트가 1POINT 이상인 경우에, 오프라인 제휴가맹점에서 사용할 때에는 누적포인트가 1,000POINT 이상일 경우 10POINT 단위로 사용 가능합니다. 회원은 당사, 제휴사 또는 제휴가맹점에서 카드와 비밀번호를 제시하거나 당사가 정한 소정 절차에 따라 상품의 구매 혹은 서비스 이용에

따른 대금의 일부 또는 전부를 사용가능 포인트로 결제할 수 있습니다.
② 사용가능 포인트를 5천 포인트 이상 보유한 회원은 당사, 제휴가 또는 제휴가맹점에서 당사가 정한 소정의 절차에 따라 OOO상품권으로 교환할 수 있습니다.
③ 사용가능 포인트는 1POINT당 1원으로 환산되는 것이 원칙이나, 당사는 본 약관 제4조의 정해진 바에 따른 약관 개정을 통하여 환산금액을 변경할 수 있습니다. 이 경우 변경된 환산금액은 그 고지된 효력 발생일부터 적용됩니다.

2010. 2. 18 신설규정인 부가가치세법 시행령 제48조 제13항에서는 “사업자가 고객에게 매출액의 일정비율에 해당하는 마일리지를 적립해 주고 향후 해당 고객이 재화를 공급받고 그 대가의 일부 또는 전부를 적립된 마일리지로 결제하는 경우 해당 마일리지 상당액은 과세표준에 포함한다”고 규정하고 있고, 개정세법의 취지에서 마일리지로 물품대가의 일부 또는 전부를 결제하는 경우 그 마일리지가 부가가치세 과세표준에 포함됨을 명확화하기 위함이 신설취지로 되어 있으며, 개정 이전에도 같은 취지로 “온라인을 통하여 물품을 판매하는 사업자가 구매고객에게 매출액의 일정비율에 상당하는 마일리지를 적립하여 주고 향후 당해 고객이 물품 구입시 구입대금의 일부 또는 전부를 적립된 마일리지에 의하여 결제하는 경우 당해 마일리지 상당액은 부가가치세 과세표준에 포함하는 것이며, 이 해석은 이 해석 시행일 이후 재화를 공급하는 분부터 적용한다”라는 유권해석(재경부 소비세제과-319, 2006. 3. 29)이 적용되고 있었다.

살피건대, 청구인들은 쟁점마일리지 상당액을 그 적립되는 물품거래(1차 거래)의 과세표준에서 제외되는 에누리로 보아야 한다고 주장하나, 쟁점마일리지는 적립당시를 기준으로 보면 적립비율(0.1%)과 사용기간의 제한(24개월) 등에 비추어 볼 때 향후 거래시 실제로 대금 결제에 사용될지 여부 및 사용시점이 불투명하고, 통상의 공급가액을 고객으로부터 지급받으면서 이와 별도로 쟁점마일리지를 적립하여 주고 있으므로 향후 고객 유치를 위한 판매장려금과 유사한 성질의 것으로 보는 것이 합리적인 점, 쟁점마일리지가 고객의 구매 실적에 따라 적립되기는 하지만 그 적립거래(1차 거래)의 통상적인 공급가액에서 직접 공제되는 것은 아니므로 ‘직접 공제’를 규정한 부가가치세법 시행령 제52조 제2항에 부합하는 에누리로 보기 어려운 점, 청구인들도 당초부터 쟁점마일리지를 1차 거래의 에누리로 신고하거나 회계처리하지 아니하였다가 경정청구를 제기한 점 등을 종합하여 볼 때 청구주장을 받아들이기 어렵다고 판단된다.

또한, 청구인들은 부가가치세법 시행령 제48조 제13항에 따라 2차 거래시 사용된 포인트 상당액을 과세표준에 포함하도록 하면서 1차 거래시 적립된 마일리지 상당액을 에누리로 인정하지 아니하는 경우에는 부가가치세가 이중과세되어 부당하다는 취지로도 주장하나, 1,2차 거래를 통해 청구인들이 납부한 부가가치세는 그 통상의 공급가액을 초과하지 아니하고, 1,2차 거래시 청구인들이 공급한 재화는 서로 다른 것이며, 또한 고객으로부터 지급받은 대가가 통상의 공급가액에 미달한다는 이유만으로 이중과세자로 보기 어려우므로 이 부분 청구주장도 받아들이기 어렵다고 판단된다. 한편, 청구인들은 쟁점마일리지와 상품권이 그 경제적 실질에 유사하므로 상품권 사용액을 에누리로 보아 과세표준에 포함하지 않기 때문에(국세청 부가가치세과-21, 2011. 1. 5.) 쟁점마일리지도 과세표준에서 제외하여야 한다고 주장하나, 상품권과 쟁점마일리지는 고객의 취득과정, 사용방법 및 시기 등에 있어서 유사하지 아니하므로 청구주장을 받아들이기 어렵다고 판단된다(조심 2012서4889, 2012. 12. 21.).

※ 고객이 재화를 구입하면서 사업자와 사이의 사전 약정에 따라 그 대가의 일부를 할인받은 경우에 이는 통상의 공급가액에서 직접 공제·차감되는 에누리액에 해당하므로 그 할인액은 과세표준에 포함되지 아니함(대법원 2016. 8. 26. 선고, 2015두58959 판결).

## 2. 소득세·법인세 실무

### (1) 중소기업의 범위

도매업 및 소매업은 중소기업기본법상 중소기업의 범위는 평균매출액 등이 1,000억원 이하이어야 한다.

### (2) 중소기업특별세액감면

도·소매업의 경우 중소기업에 해당되면 중소기업특별세액감면을 받을 수 있다. 수도권 안에서는 소기업에 대해서만 중소기업특별세액감면을 받을 수 있다. 소기업이란 중소기업 중 매출액이 업종별로 「중소기업기본법 시행령」 별표 3을 준용하여 산정한 규모 기준 이내인 기업을 말한다. 이 경우 내국법인의 본점 또는 주사무소가 수도권에 있는 경우에는 모든 사업장이 수도권에 있는 것으로 보고 감면 비율을 적용한다(조특법 7 ①).

### (3) 판매장려금의 세무처리

#### 1) 판매장려금의 개념

"판매장려금·보조금"이라 함은 거래수량 또는 거래금액에 따라 일정기준을 정하여 거래상대방에게 지급하는 금품의 가액을 말한다(법인사무처리규정 107 ②).

#### 2) 판매장려금에 대한 기업회계상 처리

기업회계는 일정기간의 거래수량이나 거래금액에 따라 매출액을 감액하는 것은 매출에누리에 포함되는 것으로 하고 있다(기업회계기준 38 ①). 다만, 매출처가 아닌 전문점에 지급하는 판매장려금은 판매비와 관리비로 처리한다(질의회신 01-122, 2001. 9. 5.).

#### 3) 판매장려금의 손익귀속시기

법인이 거래처와의 사전약정에 의하여 지급하는 판매장려금은 상대방과의 약정에 의한 지급기일(그 지급기일이 정하여져 있지 아니한 경우에는 지급한 날)이 속하는 사업연도의 매출액에서 차감하는 것이다(서이 46012-10170, 2002. 1. 29.).

#### 4) 판매장려금의 손금산입

판매장려금은 지급자(제조업·도매업)의 경우 지급기일에 매출액에서 차감하거나 판매관리비로 처리하고 지급받는 자(전문점·대리점)는 총수입금액 또는 익금(영업외수익)에 가산한다. 다만, 거래처 등에 사전약정 없이 차등하여 지급하는 경우에는 접대비에 해당된다.

그러나 법인이 모든 대리점을 대상으로 고객만족도 등의 일정요건을 매출증대와 직접 관련 있는 지급기준으로 정하여 판매장려금을 차등 지급하기로 사전에 약정한 경우로서 건전한 사회통념과 상관행에 비추어 정상적인 거래라고 인정될 수 있는 범위 안의 금액은 같은 법 시행규칙 제10조의 규정에 의하여 판매부대비용으로 손금에 산입하는 것이다(서면2팀-1591, 2007. 8. 31.).

#### 5) 판매장려금 자료의 수집 및 처리

① 세무서장은 매년 1월 1일부터 12월 31일까지 수집대상사업자가 지급한 판매장려금 등 지급내역을 다음 해 2월 말일까지 수집한다. 다만, 지급자가 제출하지 않는 경우에는 직접 수집한다(법인사무처리규정 110).

② 세무서장(세원관리과장)은 제조업 또는 도매업을 영위하는 다음 각 호의 1에 해당하는 법인 및 개인사업자(종합소득세 과세표준확정신고시 조정계산서 첨부대상자에 한한다)를 대상으로 「판매장려금 등 과세자료수집대상자 명단(별지 제113호 서식)」을 작성하여 「판매장려금 등 지급명세서(별지 제104호 서식)」를 수집하여야 한다(법인사무처리규정 108).

1. 직전 사업연도 환산결정외형 30억원 이상 또는 당해연도 신규사업자로서 종목 업황 등을 감안하여 세무서장이 수집할 필요가 있다고 판단하는 경우
2. 직전 사업연도 판매장려금 등 환산지급총액이 연간 1억원 이상인 경우

### 6) 판매장려금의 누락시 대처방안

① 기각사례

청구인은 생활용품 도·소매업을 영위하는 자로 국세청장의 업무감사 결과, 청구인이 2002년도 종합소득세 신고시, 판매장려금 65,838,483원을 누락한 사실을 적출하여 수정신고를 권장하였다. 이에 청구인은 판매장려금 누락액을 총수입금액에 산입하여 수정신고 하였고, 당초 종합소득세 확정신고시 누락한 인건비와 기타경비 등 38,137,296원을 위 수입금액 누락액에 대응하는 필요경비로 하여 경정청구하였으나, 처분청은 통신비 69,330원만을 필요경비로 인정하여 청구인에게 2002년 귀속 종합소득세 12,095,550원을 결정·고지하였다. 이에 대하여 심판원은 인건비 지급에 대한 증빙으로 종업원별 급여지급확인서와 급여지급대장만을 제시하고 있을 뿐, 급여지급 사실을 입증할 만한 증빙자료(금융자료 등)를 제시하지 못하고 있는 점 등에 비추어 보아 처분청이 쟁점인건비를 필요경비에 산입하지 아니하여 과세한 처분은 잘못이 없는 것으로 판단하였다(국심 2005광2288, 2006. 4. 27.).

② 인용사례

청구인이 필요경비로 산입하여야 한다는 지급이자는 그 원천인 차입금이 당해 사업에 직접 사용되었다는 사실을 입증하지 못하고 있어 필요경비에 산입할 수 없다고 판단되나 다만, 청구인이 부외비용으로 과소계상하였다고 주장하는 화재보험료 2,149,903원은 청구인이 쟁점사업장을 보험목적물로 하여 총보험가입금액 2,553,200천원, 총보험료 3,176,180원의 조건으로 보험계약한 사실이 청구인이 제시한 화재보험증권에 의하여 확인되므로 이를 필요경비로 추인함이 타당한 것으로 판단된다(국심 2004전3595, 2005. 3. 23.).

③ 대처방안

ⓐ 부외원가의 인정 여부 검토

판매장려금 등 수입금액이 누락된 경우 이에 대응하는 부외원가를 확인하여 필요경비로 추인받을 수 있도록 하여야 한다. 그러나 부외원가를 인정받기 위해서는 지출근거가 금융자료 등에 의하여 명확히 확인되어야 하며 당해 사업에 사용되었음이 명백히 입증되어야 한다는 점이다.

ⓑ 세액감면 여부

매입처로부터 받은 판매장려금은 감면소득에 해당되어(서일-1387, 2007. 10. 11.) 수정신고를 하는 경우 세액감면을 추가로 받을 수 있다.

**핵심체크**

대리점 · 전문점의 경우 거래약정서를 검토하여 판매장려금 수령 여부를 확인하여야 한다. 제조업자나 도매업자 등으로부터 재화를 공급받아 판매하는 소매업자의 경우 판매금액이나 수량에 따라 판매장려금을 받게 된다. 이는 부가가치세 과세대상이 아니므로(세금계산서 발급대상이 아님) 수입금액에서 누락되는 사례가 발생한다. 그러나 판매장려금 지급자는 판매장려금 자료를 국세청에 제출하기 때문에 누락 여부가 쉽게 발견되어 세금을 추징당하게 되므로 주의하여야 한다.

## Ⅲ 수익의 총액인식과 순액인식의 구분기준

### 1. 회계문제

회사가 제3의 공급자로부터 재화나 용역을 구매하고 이를 고객에게 제공하는 방식으로 영업을 하는 경우, 회사가 고객과의 거래에서 당사자로서의 역할을 수행하는지 또는 공급자의 대리인으로서의 역할을 수행하는지에 따라 회계처리가 달라져야 한다. 즉, 회사가 고객에게 재화나 용역을 실질적으로 제공한 것이라면 고객에게 청구한 판매가액 총액을 수익으로 인식 · 보고하여야 하며, 제3의 공급자에게 재화나 용역에 대한 위탁 및 중개용역을 제공한 것이라면 고객에게 청구한 금액에서 제3의 공급자에게 지급하여야 할 금액을 차감한 잔액(순액)을 수수료 수익으로 인식 · 보고하여야 한다. 이와 같은 거래와 관련하여 수익의 총액 또는 순액 인식에 대한 구체적인 판단 기준은 다음과 같다.

### 2. 회계처리 등에 관한 의견

① 특정거래에 대한 수익을 총액으로 인식할 것인가, 또는 순액으로 인식할 것인가의 여부는 거래와 관련된 여러 요인과 상황을 고려하여 판단하여야 한다. 회사는 이를 판단하는 데 있어서 다음에 예시된 지표를 종합적으로 고려하여야 하며, 특정 지표에만 근거하여 판단하거나 추정에 근거하여 판단해서는 아니 된다. 총액인식의 지표는 주요 지표와 보조 지표로 구분되며, 보조 지표는 주요 지표를 판단하는 세부적인 근거가 되기도 한다. 따라서 최종 판단에 있어 주요 지표를 우선적으로 고려하고 보조 지표는 보충적으로 고려하여야 한다.

② 총액인식의 지표는 회사가 고객과의 거래에서 당사자 역할을 수행함을 나타내는 지표이다. 다음 지표에 근거하여 회사가 고객과의 거래에서 당사자 역할을 수행한다고 ①

에 따라 판단한 경우 회사는 고객에게 청구한 판매가액 총액을 수익으로 인식하고, 그렇지 아니한 경우 고객에게 청구한 금액에서 재화나 용역의 실질적인 공급자에게 지급해야 할 금액을 차감한 순액을 수수료 수익으로 인식한다.

### (1) 주요 지표

**① 회사가 거래의 당사자로서 재화나 용역의 제공에 대한 주된 책임을 부담한다.**

고객이 구매한 재화나 용역을 수락하는 것(acceptability)을 포함하여 회사가 판매 계약 이행에 대한 책임을 진다면, 이 회사는 거래의 당사자로서의 위험과 효익을 부담하는 것이다. 마케팅 과정에서 제시되었거나 계약서에 명시된 거래조건은 계약 이행에 대한 책임이 회사에 있는지 또는 공급자에 있는지에 관한 증거를 제시한다. 그러나 고객이 주문한 재화를 배송할 책임을 부담한다는 것만으로 곧 계약 이행에 책임이 회사에 있다는 것을 의미하지는 않는다.

**② 회사가 재고자산에 대한 전반적인 위험을 부담한다.**

회사가 공급자로부터 판매가 확정되지 않은 재고자산의 법적소유권을 이전받아 보유하거나 거래 조건에 따라 고객으로부터 반품된 재화를 회사의 재고자산으로 다시 보유하는 경우, 회사는 재고자산에 대한 전반적인 위험을 부담하게 된다. 그러나, 회사가 계약 등에 의해 미판매 재고자산을 공급자에게 반품할 수 있는 권리를 갖거나 재고자산의 가격하락을 공급자로부터 보전받는 등의 경우에는 재고자산에 대한 전반적인 위험이 현격히 감소된다. 따라서, 재고자산에 대한 전반 위험을 평가할 때에는 계약 등에 의해 그 위험이 경감된 정도를 반드시 고려하여야 한다.

고객이 공급자에 의해 제공된 용역을 수락하지 아니하여 지불을 거절할 경우에도 회사가 공급자에게 그 대가를 지불할 의무를 부담한다면, 이는 회사가 용역의 제공에 있어 위에서 설명한 재고자산에 대한 전반적인 위험과 동일한 위험을 부담하는 것으로 볼 수 있다.

### (2) 보조 지표

① 회사가 가격결정의 권한을 갖는다.

고객에게 청구한 판매대가의 결정권한이 공급자가 아닌 회사에 있다면, 이는 회사가 거래의 당사자로 위험과 효익을 갖는다는 것을 나타내는 지표가 된다. 이때 회사는 고객과의 계약과 공급자와의 계약에 의해 독립적으로 결정된 각각의 매출액과 매입액의 차이를 순이익으로 얻게 된다. 이와는 반대로 회사의 순이익이 고객 한 명당 일정금액 또는 판매대가의 일정률로 결정되는 경우, 회사가 공급자의 대리인임을 나타내는 지표가 된다.

② 회사가 재화를 추가 가공(단순한 포장은 제외)하거나 용역의 일부를 수행한다.

③ 고객이 요구한 재화나 용역을 제공할 수 있는 복수의 공급자가 존재하는 상황에서 회사가 공급자를 선정할 수 있는 재량을 갖는다.

④ 회사가 고객에게 제공되는 재화나 용역의 성격, 유형, 특성, 또는 사양을 주로 결정한다.

⑤ 회사가 재고자산의 물리적 손상에 따른 위험을 부담한다.

재고자산에 대한 물리적 손상위험의 부담은 재고자산에 대한 전반적인 위험과는 달리 수익의 총액인식 여부에 대하여 부분적인 증거만을 제공한다. 즉, 회사가 재고자산을 보유하지 않아 재고자산에 대한 전반적인 위험은 부담하지 않으나, 운송 조건에 따라 공급자로부터 또는 고객에게 운송중인 재고자산에 대하여 물리적 손상위험을 부담하는 경우가 있다. 또한, 회사가 고객의 매입의사에 따라 공급자로부터 재화를 매입하였으나 이를 아직 인도하지 않은 경우에도 물리적 손상에 따른 위험을 부담하게 된다.

⑥ 회사가 신용위험을 부담한다.

회사가 고객에게 청구한 판매가액 총액에 대하여 신용위험을 부담한다면, 이는 회사가 거래의 당사자로 위험과 효익을 갖고 있다는 것을 나타내는 보조 지표가 된다. 회사가 고객으로부터 판매가액 총액을 회수할 책임이 있으며 판매가액의 회수 여부에 관계없이 공급자에게 대금을 지급하여야 한다면 신용위험을 부담하게 된다. 그러나, 계약이 취소되었을 때 회사가 순수하게 가득한 금액만을 반환하는 규정이 있는 경우에는 회사가 거래 총액에 대한 신용위험을 부담한다고 볼 수 없다. 또한, 회사가 재화나 용역을 제공하기 전에 판매가액 총액을 선수하는 경우 신용위험이 발생하지 않으며, 고객이 신용카드를 사용하거나 회사가 선불을 요구할 수 있는 경우 등을 통해 경감될 수 있다. 이와 같이 신용위험이 크게 경감된 경우에는 이를 총액인식의 지표로 볼 수 없다.

**참 고** **광고대행업의 수익인식**

1. 질의 내용

광고대행을 주업으로 하는 회사는 광고주와의 계약에 의해 ① 광고예산의 편성 및 그 집행계획, ② 광고전략수립, 매체계획 및 그 집행, ③ 광고의 기획, 조사, 분석업무, ④ 광고물의 제작 등을 수행하고, 동 광고주의 광고를 매체사(방송사, 신문사 등)를 통해 대행 집행하는 대가로 매체사와의 계약에 의한 일정률의 수수료를 받고 있으며, 광고주에게서는 별도의 수수료를 받고 있지는 않음. 또한, 광고주로부터 광고대금이 회수되지 않을 경우 매체사에 대한 광고대금 지급의무와 기타 매체대행과 관련하여 발생하는 문제에 대한 책임은 회사에 있음. 한편, 회사는 국내거래의 경우 매체사에게 청구하는 수수료만큼만을 매출로 인식하고 있으며, 해외광고 대행의 경우 광고주에게 청구하는 총액을 매출로 인식하고 있음.

(질의1) 회사는 매출로 광고대금 전액을 인식해야 하는지 아니면 수수료만큼만 인식해야 하는지?
(질의2) 상기 질의1에 대한 회신이 현행 회사의 회계처리와 상이한 결론이 도출된 경우, 이에 대한 회계처리는 어떻게 재무제표에 반영되어야 하는지?

2. 회신 내용

(질의1) 순액으로 매출을 인식하는 것이 타당합니다.
(질의2) 동일한 경제적 실질을 가지는 거래에 대하여는 동일한 회계처리방법을 사용하여야 하므로, 기업회계기준서 제1호 "회계변경과 오류수정" 문단23 및 24에 따라 회계처리하는 것이 타당합니다(질의회신 03-008, 2003. 1. 6.).

##  신용카드 등 사용에 대한 세무처리

### 1. 신용카드 등 발행에 따른 세액공제

일반과세자 중 주로 사업자가 아닌 자에게 부가가치세가 과세되는 재화 또는 용역을 공급하고 제34조 제1항에 따른 세금계산서의 발급시기에 제2호에 해당하는 거래증빙서류를 발급하거나 대통령령으로 정하는 전자적 결제수단에 의하여 대금을 결제받는 경우에는 제3호에 따른 금액을 납부세액에서 공제한다.

① 사업자 : 다음 각 목의 어느 하나에 해당하는 사업자
 가. 주로 사업자가 아닌 자에게 재화 또는 용역을 공급하는 사업으로서 대통령령으로 정하는 사업을 하는 사업자(법인사업자와 직전연도의 재화 또는 용역의 공급가액의 합계액이 대통령령으로 정하는 금액을 초과하는 개인사업자는 제외한다)
 나. 제36조 제1항 제2호에 해당하는 간이과세자
② 거래증빙서류 : 다음 각 목의 어느 하나에 해당하는 서류
 가. 「여신전문금융업법」에 따른 신용카드매출전표
 나. 「조세특례제한법」 제126조의 3에 따른 현금영수증
 다. 그 밖에 이와 유사한 것으로 대통령령으로 정하는 것
③ 공제금액(연간 500만원을 한도로 하되, 2026년 12월 31일까지는 연간 1천만원을 한도로 한다) : 발급금액 또는 결제금액의 1퍼센트(2026년 12월 31일까지는 1.3퍼센트로 한다)(부법 46 ①).

〈거래증빙서류〉

1. 거래증빙서류 : 다음 각 목의 어느 하나에 해당하는 서류
   가. 「여신전문금융업법」에 따른 신용카드매출전표
   나. 「조세특례제한법」 제126조의 3에 따른 현금영수증

(1) 「여신전문금융업법」에 따른 다음 각 목의 것
   가. 직불카드영수증
   나. 결제대행업체를 통한 신용카드매출전표
   다. 선불카드영수증(실제 명의가 확인되는 것으로 한정한다)

(2) 「조세특례제한법」 제126조의 3에 따른 현금영수증(부가통신사업자가 통신판매업자를 대신하여 발급하는 현금영수증을 포함한다)

(3) 「전자금융거래법」에 따른 다음 각 목의 것
   가. 직불전자지급수단 영수증
   나. 선불전자지급수단 영수증(실제 명의가 확인되는 것으로 한정한다)
   다. 전자지급결제대행에 관한 업무를 하는 금융회사 또는 전자금융업자를 통한 신용카드 매출전표

〈전자적 결제수단〉

1. 다음 각 목의 요건을 모두 갖춘 전자적 결제 수단으로 대금을 결제받는 경우
   가. 카드 또는 컴퓨터 등 전자적인 매체에 화폐가치를 저장했다가 재화 또는 용역을 구매할 때 지급하는 결제 수단(이하 이 조에서 "전자화폐"라 한다)일 것
   나. 전자화폐를 발행하는 사업자가 결제 명세를 가맹 사업자별로 구분하여 관리하는 결제 수단일 것

2. <u>통신판매업자가 판매를 대행 또는 중개하는 부가통신사업자를 통해 재화 또는 용역을 공급하고 부가통신사업자로부터 전자적으로 대금을 결제받는 경우</u>(부가통신사업자가 법 제75조 제1항 및 이 영 제121조 제1항에 따라 제출하는 월별 거래 명세를 통해 그 결제 내역이 확인되는 경우만 해당한다)

### (1) 결제대행업체

#### ① 정의

결제대행업체란 신용카드업자와의 계약에 따라 신용카드회원 등에게 물품의 판매 또는 용역의 제공 등을 하는 자를 위하여 신용카드 등에 의한 거래를 대행하는 자를 말한다(여신전문금융업법 2 5호 나목). 결제대행업체는 물품의 판매 또는 용역의 제공 등을 하는 자의 신용정보 및 신용카드 거래의 대행내역을 신용카드업자에게 제공하여야 한다(여신전문금융업법 19 ⑦ 1호).

② **결제대행 거래 절차**[83)]

결제대행가맹점은 하위판매점(Sub－mall)을 대신하여 카드사와 가맹점계약을 하고 신용카드 거래 정보를 신용카드사에 제공하고 카드사로부터 판매대금을 지급받아 일정 수수료를 공제하고 하위판매점에 지급한다.

[결제대행서비스 거래 Flow]

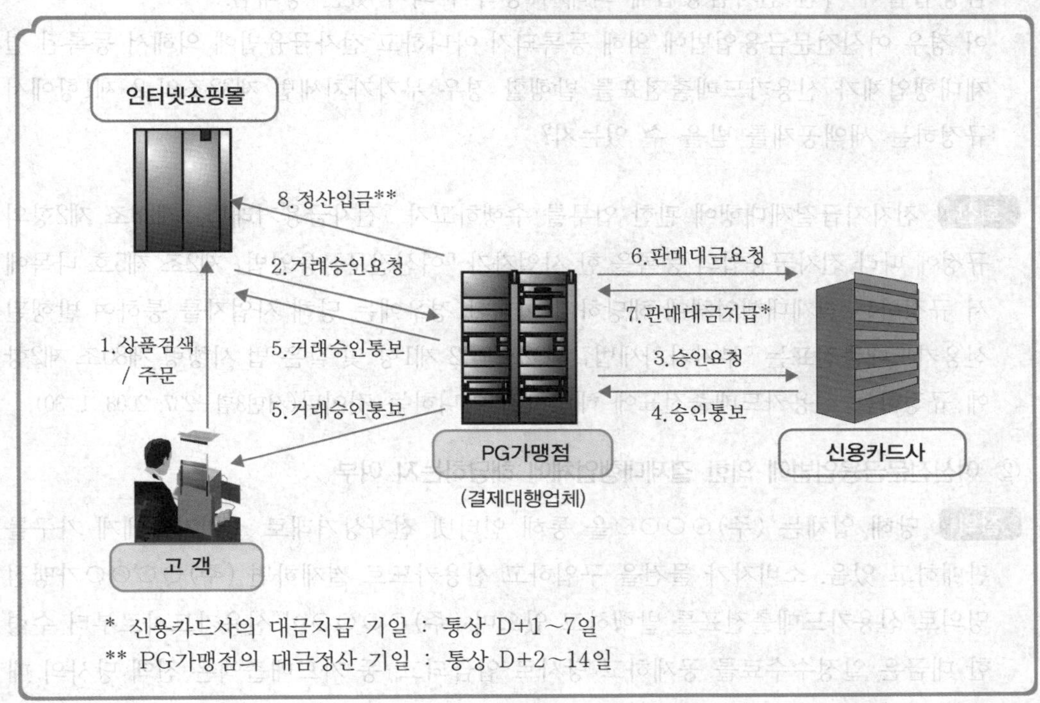


③ **결제대행업체 현황**

이니시스, KCP, 데이콤, KSNET, 한국사이버 페이먼트, 티지코프, 올앳, 엠팟, 한국정보통신, 뱅크타운 등이 있다.

## (2) 관련사례

① **전자금융업으로 등록을 한 자가 발행한 신용카드매출전표 세액공제 대상 여부**

**질의** 당사는 인터넷쇼핑몰(옥션, 지마켓 등)을 통하여 물건을 판매하는 업체로 고객들이 쇼핑몰을 통하여 물건을 구입하고 영수증을 출력하면 신용카드 영수증상으로는

83) "지급결제대행(Payment Gateway)업체를 통한 신용카드 거래 관련 문제점 및 보완대책", 금융감독원 보도자료, 2003. 8. 25

옥션, 지마켓이 발행자로 영수증이 출력되며, 현금영수증을 출력할 경우에는 당사와 같은 판매자명이 직접 발행되고 있으며, 당사는 쇼핑몰 상의 판매자료를 토대로 당사의 카드매출 및 현금영수증 매출로 부가가치세를 신고하고 있음.

여신전문금융업법에 의한 결제대행업체를 통한 신용카드매출전표에 대해서는 신용카드매출전표 발행세액공제를 받을 수 있는 것이나, 옥션 등의 쇼핑몰의 경우 여신전문금융업법이 아닌 전자금융법에 의해서 등록이 되어 있는 상태임.

이 경우 여신전문금융업법에 의해 등록되지 아니하고 전자금융법에 의해서 등록된 결제대행업체가 신용카드매출전표를 발행할 경우 부가가치세법 제32조의 2 제1항에서 규정하는 세액공제를 받을 수 있는지?

**회신** 전자지급결제대행에 관한 업무를 수행하고자 「전자금융거래법」 제28조 제2항의 규정에 따라 전자금융업의 등록을 한 사업자가 「여신전문금융업법」 제2조 제5호 나목에서 규정하는 결제대행업체에 해당하지 아니한 경우에는 당해 사업자를 통하여 발행된 신용카드매출전표는 「부가가치세법」 제32조의 2 제1항 및 같은 법 시행령 제80조 제2항에 규정하는 신용카드매출전표에 해당하지 아니하는 것이다(서면3팀-237, 2008. 1. 30).

② 여신전문금융업법에 의한 결제대행업체에 해당하는지 여부

**질의** 당해 업체는 (주)○○○○을 통해 인터넷 전자상거래로 소비자들에게 가구를 판매하고 있음. 소비자가 물건을 구입하고 신용카드로 결제하면 (주)○○○○가맹점 명의로 신용카드매출전표를 발행하고 있으며 (주)○○○○이 신용카드사로부터 수령한 대금은 일정수수료를 공제하고 당사로 입금되고, 동 카드매출액은 전액 당사의 매출로 계상하고 있는바 부가가치세 신고 납부시 부가가치세법 제32조의 2 신용카드 등의 사용에 따른 세액공제를 적용받고자 함. 이러한 경우 전자금융거래법에 의해 금융감독위원회에 전자지급결제대행업 등 전자금융업 등록을 한 (주)○○○○은 세법상 결제대행업체로서 부가가치세법 시행령 제80조 제2항의 결제대행업체를 통한 신용카드매출전표에 해당되어 신용카드발행세액공제를 받을 수 있는지?

**회신** 부가가치세법 시행령 제79조의 2 제1항 및 제2항에 규정된 사업자(법인을 제외한다)가 부가가치세가 과세되는 재화 또는 용역을 공급하고 같은 법 제16조 제1항의 규정에 의한 세금계산서의 교부시기에 여신전문금융업법에 의한 결제대행업체를 통한 신용카드매출전표를 발행하는 경우에는 재화 또는 용역을 공급하는 사업자에 대하여 같은 법 제32조의 2 제1항의 신용카드매출전표발행세액공제 규정을 적용하는 것으로서 신용카드매출전표가 여신전문금융업법에 의한 결제대행업체를 통한 신용카드매

출전표에 해당하는지 여부는 소관부처에 문의하시기 바람(서면3팀-2866, 2007. 10. 22).

**질의** 사업자가 인터넷오픈마켓을 통하여 재화 판매시 인터넷오픈마켓 업체명의로 발행된 신용카드전표에 대하여 부가세법 제32조의 2 제1항의 여신전문금융업법상 결제대행업자의 신용카드 매출전표가 아니라 하여 신용카드매출공제를 받지 못하고 있음. 인터넷오픈마켓은 여신전문금융업법상 결제대행자(여신전문금융업법 2 5호 나목)가 아닌 일반적인 신용카드가맹점(여신전문금융업법 2 5호 가목)으로 가입되어 있음. 참고로 인터넷오픈마켓업체의 수익은 참여업체의 재화 매출액에 따라 받는 중개수수료가 됨.

- 여신전문금융업법에서는 결제대행업체의 정의규정만 있을 뿐 등록규정은 없음.
- (결제대행업자)신용카드업자와의 계약에 따라 신용카드회원 등에게 물품의 판매 또는 용역의 제공 등을 하는 자를 위하여 신용카드 등에 의한 거래를 대행하는 자

이 경우 전자금융거래법에 의한 전자지급결제대행업체 신용카드 판매분에 대한 부가세법 제32조의 2 제1항 공제에 해당되는지 여부

**회신** 전자금융거래법에 따라 전자지급결제대행업을 등록한 사업자로서 신용카드업자와 결제대행업체계약을 체결하지 않은 사업자를 통하여 발행된 신용카드매출전표는 부가가치세법 제32조 제1항 및 같은법 시행령 제80조 제2항에서 규정하는 여신전문금융업법에 의한 결제대행업체를 통하여 발급된 신용카드매출전표로 볼 수 없다(기획재정부 부가가치세제과-0143, 2008. 5. 2).

## 2. 신용카드매출전표에 의한 매입세액공제

신용카드매출전표 등은 영수증으로 봄으로 원칙적으로 매입세액공제가 되지 않는다. 다만, 다음의 요건에 해당되는 경우에는 매입세액공제를 받을 수 있다.

### (1) 공제요건

① 공급자가 일반과세자(제조업, 도매업 등 세금계산서 발급의무자도 포함)로서 세금계산서를 발급할 수 없는 목욕·이발·미용업, 여객운송업(전세버스 제외), 입장권발행사업자를 제외한 모든 사업자이다(부령 73 ①).

② 재화 또는 용역을 공급받고 부가가치세액이 별도로 구분 가능한 신용카드매출전표 등을 발급받아야 한다.

③ 공급받는 자가 부가가치세법 제17조 제2항에 규정한 매입세액불공제 사유에 해당되

지 않아야 한다. 즉, 접대비관련 매입세액, 사업과 관련 없는 매입세액, 비영업용소형 승용차 구입 및 유지관련 매입세액은 공제받을 수 없다.

④ 신용카드수취명세서를 제출하여야 한다.

⑤ 신용카드매출전표 등을 5년간 보관하여야 한다. 다만, 여신전문금융업법에 의한 신용카드업자로부터 신용카드 등의 월별이용대금명세서를 보관하거나 신용카드 등의 거래정보를 전송받아 ERP에 보관한 경우에는 보관한 것으로 본다.

### (2) 공제 사례

**① 임직원, 가족명의의 신용카드**

사업자가 자기의 과세사업과 관련하여 공급받은 재화나 용역의 대가에 대하여 임직원, 가족명의 등의 신용카드를 사용한 경우에는 매입세액공제 요건만 갖추어졌다면 매입세액공제가 가능하다(부가 46105-1402, 2000. 6. 19). 다만, 타인명의 신용카드는 매입세액을 공제받을 수 없다(서삼-1912, 2007. 7. 5).

**② 복리후생비로 사용**

직원회식비 또는 직원선물구입비 등 복리후생비로 지출한 경우에는 매입세액공제가 가능하다.

**③ 기업업무추진비로 사용**

기업업무추진비 관련 매입세액은 매입세액불공제에 해당된다.

**④ 소형승용차의 차량유지비로 사용**

소형승용차의 차량유지비는 비영업용 소형승용차의 유지관련 비용으로 매입세액이 공제되지 아니한다.

## 3. 현금영수증에 의한 매입세액공제

사업자가 부가가치세법 시행령 제80조 제4항의 규정에 의한 사업자로부터 부가가치세가 과세되는 재화 또는 용역을 공급받고 부가가치세법 제16조 제1항의 규정에 의한 세금계산서의 교부시기에 조세특례제한법 제126조의 3 규정에 의하여 지출증빙용으로 발급받은 경우에 있어서 당해 현금영수증에 공급받는 사업자의 사업자등록번호와 부가가치세액이 인쇄된 경우 그 부가가치세액은 부가가치세법 제26조 제3항의 규정에 의하여 매입세액으로 보는 것이다(국세청 서삼-306, 2005. 3. 3).

## 제2절 백화점 납품업체

### 1. 백화점 등 유통업체의 매출형태

#### (1) 직영매장 매출

백화점 자체의 직원이 외부로부터 구입한 재화 등을 판매하는 매장에서 발생되는 수익을 말한다.

#### (2) 수수료매장 매출

백화점 납품업체와 체결한 수수료약정에 의해 납품업체 직원이 판매하는 매장에서 발생되는 수수료수익으로 미판매분은 전량 반품가능한 형태의 매출을 말한다.

#### (3) 임대매장 매출

납품업체와 임대계약에 따라 발생하는 임대료 수익을 말한다.

### 2. 수수료매장(백화점) 매출에 대한 인식

백화점의 수수료매장 매출의 수익인식은 총액주의가 아닌 수수료 해당 금액만을 매출로 인식하여야 한다.

#### (1) 백화점 납품업체 및 백화점의 수익인식(질의회신 2002-119, 2002. 7. 25)

① 질의 내용

제조업을 영위하는 회사가 다음과 같은 내용으로 백화점을 통하여 제품을 납품하여 판매하는 경우 납품업체와 백화점의 수익인식은?

- 백화점 매장에 제품을 인도하는 시점에 재화에 대한 법적 소유권이 백화점으로 이전됨.
- 백화점 매장의 관리 및 재고자산의 관리책임은 납품업체에 있음.
- 백화점은 최종소비자에게 제품을 판매하는 시점에 확정된 대금청구권(백화점에 대한 수수료 차감한 금액)을 월별로 정산하여 납품업체에 입금함.
- 백화점은 미판매분 재고를 주기적으로 납품업체에 반품함.

② 회신 내용

납품업체는 재화가 최종소비자에게 판매되는 시점에 매출을 인식하고, 백화점은 동 시점에 관련 수수료수익만을 인식하는 것이 타당합니다.

③ 적용시기

이 질의회신은 기업회계기준서 제4호 "수익인식"의 시행일 및 경과조치 규정과 동일하게 적용합니다.

## 3. 백화점 납품업체의 매출인식

백화점 납품업체는 재화가 최종소비자에게 판매되는 때에 총액으로 매출을 계상하고 백화점 등에 대한 수수료를 판매비와 관리비로 계상한다. 즉, 기업회계에 의하면 백화점 등 납품업체의 반품조건부 판매의 손익인식기준을 다음과 같이 기술하고 있다.

거래 이후에도 판매자가 소유에 따른 위험의 대부분을 부담하는 반품가능 판매의 경우에는, (가) 판매가격이 사실상 확정되었고, (나) 구매자의 지급의무가 재판매 여부에 영향을 받지 않으며, (다) 판매자가 재판매에 대한 사실상의 책임을 지지 않고, (라) 미래의 반품금액을 신뢰성 있게 추정할 수 있다는 조건들이 모두 충족되지 않는 한 수익을 인식할 수 없다. 수익을 인식하는 경우에는 반품추정액을 수익에서 차감한다.

### (1) 백화점 등 매출채권의 인식(질의회신 04-008, 2004. 1. 16)

① 질의 내용

백화점 또는 대리점에 제품을 납품하는 회사가 백화점 등에 제품을 납품할 때에 제품의 소유에 따른 위험의 대부분을 부담하고 있어 기업회계기준서 제4호 '수익인식' 문단14에 의하여 수익을 인식하지 않으며, 백화점 등에 판매마진을 보장하고 있음. 예를 들어 회사가 백화점 등에 100원에 제품을 납품하고 판매마진을 포함하여 백화점 등에서 고객에게 130원에 판매할 경우,

질의1 회사는 매출액을 얼마로 인식하여야 하는지?

질의2 질의1에서 매출액을 130으로 인식한다면, 회계연도 말 현재 백화점 등이 고객에게 제품을 판매했으나 회사에게 제품의 구매대금을 지급하지 않은 상태인 경우 회계연도 말 현재 회사가 인식하여야 하는 매출채권의 금액은?

② 회신 내용

질의1 회사가 재화의 소유에 따른 위험의 대부분을 최종소비자에게 판매하기 전까지 부담하는 경우에는 130으로 인식하는 것이 타당합니다.

질의2 130으로 인식하는 것이 타당합니다. 다만, 회사가 채권과 채무를 상계할 수 있는 법적 구속력 있는 권리를 가지고 있고, 채권과 채무를 순액기준으로 결제하거나 채권과 채무를 동시에 결제할 의도가 있다면 상계하여 100으로 표시하는 것이 타당합니다.

### (2) 백화점 납품업체의 수익인식 변경에 따른 부가가치세 차이 조정

① 질의 내용

백화점에 재화를 납품하는 회사는 재화가 최종소비자에게 인도되는 시점에 수익을 인식하나 백화점에 재화를 납품할 때 세금계산서를 선발행함에 따라 부가가치세법상 매출부가가치세의 지급의무가 발생하므로 미판매된 재화에 해당하는 매출부가가치세 금액만큼 차이가 발생하게 됨. 이 경우 매출부가가치세 차이금액을 매출채권으로 인식할 것인지 아니면 별도의 계정으로 인식할 것인지?

② 회신 내용

매출부가가치세 차이금액을 매출채권 외의 적절한 과목으로 회계처리하는 것이 타당합니다.

### (3) 백화점 납품업체의 매출인식 및 측정(질의회신 03-014, 2003. 1. 13)

① 질의 내용

백화점과 납품업체간의 계약형태 중 아래와 같은 '판매분 매입'의 경우 납품업체의 수익인식은?

- 백화점 매장에서 소비자에게 제품을 판매하는 시점에 재화에 대한 법적 소유권이 백화점으로, 동시에 백화점에서 소비자로 이전됨(백화점 입장에서는 매입과 판매가 동시에 발생)
- 백화점 매장의 판매되지 않은 재고자산은 납품업체의 소유로 관리책임은 납품업체에 있음.
- 백화점은 최종소비자에게 제품을 판매하는 시점에 확정된 대금청구권(백화점에 대한 수수료 차감한 금액)을 월별로 정산하여 납품업체에 입금함.

② 회신 내용

회사는 재화가 최종소비자에게 판매되는 시점에 그 판매대가를 매출액으로 인식하고, 판매대가와 약정된 정산금액과의 차이는 실질적인 수수료에 해당하므로 판매비와관리비로 회계처리합니다.

## 4. 백화점 납품업체의 공급시기 및 과세표준

### (1) 공급시기

법인이 백화점사업자에게 재화를 실질적으로 공급하고 그 대가만 사후에 지급받기로 한 경우 당해 법인은 백화점사업자에게 재화를 인도하는 시기에 판매금액을 공급가액으로 하는 세금계산서를 교부하는 것이다(서이 46012-11779, 2003. 10. 15). 다만, 납품업체가 백화점 등 유통매장에 일정률의 수수료를 지급하고, 동 수수료에 해당하는 세금계산서를 교부하는 위탁판매의 경우에는 백화점 매장에서 최종소비자에게 판매되는 때를 공급시기로 한다(서삼 46015-11944, 2002. 11. 13, 서이 46012-11536, 2003. 8. 25).

### (2) 과세표준

백화점 납품업자가 백화점사업자와 일반적인 또는 특정 거래조건(재고반품 및 마진율과 대금지급 등)에 의한 계약을 체결하여 백화점사업자에게 과세재화를 공급(납품)하고 그 공급대가는 당해 매장에서 고객에게 판매된 금액 중 일정비율에 상당하는 마진금액을 차감한 금액으로 지급받기로 한 경우에는 당해 지급받는 금액으로 백화점업자에게 세금계산서를 교부하는 것이다(부가-1317, 2009. 9. 15).

백화점 납품업자의 과세표준 : 납품대가(최종소비자 판매가 - 백화점의 마진)

부가가치세 집행기준 29-0-14

**제조업자가 특정매입 조건으로 백화점 등에 재화를 공급하는 경우 공급가액**

제조업자가 백화점·할인점 등을 운영하는 사업자와 특정거래조건(재고반품, 마진율과 대금지급 등)으로 계약을 체결하여 재화를 공급(납품)하고 소비자에게 판매한 금액 중 일정비율에 상당하는 마진금액을 차감한 금액을 대가로 지급받는 경우 제조업자의 공급가액은 백화점·할인점 등의 사업자로부터 지급받는 금액으로 한다.

## 5. 백화점 납품업체의 손익의 귀속사업연도

### (1) 재고반품조건부 판매

백화점 납품의 경우 기업회계상 수익인식은 최종소비자에게 판매하는 때 인식하도록 하고 있는 반면에 법인세법상 손익의 귀속사업연도는 **백화점사업자에게 인도하는 때**로 해석하고 있어 세무조정문제가 발생한다. 즉, 법인이 재화를 백화점사업자에게 납품(재고반품조건임)하여 백화점매장을 통하여 구매자에게 판매하고 일정률의 수수료를 차감한 금액을 백화점사업자로부터 지급받는 경우 동 재화의 매출로 인한 손익의 귀속사업연도는 법인세법 시행령 제68조 제1항 제1호의 규정에 의하여 동 재화를 인도하는 날이 속하는 사업연도로 보는 것이다(서이 46012-11536, 2003. 8. 25).

### (2) 제조업체가 권한과 책임을 가지고 있는 경우

의류제조법인이 제품에 대한 소유권을 가지고 당해 법인의 브랜드만 취급하는 대리점사업자에게 제품을 반출하고 대리점사업자가 당해 제조법인의 판매시점 인식시스템을 통하여 소비자에게 실제 판매한 제품에 대하여만 대금청구권을 가지며 당해 제조법인이 전적으로 반출한 제품과 반입할 제품의 품목과 수량을 결정하고 대리점사업자는 주문에 대한 책임과 권한이 없는 거래에 있어서 대리점사업자가 제품을 최종소비자에게 판매하는 시점이 「법인세법 시행령」 제68조 제1항 제1호의 "그 상품 등을 인도한 날"에 해당하여 판매손익 등의 귀속사업연도가 되는 것이며, 의류제조법인이 대리점사업자에게 제품 등을 반출한 날이 "상품 등을 인도한 날"에 해당하는지의 여부는 판매계약내용, 제품의 소유권, 대금지급조건 등을 종합적으로 고려하여 사실판단할 사항이다(기재부 법인-384, 2016. 5. 2).

**핵심체크**

**[백화점 납품업체의 기업회계와 세법상 차이]**

| 기업회계상 손익인식 | 세법상 공급시기 및 귀속사업연도 | |
|---|---|---|
| | 재고 반품조건부 | 위탁 판매 |
| 최종소비자에게 판매하는 때 | 백화점에 납품하는 때 | 최종소비자에게 판매하는 때 |

판례

**백화점 납품물품의 귀속시기**(서울행정법원 2006구합43412, 2007. 4. 3)

법인세법 제43조는 익금의 귀속사업연도에 관하여 우선 위 법을 적용하고, 위 법에 규정이 없는 부분에 한하여 납세자가 적용한 일반적으로 공정·타당하다고 인정되는 기업회계기준을 보충적으로 적용하도록 하는 데 그 취지가 있다고 할 것이다.

이 사건에 관하여 보건대, 원고의 위 의류납품은 '상품 등의 판매'에 해당하므로, 그로 인한 익금의 귀속사업연도는 특별한 사정이 없는 한 법인세법 제40조 제2항, 법인세법 시행령 제68조 제1항 제1호에 의하여야 할 것인바, 이와 같이 법인세법에 익금 귀속사업연도에 관한 규정이 있는 이상 그에 관하여 기업회계기준을 적용할 여지는 없다고 할 것이니, 원고의 위 의류납품으로 인한 익금의 귀속사업연도가 기업회계기준서에 따른 원고의 수익귀속시기에 의하여 정하여진다고 볼 수는 없다(이에 대하여 원고가 주장하는 사정, 즉 2003. 1. 1부터 적용된 '기업회계기준서 제4호 수익인식'이 상품 및 제품의 판매에 따른 매출수익의 인식기준에 관하여 종전에 적용되던 '기업회계기준'보다 상세한 규정을 두었고, 이에 따라 위 의류납품으로 인한 원고의 수익귀속시기를 '백화점에서 최종소비자에게 제품이 판매될 때'라고 보게 될 소지가 커졌다는 점은 위 판단에 아무런 영향도 미치지 아니한다).

익금의 귀속사업연도가 법인세법 시행령 제68조 제1항 제4호에 의하여 정하여지는지 (원고가 하여 온 특정매입거래가 위탁매매에 해당하는지) 여부

원고는 앞에서 본 바와 같이 특정매입거래의 형태로 백화점에 의류를 납품하여왔으나, ① 납품수량이 매수인인 백화점에 의하여 결정되고 원고가 백화점 매장에서 백화점에 인도되지 아니한 상품을 판매하는 행위가 금지되는 점에 비추어 볼 때, 원고가 하여 온 특정매입거래는 반품이나 납품대금의 산정·지급방법 등에 관하여 '백화점과의 거래'라는 특수성을 반영한 특별한 약정을 두고 있을 뿐 나머지 점에 관하여는 그 성질상 매매에 해당하는 통상의 납품거래와 다르지 아니하다고 보이는 점(이에 대한 원고의 각 주장 중 '미판매의류에 대하여는 제한 없이 반품이 가능하므로, 제품의 판매관련 위험을 모두 원고가 부담한다'거나 '납품대금의 지급이 온전히 의류가 백화점에서 최종소비자에게 실제로 판매되는지 여부에 의하여 결정된다'는 취지의 주장은 앞에서 본 특정매입계약의 내용에 비추어 이유 없고, 그 밖에 판매가격이 원고와 백화점의 협의로 결정되고 원고가 의류의 반품에 따른 최종적인 교환이나 배상책임을 부담한다는 점만으로는 위 판단을 뒤집기에 부족하다). ② 원고가 2003. 1. 1 이전은 물론이고 그 이후 현재까지도 '백화점에 의류를 인도하는 시점'에, (위탁세금계산서가 아닌) 매출세금계산서를 발행·교부하여 온 점, ③ 원고로부터 의류를 납품받은 백화점이 세무회계상 위 의류의 일일 판매대금을 자신의 수익으로, 위 의류 중 각 기말 현재 재고로 남아있는 것을 자신의 재고자산으로 각 처리하여 온 점(원고는 이러한 회계처리가 '일부 백화점이 특정매입과 관련된 부분의 회계처리에 관하여 순액주의를 채택하지 아니하고 총액주의를 채택하고 있기 때문에 발생한 결과'일 뿐이므로 원고가 하여 온 특정매입거래의 본질을 판단함에 있어서 참작될 수 없다는 취지로 주장하나, 갑 8호 증의 1, 2의 각 기재에 의하면 기업회계가 아닌 세무회계의 처리에 있어서는 총액주의를 채택함이 일반적이라고 보이는바, 이를 참작하면 원고의 위 주장 사실에 의하더라도 위와 같은 회계처리는 법인세의 부과근거인 세무회계의 일반적 관행에 따른 것이어서, 원고에 대한 법인세부과처분의 적법 여부의 선행판단으로서 원고가 하여 온 특

정매입거래의 본질을 판단함에 있어서는 충분히 참작될 수 있다고 할 것이니, 원고의 위 주장은 받아들이기 어렵다) 등을 종합하여 보면, 원고와 백화점 사이의 위 의류납품거래가 그 본질상 위탁매매에 해당하므로 그로 인한 익금의 귀속사업연도가 법인세법 시행령 제68조 제1항 제4호에 의하여 정하여진다고 볼 수는 없다.

**참 고** 백화점 납품업체의 손익의 귀속

(1) 청구법인 주장

청구법인이 2003사업연도 법인세 신고당시 백화점 등에 납품한 상품 중 최종소비자에게 판매되지 아니한 재고상품에 대하여 매출에서 차감하는 수정분개를 한 것은 2003. 1. 1.부터 시행된 기업회계기준서 제4호에 근거한 것이며, 처분청이 백화점 등에 납품한 세금계산서를 기준으로 수익의 귀속시기를 판단한 것은 청구법인과 백화점 등간의 거래형태가 '위탁판매 또는 대리인에 의한 판매'라는 실질적인 사실을 고려하지 아니한 것이다.

(2) 처분청 의견

청구법인은 이 건 거래의 실질이 '위탁판매 또는 대리인에 의한 판매'에 해당된다고 주장하나, 청구주장과는 달리 청구법인은 백화점 등이 최종소비자에게 재화를 판매하는 시점에서 세금계산서를 수취한 것이 아니라 청구법인이 백화점 등에 재화를 인도하는 시점에서 세금계산서를 수취하였고, 청구법인과 같은 사업자가 백화점 등에 재화를 납품한 경우, 손익의 귀속시기는 기업회계기준서에 의하는 것이 아니라 법인세법 시행령 제68조 제1항 제1호에 의하는 것이므로 이 건 손익의 귀속시기를 청구법인이 백화점 등에 재화를 인도한 날이 속하는 사업연도로 본 것은 정당하다.

(3) 판단

청구법인이 제시한 표준거래계약서상 청구법인이 백화점 등에 인도한 의류의 멸실・훼손・감량・변질 등으로 인한 손해를 실질적으로 누가 부담하는지, 그 위험과 효익이 어느 시점에 백화점 등에 이전되는지 여부에 대한 구체적인 약정이 없어 이를 확인하기 어려운 점은 있으나, 청구법인이 백화점 등에 의류를 인도하는 시점에 매출로 인식하여 부가가치세를 신고납부한 점, 백화점 등의 발주의뢰서나 매입전표에 의하여 납품수량이 결정되는 점, 백화점 등에서의 일일판매대금은 백화점 등의 수입으로 입금처리하고 있는 점과 백화점 등에 인도되지 아니한 상품을 백화점 등의 매장에서 판매하는 행위를 금지하고 있는 점, 백화점 내 재고의 관리방식에 대한 청구법인의 소명내용 등을 종합적으로 고려할 때, 이 건 거래가 실질적으로 '위탁판매 내지는 대리인에 의한 판매'에 해당된다는 청구주장은 받아들이기 어려운 것으로 판단된다(국심 2006서1659, 2006. 11. 6).

**사례연구**

(주)태안물산은 가나백화점(주)과 의류판매에 대한 수수료 매장계약을 체결하였으며 수수료율은 30%로 결정하였다. 단, 당해 거래는 재고반품조건부판매로 가정한다.

[자료]

[부가가치세 별도, 단위 : 원]

| 품 목 | 백화점 판매가 | 백화점 납품가 | 매출원가 |
|---|---|---|---|
| 갑 | 3,000,000 | 2,000,000 | 1,000,000 |
| 을 | 5,000,000 | 4,000,000 | 2,000,000 |
| 병 | 2,000,000 | 1,000,000 | 500,000 |
| 계 | 10,000,000 | 7,000,000 | 3,500,000 |

① 위 상품은 20×1. 10. 1 백화점에 입고되었다.
② 입고된 상품 중에서 갑과 을은 20×1. 12. 31 모두 판매되었다.
③ 판매대금은 20×2. 1. 20 수수료를 제외한 금액을 (주)태안물산에 지급되었다.
④ 병 상품은 201×2. 2. 10 판매되었다.

1. (주)태안물산의 손익인식에 대한 회계처리

① 납품시(20×1. 10. 1)

| | | | |
|---|---|---|---|
| (차) 미수금 | 700,000 | (대) 부가세예수금 | 700,000 |

* 기업회계상 손익인식은 하지 않으므로 수익에 대한 회계처리는 하지 않는다. 다만, 부가가치세법상 공급시기에 해당하므로 매출세금계산서 발급분에 대한 회계처리를 하여야 한다.

[세무조정]

익금산입 매출 1,000,000(유보)

손금산입 매출원가 500,000(△유보)

* 납품시점에서 기업회계상 매출로 계상하지 않았으므로 익금산입하고 대응원가를 손금산입한다.

② 판매시(20×1. 12. 31)

| | | | |
|---|---|---|---|
| (차) 매출채권 | 8,000,000 | (대) 매출 | 8,000,000 |
| 지급수수료 | 2,400,000 | 미지급금 | 2,400,000 |

* 최종소비자에게 판매된 갑과 을 상품에 대하여 매출을 인식하고 판매수수료 30%를 지급수수료로 인식한다.

③ 대금회수시(20×2. 1. 20)

| | | | |
|---|---|---|---|
| (차) 현금및현금성자산 | 5,600,000 | (대) 미수금 | 700,000 |
| 미지급금 | 2,100,000 | 매출채권 | 7,000,000 |

④ 병 상품 판매시(20×2. 2. 10)

| | | | |
|---|---|---|---|
| (차) 매출채권 | 2,000,000 | (대) 매출 | 2,000,000 |
| 지급수수료 | 600,000 | 미지급금 | 600,000 |

[세무조정]

익금불산입 매출 1,000,000(△유보)

손금불산입 매출원가 500,000(유보)

* 백화점에서 소비자에게 판매된 상품이 매출로 계상되었으므로 전기에 익금산입한 금액은 이월익금에 해당되어 익금불산입하고 대응원가는 손금불산입한다.

2. 가나백화점(주)의 손익인식에 대한 회계처리

① 납품시(20×1. 10. 1)

| (차) 부가세대급금 | 700,000 | (대) 미지급금 | 700,000 |
|---|---|---|---|

② 판매시(20×1. 12. 31)

| (차) 현금및현금성자산 | 8,800,000 | (대) 수수료수입 | 2,400,000 |
|---|---|---|---|
| | | 부가세예수금 | 800,000 |
| | | 미지급금 | 5,600,000 |

③ 대금지급시(20×2. 1. 20)

| (차) 미지급금 | 6,300,000 | (대) 현금및현금성자산 | 6,300,000 |
|---|---|---|---|

## 6. 백화점 입점업체(수수료 매장)의 세무실무

### (1) 사업장

사업장은 사업자 또는 그 사용인이 상시 주재하여 거래의 전부 또는 일부를 행하는 장소이므로, 백화점 내부의 매장에서 자기의 책임과 계산하에 거래를 하는 경우 동 매장은 부가가치세법 시행령 제4조 제1항에 규정하는 사업장에 해당하는 것으로 사업자등록을 하여야 한다(부가 22601-780, 1989. 6. 7).

### (2) 과세표준

사업자가 백화점 내의 매장에서 자기의 책임과 계산으로 고객에게 재화 또는 용역을 공급하는 경우 과세표준은 거래상대자로부터 받은 대가관계에 있는 모든 금전적 가치 있는 것을 포함하는 것이며, 백화점사업자에게 일정률의 수수료를 지급하는 경우 당해 수수료 지급에 대하여는 세금계산서를 교부받아야 하는 것이다(서면3팀-1373, 2005. 8. 26).

① 백화점 사업자의 과세표준 : 수수료매장으로부터 받는 수수료

② 수수료매장의 과세표준 : 고객에게 판매하는 총가액

### (3) 수수료매장 입점업체가 지급하는 수수료의 임차료 해당 여부

매출액의 일정비율을 수수료로 지급하는 백화점 등에 입점한 업체(일명 '수수료 매장')가 매월 매출액의 일정액을 백화점 등에 임차료로 지급하는 것은 「매입비용·임차료의 범위와 증빙서류의 종류 고시」(국세청고시 제2009-11호)에 따른 사업용고정자산에 대한 임차료에 해당하는 것이다(소득-1405, 2009. 9. 11).

부가가치세 집행기준 32-69-1 **거래유형별 세금계산서 발급 방법**

① 주요 거래에 대한 세금계산서 발급 방법

| 구 분 | 세금계산서 발급 방법 |
|---|---|
| • 위·수탁 거래 | • 위탁판매나 대리판매의 경우 수탁자나 대리인이 위탁자 또는 본인의 명의로 세금계산서를 발급하며, 위탁자 또는 본인이 직접 재화를 인도하는 경우에는 위탁자 또는 본인이 세금계산서를 발급할 수 있다. 이 경우 수탁자 또는 대리인의 등록번호를 함께 기재하여야 한다.<br>• 지입회사가 지입차주의 위탁을 받아 지입차량을 매입하는 경우 지입회사는 차량 공급자로부터 자기의 명의로 세금계산서를 발급받고 자기의 명의로 지입차주에게 세금계산서를 발급하여야 한다.<br>• 사업자가 위탁 또는 대리에 의하여 재화를 공급하는 경우에는 수탁자 또는 대리인이 위탁자 또는 본인의 명의로 세금계산서를 발급하여야 한다. 다만, 위탁자 또는 본인을 알 수 없는 경우에는 위탁자(본인)는 수탁자(대리인)에게, 수탁자(대리인)는 거래상대방에게 공급한 것으로 보아 세금계산서를 발급한다. |
| • 2 이상의 사업장이 있는 경우 | • 본점과 지점 등 2 이상의 사업장이 있는 법인사업자가 본점에서 계약을 체결하고 재화 또는 용역은 지점이 공급하는 경우 세금계산서는 재화나 용역을 실제 공급하는 사업장에서 발급한다.<br>• 본점과 지점 등 2 이상의 사업장이 있는 법인사업자가 계약·발주·대금지급 등의 거래는 해당 본점에서 이루어지고, 재화 또는 용역은 지점에서 공급받는 경우 세금계산서는 본점 또는 지점 어느 쪽에서도 발급받을 수 있다.<br>• 본점에서 일괄하여 계약체결 및 대금 결제하고 거래상대방으로부터 세금계산서를 발급받은 경우 해당 세금계산서의 공급가액 범위 내에서 용역을 실지로 사용·소비하는 지점으로 세금계산서를 발급할 수 있다.<br>• 제조장과 직매장 등 2 이상의 사업장을 가진 사업자가 제조장에서 생산한 재화를 직매장 등에서 전담하여 판매함에 있어 수송 등의 편의를 위하여 제조장에서 거래처에 직접 재화를 인도하는 경우에는 공급자를 제조장으로 하는 세금계산서를 직접 거래처에 발급한다. 다만, 이미 제조장에서 직매장 등으로 세금계산서(총괄납부사업자의 경우에는 거래명세서)를 발급한 경우에는 직매장 등에서 거래처에 세금계산서를 발급하여야 한다. |

| 구 분 | 세금계산서 발급 방법 |
|---|---|
| • 운송주선업자의 거래 | 운송주선용역을 공급하는 사업자가 불특정다수인의 화주와 운송위탁계약을 체결하여 화주로부터 화물 · 운임 및 주선수수료를 받아 운수업자로 하여금 화물을 운송하게 하고 그 운임을 지불하는 경우 세금계산서의 발급은 다음과 같이 한다.<br>• 운송주선사업자는 운송주선용역을 공급받는 자(화주 또는 운송업자)에게 운송주선용역의 대가인 수수료에 대하여 세금계산서를 발급하고 화물운송계약이 확정될 때에 운송업자의 명의로 화주에게 화물운송용역에 대한 세금계산서를 발급한다. 이 경우 화물운송주선업자의 등록번호를 비고란에 함께 기재한다.<br>• 화물운송업자는 화물운송주선업자가 화물운송업자의 명의로 세금계산서를 발급하지 아니한 경우에 한하여 화주에게 세금계산서를 발급한다. |
| • 공동 매입 및 매출 | • 전력을 공급받는 명의자의 범위에는 「부가가치세법」상 일반과세자가 아닌 자를 포함하며, 일반과세자가 아닌 자가 세금계산서를 발급할 때에는 간이과세자 등록번호, 면세사업자등록번호 또는 고유번호 등을 기재하여 일반과세자의 세금계산서 발급 방법에 따라 발급한다.<br>• 공동매입에 따른 세금계산서를 대표사가 발급받을 수 있으며 그 공동비용을 정산하여 구성원에게 청구하는 때에는 당초 발급받은 세금계산서의 공급받은 날을 발행일자로 하는 세금계산서를 발급하며, 이 경우 월합계세금계산서를 발급할 수 있다.<br>• 공동수급인들이 공급한 건설용역에 대하여 각자의 사업자등록번호로 그 지분비율에 따라 발주처에 세금계산서를 발급하여야 한다. 다만, 대표사가 발주자에게 공동도급공사와 관련한 세금계산서를 발급한 경우에는 공동수급인들이 대표사에 지분 비율만큼 세금계산서를 발급한다. |

② 보험사고 자동차에 대한 수리용역을 제공하는 사업자는 해당 용역대가의 지급자 또는 해당 차량의 소유자 여부를 가리지 아니하고 실제 자기의 책임으로 자동차 수리용역을 제공받는 자에게 세금계산서를 발급한다.

③ 사업자가 하치장으로 반출한 재화를 해당 하치장에서 거래상대방에게 인도하는 경우 세금계산서는 그 재화를 하치장으로 반출한 사업장을 공급하는 자로 하여 발급하여야 한다.

④ 자기가 공급한 재화 또는 용역의 대가로서 금전이 아닌 대물로 변제받는 것은 재화와 재화, 재화와 용역의 교환거래에 해당되므로 자기가 공급한 재화 또는 용역에 대하여 공급받는 자에게 세금계산서를 발급하고, 공급받는 자는 대물변제하는 재화의 시가를 공급가액으로 공급자에게 세금계산서를 발급하여야 한다.

## 제 3 절 전자상거래

# Ⅰ 개 요[84)]

### (1) 전자상거래의 개념

전자상거래란 '전자적 방식을 이용하여 사이버 공간에서 이루어지는 모든 상행위'를 지칭하기도 하고, 좁은 의미로 '전자적 방식을 이용하여 사이버 공간(Cyberspace)에서 제품과 서비스를 사고파는 행위'를 말한다. 여기에서 넓은 의미의 '모든 상행위'는 판매뿐 아니라 마케팅, 정보제공, 인력채용, 기업홍보 등의 모든 기업의 활동을 포괄하는 개념이다. 즉, 전자상거래(e-Commerce: EC)는 인터넷상에서 재화나 용역을 사거나 팔거나 마케팅하는 것을 지칭한다. OECD의 경우, 전자상거래를 "인터넷과 같은 공개적인 표준제정의 절차를 통하여 설립되고 개방된 프로토콜을 이용하는 네트워크 상에서 이루어지는 거래"라고 정의하고 있다. 반면에 WTO는 전자상거래를 "전자적 통신망을 통하여 이루어지는 제품의 생산, 광고, 판매 및 유통"이라고 정의하고 있다. 인터넷을 통한 전자상거래는 시장의 개념으로 이해할 수 있다. 왜냐하면 시장의 구성에 필요한 세 가지 요소, 즉 상품(products), 참여자(participants), 거래절차(processes)가 모두 충족되기 때문이다. 따라서 전자상거래에 의하여 형성되는 시장을 사이버시장(Cyber-market)이라고 부르기도 한다.

### (2) 사이버쇼핑몰의 구분

**1) 직영형**

직영형이란 구매자들이 상품을 구입할 수 있는 인터넷상의 매장, 즉 사이버 스토어(cyber store)를 제조자가 직접 구축하여 운영하는 형태를 말한다.

**2) 입점형**

입점형이란 백화점의 매장공간을 구획하여 제화, 의상, 가전제품 등의 제조회사들이나 수입상들이 그 공간을 차지하고 영업을 하듯이 인터넷에서도 그렇게 운영하는 방식이다. 입점업체와 쇼핑몰업체 사이에 입점계약을 체결하고 입점업체의 상품을 쇼핑몰업체의 사이트에서 판매하는 것이다. 이런 경우, 대금결제, 사후관리(after service), 반품 및 환불,

---

84) 전자상거래의 개요 및 회계처리는 한국회계연구원(www.kasb.or.kr)의 연구보고서에서 인용하였음.

재고 및 배송관리 등의 문제는 입점업체와 쇼핑몰업체가 협의하여 계약에 명시하며 실제로 매우 다양한 형태의 계약이 체결된다.

#### 3) 링크형

링크형은 기업이 직접 쇼핑몰을 운영하여 소비자들이 상품을 구입할 수 있도록 하는 것이 아니라 쇼핑몰업체의 홈페이지에 다양한 공급업체나 상품 정보를 수록해 놓고 고객이 원할 경우, 공급업체의 홈페이지로 곧바로 찾아갈 수 있는 쇼핑을 위한 포털 사이트의 기능만을 수행하는 것이다. 실생활에서 굳이 예를 찾자면 아파트에 무료로 배포하는 상가소개 책자 혹은 옐로우페이지(Yellow pages)의 개념을 인터넷에 올려놓은 것이라고 할 수 있다.

### (3) 판매방식에 의한 쇼핑몰 종류[85)]

판매방식에 의해 입점형 쇼핑몰, 오픈마켓, 카페/소셜커머스/B2B 판매 등으로 구분된다.

| 구분 | 내용 |
|---|---|
| 입점형 쇼핑몰 | • 대형 온라인 쇼핑몰에 개인이나 업체가 입점해 판매하는 방식(Gsshop, CJmall, 인터파크, 현대 Hmall 등)<br>• 제품 경쟁력이 있는 판매자에게 적합하며, 대형 온라인 쇼핑몰의 고객이 잠재고객이 될 수 있음<br>• 백화점처럼 판매 수수료가 높다. |
| 오픈마켓 | • 대표적인 오픈마켓은 옥션, G마켓, 11번가 등이 있으며, 적은 수량의 물품 판매가 가능함<br>• 온라인 판매경험이 전혀 없거나, 매우 저렴한 가격에 제품 공급이 가능한 판매자에게 적합하다.<br>• 경쟁이 치열하고, 재구매가 거의 일어나기 힘든 판매 방식이다. |
| 카페, 소셜 커머스, B2B 판매 | • 카페를 이용한 방식은 네이버, 다음 등 인터넷 카페에서 제공하는 결제시스템을 활용한 제품 판매 방식으로 시장반응을 즉시 볼 수 있다.<br>• 소셜 커머스의 경우 특정기간에 단일 제품을 할인해 판매하는 방식으로 제품의 가격이 저렴하거나, 단일 제품일 경우 적합하다.(티몬, 쿠팡 등)<br>• B2B의 경우 기업간의 전자상거래로 기업의 구매요청에 부합되는 제품을 납품하거나, 도매업자가 일반인을 대상으로 제품을 판매하는 방식이다. |

### (4) 거래절차(Market Processes)

전자상거래의 판매자는 재래식 매장이나 전통적 마케팅 채널을 통하지 않고 사이버공간에 사이트를 개설하여 영업을 하게 된다. 또한 구매자는 재래식 매장에 찾아가서 쇼핑을 하지 않고 컴퓨터 앞에 앉아 인터넷을 통하여 원하는 물건을 검색하고 구매하게 된다. 대금

85) 소상공인시장진흥공단, "소상공인 업종별가이드, 전자상거래", 리더스경영컨설팅(주), 2013. 12.

의 결제 역시 인터넷에서 가능하다. 전자상거래의 전형적인 거래절차를 살펴보기로 한다.

① 구매자는 제품 및 서비스를 구입하기 위하여 인터넷을 통하여 판매자를 접촉한다.

② 판매자는 판매조건을 제시한다. 이 단계에서 판매자와 구매자가 판매조건에 대하여 협상(negotiation)을 진행할 수도 있고, 하지 않을 수도 있다.

③ 구입하기로 결정하면 구매자는 전자서명을 첨부한 암호화된 대금결제를 승인해준다.

④ 판매자는 자신의 금융결제기관을 접촉하여 암호화된 구매자의 지불신청의 진위 여부를 확인해 달라고 요청한다.

⑤ 금융결제기관은 지불신청에 근거하여 구매자의 금융결제기관을 접촉하여 거래금액의 잔고확인을 받고 그 금액을 동결시킨다.

⑥ 금융결제기관은 판매자에게 거래승인을 하여 상품을 배송해도 됨을 알려주고 거래명세서를 발급해준다.

⑦ 판매자는 상품을 배송한다. 물리적 상품이 아니고 디지털 상품의 경우에는 그 상품을 열어볼 수 있는 암호를 알려준다.

⑧ 구매사이클이 마감된다.

이상의 거래절차를 단순화하여 그림으로 표시하면 아래와 같다.

[전자상거래의 거래절차]

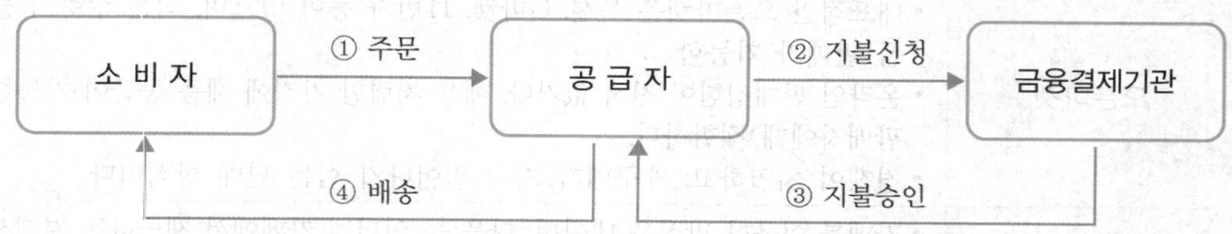


### (5) 전자상거래의 유형

전자상거래의 유형을 속성별로 분류하면 다음과 같다.

- 제품 형태에 따른 분류 (유형제품, 무형제품)
- 제품 속성에 따른 분류 (물리적, 디지털, 서비스)
- 유통 방식에 따른 분류 (물류제품, 접속제품)
- 계약 형태에 따른 분류 (단위제품, 기간제품)
- 시장 형태에 따른 분류 (쇼핑몰, 단일매장)
- 거래 대상에 따른 분류 (개인, 기업, 정부간)
- 제조 여부에 따른 분류 (제품, 상품)
- 네트워크 개방성 여부에 따른 분류 (폐쇄형, 개방형)

[전자상거래의 거래대상에 따른 분류]

| 공급자 / 수요자 | 개 인 | 기 업 | 정 부 |
|---|---|---|---|
| 개 인 | Consumer to Consumer (C2C) | Business to Consumer (B2C) | Gov't to Consumer (G2C) |
| 기 업 | Consumer to Business (C2B) | Business to Business (B2B) | Gov't to Business (G2B) |
| 정 부 | Consumer to Gov't (C2G) | Business to Government (B2G) | Gov't to Gov't (G2G) |

## (6) 사이버 쇼핑몰의 유형

국내 전자상거래 업체들의 비즈니스 모델(BM: business models)은 크게 다섯 가지로 분류된다.

① **개별사이트형** : 기업이 독자적인 사이트를 구축하여 그 기업이 제조한 제품만을 판매하며 제품에 대한 제품정보와 다양한 기능을 제공한다. 삼보컴퓨터, 현대자동차, 한국도자기 등이 여기에 속한다.

② **전문형** : 전통상거래에서 구축한 상품의 인지도를 바탕으로 특화된 전문상품만을 판매하며 전문상품의 다양성 및 상품정보의 전문성을 목표로 한다. 교보문고, 하이마트, 코스매틱랜드 등이 여기에 속한다.

③ **백화점형 쇼핑몰** : 전통상거래에서 구축한 회사의 인지도를 활용하여 다양한 상품, 저렴한 가격, 전문화된 고객만족을 목표로 한다. 롯데인터넷백화점, 삼성사이버쇼핑몰 등이 여기에 속한다.

④ **쇼핑몰의 쇼핑몰(Mall of malls)형** : 여러 쇼핑몰들을 입점시켜서 만든 쇼핑몰의 형태를 취하며 판매수수료 혹은 입점비를 수익기반으로 한다. 다양한 제품의 비교, 통합구매, 통합배송, 통합사이트 마케팅 등을 강점으로 한다. 메타랜드가 여기에 속한다.

⑤ **포탈 사이트(Portal site)형** : 쇼핑을 위한 모든 정보를 종합적으로 제공하는 쇼핑몰의 형태를 취한다. 수수료, 등록비, 광고비를 통하여 수익을 올린다. LG인터넷쇼핑몰이 여기에 속한다.

⑥ **전자상거래 서비스제공(EC Service provider)형** : 쇼핑몰의 백엔드(back-end)서비스를 제공하는 쇼핑몰로 지불, 배송, 보안, 마케팅, 호스팅, 운영대행, 상품등록, 검색 등의 서비스를 대행해 주는 사업이다. 인터파크, 매경사이버쇼핑몰, 네띠앙 등이 이에 속한다.

### (7) 사이버 쇼핑몰의 영업상황

종합쇼핑몰 운영업체들은 다양한 일반제품의 판매나 각종 용역을 제공하기 위해서 웹사이트를 개설한다. 이런 운영업체들은 웹사이트를 디자인하고 설계하며 유지하고 개선할 책임을 가진다. 쇼핑몰에서 판매하는 제품이나 서비스의 가격은 ① 운영업체들이 결정하기도 하고 ② 공급업체들이 결정하기도 한다. 운영업체들은 판매실적에 따라 공급업체로부터 미리 약정된 대로 총 판매액의 일부를 수수료로 받는다.

고객이 쇼핑몰의 웹사이트를 통하여 상품을 주문하면 운영업체는 ① 공급업체에게 주문내용을 통보하여 고객에게 주문한 제품을 배송시키기도 하고, ② 운송계약을 체결한 택배업체에 제품의 배송을 위임하기도 하고, ③ 때로는 운영업체가 직접 배송하기도 한다.

쇼핑몰 운영업체가 ① 제품에 대한 소유권을 가지는 경우도 있으나 ② 공급업체가 소유권을 가지는 경우가 대부분이다. 상품이나 용역을 주문한 고객은 ① 신용카드로 지불하기도 하고 ② 전자지불카드나 전자화폐를 사용하기도 하고 ③ 온라인으로 송금하기도 한다. 쇼핑몰 운영업체들은 신용거래시 판매당사자로서 제품대금의 회수에 관한 위험을 부담하는 게 일반적인 관행이다.

쇼핑몰 운영업체는 최종적으로 거래를 성사시킬 책임을 부담하고, 제품에 대한 근원적인 결함이나 하자에 대한 1차적인 책임을 가지며, 반송된 제품을 교환해주거나 환불해 줄 의무가 있다. 배달된 제품이 소비자가 원하는 규격이거나 품질이 아닐 때 또는 소비자가 단순히 제품에 만족하지 않는 경우 쇼핑몰 운영업체는 그 제품을 공급업자에게 반환하고 대금의 지급을 면제받는다. 제품의 파손이 운송중에 이루어진 경우에는 운송업자가 파손책임을 부담한다.

### (8) 전자쇼핑몰의 주된 수입과 지출

#### 1) 광고수입

전자상거래 업체들의 수입원 중 하나는 바로 광고수입이다. 인터넷을 통하여 전자상거래를 하는 회사들은 다른 회사의 웹사이트에 배너(Banner)광고를 올리기도 하고 자신의 웹사이트에 다른 회사의 배너광고를 올려주기도 한다. 이러한 광고의 경우, 비용을 지불하는 것이 상례이다. 그런데 두 회사가 광고를 맞교환하여 올려주는 경우가 발생한다. 즉, 다른 기업과 웹사이트에서 광고지면을 상호 교환하는 경우가 발생하는 것이다.

#### 2) 전자상거래 업체의 소프트웨어 임대수입

### 3) 전자상거래 업체의 사이버 머니

많은 인터넷업체들은 회원들의 신규가입시, 혹은 거래실적 및 정보검색횟수에 따라 사이버 머니(cyber money) 혹은 포인트를 부여하여 누적실적을 회원별로 관리하는 제도를 채택하고 있다. 이러한 제도는 회원수를 증가시키고 전자상거래에 따른 매출을 증가시키기 위한 판매촉진활동의 일환으로 운영된다. 고객은 이러한 제도에 의하여 부여되는 사이버 머니나 포인트를 사용하여 경품을 제공받거나 물품구입시 할인혜택 또는 금전지급 혜택을 얻는다.

### 4) 전자상거래 업체의 초기 광고비

인터넷 기업은 영업 초기에 회원을 확보하고 웹사이트를 일반 소비자에게 인식시키기 위해서 TV나 신문 등 언론매체를 통한 광고활동을 위하여 거액의 광고비를 지출한다. 업체 방문 결과 이러한 광고비는 회사설립 초기에는 보통 일반관리 및 판매비의 70~80%의 비중을 차지하고 있다는 사실이 파악되었다.

## (9) 전자상거래의 대금결제방식

현재 아래와 같은 대금결제방식이 활용되고 있다.

- 온라인 입금
- 신용카드 결제
- 지로 입금
- 전자화폐

아직까지는 온라인 입금이 가장 많이 활용되는 대금결제방식이다. 신용카드 결제가 가장 많이 활용되어야 함에도 불구하고 그렇지 못한 이유는 신용카드 정보가 공개되어 금전적 피해를 입는 사례가 심심치 않게 발생하고 있기 때문이다.

## (10) 통신판매업 신고

인터넷, 전기통신 등 우편, 잡지, 신문 등을 통하여 상품이나 제품을 판매하는 자는 전자상거래 등에서의 소비자보호에 관한 법률의 규정에 의하여 허가를 받아야 한다.

### 1) 통신판매업자의 신고 등(전자상거래법 12)

① 통신판매업자는 대통령령으로 정하는 바에 따라 다음 각 호의 사항을 공정거래위원회

또는 특별자치시장 · 특별자치도지사 · 시장 · 군수 · 구청장에게 신고하여야 한다. 다만, 통신판매의 거래횟수, 거래규모 등이 공정거래위원회가 고시로 정하는 기준 이하인 경우에는 그러하지 아니하다.

1. 상호(법인인 경우에는 대표자의 성명 및 주민등록번호를 포함한다) · 주소 · 전화번호
2. 전자우편주소 · 인터넷도메인 이름 · 호스트서버의 소재지
3. 그 밖에 사업자의 신원확인을 위하여 필요한 사항으로서 대통령령이 정하는 사항

② 통신판매업자가 제1항의 규정에 의하여 신고한 사항을 변경하고자 하는 경우에는 대통령령이 정하는 바에 따라 이를 신고하여야 한다.

③ 제1항의 규정에 의하여 신고한 통신판매업자는 그 영업을 휴지 또는 폐지하거나 휴업한 후 영업을 재개하는 때에는 대통령령이 정하는 바에 따라 이를 신고하여야 한다.

④ 공정거래위원회는 제1항의 규정에 의하여 신고한 통신판매업자의 정보를 대통령령이 정하는 바에 따라 공개할 수 있다.

### 2) 통신판매업자의 신고절차(전자상거래법 시행령 13)

① 법 제12조 제1항에 따라 신고를 하려는 통신판매업자는 총리령으로 정하는 신고서(전자문서로 된 신고서를 포함한다)를 주된 사무소의 소재지를 관할하는 특별자치시장 · 특별자치도지사 · 시장 · 군수 · 구청장(자치구의 구청장을 말한다. 이하 같다)에게 제출(주된 사무소의 소재지가 외국인 경우에는 공정거래위원회에 제출)하여야 한다. 이 경우 해당 통신판매업자가 법 제15조 제1항 본문에 따른 선지급식 통신판매를 하려는 경우에는 다음 각 호의 서류를 함께 제출하여야 한다.

1. 법 제13조 제2항 제10호에 따른 결제대금예치의 이용 또는 법 제24조 제1항 각 호에 따른 소비자피해보상보험계약 등의 체결을 증명하기 위하여 총리령으로 정하는 양식의 서류
2. 법 제24조 제3항 각 호에 따른 거래의 경우에는 이에 대한 소명자료

② 제1항에 따라 신고서를 제출받은 공정거래위원회 또는 특별자치시장 · 특별자치도지사 · 시장 · 군수 · 구청장은 「전자정부법」 제36조 제1항에 따른 행정정보의 공동이용을 통하여 다음 각 호의 서류를 확인하여야 하며, 신고인이 제1호 단서 또는 제2호의 확인에 동의하지 아니하는 경우에는 해당 서류(제2호의 경우에는 그 사본을 말한다)를 제출하도록 하여야 한다.

1. 법인 등기사항증명서(법인인 경우만 해당한다). 다만, 그 법인의 설립 등기 전에 신고를 하는 경우에는 법인 설립을 위한 발기인의 주민등록번호가 포함된 주민등록표 초본을 말한다.

2. 사업자등록증

③ 제1항의 신고를 받은 공정거래위원회 또는 특별자치시장 · 특별자치도지사 · 시장 · 군수 · 구청장은 총리령으로 정하는 신고증을 교부하여야 한다.

### 3) 벌칙(전자상거래법 42)

제12조 제1항의 규정에 의한 신고를 하지 아니하거나 거짓으로 신고한 자는 3천만원 이하의 벌금에 처한다.

[별지 제1호 서식] 〈개정 2019. 1. 8〉

# 통신판매업 신고서

| 접수번호 | 접수일 | | 처리기간 3일 |
|---|---|---|---|
| 신고인 | 법인명(상호) | | 법인등록번호 |
| | 소재지 | | 전화번호 |
| | 대표자의 성명 (서명 또는 인) | | 주민등록번호 |
| | 주소 | | 전화번호 |
| | 전자우편주소 | | 사업자등록번호 |
| | 인터넷도메인 이름 | | 호스트서버 소재지 (웹호스팅업체에 확인하여 적습니다) |
| 참고사항 | 판매방식 | [ ]TV홈쇼핑, [ ]인터넷, [ ]카탈로그, [ ]신문·잡지, [ ]기타 | |
| | 취급품목 | [ ]종합몰, [ ]교육/도서/완구/오락, [ ]가전, [ ]컴퓨터/사무용품, [ ]가구/수납용품, [ ]건강/식품, [ ]의류/패션/잡화/뷰티, [ ]레저/여행/공연, [ ]성인/성인용품, [ ]자동차/자동차용품, [ ]상품권, [ ]기타(구체적 품목 기재: ) | |

「전자상거래 등에서의 소비자보호에 관한 법률」 제12조 제1항, 같은 법 시행령 제13조, 제15조 및 같은 법 시행규칙 제8조 제1항 · 제2항에 따라 위와 같이 신고합니다.

년 월 일

신고인 (서명 또는 인)

※ 위 신고인 대표자와 동일인이 아닐 경우에만 적습니다.

공정거래위원회
특별자치시장·특별자치도지사·시장·군수·구청장 귀하

| | | |
|---|---|---|
| 신고인(대표자) 첨부서류 (선지급식 통신판매를 하려는 경우만 해당합니다) | 1. 별지 제2호 서식의 구매안전서비스 이용 확인증 또는 별지 제2호의 2 서식의 결제대금예치 이용 확인증<br>2. 「전자상거래 등에서의 소비자보호에 관한 법률 시행령」 제13조 제1항 제2호에 따른 소명자료 | 수수료 없음 |
| 담당 공무원 확인사항 | 1. 법인 등기사항증명서(법인인 경우만 해당합니다)<br>2. 발기인의 주민등록번호가 포함된 주민등록표 초본(법인의 설립 등기 전에 신고하는 경우만 제출합니다)<br>3. 사업자등록증(확인에 동의하지 않는 경우에는 사업자등록증 사본을 제출해야 합니다) | |

## 행정정보 공동이용 동의서

본인은 이 건 업무처리와 관련하여 「전자정부법」 제36조 제1항에 따른 행정정보의 공동이용을 통하여 담당 공무원이 위의 담당 공무원 확인 사항을 확인하는 것에 동의합니다.

*동의하지 않는 경우에는 신고인이 직접 관련 서류를 제출해야 합니다.

신고인(대표자) (서명 또는 인)

## 처리절차

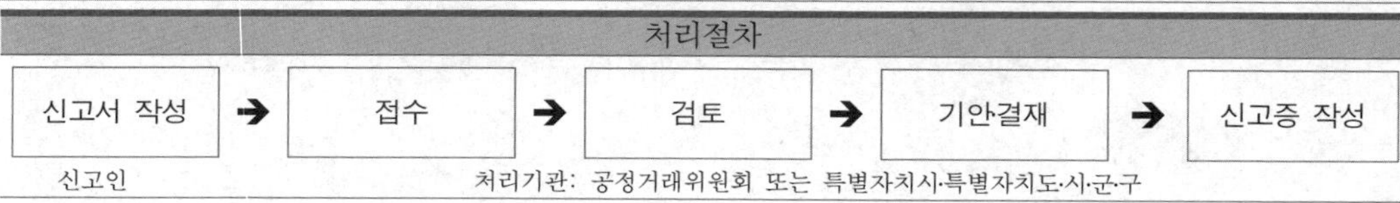


210mm× 297mm[백상지 80g/㎡]

### (11) 부가통신사업 신고

① 부가통신사업을 경영하려는 자는 대통령령으로 정하는 요건 및 절차에 따라 과학기술정보통신부장관에게 신고(정보통신망에 의한 신고를 포함한다)하여야 한다.

② 제1항에도 불구하고 특수한 유형의 부가통신사업을 경영하려는 자는 다음 각 호의 사항을 갖추어 과학기술정보통신부장관에게 등록(정보통신망에 의한 등록을 포함한다)하여야 한다.

1. 제22조의 3 제1항 및「저작권법」제104조의 이행을 위한 기술적 조치 실시 계획(제2조 제13호 가목에 해당하는 자에 한정한다)

1의 2. 송신인의 전화번호가 변작 등 거짓으로 표시되는 것을 방지하기 위한 기술적 조치 실시 계획(제2조 제13호 나목에 해당하는 자에 한정한다)

2. 업무수행에 필요한 인력 및 물적 시설

3. 재무건전성

4. 그 밖에 사업계획서 등 대통령령으로 정하는 사항

# Ⅱ 전자상거래의 세무실무

## 1. 부가가치세 실무

### (1) 사업장소재지

통신판매업자[86]의 사업장소재지는 통신판매업자가 상시 주재하여 거래의 전부 또는 일부를 행하는 고정된 장소이다. 따라서 업무총괄장소에 사업자등록을 하여야 한다. 또한, 사이버몰[「전기통신사업법」제5조에 따른 부가통신사업을 하는 사업자가 컴퓨터 등과 정보통신설비를 이용하여 재화 등을 거래할 수 있도록 설정한 가상의 영업장을 말한다]에 인적사항 등의 정보를 등록하고 재화 또는 용역을 공급하는 사업을 하는 사업자가 사이버몰의 명칭 또는「인터넷주소자원에 관한 법률」에 따른 인터넷 도메인이름을 변경하는 경우에는 사업자등록정정신고를 하여야 한다(부령 14 ① 11호).

86) 전기통신사업법 제4조에 따른 부가통신사업을 영위하는 사업자가 컴퓨터 등과 정보통신설비를 이용하여 재화 등을 거래할 수 있도록 설정한 가상의 영업장(사이버몰)에 인적사항 등의 정보를 등록하고 재화나 용역을 공급하는 사업을 말한다(부령 4 ① 14호).

### (2) 과세대상 여부

#### ① 중개수수료에 대한 부가가치세 과세 여부

사업자가 다른 사업자 상호간의 거래에 대한 대금결제를 자기의 대금결제시스템을 이용하게 하면서 다른 사업자 상호간의 거래대금을 영수하여 다른 사업자에게 지급하는 경우 당해 사업자 상호간에 결제될 거래대금에 대하여는 부가가치세가 과세되지 아니한다. 다만, 사업자가 다른 사업자로부터 지급받기로 한 자기의 대금결제시스템 이용대가(수수료)에 대하여는 부가가치세법 제1조 제1항의 규정에 의하여 부가가치세가 과세된다(부가 46015-398, 2001. 2. 27).

#### ② 면세대상인 경우

부가가치세법 제12조에 규정된 재화 또는 용역의 공급으로서, 면세되는 농・축・수・임산물을 컴퓨터・전화・인터넷 등을 통하여 공급하는 경우에는 당해 전자상거래에 대하여 면세를 적용한다(부가 46015-565, 2001. 3. 24). 한편 인터넷을 통하여 제공하는 교육용역은 인가・허가・신고를 한 경우에는 면세되나 인허가 등을 받지 않은 경우에는 부가가치세가 과세된다(부가 460105-59, 2001. 1. 8.).

#### ③ 상품권・예매권 등을 공급하는 경우

사업자가 자기의 인터넷 홈페이지에 접속한 회원에게 상품권을 교부하고 그 대가를 받는 것에 대하여는 부가가치세를 과세하지 아니한다(부가 46015-349, 2001. 2. 23.). 또한 인터넷 영화입장권 예매사이트를 운영하고 있는 업체가 영화를 관람할 수 있는 영화예매선물권을 발행하여 판매하는 것은 부가가치세법 제1조의 과세대상에 해당하지 아니하는 것으로 동법 제16조의 규정에 의한 세금계산서 교부대상이 아니나, 그 예매를 대행하고 지급받는 수수료는 과세된다(부가 46015-980, 2001. 7. 3.).

#### ④ 인터넷 중개서비스에 대한 부가가치세 과세 여부

사업자가 인터넷을 통하여 송금・청구 등 서비스를 제공하고 받는 수수료와 중개서비스에 대한 수수료는 부가가치세가 과세된다(제도 46015-12120, 2001. 7. 14. 및 제도 46015-10863, 2001. 4. 30.).

#### ⑤ 모바일 앱 판매와 과세

소프트웨어 및 프로그램 개발과 전자상거래업을 영위하는 회사로 모바일 앱「급해요 급!」(이하 "모바일 앱")을 개발하여 해당 모바일 앱을 무료로 설치할 수 있는 개별 인증코드가 인쇄된 티켓을 보험회사에 대량으로 판매하고 보험회사는 보험상품을 판매하면서 보험가입자에게 해당 티켓을 판촉용으로 무료 지급하고 있으며 보험가입자는 구글의 '플레이스토어'에서 인증번호를 입력하고 별도의 대금 지급 없이 앱을 설치할 수 있으며 또한, 신청인은 모바일 앱을 보험회사에 대량으로 판매하는 대신 휴대전화 사용자들이 구글의 '플레이스토어'에서 대금을 결제하고 앱을 설치할 수 있도록 구글을 통해 휴대전화 사용자들에게 직접 판매하는 경우 해당 티켓의 판매는 재화의 공급으로서 「부가가치세법」 제4조에 따른 부가가치세 과세대상에 해당하는 것이다(법령해석부가-0062, 2016. 3. 22.).

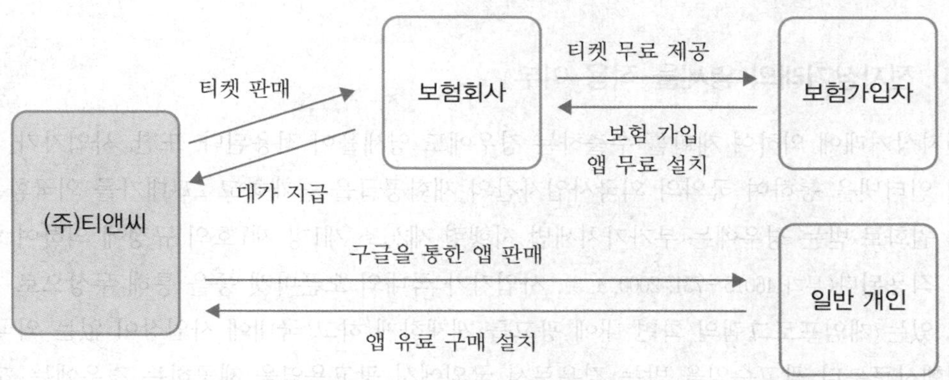


### ⑥ 국외사업자의 "앱"용역에 대한 부가가치세 신고 · 납부

국내사업장이 없는 비거주자 또는 외국법인으로서 외국에 서버를 두고 어플리케이션(Application, '앱')을 제공하는 사업자(이하 '국외 오픈마켓')가 「부가가치세법」 제53조의 2 제1항 제1호의 용역(이하 '앱용역')을 개발자와 소비자 사이에 중개하는 용역을 제공하고 개발자로부터 중개수수료를 수취하는 경우 해당 중개용역이 같은 법 제53조의 2 제1항 제4호의 중개용역에 해당하여 같은 법 제53조의 2 제3항에 따라 간편사업자 등록 후 부가가치세를 신고 · 납부하여야 하는지 여부(기재부 부가가치세제과-450, 2019. 7. 17.)

가. 국외 오픈마켓이 국외 개발자와 국외 또는 국내 소비자 사이의 앱용역 공급 거래를 중개하는 것은 국외 오픈마켓이 국외 개발자에게 국외에서 용역을 공급하는 것이므로 부가가치세 과세대상에 해당하지 아니함.

나. 국외 오픈마켓이 국내 개발자와 국외 소비자 사이의 앱용역 공급 거래를 중개하는 경우 해당 중개용역은 「부가가치세법 시행령」 제96조의 2 제2항 제2호에 해당하지 아니하므로 부가가치세 과세대상에 해당하지 아니함.

다. 국외 오픈마켓이 국내 개발자와 국내 소비자 사이의 앱용역 공급 거래를 중개하는 경우로서, 국내개발자가 「부가가치세법」 제8조에 따라 사업자등록을 하지 않은 경우에는 해당 중개용역은 「부가가치세법 시행령」 제96조의 2 제2항 제2호에 해당하므로 같은 법 제53조의 2 제3항에 따라 간편사업자 등록 후 부가가치세를 신고 · 납부하여야 하는 것이나, 국내 개발자가 사업자등록을 한 경우에는 같은 법 제53조의 2 규정이 적용되지 아니하므로 부가가치세 신고·납부 대상에 해당하지 아니함.

### (3) 공급시기

사업자가 인터넷 쇼핑몰 운영업체를 이용한 전자상거래 시 재화의 공급시기는 당해 재화를 발송한 날이 되는 것이다(부가-2555, 2008. 8. 13.).

### (4) 전자상거래의 영세율 적용 여부

전자상거래에 의하여 재화를 수출하는 경우에도 영세율이 적용된다. 또한, 사업자가 국내에서 인터넷을 통하여 국외의 외국사업자간의 재화공급을 중개하고 그 대가를 외국환은행에서 원화로 받는 경우에는 부가가치세법 시행령 제26조 제1항 제1호의 규정에 의하여 영세율이 적용된다(부가 46015-731, 2000. 4. 3). 사업자가 국내외 오픈마켓 등을 통해 무상으로 제공하고 있는 게임프로그램의 화면 내에 광고를 게재하게 하고 국내에 사업장이 없는 외국 광고대행사로부터 광고수익을 받는 경우로서 국외에서 광고용역을 제공하는 경우에는 그 대가의 수령방법 또는 계약체결 장소에 불구하고 「부가가치세법」 제22조에 따라 영의 세율을 적용하는 것이다. 다만, 사업자가 해당 광고용역을 국내에서 제공하는 경우에는 해당 광고용역이 한국표준산업분류 상 '전문, 과학 및 기술서비스업'에 해당하고, 그 대금을 외국환은행에서 원화로 받거나 같은 법 시행규칙 제22조에서 정하는 방법으로 받는 경우에는 「부가가치세법」 제24조 제1항 제3호에 따라 영의 세율이 적용되는 것이며, 이 경우 2016. 7. 1 이후 공급하는 분부터는 해당 국가에서 우리나라의 거주자 또는 내국법인에 대하여 동일하게 면세하는 경우(우리나라의 부가가치세 또는 이와 유사한 성질의 조세가 없거나 면세하는 경우)에 한하여(상호주의) 영의 세율이 적용되는 것이다(법령해석 부가-0174, 2016. 5. 16).

### (5) 과세표준의 계산

#### ① 인터넷쇼핑몰의 과세표준과 세금계산서 발급

대금결제시스템을 갖춘 사업자 갑이 인터넷 쇼핑몰을 이용하여 재화 또는 용역을 공급하는 사업자 을과 계약에 의하여 을로부터 당해 재화 또는 용역을 공급받는 자인 쇼핑몰의 이용자로부터 신용카드를 통하여 대금을 결제받아 을이 공급한 재화 또는 용역의 공급에 대한 대가를 정산(갑이 을에게 제공하는 전자지불서비스에 대한 수수료를 차감)하여 을에게 지급하는 경우에 있어서 갑의 부가가치세 과세표준은 을에게 전자지불서비스를 제공하고 받는 대가(정산시 차감하는 수수료)인 것이다. 이 경우 부가가치세법 제16조 제1항의 규정에 의하여 갑은 을에게 수수료에 대하여 세금계산서를 교부하여야 하며, 을은 재화 또는 용역을 공급받는 자인 당해 쇼핑몰의 이용자에게 세금계산서 또는 영수증을 교부하여야 한다(부가 46015-2106, 2000. 8. 29). 한편, 「부가가치세법 시행령」 제11조 제1항 제12호에 따른 통신판매업자가 「전기통신사업법」 제4조에 따른 부가통신사업을 영위하는 사업자가 운영하는 「전자상거래 등에서의 소비자보호에 관한 법률」 제2조 제4호에 따른 사이버몰을 이용하여 재화 또는 용역을 공급하고 그 대가를 부가통신사업자를 통하여 받는 경우에는 부가통신사업자가 해당 통신판매사업자에 갈음하여 현금영수증을 발급할 수 있다. 이 경우 현금영수증에는 통신판매업자의 등록번호(「부가가치세법」 제5조 제2항에 따른 등록번호를 말한다)가 포함되어야 한다. 전자상거래 업종으로 해외 매출로서 건당 10만원 이상인 거래에 대하여 소비자가 대금을 신용카드로 결제한 경우에는 현금영수증 의무발행 대상에 해당하지 않으나, 소비자로부터 대금을 현금으로 지급받는 경우 현금영수증 의무발행하여야 한다(서면-2022-전자세원-4597, 2022. 11. 17).

**참 고** **인터넷 쇼핑몰을 이용한 부가통신역무에 대한 세금계산서 발급 의무화**

[부가가치세법 시행령 제73조 제2항 제3호 : 영수증]

인터넷을 통한 가상공간(오픈마켓)을 이용한 전자상거래의 경우 세원포착이 어려워 세금탈루 가능성이 많아 부가통신사업자(G마켓, 옥션 등)가 통신판매사업자에게 부가통신 역무제공시 세금계산서 교부의무를 부여함으로써 사이버쇼핑몰을 이용한 세금탈루를 원천적으로 막을 수 있는 제도적 장치가 도입되었다. 즉, 통신판매업자의 매출은 부가통신사업자가 발행한 수수료에 대한 매출세금계산서에 의하여 명확히 노출가능하게 되었다.

3. … <u>다만, 부가통신사업자가 통신판매업자에게 「전기통신사업법」 제4조 제4항에 따른 부가통신 역무를 제공하는 경우를 제외한다.</u>(2007. 2. 28 단서신설 : 2007. 7. 1 이후 공급분부터 적용)

**② 중개사업자의 부가가치세 과세표준**

사업자가 통신판매업자나 인터넷쇼핑몰 운영기업과 위수탁계약에 의하여 신용카드결제 업무를 대행하면서 수탁자명의의 신용카드매출전표를 발행하는 경우 수탁자의 부가가치세 과세표준은 위탁자로부터 받기로 한 수수료가 되는 것이며 위탁자의 부가가치세 과세표준은 당해 수수료를 포함한 전체 신용카드매출전표 발행금액이다(서삼 46015-10410, 2002. 3. 15).

**③ 세금계산서의 발급 여부**

제조업을 영위하는 사업자가 자기가 제조한 재화를 통신 또는 전자상거래에 의하여 사업자가 아닌 최종소비자에게 직접 판매하는 경우 영수증을 발급할 수 있다.

**④ 매출인센티브(마일리지)의 부가가치세 과세표준 포함 여부**

마일리지 등으로 대금의 전부 또는 일부를 결제받은 경우 다음 각 목의 금액을 합한 금액을 과세표준으로 한다(부령 61 ② 9호).

가. 마일리지 등 외의 수단으로 결제받은 금액

나. 자기적립마일리지 등[당초 재화 또는 용역을 공급하고 마일리지 등을 적립(다른 사업자를 통하여 적립하여 준 경우를 포함한다)하여 준 사업자에게 사용한 마일리지 등(여러 사업자가 적립하여 줄 수 있거나 여러 사업자를 대상으로 사용할 수 있는 마일리지 등의 경우 다음의 요건을 모두 충족한 경우로 한정한다)을 말한다. 이하 이 항에서 같다] 외의 마일리지 등으로 결제받은 부분에 대하여 재화 또는 용역을 공급받는 자 외의 자로부터 보전(補塡)받았거나 보전받을 금액

1) 고객별 · 사업자별로 마일리지 등의 적립 및 사용 실적을 구분하여 관리하는 등의 방법으로 당초 공급자와 이후 공급자가 같다는 사실이 확인될 것

2) 사업자가 마일리지 등으로 결제받은 부분에 대하여 재화 또는 용역을 공급받는 자 외의 자로부터 보전받지 아니할 것

다만, 자기적립마일리지 등 외의 마일리지 등으로 대금의 전부 또는 일부를 결제받은 경우로서 다음 각 목의 어느 하나에 해당하는 경우에는 공급한 재화 또는 용역의 시가(제62조에 따른 금액을 말한다)를 과세표준으로 한다(부령 61 ② 10).

가. 제9호 나목에 따른 금액을 보전받지 아니하고 법 제10조 제1항에 따른 자기생산 · 취득재화를 공급한 경우

나. 제9호 나목과 관련하여 특수관계인으로부터 부당하게 낮은 금액을 보전받거나 아무런 금액을 받지 아니하여 조세의 부담을 부당하게 감소시킬 것으로 인정되는 경우

**참 고** **매출인센티브(마일리지)의 회계 및 세무처리**

**(1) 개념**

마일리지란 회원제방식을 통하여 매출확대를 위하여 고객에게 일정한 거래금액을 적립시켜 주고 추후에 일정한 요건을 갖추게 되면 특정한 재화의 구입(사은품 제공) 또는 용역을 이용할 수 있게 하거나, 현금 또는 상품권 등으로 돌려주는 제도로 쿠폰, 사이버머니, 포인트, 적립금 등 형태로 사용되고 있다.

**(2) 회계처리 및 세무조정**

① 포인트 제공시점

(차) 마일리지비용(판매부대비) ××× (대) 충당부채 ×××

손금불산입 판매부대비 (충당부채) ×××(유보)

② 포인트 사용시점

| (차) 현금 | ××× | (대) 매출 | ××× |
|---|---|---|---|
| 충당부채 | ××× | 부가세예수금 | ××× |

* 손금산입 판매부대비(충당부채) ×××(△유보)

즉, 마일리지의 지급의무가 확정되는 시기에 손금으로 산입하는 것임(서이 46012-11711, 2002. 9. 13).

③ 포인트 소멸시점

고객이 기한 내에 누적 포인트를 사용하지 않는 경우 별도의 회계처리 없이 충당부채의 금액을 조정한다.

### (6) TV홈쇼핑을 통한 판매업의 과세표준

TV홈쇼핑 사업자와 판매계약을 체결한 납품업체가 고객에게 물품을 직접 인도하여 주고, 물품재고에 대한 위험·반품·사후서비스 등을 부담하기로 약정한 경우 납품업체의 부가가치세 과세표준은 고객에게 판매한 총가액이며 TV홈쇼핑 사업자는 판매수수료가 부가가치세 과세표준이다. 이 경우 TV홈쇼핑 사업자는 판매수수료에 대하여 납품업자에게 세금계산서를 발급하여야 한다(법규-915, 2010. 5. 31). 한편, ARS할인액은 위탁상품을 판매하는 과정에서 발생한 것이기는 하나 납품업자와 홈쇼핑 사업자가 체결한 약정에서 그 부담주체를 홈쇼핑사업자로 명백히 규정하고 있는 이상, ARS할인액을 상품판매위탁자에 불과한 납품업자의 부가가치세 과세표준에서 차감할 수 있는 매출에누리 또는 매출할인이라고 볼 수는 없다(조심 2008중2354, 2009. 2. 27).

### (7) 전자적 용역을 공급하는 국외사업자의 용역 공급과 사업자등록 등에 관한 특례

#### 1) 전자적 용역의 정의

"전자적 용역"이란 정보통신망 이용촉진 및 정보보호 등에 관한 법률 제2조 제1항 제1호에 따른 정보통신망을 이용하여 공급받는 것으로서 이동통신단말장치 또는 컴퓨터 등에 저장되어 구동되거나, 저장되지 아니하고 실시간으로 사용할 수 있는 다음의 어느 하나를 말한다(부령 96의 2).

① 게임·음성·동영상 파일, 전자문서 또는 소프트웨어와 같은 저작물 등으로서 광(光) 또는 전자적 방식으로 처리하여 부호·문자·음성·음향 및 영상 등의 형태로 제작 또는 가공된 것

② 위 ①에 따른 전자적 용역을 개선시키는 것

### 2) 전자적 용역의 범위

다음에 해당하는 자가 국내에 이동통신단말장치 또는 컴퓨터 등을 통하여 구동되는 게임·음성·동영상 파일 또는 소프트웨어 등 다음의 용역(이하 "전자적 용역"이라 한다)을 공급하는 경우(제8조, 소득세법 제168조 제1항 또는 법인세법 제111조 제1항에 따라 사업자등록을 한 자의 과세사업 또는 면세사업에 대하여 용역을 공급하는 경우는 제외)에는 국내에서 해당 전자적 용역이 공급되는 것으로 본다(부법 53의 2).

① 「소득세법」 제120조 또는 「법인세법」 제94조에 따른 국내사업장이 없는 비거주자 또는 외국법인

② 국내사업장이 있는 비거주자 또는 외국법인(비거주자 또는 외국법인의 국내사업장과 관련없이 용역 등을 공급하는 경우로서 대통령령으로 정하는 경우만 해당한다)

또한 다음의 어느 하나에 해당하는 제3자(제52조 제1항 각 호의 어느 하나에 해당하는 비거주자 또는 외국법인을 포함한다)를 통하여 국내에 전자적 용역을 공급하는 경우(국내사업자의 용역 등 공급 특례에 관한 제53조가 적용되는 경우는 제외한다)에는 그 제3자가 해당 전자적 용역을 국내에서 공급한 것으로 본다.

① 정보통신망 등을 이용하여 전자적 용역의 거래가 가능하도록 오픈마켓이나 그와 유사한 것을 운영하고 관련 서비스를 제공하는 자

② 전자적 용역의 거래에서 중개에 관한 행위 등을 하는 자로서 구매자로부터 거래대금을 수취하여 판매자에게 지급하는 자

③ 그 밖에 제1호 및 제2호와 유사하게 전자적 용역의 거래에 관여하는 자로서 대통령령으로 정하는 자

### 3) 간편 사업자등록

① 국내에 전자적 용역을 공급하는 자(제52조 제1항 각 호의 어느 하나에 해당하는 비거주자 또는 외국법인으로 한정한다)는 국세정보통신망에 접속하여 다음의 사항을 입력하는 방식으로 국세청장에게 간편사업자등록을 하여야 한다. 이 경우 그 사업의 개시일부터 20일 이내에 대통령령으로 정하는 방법으로 간편사업자등록을 신청하여야 한다.

② 사업자 및 대표자의 이름과 전화번호, 우편주소, 이메일 주소 및 웹사이트 주소 등의 연락처. 이 경우 법인인 사업자가 법인 이름과 다른 이름으로 거래하는 경우 거래이름을 포함한다.

③ 등록국가·주소 및 등록번호 등 용역을 제공하는 사업장이 소재하는 국외 사업자등록 관련 정보

④ 제공하는 전자적 용역의 종류, 국내에 전자적 용역을 공급하는 사업개시일 및 그 밖

에 간편사업자등록을 위하여 필요한 사항으로서 기획재정부령으로 정하는 것

국세청장은 제2항에 따른 간편사업자등록을 한 자에 대하여 간편사업자등록번호를 부여하고, 사업자(납세관리인이 있는 경우 납세관리인을 포함한다)에게 통지(정보통신망을 이용한 통지를 포함한다)하여야 한다.

#### 4) 신고 · 납부

① 간편사업자등록을 한 자는 국세정보통신망에 접속하여 다음 각 호의 사항을 입력하는 방식으로 부가가치세 예정신고 및 확정신고를 하여야 한다.

㉠ 사업자이름 및 간편사업자등록번호

㉡ 신고기간 동안 국내에 공급한 전자적 용역의 총 공급가액, 공제받을 매입세액 및 납부할 세액

㉢ 그 밖에 필요한 사항으로서 기획재정부령으로 정하는 것

② 납부는 국세청장이 정하는 바에 따라 외국환은행의 계좌에 납입하는 방식으로 한다.

③ 제59조에도 불구하고 간편사업자등록자가 국내에 공급한 전자적 용역의 대가를 외국통화나 그 밖의 외국환으로 받은 경우에는 과세기간 종료일(예정신고 및 납부에 대해서는 예정신고기간 종료일을 말한다)의 기준환율을 적용하여 환가한 금액을 과세표준으로 할 수 있다. 이 경우 국세청장은 정보통신망을 이용하여 통지하거나 국세정보통신망에 고시하는 방법 등으로 사업자(납세관리인이 있는 경우 납세관리인을 포함한다)에게 기준환율을 알려야 한다.

④ 간편사업자등록을 한 자는 해당 전자적 용역의 공급과 관련하여 제38조 및 제39조에 따라 공제되는 매입세액 외에는 매출세액 또는 납부세액에서 공제하지 아니한다.

#### 5) 공급시기 및 납세지

① 국내로 공급되는 전자적 용역의 공급시기는 다음 각 호의 시기 중 빠른 때로 한다.

㉠ 구매자가 공급하는 자로부터 전자적 용역을 제공받은 때

㉡ 구매자가 전자적 용역을 구매하기 위하여 대금의 결제를 완료한 때

② 법 제53조의 2 제6항에 따라 간편사업자등록을 한 사업자의 납세지는 사업자의 신고 · 납부의 효율과 편의를 고려하여 국세청장이 지정한다.

### (8) 결제대행업체의 자료제출의무

다음의 어느 하나에 해당하는 자는 재화 또는 용역의 공급과 관련하여 국내에서 판매 또는 결제를 대행하거나 중개하는 경우 대통령령으로 정하는 바에 따라 관련 명세를 매 분기 말일의 다음 달 15일까지 국세청장, 납세지 관할 지방국세청장 또는 납세지 관할 세무서장

에게 제출하여야 한다(부법 75). 〈개정 2022. 12. 31〉

① 「전기통신사업법」 제5조에 따른 부가통신사업자로서 「전자상거래 등에서의 소비자보호에 관한 법률」 제2조 제3호에 따른 통신판매업자의 판매를 대행 또는 중개하는 자
② 「여신전문금융업법」 제2조 제5호 나목에 따른 결제대행업체
③ 「전자금융거래법」 제2조 제4호에 따른 전자금융업자
④ 「외국환거래법」 제8조 제4항에 따른 전문외국환업무취급업자
⑤ 그 밖에 제1호부터 제4호까지의 사업자와 유사한 사업을 수행하는 자로서 대통령령으로 정하는 자

국세청장, 납세지 관할 지방국세청장 또는 납세지 관할 세무서장은 관련 명세를 제출하여야 하는 자가 관련 명세를 제출하지 아니하거나 사실과 다르게 제출한 경우 그 시정에 필요한 사항을 명할 수 있다.

## 2. 소득세 · 법인세 실무

### (1) 업종구분

인터넷, PC통신망을 이용해 각종 정보를 제공하고 정보제공의 대가로 수수료를 받는 산업활동은 데이터베이스업으로서 정보처리 및 컴퓨터운영관련업에 해당하는 것으로 당해 업종에 적용되는 조세특례를 받을 수 있다(법인 46012-454, 2000. 2. 16).

### (2) 총수입금액 및 익금의 계산

홈페이지 운영업체가 자기의 책임과 계산 하에 재화와 용역을 제공하는 경우에는 판매총액이 익금 또는 총수입금액에 해당하는 것이며, 단순히 판매중개만을 하고 수수료를 받는 경우에는 수수료가 익금 또는 총수입금액이 되는 것이다.

**참고** 전자상거래업체의 매출인식

(1) 거래형태

회사는 제조업체로서 사업 다각화의 일환으로 인터넷전자상거래업을 추진하면서 회계처리방법에 대해 의문점이 발생되어 아래와 같이 질의함.

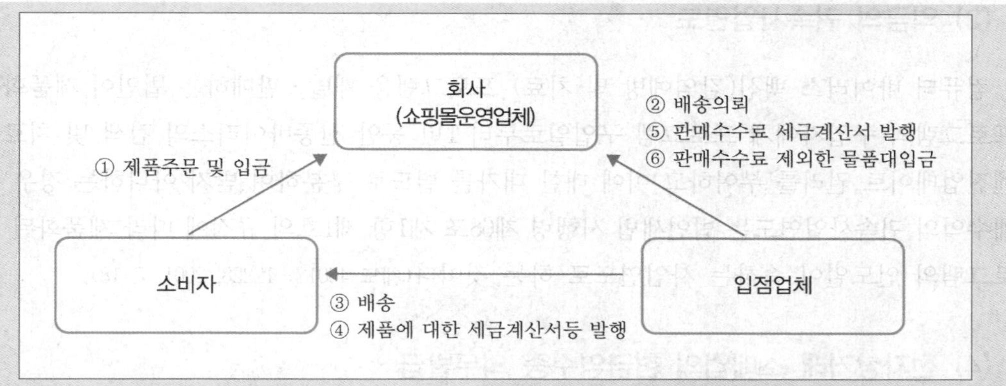


1) 적립금

소비자가 회사 쇼핑몰을 이용시 이용실적에 따라 일정액의 적립금을 부여하며 회사 쇼핑몰 등록 상품 구입시 적립금 사용액만큼 할인하여 구매할 수 있는 권리

2) 쿠폰

회사 쇼핑몰의 판매활성화를 위해 소비자들에게 일정기준(회원의 생일, 회원가입 등)을 적용하여 회사 쇼핑몰에서 상품구입시 일정액을 할인하여 구매할 수 있는 권리로서 입점업체와의 계약에 의한 것이 아니며 쇼핑몰 운영업체에서 쿠폰발행

3) 즉시할인쿠폰

입점 업체와의 협의에 의한 할인판매 행사로 해당 품목들의 판매가를 할인하여 구매할 수 있는 쿠폰을 쇼핑몰을 통해 발행하되 입점업체에서 할인액을 부담하기로 협의

### (2) 질의

① 적립금, 쿠폰, 즉시할인쿠폰 적용에 대한 매출/비용 적용방법

② [질의1]에서 쇼핑몰운영업체의 수익금액을 적립금, 쿠폰을 차감하지 않은 판매수수료를 매출로 인식할 경우 적립금, 쿠폰에 대한 비용인식시기 및 회계처리방법

### (3) 회신

회사가 고객의 이용실적에 따라 부여하는 적립금은 고객이 적립금을 사용함으로써 장래에 지출될 것이 확실한 비용을 합리적으로 추정하여 그 금액을 재무제표에 판매비와 관리비 및 충당부채로 계상하고, 매 회계연도 말에 적립금 사용실적 및 유효기간 경과로 소멸된 적립금 등을 고려하여 추정치를 수정하여야 함.

한편, 고객이 적립금을 사용하는 시점에는 당해 충당부채를 매출채권과 상계처리하는 것이 타당함. 또한 회사가 고객에 부여하는 쿠폰은 고객이 쿠폰을 사용하는 시점에 매출액(직접 판매) 또는 판매수수료(위탁판매)에서 차감하고, 즉시할인쿠폰의 경우에는 고객이 즉시할인쿠폰을 사용하는 시점에 매출액에서 차감(직접 판매)하고, 판매수수료는 실제로 받을 금액으로 계상(위탁판매)하면 됨.

### (3) 익금의 귀속사업연도

컴퓨터 바이러스 백신(감염예방 및 치료) 프로그램을 개발·판매하는 법인이 제품화된 프로그램의 구입자에게 프로그램 구입일로부터 1년 동안 신종바이러스의 검색 및 치료용 엔진업데이트 권리를 부여하고 이에 대한 대가를 별도로 구분하여 받지 아니하는 경우 판매수익의 귀속사업연도는 법인세법 시행령 제68조 제1항 제1호의 규정에 따라 제품화된 프로그램의 인도일이 속하는 사업연도로 하는 것이다(제도 46012-12228, 2001. 7. 18).

### (4) 전자상거래 소매업의 현금영수증 의무발급

전자상거래 소매업을 영위하는 사업자(현금영수증가맹점인 개인사업자)가 건당 거래금액(부가가치세액을 포함)이 10만원 이상인 재화를 소포우편을 이용하여 해외로 공급하고 그 대금을 현금으로 지급받는 경우에, 부가가치세 신고서에 「부가가치세법 시행령」 제101조 제1항에 규정하는 소포수령증 등을 첨부하여 제출하더라도 현금영수증을 발급하여야 하는 것이다(법령해석과-4738, 2021. 12. 29).

※ 소득세법 시행령 [별표 3의 3] 현금영수증 의무발행업종(제210조의 3 제1항 제4호 및 같은 조 제11항 관련)

| 구분 | 업종 |
|---|---|
| 6. 통신판매업 | 전자상거래 소매업(제1호부터 제5호에 따른 업종에서 사업자가 공급하는 재화 또는 용역을 온라인 통신망을 통하여 소매하는 경우로 한정한다) |

비고 : 업종의 구분은 한국표준산업분류를 기준으로 한다. 다만, 위 표에서 특별히 규정하는 업종의 경우에는 그렇지 않다.

## 3. 인지세 실무

인터넷으로 계약서를 작성한 후 컴퓨터 파일 내에 보관하는 전자문서는 인지세법상의 과세대상문서에 해당되지 않는다. 다만, 컴퓨터 파일 내에 보관하는 전자문서를 종이에 출력하여 당사자가 서명하고 교부하는 경우에는 일반적인 종이문서와 동일하므로 인지세 과세대상문서에 해당하는 것이다(소비 46430-15, 2000. 1. 14). 다만, **전자문서 중 소유권이전 증서, 금전소비대차 증서, 정부도급문서**는 2011년 이후 최초로 작성하는 분부터 인지세가 과세된다.

※ 인지세법 제3조 제3항 : 제1항 제1호·제2호 및 제3호(대통령령으로 정하는 것에 한정한다)의 과세문서에는 「전자거래기본법」 제2조에 따른 전자문서(이하 "과세대상 전자문서"라 한다)를 포함한다.

**참 고** **전자상거래 흐름 및 세무실무 요약**

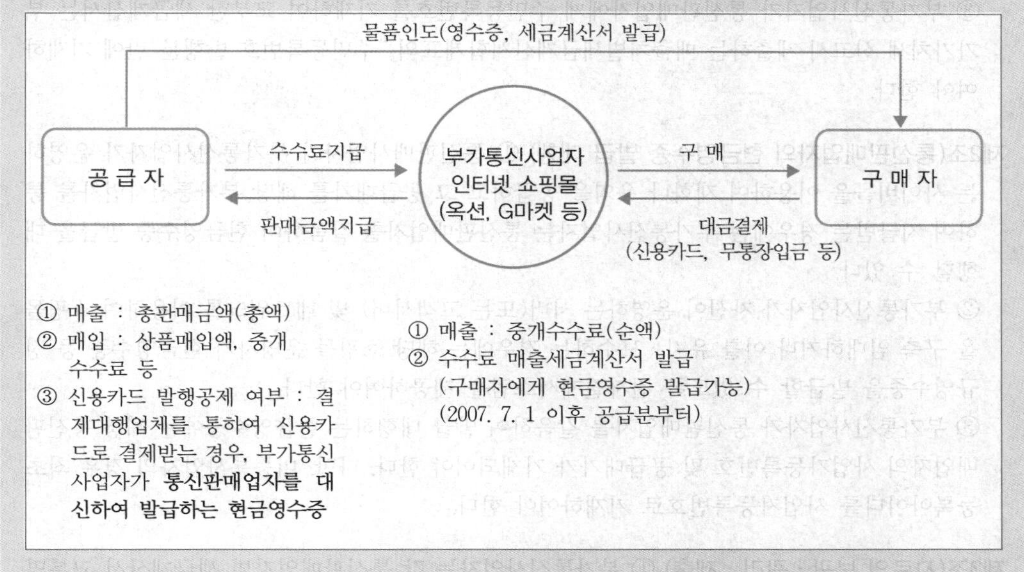


## 4. 부가통신사업자가 지켜야 할 사항

국세청고시 제2010-31호(2010. 7. 19)

**부가통신사업자가 지켜야 할 사항**

「부가가치세법」 제35조 제2항에 따라 「전기통신사업법」 제4조에 따른 부가통신사업을 영위하는 사업자(이하 "부가통신사업자"라 한다)가 지켜야 할 사항을 다음과 같이 개정하여 고시합니다.

2010년 7월 19일

국 세 청 장

제1조(세금계산서의 교부 및 세금계산서합계표의 제출 방법) ① 부가통신사업자가 통신판매업자에게 「전기통신사업법」 제4조 제4항에 따른 부가통신역무를 제공하는 때에는 세금계산서를 교부하거나 「부가가치세법」 제32조의 2 제1항에 따른 현금영수증(지출증빙용)을 발급하여야 한다.

② 부가통신사업자가 사업자 미등록 통신판매업자에게 교부하는 세금계산서 등록번호란에는 해당 통신판매업자의 주민등록번호를 기재하여 교부하되, 비고란에 최초 등록아이디를

함께 기재하여야 한다.

③ 부가통신사업자가 통신판매업자에게 주민등록번호를 기재하여 교부한 세금계산서는 부가가치세 신고시 제출하는 매출처별세금계산서합계표의 "주민등록번호 발행분"란에 기재하여야 한다.

제2조(통신판매업자의 현금영수증 발급 대행) ① 통신판매사업자가 부가통신사업자가 운영하는 사이버몰을 이용하여 재화나 용역을 공급하고 그 공급대가를 해당 부가통신사업자를 통하여 지급받는 경우에는 부가통신사업자는 통신판매업자를 갈음하여 현금영수증 발급을 대행할 수 있다.

② 부가통신사업자가 자신이 운영하는 서버(또는 고객서버) 및 네트워크를 이용하여 쇼핑몰을 구축 임대하거나 이를 유지 · 보수하는 경우에는 해당 쇼핑몰 운영자가 현금영수증 등 정규영수증을 발급할 수 있도록 전자결제시스템을 제공하여야 한다.

③ 부가통신사업자가 통신판매업자를 갈음하여 발급 대행하는 현금영수증에는 해당 통신판매업자의 사업자등록번호 및 공급대가가 기재되어야 한다. 다만, 미등록사업자의 경우 최초등록아이디를 사업자등록번호로 기재하여야 한다.

제3조(자료의 보관 · 관리 · 제출) ① 부가통신사업자는 각 통신판매업자별 세금계산서 교부명세 및 신용카드 결제(대행)명세, 현금영수증 발급(대행)명세 등 판매자료를 전자적 방법으로 보관 · 관리하여야 한다.

② 부가통신사업자는 통신판매업자의 사업자등록번호 · 성명 · 주민등록번호 · 건수 · 금액 · 거래연월 등 통신판매업자의 분기별 매출명세를 전자적 방법으로 매분기 다음 달 말일까지 관할 세무서장에게 제출하여야 한다.

③ 부가통신사업자는 「조세특례제한법 시행령」 제121조의 3 제11항에 따라 통신판매업자를 갈음하여 현금영수증을 발급한 경우에는 통신판매업자의 사업자번호 · 주민등록번호 · 승인번호 · 거래일자 · 거래금액 등 통신판매업자 월별 현금영수증 발급대행명세를 전자적 방법으로 다음 달 10일까지 관할 세무서장에게 제출하여야 한다.

제4조(재검토기한) 「훈령 · 예규 등의 발령 및 관리에 관한 규정」(대통령훈령 제248호)에 따라 이 고시 발령 후의 법령이나 현실여건의 변화 등을 검토하여 이 고시의 폐지, 개정 등의 조치를 하여야 하는 기한은 2013년 5월 31일까지로 한다.

부 칙

이 고시는 발령한 날부터 시행한다.

## 5. 인터넷 오픈마켓 사업자의 세무조사 사례[87)]

### (1) 거래형태

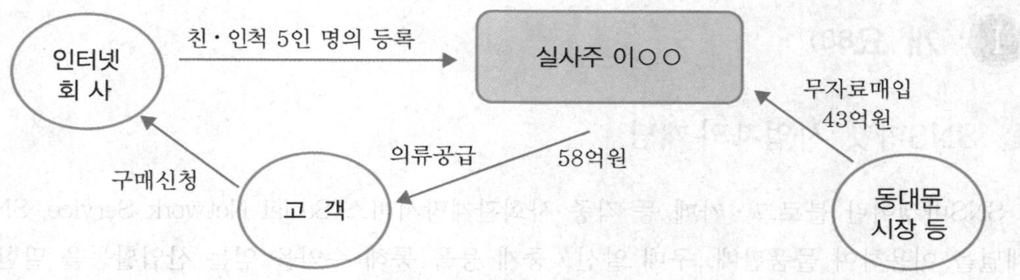


- 인터넷을 통하여 여성의류를 판매하는 자로 옥션, G마켓 등 인터넷상의 오픈마켓에 친·인척 5인 명의로 판매업체를 등록하고 동대문시장 등의 의류 도·소매업체로부터 무자료로 43억원의 의류를 매입하여, 인터넷을 이용하여 구매하는 고객에게 58억원의 여성의류를 판매
- 통신판매사업자는 사업자등록을 하지 않고, 사업내역에 대한 신고는 물론 장부작성도 하지 않아 원가 및 제경비 등을 계산할 수 없어 소득세 부분은 추계과세

### (2) 조치사항

- 추계소득 7억원에 대하여 소득세 등 제세 10억원을 추징

### (3) 대책

- 오픈마켓 사업자의 경우 과세표준의 노출이 어려워 세금탈루가 많았으나 2007. 1. 1 부가가치세법을 개정하여 부가통신사업자가 통신판매업자에게 제공하는 부가통신용역에 대한 세금계산서를 의무적으로 발행하도록 규정(부령 73 ② 3호 단서)함으로써 부가통신사업자의 인터넷 쇼핑몰 제공대가가 노출되어 그 금액으로 통신판매업자의 매출액을 역산할 수 있게 되었음. 따라서 통신판매업자의 과세표준은 양성화될 것임.
- 부가가치세의 부담을 줄이기 위해서는 물품을 구입하는 경우 반드시 세금계산서를 발급받아야 하고 수입금액의 증가에 따른 소득세부담을 줄이기 위하여 지출증빙의 철저한 관리 및 장부기장이 필수적임.

87) 고소득자영업자 세무조사(국세청 보도자료, 2006. 11. 7).

# 제 4 절 SNS마켓 사업자

## 개 요88)

### 1. SNS마켓 사업자의 개념

SNS마켓이란 블로그 · 카페 등 각종 사회관계망서비스(Social Network Service, SNS) 채널을 이용하여 물품판매, 구매 알선 · 중개 등을 통해 수익을 얻는 산업활동을 말한다.

SNS마켓은 개인 간 친교 및 사교적인 목적의 SNS계정을 이용해서 판매행위를 한다는 특징이 있다. 블로그 · 카페뿐 아니라 모바일에 익숙한 2030세대를 중심으로 인스타그램, 페이스북, 유튜브 등 개인 SNS계정을 기반으로 한 상품거래가 점점 늘어나고 있다.

### 2. 거래유형

SNS마켓은 재화 등을 매입하여 판매하거나 상품 홍보를 하고 판매수량에 따라 수수료를 받는 등 다양한 거래유형이 있다.

① 블로그 · 카페 등을 운영하며 홍보성 게시글에 대한 원고료, 배너광고를 게재하여 주고 광고료를 받는 경우

② 오프라인 사업장을 가진 사업자가 온라인 판매채널로 블로그 등을 이용하여 물품 판매

③ 개인이 소규모로 SNS 등을 통하여 자기 물품을 판매하거나 구매대행 등 서비스를 제공

④ 제조업자 · 도매업자의 의뢰를 받아 SNS 등을 통하여 상품정보를 제공하고 수수료를 수취

## Ⅱ SNS마켓 사업자의 세무실무

### 1. 업종구분

블로그 · 카페 등 SNS를 이용하여 물품 판매는 물론 알선 · 중개 등을 통해 수익을 얻는 활동의 경우 업종코드는 '525104'로 등록한다. SNS마켓을 이용한 통신판매업을 기존의 전

88) 국세청, 신종업종세무안내(https://www.nts.go.kr/nts/cm/cntnts/cntntsView.do?mi=2483), 2024. 1. 1. 검색

자상거래 소매업 및 소매중개업과 구분하기 위해 업종코드를 2019년 9월 1일 신설하였다.

| 코드 | 세분류 | 세세분류 | 적용범위 |
|---|---|---|---|
| 525104(신설) | 통신 판매업 | SNS마켓 | **블로그 · 카페 등 각종 사회관계망서비스(소셜네트워크서비스, SNS) 채널**을 이용하여 물품판매, 구매 알선, 중개 등을 통해 수익을 얻은 산업활동을 말한다. |
| 525101 | 통신 판매업 | 전자상거래 소매업 | 일반 대중을 대상으로 온라인 통신망(**사회관계망서비스(SNS) 채널은 제외한다**)을 통하여 각종 상품을 소매하는 산업활동을 말한다.<br>(예시) 상품 전자상거래 판매(**오픈마켓 판매자 포함**) |
| 525102 | 통신 판매업 | 기타 통신 판매업 | 온라인 통신망 이외의 기타 통신수단에 의하여 각종 상품을 소매하는 산업활동을 말한다.<br>(예시) 인쇄물 광고형 소매, 전화소매, TV홈쇼핑, 카탈로그(상품안내서, catalog)형 소매, 우편 소매, 통신판매 소매 |
| 525103 | 통신 판매업 | 전자상거래 소매중개업 | **개인 또는 소규모업체가 온라인상에서 재화나 용역을 판매할 수 있도록 중개업무를 담당하는 산업활동을 말한다.**<br>**(예시) 소셜커머스**(할인쿠폰 공동 구매형 전자상거래중개), 전자상거래 소매중개(**오픈마켓 사업자**)<br>**(제외)** 오픈마켓 판매자(525101) |

## 2. 사업자등록

일회성이 아닌 계속적, 반복적으로 블로그 · 카페 등 SNS상에서 판매 및 중개행위를 하는 경우 판매물품에 따라 일반과세자, 간이과세자, 면세사업자로 사업자등록을 하여야 한다.

사업자등록시에는 통신판매업등록을 하여야 한다. 직전연도 동안 통신판매의 거래횟수가 50회 미만인 경우나 부가가치세법상 간이과세자인 경우에는 통신판매 신고를 아니할 수 있다.

물건을 50번 올린 것을 말하는 것이 아닌, 물건을 1번 올렸더라도 50명 이상 구매했다면 거래횟수 50회에 해당한다.

## 3. 현금영수증 의무발행

현금영수증 가맹점인 경우 SNS마켓에서 물건을 팔 때에도 **현금 또는 계좌이체로 대금**

수령시 소비자가 원할 경우 현금영수증을 발급해야 한다. 전자상거래업도 현금영수증 의무발행업종으로 추가되어 2021년 1월 1일부터는 소비자가 원하지 않더라도 10만원 이상 거래에 대해 현금영수증을 의무적으로 발행하여야 한다. 한편, 직전 과세기간 수입금액이 2400만원 이상인 경우 현금영수증 가맹점 가입의무가 있으며 미가맹 시 미가입기간 수입금액의 1% 가산세가 부과된다.

## 제 5 절 슈퍼마켓

## I 업종구분

### 1. 한국표준산업분류상의 구분

**① 종합소매업(471)**

단일 경영주체가 일반대중을 대상으로 직접 판매할 수 있는 매장을 개설하고 각종 상품을 종합적으로 소매하는 산업활동을 말한다.

**② 대형 종합 소매업(4711)**

단일 경영체제하에 대형매장(3,000㎡ 이상)을 갖추고 주된 취급품목이 없이 식료품, 가구, 가전제품, 의류, 서적, 귀금속, 의약품 등의 각종 유형의 상품을 종합적으로 소매하는 산업활동을 말한다.

**③ 슈퍼마켓(47121)**

단일 경영주체가 일정 규모의 시설(165㎡~3,000㎡)을 갖추고 음·식료품을 위주로 하여 각종 생활잡화 등을 함께 소매하는 산업활동을 말한다. 체인화 편의점의 형태로 운영하는 산업활동은 제외한다.

**④ 음식료품 및 담배소매업(472)**

단일 경영주체가 일반대중을 대상으로 직접 판매할 수 있는 매장을 개설하고 각종의 음료 및 식료품, 가공담배를 전문적으로 소매하는 산업활동을 말한다.

## 2. 기준경비율상의 분류(2023귀속)

| 코드번호 | 종목 | | 적용범위 및 기준 | 단순경비율 | 기준경비율 |
|---|---|---|---|---|---|
| | 세분류 | 세세분류 | | | |
| 521100 | 슈퍼마켓 | • 슈퍼마켓<br>• 연 쇄 점 | ㅇ 유통산업발전법 시행령 제5조에 규정된 체인화 사업자가 직영하거나 이 체인화 사업자와 가맹계약을 체결한 점포로서 편의점 형태로 운영되지 않는 업소<br>* 편의점(→ 521992) | 95.2 | 3.1 |
| 521910 | 백화점 | • 백 화 점 | ㅇ 백화점 | 92.5 | 4.0 |
| 521911 | 대형할인점 | • 대형할인점 | ㅇ 대형할인점(매장면적 3,000㎡ 이상) | 91.3 | 4.0 |
| 521991 | 종합 소매업 | • 소비조합 | ㅇ 회사 · 은행 등의 직장에서 사원들이 생활필수품을 스스로 구매 및 판매함으로써 중간이윤을 절감하기 위하여 결성한 소비조합 | 95.7 | 4.6 |
| 521992 | | • 편 의 점 | ㅇ 편의점<br>• 유통산업발전법 시행령 제5조에 규정된 체인화사업자가 직영하거나 이 체인화 사업자와 가맹계약을 체결한 점포로서 24시간영업, 연중휴무영업등 일반적인 편의점 형태로 운영되는 업소 | 93.7 | 7.8 |

# 슈퍼마켓의 부가가치세 신고실무

## 1. 과세유형

슈퍼마켓을 운영하는 사업자는 과세사업과 면세사업을 겸영하는 부가가치세법상 겸업자이다. 즉, 미가공 농 · 축 · 수 · 임산물을 매입하여 판매하는 경우에는 면세매출에 해당하고 그 이외의 품목은 과세매출에 해당된다. 따라서 슈퍼마켓의 부가가치세 신고시 검토하여야 할 사항은 공통매입세액에 대한 안분계산과 공통사용재화를 판매할 때 과세표준의 안분계산을 주의하여야 한다.

### (1) 공통매입세액의 안분계산

과세사업과 면세사업에 공통으로 사용되어 실지귀속을 구분할 수 없는 공통매입세액은 총공급가액 중 면세공급가액에 해당되는 매입세액을 불공제한다. 다만, 예정신고기간에는 예정신고기간분으로 안분계산하고 확정신고시 당해 과세기간 전체의 총공급가액으로 정산한다. 슈퍼마켓 운영 사업자의 공통매입세액은 주로 사업용고정자산과 일반관리비(임대료, 전기요금, 기장료, 광고료 등)가 이에 해당된다.

#### ① 할인매장의 신축공사비의 매입세액 안분계산

「부가가치세법 시행령」 제61조 제4항 단서 규정에서 건물신축의 경우 예정사용 면적을 우선 적용하도록 규정하면서 같은 법 시행령 제61조의 2에서 이에 따라 매입세액을 안분계산한 경우는 확정면적에 의하여 안분계산한다고 규정하고 있고 청구법인의 경우 당초 예정사용 면적비율에 따라 매입세액을 안분계산하였다가 확정사용 면적비율을 적용하여 정산한 점, 건물 신축과 관련된 매입세액에 있어서 면세사업에 사용되는 면적과 과세사업에 사용되는 면적은 실지 귀속분을 찾을 수 있는 가장 적합한 판단기준으로 볼 수 있고, 건물신축과 관련된 매입세액은 특단의 사정이 없는 한 그 건축비용이 건물의 면적에 비례하여 발생되는 것으로 볼 수 있으므로 건물신축 관련 매입세액은 과세사업과 면세사업에 사용하는 면적의 비율에 의하여 합리적으로 계산할 수 있다 할 것이고(국심 2001중1093, 2001. 10. 6), 청구법인은 쟁점건물에 대하여 직접 실측을 통하여 과세사업과 면세사업에 사용하는 면적비율을 산정하였다고 주장하고 있고, 쟁점건물과 같이 부가가치세가 과세되는 재화와 면세되는 재화를 판매하는 대형 할인매장의 경우 실제 과세사업에 사용하는 면적과 면세사업에 사용하는 면적은 실측을 통하여 사용면적을 구분할 수 있다고 보여지므로, 처분청이 쟁점건물의 과세사업 및 면세사업에 사용되는 판매장 면적을 재조사하고 그 결과에 따라 사용면적 비율로 쟁점매입세액인 공통매입세액을 안분계산하여 2010년 제1기(확정) 부가가치세 과세표준 및 세액을 경정하는 것이 타당하다고 판단된다(조심 2011중0869, 2011. 10. 11).

**참고** **청구인 주장 및 처분청 의견**(조심 2011중0869, 2011. 10. 11).

**(1) 청구인 주장**

쟁점건물은 부가가치세 면세재화인 농·수·축산물 및 가공되지 않은 식품과 부가가치세 과세재화인 가공식품 등을 판매하고 있고 쟁점건물 신축당시 ○○○○○에서 내부적으로 면세사업 및 과세사업 사용면적 비율에 따라 부가가치세 신고를 철저히 할 수 있도록 세무안내를 하였으나, 공사완공 및 개장을 앞두고 판매장 및 창고의 일부 레이아웃 변경에 따라 당초 예정사용면적 비율로 신고한 것을 2010년 제1기(확정) 신고시 <u>변경·확정된 면적 비율에 따라 정산신고</u>

를 한 것으로 신축 당시부터 부가가치세 과세사업에 사용될 예정(확정)면적과 면세사업에 사용될 예정(확정)면적이 명확히 구분되어 있다.

「부가가치세법 시행령」 제61조 제4항 단서에서 건물을 신축 또는 취득하여 과세사업과 면세사업에 제공할 예정면적을 구분할 수 있는 경우에는 제3호인 총예정사용 면적에 대한 면세사업에 관련된 예정사용면적 비율을 우선 적용하도록 명문화하고 있고, 국세청의 유권해석도 건물신축의 경우 면적기준이 공급가액기준보다 우선이라고 해석하고 있다.

청구법인과 같이 장기간에 걸쳐 건물을 신축하여 공사기간 중에 공급가액이 없는 경우 공사기간 중에는 공통매입세액을 예정사용면적의 비율로 안분계산하였다가 그 후 건물이 완공되어 공급가액이 발생하는 경우 면적비율로 정산할 것인지, 아니면 공급가액 비율로 정산할 것인지 논란이 될 수 있는데, 건물이 완공된 시점에서 공급가액이 발생되었다는 이유만으로 그동안 적용하였던 면적기준을 무시하고 소급하여 공급가액기준으로 적용하는 것이 되어 논리적으로도 맞지 아니하다.

따라서, 쟁점건물은 부가가치세 과세사업 및 면세사업 사용면적의 구분이 명확하고, 건물신축의 경우 면세관련 공통매입세액의 안분계산은 공급가액 기준보다 면적기준이 우선 적용되어야 하며, 공통매입세액을 예정사용 면적비율로 안분계산한 경우에는 면적이 확정되어 안분계산할 때도 확정면적 비율에 따라 안분계산하는 것이 타당하므로 이 건 부가가치세는 취소되어야 한다.

(2) 처분청 의견

청구법인은 쟁점건물의 과세사업 및 면세사업에 공하는 사용면적의 구분이 분명하다고 주장하나 청구법인이 판매장으로 사용하고 있는 지하 1층, 지상 1층과 2층의 경우 건축물대장상 대형점 용도의 면적은 16,055.57㎡로 확인되는데 청구법인은 안분계산시 7,133.61㎡만을 안분계산 근거로 삼았고, 판매장으로 사용하고 있는 부분도 면세사용분과 과세사용분이 혼재되어 불분명한 면적이 많다.

청구법인은 쟁점건물의 일부분인 판매장의 과세사업, 면세사업 사용면적 비율에 의해 전체 건물분에 대한 쟁점매입세액을 안분계산할 것을 주장하나, 과세사업과 면세사업의 사용구분이 명확한 것은 그 명확한 면적의 비율대로 안분계산하여야 할 것이지만, 과세사업과 면세사업의 구분이 불분명한 부분에 대한 매입세액에 대하여는 총공급가액에서 차지하는 비율대로 과세사업분과 면세사업분을 구분하는 것이 타당하다.

처분청은 쟁점매입세액에 대하여 과세사업과 면세사업에 사용되는 것이 명확한 부분에 대하여는 면적의 비율대로 안분계산하였고, 과세사업과 면세사업의 구분이 불분명한 부분의 매입세액에 대하여는 총공급가액에서 차지하는 비율대로 과세사업분과 면세사업분을 구분하여 안분계산한 것으로 당초 처분은 타당하다.

### (2) 공통사용재화의 매각

슈퍼마켓에서 사용하던 공통사용재화를 매각하는 경우 과세표준의 계산은 매각금액에 대하여 직전기의 과세공급가액과 면세수입금액의 비율에 따라 과세표준을 계산한다.

## 2. 세금계산서의 발급

슈퍼마켓에서 최종소비자에게 공산품과 면세 농·축·수·임산물을 판매하는 경우 주로 신용카드나 현금영수증을 발행하게 된다. 다만, 소비자가 사업자인 경우 세금계산서나 계산서의 발급을 요구하는 경우 세금계산서 등을 발급하여야 한다. 그러나 현금영수증이나 신용카드결제분에 대하여 세금계산서를 발급할 수는 없는 것이다.

## 3. 권리금의 과세 여부

타인의 점포를 임차하여 슈퍼마켓을 운영하던 사업자가 그 점포의 임차권리를 양도하고 그에 따른 대가를 받는 경우, 그 대가는 재화의 공급에 대한 대가에 해당하는 것으로서 부가가치세가 과세된다. 다만, 슈퍼마켓은 겸영사업자에 해당되므로 권리금을 과세분과 면세분을 직전기의 과세표준으로 안분하여 계산하여야 한다.

## 4. 슈퍼마켓 폐업시의 감가상각자산의 과세표준 계산

과세사업과 면세사업을 겸영하는 일반사업자인 슈퍼마켓을 운영하는 사업자가 사업을 폐지하는 때에 잔존하는 감가상각자산에 대한 부가가치세 과세표준은 간주시가를 산정한 후 당해 시가를 안분 계산하여 과세표준을 계산하여야 한다.

## 5. 슈퍼마켓에서 주류판매

슈퍼마켓에서 재판매목적으로 사업자에게 양주 등 주류를 판매하면 조세범처벌법 제6조 및 제17조에 따라 처벌받게 된다.

**관련법조문**

**◈ 조세범 처벌법 제6조【무면허 주류의 제조 및 판매】**

「주세법」에 따른 면허를 받지 아니하고 주류, 밑술·술덧을 제조(개인의 자가소비를 위한 제조는 제외한다)하거나 판매한 자는 3년 이하의 징역 또는 3천만원(해당 주세 상당액의 3배의 금액이 3천만원을 초과할 때에는 그 주세 상당액의 3배의 금액) 이하의 벌금에 처한다. 이 경우 밑술과 술덧은 탁주로 본다.

**◈ 조세범 처벌절차법 제17조【고발】**

① 지방국세청장 또는 세무서장은 다음 각 호의 어느 하나에 해당하는 경우에는 통고처분을 거치지 아니하고 그 대상자를 즉시 고발하여야 한다.

1. 정상(情狀)에 따라 징역형에 처할 것으로 판단되는 경우
2. 제15조 제1항에 따른 통고대로 이행할 자금이나 납부 능력이 없다고 인정되는 경우
3. 거소가 분명하지 아니하거나 서류의 수령을 거부하여 통고처분을 할 수 없는 경우
4. 도주하거나 증거를 인멸할 우려가 있는 경우

② 지방국세청장 또는 세무서장은 제15조 제1항에 따라 통고처분을 받은 자가 통고서를 송달받은 날부터 15일 이내에 통고대로 이행하지 아니한 경우에는 고발하여야 한다. 다만, 15일이 지났더라도 고발되기 전에 통고대로 이행하였을 때에는 그러하지 아니하다.

### ◈ 주류 면허 등에 관한 법률 제5조【주류 판매업면허】

① 주류 판매업(판매중개업 또는 접객업을 포함한다. 이하 같다)을 하려는 자는 대통령령으로 정하는 주류 판매업의 종류별로 판매장마다 대통령령으로 정하는 시설기준과 그 밖의 요건을 갖추어 관할 세무서장의 면허를 받아야 한다.

② 다음 각 호의 어느 하나에 해당하는 자가 대통령령으로 정하는 바에 따라 관할 세무서장에게 주류 판매에 관한 신고를 한 경우에는 제1항에 따른 주류 판매업의 면허(이하 "주류 판매업면허"라 한다)를 받은 것으로 본다.

1. 「식품위생법」에 따른 영업허가를 받은 장소에서 주류 판매업을 하는 자
2. 주류 판매를 주된 업종으로 하지 아니하는 자로서 대통령령으로 정하는 자

### ◈ 주류 면허 등에 관한 법률 제12조【주류 판매 정지 등】

① 관할 세무서장은 주류 판매업면허를 받은 자가 다음 각 호의 어느 하나에 해당하는 경우에는 3개월 이내의 기간을 정하여 판매 정지처분을 하여야 한다.

1. 제8조 제1항 본문에 따른 신고를 하지 아니하거나 거짓 신고를 하고 판매장을 이전한 경우
2. 제22조에 따른 납세증명표지가 없는 주류를 판매하거나 보유한 경우
3. 제25조에 따른 장부 기록의무를 고의로 위반한 경우
4. 「부가가치세법」 제5조 제1항에 따른 과세기간별로 「조세범 처벌법」 제10조 제1항부터 제3항까지에 따른 세금계산서 발급의무 등을 위반한 금액이 총주류매출금액(총주류매입금액이 총주류매출금액보다 큰 경우에는 총주류매입금액을 말한다)의 1천분의 10 이상 1천분의 100 미만인 경우

② 관할 세무서장은 주류 판매업면허를 받은 자가 다음 각 호의 어느 하나에 해당하는 경우에는 그 면허를 취소하여야 한다.

1. 부정한 방법으로 주류 판매업면허를 받은 경우
2. 제5조 제1항에 따른 면허 요건을 갖추지 못하게 된 경우. 다만, 시설기준에 미달된 경우에는 같은 조 제3항에 따른 보완 명령을 받고도 이를 이행하지 아니한 경우로 한정한다.
3. 제6조에 따른 면허등의 조건을 위반한 경우
4. 제8조 제1항 단서에 따른 허가를 받지 아니하거나 부정한 방법으로 허가를 받고 판매장을 이전한 경우
5. 「부가가치세법」 제5조 제1항에 따른 과세기간별로 「조세범 처벌법」 제10조 제1항부터

제3항까지에 따른 세금계산서 발급의무 등을 위반한 금액이 총주류매출금액(총주류매입금액이 총주류매출금액보다 큰 경우에는 총주류매입금액을 말한다)의 1천분의 100 이상인 경우

6. 「조세범 처벌법」 제10조 제4항에 따른 범칙행위를 한 경우
7. 2주조연도(酒造年度) 이상 계속하여 주류를 판매하지 아니한 경우
8. 주류를 가공하거나 조작한 경우
9. 주류 제조면허 없이 제조한 주류나 주세를 면제받은 주류를 판매 또는 보유한 경우
10. 주류 판매업면허를 타인에게 양도 또는 대여한 경우. 다만, 제9조에 따라 법인으로 전환한 경우에는 양도로 보지 아니한다.
11. 타인과 동업 경영을 한 경우

**◈ 벌과금 양정규정 제6조【무면허주류의 제조 및 판매】**

법 제6조에서 규정하는 범칙행위에 대한 벌금상당액은 다음 각 호에서 정하는 표준금액으로 양정한다.

1. 주류·밑술·술덧을 무면허 제조한 자 및 무면허로 제조된 주류를 도매행위를 한 자에 대해서는 별표 2의 표준금액. 다만, 주세상당액의 3배의 금액이 3천만원을 초과하는 경우에는 그 3배의 금액을 벌금 상당액으로 한다.
2. 주류제조면허자가 제조한 주류를 매입하여 주류도매면허 없이 도매행위를 한 자에 대해서는 별표 2의 표준금액의 100분의 50 상당액
3. 주류를 주류소매면허(의제판매면허 포함) 없이 소매행위를 한 자에 대해서는 별표 2의 표준금액의 100분의 30 상당액

## Ⅲ 슈퍼마켓의 부가가치세 신고서 작성사례

개인사업자인 동작슈퍼의 20×1. 제1기 부가가치세 확정신고서를 작성하면 다음과 같다.

### 1. 매출내역(공급대가)

| 구 분 | 신용카드 | 현금영수증 | 현 금 | 합 계 |
|---|---|---|---|---|
| 과세 분 | 220,000,000 | 11,000,000 | 5,500,000 | 236,500,000 |
| 면세 분 | 165,000,000 | 5,500,000 | 3,300,000 | 173,800,000 |

* 담배매출액 44,000,000원 과세분에 포함되어 있음.

## 2. 매입내역

### (1) 과세품목

| 품 목 | 공급가액 | 세 액 | 매입처 | 비 고 |
|---|---|---|---|---|
| 제과 외 | 50,000,000 | 5,000,000 | 롯데제과 | |
| 음료 외 | 50,000,000 | 5,000,000 | 롯데칠성 | |
| 기타공산품 | 30,000,000 | 3,000,000 | 도림상사 | |
| 담 배 | 40,000,000 | 4,000,000 | 케이티인터내셔날 | |

### (2) 면세품목

| 품 목 | 공급가액 | 세 액 | 매입처 | 비 고 |
|---|---|---|---|---|
| 흰우유 | 20,000,000 | 0 | 빙그레 신길 | 계산서 수취분 |
| 정육 | 50,000,000 | 0 | 대농축산 | |
| 기타 | 80,000,000 | 0 | – | |

### (3) 공통매입

– 부가가치세 신고서의 작성

| 품 목 | 공급가액 | 세 액 | 매입처 | 비 고 |
|---|---|---|---|---|
| 고정자산매입 | 10,000,000 | 1,000,000 | 삼성전자 | |
| 기장료 | 3,000,000 | 300,000 | 세무법인다솔티앤씨 | |
| 기 타 | 5,000,000 | 500,000 | – | |

① 과세표준 및 매출세액

| ❶ 신 고 내 용 | | | | | | |
|---|---|---|---|---|---|---|
| 구 분 | | | | 금 액 | 세율 | 세 액 |
| 과세표준및매출세액 | 과세 | 세금계산서교부분 | ① | | 10/100 | |
| | | 매입자발행세금계산서 | ② | | 10/100 | |
| | | 신용카드 · 현금영수증발행분 | ③ | 210,000,000 | 10/100 | 21,000,000 |
| | | 기타(정규영수증외매출분) | ④ | 5,000,000 | | 500,000 |
| | 영세율 | 세금계산서교부분 | ⑤ | | 0/100 | |
| | | 기타 | ⑥ | | 0/100 | |
| | 예정신고누락분 | | ⑦ | | | |
| | 대손세액가감 | | ⑧ | | | |
| | 합계 | | ⑨ | 215,000,000 | ㉮ | 21,500,000 |

- 신용카드 및 현금영수증 매출분과 현금매출을 구분하여 작성한다. 이 금액은 부가가치세가 포함된 공급대가이므로 1.1로 나눠 공급가액을 계산한다. 면세수입금액은 제외한다.

② **매입세액과 경감·공제세액**

| 구분 | 항목 | | 번호 | 금액 | | 세액 |
|---|---|---|---|---|---|---|
| 매입세액 | 세금계산서 수취분 | 일반매입 | ⑩ | 178,000,000 | | 17,800,000 |
| | | 고정자산매입 | ⑪ | 10,000,000 | | 1,000,000 |
| | 예정신고누락분 | | ⑫ | | | |
| | 매입자발행세금계산서 | | ⑬ | | | |
| | 기타공제매입세액 | | ⑭ | | | |
| | 합계(⑩+⑪+⑫+⑬+⑭) | | ⑮ | | | |
| | 공제받지못할매입세액 | | ⑯ | 8,062,886 | | 806,288 |
| | 차감계(⑮-⑯) | | ⑰ | | ㉯ | |
| 납부(환급)세액 (매출세액㉮-매입세액㉯) | | | | | ㉰ | 3,506,288 |
| 경감·공제세액 | 기타경감·공제세액 | | ⑱ | | | |
| | 신용카드매출전표등발행공제등 | | ⑲ | 231,000,000 | | 3,003,000 |
| | 합계 | | ⑳ | | ㉱ | 3,003,000 |

① 고정자산매입분은 부가율산정시 매입가액에서 제외하며, 건물 등 감가상각명세서를 작성한다.

② 신용카드매출전표발행공제는 과세매출액을 기재하며 공급대가의 1.3%를 연간 1,000만원 한도 내에서 납부세액을 한도로 공제하며 환급은 받을 수 없다.

③ 공제받지 못할 매입세액은 공통매입세액 중에서 면세수입금액에 해당되는 금액을 기재한다.

공통매입세액 중 면세관련 분 = (1,800,000×173,800,000/388,000,000)

③ **과세표준명세**

| ❹ 과세표준명세 | | | | | | | | |
|---|---|---|---|---|---|---|---|---|
| 업태 | 종목 | 업종코드 | | | | | | 금액 |
| ㉖소매 | 슈퍼 | 5 | 2 | 2 | 0 | 8 | 0 | 175,000,000 |
| ㉗소매 | 담배 | 5 | 2 | 1 | 1 | 0 | 0 | 40,000,000 |
| ㉘ | | | | | | | | |
| ㉙수입금액제외 | | | | | | | | |
| ㉚합계 | | | | | | | | 215,000,000 |

- 일반매출액과 담배매출액을 구분기재 한다. 고정자산 매각금액 등은 수입금액 제외란에 기재한다.

④ 면세수입금액

| | | 업 태 | 종 목 | 코드번호 | | | | | | 금 액 |
|---|---|---|---|---|---|---|---|---|---|---|
| 면세사업 수입금액 | ⑥⑦ | 소 매 | 슈퍼마켓 | 5 | 2 | 2 | 0 | 8 | 0 | 173,800,000 |
| | ⑥⑧ | | | | | | | | | |
| | ⑥⑨ | 수입금액제외 | | | | | | | | |
| | | | | ⑦⓪합 계 | | | | | | 173,800,000 |

| | | |
|---|---|---|
| 계산서 교부 및 수취명세 | ⑦①계산서 교부금액 | |
| | ⑦②계산서 수취금액 | 150,000,000 |

⑤ 신용카드매출전표 등 발행금액집계표

| 2. 신용카드매출전표 등 발행금액 현황 | | | |
|---|---|---|---|
| 구 분 | ⑤합 계 | ⑥신용 · 직불 · 기명식 선불카드 | ⑦현금영수증 |
| 합 계 | 401,500,000 | 385,000,000 | 16,500,000 |
| 과세 매출분 | 231,000,000 | 220,000,000 | 11,000,000 |
| 면세 매출분 | 170,500,000 | 165,000,000 | 5,500,000 |
| 봉 사 료 | | | |

- 과세매출금액과 면세매출금액을 구분하여 기재하며 과세매출분은 공급대가를 기재한다. 과세매출분 합계금액이 신용카드 등 발행공제 대상금액이 된다.

# 이동통신대리점

## Ⅰ 개 요

### 1. 이동통신대리점

이동통신대리점은 이동통신사업자(SKT, KTF, LGT)와 대리점 계약을 맺고 휴대폰 단말기를 구매하여 판매하고 이동통신사업자로부터 고객유치수수료와 고객관리수수료를 받고 영업을 하는 사업자를 말한다. 이동통신사업자 즉, "전기통신사업자"란 전기통신사업법에 따른 허가를 받거나 등록 또는 신고(신고가 면제된 경우를 포함한다)를 하고 전기통신역무를 제공하는 자를 말한다(전기통신사업법 2 8호).

### 2. 통신판매점

통신판매점은 이동통신대리점 또는 이동통신사업자와 위탁판매계약을 맺고 고객에게 휴대폰 단말기를 수탁판매하고 판매수수료를 받는 사업자를 말한다.

### 3. 영업형태

이동통신대리점은 이동통신사업자에 담보를 제공하고 대리점 계약을 체결하고 고객을 유치하여 휴대폰 단말기를 판매하고 신규가입수수료와 고객의 통화요금의 6%~11% 정도 약 3년에서 5년간에 걸쳐 고객관리수수료를 받게 된다. 다만, 가입자가 중도해지를 하면 지급이 중단된다. 이동통신대리점은 점포확보, 인테리어비용, 인건비와 초기의 단말기 물량확보자금 등 상당한 투자자금이 소요되며 이동통신사로부터 구입한 휴대폰 단말기의 미판매분의 재고가 반품이 안 되며 재고위험을 떠안게 된다. 따라서 제2의 판매업자인 통신판매점과 위탁판매계약을 체결하는 등 영업활동을 하게 된다.

| 이동통신대리점의 거래구조 |

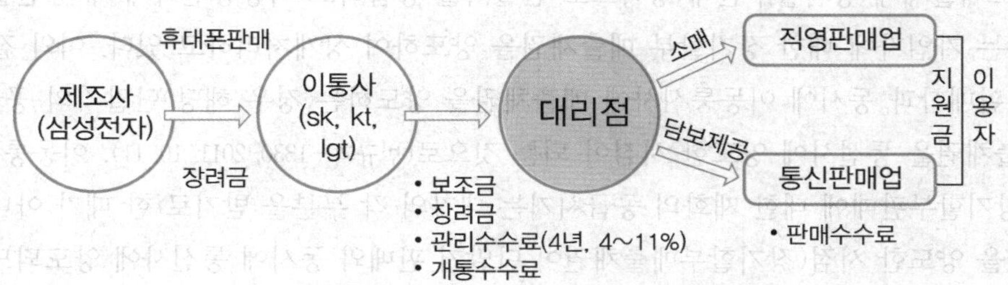


## 4. 의무약정제

의무약정제는 보조금을 지급받는 조건으로 해당 기간 동안 해당 이동통신사를 사용하도록 하는 제도로 2008년 4월 1일에 10년만에 다시 도입되었다. 이러한 의무약정제의 도입취지는 세계적인 추세로 이동통신사간의 과열 경쟁을 완화되고, 휴대폰 단말기 교체 주기를 늘리기 위해서 도입되었다.

# Ⅱ 이동통신대리점의 세무실무

## 1. 부가가치세 과세대상

이동통신대리점의 휴대폰 단말기 판매금액은 재화의 공급에 해당되어 부가가치세가 과세된다. 또한 신규고객의 유치수수료와 고객이 납부한 통화요금의 일정률을 고객관리수수료로 받게 되는데 이는 용역의 공급에 해당되어 부가가치세가 과세된다.

## 2. 단말기 판매대금에 대한 과세표준의 계산

### (1) 거래형태

이동통신대리점은 가입자가 의무약정기간 동안 사용하는 조건으로 단말기를 할인판매하고 할인판매액에 상당하는 금액을 이동통신사로부터 보조금을 받게 된다. 이동통신대리점은 이동통신사와 대리점 계약을 체결하고 이동통신사로부터 단말기를 구매하여 가입자를 유치하고 '가입자유치수수료' 및 '가입자관리수수료'를 지급받는다. 이동통신대리점의 주수입원은 가입자관리수수료이다. 이동통신대리점은 이동통신사로부터 단말기를 외상구입하며, 고객들에게 장기할부판매 형식으로 단말기를 공급하고 이동통신사에 대한 단말기 매입채무는 가입자에 대한 장기할부 매출채권을 양도하여 상계처리하고 있다. 이와 같이 장기할부판매함과 동시에 이동통신사에 매출채권을 양도하는 경우 해당 단말기의 공급시기는 매출채권을 통신사에 양도한 시점이 되는 것으로(법규과-1330, 2011. 10. 11), 이동통신대리점의 장기할부판매에 대한 재화의 공급시기는 대가의 각 부분을 받기로 한 때가 아니라 매출채권을 양도한 시점(장기할부매출채권이 단말기 판매와 동시에 통신사에 양도되므로 매출채권을 양도한 시점은 재화의 인도시점과 같다)이 되는 것이다.

### (2) 이동통신대리점의 과세표준 계산

**① 매출과세표준**

가입수수료 · 유치수수료 · 관리수수료(KT 등 이동통신사로부터 수령) + 판매수수료 (삼성전자 · 팬택 등 제조사로부터 판매인센티브) + 휴대폰 판매대금(고객)

**② 매입과세표준**

| 휴대폰 단말기 구입 + 임대료 등 일반관리비 |
|---|

이동통신대리점이 고객에게 단말기를 공급함에 있어 개정된 「전기통신사업법」 제36조의 4 규정에 의해 지원되는 구입비용(이하 "보조금"이라 한다)을 단말기 정상 판매금액에서 차감하여 공급하고, 이동통신사로부터 지급받는 동 보조금에 대하여는 이동통신사에게 세금계산서를 교부하지 아니하는 것이며, 대리점은 단말기를 공급받은 고객으로부터 지급받은 금액과 이동통신사로부터 지급받는 보조금을 더한 가액을 과세표준으로 하여 고객에게 세금계산서(영수증)를 교부하는 것이다.

다만, 이 경우 고객에게 「조세특례제한법」 제126조의 3 규정에 의한 현금영수증 발급시 기재하는 금액은 고객으로부터 "현금영수한 금액"이 되는 것이다(서면3팀-810, 2006. 5. 2).

**사례 이동통신사로부터 보조금을 지급받는 경우**

① 가입자는 소비자가가 100,000인 단말기를 구입하면서 이동통신사업자와의 가입약관에 의하여 이동통신사업자로부터 50,000의 보조금을 지급받게 됨.
② 보조금의 지급방법은 가입 당시에 보조금만큼 할인된 가액으로 대리점에서 단말기를 구입하고, 대리점이 이동통신사업자에게 청구하는 방식으로 함.

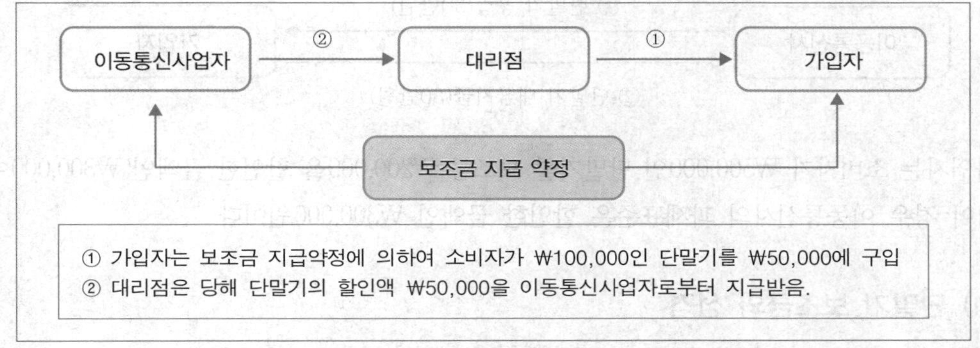
이동통신사업자
②
대리점
①
가입자
보조금 지급 약정
① 가입자는 보조금 지급약정에 의하여 소비자가 ₩100,000인 단말기를 ₩50,000에 구입
② 대리점은 당해 단말기의 할인액 ₩50,000을 이동통신사업자로부터 지급받음.

(1) 가입자에 대한 세금계산서 또는 현금영수증 발행금액

대리점은 ₩100,000인 단말기를 양도하면서 ₩50,000은 가입자에게 받고 나머지 ₩50,000은 이동통신사업자로부터 지급받으나, 그 거래의 실질을 보면 이동통신사업자가 가입자에게 ₩50,000의 보조금을 지급하고 여기에 ₩50,000을 가입자가 추가로 부담하여 ₩100,000인 단말기를 구입하는 것으로 볼 수 있다. 따라서, 단말기를 인도하는 시점에 공급가액을 ₩100,000으로 하여 가입자에게 세금계산서를 발급하여야 한다. 다만, 현금영수증 발급시 기재하는 금액은 고객으로부터 현금영수한 금액인 ₩50,000이 되는 것이다.

(2) 이동통신사업자에 대한 세금계산서 발급의무

단말기 공급의 양 당사자는 대리점과 가입자이고, 이동통신사업자는 가입자에게 지급하여야 할 보조금을 대리점에 지급하는 것일 뿐, 재화 또는 용역을 공급받는 자가 아니다. 따라서, ₩100,000 전액에 대하여 가입자에게 세금계산서를 교부하여야 하고, 이동통신사업자에게는 세금계산서를 교부할 의무가 없다.

### (3) 이동통신사업자가 직접 판매시의 과세표준

이동통신사업자가 단말기를 직접 가입자에게 공급하는 경우로서 가입약관에 의하여 가입자에게 지급하기로 한 보조금을 직접 단말기 판매대금에서 차감하는 경우, 당해 보조금은 재화의 공급당시의 통상의 공급가액에서 일정액을 직접 공제하는 금액, 즉 에누리에 해당하기 때문에 부가가치세 과세표준에서 제외한다. 다만, 유선통신서비스 사업자가 일정기간 서비스 이용약정(기간약정)을 조건으로 서비스에 가입한 고객에게 지급하는 사은품(상품권 등) 상당액은 「부가가치세법」 제29조 제5항 제1호의 재화나 용역을 공급할 때 공급조건에 따라 통상의 대가에서 일정액을 직접 깎아주는 금액에 해당하지 아니하는 것으로 부가가치세 과세표준에서 차감하지 아니하는 것이다(기획재정부 부가가치세제과-131, 2018. 2. 21).

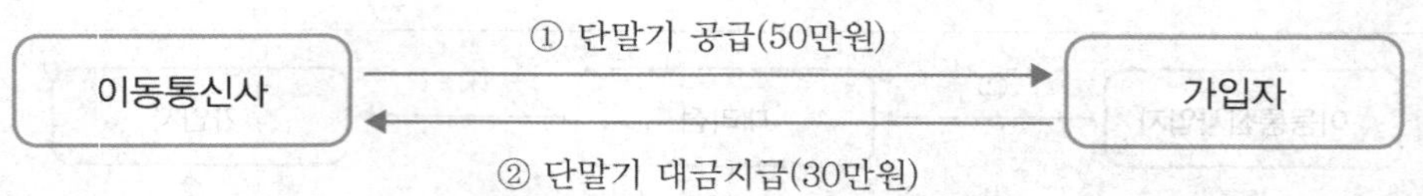


가입자는 소비자가 ₩500,000인 단말기를 보조금 ₩200,000을 할인한 금액인 ₩300,000에 구입이 경우 이동통신사의 과세표준은 할인한 금액인 ₩300,000원이다.

### (4) 단말기 보조금의 성격

#### 1) 단말기보조금의 지급구조[89)]

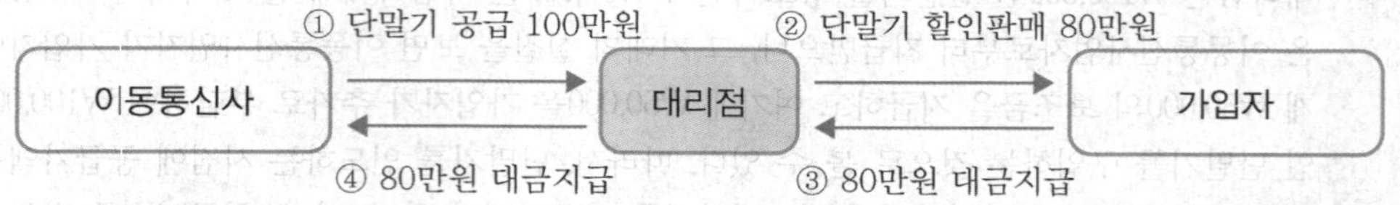


① 이동통신 사업자는 특정 요건을 충족하는 고객을 위해 휴대폰 단말기 구입 비용을 지원하는 전기통신사업법 또는 단통법 관련 규정에 따라 대리점에 휴대폰 단말기를 정상가격(100만원)으로 판매한다.

② 이동통신 서비스를 일정 기간 이상 이용하는 가입자에게는 단말기를 정상가격 100만원보다 낮은 80만원에 할인판매한다.

③ 가입자는 대리점에게 대금 80만원을 지급한다(또는 할부로 나누어 지급한다).

④ 이동통신사는 대리점으로부터 해당 단말기의 판대대금 중 할인금액 20만원을 공제한 80만원만을 회수하는 판매정책을 시행한다.

#### 2) 선결정례 및 판례

① 조세심판원의 입장

청구법인은 고객에게 지급한 단말기구입 보조금을「부가가치세법」 제13조 제2항 제1호 및 같은 법 시행령 제52조 제2항의 에누리액으로 보아야 한다고 주장하나, 고객은 거래의 편의를 위하여 청구법인으로부터 받을 보조금에 대한 권리(채권)를 단말기 대금의 일부로 대리점에게 양도하고, 대리점은 고객으로부터 양도받은 보조금채권을 청구법인에 대한 단말기 대금과 상계하는 방식을 취한 것일 뿐, 청구법인과 고객 간에 이루어진 '단말기구입 보조금 지급거래'와 청구법인과 대리점 간에 이루어진 '단말기 공급거래'는 거래당사자가 다른 별개의 거래이므로, 단말기구입 보조금은 단말기의 공급가액에서 직접 공제하는 금액

89) 임성종, '이동통신사 보조금의 부가가치세법상 과세 여부에 관한 사례연구', 세무와 회계연구, p.185

에 해당한다고 보기 어렵다(조심 2010중3043, 2011. 6. 22).

② 서울행정법원의 입장

(요약) 이동통신사가 대리점에 단말기를 통상의 가격으로 공급하되, 이동통신서비스에 일정 기간 이상 가입하는 고객에 대하여 대리점으로 하여금 일정금액을 할인하여 단말기를 판매하도록 하고, 대리점은 그 할인금액을 차감한 금액을 이동통신사에 지급하도록 한 경우, 그 할인금액에 해당하는 단말기 보조금은 매출에누리에 해당한다(서울행정법원 2011구합5612, 2012. 9. 13).

○ 법원의 판결내용

가. 인정사실

① 원고와 대리점은 이동통신 영업업무(가입 · 수납 · 사후서비스)와 고객관리업무에 대한 위 · 수탁계약을 체결하고, 원고는 대리점이 위탁업무를 수행한 데 대하여 해당 수수료(업무취급수수료 5.5%, 수납대행수수료 1.1%~2.2%, 이체모집수수료 건당 000원, DMB관리수수료 7.7%, 가입관리수수료 통화료 수납액의 7.15%)를 지급한다. 또한 원고가 대리점에 공급하는 단말기 공급가격은 원고가 고지한 출고가격을 기준으로 하여 원고와 대리점의 협의에 의해 결정하고, 시장여건에 따라 공급가격, 여신기일, 거래수량, 품질, 인도방법, 기타 거래조건의 변경이 필요한 경우에 상호 협의하여 정해진다. 대리점은 물품의 인수와 동시에 물품대금을 전액 현금으로 지급하여야 하나, 원고는 대리점의 원활한 위탁대리점 영업행위를 위하여 물품대금의 지급을 약정한 날(여신기일)까지 유예하여 줄 수 있다.

② 대리점이 소비자에게 단말기를 판매함에 있어서 소비자가 원고로부터 제시받은 일정조건(18개월 이상 가입 및 사용조건)을 충족하는 때, 대리점은 단말기를 보조금에 상당하는 금액만큼 할인하여 소비자에게 판매한다. 원고의 이용약관에 의한 '서비스이용신청서'에는 원고와 소비자간에 보조금 수수약정을 체결하고 원고가 단말기구입 보조금을 대리점을 통하여 소비자에게 지급하나, 소비자가 의무사용기간을 위반한 때 위약금은 약정금액 × {약정일수 – 사용일수)/약정일수}이고, 이는 원고가 소비자에게 직접 부과하도록 약정하고 있다.

③ 원고는 제조사로부터 단말기를 정상가격으로 납품받아 대리점에 정상가격으로 판매(외상매출금 계상)하고, 대리점은 원고로부터 공급받은 단말기의 대부분을 여신기일 내에 가입자들에게 판매하는바, 이러한 경우 대리점이 원고가 제시한 요건을 충족한 가입자에게 보조금을 차감한 할인된 가격에 단말기를 판매하면 대리점은 소비자로부터 지급

받은 금액, 즉 할인 판매한 금액을 여신기일에 원고에게 지급한다. 대리점은 여신기일까지 판매하지 못하는 일부 단말기에 대하여는 우선 여신기일에 원고에게 정상대금을 지급하고, 그 후 대리점이 가입자에게 할인된 가격에 단말기를 판매하면, 원고는 대리점으로부터 지급받았던 대금 중 할인금을 대리점에게 반환하여 대금을 정산한다.

④ 2006. 3. 24. 법률 제7916호로 개정된 전기통신사업법(이하 '구 전기통신사업법'이라고 한다) 제36조의 4에 의하면, 일정한 조건을 갖춘 이용자에게는 이동통신사업자가 통신단말장치의 구입비용을 지원(구입가격보다 낮게 판매하거나 현금지급, 가입비의 보조, 그 밖의 경제적 이익의 제공을 포함한다)하는 것이 가능하게 되었다.

⑤ 원고는 각 대리점에 약정기간별로 지원되는 보조금을 일정한 금액으로 정하고, 일부기종의 경우 추가로 보조금 ○○○원을 더 지급하며, 보조금 제공방식은 현금할인이라는 판매정책을 게시하였다. 원고의 KKKK 신청서에는 KKKK 기본형은 신규 및 보상기변 소비자를 대상으로 약정기간에 따라 단말기 및 요금할인 혜택을 주는 제도로서, 그 중 단말기 할인은 가입시 일괄 지급한다고 기재되어 있다. 원고의 서비스 이용약관에는 원고가 소비자들에게 보조금을 지급할 수 있다고 규정하고 있으며, 소비자는 원고에게 이용약관의 지원기준 및 내용에 따라 보조금 지원을 신청하였다.

⑥ 기획재정부장관 및 과세관청 등은 이동통신회사가 대리점에 공급한 단말기구입 보조금은 에누리에 해당되지 않는다고 회신하였다.

⑦ 한편, F통신은 대리점에, 매입한 이동전화단말기를 그 매입가격대로 공급한 후 1996년 11월부터 1997년 1월까지의 기간을 할인판매기간으로 정하여 F통신이 운영하는 이동전화서비스(○○○○○ 서비스)망에 가입하는 것을 조건으로 대리점에서 단말기를 소비자들에게 할인판매하면, 원래의 공급가격과 대리점 판매가격의 차액을 매출에누리로 계상하여 원래의 공급가격에서 감액한 수정세금계산서를 대리점에 발행하였다. F통신과 대리점 간의 이동전화제품 공급약정서 제11조는 F통신이 공급하는 상품에 대하여 특별공급조건이 필요한 경우에는 F통신과 대리점 간에 별도로 개별약정을 체결할 수 있다고 규정하고 있다. 또한 F통신은 단말기 할인판매의 조건 및 위약금 부과와 관련하여 F통신과 소비자를 당사자로 하는 약정서인 디지털 ○○○○○ 가입신청서를 작성하였다. 위 약정서 제1조는 "회사는 캠페인 판매기간 동안 가입자가 ○○○○○ 이동전화서비스를 가입 후 1년 이상 이용하고 제2조 소정의 이동전화단말기를 소정의 가격으로 구매하는 패키지 상품을 특별조건으로 정하고자 한다."라고 규정하고, 제2조는 "회사는 가입자에게 가입자의 선택에 따라 회사가 제공하는 3개 기종을 사전 통지하여 적절한 할인가격으로 공급한다."라고 규정하고 있으며, 제4조는 위

약금에 관한 내용을 규정하고 있고, F통신은 이에 따라 소비자가 위 조건을 위반하는 경우 위약금을 징수하였다. 대법원은 F통신 사건에서, F통신의 할인액은 F통신이 대리점에 단말기를 공급하면서 이를 이용하여 소비자를 ○○○○○ 서비스 망에 가입시키면 할인해 준다는 공급조건에 따라 이 사건 단말기의 공급 당시의 통상의 공급가액에서 일정액을 직접 공제한 금액으로서 과세표준에 포함되지 아니하는 에누리액에 해당된다고 판단하였다.

나. 판단

① 이 사건 보조금이 에누리액에 해당하는지 여부

부가가치세법 제13조 제2항은 "다음 각 호의 금액은 과세표준에 포함하지 아니한다."고 규정하면서 제1호로 '에누리액'을 들고 있고, 부가가치세법 시행령 제52조 제2항은 "법 제13조 제2항 제1호에 규정하는 에누리액은 재화 또는 용역의 공급에 있어서 그 품질·수량 및 인도·공급대가의 결제 기타 공급조건에 따라 그 재화 또는 용역의 공급 당시의 통상의 공급가액에서 일정액을 직접 공제한 금액으로 한다."고 규정하고 있는바, 위 규정 소정의 에누리액은 그 품질·수량 및 인도·공급대가의 결제 기타 공급조건에 따라 정하여지면 충분하고 그 발생시기가 재화 또는 용역의 공급시기 전에 한정되는 것은 아니라고 할 것이다(대법원 2003. 4. 25. 선고 2001두6586 등 판결 참조). 살피건대, 앞서 채택한 증거들 및 앞서 인정한 사실들에 비추어 보면 알 수 있는 다음과 같은 사정을 종합하면, 이 사건 보조금은 부가가치세법 제13조 제2항 제1호, 같은 법 시행령 제52조 제2항에 따라 과세표준에 포함되지 아니하는 에누리액에 해당한다고 봄이 타당하다. 따라서 이와 다른 전제에 선 이 사건 거부처분은 위법하다.

㈎ 원고는 대리점에 단말기를 공급하면서 일단 제조업체로부터 구매한 가격을 통상의 판매가격으로 지정하여 대리점에 공급하되, 원고가 사전에 고지한 판매정책에 따라 원고의 이동통신서비스에 일정 기간 이상의 가입을 약정하는 고객에 대해서는 대리점으로 하여금 단말기를 일정 금액 할인하여 판매하도록 하였고, 이러한 경우 대리점은 원고에게 해당 단말기 대금을 지급할 때 그 할인금액을 차감한 나머지 금액을 지급하도록 하였다. 이 사건 보조금은 원고가 대리점에 단말기를 공급하면서 일정한 조건에 따라 공급당시의 가액에서 일정액을 직접 공제한 것으로 부가가치세법 소정의 에누리액이라고 볼 것이다. 다만, 원고는 이 사건 보조금을 에누리액으로 회계처리하거나, 이 사건 보조금을 차감한 액수로 수정세금계산서 등을 다시 발행하지는 않았으나, 이는 과세관청이 이 사건 보조금을 에누리로 볼 수 없다는 견해를 밝혀 이에 따른 것에 불과하므로 위와 같은 사정만으로 이 사건 보조금

의 성격이 달라진다고 볼 수 없다.

(나) 피고들은 F통신 사건과 이 사건은 다르다고 주장하나, ① 원고는 대리점과 업무위탁계약 및 단말기 공급계약을 체결하여 대리점으로 하여금 원고의 이동통신서비스 가입자의 유치 및 신청접수, 서비스 개통, 대금의 수납 등 업무를 대행하게 하고 그 대가로 대리점에 각종의 수수료를 지급하며, 대리점은 단말기 공급계약에 따라 원고로부터 단말기를 공급받은 후 정해진 대금결제일에 단말기의 대금을 원고에게 지급하는 등 F통신 사건과 이 사건은 기본적인 법률관계가 유사한 점, ② 원고와 대리점 사이에 체결한 위탁대리점 계약서에 의하면, 원고가 대리점에 공급하는 단말기 등의 공급가격은 원고와 대리점의 협의에 의해 결정할 수 있도록 하고 있고, 원고는 대리점에게 일정한 조건을 충족하는 소비자들에 대하여 이 사건 보조금 액수만큼 단말기가격을 할인하여 판매하도록 하고 대리점으로부터 이 사건 보조금을 차감한 금액만을 지급받기로 하였는바, 원고와 대리점 사이에는 위탁대리점 계약에 따라 협의에 의하여 일정한 소비자들에게 단말기 가격을 현금할인하는 방식으로 이 사건 보조금을 지급하기로 하였고, 이는 F통신 사건과 마찬가지로 단말기가격을 할인판매하기로 하는 약정이 있었다고 볼 수 있는 점, ③ 원고뿐 아니라 F통신 역시 단말기 할인판매의 조건 및 위약금 부과와 관련하여 F통신과 소비자를 당사자로 하는 약정서를 작성하였고, 소비자가 할인판매의 조건을 지키지 못할 경우 대리점이 아닌 F통신이 소비자에게 직접 위약금을 징수하였는바, 할인판매 및 위약금 약정의 주체는 이 사건과 F통신 사건이 동일하다고 볼 수 있고, 위약금액수 산정의 기준은 위와 같은 법률관계에 어떠한 영향을 미치지 못하는 점, ④ F통신의 단말기 할인판매는 일부기종을 대상으로 한 일시적인 행사였으나, 이는 단말기 거래구조 내지 단말기 할인금액이 부가가치세법상 에누리액에 해당되는지 여부와 직접적인 관련성이 있다고 볼 수 없고, 단말기 구입비용을 지원하게 된 동기 또는 지원의 범위가 다른 것에 불과할 뿐인 점 등을 종합하면, 이 사건과 F통신 사건은 거래형태, 약정내용 등의 점에서 별다른 차이를 발견할 수 없다.

(다) 한편 피고들은 이 사건 보조금 지원을 통한 단말기 할인 판매를 에누리로 보지 않고, 소비자가 원고에 대한 보조금 청구채권을 취득한 후 이를 대리점에게 양도하고, 대리점은 양도받은 보조금 청구채권을 자동채권으로 하여 원고의 대리점에 대한 단말기 대금 채권과 상계한 것으로 보아야 한다고 주장하나, 이 사건의 경우 원고, 대리점 및 소비자 사이에 채권 양수도계약의 체결, 채권양도의 통지, 상계의사표시 등이 존재하지 않을 뿐 아니라 위 주장은 지나치게 의제적이어서 선뜻 납득하기 어렵다.

② 이 사건 거부처분이 정당한지 여부{피고들의 나)항 주장 관련

살피건대, 이 사건 보조금을 에누리액으로 볼 경우 대리점의 단말기 공급 거래의 부가가치세 과세표준은 소비자로부터 실제로 지급받은 할인된 금액이 되고, 그 경우 대리점 입장에서는 부가가치세 환급액과 함께 부가가치세 납부액 또한 줄어들게 되므로 대규모 체납이나 민원이 발생할 우려가 있다고 보기 어렵다. 또한 이 사건 보조금을 에누리액으로 본다 하여 피고들 주장과 같이 특정 이동통신회사를 우대한다거나, 그로 인하여 공평과세를 저해하고 정부정책에 반하는 결과를 초래한다고 볼 아무런 근거가 없다.

③ **고등법원의 입장**

(요약) 단말기 보조금은 신세기통신과 달리 원고와 대리점간 단말기 공급거래와 관련이 없고, 원고와 대리점간 단말기 할인판매 약정이 없으며, 수정세금계산서를 발급한 바 없고, 또한, 원고가 대리점으로부터 단말기공급가액 전액을 회수하였으므로 신세기통신 단말기 공급거래와는 그 실질에 있어 큰 차이가 있어 부가가치세 과세표준에서 공제되는 에누리로 볼 수 없음(서울고등법원 2012누31030, 2013. 9. 4).

1. 처분의 경위

이 법원이 이 부분에 관하여 설시할 판결 이유는 제1심 판결 이유의 해당 부분 기재와 같으므로 행정소송법 제8조 제2항, 민사소송법 제420조 본문에 따라 이를 그대로 인용한다.

2. 처분의 적법 여부

가. 당사자들의 주장 요지

(1) 원고

㈎ 전기통신사업자가 일정 요건을 갖춘 이용자에게 단말기 구입비용을 지원할 수 있도록 구 전기통신사업법(2006. 3. 24 법률 제7916호로 개정된 것, 이하 같다) 관련 규정이 개정되어 2006. 3. 27부터 시행되기에 이르자, 원고는 그 무렵 자신이 정한 단말기 구입을 위한 보조금 지원 요건(이하 보조금 지원 요건이라 한다)을 갖춘 가입자에게 단말기를 보조금 액수만큼 할인 판매하는 판매정책을 시행하기로 정하고 그 판매정책에 맞추어 대리점과 사이에 보조금 지원 요건을 갖춘 가입자에게는 단말기를 보조금 액수만큼 할인 판매하기로 약정하는 한편 대리점의 영업장에도 그러한 내용의 판매정책을 게시하도록 하였다.

㈏ 원고는 위 판매정책에 따라 대리점에 단말기를 정상가격으로 공급한 다음, 대리점으로 하여금 보조금 지원 요건을 갖춘 가입자에게 단말기를 보조금 액수

만큼 할인 판매하도록 한 후, 대리점으로부터 단말기의 정상가격에서 보조금 액수를 공제한 나머지 대금만을 지급받았으므로, 이 사건 보조금은 부가가치세법 제13조 제2항 및 같은 법 시행령 제52조 제2항 소정의 '에누리액'에 해당하여 부가가치세의 과세표준에 포함되지 않는다.

㈐ 따라서 이와 다른 전제에선 이 사건 거부처분은 위법하다.

(2) 피고들

㈎ 원고와 대리점 사이에 보조금 지원 요건을 갖춘 가입자에게는 원고가 공급한 단말기를 정상가격에서 보조금 액수만큼 할인 판매하고, 원고도 대리점에 대한 단말기 공급가액에서 보조금 상당액을 할인해 주기로 약정한 사실이 없다.

㈏ 이 사건 보조금은, 원고가 이동전화 서비스 가입자를 유치할 목적으로 가입자에게 그 서비스 이용에 필요한 단말기의 구입 비용을 지원하기 위해 직접 지급한 것으로서, 원고와 가입자 사이의 이동전화 서비스 공급거래와 관련이 있을 뿐 원고와 대리점 사이의 단말기 공급거래와는 관련이 없어 원고와 대리점 사이의 단말기 공급가액에서 공제될 수 없으므로 부가가치세법 소정의 에누리액에 해당하지 않아 부가가치세의 과세표준에 포함된다.

㈐ 따라서 이와 같은 전제에선 이 사건 거부처분은 적법하다.

나. 관계 법령

별지 관계 법령 기재와 같다.

다. 인정사실

(1) 원고는 대리점과 사이에 원고가 대리점에게 이동통신 영업업무 등을 위탁하되, 대리점이 위탁업무를 수행하면 소정의 수수료를 지급하기로 하는 내용의 위탁대리점계약을 체결하였는데, 그 위탁대리점계약서 중 일부 내용은 다음과 같다.

> **제3장 대리점 수수료**
>
> 제11조(수수료 및 장려금)
>
> ① AAA는 대리점에게 다음 각 호의 수수료를 별도의 약정서에서 정한 바에 따라 지급할 수 있으며, 별도의 약정서는 본 계약의 계약기간과 관계없이 당사자간의 합의로 변경할 수 있다.
>
> 1. 가입약정 수수료
> 2. 가입자관리 수수료
> 3. 업무위탁 수수료, 자동이체모집 수수료, 수납대행 수수료

4. 기타 수수료

② AAA는 AAA의 판매정책에 따라 제1항의 수수료 이외에 별도의 수수료를 대리점에게 지급할 수 있으며, 이 경우 지급 여부, 기준, 시기, 방법 등 세부사항은 AAA가 정하여 대리점에게 통지한다.

③ AAA는 해당 영업정책 기타 별도의 약정에 의하여 대리점의 위탁업무 수행실적에 대한 판매촉진물 또는 영업장려금 등을 지원할 수 있다.

**제12조(지급방법 및 반환)**

① AAA는 대리점에게 지급하여야 할 수수료 및 장려금 등의 채무에 대하여 AAA가 대리점에 대하여 가지고 있는 모든 채권으로 상계할 수 있다.

**제5장 물품 공급 등**

**제21조(공급가격 등)**

① 일반적으로 AAA가 대리점에 공급하는 물품의 공급가격은 AAA가 정하여 고지한 출고가격을 기준으로 하여 AAA와 대리점의 협의에 의해 결정한다.

② 시장여건에 따라 공급가격, 여신기일, 거래수량, 품질, 인도방법, 기타 거래조건의 변경이 필요한 경우에는 AAA와 대리점이 상호 협의하여 개별 약정으로 정한다.

**제23조(대금결제 및 여신기일)**

① 대리점은 물품의 인수와 동시에 물품대금 전액 현금으로 변제하여 한다. 단 AAA는 대리점의 원활한 위탁대리점 영업행위를 지원하기 위하여 물품대금의 지급을 일정한 날(이하 여신기일이라고 함)까지로 유예하여 줄 수 있으며 이 경우 대리점은 여신기일 내에 물품대금을 전액 현금으로 결제하여야 한다.

② 대리점이 매월 1일에서 말일 사이에 AAA로부터 매입한 물품대금은 해당월의 말일을 여신기일 산정의 기산일로 한다.

(2) 구 전기통신사업법 제36조의 4는 전기통신사업자가 자신이 제공하는 기간통신역무의 이용자에게 그 이용에 필요한 단말기 구입비용을 지원하는 것을 원칙적으로 금지하고 일정한 요건을 갖춘 이용자에게는 예외적으로 단말기 구입비용 지원을 허용하되, 전기통신사업자로 하여금 그 지원 기준 등을 이용약관에 명시하도록 하고 아울러 자신은 물론 대리점의 영업장에도 게시하도록 함으로써 이용자가 단말기 구입비용 지원 기준을 알 수 있도록 하고 있다.

(3) 이에 따라 원고는 자신이 제공하는 이동전화서비스 가입자에 대한 단말기 구입비용 지원에 관한 기준 등을 정하여 이동전화서비스(W-CDMA 서비스) 이용약관에 명시하고 있는데 그에 관한 주요 내용은 다음과 같다.

제10장 의무약정 보조금 등

제34조(의무약정 보조금 설정)

① 회사는 이용자의 신규가입이나 기기변경 시 단말기 구입비용을 지원(이하 보조금이라고 함)하는 조건으로 일정 기간의 의무사용기간을 설정할 수 있습니다.

제35조(의무약정 보조금 지급)

① 회사가 제1항에 의해 보조금을 지급할 경우 회사와 위탁계약을 체결한 영업장에서 판매하는 개통이력이 없는 신단말기에 한해 보조금을 지급합니다.

② 회사는 의무사용기간의 설정, 보조금액, 단말기 가격, 보조금 반환금액(이하 위약금이라고 함) 산정방식 등에 관한 사항은 고객과 회사간 개별 약정에 따릅니다.

③ 회사는 영업정책상 필요에 따라 보조금액을 변경할 수 있습니다.

제37조(위약금 납부의무)

① 의무사용기간을 조건으로 보조금을 지급받은 고객은 의무사용기간 종료 전에 계약을 해지(요금미납, 단말기 파손 등으로 해지하는 경우 포함)할 경우 회사가 별도로 정하는 위약금을 납부하여야 합니다.

② 제1항에 따른 위약금은 아래 각 호에 따릅니다.

2. 위약금액 산정방식은 일할 계산되며, 아래와 같습니다.

3. 〈위약금액 = 약정금액×{약정잔여기간/약정기간(일)}〉

제39조(고객의 의무약정 관련 확인사항)

① 보조금을 지원받은 고객은 제35조 제3항에 따른 의무사용기간과 보조금액을 충분히 확인하고 이동전화계약서상 해당란에 서명하여야 합니다.

② 회사는 고객에게 의무사용기간, 약정금액, 위약금 산정방식 등 관련 내용을 계약서에 명시하고 구두설명, 전화상담, 인터넷 홈페이지, 유통망 비치 등의 방법으로 제공합니다.

라. 판 단

(1) 부가가치세법 제13조 제2항은 '다음 각 호의 금액은 부가가치세의 과세표준에 포함되지 아니한다'고 규정하면서 제1호로 '에누리액'을 들고 있고, 부가가치세법 시행령 제52조 제2항은 '법 제13조 제2항 제1호에 규정하는 에누리액은 재화 또는 용역의 공급에 있어서 그 품질・수량 및 인도・공급대가의 결제 기타 공급조건에 따라 그 재화 또는 용역의 공급 당시의 통상의 공급가액에서 일정액을 직접 공제하는 금액으로 한다.'고 규정하고 있는바, 이 사건 보조금이 원고 주장과 같이 부가가치세법 및 같은 법 시행령 소정의 '에누리액'에 해당하려면 ① 단말기 공급거래와 관련이 있고, ② 그 품질・수량 및 인도・공급대가의 결제 기타 공급조건에

따라 정하여지며, ③ 단말기 공급가액에서 직접 공제되는 금액이어야 할 것이다.

(2) 이러한 법리에 비추어 살피건대, 앞서 인정한 사실과 을 제7 내지 15호증(가지번호 포함)의 각 기재에 변론 전체의 취지를 보태어 알 수 있는 다음과 같은 사정들을 종합하면, 이 사건 보조금은 원고가 대리점에 단말기를 공급하면서 일정한 조건에 따라 공급 당시의 가액에서 직접 공제되는 금액으로 볼 수 없어 부가가치세법 소정의 에누리액에 해당하지 아니하므로 부가가치세의 과세표준에 포함된다고 할 것이다. 따라서 이와 같은 전제에 선 이 사건 거부처분은 적법하다.

(가) 아래에서 들고 있는 사정들에 비추어 볼 때, 원고와 대리점 사이에 가입자가 보조금 지원 요건을 갖춘 경우 단말기를 보조금 액수만큼 할인 판매하기로 하는 약정이 있었다고 보기 어렵다.

① 기록을 살펴보아도 원고와 대리점 사이에 원고 주장과 같은 단말기 할인 판매에 관한 약정이 있었다는 점을 인정할 만한 뚜렷한 증거가 없고, 원고와 대리점 사이의 위탁대리점계약서에도 '원고가 대리점에 공급하는 물품의 공급가격은 원고가 정하여 고지한 출고가격을 기준으로 하여 원고와 대리점의 협의에 결정하고, 시장여건에 따라 공급가격, 여신기일, 거래수량, 품질, 인도방법, 기타 거래조건의 변경이 필요한 경우에는 원고와 대리점이 상호 협의하여 개별 약정으로 정한다.'라고 정하고 있을 뿐이다.

② 원고는 그 주장과 같은 할인판매 약정에 대한 주요 증거로 원고가 대리점의 영업장에 게시한 '이동전화서비스 이용약관 보조금 지급'에 관한 안내문을 들고 있는 것으로 보인다. 그러나 이는, 원고가 자신과 같은 이동전화사업자의 가입자에 대한 단말기 보조금 지원을 허용하되 그 지원 기준을 이용자가 알 수 있도록 대리점의 영업장에 게시하도록 한 구 전기통신사업법 제36조의 4 제3항 소정의 의무 이행으로써 위와 같이 대리점의 영업장에 위 보조금 지급에 관한 안내문을 게시한 것으로 보이므로, 원고가 위와 같이 대리점의 영업장에 단말기 보조금 지원에 관한 안내문을 게시하였다는 사정만으로 원고와 대리점 사이에 단말기 할인판매에 관한 약정이 있었다고 단정하기 어렵다.

(나) 통상 이동전화사업의 경우 원고, 대리점, 가입자 등 3자 간에는 이동전화 서비스 공급거래와 단말기 공급거래가 별개로 구분되어 존재하는데, 아래와 같은 구 전기통신사업법 관련 규정과 원고의 이동전화 서비스 이용약관의 각 문언 및 내용 등에 비추어 보면 이 사건 보조금은 원고가 자신이 제공한 이동전화 서비스 가입자에게 단말기 구입비용을 지원하기 위해 지급하는 것으로서 원고와 가입자 사이의 이동전화 서비스 공급거래와 관련되어 있음이 분명하다.

① 구 전기통신사업법 제36조의 4는 전기통신사업자가 자신이 제공하는 기간통신역무의 이용에 필요한 단말기 구입비용을 지원하는 것을 원칙적으로 금지하되, 일정한 요건을 갖춘 이용자에게는 예외적으로 그 지원을 허용하면서 그 지원 기준을 관계 장관에게 신고하고 이를 이용약관에 명시하도록 하는 한편 그 지원 기준을 이용자가 알 수 있도록 자신 및 대리점의 영업장에 게시하도록 규정하고 있다.

② 원고의 이동전화 서비스 이용약관 제34조는 회사가 이용자의 신규가입이나 기기변경 시 단말기 구입을 위한 보조금을 지원하는 조건으로 일정 기간의 의무사용기간을 설정할 수 있도록 하되, 의무사용기간의 설정, 보조금액, 단말기 가격, 보조금 반환금액 산정방식 등 구체적인 사항에 관하여는 고객과 회사 간의 개별 약정에 의하도록 정하고 있다.

(다) 원고와 대리점은 원고가 대리점에 공급한 단말기의 공급가액에서 이 사건 보조금을 직접 공제하는 방식으로 단말기 대금을 정산한 것이 아니라 가입자가 원고에 대하여 이용약관에서 정한 약정보조금채권을 가지고 있을 전제로 대리점이 가입자로부터 승계받은 위 채권과 원고의 대리점에 대한 단말기 대금채권을 상계하는 방식으로 단말기 대금을 정산하고 있는 것으로 보인다.

① 결산집계표는 원고와 대리점 사이의 위탁대리점계약에서 발생하는 채권·채무를 관리·정산하기 위해 마련된 전산시스템으로서 원고와 대리점 사이의 각종 채권·채무 내역을 일정 기준에 따라 일목요연하게 분류하고 있고, 위 결산집계표의 '채권승계내역'에 '쇼킹기본형 채권', '쇼킹결합형 채권', '쇼킹골드형+채권'항목이 들어 있는데, 위 채권들은 모두 원고가 이동전화 서비스 이용약관에 따라 가입자에게 지원하는 약정보조금과 관련된 것으로 대리점이 단말기를 구입한 가입자로부터 승계받은 원고에 대한 채권으로 분류되어 있는바, 이에 미루어 보면 대리점은 보조금 지원 요건을 갖춘 가입자에게 단말기를 공급 당시의 공급가격으로 판매하되, 그 판매대금 중 일부에 대하여 가입자로부터 가입자의 원고에 대한 약정보조금채권을 승계받는 방식으로 그 지급에 갈음하고 있는 것으로 보이고, 실제로 일부 대리점주들도 가입자로부터 위와 같은 방식으로 단말기 판매대금을 지급받고 있는 사실을 시인하고 있는 점에 비추어 보면, 원고는 대리점으로부터 단말기 공급 당시의 공급가액에서 보조금 액수를 공제한 잔액이 아니라 공급 당시의 공급가액 전액을 회수하고 있다고 봄이 상당하다.

② 부가가치세법 및 부가가치세법 시행령의 관련 규정에 따르면 재화 또는 용

역을 공급한 사업자가 세금계산서를 발급한 후 계약의 해지 등에 따라 공급가액에 추가 또는 차감되는 금액이 발생한 경우 수정세금계산서를 발급할 수 있도록 규정하고 있는데, 가령 원고와 대리점 사이에 원고 주장과 같은 단말기 할인판매 약정이 있고 그 약정에 따라 대리점이 원고로부터 단말기를 공급받은 후 보조금 지원 요건을 갖춘 가입자에게 단말기를 그 보조금 액수만큼 할인 판매하였다면, 이는 원고의 세금계산서 발급 후 단말기의 공급가액에서 차감되는 금액이 발생한 경우에 해당하므로, 원고는 그 거래의 실질에 맞게 공급 당시의 공급가액에서 차감되는 금액이 반영된 수정세금계산서를 발급할 수 있었음에도 2006. 3.말경 이래 현재까지 단말기 공급과 관련하여 수정세금계산서를 전혀 발급하지 않았다.

㈑ 부가가치세는 모든 거래 단계마다 과세하는 다단계 거래세로서 당사자가 선택한 법률관계를 기초로 하는데, 위 ㈐항에서 살펴본 바와 같이 원고와 대리점은 그들 사이의 단말기 대금을 공급 당시의 공급가액에서 보조금 액수를 직접 공제하는 방식이 아니라 대리점이 단말기를 구입한 가입자로부터 승계받은 원고에 대한 보조금채권으로 상계하는 방식으로 정산하는 법률관계를 선택하였고, 원고는 보조금 지원을 시작한 이래로 현재에 이르기까지 위 법률관계를 기초로 하여 이 사건 보조금을 판매장려금으로 인식하고 그에 맞추어 회계처리를 한 후 회계법인의 감사를 거쳐 법인세를 신고납부하였는바, 원고의 위 회계처리 및 세무신고는 원고와 대리점 사이의 단말기 공급과 관련한 거래의 실질을 잘 반영하고 있을 뿐만 아니라, 이동통신회사가 지급하는 단말기 보조금을 이동통신회사가 가입자 유치를 위하여 지출하는 판매촉진비와 유사한 당기 비용으로 인식하여 회계처리를 하도록 하는 현행 기업회계기준에도 부합한다.

㈒ 원고는 이 사건의 단말기 공급거래와 대법원이 이동통신사업자가 소비자에게 지급한 단말기 보조금을 부가가치세법상 에누리액에 해당한다고 판시한 사건(2003. 4. 25 선고, 2001두67586, 이하 '신세기통신 사건'이라고 한다)의 단말기 공급거래는 서로 동일하다고 주장하나, ① 신세기통신 사건의 경우 이동전화사업자로서 자신이 추진하던 CDMA 방식의 이동전화 서비스를 조기에 정착시키기 위하여 1996. 1. 15.경 당시 정보통신부장관으로부터 1996. 12. 31.을 기한으로 하여 CDMA 이동전화 단말기 판매업의 겸업을 한시적으로 승인받은 신세기통신이 그 승인기간 만료일이 임박하자 재고로 남은 구형 단말기를 시급히 소진하기 위해 1996. 11.경부터 1997. 1.경까지 두 달 남짓 동안 집중적으로 재고 단말기를 자신이 제공하는 017 서비스망에 가입하는 조건으로 할인 판매하였던 것인

바, 위와 같이 신세기통신이 제공하는 017 서비스망 가입이라는 조건이 결부되어 있기는 하지만 신세기통신은 재고 단말기 자체를 시급히 소진하기 위한 목적에서 할인 판매를 하였던 것이므로 그 보조금(또는 할인금)이 원고와 대리점 또는 가입자 사이의 단말기 공급거래와 관련이 있다고 볼 만한 특별한 사정이 있었던 반면, 이 사건의 경우 구 전기통신사업법 관련 규정의 개정으로 이동전화사업자가 그 가입자에게 단말기 구입을 위한 보조금을 직접 지원할 수 있게 되자, 원고는 자신이 제공하는 이동전화 서비스 가입자를 유치하기 위해 가입자에게 단말기 구입을 위한 보조금을 지급하게 된 것이므로 이 사건 보조금은 원고와 가입자 사이의 이동전화 서비스 공급거래와 관련이 있다고 보일 뿐 원고와 대리점 사이의 단말기 공급거래와 관련이 있다고는 볼 수 없는 점, ② 신세기통신 사건의 경우 신세기통신과 대리점 사이에 보조금 지원 요건을 갖춘 가입자에게 단말기를 할인 판매하기로 하는 약정이 분명하게 있었던 반면, 이 사건의 경우 앞서 살펴본 바와 같이 원고와 대리점 사이에 원고 주장과 같은 단말기 할인 판매에 관한 약정이 있었다고 보기 어려운 점, ③ 신세기통신 사건의 경우 대리점이 신세기통신으로부터 공급받은 단말기를 가입자에게 할인 판매한 후, 원고는 대리점에게 공급 당시의 공급가액에서 할인금액을 직접 공제하는 취지로 수정세금계산서를 발급하였던 반면, 이 사건의 경우 대리점이 보조금 지원 요건을 갖춘 가입자에게 단말기를 판매한 후, 원고는 대리점에게 공급 당시의 공급가액에서 보조금 액수를 차감하는 취지의 수정세금계산서를 발급하지 않았고 오히려 앞서 본 바와 같이 대리점으로부터 공급 당시의 공급가액 전액을 회수한 점 등에 비추어 볼 때, 원고와 대리점 사이의 단말기 공급거래는 신세기통신과 대리점 사이의 단말기 공급거래와 그 실질에 있어 큰 차이가 있어 서로 동일하다고 보기 어렵다.

3. 결론

그렇다면 원고의 이 사건 청구는 모두 이유 없어 이를 기각할 것인바, 제1심 판결은 이와 결론을 달리하여 부당하므로 피고들의 항소를 받아들여 주문과 같이 판결한다.

④ **대법원의 판단**(대법원 2015. 12. 23 선고, 2013두19615 판결)

재화나 용역의 공급과 관련하여 그 품질·수량이나 인도·공급대가의 결제 등의 공급조건이 원인이 되어 통상의 공급가액에서 직접 공제·차감되는 에누리액은, 그 발생시기가 재화나 용역의 공급시기 전으로 한정되지 아니하고 그 공제·차감의 방법에도 특별한 제한이 없다. 따라서 공급자가 재화나 용역의 공급 시 통상의 공급가액에서 일정액을 공제·차감한 나머지 가액만을 받는 방법뿐만 아니라, 공급가액을 전부 받은 후 그 중 일정액을 반환하거나 또는 이와 유사한 방법에 의하여 발생할 수 있다.

원고는 보조금 지원 요건을 갖춘 가입자에게 보조금을 지원하되 그 보조금의 용도를 단말기의 대가를 결제하는 것으로 제한함으로써 실질적으로 가입자에게 대리점으로부터 보조금 상당액을 할인받을 수 있는 권리를 부여하였고, 가입자도 보조금 상당액을 감액한 나머지 가액을 대리점에 지급하고 단말기를 공급받았으며, 대리점 역시 그 보조금 상당액만큼 감액된 대금을 원고에게 지급하여 원고에 대한 단말기 매입 대금을 모두 결제하였으므로, 원고와 대리점 사이에 대리점이 보조금 지원 요건을 갖춘 가입자에게 보조금 상당액만큼 할인 판매하는 것을 조건으로 하여 단말기의 공급가액에서 보조금 상당액을 감액하여 결제하기로 하는 약정이 있었다고 볼 수 있고, 결국 그 보조금 상당액은 원고의 대리점에 대한 단말기 공급가액에서 직접 공제되는 가액에 해당한다고 볼 수 있다.

그리고 이 사건 보조금이 이동통신용역의 공급거래에서 수익을 얻기 위한 목적에서 지원되었더라도, 이동통신용역을 일정한 기간 동안 공급받을 것을 조건으로 하여 단말기의 공급가액에서 직접 공제된 이상, 특별한 사정이 없는 한 단말기의 공급과 관련된 에누리액에 해당한다고 할 것이다.

또한 이 사건 보조금이 공제된 금액에 의한 단말기 대금의 결제는 원고의 대리점에 대한 단말기 공급 시부터 예정되어 있었던 사정에 비추어 보면, 비록 원고가 이 사건 보조금을 판매장려금 등으로 계상하고 단말기의 공급가액의 감소에 따른 수정세금계산서를 발급하지 않았으며 마치 대리점이 가입자로부터 보조금채권을 승계취득 하여 원고의 대리점에 대한 단말기 대금채권과 상계하는 형식으로 정산을 하였더라도, 이러한 회계 및 세무처리는 이 사건 보조금을 에누리로 보지 않던 당시 과세행정을 고려한 부득이한 조치로 볼 수 있으며, 그로 인하여 이 사건 보조금의 성격이 달라진다고 하기도 어렵다.

**참 고** 단말기유통구조와 보조금의 지급관계

1. KT · SKT의 유통구조 비교

(1) KT의 경우(대법원 2015. 12. 23 선고, 2013두19615 판결)

KT와 대리점 사이에 보조금 상당액만큼 할인 판매하는 조건으로 단말기 공급가액에서 보조금 상당액을 감액해 결제하는 약정이 있었다고 볼 수 있으므로 보조금은 KT의 단말기 공급가액에서 직접 공제되는 매출에누리에 해당한다.

KT의 경우 단말기를 고객에게 직접 판매하는 구조로 개방형과 폐쇄형은 혼합된 형태이다.

(2) SKT의 경우(서울행정법원 2016. 1. 28 선고, 2014구합64759)

보조금은 SK텔레콤이 서비스 이용자들에게 이동통신 서비스를 공급함에 있어 일정한 조건에 따라 '공급 당시의 가액에서 직접 공제되는 금액'으로 볼 수 없으며 부가가치세법 소정의 에누리액에 해당되지 않아 부가가치세의 과세표준에서 공제될 수 없다.

SK텔레콤이 단말기를 직접 고객에게 판매하지 않고, SK네트워크가 제조업체로부터 단말기를 구입해 판매하는 구조를 갖고 있어 단말기를 직접 판매하지 않기 때문에 단말기 가격을 깎는 행위는 '에누리'에 해당되지 않는다.

2. 개방형 유통구조와 폐쇄형 유통구조[90)]

(1) 개방형 유통구조

이동통신사업자가 단말기 유통에 개입하지 않고 소비자는 대리점과 단말기 공급계약을 체결하고 이동통신사업자와 이동통신 용역계약 및 일정기간 의무사용을 조건으로 하는 단말기 약정보조금 지급약정을 체결한다. 이때 가입자는 이동통신사업자에 대한 보조금 채권을 단말기 대금의 일부를 대리점에 양도하고, 이동통신사업자는 대리점에 직접 보조금을 지급한다.

(2) 폐쇄형 유통구조

이동통신사업자는 대리점에 단말기를 공급함으로써 단말기 유통에 관여하기는 하나, 개방형 유통구조와 마찬가지로 대리점이 소비자와 단말기 공급계약을 체결하고, 이동통신사업자는 소비자와 이동통신 용역계약 및 일정기간 의무사용을 조건으로 하는 단말기 약정보조금 지급약정을 체결한다. 이동통신사업자는 대리점에 단말기의 판매를 위탁하는 것이 아니라 대리점과 소유권유보부매매를 체결하고, 대리점은 자신의 명의와 계산으로 소비자에게 직접 단말기를 판매한다.

90) 박설아, "2015 조세법 판례의 동향과 재조명", 한국세법학회, 2016. 2. 19, pp.123~124.

**실무적용 Tips**

**이동통신대리점의 부가가치세 과세표준**

이동통신대리점의 부가가치세 신고시 다음과 같이 과세표준을 검증할 필요가 있다. 과세관청으로부터 과소신고 혐의가 있을시 소명요구를 받을 수 있다.

**1. 할부채권 매각액 및 약정보조금 수령액의 부가가치세 과세표준**

| 기타매출신고<br>(①) | 할부채권매각약정보조금<br>(②) | 단말기매입<br>(채권액차감분) | 신고 누락 여부<br>(①-②) |
|---|---|---|---|
| | | | |

**2. 기타매출신고내역**

| 선불폰 | 단말기할부<br>가입자부담분 | 할부채권매각<br>약정보조금 | 액세서리 매출 | 기타 |
|---|---|---|---|---|
| | | | | |

〈참고〉

① 통신사와 체결한 대리점 계약서

② 소비자 단말기 판매계약서

③ 이동통신사와의 채권·채무 정산내역자료

## Ⅲ 통신판매점의 세무실무

### 1. 통신판매점의 과세표준

통신판매점이 통신서비스 사업을 영위하는 통신사업자와 계약에 의하여 당해 통신사업자에게 신규가입자 가입유치활동, 가입대행, 부대서비스 업무 등을 제공하고 가입자 유치 실적 등에 따라 통신사업자로부터 장려금 명목으로 금전을 받는 경우 당해 금전은 용역제공의 대가에 해당되어 부가가치세가 과세되는 것이다(서면3팀-1401, 2007. 5. 9). 즉, 통신판매점이 이동통신대리점 또는 이동통신사업자로부터 판매실적에 따라 받는 대가는 부가가치세 과세대상이 아닌 판매장려금이 아니라 수탁판매수수료로 부가가치세가 과세된다.

**참 고** **통신판매점의 과세표준 및 세금계산서의 발급**

1. 질의내용 요약

이동통신사업자(SKT, KTF, LGT)와 이동전화 가입대행 및 그 부대업무 수행에 관한 대리점 계약을 체결하고 그 대가로서 가입자 유치수수료와 가입자 관리수수료를 받는 이동통신대리점이 통신판매점(2차점)과 가입자 유치대행 계약을 체결하고 판매대행수수료를 제공하는 거래에 대해 질의함.

[계약 관계]

(1) 이동통신대리점은 대리점 계약에 의하여 이동통신사업자에게 단말기를 구매하여 가입자를 유치하면 이동통신사업자로부터 약정된 '가입자유치수수료'를 지급받고 또한 유치한 가입자들에 대한 관리 대가로서 납부한 통화요금의 일정률을 '가입자관리수수료'로 지급받음(이동통신대리점의 주요 수입원은 가입자관리수수료임).

(2) 통신판매점(2차점)은 이동통신대리점 또는 이동통신사업자와 가입자 모집 위탁 계약에 의해서 가입자를 유치하면 약정된 판매대행수수료를 지급받음.

(3) 통신판매점(2차점)은 계약 형태에 따라 가입자유치 대행 및 단말기판매 대행을 수행하기도 하고, 이동통신대리점 또는 이동통신사업자에게 단말기를 직접 구매하여 가입자유치 대행과 함께 단말기를 공급하기도 함.

[주요 거래관계 가정]

(1) 단말기 매입거래

이동통신대리점은 이동통신사업자로부터 단말기(재화)를 공급받고, 단말기 매입액 33만원(VAT포함)을 이동통신사업자에게 지급함.

(2) 판매대행수수료 거래

통신판매점(2차점)은 이동통신대리점에게 가입자유치활동 용역을 제공하고, 통신판매점(2차점)과 이동통신대리점간에 사전 약정된 판매대행수수료 22만원(VAT 포함)을 지급받음. 이동통신대리점은 판매대행수수료 22만원(VAT 포함)을 이동통신사업자로부터 받음(물론 이동통신대리점은 상기의 가입자관리수수료를 별도로 지급받음).

(3) 고객에 대한 단말기 판매가격(시가)은 18.7만원 할인된 14.3만원(VAT 포함)으로 가정함. 단말기 판매가격은 시장 상황에 따라 변동되는 것으로 통신판매점의 판단에 의해서 결정되고, 통신판매점(2차점)의 수익은 단말기 판가에 따라 결정되는 것이며, 판가는 일반적으로 단말기 매입원가(33만원)에서 판매대행수수료 금액(22만원) 내에서 할인 판매되고 있으며, 최신형 단말기 중 매입원가(33만원) 이상으로 판매되는 경우도 있음.

**질의1**

이동통신대리점이 통신판매점(2차점)에게 이동전화 가입 대행에 관한 위탁계약을 체결하고 그 대가로 판매대행수수료를 지급할 경우, 이동통신대리점과 통신판매점간 세금계산서를 교부 방법은?

(단말기 매출은 이동통신대리점의 매출이고 통신판매점은 단말기에 대한 판매/수금을 대행함)

* 통신판매점(2차점)의 최종정산 : 단말기 대금 지급 △33만원
판매수수료 입금 22만원
대리점 지급 △11만원

갑 설 : 이동통신대리점과 통신판매점(2차점)간 부가가치세 거래는 이동통신대리점의 매출에 해당되는 단말기 판매가격과는 상관없이, 통신판매점(2차점)은 이동통신대리점에게 약정된 판매수수료를 수취하고 이에 대하여 세금계산서를 교부해야 함.
[판매대행수수료 매출세금계산서 22만원(VAT 포함)]

을 설 : 통신판매점(2차점)은 고객에 대한 단말기 판매가격(시가)과는 상관없이, 이동통신대리점이 통신판매점에 지급하는 약정수수료(22만원)와 단말기 가격(33만원)의 차액을 세금계산서 수취해야 함.[단말기 매입세금계산서 11만원(VAT 포함)]

질의2

이동통신대리점이 통신판매점(2차점)에게 단말기 판매 계약과 이동전화 가입대행에 관한 위탁계약을 체결하여 단말기거래와 이동전화 가입대행용역 제공에 대한 판매수수료 거래가 발생할 때, 이동통신대리점과 통신판매점간 세금계산서 교부방법은?

(단말기 매출은 통신판매점의 매출임)

갑 설 : 통신판매점(2차점)의 이동통신대리점과의 부가가치세 거래는 단말기 매입(재화의 공급)과 가입대행 용역 제공(용역의 공급)으로 구분하여 다음과 같이 세금계산서를 교부/수취해야 함.
[단말기 매입세금계산서 33만원(VAT 포함), 판매대행수수료 매출세금계산서 22만원(VAT 포함)]

을 설 : 통신판매점(2차점)은 고객에 대한 단말기 판매가격(시가)과는 상관없이, 이동통신대리점이 통신판매점에 지급하는 약정수수료와 단말기 가격의 차액으로 다음과 같이 세금계산서를 수취해야 함.[단말기 매입세금계산서 11만원(VAT 포함)]

질의3

통신판매점(2차점)이 이동통신대리점이 아닌 이동통신사업자와 직접 이동전화 가입 대행에 관한 위탁계약을 체결한 형태로서, 이동통신사업자가 통신판매점(2차점)에게 기 판매 없이 이동전화 가입대행에 관한 계약을 체결하고 그 대가로 수수료를 지급할 경우, 이동통신사업자와 통신판매점간 세금계산서를 교부방법은?

이 경우 수수료 산정기준은 이동통신사업자가 제시하는 방법에 의해 결정하는 것으로 약정되어 있으며, 이에 따라 통신판매점이 시장 상황에 따라 결정하는 단말기 판매가격에 의하여 판매대행수수료는 다음과 같이 산정하는 것으로 합의되어 있음.

[기본수수료 - (단말기 출고가 - 단말기 고객판매가)]

(단말기 매출은 이동통신사업자의 매출임)

갑 설 : 통신판매점(2차점)은 이동통신사업자에게 지급받는 약정수수료에서 고객에게 판매되

는 단말기의 시가에 따라 본인이 판단하여 결정한 할인액을 반영하여 다음과 같이 세금계산서를 교부해야 함. [판매대행수수료 매출세금계산서 3.3만원(VAT 포함)]
cf. 기본수수료 - (단말기 출고가 - 단말기 고객판매가)
: 22만원 - (33만원 - 4.3만원) = 3.3만원

을 설 : 시장 상황에 따라 통신판매점(2차점)이 결정한 시가에 의하여 판매되는 단말기매출은 이동통신사업자에게 귀속되는 것이므로, 수수료 산정에 대한 별도의 계약이 있다고 하더라도 통신판매점(2차점)은 단말기 판매가격과 관계없이 이동통신사업자와 가입대행에 대한 약정된 판매대행수수료(용역의 공급) 총액에 대하여 세금계산서를 교부해야 함. [판매대행수수료 매출세금계산서 22만원(VAT 포함)]

회신

1. 사업자가 장기간에 걸쳐 계속적으로 용역을 공급하면서 일정기간 단위로 용역의 공급대가를 정산하기로 한 경우에는 부가가치세법 시행령 제22조 제2호의 규정에 의하여 그 대가의 각 부분을 받기로 한 때를 용역의 공급시기로 보는 것이며 그 공급시기에 세금계산서를 교부하여야 하는 것이며,
2. 귀 질의 2의 경우 통신판매점이 이동통신대리점과 단말기 판매와 가입대행용역을 제공하기로 함에 있어, 단말기는 자기 책임과 계산 하에 매입하여 판매하고 이동전화 가입대행용역은 이동전화가입 실적에 따라 수수료를 받기로 한 경우 세금계산서 교부는 귀 질의의 갑설이 타당한 것임.

## 2. 세금계산서 발급방법

위탁판매 또는 대리인에 의한 판매의 경우에 수탁자 또는 대리인이 재화를 인도하는 때에는 수탁자 또는 대리인이 위탁자 또는 본인의 명의로 세금계산서를 발급하며, 위탁자 또는 본인이 직접 재화를 인도하는 때에는 위탁자 또는 본인이 세금계산서를 발급할 수 있다. 이 경우에는 수탁자 또는 대리인의 등록번호를 부기하여야 한다. 위탁매입 또는 대리인에 의한 매입의 경우에는 공급자가 위탁자 또는 본인을 공급받는 자로 하여 세금계산서를 발급한다. 이 경우에는 수탁자 또는 대리인의 등록번호를 부기하여야 한다(부령 69). 세금계산서의 발급시기는 수탁판매업자인 통신판매업자가 고객에게 단말기를 판매하는 때이다. 또한 통신판매업자는 이동통신대리점으로부터 판매수수료를 정산하는 받는 때에는 그때를 공급시기로 하여 세금계산서를 발급하여야 한다.

## 3. 단말기유통법을 위반한 초과지원금의 필요경비

이동통신단말장치 대리점 또는 판매점이 「이동통신단말장치 유통구조 개선에 관한 법률」

제4조 제5항에 따른 지원금의 범위를 초과하여 추가로 소비자에게 보조금을 제공하여 해당 법률을 위반한 경우에는 해당 보조금은 일반적으로 용인되는 통상적인 비용으로 보기 어려우므로 소득세법 제27조에 따른 필요경비에 산입할 수 없는 것이다(기준-2021-법령해석소득-0130, 2021. 7. 16.).

[거래관계]

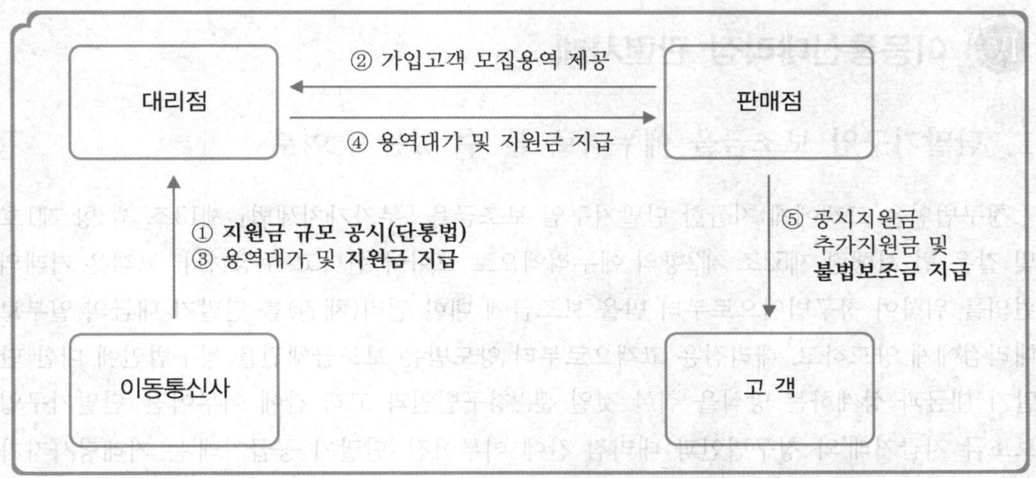


**관련법조문**

◈ **이동통신단말장치 유통구조 개선에 관한 법률 제4조【지원금의 과다 지급 제한 및 공시】**

① 방송통신위원회는 가입자 평균 예상 이익, 이동통신단말장치 판매 현황, 통신시장의 경쟁 상황 등을 고려하여 이동통신단말장치 구매 지원 상한액에 대한 기준 및 한도를 정하여 고시한다.

② 이동통신사업자는 제1항에 따라 방송통신위원회가 정하여 고시하는 상한액을 초과하여 지원금을 지급하여서는 아니 된다. 다만, 출시된 지 15개월이 지난 이동통신단말장치는 제외한다.

③ 이동통신사업자는 이동통신단말장치별 출고가, 지원금액, 출고가에서 지원금액을 차감한 판매가 등 지원금 지급 내용 및 지급 요건에 대하여 이용자가 알기 쉬운 방식으로 공시하여야 한다.

④ 이동통신사업자는 제3항에 따라 공시한 내용과 다르게 지원금을 지급하여서는 아니 된다.

⑤ 대리점 또는 판매점은 제3항에 따라 이동통신사업자가 공시한 지원금의 100분의 15의 범위에서 이용자에게 지원금을 추가로 지급할 수 있다.

⑥ 대리점 또는 판매점은 제3항에 따라 이동통신사업자가 공시한 내용과 제5항에 따른 추

가 지원금을 이용자가 쉽게 인식할 수 있도록 영업장 등에 게시하여야 한다.
⑦ 방송통신위원회는 제3항 및 제6항에 따른 공시 및 게시 방법, 내용, 주기 등에 관한 기준을 정하여 고시한다.

##  이동통신대리점 관련사례

### 1. 단말기구입 보조금을 에누리로 볼 수 있는지 여부

청구법인은 고객에게 지급한 단말기구입 보조금을 「부가가치세법」 제13조 제2항 제1호 및 같은 법 시행령 제52조 제2항의 에누리액으로 보아야 한다고 주장하나, 고객은 거래의 편의를 위하여 청구법인으로부터 받을 보조금에 대한 권리(채권)를 단말기 대금의 일부로 대리점에게 양도하고, 대리점은 고객으로부터 양도받은 보조금채권을 청구법인에 대한 단말기 대금과 상계하는 방식을 취한 것일 뿐, 청구법인과 고객 간에 이루어진 '단말기구입 보조금 지급거래'와 청구법인과 대리점 간에 이루어진 '단말기 공급거래'는 거래당사자가 다른 별개의 거래이므로, 단말기구입 보조금은 단말기의 공급가액에서 직접 공제하는 금액에 해당한다고 보기 어렵다. 따라서, 처분청의 단말기구입 보조금을 에누리액으로 볼 수 없다고 보아 청구법인의 경정청구를 거부한 처분은 잘못이 없는 것으로 판단된다(조심 2010중3043, 2011. 6. 22).

### 2. 위 · 수탁판매에 해당하는지의 여부

청구법인이 제시한 위탁대리점계약서에 의하면 청구법인과 청구외법인이 실지로 위 · 수탁판매계약을 한 사실이 확인되지 않고 있고, 청구법인은 이동통신단말기 판매와 관련하여 현금판매분에 대하여는 매입세금계산서를 수취하여 청구법인의 매출로 신고하였으나, 할부판매분에 대하여는 세금계산서를 수수하지 아니한 점 등에 비추어 보아 청구법인이 청구외법인을 대리하여 이동통신단말기를 위 · 수탁판매하였다고 보기보다는 청구법인의 책임하에 이동통신단말기 판매업을 영위하였다고 봄이 타당하다고 판단된다. 따라서, 청구법인이 청구외법인으로부터 재화를 공급받고 매입세금계산서를 수취하지 않은 것으로 보아 법인세법 제116조의 규정에 의한 지출증빙수취불비가산세를 부과한 처분은 잘못이 없다고 판단된다(조심 2008중2886, 2009. 5. 15).

## 3. 이동통신대리점이 사전공시하고 가입비 등을 지원하는 경우의 처리

이동통신회사의 신규청약업무를 대행하는 개인사업자가 신규가입자의 확보를 위하여 불특정다수인에게 신규가입시 가입비 등을 받지 않는다고 공시한 후, 이에 따라 당해 사업자가 가입자를 대신하여 통신회사에 지급하는 가입비 등이 건전한 사회통념과 상관행에 비추어 정상적인 거래라고 인정될 수 있는 범위 안의 금액으로서 기업회계기준에 따라 계상한 경우에는 판매와 관련된 부대비용으로 보아 이를 각 과세기간의 사업소득금액 계산시 필요경비에 산입하는 것이다(소득세과-0989, 2011. 11. 29). 가입대납액 등은 판매부대비용으로서 일반적으로 용인되는 통상적인 것이거나 수익과 직접 관련되는 것이므로 이를 손금에 산입하여야 한다(광주고등법원 2005누1267, 2006. 11. 9).

※ 이동통신업체G은 신규가입자를 유치하기 위해서 제조업체 H의 휴대폰을 구입하는 신규가입자에게 보조금 8만원을 지급하는데 이에 대한 회계처리방식은?
휴대폰 보조금의 경우 소비자에게 현금으로 보조되는 방식이 아니라 고객이 구입하려는 휴대폰(제조사 H사)의 구매에 대한 보조로 지급되므로 현물보조이며 따라서 비용으로 처리한다(재무보고에 관한 실무의견서 2006-4, 2006. 11. 24).

## 4. 이동통신판매점에서 가입비 등을 대납하고 수취한 신용카드매출전표상의 매입세액

이동통신판매점이 고객을 유치하기 위하여 불특정다수인에게 신규가입시 가입비 등을 받지 않는다고 공시한 후, 이에 따라 당해 사업자가 가입자를 대신하여 일반과세자인 통신회사, 대리점에 가입비 등을 지급하면서 부가가치세액이 별도로 구분 가능한 신용카드매출전표를 수취한 경우 건전한 사회통념과 상관행에 비추어 정상적인 거래라고 인정될 수 있는 범위 안의 금액은 법인세법 시행령 제19조 제1호에 규정하는 판매부대비용에 해당하므로 당해 신용카드매출전표상의 매입세액은 부가가치세법 제17조 제1항의 규정에 의하여 매출세액에서 공제할 수 있는 것이다(전자세원과-574, 2011. 11. 8).

## 5. 통신서비스 이용 고객에게 제공하는 위약금 면제 등의 손금 여부

기간통신사업자가 2G(Generation) 통신서비스 종료에 따른 고객보상과 기존 2G(Generation) 고객을 3G(Generation) 고객으로 전환을 유도하는 과정에서 경쟁사로의 고객이탈을 최소화하기 위하여 사전공시 내용에 따라 기존 2G(Generation) 고객에게 '위약금 면제, 단말기 할부금 면제, 요금할인, 신규 단말기 저가공급 등'을 제공함으로 인해 비용이 발생하는 경우 해당 비용이 건전한 사회통념과 상관행에 비추어 정상적으로 소요되는 비용이라고 인정될 수 있는 범위 안의 금액으로서 기업회계기준에 따라 계상한 때에는 「법인세법 시행규칙」 제10조에 따른 판매부대비용으로 손금에 산입하는 것이다(법인-746, 2011. 10. 12).

## 6. 이동통신단말기 판매업자의 과세표준 계산방법

이동통신단말기를 판매하는 사업자가 이동통신회사로부터 구입한 이동통신단말기를 고객에게 할부계약에 의하여 판매함에 있어 할부판매금액 중 일부를 대리점이 대신 부담하는 경우 동 대리점의 부가가치세과세표준은 할부판매금액에서 당해 대리점이 대신 부담하는 금액을 차감한 금액으로 하는 것이다(재소비-295, 2004. 3. 15).

## 7. 단통법에 따라 공시되는 단말기지원금이 용역대가 및 에누리액에 해당하는지 여부

대리점(「이동통신단말장치 유통구조 개선에 관한 법률」 제2조 제6호에 따른 대리점을 말한다. 이하 같다)이 이동통신사업자(같은 법 제2조 제2호에 따른 이동통신사업자를 말한다. 이하 같다)와의 계약 및 이용약관(「전기통신사업법」 제28조에 따른 이용약관을 말한다. 이하 같다)에 따라 이동통신단말장치(같은 법 제2조 제4호에 따른 이동통신단말장치를 말한다. 이하 같다) 구입에 대한 지원금(같은 법 제2조 제9호에 따른 지원금으로서 이동통신사업자가 같은 법 제4조 제3항에 따라 이동통신단말장치별 출고가, 지원금액, 출고가에서 지원금액을 차감한 판매가 등 지원금 지급 내용 및 지급 요건에 대하여 공시한 지원금을 말한다. 이하 "지원금"이라 한다) 지급 요건을 충족하는 이용자(같은 법 제2조 제3호에 따른 이용자를 말한다. 이하 같다)를 모집하는 업무 및 지원금 제공과 관련된 제반 업무를 수행하는 용역을 제공하고 그 대가로 이동통신사업자로부터 지원금이 포함된 수수료를 받는 경우 동 수수료 전액(부가가치세 제외)이 「부가가치세법」 제29조 제3항에 따른 부가가치세 과세대상 공급가액에 해당하는 것이며, 동 수수료를 재원으로 대리점이 이동통신사업자와의 계약 및 이용약관에 따라 지원금 지급 요건을 충족하는 이용자에게 대리점 본인의 계산과 책임하에 이동통신단말장치를 그 출고가(같은법 제2조 제8호에 따른 출고가를 말한다. 이하 같다)에서 지원금을 차감한 금액으로 판매하는 경우 이동통신단말장치의 출고가에서 직접 차감한 동 지원금은 「부가가치세법」 제29조 제5항 제1호(다음 각 호의 금액은 공급가액에 포함하지 아니한다. 재화나 용역을 공급할 때 그 품질이나 수량, 인도조건 또는 공급대가의 결제방법이나 그 밖의 공급조건에 따라 통상의 대가에서 일정액을 직접 깎아 주는 금액)의 규정이 적용되는 것이다(기재부-46, 2015. 1. 14).

## 8. 이동통신단말기 할부판매시 현금지원금의 과세표준 산입

대리점이 단말기를 고객에게 할부판매함에 있어 할부판매금액 중 일부를 현금으로 지원하는 경우 과세표준은 할부판매금액에서 대리점이 고객에게 현금으로 지원한 금액을 차감하지 아니하는 것이다(기재부 부가-471, 2013. 8. 7). 청구법인이 가입자에게 단말기를 공급할 때 전체가액을 할부가액으로 계상하였고, 청구법인의 단말기 매입은 전체가액으로 이루어지고 지원금인 쟁점금액은 약정에 의하여 할부채권과 상계하는 형식으로 이루어졌으므로 쟁점금액을 과세표준에서 매출에누리로 제외하지 않는 것이 타당하다(조심-2017-중-3027, 2017. 12. 20). 단말기의 공급가액에서 직접 공제되는 약정보조금과는 달리 대리점과 이동통신회사 사이에 대리점이 가입자에게 현금보조금만큼 할인 판매하는 것을 조건으로 단말기의 공급가액에서 현금보조금 상당액을 감액결제하기로 하는 약정이 있었다고 보이지 않으므로 현금보조금은 에누리액에 해당하지 않는다(서울행정법원 2016. 3. 31 선고, 2015구합55257 판결).

# 제7절 가구 소매업

## 업종구분

### 1. 한국표준산업분류상의 구분

목재가구, 주방용 가구 등 각종 가구를 전문적으로 소매하는 산업활동을 말한다.

예시

- 등가구 소매
- 화장대 소매
- 책상 및 걸상 소매
- 침대 소매
- 응접세트 소매
- 사무용 가구 소매

## Ⅱ 가구소매점의 세무실무

### 1. 현금영수증 의무발행

가구소매점을 영위하는 사업자로서 현금영수증가맹점으로 가입한 사업자는 2016년 7월 1일 이후 건당 거래금액(부가가치세액을 포함한다)이 10만원 이상인 재화 또는 용역을 공급하고 그 대금을 현금으로 받은 경우에는 상대방이 현금영수증 발급을 요청하지 아니하더라도 현금영수증을 발급하여야 한다. 다만, 사업자등록을 한 자에게 재화 또는 용역을 공급하고 계산서 또는 세금계산서를 교부한 경우에는 현금영수증을 발급하지 아니할 수 있다(소법 162의 3 ④ 및 법법 117의 2 ④). 의무를 위반한 자에 대해서는 현금영수증을 미발급금액의 100분의 20(착오나 누락으로 인하여 거래대금을 받은 날부터 10일 이내에 관할 세무서에 자진 신고하거나 현금영수증을 자진 발급한 경우에는 100분의 10으로 한다)의 가산세를 부과한다(소법 81의 9 ② 3호).

#### (1) 거래상대방이 요구하지 않는 경우 발급방법

거래상대방의 인적사항을 모르는 경우에도 5일 이내에 국세청 지정번호(010－0000－1234)로 발급해야 한다.

#### (2) 계좌이체금액도 현금영수증 의무발행

현금영수증제도의 도입목적, 구 소득세법상의 현금영수증 관련 조항, 조세특례제한법 및 같은 법 시행령 관련 조항, 구 국세청고시의 관련 조항 등에 비추어 보면, 소비자로부터 인터넷뱅킹 · 폰뱅킹 및 무통장입금 등을 통하여 은행계좌로 그 대금을 입금받는 것은 현금을 수수하는 방법에 불과하므로, 「구 소득세법」 제162조의 3 제4항에 규정된 '그 대금을 현금으로 받은 경우'에 포함된다고 보아야 한다(대법원 2016. 3. 11 선고, 2015마1864 판결).

**판례** **과태료의 필요경비 불산입(대법원 2015. 12. 24 선고, 2015두52036 판결)**

거래금액의 일정비율로 부과되는 과태료가 구 소득세법 제33조 제1항 제2호의 과태료 범위에 포함될 수 없다는 것은 법률의 명문 규정의 해석을 벗어난 근거 없는 주장에 불과하다. 또한 이 사건 과태료를 필요경비에 산입하지 않는 것이나 총수입금액에서 공제하지 않는 것은 구 소득세법의 규정에 따른 것이고, 원고로서는 이 사건 과태료 부과가 위법하다거나 과중하다면 이를 이 사건 과태료 부과를 다투는 절차에서 주장할 수 있을 뿐이다. 원고의 위 주장은 받아들일 수 없다.

## 2. 사업용계좌의 사용 및 검토사항

### (1) 사업용계좌 개설

개인사업자 중 복식부기의무자는 사업용계좌를 통하여 대금을 수수하고 인건비와 임차료, 매입비용은 반드시 사업용계좌를 통해서 지출하여야 한다.

#### 1) 거래대상

사업상 재화·용역의 공급과 관련한 대가를 지급받거나 지급하는 거래로서
① 금융기관을 통하여 대금의 결제가 이루어지는 거래
② 인건비 및 임차료를 지급하거나 지급받는 때

#### 2) 사업용계좌 개설신고

① 복식부기의무자는 복식부기의무자에 해당하는 과세기간의 개시일(사업 개시와 동시에 복식부기의무자에 해당되는 경우에는 다음 과세기간 개시일)부터 6개월 이내
② 복식부기의무자는 사업용계좌를 변경하거나 추가하는 경우 확정신고기한까지 신고

#### 3) 미개설 및 미사용시 제재

① 세무조사 실시
② 가산세 부과 :
- 미사용가산세 : 미사용 금액의 0.2%
- 미개설가산세 : 과세기간 중 미개설한 기간의 수입금액의 0.2%와 미사용 금액의 0.2% 중 큰 금액

③ 감면배제

### (2) 사업용계좌 검토방법

#### 1) 사업용계좌 입금액 확인

부가가치세 또는 사업장현황신고시 사업용계좌에 입금된 금액의 합계를 과세표준 및 수입금액 신고금액과 비교 확인하여야 한다. 사업용계좌에 입금된 금액은 수입금액으로 추정되며 수입금액이 아니라면 주장하는 납세자가 입증하여야 한다.

### 2) 사업용계좌의 입출금 내역 확인

예시

| 일 자 | 입 금 | 입 금 자 | 비 고 |
|---|---|---|---|
| 20×1. 1. 10. | 10,000,000 | ㈜이화 | 사무용 가구구입 |
| 일 자 | 출 금 | 출 금 자 | 비 고 |
| 20×1. 1. 10. | 5,000,000 | 김 수 진 | 배송료 지급 |

① 입금내역 중에 거래처로부터 매출대금을 회수한 금액인지 지인으로부터 차입한 금액인지를 확인한다. 특히 법인의 경우 용도불분명 금액이 가수금 형태로 입금되는 경우가 있는데 자금원을 확인하면 차명계좌가 발견되어 과세가 되는 사례가 있으니 주의하여야 한다. 현금으로 매일 일정금액이 입금되는 경우 수입금액으로 추정된다.

② 출금되는 금액은 출금상대방을 확인하여야 한다. 상대방이 거래처인가 아니면 사업과 관련이 없는 거래인가를 확인하여야 한다. 특히, 다른 계좌로 이체되는 경우 차명계좌로 확인되는 경우가 있으니 이를 검토하여야 한다.

## 3. 거래의 확인 및 분석

가구소매점은 가구 제조, 도매업자로부터 가구를 구입한 후 매입금액에 대한 세금계산서를 100% 받는다. 그러나 가구소매점은 사업자에게 판매하는 경우 세금계산서를 의무발행하나 최종소비자인 가정에 판매하는 경우 세금계산서 수령을 기피하면 세금계산서를 발행하지 않는 경우가 있다. 미발행금액을 제3자인 사업자(일명 자료 소화처)에게 수수료를 받고 세금계산서를 발행하는데 이를 "자료상"이라고 한다. 특히 거래가 빈번하지 않은 고액거래자, 원거리 사업자, 필요 없는 물품을 구입하는 자(예를 들어 법인이 가정용 침대를 구입)는 자료상일 확률이 많으니 주의 깊게 검토하여야 한다. 매입금액이나 판매금액이 장기적으로 외상매입금이나 외상매출금이 남아 있거나 실제로 대금거래가 없이 현금지급으로 처리하는 경우 등은 자료상과의 거래일 가능성이 있다.

## 제 8 절 해외구매대행업

# 개 요

### 1. 해외구매대행의 정의

#### (1) 관세법상 정의

해외구매대행은 해외 직접구매의 절차, 언어 등에 어려움을 느끼는 소비자가 구매대행업체를 이용하여 해외제품을 구매하고 배송받는 형태를 말한다.

관세법에서 구매대행업자란 다음에 해당하는 자를 말한다(관세법 19 ⑤ 1호).

① 자가사용물품을 수입하려는 화주의 위임에 따라 해외 판매자로부터 해당 수입물품의 구매를 대행하는 것

② 사이버몰(컴퓨터 등과 정보통신설비를 이용하여 재화 등을 거래할 수 있도록 설정된 가상의 영업장을 말한다) 등을 통하여 해외로부터 구매 가능한 물품의 정보를 제공하고 해당 물품을 자가사용물품으로 수입하려는 화주의 요청에 따라 그 물품을 구매해서 판매하는 것

구매대행업체는 국내 소비자의 요청에 따라 구매를 대행하므로 물품의 재고를 보유하고 있지 않아야 하며, 구매대행업체가 구매를 대행한 물품은 국내 소비자(수령인)의 명의로 수입 통관돼야 한다.

### (2) 거래구조

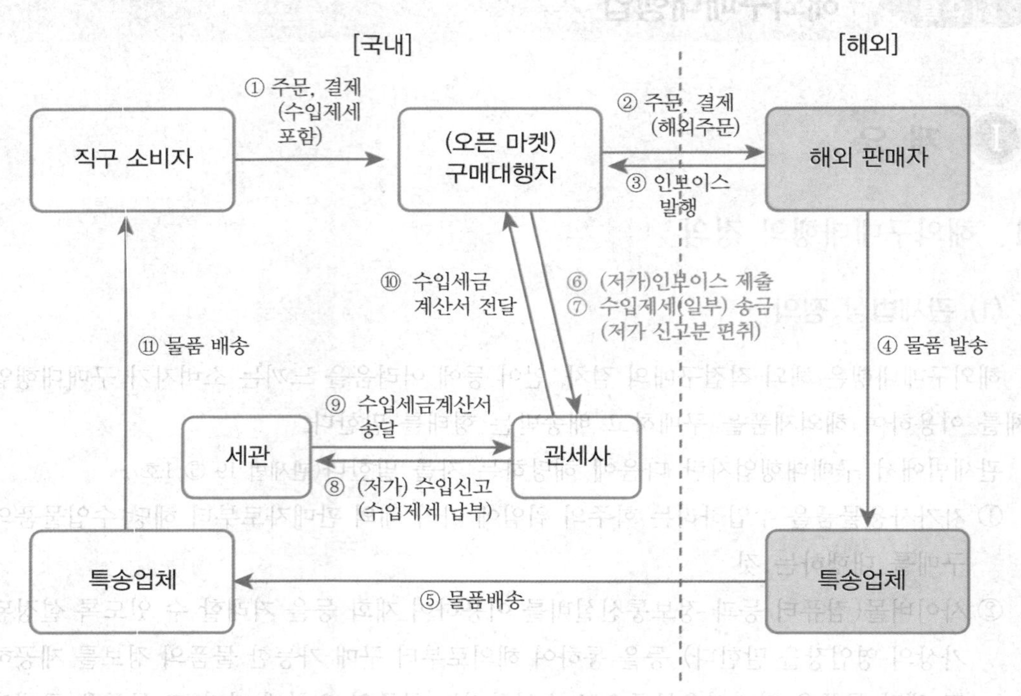


(출처 : 규제영향분석서, 기획재정부, 2021. 1. 4)

해외직접 구매 소비자가 구매대행자에게 물품을 주문, 결제(①)하면 구매대행자가 해외 판매자에게 주문, 결제를 한다(②). 해외 판매자가 구매대행자에게 인보이스(송품장)를 송부(③)하고 특송업체를 통하여 해외에서 국내로 배송한다(④, ⑤). 구매대행자는 관세사를 통해 세관에 수입신고를 하고(관세, 부가가치세 납부)(⑥~⑧), 세금이 납부되면(⑨, ⑩) 국내통송업체는 직구소비자에게 국내배송을 완료한다(⑪). 이시점에서 구매대행수수료는 확정된다.

### (3) 일반수입과 구매대행의 비교[91)]

첫째, 구매대행은 수입할 물품을 소비자가 구체적으로 지정하지만, 일반 수입업자는 소비자가 원할 것으로 생각되는 물품을 자신의 판단에 의해 수입한다는 차이가 있다. 이러한 차이로 인해 일반 수입업자는 수입한 물품이 국내에서 판매되지 않을 수 있는 불확실성을 감수하고 사업을 하지만, 구매대행업자는 국내 판매 소비자가 이미 지정되어 있어 이런 불확실성을 감수할 필요가 없다.

---

91) 해외직구 구매대행과 일반수입업 간의 제도 적용문제, 정재호, "재정포럼" 한국조세재정연구원, 2021. 9.

둘째, 일반 수입업자는 자신의 비용으로 배송비, 수수료, 관세, 부가가치세 등의 제세금 등을 부담하고 추후에 미래 소비자에게 판매할 때 전가하기 때문에 금융비용도 부담하게 되며, 해당 수입물품이 판매되지 않으면 배송비, 제세금 등의 부담도 수입업자 본인이 감당해야 된다. 그런데 구매대행은 사이버몰에서 판매하면서 이미 국내 소비자로부터 배송비와 제세금 등을 받았기 때문에 물품을 수입하면서 이런 부담이 발생하지 않는다. 일부 구매대행은 물품비용만 국내 소비자로부터 선불로 받고, 관세 및 부가가치세는 추후 수입하면서 국내 소비자가 납부하도록 하는 경우가 있는데, 이 경우에도 구매대행업자는 제세금에 대한 부담이 전혀 없다.

셋째, 판매되는 동일한 해외 물품을 기준으로 이 둘의 차이점을 보면, 일반 수입업자는 이미 국내에 수입된 물품을 판매하는 것이고, 구매대행(쇼핑몰형)업자는 아직 국내에 수입되지 않은 물품을 판매한다는 것이다. 다시 말해 구매대행과 일반 수입업의 차이는 국내 소비자가 선제적으로 지정되어 있는지, 아닌지에 의해 발생하고 있다. 관세 행정 관점에서 일반 수입업자와 구매대행업자의 차이는 소비자가 요청하기 이전에 수입 통관이 이루어지느냐, 아니면 소비자의 요청 이후에 수입 통관이 이루어지느냐는 차이이다. 관세 행정에서 이런 차이점은 수입의 주체가 누구인지를 가르는 중요한 기준이다. 즉, 일반 수입업자는 수입 주체가 일반 수입업자이기에 현재 「관세법」에서는 일반 수입업자 자신이 납세의무자이지만, 구매대행의 경우에는 수입 주체가 국내 소비자이기에 납세의무자는 국내 소비자가 된다. 즉, 수입업자는 납세의무가 있지만, 구매대행업자에게는 납세의무가 없는 것이다.

일반 수입업자와 구매대행업자는 해외에서 물품을 수입하여 판매하는 일로 동일하게 수익을 얻는다는 공통점이 있고, 국내 소비자도 이들의 차이를 크게 인식하지 못하지만, 일반 수입업자와 구매대행업자 사이에는 납세의무라는 큰 차이가 존재한다. 제도적으로 위험부담이 있는 일반 수입업자에 비해 위험부담이 없는 구매대행업자가 유리하게 규정되어 있다.

**| 일반수입과 구매대행의 비교 |**

| 구분 | 일반 수입 | 구매대행(쇼핑몰형) |
|---|---|---|
| 공통점 | 해외로부터 물품 수입 | 해외로부터 물품 수입 |
| 물품용도 | 판매(수익)용 | 자가소비용 |
| 물품 주문형태 | 대량 주문 | 소량 주문 |
| 수입 신고 및 통관 | 수입업자<br>(수입업자에게 위탁받은 자) | 대행업자<br>(대행업자에게 위탁받은 자)<br>(*소비자는 관계없음) |
| 수입계약 명의자 | 수입판매업자 명의 | 국내소비자 명의 |
| 납세의무자 | 수입업자 | 국내소비자 |

| 구분 | 일반 수입 | 구매대행(쇼핑몰형) |
|---|---|---|
| 고객 확정시기 | 수입통관 이후 판매시점<br>(위탁수입은 사전확정) | 수입통관 이전 사전 확정<br>(국내소비자) |
| 물품 대금 | 통상 물품인도 또는 판매시점 | 소비자 선납<br>(사전 고지된 매매가격에 포함) |
| 배송비 등 수수료 | 수입업자 부담 | 소비자 선납<br>(사전 고지된 매매가격에 포함) |
| 제세금 | 수입업자 부담 | 소비자 부담 |
| 수익 | 수입물품 판매 | 수입 대행 |
| 수입물품 판매 위험부담 | 수입판매업자가 수입 물품 판매 여부에 따른 손익 위험 부담 | 없음 |
| 위험부담 | 수입판매업자가 수입거래 책임 부담(물품파손, 오배송, 지연배달 등) | 구매대행업자가 수입거래 책임 부담(물품파손, 오배송, 지연배달 등) |

### (4) 구매대행업자의 등록

「전자상거래 등에서의 소비자보호에 관한 법률」 제12조 제1항에 따라 통신판매업자로 신고한 자로서 직전 연도 구매대행한 수입물품의 총 물품가격이 10억원 이상인 자는 관세청장이나 세관장에게 등록하여야 한다(관세법 222).

## 2. 구매대행업의 업종구분

### (1) 한국표준산업분류

| 분류코드 | 47911 | 분류명(한글) | 전자상거래 소매 중개업 |
|---|---|---|---|
| | | 분류명(영문) | Electronic commerce on a fee or contract basis via internet |
| 설명(한글) | 사회 관계망 서비스(소셜 네트워크 서비스, SNS)를 통하여 일반 대중을 대상으로 각종 상품을 소매하거나 개인 또는 소규모 업체가 온라인상에서 직접 상품을 등록해 판매할 수 있도록 만든 전자상거래 중개업무를 담당하는 산업활동을 말한다.<br>〈예시〉 소셜 커머스(할인 쿠폰 공동 구매형 전자상거래 중개)<br>전자상거래 소매 중개(오픈마켓 사업자)<br>〈제외〉 각종 정보 및 기타 서비스를 전자상거래 방식으로 제공하는 경우 서비스 유형별로 분류 | | |
| 색인어 | 소매품 온라인 구매대행, 소셜 커머스, 전자상거래 소매 중개, 전자상거래 오픈마켓 사업 | | |

### (2) 기준경비율 · 단순경비율(2023귀속)

| | | | | |
|---|---|---|---|---|
| 525105 | 통신판매업 | 해외직구 대행업 | 86.0 | 16.0 |
| | ○ 온라인 몰을 통해 해외에서 구매 가능한 재화 등에 대하여 정보를 제공하고 온라인 몰 이용자의 청약을 받아, 해당 재화 등을 이용자의 명의로 대리하여 구매한 후 이용자에게 전달해줌으로써 수수료를 받아 수익을 얻는 산업 활동을 말한다. | | | |

## Ⅱ 구매대행업의 세무실무

### 1. 수입금액의 인식기준

#### (1) 총액주의 · 순액주의

특정거래에 대한 수익을 총액으로 인식할 것인가, 또는 순액으로 인식할 것인가의 여부는 거래와 관련된 여러 요인과 상황을 고려하여 판단하여야 한다. 회사는 이를 판단하는 데 있어서 다음에 예시된 지표를 종합적으로 고려하여야 하며, 특정 지표에만 근거하여 판단하거나 추정에 근거하여 판단해서는 아니 된다. 총액인식의 지표는 주요 지표와 보조 지표로 구분되며, 보조 지표는 주요 지표를 판단하는 세부적인 근거가 되기도 한다. 따라서 최종 판단에 있어 주요 지표를 우선적으로 고려하고 보조 지표는 보충적으로 고려하여야 한다.

#### 1) 주요 지표

① 회사가 거래의 당사자로서 재화나 용역의 제공에 대한 주된 책임을 부담한다.

고객이 구매한 재화나 용역을 수락하는 것(acceptability)을 포함하여 회사가 판매 계약 이행에 대한 책임을 진다면, 이 회사는 거래의 당사자로서의 위험과 효익을 부담하는 것이다. 마케팅 과정에서 제시되었거나 계약서에 명시된 거래조건은 계약 이행에 대한 책임이 회사에 있는지 또는 공급자에 있는지에 관한 증거를 제시한다. 그러나 고객이 주문한 재화를 배송할 책임을 부담한다는 것만으로 곧 계약 이행에 책임이 회사에 있다는 것을 의미하지는 않는다.

② 회사가 재고자산에 대한 전반적인 위험을 부담한다.

회사가 공급자로부터 판매가 확정되지 않은 재고자산의 법적소유권을 이전받아 보유하거나 거래 조건에 따라 고객으로부터 반품된 재화를 회사의 재고자산으로 다시 보유하는 경우, 회사는 재고자산에 대한 전반적인 위험을 부담하게 된다. 그러나, 회사가 계약 등에 의해 미판매 재고자산을 공급자에게 반품할 수 있는 권리를 갖거나 재고자산의 가격하락을 공급자로부터 보전받는 등의 경우에는 재고자산에 대한 전반적인 위험이 현격히 감소된다. 따라서, 재고자산에 대한 전반 위험을 평가할 때에는 계약 등에 의해 그 위험이 경감된 정도를 반드시 고려하여야 한다.

고객이 공급자에 의해 제공된 용역을 수락하지 아니하여 지불을 거절할 경우에도 회사가 공급자에게 그 대가를 지불할 의무를 부담한다면, 이는 회사가 용역의 제공에 있어 위에서 설명한 재고자산에 대한 전반적인 위험과 동일한 위험을 부담하는 것으로 볼 수 있다.

#### 2) 보조 지표

① 회사가 가격결정의 권한을 갖는다.

고객에게 청구한 판매대가의 결정권한이 공급자가 아닌 회사에 있다면, 이는 회사가 거래의 당사자로 위험과 효익을 갖는다는 것을 나타내는 지표가 된다. 이때 회사는 고객과의 계약과 공급자와의 계약에 의해 독립적으로 결정된 각각의 매출액과 매입액의 차이를 순이익으로 얻게 된다. 이와는 반대로 회사의 순이익이 고객 한 명당 일정금액 또는 판매대가의 일정률로 결정되는 경우, 회사가 공급자의 대리인임을 나타내는 지표가 된다.

② 회사가 재화를 추가 가공(단순한 포장은 제외)하거나 용역의 일부를 수행한다.

③ 고객이 요구한 재화나 용역을 제공할 수 있는 복수의 공급자가 존재하는 상황에서 회사가 공급자를 선정할 수 있는 재량을 갖는다.

④ 회사가 고객에게 제공되는 재화나 용역의 성격, 유형, 특성, 또는 사양을 주로 결정한다.

⑤ 회사가 재고자산의 물리적 손상에 따른 위험을 부담한다.

재고자산에 대한 물리적 손상위험의 부담은 재고자산에 대한 전반적인 위험과는 달리 수익의 총액인식 여부에 대하여 부분적인 증거만을 제공한다. 즉, 회사가 재고자산을 보유하지 않아 재고자산에 대한 전반적인 위험은 부담하지 않으나, 운송 조건에 따라 공급자로부터 또는 고객에게 운송중인 재고자산에 대하여 물리적 손상위험을 부담하는 경우가 있다. 또한, 회사가 고객의 매입의사에 따라 공급자로부터 재화를 매입하였으나 이를 아직 인도하지 않은 경우에도 물리적 손상에 따른 위험을 부담하게 된다.

⑥ 회사가 신용위험을 부담한다.

회사가 고객에게 청구한 판매가액 총액에 대하여 신용위험을 부담한다면, 이는 회사가 거래의 당사자로 위험과 효익을 갖고 있다는 것을 나타내는 보조 지표가 된다. 회사가 고객으로부터 판매가액 총액을 회수할 책임이 있으며 판매가액의 회수 여부에 관계없이 공급자에게 대금을 지급하여야 한다면 신용위험을 부담하게 된다. 그러나, 계약이 취소되었을 때 회사가 순수하게 가득한 금액만을 반환하는 규정이 있는 경우에는 회사가 거래 총액에 대한 신용위험을 부담한다고 볼 수 없다. 또한, 회사가 재화나 용역을 제공하기 전에 판매가액 총액을 선수하는 경우 신용위험이 발생하지 않으며, 고객이 신용카드를 사용하거나 회사가 선불을 요구할 수 있는 경우 등을 통해 경감될 수 있다. 이와 같이 신용위험이 크게 경감된 경우에는 이를 총액인식의 지표로 볼 수 없다.

### (2) 구매대행업의 수입금액의 인식[92)]

해외구매대행은 해외직구를 원하는 소비자들을 대신하여 직구를 해주는 서비스업이다. 따라서 해외구매대행을 업으로 하는 개인이나 업체는 국세청에 매출신고를 할 때 대행수수료만 신고하면 된다. 예를 들어 고객이 구매대행을 의뢰한 물품의 가격이 2만원이고 미국내 배송료가 5천원, 국제운송비가 1만 5천원, 관부가세 면제, 구매대행 수수료 1만 5천원이라면 고객은 대행업체의 계좌로 총 금액 5만 5천원을 입금한다. 이러한 입금내역은 자동으로 국세청에 전송되며 국세청은 업체의 매출액을 5만 5천원으로 보고 세금을 부과하거나 소명을 요구한다. 이러한 상황의 발생을 방지하기 위하여 해외구매대행업자는 사업자등록시 업태를 '구매대행'으로 신고하여 서비스업임을 명확히 해야 한다. 즉, 이 사례의 구매대행업자는 수수료 1만 5천원에 대해서만 매출신고를 하면 되는 것이다. 하지만 일부 구매대행업자들은 소비자들의 수요가 있을 것으로 예상되는 물품을 사전에 수입하여 재고로 두고 있다가 소비자가 주문하면 바로 배송해준다. 이러한 운영방식은 수수료를 추구하는 서비스업이 아니라 매매차익을 추구하는 소매업에 해당함으로, 만약 이런 방식으로 운영했다면 총 판매대금을 매출로 신고해야할 것이다. 구매대행으로 인정받기 위해서는 반드시 재고가 없는 상태에서 고객으로부터 먼저 대금을 받은 후 해외쇼핑몰에서 구매를 진행해야 한다. 미리 구매하여 해외창고에 보관하고 있다가 고객에게 판매하는 방식 역시 구매대행이 아니고 소매에 해당한다. 또한 구매대행은 배송물품의 수취인을 고객으로 기재하여 고객 이름으로 수입통관이 되어야 하며 대행자의 이름으로 통관된 물품은 소매에 해당한다.

> 구매대행업의 과세표준 = 구매자(소비자)의 총결제금액 − 상품구입액 − 배송료 − 관세 등
> (구매대행 수수료)

92) 오원석 · 이경화, "중국의 해외구매대행 현황과 문제점에 관한 연구" 「무역상무연구제65권」, 2015. 2.

**판례** 구매대행의 판단기준(조심-2016-서-3866, 2018. 11. 20)

납세의무자는 동일한 경제적 목적을 달성하기 위하여 여러 가지 법률관계 중 하나를 선택할 수 있고 과세관청은 특별한 사정이 없는 한 납세의무자가 선택한 법률관계를 존중하여야 하며 거래당사자가 법적 거래형식을 매매거래로 약정하고 일반매매형식에 따라 세금계산서를 수수하여 조세탈루나 거래사실이 왜곡되지 않았다면 해당 세금계산서를 사실과 다른 세금계산서로 볼 수 없는 바(대법원 2017. 4. 7 선고 2015두49320 판결, 조심 2014구3765, 2017. 11. 8, 조심 2016부275, 2016. 12. 20 외 다수, 같은 뜻임),

청구법인이 부품 공급업체로부터 부품을 매입하여 창고에 보관하다가 부품납기가 도래할 때 납품하여 왔던 점, 청구법인이 구매자에게 제공한 수입부품에 대한 가격 결정·운송·통관·품질보수 등 전반적인 사항에 관하여 주된 책임이 있을 뿐만 아니라 자신의 책임과 계산으로 수입부품을 매입하여 재고부족 및 장기보유 등에 따른 전반적인 위험을 부담한 것으로 보이는 점, 쟁점거래 시 청구법인이 개입한 것이 조세목적이라고 보기 어렵고, 그러한 상황에서 이를 위탁매매 또는 대리인에 의한 매매용역의 제공이라고 단정하기 어려운 점 등에 비추어 처분청이 쟁점거래를 구매대행용역의 제공거래로 보고 2013년 제1기분부터 2014년 제2기분까지의 쟁점거래금액에 대하여 부가가치세(세금계산서합계표제출 관련 가산세)를 부과한 이 건 처분은 잘못이 있는 것으로 판단된다.

## 2. 해석 사례

### (1) 사실관계

(갑)은 2019. 12월 개업하여 해외직구대행업을 영위하는 사업자로 네이버 스토어 등 온라인 상품중개 플랫폼(이하 "오픈마켓")에 입점(가입)하여 오픈마켓 사이트에 상품 및 판매가격 정보, 해외구매대행업을 영위한다는 사실 등을 공시하고 있으며, 이를 구매자가 확인할 수 있음.

(갑)은 구매자가 오픈마켓에서 원하는 상품을 주문하면 해외 판매업자에게 주문요청을 하면서, 구매자로부터 물품대금(상품가격+배송비+관세·부가세+구매대행수수료 구분)을 받아 해외 판매업자에게 상품구입 금액을 송금하고 구매자가 주문한 상품은 결제 완료 후 신청인이 개별로 해외주문 요청하고 있어, 별도의 재고를 보유하지 아니함.

배송대행업체와 물품배송대행에 관한 약정을 하면서, 구매자로부터 개인통관 고유번호를 수집하여 배송대행업체에 인계하고, 배송비, 관세, 부가가치세를 송금하며 구매자로부터 주문시 입금받는 물품구매대금은 해외상품 구입가격, 배송비, 관세, 부가가치세, 구매대행수수료 등이 구분되어 있음. 배송대행업체는 구매자 명의의 개인통관 고유번호를 근거로 해외판매업자로부터 상품을 일괄적으로 통관수입하여 구매자에게 배송하고 있으며 배송 중 발생하는 재화의 멸실 등의 사고 발생시 배송업체에서 구매자에게 보상하고 있음.

주문과실 등 구매자의 귀책사유로 인한 교환 및 반품시에는 통관비용 및 운송료 등 제반 비용은 구매자가 부담하고 있으며, (갑)이 부담하는 금액이나 책임은 없고 구매자의 결제 시점과 판매자의 인도시점의 차이로 소액의 외환차손익이 발생하여 (갑)이 부담하고 있으나 기간이 단기로 금액은 미미함. 향후 신청인은 경쟁력 제고를 위하여 구매자들에게 '배송비 무료'라는 내용을 오픈마켓에 공지한 후 신청인의 부담으로 배송비를 배송업체에 송금할 예정임.

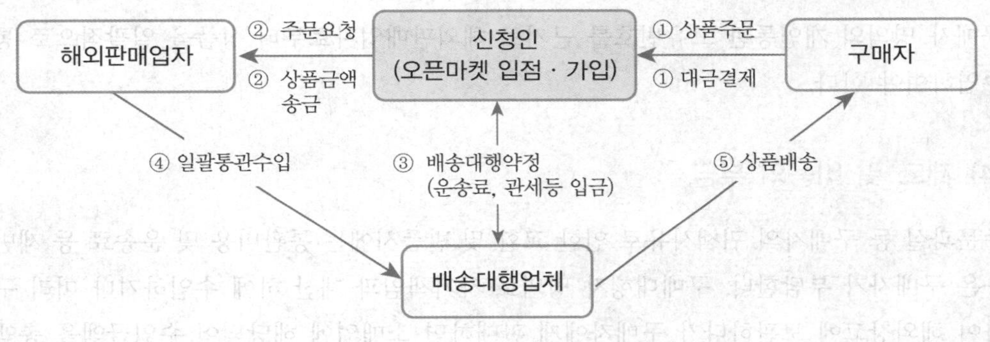


### (2) 구매대행업의 과세표준 : 구매대행수수료

해외직구대행업을 영위하는 사업자가 온라인 상품중개 플랫폼(이하 "오픈마켓")에 입점하여 해당 오픈마켓에서 해외상품 구매를 원하는 자로부터 상품의 구매대행을 의뢰받아 국내 오픈마켓에 등록(입점)한 다른 해외직구대행사업자에게 주문 요청하여 단순히 구매를 대행하고 그 대가로 대행수수료를 지급받는 경우 「부가가치세법」 제29조 제3항 제1호에 따라 대행수수료가 공급가액이 되는 것이다(서면-2022-법규부가-3073, 2022. 11. 9).

## 3. 국세청 소명자료에 대한 대응방안

해외직구대행업은 중개수수료에 해당되는 금액만 부가가치세 과세표준이 된다. 그러나 국세청에서 도·소매업으로 보아 고객으로부터 받은 총금액에 대하여 부가가치세 과세를 하는 경우가 발생할 수 있는데 이에 대하여 사업초기부터 철저한 준비와 대응이 필요하다.

### (1) 사업자등록 신청시 업종기재

해외구매대행의 업종코드는 525105(해외구매대행) 또는 749609(사업지원서비스업)으로 하여야 한다.

### (2) 중개수수료와 수탁비용의 구분관리

상품구매비용, 배송료 등 수탁비용과 중개대행수수를 명확히 구분관리하여야 한다.

### (3) 수입의 주체 : 구매자

구매자 명의의 개인통관 고유번호를 근거로 해외판매업자로부터 상품을 일괄적으로 통관수입하여야 한다.

### (4) 재고 및 비용의 부담

주문과실 등 구매자의 귀책사유로 인한 교환 및 반품시에는 통관비용 및 운송료 등 제반비용은 구매자가 부담한다. 구매대행자 명의로 자기책임과 계산 하에 수입하거나 미리 구매하여 해외창고에 보관하다가 구매자에게 판매하면 소매업에 해당되어 수입금액을 총액으로 인식하여야 한다.

### (5) 구매대행 입증자료 비치

네이버스마트스토어, 11번가, 지마켓, 옥션 등의 판매주문내역과 발주처, 송금내역 등을 갖춰놓아야 한다. 즉, 수입대행업을 영위함을 입증하기 위해서는 세관장으로부터 교부받은 특별통관대상 업체 지정서, 국내 소비자와의 주문내역서, 특송업체의 운송장, 외화입금증명서 등을 구비하여야 한다.

# 제9장

# 제조업의 회계와 세무실무

## 제1절 개 요

### I 제조업의 특성

#### 1. 제조업의 정의

제조업이란 물질 또는 구성요소에 물리적, 화학적 작용을 가하여 새로운 제품으로 전환시키는 산업활동을 말한다. 제조업에서 생산된 제품은 도매 또는 소매형태로 판매된다. 따라서 단순히 상품을 선별, 분할, 포장 등과 같이 그 상품의 본질적 성질을 변화시키지 않는 처리활동은 제조업으로 보지 않는다.

#### 2. 한국표준산업분류상 분류

##### (1) 정의

제조업이란 원재료(물질 또는 구성요소)에 물리적, 화학적 작용을 가하여 투입된 원재료를 성질이 다른 새로운 제품으로 전환시키는 산업활동을 말한다. 따라서 단순히 상품을 선별 · 정리 · 분할 · 포장 · 재포장하는 경우 등과 같이 그 상품의 본질적 성질을 변화시키지 않는 처리활동은 제조활동으로 보지 않는다. 이러한 제조활동은 공장이나 가내에서 동력기계 및 수공으로 이루어질 수 있으며 생산된 제품은 도매나 소매형태로 판매될 수도 있다.

##### (2) 원재료 및 생산품의 유통

제조업체에서 사용되는 원재료에는 농 · 임 · 수산물, 광물뿐만 아니라 다른 제조업체에서 생산되는 제품(중간제품 또는 반제품)이 포함될 수 있다. 예를 들면 제련한 동은 동선 제조용 원재료가 되며 동선은 전기용품 제조용의 원재료가 된다. 이러한 원재료는 생산자로부터 직접 구입하거나 시장을 통하여 획득할 수 있으며 동일 기업 내에 있는 한 사업체에서 다른 사업체로 생산품을 이전함으로써 확보할 수 있다. 이러한 제조업체의 생산은 일반 소비자의 주문에 의하여 이루어질 수도 있으나 통상적으로 도ㆍ소매시장, 공장간 이동, 산업 사용자의 주문에 의하여 이루어진다.

### (3) 타산업과의 관계

① 구입한 기계부품의 조립은 제조업으로 분류된다. 그러나 교량, 물탱크, 저장 및 창고설비, 철도 및 고가도로, 승강기 및 에스컬레이터, 배관, 소화용 살수장치, 중앙난방기, 통풍 및 공기조절기, 조명 및 전기배선 등과 같은 건물조직 및 구조물의 규격제품이나 구성부분품을 건설현장에서 조립 설치하는 산업활동은 "F : 건설업"의 적합한 항목에 각각 분류된다.

② 사업체에 산업용 기계 및 장비의 조립 및 설치를 전문적으로 수행하는 산업활동은 해당 기계 및 장비를 제조하는 산업과 같은 항목에 분류된다.

③ 제조업 또는 도ㆍ소매업 사업체가 기계 및 장비를 판매하는 과정에서 부수적으로 해당 기계 및 장비를 조립 또는 설치하는 경우는 그 사업체의 주된 활동에 따라 제조업 또는 도ㆍ소매업에 분류된다.

④ 각종 상품을 본질적으로 개조, 개량 또는 재생하는 산업활동은 제조업으로 본다.

⑤ 기계 및 장비의 전용 구성부분품, 부속품, 부착물 및 부품을 주로 조립하여 제조하는 사업체는 원칙적으로 그 구성부분품, 부속품, 부품이 사용될 기계 및 장비의 제조업과 동일한 항목에 분류한다. 그러나 이들의 구성부분품 및 부속품이 금속의 주조ㆍ단조ㆍ압형 및 분말야금 방법이나 고무, 플라스틱의 사출 및 압축성형 등에 의하여 제조되는 경우는 그 재료 및 가공ㆍ성형방법에 따라 각각 분류된다.

⑥ 엔진, 피스톤, 전기모터, 전기조립품, 밸브, 기어, 롤러베어링 등과 같은 기계장비의 일반(범용성) 구성부분품 및 부품을 제조할 경우에는 그 제품들이 결합되어 사용되는 기계나 장비에 관계없이 이들 구성부분품 및 부품의 종류에 따라 해당 산업영역에 분류된다.

⑦ 인쇄 및 인쇄 관련 서비스업은 제조업으로 분류된다.

⑧ 제조공장 설비를 갖추고 수수료 또는 계약에 의하여 타인 또는 타사업체에서 주문받은 특정제품을 제조하여 납품하는 경우는 "1340 섬유 및 염색가공업", "금속열처리, 도금 및 기타 처리업", "2592 인쇄 및 관련서비스업"을 제외하고는 그 제조되는 제품의 종류에 따라 제조업의 적합한 산업항목에 각각 분류된다.

⑨ 자기가 특정 제품을 직접 제조하지 않고, 다른 제조업체에 의뢰하여 그 제품을 제조케

하여, 이를 인수하여 판매하는 경우라도 다음의 4가지 조건이 모두 충족된다면 제조업으로 분류된다.

1) 생산할 제품을 직접 기획(고안 및 디자인, 견본제작 등)하고,

2) 자기계정으로 구입한 원재료를 계약사업체에 제공하여

3) 그 제품을 자기명의로 제조케 하고,

4) 이를 인수하여 자기책임 하에 직접 시장에 판매하는 경우

## 3. 세법상 제조업의 범위

### (1) 부가가치세법

#### 1) 제조업의 범위

사업자가 새로운 재화를 제조·가공하는 인적, 물적설비를 갖춘 장소에서 다음 예시하는 행위를 계속적으로 행하는 경우에는 제조업에 해당된다(부기통 2-4-1).

① 광업권 소유자가 광구 이외의 지역에 제련 또는 선광시설을 하고 자기가 채굴한 광물을 제련 또는 선광하는 경우

② 도정업과 제분업

③ 화장지 원지 및 필름 등을 구입하고 이를 절단하여 포장 판매하는 경우

④ 타인소유 제조장을 임차하여 당해 제조장을 이용하여 제조가공업을 영위하는 경우

#### 2) 타사업과의 구분기준

**① 위탁가공, 판매하는 사업자의 형태**

사업자가 제조장을 설치하지 아니하고 타 제조업자에게 위탁가공(외주가공)하여 판매하는 사업은 도매업 또는 소매업에 해당된다. 다만, 다음의 조건을 모두 충족하는 경우에 한하여 자기가 직접 제조하지 아니하고 타 제조업자에게 위탁하여 제조하는 경우에도 제조업을 영위하는 것으로 본다.

㉠ 생산할 제품을 직접 기획(고안 및 디자인, 견본제작 등)하고

㉡ 자기소유의 원재료를 계약업체에 제공하여

㉢ 그 제품을 자기명의로 제조하게 하고(자기상표 부착방식)

㉣ 이를 인수하여 자기책임 하에 직접 판매하는 경우

**② 일부 위탁제조·가공하는 경우의 업태**

제조장을 설치하고 재화를 제조·가공하는 사업자가 다음의 행위를 하는 경우에는 제

조업을 영위하는 것으로 본다(부기통 2-4-4).

㉠ 계약된 수량의 일부를 약정된 기일 내에 제조·가공할 수 없어 일시적으로 위탁제조·가공하여 공급하는 경우

㉡ 제품 제조공정의 일부를 다른 사업자에게 위탁가공하게 하여 동 제품을 완성하는 경우

#### ③ 수탁 가공하는 사업자의 업태

사업자가 주요자재의 전부 또는 일부를 부담하고 상대방으로부터 인도받은 재화에 공작을 가하여 새로운 재화를 만드는 사업은 제조업에 해당하는 것이나, 인도받은 재화에 주요자재를 부담하지 아니하고 가공만 하는 것은 용역에 해당된다.

[임가공형태의 업종구분]

| 업종구분 | 부가가치세법 | 적용범위 및 분류기준 | 부가가치율 |
|---|---|---|---|
| 제 조 | 재화의 공급 | 주요자재의 전부·일부 부담 | 낮음(주요자재 매입) |
| 서비스 | 용역의 공급 | 주요자재를 전혀 부담하지 않고 단순가공<br>(기준경비율 코드: 749604) | 높음(인건비 비중 큼) |

#### ④ 기타 형태

㉠ 도시락을 제조하여 도매 또는 소매상에게 판매하는 경우는 제조업에 해당되나, 접객시설을 갖추고 구내에서 소비를 목적으로 도시락을 제조·판매하는 경우는 음식점업에 해당되며, 음식점업자가 주문에 의하여 일시적으로 도시락을 제조·판매하는 것은 음식점업의 부수수익에 포함된다(부가 1265-236, 1981. 1. 31).

㉡ 사업자가 일정한 장소에 접객시설을 갖추지 아니하고 고객의 주문없이 김밥을 만들어 직접 판매하거나 다른 도매업자 등에 판매하는 것을 주로 하는 경우에는 제조업 중 기타 식료품 제조업에 해당한다(부가 1265-1969, 1983. 9. 15).

㉢ 철판을 절단하여 판매하는 경우 수요자가 요구하는 상태로 단순 절단하여 판매하는 경우에는 도매업에 해당되며, 수요자의 요구에 의하지 아니하고 사업자가 미리 특정규격으로 절단하여 판매하는 경우에는 제조업에 해당된다(부가 22601-1652, 1990. 12. 8).

### (2) 소득세법

#### ① 제조업의 범위

1. 자기가 제품을 직접 제조하지 아니하고 제조업체에 의뢰하여 제조하는 경우로서 다

음 각목의 요건을 충족하는 경우는 제조업으로 본다(소득령 31).

가. 생산할 제품을 직접 기획(고안 및 디자인, 견본제작 등을 포함한다)할 것

나. 그 제품을 자기명의로 제조할 것

다. 그 제품을 인수하여 자기 책임 하에 직접 판매할 것

② **농업 등에 발생한 소득의 구분**(소기통 19-1)

㉠ 지방세법 제197조 제1호에 규정하는 전·답·과수원 등의 농지에서 작물을 생산하여 발생한 소득은 법에서 규정하는 과세소득에 해당되지 아니한다.

㉡ 농지에서 생산한 작물을 판매장을 특설하여 판매하는 경우에는 판매장을 특설하여 판매함으로써 추가로 발생되는 소득은 도매업 또는 소매업에서 발생한 소득으로 본다.

㉢ 제조장을 특설하여 자기가 생산한 작물을 원료로 하여 제품을 생산하거나 가공하여 판매할 때에는 제조장 특설로 인하여 추가로 발생되는 소득은 제조업에서 발생한 소득으로 본다.

③ **축산업과 제조업의 범위**

㉠ 축산업을 영위하는 사업자가 사업용 고정자산에 속하는 가축을 판매하고 얻은 수입금액은 축산업에서 발생한 수입금액으로 본다.

㉡ 자기사업장에서 사육한 가축을 자기소유의 도축장에서 도살·해체·냉동가공한 후 지육으로 판매할 때에는 제조업으로 구분하여 과세한다.

④ **빵·과자 등을 직접 제조하여 최종소비자에게 판매하는 경우**

사업자가 일정한 장소에 제조시설을 갖추고 빵·식빵·생과자 등을 제조하여 접객시설 없이 최종소비자에게 판매하는 경우에는 제조업에 해당하며, 접객시설을 갖춘 구내 또는 특정장소에서 판매하는 경우에는 음식점업에 해당하는 것으로, 구체적인 사업구분은 사업의 실질내용에 따라 사실판단할 사항이다(소득 46011-394, 2000. 3. 30).

### (3) 조세특례제한법

#### 1) 중소기업특별세액감면대상의 제조업의 범위(조특칙 4의 2)

① 조세특례제한법 시행령 제2조 제1항 각 호 외의 부분 본문에서 "기획재정부령이 정하는 사업"이라 함은 자기가 제품을 직접 제조하지 아니하고 제조업체(사업장이 국내 또는 「개성공업지구 지원에 관한 법률」 제2조 제1호에 따른 개성공업지구에 소재하는 업체에 한한다)에 의뢰하여 제조하는 사업으로서 그 사업이 다음 각 호의 요건을 충

족하는 경우를 말한다.

1. 생산할 제품을 직접 기획(고안·디자인 및 견본제작 등을 말한다)할 것
2. 당해 제품을 자기명의로 제조할 것
3. 당해 제품을 인수하여 자기책임 하에 직접 판매할 것

### 2) 해석 사례

**① 국외제조업체에 의뢰하여 제조하는 경우 제조업 해당 여부**

조세특례제한법 시행규칙 제2조 제1항의 규정을 적용함에 있어 법인이 자기가 제품을 직접 제조하지 아니하고 국외에 소재하는 제조업체에 의뢰하여 제품을 제조하는 경우 제조업의 범위에 포함되지 아니하는 것이다(조세지출예산과-421, 2004. 6. 18).

**② 해외기업에 위탁하여 제조하고 국내외에 판매하는 경우**

조세특례제한법 시행규칙 제2조 제1항의 규정을 적용함에 있어 같은 항 각 호의 요건을 모두 충족하는 법인이 자기가 제품을 직접 제조하지 아니하고 국외에 소재하는 제조업체에 의뢰하여 제품을 제조하는 경우 동 사업은 제조업의 범위에 포함되지 않는 것이다(서이-454, 2004. 3. 16, 같은 뜻 서이-1305, 2004. 6. 22 및 서이 46012-11734, 2003. 10. 6).

[위탁형태의 간주제조업의 관련규정상 비교]

| 위탁가공의 요건 | 표준산업분류 | 부가세법 | 소득세법 | 조특법 |
|---|---|---|---|---|
| 생산할 제품 직접 기획 | ○ | ○ | ○ | ○ |
| 자기소유의 원재료 제공 | ○ | ○ | × | × |
| 자기명의 제조 | ○ | ○ | ○ | ○ |
| 자기책임 하에 판매 | ○ | ○ | ○ | ○ |

※ 위탁가공형태의 간주제조업의 범위가 한국표준산업분류와 부가가치세법의 규정은 동일하나 소득세법과 조세특례제한법에서는 "자기소유의 원재료를 계약업체에 제공"의 요건은 규정하고 있지 않다.

### 부가가치세 집행기준 2-4-3 재화를 공급하는 사업의 구분 사례

① 제조업

1. 원재료에 물리적, 화학적 작용을 가하여 투입된 원재료를 성질이 다른 제품으로 전환시키는 산업활동을 말한다. 다만, 단순히 상품을 선별·정리·분할·포장·재포장하는 경우 등과 같이 그 상품의 본질적 성질을 변화시키지 않는 처리활동은 제조활동으로 보지 아니한다.
2. 사업자가 새로운 재화를 제조·가공하는 인적·물적 설비를 갖춘 장소에서 다음에 예시하는 행위를 계속적으로 행하는 경우에는 제조업에 해당한다.
   가. 도정업과 제분업(떡방앗간을 포함한다)
   나. 화장지 원지 및 필름 등을 구입하고 이를 절단하여 포장·판매하는 경우
   다. 타인 소유 제조장을 임차한 후 해당 제조장을 이용하여 제조·가공업을 영위하는 경우
3. 계약된 수량의 일부를 약정된 기일 내에 제조·가공할 수 없어 일시적으로 위탁제조·가공하여 공급하거나, 제품 제조공정의 일부를 다른 사업자에게 위탁하여 제품을 완성하는 경우
4. 수탁가공하는 사업
   사업자가 거래상대방으로부터 인도받은 재화에 주요 자재의 전부 또는 일부를 부담하여 새로운 재화를 만드는 사업은 제조업에 해당한다.
5. 위탁가공·판매사업
   사업자가 특정제품을 자기가 직접 제조하지 않고 다른 제조업체에 의뢰하여 제조케 하여 이를 판매하는 경우에도 다음의 요건이 모두 충족되면 제조업에 해당한다.
   가. 생산할 제품을 직접 기획(고안, 디자인 및 견본제작 등)하고
   나. 자기 소유의 원재료를 다른 계약사업체에 제공하여
   다. 그 제품을 자기 명의로 제조하게 하고(자기 명의로만 된 고유상표를 부착하는 경우를 말하며, 거래처의 상표를 부착하거나 O.E.M. 방식 및 상표 부착 없이 판매하는 경우에는 이에 포함하지 않음)
   라. 이를 인수하여 자기의 책임으로 직접 판매하는 경우
6. 생선의 뼈·내장 등의 제거 및 공급업
   사업자가 시설을 갖춘 장소에서 생선의 머리·뼈·내장 등을 제거하여 사람이 소비하기에 적합한 상태로 공급하거나 구입한 생선을 그대로 냉동하여 공급하는 경우에는 제조업에 해당한다. 다만, 단순히 세척·포장하고 신선도를 유지하기 위하여 일정한 온도로 냉장하는 경우에는 도매업 또는 소매업에 해당한다.

## Ⅱ 제조업의 회계실무

### 1. 제조업 회계

제조업 회계는 일반상기업의 회계와는 달리 제조원가명세서의 작성이 요구된다. 제조원가명세서를 작성하기 위해서는 제조활동과 관련된 원가와 제조원가와 관련 없는 기간원가와의 구분이 필요하다. 또한 제조원가 중 재료비·노무비·경비의 분류와 직접원가와 간접원가의 분류, 간접원가의 공통비 배부문제가 발생한다. 또한 제품매출 발생시 재공품과 제품, 매출원가 등의 평가문제가 발생한다.

#### (1) 제조원가와 비제조원가(기간원가)

제조활동과 관련하여 발생된 원가를 제조원가라 하고 제조활동과 관련없는 판매비와 관리비 등을 기간원가라고 하며 기간원가는 당기비용으로 처리한다.

[제조원가와 기간원가의 구분]

| 구 분 | 제 조 원 가 | 기 간 원 가 |
|---|---|---|
| 재료비 | 원재료·부재료 매입 | 사무실 소모품 구입 |
| 인건비 | 생산직 임직원의 임금 | 판매관리부서 임직원의 급료 |
| 감가상각비 | 공장건축물, 기계장치 | 본사건물, 차량운반구 |
| 수선비 | 공장건축물, 기계장치 | 본사건물, 차량운반구 |
| 수도광열비 | 공장 관련 | 본사·영업 관련 |
| 세금과공과 | 공장 관련 | 본사·영업 관련 |
| 기타경비 | 공장 관련 | 본사·영업 관련 |

#### (2) 제조원가의 분류

##### ① 재료비

제품을 생산하기 위하여 투입된 원재료의 원가로, 특정제품을 생산하는 데 직접 관련성이 있으면 직접재료비(원재료비)로, 직접 관련성이 없으면 간접재료비(부재료비)로 분류한다.

##### ② 노무비

제품을 생산하기 위하여 당기에 발생한 생산직 임직원에게 지급한 임금을 말한다.

③ **경비**

재료비, 노무비 이외의 제품생산에 투입된 비용의 지출액을 말한다. 이에는 외주가공비, 세금과 공과, 감가상각비, 접대비 등이 포함된다.

### (3) 재공품

제조과정 중에 있는 미완성된 제조원가를 말한다. 재고자산으로 분류한다.

## 2. 제조원가명세서의 작성

### (1) 재료비의 회계처리

① **재료 구입시**

| (차) 원재료 | ××× | (대) 매입채무 | ××× |
|---|---|---|---|

② **재료 투입시**

| (차) 재료비 (재공품 · 제조간접비) | ××× | (대) 원재료 | ××× |
|---|---|---|---|

### (2) 노무비

① **노무비 발생시**

| (차) 노무비 | ××× | (대) 미지급노무비 | ××× |
|---|---|---|---|

② **노무비 지급시**

| (차) 미지급노무비 | ××× | (대) 현금 및 현금성자산 | ××× |
|---|---|---|---|

③ **제조과정 대체시**

| (차) 재공품(직접노무비) | ××× | (대) 노무비 | ××× |
|---|---|---|---|
| 제조간접비(간접노무비) | ××× | | |

### (3) 경비

① **발생시**

| (차) 제조경비 | ××× | (대) 미지급경비 | ××× |
|---|---|---|---|

② 경비 지급시

| | | | |
|---|---|---|---|
| (차) 미지급경비 | ××× | (대) 현금및현금성자산 | ××× |

③ 제조과정 대체시

| | | | |
|---|---|---|---|
| (차) 재공품(직접경비) | ××× | (대) 경　비 | ××× |
| 제조간접비(간접경비) | ××× | | |

### (4) 제조간접비 재공품계정에 배부시

| | | | |
|---|---|---|---|
| (차) 재공품 | ××× | (대) 제조간접비 | ××× |

### (5) 제품완성 · 판매시

| | | | |
|---|---|---|---|
| (차) 재공품 | ××× | (대) 제조간접비 | ××× |
| 매출원가 | ××× | 제 품 | ××× |

양식

[별지 제19호 서식]

# 제조원가명세서

(단위 : 원 또는 천원)

| 과 목 | 금 | 액 |
|---|---|---|
| Ⅰ. 재 료 비 | | |
| 1. 기 초 원 재 료 재 고 액 | | |
| 2. 당 기 원 재 료 매 입 액 | | |
| 계 | | |
| 3. 원 재 료 대 체 출 고 | | |
| 4. 기 말 원 재 료 재 고 액 | | |
| Ⅱ. 노 무 비 | | |
| 1. 급 여 | | |
| 2. 퇴 직 급 여 | | |
| 3. 일 용 급 여 | | |
| Ⅲ. 경 비 | | |
| 1. 복 리 후 생 비 | | |
| 2. 감 가 상 각 비 | | |
| 3. 세 금 과 공 과 | | |
| 4. 지 급 임 차 료 | | |
| 5. 기 타 | | |
| Ⅳ. 당 기 총 제 조 비 용 | | |
| Ⅴ. 기 초 재 공 품 재 고 액 | | |
| Ⅵ. 타 계 정 에 서 대 체 액 | | |
| 합 계 | | |
| Ⅶ. 타 계 정 대 체 액 | | |
| Ⅷ. 기 말 재 공 품 재 고 액 | | |
| Ⅸ. 당 기 제 품 제 조 원 가 | | |
| | | |

2204-20A
1981. 3. 18 승인

190㎜ × 268㎜
(인쇄용지 특급 40g/㎡)

[제조원가 명세서의 세무상 검토]

## 1. 기말원재료 · 재공품 · 제품재고액의 평가의 적정성을 검토한다.

① 기업회계는 재고자산을 저가법으로 강제적으로 평가하나 법인세법은 원가법이 원칙이며 저가법으로 신고한 경우에 한하여 저가법을 적용한다. 따라서 기업회계상 재고자산을 적정하게 평가(저가법)했을 경우 법인세법상 재고자산 평가방법을 신고하지 아니한 경우 재고자산평가손실에 대한 세무조정을 하여야 한다.

② 재고자산은 종류별(제품, 반제품 및 재공품, 원재료, 저장품) · 영업장별로 각각 다른 평가방법을 적용할 수 있다.

③ 저가법으로 평가방법을 신고하는 경우 시가와 비교될 원가법을 함께 신고하여야 한다.

④ 원가법 하에서도 재고자산이 파손 · 부패 등의 사유로 인하여 정상가격으로 판매할 수 없는 경우에는 결산조정에 의하여 처분가능한 시가로 평가할 수 있다. 이 경우에는 반드시 재고자산 폐기와 관련된 입증자료를 갖추어 놓아야 한다.

## 2. 타계정대체액의 내용을 검토한다.

① 의의

기업이 판매목적으로 생산한 제품이나 구입한 상품을 자가소비하는 경우, 기부나 접대하는 경우, 연구개발용으로 사용하는 경우 등 본래의 판매용도와 다르게 사용 · 소비하는 경우에는 그 대체내용을 나타내는 과목으로 기말재공품 재고액 다음에 그 대체액을 당기총제조비용에서 차감하는 형식으로 기재하거나 대체내용이 다양한 경우 타계정대체액이라는 과목으로 일괄기재하고 그 내용을 주석으로 기재한다.

(차) 재고평가손실(기부금 · 접대비) ××× (대) 재고자산(제품 등) ×××
(매출원가 또는 영업외비용)

② 부가가치세 과세대상 여부 검토

타계정대체로 회계처리한 경우 그 용도가 무엇인지에 따라 부가가치세 과세 여부가 달라진다. 즉 제품이나 상품을 종업원의 선물용이나 거래처에 접대목적으로 증여한 경우 부가가치세법상 간주공급에 해당되어(당초 매입세액 공제받은 경우에 한함) 부가가치세가 과세된다.

③ 세무조정 대상 확인

거래처에 증여(사업상증여)하거나 제3자에게 사업과 관련 없이 기부하는 경우 접대비 또는 기부금에 대한 시부인계산을 하여야 한다.

④ **근로소득 원천징수 여부 검토**

자기사업을 위하여 생산하거나 취득한 재화를 종업원에게 무상으로 공급하고 타계정대체로 처리한 경우 현물급여로 보아 원천징수를 하여야 한다.

⑤ **비유동자산으로 대체시의 처리 검토**

판매업을 영위하는 법인이 재고자산으로 보유하고 있는 PDP(벽걸이 TV)를 판매하지 않고 광고선전 등의 목적으로 진열·설치하여 전시품으로 사용하는 경우에 당해 자산의 감가상각비 등의 비용은 법인의 광고선전비로서 이를 손금에 산입하는 것이다(서면2팀-14, 2006. 1. 5).

## Ⅲ 제조업의 세무실무

### 1. 부가가치세 실무

#### (1) 사업장

제조업의 사업장은 최종제품을 완성하는 장소이다. 따라서 단순히 제품의 포장만을 하거나 충전만을 하는 장소는 사업장이 아니다. 또한, 최종제품을 완성하기 전단계인 원재료구입, 반제품, 재공품 등의 생산장소는 사업장이 아니나 사업자의 신청에 의하여 등록할 수도 있다. 제조업자가 개인인 경우 기존사업장 이외의 신설사업장을 설치하는 경우 반드시 업종이 동일하여야 기존사업장에서 매입세액공제를 받을 수 있다.

예를 들면, 서울에서 다방업을 영위하는 개인사업자가 대전에 제조장을 신설하는 경우 신설제조장관련 매입세액은 기존사업장에서 공제받을 수 없는 것이다(소비 22601-94, 1988. 2. 1).

#### (2) 과세유형

제조업은 부가가치세 과세대상으로 간이과세 적용이 배제된다. 다만, 주로 최종소비자에게 직접 재화를 공급하는 사업으로서 다음에 해당하는 경우에는 간이과세를 적용받을 수 있다(부칙 71 ①).

① 과자점업
② 도정업과 제분업(떡방앗간을 포함한다)
③ 양복점업
④ 양장점업
⑤ 양화점업

⑥ 기타 자기가 공급하는 재화의 100분의 50 이상을 최종소비자에게 공급하는 사업으로서 국세청장이 정하는 것

### (3) 과세대상

제조업은 부가가치세법상 재화의 공급에 해당되어 부가가치세가 과세된다. 따라서 재화를 특수관계자에게 무상으로 제공하는 경우에는 시가를 과세표준으로 하여 부가가치세를 납부하여야 한다. 또한 자기가 생산한 제품을 개인적 목적이나 종업원에게 무상으로 증여한 경우나 거래처에게 기증한 경우에는 재화의 공급으로 의제되어 시가상당액을 과세표준으로 한다.

### (4) 의제매입세액공제

제조업자가 농·축·수·임산물을 면세로 공급받아 과세재화를 제조창출하여 공급하는 경우에는 구입가액의 2/102(① 과자점업, 도정업, 제분업, 떡방앗간을 운영하는 개인 6/106, ② ①을 제외한 개인, 중소기업 4/104)를 매출세액에서 공제할 수 있다. 제조업자가 의제매입세액공제를 받기 위해서는 계산서, 신용카드매출전표를 수취하여야 한다. 다만, 농어민으로부터 직접 구입하는 경우에는 농어민의 주민등록번호가 기재된 일반영수증을 발급받아도 공제가 가능하다.

예를 들면, 피혁제조업을 영위하는 사업자가 부가가치세의 면제를 받아 공급받은 소 또는 말의 원피를 원재료로 하여 제조 또는 가공한 재화의 공급에 대하여는 의제매입세액공제를 받을 수 있는 것이다(부가 22601-1503, 1989. 10. 18). 한편 의제매입세액이 공제되는 원재료의 기말재고에 대한 평가는 공급받은 가액에서 의제매입세액상당액을 차감하여 평가한다(법기통 42-74-4).

### (5) 세금계산서의 발급

제조업자는 세금계산서 발급의무를 지므로 최종소비자에게 판매하는 경우에도 세금계산서를 발급하거나 신용카드매출전표를 발행하여야 한다. 다만, 자기가 제조한 재화를 **통신판매의 형태**로 사업자가 아닌 최종 소비자에게 직접 판매하는 경우에는 영수증을 교부할 수 있는 것으로, 세금계산서 미발급가산세가 적용되지 아니한다(서삼-623, 2005. 5. 9).

신용카드를 선발행한 경우 세금계산서를 발급할 수 없다. 다만, 세금계산서 발급분에 대하여 결제목적으로 신용카드를 발행할 수 있다. 이 경우 세금계산서 발급과 신용카드발행을 이중으로 하는 경우 반드시 신용카드매출전표발행금액 등 집계표상의 세금계산서 발급

과 함께 발행한 신용카드매출전표 금액(⑧)에 표시하여야 한다. 추후에 관할세무서로부터 신용카드 매출누락혐의로 자료 요구시 소명하여야 하기 때문이다.

### (6) 신용카드발행세액공제

사업자가 제품을 제조하여 전자상거래 방식으로 판매하고 신용카드매출전표를 발행하는 경우 「부가가치세법」 제46조 제1항에 따른 신용카드매출전표의 발행에 대한 세액공제를 받을 수 없는 것이다(사전-2020-법령해석부가-1137, 2020. 12. 31).

### (7) 사업양도 해당 여부

부가가치세법 제6조 제6항에서 재화의 공급으로 보지 아니하는 사업의 양도는 사업장별로 그 사업에 관한 모든 권리(미수금에 관한 것을 제외함)와 의무(미지급금에 관한 것을 제외함)를 포괄적으로 승계시키는 것으로, 제조업을 영위하는 사업자가 당해 사업과 관련된 자산, 부채, 인적구성원 등을 포함한 모든 권리·의무를 포괄적으로 승계시키면서 투자유가증권을 제외한 경우에는 재화의 공급으로 보지 아니하는 사업의 양도에 해당하는 것이다(서면3팀-385, 2008. 2. 22).

#### ① 미등록된 건설 중인 제조장의 양도가 사업양도에 해당되는지의 여부

과세사업에 공할 목적으로 건설 중인 독립된 제조장으로서 등록되지 아니한 사업장을 다른 사업자에게 당해 제조장에 관한 모든 권리(미수금에 관한 것을 제외한다)와 의무(미지급금에 관한 것을 제외한다)를 포괄적으로 양도하는 경우에는 사업의 양도로 본다(부기통 10-23-1).

#### ② 제조업자가 토지·건물을 제외한 양도가 사업양도에 해당되는지 여부

제조업을 영위하는 개인사업자가 신설법인에게 자기의 사업용 토지와 건물을 제외하고 사업을 양도하는 경우에는 사업양도에 해당되지 않아 재화의 공급에 해당되며, 이 경우 거래시기에 세금계산서를 교부하지 않은 경우에는 수정세금계산서를 교부할 수 없는 것이다(서면3팀-1955, 2004. 9. 23).

## 2. 소득세 실무

### (1) 총수입금액의 계산

제조업의 총수입금액은 당해 사업과 관련하여 수입하였거나 수입할 금액의 합계액이다. 개인사업자의 경우 재고자산 등의 자가소비도 총수입금액에 해당된다. 즉, 재고자산을 가

사용으로 소비하거나 종업원 또는 타인에게 지급한 경우에도 재고자산의 시가를 총수입금액에 산입하고 원가를 필요경비에 산입한다. 이러한 자가소비에 대하여는 시가를 과세표준으로 하여 개인적 공급 또는 사업상 증여로 부가가치세가 과세된다(소법 24).

㉠ 환입된 물품의 가액과 매출에누리는 당해 연도의 총수입금액의 계산에 있어서 이를 산입하지 아니한다. 다만, 거래수량 또는 거래금액에 따라 상대편에게 지급하는 장려금 기타 이와 유사한 성질의 금액과 대손금은 총수입금액의 계산에 있어서 이를 차감하지 아니한다.

㉡ 외상매출금을 결제하는 경우의 매출할인금액은 거래상대방과의 약정에 의한 지급기일(지급기일이 정하여져 있지 아니한 경우에는 지급한 날)이 속하는 과세기간의 총수입금액 계산에 있어서 이를 차감한다.

→ 매출할인은 매출액에서 차감한다. 다만, 사전약정 없이 비정상적인 할인은 접대비로 본다.

㉢ 거래상대방으로부터 받는 장려금 기타 이와 유사한 성질의 금액은 총수입금액에 이를 산입한다.

→ 판매장려금은 재화나 용역의 공급대가가 아니므로 적격증빙 수수대상이 아니며 영업외수익으로 계상하면 된다.

㉣ 관세환급금 등 필요경비로 지출된 세액이 환입되었거나 환입될 경우에 그 금액은 총수입금액에 이를 산입한다.

→ 간이정액환급 또는 개별환급을 받는 경우 매출원가에서 차감한다.

㉤ 사업과 관련하여 무상으로 받은 자산의 가액과 채무의 면제 또는 소멸로 인하여 발생하는 부채의 감소액은 총수입금액에 이를 산입한다.

→ 사업과 관련 없는 자산수증이익 등은 사업소득에 속하지 아니하며 증여세가 과세된다.

※ 자가소비

거주자가 재고자산 또는 임목을 가사용으로 소비하거나 이를 종업원 또는 타인에게 지급한 경우에도 이를 소비 또는 지급한 때의 가액에 상당하는 금액은 그 날이 속하는 연도의 사업소득금액 또는 기타소득금액의 계산에 있어서 이를 총수입금액에 산입한다(소법 25 ②).

### 소득세 집행기준 26-0-3 동일사업자 내부거래가액의 총수입금액 불산입

다음의 거래는 복수의 사업장을 가진 동일 사업자의 내부거래에 해당하는 것으로 총수입금액에 불산입한다.

1. 제조장과 별도로 직매장을 설치하여 경영하는 사업자가 자기제조장에서 생산한 제품을 판매하기 위하여 직매장에 반출하는 경우

2. 하나의 임가공사업장에서 제조 또는 가공한 물품을 다른 제조사업장에서 제품을 완성하기 위하여 반출하는 경우
3. 하나의 사업장을 폐업하여 판매되지 아니한 재고상품을 타인에게 직접 판매할 목적으로 다른 사업장으로 이전하는 경우

### (2) 필요경비의 계산

제조업의 필요경비는 제품매출액(총수입금액)에 대응하는 비용으로 일반적으로 용인되는 통상적인 것의 합계액으로 한다. 제조업의 필요경비는 주로 제조관련 제품제조원가와 일반판매부서 및 관리부서의 판매비와 일반관리비로 구성된다. 필요경비로 용인되는 것을 예시하면 다음과 같다.

① 제조장 임차에 대한 임차인이 부담한 간주임대료(세금과공과)

② 어음할인료 : 사업자가 사업과 관련하여 어음을 할인하고 지급하는 할인료는 지급처가 분명한 경우에 한하여 필요경비에 산입(이자비용)

③ 금융리스는 취득원가에 계상하여 감가상각하고 운용리스료는 지급임차료로 비용처리한다.

### (3) 재고자산 취득원가 결정

재고자산의 취득가액은 당해 자산의 매입원가 · 제작원가에 부대비용을 가산한 금액으로 한다. 다만, 장기제조 · 건설에 소요되는 차입금에 대한 이자는 인정되지 아니한다. 한편, 원재료 등을 일시적으로 소비대차 한 경우 원료 차용 시에는 대여자의 정당한 매입가액에 의하여 계상하고 상환 시에는 상환하는 원료의 매입가격에 의하여 계상한다(법기통 41-72-2).

### (4) 재고자산의 평가

재고자산의 평가는 세법에서는 원가법이 원칙이며 저가법으로 평가방법을 신고한 경우에 한하여 재고평가손실을 손금산입할 수 있다. 다만, 파손 · 부패 등의 사유로 인하여 정상가액으로 판매할 수 없는 것에 대하여는 처분가능한 시가로 평가할 수 있다(법령 78 ③). 한편 재고자산 평가방법을 원가법으로 신고한 후 저가법으로 변경하는 경우 시가와 비교되는 원가법을 저가법의 우측에 (　　)로 하여 반드시 신고하여야 한다(법인 46012-3670, 1998. 11. 28).

#### ① 불량상품 등의 평가

판매상품 등의 흠으로 새로운 상품 등을 교환하여 준 경우 회수한 상품 등은 영 제78조 제3항의 규정에 의하여 평가할 수 있다(법기통 42-78-2).

#### ② 변질된 제품 및 폐품의 폐기

풍수해, 기타 관리상의 부주의 등으로 품질이 저하된 제품 등을 등급전환 또는 폐기처분하는 경우에는 그 사실이 객관적으로 입증될 수 있는 증거를 갖추어 처리하여야 한다(법기통 42-78-3).

#### ③ 제품을 제조할 수 없는 부품의 감액손실

재고자산 중에서 파손 · 부패 · 기타사유로 인하여 정상가액으로 판매할 수 없는 자산이 있는 때에는 법인세법 시행령 제78조 제3항의 규정에 의거 기타 재고자산과 구분하여 처분가능한 시가로 평가할 수 있는 것이나, 이에 해당하는지는 당해 재고자산의 내용 · 판매여건 · 기타 상품성 등에 따라 사실판단할 사항이다(서이 46012-111, 2003. 6. 9).

### (5) 해외여행경비의 필요경비산입 기준

사업자 또는 종업원이 해외여행에 관련하여 지급하는 여비는 그 해외여행이 당해 사업의 업무수행상 통상 필요하다고 인정되는 부분에 한하여 필요경비에 산입한다. 그 한도를 초과한 금액은 사업자에 대하여는 출자금의 인출로, 종업원의 경우에는 급여로 처리한다. 해외여행시 배우자 또는 친척 등 업무에 종사하지 않는 자의 여행경비를 사업자가 부담하는 경우에는 출자금의 인출로 처리한다.

### (6) 국내여비의 필요경비산입 기준

사업자 또는 종업원의 국내여행에 관련하여 지급하는 여비는 당해 사업의 업무수행상 통상 필요하다고 인정되는 부분의 금액에 한하여 필요경비에 산입하며, 초과되는 부분은 당해 사업자에 대하여는 출자금의 인출로, 종업원에 대하여는 당해 종업원의 급여로 한다. 이 경우 국내여비는 사업자의 업무수행상 필요하다고 인정되는 범위 안에서 지급규정, 사규 등의 합리적인 기준에 의하여 계산하고 거래증빙과 객관적인 자료에 의하여 지급사실을 입증하여야 한다. 다만, 사회통념상 부득이 하다고 인정되는 범위 내의 비용과 당해 사업자의 내부통제기능을 감안하여 인정할 수 있는 범위 내의 금액은 그러하지 아니하다(법기통 19-19-36).

**참 고** **제조업과 생산수율**

**(1) 생산수율의 개념**

생산수율이란 원재료 투입량에 대한 제품 생산량 비율을 의미한다.

$$\left(\frac{\text{제품 생산량}}{\text{원재료 사용량}}\right) \times 100$$

(2) 생산수율의 활용

국세청은 생산수율 자료를 1977년부터 500억 이상의 제조업체들로부터 제출받아 자료로 활용하여 오다가 기업의 부담을 덜어주기 위하여 2007년부터 생산수율 자료제출 제도를 폐지하였다. 다만, 세무조사나 신고내용 분석시 개별업체 특성에 따른 생산수율은 자체적으로 분석하여 성실신고 유인수단으로 계속 활용된다. 생산수율은 다음의 이유로 활용된다.

① 같은 종류의 물건을 생산하는 업체들의 생산수율을 비교·분석하여 세금 신고내용의 적정성을 검토
② 장부 및 증빙자료가 없어 매입 자료에 의해 세금을 추정(추계)하는 경우 생산수율을 근거로 매출 및 수입금액 추정

## 제조업의 조세특례

제조업은 우리나라 산업의 근간이며 경제발전의 원동력이므로 정책적으로 육성하기 위하여 각종 조세지원제도를 두고 있다. 이러한 조세지원제도는 국가에서 보조금을 지원해주는 효과와 동일하므로 조세감면 취지와 맞도록 적정하게 사용되고 운용되는지를 사후관리할 필요가 있다. 따라서 국세기본법 제17조에 다음과 같이 조세감면의 사후관리를 규정함으로써 감면요건의 적정성을 검증하게 된다. 따라서 조세특례를 적용받는 경우에는 그 요건을 면밀히 검토하여야 추후에 추징 등 문제가 발생하지 않는다.

① 정부는 국세를 감면한 경우에 그 감면의 취지를 성취시키거나 국가정책을 수행하기 위하여 필요하다고 인정하는 때에는 세법이 정하는 바에 의하여 감면한 세액에 상당하는 자금 또는 자산의 운용범위를 정할 수 있다.
② 제1항의 규정에 의한 운용범위에 따르지 아니한 자금 또는 자산에 상당하는 감면세액은 세법이 정하는 바에 의하여 감면을 취소하고 징수할 수 있다.

### 1. 조세특례가 적용되는 중소기업의 범위

① 제조업을 영위하여야 한다. 특히 위탁가공의 경우 조세특례제한법 시행규칙 제4조의 2의 요건을 갖추어야 하고 국내에서 생산되는 것에 한하여 제조업으로 본다.
② 규모가 중소기업기본법 시행령 [별표 1]의 요건을 충족하여야 한다.

별표 1 〈개정 2017. 10. 17〉

[주된 업종별 평균매출액 등의 규모 기준(제3조 제1항 제1호 가목 관련)]

| 해당 기업의 주된 업종 | 분류기호 | 규모 기준 |
|---|---|---|
| 1. 의복, 의복액세서리 및 모피제품 제조업 | C14 | 평균매출액 등 1,500억원 이하 |
| 2. 가죽, 가방 및 신발 제조업 | C15 | |
| 3. 펄프, 종이 및 종이제품 제조업 | C17 | |
| 4. 1차 금속 제조업 | C24 | |
| 5. 전기장비 제조업 | C28 | |
| 6. 가구 제조업 | C32 | |
| 7. 농업, 임업 및 어업 | A | 평균매출액 등 1,000억원 이하 |
| 8. 광업 | B | |
| 9. 식료품 제조업 | C10 | |
| 10. 담배 제조업 | C12 | |
| 11. 섬유제품 제조업(의복 제조업은 제외한다) | C13 | |
| 12. 목재 및 나무제품 제조업(가구 제조업은 제외한다) | C16 | |
| 13. 코크스, 연탄 및 석유정제품 제조업 | C19 | |
| 14. 화학물질 및 화학제품 제조업(의약품 제조업은 제외한다) | C20 | |
| 15. 고무제품 및 플라스틱제품 제조업 | C22 | |
| 16. 금속가공제품 제조업(기계 및 가구 제조업은 제외한다) | C25 | |
| 17. 전자부품, 컴퓨터, 영상, 음향 및 통신장비 제조업 | C26 | |
| 18. 그 밖의 기계 및 장비 제조업 | C29 | |
| 19. 자동차 및 트레일러 제조업 | C30 | |
| 20. 그 밖의 운송장비 제조업 | C31 | |
| 21. 전기, 가스, 증기 및 공기조절 공급업 | D | |
| 22. 수도업 | E36 | |
| 23. 건설업 | F | |
| 24. 도매 및 소매업 | G | |
| 25. 음료 제조업 | C11 | 평균매출액 등 800억원 이하 |
| 26. 인쇄 및 기록매체 복제업 | C18 | |
| 27. 의료용 물질 및 의약품 제조업 | C21 | |

| 해당 기업의 주된 업종 | 분류기호 | 규모 기준 |
|---|---|---|
| 28. 비금속 광물제품 제조업 | C23 | |
| 29. 의료, 정밀, 광학기기 및 시계 제조업 | C27 | |
| 30. 그 밖의 제품 제조업 | C33 | |
| 31. 하수·폐기물 처리, 원료재생 및 환경복원업 | E<br>(E36 제외) | |
| 32. 운수 및 창고업 | H | |
| 33. 정보통신업 | J | |
| 34. 산업용 기계 및 기술 서비스업 | C34 | 평균매출액 등 600억원 이하 |
| 35. 전문, 과학 및 기술 서비스업 | M | |
| 36. 사업시설관리, 사업지원 및 임대 서비스업(임대업은 제외한다) | N<br>(N76 제외) | |
| 37. 보건업 및 사회복지 서비스업 | Q | |
| 38. 예술, 스포츠 및 여가 관련 서비스업 | R | |
| 39. 수리(修理) 및 기타 개인 서비스업 | S | |
| 40. 숙박 및 음식점업 | I | 평균매출액 등 400억원 이하 |
| 41. 금융 및 보험업 | K | |
| 42. 부동산업 | L | |
| 43. 임대업 | N76 | |
| 44. 교육 서비스업 | P | |

비고: 1. 해당 기업의 주된 업종의 분류 및 분류기호는 「통계법」 제22조에 따라 통계청장이 고시한 한국표준산업분류에 따른다.

2. 위 표 제19호 및 제20호에도 불구하고 자동차용 신품 의자 제조업(C30393), 철도 차량 부품 및 관련 장치물 제조업(C31202) 중 철도 차량용 의자 제조업, 항공기용 부품 제조업(C31322) 중 항공기용 의자 제조업의 규모 기준은 평균매출액 등 1,500억원 이하로 한다.

③ 소유와 경영의 실질적인 독립성을 갖추어야 한다.

④ 졸업기준 이내이어야 한다.

## 2. 조세특례 적용시 검토할 사항

① **각 개별감면요건의 적정성을 확인한다.**

- 중소기업 해당 여부
- 수도권, 수도권 과밀억제권역 내의 감면배제 등 검토
- 감면의 일몰규정, 적용시기, 적용범위 등 검토
- 최저한세 적용 여부
- 농어촌특별세 과세 여부

② **세액공제의 경우 이월공제 허용 여부를 확인한다.**

③ **수정신고나 경정시 감면이 배제되는지를 검토한다.**

④ **세액감면이나 세액공제신청서를 제출한다.**

- 법인세 감면은 감면요건이 충족되면 당연히 감면되는 것이지 감면신청을 하여야만 감면되는 것은 아니다(대법원 2004. 11. 12 선고 2003두773 판결).
- 당해 사업연도에 납부할 세액이 없는 경우 세액공제신청서를 지연제출하여도 이월하여 세액공제를 받을 수 있다(서면2팀-457, 2005. 3. 29).

⑤ **세액감면의 중복적용 제한 여부를 확인한다. 특정감면의 경우 동일한 사업장에서 동일한 사업연도에 타 세액감면과 중복적용할 수 없다.**

- 동일사업장에서 제조업을 창업한 후 도매업을 추가하여 겸영하면서 명확히 구분경리한 경우, 제조업에서 발생한 소득에 대하여는 창업중소기업세액감면을 적용하고 도매업에서 발생한 소득은 중소기업특별세액감면을 적용할 수 있다(조세-17, 2005. 1. 7).

⑥ **조세감면의 경우 소득구분계산서를 작성하여 감면대상인 소득에 대하여만 감면을 적용했는지를 검토한다.**

- 이자수익, 수입배당금, 유가증권처분이익, 자산수증이익, 정부출연금, 영업손실보상금, 보험차익, 파생상품관련 손익 등은 과세사업관련으로 감면대상이 아니다.

# 다단계판매업

## Ⅰ 개 요

### 1. 정의

#### (1) 다단계판매

다단계판매란 다음의 요건을 모두 충족하는 판매조직을 통하여 재화 등을 판매하는 것을 말한다(방문판매법 2).

① 판매업자에 속한 판매원이 특정인을 해당 판매원의 하위 판매원으로 가입하도록 권유하는 모집방식이 있을 것

② 판매원의 가입이 3단계(다른 판매원의 권유를 통하지 아니하고 가입한 판매원을 1단계 판매원으로 한다. 이하 같다) 이상 단계적으로 이루어질 것. 다만, 판매원의 단계가 2단계 이하라고 하더라도 사실상 3단계 이상으로 관리 · 운영되는 경우로서 대통령령으로 정하는 경우를 포함한다.

③ 판매업자가 판매원에게 제9호 나목 또는 다목에 해당하는 후원수당을 지급하는 방식을 가지고 있을 것

다단계판매업은 주로 건강식품, 세제류 등 생활필수품, 화장품, 전화카드 등 취급품목이 매우 다양하다.

#### (2) 다단계판매자

"다단계판매자"라 함은 다단계판매를 업으로 하기 위하여 다단계판매조직을 개설 또는 관리 · 운영하는 자(다단계판매업자)와 다단계판매조직에 판매원으로 가입한 자(다단계판매원)를 말한다.

### 2. 방문판매 등에 관한 법률의 주요내용

#### (1) 용어의 정의

이 법에서 사용하는 용어의 정의는 다음과 같다(방문판매법 2).

① "방문판매"란 재화 또는 용역(일정한 시설을 이용하거나 용역을 제공받을 수 있는 권

리를 포함한다. 이하 같다)의 판매(위탁 및 중개를 포함한다. 이하 같다)를 업(業)으로 하는 자(이하 "판매업자"라 한다)가 방문을 하는 방법으로 그의 영업소, 대리점, 그 밖에 총리령으로 정하는 영업 장소(이하 "사업장"이라 한다) 외의 장소에서 소비자에게 권유하여 계약의 청약을 받거나 계약을 체결(사업장 외의 장소에서 권유 등 총리령으로 정하는 방법으로 소비자를 유인하여 사업장에서 계약의 청약을 받거나 계약을 체결하는 경우를 포함한다)하여 재화 또는 용역(이하 "재화 등"이라 한다)을 판매하는 것을 말한다.

② "방문판매자"란 방문판매를 업으로 하기 위하여 방문판매조직을 개설하거나 관리·운영하는 자(이하 "방문판매업자"라 한다)와 방문판매업자를 대신하여 방문판매업무를 수행하는 자(이하 "방문판매원"이라 한다)를 말한다.

③ "전화권유판매"란 전화를 이용하여 소비자에게 권유를 하거나 전화회신을 유도하는 방법으로 재화 등을 판매하는 것을 말한다.

④ "전화권유판매자"란 전화권유판매를 업으로 하기 위하여 전화권유판매조직을 개설하거나 관리·운영하는 자(이하 "전화권유판매업자"라 한다)와 전화권유판매업자를 대신하여 전화권유판매업무를 수행하는 자(이하 "전화권유판매원"이라 한다)를 말한다.

⑤ "후원방문판매"란 제1호 및 제5호의 요건에 해당하되, 대통령령으로 정하는 바에 따라 특정 판매원의 구매·판매 등의 실적이 그 직근 상위판매원 1인의 후원수당에만 영향을 미치는 후원수당 지급방식을 가진 경우를 말한다. 이 경우 제1호의 방문판매 및 제5호의 다단계판매에는 해당하지 아니하는 것으로 한다.

⑥ "후원방문판매자"란 후원방문판매를 업으로 하기 위한 조직(이하 "후원방문판매조직"이라 한다)을 개설하거나 관리·운영하는 자(이하 "후원방문판매업자"라 한다)와 후원방문판매조직에 판매원으로 가입한 자(이하 "후원방문판매원"이라 한다)를 말한다.

⑦ "후원수당"이란 판매수당, 알선 수수료, 장려금, 후원금 등 그 명칭 및 지급 형태와 상관없이 판매업자가 다음 각 목의 사항과 관련하여 소속 판매원에게 지급하는 경제적 이익을 말한다.

가. 판매원 자신의 재화 등의 거래실적

나. 판매원의 수당에 영향을 미치는 다른 판매원들의 재화 등의 거래실적

다. 판매원의 수당에 영향을 미치는 다른 판매원들의 조직관리 및 교육훈련 실적

라. 그 밖에 가목부터 다목까지의 규정 외에 판매원들의 판매활동을 장려하거나 보상하기 위하여 지급되는 일체의 경제적 이익

⑧ "계속거래"란 1개월 이상에 걸쳐 계속적으로 또는 부정기적으로 재화 등을 공급하는 계약으로서 중도에 해지할 경우 대금 환급의 제한 또는 위약금에 관한 약정이 있는 거래를 말한다.

⑨ "사업권유거래"란 사업자가 소득 기회를 알선·제공하는 방법으로 거래 상대방을 유인하여 금품을 수수하거나 재화 등을 구입하게 하는 거래를 말한다.

⑩ "소비자"란 사업자가 제공하는 재화 등을 소비생활을 위하여 사용하거나 이용하는 자 또는 대통령령으로 정하는 자를 말한다.

⑪ "지배주주"란 다음 각 목의 어느 하나에 해당하는 자를 말한다.

가. 대통령령으로 정하는 특수관계인과 함께 소유하고 있는 주식 또는 출자액의 합계가 해당 법인의 발행주식총수 또는 출자총액의 100분의 30 이상인 경우로서 그 합계가 가장 많은 주주 또는 출자자

나. 해당 법인의 경영을 사실상 지배하는 자. 이 경우 사실상 지배의 구체적인 내용은 대통령령으로 정한다.

### (2) 방문판매업자 등의 신고 등(방문판매법 5)

① 방문판매업자 또는 전화권유판매업자는 상호·주소·전화번호·전자우편주소(법인인 경우에는 대표자의 성명, 주민등록번호 및 주소를 포함한다) 그 밖에 대통령령이 정하는 사항을 대통령령이 정하는 바에 따라 공정거래위원회 또는 특별시장·광역시장 또는 도지사에게 신고하여야 한다. 다만, 방문판매원 또는 전화권유판매원을 두지 아니하는 소규모방문판매업자 등 대통령령이 정하는 방문판매업자 등과 제13조의 규정에 의하여 등록한 다단계판매업자는 그러하지 아니하다.

② 제1항의 규정에 의하여 신고한 사항에 변경이 있는 때에는 대통령령이 정하는 바에 따라 이를 신고하여야 한다.

③ 제1항의 규정에 의하여 신고한 방문판매업자 등은 그 영업을 휴지 또는 폐지하거나 휴업한 후 영업을 재개하는 때에는 대통령령이 정하는 바에 따라 이를 신고하여야 한다.

### (3) 다단계판매업자의 등록(방문판매법 13)

① 다단계판매업자는 대통령령이 정하는 바에 따라 다음 각 호의 서류를 갖추어 공정거래위원회에 등록하거나 시·도지사에게 등록하여야 한다.

1. 상호 및 주소·전화번호·전자우편주소(법인인 경우에는 대표자의 성명·주민등록번호 및 주소를 포함한다) 등을 기재한 신청서

2. 자본금이 3억원 이상으로서 대통령령이 정하는 규모(5억원) 이상임을 증명하는 서류
3. 제34조의 규정에 의한 소비자피해보상보험계약 등의 체결증명서류
4. 후원수당의 산정 및 지급기준에 관한 서류
5. 재고관리 · 후원수당 지급 등 판매의 방법에 관한 사항을 기재한 서류
6. 그 밖에 다단계판매자의 신원확인을 위하여 필요한 사항으로서 총리령으로 정하는 서류

② 다단계판매업자는 제1항의 규정에 의하여 등록한 사항에 변경이 있는 때에는 대통령령이 정하는 바에 따라 신고하여야 한다.

③ 다단계판매업자는 그 영업을 휴지 또는 폐지하거나 휴업 후 영업을 재개하는 때에는 대통령령이 정하는 바에 따라 이를 신고하여야 한다. 이 경우 그 영업의 폐지를 신고한 때에는 제1항의 규정에 의한 등록은 그 효력을 잃는다.

④ 공정거래위원회는 제1항의 규정에 의하여 등록한 다단계판매업자의 정보를 대통령령이 정하는 바에 따라 공개할 수 있다.

### (4) 다단계판매업자에 관한 정보의 공개

① 법 제13조 제4항의 규정에 따라 공개할 수 있는 정보는 다음 각 호의 사항을 말한다.
1. 다단계판매업자의 등록번호 및 등록일
2. 다단계판매업자의 성명(법인인 경우에는 대표자의 성명) · 상호명 · 소재지 · 전화번호
3. 다단계판매업자가 판매하는 재화 등의 판매품목 및 매출액
4. 후원수당의 산정 및 지급기준
5. 그 밖에 소비자보호 및 거래질서를 유지하기 위하여 필요한 사항으로서 공정거래위원회가 정하는 사항

② 공정거래위원회는 법 제13조 제4항의 규정에 의하여 다단계판매업자의 정보를 공개하는 경우 당해 다단계판매업자에게 공개하는 내용과 방법을 미리 통지하여야 하고, 사실과 다른 내용을 정정할 수 있는 기회를 주어야 한다.

### (5) 방문판매업자 등의 신고절차(방문판매법령 8)

① 법 제5조 제1항 각 호 외의 부분 본문에 따라 신고를 하려는 방문판매업자 등은 총리령으로 정하는 신고서에 자산 · 부채 및 자본금을 증명하는 서류(「상법」에 따른 회사인 경우만 해당하며, 전자문서를 포함한다)를 첨부하여 주된 사무소의 소재지를 관할

하는 특별자치시장 · 특별자치도지사 · 시장 · 군수 · 구청장(자치구의 구청장을 말한다. 이하 같다)에게 제출하여야 한다. 다만, 주된 사무소의 소재지가 외국인 경우에는 공정거래위원회에 제출하여야 한다.

② 제1항에 따라 신고서를 제출받은 공정거래위원회 또는 특별자치시장 · 특별자치도지사 · 시장 · 군수 · 구청장은 「전자정부법」 제36조 제1항에 따른 행정정보의 공동이용을 통하여 다음 각 호의 서류를 확인하여야 한다. 다만, 신고인이 제1호 단서 또는 제2호의 서류 확인에 동의하지 아니하거나 확인이 불가능한 경우에는 해당 서류(제2호의 경우에는 그 사본을 말한다)를 제출하게 하여야 한다.

1. 법인 등기사항증명서(법인인 경우만 해당한다). 다만, 해당 법인의 설립등기 전에 신고를 하는 경우에는 법인 설립을 위한 발기인의 주민등록표 초본으로 한다.
2. 사업자등록증

### (6) 후원수당 산정 및 지급기준 변경(방문판매법령 28)

① 법 제20조 제2항 및 제29조 제3항에 따른 후원수당의 산정 및 지급 기준을 변경하려는 경우에는 변경할 기준, 변경 사유 및 적용일을 명시하여 현행 후원수당의 산정 및 지급 기준과 함께 그 적용일 3개월 이전에 다단계판매원 또는 후원방문판매원에게 통지(전자우편 또는 휴대전화 문자메시지를 이용한 통지를 포함한다)하여야 한다. 다만, 후원수당의 산정 및 지급 기준의 변경이 다단계판매원 또는 후원방문판매원 모두에게 이익이 되거나 다단계판매원 또는 후원방문판매원 전원의 동의를 받은 경우에는 즉시 변경할 수 있다.

② 전자우편 또는 휴대전화 문자메시지를 이용한 제1항의 통지는 사전에 전자우편 또는 휴대전화 문자메시지를 통하여 통지받을 것을 명시적으로 동의한 다단계판매원 또는 후원방문판매원에 대해서만 한다.

③ 제1항에 따른 통지를 할 경우 주소 불명 등의 사유로 개별 통지가 불가능한 다단계판매원 또는 후원방문판매원에 대해서는 제1항에 따른 통지사항을 사보(社報)에 게재하거나 1개월 이상의 기간 동안 홈페이지에 게시함으로써 제1항에 따른 통지를 갈음할 수 있다.

## 3. 다단계판매업의 영업형태

### (1) 영업형태

다단계판매원의 영업형태는 다음과 같이 분류할 수 있다.

① 자가소비형

다단계판매원이 직접 소비할 목적으로 다단계판매업자로부터 물품을 구입하고 그에 따른 후원수당을 지급받는 형태이다. 자가소비만을 위한 판매원은 사업자가 아니다.

② 직접판매형

다단계판매원이 재판매할 목적으로 재화를 구입하고 이를 자기의 하위판매원이나 제3자에게 판매하거나 다단계판매원이 다단계 판매업자에게 상품판매를 알선하여 주고 그 대가로 수수료(후원수당)를 받는 형태이다.

③ 혼합형

다단계판매원이 구입한 물품을 자가소비하거나 하위판매원, 제3자 등에게 판매하는 형태이다.

### (2) 다단계판매업의 판매흐름도

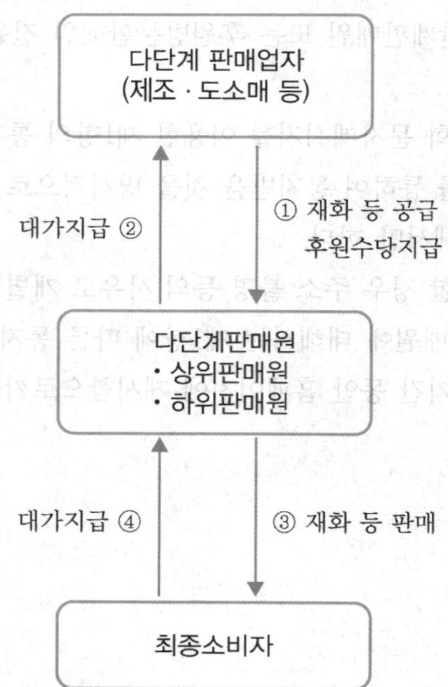

## Ⅱ 다단계판매업의 세무실무

### 1. 부가가치세 실무

#### (1) 업종 및 인격의 구분

다단계판매업은 한국표준산업분류상 달리 분류하지 않고 판매하는 상품에 따라 도매업으로 분류한다. 한편 다단계판매업의 영업형태는 다단계판매업자와 다단계판매원에 의해서 이루어지며 다단계판매업자는 법인기업 또는 개인기업으로 설립이 가능하나 다단계판매원의 경우에는 법인으로 설립할 수 없으며 개인으로만 가능하다(방문판매법 15 ② 3호).

#### (2) 과세대상 여부

다단계판매업자가 다단계판매원에게 부가가치세가 과세되는 재화나 용역을 공급하는 경우에는 부가가치세가 과세된다. 다만, 다단계판매원에게 지급하는 후원수당은 부가가치세가 면제된다(부령 42). 즉, 「방문판매 등에 관한 법률」에 규정된 다음의 자가 판매실적에 따라 대가를 받는 용역은 부가가치세가 면제된다. 다만, 다단계판매원은 후원수당을 지급받는 분에 한한다.

① 방문판매원
② 방문판매업자로부터 사업장의 관리·운영의 위탁을 받은 자
③ 다단계판매원

**1) 상위판매원(도·소매업)**

다단계판매원이 판매목적으로 다단계판매업자로 구입하는 물품은 재화의 공급에 해당되어 부가가치세가 과세된다. 따라서 다단계판매업자로부터 세금계산서를 수취하여야 한다. 또한 다단계판매원이 재화를 자가소비하거나 하위판매원 또는 불특정다수인에게 증여하는 경우에는 자기가 공급한 재화의 시가를 과세표준으로 하여 부가가치세가 과세된다(국심 2000중1282, 2007. 7. 12). 다만, 구입시 매입세액을 공제받지 아니한 경우에는 부가가치세가 과세되지 아니한다.

**2) 하위판매원**

**① 인적·물적설비를 갖춘 판매원**

인적·물적설비를 갖춘 다단계판매원이 재화를 공급하거나 개인적 소비나 사업상증

여를 하는 경우에는 부가가치세가 과세된다. 다만, 구입시에 매입세액공제를 받지 아니한 경우에는 부가가치세가 과세되지 아니한다.

**② 인적·물적설비를 갖추지 않은 판매원**

인적·물적설비를 갖추지 않은 하위판매원의 인적용역 제공은 부가가치세가 면제된다. 따라서 물품을 구입하는 경우 교부받은 세금계산서상 매입세액은 공제되지 아니 한다.

※ 개인이 물적시설 없이 근로자를 고용하지 아니하고 독립된 자격으로 용역을 공급하고 대가를 받는 인적용역은 부가가치세를 면제한다(부령 42 1호).

### (3) 사업자등록

방문판매 등에 관한 법률에 의한 다단계판매원이 재화 또는 용역을 공급하는 사업에 있어서는 당해 다단계판매원이 동법 제13조의 규정에 의하여 등록한 다단계판매업자의 주된 사업장의 소재지를 사업장으로 한다. 다만, 다단계판매원이 상시 주재하여 거래의 전부 또는 일부를 행하는 별도의 장소가 있는 경우에는 그 장소로 한다(부령 8 ① 6호). 한편, 다단계판매원이 방문판매 등에 관한 법률 제15조의 규정에 의하여 다단계판매업자에게 등록을 하고 도·소매업을 영위할 목적으로 다단계판매업자에게 도·소매업자로 신고한 자에 대하여 다단계판매업자가 그 신고일이 속하는 달의 다음 달 10일까지 사업장 관할 세무서장에게 다단계판매원의 인적사항·사업개시연월일 기타 국세청장이 정하는 사항을 신고한 때에는 당해 다단계판매원이 제1항의 규정에 의한 등록신청을 한 것으로 본다. 다만, 법 제29조의 규정에 의하여 납부의무가 면제되지 아니하는 다단계판매원과 이 영 제4조 제1항 제7호 단서에 해당하는 다단계판매원에 대하여는 그러하지 아니하다(부령 11 ⑧).

그리고 제6항 본문의 규정에 의하여 신고를 한 다단계판매원에 대하여는 다단계판매업자가 방문판매 등에 관한 법률 제15조의 규정에 의하여 교부한 다단계판매원등록증을 관할 세무서장이 제3항의 규정에 의하여 당해 다단계판매원에게 교부한 사업자등록증으로 본다(부령 11 ⑨).

**참고** **국세청 고시 제2021-46호**(2021. 8. 24)

「부가가치세법」 제73조, 같은 법 시행령 제118조 제1항 제2호와 관련하여 다단계판매업자가 납세관리인으로서 지켜야 할 사항을 다음과 같이 개정하여 고시합니다.

2021년 8월 24일
국 세 청 장

제1조(목적) 이 고시는 「부가가치세법」 제73조, 같은 법 시행령 제118조 제1항 제2호에 따라 납세관리인으로 선정된 다단계판매업자가 다단계판매원의 납세관리인으로서의 의무를 성실

히 이행하고 준수하게 하기 위하여 필요한 사항을 정함을 목적으로 한다.

제2조(다단계판매업자의 납세관리인으로서의 의무)

① 다단계판매원이 「방문판매 등에 관한 법률」 제15조의 규정에 따라 다단계판매업자에게 등록을 하고 소매업을 영위할 목적으로 다단계판매업자에게 소매업자로 신고한 자에 대하여 다단계판매업자는 다단계판매업자를 납세관리인으로 하는 납세관리인선정신고서를 제출받아야 한다. 다만, 「부가가치세법 시행령」 제11조 제8항 단서의 규정이 적용되는 다단계판매원은 제외한다.

② 다단계판매업자는 다단계판매원에게서 납세관리인선정신고서를 제출받은 경우 신규 등록한 다단계판매원에 대한 [다단계판매원 (등록, 폐업)현황 신고서](「부가가치세법 시행규칙」 별지 제8호 서식) 제출시 납세관리인으로 선정된 사실을 총괄하여 관할 세무서장에게 신고하고, 다단계판매원이 개별적으로 제출한 납세관리인선정신고서는 다단계판매업자가 보관 · 관리하여야 한다.

③ 납세관리인으로 선정된 다단계판매업자는 해당 다단계판매원의 납세관리인으로서의 의무를 성실히 이행하여야 한다.

제3조(다단계판매업자의 다단계판매원에 대한 사업자등록 및 신규자 · 폐업자 관리)

① 다단계판매업자는 다단계판매원이 다음의 어느 하나에 해당하는 경우에는 다단계판매업자의 주된 사업장(사업장을 별도로 둔 다단계판매원의 경우에는 그 사업장)을 해당 다단계판매원의 사업장으로 하여 사업자등록(이하 "개별등록"이라 함)을 하도록 하여야 한다.

1. 총괄등록된 다단계판매원의 직전 과세기간 공급대가가 4,800만원 이상인 경우
2. 다단계판매원이 별도의 사업장을 가지고 있는 경우
3. 다단계판매원이 다단계판매업자에게 도매업 또는 도매업과 소매업 겸업으로 신고한 경우

② 다단계판매업자는 「방문판매 등에 관한 법률」 제15조의 규정에 따라 다단계판매업자에게 등록을 하고 소매업을 영위할 목적으로 다단계판매업자에게 소매업자로 신고한 다단계판매원 중 개별등록 대상자 이외의 다단계판매원에 대하여는 해당 다단계판매원의 주소, 성명, 주민등록번호, 판매원등록 연월일 등을 기재한 [다단계판매원 (등록 · 폐업) 현황신고서](「부가가치세법 시행규칙」 별지 제8호 서식)를 다음 달 10일까지 관할 세무서장에게 제출(이하 "총괄등록"이라 함)하여야 한다.

③ 총괄등록한 다단계판매원에 대하여는 다단계판매업자의 주된 사업장 소재지를 사업장으로 하고, 다단계판매업자가 「방문판매 등에 관한 법률」 제15조의 규정에 따라 부여한 관리번호를 사업자등록번호로 본다.

④ 다단계판매업자는 총괄등록한 다단계판매원이 다단계판매원에서 탈퇴하거나 소매업을 영위하지 않게 되어 개별등록 대상자로 전환되는 경우 해당 다단계판매원의 주소, 성명, 주민등록번호, 변동연월일 등을 기재한 [다단계판매원 (등록 · 폐업)현황 신고서](「부가가치세법 시행규칙」 별지 제8호 서식)를 다음 달 10일까지 관할 세무서장에게 제출하여야 한다.

⑤ 총괄등록한 다단계판매원이 개별등록 대상자로 전환되는 경우에는 다음 기한 내에 다단계판매업자의 주된 사업장 소재지(사업장이 별도로 있는 경우에는 그 사업장) 관할 세무서장에

게 사업자등록을 하도록 하여야 한다.

1. 총괄등록한 다단계판매원이 「부가가치세법」 제69조의 규정에 따른 납부면제에 해당하지 아니하여 개별등록하는 경우에는 납부면제에 해당되지 않는 과세기간의 확정신고 기한이 속하는 과세기간의 다음 과세기간 개시일 20일 전까지
2. 별도의 사업장을 둔 다단계판매원의 경우에는 해당 사유 발생일부터 20일 내(다만, 이미 등록된 사업장이 있는 경우에는 지체 없이 사업자등록 정정신고를 하여야 함)

⑥ 다단계판매업자는 「방문판매 등에 관한 법률 시행규칙」 제17조에 따라 다단계판매원 등록부를 작성·비치하여야 한다.

제4조(다단계판매업자의 다단계판매원에 대한 부가가치세 신고·납부 관리)

① 다단계판매업자는 총괄등록된 다단계판매원의 부가가치세 신고를 위하여 주된 사업장 관할 세무서장에게 [다단계판매원 총괄용 고유번호 신청서] (별지 제2호 서식)를 제출하여 다단계판매원 총괄용 고유번호를 부여받아야 한다.

② 다단계판매업자는 총괄등록된 다단계판매원의 부가가치세 신고시 해당 다단계판매원의 신고내용을 1장의 신고서로 총괄하여 작성, 제출하고 1장의 납부서로 납부하여야 한다.

③ 총괄신고서는 간이과세자용 부가가치세신고서 우측상단 여백에 "다단계판매원 총괄신고용"임을 표시하고 사업자등록번호란에는 다단계판매원 총괄용 고유번호를 기재하며 신고내용 및 과세표준 명세란에는 총괄신고하는 다단계판매원의 총 금액을 기재한다.

④ 총괄신고할 때에는 총괄신고하는 다단계판매원의 주소·성명·주민등록번호·공급가액·공제세액·납부할 세액 등 다단계판매원별 매출명세를 [전산매체에 의한 매출명세 제출요령] (별표1)에 따라 전산매체에 담아 공문(별지 제3호 서식)과 함께 제출하여야 한다. 다만, 총괄등록한 다단계판매원 중 해당 과세기간에 대한 공급대가가 4,800만원 이상인 자에 대하여는 「다단계판매원 부가가치세 신고·납부 명세서」(별지 제4호 서식)를 작성하여 제출하여야 한다.

제5조(세금계산서 교부 및 세금계산서합계표 제출방법)

① 다단계판매업자가 다단계판매원에게 재화나 용역을 공급할 때에는 세금계산서를 교부하여야 한다.

② 개별등록한 다단계판매원 이외의 다단계판매원에게 교부하는 세금계산서상의 등록번호란에는 해당 다단계판매원이 다단계판매업자에 다단계판매원으로 등록할 때 부여받은 관리번호를 기재하여야 한다.

③ 다단계판매원에게 관리번호를 기재하여 교부한 세금계산서는 다단계판매업자가 부가가치세 신고 시 제출하는 매출처별세금계산서합계표의 "주민등록번호 발급분"란에 기재하여야 한다.

제6조(자료의 보관 관리)

① 다단계판매업자는 다단계판매원의 납세보전을 위하여 부가가치세 신고·납부관련 자료 및 후원수당 지급관련 자료를 전산자료 등으로 보관·관리하여야 한다.

② 다단계판매업자는 각 다단계판매원별 세금계산서 교부명세를 전산자료 등으로 보관·관리하여야 한다.

제7조(재검토기한) 「훈령·예규 등의 발령 및 관리에 관한 규정」(대통령 훈령 제334호)에 따라

이 고시 발령 후의 법령이나 현실여건의 변화 등을 검토하여 이 고시의 폐지, 개정 등의 조치를 하여야 하는 기한은 2024년 8월 23일까지로 한다.

## 2. 소득세 실무

### (1) 다단계판매원의 종합소득세 확정신고 · 납부

다단계판매원(상위판매원)이 물품을 판매한 매출액은 총수입금액에 산입하며 다단계판매업자로부터 구입한 재화는 총수입금액에 대응하는 필요경비에 산입한다. 또한 다단계판매원이 물품(재고자산)을 가사용으로 소비하거나 이를 종업원 또는 타인에게 지급한 경우에도 이를 소비 또는 지급한 때의 가액에 상당하는 금액은 그 날이 속하는 연도의 사업소득금액 계산에 있어서 이를 총수입금액에 산입한다(소법 25 ②).

한편, 다단계판매원의 후원수당은 사업소득에 해당되므로 종합소득세 확정신고를 하여야 하며 확정신고시 원천징수당한 세액은 기납부세액으로 공제받게 된다. 이 경우 다단계판매원이 다단계판매업자로부터 매입한 물품을 하위조직원의 신규모집과 기존 조직원의 물품구매유도 등을 위하여 광고선전용이나 시험소비용 등으로 사용한 경우 그 물품의 매입비용은 「소득세법」 제27조 및 같은법 시행령 제55조의 규정에 의하여 당해 후원수당 사업소득의 총수입금액에 대응하는 비용으로서 필요경비에 산입할 수 있는 것이다. 또한 다단계판매원이 후원수당의 수입을 위하여 광고선전비 등으로 사용한 물품의 매입비용은 당해 후원수당에 대한 사업소득금액을 기준경비율에 의하여 추계결정 · 경정하는 경우 같은법 시행령 제143조 제3항 제1호 가목의 매입비용에 포함되는 것이다(서면1팀-562, 2006. 5. 1).

### (2) 자가소비의 과세 여부

청구인은 다단계판매원으로 등록된 부가가치세법상의 사업자로서 당초 1998년 귀속분 종합소득세 신고시 수입금액을 38,960,854원(소매판매분 26,150,962원, 판매수당 12,809,892원), 추계소득금액을 10,354,148원, 납부할 세액을 523,069원으로 하여 신고하였다가 수입금액 전체가 가족이 개인적으로 사용한 자가소비분이라 하여 납부세액 523,069원을 환급하여 달라는 경정청구를 하였음이 1998년 귀속 종합소득세 과세표준 및 자진납부계산서와 과세표준 및 세액의 경정청구서 등에 의하여 확인된다.

전시한 부가가치세법 제6조와 같은 법 시행령 제7조 및 제16조, 소득세법 제25조의 규정에 의하면 사업자가 자기의 사업과 관련하여 취득한 재화를 사업과 직접 관계없이 자기나 그 사용인의 개인적 목적 또는 기타의 목적으로 사용 · 소비하거나 자기의 고객이나 불특정

다수인에게 그 대가를 받지 아니하거나 현저히 낮은 대가를 받는 경우에도 부가가치세와 소득세가 과세된다고 규정하고 있으므로 이 건 청구인이 자가소비한 수입금액에 대한 종합소득세를 환급하여 달라는 청구인의 주장은 받아들이기 어렵다고 판단된다(국심 2000중1277, 2000. 7. 12).

## 3. 법인세 실무

### (1) 익금과 손금

다단계판매업자의 익금은 다단계판매원에게 물품을 판매하는 매출액이 익금에 해당되며 이에 대응하는 원가가 손금에 해당된다. 또한 다단계판매원에게 지급하는 판매장려금(후원수당)은 매출액에서 차감한다.

**참 고** **판매장려금의 회계처리**(질의회신 02-164, 2002. 10. 14)

1. 질의

다단계판매업을 영위하는 회사가 다단계판매원에게 지급하는 판매장려금의 회계처리는? 판매장려금에는 월간 판매실적에 의한 월간장려금, 연간 판매실적에 의한 연간장려금, 판매실적과 관련하여 일시불로 지급하는 일시장려금 및 특별장려금이 있으며, 회사는 다단계판매원이 상품을 제3자에게 판매할 때가 아닌 다단계판매원에게 판매할 때 수익으로 회계처리하고 있음.

2. 회신

기업회계기준 제38조에 따라 일정기간의 거래금액에 따라 지급하는 판매장려금은 매출액에서 차감하는 것이 타당합니다.

### (2) 손익의 귀속시기

다단계판매업자는 다단계판매원에게 재화를 인도하는 때 익금과 손금을 인식하여야 한다.

### (3) 구상채권상각충당금의 손금산입

법률에 의하여 신용보증사업을 영위하는 방문판매 등에 관한 법률에 의한 공제조합은 당해 사업연도 종료일 현재의 신용보증잔액에 100분의 1을 곱하여 계산한 금액을 각 사업연도에 손금으로 계상한 경우에는 이를 손금에 산입한다(법법 35).

### (4) 기업업무추진비

① 다단계판매업자가 하부 다단계판매업자의 관리를 위해서 지출한 식사대는 접대비에 해당한다(제도 46011-12093, 2001. 7. 12).

② 청구법인이 해외에서 시행한 리더쉽세미나 및 초청해외여행경비는 접대비가 아닌 광고선전비, 교육훈련비, 회의비 등의 복합적 성격의 판매부대비용 또는 업무관련 해외훈련비적 성격의 경비로서 전액 손금산입되어야 한다는 주장인 바, 이를 살펴보면, 청구법인은 세제, 화장품, 커피, 건강보조식품 등 가정용품을 미국으로부터 수입하거나 청구법인이 제조 또는 국내에서 매입하여 다단계판매원을 통하여 국내소비자에게 판매하는 사업자로 1년에 한 번씩 일정기준을 충족하는 상위직 판매원과 이를 지도 및 보조하는 청구법인의 임직원이 함께 참여하는 리더쉽세미나를 해외에서 개최하여 오고 있다. 처분청은 위 해외세미나 등 해외여행경비와 관련하여 지급된 아래 쟁점경비에 대하여 접대비 한도 시부인하여 손금불산입하고 법인세 등을 과세한 사실이 과세기록에 의하여 확인된다. 그러나 업무관련 시간의 경비는 회의비(세미나) 내지 판촉비적 성격의 비용으로 인정되므로 처분청이 쟁점경비 전체를 접대비로 보아 이를 손금불산입한 당초 처분은 잘못이 있는 것으로 판단된다(국심 2000서1615, 2001. 4. 12).

③ 「방문판매에 관한 법률」에 의하여 다단계판매원을 통해서만 당사의 재화를 판매하는 다단계판매회사로서, 창립 30주년 기념행사를 기획하고 행사 전에 전국의 지사 및 독립센타에 단계별로 공표된 실적 이상의 매출을 달성하면 행사에 초대하여 사은품과 경품, 시상품을 지급하겠다고 공표할 예정이며 당해 상품을 지급하는 때에는 원천징수도 할 예정이며 이 경우 지급하는 사은품 등은 접대인지 판매부대비용에 해당하는지의 여부이다. 이에 대하여 법인이 사전약정에 의하여 우수직원에게 포상금을 지급하는 것이 건전한 사회통념과 상관행에 비추어 정상적인 거래라고 인정되는 경우에는 이를 각 사업연도 소득금액 계산상 손금에 산입할 수 있는 것이나, 이에 해당하는지의 여부는 실질내용에 따라 판단할 사항인 것이다(서이 46012-10711, 2002. 4. 2).

## 4. 후원수당에 대한 과세방법

### (1) 후원수당의 의의

"후원수당"이란 판매수당, 알선 수수료, 장려금, 후원금 등 그 명칭 및 지급 형태와 상관없이 판매업자가 다음 각 목의 사항과 관련하여 소속 판매원에게 지급하는 경제적 이익을 말한다(방문판매법 2 9호).

가. 판매원 자신의 재화 등의 거래실적

나. 판매원의 수당에 영향을 미치는 다른 판매원들의 재화 등의 거래실적

다. 판매원의 수당에 영향을 미치는 다른 판매원들의 조직관리 및 교육훈련 실적

라. 그 밖에 가목부터 다목까지의 규정 외에 판매원들의 판매활동을 장려하거나 보상하기 위하여 지급되는 일체의 경제적 이익

즉, 후원수당은 본인 또는 하위판매원이 다단계판매업자로부터 구입한 물품의 실적에 따라 지급받는 것으로서 본인의 구매실적에 대한 수당과 하위 네트워크의 구매실적에 대한 수당과 하위네트워크의 조직관리 및 교육훈련실적에 따라 지급받는 수당으로 구성된다.

### (2) 후원수당의 지급기준(방문판매법 20)

① 다단계판매업자는 다단계판매원에게 고지한 후원수당의 산정 및 지급 기준과 다르게 후원수당을 산정ㆍ지급하거나 그 밖의 부당한 방법으로 다단계판매원을 차별하여 대우하여서는 아니 된다.

② 다단계판매업자는 후원수당의 산정 및 지급 기준을 객관적이고 명확하게 정하여야 하며, 후원수당의 산정 및 지급 기준을 변경하려는 경우에는 대통령령으로 정한 절차에 따라야 한다.

③ 다단계판매업자가 다단계판매원에게 후원수당으로 지급할 수 있는 총액은 다단계판매업자가 다단계판매원에게 공급한 재화 등의 가격(부가가치세를 포함한다) 합계액(이하 이 조에서 "가격합계액"이라 한다)의 100분의 35에 해당하는 금액을 초과하여서는 아니 되며, 가격합계액 및 후원수당 등의 구체적인 산정 방법은 다음과 같다.

1. 가격합계액은 출고 또는 제공 시점을 기준으로 할 것
2. 후원수당 지급액은 그 후원수당의 지급 사유가 발생한 시점을 기준으로 할 것
3. 가격합계액 및 후원수당은 1년을 단위로 산정할 것. 다만, 다단계판매 영업기간이 1년 미만인 경우에는 다단계판매업자의 실제 영업기간을 기준으로 한다.
4. 가격합계액을 산정할 때 위탁의 방법으로 재화 등을 공급하는 경우에는 위탁을 받은 다단계판매업자가 다단계판매원에게 판매한 가격을 기준으로 하고, 중개의 방법으로 재화 등을 공급하는 경우에는 다단계판매자가 중개를 의뢰한 사업자로부터 받은 수수료를 기준으로 한다.

④ 다단계판매업자는 다단계판매원이 요구하는 경우 후원수당의 산정ㆍ지급 명세 등의 열람을 허용하여야 한다.

⑤ 다단계판매업자는 일정 수의 하위판매원을 모집하거나 후원하는 것을 조건으로 하위판매원 또는 그 하위판매원의 판매 실적에 관계없이 후원수당을 차등하여 지급하여서

는 아니 된다.

### (3) 부가가치세 과세대상 여부

다단계판매업자가 다단계판매원에게 지급하는 후원수당은 개인이 독립된 자격으로 제공하는 인적용역에 해당되어 부가가치세가 면제된다(부령 42 1호 사목). 다만, 방문판매 등에 관한 법률 제2조 제6호의 규정에 의한 다단계판매원이 다단계판매업자로부터 받는 같은법 같은조 제7호의 후원수당으로서 개인이 독립된 자격으로 물적시설없이 근로자를 고용하지 않고 용역을 공급하는 경우에는 부가가치세법 제12조 제1항 제13호 및 같은법 시행령 제35조 제1호 사목 및 같은법 시행규칙 제11조의 3 단서규정에 의하여 부가가치세를 면제하는 것이나, 사업설비를 갖추거나 근로자를 고용하여 용역을 공급하는 경우에는 부가가치세법 제1조 제1항 및 제7조 제1항의 규정에 의해 부가가치세를 과세하는 것이며, 사업자가 부가가치세가 과세되는 재화나 용역을 공급하는 때에는 부가가치세법 제15조의 규정에 의하여 부가가치세를 공급받는 자로부터 거래징수 하여야 하고 당해 거래징수한 부가가치세액을 같은법 제18조 또는 제19조의 규정에 의하여 정부에 신고납부하는 것이다(서면3팀-749, 2006. 4. 21).

따라서 다단계판매업자가 물적시설 또는 인적시설을 갖춘 다단계판매원에게 물품 등을 판매하는 경우에는 부가가치세가 과세되므로 후원수당에 대하여 세금계산서를 교부하여야 한다.

판례

**후원수당의 부가가치세 과세 여부**(조심 2016중3744, 2018. 5. 18)

(가) 구 「부가가치세법」(2013. 6. 7, 법률 제11873호로 개정되기 전의 것) 제12조 제1항 제14호는 "저술가·작곡가나 그 밖에 대통령령으로 정하는 자가 직업상 제공하는 인적 용역의 공급"에 대하여는 부가가치세를 면제하는 것으로 규정하고 있고, 같은 조 제4항은 같은 조 제1항 제14호의 인적 용역의 공급에 대하여는 대통령령으로 정하는 바에 따라 부가가치세의 면제를 받지 아니할 수 있다고 규정하고 있으며, 구 「부가가치세법 시행령」 제35조 제1호 사목은 구 「부가가치세법」 제12조 제1항 제14호의 인적 용역으로 "개인이 기획재정부령이 정하는 물적시설 없이 근로자를 고용하지 아니하고 독립된 자격으로 용역을 공급하고 대가를 받는 인적 용역으로서 보험가입자의 모집·저축의 장려 또는 집금 등을 하고, 실적에 따라 보험회사 또는 금융기관으로부터 모집수당·장려수당·집금수당 또는 이와 유사한 성질의 대가를 받는 용역과 서적·음반 등의 외판원이 판매실적에 따라 대가를 받는 용역"을 규정하고 있고, 구 「부가가치세법 시행규칙」(2013. 6. 28, 기획재정부령 제355호로 개정되기 전의 것) 제11조의 3 제1항은 구 「부가가치세법 시행령」 제35조 제1호 사목의 규정을 적용함에 있어서 외판원이 판매실적에 따라 대가를 받는 용역은 「방문판매 등에 관한 법률」에 규정된 방문판매원, 다단계판매원 등이 판매실적에 따라

대가를 받는 용역으로 하되, 다만 다단계판매원의 경우에는 후원수당을 지급받는 분에 한한다고 규정하고 있으며, 같은 조 제5항은 구 「부가가치세법 시행령」 제35조 제1호의 물적시설은 계속적·반복적으로 사업에만 이용되는 건축물·기계장치 등의 사업설비(임차한 것을 포함한다)를 말한다고 규정하고 있다.

(나) 청구인들은 쟁점장소가 단순히 사교 및 교육 목적으로 사용되는 부수적 시설에 불과할 뿐 용역 제공을 위한 필수적인 시설이 아니므로 처분청이 쟁점장소를 물적시설로 보아 쟁점수당을 부가가치세 과세 대상으로 본 것은 타당하지 아니하다고 주장하나, 청구인들은 회원으로서 제품을 판매하거나 다른 회원을 후원하는 것으로 사업을 영위하면서 하부 회원의 판매 실적에 따라 쟁점수당을 지급받고 있고, 회원가입 약정에 따라 청구인들은 명성을 높일 수 있는 방식으로 제품을 고객에게 홍보할 의무를 지고 있으며, 이에 따라 쟁점장소를 제품 소개 및 홍보, 회원 유치·관리, 시음·시식, 관련제품 사용경험 및 지식공유 등의 장소로 사용하고 있고, 종합소득세 신고시 손익계산서상 비용항목에 판매촉진비, 광고선전비, 교육훈련비, 회의비 등의 비용으로 종합소득세 신고시 손익계산서상 비용항목에 판매촉진비, 광고선전비, 회의비 등의 비용으로 계상하고 있는바, 이와 같은 일련의 사실관계에 비추어 볼 때 청구인들은 하부 회원의 제품 판매실적 및 소비실적이라는 용역을 제공하면서 원활한 용역 제공을 위하여 쟁점장소 등을 활용하고 있는 것이므로 쟁점장소는 청구인들의 업, 즉 용역 제공에 직접적으로 관련된 것으로서 물적시설에 해당한다고 봄이 타당하다.

### (4) 원천징수

방문판매 등에 관한 법률에 의하여 다단계판매업자가 다단계판매원에게 후원수당을 지급하는 경우에는 지급하는 때 지급금액의 3.3%를 원천징수하여 납부하고 지급명세서를 제출하여야 한다(소령 213 ③).

① "방문판매 등에 관한 법률"에 의한 다단계판매업을 영위하는 다단계판매법인과 회원가입계약을 체결한 일본거주자가 본인의 사업활동을 수행하기 위하여 매월(또는 매분기)의 일정한 기간 반복적으로 언제든지 이용할 수 있는 장소에서 제품의 구입·판매활동, 하위판매원의 지원·관리 및 교육훈련 등 다단계판매의 중요한 기능을 국내에서 수행하는 경우, 동 용역이 수행되는 장소는 소득세법 제120조의 규정에 의하여 당해 일본거주자의 국내 고정사업장에 해당되는 것으로, 당해 일본거주자는 부가가치세법 제5조의 규정에 의하여 사업자등록을 하여야 한다(부가가치세법 시행령 제7조 제6항의 규정에 의하여 다단계판매업자를 관리인으로 하는 납세관리인선정신고서를 제출한 경우는 제외). 또한, 이에 따라 일본거주자가 지급받는 후원수당 등의 지급금이 부가가치세법 제12조 및 같은법 시행령 제35조 및 같은법 시행규칙 제11조의 3의 규정에 의한 다단계판매원의 후원수당에 해당되는 경우, 동 후원수당은 소득세법 제

127조 및 같은법 시행령 제184조의 규정에 의하여 원천징수 되는 사업소득으로 동 소득을 지급하는 자는 소득세법 제129조 제1항 제3호의 규정에 의하여 사업소득에 대한 수입금액의 100분의 3의 세율을 적용하여 소득세로 원천징수하여야 하는 것이다. 다만, 당해 일본거주자가 국내에서 계속적으로 사업활동을 수행할 목적이 없을 뿐 아니라 임의로 사용 가능한 일정한 공간 및 정기적으로 이용 가능한 고정시설을 가지지 아니한 상태에서, 일본거주자가 오로지 본인에게 속하는 하위판매원들에 대한 조직관리 및 교육훈련의 용역을 제공함에 따라 다단계판매 법인으로부터 수취하는 후원수당은 소득세법 제119조 제6호 및 한·일 조세협약 제14조에서 규정하는 인적용역소득으로 일본거주자가 당해 역년 중 총 183일을 초과하는 기간 동안 국내에 체류하지 않은 경우 우리나라에서 과세되지 아니하는 것이고, 후원수당이 용역의 제공과는 관련 없이 하위 판매원의 판매실적에 일정률의 금액으로 결정되는 경우, 동 후원수당은 소득세법 제119조 제13호 및 한·일 조세협약 제22조에 규정하는 기타소득으로 같은 협약 제22조 제1항의 규정에 의하여 거주지국에서 과세되는 것이다(서면2팀-99, 2005. 1. 13).

### (5) 후원수당의 수입시기

후원수당의 총수입금액 수입시기는 인적용역의 제공에 있어서 용역대가를 지급받기로 한 날 또는 용역의 제공이 완료된 날 중 빠른 날로 한다(소령 48 8호).

## Ⅲ 유사수신행위에 대한 세무실무

### 1. 유사수신행위의 정의

#### (1) 정의

"유사수신행위"란 다른 법령에 따른 인가·허가를 받지 아니하거나 등록·신고 등을 하지 아니하고 불특정 다수인으로부터 자금을 조달하는 것을 업(業)으로 하는 행위로서 다음의 어느 하나에 해당하는 행위를 말한다(유사수신행위법).

① 장래에 출자금의 전액 또는 이를 초과하는 금액을 지급할 것을 약정하고 출자금을 받는 행위

② 장래에 원금의 전액 또는 이를 초과하는 금액을 지급할 것을 약정하고 예금·적금·부금·예탁금 등의 명목으로 금전을 받는 행위

③ 장래에 발행가액(發行價額) 또는 매출가액 이상으로 재매입(再買入)할 것을 약정하고 사채(社債)를 발행하거나 매출하는 행위

④ 장래의 경제적 손실을 금전이나 유가증권으로 보전(補塡)하여 줄 것을 약정하고 회비 등의 명목으로 금전을 받는 행위

### (2) 법률 주요내용

○ 제3조(유사수신행위의 금지) 누구든지 유사수신행위를 하여서는 아니 된다.

○ 제4조(유사수신행위의 표시・광고의 금지) 누구든지 유사수신행위를 하기 위하여 불특정 다수인을 대상으로 하여 그 영업에 관한 표시 또는 광고(「표시・광고의 공정화에 관한 법률」에 따른 표시 또는 광고를 말한다)를 하여서는 아니 된다.

○ 제6조(벌칙) ① 제3조를 위반하여 유사수신행위를 한 자는 5년 이하의 징역 또는 5천만원 이하의 벌금에 처한다.

② 제4조를 위반하여 표시 또는 광고를 한 자는 2년 이하의 징역 또는 2천만원 이하의 벌금에 처한다.

## 2. 부가가치세

다단계판매업자가 영위하는 재화의 도・소매 행위는 「부가가치세법」 제6조의 규정에 의하여 부가가치세가 과세되고, 다단계판매원이 지급받는 인적용역에 해당하는 후원수당은 소득세 원천징수대상이 되는 것이다. 다만, 유사수신 행위자로 처벌된 자가 회원으로부터 물품의 제공없이 받은 금원 또는 물품판매를 가장하기 위하여 극히 소액・소량의 물품을 형식적으로 공급한 경우에는 같은 법 제6조에 규정된 재화의 공급에 해당되지 아니한다. 다단계판매업자가 도・소매업으로 사업자등록을 하고, 실질적으로 물품을 구입하여 매입세액공제 받은 상품을 일반인 또는 다단계판매원에게 공급된 분에 대하여는 합리적으로 매출액을 산정하여 부가가치세를 과세하고 그 초과액을 유사수신행위 금액으로 보아야 한다 (심사부가 2003-2070, 2004. 9. 9.).

판례 **다단계판매원 후원수당**(서울행정법원 2008. 9. 25. 선고 2007구합38684 판결)

원고의 다단계판매원들이 지급기준을 충족하여 후원수당을 지급받을 목적으로 원고의 주력 판매 제품인 브로트트룽크, 차가버섯 등의 건강기능식품을 구입하고 그 대금을 지급한 거래는 부가가치세 과세대상인 재화의 공급에 해당한다고 인정되므로, 물품 거래 없이 단지 투자금만이 교부되었을 뿐이라는 원고의 주장은 이유 없다.

(1) 부가가치세법에 의하면 부가가치세가 과세되는 재화의 공급은 계약상 또는 법률상의 모든 원인에 의하여 재화를 인도 또는 양도하는 것으로 하고, 부가가치세의 과세표준은 금전으로 대가를 받은 경우에는 그 대가로 한다(부가가치세법 제1조 제1항 제1호, 제6조 제1항, 제13조 제1항 제1호).

(2) 여기서 재화의 양도는 소유권의 이전이고 인도는 재화에 대한 사실상의 지배를 이전하는 것으로서 현실의 인도뿐 아니라 간이인도, 점유개정, 목적물반환청구권의 양도가 모두 포함되므로, 일부 다단계판매원이 물품을 수령하지 않았다고 하더라도 재화의 공급이 없었다고 할 수 없다.

(3) 원고가 물품을 실제로 매입하였으므로 다른 특별한 사정이 없는 한 그에 대응하는 매출이 발생하였다고 추단할 수 있고, 매출가격은 원고와 다단계판매원 사이에서 의사와 합치에 의하여 결정되는 것이므로 원고의 매입가와 매출가의 차이가 크다는 사정이 재화의 공급을 부인하는 근거가 될 수는 없다.

(4) 원고와 정○묵은 위 형사사건에 다단계판매원들로부터 지급받은 돈이 물품대금이라고 일관되게 주장하였고 결국 항소심 재판에서 그 주장의 진실성이 인정되어 유사수신행위규제에관한법률 위반의 공소사실에 관하여 무죄를 선고받았다.

## 3. 법인세

재화의 공급 없이는 신용카드 거래나 다단계판매업을 영위하지 못하도록 되어 있는 "여신전문금융업법", "방문판매등에관한법률" 위반을 회피하기 위한 형식적인 절차로 소량의 재화만을 공급하며 제품구매청약서를 작성하고, 투자자로부터 1구좌 당 카드결제금액을 받고 투자권유자에게 유치수당을 지급한 행위를 한 바 있으며, 이러한 행위에 대하여 법원의 판결에 의해 편취금으로 확인되어 유사수신행위 위반으로 확정되어 사기 및 유사수신에관한법률에 의하여 형이 확정되었고, 동 건 관련 부가가치세 심사결정에서도 위 편취금(투자금)은 유사수신행위로 결정되었으며, 투자자(피해자) 또한 배당 또는 이자를 받기 위한 투자금으로 인식하고 있는 경우의 투자금은 법인의 익금에 해당하지 않는 것이다(서면인터넷방문상담2팀-2113, 2004. 10. 19.).

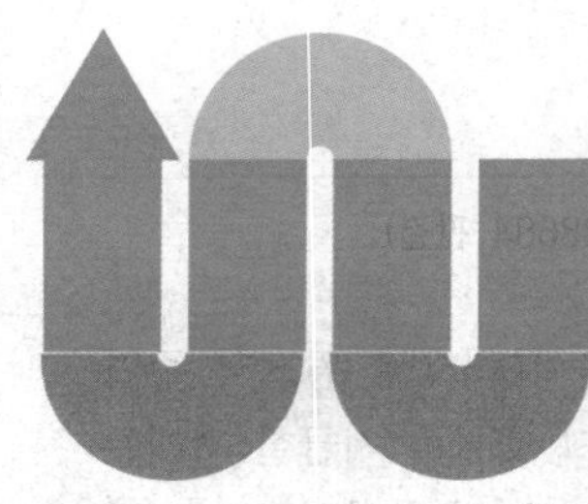

# 제 10 장

# 금융업의 회계와 세무실무

## 제1절 대부업

### 개 요

#### 1. 대부업의 정의 및 분류

대부업이라 함은 금전의 대부 또는 그 중개(어음할인, 양도담보 그 밖에 이와 유사한 방법에 의한 금전의 교부 및 금전수수의 중개 포함)를 업으로 하는 것을 말한다(대부업법 2). 여기서 '업으로 한다는 것은' 영리를 목적으로 동종의 행위를 계속·반복적으로 하는 것을 말한다(대법원 2008. 10. 23 선고, 2008도7277 판결). 업에 해당하는지 여부에 대해서는 법원이 각 개별 사안에 대하여 판단할 사항이나 일반적으로는 월 평균 대부금액 및 거래 상대방의 규모, 광고 유무, 채권 추심방법 등에 따라 결정한다. 한국표준산업분류에서는 대부업을 금융업 중 기타여신금융업(64919)으로 분류하고 있다. 여기서 기타여신금융업이란 이 산업에는 은행, 개발금융회사, 신용카드 및 할부금융기관을 제외한 기타 자금대부에 관련되는 금융활동을 수행하는 비통화 금융기관이 포함된다. 기타여신금융업에는 단기 신용서비스, 재할인 개인대출회사, 비은행, 증권금융, 전당포, 여신기관(파이낸스), 종합금융이 포함된다. 대부업의 예를 들면 다음과 같다.

① 어음(채무증서)을 주고 금전을 교부받거나, 부동산 등을 양도한 형식으로 하여 금전을 교부하되 금전을 상환할 경우 부동산 소유권을 돌려주는 양도담보도 대부업에 해당된다.

② 전주와 차입자 사이에서 금전대부를 중개하고 수수료를 수취하는 경우도 대부업에 해당된다.

③ 대출채권(상사채권은 제외)을 양수받아 추심하는 경우에도 대부업에 해당된다.

※ 상업어음 할인업은 2010년 귀속 경비율 고시(국세청고시 제2011-7호, 2011. 3. 30)의 대금업(659203) 업종코드를 적용하는 것이다(소득-0412, 2011. 5. 13).

### (1) 금전대부업

일반대부업을 영위하고자 하는 자는 시·도지사에 대부업 등록을 하여야 한다. 다만, 대부업법 시행령 제2조에서는 대부업으로 보지 않는 범위를 다음과 같이 규정하고 있다.

① 사업자가 그 종업원에 대하여 대부하는 경우

② 노동조합 및 노동관계조정법에 의하여 설립된 노동조합이 그 구성원에 대하여 대부하는 경우

③ 국가 또는 지방자치단체가 대부하는 경우

④ 「민법」이나 그 밖의 법률에 따라 설립된 비영리법인이 정관에서 정한 목적의 범위에서 대부하는 경우

### (2) 대부채권추심업

등록대부업자나 여신금융기관으로 대부계약에 따른 채권을 양도받아 이를 추심하는 것을 업으로 하는 것을 말한다.

### (3) 대부중개업

대출중개업은 금전대부의 중개(어음할인·양도담보 그 밖에 이와 유사한 방법에 의한 금전의 교부 및 금전수수의 중개를 포함한다)를 업으로 행하는 것을 말한다. 즉, 중개, 알선, 주선, 컨설팅 등 명칭에 관계없이 실질적으로 금전의 대부를 중개하는 행위로 '대부중개'는 거래당사자 사이에서 금전의 대부를 주선하는 행위를 뜻하고(대법원 2021. 11. 25. 선고 2017도641 판결), 개별 사안에서 특정 용역의 제공행위가 대부중개에 해당하는지는 용역 제공의 원인이 된 계약의 체결 경위와 그 내용, 용역 제공자가 실제로 수행한 업무의 성격 등을 종합적으로 고려하여 결정한다.

판례 **대부중개업의 판단기준(대법원 2021. 11. 25. 선고 2017도641 판결)**

구 대부업 등의 등록 및 금융이용자 보호에 관한 법률(2015. 7. 24. 법률 제13445호로 개정되기 전의 것, 이하 '대부업법'이라 한다)은 대부업에 관하여 '금전의 대부(어음할인·양도담보, 그 밖에 이와 비슷한 방법을 통한 금전의 교부를 포함한다)를 업으로 하거나, 등록한 대부업자 또는 여신금융기관으로부터 대부계약에 따른 채권을 양도받아 이를 추심하는 것을 업으로 하는 것'이라고 정의하고(제2조 제1호), 대부중개업에 관하여 '대부중개를 업으로 하는 것'이라고 정의하고 있으나(제2조 제2호), 대부중개 자체에 관해서는 그 의미를 정의하거나 그 범위를 제한하는 규정을 두고 있지 않다. 위와 같은 대부업법 규정과 '제3자로서 두 당사자 사이에

서서 일을 주선하는 것'이라는 중개의 사전적 의미 등을 고려하면, 대부업법 제2조 제2호에서 말하는 '대부중개'는 거래당사자 사이에서 금전의 대부를 주선('알선'이라고도 한다)하는 행위를 뜻하고, 금전의 대부를 주선하는 행위에 해당하는 이상 이자율 등 대부조건이 확정되지 않은 상태에서 한 행위도 대부중개의 범위에 포함될 수 있다고 봄이 타당하다. 어떠한 행위가 대부중개에 해당하는지는 행위자의 주관적 의사에 따라 결정할 것이 아니라 객관적으로 보아 그 행위가 사회통념상 금전의 대부를 주선하는 행위라고 인정되는지에 따라 결정해야 한다. 한편 대부업법은 대부중개업을 하려는 자에게 영업소별로 해당 영업소를 관할하는 시ㆍ도지사에게 등록할 의무를 부과하고 이를 위반한 자를 처벌하도록 하며(제3조 제1항, 제19조 제1항 제1호), 미등록 대부중개업자 등으로 하여금 대부중개와 관련한 대가, 즉 중개수수료를 대부를 받는 거래상대방으로부터 받지 못하게 하고 이러한 제한을 위반한 자를 처벌하도록 하고 있다(제11조의2 제2항, 제19조 제2항 제6호). 위와 같은 대부업법 규정에 따르면, 대부중개업의 등록을 하지 않은 자가 대부의 거래당사자에게 어떠한 용역을 제공한 경우 그 용역이 대부업법에서 정한 대부중개에 해당하는지에 따라 해당 용역의 제공과 그 용역에 대한 대가 수수가 처벌대상이 되는지 여부가 결정된다. 따라서 개별 사안에서 특정 용역의 제공행위가 대부중개에 해당하는지는 용역 제공의 원인이 된 계약의 체결 경위와 그 내용, 용역 제공자가 실제로 수행한 업무의 성격 등을 종합적으로 고려해서 신중하게 판단해야 한다.

## 2. 대부업 등의 등록 및 금융이용자 보호에 관한 법률

### ◈ 제8조(대부업자의 이자율의 제한)

① 대부업자가 개인이나 대통령령으로 정하는 소규모 법인에 대부를 하는 경우 그 이자율은 연 100분의 40의 범위에서 대통령령으로 정하는 율을 초과할 수 없다.

② 제1항에 따른 이자율을 산정할 때 사례, 할인금, 수수료, 공제금, 연체이자, 체당금(替當金) 등 그 명칭이 무엇이든 대부와 관련하여 대부업자가 받는 것은 모두 이자로 본다. 다만, 해당 거래의 체결과 변제에 관한 부대비용으로서 대통령령으로 정한 사항은 그러하지 아니하다.

③ 대부업자가 개인이나 「중소기업기본법」 제2조 제2항에 따른 소기업(小企業)에 해당하는 법인에 대부를 하는 경우 대통령령으로 정하는 율을 초과하여 대부금에 대한 연체이자를 받을 수 없다.

④ 대부업자가 제1항을 위반하여 대부계약을 체결한 경우 제1항에 따른 이자율을 초과하는 부분에 대한 이자계약은 무효로 한다.

⑤ 채무자가 대부업자에게 제1항에 따른 이자율을 초과하는 이자를 지급한 경우 그 초과 지급된 이자 상당금액은 원본(元本)에 충당되고, 원본에 충당되고 남은 금액이 있으면 그 반환을 청구할 수 있다.

⑥ 대부업자가 선이자를 사전에 공제하는 경우에는 그 공제액을 제외하고 채무자가 실제로 받은 금액을 원본으로 하여 제1항에 따른 이자율을 산정한다.

◈ 시행령 제5조(이자율의 제한)

① 삭제 〈2017. 8. 29〉

② 법 제8조 제1항에서 "대통령령으로 정하는 율"이란 연 100분의 20을 말한다.

③ 제2항의 율을 월 또는 일 기준으로 적용하는 경우에는 연 100분의 20을 단리로 환산한다.

④ 법 제8조 제2항 단서에서 "대통령령으로 정한 사항"이란 다음 각 호의 비용을 말한다.

1. 담보권 설정비용
2. 신용조회비용(「신용정보의 이용 및 보호에 관한 법률」 제4조 제1항 제1호의 업무를 허가받은 자에게 거래상대방의 신용을 조회하는 경우만 해당한다)

## 3. 대부업의 설립절차

대부업 또는 대부중개업을 하려는 자(여신금융기관은 제외한다)는 영업소별로 해당 영업소를 관할하는 특별시장·광역시장·도지사 또는 특별자치도지사에게 등록하여야 한다(대부업법 3).

### (1) 대부업 등록 신청시 구비서류

1. 대부업·대부중개업 교육이수증 사본 1부
2. 영업소의 소재지 증명 서류(등기부등본 또는 임대차 등의 계약서 사본에 한정한다) 1부
3. 가족관계등록부 기본증명서 1부(대표자, 법인의 경우 임원)
4. 대표자인감증명서 1부(법인은 법인인감증명서)
5. 대리인 신청 위임장 1부(대리등록 신청시)

#### 1) 대부업 등록요건 및 등록기관[93]

| 구 분 | 금융위(원) 등록 | 지자체 등록 |
|---|---|---|
| 신청인 | • 법인만 가능 | • 법인·개인 모두 가능 |
| 자기자본 | • 3억원 이상<br>• 대부채권매입추심업 포함시 5억원 | • 법인 : 5천만원 이상<br>• 개인 : 1천만원 이상 |

93) 금융감독원 대부업무자료(https://www.fss.or.kr/fss/bbs/B0000098/list.do?menuNo=200126), 2024. 1. 1 검색

| 구 분 | 금융위(원) 등록 | 지자체 등록 |
|---|---|---|
| | 이상 | |
| 교육이수 | ▪ 대표이사 및 업무총괄사용인 포함 임직원 총원의 10% 이상 | • 대표이사 및 업무총괄사용인 |
| 임원결격 | • 지자체 등록업자 임원 결격요건<br>• 금융 법령을 위반하여 벌금 이상의 형을 선고받고 그 집행이 끝나거나 집행이 면제된 날부터 5년이 지나지 아니한 자 등 | • 미성년자 · 피성년후견인 · 피한정후견인<br>• 파산선고를 받고 복권되지 아니한 자<br>• 금고 이상의 형의 선고유예를 받고 그 유예기간 중에 있는 자 등 |
| 겸업금지 | • 전기통신사업, 사행산업, 단란주점영업 및 유흥주점영업, 다단계판매업 등 겸업 금지<br>• 대부업(금전대부 등)과 온라인투자연계금융업 및 구 P2P연계대부업간 겸업 금지 | ▪ 없음 |
| 신청인, 대주주의 사회적 신용요건 | • 「독점규제 및 공정거래에 관한 법률」 또는 「조세범 처벌법」을 위반하여 벌금형 이상에 상당하는 형사처벌을 받은 사실이 없을 것<br>• 최근 5년간 채무불이행 등으로 건전한 신용질서를 해친 사실이 없을 것 등 | ▪ 없음 |

### 2) 등록제외대상

| 구 분 | 주요 내용 |
|---|---|
| 대부업 범위 제외 | • 사업자가 그 종업원에게 대부하는 경우<br>• 「노동조합 및 노동관계 조정법」에 따라 설립된 노동조합이 그 구성원에게 대부하는 경우<br>• 국가 또는 지방자치단체가 대부하는 경우<br>• 「민법」이나 그 밖의 법률에 따라 설립된 비영리법인이 정관에서 정한 목적의 범위에서 대부하는 경우 |
| 기타 등록 제외 (유권해석) | • 대부업체에 고용되어 영업활동을 하는 경우<br>• 여신금융기관과 업무위탁 계약을 통해 대출모집업무를 위탁받은 경우<br>• 「자산유동화에 관한 법률」 상 '유동화전문회사'인 경우 |

### (2) 대부업 등록 등 관련서식

**대부업 등의 등록 및 금융이용자보호에 관한 법률 시행령에서 위임한 서식관련 규정**

[시행 2012. 6. 26] [금융위원회고시 제2012-12호, 2012. 6. 26, 타법개정]

**제1조(목적)** 이 규정은 「대부업 등의 등록 및 금융이용자 보호에 관한 법률 시행령(이하 "영"이라 한다)」에 따라 금융위원회가 정하여 고시해야 하는 서식을 규정함을 목적으로 한다.

**제2조(등록신청서)** 영 제2조의 3 제1항에 따른 대부업 또는 대부중개업(이하 "대부업 등"이라 한다)의 등록신청서는 별지 제1호 서식으로 한다.

**제3조(등록증)** 영 제2조의 3 제3항에 따른 등록증은 별지 제2호 서식으로 한다.

**제4조(등록증 분실신고서)** 영 제2조의 3 제5항에 따른 등록증 분실신고서는 별지 제3호 서식으로 한다.

**제5조(등록갱신신청서)** 영 제2조의 4 제1항에 따른 대부업 등 등록갱신신청서는 별지 제4호 서식으로 한다.

**제6조(교육이수증)** 영 제2조의 5 제4항에 따른 교육이수증은 별지 제5호 서식으로 한다.

**제7조(변경등록신청서)** 영 제3조 제1항에 따른 대부업 등 변경등록신청서는 별지 제6호 서식으로 한다.

**제8조(폐업신고서)** 영 제3조 제3항에 따른 대부업 등 폐업신고서는 별지 제7호 서식으로 한다.

**제9조(보고서)** 영 제7조의 3 제1항에 따라 대부업자 등이 제출해야 하는 보고서는 별지 제8호 서식으로 한다.

**제10조(재검토기한)** 「훈령·예규 등의 발령 및 관리에 관한 규정」(대통령 훈령 제248호)에 따라 이 규정 발령 후의 법령이나 현실여건의 변화 등을 검토하여 이 규정의 유지, 폐지, 개정 등의 조치를 하여야 하는 기한은 2015년 6월 30일까지로 한다.

**부 칙**(제2012-12호, 2012. 6. 26)

이 규정은 2012. 6. 26부터 시행한다.

[별지 제4호 서식] 〈제정 2023. 1. 18〉

# 대부업 · 대부중개업 등록신청서

|  |  | |  | |
|---|---|---|---|---|
| 신청영업소 | ① 명칭(상호) | | ② 본점 여부 | □ 본점 □ 지점 |
| | ③ 법인등록번호 | | | |
| | ④ 대표자 성명 | | ⑤ 대표자 주민등록번호 | |
| | ⑥ 소재지 | | | |
| | ⑦ 홈페이지 주소 | | | |
| | ⑧ 전화번호(영업소) | | ⑨ 전화번호(휴대전화) | |
| | ⑩ 광고용 전화번호 | | | |
| | ⑪ 대표자 주소 | | | |
| | ⑫ 업무총괄 사용인 성명 | | | |
| | ⑬ 업무총괄 사용인 주소 | | | |
| | ⑭ 등록신청사업 | □ 대부업 □ 대부채권매입추심업 □ 대부중개업 | | |
| 본점 | ⑮ 명칭(상호) | | ⑯ 대부업·대부중개업 등록번호 | |
| | ⑰ 사업자등록번호 | | ⑱ 법인등록번호 | |
| | ⑲ 대표자 성명 | | ⑳ 대표자 주민등록번호 | |
| | ㉑ 소재지 | | | |
| | ㉒ 홈페이지 주소 | | | |
| | ㉓ 전화번호(영업소) | | ㉔ 전화번호(휴대전화) | |
| | ㉕ 광고용 전화번호 | | | |
| | ㉖ 대표자 주소 | | | |
| | ㉗ 사업내용 | □ 대부업 □ 대부채권매입추심업 □ 대부중개업 | | |

「대부업 등의 등록 및 금융이용자 보호에 관한 법률」 제3조 제2항에 따라 위와 같이 신청합니다.

년 월 일

신청인 ㊞

귀하

주) 법인인감도장으로 날인하여 주십시오.

| 구비서류 | 신청인 제출서류 | 확인사항 | 수수료 |
|---|---|---|---|
| 구비서류 | 1. 대부업 · 대부중개업 교육이수증 사본 1부<br>2. 영업소의 소재지 증명 서류(신청인 소유인 경우 부동산등기사항전부증명서, 임대차 등의 경우 임대차 등의 계약서 사본에 한정한다) 및 영업소의 건축물대장 각 1부<br>3. 법인등기사항전부증명서 1부<br>4. 가족관계등록부 기본증명서 1부(각 임원, 업무총괄사용인 및 출자자)<br>5. 법인 인감증명서 1부<br>6. 대리인 신청 위임장 1부(대리등록신청의 경우)<br>7. 법 제3조의5 제2항 제2호에 따른 자기자본을 갖추었음을 증명하는 서류 1부(대부중개업만을 영위하고자 하는 자는 제외)<br>8. 법 제11조의4 제2항에 따라 보증금을 예탁하거나 보험 또는 공제 가입을 증명하는 서류 1부<br>9. 정관, 재무제표와 그 부속서류, 주주(사원)명부, 임원의 이력서 및 경력증명서 각 1부<br>10. 법 제18조의5 제1항에 따라 협회에 가입하였음을 증명하는 서류 1부<br>11. 한국신용정보원 신용정보조회서 1부(신청법인 및 출자자) | 법인등기사항전부증명서의 내용을 금융감독원 직원이 확인 | 10만원 |

본인은 이 건 업무처리와 관련하여 「전자정부법」 제39조 제1항에 따른 행정정보의 공동이용을 통하여 금융감독원 직원이 위의 확인사항을 확인하는 것에 동의합니다.

신청인 ㊞

※ **신청인이 「대부업 등의 등록 및 금융이용자 보호에 관한 법률」 제3조의 5 제1항 각 호의 어느 하나를 충족하지 못하는 경우에는 등록이 제한되며 수수료는 반환되지 아니하므로 주의하시기 바랍니다.**

210mm×297mm(일반용지 60g/㎡)

㉘ 영업소 현황

가. 같은 특별시·광역시·도 내의 영업소

| 영업소명(본점 및 신청영업소 포함) | | | | | |
|---|---|---|---|---|---|
| 연번 | 명칭(상호) | 대부업·대부중개업 등록번호 | 소재지 | 전화번호 | 임직원 수 |
| 1 | | | | | |
| 2 | | | | | |
| 3 | | | | | |
| 4 | | | | | |
| 5 | | | | | |

나. 같은 특별시·광역시·도 외의 영업소

| 영업소명(본점 포함) | | | | | |
|---|---|---|---|---|---|
| 연번 | 명칭(상호) | 대부업·대부중개업 등록번호 | 소재지 | 전화번호 | 임직원 수 |
| 1 | | | | | |
| 2 | | | | | |
| 3 | | | | | |
| 4 | | | | | |
| 5 | | | | | |

※ 칸이 부족하면 별지를 사용하여 기재

㉙ 주요 주주·출자자 및 임원 현황

가. 주요 주주·출자자(1% 초과) 현황

| 연번 | 명칭·성명 | 주소 | 지분율(%) | 최대주주와의 관계 |
|---|---|---|---|---|
| 1 | | | | |
| 2 | | | | |
| 3 | | | | |
| 4 | | | | |
| 5 | | | | |

나. 주요 경영사항에 대하여 사실상의 영향력을 행사하는 주주·출자자 현황

| 연번 | 명칭·성명 | 주소 | 지분율(%) | 사실상 영향력 행사 사유 |
|---|---|---|---|---|
| 1 | | | | |
| 2 | | | | |
| 3 | | | | |
| 4 | | | | |
| 5 | | | | |

※ 칸이 부족하면 별지를 사용하여 기재

다. 임원(감사 포함) 현황

| 연번 | 직책 | 성명 | 주민등록번호 | 주소 |
|---|---|---|---|---|
| 1 | | | | |
| 2 | | | | |
| 3 | | | | |
| 4 | | | | |
| 5 | | | | |

㉚ 총인원의 교육이수 현황

| 임직원 총원수(A) | 교육을 이수한 임직원 수(B) | 비율(=B/A) |
|---|---|---|
| | | |

㉛ 겸영 현황

| 연번 | 상호 | 업종 | 대표이사 | 본사 주소 |
|---|---|---|---|---|
| 1 | | | | |
| 2 | | | | |
| 3 | | | | |
| 4 | | | | |
| 5 | | | | |

※ 칸이 부족하면 별지를 사용하여 기재

## 유 의 사 항

(신청서 작성 대상)

1. 대부업 및 대부중개업을 영위하려는 자

(신청서 작성 관련)

1. (①란 작성) 상호에는 대부업자(대부중개업을 겸영하는 대부업자를 포함한다)는 그 상호 중에 "대부"라는 문자를 사용하여야 하며 대부중개업만을 하는 대부중개업자는 그 상호 중에 "대부중개"라는 문자를 사용하여야 한다. 다만, 대부업 또는 대부중개업(이하 "대부업등"이라 한다) 이외의 다른 영업을 겸영하는 대부업자등은 직전 사업연도말 손익계산서를 기준으로 대부업과 대부중개업에서 발생한 영업수익이 50% 미만인 경우에는 그 상호 중에 "대부" 또는 "대부중개의 문자를 사용하지 아니할 수 있다.

2. (⑧, ⑨, ⑩, ㉓, ㉔, ㉕란 작성) 전화번호 등록시 법인의 경우에는 법인 또는 대표자 명의, 개인의 경우에는 대표자 명의로 등록하는 것을 원칙으로 한다. 휴대전화 등록시에는 이동통신사명을 추가로 기재한다(대부업등을 신규등록·등록갱신하거나 휴대전화 번호를 새로 등록하는 경우).

3. (⑩, ㉕란 작성) 광고용 전화번호는 영업소 전화번호, 휴대전화 등 광고에 이용하려는 전화번호를 기재하며 3개 이내에서 등록한다. 다만 시·도지사등이 부득이한 사유를 인정하는 경우는 전화번호를 추가할 수 있다.

4. (㉙란 작성) 주요 경영사항에 대하여 사실상의 영향력을 행사하는 주주·출자자란 아래의 어느 하나에 해당하는 자를 말한다.
   가. 혼자서 또는 다른 주주·출자자와의 합의·계약 등에 따라 대표이사 또는 이사의 과반수를 선임한 주주 또는 출자자
   나. 경영전략, 조직 변경 등 주요 의사결정이나 업무집행에 지배적인 영향력을 행사한다고 인정되는 자로서 금융위원회가 정하는 주주 또는 출자자

5. (㉚란 작성) 등기임원을 포함한 임직원 총원수 대비 신청일 기준 6개월 이내의 한국대부금융협회 교육을 이수한 임직원 수 비율을 작성한다.

6. (㉛란 작성) 대부업(대부채권매입추심업 포함)·대부중개업 이외의 다른 업종을 영위하는 경우 그 업종에 관한 현황을 작성

(구비서류)

1. 대부업·대부중개업 교육이수증 사본 1부 : 등록신청일 전 6개월 이내의 교육 이수증이어야 한다. 교육이수처는 '대부업 및 대부중개업협회'(한국대부금융협회) 이다.

2. 영업소의 소재지 증명서류(신청인 소유인 경우 부동산등기사항전부증명서, 임대차 등의 경우 임대차 등 계약서 사본에 한정한다) 및 영업소 소재지 건축물대장 각 1부 : 영업소는 고정사업장 요건을 갖추어야 하며, 이는 건축물대장에 기재된 건물(건축법 제2조 제2항 제1호에 따른 단독주택, 같은항 제2호에 따른 공동주택 및 같은 항 제15호에 따른 숙박시설은 제외한다.) 에 대하여 소유, 임차 또는 사용대차 등의 방법으로 6개월 이상의 사용권을 확보한 장소를 말한다. 이 경우 영업소 소재지 증명서류는 법인 명의로 하여 작성된 것이어야 한다.

3. 법 제3조의5 제2항 제2호에 따른 자기자본을 갖추었음을 증명하는 서류 1부
   1) 대부업등을 영위하기 위한 법인을 신규 설립한 경우 : 재무제표 및 부속서류, 자본금납입증명서 각 1부
   2) 다른 영업을 영위하던 법인이 대부업등을 겸영하는 경우 : 재무제표 및 부속서류, 감사보고서 각 1부
      가) 외부감사 대상 법인인 경우 : 재무제표 및 부속서류, 감사보고서
      나) 외부감사 대상 법인이 아닌 경우 : 세무서에서 발급한 "표준재무제표증명" 서류, 다만, "표준재무제표증명" 제출이 불가능한 경우 재무상태 확인이 가능한 회사 결산보고서 등 기타 서류(대표이사의 확인서 또는 대표이사 원본대조필 첨부)

## Ⅱ 대부업의 회계실무

### 1. 일반대부업자의 회계처리

#### (1) 대출시의 회계처리

고객에게 대출상담과 신용조회를 한 후 대출계약을 체결하고 선이자와 수수료를 공제한 후 대출금을 지급하게 된다. 이 경우 다음과 같이 회계처리한다.

| | | | |
|---|---|---|---|
| (차) 매출(대출)채권 | ××× | (대) 대출수수료수입 | ××× |
| | | 선수수익 | ××× |
| | | 현금 및 현금성자산 | ××× |

※ 담보권 설정비용, 금융위원회로부터 신용업조회업 허가를 받은 자에게 지불하는 신용조회비용은 이자로 보지 않는다. 담보권 설정비용에는 저당권·가등기담보권·매도담보·양도담보 설정과 관련하여 발생하는 등록세, 지방교육세 등 비용을 말한다.

#### (2) 대출이자의 회계처리

이자에 대한 회계처리는 현금주의에 의거 현금 수령시에 다음과 같이 처리한다. 다만, 결산을 확정함에 있어 결산에 반영한 경우에는 발생주의에 따라 미수수익을 계상하는 것도 가능하다.

[현금주의]

| | | | |
|---|---|---|---|
| (차) 현금 및 현금성자산 | ××× | (대) 이자수익 | ××× |

[발생주의]

| | | | |
|---|---|---|---|
| (차) 미수수익 | ××× | (대) 이자수익 | ××× |

#### (3) 대손충당금의 설정

기업회계상 대손충당금의 설정은 합리적인 방법에 따라 대손추산액을 계상하도록 하고 있다. 이 경우 금융기관의 대손적립금 기준에 따라 설정할 수 있다.

[대손충당금 설정시]

| | | | |
|---|---|---|---|
| (차) 대손상각비 | ××× | (대) 대손충당금 | ××× |

[대손발생시]

| | | | | |
|---|---|---|---|---|
| (차) | 대손충당금 | ××× | (대) 매출(대출)채권 | ××× |
| | 대손상각비 | ××× | | |

### (4) 대출금 회수

| | | | | |
|---|---|---|---|---|
| (차) | 현금 및 현금성자산 | ××× | (대) 매출(대출)채권 | ××× |

### (5) 자금 차입시

대부업자가 금융기관이나 다른 대부업자로부터 자금을 차입하여 이자를 지급하는 경우에는 원천징수대상이 아니므로 계산서나 영수증을 수취하면 된다. 그러나 대부업을 영위하지 않는 일반법인이나 개인전주로부터 차입하고 이자를 지급하는 경우에는 비영업대금의 이익에 해당되어 25%를 원천징수하여야 한다. 즉, 개인전주로부터 원천징수하는 경우 다음과 같이 회계처리하여야 한다.

[자금 차입시]

| | | | | |
|---|---|---|---|---|
| (차) | 현금 및 현금성자산 | ××× | (대) 차입금 | ××× |
| | 선급이자 | ××× | | |

[이자 지급시]

| | | | | |
|---|---|---|---|---|
| (차) | 이자비용 | ××× | (대) 현금 및 현금성자산 | ××× |
| | | | 선급이자 | ××× |
| | | | 예수금 | ××× |

### (6) 대출채권의 양도

대부업자가 대출채권을 다른 대부업자에 지명채권의 양도에 따라 매각할 수 있다. 지명채권의 양도는 채무자에게 통지나 채무자의 승낙이 필요하며 이 경우 제3자에게 대항하기 위해서는 확정일자 있는 증서에 의해서 하여야 한다(민법 450).

| | | | | |
|---|---|---|---|---|
| (차) | 현금 및 현금성자산 | ××× | (대) 대출채권 | ××× |
| | 대출채권처분손실 | ××× | | |

## 2. 대출중개업자의 회계처리

대출중개업은 은행이나 상호신용금고 등으로부터 대출모집업무를 위탁받아 대출모집을 알선하여 주고 금융기관으로부터 수수료를 받는다. 이 경우 당해 수수료는 부가가치세 과세대상으로 세금계산서를 교부하여야 하며 회계처리는 다음과 같다.

[대출 성사시]

(차) 현금 및 현금성자산 ××× (대) 대출중개수수료 수입 ×××
부가가치세 예수금 ×××

#  대부업의 세무실무

## 1. 부가가치세 실무

### (1) 과세대상 여부

#### ① 일반대부업

대부업은 한국표준산업분류상 금융업 중 기타금융업으로 부가가치세법 시행령 제33조의 규정에 의하여 면세되는 금융보험용역에 해당된다. 따라서 대부업을 영위하면서 발생되는 대출수수료수입은 부가가치세 과세대상이 아니다.

부가가치세는 재화 및 용역의 공급을 전제로 그 대가를 받은 경우에 과세되는 세금이라 할 것이므로 재화 및 용역의 공급 없이 불법자금 대출행위만 하였다면 그 이자상당액에 대하여 금전대부업 또는 비영업대금의 이익으로 보아 종합소득세를 부과할 수는 있다 하더라도, 부가가치세를 과세하는 것은 부당하다고 판단된다(국심 2004서0394, 2004. 11. 22). 「대부업 등의 등록 및 금융이용자 보호에 관한 법률」에 따라 금전대부업 및 대부채권매입추심업으로 등록한 사업자가 같은 법률에 따라 대부업자로 등록한 특수목적법인이 여신전문금융기관으로부터 매입한 부실 대부채권에 대해 법인과 채권관리 업무위탁계약을 체결하여 대부채권관리용역을 제공하고 수수료를 지급받는 경우 해당 수수료는 「부가가치세법」 제26조 제1항 제11호 및 같은 법 시행령 제40조 제1항 제18호에 따라 부가가치세가 면제되는 것이다(서면-2022-법규부가-0231, 2022. 3. 30).

#### ② 대출중개업

대출중개업은 면세되는 금융보험용역에 해당되지 않으므로 부가가치세가 과세된다. 즉, 파이낸스업을 영위하는 사업자가 어음할인을 중개・주선하여 주고받는 수수료에 대하여는 부가가치세가 과세된다(부가 46015-2698, 1999. 9. 4). 사업자(법인 포함)가 상호저축은행 및 대부업체와 계약에 의해 대출상품 안내 및 알선 등의 용역을 제공하고 그 대가를 받는 경우 부가가치세법 제7조 제1항의 규정에 의하여 부가가치세가 과세되는 것이다(부가-21, 2010. 1. 6). 업무위탁계약에 따라 제공하는 대출모집업무는 대출신청자에게 자금을 대출하여 주는 업무를 보조하는 것에 불과하여 상호저축은행법에 의하여 인가를 받아 영위하는 상호저축은행업에 해당하는 것으로 보기 어려워 부가가치세 면제대상 용역인 금융・보험용역으로 볼 수 없다(조심 2011서1036, 2011. 6. 8). 또한, 상호저축은행 등과 업무위탁약정을 체결하고 수행한 이 사건 대출모집대행용역은 부가가치세가 면제되는 '금융상품 판매대행 용역', '상호저축은행법에 의한 상호저축은행업' 내지 '그 밖의 금전대부업'에 해당하지 아니하며, 대출모집대행용역의 객관적 성질이 금융・보험용역에 해당한다고 볼 수도 없다(대법원 2013. 2. 15 선고, 2012두24443 판결). 「온라인투자연계금융업 및 이용자 보호에 관한 법률」 제2조에 따른 온라인투자연계금융업자가 이용자에게 온라인투자연계금융용역 등을 제공하고 수수료를 수취하는 경우에는 부가가치세가 과세되는 것이며, 「부가가치세법」 제32조에 따른 세금계산서 발급대상에 해당하는 것이다(서면-2021-법규부가-8349, 2022. 9. 15).

### (2) 대부업 관련 부수공급의 과세 여부

#### ① 대부업자가 금전대여에 따른 담보물건의 보관료와 처분수수료의 과세 여부

ⓐ 사실관계

- 금전대부업을 영위하는 법인으로 고객에게 자금대여시 물품(명품백, 고가시계, 오토바이 등)을 담보로 하여 자금을 대여해 주고 이에 따른 이자를 사업의 수입원으로 하여 운영하고 있으며, 이 경우 오토바이나 자동차 등 부피가 큰 담보물건은 보관을 위해 실비(약 5~10만원)를 받고 있음.
- 고객들의 자금상환이 여의치 않아 제때에 상환하지 못할 경우 원활한 대출금 상환을 위하여 담보물품을 인터넷사이트(자사 및 타사)에 위탁 판매한 후, 판매금액 중 실비명목의 위탁판매수수료(판매금액의 약 15%), 원금, 이자를 제외한 나머지 금액은 고객에게 반환해 주고 있음.
- 20×1년 귀속 수입금액 현황

(단위 : 천원)

| 구 분 | 계 | 이자수입 | 위탁매매수입 |
|---|---|---|---|
| 금 액 | 448,167 | 426,433 | 21,733 |
| 비 율 | 100% | 95.15% | 4.85% |

ⓑ 회신

「대부업 등의 등록 및 금융이용자 보호에 관한 법률」 제3조에 따라 대부업자로 등록하고 면세되는 금융용역을 제공하는 자가 고객에게 물건을 담보로 금전을 대여하면서 담보물건의 보관에 따른 보관료와 차입금을 상환하지 아니한 고객의 담보물건을 처분할 때에 그 수수료를 받는 경우, 담보물건의 보관 및 처분용역이 금전의 대여에 필수적으로 부수하여 공급하는 용역으로 볼 수 있는 때에는 해당 담보물건의 보관 및 처분용역은 「부가가치세법」 제12조 제3항에 따라 부가가치세가 면제되는 것이다(법규부가 2011-0156, 2011. 6. 1).

② **대물변제받은 상가를 양도하는 경우 부가가치세 과세 여부**

금전대부업자가 대출금 채권과 상계하는 조건으로 취득한 부동산을 부동산임대업 등 부가가치세가 과세되는 사업에 사용하지 아니하고 보유하다 양도하는 경우 부가가치세법 제12조 제1항 제11호와 같은 법 시행령 제33조 제1항 제18호 및 같은 법 제12조 제3항에 따라 부가가치세가 면제되는 것이다(법규부가 2013-6, 2013. 1. 14).

부가가치세 집행기준 26-40-2 **금융보험용역 과세 또는 면세 판정 사례**

| 면세 대상인 금융·보험용역 | 면세되는 금융·보험용역에서 제외되는 것 |
|---|---|
| • 금융·보험용역을 제공하는 사업자가 다른 금융사업자의 금융상품을 판매대행하는 경우, 금융위원회가 고시하는 「금융회사의 업무위탁 등에 관한 규정」 제3조 제1항 각 호에 해당하는 사항을 제외한 해당 금융상품판매와 관련된 모든 업무를 일괄적으로 수행하고 받는 대행수수료는 부가가치세가 면제된다. | • 금융보험 외의 사업자(법인 포함)가 여신전문금융기관과 계약에 의하여 여신전문금융기관의 금융상품판매대행만을 주업으로 하고 그 대가를 받는 경우 |
| • 금융위원회에 등록한 보험대리점 소속의 고용관계 없는 사용인(금융위원회에 신고된 자)이 보험모집용역을 제공하는 경우 해당 보험모집용역 | • 「자본시장과 금융투자업에 관한 법률」에 따른 유사투자자문업자에 해당하는 사업자가 증권 ARS라이브 방송시설을 갖추고 인터넷 방송을 통하여 주식 시황 추이 등 증권투자에 대한 정보를 불특정 다수인에게 제공하는 용역 |
| • 관련 법령에 따라 인·허가를 받지 아니한 자가 금전을 대부하고 이자 등의 대가를 받는 사업을 운영하는 경우 | • 여신전문금융업자가 여신전문금융용역과는 별도로 자문용역을 제공하는 경우 |

**참 고** 대부업자가 대출상품 판매대행용역의 과세 여부

[사실관계]

- 대부업으로 등록한 법인이 대부업 이외에도 그룹소속 보험회사와 대출업무 위탁약정을 체결하여 위탁받은 업무를 수행하고 위탁수수료를 받고 있음.
- "대출업무위탁약정서"에 의하면 보험사는 대부업자에게 대출과 관련하여 구매자 알선, 대출업무위탁, 신청 서류의 자서확인, 서류전달, 채권보전조치 대행 등의 업무를 위탁(이용자와의 계약 여부 등 대출의 승인 및 계약조건 등에 관하여는 보험사의 결정과 지침에 따르도록 함)하기로 하고, 당해 약정서에 기하여 "사무위탁계약서"를 작성함.
- 한편 "사무위탁계약서"상 그 사무위탁의 범위는 다음과 같음.
  - 대출서류의 편철 및 관리
  - 담보취득행위 및 이와 관련된 업무
    어음공증 및 저당권 설정 등 담보취득행위(해지 포함), 담보관련 서류의 관리 등
  - 원리금 청구, 수납 및 이와 관련된 업무
  - 신용정보조회 및 신용정보등록 및 해지업무를 위한 DB제공 등
  - 우편물발송 및 반송관리 업무
  - 전산등록 및 전산 DATA관리, 회계처리를 위한 전산제공 등 유지보수 업무
  - 고객응대 및 각종 민원처리업무 - 각종 영수증, 확인서, 제증명서 발급, 상담업무 등
  - 채권추심 및 관리 사무업무를 제외한 기타 상기 사항에 부수하는 업무
- 금융기관의 업무위탁 등에 관한 규정 제3조에 의하면 금융기관은 인가 등을 받은 금융업의 본질적인 요소를 제외하고는 업무를 위탁할 수 있도록 규정하고 있으며, 대출업무에 있어서 대출심사 및 승인행위와 대출실행을 본질적인 요소로 규정하고 있음.
  따라서 보험사는 대부업자에게 위 본질적인 요소인 대출심사 및 승인행위와 대출실행 이외의 모든 업무를 위탁하고 있으며, 업무위탁내용을 금융감독원에 보고함.

[질의]

대부업 등록법인이 업무 위·수탁계약에 따라 대출업무의 본질적인 업무를 제외한 모든 업무를 수탁받아 보험회사에게 제공하는 용역의 면세 여부

[회신]

「부가가치세법 시행령」 제33조 제1항 제18호에 따른 사업에 해당하는 역무를 제공하는 사업자가 같은 항 제10호에 따른 역무를 제공하는 사업자의 금융상품을 판매대행하는 경우, 금융위원회가 고시하는 「금융회사의 업무위탁 등에 관한 규정」 제3조 제1항 각 호에 해당하는 사항을 제외한 해당 금융상품판매와 관련된 모든 업무를 일괄적으로 수행하고 받는 대행수수료는 부가가치세가 면제되는 것이다(재정부 부가-722, 2009. 11. 2).

◈ 「금융회사의 업무위탁 등에 관한 규정」 제3조 【업무위탁 등】

① 금융기관은 인가 등을 받은 업무를 영위함에 있어 제3자에게 업무를 위탁하거나 제3자의 업무

를 수탁할 수 있다. 다만, 다음 각 호의 어느 하나에 해당하는 사항은 그러하지 아니하다.
1. 인가 등을 받은 금융업 또는 다른 금융업의 본질적 요소를 포함하는 업무를 위탁하는 경우. 다만, 다음 각 목의 어느 하나에 해당하는 업무의 경우에는 위탁할 수 있다.
   가. 위탁하고자 하는 업무가 해당 금융업의 본질적 요소가 아니라 다른 금융업의 본질적 요소인 경우로서 법령에서 해당 업무수행을 허용하고 있는 자에 대하여 위탁하는 경우
   나. 인가 등을 받은 업무를 효율적으로 수행하는 데 필요한 경우로서 해당 업무를 위탁하더라도 금융기관의 건전성 또는 신인도를 저해하거나 금융질서의 문란 또는 금융이용자 피해를 발생시킬 우려가 낮은 것으로 금융위원회가 인정하는 경우
2. 관련 법령에서 금융기관이 수행하도록 의무를 부여하고 있는 경우
3. 업무의 위탁 또는 수탁으로 인하여 당해 금융기관의 건전성 또는 신인도를 크게 저해하거나 금융질서의 문란 또는 금융이용자의 피해 발생이 심히 우려되는 경우

### (3) 사업자등록

대부업자는 대부업 등록증을 첨부하여 사업개시일로부터 20일 내에 소득세법 또는 법인세법의 규정에 따라 사업자등록을 하여야 한다. 다만, 대부업 등록 신청일로부터 등록필증 교부일까지 2주정도 소요될 수 있으므로 등록필증 교부 전이라도 등록신청서 사본이나 등록접수증을 첨부하여 사업자등록을 신청할 수 있다. 또한 대부업 등록 대상이 아닌 소규모 대부업자는 대부업 등록증 없이 임대차계약서를 첨부하여 사업자등록을 신청하면 된다.

## 2. 소득세 또는 법인세 실무

### (1) 소득의 구분

비영업대금이익과 금융업(대부업)과의 구분은 사업성 여부에 따라 구분하며, 소득구분에 따라 세액계산방법이 달라진다.

비영업대금의 이익은 사업성이 없는 것으로 보아 필요경비가 인정되지 않으며 원천징수세율이 25%가 적용되고 2,000만원 초과시에는 종합과세 된다. 반면, 금융업은 사업소득에 해당되어 금융수익에 대응하는 필요경비가 인정된다.

대금업은 금전의 대여행위가 사업적인 경우를 말하며 사업성이 없으면 비영업대금의 이익으로 본다. 금전의 대여행위가 사업적인 것인지의 여부는 금전거래의 경위, 목적, 규모, 회수, 계속성, 반복성 등 제반사정을 고려하여 사회통념에 비추어 결정한다. 즉, 금전대여로 인한 소득의 구분은 금전대여행위의 영리성, 계속성, 반복성의 유무, 거래기간의 장단, 대여액과 이자액의 다과 등 제반사정을 고려하여 사회통념에 비추어 결정하여야 한다(대법원

1997. 9. 8 선고, 97누3668 판결). 원고가 금전을 대여하고 이자를 받은 기간 동안 대부업을 영위하였다고 보기에는 증거가 부족하여, 이자수입은 대부업을 영위하면서 얻은 사업소득이라기보다 금전의 대여를 영업으로 하지 않는 자가 일시적·우발적으로 금전을 대여함에 따라 지급받은 이자로서 비영업대금의 이익이라고 보여지므로 당초 과세처분 적법하다(서울행정법원 2012. 11. 22 선고, 2012구합8311 판결).

**① 소득구분에 따른 과세방법의 차이**

사업성 여부에 따라 대부업 또는 비영업대금의 이익으로 구분하는데 이에 따른 과세방법의 차이는 다음과 같다.

| 구 분 | 소득구분 | 구분기준 | 원천징수 | 교육세 | 필요경비 |
|---|---|---|---|---|---|
| 대부업 | 사업소득 | 계속·반복성 | 해당 없음 | 납세의무 있음 | 인정 |
| 비영업대금의 이익 | 이자소득 | 일시성 | 25% | 납세의무 없음 | 인정 안됨 |

**② 비영업대금의 이익(이자소득)의 원천징수의무**

비영업대금의 이익의 지급자와 소득자의 원천징수의 의무 및 종합소득세 확정신고의무에 대한 과세관계는 다음과 같다.

| 구 분 | 원천징수의무자(지급자) | 원천납세의무자(소득자) |
|---|---|---|
| 원천징수의무 이행 | 25% 원천징수, 지급명세서 제출 | 종합소득세 확정신고와 기납부세액공제 |
| 원천징수의무 불이행 | 원천징수세액+가산세 또는 가산세 (과세관청의 선택) | 종합소득세 신고 또는 경정·결정 |

**소득세 집행기준 16-0-2 비영업대금의 이익과 금융업의 구분**

① 금전의 대여로 인한 소득의 구분은 다음과 같다.
1. 금전의 대여행위가 사업적인 것인 경우에는 금융업으로 본다.
2. 금전의 대여행위가 사업적인 것이 아닌 경우에는 비영업대금의 이익으로 본다.

② 금전의 대여행위가 사업적인 것인지의 여부는 금전거래의 경위, 목적, 규모, 횟수, 계속성, 반복성 등 제반사정을 고려하여 사회통념에 비추어 판단한다.

판례 **비영업대금이익의 원천징수의무**(서울행정법원 2013구합8714, 2013. 7. 5)

소득세법 관련 조항들의 문언 및 체계에 비추어 보면, 빌린 돈에 대한 이자를 지급하는 사람은 법 제127조 제1항 제1호, 제128조에 따라 이자에 대한 소득세를 원천징수하여 납부할 의무가 있고, 이를 이행하지 않을 경우 과세관청은 법 제85조 제 3항 본문에 따라 원천징수의무자에게 누락된 소득세를 부과할 수 있다. 또한, 과세관청은 원천징수의 대상이 되는 소득이라 하더라도 종합소득세의 과세표준에 합산하여 신고해야 할 소득이라면 그에 대한 원천징수가 누락된 경우 소득자에 대한 종합소득세를 직접 부과할 수도 있다(대법원 2001. 12. 27 선고, 2000두10649 판결 등 참조).

결국 과세관청은 원천징수의무자인 원고나 원천납세의무자 중 어느 쪽에 대해서나 이 사건 소득세를 부과할 수 있다고 할 것인데, 이는 징수사무를 간소화하고 탈세를 방지하고자 하는 원천징수제도의 취지에 따른 것으로서, 그로 인하여 원고에게 무슨 불이익이나 불편이 있다 한들 이는 원고가 이자를 지급할 때에 간편하게 소득세를 원천징수할 수 있었음에도 이를 게을리 한 결과에 불과하다. 만일 원고의 주장과 같이 원천징수의무자가 원천징수를 하지 않은 경우 원천납세의무자에게 먼저 소득세를 부과하여야 한다면, 원천징수의무자로서는 굳이 원천징수를 할 이유가 없으므로 원천징수제도 자체를 유지할 수 없게 될 것이다. 따라서 이 사건 소득세를 원고에 부과하기에 앞서 납세의무자로부터 징수해야 한다는 원고의 주장은 받아들이지 아니한다.

단서 조항은 원천징수가 누락된 경우에도 원천징수의무자에게 해당 소득세를 징수하지 않는 예외를 규정하면서, 원천납세의무자가 자신의 소득세 과세표준에 원천징수가 누락된 소득금액을 산입하여 신고·납부한 경우(제1호)와 관할 과세관청이 원천납세의무자에게 직접 소득세를 부과·징수한 경우(제2호)를 들고 있다. 이러한 단서 조항 각 호의 내용과 원천징수제도의 취지 등에 비추어 보면 원천징수가 누락된 경우 단순히 소득세를 부과하거나 신고한 것에서 나아가 실제로 해당 소득세를 징수하거나 납부하여야만 원천징수의무자의 징수의무가 면제된다고 할 것이다.

◈ **소득세법 제85조【징수와 환급】**

③ 납세지 관할 세무서장은 원천징수의무자가 징수하였거나 징수하여야 할 세액을 그 기한까지 납부하지 아니하였거나 미달하게 납부한 경우에는 그 징수하여야 할 세액에 「국세기본법」 제47조의 5 제1항에 따른 가산세액을 더한 금액을 그 세액으로 하여 그 원천징수의무자로부터 징수하여야 한다. 다만, 원천징수의무자가 원천징수를 하지 아니한 경우로서 다음 각 호의 어느 하나에 해당하는 경우에는 「국세기본법」 제47조의 5 제1항에 따른 가산세액만을 징수한다.

1. 납세의무자가 **신고·납부**한 과세표준금액에 원천징수하지 아니한 원천징수대상 소득금액이 이미 산입된 경우
2. 원천징수하지 아니한 원천징수대상 소득금액에 대해서 납세의무자의 관할 세무서장이 제80조 및 제114조에 따라 그 납세의무자에게 직접 소득세를 **부과·징수**하는 경우

### (2) 익금(총수입금액)과 손금(필요경비)

대부업의 매출액은 대출이자수입 및 연체이자수입, 대출수수료수입으로 구성된다. 비용으로는 인건비, 임대료, 이자비용, 기타제비용이 있다. 특히 자금을 외부로부터 차입하는 경우에는 이자비용이 발생하게 되는데, 금융기관으로부터 차입하는 경우에는 이자비용에 대한 증빙은 계산서나 영수증을 수취하면 된다. 또한 일반법인이나 개인전주로부터 차입하는 경우에는 비영업대금의 이익에 해당되어 25%를 원천징수하여야 하며 전주는 종합소득에 합산되어 소득세를 납부하여야 한다. 비영업대금의 총수입금액계산은 확정신고 전에 원금 또는 이자를 회수할 수 없는 경우에는 회수한 금액에서 원금을 먼저 차감하여 계산한다. 이 경우 기간과세의 원칙상 회수불능사유가 발생한 해당 과세기간에 대해서만 적용한다.

**관련법조문**

**◈ 소득세법 시행령 제51조 제7항【총수입금액의 계산】**

법 제16조 제1항 제11호에 따른 비영업대금의 이익의 총수입금액을 계산할 때 해당 과세기간에 발생한 비영업대금의 이익에 대하여 법 제70조에 따른 과세표준확정신고 전에 해당 비영업대금이 「법인세법 시행령」 제19조의 2 제1항 제8호에 따른 채권에 해당하여 채무자 또는 제3자로부터 원금 및 이자의 전부 또는 일부를 회수할 수 없는 경우에는 회수한 금액에서 원금을 먼저 차감하여 계산한다. 이 경우 회수한 금액이 원금에 미달하는 때에는 총수입금액은 이를 없는 것으로 한다.

〈적용시기〉 2014. 2. 21 이후 확정신고하는 분부터

### (3) 이자소득의 귀속시기

**① 대부업**

대부업의 이자수입은 사업소득에 해당되어 소득세법 시행령 제48조 제10호의 3에 따라 실제로 수입된 날에 총수입금액에 산입한다. 대부업과 비영업대금의 이익의 수입시기를 비교하면 다음과 같다.

| 구 분 | 이자수입의 수입시기 | 근거법령 |
|---|---|---|
| 대부업 | 실제로 수입된 날<br>(한국표준산업분류상의 금융보험업에서 발생하는 이자 및 할인액) | 소득세법 시행령 제48조 제10호의 3 |
| 비영업대금의 이익 | 약정에 의한 이자지급일 | 소득세법 시행령 제45조 제9호의 2 |

② 비영업대금의 이익

법인이 이자를 수입하는 경우에는 소득세법 시행령 제45조의 규정(일반적으로 이자를 실제로 지급받은 날 : 현금주의)에 해당하는 날에 수익으로 인식한다. 즉, 금융기관에 해당하지 않는 법인으로서 대금업을 영위하는 법인이 수입하는 이자상당액은 약정에 의한 이자지급일(이자지급일의 약정이 없거나 약정에 의한 이자지급일 전에 이자를 지급받는 경우에는 그 이자지급일)이 속하는 사업연도의 익금으로 하는 것이다(서면2팀-875, 2008. 5. 8). 다만, 결산을 확정함에 있어 이미 경과한 기간에 대응하는 이자(원천징수분은 제외)를 당해 사업연도의 수익으로 계상한 경우(결산조정)에는 그 계상한 사업연도의 익금으로 한다(법령 70 ①). 미수이자 중 원금 전환된 금액 및 나머지 대여원리금 채권이 전환 당시 회수가 불가능함이 객관적으로 명백하게 된 경우에 해당하지 아니하고, 원금 전환된 미지급이자는 전환된 시기에 이자소득으로 실현되었다고 보아야 한다(서울행정법원 2012. 6. 1 선고, 2011구합7632 판결). 부동산을 담보로 설정하고 금전을 대여한 금전대부업자가 해당 부동산을 경매신청하고 사업자등록을 폐업한 후 해당 부동산이 경락되어 원리금을 지급받는 경우 해당 이자는 사업소득에 해당하는 것이며 해당 사업소득의 수입시기는 「소득세법 시행령」 제48조 제10호의3에 따라 실제로 수입된 날로 하는 것이다(법규소득 2014-185, 2014. 6. 30).

### (4) 대손충당금의 설정문제

① 기업회계

대부업의 경우 일반금융기관과는 달리 고객의 신용도가 낮기 때문에 대손발생가능성이 매우 높다. 이 경우 회수불가능성을 추정하여 대손충당금을 적립하여야 한다. 기업회계기준에서는 합리적인 방법에 따라 대손충당금을 설정하도록 하고 있다. 대부업의 경우 은행업회계처리준칙을 준용하는 경우 다음의 은행업감독규정에 따라 대손충당금을 설정할 수 있다.

**참 고** **은행업감독규정 제29조(대손충당금 등 적립기준) 제1항**

① 은행은 보유자산 등에 대하여 제32조 제1항의 "한국채택국제회계기준"에 따라 충당금을 적립하고, 다음 각 호에서 정한 바에 따라 건전성분류별로 각각 산출된 금액(국제결제은행의 내부등급법을 사용하는 은행으로서 각 호에 따른 합계금액이 이에 상응하는 내부등급법상 예상손실금액에 미달하는 경우에는 해당 호가 적용되는 보유자산 등에 대하여 건전성분류별로 각각 산출된 예상손실금액)이 이에 상응하는 건전성분류별 충당금보다 많은 경우에는 그 차액을 매 결산시(분기별 가결산을 포함한다)마다 대손준비금으로 적립한다.

1. 은행계정 및 종합금융계정의 대출채권, 금융리스채권, 금융리스선급금, 여신성가지급금 및

미수이자에 대하여 건전성 분류에 따라 다음 각 목에서 정하는 금액의 합계금액

가. "정상" 분류 자산의 100분의 0.85 이상, 다만, 통계법에 따른 한국표준산업분류상 건설업(F), 도매 및 소매업(G), 숙박 및 음식점업(H), 부동산 및 임대업(L)은 100분의 0.9 이상

나. "요주의" 분류 자산의 100분의 7 이상

다. "고정" 분류 자산의 100분의 20 이상. 다만, 「기업구조조정 촉진법」 또는 「채무자 회생 및 파산에 관한 법률」 제180조 제2항에 따라 은행이 우선하여 변제받을 권리가 인정되는 자산(이하 "우선변제자산"이라 한다)은 100분의 10 이상

라. "회수의문" 분류 자산의 100분의 50 이상. 다만, 우선변제자산은 100분의 25 이상

마. "추정손실" 분류 자산의 100분의 100. 다만 우선변제자산은 100분의 50 이상

바. 가목 내지 마목에도 불구하고 차주가 대한민국 정부 또는 지방자치단체인 경우와 "정상"으로 분류된 대출채권중 콜론, 환매조건부채권매수, 은행간대여금, 은행간외화대여금에 대하여는 0원으로 할 수 있다.

2. 제1호의 규정에도 불구하고 가계자금대출금에 대하여는 건전성분류에 따라 다음 각 목에서 정하는 금액의 합계금액

가. "정상" 분류자산의 100분의 1 이상

나. "요주의" 분류자산의 100분의 10 이상

다. "고정" 분류자산의 100분의 20 이상

라. "회수의문" 분류자산의 100분의 55 이상

3. 제1호의 규정에도 불구하고 카드자산(신용카드, 직불카드 또는 선불카드로 인해 발생하는 채권을 말한다)에 대하여는 다음 각 목에서 정하는 금액(다만, 2개 이상의 신용카드업자에 카드론 잔액을 보유한 자에 대한 카드론 자산에 대하여는 다음 각 세목에서 정하는 금액에 100분의 30을 가산한 금액으로서 대손충당금 설정 대상 자산의 금액을 초과하지 아니하는 금액)의 합계금액

가. 카드대출자산(현금서비스, 카드론 등 신용카드회원에 대한 자금의 융통으로 인하여 발생한 채권 중 리볼빙자산을 제외한 채권), 리볼빙자산(신용카드회원이 신용카드업자와 별도 약정에 따라 신용카드 이용대금의 일부만 결제하고 잔여금액에 대한 결제를 이월함에 따라 발생하는 채권)에 대하여 건전성 분류에 따라 다음 각 세목에서 정하는 금액의 합계금액

1) "정상" 분류자산의 100분의 2.5 이상

2) "요주의" 분류자산의 100분의 50 이상

3) "고정" 분류자산의 100분의 65 이상

4) "회수의문" 분류자산의 100분의 75 이상

5) "추정손실" 분류자산의 100분의 100

나. 가목의 자산을 제외한 카드자산에 대하여 건전성 분류에 따라 다음 각 세목에서 정하는 금액의 합계금액

1) "정상" 분류자산의 100분의 1.1 이상

2) "요주의" 분류자산의 100분의 40 이상

3) "고정" 분류자산의 100분의 60 이상

4) "회수의문" 분류자산의 100분의 75 이상

5) "추정손실" 분류자산의 100분의 100

4. 지급보증(배서어음을 포함한다)에 대하여 건전성 분류에 따라 제1호 가목 내지 마목에서 정하는 기준율에 의해 산정한 금액의 합계금액. 이 경우 〈별표 3-2〉의 신용환산율에 의해 환산된 금액을 기준으로 산정한다.

5. 미사용약정에 대하여 다음 각 목에서 정하는 금액의 합계금액. 이 경우 〈별표 3-2〉의 신용환산율에 의해 환산된 금액을 기준으로 산정한다.

가. 기업자금 미사용약정 : 건전성 분류에 따라 제1호 가목 내지 마목에서 정하는 기준율에 의해 산정한 금액의 합계금액

나. 가계자금 미사용약정 : 건전성 분류에 따라 제2호 각 목에서 정하는 기준율에 의해 산정한 금액의 합계금액

다. 신용카드채권 미사용약정 : 건전성 분류에 따라 제3호 각 목에서 정하는 기준율에 의해 산정한 금액의 합계금액

② 법인세법

법인세법에서는 대손충당금 설정한도를 법에 규정하고 있으므로 기업회계와의 차이에 대한 세무조정을 하여야 한다. 법인세법에서는 「대부업의 등록 및 금융이용자보호에 관한 법률」에 의하여 대부업자로 등록한 법인은 대손충당금 설정한도를 당해 사업연도 말의 채권의 장부가액의 1%와 당해 사업연도 말의 채권의 장부가액에 대손실적률을 곱한 금액 중 큰 금액의 한도 내에서 대손충당금을 설정하도록 하고 있다(법령 61 ② 28호). 다만, 대부업의 등록 및 금융이용자보호에 관한 법률에 의하여 대부업자로 등록한 법인 중 신용정보의 이용 및 보호에 관한 법률 시행령에 따른 금융거래 등 상거래에 있어서 약정한 기일 내에 채무를 변제하지 아니한 자로서 금융위원회가 정하는 자에 대한 대부를 목적으로 하여 설립된 법인으로서 「금융기관부실자산 등의 효율적 처리 및 한국자산관리공사의 설립에 관한 법률」에 의한 한국자산관리공사가 출자총액의 전액을 출자하여 설립한 법인은 「대부업의 등록 및 금융이용자보호에 관한 법률」 제3조의 규정에 의한 시·도지사가 기획재정부장관과 협의하여 정하는 대손충당금적립기준에 따라 적립하여야 하는 금액, 채권잔액의 100분의 1에 상당하는 금액 또는 채권잔액에 대손실적률을 곱하여 계산한 금액 중 큰 금액으로 한다(법령 61 ② 28호, 30호).

### (5) 대출알선수수료의 기업업무추진비

대부업을 영위하는 법인이 신규 고객을 소개하는 기존 고객에게 대출금액의 일정비율을

알선수수료로 지급하는 경우, 당해 알선수수료는 소득세법상 근로소득 또는 사업소득으로 과세되는 경우를 제외하고는 법인세법 시행령 제42조 제3항의 규정에 의하여 접대비로 보는 것이다(서이 46012-11864, 2003. 10. 25).

### (6) 채권을 취득하면서 지급한 할증액의 세무처리

대부업을 영위하는 내국법인이 다른 대부업체로부터 대출채권을 할증매입한 경우에는 해당 매입가액을 취득가액으로 하는 것으로, 이때 발생한 할증액은 해당 채권의 매각일 또는 상환일이 속하는 사업연도의 손금으로 하는 것이다(법규법인 2012-45, 2012. 3. 20).

### (7) 부당무신고 가산세 해당 여부

대부업과 관련하여 대출약정서, 통장 거래를 통하여 그 내용을 파악할 수 있어서 별도의 장부를 작성하지 않았다고 주장하나, 대부금의 수수내역, 수입이자 수취 내역, 타인 자금의 차입 자료, 담보물권 설정비용 등에 대항 채무자별로 일목요연하게 보거나 미수금액을 파악하기 위하여 정리가 필요한 점에 비추어 보면 장부가 존재하지 않는다는 것이 의심스럽다. 설령 원고가 장부를 작성하지 않았다고 하더라도 사업자는 소득금액을 계산할 수 있도록 증빙서류 등을 비치하고, 그 사업에 관한 모든 거래사실이 객관적으로 파악될 수 있도록 장부를 기록 · 관리하고, 경비 등의 지출 증빙을 수취 · 보관할 의무를 부과하고 있음(소법 160, 161)에도 이러한 의무를 해태한 것에 해당한다. 또한 해당 공무원이 사업장 소재지에서의 세무조사시 금전대부와 관련한 일체의 증빙의 제출을 요구하였으나, 당시 위 소재지에 원고의 처가 있었으며 원고와의 전화 통화가 있었음에도 장부 등이 존재하지 않는다며 관련 증빙 서류를 제출하지 않았다. 원고는 실지조사 이후의 세무조사에서 대부약정서 및 근저당권관련 서류를 제시하였으나 대부금액이 회수되어 거래가 완료된 약정서나 근저당권 설정관련 서류들은 관리 소홀로 분실되었다고 제출하지 않았다. 원고는 장부가 존재하지 않거나 대부약정서, 근저당권설정관련 서류들이 분실되었다고 하더라도 부동산근저당을 담보로 돈을 대여하고, 통장 계좌를 통하여 대부 거래가 이루어졌기 때문에 부동산등기 관련 전산자료, 금융 자료를 통하여 대부 내용을 모두 파악할 수 있다고 주장한다. 그러나 원고가 행한 금전 대부가 모두 부동산을 담보로 한 상태에서 통장거래를 수반한 것이라고 단정할 수 없고, 설령 그렇다고 하더라도 원고의 소득을 파악하기 위하여는 부동산 관련 전산자료, 금융자료에 대한 별도의 조사가 필요할 뿐만 아니라 이를 통하여도 정확한 대출금액을 비롯한 대출기간, 대출이자율 등 수입금액을 포착하기 어렵다. 따라서 부당한 방법에 의한 무신고에 해당되어 40%의 무신고 가산세 적용이 타당하다(서울행정법원 2010구합13999,

2010. 9. 10). 즉, 세무조사 당시 금전대부와 관련된 문서가 보관되어 있지 아니하였고, 3년 이상 계속 금전대부업을 영위하고도 무신고 한 점 등에 비추어 보면, 국세를 포탈할 목적으로 사업자등록 및 종합소득세 신고·납부의무를 이행하지 아니한 것으로 보이므로 부당 신고가산세율 40%를 적용하여 과세한 처분은 적법하다(서울고등법원 2010누36390, 2011. 6. 21).

### (8) 대부업법 등 이자율을 초과하여 지급하는 이자비용의 손금산입 여부

대부업법 등을 위반하여 이자를 과다지급하는 경우 해당 법인의 각 사업연도 소득금액 산정시 손금에 산입할 수 있는지의 여부이다. 법인세법 제19조에서 "손금은 자본 또는 출자의 환급, 잉여금의 처분 및 이 법에서 규정하는 것은 제외하고 해당 법인의 순자산을 감소시키는 거래로 인하여 발생하는 손비의 금액을 말한다"라고 규정하고 있다. 또한 법인의 사업과 직접 관련성, 통상성, 수익과 직접 관련성이 있어야 한다. 시행사가 자금대여자에게 대부업법 등을 위반하여 이자를 과다지급하면 강행법규위반으로 무효인 법률행위에 해당한다. 대법원(대법원 2015. 1. 29 선고, 2011도13730 판결)은 사회질서에 위반하여 지출한 비용은 손금성을 부인하고 있다. 따라서 이자제한법을 초과하여 지급한 이자비용은 손금부인될 것으로 판단된다.

| 구 분 | 법정최고이자율 | 벌 칙 | |
|---|---|---|---|
| | | 형사 처벌 | 벌 금 |
| 대부업법(등록업체) | 20% | 3년 이하 징역 | 3,000만원 이하 |
| 이자제한법(미등록업체) | 20% | 1년 이하 징역 | 1,000만원 이하 |

판례

**이자제한법을 초과하여 받은 소득(서울고등법원 2016. 12. 20 선고, 2013누22699 판결)**

어떤 소득이 부과소득이 되는지 여부는 이를 경제적인 측면에서 보아 현실로 이득을 지배, 관리하면서 이를 향수하고 있고 담세력이 있는 것으로 판단되면 족하고 그 소득을 얻게 된 원인관계에 대한 법률적 평가는 반드시 적법, 유효한 것이어야 하는 것은 아니고(대법원 1995. 11. 10 선고, 95누7758 판결, 1985. 5. 28 선고, 83누123판결 등 참조), 이자제한법 소정의 제한이율을 초과하는 이자 및 지연손해금은 그 기초가 되는 약정자체가 무효이어서 약정한 이행기를 도래하였다 하더라도 이자 및 지연손해금 채권은 발생할 여지가 없으므로 채무자가 임의로 이를 현실지급한 때가 아니면 과세대상 소득을 구성한다고 볼 수 없다(대법원 1987. 11. 10 선고, 87누598 판결 참조).

이 사건에서 보건대, 을23호증의 기재에 의하면, 원고는 세무조사 과정에서 2010. 4. 20. 동생인 EEE 명의 계좌로 BBB에 대한 대여금 60억 원에 대한 이자조로 1,201,153,575원을 수령하였다고 진술한 사실을 인정할 수 있는바, 원고가 이와 같이 이자제한법을 초과하는 부분을 현실적으로 지급받아 확정적으로 이자 명목으로 충당된 이상 과세대상이 되는 사업소득에 해당한다고 봄이 상당하므로, 이 사건 종합소득세 부과처분 중 2010년 사업소득 175,400,151원에 대한 부분은 이미 실현된 소득에 대한 것으로 적법하다.

## 3. 교육세 납세의무

「대부업 등의 등록 및 금융이용자 보호에 관한 법률」 제2조에 따른 **대부업자 또는 대부중개업자(같은 법 제9조의 4에 따른 미등록대부업자 또는 미등록대부중개업자를 포함한다)는 교육세의 납세의무**가 있다(교육세법 3 1호). 이 경우 세액은 과세표준(수입금액)의 5/1,000이다. 금전대부업의 수입금액은 수입이자·수입할인료·수입대여료의 합계액으로 한다(교육세법령 4 ⑦). 「대부업 등의 등록 및 금융이용자 보호에 관한 법률」 제3조 및 같은 법 시행령(2020. 8. 25. 대통령령 제30967호로 개정되기 전의 것) 제2조의 4에 따라 연계대부업을 등록한 자(이하 "연계대부업자")가 같은 조 제2호에 따른 대부를 받으려는 자와 대부계약을 체결한 후, 그 대부계약에서 발생하는 이자를 수취한 경우, 해당 이자는 연계대부업자의 「교육세법」 제5조 제3항에 따른 과세표준이 되는 수입금액에 해당하는 것이다(기획재정부 금융세제과-295, 2022. 10. 28).

**참 고** 교육세법의 개요

① 다음에 해당하는 사업자는 교육세의 납세의무를 진다. 다만, 조합원 또는 회원의 상부상조를 목적으로 조직한 단체로서 조합원 또는 회원만을 상대로 금전대부업을 하는 단체를 제외한다.
1. 금전을 대부하고 이자를 받거나 유가증권을 할인·대여하고 할인료·대여료를 받는 사업
2. 금전의 대부 또는 유가증권의 할인·대여를 대리·중개·주선하고 수수료를 받는 사업
3. 전당포 영업

② 금융·보험업자(제8조 제1항 제1호의 사업연도가 3개월 이하인 법인은 제외한다)는 과세기간 중 다음 각 호에서 규정하는 기간(이하 "중간예납기간"이라 한다)이 끝난 후 2개월 이내에 직전 과세기간의 교육세로서 확정된 산출세액에서 직전 과세기간의 월수로 나눈 금액에 3을 곱하여 계산한 금액(이하 "중간예납세액"이라 한다)을 대통령령으로 정하는 바에 따라 납세지 관할 세무서, 한국은행(그 대리점을 포함한다) 또는 체신관서에 납부하여야 한다. 다만, 새로 설립된 법인으로서 설립 후 최초 과세기간인 경우, 직전 최초 과세기간의 교육세로서 확정된 산출세액이 없는 경우 및 중간예납기간의 납부기한까지 직전 과세기간의 교육세액이 확정되지 아니한 경우에는 중간예납세액을 0으로 한다.
1. 제1차 중간예납기간 : 직전 과세기간 종료 후 최초 3개월
2. 제2차 중간예납기간 : 제1차 중간예납기간 종료 후 3개월

3. 제3차 중간예납기간 : 제2차 중간예납기간 종료 후 3개월

③ 금융보험업의 수익금액

법 제5조 제3항에서 "기타 대통령령이 정하는 금액"이라 함은 다음의 금액을 말한다.

1. 수입할인료
2. 위탁자보수 및 이익분배금
3. 신탁보수
4. 대여료
5. 외환매매익(외환평가익을 제외한다)

5의2. 거래의 상대방과 서로 다른 약정이자율로 표시된 원화 금액을 약정된 시기에 교환하는 거래에서 발생하는 이익

6. 수입임대료
7. 고정자산처분익
8. 기타영업수익 및 영업외수익

다음의 금액은 법 제5조 제1항 제1호의 과세표준이 되는 수익금액에 이를 산입하지 아니한다.

1. 국외의 사업장에서 발생한 수익금액
2. 내부이익
3. 국고보조금 · 보험차익 · 채무면제익 · 상각채권추심익 및 자산수증익
4. 부가가치세가 과세되는 재화 또는 용역의 가액
5. 국외의 보험사업자가 인수한 보험으로서 재보험계약에 의하여 국내에 수입된 보험료
6. 보험사업자가 재보험에 가입함으로써 재보험사업자로부터 받은 출재보험수수료 · 출재이익수수료 · 이재조사비

④ 법 제5조 제3항의 규정에 의한 "유가증권의 매각익 · 상환익"이라 함은 유가증권의 매각 또는 상환에 따라 지급받은 금액에서 「법인세법」 제41조의 규정에 의하여 계산한 취득가액을 차감한 금액을 말한다.

⑤ 「종합금융회사에 관한 법률」에 의한 종합금융회사의 수익금액은 「여신전문금융업법」에 의한 시설대여업을 영위함으로써 발생한 시설대여료 및 대여자산매각익 외의 수익금액의 합계액으로 한다.

⑥ 전당포영업자의 수익금액은 수입이자 · 수입할인료 및 유질물처분익의 합계액으로 한다.

⑦ 「외국환거래법」에 의한 환전영업자의 수익금액은 외국환매매익 및 수입수수료의 합계액으로 한다.

⑧ 금전대부업자의 수익금액은 수입이자 · 수입할인료 · 수입수수료 및 수입대여료의 합계액으로 한다.

■ 교육세법 시행령 [별지 제2호 서식] 〈개정 2017. 2. 7〉

# 교육세과세표준신고서(금융업 등)

신고기간 (   년   월   일 ~   년   월   일)

※ 뒤쪽의 작성방법을 읽고 작성하여 주시기 바랍니다. (앞쪽)

| 접수번호 | 접수일 | 처리기간 | 즉시 |
|---|---|---|---|

|  | | | |
|---|---|---|---|
| ❶ 신고인 | ① 법인명(상호) | | ② 사업자등록번호 |
| | ③ 대표자(성명) | | ④ 생년월일 |
| | ⑤ 사업장 소재지 | | ⑥ 전자우편주소 |
| | ⑦ 주업종 | ⑧ 종류코드 | ⑨ 전화번호 |
| | ⑩ 연결납세방식 적용 법인인 경우<br>(모법인이 금융·보험업자인 경우에만 기재하시기 바랍니다) | | [ ]연결모법인 [ ]연결자법인 |
| | ⑪ 모법인명 | ⑫ 모법인 사업자등록번호 | ⑬ 모법인 종류코드 |
| | ⑭ 모법인 사업장 소재지 | | |

❷ 신고내용

| ⑮ 업종 | ⑯ 총수익금액 | ⑰ 과세제외 수익금액 | ⑱ 비과세 수익금액 | ⑲ 과세표준 (⑯-⑰-⑱) | ⑳ 세율 | ㉑ 산출세액 |
|---|---|---|---|---|---|---|
| | | | | | | |
| | | | | | | |
| | | | | | | |
| 합 계 | | | | | | ㉒ |
| ㉓ 무(과소)신고, 초과환급 가산세액 | | | | | | |
| ㉔ 미납부 가산세액 | | | | | | |
| ㉕ 기납부세액 | | | | | | |
| ㉖ 차감납부세액(㉒ + ㉓ + ㉔ - ㉕) | | | | | | |

| ❸ 국세환급금 계좌 신고<br>(환급세액 2천만원 미만인 경우) | ㉗ 거래은행 | 은행 | 지점 |
|---|---|---|---|
| | ㉘ 계좌번호 | | |

「교육세법」 제9조 제1항과 같은 법 시행령 제6조의 2 제2항 및 제7조 제1항에 따라 신고서를 제출합니다.

년 월 일

신고인 (서명 또는 인)

세무대리인은 조세전문가자격자로서 위 신고서를 성실하고 공정하게 작성하였음을 확인합니다.

세무대리인
(관리번호: ) (서명 또는 인)

**세 무 서 장** 귀하

210㎜×297㎜[(백상지(80g/㎡) 또는 중질지(80g/㎡)]

(뒤쪽)

## 작 성 방 법

※ 이 서식은 전산 입력되는 서식이므로 다음 각 호의 작성방법에 따라 한글 또는 아라비아숫자로 정확하고 선명하게 작성하시기 바랍니다.

1. 신고인 인적사항란은 신고일 현재의 현황을 기준으로 작성하며, 연결납세방식 적용 법인의 경우(모법인이 교육세납세의무자인 금융·보험업자인 경우에 한정합니다) ⑩~⑭란을 작성합니다.

2. ⑧, ⑬란의 종류코드는 금융·보험업자의 종류에 따라 해당 번호를 적습니다.

| 금융·보험업자의 종류 | 코드 |
|---|---|
| 「은행법」에 따라 인가를 받아 설립된 은행 | 01 |
| 「한국산업은행법」에 따라 설립된 한국산업은행 | 02 |
| 「중소기업은행법」에 따라 설립된 중소기업은행 | 03 |
| 「자본시장과 금융투자업에 관한 법률」에 따른 종합금융회사 | 04 |
| 「상호저축은행법」에 따른 상호저축은행 | 05 |
| 「보험업법」에 따른 보험회사(「교육세법 시행령」 제1조에 따른 외국보험회사를 포함한다) | 06 |
| 「농업협동조합법」에 따른 농협은행 | 07 |
| 「수산업협동조합법」에 따른 수협은행 | 08 |
| 「자본시장과 금융투자업에 관한 법률」에 따른 집합투자업자 | 09 |
| 「자본시장과 금융투자업에 관한 법률」에 따른 신탁업자 | 10 |
| 「외국환거래법」에 따른 환전영업자 | 11 |
| 「자본시장과 금융투자업에 관한 법률」에 따른 투자매매업자 및 투자중개업자 | 12 |
| 「여신전문금융업법」에 따른 여신전문금융회사 | 13 |
| 「한국수출입은행법」에 따른 한국수출입은행 | 14 |
| 「대부업 등의 등록 및 금융이용자 보호에 관한 법률」에 따른 대부업자 또는 대부중개업자 | 15 |

3. ⑯ 총수익금액은 [별지 제2호 서식 부표]의 총수익금액란의 금액을, ⑰ 과세제외 수익금액은 [별지 제2호 서식 부표]의 과세제외 수익금액란의 금액을, ⑱ 비과세 수익금액란은 [별지 제2호 서식 부표]의 비과세수익금액란의 금액을 각각 적습니다.

4. ❸국세환급금 계좌 신고란 : 환급세액이 발생하는 경우 환급금을 송금받을 신고인의 예금계좌를 적되, 환급받을 세액이 2천만원 이상인 경우는 「국세기본법 시행규칙」 별지 제22호 서식 계좌개설(변경)신고서에 통장사본을 첨부하여 신고하여야 합니다.

■ 교육세법 시행령 [별지 제2호 서식 부표] 〈개정 2017. 2. 7〉

## 계정과목별 수익금액 · 과세제외 · 비과세 명세표

| 계정과목 | 코드 | 금액 | 계정과목 | 코드 | 금액 |
|---|---|---|---|---|---|
| **Ⅰ. 총수익금액(Ⅱ + Ⅲ + Ⅳ)** | 01 | | 17. 기타영업외수익 | 26 | |
| **Ⅱ. 과세대상 수익금액** | 02 | | **Ⅲ. 비과세 수익금액** | 35 | |
| 1. 수입이자 | 03 | | 1. 공익신탁재산수익 | 36 | |
| 2. 수입할인료 | 04 | | **Ⅳ. 과세제외 수익금액** | 40 | |
| 3. 수수료수익 | 05 | | 1. 국외사업장수익 | 41 | |
| 4. 배당금수익 | 06 | | 2. 익금으로 보지 않는 자산부채평가익 | 77 | |
| 5. 보증료수익 | 07 | | 3. 비용환입액 | 78 | |
| 6. 유가증권매매익 | 08 | | 4. 채권매각익 또는 상환익 중 대손금 및 대손충당금 상당액 | 79 | |
| 7. 위탁자보수 | 10 | | 5. 그 밖에 대외거래와 관계없이 내부적·일시적으로 인식하는 수익 | 80 | |
| 8. 이익분배금 | 11 | | 6. 국고보조금 | 43 | |
| 9. 신탁보수 | 12 | | 7. 보험차익 | 44 | |
| 10. 보험료수익[(1) − (2)] | 13 | | 8. 채무면제익 및 자산수증익 | 81 | |
| (1)「교육세법 시행령」 제5조 제1호 | 14 | | 9. 휴면예금 소멸시효완성익 | 82 | |
| (2)「교육세법 시행령」 제5조 제2호 | 15 | | 10. 부가가치세가 과세되는 재화 또는 용역의 가액 | 48 | |
| 11. 「교육세법 시행령」 제4조 제1항 제5호[(1) + (2)] | 73 | | 11. 국외의 보험회사가 인수한 보험으로서 재보험계약에 따라 국내 수입된 보험료 | 49 | |
| (1)「교육세법 시행령」 제4조 제1항 제5호 가목(① − ②) | 74 | | 12. 보험회사가 재보험에 가입함으로써 재보험회사로부터 받은 출재보험수수료·출재이익수수료·이재조사비 | 50 | |
| ①「교육세법 시행령」 제4조 제1항 제5호 가목의 거래 및 평가에서 발생하는 이익의 합계 | 75 | | 13.「교육세법 시행령」 제4조 제2항 제7호의 투자자문 및 투자일임 수수료 | 53 | |
| ②「교육세법 시행령」 제4조 제1항 제5호 가목의 거래 및 평가에서 발생하는 손실의 합계 | 76 | | 14.「교육세법 시행령」 제4조 제2항 제8호의 다른 회사 분배수수료 | 54 | |
| (2)「교육세법 시행령」 제4조 제1항 제5호 나목(③ − ④) | 16 | | 15.「교육세법 시행령」 제4조 제2항 제9호의 국외 투자중개업무 수수료 | 55 | |
| ③ 외환차익 | 17 | | 16.「교육세법 시행령」 제4조 제2항 제10호의 발행자 지급수수료 | 56 | |
| ④ 외환차손 | 18 | | 17.「교육세법 시행령」 제4조 제2항 제11호의 보증료, 무역어음재할인이자, 비거주자로부터 수입한 이자 및 수수료 | 57 | |
| 12. 수입임대료 | 19 | | 18. 금융리스 외의 리스로 인한 리스료 중 취득가액에 상당하는 금액 | 58 | |
| 13. 고정자산처분익 | 20 | | 19.「여신전문금융업법」 제41조 제1항 및 제46조 제1항 제7호의 업무를 함으로써 발생하는 수익금액 | 59 | |
| 14. 유질물처분익 | 23 | | 20.「교육세법 시행령」 제4조 제2항 제12호[(1) + (2)] | 60 | |
| 15. 수입대여료 | 24 | | (1)「교육세법 시행령」 제4조 제2항 제12호 가목의 거래 수익금액 | 61 | |
| 16. 기타영업수익 | 25 | | (2)「교육세법 시행령」 제4조 제2항 제12호 나목의 거래 수익금액 | 62 | |

■ 교육세법 시행령 [별지 제1호 서식] 〈개정 2017. 2. 7〉

# 교육세중간예납계산서(금융업 등)

계산기간 년 제 차분( 년 월 일 ~ 년 월 일)

※ 뒤쪽의 작성방법을 읽고 작성하여 주시기 바랍니다.

(앞쪽)

| 접수번호 | 접수일 | 처리기간 | 즉시 |
|---|---|---|---|

| | | | |
|---|---|---|---|
| ❶ 제출자 | ① 법인명(상호) | ② 사업자등록번호 | |
| | ③ 대표자(성명) | ④ 생년월일 | |
| | ⑤ 사업장 소재지 | | ⑥ 전자우편주소 |
| | ⑦ 주업종 | ⑧ 종류코드 | ⑨ 전화번호 |
| | ⑩ 연결납세방식 적용 법인인 경우<br>(모법인이 금융·보험업자인 경우에만 기재하시기 바랍니다) | | [ ]연결모법인 [ ]연결자법인 |
| | ⑪ 모법인명 | ⑫ 모법인 사업자등록번호 | ⑬ 모법인 종류코드 |
| | ⑭ 모법인 사업장 소재지 | | |

❷ 계산내용

| ⑭ 업종 | ⑮ 직전사업연도 산출세액 | ⑯ 직전과세기간 월수 | ⑰ 산출세액<br>(⑮÷⑯×3) |
|---|---|---|---|
| | | | |
| | | | |
| | | | |
| 합 계 | | | ⑱ |
| ⑲ 미납부가산세액 | | | |
| ⑳ 차감납부세액(⑱ + ⑲) | | | |

「교육세법」 제8조의 2 및 같은 법 시행령 제6조의 2 제1항에 따라 신고서를 제출합니다.

년 월 일

제출자 (서명 또는 인)

세무대리인은 조세전문가자격자로서 위 신고서를 성실하고 공정하게 작성하였음을 확인합니다.

세무대리인
(관리번호: ) (서명 또는 인)

**세 무 서 장** 귀하

210㎜×297㎜[(백상지(80g/㎡) 또는 중질지(80g/㎡)]

## 작 성 방 법

※ 이 서식은 전산 입력되는 서식이므로 다음 각 호의 작성방법에 따라 한글 또는 아라비아숫자로 정확하고 선명하게 작성하시기 바랍니다.

1. 제출자 인적사항란은 제출일 현재의 현황을 기준으로 작성하며, 연결납세방식 적용 법인의 경우(모법인이 교육세납세의무자인 금융·보험업자인 경우에 한정합니다) ⑩~⑭란을 작성합니다.

2. ⑧, ⑬란의 종류코드는 금융ㆍ보험업자의 종류에 따라 해당 번호를 적습니다.

| 금융ㆍ보험업자의 종류 | 코드 |
|---|---|
| 「은행법」에 따라 인가를 받아 설립된 은행 | 01 |
| 「한국산업은행법」에 따라 설립된 한국산업은행 | 02 |
| 「중소기업은행법」에 따라 설립된 중소기업은행 | 03 |
| 「자본시장과 금융투자업에 관한 법률」에 따른 종합금융회사 | 04 |
| 「상호저축은행법」에 따른 상호저축은행 | 05 |
| 「보험업법」에 따른 보험회사(「교육세법 시행령」 제1조에 따른 외국보험회사를 포함한다) | 06 |
| 「농업협동조합법」에 따른 농협은행 | 07 |
| 「수산업협동조합법」에 따른 수협은행 | 08 |
| 「자본시장과 금융투자업에 관한 법률」에 따른 집합투자업자 | 09 |
| 「자본시장과 금융투자업에 관한 법률」에 따른 신탁업자 | 10 |
| 「외국환거래법」에 따른 환전영업자 | 11 |
| 「자본시장과 금융투자업에 관한 법률」에 따른 투자매매업자 및 투자중개업자 | 12 |
| 「여신전문금융업법」에 따른 여신전문금융회사 | 13 |
| 「한국수출입은행법」에 따른 한국수출입은행 | 14 |
| 「대부업 등의 등록 및 금융이용자 보호에 관한 법률」에 따른 대부업자 또는 대부중개업자 | 15 |

## 4. 인지세 납세의무

대부업의 등록 및 금융이용자보호에 관한 법률 제3조 제2항의 규정에 의하여 "대부업을 등록한 자"는 인지세법 제3조 제1항 제2호 및 인지세법 시행령 제2조의 2에서 열거하고 있는 「대통령령이 정하는 금융・보험기관」에 해당되지 아니한다. 따라서 위 "대부업을 등록한 자"가 작성하는 금전소비대차계약서는 인지세 과세대상이 아니다(소비 46430-10, 2003. 1. 10).

## 5. 대부업체의 영업흐름

대부업자는 채무자에게 자금을 대여하고 채권확보를 위하여 부동산에 저당권(근저당 포함)을 설정하거나 가등기 및 가압류 등을 하게 된다. 일반적으로 이자율은 월 1.5%에서 2% 정도를 받게 되며 소액일수록 이자율을 높게 받는다. 이자제한율인 연 20%를 초과하여 받아 대부업법 위반이 되는 사례도 발생하여 처벌받는 경우도 있다. 저당권 설정을 보면 다음과 같은 내용을 파악할 수 있다. 이에 따라 등록세 납부자료가 발생하게 되어 대부업에 대한 과세자료가 발생한다.

(주)아람캐피탈

| 설정자 | 채무자 | 등기원인 | 물건지 | 설정일 | 해제일 | 과세표준 | 채권액 |
|---|---|---|---|---|---|---|---|
| | | | | | | | |

- 등기원인은 저당권, 근저당, 가압류, 가등기 등으로 표시되어 채권자가 채권확보 목적으로 기재된다.
- 설정일과 해제일은 금전대여일과 상환일을 파악할 수 있다.
- 과세표준은 채권최고액으로 일반적으로 대여액(채권액)의 130%에서 150% 정도로 한다.

[소득세사무처리규정 별지 제12－13호 서식] 〈검토표 2〉

# 대부업자 수입금액검토표

1. 기본사항

| ①사업자등록번호 | | ②상　호 | | ③성　명 | |
|---|---|---|---|---|---|
| ④주민등록번호 | | ⑤종　목 | | ⑥업 종 코 드 | |
| ⑦사　업　장 | | 직원현황 | ⑧인　원 | ⑨연간총지급액 | ⑩원천징수세액 |
| ⑪대부업 등록여부 | □ 등록　□ 미등록 | ⑫사 무 직 | | 천원 | 천원 |
| ⑬주요사업내용 | | ⑭영 업 직 | | 천원 | 천원 |

2. 총수입금액 명세 (단위:건,천원)

| 구 분 | 당해 과세기간 | |
|---|---|---|
| | ⑮건 수 | ⑯수 입 금 액 |
| ⑰합　계 | | |
| ⑱금 전 대 부 | | |
| ⑲담 보 대 출 | | |
| ⑳상품권매매 | | |
| ㉑어음할인 등 | | |
| ㉒기 타 수 입 | | |

3. 주요경비 사용금액 및 현황 (단위:천원,개,%,건)

| 사업장 임차비용 | | ㉕광고 선전비 | ㉖기타 경비 | 자금현황 | | 이자율현황 | | 대부금현황 | | ㉝대부 계약서 건수 |
|---|---|---|---|---|---|---|---|---|---|---|
| ㉓임차 보증금 | ㉔연간 임차료 | | | ㉗ 자본금 | ㉘부채 | ㉙ 이자율 | ㉚연체 이자율 | ㉛거래 처수 | ㉜잔액 | |
| | | | | | | | | | | |

대부업자에 대한 수입금액 및 기본현황 등을 신고합니다.

년　　월　　일

사 업 자 :　　　　　　㊞
세무대리인 :　　　　　　㊞
(관리번호　　　　　　)

세무서장 귀하

## 작 성 요 령

※ 불성실하게 작성시는 조사대상자로 선정되는 등 불이익을 받으실 수 있으므로 성실하게 작성하여 주시기 바랍니다.

1. 기본사항

사업자의 인적사항 및 과세기간 종료일 현재를 기준으로 직원현황 등을 기재합니다.

- 등록여부란에는 「대부업의등록및금융이용자보호에관한법률」에 의한 등록여부를 표시합니다.
- 주사업 내용란에는 금전대부, 전당포, 상품권매매 등 주사업내용을 기재합니다.

2. 총수입금액명세

당해 과세기간의 대금업, 전당포, 기타금융업 등에 해당되는 수입금액명세를 기재합니다.

- 건수는 당해 과세기간중 수입명세별로 각각 계약한 금전대부 등의 횟수를 기재합니다.
- 금전대부는 신용 및 보증인을 설정하거나 어음(채무증서)을 받고 대출한 경우, 담보대출은 부동산, 동산 등을 담보로 대출한 경우에 해당됩니다.
- 상품권매매는 상품권 등을 구입하여 판매하는 경우에 해당되며, 어음할인 등은 어음 및 수표할인 등의 경우에 해당합니다.
- 기타수입은 금전대부, 담보대출, 상품권매매 외의 경우에 해당됩니다.

3. 주요경비 사용금액 및 현황

과세기간 종료일 현재를 기준으로 기재하시되, 다만 대부계약서 건수·광고비·지급임차료 등 제경비는 당해 과세기간의 합계를 기재합니다.

- 자금현황, 이자율현황, 대부금현황, 대부계약서 건수는 대부업으로 등록한 사업자만 기재합니다.

[대부업관련 해석사례 및 심판례]

| | | |
|---|---|---|
| ① 지급보증 용역의 면세 여부 | 부가가치세가 면제되는 자금대여업을 영위하는 사업자가 그 사업과 관련하여 「부가가치세법 시행령」 제33조 제1항 제9호의2와 유사한 지급보증용역을 제공하고 그 대가를 받는 경우, 당해 용역에 대해서는 같은 법 시행령 제33조 제2항에 따라 부가가치세가 면제되는 것임. | 부가가치세과 -623 (2010. 5. 17) |
| ② 자금대여와 부당행위 부인 | 「대부업의 등록 및 금융이용자보호에 관한 법률」에 따라 대부업자로 등록한 법인이 주된 수익사업과 관련하여 특수관계자에게 모든 대출처에 적용되는 일반적인 기준, 대출금리 및 절차 등에 따라 자금을 대여한 경우 당해 대여금에 대하여는 「법인세법」 제52조의 부당행위계산부인 규정 및 같은 법 제28조 제1항 제4호 나목의 지급이자 손금불산입 규정이 적용되지 아니하는 것이나, 귀 질의가 이에 해당하는지는 당해 법인의 자금조달 비용, 대출심사기준, 특수관계자에 대한 대출금액, 대출기간, 재무 · 신용상태 등을 종합적으로 고려하여 판단할 사항임. | 법인세과-347 (2010. 4. 8) |
| ③ 이자제한법 초과이자의 필요경비 산입 | 사업자가 총수입금액을 얻기 위하여 직접 사용된 부채에 대한 지급이자로서 「이자제한법」 제2조에 따른 이자의 최고한도를 초과하여 실제 지급한 이자는 해당 연도의 필요경비에 산입하는 것이나, 약정에 의한 이자지급일에 지급되지 아니한 이자로서 「이자제한법」 제2조에 따른 이자의 최고한도를 초과하는 금액은 약정에 의한 이자지급일이 속하는 연도의 필요경비에 산입할 수 없는 것임. | 소득세과-291 (2010. 3. 4) |
| ④ 금융상품 판매대행 수수료 | 금전대부업에 해당하는 역무를 제공하는 사업자가 보험업사업자의 금융상품을 판매대행하는 경우, 금융위원회가 고시하는「금융회사의 업무위탁 등에 관한 규정」 제3조 제1항 각 호에 해당하는 사항을 제외한 해당 금융상품판매와 관련된 모든 업무를 일괄적으로 수행하고 받는 대행수수료는 부가가치세가 면제되는 것임. | 부가가치세과 -1621 (2009. 11. 9) |
| ⑤ 원천징수 여부 | 대부업자로 등록한 법인에게 지급하는 대여금에 대한 이자소득은 원천징수대상 소득에 해당되지 않는 것임. | 원천세과-620 (2009. 7. 17) |
| ⑥ 전주에 대한 원천징수 | 이자소득금액을 지급하는 자는 소득세를 원천징수할 의무가 있는 것으로 규정하고 있으므로 청구법인이 전주들에게 쟁점지급이자금액을 지급한 이상, 이에 대한 소득세를 원천징수할 의무가 있다 할 것이고, 원천징수대상소득금액에 대응하는 수익이 발생하지 아니하였다는 사유만으로 원천징수의무가 면제 또는 소멸된다고 보기 어려움. | 조심 2010서0368 (2010. 12. 30) |
| ⑦ 이자소득의 귀속시기 | 기업여신금융업을 주된 목적사업으로 하고 있는 대부업을 영위하는 법인이 특수관계법인에게 대여한 대여금의 수입이자 귀속시기는 일시적인 유동성 보완을 위해 약정이자율에 따라 이익이 발생할 수 있는 구조로 이자율이 결정된 것은 통상 목적사업관련 대여금에 해당하므로 실제로 수입한 날임. | 조심 2008서3916 (2009. 12. 10) |

# 제2절 상품권매매업

## Ⅰ 개 요

### 1. 정의

상품권이란 그 명칭 또는 형태에 관계없이 발행자가 일정한 금액이나 물품 또는 수량이 기재(전자 또는 자기적 방법에 의한 기록을 포함한다)된 무기명증표를 발행·그 소지자가 발행자 또는 발행자가 지정하는 자에게 이를 제시 또는 교부하거나 기타의 방법으로 사용함으로써 그 증표에 기재된 내용에 따라 상품권발행자 등으로부터 물품 또는 용역을 제공받을 수 있는 유가증권을 말한다.

### 2. 업종구분

#### (1) 한국표준산업분류

한국표준산업분류상 상품권매매업은 **금융업 중 그 외 기타 금융업**(65999)으로 분류한다. 즉, 그 외 기타 금융활동을 수행하는 산업활동을 말한다.

#### (2) 소득세법상의 구분

소득세법에서는 상품권매매업을 금융업으로 분류하여 면세사업자로 보고 있다. 즉, 소득세법 시행령 제29조의 규정에 있는 것을 제외하고는 한국표준산업분류를 기준으로 하는 것이고 상품권매매(구입 후 재판매)를 주로 하는 사업은 한국표준산업분류상 금융 및 보험업 중 "그 외 기타 금융업"으로 분류되므로 상품권의 매매를 새로이 개시하는 사업자는 소득세법 제168조 제1항의 규정에 의하여 사업자등록을 하는 것이다(제도 46011-11710, 2001. 6. 26).

### 3. 상품권의 분류

#### (1) 자체발행상품권

백화점이나 제화상품권과 같이 자사 및 계열사에서 자체적으로 사용하는 상품권을 말한다.

### (2) 제3자발행상품권

교육, 문화, 도서, 국민관광상품권 등과 같이 관련 업종의 사업자들과 가맹 계약을 맺고 발행하는 상품권을 말한다. 이 경우 가맹점은 가맹수수료를 지급하게 된다.

### (3) 금액상품권

상품권의 권면에 기재된 금액에 상응하는 물품 또는 용역을 제공받을 수 있는 상품권을 말한다.

### (4) 물품상품권

상품권의 권면에 기재된 물품을 제공받을 수 있는 상품권을 말한다.

### (5) 용역상품권

상품권의 권면에 기재된 용역을 제공받을 수 있는 상품권을 말한다.

## 4. 상품권의 규제법령

과거에는 상품권법에서 규율하였으나 1999. 2. 5 경제행정규제 정비와 기업의 자유로운 경제활동 보장을 위해 폐지되었다. 따라서 인가나 등록제도가 폐지되었으며 상품권발행에 따른 공탁제도도 없어졌다. 다만, 상품권발행시 공정거래위원회의 상품권 표준약관 및 소비자 피해보상규정(기획재정부), 부정수표단속법 등에 의하여 규제를 받게 된다.

**참 고** **상품권 표준약관**(공정거래위원회 제10022호)

제1조(목 적) 이 약관은 ○○○(이하 '발행자'라 함)이 발행한 상품권을 그 소지자(이하 '고객'이라 함)가 사용함에 있어 고객과 발행자 및 발행자와 가맹계약을 맺은 자(이하 '가맹점'이라 함)간에 준수할 사항을 규정한다.

제2조(적용의 범위) 이 약관의 적용을 받는 상품권은 다음과 같다.
1. 금액상품권 : 상품권의 권면에 기재된 금액에 상응하는 물품 또는 용역(이하 '물품 등'이라 함)을 제공받을 수 있는 상품권
2. 물품상품권 : 상품권의 권면에 기재된 물품을 제공받을 수 있는 상품권
3. 용역상품권 : 상품권의 권면에 기재된 용역을 제공받을 수 있는 상품권
※ 하나 또는 두 가지인 경우에는 해당 상품권만 기재함

**제3조(상품권의 사용)**
① 고객이 상품권면 금액 또는 수량의 범위 내에서 물품 등의 제공을 요구하는 경우 발행자 또는 가맹점은 즉시 해당 물품 등을 제공한다.
② 고객은 발행자 또는 가맹점의 매장에서 판매하는 물품 등에 대하여 가격할인기간을 포함하여 언제든지 상품권을 사용할 수 있다. 다만, 미리 상품권면에 기재한 특정 매장(할인매장 제외) 또는 물품 등에 대하여 상품권의 사용을 제한할 수 있다.
③ 고객에게는 현금거래자보다 우선하여 물품 등을 제공한다.

**제4조(물품 · 용역상품권의 사용)**
① 물품 또는 용역상품권에 기재된 물품 등의 제공이 불가능하거나 제공에 필요한 통상적인 기간보다 현저히 지체되는 경우 고객의 요구에 따라 발행자 또는 가맹점은 상품권면 금액(금액의 표시가 없는 경우 상품권의 정상 판매가격)을 현금으로 즉시 반환한다.
② 물품 또는 용역상품권에 따라 제공되는 물품 등의 품질은 상품권면에 기재된 내용에 따른다. 다만, 별도의 기재가 없고 품질에 차이가 나는 물품 등의 경우 상품권면 금액(금액의 표시가 없는 경우 상품권의 정상 판매가격) 및 거래관행을 고려한 적정 품질이상이어야 한다.
③ 발행자 또는 가맹점은 수량으로 기재된 물품 또는 용역상품권에 따른 물품 등의 제공시 원재료 가격상승 등 어떠한 이유로도 고객에게 추가대금을 요구할 수 없다.

**제5조(상품권의 훼손)**
① 고객이 요구하는 경우 발행자 또는 가맹점은 훼손된 상품권을 재발급하여야 한다. 다만, 재발급에 따르는 비용은 실비 범위 내에서 고객이 부담한다.
② 상품권이 훼손되어 발행자의 상품권임을 확인할 수 없는 경우 발행자 또는 가맹점은 상품권의 재발급 및 사용을 거부할 수 있다. 다만, 발행자의 상품권임은 알 수 있으나 상품권의 종류, 금액 또는 수량 등이 불명확한 경우 고객은 확인가능한 범위 내에서 최저 가격의 상품권으로 재발급 받거나 사용할 수 있다.
③ 물품 등의 금액 또는 수량이 전자기적 방법으로 입력된 상품권이 훼손 등의 사유로 그 입력된 내용을 판독할 수 없는 경우 고객은 발행자가 지정한 장소에서 판독하여 확인된 금액 또는 수량만큼의 다른 상품권으로 교환받을 수 있다.

**제6조(사용기간)** 상품권은 상사채권 소멸시효(5년) 내에 사용할 수 있다.

**제7조(상품권의 잔액반환)**
① 상품권은 현금으로 반환하지 않는다.
② 상품권면 금액(상품권을 여러 장 동시에 사용하는 경우에는 총 금액)의 100분의 60(1만원 이하 상품권은 100분의 80) 이상에 해당하는 물품 등을 제공받고 고객이 잔액의 반환을 요구하는 경우 발행자 또는 가맹점은 잔액을 현금으로 반환한다.

**제8조(지급보증)** 상품권의 지급보증은 상품권면에 기재된 바에 따른다.
※ 지급보증되어 있는 경우에는 지급보증하는 자와 지급보증의 내용을 기재하며, 지급보증되어 있지

않는 경우에는 지급보증되어 있지 않음을 반드시 명시

제9조(발행자의 책임) 상품권 이용과 관련된 고객의 권리에 대한 최종적 책임은 발행자가 진다.

제10조(기타) 본 약관에 명시되지 아니한 사항 또는 약관해석상 다툼이 있는 경우에는 고객과 발행자 또는 가맹점의 합의에 의하여 결정하되, 합의가 이루어지지 아니한 경우에는 관계법령 및 일반관례에 따른다.

※ "표준 약관"이란
일정한 거래분야에서 통용하기 위해 사업자 또는 사업자단체가 표준으로 사용하는 약관
「약관법」은 사업자 또는 사업자단체가 거래상의 지위를 이용하여 불공정한 내용의 약관을 작성하거나 통용되게 하는 것을 금지하고 있음.
동법은 불공정약관의 작성·통용을 사전 예방하기 위한 목적으로 사업자 또는 사업자단체가 표준약관을 작성하여 표준약관의 내용이 법률에 위반되는지의 여부에 대해 공정거래위원회에 심사를 청구할 수 있도록 하고 있음.
이는 하도급법상의 표준하도급계약서와 유사한 목적으로 운용되고 있음.

## Ⅱ 상품권매매업의 회계실무

### 1. 기업회계상 회계처리

상품권발행과 관련하여 기업회계기준서 및 기업회계기준 등에 관한 해석 35-37에 다음과 같이 규정하고 있다.

#### (1) 상품권의 수익인식

상품권의 발행과 관련된 수익은 상품권을 회수한 시점 즉, 재화를 인도하거나 판매한 시점에 인식하고, 상품권을 판매한 때에는 선수금으로 처리한다.

#### (2) 상품권할인판매시의 회계처리

상품권을 할인판매한 경우에는 액면가액 전액을 선수금으로 계상하고 할인액은 상품권할인액 계정으로 하여 동 선수금계정에서 차감하는 형식으로 표시하며, 상품권할인액은 추후 물품 등을 제공하거나 판매한 때에 매출에누리로 대체한다.

**① 상품권 판매시**

(차) 현금과예금 ××× (대) 상품권선수금 ×××

② **상품권으로 상품 교환시**

(차) 매출에누리 ××× (대) 상품권할인액 ×××
상품권선수금 ××× 매 출 ×××

### (3) 상품권의 잔액환급시 회계처리

물품상품권 또는 용역상품권의 물품 또는 용역의 제공이 불가능하거나 지체됨으로 인하여 현금으로 상환하여 주는 경우 또는 금액상품권의 물품 등을 판매한 후 잔액을 환급하여 주는 경우에는 현금을 상환하는 때 또는 물품판매 후 잔액을 환급하여 주는 때에 선수금과 상계한다.

(차) 상품권선수금 ××× (대) 현 금 ×××

### (4) 장기미회수 상품권의 회계처리

상품권의 유효기간이 경과하였으나 상법상의 소멸시효가 완성되지 않는 경우에는 유효기간이 경과된 시점에서 상품권에 명시된 비율(즉, 현금·물품 또는 용역을 상환 또는 제공하겠다는 비율을 제외하고)에 따라 영업외수익으로 인식함을 원칙으로 하고, 상법상의 소멸시효가 완성된 경우에는 소멸시효가 완성된 시점에서 잔액을 전부 영업외수익으로 인식하여야 한다.

(차) 상품권선수금 ××× (대) 상품권할인액 ×××
잡 이 익 ×××

## 2. 도서상품권의 회계처리

도서상품권은 제3자 발행형 물품상품권으로 한국도서보급(주)이 일괄발행하고 각 서점에서 판매되며 어느 서점에서도 이용가능하다.

### (1) 발행자인 한국도서보급(주)의 회계처리

**1) 도서상품권 발행시**

(차) 현 금 ××× (대) 선 수 금 ×××

**2) 도서상품권을 회수한 때**

(차) 선 수 금 ××× (대) 현 금 ×××

### (2) 유통업체인 서점의 회계처리

**1) 도서상품권 구입시**

| | | | |
|---|---|---|---|
| (차) 선 급 금 | ××× | (대) 현 금 | ××× |

**2) 도서상품권 판매시**

| | | | |
|---|---|---|---|
| (차) 현 금 | ××× | (대) 선 급 금 | ××× |
| | | 판매수수료 | ××× |

**3) 소비자가 상품권을 제시할 때**

| | | | |
|---|---|---|---|
| (차) 매 출 채 권 | ××× | (대) 매 출 | ××× |

**4) 도서상품권 권면액 청구시**

| | | | |
|---|---|---|---|
| (차) 현 금 | ××× | (대) 매 출 | ××× |
| 지급수수료 | ××× | | |

## 3. 상품권 관련 질의회신

### (1) 손익계산서 구분표시(비금융업의 이자수익)에 관한 질의

(질의회신 01－057, 2001. 4. 13)

① 질의 내용

회사는 상품권의 제작·판매를 주 사업목적으로 하여 운영하고 있는 바, 그 일반적인 거래형태는 일반적인 제조업체의 상품권 판매와는 상이합니다. 회사는 상품권 판매에 따른 차익이 없이 상품권 판매시 현금을 수령하여 소비자가 상품권을 사용하여 회사에 자금청구 하는 때까지 여유기간 동안 자금을 운용함으로써 이자수익을 얻는 것을 목적으로 설립되었습니다. 이때 동 이자수익을 영업수익으로 분류할 수 있는지?

② 회신 내용

상품권을 발행하고 수령한 현금을 운용하여 발생하는 이자수익을 얻는 것을 주 사업목적으로 한다면 동 이자수익은 영업수익으로 분류하고, 기타의 원천에 의해서 발생한 이자수익은 영업외수익으로 분류하는 것이 타당합니다.

### (2) 상품권 구입 및 판매시 회계처리에 대한 질의(질의회신 01-005, 2001. 1. 17)

① 질의내용

상품권(제화, 백화점, 문화, 도서, 외식 등)을 할인된 가격으로 대량 구매하여 인터넷으로 판매하는 회사입니다. 상품권 구입 및 판매와 관련한 회계처리는?

② 회신 내용

재고상품으로 구분하여 상품권 판매총액을 매출액으로 계상하여야 합니다.

## Ⅲ 상품권매매업의 세무실무

## 1. 부가가치세 실무

### (1) 과세대상 여부

상품권의 판매는 **상품권 자체가 재화나 용역의 공급이 아닌 화폐대용증권 성격**의 증서로서 과세대상이 아니며 실제로 재화나 용역의 공급시 부가가치세가 과세된다. 즉, 상품권을 매입하여 판매하는 경우에는 부가가치세법 제1조 제1항의 규정에 의하여 부가가치세가 과세되지 아니하는 것이다(부가 46015-3566, 2000. 10. 23). 또한 사업자가 특정시설을 이용할 수 있는 자유이용권을 구매하여 판매하는 경우 부가가치세 과세대상이 아니므로 세금계산서를 교부할 수 없으며, 구입관련 매입세액은 매출세액에서 공제받을 수 없는 것이다(서면3팀-2586, 2004. 12. 18). 다만, 상품권 발행자가 가맹사업자와 약정에 의하여 상품권 발행자가 발행한 상품권액면금액과 상품권 가맹사업자가 상품권 소지자에게 재화 또는 용역을 제공하고 받은 상품권을 상품권 발행자에게 제시하고 지급받은 금액의 차액은 상품권 발행자의 상품권 발행수익으로서 부가가치세가 과세되는 용역의 대가에 포함되는 것이다(서면3팀-745, 2006. 4. 20).

| 구 분 | 업 종 | 과세 여부 | 적격증빙 수취 |
|---|---|---|---|
| 상품권 판매 | 기타금융업 | × | × |
| 상품권 판매대리 | 사업서비스업 | ○ | ○ |

① 상품권 매입액에 대하여 매입처별세금계산서합계표 가산세 부과 여부

부가가치세법 제22조의 규정에 의한 "매입처별세금계산서합계표의 기재사항 중 사실

과 다르게 과다하게 기재하여 신고한"의 의미는 정상적으로 교부받은 세금계산서상의 공급가액을 매입처별세금계산서합계표에 과다하게 기재하거나 사업과 관련 없는 세금계산서를 교부받아 매입처별세금계산서합계표에 기재하여 매입세액을 공제받는 경우를 말하는 것으로 상품권의 경우 세금계산서 교부의무와 매입처별세금계산서합계표 제출에 대한 의무가 없는 거래로 매입처별세금계산서합계표에 포함하여 부가가치세를 신고·납부하였다 하여도 매입처별세금계산서합계표의 기재사항 중 사실과 다르게 과다하게 기재하여 신고한 것으로 볼 수 없으므로 부가가치세법 제22조 규정에 의한 매입처별세금계산서합계표 가산세 부과대상에 해당하지 않는 것이다(재부가-546, 2007. 7. 18). 즉, 실물거래는 있었으나 부가가치세 과세대상거래가 아닌 경우 세금계산서 관련 가산세는 적용되지 않는다는 것이다.

② **고객사 요청으로 모바일상품권을 발송하는 경우 부가가치세 과세 여부**

특정회사의 특정물품을 교환할 수 있는 모바일(핸드폰)쿠폰을 발행하는 회사로부터 모바일쿠폰을 구입하여 판매하고, 당해 모바일쿠폰을 소지한 자(핸드폰소유자)가 특정물품과 교환하게 하는 경우, 당해 모바일쿠폰은 과세대상에 해당하지 아니하는 것으로 세금계산서 발급대상이 아닌 것이다(부가-19, 2012. 1. 9).

**부가가치세 집행기준 60-0-12 상품권 거래에 따른 세금계산서 수수시 가산세**

사업자가 상품권을 판매(구입)하면서 세금계산서를 발급(수취)하고 매출(매입)처별세금계산서합계표를 제출한 경우 매출(매입)처별세금계산서합계표에 대한 가산세를 적용하지 아니한다.

**질의회신 어플리케이션 또는 인터넷을 통한 이용권 판매시 부가가치세 과세대상 여부**
(부가-573, 2014. 6. 17)

**1. 사실관계**

가. 질의자는 스마트폰 어플리케이션 또는 인터넷 홈페이지를 통해 이용권(사전에 제휴업무를 계약한 제휴 커피숍에서 정상가보다 할인된 가격으로 커피를 마실 수 있는 이용권)을 발행하여 일반 대중에게 판매하는 회사임

나. 이용권인 인터넷 홈페이지에서 구매할 수 있고 또는 스마트폰 소지자가 당사가 개발한 어플리케이션을 다운받아 실행하며 결제는 결제대행사를 통해 이루어짐. 이렇게 구매한 이용권의 소지자는 제휴 커피숍에 가서 이를 보여주고 커피를 소비함

다. 그 후 제휴커피숍은 일정기간마다 소비자들이 이용권을 제시하고 소비한 커피금액을 정산하여 회사에 청구하면 현금결제를 해주고 현금영수증을 발급받고 있음

2. 질의내용

어플리케이션 또는 인터넷을 통하여 이용권을 판매하는 사업이 부가가치세 과세대상인지 여부

3. 회신내용

특정회사의 특정물품을 교환할 수 있는 모바일(핸드폰) 쿠폰을 발행하는 회사로부터 모바일쿠폰을 구입하여 판매하고, 당해 모바일쿠폰을 소지한 자(핸드폰소유자)가 특정물품과 교환하게 하는 경우, 당해 모바일쿠폰은 「부가가치세법」 제1조의 과세대상에 해당하지 아니하는 것으로 같은 법 제16조에 따른 세금계산서 발급대상이 아닌 것입니다.

부가가치세 집행기준 15-28-2 **상품권 관련 부가가치세 납세의무**

| 구 분 | 적용방법 |
|---|---|
| • 상품권의 판매 | • 과세대상 거래가 아님 |
| • 상품권의 판매대리 및 발행대행 | • 대행수수료 과세 |
| • 상품권 판매 관련 공급시기 | • 재화가 실제로 인도되는 때 |
| • 상품권 판매시 세금계산서 등 발급 | • 세금계산서 · 계산서 발급의무 없음 |

핵심체크

상품권매매업은 금융업으로 부가가치세 납세의무를 지지 않으며 또한 교육세 납세의무도 없다.

## (2) 별정통신사업자의 선불전화카드 판매

전기통신사업법상의 별정통신사업자가 기간통신 사업자로부터 임차한 전기통신 회선설비를 이용하여 통신역무를 이용하여 통신역무를 제공하기 위해 당해 사업자의 책임과 계산하에 통신역무를 제공받을 수 있는 선불전화카드를 제작하여 다른 유통업자를 통하여 사용자에게 판매하는 경우 당해 카드의 사용에 대하여는 부가가치세가 과세되지 아니 하나, 당해 별정통신사업자가 당해 카드에 대하여 카드소지자에게 통신역무를 제공하는 때에는 부가가치세법 제1조 제1항의 규정에 의하여 부가가치세가 과세되는 것이다(서삼 46015-1114, 2002. 7. 9).

### (3) 상품권 발행업자의 과세 여부 및 과세표준 계산

① 질의

당사는 성인오락실에서 경품으로 사용하는 골드리치 문화상품권을 발행하는 업무를 주업으로 하고 있으며 당사에서 각 지역 총판이나 대리점에 5,000원권 문화상품권을 4,700원에 공급하며 대리점은 오락실에 4,750원에 공급하고 오락실은 환전소를 통하여 보통 4,500원에 할인을 해 주는 거래구조를 취하고 있는데, 이 경우 당사는 대리점에서 상품권을 회수해 오면 4,700원에 판매했던 상품권을 4,680원에서 4,675원 정도에 본사에서 매입을 하는 경우에 발생한 약 20원 정도의 이익에 대한 부가가치세 과세대상에 해당되는지의 여부

② 회신

상품권발행자가 상품권 가맹사업자와 약정에 의하여 「상품권발행자가 발행한 상품권 액면금액」과 「상품권가맹사업자가 상품권소지자에게 재화 또는 용역을 제공하고 받은 상품권을 상품권발행자에게 제시하고 지급받은 금액」의 차액은 상품권발행자의 상품권 발행수익으로서, 부가가치세법 제7조 제1항의 규정에 따라 부가가치세가 과세되는 용역의 공급에 해당되는 것이며, 이 경우 상품권발행자의 상품권 발행수익과 관련된 매입세액은 부가가치세법 제17조 제1항 제1호의 규정에 따라 매출세액에서 공제받을 수 있는 것이다(서면3팀-911, 2005. 6. 22).

### (4) 성인게임장의 부가가치세 과세표준 계산

성인게임장의 과세표준이 이용자들이 투입한 금액 전부를 과세표준으로 하여야 하는지 아니면 투입금액에서 상품권 금액만큼 공제하여야 하는지 논란이 있다. 이에 대하여 지방법원의 판결내용을 살펴보면 다음과 같다.

#### 1) 투입한 금액 전부를 과세표준으로 하여야 한다는 견해

**(서울행정법원 제14부 2007구합24920, 2007. 11. 1)**

① 부가가치 미창출 주장에 대하여

아래의 여러 사정 등을 종합하면, 고객들이 게임기에 투입한 돈은 재화나 용역의 공급에 대한 대가로서 부가가치세 과세대상에 해당함이 명백하고, 도박이나 사행성 게임을 위한 것이라거나 부가가치세 과세대상에 해당하지 아니한다고 할 수 없으므로, 원고의 이 부분 주장은 이유 없다.

(가) 원고가 구 음반·비디오물 및 게임물에 관한 법률(2006. 4. 28, 법률 제7943호로 폐지되기 전의 것)에 규정된 절차에 따라 '게임장업' 등록을 하고 합법적으로 이 사건 게임장 영업을 한 사정에 비추어 볼 때, 위와 같은 합법적인 게임장에서 이루어지는 고객들의 게임기 이용행위를 도박이나 사행행위라고 할 수 없는 점

(나) 원고가 게임장 이용을 마친 고객들에게 현금을 반환한 것이 아니라 구 게임제공업소의 경품취급기준(2006. 11. 1, 문화관광부고시 제2006-24호에 의하여 변경되기 전의 것, 이하 구 경품취급기준이라 한다)에 따라 경품의 일종인 상품권을 지급하였는데, 구 경품취급기준은 뒤에서 보는 바와 같이 경품을 현금화하는 것을 강력하게 규제하고 있는 점

(다) 그렇지 않고 원고의 이 사건 게임장 영업이 도박 내지 사행행위에 해당한다고 하더라도, 부가가치세법 등에 도박 내지 사행행위에 대하여 부가가치세를 면제하거나 비과세한다는 규정이 존재하지 아니하므로, 위와 같은 사정만으로 원고의 이 사건 게임장 영업이 부가가치세 부과대상에 해당하지 아니한다고 할 수 없는 점

(라) 부가가치세법에 규정된 부가가치는 단순한 거래대가의 개념인데, 원고의 이 사건 게임장 영업이 다른 용역의 제공과 달리 부가가치를 창출하지 않는다고 할 아무런 근거가 없는 점

**② 상품권 액면금액의 공제 주장에 대하여**

다음과 같은 여러 사정 등을 종합하면, 원고가 게임기 이용자에게 지급하는 상품권 거래가 부가가치세 부과대상에 해당하지 아니한다고 보이지 아니하므로, 게임기에 투입된 금액 중 상품권 액면가액에 해당하는 부분을 공급가액에서 공제하여야 한다는 원고의 주장도 이유 없다.

(가) 게임기 이용자들은 원고에게 현금을 지급하고 그에 대한 대가로 게임기를 이용하여 횟수에 제한 없이 게임을 하고 게임 결과에 따라 일정한 경품을 지급받게 되는 것이므로, 원고가 게임기 이용자들에게 제공하는 것은 게임기 이용이라는 용역과 상품권이라는 재화이고, 게임기 이용자들은 이에 대한 대가로서 원고에게 현금을 지급하는 것이다. 따라서 게임기 이용자들이 원고에게 지급하는 현금은 게임기 이용이라는 용역과 상품권이라는 재화를 공급받는 것 전체에 대한 대가이지 상품권이라는 재화의 제공과 게임기 이용이라는 용역의 제공을 분리하여 각 부분에 대하여 별도로 대가를 지급하는 것이 아니고, 원고도 각 부분에 대하여 따로 대금을 받는 것이 아니다.

(나) 구 경품취급기준은 게임업자가 제공할 수 있는 경품의 종류를 엄격히 제한하고 있으며, 경품이 제공됨과 동시에 이용자가 투입한 이용요금창을 제외한 모든 창

의 기록사항이 삭제되고, 게임의 결과 획득한 점수는 보관할 수 없으며 이를 누구든지 매매하거나 또는 매매하도록 하여서는 아니되며, 경품을 환전 또는 환전알선하거나 제공되어진 경품을 재매입하는 행위를 하여서는 아니된다고 규정하여 게임업자가 경품에 갈음하여 현금을 지급하거나 경품을 쉽게 현금화하는 것을 엄격하게 제한하고 있다. 따라서 게임기 이용자가 게임장 업주로부터 지급받는 경품은 현금이라고 할 수 없고 일종의 재화라고 할 것이므로, 게임장 업주가 게임기 이용자에게 현금과 동일한 것이 아닌 경품을 지급하였다고 하여 이를 게임장 업주의 공급가액에서 공제할 수는 없는 것이고, 다만 그 재화를 구입하면서 지급한 매입세액만을 공제받을 수 있는 것이다(경품을 구입하면서 지급한 매입세액을 공제받을 수 있다 하더라도, 원고는 매입세액 지급과 관련한 세금계산서 등을 제출한 사실이 없으므로 실제로는 이에 대한 매입세액을 공제받을 수 없을 것이다).

(다) 상품권은 선하증권, 화물상환증, 창고증권 등과 함께 물건의 인도채권을 표창하는 물건증권 또는 금전대용증권으로, 금전의 지급채권을 표창하는 금전채권증권인 어음, 수표와는 그 본질적 성질을 달리하는 것이어서, 상품권의 지급을 금전채권증권인 어음, 수표의 지급과 마찬가지로 현금을 지급한 것으로 볼 수 없다.

(라) 게임장에서 지급하는 상품권을 인근 환전소에서 쉽게 현금화할 수 있다고 하여 상품권을 지급하는 것이 현금을 지급하는 것과 동일하다고 할 수 없다. 환전성이 보장된 경품이라도 환전되기 전까지는 재화에 불과할 뿐이지 이를 현금과 동일시 할 수 없기 때문이다. 가령 게임장에서 상품권이 아닌 문구류나 완구류 등의 물품을 경품으로 지급하고 그 인근 환전소에서 이를 현금으로 교환해 준다고 하여 위와 같이 지급된 물품을 현금으로 볼 수는 없는 것이다.

(마) 게임장 업주는 구 경품취급기준에 따라 게임의 결과에 의한 경품으로 상품권 외에도 완구류 · 문구류 · 캐릭터상품 · 문화상품류 · 관광기념품류 · 액세서리류 등을 임의로 선택하여 제공할 수 있고, 경품을 상품권이 아닌 완구류 등의 물품으로 제공한 경우에는 완구류 등의 물품 구입시 지급한 부가가치세를 매입세액으로 공제받을 수 있을 뿐, 그 물품의 매입금액 자체를 부가가치세 과세표준인 공급가액에서 공제받을 수 없는 것인데, 단지 게임장 업주가 경품으로 상품권을 지급하였다는 사정만으로 그 상품권의 액면가액을 공급가액에서 공제받을 수 있다고 볼 이유가 전혀 없다.

(바) 게임장 업주가 상품권을 경품으로 지급함으로 인하여 그에 대한 매입세액을 공제받지 못한다고 하더라도, 이는 부가가치세가 부과되지 않는 재화(가령 가공되지 아니한 식료품과 같은 것)를 공급함에 따른 결과이지 그로 인하여 공급가액이 변경되는 것은 아니다.

(사) 원고의 주장에 따르면, 경품을 상품권이 아닌 물품으로 지급한 경우에 있어서는 부가가치세법에 따라 그 물품구입시 지급한 부가가치세를 매입세액으로 공제받고 또 다시 그 물품구입대금을 공급가액에서 공제받게 되는 불합리한 결과를 야기하게 된다(그렇다고 하여 상품권의 경우에만 공급가액에서의 공제를 인정하고 물품의 경우에는 이를 부인할 만한 별다른 근거도 찾을 수 없다).

(아) 부가가치세법은 과세표준에서 공제할 항목을 예외적으로 열거하여 명시하고 있는데, 부가가치세법 등이 상품권 지급에 대한 대가를 공급가액에서 공제하도록 하는 규정을 두고 있지 않다.

(자) 상품권의 액면가액이 5,000원이라고 하여 현금 5,000원과 같은 가치가 있는 것이 아니고, 게임장 주변의 환전소에서는 5,000원권 상품권을 그보다 더 저렴한 가격에 환전하여 주고 있다. 따라서 상품권 가액을 공급가액에서 공제할 수 있다고 하더라도, 게임기 이용자들이 실제로 돌려받았다고 인정할 수 있는 가액을 공제하여야 하는 것이지 상품권의 액면가액이나 원고의 매입가액을 공제할 것은 아니다.

### 2) 상품권 액수를 과세표준에서 공제하여야 한다는 견해

**(광주지방법원 2007. 1. 25. 선고 2006구합4226 판결)**

(가) 첫 번째 주장에 대하여

부가가치세를 결정하기 위해서는 세금계산서·장부 기타의 증빙을 근거로 하여야 할 것이지만, 위와 같은 증빙이 없거나 그 중요한 부분이 미비된 때에는 부가가치세법 시행령 제69조에 의하여 일정기간 동안의 매출액 등의 비율을 적용하여 게임기 투입금액을 추계할 수 있다(부법 21)고 할 것인데, 을 제4호증의 기재에 변론 전체의 취지를 더하여 보면 원고는 피고가 이 사건 게임장에 대한 세무조사 당시 게임기 투입금액을 확인할 수 있는 일체의 게임기 전산자료를 파기하여 보관하고 있지 않고, 이와 관련하여 상품권 매입량을 기재한 상품권수불부만 보관하고 있을 뿐이며, 이 사건 게임장의 게임기 승률이 97%라고 진술한 사실, 이에 따라 피고는 이 사건 게임장에 비치되어 있는 상품권수불부(원고가 상품권판매업자로부터 구입한 상품권)상의 구입금액에 게임승률 97%를 적용하여 게임기 투입금액을 추정한 사실을 인정할 수 있으므로, 다른 자료를 참고하지 아니한 채 게임기 투입금액을 결정한 것은 위법하다는 원고의 주장은 이유 없다.

(나) 두 번째 주장에 관하여

가) 을제3, 4호증의 각 기재에 변론 전체의 취지를 더하면, 이 사건 게임장은 원고가 문화상품권 판매업자로부터 액면가 5,000원의 문화상품권을 4,820원 내지 4,833원에 구입

하여 게임기에 저장해 놓고, 게임기 이용자는 게임기에 만원권 지폐를 투입하고 게임을 하되, 게임에서 정한 요건이 충족(당첨)되면 위 문화상품권이 게임기 이용자에게 지급되는 형태로 운영되는 사실, 위 게임기의 당첨률이 97%에 해당하는 사실을 인정할 수 있다.

나) 그런데 이와 같이, 이 사건 게임장의 운영형태가 게임기에 현금을 투입하고 이를 이용하는 사람이 게임 도중 당첨으로 인하여 문화상품권을 공급받을 가능성은 개인별로 다르게 되더라도, 게임기 자체에 당첨률이 97%로 설정되어 있는 관계로 전체적으로는 게임기 투입금액의 97%는 항상 게임 이용자에게 문화상품권으로 지급될 수밖에 없는 사정이라면, 게임장 사업자인 원고는 게임기 이용자에게 게임기의 이용이라는 용역(투입금액의 3%)과 함께 문화상품권(투입금액의 97%)이라는 재화를 공급하면서 그 대가로 현금을 지급받는 것이라고 할 수 있다.

부가가치세의 과세대상은 재화나 용역이 생산·제공되거나 유통되는 모든 단계에서 창출된 부가가치인데, 우리나라의 부가가치세제는 전단계세액공제방식을 채택하여 부가가치세가 직접적으로 규정되지 않고 간접적으로 유도 계산되므로 법은 과세대상을 부가가치로 규정하지 아니하고 추상적인 거래인 재화 또는 용역의 공급으로 규정하고 있고 법은 이를 총괄하여 '과세거래'라고 표현하고 있다. 따라서 재화와 용역의 공급은 과세거래의 대상일 뿐 그 자체가 과세대상은 아니다. 그리고 재화의 공급은 그 재화를 사용·소비하도록 재화의 사실상·법률상의 처분권을 이전하는 행위를 전제로 하는 것인바, 이 사건 문화상품권은 화폐와 동일하게 사용할 수 있는 화폐대용증권으로써 그 인도나 양도가 있더라도 이를 직접 사용허가나 소비하는 등의 부가가치가 창출되는 것이 아니다. 따라서 이를 공급하더라도 부가가치세의 과세대상이 되는 재화의 공급에 해당한다고 볼 수 없고(부가가치세법 기본통칙 1-0-4에서도 같은 취지에서 수표·어음 등 화폐대용증권은 부가가치세 과세대상이 아니라고 규정하고 있다), 이와 관련된 매입세액의 공제 역시 있을 수 없다.

이러한 법리에 비추어 원고가 이 사건 게임장에서 게임기 이용자에게 공급한 문화상품권과 게임기 이용의 용역 중 부가가치세의 과세대상이 되는 '과세거래'는 게임기 이용이라는 용역의 제공 부분에 한정되어야 하고, 게임기 총 투입금액 중 문화상품권의 액면가에 해당하는 부분은 과세표준에서 공제되어야 한다{피고는, 이 사건 게임장에서의 문화상품권의 공급은 법 제13조 제3항의 재화 또는 용역을 공급한 후에 그 공급가액에 대한 장려금 또는 이와 유사한 금액에 해당하여 과세표준에서 공제되지 아니한다고 주장하나, 위 규정에서의 장려금이란 사업자가 자기재화의 판매촉진을 위하여 거래상대자의 판매실적에 따라 일정률을 지급하는 것이라 할 것이므로(부기통 6-16-3), 게임기를 이용하는 과정에서 우연한 사정에 의해서 게임기에 설정된 당첨요건이 갖추어진 경우에 지급되는 상품권이 위 장려금에 해당한다고는 볼 수 없다고 할 것이다}. 이와 달리 게임기 총투입금액을 과세표준으로 보아야 한다고 해석할 경우 원고는 문화상품권의 공급이 과세대상이라면 이에 관한 매입세액 공제를 받을 수 있어 이 사건 게임장의 운영을 통하여 얻게 된 총수입금액 중 일부만을 부가가치세로 납부하는 것에 그침에도 불구하고, 그 총수입금액보다 훨씬 더 많은 금액을 부가가치세로 납부하는 결과를 피할 수 없게 되는바, 이는 헌법이 규정하고 있는 재산권의 보장 및 실질적 조세법률주의의 원칙에 반하는 것으로서 허용될 수 없다.

다) 따라서 원고 사업장의 2005년 제2기 부가가치세 과세표준은 56,918,181원(투입금액 2,087,000,000원 × 3% ÷ 1.1)이고, 2006년 제1기 부가가치세 과세표준은 110,060,000원(투입금액 4,035,000,000원 × 3% ÷ 1.1)이 될 것이고, 그에 따라 원고가 납부하여야 할 부가가치세는 다음과 같으므로, 이 사건 2005년 귀속 부가가치세 221,227,660원 중 4,477,000원(국고금관리법 제48조 제1항에 의하여 10원 미만의 단수는 버림, 이하 같다)을 초과하는 부분 및 2006년 귀속 부가가치세 408,543,340원 중 8,930,780원을 초과하는 부분은 위법하여 취소되어야 할 것이다.

[성인오락실을 통한 문화상품권의 유통경로]

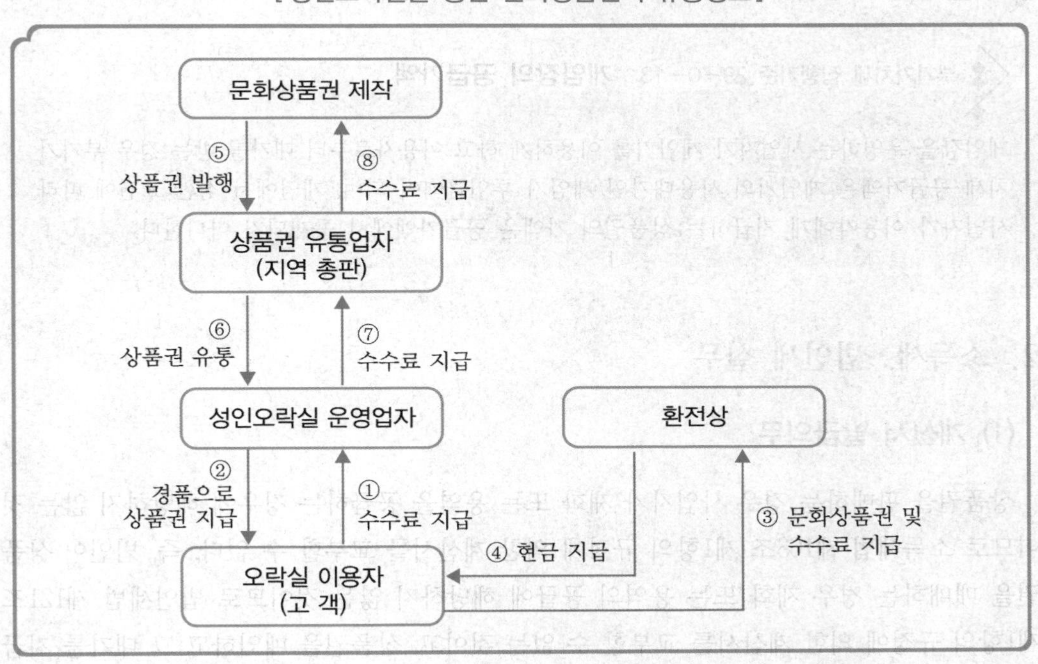

#### 3) 상품권 액면가액을 공제하지 않고 투입액 전액을 과세표준으로 함 (대법원 2008. 9. 25 선고, 2008두11211 판결)

전단계 세액공제방식을 채택하고 있는 우리나라의 부가가치세는 소득세・법인세와 달리 실질적인 소득이 아닌 형식적인 거래의 외형에 대하여 부과하는 거래세의 형태를 띠고 있어 비용 공제의 개념이 없고, 사업자의 손익 여부와 무관하게 부과되는 점, 상품권을 경품으로 제공하는 게임장에서 게임업자가 게임기 이용자에게 제공하는 것은 게임기 이용이라는 용역뿐이고, 상품권은 게임기 이용 후 게임기 이용자별로 게임의 우연한 결과에 따라 부수적으로 제공되는 경품으로서 법 제13조 제3항 소정의 장려금적 성격이 있다고 볼 여지가 있는 점, 구 게임제공업소의 경품취급기준(2006. 1. 1, 문화관광부고시 제2006-24호로 변경되기 전의 것)은 게임업자가 경품을 쉽게 현금화하는 것을 엄격히 제한하고 있어 사실상 환가가 보장되더라도 상품권을 현금과 동일시할 수 없는 점 및 게임업자로서는 스스로 부가가치세가 부과되지 않는 상품권을 구입하여 경품으로 제공한 결과로 그 매입세액을 공제받지 못하는 것인 점 등을 종합하여 고려하면, 상품권을 경품으로 제공하는 게임장에서의 부가가치세 과세표준을 산정할 때 게임기 이용자들이 **게임기에 투입한 총금액**에서 게임업자가 게임기 이용자들에게 경품으로 제공한 상품권의 액면가액 또는 그 취득가액을 공제할 수는 없다고 봄이 타당하다.

**부가가치세 집행기준 29-0-13 게임장의 공급가액**

> 게임장을 운영하는 사업자가 게임기를 이용하게 하고 이용자로부터 대가를 받는 경우 부가가치세 공급가액은 게임기의 사용대가인 게임기 투입금액이 되며, 게임에서 정한 요건에 따라 사업자가 이용자에게 지급하는 상품권의 가액은 공급가액에서 공제되지 아니한다.

## 2. 소득세・법인세 실무

### (1) 계산서 발급의무

상품권을 판매하는 경우 사업자가 재화 또는 용역을 공급하는 경우에 해당하지 않는 것이므로 소득세법 제163조 제1항의 규정에 의한 계산서를 교부할 수 없다. 즉, 법인이 상품권을 매매하는 경우 재화 또는 용역의 공급에 해당하지 않는 것이므로 법인세법 제121조 제1항의 규정에 의한 계산서를 교부할 수 없는 것이고, 상품권을 매입하고 그 대가를 지급하는 경우에 같은 법 제116조 제2항의 재화 또는 용역의 공급에 해당하지 아니하여 같은 항 각 호에서 정한 지출증빙의 수취의무는 없는 것이나 지출에 관한 증빙은 같은 조 제1항의 규정에 따라 수취 · 보관하여야 하는 것이다(서이 46012-10467, 2001. 11. 5). 또한 전화카드 판매업도 상품권매매업과 동일하게 처리하는 것이다(서일 46011-10049, 2003. 1. 16).

### (2) 경비 등의 지출증빙 수취 · 보관의무

상품권을 구입하는 경우 소득세법 제160조의 2 경비 등의 지출증빙 수취 · 보관의 규정 및 같은 법 제81조 제3항에 규정하는 경비 등의 지출증빙 수취관련 가산세가 적용되지 아니하는 것이다(제도 46011-10280, 2001. 3. 26). 왜냐 하면 상품권 구입자체가 재화나 용역의 공급이 아니기 때문이다. 이 경우 영수증 등 그 지급사실이 확인되는 다른 객관적인 자료를 그 거래의 증빙으로 할 수 있는 것이나(법인 46012-2204, 2000. 11. 1), 접대용도로 취득하여 교부하는 경우로서 정규지출증빙에 의하지 아니하는 경우에는 손금불산입되는 것이다(법인 46012-855, 2000. 4. 3).

## 3. 교육세 납세의무

구입한 상품권을 단순히 할인판매 또는 재판매하는 상품권판매업자는 교육세법 시행령 제1조 제2항의 금전대부업자에 해당하지 아니하나, 상품권판매업자가 교육세법 시행령 제1조 제2항의 금전대부업을 겸영하는 경우에는 금전대부업자에 해당하는 것이다(서이 46012-10007, 2004. 1. 5).

## 4. 인지세 납세의무

상품권에 대해서는 다음의 인지세를 납부하여야 한다. 다만, 권면금액이 1만원 이하의 것에 대하여는 인지세가 비과세된다(인지세법 3 ① 8호).

- 권면금액이 1만원인 경우 : 50원
- 권면금액이 1만원 초과 5만원 이하인 경우 : 200원
- 권면금액이 5만원을 초과 10만원 이하인 경우 : 400원
- 권면금액이 10만원을 초과하는 경우 : 800원

상품권이란 그 명칭 또는 형태에 관계없이 발행자가 일정한 금액이나 물품 또는 용역의 수량을 기재하여 발행 · 매출한 무기명증표로서, 그 소지자가 발행자 또는 발행자가 지정하는 자(이하 "발행자 등"이라 한다)에게 이를 제시 또는 교부하거나 그 밖의 방법으로 사용함으로써 그 증표에 기재된 내용에 따라 발행자 등으로부터 물품 또는 용역을 제공받을 수 있는 증표를 말한다.

## Ⅳ 상품권 구입자의 세무실무

### 1. 상품권 구입시의 회계처리

법인이 접대비나 복리후생비 목적으로 상품권을 구입하는 경우에는 구입시점이 아니라 실제 사용한 시점에서 접대비 또는 복리후생비 등으로 처리한다(법인 46012-883, 1997. 3. 29).

(1) 구입시

(차) 상품권 ××× (대) 현금과 예금(미지급금) ×××

(2) 거래처에 제공시

(차) 기업업무추진비 ××× (대) 상품권 ×××

(3) 종업원에게 지급시

(차) 급료와 임금 ××× (대) 상품권 ×××

### 2. 적격증명 수취의무

법인이 접대목적으로 3만원 초과의 상품권을 구입하면서 신용카드를 미사용하는 경우 전액 손금불산입되나 종업원의 복리후생 용도로 사용되는 경우에는 신용카드를 미사용하여도 전액 손금산입되며 증빙불비가산세 적용대상에서도 제외되는 것이다(서이 46012-10467, 2001. 11. 5).

[상품권매매업 관련 주요 해석사례 및 심판례 요약]

| | | |
|---|---|---|
| ① 상품권 판매 대행업 | 상품권매매업과 판매대행업을 겸영하는 사업자가 부가가치세가 과세되는 재화 또는 용역을 공급받고 세금계산서를 교부받은 경우 상품권 판매대행업과 관련된 매입세액은 「부가가치세법」 제17조 제1항의 규정에 의하여 자기의 매출세액에서 공제하는 것이나, 상품권매매업과 관련된 매입세액은 매출세액에서 공제되지 아니하는 것임. | 부가가치세과 -2066 (2008. 7. 17) |
| ② 상품권 매매업의 금전대부업 여부 | 구입한 상품권을 단순히 할인판매 또는 재판매하는 상품권 매매업자는 금전대부업자에 해당하지 아니하나, 상품권판매업자가 금전대부업을 겸영하는 경우에는 금전대부업자에 해당하는 것임. | 재조예 46019-252 (2003. 12. 23) |

| | | |
|---|---|---|
| ③ 상품권 매매업의 총수입금액 | 한국표준산업분류상 금융 및 보험업 중 "그 외 기타 금융업"으로 분류되는 상품권을 매입하여 판매하는 사업자(상품권 매매업자)의 총수입금액은 상품권의 판매금액이 되는 것임. | 소득 46011-10398 (2003. 9. 23) |
| ④ 상품권 매매차익 | 상품권 발행업자는 상품권 가맹점 등이 소비자에게 재화 또는 용역을 공급하고 수취한 구권을 지급제시하는 경우 그 구권을 회수하고 일정금액을 지급할 의무가 있는 바, 상품권 판매대행업과 상품권 매매업을 겸영한 것으로 보이는 청구인이 상품권 판매대행업이 아닌 상품권매매업과 관련하여 신권 매출대금으로 회수한 구권을 상품권 발행업자에게 신권의 매입대금으로 지급한 것은, 구권을 딜러로부터 4,745원에 취득하여 상품권 발행업자에게 구권을 지급제시하고 현금 4,750원으로 환전한 후 신권 매입대금으로 지급한 것과 경제적 실질을 같이 하므로 그 차액 5원은 구권의 환전차익에 해당한다고 할 것이므로 이는 부가가치세 과세대상 거래에 해당하지 아니한다고 판단됨. | 심사부가 2009-0180 (2010. 3. 3) |
| ⑤ 영화 예매권의 과세 여부 | 청구법인은 영화예매권과 관련한 최종용역 제공자인 영화관과 예매권 발행에 따른 수수료 계약을 체결하여 용역을 제공한 것이 아니라, 청구법인의 계산과 책임하에 영화예매권을 이벤트업체에 공급하였으므로 이벤트업체에 부가가치 과세대상이 아닌 상품권의 일종인 영화예매권을 공급한 것으로 보는 것이 타당함. | 조심 2010서0864 (2010. 8. 19) |

# 제 11 장

# 문화산업의 회계와 세무실무

## 제1절 문화산업 일반

### 개 요

"문화산업"이라 함은 문화예술의 창작물 또는 문화예술용품을 산업의 수단에 의하여 기획·제작·공연·전시·판매를 업으로 영위하는 것을 말한다(문화예술진흥법 2 ① 2호). 또한, 문화산업진흥기본법 제2조 제1호에서는 다음과 같이 정의하고 있다. "문화산업"이란 문화상품의 기획·개발·제작·생산·유통·소비 등과 이에 관련된 서비스를 하는 산업을 말하며, 다음 각 목의 어느 하나에 해당하는 것을 포함한다.

가. 영화·비디오물과 관련된 산업
나. 음악·게임과 관련된 산업
다. 출판·인쇄·정기간행물과 관련된 산업
라. 방송영상물과 관련된 산업
마. 문화재와 관련된 산업
바. 만화·캐릭터·애니메이션·에듀테인먼트·모바일문화콘텐츠·디자인(산업디자인은 제외한다)·광고·공연·미술품·공예품과 관련된 산업
사. 디지털문화콘텐츠, 사용자제작문화콘텐츠 및 멀티미디어문화콘텐츠의 수집·가공·개발·제작·생산·저장·검색·유통 등과 이에 관련된 서비스를 하는 산업
아. 전통적인 소재와 기법을 활용하여 상품의 생산과 유통이 이루어지는 산업으로서 의상, 조형물, 장식용품, 소품 및 생활용품 등과 관련된 산업
자. 문화상품을 대상으로 하는 전시회·박람회·견본시장 및 축제 등과 관련된 산업. 다만, 「전시산업발전법」 제2조 제2호의 전시회·박람회·견본시장과 관련된 산업은 제외한다.
차. 가목부터 자목까지의 규정에 해당하는 각 문화산업 중 둘 이상이 혼합된 산업

## Ⅱ 문화산업에 대한 세제지원

### 1. 지급배당금에 대한 소득공제

문화산업 활성화를 위해 명목회사인 「문화산업진흥기본법」에 따른 문화산업전문회사에 대하여 세제지원 일환으로 2007년 1월 1일 이후 최초로 배당을 지급하는 분부터 배당가능이익의 90% 이상을 배당하는 경우 지급배당을 소득공제를 하도록 하였다(법법 51의 2 ① 7호).

여기서 배당가능이익이라 함은 기업회계기준에 의하여 작성한 재무제표상의 법인세비용 차감후 당기순이익(유가증권의 평가에 따른 손익을 제외한 금액을 말하되, 「간접투자자산 운용업법」에 의한 투자회사의 경우에는 그러하지 아니하다)에 이월이익잉여금을 가산하거나 이월결손금을 공제하고, 「상법」 제458조의 규정에 의하여 적립한 이익준비금을 차감한 금액을 말한다(법령 86의 3 ①).

**관련법조문**

**◈ 문화산업진흥기본법**

**제43조【문화산업전문회사】**

문화산업의 특정사업을 수행하기 위하여 문화산업전문회사를 설립할 수 있다.

**제44조【회사의 형태】**

① 문화산업전문회사는 유한회사 또는 주식회사로 한다.

② 문화산업전문회사에 관하여는 이 법에서 특별히 정한 경우를 제외하고는 「상법」의 적용을 받는다.

**제49조【업무】**

문화산업전문회사는 다음 각 호의 업무를 한다.

① 문화산업에 속하는 문화상품의 기획・개발・제작・생산・유통 및 소비 등과 이에 관련된 서비스

② 문화산업에 속하는 문화상품의 관리・운용 및 처분

③ 제1호 및 제2호에서 정한 업무의 수행에 필요한 계약의 체결

④ 그 밖에 제1호부터 제3호까지의 업무에 딸린 업무

### 2. 영상콘텐츠 제작비용에 대한 세액공제

대통령령으로 정하는 내국인이 2025년 12월 31일까지 다음의 어느 하나에 해당하는 것으

로서 대통령령으로 정하는 영상콘텐츠의 제작을 위하여 국내외에서 발생한 비용 중 대통령령으로 정하는 비용이 있는 경우에는 제2호 각 목에 따른 기본공제 금액과 추가공제 금액을 합한 금액을 대통령령으로 정하는 바에 따라 해당 영상콘텐츠가 처음으로 방송되거나 영화상영관에서 상영되거나 온라인 동영상 서비스를 통하여 시청에 제공된 과세연도의 소득세(사업소득에 대한 소득세만 해당한다) 또는 법인세에서 공제한다(조특법 25의 6).

① 공제대상 영상콘텐츠

가. 「방송법」 제2조 제17호에 따른 방송프로그램으로서 같은 조 제3호에 따른 방송사업자의 텔레비전방송으로 방송된 드라마, 애니메이션, 다큐멘터리 및 오락을 위한 프로그램

나. 「영화 및 비디오물의 진흥에 관한 법률」 제2조 제1호에 따른 영화

다. 「영화 및 비디오물의 진흥에 관한 법률」 제2조 제12호에 따른 비디오물로서 같은 법에 따른 등급분류를 받고 「전기통신사업법」 제2조 제12호의 2에 따른 온라인 동영상 서비스를 통하여 시청에 제공된 비디오물

② 공제금액

가. 기본공제 금액: 해당 영상콘텐츠 제작비용의 100분의 5(중견기업의 경우에는 100분의 10, 중소기업의 경우에는 100분의 15)에 상당하는 금액

나. 추가공제 금액: 국내에서 발생한 제작비용이 총 제작비에서 차지하는 비율 등을 고려하여 대통령령으로 정하는 요건을 충족하는 영상콘텐츠의 경우 그 제작비용의 100분의 10(중소기업의 경우에는 100분의 15)에 상당하는 금액

## 3. 내국법인의 문화산업전문회사에의 출자에 대한 세액공제

대통령령으로 정하는 중소기업 또는 중견기업이 제25조의 6 제1항 제1호 각 목의 어느 하나에 해당하는 것으로서 대통령령으로 정하는 영상콘텐츠를 제작하는 「문화산업진흥기본법」에 따른 문화산업전문회사에 2025년 12월 31일까지 출자하는 경우 제1호의 금액과 제2호의 비율을 곱한 금액의 100분의 3에 상당하는 금액을 영상콘텐츠의 최초 방송·상영 또는 제공일과 해당 문화산업전문회사의 청산일 중 빠른 날이 속하는 사업연도의 법인세에서 공제한다(조특법 25의 7).

① 해당 중소기업 또는 중견기업이 문화산업전문회사에 출자한 금액

② 해당 영상콘텐츠 제작을 위하여 국내외에서 발생한 비용 중 대통령령으로 정하는 비용을 해당 문화산업전문회사의 총 출자금액으로 나눈 비율

## 4. 문화 · 예술 지원을 위한 과세특례

문화예술단체가 문화예술사업에 직접 사용하기 위하여 취득하는 부동산에 대해서는 취득세를, 과세기준일 현재 문화예술사업에 직접 사용하는 부동산에 대해서는 재산세를 각각 2024년 12월 31일까지 면제한다. 체육단체가 체육진흥사업에 직접 사용하기 위하여 취득하는 부동산에 대해서는 취득세를, 과세기준일 현재 체육진흥사업에 직접 사용하는 부동산에 대해서는 재산세를 각각 2024년 12월 31일까지 면제한다(지특법 52).

취득세를 면제받은 후 다음의 어느 하나에 해당하는 경우 그 해당 부분에 대해서는 면제된 취득세를 추징한다.

① 정당한 사유 없이 그 취득일부터 1년이 경과할 때까지 해당 용도로 직접 사용하지 아니하는 경우

② 해당 용도로 직접 사용한 기간이 2년 미만인 상태에서 매각 · 증여하거나 다른 용도로 사용하는 경우

③ 취득일부터 3년 이내에 관계 법령에 따라 설립허가가 취소되는 등 대통령령으로 정하는 사유에 해당하는 경우

# 제2절 영화산업

## I 개 요

## 1. 영화산업의 개념

### (1) 일반적 정의

영화산업은 영화제작자, 투자주간사(판권소유 투자회사), 배급대행사, 외부투자자(창업투자회사, 벤처캐피탈, 네티즌펀드), 극장, 관람객 등 구성원 간에 이루어지는 산업활동으로 문화산업 중 가장 중추적인 역할을 한다. 영화산업은 "One source – Multi use"라는 특성에 따라 흥행에 성공하는 경우에는 고수익이 발생할 수 있지만 흥행에 실패할 경우도 많아 위험도 상대적으로 다른 산업에 비해 큰 편이다(high risk high return).

### (2) 한국표준산업분류상의 정의

영화·오디오기록물 제작 및 배급업(591)은 영화·비디오물 및 방송프로그램 제작, 배급 및 상영하는 산업활동과 음악 및 기타 오디오물을 녹음하거나 출판하는 산업활동이다. 영화·오디오기록물 제작 및 배급업을 세분류하면 다음과 같다.

| 산업 분류 | 분류코드 | 범 위 |
|---|---|---|
| 영화 및 비디오물 및 방송프로그램 제작업 | 5911 | 일반영화 및 비디오제작업, 만화영화 및 비디오제작업, 광고영화 및 비디오제작업, 방송프로그램제작업 |
| 영화 및 비디오물 및 방송프로그램 제작관련서비스업 | 5912 | 일반 또는 광고영화제작에 관련된 필름가공, 필름의 편집 및 복제(영화필름), 더빙, 필름검사 등의 서비스를 독립적으로 수행하는 산업활동 |
| 영화 및 비디오물 및 방송프로그램배급업 | 5913 | 영화 및 비디오의 배급권을 획득하고 이를 극장, 방송사 및 기타 상영자(일반소비자 제외)에게 배급하는 산업활동 |
| 영화 및 비디오물 상영업 | 5914 | 영화관운영업(59141), 비디오감상실 운영업(59142) |

## 2. 영화산업의 관련 당사자

### (1) 영화산업의 기본구조

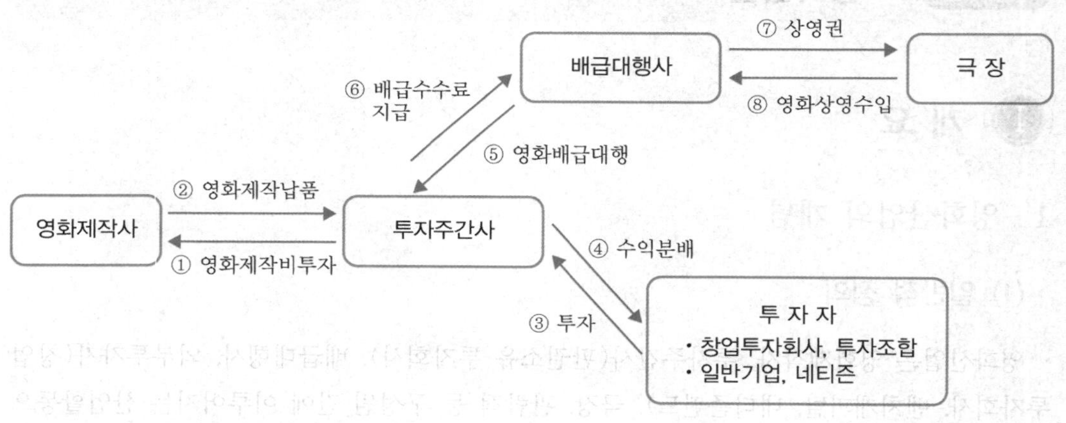


### (2) 관련당사자

#### 1) 영화제작사

영화제작사는 외부투자자들로부터 자금을 조달하여 영화를 제작·완성하여 판권을 투자주간사에 양도하거나 직접 투자주간사 역할을 담당한다. 일반적으로 영화제작사는 이익의

30%~50% 정도를 배분받으며 손실이 발생하더라도 부담을 지지 않는다. 영화제작사는 "제작"으로 표시된다.

#### 2) 투자주간사

투자주간사는 제작사로부터 판권을 양도받고 영화의 수익과 비용의 주체가 된다. 즉, 제작비의 집행, 마케팅 활동의 주체, 외부투자자로부터의 자금조달 및 이익의 분배 등 실질적인 영화산업의 주도적인 역할을 수행한다. 투자주간사는 이른 바 "제공"으로 표기된다.

#### 3) 배급대행사

배급대행사는 이른 바 "배급"으로 표기되며 극장에 완성된 영화를 배급하고 관리하는 역할을 수행하며 배급수수료로 극장매출액의 5%~10% 정도 받게 된다.

#### 4) 투자참여자

투자주간사를 제외한 영화제작과 관련된 자금을 조달(투자)하고 영화상영성과에 따른 투자수익을 분배받는 자이다. 이들은 "공동제공"으로 표기된다. 투자참여자들은 창업투자회사나 투자조합, 일반기업, 개인(네티즌)들이 참여하고 투자이익을 분배받게 된다.

#### 5) 극장

극장은 영화상영의 좌석점유율과 투자주간사와의 이익분배비율이 수익구조의 관건이다. 극장에서 판매하는 입장권에 대하여 부과되던 문예진흥기금이 2004년도부터 폐지되었다.

### (3) 관련당사자의 수익배분비율

영화관객수입은 관람객수에 따라 결정된다. 영화를 상영하기 위하여 극장은 영화를 실비 정도의 비용을 지불하고 구입하여 영화를 상영한 후 관객 입장 수익(입장권 판매 수익)을 극장 : 배급사 : 영화사의 비율로 분배한다. 수익 배분은 국내 제작 영화의 경우 극장과 영화제작사가 5 : 5로, 수입영화의 경우 4 : 6의 비율로 분배한다.

# Ⅱ 영화산업의 회계실무

영화산업에 대하여는 업종별회계처리기준이 제정되어 있지 않아 기업회계기준을 준용하여 업계의 회계관행에 따라 회계처리 방법을 설명하고자 한다.

## 1. 영화제작사의 회계처리

### (1) 수익의 인식

영화제작사의 수익의 인식은 투자주간사로부터 투자를 받아 영화를 제작하고 판권을 투자주간사에게 양도하는 경우 용역의 제공으로 영화별로 진행기준을 적용하여 수익을 인식하여야 한다. 이때 진행률의 계산은 영화의 순제작추정예상액 대비 당해연도 발생제작원가로 하면 된다.

### (2) 로열티에 대한 수익인식의 적용사례

#### 1) 계약기간 동안 정액법으로 수익을 인식하는 경우

상표권, 투표권, 소프트웨어, 음반저작권, 영화필름 등의 자산을 사용하게 한 대가로 수취하는 수수료와 로열티는 계약의 실질적인 내용에 따라 수익으로 인식한다. 예를 들면, 라이선스 사용자가 특정기간 동안 특정기술을 사용할 권리를 갖는 경우에는 계약기간 동안 정액법으로 수익을 인식하는 것이 적절하다.

#### 2) 라이선스를 상대방에게 제공하는 시점에 수익을 인식하는 경우

라이선스 제공자가 라이선스 제공 이후에 추가적인 의무가 없으며 사용자에게 라이선스를 자유롭게 사용하도록 허용하는 취소불능계약 하에서, 일정한 사용료나 환급불능보증금을 받는 것은 실질적인 판매이다. 예를 들면, 영화사가 배급업자를 전혀 통제할 수 없으며 또한 영화상영으로 추가적인 수입이 없다면 실질적인 판매로 보아 영화상영권을 배급업자에게 제공하는 시점에 수익을 인식한다.

#### 3) 로열티 등 대가를 받을 가능성이 확실한 시점에 수익을 인식

라이선스 사용료 또는 로열티의 회수 여부가 미래의 특정사건의 발생 여부에 따라 달라질 수 있다. 이 경우 라이선스 사용료나 로열티를 받을 가능성이 거의 확실한 시점에 수익으로 인식한다. 일반적으로 그 시점은 미래 특정 사건이 실제로 발생하는 시점과 동일하다.

### (3) 영화제작관련 비용의 처리

영화제작에 직접 소요된 비용은 제작원가명세서에 집계한 후 미완성영화(재고자산)로 대체한다.

### (4) 영화제작업의 회계처리(회제일 8360－00657, 2001. 11. 7)

#### 1) 영화사에 일반투자자가 투자할 경우의 회계처리는?

영화사가 영화완성 후 영화에 대한 권리를 가지게 되며, 영화제작 후 발생하는 수익에 대하여 원금을 상환한 후 순이익이 발생할 경우 투자자는 50%의 비율로 수수료를 받기로 한 계약임. 만약, 영화가 성공하지 못해 실패할 경우 투자자는 아무런 권리를 요구할 수 없음.

**회신** 기업회계기준 등에 관한 해석 3－35 "조건부융자 회계처리"를 준용하여 영화제작사는 조건부차입금으로, 투자자는 투자자산 중 적절한 계정과목으로 회계처리하여야 함.

#### 2) 영화사가 영화를 제작하는 동한 발생하는 경비의 처리

영화사가 투자받은 재원으로 영화를 만드는 동안 발생하는 경비(스태프료, 촬영비 등) 영화를 만드는 과정에서 발생한 것을 제조원가로 계상하고, 완성시까지는 미완성영화(재공품)계정으로 계상하여 당기의 비용으로 계상하지 않는 것이 기업회계기준에 맞는지?

**회신** 영화가 제작되는 동안 발생하는 영화제작비는 미완성영화 등 적절한 계정과목을 이용하여 자산으로 처리하는 것이 타당함

#### 3) 영화가 완성된 경우의 회계처리

영화가 완성되어 매출액이 발생하는 경우의 회계처리는?

**회신** 미완성영화를 영화완성시점에서 무형자산으로 계정재분류 후, 향후 영화로부터 실현될 것으로 추정되는 총수입금액 대비 당해 기간 동안 실현된 수입금액이 차지하는 비율만큼 상각하여야 하며, 또한 매결산기마다 기업회계기준 제55조에 따라 무형자산의 회수가능액을 평가하여 당해 자산의 감액 여부에 대하여 검토하여야 함. 한편, 매출발생액이 투자자의 원금회수에 미치지 못하는 경우 영화제작사는 상환하지 못한 차입금은 채무면제이익으로, 투자자는 투자손실 등으로 회계처리하고, 영화제작사가 차입금을 초과하여 투자자에게 지급하는 금액은 영화수익분배금 등 적절한 계정과목

의 비용으로, 지급받은 투자자는 투자수익 등 적절한 계정과목의 수익으로 회계처리하는 것이 타당함.

### (5) 영화제작업의 무형자산 상각 및 감액에 관한 회계처리

(질의회신 02-154, 2002. 9. 11)

영화제작사가 투자자로부터 제작비를 받아 영화를 제작하여 영화관련 판권을 소유하고, 영화상영 및 관련 부가매출수익이 발생하면 먼저 투자원금을 상환하고 제작비를 초과하여 발생하는 수익에 대하여는 일정비율만큼 투자자와 분배하기로 한 상황에서, 예상총수익이 투자원금에 미달할 것으로 예상되는 경우, 영화제작사가 계상해 놓은 무형자산(영화제작비)의 상각 및 감액에 관한 회계처리는?

**회신** 총예상수익 대비 실제 발생수익비율로 무형자산을 상각하고 잔존예상수익을 초과하는 무형자산 장부가액은 감액손실로 회계처리하는 것이 타당함.

### (6) 영화제작 관련 회계처리(질의회신 01-139, 2001. 10. 23)

**질의** **영화제작과 관련하여 다음의 각 경우에 타당한 회계처리는?**

① 영화사에 일정 금액을 투자한 후 제작비를 초과하여 수익을 창출한 경우 그 수익금(순수익)을 일정비율에 따라 분배받기로 한 경우로서 영화상영 후 3년 동안 순수익이 발생하지 않는 경우 투자금액을 상환하지 않아도 되며 판권은 제작사가 소유함.

② 영화사에 일정 금액을 투자하여 영화가 완성되면 영화에 대한 모든 권리를 투자한 회사에서 소유하는 경우로서 투자조건은 순수익이 발생한 경우 순수익이 투자금액까지는 ○○%의 수익을 받고 투자금액을 초과하는 경우 ○○%를 받는 조건임.

③ 위 ②의 경우 계약이 중간에 파기되어 영화제작이 중단된 경우

④ 영화제작 비용의 수익 인식과 비용의 대응은?

**회신** (질의 1)과 같이 영화에 대한 판권이 제작사에게 있는 경우, 투자자는 자금투자에 따른 투자자산을 계상하고 투자원금의 회수 외에 순수익의 분배에 해당하는 부분은 그 권리가 발생하는 시점에 투자수익으로 인식합니다. 한편, 투자원금 중 회수할 수 없는 금액은 제작사의 상환의무가 면제되는 시점에 투자손실로 인식합니다. 다만, 투자원금의 회수 및 순수익의 분배가 수회에 걸쳐 이루어지고 합리적인 기대수익률을 예측할 수 있는 경우에는 매 회수액 중 기대수익률을 적용하여 산출한 금액은 투자수익으로 계상하고 나머지 금액은 투자원금의 회수로 처리할 수 있습니다. 합리적인 기

대수익률을 예측하기 어려운 경우에는 투자원금을 모두 회수할 때까지는 투자수익을 계상하지 아니합니다.

한편, 제작사는 투자자의 투자액을 영화제작선수금으로 계상하고 투입된 영화제작비는 무형자산으로 계상합니다. 영화판매수익이 영화제작비를 초과하여 초과수익의 일정 부분을 계약에 따라 투자자에게 분배하기로 한 금액은 지급의무가 발생한 시점에 영업비용으로 인식합니다. 영화판매수익이 투자자의 투자액에 미달하여 반환하지 못한 영화제작선수금에 대해서는 상환의무가 면제된 시점에 수익으로 인식합니다. 다만, 투자원금의 반환 및 순수익의 분배가 수회에 걸쳐 이루어지고 합리적인 기대수익률을 예측할 수 있는 경우에는 매 지급액 중 기대수익률을 적용하여 산출한 금액은 영업비용으로 계상하고 나머지 금액은 영화제작선수금의 반환으로 처리할 수 있으며, 합리적인 기대수익률을 예측하기 어려운 경우에는 영화제작선수금이 모두 반환될 때까지는 투자비용을 계상하지 아니합니다. 제작사가 무형자산으로 계상한 영화제작비는 영화판매수익을 인식할 때 이에 대응하여 상각하여야 하며, 매 회계기간 말에는 감액손실의 발생 여부를 평가하여야 합니다. 이 경우 무형자산의 상각에는 총예상 영화판매수익에서 전기까지 인식한 영화판매수익을 차감한 잔액과 당기의 영화판매수익과의 비율을 미상각잔액에 적용하는 등 합리적인 방법을 적용하여야 합니다.

(질의 2)와 같이 영화에 대한 판권이 투자자에게 있는 경우, 투자자는 제작사에 지급하는 영화제작비를 무형자산으로 계상합니다. 따라서 계약에 따라 제작사에 미리 지급한 제작비는 선급금으로 계상하나 영화제작 완료시에는 선급금을 무형자산에 대체하고 영화판매수익이 영화제작비를 초과하여 제작사에 추가로 배분해야 하는 금액이 있는 경우에는 지급의무가 발생한 시점에 영업비용으로 인식합니다.
제작사는 투자자의 의뢰를 받아 영화를 제작해주는 영화제작용역을 수행하고 영화제작비에 상당하는 용역대가를 받으며, 투자자의 영화판매수익이 영화제작비를 초과하는 경우에는 추가적인 용역대가를 받게 됩니다. 따라서 투자자로부터 받은 영화제작비는 선수금으로 계상하고 영화제작이 시작되면 영화제작비를 용역원가로 계상하고 선수금으로 계상한 금액의 범위 내에서 용역원가와 같은 금액의 영화제작용역수익을 계상합니다. 투자자의 영화판매수익이 영화제작비를 초과하여 추가로 지급받는 금액이 있는 경우에는 그 권리가 발생하는 시점에 수익으로 인식합니다.

(질의 3)에서 영화에 대한 판권이 투자자에게 있는 경우 계약파기로 인해 영화제작이 중단됨에 따라 이미 영화제작에 투입되어 투자자가 회수할 수 없는 금액은 계약파기

에 따른 손실로 계상합니다. 제작사는 영화제작에 투입된 금액을 각각 영화제작용역수익과 용역원가로 계상하여야 합니다.

(질의 4)에서 제작사가 영화를 제작하여 그에 대한 판권을 소유하고 수익창출활동을 하는 경우에는 투입된 영화제작비를 무형자산으로 계상합니다. 영화제작비를 무형자산으로 계상한 후 영화판매수익을 인식할 때는 이에 대응하는 상각비용을 계상하며, 매 회계기간 말에는 감액손실의 발생 여부를 평가하여야 합니다. 이 경우 무형자산의 상각에는 총예상영화판매수익에서 전기까지 인식한 영화판매수익을 차감한 잔액과 당기의 영화판매수익과의 비율을 미상각잔액에 적용하는 등 합리적인 방법을 적용하여야 합니다.

**참 고** **영화제작사의 회계처리**[94)]

영화제작사의 수익인식 기준은 영화별로 영화제작사의 역할에 따라 구분하여 적용하여야 한다. 즉 영화제작사가 영화를 제작한 후 완성된 영화의 판권을 판권소유투자회사에 양도함으로써 그 역할을 끝내는 경우와 완성된 영화의 판권을 이용하여 직접 수익·비용 창출 활동을 하는 경우를 구분하여 수익인식 기준을 적용하여야 한다.

영화제작사가 영화를 제작한 후 완성된 영화의 판권을 다른 판권소유투자회사에 양도함으로써 그 역할을 끝내는 경우에는 다음과 같이 수익을 인식한다. (A3)

영화제작사가 판권소유투자회사로부터 자금을 받아서 영화를 제작하고 완성된 영화의 판권을 양도하는 경우에는, 이를 용역의 제공으로 간주하여 진행기준으로 수익을 인식한다.

진행률 산정은 영화 순제작비 예산금액 대비 발생원가 비율로 산정하되 제작사에 귀속되는 기획료, 경상비 등을 제외한다.

진행률을 합리적으로 추정할 수 없는 경우에는 판권소유투자회사로부터 받은 선수금 범위 내에서 발생원가 금액만큼을 수익으로 인식한다.

해당 영화에서 이익이 실현되어 영화제작사가 추가적으로 지급받는 금액이 있는 경우에는 그 권리가 발생하는 시점에 수익으로 인식한다.

영화제작사가 영화를 제작한 후 직접 판권소유투자회사의 역할을 수행하는 경우에는 영화제작이 진행되고 있는 중에는 수익을 인식할 수 없다. 영화제작에 소요되는 비용의 집계 방법은 문단8.에서 설명하고 있으며,

판권소유투자회사로서의 회계처리 문제는 문단10.부터 자세히 설명하고 있다.

영화제작에 소요된 비용은 문단9.에서 설명하고 있는 제작원가명세서를 통하여 집계하고, 집계한 제작비 소요 금액을 '미완성영화' 또는 '개발중인영화'로 하여 재고자산의 한 항목으로 표시한다. (A6)

94) 영화진흥위원회(kofic.or.kr), 영화산업회계처리기준(안), 2004. 12. 20 인용

'개발중인영화'는 제작 여부가 확정되지 않은 상태에서 새로운 영화를 개발하기 위하여 발생시킨 비용을 집계한 금액으로 제작 여부가 확정되지 않은 영화이고, 영화제작사의 역할에 상관없이 모든 영화제작사에서 발생할 수 있다.

'개발중인영화'는 대차대조표일마다 영화의 제작가능성 여부를 판단하고 제작가능성이 희박한 경우에는 즉시 비용으로 인식하여야 한다.

'개발중인영화'의 제작이 확정되면 해당 금액을 제작원가에 포함시켜 매출원가 또는 '미완성영화'로 대체한다.

'미완성영화'는 영화제작이 확정된 상태에서 제작진행 중인 영화에 소요된 비용을 집계한 금액으로, 이는 영화제작사가 판권소유투자회사의 역할을 직접 수행하는 경우에만 해당이 된다.

영화제작사의 영화 제작원가를 집계하는 제작원가명세서에서 사용되는 용어를 설명하면 다음과 같다. 또한, 제작원가명세서의 양식사례는 별지 제1호 서식과 같다. (A8)

(가) 시나리오는 원작료, 각본, 각색 등과 관련된 인건비 및 촬영대본을 작성하기까지의 진행성 경비 등을 말한다.

(나) 기획 및 프로듀서는 기획료, 프로듀서 인건비, 캐스팅디렉터 인건비 및 촬영이 시작되기 전까지의 제작부서의 진행성 경비 등을 말한다.

(다) 연출은 감독의 인건비를 비롯하여 감독의 연출과 관련하여 발생하는 진행성 경비 등을 말한다.

(라) 주연배우는 주연배우에게 출연대가로 지급하는 금액을 말한다.

(마) 조연 및 단역은 조연배우, 단역배우의 출연료와 기타의 출연자에게 지급하는 금액을 말한다.

(바) 제작부문비는 제작부장, 조감독 및 제작회계 등의 인건비와 촬영기간 동안 제작부서에서 제작과 관련하여 발생한 비용 등을 말한다.

(사) 촬영비는 촬영기사 인건비, 카메라 대여료, 촬영탑차 사용료 및 촬영소모품비용 등을 말한다.

(아) 조명비는 조명기사 인건비, 발전차, 조명탑차 사용료 및 조명소모품비 등을 말한다.

(자) 미술비는 미술감독 등의 인건비 및 콘티작화료 등을 말한다.

(차) 세트비는 촬영세트 제작비 및 스튜디오 임차료 등을 말한다.

(카) 소품비는 소품담당자에 대한 인건비 및 소품의 제작, 구입 또는 대여에 소요된 비용 등을 말한다.

(타) 의상비는 의상담당자에 대한 인건비 및 의상의 제작, 구입 또는 대여에 소요된 비용 등을 말한다.

(파) 분장 및 미용비는 분장, 헤어 및 특수분장에 소요된 비용 등을 말한다.

(하) 특수효과비는 특수효과, 특수시각효과, 컴퓨터그래픽 인원에 대한 인건비, 관련 기자재 임차료 및 기술료 등을 말한다.

(거) 동시녹음비는 동시녹음기사에 대한 인건비 및 동시녹음 장비와 관련된 제반비용 등을 말한다.

(너) 촬영차량비는 촬영진행과 관련한 차량의 대여료 등을 말한다.

(더) 운송비는 촬영버스 대여료 및 유지비용 등을 말한다.

(러) 로케이션비는 촬영을 진행하는 과정에서 발생한 비용 중 상기의 다른 항목에 속하지 않는 모든 비용을 말하며, 장소대여료, 숙박비, 식대, 부식비, 교통비, 의료비 및 통신비 등을 말한다.

(머) 필름비는 본편 네가필름 구입비 등을 말한다.

(버) 보험료는 영화의 제작과 직접 관련하여 지출하는 인보험료 및 장비보험료 등을 말한다.

(서) 경상비는 제작부서에서 발생하는 공통경비 또는 간접경비로서 금액이 큰 경우 성격에 맞는 계정과목으로 분류할 수 있다.

(어) 편집비는 편집기사 인건비, 텔레시네 비용 및 편집작업과 관련하여 발생하는 비용 등을 말한다.

(저) 음악비는 음악감독, 작곡, 편곡, 가수, 연주자, 음악믹싱에 대한 대가, 저작 권료 및 악기대여료 등을 말한다.

(처) 사운드비는 녹음편집, 사운드믹싱, 성우 등에 대한 대가와 녹음실 사용료, 돌비로열티 및 관련 진행성 경비 등을 말한다.

(커) 현상비는 네가현상, 사운드현상 비용 및 현상작업에 소요된 진행성 경비 등을 말한다.

(터) 자막 및 옵티컬비는 옵티컬·키네코 비용 및 자막작업과 관련된 비용 등을 말한다.

[별지 제1호 서식]

## 제작원가명세서

제 X 기 : 200X년 X월 X일부터 200X년 X월 X일까지
제 X 기 : 200X년 X월 X일부터 200X년 X월 X일까지

회사명 : (주)하나엔터테인먼트 (단위) : 원

| 과 목 | 제 X (당) 기 | | 제 X (전) 기 | |
|---|---|---|---|---|
| | 금 액 | | 금 액 | |
| Ⅰ. 사전제작비 | | | | |
| 1. 시나리오 | | | | |
| 2. 기획및프로듀서 | | | | |
| 3. 연출 | | | | |
| 4. 주연배우 | | | | |
| | | | | |
| Ⅱ. 제작경비 | | | | |
| 1. 조연및단역 | | | | |
| 2. 제작부문비 | | | | |
| 3. 촬영비 | | | | |
| 4. 조명비 | | | | |
| 5. 미술비 | | | | |
| 6. 세트비 | | | | |
| 7. 소품비 | | | | |
| 8. 의상비 | | | | |
| 9. 분장및미용비 | | | | |
| 10. 특수효과비 | | | | |
| 11. 동시녹음비 | | | | |
| 12. 촬영차량비 | | | | |
| 13. 운송비 | | | | |
| 14. 로케이션비 | | | | |
| 15. 필름비 | | | | |
| 16. 보험료 | | | | |
| 17. 경상비 | | | | |
| | | | | |
| Ⅲ. 후반작업비 | | | | |
| 1. 편집비 | | | | |
| 2. 음악비 | | | | |
| 3. 사운드비 | | | | |
| 4. 현상비 | | | | |
| 5. 자막및옵티컬비 | | | | |
| | | | | |
| Ⅳ. 당기총제작원가 | | | | |
| Ⅴ. 기초미완성영화 | | | | |
| Ⅵ. 소계 | | | | |
| Ⅶ. 기말미완성영화 | | | | |
| Ⅷ. 당기영화제작원가 | | | | |

## 2. 투자주간사의 회계처리

### (1) 수익의 인식

투자주간사의 매출은 영화제품매출(직접 제작하는 경우), 영화상품매출(영화제작사로부터 판권을 양수하는 경우)로 구분할 수 있다. 세부적인 매출항목으로는 극장상영수입, H/Video 매출수입, TV 등 지상파 방송매출, 부가판권매출, 해외배급매출로 구성된다. 극장매출은 관객에게 입장권을 판매하고 당해 입장권에 대한 영화상영이 종료한 때 수익으로 인식한다.

### (2) 비용의 회계처리

**① 영화제작사에게 영화제작 관련비용 지급시**

| (차) 제작선급금 | ××× | (대) 현금 및 예금 | ××× |
|---|---|---|---|

**② 투자자로부터 투자를 받는 경우**

| (차) 현금 및 예금 | ××× | (대) 투자차입금 또는 투자선수금 | ××× |
|---|---|---|---|

**③ 마케팅(P&A) 비용의 처리**

마케팅 비용은 발생시점에서 비용으로 인식한다. 다만, 영화가 개봉되기 전에는 선급비용으로 계상하였다가 상영기간 동안 배분한다.

### (3) 영상 및 음반판권의 회계처리

영상 및 음반판권은 무형자산으로 분류하는 것이 타당하며, 무형자산의 상각이 다른 자산의 제조(DVD, VCD)와 관련된 경우에는 관련된 다른 자산의 제조원가로 처리하는 것이 타당하다(질의회신 8360-00199, 2002. 6. 4).

참 고 **판권소유투자회사의 회계처리**[95)]

A9. 판권소유투자회사의 매출의 구분을 영화의 제작원천에 따라 직접 제작한 영화로 인한 영화제품매출과 외부의 영화제작사가 제작한 영화로 인한 영화상품매출로 구분하였다. 그러나 판권소유투자회사는 영화를 제작하는 것이 주요 목적이 아니고 완성된 영화를 이용하여 극장부금매출, 비디오/DVD판권매출, 공중파/케이블방송매출, 해외판권매출, 기타판권매출 등의 수익활동을 주요 목적으로 하고 있으므로 동 항목들에 대해서는 주석으로 공시하도록 하였다.

A10. 판권소유투자회사 매출의 수익인식 기준은 기존의 기업회계기준 및 기업회계기준서 제4호(수익인식)에서 규정하고 있는 방법을 적용하면 된다.

A11. 판권소유투자회사가 직접 영화를 제작하는 경우 완성된 영화의 제작비를 재고자산에 포함시키는 것은 무형자산으로 분류하도록 한 기업회계기준서 및 기존의 질의 회신과 상충된다.

하지만 판권소유투자회사의 영화는 일반적인 무형자산과 달리 영업활동에 직접 이용되고, 통상적으로 극장개봉 후 1년 이내에 대부분 수익활동의 이루어지고, 주요 판권소유투자회사들이 재고자산으로 처리하고 있으므로 재고자산 분류하는 견해를 채택하였다.

A12. 판권소유투자회사의 수익창출과정을 검토해보면 일반적으로 사전투자를 전제로 하므로 비용 등이 사전에 확정되고 수익금액이 사후적으로 결정되는 구조를 가지고 있다. 이는 수익금액이 계약에 의하여 사전에 확정되고, 관련비용이 사후적으로 집계되는 건설업 등과는 다르며, 또한 수익과 비용이 연계되어 있는 제조업과도 그 성격이 다르다.

이에 따라 건설업과는 반대의 개념으로 매출실현비율을 산정하여 제작원가의 기간배분문제를 해결하고자 하였다. 매출실현비율은 당해 영화의 총매출액을 추정한 후 결산일 현재까지 실현된 매출액의 비율을 산정하여 적용한다. 이때 가장 중요한 문제는 영화의 총매출액을 추정하는 것인데 이는 객관적인 자료와 사실에 근거하여야 할 것이다. 계약서 등은 좋은 근거자료가 될 것이나, 단순히 매출계획만으로 추정매출액을 산정할 수 없다. 다만, 동종 영화의 최근 판권 시세를 기준으로 추정하는 방법은 객관적인 방법이라고 할 수 있다. 이와 같이 제작원가를 기간별로 배분하고자 하는 것은 수익과 비용이 적절히 대응될 수 있도록 하기 위함이다. 이때, 판권소유투자회사가 작성하는 정산서의 이익과 장부상의 이익은 차이가 있다는 점을 알아야 한다. 정산서는 발생한 비용을 기간별로 구분하지 않고 발생시점에 모두 비용에 포함시키고 있기 때문에 정산서 상 이익과 장부 상 이익은 차이가 있다.

이와 같은 제작원가의 기간별 배분방법은 미국의 FASB Statement 53에서도 Individual - film - forecast - computation method라고 하여 상기와 동일한 방법을 적용하고 있다. 또한 이러한 방법은 국내의 금융감독원 또는 한국회계연구원에서도 질의회신 등을 통하여 확인해 주고 있는 방법이다.

95) 영화진흥위원회(kofic.or.kr), 영화산업회계처리기준(안), 2004. 12. 20 인용

A13. 또한 미국의 FASB 53에서는 Periodic-table-computation method라는 방법도 제시하고 있는데 이는 영화가 비슷한 조건 하에서 제작되고 배급되는 경우 과거의 통계자료를 이용하여 매출실현비율을 일괄적으로 적용할 수 있다는 것이다. 이 방법은 판권소유 투자회사의 과거 수익창출활동의 각 단계별 실현비율이 일정하게 유지된 경우에 적용이 가능할 것이다. 그러나 영화별로 단계별 매출실현비율의 변동이 있는 경우에는 각각의 영화별로 매출실현비율을 산정하는 것이 합리적일 것이다.

A14. 매출액의 추정이 어려운 경우에는 합리적인 매출실현비율을 산정할 수 없다. 이런 경우에 보수주의적 관점에서 불확실한 매출예상금액을 제외하여 매출실현비율을 산정하여야 할 것이다. 그러나 영화의 손실이 예상되는 경우에는 해당 금액을 즉시 매출원가로 추가 배분하여 결산시점의 영화제품(혹은 상품)이 과대평가 되지 않도록 하여야 한다. 이런 처리를 하면 결산시점에 재고자산으로 계상한 영화제품(혹은 상품)은 향후 발생할 추정매출액과 동일한 금액이 될 것이다.

A15. 마케팅(P&A)비용은 일반적으로 발생시점에 전액 비용으로 인식하는 것이 원칙이다. 다만, 영화가 개봉되기 전에 발생한 마케팅(P&A)비용은 선급비용으로 처리해 두었다가 영화가 개봉되는 시점에 비용으로 처리하는 것이 적정할 것이다. 영화의 마케팅(P&A)비용을 제작원가와 동일한 성격의 원가로 간주하고 마케팅(P&A) 비용을 제작원가와 동일한 방법으로 기간 배분하여 처리하는 것이 수익·비용대응의 원칙에 더욱 부합하는 방법이라는 주장이 있으나 이는 수익·비용대응의 원칙을 너무 확대 적용하고 있다고 판단된다.

미국의 경우 Statement of Position("SOP") 00-2, "Accounting by Producers and Distributors of Film"를 적용하여 회계처리하고 있으며, 이 기준에서 광고비용은 기간비용으로 처리하도록 규정하고 있다. 실제로 이 규정이 제정된 2000년 이전에는 대부분의 기업들이 광고비용을 자본화하는 방법으로 회계처리하고 있었으나, 제정 후 기간비용으로 회계처리방법을 변경하였으며, AOL-Time Warner의 경우에도 2001년 회계연도에 회계처리방법을 변경하여 회계변경 누적효과가 발생한 바 있다

A16. 그러나 상기와 같은 원칙만을 고집한다면 회계기간 말에 개봉하는 영화의 경우 수익이 발생하기 전에 마케팅(P&A)비용이 과도하게 계상되는 문제가 발생하여 수익·비용의 대응이 전혀 안되어 손익이 왜곡되어 표시되는 경우가 발생하게 될 수 있다. 마케팅(P&A)비용을 발생시점에 비용처리 하여야 한다는 원칙은 유지하되, 이를 너무 고집한다면 손익이 오히려 왜곡될 수 있다는 점과 다른 영화수익은 접어 두고라도 극장매출은 마케팅(P&A)비용과 직접적인 관계가 있는 점을 고려하여 적정한 기준을 설정하는 것이 합리적이라는 판단을 하게 되었다. 이와 같이 결산시점에 극장상영이 끝나지 않은 경우에는 극장매출실현비율을 기준으로 마케팅(P&A)비용을 비용계상금액과 선급비용으로 기간 배분하여 처리한다면 기본 원칙을 유지하면서도 상기의 문제점을 해결할 수 있을 것이다.

A17. 또한 일반적인 마케팅(P&A)비용은 판매비에 해당되어 손익계산서 상 판매비와 관리비에 포함하는 것이 일반적인 원칙이기는 하나, 영화의 마케팅(P&A)비용은 영화업계의

오랜 관행상 P&A비용이라고 불려졌을 뿐 일반적인 마케팅(P&A)비용과 달리 제작원가 항목을 일부 포함하고 있고, 영화별로 직접 대응되는 비용이므로 매출원가에 포함시켜 처리하는 것이 정보이용측면에서 유용할 것이다. 재무제표는 그 산업 또는 그 기업의 활동을 가장 잘 표현하는 방식으로 작성되어야 한다는 측면에서 매출원가에 포함시켜 표시하는 방법을 제시한 것이다.

A18. 일반적으로 영화가 흥행에 성공하여 이익이 발생하는 경우 판권소유투자회사는 영화제작사 및 프로젝트투자자에게 이익을 분배할 의무가 생기게 된다. 이와 같이 분배할 이익이 산정되는 경우에는 이를 매출원가에 포함시키고 지급하기 전이라도 미지급비용을 계상하여야 한다. 이러한 회계처리 대상이 되는 지급성과보수의 산정은 실제 정산서로 산정한 금액과는 차이가 있다. 실제 정산서로 산정하는 경우에는 발생한 비용을 기간배분 하지 않으나, 장부상으로 계상하여야 하는 지급성과보수는 판권소유투자회사의 장부상 이익을 기준으로 산정되어야 한다. 이러한 방법이 더 합리적인 이유는 수익·비용 대응의 원칙에 더 부합하면서 보수주의적 관점에서도 더욱 적정한 회계처리이기 때문이다.

A19. 최근에는 영화별로 흥행실적에 따라 감독, 작가, 배우 등과 인센티브 지급조건으로 계약을 체결하는 경우가 많이 있다. 이러한 인센티브 지급조건에 대해서 판권소유 투자회사는 영화제작사 및 프로젝트투자자와의 계약서에 명확하게 명시하여야 한다. 이러한 인센티브를 영화제작사가 부담하기로 한 경우라면 영화제작사가 분배 받은 이익에서 지급하면 문제가 발생하지 아니하나, 영화제작사, 판권소유투자회사 및 프로젝트투자자가 공동으로 부담하기로 하였다면 이는 지급성과보수보다 우선 하여 지급하는 비용에 포함시켜야 할 것이다.

A20. 프로젝트투자자는 원금보전 약정이 없으므로 영화에서 손실이 발생되면 프로젝트투자자는 그 손실금액 중 투자지분율만큼 손실을 부담하여야 한다. 판권소유투자회사의 입장에서는 영화에서 손실이 발생하였다고 하여도 모든 손실을 부담하는 것이 아니고 실제 투자한 금액에 해당하는 부분만 부담하게 되는 것이다. 그러므로 영화별로 손실이 예상되고, 차기 이후 예상되는 손익까지 포함하여도 손실이 확실히 예상되는 경우에는 그 손실금액을 합리적으로 측정할 수 있다면 그 시점에서 프로젝트투자자가 부담할 손실금액을 산정하여 매출원가에서 차감 처리하고, 투자예수금도 차감하여 처리하는 것이 합리적이다. 판권소유투자회사의 손실이 아님에도 불구하고 이를 판권소유투자회사의 손실인 것처럼 표시하는 것은 오히려 판권소유투자회사의 손익을 왜곡시키는 결과를 가져오고 수익·비용 대응이 전혀 이루어지지 않기 때문이다.

물론 추가적인 수익이 발생할 가능성이 있으므로 프로젝트투자자의 투자예수금의 지급의무가 완전히 면제된 것은 아니지만, 판권소유투자회사의 손익 및 재무제표를 적절히 표시할 수 있도록 상기와 같은 방법을 제시한 것이다.

물론 프로젝트투자자가 부담할 손실금액을 합리적으로 예측할 수 없다면, 매출원가에서 차감하여 처리하는 것이 불가능할 것이며, 상환할 금액이 확정되고 상환의무가 면제되는 시점에 처리하여야 할 것이다.

A21. 상기와 같은 회계처리를 하게 되면 판권소유투자회사의 영화매출원가에는 영화제작원가

이외에도 마케팅(P&A)비용, 제작성과보수, 투자성과보수 및 투자손실부담 금액을 포함하게 된다. 이와 같이 표시하고자 하는 것은 상기 비용을 모두 차감하였을 때 진정한 매출총이익이 산정되기 때문이다. 마케팅(P&A)비용 등을 매출원가에 포함시켜 표시한다고 하여서 제작원가와 동일한 성격으로 간주하는 것은 아니며, 다만 정보의 유용성 측면에서 제시한 방법이다.

A22. 상기에서 설명하고 있는 판권소유투자회사의 회계처리방법에 대해 이용자들의 이해를 돕기 위하여 간단한 사례를 들어 보고자 한다.

## 3. 배급대행사의 회계처리

영화제작사로부터 위탁받은 영화배급 대행업무를 수행하는 경우의 매출액은 극장으로부터 회수하는 총액이 아닌 제작사로부터 수취하는 수수료부분만 수익으로 인식하는 것이 타당하다(회제일 8360-00466, 2003. 11. 19).

**참 고 판권소유투자회사의 회계처리[96)]**

A23. 배급대행사는 판권소유투자회사와 극장배급대행계약을 체결하고 영화를 극장에 배급하는 역할을 수행한다. 판권소유투자회사 중 극장배급을 직접 수행할 수 없는 기업은 극장배급만을 위탁하게 되는데 영화산업에서 수행하는 역할이 다르므로 판권소유투자회사와 배급대행사를 구분하여야 하는 것이다.

배급대행사는 극장으로부터 회수하는 총액이 아닌 판권소유투자회사로부터 수취하는 수수료 부분만을 수익으로 인식하여야 한다. 배급대행사가 극장으로부터 회수하는 총액을 매출액으로 인식하는 것은 기업회계기준서 제4호(수익인식)와 상충된다. 이는 수수료가 극장상영 실적에 따라 결정되며, 기본적으로 영화판권을 거래한 것이 아니며, 단순히 배급수수료를 위한 용역업무를 수행하는 것이다. 이러한 회계처리는 금융감독원의 질의회신(회제일 8360-00466, 영화배급대행업의 수익인식기준 관련 질의 2003. 11. 19)과 동일한 견해이다.

A24. 판권(저작재산권)은 사용기간, 지역, 매체 등을 분할하여 양도할 수 있다. 그러므로 판권소유투자회사가 배급사에 극장에 배급할 권리만을 양도하는 계약을 체결하고 극장배급과 관련된 위험과 효익을 대부분 이전하는 경우에는 배급대행과는 다르게 처리하여야 한다. 즉 이런 경우에는 배급사는 극장으로부터 회수한 금액을 매출로 계상하고 판권소유투자회사에 지급할 금액을 매출원가로 계상한다.

---

96) 영화진흥위원회(kofic.or.kr), 영화산업회계처리기준(안), 2004. 12. 20 인용

## 4. 투자참여자의 회계처리

투자참여자는 투자주간회사에 투자하는 경우 투자자산으로 계상한다. 또한 이익이 발생하는 경우 투자수익으로 인식하고 손실이 발생되는 경우 투자손실로 처리한다.

## 5. 영화상영관의 회계처리

극장은 해당 영화의 입장권을 관객에게 판매하는 경우에 선수금으로 처리하였다가 당해 영화의 상영이 종료되는 시점에서 매출로 계상한다. 또한 배급대행사나 투자주간사에 지급하는 수수료는 매출원가 등으로 회계처리한다. 한편 입장료의 할인은 매출할인으로 매출액에서 감액처리한다.

**참고 극장의 회계처리**[97)]

A29. 극장은 해당 영화의 입장권을 판매하고 판매한 입장권에 해당하는 회차의 상영이 종료되는 날에 수익을 인식하고, 입장권을 사전 판매한 경우에는 이를 선수금으로 계상하는 것이 합리적이고, 적정한 회계처리이다.

A30. 극장은 일반적으로 입장권 판매수익을 매출로 계상하고 배급대행사 또는 판권소유투자회사에 지급할 금액을 매출원가로 계상하고 있다. 이와는 다르게 순액만을 수익으로 인식하여야 한다는 주장이 있을 수 있으나, 이는 극장의 수익활동을 위탁업무로 간주하는 견해로 극장의 수익활동 구조측면에서 보면 무리가 있는 것으로 판단된다.

# Ⅲ 영화산업의 세무실무

## 1. 부가가치세 실무

### (1) 과세표준 및 세금계산서의 발급

극장과 영화사간에 계약에 의거 영화사로부터 영화필름을 공급받아 영화를 상영하고 필요경비를 제외한 수입금액을 분배하는 경우 부가가치세 과세표준 및 세금계산서발행은 다음과 같이 한다.

① 극장경영자는 입장권판매액에서 부가가치세를 제외한 금액이 과세표준이 되는 것이며, 선전비 등의 부대경비를 지불하고 극장명의로 세금계산서를 발급받은 경우에는

97) 영화진흥위원회(kofic.or.kr), 영화산업회계처리기준(안), 2004. 12. 20 인용

극장측의 매입세액으로 공제받을 수 있다.

② 영화사측은 분배받은 금액을 과세표준으로 하여 극장경영자로부터 부가가치세를 거래징수하여야 하고 세금계산서를 발행・교부하여야 한다(부가 1235-3303, 1977. 10. 8).

### (2) 영세율적용 여부

영화산업(영화관운영업과 비디오물감상실 운영업은 제외)에 해당하는 용역을 비거주자 또는 외국법인에게 공급하는 것에 대하여는 다음의 요건에 충족되는 경우에 영의 세율을 적용한다(부령 33 ② 1호 바목).

① 국내에서 국내사업장이 없는 비거주자 또는 외국법인에게 공급하는 용역으로서 그 대금을 외국환은행에서 원화로 받는 것

② 비거주자 또는 외국법인의 국내사업장이 있는 경우에 국외의 비거주자 또는 외국법인과 직접 계약에 의하여 공급되는 용역으로서 그 대금을 당해 국외의 비거주자 또는 외국법인으로부터 외국환은행을 통하여 원화로 받는 것

### (3) 공급시기

극장과 영화사간의 계약에 의하여 극장이 영화사로부터 영화필름을 제공받아 영화를 상영하고 얻은 수입금액의 일정률을 영화사에게 분배하는 경우 영화사는 당해 분배금액이 확정되는 때에 세금계산서를 교부하여야 하는 것이나 다만, 부가가치세법 시행령 제22조 제2호 및 동법 시행규칙 제9조 제1호에 해당하는 때에는 대가의 각 부분을 받기로 한 때에 세금계산서를 교부하는 것이다(부가 22601-1465, 1985. 7. 29). 또한 영화제작업체가 제작한 영화판권을 납품받았으나 영화제작용역에 대한 대가를 "순제작비+영화상영수입 중 일정비율"로 약정한 경우, 영화제작용역에 대한 공급시기는 영화개봉일이 아닌 '영화제작 및 수익배분에 관한 계약서'에 의하여 영화상영이 종료 후 공급가액이 확정되는 제작수수료의 지급시기로 보아야 하는 것이다(국심 2006서0623, 2006. 11. 2).

**사례** **영화제작 수입배분계약의 공급시기**

(1) 질의

계약내용이 다음과 같을 때, 영화제작사(을)가 영화제작의뢰사(갑)와 계약에 의하여 극장용 영화 A를 제작하여 극장에서 상영한 후 제작판매 및 수익배분에 대하여 영화제작사가 영화제작 의뢰사에 공급한 영화제작 용역의 공급시기는?

- 계약내용은 갑이 을에게 영화제작을 의뢰하고 총비용 중 갑은 35억원, 을은 20억원의 조달

책임을 지며, 조달비용(투자금액)은 추후 발생하는 총매출액에서 변제하되 갑에게 20억원을 먼저 변제하고 그 이후는 갑 60%, 을 40% 비율로 변제하도록 약정을 체결함

- 순수익(매출-비용)발생시 그 순이익 규모에 따라 별도 약정한 비율에 따라 배분하고, 제작수수료(순이익 중 을에게 배분될 금액)는 정산완료일(극장상영 종료 후 90일 후)로부터 15일 이내에 지급하며, 을 명의계좌를 통해 비용지출 및 관리하며, 극장을 통해 매출하는 부분은 극장상영 종료 후 90일 후에 제작수수료를 정산하기로 한 경우 을이 갑에게 제공한 영화제작 용역의 공급시기는 당해 공급가액이 확정되는 정산시점인지 아니면 영화제작 완료시점인지의 여부

(2) 회신

영화제작사가 영화제작 의뢰사(배급사)와 영화제작 및 수입배분계약에 의하여 영화를 제작하여 제공완료하였으나, 그 대가를 영화제작시 1차 지급받고 잔여금은 영화가 완성된 영화가 극장에서 종영된 후 일정기간 내에 사전약정 비율 등에 따라 정산지급받기로 하여 공급대가가 확정되지 아니한 경우, 부가가치세법 시행령 제22조 제3호의 규정에 의하여 당해 용역제공이 완료되고 그 공급가액이 확정되는 때를 공급시기로 하여 세금계산서를 교부하는 것이며, 다만 이 경우 영화제작사가 당해 공급시기가 도래하기 전에 당해 용역에 대한 대가의 일부를 받고 이와 동시에 그 받은 대가에 대하여 세금계산서를 교부하는 경우에는 같은법 제9조 제3항 규정에 의하여 그 교부하는 때를 공급시기로 보는 것이다(서면3팀-514, 2005. 4. 19).

## 2. 소득세·법인세 실무

### (1) 수입금액의 계산

영화상영업자가 영화배급업자에게 영화필름대금을 관람수입금액의 일정비율로 지급하기로 약정하여 이를 지급하는 경우 영화상영업자의 총수입금액은 관람료 총수입금액으로 계산하는 것이고, 영화배급업자에게 지급한 영화필름대금은 영화상영업자의 소득금액계산시 총수입금액에 대응하는 필요경비로 공제한다(소득 22601-879, 1991. 5. 3).

### (2) 중소기업 업종 여부(조특령 2)

영상·오디오 기록물 제작 및 배급업은 중소기업 업종 범위에 해당되어 중소기업에 대한 조세특례를 적용받을 수 있다. 또한, 영상·오디오 기록물 제작 및 배급업(비디오물 감상실 운영업은 제외한다)은 중소기업특별세액감면을 적용받을 수 있다(조특법 7 ① 1호 카목).

 핵심체크

영화산업은 중소기업 업종에 해당된다. 따라서 영화관 운영업인 극장은 2009. 2. 4 이후 종료하는 과세연도 분부터 중소기업 업종범위에 포함된다.

### (3) 영화필름의 감가상각

#### ① 영화제작사

영화제작업을 영위하는 법인이 영화필름에 대하여 「법인세법 시행령」 제31조 제6항의 규정에 의한 즉시상각으로 계상하지 아니하고 당해 법인의 무형고정자산으로 계상함에 따른 동 영화필름의 감가상각 범위액은 같은법 시행규칙 [별표 6] "업종별 내용연수 및 내용연수 범위표" 구분 1의 내용연수와 [별표 4] "감가상각자산의 상각률표"의 상각률에 의해 계산하는 것이다(서면2팀-1762, 2006. 9. 17).

#### ② 기타(영화상영관)

「법인세법 시행령」 제31조 제6항 제2호에서 규정한 '영화필름'이라 함은 영화제작이 완료된 상영 가능한 필름을 뜻하는 것으로 이에 해당하는 경우에는 이를 그 사업에 사용한 날이 속하는 사업연도의 손금으로 계상한 것에 한하여 이를 손금에 산입한다.

### (4) 수입영화 상영권의 감가상각범위

수입영화필름에 대하여 영 제31조 제6항의 규정에 의하여 손금을 경리하지 아니하고 업종별 자산에 포함하여 감가상각하는 경우에는 감가상각 대상금액은 프린트대금과 상영권대금을 합한 금액으로 한다(법기통 23-24-8).

### (5) 영화감독료의 소득구분

영화흥행 등 법인의 경영성과에 따라 임직원의 지위에서 지급받는 성과급은 소득세법 제20조 규정에 의한 근로소득에 해당되며, 소득세법 시행령 제49조 규정에 의하여 근로를 제공한 날 또는 잉여금처분결의일(잉여금 처분에 의한 상여인 경우)을 수입시기로 하여 소득세법 제134조 및 제135조의 규정에 의하여 원천징수하는 것이다(서면1팀-441, 2004. 3. 22).

### (6) 영화제작 출자에 대한 문화펀드에 관한 세무처리

#### 1) 개요

최근 인터넷의 급속확산에 힘입어 인터넷과 영화산업이 합작하여 새로운 투자형태 및 홍보수단으로 발전하고 있다. 이러한 투자형태를 네티즌펀드(엔터테인먼트펀드, 문화펀드)라고 하며, 이는 인터넷상에서 투자자로부터 투자자금을 공모형태로 모집하여 사업종료 후 투자수익금을 네티즌투자자에게 분배하는 형태이다.

네티즌펀드는 투자주간사회사가 주된 영업으로서 투자대상을 선정하여 자신의 일정비율을 투자하면서 그 밖에 창업투자회사, 벤처캐피탈, 일반법인 등으로부터 투자자금을 모집하고, 네티즌 펀딩업체에 의뢰하여 불특정다수의 네티즌으로부터 홍보효과 등을 위해 소규모 투자자금을 조성하는 형태로 이루어진다.

네티즌펀드는 통상적으로 수익은 투자비율에 따라 분배하고, 손실이 발생한 경우는 투자금액을 한도로 투자비율에 따라 손실을 부담하며, 네티즌은 영화제작 등 투자주간사의 영업에는 참여할 수 없고, 투자주간사가 영화제작비용 등을 관리 · 운영하며, 네티즌은 자신의 투자지분을 제3자에게 양도가능하다는 약정을 기본으로 한다.

이러한 네티즌펀드의 투자수익에 대한 소득을 어떻게 분류할 것인가가 문제가 된다.

① **공동사업자로 보는 견해**

영화제작, 상영 및 그 수익의 결산까지는 상당한 시간이 소요되는 바 , 그 기간 동안에 영화투자자들이 영화사에 대하여 가지는 권리를 타인에게 양도하는 경우 그 소득은 일시재산소득(기타소득)에 해당된다. 즉, 법인과 개인이 공동으로 출자하여 사업을 경영하는 경우에는 당해 공동사업장을 1거주자로 보아 사업소득금액을 계산하는 것이며, 사업자가 영업권을 포함하여 사업의 전부 또는 일부를 양도하는 경우에 그 영업권의 양도로 인하여 발생하는 소득은 일시재산소득에 해당되며, 이 경우 공동사업자 중 1인이 그의 지분에 해당하는 영업권을 양도하는 경우에도 또한 같다(소득 46011-21206, 2000. 10. 9). 이 경우 투자주간사는 모든 비용과 수익을 각각의 공동사업자에게 배분하고 네티즌투자자는 분배받은 소득을 사업소득으로 하여 종합소득세 신고를 하여야 한다.

② **이자소득으로 보는 견해**

네티즌투자자를 익명조합으로 보는 견해이다(재경부 법인 46012-11, 2002. 1. 16).

즉, 법인이 자신의 영업을 위하여 다른 법인과 상법 제78조에 해당하는 익명조합계약을 체결하고 익명조합원으로부터 출자받은 금액에 대하여 같은 법 제82조의 규정에 따라 그 영업으로 인한 이익을 분배한 경우 동 이익분배금은 당해 법인의 각 사업연도소득금액계산상 손금(이자비용)에 산입하는 것이며, 이에 따른 원천징수방법도 법인세법 제73조의 규정에 따르는 것이다(서일-15, 2004. 1. 14, 재경부 소득 46073-173, 2002. 12. 13).

회계처리는 다음과 같다.

– 투자자금 입금시

| | | | |
|---|---|---|---|
| (차) 현금 및 예금 | ××× | (대) 투자차입금 | ××× |

– 투자정산 후 투자원금 등 배분시

| | | | |
|---|---|---|---|
| (차) 투자차입금 | ××× | (대) 현금 및 예금 | ××× |
| 이자비용 | ××× | 소득세예수금 | ××× |

**참 고** **익명조합**

① 익명조합은 당사자의 일방이 상대방의 영업을 위하여 출자하고 상대방은 그 영업으로 인한 이익을 분배할 것을 약정함으로써 그 효력이 생긴다(상법 78).

② 익명조합원이 출자한 금전 기타의 재산은 영업자의 재산으로 본다(상법 79).

③ 익명조합원은 영업자의 행위에 관하여서는 제삼자에 대하여 권리나 의무가 없다(상법 80).

④ 익명조합원이 자기의 성명을 영업자의 상호 중에 사용하게 하거나 자기의 상호를 영업자의 상호로 사용할 것을 허락한 때에는 그 사용 이후의 채무에 대하여 영업자와 연대하여 변제할 책임이 있다(상법 81).

⑤ 익명조합원의 출자가 손실로 인하여 감소된 때에는 그 손실을 전보한 후가 아니면 이익배당을 청구하지 못한다.
손실이 출자액을 초과한 경우에도 익명조합원은 이미 받은 이익의 반환 또는 증자할 의무가 없다. 다만, 당사자간에 다른 약정이 있으면 적용하지 아니한다(상법 82).

### ③ 배당소득으로 보는 견해

네티즌투자자를 증권투자신탁펀드 등 단순 투자수단에 투자한 펀드투자자와 유사하게 보는 견해이다(서이 46013-11292, 2002. 7. 3). 즉, 네티즌 등으로부터 투자자금을 공모한 펀드가 분배하는 수익은 소득세법 제17조 제1항 제7호의 규정에 의한 배당소득에 해당된다. 다만, 당해 펀드가 익명조합의 형태로 설립된 경우에는 이자소득에 해당된다(재경부 소득 46073-173, 2002. 12. 13). 이 견해는 투자자들이 당해 사업에서 발생한 손실에 대하여 그 투자비율에 따라 투자금액 한도 내에서 책임을 지고, 투자원금에 비례하여 이익을 분배받기로 약정한 경우로서 당해 사업에서 이익이 발생하여 약정에 따라 투자자들이 지급받는 금액은 배당소득에 해당된다는 것이다. 배당소득에 해당되는 경우 원천징수의무자는 14%(출자공동사업자 25%)를 원천징수하여야 하고 금융소득이

2,000만원을 초과하면 종합소득세 신고를 하여야 한다. 다만, 이 소득은 소득세법 제17조 제3항에 의한 배당세액공제(귀속법인세 상당액) 대상이 아니다.

### 2) 현행 소득세법상 익명조합에 대한 과세방법

익명조합에 참여하는 공동사업자를 업무집행공동사업자와 출자공동사업자로 구분하여 과세방식을 다르게 적용하도록 하였다(소법 17, 43 ①, 62, 129). 여기서 업무집행공동사업자란 공동사업의 업무집행 결정에 관여하는 자를 말하며, 출자공동사업자란 경영에 참여하지 않고 금전 기타 재산을 출자만 하는 자를 말한다. 즉, 출자공동사업자란 다음 각 호의 어느 하나에 해당하지 아니하는 자로서 공동사업의 경영에 참여하지 아니하고 출자만 하는 자를 말한다.

1. 공동사업에 성명 또는 상호를 사용하게 한 자
2. 공동사업에서 발생한 채무에 대하여 무한책임을 부담하기로 약정한 자

| 구 분 | 과세방식 |
|---|---|
| · 업무집행공동사업자<br>(영업자) | 손익분배비율에 해당하는 부분 : 사업소득 과세 |
| · 출자공동사업자<br>(익명조합원) | 손익분배비율에 해당하는 부분 : 배당소득 과세<br>* 25% 세율로 원천징수하여 당연종합과세하되 14%와 비교과세<br>* 지급시기의제 : **과세기간 종료 후 3개월이 되는 날**(2010. 1. 1 과세연도부터) |

※ 「소득세법 시행령」 제100조 제1항 규정이 정하는 출자공동사업자가 있는 공동사업을 영위하는 익명조합 법인이 「소득세법」 제43조 제2항 규정에 따라 약정된 손익분배비율(약정된 손익분배비율이 없는 경우에는 지분비율을 말한다)에 상당하는 금액을 출자공동사업자에게 지급하는 경우 동 이익의 분배금은 손금에 해당하지 않는 것이다(법인-2819, 2008. 10. 9).

**참 고** **영화출자 분배금의 소득구분**(재법인 46012-12, 2002. 1. 16)

Ⅰ. 질의개요

본인과 관련된 법인은 영화배급업과 영화제작 및 투자업을 주업으로 하는 영리법인으로서 투자컨소시엄을 구성하여 영화제작사에 여러 법인과 공동으로 투자를 하였고 당 법인은 주간사로서 영화상영 후 투자원금 및 이익금을 배분하는 데 있어 의문사항 있어 질의함.

1. 사실관계

(1) 투자 및 제작의뢰 흐름도

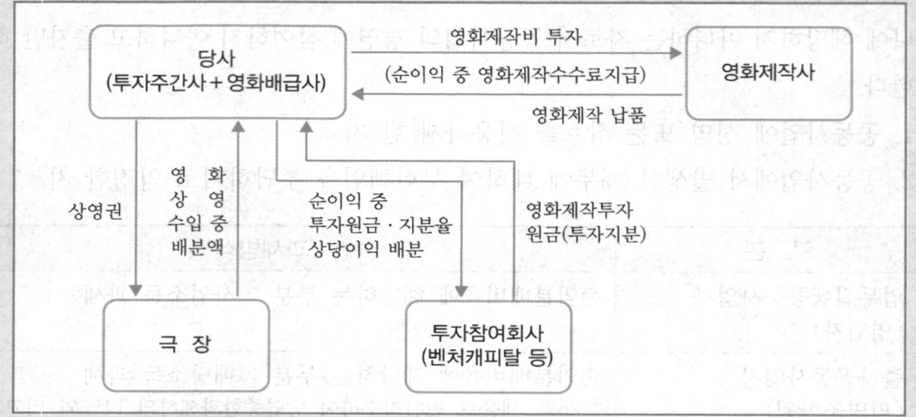


① 투자대상 영화를 선정하여 통상 당사가 50% 이상을 투자하고 나머지는 창업투자회사나 벤처캐피탈 및 다른 일반법인 등으로부터 투자자금을 모집하여 영화제작사에 영화제작을 위탁하여 그 제작대금을 집행하고, 영화제작이 완료된 후 당사에 납품할 때 영화제작사 명의로 매출세금계산서를 당사에서 받고 있음.

② 투자참여회사에서는 총제작비에 대한 일정률의 투자금만 당사에 송금할 뿐이며, 영화제작사가 자금을 집행·관리하고, 전체 프로젝트를 관리·정산하는 모든 업무는 당사에서 주관하고 있으며, 당사는 당해 영화종영 후 극장에서 총영화수입 중 배급사의 지분상당액을 받아 총제작비를 초과한 경우 계약에 따라 초과한 금액의 일정률을 영화제작사에 영화제작 수수료를 지급(이때 영화제작사에서 수수료상당액을 당사에 세금계산서 발행함)하고, 총비용(=총제작비+배급사에 지급하는 배급수수료+영화제작사에 지급하는 제작관리수수료+투자원금의 금융비용)을 초과하는 이익에 대하여 각 투자사의 지분만큼을 배분하도록 되어 있음.

물론 투자이익의 정산은 영화뿐만 아니라 비디오·DVD판권, 해외판권, TV·CATV판권, 인터넷방송판권 등이 모두 포함되어 이루어짐.

(2) 당사 회계처리

① 투자 참여사로부터 투자자금 입금시

(차) 현금예금　　　×××　　　(대) 투자차입금　　　×××

② 영화제작사에 제작자금 지급시(당사 → 영화제작사)

| (차) 영화제작선급금 | ××× | (대) 현금예금 | ××× |
|---|---|---|---|

③ 영화제작완료 납품시(영화제작사 → 당사)

| (차) 영화필름 | ××× | (대) 영화제작선급금 | ××× |
|---|---|---|---|
| 부가세 대금급 | ××× | | |

④ 극장에 영화배급하여 영화상영(또는 영화수익계상)시

| (차) 영화상영원가 | ××× | (대) 영화필름 | ××× |
|---|---|---|---|

⑤ 극장으로부터 영화수익(비디오 판권수익 등) 수령시

| (차) 현금예금 | ××× | (대) 영화상영수입 | ××× |
|---|---|---|---|

⑥ 투자정산 후 투자원금 등 배분시

| (차) 투자차입금 | ××× | (대) 현금예금 | ××× |
|---|---|---|---|
| 이자비용 | ××× | 원천세예수금 | ××× |

※ 이자비용 = 금융비용 + 투자초과이익

(3) 익명조합계약에 해당

당사와 투자참여사간에 체결되어지는 "영화사업 투자계약"은 투자주간사인 당사를 영업자로 하고 투자참여사가 익명조합원으로서 투자금을 출자하는 상법 제78조에 의한 익명조합계약에 해당되는 것으로서 투자금 출자 이후의 모든 투자영업행위는 영업자인 당사의 책임하에 관리되어지고 계약대상 사업이 최종 완료·정산되어 그 투자원금과 과실을 익명조합원에게 배분함으로써 익명조합계약이 종결됨.

영업자인 당사는 익명조합원인 투자참여사의 투자금을 부채(투자차입금)로 계상하였다가 익명조합계약사업인 영화투자사업이 종료되어 투자원금과 초과이익을 배분할 때 당초 부채의 상환과 이자비용으로 처리하고 있음. 물론 투자참여사가 투자한 금액은 영업자인 당사의 재산으로 관리되고 있을 뿐만 아니라 투자금으로 이루어지는 모든 거래는 당사의 계산과 책임으로 처리되고 있음. 또한 익명조합계약으로 인한 영업으로 손실이 발생한 경우에는 익명조합원 각자가 부담하므로 영업자인 당사에서는 보상하지 않으며, 따라서 투자참여사(당사 포함)는 손실이 투자원금을 초과하는 경우에는 투자원금 전액이 투자손실이 되는 것임.

※ 익명조합계약은 민법상의 조합과 유사한 계약관계이나 익명조합원은 표면에 나타나지 않고 대외적으로는 영업자의 사업이라는 점에서 구분이 됨.

## 2. 질의내용

국세청 유권해석(제도 46013-647, 2000. 12. 29)에 의하면 "영화제작사가 투자자를 유치하여 영화제작을 하고 이익발생시 사전약정비율에 따라 이익분배금을 지급하는 경우 개인과 법인 또는 개인과 개인이 동업계약에 의하여 공동으로 사업을 경영하는 것으로 보아 당해 공동사업을 1거주자로 보아 공동사업장에 대한 소득금액을 계산하며, 개인과 법인 또는 개인과 개인의 소득금액은 그 지분 또는 손익분배의 비율에 의하여 분배되었거나 분배될 소득금액에 따라 계산하는 것"이라고 했음.

당사는 위의 사실관계와 같이 당사와 투자참여사간의 익명조합계약을 체결하여 투자사업을 주관하고 있을 뿐만 아니라 투자참여사로부터 입금받은 투자금은 당사의 자산으로 귀속됨과 동시에 투자참여사에 대한 부채로 계상하고 투자관련 제거래는 당사의 계산으로 처리되어 있어 투자참여사하고는 전혀 관련이 없음. 다만, 투자참여사는 투자사업이 종료된 후 그 영업에 따른 이익만 분배받을 뿐임. 물론 손실이 나는 경우에는 그 손실도 당사와 투자참여사가 투자지분대로 부담하게 됨.

이러한 경우 당사에서 투자참여사에 지급하는 이익분배금을 이자비용으로 계상하는 것이 타당한지와 이익분배금에 대한 원천징수 여부 및 그 방법을 질의함.

## 3. 질의자 의견

당사와 투자참여사간의 영화사업 투자계약은 동업계약이 아니어서 국세청 제도 46013-647(2000. 12. 29) 유권해석에 따라 공동사업으로 보아 세무처리하는 것은 무리라고 생각되며, 동 계약은 상법에 의한 익명조합계약에 해당하므로 투자사업은 대외적으로 익명조합의 영업자인 당사의 사업에 해당하여 익명조합원인 투자참여사가 출자한 투자금은 투자자에 대한 부채로 처리되고 있으므로 국세청 유권해석(국총 46017-204, 1999. 3. 26)『국내건설회사가 영업자이고 외국법인은 익명조합원으로서 익명조합계약의 사업은 국내건설회사가 주택재개발조합과 체결한 아파트건설공사에 한정하며, 익명조합계약의 존속기간은 아파트 건설공사의 완성 및 공사대금의 수령시점까지로 하며, 영업자와 익명조합원은 건설공사비를 50 : 50으로 투자하고 이익배분을 51 : 49로 하기로 함에 따라 영업자인 국내건설회사가 국내사업장이 없는 외국법인에게 그 영업으로 인한 이익을 분배함에 있어, 당해 내국법인이 동 출자금액을 부채로 계상하고 동 이익분배금을 법인세 각 사업연도 소득금액 계산상 손금에 산입한 경우에 당해 이익분배금은 법인세법 제93조 제1호에서 규정하는 이자소득에 해당하는 것』에 따라 처리되는 것이 실제 내용에 더 부합한 것으로 생각됨.

영화산업은 "One source-Multi use"라는 특성에 따라 흥행에 성공하는 경우에는 고수익이 발생할 수 있지만 흥행에 실패할 경우도 많아 위험도 상대적으로 다른 산업에 비해 큰 편임(high risk high return).

따라서 비록 성공시 수익은 작아지지만 투자에 따른 위험을 분산시키기 위하여 투자조합(공동사업)을 구성하기도 하고, 투자컨소시엄(익명조합)을 구성하여 영화제작 자본에 참여하고 있음.

1개의 회사가 익명조합의 영업자로서 대외적인 투자사업을 수행(관련 모든 거래도 영업자에 귀속)되고 그 투자사업으로 인한 이익만 투자컨소시엄을 구성하는 투자참여사가 배분받는 형태를 조합과 같은 동업계약으로 보아 공동사업자로서 별도로 사업자등록을 하고 그에 대한 별도의 세무처리를 하게 된다면 1년에 여러 개의 투자계약을 익명조합계약에 의하여 영화제작투자사업을 수행하고 있는 당사의 입장에서는 그만큼 불필요한 관리비용과 시간이 추가로 소요되는 것이고 이는 영화산업의 발전에도 바람직하지 않는 방법이라고 판단됨.

당사의 경우 앞으로 이러한 투자사업을 더욱 확대할 예정인데 만약 1년에 수십 개의 투자사업을 주간사로서 수행한다면 수십 개의 별도의 공동사업자를 등록하여 각각 별도의 장부를 기록하고 세무신고도 따로 해야 하는 등 너무나 번거로울 뿐만 아니라 그 관리비용도 상당할 것이며, 경제적 실질에도 맞지 않는 것으로 생각됨.

Ⅱ. 회신

법인이 자신의 영업을 위하여 다른 법인과 상법 제78조에 해당하는 익명조합계약을 체결하고 익명조합원으로부터 출자받은 금액에 대하여 같은법 제82조의 규정에 따라 그 영업으로 인한 이익을 분배한 경우 동 이익분배금은 당해 법인의 각 사업연도 소득금액 계산상 손금(이자비용)에 산입하는 것이며, 이에 따른 원천징수방법은 법인세법 제73조의 규정을 참고하기 바람.

참 고 **게임산업**

**① 과세대상 여부**

인터넷게임 사이트를 운영하는 사업자가 온라인 게임서비스를 이용자에게 제공하고 그 대가를 받는 경우에는 용역의 공급에 해당하여 부가가치세가 과세된다. 한편, 그 대가를 별도로 받지 아니하고 적립된 포인트에 의하여 온라인 게임서비스를 제공하는 경우에는 대가를 받지 아니하고 타인에게 용역을 공급하는 것으로 보아 부가가치세가 과세되지 아니하는 것이다(서면3팀-654, 2004. 4. 1).

**② 과세표준의 계산**

게임장을 운영하는 사업자가 게임기를 이용하게 하고 이용자로부터 받는 대가는 용역의 공급으로 부가가치세가 과세되는 것이며 부가가치세 과세표준에는 거래상대방으로부터 받은 대금·요금·수수료 기타 명목 여하에 불구하고 대가관계에 있는 모든 금전적 가치를 포함하는 것으로 게임장의 부가가치세 과세표준은 게임기의 사용대가인 게임기 투입금액 총액이 되는 것이며, 당해 사업자가 게임에서 정한 요건 충족시 이용자에게 지급되는 상품권 등은 단순한 시상금(장려금)에 해당하는 것으로, 당해 상품권의 가액은 과세표준에서 공제되지 아니하는 것이다(재소비-23, 2006. 1. 9).

**③ 애니메이션 제작원가의 상각**(질의회신 02-053, 2002. 3. 12)

Ⅰ. 질의 내용

애니메이션 관련 영업을 영위하는 회사가 국외로부터 취득한 애니메이션 관련 라이선스(TV방영권, 비디오그램권, 상품화권)의 상각방법과 회사가 애니메이션을 자체제작한 경우 개발비로 인식한 제작원가의 상각방법은?

Ⅱ. 회신 내용

귀 질의의 경우 국외로부터 개별적으로 취득한 라이선스(TV방영권, 비디오그램권, 상품화권)와 자체제작원가는 다음과 같은 방법으로 상각할 수 있습니다. 다만, 자체제작 애니메이션의 경우 권리별로 구분하여 상각하지 않고 제작원가 전체를 대상으로 상각합니다.

일반적으로 애니메이션과 관련된 상기의 무형자산은 총예상수익에서 전기까지 인식한 수익을 차감한 잔액과 당기에 인식한 수익과의 비율을 미상각잔액에 적용하는 방법으로 상각합니다. 다만, 총예상수익의 합리적인 추정이 어렵다면 수익과 비용의 대응이 중요하게 왜곡되지 않는 범위 내에서 정액법 등 기타 합리적인 방법으로 상각할 수 있습니다.

따라서 수익이 발생하는 범위 내에서 라이선스의 취득금액을 우선적으로 상각하는 방법은 라이선스로부터의 수익창출패턴 등을 고려할 때 수익과 비용을 중요하게 왜곡시키지 않는다고 판단되는 경우에만 정당화될 수 있습니다.

또한, 애니메이션 제작원가는 개발비와는 그 성격이 상이하므로 애니메이션 제작원가 등 그 성격을 적절히 표현할 수 있는 다른 과목으로 구분하여 표시합니다.

**④ 게임머니 양도대가의 부가가치세 과세**

게임아이템 중개업체의 인터넷사이트를 통하여 온라인 게임에 필요한 사이버 화폐인 게임머니를 게임제공업체나 게임이용자로부터 매수한 후 이를 다시 다른 게임이용자에게 매도하고, 그 대금을 게임이용자로부터 중개업체를 경유하여 지급받은 원고의 게임머니 매도거래는 재화의 '공급'에 해당하며, 원고는 부가가치세법상의 '사업자'에 해당함(대법원 2012. 4. 13 선고, 2011두30281 판결).

### (7) 영상콘텐츠 제작비용에 대한 세액공제(조특법 25의 6, 조특령 22의 10)

「저작권법」 제2조 제14호에 따른 영상제작자로서 기획재정부령으로 정하는 요건을 갖춘 자가 2025년 12월 31일까지 다음의 어느 하나에 해당하는 것으로서 대통령령으로 정하는 방송프로그램 및 영화의 제작을 위하여 국내외에서 발생한 비용 중 대통령령으로 정하는 비용이 있는 경우에는 해당 영상콘텐츠 제작비용의 100분의 3(대통령령으로 정하는 중견기업의 경우에는 100분의 7, 중소기업의 경우에는 100분의 10)에 상당하는 금액을 대통령령으로 정하는 바에 따라 해당 영상콘텐츠가 처음으로 방송되거나 영화상영관에서 상영된 과세연도의 소득세(사업소득에 대한 소득세만 해당한다) 또는 법인세에서 공제한다.

① 「방송법」 제2조 제17호에 따른 방송프로그램으로서 같은 조 제3호에 따른 방송사업자의 텔레비전방송으로 방송된 드라마, 애니메이션, 다큐멘터리 및 오락을 위한 프로그램
② 「영화 및 비디오물의 진흥에 관한 법률」 제2조 제1호에 따른 영화

"대통령령으로 정하는 방송프로그램 및 영화"란 다음의 어느 하나에 해당하는 것(이하

이 조에서 "영상콘텐츠"라 한다)을 말한다.

① 다음 각 목의 어느 하나에 해당하는 「방송법」 제2조 제17호에 따른 방송프로그램(이하 이 조에서 "드라마 등"이라 한다)

가. 「방송법 시행령」 제50조 제2항에 따른 오락에 관한 방송프로그램

나. 「방송법 시행령」 제50조 제2항에 따른 교양에 관한 방송프로그램 중 다큐멘터리

다. 「애니메이션산업 진흥에 관한 법률」 제2조 제1호에 따른 애니메이션 중 「방송법」 제2조 제3호에 따른 방송사업자의 텔레비전방송으로 방송된 애니메이션

"대통령령으로 정하는 비용"이란 영상콘텐츠 제작에 참여한 사람 등에 대한 인건비 등 기획재정부령으로 정하는 비용을 말한다. 다만, 다음 각 호에 해당하는 비용은 제외한다.

1. 국가, 지방자치단체, 「공공기관의 운영에 관한 법률」에 따른 공공기관 및 「지방공기업법」에 따른 지방공기업으로부터 출연금 등의 자산을 지급받아 영상콘텐츠 제작비용으로 사용한 금액
2. 국외에서 사용한 제작비용 등 기획재정부령으로 정하는 비용(2017. 2. 7. 신설)

##  연예인의 세무실무

### 1. 개요

연예인은 가수, 탤런트, 영화배우, 모델 등 대중적인 인지도가 높은 자로 TV 등 방송출연, 광고출연, 영화 등에 대한 출연에 대한 대가를 받고 활동하는 자를 말한다. 연예인은 주로 기획사에 소속되어 활동하면서 기획사와 수익금액 배분비율을 약정에 따라 배분받는다. 예를 들면 가수의 경우 CD 1장당 1,000원, 카세트 테이프 1장당 800원의 로열티를 받고 음반과 관련된 출연료 수입 등은 기획사와 청구인이 2 : 8로 배분하는 계약을 체결하는 방식으로 전속계약을 체결한다. 이 경우 연예인이 받는 수입은 일반적으로 사업과 관련된, 수익을 목적으로 하는 계속적이며 반복적인 활동으로 인한 대가로 사업소득에 해당되며, 다만 일시적이고 비반복적인 소득세법상 전속계약금에 해당되는 경우에는 기타소득에 해당된다.

### 2. 연예인의 세무실무

#### (1) 전속계약금의 소득구분

연예인이 회사로부터 전속계약금 명목으로 지급받는 소득이 사업소득에 해당되는지 또

는 기타소득에 해당되는지의 여부이다. 기타소득에 해당되면 필요경비가 60%로 간주되어 소득금액이 줄어들어 연예인에게 유리하다. 그러나 사업소득으로 분류되는 경우 필요경비에 대한 입증을 장부기장 등을 통해야 하므로 어려움이 따른다. 그러나 연예인이 전속계약금의 형태로 여러 회사로부터 받거나 받은 전속계약금이 비록 1과세연도에 한 회사로부터 받은 것이라고 하더라도 실질적으로는 연예인의 고유활동인 연기자로서의 활동에 당연히 포함되거나 연기활동의 일환으로 받은 것으로 보아야 하므로 사업소득에 해당하는 것으로 보고 있다(심사법인 2002-206, 2003. 1. 24). 다만, 영화배우·가수·탤런트·모델 등 연예인이 오로지 한 회사나 단체 또는 1거주자 등에만 일신 전속적으로 계약을 체결하고 일시소득 성격으로 지급받는 전속계약금은 소득세법 제21조 제1항 제18호의 규정에 의한 기타소득에 해당하는 것이나, 여러 회사(거주자, 단체 포함)등과 출연(광고모델 포함) 등의 계약을 하면서 전속계약금, 전속금, 가전속금 명목으로 지급받는 금액(사실상의 출연료 등)은 같은 법 제18조 제1항 제15호의 규정에 의한 사업소득에 해당하는 것이다(소득 46011-1383, 1997. 5. 20). 대법원도 연예인의 활동 그 자체가 하나의 독립적인 사업 활동으로 볼 수 있을 정도의 계속성과 반복성을 갖추고 있는 경우에는 사업소득에 해당한다고 판단하면서, 종전의 국세청예규(소득 22601-1539, 1990. 7. 20)에서 전속계약금이 기타소득에 해당한다고 한 것만으로 전속계약금에 대한 기타소득 과세관행이 성립된다고 볼 수 없다 하여 처분청의 과세가 신의성실의 원칙에도 위배되지 않는다고 판단하였다(대법원 2001. 4. 24 선고, 2000두5203 판결). 이와 같이 전속계약금에 대한 소득구분에 논란이 있었으나 2008. 1. 1. 이후부터 전속계약금을 기타소득에서 삭제하면서 연예인 및 직업운동선수 등이 사업활동과 관련하여 받는 전속계약금은 사업소득으로 하도록 명확화하였다(소령 37 ②). 따라서 연예인 등 사업자가 받는 전속계약금은 사업소득으로 과세하고 비사업자가 일시적으로 받는 전속계약금만 기타소득으로 과세하도록 하였다.

### (2) 전속계약금의 회계처리

#### ① 질의 내용

음반제작 및 제조 유통업을 영위하는 회사가 아티스트(가수 등) 및 기획사와 전속가수의 녹음물을 인도받는 전속계약을 체결하고 전속금으로 일정액을 지급하고 있는 경우 전속계약금의 회계처리는? 이때 전속계약은 계약내용(1집과 2집의 발매음반과 발매시기)을 이행할 때까지 계약기간이 자연히 연장되는 것을 조건으로 하고 있으며, 제작물의 저작권이 회사에 있음을 명시하고, 위약시 전속계약금의 2배를 배상하도록 하고 있음.

② 회신 내용

전속계약금은 녹음물의 대가를 선급한 것으로 보아 선급금으로 회계처리하고 1집과 2집 각각의 녹음물을 이용가능하게 된 시점에 합리적인 방법으로 배분한 금액을 무형자산으로 대체합니다. 또한 무형자산의 상각은 자산의 경제적 효익이 소비되는 행태를 반영하는 합리적인 방법을 적용하고, 무형자산상각비는 관련된 음반 등의 원가로 회계처리하는 것이 타당합니다(질의회신 02-096).

### (3) 수입금액의 귀속시기

#### 1) 전속계약기간 동안 안분

소득세법상 총수입금액의 귀속시기는 수입금액으로 확정된 날이 속하는 연도로 하는 것이고 사업소득 중 인적용역 수행대가의 수입시기는 원칙적으로 용역의 제공을 완료한 날에 수입금액이 확정되는 것으로 볼 수 있으나 쟁점금액은 계약기간 동안 새로운 음반을 출판하고 이에 따른 가수활동을 이행하는 조건으로 받은 금액이므로 쟁점금액을 지급받은 시점에 용역의 제공이 완료되었다고 보기 어렵고 또한 계약일로부터 2개월 내에 쟁점금액을 전액 수령하였음에도 불구하고 비교적 장기간으로 되어있는 계약기간 종료일에 이르러 비로소 수입금액이 확정되는 것으로 보기도 어렵다. 따라서 쟁점금액은 계약기간 경과에 따라 약정한 음반의 출반과 이에 따른 가수활동이라는 용역을 제공하는 정도에 따라 실질적으로 청구인의 소득으로 확정된다고 보는 것이 수익비용대응의 원칙에도 부합한다 할 것이므로 처분청이 청구인의 쟁점금액을 지급받은 날에 수입시기가 도래한다고 본 것은 잘못이고 계약기간 경과에 따라 수입을 귀속시키는 것이 타당하다(국심 2002서2251, 2002. 11. 22). 또한 쟁점금액은 청구인이 계약기간 7년 중 프로씨름이라는 인적용역을 제공한 기간의 경과에 따라 실질적으로 청구인의 소득으로 확정지어진다고 보는 것이 수익비용대응의 원칙에도 부합하므로 쟁점금액을 전속계약기간으로 안분하여 각 과세기간의 수입금액으로 재계산함이 타당하다(국심 2006중0017, 2006. 9. 5). 한편, 2002. 12. 30 인적용역의 제공에 대한 수입시기는 용역대가를 지급받기로 한 날 또는 용역의 제공을 완료한 날 중 빠른 날로 하도록 개정하였다(소령 48 8호). 이에 판례에서는 소득세법 시행령 제48조 제8호에 따라 수입시기를 수익비용대응에 따라 안분하는 것이 아니라 지급받은 날로 하도록 변경하였다. 즉, 청구인은 쟁점금액을 선수금성격으로 보아 수익비용대응원칙을 적용하여 계약기간 동안 안분하여 소득금액을 계산하여야 한다고 주장하나, 개정 소득세법령에서 인정용역의 수입시기를 명시적으로 규정하고 있으므로 회계원칙인 수익비용대응원칙을 적용하여 전속계약기간에 따라 안분계산하여 소득금액을 계산하는 것은 적절하지 아니하다(국심 2006광1739, 2007. 2. 8).

한편, 소득세법을 개정하여 2008. 1. 1 이후 발생하는 소득분부터는 계약기간 동안 안분하여 소득구분을 계산하도록 하였다. 즉, 용역대가를 지급받기로 한 날 또는 용역의 제공을 완료한 날 중 빠른 날. 다만, 연예인 및 직업운동선수 등이 계약기간 1년을 초과하는 일신전속계약에 대한 대가를 일시에 받는 경우에는 **계약기간에 따라 해당 대가를 균등하게 안분한 금액**을 각 과세기간 종료일에 수입한 것으로 하며, 월수의 계산은 해당 계약기간의 개시일이 속하는 달이 1개월 미만인 경우에는 1개월로 하고 해당 계약기간의 종료일이 속하는 달이 1개월 미만인 경우에는 이를 산입하지 아니한다(소령 48 8호).

### 2) 원천징수세액의 안분공제

사업소득이 있는 직업운동선수가 일시에 원천징수된 전속계약금에 대한 종합소득 과세표준확정신고를 함에 있어 기납부세액으로 공제하는 원천징수세액은 해당연도의 종합소득 과세표준에 산입된 사업소득에 대한 소득세 원천징수세액을 말하는 것이다(소득세과-377, 2010. 3. 25)

**사례** **전속계약금의 원천징수 기납부세액공제 방법**

(주)T&C 엔터테인먼트는 DO와 다음과 같이 일신 전속계약을 체결하였다. 이 경우 기획사의 원천징수시기, 손금산입방법, DO의 총수입금액 귀속시기, 원천징수세액공제 방법은 다음과 같다.

- 계약기간 : 2025. 1. 1~2028. 12. 31(60개월)
- 계약금 : 1,000,000,000원
- 원천징수세액 : 33,000,000원(사업소득으로 지급액의 3.3%)

**Case 1. 2025. 1. 1. 전액을 지급하고 원천징수한 경우**

(1) 원천징수의무자(T&C 엔터테인먼트)

① 원천징수시기(원천세과-3017, 2008. 12. 24) : 지급하는 때(2025. 1. 1)

② 손금산입방법(법인 46012-2372, 1999. 6. 24) : 전속계약기간 동안 안분하여 손금산입

(2) 소득자(DO)

① 총수입금액 수입시기(소령 48 8호) : 전속계약기간 동안 안분

② 기납부세액공제방법(소득세과-377, 2010. 3. 25) : 전속계약기간 동안 안분하여 공제

**Case 2. 5년 동안 매년 초에 균등하게 분할지급한 경우**

(1) 원천징수의무자(T&C 엔터테인먼트)

① 원천징수시기(원천세과-3017, 2008. 12. 24) : 지급하는 때(2025. 1. 1)

② 손금산입방법(법인 46012-2372, 1999. 6. 24) : 전속계약기간 동안 안분하여 손금산입

(2) 소득자(DO)

① 총수입금액 수입시기(소령 48. 8호) : 전속계약기간 동안 안분

② 기납부세액공제방법(소득세과-377, 2010. 3. 25) : 전속계약기간 동안 안분하여 공제

**핵심체크**

연예인의 전속계약금은 계속성과 반복성, 수익의 목적 등으로 인하여 일반적으로 기타소득이 아닌 사업소득에 해당한다.

**참 고** **연예인 기획사**

연예인 기획사는 연예인들의 활동을 도와주는 역할을 한다. 즉, 스케줄을 관리해주는 매니저, 각종 스텝, 메이크업을 담당해주는 코디네이터, 각종 운송수단을 제공 및 관리해주는 역할을 한다. 그리고 기획사와 연예인은 수익 중 일정한 배분비율로 계약을 한다. 예를 들면, 연예인과 기획사의 수익분배비율은 통상 7 : 3의 비율이나 신인은 5 : 5, 유명연예인은 9(8) : 1(2)이 일반적이나 특급스타의 경우에는 오히려 (-) 계약을 하는 경우도 있다.

기획사(엔터테인먼트)는 잠재연예인을 발굴하여 교육 및 훈련을 시켜 연예인으로 진출시키는 역할을 한다.

기획사는 경영기획부, 경영관리부, Production사업부, Record사업부, 홍보/마케팅사업부, 광고대행사업부, Agency사업부, Academy사업부 등으로 구성되어 있다.

# 연예인 수입금액검토표

1. 기본사항 (단위:천원)

| ①사업자등록번호 | | ②상 호 | | ③성 명 | |
|---|---|---|---|---|---|
| ④주민등록번호 | | ⑤종 목 | | ⑥업종코드 | |
| 관 리 구 분 | ⑦사업자(주민)등록번호 | ⑧상 호 | ⑨성 명 | ⑩지급금액 | ⑪원천징수세액 |
| ⑫매 니 저 | | | | | |
| ⑬소 속 기 획 사 | | | | | |

2. 총수입금액 명세 (단위:건, 천원)

| 구 분 | 당해 과세기간 수입금액 | | |
|---|---|---|---|
| | ⑭건수 | ⑮수입금액 | ⑯원천징수세액 |
| ⑰총 수 입 금 액 합 계 | | | |
| ⑱방 송 출 연 수 입 | | | |
| ⑲영 화 출 연 수 입 | | | |
| ⑳광 고 모 델 수 입 | | | |
| ㉑음 반 수 입 | | | |
| ㉒유 흥 업 소 출 연 수 입 | | | |
| ㉓행 사 출 연 등 기 타 수 입 | | | |

3. 유흥업소 또는 행사출연 수입명세 (별지작성가능) (단위:일, 천원)

| ㉔상 호 | ㉕사업자(주민)등록번호 | ㉖출연일수 | ㉗출연료수입 | ㉘원천징수세액 |
|---|---|---|---|---|
| | | | | |
| | | | | |
| | | | | |

4. 주요경비 사용금액 검토 (단위:천원)

| ㉙합 계 | ㉚의상비 | ㉛미용·분장비 | ㉜인건비·복리후생비 | ㉝여 비·차량유지비 | ㉞지급수수료 | ㉟기타비용 |
|---|---|---|---|---|---|---|
| | | | | | | |

연예인에 대한 수입금액 및 주요경비 사용금액 등을 신고합니다.

년 월 일

사 업 자 : ㉐

세무대리인 : ㉐

(관리번호 )

세무서장 귀하

## 작 성 요 령

※ 불성실하게 작성시는 조사대상자로 선정되는 등 불이익을 받으실 수 있으므로 성실하게 작성하여 주시기 바랍니다.

1. 기본사항
   사업자의 인적사항 및 과세기간 종료일 현재를 기준으로 매니저에 대한 연간 총지급액 및 원천징수세액과 소속된 기획사의 상호, 대표자, 사업자등록번호를 기재합니다.

2. 총수입금액 명세
   당해 과세기간 수입금액(원천징수 전 총수입금액)을 수입의 종류별로 구분하여 기재하시고, 건수는 계약된 횟수를 기준으로 작성합니다.

3. 유흥업소 또는 행사출연 수입명세
   당해 과세기간중 유흥업소나 각종 기획행사 등에 출연한 명세를 기재합니다.
   다만 출연한 행사가 많을 경우에는 별지로 작성합니다.

4. 주요경비 사용금액 검토
   연예활동과 관련된 경비를 의상비, 미용・분장비, 인건비・복리후생비 등으로 구분하여 연간 총사용경비를 기재합니다.

# 제3절 음반산업

## Ⅰ 개 요

### 1. 음반산업의 유통구조[98)]

국내 음반시장은 국산과 외국음반의 판매비율이 대략 6대 4로 추정되는 데 외국직배사의 시장점유율이 점차 증가하고 있다. 국내 음반시장 유통구조의 특징은 선진국에 비해 복잡하고 길다는 것이다. 가장 일반적인 유통형태가 제작사에서 도매상과 소매상을 거쳐 소비자에게 전달되는 경로이고, 도매상과 소매상 사이에 중간도매상이 추가되어 유통되는 방식도 행해진다. 또한 백화점, 대형할인매장, 대형서점 등을 거쳐 소비자에게 전달되거나 인터넷과 통신을 이용한 직접 판매방식도 점점 증가하고 있다. 그러나 향후 가장 많은 유통경로로 사용될 것으로 예상되는 형태가 정보제공업자의 컴퓨터파일 형태의 온라인 서비스 거래이다. 이러한 음반산업의 국내시장 유통경로를 그림으로 나타내면 다음과 같다.

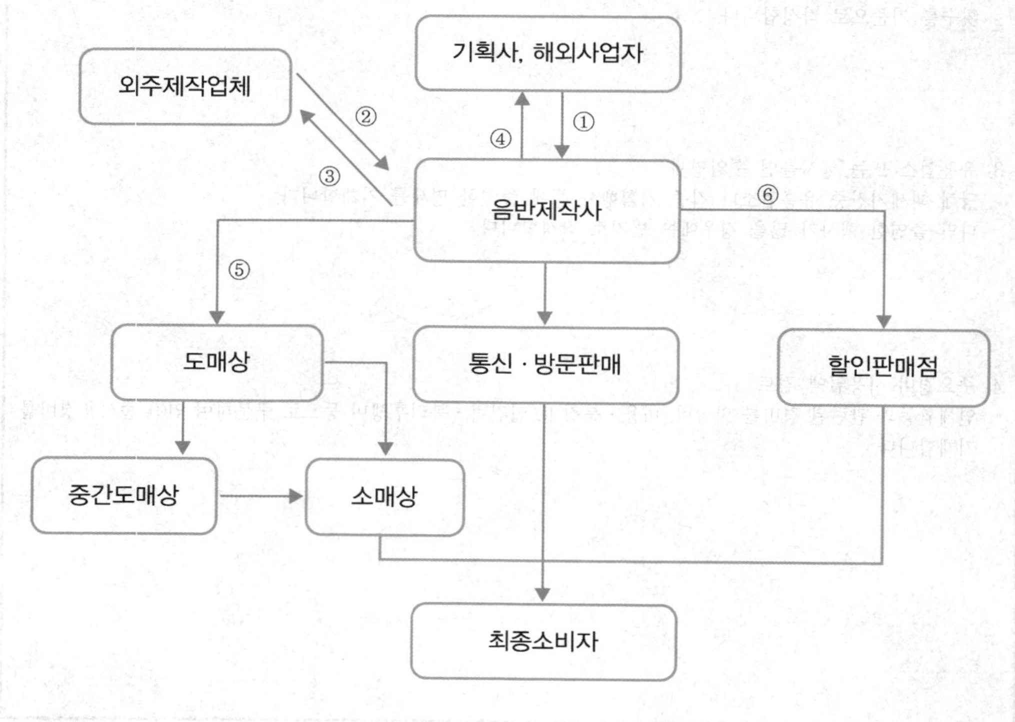


98) 구문모 · 임상오 · 김재준, 문화산업의 발전방안, 2000, pp.62~63 참조

① 국내 가요기획사 또는 해외사업자와 Master Tape 음반 제작 사용계약을 체결한다(저작권 사용료에 대한 원천징수 문제).

② 음반제작 전문업체에 외주제작을 의뢰한다.

③ 완성된 음반을 수령하고 외주가공비에 대한 세금계산서를 수령하고 외주비를 지급한다.

④ 기획사 또는 해외사업자에게 판매량에 따른 일정비율 또는 일정금액의 저작권사용료(Royalty) 및 판권사용료(Copyright)를 지급한다. 지급시 세금계산서를 수령하거나 국내원천소득에 대한 원천징수를 한다.

⑤ ⑥ 도매상, 할인판매점 등을 통하여 음반을 판매한다.

## 2. 한국표준산업분류

| 구 분 | 산업분류명 | 정 의 |
|---|---|---|
| 가정용품도매업<br>(46461) | 음반 및 비디오물 도매업 | 음악 및 영상물을 수반한 테이프, 레코드 등을 도매하는 산업활동을 말한다.<br>〈예시〉<br>CD도매(음악 및 영상물), 음악테이프 도매, 음반도매, 비디오테이프 도매<br>〈제외〉<br>비디오 및 음악 이외의 기록매체 도매(51463) |
| 제조업(18200) | 기록매체 복제업 | 음반 및 기타 오디오물, 비디오물, 소프트웨어 및 컴퓨터테이프의 원판을 복사하여 이들의 복제품을 생산하는 활동으로서 플로피, 하드 또는 컴팩트디스크의 복제품, 범용성 소프트웨어 및 필름의 복제품을 생산하는 산업활동이 포함된다. 수수료 또는 계약에 의하여 각종 기록매체를 복제하는 활동도 여기에 포함된다.<br>〈예 시〉<br>• 소프트웨어(범용성) 복제<br>• 전산기록물 기록매체 복제<br>• 음반 복제<br>• 비디오물 복제<br>• 레이저 광학판독장치를 가진 기록매체 복제<br>〈제 외〉<br>• 수수료 또는 계약에 의한 레코드 원판녹음활동 (5920)<br>• 영화용 필름복제 생산(59120) |

## Ⅱ 음반산업의 세무실무

### 1. 부가가치세 실무

#### (1) 과세대상 여부

음반 등의 판매는 부가가치세법상 재화의 공급에 해당되어 부가가치세 과세대상이다. 다만, 도서에 부수하여 그 도서의 내용을 담은 음반, 녹음테이프 또는 비디오테이프를 첨부하여 **통상 하나의 공급단위로 공급하는 것**은 도서에 포함되는 것으로 보아 부가가치세가 면제된다(부법 26 ① 8호). 즉, 음반의 공급이 도서의 부수공급에 해당되기 위해서는 음반이 도서에 부수하여 그 내용을 그대로 취입하는 경우에 부수재화로서 면세되는 것이며 도서와 그 내용상 동일성이 유지되어야 하며, 또한 부수하여 공급되어야 한다. 여기에서 동일성과 부수성의 판단기준에 가격의 고가 여부가 주된 재화의 판단기준의 절대적 요건은 아니며, 주된 재화 또는 부수재화의 판단기준은 당해 거래의 태양에 비추어 거래당사자 사이의 공급의 목적과 의도가 어디에 있는지를 보아서 판단하여야 한다(대법원 1995. 2. 3 선고 94누11750 판결). 한편, 도서에 부수하여 판매할 목적으로 제작된 음반을 도서에 부수하여 판매하지 아니하고 별도로 판매하는 경우에는 부가가치세가 과세된다(부가 1265-1237, 1983. 6. 28).

#### (2) 용역과 재화를 함께 공급하고 월정회비를 받는 경우

사업자가 해외의 애니메이션 저작권을 사용하여 학습용 비디오테이프 또는 음반, 녹음테이프를 제작하여 회원에게 대여하면서 이에 부수하여 학습에 도움이 되는 간단한 교재를 하나의 공급단위로 하여 공급하고 당해 회원으로부터 그 대가를 받는 경우 그 대가는 부가가치세가 과세되는 것이나, 테이프의 대여와는 별도로 교재를 공급하고 받는 대가는 부가가치세가 면제되는 것이다(서삼 46015-10590, 2002. 4. 11).

#### (3) 음반제작에 투자 후 받는 원금 및 수익금의 과세 여부

사업자가 인터넷사이트를 통하여 투자자로부터 자금을 모집하여 당해 사업자 명의로 영화사업(음반사업)에 투자하고 추후 수령하는 투자원금과 원금을 초과하는 이익은 부가가치세 과세대상이 아니다(서삼 46015-10069, 2002. 1. 17).

#### (4) 음반저작물의 복제·판매권에 대한 과세 여부

음반기획사업자가 자기의 음반저작물에 대한 복제·판매할 수 있는 권리를 다른 음반제작자에게 부여하고 그에 따른 대가를 받는 경우에는 부가가치세가 과세되는 것이다(부가 46015-514, 1995. 3. 17).

## 2. 법인세·소득세 실무

#### (1) 중소기업의 해당 여부

음반 및 비디오물 도매업은 중소기업기본법 시행령 별표1의 평균매출액 이하면 중소기업에 해당된다. 따라서 중소기업에 해당될 경우 중소기업특별세액감면을 받을 수 있다.

#### (2) 기획사(매니지먼트사)의 선급금에 대한 대손처리

국내기획사들은 자금력이 취약하여 Master Tape을 제작하는 경우 음반회사로부터 선급금을 받아 작업을 진행하게 된다. 이러한 선급금은 음반판매량을 기준으로 기획사에게 지급하는 저작권사용료와 상계하여 회수하게 된다. 그러나 음반판매가 저조할 경우 기획사로부터 선급금을 회수할 수 없게 되는데 이 경우 선급금에 대한 대손처리 문제가 발생한다. 세법상 대손처리의 요건은 엄격히 규정하고 있어 임의적으로 대손처리 한 경우 손금으로 용인받을 수 없다. 따라서 회수불능채권임을 입증할 수 있는지 등 세법상 대손요건이 충족하는지를 검토하여야 한다.

#### (3) 전속계약금의 회계 및 세무처리

##### 1) 회계처리

음반사 소속의 가수에게 지급하는 전속계약금의 처리문제이다. 이에 대하여 회계기준원의 질의회신에 대한 내용을 살펴보면 다음과 같다.

질의회신 **전속계약금의 회계처리**(02-096, 2002. 6. 18)

1. 질의

음반제작 및 제작유통업을 영위하는 회사가 아티스트(가수 등) 및 기획사와 전속가수의 녹음물을 인도받는 전속계약을 체결하고 전속금으로 일정액을 지급하고 있는 경우 전속계약금의 회계처리는? 이때 전속계약은 계약내용(1집과 2집의 발매음반과 발매시기)을 이행할 때까지 계약기간이 자연히 연장되는 것을 조건으로 하고 있으며, 제작물의 저작권이 회사에 있음을 명시하고, 위약시 전속계약금의 2배를 배상하도록 하고 있음.

2. 회신

전속계약금은 녹음물의 대가를 선급한 것으로 보아 선급금으로 회계처리하고 1집과 2집 등 각각의 녹음물을 이용가능하게 된 시점에 합리적인 방법으로 배분한 금액을 무형자산으로 대체한다. 또한 무형자산의 상각은 자산의 경제적 효익이 소비되는 형태를 반영하는 합리적인 방법을 적용하고, 무형자산상각비는 관련된 음반 등의 원가로 회계처리 하는 것이 타당합니다.

### 2) 세법상 전속계약금의 귀속시기

법인이 직업운동선수와 일정기간의 전속계약을 체결하고 지급하는 전속계약에 대한 손금의 귀속시기는 동 계약금을 실제로 지급하는 날이 속하는 사업연도의 손금에 산입하는 것이며, 법인이 직업운동선수와 전속기간이 정하여진 계약을 체결하기 위하여 미리 계약이행보증금을 지급하고 계약체결시 전속계약금으로 대체하는 경우 그 전속계약금은 전속계약체결이 속하는 사업연도의 손금으로 계상하는 것이다(서이 46012-10073, 2001. 8. 31). 즉, 전속계약금을 전속계약 체결 이후에 지급하는 경우에는 전속계약금을 실제로 지급하는 날이 속하는 사업연도로, 계약이행보증금을 전속계약 체결 전에 미리 지급하는 경우에는 법인세법 시행규칙 제36조(익금과 손금의 귀속시기는 그 확정된 사업연도로 함)에 의하여 전속계약 체결일이 속하는 사업연도의 손금으로 하는 것이다.

## (4) 견본음반(CD)의 세무처리

음반회사가 해외사업자로부터 견본음반을 유상으로 구입하는 경우에 견본비로 손금산입하면 된다. 반면에 무환통관품에 대하여는 반드시 자산수증익(잡이익) 등으로 익금산입하고 지출성격에 따라 견본비(광고선전비), 접대비 등으로 처리하여야 한다.

즉, 법인이 해외에서 물품을 무환으로 수입하는 경우에는 이를 각 사업연도의 소득금액 계산상 익금으로 한다. 이 경우에 익금에 산입할 금액은 당해 물품의 통관시 관세 과세표준금액이 되는 감정가액으로 하며 관세 및 부대비용은 취득가액에 합산한다(법기통 15-11-3).

## (5) 미판매 재고에 대한 처리

도매상에게 판매한 음반은 도매상이 미판매시에 일정률을 회수한다는 조건으로 계약을 체결하는 경우가 대부분이다. 이 경우 회수되는 음반에 대하여는 회수일에 수정세금계산서(반품)를 교부하여야 한다. 또한 매출액에서 감액하여야 한다.

### (6) 음반의 폐기처리

미판매된 음반에 대하여 폐기처리하는 경우에 재고자산 폐기에 따른 입증책임은 당해 음반회사에 있다. 이 경우 재고자산 폐기손실을 손금으로 인정받기 위해서는 폐기물처리업자로부터 폐기일자, 폐기수량, 폐기음반 목록, 사진촬영 등 구체적이고 객관적인 입증자료를 갖추어 놓아야 한다. 또한 결산조정을 통하여 손금으로 계상하여야 한다.

# 제 4 절 예술 · 공연산업

## Ⅰ 개 요

### 1. 정의

예술 · 공연산업은 문화산업으로 시민생활의 필수적 위치를 차지하고 있으며 예술활동에 대한 관심이 고조되면서 빠르게 성장하고 있다. 예술 · 공연산업은 극단, 뮤지컬, 관현악단, 합창단, 오페라단 등 기타 이와 유사한 예술창작활동으로 TV, 라디오, 디자인, 영화, 출판, 관광 등과 같은 관련 산업과의 보완 관계를 이루며 고부가가치 서비스산업으로 성장 · 발전하고 있다. 그러나 이러한 문화예술행사는 이윤추구를 하는 영리기업과는 다르게 비영리성이 특징으로 이를 육성 · 발전하기 위하여 각종 세제 및 재정적 지원을 하여주고 있다.

### 2. 전문예술법인 · 단체 지정제도

전문예술법인 · 단체 지정제도란 법인화한 국 · 공립예술단체, 국 · 공립공연장의 수탁운영법인 등과 수준 있는 민간 직업예술단체를 국가 또는 시 · 도지사가 문화예술진흥법에 의거 전문예술법인 또는 단체로 지정하여 중점 육성하는 제도를 말한다.

이에 따라 지정된 전문예술법인은 공연장이나 극단 · 뮤지컬단 · 관현악단 · 무용단 · 합창단 · 오페라단 · 실내악단 · 공연기획단 또는 이와 유사한 예술단 · 공연예술제 상설기구와 미술작품의 전시를 주된 목적으로 하는 법인(민법·상법·특별법에 의한 모든 법인) 중 국가나 시·도지사가 지정한 법인을 가리킨다.

그리고 위 사업을 주된 목적으로 하는 단체(법인이 아닌 임의단체) 중 국가나 시·도지사가 지정한 법인격 없는 단체를 전문예술단체라 한다.

주요 공연예술단체들이 임의단체나 민법상의 비영리법인 형태를 취하고 있어 자생력과 경쟁력을 갖추는 데 제약요인으로 작용하고 있는 현실에서, 민간의 경우 법인형태나 성격에 관계없이 국가나 지방자치단체가 그 전문성을 인정하여 세제혜택 등 지원할 수 있는 제도적 장치를 마련하고 국·공립예술단체의 경우 시장원리와 공공성을 조화시킬 수 있는 새로운 운영모델을 제시하려는 취지에서 도입된 제도이다(전문예술법인 단체평가센터 : arts.kctpi.re.kr 참조).

**참 고** **전문예술법인 등의 지정육성**(문화예술진흥법 제7조)

① 국가와 지방자치단체(시·도에 한정한다. 이하 이 조에서 같다)는 문화예술 진흥을 위하여 전문예술법인 또는 전문예술단체(이하 "전문예술법인·단체"라 한다)를 지정하여 지원·육성할 수 있다.

② 국가 또는 지방자치단체는 제1항에 따라 전문예술법인·단체를 지정하려면 다음 각 호의 어느 하나에 해당하는 비영리법인 또는 단체 중에서 지정하여야 한다.

1. 국가 또는 지방자치단체가 설치하거나 설립한 공연장 또는 예술단의 운영을 주된 목적으로 하는 비영리법인 또는 단체
2. 미술, 음악, 무용, 연극, 국악, 사진과 관련된 전시, 공연, 기획 및 작품 제작을 주된 목적으로 하는 비영리법인 또는 단체
3. 공연 또는 전시시설의 운영을 주된 목적으로 하는 비영리법인 또는 단체
4. 문화예술 분야의 진흥을 위한 사업과 활동을 지원하기 위하여 국가 또는 지방자치단체가 설립한 비영리법인
5. 그 밖에 대통령령으로 정하는 기준에 적합한 문화예술 관련 비영리법인 또는 단체

③ 제1항에 따라 전문예술법인·단체로 지정을 받으려는 자는 지정신청서를 작성하여 문화체육관광부장관 또는 시·도지사에게 제출하여야 한다. 지정 내용을 변경하려는 경우에도 또한 같다.

④ 문화체육관광부장관 또는 시·도지사는 제1항에 따라 지정된 전문예술법인·단체가 다음 각 호의 어느 하나에 해당하는 경우에는 그 지정을 취소할 수 있다. 다만, 제1호에 해당하는 경우에는 그 지정을 취소하여야 한다.

1. 거짓이나 그 밖의 부정한 방법으로 지정을 받은 경우
2. 예술활동의 실적 저조 등 대통령령으로 정하는 기준에 미달하는 경우
3. 그 밖에 전시·공연 질서 문란 등 대통령령으로 정하는 행위에 해당하는 경우

⑤ 제1항에 따라 지정된 전문예술법인·단체는 「기부금품의 모집 및 사용에 관한 법률」에도

불구하고 기부금품을 모집할 수 있다.

⑥ 국가 또는 지방자치단체는 전문예술법인·단체의 지원을 위하여 필요한 경우 전문예술법인·단체에 자료의 제출을 요청할 수 있다. 이 경우 자료의 제출을 요청받은 전문예술법인·단체는 특별한 사유가 없는 한 이에 따라야 한다.

⑦ 제1항부터 제4항까지의 규정에 따른 전문예술법인·단체의 지정 및 지정 취소의 방법·절차 등에 필요한 사항은 대통령령으로 정한다.

### 3. 전문예술법인에 대한 지원제도

① 당해연도 개인소득의 30%, 법인소득의 10% 한도 내에서 개인 또는 기업이 전문예술법인 단체에 기부한 경우 기부자에게 기부금 손금 인정(소령 80 1호, 법령 39 ① 2호 다목)

② 당해 사업연도 소득금액의 50%를 고유목적사업준비금으로 손금산입(법령 56 ① 1호)

③ 기획재정부장관이 문화체육관광부장관과 협의하여 고시한 전문예술법인의 경우는 당해 사업연도 소득금액의 100%를 고유목적사업준비금으로 손금산입(조특칙 29의 2)

④ 전문예술법인 단체에의 출연재산에 대해 상속세 및 증여세 면제(상증령 12 9호)

⑤ 창업중소기업 등에 대한 세액감면 : 소득세·법인세의 50% 감면(조특법 6 ③)

⑥ 중소기업범위 해당(조특령 2 ①)

⑦ 중소기업특별세액감면(조특법 7 ① 1호 카목)

⑧ 고용창출투자세액공제 : 사업용자산가액의 일정률(조특법 26 ①)

## Ⅱ 예술단체의 유형[99)]

### 1. 국가 등 소속기관으로서의 예술단체

정부나 지방자치단체 소속으로 예술관련 사업을 하는 단체를 말하며, 국립중앙극장, 국립극단, 제주도립예술단, 강원도립예술단, 부천시립예술단, 수원시립예술단, 강남심포니오케스트라, 국립현대미술관, 서울역사박물관 등이 이에 해당된다. 국가 등 소속기관으로서의 예술단체는 예산회계법을 준수하여 단식부기 형태로 회계처리를 하여야 한다. 이러한 예술단체는 부가가치세법상 사업자가 아니므로 사업자등록 대상은 아니나 원천징수의무나 매입처별세금계산서합계표 등의 협력의무를 이행하여야 하므로 고유번호를 부여받아야 한다.

99) 김성규, 문화예술을 위한 회계와 세무, 도서출판 역사넷, 2005, pp.26~56. 참조

## 2. 영리법인 형태의 예술단체

상법상 회사인 주식회사 등의 형태로 운영되는 예술단체로 크레디아, PMC, 난장컬처스, 서울모테트합창단, 메두사기획, 폴리미디어 등이 이에 해당된다. 영리법인인 예술단체는 복식부기에 의하여 회계처리하여야 하며 원천징수의무 및 부가가치세 신고의무(순수예술행사 등은 면세로 제외), 법인세 신고・납부의무를 지게 된다.

## 3. 사단법인 형태의 예술단체

민법 제32조(학술, 종교, 자선, 기예, 사교 기타 영리 아닌 사업을 목적으로 하는 사단 또는 재단은 주무관청의 허가를 얻어 이를 법인으로 할 수 있다)에 근거하여 설립된 단체로 지방문화원(지방문화원진흥법에 의해 설립), 문화원연합회, 문화의집협회, 한국공연예술매니지먼트협회, 부천영화제, 한국메세나협의회 등이 이에 해당된다. 사단법인 형태의 예술단체는 주무관청에 수지계산서를 작성하여 사업실적을 보고하여야 하는데, 이는 단식부기에 따라 작성한다. 다만, 수익사업을 하는 경우 법인세 신고납부의무가 있기 때문에 복식부기로 재무제표를 작성하여야 한다.

**참 고** 비영리법인의 사업실적 및 사업계획의 보고

(1) 개념

「문화관광부 및 문화재청소관 비영리법인의 설립 및 감독에 관한 규칙 제7조」

법인은 매 사업연도 종료 후 2월 이내에 다음 각 호의 서류를 주무관청(문화관광부)에 제출하여야 한다.

1. 다음 사업연도의 사업계획 및 수지예산서 1부
2. 당해 사업연도의 사업실적 및 수지결산서 1부
3. 당해 사업연도 말 현재의 재산목록 1부

## 4. 재단법인 형태의 예술단체

민간의 재산출연에 따라 민법 제32조에 근거하여 설립된 단체로 대산문화재단, 다음세대재단, 금호문화재단, 삼성문화재단, 가천문화재단, 수석문화재단, 봉생문화재단 등이 이에 해당된다. 재단법인 형태의 예술단체는 수익사업이 있는 경우 법인세 신고납부의무를 지며, 출연재산에 대한 상속세 및 증여세 과세가액불산입 등 세제지원을 하고 있다.

## 5. 공공출연 형태의 재단법인

국가나 지방자치단체가 특별법에 의하여 설립한 단체로 세종문화회관, 부천문화재단, 서울예술단, 춘천인형극제, 고양문화재단, 예술의 전당, 정동극장 등이 이에 해당된다. 공공출연 재단법인 형태의 예술단체는 단식부기에 의하여 회계처리하나 수익사업이 있는 경우 법인세 신고납부의무가 있으므로 복식부기에 의하여 회계처리하여야 한다.

## 6. 임의단체 형태의 예술단체

법인격 없는 단체로 문화연대, 알과핵, 민음협 등이 이에 속한다. 임의단체는 국세기본법 제13조(법인으로 보는 단체)에 의거 법인으로 신청하여 승인시 비영리법인으로 의제되며, 그 외는 1거주자 또는 공동사업자의 형태로 운영된다. 법인격 없는 단체는 수익사업이 없는 경우 고유번호를 교부받아 원천징수의무 등을 이행하면 되지만 수익사업을 개시하는 경우 수익사업개시신고 및 사업자등록신청을 하여야 하며 소득세 또는 법인세의 납세의무를 이행하여야 한다.

## 7. 개인사업자 형태

개인 단독명의로 예술활동을 행하는 경우로 국제오페라단, 극단 사다리 등 기획사나 소규모 공연장 등이 이에 해당된다. 개인사업자 형태의 경우 사업자등록은 개인명의로 하게 되며 종합소득세의 납세의무를 지게 된다.

# Ⅲ 예술 · 공연산업의 세무실무

## 1. 부가가치세 실무

### (1) 과세대상

문화예술단체가 공급하는 용역은 부가가치세 과세대상이다. 다만, 문화관련 용역인 예술창작품 · 예술행사 · 문화행사와 비직업운동경기로서 다음에 해당하는 것은 부가가치세를 면제한다(부법 26 ① 16호, 부령 43). 즉, 공연장의 입장료는 부가가치가 면제되나 대관료는 부가가치세가 과세된다.

① 예술창작품은 미술 · 음악 또는 사진에 속하는 창작품으로 한다. 다만, 골동품(관세율

표번호 제9706호의 것을 말한다)은 제외한다.

② 예술행사는 영리를 목적으로 하지 아니하는 발표회 · 연구회 · 경연대회 기타 이와 유사한 행사로 한다.

③ 문화행사는 영리를 목적으로 하지 아니하는 전시회 · 박람회 · 공공행사 기타 이와 유사한 행사로 한다.

④ 비직업운동경기는 대한체육회 및 그 산하단체가 주최 · 주관 또는 후원하는 운동경기로서 영리를 목적으로 하지 아니하는 것으로 한다.

**관련법조문**

**◈ 부가가치세법 시행령 제43조【면세하는 예술창작품 등의 범위】**

법 제26조 제1항 제16호에 따른 예술창작품, 예술행사, 문화행사 또는 아마추어 운동경기는 다음 각 호의 것으로 한다.

1. 예술창작품 : **미술, 음악, 사진, 연극 또는 무용에 속하는 창작품**. 다만, 골동품(「관세법」 별표 관세율표 번호 제9706호의 것을 말한다)은 제외한다.
2. 예술행사 : 영리를 목적으로 하지 아니하는 발표회, 연구회, 경연대회 또는 그 밖에 이와 유사한 행사
3. 문화행사 : 영리를 목적으로 하지 아니하는 전시회, 박람회, 공공행사 또는 그 밖에 이와 유사한 행사
4. 아마추어 운동경기: 대한체육회 및 그 산하 단체와 「태권도 진흥 및 태권도공원 조성 등에 관한 법률」에 따른 국기원이 주최, 주관 또는 후원하는 운동경기나 승단 · 승급 · 승품 심사로서 영리를 목적으로 하지 아니하는 것

**부가가치세 집행기준 26-43-1 예술창작품 등의 면세 범위**

① 사업자가 미술품 등의 창작품을 모방하여 대량으로 제작하는 작품은 예술창작품으로 보지 아니한다.

② 예술행사 및 문화행사는 행사주최에 관계없이 영리를 목적으로 하지 아니하는 문학 · 미술 · 음악 · 연극 및 문화 등의 발표회 · 연주회 · 연구회 · 경연대회 등을 말하는 것으로 다음 각 호의 어느 하나에 해당하는 행사를 말한다.

1. 사전행사계획서에 따라 이익금을 이익배당 또는 잔여재산의 분배 등의 형식을 통해 주최자에게 귀속시키는 것이 아닐 것
2. 정부 또는 지방자치단체 등 공공단체가 공식 후원하거나 협찬하는 행사
3. 사전행사계획서에 의해 입장료 수입이 실비변상적이거나 부족한 경비를 협찬에 의존하는 행사
4. 자선목적의 예술행사로서 사전계획서에 따라 이익금의 전액을 공익단체에 기부하는 행사

5. 비영리단체가 공익목적으로 개최하는 행사
6. 그 밖에 이와 유사한 행사로서 영리성이 없는 행사

③ 예술행사나 문화행사에 해당하지 아니하는 행사 또는 직업운동경기를 주최·주관하는 자(프로모터를 포함한다)와 흥행단체 등이 흥행 또는 운동경기 등과 관련하여 받는 입장료·광고료·방송중계권료 및 그 밖에 이와 유사한 수수료는 과세한다.

 **핵심체크**

예술 공연의 경우 수익목적이 아닌 순수예술행사에 대하여는 부가가치세를 면제한다.

### (2) 예술창작품[100)]

예술창작품에 대한 면세는 예술가 등이 예술미를 표현하여 제작 및 창작한 작품도 통상 순수 노동력지향적 재화 및 용역으로 보아 면세하는데, ① 미술·음악·사진·연극·무용의 예술분야여야 하며, ② 창작행위로 인한 작품이어야 한다는 2가지 조건이 동시에 충족되어야 한다. 미술·음악·사진·연극·무용 등의 개인적 인적용역제공은 부가가치세법 시행령 제42조 제1호 가목 및 나목에서 면세되는 것으로 규정되었고 이러한 용역은 예술분야이건 비예술분야이건 상관없이 면세되었다. 그러나 예술창작품은 미술품, 작곡집, 사진작품 등과 같이 가시적인 재화의 형태를 띠는 것으로서 예술분야의 창작품을 구입하고 공급하는 경우만 면세되는 것이다. 통상 예술이란 미술·사진·건축 등의 조형예술과 무용·연극 등의 표정예술 및 음악 등의 음향예술과 시·소설·희곡·평론 등의 언어예술 및 산업예술 등이 있는데 이 중 미술·음악·사진·연극·무용 분야의 예술창작품만 면세하는 것이며 예술창작품의 가격이 비싸거나 싼 것과는 상관이 없다. 이 밖에 사업자 스스로 또는 타인이 촬영·현상한 사진 및 필름의 판매는 예술창작품이 아니므로 과세되며[101)], 서예가로서 고객들로부터 제작의뢰를 받아, 작품을 만들어 표구시설을 갖춘 자신의 표구실에서 표구를 하여 완성된 작품을 공급하고, 그 대가를 받은 경우에는 부가가치세법 시행령 제36조 제1항에 규정하는 예술창작품에 해당하지 아니하므로 부가가치세가 과세된다[102)]는 과세관청의 해석이 있기도 하였다. 창작이란 처음으로 혹은 독창적으로 표현하는 일이므로 최초의 제작 및 독창성이 없는 것이면 예술창작물이 아니다. 즉, 기존 미술품을 모방한다거나 2개 이상 제작한 것은 창작품이 아니므로 과세된다. 따라서 사업자가 미술품 등의 창작품을 모방

100) 최정희, 예술창작품·예술행사에 대한 부가가치세 면세제도 연구, 문화예술과 법 제2권 제1호(2022. 6.) 185~212면.
101) 부가 22601-1744, 1985. 9. 7
102) 부가 22601-921, 1986. 5. 14

하여 대량으로 제작하는 작품은 예술창작품으로 보지 아니한다.[103] 즉 도자기 등이 예술활동의 결과 완성된 예술창작품이면 면세되나 시장판매의 목적으로 제작되어 전시회 등을 통해 판매된다면 면세되지 않는다. 그러나 같은 대상을 그리고 같은 모양이 나왔다 하더라도 다른 사람이 창작한 것이라면 이는 예술창작품이라 할 수 있으나 같은 사람이 같은 것을 여러 개 찍어내는 것은 면세되지 않는다. 판화의 경우 사업자가 오리지널판화 및 석판화를 다량으로 복사ㆍ제작하여 판매하는 경우에는 예술창작품으로 보지 아니하므로 부가가치세가 과세된다는 행정해석이 있고[104], 예술가의 손에 의하여 원판으로부터 직접 제작된 흑백 또는 채색의 판화는 예술창작품으로 작가가 사인과 함께 작품 하단에 일련번호를 표기한 경우, 단순한 복제품으로 볼 수 없어 부가가치세가 면제되기도 한다. 즉, 판화의 경우 예술창작, 제작방법ㆍ시설하청 제작 여부, 다량의 기계적 복사ㆍ복제 여부 등의 사실에 따라 종합적 판단하여 예술창작품 여부를 판단해야 한다. 골동품은 예술창작품이라 하더라도 면세되지 않는데 골동품 자체뿐 아니라 모방하여 대량생산한 골동품도 물론 과세되는 바, 오래되고 희귀한 세간이나 미술품 등을 골동품이라 한다. 창작품은 창작활동을 한 자와 직접 거래시에만 면세되는 것이 아니라 유통단계에서도 면세된다. 예를 들어 인사동에서 창작품을 매매하는 경우 창작품은 면세되며 위탁판매하는 경우 위탁판매수수료에 대해서는 과세된다. 예술창작품의 본래적 의미는 예술적 가치가 있는 작품을 처음으로 생각하여 독창적으로 제작한 것만을 지칭하는 것으로 해석하여야 할 것이다. 그러나 쟁점공연은 2003년 초연된 것을 청구법인이 원작자와 2006년 저작권계약을 체결하여 공연하였고, 1981년 초연된 작품을 저작권자와 2005. 3. 6. 저작권 계약을 맺고 청구법인이 공연한 점이 사실관계에서 확인되고, 저작권법에서 “저작물”은 ‘인간의 사상 또는 감정을 표현한 창작물’, “저작자”는 ‘저작물을 창작한 자’로 정의되고 있는바, 저작권계약을 맺고 공연한 쟁점공연은 원공연과 내용을 일부 달리 한 부분이 있다하더라도, 청구법인의 ‘예술창작품’으로 보기는 어렵다고 판단된다.[105]

### (3) 예술행사[106]

부가가치세가 면제되는 “예술행사”란 “영리를 목적으로 하지 아니하는 발표회, 연구회, 경연대회 또는 그 밖에 이와 유사한 행사”를 말한다.[107] 구체적으로는 행사주최에 관계없이 영리를 목적으로 하지 아니하는 문학ㆍ미술ㆍ음악ㆍ연극 및 문화 등의 발표회ㆍ연주회ㆍ연

103) 부가가치세법 기본통칙 26－43－1
104) 부가 46015－3245, 2000. 9. 19, 부가가치세과－369, 2013. 4. 30
105) 심사부가 2011－0106, 2011. 8. 19
106) 최정희, 예술창작품ㆍ예술행사에 대한 부가가치세 면세제도 연구, 문화예술과 법 제2권 제1호(2022. 6.) 185~212면.
107) 부가가치세법 시행령 제43조 제2호

구회 · 경연대회 등을 말하는 것으로 아래에서 열거된 사항 중 하나에 해당하여야 한다.

> 1. 사전 행사계획서에 의해 이익금을 이익배당 또는 잔여재산의 분배 등의 형식을 통해 주체자에게 귀속시키는 것이 아닐 것 (2000. 8. 1. 신설)
> 2. 정부 또는 지방자치단체 등 공공단체가 공식 후원하거나 협찬하는 행사 (2000. 8. 1. 신설)
> 3. 사전 행사계획서에 의해 입장료 수입이 실비변상적이거나 부족한 경비를 협찬에 의존하는 행사 (2000. 8. 1. 신설)
> 4. 자선목적의 예술행사로서 사전계획서에 의해 이익금의 전액을 공익단체에 기부하는 행사 (2000. 8. 1. 신설)
> 5. 비영리단체가 공익목적으로 개최하는 행사 (2000. 8. 1. 신설)
> 6. 그 밖의 이와 유사한 행사로서 영리성이 없는 행사 (2011. 2. 1. 개정)

예술행사나 문화행사에 해당하지 아니하는 행사 또는 직업운동경기를 주최 · 주관하는 자(프로모터를 포함한다)와 흥행단체 등이 흥행 또는 운동경기 등과 관련하여 받는 입장료 · 광고료 · 방송중계권료 및 그 밖에 이와 유사한 수수료는 과세한다. 면세가 되는 예술행사가 되기 위해서는 발표회 · 연구회 · 전시회 · 공연회 · 경연대회 등이 명칭 및 형식에 불구하고 해당 행사가 비영리성[108]과 예술분야 등이라는 2가지 조건을 충족하면 면세된다.[109] 예술행사가 비영리성이라는 요건을 충족하기 위해서는 해당 예술행사가 위에서 열거한 여섯 가지 사항 중 하나에 해당하면 충족하게 된다. 여기서 면세되는 대가는 통상 입장료, 관람료, 방청료 등인데 행사에 부수되는 재화 등도 면세되는 바, 관람료의 금액과는 상관없이 면세된다. 즉, 관람료가 비싸더라도 영리를 목적으로 하지 않고 예술행사라면 면세하는 것이다.[110] 관람료 등이 아주 비싼 경우는 영리성이 있다고 보기 쉬운데 영리 · 비영리의 판단은 해당 대가의 고저와는 상관없이 해당 행사의 주최자 등의 이익배당권 및 이익지분권과 해당 행사목적에의 충당 여부에 관계있는 것이다. 즉, 법률적 의미에서 영리란 해당 행사의 조직자가 출자한 지분이나 금액 등으로 사업을 영위하여 이로부터 발생하는 이윤을 이윤배당 또는 잔여재산의 분배 등의 형식을 통하여 해당 행사의 주최자 등에게 귀속시킴을 목적으로 하는 행위의 특성을 나타내며 이를 영리를 목적으로 한다고 본다. 그러나 비영리사업이 반드시 공익을 목적으로 할 필요는 없으며 또한 비영리사업의 고유목적을 달성하기 위하여 필요한 한도 내에서 그 본질에 반하지 아니하는 정도의 영리행위를 하는 것은 상관없으나 그러한 영리행위를 하였을 경우에는 그 수익은 반드시 고유목적사업에 충당되어야 하며 어떠한 형식으로든지 해당 행사의 주최자 및 조직자에게 분배되어서는 아니

108) 부가 22601-979, 1986. 5. 24
109) 간세 1235-4868, 1977. 12. 27
110) 소비 22601-409, 1986. 5. 20

된다. 결국 해당 행사의 주최자에게 이익을 분배하게 되면, 영리목적인 것이고 이익을 분배하지 않고 해당 행사의 고유목적에 충당하면 영리목적이 없는 것이다. 또한, 대중예술행사의 활성화를 위하여 비영리목적의 대중예술행사에 대해서도 2000. 1. 1부터 면세한다.

### (4) 문화행사

부가가치세가 면제되는 문화행사란 영리를 목적으로 하지 아니하는 전시회, 박람회, 공공행사 또는 그 밖에 이와 유사한 행사를 말한다. 지방자치단체가 주최하는 문화행사에 뮤지컬공연 제작 및 연출 용역제공대행용역계약을 체결한 사업자가 자기 책임 하에 행사의 기획・준비・실시・홍보 등 행사 전반을 위탁받아 시행하고 당해 지방자치단체로부터 그 대가를 받는 경우 당해 대가는 부가가치세가 과세된다.[111]

### (5) 아마추어 운동경기

부가가치세가 면제되는 아마추어 운동경기는 대한체육회 및 그 산하 단체와 「태권도 진흥 및 태권도공원 조성 등에 관한 법률」에 따른 국기원이 주최, 주관 또는 후원하는 운동경기나 승단・승급・승품 심사로서 영리를 목적으로 하지 아니하는 것을 말한다. 직업운동가・역사・기수・운동지도가(심판을 포함한다) 또는 이와 유사한 용역은 부가가치세를 면제한다.

**관련법조문**

◈ **부가가치세법 시행령 제42조【저술가 등이 직업상 제공하는 인적 용역으로서 면세하는 것의 범위】**

법 제26조 제1항 제15호에 따른 인적(人的) 용역은 독립된 사업(여러 개의 사업을 겸영하는 사업자가 과세사업에 필수적으로 부수되지 아니하는 용역을 독립하여 공급하는 경우를 포함한다)으로 공급하는 다음 각 호의 용역으로 한다. 〈개정 2019. 2. 12, 2022. 2. 15, 2024. 2. 29〉

1. 개인이 기획재정부령으로 정하는 물적 시설 없이 근로자를 고용(고용 외의 형태로 해당 용역의 주된 업무에 대해 타인으로부터 노무 등을 제공받는 경우를 포함한다)하지 아니하고 독립된 자격으로 용역을 공급하고 대가를 받는 다음 각 목의 인적 용역
   가. 저술・서화・도안・조각・작곡・음악・무용・만화・삽화・만담・배우・성우・가수 또는 이와 유사한 용역
   나. 연예에 관한 감독・각색・연출・촬영・녹음・장치・조명 또는 이와 유사한 용역
   마. 직업운동가・역사・기수・운동지도가(심판을 포함한다) 또는 이와 유사한 용역
2. 개인, 법인 또는 법인격 없는 사단・재단, 그 밖의 단체가 독립된 자격으로 용역을 공급하고

111) 서면-2015-부가-22371, 2015. 7. 29

대가를 받는 다음 각 목의 인적 용역
아. 「직업안정법」에 따른 근로자공급 용역
자. 다른 사업자의 사업장(다른 사업자가 제공하거나 지정한 경우로서 그 사업자가 지배·관리하는 장소를 포함한다)에서 그 사업자의 시설 또는 설비를 이용하여 물건의 제조·수리, 건설, 그 밖에 이와 유사한 것으로서 기획재정부령으로 정하는 작업을 수행하기 위한 단순 인력 공급용역(「파견근로자 보호 등에 관한 법률」에 따른 근로자파견 용역은 제외한다)[시행일 : 2025. 1. 1]

### (6) 입장료, 대관료

도서관, 과학관, 박물관, 미술관, 동물원, 식물원, 민속문화자원을 소개하는 장소, 「전쟁기념사업회법」에 따른 전쟁기념관에 입장하게 하는 것은 부가가치세를 면제한다.[112] 박물관이란 문화·예술·학문의 발전과 일반 공중의 문화향유 증진에 이바지하기 위하여 역사·고고(考古)·인류·민속·예술·동물·식물·광물·과학·기술·산업 등에 관한 자료를 수집·관리·보존·조사·연구·전시·교육하는 시설을 말하는 것이다(부가-677, 2009. 5. 14). 동물원·식물원에는 지식의 보급 및 연구에 그 목적이 있는 해양수족관 등을 포함하나 오락 및 유흥시설과 함께 있는 동물원·식물원 및 해양수족관은 포함하지 아니한다. 지방자치단체가 자기의 시설물을 계속적·반복적으로 사용하게 하고 그 대가를 받는 경우에는 「공연법」 제9조에 따라 공연장등록이 되어 있는지 여부에 관계없이 부동산임대업에 해당하여 부가가치세가 과세되는 것이나, 공연시설을 공연시설운영업의 목적에 적합하도록 직접 운영관리하면서 공연이 없는 시간(기간)대에 일시적으로 대여하고 대관료를 받는 경우에는 「부가가치세법」 제26조 제1항 제19호에 따라 부가가치세가 면제되는 것이다.[113] 예술행사나 문화행사에 해당하지 아니하는 행사 또는 직업운동경기를 주최·주관하는 자(프로모터를 포함한다)와 흥행단체 등이 흥행 또는 운동경기 등과 관련하여 받는 입장료·광고료·방송중계권료 및 기타 이와 유사한 수수료는 면세하지 아니한다.[114] 또한, 동 문화행사의 명칭·휘장 등을 사용하게 하거나 행사장 내에 광고물 등을 설치하도록 하고 받는 대가 또는 행사장 내 매점·식당·주차장 등 시설을 임대하거나 운영하고 받는 대가에 대하여는 부가가치세법 제1조의 규정에 의하여 부가가치세가 과세된다.[115] 쟁점공연물의 제작계획서, 진흥원의 공고 등에 지원사업 목적 등이 민주화운동의 역사적 조명, 창작인들의 아이디

112) 부가가치세법 제26조 제1항 제17호
113) 서면-2021-부가-5282, 2021. 8. 25
114) 부기통 26-42-1
115) 서면인터넷방문상담3팀-3311, 2007. 12. 11

어 발굴 및 기획창작물의 발굴로 나타나는 점, 청구인은 쟁점공연물에 대하여 광역시가 100% 출연한 진흥원으로부터 393,000,000원을 후원받고 그에 따른 정산의무가 있는 것으로 나타나는 점, 영화원작자인 엔터테인먼트와 계약내용에 청구인은 제목, 스토리, 캐릭터, 장르 등 원작의 모든 요소를 무대언어에 적합하게 변형, 각색, 수정할 수 있는 권리가 있고, 청구인이 별도의 연출 및 음악가를 선임하고 각색하였으며, 저작권 등 지적재산권을 광역시와 개발업체가 공유하기로 한 사실이 진흥원의 지원사업 공고문에 의하여 확인되는 점 등을 종합하면, 쟁점공연물은 원작상태로 공연한 것이 아니라 청구인이 별도의 창작물을 완성하여 공연한 것으로 보이므로 처분청이 쟁점공연물을 부가가치세 면제대상으로 보아 관련 매입세액은 불공제하여 환급을 거부한 처분은 잘못이 없는 것으로 판단된다.[116)]

### (7) 공급시기

예술 및 공연행사가 수익사업에 해당되어 부가가치세 과세대상(용역의 공급)인 경우에는 용역제공완료일이 공급시기가 된다. 다만, 공급가액이 확정되지 않은 경우에는 공급가액이 확정되는 때가 공급시기이다.

### (8) 세금계산서 또는 계산서의 발급

예술 및 공연행사가 수익사업에 해당되는 경우 부가가치세 과세대상이면 세금계산서를 발급하여야 한다. 다만, 관객에게 입장권을 발행하는 사업은 영수증을 발급할 수 있다. 한편 부가가치세가 면제되는 용역의 공급에 대하여는 계산서를 발급하여야 한다. 세금계산서는 수익사업을 영위하는 자만이 발급할 수 있으므로 고유번호를 교부받은 상태에는 세금계산서를 발급할 수 없다. 만일 세금계산서를 발급한 경우 공급받는 자는 미등록사업자에 해당되어 매입세액불공제를 받게 된다. 한편, 법인 또는 복식부기의무자인 예술단체는 다음 연도 2월 10일까지 계산서 등 합계표를 제출하여야 하며 제출하지 아니하는 경우 공급가액의 0.5%에 해당하는 가산세가 부과된다.

### (9) 관련사례

#### 1) 직업운동가 · 가수 등의 인적용역

① 직업운동가 · 가수 등 스포츠 · 연예의 기능을 가진 자와 이들의 감독 · 매니저 등 당해 직업운동가 등의 기능발휘를 지도 · 주선하는 자가 개인의 독립된 자격으로 제공하는

116) 조심-2011-광-1710, 2011. 6. 27

용역에 대하여는 면세한다.

② 예술행사나 문화행사에 해당하지 아니하는 행사 또는 직업운동경기를 주최·주관하는 자(프로모터를 포함한다)와 흥행단체 등이 흥행 또는 운동경기 등과 관련하여 받는 입장료·광고료·방송중계권료 및 기타 이와 유사한 수수료는 면세하지 아니한다(부기통 26-42-1).

### 2) 예술행사·문화행사의 범위(부기통 26-43-2)

① 부가가치세가 면제되는 예술행사 및 문화행사는 행사주최에 관계없이 영리를 목적으로 하지 아니하는 문학·미술·음악·연극 및 문화 등의 발표회·연주회·연구회·경연대회 등을 말한다.

② 제1항의 규정에 의한 **영리를 목적으로 하지 않은 행사**는 다음 각 호의 1에 해당하는 행사를 말한다.

1. 사전 행사계획서에 의해 이익금을 이익배당 또는 잔여재산의 분배 등의 형식을 통해 주체자에게 귀속시키는 것이 아닐 것
2. 정부 또는 지방자치단체 등 공공단체가 공식 후원하거나 협찬하는 행사
3. 사전 행사계획서에 의해 입장료 수입이 실비변상적이거나 부족한 경비를 협찬에 의존하는 행사
4. 자선목적의 예술행사로서 사전계획서에 의해 이익금의 전액을 공익단체에 기부하는 행사
5. 비영리단체가 공익목적으로 개최하는 행사
6. 기타 이와 유사한 행사로서 영리성이 없는 행사

### 3) 출연금의 계산서 발급대상 여부

질의 당 법인은 주무관청에 허가를 받아 문화예술단체로 지정된 비영리사단법인으로 문화예술행사(국악전수를 위한 국악발표회, 국악 정기연주회 등)를 고유목적사업으로 하며, 입장료수입은 없고 목적사업에 대한 출연금을 받아 운영하고 있으며, 또한 문화예술진흥기금 또는 지방자치단체로부터 지원금을 받아 운영하고 있는데, 이 경우 문화예술진흥기금으로부터 지원금 수령시 계산서 교부의무가 있는지의 여부

회신 비영리내국법인 고유목적사업과 관련하여 지방자치단체 등으로부터 용역제공 등에 대한 대가관계 없이 무상으로 지원받은 금액은 법인세법 제3조 제2항의 "수익사업에서 생긴 소득"에 해당하지 아니하는 것이며, 이 경우 동 지원금에 대하여는 법인

세법 제121조의 규정에 의한 계산서 작성·교부의무가 없는 것이다(서면2팀-2547, 2004. 12. 7). 즉, 계산서 교부는 재화나 용역의 공급대가에 해당되는 경우에 교부대상이다.

#### 4) 광고협찬금에 대한 부가가치세 과세 여부

질의 사단법인 부산 ○○○○조직위원회가 부산 ○○○ 개최시 사전계획에 의해 ○○○ 개최비용에 충당하기 위하여 광고협찬금을 받는 경우 부가가치세 과세 여부 및 과세시 관련매입세액 공제 여부

회신 1. 사업자가 정부 또는 지방자치단체 등 공공단체가 공식 후원하거나 협찬하는 등 영리를 목적으로 하지 아니하는 예술행사를 개최함 있어 사전계획에 의한 개최비용에 소요되는 정도의 광고협찬금을 받는 경우에는 **부가가치세법 제26조 제1항 제16호 및 동법 시행령 제43조 제2호 규정**에 의하여 부가가치세가 면제되는 것이며,

2. 과세사업과 면세사업에 공통으로 사용되어 실질귀속을 구분할 수 없는 매입세액은 부가가치세법 시행령 제61조 제1항의 규정에 의하여 공통매입세액에 관련된 당해 과세기간의 과세사업에 대한 공급가액과 면세사업에 대한 수입금액을 기준으로 안분계산하여 과세관련 매입세액은 공제받을 수 있으며,

3. 부가가치세법 제12조 제1항 제16호의 규정에 의하여 부가가치세가 면세되는 공익단체가 공급하는 재화 또는 용역은 같은법 제12조 제4항의 규정에 의하여 면세포기를 할 수 있는 것이다(서면3팀-1657, 2005. 9. 30).

#### 5) 부가가치세가 면제되는 예술창작품 해당 여부

**| 사실관계 |**

○○프로덕션(주)는 공연기획, 음반기획, 영화기획 등을 목적으로 설립된 법인으로 비언어극(Non-verbal performance)인 ○○이라는 공연을 자신의 전용극장에서 당해 법인 소속 배우들로 하여금 직접 공연하게 하고 그 입장료를 수수하고 있으며, 그 입장료 수입에 대하여 예술창작품의 제공으로 보아 면세로 신고하고 있음.

비언어극(Non-verbal performance)인 ○○이라는 공연의 성격에 대하여 문화관광부(공연예술과)에서는 연극의 일종으로 판단하고 있으며, 당해 공연을 예술작품으로 판단하고 있음.

또한 ○○공연을 수록한 비디오테이프에 대하여 저작권 등록을 하였으며, 동 법인은 일반 영리법인으로서 2001년 사업연도에 발생한 당기순이익을 전액을 주주에게 배당을 실시하였음.

**질의** 사업자가 자신의 전용관에서 입장료를 지급하고 입장한 관객에게 ○○ 공연을 관람하게 하는 경우 당해 입장료가 부가가치세 과세대상인지 면세되는 것인지 여부

(갑설) 부가가치세가 과세된다.

(이유) ① 부가가치세가 면세되는 예술행사 및 문화행사에 해당하는 경우에는 행사주최에 관계없이 영리를 목적으로 하지 않아야 하나 당해 법인은 공연수입에서 발생한 이익을 배당하는 등 영리를 목적으로 하고 있으므로, 당해 공연은 부가가치세가 면제되는 순수 예술행사 · 문화행사에 해당하지 아니하여 그 입장료에 대하여 면세할 수 없는 것임.

② 또한 당해 공연은 예술의 범위 중 연극에 해당하나 연극은 부가가치세법 시행령 제36조 제1항에서 열거하고 있는 면세되는 예술창작품(미술 · 음악 · 사진)에 포함하지 아니함.

(을설) 부가가치세가 면제된다.

(이유) ① 법 제12조 제1항 제14호에 규정하는 "예술창작품"의 사전적 의미는 "예술로서 창작한 작품"을 의미하는 바, 문화예술진흥법 제2조에서 "문화예술이라 함은 문학, 미술(응용미술을 포함한다), 음악, 무용, 연극, 영화, 연예, 국악, 사진, 건축, 어문 및 출판을 말한다"고 규정하여 연극은 예술에 포함되는 것으로 정의하고 있으며, 또한 부가가치세법 기본통칙 12-35-7에서도 연극은 예술에 속하는 것으로 언급하고 있음.

따라서 예술에 속하는 연극을 하나의 독창적인 작품으로 만든 당해 공연은 예술창작품에 해당하는 것임.

② "예술창작품은 미술 · 음악 · 사진에 속하는 창작품으로 한다"는 부가가치세법 시행령 제36조 제1항의 규정은 예술창작품의 종류를 예시적으로 언급한 규정으로 보아야 하는 것이며, 연극이 예술창작품임에도 과세되기 위해서는 동항의 단서(골동품은 제외)와 같이 별도 규정이 있어야 하는 것으로 별도의 제외규정이 없는 당해 공연은 예술행사로서의 영리성 유무와 관계없이 "예술창작품"으로서 면제되는 것임.

**회신** 사업자의 부가가치세법 제12조 제1항 제14호 및 동법 시행령 제36조 제1항 본문에서 규정하는 예술창작품에 해당하는 공연용역을 공급하는 경우에는 부가가치세가 면세되는 것이며, ○○ 공연이 예술창작품에 해당되는지 여부는 사실판단할 사항이다 (재소비 46015-52, 2003. 2. 27).

### 6) 예술창작품 해당 여부

사업자가 예술가의 손에 의하여 직접 제작된 판화를 구입하여 판매하는 경우에 동 예술창작품인 판화에 대하여는 부가가치세법 제12조 제1항 제14호의 규정에 의하여 부가가치세가 면제되는 것이나, 다만 동 판화가 예술창작, 제작방법·시설하청 제작 여부, 다량의 기계적 복사·복제 여부 등의 사실에 따라 종합적으로 판단할 사항이다(부가 46015-3245, 2000. 9. 19).

### 7) 공연입장료 등의 부가가치세 과세 여부

| 사실관계 |

○○ 재단법인은 경기도에서 개최예정인 세계도자기엑스포를 효율적으로 준비·운영하여 성공적으로 개최함으로써 경기도 관광산업발전에 이바지하고 경기도를 세계 도자기문화의 중심지로 육성할 목적으로, 민법 제32조 및 문화관광부소관비영리법인의설립및감독에관한규칙 제5조의 규정에 의거 문화관광부장관의 허가를 얻어 경기도가 전액을 출연하여 설립한 비영리 재단법인으로서, "세계도자기엑스포2001경기도"는 2001. 8. 10~10. 28까지 경기도 이천, 여주, 광주에서 개최될 예정이며 총 투자사업비 996억원 중 건축공사 등의 시설비를 제외한 행사개최경비의 보전과 흑자엑스포의 달성을 위하여 다음과 같은 수익사업을 추진할 계획임.

① 입장권 판매사업 : 도자기엑스포를 관람하는 입장객으로부터 징수하는 입장료 수입
② 부스(Booth) 임대사업 : 도자기판매, 식음료판매, 특산품판매, 기업제품의 광고 및 홍보를 위한 부스의 임대료 수입
③ 휘장사업(후원자사업) : 공식휘장 및 마스코트의 사용권리를 부여하고 받는 사용료 수입
④ 광고사업 : 옥외광고, 행사장 내의 각종 광고, 영상매체물광고에 따른 수입
⑤ 판매사업 : 도자기의 직판 및 도자기경매 등의 제품판매수입

질의 세계도자기엑스포의 성공적인 개최를 위하여 추진되는 상기 사업이 부가가치세법 제12조 제1항 제14호 및 동법 시행령 제36조 제2항의 문화행사에 해당하여 부가가치세 면세사업에 해당하는지 여부에 대하여 의문이 있는 바, 특히 상기의 사업 중에서 ① 입장권판매사업이 세계도자기엑스포 행사의 주된 사업으로서 약 60~70%를 차지할 것으로 예상됨으로써 ②~③ 사업은 ①의 사업을 추진하는 경우에 필수적으로 부수되어 공급되는 용역에 해당된다고 할 수 있으므로 ①의 사업이 면세에 해당하는 경우에는 상기의 모든 사업이 전부 면세에 해당된다고 판단되는 바, 이에 대한 면세 여부는?

**회신** 사업자가 영리를 목적으로 하지 아니하는 전시회 · 박람회 · 공공행사 등 문화행사를 개최하면서 받는 입장료 · 관람료 등에 대하여는 부가가치세가 면제되나, 동 문화행사의 명칭 · 휘장 등을 사용하게 하거나 행사장 내에 광고물 등을 설치하도록 하고 받는 대가 또는 행사장 내 매점 · 식당 · 주차장 등 시설을 임대하거나 운영하고 받는 대가에 대하여는 부가가치세가 과세된다(부가 46015-472, 2000. 3. 4).

### 8) 공연입장권 매표의 부가가치세 과세 여부

**| 사실관계 |**

법인이 서비스업종 흥행알선을 주업으로 하고 있는 중 외국의 오페라가수를 초청하여 세종문화회관에서 공연을 주선하려고 기획하고 있는데, 입장권 매표와 특정업체의 협찬금을 받아 초청 오페라가수의 출연료, 체재비를 지급할 예정이며, 입장권 매표율이 80에 달하면 손익분기점에 이를 것으로 추정됨.

**질의** 공연입장권 매표에 대하여 부가가치세가 과세되는지

[갑설] 부가가치세법 제12조 제1항 제14호 동법 시행령 제36조 제2항 제3항의 규정에 의한 순수예술행사와 관련한 용역이므로 면세대상이다.

[을설] 부가가치세법에서 면세로 정한 순수예술 행사라 해도 영리법인이 주관하는 행사인 만큼 영리목적임을 배제할 수 없으므로 수령하는 협찬금은 물론 매표대금에 대하여 부가가치세를 부과하여야 한다.

**회신** 부가가치세가 면제되는 순수예술행사인지 여부는 행사 주체 또는 관람료의 다과와는 관계없이 당해 행사가 영리를 목적으로 하느냐의 사실판단에 따라 결정할 사항이며, 거래상대자로부터 받은 대금, 요금, 수수료 기타 명목 여하에 불구하고 대가관계에 있는 모든 금전적 가치 있는 것을 포함하는 것이다(부가 22601-166, 1992. 2. 11).

### 9) 예술창작품의 해당 여부

① 화랑업을 경영하는 자가 예술창작품을 구입하여 판매하는 경우에는 부가가치세법 제12조 제1항 제14호의 규정에 의하여 부가가치세가 면제(골동품은 제외)되는 것이나, 다만 화랑을 경영하는 자가 작가 등으로부터 구입한 작품이 예술창작품인지 여부는 사실판단 사항이다.

「골동품 : 제작 후 100년을 초과한 것(관세율표 제9706호)」

② 화랑을 경영하는 자가 작가 또는 예술창작품의 소유자로부터 당해 예술창작품의 판매

를 위탁받아 동 예술창작품을 판매하여 주고 수수료를 받는 경우와 작가 등의 작품전시회를 위해 전시장을 대여하고 대여료를 받는 경우에는 부가가치세법 제7조 제1항의 규정에 의하여 부가가치세가 과세되는 것이다(부가 46015-1004, 1994. 5. 20).

### 10) 공연장 위탁지원금의 부가가치세 과세 여부

지방공기업인 ○○○시설관리공단이 관리하는 예술공연장을 위탁계약에 의하여 예술공연 민간영리법인에게 위탁운영 관리하게 하고 당해 위탁운영관리와 관련하여 지급하는 위탁지원금은 부가가치세법 제7조 제1항의 규정에 의하여 부가가치세가 과세되는 것으로 그 위탁지원금에 대하여 같은법 제16조의 규정에 의한 세금계산서를 공급자가 공급받는 자에게 교부하여야 하는 것이며, 주무관청에 등록된 종교·자선·학술·구호 기타 공익을 목적으로 하는 단체에 해당하여 그 고유의 사업목적을 위하여 일시적으로 공급하거나 실비 또는 무상으로 공급하는 재화 및 용역은 부가가치세법 제12조 제1항 제16호 및 같은법 시행령 제37조 제1호의 규정에 의하여 부가가치세가 면제되는 것이나, 예술공연 민간영리법인이 그 공익을 목적으로 하는 단체에 해당하지 아니하는 경우에는 부가가치세가 면제되지 아니하는 것이다(서면3팀-1826, 2005. 10. 20).

### 11) 광고용역이 예술행사의 부수용역에 해당되는지 여부

① 쟁점

○○에서 주관하는 패션행사가 부가가치세가 면세되는 문화예술의 범위에 포함되는지 여부와 광고용역을 조건으로 협찬금을 제공한 경우, 동 광고용역을 주된 거래인 패션행사에 필수적으로 부수되는 용역으로 볼 수 있는지 여부

② 사실관계 및 판단

(1) ○○는 의류패션산업의 건전한 발전을 촉진함으로써 국민경제 발전에 기여하고 회원 상호간의 복리증진을 위하여 공업발전법에 의하여 1985. 4. 12 설립되어 상공부장관의 허가를 얻은 비영리법인으로 회원사들로부터 회비 및 특별찬조금을 받고 국가로부터 국고보조금을 받아 패션행사 등을 주관하고 있는 바, 청구법인은 ○○○에 연간 500만원의 연회비를 납부하는 회원사로 2002년 1기~2003년 1기 중 ○○가 주최하는 패션행사에 광고용역(행사공식 협찬사 지정, 행사홈페이지 배너광고, 국내 지면 홍보시 협찬사명 고지, 행사장 설치물 및 인쇄물에 협찬사명 고지 등)을 협찬조건으로 총 5차례에 걸쳐 103,400천원의 쟁점협찬금을 지급하고, 쟁점세금계산서를 수취하여 관련매입세액을 공제받았다.

(2) 처분청은 2004년 10월 ○○에 대한 법인세 조사를 실시하고, ○○가 수익사업을 전혀 영위하지 아니하고 있어 회원사로부터 받은 회비 등을 기부금 등으로 처리하여야 함에도 ○○가 회원사들로부터 쟁점협찬금을 징수하면서 회원사들에게 세금계산서 및 계산서를 발급한 것으로 보아 처분청에 과세자료를 통보하였으며, 처분청은 ○○가 주최하는 패션행사는 부가가치세법 제12조 제1항 제14호 소정의 문화예술행사에 해당되어 부가가치세 면세대상이고, 청구법인이 ○○로부터 제공받은 광고용역은 부가가치세법 제1조 제4항의 규정에 의하여 주된 거래인 패션행사에 필수적으로 부수되는 용역에 해당된다고 보아 쟁점세금계산서상의 매입세액을 불공제하였다.

(3) 먼저, ○○가 주최하는 이 건 패션행사가 부가가치세 과세대상인지 여부를 살펴본다.

(가) 위 부가가치세법 제12조 제1항 제14호 및 같은법 시행령 제39조 제1항의 규정에 의하면, 영리를 목적으로 하지 아니하는 발표회 · 연구회 · 경연대회 · 전시회 · 박람회 등 문화예술행사는 부가가치세 면제대상이라고 규정하고 있다.

(나) 비영리법인인 ○○는 국가로부터 보조금을 받고 청구법인 등 회원사들로부터 특별찬조금을 받아 영리를 목적으로 하지 아니하는 이 건 패션행사를 주최하였는 바, ○○가 주최한 이 건 패션행사는 위 부가가치세법 제12조 제1항 제14호 소정의 문화예술행사에 해당되어 원칙적으로 부가가치세 면세대상이라고 판단된다.

(4) 다음으로, 청구법인이 ○○에 쟁점협찬금을 납부하는 대가로 ○○로부터 받은 광고용역을 주된 거래인 패션행사에 필수적으로 부수되는 용역으로 볼 수 있는지 여부를 살펴본다.

(가) 청구법인은 ○○의 요청에 따라 광고용역을 조건으로 쟁점협찬금을 납부하면서 쟁점협찬금을 부가가치세 과세대상으로 보아 쟁점세금계산서를 수수하였고, ○○○도 쟁점협찬금을 부가가치세 과세대상 소득으로 보아 이에 대한 부가가치세를 신고 · 납부하였으나, 과세미달로 보아 법인세는 신고 · 납부하지 않은 것이며, 패션행사가 청구법인의 업종과 직접 관련되는 행사로서 동 행사에는 패션벤처기업, 남대문 · 동대문시장의 쇼핑몰 관련자, 패션디자이너 등이 대거 참석하게 되므로, 위와 같은 광고혜택이 없었더라면 청구법인이 1회 행사시마다 수천만원에 이르는 고액의 협찬금을 납부하지 않았을 것이고, 실제로 광고효과도 많이 보았으므로 위 협찬금을 광고용역과 대가관계에 있는 지원금으로 보아야 한다고 주장하면서, 정관, 사업자등록증과 부가가치세 신고내역 조회표 등을 제시하고 있는 바, 처분청과 청구법인

이 제출한 ○○의 정관 제4조(사업)에는 본 협회는 제3조의 목적달성을 위하여 필요한 다음의 사업을 한다'고 기재되어 있고, 제6호에서 '본 협회의 목적달성을 위하여 필요하다고 인정되는 수익사업'이라고 기재되어 있어 수익사업도 영위할 수 있음을 명시하고 있고, 세무서장이 발급한 사업자등록증에는 교부사유에 '과면세 겸업'이라고 기재되어 있으며, ○○는 2002년 1기~2003년 1기에 쟁점협찬금 등 회원사 협찬금 453백만원을 부가가치세 과세대상 소득으로 보아 이에 대한 부가가치세를 신고·납부한 것으로 확인된다.

(나) 살피건대, 순수한 광고용역은 패션행사와는 별개의 용역으로 이를 패션행사에 필수적으로 부수되는 용역으로 보기는 어려운 점이 있으나, 부가가치세가 면세되는 행사와 관련된 협찬금이 실질적으로 광고에 그 목적이 있다기보다는 순수예술, 문화행사를 지원하기 위한 성격이 더 큰 것으로 보이는 경우 부가가치세 면세대상이라고 할 것이고, 협찬금이 실질적인 광고효과가 있고, 그 광고행위와 실질적 경제적 대가관계인 경우 그 협찬금은 부가가치세 과세대상이라고 판단된다.

이 건의 경우, ○○가 비영리법인이기는 하나, 정관과 사업자등록증에 수익사업도 영위할 수 있음을 명시하고 있고, ○○와 청구법인이 쟁점협찬금을 부가가치세 과세대상으로 보아 이에 대한 부가가치세 신고를 하였으며, 청구법인이 '기성복 제조업체'로서 패션행사와 직접 관련이 있는 업종을 영위하고 있고, 청구법인이 납부한 패션행사의 1회 협찬금이 평균 2천만원을 넘는 고액인 점을 감안할 때, 위와 같은 광고혜택이 없었더라면 청구법인이 고액의 협찬금을 납부하였을지 의문인 점과 청구법인이 쟁점협찬금을 납부함에 따라 행사공식협찬사 지정, 행사홈페이지 배너광고, 행사장 설치물에 협찬사명 고지 등의 광고혜택을 받아 실제로 상당한 광고효과를 거두었다고 보이는 점 등을 감안할 때, 쟁점협찬금은 순수한 예술행사 지원금이라기보다는 광고용역과 대가관계에 있는 협찬금으로 보이고, 쟁점협찬금의 대가로 청구법인이 받은 광고용역은 이 건 주된 거래인 패션행사에 필수적으로 부수되는 용역이라고 보기는 어려운 것으로 판단된다(국심 2005서3508, 2005. 12. 30).

### 12) 대관한 미술관의 입장료 면세 여부

**질의** 1. 사업자가 미술관을 대관하여 미술품 전시회를 하는 경우 당해 전시회의 입장료가 부가가치세법 제12조 제1항 제14호의 규정에 해당되는지 또는 같은 조항 제15호의 규정에 해당하는지 여부

2. 당사와 같이 일정기간 동안 미술관을 대관하는 계약을 체결하고 미술품 전시회를

하는 경우 당사가 받는 미술관 입장료는 부가가치세법 제12조 제1항 제15호의 미술 관 입장료에 해당되어 부가가치세가 면제되는지 여부

**회신** 사업자가 미술관을 대관하여 미술품을 전시하고 당해 전시회의 입장료를 받는 경우가 영리를 목적으로 하지 아니하는 문화예술행사인 경우에는 부가가치세법 제12조 제1항 제14호의 규정에 의하여 부가가치세가 면제되는 것이나, 미술품 전시회가 영리를 목적으로 하지 아니하였는지 여부는 부가가치세법 기본통칙 12-35-7의 규정을 참고하여 사실판단할 사항이다(서삼-1221, 2006. 6. 23).

## 2. 소득세 · 법인세 실무

### (1) 비영리법인의 수익사업에 대한 납세의무

예술단체가 비영리법인에 해당되는 경우 법인세법 제4조 제3항에 열거한 수익사업에 대해서만 법인세의 납세의무를 진다. 다만, 「국민체육진흥법」 제33조에 따른 대한체육회에 가맹한 경기단체 및 「태권도 진흥 및 태권도공원조성에 관한 법률」에 따른 국기원의 승단 · 승급 · 승품 심사사업은 수익사업에서 제외[117]되어 법인세 납세의무가 없다.

### (2) 연예인, 직업운동선수 등 과세특례

#### 1) 소득구분

연예인 · 직업운동선수 등이 회사로부터 전속계약금 명목으로 지급받는 소득이 사업소득에 해당되는지 또는 기타소득에 해당되는지의 여부이다. 기타소득에 해당되면 필요경비가 60%로 간주되어 세부담이 줄어든다. 그러나 사업소득으로 분류되는 경우 필요경비에 대한 입증을 장부기장 등을 통해야 하므로 어려움이 따른다. 그러나 연예인 등이 전속계약금의 형태로 여러 회사로부터 받거나 받은 전속계약금이 비록 1과세연도에 한 회사로부터 받은 것이라고 하더라도 실질적으로는 연예인의 고유활동인 연기자로서의 활동에 당연히 포함되거나 연기활동의 일환으로 받은 것으로 보아야 하므로 사업소득에 해당하는 것으로 보고 있다(심사법인 2002-206, 2003. 1. 24). 다만, 영화배우 · 가수 · 탤런트 · 모델 등 연예인이 오로지 한 회사나 단체 또는 1거주자 등에만 일신 전속적으로 계약을 체결하고 일시소득 성격으로 지급받는 전속계약금은 소득세법 제21조 제1항 제18호의 규정에 의한 기타소득에 해당하는 것이나, 여러 회사(거주자, 단체 포함) 등과 출연(광고모델 포함) 등의 계약을 하면

117) 법인세법 시행령 제3조 제1항 제13호

서 전속계약금, 전속금, 가전속금 명목으로 지급받는 금액(사실상의 출연료 등)은 같은 법 제18조 제1항 제15호의 규정에 의한 사업소득에 해당하는 것이다(소득 46011-1383, 1997. 5. 20). 대법원도 연예인의 활동 그 자체가 하나의 독립적인 사업 활동으로 볼 수 있을 정도의 계속성과 반복성을 갖추고 있는 경우에는 사업소득에 해당한다고 판단하면서, 종전의 국세청예규(소득 22601-1539, 1990. 7. 20)에서 전속계약금이 기타소득에 해당한다고 한 것만으로 전속계약금에 대한 기타소득 과세관행이 성립된다고 볼 수 없다 하여 처분청의 과세가 신의성실의 원칙에도 위배되지 않는다고 판단하였다.[118] 이와 같이 전속계약금에 대한 소득구분에 논란이 있었으나 2008. 1. 1 이후부터 전속계약금을 기타소득에서 삭제하면서 연예인 및 직업운동선수 등이 사업활동과 관련하여 받는 전속계약금은 사업소득으로 하도록 명확화하였다(소령 37 ②). 따라서 연예인 등 사업자가 받는 전속계약금은 사업소득으로 과세하고 비사업자가 일시적으로 받는 전속계약금만 기타소득으로 과세하도록 하였다.

**관련법조문**

◈ **소득세법 시행령 제37조【예술, 스포츠 및 여가 관련 서비스업, 협회 및 단체, 수리 및 기타 개인서비스업의 범위】**

① 연예인 및 직업운동선수 등이 사업활동과 관련하여 받는 전속계약금은 사업소득으로 한다.

② 법 제19조 제1항 제18호에서 "대통령령으로 정하는 협회 및 단체"란 한국표준산업분류의 중분류에 따른 협회 및 단체를 말한다. 다만, 해당 협회 및 단체가 특정사업을 경영하는 경우에는 그 사업의 내용에 따라 분류한다.

③ 법 제19조 제1항 제18호의 수리 및 기타 개인서비스업은 「부가가치세법 시행령」 제42조 제1호에 따른 인적용역을 포함한다.

① 상금을 지급받는 자가 직업운동가인 경우 사업소득에 해당하며, 그 외의 경우에는 기타소득으로 구분하는 것이다(서면인터넷방문상담1팀-635, 2004. 5. 6).

② 한국여자프로골프협회(KLPGA)에 등록된 프로골프선수가 여자프로골프대회에 참가하여 홀인원을 함으로써 부상으로 지급받는 상품(차량)의 가액은 사업소득에 해당한다(서면-2015-소득-2617, 2015. 12. 31).

③ 고용관계에 있는 운동선수가 입단 계약을 체결하면서 일시에 지급받는 계약금은 근로소득에 해당하는 것이며, 동 선수가 해당 단체의 대표로서 경기대회에 참가하여 지급받는 시상금은 기타소득에 해당하는 것임. 한편, 동 선수가 일시적으로 광고 등에 출연하고 지급받는 대가는 기타소득에 해당하는 것이나, 사업목적으로 광고 등에 출연하고 지급받는 대가는 사업소득에 해당하는 것이다(소득세과-1005, 2010. 9. 27).

---

118) 대법원 2001. 4. 24 선고, 2000두5203 판결

### 2) 수입금액의 귀속시기

가. 전속계약기간 동안 안분

용역대가를 지급받기로 한 날 또는 용역의 제공을 완료한 날 중 빠른 날. 다만, 연예인 및 직업운동선수 등이 계약기간 1년을 초과하는 일신전속계약에 대한 대가를 일시에 받는 경우에는 **계약기간에 따라 해당 대가를 균등하게 안분한 금액**을 각 과세기간 종료일에 수입한 것으로 하며, 월수의 계산은 해당 계약기간의 개시일이 속하는 달이 1개월 미만인 경우에는 1개월로 하고 해당 계약기간의 종료일이 속하는 달이 1개월 미만인 경우에는 이를 산입하지 아니한다.[119)]

나. 원천징수세액의 안분공제

사업소득이 있는 직업운동선수가 일시에 원천징수된 전속계약금에 대한 종합소득 과세표준확정신고를 함에 있어 기납부세액으로 공제하는 원천징수세액은 해당연도의 종합소득과세표준에 산입된 사업소득에 대한 소득세 원천징수세액을 말하는 것이다(소득세과-377, 2010. 3. 25).

### 3) 외국인 운동선수의 원천징수

원천징수대상 사업소득에 대해서는 100분의 3. 다만, 외국인 직업운동가가 한국표준산업분류에 따른 스포츠 클럽 운영업 중 프로스포츠구단과의 계약(계약기간이 3년 이하인 경우로 한정한다)에 따라 용역을 제공하고 받는 소득에 대해서는 100분의 20으로 한다.[120)]

미국인 운동선수가 국내에 계속하여 183일 이상 거주할 것을 통상 필요로 하는 직업을 가진 때에는 국내에 주소를 가진 것으로 보아 「소득세법」 제1조의 2 및 같은 법 시행령 제2조 제3항에 따라 거주자에 해당하며, 국내 거주자인 미국인 운동선수가 고용관계 없이 독립된 자격으로 국내에서 개최되는 프로운동경기에 참가하고 지급받는 대가는 「소득세법」 제127조 제1항 제3호에 규정된 원천징수대상 사업소득에 해당하여 그 소득을 지급하는 자는 같은 법 제129조 제1항 제3호에 따라 계약기간을 기준으로 3년 초과 3% 또는 3년 이하 20%의 세율을 적용하여 원천징수하여야 한다. 이는 예납적 원천징수로 외국인 운동선수들은 다음 해 5월 종합소득세 신고·납부 시 또는 출국 시에 정산한다.

2025. 1. 1. 이후 지급분부터 계약기간에 관계없이 20%를 원천징수하도록 개정된다. 그 이유는 실제 계약기간이 3년 이하인데도 3년 5개월 등 3년이 넘는 것처럼 계약기간

119) 소득세법 시행령 제48조 제8호
120) 소득세법 제129조 제1항 제3호

을 조정해 3% 원천징수세율 적용받은 후 세금을 정산하지 않고 출국하는 사례를 방지하기 위한 것이다.

| 현 행 | 개 정 안(2025. 1. 1 이후 지급분) |
|---|---|
| □ 거주자의 원천징수(예납적) 대상 사업소득의 원천징수세율<br>ㅇ 지급액의 3%<br>- 다만, 계약기간 3년 이하 외국인 직업운동가: 20% | □ 외국인 직업운동가에 대한 원천징수 확대<br>ㅇ (좌 동)<br>- 외국인 직업운동가: 20%<br>* 계약기간에 상관없이 적용 |

### (3) 예술·공연산업의 조세특례

#### 1) 창업중소기업감면

가. 감면내용

예술, 스포츠 및 여가관련 서비스업은 해당 사업에서 최초로 소득이 발생한 과세연도(사업 개시일부터 5년이 되는 날이 속하는 과세연도까지 해당 사업에서 소득이 발생하지 아니하는 경우에는 5년이 되는 날이 속하는 과세연도를 말한다)와 그 다음 과세연도의 개시일부터 4년 이내에 끝나는 과세연도까지 해당 사업에서 발생한 소득에 대한 소득세 또는 법인세에 다음의 구분에 따른 비율을 곱한 금액에 상당하는 세액을 감면한다.

1. 창업중소기업의 경우: 다음 각 목의 구분에 따른 비율
   가. 수도권과밀억제권역 외의 지역에서 창업한 대통령령으로 정하는 청년창업중소기업(이하 "청년창업중소기업"이라 한다)의 경우 : 100분의 100
   나. 수도권과밀억제권역에서 창업한 청년창업중소기업 및 수도권과밀억제권역 외의 지역에서 창업한 창업중소기업의 경우 : 100분의 50
2. 창업보육센터사업자의 경우 : 100분의 50. 다만, 다음 각 목의 어느 하나에 해당하는 업종은 제외한다.
   가. 자영예술가
   나. 오락장 운영업
   다. 수상오락 서비스업
   라. 사행시설 관리 및 운영업
   마. 그 외 기타 오락관련 서비스업

#### 2) 중소기업특별세액감면

창작 및 예술관련 서비스업(자영예술가는 제외한다)에 대해서는 다음과 같이 중소기업특별세액을 감면한다.

| 1. 감면비율<br>가. 소기업이 수도권에서 창작 및 예술관련 서비스업을 경영하는 사업장 : 100분의 20<br>나. 소기업이 수도권 외의 지역에서 창작 및 예술관련 서비스업을 경영하는 사업장 : 100분의 30<br>다. 중기업이 수도권 외의 지역에서 창작 및 예술관련 서비스업을 경영하는 사업장 : 100분의 15<br><br>2. 감면한도 : 다음 각 목의 구분에 따른 금액<br>가. 해당 과세연도의 상시근로자 수가 직전 과세연도의 상시근로자 수보다 감소한 경우 : 1억원에서 감소한 상시근로자 1명당 5백만원씩을 뺀 금액(해당 금액이 음수인 경우에는 영으로 한다)<br>나. 그 밖의 경우 : 1억원 |
|---|

## 3. 지방세 실무

### (1) 취득세 · 재산세 면제

문화예술단체가 문화예술사업에 직접 사용하기 위하여 취득하는 부동산에 대해서는 취득세를, 과세기준일 현재 문화예술사업에 직접 사용하는 부동산에 대해서는 재산세를 각각 2024년 12월 31일까지 면제한다.[121)]

### (2) 농어촌특별세 비과세

문화예술단체가 취득한 부동산에 대한 취득세 및 등록세 면제에 대하여 농어촌특별세를 비과세한다.[122)]

121) 지방세특례제한법 제52조 제1항
122) 농어촌특별세법 시행령 제4조 제7항 제5호

# 화랑 · 미술품의 세무실무

## 1. 개요

미술품에 대한 과세는 오랜 기간 동안 논란이 있어왔다. 미술품 양도소득에 대한 소득구분을 양도소득으로 할 것인지 아니면 기타소득으로 할 것인지 여부이다. 또한, 미술품의 양도주체별 과세유형 즉, 창작자, 판매상, 소장자에 대한 과세방법에 대한 문제이다. 미술품 양도에 따른 소득에 대한 과세는 1990년도에 입법하여 1993. 1. 1부터 시행되기로 하였으나 계속적인 연기 끝에 2013. 1. 1.부터 개인이 소장하고 있는 미술품을 일시적으로 판매하고 얻는 소득은 거래건당 6천만원 이상인 경우 기타소득으로 분리과세하도록 규정하여 시행하고 있다.

## 2. 미술품 거래와 세무실무

### (1) 미술품 양도주체별 과세방식

#### 1) 창작자

가. 사업소득

미술품의 판매가 그 규모, 태양 등에 비추어 계속성 및 반복적인 경우 예술, 스포츠 및 여가 관련 서비스업에서 발생하는 소득으로 사업소득으로 과세된다.

나. 기타소득

문예 · 학술 · 미술 · 음악 또는 사진에 속하는 창작품(「신문 등의 진흥에 관한 법률」에 따른 신문 및 「잡지 등 정기간행물의 진흥에 관한 법률」에 따른 정기간행물에 게재하는 삽화 및 만화와 우리나라의 창작품 또는 고전을 외국어로 번역하거나 국역하는 것을 포함한다)에 대한 원작자로서 받는 소득으로서 미술 · 음악 또는 사진에 속하는 창작품에 대하여 받는 대가는 기타소득에 해당된다.

#### 2) 화랑(판매상)

화랑 등 판매상이 영리활동을 목적으로 사업장 등 물적시설을 갖추거나 사업자 등록을 하는 경우 등 계속적 · 반복적으로 미술품을 창작자로부터 구입하여 판매하는 활동은 사업소득에 해당한다.

관련법조문

◈ 소득세법 제21조【기타소득】

② 제1항 및 제19조 제1항 제21호에도 불구하고 대통령령으로 정하는 서화(書畵) · 골동품의 양도로 발생하는 소득(사업장을 갖추는 등 대통령령으로 정하는 경우에 발생하는 소득은 제외한다)은 기타소득으로 한다.

◈ 소득세법 시행령 제41조【기타소득의 범위 등】

⑱ 법 제21조 제2항에서 "사업장을 갖추는 등 대통령령으로 정하는 경우"란 다음 각 호의 어느 하나에 해당하는 경우를 말한다. 〈신설 2021. 2. 17〉

1. 서화 · 골동품의 거래를 위하여 사업장 등 물적시설(인터넷 등 정보통신망을 이용하여 서화 · 골동품을 거래할 수 있도록 설정된 가상의 사업장을 포함한다)을 갖춘 경우
2. 서화 · 골동품을 거래하기 위한 목적으로 사업자등록을 한 경우

### 3) 법인(소장)

법인이 소장하고 있던 미술품을 양도하는 경우 양도가액은 익금, 취득가액은 손금에 산입한다. 법인이 미술품을 구입하는 경우 업무무관자산에 해당되어 지급이자 손금불산입 등의 제재를 받게 된다. 다만, 장식 · 환경미화 등의 목적으로 사무실 · 복도 등 여러 사람이 볼 수 있는 공간에 항상 전시하는 미술품의 취득가액을 그 취득한 날이 속하는 사업연도의 손비로 계상한 경우에는 그 취득가액(취득가액이 거래단위별로 1천만원 이하인 것으로 한정한다)은 손금에 산입한다.[123)]

### 4) 개인(소장)

2013년 1월 1일부터 개인이 소장하고 있는 미술품을 판매하고 얻은 소득은 건당 거래금액이 6천만원 이상인 경우 기타소득으로 분리과세한다. 서화(書畵) · 골동품의 양도로 발생하는 소득(사업장을 갖추는 등 대통령령으로 정하는 경우에 발생하는 소득은 제외한다)은 기타소득으로 한다. 기타소득에 대해서는 다음 각 목의 구분에 따라 계산한 금액을 필요경비로 한다. 다만, 실제 소요된 필요경비가 다음 각 목의 구분에 따라 계산한 금액을 초과하면 그 초과하는 금액도 필요경비에 산입한다.

123) 법인세법 시행령 제19조 제17호

가. 거주자가 받은 금액이 1억원 이하인 경우: 받은 금액의 100분의 90
나. 거주자가 받은 금액이 1억원을 초과하는 경우: 9천만원 + 거주자가 받은 금액에서 1억원을 뺀 금액의 100분의 80(서화·골동품의 보유기간이 10년 이상인 경우에는 100분의 90)

관련법조문

◈ 소득세법 시행령 제41조【기타소득의 범위 등】

⑭ 법 제21조 제2항에서 "대통령령으로 정하는 서화(書畵)·골동품"이란 다음 각 호의 어느 하나에 해당하는 것으로서 개당·점당 또는 조(2개 이상이 함께 사용되는 물품으로서 통상 짝을 이루어 거래되는 것을 말한다)당 양도가액이 6천만원 이상인 것을 말한다. 다만, 양도일 현재 생존해 있는 국내 원작자의 작품은 제외한다.

1. 서화·골동품 중 다음 각 목의 어느 하나에 해당하는 것
   가. 회화, 데생, 파스텔(손으로 그린 것에 한정하며, 도안과 장식한 가공품은 제외한다) 및 콜라주와 이와 유사한 장식판
   나. 오리지널 판화·인쇄화 및 석판화
   다. 골동품(제작 후 100년을 넘은 것에 한정한다)
2. 제1호의 서화·골동품 외에 역사상·예술상 가치가 있는 서화·골동품으로서 기획재정부장관이 문화체육관광부장관과 협의하여 기획재정부령으로 정하는 것

## (2) 부가가치세 실무

### 1) 예술창작품 면세

예술창작품은 미술품, 작곡집, 사진작품 등과 같이 가시적인 재화의 형태를 띠는 것으로서 예술분야의 창작품을 구입하고 공급하는 경우만 부가가치세를 면제한다. 서예가로서 고객들로부터 제작의뢰를 받아, 작품을 만들어 표구시설을 갖춘 자신의 표구실에서 표구를 하여 완성된 작품을 공급하고, 그 대가를 받은 경우 부가가치세법 시행령 제36조 제1항에 규정하는 예술창작품에 해당하지 아니하므로 부가가치세가 과세된다.[124] 창작이란 처음으로 혹은 독창적으로 표현하는 일이므로 최초의 제작 및 독창성이 없는 것이면 예술창작물이 아니다. 즉, 기존 미술품을 모방한다거나 2개 이상 제작한 것은 창작품이 아니므로 과세된다. 따라서 사업자가 미술품 등의 창작품을 모방하여 대량으로 제작하는 작품은 예술창작품으로 보지 아니한다.[125] 골동품은 예술창작품이라 하더라도 면세되지 않는데 골동품 자체뿐 아니라 모방하여 대량생산한 골동품

124) 부가 22601-921, 1986. 5. 14
125) 부가가치세법 기본통칙 26-43-1

도 물론 과세되는 바, 오래되고 희귀한 세간이나 미술품 등을 골동품이라 한다.

### 2) 미술품 중개료

미술품·골동품 등의 중개업을 영위하는 사업자가 미술품 등의 소장자로부터 의뢰받아 소비자에게 동 미술품·골동품 등의 매입을 중개하여 주고받는 중개수수료에 대해서는 부가가치세가 과세된다.

### 3) 미술품 관람입장료

도서관, 과학관, 박물관, 미술관, 동물원, 식물원, 민속문화자원을 소개하는 장소, 「전쟁기념사업회법」에 따른 전쟁기념관에 입장하게 하는 것은 부가가치세를 면제한다. 사업자가 미술관을 대관하여 미술품을 전시하고 당해 전시회의 입장료를 받는 경우가 영리를 목적으로 하지 아니하는 문화·예술행사인 경우에는 부가가치세법 제12조 제1항 제14호의 규정에 의하여 부가가치세가 면제된다.[126)]

## (3) 상속세 및 증여세

### 1) 미술품의 평가방법

미술품도 상속세 및 증여세 과세대상이다. 상속세나 증여세가 부과되는 재산의 가액은 상속개시일 또는 증여일(이하 "평가기준일"이라 한다) 현재의 시가(時價)에 따른다. 시가는 불특정 다수인 사이에 자유롭게 거래가 이루어지는 경우에 통상적으로 성립된다고 인정되는 가액으로 하고 수용가격·공매가격 및 감정가격 등 시가로 인정되는 것을 포함한다. 따라서 서화·골동품의 경우에도 시가에 의하되 시가가 없는 경우에도 다음과 같이 평가한다.

가. 판매용인 경우

상품·제품·반제품·재공품·원재료 기타 이에 준하는 동산 및 소유권의 대상이 되는 동산의 평가는 그것을 처분할 때에 취득할 수 있다고 예상되는 가액. 다만, 그 가액이 확인되지 아니하는 경우에는 장부가액으로 한다.

나. 판매용이 아닌 경우

판매용이 아닌 서화·골동품 등 예술적 가치가 있는 유형재산의 평가는 다음 각 목의 구분에 의한 전문분야별로 2개 이상의 전문감정기관이 감정한 가액의 평균액. 다만, 그 가액이 국세청장이 위촉한 3인 이상의 전문가로 구성된 감정평가심

126) 서면3팀-1221, 2006. 6. 23

의회에서 감정한 감정가액에 미달하는 경우와 특수관계인간에 양도·양수하는 경우로서 감정평가심의회에서 감정한 감정가액의 100분의 150을 초과하는 경우에는 감정평가심의회에서 감정한 감정가액으로 한다.

가. 서화·전적
나. 도자기·토기·철물
다. 목공예·민속장신구
라. 선사유물
마. 석공예
바. 기타 골동품
사. 가목부터 바목까지에 해당하지 아니하는 미술품

### 2) 문화유산 등에 대한 물납 신청

상속재산에 대통령령으로 정하는 문화유산 및 미술품(이하 이 조에서 "문화유산 등"이라 한다)이 포함된 경우 납세지 관할 세무서장에게 해당 문화유산 등에 대한 물납을 신청할 수 있다.[127)]

1. 상속세 납부세액이 2천만원을 초과할 것
2. 상속세 납부세액이 상속재산가액 중 대통령령으로 정하는 금융재산의 가액(제13조에 따라 상속재산에 가산하는 증여재산의 가액은 포함하지 아니한다)을 초과할 것

**관련법조문**

**◈ 법인세법 시행령 제75조의 2【문화유산 등에 대한 물납 신청】**

"문화유산 및 미술품"(이하 이 조, 제75조의 3부터 제75조의 5까지에서 "문화유산등"이라 한다)이란 다음 각 호의 것(부동산은 제외한다)을 말한다.

1. 「문화유산의 보존 및 활용에 관한 법률」에 따른 유형문화유산 또는 민속문화유산으로서 같은 법에 따라 지정 또는 등록된 문화유산
2. 회화, 판화, 조각, 공예, 서예 등 미술품

### 3) 지정문화유산 등에 대한 상속세의 징수유예

납세지 관할 세무서장은 상속재산 중 다음 각 호의 어느 하나에 해당하는 재산이 포함되어 있는 경우에는 대통령령으로 정하는 바에 따라 계산한 그 재산가액에 상당하

127) 상속세 및 증여세법 제73조의 2

는 상속세액의 징수를 유예한다.[128)]

1. 「문화유산의 보존 및 활용에 관한 법률」 제2조 제3항 제3호에 따른 문화유산자료 및 같은 법 제53조 제1항에 따른 국가등록문화유산(이하 이 조에서 "문화유산자료등"이라 한다)과 같은 법에 따른 보호구역에 있는 토지로서 대통령령으로 정하는 토지
2. 「박물관 및 미술관 진흥법」에 따라 등록한 박물관자료 또는 미술관자료로서 같은 법에 따른 박물관 또는 미술관(사립박물관이나 사립미술관의 경우에는 공익법인등에 해당하는 것만을 말한다)에 전시 중이거나 보존 중인 재산(이하 "박물관자료등"이라 한다)
3. 「문화유산의 보존 및 활용에 관한 법률」에 따른 국가지정문화유산 및 시·도지정문화유산과 같은 법에 따른 보호구역에 있는 토지로서 대통령령으로 정하는 토지(이하 이 조에서 "국가지정문화유산등"이라 한다)
4. 「자연유산의 보존 및 활용에 관한 법률」에 따라 지정된 천연기념물등과 같은 법에 따른 보호구역에 있는 토지로서 대통령령으로 정하는 토지(이하 이 조에서 "천연기념물등"이라 한다)

납세지 관할 세무서장은 문화유산자료등, 박물관자료등, 국가지정문화유산등 또는 천연기념물등을 상속받은 상속인 또는 수유자가 이를 유상으로 양도하거나 그 밖에 대통령령으로 정하는 사유로 박물관자료등을 인출(引出)하는 경우에는 즉시 그 징수유예한 상속세를 징수하여야 한다.

납세지 관할 세무서장은 제1항에 따른 징수유예 기간에 문화유산자료등, 박물관자료등, 국가지정문화유산등 또는 천연기념물등을 소유하고 있는 상속인 또는 수유자의 사망으로 다시 상속이 개시되는 경우에는 그 징수유예한 상속세액의 부과 결정을 철회하고 그 철회한 상속세액을 다시 부과하지 아니한다. 징수유예를 받으려는 자는 그 유예할 상속세액에 상당하는 담보를 제공하여야 한다.

128) 상속세 및 증여세법 제74조

# 제5절 유튜버 등 미디어콘텐츠창작업

 개 요[129]

## 1. 1인방송사업자의 개념

최근 IT 기술발전, 글로벌 사업 다각화 등 급속한 경제환경 변화와 함께, 4차 산업혁명시대를 맞아 데이터 시장, 디지털 · 온라인 분야 등 '새로운 시장'(Emerging market)이 크게 성장하고, 이에 따라 신종 호황 업종 · 분야가 지속 등장하고 있다. 유튜버(Youtuber)는 동영상 플랫폼인 유튜브에 정기적 또는 비정기적으로 동영상을 올리는 사람을 말한다. 2019년 4월 기준으로, 퓨디파이가 가장 구독수가 많은 유튜버이며 9560만 명 이상의 구독자를 보유하고 있지만 5월에 들어서부터 T-Series라는 인도의 음악 유튜버가 퓨디파이를 추월하며 5월 말에 구독자 수 1억명을 돌파하였다. 구글 계정만 있으면 누구나, 모두 유튜버가 될 수 있으며 광고를 통해 수익을 얻을 수도 있다. 흔히 유튜버와 유튜브 크리에이터를 동일하게 생각하는 경우가 있는데 이 둘은 약간의 차이가 있다. 크리에이터는 유튜버의 일종이라고 볼 수 있는데, 유튜브에 영상을 업로드하는 모든 사람들을 유튜버라고 하고 본인이 만든 콘텐츠를 업로드하는 사람을 유튜브 크리에이터라고 한다.

## 2. 콘텐츠의 유형

컨텐츠의 유형은 유튜버에 따라 정말 다양하다. 게임, 리뷰, 캠방, 브이로그, 정보, 음악, 요리, 먹방, ASMR 등이 있고, 여러 가지 유형이 중첩되어 있는 경우가 많다.

- 게임 : 주로 게임을 플레이하는 영상을 제작하는 것이 대표적이다. 게임 한 분야의 전문가의 경우도 있다. 대부분의 프로그래머들은 트위치와 유튜버를 병행하기도 한다. 아프리카TV BJ로 활동하는 유튜버도 상당수이다.
- 리뷰 : 어떠한 제품이나 현상에 대해 개인의 시점에서 구독자들에게 리뷰하는 영상이다. 구독자수가 많은 유튜버들은 협찬을 받아 수익성 리뷰 영상을 제작하기도 한다.
- 브이로그 : 특히 요즘 대중화된 컨텐츠로, Video(동영상)+Blog(블로그)를 합친 말이다. 일상적인 생활, 이야기를 촬영한 영상을 말한다. 이미 인기가 많은 유명 유튜버나 연예인들도 브이로그 영상을 많이 찍곤 한다. 뿐만 아니라 일반인들도 유튜브에 브이

129) 위키백과(https://ko.wikipedia.org/wiki, 2020. 2. 17 검색).

로그 영상을 촬영하여 업로드하는 일이 많아지고 있다.

- 음악 : 자신이 만든 곡이나 어떠한 곡을 직접 연주하는 것을 말한다. 무명 음악가들이 인지도를 올리기 위해서, 또는 사람들에게 자신을 알리고자 유튜브를 이용하기도 한다.
- 먹방 : 한국에서 특히 유행하고 있는 유형으로, 음식을 먹는 모습을 보여주는 영상이다. 직접 요리를 해서 만든 음식을 먹기도 하고, 협찬을 받아 먹기도 한다. 또, 일반인이 먹기 어렵다고 판단되는 많은 양을 먹기도 하고, 그와 대비되어 적은 양을 먹기도 한다. 특이한 음식을 먹기도 하며 구하기 어려운 음식을 먹는 것도 있다.
- ASMR : 조용히, 귀에 속삭이듯이 말하거나 또는 기분 좋은 소리를 계속하여 듣는 것으로 사람들에게 안정감을 느끼게 해준다. 그래서 잠들기 전에, 잠이 오지 않을 때 이러한 영상을 보는 시청자들이 많다.
- 뷰티 : 분장을 하는 과정이나 메이크업을 하는 모습을 보여주는 컨텐츠로 이러한 영상을 제작하는 유튜버를 "뷰티 유튜버"라고 칭한다. 주로 여성들에게 인기가 많으며, 재치있는 남성 유튜버들도 인기를 끌고 있다.
- 댄스 : 자신이 창작한 춤이나, 어떠한 춤을 커버한 영상을 촬영하여 보여주는 유형이다.
- 운동 : 운동방법에 대한 설명이 대표적이고 유명스포츠스타 또는 운동고수들의 운동 영상을 보여주는 유형도 인기가 있다.

유튜브에 동영상을 올리다보면 광고를 통해 수익을 얻을 수 있다. 유명한 유튜버 중 많은 수익을 올린 사례는 퓨디파이가 있다. 유튜브가 실시간 스트리밍 서비스를 하게 됨에 따라, 시청자는 자신이 좋아하는 유튜버에게 슈퍼챗을 통해 후원금을 낼 수도 있다.

유튜브 광고는 여러 형태가 있으며, 시청자가 배너를 클릭하거나 영상 광고를 일정 시간 이상 시청하는 등의 행위를 함에 따라서 광고주가 비용을 지불하게 된다.

## 업종의 구분

### 1. 한국표준산업분류

한국표준산업분류에는 정보통신업과 방송업으로 대분류하고 있으며 다음과 같이 세세분류하고 있다. 유튜버 등 방송사업자에 대하여 구체적으로 구분하고 있지 않다.

- 59.영상・오디오 기록물 제작 및 배급업

  591.영화, 비디오물, 방송 프로그램 제작 및 배급업

  592.오디오물 출판 및 원판 녹음업

  5920.오디오물 출판 및 원판 녹음업

  59201.음악 및 기타 오디오물 출판업

  59202.녹음시설 운영업
- 60.방송업

  601.라디오 방송업

  602.텔레비전 방송업

### 2. 기준경비율

유튜버 등 새로운 호황업종이 생겨나면서 국세청은 2019. 9. 1 미디어콘텐츠창작업을 신설하였다.

| 업종코드 | 업태명(세세분류) | 적용범위 및 기준 |
|---|---|---|
| 921505 | 정보통신업<br>(미디어콘텐츠창작업) | 인적 또는 물적시설을 갖추고 인터넷기반으로 다양한 주제의 영상 콘텐츠 등을 창작하고 이를 영상 플랫폼에 업로드하여 시청자에게 유통함으로써 수익이 발생하는 산업활동 |
| 940306 | 협회 및 단체, 수리 및 기타 개인서비스업<br>(1인미디어콘텐츠창작자) | 인적 또는 물적시설없이 인터넷기반으로 다양한 주제의 영상 콘텐츠 등을 창작하고 이를 영상 플랫폼에 업로드하여 시청자에게 유통함으로써 수익이 발생하는 산업활동<br>(예) 유튜버, 크리에이터, BJ |

## 3. 과세방식

### (1) MCN 소득 유튜버

MCN(다중채널 네트워크) 사업자란 1인 크리에이터의 콘텐츠 유통, 판매, 저작권 관리 및 광고유치, 자금지원 등에 도움을 주고 콘텐츠로부터 나온 수익을 창작자와 분배하는 자를 말한다. MCN 사업자가 유튜버에 소득을 분배할 때 원천징수하고 지급명세서를 국세청에 제출하므로 소득이 노출된다.

### (2) 개인 유튜버

구글은 유튜버에게 지급하는 소득을 국세청에 보고할 의무가 없으며 직접 구글로부터 수익을 지급받기 때문에 소득파악에 어려움이 있다.

### (3) 과세방식[130)]

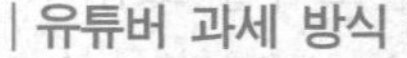


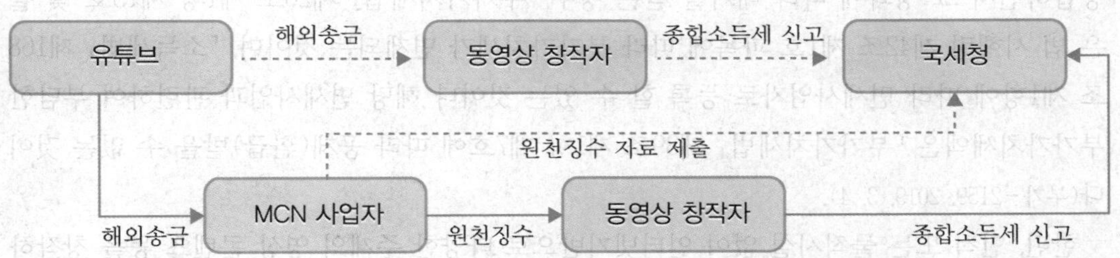


| 유튜브 아프리카 정책 비교 |

| 유튜브 | 아프리카 TV |
|---|---|
| 가입 시 본인 확인 절차 없음 | 본인 확인 후 가입 |
| 세금 관련 조언 안해 | 원천징수(3.3%) |
| 본인 확인 절차 까다롭지 않음 | 본인 신분증 확인 후 환전 |

| 인기 유튜버 광고 수익 |

| 1인 방송인 채널 | 수익 |
|---|---|
| 캐리앤토이즈 | 7억 9,198만원 |
| 악어유튜브 | 7억 1,401만원 |
| 대도서관TV | 5억 6,353만원 |
| pompom | 5억 6,264만원 |

* 자료 = 한국전파진흥협회

130) 고소득 유튜버들 초긴장, 매일경제, 2018. 12. 13

## Ⅲ 부가가치세 실무

### 1. 사업자등록

부가가치세법상 사업장은 사업자가 사업을 하기 위하여 거래의 전부 또는 일부를 하는 고정된 장소로 하며 미디어콘텐츠창작업의 사업장은 창작활동이 이루어지는 장소 또는 주소지로 사업자등록을 할 수 있다.

### 2. 과세유형

부가가치를 창출할 정도의 인적 또는 물적시설을 갖추고 계속·반복적으로 창작활동을 수행하면 부가가치세 과세사업자로 등록하여야 한다. 1역년의 예상 공급대가에 따라 일반과세자 또는 간이과세자로 사업자등록을 신청하고 다만, 간이과세자나 면세사업자로 사업자등록을 하면 초기투자비용에 관련된 부가가치세를 환급받을 수 없다. 개인이 독립된 자격으로 주소지에서 물적 시설 없이 근로자를 고용하지 아니하고 인터넷 개인방송 용역을 공급하면서 그 성과에 따라 대가를 받는 경우 「부가가치세법」 제26조 제1항 제15호 및 같은 법 시행령 제42조 제1호 파목에 따라 부가가치세가 면제되는 것이며, 「소득세법」 제168조 제1항에 따라 면세사업자로 등록 할 수 있는 것이나 해당 면세사업과 관련하여 부담한 부가가치세액은 「부가가치세법」 제39조 제1항 제7호에 따라 공제(환급)받을 수 없는 것이다(부가-2159, 2019. 3. 4).

한편, 인적 또는 물적시설 없이 인터넷기반으로 다양한 주제의 영상 콘텐츠 등을 창작하고 이를 영상 플랫폼에 업로드하여 시청자에게 유통하는 경우에는 면세사업자로 등록하여 부가가치세의 납세의무는 없고 종합소득세 납세의무를 진다.

인적 시설은 영상 편집자, 시나리오 작성자 등을 고용하는 것을 말하며 물적 시설은 별도의 방송용 스튜디오 등을 갖춘 경우를 말한다.

### 3. 영세율

유튜버가 국내사업장이 없는 외국법인(구글 등)에게 광고용역을 공급하고 그 대가를 외국환은행을 통하여 원화를 받은 경우에는 영세율이 적용된다. 영세율 적용사업자는 부가가치세 과세사업자로 관련 매입세액은 전액 환급받을 수 있으며 외화입금증명서를 영세율 첨부서류로 제출하여야 한다. 유튜브 광고수익을 국내 MCN 사업자를 거쳐 외국법인으로부터 원화로 지급받는 경우 즉, 국내 제3자가 외국법인 등으로부터 외화를 송금받고, 사업자가 그 제3자로부터 원화로 지급받는 경우, 「부가가치세법 시행령」 제33조 제2항 제1호에 해당되지 않아 영세율이 적용되지 않는 것이다(기획재정부 부가가치세제과-462, 2022. 10. 13). 영세율을 적용받고자 하는 자는 다음의 서류를 작성하여 제출하여야 한다.

영세율적용사업자가 제출할 영세율적용첨부서류 지정 고시(별지 제8호 서식)

**정보통신망을 통해 공급하는 용역 제공 내역서**

( 년 제 기)

1. 인적사항

| (1) 성 명 | | (2) 사업자등록번호 | | |
|---|---|---|---|---|
| (3) 상 호 | | (4) 사업장소재지 | | |
| (5) 거 래 기 간 | 년 월 일 ~ 월 일 | | (6) 작 성 일 | |

2. 외환수취액

| (7)외환수취 은행명 | (8)외환수취계좌 | (9)수취총액(외화) | (10)수취총액(원화) |
|---|---|---|---|
| | | | |
| | | | |
| | | | |

3. 공급내용

| 공급자 | | | 공급받는자 | |
|---|---|---|---|---|
| (11)<br>채널이름 | (12)<br>채널주소(URL) | (13)<br>채널 개설일자 | (14)<br>상호(성명) | (15)<br>국가 |
| | | | | |
| | | | | |
| | | | | |

위와 같이 부가가치세법 제24조 및 동법 시행령 제33조에 따라 부가가치세법 제52조 제1항에 용역을 공급하였기 「영세율적용사업자가 제출할 영세율적용첨부서류 지정 고시」에 따라 정보통신망을 통해 공급하는 용역제공 내역서를 제출합니다.

년 월 일

제출인 (서명 또는 인)

세 무 서 장 귀하

| 작 성 방 법 |
|---|
| (1)~(4): 제출자(공급자)의 사업자등록증에 기재된 내용을 적습니다.<br>(5)~(6): 제출대상기간과 이 명세서의 작성일을 적습니다.<br>(7)~(10): 외환을 수취하는 은행명과 계좌번호, 외환총액과 원화총액을 적습니다.<br>(11)~(13): 공급자의 채널이름, 채널주소, 채널 개설일자를 적습니다.<br>(14)~(15): 공급받는자의 상호(성명), 국가를 적습니다. |

관련법조문

◈ **부가가치세법 시행령 제33조【그 밖의 외화 획득 재화 또는 용역 등의 범위】**

② 법 제24조 제1항 제3호에서 "대통령령으로 정하는 경우"란 다음 각 호의 어느 하나에 해당하는 것을 공급하는 경우를 말한다.

1. 국내에서 국내사업장이 없는 비거주자(국내에 거소를 둔 개인, 법 제24조 제1항 제1호에 따른 외교공관 등의 소속 직원, 우리나라에 상주하는 국제연합군 또는 미합중국군대의 군인 또는 군무원은 제외한다. 이하 이 항에서 같다) 또는 외국법인에 공급되는 다음 각 목의 어느 하나에 해당하는 재화 또는 사업에 해당하는 용역으로서 그 대금을 외국환은행에서 원화로 받거나 기획재정부령으로 정하는 방법으로 받는 것. 다만, 나목 중 전문서비스업과 아목 및 자목에 해당하는 용역의 경우에는 해당 국가에서 우리나라의 거주자 또는 내국법인에 대하여 동일하게 면세하는 경우(우리나라의 부가가치세 또는 이와 유사한 성질의 조세가 없거나 면세하는 경우를 말한다. 이하 이 항에서 같다)에 한정한다.

   바. 정보통신업 중 뉴스 제공업, 영상·오디오 기록물 제작 및 배급업(영화관 운영업과 비디오물 감상실 운영업은 제외한다), 소프트웨어 개발업, 컴퓨터 프로그래밍, 시스템 통합관리업, 자료처리, 호스팅, 포털 및 기타 인터넷 정보매개서비스업, 기타 정보서비스업

◈ **부가가치세법 제56조【영세율 첨부서류의 제출】**

① 제21조부터 제24조까지의 규정에 따라 영세율이 적용되는 재화 또는 용역을 공급하는 사업자는 제48조 제1항·제4항 및 제49조에 따라 예정신고 및 확정신고를 할 때 예정신고서 및 확정신고서에 수출실적명세서 등 대통령령으로 정하는 서류를 첨부하여 제출하여야 한다.

② 제1항에 따른 서류를 첨부하지 아니한 부분에 대하여는 제48조 제1항·제4항 및 제49조에 따른 **예정신고 및 확정신고로 보지 아니한다.**

◈ **국세기본법 제47조의 2【무신고가산세】**

② 제1항에도 불구하고 다음 각 호의 어느 하나에 해당하는 경우에는 해당 호에 따른 금액을 가산세로 한다.

2. 「부가가치세법」에 따른 사업자가 같은 법 제48조 제1항, 제49조 제1항 및 제67조에 따른 신고를 하지 아니한 경우로서 같은 법 또는 「조세특례제한법」에 따른 영세율이 적용되는 과세표준(이하 "영세율과세표준"이라 한다)이 있는 경우 : 제1항 각 호의 구분에 따른 금액에 영세율과세표준의 1천분의 5에 상당하는 금액을 더한 금액

## 4. 과세표준

재화 또는 용역의 공급에 대한 부가가치세의 과세표준은 해당 과세기간에 공급한 재화 또는 용역의 공급가액을 합한 금액으로 한다. 공급가액은 대금, 요금, 수수료, 그 밖에 어떤

명목이든 상관없이 재화 또는 용역을 공급받는 자로부터 받는 금전적 가치 있는 모든 것을 포함하되, 부가가치세는 포함하지 아니한다. 금전으로 대가를 받는 경우 : 그 대가. 다만, 그 대가를 외국통화나 그 밖의 외국환으로 받은 경우에는 다음에 따라 환산한 가액으로 한다.

① 공급시기가 되기 전에 원화로 환가(換價)한 경우 : 환가한 금액

② 법 제15조부터 제17조까지의 규정에 따른 공급시기 이후에 외국통화나 그 밖의 외국환 상태로 보유하거나 지급받는 경우 : 법 제15조부터 제17조까지의 규정에 따른 공급시기의 「외국환거래법」에 따른 기준환율 또는 재정환율에 따라 계산한 금액

즉, 부가가치세법 제29조에 따르면 과세표준은 원칙적으로 총액으로 한다. 예를 들어 유튜버가 고객으로부터 받은 총수입이 10,000,000원인 경우 과세표준은 10,000,000/1.1이다. 그리고 MCN 사업자에게 지급한 수수료가 1,000,000원인 경우 이에 대하여 세금계산서를 수취한다.

## 5. 매입세액공제

인적시설과 물적시설을 갖춘 유튜버는 부가가치세가 과세되며 사업과 관련된 부가가치세 매입세액은 매출세액에서 공제된다. 다만, 인적시설과 물적시설이 없는 1인유튜버는 면세사업자에 해당되어 사업과 관련하여 세금계산서를 수취하더라도 매입세액공제를 받을 수 없다.

**사례**

○ 질의인은 인터넷 방송 사이트인 아프리카TV에서 노래 및 악기연주를 주소재로 하여 개인방송을 진행하고 있으며, 해당 방송의 시청자가 지급하는 사이버머니(별풍선)는 아프리카TV 플랫폼 사업자가 환전하여 수수료 공제 및 사업소득세 원천징수 후 질의인에게 송금함.

○ 질의인은 구글애드센스에 가입하여 구글이 운영하는 유튜브 사이트에 위 개인방송 관련 영상을 지속적으로 등록하고 있으며, 구글은 해당 영상에 광고를 게재하여 발생하는 수익 중 일부를 질의인의 외환계좌를 통하여 송금함.

○ 질의인은 컴퓨터, 카메라 외 별다른 설비 없이 주소지에서 혼자 방송용역을 공급하고 있으며, 주택 임차료(월세), 관리비, 차량 주유비, 식대, 지방 출장 시 숙박요금 등 비용이 발생함.

〈회신〉

인터넷 개인방송을 진행하는 경우 부가가치세 과세 여부 및 매입세액 공제 여부

개인이 독립된 자격으로 주소지에서 물적시설 없이 근로자를 고용하지 아니하고 인터넷 개인방송 용역을 공급하면서 그 성과에 따라 대가를 받는 경우 「부가가치세법」 제26조 제1항 제15호 및 같은 법 시행령 제42조 제1호 파목에 따라 부가가치세가 면제되는 것이며, 「소득세법」

제168조 제1항에 따라 면세사업자로 등록할 수 있는 것이나 해당 면세사업과 관련하여 부담한 부가가치세액은 「부가가치세법」 제39조 제1항 제7호에 따라 공제(환급)받을 수 없는 것임(부가, 서면-2018-법령해석부가-2159, 2019. 3. 4).

##  소득세 실무

### 1. 유튜버의 수입형태

#### (1) 유튜브 광고수익(구글 애드센스)

유튜브의 주 수익원은 광고수익이다. 유튜브 이용자들은 무료로 이용하는 대신에 광고를 시청하게 되며 광고주는 광고비를 지불하게 되고 그 수익은 창작자(유튜버)가 55%, 구글이 45%를 가져간다. 다른 하나는 구독 수익(유튜브 프리미엄)이다. 구독 수익이란 '유튜브 프리미엄' 서비스의 수익을 말하는데 일정액(14,900원)을 지불하면 구독 서비스인 '유튜브 프리미엄'을 이용할 수 있다. 이용자는 광고 없이 콘텐츠를 볼 수 있고 백그라운드 영상 재생이나 유튜브 뮤직을 통한 음악 스트리밍 서비스도 이용할 수 있다. 또한 유튜브만의 오리지널 콘텐츠도 시청할 수 있다.

**① 유튜브와 직접 계약**

개인이 직접 제작한 동영상을 올려 발생한 광고수익을 창작자(유튜버)가 55%, 구글이 45%를 배분하여 원천징수를 하지 않고 지급하며 과세사업자에 해당되면 영세율이 적용되고 면세사업자에 해당되면 사업장현황신고를 하여야 하며 개인 유튜버 사업자는 사업장현황신고와 종합소득세 확정신고를 하여야 한다.

**② MCN (다중 채널 네트워크, Multi Channel Network) 사업자와 계약**

MCN(다중 채널 네트워크)은 유튜브, 아프리카TV 등 동영상 사이트에서 크리에이터 대신 저작권, 마케팅, 프로모션, 회계 등 관리 업무를 대신 처리하는 기획사로 사업소득으로 3.3%를 원천징수한 후 유튜버에게 지급한다.

#### (2) 기업광고 제작수입

해당 기업과 기업광고계약을 체결하고 그에 대한 대가를 지급받게 된다.

### (3) 후원금(슈퍼챗) 등 수입

이용자들로부터 후원금, 공동구매, 강의수입 등으로 구성된다. 아프리카 TV(별풍선)는 3.3%의 원천징수 후 지급하며 구글 슈퍼챗은 수수료 35%를 제외하고 지급한다.

| 유튜버의 수익구조 |

| 구 분 | 수익의 구성형태 |
|---|---|
| 플랫폼 광고수익 | 광고수익(구글 애드센스), 슈퍼챗, 스퍼스티커, 슈퍼땡스, 채널 VIP멤버십, 유튜브 프리미엄 수입 |
| 기업광고마케팅 | 특정기업 및 제품의 홍보영상제작, 브랜디드 콘텐츠, PPL(간접광고) |
| 후원금 기타수입 | 슈퍼챗, 스퍼스티커, 슈퍼땡스, 개별후원금, 오프라인 이벤트, 행사 강연수입 |

## 2. 외국납부세액공제

국제적 이중과세 방지를 위해 국내 세법에서는 국외원천소득에 대하여 외국에 이미 납부하였거나 납부할 세액을 종합소득세·법인세 산출세액에서 외국납부세액으로 일정액을 공제한다. 유튜버 소득에 대한 과세표준에 국외원천소득이 포함되어 있는 경우로서 그 국외원천소득에 대하여 외국법인세액을 납부하였거나 납부할 것이 있는 경우에는 다음 계산식에 따른 금액 내에서 외국법인세액을 해당 사업연도의 산출세액에서 공제할 수 있다. 외국정부에 납부하였거나 납부할 외국법인세액이 해당 사업연도의 공제한도금액을 초과하는 경우 그 초과하는 금액은 해당 사업연도의 다음 사업연도 개시일부터 10년 이내에 끝나는 각 사업연도로 이월하여 그 이월된 사업연도의 공제한도금액 내에서 공제받을 수 있다. 다만, 외국정부에 납부하였거나 납부할 외국법인세액을 이월공제기간 내에 공제받지 못한 경우 그 공제받지 못한 외국법인세액은 제21조 제1호에도 불구하고 이월공제기간의 종료일 다음 날이 속하는 사업연도의 소득금액을 계산할 때 손금에 산입할 수 있다.[131]

131) 법인세법 제57조

공제한도금액 = A × $\frac{B}{C}$

A : 해당 사업연도의 산출세액(제55조의 2에 따른 토지등 양도소득에 대한 법인세액 및 「조세특례제한법」 제100조의 32에 따른 투자·상생협력 촉진을 위한 과세특례를 적용하여 계산한 법인세액은 제외한다)

B : 국외원천소득(「조세특례제한법」이나 그 밖의 법률에 따라 세액감면 또는 면제를 적용받는 경우에는 세액감면 또는 면제 대상 국외원천소득에 세액감면 또는 면제 비율을 곱한 금액은 제외한다)

C : 해당 사업연도의 소득에 대한 과세표준

미국 Google사는 2021년 6월부터 국내 유튜버가 미국 내 시청자로부터 얻은 수입에 대하여 사용료소득으로 보아 미국에서 원천징수하고 있다. 이에 유튜브 활동으로 미국에서 원천징수된 세액이 있는 경우 외국납부세액공제를 위해서는 종합소득세 신고시 다음 명세서를 작성·제출하여야 한다. 유튜버 본인의 애드센스 계정에서 수입금액 및 원천징수세액의 확인이 가능하다.[132)]

1. 외국납부세액공제 신청서(소득세법 시행규칙 제11호 서식)
2. 국가별 외국납부세액공제 명세서(부표1)
3. 소득종류별 외국납부세액명세서(부표2)

## 3. 유튜버의 소득파악시스템

### (1) 탈세유형

유튜버 중 외국기업인 구글과 계약을 체결하고 외화로 수입을 받는 경우 노출이 용이하지 않아 매출을 누락하거나 사업자등록을 하지 않는 경우 또는 가공경비 등을 계상하여 소득세를 탈루하는 경우가 많다.

**실무적용 Tips**

**(탈루유형) 유튜버 · BJ, MCN, 웹하드업체, 웹작가 등(국세청 보도자료, 2019. 4. 10)**

○ (유튜버) 광고수입 등 고수익이 발생했음에도 해외수입 신고 누락, 가공경비 계상 등으로 소득을 탈루하고, 인기를 이용하여 개인 인터넷 쇼핑몰을 운영하면서 수입금액 신고 누락. 광고수입금액을 해외업체로부터 외화로 지급받음에 따라 소득이 쉽게 노출되지 않는 점을 이용하여 사업자 등록을 하지 않고 수입금액 전액을 신고 누락

○ (MCN*) 광고수입을 차명계좌로 수취하여 신고 누락, 유튜버에게 광고수수료 지급 시 원천

132) 유튜브 등 1인 미디어 창작자 세무실무, 2024.5.7. (https://www.samili.com)

징수 미이행, 외주용역비 가공계상 등

* MCN(Multi Channel Networks) : 일종의 유튜버 기획사로 1인 창작자들의 창작물 유통 및 저작권 관리를 주로 수행해주는 디지털 엔터테인먼트(소속사)

○ (웹하드업체) 특수관계법인으로부터 홈페이지 관리비, 마케팅 비용 등 명목으로 거짓 세금계산서를 수취하고 관련기업 직원 등에게 허위로 저작권료를 지급하는 방법으로 소득탈루

### (2) 금융정보분석원의 현금거래 파악

금융회사 등은 1천만원(2019. 7. 1 이후) 이상의 현금(외국통화는 제외한다)이나 현금과 비슷한 기능의 지급수단으로서 금융거래의 상대방에게 지급하거나 그로부터 영수(領收)한 경우에는 그 사실을 30일 이내에 금융정보분석원장에게 보고하여야 한다. 다만, (ⅰ) 다른 금융회사 등(대통령령으로 정하는 자는 제외한다)과의 현금 등의 지급 또는 영수, (ⅱ) 국가, 지방자치단체, 그 밖에 대통령령으로 정하는 공공단체와의 현금 등의 지급 또는 영수, (ⅲ) 자금세탁의 위험성이 없는 일상적인 현금 등의 지급 또는 영수로서 대통령령으로 정하는 것은 제외한다. 따라서 유튜버가 수입금액을 현금으로 빈번하게 인출하거나 1일 1천만원 이상을 인출하는 경우 금융정보분석원(FIU)에 보고되고 탈세자금이 의심되는 경우 국세청에 통보되어 세무조사 등을 하게 된다.

### (3) 외국환거래법

연간 미화 1만불 이상의 금액이 외국에서 국내로 송금될 경우 외국환은행장은 국세청에 통보하여야 한다. 이러한 점을 이용하여 채널을 제3자 명의로 등록하여 수익을 배분받는 경우 세무조사 등을 통하여 적발될 수 있다.

**관련법조문**

◈ **외국환거래법 제21조【국세청장 등에게의 통보 등】**

① 다른 법률에도 불구하고 기획재정부장관은 이 법을 적용받는 거래, 지급, 수령, 자금의 이동 등에 관한 자료를 국세청장, 관세청장, 금융감독원장 또는 한국수출입은행장에게 직접 통보하거나 한국은행총재, 외국환업무취급기관 등의 장, 세관의 장, 그 밖에 대통령령으로 정하는 자로 하여금 국세청장, 관세청장, 금융감독원장 또는 한국수출입은행장에게 통보하도록 할 수 있다.

## 4. 미디어콘텐츠산업의 조세특례

### (1) 중소기업 해당

인적 또는 물적시설을 갖추고 인터넷기반으로 다양한 주제의 영상 콘텐츠 등을 창작하고 이를 영상 플랫폼에 업로드하여 시청자에게 유통함으로써 수익이 발생하는 산업활동은 정보통신업에 해당되어 조세특례제한법 제2조의 중소기업에 해당되면 중소기업에 대한 조세특례를 받을 수 있다. 다만, 물적시설이 없는 인적용역사업자(1인 유튜버)는 중소기업에 해당되지 않는다(기획재정부 소득세제과-19, 2023. 1. 4). 따라서 기업업무추진비 기본한도는 12,000,000원이다.

### (2) 창업중소기업 감면

미디어콘텐츠창작업은 정보통신업에 해당되어 조세특례제한법 제6조에 따른 창업중소기업 감면을 받을 수 있다. 해당 사업에서 최초로 소득이 발생한 과세연도(사업 개시일부터 5년이 되는 날이 속하는 과세연도까지 해당 사업에서 소득이 발생하지 아니하는 경우에는 5년이 되는 날이 속하는 과세연도를 말한다)와 그 다음 과세연도의 개시일부터 4년 이내에 끝나는 과세연도까지 해당 사업에서 발생한 소득에 대한 소득세 또는 법인세에 다음에 상당하는 세액을 감면한다. 2025. 1. 1. 이후 창업하는 분부터 창업중소기업 감면율이 100%에서 75%로 조정된다. 다만, 수도권 감면율 조정은 2026. 1. 1. 이후 창업하는 분부터 적용된다.

| 현 행 | 개 정 안 |
|---|---|
| □ 창업중소기업 세액감면<br>ㅇ (대상업종) 제조업 등 20개<br>ㅇ (감면율) 업종·지역별 차등 | □ 감면율 정비 등 제도 합리화<br>ㅇ (좌 동)<br>ㅇ ❶업종 우대감면 적용기한 종료<br>❷수도권 감면율 축소<br>❸고용증대 추가감면 상향 |
| - 신성장서비스업 우대(2024년까지)<br>: 초기 3년간 +25%p | - 적용기한 종료 |
| - 수도권 과밀억제권역 밖 :<br>(일반) 5년간 50%<br>(청년 등) 5년간 100% | - 수도권 밖* :<br>ㅇ (좌 동)<br>* 수도권 내 인구감소지역 포함 |
| 〈신 설〉 | - 과밀억제권역 아닌 수도권 :<br>(일반) 5년간 50% → 25%<br>(청년 등) 5년간 100% → 75% |

| 현 행 | 개 정 안 |
|---|---|
| - 고용증대 추가감면 :<br>상시근로자 증가율 × 50% | - 고용증대 추가감면 :<br>상시근로자 증가율 × 100% |

(현 행)

| 구 분 | 기본 감면 | | 추가 감면 |
|---|---|---|---|
| | 수도권 과밀억제권역 | 수도권 과밀억제권역 밖 | |
| 창업 중소기업 | - | 5년 50% (신성장서비스 우대) | 상시 근로자 증가율 × 50% |
| 청년·생계형 | 5년 50% | 5년 100% | |
| 벤처기업 등 | 5년 50% (신성장서비스업 우대) | | |

(개 정 안)

| 구 분 | 기본 감면 | | | 추가 감면 |
|---|---|---|---|---|
| | 수도권 과밀억제권역 | 수도권 과밀억제권역 밖 | | |
| | | 수도권 | 수도권 밖* | |
| 창업 중소기업 | - | 5년 25% | 5년 50% | 상시 근로자 증가율 × 100% |
| 청년·생계형 | 5년 50% | 5년 75% | 5년 100% | |
| 벤처기업 등 | 5년 50% | | | |

* 수도권 인구감소지역 포함

| 현 행 | 개 정 안 |
|---|---|
| 〈신 설〉 | ○ (감면한도) 연간 5억원 |
| ○ (적용기한) 2024. 12. 31 | ○ 2027. 12. 31 |

### 1) 창업의 개념

창업은 중소기업을 새로 설립하여 사업을 개시하는 것을 말한다.[133] 다음에 해당하는 것은 창업으로 보지 않아 창업중소기업 세액감면을 받을 수 없다.

**조세특례제한법 제6조【창업중소기업 등에 대한 세액감면】⑩항**

1. 합병·분할·현물출자 또는 사업의 양수를 통하여 종전의 사업을 승계하거나 종전의 사업에 사용되던 자산을 인수 또는 매입하여 같은 종류의 사업을 하는 경우. 다만, 다음 각 목의 어느 하나에 해당하는 경우는 제외한다.
   가. 종전의 사업에 사용되던 자산을 인수하거나 매입하여 같은 종류의 사업을 하는 경우 그 자산가액의 합계가 사업 개시 당시 토지·건물 및 기계장치 등 대통령령으로 정하는 사업용자산의 총가액에서 차지하는 비율이 100분의 50 미만으로서 대통령령으로 정하는 비율 이하인 경우
   나. 사업의 일부를 분리하여 해당 기업의 임직원이 사업을 개시하는 경우로서 대통령령으로 정하는 요건에 해당하는 경우
2. 거주자가 하던 사업을 법인으로 전환하여 새로운 법인을 설립하는 경우
3. 폐업 후 사업을 다시 개시하여 폐업 전의 사업과 같은 종류의 사업을 하는 경우
4. 사업을 확장하거나 다른 업종을 추가하는 경우 등 새로운 사업을 최초로 개시하는 것으로 보기 곤란한 경우

133) 중소기업창업지원법 제2조 제1항

**관련법조문**

◈ 중소기업 창업지원법 시행령 제2조【창업의 범위】

① 「중소기업창업 지원법」(이하 "법"이라 한다) 제2조 제2호의 창업은 중소기업을 새로 설립하여 사업을 개시하는 것으로서 다음 각 호의 어느 하나에 해당하지 않는 것으로 한다. 〈개정 2024. 2. 27〉

1. 타인으로부터 사업을 상속 또는 증여받은 개인이 기존 사업과 같은 종류의 사업을 개인인 중소기업자로서 개시하는 것
2. 개인인 중소기업자가 기존 사업을 계속 영위하면서 중소기업을 새로 설립하는 것으로서 다음 각 목에 해당하는 것
   가. 개인인 중소기업자로 사업을 개시하는 것
   나. 개인인 중소기업자가 단독으로 또는 「중소기업기본법 시행령」에 따른 친족과 합하여 의결권 있는 발행주식(출자지분을 포함한다. 이하 같다) 총수의 100분의 50을 초과하여 소유하거나 의결권 있는 발행주식 총수를 기준으로 가장 많은 주식의 지분을 소유하는 법인인 중소기업을 설립하여 기존 사업과 같은 종류의 사업을 개시하는 것
3. 개인인 중소기업자가 기존 사업을 폐업한 후 중소기업을 새로 설립하여 기존 사업과 같은 종류의 사업을 개시하는 것. 다만, 사업을 폐업한 날부터 3년(부도 또는 파산으로 폐업한 경우에는 2년을 말한다) 이상 지난 후에 기존 사업과 같은 종류의 사업을 개시하는 경우는 제외한다.
4. 법인인 기업이 의결권 있는 발행주식 총수의 100분의 50을 초과하여 소유하는 다른 법인인 중소기업을 새로 설립하여 사업을 개시하는 것. 이 경우 소유비율은 법인인 기업과 그 소속 임원이 소유하고 있는 주식을 합산하여 계산한다.
5. 법인의 과점주주(「국세기본법」 제39조 제2호에 따른 과점주주를 말한다. 이하 이 조에서 같다)가 새로 설립되는 법인인 중소기업자의 과점주주가 되어 사업을 개시하는 것
6. 「상법」에 따른 법인인 중소기업자가 회사의 형태를 변경하여 변경 전의 사업과 같은 종류의 사업을 계속하는 것

## 2) 1인 유튜버의 창업중소기업 감면

### 가. 유튜브업(미디어콘텐츠창작업)이 감면대상 업종에 해당하는가?

유튜브업이 정보통신업에 해당하는 경우 창업중소기업 감면대상업종에 해당하나 자영예술가에 해당하는 경우에는 창업중소기업 감면 대상업종에 해당하지 않는다. 조세특례제한법 제2조 제3항에서 조세특례가 적용되는 업종의 구분은 한국표준산업분류에 따른다.

관련법조문

◈ 조세특례제한법 제2조【정의】

③ 이 법에서 사용되는 업종의 분류는 이 법에 특별한 규정이 있는 경우를 제외하고는 「통계법」 제22조에 따라 통계청장이 고시하는 한국표준산업분류에 따른다. 한국표준산업분류가 변경되어 이 법에 따른 조세특례를 적용받지 못하게 되는 업종에 대해서는 한국표준산업분류가 변경된 과세연도와 그 다음 과세연도까지는 변경 전의 한국표준산업분류에 따른 업종에 따라 조세특례를 적용한다.

그동안 한국표준산업분류 상 유튜브업(미디어콘텐츠창작업)에 대한 명확한 산업분류가 없었지만, 2021년 12월 통계청에서 신종업종에 대한 한국표준산업분류 해설서를 고시하였고, 해당 해설서에는 유튜브업을 포함한 미디어콘텐츠창작업을 "자영예술가"로 분류하였다. 이로 인해, 과세당국은 유튜브업(미디어콘텐츠창작업)의 경우 공식적인 견해는 아니지만, 창업중소기업세액감면 대상 업종이 아닌 것으로 판단한 바 실무에서도 감면을 배제하였다.[134)]

나. [1] 2021. 12. 제10차 기준 한국표준산업분류 실무적용 가이드북

Q57. 창작한 미디어 콘텐츠를 인터넷 플랫폼에 게시
미디어콘텐츠창작자가 인터넷 플랫폼을 통해 동영상을 기획, 제작, 송출하여 수익을 내는 경우 산업분류는?

☞ 제공하는 인터넷 동영상 콘텐츠 서비스 유형에 따라 산업 결정

① 자신의 신체를 이용한 예술 행위를 하는 독립된 공연 예술활동에 종사하고 관련 동영상을 제작·제공하는 것이 주된 산업활동인 경우 "90131 공연 예술가(대분류 R. 예술, 스포츠 및 여가관련 서비스업)"

* 배우, 가수, 성악가, 무용수, 행위예술가, 탤런트, 스턴트맨 등

② 자신의 신체를 이용한 예술 행위 이외에 독립적인 비공연 예술활동에 종사하고 관련 동영상을 제작·제공하는 것이 주된 산업활동인 경우 "90132 비공연 예술가(대분류 R. 예술, 스포츠 및 여가관련 서비스업)"

* 작가, 만화가, 화가, 작곡 및 작사가, 프로듀서 등

③ 각종 독립적인 자영 예술활동 이외에 정보전달 내용의 동영상을 제작·제공하는 것이 주된 산업활동인 경우 "90290 기타 유사 여가관련 서비스업(대분류 R. 예술, 스포츠 및 여가관련 서비스업)"

134) 유튜브 등 1인 미디어 창작자 세무실무, 2024. 5. 7 (https://www.samili.com)

④ 각종 독립적인 자영 예술활동 이외에 기타 오락 관련 서비스를 동영상으로 제작·제공하는 것이 주된 산업활동인 경우 "91299 그 외 기타 분류 안된 오락 관련 서비스업(대분류 R. 예술, 스포츠 및 여가관련 서비스업)"

※ 그 외 기타 특정 산업활동을 주로 수행하는 사업체가 관련 동영상 콘텐츠를 온라인으로 제공하는 것이 주된 산업활동인 경우에는 본질적인 산업활동 특성에 따라 분류한다.

한편, 2022년 5월 신종업종에 대한 보완된 통계청의 해설서에 의하면, 아래 내용을 삭제함으로써 미디어콘텐츠창작업은 감면대상 업종인 "정보통신업"으로 분류한 것으로 추정이 된다.

③ 각종 독립적인 자영 예술활동 이외에 정보전달 내용의 동영상을 제작·제공하는 것이 주된 산업활동인 경우
"90290 기타 유사 여가관련 서비스업(대분류 R. 예술, 스포츠 및 여가관련 서비스업)"

따라서 유튜브가 다음의 면세사업자에 해당하지 않는 경우라면, 창업중소기업 감면대상 업종에 해당하는 것으로 판단이 되나 현재 과세당국의 유권해석이 없으므로 감면 적용시에는 반드시 적용할 당시 관련 예규 등을 확인하여야 하고 감면 적용없이 소득세 신고를 한 후 경정청구를 하는 것이 바람직하다.

[2] 2022. 5. 제10차 기준 한국표준산업분류 실무적용 가이드북

Q57. 동영상 콘텐츠를 기획 및 제작하여 이를 인터넷 플랫폼을 통해 시청자에게 제공

동영상 콘텐츠를 기획 및 제작하여 이를 인터넷 플랫폼을 통해 시청자에게 제공하는 경우 산업분류는?

☞ 제공하는 동영상 콘텐츠의 유형에 따라 산업 결정

① 일반적인 동영상을 제작·제공하는 것이 주된 산업활동인 경우 "59111 일반 영화 및 비디오물 제작업"

② 실사 또는 컴퓨터 그래픽 등을 이용하여 애니메이션 동영상을 제작·제공하는 것이 주된 산업활동인 경우 "59112 애니메이션 영화 및 비디오물 제작업"

※ 그 외 기타 특정 산업활동을 주로 수행하는 사업체가 관련 동영상 콘텐츠를 온라인으로 제공하는 경우에는 그 본질적인 산업활동의 특성에 따라 분류한다.

[2022. 12.] Q56. 동영상 콘텐츠를 기획 및 제작하여 이를 인터넷 플랫폼을 통해 시청자에게 제공

동영상 콘텐츠를 기획 및 제작하여 이를 인터넷 플랫폼을 통해 시청자에게 제공하는 경우 산업분류는?

☞ 제공하는 동영상 콘텐츠의 유형에 따라 산업 결정

① 일반적인 동영상을 제작 · 제공하는 것이 주된 산업활동인 경우 "59111 일반 영화 및 비디오물 제작업"

② 실사 또는 컴퓨터 그래픽 등을 이용하여 애니메이션 동영상을 제작 · 제공하는 것이 주된 산업활동인 경우 "59112 애니메이션 영화 및 비디오물 제작업"

※ 그 외 기타 특정 산업활동을 주로 수행하는 사업체가 관련 동영상 콘텐츠를 온라인으로 제공하는 경우에는 그 본질적인 산업활동의 특성에 따라 분류한다.

### 다. 사견

조세특례를 적용할 때 업종구분은 한국표준산업분류에 따른다. 조세특례제한법에 유튜버에 대한 창업중소기업 감면은 다음과 같이 규정하고 있다.

**관련법조문**

**◈ 조세특례제한법 제6조【창업중소기업 등에 대한 세액감면】**

③ 창업중소기업과 창업벤처중소기업의 범위는 다음 각 호의 업종을 경영하는 중소기업으로 한다.

8. 정보통신업. 다만, 다음 각 목의 어느 하나에 해당하는 업종은 제외한다.
   가. 비디오물 감상실 운영업
   나. 뉴스제공업
   다. 블록체인 기반 암호화자산 매매 및 중개업

13. 예술, 스포츠 및 여가관련 서비스업. 다만, 다음 각 목의 어느 하나에 해당하는 업종은 제외한다.
   가. 자영예술가
   나. 오락장 운영업
   다. 수상오락 서비스업
   라. 사행시설 관리 및 운영업
   마. 그 외 기타 오락관련 서비스

국세청의 경비율 업종코드에 1인미디어 창작업을 기타자영업(940306)으로 구분하고 있으나 통계청의 11차 한국표준산업분류 개정(2024. 7. 1 시행)에 따라 업종코드-11차 표준산업분류 연계표에 따르면 한국표준산업분류는 1인미디어 창작업을 정보통신업(5911)으로 분류하고 있다. 조세특례는 한국표준산업분류에 따르므로 1인미디어 창작업도 정보통신업에 속하므로 창업중소기업 감면을 받을 수 있다고 판단된다.[135)]

135) 다음의 질의내용은 필자가 2024. 8. 18 통계청에 직접 질의하여 회신받은 내용임.

### (3) 사업용계좌의 신고

[질의] 물적시설을 갖추지 않은 1인 유튜버(미디어콘텐츠창작업)가 정보통신업인지 아니면 자영예술가인지요?(2024. 8. 18)

[답변] 귀하께서 질의하신 민원의 내용은 "1인 유튜버(미디어콘텐츠창작업) 및 웹툰작가의 활동이 산업분류 상 어디로 분류되는지"에 관한 것으로 이해됩니다.

※ 2024년 7월 1일부터는 제11차 개정 한국표준산업분류로 안내해 드립니다.

가. 한국표준산업분류(KSIC)는 통계법에 따라 유엔통계처(UNSD)가 권고한 국제표준산업분류(ISIC)에 기초하여 국가 기본통계 작성을 위해 운영하는 통계목적용 분류로 생산단위가 주로 수행하는 산업활동을 그 유사성에 따라 체계적으로 유형화한 것으로 생산단위가 수행하는 주된 산업활동(부가가치 크기가 큰)에 따라 분류합니다.

- 생산단위의 소유 형태, 법적 조직 유형 또는 운영 방식은 산업분류 적용에 영향을 미치지 않습니다. 따라서, 동일 산업활동을 수행하는 경우 인적구성 및 물적시설의 여부에 상관없이 동일한 산업으로 분류합니다.

나. 동영상을 기획 및 제작하여 인터넷 플랫폼을 통해 시청자에게 제공하는 것이 주된 산업활동인 경우 '5911 영화, 비디오물 및 방송 프로그램 제작업(대분류 J.정보통신업)'으로 분류합니다.

- 일반적인 동영상을 제작 · 제공하는 것이 주된 산업활동인 경우 '59111 일반 영화 및 비디오물 제작업(대분류 J.정보통신업)'으로 분류합니다. 실사 또는 컴퓨터 그래픽 등을 이용하여 애니메이션 동영상을 제작 · 제공하는 것이 주된 산업활동인 경우 '59112 애니메이션 영화 및 비디오물 제작업(대분류 J.정보통신업)'으로 분류합니다.
- 다만, 그 외 기타 특정 산업활동을 주로 수행하는 사업체가 관련 동영상 콘텐츠를 온라인으로 제공하는 경우에는 그 본질적인 산업활동 특성에 따라 분류합니다.

다. 웹툰작가, 만화가 등 독립적으로 비공연 예술활동에 종사하는 것이 주된 산업활동인 경우 '90132 비공연 예술가(대분류 R.예술, 스포츠 및 여가관련 서비스업)'으로 분류합니다.

※ 한국표준산업분류는 통계자료의 정확성 및 국가 간 비교성 확보를 위해 UN 권고의 국제표준산업분류를 기초로 작성 · 운용되는 통계목적분류입니다. 따라서, 행정 목적(업종추가, 사업자 등록, 공장 등록, 산업단지 입주, 세법 적용 등)으로 한국표준산업분류를 준용하는 경우, 해당 법령의 취지에 맞게 준용기관에서 최종 판단하여야 함을 알려드립니다.
상기 답변은 추가로 제공되는 정보에 따라 달라질 수 있음을 알려드립니다.
참고로, KSIC는 통계법 제22조에 의거 통계작성기관이 동일한 기준에 따라 통계를 작성할 수 있도록 유엔(UN)이 권고하고 있는 국제표준산업분류(ISIC)를 기초로 통계청장이 작성한 통계목적의 분류입니다.
따라서 KSIC가 통계작성 이외의 목적으로 활용되는 경우에는 해당 기관의 사용목적에 따라 달리 적용되어질 수 있으며, 위 답변내용 또한 질의하신 내용에 기초하여 통계작성의 측면에서 답변드렸음을 알려드립니다.

복식부기의무자인 유튜버가 사업용계좌를 신고하지 않은 경우 사업용계좌 미사용금액의 0.2%를 가산세로 부담하여야 하며, 창업중소기업 감면, 중소기업특별세액 감면 등을 받을 수 없다.[136)]

사업과 관련하여 재화 또는 용역을 공급받거나 공급하는 거래의 경우 다음의 어느 하나에 해당하는 때에는 사업용계좌를 사용하여야 한다.

① 거래의 대금을 금융기관을 통하여 결제하거나 결제받는 때

② 인건비 및 임차료를 지급하거나 지급받는 때. 다만, 인건비를 지급하거나 지급받는 거래 중에서 거래상대방의 사정으로 사업용계좌를 사용하기 어려운 것으로서 다음 각 호의 어느 하나에 해당하는 자와 한 거래는 제외한다.

1. 금융거래와 관련하여 채무불이행 등의 사유로 집중관리 및 활용되는 자
2. 외국인 불법체류자

**사례** **실무해석사례**

**1. 사실관계**

○ 신청법인은 국내사업장 없이 해외에서 체류하며 콘텐츠를 제작·유통하는 크리에이터와 '파트너십 계약'을 체결하고

- 동 채널을 통하여 얻는 광고수익 및 콘텐츠 판권 판매수익 등을 크리에이터와 분배하는 사업을 하고 있음.

○ 파트너십 계약에서 사용한 용어의 정의는 아래와 같음.

- 크리에이터 채널 : 유튜브를 포함한 네트워크 상의 채널로서, 크리에이터가 소유 또는 운영하는 곳
- 크리에이터 브랜드 자산 : 크리에이터가 제작하거나 크리에이터를 위해 제작된 모든 동영상 및 콘텐츠 채널
- 수익활동 : 크리에이터가 자신의 영향력을 활용하여 수행하는 광고, 브랜디드 콘텐츠, 강연, 상품판매, 출연, 대회 참여 등의 행위

○ 계약의 내용은 크리에이터는 신청법인에게 콘텐츠 크리에이터 및 대중문화예술인으로서의 활동(창작활동)에 대한 독점적인 매니지먼트 및 창작활동에 부수하는 사업에 대한 수행권한(매니지먼트 권한)을 위임하고 신청법인은 매니지먼트 권한을 위임받아 행사함.

- 신청법인은 크리에이터 브랜드 자산을 활용한 수익활동을 전개하고 이에 대한 수익은 수익활동에서 발생한 제반 비용을 제외한 수익금의 60%가 크리에이터에게 지급되고
- 그 밖에 필요한 경우 특약을 통해 수익 분배는 조정 가능함.

○ 크리에이터 브랜드 자산에 대한 저작권은 크리에이터가 보유하며 이를 활용한 수익활동에 대한 독점적·배타적 권리는 신청법인이 가지고

136) 조세특례제한법 제128조 제4항

- 신청법인은 크리에이터 브랜드 자산을 수정, 가공, 편집하여 다른 신청법인 소속 채널 및 파트너의 마케팅 목적으로 활용할 권한을 가짐.

2. 질의내용

○ 국내사업장이 없는 비거주자인 크리에이터가 내국법인과의 전속계약에 따라 동 내국법인으로부터 창작한 저작물의 수익활동에서 발생하는 대가를 지급받은 경우 그 대가가 국내원천소득에 해당하는지 여부

3. 회신

내국법인이 국내사업장이 없는 비거주자인 크리에이터와 전속계약을 체결하고, 동 내국법인이 해당 계약에 따라 크리에이터의 저작물 관련 수익활동으로 발생한 대가에서 제반 비용을 공제한 수익금을 약정된 비율에 따라 크리에이터에게 분배하는 경우, 이와 같이 동 크리에이터가 분배받은 금원은 「소득세법」 제119조 제10호에 따른 사용료소득에 해당하는 것이다(사전-2018-법령해석국조-0531, 2018. 12. 17).

# 제 6 절 웹툰작가의 세무실무

## 개 요

### 1. 웹툰작가의 개념

"웹툰(webtoon)은 웹(web)과 카툰(cartoon)의 합성어로, 인터넷이라는 웹 환경의 특수성을 감안하여 만들어진 새로운 양식의 만화"이다. 웹툰은 만화의 콘텐츠를 웹과 모바일에 최적화한 방식으로 생산 및 유통방법을 변형한 것이다. 출판 매체를 중심으로 유통되었던 만화는 디지털과 웹의 등장 이후 디지털 매체를 통해 웹에서 유통되기 시작했다. 웹툰은 생산방식을 디지털로 삼은 디지털 코믹(digital comic)과 출판 및 유통 방식을 웹 기반으로 한 웹 코믹(webcomic) 등이 발전하는 과정에서 한국적 맥락에서 생겨난 매체이다. 웹툰작가는 일반적으로 웹툰 플랫폼 등을 통해 웹툰을 연재하여 데뷔하는 작가로 정의할 수 있다. 그러나 작가 1인이 웹툰 기획/제작을 하는 전통적인 개념의 작가 외에도 공동제작이나 스튜디오 형태의 제작이 늘어나고 있다.[137] 웹툰은 웹을 통해 유통되며, 세로스크롤을 이용하여 화면을 내리면서 보는 만화로 정의한다. 이런 방식으로 생산되고 유통되는 웹툰은 한국에서 처음으로 생겨나고 발전한 것으로, 최근에는 세계 각국의 언어로 번역되어 전 세계에 걸쳐 유통되고 있는 상황이다.[138] 웹툰산업은 스마트폰에 최적화된 방식의 콘텐츠로 2022년 웹소설을 포함하여 네이버와 카카오의 매출만 약 2조 원에 이를 정도로 고속성장하고 있는 산업이다.

또한, 구독자 확보를 위해 무한경쟁 중인 글로벌 OTT(Over The Top)들이 오리지널 콘텐츠 확보를 위해 많은 관심을 쏟고 있는 분야이며, 이러한 추세에 힘입어 국내 기업들은 웹툰으로 확보한 지식재산권(IP: Intellectual Property)을 영화, 드라마 등으로 옮기면서 콘텐츠 사업의 글로벌 진출을 본격화하고 있다.

### 2. 웹툰산업의 사업구조

#### (1) 사업구조

초기 웹툰은 포털들의 이용자 유입을 위해 많이 활용되었고, 2010년대에 스마트폰의 확

137) 2023 웹툰사업자 실태조사, 한국콘텐츠진흥원, 2023. 11. p.12
138) 박범기, "아마추어 웹툰 작가의 생산 노동의 성격에 대한 연구", 2016. 8. p.27.

산으로 인해 유료화 비즈니스 모델이 정착되면서 경제적 가치를 창출하기 시작했다. 이렇게 웹툰산업이 발전하면서 제작과 유통과정은 전문화, 세분화되고 있는 웹툰산업의 핵심 참여자로는 웹툰의 기획 및 창작을 담당하는 작가, 기획, 제작, 유통, 2차 판권 등을 담당하는 CP(Contents Provider), 소비자에게 유통하는 플랫폼사가 있다.

[ 웹툰산업의 사업구조와 관련 당사자[139)] ]

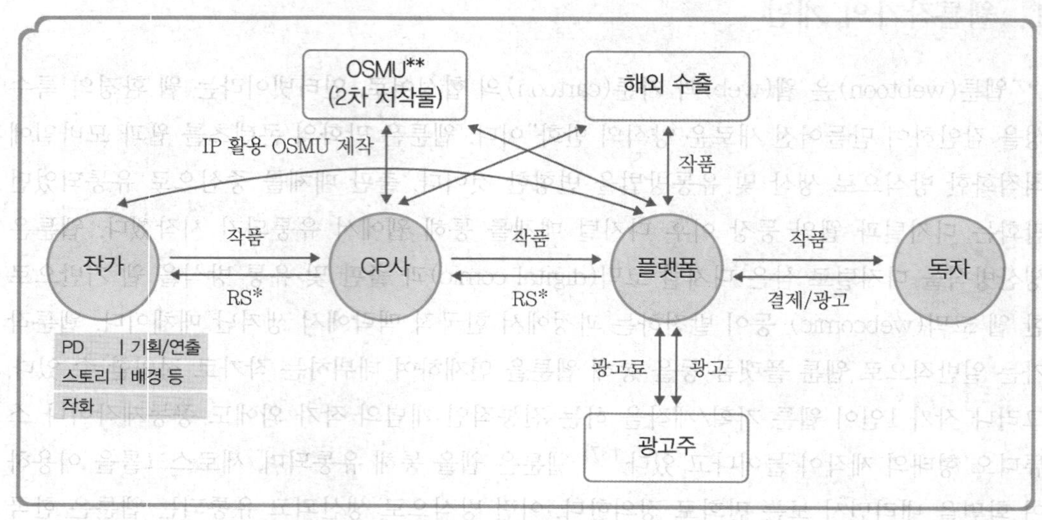


[ 웹툰산업 밸류체인[140)] ]

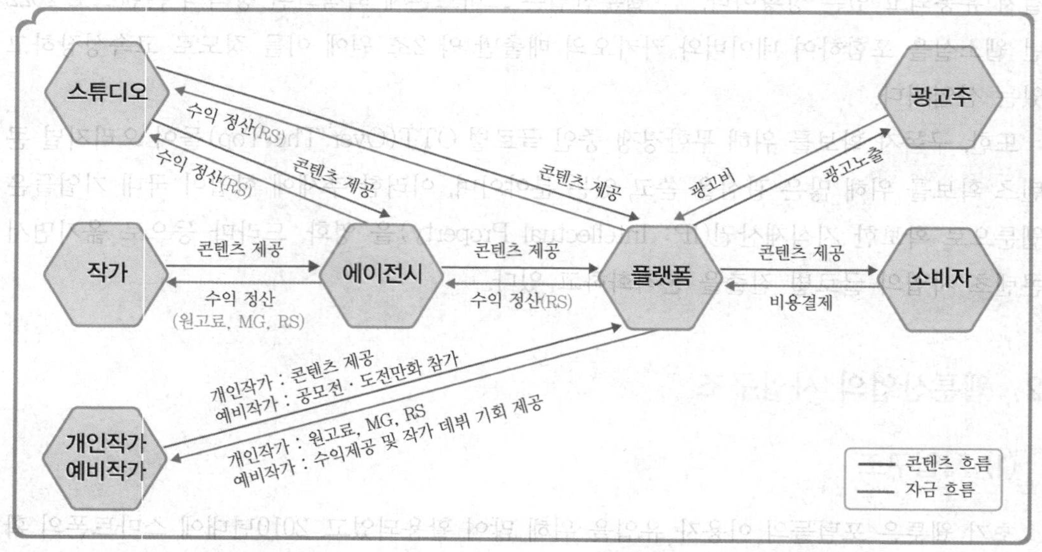


139) 신한투자증권 보고서

140) 독립리서치밸류파인더, 인뎁스산업보고서 Vol.01, 2024. 1. p.3

[ 에이전시(CP사)의 역할[141) ]

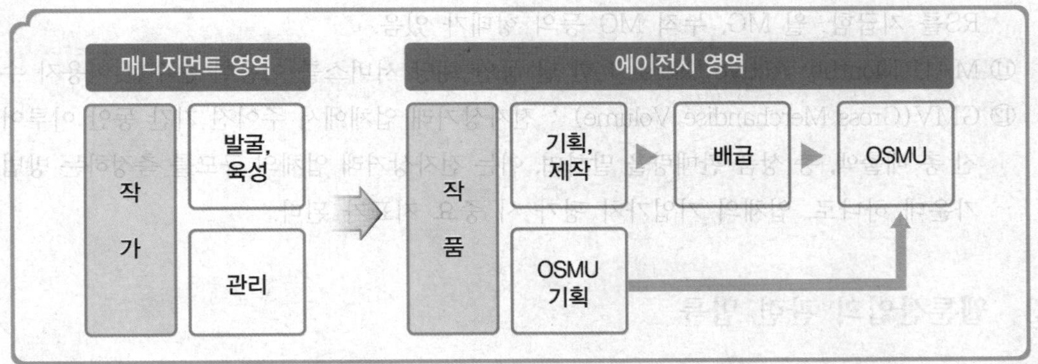


## (2) 용어의 정의[142)]

① 웹툰작가 : 웹툰 플랫폼 등을 통해 웹툰을 연재하여 데뷔하는 작가

② 웹툰PD : 출판만화에서 만화기사 또는 편집자 직무와 유사하나, 현재의 웹툰PD는 작가 섭외 및 작품 관리 외에도 다양한 직무를 수행

③ 플랫폼 : 네이버 웹툰, 카카오 웹툰 등 유통을 담당하는 상위 사업체로 단순 유통을 하는 플랫폼과 스튜디오 설립, 작가 직접계약을 통한 제작과 투자를 통해 작품을 유치하는 등 웹툰사업 전 분야에 걸쳐 참여

④ 에이전시 : 웹툰작가가 제작한 작품을 웹툰 플랫폼에 공급하는 유통역할을 하며 사업체별로 작가 전속계약을 포함한 매니지먼트도 동시에 영위하기도 함.

⑤ CP(Contents Provider)사 : 콘텐츠 제공자로서 콘텐츠를 제공하는 개인이나 사업체 전체를 의미

⑥ 스튜디오 : 웹툰의 기획, 제작 과정을 세분화하여 각 부문별 작가와 전문인력이 작품을 제작하여 플랫폼, 에이전시 등에 납품 또는 기성작가가 자신의 제품제작을 위해 설립하거나 CP사에서 자사 IP를 활용한 작품을 만들기 위해 설립하는 경우도 있음.

⑦ 프로덕션 : 웹툰의 전 과정을 기획, 제작

⑧ 디지털만화 : 온라인, 모바일을 통해 유통, 판매되는 디지털 코믹, 웹툰을 의미

⑨ RS(Revenue Share) : 수익분배비율을 의미하며 일반적으로 웹툰 매출액을 기준으로 플랫폼, CP사, 작가가 각 비율에 따라 나눠 갖는 수익분배비율을 의미

⑩ MG(Minimum Guarantee) : 최소 수익보장금을 의미하며 매출액과 관계없이 회사가 최소 수익을 보장해주는 금액. 일정금액을 회사가 선지급하고 이후 수익발생시 수익

141) 한국콘텐츠진흥원, 유안타증권리서치센타

142) 독립리서치밸류파인더, 인뎁스산업보고서 Vol.01, 2024. 1. p.2

배분액이 MG에 달할 때까지 일를 차감한 후 MG에 해당하는 금액이 모두 차감되면 RS를 지급함. 월 MG, 누적 MG 등의 형태가 있음.

⑪ MAU(Monthly Active Users) : 한 달 동안 해당 서비스를 이용한 순수한 이용자 수

⑫ GMV(Gross Merchandise Volume) : 전자상거래 업체에서 주어진 기간 동안 이루어진 총 매출액, 총 상품 판매량을 말하며, 이는 전자상거래 업체의 규모를 측정하는 방법 가운데 하나로, 업체의 기업가치 평가 시 중요 지표가 된다.

## 3. 웹툰산업의 관련 법률

### (1) 저작권법

제2조(정의)

이 법에서 사용하는 용어의 뜻은 다음과 같다.

1. "저작물"은 인간의 사상 또는 감정을 표현한 창작물을 말한다.
2. "저작자"는 저작물을 창작한 자를 말한다.
3. "공연"은 저작물 또는 실연(實演)·음반·방송을 상연·연주·가창·구연·낭독·상영·재생 그 밖의 방법으로 공중에게 공개하는 것을 말하며, 동일인의 점유에 속하는 연결된 장소 안에서 이루어지는 송신(전송은 제외한다)을 포함한다.
4. "실연자"는 저작물을 연기·무용·연주·가창·구연·낭독 그 밖의 예능적 방법으로 표현하거나 저작물이 아닌 것을 이와 유사한 방법으로 표현하는 실연을 하는 자를 말하며, 실연을 지휘, 연출 또는 감독하는 자를 포함한다.
5. "음반"은 음(음성·음향을 말한다. 이하 같다)이 유형물에 고정된 것(음을 디지털화한 것을 포함한다)을 말한다. 다만, 음이 영상과 함께 고정된 것은 제외한다.

제4조(저작물의 예시 등)

① 이 법에서 말하는 저작물을 예시하면 다음과 같다.

1. 소설·시·논문·강연·연설·각본 그 밖의 어문저작물
2. 음악저작물
3. 연극 및 무용·무언극 그 밖의 연극저작물
4. 회화·서예·조각·판화·공예·응용미술저작물 그 밖의 미술저작물
5. 건축물·건축을 위한 모형 및 설계도서 그 밖의 건축저작물
6. 사진저작물(이와 유사한 방법으로 제작된 것을 포함한다)
7. 영상저작물
8. 지도·도표·설계도·약도·모형 그 밖의 도형저작물
9. 컴퓨터프로그램저작물

### (2) 문화예술진흥법

> 제2조(정의)
>
> ① 이 법에서 사용하는 용어의 뜻은 다음과 같다.
>
> 1. "문화예술"이란 문학, 미술(응용미술을 포함한다), 음악, 무용, 연극, 영화, 연예(演藝), 국악, 사진, 건축, 어문(語文), 출판, 만화, 게임, 애니메이션 및 뮤지컬 등 지적, 정신적, 심미적 감상과 의미의 소통을 목적으로 개인이나 집단이 자신 또는 타인의 인상(印象), 견문, 경험 등을 바탕으로 수행한 창의적 표현활동과 그 결과물을 말한다.
> 2. "문화산업"이란 문화예술의 창작물 또는 문화예술 용품을 산업 수단에 의하여 기획·제작·공연·전시·판매하는 것을 업(業)으로 하는 것을 말한다.
> 3. "문화시설"이란 문화예술 활동에 지속적으로 이용되는 다음 각 목의 시설을 말한다.
>
> 가.「공연법」제2조 제4호에 따른 공연장 등 공연시설
>
> 나.「박물관 및 미술관 진흥법」제2조 제1호 및 제2호에 따른 박물관 및 미술관 등 전시시설
>
> 다.「도서관법」제3조 제1호에 따른 도서관 등 도서시설
>
> 라.「문학진흥법」제2조 제5호에 따른 문학관
>
> 마. 문화예술회관 등 공연시설과 다른 문화시설이 복합된 종합시설
>
> 바. 예술인이 창작활동을 영위하기 위한 창작공간으로서 다중이용에 제공되는 시설 또는 예술인의 창작물을 공연·전시 등을 하기 위하여 조성된 시설
>
> 사. 그 밖에 대통령령으로 정하는 시설

## 4. 웹툰작가의 계약형태의 평균수입[143)]

### (1) 계약형태 비중

웹툰작가의 계약형태는 작품당 연재계약이 80.7%로 가장 큰 비중을 차지하고 있으며 플랫폼과 직접 계약한 작가의 89.1%는 작품당 연재계약을 맺고 9.7%는 근로계약, 3.4%는 한시적 계약을 맺고 있다. 이에 비해 에이전시·프로덕션·스튜디오와 계약한 작가는 70.1%가 작품당 연재계약을 맺고 20.5%가 근로계약, 17.6%가 한시적 계약을 맺는 형태이다.

### (2) 계약형태별 수수료 비중

플랫폼과 계약한 작가가 플랫폼에 내는 수수료는 작품 매출의 21~40% 등 다양하며 에이전시·프로덕션·스튜디오와 계약한 에이전시 등과 플랫폼에 내는 전체 수수료는 작품 매출의 41~50%가 높은 비중을 차지하고 있다.

143) 웹툰작가 실태조사, 2021. 한국콘텐츠진흥원

### (3) 웹툰작가의 수입

포털형 플랫폼 연재작가의 연간 총수입은 평균 1억 696만원, 웹툰전문 플랫폼 연재작가는 5,945만원에 이른다. 주소득원 RS, 원고료, MG순이다.

> **제4조(입주자모집공고에 제시되는 선택품목의 제한)**
> ① 제7조 제1항에 따른 분양가격에 포함되지 아니하는 품목으로서 사업주체가 입주자모집공고에 제시하여 입주자에게 추가로 선택할 수 있도록 하는 품목(이하 추가선택품목이라 한다)은 다음 각 호로 한정한다.
> 1. 발코니 확장
>
> ② 사업주체는 제1항 각 호를 추가선택품목으로 하는 경우에는 입주자모집공고에 그에 따른 비용을 해당 주택의 분양가격과 구분하여 표시하여야 한다.

> **웹툰 연재계약서(제2조 제5호 관련)〈일부〉**
> **제2조(정의)**
> 1. "대상 저작물"은 위에 표시한, 이 계약의 목적이 되는 저작물을 말한다.
> 2. "복제"는 대상 저작물을 인쇄·사진촬영·복사·녹음·녹화 그 밖의 방법으로 일시적 또는 영구적으로 유형물에 고정하거나 다시 제작하는 것을 말한다.
> 3. "공중"은 불특정 다수인(특정 다수인을 포함한다)을 말한다.
> 4. "공중송신"은 대상 저작물을 공중이 수신하거나 접근하게 할 목적으로 무선 또는 유선통신의 방법에 의하여 송신하거나 이용에 제공하는 것을 말한다.
> 5. "전송(傳送)"은 공중송신 중 공중의 구성원이 개별적으로 선택한 시간과 장소에서 접근할 수 있도록 저작물 등을 이용에 제공하는 것을 말하며, 그에 따라 이루어지는 송신을 포함한다.
> 6. "사이트"란 서비스업자 또는 제3자가 이용자에게 대상 저작물을 제공하기 위하여 구축, 운영하고 있는, 인터넷 서비스를 제공하는 서버가 설치되어 있는 호스트 컴퓨터 시스템을 말한다.
> 7. "온라인 서비스"란 「정보통신망 이용촉진 및 정보보호 등에 관한 법률」 제2조 제1항 제1호 소정의 정보통신망을 통하여 대상 저작물을 복제, 전송하는 것을 말한다.
> 8. '연재'란 대상 저작물을 '사이트'에 회 단위로 분리하여 일정 기간 동안 일정 주기마다 게재하는 것을 말한다.
> 9. "2차적 저작물"은 대상 저작물을 번역·편곡·변형·각색·영상제작 그 밖의 방법으로 작성한 창작물을 말한다.
> 10. "Product Placement(PPL)"은 대상 저작물의 내용이나 맥락 내에 업체의 브랜드 이름이 보이는 상품을 배치하거나, 업체의 이미지나 명칭, 특정장소 등을 노출시키는 등의 방법으로 독자들에게 업체나 상품을 간접적으로 홍보하는 방식의 광고마케팅을 말한다.

11. "완전원고"는 대상 저작물의 연재를 위하여 필요하고도 완전한 원고를 말한다.

**제10조 (연재료, 후기 등 제작료 및 PPL 수익 배분 등)**

① 서비스업자는 저작권자에게 매달 ○○일까지 ________원 또는 1편당 __________원을 저작권자와 서비스업자가 합의한 일자에 연재료로 저작권자의 지정 계좌에 지급한다.

② 서비스 업자가 저작권자에게 별도의 예고편과 후기 제작, 일러스트레이션 제작 등을 요구하는 경우에는 이에 대한 별도의 비용을 지급하여야 한다. 이때 지급할 금전은 당사자간 서면 합의에 의한다.

③ 저작권자 또는 서비스업자는, 그 수익 방법의 배분 방법을 기재한 별도의 서면 합의에 의해, 대상 저작물에 PPL을 삽입할 수 있다. 다만 구체적인 서면 합의는 PPL을 실시하는 경우에 다시 체결한다.

## Ⅱ 웹툰작가의 부가가치세 실무

### 1. 과세 · 면세의 판단기준[144)]

#### (1) 개인이 인적시설 · 물적시설이 없는 경우

개인이 물적시설 없이 근로자를 고용(고용 외의 형태로 해당 용역의 주된 업무에 대해 타인으로부터 노무 등을 제공받는 경우를 포함한다)하지 아니하고 독립된 자격으로 용역을 공급하고 대가를 받는 저술 · 서화 · 도안 · 조각 · 작곡 · 음악 · 무용 · 만화 · 삽화 · 만담 · 배우 · 성우 · 가수 또는 이와 유사한 인적 용역은 부가가치세를 과세하지 아니한다.[145)] 물적시설이란 계속적 · 반복적으로 사업에만 이용되는 건축물 · 기계장치 등의 사업설비(임차한 것을 포함한다)를 말한다. 이 경우 인적용역을 사업소득(3.3%)으로 원천징수하고 종합소득세를 신고하여야 한다.

---

144) 부가가치세법 시행령 제42조에 따르면 개인사업자가 근로자를 고용하지 않고 독립된 자격으로 만화 및 삽화 용역을 공급할 경우에는 부가가치세가 면제되지만, 법인이 용역을 제공하는 경우는 과세 대상에 해당한다. 그렇다고 웹툰 법인이 전부 부가가치세 과세 대상이 되는 것은 아니다.
출판업을 영위하는 법인이 문화체육관광부가 정하는 전자출판물에 해당하는 콘텐츠를 직접 공급할 경우 부가가치세가 면제된다. 이 때문에 웹툰작가가 법인 업종을 출판업으로 등록하고, 국제표준도서번호(ISBN)와 같은 식별번호 내지 국제표준자료번호를 받아 웹툰 콘텐츠를 플랫폼에 직접 공급하면 부가가치세를 내지 않아도 된다. 다만, 출판업 등록, ISBN 부여, 직접 공급 가운데 한 가지 요건이라도 채우지 못한다면 다시 과세 대상이 된다. 여기서 ISBN 부여는 웹툰 업계의 오랜 논쟁거리기도 하다.
업계는 회차별로 연재되는 웹툰이 권당 부여되는 출판물 ISBN과 맞지 않는다는 점을 꾸준히 지적해왔다. 현재 한국콘텐츠진흥원이 '웹툰분야 UCI 표준식별체계도입 및 활용 방안 기초연구 위탁용역'을 진행 중이며, 용역 보고서는 이달 말 나올 예정이다. 한 만화계 관계자는 "웹툰 작가들은 복잡한 세금 문제를 제대로 알지 못하는 경우가 많다"며 "일부러 탈세했다기보다는 실수로 누락하는 경우가 있는 것으로 안다"고 설명했다(연합뉴스, 2023. 2. 21).

145) 부가가치세법 시행령 제42조 제1호

### 1) 세법개정 내용

| 개정 전(2024. 2. 29. 이전) | 개정 후(2024. 2. 29. 이후) |
| --- | --- |
| 부가가치세법 시행령 제42조【저술가 등이 직업상 제공하는 인적 용역으로서 면세하는 것의 범위】<br>법 제26조 제1항 제15호에 따른 인적(人的) 용역은 독립된 사업(여러 개의 사업을 겸영하는 사업자가 과세사업에 필수적으로 부수되지 아니하는 용역을 독립하여 공급하는 경우를 포함한다)으로 공급하는 다음 각 호의 용역으로 한다.<br>1. 개인이 기획재정부령으로 정하는 물적 시설 없이 근로자를 고용하지 아니하고 독립된 자격으로 용역을 공급하고 대가를 받는 다음 각 목의 인적 용역 | 부가가치세법 시행령 제42조【저술가 등이 직업상 제공하는 인적 용역으로서 면세하는 것의 범위】<br>법 제26조 제1항 제15호에 따른 인적(人的) 용역은 독립된 사업(여러 개의 사업을 겸영하는 사업자가 과세사업에 필수적으로 부수되지 아니하는 용역을 독립하여 공급하는 경우를 포함한다)으로 공급하는 다음 각 호의 용역으로 한다.<br>1. 개인이 기획재정부령으로 정하는 물적 시설 없이 근로자를 고용**(고용 외의 형태로 해당 용역의 주된 업무에 대해 타인으로부터 노무 등을 제공받는 경우를 포함한다)**하지 아니하고 독립된 자격으로 용역을 공급하고 대가를 받는 다음 각 목의 인적 용역 |

### 2) 검토

2024. 2. 29 개정된 내용을 보면 괄호에 다음이 추가되었는데 "고용 외의 형태로 해당 용역의 주된 업무에 대해 타인으로부터 노무 등을 제공받는 경우를 포함한다"라는 의미가 무엇인지 살펴본다. 부가가치세가 면세되기 위해서는 다음의 요건이 필요하다.

첫째, 물적시설이 없어야 한다. 물적시설이란 계속적·반복적으로 사업에만 이용되는 건축물·기계장치 등의 사업설비(임차한 것을 포함한다)를 말한다. 웹툰작가의 경우 물적시설은 사무실, 비품, 스튜디오 설치 등이 해당될 것이다.

둘째, 근로자를 고용하지 말아야 한다. 근로자에 대한 명확한 정의는 세법에 규정되어 있지 않다. 따라서 노동관계법 등에서 차용하여 해석하여야 한다. "근로자"란 직업의 종류와 관계없이 임금을 목적으로 사업이나 사업장에 근로를 제공하는 자를 말한다.[146] 또한, "근로자"라 함은 직업의 종류를 불문하고 임금·급료 기타 이에 준하는 수입에 의하여 생활하는 자를 말한다.[147] 산업재해보상보험법에서 '근로자'란 근로기준법에 따른 근로자를 의미한다. 근로기준법상의 근로자에 해당하는지는 계약의 형식이 고용계약, 도급계약 또는 위임계약인지 여부보다 근로제공 관계의 실질이 근로제공자가 사업 또는 사업장에 임금을 목적으로 종속적인 관계에서 사용자에게 근로를 제공하였는지 여부에 따라 판단하여야 한다. 여기에서 종속적인 관계가 있는지는 업무 내용을 사용자가 정하고 취업규칙 또는 복무규정

146) 근로기준법 제2조 제1항 제1호
147) 노조법 제2조 제1항

등의 적용을 받으며 업무수행과정에서 사용자가 상당한 지휘·감독을 하는지, 사용자가 근무시간과 근무장소를 지정하고 근로제공자가 이에 구속을 받는지, 근로제공자가 스스로 비품·원자재나 작업도구 등을 소유하거나 제3자를 고용하여 업무를 대행하게 하는 등 독립하여 자신의 계산으로 사업을 영위할 수 있는지, 근로제공을 통한 이윤의 창출과 손실의 초래 등 위험을 스스로 안고 있는지, 보수의 성격이 근로 자체의 대상적 성격인지, 기본급이나 고정급이 정하여졌고 근로소득세를 원천징수하였는지, 그리고 근로제공 관계의 계속성과 사용자에 대한 전속성의 유무와 정도, 사회보장제도에 관한 법령에서 근로자로서 지위를 인정받는지 등의 경제적·사회적 여러 조건을 종합하여 판단하여야 한다. 다만 기본급이나 고정급이 정하여졌는지, 근로소득세를 원천징수하였는지, 사회보장제도에 관하여 근로자로 인정받는지 등의 사정은 사용자가 경제적으로 우월한 지위를 이용하여 임의로 정할 여지가 크다는 점에서 그러한 점들이 인정되지 않는다는 것만으로 근로자성을 쉽게 부정하여서는 안 된다. 회사나 법인의 이사 또는 감사 등 임원이라도 그 지위 또는 명칭이 형식적·명목적인 것이고 실제로는 매일 출근하여 업무집행권을 갖는 대표이사나 사용자의 지휘·감독 아래 일정한 근로를 제공하면서 그 대가로 보수를 받는 관계에 있다거나 또는 회사로부터 위임받은 사무를 처리하는 외에 대표이사 등의 지휘·감독 아래 일정한 노무를 담당하고 그 대가로 일정한 보수를 지급받아 왔다면 그러한 임원은 근로기준법상의 근로자에 해당한다.[148] 고용노동부의 근로자성의 판단에 대하여 다음과 같이 기준을 제시하고 있다.

**가. 판단기준**

(1) 직업의 종류를 불문
- 직업의 종류, 정신노동·육체노동·사무노동, 상용·일용·임시직·촉탁직 등 근무형태, 직종·직급 등을 불문

(2) 사용종속관계 아래서 근로제공

① 업무의 내용이 사용자에 의하여 정하여지고 업무의 수행과정도 구체적으로 지휘·감독을 받는지 여부

② 근로자가 업무를 수행함에 있어 사용자로부터 정상적인 업무수행명령과 지휘·감독에 대하여 거부할 수 있는지 여부
- 취업규칙·복무규정·인사규정 등의 적용을 받으며 업무수행과정에서도 사용자로부터 구체적이고 직접적인 지휘·감독을 받는지

③ 시업과 종업시각이 정하여지거나 사용자의 구속을 받는 근로시간이 구체적으로 정하여져 있는지 여부
- 사용자에 의해 근무시간과 근무장소 지정 여부

148) 대법원 2017. 9. 7 선고 2017두46899 판결

④ 지급받은 금품이 업무처리의 수수료 성격이 아닌 순수한 근로의 대가인지 여부

⑤ 복무위반에 대하여 제재를 받는지 여부

⑥ 비품・원자재・작업도구 등의 소유관계

- 이때 비싼 작업도구, 현저히 높은 보수, 업무수행상의 손해의 부담 등의 요건을 갖추고 있을 경우 근로자성 부인

⑦ 사회보장제도에 관한 법령 등 다른 법령에 의해 근로자로서의 지위를 인정받고 있는지 여부

- 4대보험 적용여부 등

⑧ 대체성, 근로제공관계의 계속성과 전속성 유무와 정도

- 근로자 스스로가 제3자를 고용하여 업무를 대행케 하는 업무의 대체성 유무
- 겸업가능성 여부

⑨ 근로소득세의 원천징수 여부 등 보수에 관한 사항

- 기본급이나 고정급이 정하여져 있는지 여부

### 나. 근로자성 부인 사례 (예)

① 보험보집인

- 출・퇴근 및 활동구역에 있어 특별한 제한을 받지 않음(조회 불참시 수당에 영향을 미치지만 다른 제재조치가 없어 출・퇴근이 엄격히 통제된다고 보기 어려움)
- 보험모집. 수금업무 등에 있어서도 각자의 재량과 능력에 따라 업무를 수행하고 있어 회사로부터 직접적이고 구체적인 지휘・감독을 받는다고 보기 어려움.
- 보험모집 실적에 따라 수당을 지급받고 있음.
- 실적미달시 수당감소・해촉 이외에 징계 등 제재조치가 없음.
- 겸업이 가능하여 회사에 전속되어 있다고 보기 어려움.

② 학습지 제작・판매회사의 관리교사

- 교재의 배분과 판매알선 및 학습진도에 대해 관리위탁하고 그에 따른 소정의 수수료 지급
- 회원학습진도 관리시 업무수행방법・시간 등에 있어서는 회사로부터 구체적이고 직접적인 지휘・감독을 받지 아니하고 관리교사가 자율적으로 관리일정을 정하여 관리하는 점
- 고정급이 책정되어 있지 않고 회원들에게 판매한 교제비의 일정률을 판매수당으로 지급받고 이에 따라 관리교사의 월별 수입이나 관리교사간 월별수입이 상이한 점
- 위탁업무의 원활한 수행을 위해 위탁업무 실적독려 등 최소한의 지시자 교육을 하는 것은 위탁계약의 의무이행 과정의 일환으로만 봄.

### 다. 근로자성 인정사례

① 법인이사

- 법령, 정관 등의 규정에 의하여 이사, 무한책임사원 등 업무집행권을 가진 자의 지휘・감독을 받아 사실상 노무에 종사하고 그 대가로 임금을 받은 경우(이사, 무한책

임사원 기타 법인단체 또는 조합 등의 대표자 또는 집행기관의 지위에 있는 자는 사업주와 사용종속관계가 없음)

※ 그렇더라도 법령이나 정관에 의해 업무집행권이 있는 자는 근로자가 아님

- 감사는 법령상 원칙적으로 사업주를 겸할 수 없으므로 일반의 근로자와 같이 임금을 목적으로 근로를 제공하는 경우에는 근로자로 취급함.

② 학원강사

- 학원의 강의계획표에 의하여 학원에서 제공(정)한 교재로 강의를 하며 강의진도도 시험 때까지 마치도록 하는 등 구체적인 지휘·감독을 받는 점
- 강의 이외의 업무로서 학원측에서 담임을 맡기고 담임으로서 임무를 부여하고 담임의 임무를 해태할 경우 담임을 주지 않는 등 제재를 가하는 점
- 시업시각과 종업시각이 명시적으로 정해져 있지 않으나 본수업과 야간수업에 맞추어 담임으로서 학생들의 출결사항 등을 확인하도록 되어 있어 사실상 출·퇴근에 제약을 받는 점
- 학생들에게 설문조사를 하여 반응이 좋지 않은 강사는 권고사직을 시킨다는 점
- 학원측의 허락을 받고 다른 학원에서 강의를 한 적이 있는 점
- 학원측 의도대로 응하지 않을 경우 수업을 배정하지 않고 제재를 하는 점
- 보수는 수강생수와 관계없이 수강형태(주간반, 야간반, 수능반)에 따라 시간급을 정하고 실제 강의시간수에 따라 대가를 지급하는 점

※ 비록 기본급여가 없이 강의시간수에 따라 성과급제로 급여를 받으며 개인사업소득자로 신고되어 사업소득세를 납부하고 있는 점은 근로자성이 부인되는 요소이나 전반적으로 근로자성이 인정되는 요소가 월등히 많은 점

위와 같이 대법원과 고용노동부에서 근로자성은 임금을 목적으로 하는 사용종속성이 가장 핵심적인 요소로 보여진다. 세법이 개정되기 전에는 근로자에 대한 정의가 명확하지 않았다. 예를 들어 웹툰작가가 어시스트에게 편집을 의뢰하고 그 대가를 지급할 때 사업소득으로 보아 3.3%로 원천징수하는 경우 근로자로 볼 것인가에 대하여 논란이 있어왔다. 따라서 세법을 개정하여 이 경우에도 인적시설을 갖춘 것으로 보아 부가가치세를 과세하기 위한 취지이다.

### 3) 실무상 검토

웹툰작가나 학원강사 등 인적용역 등 사업소득에 대하여 종합소득세를 신고할 때 다음과 같이 손익계산서를 작성하는 경우 부가가치세에 대한 쟁점이 발생할 수 있으니 특히 주의하여야 한다.

| 손익계산서 |

| | | |
|---|---|---|
| 1. 매출액(수수료 수입) | 300,000,000 | 플랫폼 사업자로부터 사업소득으로 원천징수 |
| 2. 급료 및 임금 | 30,000,000 | 웹툰제작에 기획, 자문, 부수적인 업무수행 |
| 3. 감가상각비 | 10,000,000 | 스튜디오, 사무실 비품 등 |
| 4. 지급임차료 | 12,000,000 | 사무실 임대료 |
| 5. 외주용역비 | 50,000,000 | 고용 외의 형태로 해당 용역의 주된 업무에 대해 타인으로부터 노무 등을 제공 |

위 손익계산서를 보면 급료 및 임금은 인적시설에 해당되고 감가상각비, 지급임차료는 물적설비에 해당된다. 또한 웹툰제작에 대하여 일부 외주를 주고 용역비에 대하여 사업소득(3.3%)으로 원천징수한 경우에도 인적시설을 갖춘 것으로 보아 부가가치세가 과세될 가능성이 높다.

### (2) 개인이 인적시설·물적시설이 있는 경우

개인이 사무실이 있어 스튜디오 등을 설치하고 근로자를 고용(어시스턴트)한 경우 부가가치세가 과세되므로 사업자등록을 하여야 한다.

### (3) 법인의 경우

웹툰작가가 법인을 설립하여 작가활동을 하는 경우 법인설립신고 및 사업자등록신청을 하고 부가가치세를 신고·납부하여야 한다. 사업자가 독립된 자격으로 만화 및 삽화용역을 제공하고 그 대가를 받은 경우에는 부가가치세가 면제되는 영역에 해당하나, 법인이 공급하는 인적용역은 부가가치세가 과세된다(부가 46015-1964, 1994. 9. 27).

### (4) 출판업 등록의 경우

출판사는 **도서(전자출판물 포함) 등 공급에 해당**되어 부가가치세를 면제한다. 즉, 도서(도서대여 용역 포함)·신문·잡지 등은 부가가치세를 면제한다.[149] 도서는 도서에 부수하여 그 도서의 내용을 담은 음반·녹음테이프 또는 비디오테이프를 첨부하여 통상 **하나의 공급단위로 공급하는 것**을 포함하는 것으로 한다. 또한, 전자출판물이라 함은 도서 또는 간행물의 형태로 출간된 내용 또는 출간될 수 있는 내용이 음향이나 영상과 함께 전자적 매체에 수록되어 컴퓨터 등 전자장치를 이용하여 그 내용을 보고 듣고 읽을 수 있는 것으로서

149) 부가가치세법 제27조 제2호

문화체육관광부장관이 정하는 기준에 적합한 전자출판물을 말한다. 다만, 「음악산업진흥에 관한 법률」, 「영화 및 비디오물의 진흥에 관한 법률」 및 「게임산업진흥에 관한 법률」의 적용을 받는 것을 제외한다. 그리고, 출판사업을 영위하는 사업자가 문화체육관광부장관이 정하는 기준(문화체육관광부고시 제2008-7호, 2008. 5. 1)에 해당하는 전자출판물을 공급하는 경우에는 그 전자출판물을 공급하는 방식에 관계없이 당해 전자출판물은 「부가가치세법」 제12조 제1항 제7호 및 같은 법 시행령 제32조 제6항에서 정하는 부가가치세가 면제되는 도서의 범위에 포함되는 것이다(부가-3251, 2008. 9. 24). 출판업자가 「부가가치세법 시행규칙」 제26조에 따른 전자출판물에 해당하는 PDF 형식의 전자파일을 출판사에 공급하고 전자파일 공급가액 및 사업성과 배분금액을 받는 경우 해당 전자출판물의 공급은 같은 법 제26조 제1항 제8호 및 같은 법 시행령 제38조 제1항에 따라 부가가치세가 면제되는 것이다(법규부가 2013-240, 2013. 7. 5). 다만, 법인이 웹툰이나 작품을 네이버웹툰 등 플랫폼에 직접 연재하면 면세가 되나 에이전시를 통하여 위탁하거나 대리하여 연재하는 경우 부가가치세가 과세된다. 콘텐츠를 제작하여 납품하는 전자출판물이 문화체육관광부장관이 정하는 기준(문화체육관광부고시 제2018-36호)에 해당하는 경우에는 부가가치세가 면제되나, 개인소유의 저작권을 번역·출판할 수 있는 권리를 포괄위임받아 계약상의 원인으로 제3자에게 당해 권리를 사용하게 하고 그 대가를 받는 경우에는 주된 거래인 재화의 공급에 필수적으로 부수되는 용역(권리의 사용대가)의 공급에 해당되지 아니하여 부가가치세가 면제되지 아니하는 것이다(서면-2019-부가-3377, 2020. 4. 3).

### 1) 전자출판물의 부가가치세 면제기준

전자출판물이라 함은 출판되어 있는 도서 또는 영 제32조 제2항에서 규정하는 간행물의 내용을 음향이나 영상과 함께 전자적 기록매체에 수록한 물체로서 컴퓨터 등 전자장치를 이용하여 그 내용을 보고 듣고 읽을 수 있는 것을 말한다. 다만, 음반및비디오물에관한법률의 적용을 받는 것을 제외한다. 부가가치세법 시행령 제32조 및 동법 시행규칙 제11조의 규정에 따라 부가가치세가 면세되는 전자출판물의 범위를 규정하기 위한 전자출판물의 기준을 다음과 같이 고시한다(문화체육관광부고시 제2018-36호, 2018. 10. 16).

**관련법조문**

◈ **전자출판물에 대한 부가가치세 면세대상 기준 고시**

| 구분 | 내 용 |
|---|---|
| 가. 형태 및 내용 | 「출판문화산업 진흥법」 제2조 제4호(단, 외국 전자출판물은 「출판문화산업진흥법」에 따라 신고한 출판사가 아닌 출판사도 허용) 및 「부가가치세법 |

| 구분 | 내　용 |
|---|---|
| | 시행규칙」 제26조, 제38조의 규정에 의한 전자출판물<br>※ 다만, 「음악산업진흥에 관한 법률」, 「영화 및 비디오물의 진흥에 관한 법률」 및 「게임산업진흥에 관한 법률」의 적용을 받는 것은 제외함 |
| 나. 기록사항 | 「출판문화산업진흥법」 제2조 제3호, 제22조 제3항(외국 전자출판물은 제외), 동법 시행령 제3조의 기록사항(저자, 발행인, 발행일, 정가, 출판사, 자료번호) |
| 다. 자료번호 | 「콘텐츠산업진흥법」 제23조의 "콘텐츠 식별체계"의 식별번호(사단법인 한국전자출판협회가 인증시 부여) 또는 「도서관법」 제21조의 "국제표준자료번호"<br>※ 다만, 외국 전자출판물은 국립중앙도서관이 아닌 기관으로부터 부여받은 국제표준 자료번호도 허용 |

### 2) ISBN /UCI 코드 부여

부가가치세 면제를 받기 위한 도서출판물은 콘텐츠 식별체계의 "식별번호" 또는 도서관법 제21조[150]의 "국제표준자료번호"를 부여받아야 한다. 도서는 권별로 부여되는데 웹툰은 연재작별로 ISBN(International Standard Book Number)이 부여된다. ISBN을 부여받은 작가가 직접 공급하는 경우에는 부가가치세가 면제된다. ISBN은 국립중앙도서관에서 부여[151]받을 수 있는데 연재형 웹툰 · 웹소설에 대하여 ISBN부여는 2025. 12. 31.에 종료되고 콘텐츠산업진흥법 제23조[152]의 콘텐츠식별체계의 "식별번호(UCI, Universal Content Identifier)"를 받아야 한다.[153]

---

150) ① 누구든지 도서관자료(온라인 자료는 제외한다. 다만, 온라인 자료 중 제23조에 따라 국제표준자료번호를 부여받은 온라인 자료는 포함한다. 이하 이 조에서 같다)를 발행 또는 제작한 경우 그 발행일 또는 제작일부터 30일 이내에 그 도서관자료를 국립중앙도서관에 납본하여야 한다.

151) 국립중앙도서관(https://www.nl.go.kr/seoji/)

152) 제23조(콘텐츠 식별체계)
① 정부는 콘텐츠의 권리관계와 유통 · 이용의 선진화 등을 위하여 콘텐츠 식별체계(이하 "식별체계"라 한다)에 관한 시책을 수립 · 시행하여야 한다.
② 문화체육관광부장관은 식별체계를 확립 · 보급하기 위하여 다음 각 호의 사업을 추진하여야 한다.
1. 식별체계 연구 개발
2. 식별체계 표준화
3. 식별체계 이용, 보급 및 확산
4. 식별체계 등록, 인증, 평가 및 관리
5. 식별체계의 국제표준화를 위한 협력
6. 그 밖에 식별체계를 활용하기 위하여 필요한 사업

153) https://www.uci.or.kr/?menuno=1

## 2. 웹툰의 수출과 영세율

### (1) 영세율의 취지

현행 부가가치세의 과세방법은 **전단계세액공제법**을 취하고 있다. 이 방식은 공급받는 거래상대방으로부터 거래징수한 매출세액에서 거래징수당한 매입세액을 공제한 차액을 납부세액으로 하는 방식이다. 영세율이란 매출세액은 영(0)이 되고 자기사업을 위하여 부담한 매입세액은 전액 공제되어 환급세액이 발생하는 것을 말한다. 이와 같이 영세율을 적용하는 경우에는 자기사업을 위하여 부담한 매입세액까지도 환급받게 됨으로써 부가가치세 부담이 전액 제거되므로 이를 **완전면세제도**라고 한다. 여기에서 자기사업이란 자기책임과 계산 하에 부가가치세가 과세되는 사업을 영위하는 것을 말한다. 재화의 수출입에 관한 소비세 과세방식은 관세 및 무역에 관한 일반협정(GATT)상의 일반원칙인 **소비지국 과세원칙**에 따라 재화를 수출하는 경우에 수출국(생산지국)과 수입국(소비지국)에서 부가가치세를 각각 과세하게 되면 동일 재화·용역에 대하여 이중과세가 발생한다. 이를 해결하기 위하여 당해 재화를 수출(생산)하는 국가에서는 소비세를 과세하지 아니하고 수입국(소비지국)에서 과세하도록 함으로써 **국제적 이중과세 방지**에 기여하고 있다.

### (2) 웹툰의 수출[154)]

#### 1) 대외무역법상 수출의 정의

거주자가 비거주자에게 정보통신망을 통한 전송과 그 밖에 산업통상자원부장관이 정하여 고시하는 방법으로 제4조에 따른 전자적 형태의 무체물(無體物)을 인도하는 것은 수출에 해당된다.[155)] 전자적 형태의 무체물이란 다음의 어느 하나에 해당하는 것을 말한다.

① 「소프트웨어 진흥법」 제2조 제1호에 따른 소프트웨어

② 부호·문자·음성·음향·이미지·영상 등을 디지털 방식으로 제작하거나 처리한 자료 또는 정보 등으로서 산업통상자원부장관이 정하여 고시하는 것

③ 제1호와 제2호의 집합체와 그 밖에 이와 유사한 전자적 형태의 무체물로서 산업통상자원부장관이 정하여 고시하는 것

---

154) 웹툰 등 만화산업이 2023년 상반기 수출액을 크게 늘리며 K-콘텐츠 해외진출 분야에서 두각을 나타냈다. 만화나 애니메이션이 매출액 규모로 콘텐츠산업에서 차지하는 비중은 작지만 음악·영화 등 다른 분야보다 수출 증가세가 가팔랐다. 4일 한국콘텐츠진흥원에 따르면 2023년 상반기 국내 콘텐츠산업 11개 분야의 매출액은 전년(2022년) 같은 기간보다 2.5% 증가한 약 69조3000억원을 기록했다. 출판이 12조1360억원으로 전체 17.5%를, 음악은 6조1380억원으로 8.9%를 차지했다. 만화는 1조2490억원으로 1.8%를 나타냈다(머니투데이, 2024. 1. 4).

155) 대외무역법 시행령 제2조 제3호 마목

### 2) 부가가치세법 수출

내국물품(대한민국 선박에 의하여 채집되거나 잡힌 수산물을 포함한다)을 외국으로 반출하는 것은 재화의 공급에 해당되어 영세율이 적용된다. 또한 웹툰작가가 국외에서 웹툰 제작용역을 제공하는 것은 국외제공용역에 해당되어 영세율이 적용된다. 사업자가 만화영화를 제작하여 수출하는 경우 부가가치세법 제11조 제1항 제1호의 규정에 의하여 영세율이 적용되는 것이다. 또한, 수출업자와 직접 도급계약에 의하여 공급하는 수출재화임가공용역과 내국신용장에 의하여 수출재화임가공용역을 공급하는 경우에는 동법 제11조 제1항 제4호 및 동법시행령 제26조 제1항 제2호의 규정에 의하여 영세율이 적용되는 것이다(부가 46015-2725, 1999. 9. 7). 사업자가 수출업자와 직접 임가공계약을 체결하고 만화영화를 제작하여 주는 경우 부가가치세법 시행령 제26조 제1항 제2호의 규정에 의하여 부가가치세 영세율이 적용되며, 이 경우 만화영화 제작에 필요한 필름 및 물감 등 부재료의 구입과 관련된 매입세액은 매출세액에서 공제한다(부가 46015-2747, 1998. 12. 6).

## 웹툰작가의 소득세 · 법인세 실무

## 1. 업종의 구분

| 기준경비율 코드 | 업태명 | 세분류 | 단순경비율 | 기준경비율 | 한국표준 산업분류 |
|---|---|---|---|---|---|
| 940100 | 협회 및 단체, 수리 및 기타 개인서비스업 | 저술가(작가) | 58.7 | 11.2 | 전문과학 및 기술서비스업 |
| 221104 | 정보통신업 | 서적출판(만화) | 94.3 | 20.2 | 만화출판업 (5811) |

## 2. 웹툰의 수익 · 비용구조[156)]

### (1) 수익구조

웹툰작가의 수익구조는 포털로부터의 원고료 및 연봉, 웹툰전문 플랫폼으로부터의 수익배분, 광고료, 저작권료 등의 항목으로 구성되며, 웹툰작가의 수익 중에서 가장 큰 비중을

156) 고정민 외, 만화유통산업 개선방안, 웹툰산업을 중심으로, 한국콘텐츠진흥원, 2016. 9, p.108

차지하는 것은 원고료이다. 최근에는 다양한 웹툰 전문 플랫폼 업체의 등장으로 유료 구독료의 수익을 배분받는 수익배분의 수익이 점차 증가하고 있는 추세이며 웹툰을 활용한 광고가 주목 받고 있는 가운데, 브랜드 웹툰, 배너광고, 캐릭터 활용광고 등 다양한 형태의 광고가 나타나고 있으며 이에 따라 광고 관련 수익 역시 지속적으로 확대되고 있다. 웹툰 캐릭터를 활용한 MD 상품들이 발생되면서 의류, 컵, 완구 등 인기 캐릭터를 활용한 다양한 제품들이 판매되고 있다. 영화, 드라마, 애니메이션 등 웹툰 관련 다양한 OSMU가 시도되고 실질적인 성과를 거두면서 콘텐츠 제작사들은 웹툰을 원천소스로서 주목하고 있으며, 이에 따라 웹툰 관련 2차 산업시장은 성장세를 정부기관에서도 만화작가 창작촌 등 만화작가 관련 창작지원사업을 진행하면서 작업실이나 교육 분야에서 웹툰작가를 지원하고 있다.

### (2) 비용구조

웹툰작가의 비용구조는 작업팀에게 발생되는 인건비, 작업실 임대료나 장비구입비와 같은 창작인프라 구축비 그리고 웹툰 관련 기술이나 비즈니스 교육비 등으로 구성된다. 신인작가의 경우 비용에서 가장 큰 항목을 차지하고 있는 것은 작업실 임대료나 그 외에 장비비 등이다. 반면, 중견 작가의 경우 자신의 작업팀을 꾸려나가기 위한 작업팀 인건비의 비중이 비용에서 많은 부분을 차지한다. 교육비의 경우에는 출판 만화작가의 웹툰 창작을 위한 교육이나 비즈니스 교육, 기획 교육과 같은 비용이 발생한다.

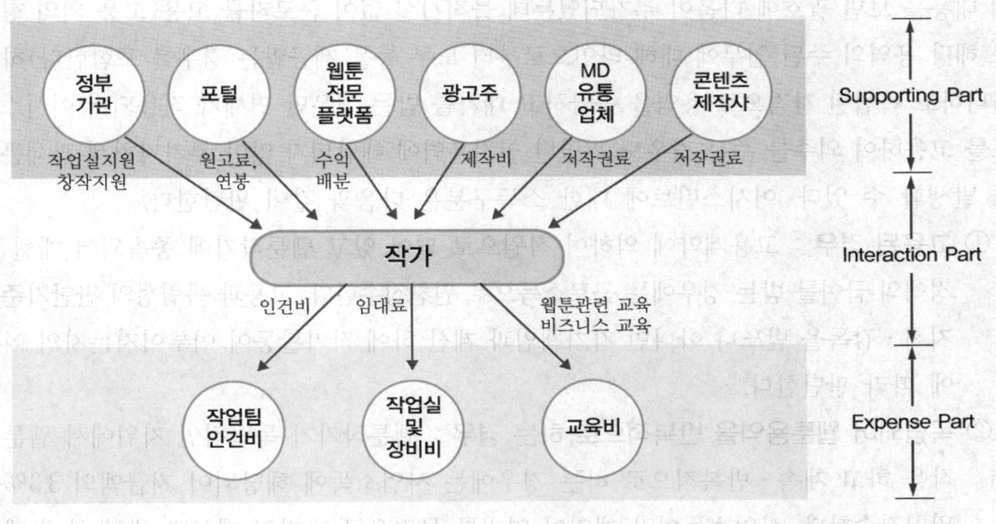

## 3. 웹툰작가의 전속계약금

직업 활동의 내용, 그 활동 기간 및 활동의 범위, 태양, 거래의 상대방, 주수입원, 수익을 얻어온 횟수 및 규모 등에 비추어 볼 때 연기자 겸 광고모델로서의 해당 탤런트의 활동 그 자체가 수익을 올릴 목적으로 이루어져 온 것인데다가 사회통념상 하나의 독립적인 사업활동으로 볼 수 있을 정도의 계속성과 반복성도 갖추고 있으므로 광고모델활동을 따로 분리할 것이 아니라 그 탤런트의 각종 연예계 관련활동 전체를 하나로 보아 그 직업 또는 경제활동을 평가하여야 할 것이어서 그 탤런트의 전속계약금 소득은 사업소득에 해당한다.[157) ]2008. 1. 1. 이후부터 소득세법 시행령 제37조 제2항에서 전속계약금을 기타소득에서 삭제하면서 연예인 및 직업운동선수 등이 사업활동과 관련하여 받는 전속계약금은 사업소득으로 하도록 명확화하였다. 따라서 웹툰작가 등 사업자가 받는 전속계약금은 사업소득으로 과세하고 비사업자가 일시적으로 받는 전속계약금만 기타소득으로 과세하여야 한다.

## 4. 어시스턴트

FGI 참여 작가 들은 컷수 증가 등 늘어나는 작업량으로 인해 구두계약 등을 통해 어시스턴트의 활용이 늘어나고 있다. 어시스턴트에 지급하는 인건비 등은 고용형태에 근로소득, 사업소득, 기타소득으로 구분된다. 2024. 2. 29. 개정된 부가가치세법 시행령 제42조 제1호의 내용을 보면 괄호에 다음이 추가되었는데 물적시설 없이 근로자를 고용(고용 외의 형태로 해당 용역의 주된 업무에 대해 타인으로부터 노무 등을 제공받는 경우를 포함한다)하지 아니하고 독립된 자격으로 용역을 공급하고 대가를 받는 경우만 면세가 적용되어 어시스턴트를 고용하여 외주를 주는 경우도 독립된 인적용역에 해당되지 않아 부가가치세 과세문제가 발생할 수 있다. 어시스턴트에 대한 소득구분은 다음과 같이 판단한다.

① **고용된 경우** : 고용계약에 의하여 직원으로 되어 있고 웹툰작가에 종속되어 매월 일정액의 급여를 받는 경우에는 근로소득으로 원천징수한다. 고용과 독립성의 판단기준은 지시 · 감독을 받느냐 아니면 자기책임과 계산 하에 작가활동이 이루어지는지의 여부에 따라 판단한다.

② **독립되어 웹툰용역을 반복적으로 하는 경우** : 웹툰작가가 독립적인 지위에서 웹툰제작을 하고 계속 · 반복적으로 하는 경우에는 사업소득에 해당되어 지급액의 3.3%를 원천징수한다. 사업소득이란 개인이 영리를 목적으로 자기의 계산과 책임 하에 계속적 · 반복적으로 행하는 활동을 통해 얻는 소득으로서, 다른 사람에게 종속 고용되지

157) 대법원 2001. 4. 24 선고 2000두5203 판결

아니하고 자기의 책임과 계산 하에 사업을 경영하는 독립성이 있어야 하고, 동종의 활동을 계속적 · 반복적으로 행하여야 하며, 사업을 경제적 이익을 얻기 위한 의도를 가지고 행하는 영리목적성이 있어야 한다.

③ **웹툰용역을 일시적으로 하는 경우** : 웹툰용역을 일시적 · 우발적으로 하고 다른 직업 등이 있는 경우에는 기타소득으로 보아 필요경비가 60%로 간주되어 공제한 기타소득 금액의 22%를 원천징수한다.

## 5. 창업중소기업 감면

웹툰작가가 한국표준산업분류에 따른 정보통신업(출판업)에 해당되는 경우 창업중소기업 감면대상 업종에 해당한다. 법인 설립 이전 프리랜서 웹툰작가로 활동하였으며 이로 인해 발생하는 소득은 원천징수 대상 사업소득으로 신고하던 중 법인을 설립하고 만화출판업을 주업종으로 사업을 개시하는 경우 「조세특례제한법」 제6조에 따른 감면대상 '창업'에 해당하는 것이다(사전-2024-법규법인-0175, 2024. 3. 29).

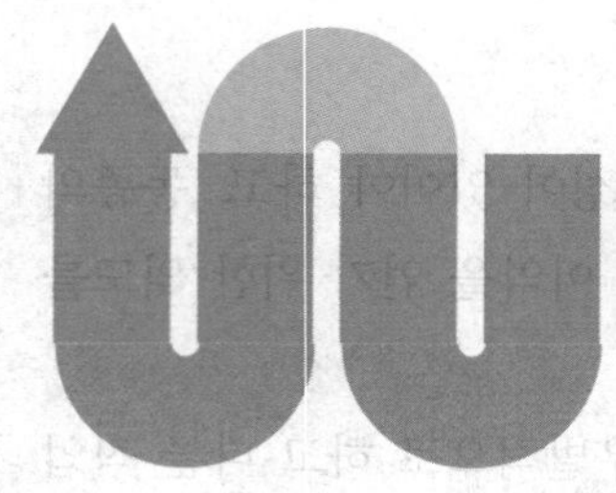

# 제 12 장

# 전문직업의 회계와 세무실무

## 제 1 절 변호사

### 1. 개요

#### (1) 변호사업의 개요

변호사는 의뢰인을 대리하여 소송, 변호, 법적 문서 작성, 저작권 및 기타권리보호, 공증 및 심판중재 등의 각종 법무관련 서비스(711)를 제공하는 사업서비스업이다.

변호사는 소송대리, 법률자문 등을 주로 하며 소송에 따른 수임료는 착수금과 성공보수를 받는다. 일반적으로 수임료는 심급별로 계약을 다시 하여 받게 된다.

변호사의 보수규정은 2000년 1월 1일 폐지되어 자율적으로 의뢰인과의 계약에 따라 이루어진다.

**참 고 변호사법**

① (변호사의 직무) 변호사는 당사자와 그 밖의 관계인의 위임이나 국가·지방자치단체와 그 밖의 공공기관(이하 "공공기관"이라 한다)의 위촉 등에 의하여 소송에 관한 행위 및 행정처분의 청구에 관한 대리행위와 일반 법률 사무를 하는 것을 그 직무로 한다(제3조).

② (법무법인의 설립) 변호사는 그 직무를 조직적·전문적으로 수행하기 위하여 법무법인을 설립할 수 있다(제40조).

③ (설립절차) 법무법인을 설립하려면 구성원이 될 변호사가 정관을 작성하여 주사무소(주사무소) 소재지의 지방변호사회와 대한변호사협회를 거쳐 법무부장관의 인가를 받아야 한다. 정관을 변경할 때에도 또한 같다(제41조).

④ (구성원) 1. 법무법인은 5명 이상의 변호사로 구성하며, 그 중 1명 이상이 통산하여 10년 이상 「법원조직법」 제42조 제1항 각 호의 어느 하나에 해당하는 직에 있었던 자이어야 한다.
2. 법무법인은 제1항에 따른 구성원의 요건을 충족하지 못하게 된 경우에는 3개월 이내에 보충하여야 한다(제45조).

⑤ (등기) 법무법인은 설립인가를 받으면 2주일 이내에 설립등기를 하여야 한다. 등기사항이 변경되었을 때에도 또한 같다(제43조).

### (2) 변호사업의 형태

#### 1) 개인사업 형태

변호사업을 개인이 수행하는 형태로 소득세법의 규정을 받아 종합소득세 납세의무를 이행하여야 한다.

#### 2) 법무법인 형태

변호사업을 법인형태로 운영하므로 각 사업연도소득에 대한 법인세와 청산소득에 대한 법인세 납세의무를 이행하여야 한다.

변호사는 그 직무를 조직적·전문적으로 행하기 위하여 법무법인을 설립할 수 있다. 법무법인을 설립하고자 할 때에는 구성원이 될 변호사가 정관을 작성하여 주사무소 소재지의 지방변호사회 및 대한변호사회를 거쳐 법무부장관의 인가를 받아야 한다(변호사법 41). 법무법인은 5인 이상의 변호사로 구성하며, 그 중 1인 이상이 통산하여 10년 이상 「법원조직법」 제42조 제1항 각 호의 1에 해당하는 직에 있었던 자이어야 한다.

**참 고** 변호사법

**제5장의 2 법무법인(유한)**

제58조의 2 (설립) 변호사는 그 직무를 조직적·전문적으로 수행하기 위하여 법무법인(유한)을 설립할 수 있다.

제58조의 3 (설립절차) 법무법인(유한)을 설립하려면 구성원이 될 변호사가 정관을 작성하여 주사무소 소재지의 지방변호사회와 대한변호사협회를 거쳐 법무부장관의 인가를 받아야 한다. 정관을 변경할 때에도 또한 같다.

제58조의 7 (자본총액 등)

① 법무법인(유한)의 자본 총액은 5억원 이상이어야 한다.

② 출자 1좌의 금액은 1만원으로 한다.

③ 각 구성원의 출자좌수는 3천좌 이상이어야 한다.

④ 법무법인(유한)은 직전 사업연도 말 대차대조표의 자산 총액에서 부채 총액을 뺀 금액이 5억원에 미달하면 부족한 금액을 매 사업연도가 끝난 후 6개월 이내에 증자를 하거나 구성원의 증여로 보전하여야 한다.

⑤ 제4항에 따른 증여는 이를 특별이익으로 계상한다.

⑥ 법무부장관은 법무법인(유한)이 제4항에 따른 증자나 보전을 하지 아니하면 기간을 정하여 증자나 보전을 명할 수 있다.

※ 구성원의 증여로 인한 자산수증익은 법인세법상 순자산을 증가시키는 거래로 익금에 해당되어 각 사업연도소득을 구성하여 법인세가 과세된다. 다만, 자산수증익 중 이월결손금의 보전에 충당된 금액은 익금에 산입하지 아니한다(법법 18 8호).

### 3) 법무조합 형태

변호사업을 법무조합 형태로 운영하는 경우에는 사업소득에 대하여 종합소득세 납세의무를 이행하여야 한다. 변호사는 그 직무를 조직적 · 전문적으로 행하기 위하여 법무조합을 설립할 수 있다(변호사법 58의 18). 변호사법에 의하여 설립된 법무조합은 국세기본법 제13조 제1항의 규정에 의한 법인으로 보는 단체에 해당하지 아니한다(서면2팀-1326, 2007. 7. 13). 즉, 개인공동사업자에 해당된다.

| 변호사의 사업형태 |

| 구 분 | 구성원 등 | 자본금 | 납세의무 |
|---|---|---|---|
| 개인사업자 | 변호사는 통산(通算)하여 6개월 이상 법률사무에 종사하거나 연수(제6호에 한정한다)를 마치지 아니하면 단독으로 법률사무소를 개설 불가 | | 소득세법 |
| 법무법인(합명) | 3명 이상의 변호사로 구성하며, 그 중 1명 이상이 통산하여 5년 이상 「법원조직법」 제42조 제1항 각 호의 어느 하나에 해당하는 직에 있었던 자 | | 법인세법 |
| 법무법인(유한) | 7명 이상의 변호사로 구성하며, 그 중 2명 이상이 통산하여 10년 이상 「법원조직법」 제42조 제1항 각 호의 어느 하나에 해당하는 직에 있었던 자 | 자본 총액은 5억원 이상 대차대조표를 작성하여 매 사업연도가 끝난 후 3개월 이내에 법무부장관에게 제출 | 법인세법 |
| 법무조합 | 법무조합은 7명 이상의 변호사로 구성하며, 그 중 2명 이상이 통산하여 10년 이상 「법원조직법」 제42조 제1항 각 호의 어느 하나에 해당하는 직에 있었던 자 | | 소득세법 (공동사업자) |

### (3) 수임사건별 수입금액명세서

변호사는 수임에 관한 장부를 작성하고 보관하여야 한다. 장부에는 수임받은 순서에 따라 수임일, 수임액, 위임인 등의 인적사항, 수임한 법률사건이나 법률사무의 내용, 그 밖에 대통령령으로 정하는 사항을 기재하여야 한다(변호사법 28).

변호사는 의뢰인으로부터 사건을 수임하면 해당 법원에 위임장을 제출하고 수임사건별 수입금액명세서를 작성하게 된다. 사건부에는 사건구분, 의뢰인, 사건번호, 소송물가액, 원고 및 피고, 접수일, 판결일, 승소 및 패소, 수입금액 등이 기재된다. 사건부는 접수일 순서로 기재하고 사건 종류별로 민사, 형사, 집행, 가사, 신청, 경매, 기타경매, 공시최고, 과태료, 기타로 구분하여 작성하고 있다.

**참 고** 수임자료 제출

(1) 개정이유

현행법은 변호사가 변호인 선임서를 법원 등 공공기관에 제출할 때에 사전에 지방변호사회를 경유하도록 하고 있으나, 변호인 선임서에는 의뢰인의 인적사항 등 간단한 수임내역만이 기재되어 있어 「과세자료의 제출 및 관리에 관한 법률」에 따라 지방변호사회가 변호사의 과세자료를 관할 세무서에 제출할 때 변호사의 과세자료에 대한 투명성에 문제점이 제기되고 있음. 이에 변호사가 수임에 관한 장부를 작성할 때에 수임한 사건의 내용 및 수임액 등 주요기재사항을 법률로 규정하고 수임건수 및 수임액을 지방변호사회에 보고하도록 함으로써 과세자료에 대한 공평성 및 투명성을 제고하고자 함.

(2) 개정법률(본회의 의결일 : 2007. 3. 6, 공포한 날부터 시행)

제28조(장부의 작성·보관) ① 변호사는 수임에 관한 장부를 작성하고, 이를 보관하여야 한다. ② 제1항의 장부에는 수임받은 순서에 따라 수임일, 수임액, 위임인 등의 인적사항, 수임한 법률사건 또는 법률사무의 내용 그 밖에 대통령령이 정하는 사항을 기재하여야 한다(신설).

제28조의 2(수임사건의 건수 및 수임액의 보고) 변호사·법무법인·법무법인(유한) 및 법무조합은 매년 1월 말까지 전년에 처리한 수임사건의 건수 및 수임액을 소속지방변호사회에 보고하여야 한다(신설).

## 2. 변호사의 부가가치세 실무

### (1) 과세대상

#### ① 과세 · 면세의 구분

변호사가 제공하는 법률서비스는 용역의 공급에 해당되어 부가가치세가 과세된다. 다만, 변호사가 제공하는 용역 중 국선변호인의 국선변호와 법률구조법에 의한 법률구조 및 변호사법에 의한 법률구조사업에 관하여는 면세하도록 하고 있다. 또한 공증인법 제2조의 규정에 의한 공증인의 업무를 수행하는 자가 공급하는 용역은 정부업무대행단체가 공급하는 용역으로 부가가치세를 면제한다(조특령 106 ⑦ 33호).

#### ② 영세율 적용 여부

변호사 등을 영위하는 사업자가 외국법인의 국내사업장이 있는 경우에 있어서 사업자가 국내에서 국외의 외국법인과 직접 계약에 의하여 **국외사업장에 직접 공급**되는 재화 또는 용역으로서 그 대금을 당해 국외의 외국법인으로부터 **외국환은행을 통하여 원화로 받는 경우**에는 부가가치세법 시행령 제26조 제1항 제1호의 2의 규정에 의하여 부가가치세가 영세율이 적용되는 것이나, 당해 외국법인의 국내사업장에 공급하는 재화 또는 용역에 대하여는 대가의 지급방법에 관계없이 부가가치세 영세율이 적용되지 아니하는 것이다. 이 경우 영세율 첨부서류는 외화입금증명서이다.

한편, 부가가치세법 시행령 제26조 제1항 제1호 및 제1호의2의 규정을 적용함에 있어서 같은법 시행규칙 제9조의 4 제3호 각목의 1에 해당하는 자가 국내에서 비거주자 또는 외국법인에게 공급하는 용역으로서 당해 비거주자 또는 외국법인의 국가에서 대한민국의 거주자 또는 내국법인에게 우리나라의 부가가치세 또는 이와 유사한 조세를 부과하는 때에는 부가가치세 영세율 적용이 배제되는 것이다(부가 46015-3691, 2000. 11. 2). 즉, 상호면세주의가 적용된다.

즉, 영세율은 부가가치세 과세사업자인 비거주자 또는 외국법인이면 그 해당 국가에서 대한민국의 거주자 또는 내국법인에 대하여 동일하게 면세하는 경우에만 영세율을 적용한다. 사업자가 외교공관 등의 소속 직원으로서 해당 국가로부터 공무원 신분을 부여받은 자 또는 외교부장관으로부터 이에 준하는 신분임을 확인받은 자 중 내국인이 아닌 자에게 해당 외국에서 대한민국의 외교공관 및 영사기관 등의 직원에게 공급하는 재화 또는 용역에 대하여 동일하게 면세하는 경우에만 영세율을 적용한다.

여기서 "동일하게 면세하는 경우"는 해당 외국의 조세로서 우리나라의 부가가치세 또는 이와 유사한 성질의 조세를 면세하는 경우와 그 외국에 우리나라의 부가가치세 또는 이와 유사한 성질의 조세가 없는 경우로 한다.

※ 외국환은행에서 원화로 받는 경우의 의미

국내사업장이 없는 비거주자 또는 외국법인에게 재화 또는 용역을 공급하고 그 대가를 다음과 같은 방법으로 받는 때에는 영의 세율을 적용한다.

1. 국외의 비거주자 또는 외국법인으로부터 직접 송금받아 외국환은행에 매각하는 경우
2. 국내사업장이 없는 비거주자 또는 외국법인에게 재화를 공급하거나 용역을 제공하고 그 대가를 당해 비거주자 또는 외국법인에게 지급할 금액에서 차감하는 경우

**③ 의뢰인이 부담하여야 할 인지대 등 공과금의 납부를 대행하는 경우**

의뢰인이 부담하여야 할 인지대, 공탁금, 세금 등 공과금의 납부를 대행하는 경우 이는 예수금으로 부가가치세 과세대상이 아니다. 다만, 교통비 등의 실비변상적인 금액과 공과금을 자기의 수입금액으로 계상하고 필요경비로 계상하는 경우에는 부가가치세 과세대상에 해당된다. 변호사업을 영위하는 사업자가 사건위임계약에 따라 의뢰인에게 법무관련 서비스를 제공하고 그에 대한 대가를 받으면서 해당 의뢰인이 법원에 납부하여야 할 인지료, 송달료를 구분·징수하여 납입을 대행하는 경우 해당 인지료, 송달료는 부가가치세법 제13조 제1항에 따른 부가가치세 과세표준에 포함하지 아니하는 것이다(법규부가 2010-129, 2010. 5. 25).

| 구 분 | 회계처리 | 과세 여부 | 수입금액 |
|---|---|---|---|
| • 대가의 일부에 포함 | 수수료수입(매출) | 과 세 | 해 당 |
| • 단순 납부대행 | 예수금(부채) | 과세 안됨 | 해당 안됨 |

### (2) 수임료의 공급시기

변호사 수임료의 공급시기는 원칙적으로 용역제공이 완료(확정판결일)되고 공급가액이 확정되는 때이다. 국외의 비거주자나 외국법인에게 자문용역을 제공하고 그 대가를 외국환은행에서 원화로 받는 경우 영세율이 적용되며 이 경우 공급시기는 용역제공이 완료되고 공급가액이 확정되는 시점이다. 실무상으로는 주로 입금기준에 의하여 부가가치세 과세표준을 계산하는 경우에 많으나 용역제공완료에 대한 근거자료를 갖추어 놓아야 한다. 다만, 용역제공완료일 이전에 대가의 일부 또는 전부를 받고 이와 동시에 세금계산서를 발급하면 이때가 공급시기가 된다. 다만, 수임료를 중간지급조건부나 완성도기준지급조건으로 받은 경우에는 수임료를 받기로 한 때가 공급시기가 된다.

**① 수임료의 공급시기에 대한 질의**

당 법인이 소유였던 토지가 국유하천으로 편입되어 서울시를 상대로 손실보상금에 관

한 소송을 제기하여 1심인 행정법원에서 승소하였으나 서울시가 1심판결에 불복하여 2심인 고등법원에 계류 중에 있으며, 동 소송사건과 관련하여 변호사와 소송계약 체결 시 판결금액의 20%를 수임료로 지급하기로 하였으나 현재 서울시가 항소하여 2심이 진행 중이므로 최종심 판결에 따라 반환 또는 정산하겠다는 내용의 각서를 받고 일단 수임료를 가지급하려고 하는 경우 수임료의 공급시기는?

#### ② 수임료 공급시기

사업자가 부가가치세법 제9조 제2항에 규정하는 시기가 도래하기 전에 용역에 대한 대가의 전부 또는 일부를 받고, 이와 동시에 그 받은 대가에 대하여 같은 법 제16조의 규정에 의한 세금계산서를 교부하는 경우에는 그 교부하는 때를 당해 용역의 공급시기로 보는 것이며, 사업자가 세금계산서를 교부한 후 당초의 공급가액에 추가 또는 차감되는 금액이 발생한 경우에는 부가가치세법 시행령 제59조의 제3호의 규정에 의하여 증감사유가 발생한 날을 작성일자로 기재하고 추가되는 금액은 검은색 글씨로 쓰고, 차감되는 금액은 붉은색 글씨로 쓰거나 부(負)의 표시를 하여 수정세금계산서를 교부하는 것이다(서면3팀-2622, 2007. 10. 10).

### (3) 세금계산서의 발급

변호사가 사업자에게 법률관련 용역을 제공하는 경우 세금계산서를 발행하여야 하지만 비사업자(최종소비자인 개인)에게 용역을 제공하는 경우에는 영수증을 발행하면 된다(부령 73).

### (4) 매입세액공제

변호사업의 수입금액은 부가가치세 과세대상으로 이와 관련된 매입세액은 과세사업과 관련된 매입세액으로 전액 공제된다. 다만, 면세에 해당되는 공증업 등을 영위하는 합동사무소, 법무법인의 경우에는 겸영사업자에 해당되어 공통매입세액에 대한 안분계산을 하여야 한다. 청구인이 쟁점건물의 공통매입세액을 과세사업(변호사업)과 면세사업(공증업)으로 안분함에 있어 사용면적 비율이 불분명하고 매입가액의 구분이 불분명하다고 보아 공급가액의 비율에 따라 안분하여 면세사업 해당분을 공제 배제한 처분은 정당하다(조심 2007서3099, 2008. 2. 4). 변호사업 공증업무 면세수입금액만이 있는 경우 사무실 임대료에 대한 매입세액은 면세사업 관련매입세액으로 공제할 수 없다(심사부가 2009-0079, 2009. 8. 24).

### (5) 현금매출명세서 작성

변호사의 수입금액 양성화 목적으로 현금매출명세서를 작성하여 부가가치세 신고와 함께 제출하여야 한다. 만일 변호사가 제20조의 2 제1항에 따른 현금매출명세서를 제출하지 아니하거나 제출한 수입금액(현금매출명세서의 경우에는 현금매출을 말한다)이 사실과 다르게 적혀 있는 경우에는 제출하지 아니한 수입금액 또는 제출한 수입금액과 실제 수입금액과의 차액에 대하여 100분의 1에 해당하는 금액을 납부세액에 더하거나 환급세액에서 뺀다(부법 60 ⑧).

■ 부가가치세법 시행규칙 [별지 제26호 서식]

| 현금매출명세서<br>( 년 기) | | | | | | 처리기간<br>즉 시 |
|---|---|---|---|---|---|---|
| 상호 | | 성명 | | 사업자등록번호 | | |

| 공급가액 | 합계 | | 현금매출* | | 법정영수증 매출 | | | | | |
|---|---|---|---|---|---|---|---|---|---|---|
| | | | | | 세금계산서** | | 신용카드 | | 현금영수증 | |
| | 건수 | 금액 | 건수 | 금액 | 건수 | 금액 | 건수 | 금액 | 건수 | 금액 |
| | | | | | | | | | | |

| 현금매출 명세 (현금매출 내용을 적음) | | | | | | |
|---|---|---|---|---|---|---|
| 일련번호 | 의뢰인 | | 거래일자 | 거 래 금 액 | | |
| | 주민등록번호<br>(또는 사업자등록번호) | 성명<br>(또는 상호) | | 공급대가 | 공급가액 | 부가가치세 |
| 합계 | | | | | | |
| | | | | | | |
| | | | | | | |
| | | | | | | |
| | | | | | | |

※ 작성방법

① ~ ④는 제출자의 상호 또는 법인명과 대표자, 사업자등록번호를 적습니다.

⑤ : 세금계산서 발급분 중 「부가가치세법」 제32조 제1항 제2호 단서에 따라 주민등록번호를 적은 부분은 ⑤ 현금매출란에 포함하여 적습니다.

⑥ : 세금계산서를 발급한 후 신용카드매출전표를 발행한 경우에는 ⑥ 세금계산서란에만 적습니다.

⑨ ~ ⑫는 현금매출 내용을 적습니다.

210㎜×297㎜[일반용지 60g/㎡(재활용품)]

### (6) 현금거래 확인제도

현금거래 후 사업자로부터 현금영수증을 발급받지 못한 소비자가 국세청 홈페이지에서 거래내용을 확인받은 경우 현금영수증을 발급받은 것으로 보아 소비자의 소득공제를 허용하도록 함과 동시에 전문직사업자의 수입금액을 양성화하기 위하여 도입되었다.

#### 1) 대상사업자

「소비자 상대 업종의 일정한 사업자」로부터 재화 또는 용역을 공급받은 자가 그 대가를 현금으로 지급하였으나 제126조의 3 제4항에 따른 현금영수증을 발급받지 못한 경우에는 대통령령으로 정하는 바에 따라 현금거래 사실에 관하여 관할 세무서장의 확인을 받은 경우에는 제126조의 3 제4항에 따른 현금영수증을 발급받은 것으로 본다(조특법 126의 5 ①).

#### 2) 현금거래 사실신고 대상사업자

현금거래 사실신고 대상사업자는 주로 사업자가 아닌 소비자에게 직접 재화 또는 용역을 공급하는 사업을 영위하는 자로서 변호사 등이 이에 해당된다.

#### 3) 공급자의 신용카드발행금액 공제 불가

현금영수증을 발급받은 것으로 보는 경우 현금영수증을 발급하지 아니한 사업자에 대해서는 해당 금액에 대하여 「부가가치세법」 제46조 제1항 및 제2항에 따른 신용카드 등의 사용에 따른 세액공제를 적용하지 아니한다(조특법 126의 5 ②).

#### 4) 내용

전문직사업자(변호사 · 회계사 · 세무사 · 건축사 · 변리사 · 관세사 · 법무사 · 감정평가사 · 도선사, 공인중개사 등)가 「부가가치세법」 제20조의 2에 따라 제출한 현금매출명세서에 기재된 수입금액 중 현금거래 수입금액(현금영수증을 제외한 순수 현금거래)을 납세지 관할 세무서장이 부가가치세 예정신고기한 또는 확정신고기한의 종료일의 다음 달 말일까지 국세청 현금영수증시스템에 입력한 경우 그 거래에 대하여는 법 제126조의 5 제1항에 따라 확인을 받은 현금영수증을 발급받은 것으로 본다(조특령 121의 5 ⑦). 또한, 사업자로부터 재화 또는 용역을 공급받은 자가 현금영수증시스템 입력기한의 다음 날부터 입력내용을 조회한 결과 현금거래 수입금액 명세가 누락되거나 수입금액이 실제보다 적게 입력된 것을 안 때에는 다음의 기간 내에 현금거래 사실의 확인을 신청할 수 있다(조특령 121의 5 ⑧). 이 제도는 전문직사업자의 현금거래에 대한 과세표준 양성화를 위한 것이다.

① 부가가치세 제1기분 : 매년 9월 15일까지

② 부가가치세 제2기분 : 다음 해 3월 15일까지

## 3. 변호사에 대한 소득세 · 법인세 실무

### (1) 변호사업의 수입금액의 구성

변호사업의 수입금액은 소송사건과 관련되어 의뢰인으로부터 받는 착수금과 성공보수, 주기적으로 받는 고문료 등 사무보수, 교통비 · 출장비 등의 실비변상적인 성질의 수입으로 구성된다. 다만, 의뢰인이 부담하여야 할 성격의 인지대, 송달료 등은 수입금액에 해당되지 아니한다. 즉, 사건과 관련되어 의뢰인으로부터 수령하는 수임료가 수입금액에 해당된다. 다만, 사건수임에 따른 착수금 중 사건의뢰인이 지급하여야 할 것을 청구인이 대신 지급한 인지대, 송달료 등 소송비용은 청구인의 수입금액이라 할 수 없는데도 소송비용을 총수입금액에 포함시켜 소득금액을 산출한 것은 위법이라고 청구인은 주장하나 소득세법 제24조 제1항에 따르면 사업소득은 총액주의에 의하여 소득금액을 산출하도록 되어 있고 장부와 증거서류로 조정계산 하여 과세표준을 신고한 경우 수입 누락된 소송비용은 수입금액과 필요경비로 각각 계상하면 되는 것이므로 총액주의에 의한다 하더라도 소득금액에는 아무런 변동이 없는 것이다(감심 2000 제287호, 2000. 10. 5).

### (2) 변호사의 소송수행 용역의 귀속시기

변호사가 수임사건에 대하여 수임계약을 체결하고 계약금을 받은 후 소장을 접수하여 소송을 진행하게 된다. 만일 소송이 완료되어 승소가 확정될 경우 성공보수에 대한 공급시기(세금계산서의 교부시기) 및 수입금액의 귀속시기가 언제인가 하는 것이 문제가 된다. 이에 대하여 변호사가 수임받은 사건에 대한 소송수행용역을 제공하고 받는 대가의 수입시기는 용역에 대한 대가의 지급일로 정하여진 날이 되는 것이며, 지급기일이 정하여지지 아니하는 때에 그 인적용역의 제공을 완료한 날(소송확정일)로 하는 것이며, 변호사가 소송수행 용역대가를 대물변제 약정에 따라 부동산으로 대물변제받은 경우에 당해연도 소득금액계산에 있어서 총수입금액은 대물변제받은 당시의 시가로 하는 것이다(소득 46011-152, 2000. 1. 27).

또한, 변호사가 소송 사무를 위임받으면서 수임사건이 승소로 확인되었을 때 소송목적물인 토지의 일정비율 부분을 그 보수로 받기로 약정한 경우에 있어서는 토지 부분의 대가인 소송사무의 처리가 수임사건의 승소로 확인됨으로써 완결된 때에 사실상 토지 부분의 소유권 취득시기로 보아 이때를 소송수임사건의 수입금액 실현시기가 되는 것이다(소득 99-346, 1999. 11. 20).

### (3) 사무직원수에 대한 제한

「변호사법」 제22조 및 같은 법 시행령 제6조에는 사무직원의 신고, 연수, 그밖에 필요한 사항은 대한변호사협회가 정하도록 되어 있고, 「대한변호사회 회칙」 제41조 및 「변호사윤리규칙」 제8조에서 사무직원 수의 제한을 두도록 규정하고 있으며, 「변호사사무직원규칙」 제4조에서 변호사 1인당 4인 이내의 범위에서 사무직원을 두도록 규정하여 오다가 2009년 6월 서울변협이사회는 법률시장 개방을 앞두고 국내 법률사무소의 대형화를 위하여 사무직원 수를 제한한 「변호사사무직원규칙」 제4조를 삭제하기로 결의하고 그 내용을 2009. 6. 25 공고함으로써 공고일 이후 변호사 사무직원 수를 제한했던 채용규정을 없앴다.

### (4) 손해배상금의 필요경비 불산입

변호사의 경우 업무특성상 발생할 수 있는 손해배상금 중 고의 또는 과실로 타인의 권리를 침해함으로써 지급되는 손해배상금은 필요경비에 산입할 수 없다(소법 33 ① 15호).

### (5) 장부비치 · 기장의무

전문직 사업자인 변호사는 수입금액에 관계없이 **간이과세 적용이 배제**되는 사업자이며 또한 **복식부기의무가 부여**된다(소령 208 ⑤).

**참 고** **전문직사업자에 대한 세법상 불이익 요약**

**① 적용대상사업자**

ⓐ 간이과세 배제대상 사업서비스업자(부령 109 ② 7호)

변호사업, 심판변론인업, 변리사업, 법무사업, 공인회계사업, 세무사업, 경영지도사업, 기술지도사업, 감정평가사업, 손해사정인업, 통관업, 기술사업, 건축사업, 도선사업, 측량사업, **공인노무사업, 약사업, 한약사업, 수의사업**, 그 밖에 이와 유사한 사업서비스업으로서 기획재정부령으로 정하는 것(2010. 2. 18 개정)

ⓑ 의료보건용역을 제공하는 자

의사, 치과의사, 한의사, 약사, 수의사. 다만, 조산사, 간호사, 장의사 등은 제외

**② 세법상 불이익 내용**

| 구 분 | 내 용 | 관련법령 |
|---|---|---|
| • 복식부기의무 | 직전사업연도 수입금액 · 신규개업관련 없이 의무적으로 복식부기에 의한 기장 | 소령 208 ⑤ |
| • 현금영수증 가맹의무 | 연간수입금액에 관계없이 현금영수증 가맹 및 발급 | 소법 162의 3 |

| 구 분 | 내 용 | 관련법령 |
|---|---|---|
| 및 발급의무화 | 의무 | |
| • 사업장현황신고불이행가산세 | 의료업 · 약국 · 수의업의 경우 사업장현황신고를 하지 않거나 과소신고한 경우 0.5% 가산세 | 소법 81의 3 ① |
| • 현금매출명세서 미제출가산세 | 변호사 등 전문직사업자가 부가세 신고시 현금매출명세서를 미제출(과소)시 1% 가산세 부과 | 부법 60 ⑧ |
| • 단순경비율 적용배제 | 수입금액에 관계없이 기준경비율 적용 | 소령 143 ⑦ |

### (6) 현금영수증의 의무발급(2010년 4월 1일부터 시행)

변호사업을 영위하는 사업자로서 현금영수증가맹점으로 가입한 사업자는 **건당 거래금액(부가가치세액을 포함한다)이 10만원 이상**인 재화 또는 용역을 공급하고 그 대금을 현금으로 받은 경우에는 상대방이 현금영수증 발급을 요청하지 아니하더라도 현금영수증을 발급하여야 한다. 다만, 사업자등록을 한 자에게 재화 또는 용역을 공급하고 계산서 또는 세금계산서를 교부한 경우에는 현금영수증을 발급하지 아니할 수 있다(소법 162의 3 ④ 및 법법 117의 2 ④). 의무를 위반한 자에 대해서는 현금영수증을 발급하지 아니한 거래대금의 100분의 20에 상당하는 가산세를 부과한다.

### (7) 법무법인이 법무조합으로 조직 변경시 청산소득 과세

변호사법 부칙(제7357호, 2005. 1. 27) 제4조 제1항에 의해 법무법인이 법무조합으로 조직변경 하는 경우 청산소득에 대한 과세특례(법법 78)가 적용되는지에 대하여 법인세법 시행령 제120조의 26에서 변호사법에 의하여 법무법인이 법무법인(유한)으로 조직변경하는 경우를 말하는 것으로 법무조합은 국세기본법 제13조 제1항의 규정에 의한 법인으로 보는 단체에 해당하지 아니하는 것으로 청산소득에 대한 과세특례가 적용되지 아니한다(서면2팀-1326, 2007. 7. 13).

**참 고** **변호사법 부칙(제7357호, 2005. 1. 27)**

제4조(법무법인의 조직변경에 관한 특례) ① 이 법 시행 당시의 법무법인으로서 법무법인(유한) 또는 법무조합의 설립요건을 갖춘 법무법인은 구성원 전원의 동의가 있는 때에는 이 법 시행일부터 2년 이내에 법무부장관의 인가를 받아 법무법인(유한) 또는 법무조합으로 조직변경을 할 수 있다.

### (8) 법무법인의 출자지분 양도시의 세무처리

#### ① 양도소득세 신고 · 납부

양도소득세가 과세되는 출자지분(사원권)을 양도한 경우에는 양도일이 속하는 반기의 말일로부터 2월 이내에 양도소득세 과세표준과 세액에 대하여 예정신고·납부를 하여야 한다. 출자지분의 양도차익을 계산함에 있어 그 취득시기 및 양도시기는 「소득세법 시행령」 제162조의 규정에 의하여 원칙적으로 당해 자산의 대금청산일이며, 주식 또는 출자지분의 경우로서 대금을 청산하기 전에 명의의 개서를 한 경우에는 명부에 기재된 명의개서일이다(서면5팀-3284, 2007. 12. 21). 법무법인의 구성원이 출자지분을 양도하는 경우에는 양도소득세가 과세된다. 이 경우 양도가액과 취득가액은 실지거래가액이 원칙이다. 양도소득세율은 다음과 같다.

- 중소기업 외의 법인의 주식 등으로서 대주주가 1년 미만 보유한 주식 : 30%
- 중소기업 주식 : 10%(대주주 제외)
- 중소기업의 대주주 및 비중소기업 주식 : 20%

여기서 특히 주의할 점은 법무법인의 구성원의 출자지분이 중소기업의 출자지분에 해당되는지의 여부이다. 소득세법 시행령 제167조의 4의 규정을 보면, 중소기업이란 주식 등의 양도일이 속하는 사업연도의 직전 사업연도 종료일 현재 중소기업기본법 제2조에 규정한 중소기업에 해당하는 기업을 말한다. 따라서 법무법인도 중소기업 요건에 충족되는 경우 중소기업에 해당한다.

#### ② 증권거래세 신고 · 납부

출자지분을 양도하는 경우에는 매 분기분의 과세표준과 세액을 양도일이 속하는 반기의 말일부터 2개월 이내에 증권거래세를 신고 · 납부하여야 한다(증권거래세법 10 ① 2호). 이 기한 내에 신고 · 납부를 하지 않는 경우에는 신고불성실가산세 20%(40%: 부당한 방법)와 납부지연가산세 2.22/10,000이 부과된다. 납세지는 양도자의 주소지이다. 만일, 주식 등 발행법인이 구성원의 증권거래세를 대납하는 경우에는 업무무관가지급금에 해당되므로 가지급금인정이자 계산대상이 된다. 증권거래세 신고는 양도자의 주소지 관할세무서에 증권거래세 신고서와 양도계약서를 첨부하여 신고하면 된다. 변호사법에 따라 설립된 법무법인, 법무법인(유한)에 출자하여 지분을 가진 구성원이 위 법인을 탈퇴하면서 지분을 환급받는 것은 특별한 법률에 의하여 설립된 법인이 발행하는 출자증권의 양도로 「증권거래세법」 제1조에 따라 증권거래세를 부과하는 것이나, 변호사법에 따라 설립된 법무조합이 출자한 구성원이 위 조합을 탈퇴하면서 지분을 환급받는 경우에는 「증권거래세법」 제1조에 따른 증권거래세 과세대상이 아니다(소비세과-427, 2009. 11. 23).

③ 구성원의 출자지분 변동상황명세서 제출

사업연도 중에 주식 등의 변동상황이 있는 법인(법인세법 시행령 제1조의 조합법인 등은 제외)은 법인세과세표준 신고기한 내에 주식등변동상황명세서를 납세지 관할 세무서장에게 제출하여야 한다. 주식변동상황명세서를 미제출·누락제출·불분명하게 제출한 주식 등의 액면가액 또는 출자가액의 0.5%에 상당하는 가산세가 부과된다. 다만, 제출된 주식변동상황명세서의 필요적 기재사항의 일부가 착오로 사실과 다르게 기재된 경우로서 그 밖의 기재사항에 의하여 주식 등의 변동상황을 확인할 수 있는 경우를 제외한다(법법 75의 2).

## (9) 세무조사시 중점 검토사항

### 1) 사건부와 수입금액 신고사항과의 대조 확인

법원행정처로부터 위임장 제출시 확보된 사건내역을 수집하여 수입금액의 적정신고 여부를 검토한다. 또한 이를 기초로 사건의뢰인에게 개별적으로 수임료의 지급금액, 지급방법, 계좌 등을 확인한다.

### 2) 승소수당의 누락 여부 확인

변호사의 사건이 종료되는 기간은 상당히 오래 소요된다. 따라서 착수금은 신고하나 승소수당은 누락할 가능성이 있다. 성공보수의 수입금액 실현시기는 판결문의 송달일이 아닌 소가 확정된 날이다(국심 2002중3103, 2003. 2. 5).

### 3) 거래계좌의 확인

변호사 본인의 계좌가 아닌 사무장, 여직원, 가족명의 등 타인의 계좌로 송금받아 수입금액을 신고 누락하는 경우가 있다. 그러나 의뢰인에게 직접 확인하는 경우 적출될 가능성이 크다.

### 4) 인터넷의 활용

형사사건을 제외하고 대법원 홈페이지에서 나의 사건검색란을 이용하여 변호사별로 승소, 패소 등에 대한 재판결과를 얻어 과세자료로 활용한다.

**참 고** **변호사 수입금액 탈루유형 예시**

① 착수금만 신고하고 성공보수는 현금수령 후 누락
② 사건 수임 후 합의 등으로 법원에 접수되지 않은 사건에 대한 착수금 및 성공보수 누락
③ 현금주의로 신고하고 미수취한 금액은 신고 누락
④ 경력이 적은 변호사와 공동사업자로 등록하여 소득분산
⑤ 대물변제 수입금액 누락, 차명계좌를 통한 수입금액 누락
⑥ 실비변상적인 비용을 의뢰인으로부터 받고 수입금액 누락

### (10) 과세자료의 제출 및 관리에 관한 법률

과세자료를 제출하여야 하는 기관 등은 다음 각 호와 같다(법 4).

1. 「국가재정법」 제6조에 따른 중앙관서(중앙관서의 업무를 위임받거나 위탁받은 기관을 포함한다. 이하 같다)와 그 하급행정기관 및 보조기관
2. 지방자치단체(지방자치단체의 업무를 위임받거나 위탁받은 기관과 지방자치단체조합을 포함한다. 이하 같다)
3. 「금융감독기구의 설치 등에 관한 법률」에 따른 금융감독원 및 「금융실명거래 및 비밀보장에 관한 법률」 제2조 제1호에 따른 금융기관
4. 공공기관 및 정부의 출연·보조를 받는 기관이나 단체
5. 「지방공기업법」에 따른 지방공사·지방공단 및 지방자치단체의 출연·보조를 받는 기관이나 단체
6. 「민법」 외의 다른 법률에 따라 설립되거나 국가 또는 지방자치단체의 지원을 받는 기관이나 단체로서 이들의 업무에 관하여 제1호나 제2호에 따른 기관으로부터 감독 또는 감사·검사를 받는 기관이나 단체, 그 밖에 공익 목적으로 설립된 기관이나 단체 중 대통령령으로 정하는 기관이나 단체

따라서 대한변호사는 변호사의 과세자료를 제출하여야 한다.

**참 고** 전문직 종사자의 과세자료 제출 현황[158)]

| 구 분 | 변호사 | 법무사 | 공인회계사 | 세무사 |
|---|---|---|---|---|
| 장부 작성 · 보관 | 변호사법 28 | 법무사법 22 | 공인회계사법 18 | 세무사법 14 |
| 수임료 자료의 관련협회 제출근거 | 변호사법 28의 2 (2007. 3. 6 의결) | 법무사법 시행규칙 49 | 공인회계사회칙 | 세무사회칙 |
| 국세청에 제출되는 자료 | 없 음* | • 업무실적 보고자료<br>- 수임건수<br>- 보수액 | • 감리업무수수료 징수자료<br>- 수임건수<br>- 수수료 | • 수임실적 보고자료<br>- 수임건수<br>- 보수액 |
| 제출시기 | | 매년 3. 31 | 매년 5. 31 | 매년 8. 31 |

* 수임료 자료는 없으나 소송물가액이 적힌 소송관련자료(법원행정처)와 의뢰인 인적사항이 기재된 수임사건 경유자료(지방변호사회)가 국세청에 제출됨.

**참 고** 과세자료 제출서식(과세자료제출 및 관리에 관한 법률 시행령)

□ 변호사

[별지 제74호 서식]

| 수임사건경유건수 현황자료 | | | | | | | |
|---|---|---|---|---|---|---|---|
| 변 호 인 | | | 경유일 | 사건 종류 | 의뢰인 | | |
| 상 호 (법인명) | 성 명 (대표자) | 사업자(주민) 등록번호 | | | 상 호 (법인명) | 성 명 (대표자) | 사업자(주민) 등록번호 |
| | | | | | | | |

□ 공인회계사

[별지 제77호 서식]

| 감리업무수수료징수자료 (단위 : 원) | | | | | | | | | | | |
|---|---|---|---|---|---|---|---|---|---|---|---|
| 감 사 인 | | | 합 계 (A+B+C) | | 회계감사(A) | | 세무조정(B) | | 기업진단등(C) | | |
| 상 호 (법인명) | 성 명 (대표자) | 사업자(주민) 등록번호 | 건수 | 수수료 | 건수 | 수수료 | 건수 | 수수료 | 건수 | 수수료 | |
| | | | | | | | | | | | |

158) 2006 세제개편안(재정경제부 보도자료, 2006. 8. 21)

□ 세무사

[별지 제78호 서식]

**세무사의 수임실적 보고자료**

(단위 : 원)

| 세 무 사 | | | 합 계(A+B)<br>(총보수액) | 세무조정수입(A) | | 기타수입(B)<br>(총보수액) |
|---|---|---|---|---|---|---|
| 상 호<br>(법인명) | 성 명<br>(대표자) | 사업자(주민)<br>등록번호 | | 건수 | 총보수액 | |
| | | | | | | |

## (11) 관련사례

### 1) 파산관재인의 소득구분

변호사가 업무와 관련된 직업상의 용역을 제공하고 받는 대가는 소득세법 제19조 제1항 제11호의 사업서비스업에 해당하는 것이나, 당해 변호사의 업무와 관련 없이 파산관재인으로서 일시적인 용역을 제공하고 지급받는 대가는 소득세법 제21조 제1항 제19호의 규정에 의한 기타소득에 해당하는 것이다(소득 46011-221, 2002. 2. 11).

판례

**파산관재인의 소득구분**(대법원 2017. 7. 11 선고, 2017두36885 판결)

1. 사업소득과 기타소득의 구분

(1) 소득세법에서 규정하는 사업소득은 영리를 목적으로 독립된 지위에서 계속·반복적으로 하는 사회적 활동인 사업에서 발생하는 소득을 뜻한다. 어떠한 소득이 사업소득에 해당하는지 아니면 일시소득인 기타소득에 해당하는지는 그 소득이 발생한 납세의무자의 활동 내용, 기간, 횟수, 태양 그 밖에 활동 전후의 모든 사정을 고려하여 그것이 수익을 목적으로 하고 있는지, 계속성·반복성이 있는지 등을 사회통념에 따라 판단하여야 한다(대법원 2001. 6. 15 선고, 2000두5210 판결, 대법원 2010. 9. 9 선고, 2010두8430 판결 등 참조).

(2) 원심은 아래와 같은 여러 사정 등을 들어 원고가 2009년부터 2013년까지 법인파산사건에 대한 파산관재 업무를 수행하고 지급받은 이 사건 보수가 영리를 목적으로 자기의 계산과 책임으로 계속적·반복적으로 하는 활동을 통하여 얻은 사업소득에 해당한다고 판단하였다.

① 변호사인 원고는 이 사건 처분의 귀속연도인 2009년부터 2013년까지 11개 파산법인에 대한 파산관재 업무를 수행하였고, 파산관재 업무를 시작한 2002년부터 2014년까지 모두 합쳐보면 총 40개의 파산법인에 대한 파산관재 업무를 수행하였다. 활동의 기간과 횟수 등에 비추어 계속성과 반복성이 충분히 인정된다.

② 이 사건 보수는 총 925,908,900원으로서 그 액수가 적지 않고 원고의 전체 수입의 약

25%를 차지하며, 2002년부터 2014년까지 원고가 파산관재 업무를 수행하고 받은 대가의 합은 약 25억 원에 이른다.

③ 법원의 결정에 따라 파산관재인으로 선임되었고 그 업무가 공익적 성격이 강하다고 할지라도, 원고가 파산관재 업무를 수행해 온 기간과 그로 인한 수익의 규모 등에 비추어 볼 때 그 영리목적성을 부인하기 어렵다.

(3) 원심의 위와 같은 판단은 앞에서 본 법리에 기초한 것으로서, 상고이유 주장과 같이 소득세법상의 사업소득과 기타소득에 관한 법리를 오해하는 등의 잘못이 없다.

## 2. 가산세를 면할 정당한 사유

(1) 가산세는 과세권의 행사와 조세채권의 실현을 용이하게 하기 위하여 납세의무자가 법에 규정된 신고, 납세 등 각종 의무를 위반한 경우에 법이 정하는 바에 따라 부과하는 행정적 제재로서, 정당한 사유가 있는 때에는 이를 부과하지 않는다(국세기본법 제48조 제1항). 따라서 단순한 법률의 부지나 오해의 범위를 넘어 세법해석상 견해가 대립하는 등으로 납세의무자가 그 의무를 알지 못한 것에 책임을 귀속시킬 수 없는 합리적인 이유가 있을 때 또는 그 의무의 이행을 당사자에게 기대하기 어려운 사정이 있을 때 등 그 의무를 게을리 한 점을 비난할 수 없는 정당한 사유가 있는 경우에는 가산세를 부과할 수 없다(대법원 2002. 8. 23 선고, 2002두66 판결, 대법원 2016. 10. 27 선고, 2016두44711 판결 등 참조).

(2) 원심판결 이유와 기록에 의하면 다음과 같은 사실을 알 수 있다.

① 파산법인의 파산관재인 선임은 2000년 무렵부터 활발해졌는데, 파산관재인의 보수가 사업소득으로 과세될 수 있는지에 관하여 이 사건 처분 이전까지 명시적인 판단이 이루어진 바가 없고 세법해석상으로도 견해가 나뉘어 있었다.

② 과세관청은 2000. 2. 11자 질의회신 등을 통해서 변호사가 자신의 업무와 관련없이 파산관재인으로서 '일시적'인 용역을 제공하고 지급받는 대가는 기타소득에 해당하는 것으로 견해를 표명하였으나, 파산관재 업무를 '계속적 · 반복적'으로 수행한 경우에 그 보수가 사업소득에 해당하는지에 관해서는 구체적으로 견해를 밝힌 적이 없다.

③ 원고는 2002년 이후부터 줄곧 기타소득으로 신고하였고, 2011년경에 비로소 과세관청으로부터 해당 소득이 기타소득임을 증명할 수 있는 자료 등 해명자료를 제출하라는 요청을 받았다. 하지만 그 이후로도 이 사건 처분에 이르기까지 아무런 후속 조치가 이루어지지 않았고, 피고는 2015. 5. 10 및 2015. 6. 1에 기타소득이 아닌 사업소득으로 보아 아직 부과제척기간이 도과하지 않은 과세연도인 2009년 내지 2013년 귀속 종합소득세를 부과하는 이 사건 처분을 하였다.

(3) 이러한 사실관계를 앞에서 본 법리에 비추어 보면, 파산관재인의 보수가 사업소득으로 과세될 수 있는지에 관하여 세법해석상 견해의 대립이 있었고, 피고 역시 2015년에 이르러 비로소 부과처분을 하는 등 그에 대한 확실한 견해를 가지지 못하였던 것으로 보이며, 이 사건 종합소득세의 부과경위를 감안할 때 원고에게 가산세까지 부과하는 것은 지나치게 가혹하다. 따라서 원고가 이 사건 보수를 사업소득으로 신고 · 납부하지 않았다고 하더라도 그 의무를 게을리 하였다고 비난할 수 없는 정당한 사유가 있다고 봄이 타당하다.

### 2) 대물변제받는 변호사 성공보수료 수입금액과 수입시기

수입금액을 금전 이외의 것으로 수령한 경우에는 수령당시의 시가로 하는 것이므로 청구인의 수입금액은 대물변제받은 토지의 수령당시(1997. 3. 20) 시가로 하는 것이므로 시가가 불분명하여 대물변제받을 당시의 개별공시지가로 평가하여 확정한 것은 정당하고, 성공보수료는 당초 소송용역 약정서를 체결하면서 ××백만원으로 하고 그 지급시기는 승소(1994. 12. 8)하는 경우 즉시 지급하되, 현금지급이 아닐 경우에는 그 금액에 상당하는 부동산으로 대물변제하기로 약정하였으므로 성공보수료 수입시기는 승소일이 속하는 과세기간에 귀속된다할 것이다(국심 2000서2941, 2001. 6. 18).

### 3) 세무조사의 적법성

○ **원처분요지**

처분청은 청구인이 1996년도 및 1997년도 종합소득세를 신고하면서 변호사 수임료 수입금액 7,027만원을 신고 누락한 데 대하여 1999. 1. 2자로 종합소득세를 부과・고지함.

○ **청구이유**

청구인은 처분청에서 아무런 사유 없이 세무조사를 한 것은 부당하고, 처분청이 수입금액 누락액으로 본 금액 중 4,227만원은 받지 않거나 반환한 것이고, 법원보관금, 공탁금, 대출금 이자 등 7,685만원은 변호사 업무를 위하여 지출한 비용이므로 이를 인정하여 이 사건 부과처분을 취소하여야 한다고 주장함.

○ **검토의견 : 기각**

처분청에서 청구인이 신고한 수입금액이 다른 변호사들의 수임료 신고금액을 평균한 권형금액보다 적어 청구인의 신고내용이 불성실하다고 보고 세무조사하였던 것으로 국세기본법 제81조의 5 등의 규정에 비추어 볼 때 청구인에 대한 세무조사를 위법한 것으로 볼 수 없고, 수입금액누락은 사건의뢰인의 확인이나 금융자료에 의하여 입증되는 반면 청구인의 주장이 입증되는 증빙은 전혀 없을 뿐 아니라 공탁금 등은 의뢰인이 부담하는 것으로 약정되어 있고 지급이자는 그 채무가 재무제표에 등재되지 아니하여 비용으로 인정할 수 없으므로 청구 주장을 받아들일 수 없음(감심 99-266, 1999. 8. 18).

### 4) 변호사의 소송 수임대가

청구인이 소송사무를 대리하고 성공보수를 받기로 한 이 사건 수임보수를 쟁점토지로 보는 것보다는 쟁점토지에 설정된 저당채권액으로 보는 것이 보다 사실에 부합되는 것으로 인정된다 하겠으므로 처분청의 당초처분은 적법한 것으로 판단된다(국심 98서0118, 1999. 2. 24).

#### 5) 국세부과의 제척기간

소득세법 제70조에서 당해 연도의 종합소득금액이 있는 거주자는 그 종합소득과세표준을 당해 연도의 다음 연도 5월 1일부터 5월 31일까지 납세지 관할 세무서장에게 신고하여야 하며, 종합소득 과세표준확정신고를 함에 있어 사업소득금액을 비치·기장된 장부와 증빙서류에 의하여 계산한 경우에는 기업회계기준을 준용하여 작성한 대차대조표·손익계산서와 그 부속서류 및 합계잔액시산표와 조정계산서와 기타 필요한 서류를 첨부하도록 규정하고 있는 바, 이는 거주자가 자신이 영위하는 사업소득에 대하여 성실하게 장부를 비치·기장하고 동 장부에 의하여 소득금액을 계산하여 종합소득세를 신고·납부하여야 한다는 의무규정이고, 국세기본법 제26조의 2 제1항 제1호에서 '납세자가 사기 기타 부정한 행위로써 국세를 포탈하거나 환급·공제받는 경우에는 당해 국세를 부과할 수 있는 날부터 10년이 경과되면 부과할 수 없다'고 규정하고 있고, 동 규정에서 '사기 기타 부정한 행위'란 조세포탈을 가능케 하는 사회통념상 부정이라고 인정되는 행위로서 조세의 부과·징수를 불능 또는 현저히 곤란하게 하는 위계 기타 부정한 적극적인 행위에 해당한다고 할 것(대법원 2000. 4. 21 선고, 99도5355 판결)인 바, 청구인은 1995년 귀속연도에 변호사업을 영위하였으며 동 연도에 대한 당초 종합소득세 신고시 사업소득 수입금액을 276,591천원, 소득금액을 122,795천원으로 하여 종합소득세 43,758천원을 납부하였다가 신고 누락한 수입금액이 있어 추가로 경정이 이루어졌으며, 쟁점외소송의 승소대가로 종중원들이 받은 보상금 총 19,835,150,500원의 40%에 상당하는 7,934,060,200원을 소송수임료로 수령하였으나, 청구인은 이 중 1억원만 신고하고 나머지 7,834,060,200원을 신고 누락하여 신고한 금액이 신고 누락한 금액의 극히 일부분이고, 종중 등이 얻은 경제적 이익의 40%와 전부승소한 때에는 1억원이라는 2가지의 소송수임료 약정서를 작성한 사실이 있는 등 이는 조세포탈을 가능케 하는 사회통념상 부정이라고 인정되는 행위로서 조세의 부과·징수를 불능 또는 현저히 곤란하게 하는 위계 기타 부정한 적극적인 행위에 해당하므로 처분청이 이 건 종합소득세의 부과제척기간으로 국세기본법 제26조의 2 제1항 제1호에 의하여 10년을 적용한 것은 정당하다고 판단된다.

또한, 청구인은 쟁점외소송과 관련하여 받게 되었던 수임료를 약정대로 받지도 못하였다거나 청구인이 실제로 받은 수임료에서 사건 수임시 소요된 환매대금 등을 투자한 자들에게 상당한 금액을 지급하였으므로 과세소득금액을 산출함에 있어 이를 고려하여야 함에도 처분청이 이를 고려하지 아니하여 과세소득금액과 세액이 부당하게 많이 산출되었다고 주장하나, 과세처분의 위법을 이유로 그 취소를 구함에 있어 과세처분의 적법성 및 과세요건 사실의 존재에 대한 입증책임은 원칙적으로 과세관청에게 있으므로 과세소득확정의 기초가 되는 필요경비도 원칙적으로 과세관청이 그 입증책임을 부담하나 필요경비의 공제는 납세의무자에게 유리할 것일 뿐 아니라 필요경비의 기초가 되는 사실관계는 대부분 납세의무자의 지배영역 안에 있는 것이어서 과세관청으로서는 그 입증이 곤란한 경우가 있으므로, 그 입증의 곤란이나 당사자 사이의 형평을 고려하여 납세의무자로 하여금 입증케 하는 것이 합리적인 경우에는 입증의 필요를 납세의무자에게 돌려야 할 것(대법원 1997. 9. 26 선고, 96누8192 판결)이고, 청구인이 주장하는 비용이 실제로 지출되었다는 점에 대하여는 그에 관한 장부기장과 증빙 등 일체의 자료를 제시하기가 용이한 청구인측에서 이를 입증할 필요가 있다고 할 것임에도 청구인은 이에 대한 구체적인 증빙을 제시하지 아니하고 있으므로 청구주장을 받아들일 수 없다 할 것이다(국심 2005서2302, 2006. 1. 4).

#### 6) 성공보수의 인지세 납세의무

「변호사법」 제3조에 따라 변호사가 작성하는 수임계약서상 확정된 착수금과 미확정된 성공보수금이 구분 약정된 경우에는 「인지세법」 제4조 제1항 제1호에 따라 최저금액인 착수금을 기재금액으로 하여 인지세를 납부하는 것이며, 소송결과에 따라 확정된 성공보수금을 청구하는 문서를 작성하는 경우 해당 성공보수금 청구문서는 「인지세법」 제5조에 따른 보완문서로서 「인지세법 시행령」 제12조에 따라 당초 수임 계약서상 기재금액과 청구문서의 기재금액 합계액을 기재금액으로 한 세액에서 이미 납부한 세액을 뺀 금액을 납부하는 것이다(사전-2017-법령해석부가-0473, 2017. 7. 28).

#### 7) 수입금액의 귀속주체

이 사건 수임료 등을 이 사건 법인의 수입으로 본 것이 실질과세의 원칙에 위반하는 것이라고 볼 수는 없다. 원고의 첫 번째 주장은 받아들일 수 없다.

변호사법 제52조 제1항은 법무법인의 구성원이 자기나 제3자의 계산으로 변호사의 업무를 수행할 수 없다고 규정하여, 법무법인의 구성원이 소속 법인과 별개로 독립적 지위에서 변호사업무를 수행하는 것을 금지하고 있다.

비록 내부적으로는 이 사건 법인의 각 사무소가 독자적으로 사건을 수임하고 직원을 채용하는 등 이른바 별산제 방식으로 운영되었다고 하더라도, 이는 구성원 변호사들이 처리한 변호사 업무로 인한 경제적 이익의 분배에 관하여 그와 같이 약정을 한 것에 불과하고 소송위임계약 등에 대한 권리가 법률상으로 구성원 변호사들에게 속하는 것이라고 볼 수는 없다.

법무법인의 구성원 변호사가 제공한 용역에 대한 대가는 특별한 사정이 없는 한 법무법인의 수입으로 보는 것이 원칙이다. 따라서 이 사건 수임료 등은 이 사건 손해배상청구소송의 소송대리인이었던 이 사건 법인의 수입으로 보아야 한다. 이 사건 손해배상청구소송에서도 자신의 이름으로 소송위임계약을 체결하거나 수임료 등을 자신이 직접 수령하는 등 이 사건 법인이 거래의 명의자에 불과하다고 볼 만한 특별한 사정은 찾을 수 없다(서울고등법원 2018. 10. 24 선고, 2018누32493 판결).

## 제2절 법무사

### 1. 개요

#### (1) 업무의 범위(법무사법 2)

법무사의 업무는 다른 사람이 위임한 사무를 대리하는 법률서비스업으로 다음과 같이 그 범위를 정하고 있다.

① 법무사의 업무는 다른 사람이 위임한 다음 각 호의 사무로 한다.

1. 법원과 검찰청에 제출하는 서류의 작성
2. 법원과 검찰청의 업무에 관련된 서류의 작성
3. 등기나 그 밖에 등록신청에 필요한 서류의 작성
4. 등기·공탁사건 신청의 대리
5. 「민사집행법」에 따른 경매사건과 「국세징수법」이나 그 밖의 법령에 따른 공매사건에서의 재산취득에 관한 상담, 매수신청 또는 입찰신청의 대리
6. 제1호부터 제3호까지의 규정에 따라 작성된 서류의 제출 대행

② 법무사는 제1항 제1호부터 제3호까지의 서류라고 하더라도 다른 법률에 따라 제한되어 있는 것은 작성할 수 없다.

#### (2) 법무사의 보수(법무사법 19)

① 법무사는 그 업무에 관하여 위임인으로부터 소정의 보수를 받는다.

② 법무사는 그 업무에 관하여 제1항에 따른 보수 외에는 어떠한 명목으로도 위임인으로부터 금품을 받지 못한다.

③ 제1항에 따른 보수의 기준에 관한 사항은 대한법무사협회 회칙으로 정한다.

#### (3) 법무사합동법인의 설립(법무사법 33)

법무사로 등록된 자는 그 업무를 조직적이고 전문적으로 행하고 그 공신력을 높이기 위하여 법무사합동법인을 설립할 수 있다.

① (설립절차) 법무사합동법인을 설립하려면 구성원이 될 법무사가 정관을 작성하여 주사무소 소재지의 지방법무사회를 거쳐 대법원장의 인가를 받아야 한다. 정관을 변경할 때에도 또한 같다(제34조).

② (구성원 등) 법무사합동법인은 5명 이상의 법무사로 구성하며, 그 중 2명 이상은 제5조의 2 제2항 각 호의 어느 하나에 해당하거나 10년 이상 법무사 업무에 종사한 자이어야 한다(제35조).

| 법무사의 사업형태 |

| 구 분 | 형 태 | 세법적용 |
|---|---|---|
| 개인법무사 | | 소득세법<br>(단독사업자) |
| 합동사무소 | 직무를 조직적이고 전문적으로 행하기 위하여 2명 이상의 법무사로 구성된 합동사무소를 설치할 수 있다. | 소득세법<br>(공동사업자) |
| 법무사법인 | 3명 이상의 법무사로 구성하며, 그 중 1명 이상은 제5조의 2 제2항 각 호의 어느 하나에 해당하거나 7년 이상 법무사 업무에 종사한 자 | 법인세법 |
| 법무사법인<br>(유한) | 5명 이상의 법무사로 구성하며, 그 중 2명 이상은 제5조의 2 제2항 각 호의 어느 하나에 해당하거나 10년 이상 법무사 업무에 종사한 자.<br>자본총액 1억원 이상 | 법인세법 |

## 2. 법무사에 대한 세무실무

### (1) 사건부의 작성 · 비치

① 법무사는 사건부를 갖추어 두고, 사건을 위임받으면 사건부에 위임받은 순서에 따라 다음 각 호의 사항을 적어야 한다(법무사법 22).

1. 일련번호
2. 위임받은 연월일
3. 사건명(명)
4. 보수액
5. 위임인의 주소와 성명
6. 그 밖에 필요한 사항

② 법무사는 그 업무에 관하여 위임받아 작성한 서류의 끝부분이나 기재란밖에 기명날인하여야 한다.

따라서 법무사의 수입금액 기장관리 및 부가가치세 과세표준 신고는 사건부를 기초로 수입금액을 집계하면 된다.

### (2) 세금계산서의 발급의무

법무사가 사업자에게 용역을 제공하는 경우에는 세금계산서를 반드시 발급하여야 한다. 다만, 사업자가 아닌 자에게는 영수증을 발급할 수 있다.

참 고 **영수증의 발급**(부령 73)

일반과세자 중 변호사업, 심판변론인업, 변리사업, 법무사업, 공인회계사업, 세무사업, 경영지도사업, 기술지도사업, 감정평가사업, 손해사정인업, 통관업, 기술사업, 건축사업, 도선사업, 측량사업 기타 이와 유사한 사업서비스업으로서 기획재정부령이 정하는 사업에 해당하는 사업자와 법 제25조에 규정하는 사업자는 법 제32조 제1항의 규정에 의하여 영수증을 교부할 수 있다.

### (3) 과세표준의 계산

법무사의 경우 보수 외에 세금, 공과금, 인지대, 채권매입액 등을 수령하여 대신 납부하는 경우가 있다. 이 경우 공과금 등을 예수금으로 처리하고 구분기장하는 경우에는 과세표준 및 수입금액에서 제외된다. 다만, 실비로 수령하는 여비교통비, 일당 등은 과세표준 및 수입금액에 포함하여야 한다. 부가가치세 과세표준에는 거래상대자로부터 받는 대금・요금・수수료・기타 명목여하에 불구하고 실질적 대가관계에 있는 모든 금전적 가치가 있는 것이 포함되는 것으로 법무사업을 영위하는 사업자가 법무용역제공에 소요되는 여비교통비를 법무용역 제공대가에 포함하여 받는 경우 당해 금액은 부가가치세 과세표준에 포함되는 것이다(부가 46015-2288, 1999. 8. 3).

**핵심체크**

법무사가 받는 수수료 외에 실비성격의 교통비, 출장비 등이 과세표준에서 누락되었는지를 확인한다.

### (4) 현금매출명세서 작성

법무사의 수입금액 양성화 목적으로 현금매출명세서를 작성하여 부가가치세 신고와 함께 제출하여야 한다. 만일 법무사가 사업자가 제20조의 2 제1항에 따른 현금매출명세서를 제출하지 아니하거나 제출한 수입금액(현금매출명세서의 경우에는 현금매출을 말한다)이 사실과 다르게 적혀 있는 경우에는 제출하지 아니한 수입금액 또는 제출한 수입금액과 실제 수입금액과의 차액에 대하여 100분의 1에 해당하는 금액을 납부세액에 더하거나 환급세액에서 뺀다(부법 60 ⑧).

### (5) 법무사의 수입금액의 관리

법무사가 세금 등 대신 납부하는 예수금 성격의 금액을 제외한 여비교통비, 일당, 등기부 징취 비용 등 실비명목으로 받는 모든 대가가 수입금액에 포함된다. 따라서 실비명목으로 받는 여비교통비 등을 누락하는 경우가 있으니 이를 확인하여야 한다. 또한 신규입주아파트, 재건축·재개발 아파트 등의 등기와 관련하여 특정 법무사가 일괄 수주하여 용역을 제공하고 수입금액을 누락하는 경우가 있다. 그러나 이 경우 등기시에 대리인(법무사)의 위임장을 제출하도록 하고 있어 이를 확인하면 수입금액이 확인 가능하므로 누락 없이 신고하여야 한다.

**참 고** **법무사 수입금액 탈루유형 예시**

① 건당 수수료 축소신고
② 비사업자로부터 받은 등기수수료 등 누락
③ 공부징취비, 일당, 교통비 등 명목으로 받은 실비성격의 수입 누락
④ 개인회생, 파산 등 대행수수료 누락
⑤ 채권매각관련 수입 누락

### (6) 반환의무가 없는 송달료는 총수입금액산입

법무사가 사건의뢰인에게 반환하지 아니하고 획득한 송달료는 법무서비스를 제공하면서 계속적 또는 반복적으로 발생된 부대수입 또는 사업과 관련하여 무상으로 받은 가액으로서 종합소득세 과세대상인 바, 이는 법원으로부터 환급받은 날이 속하는 과세연도의 총수입금액에 산입하는 것이다(심사소득 2001-52, 2001. 5. 11).

### (7) 사무원에 대한 인건비

법무사[법무사합동사무소 및 법무사법인·법무사법인(유한)의 구성원과 구성원 아닌 법무사를 포함한다] 1인이 채용할 수 있는 사무원의 수는 5인을 초과하지 못한다(법무사규칙 37 ⑤). 따라서 사무원에 대한 원천징수시에 이를 고려하여야 한다. 한편, 개인이 법무사와 법무수주용역계약을 체결하여 신축아파트의 등기와 관련된 등기업무를 수주하는 용역을 사무실 및 직원 없이 공급하는 바, 여러 아파트현장을 수주하여 계속적으로 당해 용역을 공급하는 때에 부가가치세법 시행령 제35조 제1호 타목에 의하여 부가가치세 면세되는 것(서삼 46015-

11874, 2003. 11. 28)이므로 인적용역에 해당되어 사업소득으로 원천징수하여야 한다.

### (8) 지방법무사회로부터 받는 공제금의 소득구분

법무사법 제52조 규정에 의거 법인으로 설립된 지방법무사회가 회원탈퇴시 당해 회원에게 지급하는 공제금 중 납입공제료를 차감한 금액은 소득세법 제17조 제1항의 배당소득에 해당하는 것이다(서면1팀-1174, 2005. 10. 5).

### (9) 법무사와 지방세 대납과 캐시백

카드사들이 자사 카드로 지방세를 납부할 경우 해당 법무사에게 결제액의 0.5% 안팎(0.2~0.7%)의 리베이트를 제공하고 있다. 즉, 부동산 취·등록세와 같은 지방세를 고객에게 현금으로 수령하고, 이를 자신의 신용카드로 결제하면 카드사들이 결제액에 따라 0.5% 안팎(0.2%~0.7%)의 캐시백을 돌려준다. 해당 금액은 법무사의 총수입금액에 산입하여야 한다.

판례 **약국 캐시백 총수입금액 산입(대법원 2016. 12. 29. 선고 2014두205 판결)**

구 소득세법 시행령 제51조 제3항 제2호는 사업소득에 대한 총수입금액으로 '사업과 관련된 수입금액으로서 사업자에게 귀속되었거나 귀속될 금액'에 해당하는 경우 중 하나를 구체적으로 정한 것이므로, 사업자가 거래상대방으로부터 직접 받는 장려금뿐만 아니라 제3자를 통하여 간접적으로 받는 수입금액도 사업과 관련된 것인 이상 구 소득세법 시행령 제51조 제3항 제2호에 정한 '거래상대방으로부터 받는 장려금 기타 이와 유사한 성질의 금액'으로서 사업의 태양에 따른 사업소득에 대한 총수입금액에 해당한다.

약국을 운영하는 갑이 의약품 구매전용 신용카드 등을 사용하여 의약품 도매상으로부터 의약품을 구매하면서 결제대금의 3%에 해당하는 마일리지 또는 캐시백포인트를 제공받아 그 중 일부를 현금으로 지급받았는데, 갑이 종합소득세를 신고하면서 이를 누락하였다는 이유로 관할 세무서장이 갑에게 종합소득세 및 지방소득세를 부과·고지한 사안에서, 갑이 카드를 사용함에 따라 받은 마일리지 또는 캐시백포인트의 실질적 제공자는 의약품 도매상인 점, 갑에게 제공된 마일리지 또는 캐시백포인트의 액수는 의약품 도매상이 가맹점 수수료 명목으로 부담한 금액과 비례하는 점, 의약품 도매상이 가맹점 수수료 명목으로 부담한 돈 중 실질적인 가맹점 수수료는 일부에 불과하고 나머지는 갑에게 지급하는 장려금 성격의 금액으로 보는 것이 관련 당사자들의 진정한 의사에 부합하는 점 등을 종합하여 보면, 마일리지 또는 캐시백포인트는 의약품 도매상이 의약품을 판매하면서 갑에게 지급한 '장려금 기타 이와 유사한 성질의 금액'으로 갑의 사업소득에 해당한다.

## 제 3 절 변리사

### 1. 개요

변리사는 특허, 실용신안, 의장 또는 상표에 관하여 특허청 또는 법원에 대하여 하여야 할 사항의 대리 및 그 사항에 관한 감정 기타의 사무를 행함을 업으로 한다(변리사법 2). 변리사의 자격을 가진 자가 변리사로서의 업무를 개시하고자 하는 때에는 특허청장에게 등록하여야 한다(변리사법 5). 한편 변리사는 그 업무를 조직적·전문적으로 행하기 위하여 5인 이상의 변리사를 구성원으로 하는 법인을 설립할 수 있다(변리사법 6의 3).

법인을 설립하고자 하는 때에는 구성원이 될 변리사가 정관을 작성하여 특허청장의 인가를 받아야 한다. 정관을 변경하고자 하는 때에도 또한 같다.

| 변리사의 사업형태 |

| 구 분 | 형 태 | 세법적용 |
|---|---|---|
| 개인변리사 | | 소득세법<br>(단독사업자) |
| 특허법인 | 변리사는 업무를 조직적·전문적으로 수행하기 위하여 3명 이상의 변리사를 구성원으로 하는 특허법인을 설립. 특허법인은 분사무소를 둘 수 있으며, 분사무소에는 1명 이상의 구성원이 상근(常勤)하여야 함 | 법인세법 |
| 특허법인(유한) | 업무를 조직적·전문적으로 수행하기 위하여 대통령령으로 정하는 바에 따라 5명 이상의 변리사를 구성원으로 하는 특허법인(유한)을 설립. 3명 이상의 변리사로 구성하며, 그 중 1명 이상은 제5조의 2 제2항 각 호의 어느 하나에 해당하거나 7년 이상 변리사 업무에 종사한 자. 자본금 3억원 이상 재무상태표를 작성하여 매 사업연도가 끝난 후 3개월 이내에 특허청장에게 제출 | 법인세법 |

### 2. 변리사에 대한 세무실무

#### (1) 과세표준의 계산

변리사가 의뢰인으로부터 보수명목으로 지급받는 모든 금전적 대가로 한다. 다만, 수임수수료 이외에 의뢰인이 부담하여야 할 공과금을 별도로 지급받아 대리납부하는 경우에는 이를 변리사의 총수입금액에 산입하지 아니하는 것이나, 공과금 명목으로 지급받은 금액이 공과금 납부액을 초과하는 때에는 그 초과하는 금액은 총수입금액에 산입한다(소득 22601 - 2247, 1986. 7. 14).

① **수입금액 계상에 관한 질의**

특허법률사무소를 설치하고 사업자등록을 필한 후 영업하는 변리사가 고객으로부터 특허출원·의장출원·상표출원·상표갱신 등의 행위를 대행하여 줄 것을 위임받고 수임할 때 수임수수료를 받고 있는데 변리사의 보수 규정에 의한 수임수수료 외에 수임 건에 대하여 필수적으로 위탁자(고객)가 국가기관(특허청·상공부)에 납부하여야 할 공과금(등록표·출원료 등)의 납부행위까지 변리사에게 위탁하는 경우가 많은데(특히 국외에 거주하는 외국인이 의뢰하는 경우가 많음) 세법상 변리사의 수입금액계상 기준이 아래와 같이 갑·을 양설이 있다는데 어느 설이 세법상 변리사의 수입금액으로 계상되는지?

(갑설) 수입수수료와 공과금 전액을 합산하여 수입금액으로 계상한다.

(을설) 특허 법률에 따른 고객의 공과금은 변리사의 보수가 아니고 국가에 납부하는 공과금이므로 공과금은 예수금의 성질이고 규정된 수입수수료만 수입금액으로 계상한다.

② **수입금액계상에 관한 회신**

변리사가 의뢰인으로부터 지급받는 금액 중 수임수수료 이외에 의뢰인이 부담하여야 할 공과금을 별도로 지급받아 대리 납부하는 경우에는 이를 변리사의 총수입금액에 산입하지 아니하는 것이나, 공과금 명목으로 지급받은 금액이 공과금 납부액을 초과하는 때에는 그 초과하는 금액은 총수입금액에 산입하는 것이다.

**참 고　변리사 수입금액 탈루유형 예시**

① 비사업자로부터 수령한 출원 및 등록수수료 누락
② 외국인으로부터 외화로 수령한 출원 및 등록수수료 누락
③ 공동사업자가 수령한 출원 및 등록수수료 누락

### (2) 영세율 적용 여부

변리사업을 영위하는 자가 국내에서 국내사업장이 없는 외국법인에게 특허와 관련된 용역을 공급하고 그 대금을 외국환은행을 통하여 원화로 받는 경우에는 부가가치세법 제11조 제1항 제4호 및 동법 시행령 제26조 제1항 제1호의 규정에 의하여 영의 세율이 적용되는 것이며, 당해 외국법인이 납부하여야 하는 특허료를 송금받아 단순히 납부만 대행해주는 경우 당해 특허료는 부가가치세 과세표준에 포함되지 아니하는 것이다(부가 46015-1173, 1999. 4. 22).

⇨ 외국인에 대한 국내특허 등록업무 대행수수료는 외국환은행에서 원화로 받는 경우 영세율이 적용되며 세금계산서 발급대상이 아니므로 신고 누락하지 말아야 한다.

〈외국환은행에서 원화로 받는 경우의 의미〉

국내사업장이 없는 비거주자 또는 외국법인에게 재화 또는 용역을 공급하고 그 대가를 다음과 같은 방법으로 받는 때에는 영의 세율을 적용한다.

① 국외의 비거주자 또는 외국법인으로부터 직접 송금받아 외국환은행에 매각하는 경우

② 국내사업장이 없는 비거주자 또는 외국법인에게 재화를 공급하거나 용역을 제공하고 그 대가를 당해 비거주자 또는 외국법인에게 지급할 금액에서 차감하는 경우

### (3) 수입금액의 귀속시기

용역에 대한 수입금액은 용역의 대가를 지급받기로 한 날이나 용역의 제공을 완료한 날 중 빠른 날을 수입시기로 보는 것인 바(소령 48 8호), 청구인이 약정한 각 단계별로 용역제공을 완료하고 대한변리사협회에서 정한 최소요금표를 바탕으로 작성한 요금표스케줄에 의하여 의뢰인에게 그에 대한 수수료를 청구하였으므로 청구한 날 이전에 용역의 제공이 완료된 것으로 보이는 점, 외국의뢰인에게 제공하는 용역과 관련하여 사전이나 사후에 수수료율에 대하여 별도로 약정한 사실은 확인되지 아니하고 대부분 청구대로 지급되었다면, 특허 대리 업무에 대한 용역의 대가는 요금표스케줄에 따라 결정하기로 약정한 것으로 보는 것이 타당한 점, 청구인은 외국의뢰인에게 제공하는 용역과 관련하여 발생하는 비용은 모두 지출한 시점에서 필요경비로 처리하고 있는 점 등으로 보아 청구인이 외국의뢰인에게 제공한 특허관련 법률서비스 용역은 청구인이 각 단계별로 용역제공을 완료하고 대금을 청구한 날을 수입시기로 보는 것이 타당한 것으로 판단된다(국심 2007서500, 2007. 8. 28).

### (4) 현금매출명세서 작성

변리사의 수입금액 양성화 목적으로 수입금액명세서를 작성하여 부가가치세 신고와 함께 제출하여야 한다. 만일 변리사가 사업자가 제20조의 2 제1항에 따른 현금매출명세서를 제출하지 아니하거나 제출한 수입금액(현금매출명세서의 경우에는 현금매출을 말한다)이 사실과 다르게 적혀 있는 경우에는 제출하지 아니한 수입금액 또는 제출한 수입금액과 실제 수입금액과의 차액에 대하여 100분의 1에 해당하는 금액을 납부세액에 더하거나 환급세액에서 뺀다(부법 60 ⑧).

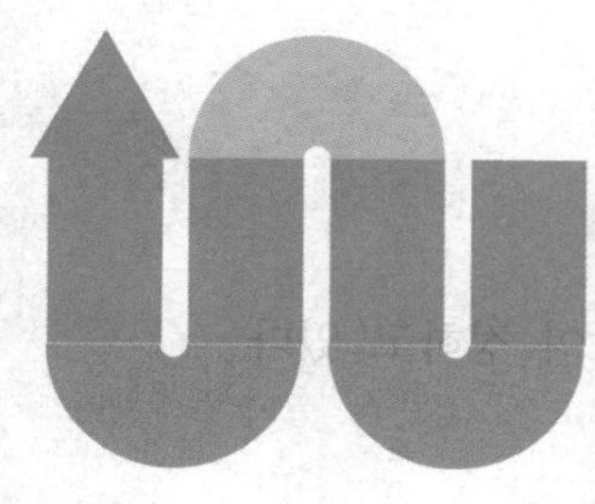

# 제 13 장 비영리조직의 회계와 세무실무

## 제 1 절 비영리조직 일반

### I 개 요

#### 1. 비영리법인의 의의

비영리법인이라 함은 학술, 종교, 자선, 기예, 사교, 기타 영리 아닌 사업을 목적으로 하는 사단 또는 재단으로서 주무관청의 허가를 얻어 설립한 법인을 말한다(민법 32). 여기에서 말하는 영리 아닌 사업, 즉 목적사업은 학술, 종교, 자선 등 기타 영리 아닌 사업을 말한다. 비영리법인은 영리사업과 관련된 수익사업은 비영리사업의 목적을 달성하는 범위 내에서 가능하다. 따라서 영리법인과 비영리법인의 구분기준은 영리활동성의 유무라기보다는 **사업활동 결과 가득한 이윤이나 잔여재산을 그 귀속자에게 분배하느냐의 여부**이다. 즉, 출자자 등에게 이익을 배당할 수 있는 법인이라 함은 자본금 또는 출자금이 주식 또는 출자지분으로 구성되어 있으며, 경영성과를 출자비율에 따라 출자자 등에게 분배가 가능한 법인을 의미하는 것으로서 이익배당에는 구성원의 탈퇴시 출자금 외에 출자비율에 따라 잉여금 등 그 동안의 경영성과를 반환할 수 있는 경우를 포함한다(법기통 2-0…3). 또한, 영리법인은 해산시 잔여재산을 정관에 지정된 자에게 귀속하는 것이나(민법 80) 비영리법인은 그 법인의 목적에 유사한 목적을 위하여 재산이 처분되거나 국고에 귀속된다.

| 영리법인과 비영리법인의 구분 |

| 구 분 | 사업의 성격 | 구분기준 |
|---|---|---|
| 영리법인 | 영리활동 | 이익의 분배(배당) |
| 비영리법인 | 영리활동(수익사업)+비영리(고유목적사업) | 이익의 분배 금지 |

## 2. 비영리법인의 범위

법인세법 제2조 제2호에서는 비영리법인의 범위를 다음과 같이 정하고 있다.

(1) 민법 제32조의 규정에 의하여 설립된 법인

(2) 사립학교법 기타 특별법에 의하여 설립된 법인으로서 민법 제32조에 규정된 목적과 유사한 목적을 가진 법인(대통령령이 정하는 조합법인 등이 아닌 법인으로서 그 주주·사원 또는 출자자에게 이익을 배당할 수 있는 법인을 제외한다). 특별법에 의하여 설립된 법인에는 의료법인, 지방공기업법에 의한 지방공사, 사내근로복지기금법에 의한 사내근로복지기금 등이 비영리법인에 해당된다.

(3) 법인으로 보는 법인격이 없는 단체

① 법인격이 없는 사단, 재단, 그 밖의 단체 중 다음 각 호의 어느 하나에 해당하는 것으로서 수익을 구성원에게 분배하지 아니하는 것은 법인으로 보아 이 법과 세법을 적용한다(국기법 13).

1. 주무관청의 허가 또는 인가를 받아 설립되거나 법령에 따라 주무관청에 등록한 사단, 재단, 그 밖의 단체로서 등기되지 아니한 것
2. 공익을 목적으로 출연(出捐)된 기본재산이 있는 재단으로서 등기되지 아니한 것

② 제1항에 따라 법인으로 보는 사단, 재단, 그 밖의 단체 외의 법인격이 없는 단체 중 다음 각 호의 요건을 모두 갖춘 것으로서 대표자나 관리인이 관할 세무서장에게 신청하여 승인을 받은 것도 법인으로 보아 이 법과 세법을 적용한다. 이 경우 해당 사단, 재단, 그 밖의 단체의 계속성과 동질성이 유지되는 것으로 본다.

1. 사단, 재단, 그 밖의 단체의 조직과 운영에 관한 규정(規程)을 가지고 대표자나 관리인을 선임하고 있을 것
2. 사단, 재단, 그 밖의 단체 자신의 계산과 명의로 수익과 재산을 독립적으로 소유·관리할 것
3. 사단, 재단, 그 밖의 단체의 수익을 구성원에게 분배하지 아니할 것

# Ⅱ 비영리법인의 회계실무

## 1. 개요

비영리법인의 회계는 고유목적사업(비수익사업)의 성과를 측정하고, 의결기관의 승인, 감독기관에의 보고 등에 관한 정보를 얻기 위해서 이루어진다. 비영리법인의 회계는 회계처리준칙이 특별히 규정되어 있지 않고 비영리법인의 종류마다 개별적인 회계규칙을 정하고 있다. 반면에 비영리법인의 수익사업에 관하여는 기업회계기준을 적용하도록 하고 있다. 비영리법인의 개별적인 회계규칙은 다음과 같은 예가 있다.

① 사학기관 재무·회계규칙
② 사학기관의 재무·회계규칙에 대한 특례규칙
③ 의료기관회계기준 규칙
④ 사회복지법인 재무·회계규칙
⑤ 비영리조직 회계기준
⑥ 공익법인 회계기준
⑦ 공동주택 회계기준

## 2. 구분경리

### (1) 구분경리의 필요성

비영리법인의 경우 수익사업과 고유목적사업인 비수익사업을 영위하게 된다. 여기에서 비영리법인의 고유목적사업의 성과를 측정하기 위하여 수익사업과는 별개의 회계로 구분하여 경리하여야 할 필요성이 있는 것이다. 사립학교법 제6조 또는 사회복지사업법 제17조에서 구분경리하도록 규정하고 있다. 이와는 별개로 법인세법에서는 수익사업에 대하여만 법인세 납세의무를 지므로 과세소득의 적정계산을 위하여 수익사업과 비수익사업을 구분경리하도록 규정하고 있는 것이다. 여기서 구분경리란 사업 또는 수입별로 익금과 손금을 법인의 장부상 각각 독립된 계정과목에 의하여 구분기장하여야 한다는 것이다.

### (2) 구분경리의 방법[159]

#### 1) 자산 · 부채 및 수익 · 비용의 구분경리

수익사업과 비수익사업의 구분경리는 수익과 비용에 관한 경리뿐만 아니라 자산과 부채에 관한 경리를 포함하는 것으로 한다. 비영리법인이 이자를 현금으로 수령하여 목적사업에 사용하는 경우 구분경리를 표시하면 다음과 같다.

① 수익사업의 경우

- 이자수령시

(차) 현금 및 현금성자산 ××× (대) 이자수익 ×××

- 고유목적사업에 전입시

(차) 고유목적사업준비금전입 ××× (대) 현금 및 현금성자산 ×××

② 비수익사업의 경우

- 수익사업으로부터 원입시

(차) 현금 및 현금성자산 ××× (대) 고유목적사업준비금수입 ×××

- 목적사업에 사용시

(차) 사업비 ××× (대) 현금 및 현금성자산 ×××

#### 2) 수익사업과 비수익사업 간의 거래

수익사업과 비수익사업간의 거래는 비영리법인 내의 내부거래이나 고유목적사업의 성과측정과 수익사업의 정확한 과세소득을 계산하기 위하여 별개의 거래로 인식하여야 한다.

① 수익사업으로 지출 또는 전입하는 경우

기타의 사업을 수익사업에 지출 또는 전입하는 경우에는 그 자산가액은 자본의 원입으로 경리하되 자산가액은 시가에 의한다(법칙 76 ③).

예를 들어 비수익사업으로 취득한 토지 1억원(시가 1.5억원)을 수익사업으로 전입한 경우 회계처리는 다음과 같다.

- 수익사업의 경우

(차) 토지 1.5억원 (대) 기본금 1억원

잉여금 0.5억원

159) 김준석, 비영리법인의 회계와 세무, 영화조세통람, 2004, pp.28～29.

- 비수익사업의 경우

(차) 기본금 1억원 (대) 토지 1억원

② 비수익사업으로 지출한 경우

그 자산가액 중 수익사업의 소득금액(잉여금을 포함한다)을 초과하는 금액은 자본원입액의 반환으로 한다. 위에서 제시한 예를 들어 살펴보면 다음과 같다. 다만, 전용당시의 시가는 2억원이다.

- 수익사업의 경우

| (차) 고유목적사업준비금 | 2억원 | (대) 토지 | 1.5억원 |
|---|---|---|---|
| | | 잉여금 | 0.5억원 |

- 비수익사업의 경우

(차) 토지 2억원 (대) 고유목적사업준비금수입 2억원

### (3) 법인세법상의 비영리법인의 구분경리(법칙 76)

① 비영리법인이 법 제113조 제1항의 규정에 의하여 구분경리 하는 경우 수익사업과 기타의 사업에 공통되는 자산과 부채는 이를 수익사업에 속하는 것으로 한다.

② 비영리법인이 구분경리를 하는 경우에는 수익사업의 자산의 합계액에서 부채(충당금을 포함한다)의 합계액을 공제한 금액을 수익사업의 자본금으로 한다.

③ 비영리법인이 기타의 사업에 속하는 자산을 수익사업에 지출 또는 전입한 경우 그 자산가액은 자본의 원입으로 경리한다. 이 경우 자산가액은 시가에 의한다.

④ 비영리법인이 수익사업에 속하는 자산을 기타의 사업에 지출한 경우 그 자산가액 중 수익사업의 소득금액(잉여금을 포함한다)을 초과하는 금액은 자본원입액의 반환으로 한다. 이 경우 조세특례제한법 제74조 제1항 제1호의 규정을 적용받는 법인이 수익사업회계에 속하는 자산을 비영리사업회계에 전입한 경우에는 이를 비영리사업에 지출한 것으로 한다.

⑤ 비영리법인의 경우 법 제112조의 규정에 의한 장부의 기장은 제1항 내지 제4항의 규정에 의한다.

⑥ 비영리법인이 법 제113조 제1항의 규정에 의하여 수익사업과 기타의 사업의 손익을 구분경리 하는 경우 공통되는 익금과 손금은 다음 각 호의 규정에 의하여 구분계산하여야 한다. 다만, 공통익금 또는 손금의 구분계산에 있어서 개별손금(공통손금 외의 손금의 합계액을 말한다)이 없는 경우나 기타의 사유로 다음 각 호의 규정을 적용

할 수 없거나 적용하는 것이 불합리한 경우에는 공통익금의 수입항목 또는 공통손금의 비용항목에 따라 국세청장이 정하는 작업시간·사용시간·사용면적 등의 기준에 의하여 안분계산한다.

1. 수익사업과 기타의 사업의 공통익금은 수익사업과 기타의 사업의 수입금액 또는 매출액에 비례하여 안분계산
2. 수익사업과 기타의 사업의 업종이 동일한 경우의 공통손금은 수익사업과 기타의 사업의 수입금액 또는 매출액에 비례하여 안분계산
3. 수익사업과 기타의 사업의 업종이 다른 경우의 공통손금은 수익사업과 기타의 사업의 개별 손금액에 비례하여 안분계산

⑦ 제6항의 규정에 의한 공통되는 익금은 과세표준이 되는 것에 한하며, 공통되는 손금은 익금에 대응하는 것에 한한다.

### (4) 실무상 구분경리의 방법

구분경리를 수익사업과 비수익사업으로 각각 하는 것이 원칙이나 실무에서는 비영리법인의 각 사업별로 구분경리하고 다시 법인세법에 규정한 수익사업과 비수익사업으로 구분경리 하지는 않는다. 다만, 수익사업과 비수익사업의 합산재무제표를 바탕으로 다음과 같은 간편한 방법을 사용하는 것이 일반적이다.

#### 1) 소득구분계산서를 작성하여 활용하는 방법

소득구분계산서의 작성목적은 법인세법상 과세소득을 정확히 산정하기 위한 목적이나 이를 응용하여 수익사업부문과 비수익사업을 구분하여 수익사업에 해당하는 과세소득에 대해서 법인세를 계산하는 방법이다.

#### 2) 세무조정을 통해서 과세소득을 산정하는 방법

통합재무제표를 기초로 수익사업의 소득금액을 산출하는 방법이다. 즉, 소득금액조정합계표상에서 비수익사업관련 익금은 익금불산입하고, 비수익사업관련 손금은 손금불산입으로 세무조정하여 수익사업의 각 사업연도 소득금액을 계산하는 방법이다.

# Ⅲ 비영리법인의 세무실무

## 1. 부가가치세 실무

### (1) 부가가치세법상 납세의무자 여부

부가가치세법상 납세의무자는 영리목적 유무에 불구하고 사업상 독립적으로 재화나 용역을 공급하는 자이다. 따라서 비영리법인도 사업상 독립적으로 재화나 용역을 공급하는 경우에는 부가가치세의 납세의무를 진다. 따라서 국가나 지방자치단체, 비영리기관, 아파트 관리주체 등도 부가가치세가 과세되는 재화나 용역을 공급하는 경우에는 부가가치세가 과세된다. 즉, 국가・지방자치단체 또는 지방자치단체조합이 공급하는 재화 또는 용역으로서 부동산임대업, 도・소매업, 음식・숙박업, 골프장・스키장운영업, 기타 운동시설 운영업은 부가가치세가 과세된다(부령 43 3호).

### (2) 사업자등록

비영리법인은 부가가치세의 납세의무가 없는 경우에도 과세자료의 효율적 관리를 위하여 등록번호에 준하는 고유번호를 부여하도록 하고 있다(부령 12 ②). 다만, 비영리법인이 부가가치세 과세대상인 재화나 용역을 공급하거나 수익사업을 개시하는 경우에는 부가가치세법 또는 법인세법상 사업자등록을 신청하여야 한다. 만일 고유번호 부여상태에서 과세대상인 재화를 공급받고 세금계산서를 발급받은 경우에는 등록전 매입세액에 해당되어 매입세액공제를 받을 수 없다. 즉, 비영리법인으로 등록한 장학재단이 부가가치세 과세사업을 영위하고자 하는 경우에는 부가가치세법 제5조의 규정에 의하여 사업자등록을 하지 아니하고 당해 과세사업과 관련하여 공급받은 재화 또는 용역에 대한 부가가치세 매입세액은 동법 제17조 제2항 제5호의 규정에 의하여 매출세액에서 공제되지 아니하는 것이다(재소비 46015-10, 2003. 1. 9).

 **핵심체크**

수익사업을 하지 않는 경우 교부받는 고유번호는 부가가치세법상 사업자등록이 아니므로 세금계산서를 발행할 수 없고 매입세액공제를 받을 수 없다. 따라서 수익사업을 영위하고 부가가치세가 과세되는 재화나 용역을 공급하는 비영리법인은 수익사업 개시신고와 부가가치세법상 사업자등록을 신청하여야 한다.

### (3) 과세대상

비영리법인의 부가가치세 과세대상은 재화나 용역을 공급하는 거래이다. 다만, 비영리법인의 재화가 수익사업에서 비수익사업으로 또는 비수익사업에서 수익사업으로 이전되는 것은 계약상 또는 법률상의 원인에 의한 공급이 아니므로 부가가치세법에서 규정하는 간주공급에 해당되는 것을 제외하고는 과세대상이 아니다. 한편, 비영리법인의 법인세가 과세되는 수익사업과 부가가치세 과세대상인 사업의 범위와는 항상 일치하는 것은 아니다. 즉, 비영리법인의 법인세 과세대상인 수익사업의 범위에서는 제외되는 부가가치세가 과세대상인 경우도 있을 수 있다.

① 비영리 종교단체인 교회가 부가가치세가 과세되지 아니하는 고유목적사업을 위하여 사용 중이던 교회 건물을 매각하는 경우, 그 건물의 매각은 「부가가치세법」 제1조의 규정에 의한 과세대상에 해당되지 아니하는 것이다(부가-2909, 2008. 9. 4).

② 지방자치단체가 「공유재산 및 물품관리법」 제4조의 규정에 의한 부동산을 비영리법인(단체)에게 사용하게 하고 비영리법인(단체)이 그 사용료를 당해 지방자치단체로부터 받은 보조금을 재원으로 지급하는 경우 당해 부동산의 임대용역에 대하여는 「부가가치세법 시행령」 제38조 제3호의 규정에 의하여 부가가치세가 과세되는 것이다(서면3팀-2685, 2007. 9. 28).

③ 「의료법」 제28조의 규정에 의하여 설립된 대한한의사협회가 같은 법 시행령 제19조의4 제2항 제3호의 규정에 따라 보건복지부장관으로부터 위임받은 의료광고 심의용역을 한의사, 한의원, 한방병원 등에게 제공하고 대가를 받는 경우 그 대가는 「부가가치세법」 제7조의 규정에 의하여 부가가치세가 과세되는 것이다(서면3팀-1706, 2007. 6. 13).

### (4) 세금계산서합계표의 제출

세금계산서를 발급받은 국가 · 지방자치단체 · 지방자치단체조합과 다음에 해당하는 자는 부가가치세의 납세의무가 없는 경우에도 매입처별세금계산서합계표를 당해 과세기간 종료 후 25일 이내에 사업장 관할 세무서장에게 제출하여야 한다(부법 54 ⑤).

① 부가가치세가 면제되는 사업자 중 소득세 또는 법인세의 납세의무가 있는 자(「조세특례제한법」에 의하여 소득세 또는 법인세가 면제되는 자를 포함한다)

② 「민법」 제32조의 규정에 의하여 설립된 법인

③ 특별법에 의하여 설립된 법인

④ 각급학교 기성회 · 후원회 또는 이와 유사한 단체

따라서 비영리법인이 부가가치세법상 과세사업을 영위하지 아니하는 경우에도 매입처별

세금계산서합계표를 제출하여야 한다. 다만, 미제출에 대한 가산세는 부과하지 않는다.

## 2. 법인세 실무

### (1) 수익사업 개시신고

비영리법인은 수익사업에 한하여 법인세의 납세의무를 진다. 따라서 법인세법에 열거된 수익사업을 영위하지 않는 경우에는 사업자등록을 할 필요가 없다. 다만, 과세자료의 효율적 관리를 위하여 고유번호를 부여하도록 하고 있다. 고유번호를 부여받은 비영리법인이 수익사업을 개시한 때에는 그 개시일로부터 2월 이내에 수익사업 개시신고를 하여야 한다. 즉, 비영리내국법인과 비영리외국법인(국내사업장을 가지고 있는 외국법인만 해당한다)이 새로 수익사업(제4조 제3항 제1호 및 제7호에 따른 수익사업만 해당한다)을 시작한 경우에는 그 개시일부터 2개월 이내에 다음 각 호의 사항을 적은 신고서에 그 사업개시일 현재의 그 수익사업과 관련된 재무상태표와 그 밖에 대통령령으로 정하는 서류를 첨부하여 납세지 관할 세무서장에게 신고하여야 한다.

① 법인의 명칭
② 본점이나 주사무소 또는 사업의 실질적 관리장소의 소재지
③ 대표자의 성명과 경영 또는 관리책임자의 성명
④ 고유목적사업
⑤ 수익사업의 종류
⑥ 수익사업개시일
⑦ 수익사업의 사업장

**핵심체크**

비영리법인이 수익사업을 개시하는 경우 고유번호증을 반납하고 사업자등록증을 교부받아야 한다. 고유번호는 부가가치세법상 사업자등록이 아니므로 과세사업을 영위하는 경우 미등록 및 매입세액불공제 등의 불이익을 받을 수 있다.

■ 법인세법 시행규칙 [별지 제75호의 4 서식] 〈개정 2015. 3. 13〉

## 비영리법인의 수익사업 개시신고서
## (사업자등록증 발급 신청서)

| 접수번호 | | 접수일자 | | 처리기간 3일 (보정기간은 불산입) |
|---|---|---|---|---|

| 신 고 할 내 용 | | | | | |
|---|---|---|---|---|---|
| 법인명 (단체명) | | 고유번호 | | 대표자 (관리책임자) | |
| 수익사업의 사업장 소재지 | 층 호 | | | | |
| 본점, 주사무소, 또는 사업의 실질적 관리장소의 소재지 | 층 호 | | | | |
| 전화번호 | | 핸드폰번호 | | | |
| 고유목적사업 | | | 수익사업 개시일 | | |
| 사 업 연 도 | 월 일 ~ 월 일 | | | | |

| 수 익 사 업 의 종 류 | | | | | |
|---|---|---|---|---|---|
| 주 업 태 | 주 종 목 | 주업종코드 | 부 업 태 | 부 종 목 | 부업종코드 |
| | | | | | |

| 주 류 면 허 | | | 개 별 소 비 세 (해당란에 ○표) | | | | 부가가치세 과세사업 | | 인·허가 사업여부 | | | |
|---|---|---|---|---|---|---|---|---|---|---|---|---|
| 면 허 번 호 | 면허신청 | | 제 조 | 판 매 | 장 소 | 유 흥 | 여 | 부 | 신고 | 등록 | 인 허가 | 기타 |
| | 여 | 부 | | | | | | | | | | |

| 전자우편주소 | | 국세청이 제공하는 국세정보 수신동의 여부 | [ ]동의함<br>[ ]동의하지않음 |
|---|---|---|---|

납세자의 위임을 받아 대리인이 신고를 하는 경우 아래 사항을 적어 주시기 바랍니다.

| 대리인 인적사항 | 성 명 | | 생 년 월 일 | |
|---|---|---|---|---|
| | 전화번호 | | 납세자와의 관계 | |

「법인세법」 제110조에 따라 위와 같이 비영리법인의 수익사업 개시신고서를 제출합니다.

년 월 일

신고인 (서명 또는 인)

**세무서장** 귀하

| 첨부서류 | 1. 고유번호증<br>2. 수익사업에 관련된 개시 재무상태표 1부.<br>※ 새롭게 사업장을 설치하고 수익사업 개시신고를 하는 경우에는 사업자 등록신청서를 별도로 제출하여야 합니다. | 수수료<br>없 음 |
|---|---|---|

210㎜×297㎜[백상지 80g/㎡ 또는 중질지 80g/㎡]

## (2) 비영리법인의 과세소득의 범위

### 1) 납세의무의 범위

비영리내국법인의 법인세 과세소득의 범위는 각 사업연도소득에 대한 법인세와 토지 등 양도소득에 대한 법인세의 납세의무를 진다. 다만, 비영리법인은 청산소득에 대한 납세의무를 지지 아니한다.

### 2) 수익사업의 범위

비영리법인의 고유목적사업에서 발생한 소득은 구성원에게 분배하지 않고 공익사업 등에 사용하므로 과세소득에 해당되지 아니한다. 따라서 비영리법인은 법인세법 제3조 제2항에서 구체적으로 열거한 수익사업에서 발생한 소득에 한하여 법인세의 납세의무를 지도록 하고 있다.

#### ① 수익사업의 범위(법법 4 ③)

비영리내국법인의 각 사업연도의 소득은 다음 각 호의 사업 또는 수입에서 생기는 소득으로 한다.

1. 제조업, 건설업, 도·소매 및 소비자용품수리업, 부동산·임대 및 사업서비스업 등 수익이 발생하는 사업으로서 대통령령이 정하는 것
2. 「소득세법」 제16조 제1항에 따른 이자소득
3. 「소득세법」 제17조 제1항에 따른 배당소득
4. 주식·신주인수권 또는 출자지분의 양도로 인하여 생기는 수입
5. 고정자산(고유목적사업에 직접 사용하는 고정자산으로서 **고정자산의 처분일 현재 3년 이상 계속하여 법령 또는 정관에 규정된 고유목적사업에 직접 사용한 것**은 제외한다)의 처분으로 인하여 생기는 수입
6. 「소득세법」 제94조 제1항 제2호 및 제4호에 따른 자산의 양도로 생기는 수입
7. 제1호부터 제6호까지의 규정 외에 대가를 얻는 계속적 행위로 인하여 생기는 수입으로서 대통령령으로 정하는 것

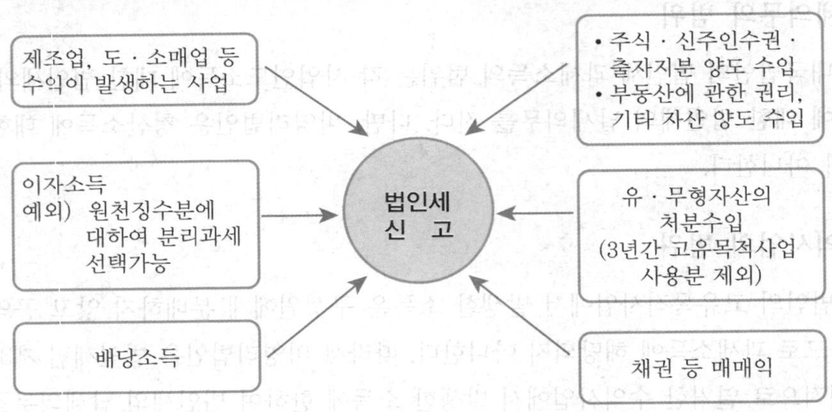


※ 자료 : 공익법인 세무안내(국세청, 2019. 12).

### 법인세 집행기준 4-3-2 수익사업과 비수익사업의 구분

비영리내국법인의 수익사업과 비수익사업은 해당사업 또는 수입의 성질을 기준으로 구분하며, 수익사업에 속하는 것과 비수익사업에 속하는 것을 예시하면 다음과 같다.

| 수익사업에 속하는 것 | 비수익사업에 속하는 것 |
|---|---|
| 1. 학교법인의 임야에서 발생한 수입과 임업수입<br>2. 학교부설연구소의 원가계산 등의 용역수입<br>3. 학교에서 전문의를 고용하여 운영하는 의료수입<br>4. 주무관청에 등록된 종교단체 등의 임대수입(「부가가치세법」 제26조 제1항 제18호에 따라 부가가치세가 면제되는 경우 제외)<br>5. 전답을 대여 또는 이용하게 함으로써 생긴 소득<br>6. 정기간행물 발간사업*<br>7. 광고수입<br>8. 회원에게 실비제공하는 구내식당 운영수입<br>9. 급수시설에 의한 용역대가로 받는 수입<br>10. 운동경기의 중계료, 입장료<br>11. 회원에게 대부한 융자금의 이자수입<br>12. 유가증권대여로 인한 수수료수입<br>13. 조합공판장 판매수수료수입<br>14. 교육훈련에 따른 수수료수입<br>15. 「평생교육법」에 의한 학교부설 평생교육기관인 전산정보교육원 등의 운영수입<br>16. 금융결제원이 금융공동망, 어음교환, 지로, 공동 | 1. 징발보상금<br>2. 일시적인 저작권의 사용료로 받은 인세수입<br>3. 회원으로부터 받는 회비 또는 추천수수료(간행물 등의 대가가 포함된 경우에는 그 대가상당액 제외)<br>4. 외국원조수입 또는 구호기금수입<br>5. 업무와 직접 관계없이 타인으로부터 무상으로 받은 자산의 가액<br>6. 소액신용대출사업을 영위하는 비영리법인이 소액신용대출사업에 사용할 자금을 금융기관에 일시적으로 예치함에 따라 발생하는 이자수입<br>7. 비영리법인인 아파트 입주자대표회의가 1차량을 초과하여 주차하는 세대에 아파트 관리비 외 주차장 유지·보수 등 관리 목적으로 별도 징수하는 주차료 |

| 수익사업에 속하는 것 | 비수익사업에 속하는 것 |
|---|---|
| 전산업무를 수행하고 소요경비를 그 이용자(사원・준사원 및 참가기관)로부터 받아 회비로 충당하는 경우 그 회비 | |

* 정기간행물 발간사업에는 특별히 정해진 법률상의 자격을 가진 자를 회원으로 하는 법인이 그 대부분을 소속회원에게 배포하기 위하여 주로 회원의 소식, 기타 이에 준하는 내용을 기사로 하는 회보 또는 회원명부 발간사업과 학술, 종교의 보급, 자선, 기타 공익을 목적으로 하는 법인이 그 고유목적을 달성하기 위하여 회보 등을 발간하고 이를 회원 또는 불특정 다수인에게 무상으로 배포하는 것으로서 통상 상품으로 판매되지 아니하는 것은 제외한다.

법인세 집행기준 4-3-3

### 간행물 등의 대가를 회비명목으로 징수하는 경우 수입금액 계산

① 비영리내국법인이 간행물 등을 발간하여 직접적인 대가를 받지 아니하고 회비 등의 명목으로 그 대가를 징수하는 경우에는 다음과 같이 수입금액을 계산한다.

1. 회원으로부터 그 대가를 받지 아니하고 별도의 회비를 징수하는 경우에는 그 회비 중 해당 간행물 등의 대가상당액을 수입금액으로 한다.
2. 회원 이외의 자로부터 그 대가를 받지 아니하고 회비 등의 명목으로 금전을 수수하는 경우에는 그 수수하는 금액을 수입금액으로 한다.

② 회비 등의 명목으로 그 대가를 징수하는 경우란 다음의 것으로 한다.

1. 회원에게 배포한 간행물 등이 독립된 상품적 가치가 있다고 인정되는 것으로서 그 대가상당액을 별도의 회비 명목으로 징수하는 경우
2. 건전한 사회통념에 비추어 보아 소속회원에게 봉사하는 정도를 넘는 회비를 징수하고 간행물 등을 배포하는 경우

### ② 청산소득에 대한 법인세 납세의무

내국법인이 해산등기 후 청산하는 과정에서 보유부동산을 처분하여 발생한 소득은 청산소득에 해당하는 것이다. 다만, 비영리내국법인은 청산소득에 대한 납세의무가 없는 것이나, 법인세법 제55조의 2 제1항에서 규정하는 부동산 양도에 대하여는 같은 항 각 호에 의해 계산한 '토지 등 양도소득에 대한 법인세'를 납부하여야 하는 것이다(법인-1573, 2008. 7. 15).

### (3) 비영리법인의 과세표준의 계산

비영리법인의 각 사업연도소득에 대한 과세표준의 계산은 영리법인과 같이 당해 수익사업에서 발생한 소득에서 5년 이내에 개시한 사업연도에서 발생한 이월결손금, 비과세소득, 소득공제액을 순차적으로 차감하여 계산한다.

### (4) 비영리법인의 법인세 신고

#### 1) 사업소득이 있는 수익사업을 영위하는 비영리법인

사업소득이 있는 수익사업을 영위하는 비영리법인은 일반법인과 동일하게 재무제표 및 세무조정계산서, 기타부속서류를 제출하여야 한다. **수익사업을 영위하는 비영리법인**이 다음의 ② 및 ③에 관한 서류를 제출하지 아니한 경우에는 무신고로 본다(법법 60 ⑤).

① 법인세과세표준 및 세액신고서
② 법인세과세표준 및 세액조정계산서
③ 재무상태표, 손익계산서, 이익잉여금처분계산서(결손금처리계산서)
④ 세무조정계산서 부속서류(수익사업 수입명세서, 고유목적사업준비금 조정명세서)

비영리법인 중 배당·주식처분익·고정자산처분익만 있는 비영리법인이 다음의 수익사업 수입명세서를 작성하여 제출하는 경우에도 법인세과세표준 및 세액신고서, 법인세과세표준 및 세액조정계산서, 소득금액조정합계표 등을 제출하여야 한다. 이 경우 외부조정계산서는 첨부하지 아니하여도 된다.

**참 고** 고정자산처분수입

**(1) 수익사업의 범위에 포함**

비영리법인의 고정자산 처분수입은 수익사업에 해당되어 법인세가 과세된다. 다만, 고정자산의 처분일 현재 3년 이상 계속하여 법령 또는 정관에 규정된 고유목적사업(제1항에 따른 수익사업은 제외한다)에 직접 사용한 것은 제외한다. 이 경우 해당 고정자산의 유지·관리 등을 위한 관람료·입장료수입 등 부수수익이 있는 경우에도 이를 고유목적사업에 직접 사용한 고정자산으로 본다(법령 3 ②).

**(2) 3년 이상 계속하여 고유목적사업에 직접 사용의 의미**

고정자산처분수입이 수익사업에서 제외되기 위해서는 양도일로부터 소급하여 3년 이상 고유목적사업에 직접 사용하여야 한다. 고유목적사업이란 법령이나 정관에 따른 사업을 수행하는 것으로 법인세법 제3조 제3항에 열거된 수익사업은 제외한다. 쟁점토지는 약 500년 전부터 문토로서 사용되어 왔음이 인정되고 쟁점토지의 양도당시 그 위에 분묘가 있었고, 과세관청도 쟁점토지를 선산으로 보았음이 이의신청결정서 등에 의하여 확인되는 점 등을 종합하여 볼 때, 쟁점토지는 선산으로서 비영리법인인 청구법인이 3년 이상 고유목적사업에 직접 사용하다가 처분한 고정자산이라 할 것이다(국심 2005광4157, 2006. 11. 1).

### (3) 1990. 12. 31. 이전에 취득한 고정자산처분수입의 의제취득가액

**법인세법 부칙 제8조(수익사업소득계산에 관한 특례)**

② 제3조 제2항 제5호의 개정규정을 적용함에 있어서 1990년 12월 31일 이전에 취득한 토지 및 건물(부속시설물과 구축물을 포함한다)의 취득가액은 장부가액과 1991년 1월 1일 현재「상속세 및 증여세법」제60조 및 같은 법 제61조 제1항 내지 제3항의 가액으로 평가한 가액 중 큰 금액으로 할 수 있다.

### (4) 고정자산의 고유목적사업 사용기간 계산(집행기준 4-3-5)

① 비영리법인이 고정자산의 처분일 현재 해당 고정자산을 고유목적 사업에 3년 이상 계속하여 사용하였는지 여부의 판단에 있어 고유목적사업에 사용한 기간은 그 고정자산을 취득한 날부터 기산하고, 증여로 인한 취득일 경우에는 소유권이전 등기일을 취득일로 한다.

② 법인격 없는 단체가 법인으로 승인받기 전에 취득한 부동산을 처분하는 경우 법인으로 보는 단체로 승인받기 전부터 사실상 고유목적사업에 직접 사용한 때에는 고유목적사업에 사용한 날부터 기산한다.

### (5) 토지 등 양도소득에 대한 법인세

3년 이상 계속하여 고유목적사업에 직접 사용된 고정자산처분수입이 각 사업연도소득에 대한 법인세는 비과세되더라도 토지등에 대한 양도소득에 대한 법인세 과세요건이 충족되면 과세된다(법법 55의 2).

### (6) 회계처리

1) 수익사업 출연시

| | | | |
|---|---|---|---|
| (차) 토지 및 건물 | ××× | (대) 출자금(기본금) | ××× |

2) 양도시

| | | | |
|---|---|---|---|
| (차) 현금및현금성자산 | ××× | (대) 토지 및 건물 | ××× |
| | | 유형자산처분이익 | ××× |

판례 **종중의 임야처분과 수익사업**(조심-2021-부-3226, 2022. 4. 19)

법인으로 보는 종중이 분묘가 소재한 종중의 임야를 양도한 경우 해당 부동산을 고유목적사업에 직접 사용하였는지 여부는 부동산의 용도·면적 등 사용현황, 임대차 여부 등의 제반 사항을 고려하여 판단하여야 할 것인바, 청구종중의 정관이라고 할 수 있는 문중규약 제3조에서 "역대 선조의 묘지 관리"를 청구종중의 존재 목적으로 기재하고 있고, 동 규약 제18조에는 청구종중이 제3조의 (목적)을 달성하기 위해 음력 8월 4일 성묘를 한다고 기재하고 있는 점, 동 문중 규약에는 청구종중 부동산 전체 명세가 있고, 그 명세에 포함되어 있으며, 청구종중의 족보 등에 의하면 쟁점토지에 소재한 묘소 중 하나는 청구종중의 묘인 것으로 추정되고, 청구종중이 제출한 회계장부 등에 의하면 청구종중은 쟁점토지의 묘소 관리를 위하여 관리인에게 관리비를 지급한 내역이 나타나는 점, 그 외 청구종중이 제출한 이 건 토지의 등기사항전부증명서, 청구종중의 족보, 쟁점토지의 위성사진 및 현장사진, 청구종중의 회계장부, 관리비 지급내역, 이장비 계좌이체 내역 등에 의하면 청구종중은 쟁점토지에 있는 문중 규약에 따라 오랫동안 성묘를 하면서 관리하여 온 것으로 보이고, 쟁점토지를 임대 또는 다른 용도로 사용하였다는 정황이 보이지 아니하는 등 쟁점토지는 청구종중의 선산으로서의 기능을 유지한 것으로 보이는 점 등에 비추어 쟁점토지는 그 처분일 현재 3년 이상 계속하여 청구종중의 고유목적사업에 직접 사용한 고정자산으로 보이므로, 쟁점토지의 처분으로 인한 수입은 법인세 과세소득에서 제외함이 타당한 것으로 판단된다.

[별지 제57호 서식] 〈개정 2004. 3. 5〉

| 사업연도 | . . . ~ . . . | **비영리법인의 수익사업수입명세서** **(배당 · 주식처분익 · 고정자산처분익만 있는 비영리법인신고용)** | 법인명 | |
|---|---|---|---|---|

| ※ 관리번호 | - | 사업자등록번호 | - - |
|---|---|---|---|

※표시란은 기입하지 마십시오.

1. 배당명세

| ①배당지급 법 인 명 | ② 소유주식수 | ③ 배당결의일 | 배당구분 및 배당금액 | | | |
|---|---|---|---|---|---|---|
| | | | ④현금 · 주식 | ⑤의제배당 | ⑥기 타 | ⑦계 |
| | | | | | | |
| | | | | | | |

2. 주식처분익명세서

| ⑧취 득 일 | ⑨취득가액 | ⑩양 도 일 | ⑪양도가액 | ⑫양도차익 |
|---|---|---|---|---|
| | | | | |
| | | | | |
| | | | | |

3. 고유목적사업에 직접 사용하지 않는 부동산처분익명세서

| ⑬부동산소재지 | ⑭면적 | ⑮취득일 | ⑯취득가액 | ⑰양도일 | ⑱양도가액 | ⑲양도차익 |
|---|---|---|---|---|---|---|
| | | | | | | |
| | | | | | | |
| | | | | | | |

210㎜×297㎜(신문용지 54g/㎡(재활용품))

#### 2) 이자소득만 있는 비영리법인

이자소득만 있는 비영리법인은 재무상태표・손익계산서・이익잉여금처분계산서・세무조정계산서를 첨부하지 아니할 수 있다. 즉, 이를 첨부하지 아니하여도 무신고로 보지 않는다(법법 62 ①).

#### 3) 기장의무 면제

사업소득 또는 채권매매익이 발생하는 수익사업을 영위하지 아니하는 비영리법인은 당해 장부의 비치・기장의무를 면제한다(법법 112).

#### 4) 외부조정계산서 첨부

비영리법인이 제조업, 건설업, 도・소매 및 소비자용품수리업, 부동산・임대 및 사업서비스업 등 수익이 발생하는 사업으로서 대통령령이 정하는 것과 대가를 얻는 계속적 행위로 인하여 생기는 수입으로서 대통령령이 정하는 것으로 수익사업을 영위하는 경우에는 세무사가 작성한 외부조정계산서를 첨부하여 법인세과세표준시 제출하여야 한다.

### (5) 비영리법인의 중소기업 해당 여부

비영리법인이 수익사업을 영위하는 경우에 당해 수익사업이 중소기업의 요건을 충족하는 경우에는 중소기업에 해당된다. 즉, 비영리내국법인의 수익사업이 조세특례제한법 시행령 제2조 제1항의 요건을 충족하는 경우에는 중소기업에 해당되는 것이다(법인 46012-762, 2000. 3. 23). 또한, 비영리법인이 계약 등에 의하여 내국법인 등으로부터 받은 연구 및 개발용역소득이 한국표준산업분류상 연구 및 개발업(73)에 해당하고 중소기업의 요건을 갖추고 있는 경우에는 중소기업에 대한 특별세액감면을 적용받을 수 있는 것이다(서이 46012-10228, 2003. 1. 30).

# Ⅳ 비영리법인의 과세특례

## 1. 준비금의 손금계상 특례

### (1) 의의

내국법인이 「조세특례제한법」에 의한 준비금을 세무조정계산서에 계상하거나 「주식회사의 외부감사에 관한 법률」 제3조의 규정에 의한 감사인의 회계감사를 받는 비영리내국법인이 제29조의 규정에 의한 고유목적사업준비금을 세무조정계산서에 계상한 경우로서 그 금액상당액이 당해 사업연도의 이익처분에 있어서 당해 준비금의 적립금으로 적립되어 있는 경우 그 금액은 손금으로 계상한 것으로 본다(법법 61 ①).

비영리내국법인(법인으로 보는 단체의 경우에는 대통령령이 정하는 단체에 한한다)이 각 사업연도에 그 법인의 고유목적사업 또는 지정기부금에 지출하기 위하여 고유목적사업준비금을 손금으로 계상한 경우에는 일정한 금액의 범위 안에서 당해 사업연도의 소득금액계산에 있어서 이를 손금에 산입한다(법법 29 ①).

### (2) 설정대상 비영리법인의 범위

비영리내국법인과 법인으로 보는 단체 중 법에서 정한 단체에 한하여 고유목적사업준비금을 설정할 수 있다(법법 29 ①). 다만, 조세특례제한법 제72조 제1항의 규정에 의하여 당기순이익 과세를 적용받는 조합법인인 비영리내국법인은 법 제29조의 고유목적사업준비금을 손금에 산입할 수 없다(법기통 29-56-1).

### (3) 손금산입한도

① 학교법인 등(조특법 74 ①) : 수익사업소득 × 100%

② 농협중앙회 등(조특법 74 ②) : (수익사업소득-이월결손금) × 80%

③ 기타비영리법인(법법 29 ①) : 이자소득·배당소득 등의 금액 × 100% + 기타수익사업소득금액 × 50(80)%

### (4) 준비금의 전입

#### 1) 결산조정 방법

비영리법인이 각 사업연도에 그 법인의 고유목적사업 또는 지정기부금으로 지출하기 위하여 고유목적사업준비금을 손금으로 계상한 경우라 함은 결산조정으로 손금에 산입하여야 한다는 의미이다. 다만, 비영리내국법인이 법인세법 제12조의 2 제1항의 규정에 의한 고유목적사업준비금을 손금으로 계상하지 아니하고 수익사업에서 생긴 소득을 당해 법인의 고유목적사업 등에 직접 지출한 경우에 그 금액은 고유목적사업준비금을 계상하여 지출한 것으로 보는 것이므로 결산조정을 한 것으로 본다(서이 46012-10111, 2003. 1. 16).

고유목적사업준비금을 설정하는 경우의 회계처리는 다음과 같다.

(차) 고유목적사업준비금전입 ××× (대) 고유목적사업준비금 ×××

#### 2) 신고조정 방법

고유목적사업준비금은 결산조정이 원칙이나 주식회사의 외부감사에 관한 법률 제3조의 규정에 의한 외부감사를 받는 비영리법인은 고유목적사업준비금을 세무조정계산서에 계상한 경우로서 그 금액상당액이 당해 사업연도의 이익처분에 있어서 당해 준비금의 적립금으로 적립되어 있는 경우 그 금액은 손금으로 계상한 것으로 본다(법법 61). 신고조정의 경우 회계처리는 다음과 같다.

(차) 미처분이익잉여금 ××× (대) 고유목적사업준비금 ×××

세무조정 : 손금산입 고유목적사업준비금 ××× (△유보)

### (5) 고유목적사업준비금의 사용

비영리내국법인이 손금으로 계상한 고유목적사업준비금을 고유목적사업 등에 지출하는 경우에는 그 금액을 먼저 계상한 사업연도의 고유목적사업준비금부터 순차로 상계하여야 한다. 이 경우 직전 사업연도 종료일 현재의 고유목적사업준비금의 잔액을 초과하여 당해 사업연도의 고유목적사업 등에 지출한 금액이 있는 경우 그 금액은 이를 당해 사업연도에 계상할 고유목적사업준비금에서 지출한 것으로 본다. 고유목적사업준비금을 초과하여 지출한 경우에는 이익잉여금, 출자금 순서로 상계한다.

• 고유목적사업준비금 사용시의 회계처리

| | | | |
|---|---|---|---|
| (차) 고유목적사업준비금 | ××× | (대) 자산 | ××× |
| 이익잉여금 | ××× | | |
| 출자금 | ××× | | |

즉, 비영리법인이 수익사업에 속하는 자산을 비영리사업에 지출한 때에는 당해 자산가액을 다음에 규정하는 금액과 순차적으로 상계처리하여야 한다.

① 고유목적사업준비금 중 법 제29조의 규정에 의하여 손금산입된 금액(같은조 제2항 후단의 금액을 포함한다)
② 고유목적사업준비금 중 손금부인된 금액
③ 법인세과세 후의 수익사업소득금액(잉여금을 포함한다)
④ 자본의 원입액

### (6) 환입 및 이자상당가산액 추징

손금에 산입한 고유목적사업준비금의 잔액이 있는 비영리내국법인이 다음에 해당하게 된 경우 그 잔액은 당해 사유가 발생한 날이 속하는 사업연도의 소득금액계산에 있어서 이를 익금에 산입한다.

① 해산한 때

② 고유목적사업을 전부 폐지한 때

③ 법인으로 보는 단체가 국세기본법 제13조 제3항의 규정에 의하여 승인 취소되거나 거주자로 변경된 때

④ 고유목적사업준비금을 손금으로 계상한 사업연도의 종료일 이후 5년이 되는 날까지 고유목적사업 등에 사용하지 아니한 때(5년 내 사용하지 아니한 잔액에 한한다)

⑤ 고유목적사업준비금을 손금으로 계상한 사업연도의 종료일 이후 5년 이내에 고유목적사업준비금의 잔액 중 일부를 환입하여 익금으로 계상한 경우(익금으로 계상한 잔액으로 한정하며, 여러 사업연도에 손금으로 계상한 고유목적사업준비금의 잔액이 있는 경우에는 먼저 계상한 사업연도의 잔액부터 차례로 환입하여 익금으로 계상한 것으로 본다)

한편, 제4항 및 제5항의 규정에 의하여 고유목적사업준비금의 잔액을 익금에 산입하는 경우에는 대통령령이 정하는 바에 따라 계산한 이자상당액을 당해 사업연도의 법인세에 가산하여 납부하여야 한다.

### (7) 수입배당금 익금불산입 적용의 배제

비영리내국법인 중 법 고유목적사업준비금을 손금에 산입하는 법인은 수입배당금에 대한 익금불산입 규정의 적용이 배제된다.

**참고** 고유목적사업준비금 해석사례

① 고유목적사업준비금 한도초과액의 처리

법 제29조 제1항 규정의 범위액을 초과하여 손금으로 계상한 고유목적사업준비금으로서 각 사업연도의 소득금액 계산시 손금불산입된 금액은 그 이후의 사업연도에 있어서 이를 손금으로 추인할 수 없다. 다만, 동 금액을 환입하여 수익으로 계상한 경우에는 이를 이월익금으로 보아 익금에 산입하지 아니한다(법기통 29-56…3).

② 고유목적사업준비금의 임의환입

법 제29조의 규정에 의한 고유목적사업준비금을 손금에 산입한 비영리내국법인이 동조 제3항 제4호의 기한이 경과되기 전에 당해 준비금을 환입계상한 경우에는 이를 환입한 사업연도의 익금으로 본다(법기통 29-56…5).

③ 고유목적사업준비금의 잔액을 초과하여 지출하는 금액의 처리

비영리내국법인이 당해 법인의 고유목적사업이나 지정기부금으로 지출하는 금액은 법 제29조 제1항의 규정에 의하여 계상한 고유목적사업준비금과 상계하여야 한다. 이 경우 직전 사업연도 종료일 현재의 고유목적사업준비금의 잔액을 초과하여 지출한 금액은 당해 사업연도에 계상할 고유목적사업준비금에서 지출한 것으로 보는 것이므로, 당해 사업연도의 고유목적사업준비금의 손금산입범위를 초과하여 지출하는 금액은 손금에 산입하지 아니한다(법기통 29-56…7).

④ 사립학교법에 의하여 설립된 학교법인이 수익사업에 대한 각 사업연도 소득금액계산시 법인세법 제29조의 규정에 의하여 손금으로 계상한 고유목적사업준비금을 비영리사업회계에 전출하는 경우에는 전출시점에 고유목적사업에 사용한 것으로 보는 것입니다(서면상담2팀-1135, 2004. 6. 2).

⑤ 사립학교법에 의한 학교법인이 수익사업회계에 속하는 자산을 비영리사업회계에 전출한 경우에는 이를 비영리사업에 지출한 것으로 보아 법인세법 제29조 제2항의 규정을 적용하는 것입니다. 다만, 당해 전출의 행위가 명목뿐인 경우로서 당해 자산을 계속하여 수익사업에 사용하거나, 동 자산이 전출 후에도 수익사업과 비영리사업에 공통되는 경우에는 그 전출이 없는 것으로 보는 것입니다(법인 46012-4050, 1999. 11. 22).

⑥ 비영리법인이 고유목적사업 또는 지정기부금에 지출하기 위하여 고유목적사업준비금을 계상하고 동 준비금으로 고유목적사업에 종사하는 직원에 대한 퇴직급여충당금을 설정한 경우에는 법인세법 제13조(법인세법 시행령 33) 및 같은법 시행령 제18조(법인세법 시행령 60)에서 규정하는 범위 내의 금액은 고유목적사업에 지출 또는 사용한 것으로 본다. 고유목적사업의 인건비 등 지출은 고유목적사업비 사용으로 본다(법인 46012-2312, 1996. 11. 28).

⑦ 법인세법 제29조 제1항 규정에 의하여 고유목적사업 준비금을 손금산입한 비영리내국법인이 사옥을 취득하여 일부는 당해 법인의 고유목적사업에 직접 사용하고 일부는 수익사업(임대사업)에 사용하는 경우 고유목적사업에 직접 사용하는 사옥의 취득에 지출한 금액은 같은조 제2항의 규정에 의하여 고유목적사업 등에 사용한 것으로 보는 것이며, 이 경우 고유목적사업에 속하는 자산과 수익사업에 속하는 자산은 법인세법 제113조 규정에 의하여 각각 별개의 회계로 구분하여 경리하여야 한다(서이 46012-10295, 2003. 2. 10).

⑧ 법인이 '98. 12. 31. 이전에 개시하는 사업연도에 손금으로 계상한 고유목적사업준비금의 미사용 잔액은 손금에 산입한 사업연도 이후 5년이 되는 날이 속하는 사업연도에 익금에 산입하는 것으로 손금 계상한 사업연도 종료일 이후 5년이 경과되기 전에 당해 준비금을 임의환입하여 익금에 산입한 경우, 동 임의환입한 준비금은 익금불산입하고, 5년이 되는 날이 속하는 사업연도에 익금산입하는 것입니다(서이 46012-11180, 2002. 6. 11).

## 2. 이자소득에 대한 과세특례

비영리내국법인은 제3조 제3항 제2호의 규정에 따른 이자 · 할인액 및 이익 (「소득세법」 제16조 제1항 제11호의 비영업대금의 이익을 제외하고, 투자신탁의 이익을 포함하며, 이하 이 조에서 "이자소득"이라 한다)으로서 제73조의 규정에 따라 원천징수된 이자소득에 대하여는 제60조 제1항에 불구하고 과세표준의 신고를 하지 아니할 수 있다. 이 경우 과세표준의 신고를 하지 아니한 이자소득은 제14조의 규정에 따른 각 사업연도의 소득금액계산에 있어서 이를 포함하지 아니한다(법법 62).

### 1) 신고 · 납부 방법을 선택한 경우

비영리내국법인이 당해 사업연도의 이자소득에 대하여 신고납부방법을 택한 경우 이자소득은 다른 수익사업에서 발생한 소득과 합산하고 고유목적사업준비금을 설정할 수 있으며 원천징수당한 세액은 산출세액에서 공제한다. 이 방법은 일반적으로 원천징수당한 세액을 환급받을 수 있으므로 비영리법인에게 유리하다. 다만, 이자소득 중 비영업대금의 이익은 분리과세를 인정하지 않으므로 반드시 법인세과세표준신고를 하여야 한다.

**핵심체크**

이자소득만 있는 비영리법인은 분리과세로 납세의무를 종결할 수 있으나 원천징수당한 이자소득에 대한 법인세를 환급받기 위해서는 법인세 과세표준신고서를 제출하여야 한다.

### 2) 원천징수방법을 선택한 경우

비영리법인이 당해 사업연도의 이자소득에 대하여 원천징수방법을 택한 경우에는 당해 이자소득은 각 사업연도소득금액에 있어서 이를 포함하지 아니한다. 따라서 이자소득에 대하여 고유목적사업준비금을 설정할 수 없으며 원천징수세액을 산출세액에서 공제할 수 없고 완납적 원천징수로서 납세의무가 종결된다.

이러한 신고 · 납부방법과 원천징수방법은 당해 법인의 자유로운 선택에 따라 적용이 가능하며 매사업연도마다 방법을 달리할 수 있으며 동일한 사업연도에서도 일부의 이자소득은 신고납부방법을, 다른 이자소득은 원천징수방법을 택할 수도 있으나, 수익사업에 합산하지 아니한 이자소득에 대하여는 원천징수방법으로 과세하는 것이며 수정신고나 경정 등에 의하여 이를 과세표준에 포함할 수 없다. 또한 과세표준신고시에 과세표준에 산입한 이자소득은 신고기한이 경과한 후에는 수정신고나 경정청구에 의하여 원천징수방법으로 변경할 수 없다(재법인 46012-87, 1999. 6. 3).

금융보험업을 영위하는 비영리법인이 지급받는 이자는 사업소득에 해당되므로 원천징수 방법을 택할 수 없고 신고납부 방법에 의하여야 한다.

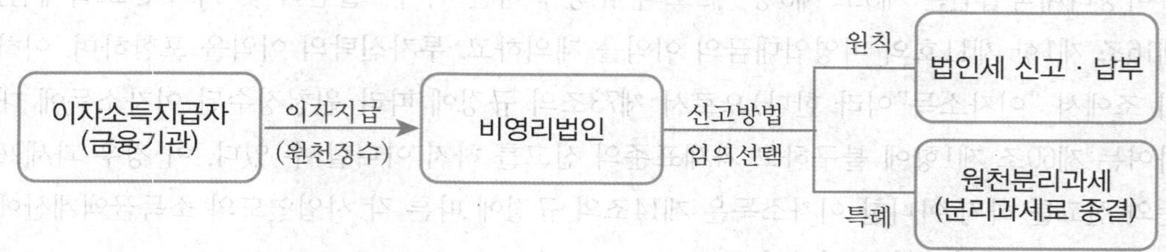


※ 자료 : 공익법인 세무안내(국세청, 2019. 12)

**사례** **이자소득만 있는 비영리법인의 법인세 과세표준신고 방법**

사회복지법인 민지복지관은 이자소득만 발생하며 다른 수익사업은 영위하지 않는다.

**(1) 이자수익 발생내역**

2025 사업연도에 발생한 이자수익은 200,000,000원이며 법인세원천징수액은 28,000,000원이며 172,000,000원을 수령하고 전액 당해연도에 고유목적사업에 사용하였다.

**(2) 고유목적사업준비금 내역**

| 손금산입연도 | 이자수익 | 직전연도 말까지 고유목적사업사용액 | 잔액 |
|---|---|---|---|
| 2024 | 100,000,000 | 80,000,000 | 20,000,000 |

<table>
<tr><td>※관리번호</td><td rowspan="2" colspan="5">법인세 · 농어촌특별세 과세표준(조정계산) 및 세액신고서<br>(이자소득만 있는 비영리법인 신고용)</td><td>처리기간</td></tr>
<tr><td>-</td><td>즉 시</td></tr>
<tr><td>①소 재 지</td><td colspan="2">영등포구 신길6동 477</td><td>②전자우편주소</td><td colspan="3"></td></tr>
<tr><td>③법 인 명</td><td colspan="2">사회복지법인 민지복지관</td><td>④대 표 자 성 명</td><td colspan="3">이민지</td></tr>
<tr><td>⑤사업자등록번호</td><td>108-82-20000</td><td>⑥사 업 연 도</td><td>2024</td><td>⑦전 화 번 호</td><td colspan="2"></td></tr>
</table>

<table>
<tr><td colspan="3">구 분</td><td>법 인 세</td><td>농 어 촌 특 별 세</td></tr>
<tr><td rowspan="5">과세표준계산</td><td colspan="2">⑧이 자 소 득 금 액 계</td><td>200,000,000</td><td></td></tr>
<tr><td colspan="2">⑨준 비 금 손 금 산 입 액</td><td>200,000,000</td><td></td></tr>
<tr><td colspan="2">⑩각 사 업 연 도 소 득 금 액 (⑧-⑨)</td><td>0</td><td></td></tr>
<tr><td colspan="2">⑪비 과 세 소 득</td><td></td><td></td></tr>
<tr><td colspan="2">⑫과 세 표 준(⑩-⑪)</td><td>0</td><td></td></tr>
<tr><td rowspan="10">세액의 계산</td><td colspan="2">⑬세 율</td><td>10(20)</td><td></td></tr>
<tr><td colspan="2">⑭산 출 세 액</td><td>0</td><td></td></tr>
<tr><td rowspan="4">기납부세액</td><td>⑮중 간 예 납 세 액</td><td></td><td></td></tr>
<tr><td>⑯원 천 납 부 세 액</td><td>28,000,000</td><td></td></tr>
<tr><td>⑰( )세 액</td><td></td><td></td></tr>
<tr><td>⑱ 계 (⑮+⑯+⑰)</td><td>28,000,000</td><td></td></tr>
<tr><td colspan="2">⑲추 가 납 부 세 액</td><td></td><td></td></tr>
<tr><td colspan="2">⑳차 감 납 부 할 세 액 (⑭-⑱+⑲)</td><td>△28,000,000</td><td></td></tr>
<tr><td colspan="2">㉑분 납 할 세 액</td><td></td><td></td></tr>
<tr><td colspan="2">㉒차 감 납 부 할 세 액 (⑳-㉑)</td><td>△28,000,000</td><td></td></tr>
</table>

<table>
<tr><td colspan="2">국세환급금계좌신고</td><td colspan="2">「법인세법」 제60조 및 「국세기본법」 제45조의 3의 규정에 의하여 신고합니다.<br>신고인(대표자) 사회복지법인 이민지 (서명 또는 인)</td></tr>
<tr><td>㉓예 입 처</td><td>우리은행 (본)지점</td><td colspan="2" rowspan="2">조세전문자격자로서 위 신고서를 성실하고 공정하게 작성하였습니다.<br>세무대리인 이강오 (서명 또는 인)</td></tr>
<tr><td>㉔예 금 종 류</td><td>보통예금</td></tr>
<tr><td>㉕계 좌 번 호</td><td>251000-10-54000-28500</td><td>동작세무서장 귀하</td><td>수수료<br>없 음</td></tr>
</table>

| 사업연도 | 2025. 1. 1.<br>~<br>2025. 12. 31. | 고유목적사업준비금조정명세서(갑) | 법인명 | |
|---|---|---|---|---|

※관리번호 [ ][ ] — [ ]  사업자등록번호 108 - 82 - 20000

※ 표시란은 기입하지 마십시오.

1. 손금산입액 조정

| ①소득금액 | ②당기익금산입액(② = ⑳) | ③당기계상고유목적사업준비금 | ④「법인세법」제24조 제2항 기부금 | ⑤당해사업연도소득금액(①+②+③+④) | ⑥「법인세법」제29조 제1항 제1호 내지 제3호 금액 | ⑦「법인세법」제13조 제1호 결손금 |
|---|---|---|---|---|---|---|
| | | 200,000,000 | | 200,000,000 | 200,000,000 | |

| ⑧「법인세법」제24조 제2항 기부금 | ⑨수익사업소득금액(⑤-⑥-⑦-⑧) | ⑩손금산입률 | ⑪손금산입한도액(⑥+⑨×⑩) | ⑫당기계상고유목적사업준비금(⑫ = ③) | ⑬손금부인액(⑫-⑪) |
|---|---|---|---|---|---|
| | | $\frac{100}{100}$ | 200,000,000 | 200,000,000 | |

2. 고유목적사업준비금 명세서

| ⑭사업연도 | ⑮손금산입액 | ⑯직전연도까지 고유목적사업 지출액 | ⑰당해사업연도 고유목적사업 지출액 | ⑱ 잔액 (⑮-⑯-⑰) | |
|---|---|---|---|---|---|
| | | | | ⑲ 5년 이내 분 | ⑳ 5년경과분 |
| 2025 | 100,000,000 | 80,000,000 | | 20,000,000 | |
| | | | | | |
| | | | | | |
| | | | | | |
| | | | | | |
| | | | | | |
| | | | | | |
| | | | | | |
| | | | | | |
| | | | | | |
| (당기) | 200,000,000 | | 172,000,000 | 28,000,000 | |
| 계 | 300,000,000 | 80,000,000 | 172,000,000 | 48,000,000 | |

| 사업연도 | 2025. 1. 1. ~ 2025. 12. 31. | **원천납부세액명세서(갑)** | 법인명 | 사회복지법인 민지복지관 |
|---|---|---|---|---|

※관리번호 [ ][ ][ ] - [ ][ ]　　사업자등록번호 1 0 8 - 8 2 - 2 0 0 0 0

※표시란은 기입하지 마십시오.

| ①적 요 | ②원 천 징 수 의 무 자 | | ③원 천 징 수 일 | ④이 자 금 액 | ⑤세 율 | ⑥법 인 세 |
|---|---|---|---|---|---|---|
| | 사업자(주민) 등록번호 | 상 호 (성 명) | | | | |
| 이자수익 | 108-85-21000 | 우리은행 | 2025. 10. 2 | 150,000,000 | 14 | 21,000,000 |
| 이자수익 | 108-85-20000 | 국민은행 | 2025. 12. 25 | 50,000,000 | 14 | 7,000,000 |
| | | | | | | |
| | | | | | | |
| | | | | | | |
| | | | | | | |
| | | | | | | |
| | | | | | | |
| | | | | | | |
| | | | | | | |
| | | | | | | |
| | | | | | | |
| | | | | | | |
| | | | | | | |
| | | | | | | |
| | | | | | | |
| 합 계 | | | | 200,000,000 | | 28,000,000 |

## 3. 자산양도소득에 대한 과세특례

### (1) 개요

비영리내국법인(제4조 제3항 제1호에서 규정하는 수익사업을 영위하는 비영리내국법인을 제외한다)이 제4조 제3항 제4호부터 제6호까지의 수입으로서 다음 각 호의 1에 해당하는 자산의 양도로 인하여 발생하는 소득이 있는 경우에는 제60조 제1항의 규정에 불구하고 과세표준의 신고를 하지 아니할 수 있다. 이 경우 과세표준의 신고를 하지 아니한 자산양도소득은 각 사업연도의 소득금액을 계산할 때 포함하지 아니한다.

1. 「소득세법」 제94조 제1항 제3호의 규정에 해당하는 주식 또는 출자지분과 대통령령이 정하는 주식 또는 출자지분
2. 토지 또는 건물(건물에 부속된 시설물과 구축물을 포함한다)
3. 「소득세법」 제94조 제1항 제2호 및 제4호의 자산

### (2) 세액계산방법

과세표준의 신고를 하지 아니한 자산양도소득에 대하여는 소득세법 제92조의 규정을 준용하여 계산한 과세표준에 동법 제104조 제1항 각 호의 세율(양도소득)을 적용하여 계산한 금액을 법인세로 납부하여야 한다. 이 경우 동법 제104조 제4항의 규정에 의하여 가중된 세율을 적용하는 경우에는 제55조의 2를 적용하지 아니한다.

소득세법 제92조의 규정을 준용하여 계산한 과세표준은 자산의 양도로 인하여 발생한 총수입금액에서 필요경비를 공제하고, 공제한 후의 금액(양도차익)에서 소득세법 제95조 제2항 및 동법 제103조에 규정하는 금액을 공제하여 계산한다.

소득세법 제96조 · 동법 제97조 · 동법 제98조 및 동법 제100조의 규정은 제3항의 규정에 의한 양도가액 · 필요경비 및 양도차익의 계산에 관하여 이를 준용한다. 다만, 상속세 및 증여세법에 의하여 상속세과세가액 또는 증여세과세가액에 산입되지 아니한 재산을 출연받은 비영리내국법인이 대통령령이 정하는 자산을 양도하는 경우에 있어서는 당해 자산을 출연한 출연자의 취득가액을 당해 법인의 취득가액으로 하며, 국세기본법 제13조 제2항의 규정에 의한 법인으로 보는 단체의 경우에는 동항의 규정에 의하여 승인을 얻기 전의 당초 취득한 가액을 취득가액으로 한다(법법 62의 2 ④).

### (3) 신고 · 납부

법인세의 과세표준에 대한 신고 · 납부 · 결정 · 경정 및 징수에 관하여는 자산의 양도일이 속하는 각 사업연도의 소득에 대한 법인세의 과세표준의 신고 · 납부 · 결정 · 경정 및 징수에 관한 규정을 준용하되, 그 밖의 법인세액에 합산하여 신고 · 납부 · 결정 · 경정 및 징수한다(법법 62의 2 ⑥).

**[비영리법인 관련 해석사례 및 심판례]**

| | | |
|---|---|---|
| ① 고유목적 사업준비금 전입후 예금 예치시 준비금 사용 여부 | 「사립학교법」에 따른 학교법인이 「법인세법」 제3조 제3항 제5호의 고정자산 처분으로 인하여 발생된 소득을 「조세특례제한법」 제74조 제1항 제1호에 따라 고유목적사업준비금으로 손금산입한 후, 해당 금액을 수익용 기본재산인 예금으로 재예치하고 비영리사업회계에 전출한 경우라도 「법인세법」 제29조 제2항의 고유목적사업에 지출된 것으로 볼 수 없는 것임. | 법규법인 2010-0164 (2010. 6. 9) |
| ② 고유목적 사업준비금의 사용 | 사립학교법에 의한 학교법인이 수익사업회계에 속하는 자산을 비영리사업회계에 전출한 경우에는 이를 비영리사업에 지출한 것으로 보아 법인세법 제29조 제2항의 규정을 적용하는 것임. 다만, 당해 전출의 행위가 명목뿐인 경우로서 당해 재산을 계속하여 수익사업에 사용하거나, 동 자산이 전출후에도 수익사업과 비영리사업에 공통되는 경우에는 그 전출이 없는 것으로 보는 것임. | 서면2팀-1060 (2008. 5. 30) |
| ③ 고유목적 사업준비금의 사용 | 장학사업을 고유목적사업으로 하는 비영리내국법인이 수익사업에 사용하던 임대용 부동산의 처분으로 발생한 수입을 법인세법 제29조 제1항의 규정에 의하여 고유목적사업준비금을 손금으로 계상한 후 이를 다시 고유목적사업의 기본재산으로 편입한 경우에는 손금에 산입한 고유목적사업준비금을 고유목적사업에 사용한 것으로 볼 수 없음. | 재법인 46012-81 (2003. 5. 12) |
| ④ 비영리 법인의 합계표 미제출가산세 | 수익사업을 영위하지 아니하는 비영리법인으로서 부가가치세의 납세의무자가 없는 경우, 당해 비영리법인이 수취한 매입세금계산서에 대해서는 관할 세무서장에게 제출할 의무가 있으나, 세금계산서 기재사항 중 오류가 있거나, 합계표를 제출하지 아니한 경우에도 가산세는 적용하지 아니함. | 법규부가 2008-0036 (2008. 12. 18) |

| | | |
|---|---|---|
| ⑤ 고유목적 사업 사용 | 쟁점매매대금에 대하여 고유목적사업에 사용할 것이 분명하므로 손금에 산입하여야 한다고 주장하고 있으나, 청구법인은 고유목적사업준비금을 설정하거나 학교회계로 전출하거나 또는 고등학교 신축공사대금으로 지출하는 등 고유목적사업에 사용하지 아니하였고, 심리일 현재까지도 청구법인의 수익용재산(예금)으로 계상되어 있는 등 「법인세법」에서 규정한 손금산입요건을 충족할 수 있는 어떠한 조치도 취한 바가 없으므로 단순히 고유목적사업에 사용할 수 있다는 개연성만을 가지고 이를 손금에 산입할 수는 없다고 할 것이므로 청구주장은 법리를 오해한 것으로 판단됨. | 조심 2010부3212 (2010. 12. 15) |
| ⑥ 토지 등 양도소득에 대한 법인세 | 쟁점부칙 제8조 제2항의 규정은 「법인세법」 제3조 제2항 제5호의 고정자산의 처분으로 인하여 생기는 수입에 의한 비영리내국법인의 각 사업연도의 소득을 계산하는 경우에 적용되는 것으로 규정하고 있고, 이 건은 「법인세법」 제55조의 2의 규정에 따른 토지 등 양도소득에 대한 과세특례로서 양도소득에 대한 법인세 계산시에는 별도의 규정이 없어 적용할 수 없을 뿐만 아니라, 2001. 12. 31 특별부가세를 폐지하면서 「법인세법」 제55조의 2 규정을 신설하였는바, 동 규정은 '토지 등 양도소득에 대한 중과제도'를 신설한 것으로서 특별부가세는 폐지하되 투기재발 등 부동산시장변화에 탄력적으로 대처할 수 있도록 부동산 양도소득에 대해 추가 과세할 수 있는 근거를 마련한 것이므로 쟁점부칙의 취지에 따라 쟁점토지에 대한 장부가액은 장부에 기재된 가액과 1991. 1. 1 현재 상속세및증여세법상 평가액 중 큰 금액을 비교하여 큰 금액으로 하여야 한다는 청구법인의 주장은 받아들이기 어렵다고 판단됨. | 조심 2009전2910 (2009. 11. 23) |

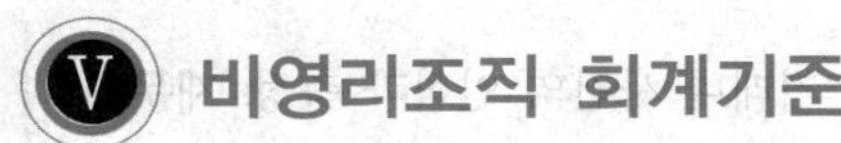

# V 비영리조직 회계기준

## 1. 회계기준(한국회계기준원, 2017. 7. 20)

### 제1장 총칙

제1조(목적) 비영리조직회계기준(이하 '이 기준'이라 한다)의 목적은 비영리조직이 일반목적 재무제표를 작성하는 데 적용하는 기준을 제시하는 것이다.

제2조(적용) 이 기준은 법인격 유무에 관계없이 영리를 목적으로 하지 않고 사회 전체의 이익이나 공동의 이익을 목적으로 하는 모든 형태의 비영리조직에 적용한다.

제3조(보고실체) 이 기준에 따라 재무제표를 작성할 때에는 비영리조직 전체를 하나의 보고실체로 하여 작성한다.

제4조(복식부기와 발생주의) ① 이 기준에 따라 재무제표를 작성할 때에는 복식부기회계와 발생주의회계를 적용한다.
② '복식부기'란 비영리조직의 자산, 부채, 순자산의 증감 및 변화과정과 그 결과를 계정과목을 통하여 대변과 차변으로 구분하여 이중기록 · 계산이 되도록 하는 부기형식을 말한다.
③ '발생주의'란 현금의 수수와는 관계없이 수익은 실현되었을 때 인식하고 비용은 발생되었을 때 인식하는 개념으로서 기간손익을 계산할 때 경제가치량의 증가나 감소의 사실이 발생한 때를 기준으로 수익과 비용을 인식하는 것을 말한다.

제5조(재무제표 작성의 목적) 이 기준에 따라 비영리조직이 재무제표를 작성하는 목적은 이를 외부에 보고하여 기부자, 회원, 채권자, 비영리조직에 자원을 제공하는 그 밖의 주체(예: 보조금을 제공하는 정부) 등의 의사결정에 유용한 정보를 제공하여, 이들 이해관계자들이 비영리조직이 제공한 서비스, 이러한 서비스를 지속적으로 제공할 수 있는 가능성, 비영리조직의 관리자들이 수탁책임을 적절하게 수행하였는지 등을 평가할 때 도움을 주는 데 있다.

제6조(재무제표) ① 이 기준에서 재무제표는 다음 각 호의 서류로 구성된다.
1. 재무상태표
2. 운영성과표
3. 현금흐름표
4. 제1호부터 제3호까지의 서류에 대한 주석
② 비영리조직이 수지계산서를 작성하고 있는 경우에는 현금흐름표를 작성하지 않음에 따라 소실되는 정보의 양이 중요하지 않다면 수지계산서로 현금흐름표를 갈음할 수 있다. 이 경우에 수지계산서란 수입과 지출의 결과를 집계한 표를 말한다.

제7조(회계정책의 결정) 이 기준에서 특별히 정하지 않는 거래나 사건의 인식과 측정, 재무제표 표시, 주석 기재에 대해서는 일반기업회계기준에 따라 회계정책을 결정한다.

제8조(회계정책, 회계추정의 변경 및 오류) ① 재무제표를 작성할 때 채택한 회계정책이나 회계추정은 비슷한 종류의 사건이나 거래의 회계처리에도 동일하게 적용한다.

② '회계정책의 변경'이란 재무제표의 작성에 적용하던 회계정책을 다른 회계정책으로 바꾸는 것을 말한다. 이 경우에 회계정책의 변경에는 재고자산의 단위원가결정방법 변경 등이 포함된다.

③ 이 기준에서 회계정책의 변경을 요구하거나, 회계정책의 변경을 반영한 재무제표가 신뢰성 있고 더 목적적합한 정보를 제공하는 경우에만 회계정책을 변경할 수 있다.

④ '회계추정의 변경'이란 환경의 변화, 새로운 정보의 입수, 경험의 축적에 따라 회계적 추정치의 근거와 방법 등을 바꾸는 것을 말한다. 이 경우에 회계추정에는 대손의 추정, 재고자산의 진부화 여부에 대한 판단과 평가, 충당부채의 추정, 감가상각자산에 내재된 미래경제적효익의 예상되는 소비형태의 유의적인 변동, 감가상각자산의 내용연수나 잔존가치의 추정 등이 포함된다.

⑤ 변경된 회계정책은 소급하여 적용하며 소급적용에 따른 수정사항을 반영하여 비교재무제표를 재작성한다.

⑥ 회계추정의 변경은 전진적으로 회계처리하여 그 효과를 당기와 당기 이후의 기간에 반영한다.

⑦ '오류수정'이란 전기나 그 이전 회계연도의 재무제표에 포함된 회계적 오류를 당기에 발견하여 수정하는 것을 말한다.

⑧ 당기에 발견한 전기나 그 이전 회계연도의 오류는 당기 운영성과표에 사업외손익 중 전기오류수정손익으로 보고한다. 다만, 전기 이전 기간에 발생한 중대한 오류의 수정은 자산, 부채, 순자산의 기초금액에 반영한다. 비교재무제표를 작성하는 경우에 중대한 오류의 영향을 받는 회계기간의 재무제표항목은 재작성한다. 중대한 오류는 재무제표의 신뢰성을 심각하게 손상할 수 있는 매우 중요한 오류를 말한다.

제9조(재무제표의 구분 · 통합 표시) ① 중요한 항목은 재무제표의 본문이나 주석에 그 내용을 가장 잘 나타낼 수 있도록 구분하여 표시한다.

② 재무제표 표시와 관련하여 재무제표 본문과 주석에 적용하는 중요성 기준은 서로 다를 수 있다. 예를 들어, 재무제표 본문에는 통합하여 표시한 항목일지라도 주석에는 이를 구분하여 표시할 만큼 중요한 항목이 될 수 있다. 이러한 경우에는 재무제표 본문에 통합 표시한 항목의 세부 내용을 주석으로 기재한다.

③ 이 기준에서 재무제표의 본문이나 주석에 구분 표시하도록 정한 항목일지라도 그 성격과 금액이 중요하지 아니한 항목은 성격이나 기능이 유사한 항목에 통합하여 표시할 수 있고, 주석의 구분 표시도 생략할 수 있다.

제10조(비교재무제표의 작성) ① 재무제표의 기간별 비교가능성을 높이기 위하여 전기 재무제

표의 모든 계량정보를 당기와 비교하는 형식으로 표시한다.

② 전기 재무제표의 비계량정보가 당기 재무제표를 이해하는 데 관련되는 경우에는 이를 당기 정보와 비교하여 주석으로 기재한다.

## 제2장 재무상태표

**제11조(재무상태표의 목적과 작성단위)** ① 재무상태표의 목적은 특정 시점에서 비영리조직의 자산, 부채, 순자산에 대한 정보를 제공하는 것이다.

② 재무상태표는 비영리조직 전체를 하나의 재무제표 작성단위로 보아 작성하고 비영리조직 전체의 자산, 부채, 순자산의 내용과 금액을 표시하여야 한다. 다만, 비영리조직의 특성과 필요에 따라 재무상태표에 고유목적사업부문과 수익사업부문별로 열을 구분하고, 자산, 부채, 순자산의 금액을 각 열에 배분하는 방식으로 표시할 수 있다. [적용사례의 사례 5 참조]

**제12조(재무상태표 작성기준)** ① 재무상태표에는 회계연도 말 현재의 모든 자산, 부채, 순자산을 적정하게 표시하여야 한다. [적용사례의 사례 1 참조]

② 재무상태표 구성요소의 정의는 다음 각 호와 같다.

1. '자산'이란 과거의 거래나 그 밖의 사건의 결과로 현재 비영리조직에 의해 지배되고 미래에 경제적 효익을 창출할 것으로 예상되는 자원을 말한다.
2. '부채'란 과거의 거래나 그 밖의 사건의 결과로 현재 비영리조직이 부담하고 있고 미래에 자원이 유출되거나 사용될 것으로 예상되는 의무를 말한다.
3. '순자산'이란 비영리조직의 자산 총액에서 부채 총액을 차감한 잔여 금액을 말한다.

③ 자산과 부채는 각각 다음 각 호의 조건을 충족하는 경우에 재무상태표에 인식한다.

1. 자산: 해당 항목에서 발생하는 미래경제적 효익이 비영리조직에 유입될 가능성이 매우 높고, 그 원가를 신뢰성 있게 측정할 수 있다.
2. 부채: 해당 의무를 이행하기 위하여 경제적 자원이 유출될 가능성이 매우 높고, 의무의 이행에 소요되는 금액을 신뢰성 있게 측정할 수 있다.

④ 자산, 부채, 순자산은 다음 각 호에 따라 구분한다.

1. 자산은 회계연도 말부터 1년 이내에 현금화되거나 실현될 것으로 예상되면 유동자산으로, 그 밖의 경우에는 비유동자산으로 구분하고, 유동자산과 비유동자산은 다음 각 목과 같이 구분한다.
   가. 유동자산: 당좌자산, 재고자산
   나. 비유동자산: 투자자산, 유형자산, 무형자산, 기타비유동자산
2. 부채는 회계연도 말부터 1년 이내에 상환 등으로 소멸할 것으로 예상되면 유동부채로, 그 밖의 경우에는 비유동부채로 구분한다.
3. 순자산은 제약없는순자산과 제약있는순자산으로 구분한다.

⑤ 자산과 부채는 유동성이 높은 항목부터 배열한다.

⑥ 자산과 부채는 상계하여 표시하지 않는다.

제13조(당좌자산) ① '당좌자산'이란 재고자산에 속하지 않는 유동자산을 말한다.

② 당좌자산에는 현금및현금성자산, 단기투자자산, 매출채권, 선급비용, 미수수익, 미수금, 선급금 등이 포함된다.

③ 매출채권, 미수금 등에 대한 대손충당금은 해당 자산에서 차감하는 형식으로 재무상태표에 표시한다.

제14조(재고자산) ① '재고자산'이란 통상적인 사업과정에서 판매하기 위하여 보유하거나 생산과정에 있는 자산과 생산이나 용역 제공 과정에 투입될 자산을 말한다.

② 재고자산에는 상품, 제품, 재공품, 원재료와 저장품 등이 포함된다.

③ 재고자산평가충당금은 재고자산 각 항목에서 차감하는 형식으로 재무상태표에 표시한다.

제15조(투자자산) ① '투자자산'이란 장기적인 투자 등과 같은 활동의 결과로 보유하는 자산을 말한다.

② 투자자산에는 장기성예금, 투자유가증권, 장기대여금 등이 포함된다.

③ 투자유가증권은 국공채, 회사채, 수익증권, 주식으로 구분하여 재무상태표 본문에 표시하거나 주석으로 기재한다.

제16조(유형자산) ① '유형자산'이란 재화를 생산하거나 용역을 제공하기 위하여, 또는 타인에게 임대하거나 직접 사용하기 위하여 보유한 물리적 형체가 있는 자산으로 1년을 초과하여 사용할 것으로 예상되는 자산을 말한다.

② 유형자산에는 토지, 건물, 구축물, 기계장치, 차량운반구, 건설중인자산 등이 포함된다.

③ 유형자산의 감가상각누계액과 손상차손누계액은 유형자산 각 항목에서 차감하는 형식으로 재무상태표에 표시한다.

④ 유형자산을 폐기하거나 처분하는 경우에 그 자산을 재무상태표에서 제거하고 처분금액과 장부금액의 차액을 유형자산처분손익으로 인식한다.

제17조(무형자산) ① '무형자산'이란 재화를 생산하거나 용역을 제공하기 위하여, 또는 타인에게 임대하거나 직접 사용하기 위하여 보유한 물리적 형체가 없는 비화폐성자산을 말한다.

② 무형자산에는 지식재산권, 개발비, 컴퓨터소프트웨어, 광업권, 임차권 등이 포함된다.

③ 무형자산은 상각누계액과 손상차손누계액을 취득원가에서 직접 차감한 잔액으로 재무상태표에 표시한다.

④ 무형자산을 처분하는 경우에 그 자산을 재무상태표에서 제거하고 처분금액과 장부금액의 차액을 무형자산처분손익으로 인식한다.

제18조(기타비유동자산) ① '기타비유동자산'이란 투자자산, 유형자산, 무형자산에 속하지 않는 비유동자산을 말한다.

② 기타비유동자산에는 임차보증금, 장기선급비용, 장기미수금 등이 포함된다.

제19조(유동부채) ① '유동부채'란 회계연도 말부터 1년 이내에 상환 등으로 소멸할 것으로 예

상되는 부채를 말한다.

② 유동부채에는 단기차입금, 매입채무, 미지급비용, 미지급금, 선수금, 선수수익, 예수금, 유동성장기부채 등이 포함된다.

제20조(비유동부채) ① '비유동부채'란 유동부채를 제외한 모든 부채를 말한다.

② 비유동부채에는 장기차입금, 임대보증금, 퇴직급여충당부채 등이 포함된다.

③ 확정급여형퇴직연금제도와 관련하여 별도로 운용되는 자산은 하나로 통합하여 '퇴직연금운용자산'으로 표시하고, 퇴직급여충당부채에서 차감하는 형식으로 재무상태표에 표시한다. 퇴직연금운용자산의 구성내역은 주석으로 기재한다.

제21조(제약없는순자산) '제약없는순자산'이란 기부자(보조금을 제공하는 정부 등을 포함한다. 이하 같다)나 법령에 의해 사용이나 처분이 제약되지 않은 순자산을 말한다.

제22조(제약있는순자산) '제약있는순자산'이란 기부자나 법령에 의해 사용이나 처분이 제약된 순자산을 말한다. 기부자나 법령에 의해 사용이나 처분이 제약되는 경우는 다음과 같다.

1. 특정 비용을 집행하는 데에만 사용하거나, 투자자산에 투자하여 특정 기간 보유하거나, 경제적 내용연수가 유한한 유형자산을 취득하여 그 내용연수에 걸쳐 보유하거나 사용해야 하는 경우 등(즉, 일시제약이 있는 경우). 이 경우에 기부자나 법령에 의해 명시된 용도로 사용하거나 일정 기간이 경과하면 제약이 소멸된다.
2. 토지를 취득하여 영구적으로 보유하여 특정 목적에 사용하거나, 투자자산에 투자하여 영구적으로 보유하여야 하는 경우 등(즉, 영구제약이 있는 경우)

제23조(구분된 순자산의 명칭, 순서 및 세분) ① 관행과 여건을 고려할 때 필요하다고 판단하는 경우에는 제약없는순자산, 제약있는순자산 대신에 다른 명칭을 사용할 수 있다. 이 경우에는 각 명칭별로 제약의 유무와 성격에 관한 설명을 주석으로 기재한다.

② 구분된 순자산은 제약없는순자산, 제약있는순자산의 순으로 배열한다. 다만, 관행과 여건을 고려할 때 필요하다고 판단하는 경우에는 그 반대의 순서로 배열할 수도 있다.

③ 제1항과 제2항에 따라 구분된 순자산은 더 세분하여 그 정보를 재무상태표 본문에 표시하거나 주석으로 기재할 수 있다. 예를 들어, 다음 각 호와 같이 할 수 있다.

1. 제약있는순자산을 일시제약순자산과 영구제약순자산으로 구분하여 재무상태표 본문에 표시하거나 주석으로 기재할 수 있다. 이 경우에는 제1항을 준용하여 다른 명칭을 사용할 수 있다.
2. 비영리조직의 의사결정기구가 자율적으로 제약하는 순자산에 관한 정보를 제약없는순자산 내에서 추가로 구분하여 재무상태표 본문에 표시하거나 주석으로 기재할 수 있다.

## 제3장 운영성과표

제24조(운영성과표의 목적과 작성단위) ① 운영성과표의 목적은 순자산의 변화를 초래하는 거래와 사건의 영향 및 상호관계, 각종 활동이나 서비스 제공을 위한 자원의 사용 등에 대한 유용한 정보를 제공하는 것이다.

② 운영성과표는 비영리조직 전체를 하나의 재무제표 작성단위로 보아 작성한다. 다만, 비영리조직의 특성과 필요에 따라 운영성과표에 고유목적사업부문과 수익사업부문별로 열을 구분하고, 수익과 비용의 금액을 각 열에 배분하는 방식으로 표시할 수 있다. [적용사례의 사례 6 참조]

**제25조(운영성과표 작성기준)** ① 운영성과표에는 그 회계연도에 속하는 모든 수익 및 이에 대응하는 모든 비용과 그 밖의 순자산 증감을 적정하게 표시하여야 한다. [적용사례의 사례 2 참조]

② 운영성과표는 다음 각 호에 따라 작성한다.

1. 모든 수익, 비용, 그 밖의 순자산 증감은 그것이 발생한 회계연도에 배분되도록 회계처리한다. 이 경우에 발생원가가 자산으로 인식되는 경우를 제외하고는 비용으로 인식한다.
2. 수익, 비용, 그 밖의 순자산 증감은 그 발생 원천에 따라 명확하게 분류하고, 수익항목과 이에 관련되는 비용항목은 대응하여 표시한다.
3. 수익, 비용, 그 밖의 순자산 증감은 총액으로 표시한다.
4. 운영성과표는 다음 각 목과 같이 구분하여 표시한다.
   가. 사업수익
   나. 사업비용
   다. 사업이익(손실)
   라. 사업외수익
   마. 사업외비용
   바. 제약없는순자산의 증가(감소)
   사. 제약있는순자산의 증가(감소)
   아. 순자산의 증가(감소)
   자. 기초 순자산
   차. 기말 순자산

**제26조(사업수익)** ① '사업수익'은 고유목적사업과 그에 부수되는 수익사업의 결과 경상적으로 발생하는 순자산의 증가를 말한다.

② 사업수익은 고유목적사업수익과 수익사업수익으로 구분하여 표시한다.

③ 고유목적사업수익은 비영리조직의 업종별 특성을 반영하여 기부금수익, 보조금수익, 회비수익, 등록금수익, 공연수익, 환자진료수익 등으로 구분하여 표시한다.

④ 수익사업수익은 더 상세하게 구분하여 표시할 것이 요구되지 않지만 비영리조직이 필요하다고 판단하는 경우에는 그 구분정보를 주석으로 기재할 수 있다.

⑤ 투자자산에서 발생하는 이자수익이나 배당수익, 평가손익과 처분손익이 고유목적사업활동의 주된 원천이 되는 경우에는 사업수익에 포함한다. 다만, 해당 손익으로 인해 제약있는 순자산의 금액이 변경되는 경우에는 제약있는순자산의 증가(감소)로 인식한다.

**제27조(기부금 등의 수익인식과 측정)** ① 현금이나 현물을 기부받을 때에는 실제 기부를 받는

시점에 수익으로 인식한다.

② 현물을 기부받을 때에는 수익금액을 공정가치로 측정한다.

③ 실제 받지 않았더라도 납부가 강제되는 회비 등은 회수가 확실해지는 시점에 수익을 인식한다.

④ 기부자가 기부금의 사용에 제약을 가한 경우에는 사업수익으로 인식하지 않고 제약있는 순자산의 증가로 인식한다.

제28조(정부보조금의 수익인식) 정부보조금에 제약이 없는 경우에 해당 정부보조금은 사업수익으로 인식한다. 정부보조금에 제약이 있는 경우에는 제약있는순자산의 증가로 인식한다.

제29조(사업비용) ① '사업비용'은 고유목적사업과 그에 부수되는 수익사업의 결과 경상적으로 발생하는 순자산의 감소를 말한다.

② 사업비용은 고유목적사업비용과 수익사업비용으로 구분하여 표시한다.

③ 고유목적사업비용은 기능별, 성격별로 구분한다.

④ 고유목적사업비용을 기능별로 구분한다는 것은 다음 각 호와 같이 사업수행비용, 일반관리비용으로 구분하는 것을 말한다.

1. '사업수행비용'은 비영리조직이 추구하는 본연의 임무나 목적을 달성하기 위해 수혜자, 고객, 회원 등에게 재화나 용역을 제공하는 활동에서 발생하는 비용을 말한다.
2. '일반관리비용'은 기획, 인사, 재무, 감독 등 제반 관리활동에서 발생하는 비용과 모금비용을 말한다. '모금비용'은 모금 행사, 기부자 명단 관리, 모금 고지서 발송 등과 같은 모금활동에서 발생하는 비용을 말하며, 중요한 경우에는 일반관리비용과 별도로 구분하여 표시할 수 있다.

⑤ 고유목적사업비용을 성격별로 구분한다는 것은 다음 각 호와 같이 인력비용, 시설비용, 기타비용으로 구분하는 것을 말한다.

1. '인력비용'은 비영리조직에 고용된 인력과 관련된 비용으로서 급여, 상여금, 퇴직급여, 복리후생비, 교육훈련비 등을 포함한다.
2. '시설비용'은 비영리조직의 운영에 사용되는 토지, 건물, 구축물, 차량운반구 등 시설과 관련된 비용으로서 감가상각비, 지급임차료, 시설보험료, 시설유지관리비 등을 포함한다.
3. '기타비용'은 인력비용, 시설비용 외의 비용으로서 여비교통비, 소모품비, 수도광열비, 제세공과금, 지급수수료, 용역비, 업무추진비, 회의비, 대손상각비 등을 포함한다. 이 경우에 사회복지기관이 저소득층, 노인, 장애인 등 수혜자들에게 지급하는 지원금, 학술장학기관이 저소득층 학생 등 수혜자들에게 지급하는 장학금, 의료기관이 지출하는 재료비(약품비와 진료재료비) 등 각 비영리조직의 특성에 따라 금액이 중요한 기타비용 항목은 별도로 구분하여 운영성과표 본문에 표시하거나 주석으로 기재한다.

⑥ 고유목적사업비용은 기능별로 구분한 비용을 운영성과표 본문에 표시하고, 각 구분비용에 대해 다시 성격별로 구분하여 분석한 정보를 주석으로 기재한다.

⑦ 제6항을 적용할 때 제4항이나 제5항에 따라 구분된 각 비용을 더 상세하게 구분한 비용정보를 적절히 운영성과표 본문에 추가하여 표시하거나 그 주석에 추가하여 기재할 수 있다.

예를 들어, 사업수행비용은 세부사업별로 추가 구분한 정보를 운영성과표 본문에 표시하거나 주석으로 기재할 수 있다.

⑧ 수익사업비용은 더 상세하게 구분하여 표시할 것이 요구되지 않지만 비영리조직이 필요하다고 판단하는 경우에는 그 구분정보(예: 매출원가, 판매비와관리비 등)를 주석으로 기재할 수 있다. 수익사업비용을 인력비용, 시설비용, 기타비용으로 구분하여 분석한 정보는 주석으로 기재한다.

제30조(공통비용 배분) 어떤 비용항목이 복수의 활동에 관련되는 경우에는 활동 간에 비용을 배분한다. 이 경우에 다음 각 호와 같이 비영리조직의 사업성격과 운영방법에 맞추어 합리적인 배분기준을 수립하여 일관되게 적용한다.

1. 인력비용은 해당 인력이 각 활동별로 투입한 업무시간에 기초하여 배분한다.
2. 시설비용은 각 활동별로 관련되는 시설 면적이나 사용빈도를 직접적으로 구분할 수 있다면 그 면적과 사용빈도기준에 따라 배분하며, 직접적으로 구분할 수 없다면 다른 적절한 배분기준을 수립하여 적용한다.
3. 기타비용은 각 활동별 인력비용이나 시설비용에 대체로 비례하는 항목들은 그 기준에 따라 배분하며 그 밖에는 다른 적절한 배분기준을 수립하여 적용한다.

제31조(사업외수익) ① '사업외수익'은 사업수익이 아닌 수익을 말한다.

② 사업외수익에는 이자수익, 배당수익, 투자자산 평가이익과 처분이익, 유형 · 무형자산손상차손환입, 유형 · 무형자산처분이익 등을 포함한다. 다만, 다음 각 호의 경우에는 사업외수익에 포함하지 않는다.

1. 투자자산에서 발생하는 이자수익이나 배당수익, 평가이익과 처분이익이 고유목적사업활동의 주된 원천이 되기 때문에 제26조 제5항에 따라 사업수익에 포함한 경우
2. 투자자산에서 발생하는 이자수익이나 배당수익, 평가이익과 처분이익으로 인해 제약있는순자산의 금액이 변경되기 때문에 제약있는순자산의 증가로 인식하는 경우

③ 유형자산재평가이익은 사업외수익에 포함한다. 다만, 해당 재평가이익으로 인해 제약있는순자산의 금액이 변경되는 경우에는 제약있는순자산의 증가로 인식한다.

제32조(사업외비용) ① '사업외비용'은 사업비용이 아닌 비용을 말한다.

② 사업외비용은 이자비용, 투자자산 평가손실과 처분손실, 유형 · 무형자산손상차손, 유형 · 무형자산처분손실 등을 포함한다. 다만, 다음의 경우에는 사업외비용에 포함하지 않는다.

1. 투자자산에서 발생하는 평가손실과 처분손실이 고유목적사업활동의 주된 원천에 영향을 주기 때문에 제26조 제5항에 따라 사업수익에 반영된 경우
2. 투자자산에서 발생하는 평가손실과 처분손실로 인해 제약있는순자산의 금액이 변경되기 때문에 제약있는순자산의 감소로 인식하는 경우

③ 유형자산재평가손실은 사업외비용에 포함한다. 다만, 해당 재평가손실로 인해 제약있는순자산의 금액이 변경되는 경우에는 제약있는순자산의 감소로 인식한다.

제33조(법인세비용) 비영리조직이 법인세를 부담하는 경우에는 일반기업회계기준 제22장 '법

인세회계'와 제31장 '중소기업 회계처리 특례'의 법인세 회계처리를 고려하여 회계정책을 개발하여 회계처리한다.

제34조(제약없는순자산의 증가(감소)) ① 제약없는순자산의 증가(감소)는 다음 제1호에서 제2호를 차감하여 계산한다.
1. 사업수익, 사업외수익을 합한 수익 합계금액
2. 사업비용, 사업외비용을 합한 비용 합계금액
② 관행과 여건을 고려할 때 필요하다고 판단하는 경우에는 제약없는순자산의 증가(감소) 대신 '당기순이익(손실)'이라는 명칭을 사용할 수 있다.

제35조(제약있는순자산의 증가(감소)) 제약있는순자산의 증가(감소)는 사용이나 처분에 제약이 있는 기부금수익, 투자자산 이자수익·배당수익, 투자자산 평가손익·처분손익, 유형자산 재평가손익과 제약해제순자산 등을 포함한다. 제약있는순자산에 대한 제약이 사업수행에 따라 해제되거나 시간경과에 따라 해제되는 경우에는 이를 제약있는순자산에서 차감하고 같은 금액을 그 성격에 따라 당해 연도 사업수익이나 사업외수익으로 인식하며, 그 제약해제순자산의 내용과 금액, 사업수익이나 사업외수익의 항목 중 어디에 표시했는지를 주석으로 기재한다.

제36조(순자산의 증가(감소)) 제약없는순자산의 증가(감소)와 제약있는순자산의 증가(감소)를 합하여 순자산의 증가(감소)로 표시한다.

## 제4장 현금흐름표

제37조(현금흐름표의 목적과 작성단위) ① 현금흐름표의 목적은 일정 기간에 걸쳐 현금의 유입과 유출에 대한 정보를 제공하는 것이다.
② 현금흐름표는 비영리조직 전체를 하나의 재무제표 작성단위로 보아 작성한다. 다만, 비영리조직의 특성과 필요에 따라 현금흐름표에 고유목적사업부문과 수익사업부문별로 열을 구분하고, 현금흐름 금액을 각 열에 배분하는 방식으로 표시할 수 있다. [적용사례의 사례 7, 8 참조]

제38조(현금흐름표 작성기준) ① 현금흐름표에는 그 회계연도에 속하는 현금의 유입과 유출내용을 적정하게 표시하여야 한다.
② 현금흐름표는 현금흐름을 사업활동, 투자활동, 재무활동 현금흐름으로 구분하여 표시하고, 이 세 가지 활동의 순현금흐름에 기초의 현금을 가산하여 기말의 현금을 산출하는 형식으로 표시한다. [적용사례의 사례 3, 4 참조]

제39조(사업활동 현금흐름) ① 사업활동은 투자활동이나 재무활동에 속하지 아니하는 모든 거래와 사건을 포함한다.
② 사업활동 현금유입에는 제약 없는 기부금 수입, 보조금 수입, 회비 수입, 등록금 수입, 투자자산 수입, 공연 수입, 환자진료 수입, 수익사업 수입 등이 포함된다.

③ 사업활동 현금유출에는 인력비용 지출, 시설비용 지출, 기타비용 지출, 수익사업비용 지출 등이 포함된다.

제40조(사업활동 현금흐름의 표시방법) ① 사업활동 현금흐름은 직접법이나 간접법으로 표시한다.

② '직접법'이란 현금을 수반하여 발생한 수익이나 비용 항목을 총액으로 표시하되, 현금유입액은 원천별로 현금유출액은 용도별로 분류하여 표시하는 방법을 말한다.

③ '간접법'이란 제약없는순자산의 증가(감소)[또는 당기순이익(손실)]에 현금의 유출이 없는 비용 등을 가산하고 현금의 유입이 없는 수익 등을 차감하며, 사업활동으로 인한 자산·부채의 변동을 가산하거나 차감하여 표시하는 방법을 말한다.

1. '현금의 유출이 없는 비용 등'이란 현금의 유출이 없는 비용, 투자활동과 재무활동으로 인한 비용을 말한다.
2. '현금의 유입이 없는 수익 등'이란 현금의 유입이 없는 수익, 투자활동과 재무활동으로 인한 수익을 말한다.
3. '사업활동으로 인한 자산·부채의 변동'이란 사업활동과 관련하여 발생한 유동자산·유동부채의 증가나 감소를 말한다.

제41조(투자활동 현금흐름) ① '투자활동'이란 현금의 대여와 회수활동, 투자자산·유형자산·무형자산의 취득과 처분활동 등을 말한다.

② 투자활동 현금유입에는 투자자산·유형자산·무형자산의 처분 등이 포함된다.

③ 투자활동 현금유출에는 투자자산·유형자산·무형자산의 취득 등이 포함된다.

제42조(재무활동 현금흐름) ① '재무활동'이란 현금의 차입 및 상환, 제약 있는 기부금 수입 등 부채와 제약있는순자산에 영향을 미치는 거래를 말한다.

② 재무활동 현금유입에는 제약 있는 기부금 수입, 단기차입금·장기차입금의 차입 등이 포함된다.

③ 재무활동 현금유출에는 단기차입금·장기차입금의 상환 등이 포함된다.

## 제5장 자산·부채의 평가

제43조(자산의 평가기준) ① 자산은 최초에 취득원가로 인식한다.

② 교환, 증여, 그 밖에 무상으로 취득한 자산은 공정가치(합리적인 판단력과 거래 의사가 있는 독립된 당사자 사이의 거래에서 자산이 교환되거나 부채가 결제될 수 있는 금액을 말한다. 이하 같다)를 취득원가로 한다.

③ 이 기준에서 별도로 정하는 경우를 제외하고는, 자산의 진부화, 시장가치의 급격한 하락 등으로 인하여 자산의 회수가능액이 장부금액에 중요하게 미달되는 경우에는 장부금액을 회수가능액으로 조정하고 그 차액을 손상차손으로 처리한다. 이 경우에 회수가능액은 다음 제1호와 제2호 중 큰 금액으로 한다.

1. 순공정가치: 합리적인 판단력과 거래 의사가 있는 독립된 당사자 사이의 거래에서 자산의 매각으로부터 수취할 수 있는 금액에서 처분부대원가를 차감한 금액

2. 사용가치: 자산에서 창출될 것으로 기대되는 미래 현금흐름의 현재가치

④ 과거 회계연도에 인식한 손상차손이 더 이상 존재하지 않거나 감소하였다면 자산의 회수가능액이 장부금액을 초과하는 금액은 손상차손환입으로 인식한다. 다만, 손상차손환입으로 증가된 장부금액은 과거에 손상차손을 인식하기 전 장부금액의 감가상각이나 상각 후 잔액을 초과할 수 없다.

**제44조(매출채권, 미수금 등의 평가)** ① 원금이나 이자 등의 일부나 전부를 회수하지 못할 가능성이 있는 매출채권, 미수금 등은 합리적이고 객관적인 기준에 따라 대손추산액을 산출하여 대손충당금으로 설정하고, 기존 대손충당금 잔액과의 차이는 대손상각비로 인식한다.

② 매출채권, 미수금 등의 원금이나 이자 등의 일부나 전부를 회수할 수 없게 된 경우에는 대손충당금과 상계하고, 대손충당금이 부족한 경우에는 그 부족액을 대손상각비로 인식한다.

③ 매출채권의 대손은 사업비용(대손상각비)으로 분류한다. 고유목적사업과 관련된 미수금의 대손은 사업비용(대손상각비)으로 분류하고, 수익사업과 관련된 미수금의 대손은 사업외비용(기타의 대손상각비)으로 분류한다. 그 밖의 채권의 대손은 사업외비용(기타의 대손상각비)으로 분류한다.

**제45조(유형자산과 무형자산의 평가)** ① 유형자산과 무형자산의 취득원가는 구입가격이나 제작원가와 의도하는 방식으로 자산을 가동하는 데 필요한 장소와 상태에 이르게 하는 데 직접 관련되는 원가를 포함한 금액을 말한다.

② 최초 인식 후에 유형자산과 무형자산의 장부금액은 다음 각 호에 따라 결정한다.

1. 유형자산: 취득원가(자본적 지출을 포함한다. 이하 이 조에서 같다)에서 감가상각누계액과 손상차손누계액을 차감한 금액

2. 무형자산: 취득원가에서 상각누계액과 손상차손누계액을 차감한 금액

③ 취득원가에서 잔존가치를 차감하여 결정되는 유형자산의 감가상각대상금액과 무형자산의 상각대상금액은 해당 자산을 사용할 수 있는 때부터 내용연수에 걸쳐 배분하여 상각한다.

④ 유형자산과 무형자산의 내용연수는 자산의 예상 사용기간이나 생산량 등을 고려하여 합리적으로 결정한다.

⑤ 유형자산의 감가상각방법과 무형자산의 상각방법은 다음 각 호에서 자산의 경제적효익이 소멸되는 형태를 반영한 합리적인 방법을 선택하여 소멸형태가 변하지 않는 한 매기 계속 적용한다.

1. 정액법
2. 정률법
3. 연수합계법
4. 생산량비례법

⑥ 전시·교육·연구 등의 목적으로 보유중인 예술작품, 유물과 같은 역사적 가치가 있는 유형자산은 일반적으로 시간이 경과하더라도 가치가 감소하지 않으므로 감가상각을 적용하

지 아니한다.

제46조(유형자산의 재평가) ① 최초 인식 후에 공정가치를 신뢰성 있게 측정할 수 있는 유형자산은 재평가를 할 수 있다. 이 경우에 재평가일의 공정가치에서 이후의 감가상각누계액과 손상차손누계액을 차감한 재평가금액을 장부금액으로 한다.

② 유형자산을 재평가할 때, 재평가 시점의 총장부금액에서 기존의 감가상각누계액을 제거하여 자산의 순장부금액이 재평가금액이 되도록 수정한다.

③ 재평가를 실시하여 발생한 재평가차액은 운영성과표에 사업외수익이나 사업외비용으로 인식한다. 다만, 재평가차액으로 인해 제약있는순자산의 금액이 변경되는 경우에는 운영성과표에 제약있는순자산의 증가(감소)로 인식한다.

④ 재평가차액 누적금액은 재무상태표상 해당 순자산 분류(제약없는순자산, 제약있는순자산) 내에서 세부항목으로 별도 표시하거나 주석으로 기재한다.

제47조(투자유가증권의 평가) ① 신뢰성 있는 공정가치를 쉽게 얻을 수 있는 투자유가증권은 공정가치로, 그렇지 않은 투자유가증권은 취득원가로 평가한다.

② 공정가치로 평가된 투자유가증권에 대해서는 재무제표 본문에 표시된 공정가치를 취득원가와 비교하는 정보를 주석으로 기재한다. 이 경우에 제15조 제3항에 따라 구분된 국공채, 회사채, 수익증권, 주식 별로 공정가치를 취득원가와 비교하는 정보를 주석으로 기재한다.

제48조(퇴직급여충당부채의 평가) ① 퇴직급여충당부채는 재무상태표일 현재 전임직원이 일시에 퇴직할 경우에 지급하여야 할 퇴직금에 상당하는 금액으로 한다.

② 확정기여형퇴직연금제도를 설정한 경우에는 퇴직급여충당부채와 관련 퇴직연금운용자산을 인식하지 않는다. 다만, 해당 회계기간에 대하여 비영리조직이 납부하여야 할 부담금을 퇴직급여(비용)로 인식하고, 미납부액이 있는 경우에는 미지급비용(부채)으로 인식한다.

## 제6장 주석

제49조(주석의 정의) '주석'이란 재무제표 본문[재무상태표, 운영성과표, 현금흐름표(또는 이에 갈음하는 수지계산서)를 말한다]의 전반적인 이해를 돕는 일반사항에 관한 정보, 재무제표 본문에 표시된 항목을 구체적으로 설명하거나 세분화하는 정보, 재무제표 본문에 표시할 수 없는 회계사건, 그 밖의 사항으로 재무제표에 중요한 영향을 미치거나 재무제표의 이해를 위하여 필요하다고 판단되는 정보를 재무제표 본문에 추가하여 기재하는 것을 말한다.

제50조(필수적 주석기재사항) 비영리조직은 이 기준의 다른 조항에서 주석으로 기재할 것을 요구하거나 허용하는 사항 외에 다음 각 호의 사항을 주석으로 기재한다.

1. 비영리조직의 개황, 주요사업 내용
2. 비영리조직이 채택한 회계정책(자산·부채의 평가기준, 수익과 비용의 인식기준을 포함한다)
3. 순자산에 제약이 있는 경우에 그 성격
4. 질권 등이 설정된 현금및현금성자산의 내용

5. 차입금 등 현금 등으로 상환하여야 하는 부채의 주요 내용
6. 현물기부의 내용
7. 제공하거나 제공받은 담보 · 보증의 주요 내용
8. 특수관계인(법인세법 시행령 제87조의 정의에 따른다)과의 중요한 거래의 내용
9. 회계연도 말 현재 진행 중인 소송 사건의 내용, 소송금액, 진행 상황 등
10. 그 밖에 일반기업회계기준에서 정하는 주석기재사항 중 비영리조직에 관련성이 있고 그 성격이나 금액이 중요한 사항

**제51조(선택적 주석기재사항)** 이 기준에서 요구하는 주석기재사항 외에도 재무제표의 유용성을 제고하고 공정한 표시를 위하여 필요한 정보는 재무제표 작성자의 판단으로 주석에 기재할 수 있다. 예를 들어, 비영리조직이 감독목적이나 내부관리목적으로 복수의 구분된 단위로 회계를 하는 경우에 각 회계단위별로 작성된 재무제표의 전부나 일부를 주석으로 기재할 수 있으며 제약있는순자산을 일시제약순자산과 영구제약순자산으로 구분한 정보와 제약있는순자산의 변동을 일시제약순자산의 변동과 영구제약순자산의 변동으로 구분한 정보를 주석으로 기재할 수 있다.

**제52조(주석기재방법)** 주석기재는 재무제표 이용자의 이해와 편의를 도모하기 위하여 다음 각 호에 따라 체계적으로 작성한다.

1. 재무제표의 개별항목에 대한 주석 정보는 해당 개별항목에 기호를 붙이고 주석에 동일한 기호를 표시하여 그 내용을 설명한다.
2. 하나의 주석이 재무제표의 둘 이상의 개별항목과 관련된 경우에는 해당 개별항목 모두에 주석의 기호를 표시한다.
3. 하나의 주석에 포함된 정보가 다른 주석과 관련된 경우에도 해당되는 주석 모두에 관련된 주석의 기호를 표시한다.

### 부 칙 (2017. 7. 20)

**제1조(시행일)** 이 기준은 2018년 1월 1일 이후 최초로 시작되는 회계연도부터 적용하되 조기 적용할 수도 있다. 이 기준을 조기 적용하는 경우에는 그 사실을 공시한다.

**제2조(경과규정)** 이 기준은 소급적용한다. 다만, 이 기준의 모든 요구사항에 대한 소급적용의 영향을 실무적으로 결정할 수 없는 경우에는 이 기준을 실무적으로 적용할 수 있는 최초 회계기간까지만 소급적용한다. 그 최초 회계기간은 당기일 수도 있으며 이 경우에는 당기초부터 전진적용한다.

## 2. 재무제표 양식

### (1) 재무상태표

| 과 목 | 당 기 | | | 전 기 | | |
|---|---|---|---|---|---|---|
| 자 산 | | | | | | |
| 유동자산 | | | ××× | | | ××× |
| 당좌자산 | | | ××× | | | ××× |
| 현금및현금성자산 | | ××× | | | ××× | |
| 단기투자자산 | | ××× | | | ××× | |
| 매출채권 | | ××× | | | ××× | |
| (−) 대손충당금 | | (×××) | | | (×××) | |
| 선급비용 | | ××× | | | ××× | |
| 미수수익 | | ××× | | | ××× | |
| 미수금 | | ××× | | | ××× | |
| (−) 대손충당금 | | (×××) | | | (×××) | |
| 선급금 | | ××× | | | ××× | |
| ...... | | ××× | | | ××× | |
| 재고자산 | | | ××× | | | ××× |
| 상품 | | ××× | | | ××× | |
| 제품 | | ××× | | | ××× | |
| 재공품 | | ××× | | | ××× | |
| 원재료 | | ××× | | | ××× | |
| 저장품 | | ××× | | | ××× | |
| ...... | | ××× | | | ××× | |
| 비유동자산 | | | ××× | | | ××× |
| 투자자산 | | | ××× | | | ××× |
| 장기성예금 | | ××× | | | ××× | |
| 투자유가증권 | | ××× | | | ××× | |
| 국공채 | ××× | | | ××× | | |
| 회사채 | ××× | | | ××× | | |
| 수익증권 | ××× | | | ××× | | |
| 주식 | ××× | | | ××× | | |
| 장기대여금 | | ××× | | | ××× | |
| ...... | | ××× | | | ××× | |
| 유형자산 | | | ××× | | | ××× |
| 토지 | | ××× | | | ××× | |
| 건물 | | ××× | | | ××× | |
| (−) 감가상각누계액 | | (×××) | | | (×××) | |
| 구축물 | | ××× | | | ××× | |
| (−) 감가상각누계액 | | (×××) | | | (×××) | |
| 기계장치 | | ××× | | | ××× | |

| 과 목 | 당 기 | | 전 기 | |
|---|---|---|---|---|
| (−) 감가상각누계액 | (×××) | | (×××) | |
| 차량운반구 | ××× | | ××× | |
| (−) 감가상각누계액 | (×××) | | (×××) | |
| 건설중인자산 | ××× | | ××× | |
| ...... | ××× | | ××× | |
| 무형자산 | | ××× | | ××× |
| 지식재산권 | ××× | | ××× | |
| 개발비 | ××× | | ××× | |
| 컴퓨터소프트웨어 | ××× | | ××× | |
| 광업권 | ××× | | ××× | |
| 임차권 | ××× | | ××× | |
| ...... | ××× | | ××× | |
| 기타비유동자산 | | ××× | | ××× |
| 임차보증금 | ××× | | ××× | |
| 장기선급비용 | ××× | | ××× | |
| 장기미수금 | ××× | | ××× | |
| ...... | ××× | | ××× | |
| 자 산 총 계 | | ××× | | ××× |
| 부 채 | | | | |
| 유동부채 | | ××× | | ××× |
| 단기차입금 | ××× | | ××× | |
| 매입채무 | ××× | | ××× | |
| 미지급비용 | ××× | | ××× | |
| 미지급금 | ××× | | ××× | |
| 선수금 | ××× | | ××× | |
| 선수수익 | ××× | | ××× | |
| 예수금 | ××× | | ××× | |
| 유동성장기부채 | ××× | | ××× | |
| ...... | ××× | | ××× | |
| 비유동부채 | | ××× | | ××× |
| 장기차입금 | ××× | | ××× | |
| 임대보증금 | ××× | | ××× | |
| 퇴직급여충당부채 | ××× | | ××× | |
| (−) 퇴직연금운용자산 | (×××) | | (×××) | |
| ...... | ××× | | ××× | |
| 부 채 총 계 | | ××× | | ××× |

| 과 목 | 당 기 | 전 기 |
|---|---|---|
| 순 자 산 | | |
| 제약없는순자산 | ××× | ××× |
| 제약있는순자산 | ××× | ××× |
| 순 자 산 총 계 | ××× | ××× |
| 부채 및 순자산 총계 | ××× | ××× |

## (2) 운영성과표

| 과 목 | 당 기 | | | 전 기 | | |
|---|---|---|---|---|---|---|
| *제약없는순자산의 변동* | | | | | | |
| 사업수익 | | | ××× | | | ××× |
| 고유목적사업수익 | | ××× | | | ××× | |
| 기부금수익 | ××× | | | ××× | | |
| 보조금수익 | ××× | | | ××× | | |
| 회비수익 | ××× | | | ××× | | |
| 등록금수익 | ××× | | | ××× | | |
| 투자자산 관련 손익 | ××× | | | ××× | | |
| 공연수익 | ××× | | | ××× | | |
| 환자진료수익 | ××× | | | ××× | | |
| ...... | ××× | | | ××× | | |
| 수익사업수익 | | ××× | | | ××× | |
| 사업비용 | | | ××× | | | ××× |
| 고유목적사업비용 | | ××× | | | ××× | |
| 사업수행비용 | ××× | | | ××× | | |
| ○○사업수행비용 | ××× | | | ××× | | |
| △△사업수행비용 | ××× | | | ××× | | |
| ...... | ××× | | | ××× | | |
| 일반관리비용 | ××× | | | ××× | | |
| 수익사업비용 | | ××× | | | ××× | |
| 사업이익(손실) | | | ××× | | | ××× |
| 사업외수익 | | | ××× | | | ××× |
| 이자수익 | ××× | | | ××× | | |
| 배당수익 | ××× | | | ××× | | |
| 투자자산평가이익 | ××× | | | ××× | | |
| 투자자산처분이익 | ××× | | | ××× | | |
| 유형자산손상차손환입 | ××× | | | ××× | | |
| 유형자산처분이익 | ××× | | | ××× | | |
| 유형자산재평가이익 | ××× | | | ××× | | |
| 무형자산손상차손환입 | ××× | | | ××× | | |
| 무형자산처분이익 | ××× | | | ××× | | |
| 외환차익 | ××× | | | ××× | | |
| 외화환산이익 | ××× | | | ××× | | |
| ...... | ××× | | | ××× | | |
| 사업외비용 | | | ××× | | | ××× |
| 이자비용 | ××× | | | ××× | | |
| 기타의 대손상각비 | ××× | | | ××× | | |
| 투자자산평가손실 | ××× | | | ××× | | |

| 과 목 | 당 기 | | 전 기 | |
|---|---|---|---|---|
| 투자자산처분손실 | ××× | | ××× | |
| 유형자산손상차손 | ××× | | ××× | |
| 유형자산처분손실 | ××× | | ××× | |
| 유형자산재평가손실 | ××× | | ××× | |
| 무형자산손상차손 | ××× | | ××× | |
| 무형자산처분손실 | ××× | | ××× | |
| 외환차손 | ××× | | ××× | |
| 외화환산손실 | ××× | | ××× | |
| ...... | ××× | | ××× | |
| 제약없는순자산의 증가(감소)<br>(또는 당기순이익(손실)) | | ××× | | ××× |
| *제약있는순자산의 변동* | | | | |
| 기부금수익 | ××× | | ××× | |
| 이자수익 | ××× | | ××× | |
| 배당수익 | ××× | | ××× | |
| 투자자산평가손익 | ××× | | ××× | |
| 투자자산처분손익 | ××× | | ××× | |
| 유형자산재평가손익 | ××× | | ××× | |
| 제약해제순자산 | ××× | | ××× | |
| ...... | ××× | | ××× | |
| 제약있는순자산의 증가(감소) | | ××× | | ××× |
| 순자산의 증가(감소) | | ××× | | ××× |
| 기초 순자산 | | ××× | | ××× |
| 기말 순자산 | | ××× | | ××× |

## 제2절 공익법인

### 개 요

#### 1. 공익법인의 의의

공익법인[160)]은 영리를 목적으로 하지 아니하는 비영리법인 중에서 사회일반의 이익에 공여하기 위하여 학자금 · 장학금 또는 연구비의 보조나 지급 · 학술 · 자선에 관한 사업을 목적으로 하는 법인을 말한다. 민법상 비영리법인이나 법인세법상 비영리법인은 공익법인을 포함한 개념으로 그 범위가 상속세 및 증여세법상 공익법인보다 넓다고 볼 수 있다. 다만, 비영리법인과 공익법인과의 차이점은 공익법인은 불특정다수인의 이익인 공익을 사업 목적으로 한다는 것이다. 이러한 이유로 인하여 공익법인에 대해서는 출연재산에 대한 상속세 및 증여세를 면제하는 등 세제혜택을 부여하고 있는 반면 그에 따른 엄격한 사후관리를 두고 있다. 민법상 "출연(出捐)"이라 함은 본인의 의사에 의하여 자기의 재산을 감소시키고 타인의 재산을 증가시키는 효과를 가져 오는 행위를 말하며, 상속세 및 증여세법상 "출연"이라 함은 기부 또는 증여 등의 명칭에 불구하고 공익사업에 사용하도록 무상으로 재산을 제공하는 행위를 말하며, 그 출연행위에 의하여 제공된 재산을 출연재산이라고 한다. 다만, 국가나 지방자치단체 등으로부터 받는 보조금은 출연재산에 해당되지 않는다.

#### 2. 공익법인의 범위

상속세 및 증여세법에서 출연받은 재산에 대하여 증여세가 과세되지 않는 공익법인은 다음의 사업을 영위하는 자를 말한다(상증령 12).

① 종교의 보급 기타 교화에 현저히 기여하는 사업
② 「초 · 중등교육법」 및 「고등교육법」에 의한 학교, 「유아교육법」에 따른 유치원을 설립 · 경영하는 사업
③ 「사회복지사업법」의 규정에 의한 사회복지법인이 운영하는 사업
④ 「의료법」에 따른 의료법인이 운영하는 사업
⑤ 「법인세법」 제24조 제2항에 해당하는 기부금을 받는 자가 해당 기부금으로 운영하는 사업

160) 2023년 기준으로 공익법인은 39,916개이며, 종교보급(21,747), 사회복지(5,445), 교육(1,949), 학술장학(4,001), 예술문화(1,653), 의료(1,083), 기타(4,038)개이다(https://tasis.nts.go.kr/, 2025.1.19. 검색).

⑥ 「법인세법 시행령」 제36조 제1항 제1호 각목의 규정에 의한 지정기부금단체 등 및 「소득세법 시행령」 제80조 제1항 제5호에 따른 기부금대상민간단체가 운영하는 고유목적사업. 다만, 회원의 친목 또는 이익을 증진시키거나 영리를 목적으로 대가를 수수하는 등 공익성이 있다고 보기 어려운 고유목적사업을 제외한다.

⑦ 「법인세법 시행령」 제36조 제1항 제2호 다목에 해당하는 기부금을 받는 자가 해당 기부금으로 운영하는 사업. 다만, 회원의 친목 또는 이익을 증진시키거나 영리를 목적으로 대가를 수수하는 등 공익성이 있다고 보기 어려운 고유목적사업은 제외한다.

# Ⅱ 공익법인의 세무실무

## 1. 공익법인의 납세의무 개요[161)]

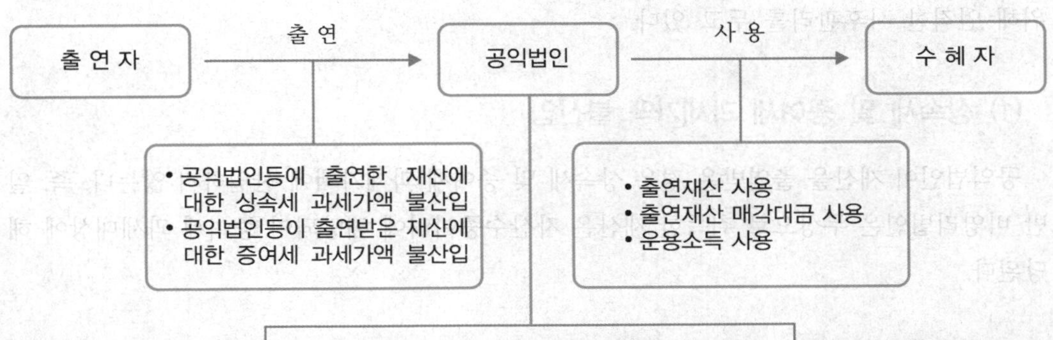


**고유목적사업과 관련하여 지켜야 할 일**

- 출연재산을 3년내 직접 공익목적에 사용
- 출연재산 매각대금을 1년내 30%, 2년내 60%, 3년내 90% 이상 직접 공익목적에 사용
- 출연재산 운용소득을 1년 이내에 80% 이상 직접 공익목적에 사용
- 내국법인 주식은 발행주식총수의 5%(10%, 20%) 이하 취득 및 보유
- 출연재산가액의 1%(3%) 이상 의무사용
- 출연자 또는 그 특수관계인의 이사(1/5 초과) 및 임직원 취임 제한
- 특정기업의 광고 등 금지
- 특수관계인간 부당 내부거래 금지
- 특정 계층에만 공익사업의 혜택 제공 금지
- 공익법인 해산시 잔여재산 국가 등에 귀속

**수익사업에 대한 법인세 등**

- 수익사업에 대한 법인세 신고납부 의무
- 고유목적사업준비금 손금산입
- 이자소득에 대한 법인세 신고특례
- 자산양도소득에 대한 과세특례

**공익법인의 납세협력의무**

- 공익법인 출연재산 등에 대한 보고서 제출의무
- 공익법인 결산서류 공시의무
- 장부의 작성 · 비치의무
- 외부전문가의 세무확인 및 보고의무
- 외부 회계감사를 받아야 할 의무
- 주식보유 관련 의무이행 신고
- 공익목적사업용 전용계좌 개설 · 사용의무
- 공익법인 등의 회계기준 적용의무
- 기부금영수증 발급내역 작성 · 보관 · 제출의무
- (세금)계산서합계표 등 자료제출의무

※ 고유목적사업 : 법령 또는 정관에 규정된 설립목적을 직접 수행하는 사업

161) "공익법인 세무안내", 국세청, 2024. 3. p.1.

## 2. 공익법인 세제지원 및 의무

공익법인은 비영리법인 중에서 사회일반의 이익에 공여하기 때문에 출연재산에 대한 상속세 및 증여세를 면제하는 등 세제혜택을 부여하고 있는 반면 그에 따른 의무이행 여부를 위해 엄격한 사후관리를 두고 있다.

### (1) 상속세 및 증여세 과세가액 불산입

공익법인이 재산을 출연받은 경우 상속세 및 증여세 과세가액에 산입하지 않는다. 즉, 일반 비영리법인은 무상으로 취득한 재산은 자산수증이익에 해당되어 증여세 과세대상에 해당된다.

### (2) 비영리법인에 대한 법인세 과세특례

공익법인은 수익사업에 대하여 법인세 신고・납부의무가 있으나 고유목적사업준비금을 설정하여 손금산입을 허용하고 있다. 또한 이자소득에 대한 분리과세 및 자산양도소득에 대한 과세특례를 적용받을 수 있다.

### (3) 부가가치세 면제

고유목적사업을 위해 일시적으로 공급하거나, 실비 또는 무상으로 공급하는 재화・용역에 대해서는 부가가치세를 면제한다.

## 3. 공익법인 주요용어해설

### (1) 직접 공익목적에 사용

직접 공익목적에 등에 사용한다는 것은 공익법인의 정관상의 고유목적사업에 사용수익사업용으로 운용, 주무관청의 허가를 받아 다른 공익법인에 출연하는 것을 말한다. 장학사업 등을 영위하는 공익법인이 목적사업의 재원 마련 방안 및 세법 적용 방법에 대해 자문을 의뢰하고 지출한 자문수수료는 「상속세 및 증여세법 시행령」 제38조 제2항에 따른 직접 공익목적사업에 사용한 것으로 보지 않는 것이나 기본재산으로 보유 중인 비상장주식의 평가를 진행함에 따라 지출하는 평가용역 수수료와 기본재산을 증액함에 따라 납부하는 등록면허세(지방교육세 포함) 및 자본총액을 변경등기함에 따라 지출하는 법무사수수료는 직접 공익목적사업에 사용한 것으로 보는 것이다(사전 - 2024 - 법규법인 - 0923, 2024. 12. 10).

### (2) 기본재산 · 보통재산

기본재산은 설립시 출연한 재산, 기부 또는 무상으로 취득한 재산, 이사회에서 기본재산으로 편입될 것을 의결한 보통재산 등으로서 사용이나 처분시 주무관청 등의 허가가 필요한 재산을 말하며 기본재산 이외의 재산을 보통재산이라고 한다.

제16조(재산의 구분) ① 공익법인의 재산 중 다음 각 호의 1에 해당하는 재산은 기본재산으로 한다.

**관련법조문**

◈ **공익법인의 설립 · 운영에 관한 법률 시행령 제16조【재산의 구분】**

① 공익법인의 재산 중 다음 각 호의 1에 해당하는 재산은 기본재산으로 한다.

1. 설립시 기본재산으로 출연한 재산
2. 기부에 의하거나 기타 무상으로 취득한 재산. 다만, 기부목적에 비추어 기본재산으로 하기 곤란하여 주무관청의 승인을 얻은 것은 예외로 한다.
3. 보통재산 중 총회 또는 이사회에서 기본재산으로 편입할 것을 의결한 재산
4. 세계잉여금 중 적립금

② 보통재산은 기본재산 이외의 모든 재산으로 한다.

③ 주무관청은 공익법인의 보통재산이 과다하다고 인정할 때에는 그 일부를 기본재산으로 편입하게 할 수 있다.

### (3) 일부에게만 혜택을 제공하는 경우

직접 공익목적사업에 사용하는 것이 사회적 지위 · 직업 · 근무처 및 출생지 등에 의하여 일부에게만 혜택을 제공하는 것인 때에는 증여세를 부과한다. 다만, 주무부장관이 기획재정부장관과 협의(「행정권한의 위임 및 위탁에 관한 규정」 제3조 제1항에 따라 공익법인 등의 설립허가 등에 관한 권한이 위임된 경우에는 해당 권한을 위임받은 기관과 해당 공익법인 등의 관할 세무서장의 협의를 말한다)하여 따로 수혜자의 범위를 정하여 이를 다음의 어느 하나에 해당하는 조건으로 한 경우를 제외한다.

① 해당 공익법인등의 설립허가의 조건으로 붙인 경우

② 정관상의 목적사업을 효율적으로 수행하기 위하여 또는 정관상의 목적사업에 새로운 사업을 추가하기 위하여 재산을 추가출연함에 따라 정관의 변경허가를 받는 경우로서 그 변경허가조건으로 붙인 경우

특수관계법인의 임직원의 자녀에게만 유리한 장학금 지급기준을 적용하는 등 특혜를 부여하는 경우에는 일반 장학생에게 장학금을 지급하고 있는지 여부와 무관하게 증여가액에

산입한다(기준-2023-법규법인-0196, 2024. 6. 11).

## 4. 부가가치세 실무

부가가치세의 납세의무자는 사업목적이 영리이든 비영리이든 관계없이 사업상 독립적으로 재화 또는 용역을 공급하는 자이다(부법 2 3호). 그 이유는 부가가치세는 간접세이며 납세의무자는 부가가치세의 부담자가 아닌 재화나 용역의 공급자이기 때문이다. 따라서 비영리법인이라도 부가가치세 과세대상 재화나 용역을 공급하는 경우에는 납세의무를 부담하게 되므로 공익법인 역시 부가가치세법상 납세의무자에 해당된다.

### (1) 재화 · 용역의 공급에 대한 부가가치세 면제

종교, 자선, 학술, 구호, 그 밖의 공익을 목적으로 하는 단체가 공급하는 재화 또는 용역으로서 다음에 해당하는 것은 부가가치세를 면제한다(부법 26 ① 18호).

① 주무관청의 허가 또는 인가를 받거나 주무관청에 등록된 단체로서 「상속세 및 증여세법 시행령」 제12조 각 호의 어느 하나에 따른 사업 또는 기획재정부령으로 정하는 사업을 하는 단체가 그 고유의 사업목적을 위하여 일시적으로 공급하거나 실비(實費) 또는 무상으로 공급하는 재화 또는 용역

② 학술 및 기술 발전을 위하여 학술 및 기술의 연구와 발표를 주된 목적으로 하는 단체가 그 연구와 관련하여 실비 또는 무상으로 공급하는 재화 또는 용역

③ 「문화재보호법」의 규정에 의한 지정문화재(지방문화재를 포함하며, 무형문화재를 제외한다)를 소유 또는 관리하고 있는 종교단체(주무관청에 등록된 종교단체에 한한다)의 경내지 및 경내지 내의 건물과 공작물의 임대용역

④ 공익을 목적으로 기획재정부령이 정하는 기숙사를 운영하는 자가 학생 또는 근로자를 위하여 실비 또는 무상으로 공급하는 용역(음식 및 숙박용역에 한한다)

⑤ 「저작권법」 제105조 제1항에 따라 문화체육관광부장관의 허가를 받아 설립된 저작권위탁관리업자로서 기획재정부령이 정하는 사업자가 저작권자를 위하여 실비 또는 무상으로 공급하는 신탁관리용역

⑥ 「법인세법」 제24조 제2항 제4호 나목에 따른 비영리교육재단이 「초 · 중등교육법」 제60조의 2 제1항에 따른 외국인학교의 설립 · 경영사업을 영위하는 자에게 제공하는 학교시설 이용 등 교육환경 개선과 관련된 용역

### (2) 재화의 수입에 대한 부가가치세 면제

종교의식, 자선, 구호, 그 밖의 공익을 목적으로 외국으로부터 종교단체, 자선단체 또는 구호단체에 기증되는 재화로서 다음에 해당하는 것은 부가가치세를 면제한다(부법 27 4호).

① 사원 기타 종교단체에 기증되는 물품으로서 관세가 면제되는 것

② 자선 또는 구호의 목적으로 기증되는 급여품으로서 관세가 면제되는 것

③ 구호시설 및 사회복리시설에 기증되는 구호 또는 사회복리용에 직접 제공하는 물품으로서 관세가 면제되는 것

### (3) 출연자의 부담부증여와 부가가치세 · 양도소득세 과세

국가, 지방자치단체, 지방자치단체조합 또는 대통령령으로 정하는 공익단체에 무상(無償)으로 공급하는 재화 또는 용역은 부가가치세를 면제한다(부법 26 ① 20호). 다만, 사업용재산을 공익법인에 채무인수조건부로 출연하는 것은 부가가치세 · 양도소득세를 과세한다. 즉, 채무부담분은 유상양도로 보며 재화의 공급으로 보는 것이다.

## 5. 법인세 실무

공익법인은 비영리법인에 포함되므로 비영리법인과 같이 수익사업에 대한 각 사업연도소득에 대한 법인세의 납세의무와 토지 등 양도소득에 대한 법인세 납세의무를 부담한다. 공익법인의 법인세관련 규정을 살펴보면 다음과 같다.

① 각 사업연도소득에 대한 법인세 납세의무가 있는 수익사업의 범위(법법 4 ③)

② 수익사업과 고유목적사업의 구분경리(법법 113, 법칙 75, 76).

③ 공익법인의 이자소득에 대한 신고특례(법법 62)

④ 수익사업의 개시신고(법법 110)

⑤ 기부금영수증 발급내역 작성 · 보관의무

⑥ 매입처별계산서합계표 등 제출의무

## 6. 상속세 및 증여세실무

### (1) 출연재산에 대한 상속세 면제

상속재산 중 피상속인이나 상속인이 종교 · 자선 · 학술 관련 사업 등 공익성을 고려하여 대통령령으로 정하는 사업을 하는 자(이하 "공익법인 등"이라 한다)에게 출연한 재산의 가

액으로서 제67조에 따른 신고기한(법령상 또는 행정상의 사유로 공익법인 등의 설립이 지연되는 등 대통령령으로 정하는 부득이한 사유가 있는 경우에는 그 사유가 없어진 날이 속하는 달의 말일부터 6개월까지를 말한다)까지 출연한 재산의 가액은 상속세 과세가액에 산입하지 아니한다(상증법 16 ①).

### (2) 공익법인에 대한 증여세 면제

공익법인 등이 출연받은 재산의 가액은 증여세 과세가액에 산입하지 아니한다. 다만, 공익법인 등이 내국법인의 의결권 있는 주식 또는 출자지분(이하 이 조에서 "주식 등"이라 한다)을 출연받은 경우로서 출연받은 주식 등과 다음의 주식 등을 합한 것이 그 내국법인의 의결권 있는 발행주식총수 또는 출자총액(자기주식과 자기출자지분은 제외한다. 이하 이 조에서 "발행주식총수 등"이라 한다)의 제16조 제2항 제2호에 따른 비율을 초과하는 경우(제16조 제3항 각 호에 해당하는 경우는 제외한다)에는 그 초과하는 가액을 증여세 과세가액에 산입한다(상증법 48 ①).

① 출연자가 출연할 당시 해당 공익법인 등이 보유하고 있는 동일한 내국법인의 주식 등
② 출연자 및 그의 특수관계인이 해당 공익법인 등 외의 다른 공익법인 등에 출연한 동일한 내국법인의 주식 등
③ 출연자 및 그의 특수관계인으로부터 재산을 출연받은 다른 공익법인 등이 보유하고 있는 동일한 내국법인의 주식 등

[공익법인의 월별 세무일정]

| 월 | 의무 사항과 기한 | 의무이행 대상 |
|---|---|---|
| 1월 | • (세금)계산서합계표 제출 | (세금)계산서를 수취 또는 교부한 경우 |
| 2월 | • 계산서합계표 제출(매년 2/10) | 계산서를 수취 또는 교부한 경우 |
| 3월 | • 수익사업에 대한 법인세 신고(3/31)<br>(사업연도 종료일부터 3개월 이내) | 수익사업을 영위하는 경우 |
| 4월 | • 출연재산 보고서 등 제출(4/30)<br>(사업연도 종료일부터 4개월 이내) | 출연받은 재산이 있는 경우 |
| | • 결산서류 등 공시(4/30)<br>(사업연도 종료일부터 4개월 이내) | 모든 공익법인(종교법인 제외)<br>다만, 총자산가액 5억원 미만이면서 수입금액과 출연재산가액 합계액이 3억원 미만이고 주식 5% 초과하여 출연·취득한 경우 등이 아닌 경우 간편 서식 가능 |
| | • 외부전문가 세무확인 결과 보고(4/30) | 총자산가액 5억원 이상 또는 수입금액과 출 |

| 월 | 의무 사항과 기한 | 의무이행 대상 |
| --- | --- | --- |
| | (사업연도 종료일부터 4개월 이내) | 연재산가액 합계액이 3억원 이상인 경우 |
| | • 외부회계 감사보고서 제출(4/30)<br>(사업연도 종료일부터 4개월 이내) | 직전 사업연도 총자산가액 100억원 이상 또는 수입금액과 출연재산가액 합계액이 50억원 이상 또는 출연재산가액이 20억원 이상인 경우, 특정 주식 5% 초과하여 출연·취득한 경우 |
| | • 주식보유 관련 의무이행 신고(4/30)<br>(사업연도 종료일부터 4개월 이내)<br>* '21. 1. 1. 이후 개시하는 사업연도 분부터 적용 | 동일기업주식 5% 초과하여 출연·취득 또는 계열기업주식을 총재산가액의 30%(50%) 초과 보유한 경우 |
| | • 기부금모금액 및 활용실적 공개(4/30)<br>(사업연도 종료일부터 4개월 이내) | • 법인령 §39 ① (1)에 따른 공익법인<br>(종교법인 제외)<br>• 기재부장관이 지정한 한국학교, 전문모금기관 |
| | • 공익법인의 의무이행 여부 등 보고(4/30)<br>(사업연도 종료일부터 4개월 이내) | |
| 6월 | • 기부금영수증발급합계표 제출<br>(사업연도 종료일부터 6개월 이내) | 기부금영수증을 발급한 경우<br>전자기부금영수증을 발급한 경우는 제외 |
| 7월 | • (세금)계산서합계표 제출 | (세금)계산서를 수취 또는 교부한 경우 |
| 9월 | • 주기적 감사인 지정 기초자료 제출 (9/14) (과세기간 또는 사업연도 개시일부터 9개월째 되는 달의 초일부터 2주 이내) | 지정기준일*이 속하는 과세연도의 직전 과세연도 종료일 현재 총자산가액 1,000억원 이상<br>* 지정회계감사대상 과세연도의 직전 과세연도 개시일부터 11개월 15일이 되는 날 |

* 부가가치세 과세사업을 영위하는 공익법인은 부가가치세법에 따라 1월과 7월에 확정신고를, 4월과 10월에 예정신고를 하여야 합니다.

## Ⅲ 공익법인의 납세협력의무

공익법인 등은 사회일반의 이익을 목적사업으로 하기 때문에 정책적으로 세제지원을 하고 있다. 그러나 이러한 제도를 악용하여 부의 무상이전 등을 행하는 경우가 있어 이를 규제하고 본래의 공익법인의 목적사업을 수행하도록 여러 가지 의무를 규정하고 있다. 이에 대한 내용을 요약하면 다음과 같다.[162)]

### 1. 전용계좌 개설 · 사용의무

공익법인등(사업의 특성을 고려하여 대통령령으로 정하는 공익법인등은 제외한다)은 해당 공익법인등의 직접 공익목적사업과 관련하여 받거나 지급하는 수입과 지출의 경우로서 다음의 어느 하나에 해당하는 경우에는 직접 공익목적사업용 전용계좌를 사용하여야 한다(상증법 50의 2). 국가 또는 지방자치단체로부터 출연받은 재산에 대해서는 전용계좌개설의무가 없다. 전용계좌는 공익법인 별로 둘 이상 개설할 수 있다.

① 직접 공익목적사업과 관련된 수입과 지출을 대통령령으로 정하는 금융회사등을 통하여 결제하거나 결제받는 경우

② 기부금, 출연금 또는 회비를 받는 경우. 다만, 현금을 직접 받은 경우로서 현금으로 직접 지급받은 기부금 · 출연금 또는 회비를 지급받는 날부터 5일(5일이 되는 날이 공휴일 · 토요일 또는 「근로자의 날 제정에 관한 법률」에 따른 근로자의 날에 해당하면 그 다음 날)까지 전용계좌에 입금하는 경우를 말한다. 이 경우 기부금 · 출연금 또는 회비의 현금수입 명세를 작성하여 보관하여야 한다.

③ 인건비, 임차료를 지급하는 경우

④ 기부금, 장학금, 연구비 등 직접 공익목적사업비를 지출하는 경우. 다만, 100만원을 초과하는 경우로 한정한다. 직접 공익목적사업비를 지출하는 경우란 공익목적사업과 관련된 기부금 · 장학금 · 연구비 · 생활비 등을 지출하는 경우를 말한다.

⑤ 수익용 또는 수익사업용 자산의 처분대금, 그 밖의 운용소득을 고유목적사업회계에 전입(현금 등 자금의 이전이 수반되는 경우만 해당한다)하는 경우

공익법인등은 최초로 공익법인등에 해당하게 된 날부터 3개월 이내에 전용계좌를 개설하여 해당 공익법인등의 납세지 관할 세무서장에게 신고하여야 한다.

---

162) 공익법인의 세무안내, 국세청, 2008. 12. 4 수정인용

## 2. 출연재산 보고서 제출의무

공익법인등이 재산을 출연받은 경우에는 그 출연받은 재산의 사용계획 및 진도에 관한 보고서를 대통령령으로 정하는 바에 따라 납세지 관할 세무서장에게 제출하여야 한다(상증법 48 ⑤).

## 3. 결산서류 등 공시의무

공익법인등(사업의 특성 등을 고려하여 대통령령으로 정하는 공익법인등은 제외한다)은 다음의 서류 등을 해당 공익법인등의 과세기간 또는 사업연도 종료일부터 4개월 이내에 국세청의 인터넷 홈페이지에 게재하는 방법으로 공시하여야 한다. 다만, 결산서류등(이하 이 조에서 "결산서류등"이라 한다)의 공시대상 과세기간 또는 사업연도의 종료일 현재 재무상태표상 총자산가액(부동산인 경우 법 제60조·제61조 및 제66조에 따라 평가한 가액이 재무상태표상의 가액보다 크면 그 평가한 가액을 말한다)의 합계액이 5억원 미만인 공익법인등은 간편한 방식으로 공시할 수 있다(상증법 50의 3).

| |
|---|
| 1. 재무제표<br>2. 기부금 모집 및 지출 내용<br>3. 해당 공익법인등의 대표자, 이사, 출연자, 소재지 및 목적사업에 관한 사항<br>4. 출연재산의 운용소득 사용명세<br>5. 제50조 제3항에 따라 회계감사를 받을 의무가 있는 공익법인등에 해당하는 경우에는 감사보고서와 그 감사보고서에 첨부된 재무제표<br>6. 주식보유 현황 등 대통령령으로 정하는 사항 |

국세청장, 납세지 관할 지방국세청장 또는 납세지 관할 세무서장은 공익법인등이 제1항에 따라 결산서류등을 공시하지 아니하거나 그 공시 내용에 오류가 있는 경우에는 해당 공익법인등에 대하여 1개월 이내의 기간을 정하여 공시하도록 하거나 오류를 시정하도록 요구할 수 있다.

## 4. 공익법인 등의 세무확인 및 회계감사의무

공익법인 등은 과세기간별 또는 사업연도별로 출연받은 재산의 공익목적사업 사용 여부 등에 대하여 2명 이상의 변호사, 공인회계사 또는 세무사를 선임하여 세무확인을 받아야 한다. 다만, 다음에 해당하는 외부전문가는 세무확인을 할 수 없다(상증법 50).

1. 해당 공익법인등의 출연자(재산출연일 현재 해당 공익법인 등의 총 출연재산가액의 100분의 1에 해당하는 금액과 2천만원 중 적은 금액 이하의 금액을 출연한 사람은 제외한다), 설립자(이하 이 항에서 "출연자등"이라 한다) 또는 임직원(퇴직 후 5년이 지나지 아니한 사람을 포함한다)인 경우
2. 출연자등과 제2조의 2 제1항 제1호 또는 제2호의 관계에 있는 사람인 경우
3. 출연자등 또는 그가 경영하는 회사(해당 회사가 법인인 경우에는 출연자등이 최대주주등인 회사를 말한다)와 소송대리, 회계감사, 세무대리, 고문 등의 거래가 있는 사람인 경우
4. 해당 공익법인등과 채권·채무 관계에 있는 사람인 경우
5. 제1호부터 제4호까지의 사유 외에 해당 공익법인등과 이해관계가 있는 등의 사유로 그 직무의 공정한 수행을 기대하기 어렵다고 인정되는 사람인 경우
6. 제1호(임직원은 제외한다) 및 제3호부터 제5호까지의 규정에 따른 관계에 있는 법인에 소속된 사람인 경우

자산 규모, 사업의 특성 등을 고려하여 다음에 공익법인등은 외부전문가의 세무확인을 받지 아니할 수 있다.

1. 법 제50조 제1항에 따라 외부전문가의 세무확인을 받아야 하는 과세기간 또는 사업연도의 종료일 현재 재무상태표상 총자산가액(부동산의 경우 법 제60조·제61조 및 제66조에 따라 평가한 가액이 재무상태표상의 가액보다 큰 경우에는 그 평가한 가액을 말한다)의 합계액이 5억원 미만인 공익법인등. 다만, 해당 과세기간 또는 사업연도의 수입금액(해당 공익사업과 관련된 「소득세법」에 따른 수입금액 또는 「법인세법」에 따라 법인세 과세대상이 되는 수익사업과 관련된 수입금액을 말한다. 이하 이 조 및 제43조의 5 제2항 단서에서 같다)과 그 과세기간 또는 사업연도에 출연받은 재산가액의 합계액이 3억원 이상인 공익법인등은 제외한다.
2. 불특정다수인으로부터 재산을 출연받은 공익법인등(출연자 1명과 그의 특수관계인이 출연한 출연재산가액의 합계액이 공익법인등이 출연받은 총재산가액의 100분의 5에 미달하는 경우로 한정한다)
3. 국가 또는 지방자치단체가 재산을 출연하여 설립한 공익법인등으로서 「감사원법」 또는 관련 법령에 따라 감사원의 회계감사를 받는 공익법인등(회계감사를 받는 연도분으로 한정한다)

공익법인등은 과세기간별 또는 사업연도별로 「주식회사 등의 외부감사에 관한 법률」 제2조 제7호에 따른 감사인에게 회계감사를 받아야 한다. 다만, 다음의 어느 하나에 해당하는 공익법인등은 그러하지 아니하다.

> 1. 과세기간 또는 사업연도 종료일의 재무상태표상 총자산가액(부동산인 경우 법 제60조·제61조 및 제66조에 따라 평가한 가액이 재무상태표상의 가액보다 크면 그 평가한 가액을 말한다)의 합계액이 100억원 미만일 것
> 2. 해당 과세기간 또는 사업연도의 수입금액과 그 과세기간 또는 사업연도에 출연받은 재산가액의 합계액이 50억원 미만일 것
> 3. 해당 과세기간 또는 사업연도에 출연받은 재산가액이 20억원 미만일 것

기획재정부장관은 자산 규모 등을 고려하여 대통령령으로 정하는 공익법인등이 연속하는 4개 과세기간 또는 사업연도에 대하여 제3항에 따른 회계감사를 받은 경우에는 그 다음 과세기간 또는 사업연도부터 연속하는 2개 과세기간 또는 사업연도에 대하여 기획재정부장관이 지정하는 감사인에게 회계감사를 받도록 할 수 있다. 이 경우 기획재정부장관은 감사인 지정 업무의 전부 또는 일부를 국세청장에게 위임할 수 있다.

## 5. 주식보유관련 의무이행 신고의무

내국법인의 발행주식총수 등의 100분의 5를 초과하여 주식등을 출연받은 자 등 다음의 공익법인등은 과세기간 또는 사업연도의 의무이행 여부 등에 관한 사항을 대통령령으로 정하는 바에 따라 납세지 관할 지방국세청장에게 신고하여야 한다(상증법 48 ⑬).

> 1. 법 제16조 제2항 및 제48조 제1항에 따라 내국법인의 발행주식총수등의 100분의 5를 초과하여 주식등을 출연받은 공익법인등. 다만, 다음 각 목의 어느 하나에 해당하는 경우는 제외한다.
>    가. 다음의 어느 하나에 해당하는 공익법인등으로서 법 제16조 제3항 제1호에 해당하는 경우
>       1) 국가·지방자치단체가 출연하여 설립한 공익법인등
>       2) 제42조 제2항 각 호의 어느 하나에 해당하는 공익법인등
>    나. 법 제16조 제3항 제3호에 해당하는 경우
> 2. 법 제48조 제2항 제2호에 따라 내국법인의 발행주식총수등의 100분의 5를 초과하여 주식등을 취득한 공익법인등. 다만, 다음 각 목의 어느 하나에 해당하는 경우는 제외한다.
>    가. 공익법인등(다음의 어느 하나에 해당하는 공익법인등이 제13조 제6항에 해당하는 경우로 한정한다)이 제13조 제7항에 따른 내국법인의 주식등을 취득하는 경우로서 주무관청이 공익법인등의 목적사업을 효율적으로 수행하기 위하여 필요하다고 인정하는 경우
>       1) 국가·지방자치단체가 출연하여 설립한 공익법인등
>       2) 제42조 제2항 각 호의 어느 하나에 해당하는 공익법인등
>    나. 「공익법인의 설립·운영에 관한 법률」 및 그 밖의 법령에 따라 내국법인의 주식등을 취득하는 경우
>    다. 「산업교육진흥 및 산학연협력촉진에 관한 법률」 제25조에 따른 산학협력단이 주식등을

취득하는 경우로서 제37조 제6항 각 호의 요건을 모두 갖춘 경우

3. 법 제48조 제9항에 따른 가산세가 부과되지 않는 공익법인등이 제38조 제13항에 따른 특수관계에 있는 내국법인의 주식등을 보유하는 경우로서 같은 조 제14항에 따른 가액이 0보다 큰 공익법인등. 다만, 다음 각 목의 어느 하나에 해당하는 공익법인등은 제외한다.
   가. 국가·지방자치단체가 출연하여 설립한 공익법인등
   나. 제42조 제2항 각 호의 어느 하나에 해당하는 공익법인등
4. 법 제49조 제1항에 따라 1996년 12월 31일 현재 의결권 있는 발행주식총수등의 100분의 5를 초과하는 동일한 내국법인의 의결권 있는 주식등을 보유하고 있는 공익법인등으로서 해당 주식등을 발행주식총수등의 100분의 5를 초과하여 계속하여 보유하고 있는 공익법인등. 다만, 다음 각 목의 어느 하나에 해당하는 공익법인등은 제외한다.
   가. 국가·지방자치단체가 출연하여 설립한 공익법인등
   나. 제42조 제2항 각 호의 어느 하나에 해당하는 공익법인등

## 6. 장부의 작성·비치의무

공익법인등은 소득세 과세기간 또는 법인세 사업연도별로 출연받은 재산 및 공익사업 운용 내용 등에 대한 장부를 작성하여야 하며 장부와 관계있는 중요한 증명서류를 갖춰 두어야 한다. 장부와 중요한 증명서류는 해당 공익법인등의 소득세 과세기간 또는 법인세 사업연도의 종료일부터 10년간 보존하여야 한다. 공익법인등의 수익사업에 대하여 「소득세법」 제160조 및 「법인세법」 제112조 단서에 따라 작성·비치된 장부와 중요한 증명서류는 제1항에 따라 작성·비치된 장부와 중요한 증명서류로 본다. 이 경우 그 장부와 중요한 증명서류에는 마이크로필름, 자기테이프, 디스켓 또는 그 밖의 정보보존장치에 저장된 것을 포함한다(상증법 51).

## 7. 공익법인의 의무이행 사항

| 의무사항 | 관련 법령 | 내 용 | 의무위반시 가산세 |
|---|---|---|---|
| 보고서 등 제출의무 | 상증법 §48 ⑤, §78 ③ | •(대상) 출연재산이 있는 공익법인<br>•(제출) 결산에 관한 서류, 공익법인 출연재산 등 보고서<br>•(기한) 사업연도 종료일부터 4개월 이내<br>☞ 홈택스(www.hometax.go.kr) 〉 신고납부 〉 일반신고 〉 공익법인보고서 제출 | 미제출·불분명금액 관련 증여세액×1%<br>(1억원 한도) |
| 결산서류 등 공시의무 | 상증법 §50의 3, | •(대상) 모든 공익법인(종교법인 제외)<br>다만, 자산총액 5억원 미만이면서 수입금 | 시정 요구(1개월 이내 공시, 오류 시정)를 이행하 |

| 의무사항 | 관련 법령 | 내 용 | 의무위반시 가산세 |
|---|---|---|---|
| | §78 ⑪ | 액과 그 사업연도에 출연받은 재산가액 합계액이 3억원 미만이고 주식 5% 초과하여 출연·취득한 경우 등이 아닌 경우 간편 서식 가능<br>• (기한) 사업연도 종료일부터 4개월 이내<br>• (방법) 국세청 홈페이지 게재<br>☞ 홈택스(www.hometax.go.kr) 〉 세금종류별 서비스 〉 공익법인 공시 〉 결산서류 등 공시 | 지 않은 경우<br>• 자산총액×0.5% |
| 장부의 작성·비치 의무 | 상증법 §51, §78 ⑤ | • 사업연도별로 출연받은 재산 및 공익사업 운용 내용 등에 대한 장부 작성하고 관계 증명서류와 함께 10년간 보존 | (수입금액+출연재산)×0.07% |
| 외부전문가 세무확인서 보고 | 상증법 §50, §78 ⑤ | • (대상) 자산총액 5억원 이상 또는 수입금액과 그 사업연도에 출연받은 재산가액 합계액이 3억원 이상인 경우<br>• (제출) 출연재산의 운용과 공익사업 운영 내역 등을 2명 이상의 외부전문가로부터 세무확인을 받아 제출<br>• (기한) 사업연도 종료일부터 4개월 이내 | MAX (①, ②)<br>① (수입금액+출연재산)×0.07%<br>② 100만원 (1억원 한도) |
| 외부회계감사를 받아야 할 의무 | 상증법 §50 ③, §78 ⑤<br>상증령 §48 ③ ④ | • (대상) 직전 사업연도 총자산가액 100억원 이상 또는 수입금액과 출연재산가액 합계액이 50억원 이상 또는 출연재산가액이 20억원 이상인 법인, 특정법인 주식 5%를 초과하여 출연·취득한 공익법인 등은 「주식회사 등의 외부감사에 관한 법률」 제2조 제7호에 따른 감사인에게 회계감사를 받아야 함(종교·학교법인 제외)<br>• (제출) 감사보고서<br>• (기한) 사업연도 종료일부터 4개월 이내 | (수입금액+출연재산)×0.07% |
| 지정 감사인 회계감사의무 | 상증법 §78 ⑤ | • (대상) 지정기준일*이 속하는 과세연도의 직전 과세기간 종료일 현재 총 자산가액 1,000억원 이상인 공익법인<br>* 지정회계감사대상 과세연도의 직전 사업연도 개시일부터 11개월 15일이 되는 날<br>• (기한) 지정기준일로부터 2주 이내 계약 체결 | (수입금액+출연재산)× 0.07% |
| 주식보유 관련 의무이행[1] 신고 | 상증법 §48 ⑬, §78 ⑭<br>국기법 §49 | • (대상) 동일기업주식 5% 초과하여 출연·취득 또는 계열기업주식을 총재산가액의 30%(50%) 초과 보유한 경우<br>• (제출) 의무이행신고서 등<br>• (기한) 사업연도 종료일부터 4개월 이내 | • 미신고시 자산총액의 0.5%(1억원 한도) |
| 전용계좌 개설·사용 | 상증법 §50의 2, | • (대상) 직접 공익목적사업과 관련하여 수입과 지출이 있는 경우(주식 5%를 초과하 | • 미사용금액의 0.5%<br>• 미신고시 MAX(①, ②) |

| 의무사항 | 관련 법령 | 내 용 | 의무위반시 가산세 |
|---|---|---|---|
| 의무 | §78 ⑩ | 여 출연, 취득한 공익법인 포함)<br>• (기한) 최초 공익법인에 해당하게 된 날부터 3개월 이내 개설신고, 변경·추가사유 발생일로부터 1개월 이내 신고<br>* 기획재정부장관이 공익법인으로 지정·고시한 경우에는 고시일 | ① 공익수입금액 (A) × $\frac{B}{C}$ × 0.5%<br>B : 전용계좌 개설·신고 안한 기간<br>C : 해당 사업연도 일수<br>② 대상거래금액 × 0.5% |
| 공익법인 등의 회계기준 적용의무 | 상증법 §50의 4 | • (대상) 외부 회계감사의무, 결산서류 공시의무 이행시 기획재정부「공익법인 회계기준 심의위원회」에서 정한 회계기준 적용 (의료법인, 학교법인 제외) | |
| 기부금영수증 발급내역 작성·보관·제출 의무 | 법법 §112의 2, §75의 4 | • (대상) 기부금영수증을 발급하는 법인<br>• (제출) 기부금영수증 발급합계표<br>• (기한) 사업연도 종료일부터 6개월 이내 관할세무서에 제출, 5년간 보관<br>• 미작성·미보관시 불성실기부금 수령단체 명단공개 대상(국기법 §85의 5) | • 사실과 다르게 발급한 금액 × 5%<br>• 명세서 미작성 금액 × 0.2% |
| 계산서합계표 등 자료제출 의무 | 법법 §120의 3 §121, §75의 8 부법 §54 | • (대상) 계산서를 수취 또는 교부한 경우<br>• (제출) 매입처별 세금계산서합계표 및 매출·매입처별 계산서합계표 제출<br>• (기한) 매년 2월 10일까지 제출<br>• 국가·지방자치단체, 비영리법인(수익사업 부분 제외)은 가산세 적용 제외 | • 미제출한 공급가액 × 0.5% |

1) '21. 1. 1. 이후 개시하는 사업연도 분부터 '성실공익법인 확인제'가 '주식보유 관련 의무이행 신고제'로 전환

| 의 무 사 항 | 관련법령 | 의무위반시 제재 |
|---|---|---|
| **출연재산을 직접 공익목적사업에 사용**<br>재산을 출연받은 때에는 출연받은 날부터 3년 이내에 직접 공익목적사업 등에 전부 사용하고 이후 계속하여 공익목적사업에 사용하여야 함 | 상증법 §48 ② (1)<br>상증령 §38 | • 증여세 부과<br>공익목적사업 외 사용, 3년내 미사용 금액, 3년 이후 사용중단 금액 |
| **출연재산 매각대금을 직접 공익목적사업에 사용**<br>매각한 날이 속하는 사업연도의 종료일부터 1년 이내 30%, 2년 이내 60%, 3년 이내 90%에 상당하는 금액 이상을 직접 공익목적사업에 사용하여야 함 | 상증법 §48 ② (4) (5)<br>상증령 §38 ④ ⑦<br>상증법 §78 ⑨ | • 공익목적사업 외 사용, 90%에 미달 사용 금액에 증여세 부과<br>• 1년 이내 30%, 2년 이내 60% 미달 사용시 미달 사용 금액의 10% 가산세 부과 |
| **출연재산 운용소득을 직접 공익목적사업에 사용**<br>출연재산을 수익사업용 또는 수익용으로 운용하 | 상증법 §48 ② (3) (5)<br>상증령 §38 ⑤ ⑥ | • 증여세 부과 |

| 의 무 사 항 | 관련법령 | 의무위반시 제재 |
|---|---|---|
| 는 경우 그 운용소득의 80%에 상당하는 금액 이상을 소득이 발생한 사업연도 종료일부터 1년 이내에 직접 공익목적사업에 사용하여야 함<br>• '22. 1. 1. 전 개시한 사업연도 분까지 70%(성실공익법인 80%) 적용 | 상증법 §78 ⑨ | 출연재산평가액 × $\frac{목적외사용금액}{운용소득금액}$<br>• 가산세 부과<br>운용소득금액의 80%에 미달 사용한 금액의 10% |
| **주식취득 및 보유시의 지켜야 할 일** | | |
| 가. 내국법인의 의결권 있는 주식 등을 출연받은 경우 동일한 내국법인의 의결권 있는 발행주식총수 등의 5%(10%[1], 20%[2]) 초과 금지 | 상증법<br>§16 ②·§48 ①<br>상증령 §37 | • 증여세 부과<br>초과하는 가액에 부과 |
| 나. 출연받은 재산으로 내국법인의 의결권 있는 주식 등을 취득하는 데 사용하는 경우 동일한 내국법인의 의결권 있는 발행주식 총수 등의 5%(10%[1], 20%[2]) 초과 금지 | 상증법 §48 ② (2)<br>상증령 §37 | • 증여세 부과<br>초과부분을 취득하는 데 사용한 재산의 가액 |
| 다. 5% 초과 보유주식에 대한 매각의무<br>'96. 12. 31. 현재 동일한 내국법인에 대한 발행주식 총수 등의 100분의 5를 초과하여 주식 등을 보유하고 있는 경우 일정기한까지 매각하여야 함<br>• 5%~20% 이하 : 3년 이내('99. 12. 31.) 처분<br>• 20% 초과 : 5년 이내('01. 12. 31.) 처분 | 상증법 §49 · §78 ④ | • 가산세 부과<br>5% 초과 보유주식의 매 사업연도말 현재의 시가 × 5% (부과기간 : 10년)<br>• 주식보유 관련 의무이행 요건 충족시 제외 |

1) '08. 1. 1. 이후 출연·취득하는 성실공익법인 등에 적용('17. 7. 1. 이후부터는 상호출자제한기업집단과 특수관계에 있지 아니한 성실공익법인 등에 적용)
2) '18. 1. 1. 이후 출연받은 주식 등의 의결권을 행사하지 않는 조건으로 주식 등을 출연받은 상호출자제한기업집단과 특수관계가 없는 자선·장학·사회복지 목적의 공익법인에 적용

| 의 무 사 항 | 관련법령 | 의무위반시 제재 |
|---|---|---|
| 라. 계열기업의 주식보유 한도<br>총재산가액 중 특수관계에 있는 내국법인의 주식 등의 가액이 30%(50%*) 초과 금지<br>* 외부감사, 전용계좌 개설·사용, 결산서류 공시 이행하는 경우 | 상증법<br>§48 ⑨ · §78 ⑦ | • 가산세 부과<br>30%(50%) 초과 보유 주식의 매 사업연도말 현재의 시가 × 5%<br>• 주식보유 관련 의무이행 요건 충족시 제외 |
| **출연재산 일정비율 의무사용**<br>총자산가액 5억원 이상 또는 수입금액과 출연재산가액 합계액이 3억원 이상인 공익법인(종교법인 제외), 성실공익법인<br>• 원칙 : 출연재산가액 1% 이상<br>• 동일주식 10% 초과 : 출연재산가액 3% 이상 | 상증법<br>§48 ② (7) · §78 ⑨ | • 가산세 부과<br>(사용기준금액 - 직접 공익목적 사용금액) × 10%<br>☞ 단, 운용소득 미달사용 가산세와 큰 금액만 부과<br>• 가산세 200% 부과 |

| 의 무 사 항 | 관련법령 | 의무위반시 제재 |
|---|---|---|
| | | 주식 5%등 초과공익법인 ('24.1.1. 이후 적용, '23사업연도는 종전규정과 개정규정 중 선택) |
| **출연자 등의 이사 취임시 지켜야 할 일**<br>출연자 또는 그의 특수관계인이 공익법인 등(의료법인 제외)의 현재 이사 수의 1/5을 초과하여 이사가 되거나, 그 공익법인 등의 임직원으로 취임 제한 | 상증법<br>§48 ⑧ · §78 ⑥ | • 가산세 부과<br>기준 초과한 이사 등과 관련하여 지출된 직·간접 경비 상당액 전액 |
| **특정기업의 광고 등 행위 금지**<br>특수관계에 있는 내국법인의 이익을 증가시키기 위하여 정당한 대가를 받지 아니하고 광고·홍보 금지 | 상증법<br>§48 ⑩ · §78 ⑧ | • 가산세 부과<br>- 신문, 잡지 등<br>☞ 광고, 홍보매체 비용<br>- 팜플렛·입장권 등<br>☞ 행사비용 전액 |
| **자기내부거래시 지켜야 할 일**<br>출연받은 재산을 출연자 및 그의 특수관계자가 정당한 대가를 지급하지 않고 사용·수익 금지 | 상증법 §48 ③<br>상증령 §39 | • 증여세 부과<br>- 무상사용<br>☞ 출연재산가액에 부과<br>- 낮은 가액으로 사용<br>☞ 차액이 증여가액 |
| **특정계층에만 공익사업의 혜택 제공 금지**<br>출생지·직업·학연 등 특정계층에만 혜택이 제공되는 경우 출연받은 재산을 공익목적에 사용하지 않은 것으로 봄 | 상증법 §48 ② (8)<br>상증령 §38 ⑧ (2) | • 증여세 부과<br>특정계층에 제공된 재산가액·이익이 증여가액 |
| **공익법인 해산 시 지켜야 할 일**<br>공익사업을 종료하고 해산 시 그 잔여재산을 국가·지방자치단체 또는 유사한 공익사업을 영위하는 공익법인에 귀속시켜야 함 | 상증법 §48 ② (8)<br>상증령 §38 ⑧ (1) | • 증여세(법인세) 부과<br>국가 등에 귀속하지 않은 재산가액 |

## 8. 공익법인의 제출서류

| 구 분 | 일반 공익법인 | 외부전문가 세무확인대상 공익법인 |
|---|---|---|
| 대상 법인 | 출연받은 재산이 있는 모든 공익법인 | 대차대조표상 총자산가액 5억원 이상인, 수입금액 3억원 이상 |
| 제출 대상 서류 | 1. 공익법인 출연재산 등에 대한 보고서<br>2. 출연받은 재산명세서<br>3. 출연재산·운용소득·매각대금의 사용계획 및 진도 내역서<br>4. 출연받은 재산의 사용명세서<br>5. 재산 매각대금 사용명세서<br>6. 운용소득의 직접공익목적사업 사용명세서<br>7. 주식(출자지분)보유명세서<br>8. 이사 등 선임명세서<br>9. 특정기업광고 등 명세서 | 1. 공익법인 등의 세무확인서<br>2. 공익법인 등의 세무확인 결과 집계표<br>3. 출연자 등 특수관계인 사용수익명세서<br>4. 수혜자 선정 부적정명세서<br>5. 재산의 운용 및 수익사업내역 부적정명세서<br>6. 장부의 작성·비치 의무 불이행 등 명세서<br>7. 보유부동산 명세서 |
| 보고 기한 | 사업연도 종료 후 4개월 내 | 사업연도 종료 후 4개월 내 |
| 제출 제외 법인 | | 1. 총자산가액 5억원 미만 공익법인<br>2. 불특정다수인으로부터 출연받은 공익법인(출연자 등이 5% 미만 출연)<br>3. 국가 또는 지방자치단체가 출연하여 설립한 공익법인으로 감사원의 회계감사를 받는 공익법인 |

# 공익법인 회계기준

## 1. 추진배경

그동안 공익법인의 회계투명성 및 비교가능성 문제가 지속적으로 제기되어 왔다. 즉, 상속·증여세법에서 공익법인의 결산서류 공시와 외부회계감사는 의무화되어 있으나, 그 기초가 되는 회계기준은 부재하여 상이한 회계기준 적용으로 공익법인 간에 비교하기 곤란하였다.

[상속 · 증여세법상 결산서류 공시 및 외부회계감사]

| 구 분 | 의무사항 | 적용제외 |
|---|---|---|
| 결산서류 공시 | 사업연도 종료일부터 4개월 이내에 국세청 홈페이지에 결산서류 공시 | 자산총액 5억원 미만 또는 수입금액과 출연재산의 합계액이 3억원 미만 |
| 외부회계감사 | 사업연도 종료일부터 4개월 이내 외부감사인의 감사보고서를 관할 세무서장에게 제출 | 1. 과세기간 또는 사업연도 종료일의 재무상태표상 총자산가액(부동산인 경우 법 제60조 · 제61조 및 제66조에 따라 평가한 가액이 재무상태표상의 가액보다 크면 그 평가한 가액을 말한다)의 합계액이 100억원 미만일 것<br>2. 해당 과세기간 또는 사업연도의 수입금액과 그 과세기간 또는 사업연도에 출연받은 재산가액의 합계액이 50억원 미만일 것<br>3. 해당 과세기간 또는 사업연도에 출연받은 재산가액이 20억원 미만일 것 |

## 2. 법적근거

### (1) 상속증여세법 제50조의 4(공익법인 등에 적용되는 회계기준)

① 공익법인 등(사업의 특성을 고려하여 대통령령으로 정하는 공익법인 등은 제외한다)은 제50조 제3항에 따른 회계감사의무 및 제50조의 3에 따른 결산서류 등의 공시의무를 이행할 때에는 대통령령으로 정하는 회계기준을 따라야 한다.

② 제1항에 따른 회계기준의 제 · 개정 등 회계제도의 운영과 절차 등에 관하여 필요한 사항은 대통령령으로 정한다.

### (2) 상속증여세법 시행령 제43조의 6(공익법인 등에 적용되는 회계기준)

① 기획재정부장관은 법 제50조의 4에 따라 제43조의 5에 따른 공익법인회계기준 심의위원회의 심의를 거쳐 법 제50조의 4에 따른 공익법인 등에 적용되는 회계기준과 그 밖에 회계제도의 운영과 절차 등에 관하여 필요한 사항을 정한다.

### (3) 상속증여세법 시행령 제43조의 7(공익법인회계기준 심의위원회)

① 제43조의 4 제1항에 따른 사항을 심의하기 위하여 기획재정부장관 소속으로 공익법인회계기준 심의위원회(이하 이 조에서 "위원회"라 한다)를 둔다.

② 위원회는 위원장 1명을 포함한 15명 이내의 위원으로 구성한다.

③ 위원회의 위원장(이하 이 조에서 "위원장"이라 한다)은 기획재정부차관 중 기획재정부장관이 지명하는 사람이 되고, 위원은 다음 각 호의 사람 중에서 기획재정부장관이 임명 또는 위촉하는 사람이 된다.

1. 기획재정부, 국세청 등 관계 부처 3급 공무원 또는 고위공무원단에 속하는 일반직 공무원
2. 회계업무에 관한 학식과 경험이 풍부한 사람

## 3. 공익법인 회계기준과 일반기업회계기준 비교

| 구 분 | 공익법인회계기준 | 일반기업회계기준 |
|---|---|---|
| 회계기준의 목적 | '상속세 및 증여세법'상 공익법인의 회계처리 및 재무제표 작성기준 제시 | 기업의 회계와 감사인의 감사에 통일성과 객관성을 부여하기 위해 회계처리 및 보고에 관한 기준을 정함 |
| 법적근거 | 상속·증여세법 제50조의 4 및 동법 시행령 제43조의 4 | 주식회사의 외부감사에 관한 법률('외감법') 제13조 제1항 제2호 및 동법 시행령 제7조의 3 |
| 적용대상 | 상증법상 외부 회계감사 의무 또는 결산서류 공시의무가 있는 공익법인*<br>* 의료·학교법인, 종교단체는 제외 | 외감법 적용대상기업 중 한국채택국제회계기준(K-IFRS)에 따라 회계처리하지 않는 기업 |
| 재무제표 | ① 재무상태표<br>② 운영성과표<br>③ 주석 | ① 재무상태표<br>② 손익계산서<br>③ 현금흐름표<br>④ 자본변동표<br>⑤ 주석 |
| 자본 | 자본 및 자본금의 개념이 없으며, 대신 순자산 개념을 사용 | 자본은 기업실체의 자산에 대한 소유주의 잔여청구권(주주지분), 자본금은 주주들이 납입한 법정자본금 |
| 순자산·자본 구분 | ① 기본순자산*<br>② 보통순자산<br>③ 순자산조정<br>* 법령 등에 의해 사용이나 처분시 주무관청의 허가가 필요한 순자산 | ① 자본금<br>② 자본잉여금<br>③ 자본조정<br>④ 기타포괄손익누계액<br>⑤ 이익잉여금 |
| 구분경리 | 고유목적사업 부문과 수익사업 부문으로 구분하여 표시 | 구분경리가 요구되지 않음. |
| 고유목적 사업준비금 | 부채로 인식 | 부채로 인식하지 않음. |

| 구 분 | 공익법인회계기준 | 일반기업회계기준 |
|---|---|---|
| 회계정책의 결정 | 이 기준에서 특별히 정하고 있지 않는 사항은 일반기업회계기준에 따름. | 일반기업회계기준에서 특별히 정하고 있지 않는 사항에 대한 상세한 지침 제시 |

## 4. 공익법인 회계기준(기획재정부 고시 제2017-35호)

### 제1장 총칙

제1조(목적) 공익법인회계기준(이하 '이 기준'이라 한다)은 「상속세 및 증여세법」 제50조의 4 및 같은 법 시행령 제43조의 4에 따라 같은 법 제16조 제1항에 따른 공익법인 등(이하 '공익법인'이라 한다)의 회계처리 및 재무제표를 작성하는 데 적용되는 기준을 제시하는 것을 목적으로 한다.

제2조(적용) 이 기준은 공익법인이 「상속세 및 증여세법」 제50조 제3항에 따라 회계감사를 받는 경우 및 같은 법 제50조의 3에 따라 결산서류 등을 공시하는 경우 등에 적용한다.

제3조(보고실체) 이 기준에 따라 재무제표를 작성할 때에는 공익법인 전체를 하나의 보고실체로 하여 작성한다.

제4조(복식부기와 발생주의) ① 이 기준에 따라 회계처리 및 재무제표를 작성할 때는 발생주의 회계원칙에 따라 복식부기 방식으로 하여야 한다.

② '복식부기'란 공익법인의 자산, 부채, 순자산의 증감 및 변화과정과 그 결과를 계정과목을 통하여 대변과 차변으로 구분하여 이중기록 · 계산이 되도록 하는 부기형식을 말한다.

③ '발생주의'란 현금의 수수와는 관계없이 수익은 실현되었을 때 인식하고 비용은 발생되었을 때 인식하는 개념으로서 기간손익을 계산할 때 경제가치량의 증가나 감소의 사실이 발생한 때를 기준으로 수익과 비용을 인식하는 것을 말한다.

제5조(재무제표) 이 기준에서 재무제표는 다음 각 호의 서류로 구성된다.

1. 재무상태표
2. 운영성과표
3. 위 제1호 및 제2호의 서류에 대한 주석

제6조(다른 법령과의 관계 등) ① 공익법인의 회계처리 및 재무제표 작성에 관하여 이 기준에서 정하지 아니한 사항은 일반기업회계기준에 따른다.

② 제4조 제2항 및 제3항에 따른 공익법인의 회계처리 및 재무제표 작성에 관하여 다른 법령에서 특별한 규정이 있는 경우 외에는 이 기준에 따른다.

제7조(회계정책, 회계추정의 변경 및 오류수정) ① 재무제표를 작성할 때 채택한 회계정책이나 회계추정은 비슷한 종류의 사건 또는 거래의 회계처리에도 동일하게 적용한다.

② '회계정책의 변경'이란 재무제표의 작성에 적용하던 회계정책을 다른 회계정책으로 바꾸

는 것을 말한다.

③ 이 기준에서 변경을 요구하거나, 회계정책의 변경을 반영한 재무제표가 신뢰성 있고 더 목적적합한 정보를 제공하는 경우에만 회계정책을 변경할 수 있다.

④ '회계추정의 변경'이란 환경의 변화, 새로운 정보의 입수 또는 경험의 축적에 따라 회계적 추정치의 근거와 방법 등을 바꾸는 것을 말한다. 이 경우 회계추정에는 대손의 추정, 감가상각자산에 내재된 미래 경제적 효익의 예상되는 소비형태의 유의적인 변동, 감가상각자산의 내용연수 또는 잔존가치의 추정 등이 포함된다.

⑤ 변경된 회계정책은 소급하여 적용하며 소급적용에 따른 수정사항을 반영하여 비교재무제표를 재작성한다.

⑥ 회계추정의 변경은 전진적으로 회계처리하여 그 효과를 당기와 그 이후의 회계연도에 반영한다.

⑦ '오류수정'이란 전기 또는 그 이전 회계연도의 재무제표에 포함된 회계적 오류를 당기에 발견하여 수정하는 것을 말한다.

⑧ 당기에 발견한 전기 또는 그 이전 회계연도의 오류는 당기 운영성과표에 사업외손익 중 전기오류수정손익으로 보고한다. 다만, 전기 또는 그 이전 회계연도에 발생한 중대한 오류의 수정은 비교재무제표를 재작성하여 반영한다. 중대한 오류는 재무제표의 신뢰성을 심각하게 손상할 수 있는 매우 중요한 오류를 말한다.

제8조(재무제표의 구분·통합 표시) 중요한 항목은 재무제표의 본문 또는 주석에 그 내용을 가장 잘 나타낼 수 있도록 구분하여 표시한다.

제9조(비교재무제표의 작성) ① 재무제표의 기간별 비교가능성을 제고하기 위하여 전기 재무제표상의 모든 계량정보를 당기와 비교하는 형식으로 표시한다.

② 전기 재무제표상의 비계량정보가 당기 재무제표를 이해하는 데 관련된 경우에는 이를 당기의 정보와 비교하여 주석으로 기재한다.

## 제2장 재무상태표

제10조(재무상태표의 목적과 작성단위) ① 재무상태표는 회계연도 말 현재 공익법인의 자산, 부채 및 순자산을 표시함으로써 다음 각 호의 정보를 제공하는 것을 목적으로 한다.

1. 공익법인이 정관상 목적사업을 지속적으로 수행할 수 있는 능력
2. 공익법인의 유동성 및 재무건전성

② 재무상태표의 작성은 공익법인을 하나의 작성단위로 보아 통합하여 작성하되, 공익목적사업부문과 기타사업부문으로 각각 구분하여 표시한다.

제11조(재무상태표 작성기준) ① 재무상태표에는 회계연도 말 현재 공익법인의 모든 자산, 부채 및 순자산을 적정하게 표시한다. 〔별지 제1호 서식 참조〕

② 재무상태표 구성요소의 정의는 다음 각 호와 같다.

1. '자산'이란 과거의 거래나 사건의 결과로 현재 공익법인에 의해 지배되고 미래에 경제적 효익을 창출할 것으로 예상되는 자원을 말한다.

2. '부채'란 과거의 거래나 사건의 결과로 현재 공익법인이 부담하고 있고 미래에 자원이 유출되거나 사용될 것으로 예상되는 의무를 말한다.

3. '순자산'이란 공익법인의 자산 총액에서 부채 총액을 차감한 잔여 금액을 말한다.

③ 자산과 부채는 각각 다음 각 호의 조건을 충족하는 경우에 재무상태표에 인식한다.

1. 자산 : 해당 항목에서 발생하는 미래경제적 효익이 공익법인에 유입될 가능성이 매우 높고, 그 원가를 신뢰성 있게 측정할 수 있다.

2. 부채 : 해당 의무를 이행하기 위하여 경제적 자원이 유출될 가능성이 매우 높고, 의무의 이행에 소요되는 금액을 신뢰성 있게 측정할 수 있다.

④ 자산, 부채 및 순자산은 다음 각 호에 따라 구분한다.

1. 자산은 유동자산 및 비유동자산으로 구분하고, 비유동자산은 투자자산, 유형자산, 무형자산 및 기타비유동자산으로 구분한다.

2. 부채는 유동부채, 비유동부채로 구분하며 고유목적사업준비금을 부채로 인식할 수 있다.

3. 순자산은 기본순자산, 보통순자산, 순자산조정으로 구분한다.

⑤ 자산과 부채는 유동성이 높은 항목부터 배열한다.

⑥ 자산과 부채는 상계하여 표시하지 않는다.

제12조(유동자산) ① '유동자산'은 회계연도 말부터 1년 이내에 현금화되거나 실현될 것으로 예상되는 자산을 말한다.

② 유동자산에는 현금및현금성자산, 단기투자자산, 매출채권, 선급비용, 미수수익, 미수금, 선급금 및 재고자산 등이 포함된다.

③ 매출채권, 미수금 등에 대한 대손충당금은 해당 자산의 차감계정으로, 재고자산평가충당금은 재고자산 각 항목의 차감계정으로 재무상태표에 표시한다.

제13조(투자자산) ① '투자자산'이란 장기적인 투자 등과 같은 활동의 결과로 보유하는 자산을 말한다.

② 투자자산에는 장기성예적금, 장기투자증권과 장기대여금 등이 포함된다.

제14조(유형자산) ① '유형자산'이란 재화를 생산하거나 용역을 제공하기 위하여, 또는 타인에게 임대하거나 직접 사용하기 위하여 보유한 물리적 형체가 있는 자산으로 1년을 초과하여 사용할 것으로 예상되는 자산을 말한다.

② 유형자산에는 토지, 건물, 구축물, 기계장치, 차량운반구와 건설중인자산 등이 포함된다.

③ 유형자산의 감가상각누계액과 손상차손누계액은 유형자산 각 항목의 차감계정으로 재무상태표에 표시한다.

④ 유형자산을 폐기하거나 처분하는 경우 그 자산을 재무상태표에서 제거하고 처분금액과 장부금액의 차액을 유형자산처분손익으로 인식한다.

제15조(무형자산) ① '무형자산'이란 재화를 생산하거나 용역을 제공하기 위하여, 또는 타인에게 임대하거나 직접 사용하기 위하여 보유한 물리적 형체가 없는 비화폐성자산을 말한다.

② 무형자산에는 지식재산권, 개발비, 컴퓨터소프트웨어, 광업권, 임차권리금 등이 포함된다.

③ 무형자산은 상각누계액과 손상차손누계액을 취득원가에서 직접 차감한 잔액으로 재무상

태표에 표시한다.

④ 무형자산을 처분하는 경우 그 자산을 재무상태표에서 제거하고 처분금액과 장부금액의 차액을 무형자산처분손익으로 인식한다.

**제16조(기타비유동자산)** ① '기타비유동자산'이란 투자자산, 유형자산 및 무형자산에 속하지 않는 비유동자산을 말한다.

② 기타비유동자산에는 임차보증금, 장기선급비용과 장기미수금 등이 포함된다.

**제17조(유동부채)** ① '유동부채'는 회계연도 말부터 1년 이내에 상환 등을 통하여 소멸할 것으로 예상되는 부채를 말한다.

② 유동부채에는 단기차입금, 매입채무, 미지급비용, 미지급금, 선수금, 선수수익, 예수금과 유동성장기부채 등이 포함된다.

**제18조(비유동부채)** ① '비유동부채'란 유동부채를 제외한 모든 부채를 말하며, 고유목적사업준비금을 부채로 인식하는 경우에는 유동부채와 고유목적사업준비금을 제외한 모든 부채를 말한다.

② 비유동부채에는 장기차입금, 임대보증금과 퇴직급여충당부채 등이 포함된다.

**제19조(고유목적사업준비금)** ① 고유목적사업준비금이란 법인세법 제29조에 따라 고유목적사업이나 지정기부금에 사용하기 위해 미리 비용으로 계상하면서 동일한 금액으로 인식한 부채계정으로, 유동부채와 비유동부채로 구분하지 않고 별도로 표시한다.

② 제1항은 고유목적사업준비금을 부채로 인식하는 경우에 한하여 적용한다.

**제20조(기본순자산)** ① '기본순자산'이란 사용이나 처분에 '영구적 제약'이 있는 순자산을 말한다.

② '영구적 제약'이란 법령, 정관 등에 의해 사용이나 처분시 주무관청 등의 허가가 필요한 경우를 말한다.

**제21조(보통순자산)** ① '보통순자산'이란 '기본순자산'이나 '순자산조정'이 아닌 순자산을 말한다.

② '보통순자산'은 잉여금과 적립금으로 구분하고, 적립금은 미래 특정 용도로 사용하기 위하여 적립해두는 준비금이나 임의적립금 등이 해당한다.

**제22조(순자산조정)** '순자산조정'이란 순자산 가감성격의 항목으로서 매도가능증권평가손익, 유형자산재평가이익 등이 포함된다.

## 제3장 운영성과표

**제23조(운영성과표의 목적과 작성단위)** ① 운영성과표는 해당 회계연도의 모든 수익과 비용을 표시함으로써 다음 각 호의 정보를 제공하는 것을 목적으로 한다.

1. 공익법인의 사업 수행 성과
2. 관리자의 책임 수행 정도

② 운영성과표의 작성은 공익법인을 하나의 작성단위로 보아 통합하여 작성하되, 공익목적사업부문과 기타사업부문으로 각각 구분하여 표시한다.

제24조(운영성과표 작성기준) ① 운영성과표에는 그 회계연도에 속하는 모든 수익 및 이에 대응하는 모든 비용을 적정하게 표시한다. 〔별지 제2호 서식 참조〕

② 운영성과표는 다음 각 호에 따라 작성한다.

1. 모든 수익과 비용은 그것이 발생한 회계연도에 배분되도록 회계처리한다. 이 경우 발생한 원가가 자산으로 인식되는 경우를 제외하고는 비용으로 인식한다.
2. 수익과 비용은 그 발생 원천에 따라 명확하게 분류하고, 수익항목과 이에 관련되는 비용항목은 대응하여 표시한다.
3. 수익과 비용은 총액으로 표시한다.
4. 운영성과표는 다음 각 목과 같이 구분하여 표시한다.
   가. 사업수익
   나. 사업비용
   다. 사업이익(손실)
   라. 사업외수익
   마. 사업외비용
   바. 고유목적사업준비금을 부채로 인식하는 경우 고유목적사업준비금전입액
   사. 고유목적사업준비금을 부채로 인식하는 경우 고유목적사업준비금환입액
   아. 법인세비용차감전 당기운영이익(손실)
   자. 법인세비용
   차. 당기운영이익(손실)

제25조(사업수익) ① '사업수익'은 공익목적사업과 기타사업의 결과 경상적으로 발생하는 자산의 증가 또는 부채의 감소를 말한다.

② 사업수익은 공익목적사업수익과 기타사업수익으로 구분하여 표시한다.

③ 공익목적사업수익은 공익법인의 특성을 반영하여 기부금수익, 보조금수익, 회비수익 등으로 구분하여 표시한다.

④ 기타사업수익은 공익법인이 필요하다고 판단하는 경우에는 그 구분정보를 운영성과표 본문에 표시하거나 주석으로 기재할 수 있다.

⑤ 이자수익 또는 배당수익과 처분손익 등이 공익목적사업활동의 주된 원천이 되는 경우에는 사업수익에 포함한다.

제26조(기부금 등의 수익인식과 측정) ① 현금이나 현물을 기부받을 때에는 실제 기부를 받는 시점에 수익으로 인식한다.

② 현물을 기부받을 때에는 수익금액을 공정가치(합리적인 판단력과 거래 의사가 있는 독립된 당사자 사이의 거래에서 자산이 교환되거나 부채가 결제될 수 있는 금액을 말한다. 이하 같다)로 측정한다.

③ 납부가 강제되는 회비 등에 대해서는 발생주의에 따라 회수가 확실해지는 시점에 수익을 인식할 수 있다.

④ 기부금 등이 기본순자산에 해당하는 경우 사업수익으로 인식하지 않고 기본순자산의 증

가로 인식한다.

제27조(사업비용) ① '사업비용'은 공익목적사업과 기타사업의 결과 경상적으로 발생하는 자산의 감소 또는 부채의 증가를 말한다.

② 사업비용은 공익목적사업비용과 기타사업비용으로 구분하여 표시한다.

③ 공익목적사업비용은 활동의 성격에 따라 다음 각 호와 같이 사업수행비용, 일반관리비용, 모금비용으로 구분하여 표시한다.

1. '사업수행비용'은 공익법인이 추구하는 본연의 임무나 목적을 달성하기 위해 수혜자, 고객, 회원 등에게 재화나 용역을 제공하는 활동에서 발생하는 비용을 말한다.
2. '일반관리비용'은 기획, 인사, 재무, 감독 등 제반 관리활동에서 발생하는 비용을 말한다.
3. '모금비용'은 모금 홍보, 모금 행사, 기부자 리스트 관리, 모금 고지서 발송 등의 모금활동에서 발생하는 비용을 말한다.

④ 사업수행비용은 세부사업별로 추가 구분한 정보를 운영성과표 본문에 표시하거나 주석으로 기재할 수 있다.

⑤ 사업수행비용, 일반관리비용, 모금비용에 대해서는 각각 다음 각 호와 같이 분배비용, 인력비용, 시설비용, 기타비용으로 구분하여 분석한 정보를 운영성과표 본문에 표시하거나 주석으로 기재한다.  다만, 공익법인이 필요하다고 판단하는 경우에는 더 세분화된 정보를 운영성과표 본문에 표시하거나 주석으로 기재할 수 있다.

1. '분배비용'은 공익법인이 수혜자 또는 수혜단체에 직접 지급하는 비용으로 장학금, 지원금 등을 포함한다.
2. '인력비용'은 공익법인에 고용된 인력과 관련된 비용으로서 급여, 상여금, 퇴직급여, 복리후생비, 교육훈련비 등을 포함한다.
3. 시설비용'은 공익법인의 운영에 사용되는 토지, 건물, 구축물, 차량운반구 등 시설과 관련된 비용으로서 감가상각비, 지급임차료, 시설보험료, 시설유지관리비 등을 포함한다.
4. '기타비용'은 분배비용, 인력비용, 시설비용 외의 비용으로서 여비교통비, 소모품비, 지급수수료, 용역비, 업무추진비, 회의비, 대손상각비 등을 포함한다. 이 경우 각 공익법인의 특성에 따라 금액이 중요한 기타비용 항목은 별도로 구분하여 운영성과표 본문에 표시하거나 주석으로 기재한다.

⑥ 기타사업비용을 인력비용, 시설비용, 기타비용으로 구분하여 분석한 정보는 운영성과표 본문에 표시하거나 주석으로 기재하여야 하며, 그 외 공익법인이 필요하다고 판단하는 구분 정보에 대해서는 운영성과표 본문에 표시하거나 주석으로 기재할 수 있다.

제28조(사업외수익) 사업외수익은 사업수익이 아닌 수익 또는 차익으로서 유형・무형자산처분이익, 유형・무형자산손상차손환입, 전기오류수정이익 등으로 한다.

제29조(사업외비용) 사업외비용은 사업비용이 아닌 비용 또는 차손으로서 유형・무형자산처분손실, 유형・무형자산손상차손, 유형자산재평가손실, 기타의 대손상각비, 전기오류수정손실 등으로 한다.

제30조(공통수익 및 비용의 배분) 어떤 수익과 비용항목이 복수의 활동에 관련되는 경우에는

해당 수익과 비용의 성격에 따라 투입한 업무시간, 관련 시설면적, 사용빈도 등 합리적인 배분기준에 따라 활동 간에 배분하며, 그 배분기준은 일관되게 적용하여야 한다.

제31조(고유목적사업준비금 전입액과 환입액) ① '고유목적사업준비금전입액'이란 공익법인이 법인세법에 따라 수익사업부문에서 발생한 소득 중 일부를 고유목적사업부문이나 지정기부금에 지출하기 위하여 적립한 금액을 말한다. 이에 상응하여 동일한 금액을 부채에 '고유목적사업준비금'이라는 과목으로 인식한다.

② '고유목적사업준비금환입액'이란 고유목적사업준비금이 법인세법에 따라 수익사업부문에서 고유목적사업부문에 전출되어 목적사업에 사용되었거나 미사용되어 임의 환입된 금액을 말한다.

③ 제1항과 제2항의 내용은 고유목적사업준비금을 부채로 인식하는 경우에 한하여 적용한다.

제32조(법인세비용) 공익법인이 법인세를 부담하는 경우에는 일반기업회계기준 제22장 '법인세회계'와 제31장 '중소기업 회계처리 특례'의 법인세 회계처리를 고려하여 회계정책을 개발하여 회계처리한다.

## 제4장 자산 · 부채의 평가

제33조(자산의 평가기준) ① 자산은 최초에 취득원가로 인식한다.

② 교환, 현물출자, 증여, 그 밖에 무상으로 취득한 자산은 공정가치를 취득원가로 한다.

③ 이 기준에서 별도로 정하는 경우를 제외하고는, 자산의 진부화 및 시장가치의 급격한 하락 등으로 인하여 자산의 회수가능액이 장부금액에 중요하게 미달되는 경우에는 장부금액을 회수가능액으로 조정하고 그 차액을 손상차손으로 처리한다. 이 경우 회수가능액은 다음 제1호와 제2호 중 큰 금액으로 한다.

1. 순공정가치 : 합리적인 판단력과 거래 의사가 있는 독립된 당사자 사이의 거래에서 자산의 매각으로부터 수취할 수 있는 금액에서 처분부대원가를 차감한 금액
2. 사용가치 : 자산에서 창출될 것으로 기대되는 미래 현금흐름의 현재가치

④ 과거 회계연도에 인식한 손상차손이 더 이상 존재하지 않거나 감소하였다면 자산의 회수가능액이 장부금액을 초과하는 금액은 손상차손환입으로 인식한다. 다만, 손상차손환입으로 증가된 장부금액은 과거에 손상차손을 인식하기 전 장부금액의 감가상각 또는 상각 후 잔액을 초과할 수 없다.

제34조(미수금, 매출채권 등의 평가) ① 원금이나 이자 등의 일부 또는 전부를 회수하지 못할 가능성이 있는 미수금, 매출채권 등은 합리적이고 객관적인 기준에 따라 대손추산액을 산출하여 대손충당금으로 설정하고, 기존 대손충당금 잔액과의 차이는 대손상각비로 인식한다.

② 미수금, 매출채권 등의 원금이나 이자 등의 일부 또는 전부를 회수할 수 없게 된 경우, 대손충당금과 상계하고, 대손충당금이 부족한 경우에는 그 부족액을 대손상각비로 인식한다.

③ 미수금과 매출채권에 대한 대손상각비는 사업비용(공익목적사업비용이나 기타사업비용 중 관련이 되는 것)의 대손상각비로, 그 밖의 채권에 대한 대손상각비는 사업외비용의 기타의대손상각비로 구분한다.

제35조(유형자산과 무형자산의 평가) ① 유형자산과 무형자산의 취득원가는 구입가격 또는 제작원가와 자산을 가동하기 위하여 필요한 장소와 상태에 이르게 하는 데 직접 관련되는 원가를 포함한 금액을 말한다.

② 최초 인식 후에 유형자산과 무형자산의 장부금액은 다음 각 호에 따라 결정한다.

1. 유형자산: 취득원가(자본적 지출을 포함한다. 이하 이 조에서 같다)에서 감가상각누계액과 손상차손누계액을 차감한 금액
2. 무형자산: 취득원가에서 상각누계액과 손상차손누계액을 차감한 금액

③ 취득원가에서 잔존가치를 차감하여 결정되는 유형자산의 감가상각대상금액과 무형자산의 상각대상금액은 해당 자산을 사용할 수 있는 때부터 내용연수에 걸쳐 배분하여 상각한다.

④ 유형자산과 무형자산의 내용연수는 자산의 예상 사용기간이나 생산량 등을 고려하여 합리적으로 결정한다.

⑤ 유형자산의 감가상각방법과 무형자산의 상각방법은 다음 각 호에서 자산의 경제적효익이 소멸되는 형태를 반영한 합리적인 방법을 선택하여 소멸형태가 변하지 않는 한 매기 계속 적용한다.

1. 정액법
2. 정률법
3. 연수합계법
4. 생산량비례법

⑥ 전시·교육·연구 등의 목적으로 보유중인 예술작품 및 유물과 같은 역사적 가치가 있는 유형자산은 일반적으로 시간이 경과하더라도 가치가 감소하지 않으므로 감가상각을 적용하지 아니한다.

제36조(유형자산의 재평가) ① 최초 인식 후에 공정가치를 신뢰성 있게 측정할 수 있는 유형자산은 재평가를 할 수 있다. 이 경우 재평가일의 공정가치에서 이후의 감가상각누계액과 손상차손누계액을 차감한 재평가금액을 장부금액으로 한다.

② 유형자산을 재평가할 때, 재평가 시점의 총장부금액에서 기존의 감가상각누계액을 제거하여 자산의 순장부금액이 재평가금액이 되도록 수정한다.

③ 유형자산의 장부금액이 재평가로 인하여 증가된 경우에 그 증가액은 순자산조정으로 인식한다. 그러나 동일한 유형자산에 대하여 이전에 운영성과표에 사업외비용으로 인식한 재평가감소액이 있다면 그 금액을 한도로 재평가증가액만큼 운영성과표에 사업외수익으로 인식한다.

④ 유형자산의 장부금액이 재평가로 인하여 감소된 경우에 그 감소액은 운영성과표에 사업외비용으로 인식한다. 그러나 그 유형자산의 재평가로 인해 인식한 순자산조정의 잔액이 있다면 그 금액을 한도로 재평가감소액을 순자산조정에서 차감한다.

제37조(유가증권의 평가) ① 유가증권은 취득한 후 만기보유증권, 단기매매증권, 그리고 매도가능증권 중의 하나로 분류한다.

② 유가증권의 평가는 일반기업회계기준에 따른다. 다만, 매도가능증권에 대한 미실현보유

손익은 순자산조정으로 인식하고 당해 유가증권에 대한 순자산조정은 그 유가증권을 처분하거나 손상차손을 인식하는 시점에 일괄하여 당기손익에 반영한다.

제38조(퇴직급여충당부채의 평가) ① 퇴직급여충당부채는 회계연도 말 현재 모든 임직원이 일시에 퇴직할 경우 지급하여야 할 퇴직금에 상당하는 금액으로 한다.

② 확정기여형퇴직연금제도를 설정한 경우에는 퇴직급여충당부채 및 관련 퇴직연금운용자산을 인식하지 않는다. 다만 해당 회계기간에 대하여 공익법인이 납부하여야 할 부담금을 퇴직급여(비용)로 인식하고, 미납부액이 있는 경우 미지급비용(부채)으로 인식한다.

③ 확정급여형퇴직연금제도와 관련하여 별도로 운용되는 자산은 하나로 통합하여 '퇴직연금운용자산'으로 표시하고, 퇴직급여충당부채에서 차감하는 형식으로 표시한다. 퇴직연금운용자산의 구성내역은 주석으로 기재한다.

제39조(공통자산·부채의 배분) 어떤 자산 또는 부채 항목이 복수의 활동에 관련되는 경우에는 관련 시설면적, 사용빈도 등 합리적인 배분기준에 따라 활동 간에 배분하고, 그 배분기준은 일관되게 적용하여야 한다.

## 제5장 주석

제40조(주석의 정의) '주석'이란 재무제표 본문(재무상태표, 운영성과표를 말한다)의 전반적인 이해를 돕는 일반사항에 관한 정보, 재무제표 본문에 표시된 항목을 구체적으로 설명하거나 세분화하는 정보, 재무제표 본문에 표시할 수 없는 회계사건 및 그 밖의 사항으로 재무제표에 중요한 영향을 미치거나 재무제표의 이해를 위하여 필요하다고 판단되는 정보를 추가하여 기재하는 것을 말한다.

제41조(필수적 주석기재사항) 공익법인은 이 기준의 다른 조항에서 주석으로 기재할 것을 요구하거나 허용하는 사항 외에 다음 각 호의 사항을 주석으로 기재한다.

1. 공익법인의 개황 및 주요사업 내용
2. 공익법인이 채택한 회계정책(자산·부채의 평가기준 및 수익과 비용의 인식기준을 포함한다)
3. 사용이 제한된 현금및현금성자산의 내용
4. 차입금 등 현금 등으로 상환하여야 하는 부채의 주요 내용
5. 현물기부의 내용
6. 제공한 담보·보증의 주요 내용
7. 특수관계인(상속세 및 증여세법 제2조 제10호의 정의에 따른다)과의 중요한 거래의 내용
8. 총자산 또는 사업수익금액의 10% 이상에 해당하는 거래에 대한 거래처명, 거래금액, 계정과목 등 거래 내역
9. 회계연도 말 현재 진행 중인 소송 사건의 내용, 소송금액, 진행 상황 등
10. 회계정책, 회계추정의 변경 및 오류수정에 관한 사항
11. 기본순자산의 취득원가와 공정가치를 비교하는 정보에 관한 사항
12. 순자산의 변동에 관한 사항

13. 유형자산 재평가차액의 누적금액
14. 유가증권의 취득원가와 재무제표 본문에 표시된 공정가치를 비교하는 정보
15. 그 밖에 일반기업회계기준에 따라 주석기재가 요구되는 사항 중 공익법인에 관련성이 있고 그 성격이나 금액이 중요한 사항

**제42조(선택적 주석기재사항)** 이 기준과 일반기업회계기준에서 요구하는 주석기재사항 외에도 재무제표의 유용성을 제고하고 공정한 표시를 위하여 필요한 정보는 재무제표 작성자의 판단과 책임하에서 자발적으로 주석을 기재할 수 있다. 예를 들어, 공익법인이 내부관리목적으로 복수의 구분된 단위로 회계를 하는 경우 각 회계단위별로 작성된 재무제표의 전부 또는 일부를 주석으로 기재할 수 있다.

**제43조(주석기재방법)** 주석기재는 재무제표 이용자의 이해와 편의를 도모하기 위하여 다음 각 호에 따라 체계적으로 작성한다.

1. 재무제표상의 개별항목에 대한 주석 정보는 해당 개별항목에 기호를 붙이고 별지에 동일한 기호를 표시하여 그 내용을 설명한다.
2. 하나의 주석이 재무제표상 둘 이상의 개별항목과 관련된 경우에는 해당 개별항목 모두에 주석의 기호를 표시한다.
3. 하나의 주석에 포함된 정보가 다른 주석과 관련된 경우에도 해당되는 주석 모두에 관련된 주석의 기호를 표시한다.

## 부 칙

**제1조(시행일)** 이 기준은 2018년 1월 1일부터 시행한다.

**제2조(일반적 적용례)** 이 기준은 이 기준 시행 이후 개시하는 회계연도부터 적용한다.

**제3조(재무제표 작성 적용례)** 이 기준이 최초 적용되는 재무제표에 대하여는 제9조에 따른 비교재무제표를 작성하지 아니할 수 있다.

**제4조(재무제표 작성 경과규정)** 이 기준은 공익법인이 원하는 경우 이 기준 시행 이전에 개시하는 회계연도에 적용할 수 있다.

**제5조(소규모 공익법인의 한시적 단식부기 등 적용특례)** 이 기준 시행 이후 최초로 개시하는 회계연도의 직전 회계연도 종료일의 총자산가액의 합계액이 20억원 이하인 공익법인과 이 기준 시행일부터 2018년 12월 31일까지의 기간 중에 신설되는 공익법인은 이 기준 시행 이후 최초로 개시하는 회계연도와 그 다음 회계연도에는 단식부기를 적용할 수 있으며, 제41조의 필수적 주석기재사항의 기재를 생략할 수 있다.

[별지 제1호 서식]

# 재 무 상 태 표

제×기 20××년×월×일 현재

제×기 20××년×월×일 현재

공익법인명 (단위 : 원)

| 과 목 | 당 기 | | | 전 기 | | |
|---|---|---|---|---|---|---|
| | 통합 | 공익목적 사업 | 기타사업 | 통합 | 공익목적 사업 | 기타사업 |
| 자 산 | | | | | | |
| 유동자산 | ××× | ××× | ××× | ××× | ××× | ××× |
| 현금및현금성자산 | ××× | ××× | ××× | ××× | ××× | ××× |
| 단기투자자산 | ××× | ××× | ××× | ××× | ××× | ××× |
| 매출채권 | ××× | ××× | ××× | ××× | ××× | ××× |
| (−) 대손충당금 | (×××) | (×××) | (×××) | (×××) | (×××) | (×××) |
| 선급비용 | ××× | ××× | ××× | ××× | ××× | ××× |
| 미수수익 | ××× | ××× | ××× | ××× | ××× | ××× |
| 미수금 | ××× | ××× | ××× | ××× | ××× | ××× |
| (−) 대손충당금 | (×××) | (×××) | (×××) | (×××) | (×××) | (×××) |
| 선급금 | ××× | ××× | ××× | ××× | ××× | ××× |
| 재고자산 | ××× | ××× | ××× | ××× | ××× | ××× |
| ...... | ××× | ××× | ××× | ××× | ××× | ××× |
| 비유동자산 | ××× | ××× | ××× | ××× | ××× | ××× |
| 투자자산 | ××× | ××× | ××× | ××× | ××× | ××× |
| 장기성예적금 | ××× | ××× | ××× | ××× | ××× | ××× |
| 장기투자증권 | ××× | ××× | ××× | ××× | ××× | ××× |
| 장기대여금 | ××× | ××× | ××× | ××× | ××× | ××× |
| ...... | ××× | ××× | ××× | ××× | ××× | ××× |
| 유형자산 | ××× | ××× | ××× | ××× | ××× | ××× |
| 토지 | ××× | ××× | ××× | ××× | ××× | ××× |
| 건물 | ××× | ××× | ××× | ××× | ××× | ××× |
| (−) 감가상각누계액 | (×××) | (×××) | (×××) | (×××) | (×××) | (×××) |

| | | | | | | |
|---|---|---|---|---|---|---|
| 구축물 | ××× | ××× | ××× | ××× | ××× | ××× |
| (  ) 감가상각누계액 | (×××) | (×××) | (×××) | (×××) | (×××) | (×××) |
| 기계장치 | ××× | ××× | ××× | ××× | ××× | ××× |
| (  ) 감가상각누계액 | (×××) | (×××) | (×××) | (×××) | (×××) | (×××) |
| 차량운반구 | ××× | ××× | ××× | ××× | ××× | ××× |
| (  ) 감가상각누계액 | (×××) | (×××) | (×××) | (×××) | (×××) | (×××) |
| 건설중인자산 | (×××) | (×××) | (×××) | (×××) | (×××) | (×××) |
| …… | ××× | ××× | ××× | ××× | ××× | ××× |
| **무형자산** | ××× | ××× | ××× | ××× | ××× | ××× |
| 지식재산권 | ××× | ××× | ××× | ××× | ××× | ××× |
| 개발비 | ××× | ××× | ××× | ××× | ××× | ××× |
| 컴퓨터소프트웨어 | ××× | ××× | ××× | ××× | ××× | ××× |
| 광업권 | ××× | ××× | ××× | ××× | ××× | ××× |
| 임차권리금 | ××× | ××× | ××× | ××× | ××× | ××× |
| …… | ××× | ××× | ××× | ××× | ××× | ××× |
| **기타비유동자산** | ××× | ××× | ××× | ××× | ××× | ××× |
| 임차보증금 | ××× | ××× | ××× | ××× | ××× | ××× |
| 장기선급비용 | ××× | ××× | ××× | ××× | ××× | ××× |
| 장기미수금 | ××× | ××× | ××× | ××× | ××× | ××× |
| …… | ××× | ××× | ××× | ××× | ××× | ××× |
| **자 산 총 계** | ××× | ××× | ××× | ××× | ××× | ××× |
| **부 채** | | | | | | |
| **유동부채** | ××× | ××× | ××× | ××× | ××× | ××× |
| 단기차입금 | ××× | ××× | ××× | ××× | ××× | ××× |
| 매입채무 | ××× | ××× | ××× | ××× | ××× | ××× |
| 미지급비용 | ××× | ××× | ××× | ××× | ××× | ××× |
| 미지급금 | ××× | ××× | ××× | ××× | ××× | ××× |
| 선수금 | ××× | ××× | ××× | ××× | ××× | ××× |
| 선수수익 | ××× | ××× | ××× | ××× | ××× | ××× |
| 예수금 | ××× | ××× | ××× | ××× | ××× | ××× |

| | | | | | | |
|---|---|---|---|---|---|---|
| 유동성장기부채 | ××× | ××× | ××× | ××× | ××× | ××× |
| ...... | ××× | ××× | ××× | ××× | ××× | ××× |
| **비유동부채** | ××× | ××× | ××× | ××× | ××× | ××× |
| 장기차입금 | ××× | ××× | ××× | ××× | ××× | ××× |
| 임대보증금 | ××× | ××× | ××× | ××× | ××× | ××× |
| 퇴직급여충당부채 | ××× | ××× | ××× | ××× | ××× | ××× |
| ( ) 퇴직연금운용자산 | (×××) | (×××) | (×××) | (×××) | (×××) | (×××) |
| ...... | ××× | ××× | ××× | ××× | ××× | ××× |
| **고유목적사업준비금** | ××× | ××× | ××× | ××× | ××× | ××× |
| **부 채 총 계** | ××× | ××× | ××× | ××× | ××× | ××× |
| (순자산*1) | | | | | | |
| 기본순자산 | ××× | ××× | ××× | ××× | ××× | ××× |
| 보통순자산 | ××× | ××× | ××× | ××× | ××× | ××× |
| 적립금 | ××× | ××× | ××× | ××× | ××× | ××× |
| 잉여금 | ××× | ××× | ××× | ××× | ××× | ××× |
| 순자산조정 | ××× | ××× | ××× | ××× | ××× | ××× |
| **순 자 산 총 계** | ××× | ××× | ××× | ××× | ××× | ××× |
| **부채 및 순자산 총계** | ××× | ××× | ××× | ××× | ××× | ××× |

[별지 제2호 서식]

# 운 영 성 과 표

제×기 20××년×월×일부터 20××년×월×일까지

제×기 20××년×월×일부터 20××년×월×일까지

공익법인명

(단위 : 원)

| 과 목 | 당 기 | | | 전 기 | | |
|---|---|---|---|---|---|---|
| | 통합 | 공익목적 사업 | 기타사업 | 통합 | 공익목적 사업 | 기타사업 |
| **사업수익** | ××× | ××× | ××× | ××× | ××× | ××× |
| 기부금수익 | ××× | ××× | – | ××× | ××× | – |
| 보조금수익 | ××× | ××× | – | ××× | ××× | – |
| 회비수익 | ××× | ××× | – | ××× | ××× | – |
| 투자자산수익 | ××× | ××× | – | ××× | ××× | – |
| 매출액 | ××× | ××× | – | ××× | ××× | – |
| ...... | ××× | ××× | – | ××× | ××× | – |
| **사업비용**[*2] | ××× | ××× | ×××[*3] | ××× | ××× | ×××[*3] |
| **사업수행비용** | ××× | ××× | – | ××× | ××× | – |
| **○○사업수행비용** | ××× | ××× | – | ××× | ××× | – |
| **△△사업수행비용** | ××× | ××× | – | ××× | ××× | – |
| ...... | ××× | ××× | – | ××× | ××× | – |
| **일반관리비용** | ××× | ××× | – | ××× | ××× | – |
| **모금비용** | ××× | ××× | – | ××× | ××× | – |
| ...... | ××× | – | ××× | ××× | – | ××× |
| **사업이익(손실)** | ××× | ××× | ××× | ××× | ××× | ××× |
| **사업외수익** | ××× | ××× | ××× | ××× | ××× | ××× |
| 유형자산손상차손환입 | ××× | ××× | ××× | ××× | ××× | ××× |
| 유형자산처분이익 | ××× | ××× | ××× | ××× | ××× | ××× |
| 무형자산손상차손환입 | ××× | ××× | ××× | ××× | ××× | ××× |
| 무형자산처분이익 | ××× | ××× | ××× | ××× | ××× | ××× |
| 전기오류수정이익 | ××× | ××× | ××× | ××× | ××× | ××× |
| ..... | ××× | ××× | ××× | ××× | ××× | ××× |
| **사업외비용** | ××× | ××× | ××× | ××× | ××× | ××× |
| 기타의 대손상각비 | ××× | ××× | ××× | ××× | ××× | ××× |
| 유형자산손상차손 | ××× | ××× | ××× | ××× | ××× | ××× |
| 유형자산처분손실 | ××× | ××× | ××× | ××× | ××× | ××× |
| 유형자산재평가손실[*4] | ××× | ××× | ××× | ××× | ××× | ××× |
| 무형자산손상차손 | ××× | ××× | ××× | ××× | ××× | ××× |
| 무형자산처분손실 | ××× | ××× | ××× | ××× | ××× | ××× |
| 전기오류수정손실 | ××× | ××× | ××× | ××× | ××× | ××× |
| ...... | ××× | ××× | ××× | ××× | ××× | ××× |

| 과 목 | 당 기 | | | 전 기 | | |
|---|---|---|---|---|---|---|
| | 통합 | 공익목적 사업 | 기타사업 | 통합 | 공익목적 사업 | 기타사업 |
| **고유목적사업준비금전입액** | ××× | ××× | ××× | ××× | ××× | ××× |
| **고유목적사업준비금환입액** | ××× | ××× | ××× | ××× | ××× | ××× |
| **법인세비용차감전 당기운영이익(손실)** | ××× | ××× | ××× | ××× | ××× | ××× |
| **법인세비용** | ××× | ××× | ××× | ××× | ××× | ××× |
| **당기운영이익(손실)** | ××× | ××× | ××× | ××× | ××× | ××× |

*1 순자산의 변동에 관한 사항은 아래와 같이 주석으로 기재한다.

| 과 목 | 통합 | | | | 공익목적사업부문 | | | | 기타사업부문 | | | |
|---|---|---|---|---|---|---|---|---|---|---|---|---|
| | 기본순자산 | 보통순자산 | | 순자산조정 | 기본순자산 | 보통순자산 | | 순자산조정 | 기본순자산 | 보통순자산 | | 순자산조정 |
| | | 적립금 | 잉여금 | | | 적립금 | 잉여금 | | | 적립금 | 잉여금 | |
| **전기초** | ××× | ××× | ××× | ××× | ××× | ××× | ××× | ××× | ××× | ××× | ××× | ××× |
| 회계정책변경누적효과 | (×××) | (×××) | (×××) | (×××) | (×××) | (×××) | (×××) | (×××) | (×××) | (×××) | (×××) | (×××) |
| 전기오류수정 | (×××) | (×××) | (×××) | (×××) | (×××) | (×××) | (×××) | (×××) | (×××) | (×××) | (×××) | (×××) |
| 수정후 순자산 | ××× | ××× | ××× | ××× | ××× | ××× | ××× | ××× | ××× | ××× | ××× | ××× |
| 기본순자산증감 | ××× | | (×××) | | ××× | | (×××) | | ××× | | (×××) | |
| 당기운영이익(손실) | | | ××× | | | | ××× | | | | ××× | |
| 매도가능증권평가이익 | | | | ××× | | | | ××× | | | | ××× |
| 유형자산재평가이익 | | | | ××× | | | | ××× | | | | ××× |
| 적립금 전입 | | ××× | (×××) | | | ××× | (×××) | | | ××× | (×××) | |
| …… | ××× | ××× | ××× | ××× | ××× | ××× | ××× | ××× | ××× | ××× | ××× | ××× |
| **전기말** | ××× | ××× | ××× | ××× | ××× | ××× | ××× | ××× | ××× | ××× | ××× | ××× |
| **당기초** | ××× | ××× | ××× | ××× | ××× | ××× | ××× | ××× | ××× | ××× | ××× | ××× |
| 회계정책변경누적효과 | (×××) | (×××) | (×××) | (×××) | (×××) | (×××) | (×××) | (×××) | (×××) | (×××) | (×××) | (×××) |
| 전기오류수정 | (×××) | (×××) | (×××) | (×××) | (×××) | (×××) | (×××) | (×××) | (×××) | (×××) | (×××) | (×××) |
| 수정후 순자산 | ××× | ××× | ××× | ××× | ××× | ××× | ××× | ××× | ××× | ××× | ××× | ××× |
| 기본순자산증감 | ××× | | (×××) | | ××× | | (×××) | | ××× | | (×××) | |
| 당기운영이익(손실) | | | ××× | | | | ××× | | | | ××× | |
| 매도가능증권평가이익 | | | | ××× | | | | ××× | | | | ××× |
| 유형자산재평가이익 | | | | ××× | | | | ××× | | | | ××× |
| 적립금 전입 | | ××× | (×××) | | | ××× | (×××) | | | ××× | (×××) | |
| …… | ××× | ××× | ××× | ××× | ××× | ××× | ××× | ××× | ××× | ××× | ××× | ××× |
| **당기말** | ××× | ××× | ××× | ××× | ××× | ××× | ××× | ××× | ××× | ××× | ××× | ××× |

*2 사업비용의 기능별 구분과 성격별 구분에 관한 정보를 아래와 같이 주석으로 기재한다.

〈주석기재 예시〉

주석 YY. 사업비용의 성격별 구분

운영성과표에는 사업비용이 기능별로 구분되어 표시되어 있습니다. 이를 다시 성격별로 구분한 내용은 다음과 같습니다.

| | 분배비용 | 인력비용 | 시설비용 | 기타비용 | 합계 |
|---|---|---|---|---|---|
| **공익목적사업비용** | xxx | xxx | xxx | xxx | xxx |
| 사업수행비용 | xxx | xxx | xxx | xxx | xxx |
| 일반관리비용 | – | xxx | xxx | xxx | xxx |
| 모금비용 | – | xxx | xxx | xxx | xxx |
| **기타사업비용** | – | xxx | xxx | xxx | xxx |
| **합계** | – | xxx | xxx | xxx | xxx |

* 분배비용이 없는 공익법인은 해당 계정을 삭제할 수 있다. 또는 공익법인이 선택에 따라 위 정보를 운영성과표 본문에 다음과 같이 직접 표시할 수도 있다.

| | |
|---|---|
| **Ⅰ. 공익목적사업비용** | (xxx) |
| **1. 사업수행비용** | (xxx) |
| 분배비용 | (xxx) |
| 인력비용 | (xxx) |
| 시설비용 | (xxx) |
| 기타비용 | (xxx) |
| **2. 일반관리비용** | (xxx) |
| 인력비용 | (xxx) |
| 시설비용 | (xxx) |
| 기타비용 | (xxx) |
| **3. 모금비용** | (xxx) |
| 인력비용 | (xxx) |
| 시설비용 | (xxx) |
| 기타비용 | (xxx) |
| **Ⅱ. 기타사업비용** | (xxx) |
| 인력비용 | (xxx) |
| 시설비용 | (xxx) |
| 기타비용 | (xxx) |

*3 공익법인회계기준 제27조 제6항에 따라 기타사업비용을 더 상세하게 구분한 정보를 주석으로 기재할 수 있다. 예를 들어, 기타사업비용을 매출원가와 판매관리비로 구분하여 주석으로 기재할 수 있다.

*4 유형자산재평가손실은 사업외비용으로 표시한다.

## 공동주택관리

### 개 요

#### 1. 공동주택관리의 의의 및 내용

2016년 8월 12일자로 시행된 공동주택관리법의 목적은 공동주택의 관리에 관한 사항을 정함으로써 공동주택을 투명하고 안전하며 효율적으로 관리할 수 있게 하여 국민의 주거수준 향상에 이바지함을 목적으로 하고 있다(공동주택관리법 1). "의무관리대상 공동주택"이란 150세대 이상 공동주택 중 해당 공동주택을 전문적으로 관리하는 자를 두고 자치 의결기구를 의무적으로 구성하여야 하는 등 일정한 의무가 부과되는 공동주택을 말한다.

##### (1) 관리주체의 업무(공동주택관리법 63)

관리주체는 다음 각 호의 업무를 수행한다. 이 경우 관리주체는 필요한 범위에서 공동주택의 공용부분을 사용할 수 있다.

1. 공동주택의 공용부분의 유지 · 보수 및 안전관리
2. 공동주택단지 안의 경비 · 청소 · 소독 및 쓰레기 수거
3. 관리비 및 사용료의 징수와 공과금 등의 납부대행
4. 장기수선충당금의 징수 · 적립 및 관리
5. 관리규약으로 정한 사항의 집행
6. 입주자대표회의에서 의결한 사항의 집행
7. 그 밖에 국토교통부령으로 정하는 사항

##### (2) 의무관리 대상 공동주택의 범위(공동주택관리법 2)

"의무관리 대상 공동주택"이란 해당 공동주택을 전문적으로 관리하는 자를 두고 자치 의결기구를 의무적으로 구성하여야 하는 등 일정한 의무가 부과되는 공동주택으로서, 다음 각 목 중 어느 하나에 해당하는 공동주택을 말한다.

「공동주택관리법」(이하 "법"이라 한다) 제2조 제1항 제2호에 따른 의무관리대상 공동주택의 범위는 다음 각 호와 같다.

1. 300세대 이상의 공동주택
2. 150세대 이상으로서 승강기가 설치된 공동주택

3. 150세대 이상으로서 중앙집중식 난방방식(지역난방방식을 포함한다)의 공동주택
4. 「건축법」 제11조에 따른 건축허가를 받아 주택 외의 시설과 주택을 동일건축물로 건축한 건축물로서 주택이 150세대 이상인 건축물

## 2. 공동주택의 관리방법

입주자 등은 의무관리대상 공동주택을 제6조 제1항에 따라 자치관리하거나 제7조 제1항에 따라 주택관리업자에게 위탁하여 관리하여야 한다.

### (1) 관리주체의 구분

#### 1) 자치관리

자치관리는 입주자가 자치관리기구를 구성하여 직접 관리하는 방법으로 입주자대표회의는 자치관리기구를 두고 관리사무소장이 대표자가 되며 입주자대표회의의 감독을 받는다. 이 방법은 위탁관리에 비해 부가가치세 등의 부담이 적어 관리비의 절감효과가 크나 전문적인 관리능력이 없다는 단점이 있다.

#### 2) 위탁관리

위탁관리는 전문적인 능력을 갖춘 주택관리업자에게 관리를 위탁하는 방법으로 공동주택의 전문적이고 효율적인 관리가 가능하나 부가가치세의 부담 등 관리비의 인상가능성이 있다. 위탁관리업자는 관리사무소에 주택관리사를 파견하여야 한다.

**① 주택관리업의 등록**

주택관리업을 하려는 자는 시장·군수·구청장에게 등록하여야 하며, 등록 사항이 변경되는 경우에는 국토교통부령으로 정하는 바에 따라 변경신고를 하여야 한다. 등록을 한 주택관리업자가 제53조에 따라 그 등록이 말소된 후 2년이 지나지 아니한 때에는 다시 등록할 수 없다.

**② 주택관리업의 등록기준**

주택관리업의 등록은 주택관리사(임원 또는 사원의 3분의 1 이상이 주택관리사인 상사법인을 포함한다)가 신청할 수 있다. 이 경우 주택관리업을 등록하려는 자는 다음 각 호의 요건을 갖추어야 한다.

1. 자본금(법인이 아닌 경우 자산평가액을 말한다)이 2억원 이상일 것
2. 대통령령으로 정하는 인력·시설 및 장비를 보유할 것

# 공동주택관리 회계실무

## 1. 공동주택관리 회계기준의 근거법령

### (1) 회계감사(공동주택관리규약)

① 300세대 이상인 공동주택의 관리주체는 「주식회사의 외부감사에 관한 법률」 제3조 제1항에 따른 감사인의 회계감사를 매년 1회 이상 받아야 한다. 다만, 회계감사를 받지 아니하기로 해당 공동주택 입주자 등의 3분의 2 이상의 서면동의를 받은 연도에는 그러하지 아니하다.

② 300세대 미만인 공동주택으로서 의무관리대상 공동주택의 관리주체는 다음 각 호의 어느 하나에 해당하는 경우 감사인의 회계감사를 받아야 한다.

1. 입주자 등의 10분의 1 이상이 연서하여 요구한 경우
2. 입주자대표회의에서 의결하여 요구한 경우

③ 관리주체는 제1항 또는 제2항에 따라 회계감사를 받은 경우에는 감사보고서 등 회계감사의 결과를 제출받은 날부터 1개월 이내에 입주자대표회의에 보고하고 해당 공동주택단지의 인터넷 홈페이지 및 동별 게시판에 공개하여야 한다. 〈개정 2019. 4. 23〉

④ 제1항 또는 제2항에 따른 회계감사의 감사인은 입주자대표회의가 선정한다. 이 경우 입주자대표회의는 시장 · 군수 · 구청장 또는 「공인회계사법」 제41조에 따른 한국공인회계사회에 감사인의 추천을 의뢰할 수 있으며, 입주자 등의 10분의 1 이상이 연서하여 감사인의 추천을 요구하는 경우 입주자대표회의는 감사인의 추천을 의뢰한 후 추천을 받은 자 중에서 감사인을 선정하여야 한다.

⑤ 제1항 또는 제2항에 따라 회계감사를 받는 관리주체는 다음 각 호의 어느 하나에 해당하는 행위를 하여서는 아니 된다.

1. 정당한 사유 없이 감사인의 자료열람 · 등사 · 제출 요구 또는 조사를 거부 · 방해 · 기피하는 행위
2. 감사인에게 거짓 자료를 제출하는 등 부정한 방법으로 회계감사를 방해하는 행위

⑥ 제1항 또는 제2항에 따른 회계감사의 감사인은 회계감사 완료일부터 1개월 이내에 회계감사 결과를 해당 공동주택을 관할하는 시장 · 군수 · 구청장에게 제출하고 공동주택관리정보시스템에 공개하여야 한다.

### (2) 공동주택회계처리기준

#### 1) 제정경위[163]

2016년 8월 31자로 국토교통부에서 제정 및 고시하여 공동주택회계처리기준은 2017년 1월 1일부터 시행한다. 국토교통부는 '공동주택관리 비리 근절'과 관련하여 2016년 8월 31일, 「공동주택 회계처리기준」을 제정·고시하고, 「공동주택 회계감사기준」을 승인하였다.

"회계처리기준"은 공동주택 단지의 관리주체가 관리비 등을 집행하면서 회계 처리, 장부 기록, 재무제표 작성 시 필요한 기준으로, 그동안 시·도별 관리규약 준칙으로 정해오고 있었기 때문에 17개 시·도별로 내용에 차이가 있어 각 공동주택 단지에서 공동주택관리정보시스템(K-apt)에 공개하고 있는 관리비 등의 지역별 비교 등 데이터 활용가치가 감소하고 회계업무의 표준성, 투명성, 효율성 제고에 장애가 되어 왔다.

이로써, 전국적으로 단일화된 "회계처리기준"을 적용하게 되어 회계업무의 표준성, 투명성, 효율성을 강화할 수 있게 되었고, 감사인의 금융기관 조회 확인 의무화 등 개선된 "회계감사기준"의 적용으로 외부 회계감사의 실효성을 제고할 수 있게 되었다.

#### 2) 회계처리기준의 주요 내용

① 회계처리기준의 통일

- 기존 17개 시·도별 관리규약 준칙에 상이하게 규정된 기준의 통일로, 단일화된 기준에 따른 표준성·객관성 확보

1. 회계연도의 통일 : 1년(1. 1~12. 31)으로 일원화('19. 1. 1부터 모든 공동주택에 적용)
   → 현재 전체 공동주택의 약 94%는 역법상 1년(1. 1~12. 31)을 회계연도로 정하고 있으나, 약 6%는 입주일 등을 기준으로 정하고 있음.
2. 회계용어의 순화 및 통일 : 현장에서 관례적으로 사용하던 회계처리 용어를 순화하거나 통일함.
   → 관리비부과내역서 → 관리비부과명세서, 정정 → 바르게 고침, 갱신 → 새로바꿈, 공동주택 단지에서의 모든 수익과 비용을 관리손익과 관리외손익으로 2분화 일부 시·도에서 복잡하게 세분화(관리외손익을 운영손익, 기타손익으로 세분화 등) 하던 것을 단순화)
3. 필수 작성 회계장부 확정 : 현금출납장, 총계정원장, 계정별원장, 관리비부과명세서, 세대별 관리비조정명세서, 물품관리대장(공구·기구대장, 비품대장, 저장품관리대장), 그 밖의 지출 증빙자료
   → 공동주택 관리 현장에서 작성되는 회계장부의 종류와 명칭이 단지별로 제각각이어서 감사·감독시 파악의 어려움이 있어 통일

163) 국토교통부 "공동주택 회계처리의 통일성·투명성과 외부 회계감사의 실효성 강화된다", 2016. 8. 31, 보도자료.

4. 결산서의 종류 확정 : 재무상태표, 운영성과표, 이익잉여금처분계산서(또는 결손금처리계산서), 주석, 세입 · 세출결산서
   → 결산서의 종류를 재무제표와 세입 · 세출결산서로 한정하여 관리주체의 작성 부담을 경감시키고 재무제표에 대한 회계감사의 실효성 제고
5. 주석 작성 의무화 : 중요사항에 대한 주석 작성을 의무화하고 주석에 포함될 사항을 명확히 규정
   → 주석은 재무제표(재무상태표, 운영성과표, 이익잉여금처분계산서)상의 해당과목 또는 금액에 대한 구체적인 내용을 간결하게 설명해주는 재무제표의 일종
6. 재무제표, 세입 · 세출결산서 및 예산서 서식 제시(별지 제1호 서식~제7호 서식)
   → 공동주택 회계담당자의 공동주택 회계처리기준에 대한 이해가능성을 높이고 시 · 도마다 상이한 공동주택 회계를 표준화하기 위하여 별지서식으로 재무제표, 세입 · 세출결산서 및 예산서 서식을 제시

② 회계처리의 투명성 강화

- 회계부정 발생 가능성이 있는 분야에 대한 투명성을 확보할 수 있는 조항의 신설, 기준의 강화 및 명확화로 관리비리 근절에 기여

1. 적격증빙 수취 의무화 : 모든 거래에 대한 적격증빙 수취를 의무화하되, 거래금액이 3만원 이하로서 적격증빙 수취가 곤란한 경우 예외 인정
   → 세금계산서, 신용카드 매출전표, 현금영수증 등의 적격증빙을 수취하도록 의무화하여 거래의 투명성을 확보하도록 하되, 실무상 빈발하는 소액거래에 대해서는 간이영수증 등의 비적격증빙도 허용하는 예외를 인정하여 실무상 편의 도모
2. 지출의 원칙 명시 : 공급자 명의의 계좌로 입금
   → 기존 지자체 회계처리기준에서는 지출시 '공급자가 지정하는 계좌로 입금'토록 하고 있어, 공급자가 법인이라도 개인 계좌 및 타사 계좌로 이체요청시 그에 따라 지급하게 되어 비리 · 부정의 발생 개연성이 높은 상황이었음. 이에 공급자 명의 계좌로의 입금을 원칙으로 규정
3. 자체 감독기능 강화 : 공동주택관리에 있어서 관리주체 및 입주자대표회의가 상호 보완적으로 회계담당자에 대한 감시 · 감독 강화
   - 장부의 마감 : 매월 마감 시 관리사무소장과 1명 이상의 감사가 서명 또는 날인하고, 감사는 은행의 예금잔고증명과 관계장부를 대조
   - 금전의 보관 : 현금은 매일 관리사무소장의 검사 후 회계담당자가 금고에 보관
   - 지출에 대한 감사 : 입주자대표회의의 감사는 분기별로 지출에 관한 증빙서를 감사
   - 자산실사 : 관리사무소장은 매 회계연도 말일을 기준으로 하여 재고자산 및 유형자산을 실사

③ **공동주택 회계 특성의 반영**

- 기존 회계처리기준의 내용 중 공동주택의 특성에 부적합한 규정은 축소・통합하고 공동주택 특성에 적합한 규정은 확대・세분화

1. 회계처리 원칙 : 발생주의 회계를 원칙으로 하되, 예외 인정
 → 복식부기와 발생주의 회계를 원칙으로 하되, 관리외손익(잡수익 등)에 대해서는 계정별로 일부 현금주의 회계를 적용할 수 있도록 함.
2. 재무제표의 종류 확정 : 현금흐름표의 의무작성 제외
 → 공동주택관리법 시행령 제27조에 따라 작성해야 할 재무제표의 종류 중에서 현금흐름표가 포함되지 않음에 따라 본 기준에서도 현금흐름표 의무작성 제외
3. 관리외수익의 구분 : 관리외수익을 입주자가 적립에 기여한 수익과 입주자와 사용자가 함께 적립에 기여한 수익으로 구분
 → 운영성과표에 관리외수익을 입주자가 적립에 기여한 수익과 입주자와 사용자가 함께 적립에 기여한 수익으로 구분 표시하도록 하여, 관리외수익을 보다 투명하게 관리하고 관리주체 및 입주자대표회의가 관리규약에 맞게 잡수입을 집행하도록 함.
4. 유형자산의 감가상각방법 일원화 : 정액법(매년 일정한 금액으로 감가상각)
 → 유형자산의 감가상각방법에 따라 입주자 등의 관리비 부담액이 기간별로 달라지고 이로 인한 갈등이 조성되는 것을 방지하기 위하여 공동주택의 특성에 적합하게 유형자산의 감가상각방법을 정액법으로 일원화함.

### 3) 회계감사기준의 주요 내용

- 보다 내실 있는 외부회계감사를 통해 공동주택 회계가 투명해지도록 유도하고, 감사인과 입주자대표회의 간의 소통 강화로 입주자 등의 알권리 및 외부회계감사의 실효성 제고

1. 입주자대표회의가 감사인에게 감사보고서 설명 요청시 응하도록 함.
 → 감사결과 설명회를 통해 공동주택 외부회계감사의 실효성 제고
2. 감사인은 관리주체로부터 서면진술서 입수 의무화
 → 재무제표 작성 책임이 있는 관리주체가 특정사항에 대해 확인해 주는 서면 진술서를 입수하도록 의무화
  - (확인내용 예시) ► 회계감사에 필요한 모든 정보를 감사인에게 제공하고, 접근하게 하였음.
  ► 모든 거래를 회계처리기준에 따라 기록하고, 재무제표에 빠짐없이 반영하였음.
  ► 자산・부채는 빠짐없이 장부에 기록하였고, 누락된 자산・부채는 없음.
3. 외부회계감사의 핵심 절차로 "금융기관 조회 확인" 의무화

→ 금융기관 조회확인은 감사인이 입수할 수 있는 감사증거 중 가장 증거력이 높은 직접적인 증거자료(차입금 정보, 담보제공 사실 등)를 감사인이 제3자인 금융기관으로부터 직접 확인하는 방법이므로 회계감사 실효성이 제고되며, 차입금을 부채로 계상하지 않고 누락시켜 온 잘못된 회계관행의 개선도 기대

4. 입주자대표회의에 제출하는 "주요사항 설명서", "감사보고서" 등을 충실히 기재할 것을 명시

→ 감사인이 감사과정에서 알게 된 유용한 정보의 내용을 충실히 기재한 서면을 입주자대표회의 등에 전달함으로써 입주자 등의 알권리 및 회계감사의 실효성을 제고

### 4) 공동주택 회계처리기준

국토교통부 고시 제582호

「공동주택관리법 시행령」 제27조 제2항 및 제3항에 따른 「공동주택 회계처리기준」을 붙임과 같이 제정·고시합니다.

2016년 8월 31일

국토교통부장관

[공동주택 회계처리기준]

제1장 총칙

제1조(목적) 이 기준은 「공동주택관리법 시행령」 제27조 제2항 및 제3항에 따라 관리주체가 공동주택관리의 회계 업무를 공정하고 명확하게 처리하고 입주자와 사용자 등 이해관계자에게 유용한 재무적 정보를 제공하는 데 필요한 사항을 규정함을 목적으로 한다.

제2조(용어의 정의) 이 기준에서 사용하는 용어는「공동주택관리법」(이하 "법"이라 한다), 같은 법 시행령(이하 "영"이라 한다) 및 시행규칙(이하 이들을 통칭하여 "공동주택관리법령"이라 한다)에서 정하는 용어와 같다.

제3조(회계연도) 공동주택의 회계연도는 매년 1월 1일부터 12월 31일까지로 한다.

제4조(회계처리 원칙) 관리주체의 회계처리와 재무보고는 복식부기 방식과 발생주의 회계를 적용하여 다음 각 호의 일반원칙에 따라 처리하여야 한다. 다만, 관리외 수익은 공동주택단지에서 각 계정별로 발생주의 회계 또는 현금주의 회계를 선택하여 적용하되 매 회계연도마다 계속성을 유지하여야 한다.

1. 회계는 재무상의 자료를 일반적으로 인정된 회계원칙에 따라 처리하여야 한다.
2. 회계는 일반적으로 공정하다고 인정되는 회계관습에 따라 처리하여야 한다.
3. 회계처리와 보고는 신뢰할 수 있도록 객관적인 자료와 증거에 의하여 공정하게 처리하여

야 한다.

4. 중요한 회계 방침과 회계처리기준 · 과목 및 금액에 대해서는 그 내용을 재무제표상에 충분히 표시하여야 한다.
5. 회계처리에 관한 기준과 추정은 기간별 비교가 가능하도록 기간마다 계속하여 적용하고 정당한 사유 없이 이를 변경해서는 안 된다.
6. 회계처리를 하거나 재무제표를 작성할 때 과목과 금액은 그 중요성에 따라 실용적인 방법을 통해 결정하여야 한다.
7. 회계처리는 거래의 사실과 경제적 실질을 반영할 수 있어야 한다.

제5조(회계담당자) ① 관리주체는 회계에 관한 독립된 업무를 담당하기 위해 회계 단위별로 다음의 회계담당자를 두어야 한다.

1. 수입 · 지출에 관한 업무 : 수입 · 지출담당
2. 지출원인행위 및 계약에 관한 업무 : 지출원인행위담당 또는 계약담당
3. 재고자산, 유형자산, 물품 및 그 밖의 자산을 관리하는 업무 : 각 자산관리담당

② 회계담당자는 겸직할 수 없다. 다만, 직원의 과소 등으로 겸직이 불가피한 경우에는 그렇지 않다.

제6조(회계업무의 인계인수) 회계업무의 인계인수를 할 때에는 인계자가 작성한 문서의 내용을 관리사무소장의 참관 하에 인계자 · 인수자가 확인하고 이름을 적은 후 도장을 찍어야 한다.

제7조(회계담당자의 책임) ① 회계담당자는 공동주택관리법령 및 관리규약과 이 기준에서 정하는 바에 따라 성실하게 그 직분에 따른 회계처리를 하여야 한다.

② 회계담당자는 고의 또는 중대한 과실로 인하여 손해를 끼친 때에는 손해를 배상할 책임이 있다.

③ 현금 또는 물품을 출납 · 보관하는 사람이 그 보관에 속하는 현금 또는 물품을 망실 · 훼손하였을 경우 선량한 관리자의 주의를 게을리하지 않았음을 증명하지 못하였을 때에는 변상의 책임을 진다.

제8조(회계 업무 처리 직인) ① 관리사무소장이 금융계좌 및 출납관련 회계 업무를 집행할 때에는 법 제64조 제5항에 따라 시장 · 군수 또는 구청장에게 신고한 직인을 사용한다.

② 회계담당자가 회계 업무를 처리할 때에는 해당 회계담당자가 이름을 쓰거나 도장을 찍어야 한다.

제9조(채권 · 채무의 소멸 시기) ① 채권 · 채무의 회계처리상 소멸 시기는 민법 등 관계 법령에서 정하는 소멸시효에 따른다.

② 제1항에도 불구하고 다음 각 호의 어느 하나에 해당하는 경우에는 소멸시효가 완성되기 전이라도 입주자대표회의의 승인을 받아 해당 채권이 소멸한 것으로 처리할 수 있다.

1. 채무자의 소재가 불분명하고 압류할 수 있는 재산의 가격이 강제집행비용 및 우선채권의 합계액을 초과하지 않은 때
2. 채무자가 사망하고 그 상속재산의 가액이 강제집행비용 및 우선채권의 합계액을 초과하

지 않은 때

3. 채권액이 추심비용보다 소액일 때

4. 그 밖의 부득이한 사유가 있는 경우로서 입주자대표회의에서 의결한 때

## 제2장 회계장부와 전표

제10조(회계장부) ① 관리주체는 다음 각 호의 장부를 갖추고 회계사실을 명확하게 기록 · 유지 및 보관하여야 한다.

1. 현금출납장
2. 총계정원장, 계정별원장
3. 관리비부과명세서
4. 세대별 관리비조정명세서
5. 물품관리대장(공구 · 기구대장, 비품대장, 저장품관리대장)
6. 그 밖의 지출증빙자료

② 제1항 각 호의 장부들을 전산으로 처리하는 경우에는 전산상 장부를 출력하여 보관함으로써 그 작성 및 보관을 갈음할 수 있다.

제11조(수기장부의 바르게 고침) 수기로 작성한 장부는 다음 각 호에 따라 바르게 고친다.

1. 장부의 잘못 기록한 사항은 해당 부분을 붉은색으로 두 줄을 긋고 바로 고쳐야 한다.
2. 잘못 기록하여 공란으로 할 필요가 있을 때에는 해당 부분을 붉은색으로 두 줄을 긋고 '공란'이라 붉은색으로 적는다.
3. 장부가 전면 잘못 기록되었거나 공백인 때에는 제1호 및 제2호를 준용한다.
4. 금액은 하나의 행 중 일부가 잘못 기록되었더라도 그 행 전부를 바로 잡아야 한다.
5. 변경한 부분에는 변경 사유를 기재하고 변경한 사람이 도장을 찍어야 한다.
6. 고칠 때에는 약품 등을 사용하여 지워 없애거나 고쳐 적을 수 없다.

제12조(장부의 마감) ① 회계장부의 마감은 다음 각 호에 따른다.

1. 현금출납장은 매일 마감한다.
2. 계정별 원장, 그 밖의 명세서는 매월 말에 마감한다.
3. 장부마감 시에는 미리 그 마감잔액을 관계 장부와 대조하여 확인하여야 한다.
4. 관리사무소장의 변경 시에는 인계인수일을 기준으로 각종 회계장부를 마감하여야 한다.

② 전산으로 회계처리하는 경우에는 매월 결산 처리 결과를 출력하여 관리사무소장과 1명 이상의 입주자대표회의의 감사가 이름을 쓰거나 도장을 찍어 보관하여야 한다. 이 경우 감사는 예금잔고 증명과 관계 장부를 대조하여야 한다.

제13조(장부폐쇄 및 새로 바꿈) ① 회계장부는 매 회계연도별로 결산 확정 시 폐쇄하며, 차기에 사용할 수 없다.

② 장부의 새로 바꿈은 회계연도 초에 행하고 회계연도의 기간 중에는 특별한 경우를 제외하고는 이를 새로 바꿀 수 없다.

③ 전산으로 회계처리하는 경우에는 월마감 및 연마감이 완료되면 같은 기간에 해당하는 전

표의 입력을 할 수 없다.

제14조(장부의 이월) ① 회계연도 말에 재무상태표 계정의 모든 잔액을 다음 회계연도 1일자의 새로운 장부에 이월한다.

② 제1항에 따라 이월하는 양이 많은 경우에는 한꺼번에 이월하고 신・구 장부를 같이 갖춰 두어야 한다.

제15조(장부 마감의 확인) ① 관리사무소장은 매월 또는 수시로 회계담당자의 장부기입을 확인하여야 한다.

② 전산으로 회계처리를 하는 경우에는 1명 이상의 입주자대표회의의 감사와 관리사무소장이 매년 회계담당자가 연마감을 실시하였는지를 확인하여야 한다.

제16조(전표) ① 모든 거래는 전표에 따라 처리한다.

② 전표는 입금 전표・출금 전표・대체 전표로 구분한다.

③ 결의서 또는 증빙서는 전표로 대용할 수 있다. 이 경우 결의서 및 증빙서의 서식에는 전표의 기능이 포함되어야 한다.

④ 전표는 임의로 수정・삭제 등 변경할 수 없다. 다만 잘못 적은 사항의 수정 등 부득이하게 필요한 경우에는 다음 각 호의 절차에 따라 처리한다. 전산으로 회계처리하는 경우 또한 같다.

1. 당일 작성 및 입력된 전표는 업무 담당자가 변경할 수 있다.
2. 작성 및 입력된 전표를 다음 날 이후에 변경(역분개)할 경우에는 관리사무소장의 결재를 받는다.
3. 월별 마감 이후에 작성 및 입력된 전표를 변경(역분개)할 경우에는 위탁관리의 경우에는 주택관리업자, 자치관리의 경우에는 입주자대표회의(경리담당 동별 대표자나 유사한 업무를 수행하는 동별 대표자를 포함한다)의 결재를 받고 그러한 사실을 입주자대표회의의 감사에게 알려야 한다. 다만, 고지서가 이미 발급되어 배부된 경우 등 불가피한 경우에는 결재를 받아 다음 달 부과액에서 변경할 수 있다.

⑤ 전표의 합계금액은 변경하지 못한다. 그 밖의 기재사항에 잘못 적은 것을 바로 잡고자 할 때에는 반드시 관리사무소장이 도장을 찍어야 한다.

⑥ 전표에는 회계담당자와 관리사무소장이 이름을 쓰거나 도장을 찍어 매월 입금 전표와 출금 전표 및 대체전표를 함께 편철 보관하여야 한다.

제17조(증빙서류) 증빙서류는 거래사실의 경위를 입증하여 장부 기록의 증거가 되는 서류로서 특별한 사유로 증빙서류의 작성이 곤란한 경우를 제외하고는 다음 각 호에 따라 작성하여야 한다.

1. 지출결의서
   가. 지출결의서의 지출금액은 고치지 못한다.
   나. 참고란에는 지급의 뜻, 공사・용역명, 품명 및 수량, 산출명세, 부분급 내용과 지급횟수, 선급금 및 개산금의 표시 등 필요한 사항을 명확히 기록하여야 한다.
2. 영수증서
   가. 물품 또는 용역의 공급자가 지정하는 예금계좌 또는 우편대체계좌에 입금함으로써 지

급하고 금융기관이 발행하는 입금증명 또는 우체국이 발행하는 영수증서를 보관한다.

나. 부득이한 사유로 영수증을 받지 못하는 때에는 지급증으로 갈음할 수 있다.

3. 청구서

가. 청구서의 합계금액은 고치지 못한다.

나. 청구서와 그 부속서류는 그 내용이 서로 일치하여야 한다.

4. 계약서

가. 계약서의 합계금액은 고치지 못한다.

나. 계약서와 그 부속서류는 그 내용이 서로 일치하여야 한다.

5. 대조필 : 급여대장, 인부사역부 등 지출에 필요한 증빙서류를 붙이기 곤란한 경우에는 지출결의서의 참고란에 대조필로써 갈음할 수 있다.

6. 부기증명 : 증명서류와 부기증명을 필요로 하는 사항을 관계증빙서류의 여백에 빨간색으로 기록하고 도장을 찍어야 한다.

7. 적격증빙 : 모든 거래대금에 대한 증빙은 영수증 이외의 세금계산서, 직불・체크 카드를 포함한 신용 카드 매출 전표, 현금영수증 등 적격증빙으로 수취하여야 한다. 다만, 거래금액이 3만원 이하로서 적격증빙 수취가 곤란한 경우 영수증으로 갈음할 수 있다.

## 제3장 수입 및 지출

제18조(수입금의 징수) ① 관리주체가 관리비・사용료・장기수선충당금 등(이하 "관리비등"이라 한다)의 수입금을 징수할 때는 수입결의서에 따라 다음 각 호에 근거한 납입고지서를 발급하여야 한다.

1. 관리비부과명세서
2. 세대별 관리비조정명세서

② 수입금을 징수하는 때에는 고지금액 전액을 징수하는 것을 원칙으로 한다. 다만, 장기 체납관리비 등 부득이한 사유로 분할 징수하는 경우 미수연체료, 미수관리비, 납부금의 순위로 징수하며, 민법 제476조에 따라 전용부분에 지정변제충당을 할 수 있다.

③ 입주자와 사용자(이하"입주자 등"이라 한다)가 요청한 경우에는 인터넷의 전자우편으로 납입고지서를 발부할 수 있다.

제19조(납입고지서의 변경금지) ① 납입고지서의 기록사항 중 금액은 수정하거나 삭제할 수 없다.

② 납입고지서의 발행 후 기록사항의 오류가 발견되었을 때는 지체 없이 변경된 납입고지서를 재발행하여야 한다.

제20조(장부정리) 관리비등의 수입금을 징수결정하고 납입고지서를 발급하였을 때에는 수입금징수부 및 그 밖의 필요한 장부에 부과명세 등을 기록하여 수입금 징수근거를 명백히 하여야 한다.

제21조(납입영수증의 보관) 수입금이 납입되었을 때에는 납입영수증 등의 관련 증빙서류를 보관하여야 한다.

제22조(수입금의 취급 및 기장) ① 모든 수입금은 지정 금융기관에서만 대행 수납하도록 한다.
② 회계담당자는 매일 수납된 수입금에 대하여 전산, 장부, 통장을 통해 확인하고 전표처리하여야 한다.

제23조(금전의 보관) ① 시재금의 지급잔액과 마감 후에 출납된 수입현금을 제외하고는 현금을 보관할 수 없다.
② 현금 시재액은 매일 관리사무소장의 검사 후 회계담당자가 금고에 보관하여야 한다.

제24조(수입금의 관리) ① 관리주체는 관리비등을 지정 금융기관을 통해 수납 및 예치・보관하여야 한다. 이때 장기수선충당금은 별도의 계좌로 예치・관리하여야 한다.
② 제1항의 예금통장은 회계담당자가 관리하되, 금고에 보관하여야 한다.

제25조(지출의 원칙) 지출은 물품 또는 용역 공급자 명의의 금융기관 계좌로 지급하여야 한다. 다만, 다음 각 호의 방법으로 지출하는 경우에는 그렇지 않다.
1. 여비 및 교통비를 지출하는 경우
2. 1건당 10만원 미만을 지출하는 경우
3. 신용 카드 또는 직불・체크 카드로 지출하는 경우

제26조(지출원인행위) ① 지출원인행위는 배정된 예산의 범위에서 하여야 한다.
② 지출원인행위를 할 때는 지출원인행위결의서를 작성하여야 한다. 다만, 지출원인행위결의서를 작성하기 곤란한 경우에는 내부결재 문서로서 이를 갈음할 수 있다.
③ 비용예산 중 다음 각 호의 경비는 지출원인행위결의서 작성을 생략할 수 있다.
1. 공공요금, 제세공과
2. 인건비, 여비
3. 그 밖의 정례적인 확정 경비
④ 지출원인행위자는 계약의 해제, 계약금액의 변경 등으로 인하여 그 지출원인행위의 금액을 취소하거나 증액 또는 감액 조정을 하고자 할 때에는 당초의 지출원인행위를 소급하여 취소 또는 바르게 고치지 않고, 따로 지출원인행위 취소결의서 또는 지출원인행위 증감결의서를 작성하여야 한다.

제27조(지출원인행위 관계서류의 제출 및 심사) ① 지출원인 행위자는 지출원인행위가 끝나면 지출원인행위 관계서류를 지출담당자에게 제출하여야 한다.
② 지출담당자는 지출원인행위자로부터 지출원인 관계서류를 받았을 때 이를 검토하여야 한다.
③ 제2항의 검토결과가 부적당한 때에는 관계서류를 지출원인행위자에게 반환하여 바르게 고치도록 요구하여야 한다.

제28조(지출에 대한 감사) 입주자대표회의 감사는 지출 업무의 적정성을 유지하기 위하여 분기별로 지출에 관한 증빙서를 감사하여야 한다.

제29조(예금잔고 관리) 관리사무소장은 매월 말일을 기준으로 다음 달 초에 지정 금융기관으로부터 예금잔고 증명을 받아 관계 장부와 대조하여야 한다.

## 제4장 자산

제30조(자산의 관리) ① 제5조 제1항 제3호에서 임명한 자산관리담당은 물품관리대장을 작성하여 보관하여야한다.

② 물품관리대장은 재무상태표의 계정과목별로 작성하여야 한다.

③ 물품관리대장을 작성할 때는 취득, 처분, 교환 등의 내용을 발생일자 순으로 정리하고, 관련 증빙서류와 함께 보관하여야한다.

제31조(재고자산의 범위) 재고자산은 다음 각 호에 해당하는 물품을 말한다.

1. 연료용 유류
2. 소비성 공구
3. 수선용 자재
4. 보일러 청관제 등 재고약품
5. 그 밖의 재고물품

제32조(재고자산의 장부금액 결정) ① 재고자산의 장부금액은 취득원가로 한다.

② 재고자산의 취득원가는 매입원가로서, 다음 각 호의 합계로 한다.

1. 취득에 직접적으로 관련된 원가
2. 정상적으로 발생한 기타원가

③ 매입과 관련된 할인, 에누리 및 그 밖의 유사한 항목은 매입원가에서 차감한다.

제33조(재고자산의 관리) ① 재고자산은 적정수준을 정하여 관리의 합리화를 도모하여야 한다.

② 재고자산의 입고 및 출고에 관한 기록은 특별한 경우를 제외하고는 계속기록법에 따른다.

③ 재고자산의 출고가격산정은 선입선출법 또는 평균법에 따르되 계속성을 유지하여야 한다.

제34조(유형자산의 취득) ① 관리주체가 승인된 예산 외의 유형자산을 취득하고자 하는 경우에는 입주자대표회의의 승인을 받아야 한다.

② 제1항의 승인을 요청하는 때에는 다음 각 호의 사항을 기록한 문서를 붙여야 한다.

1. 취득하고자 하는 유형자산의 명칭과 종류
2. 구입하고자 하는 사유
3. 예정가격 및 단가
4. 취득방법
5. 그 밖의 필요한 사항

제35조(유형자산의 장부금액 결정) ① 유형자산의 장부금액은 취득원가로 한다.

② 유형자산의 취득원가는 다음 각 호의 합계로 한다.

1. 구입원가
2. 관리주체가 의도하는 방식으로 자산을 가동하는 데 필요한 장소와 상태에 이르게 하는 데 직접 관련되는 원가

③ 매입과 관련된 할인, 에누리 및 그 밖의 유사한 항목은 취득원가에서 차감한다.

제36조(유형자산의 감가상각) 유형자산에 대한 감가상각은 다음 각 호에 따라 처리한다.

1. 내용연수는 자산으로부터 기대되는 미래 경제적 효익을 고려하여 입주자대표회의의 의결로 정하되, 정당한 사유가 없는 한 이를 변경하여서는 안된다.
2. 감가상각 방법은 정액법으로 한다.
3. 잔존가치는 0으로 한다.
4. 감가상각비는 해당 유형자산을 취득한 시점부터 매기 인식한다.

제37조(유형자산 표시) 유형자산은 취득원가에서 감가상각누계액을 차감하는 형식으로 재무상태표에 표시한다.

제38조(유형자산 제거) ① 유형자산을 처분하거나, 영구적으로 폐기하여 미래 경제적 효익을 기대할 수 없게 될 때에는 재무상태표에서 제거한다.

② 유형자산의 폐기 또는 처분으로부터 발생하는 손익은 처분금액과 장부금액의 차액으로 결정하며, 운영성과표에서 당기손익으로 인식한다.

제39조(자산실사) ① 관리사무소장은 매 회계연도 말일을 기준으로 하여 재고자산 및 유형자산을 실사하여야 한다.

② 재고자산 및 유형자산을 실사하는 경우에는 출납 업무와 관계없는 직원 중 관리사무소장이 지정하는 직원과 1명 이상의 입주자대표회의 감사 또는 입주자대표회의가 지정한 입주자가 참관할 수 있다.

③ 관리사무소장은 자산출납부에 자산실사 일자, 자산실사 참여자, 실사결과 등의 자산실사 내용을 기록하여 보관하여야 한다.

제40조(물품관리대장의 잔액관리) ① 자산관리담당자는 매월 마감 시점의 장부상 재고자산 잔액과 재고자산 관리대장상의 잔액이 일치하도록 관리하여야한다.

② 자산관리담당자는 매년 마감시점의 장부상 유형자산 잔액과 유형자산 관리대장상의 잔액이 일치하도록 관리하여야 한다.

## 제5장 결산

제41조(결산) ① 관리주체는 영 제26조 제3항에 따라 다음 각 호의 결산서를 작성하여 회계연도 종료 후 2개월 이내 입주자대표회의에 제출하여야 한다.

1. 재무상태표
2. 운영성과표
3. 이익잉여금처분계산서(또는 결손금처리계산서)
4. 주석
5. 세입・세출결산서

② 결산은 해당 연도의 회계처리 상태를 명확히 파악할 수 있도록 명료하게 하여야 한다.

③ 결산은 회계연도 말을 기준으로 실시하고 재무제표는 매월 작성한다.

④ 미확정채권은 귀속의 사유가 확정되지 않는 한 계상하지 않고 미확정채무는 면책의 사유

가 확정되지 않는 한 계상하여야 한다.

제42조(결산서의 보관) ① 제41조에 따라 결산을 수행할 경우, 작성된 결산서는 출력하여 편철하고 관리사무소장의 도장을 찍은 후 보관하여야 한다.

② 제1항에 따라 결산서를 보관할 경우 제29조의 예금잔액증명서 원본을 함께 첨부하여 보관하도록 한다.

## 제6장 재무제표

제43조(재무제표의 작성) ① 관리주체는 영 제27조 제1항에 따라 다음의 재무제표를 작성하여야한다.

1. 재무상태표
2. 운영성과표
3. 이익잉여금처분계산서(또는 결손금처리계산서)
4. 주석

② 재무제표는 이해하기 쉽도록 간단하고 명료하게 표시하여야 하며, 이 기준에 예시된 별지 제1호부터 제7호까지의 서식 중 별지 제1호부터 제3호까지의 서식을 참조하여 작성한다. 다만, 예시된 명칭보다 내용을 잘 나타내는 계정과목명이 있을 경우에는 그 계정과목명을 사용할 수 있다.

③ 재무제표상의 각 항목은 총액에 따라 적는 것을 원칙으로 하고, 각 항목의 금액을 상계함으로써 그 전부 또는 일부를 재무제표에서 제외하여서는 아니된다.

④ 재무제표의 기간별 비교가능성을 높이기 위하여 전기 재무제표의 계량정보를 당기와 비교하는 형식으로 표시하여야 한다.

⑤ 회계연도 중 계정이 재분류되어 비교가능성이 저하될 것으로 판단되는 항목은 별도로 표시하거나 주석에 기록하여 그 정보를 알 수 있게 하여야 한다. 다만, 금액적으로 중요하지 않은 내용은 표시하지 않을 수 있다.

제44조(재무상태표) ① 재무상태표는 특정시점의 공동주택 관리사무소의 자산과 부채의 명세 및 상호관계 등 재무상태를 나타내는 재무제표로서 자산·부채 및 순자산으로 구분하여 표시한다.

② 자산은 유동자산과 비유동자산으로 구분하되, 회계연도 종료 후 1년 이내에 현금화되거나 실현될 것으로 예상되면 유동자산으로, 그 밖의 경우는 비유동자산으로 구분한다.

③ 부채는 유동부채와 비유동부채로 구분하되, 회계연도 종료 후 1년 이내에 상환 등을 통하여 소멸할 것으로 예상되면 유동부채로, 그 밖의 경우는 비유동부채로 구분한다.

④ 제2항 및 제3항에도 불구하고 장기수선충당예치금, 장기수선충당금 등 사용 시기를 특정할 수 없는 자산과 부채는 비유동자산과 비유동부채로 구분한다.

⑤ 순자산은 제 적립금과 미처분 이익잉여금으로 구분한다.

제45조(운영성과표) 운영성과표는 회계기간 동안 관리주체가 공동주택관리서비스를 제공하거

나 부대활동을 수행하기 위해 지출한 비용과 이를 위해 입주자 등 및 제3자로부터 회수한 수익을 적정하게 표시하여야 한다.

제46조(관리손익) ① 관리손익은 관리수익에서 관리비용을 차감한 금액으로 한다.

② 관리수익은 영 제23조 제1항의 관리비, 같은 조 제2항의 장기수선충당금, 같은 조 제3항의 사용료 등에 대한 고지를 통하여 입주자 등에게 부과한 수익으로 한다.

③ 관리비용은 관리주체가 공동주택관리서비스를 제공함으로써 발생한 비용으로 영 제23조 제1항의 관리비, 같은 조 제2항의 장기수선충당금, 같은 조 제3항의 사용료 등의 합계액을 의미하며, 운영성과표상 공용관리비, 개별사용료 등으로 구분하여 표시한다.

④ 제3항의 장기수선비는 관리주체가 법 제30조 제1항에 따라 해당 주택의 소유자에게 부과하는 금액을 의미한다.

제47조(관리외손익) ① 당기순이익은 관리손익에 관리외수익을 가산하고 관리외비용을 차감한 금액으로 한다.

② 관리외수익은 관리수익 외에 관리주체에게 유입되는 수익으로, 복리시설의 운영, 자치활동 등을 통하여 발생하는 수익과 경상적이고 반복적으로 발생하는 이자수익 등을 말하며, 입주자가 적립에 기여한 수익, 입주자와 사용자가 함께 적립에 기여한 수익으로 구분하여 표시한다.

③ 관리외비용은 입주자 등에게 부과하지 않는 비용으로, 복리시설의 운영, 자치활동 등을 통하여 발생하는 비용을 말한다.

제48조(이익잉여금처분계산서) 이익잉여금처분계산서는 이익잉여금의 처리사항을 다음 각 호와 같이 구분하여 표시한다.

1. 미처분이익잉여금
2. 이익잉여금이입액
3. 이익잉여금처분액
4. 차기이월이익잉여금

제49조(주석) ① 다음 각 호의 사항을 주석으로 기재한다.

1. 단지 개요
   가. 아파트 소재지
   나. 사용검사일
   다. 관리면적
   라. 난방방식
   마. 관리방식
   바. 관리대상(세대수, 동수, 총 주택공급면적 등)
   사. 주요 부대시설 및 복리시설 현황
2. 관리비용 배부기준
3. 재무제표 작성 시 적용한 회계처리기준 및 관리외손익의 인식기준
4. 주요 보험 가입 명세

5. 주요 계약 체결 명세
6. 주요 계정 부속명세
가. 제예금
나. 유형자산
다. 미지급금(미지급비용)
라. 예수금
마. 관리비예치금
바. 그 밖의 주요 계정
7. 주요 충당금 및 주요 적립금 등 사용 명세
8. 일반관리비 명세
9. 3개월 이상 연체된 미납관리비의 연체월별 금액(입주자 등의 세대별 사용명세 및 연체자의 동·호수 등 기본권 침해의 우려가 있는 내용은 제외한다)
10. 계류 중인 중요한 소송사건

② 일반관리비 세부명세를 운영성과표에 일반관리비의 하위계정으로 표시한 경우에는 제1항 제8호의 일반관리비 명세는 주석으로 기록하지 않을 수 있다.

## 제7장 예산

**제50조(예산편성)** ① 관리주체는 영 제26조 제1항에 따라 다음 회계연도에 관한 예산안을 매 회계연도 개시 1개월 전까지 입주자대표회의에 제출하여 승인을 받아야 하며 승인사항에 변경이 있는 때에는 변경승인을 받아야 한다.

② 관리주체가 입주자대표회의에 제출하는 세입세출예산에는 다음 서류를 첨부하여야 한다.
1. 세입세출예산 편성지침
2. 세입세출예산 사항별 설명서
3. 세입세출예산 총계표 및 순계표
4. 기타 재무의 상황과 세입세출예산의 내용을 명백히 할 수 있는 서류

③ 관리주체는 세입세출예산을 입주자대표회의에 제출한 후 부득이한 사유로 인하여 그 내용의 일부를 수정하고자 할 때에는 수정세입세출예산을 입주자대표회의에 제출할 수 있다.

**제51조(세출예산 과목)** ① 세출예산은 장, 관, 항으로 단계별로 구분한다.

② 세출예산의 장은 관리기구운영비, 공동주택관리비, 공동사용료, 관리외 비용, 이익잉여금 등으로 구분하고 관 및 항은 재무상태표, 운영성과표 계정과목을 최대한 준용한다.

**제52조(세입예산 과목)** ① 세입예산은 장, 관, 항으로 단계별로 구분한다.

② 세입예산의 장은 관리수익, 관리외 수익으로 구분하고 관 및 항은 재무상태표, 운영성과표 계정과목을 최대한 준용한다.

**제53조(예산의 전용 및 이월)** ① 지출예산에 정하여진 예산액은 과목 간에 이를 전용할 수 없다. 다만, 부득이한 사유로 인하여 입주자대표회의의 승인을 받은 경우에는 그러하지 아니하다.

② 예산은 다음 연도에 이월하여 사용할 수 없다. 다만, 이월 공사인 경우에는 그렇지 않다.

**제54조(추가경정예산)** 영 제26조 제1항에 따라 예산이 성립된 후의 사업계획의 변경 또는 그 밖의 불가피한 사유로 이미 성립된 예산을 변경할 필요가 있을 때에는 추가경정세입세출예산을 편성할 수 있다. 이때에는 입주자대표회의의 변경승인을 받아야 한다.

**제55조(예산불성립 시의 예산집행)** ① 예산이 부득이한 사유로 인하여 회계연도 시작 전까지 성립되지 아니한 때에는 관리주체는 해당 회계연도 예산안에 계상된 것은 전년도의 실적범위에서 집행할 수 있다. 다만, 다른 법령에 따라 최저임금 또는 그 밖의 비용요인이 인상됨으로 인하여 이를 반영하여야 하는 경우에는 그 반영된 금액은 실적범위 이내에 해당하는 것으로 간주한다.

② 제1항에 따라 집행된 예산은 해당 연도 예산이 성립되면 그 성립된 예산에 따라 집행된 것으로 본다.

**제56조(세입 · 세출결산서 보고)** ① 관리주체는 매 분기 말일을 기준으로 하여 세입 · 세출결산서를 작성하여 입주자대표회의에 보고하여야 한다.

② 입주자대표회의는 제1항에 따른 보고서를 분석하고 그 결과를 입주자 및 사용자에게 공시하여야 한다.

## 제8장 행정사항

**제57조(재검토기한)** 국토교통부장관은 「훈령 · 예규 등의 발령 및 관리에 관한 규정」(대통령 훈령 334호)에 따라 이 고시에 대하여 2018년 1월 1일 기준으로 매 3년이 되는 시점(매 3년째의 12월 31일까지를 말한다)마다 그 타당성을 검토하여 개선 등의 조치를 하여야 한다.

## 부 칙

**제1조(시행일)** 이 기준은 2017년 1월 1일부터 시행한다.

**제2조(일반적 적용례)** 이 기준은 이 기준의 시행일 이후 개시되는 공동주택의 회계연도에 대한 회계처리부터 적용한다.

**제3조(회계연도에 관한 적용례)** 제3조는 2019년 1월 1일부터 적용한다.

[별지 제1호 서식]

# 재무상태표

제00(당)기 : 20 년 12월 31일 현재
제00(전)기 : 20 년 12월 31일 현재

○○○아파트 관리사무소 (단위 : 원)

| 과 목 | 제00(당)기 | | 제00(전)기 | |
|---|---|---|---|---|
| | 금 액 | | 금 액 | |
| 자산 | | | | |
| Ⅰ.유동자산 | | 0 | | 0 |
| 1.당좌자산 | | 0 | | 0 |
| 1)현금 | 0 | | 0 | |
| 2)예금 | 0 | | 0 | |
| 3)미수관리비 | 0 | | 0 | |
| 4)미부과관리비 | 0 | | 0 | |
| 5)선급비용 | 0 | | 0 | |
| 6)미수수익 | 0 | | 0 | |
| 7)미수금 | 0 | | 0 | |
| 8)가지급금 | 0 | | 0 | |
| 9)부가가치세대급금 | 0 | | 0 | |
| 10)선납법인세 | 0 | | 0 | |
| 11)선납지방소득세 | 0 | | 0 | |
| 12)기타당좌자산 | 0 | | 0 | |
| 2.재고자산 | | 0 | | 0 |
| 1)연료성유류 | 0 | | 0 | |
| 2)소비성공구 | 0 | | 0 | |
| 3)수선용자재 | 0 | | 0 | |
| 4)재고약품 | 0 | | 0 | |
| 5)기타재고자산 | 0 | | 0 | |
| Ⅱ.비유동자산 | | 0 | | 0 |
| 1.투자자산 | | 0 | | 0 |
| 1)장기수선충당예치금 | 0 | | 0 | |
| 2)퇴직급여충당예치금 | 0 | | 0 | |
| 3)하자보수충당예치금 | 0 | | 0 | |
| 4)기타의예치금 | 0 | | 0 | |
| 5)기타투자자산 | 0 | | 0 | |
| 2.유형자산 | | 0 | | 0 |
| 1)토지 | 0 | | 0 | |
| 2)건물 | 0 | | 0 | |
| 건물감가상각누계액 | (0) | | (0) | |
| 3)구축물 | 0 | | 0 | |
| 구축물감가상각누계액 | (0) | | (0) | |
| 4)기계장치 | 0 | | 0 | |

○○○아파트 관리사무소 (단위 : 원)

| 과 목 | 제00(당)기 | | 제00(전)기 | |
|---|---|---|---|---|
| | 금 액 | | 금 액 | |
| 기계장치감가상각누계액 | (0) | | (0) | |
| 5) 비품 | 0 | | 0 | |
| 비품감가상각누계액 | (0) | | (0) | |
| 6) 차량운반구 | 0 | | 0 | |
| 차량운반구감가상각누계액 | (0) | | (0) | |
| 7) 기타유형자산 | 0 | | 0 | |
| 기타유형자산감가상각누계액 | (0) | | (0) | |
| 3.기타비유동자산 | | 0 | | 0 |
| 1) 전신전화가입권 | 0 | | 0 | |
| 2) 임차보증금 | 0 | | 0 | |
| 3) 기타의비유동자산 | 0 | | 0 | |
| 자산 계 | | 0 | | 0 |
| 부채 | | | | |
| Ⅰ.유동부채 | | 0 | | 0 |
| 1.미지급금 | 0 | | 0 | |
| 2.미지급비용 | 0 | | 0 | |
| 3.예수금 | 0 | | 0 | |
| 4.부가가치세예수금 | 0 | | 0 | |
| 5.중간관리비예수금 | 0 | | 0 | |
| 6.선수수익 | 0 | | 0 | |
| 7.선수금 | 0 | | 0 | |
| 8.선수수도료 | 0 | | 0 | |
| 9.선수전기료 | 0 | | 0 | |
| 10.선수난방비 | 0 | | 0 | |
| 11.단기보증금 | 0 | | 0 | |
| 12.가수금 | 0 | | 0 | |
| 13.수선충당금 | 0 | | 0 | |
| 14.연차수당충당금 | 0 | | 0 | |
| 15.기타유동부채 | 0 | | 0 | |
| Ⅱ.비유동부채 | | 0 | | 0 |
| 1.관리비예치금 | 0 | | 0 | |
| 2.퇴직급여충당부채 | 0 | | 0 | |
| 3.하자보수충당부채 | 0 | | 0 | |
| 4.장기수선충당금 | 0 | | 0 | |
| 5.임대보증금 | 0 | | 0 | |
| 6.기타비유동부채 | 0 | | 0 | |
| 부채 계 | | 0 | | 0 |
| 순자산 | | | | |

○○○아파트 관리사무소 (단위 : 원)

| 과 목 | 제00(당)기 | | 제00(전)기 | |
|---|---|---|---|---|
| | 금 액 | | 금 액 | |
| Ⅰ.적립금 | | 0 | | 0 |
| 1.예비비적립금 | 0 | | 0 | |
| 2.공동체활성화단체지원적립금 | 0 | | 0 | |
| 3.기타적립금 | 0 | | 0 | |
| Ⅱ.미처분이익잉여금 | | 0 | | 0 |
| 1.전기이월이익잉여금 | 0 | | 0 | |
| 2.당기순이익 | 0 | | 0 | |
| 순자산 계 | | 0 | | 0 |
| 부채와순자산 계 | | 0 | | 0 |

[별지 제2호 서식]

## 운영성과표

제○○(당)기 : 20　년 1월 1일부터 12월 31일까지
제○○(전)기 : 20　년 1월 1일부터 12월 31일까지

○○○아파트 관리사무소　　　　　　　　　　　　　　　　　　(단위 : 원)

| 과　목 | 제00(당)기 금 액 | | 제00(전)기 금 액 | |
|---|---|---|---|---|
| Ⅰ.관리수익 | | 0 | | 0 |
| 1.관리비수익 | | 0 | | 0 |
| 2.상가관리비수익 | | 0 | | 0 |
| 관리비수익 | 0 | | 0 | |
| Ⅱ.관리비용 | | 0 | | 0 |
| 1.공용관리비 | | 0 | | 0 |
| 1) 일반관리비 | | 0 | | 0 |
| (1) 인건비 | | 0 | | 0 |
| 급여 | 0 | | 0 | |
| 제수당 | 0 | | 0 | |
| 상여금 | 0 | | 0 | |
| 퇴직금 | 0 | | 0 | |
| 산재보험료 | 0 | | 0 | |
| 고용보험료 | 0 | | 0 | |
| 국민연금 | 0 | | 0 | |
| 건강보험료 | 0 | | 0 | |
| 식대 등 복리후생비 | 0 | | 0 | |
| (2) 제사무비 | | 0 | | 0 |
| 일반사무용품비 | 0 | | 0 | |
| 도서인쇄비 | 0 | | 0 | |
| 여비교통비 | 0 | | 0 | |
| (3) 제세공과금 | | 0 | | 0 |
| 공과금 중 전기료 | 0 | | 0 | |
| 통신비 | 0 | | 0 | |
| 우편료 | 0 | | 0 | |
| 제세공과금 등 | 0 | | 0 | |
| (4) 피복비 | | 0 | | 0 |
| 피복비 | 0 | | 0 | |
| (5) 교육훈련비 | | 0 | | 0 |

○○○아파트 관리사무소 (단위 : 원)

| 과 목 | 제00(당)기 | | 제00(전)기 | |
|---|---|---|---|---|
| | 금 액 | | 금 액 | |
| 교육훈련비 | 0 | | 0 | |
| (6)차량유지비 | | 0 | | 0 |
| 연료비 | 0 | | 0 | |
| 수리비 | 0 | | 0 | |
| 보험료 | 0 | | 0 | |
| 기타차량유지비 | 0 | | 0 | |
| (7)그밖의 부대비용 | | 0 | | 0 |
| 관리용품구입비 | 0 | | 0 | |
| 유형자산감가상각비 | 0 | | 0 | |
| 전문가자문비 등 | 0 | | 0 | |
| 잡비 | 0 | | 0 | |
| 2)청소비 | | 0 | | 0 |
| 청소비 | 0 | | 0 | |
| 3)경비비 | | 0 | | 0 |
| 경비비 | 0 | | 0 | |
| 4)소독비 | | 0 | | 0 |
| 소독비 | 0 | | 0 | |
| 5)승강기유지비 | | 0 | | 0 |
| 승강기유지비 | 0 | | 0 | |
| 6)지능형홈네트워크설비유지비 | | 0 | | 0 |
| 지능형홈네트워크설비유지비 | 0 | | 0 | |
| 7)수선유지비 | | 0 | | 0 |
| 수선비 | 0 | | 0 | |
| 시설유지비 | 0 | | 0 | |
| 안전점검비 | 0 | | 0 | |
| 재해예방비 | 0 | | 0 | |
| 8)위탁관리수수료 | | 0 | | 0 |
| 위탁관리수수료 | 0 | | 0 | |
| 2.개별사용료 | | 0 | | 0 |
| 1)난방비 | | 0 | | 0 |
| 난방비 | 0 | | 0 | |
| 2)급탕비 | | 0 | | 0 |
| 급탕비 | 0 | | 0 | |

○○○아파트 관리사무소 (단위 : 원)

| 과 목 | 제00(당)기 | | 제00(전)기 | |
|---|---|---|---|---|
| | 금 액 | | 금 액 | |
| 3)가스사용료 | | 0 | | 0 |
| 가스사용료 | 0 | | 0 | |
| 4)전기료 | | 0 | | 0 |
| 전기료 | 0 | | 0 | |
| 5)수도료 | | 0 | | 0 |
| 수도료 | 0 | | 0 | |
| 6)정화조오물수수료 | | 0 | | 0 |
| 정화조오물수수료 | 0 | | 0 | |
| 7)생활폐기물수수료 | | 0 | | 0 |
| 생활폐기물수수료 | 0 | | 0 | |
| 8)입주자대표회의 운영비 | | 0 | | 0 |
| 입주자대표회의 운영비 | 0 | | 0 | |
| 9)건물보험료 | | 0 | | 0 |
| 건물보험료 | 0 | | 0 | |
| 10)선거관리위원회 운영비 | | 0 | | 0 |
| 선거관리위원회 운영비 | 0 | | 0 | |
| 3.장기수선충당금 | | 0 | | 0 |
| 장기수선비 | 0 | | 0 | |
| Ⅲ.관리손익 | | 0 | | 0 |
| Ⅳ.관리외수익 | | 0 | | |
| 1.입주자기여수익 | | 0 | | 0 |
| 중계기임대수입 | 0 | | 0 | |
| 어린이집임대수입 | 0 | | 0 | |
| 장기수선충당예치금이자수입 | 0 | | 0 | |
| 하자보수충당예치금이자수입 | 0 | | 0 | |
| 기타의입주자기여수입 | 0 | | 0 | |
| 2.공동기여수익 | | 0 | | 0 |
| 주차수입 | 0 | | 0 | |
| 승강기수입 | 0 | | 0 | |
| 운동시설사용수입 | 0 | | 0 | |
| 독서실사용수입 | 0 | | 0 | |
| 재활용품수입 | 0 | | 0 | |
| 알뜰시장수입 | 0 | | 0 | |
| 광고수입 | 0 | | 0 | |

○○○아파트 관리사무소 (단위 : 원)

| 과 목 | 제00(당)기 | | 제00(전)기 | |
|---|---|---|---|---|
| | 금 액 | | 금 액 | |
| 검침수입 | 0 | | 0 | |
| 이자수입 | 0 | | 0 | |
| 연체료수입 | 0 | | 0 | |
| 부과차익 | 0 | | 0 | |
| 공동주택지원금수익 | 0 | | 0 | |
| 고용안정사업수익 | 0 | | 0 | |
| 기타의공동기여수익 | 0 | | 0 | |
| Ⅴ.관리외비용 | | 0 | | 0 |
| 1.충당금전입이자비용 | | 0 | | 0 |
| 충당금전입이자비용 | 0 | | 0 | |
| 2.시설운영비용 | | 0 | | 0 |
| 승강기운영비 | 0 | | 0 | |
| 주차장운영비 | 0 | | 0 | |
| 독서실운영비 | 0 | | 0 | |
| 3.알뜰시장비용 | | 0 | | 0 |
| 알뜰시장비용 | 0 | | 0 | |
| 4.재활용품비용 | | 0 | | 0 |
| 재활용품비용 | 0 | | 0 | |
| 5.검침비용 | | 0 | | 0 |
| 검침비용 | 0 | | 0 | |
| 6.공동주택지원금비용 | | 0 | | 0 |
| 공동주택지원금비용 | 0 | | 0 | |
| 7.고용안정사업비용 | | 0 | | 0 |
| 고용안정사업비용 | 0 | | 0 | |
| 8.부과차손 | | 0 | | 0 |
| 부과차손 | 0 | | 0 | |
| 9.자치활동비 | | 0 | | 0 |
| 자치활동비 | 0 | | 0 | |
| 10.차감관리비 | | 0 | | 0 |
| 경비비 | 0 | | 0 | |
| 청소비 | 0 | | 0 | |
| 11.기타의관리외비용 | | 0 | | 0 |
| 기타의관리외비용 | 0 | | 0 | |
| Ⅵ.당기순이익 | | 0 | | 0 |

[별지 제3호 서식]

# 이익잉여금처분계산서

제○○(당)기 : 20　년 1월 1일부터 12월 31일까지

처분확정일 : 20　년 00월 00일

제○○(전)기 : 20　년 1월 1일부터 12월 31일까지

처분확정일 : 20　년 00월 00일

○○○아파트 관리사무소　　　　(단위 : 원)

| 과　목 | 제00(당)기 | | 제00(전)기 | |
|---|---|---|---|---|
| | 금　액 | | 금　액 | |
| Ⅰ.미처분이익잉여금 | | 0 | | 0 |
| 전기이월이익잉여금 | 0 | | 0 | |
| 당기순이익 | 0 | | 0 | |
| Ⅱ. 이익잉여금 이입액 | | 0 | | 0 |
| 기타 적립금 | 0 | | 0 | |
| 합계(Ⅰ+Ⅱ) | | 0 | | 0 |
| Ⅲ. 이익잉여금처분액 | | 0 | | 0 |
| 예비비적립금 | 0 | | 0 | |
| 공동체활성화단체지원적립금 | 0 | | 0 | |
| 장기수선충당금 | 0 | | 0 | |
| 기타적립금 | 0 | | 0 | |
| Ⅳ. 차기이월이익잉여금(Ⅰ+Ⅱ－Ⅱ) | | 0 | | 0 |

[별지 제4호 서식]

# 세입예산서

제○○(당)기 : 20 년 1월 1일부터 12월 31일까지

(예산승인일: 20 년 00월 00일)

○○○아파트 관리사무소 (단위 : 원)

| 구 분 | 예산액 | | 전년도예산액 | | 비교증감 | | 증감률 | |
|---|---|---|---|---|---|---|---|---|
| Ⅰ.관리수익 | | 0 | | 0 | | 0 | | % |
| 1.관리비수익 | 0 | | 0 | | 0 | | % | |
| 2.상가관리비수익 | 0 | | 0 | | 0 | | % | |
| Ⅱ.관리외수익 | | 0 | | 0 | | 0 | | % |
| 1.이자수입 | 0 | | 0 | | 0 | | % | |
| 2.중계기임대수입 | 0 | | 0 | | 0 | | % | |
| 3.어린이집임대수입 | 0 | | 0 | | 0 | | % | |
| 4.주차수입 | 0 | | 0 | | 0 | | % | |
| 5.승강기수입 | 0 | | 0 | | 0 | | % | |
| 6.운동시설사용수입 | 0 | | 0 | | 0 | | % | |
| 7.독서실사용수입 | 0 | | 0 | | 0 | | % | |
| 8.재활용품수입 | 0 | | 0 | | 0 | | % | |
| 9.알뜰시장수입 | 0 | | 0 | | 0 | | % | |
| 10.광고수입 | 0 | | 0 | | 0 | | % | |
| 11.검침수입 | 0 | | 0 | | 0 | | % | |
| 12.연체료수입 | 0 | | 0 | | 0 | | % | |
| 13.기타 | 0 | | 0 | | 0 | | % | |
| Ⅲ.세입합계 | | 0 | | 0 | | 0 | | % |

[별지 제5호 서식]

# 세입결산서

제○○(당)기 : 20 년 1월 1일부터 12월 31일까지

○○○아파트 관리사무소 (단위 : 원)

| 구 분 | 당초예산 | | 예산액 | | 증감 | | 결산액 | | 차이액 | |
|---|---|---|---|---|---|---|---|---|---|---|
| Ⅰ.관리수익 | | 0 | | 0 | | 0 | | 0 | | 0 |
| 1.관리비수익 | 0 | | 0 | | 0 | | 0 | | 0 | |
| 2.상가관리비수익 | 0 | | 0 | | 0 | | 0 | | 0 | |
| Ⅱ.관리외수익 | | 0 | | 0 | | 0 | | 0 | | 0 |
| 1.이자수입 | 0 | | 0 | | 0 | | 0 | | 0 | |
| 2.중계기임대수입 | 0 | | 0 | | 0 | | 0 | | 0 | |
| 3.어린이집임대수입 | 0 | | 0 | | 0 | | 0 | | 0 | |
| 4.주차수입 | 0 | | 0 | | 0 | | 0 | | 0 | |
| 5.승강기수입 | 0 | | 0 | | 0 | | 0 | | 0 | |
| 6.운동시설사용수입 | 0 | | 0 | | 0 | | 0 | | 0 | |
| 7.독서실사용수입 | 0 | | 0 | | 0 | | 0 | | 0 | |
| 8.재활용품수입 | 0 | | 0 | | 0 | | 0 | | 0 | |
| 9.알뜰시장수입 | 0 | | 0 | | 0 | | 0 | | 0 | |
| 10.광고수입 | 0 | | 0 | | 0 | | 0 | | 0 | |
| 11.검침수입 | 0 | | 0 | | 0 | | 0 | | 0 | |
| 12.연체료수입 | 0 | | 0 | | 0 | | 0 | | 0 | |
| 13.기타 | 0 | | 0 | | 0 | | 0 | | 0 | |
| Ⅲ.세입합계 | | 0 | | 0 | | 0 | | 0 | | 0 |

[별지 제6호 서식]

# 세출예산서

제○○(당)기 : 20 년 1월 1일부터 12월 31일까지

(예산승인일: 20 년 00월 00일)

○○○아파트 관리사무소 (단위 : 원)

| 과 목 | 예산액 | | 전년도예산액 | | 비교증감 | | 증감률 | |
|---|---|---|---|---|---|---|---|---|
| Ⅰ.관리비용 | | 0 | | 0 | | 0 | | % |
| 1.공용관리비 | | 0 | | 0 | | 0 | | % |
| 1)일반관리비 | 0 | | 0 | | 0 | | % | |
| (1)급여 | 0 | | 0 | | 0 | | % | |
| (2)제수당 | 0 | | 0 | | 0 | | % | |
| (3)상여금 | 0 | | 0 | | 0 | | % | |
| (4)퇴직금 | 0 | | 0 | | 0 | | % | |
| (5)산재보험료 | 0 | | 0 | | 0 | | % | |
| (6)고용보험료 | 0 | | 0 | | 0 | | % | |
| (7)국민연금 | 0 | | 0 | | 0 | | % | |
| (8)건강보험료 | 0 | | 0 | | 0 | | % | |
| (9)식대등복리후생비 | 0 | | 0 | | 0 | | % | |
| (10)일반사무용품비 | 0 | | 0 | | 0 | | % | |
| (11)도서인쇄비 | 0 | | 0 | | 0 | | % | |
| (12)여비교통비 | 0 | | 0 | | 0 | | % | |
| (13)통신료 | 0 | | 0 | | 0 | | % | |
| (14)우편료 | 0 | | 0 | | 0 | | % | |
| (15)제세공과금등 | 0 | | 0 | | 0 | | % | |
| (16)피복비 | 0 | | 0 | | 0 | | % | |
| (17)교육훈련비 | 0 | | 0 | | 0 | | % | |
| (18)차량유지비 | 0 | | 0 | | 0 | | % | |
| (19)관리용품구입비 | 0 | | 0 | | 0 | | % | |
| (20)회계감사비 | 0 | | 0 | | 0 | | % | |
| (21)잡비 | 0 | | 0 | | 0 | | % | |
| 2)경비비 | 0 | | 0 | | 0 | | % | |
| 3)청소비 | 0 | | 0 | | 0 | | % | |
| 4)소독비 | 0 | | 0 | | 0 | | % | |
| 5)승강기유지비 | 0 | | 0 | | 0 | | % | |
| 6)난방비 | 0 | | 0 | | 0 | | % | |
| 7)급탕비 | 0 | | 0 | | 0 | | % | |
| 8)지능형홈네트워크 설비유지비 | 0 | | 0 | | 0 | | % | |
| 9)수선유지비 | 0 | | 0 | | 0 | | % | |
| 10)위탁관리수수료 | 0 | | 0 | | 0 | | % | |
| 2.사용료등 | | 0 | | 0 | | 0 | | % |
| 1)공동전기료 | 0 | | 0 | | 0 | | % | |

○○○아파트 관리사무소 (단위 : 원)

| 과 목 | 예산액 | | 전년도예산액 | | 비교증감 | | 증감률 | |
|---|---|---|---|---|---|---|---|---|
| 2)공동수도료 | 0 | | 0 | | 0 | | % | |
| 3)공동가스료 | 0 | | 0 | | 0 | | % | |
| 4)공동난방비 | 0 | | 0 | | 0 | | % | |
| 5)공동급탕비 | 0 | | 0 | | 0 | | % | |
| 6)정화조오물수수료 | 0 | | 0 | | 0 | | % | |
| 7)생활폐기물수수료 | 0 | | 0 | | 0 | | % | |
| 8)입주자대표회의운영비 | 0 | | 0 | | 0 | | % | |
| 9)보험료 | 0 | | 0 | | 0 | | % | |
| 10)선거관리위원회운영경비 | 0 | | 0 | | 0 | | % | |
| 3.장기수선충당금 | | 0 | | 0 | | 0 | | % |
| 1)장기수선비 | 0 | | 0 | | 0 | | % | |
| Ⅱ.관리외비용 | | 0 | | 0 | | 0 | | % |
| 1.장기수선충당금이자전입액 | 0 | | 0 | | 0 | | % | |
| 2.하자보수충당금이자전입액 | 0 | | 0 | | 0 | | % | |
| 3.승강기운영비용 | 0 | | 0 | | 0 | | % | |
| 4.주차장운영비용 | 0 | | 0 | | 0 | | % | |
| 5.공동체활성화비용 | 0 | | 0 | | 0 | | % | |
| 6.주민자치활성화비용 | 0 | | 0 | | 0 | | % | |
| 7.차감관리비 | 0 | | 0 | | 0 | | % | |
| 8.알뜰시장비용 | | | | | | | | |
| 9.재활용품비용 | 0 | | 0 | | 0 | | % | |
| 10.검침비용 | 0 | | 0 | | 0 | | % | |
| 11.공동주택 지원금비용 | | | | | | | | |
| 12.고용안정사업비용 | | | | | | | | |
| 13.부과차손 | 0 | | 0 | | 0 | | % | |
| 14.세무신고수수료 | 0 | | 0 | | 0 | | % | |
| 15.법인세등 | 0 | | 0 | | 0 | | % | |
| 16.기타의관리외비용 | 0 | | 0 | | 0 | | % | |
| Ⅲ.이익잉여금 | | 0 | | 0 | | 0 | | % |
| 1.예비비적립금 | 0 | | 0 | | 0 | | % | |
| 2.공동체활성화단체지원적립금 | 0 | | 0 | | 0 | | % | |
| 3.기타적립금 | 0 | | 0 | | 0 | | % | |
| Ⅳ.세출합계 | | 0 | | 0 | | 0 | | 0 |

[별지 제7호 서식]

# 세출결산서

제○○(당)기 : 20  년 1월 1일부터 12월 31일까지

○○○아파트 관리사무소 (단위 : 원)

| 과 목 | 당초예산 | 예산액 | 증감 | 결산액 | 차이액 |
|---|---|---|---|---|---|
| Ⅰ.관리비용 | 0 | 0 | 0 | 0 | 0 |
| 1.공용관리비 | 0 | 0 | 0 | 0 | 0 |
| 1)일반관리비 | 0 | 0 | 0 | 0 | 0 |
| (1)급여 | 0 | 0 | 0 | 0 | 0 |
| (2)제수당 | 0 | 0 | 0 | 0 | 0 |
| (3)상여금 | 0 | 0 | 0 | 0 | 0 |
| (4)퇴직금 | 0 | 0 | 0 | 0 | 0 |
| (5)산재보험료 | 0 | 0 | 0 | 0 | 0 |
| (6)고용보험료 | 0 | 0 | 0 | 0 | 0 |
| (7)국민연금 | 0 | 0 | 0 | 0 | 0 |
| (8)건강보험료 | 0 | 0 | 0 | 0 | 0 |
| (9)식대등복리후생비 | 0 | 0 | 0 | 0 | 0 |
| (10)일반사무용품비 | 0 | 0 | 0 | 0 | 0 |
| (11)도서인쇄비 | 0 | 0 | 0 | 0 | 0 |
| (12)여비교통비 | 0 | 0 | 0 | 0 | 0 |
| (13)통신료 | 0 | 0 | 0 | 0 | 0 |
| (14)우편료 | 0 | 0 | 0 | 0 | 0 |
| (15)제세공과금등 | 0 | 0 | 0 | 0 | 0 |
| (16)피복비 | 0 | 0 | 0 | 0 | 0 |
| (17)교육훈련비 | 0 | 0 | 0 | 0 | 0 |
| (18)차량유지비 | 0 | 0 | 0 | 0 | 0 |
| (19)관리용품구입비 | 0 | 0 | 0 | 0 | 0 |
| (20)회계감사비 | 0 | 0 | 0 | 0 | 0 |
| (21)잡비 | 0 | 0 | 0 | 0 | 0 |
| 2)경비비 | 0 | 0 | 0 | 0 | 0 |
| 3)청소비 | 0 | 0 | 0 | 0 | 0 |
| 4)소독비 | 0 | 0 | 0 | 0 | 0 |
| 5)승강기유지비 | 0 | 0 | 0 | 0 | 0 |
| 6)난방비 | 0 | 0 | 0 | 0 | 0 |
| 7)급탕비 | 0 | 0 | 0 | 0 | 0 |
| 8) 지능형홈네트워크설비 유지비 | 0 | 0 | 0 | 0 | 0 |
| 9)수선유지비 | 0 | 0 | 0 | 0 | 0 |
| 10)위탁관리수수료 | 0 | 0 | 0 | 0 | 0 |

○○○아파트 관리사무소 (단위 : 원)

| 과 목 | 당초예산 | | 예산액 | | 증감 | | 결산액 | | 차이액 | |
|---|---|---|---|---|---|---|---|---|---|---|
| 2.사용료등 | | 0 | | 0 | | 0 | | 0 | | 0 |
| 1)공동전기료 | 0 | | 0 | | 0 | | 0 | | 0 | |
| 2)공동수도료 | 0 | | 0 | | 0 | | 0 | | 0 | |
| 3)공동가스료 | 0 | | 0 | | 0 | | 0 | | 0 | |
| 4)공동난방비 | 0 | | 0 | | 0 | | 0 | | 0 | |
| 5)공동급탕비 | 0 | | 0 | | 0 | | 0 | | 0 | |
| 6)정화조오물수수료 | 0 | | 0 | | 0 | | 0 | | 0 | |
| 7)생활폐기물수수료 | 0 | | 0 | | 0 | | 0 | | 0 | |
| 8)입주자대표회의운영비 | 0 | | 0 | | 0 | | 0 | | 0 | |
| 9)보험료 | 0 | | 0 | | 0 | | 0 | | 0 | |
| 10)선거관리위원회운영경비 | 0 | | 0 | | 0 | | 0 | | 0 | |
| 3.장기수선충당금 | | 0 | | 0 | | 0 | | 0 | | 0 |
| 1)장기수선비 | 0 | | 0 | | 0 | | 0 | | 0 | |
| Ⅱ.관리외비용 | | 0 | | 0 | | 0 | | 0 | | 0 |
| 1.장기수선충당금이자전입액 | 0 | | 0 | | 0 | | 0 | | 0 | |
| 2.하자보수충당금이자전입액 | 0 | | 0 | | 0 | | 0 | | 0 | |
| 3.승강기운영비용 | | | | | | | | | | |
| 4.주차장운영비용 | | | | | | | | | | |
| 5.공동체활성화비용 | 0 | | 0 | | 0 | | 0 | | 0 | |
| 6.주민자치활성화비용 | 0 | | 0 | | 0 | | 0 | | 0 | |
| 7.차감관리비 | 0 | | 0 | | 0 | | 0 | | 0 | |
| 8.알뜰시장비용 | | | | | | | | | | |
| 9.재활용품비용 | 0 | | 0 | | 0 | | 0 | | 0 | |
| 10.검침비용 | 0 | | 0 | | 0 | | 0 | | 0 | |
| 11.공동주택 지원금비용 | 0 | | 0 | | 0 | | 0 | | 0 | |
| 12.고용안정사업비용 | 0 | | 0 | | 0 | | 0 | | 0 | |
| 13.부과차손 | 0 | | 0 | | 0 | | 0 | | 0 | |
| 14.세무신고수수료 | 0 | | 0 | | 0 | | 0 | | 0 | |
| 15.법인세등 | 0 | | 0 | | 0 | | 0 | | 0 | |
| 16.기타의관리외비용 | 0 | | 0 | | 0 | | 0 | | 0 | |
| Ⅲ.이익잉여금 | | 0 | | 0 | | 0 | | 0 | | 0 |
| 1.예비비적립금 | 0 | | 0 | | 0 | | 0 | | 0 | |
| 2.공동체활성화단체지원적립금 | 0 | | 0 | | 0 | | 0 | | 0 | |
| 3.기타 적립금 | 0 | | 0 | | 0 | | 0 | | 0 | |
| Ⅳ.세출합계 | | 0 | | 0 | | 0 | | 0 | | 0 |

## Ⅲ 공동주택관리 세무실무

### 1. 부가가치세 실무

#### (1) 관리용역 · 경비용역 · 청소용역의 부가가치세 면제

「공동주택관리법」 제2조 제1항 제10호에 따른 관리주체(같은 호 가목은 제외한다. 이하 이 조에서 "관리주체"라 한다), 「경비업법」 제4조 제1항에 따라 경비업의 허가를 받은 법인 또는 「공중위생관리법」 제3조 제1항에 따라 건물위생관리업의 신고를 한 자가 「주택법」 제2조 제3호에 따른 공동주택 중 국민주택을 제외한 주택으로서 다음의 주택에 공급하는 일반관리용역 · 경비용역 및 청소용역은 부가가치세를 면제한다(조특법 106 ① 4호의 2).

① 수도권을 제외한 「국토의 계획 및 이용에 관한 법률」 제6조 제1호에 따른 도시지역이 아닌 읍 또는 면 지역의 주택

② 가목 외의 주택으로서 1호(戶) 또는 1세대당 주거전용면적이 135제곱미터 이하인 주택

#### (2) 소독용역의 부가가치세 면제

「감염병의 예방 및 관리에 관한 법률」 제52조에 따라 소독업의 신고를 한 사업자가 공급하는 소독용역은 부가가치세를 면제한다. 따라서 입주자대표회의가 제공받는 소독용역은 부가가치세를 면제한다.

#### (3) 자치관리기구의 부가가치세 면제

입주자대표회의 자치관리기구를 구성하여 관리용역을 공급하는 경우에는 부가가치세법상 사업자가 아니므로 부가가치세 과세대상이 아니다. 다만, 납세관리를 위하여 고유번호를 부여받아 원천징수의무를 이행하여야 하며 교부받은 세금계산서나 계산서를 과세관청에 제출하여야 한다. 이 경우 공동주택 자치관리기구에 대한 고유번호 부여시 고유번호증상의 대표자는 입주자대표회의 회장 또는 관리사무소장 중 고유번호신청서(사업자등록신청서)에 대표자로 기재한 자로 하는 것이다(서면1팀-1270, 2005. 10. 24). 공동주택 입주자대표회의가 단지 내 주차장 등 부대시설을 운영 · 관리하면서 입주자들로부터 실비상당의 이용료를 받는 경우 부가가치세 납세의무는 없으나, 외부인으로부터 이용료를 받는 경우에는 해당 외부인의 이용료에 대하여 부가가치세 납세의무가 있다(집행기준 3-0-2).

### (4) 관련사례

#### ① 경비용역의 과세표준 안분계산

사업자가 경비용역을 제공함에 있어 부가가치세가 과세되는 상가건물과 조세특례제한법 제106조 제1항 제4호의 2 및 제4호의 3 규정에 의하여 부가가치세가 면제되는 공동주택에 경비용역을 함께 공급하는 경우로서 과세·면세 공급가액을 구분할 수 없는 때의 부가가치세 과세표준은 상가건물의 건축면적이 총 건축면적에서 차지하는 비율에 의하여 안분계산하는 것이다(서면3팀-1016, 2005. 7. 5).

#### ② 자치관리기구의 부가가치세 과세 여부

공동주택 위탁관리업체가 제공하는 청소용역에 대하여는 부가가치세법 제1조 규정의 용역공급에 해당하므로 부가가치세가 과세되는 것이나(조특법 106 제외), 이 경우 아파트 입주민이 자치관리하면서 청소원을 직접 고용하는 경우에 당해 청소원이 제공하는 용역은 고용관계에 의한 근로제공으로서 부가가치세가 과세되지 아니하는 것이다(서면3팀-841, 2005. 6. 16).

#### ③ 사업자등록 해당 여부

「집합건물의 소유 및 관리에 관한 법률」에 의하여 입주자들이 입주자대표회의를 구성하여 자치적으로 아파트를 관리하고(자치관리기구 구성), 그 관리에 실지 소요된 비용만을 각 입주자들에게 분배하여 징수하는 경우에는 부가가치세 납세의무가 없으므로 사업자등록대상이 되지 아니하는 것이며(사업성이 없음), 다만, 그 관리단이 입주자들로부터 관리에 관한 사항을 일임받은 경우 또는 별도로 재화나 용역을 제공하고 대가(예: 주차장 관리수입, 건물 개·보수수입 등)를 받는 경우에는 납세의가 있다(서면3팀-676, 2005. 5. 16). 한편, 소득세법에 의하여 원천징수한 소득세를 납부할 의무가 있는 경우에는 대표자 명의로 부가가치세법 시행령 제8조 제2항의 규정에 의하여 고유번호를 부여받는 것이다.

#### ④ 소독용역의 과세 여부

전염병예방법 제40조의 3 규정에 의하여 소독업의 신고를 한 사업자가 공동주택 또는 공동주택 관리사업자에게 공급하는 소독용역은 부가가치세법 제12조 제1항 제4호 및 같은법 시행령 제 29조 제10호의 규정(의료보건용역)에 의하여 부가가치세가 면제되는 것이나, 주택법 제53조 규정에 의하여 시·도지사에게 등록한 주택관리업자가 전염병예방법에 의한 소독업 신고를 한 다른 사업자와의 위·수탁 계약에 의하여 제공하는 경우 당해 소독용역은 공동주택 위탁관리의 주된 용역에 필수적으로 부수되는 용역에 해당하여 부가가치세가 과세되는 것이다(서면3팀-564, 2005. 4. 29).

⑤ 위탁관리회사의 사업장 소재지

주택건설촉진법 제39조 제1항의 규정에 의하여 등록을 한 주택관리업자(위탁관리회사)가 각 주택 소재지별로 관리사무소를 두고 관리용역을 제공하는 경우 동 관리사무소는 부가가치세법 시행령 제4조의 규정에 의한 사업장에 해당하지 아니하고 업무를 총괄하는 장소가 사업장이 되는 것으로 업무총괄장소에 사업자등록을 하고 부가가치세를 신고 납부하는 것이다(서삼 46015-11474, 2002. 8. 30).

**참 고** 입주자대표회의(자치관리기구)의 부가가치세 과세 여부

① 아파트 내 광고(임대)용역의 제공

영리목적의 유무에 불구하고 사업상 독립적으로 재화 또는 용역을 공급하는 자는 부가가치세법 제2조 규정에 의하여 부가가치세를 납부할 의무가 있는 것이며, 아파트 의결기구인 입주자대표회의에서 아파트 내에 광고물을 부착하도록 하고 광고주로부터 대가를 받는 경우에는 부가가치세 과세대상에 해당되는 것이다(서면3팀-2184, 2006. 9. 18).

② 입주자대표회의에서 헬스장 운영

공동주택의 입주자대표회의가 헬스장 등을 설치하여 동 시설을 실질적으로 관리운영하면서 입주자만이 배타적으로 사용하도록 하고 이용자들로부터 실비상당액의 회비를 받는 경우 부가가치세 납세의무가 없는 것이다(기재부 부가-814, 2009. 12. 11). 다만, 위탁경영하는 경우에는 부가가치세가 과세된다.

③ 임대용역의 제공

고유번호를 부여받은 아파트 입주자대표회의가 이동통신회사에게 그 아파트의 옥상에 통신 중계기를 설치하도록 하고 사용료를 받는 경우, 부가가치세가 과세대상이며 사업자등록을 하여야 하는 것이며, 고유번호만 부여받은 경우에는 당해 용역의 제공에 대한 세금계산서를 교부할 수 없는 것으로 미등록가산세 대상이 되는 것이다(부가-643, 2009. 5. 7).

④ 입주자대표회의의 세금계산서 발급가능 여부

입주사협의회가 입주사를 위하여 재화 또는 용역을 공급받고 세금계산서를 교부받은 경우 그 교부받은 세금계산서에 기재된 공급가액의 범위 안에서 당해 재화 또는 용역을 실지로 소비하는 입주사에게 부가가치세법 시행규칙 제18조 제2항의 규정에 의하여 세금계산서를 교부할 수 있으며, 당해 입주사는 교부받은 세금계산서상의 매입세액에 대하여 부가가치세법 제17조 제2항의 규정에 의한 것을 제외하고 자기의 매출세액에서 공제받을 수 있는 것이다. 이 경우 입주사협의회가 공급받은 날을 발행일자로 하여 세금계산서를 교부하여야 하는 것이나 부가가치세법 시행령 제54조 제1항에 규정된 세금계산서 교부특례규정을 적용할 수 있는 것이다(서면3팀

-2747, 2007. 10. 5). 즉, 과세사업자가 아닌 고유번호를 부여받은 경우에도 공동매입의 경우 세금계산서를 교부할 수 있는 것이다.

**⑤ 입주자대표회의가 주택관리업자 소속직원에게 4대보험료 및 인건비를 직접 지급하는 경우 과세 여부**

주택관리업자가 공동주택관리업무 위・수탁계약에 따라 자기와 고용관계에 있는 직원을 입주자대표회의에 파견하여 근무하게 하고 자기가 부담하여야 할 파견직원에 대한 인건비와 4대보험료를 입주자대표회의가 직접 지급하게 하는 경우 해당 인건비와 4대보험료는 「부가가치세법」 제29조 제3항에 따라 주택관리업자의 부가가치세 과세표준에 포함되는 것이다(법령해석부가-0167, 2015. 6. 29).

**⑥ 장기수선충당금의 부가가치세 과세표준 포함 여부**

집합건물의 구분 소유자로 구성된 자치기구인 관리단이 당해 집합건물의 유지・관리에 실지 소요된 비용만을 각 입주자에게 분배하여 징수하는 경우에는 부가가치세가 과세되지 아니하며, 건물관리 사업을 영위하는 사업자가 그 건물의 입주자로부터 징수하는 특별수선충당금은 당해 관리사업자가 동 충당금을 징수하는 시점의 부가가치세 과세표준에 포함되지 아니하는 것이다(부가-1454, 2016. 6. 30).

**⑦ 아파트 승강기 사용료의 부가가치세 과・면세 여부**

아파트 입주자들이 입주자대표회의를 구성하여 자치적으로 아파트를 관리하고 그 관리에 실지 소요된 비용만을 각 입주자들에게 분배하여 징수하는 경우에는 부가가치세가 과세되지 아니하는 것이나, 사업자의 지위에서 사업상 독립적으로 용역을 제공하고 그 대가를 받는 것으로 볼 수 있는 경우에는 그러하지 아니한 것이다(부가-1039, 2016. 5. 18).

**⑧ 중계기사용료의 과세 여부**

고유번호를 부여받은 아파트 입주자대표회의가 이동통신회사에게 그 아파트의 옥상에 통신 중계기를 설치하도록 하고 사용료를 받는 경우, 그 아파트 입주자대표회의는 「부가가치세법」 제2조의 규정에 의한 사업자에 해당하므로 같은 법 제5조의 규정에 의하여 사업자등록을 하여야 하는 것이다(부가-643, 2009. 5. 7).

**⑨ 주차장 사용료의 과세 여부**

공동주택의 입주자대표회의가 관리비, 장기수선충당금, 하자보증금 등을 금융기관에 예치하고 이자를 받는 경우 부가가치세 납세의무가 없는 것이며, 또한, 입주자대표회의가 계약상 또는 법률상의 원인에 따라 단지 내 장소 및 시설을 임대하거나 다른 사업자와의 업무대행계약에 따라 전기검침용역을 공급하고 그 대가를 받는 경우, 재활용품을 수집하여 매각하는 경우, 입주자들로부터 관리에 관한 사항을 일임받아 단지 내 주차장을 입주민에게 사용하게 하면서 주차대수가 1차량을 초과하는 세대에 대하여 주차료를 징수하는 경우에는 「부가가치세법」 제3조에 따라 부가가치세를 납부할 의무가 있는 것이다(부가-2226, 2015. 12. 29). 공동주택의 입주자대표회의가 단지 내 주차장 등 부대시설을 운영・관리하면서 입주자들로부터 실비상당의 이용료를 받고, 외부인으로부터도 이용료를 받는 경우 외부인의 이용료만 부가가치세 납세의무가 있다(법령해석과-3537, 2017. 12. 7).

**⑩ 아파트단지 내 부대시설 이용료 과세 여부**

주차대수 1차량 초과 세대에 대하여 주차장 이용료를, 헬스장 등 운동시설 이용 입주민으로부터 이용료(회비)를, 입주민 전입·전출시 이용하는 승강기 이용료를 실비상당 받는 한편 해당 시설들을 이용하는 외부인으로부터도 이용료를 받고 있음.
공동주택의 입주자대표회의가 단지 내 주차장 등 부대시설을 운영·관리하면서 입주자들로부터 실비상당의 이용료를 받고, 외부인으로부터도 이용료를 받는 경우 부가가치세는 외부인으로부터 받은 이용료만 과세되는 것이다(기재부 부가-631, 2017. 12. 4).

## 2. 소득세·법인세 실무

### (1) 공동주택 관리주체의 세법상 인격의 구분

공동주택 관리주체는 국세기본법상 법인격 없는 단체로 그 성격에 따라 개인인 경우와 법인인 경우로 나누어지며, 개인인 경우에도 1거주자 또는 공동사업자로 나눌 수 있다.

#### ① 법인(비영리법인)

가. 법인으로 의제하는 경우(국기법 13 ①)

공동주택 관리주체가 다음의 요건을 충족한 경우에 대하여는 이를 법인으로 보아 이 법과 세법을 적용한다.

ⓐ 주무관청의 허가 또는 인가를 받아 설립되거나 법령에 의하여 주무관청에 등록한 사단·재단 기타 단체로서 등기되지 아니한 것

ⓑ 공익을 목적으로 출연된 기본재산이 있는 재단으로서 등기되지 아니한 것

나. 법인으로 승인받은 경우(국기법 13 ②)

법인으로 보는 사단·재단 기타 단체 외의 법인격이 없는 단체 중 다음의 요건을 갖춘 것으로서 대표자 또는 관리인이 관할 세무서장에게 신청하여 승인을 얻은 것에 공동주택 관리주체에 대해서도 이를 법인으로 보아 이 법과 세법을 적용한다. 이 경우 당해 사단·재단 기타 단체의 계속성 및 동질성이 유지되는 것으로 본다.

ⓐ 사단·재단 기타 단체의 조직과 운영에 관한 규정을 가지고 대표자 또는 관리인을 선임하고 있을 것

ⓑ 사단·재단 기타 단체 자신의 계산과 명의로 수익과 재산을 독립적으로 소유·관리할 것

ⓒ 사단·재단 기타 단체의 수익을 구성원에게 분배하지 아니할 것

② 개인(1거주자 또는 공동사업자)

공동주택 관리주체가 「국세기본법」 제13조 제1항 및 제2항의 규정에 의하여 법인으로 보는 단체 외의 단체 중 대표자 또는 관리인이 선임되어 있으나 이익의 분배방법이나 분배비율이 정하여져 있지 아니한 것은 그 단체를 1거주자로 보아 법을 적용한다. 다만, 명시적으로 이익의 분배방법이나 분배비율이 정하여져 있지 아니하더라도 사실상 이익이 분배되는 경우에는 그 단체의 구성원이 공동으로 사업을 영위하는 것으로 보아 법을 적용한다(소칙 2).

**판례** **공동주택 입주자대표회의 법인격(수원지법 2016. 5. 10 선고, 2015구합66463 판결)**

원고는 이 사건 관리규약을 가지고 대표자를 선임하고 있는 사실, 원고는 자신의 계산과 명의로 이 사건 수익 등을 독립적으로 소유·관리하고 있는 사실, 이 사건 관리규약 제63조에 따르면 이 사건 수익은 구성원에게 분배되지 아니한 채 원고의 회계처리 하에 예비비, 장기수선충당금, 운영비 등의 재원으로 사용하도록 규정되어 있는 사실, 원고는 1993. 5. 28. 피고로부터 법인으로 보는 단체의 승인을 받은 사실을 인정할 수 있고, 위 인정사실에 의하면, 원고는 국세기본법 제13조 제2항이 요구하는 요건을 모두 갖추었다고 할 것이어서 위 규정에 따른 「법인으로 보는 법인격 없는 사단」에 해당한다고 봄이 타당하다.

### (2) 과세소득의 범위

공동주택 관리주체의 경우 과세소득은 총관리수익에서 총관리비용을 차감하고 여기에 관리외수익과 관리외비용을 가감한 후 세무조정을 통하여 과세소득을 계산하게 된다. 공동주택 관리주체는 통상 영리활동을 위한 단체가 아니므로 소득이 발생되지 않으나 관리외수익인 임대료수입, 후원금수입, 광고료수입 등으로 과세소득이 발생하는 경우도 있다. 관리주체가 법인격 없는 단체로 비영리법인에 해당되는 경우에는 법인세법 제3조 제2항에 열거된 수익사업에서 발생한 소득에 대해서만 법인세의 납세의무를 지게 된다. 따라서 청산소득에 대한 납세의무는 지지 않는다. 한편 개인으로 보는 공동사업인 경우에는 입주자 구성원에게 지분비율에 따라 손익을 분배하여 소득금액을 계산하여 소득세의 납세의무를 지게 된다.

### (3) 공동주택 입주자대표회의 고유목적사업준비금 손금산입

「주택법」 제2조 제2호에 따른 공동주택의 입주자대표회의 또는 자치관리기구가 각 사업

연도에 그 법인의 고유목적사업 또는 지정기부금에 지출하기 위하여 고유목적사업준비금을 손금으로 계상한 경우에는 다음의 금액을 합한 금액의 범위 안에서 당해 사업연도의 소득금액계산에 있어서 이를 손금에 산입한다(법령 56 ① 4호).

① 「소득세법」 제16조 제1항 제1호부터 제10호까지의 이자소득의 금액

② 「소득세법」 제17조 제1항 제1호 · 제2호 · 제5호 및 제6호의 배당소득의 금액. 다만, 「상속세 및 증여세법」 제16조 또는 같은 법 제48조의 규정에 의하여 상속세 또는 증여세 과세가액에 산입되거나 증여세가 부과되는 주식 등으로부터 발생한 배당소득금액을 제외한다.

③ 특별법에 의하여 설립된 비영리내국법인이 당해 법률에 의한 복지사업으로서 그 회원 또는 조합원에게 대출한 융자금에서 발생한 이자금액

④ 제1호 내지 제3호 외의 수익사업에서 발생한 소득에 100분의 50(「공익법인의 설립·운영에 관한 법률」에 의하여 설립된 법인으로서 고유목적사업 등에 대한 지출액 중 100분의 50 이상의 금액을 장학금으로 지출하는 법인의 경우에는 100분의 80)을 곱하여 산출한 금액

판례

**고유목적사업준비금의 손금산입**(수원지법 2015구합66463, 2016. 5. 10)

구 법인세법 제19조 제2항은 "제1항에 따른 손비는 이 법 및 다른 법률에서 달리 정하고 있는 것을 제외하고는 그 법인의 사업과 관련하여 발생하거나 지출된 손실 또는 비용으로서 일반적으로 인정되는 통상적인 것이거나 수익과 직접 관련된 것으로 한다"고 규정하고 있는데, 업무와 직접 관련성 여부는 당해법인의 목적사업이나 그 영업내용을 기준으로 객관적으로 판단되어야 할 것이다(대법원 1992. 11. 10. 선고 91누8302 판결 참조). 한편 구 법인세법 제29조 제7항은 고유목적사업준비금을 손금에 산입하고자 하는 비영리내국법인은 대통령령이 정하는 바에 따라 당해 준비금의 계상 및 지출에 관한 명세서를 비치·보관하고 이를 납세지 관할 세무서장에게 제출하여야 한다고 규정하고, 같은 법 시행령 제56조 제9항은 법 제29조 제1항의 규정을 적용받고자 하는 비영리내국법인은 법 제60조의 규정에 의한 신고와 함께 기획재정부령이 정하는 고유목적사업 준비금조정명세서를 납세지 관할 세무서장에게 제출하여야 한다고 규정하고 있다.

갑 제3호증, 을 제1, 5호증의 각 기재 및 변론 전체의 취지에 의하면, 원고는 법인세 과세표준 신고 등을 하지 아니한 채 2006~2012 사업연도에 광고수익, 재활용품 판매수익 등으로 이 사건 수익을 얻은 사실, 피고는 위 재활용품 판매와 관련된 쓰레기봉투 구입비용을 손금으로 산입하여 법인세를 산정한 사실, 원고의 사업자등록증에는 사업의 종류란에 원고의 업태에 관하여 '업태: 서비스, 종목: 재활용매각, 광고수익, 일일장터, 중계기장소임대, 검침수수료, 승강기수익'이 기재되어 있는 사실, 원고가 피고에게 제출한 비영리법인의 수익사업 개시신고서에도 주업태가 '재활용매각, 광고수익, 일일장터, 중계기장소임대, 검침수수료, 승강기수익'으로 기

재되어 있는 사실을 인정할 수 있다.

위 인정사실에 의하면, 설사 원고가 이 사건 관리규약에 따라 이 사건 수익을 파크타운아파트의 관리비용 등으로 사용하거나 예비비 및 장기수선충당금으로 적립하였다고 하더라도, 그와 같이 지출하는 것이 이 사건 사업과 관련된 것이거나 이 사건 수익과 직접 관련된 것으로 보기 어렵고, 나아가 원고가 피고에게 법인세 과세표준 신고와 함께 고유목적사업준비금조정명세서를 제출하지 아니하여 구 법인세법 제29조 제1항이 적용되지도 아니하므로, 이 사건 수익이 고유목적사업인 아파트의 관리를 위하여 사용되었기에 손금에 산입되어야 한다는 취지의 원고의 위 주장도 이유 없다.

### (4) 관련사례

#### ① 공동주택입주자대표회의의 세법상 취급

공동주택입주자대표회의가 부동산에 관한 등기를 하기 위하여 부동산등기법에 의하여 시장(구청장), 군수로부터 (부동산등기용 등록번호)를 부여받은 경우 이는 국세기본법 제13조 제1항 제1호에 규정한 (주무관청에 등)에 포함되지 아니하는 것이나, 공동주택입주자대표회의는 국세기본법 제13조 제2항의 규정에 의하여 관할 세무서장으로부터 신청에 의한 승인을 받은 경우에는 법인으로 보아 세법을 적용한다(징세 46101-328, 1999. 10. 27).

#### ② 공동주택관리기구의 대표자 자격요건

국세기본법 제13조의 규정에 의한 공동주택관리기구(입주자대표회의)의 대표자 또는 관리인은 공동주택관리령 등 관련규정에 의거 적법하게 선임되고 대내적으로 물론 대외적으로도 공동주택관리기구(입주자대표회의)를 대표하는 자이어야 한다(징세 46101-247, 1999. 10. 14).

#### ③ 아파트 관리용역의 익금해당 여부

주택건설촉진법 제39조의 규정에 의한 공동주택관리업을 영위하는 법인이 각 사업연도 소득금액을 계산함에 있어 공동주택 입주자에게 공동주택관리령 [별표 3]의 아파트 관리용역을 제공하고 받는 대가(위탁관리수수료를 포함함)는 당해 법인의 익금에 해당한다(서이 46012-11162, 2003. 6. 16).

## 제 4 절 종교단체

## Ⅰ 개 요

교회 · 성당 · 사찰 등 종교단체는 민법 제32조(학술, 종교, 자선, 기예, 사교 기타 영리 아닌 사업을 목적으로 하는 사단 또는 재단은 주무관청의 허가를 얻어 이를 법인으로 할 수 있다)에 의하여 설립된 비영리법인으로 수익사업을 영위하지 아니하는 한 법인세 등을 과세하지 않는다. 법인세가 과세되는 수익사업의 범위는 법인세법 제3조 제2항에 구체적으로 열거하고 있다. 또한 종교단체가 고유목적사업에 사용하기 위하여 부동산을 취득하는 경우에는 취득세 등을 면제하고, 고유목적사업에 3년 이상 계속하여 사용한 후 처분하는 경우에는 양도소득세나 법인세 등을 과세하지 않는다.

## Ⅱ 종교단체에 대한 세무실무

### 1. 부가가치세 실무

#### (1) 과세대상

종교단체가 그 고유의 사업목적을 위하여 일시적으로 공급하거나 실비 또는 무상으로 공급하는 재화 또는 용역에 대하여는 부가가치세를 면제한다(부법 27 4호, 부령 52). 다만, 주무관청에 등록된 종교 등 공익단체의 경우에도 다음 예시하는 경우와 같이 계속적으로 운영관리하는 수익사업과 관련하여 공급하는 재화 또는 용역에 대하여는 면세하지 아니한다(부기통 26-45-2).

① 소유부동산의 임대 및 관리사업. 다만, 영 제45조 제3호[「문화재보호법」의 규정에 의한 지정문화재(지방문화재를 포함하며, 무형문화재를 제외한다)를 소유 또는 관리하고 있는 종교단체(주무관청에 등록된 종교단체에 한한다)의 경내지 및 경내지 내의 건물과 공작물의 임대용역]에 해당하는 경우를 제외한다.

② 자체기금조성을 위하여 생활필수품, 고철 등을 공급하는 사업

### (2) 관련사례

#### 1) 종교단체의 부동산임대용역의 과세 여부

법인으로 등록한 종교단체가 면세사업자에게 부동산을 임대하고 대가를 받는 경우에는 부가가치세가 과세되는 것이며, 부동산임대업자는 임차인으로부터 부가가치세를 거래징수하고 세금계산서를 교부하여야 한다(부가 46015-1891, 1997. 8. 12). 즉, 부동산임대용역은 고유목적사업이 아닌 수익사업에 해당되기 때문이다. 다만, 문화재보호법의 규정에 의한 지정문화재(지방문화재를 포함하며 무형문화재를 제외한다)를 소유 또는 관리하고 있는 종교단체(주무관청에 등록된 종교단체에 한한다)의 경내지 및 경내지 내의 건물과 공작물의 임대용역은 부가가치세법 시행령 제37조 제2호의 규정에 의하여 부가가치세가 면제되는 것이다(부가 46015-1649, 1998. 7. 28).

#### 2) 교회신축 건설용역의 부가가치세 과세 여부

부가가치세가 과세되는 건설용역을 공급하는 자는 부가가치세법 제9조에 규정하는 시기에 공급받는 자로부터 부가가치세를 거래징수하여야 하고 같은 시기에 세금계산서도 교부하여야 하는 것이다(부가 46015-1092, 1997. 5. 17). 즉, 부가가치세 과세 여부는 공급자가 제공하는 용역의 과세 여부에 따라 판단하는 것이며 공급받는 자의 면세사업 유무나 비사업자 여부는 관계가 없는 것이다. 이 경우 교회신축건물을 임대사업에 제공하는 경우에는 매입세액을 환급받을 수 있다.

#### 3) 교회의 주차료의 과세 여부

종교단체(교회)가 주차장을 설치·운영하며 그 이용자로부터 대가를 받는 경우에는 부가가치세가 과세되는 것이나, 주무관청에 등록된 종교단체(교회)가 당해 교회건물에 설치된 주차장을 이용하는 교인 등으로부터 그 고유의 사업목적을 위하여 자율적인 이용료로 헌금을 받는 경우에는 부가가치세가 면제되는 것이다(부가 46015-2376, 1995. 12. 20).

## 2. 소득세·법인세 실무

종교단체가 고유목적사업만을 영위하는 경우에는 법인세 과세대상이 아니다. 그러나 부동산임대업 등 수익사업을 영위하는 경우에는 법인세의 납세의무를 진다. 종교단체가 고정자산을 처분으로 인하여 생기는 수입은 수익사업에 해당 하나(법법 4 ③ 5호), 당해 고정자산의 처분일 현재 3년 이상 계속하여 법령 또는 정관에 규정된 고유목적사업(제1항의 규정에 해당하는 수익사업을 제외한다)에 직접 사용한 것은 수익사업에 해당하지 아니한다(법령

3). 이 경우 당해 고정자산의 유지·관리 등을 위한 관람료·입장료수입 등 부수수익이 있는 경우에도 이를 고유목적사업에 직접 사용한 고정자산으로 본다.

### (1) 교회 보유토지의 고유목적사업 사용 여부

종교의 보급 기타 교화업무를 전업으로 하는 교회의 부목사 또는 전도사가 교회로부터 제공된 사택을 3년 이상 사용한 경우 당해 사택은 조세특례제한법 제82조 제1항 제2호에서 규정하는 "종교의 보급 기타 교화를 목적으로 설립된 법인이 그 고유목적에 3년 이상 직접 사용한 토지 등"에 해당하는 것이나, 부목사 또는 전도사가 종교의 보급 기타 교화업무를 전업으로 하였는지 여부, 교화업무를 전업으로 하는 부목사 또는 전도사가 사택을 3년 이상 사용하였는지 여부 등은 과세관청에서 사실판단 할 사항이며, 종교시설의 부속토지를 양도하는 경우 종교시설의 사용내용에 따라 부속토지 양도차익의 과세 여부를 결정하는 것이며 부속토지가 아닌 종교법인의 토지를 나대지 상태로 양도하는 것은 고유목적을 위한 사용에 해당하지 않는 것이므로 법인세법 시행령 제2조 제2항의 규정이 적용되지 않는 것이다(서면2팀-251, 2006. 2. 1).

### (2) 고유목적 사용일의 기산시점

국세기본법 제13조 제2항에 의하여 법인으로 승인받은 법인격 없는 단체(수익사업을 제외)가 법인으로 승인받기 전에 취득하여 처분일 현재 3년 이상 계속하여 법령 또는 정관에 규정된 고유목적사업에 직접 사용한 부동산을 양도하는 경우, 당해 소득은 법인세법 제3조 제2항 및 같은법 시행령 제2조 규정에 따라 수익사업에서 생기는 소득에서 제외되는 것인바, '고정자산의 처분일 현재 3년 이상 계속하여 법령 또는 정관에 규정된 고유목적사업에 직접 사용'하였는지 여부를 판단함에 있어 법인격 없는 단체가 법인으로 승인받기 전에 취득한 부동산을 처분하는 경우 법인으로 보는 단체로 승인받기 전부터 사실상 고유목적사업에 직접 사용한 때에는 고유목적사업에 직접 사용한 날부터 기산하는 것이다(서면2팀-1838, 2005. 11. 17). 한편, 비영리법인이 고유목적사업의 필요에 의하여 교회건물의 일부를 증축하여 처분하는 경우의 사용기간 계산은 증축 전·후의 기간을 통산하는 것이다(서면2팀-1357, 2005. 8. 23).

### (3) 교회묘지 양도에 대한 법인세 과세 여부

교회가 3년 이상 보유한 토지를 신도들의 사후 매장을 위한 묘지로 사용한다고 하더라도, 묘지 운영이 교회의 고유목적인 종교의 보급 기타 교화를 위하여 직접적으로 필요하다고 볼 수 없으므로 당해 토지의 양도는 수익사업으로 보아 법인세가 과세되는 것이다(서면2팀-820, 2005. 6. 15).

### (4) 이자소득에 대한 환급 여부

법인으로 보는 종교단체가 이자소득을 고유목적사업준비금으로 설정한 경우에는 법인세 과세표준신고에 의하여 당해 이자소득에 대하여 기납부한 원천징수세액 중 초과 납부한 금액을 환급세액으로 하는 것이나, 재단법인이 아닌 개별교회의 경우 법인으로 보는 단체의 승인을 얻은 경우에 한하여 환급받을 수 있는 것이다(법인 46012-1719, 2000. 8. 8).

### (5) 개별교회의 비영리법인 해당 여부

개별교회의 재산은 교인들의 총유에 속하고 교인들이 각 교회활동의 목적범위 내에서 총유권의 대상인 교회재산을 사용·수익할 수 있다 할 것이므로 국세기본법상 법인으로 보는 법인격 없는 재단이라고 볼 수 없다. 다만 요건을 갖추어 세무서장에게 법인격 없는 단체로 승인을 얻은 경우에는 비영리법인에 해당된다(대법원 1999. 9. 7 선고 97누17261 판결).

## 3. 양도소득세 실무

### (1) 부동산 양도에 대한 양도소득세 과세 여부

공익을 목적으로 출연된 기본재산이 있는 재단으로서 등기되지 아니한 것과 주무관청에 등록한 재단 또는 기타 단체로서 등기되지 아니한 것은 국세기본법 시행령 제8조에 의거 법인으로 보는 것이나, 재단법인인 종교단체와는 회계 등 모든 운영이 독립된 산하지역의 교회는 별도의 허가를 받아 세법 적용상 재단법인으로 설립된 경우를 제외하고는 1거주자(개인)로 보는 것이므로, 교회가 1거주자에 해당하는 경우에는 토지 또는 건물의 양도로 인하여 발생하는 소득에 대하여는 양도소득세가 과세되는 것이다(서면4팀-1382, 2005. 8. 5).

### (2) 목사개인명의 부동산의 양도소득세 과세 여부

토지의 소유자가 목사 개인이거나 또는 토지의 소유자가 교회로서 국세기본법 제13조의 규정에 의한 법인으로 보는 단체에 해당하지 않은 개인인 경우 토지의 양도로 인하여 발생하는 소득에 대하여는 양도소득세가 과세되는 것이다(서면4팀-1145, 2005. 7. 7).

## 4. 상속세 및 증여세 실무

### (1) 증여세 과세 여부

상속세 및 증여세법 시행령 제12조 제1호의 규정에 의하여 공익법인에 해당하는 종교단체가 재산을 출연받은 경우 그 출연받은 재산을 직접 공익목적사업 외에 사용하거나 출연받은 날부터 3년 이내에 직접 공익목적사업에 사용하지 아니하는 경우에는 상속세 및 증여세법 제48조 제2항 제1호의 규정에 의하여 증여세가 과세되는 것이며, 종교단체가 출연받은 재산을 출연받은 날부터 6월 후에 출연자에게 반환하는 경우에는 직접 공익목적사업 외에 사용한 것으로 보아 증여세가 과세되는 것이며, 반환받은 출연자는 같은법 제31조 제5항의 규정에 의하여 그 반환받은 재산에 대하여 증여세 납부의무가 있는 것이다(서면4팀-1839, 2005. 10. 7).

### (2) 증여세 및 양도소득세의 과세 여부

**질의** 본인과 본인의 처가 소유하고 있던 토지위에 2003. 10. 30 건축허가를 받고, 2004. 3. 10 착공하여 2005. 3. 9 준공예정인 교회건물을 신축 중에 있음.

① 이 경우 교회건물이 준공된 이후 토지와 건물을 당해 교회에 무상으로 기증할 경우 본인과 본인의 처의 양도소득세 및 기증받은 교회에 대한 증여세 과세 여부

② 교회건물이 준공되기 이전에 토지는 교회에 무상으로 기증하고 건물은 준공 이전이므로 건축허가서상 명의만 본인과 본인의 처에서 교회명의로 변경할 경우 양도소득세 및 증여세가 부과되는지 여부

**회신** 상속세 및 증여세법 제48조 제1항 · 제2항 및 같은법 시행령 제12조 제1호의 규정에 의하여 "종교의 보급 교화에 현저히 기여하는 사업"을 운영하는 종교단체가 재산을 출연받아 그 출연받은 날로부터 3년 이내에 직접공익목적사업에 사용하는 경우에는 증여세 및 양도소득세가 과세되지 아니 하는 것이다(서면4팀-2085, 2004. 12. 21).

## 5. 지방세 실무

### (1) 취득세 면제

종교 및 제사를 목적으로 하는 단체가 해당 사업에 사용하기 위하여 취득하는 부동산에 대하여는 취득세를 면제한다. 다만, 다음의 어느 하나에 해당하는 경우 그 해당 부분에 대

해서는 면제된 취득세를 추징한다.

① 수익사업에 사용하는 경우

② 정당한 사유 없이 그 취득일부터 3년이 경과할 때까지 해당 용도로 직접 사용하지 아니하는 경우

③ 해당 용도로 직접 사용한 기간이 2년 미만인 상태에서 매각·증여하거나 다른 용도로 사용하는 경우

### (2) 재산세

종교단체가 과세기준일 현재 해당 사업에 직접 사용하는 부동산(대통령령으로 정하는 건축물의 부속토지를 포함한다)에 대하여는 재산세(「지방세법」 제112조에 따른 부과액을 포함한다) 및 「지방세법」 제146조 제2항에 따른 지역자원시설세를 각각 면제한다. 다만, 수익사업에 사용하는 경우와 해당 재산이 유료로 사용되는 경우의 그 재산 및 해당 재산의 일부가 그 목적에 직접 사용되지 아니하는 경우의 그 일부 재산에 대하여는 면제하지 아니한다.

### (3) 기타

① 종교단체가 그 사업에 직접 사용하기 위한 면허에 대하여는 등록면허세를 면제하고, 해당 단체에 대하여는 주민세 재산분 및 주민세(종업원분)를 각각 면제한다. 다만, 수익사업에 관계되는 대통령령으로 정하는 주민세 재산분 및 주민세(종업원분)는 면제하지 아니한다.

② 종교 및 제사를 목적으로 하는 단체에 생산된 전력 등을 무료로 제공하는 경우 그 부분에 대하여는 「지방세법」 제146조 제1항에 따른 지역자원시설세를 면제한다.

③ 사찰림과 「전통사찰의 보존 및 지원에 관한 법률」 제2조 제1호에 따른 전통사찰이 소유하고 있는 경우로서 같은 조 제3호에 따른 경내지(境內地)에 대하여는 재산세(「지방세법」 제112조에 따른 부과액을 포함한다)를 면제한다. 다만, 수익사업에 사용하는 경우와 해당 재산이 유료로 사용되는 경우의 그 재산 및 해당 재산의 일부가 그 목적에 직접 사용되지 아니하는 경우의 그 일부 재산에 대하여는 면제하지 아니한다.

### (4) 농어촌특별세 비과세

취득세 비과세가 되는 부분에 대하여 농어촌특별세를 과세하지 아니한다(농특령 4 ⑦ 5호).

## Ⅲ 종교인에 대한 세무실무

### 1. 종교인 소득의 정의

종교관련 종사자가 종교의식을 집행하는 등 종교관련 종사자로서의 활동과 관련하여 종교단체로부터 받은 소득을 말한다. 이러한 종교인소득에는 종교관련 종사자가 그 활동과 관련하여 현실적인 퇴직 이후에 종교단체로부터 정기적 또는 부정기적으로 지급받는 소득으로서 현실적인 퇴직을 원인으로 종교단체로부터 지급받는 소득에 해당하지 아니하는 소득을 포함한다.

### 2. 종교관련 종사자

통계청장이 고시하는 한국표준직업분류에 따른 종교관련 종사자로 목사, 승려, 신부, 교무, 전교, 수녀 및 수사, 전도사, 그 외 종교관련 종사원 등을 포함한다(소법 12 5호 아목).

### 3. 종교단체

다음의 어느 하나에 해당하는 종교의 보급 기타 교화를 목적으로 설립된 단체(그 소속단체를 포함한다)로서 해당 종교관련 종사자가 소속된 단체를 말한다.

① 민법 제32조에 따라 설립된 비영리법인
② 국세기본법 제13조 제4항에 따른 법인으로 보는 단체
③ 부동산등기법 제49조 제1항 제3호에 따라 등록번호를 부여받은 법인 아닌 사단·재단

### 4. 비과세소득

① 종교관련 종사자가 소속 종교단체의 규약 또는 소속 종교단체의 의결기구의 의결, 승인 등에 의하여 결정된 지급기준에 따라 종교활동에 사용할 목적으로 지급받은 금품 및 물품
② 종교관련 종사자가 받는 소속된 종교단체의 종교관련 종사자로서의 활동과 관련 있는 교육·훈련을 위하여 받는 학교 또는 시설의 입학금 등 학자금
③ 종교관련 종사자가 받는 월 20만원 이하의 식사 또는 식사대
④ 종교관련 종사자가 받는 실비변상적 성질의 지급액(숙직료, 여비, 차량보조금, 의복비, 천재지변이나 재해로 지급받은 금품)

⑤ 종교관련 종사자 또는 그 배우자의 출산이나 6세 이하 자녀의 보육과 관련하여 종교단체로부터 받는 금액으로서 월 10만원 이내의 금액

⑥ 종교관련 종사자가 사택을 제공받아 얻은 이익

## 5. 종교인소득의 신고·납부 방법의 선택

종교인 소득은 기타소득으로 신고·납부하는 것이 원칙이나 근로소득으로 원천징수하거나 종합소득세 과세표준 확정신고를 할 수 있다.

① 기타소득으로 신고시 지급받은 금액에 따라 20%~80%의 필요경비를 인정한다.

② 근로소득으로 신고시 일반적인 근로소득세 정산방법에 따라 정산하며 법적요건 충족시 근로장려금 등 복지혜택을 받을 수 있다.

## 6. 종교단체 원천징수 이행 여부의 선택

### (1) 원천징수를 이행하는 경우

매월 소득 지급시 기타소득(종교인 소득 간이세액표) 또는 근로소득(근로소득 간이세액표)으로 선택하여 원천징수하고, 다음 해 2월 급여 지급시 연말정산하여야 한다. 세무서장의 지정, 승인을 받아 반기별 납부가 가능하다.

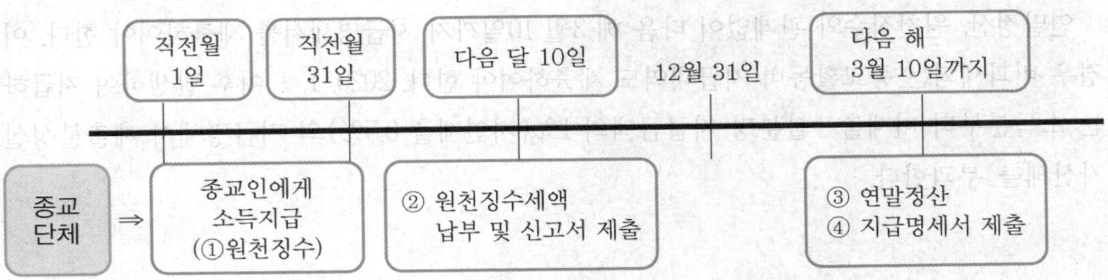


### (2) 원천징수를 이행하지 않은 경우

관련 종사자가 다음 해 5월에 종합소득세 확정신고를 하여야 한다.

### (3) 원천징수세액의 계산

연간소득이 정해지지 않은 경우
월 지급 종교인소득
(×) 12
(−) 필요경비(20~80%)
과세표준
(×) 세율(20%)
결정세액
(÷) 12
월별 원천징수세액

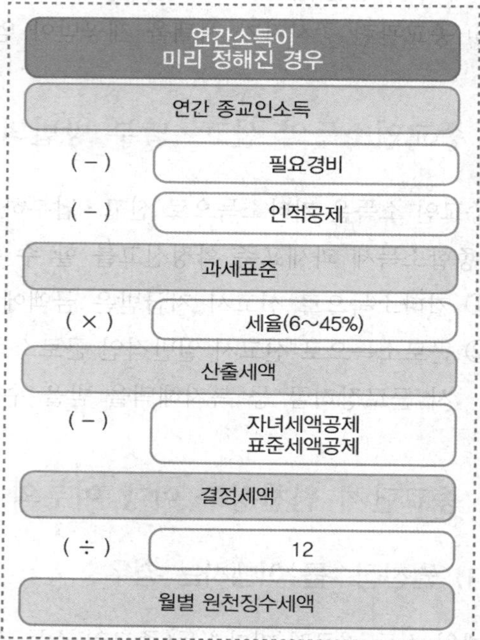


## 7. 지급명세서의 제출

연말정산, 원천징수와 관계없이 다음 해 3월 10일까지 지급명세서를 제출하여야 한다. 이 경우 비과세되는 종교활동비 지급내역도 제출하여야 한다. 2020. 1. 1 이후 발생하여 지급하는 소득분부터 미제출·불분명 지급금액의 1%(지연제출 0.5%)의 지급명세서 제출불성실 가산세를 부과한다.

# 제 5 절 종중의 회계와 세무실무

## Ⅰ 종중의 의의와 법적성격

### 1. 종중의 의의

종중이란 공동선조의 분묘 수호와 봉제사, 종원 상호 간 친목 등을 목적으로 하는 자연발생적인 관습상 종족집단체로서 공동선조의 사망과 동시에 그 후손에 의하여 자연발생적으로 성립하는 것이다.[164] 이와 같이 종중은 관습상 자연발생적인 단체이므로 특별한 조직행위를 필요로 하지 않으며, 공동선조의 후손은 그 의사와 관계없이 성년이 되면 당연히 그 구성원(종원)이 된다. 위와 같이 종중은 자연적 집단이므로 그 성립을 위하여 특별한 조직행위를 필요로 하는 것은 아니다. 다만, 그 목적인 공동선조의 분묘 수호, 제사봉행, 종중원 상호 간의 친목을 규율하기 위해 규약을 정하는 경우가 있으며, 또 대외적인 행위를 할 때에는 대표자를 정할 필요가 있다. 그러나 반드시 특정한 명칭의 사용 및 문서화된 종중규약이 있어야 하거나 종중의 대표자가 계속하여 선임되어 있는 등 조직을 갖추어야 하는 것은 아니다.[165]

### 2. 종중의 법적성격

종중은 공동선조의 분묘 수호와 봉제사 그리고 종중원 상호 간의 친목 등을 목적으로 하는 자연발생적인 관습상의 종족집단체로서 특별한 조직행위를 필요로 하거나 성문의 규약을 필요로 하는 것이 아니고 그 공동선조의 후손 중 성년 이상의 남녀[166]는 당연히 그 구성원(종원)이 되는 것이며, 종중의 규약이나 관습에 따라 선출된 대표자 등에 의하여 대표되는 정도로 조직을 갖추고 지속적인 활동을 하고 있다면 비법인사단으로서의 단체성이 인정된다.[167] 이는 고유의 의미의 종중뿐만 아니라 종중 유사단체의 경우에도 동일하다. 공동선

164) 대법원 1992. 7. 24 선고 91다42081 판결
165) 서윤식, “법인격 없는 단체에 대한 과세제도 연구-종중에 대한 과세사례를 중심으로” 2020. 9. 29
166) 공동선조의 후손 중 성년 남자만을 종중의 구성원으로 하고 여성은 종중의 구성원이 될 수 없다는 종래의 관습은 공동선조의 분묘 수호와 봉제사 등 종중의 활동에 참여할 기회를 출생에서 비롯되는 성별만에 의하여 생래적으로 부여하거나 원천적으로 박탈하는 것으로서, 변화된 우리의 전체 법질서에 부합하지 아니하여 더 이상 법적효력을 가질 수 없게 되었다고 하면서, 공동선조와 성과 본을 같이 하는 후손은 성별의 구별 없이 성년이 되면 당연히 그 구성원이 된다고 보는 것이 조리에 합당하다는 이유로 종래의 판례를 변경하였다. 이에 따라 성년의 여자도 종중의 구성원이 된다(대법원 2005. 7. 21 선고 2002다1178 전원합의체 판결).
167) 대법원 1991. 8. 27 선고 91다16525 판결

조의 후손 중 특정 범위 내의 자들만으로 구성된 종중이란 있을 수 없으므로, 만일 공동선조의 후손 중 특정 범위 내의 종원만으로 조직체를 구성하여 활동하고 있다면 이는 본래의 의미의 종중으로는 볼 수 없고, 종중 유사의 권리능력 없는 사단이 될 수 있을 뿐이다.[168] 종중이 비영리법인으로서 법인격을 취득하기 위해서는 법인설립에 필요한 요건을 갖추어 주무관청의 허가를 얻어 설립등기를 하여야 한다. 종중은 자연발생적인 단체이므로 주무관청의 허가를 받거나 설립등기를 하는 경우는 거의 없을 것이다. 따라서 거의 모든 종중은 법인격 없는 사단에 해당하는 것으로 봄이 타당하다. 종중이 민법상 권리능력 없는 사단이기 때문에 자산 및 부채를 그 구성원 전원이 총유의 형태로 보유할 수 있으며 대표자 또는 관리인이 있는 경우에는 그 사단의 이름으로 부동산 등기 및 소송의 당사자가 될 수 있다.

## 3. 종중재산의 의의 및 법적성격

종중재산은 선조의 봉제사를 위하여 종중이 소유하는 재산을 총괄한 것을 말한다. 종중은 공동선조의 분묘 수호와 봉제사 및 종중원 상호 간의 친목 등을 목적으로 하여 구성되는 자연발생적인 종족집단으로, 종중재산은 이러한 종중의 목적을 달성하는 데 본질적으로 중요한 요소이다.[169] 종중재산은 제사를 봉행하고 종중원의 구제 등의 목적에 제공되는 재산으로 그 종류로는 선조의 분묘가 있는 임야인 묘산(墓山) 또는 종산(宗山)과 선조의 제사 비용에 충당하기 위한 토지인 위토(位土)가 있다. 종중재산은 종중의 목적을 달성하기 위하여 설정된 것으로 선조의 제사가 그 주된 목적이라고 볼 수 있으나, 종중이 부수적으로 종중원의 친목, 상호부조, 문화재의 수호 보존 등의 목적으로 다양화됨에 따라 종중재산의 형태도 다양화되고 있다. 종중은 권리능력 없는 사단이므로 그 재산의 귀속관계에 대하여는 민법의 물권법 소정의 총유 내지 준총유로 규율된다.[170] 종중재산의 소유권은 종중원의 총유에 속하고 나머지 재산권과 채무는 종중원의 준총유에 속한다. 종중재산의 관리 및 처분은 종중에 특별한 규약이나 관례가 없는 경우에는 민법 제276조의 규정에 따라 종원총회의 결의에 따라야 한다. 종중원 개인은 종중재산에 대한 지분과 관리 처분권이 없고 목적범위 내에서 사용 수익권만 있을 뿐이다.[171]

168) 대법원 2019. 2. 14 선고 2018다264628 판결
169) 대법원 2017. 10. 26 선고 2017다231249 판결
170) 민법 제275조 내지 제278조
171) 민법 제276조 제2항

## Ⅱ 종중에 대한 세법상 취급

### 1. 법인격 없는 단체에 대한 세법상 취급

종중은 공동선조의 분묘수호와 제사 그리고 종중원 상호간의 친목 등을 목적으로 하는 자연발생적인 관습상의 종족집단체로서 특별한 조직행위를 필요로 하거나 성문의 규약을 필요로 하는 것이 아니고 그 공동선조의 후손 중 성년 이상의 남자는 당연히 그 구성원(종원)이 되는 것이며, 종중의 규약이나 관습에 따라 선출된 대표자 등에 의하여 대표되는 정도로 조직을 갖추고 지속적인 활동을 하고 있다면 비법인사단으로서의 단체성이 인정되는 것이다.[172] 따라서 세법상 종중에 대한 취급도 법인격 없는 사단에 속한다. 세법에서는 인격을 법인과 개인으로 구분하고, 법인이 아닌 단체에 대해서는 국세기본법 제13조에서 구분하고 있다. 종중은 자연발생적으로 발생하고 별도의 설립등기나 주무관청의 허가를 필요로 하지 않는다. 따라서 세법에서는 원칙적으로 종중을 거주자로 보아 소득세법을 적용하나 일정한 요건을 갖춰 세무서장의 승인을 얻은 경우에는 국세기본법 제13조 제2항에 따라 법인으로 보아 법인세법을 적용한다. 이에 따른 종중은 수익을 구성원에게 분배하지 않아야 하므로 비영리법인으로 의제하여 수익사업에 한하여 법인세의 납세의무를 부담한다. 종중은 법인격 없는 사단으로서 법인격 없는 단체에 해당하나 주무관청의 허가 또는 인가를 받아 설립되거나 법령에 따라 주무관청에 등록한 사단에 해당하지 않으므로 당연 법인으로 보는 단체는 될 수 없으나, 종중이 조직과 운영에 관한 규정을 가지고 대표자나 관리인을 선임하고 있고, 자신의 계산과 명의로 수익과 재산을 독립적으로 소유 관리하고, 단체의 수익을 구성원에게 분배하지 아니하는 경우 국세기본법 제13조 제2항에 따라 승인을 얻어 법인으로 보는 단체에 해당할 수 있다. 이 경우 법인세법이나 상속세 및 증여세법에서 비영리법인으로 의제되어 수익사업에 대한 법인세의 납세의무, 증여세의 납세의무를 부담한다. 법인으로 보는 단체의 요건을 갖추지 못하면 1거주자 또는 비거주자로 보아 소득세의 납세의무를 부담한다.

#### (1) 법인으로 보는 경우

##### 1) 당연의제법인

법인이 아닌 사단, 재단, 그 밖의 단체 중 다음의 어느 하나에 해당하는 것으로서 수익

172) 대법원 1991. 8. 27 선고 91다16525 판결

을 구성원에게 분배하지 아니하는 것은 법인으로 보아 세법을 적용한다.[173)]

① 주무관청의 허가 또는 인가를 받아 설립되거나 법령에 따라 주무관청에 등록한 사단, 재단, 그 밖의 단체로서 등기되지 아니한 것

② 공익을 목적으로 출연된 기본재산이 있는 재단으로서 등기되지 아니한 것

### 2) 승인의제법인

당연 법인으로 보는 단체 외의 법인 아닌 단체 중 다음의 요건을 모두 갖춘 것으로서 대표자나 관리인이 관할 세무서장에게 신청하여 승인을 받은 것도 법인으로 보아 세법을 적용한다. 이 경우 해당 사단, 재단, 그 밖의 단체의 계속성과 동질성이 유지되는 것으로 본다.[174)]

① 사단, 재단, 그 밖의 단체의 조직과 운영에 관한 규정을 가지고 대표자나 관리인을 선임하고 있을 것

② 사단, 재단, 그 밖의 단체 자신의 계산과 명의로 수익과 재산을 독립적으로 소유 관리할 것

③ 사단, 재단, 그 밖의 단체의 수익을 구성원에게 분배하지 아니할 것 법인으로 보는 단체로 승인을 받은 법인 아닌 단체가 위의 요건을 갖추지 못하게 되었을 때에는 관할 세무서장은 지체 없이 그 승인을 취소하여야 한다. 이익을 배당할 수 있는 법인이라 함은 자본금 또는 출자금이 있고 그 자본금 또는 출자금이 주식 또는 출자지분으로 구성되어 있으며, 경영성과를 출자비율에 따라 출자자 등에게 분배가 가능한 법인을 의미하는 것으로서 이익배당에는 구성원의 탈퇴시 출자금 외에 출자비율에 따라 잉여금 등 그 동안의 경영성과를 반환할 수 있는 경우를 포함한다(법기통 2-0…3).

### 3) 승인취소의 효과

국세기본법 제13조 제2항의 규정에 의하여 관할 세무서장으로부터 법인으로 승인을 얻은 법인격이 없는 단체가 동법 제13조 제2항 각 호의 요건을 갖추지 못하게 되어 그 승인이 취소된 경우 동법 시행규칙 제5조의 2의 규정에 의한 단체의 승인취소통지서를 받은 날부터 법인으로 보지 않는 것이다(재조세-322, 2003. 12. 20). 고유목적사업에 직접 사용한 고정자산을 처분하여 「법인세법」 제3조 제3항 제5호에 의해 법인세가 면제된 법인으로 보는 단체로 승인받은 비영리내국법인이 수익을 구성원에게 분배하여

173) 국세기본법 제13조 제1항

174) 국세기본법 제13조 제2항

법인으로 보는 단체의 승인이 취소된 경우 당초 면제된 법인세를 추가 납부하지 않는 것이다(서면-2016-법령해석법인-3523 2016. 7. 11).

판례 **법인으로 보는 단체 승인의 무효와 경정청구(조심-2014-중-1731, 2014. 7. 28.)**

처분청은 청구종중에게 한 '법인으로 보는 단체' 승인이 당연 무효이므로 경정청구 거부처분은 적법하다는 의견이나, 「국세기본법」 제13조, 같은 법 시행령 제8조, 같은 법 시행규칙 제5조의 2에서 그 수익을 구성원에게 분배하지 아니할 것 등 일정 요건을 갖춘 법인 아닌 단체가 관할 세무서장에게 신청하여 승인을 받은 경우 법인으로 보고, 승인을 얻은 단체가 위 요건을 갖추지 못하게 된 때에는 관할 세무서장은 지체 없이 그 승인을 취소하여야 한다고 하면서 법인으로 보는 단체의 승인취소는 승인취소통지서에 의한다고 규정하고 있고, 행정청이 행한 행정행위의 의미를 해석함에 있어서는, 행정행위 또는 그 전제가 된 상대방 당사자의 신청행위 등의 문언 내용과 함께, 행정행위의 목적, 행정행위가 행하여진 경위, 당사자들의 이해관계 등을 종합적으로 참작하여야 할 것(대법원 2013. 7. 12. 선고 2012두20571 판결, 같은 뜻임)인바, 청구종중이 OOO 처분청으로부터 '법인으로 보는 단체'의 승인을 받은 것에 대한 처분청의 내부문서를 보면, 청구종중은 수익을 분배한 사실이 없는 것으로 확인되었고, 청구종중은 법인으로 보는 단체의 승인 이후인 OOO 임시총회를 통해 그 구성원 일부에게 포상금 명목으로 각각 OOO, 총 OOO을 청구종중의 업무처리규정에 준하여 지급할 것을 의결한 것으로 나타나며, 더구나 쟁점외토지 매수인의 잔금지급 미이행으로 그 계약금을 반환하지 않아도 될 것이 예상되었다 하더라도 매매대금 잔금지급일 OOO이 승인신청 이후여서 법인으로 보는 단체 승인신청 당시 그 분배가 이루어졌다거나 이를 확정하고 있었다고 보기 어려운 점, 처분청은 이건 경정청구 거부처분 이후인 OOO에 청구종중에게 법인으로 보는 단체의 승인취소를 통지한 점 등에 비추어 청구종중의 포상금 지급(현금 증여)이 수익의 분배에 해당되어 법인으로 보는 단체의 승인요건을 위반하였는지는 별론으로 하더라도 처분청이 청구종중에게 한 법인으로 보는 단체 승인행위에 중대하고 명백한 하자가 있다고 볼 수 없어 이를 당연 무효라고 하기는 어려우므로, 청구종중은 '법인으로 보는 단체' 승인통지를 받은 날부터 그 승인취소통지를 받기 전까지는 법인으로 보는 단체에 해당된다 하겠다.

### (2) 개인으로 보는 경우

#### 1) 이익을 구성원에게 분배하지 않는 경우

「국세기본법」 제13조 제1항에 따른 법인 아닌 단체 중 같은 조 제4항에 따른 법인으로 보는 단체(이하 "법인으로 보는 단체"라 한다) 외의 법인 아닌 단체는 국내에 주사무소 또는 사업의 실질적 관리장소를 둔 경우에는 1거주자로, 그 밖의 경우에는 1비거주자로 보아 이 법을 적용한다.[175)] 단체의 이익을 분배하지 아니하는 경우에는 그 단체를 1개인으로 보므로 그 단체는 그 단체의 소득에 대하여 구성원과는 별도로 소득세 납세의무자가 된다. 이 경우 1개인으로 보는 단체의 소득은 그 대표자나 관리인의 다른 소득과 합산하여 과세하지 아니한다. 1거주자로 보는 법인격 없는 단체의 이자·배당소득은 당해 단체의 대표자나 관리인의 다른 이자·배당소득과 합산하지 아니하고 당해 임의단체만의 이자·배당소득이 종합과세기준금액(2천만원)을 초과하는 경우 같은법 제62조의 규정에 의하여 종합과세된다. 그리고, 임의단체가 단체의 정관 또는 조직과 운영에 관한 규정, 대표자임을 입증할 수 있는 서류(등록증, 회의록, 의사록 등)와 대표자의 주민등록등·초본 및 조직구성원의 명부를 첨부하여 금융거래를 신청할 경우 대표자(금융거래상의 대표자로서 회장, 총무, 간사 등) 명의 외에 단체명을 부기하여 거래할 수 있으며, 이 때에는 금융기관에서 임의단체의 소득과 대표자 개인의 소득을 구분하여 국세청에 금융소득자료를 통보한다.

2001. 1. 1 이후 발생하는 소득분부터 법인으로 보는 단체 외의 단체 중 수익을 구성원에게 배분하지 아니하는 단체로서 단체명을 표기하여 금융거래를 하는 단체가 「금융실명거래 및 비밀보장에 관한 법률」 제2조 제1호 각 목의 어느 하나에 해당하는 금융회사등으로부터 받는 이자소득 및 배당소득은 분리과세한다.[176)]

#### 2) 이익을 구성원에게 분배[177)]하는 경우

다음의 어느 하나에 해당하는 경우에는 소득구분에 따라 해당 단체의 각 구성원별로 이 법 또는 「법인세법」에 따라 소득에 대한 소득세 또는 법인세[해당 구성원이 「법인세법」에 따른 법인(법인으로 보는 단체를 포함한다)인 경우로 한정한다]를 납부할 의무를 진다.

① 구성원 간 이익의 분배비율이 정하여져 있고 해당 구성원별로 이익의 분배비율이 확인되는 경우

② 구성원 간 이익의 분배비율이 정하여져 있지 아니하나 사실상 구성원별로 이익이 분배되는 것으로 확인되는 경우

#### 3) 일부 구성원만 이익을 분배하는 경우

해당 단체의 전체 구성원 중 일부 구성원의 분배비율만 확인되거나 일부 구성원에게만 이익이 분배되는 것으로 확인되는 경우에는 다음의 구분에 따라 소득세 또는 법인세를 납부할 의무를 진다.

---

175) 소득세법 제2조 제3항

176) 소득세법 제14조 제3항

177) 법인으로 보는 단체인 종중이 수익을 구성원에게 분배하는 경우 법인으로 보는 단체의 취소사유에 해당되나, 종중의 고유목적사업의 일환인 종중원에 대한 경로복지금과 장학금으로 지급하는 경우 사회통념상 인정되는 범위 내에서는 수익의 분배로 보지 아니한다(징세과-1173, 2011. 11. 22).

① 확인되는 부분 : 해당 구성원별로 소득세 또는 법인세에 대한 납세의무 부담
② 확인되지 아니하는 부분 : 해당 단체를 1거주자 또는 1비거주자로 보아 소득세에 대한 납세의무 부담

### (3) 법인승인 전 고정자산처분수입을 법인세 과세에서 제외될 수 있는지

부동산 양도손익을 최초사업연도 기간이 1년을 초과되지 아니한 범위에서 사실상 법인에게 귀속시키고, 조세포탈의 우려가 있다고 볼 수 없을 경우 구 법인세법 시행령 제3조 제2항의 요건을 모두 충족한 것으로 보아 양도소득세 납세의무가 없으며, 처분일 현재 3년 이상 계속하여 고유목적사업에 직접 사용하여 비영리내국법인의 과세소득의 범위에서 제외되어야 한다.[178] 「법인세법」 제6조 제1항에서 사업연도는 법령이나 법인의 정관 등에서 정하는 회계기간으로 한다. 다만 그 기간은 1년을 초과하지 못한다고 규정하고 있고, 제5항에서는 사업연도를 신고하지 아니한 경우 매년 1월 1일부터 12월 31일까지 그 법인의 사업연도로 한다고 규정하고 있는바, 청구종중의 정관 제4조에서 종중의 사업연도는 음력 10월 중 시제전일까지 한다고 규정되어 있어 명백하게 사업연도를 규정한 사실이 확인되고, 2017～2018사업연도에는 윤년이 발생하지 아니하였고, 2017년에는 청구종중이 2017. 11. 19, 2018년에는 2018. 11. 11에 실제로 시제를 지낸 사실이 확인되어 365일을 초과한 사실이 없으므로 최초 사업연도는 원칙적으로 법인으로 보는 단체의 승인일 2018. 4. 17부터 2018. 11. 10이고, 법인에 귀속시킨 손익이 최초로 발생한 2017. 12. 15 최초사업연도 개시일로 보더라도 그 기간이 1년을 초과하지 아니한 것으로 볼 수 있는 점, 청구종중은 수익사업을 영위하지 아니하여 별도로 사업연도를 신고하거나 사업자등록신청을 할 수가 없으며, 법인으로 보는 단체로 보는 승인신청서에도 사업연도를 신고하게 되어 있지 아니하고, 사업연도를 기재하는 별도의 기재란도 없어서 사업연도에 대하여 신고할 방법이 없는 점 등에 비추어 청구종중이 「법인세법 시행령」 제4조 제2항에서 규정하는 최초사업연도의 개시일 전에 생긴 손익에 대하여 '조세포탈의 우려가 없을 것'과 '최초사업연도의 기간이 1년을 초과하지 않을 것'이라는 요건을 모두 갖추어 경정청구를 제기한 사실이 인정되므로 처분청이 2017년 귀속 양도소득세 경정청구를 거부한 이 건 처분은 잘못이 있는 것으로 판단된다.[179] 청구종중은 「국세기본법」 제13조의 법인으로 보는 단체에 해당하므로 거주자로 보아 쟁점임야의 양도에 대하여 양도소득세를 부과한 처분은 부당하다고 주장하나, 쟁점임야 양도일 이전에 청구종중이 법인으로 보는 단체의 승인을 받은 경

178) 대법원 2014. 1. 15. 선고 2013두19479 판결
179) 조심 2018중4969, 2019. 11. 6.

우에는 위 규정을 적용할 수 있다 할 것이나, 청구종중은 쟁점임야 양도일(2015. 4. 30)로부터 1년이 경과한 2016. 8. 18 처분청으로부터 법인으로 보는 단체 승인을 받은 사실이 확인되므로, 쟁점임야 양도 당시 법인으로 보는 단체로 볼 수 없다 하겠다.[180)]

**관련법조문**

◈ **법인세법 시행령 제4조【사업연도의 개시일】**

① 법인의 최초사업연도의 개시일은 다음 각 호의 날로 한다.

1. 내국법인의 경우에는 설립등기일. 다만, 법 제2조 제2호 다목에 따른 법인으로 보는 단체(이하 "법인으로 보는 단체"라 한다)의 경우에는 다음 각 목의 날로 한다.
   가. 법령에 의하여 설립된 단체에 있어서 당해 법령에 설립일이 정하여진 경우에는 그 설립일
   나. 설립에 관하여 주무관청의 허가 또는 인가를 요하는 단체와 법령에 의하여 주무관청에 등록한 단체의 경우에는 그 허가일·인가일 또는 등록일
   다. 공익을 목적으로 출연된 기본재산이 있는 재단으로서 등기되지 아니한 단체에 있어서는 그 기본재산의 출연을 받은 날
   라. 「국세기본법」 제13조 제2항의 규정에 의하여 납세지 관할 세무서장의 승인을 얻은 단체의 경우에는 그 승인일
2. 외국법인의 경우에는 법 제94조에 따른 국내사업장(이하 "국내사업장"이라 한다)을 가지게 된 날(국내사업장이 없는 경우에는 법 제6조 제4항의 규정에 의한 소득이 최초로 발생한 날)

② 제1항의 규정을 적용함에 있어서 <u>최초사업연도의 개시일전에 생긴 손익을 사실상 그 법인에 귀속시킨 것이 있는 경우 조세포탈의 우려가 없을 때에는 최초사업연도의 기간이 1년을 초과하지 아니하는 범위내에서 이를 당해 법인의 최초사업연도의 손익에 산입할 수 있다.</u> 이 경우 최초사업연도의 개시일은 당해 법인에 귀속시킨 손익이 최초로 발생한 날로 한다.

## 2. 단체의 수익을 구성원에게 분배한다는 의미

법인격 없는 단체 중 승인으로 법인으로 보는 조건에는 단체의 수익을 구성원에게 분배하지 말아야 한다. 현행 세법에서 이에 대한 명확한 규정은 없다. 이에 대하여 법원의 판단은 다음과 같다.[181)]

"소득세법 시행령 제3조의 2는 거주자 또는 비거주자로 보는 법인 아닌 단체에 대하여, 구성원 간 이익의 분배방법이나 분배비율이 정하여져 있거나 사실상 이익이 분배되는 것으

180) 조심 2016부3315, 2016. 12. 16
181) 대구고등법원-2016-누-5489, 2016. 12. 23

로 확인되는 경우에는 해당 구성원이 공동으로 사업을 영위하는 것으로 보아 구성원별로 과세하고(제1호), 구성원 간 이익의 분배방법이나 분배비율이 정하여져 있지 않거나 확인되지 않는 경우에는 해당 단체를 1거주자 또는 1비거주자로 보아 과세하도록(제2호) 규정하고 있는바, 이는 "구성원에게 이익을 분배하지 않는 비영리단체"에 해당하면 그 단체를 납세의무자인 1거주자로 보아 소득세를 과세하여야 하고, "구성원에게 이익을 분배하는 영리단체"에 해당하면 그 단체를 납세의무자인 1거주자로 보지 않고 각 구성원을 납세의무자로 하여 그들 각자에게 분배되는 소득금액에 대하여 소득세를 과세하여야 한다는 의미로 보아야 한다(대법원 2012. 1. 27 선고 2010두19393 판결 등 참조). 국세기본법 제13조 제2항은 종교단체나 종중 등도 법인으로서 실체성이 인정될 수 있을 뿐만 아니라 단체의 자산을 그 대표자의 금융자산과 구분하여 거래할 필요성이 있음을 고려하여 이를 법인으로 볼 수 있도록 하기 위해 신설된 것인 점, ② 법인세법 제1조 제2호 다목은 위와 같이 "법인으로 보는 단체"를 비영리내국법인으로 규정하고 있는 점에 비추어 볼 때, 국세기본법 제13조 제2항 제3호가 정한 "단체의 수익을 구성원에게 분배하지 아니할 것"이라 함은 대상 단체가 "비영리단체에 해당할 것"을 가리킨다고 할 것인바, 비영리 단체의 본질과 특성, 앞서 본 소득세법 시행령 상의 영리단체와 비영리단체의 구분에 따른 과세의 법리 등에 비추어 보면, 정관 또는 규약에 이익의 분배방법이나 분배비율에 관한 구체적인 규정을 두고 그에 따라 정기적으로 일관되게 이익을 분배하는 단체의 경우에만 단체의 수익을 구성원에게 분배하는 것이고, 그 외에 비정기적으로 특수한 경우에 관한 이익의 분배방법만을 정하고 있는 경우에는 단체의 수익을 구성원에게 분배하지 아니하는 것으로 봄이 타당하다. 이 사건에 관하여 보건대, 원고가 이 사건 부동산 양도대금 중 일부를 종중원들에게 분배하였음은 당심이 인용한 제1심 판결의 이유에서 설시한 바와 같으나, 갑 제6, 14, 15호증의 각 기재와 변론 전체의 취지에 의하여 인정되는 다음과 같은 사정들, 즉 ① 원고는 선조의 분묘 수호와 봉제사, 구성원간의 친목 도모와 상호부조 등을 목적으로 설립된 종중으로서 구성원에게 수익을 분배할 것을 목적으로 하지 않는 점, ② 원고가 정관이나 규약에 수익의 분배방법이나 분배비율에 관한 구체적인 규정을 두고 있지 않는 점, ③ 이 사건 부동산 양도대금의 분배는 원고의 종중 임시총회의 결의에 따라 일회적으로 이루어진 것인 점 등에 비추어 보면, 원고가 위와 같이 이 사건 부동산 양도대금 중 일부를 종중원들에게 분배한 것은 국세기본법 제13조 제2항 제3호가 정한 "단체의 수익을 구성원에게 분배한 경우"에 해당한다고 볼 수 없다[경주세무서장 또한 이 사건 부동산 양도대금이 원고 종중원들에게 분배된 후 그에 따른 증여세까지 납부되었음에도 원고가 국세기본법 제13조 제2항 제3호의 요건 미비에 해당하지 않는다고 보아 "법인으로 보는 단체"로 승인하였다(갑 제2호증의 1, 을 제3호증)]. 따라서 피고의 이 부분 주장은 받아들일 수 없다.「국세기본법」 제13조 제2항에 따라 법인으로 보는 단체 승인을 얻은 종중이 해당 종중 규약에 따라 그 일부 구성원들에게 사회통념상 인정되는 목적 및 범위 내에서 장학금, 경조사비, 경로위로금 등을 지급하는 경우는 「국세기본법」 제13조 제3항 단서 및 같은 영 제8조 제4항에서 정하는 법인으로 보는 단체 승인 취소 사유인 '수익금의 분배'에 해당하지 않는 것이나, 종중 회장 및 임원들에게 종중 선산 양도 기여에 따른 포상금 명목으로 사회통념상 과다한 금원을 지급하는 경우는 '수익금의 분배'에 해당하는 것이다(사전-2023-법규기본-0085 2023. 5. 9). 법인으로 보는 단체인 종중이 수익을 구성에게 배분하는 경우에는 「국세기본법」 제13조 제2항 제3호의 요건을 갖추지 못하게 되어 같은 법 시행령 제8조 제4항 소정의 취소사유에 해당하는 것이나, 종중의 고유목적사업의 일환으로 수익의 일부를 일정요건에 부합하는 종중 구성원에 한하여 경로복지금과 장학금으로 지급하는 경우로서 지출목적과 금액이 사회통념상 인정되는 범위 내에 있는 경우에는 수익의 분배로 보지 아니하는 것이다(징세과-1626, 2013. 11. 18).

## 3. 청구자 적격

양도소득세는 신고납세방식의 조세로서 신고납세방식의 조세에 있어서는 원칙적으로 납세의무자가 스스로 과세표준과 세액을 정하여 신고하는 행위에 의하여 납세의무가 구체적으로 확정되고 과세관청은 납세의무자로부터 신고가 없는 경우에 한하여 비로소 부과처분에 의하여 이를 확정하게 되는 것이다. 그 납부행위는 신고에 의하여 확정된 구체적 납세의무의 이행으로 하는 것이며 국가는 그와 같이 확정된 조세채권에 기하여 납부된 세액을 보유하는 것이므로(대법원 2002다46102, 2002. 11. 22 참조), 경정청구의 당사자 적격은 과세표준 신고기한 내에 양도소득세 등의 과세표준신고서를 제출한 자에게 있다 할 것이다. 쟁점토지가 권○○○ 개인의 소유 토지임에는 처분청과 권○○○의 납세의무를 승계한 상속인 그리고 종중 모두 이의가 없고, 양도소득세를 신고·납부함에 있어 그 신고서 및 납부영수증상의 납세의무자 표시에 해당하는 성명란에 ○○○라고 청구종중의 명칭을 기재하고 주민등록번호란에는 청구중중의 등기등록용번호를 기재하여 신고서를 작성·제출하고 이에 따라 자진납부한 이 건 신고·납부행위의 주체는 청구종중이라고 보는 것이 타당해 보이므로 청구종중은 경정청구의 당사자 적격이 있는 것으로 판단된다(조심 2011전0921, 2011. 6. 27).

## Ⅲ 종중에 대한 부가가치세 세무실무

### 1. 부가가치세법상 납세의무

부가가치세법상 납세의무자는 영리목적 유무에 불구하고 사업상 독립적으로 재화나 용역을 공급하는 자이다. 따라서 종중의 인격이 비영리법인이든 개인이든 관계없이 사업상 독립적으로 재화나 용역을 공급하는 경우에는 부가가치세의 납세의무를 진다. 종중이 부가가치세법상 재화나 용역을 공급하는 경우 사업자등록을 하여야 한다. 비영리법인은 부가가치세의 납세의무가 없는 경우에도 과세자료의 효율적 관리를 위하여 등록번호에 준하는 고유번호를 부여하도록 하고 있다.[182] 다만, 비영리법인이 부가가치세 과세대상인 재화나 용역을 공급하거나 수익사업을 개시하는 경우에는 부가가치세법 또는 법인세법상 사업자등록을 신청하여야 한다. 만일 고유번호 부여상태에서 과세대상인 재화를 공급받고 세금계산서를 발급받은 경우에는 등록전 매입세액에 해당되어 매입세액공제를 받을 수 없다. 즉, 비영리법인으로 등록한 장학재단이 부가가치세 과세사업을 영위하고자 하는 경우에는 부가가치세법 제5조의 규정에 의하여 사업자등록을 하지 아니하고 당해 과세사업과 관련하여 공급받은 재화 또는 용역에 대한 부가가치세 매입세액은 동법 제17조 제2항 제5호의 규정에 의하여 매출세액에서 공제되지 아니하는 것이다(재소비 46015-10, 2003. 1. 9).

### 2. 부가가치세 과세대상

비영리법인의 부가가치세 과세대상은 재화나 용역을 공급하는 거래이다. 다만, 비영리법인의 재화가 수익사업에서 비수익사업으로 또는 비수익사업에서 수익사업으로 이전되는 것은 계약상 또는 법률상의 원인에 의한 공급이 아니므로 부가가치세법에서 규정하는 간주공급에 해당되는 것을 제외하고는 과세대상이 아니다. 한편, 비영리법인의 법인세가 과세되는 수익사업과 부가가치세 과세대상인 사업의 범위와는 항상 일치하는 것은 아니다. 즉, 비영리법인의 법인세 과세대상인 수익사업의 범위에서는 제외되는 부가가치세가 과세대상인 경우도 있을 수 있다.

① 비영리 종교단체인 교회가 부가가치세가 과세되지 아니하는 고유목적사업을 위하여 사용 중이던 교회 건물을 매각하는 경우, 그 건물의 매각은 「부가가치세법」 제1조의 규정에 의한 과세대상에 해당되지 아니하는 것이다(부가-2909, 2008. 9. 4).

② 지방자치단체가 「공유재산 및 물품관리법」 제4조의 규정에 의한 부동산을 비영리법

182) 부가가치세법 시행령 제12조 제2항

인(단체)에게 사용하게 하고 비영리법인(단체)이 그 사용료를 당해 지방자치단체로부터 받은 보조금을 재원으로 지급하는 경우 당해 부동산의 임대용역에 대하여는 「부가가치세법 시행령」 제38조 제3호의 규정에 의하여 부가가치세가 과세되는 것이다(서면3팀-2685, 2007. 9. 28).

③ 「의료법」 제28조의 규정에 의하여 설립된 대한한의사협회가 같은 법 시행령 제19조의 4 제2항 제3호의 규정에 따라 보건복지부장관으로부터 위임받은 의료광고 심의용역을 한의사, 한의원, 한방병원 등에게 제공하고 대가를 받는 경우 그 대가는 「부가가치세법」 제7조의 규정에 의하여 부가가치세가 과세되는 것이다(서면3팀-1706, 2007. 6. 13).

##  종중에 대한 소득세 세무실무

### 1. 종중의 납세지

거주자로 보는 법인격 없는 단체에 대한 소득세 납세지는 동 단체의 대표자 또는 관리인의 주소지로 한다. 다만, 당해 단체의 업무를 주관하는 장소 등을 납세지로 지정받은 경우에는 그 지정받은 장소를 납세지로 한다(소득세법 기본통칙 6-0…1). 종중이 1거주자로 보는 법인 아닌 단체에 해당하는 경우 종종의 소득세 납세지는 종중의 대표자의 주소지로 하는 것이며, 이 때 대표자란 적법하게 선출된 실제 대표자를 의미하는 것이다(기준-2018-법령해석소득-0190, 2018. 8. 30).

### 2. 종중(문중)의 부동산임대업 관련 필요경비

소득세법상 1거주자로 보는 종중의 부동산임대 소득금액의 계산에 있어서 필요경비에 산입할 금액은 소득세법 제27조 제1항의 규정에 의하여 당해 연도의 총수입금액에 대응하는 비용으로서 일반적으로 용인되는 통상적인 것의 합계액으로 하는 것이며, 종중의 고유목적사업을 위하여 지출하는 비용(선영의 유지보수비·개축비·증축비·공사비 등)은 당해 부동산임대업에서 발생하는 총수입금액에 대응하는 필요경비에 해당하지 아니하는 것이다(소득세과-607, 2010. 5. 25).

## 3. 자연인의 타소득과 합산배제

법인격 없는 단체로서 법인으로 보지 아니하는 종중이 대표자 또는 관리인이 선임되어 있고 이익의 분배방법이나 분배비율이 없는 경우에는 그 종중을 하나의 거주자로 보는 것이다. 따라서, 이러한 요건을 충족하는 종중의 소득은 그 대표자나 관리인의 다른 소득과 합산하여 과세하지 아니하는 것이다(서면인터넷방문상담1팀-1419, 2004. 10. 15). 소득세법 시행규칙 제2조의 규정에 의하여 1거주자로 보는 종중이 대표자 개인 명의로 금융거래를 하여 발생한 이자소득이 연간 2,000만원을 초과하는 경우에는 당해 종중의 대표자 개인의 소득과는 구분하여 대표자명의로 종합과세하는 것인 바, 이 경우에도 당해 종중이 법인으로 등록하여 법인명의로 발생된 이자소득과는 구분하여 과세한다. 다만, 2001. 1. 1 이후 발생하는 소득분부터 소득세법 제14조 제3항이 개정되어 법인으로 보는 단체 외의 단체 중 수익을 구성원에게 배분하지 아니하는 단체로서 단체명을 표기하여 금융거래를 하는 단체가 금융기관으로부터 받는 이자소득 및 배당소득에 대하여는 분리과세한다.

## 4. 종중으로부터 종중원이 받은 금원의 소득구분

종중이 종중재산을 처분하면서 종중 결의에 따라 수십 년 간 제사준비와 종중재산을 관리하여 온 종중원에게 법적 지급의무 없이 고마운 뜻으로 지급하는 수고비 명목의 금액은 「소득세법」 제21조 제1항 제17호에 따른 기타소득에 해당하는 것이다(소득세과-607, 2010. 5. 25).

#  종중에 대한 양도소득세 세무실무

## 1. 납세의무자

자산의 양도로 인하여 발생하는 소득에 대한 양도소득세를 과세할 때 과세의 대상이 되는 소득, 수익, 재산, 행위 또는 거래의 귀속이 명의(名義)일 뿐이고 사실상 귀속되는 자가 따로 있을 때에는 사실상 귀속되는 자를 납세의무자로 하여 세법을 적용한다. 따라서 사실상의 귀속자가 종중인지 또는 종중원인지 여부는 종중 회의록 및 공증서류 등 관련 내용을 종합적으로 검토하여 사실판단할 사항이다(서면-2015-부동산-1442, 2015. 9. 11).

### (1) 분쟁에 대한 판결로 양도대금을 종중원에 귀속시킨 경우

처분청은 청구종중이 쟁점토지를 종중원들에게 증여하면서 증여세 및 취·등록세 등 거래비용을 청구종중이 부담한 점, 수용금액 재결을 위한 최종 협의가 청구종중의 주도하에 이루어진 점 등을 이유로 '제3자를 통한 간접적인 방법으로 세법의 혜택을 부당하게 받기 위한 행위'로 보아 「국세기본법」 제14조 제3항을 적용하여 청구종중에 양도소득세를 과세한 이 건 처분이 정당하다는 의견이나, 청구종중과 종중원인 후손 약 OOO여명은 2007년경부터 종중소유 토지양도와 대금배분 및 사용처 등과 관련한 집행부에 대한 불신 등으로 지속적인 갈등이 있었을 뿐 아니라 청구종중 집행부가 OOO 택지개발사업에 따른 수용시 배분하기로 약속한 금액에 실제 배분액이 미치지 못하는 등 집행부에 대한 불신과 소종중간의 갈등으로 종중원들이 수용보상금을 직접 받기를 원해 청구종중으로서는 쟁점토지 지분을 종중원들에게 증여할 수 밖에 없는 사정이 있었던 것으로 보이는 점, 쟁점토지의 수용보상금의 실제 귀속자가 청구종중이 아닌 종중원들임이 OOO지방국세청장의 조사에 의해 확인되어 형식과 실질에 괴리가 없는 점, 쟁점토지 손실보상금증액 소송의 판결문에서도 증액보상금액을 '청구종중'이 아닌 '종중원들'에게 지급하라고 판시한 점 등에 비추어 처분청이 청구종중을 쟁점토지의 양도소득세 납세의무자로 보아 과세한 이 건 처분은 잘못이 있는 것으로 판단된다(조심-2015-중-3327, 2016. 8. 22).

### (2) 종중규약에서 구성원분배비율이 정해지고 구성원에게 양도대금 귀속

처분청은 총유재산에 해당하는 쟁점토지의 양도대금이 청구단체의 구성원이 아닌 청구단체에 귀속되었으므로 쟁점토지의 양도소득에 관하여는 청구단체를 '1거주자'로 보아야 한다는 의견이나, 「소득세법」 제2조 제3항은 "법인으로 보는 단체 외의 법인 아닌 단체는 국내에 주사무소 또는 사업의 실질적 관리장소를 둔 경우에는 1거주자로 보아 이 법을 적용한다."고 정하면서 단서로 "구성원 간 이익의 분배비율이 정하여져 있고 해당 구성원별로 이익의 분배비율이 확인되는 경우(제1호) 또는 구성원 간 이익의 분배비율이 정하여져 있지 아니하나 사실상 구성원별로 이익이 분배되는 것으로 확인되는 경우(제2호)에는 소득구분에 따라 해당 단체의 각 구성원별로 소득에 대한 소득세 또는 법인세를 납부할 의무를 진다."고 정하고 있는바, 청구단체가 세워질 당시인 1989. 12. 20 제정된 쟁점규약 제5조는 OOO에 거주하는 각 세대의 세대주를 회원으로 하면서 회원이 전출하는 경우 그 자격과 재산권은 동시에 소멸한다고 정하고 있으며, 제6조 제3항은 청구단체가 소유한 부동산을 매각할 경우 그 취득시기를 기점으로 기산한 각 회원의 거주시기에 따른 분배비율(예 : 1950년~1960년 거주한 경우 100% 등)에 따라 매각대금을 분배하는 것으로 구체적으로 정하고 있는 점, 청구단체는 실제로 쟁점토지 양도대금 OOO원에서 양도소득세 등 제반경비를 차감한 OOO원 중 OOO원을 구성원 OOO명에게 분배한 점, 처분청도 위와 같은 분배를 이유로 청구단체가 2019. 12. 9 신청한 '법인으로 보는 단체'의 승인을 거부한 점 등에 비추어 쟁점규약에서 청구단체의 해당 구성원별로 이익의 분배비율이 확인되는 경우로 보이므로 쟁점토지의 양도소득에 관하여는 「소득세법」 제2조 제3항 단서에 따라 청구단체의 구성원별로 소득에 대한 소득세 또는 법인세를 납부할 의무를 부담하는 것으로 보는 것이 타당하다 할 것이다(조심-2022-전-2906, 2022. 9. 7).

**관련법조문**

**◈ 소득세법 제2조【납세의무】**

③ 「국세기본법」 제13조 제1항에 따른 법인 아닌 단체 중 같은 조 제4항에 따른 법인으로 보는 단체(이하 "법인으로 보는 단체"라 한다) 외의 법인 아닌 단체는 국내에 주사무소 또는 사업의 실질적 관리장소를 둔 경우에는 1거주자로, 그 밖의 경우에는 1비거주자로 보아 이 법을 적용한다. 다음 각 호의 어느 하나에 해당하는 경우에는 소득구분에 따라 해당 단체의 각 구성원별로 이 법 또는 「법인세법」에 따라 소득에 대한 소득세 또는 법인세[해당 구성원이 「법인세법」에 따른 법인(법인으로 보는 단체를 포함한다)인 경우로 한정한다. 이하 이 조에서 같다]를 납부할 의무를 진다.

1. 구성원 간 이익의 분배비율이 정하여져 있고 해당 구성원별로 이익의 분배비율이 확인되는 경우
2. 구성원 간 이익의 분배비율이 정하여져 있지 아니하나 사실상 구성원별로 이익이 분배되는 것으로 확인되는 경우

## 2. 양도 여부 및 취득시기

「소득세법」 제88조 규정에 의거 '양도'라 함은 자산에 대한 등기 또는 등록에 관계없이 양도소득세 과세대상을 매도, 교환, 현물출자, 물납, 대물변제 등으로 인하여 그 자산이 유상으로 사실상 이전되는 것을 말하는 것으로, 종중소유 부동산을 종중원에게 명의 신탁하였다가 사실상 소유자인 종중으로 환원하는 것은 양도로 보지 아니하는 것이나, 이에 해당하는지 여부는 관련사실을 확인하여 판단할 사항이다(서면인터넷방문상담5팀-2908, 2007. 11. 8).

자산의 양도차익을 계산함에 있어서 그 취득시기는 증여에 의하여 취득한 자산에 대하여는 증여를 받은 날이 되는 것이며, 종중원 명의로 명의신탁된 부동산을 종중명의로 명의신탁해지를 원인으로 소유권이전하는 경우에는 소유권 환원 등기시기에 불구하고 당초의 취득일이 되는 것이다(서면인터넷방문상담4팀-651, 2005. 4. 27).

## 3. 8년 자경농지

「조세특례제한법」 제69조에 따른 자경농지에 대한 양도소득세 감면규정을 적용할 때 종중 소유의 농지를 종중의 책임 아래 종중 구성원이 8년 이상 해당 농지의 소재지에서 거주하면서 경작한 사실이 있는 경우에는 8년 자경농지로 보는 것이나, 종중 구성원이 자신의 책임 아래 농지를 경작하고 종중과의 약정에 따라 경작에 따른 대가를 종중에 지불하는 경우에는 대리경작으로 보아 8년 자경농지에 해당하지 아니하는 것이다. 농지는 양도일 현재의 농지를 기준으로 하는 것이나, 양도일 이전에 매매계약조건에 따라 매수자가 형질변경, 건축착공 등을 한 경우에는 매매계약일 현재의 농지를 기준으로 농지 여부를 판정하는 것이다(부동산납세과-227, 2014. 4. 3). 다만, 종중과의 약정에 따라 종중 구성원의 책임 하에 농지를 경작하고 경작에 따른 대가를 종중에 지불하는 것은 대리경작으로 보아 8년 자경농지에 해당하지 아니하는 것이다(부동산납세과-227, 2014. 4. 3).

종중의 대표자 또는 관리인이 선임되어 있고 이익의 분배방법 및 비율이 정하여져 있지 아니한 경우에는 당해 종중을 하나의 거주자로 보는 것이나 위 요건 중 일부에만 해당된다면 이는 공동사업자로 보는 것이며, 종중명의로 등기된 종중재산으로서 단순히 대표자 명의만 변경되는 경우에는 자산의 유상양도에 해당하지 아니하는 것이다(부동산거래관리과-85, 2013. 2. 18).

명의신탁 부동산을 양도하는 경우 양도소득세 납세의무자는 국세기본법 제14조 제1항의 규정에 따라 사실상 그 소득을 얻은 명의신탁자(당해 자산을 위탁한 자)가 되는 것이다. 「공익사업을 위한 토지 등의 취득 및 보상에 관한 법률」이나 그 밖의 법률에 따라 공익사업을 위하여 수용되는 경우로서 보상금이 공탁된 경우에는 공탁일, 수용의 개시일 또는 소유권이전등기접수일 중 빠른 날이 양도시기가 되는 것이다(법규재산 2012-200, 2012. 6. 15). 종중의 책임과 계산 아래 종중원이 농지를 경작하는 경우에는 직접 경작으로 볼 수 있으나, 영농비용 등에 대한 종중의 책임과 계산 없이 단순히 대리경작, 위탁경작을 한 경우는 직접 경작에 해당한다고 볼 수 없다(대법원 2016. 7. 14 선고 2016두38754 판결). 청구종중은 비영리사단법인으로 재산은 구성원들이 총유의 형태로 소유하며 각 구성원은 정관 기타 규약에 따라 총유물로 사용·수익하게 되는 것으로 일반 농업인과 달리 직접 경작하기 곤란하고, "종중의 책임 하에 자경한 것"과 "대리경작 또는 임대차에 의한 경작하는 것"이 사실상 구별하기 어려움이 있으며, 종중은 권리주체가 별도로 있는 것이라기보다는 회장·대표·이사·종중원이 서로 동등한 지위로 있으면서 단지 시제나 회계 등 종중일은 관심있는 종중구성원이 자발적으로 하고 있는 것이 현실이므로, 종중농지는 그 특성상 종중농지를 종중원 중 일부가 농지소재지에서 거주하면서 직접 농작물을 경작하는 경우에는 자경농지로 보는 것이 타당해 보이는 점(조심 2009서3351, 2009. 12. 30 같은 뜻), 「조세특례제한법 기본통칙」 69-0…3에서 '종중소유농지를 종중원 중 일부가 농지소재지에 거주하면서 직접 농작물을 경작하는 경우 자경농지로 본다'고 규정하고 있고 종종원들이 쟁점농지의 소재지에 거주하면서 쟁점농지에서 직접 농작물을 경작한 사실에 대해서 이견이 없는 점, 쟁점농지에서 농사를 지은 종중원들이 종중에 지급한 금원은 종중의 시제비용 등에 충당하기 위한 용도로 사용되었음이 종중결산서에 나타나는 점 등에 비추어 청구종중이 쟁점농지를 대리경작하였다기보다는 종중의 책임 하에 쟁점농지를 자경하였다고 봄이 합리적인 것으로 보인다(조심-2016-중-3961, 2017. 1. 23). 법인으로 승인받은 종중이 농지(위토)를 양도하는 경우 고유목적에 직접 사용한 부동산으로 보지 않아 과세되며 8년 자경감면은 거주자에게 적용되므로 법인으로 승인받은 종중은 감면을 받을 수 없다.

## 4. 비사업용토지

종중이 소유한 토지가 2005년 이전에 취득한 농지 및 임야는 취득일부터 양도일까지 실제로 농지나 임야로 사용한 경우 소재지와 관계없이 무조건 사업용토지에 해당된다. 종중이 2005. 12. 31 이전에 취득하여 소유한 농지라 하더라도 양도당시 농지가 아니라면 소득세법 제104조의 3 제1항에서 정한 토지기준과 기간기준의 요건을 충족해야만 비사업용 토지에 해당한다(서울고등법원 2020. 11. 20 선고 2020누37804 판결).

### (1) 2006년 이후 종중이 취득한 농지

사업용토지의 판단기준인 사용기준, 기간기준, 지역기준을 적용하여 사업용토지 여부를 판단하여야 한다.

### (2) 2006년 이후 종중이 취득한 농지

임야는 종중이 재촌할 수 없어 무조건 비사업용토지에 해당된다(재산-2644, 2008. 9. 4).

## Ⅵ 종중에 대한 증여세 세무실무

### 1. 종중재산 처분 후 종중원에게 분배하는 경우

종중재산을 처분한 후 양도소득세는 종중이 부담하여 그 이후 종중원들에게 분배하는 경우 종중원들은 분배받은 금액에 대하여 증여세를 부담한다. 이 경우 증여재산공제는 적용되지 않는다.

### 2. 명의신탁 해지

실질적인 소유권이 있는 종중이 종중땅을 종중원에게 명의신탁해 놓는 경우가 많다. 그런데, 종중이라는 명칭을 사용한다고 해도 종중은 고유한 의미의 종중과 종중유사단체로 구별된다. 여기서 고유한 의미의 종중은 명의신탁이 유효하여 해지에 기한 반환소송도 가능한데, 종중유사단체의 경우는 명의신탁이 무효가 되어 해지소송이 불가능하다.

#### (1) 종중과 종중유사단체의 구분

종중은 공동선조의 분묘수호와 봉제사, 종원 상호간 친목 등을 목적으로 하는 자연발생적인 관습상 종족집단체로서 공동선조의 사망과 동시에 그 후손에 의하여 자연발생적으로 성립하는 것이다. 이를 고유의미의 종중이라고 한다. 고유의미의 종중과는 달리 일정한 지역 내에 있는 후손이나 일정한 친족의 범위 내에 있는 후손으로 구성된 소규모의 단체가 있다. 즉 일정한 지역에 모여 거주하고 있거나 일정한 범위로 제한된 종족범위 내의 사람들이 모여 선조의 분묘수호, 봉제사, 종중원 상호간 친목도모 등을 위하여 고유의 재산을 소유하고 관리하며 사회조직체로서 활동을 하고 있는 자연발생적이 아닌 인위적 종족 단체가 있는 것이다. 이러한 종중유사단체 또는 유사종중은 고유의미의 종중과 같이 분묘수호, 봉제사 및 종중원간 친목도모 등을 위한 목적으로 구성되지만, 고유의미의 종중과는 달리 공동시조의 후손 중에서 일정한 지역에 거주하는 후손 또는 일정한 친족 범위 내의 후손들로 구성된 단체라고 정의할 수 있다.[183] 이와 같이 공동선조의 후손 중 특정범위 내의 종원만으로 조직체를 구성하여 활동하고 있다면 이는 본래의 의미의 종중으로는 볼 수 없고, 종중유사의 권리능력 없는 사단이 될 수 있을 뿐이다.

---

183) 오영식, "종중과 종중재산의 법리구성에 관한 연구", 창원대학교대학원 박사학위논문, 2011, p.84.

### (2) 명의신탁 해지와 증여세 과세문제

종중원 명의로 등기된 토지를 종중 명의로 등기이전한 경우로서 그 이전된 토지가 당초부터 종중의 소유임이 확인되는 경우에는 증여세가 과세되지 아니하는 것이나 당초부터 종중원 소유임이 확인되는 경우에는 증여세가 과세되는 것이다(사전-2018-법령해석재산-0707, 2018. 12. 26). 중종중 명의로 등기된 토지를 소종중 명의로 등기이전한 경우로서 그 이전된 토지가 당초부터 소종중의 소유임이 확인되는 경우에는 증여세가 과세되지 아니하는 것이나, 당초부터 중종중의 소유임이 확인되는 경우에는 증여세가 과세되는 것이다. 해당 토지가 당초부터 소종중의 소유인지 또는 중종중의 소유인지 여부는 소종중 및 중종중의 회칙(규약) 및 회의록과 재산목록 등에 의거 해당 부동산의 사실상 소유자, 소유형태 등 구체적인 사실을 확인하여 판단할 사항이다(서면-2021-상속증여-1966, 2021. 8. 25). 타인의 증여에 의하여 재산을 취득한 자는 「상속세 및 증여세법」 제2조 및 제4조의 규정에 의하여 증여세를 납부할 의무가 있는 것이나, 종중이 종중회원 등 수인명의로 등기되어 있던 종중재산을 단순히 관리편의를 위하여 다른 종중회원 등의 명의로 등기하는 경우에는 증여세가 과세되지 아니하는 것이다. 귀 질의의 경우 소유권 이전등기가 종중회원이 소유하던 재산을 다른 종중회원에게 증여한 것인지 또는 단순히 종중재산의 명의자만 변경한 것인지 여부는 당해 부동산의 사실상 소유자, 소유형태 등 구체적인 사실을 확인하여 판단할 사항이다(재산세과-799, 2009. 3. 9).

**관련법조문**

**◈ 부동산 실권리자명의 등기에 관한 법률 제8조 【종중, 배우자 및 종교단체에 대한 특례】**

다음 각 호의 어느 하나에 해당하는 경우로서 조세 포탈, 강제집행의 면탈(免脫) 또는 법령상 제한의 회피를 목적으로 하지 아니하는 경우에는 제4조부터 제7조까지 및 제12조 제1항부터 제3항까지를 적용하지 아니한다.

1. 종중(宗中)이 보유한 부동산에 관한 물권을 종중(종중과 그 대표자를 같이 표시하여 등기한 경우를 포함한다) 외의 자의 명의로 등기한 경우
2. 배우자 명의로 부동산에 관한 물권을 등기한 경우
3. 종교단체의 명의로 그 산하 조직이 보유한 부동산에 관한 물권을 등기한 경우

# 법인으로 보는 종중에 대한 세무실무

## 1. 과세소득의 범위

### (1) 고유목적사업의 범위

처분일 현재 고유목적사업에 계속하여 3년 이상 직접 사용한 고정자산처분수입은 수익사업에서 제외되어 법인세가 과세되지 않는다. 종중재산 중 고유목적사업에 해당되는 것은 선조의 분묘가 있는 임야(묘산 또는 종산), 선조의 제사비용을 마련하기 위하여 경작하는 토지(위토), 기타 재산 등이다.

재산의 종류별로 종중의 고유목적사업에 직접 사용되었는지에 관하여 본다. 여기서 고유목적사업을 어디까지 볼 것인가에 대한 논란이 많다. 이에 대해 다음과 같은 견해가 있다.

① 고유목적사업은 법령 또는 정관에 규정된 모든 목적사업을 의미한다.

② 고유목적사업은 법령 또는 정관에 규정된 목적사업으로 하되, 종중이 설립목적에 비추어 고유의 목적사업만을 의미한다. 현행 법령의 문언에 의하면 그 단체의 정관에 목적사업으로 규정되어 있기만 하면 고유목적사업에 해당하는 것으로 새길 수 있는 여지가 있다. 그러나 비영리법인 또는 법인격 없는 단체를 설립할 때에는 그 고유의 목적사업 즉 그 비영리법인의 존재이유가 되는 목적사업이 있을 것인바, 그 고유의 목적사업만이 비영리법인의 고유목적사업에 해당하고 그 고유의 목적사업에 부수되는 사업은 그 단체의 규정이나 정관에 목적사업으로 규정되어 있다 하더라도 고유목적사업으로 보는 것은 타당하지 않다고 생각된다. 법령 또는 단체의 정관에 규정된 모든 목적사업을 그 단체의 고유목적사업이라고 새긴다면, 그 단체의 본래 고유의 목적사업과 관계가 없는 사업도 정관에 규정되기만 하면 고유목적사업에 해당하게 되어 고유목적사업의 범위가 무제한으로 확대되고 이는 조세회피를 위한 수단으로 이용될 수 있기 때문이다.[184] 종중의 정관의 일부를 예시하면 다음과 같다.

> 제1조(명칭) 본회의 명칭은 전주이씨 효령대군 종중(이하 본회라 한다)이라 칭한다.
>
> 제2조(목적) 본회는 회원 상호간의 친목을 도모하고 상부상조하여 유대를 튼튼히 하며 숭조정신을 선양하고 선조로부터 물려받은 유산을 유지 보전하며 후손의 교육과 경노사상을 고취하고 본회의 발전에 기여함을 목적으로 한다.
>
> 제3조(사무실) 본회의 사무소는 서울시 서초구 반포동 ○○번지 이화빌딩에 두고 서울과 대전에 분사무소를 둘 수 있다.

184) 서윤식, 앞의 논문, p.130.

제4조(사업) 본회는 목적을 효과적으로 달성하기 위하여 다음과 같은 사업을 수행한다.

1. 숭조사업
2. 회원 간의 상부상조 및 친목증진을 위하여 필요한 사업
3. 선조의 분묘 유적 및 유산을 보호 보존하는 사업
4. 회원 자녀의 육영 및 장학사업과 원로종원에 대한 복지사업
5. 기타 위 각항을 위하여 필요한 사업

제2장 회 원

제5조(회원의 자격) 본회 회원은 전주이씨 효령대군 후손 중 성년(만20세 이상)으로 한다.

### (2) 수익사업의 범위

#### 1) 납세의무의 범위

비영리내국법인[185]으로 보는 종중의 법인세 과세소득의 범위는 각 사업연도소득에 대한 법인세와 토지 등 양도소득에 대한 법인세의 납세의무를 진다. 다만, 청산소득에 대한 납세의무를 지지 아니한다.

#### 2) 수익사업의 범위

종중의 공동선조의 분묘 수호, 제사봉행, 종중원 상호 간의 친목도모 등 고유목적사업에서 발생한 소득은 구성원에게 분배하지 않고 공익사업 등에 사용하므로 과세소득에 해당되지 아니한다. 따라서 종중은 법인세법 제3조 제2항에서 구체적으로 열거한 수익사업에서 발생한 소득에 한하여 법인세의 납세의무를 지도록 하고 있다. 종중의 각 사업연도의 소득은 다음의 사업 또는 수입에서 생기는 소득으로 한다.

① 제조업, 건설업, 도・소매 및 소비자용품수리업, 부동산・임대 및 사업서비스업 등 수익이 발생하는 사업으로서 대통령령이 정하는 것
② 「소득세법」 제16조 제1항에 따른 이자소득
③ 「소득세법」 제17조 제1항에 따른 배당소득
④ 주식・신주인수권 또는 출자지분의 양도로 인하여 생기는 수입
⑤ 고정자산(고유목적사업에 직접 사용하는 고정자산으로서 **고정자산의 처분일 현재 3년 이상 계속하여 법령 또는 정관에 규정된 고유목적사업에 직접 사용한 것**은 제외한

185) 영리법인과 비영리법인의 구분기준은 영리활동성의 유무라기보다는 **사업활동 결과 가득한 이윤이나 잔여재산을 그 귀속자에게 분배하느냐의 여부**이다. 즉, 출자자 등에게 이익을 배당할 수 있는 법인이라 함은 자본금 또는 출자금이 주식 또는 출자지분으로 구성되어 있으며, 경영성과를 출자비율에 따라 출자자 등에게 분배가 가능한 법인을 의미하는 것으로서 이익배당에는 구성원의 탈퇴시 출자금 외에 출자비율에 따라 잉여금 등 그 동안의 경영성과를 반환할 수 있는 경우를 포함한다.

다)의 처분으로 인하여 생기는 수입

⑥ 「소득세법」 제94조 제1항 제2호 및 제4호에 따른 자산의 양도로 생기는 수입

⑦ 제1호부터 제6호까지의 규정 외에 대가를 얻는 계속적 행위로 인하여 생기는 수입으로서 대통령령으로 정하는 것

## 2. 고정자산처분수입

### (1) 수익사업 제외

고유목적사업에 직접 사용하는 고정자산으로서 **고정자산의 처분일 현재 3년 이상 계속하여 법령 또는 정관에 규정된 고유목적사업에 직접 사용한 것**은 제외한다. 이 경우 해당 고정자산의 유지·관리 등을 위한 관람료·입장료수입 등 부수수익이 있는 경우에도 이를 고유목적사업에 직접 사용한 고정자산으로 보며, 비영리법인이 수익사업에 속하는 고정자산을 고유목적사업에 전입한 후 처분하는 경우에는 전입 시 시가로 평가한 가액을 그 고정자산의 취득가액으로 하여 처분으로 인하여 생기는 수입을 계산한다.[186] 「법인세법」 제4조 및 같은 법 시행령 제3조에서 규정하는 "고유목적사업에 직접 사용"이란 고정자산의 사용용도가 법령 또는 정관에서 정한 비영리법인의 고유목적사업 자체에 직접 사용되는 경우만 해당하는 것이고 간접 사용되는 경우와 사용되지 않고 보유만 하고 있는 경우는 과세제외소득에 해당하지 않는 것이며, 비영리법인인 종중의 고유목적사업에 직접 사용한 고정자산은 선조 묘역의 관리, 제사 봉행 등을 수행할 목적으로 설치된 시설물 및 그 시설물을 위하여 사용하는 부지로 한정하여야 할 것이고, 쟁점토지가 고유목적사업에 직접 사용하였는지 여부에 대한 입증 책임은 결국 청구종중에게 있다(조심-2020-광-7940, 2021. 4. 5).

종중의 고정자산처분수입이 수익사업에서 제외되기 위해서는 다음의 요건을 모두 갖추어야 한다.

첫째, **법령 또는 정관에 규정된 고유목적사업에 직접 사용한 것이어야 한다. 여기서 고유목적사업이란 해당 비영리법인의 법령 또는 정관에 규정된 설립목적을 직접 수행하는 수익사업 외의 사업으로서 법인세법에서 열거된 수익사업에 해당되지 아니하여야 한다.**

둘째, 목적사업에 직접 사용하는 고정자산이어야 한다. 이는 고유목적사업에 직접 투입되어 사용중인 고정자산을 의미하며, 비영리법인이 소유중인 토지 등의 경우에는 고유목적사업을 수행할 목적으로 설치된 시설물에 직접 사용한 토지를 말한다.

셋째, 해당 고정자산을 임대하여 수익사업이 발생하거나 대리경작하는 경우 등은 고유목적사업에 직접 사용한 것으로 보지 않는다.

186) 법인세법 시행령 제2조

넷째, 양도일 현재 소급하여 계속 3년 이상 고유목적에 사용하여야 한다. 여기에 시간적 간극이 있으면 수익사업에 포함되는 것이다. 비영리법인이 고정자산의 처분일 현재 해당 고정자산을 고유목적사업에 3년 이상 계속하여 사용하였는지 여부의 판단에 있어 고유목적사업에 사용한 기간은 그 고정자산을 취득한 날부터 기산하고, 증여로 인한 취득일 경우에는 소유권이전등기일을 취득일로 한다. 법인격 없는 단체가 법인으로 승인받기 전에 취득한 부동산을 처분하는 경우 법인으로 보는 단체로 승인받기 전부터 사실상 고유목적사업에 직접 사용한 때에는 고유목적사업에 사용한 날부터 기산한다(집행기준 4-3-5).

<종중재산이 고유목적사업에 해당되는지 판단기준>[187]

1. 양도한 임야에 분묘가 있어야 한다. 분할하여 일부만 양도하는 경우라면 모지번에 분묘가 있고 분할양도하는 토지가 모지번과 연접되고 지속적으로 관리된 상태임이 확인되어야 한다.
2. 후손들이 꾸준히 관리한 이력이 구체적으로 확인 가능해야 한다. 석물, 제실 등이 있고 시제사, 벌초 등을 한 이력이 사진이나 경비집행내역, 종중회의록 등을 통하여 확인되어야 한다. 선조의 묘가 있어도 관리하지 않고 방치된 상태의 자연림 상태이거나 잡종비 상태인 경우 단지 소유만 하고 있을 뿐 종중의 고유목적인 분묘수호행위가 없었다고 보아 고유목적사업에 사용하지 않았다고 판단할 가능성이 높다.
3. 처분일 현재까지 3년 이상 고유목적사업에 사용하여야 한다. 과거에 아무리 오랫동안 선산으로 관리되었다고 해도 처분일 현재를 포함하여 직전 3년 내에 고유목적사업에 사용하지 않았다면 법인세가 과세된다. 따라서 잔금일까지 묘를 이장하지 않고 존치시키도록 하는 것이 안전하다.
4. 임대 등 타용도로 사용하지 않아야 한다. 이때 고유목적사업에 사용하지 못한 부득이한 사정이나 특별한 사정 등을 인정하지 아니한다. 예를 들어 인근주민이 무단으로 임야를 경작한 경우에도 고유목적사업의 사용에서 배제될 수 있다.
5. 농지를 농업으로 사용하는 경우 종중의 고유목적사업이 될 수 없다. 생산된 농작물이 제사 등에 사용되거나 그 판매대금이 고유목적사업을 위해 사용되었다고 해도 이는 간접적인 것일 뿐 직접적으로 고유목적사업에 사용하였다고 볼 수 없다.
6. 사용면적에 대하여 선산의 면적 중 묘지가 있는 면적만 고유목적사업으로 보았으나 최근 심판례 등에서는 그 범위를 확대해주는 경향이다.

### (2) 수익사업 포함

위 1에 해당되지 않는 경우 법인세를 신고・납부하여야 한다. 신고・납부 방법은 다음과 같다.

187) 오혜숙, 세무사전문포럼, 고시회, 2023. 12. 19, p.703~704

### 1) 양도소득계산방법으로 법인세 납부

제조업, 건설업, 도매 및 소매업 등 「통계법」 제22조에 따라 통계청장이 작성 · 고시하는 한국표준산업분류에 따른 사업을 영위하지 않는 종중의 고정자산처분수입을 소득세법 제92조의 규정을 준용하여 계산한 과세표준에 동법 제104조 제1항 각 호의 세율(양도소득)을 적용하여 계산한 금액을 법인세로 납부하여야 한다.

### 2) 법인세 과세표준신고 · 납부

고정자산의 양도가액을 익금으로 하고 장부가액을 손금으로 하여 각사업연도 소득에 대한 법인세를 신고 · 납부한다. 사업소득이 있는 수익사업을 영위하는 비영리법인은 일반법인과 동일하게 재무제표 및 세무조정계산서, 기타부속서류를 제출하여야 한다. **수익사업을 영위하는 비영리법인**이 다음의 ② 및 ③에 관한 서류를 제출하지 아니한 경우에는 무신고로 본다.

① 법인세과세표준 및 세액신고서

② 법인세과세표준 및 세액조정계산서

③ 재무상태표, 손익계산서, 이익잉여금처분계산서(결손금처리계산서)

④ 세무조정계산서 부속서류(수익사업 수입명세서, 고유목적사업준비금 조정명세서)

다만, 비영리법인으로 승인받은 종중이 배당 · 주식처분익 · 고정자산처분익만 있는 비영리법인은 법인세과세표준 및 세액신고서, 법인세과세표준 및 세액조정계산서, 소득금액조정합계표 등을 제출하여야 한다. 이 경우 외부조정계산서는 첨부하지 아니하여도 된다.

### 3) 취득가액의 산정

고정자산 양도가액에 대응하는 장부가액은 실제 취득가액에 취득세 등 취득부대비용을 가산한 금액으로 한다. 그러나 종중의 경우 선조로부터 계승되어온 부동산이 대부분이어서 실제취득가액을 산정할 수 없다. 따라서 법인세법 부칙 제8조에서 1990년 12월 31일 이전에 취득한 토지 및 건물(부속시설물과 구축물을 포함한다)의 취득가액은 장부가액과 1991년 1월 1일 현재 「상속세 및 증여세법」 제60조 및 같은 법 제61조 제1항 내지 제3항의 가액으로 평가한 가액 중 큰 금액으로 할 수 있다. '양도한 자산의 양도당시의 장부가액'이란 취득당시 매입가액 등을 기초로 하되, 기업회계에 따른 장부가액이 아니라 세무회계에 따른 장부가액을 의미하고, 자산의 취득 후 기업회계상 평가차익이 발생하였더라도 이를 '자산의 장부가액'에 반영할 수 없다. 이러한 법리는 비영리사업회계에 속하는 자산이 수익사업회계에 전입된 때 비영리사업과 수익사업의 구분경리에 관한 법인세법 시행규칙 제76조 제4항에 의하여 기업회계에 따른 장부가액이 당초 매입가액에 평가차익이 추가된 시가로 계상

되었더라도 마찬가지이다.[188)]

**관련법조문**

◈ 법인세법 부칙 제8조 【수익사업소득계산에 관한 특례】

① 제3조 제2항 제4호의 개정규정을 적용함에 있어서 1988년 12월 31일 이전에 취득한 주식 또는 출자지분의 취득가액은 장부가액과 다음 각 호의 금액 중 높은 금액으로 할 수 있다.

1. 증권거래소에 상장된 주식이나 출자지분의 경우에는 1988년 12월 31일의 증권거래소 최종시세가액(거래실적의 유무를 불문한다)과 1988년 12월 중 공표된 매일의 증권거래소 최종시세가액의 평균액 중 높은 금액
2. 증권거래소에 상장되지 아니한 주식이나 출자지분의 경우에는 1989년 1월 1일 현재 상속세 및 증여세법 제60조 및 동법 제63조 제1항 제1호 나목 및 다목의 가액으로 평가한 가액

② 제3조 제2항 제5호의 개정규정을 적용함에 있어서 1990년 12월 31일 이전에 취득한 토지 및 건물(부속시설물과 구축물을 포함한다)의 취득가액은 장부가액과 1991년 1월 1일 현재 「상속세 및 증여세법」 제60조 및 같은 법 제61조 제1항 내지 제3항의 가액으로 평가한 가액 중 큰 금액으로 할 수 있다. 〈개정 2005. 12. 31〉

### 4) 사례

#### 가. 종중이 고유목적사업에 직접 사용하였다고 본 사례

① 조심－2023－인－8275, 2023. 10. 23

청구종중이 분묘가 소재한 종중의 임야를 양도한 경우 해당 부동산을 고유목적사업에 직접사용 하였는지 여부는 부동산의 용도・면적・사용현황・임대차 여부 등의 제반 사항을 고려하여 판단하여야 할 것인바, 청구종중의 종중규약 제6조(사업)에서는 선조의 봉사와 묘소 수호에 관한 사항, 선조의 유적 및 사적에 관한 보존 사항 등을 목적사업으로 규정하고 있어 선조의 분묘의 유지・보존관리 등이 고유목적사업에 해당한다고 보이는 점, 쟁점임야1에 분묘1기가 위치하는 것이 항공사진으로 확인되는 점, 쟁점임야1의 연접부분 일부(정확한 측량을 한 것은 아니지만 쟁점임야 면적의 약 1/10에 해당하는데 청구인과 처분청의 다툼이 없어 보임)가 경작지로 사용된 것으로는 보여지지만 공부상 용도가 임야로 되어 있고 청구종중의 결산서상 임대수익으로 계상하지 아니하여 경작자가 불법으로 경작하였다고 하는 청구종중의 주장에 신빙성이 있어 보이는 점, 쟁점임야3의 경우 항공사진 등에서 선조의 분묘 3기가 존치되어 있는 것이 확인되고 청구종중이 시제를 봉양한 것으로 보이며 다른 용도로 사용되지 아니하여

188) 대법원 2017. 7. 11 선고 2016두64722 판결

청구종중의 선산으로서 기능을 유지한 것으로 보이는 점 등에 비추어, 쟁점임야1 중 OOO㎡, 쟁점임야3 중 OOO㎡를 청구종중의 고유목적사업에 직접 사용되지 않은 것으로 보아 청구종중의 경정청구를 거부한 처분은 잘못이 있는 것으로 판단된다.

② 조심－2021－인－2079, 2021. 8. 23

처분청은 쟁점임야에는 양도 당시 선조의 분묘가 존재하지 않았으므로 쟁점임야를 aaa종중이 처분일 현재 3년 이상 계속하여 고유목적사업에 직접 사용한 고정자산으로 볼 수 없다는 의견이나, 묘소가 소재한 종중임야 중 일부가 양도된 경우에 해당 부동산을 고유목적사업에 직접 사용하였는지 여부는 부동산의 용도・면적 등 사용현황, 임대차 여부 등의 제반 사항을 고려하여 판단하여야 할 것인바, aaa종중의 정관에는 "본 종중은 aaa종중 후손들이 선대의 유업을 기리고 상호간 친목과 화합・단결을 돈독히 하며 재산을 보호・관리하고 선조 존봉의 정신을 근본으로 삼아 후세들에게 영원히 계승 발전시키는 데 그 목적이 있다"고 기재되어 있어 선조의 분묘와 묘우의 보존 관리 등이 aaa종중의 고유목적사업에 해당한다고 보이는 점, 쟁점임야는 같이 양도된 토지 중 처분청이 고유목적사업에 직접 사용한 것으로 인정한 OOO 임야와 연접한 임야로 행정구역상으로만 구분된 것일 뿐 하나의 통산을 이루고 있어 양도 당시 조상 분묘의 유지・보존에 공하는 종중 선산으로서의 기능을 상실했다고 보이지 아니하는 점, 쟁점임야는 양도될 때까지 수익목적으로 제3자에게 지상권을 설정하거나 저당목적물로 제공된 사실이 확인되지 아니하는 점, aaa종중은 쟁점임야에 선조의 분묘가 존재하였다는 증빙으로 이장 관련 공사내역, 분묘를 이장한 자의 확인서 등을 제출하였는바, 쟁점임야에 분묘가 없었다고 단정하기 어려운 점 등에 비추어 처분청이 쟁점임야가 처분일 현재 3년 이상 계속하여 고유목적사업에 직접 사용한 고정자산이 아니라고 보아 이 건 경정청구를 일부 거부한 처분은 잘못이 있다고 판단된다.

③ 조심－2017－중－3877, 2017. 11. 20

청구종중은 쟁점토지는 당초 6개의 필지로 이루어진 청구종중 선산에서 분할되었는바, 이는 전체로서 하나의 선산으로 보아야 하고 지적공부상으로는 지번이 나누어져 있으나 양도 당시 분묘가 소재하지 않은 쟁점토지도 수백년 동안 분묘가 있다가 선산정리를 위하여 납골당을 조성하여 안치하였으며 분묘가 소재한 필지와 근접한 곳에 위치하고 있는 점에서 조상 분묘의 유지・보존에 공하는 종중 선산으로서의 기능을 상실했다고 볼 수 없다고 주장하는 반면, 처분청은 부동산의 매매 단위는 하나의 산이 아닌 공부상 지번 단위별로 각각 별개로 매매가 이루어지는바, 부동산은 각 지번별로 별도의 자산을 구성하며 재산 가치를 가지므로 각 지번별로 고유목적사업에 사용하였는지 여부를 판단하여야 하고 단순히 고유목적사업에 사용하는 부동산에 근접해 있다는 이유만으로 지번이 다른 별개의 자산을 동일시 할 수는 없다는 의견이다. 청구종중 대리인과 처분청 조사 공무원은 2017. 10. 19 개최된 조세심판관 회의에 각 출석하여 청구주장 및 처분청 의견과 같은 취지의 진술을 하였고, 청구종중 대리인은 이 외에 청구종중 선산 및 이로부터 분할된 쟁점토지의 항공사진을 제출하였는바, 동 사진상으로 청구종중의 묘역은 쟁점토지 중 OOO와 같은 리 OOO 사이 근접한 곳에도 위치하는 것으로 나타난다.

묘소가 소재한 종중의 임야 중 일부가 양도된 경우에 해당 부동산을 고유목적사업에 직접 사용하였는지 여부는 부동산의 용도·면적 등 사용현황, 임대차 여부 등의 제반사항을 고려하여 판단하여야 할 것인바, 청구종중의 정관에는 목적달성을 위한 사업으로 선대의 묘지관리, 시제사 봉행사, 위 각 호에 해당되는 일체의 부대행위 등을 규정하고 있는 점, 쟁점토지는 당초 6개의 필지로 이루어진 청구종중 전체 선산에서 농지개량, 도로수용 등 공익적 목적으로 분할된 점, 청구종중 선산 및 이로부터 분할된 쟁점토지의 항공사진상 청구종중의 묘역은 쟁점토지 중 OOO와 같은 리 OOO 사이 근접한 곳에도 위치하는 것으로 나타나서 쟁점토지는 조상 분묘의 유지·보존에 공하는 종중 선산으로서의 기능을 상실했다고 보이지 아니하는 점, 등기사항전부증명서 등에서 쟁점토지는 양도될 때까지 수익 목적으로 제3자에게 지상권을 설정하거나 저당목적물로 제공된 사실이 확인되지 아니하는 점 등에 비추어 쟁점토지는 처분일 현재 3년 이상 계속하여 고유목적사업에 직접 사용한 고정자산이 아니라고 보기는 어렵다 하겠다.

### 나. 종중이 고유목적사업에 직접 사용하지 않았다고 본 사례

① 조심-2023-인-3069, 2023. 12. 4

청구종회는 쟁점토지가 청구종회의 고유목적사업인 묘소의 수호와 제형 행례에 사용된 선산으로서 쟁점토지를 임대 등 수입을 위하여 사용한 사실이 없고, 쟁점토지의 분묘를 이장 및 화장한 사실 등이 있으므로 고유목적사업에 사용하였다고 주장하나, 「법인세법」 제4조 제3항 제5호는 비영리내국법인의 과세대상이 되는 수익사업 중 하나로 유형자산 등의 처분으로 생기는 수입을 원칙적으로 과세대상으로 정하되, 고유목적사업에 직접 사용하는 자산으로서 대통령령이 정하는 것을 예외적으로 비과세대상으로 삼고 있고, 같은 법 시행령 제3조 제2항은 법인세 과세대상에서 제외되는 고유목적사업에 직접 사용하는 유형자산 등을 해당 자산의 처분일 현재 3년 이상 계속하여 법령 또는 정관에 규정된 고유목적사업에 직접 사용한 자산을 말한다고 규정하고 있는데, 이는 비영리법인이라도 보유하고 있는 자산을 처분함으로써 수입이 발생할 경우 이를 수익사업에서 생기는 과세대상 소득으로 취급하는 것을 원칙으로 하되, 자산의 처분일을 기준으로 3년간 고유목적사업에 직접 사용하였다는 객관적인 사실관계가 인정된다면 비영리법인의 활동목적을 존중하여 예외적으로 비과세대상으로 삼겠다는 관계 법령의 취지로, 이와 같은 예외적인 감면규정은 엄격하게 해석하여야 하는 것이 조세공평의 원칙에 부합한다 할 것인바, 청구종회는 분묘의 이장 및 화장 건에 대해 OOO와 체결하였다며 계약서를 제출하였고, 그 위치는 OOO 일원으로 면적이 98,498㎡이어서 쟁점토지가 해당 지번에서 분할된 것임을 감안하더라도 동 계약서를 곧바로 쟁점토지가 분묘로 사용되었다는 사실을 뒷받침할만한 증거자료로 보기는 어려운 측면이 있는 점, 청구종회가 2010년 겨울 당시 쟁점토지에 분묘 3기가 확인된다고 주장하며 사진을 제출한 것에 대해 처분청은 2016년에는 쟁점토지에 분묘가 확인되지 않는다며 당시 항공사진을 제시한 점, 양주시장은 청구종회의 쟁점토지 관련 묘지 이장 및 허가 서류 조회에 대해 '해당사항 없음'으로 회신한 것으로 나타나는 점 등에 비추어 볼 때, 쟁점토지가 양도될 당시 3년 이상 청구종회의 고유목적사업에 직접 사용되었음이 충분히 객관적으로 입증되었다고 보기 어려우므로 위와 같은 청구주장을 받아들이기는 어렵다고 판단된다.

② 조심-2023-전-3067, 2023. 6. 28

「법인세법 시행령」 제3조 제2항은 '유형자산의 처분일 현재 3년 이상 계속하여'라고 규정하여 현재시점을 기간계산의 기준시점으로 규정하고 있으므로 유형자산을 고유목적에 3년 이상 계속하여 사용하였는지 여부는 현재시점을 기준으로 하여 그 이전 3년 이상을 계속하여 사용하는 자산으로 해석함이 문리해석상 타당하다고 할 것이고 (조심 2018부2208, 2018. 7. 9, 같은 뜻임), 과거 청구법인이 쟁점토지를 3년 이상을 계속하여 고유목적에 사용하여 왔다 하더라도 쟁점토지에 소재하던 묘지를 이장하여 오랜 기간 동안 고유목적사업에 직접 사용하지 아니한 이상 그 토지의 처분으로 인한 수입을 법인세 과세소득에서 제외하기는 어려워 보이며, 1973년경까지는 묘지 등이 소재하고 있는 등 쟁점토지가 청구법인의 고유목적에 사용되었다고 인정하더라도 그 이후에도 쟁점토지가 청구법인의 고유목적사업에 사용되었음을 입증할 수 있는 객관적인 입증자료가 확인되지 아니하여 쟁점토지가 처분일 직전 3년 이상의 기간 동안 청구법인의 고유목적사업에 직접 사용된 자산에 해당한다고 인정하기는 어렵다 할 것이다.

③ 서울고등법원-2022-누-45953, 2023. 7. 12

다음과 같은 사정을 고려하여 보면, 쟁점토지는 원고가 이를 양도할 당시 3년 이상 계속하여 원고의 고유목적사업에 직접 사용한 고정자산이라고 보기는 어렵다. 이와 다른 전제에 선 원고의 이 부분 주장은 받아들일 수 없다.

가) 원고는 공동선조의 분묘수호와 제사 및 종원 상호간의 친목 등을 목적으로 하여 구성된 종중으로, 원고의 종중규약(갑 제3호증) 제3조는 '선조를 숭봉하며, 종족 상호간의 친목을 도모하고 후손의 장학 지원 및 종원 생활의 향상발전에 기여함'을 목적으로 한다고 정하고 있다. 앞서 본 법리를 이 사건에 비추어 보면, 쟁점토지가 위 '3년간 계속하여 원고의 고유목적사업에 직접 사용한 고정자산'에 해당하려면 원고 고유의 목적사업인 선조의 분묘 수호와 봉제사, 후손 상호간의 친목 도모 등의 활동 자체에 직접 사용되어야 한다.

나) 그런데 앞서 채택한 증거 및 을 제3 내지 6호증의 각 영상 및 변론 전체의 취지에 의하면, 쟁점토지는 그 양도 당시까지 수년간 경작지로 사용되어 온 것으로 보이고, 달리 쟁점토지 양도 당시까지 쟁점토지에 원고 선조의 분묘가 설치되어 있었다는 등의 사정을 인정할 증거는 없다.

다) 원고는, 쟁점토지를 양도할 당시까지 3년 이상 계속적으로 관리해 왔다고 하면서, 종중규약 제4조 제2호를 들어 원고 자산인 쟁점토지를 관리하는 것도 원고의 고유목적사업에 직접 사용한 것에 해당한다고 주장한다. 그러나 원고의 종중규약 제4조는 원고가 수행하는 사업 또는 업무에 관하여 정한 조항으로, 각 호에서 '묘소관리 및 봉제사에 관한 사업'(제1호), '부동산, 동산 기타 자산의 관리, 운영'(제2호), '종원의 장학 및 후생복지에 관한 사업'(제3호), '기타 본 종중 발전에 기여하는 사업'(제4호)을 열거하고 있는바, 그 형식과 문언을 보더라도 종중규약 제4조는 원고가 수행하는 사업이나 업무의 종류를 망라한 조항이고, 특히 제2호의 경우 원고가 소유한 자산 관리에 관한 일반 조항에 불과함을 알 수 있는바, 위 조항을 근거로 쟁점토지의 관리만으로 원고의 '고유'목적사업에 '직접' 사용한 것으로 볼 수는 없다.

라) 설령 원고 주장과 같이 쟁점토지가 선조의 봉제사나 이와 관련된 일을 집행하는데 필요한 비용을 충당하기 위한 위토(位土)에 해당한다 하더라도, 그러한 사정만으로 쟁점토지가 원고의 '고유'목적사업에 '직접' 사용된 토지라 할 수 없다.

### 5) 수익사업 개시신고

종중은 수익사업에 한하여 법인세의 납세의무를 진다. 따라서 법인세법에 열거된 수익사업을 영위하지 않는 경우에는 사업자등록을 할 필요가 없다. 다만, 과세자료의 효율적 관리를 위하여 고유번호를 부여하도록 하고 있다. 고유번호를 부여받은 비영리법인이 수익사업을 개시한 때에는 그 개시일로부터 2월 이내에 수익사업 개시신고를 하여야 한다. 즉, 비영리내국법인과 비영리외국법인(국내사업장을 가지고 있는 외국법인만 해당한다)이 새로 수익사업(제4조 제3항 제1호 및 제7호에 따른 수익사업만 해당한다)을 시작한 경우에는 그 개시일부터 2개월 이내에 다음 각 호의 사항을 적은 신고서에 그 사업개시일 현재의 그 수익사업과 관련된 재무상태표와 그 밖에 대통령령으로 정하는 서류를 첨부하여 납세지 관할 세무서장에게 신고하여야 한다.

① 법인의 명칭

② 본점이나 주사무소 또는 사업의 실질적 관리장소의 소재지

③ 대표자의 성명과 경영 또는 관리책임자의 성명

④ 고유목적사업

⑤ 수익사업의 종류

⑥ 수익사업개시일

⑦ 수익사업의 사업장

## 3. 종중법인의 과세특례

### (1) 고유목적사업준비금의 손금산입 특례

#### 1) 의의

내국법인이 「조세특례제한법」에 의한 준비금을 세무조정계산서에 계상하거나 「주식회사의 외부감사에 관한 법률」 제3조의 규정에 의한 감사인의 회계감사를 받는 비영리내국법인이 제29조의 규정에 의한 고유목적사업준비금을 세무조정계산서에 계상한 경우로서 그 금액상당액이 당해 사업연도의 이익처분에 있어서 당해 준비금의 적립금으로 적립되어 있는 경우 그 금액은 손금으로 계상한 것으로 본다.

비영리내국법인(법인으로 보는 단체의 경우에는 대통령령이 정하는 단체에 한한다)이 각 사업연도에 그 법인의 고유목적사업 또는 지정기부금에 지출하기 위하여 고유목적사업준비금을 손금으로 계상한 경우에는 일정한 금액의 범위 안에서 당해 사업연도의 소득금액계산에 있어서 이를 손금에 산입한다.

#### 2) 설정대상 비영리법인의 범위

비영리내국법인과 법인으로 보는 단체 중 법에서 정한 단체에 한하여 고유목적사업준비금을 설정할 수 있다. 다만, 조세특례제한법 제72조 제1항의 규정에 의하여 당기순이익 과세를 적용받는 조합법인인 비영리내국법인은 법 제29조의 고유목적사업준비금을 손금에 산입할 수 없다(법기통 29-56-1).

### 3) 종중의 고유목적사업준비금 설정가능 여부

국세기본법 제13조의 규정에 의해 법인으로 보는 단체로 승인받은 종중은 법인세법 시행령 제56조 제1항 각 호의 규정에 해당하지 아니하므로 같은 법 제29조 제1항(1998. 12. 28 법률 제5581호로 개정된 것)의 규정에 의해 고유목적사업준비금을 설정하여 손금에 계상할 수 없는 것이다(서면-2021-법인-2768, 2021. 6. 30).

**관련법조문**

◈ **법인세법 시행령 제56조【고유목적사업준비금의 손금산입】**

① 법 제29조 제1항 각 호 외의 부분에서 "대통령령으로 정하는 단체"란 다음 각 호의 어느 하나에 해당하는 단체를 말한다.

1. 제39조 제1항 제1호에 해당하는 단체
2. 삭제 〈2001. 12. 31〉
3. 법령에 의하여 설치된 기금
4. 「공동주택관리법」 제2조 제1항 제1호 가목에 따른 공동주택의 입주자대표회의·임차인대표회의 또는 이와 유사한 관리기구

### 4) 종중의 고유목적사업비 지출 지정기부금 의제

당해 단체의 수익사업에서 발생한 소득을 같은 법 시행령 제39조 제3항에서 규정하는 고유목적사업비로 지출한 금액은 이를 지정기부금으로 보아 같은 법 제24조 제1항에서 규정한 금액의 범위 내에서 각 사업연도의 손금에 산입하는 것이다(서이 46012-10475, 2003. 3. 11).

**관련법조문**

◈ **법인세법 시행령 제39조【공익성을 고려하여 정하는 기부금의 범위 등】**

② 법인으로 보는 단체 중 제56조 제1항 각 호에 따른 단체를 제외한 단체의 수익사업에서 발생한 소득을 고유목적사업비로 지출하는 금액은 법 제24조 제3항 제1호에 따른 기부금으로 본다.

③ 제1항 제1호 본문 및 제2항에서 "고유목적사업비"란 해당 비영리법인 또는 단체에 관한 법령 또는 정관에 규정된 설립목적을 수행하는 사업으로서 제3조 제1항에 해당하는 수익사업(보건업 및 사회복지 서비스업 중 보건업은 제외한다) 외의 사업에 사용하기 위한 금액을 말한다.

### (2) 이자소득에 대한 과세특례

종중법인은 제3조 제3항 제2호의 규정에 따른 이자·할인액 및 이익(「소득세법」 제16조 제1항 제11호의 비영업대금의 이익을 제외하고, 투자신탁의 이익을 포함하며, 이하 이 조에서 "이자소득"이라 한다)으로서 제73조의 규정에 따라 원천징수된 이자소득에 대하여는 제60조 제1항에 불구하고 과세표준의 신고를 하지 아니할 수 있다. 이 경우 과세표준의 신고를 하지 아니한 이자소득은 제14조의 규정에 따른 각 사업연도의 소득금액계산에 있어서 이를 포함하지 아니한다.

#### 1) 신고·납부 방법을 선택한 경우

종중법인이 당해 사업연도의 이자소득에 대하여 신고·납부방법을 택한 경우 이자소득은 다른 수익사업에서 발생한 소득과 합산하고 원천징수당한 세액은 산출세액에서 공제한다. 이 방법은 일반적으로 원천징수당한 세액을 환급받을 수 있으므로 비영리법인에게 유리하다. 다만, 이자소득 중 비영업대금의 이익은 분리과세를 인정하지 않으므로 반드시 법인세과세표준신고를 하여야 한다.

#### 2) 원천징수방법을 선택한 경우

종중이 당해 사업연도의 이자소득에 대하여 원천징수방법을 택한 경우에는 당해 이자소득은 각 사업연도 소득금액에 있어서 이를 포함하지 아니한다. 즉, 완납적 원천징수로서 납세의무가 종결된다.

이러한 신고·납부방법과 원천징수방법은 당해 법인의 자유로운 선택에 따라 적용이 가능하며 매사업연도마다 방법을 달리할 수 있으며 동일한 사업연도에서도 일부의 이자소득은 신고·납부방법을, 다른 이자소득은 원천징수방법을 택할 수도 있으나, 수익사업에 합산하지 아니한 이자소득에 대하여는 원천징수방법으로 과세하는 것이며 수정신고나 경정 등에 의하여 이를 과세표준에 포함할 수 없다. 또한 과세표준신고시에 과세표준에 산입한 이자소득은 신고기한이 경과한 후에는 수정신고나 경정청구에 의하여 원천징수방법으로 변경할 수 없다(재법인 46012-87, 1999. 6. 3).

### (3) 자산양도소득에 대한 과세특례

#### 1) 개요

종중법인이 수익사업을 영위하지 않은 경우에는 법인세 신고의무가 없으나 일시적으로 자산양도소득이 발생하면 법인세법에 따른 각 사업연도 소득에 대한 법인세와 소득세법에 따른 양도소득세 상당액을 법인세로 납부하는 방법 중 선택할 수 있다. 다만, 동일한 사업연도의 양도자산 중 일부자산만 특례를 적용받을 수 없고 자산의 양도소득에 대한 과세특례는 자산의 양도일이 속하는 각 사업연도 단위별로 이를 적용한다. 이 경우 각 사업연도 단위별로 이를 적용하지 아니한 때에는 당해 사업연도의 양도소득에 대하여는 전부 각 사업연도 소득에 대한 법인세로 납부하여야 한다.

종중(제4조 제3항 제1호에서 규정하는 수익사업을 영위하는 비영리내국법인을 제외한다)이 제4조 제3항 제4호부터 제6호까지의 수입으로서 다음에 해당하는 자산의 양도로 인하여 발생하는 소득이 있는 경우에는 제60조 제1항의 규정에 불구하고 과세표준의 신고를 하지 아니할 수 있다. 이 경우 과세표준의 신고를 하지 아니한 자산양도소득은 각 사업연도의 소득금액을 계산할 때 포함하지 아니한다.

① 「소득세법」 제94조 제1항 제3호의 규정에 해당하는 주식 또는 출자지분과 대통령령이 정하는 주식 또는 출자지분

② 토지 또는 건물(건물에 부속된 시설물과 구축물을 포함한다)

③ 「소득세법」 제94조 제1항 제2호 및 제4호의 자산

### 2) 세액계산방법

과세표준의 신고를 하지 아니한 자산양도소득에 대하여는 소득세법 제92조의 규정을 준용하여 계산한 과세표준에 동법 제104조 제1항 각 호의 세율(양도소득)을 적용하여 계산한 금액을 법인세로 납부하여야 한다. 이 경우 동법 제104조 제4항의 규정에 의하여 가중된 세율을 적용하는 경우에는 제55조의 2를 적용하지 아니한다.

소득세법 제92조의 규정을 준용하여 계산한 과세표준은 자산의 양도로 인하여 발생한 총수입금액에서 필요경비를 공제하고, 공제한 후의 금액(양도차익)에서 소득세법 제95조 제2항 및 동법 제103조에 규정하는 금액을 공제하여 계산한다.

소득세법 제96조 · 동법 제97조 · 동법 제98조 및 동법 제100조의 규정은 제3항의 규정에 의한 양도가액 · 필요경비 및 양도차익의 계산에 관하여 이를 준용한다. 다만, 상속세 및 증여세법에 의하여 상속세과세가액 또는 증여세과세가액에 산입되지 아니한 재산을 출연받은 비영리내국법인이 대통령령이 정하는 자산을 양도하는 경우에 있어서는 당해 자산을 출연한 출연자의 취득가액을 당해 법인의 취득가액으로 하며, 국세기본법 제13조 제2항의 규정에 의한 법인으로 보는 단체의 경우에는 동항의 규정에 의하여 승인을 얻기 전의 당초 취득한 가액을 취득가액으로 한다.[189]

189) 법인세법 제62조의 2 제4항

### 3) 예정신고와 납부

종중법인의 자산양도소득에 대한 법인세는 소득세법을 준용하여 예정신고 및 자진납부하여야 한다. 종중법인이 양도소득 과세표준 예정신고를 한 경우에는 자산양도소득에 대한 법인세 과세표준 신고를 한 것으로 본다. 그러나 다음의 어느 하나에 해당되는 경우에는 예정신고를 한 경우라도 자산양도소득에 대한 법인세 과세표준 신고를 하여야 한다.

① 해당연도에 누진세율이 적용되는 자산에 대한 예정신고를 2회 이상 한 자가 이미 신고한 양도소득금액과 합산하여 신고하지 아니한 경우
② 토지, 건물 및 기타자산을 2회 이상 양도한 경우로서 소득세법 제103조 제2항의 규정을 적용할 경우 당초신고한 양도소득 산출세액에 달라지는 경우

종중법인이 예정신고 및 자진납부한 경우에도 법인세법에 따른 과세특례를 적용하지 아니하고 법인세 과세표준 신고를 할 수 있으며, 이 경우 예정신고 납부세액은 기납부세액으로 공제한다.

법인세의 과세표준에 대한 신고・납부・결정・경정 및 징수에 관하여는 자산의 양도일이 속하는 각 사업연도의 소득에 대한 법인세의 과세표준의 신고・납부・결정・경정 및 징수에 관한 규정을 준용하되, 그 밖의 법인세액에 합산하여 신고・납부・결정・경정 및 징수한다.

### 4) 특례적용 후 각 사업연도의 소득에 대한 법인세 과세표준과 세액으로 경정청구 가능

비영리내국법인의 자산양도소득에 대한 과세특례규정을 둔 취지는 수익사업을 영위하지 않는 비영리내국법인은 기장과 세무신고능력이 부족한 경우가 많기 때문에 비영리내국법인의 납세절차를 간소화하기 위해 당해 법인의 선택에 의해 일반영리법인의 신고방법 또는 개인과 동일하게 신고하는 방법 중에서 하나의 과세방법을 선택할 수 있도록 마련된 것이다. 「법인세법」 제62조의 2 과세특례규정이 신설되었을 때에는 양도소득세 계산방식이 기준시가 기준이었으나 현재는 실거래가액 기준으로 개정되었는바, 「법인세법」 제62조의 2 과세특례규정을 적용함으로써 법인세 과세표준을 신고하지 않은 경우에는 「법인세법」 규정에 의한 일반적인 법인세 과세방법을 적용할 수 없다고 해석하게 되면, 비영리내국법인이 일반 영리법인에 비해 과다한 법인세액을 부담하게 되므로 과세특례규정을 둔 취지에 반한다. 비영리내국법인이 자산양도소득에 대해 양도소득과세표준 예정신고를 한 경우에는 「법인세법」 제60조에 의한 과세표준을 신고한 것으로 보아 무신고가산세를 부과하지 않

는다고 유권해석(법인-703, 2010. 7. 26)하고 있다. '과세표준신고를 하지 아니한 이자소득'의 경우 「법인세법 시행령」 제99조 제2항에 명문으로 수정신고, 기한 후 신고 또는 경정 등에 의하여 이를 과세표준에 포함시킬 수 없다고 규정하고 있는 것에 반해, '과세표준신고를 하지 않은 자산양도소득'의 경우 이러한 규정을 두고 있지 않으므로 위 이자소득에 관한 규정을 확대 적용하는 것은 타당하지 않다(심사-법인-2019-0037, 2020. 5. 1). 청구종중은 1996. 1. 1 비영리법인 사업자등록증(등록번호 : 000-00-00000)을 발급받아 관할 세무서장으로부터 '법인으로 보는 단체'로 승인받은 사실이 확인되고 이후 쟁점토지를 양도한 점에서 쟁점토지 양도소득에 대한 납세의무자는 청구종중으로 보아야 할 것인 점, OO세무서장은 청구종중의 1차 경정청구에 대하여 청구종중의 양도소득세 신고 자체가 잘못된 것임을 시인하였던 점, 청구종중이 양도소득세 신고 시 사망한 전 대표자의 주민등록번호를 기재한 것은 단순한 착오로 보이고 동 기재 또한 과세관청의 잘못 발급된 사업자등록증에 기인하는 점 등에 비추어 처분청이 청구종중을 쟁점토지 양도 당시 「소득세법」 제2조 제3항 및 같은 법 시행령 제3조의 2에서 규정하는 1거주자로 보는 단체로 봄이 타당하다는 사유로 양도소득세 경정청구를 거부한 처분에는 잘못이 있다고 판단된다(조심-2019-중-0332, 2020. 2. 12).

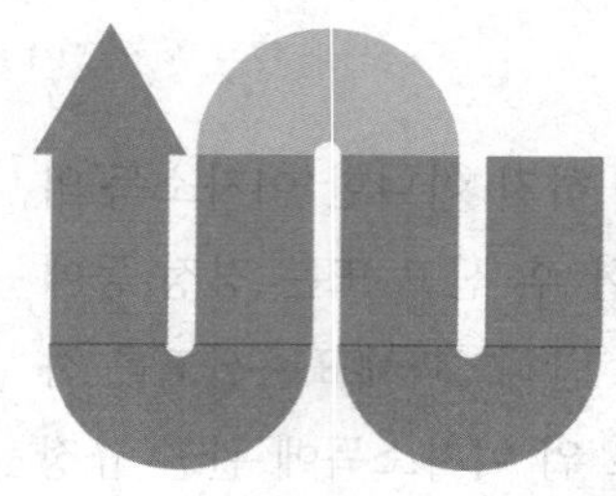

# 제 14 장

# 복합운송주선업의 회계와 세무실무

## 개 요

### 1. 국제물류주선업(복합운송주선업)의 정의

국제물류주선업이란 물품이 어느 한 국가의 지점에서 수탁하여 다른 국가의 인도지점까지 적어도 두 가지 이상의 운송방식에 의하여 이루어지는 물품운송을 의미한다.

한편, 국제물류주선업이란 물류정책기본법 제2조 제11호에서 다음과 같이 정의하고 있다.

“타인의 수요에 따라 자기의 명의와 계산으로 타인의 물류시설 · 장비 등을 이용하여 수출입화물의 물류를 주선하는 사업을 말한다.”

여기에서 “물류”란 재화가 공급자로부터 조달 · 생산되어 수요자에게 전달되거나 소비자로부터 회수되어 폐기될 때까지 이루어지는 운송 · 보관 · 하역 등과 이에 부가되어 가치를 창출하는 가공 · 조립 · 분류 · 수리 · 포장 · 상표부착 · 판매 · 정보통신 등을 말한다(물류정책기본법 2 ① 1호).

복합운송주선업은 선박, 대륙운송수단 및 부대사업의 소유 및 참여형태에 따라 포워더형(Forwarder) 복합운송주선업, 캐리어형(Carrier) 복합운송인, 무선박운송인(NVOCC)으로 나누어진다. 일반적으로 복합운송주선인을 포워더(Freight Forwarder)라고 불리는데 이는 운송수단을 직접 보유하지 않고 계약운송인으로서 책임을 지는 자를 말한다.

운송주선인은 그 영업형태에 따라 해상운송주선인(Ocean freight forwarder)과 항공운송주선인(Air freight forwarder)으로 나눠지나 일반적으로 항공운송주선과 해상운송주선업을 겸업하는 형태를 취하고 있다.

## 2. 국제물류주선업의 영업형태[190)]

① 국외에서 국내로의 수입화물운송에 대한 거래(Inbound)

일반현황

○ 선박을 이용하여 국제운송을 하는 외국법인이 국외에서 국내로 화물운송(Inbound)

- 국내도착지에서 최종도착지까지의 내륙운송용역을 국내사업자에게 도급
- 외국법인 국내지점이 본점을 대리하여 비용 등을 지급하고 국내사업자로부터 세금계산서를 교부받음.

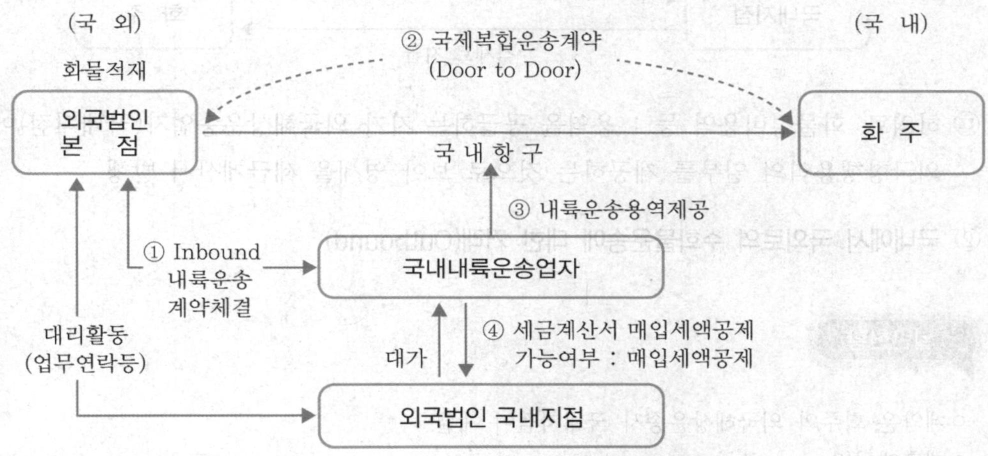


〈구체적 처리방법〉

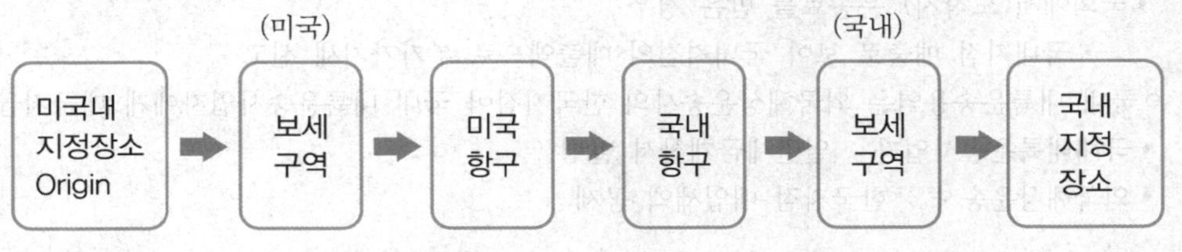


※ 국내항구, 보세구역 및 내륙육송운송

㉠ 컨테이너서비스 : 화물이 국내항구에 도착하여 보세창고 내에서 각 제품별, 행선지별로 내용물을 분류·집합

190) 김영환, 부가가치세법 해설, 한국세정신문사, 1996, pp.340~342 참조

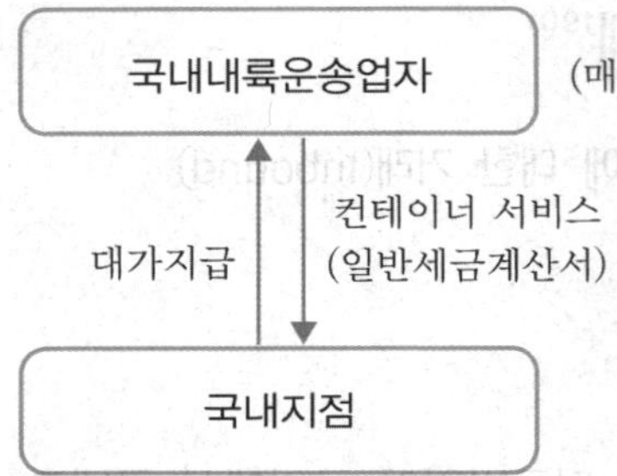


㉡ 적체료(체화료) 발생 : 화주가 소정기간 내에 화물을 인수해 가지 않을 경우 해당일수만큼 적체료 받음.

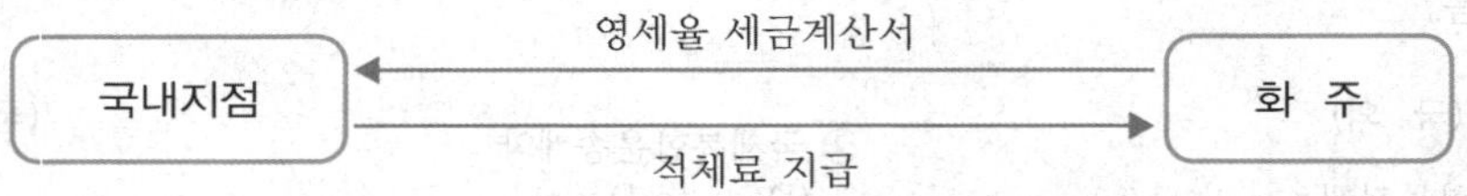


㉢ 하역료, 화물경비용역 등 : 용역을 공급하는 자가 외국해상운송업자(국내지점)에게 외국항행용역의 일부를 제공하는 것으로 보아 영세율 세금계산서 발행

② 국내에서 국외로의 수화물운송에 대한 거래(Outbound)

**일반현황**

○ 계약은 화주와 외국해상운송사 국내지점이 체결

○ 매출액처리

- 국내에서(선적지) 운송료를 받은 경우 → 영세율 적용
- 국외에서(도착지) 운송료를 받은 경우
  → 국내지점 매출로 보아 국내지점의 매출액으로 부가가치세 신고

○ 국내 내륙운송용역은 외국해상운송사의 한국지점이 국내 내륙운송사업자에게 대금지급

- 국내내륙운송사업자 : 일반세금계산서 발행
- 외국해상운송사 : 한국지점 매입세액 공제

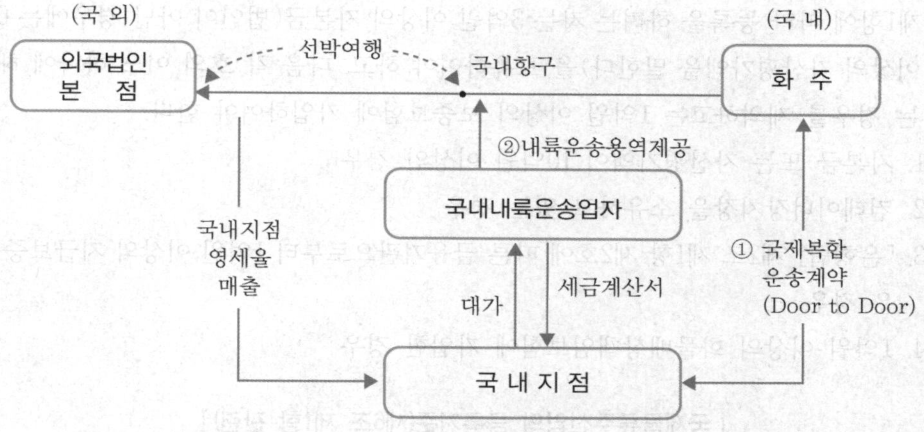


〈구체적 처리방법〉

㉠ 화주와 외국해상운송사업자 국내지점이 운송계약 체결

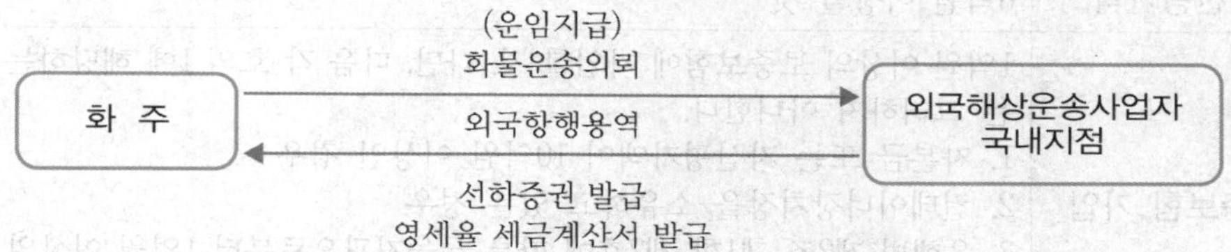


㉡ 외국항행용역 수행

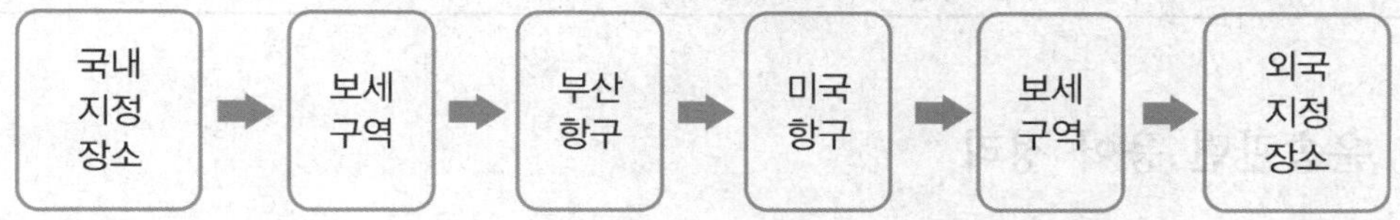


※ 내륙육송 및 보세구역 서비스

i ) 내륙운송용역 및 컨테이너서비스 : 국내내륙운송업자가 내륙운송용역을 제공하고 용역을 공급받는 외국해상운송업자 구내지점 앞으로 일반세금계산서 발행

ii ) 하역료, 예인료, 접안료 등 : 용역을 공급하는 자가 외국해상운송업자 국내지점 앞으로 영세율세금계산서 발행

## 3. 국제물류주선업의 등록(물류정책기본법 43)

① 국제물류주선업을 경영하려는 자는 국토교통부령으로 정하는 바에 따라 국토교통부장관에게 등록하여야 한다.

② 제1항에 따라 국제물류주선업을 등록한 자가 등록한 사항 중 국토교통부령으로 정하는 중요한 사항을 변경하려는 경우에는 국토교통부령으로 정하는 바에 따라 변경등록을 하여야 한다.

③ 제1항에 따라 등록을 하려는 자는 3억원 이상의 자본금(법인이 아닌 경우에는 6억원 이상의 자산평가액을 말한다)을 보유하여야 하고, 다음 각 호의 어느 하나에 해당하는 경우를 제외하고는 1억원 이상의 보증보험에 가입하여야 한다.

1. 자본금 또는 자산평가액이 10억원 이상인 경우
2. 컨테이너장치장을 소유하고 있는 경우
3. 「은행법」 제2조 제1항 제2호에 따른 금융기관으로부터 1억원 이상의 지급보증을 받은 경우
4. 1억원 이상의 화물배상책임보험에 가입한 경우

**[ 국제물류주선업의 등록기준(제6조 제1항 관련) ]**

[별표 1]

| 자본금 또는 자산평가액 | 법인인 경우에는 자본금이 3억원 이상, 법인이 아닌 경우에는 자산평가액이 6억원 이상일 것 |
|---|---|
| 보증보험 가입 | 1억원 이상의 보증보험에 가입할 것. 다만, 다음 각 호의 1에 해당하는 경우에는 그러하지 아니한다.<br>1. 자본금 또는 자산평가액이 10억원 이상인 경우<br>2. 컨테이너장치장을 소유하고 있는 경우<br>3. 은행법 제2조 제1항 제2호에 따른 금융기관으로부터 1억원 이상의 지급보증을 받은 경우<br>4. 1억원 이상의 화물배상책임보험에 가입한 경우 |

## 4. 운송관련 용어 정리

① House B/L : Forwarder B/L이라고도 부르며 Master B/L을 근거로 하여 운송주선인이 화주에게 발행하는 선하증권

② Master B/L : 선박회사가 운송주선인에게 발행하는 선하증권

③ House Air Waybill : 혼재항공화물에 대하여 항공화물운송인이 발행한 선하증권

④ Consignor : 타인에게 물품을 선적한 자로 선하증권에서는 화주

⑤ Consignee : B/L에 명시된 화물의 수취인으로서 화물의 소유자

⑥ Notify Party : 선사나 포워더가 화물의 도착을 통지해주는 신용장개설의뢰인수입자

⑦ S/R(Shipping Request) : 송하인이 선박회사에 화물을 선적할 공간을 요청하는 선복신청서

⑧ S/O(Shipping Order) : 선박회사가 화물을 선적하여 목적지까지 운송할 것을 선장에게 지시하는 선적지시서

⑨ M/R(Mate's Receipt) : 특정의 물품을 본선이 인수하여 적재하였음을 일등항해사가 증명하는 본선인수증

⑩ D/O(Delivery Order) : 수하인, 화주 또는 화물 소유주가 서류를 지참하고 있는 타인에게 화물의 양도를 지시하는 서류

⑪ T/R(Trust of Receipt) : 수입자가 물품대금을 결제하기 전에 은행이 담보권을 확보한 상태에서 수입물품을 통관해서 처분할 수 있도록 한 수입화물 대도신청서

⑫ FCL(Full Container Load) : 한 화주의 화물이 컨테이너 1개에 가득 채워지는 대량화물을 말하며 화물은 화주의 공장이나 창고에서 적재되어 CY에서 수령LCL보다 비용이 적게 들며 선사로부터 Master B/L을 받게 된다.

⑬ LCL(Less than Container Load) : 한 화주의 화물이 한 개의 컨테이너 용량에 미달하는 경우 다른 화주의 화물과 혼재하는 경우로 포워더가 화주에게 House B/L을 발행

⑭ CY(Container Yard) : 선적 전의 FCL 화물을 보관·직접·수령 또는 인도하는 컨테이너 장치장

⑮ CFS(Container freight station) : LCL화물을 혼재하기 위하여 CY로 인계하거나 수하인에게 인도하는 장소

⑯ CAF(Currency Adjustment Factor) : 환율변동으로 인한 손실보전을 선사가 수입화주에게 부담시키는 비용

⑰ BAF(Bunker Adjustment Factor) : 유가변동으로 인한 손실을 보전하기 위하여 선사가 수입화주에게 부담시키는 비용

⑱ Wharfage : 반출입 화물을 취급하는 대가로 받는 부두사용수수료

⑲ CFS Charge(Container freight station Charge) : CFS에서 발생하는 하역료, 검수료, 화물정리비, 보관료 등

⑳ Prepaid : 운송요금이 이미 화주에 의해 선사에 지급하는 선불조건(CIF 조건)

㉑ Collect : 물품의 수취인이 도착지에서 운임을 지급하는 후불조건(FOB 조건)

㉒ Consol Forwarder : 컨테이너선 운송 단위인 컨테이너 한 대를 채우지 못하는 LCL 화물을 모아서 한 대의 컨테이너로 혼재하는데, 이때 한 대의 컨테이너를 혼재하는 포워더를 콘솔포워더 또는 콘솔사라고 함.

## Ⅱ 국제물류주선업의 세무실무

### 1. 부가가치세 실무

#### (1) 국제복합운송용역의 영세율 적용

운송주선업자가 국제복합운송계약에 의하여 화주로부터 화물을 인수하고 **자기책임과 계산** 하에 타인의 선박 또는 항공기 등의 운송수단을 이용하여 화물을 운송하고 화주로부터 운임을 받는 국제운송용역은 영세율이 적용되는 외국항행용역에 포함된다(부령 32 ② 1호). 그리고 운송주선업자가 국제복합운송계약에 의하여 화주로부터 화물을 인수하고 자기의 책임과 계산 하에 당해 국제복합운송용역 중 일부를 다른 복합운송주선업자에게 위탁하여 화물을 운송하고 화주로부터 그 대가를 받는 경우 당해 국제복합운송용역은 외국항행용역에 포함되어 영세율이 적용된다. 또한, 운송주선업자가 국제복합운송계약에 의하여 국내출발자로부터 도착지까지의 운송용역을 하나의 용역으로 연결하여 국제간의 화물을 운송하여 주고 화주로부터 그 대가를 받는 경우에는 영세율이 적용되어 영세율세금계산서를 교부하여야 한다(재소비-213, 2004. 2. 25). 다만, **국제복합운송용역과는 별도로 국내에서 국내로 화물운송용역을 제공하는 경우** 당해 국내운송용역에 대하여는 부가가치세 영세율이 적용되지 아니하는 것으로 일반세금계산서를 교부하여야 한다(서면3팀-1324, 2008. 6. 26). 또한 복합운송주선업으로 화물유통촉진법의 규정에 의거 등록하지 아니한 사업자가 국내에서 국내사업장이 없는 비거주자로부터 화물을 인수하여 타인의 명의로 선하증권을 발급하고, 타인의 운송수단을 이용하여 화물을 국외로 운송하여 주고 대가를 받는 경우에는 영세율이 적용되는 외국항행용역으로 볼 수 없으므로 일반세금계산서를 교부하여야 한다(국심 1999부31, 2000. 3. 2). 한편, 복합운송주선업을 영위하던 개인사업자가 당해 사업과 관련된 모든 권리와 의무를 포괄적으로 양도하여 법인으로 전환함에 있어서 당해 사업에 대한 영업권을 평가하여 사업을 양수받은 법인으로부터 사업양도대가와 함께 지급받는 경우에도 사업의 양도에 해당되어 부가가치세가 과세되지 아니하는 것이다(부가 46015-2615, 1997. 11. 20).

##### ① 국제물류주선업의 부수공급 영세율 적용 여부

국제물류주선업(복합운송주선업)자가 자기책임과 계산 하에 화물의 해외운송을 위해 필요한 정도의 포장 및 기타서비스 제공용역을 국제운송용역과 함께 일괄하여 제공하는 경우, 국제운송용역을 위하여 필수적으로 부수되는 일로 보아 영세율이 적용되는 것이다. 다만, 국내에서 제공되는 화물포장 및 기타서비스 제공용역이 국제운송용역과 구분되어 제공되는 경우는 국내운송용역과 동일한 성질의 것으로서 일반세율을 적용하는 것이다(재부가-826, 2007. 11. 28).

② 운송주선업자의 국내화물 운송용역

운송주선업자가 국내에서 국내로 화물운송용역을 제공하고 그 대가를 받는 경우 당해 국내운송용역에 대하여는 부가가치세 영세율이 적용되지 아니하는 것이다(서면3팀-1324, 2008. 6. 26).

③ 수입화물의 국내운송용역

외국으로부터 수입물품에 대하여 국내포워더가 수입재화의 도착항구로부터 화주의 창고까지 국내운송용역을 제공하고 외국포워더로부터 그 대가를 외국환은행에서 원화로 받는 경우에는 영세율이 적용되나, 국내포워더가 다른 포워더 또는 국내 운송업자와의 하도급계약에 의하여 국내운송용역을 제공하는 경우 국내거래로 영세율이 적용되지 않으므로 일반세금계산서를 발급하여야 한다.

④ 국제운송주선업자의 해외배송 대행사업 관련 매출액이 영세율 적용

물류정책기본법 제43조 제1항에 따라 국제물류주선업 등록을 한 사업자가 해외 인터넷 쇼핑몰사이트에서 물품을 구입한 국내 거주자로부터 동 물품의 국내운송을 의뢰받아 해외의 지정된 창고에서 인수하여 자기의 책임과 계산 하에 타인의 항공기를 이용하여 국내로 운송된 물품의 수입통관 절차를 대행한 후 국내 거주자에게 동 물품을 운송해 주는 경우에는 부가가치세법 제11조 제1항 제3호와 같은 법 시행령 제25조 제2항에 따라 영세율이 적용되는 것입니다. 이 경우 국제물류주선업자의 부가가치세 영세율 과세표준에는 국내 거주자로부터 받는 항공운송료, 수입통관대행료, 국내운송료 등 명목 여하에 불구하고 대가관계에 있는 모든 금전적 가치 있는 것을 포함하는 것이다(법규부가 2012-360, 2012. 10. 17).

⑤ 운송주선업자가 공급하는 해외배송대행용역의 영세율 적용 여부

운송주선업자가 해외 인터넷쇼핑몰에서 물품을 구입한 국내소비자로부터 물품의 운송을 의뢰받아 자기 책임과 계산으로 운송용역 중 일부 또는 전부를 다른 국내외 운송주선업자들에게 재위탁하여 해외에서 국내로 물품을 운송하고 국내소비자로부터 대가(대행수수료, 운송료 등)를 받는 경우 「부가가치세법」 제23조 및 같은 법 시행령 제32조 제2항 제1호에 따라 외국항행용역으로서 영세율이 적용되는 것이다. 이 경우 사업자가 「물류정책기본법」에 따라 시・도지사에게 국제물류주선업자로 등록하지 아니한 경우에도 같은 법 제23조 및 같은 법 시행령 제32조 제2항 제1호가 적용되는 것이다(사전-2022-법규부가-0895, 2022. 11. 9.).

## 참고 국제복합운송용역에 따른 수수료[191)]

(1) 항공화물의 경우

| 구 분 | | 수수료 항목 | 내 용 | 부과권자 |
|---|---|---|---|---|
| 세관통관 비용 | | 관세, 부가가치세 등 | 통관시 발생하는 국세 | 세관장 |
| | | 보세구역 외 장치허가수수료 | 보세구역 외 장치허가시 발생 | |
| | | 파출검사수수료 | 자가보세창고 검사시 발생 | |
| | | 임시개청수수료 | 근무시 관외 통관시 발생 | |
| | | 물품취급시간 외 물품 취급수수료 | 물품취급시간 외 물품을 취급하는 경우 발생 | |
| 기타 부대 비용 | 하역 | 조업료 | 항공기에서 하기장소까지 운송하여 블랙다운시까지 발생하는 비용 | 조업사 |
| | 보관 | 보관료 | 보세창고 보관수수료 | 보세창고업자 |
| | | THC | 도착 후 발생화물 조작료 | |
| | | 화재보험료 | 화재발생에 대비한 손해보험료 | 대한손해보험협회 |
| | 통관 | B/L Handling Charge | B/L 발급비용 | 포워더 |
| | | 검역신청수수료 | 정부수입인지대 | 검역소 |
| | | 관세사수수료 | 관세사 통관의뢰수수료 | 관세사 |
| | 운송 | 국내운송료 | 항공사 창고에서 포워더 창고 또는 화주가 지정창고까지 운송시 발생 | 포워더 |

(2) 해상화물의 경우

| 구 분 | | 수수료 항목 | 내 용 | 부과권자 |
|---|---|---|---|---|
| 세관통관 비용 | | 관세, 부가가치세 등 | 통관시 발생하는 국세 | 세관장 |
| | | 보세구역 외 장치허가 수수료 | 보세구역 외 장치허가시 발생 | |
| | | 파출검사수수료 | 자가보세창고 검사시 발생 | |
| | | 임시개청수수료 | 근무시 관외 통관시 발생 | |
| | | 물품취급시간 외 물품 취급수수료 | 물품취급시간 외 물품을 취급하는 경우 발생 | |
| 기타 부대 비용 | 입항 | 화물입항료 (Wharfage) | 선박회사가 도착지항구에 대신하여 납부함. | 해운항만청 |
| | | THC(Terminal h/c) | 도착 후 발생하는 터미널 취급수수료 | |
| | | DDC(Document Charge) | 선사가 화주에게 제공하는 서류비용 보전비용 | 선박회사 |

| 구 분 | | 수수료 항목 | 내 용 | 부과권자 |
|---|---|---|---|---|
| 기타 부대 비용 | 하역 | 하역료 | 본선에서 육상으로 하역 | 하역회사 |
| | | CFS 조작비(하차료) | CFS에 반입할 때 발생 | |
| | | 검수료 | 검수, 검량이 필요할 때 발생 | 검정회사 |
| | 보관 | 보관료 | 보세창고 보관수수료 | 보세창고업자 |
| | | 출고상차료 | 보세창고에서 출고하여 화물에 적재할 때 장비 등 사용료 | |
| | | 화재보험료 | 화재발생에 대비한 손해보험료 | 대한손해보험협회 |
| | 통관 | 검사료 | 세관검사를 위한 CY노무자 인건비 | CY업체 |
| | | 검역신청수수료 | 정부수입 인지대 | 검역소 |
| | | 검역수수료 | 검역시 화주대신 입회하는 관세사 또는 포워딩 직원 인건비 | 관세사 또는 포워딩 |
| | | 검역소독비 | 검역소 검역결과 소독명령을 받은 때 소독하는 약품비용 | 검역소 |
| | | 관세사수수료 | 관세사 통관의뢰수수료 | 관세사 |
| | 운송 | 국내운송료 | 항공사 창고에서 포워더 창고 또는 화주가 지정창고까지 운송시 발생 | 포워더 |

**질의**

1. 사실관계

가. 질의자는 복합운송주선업을 영위하는 업체임.

나. 외국선박회사의 화주들은 선박에 수출화물을 선적하기 전에 보세창고인 CFS에서 작업을 마친 후 선적함.

* CFS(Container Freight Station, 소량의 화물이 혼재된 여러 개의 콘테이너를 해체하여 각 화물을 제품별, 행선지별로 내용물을 분류, 집합하고 다시 콘테이너에 적재하는 작업)

다. 당사는 외국선박회사로부터 화주를 소개받아 CFS업체와 계약하여 CFS작업 지시를 함.

(1) 화주에게 인보이스와 세금계산서를 발행하여 CFS 사용요금을 징수하고 CFS 업체에게 계약된 요금을 지급함.

(2) 외국선박회사의 요청으로 화주를 위해 CFS작업을 진행하고, 그 대금을 외국선박회사에 청구하는 경우도 있으나, 외국선박회사는 화주로부터 수령한 대금을 대신해서 지불만 해주는 것임.

191) 이영원, 복합운송주선업의 세무실무, 2009. 11, 한국세무사회.

2. 질의내용

화주들에게 CFS 사용료를 청구하거나, 외국선박회사의 화주(국내사업자)를 위해 CFS작업을 진행하고 그 대금을 외국선박회사에 직접 청구할 경우 영세율 적용 여부

회신 사업자가 수출입 화물의 운송 및 보관(CY, CFS, THC 등)용역을 제공하고 그 대가를 받는 경우에는 부가가치세법 제11조 제1항 제3호의 규정에 의한 영세율이 적용되지 아니하는 것이다(부가가치세과-989, 2012. 9. 27).

### (2) 공급시기

국제물류주선용역의 공급시기는 역무의 제공이 완료되고 공급가액이 확정되는 때이다. 항공운임의 경우 국제민간항공운송협회(IATA)[192]의 **항공료 정산을 통하여 공급가액이 확정되는 시점**이 공급시기가 된다.

### (3) 과세표준

국제물류주선업을 영위하는 사업자가 국제복합운송계약에 의하여 화주로부터 화물을 인수하여 자기책임 하에 출발지에서 도착지까지 운송용역을 하나의 용역으로 연결하여 국제간에 화물을 운송하여 주고 화주로부터 대가를 받는 경우 거래상대방으로부터 받는 당해 운송용역의 공급과 관련된 대가관계가 있는 모든 금전적 가치(창고료, 하역료, 통관수수료, 운송료 등)가 있는 것은 부가가치세 과세표준에 포함된다(부가 46015-800, 1999. 3. 25). 이 경우 당해 용역은 부가가치세법 제11조 제1항 제3호의 규정에 의한 외국항행용역에 해당되어 영의 세율을 적용하는 것이다(서면3팀-339, 2005. 3. 11).

#### ① 과세표준 포함 여부

질의 당사는 화물유통촉진법 제8조의 규정에 의하여 건설교통부장관으로부터 복합운송주선업 면허를 취득하여 외국항역운송 주선을 주업으로 하는 업체임. 해당 매출은 부가가치세법상 제11조 제3항에 의거 영세율 매출에 해당하나 최근 화주들의 요구에 맞추어 수입된 화물을 화주가 지정하는 장소까지 보세운송 또는 통관운송 하는 total service하는 경우가 많으며, 이때 화주가 전적으로 부담하는 창고료, 하역료, 통관수수료, 운송료 등을 화주에 대한 service차원에서 그 대금을 우선 당사가 선대납한 후 나중에 대납한 금액을 일괄 수금하는 거래형태일 경우 다음과 같은 질의 사항이 있음

---

192) 1945년에 설립된 민간국제단체로 우리나라 항공사의 경우 대한항공과 아시아나항공이 정회원으로 가입되어 있다. 회원수는 130여 개국으로 276 회원수로 구성되어 있다. 무역 부문에서는 기술, 법률, 재정, 교통 서비스, 기관업무 등을 다루고, 운임 부문에서는 여객운임, 화물운임, 연대운임 청산, 위탁업무 등을 담당한다.

1. 상기 항목 창고류, 하역료, 통관수수료, 국내운송료 등의 지불시 상기 항목에 대한 대응매출을 발생시키지 않으면서 당사가 공급받는 자가 되어 매입세금계산서를 교부받을 수 있는지의 여부
2. 창고, 하역, 통관수수료, 국내운송료 등은 각각 해당 법령에 의한 건설교통부의 면허사업인 바 당사가 면허가 없고 또한 사업자등록증상의 업종에도 없는 상기 항목에 대하여 매출세금계산서를 화주에게 발행할 수 있는지 여부
3. 복합운송 주선업 면허업자일 경우 운송에 관련된 제반업종에 대하여 조건 없이 매출 및 매입 세금계산서를 수수할 수 있다는 업계관계자들의 의견이 많아 질의함

**회신** 본 질의의 경우 질의내용이 불분명하여 명확한 답변을 하기 어려우나 복합운송주선업을 영위하는 사업자가 국제복합운송계약에 의하여 화주로부터 화물을 인수하여 자기책임 하에 출발지에서 도착지까지 운송용역을 하나의 용역으로 연결하여 국제간에 화물을 운송하여 주고 화주로부터 대가를 받는 경우 거래상대방으로부터 당해 운송용역의 공급과 관련된 대가관계에 있는 모든 금전적 가치가 있는 것은 부가가치세 과세표준에 포함하는 것이다(부가 46015-800, 1999. 3. 25).

② **과세표준 포함 및 영세율 첨부서류**

**질의** 당사는 국제복합운송용역을 제공하는 운송주선업자로서 A라는 국내화주와 제3자 물류 공급계약(외국으로부터 국내까지의 해상운송, 수입화물 통관, 보관, 제3자 공급)을 맺고 용역을 제공하고 있음.

① 중국의 수출업자가 선적지의 당사 자회사(당사와 자회사간 용역제공대가는 추후 정산함)를 통해 수출물품을 선박을 통해 부산항으로 보내며, 이때 선적지의 당사 자회사는 House B/L을 발행하게 되고 운송조건은 CY-CY, CFS-CFS 등으로 다양함.
② 부산항에 물품이 도착하면 당사는 선박회사로부터 Arrival Notice를 받게 되고(선박회사 B/L에는 당사가 수화주와 통지처로 되어 있음) 선박회사에 Oceon freight 및 surcharge 등의 운임을 화주 대신 납부하게 됨.
③ 통관절차를 거친 후 직접 화주의 배송센터로 운송하거나 부산에 있는 당사의 창고로 입고시킨 후 화주의 축로지시에 따라 배송센터 또는 각 매장에 직접 배송하며, 이때 보세운송비, 창고보관료, 내륙운송료 등의 비용이 발생함.

이상으로 화주에 대한 용역제공은 마무리되고 화주에게는 실제 발생한 운임 및 제반 비용 외에 Document fee 및 Handling fee(취급수수료)를 더하여 청구하게 되는

것으로, 즉 미리 대납한 운임 등(Oceon freight 및 surcharge 외 Document fee)과 통관 후에 발생하는 보세운송비, 창고보관료, 내륙운송료에 Handling fee(취급수수료)를 청구함.

위의 용역거래가 국제복합운송용역에 해당하여 부가가치세법 제11조 제1항 제3호 및 같은 법 시행령 제25조 제3항의 규정에 의하여 영의 세율을 적용할 수 있는지 여부와 영의 세율을 적용하는 경우 영세율 과세표준에 운임 외에 통관 후에 발생하는 보세운송비, 창고보관료, 내륙운송료 및 Handling fee(취급수수료)가 포함되는지 및 영세율 첨부서류로 "선박에 의한 운송용역 공급가액 일람표"를 제출할 수 있는지 여부

**회신** 운송주선업을 영위하는 사업자가 국제복합운송계약에 의하여 화주로부터 화물을 인수하고 타인의 운송수단을 이용하여 화주에 대하여는 자기 책임과 계산 하에 출발지에서 도착지까지 운송용역을 하나의 용역으로 연결하여 국제간에 화물을 운송해주고 화주로부터 대가를 받는 경우의 당해 용역은 「부가가치세법」 제11조 제1항 제3호의 규정에 의한 외국항행용역에 해당하여 영의 세율을 적용하는 것이며, 당해 운송주선업자의 부가가치세 과세표준에는 화물보관료 및 운송료 등을 포함하여 거래상대자로부터 받은 대금 · 요금 · 수수료 기타 명목여하에 불구하고 화주로부터 받는 대가관계가 있는 모든 금전적 가치 있는 것을 포함하는 것임 이 경우 영세율 첨부서류를 제출함에 있어 같은 법 시행령 64조 제3항 제3호의 규정에 의한 외국환은행이 발급하는 외화입금증명서가 없는 때에는 외화획득명세서에 영세율이 확인되는 증빙서류를 첨부하여 제출하여야 하는 것이다(부가-2069, 2008. 7. 17).

### (4) 세금계산서의 발급

운송주선업자가 국제복합운송계약에 의하여 자기책임과 계산 하에 화물을 운송하고 화주로부터 대가를 받는 경우에는 영세율 세금계산서를 발급하여야 하나 외국운송업자가 제공하는 운임에 대하여는 세금계산서 발급이 면제된다. 다만, 국제복합운송용역과는 별개로 국내에서 국내로 화물운송용역을 제공하는 경우에는 영세율이 적용되지 않으므로 일반세금계산서를 교부하여야 한다(재소비-213, 2004. 2. 25). 즉, 항공기에 의한 외국항행용역은 세금계산서 교부가 면제되나, 선박에 의한 외국항행용역은 영세율 세금계산서를 교부하여야 한다. 다만, 공급받는 자가 국내사업장이 없는 비거주자 또는 외국법인인 경우에는 세금계산서 발급의무가 면제된다.

**참 고** **화물운송 주선의 경우 세금계산서 발급**(부기통 32－69－1)

운송주선용역을 공급하는 사업자가 불특정다수인의 화주와 운송위탁계약을 체결하여 화주로부터 화물·운임 및 주선수수료를 받아 운수업자로 하여금 화물을 운송하게 하고 그 운임을 지불하는 경우 세금계산서의 발급은 다음 각 호와 같이 한다.

1. 운송주선사업자는 운송주선용역을 공급받는 자(화주 또는 운송업자)에게 운송주선용역의 대가인 수수료에 대하여 세금계산서를 발급하고 화물운송계약이 확정될 때에 운송업자의 명의로 화주에게 화물운송용역에 대한 세금계산서를 발급한다. 이 경우 화물운송주선업자의 등록번호를 비고란에 덧붙여 적는다.
2. 화물운송업자는 화물운송주선업자가 화물운송업자의 명의로 세금계산서를 발급하지 아니한 경우에만 화주에게 세금계산서를 발급한다.

### ① 세금계산서 발급방법

**질의** 당사(을)는 국제복합운송주선업을 영위하는 글로벌 물류업체로서 국제화물운송의 경쟁력을 확보하기 위하여 세계 주요국가에 자회사를 설립하거나 현지 물류업체와 파트너계약을 체결하여 글로벌 네트워크를 구축하고 있음.

"을"은 화주법인(갑)과 제3자 물류계약(전문물류업체가 화주의 물류업무를 아웃소싱받아 수행하는 것으로 물류전략 및 계획의 수립, 운영 등을 물류업체가 포괄적으로 수행하는 것)을 체결하여 "갑"으로부터 물류업무를 위탁받아 "갑"의 수출화물 운송 업무를 수행할 예정임.

해외 현지에 파트너가 있는 경우 화물운송과 관련하여 "을"명의의 House B/L(국제복합운송업자가 발행하는 선하증권)이 발행되고, 도착지에서의 통관, Trucking 등을 당해 해외 파트너가 제공하게 되며, 이 경우는 "갑"이 "을"에게 화물운송을 요청하면 "을"은 선사에게 선적요청서를 선적하며, 업무가 완료된 후 선사가 "을"에게 운송대금을 청구하게 되며, "을"은 선사가 청구한 운송대금에 일정한 마진을 가산하여 다시 "갑"에게 운송대금을 청구함.

한편 "을"이 "갑"으로부터 화물의 운송요청을 받아 운송을 하여야 하는 해외현지에 물류업체나 파트너가 없는 경우에는 "을"이 House B/L을 발행하지 못하므로 Shipper가 "갑"으로 기재되는 선사 명의의 Master B/L(선박회사가 발행하는 선하증권)만 발행되나, 업무프로세스는 해외 현지에 파트너가 있는 경우와 동일하게 운송대금은 선사가 청구한 운송대금에 일정한 마진을 가산하여 "갑"에게 운송대금을 청구함.

이 경우 운송거래에 대한 Documentation 업무도 "을"이 수행하게 되며, "갑"과의 약정 상 해상운송구간에서 발생한 화물의 손상이나 멸실에 대하여 "을"이 손해배상책임을 부담하게 됨.

해외현지에 파트너가 없어 Master B/L(선박회사가 발행하는 선하증권)만 발행되는 경우 화물운송용역의 제공과 관련하여 "을"이 "갑"에게 세금계산서를 교부해야 하는지 혹은 선사가 직접 "갑"에게 세금계산서를 교부해야 하는지 여부

**회신** 국제복합운송주선업을 영위하는 사업자(을)가 국제복합운송계약에 의하여 화주(갑)로부터 화물을 인수하여 자기책임과 계산 하에 외국으로 화물을 운송해 주고 화주(갑)로부터 대가를 받는 경우에는, 사업자(을)가 당해 화물을 다른 운송업자에게 의뢰하여 운송하더라도, 사업자(을)는 그 대가에 대하여 화주(갑)를 공급받는 자로 하여 세금계산서를 교부하는 것이다(부가-2633, 2008. 8. 20).

**질의** 1. 사실관계

가. 복합운송주선업자와 포괄계약을 하는 경우

(1) A(수입자)는 외국으로부터 국내의 특정장소까지 국제운송 및 국내보세운송 등 복합운송업무를 B(복합운송주선업자)에게 위탁하는 위·수탁계약을 체결하였으며,

(2) 통관업무에 대하여는 B가 C(관세사)에게 통관업무를 수행하여 줄 것을 요청(알선 및 주선)하여 C가 수입물품에 대한 통관업무를 대행하고 용역의 대가인 통관수수료(전체 비용에 포함)는 A는 B로 B는 C로 지급하고 있음

나. 특송물품 포괄운임계약의 경우

(1) 수입화주(또는 수출자) A는 특송업체 B와 특송물품의 수집·통관대행·국내 배송 등의 특송물품 포괄운임계약을 체결하고,

(2) B는 관세사 C에게 통관대행업무를 의뢰하여 통관완료 후 통관수수료를 지급하고 A와 포괄운임(통관수수료 포함)을 일괄 정산하고 있음.

2. 질의내용

관세사사무소(C), 거래당사자 화주(A), 복합운송주선업자 또는 특송업체(B)와의 사이에 통관에 대한 용역제공과 관련된 관세사 통관수수료의 세금계산서 교부 대상자는 누구인지?

**회신** 납세의무자로 등록한 일반과세자가 계약상 또는 법률상의 원인에 의하여 부가가치세가 과세되는 재화 또는 용역을 공급하는 때에는 부가가치세법 제16조 제1항의 규정에 의한 세금계산서를 공급받는 자에게 발급하여야 하는 것이므로, 통관업무에 대해서는 당해 용역을 실제 공급받는 자에게 세금계산서를 교부하여야 하는 것이다(부가

가치세과-1128, 2012. 11. 16).

### (5) 영세율 첨부서류

국제물류주선업의 영세율 첨부서류를 제출함에 있어 같은 법 시행령 제64조 제3항 제3호의 규정에 의한 외국환은행이 발급하는 외화입금증명서가 없는 때에는 외화획득명세서에 영세율이 확인되는 증빙서류를 첨부하여 제출하여야 하는 것이다(부가-2069, 2008. 7. 17).

**① 외항선박에 의한 운송용역의 경우**

외화입금증명서를 제출하여야 하나 부득이한 경우 "선박에 의한 운송용역공급가액일람표"를 제출할 수 있다.

**② 항공기에 의한 운송용역의 경우**

공급가액확정명세서를 제출한다.

**③ 타 외항사업자의 탑승권판매·화물운송계약을 체결한 경우**

공급자와 공급받는 자간의 송장집계표를 제출한다.

**④ 국제복합운송용역**

외화획득명세서에 영세율이 확인되는 증빙서류를 제출한다.

[별지 제2호 서식]

<table>
<tr><td colspan="3">0303-80A</td><td colspan="7">선박에 의한 운송용역공급가액일람표</td><td>19</td></tr>
<tr><td colspan="11">근거: 부가가치세영세율적용에관한규정</td></tr>
<tr><td rowspan="3">사<br>업<br>자</td><td>①성 명</td><td colspan="3"></td><td colspan="2">④사 업 자<br>등록번호</td><td colspan="4"></td></tr>
<tr><td>②상 호</td><td colspan="3"></td><td colspan="2">⑤업 태</td><td colspan="4"></td></tr>
<tr><td>③사업장소재지</td><td colspan="3"></td><td colspan="2">⑥종 목</td><td colspan="4"></td></tr>
<tr><td colspan="11">공 급 내 용</td></tr>
<tr><td colspan="2">구 분</td><td colspan="8">운 송 수 입(기간 년 월~ 월)</td><td rowspan="3">⑮비 고<br>(운항<br>기간등)</td></tr>
<tr><td rowspan="2">⑦<br>선박명</td><td rowspan="2">⑧운항<br>기간</td><td colspan="2">원화수입분</td><td colspan="3">해외수입분</td><td colspan="3">계</td></tr>
<tr><td>⑨외화</td><td>⑩원화</td><td>⑪외화</td><td colspan="2">⑫원화</td><td>⑬외화</td><td colspan="2">⑭원화</td></tr>
<tr><td></td><td></td><td></td><td></td><td></td><td colspan="2"></td><td></td><td colspan="2"></td><td></td></tr>
<tr><td colspan="2">⑯소 계(A)</td><td></td><td></td><td></td><td colspan="2"></td><td></td><td colspan="2"></td><td></td></tr>
<tr><td colspan="2">⑰외 화 입 금<br>증 명 서 제 출 분<br>(B)</td><td></td><td></td><td></td><td colspan="2"></td><td></td><td colspan="2"></td><td></td></tr>
<tr><td colspan="2">⑱차 감<br>(A-B)</td><td></td><td></td><td></td><td colspan="2"></td><td></td><td colspan="2"></td><td></td></tr>
</table>

* 대선수입분은 비고란에 기간 용선·항해용선으로 구분하고 대선기간을 표시함.

[별지 제4호 서식]

<table>
<tr><td>0303-69A</td><td colspan="12">**공 급 가 액 확 정 명 세 서**</td><td>19</td></tr>
<tr><td colspan="14">근거: 부가가치세영세율적용에관한규정</td></tr>
<tr><td rowspan="4">사<br>업<br>자</td><td colspan="2">①성 명</td><td colspan="4">㊞</td><td colspan="3">⑤사 업 자<br>등 록 번 호</td><td colspan="4"></td></tr>
<tr><td colspan="2">②상 호</td><td colspan="4"></td><td colspan="3">⑥주민등록번호</td><td colspan="4"></td></tr>
<tr><td colspan="2">③사 업 장 소 재 지</td><td colspan="4"></td><td colspan="3">⑦업 태</td><td colspan="4"></td></tr>
<tr><td colspan="2">④사 업 자 주 소</td><td colspan="4"></td><td colspan="3">⑧종 목</td><td colspan="4"></td></tr>
<tr><td colspan="14">공 급 내 용</td></tr>
<tr><td rowspan="2">⑨<br>노<br>선<br>별</td><td colspan="2">여객수입</td><td colspan="2">화물수입</td><td colspan="2">수 화 물<br>수 입</td><td colspan="2">우 편 물<br>수 입</td><td colspan="2">기타수입</td><td colspan="2">합 계</td><td rowspan="2">비 고</td></tr>
<tr><td>⑩<br>외화</td><td>⑪<br>원화</td><td>⑫<br>외화</td><td>⑬<br>원화</td><td>⑭<br>외화</td><td>⑮<br>원화</td><td>⑯<br>외화</td><td>⑰<br>원화</td><td>⑱<br>외화</td><td>⑲<br>원화</td><td>⑳<br>외화</td><td>원화</td></tr>
<tr><td></td><td></td><td></td><td></td><td></td><td></td><td></td><td></td><td></td><td></td><td></td><td></td><td></td><td></td></tr>
</table>

## 2. 법인세 · 소득세 실무

### (1) 수입금액의 인식방법

복합운송주선업의 매출액 인식기준에 대하여 총액주의와 순액주의가 혼용되고 있다. 총액주의란 화주로부터 받은 운임과 기타수수료를 매출액으로 계상하고 운송인에게 지급하는 운임과 기타수수료를 매출원가로 계상하는 방법이다. 반면에 순액법은 운송주선을 통해 화주와 운송인에서의 운임차액과 기타수수료만 수익으로 계상하는 방법이다. **현행실무에서는 대부분 순액법보다는 총액법으로 처리하고 있는 실정이다.**

① 기업회계

복합운송주선인이 직접 운송하지 않고 주선만을 하는 경우에는 주선수수료를 매출액으로 인식하는 것이다(회계 제8360-364, 2001. 3. 10).

② 부가가치세법

국제물류주선업을 영위하는 사업자가 국제복합운송계약에 의하여 화주로부터 화물을 인수하여 자기책임 하에 출발지에서 도착지까지 운송용역을 하나의 용역으로 연결하여 국제간에 화물을 운송하여 주고 화주로부터 대가를 받는 경우 거래상대방으로부터 받는 당해 운송용역의 공급과 관련된 대가관계가 있는 모든 금전적 가치(창고료, 하역료, 통관수수료, 운송료 등)가 있는 것은 부가가치세 과세표준에 포함된다(부가 46015-800, 1999. 3. 25).

③ 심판례

복합운송주선업은 사실상 주선에 가깝고 외국복합운송주선업자에게 지급한 운임은 사실상 매출로 보기 어려워 이를 차감한 금액을 부가가치세 과세표준으로 하여야 한다(국심 2007서1069, 2007. 8. 21).

## 소득세 집행기준 24-51-17 업종별 총수입금액의 계산

① 화물운송주선업자의 총수입금액 계산

화물운송주선업자가 화주와 화물운송위탁계약을 체결하고 다른 운송업자에게 화물운송을 의뢰하는 경우에는 화주로부터 받은 금액 중 알선용역의 대가인 수수료만을 총수입금액으로 계산하는 것이지만, 자기의 책임하에 타인의 화물을 운송할 것을 약정한 경우로서 실질적으로 화물운송업을 경영하는 것에 해당하는 때에는 화주로부터 계약내용에 따라 지급받은 운임 전액을 총수입금액으로 계산한다.

② 채권매매업 등의 총수입금액

채권 등 증권매매업을 경영하는 사업자의 총수입금액의 계산은 해당 증권의 판매금액 등으로서 해당연도에 수입하였거나 수입할 금액의 합계액에 의하는 것이며, 단순히 채권매매 과정에서 발생하는 매매차익만을 총수입금액에 산입하는 것은 아니다.

③ 연예인 등이 방송업 경영 법인으로부터 받은 출연료 등의 총수입금액 범위

방송업을 경영하는 법인이 방송프로그램 제작시 연예인 등 인적용역 사업자로부터 용역을 제공받으면서 지방공연이나 해외촬영과 관련하여 발생하는 숙박비, 항공료, 식대 등을 사규 및 계약에 따라 해당 법인이 호텔, 항공사, 음식점 등에 직접 지급(법인명의 지출증빙 수취)하고 연예인 등에게는 출연료만 지급하는 경우 연예인 등의 사업소득의 수입금액은 지급받는 출연료의 금액으로 한다. 다만, 해당 연예인 등이 부담해야 할 비용을 법인이 대신 부담하는 경우에는 그 금액을 포함하여 사업소득 수입금액으로 한다.

④ 창고업의 상·하차임에 대한 총수입금액 계산

창고업을 경영하는 사업자가 창고에 보관물품을 하차·입고·출고·상차 등을 해주고 지급받는 대가를 보관료와 구분하여 계산하여도 이는 창고업에서 발생한 총수입금액으로 한다.

⑤ 수출대행의 경우 총수입금액 계산

사업자가 자기가 생산 또는 매입한 물품을 수출업자를 통하여 대행수출한 경우 각자의 수입금액은 다음과 같이 계산한다.

1. 해당 사업자의 경우에는 수출금액
2. 수출업자의 경우에는 사업자로부터 받은 대행수수료

⑥ 변호사 등이 여비, 숙박료 명목으로 지급받는 금품에 대한 총수입금액 계산

변호사·집달관·의사·조산원·공인회계사·세무사·감정평가사 등이 의뢰인으로부터 업무의 수행을 위하여 숙박비 등으로 지급받는 금품은 해당 사업의 총수입금액에 산입하고 이를 해당 용도에 실질적으로 지출한 금액은 필요경비에 산입한다.

⑦ 이동통신업체의 대리점이 지급받는 보증금 및 가입비의 총수입금액 계산

이동통신업체의 대리점이 통신기기를 판매하고 이동통신업체를 대신하여 지급받는 보증금 및 가입비는 통신기기 판매대리점의 총수입금액 및 필요경비에 산입하지 않는다.

⑧ 보험대리점업의 총수입금액

보험대리점업의 총수입금액은 본사로부터 지급받은 수수료 총액으로 하는 것이며, 대리점에서 소속된 보험모집인들에게 지급하는 수수료는 필요경비에 산입한다.

⑨ 의료업의 보험급여 환수금액의 처리방법

의료업을 경영하는 거주자가 사업소득에 대한 총수입금액으로 신고한 금액 중 「국민건강보험법」 제57조에 따라 환수되는 금액은 그 환수가 확정되는 날이 속하는 과세기간의 총수입금액에서 차감한다.

### (2) 중소기업의 범위

국제물류주선업은 조세특례제한법 시행령 제2조 및 제5조 제8항의 규정에 의하여 중소기업기본법 시행령 별표1에 해당하는 다음의 속하는 물류산업은 중소기업 해당 업종에 속하므로 중소기업 요건을 충족하는 경우에는 중소기업에 대한 조세지원을 받을 수 있다.

### (3) 대손금의 손금산입

운송업을 영위함으로써 발생하는 채권은 그 권리를 행사할 수 있는 때로부터 1년간 이를 행사하지 아니하면 소멸시효가 완성되는 것이며, 소멸시효가 완성될 때까지 회수하지 못한 채권은 그 소멸시효가 완성된 날이 속하는 사업연도에 대손금으로 손금산입하는 것으로서 그 후 사업연도의 손금에 산입할 수 없다. 이 경우 소멸시효가 완성된 날이 속하는 사업연도의 손금에 산입하지 아니한 대손금은 그 사업연도에 국세부과의 제척기간이 만료되지 아니한 경우에는 당해 사업연도의 손금에 산입하여 법인세 과세표준 및 세액을 경정할 수 있다(법인 46012-3339, 1998. 11. 3, 국심 2001중700, 2001. 6. 21).

# 제 15 장

# 프랜차이즈 사업의 회계와 세무실무

## 개 요

### 1. 프랜차이즈(franchise) 사업의 정의

프랜차이즈 형태의 사업은 동일업종의 다수의 소매점포를 자기가 소유하여 직접 운영하거나 임차한 매장에서 자기의 책임과 계산 하에 직접 매장을 운영하거나 계약에 의하여 동일업종의 다수의 소매점포에 대하여 계속적으로 경영을 지도하고 상품을 공급하는 사업을 말한다. 즉, 프랜차이즈란 상품을 제조하고 판매하는 메이커 또는 판매업자가 체인본부를 구성, 독립소매점을 가맹점으로 지정하여 그들 가맹점에게 일정한 지역 내에서 독점적 영업권을 부여하는 것을 말한다. 이때, 판매 상품의 종류, 점포, 광고 및 기타 영업에 관련되는 것을 직영점이 관리하고 가맹점에 경영지도 및 판촉지원을 제공한다. 프랜차이즈는 계약에 의해 프랜차이지(franchisee)가 프랜차이저(franchisor)의 물품을 일정한 형식에 의하여 판매하는 마케팅 전략의 하나이며 다른 사람의 시간과 노동력 또는 돈을 통해 물품을 유통시키는 사업전략이다.

**참 고** **프랜차이즈사업 분야의 예**

- 도 · 소매 분야 : 가정생활용품 전문점, 화훼유통서비스
- 서비스 분야 : 인터넷 PC방, 포장이사 및 생활편의 서비스, 홈인테리어 전문점, 장례토탈서비스, 종합청소 및 세탁편의점, 미용실, 발관리, 병의원 등
- 외식점 분야 : 한식 닭요리전문점, 바비큐앤생맥주전문점, 김밥전문점, 삼겹살 · 족발 · 보쌈전문점, 치킨전문점, 커피전문점 등

## 2. 프랜차이즈 사업형태별 분류

① 단일자본에 의한 직영점(Regular Chain)

단일자본·동일 경영자에 의해 설립된 체인점을 말한다. 즉, 체인본부가 주로 소매점포를 직영하되 가맹계약을 체결한 일부 소매점포(가맹점)에 대하여 지속적으로 상품을 공급하며 경영지도 하는 형태의 체인사업이다. 이는 회사가 독자적으로 자기자본 전액을 출자하여 체인형태를 확장해 가는 방식을 말하며 동일 경영자와 단일 자본에 의한 다점포화를 의미한다.

② 임대가맹점형 체인점(Voluntary chain)

독립자본에 의한 다수의 소매점이 모여서 각자가 갖고 있는 기능의 일부를 체인 본사에 위탁하여 프랜차이즈 시스템을 갖추고 영업을 하는 방식이다. 즉, 체인본부의 경영지도에 의하여 가맹점의 취급품목, 경영방식 등을 표준화하거나 체인본부의 경영지도에 의하여 공동구매, 공동판매, 공동시설 등 공동활동을 수행하되 임의성을 띤 체인사업이다. 체인 본사가 도매업자라 할지라도 조직의 주체는 어디까지나 소매업자이며 전 소매점이 체인 경영의 의사결정에 참여하는 등 소매업자간의 수평적 관계가 중시된다.

③ 프랜차이즈 체인(Franchise chain)

체인본사와 각 가맹점이 모든 독립 자본에 의한 사업자이지만 운영의 주체는 체인 본사에 있으며 가맹점은 체인경영의 의사결정에 적극적으로는 참여하지 않는 프랜차이즈 시스템이다. 즉, 체인본부가 상호, 판매가격, 판매방법, 매장운영 및 광고 등에 관한 경영방식을 결정하고, 가맹점으로 하여금 그 결정과 지도에 따라 운영하도록 하는 강제성을 띤 체인사업이다. 가맹점과의 수평적 연결보다는 체인 본사와 가맹점간의 수직적 관계가 중시된다.

④ 조합형 체인사업(Cooperative chain)

동일업종의 소매점들이 「중소기업협동조합법」 제3조의 규정에 의거하여 중소기업협동조합을 설립하여 공동구매, 공동판매, 공동시설활동 등 사업을 수행하는 형태의 체인사업을 말한다.

## 3. 프랜차이즈 사업의 영업형태

### (1) 영업흐름도

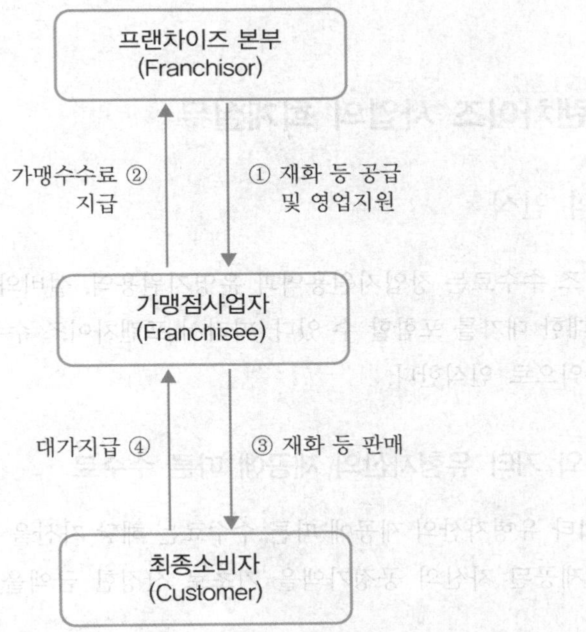


### (2) 구성원의 역할

#### 1) 프랜차이즈 본부

프랜차이즈 본부는 가맹사업자에 대하여 일정지역 내에서 독점적 영업권을 부여하고 가맹비를 받는다. 프랜차이즈 본부의 역할은 동일한 상표사용, 동일구매 · 광고 · 교육훈련 · 자금 · 인력 · 유통 · 마케팅 지원 등을 담당하게 된다. 프랜차이즈 본부는 가맹사업자로부터 비반환성 가맹금과 사용료를 지급받게 되는데 이 금액은 부가가치세 과세대상으로 세금계산서를 발급하여야 한다.

#### 2) 가맹사업자

가맹사업자는 프랜차이즈 본부로부터 영업지원 및 상품 등을 공급받아 영업을 하게 된다. 가맹점은 주로 최종소비자에게 판매하는 경우로 업종은 소매, 음식, 서비스 등이다. 가맹사업자는 최종소비자에게 판매함으로 영수증(신용카드발행 또는 현금영수증 발행)을 교부하게 된다. 만일 소비자가 세금계산서 발급을 요구하는 경우에는 세금계산서를 발급할 수 있다. 비반환성 가맹비에 대해서는 프랜차이즈 본부로부터 세금계산서를 교부받아야 한다.

#### 3) 최종소비자

가맹사업자로부터 재화 등을 구매하고 대가를 지급하며 영수증을 교부받게 된다. 최종적으로 부가가치세를 부담하는 자이다.

##  프랜차이즈 사업의 회계실무

### 1. 수익의 인식

프랜차이즈 수수료는 창업지원용역과 운영지원용역, 설비와 기타 유형자산 및 경영기법의 제공에 대한 대가를 포함할 수 있다. 따라서 프랜차이즈 수수료는 부과목적에 따라 다음과 같이 수익으로 인식한다.

#### (1) 설비와 기타 유형자산의 제공에 따른 수수료

설비와 기타 유형자산의 제공에 따른 수수료는 해당 자산을 인도하거나 소유권을 이전하는 시점에 제공된 자산의 공정가액을 기초로 산정한 금액을 수익으로 인식한다.

#### (2) 창업지원용역과 운영지원용역 제공에 따른 수수료

창업지원용역과 운영지원용역 제공에 따른 수수료는 다음과 같이 수익으로 인식한다.

**① 운영지원용역 수수료**

운영지원용역 수수료는 용역이 제공된 시점에서 수익으로 인식한다. 운영지원용역 수수료는 별도로 수취하거나 창업지원용역 수수료에 구분 없이 포함되어 있더라도 동일하게 처리한다. 별도로 수취하는 운영지원용역 수수료가 운영지원용역의 원가를 회수하고 적정이익을 보장하는 데 충분하지 못한 경우에는 창업지원용역 수수료의 일부를 이연하여 운영지원용역 제공시점에 수익으로 인식한다.

**② 창업지원용역 수수료**

계약에 따라 프랜차이즈 본사는 제3자에게 판매하는 가격보다 저렴한 가격 또는 적정판매이익이 보장되지 않는 가격으로 설비, 재고자산 또는 기타 유형자산을 가맹점에 제공할 수 있다. 이 경우 추정원가를 회수하고 적정판매이익을 보장할 수 있도록 창업지원용역 수수료의 일부를 이연한 후, 설비 등을 가맹점에 판매하는 기간에 수익으로 인식한다. 나머지 창업지원용역 수수료는 프랜차이즈 본사가 제공해야 하는 모든 창업지원용역과 기타의무사항(예 : 가맹점 입지선정, 직원교육, 자금조달, 광고에 대한 지원)의 대부분이 수행된 시점에 수익으로 인식한다. 일정지역을 대상으로 하는 지역 가맹점계약의 경우 창업지원용역 수수료는 창업지원용역이 실질적으로 완료된 가맹점의 수에 비례하여 수익으로 인식한다. 창업지원용역 수수료가 장기간 동안 회수되고 이를 완전히 회수하는 데 상당한 불확실성이 존재하는 경우에는 현금수취시점에 창업지원용역 수수료를 수익으로 인식한다.

#### (3) 프랜차이즈 본사가 단순히 가맹점을 대리하여 거래하는 경우

프랜차이즈 본사가 단순히 가맹점을 대리하여 거래하는 경우 수익은 발생하지 않는다. 예를 들면 프랜차이즈 본사가 가맹점에 공급한 물품을 대신 주문하여 원가로 가맹점에 인도하는 거래에서는 수익이 발생하지 아니한다.

## 2. 프랜차이즈 특수계정과목의 회계처리

### (1) 가맹비

가맹비는 프랜차이즈 계약을 할 때 가맹점사업자가 프랜차이즈 본부에게 지급하는 금액으로 구체적인 내용은 가맹사업거래의 공정화에 관한 법률시행령 제3조에서 정의하고 있다. 가맹비는 계약 체결시 최초로 지급받는 가입금(initial fee)으로 통상 **반환하지 않는 경우**가 대부분이다. 따라서 **부가가치세 과세대상**에 해당된다. 다만, 가맹비가 없는 프랜차이즈 계약이 있을 수도 있다. 반환의무가 없는 가맹비를 받는 경우 회계처리는 다음과 같다.

| | | | |
|---|---|---|---|
| (차) 현금 및 현금성자산 | ××× | (대) 보증금수익 | ××× |
| | | 부가가치세예수금 | ××× |

**관련법조문**

**◈ 프랜차이즈 표준계약서 제2조【용어의 정의】: 공정거래위원회**

4. "가맹금"이라 함은 명칭이나 지급형태의 여하에 관계없이 가맹점사업자가 가맹계약에 따라 가맹본부에 지급하는 대가를 말하며, 최초가맹금, 계속가맹금, 계약이행보증금을 포함한다.
5. "최초가맹금"이라 함은 가입비 · 입회비 · 계약금 · 할부금 · 오픈지원비 · 최초교육비 등 명칭을 불문하고 가맹점사업자가 가맹점운영권을 부여받아 가맹사업에 착수하기 위하여 가맹본부에 지급하는 대가를 말한다.

6. "계속가맹금"이라 함은 상표사용료, 교육비, 경영지원비 등 명칭을 불문하고 가맹점사업자가 가맹사업에 착수한 이후 가맹사업을 유지하기 위하여 영업표지의 사용과 영업활동 등에 관한 지원·교육, 그 밖의 사항과 관련하여 가맹본부에 정기적으로 또는 비정기적으로 지급하는 모든 대가를 말한다.
7. "계약이행보증금"이란 가맹점사업자가 가맹본부로부터 공급받는 상품의 대금 등에 관한 채무액이나 이와 관련한 손해배상액의 지급을 담보하기 위하여 가맹본부에 지급하는 대가를 말한다.

### (2) 사용료(로열티)

사용료는 프랜차이즈 본부가 가맹점사업자에게 계약기간 동안 상표, 영업 관련 노하우 등의 대가를 제공하고 매월 또는 주기적으로 받는 대가를 말한다. 사용료의 책정은 매출액 또는 이익비율에 따르거나 정액으로 계산하는 방법이 쓰이고 있다.

#### ① 매출액 비율에 사용료를 책정하는 방법

프랜차이즈의 매출액에 따라 일정률의 로열티를 지급받는 방법으로 일반적으로 많이 사용되는 방법이다.

#### ② 상품매입액 비율로 사용료를 책정하는 방법

프랜차이저로부터 재고자산을 매입하는 금액 비율에 따라 로열티를 지급받는 방법이다.

#### ③ 고정액으로 사용료를 책정하는 방법

매출액이나 상품매입액에 관계없이 일정기간 동안 정액으로 정해진 금액에 따라 사용료를 지급받는 방법이다.

상기의 ①과 ②에 의하여 사용료를 지급받는 경우 프랜차이즈 본부는 가맹점을 매출액의 관리가 필수적이며 이에 따라 가맹점의 매출액을 쉽게 파악할 수 있게 된다. 사용료와 관련하여 회계처리를 하면 다음과 같다.

| | | | |
|---|---|---|---|
| (차) 현금 및 현금성자산 | ××× | (대) 사용료수익 | ××× |
| | | 부가가치세예수금 | ××× |

**소득세 집행기준 160의5-0-2 프랜차이즈 가맹점의 사업용계좌 사용의무**

프랜차이즈 가맹점(이하 '가맹점'이라 한다)이 일일 판매금액을 프랜차이즈 본사(이하 '본사'라 한다)에 송금하고 본사로부터 해당 판매금액에서 수수료 등을 공제한 후의 금액을 송금받는 경우 해당 가맹점이 복식부기의무자에 해당하는 때에는 사업용계좌를 사용해야 한다.

**핵심체크**

가맹계약서를 확인하여 부가가치세 과세대상인 비반환성 보증금과 로열티 금액을 확인하고 세금계산서가 적정하게 발행되었는지를 검토한다.

### (3) 인테리어 시설 및 원재료 공급가액

프랜차이즈사업은 가맹점에서 동일한 인테리어 시설을 갖추고 동일한 원재료를 사용하여 제품이나 상품을 소비자에게 공급하는 경우가 대부분이다. 따라서 프랜차이즈 본부에서 직접 인테리어시설을 공급하거나 원재료를 공급하는 경우가 일반적이다. 다만, 프랜차이즈 본부에서는 설계도면이나 원재료 품목 등만을 지정해주고 가맹사업자가 직접 인테리어나 원재료를 공급받는 경우도 있다.

### (4) 광고선전비

광고선전비는 프랜차이즈 가맹점의 영업활성화를 위하여 전체명의로 공동광고를 하고 가맹점의 매출액비율 또는 정액으로 광고비를 분담하는 경우가 많다.

## Ⅲ 프랜차이즈 사업의 세무실무

## 1. 부가가치세 실무

### (1) 과세대상 여부

프랜차이즈 수수료수입은 용역의 공급으로 부가가치세 과세대상이다. 즉, 계약상 또는 법률상 모든 원인에 의하여 역무를 제공하거나 재화·시설물 또는 권리를 사용하게 하는 것은 용역의 공급에 해당한다(부법 11 ①).

또한 면세사업자인 학원을 운영하는 자가 사업상 독립적으로 다른 학원운영사업자에게 자기의 상호, 상표 등의 사용 및 자체개발한 교육프로그램, 학원경영 노하우 등을 제공하고 그 대가로 되돌려주지 아니하는 가입비를 받는 경우(비반환성 보증금) 동 가입비는 부가가치세가 과세되는 것이다(부가 46015-268, 1996. 2. 9). 즉, 학원에서 제공하는 교육용역은 부가가치세 면세대상이나 프랜차이즈 사용대가로 받는 사용료는 교육용역과는 별도의 독립된 용역의 공급으로 보아 부가가치세가 과세된다.

**사례** **학원사업자 가맹비의 과세 여부**

입시 및 보습학원 운영을 주요 사업목적으로 설립하여 영업 중에 있는 법인사업자가 학원프랜차이즈 사업을 추진하는 과정에서 가맹점으로부터 교재 등 도서판매와 가맹비 등을 다음과 같이 받는 경우 부가가치세 과세 여부를 살펴보면,

① 가맹비 : 상표사용료로 계약시 1회 발생한다.

② 월회비 : 학원컨설팅(강사소개, 학원운영상담, 운영매뉴얼제공 등)료로 계약기간 중 매월 또는 분기 발생한다.

③ 도서판매 : 계약기간 중 매월 또는 매분기 발생한다.

이 경우 부가가치세가 면제되는 학원을 운영하는 자가 독립된 사업으로서 다른 학원운영업자에게 자기의 상호, 상표 등의 사용 및 자체 개발한 교육프로그램, 학원경영 노하우 등을 제공하고 가맹비 및 월회비를 받는 경우에는 교육용역과 별도의 독립된 용역의 공급에 해당되어 부가가치세가 과세되는 것이며(서면3팀-1804, 2005. 10. 18), 다만 도서판매는 면세에 해당되어 계산서를 교부하여야 한다.

#### ① 본사가 가맹점에 지급하는 시식회 지원금의 과세 여부

프랜차이즈 본사에 해당하는 신청인이 프랜차이즈 가맹점을 지원하기 위하여 가맹점이 개업일 등에 시식회를 통하여 고객에게 제공한 음식용역 대가의 40%를 가맹점으로부터 받을 식재료 등 공급대가에서 차감하는 방식으로 재화 또는 용역의 공급과 관계없이 지원금을 지급하는 경우 해당 지원금의 지급에 대하여 가맹점은 본사에 세금계산서를 발급할 수 없는 것이다(법규부가 2012-182, 2012. 5. 17).

#### ② 가맹점주에게 약정한 최저이익을 보장하기 위하여 금전을 지급한 경우 과세 여부

가맹계약서에 "**최저보장이라 함은 상권 미성숙 등의 사유로 인하여 점포의 매출이 현저히 낮은 경우**에 '갑(가맹본부)이 '을(가맹점)'의 손실을 보전하고 매출을 증대시키기 위한 노력을 지원 및 격려하기 위한 제도"라고 규정되어 있고, 가맹계약서에 따라 가맹점의 이익분배액이 일정금액에 미달하는 경우 일정금액(또는 매출총이익)을 한

도로 가맹점의 손실을 보전 및 매출 증진을 지원하기 위해 최저보장지원금이 점포개점일로부터 2년 이내에만 지급되었으며, 가맹점은 최저보장지원금을 지급받은 이후에는 일정 조건을 준수하여야 하고, 또한 가맹점의 이익배분금이 일정금액을 초과하는 경우 기 지급된 최저보장지원금을 회수하고 있어 쟁점최저보장지원금은 환수조건의 지원금이라고 보이는 점, 청구법인과 가맹점간의 판매수수료 등은 당초 가맹점에서 발생한 매출총이익에 따라 결정된 후, 다른 계약 조건인 최저보장제도에 따라 별도로 쟁점최저보장지원금이 지급되는 점, 청구법인은 쟁점최저보장지원금이 추가 지급된 판매수수료 등이라고 하여 가맹점으로부터 세금계산서를 교부받아 부가가치세 신고시 이에 대한 매입세액을 매출세액에서 공제하면서도 추후 회수된 금액에 대하여는 가맹점에게 다시 세금계산서를 발행하지 아니한 점 등으로 볼 때, 최저보장지원금은 재화·용역의 공급에 대한 대가라기보다는 판매장려금 성격으로 보이므로 처분청이 쟁점최저지원보장금을 지급하고 교부받은 세금계산서의 매입세액을 불공제한 이 건 처분은 잘못이 없다고 판단된다(조심 2014서2629, 2014. 6. 30).

**관련법조문**

**◈ 프랜차이즈 표준계약서 제31조【영업지원금 및 장려금】: 공정거래위원회**

가맹본부는 가맹점사업자가 초기안정화 단계에서 손실을 보전해 주는 등 초기안정화를 돕기 위하여 가맹점사업자에게 초기안정화 지원금을 지급할 수 있으며, 가맹점사업자의 운영에 대하여 장려금제도를 운영할 수 있다. 다만, 가맹점사업자가 본 계약에서 정한 사항을 위반하여 가맹본부로부터 시정요청을 받고도 이를 시정하지 않을 경우에는 가맹본부는 가맹점사업자에게 지급하기로 한 일체의 지원금 등을 중단할 수 있다.

### (2) 공급시기

용역이 공급되는 시기는 역무가 제공되거나 재화·시설물 또는 권리가 사용되는 때로 한다(부령 16). 즉, 역무의 제공이 완료된 때이다. 한편, 완성도기준지급·중간지급·장기할부 또는 기타조건부로 용역을 공급하거나 그 공급단위를 구획할 수 없는 용역을 계속적으로 공급하는 경우에는 그 대가의 각 부분을 받기로 한 때이다. 다만, 이러한 기준을 적용할 수 없는 경우에는 역무의 제공이 완료되고 그 공급가액이 확정되는 때를 공급시기로 한다(부령 28).

### (3) 세금계산서의 발급

세금계산서는 부가가치세법상 공급시기에 발급하여야 한다. 다만, 공급시기 도래 전에 용역에 대한 대가의 일부 또는 전부를 받고 그 대가에 대하여 세금계산서를 발급한 때에는 그때를 공급시기로 본다(부법 17).

### (4) 매입세액공제

프랜차이즈 사업과 관련된 매입세액은 그 실지귀속에 따라서 공제 여부를 판단한다. 예를 들어 동일사업장 내에서 부가가치세가 면제되는 학원을 경영하면서 사업상 독립적으로 일반대중을 상대로 가맹계약을 맺어 자체개발한 영어회화 프로그램 사용과 학원 노하우 등을 제공하고 일정액의 비반환성 가입비를 받는 형태의 프랜차이즈 사업(과세사업)을 겸영하는 법인의 광고비에 대한 매입세액은 실지귀속에 따라 공제 또는 불공제되며 귀속이 불분명한 경우에는 공통매입세액으로 안분계산하는 것이다(부가 46015-1438, 1998. 6. 29). 또한 프랜차이즈 호프점 운영사업자가 간이과세자에서 일반과세자로 전환되는 경우 그 변경되는 날 현재의 재고품 및 감가상각자산은 재고매입세액공제를 받을 수 있다(서삼 46015-10495, 2003. 3. 25).

#### ① 과 · 면세 겸업자의 가맹수수료 안분방법

가맹점모집대행회사를 통해 가맹점을 모집하여 당해 가맹점에게 과세재화와 면세재화를 공급하는 과 · 면세 겸영사업자가 자기의 과세사업과 면세사업에 공통으로 사용되어 실지귀속을 구분할 수 없는 가맹점 모집수수료를 지급하면서 부담한 매입세액은 「부가가치세법 시행령」 제81조의 규정에 따라 안분계산하는 것이다(부가-95, 2011. 1. 25).

## 2. 소득세 · 법인세 실무

### (1) 프랜차이즈 수수료수익에 대한 손익의 귀속시기

프랜차이즈 용역의 제공으로 인한 익금과 손금의 귀속사업연도는 용역 제공을 완료한 날이 속하는 사업연도로 한다(법령 69 ①).

### (2) 프랜차이즈 가맹비에 세무처리

프랜차이즈 계약의 경우 체인본사가 가맹점으로부터 가맹비를 받게 되는데 이 경우 그 성격에 따라 다음과 같이 회계처리하여야 한다.

#### ① 반환의무가 없는 경우

프랜차이즈 용역제공이 완료되는 날이 속하는 사업연도의 익금으로 한다. 또한 과세대상으로 세금계산서를 발급해야 하므로 계약서에 부가가치세 별도를 명문화해야 한다.

(차) 현금 및 현금성자산 ××× (대) 보증금수익 ×××
(영업수익 또는 영업외수익)

② 반환의무가 있는 경우

해약이나 탈퇴시 전액 반환하기로 하는 보증금은 익금(수익)으로 계상하지 않고 부채로 처리한다. 또한 부가가치세 과세대상이 아니다.

(차) 현금 및 현금성자산 ××× (대) 예수보증금(부채) ×××

참 고

음식점이나 학원, 도·소매업 등 프랜차이즈 형태로 운영되는 영업형태를 흔히 볼 수 있다. 이 경우 본사와 체인점간에 프랜차이즈 계약을 체결한다. 본사에서는 주로 시설, 상호, 경영노하우, 인력 등을 공급하여 주고, 일정한 보증금을 수령한다. 보증금에는 계약해지 후 환급해주는 반환성 보증금과 비반환성 보증금이 있는데 비반환성 보증금은 본사의 입장에서 수익을 증가시키며 경제적 이익을 가져다주므로 부가가치세 과세대상이며 익금과 총수입금액에 해당되는 것이다. 따라서 본사가 대리점과의 계약체결시에 비반환성 보증금을 수령하는 경우에는 계약서에 부가가치세 별도를 명시하여야만 부가가치세를 거래징수 할 수 있다. 또한 이 부분에 대하여는 세금계산서를 발급하고 부가가치세 및 소득세·법인세를 신고하여야 한다.

### (3) 체인학원에게 무상 제공한 교재비의 접대비 해당 여부

체인본부에서 체인학원에게 무상으로 제공한 교재비는 견본품으로서 새로운 것으로 대체 진열되었다 하여 과거의 견본품을 일반인에게 판매하는 것도 아니고 쟁점교재의 취득원가도 체인학원 가맹비와 교재판매 등에 따른 수입금액의 0.77% 수준에 불과한 점으로 보아 건전한 사회통념과 상관행을 벗어난 비정상적인 거래로 보기는 어려우며, 가맹학원의 영업활성화를 위하여 무상으로 지원하는 일종의 판매부대비용의 성격으로 봄이 타당하다(국심 2002서2940, 2003. 3. 7).

### (4) 관련사례

① 프랜차이즈 가맹학원의 교육 참가비

프랜차이즈 가맹학원인 본사가 가맹학원사업자의 강사를 대상으로 교육용역을 제공하고, 가맹학원사업자로부터 교육비를 받고 계산서를 교부하지 않는 경우에는 공급가액의 1%의 가산세를 부과하는 것이다(서일 46011-11043, 2003. 8. 5).

② **가맹계약 관련 손해배상금의 소득구분**

학습지 프랜차이즈 업체로서 가맹대리점과 계약을 체결하여 물품을 공급하던 중 가맹계약 약관에 따라 계약해지하였으나, 법원판결에 의하여 가맹대리점에게 수익상당 일실소득을 손해배상금으로 지급하는 경우 지급받는 법정이자 및 지연손해금은 기타소득에 해당되는 것이다(서일 46011-10318, 2003. 3. 17).

③ **무료식사권의 광고선전비 해당 및 귀속시기**

프랜차이즈 본사 법인이 매출신장을 위해 불특정다수인에게 광고선전목적으로 교부한 무료식사권 상당액은 광고선전비에 해당하는 것이며, 광고선전 또는 접대목적으로 교부한 무료식사권이 매매가 불가능하고, 환금성이 없는 경우는 그 식사권의 회수일이 속하는 사업연도에 광고선전비 또는 접대비로 손금산입하는 것이다(서면2팀-1711, 2004. 8. 17).

④ **프랜차이즈 본사가 가맹점의 임차료를 대납하는 경우 사업용계좌 개설 여부**

**사실관계** 당사는 도·소매(편의점)업을 영위하는 회사로서 편의점 본사는 상품 제조업체에서 상품공급을 받아서 가맹점포로 상품을 공급하는 형태를 취하고 있으며(상품제조업체가 편의점 본사에 세금계산서를 발행해주며, 편의점 본사는 가맹점에 세금계산서를 발행함) 가맹점이 상품판매한 상품판매 대금은 프랜차이즈 계약에 의하여 편의점 본사명의 통장으로 송금하게 되며(가맹점포는 매일 정산한 상품판매대금을 가맹계약에 의거 편의점 본사명의 통장으로 무통장 입금하며) 이것은 가맹점포 명의의 계좌에서 송금되는 것이 아님.

**질의** 가맹점의 상품판매한 상품판매 대금은 프랜차이즈 계약에 의하여 편의점 본사명의 통장으로 송금하게 되며(가맹점포는 매일 정산한 상품판매대금을 가맹계약에 의거 편의점 본사명의 통장으로 무통장 입금하며 이것은 가맹점포 명의의 계좌에서 송금되는 것이 아님), 가맹점의 상품매입대금, 임차료 및 수선비, 소모품비, 전기료 등 또한 편의점 본사명의의 통장에서 상품 공급업체, 임대인 및 기타 거래처 해당 계좌로 어음, 수표, 이체를 통해 지급(대납)하게 되는 경우, 편의점 본사가 가맹점포의 상품매입 대금, 임차료 및 수선비 소모품비, 전기료 등을 대납을 할 때, 사업용 계좌를 통하여야 하는 거래에 해당되는지의 여부

**회신** 프랜차이즈 가맹점을 영위하는 사업자가 복식부기의무자에 해당하는 경우 당해 사업자의 임차료를 지급하는 때에는 소득세법 제160조의 5 제1항에 따른 당해 사업자의 사업용계좌를 사용하여야 하는 것이다(서면1팀-194, 2008. 2. 5).

## 3. 프랜차이즈 가맹점의 세무조사 사례[193)]

### (1) 거래형태

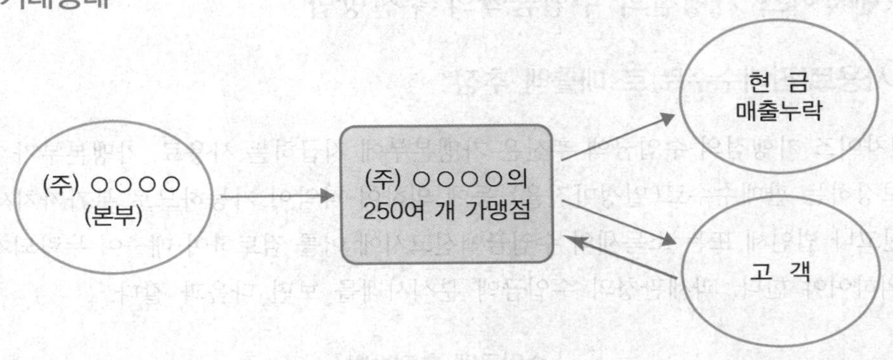


- 프랜차이즈 본부인 (주)○○○○은 프랜차이즈업을 경영하면서 전국 가맹점으로부터 매월 브랜드 사용료를 매출액 기준으로 수수하고 있음.
- (주)○○○○가 전국 가맹점으로부터 받은 사용료명세를 토대로 전국 가맹점의 매출액을 환산한 결과 신고금액과 차이가 많아 250여 개의 가맹점에 대한 거래처조사를 실시하였음.

### (2) 조치사항

- 전국 250개 가맹점의 현금매출액 누락분 1,633억원(가맹점 평균 6억5천만원)을 적발하여 소득 등 제세 793억원을 추징

### (3) 대책

프랜차이즈 본부 및 가맹점간에는 재화(물품공급)와 용역(사용료 및 컨설팅 제공)을 서로 주고받게 되어 일방당사자에 대한 세무조사시 사실관계의 확인이 어렵지 않다. 따라서 가맹계약서 등을 검토하여 부가가치세 과세대상 여부, 공급시기, 수입금액 포함 여부 등을 검토하여야 한다.

193) 고소득자영업자 세무조사(국세청 보도자료, 2006. 11. 7).

① 가맹비 검토 : 반환성 여부에 따라 세금계산서 발급대상 및 수입금액 계상
② 가맹점에 대한 원·부자재 공급 확인
③ 사업 초기 시설인테리어 공사 여부 확인
④ 경영컨설팅 및 근로자 파견 여부 확인
⑤ 사용료에 대한 산출근거 확인

## 4. 프랜차이즈 가맹점의 수입금액의 추산방법

### (1) 사용료(판매수수료)로 매출액 추정

프랜차이즈 가맹점의 수입금액 추산은 가맹본부에 지급하는 사용료, 가맹본부가 가맹점에게 보장하는 판매수수료(일정마진율) 등에 의하여 파악이 가능하므로 부가가치세 과세표준 신고나 법인세 또는 소득세의 수입금액신고시에 이를 검토하여 매출이 누락되지 않도록 주의하여야 한다. 과세관청의 수입금액 분석사례를 보면 다음과 같다.

[수입금액 추정방법]

(단위 : 천원)

| ① 매출액 | ②매출원가 | ③ 당해업체 신고마진율 (1-②/①) | ④ 판매 수수료율 | ⑤ 동종업종평균 신고마진율 | 추정 수입금액 〔②/(1-Min④, ⑤)〕 |
|---|---|---|---|---|---|
| 1,000,000 | 750,000 | 25% | 50% | 33% | 1,119,402 |

위 표에서와 같이 매출원가의 경우 본사의 가격정책의 일환으로 본사로부터 공급받는 식재자 등은 총매출액 대비 매출총이익을 일정비율로 보장해주는 경우가 대부분이다. 즉, 본사로부터 매출원가에 해당하는 원자재(식자재 등)를 대부분 공급받는 경우 가맹점의 매출총이익률은 거의 유사할 것이다. 따라서 매출총이익률이 타가맹점보다 극히 낮은 경우는 매출누락의 가능성이 매우 크다.

### (2) 원재료 매입액으로 매출액을 추정하는 방법

① 원고 최BB는 2004년경부터 아들인 정EE과 함께 "XX"이라는 상호로 오리전문음식점을 운영해 왔는데, 위 음식점은 연건평 1203평, 수용인원 200명 규모의 2층 건물에 테이블 65개를 갖추고 종업원 12명을 고용하여 오리 1마리당 000원-000원에 판매해 온 사실, ② 원고 최BB는 2006. 3. 21부터 2006. 4. 10까지 사이에 총 4차례에 걸쳐 오리사육업자 안FF(YY 오리)로부터 합계 000원(= 000원 × 4,875마리) 상당의 도압된 오리를 세금계산서

수수 없이 무자료거래로 매입하여 음식점 판매에 사용한 사실, ③ 위 정EE은 2010. 6.경 세무조사과정에서 위와 같은 무자료거래를 시인하면서 그에 관한 확인서를 작성 제출한 사실, ④ 원고 최BB는 위와 같은 무자료거래에 관한 매입내역과 이후 실제 매출액뿐만 아니라, 매입 오리의 손실, 부패, 훼손 등으로 인한 폐기물량과 재고물량 내지 반품량 등에 관하여 장부에 기장·비치하거나 매입세금계산서와 영수증을 작성·보관하지 않아 이를 확인할 수 있는 증빙자료를 제출하지 못한 사실, ⑤ 피고는 원고 최BB의 2008년도 종합소득세 신고내용에서 필요경비 중 접대비 000원 부분이 신뢰성 있는 증빙서류가 미비하여 이를 업무와 무관하게 임의계상된 가공경비로 추정하고 이를 필요경비에 불산입하여 2008년 귀속 종합소득세 000원의 증액경정처분을 한 사실을 인정할 수 있고, 위 인정사실에다가 원고 최BB가 운영하는 음식점의 규모에 비추어 2006. 3. 21부터 같은 해 4. 10.까지 매입한 오리는 모두 당해 연도에 매출로 이어졌을 것으로 보이는 점, 냉동 냉장시설로 인하여 특별한 사정이 없는 한 도압된 이후 매입한 오리고기의 손실은 거의 없을 것으로 보이는데, 원고 최BB가 그러한 손실이 있었다는 점에 관하여 구체적인 주장을 하지 않고 있을 뿐 아니라 그에 부합하는 자료도 제출하지 못하고 있으며, 설령 그러한 손실이 있다고 하여도 이를 반영할 합리적인 추계방법을 찾아볼 수도 없는 점, 피고는 원고 최BB가 오리 1마리를 000원-000원에 판매하였음에도 불구하고 최저 판매가격인 000원을 1마리당 판매가격으로 하여 매출누락금액을 산정한 점을 보태어 보면, 이 사건은 확정신고한 내용에 탈루 또는 오류가 있는 경우로서 부가가치세의 과세표준을 계산함에 있어서 필요한 세금계산서 장부 또는 그 밖의 증명자료가 없거나 그 중요한 부분이 갖추어지지 아니하여 실지조사가 불가능하고 달리 과세관청이 그 소득의 실액을 밝힐 수 있는 근거과세의 방법이 없는 때에 해당하며, 그 추계의 내용과 방법 또한 구체적인 사안에서 가장 진실에 가까운 과세표준의 실액을 반영할 수 있도록 합리적이고 타당성이 있는 것으로 봄이 상당하므로, 피고가 원고 최BB에 대한 이 사건 부과처분을 함에 있어 부가가치세법 제21조 제2항 단서 제1호, 소득세법 제80조 제2항 제1호, 제3항 단서, 소득세법 시행령 제143조 제1항 제1호의 각 규정에 따라 추계방법에 의하여 수입금액을 결정하고 실지조사에 의하여 부당경비를 필요경비에서 공제한 것은 적법하다고 할 것이다. 따라서 이와 다른 전제에서 한 원고 최BB의 주장은 이유 없다 (부산지방법원 2011구합3266, 2012. 8. 31).

# 관련 법률 및 가맹계약서

## 1. 가맹사업거래의 공정화에 관한 법률 주요내용

### (1) 용어의 정의(법 2)

1. "가맹사업"이라 함은 가맹본부가 가맹점사업자로 하여금 자기의 상표·서비스표·상호·간판 그 밖의 영업표지(이하 "영업표지"라 한다)를 사용하여 일정한 품질기준이나 영업방식에 따라 상품(원재료 및 부재료를 포함한다. 이하 같다) 또는 용역을 판매하도록 함과 아울러 이에 따른 경영 및 영업활동 등에 대한 지원·교육과 통제를 하며, 가맹점사업자는 영업표지의 사용과 경영 및 영업활동 등에 대한 지원·교육의 대가로 가맹본부에 가맹금을 지급하는 계속적인 거래관계를 말한다.
2. "가맹본부"라 함은 가맹사업과 관련하여 가맹점사업자에게 가맹점운영권을 부여하는 사업자를 말한다.
3. "가맹점사업자"라 함은 가맹사업과 관련하여 가맹본부로부터 가맹점운영권을 부여받은 사업자를 말한다.
4. "가맹희망자"란 가맹계약을 체결하기 위하여 가맹본부나 가맹지역본부와 상담하거나 협의하는 자를 말한다.
5. "가맹점운영권"이란 가맹점사업자가 가맹본부의 가맹사업과 관련하여 가맹점을 운영할 수 있는 계약상의 권리를 말한다.
6. "가맹금"이란 명칭이나 지급형태가 어떻든 간에 다음 각 목의 어느 하나에 해당하는 대가를 말한다. 다만, 가맹본부에 귀속되지 아니하는 것으로서 대통령령으로 정하는 대가를 제외한다.
   가. 가입비·입회비·가맹비·교육비 또는 계약금 등 가맹점사업자가 영업표지의 사용허락 등 가맹점운영권이나 영업활동에 대한 지원·교육 등을 받기 위하여 가맹본부에 지급하는 대가
   나. 가맹점사업자가 가맹본부로부터 공급받는 상품의 대금 등에 관한 채무액이나 손해배상액의 지급을 담보하기 위하여 가맹본부에 지급하는 대가
   다. 가맹점사업자가 가맹점운영권을 부여받을 당시에 가맹사업을 착수하기 위하여 가맹본부로부터 공급받는 정착물·설비·상품의 가격 또는 부동산의 임차료 명목으로 가맹본부에 지급하는 대가
   라. 가맹점사업자가 가맹본부와의 계약에 의하여 허락받은 영업표지의 사용과 영업활

동 등에 관한 지원·교육, 그 밖의 사항에 대하여 가맹본부에 정기적으로 또는 비정기적으로 지급하는 대가로서 대통령령으로 정하는 것

마. 그 밖에 가맹희망자나 가맹점사업자가 가맹점운영권을 취득하거나 유지하기 위하여 가맹본부에 지급하는 모든 대가

7. "가맹지역본부"라 함은 가맹본부와의 계약에 의하여 일정한 지역 안에서 가맹점사업자의 모집, 상품 또는 용역의 품질유지, 가맹점사업자에 대한 경영 및 영업활동의 지원·교육·통제 등 가맹본부의 업무의 전부 또는 일부를 대행하는 사업자를 말한다.

8. "가맹중개인"이라 함은 가맹본부 또는 가맹지역본부로부터 가맹점사업자를 모집하거나 가맹계약을 준비 또는 체결하는 업무를 위탁받은 자를 말한다.

9. "가맹계약서"라 함은 가맹사업의 구체적 내용과 조건 등에 있어 가맹본부 또는 가맹점사업자(이하 "가맹사업당사자"라 한다)의 권리와 의무에 관한 사항(특수한 거래조건이나 유의사항이 있는 경우에는 이를 포함한다)을 기재한 문서를 말한다.

10. "정보공개서"란 다음 각 목에 관하여 대통령령으로 정하는 사항을 수록한 문서를 말한다.

가. 가맹본부의 일반 현황

나. 가맹본부의 가맹사업 현황(가맹점사업자의 매출에 관한 사항을 포함한다)

다. 가맹본부와 그 임원(「독점규제 및 공정거래에 관한 법률」 제2조 제5호에 따른 임원을 말한다. 이하 같다)이 이 법 또는 「독점규제 및 공정거래에 관한 법률」을 위반한 사실, 사기·횡령·배임 등 타인의 재산을 영득 또는 편취하는 죄에 관련된 민사소송에서 패소의 확정판결을 받았거나 민사상 화해를 한 사실, 사기·횡령·배임 등 타인의 재산을 영득 또는 편취하는 죄를 범하여 형을 선고받은 사실

라. 가맹점사업자의 부담

마. 영업활동에 관한 조건과 제한

바. 가맹사업의 영업 개시에 관한 상세한 절차와 소요기간

사. 교육·훈련에 대한 설명(교육·훈련계획이 있는 경우에 한한다)

11. "점포환경개선"이란 가맹점 점포의 기존 시설, 장비, 인테리어 등을 새로운 디자인이나 품질의 것으로 교체하거나 신규로 설치하는 것을 말한다. 이 경우 점포의 확장 또는 이전을 수반하거나 수반하지 아니하는 경우를 모두 포함한다.

12. "영업지역"이란 가맹점사업자가 가맹계약에 따라 상품 또는 용역을 판매하는 지역을 말한다.

### (2) 정보공개서의 등록 등(법 6의 2)

① 가맹본부는 가맹희망자에게 제공할 정보공개서를 대통령령으로 정하는 바에 따라 공정거래위원회 또는 특별시장 · 광역시장 · 특별자치시장 · 도지사 · 특별자치도지사(이하 "시 · 도지사"라 한다)에게 등록하여야 한다.

② 가맹본부는 제1항에 따라 등록한 정보공개서의 기재사항 중 대통령령으로 정하는 사항을 변경하려는 경우에는 대통령령으로 정하는 기한 이내에 공정거래위원회 또는 시 · 도지사에게 기재사항의 변경등록을 하여야 한다. 다만, 대통령령으로 정하는 경미한 사항을 변경하려는 경우에는 신고하여야 한다.

③ 공정거래위원회 및 시 · 도지사는 제1항 또는 제2항에 따라 등록 · 변경등록하거나 신고한 정보공개서를 공개하여야 한다. 다만, 「개인정보 보호법」 제2조 제1호에 따른 개인정보와 「부정경쟁방지 및 영업비밀보호에 관한 법률」 제2조 제2호에 따른 영업비밀은 제외한다.

④ 공정거래위원회 및 시 · 도지사는 제3항에 따라 정보공개서를 공개하는 경우 해당 가맹본부에 공개하는 내용과 방법을 미리 통지하여야 하고, 사실과 다른 내용을 정정할 수 있는 기회를 주어야 한다.

⑤ 공정거래위원회는 제3항에 따른 정보공개서의 공개(시 · 도지사가 공개하는 경우를 포함한다)를 위하여 예산의 범위 안에서 가맹사업정보제공시스템을 구축 · 운용할 수 있다.

⑥ 그 밖에 정보공개서의 등록, 변경등록, 신고 및 공개의 방법과 절차는 대통령령으로 정한다.

### (3) 가맹금의 정의(시행령 3)

① 「가맹사업거래의 공정화에 관한 법률」(이하 "법"이라 한다) 제2조 제6호 각 목 외의 부분 단서에서 "대통령령으로 정하는 대가"란 다음 각 호의 어느 하나에 해당하는 대가를 말한다.

1. 소비자가 신용카드를 사용하여 가맹점사업자의 상품이나 용역을 구매한 경우에 가맹점사업자가 신용카드사에 지불하는 수수료
2. 소비자가 상품권을 사용하여 가맹점사업자의 상품이나 용역을 구매한 경우에 가맹점사업자가 상품권 발행회사에 지급하는 수수료나 할인금
3. 소비자가 「전자금융거래법」 제2조 제11호에 따른 직불전자지급수단 · 선불전자지급수단 또는 전자화폐를 사용하거나 「전자금융거래법」 제2조 제19호에 따른 전자지급

결제대행 서비스를 이용하여 가맹점사업자의 상품이나 용역을 구매한 경우에 가맹점사업자가 지급수단 발행회사나 지급결제 대행회사에 지급하는 수수료나 할인금

4. 법 제2조 제6호 다목에 따라 가맹본부에 지급하는 대가 중 적정한 도매가격(도매가격이 형성되지 아니하는 경우에는 가맹점사업자가 정상적인 거래관계를 통하여 해당 물품이나 용역을 구입·임차 또는 교환할 수 있는 가격을 말하며 가맹본부가 해당 물품이나 용역을 다른 사업자로부터 구입하여 공급하는 경우에는 그 구입가격을 말한다. 이하 같다)
5. 그 밖에 가맹본부에 귀속되지 아니하는 금전으로서 소비자가 제3의 기관에 지불하는 것을 가맹본부가 대행하는 것

② 법 제2조 제6호 라목에서 "대통령령으로 정하는 것"이란 다음 각 호의 어느 하나에 해당하는 대가를 말한다.

1. 가맹점사업자가 상표 사용료, 리스료, 광고 분담금, 지도훈련비, 간판류 임차료·영업지역 보장금 등의 명목으로 정액 또는 매출액·영업이익 등의 일정 비율로 가맹본부에 정기적으로 또는 비정기적으로 지급하는 대가
2. 가맹점사업자가 가맹본부로부터 공급받는 상품·원재료·부재료·정착물·설비 및 원자재의 가격 또는 부동산의 임차료에 대하여 가맹본부에 정기적으로 또는 비정기적으로 지급하는 대가 중 적정한 도매가격을 넘는 대가. 다만 가맹본부가 취득한 자신의 상품 등에 관한 「특허법」에 따른 권리에 대한 대가는 제외한다.

③ 공정거래위원회는 제1항 제4호 및 제2항 제2호에 따른 적정한 도매가격을 정하여 고시할 수 있다.

## 2. 가맹사업 진흥에 관한 법률 주요내용

### (1) 용어의 정의(법 2)

1. "가맹사업"이란 가맹본부가 가맹점사업자로 하여금 자기의 상표, 서비스표, 상호, 휘장(휘장) 또는 그 밖의 영업표지[이하 "영업표지(영업표지)"라 한다]를 사용하여 일정한 품질기준이나 영업방식에 따라 상품(원재료 및 부재료를 포함한다) 또는 용역을 판매하도록 하면서 이에 따른 경영 및 영업활동 등에 대한 지원·교육과 통제를 하고, 가맹점사업자는 이에 대한 대가로 가맹본부에 금전을 지급하는 계속적인 거래관계를 말한다.
2. "가맹본부"란 가맹계약에 따라 가맹점사업자에게 가맹사업을 경영할 수 있는 권리를 주는 사업자를 말한다.

3. "가맹점사업자"란 가맹계약에 따라 가맹본부로부터 자기의 책임과 비용으로 가맹사업을 경영할 수 있는 권리를 받은 사업자를 말한다.
4. "가맹사업자"란 가맹본부와 가맹점사업자를 말한다.

### (2) 창업 지원(법 13)

① 정부는 가맹사업의 창업을 활성화하기 위하여 가맹사업을 창업하려는 자(이하 "가맹사업창업자"라 한다)에 대하여 필요한 지원을 할 수 있다.
② 정부는 가맹사업창업자에게 창업 및 가맹사업의 성장・발전에 필요한 자금・인력・기술・판로 및 입지 등에 관한 정보를 제공하기 위하여 필요한 시책을 마련하여야 한다.
③ 정부는 중앙행정기관의 장, 지방자치단체의 장 또는 공공기관의 장에게 제2항에 따른 정보 제공에 필요한 자료를 요청할 수 있다.

### (3) 자금의 지원(법 17)

정부는 다음 각 호의 해당 사항에 필요한 자금을 지원할 수 있다.
1. 가맹사업창업자의 가맹사업 창업 또는 아이디어의 사업화
2. 중소기업자가 가맹사업자로 전환하는 데에 필요한 경영환경 조성 및 시설 개선
3. 「가맹사업거래의 공정화에 관한 법률」 제6조의 2에 따라 공정거래위원회에 정보공개서를 등록한 가맹본부(이하 이 조에서 "정보공개서를 등록한 가맹본부"라 한다)와 이에 속한 가맹점사업자의 정보화, 기술개발
4. 정보공개서를 등록한 가맹본부의 해외시장 개척
5. 그 밖에 가맹사업의 구조 개선을 촉진하기 위하여 필요하다고 인정되는 사항으로서 대통령령으로 정하는 사항

## 3. 프랜차이즈 외식업 표준약관(공정거래위원회 제10024호)

제1조(목 적) 이 표준약관은 가맹사업자와 가맹계약자 간의 공정한 가맹사업(프랜차이즈) 계약체결을 위해 그 계약조건을 제시함을 목적으로 한다.

※ 중간가맹사업자(sub franchisor)가 가맹사업자로부터 대리권을 얻어 가맹계약자를 모집할 경우 이는 별도의 가맹사업계약으로 이 약관이 표준이 될 수 있음.

제2조(용어의 정의)

① 가맹사업자(franchisor)라 함은 가맹계약자에게 자기의 상호, 상표, 서비스표, 휘장 등을

사용하여 자기와 동일한 이미지로 상품판매의 영업활동을 하도록 허용하고 그 영업을 위하여 교육·지원·통제를 하며, 이에 대한 대가로 가입비(franchise fee), 정기납입경비(royalty) 등을 수령하는 자를 말한다.

② 가맹계약자(franchisee)라 함은 가맹사업자로부터 그의 상호, 상표, 서비스표, 휘장 등을 사용하여 그와 동일한 이미지로 상품판매의 영업활동을 하도록 허용받고 그 영업을 위하여 교육·지원·통제를 받으며, 이에 대한 대가로 가입비, 정기납입경비 등을 지급하는 자를 말한다.

제3조(권리의 부여) 가맹사업자는 그가 개발한 가맹사업을 영위하기 위하여 다음의 권리를 별표에 명시한 가맹계약자에게 부여한다.

1. 상호, 상표, 서비스표, 휘장 등의 사용권
2. 가맹사업과 관련하여 등기·등록된 권리
3. 각종 기기를 대여 받을 권리
4. 상품 또는 원·부자재(이하 '상품·자재'라 함)의 공급을 받을 권리
5. 기술(know-how)의 이전 등 경영지원을 받을 권리
6. 기타 가맹사업자가 정당하게 보유하는 권리로서 당사자가 협의하여 정한 사항

* 가맹계약자의 표시

(1) 점포 명 :

(2) 상호 및 대표자 :

(3) 점포 소재지 :

(4) 점포 규모 : ㎡( 평)

(5) 영업지역 : 첨부에 표시된 지역

제4조(영업지역)

① 가맹사업자는 영업지역을 구분하고 이를 가맹계약자가 선택한다.

② 가맹사업자는 가맹계약자의 동의를 얻어 영업지역을 변경할 수 있으며, 가맹계약자의 동의를 얻지 않고 한 영업지역의 변경은 효력이 없다.

③ 가맹사업자가 가맹계약자의 점포가 설치되어 있는 영업지역 내에 직영매장을 설치하거나 다른 가맹계약자의 점포의 설치를 허용하고자 하는 때에는 기존 가맹계약자의 동의를 얻어야 한다. 이 경우 가맹사업자는 기존 가맹계약자의 매출감소가 초래되지 않는다는 객관적 자료를 제시하여야 하며, 가맹계약자도 합리적인 사유없이 그 동의를 거부하여서는 아니된다.

제5조(계약기간)

① 계약기간은 특약이 없는 한 3년 이상으로 한다.

② 가맹사업자 또는 가맹계약자가 계약을 종료하고자 하는 때에는 기간 만료 2개월 전에 상대방에 대하여 계약의 종료를 통지하여야 한다.

③ 제2항의 계약종료의 통지없이 계약기간을 경과한 때에는 계약이 전과 같은 조건으로 갱신된 것으로 본다.

제6조(계약의 해지)

① 가맹사업자 또는 가맹계약자는 다음의 경우에는 2주일 이상의 기간을 정하여 서면으로 이행 또는 시정을 최고하고 그 이행 또는 시정이 이루어지지 아니하면 계약을 해지할 수 있다.

1. 가맹계약자에게 제25조 제1항 각 호의 사유가 있는 경우
2. 가맹사업자가 약정한 상품・자재의 공급, 경영지원 등을 정당한 이유없이 하지 않거나 지체하는 경우

② 가맹사업자 또는 가맹계약자는 다음의 경우에는 최고없이 즉시 계약을 해지할 수 있다.

1. 가맹계약자에게 제25조 제2항 제1호 내지 제3호의 사유가 있는 경우
2. 가맹계약자가 영업을 계속할 수 없는 객관적인 불가피한 사유가 있는 경우
3. 가맹사업자가 파산하는 경우
4. 가맹사업자가 발행한 어음・수표가 부도처리되는 경우
5. 가맹사업자가 강제집행을 당하는 경우
6. 천재지변이 있는 경우

제7조(계약의 종료와 조치)

① 계약이 기간만료 또는 해지로 종료된 때에는, 가맹계약자는 계약이행보증금을 지급한 경우에는 가맹사업자로부터 제10조 제2항의 정산잔액과 정산서를 받은 때로부터(정산잔액이 없는 경우에는 정산서를 받은 때로부터), 계약이행보증보험증권이나 물적담보를 제공한 경우에는 잔존 채무・손해배상액의 통지서를 받은 때로부터, 즉시 상호・상표・서비스표・휘장・간판 등의 사용을 중단하고 이를 철거하여 원상으로 복구한다.

② 가맹사업자가 제8조 제3항에 의하여 가입비의 일부를 반환해야 하는 경우에는, 가맹계약자가 제1항의 상호 등의 사용중단・원상복구를 하기 위해서는 그 반환도 있어야 한다.

③ 제1항의 철거・원상복구의 비용은 계약이 가맹계약자의 귀책사유로 인해 종료되는 경우에는 가맹계약자가, 가맹사업자의 귀책 사유로 인해 종료되는 경우에는 가맹사업자가 부담한다.

제8조(가입비)

① 가맹계약자는 계약체결시에 가입비를 일시급으로 지급한다. 다만, 가맹사업자의 동의를 얻어 분할지급할 수 있으며, 이 경우에는 (  )%의 이자를 가산한다.

② 가입비에는 점포개설에 따른 최초 훈련비・장소선정 지원비・가맹사업 운영매뉴얼 제공비・부가가치세 등을 포함하며, 가입비에 포함되는 사항은 가맹사업자와 가맹계약자가 협의하여 정한다.

③ 가맹계약자가 그의 책임없는 사유로 최초 계약기간 내에 영업을 중단하는 경우에는, 가맹사업자는 가입비를 최초 계약기간 중의 미경과일수에 따라 일할계산하여 반환한다.

④ 가맹사업자가 제3항에 의해 가입비의 일부를 반환해야 하는 경우에는 가맹계약자의 청구가 있는 날로부터 10일 이내에 반환해야 한다.

제9조(정기납입경비[로열티])

① 가맹계약자는 가맹사업자의 상호・상표・서비스표・휘장 등의 사용 및 경영지원에 대한

대가로 정기납입경비를 每 分期마다 가맹사업자에게 지급하며, 그 금액은 당해 분기 동안의 총매출액의 ( )%로 한다.

② 제1항의 분기는 ( )개월로 한다.

※ ( )개월은 3개월 이상이어야 함.

③ 가맹계약자는 다음 분기의 첫 달의 말일까지 직전 분기의 총매출액을 가맹사업자에게 서면으로 통지하고 정기납입경비를 지급한다.

제10조(계약이행보증금)

① 가맹계약자는 상품·자재의 대금, 정기납입경비, 광고·판촉비(가맹계약자가 책임지기로 약정한 금액에 한함) 등의 채무액 또는 손해배상액의 지급을 담보하기 위하여 계약체결시에 계약이행보증금으로 ( )원을 가맹사업자에게 지급하거나 이에 상당하는 계약이행보증보험증권 또는 물적담보를 제공한다.

② 계약이 기간만료 또는 해지로 종료된 때에는 가맹사업자는 기간만료일 또는 해지일로부터 10일 이내에 계약이행보증금으로 잔존 채무·손해배상액을 정산하여 잔액을 상환하고 정산서를 교부한다.

③ 물적담보가 제공된 경우에는 가맹사업자는 가맹계약자가 잔존 채무·손해배상액을 지급하는 즉시 물적담보의 말소에 필요한 서류를 교부하여야 한다.

제11조(교육 및 훈련)

① 가맹사업자가 정한 교육 및 훈련과정을 이수하지 아니하는 자는 가맹계약자의 점포 관리자로 근무할 수 없다.

② 교육은 개업시 교육, 정기교육, 특별교육으로 구분한다.

③ 정기교육은 이를 실시하기 1개월 전에 그 교육계획을 수립하여 가맹계약자에게 서면으로 통지한다.

④ 비정기교육은 이를 실시하기 1주일 전에 장소와 시간을 정하여 서면으로 통지한다.

⑤ 교육비용은 가맹사업자가 책정하고 가맹계약자에게 그 산출근거를 서면으로 통지한다.

⑥ 가맹계약자는 필요시 자신의 비용부담으로 가맹사업자에게 교육 및 훈련요원의 파견을 요청할 수 있다.

제12조(경영지도)

① 가맹사업자는 가맹계약자의 경영활성화를 위하여 경영지도를 할 수 있다.

② 가맹계약자는 자신의 비용부담으로 가맹사업자에게 경영지도를 요청할 수 있다.

③ 제2항의 요청을 받은 가맹사업자는 경영지도계획서를 가맹계약자에 제시하여야 한다.

④ 경영지도계획서에는 지도할 내용, 기간, 경영진단 및 지도할 자의 성명, 소요비용 등을 기재하여야 한다.

⑤ 가맹사업자는 경영지도결과 및 개선방안을 가맹계약자에게 서면으로 제시하여야 한다.

제13조(감독·시정권)

① 가맹사업자는 가맹계약자의 점포 경영상태를 파악하기 위하여 월(주)( )회 점포를 점

검하고 기준에 위반하는 결과에 대해 시정을 요구할 수 있다.

② 점포의 점검은 위생, 회계처리, 각종설비관리, 원·부자재관리 등의 상태를 점검한다.

③ 가맹사업자는 점포의 노후시설의 교체·보수를 명할 수 있다. 이 경우 가맹사업자는 가맹계약자와 협의하여 직접 교체·보수하거나 제3자에게 의뢰할 수 있다.

④ 가맹사업자는 첨부한 것과 같은 관리기준을 서면으로 가맹계약자에 제시해야 하고, 제시 후 (  )일 후부터 이 기준에 의거하여 점검한다. 기준을 변경하는 경우에도 같다.

제14조(점포의 설치장소의 선정)

① 가맹사업자는 가맹계약자와 협의하여 점포를 설치할 장소를 선정한다.

② 장소의 선정은 통행인의 수·교통량 및 질·시장특성·통행인의 구매습성·주요한 근린시설·업종별 특성에 따른 매출성향 등을 항목별로 구분하여 종합적으로 판단한다.

③ 가맹사업자는 제2항의 분석결과에 대한 의견과 예상오차를 서면으로 가맹계약자에게 제시하여야 한다.

제15조(점포의 설비)

① 가맹계약자의 점포설비(인테리어)는 가맹사업 전체의 통일성과 독창성을 유지할 수 있도록 가맹사업자가 정한 사양에 따라 설계·시공한다.

② 가맹사업자는 가맹계약자의 의뢰가 있는 경우에 직접 시공할 수 있다.

③ 가맹계약자는 가맹사업자가 정한 사양에 따라 직접 시공하거나 가맹사업자가 지정한 업체를 선정하여 시공할 수 있다. 이 경우 가맹사업자는 공사의 원활한 진행을 위하여 직원을 파견할 수 있다.

④ 점포설비에 따른 제반 인·허가는 이 계약체결일로부터 (  )일 이내에 가맹계약자가 자신의 책임과 비용으로 취득하는 것으로 한다.

⑤ 가맹계약자는 청결한 점포환경을 유지하기 위하여 노후된 시설을 교체·보수한다.

⑥ 가맹사업자는 가맹사업의 개선을 위하여 필요한 때에는 점포의 실내장식, 시설, 각종의 기기를 교체·보수할 것을 요구할 수 있다. 이 경우 가맹사업자는 비용분담에 관해 가맹계약자와 협의하여야 한다.

제16조(주방기기의 설치 및 유지)

① 가맹계약자는 가맹사업자가 제시한 모델과 동일한 주방기기를 사용하여야 한다.

② 가맹사업자는 직접 주방기기를 공급할 수 있다.

③ 가맹계약자가 주방기기를 설치하는 경우에 공사의 원활한 진행을 위하여 가맹사업자는 직원을 파견할 수 있다.

④ 가맹계약자는 가맹사업자가 공급한 주방기기의 수리를 가맹사업자에 의뢰할 수 있다.

⑤ 제4항의 경우 가맹사업자는 수리비의 견적 및 수리에 소요되는 기간을 즉시 통지하여야 하고, 수리가 불가능한 때에는 이유를 명시하여 소정기일 내에 회수하여야 하며 이유없이 신품의 교체를 강요할 수 없다.

제17조(설비 및 기기의 대여)

① 가맹사업자는 가맹계약자의 요청이 있는 경우 설비·기기의 전부 또는 일부를 대여할 수 있다.

② 가맹사업자로부터 대여받은 설비·기기의 소유권은 그에게 있다.

③ 가맹계약자는 대여받은 각종의 설비·기기를 매매, 담보제공 또는 질권설정의 목적으로 할 수 없다.

④ 가맹계약자는 대여받은 설비·기기를 자신의 비용으로 보존·관리한다.

⑤ 가맹계약자는 대여받은 설비·기기에 대하여 가맹사업자의 반환요구가 있으면 현물로 반환할 수 있다.

⑥ 가맹계약자가 대여받은 설비·기기를 분실·훼손한 경우에는 구입가격에서 감가상각한 잔액으로 배상한다.

⑦ 가맹계약자는 월 (　)원의 사용료를 지급한다. 단 면제의 합의가 있으면 그에 따른다.

제18조(광　고)

① 가맹사업자는 가맹사업의 활성화를 위하여 전국규모 및 지역단위의 광고를 할 수 있다.

② 광고의 횟수·시기·매체 등에 관한 세부적 사항은 가맹사업 운영매뉴얼에서 정하는 바에 의한다. 단, 가맹사업자는 가맹사업의 원활한 운영과 필요에 따라 이를 조정할 수 있다.

③ 광고에 소요되는 비용은 가맹사업자가 (　)%, 가맹계약자측(전국규모의 광고의 경우에는 전국의 가맹계약자들, 지역단위의 광고의 경우에는 해당 지역의 가맹계약자들)이 (　)%씩 분담한다. 각 가맹계약자 간의 비용부담의 배분은 각각의 총매출액에 따른 비율에 의한다.

④ 가맹사업자는 매 분기 지출한 광고비 중에서 각 가맹계약자가 부담해야 할 광고비를 다음 분기 첫 달의 말일까지 그 명세서를 첨부하여 통지하고, 가맹계약자는 그 통지를 받은 날로부터 2주일 이내에 지급한다.

제19조(판　촉)

① 가맹사업자는 가맹사업의 활성화를 위하여 전국규모 및 지역단위의 할인판매, 경품제공, 시식회, 이벤트 등과 같은 판촉활동을 할 수 있다.

② 판촉활동의 횟수·시기·방법·내용 등에 관한 세부적 사항은 가맹사업 운영매뉴얼에서 정하는 바에 의한다. 단, 가맹사업자는 가맹사업의 원활한 운영과 필요에 따라 이를 조정할 수 있다.

③ 가맹계약자가 직접 판매하는 상품의 할인비용이나 직접 제공하는 경품·기념품 등의 비용은 당해 가맹계약자가 부담하며, 판촉활동을 위한 통일적 팜플렛·전단·리플렛·카달로그의 제작비용 등은 가맹사업자가 부담한다.

④ 제3항에서 규정하지 아니하는 그 밖의 판촉행위에 소요되는 비용은 가맹사업자와 가맹계약자가 분담한다. 이 경우 가맹사업자는 산출근거를 서면으로 제시하여 가맹계약자의 동의를 얻어야 한다.

⑤ 가맹계약자는 자기의 비용으로 자기 지역 내에서 판촉활동을 할 수 있다. 이 경우 가맹계약자는 가맹사업자와 협의하여야 한다.

제20조(영업양도 및 담보제공)

① 가맹계약자는 가맹사업자의 승인을 얻어 점포의 영업을 양도, 轉貸하거나 영업재산을 담보로 제공할 수 있다.

② 제1항의 승인은 2개월 전에 가맹사업자에 대하여 서면으로 청구하여야 한다.

③ 가맹사업자는 승인청구를 받은 날로부터 1개월 이내에 서면으로 승인 또는 거절을 하여야 한다. 단, 거절을 하는 경우에는 그 사유를 구체적으로 명시하여야 한다.

④ 양수인, 轉借人은 가맹계약자의 가맹사업자에 대한 권리와 의무를 승계한다.

⑤ 양수인, 轉借人에 대하여는 가입비가 면제된다. 단, 소정의 교육비는 부담한다.

⑥ 양수인이 요청하는 경우에는 가맹계약자의 잔여 계약기간 대신에 완전한 계약기간을 부여할 수 있다. 이 경우에는 신규계약으로 한다.

제21조(영업의 상속)

① 가맹계약자의 상속인은 가맹계약자의 영업을 상속할 수 있다.

② 상속인이 영업을 상속할 경우에는 가맹사업자에게 상속개시일로부터 3개월 이내에 상속사실을 통지하여야 한다.

③ 상속인에 대해서는 가입비를 면제한다. 단, 소정의 교육비는 부담한다.

제22조(지적소유권의 확보)

① 가맹사업자는 상호 · 상표 · 휘장 등에 대한 배타적 독점권을 확보하는 데 필요한 절차를 갖춘다.

② 가맹사업자는 가맹계약자에게 상호 · 상표 · 휘장 등을 사용할 정당한 권한을 부여하였음을 증명하는 증서를 교부한다.

③ 가맹사업자는 가맹계약자에게 사용을 허가한 각종의 권리에 대하여 책임을 진다.

제23조(상품의 조달과 관리)

① 가맹사업자는 브랜드의 동일성을 유지하는 데 필요한 상품 · 자재를 가맹계약자에게 공급한다. 단, 상품 · 자재 범위에 이견이 있는 경우에는 가맹사업자와 가맹계약자가 협의하여 결정한다.

② 가맹사업자가 정당한 사유없이 공급을 중단하거나 공급하지 않는 상품 · 자재는 이를 가맹계약자가 직접 조달하고 판매할 수 있다. 이 경우 가맹계약자는 브랜드의 동일성을 해치지 않도록 하여야 한다.

③ 가맹계약자가 제2항에 의해 직접 조달하는 상품 · 자재에 대해서는 가맹사업자는 품질관리기준을 제시하고 그 품질을 검사할 수 있다. 이 경우 가맹계약자는 가맹사업자의 품질검사에 협조하여야 한다.

④ 가맹사업자와 가맹계약자는 식품위생법과 기타 관련법률의 규정에서 정한 설비와 장비를 갖추어 상품 · 자재의 성질에 적합한 방법으로 상품 · 자재를 운반 · 보관하여야 한다.

⑤ 가맹사업자는 가맹사업의 목적달성을 위한 필요한 범위를 벗어나서 가맹계약자에게 상품 · 자재를 자기 또는 자기가 지정한 자로부터만 구입하게 할 수 없다.

⑥ 가맹계약자는 가맹사업자의 허락없이는 공급받은 상품・자재를 타인에게 제공하거나 대여할 수 없다.

제24조(상품의 하자와 검사)

① 가맹계약자는 상품・자재를 공급받는 즉시 수량 및 품질을 검사한 후 그 하자 유무를 서면으로 가맹사업자에 통지하여야 한다.

② 상품・자재의 성질상 수령 즉시 하자를 발견할 수 없는 경우에는 6개월 이내에 이를 발견하여 통지하고 완전물로 교환을 청구할 수 있다.

③ 가맹계약자가 검사를 태만히 하여 손해가 발생한 경우에는 반품・수량보충・손해배상을 청구할 수 없다. 단, 가맹사업자가 하자 있음을 알면서 공급한 경우에는 가맹계약자는 제2항의 기간과 상관없이 가맹사업자에게 손해배상 등을 청구할 수 있다.

④ 가맹사업자는 그의 상표를 사용하여 공급한 상품・자재의 하자로 인하여 소비자나 제3자가 입은 손해에 대하여 책임을 진다. 그러나 가맹사업자는 그가 공급하지 않은 상품・자재를 가맹계약자가 판매하여 제3자에게 손해를 가한 경우에는 책임을 지지 않는다.

⑤ 계약이 기간만료, 해지로 인해 종료한 때에는 가맹계약자는 공급된 상품・자재 중에서 완전물을 가맹사업자에 반환하여야 하며, 이 경우 가맹사업자는 출고가격으로 상환한다. 그러나 하자물에 대해서는 그 상태를 감안하여 가맹사업자와 가맹계약자의 협의로 상환가격을 정한다.

제25조(상품공급의 중단)

① 가맹사업자는 다음의 경우에 1주일 전에 서면으로 예고한 후 가맹계약자에 대한 상품・자재의 공급을 중단할 수 있다. 이 경우 재공급조건을 지체없이 가맹계약자에게 통지하여야 한다.

1. 가맹계약자가 ( )개월에 걸쳐 3회 이상 상품・자재의 대금지급을 연체하는 경우
2. 가맹계약자가 2회 이상 정기납입경비의 지급을 연체하는 경우
3. 가맹계약자가 정기납입경비의 산정을 위한 총매출액 또는 매출액 증가비율을 3회 이상 허위로 통지하는 경우
4. 가맹사업자의 품질관리기준을 3개월에 3회 이상 위반하는 경우
5. 가맹계약자의 채무액이 계약에서 정한 한도액을 초과하는 경우
6. 가맹계약자가 가맹사업자와의 협의없이 점포 운영을 5일 이상 방치하는 경우
7. 가맹계약자가 가맹사업자와 약정한 판매촉진활동을 이행하지 않는 경우
8. 가맹계약자가 노후된 점포설비의 교체・보수의 요청에 따르지 않는 경우
9. 가맹계약자의 종업원이 규정된 복장을 착용하지 않는 경우

② 가맹사업자는 다음의 경우에는 즉시 상품의 공급을 중단할 수 있다.

1. 가맹계약자가 파산하는 경우
2. 가맹계약자가 발행한 어음・수표가 부도처리되는 경우
3. 가맹계약자가 강제집행을 당하는 경우
4. 천재지변이 있는 경우

제26조(영　업)

① 가맹계약자는 주 (　)일 이상 월 (　)일 이상 개장하여야 하고 연속하여 (　)일 이상 휴업할 수 없다.

② 가맹계약자가 휴업할 경우에는 사전에 가맹사업자에 사유를 기재한 서면으로 통지하여야 한다.

제27조(복　장)

① 가맹계약자 및 종업원은 가맹사업자가 지정한 복장을 착용한다.

② 가맹사업자는 종업원의 복장을 지정한 경우에는 복장의 색깔, 규격을 서면으로 통지한다.

③ 가맹사업자는 가맹계약자의 청구에 따라 종업원의 복장을 공급할 수 있다.

제28조(보고의무)

① 가맹계약자는 연 (　)회 매출상황과 회계원장 등을 가맹사업자에 서면으로 보고하여야 한다.

② 가맹계약자는 가맹사업자가 파견한 경영지도위원의 서면에 의한 요구가 있을 때에는 장부 등 서류를 제시하여야 한다.

③ 가맹계약자는 가맹사업자로부터 사용허가를 받은 상호, 상표, 서비스표, 특허권 등에 대한 침해를 이유로 제3자가 소를 제기한 경우에는 이를 가맹사업자에 보고하여야 한다.

제29조(보　험)

① 가맹사업자는 가맹계약자에게 그의 영업상의 과실, 상품의 하자, 점포의 화재로 인하여 소비자나 제3자가 입은 손해를 배상하기 위하여 보험가입을 권유할 수 있다.

② 가맹계약자는 자신의 책임으로 보험업자, 보험의 종류, 피보험자를 정한다.

제30조(가맹계약자의 의무)

① 가맹계약자는 계약 및 경영상 알게 된 가맹사업자의 영업상의 비밀을 계약기간은 물론이고 계약종료후에도 제3자에게 누설해서는 안된다.

② 가맹계약자는 가맹사업자의 허락없이 교육과 세미나자료, 편람의 내용 등을 인쇄 또는 복사할 수 없다.

③ 가맹계약자는 계약의 존속 중에 가맹사업자의 허락없이 자기 또는 제3자의 명의로 가맹사업자의 영업과 동종의 영업을 하지 않는다.

제31조(가맹사업자의 의무)

① 가맹사업자는 가맹사업계약을 체결하는 과정에서 가맹희망자들이 가맹 여부를 적정하게 판단할 수 있도록 필요한 자료 및 정보를 충분히 공개하여야 한다.

② 가맹사업자는 가맹희망자들의 요구가 있을 때에는 다음의 자료 및 정보를 서면으로 제공하여야 한다.

1. 가맹사업자의 재무상황, 등기부등본, 최근 5년간의 사업경력, 가맹사업과 관련하여 진행중인 소송
2. 계약체결시 또는 계약체결 후 부담해야 할 가입비, 정기납입경비(로열티) 계약이행보증

금, 기타 공과금 등의 금전에 관한 내용

3. 상품・자재의 공급조건, 경영지원과 이에 대한 대가지급방법, 영업의 통제사항, 계약의 해제・해지
4. 가맹희망자가 운영할 점포 인근지역의 가맹계약자현황, 가맹사업자가 제시한 예상 매출액 산정내역

**제32조(지연이자)** 제8조 제4항, 제10조 제2항 등에 의해 가맹사업자가 가맹계약자에게 금전을 지급해야 하는 경우나 제9조 제3항, 제18조 제4항 등에 의해 가맹계약자가 가맹사업자에게 금전을 지급해야 하는 경우에, 그 지급기간을 경과하면 미지급액에 대하여 지급기간 경과일의 다음 날로부터 지급하는 날까지 연 이율 (   )%의 지연이자를 가산한다.

**제33조(재판의 관할)** 이 계약에 관한 소송은 가맹계약자의 주소지나 점포소재지를 관할하는 법원으로 한다. 다만, 가맹사업자와 가맹계약자가 합의하여 관할법원을 달리 정할 수 있다.

# 제 16 장

# 영농조합법인 등의 회계와 세무실무

## Ⅰ 농업법인의 이해

### 1. 농업법인의 정의 및 특징

#### (1) 농업법인의 정의

농업법인이란 영농조합법인과 농업회사법인을 말한다. 영농조합법인은 협업적 농업경영을 통하여 생산성을 높이고 농산물의 출하·유통·가공·수출 및 농어촌 관광휴양사업 등을 공동으로 하려는 농업인 또는 농업 관련 생산자단체는 5인 이상을 조합원으로 하여 영농조합법인을 설립할 수 있다. 농업회사법인은 농업의 경영이나 농산물의 유통·가공·판매를 기업적으로 하려는 자나 농업인의 농작업을 대행하거나 농어촌 관광휴양사업을 하려는 자는 농업회사법인을 설립할 수 있다.

**관련법조문**

◈ **농업인의 정의**(농업·농촌 및 식품산업기본법 3 2호)

농업인이란 농업을 경영하거나 이에 종사하는 자로서 다음에 정하는 기준에 해당하는 자를 말한다.

1. 1천제곱미터 이상의 농지(「농어촌정비법」 제98조에 따라 비농업인이 분양받거나 임대받은 농어촌 주택 등에 부속된 농지는 제외한다)를 경영하거나 경작하는 사람
2. 농업경영을 통한 농산물의 연간 판매액이 120만원 이상인 사람
3. 1년 중 90일 이상 농업에 종사하는 사람
4. 「농어업경영체 육성 및 지원에 관한 법률」 제16조 제1항에 따라 설립된 영농조합법인의 농산물 출하·유통·가공·수출활동에 1년 이상 계속하여 고용된 사람
5. 「농어업경영체 육성 및 지원에 관한 법률」 제19조 제1항에 따라 설립된 농업회사법인의 농산물 유통·가공·판매활동에 1년 이상 계속하여 고용된 사람

### (2) 농업법인의 특징

#### 1) 근거법령

농업법인의 설립근거법은 「농어업경영체 육성 및 지원에 관한 법률」이며 영농조합법인과 농업회사법인으로 구분하여 법인의 설립목적, 조합원의 자격, 사업의 범위, 설립 · 등기 · 운영 · 해산 등에 관한 사항을 규정하고 있다.

#### 2) 법인 성격

영농조합법인은 "협업적 농업경영체"로 농업회사법인은 "기업적 경영체"로 규정하고 있으며, 영농조합법인은 **민법상 조합에 관한 규정**을, 농업회사법인은 **상법상 회사에 관한 규정**을 준용하도록 하고 있다. 농업회사법인은 합명, 합자, 유한, 주식회사중 하나로 설립할 수 있다.

## 2. 농업법인의 사업범위

### (1) 영농조합법인

영농조합법인의 사업범위는 다음과 같다.

① 농업의 경영 및 그 부대사업
② 농업과 관련된 공동이용시설의 설치 · 운영
③ 농산물의 공동 출하 · 유통 · 가공 및 수출
④ 농작업의 대행
⑤ 농어촌 관광휴양사업
⑥ 그 밖에 영농조합법인의 목적을 달성하기 위하여 정관에서 정하는 사업

### (2) 농업회사법인

농업회사법인의 사업범위는 다음과 같다.

① 농업경영, 농산물의 유통, 가공 · 판매 · 농작업 대행, 농어촌 관광휴양사업
② 영농에 필요한 자재의 생산 및 공급사업
③ 영농에 필요한 종자생산 및 종균배양사업
④ 농산물의 구매 및 비축사업
⑤ 농업기계나 그 밖의 장비의 임대 · 수리 및 보관사업
⑥ 소규모 관개시설의 수탁 및 관리사업

관련법조문

◈ 농업의 정의(농업 · 농촌 및 식품산업기본법 3 1호)

농업이란 농작물재배업, 축산업, 임업 및 이들과 관련된 산업으로서 다음에 정하는 것을 말한다.

1. 농작물재배업 : 식량작물 재배업, 채소작물 재배업, 과실작물 재배업, 화훼작물 재배업, 특용작물 재배업, 약용작물 재배업, 버섯 재배업, 양잠업 및 종자 · 묘목 재배업(임업용 종자 · 묘목 재배업은 제외한다)
2. 축산업 : 동물(수생동물은 제외한다)의 사육업 · 증식업 · 부화업 및 종축업
3. 임업 : 육림업(자연휴양림 · 자연수목원의 조성 · 관리 · 운영업을 포함한다), 임산물 생산 · 채취업 및 임업용 종자 · 묘목 재배업

## 3. 농업법인의 장 · 단점

### (1) 영농조합법인

#### 1) 장점

① 공동출하로 인하여 개인보다 규모가 큰 영농을 영위할 수 있다.
② 조합원이 현물출자 하는 경우 양도소득세 등 절세혜택이 있다.
③ 거래처에 대한 이익단체로서 기능할 수 있다.
④ 조합원 및 준조합원은 납입한 출자액을 한도로 유한책임을 진다.

#### 2) 단점

① 조합원간의 반목으로 탈퇴 등이 빈번하면 경영효율이 떨어진다.
② 현물출자자산의 공정평가가 어려워 조합원간의 불만이 증폭될 수 있다.
③ 준조합원에게 의결권이 인정되지 않아 준조합원의 투자활성화를 저해한다.

### (2) 농업회사법인

#### 1) 장점

① 상법상 주식회사 등 다양한 회사의 형태로 설립이 가능하다.
② 도시자본을 농촌으로 유입되도록 유도할 수 있다.
③ 주식회사형 농업회사법인은 비농업인도 의결권을 가질 수 있으며 유한책임을 진다.
④ 영세농가의 경영위기를 대자본으로 극복할 수 있다.

### 2) 단점

① 농업경영 경험이 없는 전문경영인이 경영판단을 그르칠 염려가 있다.
② 회사경영 및 영농에 대한 애착이 적어 우수상품을 재배하기 곤란하다.

## 4. 영농조합법인과 농업회사법인의 비교

| 구 분 | 영농조합법인 (Farming association corporation) | 농업회사법인 (Agricultural corporation company) |
|---|---|---|
| 관련 법령 | 농어업경영체 육성 및 지원에 관한 법률 제16조 | 농어업경영체 육성 및 지원에 관한 법률 제19조 |
| 설립 요건 | • 농업인 또는 농업생산자단체 5인 이상이 조합원으로 참여<br>• 비농업원은 의결권 없는 준조합원으로 참여가능 | 농업인 또는 생산자단체가 설립하되 비농업인은 총출자액의 100분의 90까지 출자가능 |
| 사업 범위 | 농어업경영체 육성 및 지원에 관한 법률 시행령 제11조 | 농어업경영체 육성 및 지원에 관한 법률 시행령 제19조 |
| 농지 소유 | 소유가능 | 소유가능(업무집행권을 가진 자 또는 등기이사가 1/3 이상 농업인일 것) |

**참고** 농업법인 실태조사를 통한 대대적 정비[194)]

실태조사 결과를 토대로 법적 요건을 갖추지 못한 법인에 대해서는 시정명령, 해산명령 청구 및 과태료 부과 등 관련 법령에 따라 조치함.
농식품부는 지자체로 하여금 영농조합법인 조합원 요건과 농업회사법인 출자비율 요건을 위반한 법인에 대하여는 **시정명령**을 통해 개선을 유도하고, 목적 외 사업을 영위하는 경우 해산명령을 청구를 요청하며 농업법인 유사명칭을 사용한 법인에 대하여 과태료를 부과함.

**[농업법인 관련법 상 후속조치 사항 및 내용]**

| 후속조치 | 후속조치 사유 | 비고 |
|---|---|---|
| 시정명령 (지자체→법인) | (영농조합) 조합원 5명 미만 | 시정명령 2회 이상 불응시 과태료 최대 300만원, 시정명령 3회 이상 불응시 해산명령 청구 |
| | (농업회사) 비농업인 출자제한* 위반<br>* 총출자액의 90%, 단, 총출자액 80억원 이상 시 8억원 제외 금액 | |
| 해산명령 청구 (지자체→법원) | 법령 상 사업범위 위반하여 실제 목적 외 사업 영위 | |

| 후속조치 | 후속조치 사유 | 비고 |
|---|---|---|
| 과태료<br>(지자체→법인) | 설립요건 미응답 등 실태조사 불응(최대 300만원) | 1회 100만원, 2회 200, 3회 이상 300 |
| | 농업법인 유사명칭 사용(최대 100만원) | 1회 25만원, 2회 50, 3회 이상 100 |

○ 근거법령 : 「농어업경영체 육성 및 지원에 관한 법률」
- 영농조합법인(제16조)은 "협업적 농업경영체"로 민법상 조합에 관한 규정 준용
- 농업회사법인(제19조)은 "기업적 경영체"로 상법상 회사에 관한 규정을 준용하며 주식회사, 유한회사, 합자회사, 합명회사 형태로 설립 가능

○ 설립 주체 : 농업인(또는 농업생산자단체)을 주축으로 설립 가능
- (설립) 영농조합법인은 농업인 5인 이상, 농업회사법인은 농업인 1인 이상
- (비농업인 출자) 영농조합법인은 의결권이 없는 준조합원의 자격으로 출자가 가능하며 출자한도는 없는 반면, 농업회사법인은 비농업인의 출자를 허용하되 총출자액의 9/10 한도
  * 단, 총출자액이 80억원 초과 시 총출자액에서 8억을 제외한 금액까지 출자 가능
- (의결권) 영농조합법인은 1인 1표, 농업회사법인은 출자지분으로 결정

○ 사업 범위
- (영농조합법인) 농업경영 및 부대사업, 농업과 관련된 공동이용시설의 설치 또는 운영, 농산물의 공동출하·가공·수출, 농작업 대행, 농어촌관광휴양사업 등
- (농업회사법인) 농업경영, 농산물의 유통·가공·판매, 농어촌관광휴양사업, 농작업 대행 및 부대사업

○ 농지소유 : 영농조합법인과 농업회사법인 모두 농지소유 가능
- 단, 농업회사법인은 업무집행권을 가진 자 중 1/3 이상이 농업인인 경우에 한하여 농지소유 가능(농지법 2 3호)

# Ⅱ 농업법인의 설립

## 1. 농업법인 창업

### (1) 농업법인의 설립절차

#### 1) 발기인의 구성

발기인은 한 사람이 될 수도 있고 여러 사람이 될 수도 있으며 농업인 또는 농업생산자단체이어야 한다. 미성년자의 경우 법정대리인의 허락과 등기 등 일정한 절차를 거쳐야 발기인으로 참여할 수 있다. 영농조합법인은 농업인 5인 이상, 농업회사법인은 농업인 1인 이

194) 농림축산식품부, 보도자료, 2016. 10. 25

상으로 하되 상법상 발기인 규정에 의한다.

### 2) 자본금의 결정

자본금한도는 없으며 구성원이 협의하여 자유로이 결정할 수 있다.

### 3) 상호의 결정

영농조합법인은 상호에 "영농조합법인"을, 농업회사법인은 "농업회사법인"과 "회사종류(주식, 유한, 합명, 합자)"를 포함하여야 한다.

### 4) 정관의 작성

정관은 농업법인의 조직, 사업, 관리, 운영 등 법인에 관한 기본적인 사항을 정하는 자치규범으로서 법인 설립시 발기인 공동으로 작성하여야 한다.

### 5) 설립등기와 첨부서류

농업법인의 등기신청 시에는 다음의 서류를 첨부하여야 한다.

① 창립총회 의사록

② 정관

③ 출자자산의 명세를 적은 서류

④ 조합법인을 대표할 조합원임을 증명하는 서류

⑤ 영농조합법인의 경우에는 5인 이상의 조합원이 농업인 또는 「농업·농촌 및 식품산업기본법」 제3조 제4호에 따른 생산자단체임을 확인할 수 있는 서류

**관련법조문**

**◈ 생산자단체 정의**(농업·농촌 및 식품산업기본법 3 4호)

생산자단체란 농업 생산력의 증진과 농업인의 권익보호를 위한 농업인의 자주적인 조직으로서 다음에 해당하는 단체를 말한다.

1. 「농업협동조합법」에 따른 조합 및 그 중앙회
2. 「산림조합법」에 따른 산림조합 및 그 중앙회
3. 「엽연초생산협동조합법」에 따른 엽연초생산협동조합 및 그 중앙회
4. 삭제 [2015. 12. 22 제26754호(수산업·어촌 발전 기본법 시행령)]
5. 농산물을 공동으로 생산하거나 농산물을 생산하여 공동으로 판매·가공 또는 수출하기 위하여 농업인 5명 이상이 모여 결성한 법인격이 있는 전문생산자 조직으로서 농림축산식품부장관이 정하는 요건을 갖춘 단체

### 6) 법인설립신고 및 사업자등록신청

설립등기 후 2개월 이내에 관할세무서에 법인설립신고 및 사업자등록신청을 하여야 한다.

[농업회사법인 설립절차]

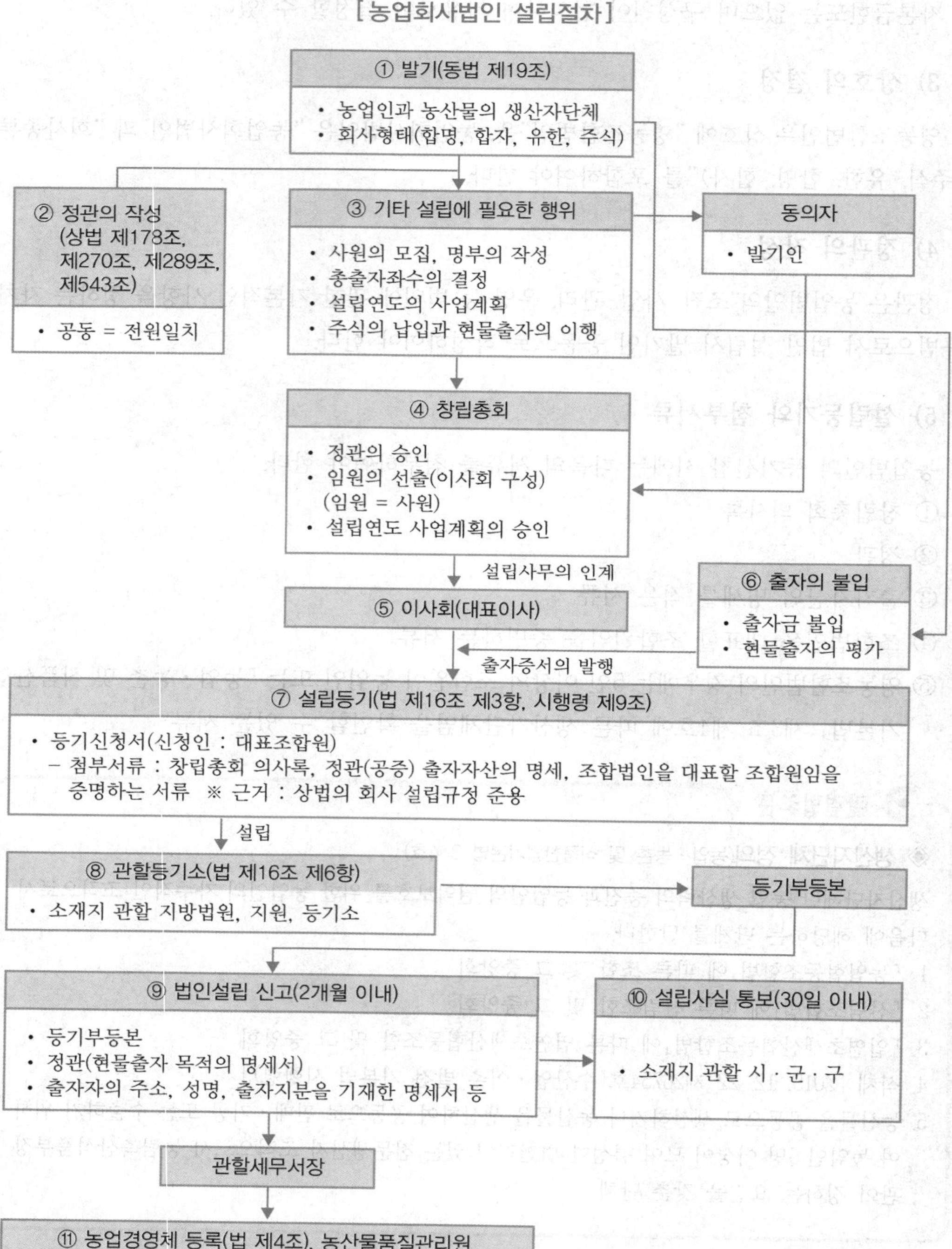

## (2) 농업경영체 등록

### 1) 도입배경

농업문제의 핵심인 구조개선과 농가소득 문제 등을 해결하기 위하여 평준화된 지원정책에서 탈피, 맞춤형 농정을 추진할 필요가 있어 이를 제도적으로 뒷받침하기 위하여 도입되었다.

### 2) 농업경영체 등록의 목적

농업인이나 농업법인은 선택적으로 농사정보를 농산물품질관리원에 등록하고 등록된 정보는 농가의 소득안정 및 경쟁력 제고를 위하여 농가유형별 특성에 맞게 지원하기 위한 기초자료를 제공하는 데 목적이 있다.

### 3) 등록신청 자격

신청자격은 경영 또는 경작농지가 1,000㎡ 이상, 연간판매액이 120만원 이상, 1년 중 90일 이상 농업에 종사하는 자는 신청할 수 있다. 신청자는 농지법상 농업인이어야 하며 지목에 관계없이 실제 농업에 이용되는 농지면 되고 농업인 등록신청서와 함께 농업인을 증명할 수 있는 서류를 첨부하여 주소지 또는 법인소재지 관할 국립농산물품질관리원에 등록하여야 한다.

### 4) 제출서류 및 절차

#### ① 대상법인

「농어업경영체 육성 및 지원에 관한 법률」 제16조 및 제19조에 따라 설립한 영농조합법인 및 농업회사 법인

#### ② 제출서류

법인등기부, 정관, 창립총회 의사록, 출자자산의 명세 서류, 상용근로자(비농업인) 인적사항을 적은 명세, 법인소유의 농지(가축사육시설・규모) 및 농작물 생산 현황, 농업인을 증명하는 서류(농업인 확인서, 경영체등록 확인서)

#### ③ 등록절차

농업경영체 등록신청서 제출 → **사업장 소재지** 「국립농산물품질관리원」 **사무소** → 신청서류 검토 → 경영체 등록확인서 발급

④ 농업경영체 등록에 따른 혜택

농업경영체 등록을 하면 쌀 소득보전금, 경영이양보조금, 밭농업 직불금, 유기질비료 지원 등의 혜택을 받을 수 있다.

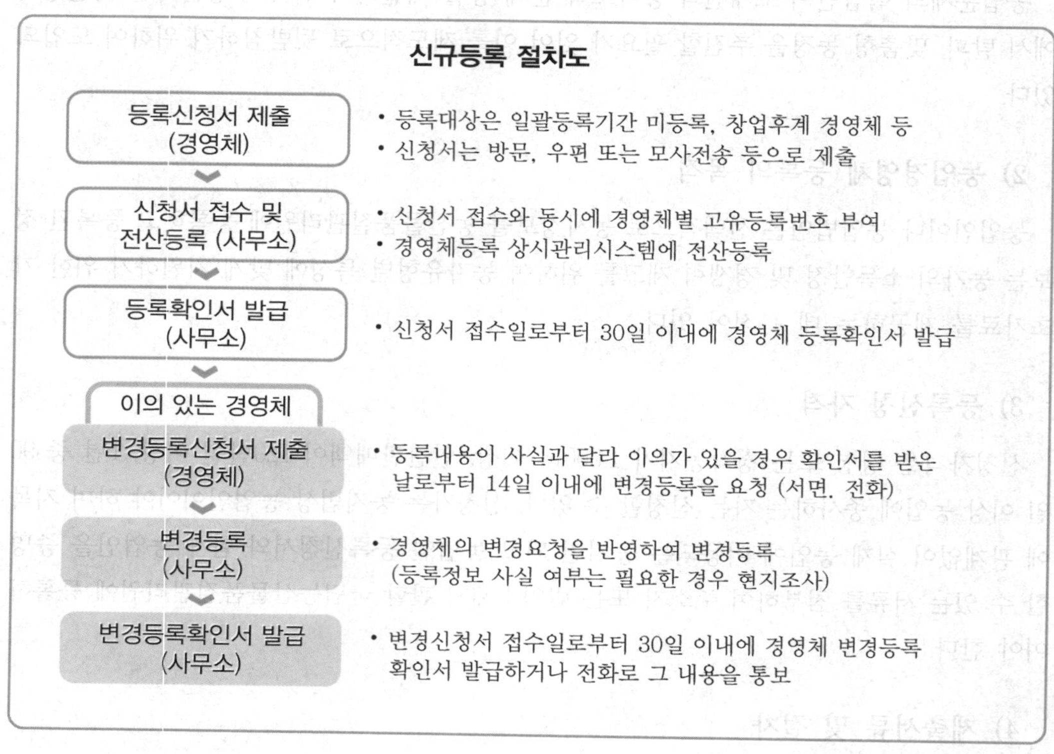

신규등록 절차도
등록신청서 제출 (경영체)
• 등록대상은 일괄등록기간 미등록, 창업후계 경영체 등
• 신청서는 방문, 우편 또는 모사전송 등으로 제출
신청서 접수 및 전산등록 (사무소)
• 신청서 접수와 동시에 경영체별 고유등록번호 부여
• 경영체등록 상시관리시스템에 전산등록
등록확인서 발급 (사무소)
• 신청서 접수일로부터 30일 이내에 경영체 등록확인서 발급
이의 있는 경영체
변경등록신청서 제출 (경영체)
• 등록내용이 사실과 달라 이의가 있을 경우 확인서를 받은 날로부터 14일 이내에 변경등록을 요청 (서면, 전화)
변경등록 (사무소)
• 경영체의 변경요청을 반영하여 변경등록 (등록정보 사실 여부는 필요한 경우 현지조사)
변경등록확인서 발급 (사무소)
• 변경신청서 접수일로부터 30일 이내에 경영체 변경등록 확인서 발급하거나 전화로 그 내용을 통보


### (3) 영농조합법인의 조직변경

영농조합법인은 총조합원의 일치로 총회의 결의를 거쳐 합명회사, 합자회사, 유한회사, 주식회사 중 어느 하나의 형태인 농업회사법인 또는 어업회사법인으로 조직을 변경할 수 있다. 조직을 변경하는 경우에는 조합원의 일부를 유한책임사원으로 하거나 유한책임사원을 새로 가입시켜야 한다. 다만, 농업회사법인으로 조직을 변경하는 경우에는 조합원 전원을 유한책임사원으로 하여야 한다.

### 1) 영농조합법인 조직변경 일정 및 절차

| 구 분 | 내 용 |
|---|---|
| 총회소집공고 안내(7일 전) | 총회의 일치결의에 의하여야 함으로 전조합원 사전확인 필요 |
| 임시총회 | 유한회사로 조직변경 결의(전원일치) |
| | 농업회사법인 유한회사 정관의 승인 |
| | 임원의 선임 |
| 채권자 보호절차 | 신문공고(1개월 이상), 알고 있는 채권자에 대하여 별도 통지 |
| 조직변경 법원등기 | 본점 2주 이내 지점 3주 이내 |
| | 영농조합법인의 해산등기 |
| | 농업회사법인의 신설등기 |
| 사업자등록신청 | 법인등기부 등본 발급 이후 |
| | 사업자등록 |
| | 부동산 상호변경등기 |
| 영농조합법인폐업신청 | 농업회사법인 사업자등록 발급 이후시 |

* 법률에 의한 조직변경으로 사업연도는 영농조합사업연도가 계속되며, 청산에 해당하지 않음.

### 2) 영농조합법인 합병 일정 및 절차

| 구 분 | 내 용 |
|---|---|
| 총회소집공고 안내(7일 전) | 총회의 일치결의에 의하여야 함으로 전조합원 사전확인 필요 |
| 총회 | 합병계약서 작성 및 합병계약서 승인(총회결의) |
| | 합병의 조건 및 신설조합의 정관승인 |
| | 임원의 선임 |
| 채권자보호절차 | 신문공고(1개월 이상), 알고 있는 채권자에 대하여 별도 통지 |
| 합병총회(신설합병 창립총회) | 흡수합병의 합병총회에서 합병보고, 신설합병 창립총회개최 |
| 합병등기 | 본점 2주 이내, 지점 3주 이내 |
| | 흡수합병 : 변경등기 |
| | 피합병조합 : 해산등기 |
| | 신설합병 : 설립등기 |

### 3) 영농조합법인 분할 일정 및 절차

| 구 분 | 내 용 |
|---|---|
| 총회소집공고 안내(7일 전) | 총회의 일치결의에 의하여야 함으로 전조합원 사전확인 필요 |
| 총회 | 분할결의 |
| | 분할조합의 정관승인 |
| 채권자보호절차 | 신문공고(1개월 이상), 알고 있는 채권자에 대하여 별도 통지 |
| 분할등기 | 본점 2주 이내, 지점 3주 이내 |
| | 분할법인 사업자등록신청(등기 이후) |
| | 등기등록을 요하는 자산의 분할법인으로 등기이전 |

* 채권자의 이의신청이 있는 경우에는 채무의 상환 및 담보제공 등의 절차를 이행

# 농업법인의 세무실무

## 1. 농업법인의 주요세법 관련조항

| 구 분 | 세 법 내 용 | 관련법조문 |
|---|---|---|
| 법인세 | 영농조합법인에 대한 법인세의 면제 | 조특법 66 ① |
| | 농업회사법인에 대한 법인세의 면제 | 조특법 68 ① |
| 부가가치세 | 농업용 기자재 영세율 적용 | 조특법 105 ① 5호 |
| | 농업용 기자재에 대한 부가가치세의 환급에 관한 특례 | 조특법 105의 2 |
| | 농어업 경영 및 농어업 작업의 대행용역 | 조특법 106 ① 3호 |
| | 농업용 석유류에 대한 부가가치세 등의 감면 | 조특법 106의 2 ① |
| 양도소득세<br>(조합원) | 농지의 영농조합법인에 현물출자 면제 | 조특법 66 ④ |
| | 농지의 농업회사법인에 현물출자 면제 | 조특법 68 ② |
| 배당소득세<br>(조합원) | 영농조합법인으로부터 받는 배당소득 | 조특법 66 ② |
| | 농업회사법인으로부터 받는 배당소득 | 조특법 68 ④ |
| 지방세 | 농업법인의 취득세, 등록면허세, 재산세 감면 | 지특법 11 |

## 2. 농업법인의 납세의무의 범위

영농조합법인 등은 특별법(농어업경영체 육성 및 지원에 관한 법률)에 의하여 설립된 법인으로 법인세법상 영리내국법인에 해당된다. 법인은 합명, 합자, 유한, 주식회사 형태로 설립할 수 있다. 따라서 내국영리법인과 동일하게 부가가치세 납세의무와 법인세 납세의무 등을 이행하여야 한다.

## 3. 부가가치세

### (1) 과세대상

영농조합법인 등이 부가가치세법상 과세대상이 되는 재화 또는 용역을 공급하는 경우에는 부가가치세법상 납세의무를 진다. 다만, 면세대상인 양곡, 채소 등 미가공농축산물을 공급하는 경우에는 부가가치세 과세대상이 아니다.

### (2) 면세포기와 영세율 적용

영농조합법인 등이 생산한 면세농산물 등을 수출하는 경우 면세포기 신고를 하여 영세율을 적용받을 수 있다. 이 경우 매입세액을 환급받게 된다. 또한 농민에게 공급하는 농업용 기자재에 대하여는 영세율을 적용한다(조특법 105 ①).

### (3) 농업용 기자재에 대한 부가가치세의 환급에 관한 특례

농민이 농업 · 임업 또는 어업에 사용하기 위하여 구입하는 기자재(일반과세자로부터 구입하는 기자재만 해당한다) 또는 직접 수입하는 기자재로서 기자재를 구입 또는 수입한 때에 부담한 부가가치세액을 해당 농민에게 환급할 수 있다(조특법 105의 2).

### (4) 농업 경영 및 농작업의 대행용역의 면제

농업 경영 및 농작업의 대행용역에 대하여는 부가가치세를 면제한다(조특법 106 ① 3호).

### (5) 농업용 석유류에 대한 부가가치세 등의 감면

농민이 농업에 사용하기 위한 석유류에 대해서는 2026년 12월 31일까지 공급하는 것에 대한 부가가치세와 제조장 또는 보세구역에서 반출되는 것에 대한 개별소비세, 교통 · 에너지 · 환경세, 교육세 및 자동차 주행에 대한 자동차세를 면제한다(조특법 106의 2).

## 4. 법인세

### (1) 법인세 납세의무의 범위

영농조합법인 등이 사업과 관련하여 얻은 소득에 대하여 각 사업연도소득에 대한 법인세 납세의무를 진다.

### (2) 농업법인에 대한 법인세 면제

#### 1) 개요

① 영농조합법인에 대한 법인세의 면제

「농어업경영체 육성 및 지원에 관한 법률」 제4조에 따라 농어업경영정보를 등록한 영농조합법인(이하 "영농조합법인"이라 한다)에 대해서는 2026년 12월 31일 이전에 끝나는 과세연도까지 곡물 및 기타 식량작물재배업에서 발생하는 소득(이하 "식량작물재배업소득"이라 한다) 전액과 식량작물재배업소득 외의 소득 중 대통령령으로 정하는 범위의 금액에 대하여 법인세를 면제한다(조특법 66 ①).

② 농업회사법인에 대한 법인세의 면제

「농어업경영체 육성 및 지원에 관한 법률」 제4조에 따라 농어업경영정보를 등록한 농업회사법인(이하 "농업회사법인"이라 한다)에 대해서는 2026년 12월 31일 이전에 끝나는 과세연도까지 식량작물재배업소득 전액과 식량작물재배업소득 외의 작물재배업에서 발생하는 소득 중 대통령령으로 정하는 범위의 금액에 대하여 법인세를 면제하고, 작물재배업에서 발생하는 소득 외의 소득 중 대통령령으로 정하는 소득에 대해서는 최초로 해당 소득이 발생한 과세연도(사업개시일부터 5년이 되는 날이 속하는 과세연도까지 해당 소득이 발생하지 아니하는 경우에는 5년이 되는 날이 속하는 과세연도를 말한다)와 그 다음 과세연도의 개시일부터 4년 이내에 끝나는 과세연도까지 해당 소득에 대한 법인세의 100분의 50에 상당하는 세액을 감면한다(조특법 68 ①).

③ 「농어업경영체 육성 및 지원에 관한 법률」 제4조에 따라 농어업경영정보를 등록한 영어조합법인[이하 "영어조합법인"(營漁組合法人)이라 한다]에 대해서는 2026년 12월 31일 이전에 끝나는 과세연도까지 각 사업연도의 소득 중 대통령령으로 정하는 범위의 금액에 대하여 법인세를 면제한다(조특법 67 ①).

[작물재배업의 분류]

| 분류코드 | 분 류 명 | 범 위 |
|---|---|---|
| 01110 | 곡물 및 기타 식량작물 재배업 | 곡물작물, 식량용 뿌리작물 및 기타 식량작물을 재배하는 산업활동을 말한다. |
| 01121 | 채소작물 재배업 | 노지에서 각종 채소작물을 재배하는 산업활동을 말한다. 노지에서 깻잎 등과 같이 채소로 사용하기 위하여 각종 작물을 재배하는 경우에도 여기에 분류된다. |
| 01122 | 화훼작물 재배업 | 노지에서 화초, 잔디, 관상수 등과 같은 장식, 관상, 조원 및 조경용의 수목 · 꽃 · 풀 등을 재배하는 산업활동을 말한다. |
| 01123 | 종자 및 묘목 생산업 | 노지 또는 시설에서 각종 농작물의 종자, 버섯종균, 묘목을 생산하는 산업활동을 말한다. |
| 01131 | 과실작물 재배업 | 노지에서 딸기, 견과(낙화생 제외)를 포함한 각종 과실작물을 재배하는 산업활동을 말한다. |
| 01132 | 음료용 및 향신용 작물 재배업 | 노지에서 음료용 또는 향신용 작물을 재배하는 산업활동을 말한다. |
| 01159 | 기타 시설작물 재배업 | 콩나물, 채소, 화훼 및 과실작물 이외의 각종 작물을 시설 재배하는 산업활동을 말한다. |

### 2) 면제대상 소득의 범위

#### ① 영농조합법인

영농조합법인이 얻은 소득 중 식량작물재배업소득 전액과 그 외 소득 중 일정한 범위 내의 금액에 대하여 법인세를 면제한다(조특법 66 ①).

#### ② 농업회사법인

농업회사법인이 얻은 소득 중 농업소득 전액과 농업 외 소득 중 다음에 해당하는 소득에 대하여는 일정한 범위 내의 금액에 대하여 법인세를 면제한다(조특령 65 ②).

1. 「농어업 · 농어촌 및 식품산업 기본법 시행령」 제2조에 따른 축산업, 임업에서 발생한 소득
2. 「농어업경영체 육성 및 지원에 관한 법률 시행령」 제19조 제1항에 따른 농업회사법인의 부대사업에서 발생한 소득
3. 농산물 유통 · 가공 · 판매 및 농작업 대행에서 발생한 소득(수입 농산물의 유통 · 판매 소득은 제외한다) 다만, 수입 농산물의 유통 및 판매에서 발생하는 소득은 제외한다.

여기서 농업소득은 한국표준산업분류상의 농업 중 작물의 재배로 발생하는 소득을 말

한다(지법 197).

### 3) 면제세액의 계산

각 사업연도별로 다음의 계산식에 따라 계산한 금액 이하의 금액을 면제한다.

① 영농조합법인

ⓐ 식량작물재배업 외의 작물재배업에서 발생하는 소득

식량작물재배업 외의 작물재배업에서 발생하는 소득금액 × {6억원 × 조합원 수 × (사업연도 월수 ÷ 12) ÷ 식량작물재배업 외의 작물재배업에서 발생하는 수익금액}

ⓑ 작물재배업에서 발생하는 소득을 제외한 소득금액

{1천 200만원 × 조합원 수 × (사업연도 월수 ÷ 12)}

**참 고 조합원의 범위**

조세특례제한법 제66조 제1항 및 같은법 시행령 제63조 제1항의 규정을 적용함에 있어서 사업연도 중 증자에 참여하여 조합원수가 증가한 경우 조합원수는 매사업연도 종료일의 인원을 기준으로 하여 계산하는 것이며 같은 조에서 조합원이란 농업・농촌기본법 제15조 제3항에서 정하는 조합원으로서 준조합원은 이에 해당하지 아니하는 것이다(서이 46012-11967, 2002. 10. 29).

② 농업회사법인

농업회사법인의 식량재배업소득 전액과 그 외 소득은 다음 범위 내에서 법인세를 면제한다.

식량작물재배업 외의 작물재배업에서 발생하는 소득금액 × {50억원 × (사업연도 개월수 ÷ 12) ÷ 식량작물재배업 외의 작물재배업에서 발생하는 수익금액}

식량작물재배업 외의 소득은 다음 각 호의 소득을 말한다.

1. 「농어업・농어촌 및 식품산업기본법 시행령」 제2조에 따른 축산업, 임업에서 발생한 소득
2. 「농어업경영체 육성 및 지원에 관한 법률 시행령」 제19조 제1항에 따른 농업회사법인의 부대사업에서 발생한 소득
3. 농산물 유통・가공・판매 및 농작업 대행에서 발생한 소득

### ③ 영어조합법인

법인세가 면제되는 소득금액은 「농어업경영체 육성 및 지원에 관한 법률 시행령」 제20조의 5 제2항 각 호의 사업에서 발생한 소득으로서 각 사업연도별로 다음 각 호의 어느 하나에 해당하는 소득금액을 말한다.

1. 한국표준산업분류에 따른 연근해어업, 내수면어업 또는 양식어업에서 발생하는 소득금액(이하 이 조에서 "어업소득"이라 한다)으로서 각 사업연도별로 다음의 계산식에 따라 계산한 금액 이하의 금액

3천만원 × 조합원 수 × (사업연도 월수 ÷ 12)

2. 어업소득을 제외한 소득금액으로서 각 사업연도별로 다음의 계산식에 따라 계산한 금액 이하의 금액

1천200만원 × 조합원 수 × (사업연도 월수 ÷ 12)

## 5. 유보소득 분배(배당)

### (1) 영농조합법인

영농조합법인의 조합원이 영농조합법인으로부터 2026년 12월 31일까지 받는 배당소득 중 식량작물재배업소득에서 발생한 배당소득 전액과 식량작물재배업소득 외의 소득에서 발생한 배당소득 중일정한 범위의 금액에 대해서는 소득세를 면제한다. 이 경우 식량작물재배업소득에서 발생한 배당소득과 식량작물재배업소득 외의 소득에서 발생한 배당소득의 계산은 정하는 바에 따른다(조특법 66 ②, ③).

1) 식량작물재배업소득에서 발생한 배당소득

{영농조합법인으로부터 지급받은 배당소득 ÷<br>(식량작물재배업에서 발생하는 소득금액 ÷ 총 소득금액)}

2) 제1항 제1호에 따라 법인세가 면제되는 소득에서 발생한 배당소득

{영농조합법인으로부터 지급받은 배당소득 ×<br>(제1항 제1호에 따라 법인세가 면제되는 소득금액 ÷ 총 소득금액)}

3) 전체소득에서 식량작물재배업소득과 제1항 제1호에 따라 법인세가 면제되는 소득을 제외한 소득에서 발생한 배당소득

{영농조합법인으로부터 지급받은 배당소득 × {1 - (식량작물재배업에서 발생하는 소득금액 + 제1항 제1호에 따라 법인세가 면제되는 소득금액) ÷ 총 소득금액}}

4) 영농조합법인이 조합원에게 지급하는 배당소득 중 소득세가 면제되는 금액을 제외한 배당소득으로서 2026년 12월 31일까지 받는 소득에 대한 소득세의 원천징수세율은 소득세법 규정에도 불구하고 5%로 하고, 그 배당소득은 종합소득과세표준에 합산하지 아니한다(조특법 66 ③).

### (2) 농업회사법인

농업회사법인에 출자한 거주자가 2026년 12월 31일까지 받는 배당소득 중 식량작물재배업소득에서 발생한 배당소득 전액에 대해서는 소득세를 면제하고, 식량작물재배업소득 외의 소득 중 일정한 소득에서 발생한 배당소득은 「소득세법」 제14조 제2항에 따른 종합소득과세표준에 합산하지 아니한다.

1) 식량작물재배업소득에서 발생한 배당소득

농업회사법인으로부터 지급받은 배당소득 × 식량작물재배업에서 발생하는 소득금액 ÷ 총 소득금액

2) 부대사업 등 소득 및 식량작물재배업 외의 작물재배업에서 발생하는 소득에서 발생한 배당소득

농업회사법인으로부터 지급받은 배당소득 × (부대사업등 소득금액 + 식량작물재배업 외의 작물재배업에서 발생하는 소득금액) ÷ 총 소득금액

## 6. 조합원의 현물출자와 양도소득세 면제

### (1) 영농조합법인

농업인이 2026년 12월 31일 이전에 농지 또는 「초지법」에 따른 초지를 영농조합법인에 현물출자함으로써 발생하는 소득에 대해서는 양도소득세의 100분의 100에 상당하는 세액을 감면한다(조특법 66 ④).

**핵심체크**

영농조합법인에 현물출자하고 양도소득세를 감면받은 자가 그 출자지분을 출자일부터 3년 이내에 다른 사람에게 양도하는 경우에는 그 양도일이 속하는 과세연도의 과세표준신고를 할 때 양도소득세로 납부하여야 한다. 다만, 「해외이주법」에 의한 해외이주에 의하여 세대전원이 출국하는 경우는 제외한다.

### (2) 농업회사법인

농업인이 2026년 12월 31일 이전에 농지 또는 초지를 농업회사법인(「농지법」에 따른 농업법인의 요건을 갖춘 경우만 해당한다)에 현물출자함으로써 발생하는 소득에 대해서는 양도소득세의 100분의 100에 상당하는 세액을 감면한다(조특법 68 ②).

**핵심체크**

농업회사법인에 현물출자하고 양도소득세를 감면받은 자가 그 출자지분을 출자일부터 3년 이내에 다른 사람에게 양도하는 경우에는 그 양도일이 속하는 과세연도의 과세표준신고를 할 때 양도소득세로 납부하여야 한다. 다만, 「해외이주법」에 의한 해외이주에 의하여 세대전원이 출국하는 경우는 제외한다.

**판례** **농업인의 요건 미충족과 양도소득세 과세(대법원 2016. 10. 27 선고, 2016두43725 판결)**

농어업경영체 육성 및 지원에 관한 법률 제19조 등에 의하면, 농업인이 농업회사법인에 농지를 현물출자함으로써 발생하는 소득에 대하여 양도소득세를 면제받는 농업회사법인은 업무집행권을 가진 자 중 3분의 1 이상이 농업인이어야 하고, 구 농지법 시행령 제3조는 농업인의 범위에 관하여, '1,000㎡ 이상의 농지에서 농작물 등을 경작 또는 재배하거나 1년 중 90일 이상 농업에 종사하는 자(1호), 농지에 330㎡ 이상의 고정식온실 등 시설을 설치하여 농작물 등을 경작 또는 재배하는 자(2호), 일정 수 이상의 가축을 사육하거나 1년 중 120일 이상 축산업에 종사하는 자(3호), 농업경영을 통한 농산물의 연간 판매액이 120만 원 이상인 자(4호)'로 규정하고 있다. 현물출자 당시 대표이사와 사내이사 중 배우자와 딸이 등재되어 있고 이들의 주민등록상 주소는 이 사건 부동산에서 20km 이상 떨어져 있었고, 2008년 이후 주소도 인천광역시 일원인 사실, 이 사건 부동산 소재지로 전입신고를 하였는데 위 소재지는 거주할만한 지상 구조물이 없는 '전'이고, 그의 처는 인천광역시에 계속 주소를 둔 사실, 소프트웨어개발업을 영위하여 왔고, 2012. 3. 22 사업장을 이 사건 부동산 소재지로 이전한 사실을 인정할 수 있다. 위 인정사실을 관련 법령의 규정에 비추어 살펴보면, 소외 회사의 설립 시 및 이 사건 현물출자 당시 농지법상 농업인에 해당한다고 볼 수 없으므로, 소외 회사는 업무집행권자 중 3분의 1 이상이 농업인이라는 요건을 갖추었다고 할 수 없다. 따라서 소외 회사는 농업인이 농지의 현물출자로써 받은 소득에 대하여 양도소득세를 면제받는 농업회사법인에 해당하지 아니한다.

## 7. 양도소득세 이월과세

### (1) 영농조합법인

농업인이 2026년 12월 31일 이전에 영농조합법인에 「농업·농촌 및 식품산업 기본법」 제3조 제1호에 따른 농작물재배업·축산업 및 임업에 직접 사용되는 부동산(농지 및 초지는 제외한다)을 현물출자하는 경우에는 이월과세를 적용받을 수 있다(조특법 66 ⑦).

 **핵심체크**

농업인이 영농조합법인에 현물출자로 취득한 주식 또는 출자지분의 100분의 50 이상을 출자일부터 3년 이내에 처분하는 경우에는 처분일이 속하는 달의 말일부터 2개월 이내에 제7항에 따른 이월과세액(해당 영농조합법인이 이미 납부한 세액을 제외한 금액을 말한다)을 양도소득세로 납부하여야 한다.

### (2) 농업회사법인

농업인이 2026년 12월 31일 이전에 농업회사법인에 「농업·농촌 및 식품산업 기본법」 제3조 제1호에 따른 농작물재배업·축산업 및 임업에 직접 사용되는 부동산(농지 및 초지는 제외한다)을 현물출자하는 경우에는 이월과세를 적용받을 수 있다(조특법 68 ③).

 **핵심체크**

농업인이 농업회사법인에 현물출자로 취득한 주식 또는 출자지분의 100분의 50 이상을 출자일부터 3년 이내에 처분하는 경우에는 처분일이 속하는 달의 말일부터 2개월 이내에 이월과세액을 양도소득세로 납부하여야 한다.

## 8. 농업경영체 등록 의무

농업법인이 법인세 등 조세특례를 적용받기 위해서는 국립농산물품질관리원에 농업경영체 등록을 하고 조세특례 신청시 관할세무서에 세액감면신청서와 함께 농어업경영체 등록

(변경등록) 확인서를 제출하여야 한다.[195)]

**관련법조문 및 판례**

◈ 농어업경영체 등록확인서(조세특례제한법 시행령 65)

⑤ 법 제68조 제1항 또는 제3항에 따라 법인세를 감면받거나 이월과세를 적용받으려는 자는 과세표준신고와 함께 기획재정부령으로 정하는 세액감면신청서, 면제세액계산서 또는 이월과세적용신청서와 농어업경영체 등록확인서를 납세지 관할 세무서장에게 제출하여야 한다. 이 경우 이월과세적용신청서는 농업회사법인과 함께 제출하여야 한다.

⑥ 법 제68조 제4항에 따라 배당소득에 대한 소득세를 면제받으려는 자는 해당 배당소득을 지급받는 때에 기획재정부령으로 정하는 세액면제신청서를 농업회사법인에 제출하여야 한다. 이 경우 농업회사법인은 배당금을 지급한 날이 속하는 달의 다음 달 말일까지 조합원이 제출한 세액면제신청서와 해당 농업회사법인의 농어업경영체 등록확인서를 원천징수 관할 세무서장에게 제출하여야 한다.

◈ 농어업경영체등록의 감면요건(조심 2018전1838, 2018. 8. 14)

조특법 제68조 제1항에서는 2018. 12. 31 이전에 끝나는 과세연도까지 농업회사법인의 식량작물재배업소득 등에 대한 법인세를 면제한다고 규정하고 있고, 같은 법 시행령 제65조 제5항에서는 농업회사법인은 과세표준신고와 함께 세액감면신청서 및 면제세액계산서와 농업경영체 등록확인서를 제출하도록 규정하고 있는바, 농어업경영체 등록확인서는 과세관청의 감면세액 결정에 협력하기 위하여 제출하는 세액면제신청서 및 면제세액계산서와는 달리 감면요건을 충족하는 농업회사법인에 해당하는지 여부를 확인하기 위한 것으로서 동 확인서의 제출이 없는 경우까지 법인세를 감면할 수 있다고 해석하는 것은 무리가 있어 보이고, 이 건의 구체적인 사정을 보아도 청구법인은 2016사업연도 종료일인 2016. 12. 31이 지난 2017. 1. 5에서야 농업경영체로 등록된 것으로 확인되므로 농업경영체 등록확인서를 제출하지 아니한 청구법인은 2016사업연도 법인세 감면대상에 해당하지 않는 것으로 판단된다.

195) 농림축산식품부 보도자료(2015. 7. 17)에 따르면 농업법인이 법인세감면을 받기 위해서는 농어업경영체등록을 하여야 한다고 밝혔다. 즉, 조세특례제한법 제65조 제5항에 의하면 감면신청서와 농어업경영체등록 확인서를 관할 세무서장에게 제출하도록 하고 있다. 이 조항에 따라 농업법인이 농어업경영체등록 확인서를 제출하지 않는 경우 감면배제 여부가 논란이 되고 있다. 사견으로는 조세감면은 감면요건이 충족되면 당연히 감면되고 감면신청이 있어야만 감면되는 것은 아니라고 할 것이고, 서류를 정부에 제출하도록 하는 것은 협력의무를 부과한 것에 불과하므로, 감면신청서의 제출이 없다고 하더라도 소정의 감면요건에 해당되는 경우에는 감면을 하여야 한다고 판단된다(같은 뜻 대법원 2003. 5. 16 선고, 2001두3006 판결).

**판례** **농어업경영체 등록과 감면요건**(대법원 2023. 3. 30. 선고 2019두55972 판결)

가. 앞서 본 관련 규정의 내용, 체계, 취지 및 개정경과 등을 고려하면, 구 농어업경영체법에 따른 영농조합법인의 식량작물재배업소득 등에 대해서는 법인세 면제에 관한 구 조세특례제한법 제66조 제1항이 적용되고, 면제 신청 절차에 관한 규정인 구 조세특례제한법 제66조 제8항 및 이 사건 규정은 납세의무자로 하여금 면제 신청에 필요한 서류를 관할 세무서장에게 제출하도록 협력의무를 부과한 것이므로, 영농조합법인이 법인세 면제 신청을 하면서 이 사건 규정이 정한 농업경영체 등록확인서를 제출하지 않았다고 하여 과세 관청이 해당 법인세 면제를 거부할 수는 없다.

1) 구 조세특례제한법 제66조 제1항은 법인세 면제 대상을 '농어업경영체법에 따른 영농조합법인'으로 규정할 뿐이고, 영농조합법인이 구 농어업경영체법 제4조에 따라 농업경영정보를 등록할 것을 법인세 면제 요건으로 규정하지 않았다.

2) 원고는 농어업경영체법에 따른 영농조합법인으로, 이 사건 규정이 개정되기 전까지 구 조세특례제한법 제66조 제1항에 따라 법인세를 면제받아 왔다.

3) 이 사건 규정이 영농조합법인에게 법인세 면제 신청시 농어업경영체법에 따른 농업경영체 등록확인서를 추가로 제출하도록 정한 취지는 제출된 농업경영체 등록확인서를 통해 해당 법인이 농어업경영체법에서 정한 영농조합법인의 요건을 갖추었는지를 확인하려는 데에 있는 것으로 보인다.

이와 달리 그 취지가 구 조세특례제한법 제66조 제1항이 정한 법인세 면제 대상을 '농어업경영체법 제4조에 따라 농업경영정보를 등록한 영농조합법인'으로 제한하려는 데에 있는 것으로 보이지 않는다.

4) 이 사건 규정이 농업경영체 등록확인서의 제출을 해당 법인세의 면제 요건으로 정한 것이라고 본다면, 법인세 면제 신청의 절차만을 위임한 모법의 위임범위를 벗어나게 된다.

나. 그런데도 원심은 농어업경영체법에 따른 영농조합법인이 식량작물재배업소득 등에 대하여 법인세를 면제받기 위해서는 농업경영체 등록확인서를 반드시 제출하여야 한다는 잘못된 전제에서 이 사건 각 처분이 적법하다고 판단하였다. 이러한 원심의 판단에는 구 조세특례제한법 제66조 제1항이 정한 법인세 면제 대상 영농조합법인의 범위 등에 관한 법리를 오해하여 판결에 영향을 미친 잘못이 있다. 이를 지적하는 상고이유 주장은 이유 있다.

## 9. 농업법인의 지방세

### (1) 취득세 등 면제

① 영농조합법인과 농업회사법인이 경영상황을 고려하여 대통령령으로 정하는 법인(이하 이 조에서 "농업법인"이라 한다)이 대통령령으로 정하는 기준에 따라 영농에 사용하기 위하여 법인설립등기일부터 2년 이내(대통령령으로 정하는 청년농업법인의 경

우에는 4년 이내)에 취득하는 농지, 관계 법령에 따라 농지를 조성하기 위하여 취득하는 임야 및 제6조 제2항 각 호의 어느 하나에 해당하는 시설에 대해서는 취득세의 100분의 75를 2026년 12월 31일까지 경감한다(지특법 11).

② 농업법인이 영농 · 유통 · 가공에 직접 사용하기 위하여 취득하는 부동산에 대해서는 취득세의 100분의 50을, 과세기준일 현재 해당 용도에 직접 사용하는 부동산에 대해서는 재산세의 100분의 50을 각각 2026년 12월 31일까지 경감한다.

③ 제1항 및 제2항에 대한 감면을 적용할 때 다음 각 호의 어느 하나에 해당하는 경우 그 해당 부분에 대해서는 감면된 취득세를 추징한다.

1. 정당한 사유 없이 그 취득일부터 1년이 경과할 때까지 해당 용도로 직접 사용하지 아니하는 경우
2. 해당 용도로 직접 사용한 기간이 3년 미만인 상태에서 매각 · 증여하거나 다른 용도로 사용하는 경우
3. 해당 용도로 직접 사용한 기간이 5년 미만인 상태에서 「농어업경영체 육성 및 지원에 관한 법률」 제20조의 3에 따라 해산명령을 받은 경우

### (2) 배당소득에 대한 지방소득세 면제

「농어업경영체 육성 및 지원에 관한 법률」에 따른 영농조합법인의 조합원이 영농조합법인으로부터 2018년 12월 31일까지 받는 배당소득 중 농업소득에서 발생한 배당소득 전액과 농업소득 외의 소득에서 발생한 배당소득 중 일정한 범위의 금액에 대해서는 개인지방소득세를 면제한다(지특법 126 ①).

### (3) 양도소득에 대한 지방소득세 면제

농업인이 2018년 12월 31일 이전에 농지 또는 「초지법」에 따른 초지를 영농조합법인에 현물출자함으로써 발생하는 소득에 대해서는 양도소득분 개인지방소득세의 100분의 100에 상당하는 세액을 감면한다(지특법 126 ②).

**핵심체크**

양도소득분 개인지방소득세를 감면받은 자가 그 출자지분을 출자일부터 3년 이내에 다른 사람에게 양도하는 경우에는 그 양도일이 속하는 과세연도의 개인지방소득 과세표준신고를 할 때 대통령령으로 정하는 바에 따라 계산한 세액을 양도소득분 개인지방소득세로 납부하여야 한다.

(1) 주유소 도・소매업은 「농업・농촌 및 식품산업기본법 시행령」 제22조에서 규정하는 영농조합법인의 사업의 범위에 명시되어 있지 않고, 협업적 농업경영을 통하여 생산성을 높이고 농산물의 출하・가공・수출 등을 통하여 조합원(농업인)의 소득증대를 도모한다는 영농조합법인의 설립목적에 부합하는 사업으로 볼 수도 없으므로 「농업・농촌 및 식품산업기본법」 및 같은 법 시행령 상의 영농조합법인의 사업의 범위에 포함되지 않는 것이다(농림수산식품부 경영인력과-2255, 2008. 9. 11).

(2) 「농업・농촌기본법」에 따른 영농조합법인이 동・서양란 종묘를 수입하여 재배 후 출하하는 것은 「지방세법」 제197조의 규정에 따른 농업소득에 포함되는 것이며, 동 농업소득은 「조세특례제한법」 제66조의 규정에 따라 법인세를 면제하는 것이다. 종묘수입 시 납부한 부가가치세를 「조세특례제한법」 제105조의 2에 따라 환급받는 경우 동 부가가치세는 「조세특례제한법」 제66조의 법인세가 면제되는 농업소득에 포함되지 아니하는 것이다(법인-3071, 2008. 10. 24).

(3) 영농조합법인이 국가 또는 지방자치단체로부터 계란집하장 및 관리실 신축, 계란포장재 디자인 및 구입을 위해 지급받은 보조금과 제3자로부터 무상으로 받은 자산수증이익이나 기타 이자수익, 장려금, 후원금 등은 법인세가 면제되는 조세특례제한법 제66조의 제1항의 '농업소득 외의 소득'에 해당하지 아니하는 것이다(기획재정부 법인세제과-346, 2011. 4. 21).

(4) 영농조합법인이 정관에서 정하는 사업목적을 달성하기 위해 농산물 유통업을 하는 경우 동 유통업 발생 소득은 「조세특례제한법」 제66조 제1항의 '농업소득 외의 소득'에 해당하는 것이다(법인-1214, 2010. 12. 30). 농업회사법인이 다른 업체에서 구입한 계란, 병아리의 판매와 액란(외부에서 계란을 구입하여 가공)의 판매에서 발생한 소득은 '농업소득 외 소득'에 해당하는 것이다(기획재정부 금융세제과-121, 2017. 4. 11).

(5) 협업적 농업경영을 통하여 생산성을 높이고 농산물의 공동출하・가공・수출 등을 영농조합법인의 설립목적으로 정한 농업기본법 제15조 제1항과 농업기본법 시행령 제 13조에서 정한 사업을 고유목적으로 하는 영농조합법인의 설립을 촉진하기 위한 법 제66조 제1항의 입법취지를 고려해 볼 때, 법 제66조 제1항 및 법 시행령 제63조 제1항에 의해 영농조합법인의 농업소득 외 소득 중 법인세가 면제되는 농업기본법 시행령 제13조에 따른 영농조합법인의 사업에서 발생한 소득이라 함은 농업의 경영

및 부대사업(제1호), 농업에 관련된 공동이용시설의 설치 · 운영(제2호), 농산물의 공동출하 · 가공 및 수출(제3호), 농작업의 대행(제4호) 및 농업기본법 시행령 제13조 제1호 내지 제4호에서 정한 영농조합법인의 고유한 사업 또는 이에 준하는 사업의 목적으로 달성하는 데 필요한 사업으로서 정관에 기재된 사업으로 인한 소득을 뜻한다 할 것이다. 따라서 원고가 영위하는 사료판매업이 위와 같은 영농조합법인의 고유한 사업 또는 이에 준하는 사업의 목적으로 달성하는 데 필요한 사업인지에 관하여 보건대, 사료가 농업의 범위에 포함되는 축산업(특히 원고의 경우 양돈업)에 필요한 자재라는 점은 인정되나, 한편 갑 3호증의 기재와 변론 전체의 취지에 의하여 인정되는 다음과 같은 사정, 즉 ① 영농조합법인 스스로 생산한 농업 부산물 등을 이용 · 생산한 것이 아니라, 영농조합법인이 단순히 사료 제조회사로부터 매입한 사료를 그대로 도매로 판매하는 것만으로 농업의 생산성을 높이고, 원가를 절감하는 데 어떻게 기여하는지 인과관계가 막연한 점, ② 원고의 2007 사업연도 소득 중 사료판매업으로 인한 소득이 약 50%에 이르는 점에 비추어 볼 때, 사료판매업이 원고가 영위하는 양돈업에 부대하는 사업이라고 보기도 어려운 점, ③ 영농조합법인은 협업적 농업경영을 통하여 생산성을 높이고 농산물의 출하 · 가공 · 수출 등을 공동으로 하는 데 그 설립목적이 있는 것으로 민법상 조합의 성격을 가지는 데 반해, 농업회사법인은 기업적인 농업의 경영이나 농산물의 유통 · 가공 · 판매 또는 농업인의 농작업 대행에 그 설립목적이 있는 것으로 상법 상 회사의 성격을 가지는바(농업기본법 15, 16 참조), 서로 그 설립목적 및 법적 성격을 달리하므로, 법 시행령에서 농업회사법인의 부대사업 중 하나로 '영농에 필요한 자재의 생산 · 공급'을 규정하고 있다고 하여 영농조합법인도 영농에 필요한 자재의 생산 · 공급을 그 부대사업으로 당연히 할 수 있다고 보기 어려운 점 등을 종합해 볼 때, 사료가 축산업에 필요한 자재라는 이유만으로는 원고가 영위하는 사료판매업이 영농조합법인 고유의 사업 또는 이에 준하는 사업의 목적으로 달성하는 데 필요한 사업에 해당한다고 보기 어렵다 할 것이므로, 원고의 주장은 이유 없다(의정부지방법원 2010구합3683, 2011. 4. 5).

(6) 협업적 농업경영을 통하여 생산성을 높이고 농산물의 공동출하 · 가공 · 수출을 영농조합법인의 설립목적으로 정한 「농업 · 농촌기본법」 제15조 제1항, 「조세특례제한법」 제66조 제1항 및 같은 법 시행령 제63조 제1항의 입법 취지 등을 고려하여 보면, 구 「조세특례제한법 시행령」 제63조에 따라 법인세가 면제되는 소득 중 「농업 · 농촌기본법 시행령」 제13조 제5호 소정의 '기타 영농조합법인의 목적달성을 위하여 정관으로 정하는 사업'이란 형식적으로 정관에 기재된 것만으로는 부족하고, 정관에 기재된

그 사업 내용이 실질적으로 「농업 · 농촌기본법 시행령」 제13조 제1호 내지 제4호에서 정한 영농조합법인의 사업 즉, 농업의 경영 및 부대사업(제1호), 농업에 관련된 공동이용시설의 설치 · 운영(제2호), 농산물의 공동출하 · 가공 및 수출(제3호), 농작업의 대행(제4호)에 준하는 사업이거나 협업적 농업경영을 통한 생산성 증대라는 영농조합법인의 목적달성에 직접적으로 필요한 사업으로 봄이 타당하다 할 것인바, 청구법인의 경우 2005년에 농업인인 출자조합원이 모두 탈퇴하면서 비농업인이 조합원으로 취임한 점, 농산물 유통도 자체 조합원들이 생산한 농산물이 아닌 도매상으로부터 구입한 농산물로 이루어진 점, 청구주장이 감면관련 법조항의 입법취지에 맞지 아니하는 점 등을 고려하면 청구법인의 농산물유통 관련 소득은 영농조합법인에 대한 법인세 감면대상인 농업소득 외의 소득에 해당한다고 보기 어려운 것으로 판단된다 (조심 2012부1484, 2012. 9. 6).

(7) 법 및 위 각 시행령에서 영농조합법인에 대한 일정범위 내의 법인세를 면제하고 있는 것은 농업인을 다른 산업종사자와 균형된 소득을 실현하는 경제주체로 성장시킴으로써 농업경영의 안정을 도모하고 그 경쟁력을 높이려는 데 취지가 있고, 이처럼 조세를 면제함으로써 명백히 특혜를 부여하고 있다고 볼 수 있는 규정은 이를 엄격하게 해석하는 것이 조세법률주의 및 조세공평의 원칙에 부합한다고 할 것이며, 이러한 엄격해석의 원칙은 원고의 사료도매업이 법인세 면제 대상인지 여부를 판단함에 있어서도 그대로 적용되는 것인바, 영농조합법인은 그 설립목적이 협업적 농업경영을 통하여 생산성을 높이고 농산물의 출하 · 가공 · 수출 등을 공동으로 하도록 함에 있으므로(농업기본법 제15조 제1항 및 구 농업 · 농촌 및 식품산업기본법 제28조 제1항) 법인세 면제 요건인 영농조합법인의 사업에 해당하는지 여부를 판단함에 있어 각 시행령 소정 영농조합법인의 사업 중 제1호 '농업의 경영 및 부대사업'의 범위는 '출하 · 가공 · 수출 등'을 열거한 법문에 충실하게 영농조합법인이 직접 생산하거나 가공한 농산물을 판매하는 경우로 한정하여 해석하고, 제5호 '기타 영농조합법인의 목적달성을 위하여 정관으로 정하는 사업'의 범위는 형식적으로 정관에 기재된 사업을 의미하는 것이 아니라 그 정관에 기재된 사업 내용이 각 시행령 제1호 내지 제4호에서 정한 농업의 경영 및 부대사업(제1호), 농업에 관련된 공동이용시설의 설치 · 운영(제2호), 농산물의 공동출하 · 가공 및 수출(제3호), 농작업의 대행(제4호)에 준하는 사업이거나 영농조합법인의 목적달성에 직접적으로 필요한 사업에 한정하여 해석함이 상당하다고 할 것이다. 위와 같은 법리에 기초하여 살피건대, 먼저 원고가 판매한 사료가 원고에 의하여 생산 또는 가공된 것이 아님은 주장 자체로 명백하므로 원고의 사료

도매업은 각 시행령 제1호 '농업의 경영 및 부대사업'에 해당하지 아니한다.

원고는 농업회사법인의 부대사업 범위에 '영농에 필요한 자재의 생산 및 공급 사업'이 포함되어 있음을 근거로 원고의 사료도매업도 영농조합법인의 부대사업에 해 당한다고 주장하나, 이는 원고의 독자적인 견해일 뿐 농업회사법인은 그 설립목적이 기업적인 농업의 경영이나 농산물의 유통·가공·판매 또는 농업인의 농작업 대행으로서(농업기본법 제16조 제1항 및 구 농업·농촌 및 식품산업기본법 제29조 제1항) 직접 생산하거나 가공하지 아니한 농산물의 유통 및 판매도 사업목적으로 예정하고 있고, 비농업인의 출자를 허용하고 있으며, 법인세 감면 비율도 다른 등(농업소득 외 소득에 대한 법인세의 50%에 상당하는 세액을 감면, 법 제68조 제1항, 제6조 제1항 참조) 영농조합법인과는 사업 범위, 구성원, 감면비율 등에 차이가 있어 그 법적 성격을 달리하므로 원고의 이 부분 주장은 받아들일 수 없다.

또한 갑 제1호 증의 기재에 의하면 원고의 법인등기부 목적란에 사료판매업이 기재되어 있는 사실은 인정되나, 원고의 사료도매업이 각 시행령 제1호 내지 제4호에서 정한 영농조합법인의 사업에 준한다거나 협업적 농업경영을 통한 생산성 증대라는 영농조합법인의 목적달성에 직접적으로 필요한 사업으로 보이지는 아니하고 달리 이를 인정할 근거나 자료가 없으므로, 원고의 사료도매업은 각 시행령 제5호 '기타 영농조합법인의 목적달성을 위하여 전관으로 정하는 사업'에도 해당하지 아니한다(만약 대량구매를 통한 원가절감 등 단순히 관련성을 가지는데 그치는 사업에까지 법인세 면제 혜택을 부여한다면 감면사업의 범위는 거의 무제한적으로 확장되어 결과적으로 법 및 각 시행령의 입법취지가 몰각될 우려가 있다).
따라서 원고의 사료도매업은 법 및 각 시행령에 따라 법인세가 면제되는 사업이라고 할 수 없다(대전고등법원 2011누2000, 2012. 3. 29).

(8) 「상법」상 주식회사가 「농어업경영체 육성 및 지원에 관한 법률」에 따른 농업회사법인의 설립요건을 갖추어 농업회사법인으로 전환하여 「조세특례제한법」 제68조 제1항 및 같은 법 시행령 제65조 제1항에 따라 농업소득 외의 소득에 대해 같은 법 제6조 제1항을 준용하여 법인세를 감면함에 있어 해당 감면기간의 기산은 전환전 법인에서 최초로 소득이 발생한 과세연도를 기준으로 하는 것이다. 또한 「농어업경영체 육성 및 지원에 관한 법률」에 따른 농업회사법인이 생산하거나 매입한 비료의 판매에서 발생된 소득은 「조세특례제한법」 제68조 제1항과 같은 법 시행령 제65조 제1항에 따라 법인세가 감면되는 농업소득 외의 소득에 해당되는 것이다(법규법인 2013-11, 2013. 1. 24).

(9) 농어업경영체 육성 및 지원에 관한 법률에 따라 설립된 영농조합법인이 조합원이 아닌 자로부터 구입한 농산물의 유통 및 가공판매를 함으로써 발생한 소득은 조세특례제한법 제66조 제1항 및 같은 법 시행령 제63조 제1항의 법인세가 면제되는 농업소득 외의 소득에 해당하지 아니하는 것이다(법인-99, 2014. 3. 5).

[영농조합법인 등 관련 주요 해석사례 및 심판례 요약]

| | | |
|---|---|---|
| ① 사료공급과 영세율 | 사료제조업체가 영농조합법인의 주주 또는 조합원인 농민에게 사료를 공급하면서 해당 영농조합법인을 공급받는 자로 하여 영세율세금계산서를 발급하고 그 영농조합법인은 주주나 조합원간의 사료 공동구매를 통한 염가구매 또는 판매장려금 수령 목적으로 그 영세율세금계산서를 발급받은 경우 해당 사료제조업체의 그 농민에 대한 사료 공급은 영세율이 적용되는 것으로 해당 사료제조업체는 해당 영농조합법인에게 영세율세금계산서를 발급하고 해당 영농조합법인은 발급받은 영세율세금계산서의 공급가액 범위 안에서 사료를 실제 공급받은 그 농민에게 영세율세금계산서를 발급할 수 있는 것임. | 부가-11 (2011. 1. 4) |
| ② 농업 외 소득의 범위 | 「농어업경영체 육성 및 지원에 관한 법률」 제11조 제1항 제5호에 따라 영농조합법인이 정관에서 정하는 사업목적을 달성하기 위해 영위하는 농산물 유통업에서 발생하는 소득은 「조세특례제한법」 제66조 제1항의 '농업소득 외의 소득'에 해당하는 것임. | 법인세과-1214 (2010. 12. 30) |
| ③ 국고보조금과 조세감면 | 영농조합법인이 국가 또는 지방자치단체로부터 계란 집하장 및 관리실 신축을 위해 지급받는 '축산분야 지역특화사업 보조금'과 계란포장재 디자인 및 구입을 위해 지급받는 '고품질 축산물 위생포장재 지원사업 보조금' 및 제3자로부터 무상으로 받은 자산수증이익이나 기타 이자수익 장려금 후원금 등은 법인세가 면제되는 「조세특례제한법」 제66조 제1항의 "농업소득 외의 소득"에 해당하지 아니하는 것임. | 법인세과-813 (2010. 8. 30) |
| ④ 농업회사 법인의 입장료수입 | 「농어업경영체 육성 및 지원에 관한 법률」에 따른 농업회사법인이 원예수목원을 운영하면서 받는 입장료 소득은 「조세특례제한법」 제68조 제1항의 농업소득에 해당하지 아니하여 법인세를 면제 또는 감면받을 수 없는 것이며, 원예수목원에서 재배한 화초를 판매함으로써 발생한 소득은 농업소득에 해당되어 같은 법 같은 조 규정에 의해 법인세를 면제하는 것임. | 법인세과-770 (2010. 8. 18) |
| ⑤ 식당운영 수입의 농업 외 소득 해당 여부 | 「농어업경영체 육성 및 지원에 관한 법률」의 규정에 따른 축산업을 영위하는 영농조합법인이 식당을 운영하면서 발생하는 소득은 "농업소득 외의 소득"에 속하는 "영농조합법인의 목적을 달성하기 위하여 정관에서 정하는 사업"에 해당하지 아니하는 것임. | 법인세과-696 (2010. 7. 21) |

| | | |
|---|---|---|
| ⑥ 농업회사 법인의 종자생산 소득 | 「농어업경영체 육성 및 지원에 관한 법률」에 따른 농업회사법인의 종자생산 소득이 주업에서 발생한 소득에 해당하는 경우에는 농업소득에 포함하는 것이고, 부대사업에서 발생한 소득에 해당하는 경우에는 농업소득 외의 소득에 해당하는 것임. | 법인세과-480 (2010. 5. 26) |
| ⑦ 임대토지를 농업회사 법인에 현물출자 | 「조세특례제한법」 제68조 제3항을 적용함에 있어 "농업인"은 「농어업 · 농어촌 및 식품산업 기본법」 제3조 제2호 가목에 따른 농업인으로서 현물출자하는 농지 · 초지 또는 부동산(이하 "농지등"이라 함)이 소재하는 시 · 군 · 구(자치구인 구를 말함) 이하 같음), 그와 연접한 시 · 군 · 구 또는 해당 농지 등으로부터 직선거리 20킬로미터 이내에 거주하면서 직접 경작한 자를 말하는 것으로, 귀 질의와 같이 토지를 임대하다가 현물출자하는 경우에는 이월과세를 적용받을 수 없는 것임. | 부동산거래 관리과-395 (2010. 3. 16) |
| ⑧ 영농조합 법인의 배당소득 | 「농어업경영체 육성 및 지원에 관한 법률」에 따른 영농조합법인의 조합원이 해당 영농조합법인으로부터 지급받는 배당소득 중 농업소득 외의 소득에서 발생한 배당소득은 과세연도별로 1,200만원 이하의 금액은 소득세가 면제되는 것이나 나머지 배당소득에 대하여는 원천징수세율 5%로 소득세를 부과하는 것임. | 원천세과-135 (2010. 2. 10) |

# 제 17 장 출판업의 회계와 세무실무

## I 개 요

### 1. 출판업의 업종구분

#### (1) 한국표준산업분류상의 구분

출판업(58)은 서적, 정기 및 부정기 간행물 등의 인쇄물을 발간하거나 소프트웨어를 출판하는 산업활동으로서 출판에 관련된 법적, 재정적, 기술적, 예술적 및 판매에 관한 활동이 포괄된다. 출판물은 자사에서 직접 창작되거나 다른 사람에 의하여 제작된 창작물을 편집, 구입 또는 계약에 의하여 출판되며, 제공방식은 전통적인 인쇄물방법 또는 전자매체 등에 의하여 이루어질 수 있다.

① 제 외

- 수수료 또는 계약에 의한 출판물 및 인쇄물의 인쇄활동(1811 : 제조업)
- 기록매체 복제활동(18200)
- 주문형 소프트웨어 개발(62010)
- 영화 및 오디오 기록물 제작활동(59)

② 출판업의 세세분류

| 분류코드 | 업종분류 | 업종분류 예시 |
|---|---|---|
| 58111 | 교과서 및 학습서적 출판업 | 초·중·고등학교 교과서 및 교과관련 학습지, 참고서 등을 출판하는 산업활동을 말한다.<br>〈예 시〉<br>• 교과서 출판·학습지 출판·참고서 출판·국어사전 출판 |
| 58112 | 만화 출판업 | 만화를 출판하는 산업활동을 말한다.<br>〈예 시〉<br>• 만화책 출판 |

| 분류코드 | 업종분류 | 업종분류 예시 |
|---|---|---|
| 58119 | 기타서적 출판업 | 학습서적, 만화 및 정기간행물을 제외한 각종 서적이나 서적 성격의 팜플렛을 출판하는 산업활동을 말한다.<br>〈예 시〉<br>• 소설 및 수필집 출판 · 동화책 출판 · 여행가이드서적 출판 · 지도 및 해도 출판 · 사업체 목록 출판 · 전화번호부 출판<br>• 판례집 출판 · 정보목록부 출판<br>〈제 외〉<br>• 악보 등 음악책의 출판활동(5920)<br>• 지도 및 해도를 제작하는 산업활동(72924) |
| 58121 | 신문발행업 | 일반대중이 관심을 갖는 뉴스를 제공하기 위하여 일간 및 주 3일 이상 발생하는 신문을 발행하는 산업활동을 말한다.<br>〈예 시〉<br>• 경제신문 발행 · 스포츠신문 발행 · 일반신문 발행<br>〈제 외〉<br>• 생활정보지 발행(58123)<br>• 전문회보, 주간뉴스 및 주간지(58122)<br>• 방송 또는 신문사, 출판사 및 기타 언론사에 뉴스자료 제공 활동 (63910) |
| 58122 | 잡지 및 정기간행물 발행업 | 전문 또는 일반적인 내용에 관한 주간, 순간, 월간, 계간, 연간 등의 정기간행물 및 잡지 등을 발행하는 산업활동을 말한다.<br>〈예 시〉<br>• 주간신문 발행 · 월간지 발행<br>〈제 외〉<br>• 신문 발행(58121) |
| 58123 | 정기 광고간행물 발행업 | 부동산, 중고품 등의 각종 상품의 거래, 산업활동안내, 구인 · 구직 등에 관한 광고간행물을 정기적으로 발행하는 산업활동을 말한다.<br>〈예 시〉<br>• 생활정보지 발행 · 광고간행물 발행<br>〈제 외〉<br>• 신문 발행(58121) |
| 58190 | 기타 인쇄물 출판업 | 기타 출판업으로서 사진, 판화 및 우편엽서, 시간표, 캘린더, 예술복제품 및 기타 인쇄물을 발행하는 산업활동을 말한다. 각종 마이크로출판물의 발행도 여기에 포함된다.<br>〈예 시〉<br>• 우표 발행 · 축하카드 발행 · 지폐 발행 · 예술복제품 제조 |

### (2) 세법상의 구분

#### ① 기준경비율 등 적용에 따른 분류(2023귀속)

| | | | | | |
|---|---|---|---|---|---|
| 221100 | 서적출판업 | • 일반서적 출판<br>• 교과서 출판 | ○ 신문 및 정기간행물을 제외한 각종 서적과 서적 성격의 팜플렛을 출판하는 업<br>○ 교과서 출판업 | 95.6 | 18.8 |
| 221200 | 신문 및 정기간행물 발행업 | • 신문 및 정기간행물 | ○ 일반 대중이 관심을 갖는 뉴스를 제공하기 위하여 일간 및 비일간 신문을 발행하는 업<br>• 일간신문, 비일간신문 | 94.6 | 21.5 |
| 221300 | 기록매체 출판업 | • 기록매체 출판 | ○ 음성 및 기타현상을 기록한 레코드 · 테이프 및 기타 오디오 기록매체를 출판하는 업<br>○ 녹음 또는 녹화테이프와 함께 판매하는 서적 포함<br>• 컴퓨터 소프트웨어(→722000)<br>• 녹음업(→924901) | 91.2 | 21.9 |
| 221900 | 기타 출판업 | • 기타 출판 | ○ 악보, 지도(지도책), 어린이그림책, 연하장, 장식 포스터 및 회화복사물, 우표, 수입인지, 엽서, 화폐, 주식, 채권 및 권리증서, 수표책, 주문서, 달력, 전사물, 서식, 시간표, 포스터, 예술복제품, 극장표, 열차표, 교육용궤도, 카렌다, 마이크로 출판물 | 92.6 | 17.0 |

#### ② 조세특례 적용에 따른 분류

조세특례제한법에서의 업종의 분류는 이 법에서 특별한 규정이 있는 경우를 제외하고는 통계법 제17조의 규정에 의하여 통계청장이 고시하는 한국표준산업분류에 의한다. 다만, 한국표준산업분류가 변경되어 이 법에 따른 조세특례를 적용받지 못하게 되는 업종은 한국표준산업분류가 변경된 과세연도와 그 다음 과세연도까지는 변경 전의 한국표준산업분류에 따른 업종에 따라 조세특례를 적용한다(조특법 2 ③). 즉, 한국표준산업분류가 2008년 2월 1일 제조업에서 출판업으로 변경되었으나 2009 사업연도까지는 제조업에 대한 조세특례를 적용받을 수 있다.

| KSIC-9(개정 후) | | KSIC-9(개정 전) | |
|---|---|---|---|
| 코 드 | 항목명 | 코 드 | 항목명 |
| 58 | J. 출판,영상,방송통신 및 정보서비스업 | 22 | D. 제조업 |

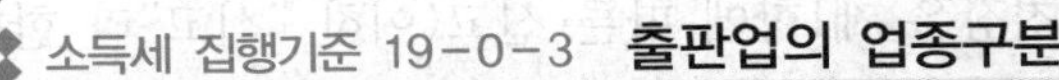

소득세 집행기준 19-0-3 **출판업의 업종구분**

① 출판 관련 업종(서적출판업, 신문·잡지 및 정기간행물 출판업, 기타 인쇄물 출판업) 중 자사에서 직접 창작되거나 다른 사람에 의하여 제작된 창작물을 편집, 구입 또는 계약에 의하여 출판하는 출판물의 소득은 '출판, 영상, 방송통신 및 정보서비스업'에 해당한다.

② 출판권 없이 각종 서적이나 정기간행물을 인쇄하는 산업활동은 제조업 중 인쇄업에 해당한다.

## 2. 출판문화산업진흥법의 주요내용

### (1) 용어의 정의(법 2)

① "출판"이란 저작물 등을 종이나 전자적 매체에 실어 편집·복제하여 간행물(전자적 매체를 이용하여 발행하는 경우에는 전자출판물만 해당한다)을 발행하는 행위를 말한다.

② "출판사"란 출판을 업(業)으로 하는 인적·물적 시설을 말한다.

③ "간행물"이란 종이나 전자적 매체에 실어 읽거나 보거나 들을 수 있게 만든 것으로 저자, 발행인, 발행일, 그 밖에 대통령령으로 정하는 기록 사항을 표시한 것을 말한다.

④ "전자출판물"이란 이 법에 따라 신고한 출판사가 저작물 등의 내용을 전자적 매체에 실어 이용자가 컴퓨터 등 정보처리장치를 이용하여 그 내용을 읽거나 보거나 들을 수 있게 발행한 전자책 등의 간행물을 말한다.

⑤ "외국간행물"이란 외국(북한을 포함한다. 이하 같다)에서 출판된 간행물을 말한다.

⑥ "배포"란 일반인에게 대가를 받거나 받지 아니하고 간행물을 양도(讓渡)하거나 빌려주거나 전시하는 것을 말한다.

⑦ "출판문화산업"이란 간행물의 출판·유통산업 및 그에 밀접히 연관된 산업을 말한다.

### (2) 출판사의 신고(법 9)

① 출판사를 경영하려는 자는 미리 그 출판사가 있는 곳을 관할하는 특별자치도지사·시장·군수·구청장(자치구의 구청장을 말한다. 이하 같다)에게 다음 각 호의 사항을 신고하여야 한다. 신고한 사항을 변경할 때에도 미리 신고하여야 한다.

1. 출판사의 이름 및 소재지
2. 경영자(법인 또는 단체인 경우에는 그 대표자)의 성명 및 주소

② 특별자치도지사 · 시장 · 군수 · 구청장은 제1항에 따른 신고(이하 "신고"라 한다)를 한 자에게 신고확인증을 내주어야 한다.

③ 특별자치도지사 · 시장 · 군수 · 구청장은 신고를 받으면 그 신고 사항을 시 · 도지사(특별자치도의 경우는 제외한다)를 거쳐 문화체육관광부장관에게 보고하여야 한다.

# Ⅱ 출판업의 부가가치세 실무

## 1. 부가가치세 과세대상 여부

출판사는 **도서(전자출판물 포함) 등 공급에 해당**되어 부가가치세를 면제한다. 즉, 도서(도서대여 용역 포함) · 신문 · 잡지 등은 부가가치세를 면제한다(부법 27 2호). 도서는 도서에 부수하여 그 도서의 내용을 담은 음반 · 녹음테이프 또는 비디오테이프를 첨부하여 통상 **하나의 공급단위로 공급하는 것**을 포함하는 것으로 한다(부령 38 ①). 또한, 전자출판물이라 함은 도서 또는 간행물의 형태로 출간된 내용 또는 출간될 수 있는 내용이 음향이나 영상과 함께 전자적 매체에 수록되어 컴퓨터 등 전자장치를 이용하여 그 내용을 보고 듣고 읽을 수 있는 것으로서 문화체육관광부장관이 정하는 기준에 적합한 전자출판물을 말한다. 다만, 「음악산업진흥에 관한 법률」, 「영화 및 비디오물의 진흥에 관한 법률」 및 「게임산업진흥에 관한 법률」의 적용을 받는 것을 제외한다(부칙 26). 그리고, 출판사업을 영위하는 사업자가 문화체육관광부장관이 정하는 기준(문화체육관광부고시 제2008-7호, 2008. 5. 1)에 해당하는 전자출판물을 공급하는 경우에는 그 전자출판물을 공급하는 방식에 관계없이 당해 전자출판물은 「부가가치세법」 제12조 제1항 제7호 및 같은 법 시행령 제32조 제6항에서 정하는 부가가치세가 면제되는 도서의 범위에 포함되는 것이다(부가-3251, 2008. 9. 24). 출판업자가 「부가가치세법 시행규칙」 제26조에 따른 전자출판물에 해당하는 PDF 형식의 전자파일을 출판사에 공급하고 전자파일 공급가액 및 사업성과 배분금액을 받는 경우 해당 전자출판물의 공급은 같은 법 제26조 제1항 제8호 및 같은 법 시행령 제38조 제1항에 따라 부가가치세가 면제되는 것이다(법규부가 2013-240, 2013. 7. 5).

**핵심체크**

도서와 음반, 비디오테이프 등을 판매하는 경우 통상 하나의 공급단위로 공급하면 도서의 부수공급으로 보아 부가가치세를 면제하나 음반, 비디오테이프 등을 별도로 판매하는 경우에는 독립된 재화의 공급으로 보아 부가가치세가 과세된다.

## 2. 전자출판물의 부가가치세 면세 대상 기준

부가가치세법 시행령 제32조 및 동법 시행규칙 제11조의 규정에 따라 부가가치세가 면세되는 전자출판물의 범위를 규정하기 위한 전자출판물의 기준을 다음과 같이 고시합니다 ([시행 2018. 10. 16] [문화체육관광부고시 제2018-36호, 2018. 10. 16, 폐지제정]).

### (1) 국내 전자출판물

아래 가. ~ 다. 항목의 기준을 충족시키는 전자출판물

| 구분 | 내 용 |
|---|---|
| 가. 형태 및 내용 | 「출판문화산업 진흥법」 제2조 제4호(단, 외국 전자출판물은 「출판문화산업 진흥법」에 따라 신고한 출판사가 아닌 출판사도 허용) 및 「부가가치세법 시행규칙」 제26조, 제38조의 규정에 의한 전자출판물<br>※ 다만, 「음악산업진흥에 관한 법률」, 「영화 및 비디오물의 진흥에 관한 법률」 및 「게임산업진흥에 관한 법률」의 적용을 받는 것은 제외함 |
| 나. 기록사항 | 「출판문화산업진흥법」 제2조 제3호, 제22조 제3항(외국 전자출판물은 제외), 동법 시행령 제3조의 기록사항(저자, 발행인, 발행일, 정가, 출판사, 자료번호) |
| 다. 자료번호 | 「콘텐츠산업진흥법」 제23조의 "콘텐츠 식별체계"의 식별번호(사단법인 한국전자출판협회가 인증시 부여) 또는 「도서관법」 제21조의 "국제표준자료번호"<br>※ 다만, 외국 전자출판물은 국립중앙도서관이 아닌 기관으로부터 부여받은 국제표준자료번호도 허용 |

### (2) 외국 전자출판물

"출판문화산업 진흥법" 제12조의 규정에 의하여 문화체육관광부장관의 수입추천을 받은 전자출판물, 또는 위 고시 제1항의 가, 나 항목의 기준을 충족시키는 전자출판물

## 3. 부가가치세 대리납부

비거주자 또는 외국법인으로부터 용역 또는 무체물을 공급(무체물인 재화의 수입으로서 관세와 함께 부가가치세를 신고·납부하여야 하는 재화의 수입에 해당하지 아니하는 경우를 포함한다)받는 자(공급받은 용역 등을 과세사업에 제공하는 경우는 제외하되 제17조 제2항 각 호에 따라 매입세액이 공제되지 아니하는 용역 등을 공급받는 경우를 포함한다)가 그 대가를 지급하는 때에는 그 용역을 공급받는 자가 부가가치세를 징수하고 사업장 또는 주소지 관할 세무서장에게 납부하여야 한다.

관련법조문

◈ 부가가치세법 제52조 【대리납부】

① 다음 각 호의 어느 하나에 해당하는 자로부터 국내에서 용역 또는 권리(이하 이 조 및 제53조에서 "용역 등"이라 한다)를 공급(국내에 반입하는 것으로서 제50조에 따라 관세와 함께 부가가치세를 신고・납부하여야 하는 재화의 수입에 해당하지 아니하는 경우를 포함한다. 이하 이 조 및 제53조에서 같다)받는 자(공급받은 그 용역 등을 과세사업에 제공하는 경우는 제외하되, 제39조에 따라 매입세액이 공제되지 아니하는 용역 등을 공급받는 경우는 포함한다)는 그 대가를 지급하는 때에 그 대가를 받은 자로부터 부가가치세를 징수하여야 한다.

1. 「소득세법」 제120조 또는 「법인세법」 제94조에 따른 국내사업장(이하 이 조에서 "국내사업장"이라 한다)이 없는 비거주자 또는 외국법인
2. 국내사업장이 있는 비거주자 또는 외국법인(비거주자 또는 외국법인의 국내사업장과 관련없이 용역 등을 공급하는 경우로서 대통령령으로 정하는 경우만 해당한다)

② 제1항에 따라 부가가치세를 징수한 자는 대통령령으로 정하는 바에 따라 부가가치세 대리납부신고서를 제출하고, 제48조 제2항 및 제49조 제2항을 준용하여 부가가치세를 납부하여야 한다.

③ 제1항과 제2항을 적용할 때 공급받은 용역 등을 과세사업과 면세사업등에 공통으로 사용하여 그 실지귀속을 구분할 수 없는 경우의 안분계산방법 등에 관하여 필요한 사항은 대통령령으로 정한다.

판례

**출판권 대여소득과 대리납부**(대법원 2013. 8. 19 선고, 2013두8325 판결)

(1) 부가가치세법(2006. 12. 30 법률 제8142호로 개정되기 전의 것) 제7조 제1항, 제34조 제1항에 의하면, 국내사업장이 없는 외국법인[개인인 경우 동 시행령(2007. 10. 15 대통령령 제20323호로 개정되기 전의 것) 제35조 제1호 (아)목에 의하여 부가가치세가 면제된다]이 권리를 사용하게 하는 것은 용역의 공급으로서 부가가치세 대리납부 대상이다. 그리고 출판과 관련된 계약은 출판허락계약(저작권자가 출판자에 대하여 출판을 허락하고 이에 대하여 출판자는 자기의 계산으로 복제・배포할 권리와 의무를 부담하는 계약이다), 출판권설정계약(저작자와 출판자 사이에 체결되는 출판권의 설정을 목적으로 하는 준물권계약이다. 이 계약으로 출판자는 배타적・독점적 출판권을 취득 하므로, 출판권의 목적이 된 저작물에 대한 복제 및 배포권의 침해가 있을 경우 출판권자는 원 저작권자와 관계없이 독자적으로 금지청구권이나 손해배상청구권을 행사할 수 있다. 원 저작권자도 별도로 독자적인 침해금지청구권을 행사할 수 있다), 저작재산권 양도계약(저작재산권 전부 또는 출판에 꼭 필요한 복제권・배포권만을 양도하는 계약이다)으로 대별된다.
이러한 규정내용 및 출판과 관련된 계약유형에 비추어, 출판허락계약에 따른 출판은 출판권을 사용하게 하는 용역을 공급받는 것이므로 부가가치세의 과세대상이 되나, 출판권설정계약이나 저작권 양도계약에 따른 출판은 독점적・배타적인 출판권을 행사하는 것이지

용역을 공급받는 것이 아니므로 부가가치세 과세대상에 해당하지 않는다. 나아가 저작권에 관한 계약을 해석함에 있어 과연 그것이 저작권 양도계약인지 이용허락계약언지는 명백하지 아니한 경우, 저작권 양도 또는 이용허락되었음이 외부적으로 표현되지 아니한 경우에는 저작자에게 권리가 유보된 것으로 유리하게 추정함이 상당하며, 계약내용이 불분명한 경우 구체적인 의미를 해석함에 있어 거래관행이나 당사자의 지식, 행동 등을 종합하여 해석함이 상당하다(대법원 1996. 7. 30 선고, 95다29130 판결).

(2) 이 사건으로 돌아와 보건대, 이 사건 계약에 출판권설정계약 또는 저작재산권 양도계약으로 볼 수 있는 '출판권 소유에 관한 계약'(제1조), '출판권 양도'(제2조, 제3조, 제5조, 제6조, 제9조), '양도대금'(제8조), 계약기간 만료 후 출판권은 소외 회사에 자동으로 양도된다(제13조)는 등의 규정이 있다. 그러나 ① 인세에 관하여: 이 사건 계약은 저작물 이용대가를 일괄지급한 소위 매절계약에 해당하는데(이 사건 계약에 정가의 5%를 추가지급하는 것으로 기재되어 있으나 원고는 매절계약이라고 주장하고 있고, 실제 이 돈이 지급되었다는 증거가 없다), 매절계약은 인세를 훨씬 초과하는 고액이라는 등의 입증이 없는 한 저작권 양도 계약이 아니라 (출판권 또는 저작재산권)이용허락계약으로 볼 수밖에 없는 점, 구미(歐美)에서 어문출판물의 인세율은 통상 초판의 경우 10%, 재판(5,000부 이상 10,000부 이하)의 경우 12.5%, 10,000부 이상 출판하는 경우 15%이고, 번역출판물의 경우 최저 보장부수에 대한 인세를 선불로 지급하고 최저보장부수를 초과하는 판매부수에 대한 인세를 정기적으로(보통 2회) 정산하여 지급하는 방식이 일반적인 거래관행인바, 인세율을 10%로 하고, 매년 최저보장부수만큼 판매된다고 가정하더라도 인세는 미화 000달러(= 5,000부 × 이 사건 각 도서 정가 미화 ○○○달러 × 계약기간 7년 × 10%)으로 추산되므로, 원고가 소외 회사에 지급한 대가(미화 ○○○달러)는 이보다 적은 금액인 점, ② 독점적 · 배타적 권리에 관하여: 이 사건 계약에 한국 내에서 독점 적 · 배타적으로 출판권을 행사한다는 규정이 없는 점, ③ 입증책임에 관하여: 원고는 영문계약서 원본을 분실하였다는 이유로 한글번역본만 제출하여 이 사건 계약의 내용을 정확하게 파악할 수 없게 한 점(과세관청인 피고가 입증책임을 부담하나, 피고가 일응의 입증을 하면 원고가 적극적으로 아니라는 증거를 제출하여야 한다), ④ 등록에 관하여: 출판권은 출판권등록부에 등록할 수 있는데[저작권법(2009. 4. 22, 법률 제9625호로 개정되기 전의 것) 제63조 제3항], 원고는 출판권등록을 하지 아니한 점 등을 고려할 때, 저작권자인 소외 회사는 계속 출판권을 가지면서(소외 회사가 원고 이외에 국내 제3자와 출판허락계약을 체결할 수도 있다) 원고와 출판허락계약을 체결한 것으로 봄이 상당하고, 국내사업장 없이 이 사건 각 도서에 관한 출판권 사용이라는 용역을 공급하였으므로, 원고는 이에 대한 부가가치세를 대리납부할 의무가 있다.

◈ 조심 2011서1449, 2011. 6. 27

청구법인이 비거주자와 체결한 계약은 출판권의 양도로 명시되어 있지만, 계약의 실질내용은 비거주자로부터 한국 내에서 쟁점도서를 출판할 수 있는 권리를 부여하는 계약으로 보이고, 제 3자에게 양도할 수 없도록 규정되어 있어 출판권의 권리 · 의무 전체가 이전되는 양도로 보이지 아니하며, 판매금액의 일정액을 로열티로 지불하는 점 등을 보아 비거주자로부터 과세용역을 제공받은 것으로 보이므로, 비거주자로부터 쟁점도서를 한국어로 번역 출판할 수 있는 권리인 용역을 제공받고 그 대가를 비거주자에게 송금한 이 건의 경우는 부가가치세 면세대상이 아니라고 판단된다.

따라서, 청구법인은 「부가가치세법」 제34조 제1항의 규정에 따라 용역에 대한 대가를 지급할 때에 부가가치세를 징수하여 관할 세무서장에게 대리납부하여야 할 것임에도, 이를 이행하지 아니하였으므로, 처분청이 청구인에게 이 건 부가가치세를 부과한 처분은 달리 잘못이 없다고 판단된다.

## 4. 관련사례

### (1) 통신망을 통한 학습자료 제공

사업자가 학생들에게 컴퓨터를 이용한 통신망으로 학습자료를 제공하고 당해 학습결과를 통신망으로 전송받아 성적을 평가하여 주고 대가를 받는 경우에는 부가가치세가 과세된다. 즉, 부가가치세가 면제되는 전자출판물로 보지 아니한다(부가 46015-674, 1998. 4. 9).

### (2) 비영리출판물에 대한 광고게재 등 부수면세의 범위

영리 아닌 사업을 목적으로 하는 법인 기타 단체가 발행하는 기관지 또는 이와 유사한 출판물과 관련되는 용역은 부수공급으로 면세되는 것으로 본다(부령 48). 여기서 기관지 또는 이와 유사한 출판물은 불특정인에게 판매를 목적으로 하지 아니하고 그 단체의 목적이나 정신을 널리 알리기 위하여 발행하는 것으로서 그 기관의 명칭이나 별칭이 당해 출판물의 명칭에 포함되어 있는 것에 한한다(부칙 36). 또한 비영리법인이 발행하는 기관지 또는 이와 유사한 출판물로서 판매를 목적으로 하지 않고 그 기관의 명칭이 당해 출판물의 명칭에 포함되어 있는 기관지 또는 이와 유사한 출판물의 광고용역은 면세되는 용역의 공급에 필수적으로 부수되는 용역으로 보아 부가가치세가 면세되는 것이다. 다만, 인터넷홈페이지를 운영하는 사업자가 동 인터넷홈페이지에 광고 또는 모집공고 등을 게재해 주고 광고료 등 그 대가를 받는 경우에는 부가가치세법 제7조의 규정에 의하여 부가가치세가 과세되는 것이다(서면3팀-661, 2006. 4. 5).

### (3) 수첩 · 달력 등의 판매

출판사가 도서를 출판하고 남은 종이를 이용하여 다이어리, 달력 등을 제작 · 판매시 부가가치세가 과세되며, 지구의는 도서에 해당되지 아니하므로 부가가치세 과세된다(서삼

46015-10536, 2003. 4. 1).

### (4) 편집 · 인쇄 · 제본 등의 용역 공급

부가가치세가 면제되는 도서라 함은 "재화"로 공급되는 것만을 말하는 것으로 사업자가 특정인과의 계약에 의하여 원고, 사진 등을 제공받아 편집 · 인쇄 · 제본 등의 용역을 공급하는 경우에는 부가가치세가 과세된다(재소비 46015-250, 2001. 9. 21).

### (5) 일일학습지 판매

학생들의 교양 또는 지식의 보급을 위하여 일일학습지를 판매하는 것은 부가가치세가 면제되는 도서의 공급에 해당한다(부가 1265.1-1388, 1983. 7. 13).

### (6) 출판물 광고용역의 공급시기

출판업을 영위하는 사업자가 자기의 출판물에 타인의 광고를 게재하여 주고받는 경우, 광고용역의 공급시기는 당해 출판물이 사실상 출판되는 때이다(조법 1265.2-1361, 1983. 12. 23).

**사례** **출판업과 지류도매업을 겸영하는 사업자의 면세전용**

출판업(면세사업)과 지류도매업(과세사업)을 겸영하는 사업자가 지류를 구입하여 매입세액공제를 받고 출판업에 공하기 위하여 사용 · 소비한 경우 다음의 사례에 따라 과세 여부가 달라진다.

(1) 동일한 사업장에서 면세전용한 경우
지류도매업(과세사업)을 영위하기 위하여 취득한 지류를 출판업에 사용 · 소비한 경우 자가공급(면세전용)에 해당되어 시가상당액을 과세표준으로 하여 부가가치세가 과세된다. 다만, 세금계산서 발급의무는 없다.

(2) 과세 · 면세사업장이 다른 경우
지류도매업에 사용하기 위하여 취득한 지류를 자기의 다른 사업장(출판업)에 사용 · 소비하기 위하여 반출하는 경우는 외부거래와 동일하게 계약상 · 법률상의 원인에 의한 공급으로 보아 부가가치세가 과세되며 과세표준은 시가상당액으로 하여 세금계산서를 발급하여야 한다(재소비 46015-183, 1999. 5. 26).

(3) 사업자단위 과세제도를 채택하고 있는 경우
사업자단위 과세제도를 채택하고 있는 자가 지류를 면세사업인 출판업에 사용하기 위해 반출하는 경우 계약상 · 법률상 원인에 의한 재화의 공급에 해당하는 것이나 다만, 세금계산서발급은 면제된다(부가-222, 2010. 2. 24).

## Ⅲ 출판업의 소득세 · 법인세 실무

### 1. 출판업의 총수입금액(익금)의 귀속

출판사의 매출액에 대한 귀속시기는 원칙적으로 **서점 등 공급받는 자에게 인도되는 시점**에서 인식한다. 다만, 출판사가 서점사업자에게 재고반품조건으로 도서를 납품하여 서점 매장을 통하여 구매자에게 판매하고 일정률의 수수료를 차감한 금액을 서점사업자로부터 수령하는 경우, 동 재화의 매출로 인한 손익의 귀속사업연도는 법인세법 시행령 제68조 제1항 제1호의 규정에 의하여 동 재화를 서점사업자에게 인도하는 날이 속하는 사업연도로 보는 것이며 출판사가 납품한 도서 중 파손 분실 등으로 인한 재고손실에 대한 손금의 귀속사업연도는 그 손금이 확정된 날이 속하는 사업연도로 하는 것이다(서면2팀-914, 2008. 5. 13).

서적의 판매형태에 따라 위탁판매, 할부판매, 임치진열판매, 통신판매 등으로 구분할 수 있는데 이 경우 귀속시기는 다음과 같다.

#### (1) 위탁판매

위탁판매는 **수탁자가 도서를 판매한 때** 매출액을 인식한다. 출판물은 위탁거래 형태로서 총판이나 특약점, 서점과의 약정에 의하여 고객에게 판매되는 경우가 대부분이다. 그러나 기업회계상의 위탁판매와는 성격이 달라 반품이 필수적으로 발생된다. 이에 따라 반품추정부채를 기업회계에 따라 계상하여야 한다.

#### (2) 할부판매

아동도서나 전집, 사전 등에 대하여 할부판매 형태가 많이 이루어진다. 할부판매는 도서를 인도하고 도서 판매대금을 분할하여 회수하는 방식이다. 장기할부판매의 경우 인도일이 속하는 사업연도에 매출액을 인식하나 다만, 법인이 회수기일도래기준을 적용하여 결산에 반영한 경우에는 회수기일도래기준에 의한다(법령 68 ②). 장기할부판매란 자산의 판매 또는 양도로서 판매금액 또는 수입금액을 월부 · 연부 기타의 지불방법에 따라 2회 이상으로 분할하여 수입하는 것 중 당해 목적물의 인도일의 다음 날부터 최종의 할부금의 지급기일까지의 기간이 1년 이상인 것을 말한다(법령 68 ④).

### (3) 임치계약 판매

출판사는 서점과 특약에 의하여 진열하여 고객에게 판매하고 수탁자인 서점은 결량이 발생했을 때 출판사에 추가로 주문하여 보충하고 판매되지 않은 부분은 반품하는 형태이다. 이는 위탁판매형태와 유사하므로 **서점이 판매했을 때** 매출로 인식한다.

### (4) 통신판매

출판사에서 전자상거래 등 통신판매를 통하여 직접 판매하는 경우이다. 이때 매출을 계상하는 시점은 서적을 발송한 시점이다. 다만, 시용판매의 경우에는 고객이 구입의사표시를 한 날에 매출로 계상한다.

## 2. 저작권 · 출판권 양도의 소득구분

① **질의**

서적(비소설류)을 저술한 A(저작자, 비사업자)가 B(출판사, 출판업 등록한 면세사업자)에게 출판권만을 준 상태로 C(출판과 무관한 비영리법인)에게 저작권자는 저작권을 분리해서 C에게 양도하고 출판사는 출판권만을 C에게 양도할 경우 저작권자가 저작권 양도시 소득구분 및 기준경비율 코드와 출판사가 출판권을 양도시 소득구분 및 기준경비율 코드 여부?

② **회신**

저작자가 저작권을 타인에게 전부 양도하고 그 권리행사포기의 대가로 받는 금품은 저작자의 저작권 사용료에 대한 대가수령의 한 방법으로서 당해 저작자가 저작물의 창작을 계속 · 반복적인 업으로 영위하는 경우에는 소득세법 제19조의 사업소득에 해당하는 것이고, 이때 적용할 기준경비율 · 단순경비율 코드번호는 940100(저술가)이며, 그 외의 경우에는 소득세법 제21조의 일시적인 문예창작소득인 기타소득에 해당하는 것이다.

또한, 도서출판업을 영위하는 출판사가 출판물에 사용하던 저작권과 출판권을 타인에게 양도하고 대가를 받는 경우 출판업의 부수수입에 해당하는 것으로서 사업소득으로 보는 것이며, 이때 적용할 기준경비율 · 단순경비율 코드번호는 221100(서적출판업)을 적용하는 것이다(서면1팀-1583, 2005. 12. 23).

## 3. 출판사의 특수계정과목의 처리

### (1) 외주가공비

출판사의 경우 자체적으로 서적을 제작하는 경우보다는 인쇄업자나 제본업자에게 외주가공을 의뢰하는 경우가 대부분이다. 이 경우 인쇄업자 등으로부터 세금계산서를 수취하여야 한다.

### (2) 원고료

저작권자에게 원고용지의 매수를 기준으로 원고료를 지급한다. 원고료는 문예·학술·미술·음악 또는 사진에 속하는 창작품(「신문 등의 자유와 기능보장에 관한 법률」에 의한 정기간행물에 게재하는 삽화 및 만화와 우리나라의 창작품 또는 고전을 외국어로 번역하거나 국역하는 것을 포함한다)에 대한 원작자로서 받는 소득인 원고료는 기타소득으로 분류한다(소법 21 ① 15호 가목). 다만, 소득자의 직업, 태양, 계속반복성 여부에 따라 다음과 같이 구분할 수 있다.

① 기타소득 : 일시적이고 비반복적인 성격의 원고료는 기타소득으로 분류하고 총지급액의 60%를 차감한 기타소득금액의 22%(지방소득세 포함)를 원천징수한다.

② 사업소득 : 계속성과 반복성, 수익을 얻기 위한 사업성을 갖춘 경우에는 사업소득으로 지급액의 3.3%를 원천징수한다.

또한, 도서출판업을 하는 내국법인이 일본 및 미국작가로부터 원고를 받아 지급하는 원고료는 소득세법 제134조 제13호 및 동법 시행령 제185조 제9항 제7호의 기타소득에 해당하므로 동법 제178조 제1항 제3호의 규정에 의거 지급액의 25%를 원천징수하여야 한다(국일 46017-715, 1995. 11. 14).

### (3) 인세

인세는 출판물의 발행부수를 기준으로 지급하는 발행인세와 출판물의 판매부수를 기준으로 하는 매출인세로 나누어진다. 일반적으로 매출인세의 형태가 많으며 서적판매금액의 10%에서 20%에서 결정된다. 인세는 일시적인 문예창작소득으로 기타소득으로 총지급액에서 60%의 필요경비를 제외한 기타소득금액에서 22%를 원천징수한다. 다만, 저작자가 사업성이 있는 경우 사업소득으로 원천징수하여야 한다. 즉, 독립된 자격으로 용역을 제공하고 받는 소득이 사업소득에 해당하는지, 또는 기타소득에 해당하는지의 여부는 당사자 사이에 맺은 거래의 형식·명칭 및 외관에 구애될 것이 아니라 그 실질에 따라 평가한 다음 그 거래의 일방 당사자인 당해 납세자의 직업활동의 내용, 그 활동기간, 횟수, 태양, 상대방 등에 비추어 그 활동이 수익을 목적으로 하고 있는지 여부와 사업활동으로 볼 수 있을 정도의 계속성과 반복성이 있는지 여부를 고려하여 사회통념에 따라 판단하여야 하는 것이므로, 인세수입금액이 문예창작소득에 해당한다고 하더라도 그 계약기간 및 규모, 계속성 및 반복성 등을 감안하여 사업성이 인정되는 경우에는 먼저 사업소득으로 과세하고, 사업성이 없는 경우에만 기타소득으로 보아야 한다(국심 2007서1536, 2007. 7. 25).

### (4) 저자에게 무상으로 기증하는 도서의 가액

출판사가 저작권자에게 무상으로 기증하는 출판물의 가액은 그 성질에 있어서는 저작권자의 지적산물에 대한 대가인 **인세의 변형된 형태**라고 보아야지, 출판권자가 저작권자에게 친목을 두텁게 함으로써 거래관계의 원활한 진행을 도모하기 위한 접대비로 보기는 어렵다. 따라서 출판사의 출판수입에 대응하는 필요경비로 보는 것이 타당하다(국심 2001서602, 2001. 8. 24).

### (5) 반품비용

출판사가 서점 등에 판매하는 경우 반품판매조건부의 위탁판매형태이다. 이 경우 기업회계에서는 수익을 인도시점에서 인식하는 경우, 반품에 대하여는 반품예상액을 추정하여 반품충당부채로 계상한다. 그러나 법인세법에서는 이를 인정하지 아니하고 반품추정액을 익금에 산입하여 유보처분하고 [수입금액조정명세서] 조정가산란에 기재하는 것이며, 접대비 한도액계산시 수입금액에는 세무조정하여 익금산입한 금액은 포함하지 아니한다(서이-65, 2005. 1. 10).

**① 도서 반품예상액을 추정하는 경우**

(차) 반품비용 ××× (대) 반품충당부채 ×××

[세무조정] 손금불산입 반품비용 ×××[유보]

법인세법에서 인정되는 충당부채가 아니므로 손금불산입하고 유보처분함.

**② 도서가 실제 반품되는 경우**

(차) 반품충당부채 ××× (대) 반품비용 ×××

[세무조정] 손금산입 반품비용 ×××[△유보]

도서가 실제 반품시 손금산입하고 유보처분함.

### (6) 마일리지비용

출판사 또는 서점에서 우수고객에 대하여 마일리지 포인트를 부여하는 경우가 발생한다. 이때 출판사 입장에서는 마일리지 포인트를 부여하는 시점에서 의무가 발생하고 고객이 포인트를 사용시에 자원유출가능성이 매우 높은 경우 그 금액을 합리적으로 추정하여 충당부채로 인식하여야 한다. 그러나 세무회계에서는 추정부채 계상액을 인정하지 않고 **누적포인트를 실제로 사용한 날**이 속하는 사업연도에 손금으로 산입하도록 하고 있다(서이-1600, 2004. 7. 29). 또한, 법인이 고객에게 지급하는 마일리지 보상금은 재화나 용역의 대가로 볼 수 없어 「법인세법」 제116조에 규정한 증빙수취 대상이 아니므로 지출증빙으로 고객에게 보상금을 지급한 근거(마일리지 기록)와 지출증빙(입금증 등)을 보관하는 것이며, 마일리지, 사이버머니 적립제도 등의 방법으로 일정기간 구매실적에 따라 사은품 또는 사례를 지급하는 경우에도 그 사은품 등은 구매 고객의 과세소득에 해당하지 아니하는 것으로 기타소득에 해당하지 아니하는 것이다(서면2팀-1105, 2005. 7. 15).

① 도서를 카드로 판매하고 마일리지 포인트 부여시

| | | | | |
|---|---|---|---|---|
| (차) 매출채권 | ××× | (대) 매　　출 | ××× |
| (차) 마일리지비용 | ××× | (대) 마일리지 충당부채 | ××× |

[세무조정] 손금불산입 마일리지비용 ×××[유보]

법인세법에서 인정되는 충당부채가 아니므로 손금불산입하고 유보처분함.

② 고객이 마일리지 포인트 행사시

| | | | |
|---|---|---|---|
| (차) 매출채권 | ××× | (대) 매　　출 | ××× |
| 매출원가 | ××× | 상　　품 | ××× |
| (차) 마일리지충당부채 | ××× | (대) 매출채권 | ××× |

[세무조정] 손금산입 마일리지비용 ×××[△유보]

마일리지 포인트 실제 사용액 손금산입하고 유보처분함.

[세무조정] 손금불산입 마일리지비용 ×××[유보]

법인세법에서 인정되는 충당부채가 아니므로 손금불산입하고 유보처분함.

### (7) 감가상각비

출판사의 자산으로 비품, 건물, 시설장치, 차량운반구 등에 대한 감가상각비를 계상한다.

### (8) 재고자산 폐기손실

출판서적의 파손, 진부화 등으로 인하여 더 이상 본래의 용도로 판매할 수 없는 경우가 있다. 재고자산 중에서 파손, 부패, 진부화 기타 사유로 인하여 정상가액으로 판매할 수 없는 것은 처분가능한 시가로 평가하여 재고자산 평가손실을 영업외비용으로 처리할 수 있다(법법 42 ③ 1호). 그런데 실무상으로는 재고자산 평가손실에 대한 입증책임문제에 어려움이 있다. 출판사에서 세법전과 세법서적을 출판하는데 세법은 매년마다 개정이 되어 1년이 지나면 재고자산으로서의 가치가 거의 없다. 이 경우 재고자산 폐기사실을 회사가 입증하여야 한다는 것이다. 따라서 재고자산 폐기시에는 증거를 확보해야 하는데 그 증거로는 사진촬영, 폐기목록, 폐기사유, 폐기 재고자산의 취득자료 등 객관적인 입증자료를 작성하여 비치해 두어야만 한다.

### (9) 할인쿠폰에 의한 할인비용의 처리

할인쿠폰에 의하여 도서 판매시 출판사가 부담하는 할인금액은 해당 법인의 판매부대비용에 해당한다. 따라서 전액 손금에 산입된다(서이 46012-10920, 2003. 5. 7).

## 4. 출판업의 조세특례

### (1) 중소기업의 범위

출판업은 중소기업 해당 업종으로 일정한 요건을 충족하는 경우 조세특례를 적용받을 수 있다. 출판업의 중소기업규모기준은 중소기업기본법 시행령[별표 1]에서 정하고 있다.

### (2) 중소기업특별세액감면(조특법 7 ① 1호 차목)

출판업이 중소기업의 요건을 충족하면 중소기업특별세액감면을 받을 수 있다.

| 구 분 | | 감면율 |
|---|---|---|
| 소 기 업 | 수도권 안 | 20% |
| | 수도권 밖 | 30% |
| 중 기 업 | 수도권 안 | 0% |
| | 수도권 밖 | 15% |

• 지식기반산업(오디오 기록매체출판업)에 해당되는 경우에는 수도권 안 중기업에 해당되어도 10%의 중소기업특별세액감면을 적용받을 수 있다.

• 수도권은 서울, 인천, 경기도로 과밀억제권역 · 성장관리권역 및 자연보전권역 전부를 포함한다.

### (3) 기타 조세특례

① 결손금소급공제(법법 72)

② 분납기한 2개월(법법 64)

③ 중소기업정보화지원사업에 대한 과세특례(조특법 5의 2)

④ 중소기업투자세액공제(조특법 5)

⑤ 창업중소기업에 대한 세액감면(조특법 6)

**참 고**

회사명 : T&C출판사 20×1. 1. 1 ~ 20×1. 12. 31

| 과목 | | | |
|---|---|---|---|
| Ⅰ. 매출액 | | | ××× |
| 1. 제품매출액 | ××× | | |
| 2. 상품매출액 | ××× | | |
| 3. 기타매출액 | ××× | | |
| Ⅱ. 매출원가 | | | ××× |
| 1. 제품매출원가 | | ××× | |
| ① 기초제품재고액 | ××× | | |
| ② 당기제품제조원가 | ××× | | |
| ③ 타계정대체액 | ××× | | |
| ④ 기말제품재고액 | | | |
| 2. 상품매출원가 | | ××× | |
| ① 기초상품재고액 | ××× | | |
| ② 당기상품매입액 | ××× | | |
| ③ 타계정대체액 | ××× | | |
| ④ 기말상품재고액 | ××× | | |
| Ⅳ. 판매비와 관리비 | | | ××× |
| ① 급료와 상여금 | ××× | | |
| ② 판매수당 | ××× | | |
| ③ 도서인쇄비 | ××× | | |
| ④ 광고선전비 | ××× | | |
| ⑤ 인세 | ××× | | |

⑥ 지급수수료 ××× 
⑦ 반품비용 ××× 
⑧ 마일리지비용 ×××

[세무상 검토내용]

1. 타계정대체액은 판매로 사용되지 않은 출판물 폐기분, 무상증여분 등으로 폐기분에 대한 입증서류를 갖추었는지, 무상증여분에 대한 접대비 및 기부금 여부를 검토한다.
2. 판매수당과 인세 등은 인적용역에 대한 대가로 원천징수 적정 여부를 검토한다.
3. 반품비용, 마일리지비용은 추정부채계상액으로 손금불산입(유보)하고 실제 지출시에 손금산입한다.

## 5. 비거주자 등에 대한 원천징수

출판사가 비거주자나 국내사업장이 없는 외국법인에게 저작권료나 인세, 사용료 등을 지급하는 경우 원천징수 문제가 발생한다. 이 경우 상대국과 체결한 조세조약을 검토하고 조세조약이 체결되어 있지 않은 경우에는 법인세법 등의 규정에 따라 원천징수하여야 한다.

### (1) 비거주자의 사진 등을 국내 정기간행물에 게재하고 대가 지급시 소득구분

#### ① 질의

당사는 정기간행물을 발행하는 출판사로서, 외국작가(이하 "비거주자")인 사진과 기사를 당사 정기간행물에 게재하고, 그 대가(이하 "사용료")를 비거주자 등의 납부(할)세액확인서에 의해 관할세무서 확인, 원천징수 후 비거주자에게 송금하는 경우 당사로부터 사용료를 지급받은 스웨덴의 작가가 한국과 스웨덴의 이중과세방지협약에 의해 지급받은 사용료에 대한 세금을 스웨덴에서 납부하여야 한다는 스웨덴 세무관련 기관의 증빙서류를 첨부하여 당사가 원천징수하여 납부한 세금을 환불해 달라고 요청함.

1. 위의 사용료는 소득세법 제119조에 의한 비거주자의 국내원천소득이므로 국내에서 소득세를 원천징수 납부하여야 함.
2. 위의 사용료는 한국과 스웨덴의 이중과세방지협약에 의해 스웨덴에서 납부하여야 함.

#### ② 회신

출판업을 영위하는 내국법인이 스웨덴국에 거주하는 작가의 사진 및 기사를 자사가 발간하는 정기간행물에 게재하고 지급하는 대가는 저작권의 사용에 대한 대가로서 소득세법 제119조 제11호 및 한·스웨덴 조세조약 제12조에서 규정하는 사용료소득에 해당되므로 당해 대가를 지급하는 내국법인은 15%(지방소득세 포함)의 제한세율로 소득세를 원천징수하는 것이다(국일 46017-468, 1998. 7. 27).

### (2) 한국어판 잡지발행대가를 홍콩법인에게 지급하는 사용료의 원천징수

① 질의

당사(이하 "갑")는 홍콩의 NBP Asia Ltd.(이하 "을")에서 영문으로 발행하는 전자전문지 "NEA"의 한국어판을 발행하는 출판사입니다.

"갑"과 "을"은 한국어판 발행조건으로 "갑"이 매출한 순 광고수입의 50%를 "을"(홍콩)에게 송금토록 계약되어 있습니다.

상기의 경우 아래와 같이 양설이 있어 질의합니다.

1. 홍콩은 중국의 영토에 있으므로 한·중 조세협약 제7조 제1호에 의거 과세하지 않는다.
2. 갑이 을에게 송금하는 순 광고수입의 절반에 해당하는 금액은 법인세법 제93조 제5호의 국내원천소득에 해당되어 원천징수해야 한다.

② 회신

내국법인이 국내사업장이 없는 홍콩법인으로부터 영문 전문잡지 원고를 받아 국내에서 한국어판으로 발행하는 계약을 체결하고, 동 잡지의 국내판 발행으로 인하여 수취하는 광고료 순 수입의 50%를 지급하는 대가는 법인세법 제93조 제9호 가목에서 규정하는 사용료소득에 해당하므로 동법 제98조의 규정에 따라 대가를 지급할 때마다 대가 총액에 대하여 25%(지방소득세 별도)의 세율을 적용하여 원천징수·납부하여야 하는 것이다.

다만, 홍콩법인이 내국법인의 창업자금이나 기타 경상경비를 보조하여 주는 관계로 인하여 국제조세조정에 관한 법률 제2조 제1항 제8호에서 규정하는 특수관계에 해당하는 경우, 당해 대가가 정상가격에 해당하는지 여부는 거래내용에 따라 사실판단하여야 한다(국업 46017-110, 2001. 3. 6).

### (3) 저작권 사용료와 별도로 지급되는 필름복사비용

① 질의

폐사는 해외저작물을 국내출판사 등에 소개하는 저작권 에이전시입니다.

해외의 아동도서 시리즈물을 국내 출판사에 소개하게 되었는바, 일반적으로 저작권 사용료만 해외저작권자에게 지불하게 되고 그 지불금액에 대해서만 원천징수를 하면 되었으나 금번 아동도서의 경우에는 저작권 사용료 외에 책에 그림을 인쇄하기 위한 필름판까지 해외 저작권자가 제작하여 주고 그 제작비용을 저작권 사용료와는 별도의 계산으로 지불하게 계약되어 있습니다.

이러한 경우 위 필름제작비용이 저작권 사용료소득에 포함되어 원천징수되어야 하는지, 아니면 다른 국내원천소득 항목으로 원천징수대상인지, 또는 법에 열거된 국내원천소득이 아니기 때문에 원천징수대상소득이 아닌지?

② **회신**

내국인이 국내사업장이 없는 외국법인에게 아동용 도서에 대한 저작권 사용료와는 별도로 도서에 사용될 그림을 인쇄하기 위한 필름복사비용을 「실비」로 지급하는 경우, 동 필름복사대가는 법인세법 제55조 제1항 제9호에 규정하는 사용료소득에 해당하지 않으므로 원천징수대상이 되지 않는 것이다(국일 46017-537, 1998. 8. 26).

### (4) 국외저작권자를 대리하는 경우 영세율 적용

청구인은 국외저작권자를 대리하여 국내출판사와 저작권사용에 관한 계약을 체결하고 국내출판사로부터 수령한 사용료 총액에서 국외저작권자로부터 지급받을 중개수수료를 차감한 잔액을 국외저작권자에게 송금하였음이 확인되므로 청구인의 수입금액인 중개수수료는 비거주자에게 제공한 용역의 대가로 수취한 것임은 물론, 청구인과 국내출판사와 정산한 송금수수료 등은 부가가치세 과세표준에 포함되지 아니하는 것임에도, 처분청의 영의세율 적용을 배제하고 과세한 처분은 잘못이다.

또한, 청구인은 국외저작권자를 대리하여 저작권 사용에 관한 계약을 국내출판사와 체결하고 국외저작권자로부터 그 수수료를 받는 서비스업을 영위하는 자이고, 국내출판사가 사용료 총액에서 청구인이 수령할 중개수수료를 차감한 잔액을 송금하였다 하여 그 용역을 제공받는 자나 그 수수료를 지급하는 자를 달리 볼 이유가 없으므로, 처분청이 국내출판사로부터 사용료 총액을 수령하지 않고 중개수수료 등을 차감한 잔액을 청구인이 송금하지 아니하였다 하여 영세율 적용을 배제하고 과세한 처분은 부당하다(국심 2000서2122, 2001. 1. 5).

# 제 18 장 골프장사업의 회계와 세무실무

## 골프산업의 개요

### 1. 개요

골프산업은 관광산업으로 고용창출, 높은 부가가치 창출을 하는 미래 전략산업 중의 하나이다. 우리나라의 경우 골프인구가 급격히 증가하면서 골프장 수가 지속적으로 증가하고 있으며 골프장은 초기에 골프장 용지의 취득과 골프장 건설비용에 상당한 자금이 소요되며 이러한 소요비용을 회원권을 분양한 입회금과 차입금으로 충당하게 된다.

### 2. 체육시설의 설치 및 이용에 관한 법률상의 골프장 관련내용

#### (1) 골프장업의 등록 및 신고

체육시설업을 하려는 자는 제11조에 따른 시설을 갖추어 문화체육관광부령으로 정하는 바에 따라 특별자치도지사・시장・군수 또는 구청장에게 신고하여야 한다. 신고 사항을 변경하려는 때에도 또한 같다(체육시설의 설치 및 이용에 관한 법률 20).

① 등록 체육시설업 : 골프장업, 스키장업, 자동차 경주장업
② 신고 체육시설업 : 요트장업, 조정장업, 카누장업, 빙상장업, 승마장업, 종합 체육시설업, 수영장업, 체육도장업, 골프 연습장업, 체력단련장업, 당구장업, 썰매장업, 무도학원업, 무도장업

#### (2) 대중골프장의 병설

시・도지사는 대통령령으로 정하는 바에 따라 회원을 모집하는 골프장업을 하려는 자에게 회원을 모집하지 아니하는 골프장(대중골프장)을 직접 병설하게 할 수 있다. 다만, 대중골프장을 직접 병설하여야 할 자가 부득이한 사정으로 말미암아 직접 대중골프장을 병설하기 곤란하다고 인정하면 대통령령으로 정하는 바에 따라 이에 상당하는 금액(대중골프장

조성비)을 예치하게 할 수 있다(체육시설의 설치 및 이용에 관한 법률 14). 대중골프장은 정규 대중골프장업, 일반 대중골프장업, 간이 골프장업으로 나눈다.

### (3) 체육시설업의 세부 종류

체육시설업의 세부 종류는 다음과 같다.

① 회원제체육시설업 : 회원을 모집하여 경영하는 체육시설업

② 대중체육시설업 : 회원을 모집하지 아니하고 경영하는 체육시설업

여기서 회원이란 체육시설업의 시설을 일반이용자보다 우선적으로 이용하거나 유리한 조건으로 이용하기로 체육시설업자와 약정한 자를 말한다. 일반이용자란 1년 미만의 일정 기간을 정하여 체육시설의 이용료를 지불하고 그 시설을 이용하기로 체육시설업자와 약정한 자를 말한다(체육시설의 설치 및 이용에 관한 법률 2).

### (4) 회원모집시기

회원제 골프장업의 회원의 모집시기는 시설설치공사의 공정이 30퍼센트 이상 진행된 이후에 할 수 있다(체육시설의 설치 및 이용에 관한 법률 17).

## 3. 골프장업과 중점 세무검토사항

### ① 골프장 건설 및 취득시

골프장을 취득하기 위하여 토지 등을 구입하는 경우 취득세 및 등록세 등의 중과문제를 검토하여야 한다. 또한 골프장 건설시에 토지, 코스, 건축물 등의 원가배분 문제, 건축관련 공사비에 대한 부가가치세 매입세액 공제, 건설자금이자 계상, 입회금의 처리문제, 분양수수료의 원천징수 문제를 검토하여야 한다.

### ② 골프장 운영시

골프장 운영과 관련하여 입장료 수입 등에 대한 부가가치세와 개별소비세 및 법인세 신고와 납부, 재산세와 종합부동산의 납부 등에 대하여 검토하여야 한다.

### ③ 골프장 양도시

골프장 양도에 따른 사업양도와 부가가치세 과세문제, 양도법인의 각 사업연도 법인세와 청산소득에 대한 법인세, 양도법인 주주의 의제배당에 대한 과세문제를 검토하여야 한다.

## Ⅱ 골프장사업의 특수계정과목의 회계와 세무실무

### 1. 자산 · 부채

#### (1) 토지

토지는 영업활동목적으로 취득한 체육시설용지, 유원지, 대지, 잡종지, 임야, 농경지, 하천과 구거 등으로 한다. 토지취득가액은 토지 매입가격에 취득 완료시까지 지출된 모든 부대비용을 포함한다. 즉, 취득세 등, 중개수수료, 지질조사비, 정지비용, 건설자금이자 등을 토지계정으로 분류한다. 또한 토지관련 매입세액에 해당하는 토지의 조성 등을 위한 자본적 지출에 관련된 매입세액으로서 다음에 해당하는 매입세액은 토지의 취득원가로 가산한다.

① 토지의 취득 및 형질변경, 공장부지 및 택지의 조성 등에 관련된 매입세액

② 건축물이 있는 토지를 취득하여 그 건축물을 철거하고 토지만을 사용하는 경우에는 철거한 건축물의 취득 및 철거비용에 관련된 매입세액

③ 토지의 가치를 현실적으로 증가시켜 토지의 취득원가를 구성하는 비용에 관련된 매입세액 한편, 클럽하우스 등 분양목적으로 취득하는 토지는 용지계정으로 하여 재고자산으로 분류한다.

**| 질의회신 01—129 |**

**토지투입원가의 자산분류기준에 관한 질의**

Ⅰ. 질의 내용

골프장 운영업의 경우 골프장 조성을 위하여 발생하는 여러 비용들(예 : 토지 조성, 정지, 절토 및 성토 공사비, 잔디식재비, 수목이식비 등의 조경 공사비, 각종 장애물 공사비, 그린 및 티 공사비, 배수시설 및 옹벽 공사비, 도로 공사비 등)에 대하여 감가상각해야 할 비용과 토지에 대한 자본적 지출로 보아 감가상각하지 않아야 할 비용의 구분은 어떻게 하는지?

Ⅱ. 회신 내용

토지를 취득하거나 토지를 의도한 목적대로 사용할 수 있도록 준비하는데 직접 관련되는 지출은 토지의 원가를 구성하게 되므로 골프장 조성을 위하여 발생한 토지공사원가나 개량원가 중 토지 조성, 정지, 절토 및 성토 공사비와 같이 영구적으로 경제적 효익을 제공받을 수 있는 부분에 대해서는 토지의 취득원가에 산입하고, 잔디식재비, 장애물 공사비 및 도로 공사비 등과 같이 사용이나 시간의 경과에 따라 경제적 효익이 감소하는 부분에 대해서는 토지와 구분하여 별도의 감가상각대상 자산으로 회계처리하고 내용연수 동안 감가상각 하는 것이 타당합니다.

### (2) 코스

골프장 조성을 위하여 발생하는 여러 비용들 중 토지를 취득하거나 토지를 의도한 목적대로 사용할 수 있도록 준비하는 데 직접 관련되는 지출은 토지의 원가를 구성하게 되므로, 골프장 조성을 위하여 발생한 토지공사원가나 개량원가 중 기반조성비, 토지공사비와 같이 거의 영구적으로 경제적 효익을 제공받을 수 있는 부분은 토지에 대한 자본적 지출로 보아 코스의 계정으로 회계처리한다. 코스계정은 티그라운드, 훼어웨이, 라프, 헤저드(폰드와 벙커 등을 포함한다) 등으로 구성되는 골프코스를 조성하기 위하여 지출한 조사용역비, 기반조성비, 토지공사비, 조형공사비 등의 직접공사비와 기타 간접공사비 등의 투자액으로 한다. 다만, 코스의 일부 구성항목 중 그 지출액이 중요하고 사용이나 시간의 경과에 따라 경제적 효익이 감소하는 부분이 있는 경우에는 이를 제외한다.

### (3) 건물

본관하우스, 각 티하우스, 실내수영장, 숙소, 사무실, 창고, 경비실 등의 건축물과 냉난방, 전기, 통신, 통풍 및 기타의 건물부속설비로 한다.

### (4) 구축물

교량, 옹벽, 암벽, 저수지, 콩크리트보도, 포장도로, 주차장, 정원, 퍼팅그린, 정구장, 태양열 집열판, 스프링쿨러배관, 스프링쿨러 조작판, 수변전소, 파고라, 방호망, 전기인입시설, 간판, 석조물, 경기장애물, 연습장 구조물, 지하수심정등과 전망대, 수조(급수탱크, 살수탱크), 저유조, 싸이로, 풀장, 슬라이드, 급수시설, 맨홀, 배수관 유속제어시설, 정화조, 복개설비, 분수대, 인공폭포, 전동카트레일, 조명시설(라이터) 등의 토목설비 또는 공작물 등으로 한다.

**| 질의회신 03-049 |**

**골프장 시설물의 자산분류기준 및 감가상각**(2003-03-07)

**Ⅰ. 질의 내용**

골프장 코스 위의 각종 시설물인 자산을 분류할 때에 코스내의 방카시설(모래방카, 잔디방카), 훼어웨이 잔디, 구조물 없는 저수지 등은 내용연수의 파악이 어렵고 경우에 따라서는 상당기간 사실상 가치가 증가되는 것으로도 볼 수 있는 바, 이와 같은 구체적인 감가상각방법의 판단이 불가능한 경우의 회계처리는?

**Ⅱ. 회신 내용**

골프장 조성과정에서 발생한 원가 중 영구적으로 경제적 효익을 제공받을 수 있는 부분에 대해서는 비상각자산으로 회계처리하고, 사용이나 시간의 경과에 따라 경제적 효익이 감소하는 부분에 대해서는 내용연수 동안 감가상각하는 것이 타당합니다. 골프장 조성과정에서 발생한 원가로부터 기대되는 경제적 효익의 영구성 여부와 내용연수는 회사와 감사인이 실질에 근거하여 판단하여야 합니다.

## | 질의회신 03-077 |

### 골프장사업자의 회계처리(2003-07-25)

Ⅰ. 질의 내용

(질의1) 골프장사업자가 골프장 내의 식당을 위탁하여 운영하는 경우 이에 대한 수익인식 방법은?

(질의2) 골프장 페어웨이 잔디를 토지와 구분되는 별도의 시설물로 보아 감가상각하여야 하는지?

(질의3) 장기 사용한 골프장 코스의 페어웨이 잔디를 전면 교체 및 보식하는 경우 자본적지출로 회계처리하여야 하는지?

(질의4) 골프장 자산을 법원경매를 통하여 취득하는 경우 별도로 인수하는 회원입회금의 회계처리는? 참고로 체육시설의설치·이용에관한법률 제30조에 의하면 경매등에 의하여 체육시설업을 인수하는 자는 체육시설업의 등록신고에 따른 권리·의무(회원을 모집한 경우에는 그 약정한 사항을 포함한다)를 의무적으로 승계하여야 함.

(질의5) 회원제 골프장을 영위하는 법인이 회원입회금 거치기간 도래 이전에 자신이 발행한 회원권을 재매각을 전제로 취득하는 경우의 회계처리는?

Ⅱ. 회신 내용

(질의1) 골프장 사업자의 식당의 위탁운영과 관련된 여러 조건과 상황을 종합적으로 고려하여 판단하되, 골프장 사업자가 거래의 당사자로서 역할을 하는지 여부에 따라 개별적으로 수익의 총액 또는 순액을 인식하는 것이 타당합니다. 이러한 사항은 회계기준적용의견서 03-2에서 제시한 지표를 참고하여 회사와 외부감사인이 경제적 실질에 따라 판단하여야 합니다.

(질의2) 골프장 페어웨이 잔디가 사용이나 시간의 경과 등으로 경제적 효익이 감소한다면 토지와 구분하여 별도의 자산으로 회계처리하고 내용연수 동안 감가상각하는 것이 타당합니다.

(질의3) 골프코스의 시설노후 등으로 인하여 토양개선을 포함한 잔디의 전면교체가 실시되는 경우에는 기존 자산이 폐기되고 새로운 자산의 취득으로 보는 것이 타당합니다. 잔디의 유지·보수를 위한 지출은 해당 자산으로부터 당초 예상되었던 성능수준을 회복하거나 유지하기 위한 것이므로 발생한 기간의 비용으로 인식합니다.

(질의4) 골프장 자산을 경매 등으로 취득한 경우에 의무적으로 인수하는 회원입회금은 기업인수·합병등에관한회계처리준칙에 따라 부채로 회계처리하고, 경매대금을 포함한 매수원가와 부채로 인식한 회원입회금의 합계액이 개별적으로 식별가능한 자산의 공정가액을 초과하는 금액은 영업권으로 회계처리하는 것이 타당합니다.

(질의5) 골프장 사업자가 자신이 발행한 골프장 회원권을 취득하는 경우에 회원권의 취득 목적에 관계없이 이에 상당하는 대차대조표상의 부채를 직접 차감하고 그 차액을 회원권상환손익 등의 과목으로 하여 당기손익처리하는 것이 타당합니다.

### (5) 입회금

#### ① 입회예수금

입회예수금 회원의 입회와 관련하여 입회수속이 종료되지 아니하여 회원으로 등록되기 이전의 일시적인 예수액으로 한다.

#### ② 입회금

시설이용 보증금 등 회원이 되기 위한 제부담금으로서 소정의 기간 거치 후 반환될 회원 가입금으로 한다.

**| 질의회신 01-086 |**

**골프회원권 자기취득시의 회계처리**(2001 - 06 - 18)

I. 질의 내용

회원제 골프장업을 영위하는 회사가 골프회원 모집 후 모집시의 회원권 가격 이하로 시세가 형성되어 회원권 가격안정의 필요성에 따라 거치기간 도래 이전에 일반적 거래에 의하여 회원권을 자기취득한 경우, 자산(또는 부채의 차감표시)으로 계상하고 차후 회원권 재매각 시점에 손익을 인식(자기주식의 일시 취득과 근접)해야 하는지, 아니면 회원권 취득목적 여부에 상관없이 계상된 고정부채와 즉시 상계하고 차액을 회원권상환이익 또는 채무면제이익으로 처리(자기사채의 취득과 동일한 회계처리)해야 하는지?

II. 회신 내용

회원제 골프장업을 영위하는 회사가 골프회원 모집 후, 자사 회원권의 가격안정을 목적으로 탈회가 아닌 일반적 거래방법에 의하여 회원권을 일시적으로 자기취득한 경우에도 경제적 실질상 탈회에 해당하므로 고정부채와 즉시 상계하고 차액을 회원권상환이익 또는 채무면제이익으로 처리합니다.

## 2. 수익

### (1) 입장료 수입

골프장이용자의 그린피로 한다. 이 경우 추가 경기료를 포함한다.

### (2) 식음료매출

식당과 각 티하우스의 식사 및 음료와 다과류의 판매액으로 한다. 이 경우 자동판매기 판매액을 포함한다.

### (3) 상품매출

골프용품, 시상품, 전매품, 농축산품 등의 판매액으로 한다. 다만, 전매품, 농축산품 판매액을 별도과목으로 할 수 있다.

### (4) 대여수입

골프카트와 골프용품(골프채, 골프화 등)의 대여수입으로 한다.

### (5) 회원관리수입

회원의 명의개서수수료와 반환되지 아니할 가족회비 및 연회비, 주중회원입회비, 회원등록료 등으로 한다.

### (6) 기타매출

수영장 수입, 스키장 수입 등 기타의 영업수익으로 한다. 다만, 그 금액의 중요성에 따라 해당 과목으로 할 수 있다.

## 3. 비용

### (1) 자본적 지출과 수익적 지출

#### 1) 자본적 지출

골프장 운영업의 경우 자본적 지출의 예는 다음과 같다.

① 골프코스의 난이도 조정을 위한 구조변경으로 골프장시설수준이 개선되어 회원의 이용효율이 크게 증대되는 경우

② 골프코스의 시설노후 등으로 인하여 토양개선을 포함한 잔디 품종의 전면교체로 골프장시설수준이 개선되어 회원의 이용효율이 크게 증대되는 경우

③ 야간에 골프경기를 할 수 있도록 추가로 설치하는 전기설비

④ 자동화 시설 등 종전보다 성능이 향상된 스프링클러로의 교체
⑤ 퍼팅그린의 대폭적인 확장 및 축소
⑥ 변경 등록이 필요한 정도의 훼어웨이 확장 및 러프의 축소

### 2) 수익적 지출

골프장 운영업의 경우 수익적 지출의 예는 다음과 같다.

(가) 훼어웨이의 경우

① 토량교체를 수반한 훼어웨이의 일반적인 보수
② 훼손된 러프 혹은 훼어웨이의 복구
③ 훼손된 잔디의 복구
④ 일부 훼어웨이의 높낮이 조정공사
⑤ 모래벙커와 잔디벙커의 상호교체
⑥ 각종 벙커의 메움 혹은 깊이 개선
⑦ 티그라운드의 신설 및 궤지
⑧ 해저드의 확장 및 축소(변경 등록대상은 제외)
⑨ 굳어지거나 스폰지화 된 토질의 개선

(나) 건물과 기타 시설물의 경우

① 클럽하우스 전체 도장
② 내부칸막이 변경 중 콘크리트 공사
③ 내부칸막이 변경 중 경량철골교체
④ 목욕탕공사 중 급탕시설의 확장 혹은 축소
⑤ 목욕탕공사 중 내장재 교체
⑥ 건물지붕의 교체 및 복구
⑦ 건물 외장재, 내장재, 바닥재의 변경

## (2) 매출원가

매출원가는 코스관리비, 식음료매출원가, 상품매출원가, 기타매출원가 등으로 한다.

## (3) 캐디봉사료

골프장 경영자가 골프장 시설용역을 제공하고 캐디 봉사료를 별도로 구분하지 아니하고 그 용역의 대가에 포함하여 받는 캐디봉사료는 부가가치세가 과세되나, 골프장 경영자가

고용관계 없는 캐디를 대리하여 골프장 시설이용 용역의 대가와 구분한 인환권을 발부하고 그 인환권에 의하여 캐디에게 그대로 지급되는 것이 확인되는 캐디봉사료는 부가가치세법 제12조 제1항 제13호 및 동법 시행령 제35조 제1호 (바)목의 규정에 의하여 부가가치세가 면제된다(부가 1265-3108, 1982. 12. 10).

골프연습장을 경영하는 사업자가 동업자 간의 협의에 의하여 봉사료금액을 결정하고 월 단위나 쿠폰별 또 박스별로 정액의 봉사료를 회비에 가산하여 시설이용료와 함께 그 총액을 골프연습장 사용자로부터 일괄하여 납부받았고 시설이용료와 봉사료를 구분하여 납부받지 않았다면 이 골프연습장에서의 캐디서비스용역은 사업자가 골프연습장 사용자에게 제공하는 주된 용역인 연습시설이용의 용역에 통상적으로 부수하여 그 시설이용을 원활케 할 목적으로 제공되는 인적 용역으로서, 사업자가 고객으로부터 받은 금액 중 봉사료 상당 금액의 전액을 캐디들에게 주었다고 하여도 이는 캐디들의 노무제공에 대한 급여의 지급이라고 볼 수 있을지언정 캐디들의 독립된 용역공급의 대가를 전달한 것이라고 보기 어려우며, 사업자는 그가 경영하는 골프연습장 내에서의 각종 용역의 공급에 대한 대가로 연습장 사용자가 회비로서 지급하는 시설이용료와 봉사료를 납부받아 왔다고 보아야 하므로 봉사료 명목의 수입은 사업자의 부가가치세 과세표준에 포함시켜야 할 것이다(대법원 1992. 4. 28 선고 91누8104 판결).

## Ⅲ 골프장 취득과 세무실무

### 1. 부동산의 취득과 취득세 과세

#### (1) 중과대상 골프장의 범위

「체육시설의 설치 · 이용에 관한 법률」에 따른 회원제 골프장용 부동산 중 구분등록의 대상이 되는 토지와 건축물 및 그 토지 상의 입목 등 부동산 등을 취득하는 경우(별장 등을 구분하여 그 일부를 취득하는 경우를 포함한다)의 취득세는 제11조 및 제12조의 세율과 중과기준세율의 100분의 400을 합한 세율을 적용하여 계산한 금액을 그 세액으로 한다. 이 경우 골프장은 그 시설을 갖추어 「체육시설의 설치 · 이용에 관한 법률」에 따라 체육시설업의 등록(시설을 증설하여 변경등록 하는 경우를 포함한다. 이하 이 항에서 같다)을 하는 경우뿐만 아니라 등록을 하지 아니하더라도 사실상 골프장으로 사용하는 경우에도 적용하며, 별장 · 고급오락장에 부속된 토지의 경계가 명확하지 아니할 때에는 그 건축물 바닥면적의 10배에 해당하는 토지를 그 부속토지로 본다(지법 13 ⑤).

따라서 구분등록의 대상이 되지 않는 것과 대중골프장은 중과되지 아니한다. 회원제 골프장으로 취득세가 중과되는 구분등록대상 토지와 건축물은 다음과 같으며 토지 및 골프장 안의 건축물을 구분하여 등록을 신청하여야 한다(체육시설의 설치 · 이용에 관한 법률시행령 20 ③).

① 골프코스(티그라운드 · 페어웨이 · 러프 · 해저드 · 그린 등을 포함한다)

② 주차장 및 도로

③ 조정지(골프코스와는 별도로 오수처리 등을 위하여 설치한 것은 제외한다)

④ 골프장의 운영 및 유지 · 관리에 활용되고 있는 조경지(골프장 조성을 위하여 산림훼손, 농지전용 등으로 토지의 형질을 변경한 후 경관을 조성한 지역을 말한다)

⑤ 관리시설(사무실 · 휴게시설 · 매점 · 창고와 그 밖에 골프장 안의 모든 건축물을 포함하되, 수영장 · 테니스장 · 골프연습장 · 연수시설 · 오수처리시설 및 태양열이용설비 등 골프장의 용도에 직접 사용되지 아니하는 건축물은 제외한다) 및 그 부속 토지

⑥ 보수용 잔디 및 묘목 · 화훼 재배지 등 골프장의 유지 · 관리를 위한 용도로 사용되는 토지

[회원제골프장 신설 절차와 취득세 과세시점]

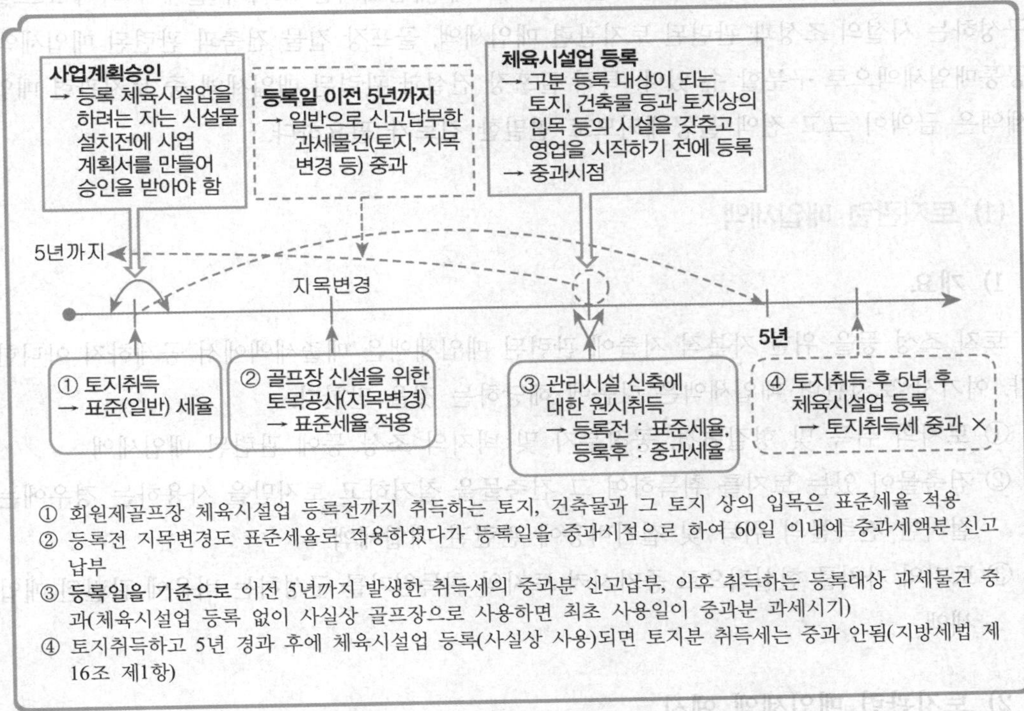


① 회원제골프장 체육시설업 등록전까지 취득하는 토지, 건축물과 그 토지 상의 입목은 표준세율 적용

② 등록전 지목변경도 표준세율로 적용하였다가 등록일을 중과시점으로 하여 60일 이내에 중과세액분 신고납부

③ 등록일을 기준으로 이전 5년까지 발생한 취득세의 중과분 신고납부, 이후 취득하는 등록대상 과세물건 중과(체육시설업 등록 없이 사실상 골프장으로 사용하면 최초 사용일이 중과분 과세시기)

④ 토지취득하고 5년 경과 후에 체육시설업 등록(사실상 사용)되면 토지분 취득세는 중과 안됨(지방세법 제16조 제1항)

※ 자료 : 지방세연구원 교육자료(http://www.kilf.re.kr, 2019. 5. 24).

### (2) 지목변경 등의 간주취득

골프장을 건설하기 위하여 임야 등을 취득한 후 골프장을 건설하게 되면 토지의 지목이 변경하게 된다. 이 경우 부동산의 가치가 실질적으로 증가된 것으로 보아 취득세 납세의무를 지게 된다. 이 경우, 토지의 지목변경으로 인하여 증가한 가액은 토지의 지목이 사실상 변경된 때를 기준으로 하여 지목변경 전의 시가표준액(지목변경 공사착공일 현재 결정·공시되어 있는 개별공시지가를 말한다)과 지목변경 후의 시가표준액(지목변경 후의 개별공시지가가 결정·공시되지 아니한 때에는 지방자치단체의 장이 인근 유사토지의 가액을 기준으로 「부동산가격공시 및 감정평가에 관한 법률」의 규정에 의하여 국토교통부장관이 제공한 토지가격비준표를 사용하여 지방자치단체의 장이 산정한 가액을 말한다)의 차액으로 한다.

## 2. 골프장 건설과 부가가치세의 환급

골프장을 건설과 관련하여 발생하는 부가가치세 매입세액은 토지와 일체가 되어 코스를 구성하는 시설의 조성과 관련된 토지관련 매입세액, 골프장 건물 건축과 관련된 매입세액, 공통매입세액으로 구분할 수 있다. 특히 골프장 건설과 관련된 매입세액 중 토지관련 매입세액은 금액이 크고 전액 불공제되므로 면밀한 검토가 필요하다.

### (1) 토지관련 매입세액

#### 1) 개요

토지 조성 등을 위한 자본적 지출에 관련된 매입세액은 매출세액에서 공제하지 아니한다. 여기서 토지관련 매입세액은 다음에 해당하는 것을 말한다.

① 토지의 취득 및 형질변경, 공장부지 및 택지의 조성 등에 관련된 매입세액
② 건축물이 있는 토지를 취득하여 그 건축물을 철거하고 토지만을 사용하는 경우에는 철거한 건축물의 취득 및 철거비용에 관련된 매입세액
③ 토지의 가치를 현실적으로 증가시켜 토지의 취득원가를 구성하는 비용에 관련된 매입세액

#### 2) 토지관련 매입세액 예시

골프코스를 조성하기 위한 절토, 성토 등 토목공사비, 정지비, 티그라운드, 훼어웨이, 러프, 벙커, 잔디 등이 이에 해당된다.

### 3) 관련사례

#### ① 골프장 코스조성 관련 매입세액 공제 여부

골프장시설의 조성과 관련된 부가가치세 매입세액 중 토지와 일체가 되어 코스를 구성하는 시설의 조성과 관련된 매입세액은 부가가치세법 제17조 제2항 제4호 및 동법 시행령 제60조 제6항의 규정에 의하여 토지의 조성 등을 위한 자본적지출에 관련된 매입세액으로서 매출세액에서 공제하지 아니하는 것이며, 토지와 구분되는 건물, 구축물 등의 건설공사와 관련된 매입세액은 동법 제17조 제1항의 규정에 의하여 매입세액을 공제하는 것이다(재소비 46015-29, 1995. 2. 3).

#### ② 골프장 사업의 타당성 평가와 관련된 매입세액

사업자가 보유 토지를 개발하여 골프장운영업을 영위하고자 사업의 기획, 타당성 검토를 위한 배치설계, 국토이용계획변경 신청 등에 대한 용역수행계약을 체결하고 그 대가를 지급하면서 부담한 부가가치세는 부가가치세법 시행령 제60조 제6항의 규정에 의한 토지관련 매입세액에 해당하여 매출세액에서 공제하지 아니하는 것이다(서면3팀-2436, 2004. 12. 2). 반면에 부가가치세 과세사업인 골프장 운영을 위하여 시장분석 및 사업성 분석, 분양가액 산정과 수요추정, 골프장 운영에 대한 제반 수익성분석 등의 사업성검토 용역을 제공받고 수취한 세금계산서 매입세액이 부가가치세가 과세되는 사업을 영위하는 사업자가 시장분석 등 사업성검토 용역을 제공받고 수취한 세금계산서의 매입세액이 「부가가치세법」 제17조 제1항의 규정에 의하여 자기의 사업을 위하여 사용되었거나 사용될 재화 또는 용역의 공급에 대한 매입세액에 해당하는 때에는 매출세액에서 공제되는 것이다(서면3팀-372, 2008. 2. 21).

#### ③ 환경영향평가 등 매입세액

사업자가 골프장을 건설하기 위하여 각종 영향평가(예 : 환경영향평가, 교통영향평가) 용역을 제공받고 그 대가를 지급하면서 부담한 부가가치세는 부가가치세법 제17조 제2항 제4호 및 같은법 시행령 제60조 제6항의 규정에 의한 토지관련 매입세액에 해당하는 것이다(서면3팀-2192, 2004. 10. 28).

#### ④ 골프장 그린개체공사비의 매입세액

골프장을 운영하는 사업자가 토양환경보전법에서 규정한 토양오염의 우려기준을 초과하여 관할관청으로부터 토양환경보전법 제15조 규정에 의하여 오염토양 개선명령을 받고 오염된 그린 및 벙커의 복원공사를 함에 있어 동 시설의 위치 및 구조변경 등으로 골프장의 가치를 현실적으로 증가시키는 데 소요된 비용은 골프장 토지에 대한 자본적 지출에 해당하는 것이나, 동 시설의 위치 및 구조 등의 변경 없이 단순히 오염된 표토층을 제거하고 모래, 잔디를 교체하는 등 오염토양의 원상회복을 위한 복원공사를 하는 경우에는 동 공사와 관련된 매입세액은 매출세액에서 공제되는 것이다(서면3팀-2182, 2004. 10. 27).

### ⑤ 토지관련 매입세액의 범위

나무식재공사는 골프경기시 방풍역할과 골프장의 경관을 좋게 하며 토사유출방지와 유지관리를 위하여 골프장의 홀과 홀사이와 언덕 등에 나무를 식재하는 공사로서 클럽하우스 주변 이외의 공사이며, 잔디이식공사는 골프장 부지 내의 훼어웨이, 티, 그린, 법면 등에 잔디를 심는 공사이고, 그린·티·벙커조성공사 중 그린조성공사는 잔디를 입혀 놓은 그린위에 빗물이 고이지 아니하도록 하부에 맹암거설치, 자갈, 모래 등을 포설하는 공사이며, 티조성공사는 토사 및 모래를 이용하여 티를 조성하는 공사이고, 벙커조사는 코스에 모래웅덩이를 구축하는 공사임이 기성내역서 등 관련 자료에 의하여 확인되는 바, 이는 구축물에 해당하지 아니하고 토지의 가치를 증가시키는 자본적지출에 해당하는 것으로 인정되므로 이와 관련된 매입세액은 매출세액에서 불공제하는 것이 타당하다고 판단된다(국심 2004부3272, 2004. 12. 9). 또한 골프장에 조성한 그린·티·벙커는 토지와 물리적 구조와 형태가 명확히 분리된다고 할 수 없을 뿐 아니라 골프장 부지의 이용편의를 위한 필수적인 시설로서 경제적으로도 독립적인 가치를 가진다고 볼 수 없는 점, 또한 자산의 조성은 골프장 부지의 가치를 현실적으로 증가시키는 것으로서 그 조성비용은 골프장의 가치에 흡수될 것으로 보이는 점으로 보아 토지에 대한 자본적지출에 해당한다(대법원 2009. 5. 14 선고 2006두11224 판결).

### ⑥ 문화재발굴비용의 매입세액공제 여부

사업자가 골프장 사업을 운영하기 위해 지출한 골프장 부지 문화재 발굴비용의 매입세액은 토지관련 매입세액으로서 매출세액에서 공제되지 아니하는 것이다(부가-1606, 2009. 11. 6).

◈ 부가가치세 집행기준 52-95-4 **대리납부 대상**

① 비거주자 또는 외국법인의 재화·시설물 또는 권리를 우리나라에서 사용하고 그 대가를 지급하는 자는 공급받은 해당 용역을 과세사업에 사용하는 경우를 제외하고는 대리납부를 하여야 하나, 부가가치세가 면제되는 용역을 제공받은 경우에는 대리납부의무가 없다.

② 재화·시설물 또는 권리란 부동산, 부동산상의 권리, 광업권, 조광권, 채석권, 선박, 항공기, 자동차, 건설기계, 기계, 설비, 장치, 운반구, 공구, 학술 또는 예술상의 저작물(영화필름을 포함)의 저작권, 특허권, 상표권, 의장, 모형, 도면, 비밀의 공식 또는 공정, 라디오·텔레비전·방송용 필름 및 테이프, 산업상·상업상 또는 과학상의 지식·경험 또는 숙련에 관한 정보, 우리나라법에 따른 면허·허가 또는 이와 유사한 처분에 의하여 설정된 권리, 기타 이와 유사한 재화·시설물 또는 권리를 말한다.

③ 국내사업장이 없는 비거주자 또는 외국법인으로부터 골프장 조성을 위한 용역을 공급받는 경우로서 해당 용역의 매입이 토지의 조성 등을 위한 자본적 지출에 해당하는 경우에 용역을 공급받는 자는 대리납부의무가 있다.

### (2) 건물 · 구축물관련 매입세액

감가상각자산인 건물, 티하우스, 숙소 등 부속건축물, 교량, 옹벽, 저수지, 급·배수시설 등으로 매입세액이 전액 공제된다.

#### ① 클럽하우스 설계관련 매입세액

골프장 건설 관련 각종 영향평가 및 토목설계용역을 제공받고 부담한 부가가치세는 토지관련 매입세액이지만 클럽하우스 건축설계용역 관련 부가가치세는 매출세액에서 공제된다(서면3팀-2149, 2004. 10. 22).

#### ② 연못조성공사와 관련된 매입세액

연못조성공사의 공사내용을 보면, 연못조성공사시 지하수 유입을 방지하기 위해 연못 밑바닥에 맹암거공사, 방수공사, 부직포공사를 시공하였고, 연못에 물이 새는 것을 방지하기 위한 BY PASS맨홀 공사 등을 시공하였으며, 파이프, 기계설비공사를 한 사실이 도급계약서, 정산합의서 및 설계도에 의하여 확인되며, 골프장 내 연못조성공사는 1998사업연도 결산서에 자산계정(구축물)으로 계상되었음이 청구법인의 장부에 의하여 확인된다.

처분청은 연못은 구축물이 아니고 토지조성 등을 위한 자본적지출에 해당된다 하여 부가가치세법 상 매입세액 불공제하였으나,

첫째, 골프장시설의 조성과 관련된 부가가치세 매입세액 중 토지와 구분되는 건물·구축물 등의 건설공사와 관련된 매입세액은 동법 제17조 제1항의 규정에 의하여 매입세액을 공제하는 것이며(재소비 46015-29, 1995. 2. 3)

법인세법 시행규칙(1995. 3. 30 개정전의 것) 별표 I "기계장치 이외의 고정자산 내용연수표"상 감가상각 대상자산인 구축물공사에 관련된 매입세액은 토지공사 등을 위한 자본적지출에 해당되지 아니하므로 매출세액에서 공제되는 것으로 보아야 할 것이며, 토지조성 등을 위한 자본적지출에 해당하는 공사비와 관련된 매입세액인지의 여부는 구체적 공사내용별로 판단하여야 할 것이다(국심 97경1287, 1997. 12. 4).

둘째, 골프장의 연못은 그린, 티, 벙커 등 골프코스의 한 부분을 구성하는 것으로 단순한 조경공사와는 달리 경기상의 장애물(해저드)의 기능을 수행하도록 설계 및 시공되는 것으로서, 골프장 코스의 구성요소라고 해서 토지의 자본적지출에 해당한다는 근거가 될 수 없고, 위 연못은 골프장 부지 내의 각종 배수관을 통해 흘러들어오는 물을 모으기 위해 철근 콘크리트로 외벽을 설치하고, 연못 밑부분에는 맹암거공사(연못부위에서 스며드는 물로 인하여 지반이 침하하는 것을 방지하기 위하여 연못 밑부분에 부직포를 깔고 그 위에 구멍이 뚫린 유공관을 매설하고 자갈, 모래를 깐 다음 부직포로 마무리공사)를 한 후에 연못 밑바닥과 측면에는 방수시트를 설치하는 것을 내용으로 하여 시공되었음이 동 연못공사의 설계도 및 공사비 내역 등에 나타나 있어, 이는 단순히 일반 저지대에 물이 고여 형성되는 자연적 연못과는 달리 저수지에 해당되는 구축물로 인정되므로 연못조성공사용역은 토지와는 별개의 구축물에 해당되는 것으로 보아 관련 매입세액을 공제함이 타당한 것으로 판단된다(국심 2004부3272, 2004. 12. 9).

### ③ 골프장 내 계류공사시설와 관련된 매입세액

골프장 내 인위적으로 만든 수로로 긴 도랑의 바닥과 옆면의 콘크리트 등이 배수로공사, 연못으로부터 물을 펌프하기 위한 배관, 펌프, 전기배전시설공사를 하였고, 폭포공사, 폭포조명공사, 방수공사를 시공하였음이 정산합의서 및 설계도 등 관련 자료에 의하여 확인되며, 계류시설공사비 881,000,000원을 별도의 구축물로 구분하여 기장하지 아니하고 우수관로시설에 포함하여 구축물로 기장되어 있음이 장부 및 결산서에 의하여 확인된다.

청구법인은 골프장 내 계류공사는 토지와 구분되는 인위적으로 만든 구축물에 해당하므로 이는 매출세액에서 매입세액을 공제하여야 한다는 주장인 바, 이에 대해 살펴보면, 계류시설은 연못의 물을 펌프로 끌어올려 인공폭포를 통과한 다음, 긴 도랑을 지나면서 골프장 경관. 잔디에 수분을 제공하고, 연못에 저장된 물의 부패를 방지하기 위하여 인공폭포공사, 긴 도랑의 바닥과 옆면의 콘크리트 등의 배수로공사, 지하에는 연못으로부터 물을 펌프하기 위한 배관 · 펌프 · 전기배전시설공사 등을 인위적으로 하여 만든 수로이므로 이는 구축물로 판단되고, 따라서, 계류공사용역과 관련된 매입세액을 매출세액에서 공제함이 타당한 것으로 판단된다(국심 2004부3272, 2004. 12. 9).

### (3) 공통매입세액

골프장 건설과 관련하여 발생하는 공통매입세액은 현장관리비, 임대료 등 골프장 건설에 공통적으로 지출되는 비용으로 공통매입세액을 안분계산하여야 한다.

자체 골프장공사와 관련하여 발생하는 공통경비의 매입세액 공제방법은 공사비용(매입가액)비율로 안분계산한다.

즉, 사업자가 골프장운영업을 영위하기 위하여 골프장을 건설함에 있어 토지의 조성 등을 위한 자본적지출에 관련된 매입세액(토지관련 매입세액)은 실지귀속에 의하여 구분하는 것이며, 토지의 조성과 건물, 구축물 등의 건설공사에 공통으로 관련되어 그 실지귀속을 구분할 수 없는 매입세액(귀 문의의 경우 현장관리비관련 매입세액 등) 중 토지관련 매입세액은 총공사비(공통비용을 제외한다)에 대한 토지의 조성에 관련된 공사비용의 비율에 의하여 계산하는 것이다(부가 46015-1810, 2000. 7. 26).

[골프장 건설과 관련된 매입세액 요약]

| 자 산 | 범 위 | 공제 여부 |
|---|---|---|
| 토지 | - 토지취득부대비, 구건물 취득가액 및 철거비용 | 불 공 제 |
| 코스 | - 코스조성 토목공사비, 조형공사비, 정지비<br>- 티크라운드, 훼어웨이, 러프, 벙커 조성비, 잔디 | 불 공 제 |
| 입목 | - 수목 구입비, 이식비, 조림비, 육림비 | 불 공 제 |
| 구축물 | - 교량, 옹벽공사, 포장도로, 정원, 급 · 배수시설,<br>- 스프링쿨러, 연못공사, 지하수개발공사, 전기공사<br>- 낙뢰보호시설 및 진입로공사, 석축구축공사 | 공 제 |
| 건물 | - 본관하우스, 티하우스, 숙소 등 부속설비 | 공 제 |
| 설비자산<br>비품 | - 보일러, 엘리베이터, 컨베이어 등<br>- 매트, 홀카다, 인조잔디 | 공 제 |

※ 골프장 건설과 관련된 매입세액 공제 여부는 심판례에서도 상이한 결정도 있고 실무에서도 적용상 어려움이 있다. 따라서 그 지출의 성격이 토지와 일체가 되어 토지의 가치를 증가시키는 지출인가 아니면 지출의

효과가 영구적이 아닌 감가상각자산에 해당되는 지출 또는 수익적 지출에 해당되는가를 면밀히 검토하여야 한다. 또한, 지출성격에 따라 도급계약서 등 입증서류를 갖추어 놓고 세금계산서를 구분하여 교부받아야 한다.

## 3. 회원권의 분양과 세무실무

골프회원권의 분양시기는 공사가 30% 이상 진행된 이후에 분양할 수 있다. 회원권분양과 관련하여 세무실무상 주의할 점은 입회금에 대한 부가가치세 과세문제와 분양수수료 지급에 따른 원천징수문제이다.

### (1) 입회금에 대한 부가가치세 과세

입회금 중 회원의 탈퇴시에 반환하지 않는 금액은 부가가치세 과세대상이나 일정기간 경과 후에 반환하는 입회금은 비유동부채로 부가가치세 과세대상이 아니다.

비반환성 입회금에 해당되는 회원권 분양은 부가가치세법상 재화의 공급에 해당되며 공급시기는 이용가능한 때이다. 다만, 중간지급조건부에 의하여 분양하는 경우에는 대가의 각 부분을 받기로 한 때를 공급시기로 하여 세금계산서를 교부하여야 한다. 또한, 위탁판매의 경우 수탁자가 회원권을 판매하는 때를 공급시기로 하여 세금계산서를 발행하여야 한다.

### (2) 분양수수료의 원천징수

회원권 분양수수료의 원천징수는 분양대행자의 사업성 여부, 고용관계 등에 따라 달라진다.

① **고용된 경우** : 고용계약에 의하여 직원으로 되어 있는 자에게 지급하는 분양수수료는 근로소득에 해당되어 간이세액표에 원천징수를 하고 연말정산을 하여야 한다.

② **고용관계 없이 독립적으로 분양알선을 하는 경우** : 사업소득에 해당되어 지급금액의 3.3% 원천징수를 하여야 한다. 다만, 분양대행사가 개인사업자나 법인사업자이며 인적설비와 물적설비를 갖추고 분양알선용역을 제공하는 경우에는 부가가치세 과세대상으로 세금계산서를 수취하여야 한다. 또한 이에 관련된 매입세액은 전액 공제된다.

③ **분양알선을 일시적으로 하는 경우** : 분양알선을 일시적 · 우발적으로 하고 다른 직업 등이 있는 경우에는 기타소득으로 보아 필요경비가 60%로 간주되어 공제한 후 22%를 원천징수하면 된다.

### (3) 분양수수료의 귀속시기

체육시설의설치 · 이용에관한법률에 의거 스키장, 수영장, 콘도미니엄 등 종합체육시설업을 영위하는 법인이 동 시설을 이용할 수 있는 회원을 모집하는 과정에서 판매사원과 사전약정에 의하여 시설이용회원권과 콘도회원권(멤버쉽)의 판매수량에 따라 지급하는 수수료는 지급이 확정되는 날이 속하는 사업연도의 손금에 산입하는 것이다(법인 46012-2920, 1996. 10. 22).

## Ⅳ 골프장 운영과 세무실무

### 1. 부가가치세 실무

골프장운영업은 부가가치세 과세대상이다. 부가가치세 과세표준은 골프장 이용자로부터 받는 입장수입, 상품판매, 식음료 매출, 대여수입 등이다.

#### (1) 골프장 입회금의 과세 여부

골프장 경영자가 동 장소 이용자로부터 받는 입회금으로서 일정기간 거치 후 반환하지 아니하는 입회금은 과세대상이 된다. 다만, 일정기간 거치 후 반환하는 입회금은 그러하지 아니한다(부기통 4-0-6).

#### (2) 시공포기 합의금의 과세 여부

(갑)회사는 골프장운영업을 영위하기 위하여 설립된 법인으로 당초 골프장 시공을 맡기기 위하여 (을)건설사와 도급계약을 체결하였으나, (갑)회사의 사정에 의하여 (병)건설사와 도급계약을 체결하였을 경우 (을)건설사에 도급계약(시공권) 포기에 대한 합의금을 지불시 부가가치세 과세대상에 해당하는지 여부이다. 이는 재화 또는 용역을 공급하기로 한 사업자가 공급받을 자의 해약으로 인하여 재화 또는 용역의 공급 없이 받는 위약금 또는 이와 유사한 손해배상금은 부가가치세 과세대상에 해당되지 아니하는 것이다(서면3팀-3091, 2007. 11. 13).

#### (3) 골프장 내 위탁운영 음식점의 과세표준

골프장업을 영위하는 사업자가 골프장 내에서 음식점업을 영위함에 있어서 당해 음식점 운영용역의 일부를 다른 사업자에게 위탁하여 을로 하여금 제공하게 하고 당해 용역제공에 대한 대가를 지급하며, 갑의 책임과 계산 하에 음식점업을 영위하는 경우에 갑의 과세표준은 당해 음식점업의 수입금액 전체가 되는 것이다(서삼 46015-10069, 2001. 8. 30).

### (4) 시범라운딩 수입금액의 부가가치세 과세 여부

골프장을 개장하기 전에 골프이용자들에게 시범라운딩 대가로 요금을 받는 경우 그 대가는 용역의 공급에 해당하여 부가가치세가 과세되는 것이다(국심 96광2617, 1996. 11. 15).

### (5) 협찬금의 과세 여부

국내에서 "현대클래식 국제프로골프대회"를 개최하는 사업자가 동 대회기간 중 협찬사에게 광고용역을 제공하는 조건으로 협찬사로부터 협찬금을 받는 경우 또는 협찬금을 받는 대신 당해 사업자가 부담하여야 할 항공료·호텔숙박비 등을 할인받는 경우에는 부가가치세법 제7조의 규정에 의하여 부가가치세가 과세되는 것이다(부가 46015-116, 1996. 1. 19).

### (6) 골프장사업자가 적립하여 준 마일리지로 이용요금 결제하는 경우

사업자가 카지노 사업과 호텔, 골프장, 스키장 등의 사업을 함께 영위하면서 카지노 이용고객에게 그 이용실적에 따라 포인트를 적립해 주고 향후 해당 고객이 사업자가 영위하는 호텔, 골프장, 스키장 등에서 용역을 공급받고 그 대가의 일부 또는 전부를 적립된 포인트로 결제하는 경우 해당 포인트 상당액은 부가가치세 과세표준에 포함하지 아니하는 것이다(법규부가 2010-349, 2011. 6. 29).

## 2. 법인세 실무

### (1) 수입금액의 계산

골프장의 주수입인 입장수입, 상품판매, 식음료 매출, 대여수입은 익금에 해당된다. 또한, 회원권 분양으로 받는 입회금 중 반환의무가 없는 금액은 익금에 해당된다.

#### ① 회원권을 할인분양하는 경우

회원권을 할인하여 회원을 모집하는 경우 할인금액은 수입금액에서 차감한다.

#### ② 그린피 할인액의 처리

법인이 그린피 대우기준에 의하여 일정기준의 이용객에게 그린피를 할인해준 것은 골프장의 인지도 및 품격 향상 등을 통해 다른 이용객을 유치함으로써 골프장의 영업수익을 확대하기 위한 경영 전략(요금정책)의 일환으로 볼 수 있고, 위 그린피 대우기준은 사전에 공표된 일종의 요금표(가격표)로서 골프장 이용객이 위 기준에 해당하기만

하면 불특정, 무차별적으로 공표된 요금을 받고 있으므로 쟁점 그린피 할인액은 특정 인에게 선별적으로 지출하는 접대비라고 보기는 어려우며, 사전에 정해진 기준에 따라 처음부터 요금을 할인해 준 것으로서 위 법인세법 시행령 제11조 제1호 괄호에 규정된 매출에누리에 해당한다고 보아야 할 것이다(국심 2005중439, 2006. 7. 11).

### (2) 골프장업의 건설자금이자

골프장 건설을 위하여 취득하는 토지 및 건설공사비 조달을 위한 차금의 이자는 원칙적으로 당기비용으로 처리하나 법인의 선택에 따라 자본화할 수 있다. 다만, 법인세법에서는 1년 이상 소요되는 사업용 고정자산의 취득・건설에 소요되었음이 명백한 건설자금이자는 자본화를 강제하고 있다.

법인세법 시행령 제52조 제6항 제3호에 따르면 기타 사업용 자산의 경우 사용개시일을 건설자금이자계산의 종료일로 규정하고 있는 바 골프장업 법인의 구축물 등의 기타 사업용 자산의 사용개시일은 ① 시범 라운딩하는 날 ② 체육시설업 등록일 ③ 정식 오픈일 중 어느 날로 하는지이다. 이에 대하여 국세청 해석은 정상적인 골프장 영업개시일을 말한다고 하고 있다(서면2팀-2683, 2006. 12. 28).

### (3) 그린피의 손익 귀속시기

골프장업을 영위하는 법인이 약정에 의해 회원이 시설물을 이용하는 시점에 이용금액(그린피)을 입회금에서 차감하는 경우에는 「법인세법」 제40조 및 같은 법 시행령 제69조의 규정에 의하여 용역의 제공을 완료한 날이 속하는 사업연도에 수익의 귀속시기를 인식하는 것이다(서면2팀-2097, 2006. 10. 18).

### (4) 손금의 계산

#### ① 골프장 이용할인금액의 접대비 여부

골프장업을 영위하는 법인이 특정 골프대회를 기념하고 회원의 만족도 향상을 위하여 골프장 이용자 중 특정고객(회원권 이용자)에 한하여 이용대금의 할인혜택을 부여하고 그 할인액 상당액을 대신 부담하는 경우, 법인세법 제52조의 규정에 의한 부당행위계산 부인 대상을 제외하고는 같은 법 제25조의 규정에 의하여 접대비에 해당하는 것이다(서면2팀-2281, 2006. 11. 9).

② 골프장을 건설 후 토지소유자에게 무상이전하는 경우

법인세법 제40조 규정에 의거 법인이 약정에 의하여 타인소유의 임차한 토지 위에 대중골프장을 신축하여 관련 건물 및 건물 등의 부속토지를 일정기간 사용하는 조건으로 건물 등의 소유권을 토지소유자에게 무상으로 이전하는 경우, 골프장 조성과 관련한 인・허가 등 비용은 선급임차료에 해당하며 사용수익 기간 동안 균등하게 안분하여 손금산입하는 것이다(서면2팀-987, 2006. 5. 30).

③ 프로골퍼의 인건비

프로골퍼에게 지급하는 인건비는 고용관계가 있는 경우 근로소득으로, 고용관계가 없는 경우에는 사업소득으로 원천징수하여야 한다(서면1팀-507, 2004. 4. 1). 또한 프로골프선수가 실질적인 고용 관계없이 특정법인의 로고가 새겨진 골프장비를 사용하기로 전속계약을 체결하고 이에 따라 지급받는 연봉, 국내외훈련비 및 포상금은 소득세법 제127조 제1항 제3호에 규정된 원천징수대상 사업소득에 해당하는 것이며, 이 경우 동 법인은 프로골프선수에게 지급하는 연봉(매월 분할지급), 국내외훈련비 및 포상금에 대하여는 법인세법 제40조의 규정에 의하여 지급금액이 확정되는 사업연도에 손금에 산입하고, 법인이 소득세법 제127조 제1항 제3호의 원천징수대상 사업소득자로부터 용역을 공급받는 경우(원천징수하는 것에 한함)에는 법인세법 제116조 제2항의 정규영수증 수취 및 보관의무 규정이 적용되지 아니한다(제도 46013-12250, 2007. 7. 20). 한편, 비거주자의 경우 원천징수 여부는 다음과 같다.

ⓐ 국내사업장이 없으며 비거주자에 해당하는 체육인이 국외에서 개최되는 프로운동경기에 참가하고 지급받는 대가는 「소득세법」 제3조의 규정에 따라 우리나라에서 과세되지 아니하는 것이다.

ⓑ 국내사업장이 없으며 비거주자에 해당하는 체육인이 국내에서 개최되는 프로운동경기에 참가하고 지급받는 대가는 「소득세법」 제119조 제6호에서 규정하는 인적용역소득에 해당하는 것으로 그 대가를 지급하는 자는 「소득세법」 제156조 제1항 제2호의 규정에 따라 지급하는 금액의 20%(지방소득세 2% 별도)를 원천징수하여야 하는 것이다. 다만, 당해 체육인이 일본거주자로서 「한・일 조세조약」 제17조 제1항 나호나 제2항 나호에 해당하는 경우와 「한・일 조세조약 의정서」 제2조의 규정에 해당하는 경우에는 우리나라에서 과세되지 아니하는 것이며, 당해 체육인이 중국거주자로서 「한・중 조세조약」 제17조 제3항에 해당하는 경우에는 우리나라에서 과세되지 아니하는 것이다(서면2팀-404, 2008. 3. 6).

ⓒ A가 국내에서 개최되는 프로골프대회와 관련하여 국내 고정사업장이 없는 미국법

인 B에게 B법인과 고용관계가 없는 외국 프로골프선수의 참가비용을 지급하는 금액은 미국법인 B의 법인의 인적용역대가가 아닌 외국 프로골프선수 개개인에게 귀속되는 소득으로서 소득세법 제119조 제6호 및 한・미 조세조약 제18조의 독립적 인적용역소득에 해당하여 동법 제156조 제1항 제2호의 규정에 따라 지급금액의 20%를 원천징수하여야 한다(국일 46017-119, 1996. 3. 11).

## 3. 개별소비세 실무

### (1) 과세대상

골프장 1인 1회의 입장에 대하여 1만 2천원의 개별소비세를 부과한다(소비세법 1 ③ 4호). 다만, 골프장에는 다음에 해당하는 경우는 제외한다(소비령 별표2).

① 체육시설의 설치이용에 관한 법률 시행령 제5조 제3항 단서에 따라 국방부장관이 지도・감독하는 골프장

② 체육시설의 설치이용에 관한 법률 시행령 제7조 제1항 제2호에 따른 대중체육시설업에 해당하는 골프장

여기서 대중골프장이라 함은 체육시설의 설치・이용에 관한 법률 시행령 제8조 제1항 제2호의 대중체육시설업의 골프장으로서 동법 시행령 별표 3 제2호 가목의 규정에 의한 9홀인 골프장의 부지기준면적을 초과하는 골프장을 말한다.

### (2) 입장행위의 면세

다음 어느 하나에 해당하는 입장행위에 대하여는 대통령령으로 정하는 바에 따라 개별소비세를 면제한다(소비세법 19의 2).

① 「국민체육진흥법」에 의한 대한체육회 및 그 회원인 단체 또는 대통령령이 정하는 단체가 개최하는 경기대회에 참가하는 선수가 대회기간 중 경기시설을 이용하거나 입장하는 경우

② 대통령령으로 정하는 골프선수가 골프장에 입장하는 경우

#  골프장 양도와 세무실무

## 1. 사업양도와 부가가치세 과세문제

부가가치세법상 사업의 포괄양도는 부가가치세 과세대상이 아니다. 여기서 사업양도란 사업장별(「상법」에 의하여 분할 또는 분할합병하는 경우에는 동일한 사업장 안에서 사업부문별로 양도하는 경우를 포함한다)로 그 사업에 관한 모든 권리와 의무를 포괄적으로 승계시키는 것(「법인세법」 제46조 제1항의 요건을 갖춘 분할의 경우와 양수자가 승계받은 사업 외에 새로운 사업의 종류를 추가하거나 사업의 종류를 변경한 경우를 포함한다)을 말한다(부령 23). 골프장 운영업을 영위하는 사업자가 영업권, 매출채권, 매입채무, 종업원 등 그 사업에 관한 주요 권리와 의무를 제외하고 토지, 건물, 구축물, 기계장치, 차량 운반구, 비품 등 사업용 고정자산만을 양도하는 경우에는 「부가가치세법」 제10조 제8항 제2호 및 같은 법 시행령 제23조에 따른 사업의 양도에 해당하지 아니하는 것이다(사전 2017 법령해석부가-0832, 2017. 12. 15).

## 2. 조성중인 골프장 매매시 부가가치세 과세 여부

**질의**

① 골프장을 운영하려는 사업자가 인허가 등의 골프장 조성사업을 진행하다가 골프장 인허가권, 공사업체와의 용역계약, 골프장 사업과 관련된 일체의 인적·물적자원 및 사업과 관련된 권리와 의무를 양수자에게 승계한 경우 부가가치세법 제6조 제6항의 사업양도에 해당하는지 여부

② 골프장 허가를 득한 토지를 매매하면서 제세공과금, 보상비 등에 대한 대가를 코스조성비란 명목으로 토지와 구분 기재하여 공급한 경우 부가가치세 과세 여부

**회신** 사업자가 부지 조성중인 토지를 공급하는 경우에는 부가가치세가 면제되는 것이다(서면3팀-2220, 2006. 9. 21).

### 3. 골프장 인수대가의 회계처리

**| 질의회신 07-045 |**

**골프장 사업인수대가의 회계처리에 대한 질의**

Ⅰ. 질의 내용

1999년에 거래기업(A회사라 함)은 종전 소유자(B라 함)의 채권자가 경매에 붙인 골프장(골프장 운영을 위한 공사 진행 상태)의 토지를 225억원에 낙찰받음. 낙찰 후 A는 골프장공사를 마무리 하였으나 B와의 법적 분쟁으로 인해 2006년도 수원지원에서 A가 B에게 사업권 및 기타 제반사항과 관련한 290억원을 지급하라는 조정에 따라 동 금액을 지급하고 골프장에 대한 사업허가권을 받음.

(질의1) A와 B 사이의 거래를 기업인수·합병 등에 관한 회계처리준칙을 적용할 수 있는 '사업양수도'로 볼 수 있는가?

(질의2) 당 거래가 사업양수도 거래라면 290억원의 회계처리는?

(질의3) 당 거래가 사업양수도 거래가 아니라면 290억원의 회계처리는?

Ⅱ. 회신 내용

귀 질의 1의 경우 토지의 취득은 개별거래이며, 사업권의 취득 역시 별도의 무형자산 등을 취득하는 거래이므로 기업인수·합병 등에 관한 회계처리준칙의 영업양수도 거래로 볼 수 없습니다.

귀 질의 2의 경우 해당 사항이 없습니다.

귀 질의 3의 경우 지출금액 중 사업권대가에 해당하는 금액은 사업권으로 처리하고 사업권대가에 해당하지 않는 금액은 그 성격에 따라 별도의 자산 또는 비용으로 회계처리합니다.

##  골프연습장의 세무실무

### 1. 과세대상

골프연습장을 운영하는 사업자가 이용자로부터 입회금, 월회비, 연간회비 등의 명목으로 대가를 받는 경우에는 부가가치세가 과세되는 것이나 입회금 중 일정기간 경과 후 또는 회원 탈퇴 후 반환의무가 있는 보증금은 부가가치세가 과세되지 않는다(서면3팀-2746, 2006. 11. 10). 또한, 고객으로부터 골프강사를 고용하여 강습료를 포함하여 대가를 받는 경우 고객으로부터 받는 전체금액이 과세표준이 된다. 한편, 사업자가 지방자치단체의 토지 위에 골프연습장을 신축하여 기부채납하고 당해 골프연습장의 관리·운영권을 취득한 경우 당해 기부채납은 「부가가치세법」 제6조 제1항의 규정에 따라 재화의 공급에 해당하는 것이다(서면

3팀-1070, 2008. 5. 28).

## 2. 현금영수증 발행대상 여부

한국표준산업분류상의 골프장운영업(91121)이 현금영수증 의무발행업종에 해당한다. 다만, 현금영수증 발급의무자의 책임과 계산 하에 주된 거래에 필수적으로 부수되는 재화 또는 용역을 공급하는 경우에 그 거래대금은 현금영수증 발급의무 대상인 거래금액에 포함되는 것이다(전자세원과-393, 2010. 7. 2).

## 3. 운동지도자가 골프연습장과 사용계약체결

골프연습장을 운영하는 사업자가 골프강사를 고용하여 골프연습장 이용자에게 골프강습을 하고 강습료를 포함하여 그 이용료를 받는 경우 당해 골프연습장을 운영하는 사업자의 부가가치세 과세표준은 「부가가치세법」 제13조 제1항 및 같은 법 시행령 제48조 제1항의 규정에 의하여 골프연습장 이용자로부터 받는 전체 금액이며, 운동지도자가 물적 시설 없이 근로자를 고용하지 아니하고 독립된 자격으로 제공하는 운동지도 용역은 같은 법 시행령 제35조 제1호 마목의 규정에 의하여 부가가치세가 면제되는 것이나, 운동지도자가 골프연습장을 운영하는 사업자와 골프연습장 사용계약을 체결하여 사용료를 지불하고 운동지도에 따른 그 대가를 받는 경우에는 영리목적의 유무에 불구하고 부가가치세를 납부할 의무가 있는 것이다(부가-1823, 2008. 7. 7).

# Ⅶ 골프장사업 회계처리 지침서[196)]

※ 이 지침서는 골프장관련 사업종사자를 위한 회계처리지침서로 한국골프장사업 경영협회에서 발간한 자료이다. 이 지침서는 기업회계기준을 보완하여 골프장사업에 일반적으로 적용되는 회계관행으로 이용될 수 있다. 이 지침서에서 규정하지 않은 사항은 기업회계기준(업종별 회계처리준칙과 기업회계기준 등에 관한 해석 및 기업회계기준서와 기업회계기준해설서를 포함한다)을 적용한다. 이 지침서는 기업회계기준서 제21호 "재무제표의 작성 및 표시 Ⅰ"가 제정되기 이전에 작성된 것으로 계정과목 및 내용을 기업회계기준서에 맞게 수정하여 적용하시기 바랍니다.

196) 한국골프장사업경영협회(www.kgba.co.kr), 골프장사업 회계처리지침서, 2003. 9.

## 골프장사업 회계처리지침서 제1호
## 골프장사업의 재무제표 작성 및 공시

### 목 적

1. 이 지침서는 골프장사업의 일반목적 재무제표의 작성과 공시에 필요한 지침을 제시함으로써 골프장사업의 재무보고에 통일성과 객관성을 부여하여 재무제표에 대한 비교가능성을 높이는 데 목적이 있다.
또한 골프장사업의 재무제표를 정보이용자들이 이해하기 쉽도록 하는 지침을 제시하는 데 목적이 있다.

### 적용범위

2. 이 지침서는 모든 형태의 골프장 사업자들이 재무제표의 작성과 공시에 관한 지침으로 사용할 수 있으며, 의무적으로 적용하여야 하는 것은 아니다. 현행 기업회계기준은 골프장 사업자의 주된 사업인 입장권판매사업, 음식료판매사업, 상품판매사업, 시설물대여사업, 부대관리사업(용품대여 · 회원관리사업 등)을 위한 별도의 회계규정이 없으므로 이 지침서는 기업회계기준을 보완하여 골프장사업에 일반적으로 적용되는 회계관행으로 이용될 수 있다. 이 지침서에서 규정하지 않은 사항은 기업회계기준(업종별 회계처리준칙과 기업회계기준 등에 관한 해석 및 기업회계기준서와 기업회계기준해설서를 포함한다)을 적용한다.

### 재무제표의 작성과 공시의 일반원칙

3. 이 지침서와 기업회계기준에서 선택적인 회계처리방법이 제시된 경우와 구체적인 회계처리방법을 제시하지 않은 경우에는 다음의 요건을 충족하는 회계정보가 될 수 있도록 하는 회계정책을 선택한다. 첫째, 회계정보는 적시에 제공되어야 하며 정보이용자의 의사결정에 유용한 것이어야 한다. 둘째, 회계정보는 신뢰할 수 있도록 그 정보가 나타내고자 하는 바를 충실히 표현하고 객관적으로 검증가능하며 편견 없이 중립적 입장에서 작성되어야 한다. 또한, 선택된 회계처리방법은 재무제표의 기간별 비교가능성을 제고하기 위해 매기 계속적으로 적용하여야 한다.
4. 골프장사업에 중요한 항목은 재무제표의 본문과 주석에 그 내용을 가장 잘 나타낼 수 있도록 구분하여 표시하여야 하며, 중요하지 아니한 항목은 성격 또는 기능이 유사한 항목과 통합하여 표시할 수 있다. 회계처리는 골프장 경영관리에 기여될 수 있도록 하기 위하여 그 중요성에 따라 실용적인 방법으로 하여야 하며 수익비용 대응원칙을 중요시하여 처리한다.

5. 재무제표 및 부속명세서의 범위와 표시방법은 다음과 같다.

(가) 재무제표는 대차대조표, 손익계산서, 이익잉여금처분계산서(또는 결손금처리계산서)와 현금흐름표로 구성되며, 주석과 주기를 포함한다.

(나) 매출액명세서, 매출원가명세서(코스관리원가, 음식료매출원가, 상품매출원가) 및 기타 필요한 명세서는 부속명세서로 작성하여 재무제표에 첨부할 수 있다.

(다) 재무제표는 기간별 비교가능성을 제고하기 위하여 당해연도분과 직전 연도분을 비교하는 형식으로 작성하며, 충분한 재무정보를 제공하도록 중요한 회계방침 등 필요한 사항은 주기 및 주석으로 표시하여야 한다.

### 대차대조표

6. 대차대조표의 작성기준은 다음과 같다.

(가) 대차대조표는 기업의 재무상태를 명확히 보고하기 위하여 대차대조표일 현재의 자산 부채 및 자본을 적정하게 표시하여야 한다. 이를 위하여 대차대조표상 자산·부채 항목 중 골프장사업과 다른 중요한 사업을 함께 영위할 때에는 이와 관련된 중요한 사항은 이를 구분하여 표시한다. 또한 회원과 직접 관련된 중요한 자산·부채 항목이 있을 경우에는 이를 구분하여 표시할 수 있다.

(나) 대차대조표는 자산 부채 및 자본으로 구분하고, 자산은 유동자산 및 고정자산으로, 부채는 유동부채 및 고정부채로, 자본은 자본금·자본잉여금 이익잉여금 및 자본조정으로 각각 구분한다. 대차대조표의 표준양식은 별지 제1호 서식에 의한다.

(다) 자산·부채 및 자본은 총액에 의하여 기재함을 원칙으로 하고, 상대되는 과목을 상계하여서는 아니 된다.

### 당좌자산

7. 유동자산의 1년 이내에 현금으로 전환되거나 소비될 것으로 예상되는 자산을 말하며, 당좌자산과 재고자산으로 구분한다. 당좌자산은 유동자산 중에서 판매 등을 거치지 않고 1년 이내 또는 영업순환기간 내에 즉시 현금화되는 자산으로서 유동성이 큰 자산이다. 당좌자산의 과목은 다음과 같다.

(가) 현금 및 현금등가물

통화 및 타인발행수표 등 통화대용증권과 당좌예금·보통예금 및 현금등가물로 한다. 이 경우 현금등가물이라 함은 큰 거래비용 없이 현금으로 전환이 용이하고 이자율변동에 따른 가치변동의 위험이 중요하지 않은 유가증권 및 단기금융상품으로서 취득당시 만기(또는 상환일)가 3개월 이내에 도래하는 것을 말한다.

(나) 단기금융상품

금융기관이 취급하는 정기예금 정기적금 · 사용이 제한되어 있는 예금 및 기타 정형화된 금융상품 등으로 단기적 자금운영목적으로 소유하거나 기한이 1년 내에 도래하는 것으로 한다.

(다) 단기매매증권

주로 단기간 내의 매매차익을 목적으로 취득한 유가증권으로서 매수와 매도가 적극적이고 빈번하게 이루어지는 것을 말한다. 단기적인 이익을 획득할 목적으로 운용되는 것이 분명한 증권포트폴리오를 구성하는 유가증권은 단기매매증권으로 분류한다.

(라) 매도가능증권

단기매매증권이나 만기보유증권으로 분류되지 아니하는 유가증권은 매도가능증권으로 분류한다. 유동자산으로 분류하는 매도가능증권은 매도가능증권 중 대차대조표일로부터 1년 내에 만기가 도래하거나 또는 매도 등에 의하여 처분할 것이 거의 확실한 것으로 한다.

(마) 만기보유증권

만기가 확정된 채무증권으로서 상환금액이 확정되었거나 확정이 가능한 채무증권을 만기까지 보유할 적극적인 의도와 능력이 있는 경우에는 만기보유증권으로 분류한다. 유동자산으로 분류하는 만기보유증권은 만기보유증권 중 대차대조표일로부터 1년 내에 만기가 도래하는 것으로 한다.

(바) 매출채권

골프장 운영과 직접 관련하여 발생한 외상매출금으로 하며, 신용카드매출 미결제액을 포함한다.

(사) 단기대여금

회수기한이 1년 내에 도래하는 대여금으로 하며 특수관계자에 대한 대여금을 포함한다.

(아) 미수금

골프장 운영과 직접 관련 없이 발생한 미수채권으로서 주로 유형자산이나 투자자산의 처분에서 발생한 채권이다. 미수금은 결산기 현재 법적으로 확정된 채권으로 간주되므로 회원입회보증금과 관련된 미수령액은 입회예수금과 우선 상계하여 정리하여야 한다.

(자) 미수수익

당기에 속하는 수익 중 미수액으로 한다. 예를 들면 국 · 공채 및 은행예금이자에 대한 미수수익이 있다.

(차) 선급금

골프장의 주된 영업활동을 위하여 소요되는 음식재료·상품 등의 재화와 용역의 구입을 위하여 선급한 금액으로 한다.

(카) 선급비용

선급된 비용 중 1년 내에 비용으로 되는 것으로 한다. 예를 들면 지급한 보험료, 지급임차료, 이자비용에 대한 선급비용이 있다.

(타) 기타의 당좌자산

위 (가) 내지 (카)에 속하지 아니하는 당좌자산으로 한다.

(7-1) 당좌자산으로 분류되는 유가증권의 총 규모가 중요하지 않은 경우에는 단기매매증권, 매도가능증권 및 만기보유증권은 단기투자자산 등의 과목으로 통합하여 표시할 수 있다.

## 재고자산

8. 재고자산이란 정상적인 영업과정에서 판매를 위하여 보유하거나 제조과정에 있는 자산 및 제조 또는 서비스 제공과정에 투입될 원재료나 소모품의 형태로 존재하는 자산을 말한다. 재고자산의 과목은 다음과 같다.

(가) 상품

판매를 목적으로 구입한 골프용품, 시상품, 전매품과 농축산품 등으로 하며, 전매품과 농축산품의 금액이 중요할 경우 별도 과목으로 구분할 수 있다.

(나) 음식재료

식당음식조리용 주요재료와 판매용 음료품 및 다과류 등으로 한다.

(다) 저장품

대여용 골프용품과 코스관리에 소모되는 비료, 약품, 코스살포용 세사(뗏밥) 및 소모성공기구와 장비부속품, 식당에 사용되는 가스 및 식당소모품 중 금액이 중요한 소모성 용품 및 난방용 연료 등으로 한다.

(라) 기타의 재고자산

위 (가) 내지 (다)에 속하지 아니하는 재고자산으로 한다.

(8-1) 재고자산에는 외부로부터 매입하여 재판매를 위해 보유하는 상품 및 토지와 기타 자산을 포함한다. 골프장사업 이외에 부대사업으로 분양사업을 영위하는 사업자의 경우에는 분양을 목적으로 건축 중이거나 건축한 분양주택, 콘도미니엄, 전원택지(주택용지) 등의 사업용 부동산은 재고자산에 포함한다.

(8-2) 재고자산에 포함되는 공기구 및 비품은 당기에 소비 또는 투입될 품목에 한하며, 1년 이상 사용할 중요한 품목이면 유형자산으로 분류한다.

### 투자자산

9. 고정자산은 투자자산, 유형자산 및 무형자산으로 구분한다. 투자자산은 일반적으로 사업의 주된 영업목적이 아닌 다른 회사의 지배 또는 유휴자금의 증식이나 활용을 목적으로 한 자산이다.
투자자산의 과목은 다음과 같다.

(가) 장기금융상품

유동자산에 속하지 아니하는 금융상품으로 한다.

(나) 매도가능증권

단기매매증권이나 만기보유증권으로 분류되지 아니하는 유가증권은 매도가능증권으로 분류한다. 다만, 매도가능증권 중 대차대조표일로부터 1년 내에 만기가 도래하거나 또는 매도 등에 의하여 처분할 것이 거의 확실한 것은 제외한다.

(다) 만기보유증권

만기가 확정된 채무증권으로서 상환금액이 확정되었거나 확정이 가능한 채무증권을 만기까지 보유할 적극적인 의도와 능력이 있는 경우에는 만기보유증권으로 분류한다. 다만, 만기보유증권 중 대차대조표일로부터 1년 내에 만기가 도래하는 것은 제외한다. 또한 당 회계연도와 직전 2개 회계연도 중에, 만기보유증권을 만기일 전에 매도하였거나 발행자에게 중도상환권을 행사한 사실이 있는 경우, 또는 만기보유증권의 분류를 매도가능증권으로 변경한 사실이 있다면, 보유중이거나 신규로 취득하는 모든 채무증권은 만기보유증권으로 분류할 수 없다.

(라) 지분법 적용투자주식

중대한 영향력을 행사할 수 있는 투자주식으로 한다.

(마) 장기 대여금

유동자산에 속하지 아니하는 장기의 대여금으로 하며 특수관계자에 대한 대여금을 포함한다.

(바) 투자부동산

투자의 목적 또는 비영업용으로 소유하는 토지, 건물 및 기타의 부동산으로 하고, 내용을 주석으로 기재한다.

(사) 보증금

전세권, 전신전화가입권, 임차보증금 및 영업보증금으로 한다.

(아) 이연법인세차

일시적 차이로 인하여 법인세법 등의 법령에 의하여 납부하여야 할 금액이 법인세비용을 초과하는 경우 그 초과하는 금액과 이월결손금 등에서 발생한 법인세효과로 한다.

(자) 기타의 투자자산

위 (가) 내지 (아)에 속하지 아니하는 투자자산으로 한다.

(9-1) 매도가능증권과 만기보유증권은 장기투자자산 등의 과목으로 통합하여 표시할 수 있다.

### 유형자산

10. 유형자산은 재화의 생산, 용역의 제공, 타인에 대한 임대 또는 자체 사용할 목적으로 보유하는 물리적 형체가 있는 자산으로서, 1년을 초과하여 사용할 것이 예상되는 자산이다. 유형자산의 과목은 다음과 같다.

(가) 토지

영업활동목적으로 취득한 체육시설용지, 유원지, 대지, 잡종지, 임야, 농경지, 하천과 구거 등으로 한다.

(나) 코스

티그라운드, 훼어웨이, 라프, 헤저드(폰드와 벙커 등을 포함한다) 등으로 구성되는 골프코스를 조성하기 위하여 지출한 조사용역비, 기반조성비, 토공사비, 조형공사비 등의 직접공사비와 기타 간접공사비 등의 투자액으로 한다. 다만, 코스의 일부 구성항목 중 그 지출액이 중요하고 사용이나 시간의 경과에 따라 경제적 효익이 감소하는 부분이 있는 경우에는 이를 제외한다.

(다) 건물

본관하우스, 각 티하우스, 실내수영장, 숙소, 사무실, 창고, 경비실 등의 건축물과 냉난방, 전기, 통신, 통풍 및 기타의 건물부속설비로 한다.

(라) 구축물

교량, 옹벽, 암벽, 저수지, 콩크리트보도, 포장도로, 주차장, 정원, 퍼팅그린, 정구장, 태양열 집열판, 스프링쿨러배관, 스프링쿨러 조작판, 수변전소, 파고라, 방호망, 전기인입시설, 간판, 석조물, 경기장애물, 연습장 구조물, 지하수심정등과 전망대, 수조(급수탱크, 살수탱크), 저유조, 싸이로, 풀장, 슬라이드, 급수시설, 맨홀, 배수관 유속제어시설, 정화조, 복개설비, 분수대, 인공폭포, 전동카트레일, 조명시설(라이터) 등의 토목설비 또는 공작물 등으로 한다.

(마) 기계장치

보일러, 냉방기, 냉동기, 수중펌프, 발전기, 정수기, 콘베어, 호이스트, 엘리베이터, 에스컬레이터, 모아기, 살포기, 천공기, 청소기, 벙커정리기, 대형공작기계, 동력기, 원동기 부착 유희설비, 전화교환대, 기타 각종 기계적 조작장치 등으로 한다.

(바) 차량운반구

트렉터, 경운기, 트레일러, 도자, 기타 작업차량 및 중장비, 각종운반차량과 승용차량으로 한다.

(사) 공기구 비품

소형펌프, 양수기, 소형분무기, 소형공작기계, 용접기, 전기공작기, 각종영선기, 제초기, 초에기, 측정기, 변압기와 각종철제집기, 각종목재집기, 각종주방기구, 각종전기제품, 각종사무기 등으로 한다.

(아) 입목

각종 생립하고 있는 나무(임목, 과수목, 죽목)로 한다. 이때 나무의 구입비와 수량이 확인되는 수목이식비, 조림비를 포함한다.

(자) 건설중인 자산

유형자산 중 코스, 건물, 구축물의 건설비와 입목의 식재를 위한 도급공사비, 각종조사 용역비, 공사보상비, 각종지원금과 재료비, 노무비 및 건설공사관리비로 하며 건설을 위한 차입금의 이자인 건설자금이자를 포함할 수 있다. 또한 기계장치 비품의 경우에도 각종 공사와 관련하여 취득되거나 제작될 경우를 포함한다.

(차) 기타의 유형자산

위 (가) 내지 (자)에 속하지 아니하는 유형자산으로 한다.

11. 건물 · 구축물 · 기계장치 · 차량운반구 및 기타의 유형자산은 해당 과목의 취득원가에서 감가상각누계액과 감액손실누계액을 그 자산과목에서 차감하는 형식으로 기재한다. 유형자산의 과목은 골프장업종의 특성 등을 반영하여 신설하거나 통합할 수 있다. 예를 들면, 기계장치와 공기구비품의 비중이 크지 않은 경우에는 이를 기타의 유형자산으로 분류할 수 있다.

### 무형자산

12. 무형자산은 재화의 생산이나 용역의 제공, 타인에 대한 임대 또는 관리에 사용할 목적으로 기업이 보유하고 있고, 물리적 형체가 없지만 식별가능하고, 기업이 통제하고 있으며, 미래 경제적 효익이 있는 비화폐성자산을 말한다. 또한 무형자산 영업양수도 등 매수기업결합에서 발생한 영업권을 포함한다. 무형자산의 과목은 다음과 같다.

(가) 영업권

(나) 재산권(특허권, 실용신안권, 의장권, 상표권, 상호권 및 상품명 포함)

(다) 컴퓨터소프트웨어

(라) 사용수익기부자산

(마) 임차권리금

(바) 기타의 무형자산

위 (가) 내지 (마)에 속하지 아니하는 무형자산으로 한다.

13. 무형자산은 해당 과목의 취득원가에서 상각누계액 및 감액손실누계액을 직접 차감하여 표시하거나 취득원가에서 차감하는 형식으로 표시할 수 있다. 무형자산의 과목은 골프장업종의 특성 등을 반영하여 신설하거나 통합할 수 있다.

## 유동부채

14. 유동부채의 과목과 범위는 다음과 같다.

(가) 매입채무

음식재료와 상품의 구입과 관련된 일반적 상거래에서 발생한 외상매입금과 지급어음으로 한다.

(나) 단기차입금

금융기관으로부터의 당좌차월액과 1년 내 상환될 차입금으로 한다. 또한 관계회사와 주주 종업원에 대한 단기차입금을 포함한다.

(다) 미지급금

일반적 상거래 이외에서 발생한 채무(미지급비용을 제외한다)로 한다.

(라) 예수금

일반적 상거래 이외에서 발생한 일반적 제예수액으로 한다.

(마) 입회 예수금

회원의 입회와 관련하여 입회수속이 종료되지 아니하여 회원으로 등록되기 이전의 일시적인 예수액으로 한다.

(바) 미지급비용

발생된 비용으로서 지급되지 아니한 것으로 한다.

(사) 미지급 법인세

법인세 등의 미지급액으로 한다.

(아) 유동성 장기부채

고정부채 중 1년 내에 상환될 것 등으로 한다.

(자) 선수수익

받은 수익 중 차기 이후에 속하는 금액으로 한다.

(차) 기타의 유동부채

(가) 내지 (자)에 속하지 아니하는 유동부채로 한다.

### 고정부채

15. 고정부채의 과목과 범위는 다음과 같다.

(가) 입회금

시설이용 보증금 등 회원이 되기 위한 제부담금으로서 소정의 기간 거치 후 반환될 회원가입금으로 한다.

(나) 장기차입금

1년 후에 상환되는 차입금으로 하며, 특수관계자로부터 차입한 금액을 포함한다.

(다) 퇴직급여충당금

회사의 규정에 따라 회계연도 말 현재 전임직원이 일시에 퇴직한 경우 지급하여야 할 퇴직금에 상당하는 금액으로 한다.

(라) 이연법인세대

일시적 차이로 인하여 법인세비용이 법인세 등의 법령에 의하여 납부하여야 할 금액을 초과하는 경우 그 초과하는 금액으로 한다.

(마) 기타의 고정부채

위 (가) 내지 (라)에 속하지 아니하는 고정부채로 한다.

### 자본

16. 자본은 회계주체의 소유자인 주주에게 귀속될 소유자지분을 의미하며 이는 자산총액에서 부채총액을 차감한 잔여지분으로 표시된다. 자본은 자본금, 자본잉여금, 이익잉여금, 자본조정으로 분류한다.

17. 자본금

자본금은 주주 불입자본 중에서 상법의 규정에 따라 정관에 자본금으로 확정되어 있는 금액으로, 1주당 액면금액에 발행주식총수를 곱하여 산출된 금액으로 한다. 자본금은 보통주자본금·우선주 자본금 등으로 분류한다.

18. 자본잉여금

자본잉여금은 증자활동, 감자활동 및 기타 자본과 관련된 자본거래에서 발생된 잉여금으로 영업활동과 관련하여 발생한 이익잉여금과 구별되며 손익계산서를 거치지 않고 직접자본계정에 가감된다. 자본잉여금의 과목과 범위는 다음과 같다.

(가) 주식발행초과금

주식발행가액(증자시의 신주발행비 차감한 후의 금액을 말한다)이 액면가액을 초과하는 경우 그 초과하는 금액을 말한다. 이 경우 증자시의 신주발행비는 신주발행수수료와 신주발행을 위하여 직접 발생한 주권인쇄비, 주식모집광고료, 증자등기에 따른 등록세 등인 바, 이는 주식발행초과금에서 차감하여야 한다. 다만, 회사설립시의 신주발행비는 당기 비용으로 인식한다.

(나) 감자차익

자본감소의 경우에 그 감소액이 주식의 소각, 주금의 반환에 요하는 금액과 결손보전에 충당할 금액을 초과한 때에 그 초과금액으로 한다.

(다) 기타자본잉여금

자기주식처분이익, 전환권대가, 신주인수권대가 및 그 밖의 기타자본잉여금으로 한다.

19. 이익잉여금(또는 결손금)

이익잉여금은 기업의 이익창출활동에 의하여 획득한 이익 중 배당금 등으로 사외에 유출되거나 자본금 계정에 대체되지 않고 사내에 유보된 부분을 말한다. 이익준비금과 기타법정적립금은 이월결손금의 보전이나 자본전입 이외의 목적에 사용할 수 없다. 이익잉여금(또는 결손금)의 과목과 범위는 다음과 같다.

(가) 이익준비금

이익준비금은 상법의 규정에 의하여 적립된 금액으로서 매 결산기에 금전에 의한 이익배당의 10분의 1 이상의 금액을 자본금의 2분의 1에 달할 때까지 적립한다. 금전배당이 없는 경우에도 이익준비금은 적립할 수 있으며 이익준비금이 자본금의 2분의 1을 초과하는 금액은 임의적립금으로 본다.

(나) 기타법정적립금

상법 이외의 법령의 규정에 의하여 적립된 금액을 말하며 기타법정적립금에는 기업합리화 적립금과 기업발전적립금 등이 있다.

(다) 임의적립금

정관의 규정 또는 주주총회의 의결로 적립된 금액으로 하며 중요한 것일 때에는 별도과목으로 한다.

(라) 처분전이익잉여금(또는 처리전결손금)

당기 이익잉여금처분계산서의 처분전이익잉여금 또는 처리전결손금으로 한다. 처분전이익잉여금(또는 처리전결손금)은 당기의 이익잉여금처분 전의 금액으로 한다. 따라서 현금배당금이나 주식배당금은 결산시에는 회계처리를 하지 않고 이익잉여금처분계산서가 확정될 때 회계처리한다.

20. 자본조정

자본조정은 당해 항목의 특성상 소유주지분에서 가감되어야 하거나 아직 최종결과가 미확정인 상태여서 자본의 구성항목 중 어느 것에 가감해야 하는지 알 수 없어서 회계상 자본에 부가 또는 차감하는 형식으로 기재하는 임시적인 성격의 항목을 말한다. 자본조정계정의 범위와 내용은 다음과 같다.

(가) 주식할인발행차금

주식발행가액이 액면가액에 미달하는 경우 그 미달하는 금액으로 하며, 할인발행시 발생한 주식발행비는 가산한 금액으로 한다.

(나) 배당건설이자

개업 전 일정한 기간 내에 주주에게 배당한 건설이자로 한다.

(다) 자기주식

자기주식은 회사가 이미 발행한 주식을 주주로부터 취득한 경우 그 취득가액으로 하고, 그 취득경위·향후처리계획 등을 주석으로 기재한다.

(라) 지분법적용투자주식평가이익(또는 지분법적용투자주식평가손실)

피투자회사의 순자산가액 변동이 자본잉여금, 자본조정의 증가 또는 감소로 인하여 발생한 지분법적용투자주식의 평가손익 한다. 지분법적용투자주식평가손익은 상계하여 표시한다.

(마) 매도가능증권평가이익(또는 매도가능증권평가손실)

매도가능증권(유동자산으로 분류된 매도가능증권도 포함)에 대한 미실현보유손익(공정액과 취득원가의 차액)으로 한다.

(바) 감자차손

자본금의 감소액이 주식의 소각, 주금의 반환에 요한 금액에 미달하는 때 그 미달금액으로 한다.

(사) 자기주식처분손실

자기주식처분손실은 자기주식처분시 발생하는 처분손실로 한다.

(아) 주식매입선택권

주식매입선택권은 주식교부형주식매입선택권을 부여하는 경우에 보상원가를 약정용역제공기간에 안분하여 계상한 것으로 한다.

## 손익계산서

21. 손익계산서의 작성기준은 다음과 같다.

(가) 수익과 비용은 발생주의에 의하여 인식하며, 총액에 의하여 기재함을 원칙으로 한다.

(나) 수익과 비용은 그 발생원천에 따라 명확하게 분류하고 사업분류별 원가발생은 가급적 요소별로 파악하여 수익항목과 이에 관련되는 비용항목을 대응 표시하여야 한다.

(다) 손익계산서는 매출총손익, 영업손익, 경상손익, 법인세비용차감전순손익과 당기순손익으로 구분표시한다. 손익계산서의 표준양식은 별지 제2호 서식에 의한다.

(21-1) 식당과 프로샵 등을 별도사업자에게 위탁 운영하도록 하는 경우에 관련 수익과 비용의 인식은 골프장사업자의 위탁운영과 관련된 여러 조건과 상황을 종합적으로 고려하여 판단하되, 골프장사업자가 거래의 당사자로서 역할을 하는지 여부에 따라 개별적으로 수익을 총액 또는 순액으로 인식하는 것이 타당하다. 예를 들어 식당의 위탁 운영시에는 음식물의 조제, 음식재료의 구매와 구매대금지급, 식당 종업원의 인건비 부담, 메뉴의 종류와 가격결정, 판매대금의 회수 등과 같은 제반 조건과 상황을 종합적으로 고려하여 중요한 역할의 상당부분을 주도적으로 담당하는 자를 거래의 당사자로 판단하여야 한다.

22. 매출총손익의 표시방법은 다음과 같다.

(가) 매출총손익은 매출액에서 매출원가를 차감하여 표시한다.

(나) 매출액은 다음의 과목으로 세분한다.

(1) 입장료수입

골프장이용자의 그린피로 한다. 이 경우 추가 경기료를 포함한다.

(2) 식음료매출

식당과 각 티하우스의 식사 및 음료와 다과류의 판매액으로 한다. 이 경우 자동판매기 판매액을 포함한다.

(3) 상품매출

골프용품, 시상품, 전매품, 농축산품 등의 판매액으로 한다. 다만, 전매품, 농축산품 판매액을 별도과목으로 할 수 있다.

(4) 대여수입

골프카트와 골프용품(골프채, 골프화 등)의 대여수입으로 한다.

(5) 회원관리수입

회원의 명의개서수수료와 반환되지 아니할 가족회비 및 연회비, 주중회원입회비, 회원등록료 등으로 한다.

(6) 기타매출

수영장 수입, 스키장 수입 등 기타의 영업수익으로 한다. 다만, 그 금액의 중요성에 따라 해당 과목으로 할 수 있다.

(다) 매출원가는 코스관리비, 식음료매출원가, 상품매출원가, 기타매출원가 등으로 한다.

(라) 면적 등에서 미리 결정된 원가배부기준에 따라 배분된 금액으로 할 수 있다.

(마) 매출액명세서와 매출원가 명세서는 표준양식의 별지 제6호와 제7호 서식에 의한다.

(22-1) 골프카트 대여수입의 금액이 중요한 경우에는 시설대여수입 등의 과목으로 하여 별도로 구분표시할 수 있으며, 골프용품대여수입·회원관리수입 등의 금액이 중요하지 아니한 경우에는 기타매출의 과목으로 하여 통합표시 할 수 있다.

23. 매출액과 매출원가는 회원제 골프장과 퍼블릭 골프장 등과 같이 사업별로 구분함을 원칙으로 한다.

24. 영업손익의 표시방법은 다음과 같다.

(가) 영업손익은 매출총손익에서 판매비와 관리비를 차감하여 표시한다.

(나) 판매비와 관리비의 과목은 다음 등으로 세분한다.

(1) 급여

임원급여, 급료와 임금, 제수당을 포함한다.

(2) 퇴직급여

현장관리부서와 식음료판매부서 이외의 프론트 및 일반관리업무에 종사하는 임·직원의 퇴직급여로서 회사정관 및 사규에 의하여 퇴직 시에 지급하여야 할 금액의 당해 연도 계상액으로 한다.

(3) 복리후생비

임·직원의 회의비, 잔업식대, 야유회비, 체육운동비, 건강진단비, 의료보험료, 국민연금, 자녀학자보조금, 종업원숙소관리비, 피복대 등으로 한다. 다만, 캐디관리에 지출되는 일체의 경비를 별개의 캐디관리비의 과목으로 구분하여 표시할 수 있다.

(4) 여비교통비

해외 또는 지방출장비, 시내교통비 등으로 한다.

(5) 통신비

전화특선이용료와 통신, 전화 우편요금 등으로 한다.

(6) 수도광열비

수도료, 지하수정수비와 사무실, 경비실 등의 광열비로 한다.

(7) 세금과공과

인지세, 교육비, 직접세 외에 부가되는 국세와 면허세, 주민세 재산세, 종합토지세, 농지세, 도시계획세, 사업소세 등의 지방세 및 상공회의소회비, 대한적십자회비, 협회비 등의 공과금으로 한다. 다만, 가입회비, 연회비, 월회비 등의 협회비는 별도항목으로 구분하여 표시할 수 있다.

(8) 임차료

사무실, 차량, 기타 시설의 임차료와 국공유지 등의 대부료 등으로 한다.

(9) 감가상각비

유형자산의 감가상각비로 한다.

(10) 무형자산상각비

무형자산의 상각비로 한다.

(11) 수선비

내용연수의 증가와 성능의 증가를 가져오는 자본적 지출을 제외한 수선용 재료비와 노임 및 외주 수선비 등으로 한다.

(12) 보험료

화재보험, 체육시설업 의무보험 등의 보험료로 한다.

(13) 접대비

업무추진비와 기타 접대비로 한다.

(14) 광고선전비

일체의 광고와 선전비로 한다.

(15) 지급수수료

카드결제수수료, 위탁관리수수료 등의 각종 지급수수료로 한다.

(16) 소모품비

판매와 일반관리를 위한 일체의 소모품비로 한다. 이 경우 사무용품의 구입비와 도서인쇄비를 포함한다. 다만, 도서인쇄비는 별도항목으로 구분표시할 수 있다.

(17) 차량유지비

자동차세, 차량수선비, 유류대, 차량보험료 등의 차량유지비로 한다.

(18) 경기비

회원을 위한 경기행사비와 소속프로 및 구락부 대표선수의 출전참가비 등으로 한다.

(19) 잡비

기타의 판매비와관리비로 한다.

25. 경상손익의 계산방법은 다음과 같다.

(가) 경상손익은 영업손익에 영업외 수익을 가산하고 영업외 비용을 차감하여 표시한다.

(나) 영업외수익은 이자수익, 배당금수익, 임대료, 단기투자자산(또는 단기매매증권 등)처분이익, 단기매매증권평가이익, 장기투자증권(또는 매도가능증권 등) 처분이익, 장기투자증권감액손실, 지분법평가이익, 유형자산처분이익, 법인세환급액, 잡이익 등으로 세분한다.

(다) 영업외비용은 이자비용, 기타의 대손상각비, 단기투자자산(또는 단기매매증권처분손실, 단기매매증권평가손실, 장기투자증권(또는 매도가능증권 등)처분손실, 장기투자증권감액손실환입, 지분법평가손실, 기부금, 법인세추납액, 잡손실 등으로 세분한다.

26. 법인세비용차감전순손익의 계산방법은 다음과 같다.

(가) 법인세비용차감전순손익은 경상손익에 특별손익을 가산하고 특별손실을 차감하여 표시한다.

(나) 특별이익은 비경상적 · 비반복적으로 발생한 영업외수익과 자산수증이익, 채무면제이익 및 기타의 특별이익으로 세분하여 기재한다.

(다) 특별손실은 비경상적 · 비반복적으로 발생한 영업외손실과 재해손실, 및 기타의 특별손실로 세분하여 기재한다.

(라) 법인세비용은 법인세비용차감전순손익에 법인세법 등의 법령에 의하여 당해 사업연도에 부담할 법인세부담액(법인세 부가되는 주민세, 농어촌특별세 등의 세액을 포함한다)에 당기 이연법인세 변동액을 가감하여 산출된 금액을 말한다. 법인세비용과 법인세 등의 법령에 의하여 당기에 부담하여야 할 금액과의 차이는 이연법인세차 또는 이연법인세대의 과목으로 하여 차기 이후에 발생하는 이연법인세대 또는 이연법인세차와 상계한다.

## 주석공시사항

27. 골프장사업자가 주석으로 기재하여야 할 사항은 다음과 같다.

(가) 회사의 개황, 주요영업내용, 최근의 내장객수 및 경영환경변화의 내용

(나) 회사가 채택한 회계처리방법, 자산 부채의 평가기준 및 주요 평가손익의 내용

(다) 특수관계자의 명칭과 다음의 주요거래내용

(1) 매출·매입거래 및 기타거래(임대차 등)

(2) 장단기 채권, 채무

(3) 특수관계자가 발행한 주식(출자금을 포함한다)의 회사명, 주식 수, 주식소유비율, 취득원가, 장부가액과 특수관계자가 발행한 채권의 장부가액

(라) 사용이 제한된 장·단기금융상품의 내용

(마) 유가증권을 통합하여 단기투자자산과 장기투자증권으로 통합하여 표시한 경우에는 단기매매증권, 매도가능증권 및 만기보유증권으로 구분한 내용

(바) 유가증권분류별 지분증권과 채무증권의 장부가액, 만기가 있는 매도가능증권과 만기보유 증권의 만기일에 대한 정보, 매도가능증권의 미실현보유손익 변동내용과 처분에 따른 실현손익 등 유가증권에 관한 정보

(사) 회사가 가입하고 있는 보험의 종류, 보험금액 및 보험에 가입된 자산의 내용

(아) 보유토지(유형자산의 토지, 투자자산의 투자부동산)의 장부가액(토지의 장부가액에는 코스의 금액을 포함한다)과 공시지가

(자) 건설자금이자를 취득원가에 산입한 경우에는 그 금액과 내용

(차) 장기차입금의 차입처별 차입액, 차입용도, 이자율, 상환방법 등

(카) 회원의 종류, 회원의 수 및 각 회원종류별 입회금액 등 입회금에 관한 정보

(타) 회계연도 말 현재 전임직원의 퇴직금 소요액과 퇴직급여 충당금의 설정잔액 및 기중의 퇴직금 지급액과 임원퇴직금의 처리 방법 등

(파) 회사가 발행할 주식의 총수, 1주의 금액 및 발행한 주식의 수와 당해 회계연도 중에 증자, 감자, 주식배당 또는 기타의 사유로 자본금이 변동한 경우에는 그 내용

(하) 자본잉여금·이익준비금 이외에 법령 등에 의하여 배당이 제한되어 있는 경우에는 그 내용

(거) 당해 회계연도 개시일 전 2년 내에 결손보전을 한 경우에는 결손보전에 충당된 자본잉여금이나 이익잉여금의 명칭과 금액 및 결손보전을 승인한 연월(당해 처분에 대한 주주총회의 승인이 있었던 연월)

(너) 배당수익률, 배당성향 및 배당액의 산정내역(주식의 종류별 주당배당금액, 액면배당률은 이익잉여금처분계산서상의 배당금에 주기한다)

(더) 회계정책의 변경과 회계추정의 변경의 경우에는 변경내용 · 정당성 · 변경의 영향 또는 그 이전기간의 오류를 수정한 경우에는 그 내용, 특히 중요한 오류를 수정하여 전기 재무제표를 재작성한 경우에는 판단근거 · 비교재무제표에 표시된 과거 회계기간에 대한 수정금액 · 비교재무제표가 재작성 되었다는 사실

(러) 이연법인세의 산출근거 및 관련내용

(머) 주당경상이익과 주당순이익의 산출근거(1주당 당기순이익은 손익계산서상의 당기순이익에 주기한다)

(버) 현금의 유입과 유출이 없는 거래 등 현금흐름표에 관한 사항

(서) 매출원가 또는 판매비와 관리비에 포함된 급여, 퇴직급여, 복리후생비, 임차료, 감가상각비, 세금과공과 등 부가가치계산에 필요한 계정과목 그 금액

(어) 진행중인 소송에 관하여는 그 내용과 전망과 기타 우발상황의 내용

(저) 대차대조표일 후에 발생한 사건

(처) 기타의 사항으로서 재무제표에 중대한 영향을 미치는 사항과 재무제표의 이해를 위하여 필요한 사항

## 골프장사업회계처리지침서 제2호
## 유동자산 및 투자자산의 회계처리

### 목 적

1. 이 지침서는 골프장사업자의 재무제표 구성요소 중 유동자산과 투자자산의 회계처리에 필요한 특별한 사항과 일반적인 사항을 정하는 데 목적이 있다. 특별한 사항이란 골프장사업에서 발생하는 주요회계사건으로서 한국기업회계기준에는 특별히 규정되지 아니한 사항을 의미하며, 일반적인 사항이란 한국기업회계기준에 규정된 사항이기는 하나 골프장사업자의 일반목적 재무제표를 작성 공시하는데 필요할 것으로 판단되는 사항이다. 일반적인 사항도 포함하여 규정하는 이유는 정보이용자들의 골프장사업 재무제표에 대한 이해가능성을 높일 수 있기 때문이다.

### 적용범위

2. 이 지침서는 골프장사업과 관련 부대사업을 영위하는 사업자의 유동자산과 투자자산의 회계처리에 관한 지침으로 사용할 수 있으며, 의무적으로 적용하여야 하는 것은 아니다. 이 지침서는 특별한 사항에 한하여 기업회계기준을 보완하여 골프장 사업에 일반적으로 적용되는 회계 관행으로 이용될 수 있다. 일반적인 사항은 기업회계기준이 우선한다.

### 당좌자산의 회계처리

#### 매출채권 등의 평가

3. 매출채권, 미수금 등의 받을 채권에 대한 평가는 다음과 같이 회계처리한다.
   (가) 회수가 불확실한 채권은 합리적이고 객관적인 기준에 따라 산출한 대손추산액을 대손충당금으로 설정한다. 다만, 채권의 예상 현금흐름액이 장기간에 걸쳐 발생하는 경우에는 채권, 채무의 재조정의 규정을 준용하여 대손추산액을 산정한다. 위의 대손추산액에서 대손충당금잔액을 차감한 금액을 대손상각비로 계상한다. 이 경우 일반적 상거래에서 발생한 매출채권에 대한 대손상각비는 판매비와 관리비로 처리하고, 기타채권에 대한 대손상각비는 영업외비용(기타의 대손상각비)으로 처리한다.
   (나) 회수가 불가능한 채권은 대손충당금과 상계하고 대손충당금이 부족한 경우에는 그 부족액을 대손상각비로 계상한다. 예를 들면 음식료매출 대금 등의 미회수액 중 비회원에 대한 채권으로 회수가 불가능한 채권 등이 있다.

## 재고자산의 회계처리

4. 재고자산은 취득원가를 대차대조표가액으로 한다. 다만, 시가가 취득원가보다 낮은 경우에는 시가를 대차대조표가액으로 한다(저가법). 재고자산의 취득원가는 매입원가를 말하며, 매입원가는 매입가액에 매입운임 등 취득과정에서 정상적으로 발생한 부대비용을 가산한 금액이다. 매입과 관련된 할인, 에누리는 매입원가에서 차감한다. 재고자산의 구입 등에 장기간이 소요되는 경우, 취득과정에서 발생한 금융비용의 원가 포함 여부는 지침서 3호의 "금융비용자본화"에 대한 규정에 따른다.
5. 재고자산의 취득단가 결정방법은 개별법을 사용하며, 개별법으로 원가를 결정할 수 없는 재고자산의 원가는 선입선출법, 평균법 및 후입선출법을 사용하여 결정한다. 성격 또는 용도 면에서 차이가 있는 재고자산에 대하여는 서로 다른 취득단가 결정방법을 적용할 수 있으나 일단 특정 방법을 선택하면 정당한 사유없이 이를 변경할 수 없다.
6. 손상을 입은 경우 혹은 장기체화된 경우 등의 사유로 재고자산의 시가가 취득원가보다 하락한 경우에는 저가법을 사용하여 재고자산의 대차대조표가액을 결정한다. 재고자산을 저가법으로 평가하는 경우 상품의 시가는 순실현가능가액을 말하며, 원재료의 시가는 현행대체원가를 말한다. 순실현가능액은 상품의 정상적이 영업과정에서의 추정 판매가액에서 판매비용의 추정액을 차감한 금액을 말한다. 현행대체원가는 재고자산을 현재 시점에서 매입하는데 소요되는 금액을 말한다. 재고자산 평가를 위한 저가법은 종목별로 적용함을 원칙으로 한다. 시가는 매 회계기간 말에 추정한다.
7. 골프장 사업 외에 전원주택 또는 콘도 사업을 위하여 전원주택 또는 콘도미니엄을 신축하는 경우에는 다음과 같이 회계처리한다.

(가) 전원주택

주택법에 의한 주택건설사업자로 등록하고 분양을 위한 전원주택건설사업을 할 경우 다음과 같이 회계처리한다. 회사가 도급계약에 의하여 건설업자에게 지급하는 공사비 및 공사진행률에 해당하는 용지의 취득원가는 분양원가로 계상한다. 미분양분은 해당 분양원가 및 용지취득가액을 재고자산으로 계상한 후 판매되는 경우에 분양원가로 대체한다. 분양수익은 진행기준을 적용하여 인식한다.

(나) 휴양콘도미니엄

(1) 회원제로 분양할 경우

회원제는 제3자에게 소유권이 이전되지 않는 회사소유의 자산이므로, 회사가 도급계약에 의하여 건설업자에게 지급하는 공사비는 건설중인자산으로 계상하고, 완성시점에 유형자산(건물, 구축물 등)으로 계정대체 후 감가상각한다. 회사가 회원에게 분양으로 수령한 입회금은 골프장 회원입회금의 회계처리를 준용하여 처리한다.

(2) 공유제로 분양할 경우

공유제는 소유권이 제3자에게 이전되므로, 분양 후에는 회사소유의 자산이 아니다. 회사가 도급계약에 의하여 건설업자에게 지급하는 공사비 및 공사진행률에 해당하는 용지의 취득원가는 분양원가로 계상한다. 미분양분은 해당 분양원가 및 용지취득가액을 재고자산으로 계상한 후 판매되는 경우에 분양원가로 대체한다. 분양수익은 진행기준을 적용하여 인식한다.

### 유가증권의 회계처리

8. 유가증권은 재산권을 나타내는 증권을 말하며, 지분증권과 채무증권이 포함된다. 유가증권은 취득한 후에 실제 보유 의도와 보유능력에 따라 만기보유증권, 단기매매증권, 그리고 매도가능증권 중의 하나로 분류한다. 지분증권은 단기매매증권과 매도가능증권 중의 하나로, 채무증권은 단기매매증권, 매도가능증권 및 만기보유증권 중의 하나로 분류된다. 따라서 유가증권의 분류와 유동자산과 고정자산의 분류는 서로 일치하지 않는다. 다만, 위와는 별도로 지분법을 적용하는 투자유가증권은 다른 유가증권과 구분하여 표시하며 지분법적용투자주식 등의 과목으로 표시한다.

9. 법인이 취득하는 국·공채는 만기까지 보유할 적극적인 의도와 능력이 있는 경우에는 만기보유증권으로 분류한다. 골프장사업자가 소유하는 국·공채는 만기액면가액으로 취득하는 경우가 대부분이므로 별도의 평가는 필요 없는 경우가 일반적일 것이다. 따라서 취득원가와 만기 액면가액이 달라서 그 차액을 유효이자율법에 따라 상각하여야 하는 경우는 별로 없을 것이다. 다만, 유형자산의 취득과 관련하여 국·공채를 불가피하게 매입하는 경우에는 당해 채권의 매입가액과 기업회계기준에 따라 평가한 현재가치와의 차액은 유형자산의 취득원가로 한다.

10. 법인이 취득하는 시장성 없는 비상장주식은 투자자산 중 매도가능증권의 과목으로 분류하고, 공정가액으로 평가한다. 다만, 신뢰성 있게 공정가액을 측정할 수 없는 경우에는 취득원가로 평가한다.

11. 법인이 취득하는 시장성 있는 상장주식은 단기간 내의 매매차익을 목적으로 취득한 경우를 제외하고는 매도가능증권의 과목으로 하여 투자자산으로 분류하고, 공정가액으로 평가한다. 매도가능증권(유동자산으로 분류된 매도가능증권도 포함)에 대한 미실현보유손익은 자본항목(예 : 매도가능증권평가손익)으로 처리하고, 당해 유가증권에 대한 자본항목의 누적금액은 그 유가증권을 처분하거나 감액손실을 인식하는 시점에 일괄하여 당기손익에 반영한다.

12. 법인이 취득하는 시장성 있는 상장주식 중 단기간의 매매차익을 목적으로 취득한 것은 단기매매증권의 과목으로 하여 유동자산으로 분류하고, 대차대조표일 현재의 시장가격으로 평가한다. 단기매매증권에 대한 미실현보유손익은 당기손익 항목(예 : 단기매매증권평가손익)으로 한다. 한편, 단기매매증권은 다른 유가증권과목으로 분류 변경할 수 없다. 다만, 단기매매증권이 시장성을 상실한 경우에는 매도가능증권으로 분류하여야 한다.

13. 유가증권으로부터 회수할 수 있을 것으로 추정되는 금액(이하 "회수가능가액"이라 한다)이 취득원가보다 작은 경우에는, 감액손실을 인식할 것을 고려하여야 한다. 감액손실의 발생에 대한 객관적인 증거가 있는지는 대차대조표일마다 평가하고 그러한 증거가 있는 경우에는 감액이 불필요하다는 명백한 반증이 없는 한, 회수가능가액을 추정하여 감액손실을 인식하여야 한다. 감액손실금액은 당기손익에 반영한다.

14. 투자주식 중 중대한 영향력을 행사할 수 있는 주식은 다른 유가증권과 구분하여 지분법적용투자주식 등의 과목으로 하여 투자자산으로 분류한다. 지분법적용투자주식은 지분법을 적용하여 평가한 가액을 대차대조표가액으로 하고 장부가액과의 차이가 피투자회사의 당기순손익으로 인하여 발생한 경우는 지분법 평가손익의 과목으로 하여 영업외손익으로 처리하고, 이익잉여금의 증감으로 인한 경우에는 이익잉여금의 증감으로, 자본잉여금 및 자본조정의 증감으로 인한 경우에는 지분법적용투자주식평가손익의 과목으로 하여 자본조정의 증가 또는 감소로 처리한다. 이 경우 발행주식 총수의 100분의 20 이상의 주식을 소유하고 있는 주식은 특별한 사유가 없는 한 중대한 영향력이 있는 것으로 본다.

15. 체육시설의 설치·이용에 관한 법률 제14조의 단서규정에 의거 관리기관에 예치하는 대중골프장 조성비(동법 시행령 제14조 제1항의 이자를 포함한다)는 조성예치금 등의 과목으로 하여 투자자산으로 처리한다. 또한, 대중골프장조성비의 예치자가 공동으로 동 법률 시행령 제15조 규정에 의하여 대중골프장의 설치·운영을 목적으로 하는 법인을 설립하는 경우에는 위의 대중골프장 조성비는 매도가능증권의 과목으로 하고 회계처리는 문단 10의 규정에 따라 처리한다.

## 골프장사업회계처리지침서 제3호
## 유형자산 및 무형자산의 회계처리

### 목 적

1. 이 지침서는 골프장사업자의 재무제표 구성요소 중 유형자산과 무형자산의 회계처리에 필요한 특별한 사항과 일반적인 사항을 정하는 데 목적이 있다. 특별한 사항이란 골프장사업에서 발생하는 주요 회계사건으로서 한국기업회계기준에는 특별히 규정되지 아니한 사항을 의미하며, 일반적인 사항이란 한국기업회계기준에 규정된 사항이기는 하나 골프장사업자의 일반목적 재무제표를 작성 공시하는 데 필요할 것으로 판단되는 사항이다. 일반적인 사항도 포함하여 규정하는 이유는 정보이용자들의 골프장사업재무제표에 대한 이해 가능성을 높일 수 있기 때문이다.

### 적용범위

2. 이 지침서는 골프장사업자와 관련 부대사업을 영위하는 사업자의 유형자산과 무형자산의 회계처리에 관한 지침으로 사용할 수 있으며, 의무적으로 적용하여야 하는 것은 아니다. 이 지침서는 특별한 사항에 한하여 기업회계기준을 보완하여 골프장사업에 일반적으로 적용되는 회계 관행으로 이용될 수 있다. 일반적인 사항은 기업회계기준이 우선한다.

### 용어의 정의

3. 이 지침서에서 사용하는 용어의 정의는 다음과 같다.
   (가) "유형자산"은 재화의 생산, 용역의 제공, 타인에 대한 임대 또는 자체적으로 사용할 목적으로 보유하는 물리적 형체가 있는 자산으로서, 1년을 초과하여 사용할 것이 예상되는 자산을 말한다.
   (나) "무형자산"은 재화의 생산이나 용역의 제공, 타인에 대한 임대 또는 관리에 사용할 목적으로 기업이 보유하고 있으며 물리적 형체가 없지만 식별가능하고, 기업이 통제하고 있으며, 미래 경제적 효익이 있는 비화폐성 자산을 말한다.
   (다) "감가상각"은 유 · 무형자산의 감가상각대상금액을 그 자산의 내용연수 동안 체계적인 방법에 의하여 각 회계기간에 배분하는 것을 말한다.
   (라) "내용연수"는 자산의 예상사용기간 또는 자산으로부터 획득할 수 있는 생산량이나 이와 유사한 단위를 말한다.
   (마) "잔존가액"은 자산의 내용연수가 종료되는 시점에서 그 자산의 예상처분가에서 예상처분비용을 차감한 금액을 말한다.

(바) "공정가액"은 합리적인 판단력과 거래의사가 있는 독립된 당사자 간에 거래될 수 있는 교환가격을 말한다.

(사) "감액손실"은 자산의 회수가능가액이 장부가액에 미달하는 경우 그 차액을 말한다.

(아) "미래의 경제적 효익"은 직접 또는 간접적으로 특정기업실체의 미래 현금흐름창출에 기여하는 잠재력을 말한다. 이 잠재력은 기업의 판매 등의 활동을 통하여 현금흐름을 창출하거나, 현금으로 전환될 수도 있으며 현금유출액을 감소시킬 수도 있다.

### 유형자산의 회계처리

### 유형자산의 인식

4. 유형자산으로 인식되기 위해서는 유형자산의 정의와 다음의 두 가지 인식조건을 모두 충족하여야 한다.
즉, 자산으로부터 발생하는 미래 경제적 효익이 기업에 유입될 가능성이 매우 높고, 자산의 취득원가를 신뢰성 있게 측정할 수 있어야 한다. 일반적으로 자산과 관련된 권리와 의무를 대부분 이전받은 경우 미래 경제적 효익의 유입가능성이 매우 높다고 할 수 있다. 여기서 권리와 의무의 이전이라 함은 형식보다는 실질에 따른 것을 의미한다.

5. 특정 유형자산을 구성하고 있는 항목들을 분리하여 개별 유형자산으로 식별해야 할지 아니면 구성항목 전체를 단일의 유형자산으로 인식해야 할지는 기업의 상황과 업종의 특성을 고려하여 판단한다. 개별적으로 중요하지 않은 항목은 통합하여 이 기준을 적용하는 것이 적절하다. 관리장비의 예비부품과 수선용구는 재고자산(저장품)으로 계상한다. 그러나 중요한 예비부품이나 대기성장비로서 1년 이상 사용할 것으로 예상하는 경우에는 이를 유형자산으로 분류한다.

6. 특정 유형자산을 구성하는 개별 자산의 내용연수나 경제적 효익의 제공형태가 다른 경우에는 상각률과 상각방법을 달리 적용할 필요가 있을 수 있다. 이 경우에는 유형자산의 구입과 관련된 총지출을 그 유형자산을 구성하고 있는 항목별로 배분하여 개별 유형자산으로 회계처리하는 것이 보다 적절하다. 별도로 분류된 유형자산은 관련자산의 내용연수를 초과하지 않는 범위 내에서 감가상각하여야 한다.

### 유형자산의 취득원가 결정

7. 유형자산은 최초에는 취득원가로 측정하며, 현물출자, 증여, 기타 무상으로 취득한 자산의 가액은 공정가액을 취득원가로 한다. 취득원가는 구입원가 또는 제작원가와 자산을 사용할 수 있도록 준비하는 데 직접 관련되는 다음과 같은 관련지출 등으로 구성된다. 매입할인 등이 있는 경우에는 이를 차감하여 취득원가를 산출한다.

(가) 외부 운송 및 취급비

(나) 설치비

(다) 설계와 관련하여 전문가에게 지급하는 수수료

(라) 유형자산의 취득과 관련하여 국공채 등을 불가피하게 매입하는 경우 당해 채권의 매입가액과 기업회계기준에 따라 평가한 현재가치와의 차액(예를 들면, 유형자산취득과 관련하여 매입한 국공채를 즉시 할인한 경우 처분손실에 해당하는 금액을 유형자산 취득원가에 가산한다)

(마) 자본화대상인 금융비용

(바) 취득세, 등록세 등 유형자산의 취득과 직접 관련된 제세공과금(다만, 취득세조사로 인한 추징금액 중 본세 이외의 가산세 등은 제외한다)

8. 건물을 신축하기 위하여 사용 중인 기존 건물을 철거하는 경우 그 건물의 장부가액은 제거하여 처분손실로 반영하고, 철거비용은 전액 당기비용으로 처리한다. 다만 새 건물을 신축하기 위하여 기존 건물이 있는 토지를 취득하고 그 건물을 철거하는 경우 기존 건물의 철거관련 비용에서 철거된 건물의 부산물을 판매하여 수취한 금액을 차감한 가액은 토지의 취득원가에 산입한다.

9. 유형자산을 취득 또는 사용가능한 상태로 준비하는 과정과 직접 관련이 없는 부서 등의 일반관리비나 경비 등은 유형자산의 취득원가에 포함하지 않는다. 시범경기나 본격적인 가동준비를 위한 지출이라도 유형자산을 사용가능한 상태로 만드는 과정과 직접 관련이 없다면 취득원가에 포함하지 않는다. 또한 기대된 성능을 발휘하기 전에 발생한 유형자산의 조업손실은 당기비용으로 인식한다. 다만, 가개장 상태에서 등록 전에 시설을 보완한 것이 분명한 경우에는 유형자산의 취득원가에 포함한다.

10. 골프장 조성공사 중에 건설중인자산 계정에 집계된 공사원가는 골프장이 사실상 완공되어 사업자로 등록하고 영업을 개시하는 때 자산형태별 분류방법에 따라 코스, 건물, 구축물, 입목 등 주요자산항목에 배부한다. 건설중인자산 계정에 집계된 원가는 우선 주요공사 원가를 원천별로 분류하고, 공사원가형태별로 추가적인 원가분석을 하여 총 원가를 집계한 후 합리적인 배부기준에 따라 자산 형태별로 적절한 유형자산과목으로 분류하여 취득가액을 결정하는 것이 일반적인 방법이다. 골프장 조성 중 발생하는 공사직접비는 해당 유형자산에 개별 배부하고 배부대상 자산 항목과 관련 있는 공사간접비와 공통비는 합리적인 기준(예 : 직접공사비금액기준 등)으로 배부대상자산에 배부한다.

11. 유형자산을 일괄 구매하는 경우, 예를 들면 경락에 의해서 공사 중인 골프장을 인수하는 경우와 같이 두 종류 이상의 자산을 일괄가격으로 동시에 구매하는 경우에는 각

자산의 개별적인 원가는 일괄구입가격을 각 자산의 상대적 공정가액을 기준으로 개별 자산에 배분함으로써 산출된다. 또한, 토지와 건설중인 자산을 일괄 구매하는 경우와 같이 공정가액이 있는 자산과 공정가액이 없는 자산을 함께 취득하는 경우에는 먼저 공정가액이 있는 자산의 취득가액을 결정한 후 공정가액이 없는 자산의 취득원가를 계산한다.

### 골프장투입원가와 시설물의 자산분류기준

12. 골프장의 유형자산은 금액적으로 매우 중요하며, 다양한 종류의 발생원가 및 시설물에 대한 구체적인 과목분류가 어렵기 때문에 기업 간 재무제표의 비교가능성을 제고하기 위하여 분류와 명칭을 통일하는 별도의 과목분류기준이 필요하다. 과목을 분류함에 있어서는 문단 4 내지 문단 11의 규정을 준수하여야 하며, 유형자산의 항목들로부터 기대되는 경제적 효익의 영구성 여부와 내용연수를 우선 고려하여 분류하여야 한다.

13. 골프장 시설의 조성을 위한 투입원가는 발생원천별 및 공사원가형태로 분류할 수 있다. 발생원천별로 분류하면 기반조성비, 토공사비(토지의 절토, 성토 및 조형공사비), 배수시설공사비, GTB공사비(그린 · 티 · 벙커공사비), 조경공사비(잔디식재비, 수목이식비 등), 도로공사비, 기타구조물공사비, 건축공사비 기타공사부대비 등으로 원가를 구분할 수 있다. 기반조성비는 설계용역비 · 기술자문용역비 · 측량비 · 감리용역비 등의 각종 용역비와 농지조성비, 대체조림비, 산림훼손복구비, 각종 부담금, 분묘 이장비 및 부지 사용료 등 본 공사를 시행하기 위한 기초비용을 말한다. 공사원가형태별로 분류하면 직접공사비 간접공사비 및 공통비로 구분할 수 있다. 간접공사비와 공통비의 차이점은 공사별로 대응가능성의 여부에 있다. 간접공사원가는 공사계약건별로 공사 직접 원가를 제외한 경비 등으로 각종 용역비와 재해복구비, 손실보상비 등의 간접원가를 말한다. 공통원가는 현장의 공사 관리 경비, 건설자금이자 등이 포함된다.

14. 골프장 투입원가별 자산분류기준은 다음과 같다.

(가) 골프장 토지투입원가

골프장 조성을 위하여 발생하는 여러 비용들 중 토지를 취득하거나 토지를 의도한 목적대로 사용할 수 있도록 준비하는데 직접 관련되는 지출은 토지의 원가를 구성하게 되므로, 골프장조성을 위하여 발생한 토지공사원가는 개량원가 중 기반조성비, 토공사비와 같이 거의 영구적으로 경제적 효익을 제공받을 수 있는 부분은 토지에 대한 자본적지출로 보아 코스의 계정으로 회계처리한다. 그러나 배수시설공사비, 퍼팅그린조성비, 장애물공사비 및 도로공사비 등과 같은 골프 코스 조성을 위한 일부 비용 중 사용이나 시간의 경과에 따라 경제적 효익이 감소하는 부분에 대하여는 코스의 계정과목과 구분하여 구축물로 회계 처리한다.

(나) 잔디식재비

잔디식재공사는 코스조성을 위하여 토공사 이후에 시행하는 훼어웨이와 법면에 대한 잔디식재공사가 있다. 잔디는 각각의 낱개단위로 본다면 그 생명이 유한하다고 할 수 있으나 그 주위로 증식하는 속성을 갖고 있으며, 코스관리부서에서 잔디씨의 투여, 농약 및 비료살포, 잡풀제거, 잔디의 성장을 돕기 위한 모래살포 등의 작업이 지속적으로 이루어지고 있다. 이러한 잔디의 속성과 골프장의 잔디 관리노력으로 인하여 잔디가 제공하는 경제적 효익은 실질적으로 유지되는 것으로 볼 수 있다. 따라서 최초 코스 조성 공사시에는 잔디를 별도 시설물로 구분하지 아니하고 코스(훼어웨이)로 회계처리할 수 있다. 그러나 훼어웨이 잔디가 품종이나 관리상태에 따라 토양의 산성화와 사용빈도 등으로 경제적 효익이 감소한다면 토지와 구분하여 별도의 자산으로 회계처리하고 내용연수 동안 감가상각하여야 한다. 예를 들면 티그라운드 등의 잔디를 구분하는 것이 가능할 경우 별도의 티잔디 등으로 처리할 수 있다.

(다) 시범라운드 기간 중의 관리비

시범라운드 기간 중에 코스를 유지, 관리하기 위한 농약 및 비료살포비용, 모래살포비용 및 인건비 등의 코스관리비와 캐디관리비, 건물관리비 등의 제반 관리비는 골프장을 이용 가능한 상태로 준비하는 과정과는 직접적인 관계가 많지 않으며 회원모집과 회원에 대한 서비스에 해당하는 일반관리비이므로 문단9의 규정을 준용하여 유형자산의 취득원가와는 관계없이 당기 비용으로 인식한다. 따라서 시범라운드 기간 중에 발생한 수입은 유형자산의 차감항목이 아닌 카트대여수입, 상품매출 및 식당매출 등의 수입은 잡이익 등으로 인식한다.

15. 골프장 시설물별 자산분류기준은 다음과 같다.

(가) 피팅그린

피팅그린은 홀별로 라운딩을 종료하는 지점에 웅덩이를 파고 별도의 배수시설을 한 후 훼어웨이와 구별되는 잔디로 마감하여 설치되는 코스 내의 시설물이다. 퍼팅그린은 배수와 통기를 원활하게 하여 작은 잔디의 생육을 촉진할 수 있도록 별도의 설계에 의하여 지하에 매설된 구출물로 구분되는 경우에는 구축물로 분류할 수 있으며, 그 외의 경우에는 코스의 과목으로 분류한다.

(나) 벙커(모래벙커, 잔디벙커)의 경우

벙커시설은 골프공의 외부유출을 방지하거나 경기상의 장애물의 일종으로 코스의 측면 또는 그린주위에 웅덩이를 파고 배수시설을 설치한 후 훼어웨이와 구별되는 모래로 채워져 있는 시설물이다. 벙커는 코스시설의 일부로 보아 코스의 과목으로 분류한다. 다만, 벙커시설 중 급배수 등의 별도시설이 중요한 경우에는 급배수 시설은 구축물로 구분하여 인식할 수 있다.

(다) 저수지의 경우

코스 내의 펀드 등은 환경문제로 콘크리트로 축조하고 완벽한 방수시설까지 갖추도록 그 동안의 사업허가 조건으로 운영되어 대부분의 코스 내 펀드 및 소규모의 저수지는 모두 구조물의 형태로 되어있다. 그러나 일부 구조물 없는 저수지 등은 환경규제 이전 또는 최근에 설치된 소형 저수지로서 구조물 없이 점토다짐 등으로 방수기능을 대신하는 형태로 되어 있다. 구조물이 있는 저수지는 구축물로 분류하고, 구조물 없는 저수지는 코스에 포함한다.

(라) 정원에 식재된 입목의 경우

골프장공사와 관련된 입목은 코스건설을 위하여 이식된 코스 내 조경용 군식입목, 코스 내 복구지에 식재된 개별입목, 원형보전지의 개별입목, 조경용 고가의 개별입목 등으로 구분될 수 있다. 이 경우 정원에서 차지하는 입목의 금액이 중요하고, 정원을 구성하는 입목이 기타의 개별입목과 구별되며 내용연수나 경제적 효익의 제공형태가 다른 경우에는 당해 입목을 정원과 구분하여 조경용 수목 등으로 분리처리하는 것이 적절하다. 이때 입목의 구입비와 수량이 확인되는 수목이식비, 조림비는 입목의 취득원가에 포함한다.

### 취득 또는 완성 후의 지출

16. 유형자산의 취득 또는 완성 후의 지출이 가장 최근에 평가된 성능기준을 초과하여 미래 경제적 효익을 증가시키는 경우에는 자본적 지출로 처리하고, 그렇지 않은 경우에는 발생한 기간의 비용으로 인식하여 수익적지출로 처리한다. 일반적으로 유형자산의 수선・유지를 위한 지출은 해당 자산으로부터 당초 예상되었던 성능수준을 회복하거나 유지하기 위한 것이므로 수익적 지출로 보아 기간비용으로 인식되는 것이므로 골프장 운영업의 경우 회원의 이용효율을 크게 증가시키는 시설 투자비가 분명한 경우에 한하여 자본적지출로 인식한다.

17. 유형자산의 취득 후 지출에 대한 회계처리는 그 유형자산의 취득원가 또는 장부가액 결정에 반영된 상황과 지출의 회수가능성 여부에 따라 달라진다. 예를 들면 골프코스의 시설노후 또는 잔디의 품종교체 등으로 인하여 토량개선을 포함한 잔디의 전면교체가 실시되는 경우에는 기존자산이 폐기되고 새로운 자산의 취득으로 보는 것이 타당하다. 또한, 재해로 인한 유형자산의 파괴・멸실 등을 비용으로 처리한 경우 추후

에 발생하는 복구비와 회복을 위한 비용은 자본적지출로 처리하는 것이 타당하다.

18. 골프장 운영업의 경우 자본적 지출의 예는 다음과 같다.

(가) 골프코스의 난이도 조정을 위한 구조변경으로 골프장시설수준이 개선되어 회원의 이용효율이 크게 증대되는 경우

(나) 골프코스의 시설노후 등으로 인하여 토양개선을 포함한 잔디 품종의 전면교체로 골프장시설수준이 개선되어 회원의 이용효율이 크게 증대되는 경우

(다) 야간에 골프경기를 할 수 있도록 추가로 설치하는 전기설비

(라) 자동화 시설 등 종전보다 성능이 향상된 스프링클러로의 교체

(마) 퍼팅그린의 대폭적인 확장 및 축소

(바) 변경 등록이 필요한 정도의 훼어웨이 확장 및 러프의 축소

19. 골프장 운영업의 경우 수익적 지출의 예는 다음과 같다.

(가) 훼어웨이의 경우

⑴ 토량교체를 수반한 훼어웨이의 일반적인 보수

⑵ 훼손된 러프 혹은 훼어웨이의 복구

⑶ 훼손된 잔디의 복구

⑷ 일부 훼어웨이의 높낮이 조정공사

⑸ 모래벙커와 잔디벙커의 상호교체

⑹ 각종 벙커의 메움 혹은 깊이 개선

⑺ 티그라운드의 신설 및 궤지

⑻ 해저드의 확장 및 축소(변경 등록대상은 제외)

⑼ 굳어지거나 스폰지화 된 토질의 개선

(나) 건물과 기타 시설물의 경우

⑴ 클럽하우스 전체 도장

⑵ 내부칸막이 변경 중 콘크리트 공사

⑶ 내부칸막이 변경 중 경량철골교체

⑷ 목욕탕공사 중 급탕시설의 확장 혹은 축소

⑸ 목욕탕공사 중 내장재 교체

⑹ 건물지붕의 교체 및 복구

⑺ 건물 외장재, 내장재, 바닥재의 변경

## 감가상각

20. 유형자산의 감가상각대상금액은 내용연수에 걸쳐 합리적이고 체계적인 방법으로 배분한다. 유형자산의 감가상각방법은 자산의 경제적 효익이 소멸되는 행태를 반영한 합리적인 방법이어야 한다. 각 기간의 감가상각비는 코스관리 및 식음료 카트와 관련된 경우에는 매출원가로, 그 밖의 경우에는 판매비와관리비로 계상한다.

21. 유형자산은 사용에 의한 소모, 시간의 경과와 기술의 변화에 따른 진부화 등에 의해 경제적 효익이 감소한다. 유형자산의 장부가액은 일반적으로 이러한 경제적 효익의 소멸을 반영할 수 있는 감가상각비의 계상을 통하여 감소한다. 감가상각의 주목적은 취득원가의 배분이며 자산의 재평가는 아니다. 따라서 감가상각비는 유형자산의 장부가액이 공정가액에 미달하더라도 계속하여 인식한다.

22. 유형자산의 경제적 효익은 유형자산을 사용함으로써 감소하는 것이 일반적이다. 그러나 자산을 사용하지 않더라도 기술적 진부화 및 마모 등의 요인으로 인하여 자산으로부터 기대하였던 경제적 효익이 감소될 수 있다. 따라서 자산의 내용연수를 결정할 때에는 다음의 요소를 고려할 필요가 있다.

(가) 내장객수를 토대로 한 자산의 예상 사용수준

(나) 수선 또는 보수 계획과 운휴 중 유지보수 등 관리수준을 고려한 자산의 물리적 마모나 손상

(다) 생산방법의 변화, 개선, 또는 해당 자산으로부터 생산되는 제품 및 용역에 대한 시장수요의 변화로 인한 기술적 진부화

(라) 리스계약의 만료일 등 자산의 사용에 대한 법정 또는 계약상의 제한

23. 유형자산의 내용연수는 자산으로부터 기대되는 효용에 따라 결정된다. 유형자산은 기업의 자산관리정책에 따라 일정기간이 경과되거나 경제적 효익의 일정부분이 소멸되면 처분될 수 있다. 이 경우 내용연수는 일반적 상황에서의 경제적 내용연수보다 짧을 수 있으므로 유사한 자산에 대한 기업의 경험에 비추어 해당 유형자산의 내용연수를 추정하여야 한다.

24. 골프장 조성시에 식재된 잔디는 문단 14의 규정에 따라 처리하며, 골프장 조성 후 유지, 보수를 위하여 구입한 잔디는 모두 수익적 지출로 처리한다. 다만 문단 15의 규정과 문단 16의 규정에 따라 퍼팅그린 등의 구축물로 분류된 잔디는 동 구축물의 내용연수 동안 감가상각할 수 있다.

25. 토지와 건축물을 동시에 취득하는 경우에도 이들은 분리된 자산이므로 별개의 자산으로 취급한다. 건축물은 내용연수가 유한하므로 감가상각 대상자산이지만, 토지는 조형과 경기를 위한 특별한 변화에도 불구하고 일반적으로 내용연수가 무한하므로

감가상각 대상이 아니다. 건물이 위치한 토지의 가치가 증가하더라도 건축물의 내용연수에는 영향을 미치지 않는다.

26. 감가상각대상금액은 취득원가에서 잔존가액을 차감하여 결정하지만 실무상 잔존가액이 중요하지 않은 경우가 많다. 코스 내의 흄관, 배수관 등의 배수시설과 구축물로 처리한 퍼팅그린, 작업도로 포장 등이 사실상 잔존가액이 없으며, 잔존가액이 중요할 것으로 예상되는 경우에도 자산의 취득시점에서 잔존가액을 추정하고 물가변동에 따라 수정하지 아니한다.

27. 유형자산의 감가상각방법에는 정액법, 체감잔액법(예를 들면, 정률법 등), 연수합계법, 생산량 비례법 등이 있다. 감가상각방법은 해당 자산으로부터 예상되는 미래 경제적 효익의 소멸형태에 따라 선택하고, 소멸형태가 변하지 않는 한 매기 계속 적용한다.

### 감가상각의 회계변경

28. 감가상각방법은 매기 계속하여 적용하고, 정당한 사유 없이 변경하지 않는다. 새로 취득한 유형자산에 대한 감가상각방법도 동종의 기존 유형자산에 대한 감가상각방법과 일치시켜야 한다. 다만, 신규 사업의 착수나 다른 사업부분의 인수 등의 결과로 독립된 새로운 사업부문이 창설되어 기존의 감가상각방법으로는 그 사업의 특성을 반영할 수 없기 때문에 다른 방법을 사용하는 경우에는 회계변경으로 보지 아니한다.

### 폐기 및 처분

29. 유형자산은 처분하거나, 영구적으로 폐기하여 미래 경제적 효익을 기대할 수 없게 될 때 대차대조표에서 제거한다. 유형자산의 폐기 또는 처분으로부터 발생하는 손익은 처분가액과 장부가액의 차액으로 결정하며, 손익계산서에서 영업외손익으로 인식한다.

### 분류와 공시

30. 유형자산의 과목은 업종의 특성 등을 반영하여 신설하거나 통합할 수 있다. 당해 기업이 속한 업종의 특성상 특정 유형자산의 비중이 중요한 경우에는 별도의 과목을 신설하고, 중요하지 않다면 통합하여 적절한 과목으로 표시할 수 있다.

31. 내용연수 도중 사용을 중단하고, 처분 또는 폐기할 예정인 유형자산은 사용을 중단한 시점의 장부가액으로 표시한다. 이러한 자산에 대해서는 감가상각을 하지 않는 대신 투자자산으로 재분류하고, 감액손실 발생 여부를 매 회계연도 말에 검토한다. 내용연수 도중 사용을 중단하였으나, 장래 사용을 재개할 예정인 유형자산에 대해서는 감가상각을 하되, 그 감가상각비는 영업외비용으로 한다.

32. 유형자산 과목별로 다음의 사항과 토지(유형자산의 토지와 코스, 투자자산의 투자부동산)에 대해서는 공시지가를 추가하여 재무제표에 주석으로 기재한다.

(가) 감가상각방법, 내용연수 또는 상각률

(나) 취득(자본적 지출 포함), 처분, 기업결합을 통한 취득, 감액손실과 감액손실환입 등으로 인한 장부가액의 당기변동내용

(다) 소유권이 제한되거나 담보로 제공된 유형자산의 내용과 금액

(라) 유형자산과 관련된 추정 복구비용의 내용, 추정방법, 금액 및 회계처리방법

(마) 건설중인 자산에 대한 당기 지출액

(바) 유형자산을 취득하기 위한 약정액

(사) 금융비용자본화에 의해 자본화된 금액

### 금융비용의 자본화

33. 금융비용은 기간비용으로 처리함을 원칙으로 한다. "금융비용"은 자금의 차입과 관련하여 발생하는 이자비용과 기타 이와 유사한 비용으로 장·단기차입금과 사채에 대한 이자비용, 외화차입금과 관련된 환율변동손익 중 이자비용의 조정으로 볼 수 있는 부분 등을 포함한다.

34. 다만, 자본화 대상자산의 취득을 위한 자금에 차입금이 포함된다면 이러한 차입금에 대한 금융비용은 취득에 소요되는 비용으로 볼 수 있으므로 해당 자산의 취득원가에 산입할 수 있다. 이 경우 금융비용의 회계처리방법은 모든 자본화 대상 자산에 대하여 매기 계속하여 적용하고, 정당한 사유 없이 변경하지 아니한다. "자본화 대상자산"은 매입, 건설 또는 개발이 개시된 날로부터 의도된 용도로 사용하거나 판매할 수 있는 상태가 될 때까지 1년 이상의 기간이 소요되는 재고자산과 유형자산, 무형자산 및 투자부동산 등을 말한다.

35. 자본화할 수 있는 금융비용은 자본화대상자산을 취득할 목적으로 직접 차입한 자금(특정차입금)에 대한 금융비용과 일반목적으로 차입한 자금 중 자본화대상 자산의 취득에 소요되었다고 볼 수 있는 자금(일반차입금)에 대한 금융비용으로 나누어 산정한다. 특정차입금에 대한 금융비용 중 자본화할 수 있는 금액은 자본화 기간 동안 특정차입금으로부터 발생한 금융비용에서 동 기간 동안 자금의 일시적운용에서 생긴 수익을 차감한 금액으로 한다. 일반차입금에 대한 금융비용 중 자본화할 수 있는 금융비용은 회계기간 동안의 자본화대상자산에 대한 평균 지출액 중 특정차입금을 사용한 평균지출액을 초과하는 부분에 대해 자본화 이자율을 적용하는 방식으로 산정한다. 자본화대상자산에 대한 지출액은 금융비용을 부담하는 부채를 발생시키거나,

현금지급, 다른 자산을 제공하는 등에 다른 지출액을 의미한다. 자본화이자율은 특정차입금을 제외하고 회계기간 동안 상환되었거나 미상환된 일반차입금에 대하여 발생된 금융비용을 가중 평균하여 산정하되, 자금의 일시적운용에서 생긴 수익은 차감한다.

## 무형자산의 회계처리

### 적용범위

36. 일부 무형자산은 컴팩트 디스크, 법적 서류 또는 필름과 같은 물리적 형체에 담겨 있을 수 있다. 무형자산이 담겨 있는 물리적 형체에 관계없이 유형자산과 무형자산의 요소를 동시에 갖춘 자산의 경우에는 어떤 요소가 더 중요한가를 판단하여 더 중요한 요소에 따라 자산을 분류한다. 예를 들면, 고가의 수치제어 공작기계가 그 기계를 제어하는 소프트웨어가 없으면 가동이 불가능한 경우에는 그 소프트웨어를 공작기계의 일부로 보아 기계와 소프트웨어 모두를 유형자산으로 분류한다. 그러나 관련 유형자산의 일부로 볼 수 없는 소프트웨어는 무형자산으로 분류한다. 연구 개발활동으로 인하여 시작품과 같은 물리적 형체를 가진 자산이 만들어지더라도, 그 자산의 물리적 요소는 무형적인 연구결과에 부수적인 것으로 보아 무형자산으로 분류한다.

### 무형자산

37. 무형자산으로 정의되기 위한 세 가지 조건은 식별가능성, 자원에 대한 통제 및 미래 경제적 효익의 존재이다. 이러한 조건을 충족하지 못할 경우에는 취득 또는 창출하는데 소요되는 지출을 발생했을 때 비용으로 인식한다. 무형자산에는 산업재산권, 라이선스와 프랜차이즈, 저작권, 컴퓨터소프트웨어, 개발비, 임차 권리금, 광업권 및 어업권 등이 포함된다.
38. 식별가능성은 대체로 자산의 분리가능성 여부에 의해 판단할 수 있다. 무형자산이 분리가능하면 그 무형자산은 식별가능하다. 자산이 분리가능하다는 것은 그 자산과 함께 동일한 수익창출활동에 사용되는 다른 자산의 미래 경제적 효익을 희생하지 않고 그 자산을 임대, 매각, 교환 또는 분배할 수 있는 것을 말한다.
39. 무형자산의 미래 경제적 효익을 확보할 수 있고 제3자의 접근을 제한할 수 있다면 자산을 통제하고 있는 것이다. 무형자산의 미래 경제적 효익에 대한 통제는 일반적으로 법적권리로부터 나오며, 법적권리가 없는 경우에는 통제를 입증하기 어렵다. 그러나 권리의 법적 집행 가능성이 통제의 필요조건은 아니다. 무형자산의 미래 경제적 효익은 재화의 매출이나 용역의 수익, 원가절감 또는 자산의 사용에 따른 기타 효익의 형태로 발생한다.

## 무형자산의 인식

40. 무형자산으로 인식하기 위해서는 무형자산의 정의와 다음의 인식조건을 모두 충족하여야 한다.
   (1) 자산으로부터 발생하는 미래 경제적 효익이 기업에 유입될 가능성이 매우 높다.
   (2) 자산의 취득원가를 신뢰성 있게 측정할 수 있어야 한다.
41. 무형자산을 최초로 인식할 때에는 취득원가로 측정한다. 무형자산의 취득원가는 구입원가와 자산을 사용할 수 있도록 준비하는 데 직접 관련되는 지출로 구성된다. 매입할인 등이 있는 경우 이를 차감하여 취득원가를 산출한다.
42. 무형자산과 기타의 자산을 일괄 취득한 경우에는, 총취득원가를 무형자산과 기타의 자산의 공정가액에 비례하여 배분한 금액을 각각 무형자산과 기타의 자산의 취득원가로 한다.
43. 골프장 자산을 법인 경매 등으로 취득하는 경우에 골프장사업자로 등록된 자(체육시설업 등록자)로부터 골프장자산의 취득과는 별도로 체육시설업의 등록 또는 신고에 따른 권리를 유상으로 취득한 금액과 이 과정에서 포괄 승계되는 회원입회금은 골프장사업자로 변경 등록과 직접 관련되어, 불가피하게 발생하는 지출액이므로 무형자산으로 계상한다. 이러한 법원경매로 인한 부동산 취득 및 부채인수 그리고 체육시설업의 변경등록 등 일련의 과정은 거래의 본질이 실질적으로 영업양수도와 동일하다. 따라서 의무적으로 인수하는 회원입회금은 부채로 회계처리하고, 경매대금을 포함한 매수원가와 부채로 계상한 회원입회금의 합계액이 개별적으로 식별 가능한 자산의 공정가액을 초과하는 금액은 영업권으로 인식하여 무형자산으로 계상한다.
44. 진입도로를 건설하여 지방자치단체에 기부채납하고 일정기간 동안 사용할 권리를 부여받는 경우에는 진입도로 건설에 소요된 투자비 전액을 무형자산 중 사용수익기부자산으로 회계처리하고 구축물의 내용연수 동안 상각한다.

## 비용의 인식

45. 미래 경제적 효익을 가져오는 지출이 발생하였더라도 인식기준을 충족하는 무형자산이나 다른 자산이 획득 또는 창출되지 않는다면, 그 지출은 발생한 기간의 비용으로 인식한다. 발생한 기간의 비용으로 인식하는 지출의 예는 다음과 같다.
   (가) 법적 실체를 설립하는 데 발생하는 법적 비용과 같은 창업비, 새로운 시설이나 사업을 개시할 때 발생하는 개업비, 그리고 새로운 영업을 시작하기 위하여 발생하는 지출 등과 같은 사업개시비용
   (나) 교육 훈련을 위한 지출

(다) 광고 또는 판매촉진 활동을 위한 지출

(라) 기업의 전부 또는 일부의 이전 또는 조직개편에 관련된 지출

(마) 회원모집과 관련된 비용

### 상 각

46. 무형자산의 상각대상금액은 그 자산의 추정내용연수 동안 체계적인 방법에 의하여 비용으로 배분한다.

무형자산의 상각기간은 독점적 배타적인 권리를 부여하고 있는 관계 법령이나 계약에 정해진 경우를 제외하고는 20년을 초과할 수 없다. 상각은 자산의 사용 가능한 때부터 시작한다. 무형자산의 공정가액 또는 회수가능가액이 증가하더라도 상각은 취득원가에 기초한다.

무형자산 중 컴퓨터소프트웨어 등과 같이 기술적 진부화의 영향을 받아 경제적 효익이 매우 단기로 예상되는 경우에는 경제적 실질이 가장 충실히 반영되는 내용연수 동안 상각한다.

47. 무형자산의 상각방법은 자산의 경제적 효익이 소비되는 행태를 반영한 합리적인 방법이어야 한다. 무형자산의 상각대상금액을 내용연수 동안 합리적으로 배분하기 위해 다양한 방법을 사용할 수 있다. 이러한 상각방법에는 정액법, 체감잔액법(정률법 등), 연수합계법, 생산량비례법 등이 있다. 다만, 합리적인 상각방법을 정할 수 없는 경우에는 정액법을 사용한다. 무형자산의 상각이 코스 등과 관련된 경우에는 매출원가로, 그 밖의 경우에는 판매비와 관리비로 계상한다.

48. 무형자산의 잔존가액은 없는 것을 원칙으로 한다.

### 상각기간과 상각방법의 변경

49. 상각기간과 상각방법은 매기 계속하여 적용하고 정당한 사유 없이 이를 변경할 수 없다. 상각기간과 상각방법의 변경에 따른 회계처리는 기업회계기준서 제1호 '회계변경과 오류수정'을 적용한다.

50. 무형자산을 사용하는 동안 내용연수에 대한 추정이 적절하지 않다는 것이 명백해지는 경우가 있다. 예를 들면, 취득 또는 완성 후의 지출로 인하여 자산의 성능이 향상되거나 감액손실을 인식하는 경우에는 상각기간의 변경이 필요할 수 있다.

### 경과조치

51. 종전 기업회계기준의 규정에 따라 인식한 창업비 미상각잔액은 이 지침서가 적용되는 회계연도에 전액을 전기 이월이익잉여금에서 차감한다.

## Ⅷ 골프장이용 표준약관

공정거래위원회 제10033호

제1조(목적) 이 약관은 골프장사업자(이하 "사업자"라 한다)와 골프장의 시설물을 이용하려는 모든 내장객(이하 "이용자"라 한다)간의 골프장 시설물 이용 및 이에 따르는 책임에 관한 사항을 규정함을 목적으로 한다.

제2조(적용) 이 약관은 사업자와 골프장의 회원 또는 비회원인 이용자에게 적용된다.

제3조(계약의 성립) 골프장 이용계약은 이용자가 골프장이용을 청약하는 의사표시와 서명을 하고 예약자확인 절차를 마친 때에 성립된다. 예약을 하지 않은 경우에는 입장절차를 마친 때 성립한다.

제4조(약관의 명시, 설명의무)

① 사업자는 이 약관을 프론트 기타 이용자가 보기 쉬운 곳에 게시하여야 하며, 이용자가 회원가입계약 또는 골프장 이용계약을 체결할 때 요구하면 이 약관의 사본을 교부하여야 한다.

② 사업자는 이 약관에 정하여져 있는 중요한 내용을 회원가입계약 또는 골프장 이용계약을 체결할 때 이용자가 이해할 수 있도록 설명하여야 한다. 다만, 그 전에 설명을 들었던 이용자에게는 이 약관의 변경된 내용이 없으면 그의 동의를 얻어 설명하지 아니할 수 있다.

③ 사업자가 제1항 또는 제2항의 의무를 위반한 경우에는 당해 약관조항을 계약의 내용으로 주장할 수 없다.

제5조(예약)

① 이용자는 이용예정일로부터 (  )일 전까지 예약할 수 있다.

② 비회원 이용자가 예약을 하는 경우에는 사업자는 팀별 이용예정인원수에 해당하는 입장료 총액의 (  )%를 예약금으로 지급할 것을 요구할 수 있다.

※ (  )%는 10% 이내이어야 함

③ 비회원 이용자가 제2항의 규정에 의하여 예약금을 지급해야 할 경우에는 예약당일 (  )시까지 지급해야 하며, 그 지급이 없으면 예약을 무효로 한다.

④ 이용자가 예약을 불이행하는 경우에는 사업자는 합리적인 범위 내에서 벌점부과 또는 일정기간의 예약정지나 이용제한 등의 조치를 취할 수 있다.

제6조(예약금의 환불 등)

① 비회원 이용자가 주말이나 공휴일인 이용예정일로부터 4일 전까지, 평일인 이용예정일로부터 3일 전까지 예약을 취소한 경우에는 예약금의 전액을 환불한다. 다만, 이용예정일로부터 2일 전에 예약을 취소한 경우에는 예약금 중 50%를 환불한다.

② 비회원 이용자가 이용예정일로부터 2일 전까지 예약의 취소가 없거나 아무런 통지없이 이용예정일에 골프장을 이용하지 않을 경우에는, 예약금을 환불하지 않는다.

③ 강설, 폭우, 안개 기타 천재지변 등의 불가항력적인 사유로, 사업자가 이용예정일에 골프장 이용이 불가능하다고 판단되어 임시휴장을 하는 경우에는 예약금을 환불하여야 한다.

④ 사업자의 귀책사유로 비회원 이용자가 이용예정일에 골프장을 이용하지 못하게 된 때에는 사업자는 예약금의 배액을 배상하여야 한다.

제7조(이용요금)

① 골프장의 이용요금은 다음 내역의 합계금액으로 한다.

1. 입장료
2. 제세공과금
3. 기타 사업자가 정한 특별요금

② 사업자는 이용요금을 프론트 기타 이용자가 보기 쉬운 곳에 게시하여야 한다.

제8조(요금의 환불)

① 입장절차를 마친 이용자가 경기 전 임의로 이용계약을 취소한 경우에는 이용요금의 50%를 환불한다.

② 강설, 폭우, 안개 기타 천재지변 등의 불가항력적인 사유로 입장에 관한 절차를 마친 이용자팀 전원이 1번째 홀까지의 경기를 마치지 못하게 된 경우에는 제세공과금을 제외한 이용요금 전액을 환불하고, 9번째 홀 (9홀을 이용하기로 한 이용자인 경우에는 5홀, 6홀 이용자는 3홀)까지의 경기를 마치지 못하게 된 경우에는 제세공과금을 제외한 이용요금의 50%를 환불한다.

제9조(이용시간 및 휴장)

① 이 골프장 이용시간은 일출 20분 전부터 일몰 20분 후까지로 하되, 조명시설이 설치된 골프장은 (    )까지로 한다.

② 이 골프장의 정기 휴장일은 다음과 같다. (        )

③ 강설, 폭우, 안개 기타 천재지변 등의 불가항력적인 경우를 제외하고 임시휴장을 할 경우에는 사업자는 사전에 이를 일간지 또는 인터넷 홈페이지 등에 게시하고 당해 기간에 이용하기로 예약한 이용자에게 고지하여야 한다.

제10조(이용의 거절) 사업자는 다음 각 호의 경우에 골프장 이용을 거절할 수 있다.

1. 예약된 시간을 지키지 아니한 때
2. 경기능력이 현저히 부족하여 다른 이용자에게 방해가 될 때
3. 도박성 내기를 하는 등 미풍양속에 어긋나는 행동을 한 때
4. 대한골프협회규칙, 기타 이용자 에티켓과 관련하여 사업자가 미리 고지한 준수사항을 위반할 때

제11조(초과이용)

① 이용자는 1회 입장시 원칙적으로 (   )홀을 초과할 수 없다.

② 이용자가 제1항의 규정에 의한 홀을 초과하여 이용할 경우에는 사업자의 승낙을 받아야 하며, 이 경우 사업자는 추가요금의 지급을 요구할 수 있다.

제12조(경기규칙의 적용)

① 모든 이용자는 대한골프협회와 사업자가 정한 경기규칙을 지켜야 한다.

② 제1항의 두 규칙사이에 충돌이 있을 때에는 사업자가 정한 경기규칙이 우선한다.

제13조(공중질서 유지)

① 모든 이용자는 공공의 질서와 풍속을 지켜야 하며, 특히 도박적인 내기는 삼가하여야 한다.

② 사업자는 제1항의 규정을 위반하는 이용자에 대하여는 경기진행을 중단시키고 퇴장시킬 수 있다.

제14조(이용자 안전준칙)

① 비거리는 경기보조원의 조언에 관계없이 이용자 자신의 판단으로 선행조에 맞추지 않을 정도로 타구하여야 한다.

② 이용자는 타자의 전방에 진입하여서는 아니된다.

③ 경기진행중 후속팀에 사인을 보낸 때에는 후속팀의 타구가 끝날 때까지 안전한 장소에 대피하여야 한다.

④ 퍼팅을 끝마쳤을 때에는 퍼팅 그린에서 즉시 비켜나서 안전한 진입로를 이용하여 다음 홀로 향하여야 한다.

⑤ 페어웨이, 그린, 벙커 등에서 타구 등으로 손상시킨 부분이 있으면 이를 복구하도록 노력하여야 한다.

제15조(대피) 이용자는 경기진행 중 다음 각 호의 사유가 발생한 경우에는 경기를 중지하고 그 사유가 끝날 때까지 안전한 장소로 대피하여야 한다.

1. 민방위훈련이 실시될 때
2. 낙뢰가 예상될 때
3. 기타 이용자의 안전을 위해 필요하다고 인정되어 사업자가 대피를 요청할 때

제16조(배상책임) 이용자가 고의 또는 과실로 골프장의 그린, 벙커, 건축물, 카트, 대여채, 대여화 등 각종 시설물과 비품을 훼손한 때에는 그 손해를 배상하여야 한다.

제17조(안전사고 책임 등)

① 경기도중 이용자의 고의·과실로 인하여 다른 이용자, 경기보조자 등 제3자에게 손해를 입힌 경우 이용자는 이에 대한 책임을 부담한다.

② 경기도중 사업자의 지휘·감독을 받는 경기보조자의 고의·과실로 인하여 사고가 발생한 경우에는 사업자도 이에 대한 책임을 진다.

③ 사고의 발생에 대하여 사업자에게 귀책사유가 있는 경우에는 사업자도 책임을 진다.

제18조 (귀중품의 보관 등)

① 이용자는 필요한 경우 귀중품 등 각종 물품에 대하여 그 품명과 가액을 기재하여 사업자의 확인 하에 사업자에게 보관시켜야 한다.

② 제1항의 규정에 따라 사업자에게 보관시키지 아니한 경우에는 사업자는 그 물품의 분실, 훼손에 대하여 귀책사유가 없는 한 책임을 지지 아니한다.

제19조(안전관리와 편의의 제공) 사업자는 이용자가 골프장과 부대시설을 안전하고 편리하게 이용할 수 있도록 관리하고 이용자에게 최대한 편의를 제공한다.

제20조(면책) 천재지변 기타 불가항력적인 사유로 이용자에게 손해가 발생한 때에는 사업자는 이에 대한 책임을 지지 아니한다.

제21조(기타)

① 이 약관에 명시되지 아니한 사항 또는 이 약관의 해석상 다툼이 있는 사항에 대해서는 사업자와 이용자가 합의하여 결정하되, 합의가 이루어지지 아니한 경우에는 관계법령 및 공정한 일반관행에 따른다.

② 이 계약과 관련된 분쟁에 관한 소는 민사소송법상의 관할 법원에 제기한다.

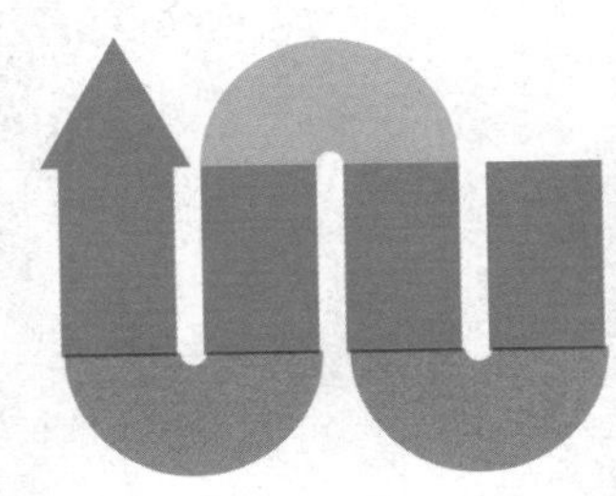

# 제19장

# 인력공급업 및 고용알선업의 회계와 세무실무

## I 인력공급업의 개요

### 1. 한국표준산업분류

통계청장이 고시하는 한국표준산업분류에 의하면 인력공급업과 고용알선업을 다음과 같이 분류하고 있다.

#### (1) 인력공급업

자기관리 하에 있는 노동자를 계약에 의하여 타인 또는 타사업체에 일정기간 동안 공급하는 산업활동을 말한다. 이 노동자들은 인력공급업체의 직원이지만 고객 사업체의 지시 및 감독을 받아 업무를 수행한다.

예시

- 인력파견업체
- 간호인력 공급
- 산업노동인력 공급
- 인력풀(Pool) 공급운영 · 사무인력 공급
- 개인 및 가사인력 공급
- 모델 공급
- 근로자 파견업

※ "근로자파견"이라 함은 파견사업주가 근로자를 고용한 후 그 고용관계를 유지하면서 근로자파견계약의 내용에 따라 사용사업주의 지휘 · 명령을 받아 사용사업주를 위한 근로에 종사하게 하는 것을 말한다(파견근로자보호 등에 관한 법률 2 1호).

#### (2) 고용알선업

고용주 또는 구직자를 대리하여 일자리 및 구직자 정보를 기초로 인력을 선발, 알선 및 배치하는 산업활동을 말한다. 구직자는 고용알선업체의 직원이 아니다.

예시

- 사무인력 알선
- 공업 노동인력 알선
- 개인 및 가사인력 알선
- 고급인력 알선(헤드헌터)
- 간호인력 알선
- 직업소개소

제외

- 영화 및 기타 공연을 위한 배역 서비스 활동(90192)

## 2. 파견근로자 등 보호에 관한 법률

제2조(정의) 이 법에서 사용하는 용어의 정의는 다음과 같다.

1. "근로자파견"이라 함은 파견사업주가 근로자를 고용한 후 그 고용관계를 유지하면서 근로자파견계약의 내용에 따라 사용사업주의 지휘·명령을 받아 사용사업주를 위한 근로에 종사하게 하는 것을 말한다.
2. "근로자파견사업"이라 함은 근로자파견을 업으로 행하는 것을 말한다.
3. "파견사업주"라 함은 근로자파견사업을 행하는 자를 말한다.
4. "사용사업주"라 함은 근로자파견계약에 의하여 파견근로자를 사용하는 자를 말한다.
5. "파견근로자"라 함은 파견사업주가 고용한 근로자로서 근로자파견의 대상이 되는 자를 말한다.
6. "근로자파견계약"이라 함은 파견사업주와 사용사업주간에 근로자파견을 약정하는 계약을 말한다.
7. "차별적 처우"라 함은 임금 그 밖의 근로조건 등에 있어서 합리적인 이유 없이 불리하게 처우하는 것을 말한다.

제5조(근로자파견대상업무 등) ① 근로자파견사업은 제조업의 직접 생산공정업무를 제외하고 전문지식·기술·경험 또는 업무의 성질 등을 고려하여 적합하다고 판단되는 업무로서 대통령령이 정하는 업무를 대상으로 한다.

② 제1항의 규정에 불구하고 출산·질병·부상 등으로 결원이 생긴 경우 또는 일시적·간헐적으로 인력을 확보하여야 할 필요가 있는 경우에는 근로자파견사업을 행할 수 있다.

③ 제1항 및 제2항의 규정에 불구하고 다음 각 호의 업무에 대하여는 근로자파견사업을 행하여서는 아니 된다.

1. 건설공사현장에서 이루어지는 업무
2. 「항만운송사업법」 제3조 제1호, 「한국철도공사법」 제9조 제1항 제1호, 「농수산물유통 및 가격안정에 관한 법률」 제40조, 「물류정책기본법」 제2조 제1항 제1호의 하역업무로서 「직업안정법」 제33조의 규정에 따라 근로자공급사업 허가를 받은 지역의 업무
3. 「선원법」 제2조 제1호에 따른 선원의 업무

4. 「산업안전보건법」 제28조의 규정에 따른 유해하거나 위험한 업무
5. 그 밖에 근로자 보호 등의 이유로 근로자파견사업의 대상으로는 적절하지 못하다고 인정하여 대통령령이 정하는 업무

제7조(근로자파견사업의 허가) ① 근로자파견사업을 하고자 하는 자는 고용노동부령이 정하는 바에 의하여 고용노동부장관의 허가를 받아야 한다. 허가받은 사항 중 고용노동부령이 정하는 중요사항을 변경하는 경우에도 또한 같다.
② 제1항 전단의 규정에 의하여 근로자파견사업의 허가를 받은 자가 허가받은 사항 중 동항 후단의 규정에 의한 중요사항외의 사항을 변경하고자 하는 경우에는 고용노동부령이 정하는 바에 의하여 고용노동부장관에게 신고하여야 한다.

제43조(벌칙) 다음 각 호의 1에 해당하는 자는 3년 이하의 징역 또는 2천만원 이하의 벌금에 처한다.
1. 제5조 제5항, 제6조 제1항 · 제2항 · 제4항 또는 제7조 제1항의 규정을 위반하여 근로자파견사업을 행한 자
1의2. 제5조 제5항, 제6조 제1항 · 제2항 · 제4항 또는 제7조 제3항의 규정을 위반하여 근로자파견의 역무를 제공받은 자
2. 허위 기타 부정한 방법으로 제7조 제1항의 규정에 의한 허가 또는 제10조 제2항의 규정에 의한 갱신허가를 받은 자
3. 제15조 또는 제34조 제2항의 규정을 위반한 자

## 3. 근로자파견사업주의 허가기준

노동부장관은 근로자파견사업의 허가신청이 있는 경우에는 다음의 요건에 적합한 경우에 한하여 이를 허가할 수 있다(파견근로자보호 등에 관한 법률 시행령 3).

(1) 신청인이 당해 근로자 파견사업을 적정하게 수행할 수 있는 자산 및 시설 등을 갖추고 있을 것
① 상시 5인 이상의 근로자(파견근로자를 제외한다)를 사용하는 사업 또는 사업장으로서 고용보험 · 국민연금 · 산업재해보상보험 및 국민건강보험에 가입되어 있을 것
② 1억원 이상의 자본금(개인인 경우에는 자산평가액)을 갖출 것
③ 전용면적 20제곱미터 이상의 사무실을 갖출 것

(2) 당해 사업이 특정한 소수의 사용사업주를 대상으로 하여 근로자파견을 행하는 것이 아닐 것

# 인력공급업 및 고용알선업의 부가가치세 실무

## 1. 부가가치세 과세대상 여부

사업자가 자기의 책임과 관리 하에 인력을 고용하여 사업상 독립적으로 당해 인력을 타 업체에 인력을 수시로 제공하는 사업은 인력공급업에 해당하는 것으로 부가가치세법 제7조 제1항의 규정에 의하여 부가가치세 과세되는 것이나(서면3팀-1038, 2006. 6. 5), 개인・법인 또는 법인격 없는 사단・재단 기타 단체가 독립된 자격으로 용역을 공급하고 대가를 받는 직업소개소를 경영하는 자가 공급하는 인적용역은 부가가치세 과세대상이 아니다(부령 35 2호 마목). 즉, 고객으로부터 주로 임원급의 고급인력에 대한 구인의뢰를 받아 해당 직급에 적합한 후보자 조사, 검토, 인터뷰 등을 통하여 고객이 원하는 인력을 채용할 수 있도록 고용알선 용역을 제공하고 대가를 받는 경우로서 해당 용역이 직업안정법에 따른 직업소개에 해당하는 경우에는 부가가치세법 시행령 제35조 제2호 마목에 따라 부가가치세가 면제되는 것이다(법규부가 2012-409, 2012. 11. 8).

| 구 분 | 한국표준산업분류 | 구분기준 | 직원소속 | 과세유형 |
|---|---|---|---|---|
| • 인력공급업 | 75120 | 자기관리 하에 계약체결 | 인력공급업체 | 과세(세금계산서) |
| • 고용알선업 (직업소개소) | 75110 | 고용주를 대리 | 고용주・구직자 | 면세(계산서) |

### ① 사용사업주가 파견근로자에게 수당을 직접 지급하는 경우

파견근로자보호 등에 관한 법률에 의하여 근로자 파견사업을 영위하는 사업자(파견사업주)가 사용사업주에게 인력(파견근로자)을 공급한 경우에 있어 사용사업주가 직접 파견근로자에게 별도의 수당을 지급하는 경우에는 수당지급내용을 파견사업주에게 통보하여야 하며 당해 수당은 부가가치세법 시행령 제48조 제1항의 규정에 의하여 파견사업주의 부가가치세 과세표준에 포함되는 것이다(부가 46015-520, 2000. 3. 8).

### ② 인력공급업으로 본 경우

ⓐ 타사업체에 수요인력을 공급하는 사업이 인력공급업에 해당하는지 또는 직업소개업에 해당하는지의 여부는 계약내용 및 실제 사업내용 등 관련사실을 종합적으로 고려하여 판단하여야 하는 것인 바, 이 건의 경우 청구인이 청구외법인에게 필요한 인력을 알선하고 수수료만 받았다면 직업소개업으로 인정할 수 있는 것이나, 청구인이 청구외법인으로부터 파견근로자의 인건비 전부를 수령하여 파견근로자 각 개인에게 지급한 점,

청구외법인의 대표이사의 확인서 내용 및 청구외법인이 청구인과 동일한 방법으로 인력을 공급받은 사업자로부터 세금계산서를 수취한 점 등을 감안할 때 그 실질은 청구인의 책임 하에 근로자를 모집하여 청구외법인에게 파견한 것이므로 청구인이 인력공급업을 수행하였다고 보는 것이 타당하다고 할 것이다(조심 2008중3089, 2008. 12. 18).

ⓑ 인력공급 후 그 대가를 청구인의 계좌로 수취하여 구직자에게 노임을 지급한 점 등을 보아 인력공급업으로 과세한 처분은 타당하다(심사부가 2012-0128, 2012.12. 3).

ⓒ 공사현장에 인력을 공급하면서 세금계산서를 발행하고 부가가치세를 별도로 청구하여 온 사실, 원고는 건설 주식회사로부터 이 사건 현장에 필요한 근로자 수를 하루 전에 통보받으면 그 수에 맞는 근로자들을 이 사건 현장에 보내 주고 근로자 개인의 자격이나 현황에 대하여는 원고가 이를 파악하여 정리를 하고, 건설 주식회사는 원고로부터 매일 공급받는 근로자 수만 산정하여 매월 1회 원고로부터 이 사건 현장에 투입된 근로자들에 관한 자료를 받은 다음 원고에게 노임을 일괄 지급하고, 원고가 이를 수령하여 근로자들에게 나누어 준 사실을 인정할 수 있는바, 이에 따르면 원고는 부가가치세 부과 대상인 '용역의 공급'에 해당하는 인력공급업을 영위하였다고 할 것이므로 이 사건 처분은 적법하다(창원지방법원 2006구합369, 2007. 6. 7).

③ **고용알선업으로 본 경우**

청구인이 운영하는 쟁점사업장이 직업소개로서 노동부고시(1999. 3. 1)에 의하여 고용기간이 3월 미만인 경우 지급하기로 한 임금의 10/100 이하로 구인자로부터 징수할 수 있는 사실, 일용근로자의 진술에 의하면 쟁점사업장의 직원이 아닌 구직자로서 일당 중 수수료 10%를 제외한 금액을 청구인으로부터 수령하였다고 진술한 사실과 청구인이 제시한 장부에 통상임금(일당×일수)의 10%를 제외한 금액을 인건비로 지급한 것이 확인되는 사실 등으로 자기관리 하(인력공급업체의 직원)에 있는 인력을 타인 또는 타사업체에 공급하는 "인력공급업"으로 보기는 어렵고 고용주 또는 구직자를 대신하여 일자리를 알선 및 배치하는"고용알선"에 해당된다 할 것이고 청구인의 총수입금액은 청구인에게 귀속되었거나 귀속될 금액인 인력공급 장부에 의하여 확인된 인건비의 10%로 보아야 할 것이다(심사 2006-272, 2006. 9. 25).

## 2. 직업안정법에 따른 근로자공급용역, 단순인력공급용역[197]

개인, 법인 또는 법인격 없는 사단·재단, 그 밖의 단체가 독립된 자격으로 용역을 공급하고 대가를 받는 「직업안정법」에 따른 근로자공급 용역과 다른 사업자의 사업장(다른 사업자가 제공하거나 지정한 경우로서 그 사업자가 지배·관리하는 장소를 포함한다)에서 그 사업자의 시설 또는 설비를 이용하여 물건의 제조·수리, 건설, 그 밖에  인생상담, 직업재활상담 및 그 밖에 이와 유사한 상담(결혼상담은 제외한다) 용역, 「중소기업창업 지원법」에 따른 중소기업상담회사가 제공하는 창업상담용역으로 작업을 수행하기 위한 단순 인력공급용역은 부가가치세를 면제한다. 다만, 「파견근로자 보호 등에 관한 법률」에 따른 근로자파견 용역은 제외한다(부령 42, 2024. 2. 29 개정).

### (1) 「직업안정법」에 따른 근로자 공급용역

국내 근로자공급사업의 경우에는 「노동조합 및 노동관계조정법」에 따른 노동조합이 이에 해당한다.

관련법조문

◈ 직업안정법 제33조【근로자공급사업】

① 누구든지 고용노동부장관의 허가를 받지 아니하고는 근로자공급사업을 하지 못한다.

② 근로자공급사업 허가의 유효기간은 3년으로 하되, 유효기간이 끝난 후 계속하여 근로자공급사업을 하려는 자는 고용노동부령으로 정하는 바에 따라 연장허가를 받아야 한다. 이 경우 연장허가의 유효기간은 연장 전 허가의 유효기간이 끝나는 날부터 3년으로 한다.

③ 근로자공급사업은 공급대상이 되는 근로자가 취업하려는 장소를 기준으로 국내 근로자공급사업과 국외 근로자공급사업으로 구분하며, 각각의 사업의 허가를 받을 수 있는 자의 범위는 다음 각 호와 같다.

1. 국내 근로자공급사업의 경우는 「노동조합 및 노동관계조정법」에 따른 노동조합
2. 국외 근로자공급사업의 경우는 국내에서 제조업·건설업·용역업, 그 밖의 서비스업을 하고 있는 자. 다만, 연예인을 대상으로 하는 국외 근로자공급사업의 허가를 받을 수 있는 자는 「민법」 제32조에 따른 비영리법인으로 한다.

197) 인력공급 시장 양성화 및 체계적인 부가가치세 세원관리를 위하여 부가가치세법 시행령 제42조 제2호에 '아'목과 '자'목을 신설하였다. 시행령 개정에 따라 2025. 1. 1 이후 공급분부터는 시행령 '아'목 「직업안정법」에 따른 근로자 공급용역과 '자'목 단순 인력 공급용역에 해당하는 경우 부가가치세가 면세된다(출처, 국세청, 보도자료, 2025. 1. 7).

### (2) 다른 사업자의 사업장에서 그 사업자의 시설 또는 설비를 이용하여 물건의 제조 · 수리, 건설용역

"다른 사업자"란 도급인(사용사업주)을 말하며 "다른 사업자의 사업장"이란 도급인의 사업장 또는 도급인의 사업장이 아니더라도 도급인이 제공 · 지정, 관리하는 장소를 말한다.

① "그 사업자"란 도급인(사용사업주)을 말하는 것이며, 시설 또는 설비를 구체적으로 특정할 수는 없으나, 제조 · 수리, 건설에 필수적으로 사용되는 차량, 기계장치, 건물 등 용역제공과 연관성이 있는 유형자산이 이에 해당한다.

② 제조 · 수리, 건설 작업을 수행하는 인력공급 용역에만 적용된다.

### (3) 「파견법」상 근로자파견 용역

「파견근로자 보호 등에 관한 법률」상 근로자파견 용역은 부가가치세를 과세한다.

근로자파견 사업을 하려는 자는 고용노동부장관의 허가를 받아야 하며, 부가가치세가 과세되는 근로자파견 용역은 허가를 받은 사업체가 공급하는 근로자파견 용역을 말한다. 따라서 「파견근로자 보호 등에 관한 법률」에 따른 근로자파견 용역만 과세로 규정되어 있기 때문에 허가를 받지 않고 근로자를 파견하는 경우에는 부가가치세가 면제된다. 파견법에 따른 근로자파견 용역에 대해서만 면세에서 제외되는 것으로 허가가 취소된 경우에는 해당 근로자파견 용역은 취소된 날부터 면세가 적용된다. 면세되는 인력공급업은 다음에 해당되는 경우를 말한다.

① 자기관리 아래 있는 노동자를 계약에 의하여 타인 또는 타사업체에 공급하는 산업활동을 말한다.

② 타인의 의뢰에 의하여 타인이 공급한 재화에 주요자재를 해당 사업자가 전혀 부담하지 않고 단순히 가공만 해주고 그에 대한 대가를 받는 기타사업지원서비스업과 원청업체의 생산시설을 이용하여 단순 인력만 제공하는 경우이다.

2025. 1. 1 이후 공급분부터는 단순 인적용역만을 제공하는 사업자는 세금계산서가 아닌 계산서를 발급하여야 하며 인력공급과 관련하여 수취한 세금계산서는 매입세액으로 공제를 받을 수 없다. 인적용역만을 제공하는 경우에 면세에 해당하는 것이며, 자기의 시설 또는 설비 등을 이용하여 인적용역과 함께 제공하는 경우에는 부가가치세 과세사업에 해당된다. 근로자파견의 기간은 출산 · 질병 · 부상 등으로 결원이 생긴 경우 또는 일시적 · 간헐적으로 인력을 확보하여야 할 필요가 있는 경우를 제외하고는 1년을 초과하여서는 아니 된다. 다만, 파견사업주, 사용사업주, 파견근로자 간의 합의가 있는 경우에는 파견기간을 연장할 수

있다. 이 경우 1회를 연장할 때에는 그 연장기간은 1년을 초과하여서는 아니 되며, 연장된 기간을 포함한 총 파견기간은 2년을 초과하여서는 아니 된다.

**관련법조문**

◈ **파견근로자 보호 등에 관한 법률 제7조【근로자파견사업의 허가】**

① 근로자파견사업을 하려는 자는 고용노동부령으로 정하는 바에 따라 고용노동부장관의 허가를 받아야 한다. 허가받은 사항 중 고용노동부령으로 정하는 중요사항을 변경하는 경우에도 또한 같다.

◈ **파견근로자 보호 등에 관한 법률 제9조【허가의 기준】**

① 고용노동부장관은 제7조에 따라 근로자파견사업의 허가신청을 받은 경우에는 다음 각 호의 요건을 모두 갖춘 경우에 한정하여 근로자파견사업을 허가할 수 있다.

1. 신청인이 해당 근로자파견사업을 적정하게 수행할 수 있는 자산 및 시설 등을 갖추고 있을 것
2. 해당 사업이 특정한 소수의 사용사업주를 대상으로 하여 근로자파견을 하는 것이 아닐 것

② 제1항에 따른 허가의 세부기준은 대통령령으로 정한다.

◈ **파견근로자 보호 등에 관한 법률 시행령 제3조【허가의 세부기준】**

법 제9조 제2항에 따른 근로자파견사업의 자산 및 시설 등의 기준은 다음 각 호와 같다.

1. 상시 5명 이상의 근로자(파견근로자는 제외한다)를 사용하는 사업 또는 사업장으로서 고용보험・국민연금・산업재해보상보험 및 국민건강보험에 가입되어 있을 것
2. 1억원 이상의 자본금(개인인 경우에는 자산평가액)을 갖출 것
3. 전용면적 20제곱미터 이상의 사무실을 갖출 것

### (4) 사급의 형태로 인적용역을 제공하는 경우

사급이란 원도급업자가 하도급업자에게 필요한 원자재를 직접 구입하여 제공하는 것을 말한다. 즉, 제조에 필요한 원부자재를 대량으로 구매하여 계열사 또는 하청(협력)업체에 공급하는 계약 형태로 주로 제조업에서 사용되는 방식이다. 일반적으로 "유상사급"과 "무상사급"으로 구분된다. 유상사급은 원청업체가 원부자재를 구입하여 하청(협력)업체에 유상(원부자재 대금을 받고)으로 공급하고, 하청업체로부터 생산된 제품을 공급받을 때 임가공비에 원부자재 대금까지 포함하여 대금을 지급하는 방식이며, 무상사급은 원청업체가 하청(협력)업체에게 원부자재를 무상(원부자재 대금을 받지 않고)으로 공급하고 하청업체로부터 생산된 제품을 공급받을 때 임가공비만 지급하는 방식이다. 이 경우에도 유상 또는 무상과 관계없이 근로자에 대한 지휘・명령권 등 관련 법령을 위반해서 인력만을 제공하였

다면 부가가치세가 면제된다.

① 제조업을 영위하는 사업자가 계약에 의해 주요자재를 유상으로 공급받아 가공 후 완성품을 다시 주요자재 공급자에게 공급하는 것은 「부가가치세법」 제9조 제1항에 따른 재화의 공급에 해당하는 것이며, 제조업을 영위하는 사업자는 완성품 공급 시 주요자재 가액에 가공용역의 대가를 포함한 금액을 세금계산서로 발급하는 것이다(서면 법규과-588, 2014. 6. 12).

② 사업자가 건설업자(이하 "수급인"이라 함)와 공사도급계약을 체결하면서 자기가 직접 생산한 자재(이하 '사급자재')를 수급인에게 제공하고, 동 사급자재에서 발생하는 작업설·부산물(Scrap, 고철)의 시가를 수급인의 공사도급금액에서 차감하여 계약·시공·정산하는 경우 「부가가치세법」 제6조 제1항에 따른 재화의 공급에 해당한다(법규과-1961, 2010. 12. 31).

③ 원자재 및 부자재를 제공하여 외주가공을 통하여 부품을 납품받는 경우 원자재 및 부자재가액은 과세표준에 포함하지 아니하나, 부품의 임가공 용역대가에 대하여는 부가가치세 과세대상이며, 다만, 재화 또는 용역을 공급하고 대가로 원자재 등을 받는 경우에는 과세표준에 포함된다(부가 22601-1644, 1988. 9. 15).

## 3. 과세표준의 계산

부가가치세의 과세표준은 부가가치세가 포함되지 않은 공급가액으로 한다. 다만, 간이과세자의 경우 부가가치세가 포함된 공급대가를 과세표준으로 한다. 과세표준에는 거래상대자로부터 받은 대금·요금·수수료 기타 명목여하에 불구하고 대가관계에 있는 모든 금전적 가치 있는 것을 포함한다(부령 48 ①). 따라서 인력공급업의 부가가치세 과세표준은 그 인력을 고용한 사업자로부터 받는 인건비, 알선수수료 등 전체 금액이 되는 것이며, 이 경우 공급자는 부가가치세법 제16조의 규정에 의하여 당해 과세표준으로 계약상, 법률상의 실제 공급받는 자에게 세금계산서를 교부하고 부가가치세를 그 공급받는 자로부터 거래징수하는 것으로 이에 대하여 부가가치세법상 규정에 따라 부가가치세의 신고·납부를 이행하여야 하는 것이다(서면3팀-523, 2006. 3. 20).

### ① 사용사업주가 파견근로자에게 직접 지급한 수당의 과세표준에 포함되는지 여부

파견근로자보호 등에 관한 법률에 의하여 근로자 파견사업을 영위하는 사업자가 사용사업주에게 인력을 공급한 경우에 있어, 사용사업주가 직접 파견근로자에게 별도의 수당, 중식비, 교통비 등을 지급하는 경우에는 수당지급내용을 파견사업주에게 통보하여야 하며 당해 수당 등은 부가가치세법 시행령 제48조 제1항의 규정에 의하여 파견사업주의 부가가치세 과세표준에 포함되는 것이다(조심 2008서3473, 2009. 1. 30).

**② 수당 등의 과세표준 포함 여부**

근로기준법 제43조, 제56조는 사용자로 하여금 근로자들에게 연장근로와 야간근로 또는 휴일근로에 대하여 통상임금의 50/100 이상을 가산하여 직접 근로자에게 통화로 전액 지급하되, 이러한 기준에 미치지 못하는 근로계약은 그 부분에 한하여 무효로 한다고 규정하고 있다. 그런데 파견근로자법 제34조 제1항 단서는 위와 같은 근로기준법의 적용에 있어서 사용사업주가 아닌 파견사업주를 사용자로 보고 있다. 이러한 규정에 따르면, 시간외 근무수당을 비롯한 임금은 원칙적으로 파견사업자가 지급하여야 할 성질의 것이라고 할 것이고, 이 사건 파견계약에서 소외 공사가 파견근로자들에게 임금의 성격을 지닌 이 사건 수당을 직접 지급하도록 규정한 것은, 지급절차의 간편을 위하여 원고가 소외 공사로부터 이 사건 수당 등에 대한 파견료를 지급받아 이를 파견근로자들에게 지급하여야 할 것을 소외 공사가 원고 대신 직접 이 사건 수당 등을 지급하게 할 수 있도록 한 약정으로 보인다. 파견근로자법에 의한 근로자 파견은 파견사업주가 근로자를 고용한 후 그 고용관계를 유지하면서 사용사업주와 사이에 체결한 근로자 파견계약에 따라 사용사업주에게 근로자를 파견하여 근로자를 제공하게 하는 것으로서, 파견근로자는 사용사업주의 사업장에서 그의 지시·감독을 받아 근로를 제공하기는 하지만 사용사업주와의 사이에는 고용관계가 존재하지 아니한다(대법원 2003. 10. 9. 선고 2001다24655 판결). 따라서 이 사건 파견근로자들이 소외 공사에 제공한 근로는 이 사건 파견계약에 따른 것이지, 파견근로자와 소외 공사 사이의 고용관계에 따른 것으로는 볼 수는 없다. 전단계세액공제방식을 취하고 있는 우리나라 부가가치세법은 소득세, 법인세와 달리 실질적인 소득이 아닌 형식적인 거래의 외형에 대하여 부과하는 거래세의 성격을 띠고 있어, 비용이 수입보다 과다한 경우에도 부가가치세가 부과될 수 있게 되는 등 원고의 주장과 달리 사업자의 이윤, 이익이나 손실 여부와 전혀 무관하게 부과되는 것이다. 또한 위와 같이 이 사건 수당 등이 소외 공사가 원고에게 지급하여야 할 용역의 대가의 성격을 가지는 것이라면, 원고로서는 부가가치세법 제16조에 의하여 이를 파악하여 소외 공사에 대하여 세금계산서를 발행하여야 할 의무가 있다고 할 것이므로, 원고가 이 사건 수당 등에 관한 세금계산서를 발행할 수 없다는 이유로 이 사건 수당 등이 부가가치세 과세표준이 아니라거나 이 사건 각 처분이 위법하다고는 볼 수 없다. 게다가 오히려 앞서 본 바와 같이, 원고는 소외 공사로부터 연말에 원고에게 파견근로자별 연말정산 근로소득 원천징수 영수증을 송부받아 이를 토대로 이 사건 수당 등을 파견근로자의 종근무지 수입으로 분류·기재하여 연말정산을 하였고, 또한 이 사건 파견계약 제6조는 원고로 하여금 관리책임자를 선임하여 파견근로자 관리·감독업무를 할 수 있도록 규정하고 있으며, 소외 공사 역시 법인세 세무조사 당시, 원고의 영업담당자가 이 사건 수당 등에 대하여 종류 및 금액(시간당 단가 및 월지급액)까지 파악하고 있었다고 소명하였다. 이러한 점을 고려하면, 원고로서는 소외 공사가 파견근로자들에게 지급한 이 사건 수당 등의 내역을 이미 알고 있어 이에 관하여 세금계산서를 발행할 수 있었다고 할 것이다(서울행법 2008구합34450, 2009. 2. 13).

### 4. 매입세액공제

인력공급업과 관련하여 사용되거나 사용될 재화나 용역공급관련 매입세액은 부가가치세법에서 매입세액불공제 항목으로 열거된 것을 제외하고는 매입세액공제를 받을 수 있다.

다만, 인력공급업을 영위하는 사업자가 소속된 운전기사로 하여금 파견회사의 소형승용차를 운행하여 주고 대가를 받는 경우, 동 소형승용차의 운행과 관련된 유류비와 수선비 등의 매입세액은 매출세액에서 공제되지 아니하는 것이다(제도 46015-10871, 2001. 4. 30).

## Ⅲ 인력공급업 및 고용알선업의 소득·법인세 실무

### 1. 직업소개소의 사업장현황신고

고용알선을 영위하는 직업소개소는 면세사업자에 해당하므로 당해연도의 수입금액과 기본경비내역을 기재한 사업장현황신고서를 다음 연도 2월 10일까지 제출하여야 한다. 또한 매출처별·매입처별 계산서합계표와 매입처별세금계산서합계표를 제출하여야 한다.

### 2. 인력공급업의 수입금액

인력공급업체가 근로자를 파견하고 파견받은 사업자로부터 받는 용역비(인건비, 기타수입)는 수입금액에 포함하여야 한다.

[사용사업주의 용역비 지급에 따른 세무처리]

| 구 분 | 계정분류 | | 증 명 | 손금한도 |
|---|---|---|---|---|
| •급여, 임금 | 용역비 | | 세금계산서 | 전 액 |
| •교통비, 피복비 등<br>(근로자 직접 지급) | 사전약정(0) | 용역비 | 세금계산서 등<br>적격증명 | 전 액 |
| | 사전약정(×) | 접대비 | | 한도 내 |

관련법조문

◈ **법인세법 시행령 제45조【복리후생비의 손금불산입】**

① 법인이 그 임원 또는 사용인을 위하여 지출한 복리후생비 중 다음 각 호의 어느 하나에 해당하는 비용 외의 비용은 손금에 산입하지 아니한다. 이 경우 사용인에 **「파견근로자보호 등에 관한 법률」 제2조에** 따른 파견근로자를 포함한다.

1. 직장체육비
2. 직장연예비

2의2. 직장회식비

## 3. 중소기업에 대한 조세특례

### (1) 중소기업 해당 업종 여부

인력공급업 및 고용알선업은 중소기업업종의 범위에 2010. 1. 1 이후부터 포함되었다(조특법 2).

### (2) 중소기업특별세액감면

일자리 창출 및 서비스산업의 경쟁력 강화에 기여할 목적으로 2010년부터 인력공급업 및 고용알선업을 중소기업특별세액감면 대상업종에 포함시켰다. 따라서 다음과 같이 중소기업특별세액감면을 받을 수 있다(조특법 7).

| 구 분 | 감면대상기업 | 감 면 율 |
|---|---|---|
| • 수도권 내 | 소기업 | 20% |
| • 수도권 외 | 소기업 | 30% |
| | 중기업 | 15% |

여기서 수도권이란 서울특별시 · 인천광역시 · 경기도를 말한다(조특법 2 ① 9호).

## 4. 원천징수의무자

인력공급업은 파견사업주의 근로자에 해당하므로 파견사업주가 원천징수의무를 이행하여야 한다. 반면에 고용알선업의 경우에는 실제로 사용하는 사업주의 근로자에 해당하므로 사용사업주가 원천징수의무를 이행하여야 한다.

| 구 분 | 직원해당 여부 | 원천징수이행 | 지급명세서 제출 |
|---|---|---|---|
| • 인력공급업 | 파견 사업주 | 파견 사업주 | 파견 사업주 |
| • 고용알선업 | 사용 사업주 | 사용 사업주 | 사용 사업주 |

## 5. 파견근로자의 퇴직급여

파견근로자보호 등에 관한 법률에 의한 파견근로자가 사용사업주의 사용인으로 취업하여 퇴직하는 경우 파견사업주와 사용사업주간의 약정에 따라 파견근로기간 동안의 퇴직급여도 사용사업주가 함께 지급하도록 한 경우 사용사업주가 지급한 전체금액 중 파견근로기간 동안의 퇴직급여충당액은 파견사업주의 근로자 파견사업에 따른 수입금액에 해당하는 것이므로 당해 근로자가 사용사업주의 사용인으로 입사한 날이 속하는 사업연도에 파견사업주에 대한 미지급부채로 계상하는 것이며 동 미지급부채로 계상한 금액을 차감한 잔액은 사용사업주가 당해 근로자에게 지급한 퇴직급여로 보아 퇴직일이 속하는 사업연도의 손금에 산입하는 것이다(법인 46012-2402, 2000. 12. 18). 한편, 법인이 근로자를 파견한 협력업체와의 약정에 따라 파견받은 근로자에게 지급하는 퇴직위로금은 협력업체에 대한 용역의 대가로 보아 손금에 산입하는 것이다(법인-1570, 2008. 7. 15).

# 인력공급업의 지방세 실무

## 1. 주민세의 납세의무

주민세(종업원분)는 매월분을 다음 달 10일까지 신고·납부하여야 한다(지법 102 ②). 주민세의 납세의무자는 당해 월에 지급하여야 할 정기급여의 총액과 당해 월에 지급된 상여금·특별수당 등 비정기적인 급여의 총액을 합한 금액에 0.5%의 세율을 적용하여 산정한 주민세를 신고·납부하여야 한다. 지방소득세 과세대상이 되는 "사업소"는 사업 또는 사무를 수행하기 위하여 설치한 인적 및 물적설비로서 계속하여 사업 또는 사무가 이루어지는 "장소"로 규정하고 있고, 종업원분은 매월 말일 현재의 사업소 소재지(사업소를 폐업하는 경우에는 폐업하는 날 현재의 사업소 소재지)를 관할하는 시·군에서 사업소별로 각각 부과한다라고 규정하고 있으므로, 파견사업주 주사무소의 사업장과 파견근로자들이 근무하는 사용사업주의 사업장은 각각 별개의 사업장으로 보아 지방소득세 종업원분 면세점을 산정하여야 한다(세정-2808, 2004. 8. 30). 즉, 계약업체에 근무하는 종업원은 파견사업주 본사의 종업원이라기보다는 계약업체별 사업장에 각각 근무하는 종업원으로 보아 사업소세 과세대상 여부를 판단하여야 한다(행심 2004-364, 2002. 10. 28). 외국인 연예인 근로자의 경우 지방에 소재한 관광호텔과의 파견근로자 공연계약을 통하여 계속하여 1년간 각 지방 소재 관광호텔에서 공연근로를 제공하고 있다면 이는 서울시 용산구 사업장에서 근로를 제공하는 종업원으로 간주할 수 없다(세정-5319, 2007. 12. 11).

## 2. 인력파견계약의 인지세 과세 여부

문서가 전기공사업법 제12조의 규정에 의하여 작성하는 도급문서 즉 전기공사업법 시행령 제2조에서 규정하는 전기설비공사 계약인 경우 인지세법 제3조 제1항 제3호 및 동법 시행령 제2조의 3 규정에 의거 인지세 과세대상 문서에 해당하며, 단순 근로자 파견계약인 경우 인지세 과세대상이 아니다(소비-1573, 2007. 7. 15).

## 국내유료직업소개요금 등 고시

2009. 9. 25 노동부고시 제2009-60호

직업안정법 제19조 제6항의 규정에 따라 국내유료직업소개요금 등 고시를 다음과 같이 제정한다.

1항 : 소개요금은 구인자, 구직자간에 근로계약 등이 체결된 경우 다음 각 호의 기준에 의하여 징수한다.

1. 제2호 내지 제5호에 해당되지 않은 직종을 소개하는 경우 다음 각목의 기준에 의하여 소개요금을 징수한다.
   가. 고용기간이 3월 미만인 경우 고용기간 중 지급하기로 한 임금의 10/100 이하를 구인자로부터 징수한다.
   나. 고용기간이 3월 이상인 경우 3개월간 지급하기로 한 임금의 10/100 이하를 구인자로부터 징수한다.
   다. 가목 및 나목의 규정에 불구하고 구직자로부터 소개요금을 징수하는 경우에는 반드시 서면계약에 의하되 위 소개요금액의 40%를 초과할 수 없다.

2. 최소 1개월 이상의 탐색기간, 채용후보자에 대한 분석과 평가 등 전문적이고 종합적인 상담에 의하여 별표 1에 열거된 고위관리자 또는 전문가 직종에 해당하는 자를 소개한 경우 그 소개요금은 고용기간 중 지급하기로 한 임금 또는 보수의 20% 범위 내에서 당사자가 자율적으로 정한다. 다만, 고용기간이 1년 이상인 경우에는 1년간 지급하기로 한 임금 또는 부수의 20% 범위 내로 한다.

3. 패션 및 기타 모델(한국표준직업분류 소분류 521)직종에 해당하는 자를 소개하는 경우 그 소개요금은 보수(출연료 등)의 20% 범위 내에서 당사자가 자율적으로 정한다.

4. 출입국관리법에 의한 체류자격 중 회화지도(E-2)에 해당하는 자를 소개하는 경우, 그 소개요금은 고용기간 중 지급하기로 한 임금의 10% 범위 내에서 당사자가 자율적으로 정한다. 다만, 고용기간이 1년 이상인 경우에는 1년간 지급하기로 한 임금의 10% 범위 내로 한다.

5. 파출부, 간병인 등 일용근로자를 회원제로 소개, 운영하는 경우에는 그 소개요금에 갈음하여 월 3만원의 범위 내에서 회비를 징수할 수 있다.

2항 : 소개요금의 산출근거가 되는 임금은 근로기준법 제18조의 규정에 의한 임금으로 한다. 다만, 임금을 따로 정하지 않고 봉사료를 주된 수입으로 하는 직종에 소개하는 경우에는 구인자가 제출하는 수입 보증서의 금액에 의하여 임금을 산출하며, 구인자가 침식을 제공하는 경우에는 월 5만원의 범위 내에서 당해 침식비를 임금에 가산할 수 있다.

## 국외유료직업소개요금 등 고시

노동부고시 제2009-59호

직업안정법 제19조 제6항의 규정에 의하여 국외유료직업소개사업을 하는 자가 받을 수 있는 소개요금 및 그 징수방법을 다음과 같이 결정·고시합니다.

2009년 9월 25일

노 동 부 장 관

국외유료직업소개요금 등 고시를 다음과 같이 제정한다.

1. 소개사업자가 징수할 수 있는 소개요금은 미화를 기준으로 월 기본급 600달러까지는 220달러를 한도로 하며, 월 기본급이 600달러를 초과할 때에는 당해 초과분의 33% 범위 내에서 추가 징수할 수 있다.

2. 소개사업자가 국외취업희망자의 요청에 의하여 출국수속을 대행하는 때에는 1인당 30달러의 범위 내에서 소개요금에 추가하여 징수할 수 있다.

3. 제1항 및 제2항의 규정에 의한 소개요금은 구인요청서 또는 구인협약이 정하는 바에 따라 구인자와 구직자의 일방 또는 쌍방으로부터 징수할 수 있다. 다만, 쌍방으로부터 소개요금을 징수할 때에는 그 징수총액이 제1항 및 제2항의 규정에 의한 각각의 한도액의 합계를 초과하여서는 아니된다.

4. 제1항 및 제2항의 소개요금은 여권 및 비자의 발급, 고용주의 항공권송부 등 출국절차가 완료되어 객관적으로 취업이 확정된 것으로 볼 수 있는 날 이후에 징수하여야 한다.

5. 제4항에 의하여 소개요금을 징수할 때에는 징수당일의 한국외환은행 미화매도환율에 따라 한화로 징수하여야 한다.

# 제20장

# 예식장 · 결혼정보업 · 상조회사의 회계와 세무실무

## 제1절 예식장 · 결혼정보업

### Ⅰ 업종구분

#### 1. 한국표준산업분류

조세특례를 적용하기 위한 업종구분은 한국표준산업분류에 따른다. 한국표준산업분류상 예식장업 등은 기타 개인서비스업으로 분류하고 있다.

| 대분류 | 업종구분 | 분류코드 | 내 용 |
|---|---|---|---|
| 기타 개인서비스업 (96) | 예식장업 | 96991 | 일반대중에게 결혼식을 위한 시설을 제공하는 산업활동을 말한다. |
| | 맞선주선 및 결혼상담업 | 96994 | 일반대중에게 맞선주선, 결혼알선 및 결혼상담을 주로 하는 산업활동을 말한다. |
| | 장례식장 및 장의관련 서비스업 | 96921 | 장례식을 준비하거나, 장례식장을 운영하는 산업활동을 말한다. |

#### 2. 기준경비율상의 분류(2023귀속)

장부를 비치 · 기장하지 아니하여 소득금액을 추계결정 · 경정하는 경우 적용하는 경비율로 개인서비스업에 해당되어 소득률이 매우 높은 편에 속한다.

| 업종구분 | 분류코드 | 내 용 | 단순경비율 | 기준경비율 |
|---|---|---|---|---|
| 예식장 | 930901 | ○ 예식장<br>• 예식장 운영의 부대설비 포함 | 79.2 | 16.7 |

| 업종구분 | 분류코드 | 내 용 | 단순경비율 | 기준경비율 |
|---|---|---|---|---|
| 예식장 | 930901 | (드레스대여, 사진, 음식제공 등 기타부대시설 이용료)<br>○ 신부드레스대여전문점<br>○ 예식사진촬영업<br>• 신혼부부야외촬영, 테마사진, 광고사진촬영 포함<br>○ 예식장 미장원<br>• 예식장구내에 위치하지 않더라도 사실상 당해 예식장의 전속미장원인 경우 포함 | | |
| 결혼상담소 | 930912 | ○ 결혼상담소<br>• 결혼알선, 중매활동 | 84.2 | 27.7 |
| 장례식장<br>장의사 | 930301 | 장의사, 장례식장 운영, 관의 판매 및 임대 등 장의 관련 서비스를 주로 하는 업 | 75.2 | 13.8 |

## Ⅱ 예식장 · 결혼정보업의 세무실무

### 1. 일반적 특성

예식장업 및 결혼정보업, 장례식장업은 주로 소비자를 대상으로 하는 현금수입 업종으로 매출누락 가능성이 많다. 따라서 국세청에서는 과세표준을 양성화하기 위하여 주기적으로 세무조사를 실시하고 있는 대표적인 업종에 속한다. 최근에는 제도적으로 과세표준을 양성화할 목적으로 사업용계좌의 도입, 현금영수증의 가입 및 발행의무의 부여, 현금매출명세서의 제출 등 과세인프라를 강화하고 있다.

### 2. 부가가치세 실무

#### (1) 사업자등록 신청

예식장업 및 결혼정보업, 장례식장업을 운영하고자 하는 사업자는 사업개시일로부터 20일 이내에 인 · 허가증을 첨부하여 사업자등록을 신청하여야 한다. 다만, 사업개시 전에 투자한 투자금액에 대하여 환급을 받기 위해서는 사업개시 전에 사업자등록을 신청하여야 한다. 인허가 관청으로부터 인허가를 받기 전에도 인허가 신청서 사본이나 사업계획서를 첨부하여 사업자등록을 신청할 수 있다. 인허가 관청은 다음과 같다.

| 업 | 종 목 | 인허가 관청 |
|---|---|---|
| 사회개인서비스업 | 예식장 · 신부드레스대여전문점<br>예식사진촬영 · 예식장미장원 | 혼인예식장업 : 시군구 신고필증 |
| 사회개인서비스업 | 결혼상담소 | 결혼상담소 : 시군구 신고필증 |
| 사회개인서비스업 | 장의사 및 관련서비스업 | 시체운반업 : 시군구 허가증<br>장례식장업 : 시군구 신고필증 |

### (2) 부가가치세 과세대상

예식장업 및 결혼정보업을 운영하는 사업자는 부가가치세법상 용역의 공급에 해당되어 부가가치세가 과세된다. 또한 정부업무 대행단체가 제공하는 경우에도 과세형평을 위하여 부가가치세를 과세한다. 다만, 장례식장업은 장의업자가 제공하는 장의용역에 해당되어 부가가치세가 면제된다.

[장례식장업의 부가가치세 과세 · 면세의 구분]

| 제공하는 재화 · 용역의 범위 | 구 분 |
|---|---|
| • 장례식장 임대, 빈소설치, 장의차임대, 시신보관 및 염습, 매장 | 면 세 |
| • 장의용품의 공급(관, 수의, 상복) | 면 세 |
| • 문상객에 음식제공 | 면 세 |
| • 장의용역 알선 · 주선 대가 | 과 세 |

※ 과세와 면세의 판단기준은 장의용역과 관련 부수공급에 해당되는지의 여부이다. 장의용역과 구분하여 별도로 독립적인 공급에 해당되는 경우에는 부가가치세가 과세된다.

### (3) 공급시기

예식장업 등 사업자가 용역을 제공하는 받는 금액에 대한 공급시기는 용역제공완료일이다.

### (4) 과세표준

예식장업 및 결혼정보업의 부가가치세 과세표준은 명목여하에 불구하고 고객으로부터 받는 모든 대가로 한다. 예식장업을 영위하는 사업자가 예식장 내에 미용실, 사진관 등 개별사업장이 있으며 예식 계약을 할 때 편의상 식장대여, 미용, 사진 등 별개로 계약을 하지 않고 예식장 명의로 패키지계약(일괄계약)을 하고 자기책임과 계산 하에 당해 용역 중 일부를 다른 사업자에게 의뢰하여 용역을 제공받고 다른 업체에 지급할 용역대가를 포함하여 그 대가를 지급받는 경우 당해 사업자가 공급하는 예식관련 용역에 대한 부가가치세 과세표준은 고객으로부터 계약서상 지급받기로 한 당해 용역의 전체 대가를 과세표준으로 한다.

| 계약 형태 | 과세표준 | 수입금액 | 세금계산서 등의 발급 |
|---|---|---|---|
| 일괄 계약 | 대가를 받은 총액 | 총 받은 금액 | 분배금액에 대하여 미용실 등으로부터 매입세금계산서 수취 |
| 개별 계약 | 각자 대가를 받은 금액 | 각자 받은 금액 | 고객에게 각각 발급 |

### (5) 세금계산서 등의 발급

예식장 등을 운영하는 사업자는 고객으로부터 받은 대가에 대하여 신용카드매출전표나 현금영수증을 발행하여야 한다. 다만, 고객이 세금계산서의 발급을 요구하는 경우에는 세금계산서를 발급하여야 한다. 이 경우 신용카드결제분에 대하여는 세금계산서를 발급할 수 없다. 한편, 예식장을 경영하는 사업자가 그 예식장 건물의 일부를 사진관 및 미장원을 경영하는 사업자에게 각각 임대하고, 혼례식 예약 고객과는 사진관과 미장원이 제공할 용역분까지 일괄하여 계약하며, 그 대가도 일괄하여 영수하여 분배하는 경우에 사진관과 미장원을 경영하는 사업자의 영수분에 대하여는 사진관과 미장원을 공급하는 자로 한 세금계산서 또는 영수증을 이용고객에게 발급하되 예식장을 경영하는 사업자의 등록번호를 비고란에 부기하며, 부가가치세 신고·납부의무는 실제로 해당 용역을 공급하는 사업자가 각각 이행하여야 한다. 장의용역을 제공하는 사업자는 면세분은 계산서나 현금영수증, 신용카드매출전표를 발행하여야 한다.

### (6) 현금영수증의 가입 및 의무발급

예식장업 등 소비자대상 업종을 영위하는 사업자는 사업개시일로부터 3개월 이내에 현금영수증을 가입하여야 한다. 가입기한 내에 가입을 하지 않은 경우 사업개시일로부터 3개월 경과한 다음 날부터 가입한 날 전일까지의 소비자대상 수입금액의 1%에 해당하는 가산세를 부과한다. 또한 현금영수증가맹점으로 가입한 예식장 등은 **건당 거래금액(부가가치세액을 포함한다)이 10만원 이상인 재화 또는 용역**을 공급하고 그 대금을 현금으로 받은 경우에는 상대방이 현금영수증 발급을 요청하지 아니하더라도 현금영수증을 발급하여야 한다. 다만, 계산서 또는 세금계산서를 발급한 경우에는 현금영수증을 발급하지 아니할 수 있다. 또한, 현금영수증 발급의무를 위반한 자에 대해서는 현금영수증을 발급하지 아니한 금액의 **100분의 20에 상당하는 가산세**를 부과한다.

① 현금영수증 의무발행업종

■ 소득세법 시행령 [별표 3의 3] 〈개정 2024. 2. 29〉

현금영수증 의무발행업종(제210조의 3 제1항 제4호 및 같은 조 제11항 관련)

| 구 분 | 업 종 |
|---|---|
| 1. 사업서비스업 | 가. 변호사업<br>나. 공인회계사업<br>다. 세무사업<br>라. 변리사업<br>마. 건축사업<br>바. 법무사업<br>사. 심판변론인업<br>아. 경영지도사업<br>자. 기술지도사<br>차. 감정평가사업<br>카. 손해사정인업<br>타. 통관업<br>파. 기술사업<br>하. 측량사업<br>거. 공인노무사업<br>너. 행정사업 |
| 2. 보건업 | 가. 종합병원<br>나. 일반병원<br>다. 치과병원<br>라. 한방병원<br>마. 요양병원<br>바. 일반의원(일반과, 내과, 소아청소년과, 일반외과, 정형외과, 신경과, 정신건강의학과, 피부과, 비뇨의학과, 안과, 이비인후과, 산부인과, 방사선과 및 성형외과)<br>사. 기타의원(마취통증의학과, 결핵과, 가정의학과, 재활의학과 등 달리 분류되지 않은 병과)<br>아. 치과의원<br>자. 한의원<br>차. 수의업<br>카. 앰뷸런스 서비스업 |
| 3. 숙박 및 음식점업 | 가. 일반유흥 주점업(「식품위생법 시행령」 제21조 제8호 다목에 따른 단란주점영업을 포함한다)<br>나. 무도유흥 주점업<br>다. 일반 및 생활 숙박시설운영업<br>라. 출장 음식 서비스업<br>마. 기숙사 및 고시원 운영업(고시원 운영업으로 한정한다)<br>바. 숙박공유업 |

| 구 분 | 업 종 |
|---|---|
| 4. 교육 서비스업 | 가. 일반 교습 학원<br>나. 예술 학원<br>다. 외국어학원 및 기타 교습학원<br>라. 운전학원<br>마. 태권도 및 무술 교육기관<br>바. 기타 스포츠 교육기관<br>사. 기타 교육지원 서비스업<br>아. 청소년 수련시설 운영업(교육목적용으로 한정한다)<br>자. 기타 기술 및 직업훈련학원<br>차. 컴퓨터 학원<br>카. 그 외 기타 교육기관 |
| 5. 그 밖의 업종 | 가. 골프장 운영업<br>나. 골프 연습장 운영업<br>다. 장례식장 및 장의 관련 서비스업<br>라. 예식장업<br>마. 부동산 중개 및 대리업<br>바. 부동산 투자 자문업<br>사. 산후 조리원<br>아. 시계 및 귀금속 소매업<br>자. 피부 미용업<br>차. 손·발톱 관리 미용업 등 기타 미용업<br>카. 비만 관리 센터 등 기타 신체 관리 서비스업<br>타. 마사지업(발 마사지업 및 스포츠 마사지업으로 한정한다)<br>파. 실내건축 및 건축마무리 공사업(도배업만 영위하는 경우는 제외한다)<br>하. 인물 사진 및 행사용 영상 촬영업<br>거. 결혼 상담 및 준비 서비스업<br>너. 의류 임대업<br>더. 「화물자동차 운수사업법」 제2조 제4호에 따른 화물자동차 운송주선사업(이사화물에 관한 운송주선사업으로 한정한다)<br>러. 자동차 부품 및 내장품 판매업<br>머. 자동차 종합 수리업<br>버. 자동차 전문 수리업<br>서. 전세버스 운송업<br>어. 가구 소매업<br>저. 전기용품 및 조명장치 소매업<br>처. 의료용 기구 소매업<br>커. 페인트, 창호 및 기타 건설자재 소매업<br>터. 주방용품 및 가정용 유리, 요업 제품 소매업<br>퍼. 안경 및 렌즈 소매업<br>허. 운동 및 경기용품 소매업 |

| 구 분 | 업 종 |
|---|---|
| | 고. 예술품 및 골동품 소매업<br>노. 중고자동차 소매업 및 중개업<br>도. 악기 소매업<br>로. 자전거 및 기타 운송장비 소매업<br>모. 체력단련시설 운영업<br>보. 화장터 운영, 묘지 분양 및 관리업(묘지 분양 및 관리업으로 한정한다)<br>소. 특수여객자동차 운송업<br>오. 가전제품 소매업<br>조. 의약품 및 의료용품 소매업<br>초. 독서실 운영업(스터디카페를 포함한다)<br>코. 두발 미용업<br>토. 철물 및 난방용구 소매업<br>포. 신발 소매업<br>호. 애완용 동물 및 관련용품 소매업<br>구. 의복 소매업<br>누. 컴퓨터 및 주변장치, 소프트웨어 소매업<br>두. 통신기기 소매업<br>루. 건강보조식품 소매업<br>무. 자동차 세차업<br>부. 벽지, 마루덮개 및 장판류 소매업<br>수. 공구 소매업<br>우. 가방 및 기타 가죽제품 소매업<br>주. 중고가구 소매업<br>추. 사진기 및 사진용품 소매업<br>쿠. 모터사이클 수리업<br>투. 가전제품 수리업<br>푸. 가정용 직물제품 소매업<br>후. 가죽, 가방 및 신발 수리업<br>그. 게임용구, 인형 및 장난감 소매업<br>느. 구두류 제조업<br>드. 남자용 겉옷 제조업<br>르. 여자용 겉옷 제조업<br>므. 모터사이클 및 부품 소매업(부품 판매업으로 한정한다)<br>브. 시계, 귀금속 및 악기 수리업<br>스. 운송장비용 주유소 운영업<br>으. 의복 및 기타 가정용 직물제품 수리업<br>즈. 중고 가전제품 및 통신장비 소매업<br>츠. 백화점<br>크. 대형마트<br>트. 체인화편의점 |

| 구 분 | 업 종 |
| --- | --- |
| | 프. 기타 대형 종합소매업<br>흐. 서적, 신문 및 잡지류 소매업<br>기. 곡물, 곡분 및 가축사료 소매업<br>니. 육류 소매업<br>디. 자동차 중개업<br>리. 주차장 운영업<br>미. 여객 자동차 터미널 운영업<br>비. 통신장비 수리업<br>시. 보일러수리 등 기타 가정용품 수리업<br>이. 컴퓨터 및 주변 기기 수리업<br>지. 의복 액세서리 및 모조 장신구 소매업<br>치. 여행사업<br>키. 기타 여행보조 및 예약 서비스업<br>티. 실내 경기장 운영업<br>피. 실외 경기장 운영업<br>히. 스키장 운영업<br>갸. 종합 스포츠시설 운영업<br>냐. 수영장 운영업<br>댜. 볼링장 운영업<br>랴. 스쿼시장 등 그 외 기타 스포츠시설 운영업<br>먀. 애완동물 장묘 및 보호 서비스업 |
| 6. 통신판매업(제1호부터 제5호에서 정한 업종에서 사업자가 공급하는 재화 또는 용역을 공급하는 경우로 한정한다) | 가. 전자상거래 소매업<br>나. 전자상거래 소매 중개업<br>다. 기타 통신 판매업 |

비고 : 업종의 구분은 위 표에서 특별히 규정하는 업종을 제외하고는 한국표준산업분류를 기준으로 한다.

**핵심체크**

자동차 종합수리업과 자동차 부품 및 내장품 판매업을 경영하는 내국법인이 소비자에게 건당 거래금액이 10만원 이상인 재화 또는 용역을 공급하고 그 대금을 지급받은 경우 소비자로부터 현금을 지급받은 부분에 대하여는 「법인세법」 제117조의 2 제4항에 따라 상대방이 현금영수증 발급을 요청하지 아니하더라도 현금영수증을 발급하여야 한다. 다만 그 대금 중 「보험업법」에 따른 손해보험업을 영위하는 보험회사로부터 받은 부분에 대하여는 그러하지 아니하는 것이다 (기획재정부-646, 2018. 5. 11).

## (7) 현금매출명세서의 제출

예식장업을 운영하는 사업자는 부가가치세 신고시에 현금매출명세서를 제출하여야 한다. 현금매출명세서를 제출하지 아니하거나 제출한 수입금액이 사실과 다르게 적혀 있는 경우에는 제출하지 아니한 수입금액 또는 제출한 수입금액과 실제 수입금액과의 차액에 대하여 100분의 1에 해당하는 금액을 납부세액에 더하거나 환급세액에서 뺀다(부법 60 ⑧).

※ 현금매출명세서 제출대상 업종
예식장업, 부동산중개업(간이과세자는 제외), 「모자보건법」에 따른 산후조리업과 변호사업, 심판변론인업, 변리사업, 법무사업, 공인회계사업, 세무사업, 경영지도사업, 기술지도사업, 감정평가사업, 손해사정인업, 통관업, 기술사업, 건축사업, 도선사업, 측량사업 기타 이와 유사한 사업서비스업

 홈텍스(www.hometax.go.kr)에서도 신청할 수 있습니다.

# 현금매출명세서

## 년 제 기 ( 월 일 ~ 월 일)

※ 아래의 작성방법을 읽고 작성하시기 바랍니다.

| ① 상호(법인명) | ② 성명(대표자) | ③ 사업자등록번호 |
|---|---|---|
| | | |

| 공급가액 | ④ 합계 | | ⑤ 현금매출 | | 법정영수증 매출 | | | | | |
|---|---|---|---|---|---|---|---|---|---|---|
| | | | | | ⑥ 세금계산서 | | ⑦ 신용카드 | | ⑧ 현금영수증 | |
| | 건수 | 금액 | 건수 | 금액 | 건수 | 금액 | 건수 | 금액 | 건수 | 금액 |
| | | | | | | | | | | |

현금매출 명세

| ⑨ 일련번호 | ⑩ 의뢰인 | | ⑪ 거래일 | ⑫ 거 래 금 액 | | |
|---|---|---|---|---|---|---|
| | 주민등록번호 (또는 사업자등록번호) | 성명 (또는 상호) | | 공급대가 | 공급가액 | 부가가치세 |
| 합계 | | | | | | |
| | | | | | | |
| | | | | | | |
| | | | | | | |

### 작 성 방 법

① ~ ④는 제출자의 상호 또는 법인명과 대표자, 사업자등록번호를 적습니다.

⑤ : 세금계산서 발급분 중 「부가가치세법」 제32조 제1항 제2호 단서에 따라 주민등록번호를 적은 부분은 ⑤ 현금매출란에 포함하여 적습니다.

⑥ : 세금계산서를 발급한 후 신용카드매출전표를 발행한 경우에는 ⑥ 세금계산서란에만 적습니다.

⑨ ~ ⑫는 현금매출 내용을 적습니다.

210㎜×297㎜[백상지 80g/㎡(재활용품)]

## 3. 소득세 · 법인세 실무

### (1) 총수입금액 및 익금의 계산

예식장업 등 사업자의 총수입금액 및 익금은 고객으로 받는 요금총액이다. 고객과 계약을 체결하는 경우 미용실, 사진촬영, 비디오 촬영 등 자기 책임 하에 일괄계약을 하고 예식장 사용료 외의 대가를 각각 용역제공자에게 분배하는 경우에는 고객으로부터 받은 총금액이 수입금액에 해당되며 미장원 등 용역제공대가를 지불하는 경우 그 금액은 필요경비에 산입한다. 다만, 예식관련 서비스를 각각 개별계약을 하고 독립적으로 제공하는 경우 수입금액은 자기가 제공한 대가에 대하여 수령한 금액으로 한다. 이 경우 예식장업자가 각각 계약을 체결하였으나 고객의 편의를 위하여 신용카드 등으로 총액으로 결제하는 등 징수만 대행하는 경우에는 자기가 제공한 용역상당액을 수입금액으로 하며 징수 대행하는 금액은 예수금으로 수입금액에 해당하지 아니한다. 이 금액은 구분 · 기장하고 계약서 등에 명백히 구분 · 표시되거나 계약서를 각각 작성하여야 한다.

### (2) 손금 및 필요경비의 계산

예식장업 등 사업과 관련하여 발행하는 비용은 필요경비에 해당한다.

① **인건비**

임직원에 대한 인건비는 손금에 산입된다. 다만, 사실상 근무하지 아니하는 임직원의 인건비, 지급규정이 없는 임원의 상여금, 임원퇴직금 한도액을 초과하는 퇴직금은 손금으로 인정받을 수 없다. 또한 개인사업자의 경우 대표자의 인건비와 가사관련 비용은 필요경비로 인정받을 수 없다.

② **감가상각비**

사업용고정자산에 대한 감가상각비는 결산서에 반영한 경우에 한하여 세법상 한도 범위 내에서 손금으로 인정된다.

③ **이자비용**

사업과 관련하여 지출한 차입금에 대한 이자비용은 손금에 산입한다. 다만, 공동사업을 영위하는 개인사업자의 경우 출자를 위한 차입금에 대한 이자비용과 초과인출금에 대한 지급이자는 필요경비로 인정되지 아니한다. 법인의 경우 가지급금 등 업무와 관련 없는 금액상당액의 이자비용은 손금에 산입하지 아니한다.

## 4. 세무조사 사례

### (1) 예식장

① 현금수입금액을 친인척 명의 은행계좌에 입금하고 신고 누락
② 평일 등 예식이 없는 경우 예식장 부대시설인 주차장을 대여하거나 이용하게 하고 수령한 수입에 대하여 신고 누락
③ 사진 및 비디오 촬영업자로부터 관련 수입금액의 일정률을 리베이트로 수수하면서 이를 신고 누락
④ 예식장 부대시설을 직영하면서 친인척 명의로 사업자등록 하여 소득분산
⑤ 예식장 사용 등 계약서상의 하객 수만큼 신고하는 방법으로 현금 수입금액 탈루

### (2) 장례식장

① 의료원 구내의 장례식장 운영업자가 문상객에게 제공한 음식용역을 면세로 신고
② 장례용역과 음식용역 등 과세와 면세수입금액의 분류 오류
③ 임대료, 일반관리비 등 공통매입세액에 대한 안분계산의 오류

## 5. 표준계약서의 검토

### (1) 예식장이용 표준약관

제1조(목적) 이 약관은 예식장을 운영하는 사업자(이하 '사업자'라 합니다)와 예식장을 이용하는 예식당사자 등(이하 '이용자'라 합니다) 간의 예식장의 이용에 관한 제반 계약사항을 규정함을 목적으로 합니다.

제2조(약관의 명시 · 설명 및 계약서의 교부)
① 사업자는 계약을 체결하는 장소인 사무실 내의 보기 쉬운 곳에 이 약관과 이용요금(내역별 금액)을 게시하고, 계약을 체결하기 전에 이 약관의 내용을 설명합니다.
② 사업자는 계약을 체결하는 때에 다음 각 호의 사항을 기재한 계약서 2통을 마련하여 사업자와 이용자의 기명날인 또는 서명을 받은 후에 1통을 이용자에게 교부합니다.
1. 사업자의 상호, 주소 및 전화번호, 담당자의 이름
2. 이용일시 및 이용시간
3. 이용호실
4. 예식비용(예식장, 부대시설, 부대서비스, 부대물품 등 내역별로 이용요금을 기재함)
5. 계약금

6. 기타 예식에 관하여 필요한 사항

③ 사업자는 계약을 체결하는 때에 이용자의 요구가 있으면 이 약관을 교부합니다. 다만, 이용자에게 교부하는 계약서에 이 약관이 기재되어 있는 경우에는 그러하지 아니합니다.

제3조(계약금과 예식비용의 지급)

① 계약금은 예식비용의 10% 이하로 하며, 이용자는 계약을 체결하는 때에 이를 지급하여야 합니다.

② 이용자는 예식이 모두 종료되는 즉시 예식비용의 잔금을 지급하여야 합니다. 다만, 사업자가 제7조의 규정에 의한 손해배상액을 지급하여야 할 경우에는 이용자는 그 금액을 공제하여 지급할 수 있습니다.

제4조(사업자의 의무)

① 사업자는 이용자가 예식을 진행하는 데 불편함이 없도록 예식장 및 부대시설을 쾌적하게 유지하고, 계약에서 정한 부대서비스 및 부대물품을 사전에 성실하게 준비합니다.

② 사업자 및 종업원은 이용자에게 계약에서 정한 예식비용 이외의 일체의 금품을 요구하지 않습니다.

③ 사업자는 이용자에게 예식장을 이용하게 함에 있어서 식당, 신랑정장, 신부드레스, 신부화장, 사진 · 비디오촬영 등 부대시설 · 서비스 · 물품의 이용을 조건으로 할 수 없습니다.

제5조(이용자의 의무) 이용자는 사업자의 시설관리 및 질서유지에 관한 운영규정을 준수하고, 예식의 원활한 진행을 위하여 협력하여야 합니다.

제6조(계약의 해제)

① 사업자 또는 이용자는 계약에서 정한 예식일 전까지 상대방에게 통지하여 계약을 해제할 수 있습니다.

② 사업자가 자신의 책임있는 사유로 예식일로부터 2개월 전 이전에 계약을 해제한 경우에는 계약금의 배액을, 그 이후에 계약을 해제한 경우에는 예식비용을 손해배상액으로 이용자에게 지급합니다. 다만, 사업자가 계약에서 정한 동일한 내용 및 조건으로 다른 호실에서 예식이 진행될 수 있게 한 경우에는 손해배상액을 지급하지 않을 수 있습니다.

③ 이용자가 자신의 책임있는 사유로 예식일로부터 2개월 전 이후에 계약을 해제한 경우에는 사업자는 이용자에게 계약금을 반환하지 아니합니다. 다만, 이용자가 그 이전에 계약을 해제한 경우나, 사업자가 당해 예식일시에 당해 호실을 이용할 다른 이용자와 계약을 체결한 경우에는 계약금을 반환합니다.

제7조(부대서비스 · 물품에 대한 손해배상) 사업자는 이용자가 계약에서 정한 부대서비스 또는 부대물품을 사업자의 고의 · 과실로 이용하지 못한 경우에는, 당해 부대서비스 또는 부대물품의 이용요금의 배액을 손해배상액으로 이용자에게 지급합니다.

제8조(기념사진에 대한 손해배상)

① 사업자에게 촬영을 의뢰한 기념사진이 사업자의 고의 · 과실로 멸실 · 훼손된 경우에는 사

업자는 이용자에게 제2항 내지 제4항의 규정에 따라 손해배상을 합니다.

② 이용자가 주요 사진(이하 주례 사진, 신랑 · 신부 양인 사진, 신부 독사진, 양가부모 사진, 가족 사진, 친구 사진을 말합니다)의 전부 또는 일부의 재촬영을 원하는 경우에는 사업자는 자신의 비용 부담으로 재촬영을 하되 전부를 촬영한 경우에는 이에 추가하여 촬영요금(이하 계약에서 정한 촬영요금을 말합니다)을 이용자에게 지급하고, 주요 사진의 일부만을 촬영한 경우에는 촬영요금의 배액을 지급합니다.

③ 이용자가 주요사진의 재촬영을 원하지 않는 경우에는 사업자는 촬영요금의 3배액을 이용자에게 지급합니다.

④ 사업자가 제2항의 규정에 의하여 부담하는 재촬영요금 및 지급액 또는 제3항의 규정에 의하여 부담하는 지급액은 예식비용을 한도로 합니다.

제9조(부대시설 사업자의 고의 · 과실에 대한 사업자의 책임) 사업자와 부대시설 사업자가 다른 경우에도, 이용자는 부대시설 사업자의 고의 · 과실로 인한 손해의 배상을 이 약관에 따라 사업자에게 청구할 수 있습니다. 다만, 사업자가 부대시설 사업자를 소개 · 추천하면서 그 부대시설 사업자의 고의 · 과실에 대해서는 자신이 책임을 지지 않는다는 뜻을 미리 분명히 하거나, 이용자가 독자적으로 부대시설 이용계약을 체결한 경우에는 그러하지 아니합니다.

제10조(사고로 인한 책임) 사업자는 예식장 및 부대시설의 하자, 종업원의 고의 · 과실 등 사업자의 책임있는 사유로 예식장 및 부대시설 내에서 사고가 발생한 경우에는, 그 사고로 이용자 및 하객이 입은 손해를 배상할 책임을 집니다.

제11조(휴대물에 대한 책임)

① 사업자는 이용자 또는 하객이 휴대한 물건(이하 '물건'이라 합니다)을 사업자나 종업원에게 보관을 맡긴 경우에는, 그 물건의 멸실 · 훼손 · 도난 등에 대하여 불가항력으로 인한 것임을 증명하지 아니하면 그 손해를 배상할 책임을 면하지 못합니다.

② 사업자는 이용자 또는 하객이 보관을 맡기지 아니한 물건이라도 사업자나 종업원의 고의 · 과실로 인하여 멸실 · 훼손 · 도난 등이 된 때에는 그 손해를 배상할 책임을 집니다.

③ 사업자는 이용자 또는 하객의 물건에 대하여 책임이 없음을 게시한 때에도 제1항과 제2항에 의한 책임을 면하지 못합니다.

④ 화폐, 유가증권 등의 고가물에 대하여는 이용자 또는 하객이 그 종류와 가액을 명시하여 사업자나 종업원에게 보관을 맡기지 아니한 경우에는, 사업자는 그 멸실 · 훼손 · 도단 등에 대하여 손해를 배상할 책임을 지지 아니합니다.

제12조(면책)

① 사업자는 천재지변등 불가항력적인 사유로 계약을 이행할 수 없는 경우에는 이용자에게 책임을 지지 아니하며, 계약금을 반환합니다.

② 이용자는 천재지변등 불가항력적인 사유로 계약에서 정한 예식일시에 예식을 할 수 없는 경우에는 사업자에게 책임을 지지 아니하며, 계약금의 반환을 청구할 수 있습니다.

제13조(재판관할) 이 계약과 관련된 사업자와 이용자간의 소는 민사소송법상의 관할법원에 제기하여야 합니다.

제14조(기타사항) 이 약관에서 규정되지 아니한 사항 또는 이 계약의 해석에 관하여 다툼이 있는 경우에는 사업자와 이용자가 합의하여 결정하되, 합의가 이루어지지 아니한 경우에는 약관의 규제에 관한 법률, 민법, 상법 등 관계법령 및 공정·타당한 일반관례에 따릅니다.

## (2) 장례식장 표준약관

제1조(목적) 이 약관은 장례식장을 운영하는 사업자(이하 '사업자'라 한다)와 장례식장을 이용하는 유족등(이하 '이용자'라 한다) 간의 장례식장의 이용에 관한 제반 계약사항을 규정함을 목적으로 합니다.

제2조(관계법령의 적용) 이 약관에서 규정되지 아니한 사항 또는 이 계약의 해석에 관하여 다툼이 있는 경우에는 사업자와 이용자가 합의하여 결정하되, 합의가 이루어지지 아니한 경우에는 약관의규제에관한법률, 민법, 상법 등 관계법령 및 공정·타당한 일반관례에 따릅니다.

제3조(용어의 정의)

① '장례식장'이라 함은 안치실, 빈소, 접객실, 예식실 등 시신을 모시고 조문객의 조문을 받으며 예식을 올리기 위한 일체의 시설을 말합니다.

② '안치'라 함은 시신의 부패와 세균번식등을 막기 위하여 시신보관용 냉장시설에 시신을 모시는 것을 말합니다.

③ '염습'이라 함은 시신을 씻은 다음에 수의를 입히고 염포로 묶는 것을 말합니다.

④ '입관'이라 함은 시신을 관속으로 모시는 것을 말합니다.

⑤ '빈소'라 함은 조문객의 조문을 받기 위하여 마련된 장소를 말합니다.

⑥ '접객실'이라 함은 조문객을 대접하기 위하여 마련된 장소를 말합니다.

⑦ '예식실'이라 함은 고인에 대한 예식을 올리기 위해 마련된 장소를 말합니다.

⑧ '발인'이라 함은 이용자가 장사를 치르기 위해서 장례식장에서 관을 가지고 장지로 떠나는 것을 말합니다.

제4조(계약기간) 계약기간은 (　)년 (　)월 (　)일부터 (　)월 (　)일까지로 합니다.

제5조(이용시설) 사업자와 이용자는 다음과 같이 안치실, 빈소, 접객실, 예식실, 안치일시, 입관일시 등을 정합니다.

| 안치실 | 호 | 안치일시 | 월 일 시 분 |
|---|---|---|---|
| 빈 소 | 호 | 입관일시 | 월 일 시 분 |
| 접객실 | 호 | | |
| 예식실 | 호 | | |

제6조(이용료)

① 이용료는 안치실 · 빈소 · 접객실 · 예식실의 이용료, 염습비, 예식비, 청소 및 관리비 등으로 구성합니다.

② 안치실 · 빈소 · 접객실의 이용료는 안치일시를 기준으로 24시간을 1일로 하여 산정합니다. 다만, 24시간에 미달하는 시간은 그 시간이 12시간 이상인 경우에는 1일로 산정하고 12시간 미만인 경우에는 시간단위로 산정하되, 1시간 미만의 시간은 1시간으로 산정합니다.

③ 이용자가 직접 염습을 하는 경우에도 사업자는 염습을 하는 데 소요되는 실비(수시비등)를 청구할 수 있습니다.

④ 이용자는 발인하기 전에 제1항 내지 제3항의 규정에 의한 이용료의 전액을 지급하여야 하며, 이때 사업자는 각 내역에 따른 계산서를 교부하여야 합니다.

제7조(사업자의 의무)

① 사업자는 계약을 체결하는 장소인 사무실내의 보기 쉬운 곳에 이 약관과 이용료(내역별 금액)를 게시하여야 하며, 이용자의 요구가 있을 때에는 이 약관을 교부하여야 합니다.

② 사업자는 이용자가 장례절차(종교별, 가문별 등)에 따라 엄숙하고도 편리하게 장례를 치를 수 있도록 장례식장을 쾌적하게 유지해야 하고, 적절한 양질의 서비스를 제공하여야 합니다.

③ 사업자 및 그 종업원은 이용자에게 계약에서 정한 이용료 이외의 일체의 금품이나 물품을 요구하지 않으며, 사업자가 제공하는 장례용품의 사용을 강제하지 아니합니다.

제8조(이용자의 의무)

① 이용자는 장례식장의 질서를 유지하기 위한 사업자의 공정 · 타당한 제반 요청사항을 최대한 준수하도록 노력하여야 합니다.

② 이용자는 장례식장의 이용과 관련하여 타인에게 불편을 주지 않도록 다음의 행위를 하지 말아야 합니다.

1. 장례식장내에 인화성, 폭발성 등이 있는 위험한 물품을 반입 또는 보관하는 행위
2. 타인의 장례 또는 조문에 방해가 되는 고성방가, 소란, 지나친 종교행사 등 불쾌감을 주는 일체의 행위
3. 장례식장의 시설물, 기구 등을 멸실 · 훼손하는 행위

제9조(계약해지)

① 사업자 또는 이용자는 상대방이 고의 또는 과실로 계약을 위반하는 경우에는 계약을 해지할 수 있습니다.

② 제1항에 의하여 계약이 해지된 경우, 이용자는 시설물 및 기구를 반환하고 그때까지의 기간 동안의 이용료를 사업자에게 지급하여야 하며, 사업자는 이미 이용자에게서 수령한 금액이 있는 때에는 그 기간 동안의 이용료를 공제한 나머지 금액을 이용자에게 반환하여야 합니다. 이때 사업자는 각 내역에 따른 계산서를 교부하여야 합니다.

③ 제1항에 의하여 계약을 해지한 사업자 또는 이용자는 상대방의 고의·과실로 인해 손해를 입은 경우에는 제10조의 규정에 의하여 상대방에게 손해배상을 청구할 수 있고, 이때 제2항에 의하여 지급할 이용료나 반환해야 할 금액에서 상대방이 책임져야 할 손해배상액을 공제할 수 있습니다.

제10조(계약위반으로 인한 책임) 사업자 또는 이용자는 고의 또는 과실로 계약을 위반하여 상대방에게 손해를 입힌 경우에는 그 손해를 배상할 책임을 집니다.

제11조(사고로 인한 책임) 사업자는 시설물의 하자, 종업원의 고의·과실 등 사업자의 책임있는 사유로 인하여 장례식장내에서 발생한 사고에 대해서는 그 사고로 인한 손해를 배상할 책임을 집니다.

제12조(휴대물에 대한 책임)

① 사업자는 이용자 또는 조문객이 휴대한 물건(이하 '물건'이라 합니다)을 사업자나 종업원에게 보관을 맡긴 경우에는, 그 물건의 멸실·훼손·도난 등에 대하여 불가항력으로 인한 것임을 증명하지 아니하면 그 손해를 배상할 책임을 면하지 못합니다.

② 사업자는 이용자 또는 조문객이 보관을 맡기지 아니한 물건이라도 사업자나 종업원의 고의·과실로 인하여 멸실·훼손·도난 등이 된 때에는 그 손해를 배상할 책임을 집니다.

③ 사업자는 이용자 또는 조문객의 물건에 대하여 책임이 없음을 게시한 때에도 제1항과 제2항에 의한 책임을 면하지 못합니다.

④ 화폐, 유가증권 등의 고가물에 대하여는 이용자 또는 조문객이 그 종류와 액을 명시하여 사업자나 종업원에게 보관을 맡기지 아니한 경우에는, 사업자는 그 멸실·훼손·도단 등에 대하여 손해를 배상할 책임을 지지 아니합니다.

제13조(면책) 사업자는 손해가 천재지변등 불가항력적인 사유로 인하여 발생한 때에는 배상할 책임을 지지 아니합니다.

제14조(재판관할) 이 계약과 관련된 분쟁에 관한 소는 민사소송법상의 관할법원에 제기하여야 합니다.

### (3) 결혼정보업 표준약관

제1조(목적) 이 약관은 ○○ 회사(결혼정보업자, 이하 "회사"라 함)가 제공하는 결혼관련 정보서비스(이하 "서비스"라 함)를 이용함에 있어 회사와 회원 사이의 권리·의무 및 책임사항을 규정함을 목적으로 합니다.

제2조(정의)

① "회원"이라 함은 제3조에서 정한 가입절차에 따라 회사가 그 가입신청을 승낙하고 이 약관에 따라 계약을 체결한 사람을 말합니다.

② "소개"라 함은 회사가 회원간에 결혼상대방을 구하기 위한 만남을 주선하는 것을 말합니다.

③ "교제"라 함은 회사의 소개로 만난 회원이 2회 이상 계속하여 만나는 것을 말합니다.

④ "결혼관련 개인정보"라 함은 학력, 직업, 병력 등 통상 결혼함에 있어 당사자 사이에 확인할 필요가 있는 것으로 인정되는 개인정보를 말합니다.

제3조(회원가입)

① 회원이 되려고 하는 사람은 결혼관련 개인정보를 회사에 제공한 후 회사가 정한 가입절차에 따라 회원가입을 신청합니다.

② 회사는 제1항과 같이 회원가입을 신청한 자 중 다음 각 호의 사항에 대한 심사를 실시하여 그 적격여부를 판단합니다.

1. 배우자(사실혼관계의 배우자 포함) 있는 자인지 여부의 확인
2. 결혼관련 개인정보의 사실 여부의 확인

③ 회사는 제2항의 심사결과 적격자로 인정한 신청자에 한하여 회원가입을 승낙하고, 이 약관에 따라 계약을 체결합니다.

제4조(약관의 명시와 개정)

① 회사는 계약 체결시 이 약관의 내용을 회원으로 가입하려는 자에게 설명하고, 회원이 요구할 때에는 이 약관을 교부합니다.

② 회사는 약관의규제에관한법률, 소비자보호법 등 관련법령을 위배하지 않는 범위에서 이 약관을 개정할 수 있습니다.

③ 회사가 이 약관을 개정할 경우에는 적용일자 및 개정사유를 명시하여 현행약관과 함께 그 적용일자 15일 이전부터 적용일자 전일까지 제13조의 방법으로 예고합니다.

④ 회사가 약관을 개정할 경우에는 그 개정약관은 그 적용일자 이후에 체결되는 계약에만 적용되고 그 이전에 이미 체결된 계약에 대해서는 개정전의 약관조항이 그대로 적용됩니다. 다만, 이미 계약을 체결한 회원이 개정약관 조항의 적용을 받기를 원하는 뜻을 제3항에 의한 개정약관의 예고기간 내에 회사에 서면으로 통지하여 회사의 동의를 받은 경우에는 개정약관조항이 적용됩니다.

제5조(서비스의 제공)

① 회사는 회원에게 다음과 같은 서비스를 제공합니다.

1. 회원에 대한 결혼상담 및 인터넷 등을 통한 결혼관련 정보의 제공

2. 회원의 소개 및 이를 위한 행사 등의 개최

3. 회원에 대한 결혼관련 개인정보의 관리

4. 기타 결혼과 관련된 사항으로서 회사가 정하는 서비스

② 회사는 서비스의 내용과 방법이 변경된 경우에는 회원의 동의가 없는 한 이 약관 변경의 방법에 의해서만 서비스의 내용과 방법을 변경할 수 있습니다.

제6조(회원자격의 보유기간)

① 회원이 회사로부터 제5조에서 정한 서비스를 제공받을 수 있는 기간은 계약체결일로부터 1년입니다. 다만, 회사가 제7조 제1항에서 정한 횟수의 소개를 다한 경우에는 그 기간이 종료된 것으로 봅니다.

② 회사의 책임있는 사유로 회원에게 서비스를 제공하지 못하고 제1항 본문의 기간이 경과한 경우, 회원은 회사에 대하여 당해 기간만큼 회원자격 보유기간을 연장하여 줄 것과 나머지 횟수의 소개를 이행하여 줄 것을 청구할 수 있습니다.

제7조(회원의 권리)

① 회원은 제6조에 정한 기간 동안 ○회의 이성 소개를 받습니다. 회사는 회원에게 이성을 소개하는 경우 만남에 필요한 제반정보를 사전에 제공합니다.

② 회원은 회사의 이성 소개에 대하여 2일 전까지 만남을 보류할 것을 신청할 수 있습니다. 이때 회원은 이미 다른 회원과 교제 중이거나 본인의 입원, 출장 또는 가족의 사고나 사망 등 상대방과의 만남에 응할 수 없는 불가피한 사정을 소명함으로써 소개횟수의 산입을 면할 수 있습니다.

③ 회원은 회사로부터 고유번호를 부여받아 회사가 제공하는 인터넷정보서비스를 이용할 수 있습니다.

④ 회원은 회사가 주최하는 각종 행사에 무료 또는 할인 혜택을 받아 참가할 수 있습니다.

⑤ 회원은 회원자격 보유기간 동안 회사가 제공하는 결혼관련 할인서비스를 받을 수 있습니다.

제8조(회원의 의무)

① 회원은 회사와 가입계약체결 후 회사에 가입비 금○○○원을 납부하여야 합니다.

② 회원은 회사에 결혼관련 개인정보를 사실대로 제공하여야 합니다.

③ 회원은 회사에 제공한 결혼관련 개인정보에 변동이 있을 경우 15일 이내에 회사에 이를 통지하여야 합니다.

④ 회원은 회사와 합의하여 회사가 소개한 상대방과의 만남에 응하여야 합니다. 다만, 제7조 제2항의 경우에는 그러하지 않습니다.

⑤ 회원이 회사의 소개로 교제를 시작한 경우에는 그로부터 1월 이내에 회사에 그 사실을 통지하여야 합니다. 결혼하기로 확정한 경우에도 같습니다.

제9조(회원의 인터넷정보서비스 이용시 주의의무)

① 회사가 제공하는 인터넷정보서비스 이용시 ID와 비밀번호에 관한 관리책임은 회원에게 있습니다.

② 회원은 자신의 ID 및 비밀번호를 제3자에게 이용하게 해서는 안됩니다.

③ 회원이 자신의 ID 및 비밀번호를 도난당하거나 제3자가 사용하고 있음을 인지한 경우에는 즉시 회사에 통지하고 회사의 안내가 있는 경우에는 그에 따라야 합니다.

제10조(계약의 종료)

① 계약의 종료사유는 다음과 같습니다.

1. 당사자에 의한 계약의 해지
2. 제6조에서 정한 회원자격 보유기간의 경과
3. 회원간의 결혼
4. 회원의 사망, 회사의 파산 기타 계약의 목적을 달성할 수 없는 경우

② 회사는 다음 각 호의 사유가 확인된 경우 회원에 대하여 최고하지 아니하고 계약을 해지할 수 있습니다.

1. 회원이 위조 또는 변조된 서류를 제출한 경우. 다만, 회원의 고의나 중과실이 없는 경우는 제외합니다.
2. (2006. 12. 22. 본호 삭제)
3. 이성과 동거하고 있는 경우
4. 회원이 제8조 제2항에 위반하여 허위의 정보를 제공한 경우. 단, 다소 과장된 표현 등 경미한 위반이나 사소한 사항을 누락한 경우는 제외합니다.
5. 회원이 제8조 제4항에 위반하여 만남보류의 신청없이 무단으로 2회 이상 상대방과의 만남에 응하지 아니하거나, 만남보류를 신청하고 제출하는 제7조 제2항의 소명자료가 허위인 경우
6. 회원이 회사의 소개로 상대방과 만나거나 교제하면서 사회통념상 상대방에게 모욕감이나 심한 불쾌감을 주는 행위를 하여 상대방이 회사에 그에 관하여 2회 이상 항의한 경우

③ 회사는 다음 각 호의 사유가 확인된 경우 회원에 대하여 2주간의 최고를 하고 회원이 재발방지를 위한 적절한 조치를 취하지 아니한 때에는 계약을 해지할 수 있습니다.

1. 회사의 신용, 명예를 손상시키는 행위를 한 경우
2. 회원이 법령 기타 이 약관에 위반되는 행위를 한 경우

④ 회원은 언제든지 최고없이 계약을 해지할 수 있습니다.

제11조(가입비의 환불)

① 회사의 책임있는 사유로 계약이 해지되는 경우에는 회원가입비 전액을 환불합니다. 다만, 회원의 책임이 경합하는 경우에는 그러하지 않습니다.

② 회사의 책임없이 계약이 해지되는 경우에는 다음과 같이 회원가입비를 환불합니다.

1. 회원가입 계약성립 후 회사의 소개개시 전에 해지된 경우 : 회원가입비의 80%
2. 1회 소개개시 후 해지된 경우 : 회원가입비의 80%×(잔여횟수/총횟수)

③ 제6조 제2항에 의하여 회원의 자격기간이 연장되는 경우나 제10조 제1항 제2호, 제3호의 사유로 계약이 종료된 경우에는 가입비를 환불하지 아니합니다.

④ 위 제1항, 제2항에 불구하고 제10조 제1항 제2호, 제3호 외의 사유로 계약이 종료된 경우 회원은 회사의 동의를 얻어 가입비를 환불받지 아니하고 그에 상응하는 회원자격을 타인으로 하여금 보유하게 할 수 있습니다. 다만, 타인은 제3조 제2항에서 정한 적격자에 해당하여

야 합니다.

제12조(개인정보의 보호)

① 회사는 회원에 관한 정보수집시 필요한 최소한의 결혼관련 개인정보를 수집합니다.

② 회사가 회원의 개인식별이 가능한 개인정보를 수집하는 때에는 반드시 당해 회원 또는 회원가입신청자의 동의를 받습니다.

③ 제공된 개인정보는 당해 회원의 동의없이 목적 외의 이용이나 제3자에게 제공할 수 없으며, 이에 대한 모든 책임은 회사가 집니다. 다만, 다음의 경우에는 예외로 합니다.

1. 소개 등 회사업무에 필요한 최소한의 회원의 정보(성명, 주소, 전화번호)를 알려주는 경우
2. 통계작성, 학술연구 또는 시장조사를 위하여 필요한 경우로서 특정 개인을 식별할 수 없는 형태로 제공하는 경우

④ 회사가 제2항과 제3항에 의해 회원의 동의를 받아야 하는 경우에는 정보의 수집목적 및 이용목적, 제3자에 대한 정보제공 관련사항(제공받는자, 제공목적 및 제공할 정보의 내용)등을 미리 명시하거나 통지하여야 하며 회원은 언제든지 이 동의를 철회할 수 있습니다.

⑤ 회원은 언제든지 회사가 가지고 있는 자신의 개인정보에 대해 열람 및 오류정정을 요구할 수 있으며 회사는 이에 대해 지체없이 필요한 조치를 취할 의무를 집니다. 이용자가 오류의 정정을 요구한 경우에는 회사는 그 오류를 정정할 때까지 당해 개인정보를 이용하지 않습니다.

⑥ 회사는 개인정보 보호를 위하여 노력하며 개인정보의 분실, 도난, 유출, 변조 등으로 인한 회원의 손해에 대하여 모든 책임을 집니다.

⑦ 회사 또는 그로부터 개인정보를 제공받은 제3자는 계약의 해지 기타 개인정보의 수집목적 또는 제공받은 목적을 달성한 때에는 당해 개인정보를 지체없이 파기합니다.

제13조(회원에 대한 통지) 회원에 대한 통지 및 예고는 서면, 전화, 모사전송 또는 전자우편(e-mail)의 방법으로 할 수 있습니다.

제14조(약관의 해석) 이 약관에서 정하지 아니한 사항과 이 약관의 해석은 관계법령 및 상관례에 따릅니다.

제15조(분쟁해결)

① 회사는 회원으로부터 제출되는 불만사항 및 의견은 우선적으로 그 사항을 처리합니다. 다만, 신속한 처리가 곤란한 경우에는 회원에게 그 사유와 처리일정을 즉시 통지해 드립니다.

② 이 약관과 관련하여 당사자 사이에 다툼이 있는 경우에는 당사자의 협의로 처리하되 신의성실의 원칙에 따라 원만히 해결합니다.

제16조(재판관할 및 준거법)

① 이 약관과 관련하여 회사와 회원간에 발생한 분쟁에 관한 소송은 민사소송법상의 관할법원에 제기합니다.

② 이 약관과 관련하여 회사와 회원간에 제기된 소송에는 한국법을 적용합니다.

## 제2절 상조회사

### 개 요

#### 1. 상조회사의 영업현황

상조회사는 가입한 고객에게 상조서비스를 제공하기로 하고 약정된 가액을 선불형식을 받는 업을 하는 형태의 회사이다. 상조업은 우리민족의 전통협동문화인 두레 등의 품앗이 문화의 형태를 현대의 비즈니스 모델로 발전시킨 것이다. 현대사회는 저출산 고령화 등으로 불확실한 미래의 비용부담을 대비하기 위하여 상조회사에 매월 일정금액을 납입하면 행사가 발생하는 경우 상조회사에서 약정된 서비스를 제공하여 주고 제공된 서비스 가액에서 불입한 회비를 차감하고 잔액이 발생한 경우 행사 후에 일시금으로 납입하는 형태이다.

상조회사의 현황을 보면 전국 337개 상조업체의 총가입회원수는 약 275만명, 고객불입금(선수금) 잔고는 약 1조 8천5백억원(2010년 9월 기준)으로 그 규모는 계속 증가하고 있다.[198)]

○ 2008년 대비 업체수, 가입회원수, 고객불입금 규모 모두 증가

| 구 분 | 2008년 | 2010년 9월 | 증가 | 증가율 |
|---|---|---|---|---|
| 업체수 | 281개 | 337개 | 56개 | 19.9% |
| 가입회원수 | 265만명 | 275만명 | 10만명 | 3.8% |
| 고객불입금 | 8,989억원 | 18,552억원 | 9,563억원 | 106.4% |

#### 2. 상조회사의 관련법률

상조회사에 대한 규율은 그동안 사각지대로 규율법률이 없었으나 소비자 피해사례가 빈번히 발생하여 할부거래법에서 규율하게 되었다. 상조업과 관련된 할부거래법의 주요내용은 다음과 같다.

##### (1) 계약체결 전의 정보제공(법 5)

할부거래업자는 할부계약을 체결하기 전에 소비자가 할부계약의 내용을 이해할 수 있도

198) 공정거래위원회(http://www.ftc.go.kr) 인용

록 총리령으로 정하는 바에 따라 다음 각 호의 사항을 표시하여야 한다. 다만, 「여신전문금융업법」에 따른 신용카드회원과 신용카드가맹점 간의 간접할부계약의 경우에는 제3호, 제4호, 제6호 및 제7호의 사항을 표시하지 아니할 수 있다.

1. 재화 등의 종류 및 내용
2. 현금가격(할부계약에 의하지 아니하고 소비자가 재화 등의 공급을 받은 때에 할부거래업자에게 지급하여야 할 대금 전액을 말한다. 이하 같다)
3. 할부가격(소비자가 할부거래업자나 신용제공자에게 지급하여야 할 계약금과 할부금의 총합계액을 말한다. 이하 같다)
4. 각 할부금의 금액 · 지급횟수 및 지급시기
5. 할부수수료의 실제연간요율
6. 계약금(최초지급금 · 선수금 등 명칭이 무엇이든 할부계약을 체결할 때에 소비자가 할부거래업자에게 지급하는 금액을 말한다. 이하 같다)
7. 제12조 제1항에 따른 지연손해금 산정 시 적용하는 비율

### (2) 선불식 할부거래업자의 등록 및 신고(법 18)

선불식 할부거래업자는 대통령령으로 정하는 바에 따라 다음의 서류를 갖추어 특별시장 · 광역시장 · 도지사 또는 특별자치도지사에게 등록하여야 한다.

① 상호 · 주소 · 전화번호 · 전자우편주소(영업소 및 대리점을 포함한다) · 대표자의 이름 · 주민등록번호 · 주소 등을 적은 신청서

② 자본금이 3억원 이상임을 증명하는 서류

③ 제27조에 따른 소비자피해보상보험계약 등의 체결 증명 서류

④ 그 밖에 선불식 할부거래업자의 신원을 확인하기 위하여 필요한 사항으로서 총리령으로 정하는 서류

"선불식 할부계약"이란 계약의 명칭 · 형식이 어떠하든 소비자가 사업자로부터 다음 각 목의 어느 하나에 해당하는 재화 등의 대금을 2개월 이상의 기간에 걸쳐 2회 이상 나누어 지급함과 동시에 또는 지급한 후에 재화 등의 공급을 받기로 하는 계약을 말한다(법 2 2호).

가. 장례 또는 혼례를 위한 용역(제공시기가 확정된 경우는 제외한다) 및 이에 부수한 재화

나. 가목에 준하는 소비자피해가 발생하는 재화 등으로서 소비자의 피해를 방지하기 위하여 대통령령으로 정하는 재화 등

### (3) 예치 등 소비자피해보상보험계약의 내용 및 절차 명시(법 27)

선불식 할부거래업자가 제18조에 따라 등록할 경우 소비자로부터 선불식할부계약과 관련되는 재화 등의 대금으로서 미리 수령한 금액을 보전하기 위하여 다음의 어느 하나에 해당하는 계약을 체결하여야 한다.

① 소비자피해보상을 위한 보험계약

② 소비자피해보상금의 지급을 확보하기 위한 「은행법」에 따른 은행과의 채무지급보증계약

③ 소비자피해보상금의 지급을 확보하기 위한 대통령령으로 정하는 기관(이하 "예치기관"이라 한다)과의 예치계약

④ 제28조에 따라 설립된 공제조합과의 공제계약

### (4) 공제조합의 설립(법 28)

선불식 할부거래업자는 제27조 제1항 제4호에 따른 공제사업을 운영하기 위하여 공정거래위원회의 인가를 받아 공제조합을 설립할 수 있다.

# Ⅱ 상조회사의 부가가치세 실무

## 1. 과세대상

상조회사가 상조서비스를 회원인 고객에게 제공하고 대가를 받는 것은 용역의 공급으로 부가가치세가 과세된다. 다만, 장의업자가 제공하는 장의용역은 부가가치세를 면제한다(부령 35. 6호). 즉, 장의업자가 제공하는 장의용역은 부가가치세법 제12조 제1항 제4호 및 같은법 시행령 제29조 제6호의 규정에 의해 부가가치세를 면제하는 것이나, 장의용역을 알선·주선 등을 제공하고 받는 대가는 부가가치세가 면제되지 아니한 것이다(서면3팀-1014, 2008. 5. 20).

### (1) 상조회사가 가입비를 낸 회원에게 수의를 선인도시 과세 여부

상조회사가 회원을 모집하여 장례용역을 제공하기로 하고 회원가입비를 일시금 또는 분납형태로 받으면서 해당 회원에게 수의 또는 수의보관증을 선인도하였고, 해당 선인도행위가 회원에게 장례용역 제공을 위한 담보목적인 경우에는 부가가치세 과세대상에 해당하지 아니하는 것이다(부가-718, 2010. 6. 8). 반면에 국세심사결정례에서는 부가가치세 과세대상으

로 보고 있다. 즉, 장의업자가 제공하는 장의용역은 부가가치세법 제12조 제1항 제5호 및 같은 법 시행령 제29조 제6호의 규정에 의해 부가가치세를 면제하는 것이고, 동 장의용역의 제공에 필수적으로 부수되는 장의용품을 함께 공급하는 경우 그 용품의 공급도 같은 법 제12조 제3항의 규정에 의해 부가가치세를 면제하는 것이나 장의업자가 장의용역의 제공에 필수적으로 부수되지 아니하는 장의용품을 공급하는 경우 또는 장의용품만을 별도로 공급하는 때에는 그러하지 아니하는 것으로 청구법인은 회원을 모집하여 회원가입비를 받고 전문적으로 장례용역을 제공하는 장의전문 상조업체로 청구법인이 회원들에게 주는 수의 제공 및 수의보관증은 비록 거래의 명칭이 수의 제공 또는 보관증이라고 하여도 거래의 실질적인 내용은 사망시 제공되는 장례서비스에 대한 계약금 내지 선수금이라고 주장하나 첫째, 수의 등을 구입한 고객이 장례서비스를 제공받기 위해서는 장례서비스 제공을 요청하여야 하며, 장례서비스 대가를 지불함에 있어 회원가입시 지급한 수의 등 구매가액과 별도로 계산이 이루어지는 점, 둘째, 계약서상 수의 구매 고객에 한하여 약정된 장례서비스 청구권리를 부여하고 있는바 약정서가 회원 모집뿐만 아니라 수의 판매를 촉진하기 위한 것으로 보이는 점, 셋째, 대리점 계약서나 물품공급계약서 등에 의하여 실제로 청구법인이 부가가치세를 포함한 가격으로 수의를 판매한 사실이 확인되는 점, 넷째, 청구법인이 고객에게 수의를 제공하고 수취한 대금 중 신용카드 금액 등에 대하여는 장례용품을 판매한 것으로 부가가치세를 신고한 점, 다섯째, 회원가입시 지급받은 금액이 장례서비스 제공에 대한 계약금이라면 부채계정인 선수금으로 계상되어야 함에도 청구법인은 선수금으로 계상한 사실이 없는 점 등을 종합하여 보면, 청구법인이 수의 등의 구매조건으로 장례서비스 청구권리를 부여하는 계약을 체결하면서 고객으로부터 수의 등의 제공대가로 수취하는 금액은 장래의 장례서비스 제공에 대한 담보라기보다는 장례서비스와 별개의 수의판매금액으로 봄이 타당한 것으로 판단된다(심사법인 2011-0012, 2011. 6. 22).

### (2) 장의알선용역의 과세대상 여부

장례행사 등을 대행하는 상조회사가 장차 예식장이나 장의사 등을 이용하고자 하는 자를 회원으로 모집하여 월정회비(특별회비 포함)를 징수하고 동 회원에게 제공하는 용역의 내용이 주선 또는 알선용역인 경우 부가가치세 과세표준은 회원으로부터 받은 회비 등의 전체금액에서 예식장사업자 등에게 지급하고 남은 수수료 상당액이 되는 것이고, 단순 주선용역이 아닌 사업자의 책임과 계산 하에 결혼·장의·관광행사 등의 역무를 제공하는 경우에는 회원으로부터 받는 회비 등의 전체금액을 과세표준으로 하는 것이다(재소비 46015-337, 2000. 11. 24).

### 2. 공급시기

공급시기는 원칙적으로 역무의 제공이 완료되는 때이나 중간지급조건부에 해당하는 경우에는 대가의 각 부분을 받는 때가 공급시기이다(재소비 46015-337, 2000. 11. 24).

### 3. 과세표준의 계산

사업자가 자기의 책임과 계산 하에 부가가치세가 과세되는 재화나 용역을 제공하고 그 대가를 받는 경우는 그 대가의 합계액이 당해 사업자의 부가가치세 과세표준이 되는 것이나, 단순히 판매를 대리하고 그 대가로 수수료를 받는 경우에는 당해 수수료에 해당하는 금액이 부가가치세 과세표준이 되는 것이다(부가 46015-103, 2001. 1. 15).

즉, 결혼·장례행사 등을 대행하는 사업자가 장차 예식장이나 장의사 등을 이용하고자 하는 자를 회원으로 모집하여 월정회비(특별회비 포함)를 징수하고 동 회원에게 제공하는 용역의 내용이 주선 또는 알선용역인 경우 부가가치세 과세표준은 회원으로부터 받은 회비 등의 전체금액에서 예식장사업자 등에게 지급하고 남은 수수료 상당액이 되는 것이고 단순 주선용역이 아닌 사업자의 책임과 계산 하에 결혼·장의·관광행사 등의 역무를 제공하는 경우에는 회원으로부터 받는 회비 등의 전체금액을 과세표준으로 하는 것이다(재소비 46015-337, 2000. 11. 24.).

## Ⅲ 상조회사의 법인세 실무

### 1. 상조회사의 법인격

상조회사는 할부거래법에서 자본금을 3억원 이상으로 등록을 하도록 하고 있으므로 대부분 법인으로 설립하여 법인세의 납세의무를 진다. 따라서 상조회사는 각 사업연도소득에 대한 법인세를 납부하여야 한다.

### 2. 상조회사의 익금과 손금

상조회사는 회원으로부터 받는 회비가 익금이며 상조서비스 제공에 따른 비용이 손금이다. 상조회사가 단순한 장의알선용역을 제공하는 경우 회원으로부터 회비수입이 주된 수입이다. 그 외에 이자수익 등 영업외수익이 발생하게 된다.

## 3. 손익의 귀속시기

### (1) 기업회계

제공되는 용역의 성격에 따라 수익인식이 결정된다. 만일 회비가 회원가입만 위한 것이고 기타 모든 용역이나 제품의 제공대가가 별도로 수취되거나 별도의 연회비가 있다면, 이러한 회비는 회수에 유의적인 불확실성이 없는 시점에 수익으로 인식한다. 만일 회비를 납부하고 회원가입기간 동안 무상으로 용역이나 간행물을 제공받거나 재화나 용역을 비회원보다 저렴한 가격으로 구매할 수 있는 경우에는 이러한 효익이 제공되는 시기, 성격 및 가치를 반영하는 기준으로 수익을 인식한다.

**참 고** **상조회사의 회계처리**

**(1) 현황**

회사는 장례서비스를 제공하는 상조회사로 계약자로부터 월 일정금액을 납입기간 동안 현금으로 수령하고 추후 계약자가 장례서비스를 요구하는 시점에 장례서비스 제공동 서비스에 대한 대가로 회사가 수령하는 금액은 계약 모집에 따른 수당(신계약비), 계약유지 및 일반관리비 및 장례서비스용품과 장례절차서비스 비용임.
가입약관에 의하면 납입기간 중 가입자가 장례서비스를 요구하는 경우 그 시점에서 기불입금을 제외한 나머지 계약금액을 현금으로 일시에 정산하여 납입 또한 계약자가 납입기간 중 상품의 서비스 이용 의사가 없는 경우에는 해지가 가능하며 해지시에는 기불입한 금액에서 초기에 소요된 영업비용 및 일반관리비를 감안하여 환급함.
한편 고객이 3개월 이상 연체시 해당 이체일의 다음 날에 회사는 고객의 권리를 상실케 할 수 있고, 고객은 3개월 이상 연체로 인해 권리를 상실한 이후 1년 이내에 연체된 월부금 중 3개월 해당분을 일시에 납부하고 권리부활을 요청할 경우 회사는 고객의 권리를 부활시킴.

**(2) 질의 및 회신**

① 회사가 고객의 상조서비스 가입시 설계사에게 지급되는 신계약비 등에 대한 회계처리는?
(회신) 관련부채에서 직접 차감하는 방식으로 회계처리하여야 함.

② 고객의 계약 해지시 총불입액 중 해약환급금률에 해당하는 금액과 신계약비등 각종 경비를 제외한 잔액이 있는 경우 매출로 회계 처리할 수 있는지?
(회신) 고객의 계약 해지시 총불입액 중 해약환급금률에 해당하는 금액과 신계약비 등 각종 경비를 제외한 잔액은 회사의 주된 영업활동(장례관련 서비스 제공 등)을 통해 발생한 것이 아니므로 영업외수익으로 회계처리하여야 함.

③ 고객이 권리를 상실한 이후 일정의무 이행으로 권리부활을 요청할 경우 회사가 고객의 권리를 부활시키게 하는 의무를 부담하게 되는데 이에 대한 회계처리는?

(회신) 동 의무 발생으로 자원의 유출가능성이 높고, 의무 이행에 소요되는 금액을 신뢰성 있게 추정이 가능하다면 충당부채로 회계처리하여야 함.

### (2) 법인세법

상조회사가 미래의 장례서비스 제공에 대한 대가로 선수금 형태로 매월 회원들로부터 부금을 수수하는 경우 이에 대한 손익의 귀속시기는 「법인세법 시행령」 제69조에 의하여 용역제공 완료일이 속하는 사업연도로 하는 것이다(법인-117, 2010. 2. 8).

#### 1) 회원으로부터 회비를 받는 경우

| (차) 현금 및 현금성자산 | ××× | (대) 선수금 | ××× |
|---|---|---|---|

#### 2) 회원에게 상조서비스를 제공하는 경우

① 선수금 〉 서비스 대가

| (차) 선수금 | ××× | (대) 서비스수입 | ××× |
|---|---|---|---|
| | | 현 금 | ××× |

② 선수금 〈 서비스 대가

| (차) 선수금 | ××× | (대) 서비스수입 | ××× |
|---|---|---|---|
| 미수금 | ××× | | |

**참고** 장의관련업 영위사업자의 세무실무

(1) 부가가치세 실무

① 상조회사의 장의용역 대행의 과세 여부 및 그 공급시기

장의업자가 제공하는 용역은 부가가치세법 제12조 제1항 제4호 및 같은법 시행령 제29조 제6호의 규정에 의하여 부가가치세가 면제되는 것이나, 장례식장 등을 갖추지 않고 동 사업자가 장의용역을 단순히 알선하여 주고 수수료를 받는 경우에는 부가가치세가 과세되는 것이다. 결혼·장례행사 등을 대행하는 사업자가 장차 예식장이나 장의사 등을 이용하고자 하는 자를 회원으로 모집하여 월정회비를 용역제공완료 전에 징수하고 동 회원에게 제공하는 용역의 내용이 주선 또는 알선용역인 경우 그 공급시기는 역무의 제공이 완료되는 때인 것이며, 단순 주선용역이 아닌 사업자의 책임과 계산 하에 결혼·장의 등의 역무를 제공하는 경우에는 그 공급시기는 원칙적으로 역무의 제공이 완료되는 때이나 중간지급조건부에 해당하는 경우에는 대가의 각 부분을 받는 때가 공급시기인 것이다(서면3팀-1687, 2005. 10. 5).

② 상조회사의 계산서 발행방법

장례식장 영위사업자가 장의용역 등에 대한 계산서를 교부하는 경우 상주를 대신하여 장의용역에 대한 대가의 지급 및 계산을 상주가 회원으로 있는 법인이 실질적으로 책임지고 부담하는 경우의 계산서 교부 및 수취는 장례식장 영위사업자와 그 비용을 실질적으로 부담하는 법인간에 이루어져야 하는 것이다(서면2팀-590, 2005. 4. 27).

③ 부동산임대용역의 과세 여부

장의업을 영위하는 사업자가 병원으로부터 장례식장(영안실)을 임차하여 장의용역을 제공하는 경우에는 부가가치세법 제12조 제1항 제4호 및 동법 시행령 제29조 제6호의 규정에 의하여 부가가치세가 면제되는 것이나, 당해 병원의 부동산 임대용역에 대하여는 부가가치세가 과세되는 것이다(부가 46015-1118, 1998. 5. 26).

④ 장의업자가 재화 등을 공급하는 경우 과세 여부

장의업을 영위하는 자가 장의용역의 공급에 필수적으로 부수되지 아니하는 부가가치세가 과세되는 재화(담배, 잡화 등)를 장의용역을 공급받는 자 및 일반인에게 공급하는 경우에는 부가가치세법 제6조 제1항의 규정에 의한 재화의 공급에 해당하여 부가가치세가 과세되는 것이며, 장의업을 영위하는 자가 재화의 판매장 등을 다른 사업자에게 임대한 경우에는 부가가치세법 제7조 제1항의 규정에 의한 용역의 공급에 해당하여 부가가치세가 과세되고, 당해 시설을 임차한 사업자가 재화를 공급하는 경우에는 부가가치세가 과세되는 것이다(부가 46015-1070, 1999. 5. 27).

⑤ 납골당 사용증서에 대한 부가가치세 과세 여부

장사등에관한법률 제13조 및 제14조의 규정에 의하여 사설묘지·사설화장장 또는 사설납골시설을 설치한 자가 제공하는 묘지 및 화장업 관련 용역에 대하여는 부가가치세가 면제되는 것이나, 사업자가 사업과 관련하여 사설납골시설을 설치한 자 등으로부터 당해 시설을 이용할 수 있는 권리(납골당 분양권)를 취득하여 타 사업자 등에게 공급하는 경우에는 부가가치세법 제1조 제1항의 규정에 의하여 부가가치세가 과세되는 것이다(서삼 46015-1003, 2004. 1. 5).

⑥ 납골당 사용료에 대한 부가가치세 과세 여부

매장및묘지등에관한법률에 의하여 납골당의 설치허가를 받은 자가 납골당을 설치한 후 유골을 수장해 주는 대가로 사용료를 받는 경우에는 부가가치세가 과세되는 것이다(부가 46015-3546, 2000. 10. 23).

## (2) 소득세·법인세 실무

① 납골당 임대업의 업종구분

매장및묘지등에관한법률에 의한 납골당 설치사업자의 납골당 시설사용권 분양은 부동산임대업 중 묘지임대업에 해당하며, 납골당 관리는 사회 및 개인서비스업 중 묘지관리업에 해당하므로 그에 해당하는 기준경비율 적용코드(701700)를 적용하는 것이다(서면1팀-944, 2004. 7. 12).

② 납골당 시설사용료의 수입금액의 귀속시기

거주자의 각 소득에 대한 총수입금액의 계산은 소득세법 제24조 제1항의 규정에 의하여 당해연도에 수입하였거나 수입할 금액의 합계액에 의하는 것으로 납골당 설치사업자의 시설사용권 분양에 있어서 시설사용료로서 반환의무가 없으며 납골당 시설사용권 사용기간이 없거나 영구인 경우에는 당해 사용료를 받기로 한 날이 속하는 과세기간의 총수입금액에 산입하며, 선납관리비는 해당 관리기간 동안 매균등액을 총수입금액에 산입한다.

또한, 납골당 건설과 관련된 공사원가는 고정자산으로 계상하며 같은법 시행령 제62조 제1항의 감가상각비로 필요경비에 산입하는 것이다(소득 46011-21354, 2000. 11. 21).

※ 납골당의 임대(분양) 절차

- 납골당의 건물이 완공되기 전에 납골당 임대(분양)계약을 체결하고 있으며, 납골당의 실제 사용은 유골을 수장하는 때임.
- 유골의 안치기간은 영구 보존을 원칙으로 하며, 관리비 납부기간은 60년으로 예정하고 있음.
- 임대(분양) 금액의 구성 "납골당의 임대(분양)금액"은 납골당, 위패와 항아리, 관리비(안치한 연도부터 60년간 분할 납부), 기타 비용으로 구성됨.
- 대금 결제내용

  분양(임대)계약 후 납골당 금액을 계약자가 당회사에 입금하여, 유골을 안치할 때에 위패와 항아리 대금을 입금토록 함. 관리비는 유골을 안치한 날부터 매년 균등한 금액을 납부함.

③ 봉안증서의 손익의 귀속사업연도

납골당을 운영하는 법인이 영구적으로 납골할 수 있는 권리의 증서(이하 "봉안증서"라 함)를 판매하면서 반환의무가 없는 대가를 수령하는 경우에는 그 대가를 받은 날 또는 받기로 한 날이 속하는 사업연도의 소득금액 계산시 이를 익금에 산입하는 것이며 납골당의 준공전에 봉안증서를 판매하여 익금에 산입한 경우에는 이에 대응하여 일반적으로 공정타당하다고 인정되는 기업회계기준 및 회계관행에 의하여 합리적으로 추정한 공사예정원가를 그 익금산입일이 속하는 사업연도의 소득금액 계산시 손금에 산입하는 것이다. 또한, 공원묘지사업을 영위하는 법인이 기지권 설치대가로 받는 지료 외에 매 1년 단위로 책정된 관리비의 5년간 분을 일시에 받은 경우 그 관리비는 관리기간에 따라 수입을 계상하여야 하는 것이다(서이 46012-12142, 2003. 12. 17).

※ 납골당 봉안증서 발행대금 및 관리비 수취시의 수익인식(질의회신 02-039, 2002. 2. 18)

④ 납골당 사업인가를 획득하여 납골당을 건설중인 회사가 납골당에 납골안치를 할 수 있는 권리를 표창하는 봉안증서를 일반인에게 판매하고, 동 납골당 구입자에게 납골안치시부터 연단위로 관리비를 받게 될 경우 봉안증서 판매대금과 관리비를 언제 수익으로 인식하는지?

납골당 봉안증서 발행대금은 납골당 완공시점부터 납골당의 경제적 내용연수(재건축 포함)를 고려하여 합리적으로 추정된 용역제공기간 동안 배분하여 수익으로 회계처리하되, 납골당 완공 전에 임시안치소에 납골안치를 한 경우에는 그 시점부터 기산하여 추정된 용역제공기간 동안 배분하여 수익으로 회계처리합니다. 또한, 매년 받게 되는 관리비는 각 회계연도의 수익으로 회계처리하는 것이 타당합니다.

## 상조서비스 표준약관

공정거래위원회

표준약관 제10056호
(2014. 9. 19 개정)

제1조 (목적)

이 계약은 (이하 '회사'라 한다)의 회원으로 가입한 사람이 매월 일정액의 납부의무를 지고 회사는 가정의례 발생시 약정된 물품과 서비스(이하 '상조서비스'라 한다)를 제공하는 의무를 지는 것을 목적으로 하며 금전이나 금리의 지급을 대상으로 하지 않는다.

제2조 (회원의 가입)

① 회사로부터 상조서비스를 제공받을 수 있는 회원으로 가입하고자 하는 사람은 회원 가입신청서에 필요한 사항을 기재하고 기명날인 또는 서명한 후 이를 회사 또는 모집인에게 제출하여야 하며, 가입자는 가입과 동시에 가입상품에 따른 1회 이상의 납입금을 납부하여야 한다. 이는 전자거래 또는 통신매체를 통하여 가입하는 경우에도 마찬가지이다.

② 회사는 가입하고자 하는 사람이 가입하기 전 약관을 교부하고 약관의 중요한 내용을 설명하여야 하며, 직접 또는 모집인을 통하여 가입자가 납입한 납입금의 영수증을 발급하여야 한다.

③ 가입절차를 완료한 회원에 대하여 회사는 지체없이 회원증서를 교부한다.

④ 회원이 회원증서를 분실하여 회사에 재교부를 신청한 때에는 회사는 회원증서를 재발행하여 교부하고 실비수준의 수수료 (예 : 5,000)원을 받을 수 있으며, 이 경우 이미 교부된 회원증서는 무효가 된다.

제3조 (단체회원의 가입)

① 제2조는 법인 기타 단체의 명의로 복수의 인원이 집단으로 가입할 경우에도 준용한다.

② 단체의 구성원 중 상조서비스 대상이 되는 회원에 대한 개별적인 가입이 힘들거나, 개별적인 회원자격을 인정할 필요가 없을 때에는 회사는 해당 단체의 구성원에게 포괄적인 회원자격을 인정할 수도 있다.

③ 포괄적인 회원자격은 소속단체별로 가입구좌수에 따른 상조서비스를 이용할 수 있음을 의미하며, 선택권은 소속단체장이 행사한다.

제4조 (철회권의 행사)

① 회원은 약관을 받은 날부터 14일 이내에 계약철회권을 행사할 수 있다. 단, 약관 및 회원증서를

교부받지 못하였을 경우에는 계약일로부터 3월 이내에 계약철회권을 행사할 수 있다.

② 제1항의 회원가입계약에 대한 철회의 의사표시를 서면으로 하는 경우에는 서면을 발송한 날에 그 효력이 발생한다.

③ 제1항과 제2항에 따라 계약을 철회한 회원에 대하여 회사는 납입금을 철회일로부터 3영업일 이내에 반환하며, 회원은 상조서비스를 이용할 수 있는 자격을 상실한다. 단, 회사가 3영업일 내에 반환하지 않을 경우에는 납입금에 대해 연24%의 지연이자를 지급한다.

제5조 (회원의 월납입금 납부의무)

① 회원은 이 계약에 따라 가입 시에 정한 월납입금을 매월 약정한 기일에 납부하여야 한다.

② 가입상품에 따른 월납입금, 납입회수는 다음과 같다.

(예시)

| 상품금액 | 월납입금 | 납입횟수 |
|---|---|---|
| 1,200,000원 | 20,000원 | 60회 |
| 2,160,000원 | 30,000원 | 72회 |
| 4,800,000원 | 50,000원 | 96회 |

③ 회원은 원칙적으로 은행지로 또는 계좌이체를 통하여 월납입금을 납부하며, 모집인을 통하거나 직접 회사에 납부할 수 있다.

④ 회사의 월납입금납부증빙내역에 이의가 있는 회원은 영수증을 첨부하여 잘못된 내역의 정정을 요구할 수 있다.

⑤ 제3항에 따라 회원이 모집인을 통하거나 직접 회사에 월납입금을 납부할 경우 회사는 영수증을 발행하며, 제4항의 영수증은 은행지로 또는 계좌이체를 통하여 납부한 경우 지로영수증, 거래원장, 입금확인서도 그에 갈음할 수 있다.

⑥ 회원은 언제든지 회사의 월납입금납부증빙내역에 대해 확인을 요구할 수 있다.

제6조 (선납할인 및 모집수당 할인)

① 회원이 납입금의 전부 또는 일부를 선납할 경우, 회사는 미리 약정한 비율로 총납입금을 할인할 수 있다.

(예시) 전액 선납한 경우 상품금액의 (예:10)% 할인

12개월분을 선납한 경우 1회 납입금의 (예:50)% 할인

② 회원이 모집인을 통하지 않고 전자거래 등 회사와 직접 거래함으로써 모집수당이 절약될 경우 회사는 미리 약정한 비율로 총납입금을 할인할 수 있다.

(예시) 회사방문, 홈페이지를 통해 가입한 경우 상품금액의 (예:5)% 할인

제7조 (비용의 추가부담)

회사는 회원이 가입 후 아래 기간 이내에 상조서비스를 제공할 경우에는 기재된 비용을 추가로 받을 수 있다.

(예시)

| (예:120)만원 상품 : 가입 후 6개월 이내 행사시 : (예:30,000)원 |
|---|

제8조 (잔여 납부금의 납부)

회원이 월부금의 완납 이전에 상조서비스를 제공받을 때에는 사후에 잔여납부금을 일시에 납부하여야 한다.

제9조 (주소변경 통보의무)

① 회원이 주소 및 연락처가 변경된 경우에는 회원은 15일 이내에 회사로 이를 통보하여야 한다.
② 회원이 주소 및 연락처의 변경을 통보하지 않은 경우에는, 회사는 종전에 신고된 주소 및 연락처로 통지함으로써 통지의무를 면하게 된다.

제10조 (상조서비스의 이용)

① 회원본인과 배우자, 회원 및 그 배우자의 직계존속, 회원의 직계비속은 상조서비스를 이용할 권리를 갖는다.
② 회원은 계약체결 시 상조서비스의 이용자와 상조서비스의 내용을 미리 정할 수 있으며, 이 경우 회사의 동의를 얻어 변경할 수 있다.
③ 회원은 계약체결 후 가입 상품금액보다 많은 상품금액의 상조서비스를 이용하고자 할 경우에는 이용에 앞서 회사와 협의하여 추가비용을 결정하고 변경할 수 있다.
④ 상조서비스는 원칙적으로 1구좌당 1회에 한한다. 단, 회사가 납입금 범위 내에서 상품금액이 적은 상조서비스를 2회 이상 이용할 수 있게 하는 경우에는 예외로 한다.

제11조 (단체계약과 상조서비스)

① 법인 또는 단체의 대표가 구성원들을 위하여 상조서비스 이용계약을 체결한 경우, 그 단체의 구성원들은 가입된 구좌수만큼 상조서비스를 이용할 수 있다.
② 구성원에게 이용권 및 이용서비스를 부여하는 것은 계약에서 합의된 내용에 따라 소속단체장이 결정한다.

제12조 (상조서비스의 제공지역)

① 회사가 제공하는 상조서비스는 계약 시에 예정된 지역에서 제공함을 원칙으로 하며, 회사의 사정으로 서비스 제공지역을 변경하고자 하는 경우에는 적용일을 명시하여 변경지역과 그 적용일로부터 2월 전에 해당 지역 회원에게 통지하여야 한다.
(상조서비스 제공지역 표시)
② 이사 등 회원의 사정으로 상조서비스가 제공되어야 할 지역에 변경이 생긴 경우에는 회사는 이에 협력하여야 한다.
③ 회사가 서비스 지역을 변경함으로써 상조서비스를 제공받을 수 없게 된 회원은 계약을 해지할 수 있다. 이 경우 회사는 회원의 신청일로부터 3영업일 이내에 회원이 납부한 납입금 전액과 납입금에 대하여 각각 그 받은 날부터 신청일까지 상사법정이율(연 6%)을 가산하여 반환하며, 지연시 제14조 제1항에 따른 지연이자를 지급하여야 한다.

제13조 (상조서비스의 내용)

① 상조서비스는 계약 시에 상품별로 확정한 내용대로 제공되어야 한다. 단, 회사는 확정된 물품 중 시간의 경과로 인한 단종, 품절 등 대상품목의 물품을 제공할 수 없는 경우에는 계약 시의 확정된 물품과 실질적으로 동등한 물품으로 대체할 수 있다.

② 제1항의 회사가 제공하는 상품별 상조서비스의 내용은 회원증서에 명시하여 교부한다.

제14조 (회원의 채무불이행 효과)

① 회원이 정당한 사유 없이 월납입금의 납부를 지연한 경우에는 그 지연일수에 (  )%의 지연이자율을 적용한 지연이자를 지급하여야 한다. 단, 지연이자율은 연24%를 초과할 수 없다.

② 회원이 3회 이상 월납입금의 납부를 연체한 경우 회사는 서면으로 월납입금의 납부를 최고하고, 회원이 최고의 통지를 받은 날부터 14일 이내에 연체된 월납입금을 납부하지 않을 경우에 회사는 계약을 해지할 수 있다.

③ 제2항에 따라 계약이 해지된 경우 회원은 제15조 제2항에 따라 해약환급금을 청구할 수 있다.

④ 제3항의 규정에 의한 해약환급금은 회원이 계약의 해지통지를 받은 날부터 5년 이내에 청구하여야 한다.

제15조 (계약의 해지 및 해약환급금)

① 회원이 상조서비스를 이용할 의사가 없을 경우 계약을 해지할 수 있다.

② 회원의 사정으로 해지된 경우 회사는 회원의 납입금에서 모집수당, 기타 관리비 등을 공제한 아래 산식에 따른 해약환급금을 회원의 신청일로부터 3영업일 이내에 회원에게 환급하여야 한다. 단, 납입금의 범위 내에서 회원이 다른 상조서비스를 이용하였을 경우 해약환급금은 산식에 따른 환급금에서 회원이 이용한 상조서비스의 상품금액을 공제하여 환급한다.

〈해약환급금 산식〉 ☞【표준해약환급금(율)표 참조】

① 정기형 상품의 경우
해약환급금= 납입금 누계 - 관리비 누계 - 모집수당 공제액

② 부정기형 상품의 경우
해약환급금 = 납입금 누계 × 0.85

- 정기형 상품이란 총계약대금을 1년이상의 기간을 두고 월별로 균분하는 상품
- 부정기형 상품이란 정기형을 제외한 상품
- 모집수당공제액 = 모집수당 × 0.75 + 모집수당 × 0.25 × $\frac{\text{기납입월수}}{\text{총납입기간 월수}}$
- 납입금 누계가 관리비 누계와 모집수당 공제액의 합보다 적은 경우에는 해약환급금을 0으로 함.
- 모집수당은 총계약대금 대비 최대 10%로 하되, 500,000원을 초과할 수 없음.
- 월별 관리비는 월 납입금 대비 최대 5%로 하되, 월별 관리비의 합계는 500,000원을 초과할 수 없음.

③ 회원이 제6조에 따라 납입금을 할인받았을 경우 제2항의 해약환급금 산식에 규정된 납입금은 할인에 의해 실제로 지급한 금액이 대상이 되며 할인분은 포함되지 아니한다.

④ 제2항의 규정에도 불구하고 회원이 계약 이후 기초생활수급자가 된 경우에는 납입금 전액을 환급한다.

⑤ 회원의 신청에도 불구하고, 3영업일 이내에 해약환급금을 지급하지 못할 경우에는 해약환급금에 제14조 제1항에 따른 지연이자를 가산하여 지급하여야 한다.

⑥ 제1항에 따라 회원이 계약을 해지하고자 할 경우 회원 본인 또는 대리인은 신분증을 회사측에 제시해야 하고 아래 구비서류를 제출하여야 한다.

> • 회원본인 : 회원증서, 해약신청서
> • 대 리 인 : 회원증서, 위임장, 해약신청서

⑦ 회사가 자기의 책임 있는 사유로 상조서비스 제공의무를 이행하지 아니한 경우 회원은 계약을 해지하고 손해배상을 청구할 수 있다.

### 제16조 (회원지위의 양도 · 명의변경)

① 회원은 상조서비스를 받을 수 있는 회원으로서의 지위는 회사의 동의를 얻어 타인에게 양도할 수 있다.

② 회원의 지위가 양도된 경우 새로운 회원이 된 양수인은 회원으로서의 권리와 의무를 승계한다.

③ 회사는 회원지위의 양도 · 명의변경에 대하여 실비수준의 수수료(예:5,000원)를 받을 수 있다.

### 제17조 (금융정보제공동의서의 요청 및 제공)

① 회사가 은행과 예치계약을 체결한 경우 회원은 해당 은행을 통하여 예치내역을 열람하거나 소비자피해보상 증서를 발급받기 위하여 회사에 금융정보제공동의서를 요청할 수 있다.

② 예치계약을 체결한 회사는 제2조에 따라 회원의 가입절차가 완료되거나 제1항에 따라 소비자가 동의서를 요청한 경우, 금융정보제공동의서를 소비자 또는 해당 은행에 제공한다.

### 제18조 (분쟁해결 및 관할법원)

① 이 계약에 규정하지 아니한 사항은 회사와 회원이 합의하여 결정하되, 합의되지 아니할 경우에는 관계법령 및 일반관례에 따른다.

② 제1항의 규정에도 불구하고 법률상 분쟁이 발생한 경우에는 회사 또는 회원은 소비자기본법 등에 따른 분쟁조정기구에 분쟁조정을 신청하거나 중재법 등에 따라 운영 중인 중재기관에 중재를 신청할 수 있다.

③ 이 계약과 관련된 분쟁에 관한 소송은 민사소송법상의 관할소재지 법원에 제기하여야 한다.

### 제15조 제2항 관련 【표준해약환급금(율) 표】

1. 월 20,000원씩 총납입기간 5년(60회) 1,200,000원 상품의 경우

| 월납입금 | 관리비 비율 | 모집수당 비율 |
|---|---|---|
| 20,000 | 10% | 15.3% |

| 회차 | 납입금누계 | 관리비누계 | 상조적립금 | 미상각 모집수당 | 환급금 | 환급률 |
|---|---|---|---|---|---|---|
| 1 | 20,000 | 2,000 | 18,000 | 183,600 | 0 | 0.0% |
| 2 | 40,000 | 4,000 | 36,000 | 180,540 | 0 | 0.0% |
| 3 | 60,000 | 6,000 | 54,000 | 177,480 | 0 | 0.0% |
| 4 | 80,000 | 8,000 | 72,000 | 174,420 | 0 | 0.0% |
| 5 | 100,000 | 10,000 | 90,000 | 171,360 | 0 | 0.0% |
| 6 | 120,000 | 12,000 | 108,000 | 168,300 | 0 | 0.0% |
| 7 | 140,000 | 14,000 | 126,000 | 165,240 | 0 | 0.0% |
| 8 | 160,000 | 16,000 | 144,000 | 162,180 | 0 | 0.0% |
| 9 | 180,000 | 18,000 | 162,000 | 159,120 | 2,000 | 1.1% |
| 10 | 200,000 | 20,000 | 180,000 | 156,060 | 21,000 | 10.5% |
| 11 | 220,000 | 22,000 | 198,000 | 153,000 | 40,000 | 18.2% |
| 12 | 240,000 | 24,000 | 216,000 | 149,940 | 59,000 | 24.6% |
| 13 | 260,000 | 26,000 | 234,000 | 146,880 | 78,000 | 30.0% |
| 14 | 280,000 | 28,000 | 252,000 | 143,820 | 97,000 | 34.6% |
| 15 | 300,000 | 30,000 | 270,000 | 140,760 | 116,000 | 38.7% |
| 16 | 320,000 | 32,000 | 288,000 | 137,700 | 135,000 | 42.2% |
| 17 | 340,000 | 34,000 | 306,000 | 134,640 | 154,000 | 45.3% |
| 18 | 360,000 | 36,000 | 324,000 | 131,580 | 173,000 | 48.1% |
| 19 | 380,000 | 38,000 | 342,000 | 128,520 | 192,000 | 50.5% |
| 20 | 400,000 | 40,000 | 360,000 | 125,460 | 211,000 | 52.8% |
| 21 | 420,000 | 42,000 | 378,000 | 122,400 | 230,000 | 54.8% |
| 22 | 440,000 | 44,000 | 396,000 | 119,340 | 248,000 | 56.4% |
| 23 | 460,000 | 46,000 | 414,000 | 116,280 | 267,000 | 58.0% |
| 24 | 480,000 | 48,000 | 432,000 | 113,220 | 286,000 | 59.6% |
| 25 | 500,000 | 50,000 | 450,000 | 110,160 | 305,000 | 61.0% |
| 26 | 520,000 | 52,000 | 468,000 | 107,100 | 324,000 | 62.3% |
| 27 | 540,000 | 54,000 | 486,000 | 104,040 | 343,000 | 63.5% |
| 28 | 560,000 | 56,000 | 504,000 | 100,980 | 362,000 | 64.6% |
| 29 | 580,000 | 58,000 | 522,000 | 97,920 | 381,000 | 65.7% |
| 30 | 600,000 | 60,000 | 540,000 | 94,860 | 400,000 | 66.7% |
| 31 | 620,000 | 62,000 | 558,000 | 91,800 | 419,000 | 67.6% |
| 32 | 640,000 | 64,000 | 576,000 | 88,740 | 438,000 | 68.4% |
| 33 | 660,000 | 66,000 | 594,000 | 85,680 | 457,000 | 69.2% |
| 34 | 680,000 | 68,000 | 612,000 | 82,620 | 476,000 | 70.0% |

| 회차 | 납입금누계 | 관리비누계 | 상조적립금 | 미상각 모집수당 | 환급금 | 환급률 |
|---|---|---|---|---|---|---|
| 35 | 700,000 | 70,000 | 630,000 | 79,560 | 495,000 | 70.7% |
| 36 | 720,000 | 72,000 | 648,000 | 76,500 | 514,000 | 71.4% |
| 37 | 740,000 | 74,000 | 666,000 | 73,440 | 533,000 | 72.0% |
| 38 | 760,000 | 76,000 | 684,000 | 70,380 | 552,000 | 72.6% |
| 39 | 780,000 | 78,000 | 702,000 | 67,320 | 571,000 | 73.2% |
| 40 | 800,000 | 80,000 | 720,000 | 64,260 | 590,000 | 73.8% |
| 41 | 820,000 | 82,000 | 738,000 | 61,200 | 609,000 | 74.3% |
| 42 | 840,000 | 84,000 | 756,000 | 58,140 | 628,000 | 74.8% |
| 43 | 860,000 | 86,000 | 774,000 | 55,080 | 647,000 | 75.2% |
| 44 | 880,000 | 88,000 | 792,000 | 52,020 | 665,000 | 75.6% |
| 45 | 900,000 | 90,000 | 810,000 | 48,960 | 684,000 | 76.0% |
| 46 | 920,000 | 92,000 | 828,000 | 45,900 | 703,000 | 76.4% |
| 47 | 940,000 | 94,000 | 846,000 | 42,840 | 722,000 | 76.8% |
| 48 | 960,000 | 96,000 | 864,000 | 39,780 | 741,000 | 77.2% |
| 49 | 980,000 | 98,000 | 882,000 | 36,720 | 760,000 | 77.6% |
| 50 | 1,000,000 | 100,000 | 900,000 | 33,660 | 779,000 | 77.9% |
| 51 | 1,020,000 | 102,000 | 918,000 | 30,600 | 798,000 | 78.2% |
| 52 | 1,040,000 | 104,000 | 936,000 | 27,540 | 817,000 | 78.6% |
| 53 | 1,060,000 | 106,000 | 954,000 | 24,480 | 836,000 | 78.9% |
| 54 | 1,080,000 | 108,000 | 972,000 | 21,420 | 855,000 | 79.2% |
| 55 | 1,100,000 | 110,000 | 990,000 | 18,360 | 874,000 | 79.5% |
| 56 | 1,120,000 | 112,000 | 1,008,000 | 15,300 | 893,000 | 79.7% |
| 57 | 1,140,000 | 114,000 | 1,026,000 | 12,240 | 912,000 | 80.0% |
| 58 | 1,160,000 | 116,000 | 1,044,000 | 9,180 | 931,000 | 80.3% |
| 59 | 1,180,000 | 118,000 | 1,062,000 | 6,120 | 950,000 | 80.5% |
| 60 | 1,200,000 | 120,000 | 1,080,000 | 3,060 | 969,000 | 80.8% |

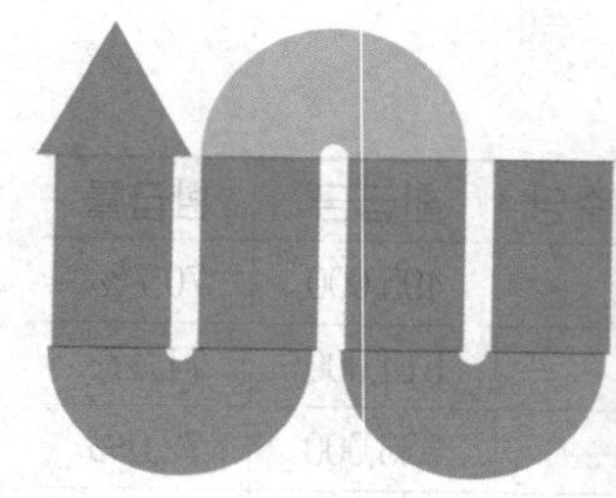

# 제21장

# 주유소의 회계와 세무실무

## I 개 요

### 1. 용어의 정의(석유 및 석유대체연료 사업법 시행령 제2조)

① "일반대리점"이란 석유정제업자, 석유수출입업자 또는 다른 일반대리점으로부터 석유제품[「석유 및 석유대체연료 사업법」(이하 "법"이라 한다) 제2조 제2호 가목의 용제(溶劑), 석유중간제품 및 부생연료유(등유 및 중유를 대체하여 연료유로 사용하는 부산물인 석유제품을 말한다. 이하 같다)는 제외한다]을 공급받아 이를 다른 일반대리점, 주유소, 일반판매소 또는 실소비자(「자동차관리법」 제2조 제1호에 따른 자동차와 「건설기계관리법」 제2조 제1항 제1호에 따른 건설기계 중 덤프트럭 및 콘크리트믹서트럭의 연료유로 사용하는 소비자는 제외한다. 이하 제2호·제4호·제5호·제7호·제8호 및 제10호에서 같다)에게 판매하는 도매업자인 석유판매업자를 말한다.

② "부산물인 석유제품 생산판매업자"란 부산물인 석유제품을 생산하여 석유판매업을 하려는 자로서 법 제10조 제1항 단서에 따라 등록을 한 석유판매업자를 말한다.

③ "용제대리점"이란 석유정제업자, 석유수출입업자 또는 부산물인 석유제품 생산판매업자로부터 용제를 공급받아 이를 용제판매소나 실소비자에게 판매하는 도매업자인 석유판매업자를 말한다.

④ "주유소"란 석유정제업자, 석유수출입업자, 일반대리점 또는 다른 주유소로부터 휘발유·등유 또는 경유를 공급받아 이를 점포(「위험물안전관리법」 제9조에 따라 완공검사를 받은 제조소 등의 설치장소를 말한다. 이하 같다)에서 고정된 주유설비를 이용하여 다른 주유소나 실소비자에게 직접 판매하는 소매업자인 석유판매업자를 말한다. 이 경우 등유 또는 경유는 점포에서 고정된 주유설비를 이용하여 다른 주유소나 실소비자에게 직접 판매하면서 지식경제부령으로 정하는 이동판매의 방법으로 판매하는 경우를 포함한다.

⑤ "일반판매소"란 석유정제업자, 석유수출입업자, 일반대리점 또는 다른 일반판매소로

부터 등유 또는 경유(농업협동조합중앙회 또는 지역농업협동조합이 일반판매소를 경영하는 경우와 주유소가 설치되어 있지 아니한 면 지역에서 일반판매소를 경영하는 자의 경우에는 휘발유를 포함한다)를 공급받아 이를 점포에서 다른 일반판매소나 실소비자에게 직접 판매하는 소매업자인 석유판매업자를 말한다. 이 경우 점포에서 다른 일반판매소나 실소비자에게 직접 판매하면서 지식경제부령으로 정하는 이동판매 또는 배달판매의 방법으로 판매하는 경우를 포함한다.

⑥ "용제판매소"란 석유정제업자, 석유수출입업자, 부산물인 석유제품 생산판매업자 또는 용제대리점으로부터 용제를 공급받아 이를 용기 또는 수송장비(적재용량이 8킬로리터 이하인 수송장비만 해당한다)를 이용하여 실소비자에게 판매하는 소매업자인 석유판매업자를 말한다.

⑦ "부생연료유판매소"란 부산물인 석유제품 생산판매업자로부터 부생연료유를 공급받아 이를 실소비자[가정용을 제외한 보일러 또는 노(爐)의 연료로 사용하는 소비자만 해당한다]에게 판매하는 석유판매업자를 말한다.

⑧ "특수판매소"란 제1호부터 제6호까지의 석유판매업자 외의 석유판매업자로서 지식경제부장관이 정하여 고시하는 바에 따라 석유제품을 실소비자에게 판매하는 소매업자인 석유판매업자를 말한다.

⑨ "석유대체연료 대리점"이란 석유대체연료 제조·수출입업자로부터 석유대체연료[식물성유·동물성유를 사용하여 제조한 연료(이하 "바이오디젤"이라 한다), 식물성 원료에서 추출한 알코올(이하 "바이오에탄올"이라 한다) 및 석탄·천연가스·바이오매스를 원료로 하는 합성가스를 사용하여 직접 합성공정 또는 메탄올을 통한 간접 합성공정을 거쳐 생산된 연료(이하 "디메틸에테르"라 한다)는 제외한다]를 공급받아 이를 석유대체연료 주유소, 석유대체연료 판매소 또는 실소비자에게 판매하는 도매업자인 석유대체연료 판매업자를 말한다.

⑩ "석유대체연료 주유소"란 석유대체연료 제조·수출입업자 또는 석유대체연료 대리점으로부터 바이오디젤연료유(바이오디젤은 제외한다), 바이오에탄올연료유(바이오에탄올은 제외한다), 석탄액화연료유, 가스액화연료유, 디메틸에테르연료유(디메틸에테르는 제외한다) 및 제5조 제9호의 석유대체연료(휘발유·경유·등유를 대체하여 사용할 수 있는 것으로서 지식경제부령으로 정하는 연료만 해당한다)를 공급받아 이를 점포에서 고정된 주유설비를 이용하여 실소비자에게 직접 판매하는 소매업자인 석유대체연료 판매업자를 말한다. 이 경우 점포에서 고정된 주유설비를 이용하여 실소비자에게 직접 판매하면서 지식경제부령으로 정하는 이동판매의 방법으로 판매하는 경우를 포함한다.

⑪ “석유대체연료 판매소”란 석유대체연료 제조·수출입업자 또는 석유대체연료 대리점으로부터 유화연료유 및 제5조 제9호의 석유대체연료(등유나 중유를 대체하여 사용할 수 있는 것으로서 지식경제부령으로 정하는 연료만 해당한다)를 공급받아 이를 점포에서 실소비자에게 직접 판매하는 소매업자인 석유대체연료 판매업자를 말한다.

## 2. 석유제품의 유통구조[96)]

국내 휘발유 등 경질류 제품의 유통경로는 실수요자의 특성에 따라 다음과 같이 분류된다.

① 판매규모가 대량이고 구매자가 지역적으로 집중되어 있는 경우에는 정유사가 실수요자에게 직접 판매한다.

② 판매규모가 소량이고 구매자가 광범위한 지역에 분산되어 있는 일반소비자의 경우에는 정유사, 대리점, 주유소(일반판매업소)의 단계를 거쳐 실수요자에게 판매한다.

[경질류 제품의 유통구조]

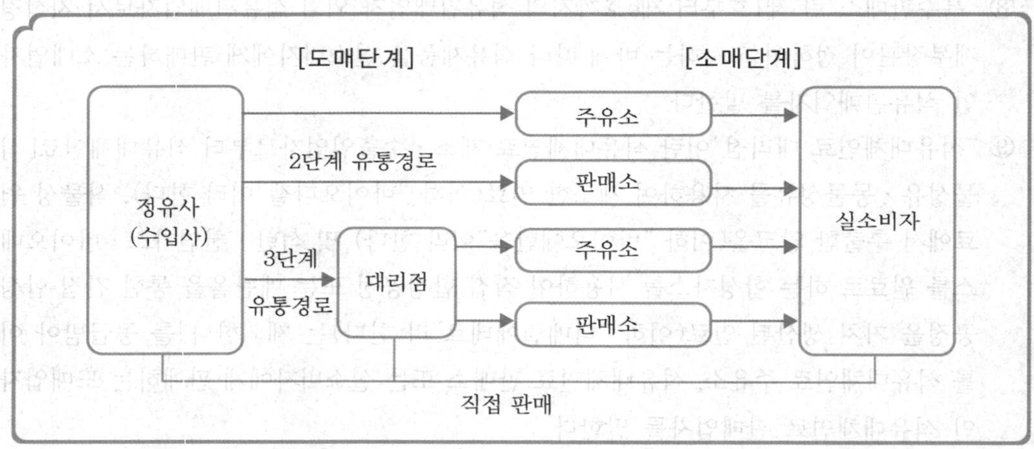


## 3. 주유소의 운영형태

### (1) 정유사가 직영하는 형태

#### ① 직원파견 운영

정유사가 소속 직원을 파견하여 직접 석유제품을 판매하는 형태로 현실적으로 이런 형태로 운영하는 경우는 거의 드물다.

---

96) 석유산업경쟁정책, 공정거래위원회, 2009. 9.

② 위탁경영

정유사는 위탁운영인에게 주유소 운영을 위탁하고, 수탁자는 운영대가로 정유사로부터 위탁수수료를 받는다. 이 경우 위탁운영인은 본인의 명의로 주유소 사업자등록을 하지 않으며 사업서비스업의 기타도급업(코드번호:749609)으로 사업자 등록을 하고 운영한다.

③ 임대경영

정유사는 임차인에게 석유소유권을 이전하고 그 대가로 임차인으로부터 대금을 지급받으며 임대차계약에 따라 임차인으로부터 임대료를 받는 형태이다.

### (2) 주유소 소유자의 운영형태

① 자영형태

주유소를 소유한 자가 직영하는 형태로 차량용 연료 도·소매업으로 사업자등록을 하여 운영하는 형태이다.

② 기타

주유소 소유자가 수탁자에게 위탁경영하거나 제3자에게 임대하여 경영하는 형태이다.

### (3) 기준경비율에 따른 주유소 운영형태의 분류(2023귀속)

① 자영형태(차량용 연료소매업)

| 코드<br>번호 | 종 목 | | 적용범위 및 기준 | 단순<br>경비율 | 기준<br>경비율 |
|---|---|---|---|---|---|
| | 세분류 | 세세분류 | | | |
| 505001 | 차량용<br>연료<br>소매업 | 주유소 | • 차량용 각종 유류 소매 | 96.4 | 1.6 |
| 505002 | | 차량용<br>가스충전 | • 차량용 L.P.G(액화석유가스)를 충전하여 주는 사업 | 94.3 | 4.4 |
| 922203 | 자동차<br>수리업 | 자동차<br>세 차 | • 자동차세차, 광택, 윤활유주입, 일상정비 등<br>• 자동세차기 운영 | 83.7 | 14.0 |

② 주유소를 운영하는 자로서 계약에 따라 대가를 받는 경우

| 코드번호 | 종 목 | | 적용범위 및 기준 | 단순 경비율 | 기준 경비율 |
|---|---|---|---|---|---|
| | 세분류 | 세세분류 | | | |
| 749921 | 대리업 | 기타대리 | -사업시설운영관리 대리<br>• 고속도로 톨게이트 통행료 징수대행사업 포함<br>• 상품대리(→ 511119)<br>• 보험대리 및 중개(→ 672000)<br>-기타 대리<br>• 편집대리 서비스<br>• 판매권 발행대리<br>• 경품권 발행대리 서비스<br>• 신용카드 발행대리 | 77.2 | 18.3 |

※ 정유사와 계약에 의하여 자기의 책임 하에 직원을 고용하여 정유사의 직영주유소에서 석유류 제품 판매에 따른 인적용역(판매, 수금, 장부정리, 시설물관리 등)을 제공하는 경우 기타 사업관련서비스업 대리업 중 대리(코드번호 : 749921)를 적용한다(소득 46011-684, 2000. 6. 28).

③ 주유소를 위탁경영하는 경우

| 코드번호 | 종 목 | | 적용범위 및 기준 | 단순 경비율 | 기준 경비율 |
|---|---|---|---|---|---|
| | 세분류 | 세세분류 | | | |
| 749609 | 기 타 도급업 | 기 타 도 급 | • 타인의 의뢰에 의하여 당사자 일방이 어느 일을 완성할 것을 약정하고 그 일의 결과에 따라 대가를 받는 사업<br>• 기계조립, 고정, 배치, 시설개체서비스, 대형탱크 조립설치 등 달리 분류되지 않은 도급업 | 86.4 | 22.5 |

※ 주유소 소유자와 주유소운영계약을 체결하고 그 계약내용에 따라 용역을 제공하며 석유제품 판매에 따른 판매관리와 재고관리업무 등 주유소 운영 및 관리용역을 제공하고 그 대가(수수료)를 받는 경우는 사업서비스업의 기타도급업(코드번호 : 749609)에 해당된다.

## 4. 정유사의 주유소에 대한 지원

정유사는 주유소에게 자사상표 사용 및 기타 지원조건으로 자사제품을 전량 구매하도록 강제하고 있으며 이를 위반하는 경우 계약해지, 손해배상청구 등의 불이익을 부과하고 있다.

### (1) 보너스카드

보너스카드 회원이 주유소에서 물품 및 서비스를 구매하는 경우 정유사가 회원에게 보너스 포인트를 적립해주고 지정 주유소에서 주유 등을 한 후 기 적립된 일정한 보너스 포인트를 사용하여 결제한다.

영업용택시를 비롯하여 레저용 차량 및 장애인 차량 등에 대하여 필요한 연료인 부탄가스를 공급하는 LPG충전소 및 주유소를 운영하고 있는 법인으로 고객과 사전약정에 의하여 일정 기간의 구매금액에 따라 차등 적용되는 구매포인트를 적립하고 그 누적포인트에 상당하는 금액을 구매금액에서 할인하거나 사은품을 지급하는 경우 동 누적포인트의 손금귀속시기는 당해 고객이 누적포인트를 실제로 사용한 날이 속하는 사업연도의 손금으로 하는 것이다(서이 46012-10779, 2003. 4. 15).

### (2) 제휴카드

주유할인카드는 카드사가 특정 정유사와 제휴하여 특정 정유사 계열 주유소에서만 할인혜택이 부여되며 제휴카드 소지 고객은 제휴된 정유사 계열 주유소에서 주유할 경우 할인혜택을 받을 수 있다.

### (3) 자금지원

정유사는 전량 구매계약을 체결한 주유소에게 석유제품 판매량 등을 기준으로 일정 자금을 일정기간 동안 무상거치 후 유이자 분할 상환 조건으로 대여한다. 사용용도는 주로 시설공사 등 특정목적의 용도로 제한되어 있으며 대여자금에 대하여 부동산 담보 등을 설정하고 있으며 상환조건은 통상 2년 거치 3년 유이자 분할상환의 형태이다.

### (4) 시설지원

정유사는 전량 구매계약을 체결한 주유소에 매출액을 기준으로 시설물(저장탱크, 주유기 등)을 일정기간 무상으로 사용하게 한 후 계약기간 만료시 주유소로 하여금 잔존가로 시설물을 매수하도록 하고 있다. 주유기의 경우 통상 주유소로 하여금 5년 동안 무상으로 사용하게 한 후 계약기간 만료시 주유소에게 장부상 잔존가액과 공인감정인의 평가액 중 높은 금액으로 매수할 의무를 부여하고 있다.

# 주유소의 부가가치세 실무

## 1. 사업장 및 사업자등록

주유소는 유류가 판매되는 사업장마다 사업자등록을 하여야 한다. 다만, 주유소가 다수인 경우 주사업장총괄납부 또는 사업자단위 과세 제도를 적용받을 수 있다.

### (1) 소재지를 달리하는 주유소의 사업자등록

사업장이라 함은 사업자 또는 그 사용인이 상시 주재하여 거래의 전부 또는 일부를 행하는 장소를 말하는 것으로 부가가치세법 제5조의 규정에 의한 사업자등록은 사업장마다 하여야 하는 것이며, 소재지를 달리하여 주유소 또는 차량용 가스충전소를 설치하는 경우 동법 제5조 및 동법 시행령 제4조 제1항의 규정에 의하여 별도의 사업자등록을 하여야 하는 것이다(서면3팀 - 2160, 2005. 11. 29).

### (2) 주유소 위탁경영시 사업자등록

사업자 갑이 유류판매시설(주유소)을 갖추어 사업자 을과 주유소의 운영 및 관리에 관한 계약을 체결한 후 사업자 을이 유류의 판매관리 및 재고관리 등의 용역을 제공하며 사업자 갑의 명의로 유류를 판매하고 그 실적에 따라 대가(수수료)를 지급받는 경우에 사업자 갑은 유류판매업으로, 사업자 을은 사업서비스업 중 대리업으로 사업자등록을 하여야 한다(부가 46015 - 2336, 1999. 8. 6).

## 2. 과세대상

### (1) 재화의 공급

주유소는 차량용 연료 판매업(도 · 소매업)으로 재화의 공급에 해당하여 부가가치세 과세대상이다. 다만, 정책적 목적으로 농업 · 임업 · 어업용 및 연안여객선박용 석유류의 공급에 대하여는 부가가치세를 면제한다(조특법 106의 2).

### (2) 간주공급

주유소를 운영하는 자가 유류를 구입하고 자기 소유의 비영업용 승용차에 주유를 하거나(자가공급) 종업원의 소유차량에 무상으로 주유하는 경우(개인적 공급)에는 재화의 공급으로 의제한다. 다만, 당초에 매입세액을 공제받지 아니하는 경우에는 공급으로 의제되지 않는다.

① **광고선전 목적의 재화의 무상공급**

주유소를 운영하는 사업자가 자기 사업의 광고선전 목적으로 불특정 다수인에게 광고선전용 재화를 무상으로 제공하는 경우와 당해 주유소를 이용하는 고객에게 유류 구입시 당해 사업자의 상호, 전화번호 등이 인쇄된 사은품(휴지, 장갑 등)을 판매촉진 목적으로 무상으로 제공하는 경우에는 부가가치세가 과세되지 아니하며 당해 재화의 구입과 관련된 매입세액은 공제되는 것이나, 당해 주유소를 이용하는 고객 중 일정기간 동안 일정금액 이상의 유류를 구입한 고객에 대하여 이용실적에 따라 사후에 재화(매입세액이 공제되지 아니하는 것은 제외)를 무상으로 제공하는 경우에는 부가가치세가 과세되는 것이다(부가 46015-957, 1999. 4. 8).

② **고객에게 재화의 무상제공**

당해 주유소를 이용하는 고객 중 일정기간 동안 일정금액 이상의 유류를 구입한 고객에게 이용 실적에 따라서 사후에 재화(매입세액이 공제되지 아니한 것은 제외)를 무상으로 제공하는 경우 또는 연말 추첨권에 의한 경품 행사 등으로 무상공급하는 것은 사업상 증여에 해당되어 부가가치세가 과세되는 된다(부가 46015-2223, 1999. 7. 30). 이 경우 고객의 경품당첨은 기타소득에 해당되어 원천징수를 이행하여야 하며 지급명세서를 제출하여야 한다.

**참 고** **경품지급액의 원천징수 방법**

**(1) 제세공과금을 당첨자가 부담하는 경우**

| | | | | |
|---|---|---|---|---|
| (차) | 경품비용 | ××× | (대) 경품재고 | ××× |
| | 현금 등 | ××× | 부가세예수금 | ××× |
| | | | 소득세등 예수금 | ××× |

* 부가세예수금 : 경품의 시가 × 10%

* 소득세 등 예수금 : 경품의 시가 × 22%(지방소득세 포함). 다만, 당첨자가 법인인 경우에는 원천징수하지 아니한다.

**(2) 제세공과금을 당해 법인이 부담하는 경우**

| | | | | |
|---|---|---|---|---|
| (차) | 경품비용 | ××× | (대) 경품재고 | ××× |
| | 부가세예수금 | ××× | | |
| | 소득세 등 예수금 | ××× | | |

* 부가세예수금 : 경품의 시가 × 10%
* 소득세 등 예수금 : (경품의 시가 + 부가가치세) × 1.28205 × 22%(지방소득세 포함). 다만, 당첨자가 법인인 경우에는 원천징수하지 아니한다.
* 경품비용 중 대신 납부한 원천세액은 손금에 산입하지 아니한다.

③ **배달용 차량의 주유**

주유소의 운영자가 자기소유의 비영업용 승용차에 주유하는 것은 자가공급에 해당되어 부가가치세가 과세되나 배달용 운반트럭에 주유하는 것은 자기사업을 위하여 사용되는 것으로 재화의 공급으로 보지 않는다. 한편, 화물운송업과 주유소업을 각각 영위하는 사업자가 화물차량에 유류를 공급하는 것은 재화의 공급으로 보지 아니한다(부가-595, 2009. 4. 27).

**사례 주유소의 간주공급**

① 주유소 운영자가 자기소유의 비영업용 승용차에 주유하는 경우

| | | | | |
|---|---|---|---|---|
| (차) 차량유지비 | ××× | (대) | 매입(타계정 대체) | ××× |
| | | | 부가세예수금 | ××× |

* 당초 매입세액이 공제되지 아니한 것은 공급으로 의제되지 않는다.

② 고객에게 경품으로 TV를 제공한 경우

| | | | | |
|---|---|---|---|---|
| (차) 경품비용 | ××× | (대) | 경품재고(TV) | ××× |
| 현금 등 | ××× | | 부가세예수금 | ××× |
| | | | 소득세등 예수금 | ××× |

* 경품비용은 접대비에 해당되며 경품 제공받은 자가 원천세액을 부담하는 경우이다.

③ 주유소의 유류배달 트럭에 유류를 주유한 경우

| | | | | |
|---|---|---|---|---|
| (차) 차량유지비 | ××× | (대) | 매입(타계정 대체) | ××× |

④ 불특정 고객에게 휴지 등을 제공하는 경우

| | | | | |
|---|---|---|---|---|
| (차) 광고선전비 | ××× | (대) | 현금 및 현금성자산 | ××× |
| 부가세대급금 | ××× | | | |

⑤ 주유소의 주유를 자기의 다른 사업장인 화물운송업영위 화물자동차에 주유한 경우

| | | | | |
|---|---|---|---|---|
| (차) 차량유지비 | ××× | (대) | 매입(타계정 대체) | ××× |

* 자기의 다른 사업장에 원료·자재 등으로 사용하기 위하여 반출하는 경우 재화의 공급으로 보지 않는다(부가-591, 2009. 4. 27).

⑥ 주유소의 단골고객(예 : 월 10회 이상 이용)에게 USB 제공

| | | | | |
|---|---|---|---|---|
| (차) 접대비 | ××× | (대) | 상품(USB) | ××× |
| | | | 부가세예수금 | ××× |

* 특정인에게 제공하는 것은 사업상증여에 해당되어 당초에 매입세액공제받은 것에 한하여 공급으로 의제되며 현물접대비로 보아 시가상당액으로 한도시부인하여야 한다.

### (3) 주유카드 사용과 과세표준

① 주유소 유류 판매시 일반 고객에 대하여는 주유기 표기금액에 의하여 매출을 산정하고, 차량소유회사 등 유류를 다량으로 구매하는 경우에는 판매당시에 일반고객에 비해 통상의 공급가액에서 일정액을 공제하는 것은 에누리에 해당한다(서면3팀-720, 2007. 3. 7).

② 주유소에서 휘발유 등을 주유하고 각종 신용카드나 자체 적립카드로 결제하는 경우 과세표준에서 제외되지 않는다.

## 3. 농·어업용 및 연안여객선박용 석유류에 대한 감면

### (1) 감면범위

다음 각 호의 어느 하나에 해당하는 석유류(「석유 및 석유대체연료 사업법」에 따른 석유제품을 말한다. 이하 이 조에서 "면세유"라 한다)의 공급에 대해서는 부가가치세와 제조장 또는 보세구역에서 반출되는 것에 대한 개별소비세, 교통·에너지·환경세, 교육세 및 자동차 주행에 대한 자동차세(이하 이 조에서 "자동차세"라 한다)를 대통령령으로 정하는 바에 따라 면제한다. 이 경우 제1호는 2026년 12월 31일까지 공급하는 것에만 적용하고, 제2호는 2025년 12월 31일까지 공급하는 것에만 적용한다(조특법 106의 2 ①).

1. 대통령령으로 정하는 농민, 임업에 종사하는 자 및 어민(이하 이 조에서 "농어민 등"이라 한다)이 농업·임업 또는 어업에 사용하기 위한 석유류로서 대통령령으로 정하는 것
2. 연안을 운항하는 여객선박(「관광진흥법」 제2조에 따른 관광사업 목적으로 사용되는 여객선박은 제외한다)에 사용할 목적으로 「한국해운조합법」에 따라 설립된 한국해운조합에 직접 공급하는 석유류

### (2) 주유소의 환급신청

주유소 등 석유판매업자가 부가가치세, 개별소비세, 교통·에너지·환경세, 교육세 및 주행세가 과세된 석유류를 공급받아 농어민 등에게 공급한 석유류가 제1항 제1호에 해당하는 경우에는 석유판매업자는 신청하여 면제되는 세액을 환급받거나 납부 또는 징수할 세액에

서 공제받을 수 있다(조특법 106의 2 ②).

### (3) 면세유 부정유통시의 처벌

「조세특례제한법」 제106조의 2 제1항 제1호에 따른 석유류를 같은 호에서 정한 용도 외의 다른 용도로 사용·판매하여 조세를 포탈하거나 조세의 환급·공제를 받은 석유판매업자는 3년 이하의 징역 또는 포탈세액 등의 5배 이하의 벌금에 처한다(조세범처벌법 4 ①).

### (4) 감면세액의 총수입금액 산입 여부

주유소 등 석유판매업을 영위하는 거주자가 「조세특례제한법」 제106조의 2에 따라 농·어민 등에게 석유류를 공급하고 「농·축산·임·어업용 기자재 및 석유류에 대한 부가가치세 영세율 및 면세적용 등에 관한 특례규정」 제15조의 2 제3항에 따라 감면세액(개별소비세, 교통·에너지·환경세, 교육세 및 주행세)을 환급받는 경우, 당해 환급세액은 거주자의 소득금액 계산에 있어서 총수입금액에 산입하지 아니하는 것이다(소득-724, 2009. 5. 19).

**참 고** 농·축산·임·어업용 기자재 및 석유류에 대한 부가가치세 영세율 및 면세 적용 등에 관한 특례규정

**제15조의 2(석유판매업자의 환급신청 등)**

① 법 제106조의 2 제2항에서 "대통령령으로 정하는 석유판매업자"란 다음 각 호의 어느 하나에 해당하는 자를 말한다.

1. 「석유 및 석유대체연료 사업법」 제2조 제7호부터 제9호까지의 규정에 따른 석유정제업자·석유수출입업자 또는 석유판매업자 및 「액화석유가스의 안전관리 및 사업법」 제2조 제3호에 따른 액화석유가스 수출입업자
2. 「액화석유가스의 안전관리 및 사업법」 제2조 제5호·제9호 및 같은 법 제44조 제2항에 따른 액화석유가스 충전사업자, 액화석유가스 판매사업자 및 액화석유가스 특정사용자
3. 「고압가스 안전관리법」 제4조에 따른 고압가스제조자

② 제1항에 해당하는 자(이하 "석유판매업자"라 한다)가 법 제106조의 2 제1항에 따라 부가가치세를 면제 또는 감면받거나 같은 조 제2항에 따라 부가가치세의 감면세액을 환급 또는 공제받으려면 농어민 등 또는 「한국해운조합법」에 따른 한국해운조합(이하 "한국해운조합"이라 한다)에 공급한 해당 석유류를 구입하는 때에 부담한 부가가치세 매입세액은 매출세액에서 공제되는 매입세액으로 보아 부가가치세를 신고하여야 한다.

③ 석유판매업자가 법 제106조의 2 제2항에 따라 개별소비세, 교통·에너지·환경세, 교육세 및 주행세의 감면세액을 환급받으려면 농어민 등에게 매월 공급한 면세유의 석유제품별 수량 및 환급세액 등이 기재된 기획재정부령으로 정하는 신청서에 국세청장이 정하는 면세유류공급명세서를 첨부하여 다음 달 10일까지 관할세무서장에게 제출하여야 한다.

④ 제3항에 따라 환급신청을 받은 세무서장은 그 달의 25일까지 석유판매업자에게 개별소비세, 교통・에너지・환경세 및 교육세의 감면세액을 환급하여야 한다.

⑤ 세무서장이 제4항에 따라 석유판매업자에게 감면세액을 환급한 경우에는 주행세 감면세액의 환급을 위하여 기획재정부령으로 정하는 자료를 환급일의 다음 달 10일까지 울산광역시장에게 통보하여야 한다.

⑥ 제5항에 따라 통보를 받은 울산광역시장은 제3항에 따라 환급신청한 날의 다음 달 20일까지 주행세의 감면세액을 석유판매업자에게 환급하여야 한다.

**제20조의 2(면세유류판매업자 지정 등)**

① 석유판매업자가 법 제106조의 2 제7항에 따라 면세유를 판매할 수 있는 석유판매업자로 지정을 받으려면 기획재정부령으로 정하는 시설기준, 그 밖의 요건을 갖추어 같은 항에 따른 면세유류관리기관인 중앙회에 지정신청서를 제출하여야 한다.

② 제1항에 따라 신청받은 면세유류관리기관인 중앙회는 신청일부터 30일 이내에 지정 여부를 결정하고 기획재정부령으로 정하는 면세유류판매업자 지정증을 신청인에게 교부하여야 한다.

③ 석유판매업자가 농어민 등에게 면세유를 판매하기 위하여는 제2항에 따라 면세유류판매업자 지정증을 교부받아야 한다.

**제22조(부가가치세 감면 신고절차)**

법 제106조의 2 제1항 제2호 및 이 영 제15조 제1항 제1호・제2호(내수면어업용 선박 및 내수면육상어업용 시설에 사용되는 것으로서 「수산업협동조합법」에 따른 조합에 신고된 것에 한한다)에 따른 석유류를 공급한 사업자가 부가가치세를 감면받으려면 「부가가치세법」에 따른 예정신고・확정신고 또는 영세율 등 조기환급신고를 하는 때에 그 신고서에 국세청장이 정하여 고시하는 면세유류공급증명서를 첨부하여야 한다.

**제24조(구분경리)**

면세유류를 공급하는 사업자는 자기의 사업장에서 과세로 공급하는 석유류와 면세로 공급하는 석유류를 각각 구분하여 장부에 기록・비치하여야 한다.

※ 농업기계 및 내수면 어업선박, 시설용 부가가치세 면세석유류 공급절차(국세청고시 제2009－46호, 2009. 8. 25)를 참고 바랍니다.

## 4. 영세율

「국군조직법」에 따라 설치된 부대 또는 기관에 공급하는 석유류의 공급에 대한 부가가치세의 경우에는 영(零)의 세율을 적용한다(조특법 105 ① 2호). 이 경우 영세율 첨부서류는 납품증명서이다.

## 5. 공급시기

### (1) 일반적인 형태의 공급시기

주유소의 유류공급은 재화의 공급에 해당되어 일반적으로 유류가 판매되는 때(인도시점)이다. 다만, 할부판매의 경우에는 대가의 각 부분을 받기로 한 때이며 위탁판매나 조건부 기한부 판매의 경우에는 수탁자가 판매한 날, 조건 등이 성취하거나 기한이 도래한 날이 공급시기가 된다. 자가공급에 해당되는 경우에는 유류가 사용 또는 소비되는 때, 판매목적 타사업장 반출의 경우에는 유류가 타사업장에 반출되는 때이다.

**참 고** **주유소에 인도한 유류의 소유권이 정유사에 있는 경우 인도한 유류에 대한 공급시기**

(1) 거래형태 및 질의내용

주유소를 소유 및 운영하고 있는 갑 정유회사(이하 '본건 정유회사')는 주유소 사업을 하고자 하는 개인사업자(이하 "본건 개인사업자")에게 본건 정유회사 소유의 제반 주유소 시설물을 임대하고자 함. 본건 개인사업자는 본건 정유회사로부터 주유소 시설물을 임차한 후 본건 정유회사로부터 유류제품을 매입하여 최종소비자에게 판매할 예정이며, 본건 정유회사가 본건 개인사업자와 유류제품을 판매하기 위해 체결한 계약(이하 "본건 거래")에 세부내용은 아래와 같음

① 유류제품 판매시점 : 유류제품은 본건 개인사업자가 본건 정유회사로부터 임차한 유류탱크 내에 주입된 후 본건 개인사업자가 최종소비자에게 판매하는 시점에 본건 정유회사로부터 본건 개입사업자에게 판매가 이루어지며, 그 이전까지는 유류탱크 내 유류제품에 대한 소유권은 본건 정유회사에 있음

② 유류제품의 판매가격 : 본건 개인사업자가 최종소비자에게 판매한 가격에서 사전에 정해진 본건 개인사업자의 판매마진을 차감한 금액

③ 판매대금의 수령방법 : 본건 정유회사가 본건 개입사업자에게 판매한 유류제품의 판매대금은 본건 개인사업자가 최종소비자에게 판매한 다음 날 본건 정유회사에게 지급됨

④ 재고 과부족 처리 : 본건 개인사업자는 본건 정유회사 소유의 유류제품에 대하여 선량한 관리자의 주의 의무(연 1회 이상 정산하여 재고부족시 본건 개인사업자가 전액 변제하고, 재고잉여 발생시 본건 사업자에게 50%를 배분)

(2) 회신내용

재화의 이동이 필요한 경우 공급시기는 「부가가치세법」 제9조 제1항 제1호의 규정에 의하여 당해 재화가 인도되는 때이며, 반환조건부판매 · 동의조건부판매 · 기타 조건부 및 기한부 판매의 경우에는 같은 법 시행령 제21조 제1항 제3호의 규정에 그 조건이 성취되거나 기한이 경과되어 판매가 확정되는 때로 하는 것이다(서면3팀-2882, 2007. 10. 24).

### (2) 정유사의 주유소에 대한 사후정산방식

주유소가 유류를 주문하는 경우 대략적인 가격을 유선 등을 통하여 고지하고 주문 · 입금 시점으로부터 일정기간 경과 후 가격을 확정하여 정산하는 형태를 사후정산 또는 종가거래라고 한다. 이러한 사후거래형태가 대부분이며 이 경우 공급시기는 원칙적으로 유류가 인도되는 때이나 정산시점, 즉 가격이 확정되는 시점에서 수정세금계산서를 발행하면 된다.

## 6. 과세표준

주유소의 부가가치세 과세표준은 유류를 판매하고 고객으로부터 받은 부가가치세를 제외한 모든 금전적 대가이다. 주유소의 과세표준은 고정거래처인 운수업체 등에게 매출하는 세금계산서 발급분, 최종소비자인 고객에게 판매하는 신용카드 및 현금영수증 발급분, 세차수입 등 기타 영수증 발급분으로 구성된다. 다만, 판매수량 또는 금액에 따라 정유사로부터 지급받는 판매장려금은 부가가치세 과세표준에 포함되지 아니한다.

## 7. 세금계산서의 발급

### (1) 월합계세금계산서의 발급

고객에게 유류를 판매하고 신용카드로 결제받은 경우에는 세금계산서를 발급할 수 없다. 주유소의 단골고객에게는 거래시마다 거래명세표를 발급한 후 월합계세금계산서를 발급할 수 있다.

정유사가 주유소를 운영하는 자에게 다음의 어느 하나에 해당하는 경우에는 재화 또는 용역의 공급일이 속하는 달의 다음 달 10일까지 세금계산서를 발급할 수 있다(부법 34 ③).

① 거래처별로 1역월의 공급가액을 합계하여 해당 월의 말일자를 발행일자로 하여 세금계산서를 발급하는 경우

② 거래처별로 1역월 이내에서 사업자가 임의로 정한 기간의 공급가액을 합계하여 그 기

간의 종료일자를 발행일자로 하여 세금계산서를 발급하는 경우

③ 관계 증명서류 등에 따라 실제거래사실이 확인되는 경우로서 해당 거래일자를 발행일자로 하여 세금계산서를 발급하는 경우

다만, 최종소비자에 유류를 소매하는 경우에는 세금계산서 발급의무가 면제되나 소비자가 세금계산서 발급을 요구하는 경우에는 세금계산서를 발급하여야 한다(부령 71).

### (2) 수정세금계산서의 발급

석유대리점이 주유소에 세금계산서 교부 후 주유소로부터 위조된 '면세유류 공급확인서'를 제출받아 공급가액을 감액하는 수정세금계산서를 교부하는 경우에 있어 당해 감액수정세금계산서에 대하여는 수정세금계산서를 교부할 수 없는 것이다(서면3팀-2857, 2007. 10. 19).

## 8. 매입세액공제

주유소의 사업과 관련하여 취득한 재화 또는 용역에 대한 매입세액은 불공제 매입세액을 제외하고는 매출세액에서 공제받을 수 있다. 주유소의 매입은 유류(무연휘발유, 경유, 등유, LPG 등)로 정유회사로부터 구입하고 매입세금계산서를 발급받게 된다. 또한, 전기료(한국전력공사) 및 전기안전대행료, 임대료, 광고선전 목적의 판촉물품(장갑, 휴지, 생수, 경품 등) 구입비용과 관련된 매입세액으로 매출세액에서 공제받을 수 있다.

### (1) 광고선전 목적의 재화 구입

주유소를 운영하는 사업자가 홍보목적으로 화장지, 장갑 등을 무상으로 제공하는 경우 이와 관련된 매입세액은 매출세액에서 공제받을 수 있다. 또한, 주유소를 운영하는 사업자가 당해 주유소에 자동세차기를 설치하고 자기의 고객에게 무료 또는 저가로 세차를 하여 주는 경우 동 자동세차기 설치에 따른 매입세액은 자기의 매출세액에서 공제할 수 있는 것이다(부가 46015-1963, 1995. 10. 24).

### (2) 고객의 경품제공 재화 구입

당해 주유소를 이용하는 고객 중 일정기간 동안 일정금액 이상의 유류를 구입한 고객에게 이용 실적에 따라서 사후에 재화(매입세액이 공제되지 아니한 것은 제외)를 무상으로 제공하는 경우 또는 연말 추첨권에 의한 경품 행사 등으로 무상공급하는 것은 사업상 증여에 해당되어 부가가치세가 과세 된다(부가 46015-2223, 1999. 7. 30).

### (3) 면세유 관련 재화 구입

조세특례제한법 제105조의 2 규정에 의한 면세유를 농어민에게 공급하는 주유소가 면세유 구입 및 면세유를 배달하기 위한 탱크로리 차량 및 기타 전기요금 등 유지관련비용 관련 매입세액은 매출세액에서 공제받을 수 있다(부가-349, 2009. 3. 17).

① **질의**

「조세특례제한법」 제106조의 2 제1항에 따른 면세유의 공급과 관련하여 구입한 고정자산 및 공통경비에 대한 부가가치세 매입세액 공제 여부

〈갑설〉 면세사업과 관련된 것이므로 매입세액 불공제 또는 공통매입세액 과·면세 안분계산

〈을설〉 면세유를 구입하는 때에 부담한 부가가치세 매입세액을 공제하여 주고 있으므로 그 관련 고정자산 등의 부가가치세 매입세액도 매출세액에서 공제받을 수 있음.

② **회신**

귀 질의의 경우 〈을설〉이 타당하다(재부가-205, 2009. 3. 10).

### (4) 토양오염조사 등 공사

토양오염이 발생한 주유소 저유시설을 보수하기 위하여 지출한 저유시설 옹벽·차단막공사, 토양오염 조사 및 오염토양 반출공사 관련 매입세액을 토지 관련 매입세액으로 볼 수 있는지에 대하여 심판원은 구축물관련 매입세액으로 보고 있다. 즉, 주유소의 지하 유류저장탱크가 노후화되어 이를 보수하기 위한 공사로서, 그 내역도 바닥 오염토 제거 및 오염토양의 정화반출공사, 바닥철거 및 시멘트 타설공사, 오염차단막공사, 주유탱크실 옹벽공사 등으로 토지의 가치 증대를 위한 공사가 아니라 토지에 정착된 구축물의 가치 증대를 위한 공사로 매입세액이 공제되는 것이 타당하다(조심 2009중3136, 2009. 11. 12).

### (5) 고객용 소형승용차의 렌트비용

유류 주입 사고로 고객의 소형승용자동차에 피해가 발생하여 주유소 운영사업자가 수리기간 동안 다른 소형승용자동차를 임차하여 제공하는 경우, 당해 임차비용에 대한 매입세액은 「부가가치세법」 제17조 제1항 제1호에 따라 사업자의 매출세액에서 공제할 수 있는 것이다(부가-112, 2010. 1. 28).

### (6) 사실과 다른 세금계산서

쟁점거래처들은 석유판매대리점임에도 유류의 저장탱크가 없으며, 출하전표상의 차량번호로 정유사에게 출하내역을 조회한 결과 해당 일자에 출하한 내역이 없거나 또는 주문자 및 도착지가 모두 상이한 점 등을 고려하여서 실물공급이 없이 허위의 출하전표와 사실과 다른 세금계산서를 발행한 자료상으로 검찰에 고발된 점, 청구법인은 30년 이상 석유류를 취급한 사업자로서 시중의 가격보다 낮게 유류를 매입하면서 출하전표상의 거래처명이 서로 상이하여 정상적인 유통경로를 거친 유류인지 여부에 대하여 충분히 의심할 수 있었음에도, 이에 대한 추가적인 사실확인이 없이 계속하여 거래한 점 등을 감안할 때, 청구법인이 유류의 거래에서 선량한 관리자로서의 주의의무를 다한 것으로 인정할 수는 없으므로 청구주장을 받아들이기는 어렵다고 판단된다(조심 2011전1180, 2011. 12. 23).

## 9. 신용카드발행공제

유류소매업을 영위하는 개인주유소 운영사업자가 부가가치세가 과세되는 유류를 공급하는 사업자(법인사업자와 직전 연도의 재화 또는 용역의 공급가액의 합계액이 사업장별로 10억원을 초과하는 개인사업자는 제외한다)와 간이과세자가 부가가치세가 과세되는 재화 또는 용역을 공급하고 제34조 제1항에 따른 세금계산서의 발급시기에 「여신전문금융업법」에 따른 신용카드매출전표, 「조세특례제한법」 제126조의 3에 따른 현금영수증 또는 그 밖에 이와 유사한 것을 발급하거나 전자적 결제 수단에 의하여 대금을 결제받는 경우에는 발급금액 또는 결제금액에 1퍼센트(2026년 12월 31일까지는 1.3퍼센트로 한다)를 곱한 금액을 납부세액에서 공제한다. 이 경우 신용카드발행세액공제를 받은 금액은 종합소득세 확정신고시 영업외 수익으로 총수입금액에 산입하여야 한다.

# Ⅲ 주유소의 소득세 · 법인세 실무

## 1. 주유소의 수입금액

주유소의 수입금액은 유류판매 수입, 세차수입, 편의점 판매수입 등으로 구성된다. 주유소의 매출총이익률은 4~5% 정도이다.

### (1) 매출할인의 귀속

석유류판매업과 주유소 내의 부대사업(경정비, 세차, 피자 등)을 운영하는 법인이 자사 상품을 구매하는 고객에게 판매금액의 일정률에 상당하는 금액을 매출할인형태로 개인별 적립통장에 적립하여 주고 고객이 법인의 상품을 구입시 적립된 금액을 이용하는 경우 이에 상당하는 금액을 매출할인의 형태로 감액시켜주고 있는 경우 그 매출할인금액은 상대방과의 약정에 의한 지급기일(그 지급기일이 정하여 있지 아니한 경우에는 지급한 날)이 속하는 사업연도의 매출액에서 차감하는 것이다(법인 46012-2613, 2000. 10. 23).

### (2) 보너스카드 할인

법인이 제품의 판매증진을 위하여 고객(특수관계인 등 특정인에게 한정하는 경우 제외)에게 "고객보너스 카드"를 발급하고 동 고객의 제품 구매실적에 따라 사전약정에 의거 향후 제품 추가구매시 일정률의 가격을 할인하여 주는 경우 당해 할인액은 할인매출 당시의 매출가액에 포함하지 아니하는 것이다(법인 46012-143, 1994. 1. 15).

## 2. 손금 또는 필요경비의 계산

### (1) 상품매입액

정유사로부터 매입하는 유류를 재고자산으로 계상하고 판매시에 매출원가로 손금산입한다. 또한 주유소를 경영하는 법인이 유류의 판매촉진을 위하여 당해 주유소를 이용하는 고객에게 무상으로 제공하는 화장지·면장갑 등의 가액과, 일정기간 동안 일정금액 이상을 주유한 고객을 대상으로 경품부 판매를 실시하는 경우 경품으로 제공하는 금품의 가액으로서 사회통념상 타당하다고 인정되는 범위 안의 금액은 법인세법 시행령 제12조 제2항 제2호에 규정하는 판매부대비용에 포함되는 것이며 당해 주유소를 불특정다수인에게 광고선전할 목적으로 광고전단과 함께 무상으로 제공하는 볼펜, 열쇠고리 등 금품의 가액은 광고선전비로 처리한다(법인 46012-3963, 1998. 12. 18).

### (2) 인건비

주유소의 임직원은 소장, 총무, 기사, 경리, 주유원, 기타인력 등으로 구성되어 있다. 이 경우 정규직원에 대한 매월 지급하는 급여는 매월 또는 반기별로 원천징수를 하고 다음 연도 3월 10일까지 연말정산한다. 한편, 주유원, 세차원 등 일용근로자의 경우에는 매월 일용근로자에 대한 지급명세서를 제출하여야 한다.

### (3) 감가상각비

주유소의 감가상각대상 사업용고정자산은 주유기, 지하저장탱크, 차량, 폐수처리시설, 지폐계수기, 보너스카드, 신설급수 등이다. 감가상각의 내용연수는 공통자산은 법인세법 시행규칙 【별표5】 "건축물 등의 기준내용연수 및 내용연수범위표"의 기준내용연수 또는 신고내용연수를 적용하고 사업용자산에 해당하는 자산은 다음의 법인세법 시행규칙 【별표6】의 업종별자산의 기준내용연수 및 내용연수범위표를 적용한다.

| 내용연수 | 대분류 | 중분류 |
|---|---|---|
| 5년 | 도・소매 및 소비자용품 수리업 | • 자동차판매・수리 및 차량연료 소매업<br>• 도매 및 상품 중개업<br>• 소매 및 소비용품 수선업(자동차를 제외한다) |

#### ① 주유기의 내용연수

주유소의 주유기 내용연수는 기계장치 이외의 고정자산 내용연수표(별표5) (1) 기구 및 비품의 내용연수를 적용하는 것이다(법인 46012-4115, 1993. 12. 27). 즉, 기준내용연수 5년(4년~6년)을 적용한다.

#### ② 주유소 지하저장탱크에 대한 내용연수

주유소에서 판매 또는 저장을 위한 강철제의 지하저장탱크의 내용연수는 기계장치 이외의 고정자산내용연수표 중 구축물의 내용연수를 적용하는 것이다(법인 22601-2014, 1987. 7. 25).

ⓐ 부속설비를 건축물과 구분하여 업종별 자산으로 회계처리하는 경우에는 별표 6을 적용할 수 있다.

ⓑ 구축물 중 하수도, 굴뚝, 경륜장, 포장도로와 폐수 및 폐기물처리용 구축물과 기타 진동이 심하거나 부식성 물질에 심하게 노출된 것은 기준내용연수를 각각 10년, 20년으로 하고, 내용연수범위를 각각(8년~12년), (15년~25년)으로 하여 신고내용연수를 선택적용할 수 있다.

#### ③ 주유소 내의 승용차세차기에 따른 폐수처리시설비

주유소를 영위하는 법인이 주유소 내에서 기계장치에 해당하는 승용차세차기를 정상적으로 가동하기 위하여 필수적으로 설치하는 하우징(Housing)건축비 및 폐수처리시설비는 승용차 세차기에 대한 자본적지출에 해당하는 것이 아니고 법인세법 시행규칙 [별표 5]에 규정된 건축물 등의 기준내용연수 및 내용연수범위표를 적용하여 감가상각하여야 하는 것이다(서이 46012-10829, 2001. 12. 28).

### (4) 대손상각비

주유소의 거래처의 파산 등으로 인하여 대손이 발생한 경우 대손금을 손금산입할 수 있다. 주유소 운영 법인이 유류를 판매하면서 그 대가로 제휴사가 발행한 상품권을 수령하고 그 후 제휴사에 상품권을 제시하여 대금을 청구하는 경우 당해 상품 등 판매가액의 미수금에 대하여 대손충당금을 설정할 수 있는 것이다(법인-3580, 2008. 11. 24).

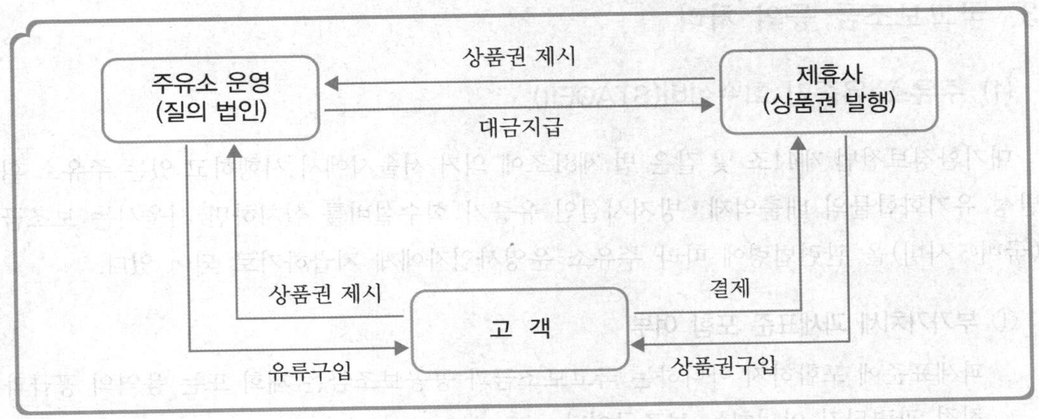


### (5) 판매촉진비

주유소를 경영하는 법인이 유류의 판매촉진을 위하여 당해 주유소를 이용하는 고객에게 무상으로 제공하는 화장지·면장갑 등의 가액과, 일정기간 동안 일정금액 이상을 주유한 고객을 대상으로 경품부 판매를 실시하는 경우 경품으로 제공하는 금품의 가액으로서 사회통념상 타당하다고 인정되는 범위 안의 금액은 판매부대비용에 포함되는 것이며 또한 당해 주유소를 불특정다수인에게 광고선전할 목적으로 광고전단과 함께 무상으로 제공하는 볼펜, 열쇠고리 등 금품의 가액은 광고선전비로 처리하여 손금산입한다.

### (6) 무료세차용역비

주유소에서 사전공시(현수막 등을 통한 홍보)에 의하여 일정액 이상 주유하는 고객에게 무료세차용역 제공함에 따른 비용(세차시 운전비용인 "전기료, 수도요금, 인건비" 등)은 판매부대비용으로 보아 손금에 산입한다.

### (7) 신용카드수수료

주유소는 신용카드 매출의 비율이 상당히 높으므로 그에 대한 수수료도 많이 발생하는바 이를 지급수수료로 처리한다.

### (8) 과징금이 무혐의로 처분된 경우 손금산입 여부

주유소를 운영하는 개인사업자가 유사석유류 사용 혐의로 기 납부한 과징금이 무혐의로 처분된 경우 필요경비에 산입하지 아니하며, 이를 환급받은 경우에도 총수입금액에 산입하지 아니하는 것이다(소득-1854, 2009. 12. 1).

## 3. 국고보조금 등의 처리

### (1) 주유소 유증기 회수설비(STAGEII)

대기환경보전법 제44조 및 같은 법 제81조에 의거 서울시에서 시행하고 있는 주유소 휘발성 유기화합물의 배출억제·방지시설인 유증기 회수설비를 설치하면 서울시는 보조금(국비·시비)을 관련법령에 따라 주유소 운영사업자에게 지급하기로 되어 있다.

#### ① 부가가치세 과세표준 포함 여부

과세표준에 포함하지 아니하는 국고보조금과 공공보조금은 재화 또는 용역의 공급과 직접 관련되지 아니하는 보조금이다.

ⓐ 주유소 운영사업자와 설비업자가 유증기 회수설비 설치 계약을 1,000만원에 체결하고 설치 완료 후 보조금 수령을 주유소 운영사업자가 설비업자에게 위임한 경우 재화 또는 용역을 공급받은 자가 국가 등으로부터 지급받은 국고보조금을 재원으로 하여 공급자에게 대가의 일부를 지급하는 경우 그 국고보조금은 부가가치세 과세표준에서 제외되지 않는다.

ⓑ 주유소 사업자가 용역을 공급한 설비업자에게 국고보조금 해당액을 지급하지 않고 국고보조금의 수령을 위임한 경우에 그 국고보조금 해당액은 과세표준에 포함하는 것이며, 설비업자는 주유소 사업자에게 국고보조금을 포함한 전체 금액에 대하여 세금계산서를 교부하여야 한다(부가-4586, 2008. 12. 3).

### (2) 국고보조금의 세무조정

법 제36조 제1항의 규정에 의한 국고보조금으로 고정자산을 취득한 법인이 대차대조표를 작성함에 있어서 기업회계기준에 따라 국고보조금을 취득한 고정자산에서 차감하는 형식으로 표시한 경우 이에 대한 세무조정방법은 다음과 같다. 국고보조금 등으로 취득한 고정자산의 손금산입은 보조금의 예산 및 관리에 관한 법률 또는 지방재정법의 규정에 의한 보조금을 지급받아 고정자산을 취득하는 경우에 적용된다.

| 구 분 | 기업회계기준 | 세무조정 |
|---|---|---|
| (1) 수령시<br>(수령 2000) | 현금 2000 / 국고보조금 2000<br>(현금차감계정) | 국고보조금(현금차감계정) 2000<br>익금산입(유보) |
| (2) 자산 취득시<br>(취득 2000) | 차량운반구 2000 / 현금 2000<br>국고보조금 2000 / 국고보조금2000<br>(현금차감계정) (자산차감계정) | 국고보조금(현금차감계정) 2000<br>손금산입(△유보)<br>국고보조금(자산차감계정) 2000<br>익금산입(유보)<br>일시상각충당금 2000<br>손금산입(△유보) |
| (3) 결산시<br>(상각 400) | 감가상각비 400 / 감가상각충당금 400<br>국고보조금 400 / 감가상각비 400<br>(자산차감계정) | 일시상각충당금 400 익금산입(유보)<br>국고보조금(자산차감계정) 400<br>손금산입(△유보) |
| (4) 매각시<br>(매각 2000) | 현금 2000 / 사업용자산 2000<br>감가상각충당금400 / 처분이익 2000<br>국고보조금 1,600<br>(자산차감계정) | 일시상각충당금 1,600 익금산입(유보)<br>국고보조금(자산차감계정) 1,600<br>손금산입(△유보) |

## 4. 주유소의 조세특례

### (1) 중소기업의 범위

주유소는 도·소매업종으로 중소기업요건에 충족하는 경우 중소기업에 대한 세제지원을 받을 수 있다.

### (2) 중소기업특별세액감면

주유소의 경우 도·소매업으로 감면업종에 해당되며, 주유소가 수도권 내에 소재시에는 소기업에 해당하는 경우에만 감면율 10%가 적용되며 주유소가 수도권 외에 소재하는 경우 소기업인 경우에는 10%의 감면율을 적용하고 중기업에 해당시에는 5%의 감면율을 적용한다.

**관련법조문**

**◈ 조세특례제한법 제7조【중소기업에 대한 특별세액감면】**

③ 제1항 및 제2항에도 불구하고 「석유 및 석유대체연료 사업법」에 따른 석유판매업 중 대통령령으로 정하는 석유판매업을 영위하는 중소기업으로서 제1호 각 목의 감면 요건을 모두 갖춘 자에 대해서는 2023년 12월 31일까지 해당 석유판매업에서 발생하는 소득에 대한 소득세

또는 법인세에 제2호의 감면 비율을 곱하여 계산한 세액상당액(제1항 제3호 각 목의 금액을 한도로 한다)을 감면한다. 〈신설 2022. 12. 31〉

1. 감면 요건

가. 2022년 1월 1일부터 2022년 12월 31일까지의 기간 중 「한국석유공사법」에 따른 한국석유공사와 석유제품(「석유 및 석유대체연료 사업법」에 따른 석유제품을 말한다. 이하 이 호에서 같다) 공급계약을 최초로 체결할 것

나. 가목에 따른 석유제품 공급계약 기간 동안 매 분기별로 「한국석유공사법」에 따른 한국석유공사로부터의 석유제품 구매량이 같은 분기의 석유제품 판매량의 100분의 50 이상일 것

다. 상표를 "알뜰주유소"로 하여 영업할 것

2. 감면 비율

가. 소기업이 경영하는 사업장: 100분의 20

나. 중기업이 수도권 외의 지역에서 경영하는 사업장 : 100분의 15

다. 중기업이 수도권에서 경영하는 사업장 : 100분의 10

[주유소 관련 주요 해석사례 및 심판례 요약]

| | | |
|---|---|---|
| ① 사업양도 | 사업자가 주유소를 양도하면서 그 사업에 관련된 채무, 자산 및 종업원의 일부를 제외하고 양도하는 경우에는 「부가가치세법」 제6조 제6항 제2호의 사업의 양도에 해당하지 아니하는 것임. | 부가가치세과-1258 (2010. 9. 28) |
| ② 사실과 다른 세금계산서 | 거래처가 저유소를 보유하고 있지 않음에도 청구인이 저유소 및 사업장의 실제 존재 여부를 확인하지 않은 점, 청구인이 제출한 유류거래 관련 출하전표의 내용이 사실과 다르게 기재된 점, 유류를 매입한 사실이 없는 이상 청구인에게 유류를 매출할 수 없는 것으로 쟁점 거래처가 개업 후 각각 1년도 안되어 폐업하였고 영업기간 중 가공매입비율이 각각 99.5%와 100%로 실행위자가 조세범으로 고발된 점 및 유류거래질서가 일부 부적절한 것으로 적발되는 사례가 빈번한 점 등을 종합적으로 고려하면, 청구인이 쟁점거래처로부터 사실과 다른 세금계산서를 수령하였다고 봄이 타당하고 주의의무를 다하였다고 보기도 어려움. | 조심 2010구3258 (2011. 2. 7) |
| ③ 사업용계좌 미개설과 감면배제 | 부동산임대사업장에 대한 사업용계좌를 개설하지 아니하였다 하여 사업용계좌를 개설한 청구인의 주유소 사업장에 대해서도 '중소기업 특별세액감면'을 배제하고 과세한 처분은 잘못이 있는 것으로 판단됨. | 조심 2010중3168 (2010. 12. 30) |
| ④ 가공거래 여부 | 청구법인의 유류 매입대금이 쟁점거래처의 법인계좌로 입금되었으나 당해 금액이 청구법인으로 재입금된 사실은 확인되지 않은 점, 계량증명서 및 POS시스템상 일자별 유류 | 조심 2010서1312 (2010. 12. 27) |

| | | |
|---|---|---|
| | 입고 내역이 출하전표상의 입고내역과 일치하는 점 등으로 볼 때, 청구법인이 쟁점금액 상당의 경유를 매입하였다고 보여지므로 처분청이 이를 가공거래라고 보아 손금부인하여 법인세 등을 과세한 처분은 부당함. | |
| ⑤ LPG 충전소의 매수가액의 안분 | 부동산(토지 · 건물), 기계장치 및 영업권으로 구성된 LPG 충전소를 매수하면서 수취한 세금계산서가 각 재산의 매매가액이 객관적 기준에 의하여 평가된 것이 아니라 하여 그 가액을 기준시가 등에 의해 재평가한 후 그 초과분에 해당하는 매입세액을 공제배제한 처분은 잘못이 있음. | 조심 2009중3383 (2010. 11. 12) |
| ⑥ 면세유 감면세액 환급 | 농민에게 결제대금을 대여하고 각 분기별로 선결제하여 확보된 면세유를 결제월에 농민에게 공급하지 아니하고 추후 공급한 사실을 객관적으로 입증하지 못하는 경우 감면세액 환급분을 추징함은 달리 잘못이 없음. | 조심 2010부0296 (2010. 8. 30) |
| ⑦ 주유소 운영소득의 농업 외 소득 여부 | 2007년 시행령 개정 이전 사업연도분(2006. 12. 31. 이전에 개시된 사업연도분을 말한다)의 경우, 처분청은 동 개정 이전에도 관련 법령의 취지상 농업회사법인의 목적에 부합하지 않는 사업인 주유소업으로부터 발생한 쟁점소득은 법인세가 일부 면제되는 '농업소득 외의 소득'으로 보기 어렵다는 의견이나, 동 개정 이전에는 「조세특례제한법 시행령」 제63조 등이 소득 중 작물재배업에 의하지 않은 '농업소득 외의 소득'에 대하여 일률적으로 조합원 1인당 1,200만원까지 법인세를 면제하여 준다고만 규정하고 있을 뿐이고, 목적에 부합하는 사업에서 발생한 소득으로 면제 대상 소득을 제한하고 있지 않았던 점으로 보아 주유소운영업에서 발생한 소득은 법인세가 일부 면제되는 '농업소득 외의 소득'에 해당함.<br>※ 2006년 이전까지 조세특례제한법 제66조에 따라 법인세가 일부 면제되는 농업소득 외의 소득으로 보아야 함이 타당하며, 2007년 시행령 개정 이후의 소득은 과세함이 타당함(조심 2010중0704, 2010. 6. 11). | 조심 2010부1047 (2010. 6. 28) |

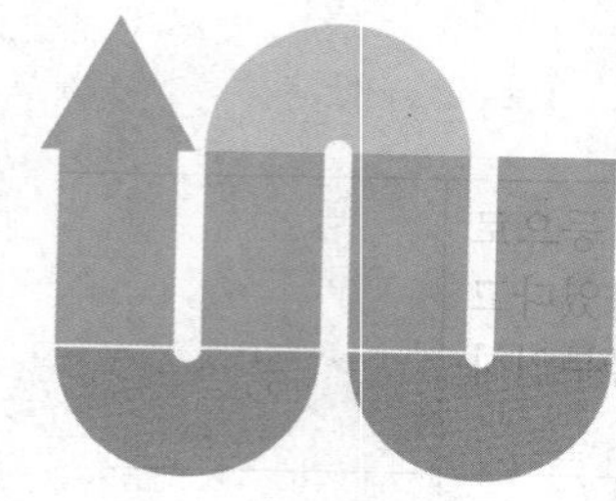

제22장

# 재활용폐자원·중고자동차 수집판매업의 회계와 세무실무

## I 개 요

### 1. 취지

재활용폐자원이나 중고자동차를 개인 등으로부터 수집하여 재생업체에 납품하는 경우 세금계산서를 발급받지 않아도 매입액의 일정금액을 매출세액에서 공제해주고 있다. 이를 재활용폐자원에 대한 매입세액이라고 하는데 이 제도는 재활용폐자원 수집판매업자의 부가가치세 부담을 완화해줌으로써 폐자원의 수집을 촉진하여 자원활용을 통한 재활용을 유도하여 환경보존을 도모하기 위한 데 있다.

### 2. 관련법률

#### (1) 폐기물관리법(법 25, 폐기물처리업)

① 폐기물의 수집·운반, 재활용 또는 처분을 업으로 하려는 자(음식물류 폐기물을 제외한 생활폐기물을 재활용하려는 자와 폐기물처리 신고자는 제외한다)는 환경부령으로 정하는 바에 따라 지정폐기물을 대상으로 하는 경우에는 폐기물처리사업계획서를 환경부장관에게 제출하고, 그 밖의 폐기물을 대상으로 하는 경우에는 시·도지사에게 제출하여야 한다. 환경부령으로 정하는 중요 사항을 변경하려는 때에도 또한 같다.

② 환경부장관이나 시·도지사는 제1항에 따라 제출된 폐기물처리사업계획서를 다음 각 호의 사항에 관하여 검토한 후 그 적합 여부를 폐기물처리사업계획서를 제출한 자에게 통보하여야 한다.

1. 폐기물처리업 허가를 받으려는 자(법인의 경우에는 임원을 포함한다)가 제26조에 따른 결격사유에 해당하는지 여부
2. 폐기물처리시설의 입지 등이 다른 법률에 저촉되는지 여부

3. 폐기물처리사업계획서상의 시설 · 장비와 기술능력이 제3항에 따른 허가기준에 맞는지 여부
4. 폐기물처리시설의 설치 · 운영으로 사람의 건강이나 주변 환경에 영향을 미치는지 여부

③ 제2항에 따라 적합통보를 받은 자는 그 통보를 받은 날부터 2년(제5항 제1호에 따른 폐기물 수집 · 운반업의 경우에는 6개월, 폐기물처리업 중 소각시설과 매립시설의 설치가 필요한 경우에는 3년) 이내에 환경부령으로 정하는 기준에 따른 시설 · 장비 및 기술능력을 갖추어 업종, 영업대상 폐기물 및 처리분야별로 지정폐기물을 대상으로 하는 경우에는 환경부장관의, 그 밖의 폐기물을 대상으로 하는 경우에는 시 · 도지사의 허가를 받아야 한다. 이 경우 환경부장관 또는 시 · 도지사는 제2항에 따라 적합통보를 받은 자가 그 적합통보를 받은 사업계획에 따라 시설 · 장비 및 기술인력 등의 요건을 갖추어 허가신청을 한 때에는 지체 없이 허가하여야 한다.

④ 환경부장관 또는 시 · 도지사는 천재지변이나 그 밖의 부득이한 사유로 제3항의 기간 내에 허가신청을 하지 못한 자에 대하여는 신청에 따라 총 연장기간 1년(제5항 제1호에 따른 폐기물 수집 · 운반업의 경우에는 총 연장기간 6개월, 같은 항 제3호에 따른 폐기물 최종처분업과 같은 항 제4호에 따른 폐기물 종합처분업의 경우에는 총 연장기간 2년)의 범위에서 허가신청기간을 연장할 수 있다.

⑤ 폐기물처리업의 업종 구분과 영업 내용은 다음과 같다.

1. 폐기물 수집 · 운반업: 폐기물을 수집하여 재활용 또는 처분 장소로 운반하거나 폐기물을 수출하기 위하여 수집 · 운반하는 영업
2. 폐기물 중간처분업: 폐기물 중간처분시설을 갖추고 폐기물을 소각 처분, 기계적 처분, 화학적 처분, 생물학적 처분, 그 밖에 환경부장관이 폐기물을 안전하게 중간처분할 수 있다고 인정하여 고시하는 방법으로 중간처분하는 영업
3. 폐기물 최종처분업: 폐기물 최종처분시설을 갖추고 폐기물을 매립 등(해역 배출은 제외한다)의 방법으로 최종처분하는 영업
4. 폐기물 종합처분업: 폐기물 중간처분시설 및 최종처분시설을 갖추고 폐기물의 중간처분과 최종처분을 함께 하는 영업
5. 폐기물 중간재활용업: 폐기물 재활용시설을 갖추고 중간가공 폐기물을 만드는 영업
6. 폐기물 최종재활용업: 폐기물 재활용시설을 갖추고 중간가공 폐기물을 제13조의 2에 따른 용도 또는 방법으로 재활용하는 영업
7. 폐기물 종합재활용업: 폐기물 재활용시설을 갖추고 중간재활용업과 최종재활용업을 함께 하는 영업

### (2) 자동차관리법

① "자동차매매업"이란 자동차[신조차(新造車)와 이륜자동차는 제외한다]의 매매 또는 매매 알선 및 그 등록 신청의 대행을 업(業)으로 하는 것을 말한다(법 2 7호).

② 자동차관리사업을 하려는 자는 국토해양부령으로 정하는 바에 따라 시장 · 군수 · 구청장에게 등록하여야 한다. 등록 사항을 변경하려는 경우에도 또한 같다. 다만, 대통령령으로 정하는 경미한 등록 사항을 변경하는 경우에는 그러하지 아니하다(법 53).

### (3) 한국표준산업분류

자동차판매업(451)은 신품 또는 중고자동차, 모터사이클 및 이들의 부품과 부속품을 판매하는 산업활동으로서 자동차 매매 중개활동을 포함한다.

〈제외〉

• 운전자가 딸린 승용 차량, 트럭 임대는 492, 493에 분류

• 차량견인 활동(4930)

• 차량용 연료를 판매하는 주유소 또는 차량용 가스 충전소(477)

# Ⅱ 부가가치세 실무

## 1. 적용대상

### (1) 사업자의 범위

재활용폐자원 및 중고자동차를 수집하는 사업자의 범위는 다음과 같다(조특령 110 ③).

① 「폐기물관리법」에 의하여 폐기물중간처리업허가를 받은 자(폐기물을 재활용하는 경우에 한한다) 또는 폐기물재활용신고를 한 자

② 「자동차관리법」에 따라 자동차매매업등록을 한 자

③ 「한국환경자원공사법」에 의한 한국환경자원공사

④ 중고자동차를 수출하는 자

⑤ 재생재료 수집 및 판매를 주된 사업으로 하는 자

* 기준경비율 코드번호(514971) "재생재료 수집 및 판매"
따라서 제조업의 경우에는 폐기물관리법에 의하여 폐기물재생처리업 허가를 받거나 폐기물재생처리신고를 한 제조업자가 매입세액을 공제받을 수 있으므로 폐기물관리법에 의한 폐기물재생처리업의 허가를 받지 못하거나 신고를 하지 않은 상태에서 재활용폐자원을 수집하여

제조하는 경우에는 매입세액공제를 받을 수 없다(국심 2001중1694, 2001. 11. 16). 또한 「자동차관리법」에 의한 중고자동차 매매업 등록을 하지 아니한 무역업자가 개인으로부터 구입한 자동차를 수출하지 아니하고 국내 개인에게 재판매한 경우에는 조세특례제한법 제108조 규정의 재활용폐자원 등에 대한 부가가치세 매입세액공제를 받을 수 없는 것이다(서면3팀-2962, 2006. 11. 30).

### (2) 적용대상 품목

재활용폐자원 매입세액공제를 받을 수 있는 품목은 다음과 같다(조특령 110 ④).

#### 1) 재활용폐자원

가. 고철
나. 폐지
다. 폐유리
라. 폐합성수지
마. 폐합성고무
바. 폐금속캔
사. 폐건전지
아. 폐비철금속류
자. 폐타이어
차. 폐섬유
카. 폐유

여기서 고철·폐비철금속류라 함은 파손, 절단 기타 사유로 원래의 용도대로 사용할 수 없는 것을 의미하므로 질의의 물품이 본래 용도대로 재사용이 가능한 것이라면 조세특례제한법 제108조의 규정에 의한 매입세액 공제를 받을 수 있는 재활용폐자원의 범위에 해당되지 아니한다.

#### 2) 중고자동차

「자동차관리법」에 따른 자동차 중 중고자동차. 다만, 다음 각 목의 자동차는 제외한다.

가. 수출되는 중고자동차로서 「자동차등록령」 제8조에 따른 자동차등록원부에 기재된 제작연월일부터 같은 영 제32조에 따른 수출이행여부신고서에 기재된 수출신고수리일까지의 기간이 1년 미만인 자동차

나. 제1항에 따른 자가 해당 자동차 구입과 관련하여 「부가가치세법」 제38조에 따라 매

입세액공제를 받은 후 중고자동차를 수집하는 사업자에게 매각한 자동차(제1항에 따른 자를 대신하여 그 밖의 다른 관계인이 해당 자동차 구입과 관련하여 매입세액 공제를 받은 경우를 포함한다). 다만, 「부가가치세법」 제63조 제3항에 따라 간이과세자가 매입세액을 공제받은 경우는 제외한다. 「자동차관리법」에 따른 중고자동차란 자동차의 제작·조립 또는 수입을 한 자로부터 자동차를 취득한 때부터 사실상 그 성능을 유지할 수 없을 때까지의 자동차를 말한다(조기통 108-110…3).

**참 고** 재활용폐자원 적용대상과 적용제외대상

(1) 적용대상

① 폐타이어(중고타이어 제외)(부가 46915-2315, 1995. 12. 7)
② 폐전선(부가 46015-1171, 1995. 6. 28)
③ 폐금속 캔(폐알루미늄 캔)(부가 46015-1114, 1996. 12. 27)
④ 폐유(폐식용유)(부가 46015-2770, 1996. 12. 27)
⑤ 폐섬유, 헌옷, 헌이불(부가 46015-320, 1998. 2. 24)

(2) 적용제외대상

① 중고건설기계(부가 46015-775, 1997. 4. 10)
② 자동차 중고부품(부가 46015-957, 1998. 5. 8)
③ 중고TV(부가 46015-1439, 2000. 6. 23)
④ 휴대폰 폐밧데리(소비 46015-9, 2002. 1. 8)
⑤ 폐목재료·폐건축자재(서삼 46015-10236, 2002. 2. 14)
⑥ 재활용가능한 폐드럼통(감심 2007-71, 2007. 7. 12)
⑦ 공병(재소비-574, 2005. 12. 13)
⑧ 재생폐카트리지, 헌신발(부가 46015-1855, 1997. 8. 11)

### (3) 적용대상 거래

재활용폐자원 및 중고자동차를 수집하는 사업자가 국가·지방자치단체 및 부가가치세 과세사업을 영위하지 아니하는 자(면세사업과 과세사업을 겸영하는 경우를 포함한다)와 「부가가치세법」 제25조에 규정된 간이과세자로부터 재활용폐자원 및 중고품을 취득하여 제조 또는 가공하거나 이를 공급하는 경우에 재활용폐자원 등의 매입세액공제를 적용한다. 따라서 세금계산서를 발급할 수 없는 일반과세자 이외의 자로부터 재활용폐자원 등을 수집하는 경우에 적용된다. 재활용폐자원 매입세액공제 적용대상거래를 예시하면 다음과 같다.

① 연간매출액이 4,800만원에 미달하는 간이과세자로부터 수집

② 사업자가 아닌 개인, 가계 등 비사업자로부터 수집
③ 사업성이 없는 아파트부녀회, 노인회로부터 수집

### (4) 적용대상 제외거래

재활용폐자원 및 중고자동차를 수집하는 사업자가 다음에 해당하는 자로부터 재활용폐자원 등을 수집하는 경우에는 재활용폐자원 매입세액을 받을 수 없다.

① 일반과세자 규모의 미등록사업자(국심 2006중2316, 2007. 2. 12)
② 일반과세자
③ 간이과세배제업종 영위사업자(부가 46015-2133, 1998. 9. 21)
④ 법인 또는 개인사업자의 사업용중고자동차(서면3팀-2346, 2007. 8. 22)
 * 자동차 구입 및 비용을 장부에 반영하지 않은 경우에는 비사업자이므로 공제가능
⑤ 매입세액공제신고서에 공급자의 등록번호(주민등록번호)와 명칭, 취득가액 등이 기재되지 아니하거나 사실과 다르게 기재된 경우(서면3팀-227, 2007. 1. 23)
⑥ 경매로 계속사업 중인 일반과세자의 사업용 중고자동차 취득(서면3팀-965, 2008. 5. 14)
⑦ 사망자로부터 매입하여 그 취득이 불분명한 경우

[중고자동차 의제매입세액 공제 여부]

| 구 분 | 공제 여부 | |
|---|---|---|
| | 공 제 | 불공제 |
| 간이과세자로부터 취득 | ○ | |
| 개인 등 비사업자로부터 취득 | ○ | |
| 아파트부녀회, 노인회로부터 취득 | ○ | |
| 사업자의 사업용중고자동차 취득 | | ○ |
| 일반과세자 규모의 미등록사업자 | | ○ |
| 간이과세 배제업종 영위자 | | ○ |
| 사망자 등 취득내용 불분명 | | ○ |

판례 **미등록사업자와의 거래시 가산세 부과 여부**(조심 2008중2901, 2009. 4. 1)

청구인에게 4,800만원 미만의 재활용폐자원을 공급한 윤○○○ 등 20명은 재활용폐자원 공급을 위하여 부가가치세 사업자등록을 한 사실이 없고, 처분청에서도 직권으로 등록한 사실이 없어서 청구인이 이들로부터 정상적인 매입세금계산서를 받을 수 없었을 뿐만 아니라, 청구인으로서도 이들의 1역년 공급대가가 총 4,800만원을 초과하는지를 알 수 없는 상황이었으므로 청구인이 이들로부터 매입한 재활용폐자원가액을 재활용폐자원 등에 대한 부가가치세 매입세액 공제특례 적용대상으로 보아 매입세액공제를 적용하여 신고한 것은 그 의무해태를 탓할 수 없는 정당한 사유가 있다고 할 것이므로 처분청이 청구인에 대하여 가산세(신고불성실가산세 및 납부불성실가산세)를 부과한 처분에는 잘못 있다고 판단된다(조심 2008중2833, 2008. 12. 26 같은 뜻).

## 2. 재활용폐자원 등 매입세액의 계산

### (1) 공제율

재활용폐자원 및 중고자동차를 수집하는 사업자가 세금계산서를 발급할 수 없는 자 등 대통령령으로 정하는 자로부터 재활용폐자원을 2025년 12월 31일까지, 중고자동차를 2025년 12월 31일까지 취득하여 제조 또는 가공하거나 이를 공급하는 경우에는 취득가액에 다음 각 호의 값을 곱하여 계산한 금액을 「부가가치세법」 제37조 제1항 및 같은 법 제38조에 따라 매출세액에서 매입세액으로 공제할 수 있다(조특법 108).

재활용폐자원 등 매입세액 = 취득가액 × 3/103(중고자동차 10/110)

※ 재활용폐자원을 2014년 1월 1일부터 2015년 12월 31일까지 취득하는 경우에는 105분의 5로 한다.

### (2) 공제한도와 정산

재활용폐자원을 수집하는 사업자가 재활용폐자원에 대한 부가가치세 매입세액 공제특례를 적용받는 경우에는 부가가치세 확정신고를 할 때 해당 과세기간에 해당 사업자가 공급한 재활용폐자원과 관련한 부가가치세 과세표준에 100분의 80(2007년 12월 31일까지 취득한 재활용폐자원에 대해서는 100분의 90을 적용한다)을 곱하여 계산한 금액에서 세금계산서를 발급받고 매입한 재활용폐자원 매입가액(해당 사업자의 사업용 고정자산 매입가액은 제외한다)을 뺀 금액을 한도로 하여 계산한 매입세액을 매출세액에서 공제할 수 있다. 이 경우 「부가가치세법」 제48조에 따른 예정신고 및 같은 법 제59조 제2항에 따른 환급신고를 할 때 이미 재활용폐자원 매입세액공제를 받은 경우에는 같은 법 제49조에 따른 확정신고를 할 때 정산하여야 한다(조특법 108 ②). 이 경우 재활용폐자원을 수집 또는 판매할 때 들어간 운반비와 유류대, 임대료, 지급수수료 등 부대비용 등 일반관리비용은 재활용폐자원 매입세액공제 한도액 계산시 차감하는 "세금계산서를 교부받고 매입한 재활용폐자원 매입가액"에 해당되지 않는 것이다(부가-645, 2009. 5. 7). 중고자동차에 대하여는 공제한도를 적용하지 않는다.

## 3. 재활용폐자원 등 매입세액 공제절차

재활용폐자원 등 매입세액공제를 받고자 하는 자는 「부가가치세법」 제18조 또는 동법 제19조의 규정에 의한 신고시 재활용폐자원 등의 매입세액공제신고서에 「소득세법」 제163조 또는 「법인세법」 제121조의 규정에 의한 매입처별계산서합계표 또는 영수증을 첨부하여 제출(국세정보통신망에 의한 제출을 포함한다)하여야 한다. 이 경우 재활용폐자원 등의 매입세액공제신고서에 다음의 사항이 기재되어 있지 아니하거나 그 거래내용이 사실과 다른 경우에는 매입세액을 공제하지 아니한다(조특령 110 ⑤).

① **공급자의 등록번호(개인의 경우에는 주민등록번호)와 명칭 및 대표자의 성명(개인의 경우에는 그의 성명)**

② **취득가액**

한편, 다음의 경우에도 매입세액공제를 받을 수 있다(조특령 110 ⑥).

- 과세표준수정신고서와 함께 제출하는 경우
- 경정청구서와 함께 제출하여 제70조에 규정하는 경정기관이 경정하는 경우
- 기한 후 과세표준신고서와 함께 제출하여 관할세무서장이 결정하는 경우
- 법 제16조에 따라 발급받은 세금계산서에 대한 매입처별세금계산서합계표의 거래처별등록번호 또는 공급가액이 착오로 사실과 다르게 적힌 경우로서 발급받은 세금계산서에 의하여 거래사실이 확인되는 경우
- 법 제21조에 따른 경정에 있어서 사업자가 법 제16조에 따라 발급받은 세금계산서 또는 법 제32조의 2 제3항에 따라 발급받은 신용카드매출전표 등을 제70조에 규정하는 경정기관의 확인을 거쳐 정부에 제출하는 경우

■ 조세특례제한법 시행규칙 [별지 제69호 서식 (1)] 〈개정 2021. 3. 16.〉

## 재활용폐자원 및 중고자동차 매입세액 공제신고서(갑)

## ( 년 기)

※ 뒤쪽의 작성방법을 읽고 작성하시기 바랍니다. (앞쪽)

| | 처리기간 | 즉시 |
|---|---|---|

**1. 신고자 인적사항**

| ① 성 명(법 인 명) | ② 사업자등록번호 |
|---|---|
| ③ 업 태 | ④ 종 목 |

**2. 재활용폐자원 등 매입 합계**

| 구분 | 매입처수 | 건수 | 취득금액 | 매입세액 공제액 |
|---|---|---|---|---|
| ⑤ 합계 | | | | |
| ⑥ 영수증 수취분 | | | | |
| ⑦ 계산서 수취분 | | | | |

**3. 재활용폐자원 매입세액공제 관련 신고내용**

가. 과세기간 과세표준 및 공제가능한 금액 등

| 매출액 | | | 대상액 한도계산 | | 당기 매입액 | | | ⑯ 공제가능한 금액 (=⑫-⑭) |
|---|---|---|---|---|---|---|---|---|
| ⑧ 합계 | ⑨ 예정분 | ⑩ 확정분 | ⑪ 한도율 | ⑫ 한도액 | ⑬ 합계 | ⑭ 세금 계산서 | ⑮ 영수증 등 | |
| | | | | | | | | |

나. 과세기간 공제할 세액

| ⑰ 공제대상금액 (=⑮과 ⑯의 금액 중 적은 금액) | 공제대상세액 | | 이미 공제받은 세액 | | | ㉓ 공제 (납부)할 세액 (=⑲-⑳) |
|---|---|---|---|---|---|---|
| | ⑱ 공제율 | ⑲ 공제대상 세액 | ⑳ 합계 | ㉑ 예정 신고분 | ㉒ 월별 조기분 | |
| | | | | | | |

**4. 영수증 수취분에 대한 매입처 명세(합계금액으로 기재, 단 중고자동차는 거래건별로 기재)**

| 일련 번호 | ㉔ 공급자 | | ㉕ 구분 코드* | ㉖ 건수 | ㉗ 품명 | ㉘ 수량 | ㉙ 차량번호 (중고자동차) | ㉚ 차대번호 (중고자동차) | ㉛ 취득금액 |
|---|---|---|---|---|---|---|---|---|---|
| | 성명 또는 상호(기관명) | 주민등록번호 또는 사업자등록번호 | | | | | | | |
| 합계 | | | | | | | | | |
| 1 | | | | | | | | | |
| 2 | | | | | | | | | |

* 구분코드 : 1. 중고자동차, 2. 기타 재활용폐자원

「조세특례제한법 시행령」 제110조 제5항에 따라 재활용폐자원 및 중고자동차에 대한 매입세액을 공제받기 위해 신고합니다.

년 월 일

신고인 (서명 또는 인)

**세무서장** 귀하

| 첨부서류 | * 구비서류: 매입처별계산서합계표<br>* 공급자가 5곳을 초과하는 경우(중고자동차의 경우 거래건수가 5건을 초과하는 경우)에는 별지 제69호 서식(2)에 이어서 작성합니다. | 수수료 없음 |
|---|---|---|

210㎜×297㎜[백상지 80g/㎡ 또는 중질지 80g/㎡]

## 작 성 방 법

이 신고서는 아래의 작성방법에 따라 한글과 아라비아 숫자로 정확하게 적어야 하며 금액은 원단위까지 표시해야 합니다.

| 2. 재활용폐자원 등 매입합계란 | (⑤ ~ ⑦) |
|---|---|

⑤: ⑥ 영수증 수취분과 ⑦ 계산서 수취분의 매입처 수, 건수, 취득금액, 매입세액 공제액의 합계를 적습니다.

⑥: 부가가치세 일반과세자가 아닌 사업자 및 개인 등으로부터 재활용폐자원 및 중고자동차를 매입하고 영수증을 수취한 매입처 수, 건수, 취득금액, 매입세액 공제액의 합계를 적으며, "4. 영수증 수취분에 대한 매입처 명세"란의 합계와 일치해야 합니다.

⑦: 부가가치세 면세사업자 등으로부터 재활용폐자원 및 중고자동차를 매입하고 계산서를 수취한 매입처 수, 건수, 취득금액, 매입세액 공제액의 합계를 적으며, 별도로 매입처별계산서합계표를 작성·제출해야 합니다.

※ 매입세액 공제액 산정 시 공제율

- 「자동차관리법」에 따른 자동차 중 중고자동차: 109분의 9
  (2018년 1월 1일부터 2022년 12월 31일까지 취득분은 110분의10)
  * 제작연월일부터 수출신고 수리일까지의 기간이 1년 미만인 중고자동차를 수출하는 경우는 공제대상에서 제외

- 중고자동차를 제외한 재활용폐자원: 103분의 3
  (2014년 1월 1일부터 2015년 12월 31일까지 취득분은 105분의 5)

| 3. 재활용폐자원 매입세액공제 관련 신고내용란 | (⑧ ~ ㉓) |
|---|---|

※ 이 란은 중고자동차의 경우에는 작성하지 아니하며, 부가가치세 과세표준 확정신고를 할 때만 적습니다.

⑧: 과세기간별 재활용폐자원 매출금액 합계액을 적습니다.

⑨: 월별 조기환급 신고분을 포함하여 적습니다.

⑪: 100분의 80(2008년 이전 취득분은 100분의 90)을 적습니다.

⑫: 매출액합계(⑧)에 한도율(⑪)을 곱하여 계산한 금액을 적습니다.

⑭: 세금계산서 수취분 재활용폐자원 공급가액 합계액을 적습니다.

⑮: ⑥ 영수증 수취분 취득금액과 ⑦ 계산서 수취분 취득금액의 합계액과 일치합니다.

⑯: 한도액(⑫)에서 세금계산서분(⑭)을 뺀 금액을 적으며, 음수인 경우에는 "0"으로 적습니다.

⑲: 공제대상금액(⑰)에 공제율(⑱)을 곱하여 계산한 금액을 적습니다.

⑳: 예정신고 및 월별 조기환급 신고 시 공제받은 세액의 합계액을 적습니다.

㉓: 예정신고 및 영세율 등 조기환급 신고 시 이미 매입세액 공제를 받은 금액을 확정신고 시 정산한 결과 추가로 납부할 세액이 발생하는 경우에는 해당 세액을 일반과세자 부가가치세 신고서(「부가가치세법 시행규칙」 별지 제21호서식) 4쪽 중 제3쪽 (43)번 재활용폐자원 등매입세액란에 음수(△)로 적습니다.

| 4. 영수증 수취분에 대한 매입처 명세란 | (㉔ ~ ㉛) |
|---|---|

부가가치세 일반과세자가 아닌 사업자 및 단체와 개인 등이 재활용폐자원 등을 판매하고 발행한 영수증 상에 적힌 내용을 중고자동차와 기타 재활용폐자원을 구분하여 거래처별로 합하여 적습니다.

㉙, ㉚: 중고자동차 매입 시에만 적습니다.

※ 공급자가 5곳을 초과하는 경우(중고자동차의 경우 거래건수가 5건을 초과하는 경우)에는 별지 제69호 서식(2)에 이어서 작성합니다.

## 사례 재활용폐자원 등 매입세액공제의 계산

[자료] 고철 등 재활용폐자원 등을 수집하여 판매하는 다솔 재생산업(주)의 20×1. 4. 1 ~ 6. 30.까지의 고철 등의 매입내역이다. 이에 따른 재활용폐자원의 매입세액공제 대상금액을 계산하면 다음과 같다.

### (1) 재활용 폐자원 수집내역

| 구분 | 매입처 | 건수 | 품명 | 취득금액 | 증빙 | 비고 |
|---|---|---|---|---|---|---|
| 1 | 이 강 오 | 20 | 고철 | 10,000,000 | 영수증 | 미등록자이나 연간 공급대가 1억원임 |
| 2 | 김 상 열 | 10 | 폐건전지 | 1,000,000 | 영수증 | 수험생으로 비사업자임 |
| 3 | 여 수 정 | 15 | 헌옷 | 2,000,000 | 영수증 | 가정주부 |
| 4 | 정 가 영 | 30 | 공병(맥주병) | 10,000,000 | 영수증 | 직장근로자 |
| 5 | 동작 고물상 | 30 | 폐비철금속 | 5,000,000 | 영수증 | 간이과세자 |
| 6 | 동작 부녀회 | 10 | 폐지 | 10,000,000 | 영수증 | 부가세법상 사업자가 아님 |
| 7 | 동작 노인회 | 20 | 폐타이어 | 20,000,000 | 영수증 | 계속반복적으로 공급(연간 공급대가 1억) |

### (2) 재활용 폐자원 매입세액 공제신고서 작성(일부)

4. 영수증 수취분에 대한 매입처 명세(합계금액으로 기재)

| 일련번호 | ㉔ 공급자 | | ㉕ 건수 | ㉖ 품명 | ㉗ 수량 | ㉘ 취득금액 |
|---|---|---|---|---|---|---|
| | 성명 또는 상호(기관명) | 주민등록번호 또는 사업자등록번호 | | | | |
| 합계 | | | | | | 18,000,000 |
| 1 | 김 상 열 | | 10 | 폐건전지 | 30 | 1,000,000 |
| 2 | 여 수 정 | | 15 | 헌 옷 | 25 | 2,000,000 |
| 3 | 동작고물상 | | 30 | 폐비철금속 | 40 | 5,000,000 |
| 4 | 동작부녀회 | | 10 | 폐 지 | 30 | 10,000,000 |

### (3) 재활용폐자원 매입세액(한도액 내로 가정함)

18,000,000 × 3/103 = 524,271

### (4) 회계처리(매출 30,000,000원)

| | | | | |
|---|---|---|---|---|
| • 매입시 : (차) 상품 | 18,000,000 | (대) 현금 | | 18,000,000 |
| • 판매시 : (차) 현금 | 30,000,000 | (대) 매출 | | 27,272,727 |
| | | 부가세예수금 | | 2,727,273 |
| • 신고납부시 : (차) 부가세예수금 | 2,727,273 | (대) 상품 (재활용폐자원 매입세액) | | 524,271 |
| | | 현금 | | 2,203,002 |

## Ⅲ 소득세 · 법인세 실무

### 1. 익금 및 총수입금액의 계산

재활용폐자원 및 중고자동차의 익금 및 총수입금액은 판매가액 전액이다. 재활용폐자원 및 중고자동차의 업종은 제조업 또는 도매업에 해당되어 매출액을 총액으로 인식하여야 한다. 중고자동차를 수출하는 경우 매출액은 수출업의 매출액의 귀속시기와 동일하게 인식하여야 한다. 즉, 계약상 귀속시기에 대한 특별한 약정이 없는 한 선적일날 기준환율 또는 재정환율을 적용하여 수입금액을 확정하면 된다. 그 이후 수출매출채권을 회수하는 시기에 기장금액과 회수금액과의 차액은 외환차손익으로 기록하면 된다.

### 2. 손금 또는 필요경비의 계산

재활용폐자원수집 및 판매업자의 매출액에 대응하는 비용을 손금 또는 필요경비로 산입한다. 일반적인 업종과 동일하게 회계처리 및 손금으로 처리하면 된다. 다만, 재활용폐자원을 수집하는 경우 구입처의 인적사항이 정확하지 않아 추후에 과세관청의 확인으로 사실과 다른 매입으로 손금이나 필요경비를 부인당하는 사례가 종종 발생하고 있으나 인적사항에 관한 증빙서류(주민등록증 사본, 사업자등록증 사본)를 갖춰 놓아야 하며 반드시 대금결제는 구입처 본인계좌에 송금하여야 한다.

#### (1) 필요경비 부인한 사례

청구인은 재활용폐자원을 직접 수집하는 자는 신용불량자들이 많아 신분노출을 꺼리는 경우가 많아 실제 당사자 여부를 확인하기가 매우 어려우나 재활용 폐자원을 구입한 것은 사실이고, 쟁점대금도 은행을 통해 지급하였음이 확인되므로 필요경비로 인정하여야 한다는 주장이나, 관련 법령 등에 의하면 사업소득금액 계산에 있어서 필요경비에 산입할 금액은 당해연도의 총수입금액에 대응하는 비용이어야 함에도 청구인이 실제 공급자라고 주장하는 오OO 외 60명은 이름만이 확인될 뿐 구체적인 인적사항이나 거래품목, 거래수량 등을 확인할 수 없어 쟁점금액을 총수입금액에 대응하는 비용으로 보는 것은 어렵다 할 것이다(심사소득 2010-0016, 2010. 4. 5).

청구인의 문답서에 의하면 재활용폐자원 매입금액 신고와 관련하여 청구인은 공제신고서상의 개인들로부터 실제로 비철 등을 구입한 사실이 없다고 답변하였고, 쟁점금액의 거래와 관련하여 그 실제 매입처나 구체적이고 객관적인 대금지급자료 등이 제시되지 아니한 점 등을 고려할 때, 처분청이 쟁점금액을 실제 거래없는 가공매입액으로 보아 과세한 이건 처분은 잘못이 없는 것으로 판단된다(조심 2009부3848, 2009. 12. 15).

### (2) 필요경비로 인정한 사례

청구인이 쟁점금액을 폐자원매입세액을 공제받기 위해 주민등록번호 거래자의 거래금액에 합하여 신고한 것은 사실이나 이는 폐자원 수집업의 특성상 소액거래자에 대하여 주민등록번호를 제시받지 못한 경우가 있고 정상매입임을 입증하기 위하여 제시한 원시장부인 매입일보는 거래당시부터 매일매일 수집된 폐자원 매입내역이 구체적으로 기재되어 있으며 동 매입에 대한 현금지급에 대하여도 통장에서 현금으로 인출하여 지출한 내역이 지속적으로 발생하고 있는 점, 매입금액 총신고액과 일일매입내역서의 총금액과 일치하고 있으며, 또한 쟁점금액을 포함한다 하더라도 동종업종 평균 매매총이익률보다 상회한 사실 등을 검토해 볼 때 청구인이 폐자원을 정상적으로 매입하였다고 제시한 소액거래금액과 쟁점금액을 같이 볼 수 있다 할 것인바, 그렇다면 청구인의 폐자원매출에 대응된 원가로 쟁점금액을 인정하지 아니할 수 없다 할 것이다. 따라서 처분청이 쟁점금액의 필요경비를 부인하여 이 건 종합소득세를 경정고지한 당초 부과처분은 잘못이 있다고 판단된다(심사소득 2010-0055, 2010. 8. 20).

## 3. 지출증명의 수취특례

간이과세자로부터 「조세특례제한법 시행령」 제110조 제4항 각호의 규정에 의한 재활용폐자원 등이나 「자원의 절약과 재활용촉진에 관한 법률」 제2조 제2호에 따른 재활용가능자원(동법 시행규칙 별표 1 제1호 내지 제9호에 열거된 것에 한한다)을 공급받은 경우로서 공급받은 재화 또는 용역의 거래금액을 「금융실명거래 및 비밀보장에 관한 법률」에 의한 금융기관을 통하여 지급한 경우로서 법 제60조의 규정에 의한 법인세과세표준신고서에 송금사실을 기재한 경비 등의 송금명세서를 첨부하여 납세지 관할세무서장에게 제출하는 경우에는 지출증빙서류 특례를 받을 수 있다(법칙 79 10호 라목).

## 4. 조세특례의 적용

재활용폐자원수집 및 판매업자 또는 중고자동차 매매업자는 제조업 또는 도매업에 해당되므로 조세특례제한법 제2조의 중소기업요건에 충족하면 조세특례를 적용받을 수 있다.

## 5. 중고자동차 소매업 및 중개업의 현금영수증 의무발행

중고자동차 소매업 및 중개업자는 2017. 7. 1 이후 거래분부터 거래 건당 10만원 이상 현금거래에 대해 소비자가 발급 요구를 하지 않더라도 현금영수증을 발급하여야 하며 거래 상대방의 인적사항을 모르는 경우에도 거래일로부터 5일 이내에 국세청 지정번호(010-000-1234)로 발급해야 한다. 현금영수증을 발급하지 않은 경우 미발급 금액의 20%가 가산세로 부과된다. 근로소득자가 중고자동차를 구입하고 현금영수증 등을 발급받으면 구입 금액의 10%를 신용카드 등 사용금액 소득공제받을 수 있다.

[중고자동차 관련 신용카드 등 사용금액 소득공제 대상 구분]

| 거래 구분 | 신용카드 등 사용금액 소득공제 여부 | 소득공제 대상금액 |
|---|---|---|
| 신품 자동차 구입 | × | 0 |
| 중고자동차 구입 | ○ | 구입 금액의 10% |
| 중고자동차 중개 수수료 | ○ | 수수료 금액의 100% |
| 취득세, 공채, 인지대, 증지대 | × | 0 |

[재활용폐자원 등 매입세액공제 관련 주요 해석사례 및 심판례 요약]

| | | |
|---|---|---|
| ① 재활용폐자원 등에 대한 부가가치세 매입세액공제 특례 적용대상 고철·폐비철금속류의 범위 | 재활용폐자원 등에 대한 부가가치세 매입세액이 공제되는 고철·폐비철금속류란 파손, 절단 그 밖의 사유로 원래의 용도대로 사용할 수 없는 것을 의미하므로 물품이 본래 용도대로 재사용이 가능한 것이라면 법 제108조에 따른 매입세액공제를 받을 수 있는 재활용폐자원에 해당되지 아니한다. | 조기통 (108-110…2) |
| ② 내국신용장에 의해 중고자동차를 공급하는 자가 수출하는 자에 해당하는지 여부 | 사업자가 내국신용장 또는 구매확인서에 의하여 영 제110조 제4항 제2호의 중고자동차를 수출업자에게 공급하는 경우 해당 사업자는 영 제110조 제3항 제4호에서 규정하는 수출하는 자에 해당한다. | 조기통 (108-110…1) |
| ③ 중고자동차 | 일반과세자 규모에 해당하는 미등록사업자로부터 중고자동차를 취득하여 공급하는 경우에는 재활용폐자원 등에 대한 부가가치세 매입세액 공제를 적용하지 아니하는 것이다. | 부가-1578 (2010. 11. 30) |

| | | |
|---|---|---|
| ④ 중고자동차 | 중고자동차매매업 등록을 한 사업자가 사업용에 사용하지 아니하고 개인적인 용도로 사용한 일반과세자의 중고자동차를 취득하여 공급하는 경우에는 재활용폐자원 매입세액 공제를 받을 수 있는 것이다. | 부가-1534 (2009. 10. 22) |
| ⑤ 중고자동차 | 쟁점자동차는 청구법인이 명의상 취득자를 통해 자동차제작회사로부터 구입한 신차로 보이는바, 재활용폐자원 등에 대한 매입세액 공제 특례조항의 적용을 배제한 당초 처분 정당함. | 심사부가 2010-0162 (2010. 9. 27) |
| ⑥ 거래부인된 폐자원매입금액에 대하여 위장거래로 보아 원가인정 | 매입일보는 거래당시부터 매일매일 수집된 폐자원 매입내역이 구체적으로 기재되어 있고 쟁점금액을 포함한다 하더라도 동종업종 평균 매매총이익률보다 상회한 사실 등을 종합해 볼 때 쟁점금액의 원가인정이 타당하다고 판단됨. | 심사소득 2010-0055 (2010. 8. 20) |
| ⑦ 중고자동차 | 매입한 쟁점자동차는 임시운행허가증만 발급받았을 뿐 자동차 제작회사로부터 출고되어 제3자가 운행한 사실이 없는 사실상 신차에 해당하여, 조세특례제한법 시행령 제110조 제4항 제2호 소정의 중고자동차에 해당한다고 보기는 어렵다 할 것임. | 조심 2010중3407 (2010. 12. 15) |
| ⑧ 착오로 재활용 폐자원 및 중고품 매입세액 공제 신고서를 잘 못 제출 | 처분청은 사업자가 재활용폐자원 매입세액공제신고서에 공급자의 인적사항을 허위로 기재하여 매입세액을 공제받은 후, 관할 세무서장의 조사에서 그 사실이 밝혀져 이를 대체하기 위하여 실거래처로부터 교부받은 증빙서류를 제시한 경우에는 매입세액을 공제받을 수 없다고 보아 쟁점취득금액에 대한 매입세액을 공제할 수 없다는 의견이나, 청구인은 착오로 제출하지 못한 실지 재활용폐자원 및 중고품 매입세액공제 신고서와 동 신고서상의 폐차인수증명서 및 대금지급명세서를 제시하고 있는 점, 쟁점취득금액에 대한 개인별 취득금액에 대한 개인별 취득금액이 대부분 200천원-300천원의 폐차가액이고 2,000천원을 초과하는 금액이 확인되지 않아 쟁점취득금액의 공급자가 간이과세자 기준금액(연간 48,000천원)을 초과하지 않는 것으로 확인되는 점, 세무사 사무실 여직원의 착오로 재활용폐자원 및 중고품 매입세액공제 신고서를 잘못 제출한 것을 인정하여, 청구인에게 부과된 이 건 부가가치세를 여직원이 대신 납부하고 있는 점 등으로 보아 청구인의 세무대리인이 부가가치세 신고시 계산의 편의를 위해 더존프로그램으로 전체가 집계된 임시방과 실제 폐자원매입처방 2개를 사용하다가 착오로 전체가 집계된 임시방을 첨부하여 부가가치세를 신고하였다는 청구주장이 신빙성 있는 것으로 보임.<br>처분청이 쟁점취득금액에 대하여 공급자를 허위로 기재 | 조심 2010전3849 (2010. 12. 28) |

| | | |
|---|---|---|
| | 하여 매입세액을 공제받은 것으로 보아 이 건 과세한 처분은 잘 못이 있다고 판단된다(조심 2008중2124, 2009. 5. 26. 같은 뜻임). | |
| ⑨ 중고자동차 | 중고자동차로 볼 수 없으므로 조세특례제한법상 중고품을 수출하는 경우로 보아 매입세액 공제할 수 없으며, 경정청구를 한 경우에는 초과환급신고가산세 대상에 해당하지 아니함. | 조심 2010서1132 (2010. 11. 3) |
| ⑩ 중고자동차 | 중고자동차를 공급한 규모가 공급대가 기준으로 5,900만원에 달하여 사업자등록 여부에 관계없이 부가가치를 창출해 낼 수 있는 정도의 사업형태를 갖추었으므로 재활용폐자원 등에 대한 매입세액 공제특례를 적용받을 수 없는 것임. | 조심 2010중2404 (2010. 9. 9) |

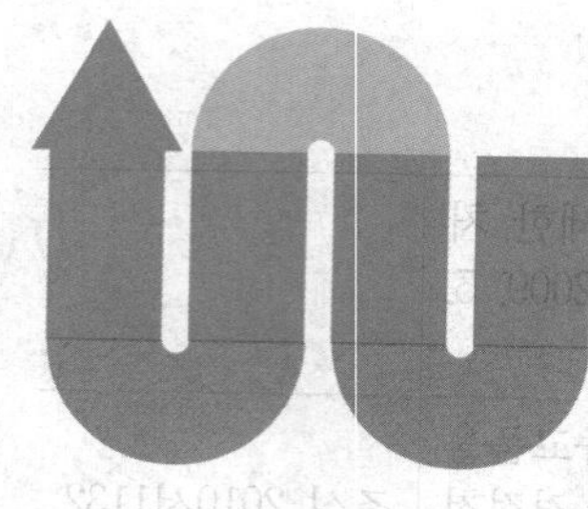

제23장

# 협동조합의 회계와 세무실무

## I 개 요

### 1. 협동조합의 의의

"협동조합"이란 재화 또는 용역의 구매 · 생산 · 판매 · 제공 등을 협동으로 영위함으로써 조합원의 권익을 향상하고 지역 사회에 공헌하고자 하는 사업조직을 말한다(협동조합기본법 2 1호). "사회적협동조합"이란 협동조합 중 지역주민들의 권익 · 복리 증진과 관련된 사업을 수행하거나 취약계층에게 사회서비스 또는 일자리를 제공하는 등 영리를 목적으로 하지 아니하는 협동조합을 말한다(협동조합기본법 2 2호).

이러한 협동조합은 개인기업이나 상법상 회사인 주식회사 등과는 그 성격이 다르며 공동으로 소유하고 민주적으로 운영되는 사업체를 통해 공동의 경제 · 사회 · 문화적 필요와 욕구를 충족시키고자 하는 사람들이 자율적으로 결성한 자율적인 조직을 말한다(국제협동조합연맹).

### 2. 협동조합의 특징

#### (1) 사업의 범위

공동의 목적을 가진 5인 이상의 구성원이 모여 조직한 사업체로서 그 사업의 종류에 원칙적으로 제한이 없으나 다만 금융 및 보험업 제외한다.

#### (2) 의결권 행사

조합원은 출자좌수에 관계없이 각각 1개의 의결권과 선거권을 가진다.

### (3) 조합원의 책임 범위

조합원은 출자금의 한도로 유한책임은 진다.

### (4) 가입과 탈퇴의 자유

협동조합은 정당한 사유 없이 조합원의 자격을 갖추고 있는 자에 대하여 가입을 거절하거나 가입에 있어 다른 조합원보다 불리한 조건을 붙일 수 없다. 조합원은 정관으로 정하는 바에 따라 협동조합에 탈퇴의사를 알리고 탈퇴할 수 있다.

### (5) 출자금과 배당의 제한

조합원 1인의 출자좌수는 총 출자좌수의 100분의 30을 넘어서는 아니 된다. 협동조합이 손실금을 보전하고 법정적립금 및 임의적립금 등을 적립한 이후에는 정관으로 정하는 바에 따라 조합원에게 잉여금을 배당할 수 있다. 잉여금 배당의 경우 협동조합사업 이용실적에 대한 배당은 전체 배당액의 100분의 50 이상이어야 하고, 납입출자액에 대한 배당은 납입출자금의 100분의 10을 초과하여서는 아니 된다(협동조합기본법 51). 다만, 사회적협동조합은 손실금을 보전하고 법정적립금 등을 적립한 이후에 발생하는 잉여금은 임의적립금으로 적립하여야 하고 이를 조합원에게 배당할 수 없다(협동조합기본법 98).

## 3. 협동조합의 유형

### (1) 소비자협동조합

조합원의 소비생활 향상을 위한 물품의 공동구매 또는 서비스를 공동으로 이용할 것을 목적으로 하는 협동조합으로 공동육아협동조합, 주택협동조합의 주택임대서비스 등이 이에 속한다.

### (2) 생산자협동조합

생산자 수익창출을 위한 공동판매 · 공동자재구매 · 공동브랜드 사용 등을 목적으로 하는 협동조합으로 전통시장상인협동조합, 공동브랜드식당 · 미용실 · 숙박업, 진영감협동조합 등이 이에 속한다.

### (3) 직원협동조합

특정사업을 영위하기 위해 직원이 조합을 소유·관리·일자리 마련 등을 통해 공동수익 창출을 도모하기 위한 협동조합으로 대리운전협동조합, 청소협동조합, 퀵서비스협동조합 등이 이에 속한다.

### (4) 다중이해협동조합

다양한 이해관계자의 복리증진 등에 기여하는 행위를 위한 협동조합으로 독거노인 도시락배달협동조합 등이 이에 속하고 생산, 소비, 직원고용, 자원봉사, 후원 등 다양한 형태로 운영된다.

### (5) 사회적협동조합

둘 이상의 서로 다른 유형의 이해관계자로 구성되며 전체 사업의 40% 이상 공익사업을 수행하여야 하며 취약계층에게 육아서비스를 제공하는 보육 사회적협동조합(교사·자원봉사·후원 등)이 여기에 속한다.

| 협동조합과 사회적협동조합 비교 |

| 구 분 | (일반) 협동조합 | 사회적협동조합 |
|---|---|---|
| 정 의 | 재화 또는 용역의 구매·생산·판매·제공 등을 협동으로 영위함으로써 조합원의 권익을 향상하고 지역 사회에 공헌하고자 하는 사업조직 | 지역주민들의 권익·복리 증진과 관련된 사업을 수행하거나 취약계층에게 사회서비스 또는 일자리를 제공하는 등 영리를 목적으로 하지 아니하는 협동조합 |
| 법인격 | 영리법인 | 비영리법인 |
| 설립신고 | 시, 도지사 | 주사업 소관 행정청 |
| 배당 | 가능 | 불가능 |
| 법정적립금 | 잉여금의 10% 이상 | 잉여금의 30% 이상 |
| 공시 | 임의 | 의무 |
| 잔여재산분배 | 협동조합이 해산할 경우 채무를 변제하고 잔여재산이 있을 때에는 정관으로 정하는 바에 따라 이를 처분한다. | 사회적협동조합이 해산할 경우 부채 및 출자금을 변제하고 잔여재산이 있을 때에는 정관으로 정하는 바에 따라 다음 각 호의 어느 하나에 귀속된다.<br>1. 상급 사회적협동조합연합회<br>2. 유사한 목적의 사회적협동조합 |

| 구 분 | (일반) 협동조합 | 사회적협동조합 |
|---|---|---|
| | | 3. 비영리법인 · 공익법인<br>4. 국고 |

##  협동조합의 회계실무

### 1. 협동조합의 회계처리기준

협동조합에 적용되는 회계기준은 제정되어 있지 않다. 따라서 일반적으로 공정 · 타당하다고 인정되는 회계원칙에 따라 회계처리하여야 한다. 이에는 한국채택국제회계기준이나 일반기업회계기준, 중소기업회계기준에 따라 회계처리하여야 한다.

### 2. 회계연도

협동조합의 회계연도는 정관으로 정한다. 따라서 회계연도는 1년 이내의 범위 내에 자유로이 정관에서 정할 수 있다. 한편, 법인세법상 사업연도는 법령이나 법인의 정관(定款) 등에서 정하는 1회계기간으로 한다. 다만, 그 기간은 1년을 초과하지 못한다. 다만, 정관에 정하지 않은 경우에는 1월 1일부터 12월 31일까지를 사업연도로 한다.

### 3. 회계의 구분 및 구분경리

협동조합의 회계는 일반회계와 특별회계로 구분하되, 각 회계별 사업부문은 정관으로 정한다. 비영리법인으로 분류되는 사회적협동조합은 수익사업과 비수익사업을 구분하여 경리하여야 한다. 사회적협동조합은 재화 및 용역의 대가에 해당하지 않는 조합비에 대해서는 법인세 과세대상이 아니므로 구분경리를 하여 수익사업에서 제외하여야 한다.

### 4. 사업계획서와 수지예산서의 작성 및 정보의 공개

협동조합은 매 회계연도의 사업계획서와 수지예산서를 작성하여 총회의 의결을 받아야 한다. 협동조합은 결산결과의 공고 등 운영사항을 적극 공개하여야 한다. 협동조합은 정관 · 규약 · 규정, 총회 · 이사회 의사록, 회계장부 및 조합원 명부를 주된 사무소에 비치하여야 한다.

## 5. 결산보고서의 승인 및 공시의무

협동조합은 정기총회일 7일 전까지 결산보고서(사업보고서, 대차대조표, 손익계산서, 잉여금처분안 또는 손실금처리안 등을 말한다)를 감사에게 제출하여야 한다. 또한, 결산보고서와 감사의 의견서를 정기총회에 제출하여 승인을 받아야 한다. 조합원 수가 200인 이상인 협동조합 또는 직전 사업연도의 결산보고서(법 제52조 제2항에 따라 정기총회의 승인을 받은 것을 말한다)에 적힌 출자금 납입총액이 30억원 이상인 협동조합은 설립신고를 한 시·도 또는 협동조합연합회의 인터넷 홈페이지에 경영 사항에 대한 공시를 하여야 한다. 협동조합은 조합원 수가 변경되어 제1항 제1호에 따른 조합원 수가 200인 이상인 협동조합이 된 경우에는 기획재정부장관에게 그 사실을 알려야 한다. 또한, 협동조합은 매 회계연도의 결산일부터 4개월 이내에 법 제49조의 2 제1항 각 호의 사항을 법 제49조의 2 제2항에 따라 기획재정부장관이 지정하는 인터넷 사이트에 공시해야 한다.

## 6. 법정적립금 및 임의적립금

협동조합은 매 회계연도 결산의 결과 잉여금이 있는 때에는 자기자본의 3배가 될 때까지 잉여금의 100분의 10 이상을 적립하여야 한다. 또한, 협동조합은 정관으로 정하는 바에 따라 사업준비금 등을 적립할 수 있다. 협동조합은 손실의 보전에 충당하거나 해산하는 경우 외에는 법정적립금을 사용하여서는 아니 된다.

## 7. 이익배당과 손실보전

협동조합은 매 회계연도의 결산 결과 손실금(당기손실금을 말한다)이 발생하면 미처분이월금, 임의적립금, 법정적립금의 순으로 이를 보전하고, 보전 후에도 부족이 있을 때에는 이를 다음 회계연도에 이월한다. 협동조합이 손실금을 보전하고 법정적립금 및 임의적립금 등을 적립한 이후에는 정관으로 정하는 바에 따라 조합원에게 잉여금을 배당할 수 있다. 잉여금 배당의 경우 협동조합사업 이용실적에 대한 배당은 전체 배당액의 100분의 50 이상이어야 하고, 납입출자액에 대한 배당은 납입출자금의 100분의 10을 초과하여서는 아니 된다.

## 8. 출자금의 감소

협동조합은 출자 1좌 금액의 감소를 의결하면 의결한 날부터 14일 이내에 대차대조표를 작성하여야 한다. 협동조합은 채권자에 대하여 이의가 있으면 일정한 기간에 신청하여야 할 것을 공고함과 동시에 이미 알고 있는 채권자에 대하여는 개별적으로 최고하여야 한다.

채권자가 이의신청 기간에 이의를 신청하지 아니하면 출자 1좌의 금액의 감소를 승인한 것으로 본다. 채권자가 이의를 신청하면 협동조합은 채무를 변제하거나 상당한 담보를 제공하여야 한다.

## Ⅲ 협동조합의 부가가치세 실무

### 1. 사업자 유형

협동조합 등은 법인으로 한다. 다만 사회적협동조합은 비영리법인으로 한다(협동조합기본법 4). 따라서 협동조합은 법인격을 갖으며 법인사업자이다. 부가가치세법에서는 부가가치세의 납세의무자를 영리목적 유무에 불구하고 계속적으로 재화나 용역을 공급하는 사업자라고 정의하고 있다. 협동조합도 과세대상인 재화나 용역을 공급하는 경우 부가가치세법상 사업자이다.

### 2. 과세대상

협동조합도 부가가치세가 과세되는 재화나 용역을 공급하는 경우 사업자에 해당되나, 다만 부가가치세가 면제되는 재화나 용역을 공급하는 경우에는 면세사업자로 부가가치세법상 사업자가 아니다. 생산자협동조합의 경우 재화나 용역을 구매하여 비조합원에 과세대상 재화나 용역을 판매하는 경우 부가가치세를 거래징수하여야 한다. 또한, 소비자협동조합의 경우도 공동구매하여 조합원에게 공급하는 경우에도 부가가치세를 거래징수하여야 한다. 다만, 협동조합이 재화의 공급 또는 용역의 제공에 따른 대가관계 없이 회원으로부터 받는 협회비 · 찬조비 및 특별회비 등은 과세대상이 아니다(부기통 4-0-2). 사회적협동조합이 「부가가치세법 시행령」 제45조 제1호에서 규정하는 종교, 자선, 학술, 구호, 그 밖의 공익을 목적으로 하는 단체에 해당하고 당해 단체의 고유의 사업목적을 위하여 일시적으로 공급하거나 실비 또는 무상으로 공급하는 재화 또는 용역에 대하여 부가가치세가 면제되는 것이다(부가-21609, 2015. 6. 28).

### 3. 매입세액공제

부가가치세 매출세액에서 공제되는 매입세액은 자기사업과 관련하여 사용되었거나 사용될 매입세액이다. 따라서 과세사업에 사용되는 매입세액은 공제가 되나 면세사업에 사용되거나 비과세 대상에 사용된 매입세액은 공제되지 아니한다.

##  협동조합의 법인세실무

### 1. 법인세의 납세의무

협동조합은 법인으로 보며 영리활동 결과 획득한 이윤을 배당할 수 있으므로 영리법인에 속하므로 법인세의 납세의무를 진다. 다만, 사회적협동조합은 비영리법인으로 보므로 수익사업에 대해서만 법인세법상 납세의무를 진다.

### 2. 과세소득의 계산

#### (1) 일반적인 협동조합

협동조합이 해당 사업연도에 획득한 익금의 총액에서 손금의 총액을 공제하여 각 사업연도소득을 계산한다. 여기에 이월결손금, 비과세소득, 소득공제를 하여 과세표준을 계산하고 세율을 적용하여 법인세를 계산한다.

#### (2) 당기순이익 과세 협동조합

다음의 어느 하나에 해당하는 법인의 각 사업연도의 소득에 대한 법인세는 2025년 12월 31일 이전에 끝나는 사업연도까지 「법인세법」 제13조 및 같은 법 제55조에도 불구하고 해당 법인의 결산재무제표상 당기순이익[법인세 등을 공제하지 아니한 당기순이익(當期純利益)을 말한다]에 「법인세법」 제24조에 따른 기부금(해당 법인의 수익사업과 관련된 것만 해당한다)의 손금불산입액과 같은 법 제25조에 따른 접대비(해당 법인의 수익사업과 관련된 것만 해당한다)의 손금불산입액 등 대통령령으로 정하는 손금의 계산에 관한 규정을 적용하여 계산한 금액을 합한 금액에 100분의 9[해당금액이 20억원(2016년 12월 31일 이전에 조합법인간 합병하는 경우로서 합병에 따라 설립되거나 합병 후 존속하는 조합법인의 합병등기일이 속하는 사업연도와 그 다음 사업연도에 대하여는 40억원을 말한다)을 초과하는 경우 그 초과분에 대해서는 100분의 12]의 세율을 적용하여 과세(이하 "당기순이익과세"라 한다)한다. 다만, 해당 법인이 대통령령으로 정하는 바에 따라 당기순이익과세를 포기한 경우에는 그 이후의 사업연도에 대하여 당기순이익과세를 아니한다(조특법 72). 「소비자생활협동조합법」의 개정에 따라 신설된 소비자생활협동조합사업연합회는 「조세특례제한법」 제72조 제1항의 조합법인 등에 대한 법인세 과세특례를 적용받을 수 없는 것이다(법규과-732, 2012. 6. 28).

① 「신용협동조합법」에 따라 설립된 신용협동조합 및 「새마을금고법」에 따라 설립된 새마을금고
② 「농업협동조합법」에 따라 설립된 조합 및 조합공동사업법인
③ 「수산업협동조합법」에 따라 설립된 조합(어촌계를 포함한다)
④ 「중소기업협동조합법」에 따라 설립된 협동조합 · 사업협동조합 및 협동조합연합회
⑤ 「산림조합법」에 따라 설립된 산림조합(산림계를 포함한다) 및 조합공동사업법인
⑥ 「엽연초생산협동조합법」에 따라 설립된 엽연초생산협동조합
⑦ 「소비자생활협동조합법」에 따라 설립된 소비자생활협동조합

## 3. 고유목적사업준비금의 손금산입

비영리내국법인인 소비자생활협동조합, 사회적협동조합이 각 사업연도에 그 법인의 고유목적사업이나 지정기부금에 지출하기 위하여 고유목적사업준비금을 손금으로 계상한 경우에는 다음의 금액을 합한 금액의 범위에서 그 사업연도의 소득금액을 계산할 때 이를 손금에 산입한다(법법 29 ①). 다만, 당기순이익 과세법인은 고유목적사업준비금을 손금산입할 수 없다.

① 「소득세법」 제16조 제1항 각 호(같은 항 제11호에 따른 비영업대금의 이익은 제외한다)에 따른 이자소득의 금액
② 「소득세법」 제17조 제1항 각 호에 따른 배당소득의 금액. 다만, 「상속세 및 증여세법」 제16조 또는 같은 법 제48조에 따라 상속세 과세가액 또는 증여세 과세가액에 산입되거나 증여세가 부과되는 주식 등으로부터 발생한 배당소득금액은 제외한다.
③ 특별법에 따라 설립된 비영리내국법인이 해당 법률에 따른 복지사업으로서 그 회원이나 조합원에게 대출한 융자금에서 발생한 이자금액
④ 제1호부터 제3호까지에 규정된 것 외의 수익사업에서 발생한 소득에 100분의 50(「공익법인의 설립 · 운영에 관한 법률」에 따라 설립된 법인으로서 고유목적사업 등에 대한 지출액 중 100분의 50 이상의 금액을 장학금으로 지출하는 법인의 경우에는 100분의 80)을 곱하여 산출한 금액

따라서 사회적협동조합은 금융소득의 100%, 기타사업소득의 50%를 고유목적사업준비금으로 설정할 수 있다.

## 4. 사회적협동조합의 법인세 등 감면

### (1) 법인세 100(50)% 감면

「사회적기업 육성법」 제2조 제1호에 따라 2025년 12월 31일까지 사회적기업으로 인증받은 내국인은 해당 사업에서 최초로 소득이 발생한 과세연도(인증을 받은 날부터 5년이 되는 날이 속하는 과세연도까지 해당 사업에서 소득이 발생하지 아니한 경우에는 5년이 되는 날이 속하는 과세연도)와 그 다음 과세연도의 개시일부터 2년 이내에 끝나는 과세연도까지 해당 사업에서 발생한 소득에 대한 법인세 또는 소득세의 100분의 100에 상당하는 세액을 감면하고, 그 다음 2년 이내에 끝나는 과세연도에는 소득세 또는 법인세의 100분의 50에 상당하는 세액을 감면한다(조특법 85의 6). "사회적기업"이란 취약계층에게 사회서비스 또는 일자리를 제공하거나 지역사회에 공헌함으로써 지역주민의 삶의 질을 높이는 등의 사회적 목적을 추구하면서 재화 및 서비스의 생산·판매 등 영업활동을 하는 기업으로서 제7조에 따라 인증받은 자를 말한다.

### (2) 감면한도

사회적협동조합이 감면기간 동안 해당 과세연도에 감면받는 소득세 또는 법인세는 다음에 따른 금액을 한도로 한다.

사회적기업으로 인증받은 내국인의 경우: 1억원 + 「사회적기업 육성법」에 따른 취약계층에 해당하는 상시근로자 수 × 2천만원

### (3) 감면배제

세액감면기간 중 다음의 어느 하나에 해당하여 「사회적기업 육성법」 제18조에 따라 사회적기업의 인증이 취소되었을 때에는 해당 과세연도부터 제1항에 따른 법인세 또는 소득세를 감면받을 수 없다.

① 거짓이나 그 밖의 부정한 방법으로 인증을 받은 경우

② 「사회적기업 육성법」 제8조의 인증요건을 갖추지 못하게 된 경우

**관련법조문**

**◈ 사회적기업 육성법 제8조【사회적기업의 인증 요건 및 인증 절차】**

① 사회적기업으로 인증받으려는 자는 다음 각 호의 요건을 모두 갖추어야 한다.

1. 「민법」에 따른 법인·조합, 「상법」에 따른 회사·합자조합, 특별법에 따라 설립된 법인

또는 비영리민간단체 등 대통령령으로 정하는 조직 형태를 갖출 것
2. 유급근로자를 고용하여 재화와 서비스의 생산·판매 등 영업활동을 할 것
3. 취약계층에게 사회서비스 또는 일자리를 제공하거나 지역사회에 공헌함으로써 지역주민의 삶의 질을 높이는 등 사회적 목적의 실현을 조직의 주된 목적으로 할 것. 이 경우 그 구체적인 판단기준은 대통령령으로 정한다.
4. 서비스 수혜자, 근로자 등 이해관계자가 참여하는 의사결정 구조를 갖출 것
5. 영업활동을 통하여 얻는 수입이 대통령령으로 정하는 기준 이상일 것
6. 제9조에 따른 정관이나 규약 등을 갖출 것
7. 회계연도별로 배분 가능한 이윤이 발생한 경우에는 이윤의 3분의 2 이상을 사회적 목적을 위하여 사용할 것(「상법」에 따른 회사·합자조합인 경우만 해당한다)
8. 그 밖에 운영기준에 관하여 대통령령으로 정하는 사항을 갖출 것

## 5. 주식변동상황명세서의 제출

사업연도 중에 주식 등의 변동사항이 있는 협동조합법인(대통령령으로 정하는 조합법인 등은 제외한다)은 주식등변동상황명세서를 납세지 관할 세무서장에게 제출하여야 한다(법법 119). 출자금의 변동이 있는 경우에 주식 등 변동상황명세서를 제출하지 않는 경우 액면가액의 1%에 해당하는 가산세를 징수한다. 즉, 비영리법인에 해당되는 사회적협동조합은 제출의무가 없으나 일반협동조합은 조합원 출자금 지분 1% 이상이거나 출자총액 500만원 이상인 조합원의 가입 및 탈퇴시 변동내역을 표시한 주식등 변동상황명세서를 제출하여야 한다.

## 6. 협동조합의 조합원 탈퇴에 따라 출자지분에 대한 출자금 환급이 이루어진 경우 증권거래세 과세대상인지 여부

「협동조합기본법」에 따라 설립된 협동조합법인의 조합원이 협동조합을 탈퇴함에 따라 탈퇴 조합원에 대한 출자금 환급이 이루어져 출자금의 총액이 감소하는 경우로서 자본감소 절차의 일환인 경우에는 「증권거래세법」에 따른 증권거래세 과세대상에 해당하지 아니하는 것이나, 조합원이 협동조합을 탈퇴하면서 출자지분(조합원지위 또는 조합원지분)을 양도하는 경우에는 「증권거래세법」에 따른 증권거래세 과세대상에 해당하는 것이다(서면-2016-법령해석재산-4640, 2017. 6. 20).

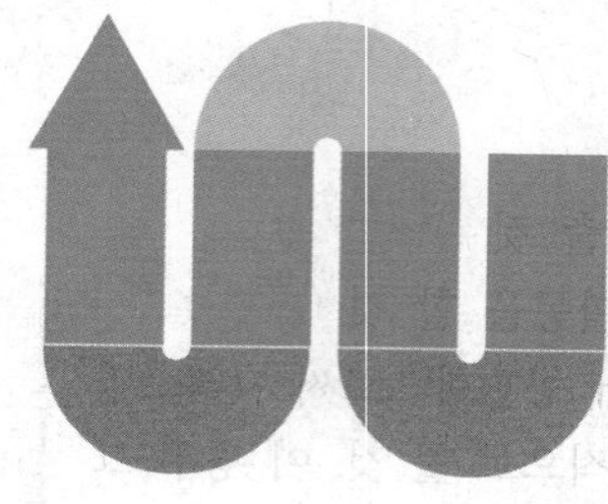

# 제24장

# 농업 · 어업 · 임업의 회계와 세무실무

## 제1절 농 업

### 개 요

#### 1. 농업의 정의

농업은 작물재배업, 축산업, 작물재배 및 축산 복합농업, 작물재배 및 축산 관련 서비스업과 수렵업 및 수렵 관련 서비스업이 포함된다. 농업은 인류역사상 가장 오래된 원시산업, 1차산업으로 중요한 위치를 차지하고 있다.

#### 2. 농업에 대한 과세개요

농업은 식량자원의 확보 등 국민생산 경제에 중요한 역할을 차지하고 있고, 농업의 영세성, 농산물의 수입개방화 등의 추세에 맞춰 작물재배업에 대한 소득세 비과세, 부가가치세 면제, 농업용 기자재 등에 대한 영세율 적용, 영농조합법인에 대한 법인세 감면 등 각종 조세특례를 두고 있다. 또한 작물재배업에 대한 지방세인 농업소득세를 2010. 1. 1부터 폐지하였다.

## Ⅱ 부가가치세 실무

### 1. 과세대상

#### (1) 미가공 농 · 축 · 수 · 임산물 공급면세

농민이 생산하여 판매하는 미가공 농 · 축 · 수 · 임산물에 대하여 부가가치세를 면제한다. 미가공식료품은 가공되지 않거나, 탈곡 · 정미 · 정맥 · 제분 · 정육 · 건조 · 냉동 · 염장 · 포장 기타 원생산물의 본래의 성질이 변하지 않는 정도의 1차 가공을 거친 것을 말한다.

#### (2) 전 · 답 · 과수원 · 목장용지 등 임대업의 과세 제외

전 · 답 · 과수원 · 목장용지 · 임야 또는 염전은 지적공부상의 지목과 관계없이 실제로 경작하거나 해당 토지의 고유 용도에 사용하는 것은 부가가치세법상 독립된 용역의 공급으로 보지 않아 부가가치세 과세대상이 아니다(부령 3 ① 6호).

#### (3) 농가부업소득의 과세 제외

「소득세법 시행령」 제9조 제1항에 따라 소득세가 과세되지 아니하는 농가부업은 영 제4조에 따라 사업을 구분할 때에 독립된 사업으로 보지 아니한다. 다만, 「소득세법 시행령」 제9조 제1항에 따른 민박, 음식물 판매, 특산물 제조, 전통차 제조 및 그 밖에 이와 유사한 활동은 독립된 사업으로 본다(부칙 2 ③).

**관련법조문**

**◈ 소득세법 시행령 제9조【농가부업소득의 범위】**

① 법 제12조 제2호 다목에서 "대통령령으로 정하는 농가부업소득"이란 농 · 어민이 경영하는 축산 · 고공품(藁工品)제조 · 민박 · 음식물판매 · 특산물제조 · 전통차제조 및 그 밖에 이와 유사한 활동에서 발생한 소득 중 다음 각 호의 소득을 말한다.

1. 별표 1의 농가부업규모의 축산에서 발생하는 소득
2. 제1호 외의 소득으로서 소득금액의 합계액이 연 2천만원 이하인 소득

② 제1항 각 호 외의 부분에서 "민박"이라 함은 「농어촌정비법」에 따른 농어촌민박사업을 말한다.

③ 제1항 각 호 외의 부분에서 "특산물"이란 「식품산업진흥법」에 따른 전통식품 및 「농수산물품질관리법」에 따른 수산특산물을 말한다.

④ 제1항 각 호 외의 부분에서 "전통차"란 「식품산업진흥법」 제22조에 따라 농림축산식품부장관이 인증한 차를 말한다.

⑥ 제1항의 규정을 적용함에 있어서 농가부업소득의 계산에 관하여 필요한 사항은 기획재정부령으로 정한다.

1. 별표 1의 농가부업규모의 축산에서 발생하는 소득
2. 제1호 외의 소득으로서 소득금액의 합계액이 연 2천만원 이하인 소득

### (4) 면세포기

농민이 생산한 농산물을 수출하는 경우 면세포기신고를 하여 부가가치세 사업자로 사업자등록을 하여 부가가치세를 환급받을 수 있다. 면세의 포기를 신고한 사업자는 신고한 날부터 3년간 부가가치세를 면제받지 못한다. 다만, 기간이 지난 뒤 부가가치세를 면제받으려면 면세적용신고서를 제출하여야 하며, 면세적용신고서를 제출하지 아니하면 계속하여 면세를 포기한 것으로 본다. 면세포기신고를 한 후 당해 재화를 수출하지 아니하고 국내에 공급한 경우에는 부가가치세 영세율을 적용받을 수 없으며, 이 경우 면세포기를 적용받는 과세기간에 감가상각자산을 공급받아 매입세액을 공제한 후 수출목적의 재화를 국내에 공급함에 따라 총공급가액에 대한 면세공급가액의 비율이 증가하는 경우에는 납부세액 또는 환급세액을 재계산하여 당해 과세기간의 확정신고와 함께 신고·납부하여야 한다(부가46015-4030, 2000. 12. 14). 면세포기한 사업자가 국내공급시에는 면세대상으로 계산서를 교부하여야 하나, 내국신용장에 의하여 수출업자에 납품하는 경우에는 영세율 세금계산서를 교부하여야 한다(서면3팀-2495, 2007. 9. 4). 인삼, 홍삼 등 부가가치세 과세사업과 면세사업을 겸영하는 사업자가 면세재화를 수출하는 경우 당해 면세재화에 대하여 부가가치세 영세율 적용을 받고자 하는 때에는 면세포기를 하여야 한다(서면3팀-816, 2007. 3. 16).

## 2. 사업자등록

### (1) 농민의 사업자등록 의무

농민이 생산한 농산물은 원칙적으로 부가가치세가 면제되므로 사업자등록의무가 없다. 다만, 소득세법상 사업자등록 의무는 부여되나 소득세가 비과세되는 작물재배업을 영위하며 상설사업장을 개설하지 않고 농산물 도매시장에 공급하는 경우에는 사업자등록의무가 없다.

## (2) 사업자등록의무가 부여되는 경우

### 1) 농가부업소득

「소득세법 시행령」 제9조 제1항에 따라 소득세가 과세되지 아니하는 농가부업은 영 제4조에 따라 사업을 구분할 때에 독립된 사업으로 보지 아니한다. 따라서 사업자등록의무가 없다. 다만, 「소득세법 시행령」 제9조 제1항에 따른 민박, 음식물 판매, 특산물 제조, 전통차 제조 및 그 밖에 이와 유사한 활동은 독립된 사업으로 보므로 사업자등록을 하여야 한다.

### 2) 상설판매장의 운영

농어민이 농어촌 소득원개발촉진법에 의한 농어촌부업단지(특산단지)에서 농어촌 소득원 개발사업을 영위함으로써 얻는 소득은 소득세법 시행령 제6조의 2에 규정하는 농가부업소득에 해당되어 부가가치세법 시행규칙 제1조 제2항에 의한 독립된 사업으로 보지 아니하기 때문에 동법 제5조에 의한 사업자등록을 하지 아니하여도 되는 것이나, 다만 부업적인 소득의 합계액이 동법 시행령 제6조의 2에서 규정하는 금액을 초과하는 경우에는 그 초과하는 금액에 대하여는 소득세가 과세되며 면세대상이 아닌 경우 부가가치세가 과세되므로 사업자등록을 하여야 한다(부가 22601-100, 1991. 1. 24). 그러나 농가부업소득에 해당되는 농산물을 출하시점에 일시적으로 간이매장 등에서 판매하는 경우에는 사업자등록을 할 필요가 없다.

### 3) 관광농원

농어촌정비법에 의하여 관광농원 사업허가를 득하여 연수원 시설을 설치하고 농어촌휴양지사업을 영위하는 자가 당해 시설물을 이용케 하거나 음식·숙박용역을 제공하고 그 대가를 받는 경우 부가가치세 과세되므로 사업자등록을 하여야 한다(부가 46015-1267, 1996. 6. 22). 관광농원사업이란 농어촌의 자연자원과 농림수산 생산기반을 이용하여 지역특산물 판매시설, 영농 체험시설, 체육시설, 휴양시설, 숙박시설, 음식 또는 용역을 제공하거나 그 밖에 이에 딸린 시설을 갖추어 이용하게 하는 사업을 말한다(농어촌정비법 2 16호 나목).

**관련법조문**

**◈ 농어촌정비법 제83조【관광농원의 개발】**

① 관광농원은 「농어업·농어촌 및 식품산업 기본법」 제3조 제2호에 따른 농어업인(이하 "농어업인"이라 한다), 한국농어촌공사, 그 밖에 대통령령으로 정하는 농어업인 단체가 개발할 수 있다.

② 관광농원을 개발하려는 자는 사업계획을 세워 대통령령으로 정하는 바에 따라 시장·군수·구청장의 승인을 받아야 한다. 승인을 받은 사항 중 대통령령으로 정하는 중요한 사항

을 변경하려는 때에도 또한 같다.

#### 4) 통신판매업 등록

홈페이지를 통하여 농산물을 판매하는 경우 통신판매업 등록을 한 후 사업자등록을 신청하여야 한다. 다만, 통신판매의 거래횟수, 거래규모 등이 공정거래위원회가 고시로 정하는 기준 이하인 경우에는 그러하지 아니하다. 즉, 소규모사업자인 연간매출액 48백만원 이하인 사업자는 통신판매업 등록을 하지 않고 사업자등록이 가능하다.

## 3. 농업용 기자재 등 공급에 대한 영세율 적용

### (1) 영세율 적용대상

농민 또는 임업에 종사하는 자에게 공급(국가 및 지방자치단체와 「농업협동조합법」, 「엽연초생산협동조합법」 또는 「산림조합법」에 따라 설립된 각 조합 및 이들의 중앙회를 통하여 공급하는 것을 포함한다)하는 농업용·축산업용 또는 임업용 기자재로서 다음 각 목의 어느 하나에 해당하는 것에 대하여 영세율을 적용한다.

가. 「비료관리법」에 따른 비료(비료와 육묘용 흙이 혼합된 것을 포함한다)를 말한다.

나. 「농약관리법」 제8조에 따라 농촌진흥청장에게 등록된 농약을 말한다. 다만, 저곡해충약, 고독성 농약 및 어독성 1급인 보통독성 농약을 제외한다.

다. 농촌 인력의 부족을 보완하고 농업의 생산성 향상에 기여할 수 있는 농업용 기계(별표 1)

라. 축산 인력의 부족을 보완하고 축산업의 생산성 향상에 기여할 수 있는 축산업용 기자재(별표 2)

마. 「사료관리법」에 따른 사료(「부가가치세법」 제26조에 따라 부가가치세가 면제되는 것은 제외한다)

바. 산림의 보호와 개발 촉진에 기여할 수 있는 임업용 기자재(별표 3)

사. 「친환경농어업 육성 및 유기식품 등의 관리·지원에 관한 법률」에 따른 친환경농업용기자재(별표 3의 2)

### (2) 농민의 범위

농민이란 「통계법」 제22조에 따라 통계청장이 고시하는 한국표준산업분류상의 농업 중 작물재배업 · 축산업 또는 작물재배 및 축산복합농업에 종사하는 자로서 다음의 어느 하나에 해당하는 자를 말한다. 다만, 한국표준산업분류상 시설작물재배업 중 기획재정부령으로 정하는 업종에 종사하는 자를 제외한다.

① 개인(「농어업경영체 육성 및 지원에 관한 법률」 제4조 제1항에 따라 농어업경영정보를 등록한 자만 해당한다)

② 「농어업경영체 육성 및 지원에 관한 법률」에 따라 설립된 영농조합법인과 농업회사법인. 다만, 법 제105조 제1항 제5호 각 목의 어느 하나에 해당하는 것을 공급받아 직접 사용하거나 소비하는 경우만 해당한다.

③ 축산업을 주업으로 하는 법인으로서 당해 사업연도 개시일을 기준으로 당해 법인의 총발행주식 또는 총출자지분의 3분의 2 이상을 다음 각목의 1에 해당하는 자가 출자하고 있는 법인. 이 경우 사업연도 중에 출자지분의 변경으로 다음 각목의 1에 해당하는 자의 출자지분이 총발행주식 또는 총출자지분의 3분의 2 이상이 되는 경우에는 당해 출자지분 변경일을 기준으로 한다.

가. 「농어업 · 농어촌 및 식품산업 기본법」 제3조 제2호 가목에 따른 농업인

나. 당해 법인의 임원 또는 직원으로서 상시 근무하고 있는 자

④ 「농업협동조합법」에 의한 조합 및 중앙회. 다만, 가축용 사료를 공급받거나 농작업대행 또는 임대용으로 제3조 제3항에 따른 농업기계를 공급받는 경우만 해당한다.

⑤ 제1호부터 제3호까지의 규정에 따른 농민에게 위탁하여 가축을 사육(이하 이 호에서 "위탁사육"이라 한다)하거나 제1호부터 제3호까지의 규정에 따른 농민과 계약을 체결하여 가축 및 사료를 공급하여 가축을 사육(이하 이 호에서 "계약사육"이라 한다)하는 축산업을 주업으로 하는 법인으로서 농림축산식품부장관이 고시하는 계열화사업자. 다만, 계열화사업자가 위탁사육 또는 계약사육에 사용하기 위하여 가축용 사료를 공급받는 경우만 해당한다.

⑥ 「축산법」에 의하여 농림축산식품부장관이 지정한 비영리가축검정기관. 다만, 가축검정용 사료를 공급받는 경우에 한한다.

⑦ 「사립학교법」에 따른 학교법인. 다만, 사립학교의 축산실습농장에 가축용 사료를 공급받는 경우만 해당한다.

⑧ 「초 · 중등교육법 시행령」 제90조 제1항 제10호에 따른 산업계(농업계에 한정한다)의 수요에 직접 연계된 맞춤형 교육과정을 운영하는 고등학교(제7호에 따른 학교법인에

서 운영하는 고등학교는 제외한다. 이하 제9호에서 같다). 다만, 해당 고등학교의 축산실습농장에 가축용 사료를 공급받는 경우만 해당한다.

⑨ 「초·중등교육법 시행령」 제91조 제1항에 따른 특정분야(농업분야에 한정한다)의 인재양성을 목적으로 하는 교육 또는 체험위주의 교육을 전문적으로 실시하는 고등학교. 다만, 해당 고등학교의 축산실습농장에 가축용 사료를 공급받는 경우만 해당한다.

## (3) 기자재 등의 범위

### 1) 영세율이 적용되는 농업기계(별표 1)

■ 농·축산·임·어업용 기자재 및 석유류에 대한 부가가치세 영세율 및 면세 적용 등에 관한 특례규정 [별표 1] 〈개정 2022. 2. 15〉

영세율이 적용되는 농업기계(제3조 제3항 관련)

1. 경운기 및 부속작업기
2. 농업용 트랙터 및 부속작업기
3. 관리기 및 부속작업기
4. 이앙기 및 부속작업기
5. 목책기(농작물 보호용만 해당한다)
6. 고속분무기(스피드스프레이어)
7. 삭제 〈2008. 2. 22〉
8. 콤바인
9. 곡물건조기
10. 삭제 〈2006. 2. 9〉
11. 삭제 〈2010. 2. 18〉
12. 동력중경제초기
13. 동력수확기
14. 삭제 〈2021. 2. 17.〉
15. 동력상토조제기
16. 정식기
17. 농업용 난방기
18. 잎담배건조레이크이송기
19. 농업용 병충해방제기
20. 삭제 〈2006. 2. 9〉
21. 삭제 〈2006. 2. 9〉
22. 탈곡기
23. 동력휴립기
24. 삭제 〈2006. 2. 9〉

25. 비료살포기
26. 삭제 〈2008. 2. 22〉
27. 동력탈피기 및 박피기
28. 농산물 결속기
29. 농산물 운반대 및 운반차
30. 농산물 세척기
31. 동력심경기
32. 삭제 〈2008. 2. 22〉
33. 동력구굴기
34. 동력가지절단기 및 파쇄기
35. 동력수피기 및 파쇄기
36. 삭제 〈2006. 2. 9〉
37. 동력비닐피복기 및 동력피복개폐기
38. 육묘상자
39. 삭제 〈2006. 2. 9〉
40. 파종기
41. 농업용 스프링클러
42. 버섯재배소독기
43. 삭제 〈2006. 2. 9〉
44. 삭제 〈2021. 2. 17〉
45. 삭제 〈2006. 2. 9〉
46. 삭제 〈2006. 2. 9〉
47. 삭제 〈2008. 2. 22〉
48. 삭제 〈2006. 2. 9〉

### 2) 영세율이 적용되는 친환경 농업용 기자재(별표 3의2)

■ 농 · 축산 · 임 · 어업용 기자재 및 석유류에 대한 부가가치세 영세율 및 면세 적용 등에 관한 특례규정 [별표 3의 2] 〈개정 2024. 2. 29〉

<u>영세율이 적용되는 유기농어업자재 허용물질</u>(제3조 제6항 제1호 관련)

1. 키토산(Chitosan)
2. 목초액
3. 천적
4. 약초 등 천연식물에서 추출한 제재(담배는 제외한다)
5. 허브식물 및 기피식물
6. 님(Neem) 추출물
7. 데리스(Derris) 추출물

8. 제충국 추출물
9. 담배잎차(순수니코틴은 제외한다)
10. 해조류, 해조류 추출물 및 해조류 퇴적물
11. 버섯 추출액
12. 클로렐라(담수녹조) 및 그 추출물
13. 규산염 및 벤토나이트(Bentonite)
14. 규산나트륨
15. 규조토
16. 이탄(泥炭, Peat), 토탄(土炭, Peat moss) 및 토탄 추출물
17. 사리염(황산마그네슘) 및 천연석(황산칼슘)
18. 석회석 등 자연에서 유래한 탄산칼슘
19. 생석회(산화칼슘) 및 소석회(수산화칼슘)
20. 점토광물[벤토나이트 · 펄라이트(Pearlite) 및 제올라이트(Zeolite) · 일라이트(Illite) 등]
21. 붕소 · 철 · 망간 · 구리 · 몰리브덴(Molybdenum) 및 아연 등 미량원소
22. 맥반석 등 광물질 가루
23. 자연암석분말 · 분쇄석 또는 그 용액
24. 석회질 마그네슘 암석
25. 마그네슘 암석
26. 황산칼륨, 랑베나이트(Langbeinite: 해수의 증발로 생성된 암염) 또는 광물염
27. 칼륨암석 및 채굴된 칼륨염
28. 천연 인광석 및 인산알루미늄칼슘
29. 미생물 및 미생물추출물
30. 혈분 · 육분(고깃가루) · 골분(뼛가루) · 깃털분 등 도축장과 수산물 가공공장에서 나온 동물부산물
31. 구아노(Guano: 바닷새, 박쥐 등의 배설물)
32. 동 · 식물성 오일
33. 파라핀 오일
34. 식품 및 섬유공장의 유기적 부산물
35. 제당산업의 부산물[당밀, 비나스(Vinasse), 식품등급의 설탕 및 포도당을 포함한다]
36. 유기농장 부산물로 만든 비료
37. 유기농업에서 유래한 재료를 가공하는 산업의 부산물
38. 황
39. 구리염
40. 산염화동
41. 밀납(Beeswax) 및 프로폴리스(Propolis)
42. 중탄산나트륨 및 중탄산칼륨
43. 과망간산칼륨
44. 식초 등 천연산

45. 나무 숯 및 나뭇재
46. 에틸알콜
47. 인산철
48. 성 유인물질[페로몬(Pheromone)]
49. 인지질(Lecithin)
50. 카세인(Casein: 유단백질)

### 3) 영세율이 적용되는 축산업용 기자재(별표 2)

■ **농 · 축산 · 임 · 어업용 기자재 및 석유류에 대한 부가가치세 영세율 및 면세 적용 등에 관한 특례규정 [별표 2]** 〈개정 2024. 2. 29〉

<u>영세율이 적용되는 축산업용 기자재</u>(제3조 제4항 관련)

1. 육추기
2. 양계용케이지
3. 축산급이기
4. 삭제 〈2008. 2. 22〉
5. 삭제 〈2008. 2. 22〉
6. 자동급수기
7. 니플
8. 부리절단기
9. 포유기
10. 양돈케이지
11. 삭제 〈2008. 2. 22〉
12. 삭제 〈2008. 2. 22〉
13. 이표기
14. 삭제 〈2008. 2. 22〉
15. 삭제 〈2008. 2. 22〉
16. 임신진단기
17. 음수투약기
18. 목책기
19. 삭제 〈2008. 2. 22〉
20. 집란기
21. 계란선별기
22. 삭제 〈2008. 2. 22〉
23. 삭제 〈2008. 2. 22〉
24. 집란벨트
25. 부화기

26. 착유기
27. 삭제 〈2008. 2. 22〉
28. 삭제 〈2008. 2. 22〉
29. 원유냉각기
30. 삭제 〈2008. 2. 22〉
31. 사료배합기
32. TMR배합기
33. 사료절단기
34. 싸이로
35. 삭제 〈2008. 2. 22〉
36. 사료저장탱크
37. 축산분뇨제거기
38. 축산용 정화조
39. 축산분뇨용 교반기
40. 축산용 분뇨펌프
41. 축산분뇨고액분리기
42. 삭제 〈2008.2.22〉
43. 축산분뇨발효건조기
44. 축산분뇨살포기
45. 축산분뇨저장탱크
46. 축산분뇨포장기
47. 산란상
48. 난좌
49. 바닥재(플라스틱, 콘스라트재에 한함)
50. 사료통
51. 벌통
52. 채밀기(採蜜器)
53. 소초(巢礎)세트[소초광(巢礎筐)·사양기(飼養器) 및 격리판으로 구성된 것을 말한다]

## 4. 농어업용 기자재에 대한 부가가치세의 환급에 관한 특례

### (1) 내용

① 다음에 해당하는 세무서장은 농어민이 농어업에 사용하기 위하여 구입하는 기자재(「부가가치세법」 제2조 제5호에 따른 일반과세자로부터 구입하는 기자재만 해당한다) 또는 직접 수입하는 기자재로서 대통령령으로 정하는 것에 대해서는 기자재를

구입 또는 수입한 때에 부담한 부가가치세액을 해당 농어민에게 대통령령으로 정하는 바에 따라 환급할 수 있다.

1. 제3항에 따른 환급대행자를 통하여 환급을 신청하는 경우에는 환급대행자의 사업장 관할 세무서장
2. 제1호 외의 경우에는 해당 농어민의 사업장 관할 세무서장

② 제1항에 따른 기자재를 공급하는 일반과세자는 그 기자재를 구입하는 농어민이 세금계산서의 발급을 요구하면 「부가가치세법」 제36조에도 불구하고 세금계산서를 발급하여야 한다.

③ 제1항에 따라 환급을 받으려는 농어민은 다음 각 호의 어느 하나에 해당하는 자(이하 이 조에서 "환급대행자"라 한다)를 통하여 환급을 신청하여야 한다. 다만, 대통령령으로 정하는 자는 사업장 관할 세무서장에게 직접 환급을 신청할 수 있다.

1. 「농업협동조합법」에 따른 조합
2. 「수산업협동조합법」에 따른 조합
3. 「엽연초생산협동조합법」에 따른 엽연초생산협동조합

④ 환급대행자는 환급을 신청한 자가 다음 각 호의 어느 하나에 해당하는 경우에는 관할 세무서장에게 이를 알려야 한다.

1. 농어민이 아닌 것으로 판단되는 경우
2. 농어민의 경작면적, 시설규모 등을 고려할 때 거짓이나 그 밖의 부정한 방법으로 환급을 신청한 것으로 판단되는 경우

⑤ 관할 세무서장은 제1항에 따라 부가가치세액을 환급받은 자가 다음 각 호의 어느 하나에 해당하는 경우에는 그 환급받은 부가가치세액과 대통령령으로 정하는 바에 따라 계산한 이자 상당 가산액을 부가가치세로 추징한다.

1. 농어민이 제1항에 따라 부가가치세액을 환급받은 기자재를 본래의 용도에 사용하지 아니하거나 농어민 외의 자에게 양도한 경우
2. 농어민이 다음 각 목의 어느 하나에 해당하는 세금계산서에 의하여 부가가치세를 환급받은 경우
   가. 재화의 공급 없이 발급된 세금계산서
   나. 재화를 공급한 사업장 외의 사업장 명의로 발급된 세금계산서
   다. 재화의 공급 시기가 속하는 과세기간 후에 발급된 세금계산서
   라. 정당하게 발급된 세금계산서를 해당 농어민이 임의로 수정한 세금계산서
   마. 그 밖에 사실과 다르게 적힌 대통령령으로 정하는 세금계산서
3. 농어민에 해당하지 아니하는 자가 제1항에 따른 부가가치세액을 환급받은 경우

⑥ 관할 세무서장은 환급대행자가 제4항에 따른 통보를 하지 아니함에 따라 제5항 제3호가 적용되는 경우에는 환급받은 세액의 100분의 10에 상당하는 금액을 그 환급대행자로부터 가산세로 징수한다.

⑦ 농어민이 다음 각 호의 어느 하나에 해당하는 경우에는 해당 요건을 충족하는 추징세액의 고지일부터 2년간 제1항에 따른 환급을 받을 수 없다.

1. 제5항에 따라 최근 2년 이내에 3회 이상 부가가치세를 추징당한 경우
2. 제5항에 따라 추징된 세액의 합계액이 200만원 이상으로서 대통령령으로 정하는 금액을 초과하는 경우

⑧ 환급대행자는 부가가치세의 환급대행과 관련하여 환급신청서의 작성 및 제출, 환급관리대장의 비치, 환급금의 배분 등에 드는 비용에 충당하기 위하여 환급받는 자로부터 대통령령으로 정하는 금액을 수수료로 징수할 수 있다.

### (2) 부가가치세 환급이 적용되는 농업용 기자재

■ **농·축산·임·어업용 기자재 및 석유류에 대한 부가가치세 영세율 및 면세 적용 등에 관한 특례규정 [별표 5]** 〈개정 2024. 2. 29〉

<u>**부가가치세 환급이 적용되는 농·임업용 기자재**</u>**(제7조 제1호 관련)**

1. 농업·임업용 필름[비닐하우스용, 보온못자리용, 작물피복용, 과수 또는 수실류(樹實類) 재배용에 한정한다]과 그 부속자재(비닐 고정용 패드 및 클립, 파이프조리개, 고정구 및 연결핀, 파이프꽂이에 한정한다)
2. 농업·임업용 파이프(작물재배용 및 축산업용 비닐하우스와 과수 또는 수실류 재배용에 한정한다)
3. 농업·임업용 포장상자(종이재질의 농산물·임산물·축산물 포장용에 한정한다)
4. 농업·임업용 폴리프로필렌 포대(곡물 포장용에 한정한다)
5. 과일 봉지(과일의 병충해 방지 및 상품성 향상을 위해 열매에 씌우는 봉지에 한정한다)
6. 인삼재배용 지주목·광망·차광지 및 은박지
7. 차광망(연초·표고버섯 건조용 또는 과수·화훼·채소·야생화·산채 재배용에 한정한다)
8. 농업·임업용 부직포(작물·수실류 재배용 및 축산업용에 한정한다)
9. 농업·임업용 배지(배지(培地: 생물을 기르는 데 필요한 영양소가 들어 있는 액체나 고체로, 배양액·버섯 재배용에 한정한다)·버섯 재배용에 한정한다) 및 양송이 재배용 복토
10. 축산업용 톱밥(「농림축산식품부 소관 친환경농어업 육성 및 유기식품 등의 관리·지원에 관한 법률 시행규칙」 별표 1에 따른 사용기준을 충족한 것에 한정한다)
11. 이앙기용 멀칭종이(논농사 피복용에 한정한다)
12. 농업·임업용 방조망(防鳥網) 및 방풍망(과수·수실류·작물 재배용 및 축산업용에 한정한다)
13. 농업·임업용 양수기

14. 볍씨발아기
15. 동력배토기
16. 예취기
17. 가축급여(家畜給與) 조사료(粗飼料: 단백질, 전분 등이 적고 섬유질이 많은 사료를 말한다. 이하 같다) 생산용 필름
18. 화훼 · 야생화용 종자류
19. 채소봉지(애호박 · 오이용에 한정한다)
20. 버섯재배용기
21. 축산업용 차량방역기
22. 폐사축처리기
23. 축사세척기
24. 카우브러쉬
25. 축산 악취제거기
26. 「약사법」에 따른 동물용 의약품
27. 작물 지주대
28. 농업 · 임업용 무인 항공기
29. 농업 · 임업용 로더(2톤 미만)
30. 농업 · 임업용 굴착기(1톤 미만)
31. 동력제초기
32. 농업 · 임업용 고압세척기
33. 농산물 및 임산물 저온저장고(바닥면적이 17㎡ 이하인 것에 한정한다)
34. 농업 · 임업 · 축산용 환풍기(컨트롤러를 포함하며, 시설하우스용 또는 축사용에 한정한다)
35. 축산용 인공수정 주입기
36. 축산용 인공수정 주입용기
37. 축산용 정액 희석제
38. 축산용 인큐베이터
39. 축산용 출하돈 선별기
40. 축사용 보온등 컨트롤러
41. 축사용 쿨링 패드
42. 축사용 워터컵
43. 축사용 바닥재[철재(鐵材) 바닥재에 한정한다]
44. 농산물 · 임산물 수확용 상자(플라스틱 재질에 한정한다)
45. 화훼 · 야생화 재배용 배지
46. 화훼 · 야생화 재배용 화분(폴리에틸렌, 플라스틱 및 고무 재질에 한정한다)
47. 유해동물(해충을 포함한다) 포획기
48. 농업용 양파망 · 마늘망 · 배추망 · 양배추망
49. 축산 착유용 라이너
50. 축산용 분만실 깔판

51. 축산용 대인소독기
52. 축산용 방역복
53. 조사료 생산용 네트
54. 팽연왕겨
55. 탈봉기
56. 소문망
57. 조사료 생산용 종자류
58. 점적(點滴)호스(점적테이프 및 분수호스를 포함한다)
59. 농업용수 처리기
60. 농업용 제습기
61. 농산물 건조기
62. 농산물 선별기 및 정선기
63. 개량 물꼬(논물의 수위를 조절하는 장치를 말한다)
64. 농업용 관비기
65. 농업용 양액기
66. 스마트팜용 센서류(온실이나 축사의 온도, 습도, 이산화탄소, 악취 등을 감지하여 환경을 조절하는 것을 말한다) · 구동기류(驅動機類) · 복합환경제어기

## 5. 농민에 대한 면세유 공급

### (1) 부가가치세 면제

다음의 어느 하나에 해당하는 석유류(「석유 및 석유대체연료 사업법」에 따른 석유제품을 말한다. 이하 이 조에서 "면세유"라 한다)에 대해서는 2026년 12월 31일(제2항은 2025년 12월 31일)까지 공급하는 것에 대한 부가가치세와 제조장 또는 보세구역에서 반출되는 것에 대한 개별소비세, 교통 · 에너지 · 환경세, 교육세 및 자동차 주행에 대한 자동차세(이하 이 조에서 "자동차세"라 한다)를 대통령령으로 정하는 바에 따라 면제한다.

① 농민, 임업에 종사하는 자 및 어민(이하 이 조에서 "농어민 등"이라 한다)이 농업 · 임업 또는 어업에 사용하기 위한 석유류로서 대통령령으로 정하는 것

② 연안을 운항하는 여객선박 (「관광진흥법」 제2조에 따른 관광사업 목적으로 사용되는 여객선박은 제외한다)에 사용할 목적으로 「한국해운조합법」에 따라 설립된 한국해운조합에 직접 공급하는 석유류

### (2) 농업기계 등의 신고의무

농어민 등이 면세유를 공급받기 위하여는 「농업협동조합법」에 따른 조합, 「산림조합법」

에 따른 조합 및 「수산업협동조합법」에 따른 조합에 농업기계, 임업기계 및 어업기계 또는 선박 및 시설의 보유 현황과 영농 · 영림 또는 어업경영 사실을 신고하여야 하며, 농기계 등의 취득 · 양도 또는 농어민 등의 사망, 이농 등으로 그 신고 내용에 달라진 사항이 있으면 그 사유 발생일부터 30일 이내에 그 변동 내용을 신고하여야 한다.

### (3) 준수의무

농어민 등이 면세유를 농기계 등에 사용하려는 경우에는 다음의 사항을 준수하여야 한다.

① 농업기계, 어업기계 및 선박의 경우에는 사용 실적 등을 확인할 수 있는 대통령령으로 정하는 장치를 부착하고, 사용 실적 등을 확인할 수 있는 대통령령으로 정하는 서류를 제출할 것

② 농업기계, 어업기계 및 농어업용 시설의 경우에는 생산 실적 등을 확인할 수 있는 대통령령으로 정하는 서류를 제출할 것

### (4) 추징

관할 세무서장은 농어민 등이 제4항에 따라 발급받은 면세유류 구입카드 등으로 공급받은 석유류를 농업 · 임업 · 어업용 외의 용도로 사용한 경우에는 다음 각 호에 따라 계산한 금액의 합계액을 추징한다.

1. 해당 석유류에 대한 부가가치세, 개별소비세, 교통 · 에너지 · 환경세, 교육세 및 자동차세의 감면세액
2. 제1호에 따른 감면세액의 100분의 40에 해당하는 금액의 가산세

농어민 등이 다음 각 호의 어느 하나에 해당하는 경우에는 그 농어민 등(그 농어민 등과 공동으로 생산 활동을 하는 배우자 및 직계존비속으로서 생계를 같이하는 자를 포함한다)은 면세유류 관리기관이 그 사실을 안 날부터 2년간(제9항에 따른 추징세액을 2년이 경과한 날까지 납부하지 아니한 경우에는 그 추징세액을 납부하는 날까지) 면세유를 사용할 수 없다.

1. 제3항에 따른 신고를 거짓이나 그 밖의 부정한 방법으로 하거나 변동신고를 하지 아니한 경우
2. 제4항에 따라 발급받은 면세유류 구입카드 등과 그 면세유류 구입카드 등으로 공급받은 석유류를 타인에게 양도한 경우
3. 제9항에 따른 감면세액의 추징 사유가 발생한 경우

# Ⅲ 소득세 실무

## 1. 과세대상

### (1) 작물재배업 소득의 비과세

작물재배업에서 발생하는 소득으로서 해당 과세기간의 수입금액의 합계액이 10억원 이하인 것은 소득세를 비과세한다. 작물재배업은 한국표준산업분류에 따른다.

**관련법조문**

◈ **소득세법 시행령 제9조의 4【비과세되는 작물재배업의 범위】**

① 법 제12조 제2호 바목에서 "대통령령으로 정하는 작물재배업에서 발생하는 소득"이란 작물재배업에서 발생하는 소득으로서 해당 과세기간의 수입금액의 합계액이 10억원 이하인 것을 말한다.

② 제1항을 적용할 때 작물재배업에서 발생하는 소득의 계산에 필요한 사항은 기획재정부령으로 정한다.

[한국표준산업분류상 작물재배업의 범위]

| 분류 코드 | 분류명 | 범 위 |
|---|---|---|
| 01110 | 곡물 및 기타 식량작물 재배업 | 곡물작물, 식량용 뿌리작물 및 기타 식량작물을 재배하는 산업활동을 말한다. |
| 01121 | 채소작물 재배업 | 노지에서 각종 채소작물을 재배하는 산업활동을 말한다. 노지에서 깻잎 등과 같이 채소로 사용하기 위하여 각종 작물을 재배하는 경우에도 여기에 분류된다. |
| 01122 | 화훼작물 재배업 | 노지에서 화초, 잔디, 관상수 등과 같은 장식, 관상, 조원 및 조경용의 수목 · 꽃 · 풀 등을 재배하는 산업활동을 말한다. |
| 01123 | 종자 및 묘목 생산업 | 노지 또는 시설에서 각종 농작물의 종자, 버섯종균, 묘목을 생산하는 산업활동을 말한다. |
| 01131 | 과실작물 재배업 | 노지에서 딸기, 견과(낙화생 제외)를 포함한 각종 과실작물을 재배하는 산업활동을 말한다. |
| 01132 | 음료용 및 향신용 작물 재배업 | 노지에서 음료용 또는 향신용 작물을 재배하는 산업활동을 말한다. |
| 01159 | 기타 시설작물 재배업 | 콩나물, 채소, 화훼 및 과실작물 이외의 각종 작물을 시설 재배하는 산업활동을 말한다. |

소득세 집행기준 19-0-1 **농업 등에서 발생한 소득의 구분**

① 작물재배업 중 곡물 및 기타식량 작물재배업에서 발생한 소득은 사업소득에 해당하지 않는다.
② 농지에서 생산한 작물을 판매장을 특설하여 판매하는 경우에는 판매장을 특설하여 판매함으로써 추가로 발생하는 소득은 도매업 또는 소매업에서 발생한 소득으로 본다.
③ 제조장을 특설하여 자기가 생산한 작물을 원료로 하여 제품을 생산하거나 가공하여 판매할 때에는 제조장 특설로 인하여 추가로 발생하는 소득은 제조업에서 발생한 소득으로 본다.

### (2) 농가부업소득의 비과세

농가부업소득이란 농·어민이 부업으로 경영하는 축산·고공품(藁工品)제조·민박·음식물판매·특산물제조·전통차제조 및 그 밖에 이와 유사한 활동에서 발생한 소득 중 다음의 소득을 말한다.

**① 별표 1의 농가부업규모의 축산에서 발생하는 소득**

농가부업규모의 축산은 가축별로 적용하며 공동으로 축산을 영위하는 경우에는 사업자별 지분율을 기준으로 이를 적용한다.

[별표 1] 〈개정 2012. 2. 2〉

**농가부업규모 축산의 범위**(제9조 제1항 제1호 관련)

| 가축별 | 규모 | 비고 |
|---|---|---|
| 젖소<br>소<br>돼지<br>산양<br>면양<br>토끼<br>닭<br>오리<br>양봉 | 50마리<br>50마리<br>700마리<br>300마리<br>300마리<br>5,000마리<br>15,000마리<br>15,000마리<br>100군 | 1. 성축을 기준으로 한다. 다만, 육성우의 경우에는 2마리를 1마리로 본다.<br>2. 사육두수는 매월 말 현황에 의한 평균 두수로 한다. |

**② ① 외의 소득으로서 소득금액의 합계액이 연 3천만원 이하인 소득**

### 소득세 집행기준 12-9-1 비과세 농어가부업소득의 범위

① 농·어민이 부업으로 경영하는 축산·고공품제조·민박·음식물판매·특산물제조·전통차 제조 및 그 밖에 이와 유사한 활동에서 발생한 소득 중 다음 각 호의 소득은 소득세가 비과세된다.

1. 「소득세법 시행령」 [별표 1]의 농가부업규모의 축산에서 발생하는 소득
2. 제1호 외의 소득으로서 소득금액의 합계액이 연 3,000만원 이하인 소득

② 농가부업규모를 초과하는 사육두수에서 발생한 소득과 기타의 부업에서 발생한 소득이 있는 경우 이를 합산한 소득금액에 대하여 연 3,000만원 이하의 소득을 비과세한다.

③ 농·어민으로서 축산업을 전업으로 하는 자가 축산업을 경영하고 얻는 소득 중 가축별 사육규모 이하에서 발생하는 소득은 '농어민이 부업으로 경영하는 축산'으로 보아 비과세한다.

**사례**

| 농어가부업소득 해당하지 않는 경우 | 농어가부업소득 해당되는 경우 |
|---|---|
| • 농·어민이 아닌 전문양봉업자가 양봉에서 생산한 벌꿀을 판매하여 얻는 소득<br>• 농·어민이 상설판매장(영업장)을 특설하여 농·축·수산물 판매하는 경우 | • 어민이 경영하는 양식어업에서 발생하는 소득<br>• 농·어민이 부업으로 특정고정설비 내에서 버섯 등을 재배하여 발생하는 소득<br>• 농민이 부업으로 농업용 기계장치(트랙터 등)를 임대하여 받는 소득 |

### 소득세 집행기준 19-0-2 축산업의 범위

① 축산업을 경영하는 사업자가 사업용 고정자산에 속하는 가축을 판매하고 얻은 수입금액은 축산업에서 발생한 수입금액으로 본다.

② 자기사업장에서 사육한 가축을 자기소유의 도축장에서 도살·해체·냉동가공한 후 지육으로 판매할 때에는 제조업으로 구분하여 과세한다.

소득세 집행기준 12-9의 2-1 **농어가부업소득과 전통주 제조소득의 비교**

| 구분 | 농어가부업소득 | 전통주제조소득 |
|---|---|---|
| 비과세대상 | 농 · 어민으로서 농가부업소득이 있는 자 | 수도권 밖의 읍 · 면지역에서 전통주를 제조하는 자 |
| 비과세 범위 | 가축별 사육두수 이하 축산소득 + 소득금액 연 3,000만원 이하의 소득 | 소득금액 연 1,200만원 이하인 경우 |
| 비과세 범위 초과시 | 초과분에 대해 과세 | 전액 과세 |
| 두 개의 소득 함께 있는 경우 | 각각의 소득에 대하여 비과세 범위 판단 | |

### (3) 어로어업 또는 양식어업 소득의 비과세

어로어업 또는 양식어업소득에 대해서는 5,000만원까지 비과세한다. 어로어업 또는 양식어업소득이란 통계청장이 고시하는 한국표준산업분류에 따른 연근해어업과 내수면어업 또는 양식어업에서 발생하는 소득을 말한다.

## 2. 기장의무의 판정

### (1) 기장의무

농업은 직전연도 수입금액이 3억원 이상인 경우 복식부기의무자이다. 한편 직전과세기간의 수입금액이 6천만원 이상인 경우 기준경비율을 적용하여 추계소득금액을 계산하여야 한다.

또한 단순경비율과 기준경비율에 따라 추계소득금액을 계산할 때 농업, 임업, 어업에 대하여는 자가율을 적용하지 아니한다.

### (2) 비과세소득 포함 여부

기장의무 판정 및 단순경비율 적용대상자 판정에 있어 직전연도의 수입금액에는 비과세소득에 해당하는 농가부업소득의 수입금액은 포함되지 아니하며 종합소득 과세표준확정신고서를 작성함에 있어서 사업소득 총수입금액에는 비과세되는 소득에 해당하는 수입금액은 포함되지 아니하는 것이다(서일-857, 2004. 6. 25).

**사례** **비과세소득과 기장의무**

사업소득 총수입금액이 4억원(농가부업소득 외 2.5억, 농가부업소득 1.5억)이며 소득금액이 4,000만원(농가부업소득 외 25백만원, 농가부업소득 15백만원)인 경우 기장의무를 판단해보면 다음과 같다.
기장의무 판정은 농가부업소득 1.5억원을 제외한 2.5억원으로 복식부기의무자가 아닌 간편장부대상자이다.

## 3. 농업소득의 과세표준 계산

### (1) 총수입금액의 계산

농업소득의 총수입금액은 비과세소득을 제외한 해당연도의 총수입금액으로 한다.

### (2) 필요경비의 계산

필요경비는 총수입금액에 대응하는 필요경비로 한다. 축산업의 필요경비는 다음으로 한다.

가. 종란비
나. 출산비
다. 사양비
라. 설비비
마. 개량비
바. 매도경비

## 4. 농업소득 관련 세무처리 주요사항

### (1) 농산물의 수탁판매시 계산서 발행방법

부가가치세법 제12조 제1항 제1호에 의하여 부가가치세가 면제되는 농·축·수·임산물의 위탁판매 또는 대리인에 의한 판매의 경우에는, 소득세법 제163조 제2항 및 법인세법 제121조 제2항의 규정에 따라 수탁자 또는 대리인이 재화를 공급한 것으로 보아 계산서 등을 작성하여 당해 재화를 공급받는 자에게 교부하여야 하는 것이며 다만, 위탁자가 농·어민 등이 아닌 사업자인 경우에는 수탁자(대리인)가 위탁자(본인)의 명의로 계산서 등을 작성·교부할 수 있다(소득 46011-128, 1999. 10. 4).

### 소득세 집행기준 81-147의6 중도매인에 대한 계산서 관련 가산세 적용특례

계산서 관련 가산세를 적용함에 있어서 「농수산물유통 및 가격안정에 관한 법률」 제2조에 따른 중도매인은 2021년 1월 1일부터 2023년 12월 31일 이내 종료하는 각 과세기간에는 해당 중도매인을 소규모 사업자로 본다.

| 구 분 | 계산서 등 제출불성실 가산세 적용 여부 |
|---|---|
| 각 과세기간별로 계산서발급비율[주1)]이 해당 비율[주2)] 이상인 경우 | 해당 과세기간에 소규모사업자로 보아 계산서 관련 가산세 적용 안함 |
| 각 과세기간별로 계산서발급비율[주1)]이 해당 비율[주2)] 미만인 경우 | 각 과세기간별로 총 매출액에 해당 비율 적용하여 계산한 금액과 매출처별계산서합계표 제출한 금액과의 차액에 대해서만 계산서를 발급하지 아니한 공급가액으로 보아 계산서 등 제출 불성실 가산세를 부과함 |

주1) 계산서 발급비율 : 계산서를 발급하고 매출처별계산서합계표를 제출한 금액이 총매출액에서 차지하는 비율

주2) 해당 비율

| 과세기간 | ① 「농수산물유통 및 가격안정에 관한 법률」에 따른 서울특별시 소재 중앙도매시장의 중도매인 | ② ① 외의 중도매인 |
|---|---|---|
| 2021. 1. 1.~2021. 12. 31 | 100분의 90 | 100분의 70 |
| 2022. 1. 1.~ 2022. 12. 31 | 100분의 95 | 100분의 75 |
| 2023. 1. 1.~ 2023. 12. 31 | 100분의 95 | 100분의 75 |
| 2024. 1. 1.~ 2025. 12. 31 | 100분의 95 | 100분의 80 |
| 2026. 1. 1.~ 2026. 12. 31 | 100분의 95 | 100분의 85 |

## (2) 구제역 관련 가축살처분보상금 총수입금액 산입 여부

축산사업자가 지방자치단체로부터 받은 구제역관련 살처분보상금은 「소득세법」 제24조 및 같은 법 시행령 제51조 제3항에 따른 사업소득의 총수입금액에 산입하는 것으로, 그 귀속시기는 살처분한 날이 속하는 과세기간인 것이며, 같은 법 제163조에 따른 계산서 교부대상에도 해당하지 아니하는 것이다(법규소득 2011-70, 2011. 4. 13).

## (3) 재해손실세액공제 대상

구제역과 관련하여 축산사업자가 지급받은 가축살처분보상금은 「소득세법」 제24조 및 같은 법 시행령 제51조 제3항에 따른 사업소득 총수입금액에 산입하며 같은 법 제58조에

따른 재해손실세액공제를 적용받을 수 있는 것이다(소득세과-0302, 2011. 3. 31). 다만, 구제역 관련하여 축산사업자가 「가축전염병예방법」 제49조 및 같은 법 시행령 제12조에 따라 지원받는 생계안정자금은 사업소득의 총수입금액에 산입하지 아니한다.

### (4) 종마교배대가

경주마를 생산 및 판매하는 목장을 운영하는 사업자가 보유하고 있는 종마를 타 목장소유 암말과 교배를 시키고 교배료를 받는 경우에는 부가가치세법 제26조 제1항 제1호 및 같은 법 시행령 제34조 제3항에 따라 부가가치세가 면제되는 것이다(서면법규과-1142, 2013. 10. 21).

### (5) 도축장 구조조정자금의 총수입금액 산입

도축장경영자가 폐업하면서 「도축장구조조정법」에 의하여 도축장 구조조정자금을 신청하여 조정자금을 지급받는 경우 동 조정자금은 「소득세법」 제39조 제1항과 같은 법 시행령 제51조 제3항 제5호에 따라 도축장 구조조정자금 지급결정 통지를 받은 날이 속하는 과세연도의 총수입금액에 산입하는 것이다(법규소득 2012-212, 2012. 5. 24).

소득세 집행기준 24-0-2

**사업용고정자산의 처분에 따른 차손익 등의 총수입금액 불산입**

① 복식부기의무자가 사업용 유형고정자산(「소득세법」 제94조 제1항 제1호에 따른 양도소득에 해당하는 경우 제외)을 양도하는 경우 양도가액을 총수입금액에 산입하고, 유형고정자산의 양도 당시 장부가액을 필요경비에 산입한다.

② 축산업을 영위하는 사업자가 자돈을 생산할 목적으로 사육하는 종돈은 사업용 고정자산에 해당되는 것으로 이에 대한 감가상각은 「법인세법 시행규칙」 별표 6의 업종별자산의 기준내용연수 및 내용연수범위표를 적용하여 계산하며 해당 사업자가 종돈으로 사용하던 돼지를 판매하고 얻은 수입금액은 축산업의 총수입금액에 산입한다.

■ 소득세법 시행규칙 [별지 제37호의 3 서식] 〈개정 2021. 3. 16.〉

# 비과세 사업소득(농어가부업 · 어로어업소득) 계산 명세서

(앞쪽)

| ❶ 성 명 | | ❷ 생년월일 | | |
|---|---|---|---|---|
| ❸ 농어가부업 | | | | |
| ① 구 분 | ② 사업자등록번호 | ③ 수입금액<br>(상단 : 비과세금액) | ④ 소득금액<br>(상단 : 비과세금액) | ⑤ 업 종 |
| ⑥ 축 산 | | (        ) | (        ) | |
| ⑦ 양 어 | | (        ) | (        ) | |
| ⑧ 고 공 품 제 조 | | (        ) | (        ) | |
| ⑨ 면 세 분 기 타 | | (        ) | (        ) | |
| ⑩ 민 박 | | (        ) | (        ) | |
| ⑪ 음 식 물 판 매 | | (        ) | (        ) | |
| ⑫ 특 산 물 제 조 | | (        ) | (        ) | |
| ⑬ 전 통 차 제 조 | | (        ) | (        ) | |
| ⑭ 과 세 분 기 타 | | (        ) | (        ) | |
| 농어가부업 합 계 | ⑮ 합 계 | | | |
| | ⑯ 비과세금액 | | 30,000,000 | |
| | ⑰ 과세대상금액 (⑮-⑯) | | | |
| ❹ 어로어업 | | | | |
| ⑱ 구 분 | ⑲ 사업자등록번호 | ⑳ 수입금액<br>(상단 : 비과세금액) | ㉑ 소득금액<br>(상단 : 비과세금액) | ㉒ 업 종 |
| ㉓ 어 로 | | (        ) | (        ) | |
| 어로어업 합 계 | ㉔ 합 계 | | | |
| | ㉕ 비과세금액 | | 50,000,000 | |
| | ㉖ 과세대상금액 (㉔-㉕) | | | |

* 소득금액은 위 순서대로 합산하며, 소득금액이 3천만원(어로어업은 5천만원)이 되는 부분의 수입금액은 소득세 비과세분과 소득세 과세분을 소득금액 비례로 안분하여 계산합니다.

예) ·민박의 소득금액 : 10,000,000원,

·특산물제조 소득금액이 22,000,000원(수입금액 220,000,000원)인 경우

– "⑫특산물제조"란의 소득금액은 22,000,000원이므로 민박 소득금액 10,000,000원 및 특산물제조 중 20,000,000원은 농가부업소득으로 비과세되며, 나머지 2,000,000원만 과세됩니다. 따라서 과세대상 수입금액은 220,000,000 × (2,000,000/22,000,000) = 20,000,000원이 됩니다.

210mm×297mm[백상지 80g/㎡ 또는 중질지 80g/㎡]

## 작 성 방 법

1. 이 서식은 해당연도 ⑥~⑭의 사업에서 발생한 소득금액이 3천만원을 초과하는 농어가부업소득이 있는 자와 ㉓의 사업에서 발생한 소득금액이 5천만원을 초과하는 어로어업소득이 있는 자만 작성합니다.
2. ⑥ 축산, ⑦ 양어, ⑧ 고공품제조, ⑨ 면세분 기타, ㉓ 어로 란은 농어가부업 및 어로어업소득으로서 부가가치세가 과세되지 않는 사업소득을 적습니다.
3. ⑩ 민박, ⑪ 음식물판매, ⑫ 특산물제조, ⑬ 전통차제조, ⑭ 과세분 기타 란은 부가가치세가 과세되는 사업소득을 적습니다.
4. "⑥ 축산"란의 경우에는 이 서식 부표(별지 제37호의 3 서식 부표)를 먼저 작성한 후 아래 사육두수 이하인 경우에는 수입금액 및 소득금액을 적지 아니하며, 그 초과하는 사육두수에서 발생한 수입금액 및 소득금액만 적습니다.

   * 농가부업규모 축산의 범위

| 가축별 | 규모 | 비고 | 가축별 | 규모 |
|---|---|---|---|---|
| 젖 소 | 50마리 | 1. 성축을 기준으로 하며 다만, 육성우의 경우에는 2마리를 1마리로 봅니다<br>2. 사육두수는 매월 말 현황에 의한 평균 두수로 합니다 | 토 끼 | 5,000마리 |
| 소 | 50마리 | | 닭 | 15,000마리 |
| 돼 지 | 700마리 | | 오 리 | 15,000마리 |
| 산 양 | 300마리 | | 양봉 | 100군 |
| 면 양 | 300마리 | | | |

5. "⑯ 비과세금액"란의 "③ 수입금액"은 비과세 소득금액인 3천만원에 해당하는 수입금액을 적고, "㉕ 비과세금액"란의 "⑳수입금액"은 비과세 소득금액인 5천만원에 해당하는 수입금액을 적습니다.
6. "⑰ 과세대상금액"란의 "③ 수입금액" 및 "④ 소득금액"은 ⑮ 합계액에서 ⑯ 비과세금액을 빼서 적습니다.
7. "㉖ 과세대상금액"란의 "⑳ 수입금액" 및 "㉑ 소득금액"은 ㉔ 합계액에서 ㉕ 비과세금액을 빼서 적습니다.
8. 공동사업장의 경우에는 각자의 지분에 해당하는 소득금액만을 적습니다.
9. "③ 수입금액"·"⑳ 수입금액"란 및 "④ 소득금액"·"㉑ 소득금액"란의 상단 "(　)"에는 각각 농어가부업소득 및 어로어업소득에 해당하여 비과세되는 금액을 적으며, 하단에는 해당 란의 전체 수입금액과 전체 소득금액을 각각 적습니다.
10. ⑥~⑭ 및 ㉓의 소득금액 계산방법은 다음과 같습니다.

    ○ 기장자

    * 기장에 의하여 계산된 소득금액(수입금액 − 필요경비)을 적습니다.

    ○ 기준경비율대상자

    * 소득금액 = 수입금액 − (매입비용 + 임차료 + 인건비) − (수입금액×기준경비율)

    ○ 단순경비율 적용대상자

    * 소득금액 = 수입금액 − (수입금액×단순경비율)

# 축산업 사업소득(농가부업소득) 계산 명세서

| 성 명 | | 사업자등록번호 | | |
|---|---|---|---|---|
| **구 분** | | **가축종류( )** | **가축종류( )** | **가축종류( )** | **계** |

| 구 분 | | 가축종류( ) | 가축종류( ) | 가축종류( ) | 계 |
|---|---|---|---|---|---|
| 월평균 사육두수의 계산 | 1월 | | | | |
| | 2월 | | | | |
| | 3월 | | | | |
| | 4월 | | | | |
| | 5월 | | | | |
| | 6월 | | | | |
| | 7월 | | | | |
| | 8월 | | | | |
| | 9월 | | | | |
| | 10월 | | | | |
| | 11월 | | | | |
| | 12월 | | | | |
| | 계 | | | | |
| | 월평균 | | | | |
| 비과세 기준 사육두수 | | | | | |
| 기준초과 사육두수 | | | | | |
| 총수입금액 | | | | | |
| 기준 초과분 | 수입금액 | | | | |
| | 필요경비 | | | | |
| | 소득금액 | | | | |

## 작 성 방 법

1. 가축별 사육두수가 아래 비과세 기준 사육두수를 초과하는 경우에만 작성하며, 가축별 사육두수가 아래 비과세 기준 사육두수 이하인 경우에는 그 가축에 관한 사항은 적지 않습니다.

   * 농가부업규모 축산의 범위

| 가축별 | 규모 | 비고 | 가축별 | 규모 |
|---|---|---|---|---|
| 젖 소 | 50마리 | 1. 성축을 기준으로 하며 다만, 육성우의 경우에는 2마리를 1마리로 봅니다<br>2. 사육두수는 매월 말 현황에 의한 평균 두수로 합니다 | 토 끼 | 5,000마리 |
| 소 | 50마리 | | 닭 | 15,000마리 |
| 돼 지 | 700마리 | | 오 리 | 15,000마리 |
| 산 양 | 300마리 | | 양봉 | 100군 |
| 면 양 | 300마리 | | | |

2. 농가부업규모는 가축별로 적용하며, 공동으로 영위하는 축산은 각 사업자의 지분을 기준으로 적용합니다.

210mm×297mm[백상지 80g/㎡ 또는 중질지 80g/㎡]

■ 소득세법 시행규칙 [별지 제37호의 4 서식 부표] 〈개정 2015. 3. 13〉

# 비과세사업소득(작물재배업 소득) 계산 명세서

(단위 : 원)

| 성 명 | | 주민등록번호 | |
|---|---|---|---|

| ①사업자등록번호 | ②소재지 | ③수입금액<br>(상단 : 비과세금액) | ④소득금액<br>(상단 : 비과세금액) | ⑤작물종류 |
|---|---|---|---|---|
| | | (　　　) | (　　　) | |
| | | (　　　) | (　　　) | |
| | | (　　　) | (　　　) | |
| | | (　　　) | (　　　) | |
| | | (　　　) | (　　　) | |
| | | (　　　) | (　　　) | |
| | | (　　　) | (　　　) | |
| | | (　　　) | (　　　) | |
| | | (　　　) | (　　　) | |
| | | (　　　) | (　　　) | |
| | | (　　　) | (　　　) | |
| 합 계 | ⑥ 합 계 | | | |
| | ⑦ 비 과 세 금 액 | 100,000,000 | | |
| | ⑧ 과 세 대 상 금 액<br>(⑥－⑦) | | | |

* 비과세 소득금액 계산 예시: 수입금액 12억원, 필요경비 10억8,000만원, 소득금액 1억2천만원인 경우 비과세되는 수입금액 10억원에 해당하는 비과세 소득금액은 1억원(1억2천만원×10억원/12억원)임

210mm×297mm[백상지 80g/㎡ 또는 중질지 80g/㎡]

## 제2절 어 업

### 개 요

#### 1. 어업의 정의

“어업”이란 수산동식물을 포획·채취하거나 양식하는 사업을 말한다(수산업법 2). 한국표준산업분류에서는 어업은 바다, 강, 호수, 하천 등에서 어류, 갑각류, 연체동물, 해조류 및 기타 수산 동·식물을 채취·포획하거나 증식 또는 양식하는 산업활동과 이에 관련된 서비스를 제공하는 산업활동을 말하며 고래 이외의 수산 포유동물 포획(01500)은 제외한다.

#### 2. 한국표준산업분류상 어업의 분류

##### (1) 어로어업(031)

바다, 강, 호수, 하천 등에서 자연적으로 번식되는 각종 자연수산동·식물을 채취 또는 포획하는 산업활동을 말한다.

| 구 분 | | 정 의 |
|---|---|---|
| 내수면어업<br>(강·호수) | 내수면어업<br>(03120) | 강, 호수, 하천 등의 내수면에서 어류 등의 각종 수산 동·식물을 채취 또는 포획하는 산업활동을 말한다.<br>〈예 시〉<br>• 물고기 포획 • 연체동물 포획<br>• 갑각류 채취 • 수산식물 채취 |
| 해면어업<br>(바다) | 연근해어업<br>(03112) | 연안 및 근해에서 어류, 갑각류, 연체동물, 해조류 및 기타 수산 동·식물을 채취 또는 포획하는 산업활동을 말한다.<br>〈예 시〉<br>• 물고기 포획 • 수산 무척추동물 포획<br>• 진주조개 채취 • 산호 채취 |
| | 원양어업<br>(03111) | 원양에서 어류, 갑각류, 연체동물, 해조류 및 기타 수산 동·식물을 채취 또는 포획하는 산업활동을 말한다.<br>〈예 시〉<br>• 물고기 포획 • 수산 무척추동물 포획<br>• 진주조개 채취 • 산호 채취 |

### (2) 양식어업(032)

해면 또는 내수면에서 어류, 갑각류, 연체동물 및 해조류 등의 각종 수산 동·식물을 양식하거나 수산종묘를 생산하는 산업활동을 말한다. 수생 파충류 및 개구리 양식 활동이 포함되며, 수수료 또는 계약에 의하여 어로어업 및 양식어업에 관련된 서비스를 제공하는 산업 활동도 여기에 포함된다.

| 구분 | | 정 의 |
|---|---|---|
| 양식어업 | 해면양식어업 | 해면 또는 육상에서 해수를 이용하여 각종 수산 동·식물을 증식 또는 양식하는 산업활동을 말한다.<br>〈예 시〉<br>• 수산동물 양식 • 수산식물 양식<br>• 진주 양식 • 해산물 양식 |
| | 내수면양식어업 | 내수면에서 각종 수산 동·식물을 증식 또는 양식하는 산업활동을 말한다.<br>〈예 시〉<br>• 수산동물 양식 • 수산식물 양식<br>• 개구리 양식<br>〈제 외〉<br>• 개구리 포획(01500) |
| | 수산물부화 및 종묘생산업 | 각종 수산 동·식물을 부화하거나 종묘를 생산하는 산업활동을 말한다.<br>〈예 시〉<br>• 수산 동물 및 식물 종묘생산 • 어족부화 서비스 |

## 3. 면허어업의 분류

다음의 어느 하나에 해당하는 어업을 하려는 자는 시장·군수·구청장의 면허를 받아야 한다. 다만, 외해양식어업을 하려는 자는 해양수산부장관의 면허를 받아야 한다.

① 정치망어업(定置網漁業): 일정한 수면을 구획하여 대통령령으로 정하는 어구(漁具)를 일정한 장소에 설치하여 수산동물을 포획하는 어업

② 해조류양식어업(海藻類養殖漁業): 일정한 수면을 구획하여 그 수면의 바닥을 이용하거나 수중에 필요한 시설을 설치하여 해조류를 양식하는 어업

③ 패류양식어업(貝類養殖漁業): 일정한 수면을 구획하여 그 수면의 바닥을 이용하거나 수중에 필요한 시설을 설치하여 패류를 양식하는 어업

④ 어류등양식어업(魚類等養殖漁業): 일정한 수면을 구획하여 그 수면의 바닥을 이용하거나 수중에 필요한 시설을 설치하거나 그 밖의 방법으로 패류 외의 수산동물을 양식

하는 어업

⑤ 복합양식어업(複合養殖漁業): 제2호부터 제4호까지 및 제6호에 따른 양식어업 외의 어업으로서 양식어장의 특성 등을 고려하여 제2호부터 제4호까지의 규정에 따른 서로 다른 양식어업 대상품종을 2종 이상 복합적으로 양식하는 어업

⑥ 마을어업: 일정한 지역에 거주하는 어업인이 해안에 연접한 일정한 수심(水深) 이내의 수면을 구획하여 패류 · 해조류 또는 정착성(定着性) 수산동물을 관리 · 조성하여 포획 · 채취하는 어업

⑦ 협동양식어업(協同養殖漁業): 마을어업의 어장 수심의 한계를 초과한 일정한 수심 범위의 수면을 구획하여 제2호부터 제5호까지의 규정에 따른 방법으로 일정한 지역에 거주하는 어업인이 협동하여 양식하는 어업

⑧ 외해양식어업: 외해의 일정한 수면을 구획하여 수중 또는 표층에 필요한 시설을 설치하거나 그 밖의 방법으로 수산동식물을 양식하는 어업

## Ⅱ 부가가치세 실무

### 1. 과세대상

#### (1) 미가공수산물 공급면세

어민이 어로어업, 양식어업에서 채취 또는 포획한 수산물을 판매하는 미가공 상태에서 공급하는 경우 부가가치세를 면제한다. 미가공식료품은 가공되지 않거나, 탈곡 · 정미 · 정맥 · 제분 · 정육 · 건조 · 냉동 · 염장 · 포장 기타 원생산물의 본래의 성질이 변하지 않는 정도의 1차가공을 거친 것을 말한다. 국내에서 채취한 식용에 공하지 않는 수산물도 부가가치세를 면제하지만 본래의 성질이 변할 정도의 가공을 거쳐 판매하는 수산물과 식용에 공하지 않는 수산물(관상용열대어 등)을 수입하여 공급하는 경우에는 부가가치세를 과세한다.

**관련법조문**

**◈ 부가가치세법 시행령 제34조【면세하는 미가공식료품 등의 범위】**

① 법 제26조 제1항 제1호에 따른 가공되지 아니한 식료품(이하 이 조에서 미가공식료품 이라 한다)은 다음 각 호의 것으로서 가공되지 아니하거나 탈곡 · 정미 · 정맥 · 제분 · 정육 · 건조 · 냉동 · 염장 · 포장이나 그 밖에 원생산물 본래의 성질이 변하지 아니하는 정도의 1차 가공을 거쳐 식용으로 제공하는 것으로 한다. 이 경우 다음 각 호에 따른 미가공식료품의

범위에 관하여 필요한 사항은 기획재정부령으로 정한다.

11. 해조류

③ 법 제26조 제1항 제1호에 따른 농산물, 축산물, 수산물과 임산물은 다음 각 호의 것으로 한다.

1. 원생산물
2. 원생산물 본래의 성상(性狀)이 변하지 아니하는 정도의 원시가공을 거친 것
3. 제2호에 따른 원시가공을 하는 과정에서 필수적으로 발생하는 부산물

◈ **부가가치세법 시행규칙 제24조【면세하는 미가공식료품의 범위】**

① 영 제34조 제1항 및 제2항(영 제49조 제1항 본문에서 준용하는 경우를 포함한다)에 따른 미가공식료품의 범위는 별표 1의 면세하는 미가공식료품 분류표에 따른다.

② 제1항에 따른 미가공식료품 분류표를 적용할 때에는 「관세법」 별표의 관세율표를 기준으로 한다.

**[별표1] 면세하는 미가공식료품 분류표**

| 구분 | 관세율표번호 | 품명 |
|---|---|---|
| 11. 해조류 | 1212 | 관세율표 제1212호에 해당하는 물품 중 김·미역·톳·파래·다시마와 그 밖의 식용에 적합한 해조류(신선한 것과 냉장이나 냉동한 것, 건조한 것, 염장이나 염수장한 것으로 한정한다) |

## (2) 면세대상

① 부가가치세가 면제되는 미가공식료품인 「부가가치세법 시행령」 제34조 제1항 제9호의 생선류를 공급함에 있어 신선도 유지와 잡냄새 제거를 위하여 조미식품을 첨가하는 경우로서 원생산물 본래의 성질이 변하지 아니하는 경우에는 「부가가치세법」 제26조 제1항 제1호 및 같은 법 시행령 제34조 제1항에 따른 미가공식료품에 해당하여 부가가치세가 면제되는 것이다(부가-890, 2013. 9. 27).

② 부가가치세가 면제되는 미가공식료품의 범위는 「부가가치세법 시행규칙」 제10조 제1항의 [별표 1] 미가공식료품분류표에 의하는 것이며, 사업자가 문어를 껍질에 붙어 있는 끈적끈적한 점액과 내장 등을 제거하고 자숙기에서 자숙한 후 얇게 썰어 식용에 공하는 것으로 포장·판매하는 경우로서, 문어 본래의 성질이 변하지 아니한 정도로 공급하는 경우에는 부가가치세가 면제되는 것이나 문어의 육질이 완전히 변한 정도로 열처리를 하여 공급하는 경우에는 부가가치세가 과세되는 것이다(부가-434, 2013. 5. 16).

[별표 1] 면세하는 미가공식료품 분류표

| 구분 | 관세율표번호 | 품명 |
|---|---|---|
| 9. 생선류 | 0307 | ⑦ 연체동물[껍데기가 붙어 있는 것인지의 여부를 불문하고, 산 것과 신선·냉장·냉동·건조·염장 또는 염수장한 것, 연체동물의 분·조분과 펠리트(식용에 적합한 것으로 한정한다)를 포함한다] |

③ 새송이버섯, 북어, 굴을 건조, 분쇄한 것이 관세율표 번호 제0712호, 제0305호, 제0307호로 분류되는 경우에는 「부가가치세법 시행령」 제28조 및 같은 법 시행규칙 제10조 제1항 [별표 1]에서 규정하는 미가공식료품에 해당되어 부가가치세가 면제되는 것이다(부가-94, 2013. 1. 30).

④ 수산물을 포획하여 공급하는 사업을 영위하는 경우 부가가치세법 제12조 제1항 제호의 규정에 의해 부가가치세가 면제되는 것으로, 당해 사업에 사용하는 어업권을 양도하는 경우에는 동법 제12조 제3항의 규정에 의하여 부가가치세가 면제되는 것이다(부가 46015-2840, 1999. 9. 16). 즉, 부수공급에 해당되는 것으로 본다.

### (3) 과세대상

① 부가가치세가 면세되는 해조류(김)는 「부가가치세법 시행규칙」 제24조 [별표 1]에 의하여 신선한 것과 냉장·냉동·염장·염수장 또는 건조한 것에 한하므로 마른 파래 김에 조미를 하여 판매하는 경우에는 「부가가치세법」 제26조 및 같은 법 시행령 제34조에서 규정하는 부가가치세가 면세되는 미가공식료품에 해당하지 아니한다 (부가-1109, 2013. 11. 28).

② 해삼을 찌거나 삶는 등 열을 가하여 해삼의 본래의 성질이 변하였다고 볼 수 있는 때에는 「부가가치세법 시행령」 제28조 제1항 제1호에 따른 면세되는 미가공식료품에 해당하지 아니하는 것이다(부가-537, 2013. 6. 14).

③ 건해삼이 관세율표 번호 0308로 분류되는 것은 「부가가치세법 시행규칙」 별표 1 미가공식료품분류표에 따라 미가공식료품에 해당되나, 관세율표 1605로 분류되는 것은 이에 해당되지 않으므로 부가가치세가 과세되는 것이다(부가-1032, 2012. 10. 11).

## 2. 면세포기

면세되는 수산물을 국내공급하는 경우 부가가치세가 면제되어 그와 관련하여 사용소비된 부가가치세 매입세액은 면세사업관련 매입세액으로 불공제된다. 한편 수산물을 수출하는 경우에도 면세되나, 다만 면세를 포기하고 영세율을 적용받아 매입세액을 환급받을 수 있다. 수산업 등 면세사업을 영위하는 사업자가 법 제28조 제1항의 규정에 의하여 면세포기를 하는 경우에 면세포기한 사업에 대하여 당해 과세기간에 영세율이 적용되거나 부가가치세가 면제되는 재화·용역의 공급이 없는 때에도 그 과세기간의 면세포기사업과 관련된 매입세액은 법 제38조의 규정에 의하여 공제한다. 다만 면세포기한 사업에 대하여 당해 과세기간에 면세되는 재화의 공급만이 있는 경우에는 법 제38조 제1항 제7호의 규정에 의하여 공제하지 아니한다(부기통 38－0…1).

판례 **면세포기와 매입세액공제**(조심 2011부3116, 2012. 4. 26)

청구인은 영세율이 적용되는 수출재화를 면세포기한 것으로서 2006년 제2기에 냉동수산물을 국내에만 공급한 것이므로 면세포기의 효력이 없어(부가가치세법 기본통칙 12－47…2 참조) 냉동수산물의 구입과 보관에 전용된 공통매입세액은 면세를 적용받게 되는 것이다. 이는 면세사업을 영위하는 사업자가 면세포기를 하는 경우에 면세포기한 사업에 대하여 당해 과세기간에 부가가치세가 면제되는 재화·용역의 공급이 없는 때에도 그 과세기간의 면세포기사업과 관련된 매입세액은 공제하지만, 면세포기한 사업에 대하여 당해 과세기간에 면세되는 재화의 공급만이 있는 경우에는 공제하지 아니한다고 규정한 「부가가치세법 기본통칙」 17－0…1에서도 알 수 있다. 따라서 처분청이 2006년 제2기에 발생한 냉동 수산물 관련 공통매입세액을 불공제한 처분은 정당하다. 부가가치세가 과세되는 수종의 사업과 면세되는 수종의 사업을 겸영하는 경우에는 실지귀속에 따라 매입세액으로 공제하되, 공통매입세액의 안분계산은 그 수종의 사업 중에서 공통매입세액과 관련된 사업단위(부분)별로 세분이 가능한 경우에는 당해 공통매입세액과 관련된 사업부분만을 당해 과세기간의 총공급가액에 대한 면세공급가액비율에 의하여 계산하는 것(대법원 1982. 9. 28 선고 82누170 판결)인바, 청구주장과 같이 냉동수산물을 어종별(오징어·꽁치·기타)로 구분가능하다는 이유만으로 이를 근거로 면세공급가액비율을 산정하는 것은 실익이 없을 뿐만 아니라 쟁점사업장의 경우 냉동수산물·농산물·건굴·기타로 구입처가 구별되어 수출되는 점과 축산업협동조합에 대한 사업단위(사료구매사업·원유판매사업·원유가공판매사업) 구분사례(위 판례 참조) 및 출판업자에 대한 사업단위(제조출판업·부가통신업)의 구분사례(국세청 부가 46015－1099, 1999. 5. 26)를 보더라도 냉동수산물의 어종을 사업단위로 인정하기는 어렵다고 할 것이다. 따라서 처분청이 냉동수산물 전체를 하나의 사업단위로 보아 2007년 제1기의 공통매입세액을 안분계산한 처분은 정당하다.

## Ⅲ 소득세 실무

### 1. 사업소득

어업은 소득세법상 사업소득에 해당되어 소득세의 납세의무를 진다. 따라서 소득세법상 사업자등록을 하고 종합소득세 신고의무와 기타 협력의무를 이행하여야 한다. 비과세되는 어로어업에서 발생하는 소득은 한국표준산업분류에 따른 연근해어업과 내수면어업에서 발생하는 소득으로서 해당 과세기간의 소득금액의 합계액이 5천만원 이하인 소득을 말한다. 어민의 소득에는 어업 중 연근해어업 · 내수면어업 · 양식어업을 말하므로 원양어업은 농가부업소득인 비과세소득에 해당되지 않는다.

### 2. 어업권 관련 세무처리

#### (1) 소득구분

일시적 · 비반복적으로 어업권을 대여하거나 양도하고 그 대가를 받은 것은 기타소득에 해당된다. 즉, 광업권 · 어업권 · 산업재산권 · 산업정보, 산업상 비밀, 상표권 · 영업권(대통령령으로 정하는 점포 임차권을 포함한다), 토사석(土砂石)의 채취허가에 따른 권리, 지하수의 개발 · 이용권, 그 밖에 이와 유사한 자산이나 권리를 양도하거나 대여하고 그 대가로 받는 금품은 기타소득으로 한다(소법 21 ① 7호). 이 경우 필요경비는 60% 인정되고 지급자는 소득금액의 20%를 소득세로 원천징수하여야 한다.

#### (2) 감가상각

어업권은 무형고정자산으로 감가상각대상자산으로 정액법으로 상각하여야 한다.

#### (3) 경비 등의 지출증빙 수취특례

광업권, 어업권, 산업재산권, 산업정보, 산업상비밀, 상표권, 영업권, 토사석의 채취허가에 따른 권리, 지하수의 개발 · 이용권 그밖에 이와 유사한 자산이나 권리를 공급받는 경우 공급받은 재화 또는 용역의 거래금액을 「금융실명거래 및 비밀보장에 관한 법률」 제2조 제1호의 규정에 의한 금융회사 등을 통하여 지급한 경우로서 과세표준확정신고서에 송금사실을 기재한 경비 등의 송금명세서를 첨부하여 납세지 관할세무서장에게 제출하는 경우에는 지출증빙 수취특례가 적용되어 가산세 부과대상이 아니다.

# 제3절 임 업

## 개 요

### 1. 임업의 정의

"임업"이란 영림업(「산림문화·휴양에 관한 법률」과 「수목원조성 및 진흥에 관한 법률」에 따른 자연휴양림 및 수목원의 조성 또는 관리·운영을 포함한다), 임산물생산업, 임산물유통·가공업, 야생조수사육업과 이에 딸린 업으로서 농림축산식품부령으로 정하는 업을 말한다(임업 및 산촌 진흥촉진에 관한 법률 2).

### 2. 한국표준산업분류상 임업의 분류

| 구 분 | | 정 의 |
|---|---|---|
| 영림업 | 임업용 종묘생산업(02011) | 〈예 시〉<br>• 임업용 묘목 생산 • 임업용 종자 생산<br>〈제 외〉<br>• 임업용 이외의 종묘 생산(01123) |
| | 육림업(02012) | 임목을 생산하기 위하여 산림에서 나무를 심고, 가꾸고, 보호하는 산업활동을 말한다.<br>〈예 시〉<br>• 임목지 운영 • 자영 산림 내에서 임업부산물 생산<br>〈제 외〉<br>• 식물원, 수목원 관리 운영(9023) |
| 벌목업 | | 원목과 연료용 목재를 벌목하는 산업활동을 말한다.<br>〈예 시〉<br>• 원목생산 • 원료용 나무생산<br>• 벌목업자 • 화목생산 |
| 임산물 채취업 | | 자연적으로 번식·생산하는 각종 용도의 야생식물 및 식물성 물질을 채취하는 산업활동을 말한다. 야생딸기, 버섯, 송로 및 견과 등의 식용 야생식물의 채취활동도 포함된다.<br>〈예 시〉<br>• 천연 검 및 수지채취 • 식물성 재료 채취<br>• 천연코르크 채취 • 편조물용 식물성 재료 채취 |

| 구 분 | 정 의 |
| --- | --- |
| 임업관련 서비스업 | 임업관련 서비스업은 수수료 또는 계약에 의하여 영림 및 벌목관련 서비스를 제공하는 산업활동을 말한다.<br>〈예 시〉<br>• 산불방지 서비스 • 산림경비 및 보조서비스<br>• 목재운반 이동서비스 • 산림병충해 방지서비스 |

## 3. 임업인의 범위

「임업 및 산촌 진흥촉진에 관한 법률」(이하 "법"이라 한다) 제2조 제2호에서 "대통령령으로 정하는 자"란 다음의 어느 하나에 해당하는 자를 말한다.

① 3헥타르 이상의 산림에서 임업을 경영하는 자
② 1년 중 90일 이상 임업에 종사하는 자
③ 임업경영을 통한 임산물의 연간 판매액이 120만원 이상인 자
④ 「산림조합법」 제18조에 따른 조합원으로서 임업을 경영하는 자

## 4. 독림가의 요건

법 제2조 제5호에서 "대통령령으로 정하는 요건을 갖춘 자"란 다음의 자를 말한다.

### (1) 개인독림가(個人篤林家)

① 모범독림가 : 300헥타르 이상의 산림{분수림(分收林) 및 조림(造林)의 목적으로 대부받은 국유림을 포함한다. 이하 이 조에서 같다}을 산림경영계획에 따라 모범적으로 경영하고 있는 자 또는 조림 실적이 100헥타르 이상이고 산림경영계획에 따라 산림을 모범적으로 경영하고 있는 자

② 우수독림가 : 100헥타르 이상의 산림을 산림경영계획에 따라 모범적으로 경영하고 있는 자 또는 조림 실적이 50헥타르 이상{유실수(有實樹)는 20헥타르 이상}이고 산림경영계획에 따라 산림을 모범적으로 경영하고 있는 자

③ 자영독림가 : 15헥타르 이상의 산림을 산림경영계획에 따라 모범적으로 경영하고 있는 자, 10헥타르 이상의 산림을 산림경영계획에 따라 모범적으로 경영하고 있는 자로서 임업후계자로 선발되어 5년 이상 지난 자 또는 조림 실적이 10헥타르 이상(유실수의 경우에는 5헥타르 이상)이고 산림경영계획에 따라 산림을 모범적으로 경영하고 있는 자

### (2) 법인독림가

300헥타르 이상의 산림을 산림경영계획에 따라 모범적으로 경영하고 있는 법인 또는 조림실적이 100헥타르 이상이고 산림경영계획에 따라 산림을 모범적으로 경영하고 있는 법인

## Ⅱ 부가가치세 실무

### 1. 과세대상

#### (1) 미가공임산물 공급면세

임업인이 채취한 임산물을 판매하는 미가공 상태에서 공급하는 경우 부가가치세를 면제한다. 미가공임산물은 가공되지 않거나, 원생산물의 본래의 성질이 변하지 않는 정도의 1차 가공을 거친 것을 말한다.

#### (2) 과세임산물

① 사업자가 원목을 가공하여 부가가치세가 과세되는 재화를 생산하는 경우에 필수적으로 부수하여 생산되는 나무껍질과 톱밥은 부가가치세법 제1조 제4항 및 동법 시행령 제3조 제4호 규정에 의하여 부가가치세가 과세되는 것이다(부가 46015-1463, 1995. 8. 7).

② 사업자가 국내에서 생산된 자작나무에서 분리한 껍질을 건조·파쇄·절단 등의 가공공정을 거쳐 잘게 쪼갠 절단물을 단순포장하여 베갯속 재료로 공급하는 경우 당해 절단물은 「부가가치세법 시행령」 제28조 제3항에 규정하는 부가가치세가 면제되는 농·축·수·임산물에 해당하지 않는 것이다(서면상담3팀-94, 2007. 1. 10).

③ 우리나라에서 생산된 화초·수목 등의 공급에 대하여는 면세하나, 조경공사용역의 공급가액에 포함된 화초·수목 등에 대하여는 시행령 제3조의 규정에 의하여 과세한다(부기통 26-34…7).

## Ⅲ 소득세 실무

### 1. 사업소득 과세

#### (1) 임업에서 발생한 소득

해당연도에 임업에서 발생한 소득은 사업소득에 해당되어 소득세가 과세된다(소법 19 ① 1호).

#### (2) 비과세 임업소득의 범위

**1) 범위**

조림기간 5년 이상인 임지(林地)의 임목(林木)의 벌채 또는 양도로 발생하는 소득으로서 연 600만원 이하의 금액은 비과세한다. 여기서 600만원 이하의 금액은 총수입금액에서 필요경비를 제외한 소득금액을 말한다. 따라서 조림기간이 5년 미만이거나 자연적으로 생성된 임목의 벌채 또는 양도로 인하여 발생한 소득은 기간에 관계없이 사업소득세가 과세된다.

**2) 조림기간의 계산(소법령 9의 3 ①)**

① 자기가 조림한 임목에 대하여는 그 식림을 완료한 날부터 벌채 또는 양도한 날까지의 기간. 식림을 완료한 날 또는 인도를 받은 날은 그 식림을 한 산림의 임분(임상이 동일하고 주위의 것과 구분할 수 있는 산림경영상의 단위가 되는 임목의 집단을 말한다) 단위로 적용한다.

② 도급에 의하여 식림한 임목에 대하여는 그 임목을 인도받은 날부터 벌채 또는 양도한 날까지의 기간

③ 다른 사람이 조림한 임목을 매입한 경우에는 그 매입한 날부터 벌채 또는 양도한 날까지의 기간

④ 증여받은 임목에 대하여는 증여를 받은 날부터 벌채 또는 양도한 날까지의 기간

⑤ 상속받은 임목에 대하여는 피상속인의 제1호 내지 제4호에 따른 조림기간의 조림개시일부터 상속인이 벌채 또는 양도한 날까지의 기간

⑥ 분수계약(분수계약 : 산지의 소유자, 비용부담자 및 조림을 하는 자가 당사자가 되어 조림을 하고, 그 조림한 산림의 벌채 또는 양도에 의한 수익을 일정률에 따라 나누기로 하는 계약을 말한다)에 의한 권리를 취득한 경우에는 그 권리의 취득일부터 양도일까지의 기간

## 2. 총수입금액의 계산

임지의 임목을 벌채 또는 양도하는 사업의 수입금액을 계산하는 경우 임목을 임지와 함께 양도한 경우에 그 임지의 양도로 발생하는 소득은 총수입금액 계산시 산입하지 아니한다. 이 경우 임목과 임지의 취득가액 또는 양도가액을 구분할 수 없는 때에는 다음의 기준에 따라 취득가액 또는 양도가액을 계산한다(소령 51 ⑧).

① 임목에 대하여는 「지방세법 시행령」 제4조 제1항 제5호에 따른 시가표준액

※ 4조 1항 5호 : 입목(立木)의 종류별 · 수령별 거래가격 등을 고려하여 정한 기준가격에 입목의 목재 부피, 그루 수 등을 적용한다.

② 임지에 대하여는 총취득가액 또는 총양도가액에서 제1호에 따라 계산한 임목의 취득가액 또는 양도가액을 뺀 금액. 이 경우 빼고 남은 금액이 없는 때에는 임지의 취득가액 또는 양도가액은 없는 것으로 본다.

한편, 산림의 분수계약에 의한 권리를 양도함으로써 얻는 수입금액과 분수계약의 당사자가 해당 계약의 목적이 된 산림의 벌채 또는 양도에 의한 수입금액을 해당 계약에 의한 분수율에 따라 수입하는 금액은 임지의 임목을 벌채 또는 양도하는 사업의 총수입금액에 산입한다.

## 3. 필요경비의 계산

임목의 양도로 인하여 발생한 필요경비는 총수입금액에 대응하는 다음의 경비를 차감하여 계산한다.

가. 종묘 및 비료의 매입비
나. 식림비
다. 관리비
라. 벌채비
마. 설비비
바. 개량비
사. 임목의 매도경비

## 4. 사업소득 · 양도소득의 구분

임지와 임목의 양도와 관련하여 사업소득 또는 양도소득의 구분은 조림 여부, 조림기간

등을 기준으로 판단한다.

① 거주자가 본인이 소유하고 있는 임야의 산림경영을 산림조합에게 10년간 위탁하고 그 위탁자가 입목벌채 후 지목변경 없이 과실수 등을 5년 이상 조림한 상태에서 사업시행자가 그 임야를 「공익사업을 위한 토지 등의 취득 및 보상에 관한 법률」에 따라 수용하면서 해당 거주자에게 임지와 과실수를 구분하여 보상금을 지급하는 경우 해당 과실수 보상금은 「소득세법」 제19조 제1항 제1호에 따른 임업에서 발생하는 사업소득에 해당하는 것이고 그 임업에서 발생하는 소득금액 중 연 6백만원 이하의 금액은 「소득세법」 제12조 제2호 마목에 따른 비과세소득에 해당하는 것이다(법규소득 2011-0525, 2011. 12. 28).

② 소득세법 제96조 및 제97조에 따라 토지의 양도 및 취득가액을 실지거래가액으로 산정함에 있어, 거주자가 임지와 임목을 함께 양도하면서 임지가액과 임목가액을 구분하지 아니하고 양도할 경우, 임목의 양도가액이 사업소득 수입금액에 해당되어 별도로 과세되는 경우 외에는 전체 양도가액을 양도소득세 과세대상으로 하는 것이다(기획재정부 소득-161, 2012. 4. 2).

③ 임목의 양도소득이 사업소득에 해당하기 위해서는 사업자가 사업상 독립적으로 임목을 공급하는 사업을 영위하여야 할 것이나, 청구인이 쟁점임야를 양도하기 이전에 사업적으로 임목을 벌채하거나 양도한 사실이 없고, 임목을 벌채하거나 양도하는 사업을 영위하기 위하여 사업자등록을 한 사실도 없는 이상 청구인이 사업자에 해당한다고 볼 수 없는 만큼 사업소득으로 볼 수 없다(심사양도 2009-0145, 2009. 7. 23).

**판례** **임지와 임목양도의 소득구분(대법원 2015. 1. 29 선고, 2014두42926 판결)**

구 소득세법(2009. 12. 31. 법률 제9897호로 개정되기 전의 것. 이하 '소득세법'이라고 한다) 제19조 제1항은 사업소득으로 과세되는 소득을 열거하면서 제1호에서 '임업에서 발생하는 소득'을 정하고 있다. 한편 같은 조 제3항의 위임을 받은 구 시행령(2010. 2. 18. 대통령령 제22034호로 개정되기 전의 것. 이하 '소득세법 시행령'이라고 한다) 제29조 본문은 "법 제19조 각 호의 규정에 의한 사업의 범위에 관하여는 이 영에 특별한 규정이 있는 것을 제외하고는 한국표준산업분류를 기준으로 한다"고 정하는데, 한국표준산업분류는 임업(020)에 속하는 세세분류 항목의 하나인 육림업(02012)을 '임목을 생산하기 위하여 산림에서 나무를 심고, 가꾸고, 보호하는 산업활동'으로 정의하고 있다. 그리고 소득세법 시행령 제51조 제8항 전문은 "임지의 임목을 벌채 또는 양도하는 사업의 수입금액을 계산하는 경우 임목을 임지와 함께 양도한 경우에 그 임지의 양도로 발생하는 소득은 총수입금액 계산시 산입하지 아니한다"고 정한다. 이러한 법규정의 문언 내용과 취지 및 체계 등에 비추어 보면, 임목이 임지와 함께 양도된 경우 임목의 양도로 발생하는 소득이 사업소득에 해당하는 경우에는 원칙적으로 임목의 양도로 발생하는 소득을 제외한 나머지 소득만이 임지의 양도에 따른 양도소득세의 과세 대상이 된다고 봄이 타당하다. 그리고 임목이 임지와 함께 양도되었더라도 임목을 생산하기 위한 육림활동이 없었거나 육림활동이 있었더라도 사업성이 인정되지 아니하는 경우에는 임목이 임지와 별도의 거래 대상이 되었다고 볼 만한 특별한 사정이 없는 한 그 양도로 발생하는 소득 전부가 양도소득세의 과세 대상이 된다. 여기서 임목이 임지와 별도의 거래 대상이 되었는지는 당사자의 거래 목적, 계약서의 기재 내용, 임목의 가치에 대한 평가 여부, 인근의 임지 등에 대한 거래의 실정 등을 종합적으로 고려하여 객관적으로 판단하여야 한다(대법원 2013. 9. 13. 선고 2011두6493 판결).

이러한 법리에 비추어 기록을 살펴보면, 원심이 원고가 이 사건 임야를 양도함에 있어 임목의 양도가액과 임지의 양도가액을 별도로 구분함이 없이 총 매매대금으로 약정한 사실, 이 사건 임야의 매매계약서에 '위 매매대금은 임목가액을 포함한다'라는 내용 외에는 임목에 관한 사항(수량, 권리관계 등)이 전혀 기재되어 있지 아니한 사실, 더욱이 위 매매계약서의 매매목적물로는 이 사건 임야만이 기재되어 있고 임목에 관하여는 별도의 기재가 없는 사실, 이 사건 임야 중 OO시 OO읍 OO리 OOO-OO 임야를 매수한 주식회사 OO시스템은 공장을 신축할 목적으로 이를 매수한 사실 등을 인정한 다음, 원고가 이 사건 임야 중 임지와 별도로 이 사건 임목을 구분하여 양도한 것이 아니라 일체로서 양도하였다고 봄이 상당하다는 이유로 그 양도가액 전부가 양도소득세의 부과대상이 된다고 판단한 것은 수긍할 수 있다. 거기에 상고이유의 주장과 같이 양도소득세 과세대상 및 양도가액 산정방법에 관한 법리를 오해한 위법이 있다고 할 수 없다.

# 색 인

기타



ㄱ



ㄴ



ㄷ

# 참고문헌


- 한장석 · 김용관, 부가가치세2004. 광교TNS, 2004.
- 한장석 · 김용관, 부가가치세2006. 광교이택스, 2006.
- 김형환, 부가가치세법해설, 세정신문사, 1996.
- 김두형, 부가가치세법, 한일조세연구소, 2004.
- 손상익, 기업회계기준해설, 도서출판 어울림, 2005.
- 정천수, 무역회계와 세무실무, 영화조세통람, 2004.
- 김겸순, 수출입회계와 세무실무, 경영과회계, 2004.
- 임종석, 건설업세무회계, 한국재정경제연구소, 2004.
- 임종석, 건설업세무회계, 한국재정경제연구소, 2005.
- 유창용, 재개발 · 재건축 회계와 세무실무, 경영과회계, 2005.
- 남기권, 재건축 · 재개발 회계와세무, 조세신보사, 2005.
- 유찬영, 대부업세무 · 회계실무, 도서출판 무한, 2003.
- 김영규, 여행사 경영과 실무, 대왕사, 2001.
- 김준석, 비영리법인의 회계와 세무, 영화조세통람, 2004.
- 구문오 · 임상오 · 김재준, 문화산업의 발전방안, 을유문화사, 2000.
- 이명근, 경영진단실무, 2004. 한국세무사회.
- 박두진, 병원세무회계와 결산, 한국재정경제연구소, 2005.
- 김성규, 문화예술을 위한 회계와 세무, 도서출판 역사넷, 2005.
- 송윤한, 공동주택관리 회계실무, 좋은 벗, 2005.
- 국세청 발간자료 외 다수

# 참고 인터넷 홈페이지

- 국세청 법령정보(http://taxinfo.nts.go.kr)
- 관세청(http://www.customs.go.kr)
- 조세심판원(http://www.ntt.go.kr)
- 법제처(http://www.moleg.go.kr)
- 통계청(http://www.nso.go.kr)
- 한국회계기준원(http://www.kasb.or.kr)
- 한국세무사회(http://www.kacpta.or.kr)
- 이텍스코리아(http://www.etaxkoera.net)
- 건설공제조합(http://www.kcfc.co.kr)
- 전문예술법인단체평가센터(http://www.arts.kctpi.re.kr)
- 한국골프장사업경영협회(http://www.kgba.co.kr)
- 영화진흥위원회(http://www.kofic.or.kr)

## | 저 | 자 | 소 | 개 |

세무사/법학박사 **이 강 오** (taxlee114@daum.net)

**▌약력**

- 충남 태안고등학교 졸업
- 세무대학 내국세학과 4회 졸업
- 성균관대학교 회계학과 졸업
- 서울시립대학교 경영대학원 세무관리 전공
- 방송통신대학교 무역학과 졸업
- 성균관대학교 법학전문대학원 법학박사(조세법전공)
- 광운대학교 건설법무대학원
- 건국대 부동산대학원
- 국세청 산하세무서 13년 근무
- 제35회 세무사시험 1·2차 합격
- 한국조세연구포럼 사무국장
- 서울시립대·동국대 세법강사
- 한국세무사회 연구담당 상임이사, 조세제도연구위원장
- 동작세무서 이의신청, 과세적부심사위원, 세정자문위원
- 조세심판원, 대한치과의사협회, 서울지방변호사회 세법강의
- 현대백화점, 국방기술품질원, 행정안전부, 상장협회 세법강의
- 사단법인 한국조세연구포럼 세무회계분과위원장
- 서울지방세무사회 연수이사, 연수위원장
- YTN 생생경제 세무상담 출연
- 사단법인 한국조세연구포럼 부회장
- 국세법령해석심의위원회위원
- 성균관대학교 법학전문대학원 겸임교수
- (현) 한국세무사회부설 세무연수원 교수
- (현) 한국세무사회 조세제도연구위원장
- (현) CFO아카데미 세법교수
- (현) 대한상공회의소, 대한건설협회 세법강사
- (현) 근로복지공단 산재고용보험 확정정산위원
- (현) 세무법인 다솔티앤씨 대표(TEL. 588-6800)

**▌논문 및 저서**

- 공동도급 과세제도 개선 방안에 관한 연구
  (건설공사 공동 도급을 중심으로, 성균관대학교 법학전문대학원)
- 자산유동화제도의 활성화를 위한 세제지원방안에 관한 연구(서울시립대)
- 현행 상속세 및 증여세법의 합리적 개선방안에 관한 연구(국회 재경위 연구용역보고서)
- 기장확대방안에 관한 연구(세정신문사)
- 납세협력비용 감축방안(기획재정부)
- 부가가치세 조사실무(아카데미비앤지)
- 건설업 회계와 세무실무(광교이택스)
- 실무사례중심의 무역회계와 세무(CFO아카데미)

공인회계사 **박 상 용**

**▌약력**

- (전) 안진회계법인 감사본부
- (전) 삼정회계법인 감사본부
- (현) 세무그룹 다솔티앤씨 대표

2025년판 **업종별 회계와 세무실무**

2018년 3월 5일 초판 발행
2025년 3월 7일 8판 발행

저 자 이 강 오
박 상 용
발 행 인 이 희 태
발 행 처 **삼일피더블유씨솔루션**

저자협의
인지생략

서울특별시 용산구 한강대로 273 용산빌딩 4층
등록번호 : 1995. 6. 26 제3－633호
전 화 : (02) 3489－3100
F A X : (02) 3489－3141
I S B N : 979－11－6784－341－8 93320

※ '삼일인포마인'은 '삼일피더블유씨솔루션'의 단행본 브랜드입니다.
※ 파본은 교환하여 드립니다.

**정가 100,000원**